ADMIS A L'EXPOSITION DE 1849.

LES VEILLÉES LITTÉRAIRES
ILLUSTRÉES

CHOIX DE ROMANS, NOUVELLES, POÉSIES, PIÈCES DE THÉATRE

ILLUSTRATIONS PAR ÉDOUARD FRÈRE.

→ EN VENTE ←

PREMIER VOLUME.

Werther, de Goethe,	1 livraison	20 c.	
Adolphe, de Benjamin Constant,	1 id	20 c.	
Le Voyage sentimental, de Sterne,	1 id	20 c.	
Charlotte Corday, d'Alphonse Esquiros,	1 id	20 c.	
Voyage autour de ma chambre, } de X. de Maistre.1	id	20 c.	
Le lépreux,			
L'Evangile du peuple, d'Alphonse Esquiros.	1 id	20 c.	
Le Diable Amoureux, de Cazotte.	1 id	20 c.	
Le Sopha, de Crébillon.	2 id	40 c.	
Le Règne de Satan, de Benjamin Gastineau.	1 id	20 c.	
Histoire du petit Jehan de Saintré.			
Fables, de Lachambaudie	} 1 id	20 c.	
La Tribu indienne, de L. Bonaparte.	1 id	20 c.	
Ourika et Edouard.	1 id	20 c.	
Claire d'Albe, de madame Cottin.	1 id	20 c.	
Mademoiselle de Kérouare, de Jules Sandeau }	1 id	20 c.	
La Fanfarlo, de Charles Baudelaire.			
La Rose de Castro, de Pierre Bonaparte.	1 id	20 c.	
Les deux Fous, de Jacob le bibliophile.	2 id	40 c.	
Le Vicaire de Wakefield, de Goldsmith.	2 id	40 c.	

DEUXIÈME VOLUME.

Un Vieux Bas-Bleu, de A. Esquiros.	1 id	20 c.	
L'Orpheline de Waterloo, de Benj. Gastineau.	1 id	20 c.	
La Fiancée de Lammermoor, de Walter Scott.	3 id	60 c.	
Le Neveu de Rameau, } de Diderot.	1 id	20 c.	
Les Amis de Bourbonne,	1 id	20 c.	
Ondine, de Lamotte Fouquet.	1 id	20 c.	
La Religieuse, de Diderot.	1 id	20 c.	
Quentin Durward, } de Walter Scott.	5 id	1 fr.	
La Dame du Lac,			
Le Roman Comique, de Scarron			
Suite du Roman Comique, Offray.			
id. id. Preschac. } 5 id 1 fr.			
Conclusion, Louis Barré.			
Plus d'effet que de Paroles, de Scarron.			
Portrait de Scarron, par lui-même.			

Le Barbier de Séville,			
Le Mariage de Figaro, } de Beaumarchais.	2 livraisons	40 c.	
La Mère Coupable,			

TROISIÈME VOLUME.

Comment finissent les pauvres, de B. Gastineau. } 1 id	20 c.		
Poésies d'André Lemoyne,			
Les Puritains, de Walter Scott.	4 id	80 c.	
Le Dernier des Mohicans, de J.-F. Cooper.	3 id	60 c.	
La Dot de Suzette, de Fiévée.			
Ceci n'est pas un Conte, de Diderot. } 1 id			
La Prairie, de J.-F. Cooper.	4 id	80 c.	
Les Confessions de Sylvius, de Champfleury.	1 id	20 c.	
Léonide, ou la vieille de Surène, de Victor Ducange. } 4 id	80 c.		
L'Ane Mort, de Jules Janin.	2 id	40 c.	

QUATRIÈME VOLUME.

Ivanhoe, de Walter Scott.	5 id	1 fr.	
Aventures galantes de Margot, de Ar. Houssaye.	1 id	20 c.	
Le Grillon du Foyer, } de Charles Dickens.	2 id	40 c.	
Le Possédé,			
Les Confessions de J.-J. Rousseau.	7 id	1 fr. 40	
Rob-Roy, de Walter Scott.	4 id	80 c.	
La Bataille de la Vie, de Charles Dickens.	1 id	20 c.	

CINQUIÈME VOLUME.

Le Médecin confesseur, de Victor Ducange.	5 id	1 fr.	
Les comédiens de province, de Champfleury.	1 id	20 c.	
Histoire des Montagnards, d'Alphonse Esquiros	5 id	1 fr.	
Waverley, de Walter Scott.	4 id	80 c.	
Geneviève, d'Alphonse Karr.	3 id	60 c.	
Le Major Dalgetty, de Walter Scott.	2 id	40 c.	

OUVRAGES QUI SONT BROCHÉS :

Les deux Fous, du Bibliophile Jacob.	50 c.	La Prairie, de Cooper.	90 c.	
Le Vicaire de Wakefield, de Goldsmith.	50	Léonide ou la Vieille de Surène, de Victor Ducange.	90	
Le Sopha, de Crébillon.	50	Le Médecin Confesseur, id.	1 fr. 10	
La Fiancée de Lammermoor, de Walter Scott.	70	L'Ane Mort, de Jules Janin.	50	
Quentin Durward. — La Dame du Lac. id.	1 fr. 10	Le Grillon du Foyer.		
Ivanhoe,	1 fr. 10	Le Possédé, } de Charles Dickens.	70	
Les Puritains, id.	90	La Bataille de la Vie.		
Rob-Roy, id.	90	Les Confessions de J.-J. Rousseau.	1 fr. 50	
Le Major Dalgetty, id.	50	Histoire des Montagnards, d'Alphonse Esquiros.	1 fr. 10	
Waverley, id.	90	Le Marquis de Létorière, d'Eugène Sue.	50	
Le Roman Comique, de Scarron.	1 fr. 10	Atar-Gull, id.	50	
Théâtre de Beaumarchais.	50	La Salamandre, id.	70	
Le Dernier des Mohicans, de Cooper.	70	Arthur, id.	1 fr. 30	

Paris. — Imprimerie LACOUR et Cⁱᵉ, r. Soufflot, 11, et r. St-Hyacinthe-St-Michel, 31.

1850

ŒUVRES ILLUSTRÉES
D'EUGÈNE SUE

PREMIER VOLUME.

Atar-Gull.	2 livraisons.		40 c.
La Salamandre.	3	id	60 c.
Le Marquis de Létorière.	2	id	40 c.
Arthur.	6	id	1 f. 20 c.
Thérèse Dunoyer.	3	id	60 c.
Deux Histoires.	4	id	80 c.

EN PRÉPARATION.

- Jean Cavalier.
- Latréaumont.
- Les Comédies Sociales.
- La Coucaratcha.
- Le Commandeur.

EN PRÉPARATION DANS LES VEILLÉES LITTÉRAIRES.

Faust, de Gœthe. — *Le bandit de Londres*, d'Ainsworth. *L'Antiquaire*, de Walter Scott. — *Une Heure trop tard*, d'Alphonse Karr. — *Les Confessions d'un Prisonnier*, de Raynal. — *Bertha l'Amoureuse*, d'Henri de Kock. — *Les trois Filles de la veuve*, par Victor Ducange. — *Une Couronne d'épines*, de Michel Masson. — *L'Abbé et le Monastère*, de Walter-Scott, &. &. —

EN VENTE

Le premier volume des Œuvres complètes

DE

WALTER - SCOTT

TRADUCTION NOUVELLE

DE LOUIS BARRÉ,

ILLUSTRÉES PAR ÉDOUARD FRÈRE.

CE VOLUME CONTIENT :

Ivanhoe. — La Fiancée de Triermain. — Rob-Roy. — Waverley. — Les Puritains. — La Fiancée de Lammermoor. Poésies et Ballades.

Prix : 4 francs.

PARIS,
CHEZ J. BRY AINÉ, ÉDITEUR,
27, RUE GUÉNÉGAUD, 27.

EN VENTE A LA MÊME LIBRAIRIE.

LES CHANTS
D'UN PRISONNIER
PAR ALPHONSE ESQUIROS,
Représentant du Peuple.
Un joli volume format Anglais. — Prix : 3 fr

DE

LA VIE FUTURE
AU POINT DE VUE SOCIALISTE
PAR ALPHONSE ESQUIROS,
Représentant du Peuple.
1 vol. in-8°. — Prix 1 fr. 25 c.

UNE CONDAMNATION
DE MAI 1839.
PARIS. — DOULLENS. — MONT-S^t-MICHEL.
PAR L. NOUGUÈS.
Un joli volume in-8°, illustré du Portrait de
BARBÈS.
Prix : 3 fr.

PARIS
J. BRY AINÉ, ÉDITEUR,
27, Rue Guénégaud, 27.

Paris. — Imp. Lacour et C., rue Soufflot, 11.

ADMIS A L'EXPOSITION DE 1849.

LES
VEILLÉES LITTÉRAIRES
ILLUSTRÉES
CHOIX DE ROMANS, NOUVELLES, POÉSIES, HISTOIRE,
THÉATRE.
ILLUSTRATIONS PAR ÉDOUARD FRÈRE.

CHEZ J. BRY AINÉ, ÉDITEUR,
27, rue Guénégaud, 27.

UN ROMAN ILLUSTRÉ POUR 20 CENTIMES.

PREMIER VOLUME.	liv.	DEUXIÈME VOLUME.	liv.
Werther, de Goethe.	1	Un Vieux Bas-Bleu, de Adèle Esquiros.	1
Adolphe, de Benjamin Constant.		L'Orpheline de Waterloo, de Benj. Gastineau.	1
Le Voyage Sentimental, de Sterne.		La Fiancée de Lammermoor, de Walter Scott.	3
Charlotte Corday, d'Alphonse Esquiros.		Le Neveu de Rameau, } de Diderot.	1
Voyage autour de ma chambre, } de X. de		Les Amis de Bourbonne,	
Le Lépreux, } Maistre.		Ondine, de Lamotte Fouqué.	1
L'Évangile du Peuple, d'Alphonse Esquiros.		La Religieuse, de Diderot.	1
Le Diable Amoureux, de Cazotte.		Quentin Durward, } de Walter Scott.	3
Le Sopha, de Crébillon.	2	La Dame du Lac,	
Le Règne de Satan, de Benjamin Gastineau.		Le Roman Comique, de Scarron.	
Histoire du petit Jehan de Saintré.	1	Suite du Roman Comique, Offray.	
Fables, de Lachambaudie.		id. id. Preschac.	
La Tribu Indienne, de L. Bonaparte.		Conclusion, Louis Barré.	3
Gerika et Édouard.		Plus d'effet que de Paroles, de Scarron.	
Claire d'Albe, de madame Cottin.		Portrait de Scarron, par lui-même.	
Mademoiselle de Kéroualz, de Jules Sandeau.	1	Le Barbier de Séville, } de Beaumarchais.	2
La Fanfarlo, de Charles Baudelaire.		Le Mariage de Figaro,	
La Rose de Castro, de Pierre Bonaparte.	1	La Mère Coupable,	
Les Deux Eaux, de bibliophile Jacob.	2		
Le Vicaire de Wakefield, de Goldsmith.	2		

1850

ŒUVRES ILLUSTRÉES
D'EUGÈNE SUE
Représentant du Peuple.

PREMIER VOLUME.		DEUXIÈME VOLUME.	
Atar-Gull.	2 livraisons.	Jean Cavalier.	6 livraisons
La Salamandre.	3 —	Latréaumont.	4 —
Le Marquis de Létorière.	2 —	Les Comédies Sociales.	4 —
Arthur.	6 —	La Concaratcha.	1 —
Thérèse Dunoyer.	4 —	Le Commandeur.	2 —
Deux Histoires.			

—➤ EN VENTE ←—

Les deux premiers volumes des Œuvres complètes
DE
WALTER-SCOTT
TRADUCTION NOUVELLE
DE **LOUIS BARRÉ**
ILLUSTRÉES DE JOLIES VIGNETTES PAR ED. FRÈRE.

LE PREMIER VOLUME CONTIENT :

Ivanhoe. — La Fiancée de Triermain. — Rob-Roy. — Waverley. — Les Puritains.
— La Fiancée de Lammermoor. — Poésies et Ballades.

LE SECOND VOLUME CONTIENT :

Quentin Durward. — La Dame du Lac. — Le Major Dalghetty. — L'Antiquaire.
Le Monastère. — L'Abbé. — Poésies et Ballades.

PRIX DU VOLUME : **4 fr.**

TROISIÈME VOLUME.

Comment Guissent les Pauvres, B. Gastineau. } 1 liv.
Poésies d'André Lemoyne.
Les Puritains, de Walter Scott.
Le Dernier des Mohicans, de J.-F. Cooper. 3
Ceci n'est pas un conte, de Diderot. 4
La Prairie, de J.-F. Cooper. 4
Les Confessions de Sylvius, de Champfleury. 4
Léonide, ou la Vieille de Surène, de Victor Ducange. } 4
L'Ane Mort, de Jules Janin. 2

QUATRIÈME VOLUME.

Ivanhoe, de Walter Scott. 5
Aventures galantes de Margot, de A. Houssaye. 1
Le Grillon du Foyer, } de Charles Dickens. 2
Le Possédé,
Les Confessions de J.-J. Rousseau. 7

Rob-Roy, de Walter-Scott. 4 liv.
La Bataille de la Vie, de Charles Dickens. 1

CINQUIÈME VOLUME.

Le Médecin confesseur, de Victor Ducange. 3
Les Comédiens de province, de Champfleury. 2
Histoire des Montagnards, d'Al. Esquiros. 8
Waverley, de Walter Scott. 5
Geneviève, d'Alphonse Karr. 3
Le Major Dalghetty, de Walter Scott. 2

SIXIÈME VOLUME.

Le Bandit de Londres, d'Ainsworth. 4
L'Antiquaire, de Walter-Scott. 3
Une heure trop tard, d'Alphonse Karr. 3
Le Monastère, de Walter Scott. 4
L'Abbé, id. 5

OUVRAGES QUI SONT BROCHÉS :

Les Deux Fous, du Bibliophile Jacob. 50 c.
Le Vicaire de Wakefield, de Goldsmith. 50
Le Sopha, de Crébillon. 50
La Fiancée de Lammermoor, de Walter Scott. 70
Quentin Durward, La Dame du Lac. id. 1 fr. 10
Ivanhoe, id. 1 fr. 10
Les Puritains, id. 90
Rob-Roy, id. 90
Le Major Dalghetty, id. 50
Waverley, id. 90
L'Antiquaire, id. 90
Le Monastère, id. 90
L'Abbé, id. 1 fr. 10
Le Roman Comique, de Scarron. 1 fr. 10
Théâtre de Beaumarchais. 50
Geneviève, d'Alphonse Karr. 70
Le Bandit de Londres, d'Ainsworth. 90
Une heure trop tard, d'Alphonse Karr. 70
L'Ane Mort, de Jules Janin. 50

Les Comédiens de Province, } de Champfleury. 50 c.
Les Noiraux,
Les Confessions de Sylvius,
La Prairie, de Cooper. 90
Léonide, ou la Vieille de Surène, de V. Ducange 90
Le Médecin Confesseur, id. 1 fr. 10
Le Grillon du Foyer, } de Charles Dickens. 70
Le Possédé,
La Bataille de la Vie,
Les Confessions de J.-J. Rousseau. 1 fr. 50
Histoire des Montagnards, d'Al. Esquiros. 1 fr. 10
Le Marquis de Létorière, d'Eugène Sue. 50
Atar-Gull, id. 50
La Salamandre, id. 70
Arthur, id. 1 fr. 30
Thérèse Dunoyer, id. 70
Deux Histoires, id. 90
Les Comédies Sociales, id. 50
Jean Cavalier, id. 1 fr. 30

SOUS PRESSE :

Faust, de Gœthe. — *Les trois Filles de la Veuve*, de Victor Ducange. —
Les Confessions d'un Prisonnier, de Raynal. —
Berthe l'Amoureuse, d'Henry de Kock. — *La Prison*. — *Kenilworth*, etc. etc.

Paris. — Imp. Lacour et C., rue Soufflot, 11.

LES VEILLÉES LITTÉRAIRES
ILLUSTRÉES

CHOIX DE ROMANS, NOUVELLES, POÉSIES, PIÈCES DE THÉATRE
ILLUSTRATIONS PAR EDOUARD FRÈRE

UN ROMAN ILLUSTRÉ POUR 20 CENT.

Contenant la matière d'un volume de 7 fr. 50 c.

CHEZ J. BRY AINÉ, ÉDITEUR, RUE GUÉNÉGAUD, 27.

Titres des Ouvrages.	Auteurs.	Nombre de livraisons	Prix des Ouvrages brochés. fr. c.	Titres des Ouvrages.	Auteurs.	Nombre de livraisons	Prix des Ouvrages brochés. fr. c.
Werther.	Gœthe.	1	" "	Les Confessions de Sylvius.	Champfleury.	4	" 90
Adolphe.	Benjamin Constant.	1	" "	Léonide, ou la Vieille de Suresne.	Victor Ducange.	2	" 60
Le Voyage sentimental.	Sterne.	1	" "	L'Âne mort ou la Femme guillotinée.	Jules Janin.		
Charlotte Corday.	Alphonse Esquiros.			Prix des 20 livraisons réunies en un volume broché.		20	4 "
Voyage autour de ma Chambre.	X. de Maistre.	1		Ivanhoé.	Walter Scott.	5	1 10
Le Lépreux.		1		Aventures galantes de Margot.	Arsène Houssaye.	1	
Le Diable amoureux.	Cazotte.	1		Le Grillon du Foyer.	Dickens.	2	" 60
Le Sopha.	Crébillon.	2	" 50	Mes Confessions.	J.-J. Rousseau.	7	1 60
Le Règne de Satan.	Benjamin Gastineau.	2		Rob-Roy.	Walter Scott.	4	" 90
Histoire du petit Jehan de Saintré.	Tressan.	1		La Bataille de la Vie.	Dickens.	1	
Fables.	Lachambeaudie.	1		Prix des 20 livraisons réunies en un volume broché.		20	4 "
La Tribu Indienne.	Lucien Bonaparte.	1		Le Médecin Confesseur.	Victor Ducange.	5	1 10
Ourika et Édouard, suivis d'une notice sur.	Mme de Duras.	1		Les Comédiens de Province.	Champfleury.	1	
Claire d'Albe.	Mme Cottin.	1		Les Montagnards.	Alphonse Esquiros.	5	1 10
La Fanfarlo.	Jules Sandeau.	1		Waverley.	Walter Scott.	6	" 90
La Rose de Castro.	Ch. Baudelaire.	1		Geneviève.	Alphonse Karr.	3	" 70
Les deux Fous.	Pierre Bonaparte.	2	" 50	Le major Dalgetti.	Walter Scott.		
Le Vicaire de Wakefield.	Jacob le Bibliophile. Goldsmith.	2	" 50	Prix des 20 livraisons réunies en un volume broché.		20	4 "
Prix des 20 livraisons réunies en un volume broché.		20	4 "	Le Bandit de Londres.	Ainsworth.	4	" 90
Un Vieux Bas-Bleu.	Adèle Esquiros.	1		L'Antiquaire.	Walter Scott.	4	" 90
L'Orpheline de Waterloo.	Benjamin Gastineau.	1		Une Heure trop tard.	Alphonse Karr.	3	" 70
Le Neveu de Rameau.	Diderot.	1		Le Monastère.		4	" 90
Les Amis de Bourbonne.				L'Abbé.	Walter Scott.	5	1 10
La Fiancée de Lammermoor.	Walter Scott.	3	" 70	Prix des 20 livraisons réunies en un volume broché.		20	4 "
Ondine.	Lamotte Fouqué.	1		La Prison du comté d'Edimbourg.	Walter Scott.	6	1 30
La Religieuse.	Diderot.	1		Faust.	Gœthe.	2	" 60
Quentin Durward.	Walter Scott.	5	1 10	Elisabeth ou Kenilworth.		4	1 10
La Dame du Lac.		5	1 10	Richard Cœur-de-Lion.	Walter Scott.	3	" 70
Le Roman Comique.	Scarron.	2	" 50	Le Pirate.		4	" 90
Théâtre de.	Beaumarchais.			Prix des 20 livraisons réunies en un volume broché.		20	4 "
Prix des 20 livraisons réunies en un volume broché.		20	4 "	Cromwell ou Woodstock.	Walter Scott.	5	1 10
Comment finissent les Pauvres.	Benj. Gastineau.	1		Les Trois Filles de la veuve.	Victor Ducange.	5	1 10
Les Puritains.	Walter Scott.	4	" 90	La Saint-Valentin ou la Jolie fille de Perth.		5	1 10
Le dernier des Mohicans.	Cooper.	3	" 70	Peveril du Pic.	Walter Scott.	5	1 10
La Dot de Suzette.	Fiévée.	1					
La Prairie.	Cooper.	4	" 90				

SOUS PRESSE

Paul Schlemil.	Henri Martin.	Les Aventures de Nigel.	Walter-Scott.
Redgauntlet.	Walter-Scott.	Les Amours buissonnières.	Adèle Esquiros.
Guy Mannering.	Id.	L'Artiste et le Soldat.	Victor Ducange.

ŒUVRES ILLUSTRÉES D'EUGÈNE SUE.

	Livraisons	Broché. fr. c.
Atar-Gull.	2	" 50
La Salamandre.	3	" 70
Le marquis de Létorrière.	2	" 50
Arthur.	6	1 30
Thérèse Dunoyer.	3	" 70
Deux Histoires.	4	" 90
Latréaumont.	4	" 90
Les Comédies sociales.	2	" 50
Jean Cavalier.	6	1 30
La Coucaratcha.	4	" 90
Le Commandeur de Malte.	4	" 90

ŒUVRES ILLUSTRÉES DE BALZAC.

	Livraisons	Broché. fr. c.
Le père Goriot.	4	" 90
César Birotteau.	4	" 90
Histoire des Treize.	4	" 90

1851

LA SAINTE
BIBLE

TRADUITE

Par LE MAISTRE DE SACY

ILLUSTRÉE DE 130 GRAVURES

D'APRÈS

Raphael, Michel-Ange, Rubens, Titien, Poussin, etc.,

Publiée en 30 ou 33 livraisons

à **20** centimes.

❋

LE NOUVEAU
TESTAMENT

TRADUIT

PAR LE MAISTRE DE SACY

ILLUSTRÉ DE 36 GRAVURES

D'APRÈS

Raphael, Murillo, Lesueur, Annibal Carrache, Rubens, Staal, etc.

PUBLIÉ EN DIX LIVRAISONS A 20 CENT.

❋

SOUS PRESSE
IMITATION
DE
JÉSUS - CHRIST

TRADUCTION NOUVELLE

PAR M. L. B.

APPROUVÉE PAR MONSEIGNEUR L'ARCHEVÊQUE DE PARIS,

ILLUSTRÉE

D'après Overbeck, Klein, Gérard Séguin, etc.

PUBLIÉE EN 4 LIVRAISONS A 20 CENT.

❋

HISTOIRE
DES
MARTYRS
DE
LA LIBERTÉ
PAR
ALPHONSE ESQUIROS
Représentant du Peuple,

ILLUSTRÉE

DE **58** GRAVURES SUR ACIER ET SUR BOIS

Par MM. Nanteuil, Meltais, Staal, Demoraine, Bocourt, Éd. Frère, David d'Angers.

PUBLIÉE EN **21** LIVRAISONS A **20** CENT.

L'ouvrage complet, 4 fr. 20 c.

OEUVRES COMPLÈTES
DE
WALTER-SCOTT

TRADUCTION NOUVELLE

PAR LOUIS BARRÉ

ILLUSTRÉE DE PLUS DE 800 GRAVURES

PAR EDOUARD FRÈRE

4 fr. le volume.

Le premier volume contient :

Ivanhoe, la Fiancée de Triermain, Rob-Roy, Waverley, les Puritains, la Fiancée de Lammermoor, Poésies et Ballades.

Le deuxième volume contient :

Quentin Durward, la Dame du Lac, le Major Dalgetti, l'Antiquaire, le Monastère, l'Abbé, Poésies et Ballades.

Le troisième volume contient :

La Prison du comté d'Édimbourg, Cromwell ou Woodstock, Élisabeth ou Kénilworth, le Pirate, Poésies et Ballades.

Le Quatrième et le Cinquième volume sont sous Presse.

L'OUVRAGE COMPLET, 20 FR.

❋

ENCYCLOPÉDIE
NATIONALE
DES SCIENCES
DES LETTRES ET DES ARTS

RÉSUMÉ COMPLET DES CONNAISSANCES HUMAINES

Rédigée par

une Société de Savants et d'Hommes de Lettres

Sous la Direction de

M. J-P. HOUZÉ

ILLUSTRÉE DE PLUS DE 4,200 GRAVURES

PUBLIÉE EN 150 LIVRAISONS DE 16 PAGES CHACUNE A 20 CENT.

L'OUVRAGE COMPLET, 30 FR.

Paris. — Imp Lacour et C., rue Soufflot, 11.

LES
VEILLÉES LITTÉRAIRES
ILLUSTRÉES.

TABLE DES MATIÈRES CONTENUES DANS CE VOLUME.

WERTHER	Goethe.
LE DIX-HUITIÈME SIÈCLE	Gilbert.
ADOLPHE	Benjamin Constant.
JEANNOT ET COLIN	Florian.
LE VOYAGE SENTIMENTAL	Sterne.
CHARLOTTE CORDAY	Alphonse Esquiros.
LE VOYAGE AUTOUR DE MA CHAMBRE	X. de Maistre.
LE LÉPREUX	X. de Maistre.
LA GRANDE JOURNÉE (24 février)	Alphonse Esquiros.
LA MARSEILLAISE	Rouget de Lisle.
LE CHANT DU DÉPART	M. J. Chénier.
POÉSIES	Gilbert.
LE VICAIRE DE WAKEFIELD	Goldsmith.
L'ÉVANGILE DU PEUPLE	Alphonse Esquiros.
LE DIABLE AMOUREUX	Cazotte.
LA SCIENCE DU BONHOMME RICHARD	Franklin.
LE DÉLIRE D'UNE MÈRE	Pierre Bry.
L'ÉPI ET LE PAVOT (Fable)	Pierre Bry.
LE SOPHA	Crébillon fils.
LE RÈGNE DE SATAN OU LES RICHES ET LES PAUVRES	Benjamin Gastineau.
LE PETIT JEHAN DE SAINTRÉ	Le comte de Tressan.
FABLES (choisies et inédites)	Pierre Lachambeaudie.
LA TRIBU INDIENNE	Lucien Bonaparte.
OURIKA. ÉDOUARD. NOTICE SUR M{me}	de Duras.
CLAIRE D'ALBE	Madame Cottin.
LA VAPEUR	Pierre Lachambeaudie.
POÉSIES	André Chénier.
MADEMOISELLE DE KÉROUARE	Jules Sandeau.
UNE FLEUR DESSÉCHÉE	Benjamin Gastineau.
LA FANFARLO	Ch. Baudelaire.
LE SIÈCLE DES VERTUS (satire)	Léopold Bougarre.
LA ROSE DE CASTRO	Pierre Bonaparte.
Traduit de l'italien par	L. Barré.
LES DEUX FOUS	P. L. Lacroix, bibliophile.

FIN DE LA TABLE.

Paris. — Imprimerie Lacour, rue Neuve-Soufflot, 11.
Stéréotypie de C. Juns, rue du Temple, 22.

LES

VEILLÉES LITTÉRAIRES

ILLUSTRÉES

CHOIX DE ROMANS, NOUVELLES, POÉSIES, PIÈCES DE THÉATRE

etc., etc.

DES MEILLEURS ÉCRIVAINS ANCIENS ET MODERNES

DEUX CENTS DESSINS PAR ÉDOUARD FRÈRE

GRAVÉS SUR BOIS PAR ROUGET

PARIS

J. BRY AINÉ ÉDITEUR

21, RUE DES MATHURINS-SAINT-JACQUES, 21

—

1849

1848

LES VEILLÉES LITTÉRAIRES ILLUSTRÉES

J. BRY AINÉ
ÉDITEUR
21
RUE DES MATHURINS
SAINT JACQUES

WERTHER
PAR
GOETHE.

POÉSIES DE GILBERT.

20 CENTIMES
LA
LIVRAISON

Dessiné par Frère. — Gravé par Rouget.

Que je suis content d'être parti ! Qu'est-ce que le cœur de l'homme ? Je t'ai quitté, toi, mon compagnon, toi, mon ami, je t'ai quitté pour être plus tranquille. Mais tu me pardonnes, je le sais ; mes autres liaisons n'étaient-elles pas faites pour tourmenter un cœur tel que le mien ? La pauvre Éléonore ! et cependant j'étais innocent ; est-ce ma faute si, tandis que j'admirais la beauté piquante de sa sœur, une trop vive tendresse s'emparait de son cœur sensible ? Mais suis-je entièrement innocent ? n'ai-je point entretenu sa passion, et ne me suis-je point amusé avec toi des expressions naïves d'un sentiment tendre et sincère ? n'ai-je pas ?... Mais combien de reproches n'aurais-je point à me faire ? Je veux, mon cher ami, je veux me corriger, je te le promets ; surtout je ne veux plus retourner en arrière et m'appesantir sur le souvenir douloureux des chagrins que j'ai éprouvés. Je jouirai du présent, et le passé sera passé pour moi. Tu as bien raison : oui, sans doute, il y aurait moins d'infortunés, sans cette disposition fatale qui porte notre imagination à se retracer les peines passées. Fais-moi le plaisir, mon cher ami, de dire à ma mère que je m'occupe de ses affaires, et que je lui en donnerai des nouvelles au premier jour. J'ai vu ma tante ; ce n'est point la méchante femme que l'on m'avait dépeinte, c'est, au contraire, une femme gaie, vive, qui a le meilleur cœur du monde. Je lui ai exposé les griefs de ma mère

Le premier baiser.

Le 4 mai 1771.

sur la portion de l'héritage qu'on lui retient. Elle m'a dit ses raisons et les conditions auxquelles elle est prête à remettre le tout, et plus que nous ne demandions. Bref, je ne veux pas en dire à présent davantage, mais tu peux assurer ma mère que tout ira bien. J'ai trouvé encore, mon cher ami, dans cette affaire, que la négligence et les malentendus causent peut-être plus de désordres, que la fourberie et la méchanceté, qui du moins sont certainement plus rares.

Du reste, je me trouve très bien ici. La solitude, dans ce paradis terrestre, est un baume pour mon cœur. Les charmes du printemps le pénètrent et y portent une chaleur nouvelle. Chaque arbre, chaque buisson est un bouquet de fleurs, et une odeur délicieuse se répand sur toute la campagne. La ville est désagréable, mais la nature étale autour d'elle de plus grandes beautés ; aussi le feu comte de M... avait-il planté un jardin sur un de ces monts voisins qui croisent et varient si agréablement le paysage. Ce jardin est simple ; on voit, dès l'entrée, qu'il n'est point l'ouvrage d'un jardinier savant, mais celui d'un ami de la nature, d'un homme sensible, qui voulait jouir de soi-même. J'ai déjà donné plusieurs larmes à la mémoire du défunt, dans un cabinet à moitié ruiné, qui fut sa place favorite, et qui est maintenant la mienne. Bientôt je serai le maître de ce jardin ; j'ai gagné le jardinier, et il n'y perdra rien.

(1)

Le 10 mai.

Mon âme est aussi sereine que les belles matinées du printemps. Seul et tranquille dans un séjour fait pour des esprits tels que le mien, j'y jouis du bonheur de vivre : je suis si heureux, mon cher ami, si absorbé dans le sentiment de la douceur de mon existence, que mes talents en souffrent ; je ne saurais dessiner, je ne saurais former un trait, et jamais je ne fus si grand peintre. Des vapeurs légères couvrent cette plaine riante. Le soleil, au milieu de sa course, se repose sur le sommet des arbres touffus, qui me couvrent d'une ombre impénétrable. Quelques rayons seulement s'échappent et parviennent jusqu'à mon sanctuaire. Couché sur une herbe épaisse, près de la chute d'un ruisseau, j'admire les variétés infinies des plantes ; je m'associe à toutes les petites créatures qui m'entourent, qui bourdonnent sur les blés, qui sautent ou rampent dans les herbes. Je sens ce souffle divin de l'Être tout-puissant qui nous forma tous ; de l'être adorable, dont l'amour éternel nous soutient et nous conserve. Alors, mon ami, quand mes yeux s'obscurcissent, quand le ciel et la terre réunis reposent dans mon âme et s'y concentrent, ainsi que l'image d'une femme adorée, je rentre en moi-même et je me dis : Ah ! si tu pouvais exprimer, si tu pouvais peindre ces grandes images avec la même chaleur, la même énergie qu'elles sont dans ton âme, et qu'elles y retracent l'Être infini ! mon ami !... mais le sublime de ces images me confond et m'écrase.

Le 12 mai.

Des esprits enchanteurs voltigent sur mes pas, et la plus vive imagination subjugue mes sens et remplit mon cœur. Autour de moi tout est paradis. Près d'ici est une fontaine, à laquelle je suis attaché par enchantement, comme Mélusine et ses sœurs. Après avoir descendu une petite colline, on se trouve devant une voûte, où en parvient par une vingtaine de marches ; c'est là que sort des rochers une eau claire et pure ; le petit mur qui l'entoure, les hauts arbres qui la couronnent, la fraîcheur de ces lieux, tout a quelque chose d'intéressant, d'agréable et d'auguste. Il n'y a point de jours que je ne visite cette fontaine, et que je n'y passe près d'une heure. Les jeunes filles de la ville viennent y puiser de l'eau, occupation la plus innocente et la plus nécessaire, qui fut autrefois celle des filles des rois. Alors les images des temps des patriarches se retracent vivement devant moi ; je vois mes ancêtres se reconnaître ; conclure des alliances et des mariages aux bords des fontaines, tandis que des génies bienfaisants voltigent autour d'eux. Mon ami, celui qui ne partage pas ces sensations, n'a jamais goûté le frais au bord d'une fontaine, après une longue marche d'été.

Le 13 mai.

Tu m'offres de m'envoyer mes livres, je n'en veux point : au nom de Dieu, ne les envoie pas ; je ne veux plus être conduit, excité, échauffé. Ah ! mon cœur n'est que trop agité par lui-même ; il me faut des chants qui me bercent, et mon Homère m'en fournit assez. Combien de fois n'ai-je pas cherché à calmer un sang qui bouillonne, à fixer un cœur dont les mouvements sont trop vifs et trop peu réglés ! Mais à qui parlé-je de mon cœur ? trop souvent tu m'as vu à regret passer de la douleur à des transports de joie, d'une douce mélancolie à des passions vives et dangereuses. Mon cœur est un enfant malade ; on lui laisse faire ses volontés. Que cela soit dit entre nous, on pourrait m'en blâmer.

Le 15 mai.

Les gens du peuple ici me connaissent, et m'aiment déjà, surtout les enfants. Au commencement, quand je m'approchais, et que je leur faisais avec amitié quelques questions, ils pensaient que je voulais me moquer d'eux, et me répondaient grossièrement. Je ne me suis point rebuté pour cela, mais j'ai senti vivement la vérité d'une observation que j'avais déjà faite : les personnes de condition supérieure se tiennent toujours à une grande distance du peuple, comme s'ils pouvaient perdre de leur dignité en s'approchant. Il n'y a que quelques étourdis ou mauvais plaisants, qui feignent de descendre jusqu'à eux, pour les mieux accabler ensuite de méchantes plaisanteries et de mépris.

Je sais que nous ne sommes pas égaux, que nous ne pouvons pas l'être ; mais celui qui, pour se concilier le respect, s'écarte du peuple, est à mes yeux un poltron qui se cache crainte de succomber sous son adversaire.

La dernière fois que je fus à la fontaine, je trouvai une jeune servante qui avait posé son vase sur la dernière marche, et attendait que quelqu'une de ses compagnes vînt lui aider à le placer sur sa tête. — Voulez-vous que je vous aide, ma belle enfant ? lui dis-je.
— Ah ! non, monsieur, me répondit-elle, aussi rouge que l'écarlate.
— Sans façon. Elle arrangea son coussinet, je lui aidai à poser son vase, elle me remercia et remonta les degrés.

Le 17 mai.

J'ai fait beaucoup de connaissances, je n'ai point encore de sociétés. Je ne sais ce que je puis avoir d'attrayant pour les habitants de cette ville, mais ils me joignent, ils s'attachent à moi, et je suis fâché alors que nous puissions faire si peu de chemin ensemble. Tu me demandes comment sont les gens ici, mon ami ? comme partout ailleurs. Le genre humain est fort uniforme. La plupart des hommes emploient presque tout leur temps à travailler pour vivre ; et, le peu qui leur reste de liberté leur est si fort à charge, qu'ils font tout ce qu'ils peuvent pour s'en débarrasser. Qu'est-ce que le sort de l'homme ?

Mais il y a une sorte de gens bons et aimables avec lesquels je m'oublie souvent, avec lesquels je goûte des plaisirs naturels à l'homme. S'égayer en toute ouverture et franchise de cœur, autour d'une table proprement servie, faire une promenade, un petit bal à propos, et autres amusements semblables, en leur compagnie, produit un très bon effet sur moi ; mais il ne faut pas que je pense alors aux autres qualités qui sont en moi, qui s'endorment inutilement, et que je dois même leur cacher avec soin. Ah ! cette idée rétrécit le cœur ! et cependant, mon ami, le sort de ceux qui nous ressemblent est d'être méconnus.

Pourquoi n'est-elle plus l'amie de ma jeunesse, ou pourquoi l'ai-je jamais connu ? Je pourrais me dire : — Tu es un insensé, tu cherches ce qu'il est impossible de trouver ! Mais, je l'avais trouvée : j'ai sondé ce cœur, j'ai connu cette âme sublime devant laquelle je paraissais plus grand, parce que j'étais tout ce que je pouvais être. Là tous les ressorts de mon âme étaient tendus, là je développais le sentiment profond que la nature grava dans mon cœur. Quels entretiens que les nôtres ! le sentiment le plus qui embrasait nos âmes ; mes idées et nos expressions étaient celles du génie, et maintenant... Mais elle m'avait devancé dans la carrière ; elle est partie, elle m'a laissé seul. Sa mémoire sera toujours chère à mon cœur ; ah ! je n'oublierai jamais la force de son âme et l'indulgence de son caractère !

J'ai fait ici, il y a quelques jours, la rencontre d'un M. V..., jeune homme prévenant et d'une physionomie très heureuse. Il arrive de l'université, ne se croit pas un sage, mais se croit cependant plus habile que bien d'autres. Aussi me paraît-il avoir été fort appliqué et a-t-il de belles connaissances. Ayant appris que je dessinais beaucoup, et que je savais le grec, deux choses fort étranges pour ce pays-ci, il s'est accouru chez moi et m'a déployé toute sa belle littérature, de Batteux jusqu'à Wood, de Depiles jusqu'à Vinkelmann ; m'a assuré avoir lu en entier la première partie de la théorie de Sulzer, et posséder un manuscrit de Heyne sur l'étude de l'antique. Je lui ai passé tout cela.

J'ai fait encore la connaissance d'un très brave homme, le bailli du prince ; il est d'un caractère franc et sociable ; on dit que rien n'est plus intéressant que de le voir au milieu de sa famille. Il a neuf enfants ; on parle surtout beaucoup de sa fille aînée. Il m'a invité à aller chez lui, et je le ferai au premier jour. Il est à une lieue et demie d'ici, dans une maison de chasse du prince, qui lui a permis de l'occuper ; il ne pouvait plus souffrir la maison du bailliage, après y avoir perdu sa femme qu'il chérissait.

Outre cela, quelques originaux se sont fourrés sur mon chemin : tout en eux est insupportable ; mais le plus insupportable encore, c'est leurs démonstrations d'amitié. Adieu. Voilà une lettre qui te plaira : elle est tout historique.

Le 22 mai.

La vie n'est qu'un songe : telle est l'idée de bien des hommes ; telle est aussi la mienne. Quand je vois le cercle étroit qui renferme les forces pénétrantes et actives de l'homme ; quand je vois que toute leur énergie se consume à satisfaire des besoins, dont l'unique but est de prolonger une misérable existence ; que, d'un autre côté, notre tranquillité sur certains points de recherche n'est qu'une résignation aveugle, et que nous nous amusons à peindre les murs de nos prisons de brillantes figures et de riants paysages, tandis que le cercle qui nous entoure frappe nos yeux de tous côtés, je me tais, mon ami, je rentre en moi-même ; et qu'est-ce que j'y trouve ? plus aussi de désirs vagues, de pressentiments et de songes, plus de clarté, de vérité et de vie. Tout alors n'est pour moi qu'un tourbillon, où je me laisse emporter en rêvant avec les autres.

Tous les graves instituteurs, tous les savants maîtres d'école conviennent que les enfants ignorent pourquoi ils veulent ; mais les grands enfants errent sur ce globe sans savoir, non plus que les petits, d'où ils viennent et où ils vont, sans régler leur marche par de vrais motifs, et qu'ils soient conduits tout comme ceux par des gâteaux, des biscuits et des verges, c'est ce que personne n'aime à croire, et il me semble cependant que la chose saute aux yeux.

J'avouerai, car je prévois ce que tu pourras me dire là-dessus, que les plus heureux d'entre les hommes sont ceux qui, ainsi que les enfants, vivent au jour la journée, portant leurs poupées dans leurs bras, les habillent, les déshabillent, rampent avec grand respect autour de l'armoire où maman réserve les sucreries ; et, quand enfin ils en obtiennent, les dévorent, et crient tout en criant encore davantage. Ce sont, sans doute, d'heureuses créatures. Ceux-là aussi sont fortunés, qui donnent des titres pompeux à leurs occupations puériles, souvent même à leurs passions, et qui se poignent au genre humain comme des géants occupés de son bonheur et de sa gloire. Heureux celui qui peut être tel ! Mais l'homme qui reconnaît humblement le

néant de toutes ces choses, qui voit avec quel plaisir le bourgeois aisé transforme son jardin en paradis, avec quelle tranquillité le pauvre porte son fardeau, et que tous désirent également de voir une minute de plus la lumière du soleil, celui-là est tranquille, il se crée un monde à lui-même, et il est heureux aussi parce qu'il est homme. Mais, quelque borné que soit son cercle, il conserve toujours dans son sein le sentiment de la liberté, et l'idée qu'il est le maître de sortir de sa prison.

Le 26 mai.

Tu connais ma manière de me choisir une petite place favorite, où je m'arrange et je m'établis ; eh bien ! j'en ai trouvé une ici, qui me convient tout-à-fait.

A une lieue de la ville, est un endroit qui se nomme Walheim. Sa situation sur une colline est tout-à-fait intéressante ; et, lorsqu'on sort du village par le sentier, on découvre d'un coup-d'œil toute la plaine. Vous trouvez là, chez une bonne vieille femme gaie encore pour son âge, du vin, de la bière et du café ; mais ce qui vaut bien mieux que tout cela, ce sont deux tilleuls qui étendent devant l'église leurs rameaux sur une petite place entourée de maisons de paysans et de granges. J'ai rencontré peu d'endroits plus tranquilles et plus retirés. J'y fais apporter du cabaret ma petite table et une chaise, et j'y prends mon café en lisant mon Homère. La première fois que je fis par hasard cette découverte, c'était une belle après-dîner ; la tranquillité y régnait, tout était aux champs ; seulement un petit garçon de quatre ans était assis à terre et tenait entre ses jambes un petit enfant de six mois qu'il pressait de ses petits bras contre son sein, en lui formant ainsi une espèce de fauteuil. Malgré la vivacité qui pétillait dans ses yeux noirs, il était fort tranquille. Charmé de cette vue, je m'assis sur une charrue vis-à-vis, et je pris grand plaisir à dessiner cette situation fraternelle ; j'y ajoutai un bout de haie, une porte de grange, et quelques roues de charriots brisées, comme tout cela était pêle-mêle ; et je trouvai au bout d'une heure que j'avais fait un dessin très bien ordonné, très intéressant, sans y avoir rien mis du mien. Cela m'a confirmé dans ma résolution de m'en tenir à l'avenir à la nature. Elle seule est infiniment riche, elle seule forme les grands artistes. Ce qu'on avance en faveur des règles revient assez à ce qu'on dit à l'avantage des lois de la société. Un artiste, qui se forme d'après elles, ne fera jamais rien d'absolument mauvais et de rebutant ; tout comme celui qui suit les lois et les bienséances, ne sera jamais un voisin insupportable ni un scélérat décidé. Mais, d'un autre côté, l'on me dira tout ce qu'on voudra, les règles altèrent le vrai trait et la pure expression de la nature. Cela est outré, me répondras-tu ; les règles ne font qu'émonder les rameaux superflus, fixer des bornes convenables. Mon ami, comparons les talents à l'amour. Un jeune homme est attaché à une jeune fille, lui consacre toutes les heures de la journée, prodigue toutes ses forces, tous ses revenus, pour lui prouver à chaque minute qu'il s'est donné tout entier à elle. Arrive un homme froidement sensé, un homme revêtu d'une charge publique, et cet homme grave lui dit : « Mon jeune ami, l'amour est une passion naturelle, mais on doit le retenir dans de justes bornes ; partagez vos heures, donnez les unes à votre travail, les autres à votre maîtresse ; calculez avec soin vos revenus et présentez-lui seulement quelque chose de votre superflu, et cela de temps en temps, à son jour de naissance, ou dans quelques solennités semblables. » Si le jeune homme suit cet avis, il pourra être utile à la société ; je le recommanderais même volontiers à tout prince qui voudrait l'employer ; mais son amour... il est éteint ; et s'il est artiste, son talent s'est évanoui. Oh ! mon ami, sais-tu pourquoi le torrent du génie s'est resserré dans son cours ? pourquoi n'élève pas ses flots impétueux pour ébranler nos âmes étonnées ? C'est que les hommes petits et froids se sont arrangés des deux bords ; c'est qu'ont construit de petites maisons de campagne, qu'ils ont formé des parterres et des potagers : ils établissent pour leurs petits établissements, ils creusent des canaux, ils opposent des digues au danger qui les menace.

Le 27 mai.

Je vois que je me suis jeté dans des comparaisons et déclamations, et que mon enthousiasme m'a fait oublier de t'achever mon récit. Enseveli dans des idées de peinture que je t'ai montrées très décousues dans ma dernière lettre, je restai deux heures assis sur ma charrue. Vers le soir, une jeune femme accourut aux enfants, qui ne s'étaient point remués pendant tout ce temps-là ; elle avait une petite corbeille au bras, et se mit à crier : — Philippe, tu es un bon garçon. Nous nous saluâmes ; je me levai, m'approchai d'elle, et lui demandai si elle était la mère de ces jolis enfants ; elle me répondit qu'oui, présenta un petit gâteau au plus grand, prit le petit entre ses bras et lui donna un baiser de mère tendre. — J'ai, dit-elle, remis le petit à garder à mon Philippe, et je suis allée en ville, avec le plus grand, chercher du pain blanc, du sucre, et un pot de terre pour faire le soir une petite soupe à Jeannot. J'ai tout vu, (le vase mon petit pot en se chicanant avec Philippe pour la bouillie. Je demandai où était l'aîné : comme elle me disait qu'il amenait deux oies, il arriva en sautant, et donna à Philippe une petite baguette de coudrier. Je continuai à m'entretenir avec la mère. Elle m'apprit qu'elle était fille du maître d'école, et que son mari était allé en Hollande recueillir l'héritage d'un oncle. — On a voulu lui faire tort, poursuivit-elle ; ils ne répondaient point à ses lettres. Il y est allé lui-même : je n'ai pas de ses nouvelles ; Dieu veuille qu'il ne lui soit point arrivé d'accident ! Je quittai cette bonne femme à regret ; je donnai un creutzer à chacun des enfants et un autre à la mère, pour acheter du pain blanc au petit, la première fois qu'elle irait en ville, et nous nous séparâmes ainsi.

Oui, mon cher ami ; quand je ne suis plus maître de mes sens, rien n'apaise mieux leur tumulte que la vue d'une créature tranquille, qui passe dans une heureuse indifférence le cercle étroit de son existence, fait succéder sans trouble un jour à l'autre, et voit tomber les feuilles sans autre idée que celle de l'approche de l'hiver.

Depuis ce jour-là, je vais souvent au même endroit ; les enfants sont tout-à-fait accoutumés à moi ; ils ont du sucre quand je prends mon café, et ils partagent avec moi mon pain, mon beurre et mon petit lait. Leur creutzer ne leur manque jamais le dimanche ; et si je ne suis pas là après la prière, la maîtresse du cabaret a ordre de faire la petite distribution.

Ils sont familiers, me racontent tout ce qu'ils savent, et je m'amuse beaucoup de leur simplicité naïve.

J'ai eu bien de la peine à tranquilliser la mère, qui leur criait sans cesse : — Vous incommoderez le monsieur !

Le 16 juin.

Pourquoi je ne t'écris point ? Quoi ! tu le demandes, et tu es aussi entre les savants ? Ne devrais-tu pas deviner que je me porte bien, mais que... En deux mots, j'ai fait connaissance d'une personne qui est plus près de mon cœur ? J'ai... je ne sais ce que j'ai.

Te raconter en ordre comment j'ai appris à connaître une des femmes les plus aimables serait difficile : je suis satisfait, je suis heureux, et par conséquent mauvais historien.

Un ange ! Fi ! diras-tu. Voilà ce que chacun dit de la femme qu'il aime ; et cependant je ne puis t'exprimer comment elle est parfaite, pourquoi elle est parfaite : elle a captivé tous mes sens.

Tant de simplicité avec tant de raison, tant de bonté avec tant de vivacité, et l'âme la plus tranquille au milieu d'une vie fort active !

Tout ce que je dis là n'est qu'un pur bavardage, de simples abstractions qui ne rendent pas un seul de ses traits. Une autre fois... Non, maintenant tout au moins, car, soit dit entre nous, depuis que j'ai commencé à écrire, j'ai déjà été trois fois sur le point de jeter ma plume et d'y voler ; et j'ai juré ce matin de ne point y aller, et je cours à tout moment à la fenêtre voir si le soleil est encore haut.

Je n'ai pu y tenir, j'y suis allé. Me voici de retour, mon cher ami, et, tout en mangeant ma beurrée, je vais t'écrire. Qu'il est touchant de la voir au milieu de sa petite famille !

Si je continue sur ce ton-là, tu en sauras autant à la fin qu'au commencement. Ecoute donc ; je vais faire tous mes efforts pour mettre de l'ordre dans mon récit et te donner bien des détails.

Je t'ai écrit dernièrement que j'avais fait connaissance avec le baillí S..., et qu'il m'avait invité à t'aller voir dans sa solitude, ou plutôt dans son petit royaume ; je négligeai de le faire, et je n'y aurais peut-être jamais été si le hasard ne m'avait fait connaître le trésor caché dans cette retraite.

Nos jeunes gens avaient arrangé une partie de danse à la campagne, je m'y étais joint avec plaisir. Je choisis pour ma compagne une fille jolie, d'un bon caractère, mais sans art et d'ailleurs rien de bien piquant, et il fut décidé que je prendrais un carrosse et qu'avec ma compagne et sa tante je passerais chez Charlotte pour la conduire au bal. — Vous verrez une charmante fille, me dit la demoiselle quand nous entrâmes dans la belle allée qui conduit à la maison de chasse. — Prenez garde, ajouta la tante, d'en tomber amoureux. — Pourquoi cela ? — Elle est déjà promise à un très galant homme, qui est parti pour mettre ordre à ses affaires à la mort de son père et se procurer un emploi considérable. Cette nouvelle me parut fort indifférente.

Lorsque nous arrivâmes à la porte de la cour, le soleil s'approchait des montagnes, l'air était fort pesant ; des nuages d'un gris jaunâtre et chargés se rassemblaient autour de l'horizon ; les femmes étaient inquiètes : je prévoyais moi-même que notre fête recevrait un échec ; mais, pour les rassurer, je faisais l'entendu et leur promettais du beau temps.

Je descendis du carrosse : une servante vint nous prier d'attendre un instant sa maîtresse. Je traversai la cour, montai l'escalier, et en entrant dans l'appartement je vis six enfants, le plus âgé n'avait qu'onze ans, qui s'agitaient autour d'une jeune fille bien faite, vêtue d'une simple robe blanche avec des nœuds de rubans d'un rouge pâle : elle tenait un pain bis à la main, leur coupait des tranches de pain et de beurre en proportion de leur âge et de leur appétit, et les leur distribuait d'un air tendre et gracieux. Chacun de ces enfants, après avoir tenu ses petites mains en l'air longtemps avant que la tranche fût coupée, la remerciait et courait à la porte plus ou moins vite pour voir les étrangers et le carrosse qui devait emmener leur Charlotte.

— Je vous demande pardon, dit-elle, de vous avoir donné la peine de monter, et je suis fâchée de faire attendre ces dames; mais mon habillement et quelques arrangements domestiques m'ont fait oublier de donner à goûter à mes enfants, et ils ne veulent le recevoir que de moi. Je lui balbutiai quelque chose; mon âme entière était attachée à son air, à son ton, à ses manières, et je commençais à me remettre de ma surprise, quand elle courut dans sa chambre prendre ses gants et son éventail. Pendant ce temps-là, les petits me regardaient de côté à quelque distance. Je courus au plus jeune, enfant d'une charmante physionomie : il reculait, lorsque Charlotte rentra, disant : — Louis, donne ta main au cousin. Le petit me la présenta du meilleur cœur du monde, et, quoiqu'il fût un peu baveux, je ne pus m'empêcher de lui donner un baiser. — Cousine, dis-je à l'aimable Charlotte en la conduisant, me croyez-vous digne d'avoir le bonheur de vous appartenir? — Oh! me répondit-elle d'un air malin, j'ai tant de cousins; je serais fâchée si vous étiez le pire de la bande. En partant, elle recommanda à Sophie, fille de onze ans, la plus âgée après elle, d'avoir bien soin des enfants, et de saluer le papa quand il viendrait de la promenade; elle dit aux petits d'obéir à sa sœur tout comme si c'était elle-même : quelques-unes le promirent positivement. Une petite blondine de six ans, qui avait l'air mutin, se mit à dire : — Tu n'es point Charlotte; Charlotte, nous t'aimons mieux. Les deux aînés des garçons étaient pendant ce temps-là, montés derrière le carrosse, et, à ma prière, elle leur permit d'y rester jusqu'à la sortie du bois, à condition qu'ils se tinssent bien ferme.

A peine étions-nous arrangés dans la voiture, avait-on fait quelques observations sur l'ajustement, surtout sur les petits chapeaux, et passé en revue la compagnie qu'ils devaient rencontrer, que Charlotte fit arrêter et descendre ses frères. Ils voulurent encore lui baiser les mains, ce que fit l'aîné avec la tendre attention qu'aurait eue un jeune homme de quinze ans, et le cadet avec beaucoup de vivacité. Elle les chargea de faire encore ses amitiés aux autres enfants, et nous partîmes.

La tante lui demanda si elle avait lu le livre qu'elle lui avait dernièrement envoyé. — Non, dit-elle, j'aurai l'honneur de vous le rendre; je n'en suis pas contente, non plus que du premier. Quelle fut ma surprise quand j'ai, ayant demandé le titre des livres, elle me dit que c'était... Je trouvais tant de pénétration et de jugement dans tout ce qu'elle disait! et à chaque expression je voyais briller dans ses traits de nouveaux charmes, de nouveaux rayons de génie qui se développaient à mesure qu'elle était entendue.

— Quand j'étais plus jeune, ajouta-t-elle, je n'aimais rien tant que les romans. Dieu sait comme j'étais heureuse, lorsque assise dans un coin je partageais du toute mon âme les plaisirs et les peines d'une miss Jenny! J'avoue avec moi ce genre de lecture a encore des charmes pour moi; mais, comme je lis peu, il faut que les livres soient conformes à mon goût. Je préfère l'auteur qui ne m'écarte point trop de ma situation, où je retrouve ceux qui m'entourent, où je me retrouve moi-même, et dont la relation est aussi intéressante, aussi touchante que la vie de mon ménage au sein de ma famille; situation qui, sans être un paradis, est pour moi une source de contentement et de délices.

J'essayai de cacher l'émotion que me causèrent ces dernières paroles; cela ne dura guère; car, ayant parlé avec la même vérité du vicaire de Wackefield, de... je n'y pus plus tenir, et je me mis à lui débiter avec chaleur tout ce que je pensais sur ce sujet. Enfin, au bout de quelque temps, Charlotte s'étant adressée aux deux autres dames, je m'aperçus qu'elles étaient là. La tante me regarda plus d'une fois avec un air railleur dont je me mis fort peu en peine.

On parla de danse. — Si c'est une faute d'aimer la danse, dit-elle, j'avoue franchement que je suis bien coupable : il n'est pas de plaisir plus agréable pour moi. Ai-je quelque chagrin? je cours à mon clavecin, je joue une contredanse, tout est oublié.

Tu ne connais : tu me vois, pendant qu'elle parlait, mes yeux fixés sur ses beaux yeux noirs, mon âme attachée à son âme, et tout entier sur ses idées; entendant à peine les expressions. Enfin je sortis de ce carrosse comme un homme qui rêve, et je me trouvai dans la salle sans savoir comment j'y étais entré.

On débuta par des menuets. Je pris une dame après l'autre; précisément les plus désagréables me déterminèrent à donner les mains et à finir. Charlotte et son danseur commencèrent une contredanse anglaise. Juge quel fut mon ravissement lorsqu'elle vint faire la figure avec nous! Il faut voir danser Charlotte; tout son cœur, toute son âme étaient là. Entière à la danse, il n'y a que cela pour elle au monde, et toute sa figure n'est que légèreté, harmonie et grâce.

Je la priai de danser avec moi la seconde contredanse, elle me promit pour la troisième, et m'assura au même temps, avec la plus aimable franchise, qu'elle aimait fort les allemandes. — C'est la coutume ici, dit-elle, que chaque couple danse les allemandes ensemble; mais mon danseur valse fort mal, et il sera charmé si je lui en évite la peine; votre dame est dans le même cas; j'ai vu à l'anglaise que vous valsez bien ; ainsi, si vous voulez danser les allemandes avec moi, proposez-le à mon cavalier; je le dirai à votre dame. Nous al-

lâmes arranger l'affaire, et il fut décidé que, pendant ce temps-là, son cavalier aurait soin de la dame.

Nous commençâmes, et nous nous amusâmes d'abord à faire tous les tours de bras possibles; que ces mouvements sont gracieux et vifs! Quand nous vînmes à valser, d'abord ces petits tourbillons se heurtaient beaucoup les uns les autres; nous fûmes sages, nous nous tînmes à l'écart jusqu'à ce que les plus maladroits eussent quitté la place; alors nous nous mîmes en train, nous n'étions plus que deux couples : je n'ai de ma vie été si léger; je n'étais plus un homme. Tenir entre ses bras la plus charmante des femmes, voler avec elle comme le vent, perdre la vue de tout autre objet!... Mais, je te l'avoue, je fis serment que la femme que j'aimais, sur qui j'aurais des droits, ne valserait jamais avec un autre homme. Tu m'entends, mon ami.

Nous fîmes quelques tours de salle pour reprendre haleine. Après cela, elle s'assit, et je lui apportai pour la rafraîchir des tranches de citron, les seules qui restassent, que j'avais escamotées à ceux qui faisaient le punch; elle en mangea avec du sucre, et cela lui fit grand bien : mais j'étais forcé, par civilité, d'en présenter aussi à sa voisine, et cette femme avait l'indiscrétion d'en prendre.

Nous fûmes la seconde paire à la troisième contredanse anglaise: comme nous descendions et que Dieu sait dans quel extase, je fixais ses yeux et ses bras, où se développaient les impressions d'un plaisir pur et vif, nous vînmes à une femme d'un certain âge, mais dont l'agréable physionomie m'avait déjà frappé. Elle fixa Charlotte en riant, leva un doigt comme par menace, et, d'un air fort significatif, prononça deux fois le nom d'Albert.

— Qui est cet Albert, dis-je à Charlotte; si je ne suis pas trop curieux? Elle allait me répondre, quand nous fûmes obligés de nous séparer pour faire le grand huit; et, en croisant, je crus apercevoir en elle un air de réflexion. — Pourquoi vous le cacherais-je? me dit-elle en me donnant la main pour la promenade. Albert est un galant homme à qui je suis promise. Les dames me l'avaient déjà dit dans le carrosse; mais je ne l'avais pas vue alors ; je ne savais pas tout ce qu'elle valait; je crus l'entendre pour la première fois; je me troublai, je m'oubliai, je manquai la figure, je mis tout en confusion; et Charlotte, à force de s'agiter, de pousser, de tirer, eut de la peine à rétablir l'ordre.

On dansait encore, lorsque les éclairs, qui paraissaient depuis longtemps sur l'horizon, et que j'avais toujours assuré n'être que des éclairs de chaleur, devinrent beaucoup plus perçants, et que le tonnerre se fit entendre par-dessus les violons. Trois femmes s'échappèrent de la contredanse, leurs cavaliers les suivirent; le désordre devint général, et les violons cessèrent. Lorsqu'un sujet de tristesse ou d'effroi nous surprend au milieu des plaisirs, il fait sur nous un bien plus fort effet, soit qu'un contraste se fasse sentir plus vivement, soit que nos sens, étant ouverts à toutes sortes d'impressions, en reçoivent une empreinte avec plus de promptitude et d'énergie. C'est à ces raisons qu'il faut attribuer les grimaces extraordinaires de la plupart de nos femmes. L'une des plus sages s'assit le dos tourné contre les fenêtres, et se bouchant les oreilles; une autre se mit à genoux devant elle, et cachait sa tête dans ses jupes; une troisième se fourra entre elles deux, et embrassait sa petite sœur en répandant un torrent de larmes; quelques-unes voulaient absolument retourner chez elles; d'autres, plus troublées encore, ne songeaient pas à repousser nos jeunes étourdis, qui recueillaient de dessus leurs lèvres des soupirs destinés au ciel. Quelques-uns de nos messieurs descendirent pour fumer tranquillement leurs pipes, et le reste de la compagnie suivit volontiers l'hôtesse, qui eut l'esprit de nous conduire dans une chambre bien fermée par des volets. Dès que nous fûmes entrés, Charlotte s'empressa d'arranger les chaises en cercle, et, nous ayant fait asseoir, et à mettre quelque petit jeu en train.

Je vis plus d'une de nos belles qui, dans l'espérance de quelque suite agréable du gage touché, se rengorgeait et pinçait la bouche. — Jouons aux nombres, dit Charlotte : prenez garde! j'irai en rond, de la droite à la gauche; que chacun à mesure nomme le nombre qui lui suit, et que cela aille vite : qui s'arrêtera ou se trompera recevra un soufflet, et ainsi jusqu'à mille. C'était un des plus plaisants; elle se mit à parcourir le cercle, un bras levé. Un, dit le premier; deux, le second ; le troisième, trois, et ainsi de suite : alors elle se mit à aller plus vite, et toujours plus vite. Un se trompa ; paf, un soufflet; le suivant se mit à rire, au lieu de dire son nombre, paf, un autre soufflet ! et toujours plus vite. J'en reçus deux pour ma part; il me sembla qu'ils étaient plus forts que les autres; j'en fus charmé. Un rire et une confusion générale mirent fin au jeu avant qu'on fût arrivé au mille. L'orage passa, on s'arrangea par petites troupes. Charlotte rentra dans la salle, et je la suivis; elle me dit en chemin : — Les soufflets leur ont fait oublier leur peur; j'étais une des plus craintives; mais en faisant la brave pour redonner courage aux autres, j'en ai pris moi-même. Nous nous approchâmes de la fenêtre, le tonnerre grondait encore dans l'éloignement; une pluie douce arrosait les champs et nous envoyait une odeur rafraîchissante et délicieuse. Appuyée sur le coude, elle fixa ses yeux sur la campagne, les porta vers le ciel et les rabaissa sur moi, ils étaient humides, elle posa sa main sur la mienne et dit : — Klopstock! Je pliai sous le poids

des sensations que j'éprouvais ; j'y succombai; je me baissai sur sa main, je la mouillai de mes larmes; je fixai mes yeux en me relevant. — Divin Klopstock! pourquoi n'as-tu pas vu ton apothéose dans ce coup d'œil, et pourquoi ton nom, si souvent profané, est-il prononcé par une autre bouche que celle de Charlotte!

Le 19 juin.

Où en est restée ma narration? je n'en sais plus rien; ce que je sais, c'est qu'il était deux heures de la nuit quand je me couchai, et que, si j'avais pu te parler au lieu de t'écrire, je t'aurais sans doute tenu jusqu'au jour.

Je ne t'ai point raconté encore ce qui se passa en revenant du bal; je n'en ai pas non plus le temps aujourd'hui.

C'était le plus beau lever du soleil, toute la campagne était rafraîchie, l'eau découlait goutte à goutte des arbres de la forêt.

Nos compagnes sommeillaient; elle me demanda si je ne voulais pas en faire autant, et me pria de ne point me gêner pour elle. Je la fixai. — Aussi longtemps que ces yeux seront ouverts, aussi longtemps il n'y a point de sommeil pour moi. Et nous restâmes éveillés jusqu'à sa porte, que la servante vint ouvrir doucement en répondant à ses questions, que tout le monde se portait bien et reposait encore. Je la quittai en lui promettant de la revoir dans la journée, et j'ai tenu ma parole; et depuis ce temps-là, soleil, lune, étoile peuvent aller comme il leur semblera bon; je ne sais s'il est jour, je ne sais s'il est nuit, le monde entier n'est plus rien pour moi.

Le 21 juin.

Je passe des jours aussi heureux que ceux que Dieu réserve à ses élus, et quel que puisse être mon sort dans la suite, je ne dirai point que je n'ai pas joui des plaisirs les plus purs de la vie. Tu connais mon Walheim; m'y voici entièrement établi : là je ne suis qu'à une demi-lieue de Charlotte, là je jouis de moi-même, et de tout le bonheur que peut goûter un mortel.

Quand je choisis Walheim pour le but de mes promenades, je ne pensais guère que ce séjour fût si près du ciel. Combien de fois, dans mes longues excursions, n'ai-je pas vu cette maison de chasse qui renferme maintenant tous mes vœux, tantôt du haut de la montagne, tantôt de l'autre côté de la rivière, dans la prairie!

Mon cher ami, j'ai beaucoup médité sur le désir qu'ont les hommes de s'étendre, de faire de nouvelles découvertes, sur le penchant intérieur qui les porte ensuite à rentrer d'eux-mêmes dans leur cercle, à se plier aux lois de l'habitude, et à ne plus s'embarrasser de ce qui se passe à droite et à gauche.

Lorsque je vins ici, et que je contemplai du haut de la colline cette belle vallée, tu ne saurais croire comme j'étais attiré par tout ce que je découvrais autour de moi... Ce joli petit bois vis-à-vis, qu'il serait doux d'être assis à son ombre! Cette pointe de rocher, on doit y avoir la plus belle vue du monde; cette chaîne de monts et de petits vallons resserrés, qu'il serait charmant de s'égarer là-dedans!... Je courais et je revenais sans avoir trouvé ce que j'avais espéré. Mon ami, il en est de l'éloignement comme de l'avenir; une grosse masse obscure repose dans notre âme; nos sensations y sont aussi confuses que les objets éloignés le sont à nos yeux, et nous désirons ardemment de sacrifier tout notre être pour nous remplir de la volupté d'un seul sentiment noble et énergique. Et quand nous avons atteint ce but, quand ce qui était là est ici, tout est comme auparavant; nous nous trouvons pauvres, bornés, et notre âme recommence à désirer.

C'est ainsi que le voyageur le plus opiniâtre retourne enfin dans sa patrie, et trouve dans sa cabane, entre les bras de sa compagne, dans le cercle de ses enfants et des travaux nécessaires à leur entretien, tout le bonheur qu'il avait cherché en vain dans les vastes solitudes du monde.

Quand, au lever du soleil, je vais à mon Walheim, que j'entre dans le jardin de l'hôtesse, cueille moi-même mes pois, et m'assieds dans un coin pour les éplucher, en lisant Homère; quand ensuite j'entre dans la petite cuisine pour y faire mon potage, me représente très vivement les illustres amants de Pénélope, assommant eux-mêmes leurs bœufs et leurs porcs, les dépeçant et les rôtissant. Rien n'excite en moi un sentiment plus pur et plus doux que les traits de la vie des patriarches, que je puis maintenant, grâce à Dieu, comparer à la mienne.

Qu'il est heureux pour moi que mon cœur puisse sentir le bonheur simple et innocent de l'homme qui voit sur sa table le chou qu'il a élevé; qui, non-seulement, jouit de son légume, mais encore, et au même instant, du souvenir de la belle matinée dans laquelle il le planta, des douces soirées où il l'arrosa, et du plaisir qu'il eut de le voir croître et prospérer.

Le 29 juin.

Avant-hier le médecin de la ville vint faire une visite au bailli : il me trouva à terre, jouant avec les enfants de Charlotte; nous nous chatouillions, nous houspillions et faisions grand tapage. Ce docteur est très affecté et très solennel; tout en discourant, il rajuste les plis de ses manches, et tire son jabot jusqu'au bout de son menton. Il trouva cette conduite fort au-dessous de la dignité de l'homme; je m'en aperçus à sa mine : je n'en continuai pas moins, tandis qu'il dissertait, à rebâtir les châteaux de cartes que les enfants avaient détruits. Il ne manqua pas de dire à tout le monde, à son retour en ville, que les enfants du bailli étaient déjà assez gâtés, mais que Werther les perdait tout-à-fait.

Oui, mon ami, les enfants sont les êtres qui touchent mon cœur de plus près. Quand je les examine, quand j'observe dans ces petites créatures le germe des vertus et des qualités qui leur seront un jour si nécessaires, quand je vois dans l'opiniâtreté toute la fermeté et la constance à venir d'un grand caractère; dans la mutinerie, la légèreté et la gaîté d'humeur propre à faire glisser sur les dangers et les malheurs de la vie, et tout cela pur et entier, alors je me rappelle les paroles divines du précepteur du genre humain : *Si vous ne devenez comme un de ceux-ci.* Eh bien! mon ami, ces enfants, qui sont nos semblables, que nous devrions regarder comme nos modèles, nous les traitons en sujets : ils ne doivent point avoir de volonté! N'en avons-nous donc point nous-mêmes? et d'où nous vient ce droit exclusif? De ce que nous sommes plus âgés et plus habiles. À bon Dieu! du haut de ta gloire tu vois de vieux enfants, de jeunes enfants, et rien de plus; et ton fils a déjà nommé, il y a longtemps, ceux auxquels tu donnes la préférence. Mais ce qui est aussi déclaré depuis longtemps, ils croient en lui, et ne l'écoutent point; ils font leurs enfants à leur image, et... Adieu, mon ami, je ne veux point bavarder là-dessus davantage.

Le 1er juillet.

De quelle consolation Charlotte peut être à un malade! je le sens à mon propre cœur, qui est bien malade aussi. Elle passera quelque temps en ville chez une femme de mérite, que les médecins ont condamnée, et qui, dans ces derniers moments, veut avoir Charlotte auprès d'elle. J'ai été la semaine passée avec elle voir le pasteur de S....., petit endroit à une lieue d'ici, dans les montagnes. Nous y arrivâmes à quatre heures; la petite sœur de Charlotte l'accompagnait. Quand nous entrâmes dans la cour, qui est ombragée par deux beaux noyers, le bon vieillard était assis sur son banc. À la vue de Charlotte, il ne se souvint plus de sa vieillesse; il oublia son bâton d'épine; et se hasarda à lui aller au-devant. Elle courut à lui, l'obligea de se rasseoir, s'assit à ses côtés, lui fit mille compliments de la part de son père, et caressa beaucoup le cadet de ses enfants, l'amusement de sa vieillesse, quoiqu'il fût malpropre et peu agréable. Tu aurais dû voir ses attentions pour ce bon vieillard, tu aurais dû l'entendre comme elle élevait la voix parce qu'il est un peu sourd, comme elle lui racontait des jeunes gens robustes qui étaient morts au moment qu'on y pensait le moins, comme elle lui vantait l'excellence des eaux de Carlsbad, et louait la résolution qu'il avait prise d'y aller l'été prochain, et comme elle trouvait qu'il avait bien meilleure mine que la dernière fois qu'elle l'avait vu. Pendant ce temps-là, je faisais nés civilités à la femme du pasteur. Le vieillard se ranima; et, comme je ne pus m'empêcher de louer la beauté de ses noyers, qui nous donnaient une ombre si agréable, il se mit, quoique avec quelque difficulté, à nous en faire l'histoire. — Quant au plus vieux, dit-il, nous ne savons qui l'a planté : les uns nomment un pasteur, les autres un autre; pour le plus jeune, qui est derrière, il est de l'âge de ma femme, il aura cinquante ans en octobre; son père le planta le matin, et vers le soir elle vint au monde. Le père de ma femme était mon prédécesseur, et je ne saurais assez vous dire combien il aimait cet arbre; il ne m'intéresse certainement pas moins : c'est sous cet arbre que ma femme était assise sous une poutre, et tricotait, il y a vingt-cinq ans, quand j'entrai pour la première fois dans cette cour. Charlotte demanda des nouvelles de sa fille; il dit qu'elle était allée dans la prairie avec M. Schmidt pour voir faire ses foins. Puis il reprit son récit, nous raconta comment il avait gagné les bonnes grâces de son prédécesseur et de sa fille; comment il était devenu son vicaire, et ensuite son successeur. À peine avait-il fini ce récit que sa demoiselle arriva avec M. Schmidt; elle embrassa tendrement Charlotte. C'est une brunette vive, bien faite, piquante, très capable de faire passer ce temps à un honnête homme à la campagne. Son amant, car M. Schmidt se montra d'abord comme tel, me parut bel homme, mais très renfermé, ne voulant pas se mêler à la conversation, quelques efforts que fit Charlotte pour l'y engager; ce qui me causa tant de peine, c'est que je m'aperçus à sa mine que ce n'était point manque d'intelligence, mais caprice et mauvaise humeur. Cela ne devint que trop clair dans la suite; car, étant allés nous promener, comme je badinais avec la fille du pasteur, le visage de ce monsieur, qui n'était déjà pas des plus blancs, s'embrunit tellement que Charlotte me tira par la manche pour m'avertir de cesser. Rien au monde ne m'afflige plus que de voir les hommes se tourmenter mutuellement, surtout quand les personnes à la fleur de l'âge, les plus propres au plaisir, passent en querelles ce peu de beaux jours, et ne sentent leur erreur que lorsqu'elle est irréparable. Cela me tenait à cœur; et pendant la collation, le discours étant tombé sur les peines et les plaisirs du monde, je ne pus m'empêcher de saisir cette occasion pour me déchaîner contre l'hu-

meur. — Nous autres hommes, dis-je, nous nous plaignons souvent d'avoir si peu d'heureux jours, et il me paraît que nous avons souvent tort de nous plaindre. Si nos cœurs étaient toujours disposés à recevoir les biens que le ciel nous envoie, nous aurions aussi assez de forces pour supporter le mal quand il survient. — Mais, dit la femme du pasteur, nous ne sommes pas les maîtres de notre humeur ; combien ne dépend-elle pas du corps ? quand il est malade, l'esprit l'est aussi. — Eh bien ! continuai-je, regardons cette disposition comme une maladie, et voyons s'il n'y a point de remède. — Cela est plus raisonnable, dit Charlotte ; je crois effectivement que nous pouvons beaucoup sur nous-mêmes à cet égard. Je sais, par exemple, que, lorsque j'ai quelque inquiétude ou quelque chagrin, je cours dans le jardin, je chante quelques contredanses, et tout cela se dissipe. — C'est ce que je voulais dire, répliquai-je : il en est de l'humeur comme de la paresse. La paresse est naturelle à l'homme ; mais, si nous avons une fois la force de la surmonter, nous travaillons avec vivacité, et nous trouvons un vrai plaisir dans l'activité. La fille du pasteur m'écoutait avec attention ; et le jeune homme m'objecta qu'on n'était pas maître de soi-même, et surtout de ses sensations. — Il est question ici, lui dis-je, d'une sensation désagréable, dont chacun souhaite de se défaire ; et personne ne sait jusqu'où vont ses forces s'il ne les a essayées. Certainement un malade consulte les médecins, et ne se refuse point au régime le plus austère, aux remèdes les plus désagréables pour recouvrer sa santé. Je m'aperçus alors que le bon vieillard tendait l'oreille pour mieux entendre nos discours ; j'élevai ma voix, et m'adressant à lui : — On a beaucoup prêché contre tous les péchés, dis-je ; je ne sache pas qu'on l'ait fait encore contre la mauvaise humeur. — C'est à ceux qui prêchent en ville à traiter cette matière, dit-il ; les paysans ne connaissent pas la mauvaise humeur. Cependant il n'y aurait pas de mal à le faire ici de temps en temps, ne fût-ce que pour ma femme et M. le bailli. Nous nous mîmes à rire, et lui aussi de tout son cœur ; mais il lui prit un accès de toux qui nous interrompit pour quelque temps. Le jeune homme reprit le discours. — Vous avez donné à la mauvaise humeur le nom de péché, cela me paraît outré. — Cela ne l'est pas cependant, si tout ce qui nous fait tort, et en fait aux autres, mérite ce nom. N'est-ce pas assez que nous ne puissions nous rendre mutuellement heureux ? faut-il encore nous enlever les uns aux autres la satisfaction que nos cœurs pourraient souvent goûter d'eux-mêmes ? Montrez-moi l'homme qui a de l'humeur, et qui est assez honnête pour la cacher, pour en porter seul tout le poids, sans troubler les plaisirs de ceux qui l'entourent ? Non, l'humeur vient plutôt d'un sentiment de notre peu de mérite, d'un mécontentement toujours lié à une envie que produit une vanité folle. Nous voyons avec chagrin des gens heureux dont le bonheur n'est pas notre ouvrage ; Charlotte me regardait en riant de la chaleur avec laquelle je parlais ; et quelques larmes que j'aperçus aux yeux de la fille du pasteur m'engagèrent à continuer. — Malheur à ceux, dis-je, qui se servent de l'ascendant qu'ils ont sur un cœur pour le priver du plaisir simple dont il jouirait par lui-même ! Tous les présents, toutes les complaisances du monde ne peuvent remplacer une minute cette satisfaction qu'un tyran empoisonnerait.

Mon cœur était plein, quelques soupirs pressaient mon âme agitée, et mes yeux se remplissaient de larmes.

— On devrait se dire tous les jours, m'écriai-je, quel bien peux-tu faire à tes amis, sinon de ne point les troubler dans leurs plaisirs, et d'augmenter un bonheur que tu partages ? Quand leur âme est tourmentée par une passion violente, quand elle est déchirée par la douleur, peux-tu les soulager un instant ?

Et lorsqu'enfin une maladie mortelle a atteint le malheureux être dont la main creusa avant le temps la fosse ; lorsqu'il est étendu dans le dernier épuisement, qu'il lève un œil fixe, et que la sueur de la mort est sur son front, tu es là, devant lui, comme un criminel condamné. Tu ressens, mais trop tard, ta faute ; tu sens ton impuissance ; tu sens avec amertume que tous tes biens, tous tes efforts ne peuvent rendre la vigueur, ne peuvent même donner un moment de consolation à la victime infortunée.

En finissant ces mots, le souvenir d'une scène semblable à laquelle j'avais assisté pesa de tout son poids sur mon cœur ; je portai mon mouchoir à mes yeux, et je me levai et quittai la compagnie. La voix de Charlotte qui m'appelait pour partir me fit rentrer en moi-même. Comme elle me gronda en chemin, comme elle me représentait que le trop grand intérêt et la chaleur que je mettais à tout m'épuiserait et abrégerait mes jours ! Oui, mon ange, je me ménagerai, je vivrai pour toi.

Le 6 juillet.

Elle est toujours auprès de son amie mourante ; elle est toujours la même, toujours la femme la plus aimable et la plus intéressante, qui calme les douleurs et fait des heureux. Elle sortit hier au soir avec ses petites sœurs ; je le savais, j'allai à sa rencontre, et nous fîmes la promenade ensemble. Au retour, nous nous arrêtâmes à cette fontaine qui m'est si chère, et qui me l'est mille fois davantage depuis que Charlotte s'est assise sur le petit mur qui l'entoure. Je regardai autour de moi, et je me rappelai le temps où mon cœur y était isolé.

Chère fontaine, dis-je, à moi-même, depuis ce temps-là je n'ai respiré ta fraîcheur, et en passant près de toi souvent je ne t'ai pas seulement regardée. Je jetai les yeux sur Charlotte, et je sentis vivement tout ce que je possédais en elle.

Le 8 juillet.

Peut-on être aussi enfant ? peut-on dépendre d'un coup d'œil ? peut-on être aussi enfant ? Nous avons été à Walheim : les femmes étaient en carrosse, mais elles sont descendues, et on s'est promené. Pendant la promenade, il m'a semblé que les yeux noirs de Charlotte... Mais non, je me trompais. En deux mots (car je n'en puis plus de sommeil), les femmes sont remontées en voiture ! nous étions à la portière, le jeune W....., Selstadt, Audran et moi. On causait : ces jeunes gens étaient gais et folâtres ; je cherchais les yeux de Charlotte ; mais ils allaient de l'un à l'autre, mais ils ne tombaient point sur moi, sur moi qui étais là immobile, et qui ne voyais qu'elle. Mon cœur lui disait mille adieux, et elle ne m'a pas regardé. Le carrosse partit, une larme s'avança sur mes paupières ; mes yeux la suivirent. Je la vis qui avançait la tête hors de la portière. Hélas ! était-ce moi qu'elle regardait ? Je n'en sais rien, et l'incertitude me console : peut-être.... Bonsoir. Que je suis enfant !

Le 10 juillet.

Tu devrais voir la sotte figure que je fais en compagnie quand on prononce son nom, quand on parle d'elle, surtout quand on me demande comment elle me plaît. Me plaît ! je hais à la mort cette expression. Quel original serait celui à qui Charlotte plairait, dont elle ne captiverait pas toutes les sensations, toutes les idées ? Comment elle plaît ! Dernièrement quelqu'un me demandait comment Ossian me plaisait !

Le 13 juillet.

Non, je ne me trompe point, je lis dans ses yeux noirs que mon sort l'intéresse ; oui, je le sens. Et j'en crois mon cœur, qu'elle, oserais-je le dire ? pourrais-je prononcer ces paroles célestes ? qu'elle m'aime !

Qu'elle m'aime ! Ah ! comme cette idée me relève à mes propres yeux ! comme... oui, je puis te le dire, tu es fait pour le sentir, comme je m'adore depuis qu'elle m'aime.

Est-ce présomption, est-ce le sentiment du vrai ? Je ne connais point l'homme qui pourrait me bannir du cœur de Charlotte ; et cependant, quand elle parle d'Albert avec chaleur, avec tendresse, je suis là comme un ambitieux qu'on dépouille de ses honneurs, de ses dignités, et à qui le prince fait demander son épée.

Le 16 juillet.

Comme mon cœur palpite, comme mon sang bouillonne dans mes veines, quand mon doigt touche son doigt, quand nos pieds se rencontrent sous la table ! je les retire avec précipitation, comme d'un brasier ardent ; mais une force secrète me ramène en avant, et porte le trouble dans tous mes sens.

Son nom, innocent et libre, ne sent point que des petites marques de confiance et d'amitié font mon tourment. Quand elle pose sa main sur la mienne, dans la chaleur du discours, elle s'approche de moi, son haleine divine va jusqu'à mes lèvres, je suis comme un homme frappé de la foudre ! Eh ! cette confiance céleste, si j'osais jamais... tu m'entends, mon ami ; non, mon cœur n'est pas assez corrompu ; le faible, très faible même, et il peut être corrompu ?

Elle est sacrée pour moi ; sa présence fait taire les désirs ; près d'elle je suis tout âme ; elle a un air favori qu'elle joue sur le clavecin avec l'énergie qu'y mettrait un ange. Il est simple, noble et touchant. Dès qu'elle commence, soucis, troubles, peines, tout est oublié. Je comprends parfaitement, je crois, ce que l'on rapporte de la magie de la musique ancienne. Dans des moments où je me donnerais volontiers un coup de pistolet, elle joue cet air ; les ténèbres de mon âme se dissipent, et je respire en liberté.

Le 18 juillet.

Qu'est-ce que le monde pour notre cœur sans amour ? une lanterne magique sans lumière. La petite lampe paraît-elle, les figures brillent sur le mur blanchi ; et si l'amour, comme la lanterne magique, ne nous montre que des fantômes qui passent, toujours sommes-nous heureux lorsque, ainsi que les enfants, nous sommes hors de nous-mêmes à la vue de ces brillantes apparitions. Je ne verrai point aujourd'hui Charlotte, une compagnie que je n'ai pu éviter m'en empêche. Qu'ai-je fait ? j'y ai envoyé le petit garçon qui me sert, afin d'avoir du moins auprès de moi quelqu'un qui l'eût approchée aujourd'hui. Avec quelle impatience j'ai attendu son retour, avec quel plaisir je l'ai revu ! sans doute je l'aurais embrassé si la crainte ne m'eût retenu.

La pierre de Bologne placée au soleil en attire les rayons, les conserve, et éclaire encore pendant quelque temps dans l'obscurité. Voilà ce qu'était pour moi ce petit garçon. L'idée que les yeux de Charlotte s'étaient reposés sur ses traits, ses joues, les boutons de

son habit, le collet de son surtout, me rendait tout cela si intéressant, si précieux !...... Je n'aurais pas dans ce moment-là donné ce petit garçon pour mille écus. J'étais si heureux de le voir ! Garde-toi d'en rire, mon ami ; rien de ce qui nous rend heureux n'est illusion.

Le 19 juillet.

Je la verrai ! m'écriai-je le matin en ouvrant ma fenêtre et en fixant d'un air serein l'astre brillant du jour ; je la verrai, et je n'ai pas d'autres souhaits à former pour la journée ; tout, tout est concentré dans cette idée.

Le 20 juillet.

Je ne saurais encore approuver votre projet de m'envoyer au ministre de **** à ****. Je n'aime pas la subordination, et nous savons tous d'ailleurs que cet homme est d'un commerce dur et difficile. Ma mère désirerait, dis-tu, de me voir occupé ; j'ai été obligé d'en rire : eh ! ne suis-je pas assez occupé ? que ce soit à éplucher des fèves ou des pois, cela revient dans le fond au même. Dans le monde, tout n'est que misère, et celui qui travaille par complaisance à amasser de l'argent ou des titres est, à mon avis, un grand fou.

Le 24 juillet.

Puisque tu t'intéresses autant à mes progrès dans le dessin, je suis fâché, mon ami, d'être obligé de te dire que jusqu'ici j'ai fait très peu de chose en ce genre. Jamais je n'ai été plus heureux, jamais je n'ai mieux connu la nature, jamais je ne l'ai vue plus sublime en grand, plus exacte et plus variée dans les détails, et cependant, je ne sais comment t'exprimer mon état, les forces exécutrices me manquent ; tout nage, voltige devant moi, et je ne puis former un ensemble ; j'imagine que je réussirais mieux en relief, si j'avais de la terre ou de la cire ; j'essaierai, pour peu que cela continue.

J'ai commencé trois fois le portrait de Charlotte, et trois fois j'ai déshonoré mes pinceaux. Je n'y comprends rien ; j'étais dernièrement très heureux pour les ressemblances ; j'ai fait une silhouette, et il faut que je m'en contente.

Le 27 juillet.

J'ai déjà pris bien des fois la résolution de ne pas la voir si souvent. Oui, cela est plus aisé à dire qu'à faire. Tous les jours je succombe à la tentation ; le soir je me dis au retour : Demain tu n'iras pas ; le lendemain je me retrouve près d'elle sans savoir comment cela s'est fait. Ne crois pas cependant que je manque de raison ; un soir elle m'a dit : — Vous reviendrez demain ? Pouvais-je m'en dispenser ? Un autre jour, le temps est si beau, il faut se promener, il faut aller à Walheim ; et quand je suis là, il n'y a plus qu'une demi-lieue. Ma grand'mère nous faisait un conte d'une montagne d'aimant. Les vaisseaux s'en approchaient-ils, les clous volaient à la montagne, et les malheureux passagers périssaient entre les planches déjointes.

Le 30 juillet.

Albert est arrivé. Quand il serait le meilleur, le plus parfait des hommes, quand je devrais lui céder en tout, il n'en serait pas moins insupportable pour moi de le voir à mes yeux en possession. Je l'ai vu, mon ami, je l'ai vu, cet heureux époux ; c'est un brave et galant homme qu'on ne peut s'empêcher d'aimer. Heureusement je n'étais pas à la première entrevue : mon cœur aurait été déchiré, et il est assez honnête pour n'avoir pas encore donné un seul baiser à Charlotte en ma présence. Dieu l'en récompense ! Il faut que je l'aime pour le respect qu'il porte à cette aimable fille. Il me veut du bien ; c'est sans doute l'ouvrage de Charlotte. Les femmes font ce qu'elles peuvent pour entretenir une bonne harmonie entre leurs amis : cela réussit rarement ; mais quand cela arrive, elles seules y gagnent.

Sérieusement, je ne puis refuser mon estime à Albert. Sa froide et tranquille sagesse fait un contraste bien marqué avec la fougue de mon caractère ; cependant il a beaucoup de sensibilité, et il connaît tout le prix du bonheur qu'il possède. Il paraît être peu sujet à avoir de l'humeur ; tu sais que c'est de tous les défauts celui que je pardonne le moins.

Il me regarde comme un homme d'esprit et de goût. L'attachement que je montre pour Charlotte, le vif intérêt que je prends à tout ce qui la regarde, augmentent son triomphe et sa tendresse pour elle. Je n'examinerai point s'il ne la tourmente pas quelquefois en secret par de petites jalousies ; du moins, à sa place, ne serais-je pas tout à fait tranquille.

Quoi qu'il en soit, le plaisir que je goûtais auprès de Charlotte n'est plus. Appellerai-je cela folie ou aveuglement ? Mais qu'est-il besoin de nom ? la chose parle d'elle-même. Avant l'arrivée d'Albert, je savais tout ce que je sais maintenant ; je savais que je n'avais point de prétentions à former sur elle, je n'en formais pas non plus. Et voilà que, comme un imbécile, j'ouvre de grands yeux étonnés de ce qu'un autre vient et m'enlève cette fille ! Je me mords les lèvres, je me méprise ; mais je mépriserais bien davantage celui qui me dirait froidement : — Il faut prendre votre parti, la chose ne peut être autrement. Qu'on me débarrasse de ces sottes gens-là ! Après avoir

bien couru dans les bois, je reviens à la maison de Charlotte, je la trouve assise sous un berceau avec Albert ; ne pouvant faire mieux, je fais le fou, je dis cent extravagances. — Au nom de Dieu, me disait aujourd'hui Charlotte, je vous en prie, point de scène comme celle d'hier au soir ; vous êtes terrible dans vos accès de joie. Soit entre nous, j'ai pris le parti de guetter Albert ; et quand il a quelques affaires, j'y cours, et je suis content lorsque je la trouve seule.

Le 8 août.

Crois, mon cher ami, que, lorsque je t'ai écrit à propos de ceux qui me diraient de prendre mon parti : qu'on me débarrasse de ces gens-là ! j'étais bien loin de penser à toi ; je ne croyais pas que tu pusses être du même sentiment ; et, dans le fond, tu as raison. Je ne te ferai qu'une objection, mon ami : on prend rarement l'un des deux partis opposés qui se présentent. Il y a autant de nuances de sentiment et d'action que de traits différents entre un nez aquilin et un camus.

Permets-moi donc de t'accorder tes conclusions et de chercher à me glisser entre deux.

Ou tu as l'espérance de posséder Charlotte, ou tu ne l'as pas, me diras-tu ; dans le premier cas, tu dois pousser la pointe et marcher à l'accomplissement de tes vœux ; dans le second, sois homme, et cherche à secouer un sentiment malheureux qui consumera toutes tes forces. Mon cher ami, cela est bien dit et bien aisé à dire.

Exigerais-tu d'un homme faible, accablé sous une maladie de langueur qui le mine peu à peu, qu'il termine ses maux par un coup de poignard ? le mal qui consume ses forces ne lui ôte-t-il pas en même temps le courage de s'en défaire ?

Tu pourrais, à ton tour, me présenter une comparaison à peu près semblable : qui ne se ferait couper un bras plutôt que de risquer sa vie en renvoyant l'opération ? Bien des gens peut-être. Mais quittons ces comparaisons. Oui, mon ami, j'ai souvent des moments de courage où je partirais peut-être, si je savais où aller.

Le 10 août.

Si je n'étais pas un insensé, je pourrais mener ici la vie du monde la plus heureuse. Il est rare que des circonstances aussi agréables se réunissent pour réjouir le cœur d'un honnête homme. Ah ! je ne l'éprouve que trop ! c'est du cœur seul que dépend le bonheur ! Être membre de la plus aimable famille, être aimé du vieillard comme un fils, des enfants comme un père, et de Charlotte, et cet honnête Albert, qui ne trouble pas mon bonheur par aucun accès d'humeur, m'embrasse avec cordialité ; qui, après Charlotte, me préfère à tout ! Mon ami, ce serait un plaisir de nous entendre quand nous nous promenons ensemble et que nous nous entretenons de Charlotte. Il n'y a dans le fond rien de plus sensible que cette union, et cependant je suis souvent attendri jusqu'aux larmes. Quand il me parle de la respectable mère de Charlotte, quand il retrace ses derniers moments, et la touchante scène dans laquelle elle remit à sa fille le soin de ses enfants et de sa maison ; lorsqu'il me dit comme dès ce moment Charlotte changea de caractère, comme elle se montra habile, économe, et mère tendre, ne passant aucune journée sans déployer ces deux qualités, et conservant toujours sa vivacité et sa gaîté aimable, je marche à côté de lui, je cueille des fleurs sur la route, je m'en forme avec soin un bouquet, et... je le jette dans le premier ruisseau que je rencontre, et je regarde comme il descend lentement. Je ne sais si je t'ai déjà écrit qu'Albert s'établit ici ; la cour, où il est estimé, lui donne une place d'un fort joli revenu. J'ai peu d'hommes qui eussent autant d'ordre et d'exactitude dans les affaires.

Le 12 août.

Albert est certainement le meilleur homme du monde ; j'ai eu hier une singulière conversation, qu'il faut que je te raconte. Je venais prendre congé de lui, car j'ai eu la fantaisie d'aller passer quelques jours dans les montagnes, d'où je t'écris. En me promenant dans sa chambre, j'aperçus ses pistolets. — Prête-moi ces pistolets pour mon voyage. — A ton service, pourvu que tu veuilles te donner la peine de les charger ; ils ne sont là que pour la forme. J'en pris un, et il continua : — Depuis que ma précaution me joua un vilain tour, je ne veux plus avoir d'armes chargées. Je le priai de me conter cette aventure. — J'étais à la campagne chez un ami, me dit-il ; mes pistolets n'étaient point chargés, et je dormais tranquillement ; un après-dîner qu'il pleuvait, et que j'étais assis à ne rien faire, je ne sais comment il me passa par l'esprit que des voleurs pouvaient attaquer la maison ; que ces pistolets pourraient nous être utiles ; que nous pourrions... enfin, tu sais comment on raisonne quelquefois à perte de vue quand on n'a rien de mieux à faire. Je donne ces pistolets à mon domestique pour les nettoyer et les charger ; il badine avec la servante, veut l'effrayer, et Dieu sait comment le pistolet part, la baguette était encore dedans, et va abattre un pouce à cette fille. Juge du bruit et des lamentations ! un chirurgien à payer par-dessus le marché. Depuis cette aventure, mes pistolets sont comme tu les vois. Mon cher ami, à quoi sert-il de prévoir ? Nous ne pouvons savoir le danger qui nous menace, à la vérité. Tu sauras, mon ami, que j'aime tout de cet homme, excepté ses *à la vérité*. Ne sait-on pas, du reste,

que cette règle a ses exceptions? Mais il est si honnête, il aime tant la vérité, que, lorsqu'il croit avoir dit quelque chose de hasardé, de trop général, où d'à demi vrai, il ne cesse de limiter, de modifier, de retrancher, ou d'ajouter, tant qu'au bout il se trouve qu'il n'a rien dit. Il s'enfonça donc dans le texte, suivant sa coutume: je cessai de l'écouter; je me plongeai dans mes rêveries, et tout en rêvant je portai la bouche du pistolet à mon front. — Fi! dit Albert, en détournant le pistolet: que signifie cela? — Il n'est pas chargé. — Eh bien, quoiqu'il ne le soit pas, dit-il avec impatience, qu'est-ce que cela signifie? Je ne puis comprendre qu'un homme soit assez fou pour se casser la tête, et la seule idée m'affecte. — Faut-il donc, m'écriai-je, que vous autres hommes, quand vous parlez d'une chose, disiez d'abord : — Cela est fou, cela est sage, cela est bon, cela est mauvais; que signifie tout cela? Avez-vous examiné avec le plus grand soin les motifs intérieurs de cette action? Avez-vous su développer avec justesse les raisons pour lesquelles elle eut lieu, et pour lesquelles elle devait se faire? Si vous aviez fait tout cela, vous ne décideriez pas si promptement.

— Tu m'accorderas que certaines actions sont criminelles, quels que soient les motifs qui les ont fait commettre. J'en convins, en haussant les épaules.

— Cependant, mon cher ami, lui dis-je, il y a encore ici quelques exceptions à faire. Le vol est un crime; mais celui qui le commet, poussé par une extrême misère et dans l'unique but de sauver sa vie et celle de sa famille, sera-t-il puni, et n'a-t-il pas plutôt des droits à notre compassion? Qui jeta la première pierre contre ce mari, qui, dans le mouvement d'une juste colère, sacrifia une femme infidèle et son perfide corrupteur, contre une jeune fille qui s'égara dans les transports de l'amour? Nos lois mêmes, ces lois pédantes, ces lois froidement barbares, se laissent attendrir, et retirent leurs châtiments.

— Ces exemples sont fort différents, dit Albert, parce qu'un homme déchiré par les passions est incapable de réflexion, et est considéré comme un homme ivre, ou insensé. — Ah! vous autres gens sensés, m'écriai-je en riant, vous prononcez volontiers ces mots de passion, ivresse, extravagance; vous êtes là tranquilles, sans prendre garde à rien; vous évitez l'homme ivre, détestez l'extravagant; vous passez à côté, comme le prêtre, et ainsi que le pharisien, vous remerciez le Seigneur de ne vous avoir pas fait comme l'un d'eux. J'ai connu plus d'une fois l'ivresse; mes passions ont toujours bordé l'extravagance, je n'en rougis point: n'ai-je pas vu que, de tout temps, on a traité de gens ivres et insensés tous les hommes extraordinaires qui ont fait quelque chose de grand ou qui paraissait impossible?

Et, ce qui est aussi insupportable dans la vie privée, c'est de voir que, lorsqu'un jeune homme fait quelque action libre, noble, inattendue, on s'écrie : Ce jeune homme est ivre, il est insensé. Rougissez, gens sobres, rougissez, sages de la terre. — Voilà encore de tes excès, dit Albert, tu passes toujours le but: tu as ici du moins certainement tort de comparer le suicide dont il était question avec de grandes actions, puisqu'on ne peut le regarder que comme une faiblesse. Il est bien plus aisé de mourir que de supporter avec fermeté une vie pleine de tourments.

J'étais sur le point de rompre brusquement l'entretien : car rien ne me met hors de moi comme de voir qu'on me présente un lieu commun qui ne signifie rien, tandis que je parle du fond du cœur. Je me contins cependant, parce que j'ai déjà souvent entendu ce pitoyable argument, et que je m'y accoutume. Mais je lui répondis avec quelque vivacité : — Tu nommes cela faiblesse! prend garde de te laisser éblouir aux apparences. Un peuple soupire sous le joug insupportable d'un tyran; le traiteras-tu de faible lorsque enfin il secoue et rompt ses chaînes? Un homme qui, à l'instant que sa maison est en feu, sent toutes ses forces tendues, qui soulève avec facilité des fardeaux qu'il peut à peine remuer lorsque ses sens sont tranquilles; celui qui, vivement offensé, attaque six hommes, et les met en fuite; sont-ce des gens faibles? Et! mon bon ami, si la contention est la force, son excès peut-il être le contraire? Albert me dit en me fixant : — Pardonne-moi, mais les exemples que tu cites me paraissent n'avoir aucun rapport au sujet. — Cela se peut, répondis-je; on m'a déjà reproché que si nous pouvons nous représenter de quelque autre manière quel doit être l'état de l'homme qui se détermine à faire le comparaison, il fardeau en général si agréable; ce n'est qu'en entrant dans sa situation, en le sentant, que nous pouvons raisonner avec quelque justesse.

— La nature humaine, continuai-je, a ses bornes ; elle peut supporter jusqu'à un certain degré la joie, la peine, les douleurs ; ce degré passé, elle est anéantie.

Il n'est donc pas question ici de savoir si tel est faible ou fort, mais s'il peut surpasser les bornes de sa nature et la mesure de ses souffrances, qu'elles soient morales ou physiques; et je trouve aussi extraordinaire d'entendre dire : L'homme qui se tue est un poltron, que d'entendre traiter de même celui qui meurt d'une fièvre maligne.

— Paradoxe, paradoxe, tout à fait! s'écria Albert. — Pas tant paradoxe que tu le l'imagines, répliquai-je; tu m'accorderas que nous nommons maladie mortelle celle où la nature est tellement attaquée, qu'une partie de ses forces est détruite, et l'autre trop affaiblie pour pouvoir se relever par quelque heureuse révolution, et rétablir le cours de la nature.

Appliquons ceci à l'esprit, voyons-le aussi dans son cercle ; comme les impressions travaillent sur lui, comme les idées s'y établissent, jusqu'à ce qu'enfin une violente passion s'étende, le prive de toutes les forces qu'avaient ses sensations dans leur tranquillité, et l'accable entièrement.

En vain l'homme sage et de sang-froid connaît l'état malheureux de celui qui est dans cette situation; en vain il lui donne des conseils : c'est ainsi que l'homme sain qui est près du lit d'un mourant ne peut lui insinuer la plus petite partie de ses forces.

Albert trouvait cela trop général. Je lui citai la fille qui s'était noyée dernièrement, et je lui rappelai son histoire : Une bonne, jeune créature tellement accoutumée au cercle étroit de ses travaux domestiques et à la tâche de la semaine, qu'elle ne connaissait d'autre plaisir que d'aller faire un tour hors de la ville, le dimanche, avec ses camarades, peut-être de danser une fois pendant les grandes fêtes, et le reste du temps de s'entretenir avec la voisine de quelques querelles, de quelques mauvais propos; elle sent enfin des besoins intérieurs, augmentés encore par les flatteries des hommes: tous ses plaisirs passés lui deviennent peu à peu insipides, jusqu'à ce qu'elle rencontre un homme auquel un sentiment inconnu l'attache invisiblement, sur lequel elle réunit maintenant toutes ses espérances; elle oublie le monde qui est autour d'elle, elle ne voit, elle n'entend, elle ne sent que lui seul, elle ne désire que lui seul. N'étant point corrompue par les plaisirs d'une vanité légère, ses souhaits vont droit au but, elle veut être à lui, elle veut trouver dans un lien éternel tout le bonheur qui lui manque, et jouir de la réunion de tous les plaisirs qu'elle désirait. Des promesses répétées qui mettent le sceau à ses espérances, des caresses qui enflamment ses désirs, environnent son âme en entier ; elle nage dans un avant-goût de plaisirs ; elle est dans la plus grande extase ; elle étend enfin les bras pour embrasser tous ses vœux. Ils s'évanouissent, son amant l'abandonne. Saisie, glacée, elle est sans sentiment devant l'abîme: tout est ténèbres autour d'elle, il n'est plus pour elle ni espoir de consolation, d'espoir. Celui en qui était sa vie, ne l'a-t-il pas délaissée? Elle ne voit point le vaste univers qui est devant elle ; elle ne voit point tant d'hommes qui pourraient réparer sa perte ; elle se sent abandonnée de tout le monde. Aveugle, pressée par la vive douleur qui étreint son cœur de toutes parts, elle se précipite dans l'abîme, pour y finir ses tourments. Voilà, Albert, l'histoire de bien des hommes ; et n'est-ce pas là précisément le cas de la maladie? La nature ne trouve point de sortie du labyrinthe des forces usées et des forces opposées, et il faut que le malade meure.

Malheur à l'homme qui verrait cette situation et qui pourrait dire : La folle! que n'attendait-elle, que ne laissait-elle agir le temps? Son désespoir se serait adouci, elle aurait trouvé en consolateur. C'est de même que si un autre disait : Le fou! il est mort de la fièvre; que n'attendait-il jusqu'à ce qu'il eût repris des forces, que son sang se fût calmé? Tout aurait bien été, et il vivrait encore aujourd'hui.

Albert, qui ne trouvait pas la comparaison assez juste, m'objecta plusieurs choses, entre autres, que je n'avais parlé que d'une fille simple et ignorante; mais qu'il ne pouvait pas comprendre qu'un homme de sens, dont le cercle serait plus étendu, et qui voyait bien d'autres consolations, pût se laisser aller à ce désespoir. — Mon ami, lui dis-je, l'homme instruit, quelque habile que soit l'homme, il est homme cependant, et le peu de raison qu'il possède n'agit point ou agit faiblement quand la passion se déchaîne, et quand les bornes de l'humanité pressent plutôt. Nous en parlerons une autre fois, dis-je en prenant mon chapeau. Ah! mon cœur était plein. Et nous nous séparâmes sans nous être entendus. Il est si rare que les hommes s'entendent!

Le 15 août.

Il est bien vrai que le sentiment seul rend les hommes nécessaires les uns aux autres. Je vois que Charlotte me perdrait à regret; et pour les enfants, ils me répètent chaque jour : — Tu reviendras demain. J'étais allé aujourd'hui chez Charlotte pour remonter son clavecin; je n'ai pu en venir à bout; tous les enfants couraient après moi pour que je leur fisse un conte, et Charlotte a voulu que je les contentasse; je leur ai donné à goûter, car ils me reçoivent à présent presque aussi volontiers de moi que de Charlotte, et je leur ai fait un de mes meilleurs contes, celui de la princesse qui était servie par des nains. J'apprends beaucoup en me faisant cet exercice, je l'assure, et je suis fort surpris de l'effet que ces contes font sur eux.

Quelquefois j'imagine un incident que j'oublie à un second récit. Les petits coquins me manquent point de me dire : — Ce n'était pas ainsi la première fois, en sorte que je m'applique maintenant à réciter tout de suite, sans changement, et d'un ton à moitié charmant. J'ai vu par là comment un écrivain fait tort à son ouvrage, en changeant même en beau ses récits. Nous recevons volontiers

les premières impressions; l'homme croit même l'incroyable, il se le grave dans la tête; mais malheur à qui voudra ensuite l'effacer!

Le 18 août.

Fallait-il donc que ce qui fait le bonheur de l'homme devint ensuite la source de ses infortunes? Le sentiment brûlant qui arrachait mon cœur à la nature entière, qui m'inondait d'un torrent de délices, qui formait un paradis tout autour de moi, est devenu un bourreau insupportable, un démon qui me tourmente et qui me poursuit partout. Autrefois je contemplais du haut des rochers le fleuve majestueux qui, jusqu'à ces monts éloignés, arrose la plaine fertile. Tout coulait, germait, végétait. Autour de moi tout était en mouvement; je voyais ces montagnes couvertes jusqu'à leurs sommets d'arbres élevés et touffus, et les contours variés de tous ces vallons ombragés par de rians bosquets. Le fleuve tranquille se glissait lentement entre les roseaux agités, et réfléchissait des nuées légères qu'un doux zéphir balançait dans les airs. J'entendais les oiseaux animer les bois par leur ramage. Là, des milliers de moucherons dansaient aux rayons pourprés du soleil couchant. Je voyais la mousse forcer le rocher aride à lui fournir sa nourriture, et les genêts croître là-bas dans le sable. Tout montrait à mes yeux la chaleur sacrée qui vivifie la nature; elle embrasait, elle remplissait mon cœur; je me perdais dans le sentiment de l'infini. D'énormes montagnes m'environnaient, des précipices étaient sous mes pas, un torrent se précipitait autour de moi, des fleuves impétueux coulaient dans la plaine, les rochers et les monts retentissaient au loin, et je voyais dans la profondeur de la terre des forces innombrables s'agiter et se multiplier à l'infini. Tous les êtres de la création, sous mille figures différentes, se meuvent sur la terre et sous le ciel; et les hommes se cachent et se nichent dans leurs petites cabanes, et ils disent: —Nous régnons sur ce vaste univers. Faible mortel! tu vois tout ce petit parce que tu es petit. Des montagnes escarpées, des déserts qu'aucun pied d'homme n'a foulés, jusqu'aux bornes inconnues du vaste Océan, le Créateur éternel anime tout par son souffle et prend plaisir à chaque atome auquel il a donné l'existence et la vie. Ah! combien de fois alors le vol d'une grue qui passait par dessus ma tête ne m'a-t-il pas inspiré le désir d'être transporté sur le bord de la mer immensurable, d'y goûter les délices de la vie dans la copie éternelle de l'Être infini, et de sentir, ne fût-ce que pendant une minute, dans les forces limitées de mon sein, une goutte de la béatitude de l'être en qui et par qui tout est produit!

Cher ami, le simple souvenir de ces heures me cause encore du plaisir; la contention d'esprit qui me retrace ces sensations, qui me donne la faculté de les exprimer, élève mon âme au dessus d'elle-même et me fait sentir du double la détresse de ma situation présente.

Un rideau s'est tiré devant mon âme, et le théâtre a changé; au lieu de la scène de la vie éternelle, je n'ai plus devant moi que l'abîme d'une fosse ouverte à jamais. Pouvons-nous dire: cela est, tandis que tout passe, que le temps emporte tout d'un cours rapide, que l'existence passagère, entraînée, hélas! par le torrent, est abîmée sous les flots ou brisée contre les rochers? Point de minute qui ne ronge, et toi-même et tout ce qui t'entoure; point de minute où tu ne sois un destructeur. La plus innocente promenade coûte la vie à des milliers de pauvres insectes; un seul pas détruit le bâtiment de la fourmi laborieuse et fait d'un petit monde une fosse. Non, ce ne sont point ces grandes et rares calamités, ces flots qui entraînent vos villages, ces tremblements de terre qui engloutissent vos villes, qui me touchent et m'émeuvent. Ce qui me mine le cœur, c'est cette force destructive qui est cachée dans tout ce qui existe. La nature n'a rien formé qui ne se consume soi-même, qui ne consume ce qu'il touche. C'est ainsi qu'entouré du ciel, de la terre et de toutes les forces mouvantes, j'erre le cœur déchiré, et que l'univers n'est pour moi qu'un monstre effroyable qui engloutit et regorge.

Le 20 août.

C'est en vain que je tends mes bras vers elle, quand je m'éveille le matin après des songes sinistres; c'est en vain que je la cherche près de moi quand un rêve innocent m'a heureusement trompé, et m'a placé près d'elle dans la prairie; je tenais sa main, je la couvrais de baisers. Ah! lorsque, encore à moitié endormi, je crois la toucher, et que je m'éveille entièrement, un torrent de larmes coule de mon cœur oppressé, et, sans consolation, je pleure d'avance un sombre avenir.

Le 22 août.

Mon ami, toute mon activité a dégénéré en une indolence inquiète; je ne puis être oisif et je ne puis m'occuper. Je ne saurais réfléchir; je ne suis plus sensible aux beautés de la nature, et les livres me causent du dégoût; oui, tout nous manque si nous nous abandonnons à nous-mêmes. Je souhaite quelquefois d'être un manœuvre; du moins, en m'éveillant, j'aurais un but, une espérance, une tâche pour la journée, souvent je porte envie à Albert, quand je le vois enfoncé jusqu'aux oreilles dans un tas de papiers et de parchemins, et je dis: Je serais heureux à sa place. J'ai eu déjà plus d'une fois l'idée de l'écrire et au ministre, pour ce poste que tu crois qui me serait accordé; je le crois moi-même; le ministre m'aime depuis longtemps et m'a dit plusieurs fois que je devrais chercher à m'employer. C'est l'affaire d'une heure; mais quand la fable du cheval, qui, ennuyé de sa liberté, se laissa seller et brider, et eut tout lieu de s'en repentir; quand cette fable, dis-je, se retrace à mon esprit, je ne sais quel parti prendre. Eh! mon cher ami, le désir de changer de situation n'est-il pas la suite d'un principe d'impatience qui me poursuivrait également partout?

Le 28 août.

Si mon mal pouvait se guérir, ces gens-ci le guériraient sans doute. C'est aujourd'hui mon jour de naissance; de grand matin, j'ai reçu un petit paquet de la part d'Albert; j'ai reconnu à l'ouverture un des nœuds de manche que Charlotte portait le premier jour que je la vis et que je lui avais demandé plusieurs fois. Albert y avait joint deux volumes in-12, l'Homère de Wetstein, petit livre que je désirais depuis longtemps, l'Ernesti étant incommode à la promenade. Tu vois comme ils préviennent mes désirs, comme ils connaissent toutes ces petites attentions de l'amitié, bien supérieures aux présents superbes de l'homme vain qui nous humilie. J'ai donné mille baisers à ce nœud de manche, et chaque fois j'ai respiré le souvenir de ces délices de quelques heureux jours qui ne reviendront plus. Mon ami, tel est notre sort; je n'en murmure point; les fleurs de la vie ne font que paraître. Combien passent sans laisser des vestiges après elles, combien peu donnent des fruits, et combien peu de fruits sont rarement mûrs! Et cependant, ah! mon ami, n'est-il pas étrange que nous laissions souvent flétrir et tomber en pourriture ce peu de fruits mûrs qui nous restent? Adieu!

Il fait le plus beau temps du monde. Souvent, dans le verger de Charlotte, grimpé sur un arbre, je choisis des poires avec le cueilloir; elle est sous l'arbre, et elle les reçoit à mesure que je les lui tends.

Le 30 août.

Malheureux! n'es-tu pas un insensé, ne prends-tu pas plaisir à te tromper toi-même? Que deviendra enfin cette passion fougueuse et sans bornes? Je n'adresse plus de prière qu'à Charlotte; mon imagination ne me représente qu'elle; tout ce qui m'entoure n'est rien pour moi que relativement à elle, et cet état-là me donne des heures fortunées, jusqu'à ce que je sois contraint de m'arracher d'elle. Ah! mon ami, mon propre cœur m'y force souvent. Quand j'ai été près d'elle, pendant deux ou trois heures, tout entier à sa figure, à ses gestes, à ses divines expressions, peu à peu le sentiment s'empare de moi et parvient à son comble; mes yeux se troublent, j'entends à peine, je ne me sens pris à la gorge, mes veines se gonflent; mon ami, souvent je ne sais si j'existe. Alors si, comme il arrive quelquefois, l'attendrissement prend pas le dessus, si Charlotte ne m'accorde pas la triste consolation d'inonder sa main de mes larmes, il faut que je sorte, il faut que je coure errer dans la campagne. Je grimpe à un rocher escarpé, je coupe un chemin au milieu du taillis, à travers des buissons qui me piquent, des ronces qui me déchirent, et je me trouve un peu soulagé; quelquefois je reste étendu sur la terre, mourant de soif, accablé de lassitude; quelquefois, bien avant dans la nuit, quand la lune luit sur ma tête, je m'appuie contre un arbre courbé dans une forêt écartée, pour donner quelque repos à mes pieds écorchés, et je sommeille d'épuisement jusqu'à la pointe du jour. Oh! mon ami, la triste cellule, le cilice, la ceinture hérissée de fer, seraient pour moi des plaisirs au prix des peines que j'éprouve. Adieu. Je ne vois de terme à tous ces tourments que la tombe.

Le 3 septembre.

Je partirai. Je te remercie, mon ami; tu balançais, tu me décides. Depuis quinze jours, je pense à la quitter; il le faut. Elle est revenue en ville, chez une amie, et Albert... Je partirai.

Le 10 septembre.

Quelle nuit, mon ami! Je puis tout supporter maintenant; je ne la reverrai plus. Ah! que ne puis-je sauter à ton cou et t'exprime. avec mille larmes tous les mouvements qui tourmentent mon cœur! Je suis assis, je cherche à respirer librement, je fais tous mes efforts pour me calmer; j'attends le retour des chevaux de poste.

Elle repose; elle ne pense pas qu'elle ne me reverra jamais. Je me suis arraché, j'ai eu la force de ne point trahir mon projet pendant un entretien de deux heures, et quel entretien, grand Dieu!

Albert m'avait promis de se rendre avec Charlotte, d'abord après souper, dans le jardin. J'étais sur la terrasse, sous les épais châtaigniers, et je voyais le coucher du soleil; il quittait pour la dernière fois à mes yeux cette agréable vallée et ce fleuve tranquille. Souvent j'avais été là avec elle; j'avais vu ce même spectacle auguste; et maintenant... Je me promenais le long de cette allée qui m'était si chère; une secrète sympathie m'y avait souvent retenu avant que je connusse Charlotte, et nous nous réjouîmes lorsqu'au commencement de notre connaissance nous découvrîmes que nous avions eu tous les deux la même prédilection pour cet endroit. D'abord, à tra-

vers les châtaigniers, on découvre une vue étendue. Mais je me rappelle que je t'en ai déjà écrit, que je t'ai dit comment de hautes charmilles vous enferment à la fin; comment, à travers un bosquet, l'allée devient plus sombre, jusqu'à ce que tout se termine par un grand cabinet de verdure épaisse qui a tous les charmes de la plus sombre retraite. Je sens encore l'émotion douce et mélancolique qui s'empara de mon cœur la première fois que j'entrai dans cette profonde retraite; sans doute, j'avais un pressentiment secret qu'elle serait un jour pour moi un théâtre de délices et de tourments.

J'avais donné une demi-heure aux idées opposées de départ et de retour, lorsque je les entendis monter la terrasse; je volai à leur rencontre; en frissonnant, je lui pris la main et la baisai. A l'instant où nous parvînmes sur la terrasse, la lune parut de derrière une colline couverte de bois. En nous entretenant de diverses choses, nous vînmes dans le cabinet sombre. Charlotte y entra et s'assit. Albert se mit près d'elle; j'en fis de même. Mais mon trouble ne me permit pas d'être longtemps assis; je me levai, me tins debout devant elle, j'allai et revins, me rassis; c'était un état violent. Elle nous fit observer le bel effet du clair de lune qui éclairait toute la terrasse au bout de la charmille, tableau d'autant plus auguste, d'autant plus brillant, que tout était sombre autour de nous. Nous gardâmes quelque temps le silence, puis elle nous dit : — Je ne me promène jamais au clair de la lune, que je ne me rappelle les personnes chères à mon cœur que j'ai perdues; que je n'aie le sentiment de la mort et de celui de l'avenir. Oui, nous serons encore, continua-t-elle avec solennité; mais, Werther, nous retrouverons-nous? nous reconnaîtrons-nous? Quel pressentiment avez-vous là-dessus? qu'en pensez-vous?

— Charlotte, dis-je, en lui tendant la main, et les yeux mouillés de larmes, nous nous reverrons ici; et là, nous nous reverrons. Je ne pus en dire davantage. Mon ami, fallait-il qu'elle me fît cette question au moment même où l'idée d'une séparation cruelle remplissait mon cœur!

— Et les personnes qui nous étaient chères, et qui ne sont plus, savent-elles que, lorsque nous sommes heureux, nous nous rappelons leur souvenir avec tendresse? L'ombre de ma mère voltige toujours autour de moi, quand, dans une soirée tranquille, je suis assis au milieu de ses enfants, de mes enfants; quand je les vois rassemblés autour de moi comme ils étaient rassemblés autour d'elle. Je lève alors mes yeux humides vers le ciel, et je souhaite qu'elle puisse jeter un coup d'œil sur nous; qu'elle puisse voir comment je tiens la promesse que je lui fis à ses derniers instants, d'être la mère de ses enfants. Cent fois je m'écrie : Pardonne-moi, ô mère qui me fus si chère! pardonne, si je ne suis pas ce que tu étais pour eux! ah! je fais cependant tout ce que je puis; ils sont nourris, ils sont habillés, et, ce qui est plus encore, ils sont élevés, ils sont chéris; si tu pouvais voir notre union, notre attachement réciproque, tu rendrais de vives actions de grâces à cet Etre suprême auquel, en mourant, tu adressais de ferventes prières pour le bonheur de tes enfants. Elle dit cela, mon ami, et qui pourrait répéter tout ce qu'elle dit? comment des caractères froids et insensibles rendraient-ils les expressions du sentiment et du génie! Albert l'interrompit doucement. — Vous êtes trop émue, mon aimable Charlotte; je sais que ces idées vous sont chères; mais je vous demande la grâce... — Oh! Albert, dit-elle, tu n'oublies pas toi-même, je le sais, les soirées où nous étions assis tous les trois à notre petite table ronde, pendant l'absence de mon père, et quand les enfants étaient couchés. Tu avais souvent un livre près de toi, mais tu ne lisais guère; et qu'il n'aurait préféré à tout la compagnie de cette femme aimable? Elle était belle, douce, gaie et toujours active. Dieu sait combien de fois je me suis prosternée devant lui pour lui demander avec larmes de me rendre semblable à elle.

— Charlotte, m'écriai-je en me jetant à ses pieds, prenant ses mains et les arrosant de mes larmes, Charlotte! la bénédiction de Dieu repose sur toi et le génie de ta mère. Je restai immobile. Je n'avais jamais entendu une louange si flatteuse. — Et cette femme a dû mourir à la fleur de ses ans; le dernier de ses enfants n'avait que six mois. Sa maladie fut courte; elle était tranquille, résignée; rien ne l'inquiétait, excepté ses enfants, et surtout le cadet. Lorsqu'elle sentit approcher sa fin, elle me dit : Va chercher mes enfants; et quand ils furent tous autour de son lit, ceux qui ne connaissaient pas leur malheur, les grands qui étaient hors d'eux-mêmes, elle éleva sur elle ses mains tremblantes, pria sur eux, les baisa les uns après les autres, les renvoya et me dit : « Sois leur mère. » Je lui tendis la main. « Tu promets beaucoup, ma fille, le cœur d'une mère, l'œil d'une mère. Tes larmes reconnaissantes m'ont souvent montré que tu le sentais ce que c'est que le cœur d'une mère, aie-le pour tes frères et sœurs, et pour ton père, la fidélité et la soumission d'une épouse; tu le consoleras. » Elle le demanda. Il était sorti pour cacher sa douleur amère; il sentait toute l'étendue de sa perte, son cœur était déchiré.

Albert, tu étais dans la chambre. Elle entendit marcher, demanda ce que c'était; et te fit approcher. Comme elle nous regarda d'un air tranquille et satisfait qui disait : Ils seront heureux, ils seront heureux ensemble! Albert s'écria en l'embrassant : Oui, nous le sommes et nous le serons. Le tranquille Albert était tout hors de lui; pour moi, je ne me possédais pas.

— Werther, continua-t-elle, et cette femme devait nous quitter! grand Dieu! faut-il qu'on voie partir ainsi ce qu'on a de plus cher au monde? et personne ne sent cela aussi vivement que les enfants qui se plaignaient encore longtemps après que les hommes noirs eurent emporté la maman.

Elle se leva, je m'éveillai; mais je restais assis et je tenais sa main. — Partons, dit-elle, il en est temps. Elle retirait sa main, je la tenais plus fortement serrée. — Nous nous reverrons, m'écriai-je, nous nous retrouverons; sous quelle forme que ce soit, nous nous reconnaîtrons; je vais, oui, je vais de moi-même... mais si c'était pour toujours, je n'y resterais pas. Adieu Charlotte; adieu Albert, nous nous reverrons. — Demain, je pense, ajouta-t-elle en riant. Je sentis ce mot de demain. Hélas! elle ne savait pas, lorsqu'elle retirait sa main de la mienne. Elle s'en alla le long de l'allée. Je restai debout, je la suivis des yeux, puis je me jetai à terre, et je répandis un torrent de larmes; je me relevai, courus sur la terrasse, et je vis encore, à l'ombre des tilleuls, sa robe blanche flotter vers la porte du jardin; j'étendis les bras, et elle s'évanouit.

Le 20 mai.

Nous sommes arrivés hier ici. Le ministre est incommodé et ne sortira pas de quelques jours. S'il était moins bourru, tout irait bien. Je ne le vois que trop; le ciel me destine à de rudes épreuves; mais prenons courage; avec un peu de légèreté on peut tout supporter. De la légèreté! comment ce mot a-t-il échappé à ma plume? Je ne puis m'empêcher d'en rire; un peu de cette légèreté qui me manque me rendrait le plus heureux des hommes. Quoi! tandis que d'autres avec peu de forces et de talents paradent devant moi de l'air du monde le plus satisfait, faut-il que je désespère de mes facultés et des dons de la nature? Grand Dieu! toi qui as daigné répandre sur moi tant de bienfaits, pourquoi ne m'as-tu donné en même temps plus de contentement et de confiance!

Prenons patience, tout ira mieux, je l'espère, car je te l'avouerai, mon ami, tu avais raison. Depuis que je suis obligé de me mêler tous les jours avec les autres hommes, depuis que j'observe leurs discours, leurs projets, leurs actions, je suis plus tranquille, je suis plus content de moi-même. Comme nous sommes faits de manière que nous comparons tout à nous, et nous à tout, le bonheur et le malheur ne tiennent qu'aux objets auxquels nous nous comparons; et, à cet égard, rien de plus dangereux que la solitude. C'est là que notre imagination, qui tend toujours à s'élever, prend un nouvel essor sur les ailes de la poésie, et se forme une chaîne d'êtres dont nous sommes les derniers. Tout paraît plus grand que nature, tout paraît supérieur à nous, et cette marche est naturelle. Nous sentons si souvent nos imperfections, nous croyons avoir remarqué chez d'autres les qualités qui nous manquent, nous leur ajoutons celles que nous possédons nous-mêmes, et voilà l'homme parfait, l'homme heureux; mais cet homme n'est pas l'ouvrage de notre imagination.

Mais lorsque, au contraire, malgré notre faiblesse et nos chagrins, nous travaillons de suite à atteindre le but, nous trouvons souvent qu'en louvoyant nous allons plus loin que d'autres à force de voiles et de rames. Et c'est pourtant un vrai sentiment de soi-même que de se voir à côté des autres ou même plus avancé qu'eux.

Le 10 novembre.

Je commence à trouver ma situation supportable; je suis assez occupé, et la quantité d'acteurs, les différents rôles qu'ils jouent sont pour moi un spectacle varié et piquant. J'ai fait connaissance avec le comte de C..., et je le respecte tous les jours davantage. C'est un homme d'un esprit pénétrant et étendu; il voit plus loin que les autres, mais il n'en est pas plus froid pour cela; le sentiment brille par dessus toutes ses autres qualités; il me témoigna de l'intérêt, le matin que j'allai lui parler d'affaires; il s'aperçut, dès les premiers mots, que nous nous entendions, et qu'il pouvait parler avec moi sur un autre ton qu'avec bien d'autres. Aussi ne puis-je assez me louer de sa conduite ouverte à mon égard. Il n'y a pas de plus grand plaisir que celui de voir une belle âme se déployer ainsi devant vous.

Le 24 décembre.

Je l'avais bien prévu; le ministre me cause beaucoup de chagrins; c'est le fou le plus pointilleux qu'il y ait sous le ciel : il marche pas à pas, il est aussi minutieux qu'une vieille commère; un homme qui n'est jamais content de lui-même, comment le serait-il des autres? J'aime à travailler vivement, de suite, et ce qui est fait est fait; point du tout! Il est capable de me rendre ma minute, et me dit : — C'est bien; relisez cependant, on trouve toujours quelque mot plus propre, quelque particule mieux placée. — Alors je me donnerais volontiers à tous les diables. Pas un et, pas une seule liaison ne doit être omise;

et ces inversions que j'aime, qui m'échappent souvent, mon ami, il est leur ennemi juré. Si l'on ne déclame pas toujours ses périodes sur le ton du bureau, il n'y est plus. Il est bien triste d'avoir affaire à un tel personnage.

La confiance du comte C... est la seule chose qui me console. Il me disait l'autre jour très franchement, combien il était mécontent de la longueur et des difficultés de mon ministre : les gens de ce caractère rendent tout difficile à eux-mêmes et aux autres. Mais, ajouta le comte, il faut se résigner, comme un voyageur obligé de gravir une montagne : sans doute, si la montagne n'était pas là, le chemin serait plus court et plus commode; mais enfin elle est là, et il faut la passer.

Mon vieillard s'aperçoit bien aussi de la préférence que me donne le comte sur lui. Cela le fâche, et il saisit toutes les occasions de me dire du mal de ce seigneur. Je tiens son parti, comme il est bien naturel, ce qui augmente son humeur; je m'aperçus bien hier qu'en tirant sur le comte, il voulait aussi tirer sur moi. — Le comte, disait-il, est fort bon pour les affaires du monde, il travaille avec facilité, et a une bonne plume; mais il lui manque, ainsi qu'à tous les beaux-esprits, une érudition solide. Les mains me démangeaient; car à quoi bon raisonner avec de tels animaux? Mais enfin, comme cela n'était pas possible, je lui répliquai, avec assez de vivacité, que le comte était un homme à qui on devait des égards, soit pour son caractère, soit pour ses lumières. — Je n'ai, dit-il, jamais connu personne qui ait aussi bien réussi à étendre son génie, à l'élever au-dessus des autres, sans rien perdre de son activité pour le courant des affaires. Ce que je disais là était de l'algèbre pour cette cervelle, et je me retirai, de peur que quelque nouveau déraisonnement n'émût trop ma bile.

Et c'est vous tous qui êtes cause de mes malheurs, vous qui m'avez forcé à m'imposer ce joug, et qui m'avez tant prêché l'activité. Si celui qui plante des pommes de terre, et les porte en ville les jours de marché, ne fait pas plus actif que moi, je veux bien encore ramer dix ans sur la maudite galère à laquelle je suis enchaîné.

Et l'ennui, cette brillante misère qui règne ici parmi le set peuple qui se fréquente exclusivement, cette ambition pour le rang : comme ils travaillent, comme ils se guettent pour gagner le pas les uns sur les autres! Quelles petites et misérables passions, et qui se montrent toutes nues! Il y a ici, par exemple, une femme qui ne cesse d'entretenir la compagnie de sa noblesse et de ses terres. Point d'étranger qui, en entendant ses discours, ne pensât : Cette femme est une folie, à qui sa mince noblesse et l'honneur d'avoir une terre seigneuriale tont tourner la tête. Eh bien! non, c'est plus ridicule encore, cette femme est la fille d'un secrétaire de bailliage des environs. Mon ami, je ne puis comprendre que le genre humain soit assez bête pour s'avilir de cette manière.

Il est vrai que je m'aperçois tous les jours de plus en plus combien il est ridicule de juger des autres par nous-mêmes. J'ai tant de peine à calmer mon sang, à tranquilliser mon cœur, que je laisse volontiers chacun suivre le sentier qu'il a choisi ; mais je demande aussi la même liberté.

Ce qui m'inquiète le plus, ce sont ces misérables distinctions entre les habitants d'une même ville. Je sais, aussi bien que personne, combien la différence des états est nécessaire, combien j'en retire d'avantage moi-même. Mais je ne voudrais pas que cette institution se trouvât en mon chemin, quand je pourrais jouir encore de quelques plaisirs, de quelque apparence de bonheur sur cette terre.

J'ai fait dernièrement la connaissance d'une *Freule* de B...., fille très aimable qui, malgré la raideur des gens qui l'entourent, a conservé beaucoup d'aisance et de naturel. La conversation que nous eûmes ensemble nous fit également plaisir, et je lui demandai, en la quittant, la permission de lui rendre mes devoirs, permission qu'elle m'accorda de si bonne grâce, que j'attendis avec impatience le moment d'en profiter. Elle n'est pas d'ici et demeure chez une tante. La physionomie de cette vieille bégueule me déplut; je ne laissai pas de lui marquer beaucoup d'attentions, et de lui adresser souvent la parole. Au bout d'une demi-heure, j'avais à peu près deviné ce que la *Freule* m'a avoué depuis. Cette chère tante, vieille, peu riche, peu spirituelle, n'a d'autre appui que la longue suite de ses ancêtres, d'autres remparts que la noblesse dont elle fait une palissade autour d'elle, et d'autres plaisirs que celui d'être à sa fenêtre, et d'y regarder du haut en bas les têtes bourgeoises qui passent dans les rues. Cette vieille folle doit avoir été belle autrefois ; plus d'un pauvre jeune homme a été le jouet de ses caprices ; ce fut le siècle d'or. Les charmes flétris, il fallut se contenter d'un vieil officier, et se plier à ses volontés ; ce fut le siècle d'airain. Elle est veuve, elle est seule maintenant; sans son aimable nièce, personne ne ferait attention à elle : et voilà bien le siècle de fer.

Le 8 janvier.

Quels hommes ! le cérémonial remplit leurs âmes en entier; pendant toute une année, ils méditent, ils travaillent, pour être d'un siége plus près du haut de la table. Et ne crois point que ce soit par oisi-veté; au contraire, ils augmentent leurs travaux, en donnant à ces bagatelles le temps qu'ils devraient employer aux affaires. La semaine passée, il y eut dispute pour le pas à une partie de traîneaux ; la partie fut rompue.

Les insensés, qui ne voient pas que ce n'est point la place qui fait la vraie grandeur! Celui qui a cette première place joue rarement le premier rôle; plus d'un roi est gouverné par son ministre; plus d'un ministre par son secrétaire. Qui est le premier alors? n'est-ce pas celui qui a la force ou l'adresse de faire servir les passions des autres à ses desseins ?

Le 20 janvier.

Il faut que je vous écrive, ma chère Charlotte, dans une cabane où le mauvais temps m'a forcé de me réfugier. Aussi longtemps que j'ai été dans cette triste ville, au milieu d'étrangers, tout à fait étrangers à mon cœur, mon cœur ne m'a point dit de vous écrire ; mais, dans cette cabane, dans cette retraite, dans cette espèce de prison, où la grêle et la neige se déchaînent contre ma petite fenêtre, je me retrouve à vous et à moi. A l'instant où je suis entré ; votre figure s'est présentée à mes yeux, votre souvenir a rempli mon cœur. Oh! ma Charlotte ! quel souvenir sacré ! quel souvenir touchant ! Grand Dieu ! rends-moi la première minute où j'ai vu Charlotte!

Si vous me voyiez, ma chère amie, au milieu de ce tourbillon, où tout me distrait, et rien ne m'affecte! Mes sens sont desséchés : pas une minute où mon cœur soit rempli ; pas une où je répande les larmes précieuses du sentiment. Rien, rien ne m'intéresse. Je suis là comme devant la *pièce curieuse*, je vois passer les petites poupées, et je me demande : N'est-ce point une illusion d'optique ? Je joue avec ces marionnettes, ou plutôt j'en suis une moi-même. Je prends la main de mon voisin, je sens qu'elle est de bois... je retire la mienne en frissonnant.

Je n'ai trouvé ici qu'un être de votre espèce, une demoiselle de B..., elle vous ressemble, ma chère Charlotte, s'il est vrai qu'on puisse vous ressembler. Ah ! direz-vous, cet homme a appris à faire de jolis compliments. Il y a du vrai à ce que vous dites là ; depuis quelque temps, je suis très aimable, ne pouvant être autre chose. J'ai beaucoup d'esprit, et les femmes disent que personne ne s'entend aussi bien que moi à distribuer des louanges... et des mensonges, ajoutez-vous ; car l'un ne va point sans l'autre. Mais je voulais parler de mademoiselle de B... Elle a beaucoup de sentiment et d'esprit, dont ses yeux brillent dans ses beaux yeux bleus. Sa noblesse n'est pour elle qu'un fardeau qui ne remplit aucun de ses vœux de son cœur ; elle voudrait être hors de ce tourbillon. Souvent nous passons en idée des heures agréables dans une heureuse retraite, et près de vous, ma chère Charlotte, car elle vous connaît ; elle est obligée de vous rendre hommage ; mais non, cet hommage n'est point forcé; elle prend plaisir à m'entendre parler de vous, elle vous aime.

Que ne suis-je à vos pieds dans votre cabinet chéri, tandis que nos chers petits enfants sautent autour de nous! Quand leur bruit vous deviendrait trop incommode, je leur ferais un petit conte, et ils se presseraient autour de moi en silence. Le soleil se couche, et ses derniers rayons brillent sur la neige qui couvre la campagne. L'orage a passé, et moi, il faut que je retourne m'enfermer dans ma cage. Adieu. Albert est-il près de vous, et en quelle qualité? Insensé ! devrais-tu faire cette question ?

Le 17 février.

Mon ministre et moi nous avons l'air de ne pas vivre longtemps ensemble; cet homme est tout à fait insupportable. Sa manière de travailler et de traiter les affaires est si ridicule, que je ne puis m'empêcher de le contredire et de faire souvent les choses à ma tête; alors, comme cela est bien naturel, il les trouve fort mal faites. Il en a écrit dernièrement en cour; et le ministre m'a fait une réprimande, et j'avais résolu de demander mon congé, lorsque j'en ai reçu une lettre particulière, devant laquelle je me suis mis à genoux, adorant le génie élevé, noble et sage qui l'avait dictée. Comme il cherche à calmer une sensibilité excessive! comme il témoigne estimer mes projets capables d'avoir une certaine influence, et daigne appeler des affaires ainsi que les idées d'un jeune homme courageux ! comme il l'exhorte, non à les étouffer, mais à les adoucir, à les réduire dans de justes bornes, où qu'elles produisent leur effet! Me voilà fortifié et d'accord avec moi-même au moins pour huit jours; c'est une belle chose, mon ami, que le repos, de l'âme et le contentement ; mais si ce bijou est précieux, il est aussi bien fragile.

Le 20 février.

Dieu vous bénisse, mes amis, Dieu vous donne toutes les heures fortunées qu'il me refuse!

des noces fûtrée, Albert, de m'avoir trompé : j'attendais que le jour

Je le reme fixé ; je me proposais, ce jour-là, d'enlever solennelle-

ment du mur le profil de Charlotte, et de l'enterrer parmi d'autres papiers. Vous voilà unis, et son portrait est encore là. Eh bien! qu'il y reste! et pourquoi n'y resterait-il pas? Ne suis-je pas aussi près de vous? ne suis-je pas dans le cœur de Charlotte? Oui, tu peux le permettre; j'y occupe la seconde place, et je veux, je dois la con-

Werther et Charlotte.

server; je deviendrais furieux si elle pouvait oublier... Albert, cette pensée est un enfer; Albert, sois heureux! Ange du ciel, Charlotte, sois la plus heureuse des femmes!

Le 15 mars.

Il vient de m'arriver une aventure qui me chassera d'ici. Je grince des dents. Diable! il n'y a point de remède, et c'est vous seul qui êtes la cause de tout ceci; vous qui m'avez pressé, aiguillonné, tourmenté; vous qui m'avez fait prendre une place qui n'était point faite pour moi. Me voilà bien! maintenant vous voilà bien! Afin qu'on ne dise pas encore que mon caractère excessif gâte tout, voici, monsieur, une narration simple et nette, ainsi que la ferait un chroniqueur.

Le comte de C... m'aime, me distingue; cela est connu. Je te l'ai dit cent fois. Hier je dînai chez lui; c'était le même jour où toute la noblesse s'y rassemble. Je n'ai jamais songé à cette assemblée, ni que nous autres subalternes en fussions exclus. Je dînai donc avec le comte; après le dîner, nous passâmes dans la salle, et nous nous promenâmes en causant. Je m'entretins avec lui, avec le colonel B..., qui survint, et le temps s'éleva ainsi jusqu'à l'heure de l'assemblée. Dieu sait que je ne pensais à rien. Arrivent la très haute et très noble dame de S..., avec monsieur son époux et leur imbécille de fille, au corps étroit et à la gorge plate. Ils passent devant moi avec l'œil arrogant et le nez en l'air. Comme je ne puis souffrir cette engeance, j'allais me retirer et je n'attendais que le moment où le comte serait débarrassé de leur fâcheux entretien, lorsque mon aimable demoiselle de B... entra. Comme je la vois toujours avec plaisir, je restai, m'appuyai sur le dos de son siège, causai avec elle et ne m'aperçus qu'au bout de quelque temps qu'elle ne me parlait pas avec la même aisance et témoignait quelque embarras. J'en fus frappé. Que diable! serait-elle aussi comme tous ces gens-là? pensé-je. J'étais piqué, j'allais me retirer; mais l'envie d'approfondir cette affaire me retint. L'assemblée acheva de se former. Je vis entrer le baron F... avec l'habit qu'il portait au couronnement de François Ier. Le conseiller de cour sa femme qui est vieille et sourde; M. J... dont l'ajustement gothique contrastait au mieux avec nos amis modernes, etc. Je parlai à ceux d'entre eux que je connaissais; ils

étaient tous fort laconiques. Pour moi, je ne songeais qu'à observer mademoiselle de B...; je ne m'apercevais point que les femmes chuchottaient au bout de la salle, que ces murmures circulaient même parmi les hommes, et que madame de S... parlait au comte avec vivacité. (Mademoiselle de B... m'a raconté tout cela depuis.) Enfin le comte vint à moi et me conduisit vers la fenêtre. — Vous connaissez nos ridicules usages; je m'aperçois que la compagnie n'est pas contente de vous voir ici; je ne voudrais pas pour tout au monde... — Je demande mille pardons à Votre Excellence; j'aurais dû y penser plus tôt..., mais je le sais; vous me pardonnerez cette inconséquence. Il y a quelque temps que je pensais à me retirer; un mauvais génie m'a retenu, ajoutai-je en riant et en me baissant pour prendre congé de lui. Il me serra la main d'une manière qui disait tout. Je fis ma révérence à toute l'illustre compagnie, me jetai dans mon cabriolet et m'en allai à M.... Je contemplai du haut de la colline le coucher du soleil; je lus dans Homère le beau passage où ces honnêtes gardeurs de pourceaux reçoivent avec tant d'hospitalité le roi d'Ithaque, et je revins satisfait. Quand j'entrai le soir dans la salle à manger, il n'y avait encore que quelques personnes qui, ayant relevé un coin de la nappe, jouaient aux dés. L'honnête Adelin s'approcha de moi en arrivant, et me dit tout bas: — Tu as eu du chagrin? — Moi! — Le comte t'a fait retirer de l'assemblée. — Que le diable les emporte! J'étais bien aise de respirer l'air. — Je suis charmé que tu le prennes sur ce ton-là; mais ce qui me fâche, c'est qu'on en parle déjà partout. Je commençai dès ce moment à envisager la chose d'une autre manière. Tous ceux qui se mettaient à table me regardaient, et je me disais: Ils te regardent à cause de cette affaire; et l'amertume entra dans mon cœur. Et aujourd'hui que partout où je vais l'on me plaint, que j'apprends le triomphe de mes envieux qu'ils disent: Voilà ce que c'est que ces petits personnages vains qui s'avisent de braver les usages et d'élever mal à propos leurs têtes; et mille autres sottises pareilles. Je me percerais volontiers le cœur. Ah! qu'on me parle tant qu'on voudra de constance, de fermeté; on peut rire des bavardages qui n'ont point de fondement; mais comment supporter que des coquins aient prise sur nous?...

Le 16 mars.

Tout se réunit pour me pousser à bout; je rencontre aujourd'hui

Albert et Werther.

mademoiselle de B... à la promenade: je ne puis m'empêcher de la joindre et de lui témoigner la peine que me cause le changement

de ses manières à mon égard. — Oh! Werther, me dit-elle avec émotion, vous qui connaissez mon cœur, pouviez-vous interpréter aussi mal mon trouble? Que n'ai-je pas souffert pour vous dès l'instant que j'entrai dans la salle? Je prévis tout ce qui arriva; cent fois je fus sur le point de vous le dire. Je savais que les de S... et de T... se retireraient plutôt que de rester en votre compagnie; je savais que le comte ne pourrait rompre avec eux; et maintenant le bruit...

Le fou de la Montagne.

— Comment, mademoiselle? dis-je en cachant mon saisissement, car tout ce qu'Adelin m'avait dit la veille me revint dans l'esprit, et fit bouillonner mon sang dans mes veines. — Qu'il m'en a déjà coûté! dit l'aimable fille, et ses yeux se remplissaient de larmes. Je ne me possédais plus, j'étais prêt à me jeter à ses pieds. — Expliquez-vous, m'écriai-je. Ses larmes coulèrent, j'étais hors de moi; elle les essuya sans chercher à les cacher. — Vous connaissez ma tante, continua-t-elle; elle était présente, et de quel œil, grand Dieu! a-t-elle vu cette affaire? Werther, que de sermons j'ai entendus hier au soir et ce matin sur mes entretiens avec vous! J'ai été forcée de vous entendre abaisser, déprimer; et je n'ai pu ni osé vous défendre qu'à demi.

Chaque mot était un coup de poignard; elle ne sentait pas que, par pitié, elle aurait dû me cacher tout ce qu'elle me faisait connaître; elle y ajouta encore toutes les impertinences qu'on débiterait sur cette affaire et la manière dont triompheraient les méchants, comment on se réjouirait de voir mon orgueil humilié et de me voir puni du peu d'estime que je faisais des autres, défaut qu'on m'avait souvent reproché. Voilà tout ce qu'elle me dit avec le ton du plus vif intérêt, voilà ce que je fus obligé d'entendre. J'étais dans le plus grand trouble; la rage est encore dans mon cœur, je voudrais que quelqu'un fût assez hardi pour me plaisanter sur cette aventure; je lui plongerais mon épée dans le sein. Oui, je le crois, si je voyais couler du sang, je serais mieux. Cent fois j'ai saisi un fer pour donner de l'air à ce cœur oppressé. Il est une noble race de chevaux qui, lorsqu'ils sont échauffés par une longue course, s'ouvrent par instinct une veine avec leurs dents pour respirer plus à l'aise. Souvent je suis tenté de m'ouvrir une veine pour me procurer à jamais ma liberté.

Le 24 mars.

J'ai écrit en cour pour demander ma démission, et j'espère l'obtenir. Vous me pardonnerez de ne pas vous avoir consulté auparavant; je devais partir, je savais tout ce que vous deviez me dire pour m'engager à rester. Ainsi je te prie d'adoucir autant que tu pourras cette nouvelle à ma mère; je ne puis rien faire pour moi-même, que ferais-je pour les autres? Sans doute elle doit être affligée de voir se former si brusquement une carrière qui me conduisait tout droit à être conseiller privé, puis ministre, et de me voir ainsi rentrer dans la poussière. Raisonnez là-dessus autant qu'il vous plaira, combinez les raisons qui auraient dû me retenir; je pars, il suffit. Mais pour que vous sachiez où je vais, il y a ici le prince de *** qui goûte fort ma compagnie; ayant appris mon dessein, il m'a proposé de l'accompagner dans ses terres et d'y passer le printemps. Il me promet que j'y serai entièrement libre; et, comme nous sommes d'accord en tout, excepté sur un certain point, je vais risquer de l'accompagner.

Le 19 avril.

Je te remercie de tes deux lettres. J'attendais pour écrire la réponse de la cour; j'étais toujours dans la crainte que ma mère ne s'adressât au ministre pour détourner mon dessein. Mais j'ai reçu mon congé; le voilà. Je ne veux point vous dire avec quel regret on me l'a donné, ni ce que le ministre m'a écrit; vous recommenceriez vos lamentations. Le prince héréditaire m'a envoyé vingt-cinq ducats, avec quelques mots qui m'ont touché jusqu'aux larmes. Ainsi je n'ai pas besoin de l'argent que je demandais à ma mère.

Le poirier.

Le 5 mai.

Je pars demain, et comme le lieu de ma naissance n'est qu'à six milles de la grande route, je veux le revoir, je veux me retracer le souvenir des songes heureux de ma jeunesse. J'entrerai par la même porte par où je suis sorti avec ma mère, lorsqu'à la mort de mon père, elle quitta cette agréable retraite pour s'enfermer dans votre triste ville. Adieu, mon ami; tu entendras parler de mon expédition.

Le 9 mai.

J'ai accompli mon pèlerinage au lieu de ma naissance avec toute la dévotion d'un vrai pèlerin, et j'ai éprouvé bien des sensations inattendues. Près du grand ormeau, à un quart de lieue de la ville, du côté de S..., je descendis de voiture, et je l'envoyai en avant, pour jouir seul et à pied avec plus de vivacité de tous mes souvenirs. J'étais donc là sous cet ormeau qui fut autrefois le but et le terme de mes promenades. Que les choses ont changé ! Je soupirais alors dans mon heureuse ignorance après un monde qui m'était inconnu, où j'espérais trouver des jouissances dont mon cœur sentait si souvent le besoin. Maintenant je revenais de ce monde tant désiré, et qu'est-ce que j'en rapportais, mon ami ? Des espérances trompées, des plans renversés. Je voyais donc les montagnes qui étaient devant moi, et je me rappelai qu'elles avaient été mille fois l'objet de mes vœux. J'étais quelquefois assis des heures entières à les contempler, et je brûlais d'envie de m'égarer à l'ombre de ces bois qui se présentaient à moi dans la sombre lointain, sous un point de vue si agréable. Avec quelle répugnance je quittais cette place chérie lorsque l'heure du congé était passée ! En m'approchant de la ville, je saluai tous les petits jardins et pavillons de ma connaissance. Les nouveaux me faisaient de la peine, ainsi que tous les changements qu'on avait faits depuis moi. J'entrai dans la petite ville et je me retrouvai tout-à-fait à mon aise. Je ne puis, mon cher ami, te rendre compte de tous les détails qui m'ont intéressé ; quelque touchants qu'ils aient été pour moi, la relation en serait monotone. J'avais résolu de loger sur la place du Marché, tout à côté de notre ancienne maison ; je m'aperçus en entrant que notre chambre d'école, où nous élevait cette honnête vieille femme, était changée en boutique ; je me rappelai les larmes, les moments de stupidité, l'anxiété et les serrements de cœur que j'avais éprouvés dans cette cage. Je ne faisais point de pas qui ne fût remarquable ; un pèlerin en Terre-Sainte ne rencontre pas autant de places qui lui offrent des souvenirs intéressants, et à peine a-t-il autant de mouvements religieux. Un seul trait sur mille autres : Je descends le long du ruisseau jusqu'à une certaine métairie qui était aussi une de mes promenades favorites et où nous nous exercions à faire des ricochets sur l'eau. Je me rappelai avec la plus grande vivacité comme j'étais là, suivant des yeux le cours de l'eau, et me faisant les idées les plus romanesques des pays qu'elle allait parcourir. Mon imagination était bientôt épuisée, mais l'eau coulait toujours, toujours plus loin, jusqu'à ce que je perdais dans l'idée d'un invisible éloignement. Eh bien, mon ami, tel était précisément le sentiment de nos bons ancêtres. Lorsque Ulysse parle de la mer incommensurable et de la terre sans bornes, cela n'est-il pas plus vrai, plus naturel, plus senti que lorsque, dans ce siècle, chaque écolier se croit un prodige parce qu'il sait répéter, d'après ses maîtres, que la terre est ronde ?

Je suis à présent dans la maison de chasse du prince. Ce seigneur est d'un caractère naturel et vrai ; je me trouve assez bien avec lui ; ce qui me fait quelquefois de la peine, c'est qu'il parle de choses qu'il a seulement lues ou entendu dire à d'autres, et toujours sous le même point de vue qu'ils les lui ont présentées. Je suis fâché aussi qu'il estime plus mon esprit et mes talents que ce cœur qui fait tout mon orgueil, qui est seul la source de tout, des talents, du bonheur et de l'infortune. Ah ! chacun peut savoir ce que je sais ; mon cœur est à moi seul.

Le 25 mai.

J'avais en tête un projet que je voulais vous cacher jusqu'à ce qu'il fût accompli ; maintenant qu'il a échoué, autant vaut-il vous le dire : je voulais entrer au service ; cela me tenait au cœur depuis longtemps, c'a été une des principales raisons qui m'ont fait suivre ici le prince. Il est général au service de ***. Dans une promenade que nous venons de faire, je lui ai communiqué mon dessein ; il ne l'a point approuvé, et j'aurais été insensé de ne pas me rendre à ses raisons.

Le 11 juin.

Dis tout ce qu'il te plaira, je ne puis rester ici plus longtemps ; qu'y ferais-je ? Je m'ennuie. Le prince me traite comme son égal, il est vrai ; mais, malgré cela, je ne suis point dans mon centre. D'ailleurs, nous n'avons, dans le fond, rien de commun ensemble. C'est un homme d'esprit, mais d'un esprit ordinaire. Sa conversation ne m'intéresse pas plus que la lecture d'un livre bien écrit. Je resterai encore ici huit jours, et puis je veux, courir le monde nouveau. Ce que j'ai fait ici de mieux, ce sont mes dessins ; le prince a du goût pour les beaux-arts, et en aurait encore davantage s'il n'était pas resserré par les froides règles et par les termes de l'art. Souvent je grince les dents quand, avec l'imagination la plus vive, je fais parler la nature et l'art, et croit, de son côté, faire merveille en jetant à la traverse quelques termes bien savants d'artiste.

Le 18 juin.

Où j'irai bientôt ? Je veux te le dire en confidence. Je suis obligé de rester ici quinze jours ; après quoi je me suis imaginé qu'il conviendrait de voir les mines de ***. Mais il n'en est rien, je me trompe moi-même, je veux me rapprocher de Charlotte. Voilà tout... Je ne suis pas dupe de mon cœur, mais je lui obéis.

Le 29 juillet.

Non, c'est bien, tout est bien... Moi ! son époux ! O Dieu ! qui me formas, si tu m'avais destiné ce bonheur, ma vie, ma vie entière n'eût été qu'actions de grâce ! Je ne plaiderai point contre toi : pardonne-moi mes larmes... pardonne à des vœux impuissants !... Elle eût pu être mon épouse, j'aurais serré dans mes bras l'être le plus aimable qui soit sous le ciel ! Tout mon corps frissonne, mon ami, lorsque Albert passe un bras autour d'elle.

Et, le dirai-je ? Pourquoi ne le dirai-je pas ? elle eût été plus heureuse avec moi qu'avec lui. Non, Albert n'est point l'homme fait pour remplir les vœux de son cœur : il manque d'une certaine sensibilité ; il manque... Enfin, leurs cœurs ne battent point à l'unisson... Ah ! mon ami... Combien de fois, au milieu d'un passage de quelque auteur intéressant, où mon cœur et le cœur de Charlotte se rencontraient ; combien de fois, lorsque nos sentiments se développaient sur la situation d'un troisième, n'ai-je passenti que nos cœurs étaient faits pour s'entendre ? Cher ami !... Mais il l'aime de toute son âme, et que ne mérite pas un tel amour ?

Un homme insupportable vient de m'interrompre. J'ai séché mes larmes, je suis distrait. Adieu, mon très cher ami.

Le 4 août.

Je ne suis pas le seul infortuné, tous les hommes sont trompés dans leurs espérances ; tous les projets sont détruits. J'ai été voir ma bonne femme sous le tilleul. L'aîné des garçons courut au devant de moi, et ses cris de joie attirèrent la mère. Elle avait l'air fort triste : — Mon bon monsieur, me dit-elle d'abord, hélas ! notre Janot est mort (c'était le cadet de ses enfants). Je me taisais. — Et mon ami, continua-t-elle, est revenu de Hollande, sans argent ; il a pris la fièvre, et si de braves gens ne lui avaient pas aidé, il aurait été obligé de demander l'aumône le long du chemin. Je ne puis rien dire : je donnai quelque argent à l'enfant ; elle m'offrit des pommes que j'acceptai, et je quittai tristement cet endroit.

Le 21 août.

Mes sensations varient avec la rapidité de l'éclair. Quelquefois un rayon de joie semble vouloir me ranimer. Hélas ! il disparaît au bout d'une minute. Quand je me perds ainsi dans mes rêveries, je ne puis m'empêcher de me dire : Si Albert mourait, tu serais... Et je poursuis ma chimère jusqu'à ce qu'elle me conduise aux bords d'un abîme, d'où je recule en frissonnant.

Quand je sors par la même porte, quand je parcours la même route qui me conduisait pour la première fois chez Charlotte, mon cœur est oppressé ; je sens avec amertume combien j'étais différent de ce que je suis maintenant. Oui, tout, tout est évanoui, pas un sentiment, pas un seul battement de cœur, pas un vestige du passé. Telles seraient les sensations qu'éprouverait l'ombre du prince, qui, ayant laissé à un fils chéri un palais superbe élevé dans les temps heureux, le trouverait renversé, détruit par un voisin plus puissant !

Le 3 septembre.

Souvent je ne puis comprendre comment elle en aime un autre, comme elle ose en aimer un autre, tandis que je la porte dans mon cœur, qu'elle le remplit en entier, que je ne connais qu'elle, que je ne sais qu'elle, et que je n'ai qu'elle seule au monde !

Le 6 septembre.

Il m'en a bien coûté pour me défaire du frac bleu que je portais la première fois que je dansai avec Charlotte : il n'y avait plus moyen de le produire. Mais j'en ai fait faire un autre précisément comme le premier, et avec la veste et culotte jaunes.

Il ne produit cependant pas la même impression sur moi. Je ne sais... J'espère qu'avec le temps il me sera aussi cher.

Le 15 septembre.

On serait tenté de se donner au diable, mon ami, quand on pense à tous les êtres méprisables que Dieu permet qui rampent sur la terre, sans nulle idée, sans sentiment de ce qui peut intéresser les autres. Tu connais ces noyers sous lesquels j'étais assis avec Charlotte chez l'honnête pasteur de S... Les beaux noyers si chers à mon cœur, comme ils embellissaient la cour de la cure ! quelle fraîcheur ! que leur ombre était respectable ! avec quelle douce sensibilité on retournait en arrière, jusqu'aux bons pasteurs qui les plantèrent ! Le maître d'école nous a souvent dit le nom de celui qui planta le plus ancien. Il le tenait de son grand-père. C'était un excellent homme que ce

pasteur; et sous ces arbres, son respectable souvenir se retraçait toujours à moi. Mon ami, le maître d'école avait hier les larmes aux yeux en nous disant que ces arbres étaient coupés... Coupés! je pourrais, dans ma rage, massacrer le coquin qui a porté le premier coup; moi qui m'affligerais si j'avais ainsi deux arbres dans ma cour, et qu'il en pérît de vieillesse, il faut que je souffre ceci. Mais, mon cher ami, j'ai pourtant une consolation; ce que c'est que le sentiment! Tout le village murmure, et j'espère que la femme du pasteur le recevra plus de présents de ces bons paysans et se ressentira du tort qu'elle a fait au village; car c'est elle, la femme du nouveau pasteur (notre bon vieillard est mort), une grande créature, maigre, sèche, languissante, qui a raison de ne se point intéresser au monde, puisque personne ne s'intéresse à elle; une bégueule qui fait la savante, qui s'avise de faire des recherches sur les livres canoniques, qui travaille à la nouvelle réformation critique et morale du christianisme, et qui hausse les épaules en parlant de l'enthousiasme de Lavater. Sa santé est détruite et l'empêche de goûter aucun plaisir ici-bas. Il n'y avait qu'un être semblable qui pût faire couper mes noyers; non, je n'en reviens point. Veux-tu savoir ses raisons? Les feuilles qui tombaient rendaient la cour humide et malpropre; les arbres lui dérobaient de la lumière; les petits garçons jetaient des pierres contre les noix, et ce bruit affectait ses nerfs, et la troublait dans ses profondes méditations, lorsqu'elle pèse dans sa balance Kennicot, Semler et Michaelis. Voyant les gens du village, surtout les plus âgés, si mécontents :—Pourquoi l'avez-vous souffert? leur ai-je demandé.
—Eh! monsieur, que pouvons-nous faire, nous autres paysans, quand le bailli ordonne? Mais il est arrivé quelque chose de fort bon : le pasteur, qui voulait tirer une fois quelque fantaisies de sa femme, comptait partager les arbres ensemble. La chambre des finances l'apprit, s'en est emparée, et les a vendus à l'enchère. Ils sont encore là, renversés par terre. Oh! si j'étais prince, comme je traiterais le pasteur, le bailli, la chambre !... Prince... Bon, si j'étais prince, comme je m'embarrasserais des arbres de mon pays !...

Le 10 octobre.

Voir seulement ses yeux noirs est pour moi le bonheur; mais ce qui m'afflige, c'est qu'Albert ne paraît pas aussi heureux qu'il l'espérait, que je l'aurais été si... Je n'aime pas trop les suspensions, mais ici je ne puis m'exprimer autrement. Eh! mon Dieu, ne suis-je pas assez clair?

Le 12 octobre.

Ossian a pris dans mon cœur la place d'Homère. Dans quel monde me conduit le barde illustre! Errer dans les bruyères, enveloppé de tourbillons impétueux qui portent les esprits de nos ancêtres, qui entrevoit à la faible clarté de la lune; entendre du haut des montagnes, parmi le bruit des torrents, leurs sons plaintifs sortir des cavernes, et les gémissements douloureux d'une jeune fille qui soupire et se meurt sur la tombe couverte de mousse du noble guerrier dont elle fut adorée! Je le rencontre, ce barde à cheveux blancs; il erre dans le vallon, il cherche les traces de ses pères. Hélas! il ne trouve que leurs tombeaux. Alors il contemple en gémissant l'astre brillant du soir, qui se cache derrière les vagues de la mer agitée, et les temps passés se retracent vivement dans le sein du héros; ces temps où l'apparence du danger était chère à son cœur et ranimait son âme, où l'astre du nuit brillait sur son vaisseau, qu'il ramenait chargé des dépouilles des vaincus, et éclairait son triomphe. Lorsque je lis sur son front la douleur profonde, lorsque je vois sa gloire affaiblie chanceler vers la tombe, lorsqu'il jette un regard sur la terre froide qui doit le couvrir, et qu'il s'écrie : « Le voyageur viendra ; il viendra celui qui a vu ma beauté, et il demandera où est le barde, où est l'illustre fils de Fingal; il marchera sur ma tombe, et il me demandera en vain. » Oh! mon ami, je pourrais à l'instant, ainsi qu'un noble écuyer, tirer l'épée, et sauver d'un seul coup mon prince d'une longue et douloureuse langueur, puis la plonger dans mon sein pour suivre le demi-dieu que ma main aurait délivré.

Le 19 octobre.

Ah! ce vide, ce vide effrayant que je sens dans mon sein, souvent je pense... Si tu pouvais une fois, une seule fois la serrer contre ton cœur, tu serais guéri.

Le 26 octobre.

Je suis certain, mon cher ami, toujours plus certain, que l'existence d'un être quelconque est peu importante, très peu importante. Charlotte a reçu la visite d'une amie; je me suis retiré dans la chambre à côté pour prendre un livre; je ne puis lire, je l'écris. Je les entends; elles ne parlent que de nouvelles de la ville. Celle-ci se marie, celle-là est malade, très malade. Elle a une toux sèche, de fréquents évanouissements.—Elle n'en saurait revenir d'une...—N... est aussi fort mal, dit Charlotte.—Il a déjà de l'enflure, répond l'autre. Et mon imagination me transporte près du lit de ces pauvres malades; je les vois lutter avec douleur et effroi contre la mort qui s'approche. Je

les vois; et ces bonnes petites femmes parlaient de tout cela du ton dont on parle de la mort d'un étranger. Et quand je regarde l'appartement où je suis, quand je vois autour de moi les ajustements de Charlotte, ici, sur cette petite table, ses boucles d'oreilles, les papiers d'Albert, tous ces meubles enfin qui me sont si familiers, l'écritoire même dont je me sers, et que je pensais : Ce que tu es à cette maison? tout; tes amis t'estiment, tu fais souvent leurs délices; il semble à ton cœur que sans eux rien ne peut être, et cependant, si tu partais maintenant, si tu quittais ce cercle, sentiraient-ils, combien de temps sentiraient-ils le vide que ta perte laisserait dans leur sort, combien de temps? Oui, telle est la fragilité de l'homme, que là même où il sent le plus son existence, où sa présence fait une impression vraie, énergique dans le souvenir de l'âme de ceux qui lui ont été chers, il faut aussi qu'il s'éteigne, qu'il s'évanouisse, et cela si promptement!

Le 27 octobre.

Je serais tenté de me déchirer le sein, de me casser la tête, lorsque je vois combien il est difficile de communiquer aux autres nos idées, nos sensations, de les associer à nous d'une manière intime. Un autre ne me donnera pas l'amour, la joie, la chaleur et la volupté qui ne sont point en moi, et, avec un cœur pénétré du sentiment le plus vif, je ne ferai point le bonheur de celui qui est devant moi sans chaleur et sans force.

Le 30 octobre.

N'ai-je pas déjà été cent fois sur le point de la serrer dans mes bras? Quel tourment que celui de voir passer et repasser devant soi tant d'agréments, tant de charmes, et de n'oser y toucher! Et le toucher est cependant un mouvement naturel; les enfants ne touchent-ils pas tout ce qu'ils voient? et moi...

Le 8 novembre.

Combien de fois, en me mettant au lit, n'ai-je pas souhaité, n'ai-je pas espéré même de ne me réveiller jamais? et le matin je rouvre les yeux, je revois le soleil, et je suis malheureux. Oh! que ne suis-je hypochondre! que ne puis-je attribuer mes maux au mauvais temps, au chagrin d'une entreprise échouée, aux persécutions d'un ennemi! Le poids insupportable du mécontentement ne pèserait pas en entier sur moi. Malheur à moi! Oui, je le sens que trop, je fais moi seul mon infortune; ce même sein, qui renfermait autrefois la source de toutes les délices, contient maintenant la source de tous les tourments. Ne suis-je pas ce même homme qui n'éprouvait que d'agréables sensations, qui, à chaque pas voyait un paradis, et dont le cœur pouvait chérir, pouvait contenir tout un monde? Il est mort, ce cœur, il est mort au sentiment; mes yeux sont secs, et mes sens, qui ne sont plus rafraîchis par des larmes délicieuses, flétris et desséchés, consument mon cerveau. Je souffre beaucoup; j'ai perdu le seul charme de ma vie, cette force sacrée et active qui créait autour de moi des mondes; elle n'est plus. J'aperçois de ma fenêtre les collines les plus éloignées; le soleil se lève, il perce et déchire les brouillards, il découvre la prairie, il l'éclaire. Je vois ce fleuve tranquille serpenter doucement à l'entour des saules dépouillés de feuilles. La nature déploie ses beautés à mes yeux, m'étale le tableau le plus intéressant, et mon cœur n'en est point ému; et je suis là, aveugle, insensible et glacé. Combien de fois ne me suis-je pas prosterné! combien de fois n'ai-je pas invoqué le Seigneur avec larmes, ainsi que le laboureur demande au ciel les eaux bienfaisantes pour rafraîchir les blés desséchés!
Mais, je le sens, Dieu n'accorde pas la pluie et le soleil à d'importunes prières. Ces temps dont le souvenir me tourmente, pourquoi étaient-ils si fortunés? C'est qu'alors j'attendais avec patience les bienfaits du Créateur; je les recevais d'un cœur pénétré et reconnaissant.

Le 8 novembre.

Elle m'a reproché mes excès avec tant de bonté... Pour m'étourdir, mon ami, depuis quelque temps je bois plus de vin qu'à l'ordinaire.
—Ne faites pas, m'a-t-elle dit, pensez à Charlotte. Penser à Charlotte! l'avis est nécessaire : j'y pense.—Mais non, je n'y pense point : toujours vous êtes devant mes yeux, toujours vous êtes dans mon cœur. Ce matin encore j'étais assis à la place où vous vous arrêtâtes la dernière fois. Elle a changé de discours. Mon cher ami, je ne suis plus rien, elle fait de moi ce qu'il lui plaît.

Le 15 novembre.

Je te remercie, mon ami, du tendre intérêt que tu me témoignes, des bons conseils que tu me donnes, et je te prie d'être tranquille. Laisse-moi souffrir; au milieu de mes maux, il me reste encore assez de force pour le supporter jusqu'au bout. Je révère la religion, tu le sais; je sens qu'elle donne souvent de la force au faible, du soulagement à l'affligé. Mais fait-elle, doit-elle faire cette impression sur tous? Parcours ce vaste univers; tu verras des millions d'hommes pour qu'elle n'a point existé, et des millions pour qui, prêchée ou non pré-

chée, elle n'existera jamais. Le fils de Dieu ne dit-il pas lui-même qu'il sera entouré de ceux que le père lui aura donnés ? Si donc je ne lui suis pas donné, si le père veut me garder pour lui, ainsi que me le dit mon cœur... N'interprète pas mal ceci, je t'en prie ; ce n'est point une plaisanterie, c'est mon âme tout entière qui te le montre à découvert ; sans cela j'aimerais mieux avoir gardé le silence : je n'aime point à raisonner en vain sur des choses que nous ignorons également. Quel est le destin de l'homme ? d'accomplir sa mesure de souffrance et de vider sa coupe ; et si le calice parut amer même au Dieu du ciel, affecterai-je un fol orgueil, et dirai-je que ma coupe est douce ? Pourquoi rougirais-je de trembler dans la minute d'effroi où mon âme sera suspendue entre l'existence et le néant, quand la dissolution luira comme un éclair sur le sombre précipice de l'avenir, que tout roulera autour de moi, et que le monde entier s'évanouira avec mon âme ? Voici la voix de la créature oppressée sans ressource, qui sent en frémissant qu'elle ne peut échapper à la destruction : — Mon Dieu, pourquoi m'as-tu abandonné ? Rougirais-je d'employer cette expression ? Celui qui étend les cieux comme un voile a frémi lui-même.

Le 20 novembre.

Elle ne voit pas, elle ne sent pas qu'elle me prépare un poison qui nous perdra l'un et l'autre ; et moi j'avale à longs traits ce poison mortel qu'elle me présente. Que veulent dire ces regards de bonté qu'elle jette quelquefois sur moi ? sa complaisance pour les traits de sentiment qui m'échappent, et la compassion qui paraît sur son front ?
Hier, quand je la quittai, elle me tendit la main ; elle me dit : — Adieu, mon cher Werther. *Cher Werther !* C'était la première fois qu'elle me donnait ce nom de cher ; il pénétra jusqu'au fond de mon cœur ; je l'ai répété cent fois depuis ; et ce soir, en me couchant, je me suis mis à dire tout d'un coup : Bonsoir, *mon cher Werther*, et j'ai été obligé d'en rire.

Le 24 novembre.

Elle sent ce que je souffre. Je l'ai trouvée seule ; je gardais le silence. Elle m'a fixé : les charmes de la beauté, le brillant du génie, tout avait disparu. Mais j'ai vu sur ses traits une impression bien plus touchante, l'impression profonde d'une douce compassion et du plus tendre intérêt. Pourquoi n'osai-je me jeter à ses pieds ? pourquoi n'osai-je passer mes bras autour de son cou et lui répondre par mille baisers ! Elle eut recours au clavecin, et à sa voix basse et douce, l'accompagna de sous harmoniques. Jamais ses lèvres ne me parurent plus charmantes ; on eût dit qu'elles s'entr'ouvraient pour recevoir les tons de l'instrument, et les renvoyer à demi. Mais qui pourrait exprimer de telles sensations ! Je fus bientôt subjugué ; je me baissai et prononçai ce serment : — Lèvres charmantes, sur lesquelles voltigent des esprits célestes, non, jamais je n'entreprendrai de vous profaner... Et cependant je voudrais... Ah ! mon ami, c'est comme si on tirait un rideau devant mon cœur. Goûter cette félicité et mourir est expier mes péchés. Mes péchés !...

Le 30 novembre.

C'en est fait, je le vois, mon sort est décidé ; tout redouble mes maux, tout marque mon destin ; aujourd'hui encore...
Je suis allé me promener aux bords de la rivière à l'heure du repas ; je n'avais point d'appétit. La campagne était sombre et déserte, un vent d'ouest froid et humide soufflait de la montagne, des nuages gris et chargés s'avançaient sur la plaine. J'ai aperçu de loin un homme dans un mauvais habit vert ; il errait parmi les rochers, et paraissait chercher des plantes. A mon approche, il s'est retourné, et j'ai vu une physionomie intéressante, où régnait une douleur tranquille ; de beaux cheveux noirs flottaient sur ses épaules. — Que cherchez-vous, mon ami ? — Je cherche, m'a-t-il répondu avec un profond soupir, je cherche des fleurs... et je n'en trouve point. — Mais ce n'est pas la saison. — Il y a tant de fleurs ! J'ai dans mon jardin des roses et du chèvrefeuille de deux espèces ; je tiens l'une de mon père, elles croissent partout ; je les cherche depuis deux jours, et ne puis les trouver. Il y a aussi des fleurs là-haut, des jaunes, des bleues et des rouges, et cette centaurée a aussi une jolie petite fleur... je n'en puis trouver aucune. — Et que voulez-vous faire de ces fleurs ? Il mit son doigt sur la bouche en souriant mystérieusement. — Ne me trahissez pas : j'ai promis un bouquet à ma maîtresse. — C'est fort bien fait à vous. — Elle a bien d'autres choses : elle est fort riche. — Et cependant elle aime vos bouquets ? — Oh ! elle a des bijoux et une couronne. — Qui est-elle ? — Si les États-généraux me payaient, je serais un tout autre homme. Ah ! il y a eu un temps où j'étais si bien ! ce temps n'est plus, je suis maintenant... — Il a levé vers le ciel un œil humide. — Vous étiez donc heureux ? — Hélas ! que ne suis-je encore de même ! J'étais si bien, si gai, aussi content qu'un poisson dans l'eau. — Henri ! s'est mise à crier une vieille femme qui venait à nous ; Henri ! où es-tu donc ? nous t'avons cherché partout... Viens dîner ! — Est-ce là votre fils ? — Oui... mon pauvre fils. Le Seigneur m'a envoyé cette affliction. — Y a-t-il longtemps qu'il est dans cet état ? — Il n'y a qu'une demi-année qu'il est si tranquille, et j'en remercie le ciel. Il a été toute une année furieux et enchaîné dans la maison de force. Maintenant il ne fait de mal à personne ; mais il ne parle que de rois et d'empereurs. Il était d'un fort bon caractère ; il aidait à ma subsistance, il avait une belle main. Et tout d'un coup il parut mélancolique, prit une fièvre chaude, devint furieux ; et il est à présent comme vous le voyez. Si je vous racontais, monsieur... J'interrompis tout ce babil en lui demandant quel était ce temps où il se vantait d'avoir été si heureux ? — Le pauvre fou ! s'écria-t-elle avec un sourire de pitié, c'est le temps où il avait perdu l'esprit ; il ne cesse de le regretter. C'est le temps où il était enfermé, et absolument insensé. Ce fut pour moi un coup de foudre. Je lui mis quelque argent dans la main, et je m'enfuis.
Tu étais heureux ! m'écriai-je en marchant vers la ville à pas précipités ; tu étais comme un poisson dans l'eau !
Dieu du ciel ! est-ce là le destin de l'homme ! n'est-il heureux qu'avant de posséder la raison, et après l'avoir perdu ? Tu es malheureux, et j'envie ton sort ; j'envie le désordre de tes sens : tu vas plein d'espérance cueillir des fleurs à ta souveraine... en hiver ! Et tu t'affliges de n'en trouver aucune, et tu ne comprends pas pourquoi tu n'en trouveras aucune ! et moi... Et moi, je marche sans espérance et sans but, et je retourne comme je suis venu. Tu rêves que tu serais un homme d'importance si les États-généraux te payaient : tu es heureux de pouvoir attribuer ton malheur à une puissance étrangère... Tu ne sens point, tu ne sens pas que la misère est dans ton cœur agité, dans la cervelle dérangée, et que tous les rois de la terre ne peuvent te rétablir.
Qu'il meure sans consolation celui qui rit du malade qui va chercher dans les sources éloignées un accroissement de maux et une mort plus douloureuse, ou qui s'élève au-dessus du cœur oppressé, qui, pour satisfaire sa conscience, pour diminuer les souffrances de son âme, fait le pèlerinage en Terre-Sainte ! Chaque pas qui déchire ses pieds dans des chemins non battus est une goutte de baume pour son âme agitée, et chaque soirée voit son cœur plus soulagé. Osez-vous nommer cela extravagance, vous qui montez sur des échasses pour y prononcer de grands mots ? Extravagance !... O Dieu ! tu vois mes larmes... Tu nous fis assez misérables : fallait-il encore que tu nous donnasses des frères qui nous persécutent, qui veulent nous priver de toute consolation, nous enlever la confiance que nous avons en toi, en toi, qui es tout amour ; car c'est toi qui nous vient la vigne qui console, la racine qui nous guérit. Oui, c'est toi qui as placé tout autour de nous, le soulagement et la guérison. Père que je ne connais pas ; père qui remplissais autrefois mon âme entière, mais qui maintenant détournes de moi ta face, appelle-moi, parle à mon cœur. C'est en vain que ton silence voudrait retarder une âme qui soupire après toi ! Quel est l'homme, quel est le père qui pourrait avoir du ressentiment contre son fils, s'il paraissait tout à coup devant lui et l'embrassait en s'écriant : « Me voici, mon père ; pardonne, si j'ai abrégé mon voyage, si je suis de retour avant le terme que tu m'avais prescrit. Le monde est partout le même : peines et travaux ; récompenses et plaisirs, tout m'y est indifférent ; je ne suis bien qu'auprès de toi : c'est en ta présence que je veux souffrir ou jouir. » Et toi, père céleste et chéri, bannirais-tu le fils de l'homme de ton auguste présence ?

Le 1er décembre.

Mon ami, cet homme que je t'ai dépeint, cet heureux infortuné, il était écrivain du père de Charlotte ; il prit pour elle une passion malheureuse, la nourrit, la cacha, enfin la découvrit, fut congédié, et devint ce que je l'ai vu hier. Juge quelle impression m'a faite sur moi ce peu de mots qu'Albert m'a dits aussi tranquillement que tu les lis peut-être.

Le 4 décembre.

C'en est fait, mon cher ami, je ne puis supporter mon état plus longtemps ; j'étais assis près d'elle aujourd'hui ; elle jouait du clavecin avec une expression que je ne saurais te rendre. Sa petite sœur ajustait sa poupée sur mes genoux, des larmes ont coulé. Tout à coup elle s'est mise à jouer cet air divin qui m'a tant de fois enchanté. J'ai senti mon âme inondée ; mais bientôt je me suis rappelé le souvenir de tout le passé, des temps où j'avais entendu le même air ; des douleurs, des créances trompées ; et alors je me suis mis à marcher à grands pas dans la chambre. J'étouffais. — Au nom de Dieu ! ai-je dit enfin en m'avançant près d'elle avec vivacité, au nom de Dieu, cessez de jouer cet air-là ; elle s'est arrêtée, m'a regardé fixement, et m'a dit avec un sourire qui a pénétré mon cœur : — Werther, vous êtes très malade, vos mets favoris ne vous plaisent plus ; allez, je vous en supplie, allez vous reposer. Je me suis arraché d'elle. Grand Dieu ! tu vois mes tourments, tu les termineras !

Le 6 décembre.

Comme son image me poursuit ! éveillé, rêvant, toujours elle remplit mon âme. Ici, quand je ferme les yeux, ici dans mon cerveau où

mes nerfs se réunissent, sont fixés ses yeux noirs. Ici... Je ne puis m'exprimer : mais si je ferme mes yeux, les siens sont là devant moi comme une mer, comme un précipice, et occupent les fibres de mon cerveau.

Qu'est-ce que l'homme, ce demi-dieu si vanté? les forces ne lui manquent-elles pas au moment même où elles lui sont le plus nécessaires? et soit qu'il nage dans la joie, soit qu'il plie sous le poids de la douleur, n'est-il pas obligé de s'arrêter, de retourner en arrière à sa première existence froide, tandis qu'il aspirait à se perdre dans l'étendue de l'infini?

Le 8 décembre.

Mon cher ami, je suis dans l'état que doivent avoir éprouvé les malheureux qu'on a crus possédés du démon ; souvent il me prend un mouvement extraordinaire : ce n'est point angoisse, ce n'est point désir, c'est une rage intérieure et inconnue, qui menace de déchirer mon sein, et qui me saisit à la gorge. Malheur! malheur à moi! alors je cours, je vais errer dans les scènes sombres et lugubres qu'étale cette saison ennemie de l'homme.

Hier au soir encore je fus obligé de sortir de la ville ; on m'avait dit que le fleuve et les ruisseaux des environs s'étaient débordés et avaient inondé toute ma plaine chérie ; j'y courus après onze heures du soir. Quel spectacle imposant et lugubre! la lune était cachée ; j'entrevis, au travers de quelques rayons qui s'échappaient, les flots agités qui se déchaînaient sur les champs, les prés et les buissons ; toute la vallée n'était qu'une mer orageuse, tourmentée par un vent bruyant ; la lune reparut ; elle se reposa sur un nuage noir. Son éclat redoubla le désordre de la nature ; le vent faisait mugir les ondes, et les échos répétaient leurs mugissements. Je frissonnai, je désirai, je m'approchai de l'abîme, je tendis les bras, je me baissai en soupirant et je me perdis dans l'idée délicieuse d'y précipiter toutes mes souffrances, tous mes tourments, et d'y rouler avec les flots agités et bruyants. Quoi! tu ne peux détacher tes pieds de la terre, et terminer ainsi tes maux?... Mon heure n'est pas encore venue, je le sens ; mon ami, avec quel plaisir n'aurais-je pas changé de nature, pour m'élancer avec les tourbillons, déchirer les nuées et tourmenter les flots? Mais un jour peut-être pourrai-je sortir de ma prison, et goûter ces délices.

J'abaissai tristement mes regards sur une petite place où j'avais été assis près d'un saule, à côté de Charlotte, après une promenade d'été ; elle était couverte par les flots. A peine pus-je encore entrevoir le saule. Ah! pensai-je, la prairie, le terrain autour de la maison de chasse, nos cabinets de verdure, tout est ravagé par les torrents, sans doute : et le souvenir des temps passés pour toujours entra dans mon cœur. — C'est ainsi que les songes retracent au prisonnier qui sommeille tous les biens qu'il a perdus. Je m'arrêtai. Je ne m'en fais point de reproches, j'ai le courage de mourir ; — j'aurais... Me voici maintenant comme une vieille femme qui ramasse du bois sec le long des haies, qui mendie son pain de porte en porte, pour adoucir, pour prolonger d'une minute sa triste et faible existence.

Le 17 décembre.

Qu'est-ce donc, mon cher ami? je m'inspire moi-même de l'effroi ; mon amour pour elle n'est-il pas le plus sacré, le plus pur, n'est-il pas l'amour d'un frère? Mon cœur forma-t-il jamais un vœu criminel? Je ne ferai point de serments, et maintenant des songes.—Oh! qu'ils avaient bien raison, ces hommes qui attribuaient des mouvements opposés à des puissances étrangères! Cette nuit, je tremble en le disant, cette nuit je la tenais dans mes bras, je la serrais contre mon sein, et je couvrais de baisers enflammés ses lèvres tremblantes. La volupté se peignait dans ses yeux, les miens partageaient leur ivresse. Grand Dieu! suis-je coupable de sentir, ces le moment encore, du bonheur à me rappeler vivement ces transports! Oh! Charlotte! Charlotte!... c'est fait de moi, mes sens s'égarent, depuis huit jours je ne suis plus à moi-même ; mes yeux sont remplis de larmes ; je suis également bien partout, je ne suis bien nulle part ; je ne désire rien, ne demande rien. — Ah! je ferais beaucoup mieux de partir!

L'ÉDITEUR AU LECTEUR.

Pour donner une relation suivie des derniers jours de notre ami, je me vois obligé d'interrompre le cours de ses lettres par un récit dont Charlotte, Albert, son propre domestique et quelques autres témoins m'ont fourni les détails.

La passion de Werther avait insensiblement altéré l'harmonie qui régnait entre les deux époux. La tendresse d'Albert pour sa femme était sincère, mais calme, et subordonnée par degrés à ses affaires. Il est vrai qu'il ne s'avouait point cette différence entre les jours de l'amant et ceux de l'époux ; mais il sentait dans son cœur un certain mécontentement des attentions marquées de Werther pour Charlotte. C'était empiéter sur ses droits, c'était lui faire de secrets reproches. Ce sentiment augmentait le chagrin que lui causaient des occupations accumulées, embarrassantes et mal récompensées. Les peines qui consumaient le cœur de Werther avaient épuisé les forces de son génie, sa vivacité, sa pénétration ; son commerce devint triste et languissant. Cette disposition devait naturellement influer sur Charlotte qui le voyait tous les jours : elle tomba dans une espèce de mélancolie dans laquelle Albert crut découvrir les progrès d'un penchant pour son amant ; et Werther, un chagrin profond du changement de conduite de ses époux. La défiance des deux amis rendit leur commerce réciproque très pénible. Albert évita l'appartement de sa femme lorsque Werther y était ; et Werther, qui s'en aperçut, après quelques vains efforts pour cesser de voir Charlotte, profita des occasions où Albert était occupé. Le mécontentement et l'aigreur des esprits augmentèrent, et enfin Albert dit à sa femme, assez sèchement, qu'elle devrait, ne fût-ce que pour le public, vivre autrement avec Werther, et ne pas le recevoir aussi fréquemment.

Environ dans le même temps, la résolution de quitter ce monde s'était fortifiée dans l'âme de l'infortuné jeune homme. C'était, dès longtemps, son idée favorite, et surtout depuis son retour auprès de Charlotte : il l'avait toujours entretenue ; mais il ne voulait point commettre cette action d'une manière précipitée ni téméraire ; il était décidé à ne faire ce pas qu'en homme bien persuadé, résolu, mais tranquille.

On entrevoit ses doutes et ses combats dans ce fragment qu'on a trouvé sans date parmi ses papiers, et qui était, suivant les apparences, le commencement d'une lettre à son ami.

« Sa présence, son sort, l'intérêt qu'elle prend au mien, expriment encore quelques larmes de mon cerveau desséché...

« On relève la toile, on passe de l'autre côté, voilà tout! Et pourquoi toutes ces retardements, toutes ces craintes?... Parce qu'on ignore ce qu'il y a là derrière, et qu'on n'en revient point, et que notre esprit est porté à ne voir que confusion et ténèbres dans ce qui est incertain. »

Le chagrin qu'il avait essuyé, étant secrétaire d'ambassade, ne s'effaça jamais de sa mémoire. Lorsqu'il lui arrivait d'en parler, ce qui était rare, on sentait aisément qu'il regardait son honneur comme blessé sans ressource par cette aventure, et qu'il avait pris du dégoût pour toutes les affaires et occupations politiques. Il se livra donc entier aux idées singulières et aux sentiments répandus dans ses lettres, et à une passion sans bornes qui dut à la fin consumer tout ce qui pouvait lui rester de vigueur. L'éternelle monotonie d'un triste commerce avec la femme la plus aimable et la plus aimée, dont il troublait le repos, ses chocs, ses combats, ses travaux sans but, sans dessein, le poussèrent enfin à terminer ses jours.

Le 20 décembre

Il faut que je parte ; je te remercie, mon cher ami, d'avoir relevé ce mot si à propos. Oui, sans doute, il vaut mieux que je parte. Le projet de retourner auprès de vous ne me plaît pas en entier ; du moins ferais-je volontiers un détour, surtout vu l'espérance où nous sommes de la gelée et des beaux chemins. Je suis charmé que tu veuilles bien venir me chercher ; je te prie seulement de différer d'une quinzaine de jours et d'attendre une seconde lettre. Il faut rien cueillir avant la maturité, et quinze jours de plus ou de moins font une grande différence. Dis à ma mère qu'elle prie pour son fils, et que je lui demande pardon de tous les chagrins que je lui ai causés ; j'étais destiné à affliger ceux auxquels j'aurais dû procurer des plaisirs. Adieu, mon cher, mon très cher ami. Que toutes les bénédictions du ciel reposent sur toi. Adieu!

Le même jour (c'était le dimanche avant les fêtes de Noël), Werther alla le soir chez Charlotte et la trouva seule. Elle était occupée à préparer de petites étrennes qu'elle voulait distribuer à ses frères et sœurs la veille de Noël. Il se mit à parler du plaisir qu'auraient les enfants, de l'âge où l'ouverture de la porte et l'apparition subite de l'arbre orné de bougies, de sucreries et de pommes, causaient des transports de joie. — Vous aurez, dit Charlotte, en cachant son embarras sous un aimable sourire, vous aurez aussi vos étrennes, si vous êtes sage. — Qu'appelez-vous être sage? s'écria-t-il ; comment dois-je l'être, comment puis-je l'être, ma chère Charlotte? — C'est jeudi soir la veille de Noël, les enfants viendront, mon père aussi ; chacun aura son présent, venez-y de même, mais ne revenez pas plus tôt. Werther fut vivement frappé. — Je vous le demande, il le faut ; je vous le demande en grâce, pour mon repos, pour ma tranquillité. Non, les choses ne sauraient rester plus longtemps sur ce pied. Il détourna les yeux, parcourut la chambre à grands pas, et murmura entre ses dents : *Les choses ne sauraient rester plus longtemps sur ce pied!* Charlotte, voyant l'état violent où ces mots l'avaient plongé, chercha à le distraire par différentes questions. Mais ce fut en vain. — Non, Charlotte, s'écria-t-il, je ne vous reverrai plus. — Pourquoi cela, Werther? vous pouvez, vous devez nous revoir, seulement avec plus de modération. Oh! pourquoi devez-vous naître avec cette vivacité, avec cette passion excessive et indomptable pour tout ce qui vous intéresse? Je vous en prie, continua-t-elle en lui prenant la main, modérez-vous ; quelle variété de plaisirs ne vous

promettent pas votre génie, vos lumières, vos talents? Soyez homme, et détournez ce triste attachement d'une personne qui ne peut que vous plaindre. Il grinçait des dents et la regardait d'un air sombre. Elle retint sa main. — Accordez-moi une minute de tranquillité, Werther. Ne sentez-vous pas que vous vous trompez, que vous vous perdez volontairement? Pourquoi donc moi, précisément moi qui appartiens à un autre? je crains, je crains fort que cela ne soit la difficulté de me posséder qui rende ce désir aussi vif. Il retira sa main de la sienne en la fixant d'un air farouche. — Cela est très bien dit, très bien dit! s'écria-t-il; Albert ne vous a-t-il point fourni cette réflexion? elle est profonde, très profonde. — Chacun peut la faire aisément; eh quoi! n'y aurait-il pas dans tout l'univers une femme libre qui pût remplir les vœux de votre cœur? Depuis long-temps je redoute pour vous et pour nous le cercle étroit dans lequel vous vous êtes enfermé; faites un effort sur vous-même : un voyage peut et doit vous distraire. Cherchez, trouvez un objet digne de toute votre tendresse, et revenez ici goûter avec nous les délices d'une amitié parfaite.

— On pourrait, dit Werther avec un sourire amer, on pourrait faire imprimer ces paroles pour l'instruction de tous les instituteurs, ma chère Charlotte; laissez-moi seulement encore un peu de repos, et tout ira bien. — Mais, du moins, Werther, ne venez pas avant la veille de Noël. Il allait répondre lorsque Albert entra. Werther et lui se saluèrent froidement et se promenèrent par la chambre d'un air embarrassé. Ils commencèrent des discours sans suite, qui cessèrent bientôt. Albert demanda compte à sa femme de quelques commissions qu'il lui avaient données; et ne les trouvant pas faites, lui adressa des mots piquants qui percèrent le cœur de Werther. Il voulait se retirer, il n'en avait pas la force, et il resta dans cette situation jusqu'à huit heures. L'aigreur augmentait de plus en plus; enfin on dressa la table, et il prit congé, tandis qu'Albert lui proposait assez froidement de rester à souper.

Il revint chez lui, prit la lumière des mains de son domestique, et monta seul à sa chambre. On l'entendit pleurer, parler avec émotion, se promener à grands pas. Il se jeta enfin tout habillé sur son lit, où son domestique le trouva à onze heures du soir, qu'il hasarda d'entrer pour lui tirer ses bottes. Il le laissa faire et lui défendit de paraître le lendemain avant qu'il l'appelât.

Le lundi matin, vingt-unième de décembre, il écrivit la lettre suivante, qu'on trouva après sa mort cachetée sur son bureau, et qu'on remit à Charlotte. Je vais l'insérer ici par fragments, comme le résulte par les circonstances qu'elle a été écrite :

« C'en est fait, Charlotte, je veux mourir! je te l'écris de sang-froid, sans transports romanesques, le matin du jour où je te reverrai pour la dernière fois. Au moment même où tu lis ces lignes, ô la meilleure des femmes! une froide tombe couvre déjà les restes ranimés de l'homme agité, malheureux, qui, dans les derniers instants de sa vie, ne connaît point de plus grande volupté que celle de s'entretenir avec toi.

« J'ai passé une nuit affreuse, mais non; une nuit bienfaisante; c'est elle qui m'a déterminé, qui m'a décidé : je veux mourir. Lorsque je m'arrachai hier d'auprès de toi, tous mes sens étaient dans la plus grand tumulte, mon cœur était oppressé, l'espérance et l'ombre du plaisir s'étaient éclipsés pour toujours loin de moi, et un froid glaçant entourait ma malheureuse existence. A peine pus-je gagner ma chambre, hors de moi, je me jetai à genoux. Grand Dieu! tu m'accordas pour la dernière fois la consolation de répandre des larmes amères. Mille idées, mille projets agitèrent mon âme troublée, enfin une dernière et seule pensée s'arrêta, se fixa dans mon cœur : je mourrai. Je me couchai, et ce matin, à mon réveil tranquille, cette pensée est encore là et remplit mon cœur : je mourrai. Ce n'est point désespoir, c'est certitude que j'ai épuisé mes maux, que leur terme est arrivé, et que je me sacrifie pour toi. Oui, Charlotte, pourquoi le tairais-je? un de nous trois devait partir, c'est moi qui partirai. Oh! ma chère amie, souvent dans ce cœur où régnait la rage s'est glissée l'idée affreuse de massacrer ton époux, toi, moi. Il faut donc que je parte. Quand, dans une belle soirée d'été, tu te promèneras vers la montagne, ressouviens-toi de moi, rappelle-toi comme il m'as vu souvent monter de la vallée; lève les yeux vers le cimetière qui renferme ma tombe, et vois au dernier rayon du soleil comme le vent du soir fait ondoyer l'herbe haute qui la couvre. J'étais tranquille en commençant ma lettre, mais en me retraçant vivement tous ces objets, voilà que je pleure comme un enfant. »

———

Vers les dix heures du matin, Werther appela son domestique, et lui dit en s'habillant qu'il partirait dans quelques jours, qu'ainsi il devait mettre ses habits en ordre; il lui ordonna aussi de rassembler ses comptes, d'aller chercher des livres qu'il avait prêtés, et de payer pour deux mois quelques pauvres à qui il faisait de petites distributions par semaine.

Il se fit apporter à manger dans sa chambre, et monta ensuite à cheval pour aller voir le bailli, qu'il ne trouva point chez lui. Il se promena d'un air sombre dans le jardin, et paraissait vouloir rassembler encore, pour la dernière fois, tous les souvenirs les plus douloureux. Mes enfants ne le laissèrent pas longtemps en repos, ils le poursuivirent; et tout en sautillant autour de lui, lui dirent que quand demain et un autre demain et encore un jour seraient passés, ils recevraient chez Charlotte leurs étrennes de Noël, et lui raconterent les merveilles que leur promettait leur petite imagination.
— Demain, s'écria-t-il, le lendemain et un autre jour encore! et il les embrassa tendrement. Il voulait partir, mais le plus petit l'arrêta pour lui dire à l'oreille que ses frères avaient écrit de beaux compliments de nouvel an, bien, bien grands, un pour le papa, un pour Albert et Charlotte, et un aussi pour M. Werther, et qu'ils les présenteraient bien matin, le premier jour de l'an.

Ce dernier coup le terrassa; il leur donna à tous quelque chose, monta à cheval, les chargea de compliments pour leur père et partit les yeux remplis de larmes.

Il revint chez lui vers les cinq heures et ordonna à son domestique d'entretenir le feu jusqu'à son retour, de mettre au fond du coffre ses livres et son linge, et d'arranger les habits par dessus; après quoi il écrivit, suivant les apparences, le fragment suivant de sa lettre à Charlotte.

« Tu ne m'attends pas : tu crois que je t'obéirai, et que je ne te reverrai que la veille de Noël. Oh! Charlotte, aujourd'hui ou jamais. La veille de Noël tu tiendras ce papier, tu trembleras, tu le mouilleras de tes larmes : je le veux, je le dois; que je suis content d'être décidé! »

———

A six heures et demie, il alla chez Albert; il n'y trouva que Charlotte, qui fut très émue en le voyant paraître. Elle avait glissé à son mari, dans la conversation, que Werther ne viendrait pas avant la veille de Noël. Peu de temps après, Albert fit seller son cheval, prit congé d'elle et partit, malgré le mauvais temps, pour aller chez un bailli du voisinage, avec qui il avait des affaires à régler. Charlotte savait qu'il avait renvoyé depuis longtemps cette visite, qui devait le retenir une nuit hors du logis. Elle sentit la défiance de son époux, et son cœur fut serré. Seule, affligée, elle se retraçait le passé, elle se rendait justice sur ses sentiments et sa conduite, sur sa tendresse pour son époux, qui, au lieu du bonheur qu'elle avait droit d'attendre, commençait à faire le malheur de sa vie. Elle pensait ensuite à Werther et le blâmait, sans pouvoir le haïr. Un penchant secret l'avait attachée à lui dès le commencement de leur connaissance; et maintenant, après un si long commerce, après avoir passé par tant de situations différentes, cette impression était gravée dans son cœur pour jamais; enfin son cœur oppressé se déchargea par des larmes et tomba dans une mélancolie douce, où il s'ensevelit de plus en plus. Mais quelle ne fut pas son émotion, lorsqu'elle entendit Werther monter l'escalier, et demander si elle était au logis ! Il était trop tard pour le refuser; et il n'était pas encore remise de son trouble lorsqu'il entra. — Vous n'avez pas tenu votre parole, s'écria-t-elle. — Je ne l'ai point promis. — Pour notre repos commun, vous auriez dû m'accorder ce que je vous ai demandé. Charlotte prit le parti d'envoyer chercher quelques-unes de ses amies, pour qu'elles fussent témoins de la conversation, et dans l'idée que Werther, obligé de les reconduire, partirait plus tôt. Il lui avait apporté des livres, elle lui parla de quelques autres, et tint des discours indifférents et attendant ses amies. Mais le domestique revint lui apporter leurs excuses : l'une était retenue par la visite d'une parente et l'autre par le mauvais temps.

Ce contre-temps causa d'abord de l'inquiétude à Charlotte; mais bientôt le sentiment de son innocence lui inspira une noble confiance; bravant les chimères qu'Albert pourrait se mettre en tête, sentant la pureté de son cœur, elle rejeta l'idée qu'elle avait eue d'abord de faire appeler sa femme de chambre, et après avoir joué quelques menuets sur le clavecin, pour se remettre de son trouble, elle vint tranquillement se placer sur le sopha, à côté de Werther. — N'avez-vous rien à lire? lui dit-elle. Non. — Ouvrez cette commode, vous y trouverez votre traduction de quelques chants d'Ossian ; je ne l'ai point lue encore, j'attendais toujours que vous puissiez me la lire vous-même ; mais depuis quelque temps, vous n'êtes pas à rien. Il sourit, alla chercher le manuscrit, et frissonna en le prenant. Il s'assit, les yeux humides, et commença à lire. Après avoir lu pendant quelque temps, Werther parvint à l'endroit touchant où Armin déplore la perte de sa fille bien-aimée :

« Seul, sur la roche que mouillaient les vagues, j'entendis les plaintes de ma fille; ses gémissements étaient perçants, son père ne pouvait la délivrer. Toute la nuit je restai sur le rivage, je la voyais, aux faibles rayons de la lune, toute la nuit j'entendis des cris douloureux. Le vent était haut, la pluie battait avec violence contre la montagne; avant que la lumière parût, sa voix s'affaiblit, et elle expira, ainsi qu'expire le vent du soir parmi les plantes des

rochers. Courbée sous la douleur, ma fille y mourut, et laissa Armin seul. J'ai perdu ma force dans les combats. J'ai perdu l'orgueil d'avoir la plus belle des filles.

« Quand les tempêtes tonnent sur les montagnes, quand l'aquilon soulève les flots, assis sur le rivage retentissant, je fixe le rocher fatal. Souvent, au déclin de la lune, j'entrevois les ombres de mes enfants qui s'embrassent, et me regardent tristement. »

Un torrent de larmes qui coula des yeux de Charlotte et soulagea son cœur oppressé interrompit la lecture de Werther ; il jeta son papier, saisit la main de son amie, et l'inonda de ses larmes. Charlotte s'appuyait sur l'autre bras, et tenait un mouchoir devant ses yeux. Tous deux étaient dans la plus violente situation ; ils sentaient leur propre malheur dans le sort de ces infortunés ; ils le sentaient ensemble, et leurs larmes se confondaient. Les yeux et les lèvres de Werther, collés sur le bras de Charlotte, embrasaient de leur ardeur. Elle frémissait, elle aurait voulu s'éloigner ; la douleur et le plus vif intérêt pesaient sur elle de tout leur poids ; enfin elle respira avec force pour essayer de se remettre, et le pria, en sanglotant, de continuer. Werther, tremblant, n'en pouvait plus ; il ramassa le manuscrit, et lut d'une voix entrecoupée :

« Pourquoi me réveiller, vent du printemps ? tu me flattes et tu me dis : Je t'arrose de la rosée céleste. Mais le temps de ma flétrissure s'approche ; elle s'approche, la tempête qui me dépouillera de mes feuilles. Demain viendra le voyageur ; il viendra, celui qui a vu ma beauté. Son œil me cherchera autour de lui dans la campagne, et il ne me trouvera plus. »

Toute la force de ces paroles frappa comme la foudre le cœur de l'infortuné Werther ; dans son désespoir, il se précipita aux pieds de Charlotte, se saisit de ses mains, les porta à ses yeux et contre son front. Un pressentiment de son projet pénètre dans la première fois dans le cœur de Charlotte ; ses sens se troublent, elle serre ses mains, les presse contre son sein, s'incline vers lui avec un mouvement de compassion, et ses joues brûlantes touchent les siennes. Alors le monde entier disparaît à leurs yeux ; il passe ses bras autour d'elle, la presse contre sa poitrine, et couvre de baisers de feu ses lèvres tremblantes.

— Werther ! s'écriait Charlotte d'une voix étouffée et en se détournant ; Werther !... et elle repoussait sa poitrine d'une main faible. — Werther !... s'écria-t-elle enfin du ton ferme et décidé de la vertu et du sentiment. Il n'y put résister, il s'arracha de ses bras, et, hors de lui, se prosterna devant elle. Charlotte se leva ; et, dans un trouble douloureux, d'un ton mêlé d'amour et de colère ; — C'est la dernière fois, lui dit-elle, Werther ; vous ne me reverrez plus. Elle jeta un dernier regard de tendresse sur l'infortuné, courut dans sa chambre et en barricada la porte. Werther lui tendit les bras ; mais il n'osa la retenir. Il resta plus d'une demi-heure couché par terre et la tête sur le sopha, jusqu'à ce qu'il entendit du bruit. C'était le domestique qui venait couvrir la table ; il se promena à grands pas dans la chambre ; et quand il se retrouva seul, il alla à la porte du cabinet et dit à voix basse : — Charlotte ! Charlotte, un mot encore, seulement un adieu. Elle ne répondit point, il s'arrêta, il la supplia... et s'arrêta encore. Alors il s'arracha de cette porte, en criant : — Adieu, Charlotte ! adieu pour jamais !

Werther courut à la porte de la ville, la garde, qui le connaissait, le laissa passer, la nuit était sombre et humide. Il pleuvait et il neigeait. Il rentra vers les onze heures du soir. Son domestique s'aperçut bien qu'il n'avait pas son chapeau, mais il n'osa rien dire. Il le déshabilla, tout était mouillé. On a retrouvé ensuite son chapeau sur une pointe de rocher, où il est inconcevable qu'il ait pu grimper impunément dans une nuit aussi sombre.

Il se coucha et dormit longtemps. Son domestique le trouva qui écrivait, lorsqu'il lui apporta son café. Il ajoutait ce qui suit à sa lettre à Charlotte :

« Pour la dernière fois donc, pour la dernière fois je rouvre mes yeux. Ah ! ils ne reverront plus le soleil ; un brouillard triste et épais le couvre. Oui, nature, porte le deuil ; ton fils, ton ami, ton amant touche à son terme. Charlotte ! le sentiment que j'éprouve est un sentiment unique, et rien ne ressemble cependant plus à un songe, que de dire : Voici le dernier jour. Le dernier, Charlotte ! je n'ai point d'idée pour ce mot : Le dernier ! Aujourd'hui je suis debout, j'ai toutes mes forces, demain, glacé, je serai étendu sur la terre Qu'est-ce que mourir ? Oui, nous rêvons quand nous parlons de la mort. J'en ai vu mourir plusieurs ; mais telles sont les bornes de notre faible humanité, qu'elle n'a point d'idée nette du commencement et de la fin de son existence. Maintenant je suis encore à moi. Non, non, à toi, la plus chérie des femmes ! et dans une minute, détaché, séparé ; peut-être à jamais. Non, Charlotte... non, comment pourrais-je être anéanti ? Comment pourrais-tu l'être ? Nous existons... Être anéanti ! Qu'est-ce ? C'est encore un mot, un pur son qui ne va point jusqu'à mon cœur. Mort, Charlotte, renfermé dans une fosse si étroite, si froide, si sombre... J'eus une amie qui fut tout à ma faible jeunesse ; elle mourut ; je suivis son cercueil, je me tins au bord de sa fosse. Quand on descendit ce cercueil, quand j'entendis le sifflement des cordes qui descendaient et remontaient, qu'on jeta la première pelletée de terre, et que cette terre retentit sourdement sur la bière, et toujours, toujours plus sourdement, jusqu'à ce que tout fût couvert... je me jetai par terre ; j'étais saisi, troublé, déchiré ; mais je ne savais ni ce qui m'arriverait, ni ce qui devait m'arriver... Mourir ! tombeau ! je n'entends point ces mots là.

« Pardonne ! pardonne ! Hier... Ah ! cette minute eût dû être la dernière de ma vie ; pour la première fois, le sentiment le plus délicieux pénétra, embrasa mon cœur... elle m'aime ! elle m'aime ! Mes lèvres brûlent encore du feu sacré qu'y portèrent tes lèvres ardentes. Un nouveau torrent de délices inonde mon cœur. Pardonne-moi ! pardonne-moi !

« Ah ! je savais que je t'étais cher, je l'avais vu au premier coup d'œil animé que tu avais jeté sur moi ; je l'avais appris la première fois que tu m'avais serré la main ; mais quand j'étais séparé de toi, quand je voyais Albert à tes côtés, je retombais dans le doute et dans l'agitation.

« Te rappelles-tu ces fleurs que tu m'envoyas ; lorsque dans une fâcheuse assemblée tu ne pus ni me parler, ni me tendre la main ? La moitié de la nuit je fus à genoux devant ces fleurs ; elles étaient le sceau de ta tendresse ; mais ces impressions s'affaiblissaient bientôt, et s'évanouissaient enfin, ainsi que le sentiment de la grâce dans le cœur d'un dévot qui a célébré des mystères. Tout passe ; mais une éternité ne saurait éteindre la flamme que je cueillis hier sur tes lèvres, la flamme que je sens en moi. Elle m'aime ! ce bras a étreint son corps, ces lèvres ont tremblé sur les siennes, cette bouche a bégayé sur sa bouche : elle est à moi. Oui, Charlotte ! tu es à moi pour jamais !

« Albert est ton époux : et qu'importe ! Ce n'est que pour ce monde, Et ce n'est que dans ce monde que c'est un péché de t'aimer, de souhaiter de pouvoir t'arracher de ses bras !... C'est un péché ! eh bien je m'en punis ; je l'ai goûté ce péché, je l'ai goûté avec tous ces délices. J'ai sucé un baume qui ranime mon cœur. Dès ce moment, tu es à moi ; je vais devant, je vais à mon père, et à ton père ; je porterai mes douleurs aux pieds de son trône, et il me consolera jusqu'à ce que tu arrives. Alors je volerai à ta rencontre, je me saisirai de toi, et je resterai pour toute l'éternité près de toi, à la face de l'Être suprême. Je ne rêve point, je n'extravague pas, je vois plus clair près de la tombe. Nous serons, nous nous reverrons, nous verrons ta mère, je la verrai, je la trouverai, et j'oserai lui montrer mon cœur. Ta mère, ton image... »

———

Vers les onze heures, Werther demanda à son domestique si Albert était de retour ; il lui répondit que oui, qu'il avait vu repasser son cheval. Là-dessus il le chargea de lui porter ce billet ouvert :

« Faites-moi le plaisir de me prêter vos pistolets pour un voyage. Adieu, portez-vous bien. »

———

La tendre Charlotte avait passé la nuit dans l'agitation et le trouble. Son sang bouillonnait dans ses veines, des sentiments douloureux déchiraient son cœur. Malgré ses efforts, le feu des embrassements de Werther s'était glissé dans son sein ; mais en même temps l'image des jours de son innocence et de sa tranquillité se retraçaient à elle avec de nouveaux charmes. D'avance elle redoutait les regards de son époux, et ses questions aigrement ironiques lorsqu'il apprendrait la visite de Werther. Jamais elle n'avait dissimulé, jamais elle n'avait trahi la vérité, et elle se voyait pour la première fois forcée à cette nécessité ; la répugnance, l'embarras qu'elle éprouvait grossissaient encore sa faute à ses yeux, et cependant elle n'en pouvait haïr l'auteur, ni même se promettre de ne plus le revoir. Triste, faible, elle était à peine habillée lorsque son mari arriva : pour la première fois son ton lui fut insupportable ; elle tremblait qu'il ne s'aperçût de son insomnie et des larmes qu'elle avait versées, et cette crainte redoublait son embarras. Elle l'embrassa avec une vivacité qui montrait plus de trouble et de remords que de véritable joie. Werther s'en aperçut, et après avoir ouvert quelques lettres, il lui demanda sèchement s'il n'y avait rien de nouveau, ou s'il n'était venu personne en son absence. Elle lui répondit en hésitant : — Werther a passé hier une heure ici. — Il prend son temps, dit Albert, et il passa dans son cabinet. Charlotte resta seule un quart d'heure. La présence de l'homme qu'elle aimait et respectait lui fit sur son cœur une impression nouvelle ; elle se rappelait tous les services qu'il lui avait rendus, la noblesse de son caractère, son attachement pour elle, et se reprochait de l'en avoir si mal récompensé. Un mouvement inconnu la poussait à aller le rejoindre ; elle prit son ouvrage pour travailler dans son cabinet, comme cela lui était arrivé plusieurs fois.

Elle lui demanda en entrant s'il avait besoin de quelque chose; il répondit que non, et se mit à écrire : elle s'assit pour travailler. Albert faisait de temps en temps quelques tours dans la chambre : Charlotte lui adressait la parole; mais il lui répondait à peine, et retournait à son bureau. Ce procédé lui causa une douleur d'autant plus amère qu'elle cherchait à la cacher, et à retenir des larmes prêtes à couler.

Une heure s'était écoulée dans cet état pénible, lorsque l'arrivée du domestique de Werther vint mettre le comble au trouble de Charlotte. Albert lut le billet, se retourna froidement vers sa femme, et dit : — Donne-lui les pistolets; je lui souhaite un bon voyage. Ces mots furent un coup de foudre pour Charlotte : elle se leva en chancelant, s'avança avec lenteur vers le mur, détacha les pistolets en tremblant, en essuya par degrés la poussière, et aurait retardé plus longtemps encore, si un coup d'œil d'Albert ne l'avait obligée de finir. Elle remit donc au domestique l'arme fatale, sans pouvoir proférer un seul mot, plia son ouvrage, et se retira dans son appartement, accablée d'une douleur mortelle. Son cœur présageait des malheurs funestes; quelquefois elle était sur le point d'aller se jeter aux pieds de son mari, de lui découvrir tout ce qui s'était passé le soir auparavant, de lui montrer sa faute et ses pressentiments. Mais ensuite elle pensait que sa démarche serait inutile, et que surtout elle ne pourrait engager Albert à aller chez Werther. On servit; et une amie que Charlotte retint à dîner rendit la conversation supportable. On se contraignit, on causa, on raconta, et on s'étourdit.

Werther, apprenant que Charlotte avait remis, elle-même les pistolets au domestique, les reçut avec transport. Il se fit servir du pain et du vin, envoya dîner son valet, et se mit à table.

« Ils ont été dans tes mains, tu en as ôté la poussière, je leur donne mille baisers, tu les as touchés... Ah ! le ciel approuve et favorise mon projet. C'est toi, Charlotte, qui me fournis l'instrument de la mort, et c'était de tes mains que je désirais la recevoir. J'ai questionné mon domestique, tu tremblais en les lui remettant; tu ne m'as point dit d'adieu. Malheur ! malheur à moi ! point d'adieu... La minute qui m'unit pour jamais à toi m'aurait-elle fermé ton cœur ? Charlotte, des siècles ne pouvent éteindre cette impression, et je sens que tu ne peux haïr celui qui brûle ainsi pour toi. »

Après dîner, il fit achever son coffre, déchira beaucoup de papiers, et sortit pour acquitter encore quelques petites dettes. Il revint au logis, et sortit ensuite de la ville malgré la pluie. Il alla d'abord au jardin du comte, et ensuite plus loin dans la campagne. Il revint à l'entrée de la nuit, et se mit à écrire.

« Mon ami, je viens de voir, pour la dernière fois, les montagnes, les forêts et le ciel. Adieu, ma très chère mère ; pardonnez-moi : mon ami, je te charge de la consoler. Dieu vous bénisse ! J'ai mis ordre à toutes mes affaires ; portez-vous bien ; nous nous reverrons, nous nous reverrons plus heureux. »

« Je t'ai mal récompensé, Albert, et tu me pardonnes ; j'ai troublé la paix de ta maison, j'ai mis de la défiance entre vous. Adieu, je vais terminer tout cela ; puisse ma mort vous rendre heureux ! Albert, Albert, rends heureux cet ange, et que la bénédiction du ciel soit sur toi... »

Il acheva de mettre ses papiers en ordre, en déchira, brûla plusieurs, et en cacheta d'autres à l'adresse de son ami. Ils contenaient des maximes, des pensées détachées dont j'ai vu quelques-unes. A dix heures, il fit remettre du bois dans son poêle et apporter une demi-bouteille de vin. Il renvoya son domestique, qui, de même que les autres gens de la maison, couchait dans un autre corps de logis. Ce domestique se jeta tout habillé sur son lit, pour être plus tôt prêt le lendemain, son maître lui ayant dit que les chevaux de poste seraient à la porte avant six heures.

« Après onze heures. Tout est si tranquille autour de moi, et mon âme est si calme! Je te rends grâces, ô mon Dieu! qui m'accordes, dans ces dernières minutes, de la chaleur et de la force.

« Je m'approche de la fenêtre, ma chère amie : au travers des nuages qu'un vent impétueux emporte avec rapidité, je vois encore luire quelques étoiles. Astres brillants ! non, vous ne tomberez point; l'Éternel porte vous et moi dans son sein. J'ai encore vu la grande-ourse, la plus chérie de toutes les constellations; lorsque je sortais le soir de chez toi, elle brillait vis-à-vis de ta porte. Avec quelle extase ne l'ai-je pas souvent regardée ! souvent j'ai élevé mes mains vers elle pour la prendre à témoin de ma félicité ! Oh ! Charlotte, qu'est-ce qui ne me rappelle pas ton idée ? Ne m'entoures-tu pas de tous côtés, et n'ai-je pas, ainsi qu'un enfant, rassemblé autour de moi toutes les petites choses que tu as consacrées en les touchant?...

« Profil qui me fus si cher, je te le rends, Charlotte, et je te prie de l'honorer. J'y ai imprimé des milliers de baisers, et je l'ai salué mille fois en rentrant et en sortant de chez moi...

« J'ai écrit un billet à ton père, pour le prier de protéger mon corps. Au coin du cimetière, du côté qui regarde les champs, sont deux beaux tilleuls ; c'est là que je souhaite de reposer : il peut le faire, il le fera pour son ami. Joins tes prières aux miennes ; je ne compte pas que de pieux chrétiens veuillent faire enterrer leurs cadavres près de celui d'un pauvre infortuné. Ah ! je voudrais être déposé dans quelque vallon écarté ou sur les bords du grand chemin, afin que le prêtre et le lévite pussent lever les yeux au ciel et rendre grâces au Seigneur en passant près de ma tombe, tandis que le Samaritain donnerait une larme à mon sort...

« Charlotte, je ne frémis point en embrassant le fatale calice qui va me donner la mort. Tu me le présentes, je ne recule pas. Tout, tout est donc fini ; voilà donc tous les vœux, toutes les espérances remplies ! Froid, glacé, je vais heurter à la porte d'airain de la mort...

« Que n'ai-je eu le bonheur de mourir pour toi, Charlotte, de me dévouer pour toi ! Je mourrais avec courage, je mourrais avec volupté, si je pouvais te rendre le repos et le bonheur. Mais il n'est donné qu'à un petit nombre d'hommes distingués de verser leur sang pour ceux qui leur sont chers, et d'augmenter leur félicité par ce sacrifice.

« Je veux, Charlotte, être enterré dans les habits que je porte maintenant ; tu les as touchés, ils sont sacrés. J'ai demandé aussi cette grâce à ton père. Mon âme plane sur ma tombe. On ne doit point fouiller mes poches. Ce nœud de ruban rose qui paraît ton sein, le premier jour que je te vis au milieu de tes enfants (ces chers enfants, il me semble les voir sauter autour de moi ; donne-leur mille baisers, et raconte-leur le sort de leur infortuné ami. Ah ! comme je m'attachai à toi dès ce premier moment sans avoir pu te quitter depuis !), ce nœud de ruban doit être enterré avec moi. Tu me le donnas à mon jour de naissance : comme je dévorais tout cela ! Ah ! je ne prévoyais pas que cette route me conduirait ici. Sois tranquille, je t'en conjure, sois tranquille.

» Ils sont chargés. Minuit frappe... Partons... Charlotte, Charlotte ! Adieu, adieu !... »

Un voisin aperçut le feu et entendit le coup ; mais comme tout resta tranquille, il n'y pensa plus.

A six heures du matin, le domestique entra dans la chambre avec la lumière. Il trouva son maître étendu par terre, baigné dans son sang. Il l'appelle, il l'embrasse : point de réponse. Il ne donne plus que quelques signes de vie ; le domestique court au médecin et chez Albert. Charlotte entend la sonnette ; un tremblement universel la saisit. Elle réveille son mari ; tous deux se lèvent. Le domestique en sanglotant leur apprend le triste événement. Charlotte tombe sans connaissance aux pieds d'Albert.

Quand le médecin arriva auprès de l'infortuné Werther, il était encore étendu par terre, le pouls battait ; mais la balle, au dessus de l'œil droit, lui avait fait sauter la cervelle. On le saigna cependant au bras ; le sang coula, et il respirait encore.

On pouvait juger, par le sang qu'on voyait autour du fauteuil, qu'il avait commis cette action devant son bureau. Il était ensuite tombé, et s'était roulé autour du fauteuil dans des mouvements convulsifs. On le trouva couché sur le dos près de la fenêtre. Il avait un frac bleu, une culotte jaune et des bottes. Les gens de la maison, ceux du voisinage, et enfin de tous les quartiers de la ville, accoururent bientôt. Albert entra. On avait mis Werther sur son lit, sa tête était bandée, la pâleur de la mort était sur son visage, il râlait encore plus ou moins fortement ; on attendait à chaque instant qu'il expirât.

Il n'avait bu qu'un verre de vin. *Emilia Galotti* était ouverte sur son bureau.

Je ne vous dirai rien de l'accablement d'Albert ni de l'état de Charlotte.

Le vieux bailli accourut à cette nouvelle ; il baisa le mourant en pleurant à chaudes larmes. Ses fils aînés le suivirent à pied, de fort près ; ils se jetèrent à genoux devant son lit dans le plus violent désespoir, et lui baisèrent les mains et la bouche. L'aîné, qui était son favori, ne quitta point ses lèvres qu'il n'eût expiré ; encore fallut-il l'en arracher par force. A midi, Werther rendit le dernier soupir. La présence du bailli et ses précautions continrent le peuple ; pendant la nuit, il fit enterrer le corps de Werther dans la place

qu'il s'était choisie. Lui et ses fils le suivirent; Albert n'en eut pas la force. On craignait pour la vie de Charlotte. Des manœuvres portèrent le corps; aucun prêtre ne l'accompagna.

GOETHE.

Le convoi de Werther.

POÉSIES DE GILBERT.

Ode imitée de plusieurs psaumes.

J'ai révélé mon cœur au Dieu de l'innocence;
 Il a vu mes pleurs pénitents;
Il guérit mes remords, il m'arme de constance :
 Les malheureux sont ses enfants.

Mes ennemis, riant, ont dit dans leur colère :
 Qu'il meure, et sa gloire avec lui!
Mais à mon cœur calmé, le Seigneur dit en père :
 Leur haine sera ton appui.

A tes plus chers amis ils ont prêté leur rage,
 Tout trompe ta simplicité;
Celui que tu nourris court vendre ton image,
 Noire de sa méchanceté.

Mais Dieu t'entend gémir, Dieu vers qui te ramène
 Un vrai remords, né des douleurs;
Dieu qui pardonne enfin à la nature humaine
 D'être faible dans ses malheurs.

J'éveillerai pour toi la pitié, la justice
 De l'incorruptible avenir,

Eux-mêmes épureront, par leur long artifice,
 Ton honneur qu'ils pensent ternir.

Soyez béni, mon Dieu! vous qui daignez me rendre
 L'innocence et son noble orgueil;
Vous qui, pour protéger le repos de ma cendre,
 Veillerez près de mon cercueil.

Au banquet de la vie, infortuné convive,
 J'apparus un jour, et je meurs :
Je meurs, et, sur la tombe où lentement j'arrive,
 Nul ne viendra verser des pleurs.

Salut, champs que j'aimais, et vous, douce verdure,
 Et vous, riant exil des bois!
Ciel, pavillon de l'homme, admirable nature,
 Salut pour la dernière fois!

Ah! puissent voir longtemps votre beauté sacrée
 Tant d'amis sourds à mes adieux!
Qu'ils meurent pleins de jours, que leur mort soit pleurée;
 Qu'un ami leur ferme les yeux.

A M. d'Arnaud. — Stances.

C'est trop longtemps couvrir des voiles du silence
La généreuse main qui s'ouvre à mon malheur;
Muse, cédons aux cris de la reconnaissance,
Et que mes premiers chants soient pour mon bienfaiteur.
Tels, trop jeunes encor pour chercher leur pâture,
Quand des feux de Progné les fruits reconnaissants
Ont du bec maternel reçu la nourriture,
Ils lui rendent pour prix d'harmonieux accents.
N'altère point ma voix, maxime si commune,
Que l'homme doit toujours sembler ce qu'il n'est pas :
C'est au crime à rougir, jamais à l'infortune;
La peur d'être abaissé ne fait que trop d'ingrats.
J'aurai dit : ce mortel me conserve la vie,
Et l'on me courbera sous le faix du mépris!...
Si la vertu s'accroît, c'est quand on la publie :
Chantons, muse, la honte en fût-elle le prix.
Mais que vois-je? d'Arnaud! Vient-il m'ôter la lyre?
Non, mes accords pour lui ne sont pas sans attraits;
Il craint d'être nommé dans mon brûlant délire :
Le grand cœur veut dans l'ombre épancher ses bienfaits.
Ainsi, contre les vents, fortifié par l'âge,
Dans la nuit des forêts un chêne à longs rameaux
Se plaît à protéger de son épais ombrage
Un peuple, faible encor, de jeunes arbrisseaux.
Vous auteurs, qui, nageant dans des flots de richesses,
Prêchez l'humanité dans vos écrits pompeux,
Répondez : Avez-vous jamais, par vos largesses,
Tari les pleurs amers de quelques malheureux?
Insensé! jusqu'ici croyant que la science
Donnait à l'homme un cœur tendre et compatissant,
Je courus à vos pieds, plongé dans l'indigence;
Vous vîtes mes douleurs et mon besoin pressant.
Qu'en reçus-je? des dons? Non : des refus, la honte.
« Travaillez, disiez-vous, vous avez des talents.

« Si le malheur vous suit, le travail le surmonte;
« On peut veiller sans crainte à la fleur de ses ans. »
Barbares! travaillez! Eh! voulais-je autre chose?
A vos pieds prosterné, dévoré par la faim,
Si j'osais de mes maux dévoiler la cause,
Mes cris vous demandaient des travaux et du pain.
Vous refusâtes tout à mon humble prière;
Et votre avare main loin de vous m'écartait.
Je vous fuis en pleurant... J'expirais de misère :
D'Arnaud vint. C'est un dieu, mon malheur disparaît.
Vers la terre courbée, une fleur, jeune encore,
Allait ainsi périr après un jour brûlant :
Par ses pleurs rafraîchie a-t-elle vu l'aurore?
La fleur lève aussitôt son calice brillant.
Toi qui verses dans moi tout le feu qui m'enflamme,
Arbitre des beaux vers, Apollon, loin de moi!
Pour célébrer d'Arnaud, pour chanter sa grande âme,
Mon cœur dicte, il suffit. Qu'ai-je besoin de toi?
Mais qu'entends-je? mes chants ont réveillé l'Envie;
Et sa bouche me dit, en écumant de fiel :
« Crois-tu persuader qu'il n'est point de génie
« Plus brillant que celui de l'auteur de Fayel? »
Non. Mais est-il une âme aussi tendre, aussi pure?
Et que devient l'esprit sans les trésors du cœur?
Un beau masque qui couvre une horrible figure :
Il faut d'abord être homme avant que d'être auteur.
J'aime mieux l'arbrisseau dont la tête modeste
Se charge tous les ans de fruits délicieux,
Que le cèdre qui touche à la voûte céleste,
Et n'a que des rameaux à m'étaler aux yeux.
Maintenant que ma voix a chanté ta grande âme,
D'Arnaud, goûte le prix de tes dons répandus.
J'ai peint tous mes malheurs, j'aime mieux qu'on me blâme
Que d'avoir de leurs fruits dépouillé tes vertus.

Le dix-huitième siècle.

Un monstre dans Paris croît et se fortifie,
Qui, paré du manteau de la philosophie,
Que dis-je? de son nom faussement revêtu,
Étouffe les talents et détruit la vertu.
Dangereux novateur, par son cruel système,
Il veut du ciel désert chasser l'Être suprême.
La mort doit frapper l'âme, et, roi des animaux,
L'homme voit ses sujets devenir ses égaux.
Ce monstre toutefois n'a point un air farouche;
Et le nom des vertus est toujours dans sa bouche.
D'abord, de l'univers réformateur discret,
Il semait ses écrits à l'ombre du secret;
Errant, proscrit partout, mais souple en sa disgrâce,
Bientôt, le sceptre en main, gouvernant le Parnasse,
Ce tyran des beaux-arts, nouveau dieu des mortels,
De leurs dieux diffamés usurpe les autels;
Et, lorsque, abandonnée à cette idolâtrie,
La France qu'il corrompt touche à la barbarie,
Flatteur d'un siècle impur, son parti suborneur
Nous a fermé les yeux sur notre déshonneur.
— « Quoi! votre monde en monstre érige la sagesse!
« Vous blâmez ses enfants, et leur crédit vous blesse!
« Vous, jeune homme, au bon sens avez-vous dit adieu?
« Je soupçonne, entre nous, que vous croyez en Dieu.
« Gardez-vous de l'écrire, et respectez vos maîtres.
« Croire en Dieu fut un tort permis à nos ancêtres;
« Mais dans notre âge, allons, il faut vous corriger.
« Éclairez-vous, jeune homme, au lieu de nous juger;
« Pensez; à votre Dieu laissez venger sa cause :
« Si vous saviez penser, vous feriez quelque chose.
« Surtout, point de satire; oh! c'est un genre affreux!
« Eh! qui peut vous apprendre, écolier ténébreux,
« Que des mœurs, parmi nous, la perte était certaine,
« Que les beaux-arts couraient vers leur chute prochaine?
« Partout, même en Russie, on vante nos auteurs.
« Comme l'humanité règne dans tous les cœurs!
« Vous ne lisez donc pas le Mercure de France?
« Il cite, au moins, par mois, un trait de bienfaisance. »
— Ainsi Caritidès, ce poète penseur,
De la philosophie obligeant défenseur,
Conseille par pitié mon aveugle ignorance;
De nos arts, de nos mœurs, garantit l'excellence,
Et, sans plus de raisons, si je réplique un mot,
Pour prouver que j'ai tort, il me déclare un sot.
Mais de ces sages vains confondons l'imposture,
De leur règne fameux retraçons la peinture;

Et que mes vers, enfants d'une noble candeur,
Éclairent les Français sur leur fausse grandeur.
Eh! quel temps fut jamais en vices plus fertile?
Quel siècle d'ignorance, en beaux faits plus stérile,
Que cet âge nommé siècle de la raison?
L'écrit le plus impie est un fort beau sermon;
Sur l'amour du prochain l'auteur crie avec zèle,
Et l'on prêche les mœurs jusque dans la Pucelle.
Je le sais; mais, ami, nos modestes aïeux
Parlaient moins des vertus et les cultivaient mieux.
Quels demi-dieux enfin nos jours ont-ils vus naître?
Ces Français si vantés, peux-tu les reconnaître?
Jadis peuple-héros, peuple-femme en nos jours,
La vertu qu'ils avaient n'est plus qu'en leurs discours.
Suis les pas de nos grands : énervés de mollesse,
Ils se traînent à peine dans leur vieille jeunesse;
Courbés avant le temps, consumés de langueur,
Enfants efféminés de pères sans vigueur,
Et cependant nourris des leçons de nos sages,
Vous les voyez encore amoureux et volages,
Chercher, la bourse en main, de beautés en beautés,
La mort qui les attend au sein des voluptés;
De leurs biens, prodigués pour d'infâmes caprices,
Enrichir nos Phrynés, dont ils gagnent les vices;
Tandis que l'honnête homme, à leur porte oublié,
N'en peut même obtenir une avare pitié!
Demi-dieux avortés, qui, par droit de naissance,
Dans les camps, à la cour, règnent en espérance,
Quels seront leurs talents semblent nous présager!
Ceux-ci font avec art courir ce char léger
Que roule un seul coursier sur une double roue;
Ceux-là, sur un théâtre où leur mémoire échoue,
Savent, non sans bonheur, se jouer dans ces vers
Où Molière, prophète, exprima leurs travers;
Par d'autres, avec art, une pomme lancée
Va, revient, tour à tour poussée et repoussée.
Sans doute, c'est ainsi que Turenne et Villars
S'instruisaient dans la paix aux triomphes de Mars.
La plupart, indigents au milieu des richesses,
Achètent l'abondance à force de bassesses.
Souvent, à pleines mains, d'Orval sème l'argent;
Parfois, faute de fonds, monseigneur est marchand.
Que dirai-je d'Arcas? Quand sa tête blanchie,
En tremblant, sur son sein se penche appesantie,
Quand son corps, vainement de parfums inondé,
Trahit les maux secrets dont il est obsédé,

Scandalisant Paris de sa vieille tendresse,
Arcas, sultan goutteux, surpasse la jeunesse.
Plus philosophe encor, Lisimond ruiné
Epouse un riche opprobre en épousant Phryné.
Qui blâmerait ces nœuds? L'hymen n'est qu'une mode,
Un lien de fortune, un veuvage commode,
Où chaque époux, brûlé d'adultères désirs,
Vit, sous le même nom, libre dans ses plaisirs.

Vois-tu, parmi ces grands, leurs compagnes hardies
Imiter leurs excès, par eux-mêmes applaudies,
Dans un cœur délicat porter un cœur d'airain,
Opposer au mépris un front toujours serein,
Et, du vice enduci témoignant l'impudence,
Sous leur casque de plume étouffer la décence?
Assise dans le cirque où viennent tous les rangs
Souvent bâiller en loge, à des prix différents,
Cloris n'est que parée, et Cloris se croit belle.
En vêtements légers l'or s'est changé pour elle;
Son front luit, étoilé de mille diamants;
Et mille autres encore, effrontés ornements,
Serpentent sur son sein, pendent à ses oreilles:
Les arts, pour l'embellir, ont uni leurs merveilles:
Vingt familles enfin coulerait d'heureux jours,
Riches des seuls trésors perdus pour ses atours.
Enfant sophiste, au fond coquette pédagogue,
Lélis règle la mode; à son gré met en vogue
Nos petits vers lâchés par gros in-octavo,
Ou ces drames pleureurs qu'on joue incognito,
Protége l'univers, et rompue aux affaires,
Fournit vingt financiers d'importants secrétaires;
Lit tout, et même sait, par nos auteurs moraux,
Qu'il n'est certainement un Dieu que pour les sots.

Parlerai-je d'Iris? chacun la prône et l'aime:
C'est un cœur! mais un cœur!... c'est l'humanité même.
Si, d'un pied étourdi, quelque jeune éventé
Frappe, en courant, son chien qui jappe épouvanté,
La voilà qui se meurt de tendresse et d'alarmes.
Un papillon souffrant lui fait verser des larmes,
Il est vrai; mais aussi qu'à la mort condamné
Lalli soit, en spectacle, à l'échafaud traîné,
Elle ira la première à cette horrible fête
Acheter le plaisir de voir tomber sa tête.

Tu frémis à l'aspect de ce dernier tableau,
Moi-même avec horreur je reprends le pinceau.
Mais la corruption, à son comble portée,
Dans ces riches hôtels ne s'est point arrêtée;
Le peuple imitateur suit l'exemple des grands,
Et les mêmes travers diffament tous les rangs.
Vois ce marchand flétri, philosophe en boutique,
Qui, déclarant trois fois sa ruine authentique,
Trois fois s'est enrichi d'un heureux déshonneur,
Trancher du financier, jouer le grand seigneur.
Partout s'offrent l'orgueil, et le luxe et l'audace.
Orgon, à prix d'argent, veut anoblir sa race:
Devenu magistrat, de mince roturier,
Pour être un jour baron, il se fait usurier.
Jadis son clerc Mondor, enviait son partage;
Tout-à-coup des bureaux secouant l'esclavage,
Il loge sa mollesse en un riche palais,
Et derrière un char d'or promenant trois valets,
Sous six chevaux pareils ébranle au loin la rue.
Mais sa fortune, ami, comment l'a-t-il accrue?
Il a vendu sa femme; et ce couple abhorré,
Enveloppé d'opprobre est pourtant honoré.

Eh! quel frein contiendrait un vulgaire indocile,
Qui sait, grâce aux docteurs du moderne évangile,
Qu'en vain le pauvre espère en un Dieu qui n'est pas?
Que l'homme tout entier est promis au trépas?
Chacun veut de la vie embellir le passage;
L'homme le plus heureux est aussi le plus sage;
Et depuis le vieillard qui touche à son tombeau,
Jusqu'au jeune homme à peine échappé du berceau,
A la ville, à la cour, au sein de l'opulence,
Sous les affreux lambeaux de l'obscure indigence,
La Débauche, au teint pâle, aux regards effrontés,
Enflamme tous les cœurs, vers le crime emportés.
Et la Religion, mère désespérée,
Par ses propres enfants sans cesse déchirée,
Dans ses temples déserts pleurant leurs attentats,
Le pardon sur la bouche, en vain leur tend les bras;
Son culte est avili, ses lois abandonnées,
De ses mystères saints les fêtes profanées.
Voilà donc, cher ami, cet âge si vanté,
Ce siècle heureux des mœurs et de l'humanité!

A peine des vertus l'apparence nous reste.
Mais, détournant les yeux d'un tableau si funeste,
Eclairés par le goût, envisageons les arts:
Quel désordre nouveau se montre à nos regards!
De nos pères fameux les ombres insultées;
Comme un joug importun, les règles rejetées;
Les genres opposés bizarrement unis;
La nature, le vrai, de nos livres bannis;
Un désir forcené d'inventer et d'instruire;
D'ignorants écrivains, jamais las de produire;
Des brigues, des partis, l'un à l'autre odieux;
Le Parnasse idolâtre adorant de faux dieux:
Tout me dit que des arts la splendeur est ternie.

Fille de la peinture et sœur de l'harmonie,
Jadis la poésie, aux accords pompeux accords,
Osant même au néant prêter une âme, un corps,
Egayait la raison de riantes images,
Cachait de la vertu les préceptes sauvages,
Sous le voile enchanteur d'aimables fictions;
Audacieuse et sage en ses expressions,
Pour cadencer un vers qui dans l'âme s'imprime,
Sans appauvrir l'idée, enrichissait la rime,
S'ouvrait par notre oreille un chemin vers nos cœurs,
Et nous divertissait pour nous rendre meilleurs.
Maudit soit à jamais le pointilleux sophiste
Qui le premier nous dit en prose d'algébriste:
Vains rimeurs, écoutez mes ordres absolus:
Pour plaire à la raison, pensez, ne peignez plus.
Dès lors la poésie a vu sa décadence;
Infidèle à la rime, au sens, à la cadence,
Le compas à la main, elle va dissertant.
Apollon sous ses pinceaux n'est plus qu'un lourd pédant.

C'était peu que, changée en bizarre furie,
Melpomène étalât sur la scène flétrie
Des romans fort touchants; car à peine l'auteur,
Pour emporter les morts laisse vive un acteur;
Que, soigneux d'évoquer des revenants affables,
Prodigue de combats, de marches admirables,
Tout poëte moderne, avec pompe assommant,
Fit d'une tragédie un opéra charmant;
La muse de Sophocle, en robe doctorale,
Sur des tréteaux sanglants professe la morale:
Là, souvent un sauvage, orateur apprêté,
Aussi bien qu'Arouet parle d'humanité,
Là des Turcs amoureux, soupirant des maximes,
Débitent galamment Sénèque mis en rimes;
Alzire au désespoir, mais pleine de raison,
En invoquant la mort commente le Phédon;
Pour expirer en forme, un roi, par bienséance,
Doit exhaler son âme avec une sentence;
Et chaque personnage au théâtre produit,
Héros toujours soufflé par l'auteur qui le suit,
Fût-il Scythe ou Chinois, dans un traité sans titre,
Par signe interrogé, vous répond par chapitre.
Thalie n'a de sa sœur partagé les revers:
Peindre les mœurs du temps est l'objet de ses vers;
Mais, jaloux d'un emploi que le goût lui confie,
Apôtre larmoyant de la philosophie,
Elle fuit la gaîté qui doit suivre ses pas,
Et d'un masque tragique enlaidit ses appas.
Tantôt c'est un rimeur dont la muse étourdie,
Dans un conte ennobli du nom de comédie,
Passe en dépit du goût, du touchant au bouffon,
Et marie une farce avec un long sermon;
Tantôt un possédé, dont le démon terrible
Pleure éternellement dans un drame risible.
Que dis-je? Oser blâmer un drame enfin!
La comédie est belle, et le drame divin.
Pour moi, j'y goûte fort, car j'aime la nature,
Ces héros villageois, beaux esprits sous la hure;
Et j'approuve l'auteur de ces drames diserts
Qui ne s'abaisse point jusqu'à parler en vers;
Un vers coûte à polir, et le travail nous pèse;
Mais en prose de moins on est sot à son aise.
Partout le même ton: chaque muse en ses chants,
Aux dépens du vrai goût, fait la guerre aux méchants.
Le plus lourd chansonnier de l'Opéra-Comique
Prête à son Apollon un air philosophique;
Et des vers sont charmants, si peu qu'ils soient moraux.

Mais, de la poésie usurpant les pinceaux,
Et du nom des vertus sanctifiant sa prose,
Par la pompe des mots l'éloquence en impose.
Que d'orateurs guindés, qui se disent profonds,
Se tourmentent sans fin pour enfanter des sons!

Dans un livre où Thomas rêve, comme en extase,
Je cherche un peu de sens; et vois beaucoup d'emphase.
Un plaisant, dés dévots Zoïle envenimé,
Qui nous vend par essais le mensonge imprimé,
Des oppresseurs fameux développant les trames,
Met, pour mieux l'ennoblir, l'histoire en épigrammes.
Chaque genre varie au gré des écrivains,
Et ne connaît de lois que leurs caprices vains.
Sans doute le respect des antiques modèles
Eût au vrai ramené les muses infidèles.
Eux seuls, de la nature imitateurs constants,
Toujours lus avec fruit, sont beaux dans tous les temps.
Heureux qui, jeune encore, a senti leur mérite!
Même en les surpassant, il faut qu'on les imite.
Mais les sages du jour, ou de fiers novateurs,
De leur goût corrompu partisans corrupteurs,
Ne pouvant les atteindre, ont dégradé leurs maîtres;
Et, protecteurs des sots flétris par nos ancêtres,
O de la sympathie inévitable effet!
Ils vengent les Cotins des affronts du sifflet.

Voltaire en soit loué! chacun sait au Parnasse
Que Malherbe est un sot, et Quinault un Horace.
Dans un long commentaire il prouve longuement
Que Corneille parfois pourrait plaire un moment.
J'ai vu l'enfant gâté de nos penseurs sublimes,
La Harpe, dans Rousseau trouver de belles rimes.
Si l'on en croit Mercier, Racine a de l'esprit,
Mais Perrault plus profond, Diderot nous l'apprit,
Perrault, tout plat qu'il est, pétille de génie;
Il eût pu travailler à l'Encyclopédie.
Boileau, correct auteur de libelles amers,
Boileau, dit Marmontel, tourne assez bien un vers.
Et tous ces demi-dieux que l'Europe en délire
A, depuis cent hivers, l'indulgence de lire,
Vont dans un juste oubli retomber désormais,
Comme de vains auteurs qui ne pensent jamais.

Quelques vengeurs pourtant, armés d'un noble zèle,
Ont de ces morts fameux épousé la querelle:
De là, sur l'Hélicon deux partis opposés
Règnent, et, l'un par l'autre à l'envi déprisés,
Tour à tour s'adressant des volumes d'injures,
Pour le trône des arts combattent par brochures.
Mais, plus forts par le nombre, et vantés en tous lieux,
Les corrupteurs du goût en paraissent les dieux :
Si Clément les proscrit, La Harpe les protège.
Eux seuls peuvent prétendre au rare privilége
D'aller au Louvre, en corps, commenter l'alphabet.
Grammairiens jurés, immortels par brevet,
Honneurs, richesse, emplois, ont tout en partage
Hors la saine raison que leur bonheur outrage;
Et le public esclave obéit à leurs lois.
Mille cercles savants s'assemblent à leurs voix:
C'est dans ces tribunaux galants et domestiques
Que parmi vingt beautés, bourgeoises empiriques,
Distribuant la gloire et pesant les écrits,
Ces fiers inquisiteurs jugent les beaux esprits.
Oh! malheureux l'auteur dont la plume élégante
Se montre encor du goût sage et fidèle amante;
Qui, rempli d'une noble et constante fierté,
Dédaigne du nom fameux par l'intrigue acheté,
Et, n'ayant pour prôneurs que ses sujets ouvrages,
Veut, par ses talents seuls, enlever les suffrages!
La faim mit au tombeau Malfilâtre ignoré;
S'il n'eût été qu'un sot, il aurait prospéré.
Trop fortuné celui qui peut avec adresse
Flatter tous les partis que gagne sa souplesse!
De peur d'être blâmé, ne blâme jamais rien;
Dit Voltaire un Virgile, et même un peu chrétien ;
Et, reprenant en l'honneur du tyran du Parnasse,
De madrigaux en prose allonge une préface!
Mais trois fois plus heureux le jeune homme prudent
Qui, de ces novateurs enthousiaste ardent,
Abjure la raison, pour eux la sacrifie!
Soldat sous les drapeaux de la philosophie,
D'abord, comme un prodige, on le prône partout.
Il nous vante! en effet, c'est un homme de goût.
Son chef-d'œuvre est toujours l'écrit qui doit éclore ;
On récite déjà les vers qu'il fait encore.
Qu'il est beau de le voir de dînés en dînés,
Officieux lecteur de ses vers nouveau-nés,
Promener chez les grands sa muse bien nourrie !
Paraît-il, on l'embrasse; il parle, on se récrie !
Fût-il un Durosoy, tout Paris l'applaudit.
C'est un auteur divin, car nos dames l'ont dit.

La marquise, le duc, pour lui tout est libraire;
De riches pensions on l'accable; et Voltaire
Du titre de génie a soin de l'honorer
Par lettres qu'au Mercure il fait enregistrer.
Ainsi de nos tyrans la ligue protectrice,
D'une gloire précoce enfle un rimeur novice.
L'auteur le plus fécond, sans leur appui vanté,
Travaille dans l'oubli pour la postérité;
Mais par eux, sans rien faire, un fat nous en impose :
Turpin n'est que Turpin, Suard est quelque chose.
Oh! combien d'écrivains languiraient inconnus
Qui, du Pinde français illustres parvenus.
En servant ce parti conquièrent nos hommages!
L'encens de tout un peuple enfume leurs images.
Eux-même, avec candeur, se disant immortels,
De leurs mains tour à tour se dressent des autels.
Sous peine d'être un sot, nul plaisant téméraire
Ne rit de leurs amis, et surtout de Voltaire.
On aurait beau montrer ses vers tournés sans art,
D'une moitié de rime habillés au hasard,
Seuls, et jetés par ligne exactement pareille,
De leur chute uniforme importunant l'oreille,
Ou, bouffis de grands mots qui se choquent entre eux,
L'un sur l'autre appuyés, se traînant deux à deux ;
Et sa prose frivole, en pointes aiguisée,
Pour braver l'harmonie incessamment brisée...
— Sa prose, sans mentir, et ses vers sont parfaits;
Le Mercure, trente ans, l'a juré par extraits.
Qui pourrait en douter? — Moi. Cependant j'avoue
Que d'une rare savoir à bon droit on le loue;
Que ses chefs-d'œuvre faux, trompeuses nouveautés,
Étonnent quelquefois par d'antiques beautés,
Que par ses défauts même il sait encore séduire :
Talent qui peut absoudre un siècle qui l'admire!
Mais qu'on n'ose prôner des sophistes pesants,
Apostats effrontés du goût et du bon sens;
Saint-Lambert, noble auteur, dont la muse pédante
Fait des vers fort vantés par Voltaire qu'il vante;
Qui, du nom de poème ornant de plats sermons,
En quatre points mortels n'a rimé les saisons;
Et ce vain Beaumarchais, qui trois fois avec gloire
Mit le mémoire en drame et le drame en mémoire ;
Et ce lourd Diderot, docteur en style dur,
Qui passe pour sublime à force d'être obscur;
Et ce froid d'Alembert, chancelier du Parnasse,
Qui se croit un grand homme et fit une préface;
Et tant d'autres encor dont le public représ
Connaît beaucoup les noms et fort peu les écrits;
Alors, sortant alors, ma colère s'allume,
Et la vérité court se placer sous ma plume.

'Ah! du moins, par pitié, s'ils cessaient d'imprimer,
Dans le secret, contents de proser, de rimer !
Mais, de l'humanité maudits missionnaires,
Pour leurs tristes lecteurs ces prêcheurs n'en ont guères :
La Harpe est-il bien mort? Tremblons ; de son tombeau
On dit qu'il sort armé d'un Gustave nouveau;
Thomas est en travail d'un gros poème épique ;
Marmontel enjolive un roman poétique;
Et même Durosoy, fameux par ses chansons,
Met l'histoire de France en opéras bouffons.
Tant d'écrits sont forgés par ces auteurs manœuvres,
Qu'aucun n'est riche assez pour acheter leurs œuvres.

Pour moi qui, démasquant les sages dangereux,
Peignis de leurs erreurs les effets désastreux,
L'athéisme en crédit, la licence honorée,
Et le lévite enfin brisant l'arche sacrée ;
Qui retraçai des arts les malheurs éclatants,
Les ligues, le pouvoir des novateurs du temps,
Et leur fureur d'écrire, et leur honteuse gloire,
Et de mon siècle entier la déplorable histoire ;
J'ai vu les mots promis à ma sincérité,
Et, devant craindre tout, j'ai dit la vérité.
Oh ! si ces vers vengeurs de la cause publique,
Qu'approuva de Beaumont la piété stoïque,
Portés par son suffrage, auprès du trône admis,
Obtiennent de mon roi quelques regards amis;
S'il prête à ma faiblesse un bras qui la soutienne,
On verra de nouveau ma muse citoyenne
Flétrir ces novateurs que poursuivront mes cris ;
Ils ne doivent plus... qu'en lisant leurs écrits.

———•◦◦◦ ⊛ ◦◦◦•———

Paris.—Imp. de LACOUR, rue St-Hyacinthe-St-Michel, 33.

LES VEILLÉES LITTÉRAIRES ILLUSTRÉES

J. BRY AINÉ, ÉDITEUR
21, RUE DES MATHURINS SAINT JACQUES

ADOLPHE
PAR
BENJAMIN CONSTANT.

Jeannot et Colin, com. en 3 a. par Florian.

20 CENTIMES LA LIVRAISON

Dessiné par Ed. Frère. — Gravé par Rouget.

Un lendemain de fièvre.

Je venais de finir à vingt-deux ans mes études à l'université de Gottingue. — L'intention de mon père, ministre de l'électeur de ***, était que je parcourusse les pays les plus remarquables de l'Europe. Il voulait ensuite m'appeler auprès de lui, me faire entrer dans le département dont la direction lui était confiée, et me préparer à le remplacer un jour.

J'avais obtenu, par un travail assez opiniâtre, au milieu d'une vie très dissipée, des succès qui m'avaient distingué de mes compagnons d'étude, et qui avaient fait concevoir à mon père sur moi des espérances, probablement fort exagérées.

Ces espérances l'avaient rendu très indulgent pour beaucoup de fautes que j'avais commises. Il ne m'avait jamais laissé souffrir des suites de ces fautes. Il avait toujours accordé, quelquefois prévenu, mes demandes à cet égard.

Malheureusement sa conduite était plutôt noble et généreuse que tendre. J'étais pénétré de tous ses droits à ma reconnaissance et à mon respect; mais aucune confiance n'avait existé jamais entre nous. Il avait dans l'esprit je ne sais quoi d'ironique qui convenait mal à mon caractère. Je ne demandais alors qu'à me livrer à ces impressions primitives et fougueuses, qui jettent l'âme hors de la sphère commune, et lui inspirent le dédain de tous les objets qui l'environnent. Je trouvais dans mon père, non pas un censeur, mais un observateur froid et caustique, qui souriait d'abord de pitié, et qui finissait bientôt la conversation avec impatience. Je ne me souviens pas, pendant mes dix-huit premières années, d'avoir eu jamais un entretien d'une heure avec lui.

Ses lettres étaient affectueuses, pleines de conseils raisonnables et sensibles; mais à peine étions-nous en présence l'un de l'autre, qu'il y avait en lui quelque chose de contraint que je ne pouvais m'expliquer, et qui réagissait sur moi d'une manière pénible. Je ne savais pas alors ce que c'était que la timidité, cette souffrance intérieure qui nous poursuit jusque dans l'âge le plus avancé, qui refoule sur notre cœur les impressions les plus profondes, qui glace nos paroles, qui dénature dans notre bouche tout ce que nous essayons de dire, et ne nous permet de nous exprimer que par des mots vagues ou une ironie plus ou moins amère, comme si nous voulions nous venger sur nos sentiments mêmes de la douleur que nous éprouvons à ne pouvoir les faire connaître. Je ne savais pas que, même avec son fils, mon père était timide, et que souvent, après avoir longtemps attendu de moi quelques témoignages d'affection que sa froideur apparente semblait m'interdire, il me quittait les yeux mouillés de larmes, et se plaignait tout haut que je ne l'aimais pas.

2

Ma contrainte avec lui eut une grande influence sur mon caractère. Aussi timide que lui, mais plus agité, parce que j'étais plus jeune, je m'accoutumai à renfermer en moi-même tout ce que j'éprouvais, à ne former que des plans solitaires, à ne compter que sur moi pour leur exécution, à considérer les avis, l'intérêt, l'assistance et jusqu'à la seule présence des autres comme une gêne et comme un obstacle. Je contractai l'habitude de ne jamais parler de ce qui m'occupait, de ne me soumettre à la conversation que comme à une nécessité importune, et de l'animer alors par une plaisanterie perpétuelle qui me rendait moins fatigante, et qui m'aidait à cacher mes véritables pensées. De là une certaine absence d'abandon qu'aujourd'hui encore mes amis me reprochent, et une difficulté de causer sérieusement que j'ai toujours peine à surmonter. Il en résulta en même temps un désir ardent d'indépendance, une grande impatience des lieux dont j'étais environné, une terreur invincible d'en former de nouveaux. Je ne me trouvais à mon aise que tout seul ; et tel est même à présent l'effet de cette disposition d'âme, que, dans les circonstances les moins importantes, quand je dois choisir entre deux partis, la figure humaine me trouble, et mon mouvement naturel est de la fuir pour délibérer en paix. Je n'avais point cependant la profondeur d'égoïsme qu'un tel caractère paraît annoncer : tout en ne m'intéressant qu'à moi, je m'intéressais faiblement à moi-même. Je portais au fond de mon cœur un besoin d'insensibilité dont je ne m'apercevais pas, mais qui, ne trouvant point à se satisfaire, me détachait successivement de tous les objets qui tour-à-tour attiraient ma curiosité. Cette indifférence sur tout s'était encore fortifiée par l'idée de la mort, idée qui m'avait frappé très jeune, et sur laquelle je n'ai jamais conçu que les hommes s'étourdissent si facilement. J'avais, à l'âge de dix-sept ans, vu mourir une femme âgée, dont l'esprit, d'une tournure remarquable et bizarre, avait commencé à développer le mien. Cette femme, comme tant d'autres, s'était, à l'entrée de sa carrière, lancée vers le monde, qu'elle ne connaissait pas, avec le sentiment d'une grande force d'âme et de facultés vraiment puissantes. Comme tant d'autres aussi, faute de s'être pliée à des convenances factices, mais nécessaires, elle avait vu ses espérances trompées, sa jeunesse passer sans plaisir ; et la vieillesse enfin l'avait atteinte sans la soumettre. Elle vivait dans un château voisin d'une de nos terres, mécontente et retirée, n'ayant que son esprit pour ressource, et analysant tout avec son esprit. Pendant près d'un an, dans nos conversations inépuisables, nous avions envisagé la vie sous toutes ses faces, et la mort toujours pour terme de tout ; et après avoir tant causé de la mort avec elle, j'avais vu la mort la frapper à mes yeux.

Cet événement m'avait rempli d'un sentiment d'incertitude sur la destinée, et d'une rêverie vague qui ne m'abandonnait pas. Je lisais de préférence dans les poètes ce qui rappelait la brièveté de la vie humaine. Je trouvais qu'aucun but ne valait la peine d'aucun effort. Il est assez singulier que cette impression se soit affaiblie précisément à mesure que les années se sont accumulées sur moi. Serait-ce parce qu'il y a dans l'espérance quelque chose de douteux, et que, lorsqu'elle se retire de la carrière de l'homme, cette carrière prend un caractère plus sévère, mais plus positif? Serait-ce que la vie semble d'autant plus réelle que toutes les illusions disparaissent, comme la cime des rochers se dessine mieux dans l'horizon lorsque les nuages se dissipent.

Je me rendis, en quittant Gottingue, dans la petite ville de D***. Cette ville était la résidence d'un prince qui, comme la plupart de ceux de l'Allemagne, gouvernait avec douceur un pays de peu d'étendue, protégeait les hommes éclairés qui venaient s'y fixer, laissait à toutes les opinions une liberté parfaite, mais qui, borné par l'ancien usage à la société de ses courtisans, ne rassemblait par là même autour de lui que des hommes en grande partie insignifiants ou médiocres. Je fus accueilli dans cette cour avec la curiosité qu'inspire naturellement tout étranger qui vient rompre le cercle de la monotonie et de l'étiquette. Pendant quelques mois, je ne remarquai rien qui pût captiver mon attention. J'étais reconnaissant de l'obligeance qu'on me témoignait ; mais tantôt ma timidité m'empêchait d'en profiter, tantôt la fatigue d'une agitation sans but me faisait préférer la solitude aux plaisirs insipides que l'on m'invitait à partager. Je n'avais de haine contre personne, mais peu de gens m'inspiraient de l'intérêt : or les hommes se blessent de l'indifférence ; ils l'attribuent à la malveillance ou à l'affectation ; ils ne veulent pas croire qu'on s'ennuie avec eux naturellement. Quelquefois je cherchais à contraindre mon ennui ; je me réfugiais dans une taciturnité profonde : on prenait cette taciturnité pour du dédain. D'autres fois, lassé moi-même de mon silence, je me laissais aller à quelques plaisanteries, et mon esprit, mis en mouvement, m'entraînait au-delà de toute mesure. Je révélais en un jour tous les ridicules que j'avais observés durant un mois. Les confidents de mes épanchements subits et involontaires ne m'en savaient aucun gré, et avaient raison ; car c'était le besoin de parler qui me saisissait, et non la confiance. J'avais contracté dans mes conversations avec la femme qui, la première, avait développé mes idées, une insurmontable aversion pour toutes les maximes communes et pour toutes les formules dogmatiques. Lors donc que j'entendais la médiocrité disserter avec complaisance sur des principes bien établis, bien incontestables en fait de morale, de convenance ou de religion, choses qu'elle met assez volontiers sur la même ligne, je me sentais poussé à la contredire, non que j'eusse adopté des opinions opposées, mais parce que j'étais impatienté d'une conviction si ferme et si lourde. Je ne sais quel instinct m'avertissait d'ailleurs de me défier de ces axiomes généraux si exempts de toute restriction, si purs de toute nuance. Les sots font de leur morale une masse compacte et indivisible, pour qu'elle se mêle le moins possible avec leurs actions, et les laisse libres dans tous les détails.

Je me donnai bientôt, par cette conduite, une grande réputation de légèreté, de persiflage, de méchanceté. Mes paroles amères furent considérées comme des preuves d'une âme haineuse, mes plaisanteries comme des attentats contre tout ce qu'il y avait de plus respectable. Ceux dont j'avais eu le tort de me moquer trouvaient commode de faire cause commune avec les principes qu'ils m'accusaient de révoquer en doute; parce que, sans le vouloir, je les avais fait virer aux dépens les uns des autres, tous se réunirent contre moi. On eût dit qu'en faisant remarquer leurs ridicules, je trahissais une confiance qu'ils m'avaient faite ; on eût dit qu'en se montrant à mes yeux tels qu'ils étaient, ils avaient obtenu de ma part la promesse du silence : je n'avais point la conscience d'avoir accepté ce traité trop onéreux. Ils avaient trouvé du plaisir à se donner ample carrière, j'en trouvais à les observer et à les décrire ; et ce qu'ils appelaient une perfidie me paraissait un dédommagement tout innocent et très légitime.

Je ne veux point ici me justifier : j'ai renoncé depuis longtemps à cet usage frivole et facile d'un esprit sans expérience ; je veux simplement dire, à cela pour d'autres que pour moi, qui suis maintenant à l'abri du monde, qu'il faut du temps pour s'accoutumer à l'espèce humaine, telle que l'intérêt, l'affectation, la vanité, la peur, nous l'ont faite. L'étonnement de la première jeunesse, à l'aspect d'une société si factice et si travaillée, annonce plutôt un cœur naturel qu'un esprit méchant. Cette société d'ailleurs n'a rien à en craindre : elle pèse tellement sur nous, son influence sourde est tellement puissante, qu'elle ne tarde pas à nous façonner d'après le moule universel. Nous ne sommes plus surpris alors que de notre ancienne surprise, et nous nous trouvons bien sous notre nouvelle forme, comme l'on finit par respirer librement dans un spectacle encombré par la foule, tandis qu'on entrant on n'y respirait qu'avec effort.

Si quelques-uns échappent à cette destinée générale, ils renferment en eux-mêmes leur dissentiment secret ; ils aperçoivent dans la plupart des ridicules le germe des vices : ils n'en plaisantent plus, parce que le mépris remplace la moquerie, et que le mépris est silencieux.

Il s'établit donc, dans le petit public qui m'environnait, une inquiétude vague sur mon caractère. On ne pouvait citer aucune action condamnable; on ne pouvait même m'en contester quelques-unes qui semblaient annoncer de la générosité ou du dévouement ; mais on disait que j'étais un homme immoral, un homme peu sûr : deux épithètes heureusement inventées pour insinuer les faits qu'on ignore, et laisser deviner ce qu'on ne sait pas.

CHAPITRE II.

Distrait, inattentif, ennuyé, je ne m'apercevais point de l'impression que je produisais, et je partageais mon temps entre des études que j'interrompais souvent, des projets que je n'exécutais pas, des plaisirs qui ne m'intéressaient guère, lorsqu'une circonstance, très frivole en apparence, produisit dans ma disposition une révolution importante.

Un jeune homme avec lequel j'étais assez lié cherchait depuis quelques mois à plaire à l'une des femmes les moins insipides de la société dans laquelle nous vivions : j'étais le confident très désintéressé de son entreprise. Après de longs efforts, il parvint à se faire aimer, et comme il ne m'avait point caché ses revers et ses peines, il se crut obligé de me communiquer ses succès : rien n'égalait ses transports et l'excès de sa joie. Le spectacle d'un tel bonheur me fit regretter de n'en avoir pas essayé encore ; je n'avais point eu jusqu'alors de liaison de femme qui pût flatter mon amour-propre ; un nouvel avenir parut se dévoiler à mes yeux ; un nouveau besoin se fit sentir au fond de mon cœur. Il y avait dans ce besoin beaucoup de vanité, sans doute, mais il n'y avait pas uniquement de la vanité ; il y en avait peut-être moins que je ne le croyais moi-même. Les sentiments de l'homme sont confus et mélangés ; ils se composent d'une multitude d'impressions variées qui échappent à l'observation ; et la parole, toujours trop grossière et trop générale, peut bien servir à les désigner, mais ne sert jamais à les définir.

J'avais, dans la maison de mon père, adopté sur les femmes un système assez immoral. Mon père, bien qu'il observât strictement les convenances extérieures, se permettait assez fréquemment des propos légers sur les liaisons d'amour : il les regardait comme des amusements, sinon permis, du moins excusables, et ne considérait le mariage seul sous un rapport sérieux. Il avait pour principe qu'un jeune homme doit éviter avec soins de faire ce qu'on nomme une

folie, c'est-à-dire de contracter un engagement durable avec une personne qui ne fût pas parfaitement son égale pour la fortune, la naissance et les avantages extérieurs; mais, du reste, toutes les femmes, aussi longtemps qu'il ne s'agissait pas de les épouser, lui paraissaient pouvoir, sans inconvénient, être prises, puis être quittées; et je l'avais vu sourire avec une sorte d'approbation à cette parodie d'un mot connu : *Cela leur fait si peu de mal, et à nous tant de plaisir!*

L'on ne sait pas assez combien, dans la première jeunesse, les mots de cette espèce font une impression profonde, et combien, à un âge où toutes les opinions sont encore douteuses et vacillantes, les enfants s'étonnent de voir contredire, par des plaisanteries que tout le monde applaudit, les règles directes qu'on leur a données. Ces règles ne sont plus à leurs yeux que des formules banales que leurs parents sont convenus de leur répéter pour l'acquit de leur conscience, et les plaisanteries leur semblent renfermer le véritable secret de la vie.

Tourmenté d'une émotion vague, je veux être aimé, me disais-je, et je regardais autour de moi; je ne voyais personne qui m'inspirât de l'amour, personne qui me parût susceptible d'en prendre; j'interrogeais mon cœur et mes goûts : je ne me sentais aucun mouvement de préférence. Je m'agitais ainsi intérieurement, lorsque je fis connaissance avec le comte de P***, homme de quarante ans dont la famille était alliée à la mienne. Il me proposa de venir le voir. Malheureuse visite! Il avait chez lui sa maîtresse, une Polonaise, célèbre par sa beauté, quoiqu'elle ne fût plus de la première jeunesse. Cette femme, malgré sa situation désavantageuse, avait montré, dans plusieurs occasions, un caractère distingué. Sa famille, assez illustre en Pologne, avait été ruinée dans les troubles de cette contrée. Son père avait été proscrit; sa mère était allée chercher un asile en France, et y avait mené sa fille, qu'elle avait laissée, à sa mort, dans un isolement complet. Le comte de P*** en était devenu amoureux. J'ai toujours ignoré comment s'était formée une liaison qui, lorsque j'ai vu pour la première fois Ellénore, était des longtemps établie et pour ainsi dire consacrée. La fatalité de sa situation ou l'inexpérience de son âge l'avait-elle jetée dans une carrière qui répugnait également à son éducation, à ses habitudes, et à la fierté qui faisait une partie très remarquable de son caractère? Ce que je sais, ce que tout le monde a su, c'est que la fortune du comte de P*** ayant été presque entièrement détruite et sa liberté menacée, Ellénore lui avait donné de telles preuves de dévouement, avait rejeté avec un tel mépris les offres les plus brillantes, avait partagé ses périls et sa pauvreté avec tant de zèle et même de joie, que la sévérité la plus scrupuleuse ne pouvait s'empêcher de rendre justice à la pureté de ses motifs et au désintéressement de sa conduite. C'était à son activité, à son courage, à sa raison, aux sacrifices de tout genre qu'elle avait supportés sans se plaindre, que son amant devait d'avoir recouvré une partie de ses biens. Ils étaient venus s'établir à D*** pour y suivre un procès qui pouvait rendre entièrement au comte de P*** son ancienne opulence, et comptaient y rester environ deux ans.

Ellénore n'avait qu'un esprit ordinaire; mais ses idées étaient justes, et ses expressions, toujours simples, étaient quelquefois frappantes par la noblesse et l'élévation de ses sentiments. Elle avait beaucoup de préjugés; mais tous ses préjugés étaient en sens inverse de son intérêt. Elle attachait le plus grand prix à la régularité de la conduite, précisément parce que la sienne n'était pas régulière suivant les notions reçues. Elle était religieuse, parce que la religion condamnait rigoureusement son genre de vie. Elle repoussait sévèrement dans la conversation tout ce qui n'aurait paru à d'autres femmes que des plaisanteries innocentes, parce qu'elle craignait toujours qu'on ne se crût autorisé par son état à lui en adresser de déplacées. Elle aurait désiré ne recevoir chez elle que des hommes du rang le plus élevé et de mœurs irréprochables, parce que les femmes à qui elle frémissait d'être comparée se forment d'ordinaire une société mélangée, et, se résignant à la perte de leur considération, ne cherchent dans leurs relations que l'amusement. Ellénore, en un mot, était en lutte constante avec sa destinée. Elle protestait, pour ainsi dire, par chacune de ses actions et de ses paroles, contre la classe dans laquelle elle se trouvait rangée; et, comme elle sentait que la réalité était plus forte qu'elle, et que ses efforts ne changeaient rien à sa situation, elle était fort malheureuse. Elle élevait les enfants qu'elle avait eus du comte de P***, avec une austérité excessive. On eût dit quelquefois qu'une révolte secrète se mêlait à l'attachement plutôt passionné que tendre qu'elle leur montrait, et les lui rendait en quelque sorte importuns. Lorsqu'on lui faisait à bonne intention quelque remarque sur ce que ses enfants grandissaient, sur les talents qu'ils promettaient d'avoir, sur la carrière qu'ils auraient à suivre, on la voyait pâlir de l'idée qu'il faudrait qu'un jour elle leur avouât leur naissance. Mais le moindre danger, une heure d'absence, la ramenait à eux avec une anxiété où l'on démêlait une espèce de remords, et le désir de leur donner par ses caresses le bonheur qu'elle n'y trouvait pas elle-même. Cette opposition entre ses sentiments et la place qu'elle occupait dans le monde avait rendu son humeur fort inégale. Souvent elle était rêveuse et taci-

turne; quelquefois elle parlait avec impétuosité. Comme elle était tourmentée d'une idée particulière, au milieu de la conversation la plus générale, elle ne restait jamais parfaitement calme. Mais, par cela même, il y avait dans sa manière quelque chose de fougueux et d'inattendu qui la rendait plus piquante qu'elle n'aurait dû l'être naturellement. La bizarrerie de sa position suppléait en elle à la nouveauté des idées. On l'examinait avec intérêt et curiosité comme un bel orage.

Offerte à mes regards dans un moment où mon cœur avait besoin d'amour, ma vanité, de succès, Ellénore me parut une conquête digne de moi. Elle-même trouva du plaisir dans la société d'un homme différent de ceux qu'elle avait vus jusqu'alors. Son cercle s'était composé de quelques amis ou parents de son amant et de leurs femmes, que l'ascendant du comte de P*** avait forcés à recevoir sa maîtresse. Les maris étaient dépourvus de sentiments aussi bien que d'idées; les femmes ne différaient de leurs maris que par une médiocrité plus inquiète et plus agitée, parce qu'elles n'avaient pas, comme eux, cette tranquillité d'esprit qui résulte de l'occupation et de la régularité des affaires. Une plaisanterie plus légère, une conversation plus variée, un mélange particulier de mélancolie et de gaîté, de découragement et d'intérêt, d'enthousiasme et d'ironie, étonnèrent et attachèrent Ellénore. Elle parlait plusieurs langues, imparfaitement à la vérité, mais toujours avec vivacité, quelquefois avec grâce. Ses idées semblaient se faire jour à travers les obstacles, et sortir de cette lutte plus agréables, plus naïves et plus neuves; car les idiomes étrangers rajeunissent les pensées, et les débarrassent de ces tournures qui les font paraître tour à tour communes et affectées. Nous lisions ensemble des poètes anglais; nous nous promenions ensemble. J'allais souvent la voir le matin; j'y retournais le soir: je causais avec elle sur mille sujets.

Je pensais faire, en observateur froid et impartial, le tour de son caractère et de son esprit; mais chaque mot qu'elle disait me semblait revêtu d'une grâce inexplicable. Le dessein de lui plaire, mettant dans ma vie un nouvel intérêt, animait mon existence d'une manière inusitée. J'attribuais à son charme cet effet presque magique : j'en aurais joui plus complètement encore sans l'engagement que j'avais pris envers mon amour-propre. Cet amour-propre était en tiers entre Ellénore et moi. Je me croyais comme obligé de marcher au plus vite vers le but que je m'étais proposé : je ne me livrais donc pas sans réserve à mes impressions. Il me tardait d'avoir parlé, car il me semblait que je n'avais qu'à parler pour réussir. Je ne croyais point aimer Ellénore; mais déjà je n'aurais pu me résigner à ne pas lui plaire. Elle m'occupait sans cesse : je formais mille projets; j'inventais mille moyens de conquête, avec cette fatuité sans expérience qui se croit sûre du succès parce qu'elle n'a rien essayé.

Cependant une invincible timidité m'arrêtait : tous mes discours expiraient sur mes lèvres, ou se terminaient tout autrement que je ne l'avais projeté. Je me débattais intérieurement : j'étais indigné contre moi-même.

Je cherchai enfin un raisonnement qui pût me tirer de cette lutte avec honneur à mes propres yeux. Je me dis qu'il ne fallait rien précipiter, qu'Ellénore était trop peu préparée à l'aveu que je méditais, et qu'il valait mieux attendre encore. Presque toujours, pour vivre en repos avec nous-mêmes, nous travestissons en calculs et en systèmes nos impuissances ou nos faiblesses : cela satisfait cette portion de nous qui est, pour ainsi dire, spectatrice de l'autre.

Cette situation se prolongea. Chaque jour, je fixais le lendemain comme l'époque invariable d'une déclaration positive, et chaque lendemain s'écoulait comme la veille. Ma timidité me quittait dès que je m'éloignais d'Ellénore; je reprenais alors mes plans habiles et mes profondes combinaisons : mais à peine me retrouvais-je auprès d'elle, que je me sentais de nouveau tremblant et troublé. Quiconque aurait lu dans mon cœur, en son absence, m'aurait pris pour un séducteur froid et peu sensible; quiconque m'eût aperçu à ses côtés eût cru reconnaître en moi un amant novice, interdit et passionné. L'on se serait également trompé dans ces deux jugements : il n'y a point d'unité complète dans l'homme, et presque jamais personne n'est tout-à-fait sincère ni tout-à-fait de mauvaise foi.

Convaincu par ces expériences réitérées que je n'aurais jamais le courage de parler à Ellénore, je me déterminai à lui écrire. Le comte de P*** était absent. Les combats que j'avais livrés longtemps à mon propre caractère, l'impatience que j'éprouvais de n'avoir pu le surmonter, mon incertitude sur le succès de ma tentative, mettaient dans ma lettre une agitation qui ressemblait fort à l'amour. Échauffé d'ailleurs que j'étais par mon propre style, je ressentais, en finissant d'écrire, un peu de la passion que j'avais cherché à exprimer avec toute la force possible.

Ellénore vit dans ma lettre ce qu'il était naturel d'y voir, le transport passager d'un homme qui avait dix ans de moins qu'elle, dont le cœur s'ouvrait à des sentiments qui lui étaient encore inconnus, et qui méritait plus de pitié que de colère. Elle me répondit avec bonté, me donna des conseils affectueux, m'offrit une amitié sincère, mais me déclara que, jusqu'au retour du comte de P***, elle ne pourrait me recevoir.

Cette réponse me bouleversa. Mon imagination, s'irritant de l'obs-

tacle, s'empara de toute mon existence. L'amour, qu'une heure auparavant je m'applaudissais de feindre, je crus tout à coup l'éprouver avec fureur. Je courus chez Ellénore; on me dit qu'elle était sortie. Je lui écrivis; je la suppliai de m'accorder une dernière entrevue; je lui peignis en termes déchirants mon désespoir, les projets funestes que m'inspirait sa cruelle détermination. Pendant une grande partie du jour, j'attendis vainement une réponse. Je ne calmai mon inexprimable souffrance qu'en me répétant que le lendemain je braverais toutes les difficultés pour pénétrer jusqu'à Ellénore et pour lui parler. On m'apporta le soir quelques mots d'elle : ils étaient doux. Je crus y remarquer une impression de regret et de tristesse; mais elle persistait dans sa résolution, qu'elle m'annonçait comme inébranlable. Je me présentai de nouveau chez elle le lendemain. Elle était partie pour une campagne dont ses gens ignoraient le nom. Ils n'avaient même aucun moyen de lui faire parvenir des lettres.

Je restai longtemps immobile à sa porte, n'imaginant plus aucune chance de la retrouver. J'étais étonné moi-même de ce que je souffrais. Ma mémoire me retraçait les instants où je m'étais dit que je n'aspirais qu'à un succès; que ce n'était qu'une tentative à laquelle je renoncerais sans peine. Je ne concevais rien à la douleur violente, indomptable, qui déchirait mon cœur. Plusieurs jours se passèrent de la sorte. J'étais également incapable de distraction et d'étude. J'errais sans cesse devant la porte d'Ellénore. Je me promenais dans la ville, comme si, au détour de chaque rue, j'avais pu espérer de la rencontrer. Un matin, dans une de ces courses sans but, qui servaient à remplacer mon agitation par de la fatigue, j'aperçus la voiture du comte de P***, qui revenait de son voyage. Il me reconnut et mit pied à terre. Après quelques phrases banales, je lui parlai, en déguisant mon trouble, du départ subit d'Ellénore. Oui, me dit-il, une de ses amies, à quelques lieues d'ici, a éprouvé je ne sais quel événement fâcheux qui a fait croire à Ellénore que ses consolations lui étaient utiles. Elle est partie sans me consulter. Une personne où tous les sentiments dominent, et dont l'âme, toujours active, trouve presque du repos dans le dévoûment. Mais sa présence ici m'est trop nécessaire, je vais lui écrire : elle reviendra assurément dans quelques jours.

Cette assurance me calma; je sentis ma douleur s'apaiser. Pour la première fois depuis le départ d'Ellénore, je pus respirer sans peine. Son retour fut moins prompt que ne l'espérait le comte de P***. Mais j'avais repris ma vie habituelle, et l'angoisse que j'avais éprouvée commençait à se dissiper, lorsqu'au bout d'un mois M. de P*** me fit avertir qu'Ellénore devait arriver le soir. Comme il mettait un grand prix à lui maintenir dans la société la place que son caractère méritait, et dont sa situation semblait l'exclure, il avait invité à souper plusieurs femmes de ses parentes et de ses amies qui avaient consenti à voir Ellénore.

Mes souvenirs reparurent, d'abord confus, bientôt plus vifs. Mon amour-propre s'y mêlait. J'étais embarrassé, humilié, de rencontrer une femme qui m'avait traité comme un enfant. Il me semblait la voir, souriant à mon approche de ce qu'une courte absence avait calmé l'effervescence d'une jeune tête; et je démêlais dans ce sourire une sorte de mépris pour moi. Par degrés mes sentiments se réveillèrent. Je m'étais levé, ce jour-là même, ne songeant plus à Ellénore; une heure après avoir reçu la nouvelle de son arrivée, son image errait devant mes yeux, régnait sur mon cœur, et j'avais la fièvre de la crainte de ne pas la voir.

Je restai chez moi toute la journée; je m'y tins, pour ainsi dire, caché : je tremblais que le moindre mouvement ne prévînt notre rencontre. Rien pourtant n'était plus simple, plus certain; mais je le désirais avec tant d'ardeur, qu'il me paraissait impossible. L'impatience me dévorait : à tous les instants je consultais ma montre. J'étais obligé d'ouvrir la fenêtre pour respirer; mon sang me brûlait en circulant dans mes veines.

Enfin j'entendis sonner l'heure à laquelle je devais me rendre chez le comte. Mon impatience se changea tout à coup en timidité; je m'habillai lentement; je ne me sentais plus pressé d'arriver : j'avais un tel effroi que mon attente ne fût déçue, un sentiment si vif de la douleur que je courais risque d'éprouver, que j'aurais consenti volontiers à tout ajourner.

Il était assez tard lorsque j'entrai chez M. de P***. J'aperçus Ellénore assise au fond de la chambre; je n'osais avancer, il me semblait que tout le monde avait les yeux fixés sur moi. J'allai me cacher dans un coin du salon, derrière un groupe d'hommes qui causaient. De là je contemplais Ellénore : elle me parut légèrement changée, elle était plus pâle que de coutume. Le comte me découvrit dans l'espèce de retraite où je m'étais réfugié; il vint à moi, me prit par la main, et me conduisit vers Ellénore. Je vous présente, lui dit-il en riant, l'un des hommes que votre départ inattendu a le plus étonnés. Ellénore parlait à une femme assise à côté d'elle. Lorsqu'elle me vit, ses paroles s'arrêtèrent sur ses lèvres; elle demeura tout interdite : je fus beaucoup moi-même.

On pouvait nous entendre : j'adressai à Ellénore des questions indifférentes. Nous reprîmes tous deux une apparence de calme. On annonça qu'on avait servi; j'offris à Ellénore mon bras, qu'elle ne put refuser. Si vous ne me promettez pas, lui dis-je en la conduisant, de me recevoir demain chez vous à onze heures, je pars à l'instant, j'abandonne mon pays, ma famille et mon père; je romps tous mes liens, j'abjure tous mes devoirs, et je vais, n'importe où, finir au plus tôt une vie que vous vous plaisez à empoisonner. Adolphe! me répondit-elle; et elle hésitait. Je fis un mouvement pour m'éloigner. Je ne sais ce que mes traits exprimèrent, mais je n'avais jamais éprouvé de contraction si violente.

Ellénore me regarda. Une terreur mêlée d'affection se peignit sur sa figure. Je vous recevrai demain, me dit-elle, mais je vous conjure... Beaucoup de personnes nous suivaient, elle ne put achever sa phrase. Je pressai sa main de mon bras, nous nous mîmes à table.

J'aurais voulu m'asseoir à côté d'Ellénore, mais le maître de la maison l'avait autrement décidé : je fus placé à peu près vis-à-vis d'elle. Au commencement du souper, elle était rêveuse. Quand on lui adressait la parole, elle répondait avec douceur; mais elle retombait bientôt dans la distraction. Une de ses amies, frappée de son silence et de son abattement, lui demanda si elle était malade. Je n'ai pas été bien dans ces derniers temps, répondit-elle, et même à présent je suis fort ébranlée. J'aspirais à produire dans l'esprit d'Ellénore une impression agréable; je voulais, en me montrant aimable et spirituel, la disposer en ma faveur, et la préparer à l'entrevue qu'elle m'avait accordée. J'essayai donc de mille manières de fixer son attention. Je ramenai la conversation sur des sujets que je savais l'intéresser; nos voisins s'y mêlèrent : j'étais inspiré par sa présence; je parvins à me faire écouter d'elle, je la vis bientôt sourire; j'en ressentis une telle joie, mes regards exprimèrent tant de reconnaissance, qu'elle ne put s'empêcher d'en être touchée. Sa tristesse et sa distraction se dissipèrent : elle ne résista plus au charme secret que répandait dans son âme la vue du bonheur que je lui avais rendu; et quand nous sortîmes de table, nos cœurs étaient d'intelligence comme si nous n'avions jamais été séparés. Vous voyez, lui dis-je en lui donnant la main pour rentrer dans le salon, que vous disposez de toute mon existence; que vous ai-je fait pour que vous trouviez du plaisir à la tourmenter?

CHAPITRE III.

Je passai la nuit sans dormir. Il n'était plus question dans mon âme ni de calculs ni de projets; je me sentais de la meilleure foi du monde, véritablement amoureux. Ce n'était plus l'espoir du succès qui me faisait agir : le besoin de voir celle que j'aimais, de jouir de sa présence, me dominait exclusivement. Onze heures sonnèrent, je me rendis auprès d'Ellénore; elle m'attendait. Elle voulut parler : je lui demandai de m'écouter. Je m'assis auprès d'elle, car je pouvais à peine me soutenir, et je continuai en ces termes, non sans être obligé de m'interrompre souvent :

Je ne viens point rétracter la sentence que vous avez prononcée; je ne viens point rétracter un aveu qui a pu vous offenser; je le voudrais en vain. Cet amour que vous repoussez est indestructible; l'effort même que je fais dans ce moment pour vous parler avec un peu de calme est une preuve de la violence d'un sentiment qui vous blesse. Mais ce n'est pas pour vous en entretenir que je vous ai priée de m'entendre; c'est au contraire pour vous demander de l'oublier, de me recevoir comme autrefois, d'écarter le souvenir d'un instant de délire, de ne pas me punir de ce que vous savez un secret que j'aurais dû renfermer au fond de mon âme. Vous connaissez ma situation, ce caractère qu'on dit bizarre et sauvage, ce cœur étranger à tous les intérêts du monde, solitaire au milieu des hommes, et qui souffre pourtant de l'isolement auquel il est condamné. Votre amitié me soutenait : sans cette amitié je ne puis vivre. J'ai pris l'habitude de vous voir; vous avez laissé naître et se former cette douce habitude : qu'ai-je fait pour perdre cette unique consolation d'une existence si triste et si sombre? Je suis horriblement malheureux; je n'ai plus le courage de supporter un si long malheur; je n'espère rien, je ne demande rien, je ne veux que vous voir; mais je dois vous voir s'il faut que je vive.

Ellénore gardait le silence. Que craignez-vous? repris-je. Qu'est-ce que j'exige? Ce que vous accordez à tous les indifférents. Est-ce le monde que vous redoutez? Ce monde, absorbé dans ses frivolités solennelles, ne lira pas dans un cœur tel que le mien. Comment ne serais-je pas prudent? n'y va-t-il pas de ma vie? Ellénore, rendez-vous à ma prière; vous y trouverez quelque douceur. Il y aura pour vous quelque charme à être aimée ainsi, à me voir auprès de vous, occupé de vous, méritant, pour vous devant toutes les sensations de bonheur dont je suis encore susceptible, arraché par votre présence à la souffrance et au désespoir.

Je poursuivis longtemps de la sorte, levant toutes les objections, retournant de mille manières les raisonnements qui plaidaient en ma faveur. J'étais si soumis, si résigné, je demandais si peu de chose, j'aurais été si malheureux d'un refus!

Ellénore fut émue. Elle m'imposa plusieurs conditions. Elle ne consentit à me recevoir que rarement, au milieu d'une société nombreuse, avec l'engagement que je ne lui parlerais jamais d'amour. Je promis ce qu'elle voulut. Nous étions contents tous les deux : moi,

d'avoir reconquis le bien que j'avais été menacé de perdre ; Ellénore, de se trouver à la fois généreuse, sensible et prudente.

Je profitai dès le lendemain de la permission que j'avais obtenue ; je continuai de même les jours suivants. Ellénore ne songea plus à la nécessité que mes visites fussent peu fréquentes : bientôt rien ne lui parut plus simple que de me voir tous les jours. Dix ans de fidélité avaient inspiré à M. de P*** une confiance entière ; il laissait à Ellénore la plus grande liberté. Comme il avait eu à lutter contre l'opinion qui voulait exclure sa maîtresse du monde où il était appelé à vivre, il aimait à voir s'augmenter la société d'Ellénore ; sa maison remplie constatait à ses yeux son propre triomphe sur l'opinion.

Lorsque j'arrivais, j'apercevais dans les regards d'Ellénore une expression de plaisir. Quand elle s'amusait dans la conversation, ses yeux se tournaient naturellement vers moi. L'on ne racontait rien d'intéressant qu'elle ne m'appelât pour l'entendre. Mais elle n'était jamais seule : des soirées entières se passaient sans que je pusse lui dire autre chose en particulier que quelques mots insignifiants ou interrompus. Je ne tardai pas à m'irriter de tant de contrainte. Je devins sombre, taciturne, inégal dans mon humeur, amer dans mes discours. Je me contenais à peine lorsqu'un autre que moi s'entretenait à part avec Ellénore ; j'interrompais brusquement ces entretiens. Il m'importait peu qu'on pût s'en offenser, je n'étais pas toujours arrêté par la crainte de la compromettre. Elle se plaignait à moi de ce changement. Que voulez-vous? lui dis-je avec impatience ; vous croyez sans doute avoir fait beaucoup pour moi ; je suis forcé de vous dire que vous vous trompez. Je ne conçois rien à votre nouvelle manière d'être. Autrefois vous viviez retirée ; vous fuyiez une société fatigante ; vous évitiez ces éternelles conversations qui se prolongent précisément parce qu'elles ne devraient jamais commencer. Aujourd'hui votre porte est ouverte à la terre entière. On dirait qu'en vous demandant de me recevoir, j'ai obtenu pour tout l'univers la même faveur que pour moi. Je vous l'avoue, en vous voyant jadis si prudente, je ne m'attendais pas à vous trouver si frivole.

Je démêlai dans les traits d'Ellénore une impression de mécontentement et de tristesse. Chère Ellénore, lui dis-je en me radoucissant tout à coup, ne mérité-je donc pas d'être distingué des mille importuns qui vous assiégent ? L'amitié n'a-t-elle pas ses secrets ? N'est-elle pas ombrageuse et timide au milieu du bruit et de la foule ?

Ellénore craignait, en se montrant inflexible, de voir se renouveler des imprudences qui l'alarmaient pour elle et pour moi. L'idée de rompre m'approchait plus de son cœur : elle consentit à me recevoir quelquefois seule.

Alors se modifièrent rapidement les règles sévères qu'elle m'avait prescrites. Elle me permit de lui peindre mon amour ; elle se familiarisa par degrés avec ce langage : bientôt elle m'avoua qu'elle m'aimait.

Je passai quelques heures à ses pieds, me proclamant le plus heureux des hommes, lui donnant mille assurances de tendresse, de dévoûment et de respect éternel. Elle me raconta ce qu'elle avait souffert en essayant de s'éloigner de moi ; que de fois elle avait espéré que je la découvrirais malgré ses efforts ; comment le moindre bruit qui frappait ses oreilles lui paraissait annoncer mon arrivée ; quel trouble, quelle joie, quelle crainte, elle avait ressentis en me revoyant ; par quelle défiance d'elle-même, pour concilier le penchant de son cœur avec la prudence, elle s'était livrée aux distractions du monde, avait recherché la foule qu'elle fuyait auparavant. Je lui faisais répéter les plus petits détails, et cette histoire de quelques semaines nous semblait être celle d'une vie entière. L'amour supplée aux longs souvenirs par une sorte de magie. Toutes les autres affections ont besoin du passé : l'amour crée, comme par enchantement, un passé dont il nous entoure. Il nous donne, pour ainsi dire, la conscience d'avoir vécu, durant des années, avec un être qui naguère nous était presque étranger. L'amour n'est qu'un point lumineux, et néanmoins il semble s'emparer du temps. Il y a peu de jours qu'il n'existait pas ; bientôt il n'existera plus ; mais, tant qu'il existe, il répand sa clarté sur l'époque qui a précédé comme sur celle qui doit le suivre. Ce calme pourtant dura peu. Ellénore était d'autant plus en garde contre sa faiblesse, qu'elle était poursuivie du souvenir de ses fautes ; et mon caractère, mes désirs, une théorie de fatuité dont je ne m'apercevais pas moi-même, se révoltaient contre un tel amour. Toujours timide, souvent irrité, je me plaignais, je m'emportais, j'accablais Ellénore de reproches. Plus d'une fois elle forma le projet de briser un lien qui ne répandait sur sa vie que de l'inquiétude et du trouble ; plus d'une fois je l'apaisai par mes supplications, mes désaveux et mes pleurs.

Ellénore, lui écrivais-je un jour, vous ne savez pas tout ce que je souffre. Près de vous, loin de vous, je suis également malheureux. Pendant les heures qui nous séparent, j'erre au hasard, courbé sous le fardeau d'une existence que je ne sais comment supporter. La société m'importune, la solitude m'accable. Ces indifférents qui m'observent, qui ne connaissent rien de ce qui m'occupe, qui me regardent avec une curiosité sans intérêt, avec un étonnement sans pitié, ces hommes qui osent me parler d'autre chose que de vous portent dans mon sein une douleur mortelle. Je les fuis, mais seul je cherche en vain un air qui pénètre dans ma poitrine oppressée. Je me préci-

pite sur cette terre qui devrait s'entr'ouvrir pour m'engloutir à jamais ; je pose ma tête sur la pierre froide qui devrait calmer la fièvre ardente qui me dévore. Je me traîne vers cette colline d'où l'on aperçoit votre maison ; je reste là, les yeux fixés sur cette retraite que je n'habiterai jamais avec vous. Et si je vous avais rencontrée plus tôt, vous auriez pu être à moi ! j'aurais serré dans mes bras la seule créature que la nature a formée pour mon cœur, pour ce cœur qui a tant souffert parce qu'il vous cherchait et qu'il ne vous a trouvée que trop tard ! Lorsque enfin ces heures de délire sont passées, lorsque le moment arrive où je puis vous voir, je prends en tremblant la route de votre demeure. Je crains que tous ceux qui me rencontrent ne devinent les sentiments que je porte en moi ; je m'arrête, je marche à pas lents : je retarde l'instant de ce bonheur, de ce bonheur que tout menace, que je me crois toujours sur le point de perdre ; bonheur imparfait et troublé contre lequel conspirent peut-être à chaque minute, et les événements funestes, et les regards jaloux, et les caprices tyranniques et votre propre volonté ! Quand je touche au seuil de votre porte, quand je l'entr'ouvre, une nouvelle terreur me saisit : je m'avance comme un coupable, demandant grâce à tous les objets qui frappent ma vue, comme si tous étaient ennemis, comme si tous m'enviaient l'heure de félicité dont je vais encore jouir. Le moindre son m'effraie, le moindre mouvement autour de moi m'épouvante, le bruit même de mes pas me fait reculer. Tout près de vous je crains encore quelque obstacle qui se place soudain entre vous et moi. Enfin je vous vois, je vous vois et je respire, et je vous contemple et je m'arrête comme le fugitif qui touche au sol protecteur qui doit le garantir de la mort. Mais alors même, lorsque tout mon être s'élance vers vous, lorsque j'aurais un tel besoin de me reposer de tant d'angoisses, de poser ma tête sur vos genoux, de donner un libre cours à mes larmes, il faut que je me contraigne avec violence, que même auprès de vous je vive encore d'une vie d'efforts : pas un instant d'épanchement ! pas un instant d'abandon ! Vos regards m'observent. Vous êtes embarrassée, presque offensée de mon trouble. Je ne sais quelle gêne a succédé à ces heures délicieuses où du moins vous m'avouiez votre amour. Le temps s'enfuit, de nouveaux intérêts vous appellent ; vous ne les oubliez jamais ; vous ne retardez jamais l'instant qui m'éloigne. Des étrangers viennent, il n'est plus permis de vous regarder ; je sens qu'il faut fuir pour me dérober aux soupçons qui m'environnent. Je vous quitte plus agité, plus déchiré, plus insensé qu'auparavant ; je vous quitte et je retombe dans cet isolement effroyable, où je me débats sans rencontrer un seul être sur lequel je puisse m'appuyer, me reposer un moment.

Ellénore n'avait jamais été aimée de la sorte. M. de P*** avait pour elle une affection très vraie, beaucoup de reconnaissance pour son dévoûment, beaucoup de respect pour son caractère ; mais il y avait toujours dans sa manière une nuance de supériorité sur une femme qui s'était donnée publiquement à lui sans qu'il l'eût épousée. Il aurait pu contracter des liens plus honorables suivant l'opinion commune : il ne le lui disait point, il ne se le disait peut-être pas à lui-même ; mais ce qu'on ne dit pas n'en existe pas moins, et tout ce qui est de se devine. Ellénore n'avait eu jusqu'alors aucune notion de ce sentiment passionné, de cette existence perdue dans la sienne, dont mes fureurs mêmes, mes injustices et mes reproches n'étaient que des preuves plus irrécusables. Sa résistance avait exalté toutes mes sensations, toutes mes idées : je revenais des emportements qui l'effrayaient à une soumission, à une tendresse, à une vénération idolâtre. Je la considérais comme une création céleste. Mon amour tenait du culte, et il avait pour elle d'autant plus de charme, qu'elle craignait sans cesse de se voir humiliée dans un sens opposé. Elle se donna enfin tout entière.

Malheur à l'homme qui, dans les premiers moments d'une liaison d'amour, ne croit pas que cette liaison doive être éternelle ! Malheur à qui, dans les bras de la maîtresse qu'il vient d'obtenir, conserve une funeste prescience et prévoit qu'il pourra s'en détacher ! Une femme que son cœur entraîne a, dans cet instant, quelque chose de touchant et de sacré. Ce n'est pas le plaisir, ce n'est pas la nature, ce ne sont pas les sens qui sont corrupteurs ; ce sont les calculs auxquels la société nous accoutume et les réflexions que l'expérience fait naître. J'aimai, je respectai mille fois plus Ellénore après qu'elle se fut donnée. Je marchais avec orgueil au milieu des hommes ; je promenais sur eux un regard dominateur. L'air que je respirais était à lui seul une jouissance. Je m'élançais au-devant de la nature, pour la remercier du bienfait inespéré, du bienfait immense qu'elle avait daigné m'accorder.

CHAPITRE IV.

Charme de l'amour ! qui pourrait vous peindre ? Cette persuasion que nous avons trouvé l'être que la nature avait destiné pour nous, ce jour subit répandu sur la vie et qui nous semble en expliquer le mystère, cette valeur inconnue attachée aux moindres circonstances, ces heures rapides, dont tous les détails échappent au souvenir par leur douceur même et qui ne laissent dans notre âme qu'une longue trace de bonheur, cette gaîté folâtre qui se mêle quelquefois sans

cause à un attendrissement habituel, tant de plaisir dans la présence, et dans l'absence tant d'espoir, ce détachement de tous les soins vulgaires, cette supériorité sur tout ce qui nous entoure, cette certitude que désormais le monde ne peut nous atteindre où nous vivons, cette intelligence mutuelle qui devine chaque pensée et qui répond à chaque émotion, charme de l'amour, qui vous éprouva ne saurait vous décrire !

M. de P*** fut obligé, pour des affaires pressantes, de s'absenter pendant six semaines. Je passai ce temps chez Ellénore presque sans interruption. Son attachement semblait s'être accru du sacrifice qu'elle m'avait fait. Elle ne me laissait jamais la quitter sans essayer de me retenir. Lorsque je sortais, elle me demandait quand je reviendrais. Deux heures de séparation lui étaient insupportables. Elle fixait avec une précision inquiète l'instant de mon retour. J'y souscrivais avec joie, j'étais reconnaissant, j'étais heureux du sentiment qu'elle me témoignait. Mais cependant les intérêts de la vie commune ne se laissent pas plier arbitrairement à tous nos désirs. Il m'était quelquefois incommode d'avoir tous mes pas marqués d'avance, et tous mes moments ainsi comptés. J'étais forcé de précipiter toutes mes démarches, de rompre avec la plupart de mes relations. Je ne savais que répondre à mes connaissances, lorsqu'on me proposait quelque partie où, dans une situation naturelle, je n'aurais point eu de motif pour refuser. Je ne regrettais point auprès d'Ellénore ces plaisirs de la vie sociale, pour lesquels je n'avais jamais eu beaucoup d'intérêt, mais j'aurais voulu qu'elle me permît d'y renoncer plus librement. J'aurais éprouvé plus de douceur à retourner auprès d'elle de ma propre volonté, sans me dire que l'heure était arrivée, qu'elle m'attendait avec anxiété, et sans que l'idée de sa peine vînt se mêler à celle du bonheur que j'allais goûter en la retrouvant. Ellénore était, sans doute un vif plaisir dans mon existence, mais elle n'était plus un but; elle était devenue un lien. Je craignais d'ailleurs de la compromettre. Ma présence continuelle devait étonner ses gens, ses enfants, qui pouvaient m'observer. Je tremblais à l'idée de déranger son existence. Je sentais que nous ne pouvions être unis pour toujours, et que c'était un devoir sacré pour moi de respecter son repos : je lui donnais donc des conseils de prudence, tout en l'assurant de mon amour. Mais plus je lui donnais des conseils de ce genre, moins elle était disposée à m'écouter. En même temps, je craignais horriblement de l'affliger. Dès que je voyais sur son visage une expression de douleur, sa volonté devenait la mienne ; je n'étais à mon aise que lorsqu'elle était contente de moi. Lorsqu'en insistant sur la nécessité de m'éloigner pour quelques instants, j'étais parvenu à la quitter, l'image de la peine que je lui avais causée me suivait partout. Il me prenait une fièvre de remords qui redoublait à chaque minute, et qui enfin devenait irrésistible ; je volais vers elle, je me faisais une fête de la consoler, de l'apaiser. Mais à mesure que je m'approchais de sa demeure, un sentiment d'humeur contre cet empire bizarre se mêlait à mes autres sentiments. Ellénore elle-même était violente. Elle éprouvait, je le crois, pour moi, ce qu'elle n'avait éprouvé pour personne. Dans ses relations précédentes, son cœur avait été froissé par une dépendance pénible ; elle était avec moi dans une parfaite aisance, parce que nous étions dans une parfaite égalité ; elle s'était relevée à ses propres yeux, par un amour pur de tout calcul, de tout intérêt : elle savait que je l'aimais bien où qu'elle ne m'aimait pas pour moi-même. Il en résultait de son abandon complet avec moi qu'elle ne me déguisait aucun de ses mouvements ; et lorsque je rentrais dans sa chambre, impatiente d'y rentrer plus tôt que je ne l'aurais voulu, je la trouvais triste ou irritée. J'avais souffert deux heures loin d'elle de l'idée qu'elle souffrait loin de moi : je souffrais deux heures près d'elle avant de pouvoir l'apaiser.

Cependant je n'étais pas malheureux ; je me disais qu'il était doux d'être aimé, même avec exigence ; je sentais que je lui faisais du bien : son bonheur m'était nécessaire, et je me savais nécessaire à son bonheur.

D'ailleurs, l'idée confuse que, par la seule nature des choses, cette liaison ne pouvait durer, idée triste sous bien des rapports, servait néanmoins à me calmer dans mes accès de fatigue ou d'impatience. Les liens d'Ellénore avec le comte de P***, la disproportion de nos âges, la différence de nos situations, mon départ que déjà diverses circonstances avaient retardé, mais dont l'époque était prochaine, toutes ces considérations m'engageaient à donner et à recevoir encore le plus de bonheur qu'il était possible : je me croyais sûr des années, je ne disputais pas les jours.

Le comte de P*** revint. Il ne tarda pas à soupçonner mes relations avec Ellénore ; il me reçut chaque jour d'un air plus froid et plus sombre. Je parlai vivement à Ellénore des dangers qu'elle courait ; je la suppliai de permettre que j'interrompisse pour quelques jours mes visites ; je lui représentai l'intérêt de sa réputation, de sa fortune, de ses enfants. Elle m'écouta longtemps en silence : elle était pâle comme la mort. De manière ou d'autre, me dit-elle enfin, vous partirez bientôt ; ne devançons pas ce moment ; ne vous mettez pas en peine de moi. Gagnons des jours, des heures : des jours, des heures, c'est tout ce qu'il me faut. Je ne sais quel pressentiment me dit, Adolphe, que je mourrai dans vos bras.

Nous continuâmes donc à vivre comme auparavant, moi toujours inquiet, Ellénore toujours triste, le comte de P*** taciturne et soucieux. Enfin, la lettre que j'attendais arriva : mon père m'ordonnait de me rendre auprès de lui. Je portai cette lettre à Ellénore. Déjà ! me dit-elle après l'avoir lue ; je ne croyais pas que ce fût sitôt. Puis, fondant en larmes, elle me prit la main et elle me dit : Adolphe, vous voyez que je ne puis vivre sans vous ; je ne sais ce qui arrivera de mon avenir, mais je vous conjure de ne pas partir encore : trouvez des prétextes pour rester. Demandez à votre père de vous laisser prolonger votre séjour encore six mois. Six mois, est-ce donc si long ? Je voulus combattre sa résolution : mais elle pleurait si amèrement, et elle était si tremblante, ses traits portaient l'empreinte d'une souffrance si déchirante, que je ne pus continuer. Je me jetai à ses pieds ; je la serrai dans mes bras, je l'assurai de mon amour, et je sortis pour aller écrire à mon père. J'écrivis en effet avec le mouvement que la douleur d'Ellénore m'avait inspiré. J'alléguai mille causes de retard ; je fis ressortir l'utilité de continuer à D*** quelques cours que je n'avais pu suivre à Gottingue ; et lorsque j'envoyai ma lettre à la poste, c'était avec ardeur que je désirais obtenir le consentement que je demandais.

Je retournai le soir chez Ellénore. Elle était assise sur un sofa, le comte de P*** était près de la cheminée et assez loin d'elle ; les deux enfants étaient au fond de la chambre, ne jouant pas, et portant sur leurs visages cet étonnement de l'enfance lorsqu'elle remarque une agitation dont elle ne soupçonne pas la cause. J'instruisis Ellénore par un geste de ce que j'avais fait ce qu'elle voulait. Un rayon de joie brilla dans ses yeux, mais ne tarda pas à disparaître. Nous ne disions rien. Le silence devenait embarrassant pour tous trois. On m'assure, monsieur, me dit enfin le comte, que vous êtes prêt à partir. Je lui répondis que je l'ignorais. Il me semble, répliqua-t-il, qu'à votre âge on ne doit pas tarder à entrer dans une carrière ; au reste, ajouta-t-il en regardant Ellénore, tout le monde peut-être ne pense pas ici comme moi.

La réponse de mon père ne se fit pas attendre. Je tremblais, en ouvrant sa lettre, de la douleur qu'un refus causerait à Ellénore. Il me semblait même que j'aurais partagé cette douleur avec une égale amertume ; mais, en lisant le consentement qu'il m'accordait, tous les inconvénients d'une prolongation de séjour se présentèrent tout à coup à mon esprit. Encore six mois de gêne et de contrainte ! m'écriais-je ; six mois pendant lesquels j'offense un homme qui m'avait témoigné de l'amitié, j'expose une femme qui m'aime ; je cours le risque de lui ravir la seule situation où elle puisse vivre tranquille et considérée ; je trompe mon père ; et pourquoi ? pour ne pas braver un instant une douleur qui, tôt ou tard, est inévitable ! Ne l'éprouvons-nous pas chaque jour en détail et à goutte, cette douleur ? Je ne fais que du mal à Ellénore ; mon sentiment, tel qu'il est, ne peut la satisfaire. Je me sacrifie pour elle sans fruit pour son bonheur ; et moi, je vis ici sans utilité, sans indépendance, n'ayant pas un instant de libre, ne pouvant respirer une heure en paix. J'entrai chez Ellénore tout occupé de ces réflexions. Je la trouvai seule. Je reste encore six mois, lui dis-je. — Vous m'annoncez cette nouvelle bien sèchement. — C'est que je crains beaucoup, je l'avoue, les conséquences de ce retard pour l'un et pour l'autre. — Il me semble que, pour vous du moins, elles ne sauraient être bien fâcheuses. — Vous savez fort bien, Ellénore, que ce n'est jamais de moi que je m'occupe le plus. — Ce n'est guère non plus du bonheur des autres. — La conversation avait pris une direction orageuse. Ellénore était blessée de mes regrets dans une circonstance où elle croyait que je devais partager sa joie ; je m'étais du triomphe qu'elle avait remporté sur mes résolutions précédentes. La scène devint violente. Nous éclatâmes en reproches mutuels. Ellénore m'accusa de l'avoir trompée, de n'avoir eu pour elle qu'un goût passager ; d'avoir aliéné d'elle l'affection du comte, de l'avoir remise, aux yeux du public, dans la situation équivoque dont il avait cherché toute sa vie à sortir. Je m'irritai de voir qu'elle tournât contre moi ce que je n'avais fait que par obéissance pour elle et par crainte de l'affliger. Je me plaignis d'une vive contrainte, de ma jeunesse consumée dans l'inaction, du despotisme qu'elle exerçait sur toutes mes démarches. En parlant ainsi, je vis sous visage couvert tout-à-coup de pleurs : je m'arrêtai, je revins sur mes pas, je désavouai, j'expliquai. Nous nous embrassâmes ; mais un premier coup était porté, une première barrière était franchie. Nous avions prononcé tous deux des mots irréparables ; nous pouvions nous taire, mais non les oublier. Il y a des choses qu'on est longtemps sans se dire, mais, quand une fois elles sont dites, on ne cesse jamais de les répéter.

Nous vécûmes ainsi quatre mois dans des rapports forcés, quelquefois doux, jamais complètement libres, y rencontrant encore du plaisir, mais n'y trouvant plus de charme. Ellénore, cependant, ne se détachait pas de moi. Après nos querelles les plus vives, elle était aussi empressée à me revoir, elle fixait aussi soigneusement l'heure de nos entrevues que si notre union eût été la plus paisible et la plus tendre. J'ai souvent pensé que ma conduite même contribuait à entretenir Ellénore dans cette disposition. Si je l'avais aimée comme elle m'aimait, elle aurait eu plus de calme ; elle aurait réfléchi de son côté sur les dangers qu'elle bravait. Mais toute prudence lui était

odieuse, parce que la prudence venait de moi; elle ne calculait point ses sacrifices, parce qu'elle était tout occupée à me les faire accepter; elle n'avait pas le temps de se refroidir à mon égard, parce que tout son temps et toutes ses forces étaient employés à me conserver. L'époque fixée de nouveau pour mon départ approchait, et j'éprouvais, en y pensant, un mélange de plaisir et de regret: semblable à ce que ressent un homme qui doit acheter une guérison certaine par une opération douloureuse.

Un matin, Ellénore m'écrivit de passer chez elle à l'instant. Le comte, me dit-elle, me défend de vous recevoir : je ne veux point obéir à cet ordre tyrannique. J'ai suivi cet homme dans la proscription, j'ai sauvé sa fortune; je l'ai servi dans tous ses intérêts. Il peut se passer de moi maintenant ; moi, je ne puis me passer de vous. On devine facilement quelles furent mes instances pour la détourner d'un projet que je ne concevais pas. Je lui parlai de l'opinion du public. Cette opinion, me répondit-elle, n'a jamais été juste pour moi. J'ai rempli pendant dix ans mes devoirs mieux qu'aucune femme, et cette opinion ne m'en a pas moins repoussée du rang que je méritais. Je lui rappelai ses enfants. — Mes enfants sont ceux de M. de P***. Il les a reconnus : il en aura soin. Ils seront trop heureux d'oublier une mère dont ils n'ont à partager que la honte. — Je redoublai mes prières. Ecoutez, me dit-elle, si je romps avec le comte, refuserez-vous de me voir? Le refuserez-vous? reprit-elle en saisissant mon bras avec une violence qui me fit frémir. Non assurément, lui répondis-je; et plus vous serez malheureuse, plus je vous serai dévoué. Mais considérez..... — Tout est considéré, interrompit-elle. Il va rentrer, retirez-vous maintenant; ne revenez plus ici.

Je passai le reste de la journée dans une angoisse inexplicable. Deux jours s'écoulèrent sans que j'entendisse parler d'Ellénore. Je souffrais d'ignorer son sort; je souffrais même de ne pas la voir, et j'étais étonné de la peine que cette privation me causait. Je désirais cependant qu'elle eût renoncé à la résolution que je craignais tant pour elle, et j'aimais à m'en flatter lorsqu'une femme me remit un billet par lequel Ellénore me priait d'aller la voir dans telle rue, dans telle maison, au troisième étage. J'y courus, espérant encore que, ne pouvant me recevoir chez M. de P***, elle avait voulu m'entretenir ailleurs une dernière fois. Je la trouvai faisant les apprêts d'un établissement durable. Elle vint à moi, d'un air à la fois content et timide, cherchant à lire dans mes yeux mon impression. Tout est rompu, me dit-elle, je suis parfaitement libre. J'ai de ma fortune particulière soixante-quinze louis de rente; c'est assez pour moi.... Vous restez encore ici six semaines. Quand vous partirez, je pourrai peut-être me rapprocher de vous; vous reviendrez peut-être me voir. Et, comme si elle eût redouté une réponse, elle entra dans une foule de détails relatifs à ses projets. Elle chercha de mille manières à me persuader qu'elle serait heureuse; qu'elle ne m'avait rien sacrifié; que le parti qu'elle avait pris lui convenait, indépendamment de moi. Il était visible qu'elle se faisait un grand effort, et qu'elle ne croyait qu'à moitié ce qu'elle me disait. Elle s'étourdissait de ses paroles de peur d'entendre les miennes; elle prolongeait son discours avec activité pour retarder le moment où mes objections la replongeraient dans le désespoir. Je ne pus trouver dans mon cœur de lui en faire aucune. J'acceptai son sacrifice, je l'en remerciai; je lui dis que j'en étais heureux; je lui dis bien plus encore : je l'assurai que j'avais toujours désiré qu'une détermination irréparable me fît un devoir de ne jamais la quitter. J'attribuai mes indécisions à un sentiment de délicatesse qui me défendait de consentir à ce qui bouleverait sa situation. Je n'eus, en un mot, d'autre pensée que de chasser loin d'elle toute peine, toute crainte, tout regret, toute incertitude sur mon sentiment. Pendant que je lui parlais, je n'envisageais rien au-delà de ce but, et j'étais sincère dans mes promesses.

CHAPITRE V.

La séparation d'Ellénore et du comte de P*** produisit dans le public un effet qu'il n'était pas difficile de prévoir. Ellénore perdit en un instant le fruit de dix années de dévoûment et de constance : on la confondit avec toutes les femmes de sa classe qui se livrent sans scrupule à mille inclinations successives. L'abandon de ses enfants la fit regarder comme une mère dénaturée, et les femmes d'une réputation irréprochable répétèrent avec satisfaction que l'oubli de la vertu la plus essentielle à leur sexe s'étendait bientôt sur toutes les autres. En même temps on la plaignit, pour ne pas perdre le plaisir de me blâmer. On vit dans ma conduite celle d'un séducteur, d'un ingrat qui avait violé l'hospitalité, et sacrifié, pour contenter une fantaisie momentanée, le repos de deux personnes dont il aurait dû respecter l'une et ménager l'autre. Quelques amis de mon père m'adressèrent des représentations sérieuses; d'autres, moins libres avec moi, me firent sentir leur désapprobation par des insinuations détournées. Les jeunes gens, au contraire, se montrèrent enchantés de l'adresse avec laquelle j'avais supplanté le comte; et, par mille plaisanteries que je voulais en vain réprimer, ils me félicitèrent de ma conquête, et me promirent de m'imiter. Je ne saurais peindre ce que j'eus à souffrir et de cette censure sévère et de ces honteux éloges. Je suis convaincu que si j'avais eu de l'amour pour Ellénore, j'aurais ramené l'opinion sur elle et sur moi. Telle est la force d'un sentiment vrai, que, lorsqu'il parle, les interprétations fausses et les convenances factices se taisent. Mais je n'étais qu'un homme faible, reconnaissant et dominé; je n'étais soutenu par aucune impulsion qui partît du cœur. Je m'exprimais donc avec embarras; je tâchais de finir la conversation, et, si elle se prolongeait, je la terminais par quelques mots âpres qui annonçaient aux autres que j'étais prêt à leur chercher querelle. En effet, j'aurais beaucoup mieux aimé me battre avec eux que de leur répondre.

Ellénore ne tarda pas à s'apercevoir que l'opinion s'élevait contre elle. Deux parentes de M. de P***, qu'il avait forcées par son ascendant à se lier avec elle, mirent le plus grand éclat dans leur rupture; heureuses de se livrer à leur malveillance, longtemps contenue à l'abri des principes austères de la morale. Les hommes continuèrent à voir Ellénore; mais il s'introduisit dans leur ton quelque chose d'une familiarité qui annonçait qu'elle n'était plus appuyée par un protecteur puissant, ni justifiée par une union presque consacrée. Les uns venaient chez elle parce que, disaient-ils, ils l'avaient connue de tout temps; les autres, parce qu'elle était belle encore, et que sa légèreté récente leur avait rendu des prétentions qu'ils ne cherchaient pas à lui déguiser. Chacun motivait sa liaison avec elle, c'est-à-dire que chacun pensait que cette liaison avait besoin d'excuse. Ainsi la malheureuse Ellénore se voyait tombée pour jamais dans l'état dont, toute sa vie, elle avait voulu sortir. Tout contribuait à froisser son âme et à blesser sa fierté. Elle envisageait l'abandon des uns comme une preuve de mépris, l'assiduité des autres comme l'indice de quelque espérance insultante; elle souffrait de la solitude, elle rougissait de la société. Ah! sans doute, j'aurais dû la consoler; j'aurais dû la serrer contre mon cœur, lui dire : Vivons l'un pour l'autre, oublions des hommes qui nous méconnaissent, soyons heureux de notre seule estime et de notre seul amour. Je l'essayais aussi ; mais que peut, pour ranimer un sentiment qui s'éteint, une résolution prise par devoir?

Ellénore et moi nous dissimulions l'un avec l'autre. Elle n'osait me confier des peines, résultat d'un sacrifice qu'elle savait bien que je ne lui avais pas demandé. J'avais accepté ce sacrifice : je ne voulais me plaindre d'un malheur que j'avais prévu, et que je n'avais pas eu la force de prévenir. Nous nous taisions donc sur la pensée unique qui nous occupait constamment. Nous nous prodiguions des caresses, nous parlions d'amour; mais nous parlions d'amour de peur de nous parler d'autre chose.

Dès qu'il existe un secret entre deux cœurs qui s'aiment, dès que l'un d'eux a pu se résoudre à cacher à l'autre une seule idée, le charme est rompu, le bonheur est détruit. L'emportement, l'injustice, la distraction même, se réparent ; mais la dissimulation jette dans l'amour un élément étranger qui le dénature et le flétrit à ses propres yeux.

Par une inconséquence bizarre, tandis que je repoussais avec l'indignation la plus violente la moindre insinuation contre Ellénore, je contribuais moi-même à lui faire tort dans mes discours généraux. Je m'étais soumis à ses volontés, mais j'avais pris en horreur l'empire des femmes. Je ne cessais de déclamer contre leur faiblesse, leur exigence, le despotisme de leur douleur. J'affichais les principes les plus durs; et ce même homme qui ne résistait pas à une larme, qui cédait à la tristesse muette, qui était poursuivi dans l'absence par l'image de la souffrance qu'il avait causée, se montrait, dans tous ses discours, méprisant et impitoyable. Tous mes éloges directs en faveur d'Ellénore ne détruisaient pas l'impression que produisaient des propos semblables. On me haïssait, on la plaignait, mais on ne l'estimait pas. On s'en prenait à elle de n'avoir pas inspiré à son amant plus de considération pour son sexe et plus de respect pour les lois du cœur.

Un homme qui venait habituellement chez Ellénore, et qui, depuis sa rupture avec le comte de P***, lui avait témoigné la passion la plus vive, l'ayant forcée, par ses persécutions indiscrètes, à ne plus le recevoir, se permit contre elle des railleries outrageantes qu'il me parut impossible de souffrir. Nous nous battîmes; je le blessai dangereusement, je fus blessé moi-même. Je ne puis décrire le mélange de trouble, de terreur, de reconnaissance et d'amour, qui se peignit sur les traits d'Ellénore lorsqu'elle me revit après cet événement. Elle s'établit chez moi, malgré mes prières; elle ne me quitta pas un seul instant jusqu'à ma convalescence. Elle me lisait pendant le jour, elle me veillait durant la plus grande partie des nuits; elle observait mes moindres mouvements, elle prévenait chacun de mes désirs ; son ingénieuse bonté multipliait ses facultés et doublait ses forces. Elle m'assurait sans cesse qu'elle ne m'aurait pas survécu : j'étais pénétré d'affection, j'étais déchiré de remords. J'aurais voulu trouver en moi de quoi récompenser un attachement si constant et si tendre; j'appelais à mon aide les souvenirs, l'imagination, la raison même, le sentiment du devoir : efforts inutiles! La difficulté de la situation, la certitude d'un avenir qui devait nous séparer, peut-être je ne sais quelle révolte contre un lien qu'il m'était impossible de briser, me dévoraient intérieurement. Je me reprochais l'ingratitude que je m'efforçais de lui cacher. Je m'affligeais quand

elle paraissait douter d'un amour qui lui était si nécessaire; je ne m'affligeais pas moins quand elle semblait y croire. Je la sentais meilleure que moi; je me méprisais d'être digne d'elle. C'est un affreux malheur de n'être pas aimé quand on aime; mais c'en est un bien grand d'être aimé avec passion quand on n'aime plus. Cette vie que je venais d'exposer pour Ellénore, je l'aurais mille fois donnée pour qu'elle fût heureuse sans moi.

Les six mois que m'avait accordés mon père étaient expirés; il fallut songer à partir. Ellénore ne s'opposa point à mon départ, elle n'essaya pas même de me retarder; mais elle me fit promettre que, deux mois après, je reviendrais près d'elle, ou que je lui permettrais de me rejoindre: je le lui jurai solennellement. Quel engagement n'aurais-je pas pris dans un moment où je la voyais lutter contre elle-même et contenir sa douleur? Elle aurait pu exiger de moi de ne pas la quitter; je savais au fond de mon âme que ses larmes n'auraient pas été désobéies. J'étais reconnaissant de ce qu'il n'exerçait pas sa puissance; il me semblait que je l'en aimais mieux. Moi-même, d'ailleurs, je ne séparais pas sans un vif regret d'un être qui m'était si uniquement dévoué. Il y a dans les liaisons qui se prolongent quelque chose de si profond! Elles deviennent à notre insu une partie si intime de notre existence! Nous formons de loin, avec calme, la résolution de les rompre; nous croyons attendre avec impatience l'époque de l'exécuter; mais quand ce moment arrive, il nous remplit de terreur; et telle est la bizarrerie de notre cœur misérable, que nous quittons avec un déchirement horrible ceux près de qui nous demeurions sans plaisir.

Pendant mon absence, j'écrivis régulièrement à Ellénore. J'étais partagé entre la crainte que mes lettres ne lui fissent de la peine, et le désir de ne lui peindre que le sentiment que j'éprouvais. J'aurais voulu qu'elle me devinât, mais qu'elle me devinât sans s'affliger; je me félicitais quand j'avais pu substituer les mots d'affection, d'amitié, de dévouement, à celui d'amour; mais soudain je me représentais la pauvre Ellénore triste et isolée, n'ayant que mes lettres pour consolation; et, à la fin de deux pages froides et compassées, j'ajoutais rapidement quelques phrases ardentes ou tendres, propres à la tromper de nouveau. De la sorte, sans en dire jamais assez pour la satisfaire, j'en disais toujours assez pour l'abuser. Étrange espèce de fausseté, dont le succès même se tournait contre moi, prolongeait mon angoisse, et m'était insupportable!

Je comptais avec inquiétude les jours, les heures qui s'écoulaient; je ralentissais de mes vœux la marche du temps; je tremblais en voyant se rapprocher l'époque d'exécuter ma promesse. Je n'imaginais aucun moyen de partir. Je n'en découvrais aucun pour qu'Ellénore pût s'établir dans la même ville que moi. Peut-être, car il faut être sincère, peut-être je ne le désirais pas. Je comparais ma vie indépendante et tranquille à la vie de précipitation, de trouble et de tourment à laquelle sa passion me condamnait. Je me trouvais si bien d'être libre, d'aller, de venir, de sortir, de rentrer, sans que personne s'en occupât! je me reposais, pour ainsi dire, dans l'indifférence des autres, de la fatigue de son amour.

Je n'osais cependant laisser soupçonner à Ellénore que j'aurais voulu renoncer à nos projets. Elle avait compris par mes lettres qu'il me serait difficile de quitter mon père; elle m'écrivit qu'elle commençait en conséquence les préparatifs de son départ. Je fus longtemps sans combattre sa résolution; je ne lui répondais rien de précis à ce sujet. Je lui marquais vaguement que je serais toujours charmé de la savoir, puis j'ajoutais, de la rendre heureuse: tristes équivoques, langage embarrassé, que je gémissais de voir si obscur, et que je tremblais de rendre plus clair! Je me déterminai enfin à lui parler avec franchise; je le dus; je le devais; je soulevai ma conscience contre ma faiblesse; je me fortifiai de l'idée de son repos contre l'image de sa douleur. Je me promenais à grands pas dans ma chambre, récitant tout haut ce que je me proposais de lui dire. Mais à peine eus-je tracé quelques lignes, que ma disposition changeait; je n'envisageais plus mes paroles d'après le sens qu'elles devaient contenir, mais d'après l'effet qu'elles ne pouvaient manquer de produire; et une puissance surnaturelle dirigeant, comme malgré moi, ma main dominée, je me hernai à lui conseiller un retard de quelques mois. Je n'avais pas dit ce que je pensais. Ma lettre ne portait aucun caractère de sincérité. Les raisonnements que j'alléguais étaient faibles, parce qu'ils n'étaient pas les véritables.

La réponse d'Ellénore fut impétueuse; elle était indignée de mon désir de ne pas la voir. Que me demandait-elle? De vivre inconnue auprès de moi. Que pouvais-je redouter de sa présence dans une retraite ignorée, au milieu d'une grande ville où personne ne la connaissait? Elle m'avait tout sacrifié, fortune, enfants, réputation; elle n'exigeait d'autre prix de ses sacrifices que de m'attendre comme une humble esclave, de passer chaque jour avec moi quelques minutes, de jouir des moments que je pourrais lui donner. Elle s'était résignée à deux mois d'absence, non que cette absence lui parût nécessaire, mais parce que je semblais le souhaiter; et lorsqu'elle était parvenue, en entassant péniblement les jours sur les jours, au terme que j'avais fixé moi-même, je lui proposais de recommencer ce long supplice! Elle pouvait s'être trompée, elle pouvait avoir donné sa vie à un homme dur et aride; j'étais le maître de mes actions; mais je n'étais pas le maître de la forcer à souffrir, délaissée par celui pour lequel elle avait tout immolé.

Ellénore suivit de près cette lettre; elle m'informa de son arrivée. Je me rendis chez elle avec la ferme résolution de lui témoigner beaucoup de joie; j'étais impatient de rassurer son cœur et de lui procurer, momentanément au moins, du bonheur ou du calme. Mais elle avait été blessée; elle m'examinait avec défiance: elle démêla bientôt mes efforts; elle irrita ma fierté par ses reproches; elle outragea mon caractère. Elle me peignit si misérable dans ma faiblesse, qu'elle me révolta contre elle encore plus que contre moi. Une fureur insensée s'empara de nous: tout ménagement fut abjuré, toute délicatesse oubliée. On eût dit que nous étions poussés l'un contre l'autre par des furies. Tout ce que la haine la plus implacable avait inventé contre nous, nous nous l'appliquions mutuellement; et les deux êtres malheureux, qui seuls se connaissaient sur la terre, qui seuls pouvaient se rendre justice, se comprendre et se consoler, semblaient deux ennemis irréconciliables, acharnés à se déchirer.

Nous nous quittâmes après une scène de trois heures; et pour la première fois de la vie, nous nous quittâmes sans explication, sans réparation. À peine fus-je éloigné d'Ellénore, qu'une profonde douleur remplaça ma colère. Je me trouvai dans une espèce de stupeur, tout étourdi de ce qui s'était passé. Je me répétais mes paroles avec étonnement; je ne concevais pas ma conduite; je cherchais en moi-même ce qui avait pu m'égarer.

Il était fort tard; je n'osai retourner chez Ellénore. Je me promis de la voir de bonne heure le lendemain, et je rentrai chez mon père. Il y avait beaucoup de monde; il me fut facile, dans une assemblée nombreuse, de me tenir à l'écart et de déguiser mon trouble. Lorsque nous fûmes seuls, il me dit: On m'assure que l'ancienne maîtresse du comte de P*** est dans cette ville. Je vous ai toujours laissé une grande liberté, et je n'ai jamais rien voulu savoir sur vos liaisons; mais il ne vous convient pas, à votre âge, d'avoir une maîtresse avouée, et je vous avertis que j'ai pris les mesures pour qu'elle s'éloigne d'ici. En achevant ces mots, il me quitta. Je le suivis jusque dans sa chambre; il me fit signe de me retirer. Mon père, lui dis-je, Dieu m'est témoin que je voudrais qu'elle fût heureuse, et que je consentirais à ce prix à ne jamais la revoir; mais prenez garde à ce que vous ferez; en croyant me séparer d'elle, vous pourriez bien m'y rattacher à jamais.

Je fis aussitôt venir chez moi un valet de chambre qui m'avait accompagné dans mes voyages et qui connaissait mes liaisons avec Ellénore. Je le chargeai de découvrir à l'instant même, s'il était possible, quelles étaient les mesures dont mon père m'avait parlé. Il revint au bout de deux heures. Le secrétaire de mon père lui avait confié, sous le sceau du secret, qu'Ellénore devait recevoir le lendemain l'ordre de partir. Ellénore chassée! m'écriai-je, chassée avec opprobre! elle qui n'est venue ici que pour moi, elle dont j'ai déchiré le cœur, elle dont j'ai sans pitié vu couler les larmes! Où donc reposerait-elle sa tête, l'infortunée, errante et seule dans une monde dont je lui ai ravi l'estime? À qui dirait-elle sa douleur? Ma résolution fut bientôt prise. Je gagnai l'homme qui me servait, je lui prodiguai l'or et les promesses. Je commandai une chaise de poste pour six heures du matin à la porte de la ville. Je formais mille projets pour mon éternelle réunion avec Ellénore; je l'aimais plus que je ne l'avais jamais aimée; tout mon cœur était revenu à elle; j'étais fier de la protéger. J'étais avide de la tenir dans mes bras; l'amour était rentré tout entier dans mon cœur; j'éprouvais une fièvre de tête, de cœur, de sens, qui bouleversait mon existence. Si, dans ce moment, Ellénore eût voulu se détacher de moi, je serais mort à ses pieds pour la retenir.

Le jour parut; je courus chez Ellénore. Elle était couchée, ayant passé la nuit à pleurer; ses yeux étaient encore humides, et ses cheveux étaient épars; elle me vit entrer avec surprise. Viens, lui dis-je, partons. Elle voulut répondre. Partons, repris-je. As-tu sur la terre un autre protecteur, un autre ami que moi? Mes bras ne sont-ils pas ton unique asile? Elle résistait. J'ai des raisons importantes, ajoutai-je, et qui me sont personnelles. Au nom du ciel, suis-moi. Je l'entraînai. Pendant la route, je l'accablais de caresses, je la pressais sur mon cœur, je ne répondais à ses questions que par mes embrassements. Je lui dis enfin qu'ayant aperçu dans mon père l'intention de nous séparer, j'avais senti que je ne pouvais être heureux sans elle; que je voulais lui consacrer ma vie et nous unir par tous les genres de liens. Sa reconnaissance fut d'abord extrême, mais elle démêla mes contradictions dans mon récit. À force d'instances, elle m'arracha la vérité: sa joie disparut, sa figure se couvrit d'un sombre nuage. Adolphe, me dit-elle, vous vous trompez sur vous-même; vous êtes généreux, vous vous dévouez à moi parce que je suis persécutée; vous croyez avoir de l'amour, vous n'avez que de la pitié. Pourquoi prononça-t-elle ces mots funestes? Pourquoi me révéla-t-elle un secret que je voulais ignorer? Je m'efforçai de la rassurer. J'y parvins peut-être, la vérité avait traversé mon âme; le mouvement était détruit; j'étais déterminé dans mon sacrifice, mais je n'en étais pas plus heureux; et déjà il y avait en moi une pensée que de nouveau j'étais réduit à cacher.

CHAPITRE VI.

Quand nous fûmes arrivés sur les frontières, j'écrivis à mon père. Ma lettre fut respectueuse, mais il y avait un fond d'amertume. Je lui savais mauvais gré d'avoir resserré mes liens en prétendant les rompre. Je lui annonçais que je ne quitterais Elléonore que lorsque, convenablement fixée, elle n'aurait plus besoin de moi. Je le suppliais de ne pas me forcer, en s'acharnant sur elle, à lui rester toujours attaché. J'attendis sa réponse pour prendre une détermination sur notre établissement. « Vous avez vingt-quatre ans, me répondit-il ; je « n'exercerai pas contre vous une autorité qui touche à son terme et « dont je n'ai jamais fait usage; je cacherai même, autant que je pour- « rai , votre étrange démarche; je répandrai le bruit que vous êtes « parti par mes ordres et pour mes affaires. Je subviendrai libérale- « ment à vos dépenses. Vous sentirez vous-même bientôt que la vie « que vous menez n'est pas celle qui vous convenait. Votre naissance, « vos talents, votre fortune vous assignaient dans le monde une autre « place que celle d'un compagnon d'une femme sans patrie et sans « aveu. Votre lettre me prouve déjà que vous n'êtes pas content de « vous. Songez que l'on ne gagne rien à prolonger une situation « dont on rougit. Vous consumez inutilement les plus belles années « de votre jeunesse, et cette perte est irréparable. »

La lettre de mon père me perça de mille coups de poignard. Je m'étais dit cent fois ce qu'il me disait ; j'avais eu cent fois honte de ma vie s'écoulant dans l'obscurité et dans l'inaction. J'aurais mieux aimé des reproches, des menaces ; j'aurais mis quelque gloire à résister, et j'aurais senti la nécessité de rassembler mes forces pour défendre Elléonore des périls qui l'auraient assaillie. Mais il n'y avait point de périls : on me laissait parfaitement libre; et cette liberté ne me servait qu'à porter plus impatiemment le joug que j'avais l'air de choisir.

Nous nous fixâmes à Caden, petite ville de la Bohême. Je me répétai que, puisque j'avais pris la responsabilité du sort d'Elléonore, il ne fallait pas la faire souffrir. Je parvins à me contraindre; je renfermai dans mon sein jusqu'aux moindres signes de mécontentement, et toutes les ressources de mon esprit furent employées à me créer une gaîté factice qui pût voiler ma profonde tristesse. Ce travail eut sur moi-même un effet inespéré. Nous sommes des créatures tellement mobiles, que les sentiments que nous feignons, nous finissons par les éprouver. Les chagrins que je cachais, je les oubliais en partie. Mes plaisanteries perpétuelles dissipaient ma propre mélancolie ; et les assurances de tendresse dont j'entretenais Elléonore répandaient dans son cœur une émotion douce qui ressemblait presque à l'amour.

De temps en temps des souvenirs importuns venaient m'assiéger. Je me livrais, quand j'étais seul, à des accès d'inquiétude ; je formais mille plans bizarres pour m'élancer tout-à-coup hors de la sphère dans laquelle j'étais déplacé. Mais je repoussais ces impressions comme de mauvais rêves. Elléonore paraissait heureuse; pouvais-je troubler son bonheur? Près de cinq mois se passèrent de la sorte.

Un jour, je vis Elléonore agitée et cherchant à me taire une idée qui l'occupait. Après de longues sollicitations, elle me fit promettre que je ne combattrais point la résolution qu'elle avait prise, et m'avoua que M. de P*** lui avait écrit : son procès était gagné ; il se rappelait avec reconnaissance les services qu'elle lui avait rendus, et leur liaison de dix années. Il lui offrait la moitié de sa fortune, non pour se réunir à elle, ce qui n'était plus possible, mais à condition qu'elle quitterait l'homme ingrat et perfide qui les avait séparés. J'ai répondu, me dit-elle, ce que vous deviniez bien que j'ai refusé. Je ne le devinais que trop. J'étais touché, mais au désespoir du nouveau sacrifice que me faisait Elléonore. Je n'osais toutefois lui rien objecter : mes tentatives en ce sens avaient toujours été tellement infructueuses ! Je m'éloignai pour réfléchir au parti que j'avais à prendre. Il m'était clair que nos liens devaient se rompre. Ils étaient douloureux pour moi, ils lui devenaient nuisibles; j'étais le seul obstacle à ce qu'elle retrouvât un état convenable, et la considération qui, dans le monde, suit tôt ou tard l'opulence; j'étais la seule barrière entre elle et ses enfants : je n'avais plus d'excuse à mes propres yeux. Lui céder dans cette circonstance n'était plus de la générosité, mais une coupable faiblesse. J'avais promis à mon père de redevenir libre aussitôt que je ne serais plus nécessaire à Elléonore. Il était temps enfin d'entrer dans une carrière, de commencer une vie active, d'acquérir quelques titres à l'estime des hommes, de faire un noble usage de mes facultés. Je retournai chez Elléonore, me croyant inébranlable dans le dessein de la forcer à ne pas rejeter les offres du comte de P***, et à lui déclarer, s'il le fallait, que je n'avais plus d'amour pour elle. Chère amie, lui disje, on lutte quelque temps contre sa destinée, mais on finit toujours par céder. Les lois de la société sont plus fortes que les volontés des hommes; les sentiments les plus impérieux se brisent contre la fatalité des circonstances. En vain l'on s'obstine à ne consulter que son cœur; on est condamné tôt ou tard à écouter la raison. Je ne puis vous retenir plus longtemps dans une position également indigne de vous et de moi; je ne le puis ni pour vous ni pour moi-même. A mesure que je parlais sans regarder Elléonore, je sentais mes idées devenir plus vagues et ma résolution faiblir. Je voulus ressaisir mes forces, et je continuai d'une voix précipitée : Je serai toujours votre ami ; j'aurai toujours pour vous l'affection la plus profonde. Les deux années de notre liaison ne s'effaceront pas de ma mémoire, elles seront à jamais l'époque la plus belle de ma vie. Mais cet amour, ce transport des sens, cette ivresse involontaire, cet oubli de tous les intérêts, de tous les devoirs, Elléonore, je ne l'ai plus. J'attendis longtemps sa réponse sans lever les yeux sur elle. Lorsque enfin je la regardai, elle était immobile; elle contemplait tous les objets comme si elle n'en eût reconnu aucun. Je pris sa main, je la trouvai froide. Elle me repoussa. Que me voulez-vous ? me dit-elle; ne suis-je pas seule, seule dans l'univers, seule sans un être qui m'entende ? Qu'avez-vous encore à me dire ? ne m'avez-vous pas tout dit ? tout n'est-il pas fini, fini sans retour ? Laissez-moi, quittez-moi ; n'est-ce pas là ce que vous désirez? Elle voulut s'éloigner, elle chancela ; j'essayai de la retenir, elle tomba sans connaissance à mes pieds; je la relevai, je l'embrassai, je rappelai ses sens. Elléonore, m'écriai-je, revenez à vous, revenez à moi ; je vous aime d'amour, do l'amour le plus tendre. Je vous avais trompée pour que vous fussiez plus dignes de votre choix. — Crédulités du cœur, vous êtes inexplicables! Ces simples paroles, démenties par tant de paroles précédentes, rendirent Elléonore à la vie et à la confiance; elle me les fit répéter plusieurs fois : elle semblait respirer avec avidité. Elle me crut : elle s'enivra de son amour, qu'elle prenait pour le nôtre; elle confirma sa réponse au comte de P***, et je me vis plus engagé que jamais.

Trois mois après, une nouvelle possibilité de changement s'annonça dans la situation d'Elléonore. Une de ces vicissitudes communes dans les républiques que les factions agitent rappela son père en Pologne, et le rétablit dans ses biens. Quoiqu'il ne connût qu'à peine sa fille, que sa mère avait emmenée en France à l'âge de trois ans, il désira la fixer auprès de lui. Le bruit des aventures d'Elléonore ne lui était parvenu que vaguement en Russie, où pendant son exil il avait toujours habité. Elléonore était son enfant unique : il avait peur de l'isolement, il voulait être soigné; il ne chercha qu'à découvrir la demeure de sa fille, et, dès qu'il l'eut apprise, il l'invita vivement à venir le rejoindre. Elle ne pouvait avoir d'attachement réel pour un père qu'elle ne se souvenait pas d'avoir vu. Elle sentait néanmoins qu'il était de son devoir d'obéir ; elle assurait de la sorte à ses enfants une grande fortune, et remontait elle-même au rang que lui avaient ravi ses malheurs et sa conduite; mais elle me déclara positivement qu'elle n'irait en Pologne que si je l'accompagnais. Je ne suis plus, me dit-elle, dans l'âge où l'âme s'ouvre à des impressions nouvelles. Mon père m'est inconnu pour moi. Si je reste ici, d'autres l'entoureront avec empressement, il en sera tout aussi heureux. Mes enfants auront la fortune de M. de P***. Je sais bien que je serai généralement blâmée; je passerai pour une fille ingrate et pour une mère peu sensible : mais j'ai trop souffert ; je ne suis plus assez jeune pour que l'opinion du monde ait une grande puissance sur moi. S'il y a dans ma résolution quelque chose de dur, c'est à vous, Adolphe, que vous devez vous en prendre. Si je pouvais me faire illusion sur vous, je consentirais peut-être à une absence, dont l'amertume serait diminuée par la perspective d'une réunion douce et durable ; mais vous ne demanderiez pas mieux que de me supposer à deux cents lieues de vous, contente et tranquille, au sein de ma famille et de l'opulence. Vous m'écririez là-dessus des lettres raisonnables que je vois d'avance : elles déchireraient mon cœur ; je ne veux pas m'y exposer. Je n'ai pas la consolation de me dire que, par le sacrifice de toute ma vie, je sois parvenue à vous inspirer le sentiment que je méritais; mais enfin vous l'avez accepté ce sacrifice. Je souffre déjà suffisamment par l'aridité de vos manières et la sécheresse de nos rapports: je sens les souffrances que vous m'infligez, je ne veux pas en braver de volontaires.

Il y avait dans sa voix et dans le ton d'Elléonore je ne sais quoi d'âpre et de violent qui annonçait plutôt une détermination ferme qu'une émotion profonde ou touchante. Depuis quelque temps elle s'irritait d'avance lorsqu'elle me demandait quelque chose, comme si je le lui avais déjà refusé. Elle disposait de ses actions, mais elle savait que mon jugement les démentait. Elle aurait voulu pénétrer dans le sanctuaire intime de ma pensée, pour y briser une opposition sourde qui me révoltait contre moi. Je lui parlai de ma situation, du vœu de mon père, de mon propre désir ; je priai, je m'emportai. Elléonore fut inébranlable. Je voulus réveiller sa générosité, comme si l'amour n'était pas de tous les sentiments le plus égoïste, et par conséquent, lorsqu'il est blessé, le moins généreux. Je tâchai, par un effort bizarre, de l'attendrir sur le malheur que j'éprouvais en restant près d'elle ; je ne parvins qu'à l'exaspérer. Je lui promis d'aller la voir en Pologne; mais elle ne vit dans mes promesses, sans épanchement et sans abandon, que l'impatience de la quitter.

La première année de notre séjour à Caden avait atteint son terme sans que rien changeât dans notre situation. Quand Elléonore me trouvait sombre ou abattu, elle s'affligeait d'abord, se blessait ensuite, et m'arrachait par ses reproches l'aveu de la fatigue que j'aurais voulu déguiser. De mon côté, quand Elléonore paraissait con-

tente, je m'irritais de la voir jouir d'une situation qui me coûtait mon bonheur, et je la troublais dans cette courte jouissance par des insinuations qui l'éclairaient sur ce que j'éprouvais intérieurement. Nous nous attaquions donc tour à tour par des phrases indirectes, pour reculer ensuite dans des protestations générales et de vagues justifications, et pour regagner le silence. Car nous savions si bien mutuellement tout ce que nous allions nous dire, que nous nous taisions pour ne pas l'entendre. Quelquefois l'un de nous était prêt à céder, mais nous manquions le moment favorable pour nous rapprocher. Nos cœurs défiants et blessés ne se rencontraient plus.

Je me demandais souvent pourquoi je restais dans un état si pénible : je me répondais que, si je m'éloignais d'Ellénore, elle me suivrait, et que j'aurais provoqué un nouveau sacrifice. Je me dis enfin qu'il fallait la satisfaire une dernière fois, et qu'elle ne pourrait plus rien exiger quand je l'aurais replacée au milieu de sa famille. J'allais lui proposer de la suivre en Pologne, quand elle reçut la nouvelle que son père était mort subitement. Il l'avait instituée son unique héritière, mais son testament était contredit par des lettres postérieures, que des parents éloignés menaçaient de faire valoir. Ellénore, malgré le peu de relations qui subsistaient entre elle et son père, fut douloureusement affectée de cette mort : elle se reprocha de l'avoir abandonné. Bientôt elle m'accusa de sa faute. Vous m'avez fait manquer, me dit-elle, à un devoir sacré. Maintenant ne s'agit que de ma fortune : je vous l'immolerai plus facilement encore. Mais, certes, je n'irai pas seule dans un pays où je n'ai que des ennemis à rencontrer. Je n'ai voulu, lui répondis-je, vous faire manquer à aucun devoir ; j'aurais désiré, je l'avoue, que vous daignassiez réfléchir que moi aussi je trouvais pénible de manquer aux miens, je n'ai pu obtenir de vous cette justice. Je me rends, Ellénore ; votre intérêt l'emporte sur toute autre considération. Nous partirons ensemble quand vous le voudrez.

Nous nous mîmes effectivement en route. Les distractions du voyage, la nouveauté des objets, les efforts que nous faisions sur nous-mêmes, ramenaient de temps en temps entre nous quelques restes d'intimité. La longue habitude que nous avions l'un de l'autre, les circonstances variées que nous avions parcourues ensemble, avaient attaché à chaque parole, presque à chaque geste, des souvenirs qui nous replaçaient tout-à-coup dans le passé, et nous remplissaient d'un attendrissement involontaire, comme les éclairs traversent la nuit sans la dissiper. Nous vivions, pour ainsi dire, d'une espèce de mémoire du cœur, assez puissante pour que l'idée de nous séparer nous fût douloureuse, mais trop faible pour que nous trouvassions du bonheur à être unis. Je me livrais à ces émotions, pour me reposer de ma contrainte habituelle. J'aurais voulu donner à Ellénore des témoignages de tendresse qui la contentassent ; je reprenais quelquefois avec elle le langage de l'amour ; mais ces émotions et ce langage ressemblaient à ces feuilles pâles et décolorées qui, par un reste de végétation funèbre, croissent languissamment sur les branches d'un arbre déraciné.

CHAPITRE VII.

Ellénore obtint, dès son arrivée, d'être rétablie dans la jouissance des biens qu'on lui disputait, en s'engageant à n'en pas disposer que son procès ne fût décidé. Elle s'établit dans une des possessions de son père. Le mien, qui n'abordait jamais avec moi dans ses lettres aucune question directement, se contenta de les remplir d'insinuations contre mon voyage. « Vous m'aviez mandé, me disait-il, que « vous ne partiriez pas. Vous m'avez développé longuement toutes « les raisons que vous aviez de ne pas partir ; j'étais, en consé« quence, bien convaincu que vous partiriez. Je ne puis que vous « plaindre de ce qu'avec votre esprit d'indépendance, vous faites tou« jours ce que vous ne voulez pas. Je ne juge point, au reste, d'une « situation qui ne m'est qu'imparfaitement connue. Jusqu'à présent « vous m'avez paru le protecteur d'Ellénore, et, sous ce rapport, il « y avait dans vos procédés quelque chose de noble qui relevait « votre caractère, quel que fût l'objet auquel vous vous attachiez. « Aujourd'hui, vos relations ne sont plus les mêmes ; ce n'est plus « vous qui la protégez, c'est elle qui vous protège, vous vivez chez « elle, vous êtes un étranger qu'elle introduit dans sa famille. Je ne « prononce point sur une position que vous choisissez ; mais comme « elle peut avoir ses inconvénients, je voudrais les diminuer autant « qu'il est en moi. J'écris au baron de T***, notre ministre dans le « pays où vous êtes, pour vous recommander à lui ; j'ignore s'il « vous conviendra de faire usage de cette recommandation ; n'y « voyez au moins qu'une preuve de mon zèle, et nullement une at« teinte à l'indépendance que vous avez toujours su défendre avec « succès contre votre père. »

J'étouffai les réflexions que ce style faisait naître en moi. La terre que j'habitais avec Ellénore était située à peu de distance de Varsovie ; je me rendis dans cette ville, chez le baron de T***. Il me reçut avec amitié, me demanda les causes de mon séjour en Pologne, me questionna sur mes projets ; je ne savais que trop lui répondre. Après quelques minutes d'une conversation embarrassée, je vais, me dit-il, vous parler avec franchise. Je connais les motifs qui vous ont amené dans ce pays, votre père me les a mandés ; je vous dirai même que je les comprends : il n'y a pas d'homme qui ne se soit, une fois dans sa vie, trouvé tiraillé par le désir de rompre une liaison inconvenable et la crainte d'affliger une femme qu'il avait aimée. L'inexpérience de la jeunesse fait que l'on s'exagère beaucoup les difficultés d'une position pareille ; on se plaît à croire à la vérité de toutes ces démonstrations de douleur, qui remplacent, dans un sexe faible et emporté, tous les moyens de la force et tous ceux de la raison. Le cœur en souffre, mais l'amour-propre s'en applaudit ; et tel homme qui pense de bonne foi s'immoler au désespoir qu'il a causé ne se sacrifie dans le fait qu'aux illusions de sa propre vanité. Il n'y a pas une de ces femmes passionnées, dont le monde est plein, qui n'ait protesté qu'on la ferait mourir en l'abandonnant ; il n'y en a pas une qui ne soit encore en vie, et qui ne soit consolée. Je voulus l'interrompre. Pardon, mon jeune ami, si je m'exprime avec trop peu de ménagement ; mais le bien qu'on m'a dit de vous, les talents que vous annoncez, la carrière que vous devriez suivre, tout me fait une loi de ne rien vous déguiser. Je lis dans votre âme, malgré vous et mieux que vous ; vous n'êtes plus amoureux de la femme qui vous domine et qui vous traîne après elle ; si vous l'aimiez encore, vous ne seriez pas venu chez moi. Vous saviez que votre père m'avait écrit, il vous était aisé de prévoir ce que j'avais à vous dire : vous n'avez pas été fâché d'entendre de ma bouche des raisonnements que vous vous répétez sans cesse à vous-même, et toujours inutilement. La réputation d'Ellénore est loin d'être intacte. Terminons, je vous prie, répondis-je, une conversation inutile. Des circonstances malheureuses ont pu disposer des premières années d'Ellénore ; on peut la juger défavorablement sur des apparences mensongères : mais je la connais depuis trois ans, et il n'existe pas sur la terre une âme plus élevée, un caractère plus noble, un cœur plus pur et plus généreux. Comme vous voudrez, répliqua-t-il ; mais ce sont des nuances que l'opinion n'approfondit pas. Les faits sont positifs, ils sont publics ; en m'empêchant de les rappeler, pensez-vous les détruire ? Écoutez, poursuivit-il : il faut dans ce monde savoir ce qu'on veut : Vous n'épouserez pas Ellénore ? — Non, sans doute, m'écriai-je ; elle-même ne l'a jamais désiré. — Que voulez-vous donc faire ? Elle a dix ans de plus que vous, vous en avez vingt-six ; vous la soignerez dix ans encore, elle sera vieille ; vous serez parvenu au milieu de votre vie, sans avoir rien commencé, rien achevé qui vous satisfasse. L'ennui s'emparera de vous, l'humeur s'emparera d'elle ; elle vous sera chaque jour moins agréable, vous lui serez chaque jour plus nécessaire ; et le résultat d'une naissance illustre, d'une fortune brillante, d'un esprit distingué, sera de végéter dans un coin de la Pologne, oublié de vos amis, perdu pour la gloire, et tourmenté par une femme qui ne sera, quoique vous fassiez, jamais contente de vous. Je n'ajoute qu'un mot, et nous ne reviendrons plus sur un sujet qui vous embarrasse. Toutes les routes vous sont ouvertes, les lettres, les armes, l'administration ; vous pouvez aspirer aux plus illustres alliances ; vous êtes fait pour aller à tout : mais souvenez-vous bien qu'il y a entre vous et tous les genres de succès un obstacle insurmontable, et que cet obstacle est Ellénore. — J'ai cru devoir, monsieur, lui répondis-je, de vous écouter en silence ; mais je ne dois aussi de vous déclarer que vous ne m'avez point ébranlé. Personne que moi, je le répète, ne peut juger Ellénore ; personne n'apprécie assez la vérité de ses sentiments et la profondeur de ses impressions. Tant qu'elle aura besoin de moi, je resterai près d'elle. Aucun succès ne me consolerait de la laisser malheureuse ; et dussé-je borner ma carrière à lui servir d'appui, à la soutenir dans ses peines, à l'entourer de mon affection contre l'injustice d'une opinion qui la méconnaît, je croirais encore n'avoir pas employé ma vie inutilement.

Je sortis en achevant ces paroles : mais qui m'expliquera par quelle mobilité le sentiment qui me dictait s'éteignait avant même que j'eusse fini de le prononcer ? Je voulus, en retournant à pied, retarder le moment de revoir cette Ellénore que je venais de défendre ; je traversai précipitamment la ville ; il me tardait de me trouver seul.

Arrivé au milieu de la campagne, je ralentis ma marche, et mille pensées m'assaillirent. Ces mots funestes : « Entre tous les genres de succès et vous il existe un obstacle insurmontable, et cet obstacle, c'est Ellénore, » retentissaient autour de moi. Je jetais un long et triste regard sur le temps qui venait de s'écouler sans retour ; je me rappelais les espérances de ma jeunesse, la confiance avec laquelle je croyais autrefois commander à l'avenir, les éloges accordés à mes premiers essais, l'aurore de réputation que j'avais vue briller et disparaître. Je me répétais les noms de plusieurs de mes compagnons d'étude, que j'avais traités avec un dédain superbe, et qui, par le seul effet d'un travail opiniâtre et d'une vie régulière, m'avaient laissé loin derrière eux dans la route de la fortune, de la considération et de la gloire : j'étais oppressé de mon inaction. Comme les avares se représentent dans les trésors qu'ils entassent tous les biens que ces trésors pourraient acheter, j'apercevais dans Ellénore la privation de tous les succès auxquels j'aurais pu prétendre. Ce n'était pas une carrière seule que je regrettais : comme je n'avais essayé d'aucune, je les regrettais toutes. N'ayant jamais employé mes forces, je les imaginais sans bornes, et je les maudissais ; j'aurais

voulu que la nature m'eût créé faible et médiocre, pour me préserver au moins du remords de me dégrader volontairement. Toute louange, toute approbation pour mon esprit ou mes connaissances, me semblaient un reproche insupportable : je croyais entendre admirer les bras vigoureux d'un athlète chargé de fers au fond d'un cachot. Si je voulais ressaisir mon courage, me dire que l'époque de l'activité n'était pas encore passée, l'image d'Ellénore s'élevait devant moi comme un fantôme, et me repoussait dans le néant ; je ressentais contre elle des accès de fureur, et, par un mélange bizarre, cette fureur ne diminuait en rien la terreur que m'inspirait l'idée de l'affliger.

Mon âme, fatiguée de ces sentiments amers, chercha tout-à-coup un refuge dans des sentiments contraires. Quelques mots, prononcés au hasard par le baron de T*** sur la possibilité d'une alliance douce et paisible, me permissent d'avouer, me créer l'idéal d'une compagne. Je réfléchis au repos, à la considération, à l'indépendance même que m'offrirait un sort pareil ; car les liens que je traînais depuis si longtemps me rendaient plus dépendant mille fois que n'aurait pu le faire une union connue et constatée. J'imaginais la joie de mon père ; j'éprouvais un désir impatient de reprendre dans ma patrie et dans la société de mes égaux la place qui m'était due ; je me représentais opposant une conduite austère et irréprochable à tous les jugements qu'une malignité froide et frivole avait prononcés contre moi, à tous les reproches dont m'accablait Ellénore.

Elle m'accuse sans cesse, disais-je, d'être dur, d'être ingrat, d'être sans pitié. Ah ! si le ciel m'eût accordé une femme que les convenances sociales me permissent d'avouer, que mon père ne rougît pas d'accepter pour fille, j'aurais été mille fois heureux de la rendre heureuse. Cette sensibilité que l'on méconnaît parce qu'elle est souffrante et froissée, cette sensibilité dont on exige impérieusement des témoignages que mon cœur refuse à l'emportement et à la menace, qu'il me serait doux de m'y livrer avec l'être chéri compagnon d'une vie régulière et respectée ! Que n'ai-je pas fait pour Ellénore ? Pour elle j'ai quitté mon pays et ma famille ; j'ai pour elle affligé le cœur d'un vieux père qui gémit encore loin de moi ; pour elle j'habite ces lieux où ma jeunesse s'enfuit solitaire, sans gloire, sans honneur et sans plaisir : tant de sacrifices faits sans devoir et sans amour ne prouvent-ils pas ce que l'amour et le devoir me rendraient capable de faire? Si je crains tellement la douleur d'une femme qui ne me domine que par sa douleur, avec quel soin j'écarterais toute affliction, toute peine, de celle à qui je pourrais hautement me vouer sans remords et sans réserve ? Combien alors on me verrait différent de ce que je suis ! comme cette amertume dont on me fait un crime, parce que la source en est inconnue, fuirait rapidement loin de moi ! combien je serais reconnaissant pour le ciel et bienveillant pour les hommes !

Je partais ainsi ; mes yeux se mouillaient de larmes ; mille souvenirs rentraient comme des torrents dans mon âme ; mes relations avec Ellénore m'avaient rendu tous ces souvenirs odieux. Tout ce qui me rappelait mon enfance, les lieux où s'étaient écoulées mes premières années, les compagnons de mes premiers jeux, les vieux parents qui m'avaient prodigué les premières marques d'intérêt, me blessait et me faisait mal ; j'étais réduit à repousser comme des pensées coupables, les images les plus attrayantes et les vœux les plus naturels. La compagne que mon imagination m'avait soudain créée s'alliait au contraire à toutes ces images et sanctionnait tous ces vœux ; elle s'associait à tous mes devoirs, à tous mes plaisirs, à tous mes goûts ; elle rattachait ma vie actuelle à cette époque de ma jeunesse où l'espérance ouvrait devant moi si vaste avenir, époque dont Ellénore m'avait séparé comme par un abîme. Les plus petits détails, les plus petits objets se retraçaient à ma mémoire : je revoyais l'antique château que j'avais habité avec mon père, les bois qui l'entouraient, la rivière qui baignait le pied de ses murailles, les montagnes qui bornaient son horizon ; toutes ces choses me paraissaient tellement présentes, pleines d'une telle vie, qu'elles me causaient un frémissement que j'avais peine à supporter ; et mon imagination plaçait à côté d'elles une créature innocente et jeune qui les embellissait, qui les animait de l'espérance. J'errais plongé dans cette rêverie, toujours sans plan fixe, ne me disant point qu'il fallait rompre avec Ellénore, n'ayant de la réalité qu'une idée sourde et confuse, et dans l'état d'un homme accablé de peine, que le sommeil a consolé par un songe, et qui pressent que ce songe va finir. Je découvris tout-à-coup le château d'Ellénore, dont insensiblement je m'étais rapproché ; je m'arrêtai ; je pris une autre route : j'étais heureux de retarder le moment où j'allais entendre de nouveau sa voix.

Le jour s'affaiblissait ; le ciel était serein ; la campagne devenait déserte ; les travaux des hommes avaient cessé, ils abandonnaient la nature à elle-même. Mes pensées prirent graduellement une teinte plus grave et plus imposante. Les ombres de la nuit qui s'épaississaient à chaque instant, le vaste silence qui m'environnait, et qui n'était interrompu que par des bruits rares et lointains, firent succéder à mon imagination un sentiment plus calme et plus solennel. Je promenais mes regards sur l'horizon grisâtre dont je n'apercevais plus les limites, et qui, par là même, me donnait en quelque sorte la sensation de l'immensité. Je n'avais rien éprouvé de pareil depuis longtemps : sans cesse absorbé dans des réflexions toujours personnelles, la vue toujours fixée sur ma situation, j'étais devenu étranger à toute idée générale ; je ne m'occupais que d'Ellénore et de moi : d'Ellénore, qui ne m'inspirait qu'une pitié mêlée de fatigue ; de moi, pour qui je n'avais plus aucune estime. Je m'étais rapetissé, pour ainsi dire, dans un nouveau genre d'égoïsme, dans un égoïsme sans courage, mécontent et humilié ; je me sus bon gré de renaître à des pensées d'un autre ordre, et de me retrouver la faculté de m'oublier moi-même, pour me livrer à des méditations désintéressées ; mon âme semblait se relever d'une dégradation longue et honteuse.

La nuit presque entière s'écoula ainsi. Je marchais au hasard ; je parcourus des champs, des bois, des hameaux où tout était immobile. De temps en temps j'apercevais dans quelque habitation éloignée une pâle lumière qui perçait l'obscurité. Là, me disais-je, là peut-être quelque infortuné s'agite sous la douleur, ou lutte contre la mort ; contre la mort, mystère inexplicable, dont une expérience journalière paraît n'avoir pas encore convaincu les hommes ; terme assuré qui ne nous console ni ne nous apaise ; objet d'une insouciance habituelle et d'un effroi passager ! Et moi aussi, poursuivais-je, je me livre à cette inconséquence insensée ! Je me révolte contre la vie, comme si la vie ne devait pas finir ; je répands du malheur autour de moi, pour reconquérir quelques années misérables que le temps viendra bientôt m'arracher ! Ah ! renonçons à ces efforts inutiles ; jouissons de voir ce temps s'écouler, mes jours se précipiter les uns sur les autres ; demeurons immobile, spectateur indifférent d'une existence à demi passée ; qu'on s'en empare, qu'on la déchire, on n'en prolongera pas la durée ! vaut-il la peine de la disputer ?

L'idée de la mort a toujours eu pour moi beaucoup d'empire. Dans mes affections les plus vives, elle a toujours suffi pour me calmer aussitôt ; elle produisit sur mon âme son effet accoutumé ; ma disposition pour Ellénore devint moins amère. Toute mon irritation disparut ; il ne me restait de l'impression de cette nuit de délire qu'un sentiment doux et presque tranquille ; peut-être la lassitude physique que j'éprouvais contribuait-elle à cette tranquillité.

Le jour allait renaître ; je distinguais déjà les objets. Je reconnus que j'étais assez loin de la demeure d'Ellénore. Je me peignis son inquiétude, et je me pressais pour arriver près d'elle, autant que la fatigue pouvait me le permettre, lorsque je rencontrai un homme à cheval qu'elle avait envoyé pour me chercher. Il me raconta qu'elle était depuis douze heures dans les craintes les plus vives ; qu'après être allée à Varsovie, et avoir parcouru les environs, elle était revenue chez elle dans un état inexprimable d'angoisse, et que de toutes parts les habitants du village étaient répandus dans la campagne pour me découvrir. Ce récit me remplit d'abord d'une impatience assez pénible. Je m'irritais de me voir soumis par Ellénore à une surveillance importune. En vain me répétais-je que son amour seul en était la cause ; cet amour n'était-il pas aussi la cause de tout son malheur ? Cependant je parvins à vaincre ce sentiment que je me reprochais. Je la savais alarmée et souffrante. Je montai à cheval ; je franchis avec rapidité la distance qui nous séparait. Elle me reçut avec des transports de joie. Je fus ému de son émotion. Notre conversation fut courte, parce que bientôt elle songea que je devais avoir besoin de repos ; et je la quittai, cette fois du moins, sans avoir rien dit qui pût affliger son cœur.

CHAPITRE VIII.

Le lendemain je me levai poursuivi des mêmes idées qui m'avaient agité la veille. Mon agitation redoubla les jours suivants ; Ellénore voulut inutilement en pénétrer la cause : je répondais par des monosyllabes contraints à ses questions impétueuses ; je me raidissais contre son instance, sachant trop qu'à franchise succéderait la douleur, et que sa douleur m'imposerait une dissimulation nouvelle. Inquiète et surprise, elle recourut à l'une de ses amies pour découvrir le secret qu'elle m'accusait de lui cacher ; avide de se tromper elle-même, elle cherchait un fait où il n'y avait qu'un sentiment. Cette amie m'entretint de son humeur bizarre, du soin que je mettais à repousser toute idée d'un lien durable, de mon inexplicable soif de rupture et d'isolement. Je l'écoutai longtemps en silence. Je n'avais dit jusqu'à ce moment à personne que je n'aimais plus Ellénore ; ma bouche répugnait à cet aveu, qui me semblait une perfidie. Je voulus pourtant me justifier ; je racontai mon histoire avec ménagement, en donnant beaucoup d'éloges à Ellénore, en convenant de toutes les inconséquences de ma conduite, en les rejetant sur les difficultés de notre situation, et sans me permettre une parole qui prononçât clairement que la difficulté véritable était de ma part l'absence de l'amour. La femme qui m'écoutait fut émue de mon récit : elle vit de la générosité dans ce que j'appelais de la faiblesse, du malheur dans ce que je nommais de la dureté. Les mêmes explications qui mettaient en fureur Ellénore passionnée, portaient la conviction dans l'esprit de son impartiale amie. On est si juste lorsque l'on est désintéressé ! Qui que vous soyez, ne remettez jamais à un autre les intérêts de votre cœur ; le cœur seul peut plaider sa cause, il sonde seul ses blessures ; tout

intermédiaire devient un juge ; il analyse, il transige ; il conçoit l'indifférence, il l'admet comme possible, il la reconnaît pour inévitable ; par là même il l'excuse, et l'indifférence se trouve ainsi, à sa grande surprise, légitime à ses propres yeux. Les reproches d'Ellénore m'avaient persuadé que j'étais coupable ; j'appris de celle qui croyait la tut. Bientôt elle reproduisit, sous diverses formes, des idées générales, qui n'étaient que des attaques particulières. Rien n'est plus bizarre, disait-elle, que le zèle de certaines amitiés ; il y a des gens qui s'empressent de se charger de vos intérêts pour mieux abandonner votre cause ; ils appellent cela de l'attachement : j'aimerais mieux de la

Les reproches. — Le père et le fils.

défendre que je n'étais que malheureux. Je fus entraîné à l'aveu complet de mes sentiments ; je convins que j'avais pour Ellénore du dévoûment, de la sympathie, de la pitié ; mais j'ajoutai que l'amour n'entrait pour rien dans les devoirs que je m'imposais. Cette vérité, jusqu'alors renfermée dans mon cœur, et quelquefois seulement révélée à Ellénore au milieu du trouble et de la colère, prit à mes propres yeux plus de réalité et de force par cela seul qu'un autre en était devenu dépositaire. C'est un grand pas, c'est un pas irréparable, lorsqu'on dévoile tout-à-coup aux yeux d'un tiers les replis cachés d'une relation intime ; le jour qui pénètre dans ce sanctuaire constate et achève les destructions que la nuit enveloppait de ses ombres ; ainsi les corps renfermés dans les tombeaux conservent souvent leur première forme jusqu'à ce que l'air extérieur vienne les frapper et les réduire en poudre.

L'amie d'Ellénore me quitta ; j'ignore quel compte elle lui rendit de notre conversation, mais, en approchant du salon, j'entendis Ellénore qui parlait d'une voix très animée ; en m'apercevant, elle se

La cassette.

haine. Je compris facilement que l'amie d'Ellénore avait embrassé mon parti contre elle, et l'avait irritée en ne paraissant pas me juger assez coupable. Je me sentis assez d'intelligence avec un autre contre Ellénore : c'était entre nos cœurs une barrière de plus.

Quelques jours après, Ellénore alla plus loin : elle était incapable de tout empire sur elle-même ; dès qu'elle croyait avoir un sujet de plainte, elle marchait droit à l'explication, sans ménagement et sans calcul, et préférait le danger de rompre à la contrainte de dissimuler. Les deux amies se séparèrent à jamais brouillées. Pourquoi mêler des étrangers à nos discussions intimes ? disje à Ellénore. Avons-nous besoin d'un tiers pour nous entendre ? et si nous ne nous entendons plus, quel tiers pourrait y porter remède ? Vous avez raison, me répondit-elle, mais c'est votre faute ; autrefois je ne m'adressais à personne pour arriver jusqu'à votre cœur.

Tout-à-coup Ellénore annonça le projet de changer son genre de vie. Je démêlai par ses discours qu'elle attribuait à la solitude dans laquelle nous vivions le mécontentement qui me dévorait : elle épui-

sait toutes les explications fausses avant de se résigner à la véritable. Nous passions tête à tête de monotones soirées entre le silence et l'humeur; la source des longs entretiens était tarie.

Elléonore résolut d'attirer chez elle les familles nobles qui résidaient dans son voisinage ou à Varsovie. J'entrevis facilement les obstacles et les dangers de ses tentatives. Les parents qui lui disputaient son héritage avaient révélé ses erreurs passées, et répandu contre elle mille bruits calomnieux. Je frémis des humiliations qu'elle allait braver, et je tâchai de la dissuader de cette entreprise. Mes représentations furent inutiles; je blessai sa fierté par mes craintes, bien que je ne les exprimasse qu'avec ménagement. Elle supposa que j'étais embarrassé de nos liens, parce que son existence était équivoque; elle n'en fut que plus empressée à reconquérir une place honorable dans le monde : ses efforts obtinrent quelques succès. La fortune dont elle jouissait, sa beauté, que le temps n'avait encore que légèrement diminué, le bruit même de ses aventures, tout en elle excitait la curiosité. Elle se vit entourée bientôt d'une société nombreuse; mais elle était poursuivie d'un sentiment secret d'embarras et d'inquiétude. J'étais mécontent de ma situation, elle s'imaginait que je l'étais de la sienne; elle s'agitait pour en sortir; son désir ardent ne lui permettait point de calcul, sa position fausse jetait de l'inégalité dans sa conduite et de la précipitation dans ses démarches. Elle avait l'esprit juste, mais peu étendu; la justesse de son esprit était dénaturée par l'emportement de son caractère, et son peu d'étendue l'empêchait d'apercevoir la ligne la plus habile, et de saisir des nuances délicates. Pour la première fois elle avait un but, et comme elle se précipitait vers ce but, elle le manquait. Que de dégoûts elle dévora sans me les communiquer! que de fois je rougis pour elle sans avoir la force de le lui dire! Tel est, parmi les hommes, le pouvoir de la réserve et de la mesure, que je l'avais vue plus respectée par les amis du comte de P***, comme sa maîtresse, qu'elle ne l'était par ses voisins comme héritière d'une grande fortune, au milieu de ses vassaux. Tour à tour hautaine et suppliante, tantôt prévenante, tantôt susceptible, il y avait dans ses actions et dans ses paroles je ne sais quelle fougue destructive de la considération, qui ne se compose que du calme.

En relevant ainsi les défauts d'Elléonore, c'est moi que j'accuse et que je condamne. Un mot de moi l'aurait calmée : pourquoi n'ai-je pu prononcer ce mot?

Nous vivions cependant plus doucement ensemble; la distraction nous soulageait de nos pensées habituelles. Nous n'étions seuls que par intervalles, et comme nous avions l'un dans l'autre une confiance sans bornes, excepté sur nos sentiments intimes, nous mettions les observations et les faits à la place de ces sentiments, et nos conversations avaient repris quelque charme. Mais bientôt ce nouveau genre de vie devint pour moi la source d'une nouvelle perplexité. Perdu dans la foule qui environnait Elléonore, je m'aperçus que j'étais l'objet de l'étonnement et du blâme. L'époque approchait où son procès devait être jugé : ses adversaires prétendaient qu'elle avait aliéné le cœur paternel par des égarements sans nombre; ma présence venait à l'appui de leurs assertions. Ses amis me reprochaient de lui faire tort. Ils excusaient sa passion pour moi, mais ils m'accusaient d'indélicatesse; j'abusais, disaient-ils, d'un sentiment que j'aurais dû modérer. Je savais seul qu'en l'abandonnant je l'entraînerais sur mes pas, et qu'elle négligerait pour me suivre tout le soin de sa fortune et tous les calculs de la prudence. Je ne pouvais rendre le public dépositaire de ce secret, je ne paraissais donc dans la maison d'Elléonore qu'un étranger nuisible au succès même des démarches qui allaient décider de son sort; et, par un étrange renversement de la vérité, tandis que j'étais la victime de ses volontés inébranlables, c'était elle que l'on plaignait comme victime de mon ascendant.

Une nouvelle circonstance vint compliquer encore cette situation douloureuse.

Une singulière révolution s'opéra tout à coup dans la conduite et dans les manières d'Elléonore : jusqu'à cette époque elle n'avait paru occupée que de moi; soudain je la vis recevoir et rechercher les hommages des hommes qui l'entouraient. Cette femme si réservée, si froide, si ombrageuse, semble subitement changer de caractère. Elle encourageait les sentiments et même les espérances d'une foule de jeunes gens, dont les uns étaient séduits par sa figure, et dont quelques autres, malgré ses erreurs passées, aspiraient sérieusement à sa main; elle leur accordait de longs tête-à-tête; elle avait avec eux ces formes douteuses, mais attrayantes, qui ne repoussent mollement que pour retenir, parce qu'elles annoncent plutôt l'indécision que l'indifférence, et des retards que des refus. J'ai su par elle dans la suite, et les faits me l'ont démontré, qu'elle agissait ainsi par un calcul faux et déplorable. Elle croyait ranimer mon amour en exci-

Mort d'Elléonore.

tant ma jalousie; mais c'était agiter des cendres que rien ne pouvait réchauffer. Peut-être aussi se mêlait-il à ce calcul, sans qu'elle s'en rendît compte, quelque vanité de femme! Elle était blessée de ma froideur, elle voulait se prouver à elle-même qu'elle avait encore des moyens de plaire. Peut-être enfin, dans l'isolement où je laissais son cœur, trouvait-elle une sorte de consolation à s'entendre répéter

des expressions d'amour que depuis longtemps je ne prononçais plus.

Quoi qu'il en soit, je me trompai quelque temps sur ses motifs. J'entrevis l'aurore de ma liberté future; je m'en félicitai. Tremblant d'interrompre par quelque mouvement inconsidéré cette grande crise à laquelle j'attachais ma délivrance, je devins plus doux, je parus plus content. Ellénore prit ma douceur pour de la tendresse, mon espoir de la voir enfin heureuse sans moi pour le désir de la rendre heureuse. Elle s'applaudit de son stratagème. Quelquefois pourtant elle s'alarmait de ne me voir aucune inquiétude; elle me reprochait de ne mettre aucun obstacle à ces liaisons, qui, en apparence, menaçaient de me l'enlever. Je repoussais ses accusations par des plaisanteries, mais je ne parvenais pas toujours à l'apaiser; son caractère se faisait jour à travers la dissimulation qu'elle s'était imposée. Les scènes recommençaient sur un autre terrain, mais non moins orageuses. Ellénore m'imputait ses propres torts; elle m'insinuait qu'un seul mot la ramènerait à moi tout entière; puis, offensée de mon silence, elle se précipitait de nouveau dans la coquetterie avec une espèce de fureur.

C'est ici surtout, je le sens, que l'on m'accusera de faiblesse. Je voulais être libre, et je le pouvais avec l'approbation générale; je le devais peut-être : la conduite d'Ellénore m'y autorisait et semblait m'y contraindre. Mais ne savais-je pas que cette conduite était mon ouvrage? ne savais-je pas qu'Ellénore, au fond de son cœur, n'avait pas cessé de m'aimer? Pouvais-je la punir d'une imprudence que je lui faisais commettre, et, froidement hypocrite, chercher un prétexte dans ces imprudences pour l'abandonner sans pitié?

Certes, je ne veux point m'excuser, je me condamne plus sévèrement qu'un autre peut-être ne le ferait à ma place; mais je puis au moins me rendre ici ce solennel témoignage, que je n'ai jamais agi par calcul, et que j'ai toujours été dirigé par des sentiments vrais et naturels. Comment se fait-il qu'avec ces sentiments je n'aie fait si longtemps que mon malheur et celui des autres?

La société cependant m'observait avec surprise. Mon séjour chez Ellénore ne pouvait s'expliquer que par un extrême attachement pour elle, et mon indifférence sur les liens qu'elle semblait toujours prête à contracter démentait cet attachement. L'on attribua ma tolérance inexplicable à une légèreté de principes, à une insouciance pour la morale, qui annonçaient, disait-on, un homme profondément égoïste, et que le monde avait corrompu. Ces conjectures, d'autant plus propres à faire impression qu'elles étaient plus proportionnées aux âmes qui les concevaient, furent accueillies et répétées. Le bruit en parvint enfin jusqu'à moi; je fus indigné de cette découverte inattendue : pour prix de mes longs services, j'étais méconnu, calomnié; j'avais, pour une femme, oublié tous les intérêts et repoussé tous les plaisirs de la vie, et c'était moi que l'on condamnait.

Je m'expliquai vivement avec Ellénore : un mot fit disparaître cette tourbe d'adorateurs qu'elle n'avait appelés que pour me faire craindre sa perte. Elle restreignit sa société à quelques femmes et à un petit nombre d'hommes âgés. Tout reprit autour de nous une apparence régulière; mais l'on n'en fûmes que plus malheureux : Ellénore se croyait de nouveaux droits; je me sentais chargé de nouvelles chaînes.

Je ne saurais peindre quelles amertumes et quelles fureurs résultèrent de nos rapports ainsi compliqués. Notre vie ne fut plus qu'un perpétuel orage; l'intimité perdit tous ses charmes, et l'amour toute sa douceur; il n'y eut plus même entre nous ces retours passagers qui semblent guérir pour quelques instants d'incurables blessures. La vérité se fit jour de toutes parts, et j'empruntai, pour me faire entendre, les expressions les plus dures et les plus impitoyables. Je ne m'arrêtais que lorsque je voyais Ellénore dans les larmes; et ses larmes mêmes n'étaient qu'une lave brûlante qui, tombant goutte à goutte sur mon cœur, m'arrachait des cris, sans pouvoir m'arracher un désaveu. Ce fut alors que, plus d'une fois, je la vis se lever pâle et prophétique : Adolphe, s'écriait-elle, vous ne savez pas le mal que vous faites; vous l'apprendrez un jour, vous l'apprendrez par moi, quand vous m'aurez précipitée dans la tombe. — Malheureux! lorsqu'elle parlait ainsi, que ne m'y suis-je jeté moi-même avant elle?

CHAPITRE IX.

Je n'étais pas retourné chez le baron de T*** depuis ma dernière visite. Un matin je reçus de lui le billet suivant :

« Les conseils que je vous avais donnés ne méritaient pas une si
« longue absence. Quelque part que vous preniez sur ce qui vous
« regarde, vous n'en êtes pas moins le fils de mon ami le plus cher,
« je n'en jouirai pas moins avec plaisir de votre société, et j'en aurais
« beaucoup à vous introduire dans un cercle dont j'ose vous promettre
« qu'il vous sera agréable de faire partie. Permettez-moi d'ajouter
« que, plus votre genre de vie, que je ne veux point désapprouver,
« a quelque chose de singulier, plus il vous importe de dissiper des pré-
« ventions mal fondées sans doute, en vous montrant dans le monde. »

Je fus reconnaissant de la bienveillance qu'un homme âgé me témoignait. Je me rendis chez lui; il ne fut pas question d'Ellénore. Le baron me retint à dîner : il n'y avait ce jour-là que quelques hommes assez spirituels et assez aimables. Je fus d'abord embarrassé, mais je fis effort sur moi-même; je me ranimai, je parlai; je déployai le plus qu'il me fut possible de l'esprit et des connaissances. Je m'aperçus que je réussissais à captiver l'approbation. Je retrouvai dans ce genre de succès une jouissance d'amour-propre dont j'avais été privé depuis longtemps : cette jouissance me rendit la société du baron de T*** plus agréable.

Mes visites chez lui se multiplièrent. Il me chargea de quelques travaux relatifs à sa mission, et qu'il croyait pouvoir me confier sans inconvénient. Ellénore fut d'abord surprise de cette révolution dans ma vie; mais je lui parlai de l'amitié du baron pour mon père, et du plaisir que je goûtais à consoler ce dernier de mon absence, en ayant l'air de m'occuper utilement. La pauvre Ellénore, je l'écris dans ce moment avec un sentiment de remords, éprouva plus de joie de ce que je paraissais plus tranquille, elle se résigna sans trop se plaindre, à passer souvent la plus grande partie de la journée séparée de moi. Le baron, de son côté, lorsqu'un peu de confiance se fut établie entre nous, me reparla d'Ellénore. Mon intention positive était toujours d'en dire du bien; mais, sans m'en apercevoir, je m'exprimais sur elle d'un ton plus leste et plus dégagé; tantôt j'indiquais, par des maximes générales, que je reconnaissais la nécessité de m'en détacher; tantôt la plaisanterie venait à mon secours; je parlais en riant des femmes et de la difficulté de rompre avec elles. Ces discours amusaient un vieux ministre dont l'âme était usée, et qui se rappelait vaguement que, dans sa jeunesse, il avait aussi été tourmenté par des intrigues d'amour. De la sorte, par cela seul que j'avais un sentiment caché, je trompais plus ou moins tout le monde : je trompais Ellénore, car je savais que le baron voulait m'éloigner d'elle, et je le lui taisais; je trompais M. de T***, car je lui laissais espérer que j'étais prêt à briser mes liens. Cette duplicité était fort éloignée de mon caractère naturel; mais l'homme se déprave dès qu'il a dans le cœur une seule pensée qu'il est constamment forcé de dissimuler.

Jusqu'alors je n'avais fait connaissance, chez le baron de T***, qu'avec des hommes qui composaient sa société particulière. Un jour il me proposa de venir à une grande fête qu'il donnait pour la naissance de son maître. Vous y rencontrerez, me dit-il, les plus jolies femmes de Pologne : vous n'y trouverez pas, il est vrai, celle que vous aimez; j'en suis fâché, mais il y a des femmes que l'on ne voit que chez elles. Je fus péniblement affecté de cette phrase; je gardai le silence, mais je me reprochais intérieurement de ne pas défendre Ellénore, qui, si l'on m'eût attaquée en sa présence, m'aurait si vivement défendu.

L'assemblée fut nombreuse; on m'examinait avec attention. J'entendais répéter tout bas, autour de moi, le nom de mon père, celui d'Ellénore, celui du comte de P***. On se taisait à mon approche; on recommençait quand je m'éloignais. Il m'était démontré que l'on se racontait mon histoire, et chacun, sans doute, la racontait à sa manière. Ma situation était insupportable; mon front était couvert d'une sueur froide; tour-à-tour je rougissais et je pâlissais.

Le baron s'aperçut de mon embarras. Il vint à moi, redoubla d'attentions et de prévenances, chercha toutes les occasions de me donner des éloges, et l'ascendant de sa considération força bientôt les autres à me témoigner les mêmes égards.

Lorsque tout le monde se fut retiré : Je voudrais, me dit M. de T***, vous parler encore une fois à cœur ouvert. Pourquoi voulez-vous rester dans une situation dont vous souffrez? Qu'ai faites-vous du bien? Croyez-vous que l'on ne sache pas ce qui passe entre vous et Ellénore? Tout le monde est informé de votre aigreur et de votre mécontentement réciproque. Vous vous faites du tort par votre faiblesse, vous ne vous en faites pas moins par votre dureté; car, pour comble d'inconséquence, vous ne la rendez pas heureuse, cette femme qui vous rend si malheureux.

J'étais encore froissé de la douleur que j'avais éprouvée. Le baron me montra plusieurs lettres de mon père. Elles annonçaient une affliction bien plus vive que je ne l'avais supposée. Je fus ébranlé. L'idée de prolongeais les agitations d'Ellénore vint ajouter à mon irrésolution. Enfin, comme si tout s'était réuni contre elle, tandis que j'hésitais, elle-même, par sa véhémence, acheva de me décider. J'avais été absent tout le jour; le baron m'avait retenu chez lui après l'assemblée; la nuit s'avançait. On me remit, de la part d'Ellénore, une lettre en présence du baron de T***. Je vis dans les yeux de ce dernier une sorte de pitié de ma servitude. La lettre d'Ellénore était pleine d'amertume. Quoi! me dis-je, je ne puis passer un jour libre! je ne puis respirer une heure en paix! Elle me poursuit partout, comme un esclave que l'on doit ramener à ses pieds; et, d'autant plus violent que je me sentais plus faible : Oui, m'écriai-je, je le prends, l'engagement de rompre avec Ellénore, j'oserai le lui déclarer moi-même; vous pouvez d'avance en instruire mon père.

En disant ces mots, je m'élançai loin du baron. J'étais oppressé des paroles que je venais de prononcer, et je ne croyais qu'à peine à la promesse que j'avais donnée.

Ellénore m'attendait avec impatience. Par un hasard étrange, on lui avait parlé, pendant mon absence, pour la première fois, des efforts du baron de T*** pour me détacher d'elle. On lui avait rapporté les discours que j'avais tenus, les plaisanteries que j'avais faites.

Ses soupçons étant éveillés, elle avait rassemblé dans son esprit plusieurs circonstances qui lui paraissaient les confirmer. Ma liaison subite avec un homme que je ne voyais jamais autrefois, l'intimité qui existait entre cet homme et mon père, lui semblaient des preuves irréfragables. Son inquiétude avait fait tant de progrès en peu d'heures, que je la trouvai pleinement convaincue de ce qu'elle nommait ma perfidie.

J'étais arrivé auprès d'elle décidé à lui tout dire. Accusé par elle, le croira-t-on? je ne m'occupai qu'à tout éluder. Je niai même, oui, je niai ce jour-là ce que j'étais déterminé à lui déclarer le lendemain.

Il était tard, je la quittai; je me hâtai de me coucher pour terminer cette longue journée; et quand je fus bien sûr qu'elle était finie, je me sentis, pour le moment, délivré d'un poids énorme.

Je ne me levai le lendemain que vers le milieu du jour, comme si, en retardant le commencement de notre entrevue, j'avais retardé l'instant fatal.

Ellénore s'était rassurée pendant la nuit, et par ses propres réflexions, et par mes discours de la veille. Elle me parla de ses affaires avec un air de confiance qui m'annonçait assez qu'elle regardait nos existences comme indissolublement unies. Où trouver des paroles qui la repoussassent dans l'isolement?

Le temps s'écoulait avec une rapidité effrayante. Chaque minute ajoutait à la nécessité d'une explication. Des trois jours que j'avais fixés, déjà le second était près de disparaître. M. de T*** m'attendait au plus tard le surlendemain. Sa lettre pour mon père était partie, et j'allais manquer à ma promesse sans avoir fait pour l'exécuter la moindre tentative. Je sortais, je rentrais, je prenais la main d'Ellénore, je commençais une phrase que j'interrompais aussitôt; je regardais la marche du soleil qui s'inclinait vers l'horizon. La nuit revint, j'ajournai de nouveau. Un jour me restait : c'était assez d'une heure.

Ce jour se passa comme le précédent. J'écrivis à M. de T*** pour lui demander du temps encore; et, comme il est naturel aux caractères faibles de le faire, j'entassai dans ma lettre mille raisonnements pour justifier mon retard, pour démontrer qu'il ne changeait rien à la résolution que j'avais prise, et que, dès l'instant même, on pouvait regarder mes liens avec Ellénore comme brisés pour jamais.

CHAPITRE X.

Je passai les jours suivants plus tranquille. J'avais rejeté dans le vague la nécessité d'agir; elle ne me poursuivait plus comme un spectre; je croyais avoir tout le temps de préparer Ellénore. Je voulais être plus doux, plus tendre avec elle, pour conserver au moins des souvenirs d'amitié. Mon trouble était tout différent de celui que j'avais connu jusqu'alors. J'avais imploré le ciel pour qu'il élevât soudain entre Ellénore et moi un obstacle que je ne pusse franchir. Cet obstacle s'était élevé. Je fixais mes regards sur Ellénore comme sur un être que j'allais perdre. L'exigence, qui m'avait paru tant de fois insupportable, ne m'effrayait plus; je m'en sentais affranchi d'avance. J'étais plus libre en lui cédant encore, et je n'éprouvais plus cette révolte intérieure qui jadis me portait sans cesse à tout déchirer. Il n'y avait plus en moi d'impatience; il avait, au contraire, un désir secret de retarder le moment funeste.

Ellénore s'aperçut de cette disposition plus affectueuse et plus sensible : elle-même devint moins amère. Je recherchais ces entretiens que j'avais évités; je jouissais de ces expressions d'amour, naguère importunes, précieuses maintenant, comme pouvant chaque fois être les dernières.

Un soir, nous nous étions quittés après une conversation plus douce que de coutume. Le secret que je renfermais dans mon sein me rendait triste, mais ma tristesse n'avait rien de violent. L'incertitude sur l'époque de la séparation que j'avais voulue me servait à en écarter l'idée. La nuit, j'entendis dans le château un bruit inusité. Le bruit cessa bientôt, et je n'y attachai point d'importance. Le matin cependant, l'idée m'en revint; j'en voulus savoir la cause, et je dirigeai mes pas vers la chambre d'Ellénore. Quel fut mon étonnement, lorsqu'on me dit que depuis douze heures elle avait une fièvre ardente, qu'un médecin que ses gens avaient fait appeler déclarait sa vie en danger, et qu'elle avait défendu impérieusement que l'on m'avertît ou qu'on me laissât pénétrer jusqu'à elle!

Je voulus insister. Le médecin sortit lui-même pour me représenter la nécessité de ne lui causer aucune émotion. Il attribuait sa défense, dont il ignorait le motif, au désir de ne pas me causer d'alarmes. J'interrogeai les gens d'Ellénore avec angoisse sur ce qui avait pu la plonger d'une manière si subite dans un état si dangereux. La veille, après m'avoir quitté, elle avait reçu de Varsovie une lettre apportée par un homme à cheval; l'ayant ouverte et parcourue, elle s'était évanouie; revenue à elle, elle s'était jetée sur son lit sans prononcer une parole. L'une de ses femmes, inquiète de l'agitation qu'elle remarquait en elle, était restée dans sa chambre à son insu; vers le milieu de la nuit, cette femme l'avait vue saisie d'un tremblement qui ébranlait le lit sur lequel elle était couchée; elle avait voulu m'appeler; Ellénore s'y était opposée avec une espèce de terreur tellement violente, qu'on n'avait osé lui désobéir. On avait envoyé chercher un médecin; Ellénore avait refusé, refusait encore de lui répondre; elle avait passé la nuit prononçant des mots entrecoupés qu'on n'avait pu comprendre, et appuyant souvent son mouchoir sur sa bouche, comme pour s'empêcher de parler.

Tandis qu'on me donnait ces détails, une autre femme, qui était restée près d'Ellénore, accourut tout effrayée. Ellénore paraissait avoir perdu l'usage de ses sens. Elle ne distinguait rien de ce qui l'entourait. Elle poussait quelquefois des cris, elle répétait mon nom; puis, épouvantée, elle faisait signe de la main, comme pour que l'on éloignât d'elle quelque objet qui lui était odieux.

J'entrai dans sa chambre. Je vis au pied de son lit deux lettres. L'une était la mienne au baron de T***, l'autre était de lui-même à Ellénore. Je ne conçus que trop alors le mot de cette affreuse énigme. Tous mes efforts pour obtenir le temps que je voulais consacrer encore aux derniers adieux s'étaient tournés de la sorte contre l'infortunée que j'aspirais à ménager. Ellénore avait lu, tracées de ma main, mes promesses de l'abandonner, promesses qui n'avaient été dictées que par le désir de rester plus longtemps près d'elle, et que la vivacité de ce désir même m'avait porté à répéter, à développer de mille manières. L'œil indifférent de M. de T*** avait facilement démêlé dans ces protestations réitérées à chaque ligne l'irrésolution que je déguisais, et les ruses de ma propre incertitude; mais le cruel avait trop bien calculé qu'Ellénore y verrait un arrêt irrévocable. Je m'approchai d'elle; elle me regarda sans me reconnaître. Je lui parlai; elle tressaillit. Quel est ce bruit? s'écria-t-elle; c'est la voix qui m'a fait du mal. Le médecin remarqua que ma présence ajoutait à son délire, et me conjura de m'éloigner. Comment peindre ce que j'éprouvai pendant trois longues heures? Le médecin sortit enfin. Ellénore était tombée dans un profond assoupissement. Il ne désespérait pas de la sauver, si, à son réveil, la fièvre était calmée.

Ellénore dormit longtemps. Instruit de son réveil, je lui écrivis pour lui demander de me recevoir. Elle me fit dire d'entrer. Je voulus parler; elle m'interrompit. Que je n'entende de vous, dit-elle, aucun mot cruel. Je ne réclame plus, je ne m'oppose à rien; mais que cette voix que j'ai tant aimée, que cette voix qui retentissait au fond de mon cœur n'y pénètre pas pour le déchirer. Adolphe, Adolphe, j'ai été violente, j'ai pu vous offenser; mais vous ne savez pas ce que j'ai souffert. Dieu veuille que jamais vous ne le sachiez!

Son agitation devint extrême. Elle posa son front sur ma main; il était brûlant; une contraction terrible défigurait ses traits. Au nom du ciel, m'écriai-je, chère Ellénore, écoutez-moi. Oui, je suis coupable : cette lettre... Elle frémit et voulut s'éloigner. Je la retins. Faible, tourmenté, continuai-je, j'ai pu céder un moment à une instance cruelle; mais n'avez-vous pas vous-même mille preuves que je ne puis vouloir ce qui nous sépare? J'ai été mécontent, malheureux, injuste; peut-être, en luttant avec trop de violence contre une imagination rebelle, avez-vous douté de la force à des velléités passagères que la méprise aujourd'hui; mais pouvez-vous douter de mon affection profonde; Nos âmes ne sont-elles pas enchaînées l'une à l'autre par mille liens que rien ne peut rompre? Tout le passé ne nous est-il pas commun? Pouvons-nous jeter un regard sur les trois années qui viennent de finir sans nous retracer des impressions que nous avons partagées, des plaisirs que nous avons goûtés, des peines que nous avons supportées ensemble? Ellénore, commençons en ce jour une nouvelle époque, rappelons les heures du bonheur et de l'amour. Elle me regarda quelque temps avec l'air du doute. Votre père, reprit-elle enfin, vos devoirs, votre famille, ce qu'on attend de vous!... Sans doute, répondis-je, une fois, un jour, peut-être... Elle remarqua que j'hésitais. Mon Dieu, s'écria-t-elle, pourquoi m'avait-il rendu l'espérance pour me la ravir aussitôt! Adolphe, je vous remercie de vos efforts, ils m'ont fait du bien, d'autant plus de bien, qu'ils ne vous coûteront, je l'espère, aucun sacrifice; mais, je vous en conjure, ne parlons plus de l'avenir. Ne vous reprochez rien, quoi qu'il arrive. Vous avez été bon pour moi. J'ai voulu ce qui n'était pas possible. L'amour était toute ma vie : il ne pouvait être la vôtre. Soignez-moi maintenant quelques jours encore. Des larmes coulèrent abondamment sur son visage, sa respiration fut moins oppressée; elle appuya sa tête sur mon épaule. C'est ici, dit-elle, que j'ai toujours désiré mourir. Je la rassurai contre la mort, j'abjurai de nouveau mes projets, je désavouai mes fureurs cruelles. Non, reprit-elle, il faut que vous soyez libre et content. — Puis-je l'être si vous êtes malheureuse? — Je ne serai pas longtemps malheureuse, vous n'aurez pas longtemps à me plaindre. — Non, non, cher Adolphe, me dit-elle; quand on a longtemps invoqué la mort, le ciel nous envoie à la fin je ne sais quel pressentiment infaillible qui nous avertit que notre prière est exaucée. — Je lui jurai de ne jamais la quitter. — Je l'ai toujours espéré, maintenant j'en suis sûre.

C'était une de ces journées d'hiver où le soleil semble éclairer tristement la campagne grisâtre, comme s'il regardait en pitié la terre qu'il a cessé de réchauffer. Ellénore me proposa de sortir. Il fait bien froid, lui dis-je. — N'importe, je voudrais me promener avec vous. Elle prit mon bras; nous marchâmes longtemps sans

rien dire; elle avançait avec peine, et se penchait sur moi presque tout entière. — Arrêtons-nous un instant. — Non, me répondit-elle, j'ai du plaisir à me sentir encore soutenue par vous. Nous retombâmes dans le silence. Le ciel était serein; mais les arbres étaient sans feuilles; aucun souffle n'agitait l'air; aucun oiseau ne le traversait : tout était immobile, et le seul bruit qui se fit entendre était celui de l'herbe glacée qui se brisait sous nos pas. Comme tout est calme! me dit Ellénore; comme la nature se résigne! ne faut-il pas aussi apprendre à se résigner? Elle s'assit sur une pierre; tout à coup elle se mit à genoux, et baissant la tête elle l'appuya sur ses deux mains. J'entendis quelques mots prononcés à voix basse. Je m'aperçus qu'elle priait. Se relevant enfin : Rentrons, dit-elle, le froid m'a saisie. J'ai peur de me trouver mal. Ne me dites rien; je ne suis pas en état de vous entendre.

A dater de ce jour, je vis Ellénore s'affaiblir et dépérir. Je rassemblai de toutes parts des médecins autour d'elle : les uns m'annoncèrent un mal sans remède, d'autres me bercèrent d'espérances vaines; mais la nature, sombre et silencieuse, poursuivait d'un bras invisible son travail impitoyable. Par moments, Ellénore semblait reprendre à la vie. On eût dit quelquefois que la main de fer qui pesait sur elle s'était retirée. Elle relevait sa tête languissante; ses joues se couvraient de couleurs un peu plus vives; ses yeux se ranimaient : mais tout à coup, par le jeu cruel d'une puissance inconnue, ce mieux mensonger disparaissait, sans que l'art en pût deviner la cause. Je la vis de la sorte marcher par degrés à la destruction. Je vis se graver sur cette figure si noble et si expressive les signes avant-coureurs de la mort. Je vis, spectacle humiliant et déplorable! ce caractère énergique et fier recevoir de la souffrance physique mille impressions confuses et incohérentes, comme si, dans ces instants terribles, l'âme, froissée par le corps se métamorphosait en tous sens pour se plier avec moins de peine à la dégradation des organes.

Un seul sentiment ne varia jamais dans le cœur d'Ellénore : ce fut sa tendresse pour moi. Sa faiblesse lui permettait rarement de me parler; mais elle fixait sur moi ses yeux en silence, et il me semblait alors que ses regards me demandaient la vie que je ne pouvais plus lui donner. Je craignais de lui causer une émotion violente; j'inventais des prétextes pour sortir : je parcourais au hasard tous les lieux où je m'étais trouvé avec elle; j'arrosais de mes pleurs les pierres, le pied des arbres, tous les objets qui me retraçaient son souvenir.

Ce n'étaient pas les regrets de l'amour, c'était un sentiment plus sombre et plus triste; l'amour s'identifie tellement à l'objet aimé, que dans son désespoir même il y a quelque charme. Il lutte contre la réalité, contre la destinée; l'ardeur de son désir le trompe sur ses forces, et l'exalte au milieu de sa douleur. La mienne était morne et solitaire; je n'espérais point mourir avec Ellénore; j'allais vivre sans elle dans ce désert du monde, que j'avais souhaité tant de fois de traverser indépendant. J'avais brisé l'être qui m'aimait; j'avais brisé ce cœur, compagnon du mien, qui avait persisté à se dévouer à moi, dans sa tendresse infatigable; déjà l'isolement m'atteignait. Ellénore respirait encore, mais je ne pouvais plus lui confier mes pensées, j'étais déjà seul sur la terre; je ne vivais plus dans cette atmosphère d'amour qu'elle répandait autour de moi; l'air que je respirais me paraissait plus rude, les visages des hommes que je rencontrais plus indifférents; toute la nature semblait me dire que j'allais à jamais cesser d'être aimé.

Le danger d'Ellénore devint tout à coup plus imminent; des symptômes qu'on ne pouvait méconnaître annoncèrent sa fin prochaine; un prêtre de sa religion l'en avertit. Elle me pria de lui apporter une cassette qui contenait beaucoup de papiers; elle en fit brûler plusieurs devant elle, mais elle paraissait en chercher un qu'elle ne trouvait point, et son inquiétude était extrême. Je la suppliai de cesser cette recherche qui l'agitait, et pendant laquelle, deux fois, elle s'était évanouie. J'y consens, me répondit-elle; mais, cher Adolphe, ne me refusez pas une prière. Vous trouverez parmi mes papiers, je ne sais où, une lettre qui vous est adressée; brûlez-la sans la lire, je vous en conjure au nom de notre amour, au nom de ces derniers moments que vous m'avez adoucis. Je le lui promis; elle fut plus tranquille. Laissez-moi me livrer à présent, me dit-elle, aux devoirs de ma religion; j'ai bien des fautes à expier : mon amour pour vous fut peut-être une faute, et je ne le croirais pourtant pas si cet amour avait pu vous rendre heureux.

Je la quittai : je ne rentrai qu'avec tous ses gens pour assister aux dernières et solennelles prières; à genoux dans un coin de sa chambre, tantôt je m'abîmais dans mes pensées, tantôt je contemplais, par une curiosité involontaire, tous ces hommes réunis, la terreur des uns, la distraction des autres, et cet effet singulier de l'habitude qui introduit l'indifférence dans toutes les pratiques et qui fait regarder les cérémonies les plus augustes et les plus terribles comme des choses convenues et de pure forme; j'entendais ces hommes répéter machinalement les paroles funèbres, comme si ceux aussi n'eussent pas dû mourir un jour. J'étais loin cependant de dédaigner ces pratiques : en est-il une seule dont l'homme, dans son ignorance, ose prononcer l'inutilité? Elles rendaient du calme à Ellénore; elles l'aidaient à franchir ce pas terrible vers lequel nous avançons tous, sans qu'aucun de nous puisse prévoir ce qu'il doit éprouver alors. Ma surprise n'est pas que l'homme ait besoin d'une religion; ce qui m'étonne, c'est qu'il se croie jamais assez fort, assez à l'abri du malheur pour oser en rejeter une; il devrait, ce me semble, être porté, dans sa faiblesse, à les invoquer toutes. Dans la nuit épaisse qui nous entoure, est-il une lueur que nous puissions repousser? Au milieu du torrent qui nous entraîne, est-il une branche à laquelle nous osions refuser de nous retenir?

L'impression produite sur Ellénore par une solennité si lugubre parut l'avoir fatiguée. Elle s'assoupit d'un sommeil assez paisible; elle se réveilla moins souffrante. J'étais seul dans sa chambre; nous nous parlions de temps en temps, à de longs intervalles. Le médecin qui s'était montré le plus habile dans ses conjectures m'avait prédit qu'elle ne vivrait pas vingt-quatre heures; je regardais tour à tour une pendule qui marquait les heures, et le visage d'Ellénore sur lequel je n'apercevais nul changement nouveau. Chaque minute qui s'écoulait ranimait mon espérance, et je révoquais en doute les présages d'un art mensonger. Tout à coup Ellénore s'élança par un mouvement subit; je la retins dans mes bras : un tremblement convulsif agitait son corps; ses yeux me cherchaient, mais dans ses yeux se peignait un effroi vague, comme si elle eût demandé grâce à quelque objet menaçant qui se dérobait à mes regards; elle se relevait, elle retombait, on voyait qu'elle s'efforçait de fuir; on eût dit qu'elle luttait contre une puissance physique invisible, qui, lassée d'attendre le moment funeste, l'avait saisie et la retenait pour l'achever sur le lit de mort. Elle céda enfin à l'acharnement de la nature ennemie; ses membres s'affaissèrent, elle sembla reprendre quelque connaissance : elle me serra la main; elle voulut pleurer, il n'y avait plus de larmes; elle voulut parler, il n'y avait plus de voix; elle laissa tomber, comme résignée, sa tête sur le bras qui l'appuyait; sa respiration devint plus lente; quelques instants après, elle n'était plus.

Je demeurai longtemps immobile près d'Ellénore. La conviction de sa mort n'avait pas encore pénétré dans mon âme; mes yeux contemplaient avec un étonnement stupide ce corps inanimé. Une de ses femmes étant entrée répandit dans la maison la sinistre nouvelle. Le bruit qui se fit autour de moi me tira de la léthargie où j'étais plongé; je me levai : ce fut alors que j'éprouvai la douleur déchirante et toute l'horreur de l'adieu sans retour. Tant de mouvement, cette activité de la vie vulgaire, tant de soins et d'agitations qui ne la regardaient plus, dissipèrent cette illusion que je prolongeais, cette illusion par laquelle je croyais encore exister avec Ellénore. Je sentis le dernier lien se rompre, et l'affreuse réalité se placer à jamais entre elle et moi. Combien elle me pesait, cette liberté que j'avais tant regrettée! Combien elle manquait à mon cœur, cette dépendance qui m'avait révolté souvent! Naguère toutes mes actions avaient un but; j'étais sûr, par chacune d'elles, d'épargner une peine ou de causer un plaisir : je m'en plaignais alors; j'étais impatienté qu'un œil ami observât mes démarches, que le bonheur d'un autre y fût attaché. Personne maintenant ne les observait; elles n'intéressaient personne; nul ne me disputait mon temps ni mes heures; aucune voix ne me rappelait quand je sortais : j'étais libre en effet; je n'étais plus aimé : j'étais étranger pour tout le monde.

L'on m'apporta tous les papiers d'Ellénore, comme elle l'avait ordonné; à chaque ligne, j'y rencontrai de nouvelles preuves de son amour, de nouveaux sacrifices qu'elle m'avait faits et qu'elle m'avait cachés. Je trouvai enfin cette lettre que j'avais promis de brûler; je ne la reconnus pas d'abord, elle était sans adresse, elle était ouverte; quelques mots frappèrent mes regards malgré moi; je tentai vainement de les en détourner, je ne pus résister au besoin de la lire tout entière. Je n'ai pas la force de la transcrire : Ellénore l'avait écrite après une des scènes violentes qui avaient précédé sa maladie. Adolphe, me disait-elle, pourquoi vous acharnez-vous sur moi? quel est mon crime? de vous aimer, de ne pouvoir exister sans vous. Par quelle pitié bizarre n'osez-vous rompre un lien qui vous pèse, et déchirez-vous l'être malheureux près de qui votre pitié vous retient? Pourquoi me refusez-vous le triste plaisir de vous croire au moins généreux? Pourquoi vous montrez-vous furieux et faible? L'idée de ma douleur vous poursuit, et le spectacle de cette douleur ne peut vous arrêter? Qu'exigez-vous? que je vous quitte? ne voyez-vous pas que je n'en ai pas la force? Ah! c'est à vous, qui n'aimez pas, c'est à vous à la trouver, cette force, dans ce cœur lassé de moi, que tant d'amour ne saurait désarmer. Vous ne me la donnerez pas, vous me ferez languir dans les larmes, vous me ferez mourir à vos pieds. Dites un mot, écrivait-elle ailleurs. Est-il un pays où je ne vous suive? est-il une retraite où je ne me cache pour vivre auprès de vous, sans être un fardeau dans votre vie? Mais non, vous ne le voulez pas. Tous les projets que je propose, timide et tremblante, car vous m'avez glacée d'effroi, vous les repoussez avec impatience. Ce que j'obtiens de mieux, c'est votre silence. Tant de dureté ne convient pas à votre caractère. Vous êtes bon, vos actions sont nobles et dévouées; mais quelles actions effaceraient vos paroles? Ces paroles acérées retentissent autour de moi : je les entends la nuit, elles me suivent, elles me dévorent, elles flétrissent tout ce que vous faites. Faut-il donc que je meure, Adolphe? Eh bien, vous serez content; elle

mourra cette pauvre créature que vous avez protégée, mais que vous frappez à coups redoublés. Elle mourra cette importune Ellénore comme un obstacle, pour qui vous ne trouvez pas sur la terre une place qui ne vous fatigue; elle mourra : vous marcherez seul au milieu de cette foule à laquelle vous êtes impatient de vous mêler! Vous les connaîtrez ces hommes que vous remerciez aujourd'hui d'être indifférents, et peut-être un jour, froissé par ces cœurs arides, vous regretterez ce cœur dont vous disposiez, qui vivait de votre affection, qui eût bravé mille périls pour votre défense, et que vous ne daignez plus récompenser d'un regard.

BENJAMIN CONSTANT.

FIN D'ADOLPHE.

JEANNOT ET COLIN,

COMÉDIE EN TROIS ACTES.

Par FLORIAN.

PERSONNAGES.

JEANNOT, marquis.
COLIN, bourgeois.
COLETTE, sœur de Colin.
LA MÈRE DE JEANNOT, marquise.
La comtesse D'ORVILLE.
DURVAL, gouverneur du marquis.
L'ÉPINE, valet du marquis.
Un maître d'hôtel.

ACTE I.

SCÈNE PREMIÈRE.

COLIN, COLETTE, L'ÉPINE.

L'ÉPINE. — Il est à peine jour chez madame la marquise; attendez dans ce salon : je vous avertirai lorsque vous pourrez voir madame.
COLIN. — Vous voudrez bien lui dire que ce sont deux personnes pour qui elle avait de l'amitié dans le temps qu'elle demeurait en Auvergne. Si elle vous demande leurs noms, vous direz que c'est Colin et Colette : elle s'en souviendra sûrement.
L'ÉPINE. — M. Colin et mademoiselle Colette qu'elle a connus en Auvergne, cela suffit. (Il sort.)

SCÈNE II.

COLIN, COLETTE.

COLETTE. — Comme tout ceci est magnifique! Jeannot ne nous reconnaîtra plus; il est devenu trop riche pour se souvenir de ceux qui l'ont vu pauvre.
COLIN. — Il serait donc bien changé, ma sœur : il était si bon, si sensible, lorsque nous habitions ensemble notre petite ville! A peine y a-t-il un an qu'il nous a quittés; il faut plus d'un an pour corrompre un cœur honnête.
COLETTE. — L'amour aurait dû préserver le sien; mais il ne m'aime plus, j'en suis sûre. Te souviens-tu de la manière dont il me quitta, lorsque sa mère l'envoya chercher en Auvergne? Comme il fut enivré de sa nouvelle fortune, et d'entendre ses domestiques l'appeler monsieur le marquis! Il nous dit adieu presque sans pleurer; il monta dans sa brillante voiture sans retourner la tête vers moi, que tu soutenais à peine, et dont les yeux le suivirent... même quand je ne le vis plus. Mon frère, il a oublié la malheureuse Colette! il ne pense plus aux serments que nous nous sommes faits de n'être jamais que

l'un à l'autre; serments qu'il a écrits, que je conserve et que je lui rendrai; ces écritures-là perdent tout leur prix quand on ne les lit plus ensemble.

SCÈNE III.

COLIN, COLETTE, L'ÉPINE.

L'ÉPINE. — Madame la marquise s'habille; elle vous fait dire que si vous voulez la voir, vous preniez la peine d'attendre.
COLIN. — Nous attendrons. Monsieur le marquis, son fils, est-il chez lui?
L'ÉPINE. — Non : il est sorti de grand matin.
COLIN. — A quelle heure pourrions-nous le trouver?
L'ÉPINE. — Il n'est pas habillé; ainsi revenez à une heure, vous pourrez peut-être lui parler.
COLIN. — Nous reviendrons sûrement.
COLETTE. — Monsieur, c'est un bien grand seigneur, que monsieur le marquis.
L'ÉPINE. — Sûrement, mademoiselle; c'est mon maître. Sans vanité, c'est l'homme le plus aimable de Paris; toutes les jolies femmes se le disputent, et ne sont occupées que de lui plaire; je ne doute pas qu'un de ces jours il ne fasse un très grand mariage, et que...
COLIN. — Vous voudrez bien nous avertir, lorsque nous pourrons voir madame.
L'ÉPINE. — Oui, oui; soyez tranquilles. (*Il sort.*)

SCÈNE IV.

COLIN, COLETTE.

COLIN. — Du courage, ma sœur tu as voulu me suivre à Paris pour t'assurer par toi-même de l'infidélité de Jeannot; nous allons le voir, nous allons le juger; s'il a cessé de t'aimer, ton mépris pour lui doit te rendre à toi-même et à la raison.
COLETTE. — Ah! mon frère, si vous saviez combien il en coûte pour mépriser celui qu'on aime!
COLIN. — Il m'en coûterait autant qu'à toi; mon amitié pour Jeannot est aussi vive que ton amour. Je ne dissimule pas ses torts; depuis six mois ses lettres sont devenues plus rares et moins tendres; mais il est bien jeune, il a été transporté tout d'un coup d'une vie simple et paisible dans le tourbillon du monde et de ses plaisirs; il peut s'être laissé enivrer malgré lui; ne le jugeons pas sans l'avoir vu. Plus nous l'aimons, plus nous avons besoin de preuves pour cesser de l'estimer.
COLETTE. — Il est vrai qu'il sera toujours assez temps de le haïr.
COLIN. — Sa mère m'inquiète plus que lui : elle ignore les engagements de son fils avec toi; et l'on dit que son immense fortune lui a donné un orgueil insupportable.
COLETTE. — Mais comprends-tu cette fortune acquise en si peu de temps? à peine y a-t-il quatre ans que la mère de Jeannot habitait notre petite ville : elle était alors une simple bourgeoise, bien moins riche que nous; mon père ne trouvait pas son fils un assez bon parti pour moi. Madame la marquise n'était pas marquise alors; et quand nous allions la voir, elle ne nous faisait pas attendre.
COLIN. — Que veux-tu, Colette! elle a fait fortune. Il n'y a rien à répondre à ce mot-là.
COLETTE. — Explique-moi ce que c'est que faire fortune. Comment des gens qui n'ont rien parviennent-ils à avoir quelque chose? ils prennent donc à ceux qui en ont?
COLIN. — Pas toujours. Ce matin j'ai vu quelqu'un de notre ville établi ici depuis longtemps; il m'a raconté comment la mère de Jeannot avait acquis ses richesses. Tu te souviens qu'elle fut obligée de venir à Paris pour des affaires; elle y trouva un de ses parents immensément riche, qui la prit en amitié, et la fit jouir de sa fortune; ce parent est mort il y a six mois, et lui a laissé tout son bien.

COLETTE. — Ce parent avait bien affaire de lui laisser son bien! il est cause que j'ai perdu le mien.
COLIN. — La voici.

SCÈNE V.

COLIN, COLETTE, LA MARQUISE.

LA MARQUISE. — Eh! bonjour, mes enfants; je ne m'attendais guère à votre visite. Par quel hasard êtes-vous à Paris?
COLIN. — Les affaires de mon commerce m'y ont appelé, madame; ma sœur a voulu être du voyage. Nous sommes ici pour bien peu de temps; mais nous n'en partirons point sans avoir vu notre bon ami Jean... monsieur le marquis.
LA MARQUISE (*à part*). — Son bon ami! l'impertinent! (*Haut.*) Mon fils est sorti, je crois.
COLIN. — Oui, madame; on nous l'a dit; nous ne sommes pas fâchés que notre première visite soit pour vous toute seule.
LA MARQUISE. — Comment! Colin, tu me fais des compliments! Mais dis-moi ce que tu viens faire ici. Je m'en doute, tu as compté sur ma protection; si je le peux, je te rendrai service. Et ton vieux père, comment se porte-t-il?
COLIN. — J'ai eu le malheur de le perdre, madame : je suis à présent à la tête de sa manufacture; et mes affaires vont assez bien pour que je ne sois venu chercher dans votre maison que le plaisir de vous voir.
LA MARQUISE. — Tant mieux pour toi, mon enfant. Ta sœur à l'air bien triste. Paris ne la réjouit pas?
COLETTE. — Non, madame; j'espère le quitter bientôt.
LA MARQUISE. — Vous ferez bien; cette ville-ci est dangereuse à votre âge. Adieu; je ne me gêne pas avec vous, j'ai besoin d'être seule; nous causerons plus longtemps une autre fois.
(*Colin et Colette la saluent; elle leur fait un signe de tête.*)
COLIN (*à part*). — Dieu veuille que son fils ne lui ressemble pas!
(*Ils sortent.*)

SCÈNE VI.

LA MARQUISE, seule.

L'importance de monsieur Colin est plaisante... Holà! quelqu'un.

SCÈNE VII.

LA MARQUISE, L'ÉPINE.

LA MARQUISE. — Allez savoir des nouvelles de madame la comtesse d'Orville; vous lui demanderez si elle nous fera l'honneur de venir dîner avec nous; vous lui direz que nous serons seuls, pour pouvoir parler d'affaires. Sachez auparavant si le gouverneur de mon fils est ici.
L'ÉPINE. — Le voilà, madame. (*Il sort.*)

SCÈNE VIII.

LA MARQUISE, DURVAL.

LA MARQUISE. — Je vous croyais sorti, monsieur Durval.
DURVAL. — Je n'ai pas voulu suivre monsieur le marquis, de peur que madame n'eût besoin de moi pendant ce temps-là.
LA MARQUISE. — J'ai toujours besoin de vos conseils, vous le savez bien; depuis que je vous ai confié l'éducation de mon fils, je n'ai rien fait sans votre avis, heureusement pour moi.
DURVAL. — Mon zèle et mon attachement m'ont tenu lieu de lumières.
LA MARQUISE. — J'ai un grand secret à vous confier. Je vais marier le marquis. Vous savez combien je suis liée avec la comtesse

d'Orville; c'est une veuve, jeune, jolie, et d'une des premières maisons du royaume; elle est cousine du ministre. Madame d'Orville, par amitié pour moi, et pour achever de liquider ses biens, épouse le marquis, et lui apporte pour dot la promesse d'un régiment. J'ai conclu hier ce mariage. Vous ne pensez pas que mon fils y ait la moindre répugnance?

DURVAL. — Madame, je craindrais que le mot de mariage n'effrayât son goût trop vif pour l'indépendance et la dissipation : mais le plaisir d'être colonel l'emportera sur tout.

LA MARQUISE. — Je l'espère, monsieur Durval. Ce n'est pas la seule affaire qui m'occupe : avez-vous été chez mon avocat?

DURVAL. — Oui, madame; votre procès est sur le point d'être jugé : mais il m'a chargé de vous répéter que vous n'aviez rien à craindre.

LA MARQUISE. — Je suis tranquille : quoique ce procès soit important, je n'ai pas voulu en parler à madame d'Orville, par la certitude où je suis de le gagner.

DURVAL. — Je reconnais bien là madame la marquise; son amitié prudente sait épargner des alarmes inutiles.

LA MARQUISE. — Je suis bien aise que vous pensiez comme moi. Sans vous, monsieur Durval, je ne serais jamais sûre de rien. Voici mon fils; je vais lui faire part de tous mes projets.

SCÈNE IX.

LA MARQUISE, LE MARQUIS, DURVAL,

LE MARQUIS. — Bon jour, ma mère. Je viens d'acheter le plus joli cabriolet du monde; s'il m'était resté de l'argent, j'aurais pu avoir le plus beau cheval de Paris; mais les barbares n'ont pas voulu me faire crédit.

LA MARQUISE. — Mon ami, j'ai à te parler d'affaires sérieuses.

LE MARQUIS (riant). — Vous m'effrayez, ma mère.

LA MARQUISE. — Serais-tu bien aise d'être colonel?

LE MARQUIS. — Colonel! Ce serait le bonheur de ma vie. J'aurais tant de plaisir à rejoindre mon régiment! Le manège, les manœuvres, tout cela doit être charmant. On passe l'été dans une ville de guerre; l'hiver on revient à Paris pour des plaisirs de la capitale : on a l'air de se reposer; et l'on s'est toujours diverti.

LA MARQUISE. — Eh bien! tu connais la comtesse d'Orville; j'ai arrêté ton mariage avec elle. (Le marquis rêve.) Elle se charge de t'avoir une compagnie de dragons dès aujourd'hui, et la promesse d'un régiment aussitôt que tu auras l'âge. Voilà nos conditions; j'ai répondu de ton aveu.

DURVAL. — Ah! quelle mère vous avez, monsieur le marquis!

LE MARQUIS. — A quoi pensez-vous donc, mon fils?

LE MARQUIS. — A tout ce que je vous dois, ma mère; chaque événement heureux qui m'arrive est toujours un bienfait de vous. J'aurais désiré ne pas me marier encore.....

LA MARQUISE. — Mon ami, c'est à ce mariage que tu devras ta fortune : le mérite n'est rien sans protection. D'ailleurs, ma parole est donnée, tout est arrangé, et j'ai déjà commandé tes habits de noces.

SCÈNE X.

LE MARQUIS, LA MARQUISE, DURVAL, L'ÉPINE.

L'ÉPINE. Madame la comtesse d'Orville remercie madame : elle aura l'honneur de venir dîner avec elle aujourd'hui.

LA MARQUISE. — C'est bon. (L'Epine sort.)

SCÈNE XI.

LE MARQUIS, LA MARQUISE, DURVAL.

LA MARQUISE. — C'est pour dîner avec toi, et pour causer de nos affaires : afin de n'être point dérangés, je vais faire fermer ma porte..... A propos j'oubliais de te parler d'une visite que je viens d'avoir, et que tu auras sûrement.

LE MARQUIS. — Qui donc?

LA MARQUISE. — Devine.

LE MARQUIS. — Comment voulez-vous que je devine? Ce ne sont pas encore les officiers du régiment que j'aurai?

LA MARQUISE. — Non, c'est Colin et Colette.

LE MARQUIS (ému). — Colette?

LA MARQUISE. — Oui : Colin et Colette d'Auvergne; cette petite Colette, dont tu me parlais tant dans les commencements de ton séjour ici.

LE MARQUIS. — Ils sont à Paris?

LA MARQUISE. — Eh oui : je les ai vus. Quel air as-tu donc? Cela t'attriste?

LE MARQUIS. — Non ma mère. Vous ont-ils parlé de moi?

LA MARQUISE. — Beaucoup : ils t'appellent leur cher ami.

DURVAL. — Oserai-je demander à madame la marquise ce que c'est que ce Colin et cette Colette?

LA MARQUISE. — Colin est un petit bourgeois, qui venait profiter des maîtres de mon fils lorsque nous habitions l'Auvergne. Mais madame d'Orville arrivera de bonne heure; il est temps de vous habiller, mon fils : je vous laisse. M. Durval, voulez-vous me rendre un service? J'ai des papiers intéressants, que mon procureur devait venir prendre : allez le voir, je vous en prie ; vous les lui porterez. Je vous demande pardon si...

DURVAL. Madame, en m'employant pour vous, c'est m'obliger à la reconnaissance. (Ils sortent.)

SCÈNE XII.

LE MARQUIS, seul.

Colette est ici! je vais la revoir! Colette que j'ai tant aimée... qui m'aime encore, j'en suis sûr! Et dans quel moment revient-elle! Je ne la verrai plus, je ne pourrais soutenir ses reproches; tout mon amour renaîtrait peut-être, et je serais le plus malheureux des hommes... Que dirait ma mère; ma mère à qui je dois tout... je la ferais mourir de douleur. Non, Colette, non, je ne vous verrai point; l'émotion que votre nom seul m'a causée me fait trop sentir qu'il ne faut pas vous revoir.

SCÈNE XIII.

LE MARQUIS, L'ÉPINE.

L'ÉPINE. — Monsieur le marquis veut-il s'habiller?

LE MARQUIS. — Écoute, l'Epine : as-tu vu ce jeune homme qui est venu ce matin avec sa sœur?

L'ÉPINE. — Qui? monsieur Colin et mademoiselle Colette?

LE MARQUIS. — Tu leur as parlé?

L'ÉPINE. — Oui, monsieur Colin m'a demandé quand il pourrait vous voir ; je lui ai dit de revenir à une heure.

LE MARQUIS. — Vous avez mal fait. S'ils reviennent, l'Epine, tu leur diras que je n'y.... Ah! que cette visite m'inquiète et m'embarrasse!

L'ÉPINE. — Que faudra-t-il leur dire?

LE MARQUIS. — C'est Colin qui m'a demandé? Elle n'a rien dit, elle?

L'ÉPINE. — Qui? sa sœur?

LE MARQUIS. — Eh oui.

L'ÉPINE. — Oh! non ; elle était si triste! Elle m'a seulement demandé si vous étiez un grand seigneur. Je crois, monsieur, que cette fille-là vient implorer votre protection pour quelque malheur qui lui est arrivé; car en sortant elle était en larmes.

LE MARQUIS. — Elle était en larmes?

L'ÉPINE. — Oui : cela m'a fait peine; elle a un petit air si doux, si intéressant! vous ferez bien de lui rendre service, si vous le pouvez.

LE MARQUIS. — Ah ciel!

L'ÉPINE. — Qu'avez-vous donc, monsieur? Je ne vous ai jamais vu aussi agité.

LE MARQUIS. — Mon pauvre l'Epine, si tu savais combien je crains de la revoir!

L'ÉPINE. — Qui? Mlle Colette?... Ah! je commence à comprendre ; c'est une vieille connaissance que vous voudriez ne plus reconnaître. Eh bien! monsieur, rien n'est si aisé; quand elle reviendra, je lui dirai que vous êtes sorti.

LE MARQUIS. — Non, il serait affreux de me cacher. Je la verrai, je lui parlerai; elle sentira bien qu'il m'est impossible de désobéir à ma mère. Oui, mon ami, j'ai adoré Colette, je lui ai promis de l'épouser; mais Colette est une simple bourgeoise; juge si ma mère consentirait jamais...

L'ÉPINE. — Madame votre mère? Elle aimerait mieux vous voir mourir que de vous voir déroger. Mais écoutez, monsieur; je crois qu'il y aurait manière de s'arranger. J'ai une morale qui m'a toujours tiré de partout : raisonnons. On ne risque jamais de mal faire en remplissant tous ses devoirs. D'après cela, n'épousez point Mlle Colette, parce que ce serait manquer à ce qu'un fils doit à sa mère ; ensuite, pour réparer vos torts envers Mlle Colette, faites-lui partager votre fortune, donnez-lui une bonne maison ; en un mot...

LE MARQUIS. — Taisez-vous ; je vous chasserais tout-à-l'heure. Si vous connaissiez Charlotte...

L'ÉPINE. — Monsieur, je ne dis plus mot, mais quand Mlle Colette viendra, que lui dirai-je?

LE MARQUIS. — Je n'en sais rien : venez m'habiller.

ACTE II.

SCÈNE PREMIÈRE.

LE MARQUIS (seul, sa montre à la main). — Il est près d'une heure : Colette ne tardera pas. Chaque minute qui s'écoule augmente mon incertitude. L'Epine...

SCÈNE II.

LE MARQUIS, L'ÉPINE.

L'ÉPINE (dans la coulisse). — Monsieur?
LE MARQUIS. — Eh! venez donc!
L'ÉPINE (paraissant). — Me voilà, monsieur.
LE MARQUIS. — Elle va venir.
L'ÉPINE. — Oui, monsieur.
LE MARQUIS. — Je ne veux pas la voir : je me perdrais, j'en suis sûr.
L'ÉPINE. — Eh bien, monsieur! restez dans votre appartement; je la recevrai, moi, je m'en charge.
LE MARQUIS (à part). — Me cacher pour ne pas la voir! elle à qui j'ai juré tant de fois de l'aimer toute ma vie!
L'ÉPINE. — Oh! si l'on se mettait sur le pied de tenir toutes ces promesses-là, qui diable pourrait y suffire?
LE MARQUIS (à part). — Et Colin, le bon Colin qui m'aimait tant, qui m'appellait son frère, qui me serra dans ses bras lorsque je le quittai... voilà l'indigne réception que je lui prépare!
L'ÉPINE. — Monsieur...
LE MARQUIS. — Eh bien?

L'ÉPINE. — J'entends du bruit; sauvez-vous: les voilà; sauvez-vous donc.
LE MARQUIS. — Il n'est plus temps : que devenir?
Colin et Colette paraissent).

SCÈNE III.

LE MARQUIS, COLIN, COLETTE, L'ÉPINE.

(Colin entre le premier, Colette le suit, les yeux baissés, le marquis va à Colin sans oser regarder Colette).

LE MARQUIS. — Ah c'est vous, mon cher Colin!
COLIN. — Oui, c'est Colin. Etes-vous aussi celui que nous venons chercher?
LE MARQUIS (les yeux baissés). — Mon cœur est toujours le même.
COLIN. — Nous le désirons bien. Mais faites retirer ce domestique : à présent que vous êtes grand seigneur, nous n'oserons plus vous aimer devant tout le monde.
LE MARQUIS (à l'Epine). — Sortez.

SCÈNE IV.

LE MARQUIS, COLIN, COLETTE.

(Il se fait un moment de silence).

LE MARQUIS (très embarrassé). — Ma mère avait oublié ce matin de s'informer de votre demeure ; j'en ai été bien fâché.
COLIN (l'examinant). — Puisque nous savions la vôtre, vous étiez bien sûr de nous voir.
LE MARQUIS. — Ah! je vous vois trop tard.
COLETTE. — Plût au ciel ne l'avoir jamais vu!
(Il se fait encore un silence.)
COLIN. — Vous ne reconnaissez pas ma sœur?
LE MARQUIS. — Je suis le plus malheureux des hommes : je dépends de ma mère, ma fortune est son ouvrage; je lui dois tout, je lui dois même le sacrifice de mon bonheur. Ne me haïssez pas... Ne me méprisez pas... Si vous saviez...
COLIN. — Vous me faites pitié : croyez-moi, terminons un entretien pénible pour tous: vous craignez de nous reconnaître; et nous ne vous reconnaissons plus. Adieu. (Ils s'en vont.)
LE MARQUIS. — Arrêtez, je vous supplie.
COLETTE (retenant Colin). — Mon frère, il veut vous parler.
LE MARQUIS. — Ayez pitié de moi, Colette ; ne m'accablez pas de votre mépris. Oui, je sens bien que je l'ai mérité : la fortune, l'ambition m'ont aveuglé. J'ai manqué à l'amour, à l'amitié ; j'ai désiré de vous oublier, j'ai voulu vous arracher de mon cœur : je le sais, que je n'ai point d'excuse. Mais je me suis vu dans un nouveau monde, j'ai cédé au torrent qui m'entraînait, à l'ascendant que ma mère a sur moi; elle n'était occupée que d'éloigner tout ce qui pouvait rappeler notre ancienne pauvreté; elle me défendit de penser à vous.
COLETTE. — Lorsqu'autrefois vous étiez pauvre, et que je l'étais moins que vous, mon père me défendit aussi de vous aimer : vous savez comment je lui obéis.
LE MARQUIS. — Ah! croyez que votre image n'a pas quitté mon cœur. Dès que j'ai entendu prononcer votre nom, tout mon amour s'est réveillé ; votre présence achève de me rendre à moi-même. En vous parlant, en vous regardant, je redeviens tel que vous m'avez vu : chaque coup d'œil que vous jetez sur moi me rend une vertu que j'avais perdue ; et dès que vous ouvrez la bouche, mon cœur palpite, comme autrefois quand vous étiez fâchée contre moi, et que j'attendais mon pardon.
COLETTE. — Qu'osez-vous rappeler!
LE MARQUIS. — Nos serments, notre amour; cet amour si tendre,

si vrai, qui nous enflamma dès l'enfance, sans lequel nous ne fîmes jamais un seul projet de bonheur. Souvenez-vous, Colette, de nos premières années, souvenez-vous que les premiers mots que nous avons prononcés, ont été la promesse de nous aimer toujours.

COLETTE. — Hélas! qui de nous deux y a manqué?

LE MARQUIS. — Ce serait vous, Colette, si vous m'abandonniez à présent, puisque je vous aime, puisque je vous chéris plus que jamais. Le voudriez-vous : Parlez. Auriez-vous la force de me dire, Jeannot, je ne vous aime plus?

COLETTE. — Jamais je ne prononcerai ce mot-là.

LE MARQUIS (à Colin). — Elle s'attendrit, mon ami ; demande-lui pardon pour moi. (Il se jette dans les bras de Colin.)

COLIN (ému). — Ma sœur, il vient de m'embrasser comme il m'embrassait autrefois.

LE MARQUIS. — Colette! mon ami! je suis encore digne de vous ; je le sens aux transports de mon cœur. Ah! le don d'aimer est un présent que le ciel ne fait qu'une fois. J'ai si souvent regretté les jours tranquilles que nous passions ensemble! j'ai si bien éprouvé que le bonheur n'est que dans l'amour et dans l'obscurité!

COLIN. — Mon ami, il ne tient qu'à toi d'en jouir encore. Reviens chez nous, tu trouveras assez de malheureux pour bien placer ton argent, tu feras du bien; nous t'aimerons, ce sera jouir à la fois du bonheur des pauvres et des riches.

LE MARQUIS. — Plût au ciel que ma mère t'entendît avec l'émotion que tu me causes! Mais ma mère n'est occupée que d'ambition : elle est bien malheureuse; elle ne songe jamais à ce qu'elle a et toujours à ce qu'ont les autres. J'espère cependant la fléchir ; je lui montrerai cette promesse de mariage que nous prenions plaisir à renouveler tous les jours. Vous devez l'avoir, Colette.

COLETTE.—Je ne l'ai pas perdue ; mais , depuis quelque temps , je n'osais plus la lire; il me semblait qu'elle me disait du mal de vous.

LE MARQUIS. — Mon frère, mon amie, je vous jure de nouveau sur tout ce que j'aime, que je tiendrai ma parole. Je vais me jeter aux genoux de ma mère : je vais lui déclarer que j'en mourrai si je ne suis pas votre époux, et que toute autre femme...

SCÈNE V.

LE MARQUIS, LA MARQUISE, COLIN, COLETTE.

LA MARQUISE. — Mon fils, on vient d'apporter vos habits de noces.

COLETTE. — O ciel !

LE MARQUIS. — Gardez-vous de croire...

COLETTE. — Vous me trompiez...

LE MARQUIS. — Le ciel m'est témoin...

LA MARQUISE. — Qu'avez-vous donc, mon fils? Et que signifient tant de secrets avec mademoiselle Colette? Ce n'est point la veille d'un mariage qu'on reçoit de pareilles visites. Et vous, monsieur Colin et mademoiselle, vous venez obséder mon fils : il n'a pas le temps de s'occuper de vous ; je vous prie de le laisser en repos.

COLIN. — Oui, madame, oui; nous allons le laisser, soyez-en bien sûre. Viens, ma sœur, viens avec ton frère; puisse-t-il te tenir lieu de tout! (Ils sortent.)

LE MARQUIS (court après eux.) — Non ; demeurez, je vous en conjure.

COLIN. — Vous auriez trop à rougir.

SCÈNE VI.

LE MARQUIS, LA MARQUISE.

LE MARQUIS. — Ma mère, je vous respecte, je vous honore ; mais vous me percez le cœur, mais vous vous dégradez vous-même. Eh ! de quel droit osez-vous mépriser mes amis, mes égaux, les vôtres? Quels sont vos titres, ma mère? Leur naissance vaut la mienne, et leur cœur vaut mieux que le mien.

LA MARQUISE. — Est-ce vous qui parlez, mon fils? Est-ce bien vous qui osez?...

LE MARQUIS. — Oui, ma mère, j'ose vous dire que vos richesses ne sont rien, et que je les abhorre si elles m'ôtent de droit de disposer de moi-même.

LA MARQUISE. — Je t'entends : le voilà ce mystère que je craignais de découvrir. Que vous étiez bien né pour l'état vil d'où ma tendresse vous a tiré! vous en avez toute la bassesse. Vous aimez Colette, j'en suis sûre, vous rougissez de me le dire : mais...

LE MARQUIS. — Non, ma mère, non , je n'en rougis pas. J'aime Colette, je fais gloire de l'avouer; mon amour pour elle est presque aussi ancien dans mon cœur que ma tendresse pour vous. C'est en vain que j'ai voulu l'éteindre; grâce au ciel , le peu de vertu qui me reste l'a emporté sur mon orgueil. J'ai promis à Colette de l'épouser ; je tiendrai ma parole ; mon honneur, ma félicité en dépendent : je préfère Colette, pauvre, simple et honnête, à toutes vos femmes, dont la richesse est la seule qualité.

LA MARQUISE. — Où en sommes-nous, grand dieu ! Vous l'époux de Colette! Vous...

SCÈNE VII.

LA MARQUISE , LE MARQUIS, DURVAL.

DURVAL. —Votre procureur était au palais, madame, et j'ai...

LE MARQUIS. — Ah ! monsieur Durval, venez à mon secours ; venez entendre ce qu'il ose me dire : il veut épouser cette Colette dont je vous ai parlé; il veut faire le malheur et la honte de ma vie.

DURVAL.—Monsieur le marquis, songez donc à ce que vous êtes; songez...

LE MARQUIS. —Songez vous-même à ne pas vous mêler des affaires de mon cœur : depuis que je vous connais, il n'a jamais eu rien de commun avec vous.

LA MARQUISE. — C'est trop, ingrat : voilà donc le prix de tout ce que j'ai fait ! Je n'ai vécu que pour toi, j'ai tout sacrifié pour toi; et au moment où ta fortune allait me payer de tant de sacrifices, tu veux m'avilir, te dégrader, manquer à ta parole, à celle que j'ai donnée à madame d'Orville.

LE MARQUIS. — Eh ! ma mère, dois-je la tromper? Dois-je l'épouser quand j'en aime une autre? elle va venir, je veux la prendre pour juge; je veux lui déclarer ma passion pour Colette.

LA MARQUISE. — Cruel enfant ! voici le premier chagrin que tu me donnes, il est violent; tu aurais dû y accoutumer mon cœur. Ecoutemoi, daigne écouter ta mère, elle a peut-être le droit de te supplier. Je te demande, je te conjure de ne parler de rien à madame d'Orville : je t'accorderai du temps pour te décider à l'épouser ; mais ne vas éloigner de moi la plus chère et la plus tendre des amies. Mon fils, j'attends cette bonté de toi. (A part.) Si j'étais assez heureuse pour qu'elle ne vint pas...

SCÈNE VIII.

LE MARQUIS, LA MARQUISE , DURVAL, L'EPINE.

L'ÉPINE.—Madame la comtesse d'Orville.

SCÈNE IX.

LE MARQUIS, LA MARQUISE, LA COMTESSE, DURVAL.

LA MARQUISE (à part). — O ciel ! (Haut.) Eh ! bonjour, madame ; nous commencions à craindre de ne pas vous avoir : mon fils allait courir chez vous.

LA COMTESSE. — Comment supposiez-vous que je manquerais à mon engagement? Je me sais pourtant gré d'arriver tard, puisque j'ai donné un peu d'inquiétude à monsieur le marquis.

LE MARQUIS. — Madame...

LA MARQUISE. — Vous êtes-vous promenée aujourd'hui?

LA COMTESSE — Non; je sors de chez moi.
LA MARQUISE, à demi-voix. — Mon fils a passé sa matinée aux Tuileries, espérant vous y trouver.
LE MARQUIS. — Je suis trop vrai...
LA MARQUISE. — J'espère que nous dînerons bientôt. M. Durval, voulez-vous bien dire que l'on nous serve? (Durval sort.)

SCÈNE X.
LE MARQUIS, LA MARQUISE, LA COMTESSE.

LA MARQUISE (à la comtesse.) — Vous serez seule avec nous.
LA COMTESSE. J'y serais moins seule que partout ailleurs. Si vous saviez combien je suis lasse de ce grand monde, où l'on court toujours après le plaisir, sans jamais trouver le bonheur !
LE MARQUIS. — Et comment le trouver, madame, si l'on ne prend pas son cœur pour guide?
LA COMTESSE. — Vous avez raison, monsieur le marquis. Mais qu'avez-vous donc aujourd'hui? Je vous trouve l'air inquiet.
LA MARQUISE. — Pardonnez-lui : il est entièrement occupé de sa reconnaissance et du désir de vous plaire.
LA COMTESSE. — Il est un sûr moyen de plaire; c'est de savoir aimer.
LE MARQUIS. — Ah ! madame, cela s'apprend bien vite; et la première leçon ne s'oublie jamais.
LA MARQUISE (à la comtesse.) — Voilà ce qu'il m'a dit la première fois qu'il vous a vue.

SCÈNE XI.
LES MÊMES ; LE MAITRE-D'HOTEL.

LE MAITRE-D'HOTEL. — Madame la marquise est servie.
LA MARQUISE. — Allons nous mettre à table, ensuite j'aurai bien des choses à vous dire.

ACTE III.

SCÈNE PREMIÈRE.
LA COMTESSE, DURVAL.

LA COMTESSE. — Qu'est-ce donc, monsieur Durval, que cet homme de loi qui vient de demander la marquise et son fils. Aurait-elle un procès?
DURVAL. — Non, madame; c'est une discussion fort peu intéressante, une affaire de rien : soyez sûre que madame la marquise n'est occupée dans ce moment que du bonheur de vous avoir pour fille.
LA COMTESSE. — J'espère que ce mariage fera ma félicité. Cependant je suis bien mécontente du marquis; lui que j'ai toujours vu d'une gaîté charmante, il est d'un sérieux qui me glace; il a l'air de m'épouser malgré lui. Je vous assure que, sans mon extrême amitié pour sa mère, je retirerais ma parole.
DURVAL. — Il faut pardonner à son âge une timidité que vous prenez pour de la froideur. Son respect pour vous gêne ses sentiments; il n'ose pas encore vous dire qu'il vous aime, et il est distrait par le plaisir de le penser.
LA COMTESSE. — J'ai bien peur, monsieur Durval, que vous n'ayez besoin de tout votre esprit pour le défendre.

SCÈNE II.
LA COMTESSE, LE MARQUISE, LA MARQUISE, DURVAL.

LE MARQUIS. — Non, ma mère, non; je ne puis me taire.
LA MARQUISE. — Mais, mon fils, arrêtez, tout n'est pas perdu.
LE MARQUIS. — Tout le serait si j'étais assez vil pour cacher notre malheur. (A la comtesse.) Madame, ma mère avait un procès d'où dépendait toute sa fortune : il vient d'être jugé; et nous l'avons perdu.
DURVAL. — Ah ciel !
LA COMTESSE. — Comment ! toute votre fortune?
LE MARQUIS. — Il ne nous reste rien au monde que des dettes.
LA MARQUISE. — Le malheur n'est pas si grand qu'il vous le dit. Si vous êtes assez notre amie pour nous obtenir l'appui de votre famille, il est impossible...
LA COMTESSE. — Vous ne doutez sûrement pas, madame, du vif intérêt que vous m'inspirez; mais un procès n'est pas une affaire de faveur; personne n'est assez puissant pour en imposer aux lois. D'ailleurs, à mon âge et dans ma position, je ne peux guère solliciter pour monsieur le marquis; on interpréterait mal...
LA MARQUISE. — L'amitié et les engagements qui nous lient sont des titres plus que suffisants...
LA COMTESSE. — Je voudrais de tout mon cœur vous être utile; mais nos engagements sont au moins reculés. Je ne me plaindrai point du mystère que vous m'avez fait; je vois avec douleur que je ne peux vous être bonne à rien, et que, dans un moment aussi cruel, vous avez besoin de solitude. (Elle lui fait une grande révérence et sort.)

SCÈNE III.
LE MARQUIS, LA MARQUISE, DURVAL.

LA MARQUISE. — Est-ce bien elle! elle qui me jurait hier encore une éternelle amitié, qui voulait tout quitter, tout abandonner pour vivre avec moi, pour devenir ma fille! Ah ! monsieur Durval, n'en êtes-vous pas indigné ?
DURVAL. — Comment, madame ! en perdant ce procès, vous perdez toute votre fortune?
LA MARQUISE. — Hélas! je n'avais d'autre bien que cette succession : je ne crains pas de vous ouvrir mon cœur, vous êtes le seul ami qui me reste.
DURVAL (à part). — Ce procès me ruine aussi.
LA MARQUISE. — Donnez-moi vos conseils.
DURVAL. — Il n'y en a plus quand on est sans ressource. D'ailleurs, je suis aussi à plaindre que vous ; je ne dois plus compter sur les promesses que vous m'avez faites ; j'ai perdu mon temps dans votre maison.
LE MARQUIS. — Hâtez-vous donc d'en sortir, monsieur, puisque notre fortune était le seul lien qui vous attachait à nous.
DURVAL. — Mais...
LE MARQUIS. — Ne cherchez point de vaines excuses, nous ne valons plus la peine que vous vous déguisiez. (Durval sort.)

SCÈNE IV.
LE MARQUIS, LA MARQUISE.

LE MARQUIS. — Eh bien ! ma mère, les voilà, ces amis sur lesquels vous osiez compter ! Vous voyez...

SCÈNE V.
LE MARQUIS, LA MARQUISE, L'ÉPINE.

L'ÉPINE. — Monsieur le marquis m'excusera bien si je prends la liberté de lui demander si ce que l'on dit est vrai.
LE MARQUIS. — Quoi?

L'ÉPINE. — Monsieur, c'est votre procès : on assure qu'il est perdu, et que monsieur le marquis est ruiné.

LE MARQUIS. — Cela n'est que trop vrai ; laissez-nous.

L'ÉPINE (à part.) — Oh ! c'est bien mon projet. (Haut.) Mais, monsieur...

LE MARQUIS. — Eh bien !

L'ÉPINE. — Monsieur le marquis ne gardera peut-être pas de domestique ? et je sais une maison où je pourrais entrer : voilà pourquoi, si c'était un effet de votre bonté de me mettre à la porte, en me payant, je vous serais fort obligé.

LE MARQUIS. — L'Épine, ce soir vous serez payé, et libre d'aller où vous voudrez ; sortez.

L'ÉPINE. — Oh ! je ne suis pas inquiet, monsieur, mais...

LE MARQUIS. — Mais jusque-là je suis votre maître ; sortez, ne me le faites pas répéter.

L'ÉPINE (s'en allant.) — Il faut qu'il ait encore de l'argent, car il est fier.

SCÈNE VI.

LE MARQUIS, LA MARQUISE.

LE MARQUIS. — Du courage, ma mère ! la bassesse de ceux que vous avez crus vos amis doit vous consoler. Puisqu'ils n'aimaient que vos richesses, c'est eux qui ont les ont perdues ; et nous y gagnerons le bonheur de vivre pour nous. Cependant, ne négligeons aucun des moyens qui nous restent : vous avez d'autres amis ; Darmont m'a paru vous être véritablement attaché..

LA MARQUISE. — Oui, mon fils ; j'ai été assez heureuse pour lui rendre de grands services : je vais mettre sa reconnaissance à l'épreuve. (Elle sort.)

SCÈNE VII.

LE MARQUIS, (seul.)

Moi je vole chez Colin ; c'est à lui que je veux tout devoir... mais Colette, Colette qui croit que je l'ai trompée, qui s'est retirée sans vouloir m'entendre, ne pensera-t-elle pas que c'est l'indigence qui me ramène à ses pieds ! Ce doute est affreux, et me retient malgré moi. Que je suis malheureux ! Je n'oserai plus lui dire que je l'aime... Ô ciel ! voilà Colin : comment oser lui parler !

SCÈNE VIII.

LE MARQUIS, COLIN (un papier à la main).

COLIN. — Vous ne comptiez plus me revoir ; rassurez-vous, c'est la dernière fois. Je ne viens point troubler les apprêts de votre mariage, je ne viens point vous reprocher votre fortune et votre bonheur. J'ai voulu vous rendre moi-même cette promesse que ma sœur eut la faiblesse d'accepter : j'ai voulu briser de ma main tous les liens qui nous attachaient l'un à l'autre ; vous êtes libre, et vous serez heureux ; je vous estime assez peu pour en être sûr.

LE MARQUIS (à part). — Quel langage ! et je l'ai mérité !

COLIN. — Vous craignez de rougir en reprenant ce papier ? Vous n'avez pourtant pas rougi, lorsqu'avec un air de franchise et de tendresse, ici à cette même place, vous nous demandiez pardon ; vous parliez à ma sœur de mariage et d'amour, tandis que vous aviez tout conclu pour en épouser une autre demain. Allez ; l'homme capable d'une ruse aussi indigne doit tirer vanité de n'être ému de rien : osez me regarder, c'est à moi de rougir.

LE MARQUIS (après une pause.) — Oui, vous avez raison. J'ai pu vous cacher un mariage... qui ne se serait pas fait : il est juste que j'en sois puni. Rendez-moi cette promesse (il la prend) ; c'est le seul bien qui me reste : mais j'en suis indigne, il faut y renoncer (il la déchire). Allez, abandonnez un malheureux qui ne mérite que votre mépris. Mais hâtez-vous de l'abandonner : si vous saviez combien il est à plaindre, peut-être...

COLIN. — Vous, à plaindre ! Et tout succède à vos vœux : vous épousez, dit-on, une femme de qualité, dont le crédit doit vous porter au comble des honneurs ; vous jouissez d'une fortune immense ; votre mère vous idolâtre ; tout ce qui vous entoure n'est occupé que de vous plaire, rien ne peut altérer tant de bonheur. Le seul souvenir d'un ami et d'une maîtresse que vous avez trompés, pourrait vous importuner dans vos plaisirs ; mais vous n'entendrez jamais parler d'eux ; et dans la classe où vous allez monter, on oubliera aisément les malheureux qu'on a faits.

LE MARQUIS. — C'en est trop, Colin ; respectez mon malheur : apprenez...

SCÈNE IX.

LE MARQUIS, COLIN, COLETTE.

COLETTE (accourant). — Ah ! mon frère, ils ont perdu tous leurs biens, vous l'ignorez, et j'accours pour vous empêcher d'insulter à leur infortune.

COLIN. — Comment, ma sœur ? expliquez-vous.

COLETTE. — Leur malheur est déjà public : un procès les a dépouillés de toutes leurs richesses ; ils sont réduits à la plus affreuse indigence.

LE MARQUIS. — Oui ; et je regrette peu tout ce que j'ai perdu ; mon plus grand malheur, celui qui me touche le plus, c'est que vous me croyez coupable ; et j'ai trop d'intérêt à vous paraître innocent pour que j'ose me justifier.

COLETTE. — Vous justifier ! croyez-moi, épargnez-vous ce soin : on ne trompe qu'une fois celle qui ne méritait pas d'être trompée. Mais vous êtes malheureux, je viens supplier mon frère de vous secourir. Oui, mon frère, il n'a offensé que moi ; il n'a manqué qu'à l'amour, l'amitié doit l'ignorer. Tu serais cent fois plus coupable que lui si tu l'abandonnais ; car il ne reste que mon frère, et que lui restera-t-il ? Sa maison est déjà déserte : tout le monde le fuit. Mon frère, tu seras son appui, tu le tireras de l'infortune ; et mon cœur te paiera de tes bienfaits, en ajoutant à ma tendresse pour toi toute celle que j'avais pour lui.

LE MARQUIS. — Colette, vous déchirez mon cœur et vous l'enflammez. Non, je ne vous ai pas trompée ; dès l'instant où je vous ai vue, j'étais résolu de rompre ce mariage. Si je vous l'ai caché, c'était pour ne pas vous affliger.

COLETTE. — Si vous aviez jamais aimé, vous sauriez que la plus affreuse nouvelle n'afflige pas autant que le plus léger manque de confiance.

LE MARQUIS. — Eh bien ! Colette, décidez de mon sort. Je suis au comble du malheur : sans ressource, abandonné de tout le monde, je n'ai d'appui que vous seule. Rendez-moi votre cœur, j'accepte vos bienfaits : mais si vous ne m'estimez pas, si vous ne m'aimez plus, vous avez perdu le droit de m'être utile ; je ne veux rien vous devoir.

COLETTE. — Quoi ! vous voulez...

LE MARQUIS. — Je veux mourir, ou être aimé de vous : cette volonté ne m'est pas nouvelle.

COLETTE (après une pause). Mon frère, si nous l'abandonnons, personne ne viendra le secourir.

LE MARQUIS. — Point de pitié, Colette ; ce sentiment est affreux quand il succède à l'amour. Haïssez-moi, ou pardonnez-moi comme vous me pardonniez autrefois.

COLETTE (le regardant). — Ah ! que l'infortune vous va bien ! Depuis que vous êtes malheureux vous ressemblez bien davantage à ce Jeannot que j'ai tant aimé.

LE MARQUIS. — Je n'ai jamais cessé de l'être : mon cœur vous en répond ; il est à vous, ce témoin-là ; il ne peut vous mentir.

COLETTE. — Si j'étais bien sûre...

SCÈNE X.

LE MARQUIS, COLIN, COLETTE, LA MARQUISE.

LA MARQUISE. — Mon fils, tout est perdu : je viens de chez un ingrat qui me doit tout ; il n'a pas même voulu me recevoir. Que devenir ! Il ne me reste plus rien sur la terre.

COLIN. — Ah! madame, pourquoi oubliez-vous qu'il vous reste Colin? Ma sœur et moi nous avons éprouvé aujourd'hui une douleur plus vive que celle qui vous accable : vous ne perdez que votre fortune ; et nous avons craint d'avoir perdu nos amis. C'est à vous, madame, à nous prouver notre injustice ; c'est à vous à consoler nos cœurs en acceptant tout ce que nous possédons.

LE MARQUIS. — J'en étais sûr, Colin. Oui, ma mère, voilà votre ami, votre bienfaiteur ; c'est à lui que mon cœur vous confie ; quant à moi, il m'est impossible de partager le bonheur que vous promet son amitié.

LA MARQUISE. — Qu'entends-je, mon fils? Tu veux me quitter?

LE MARQUIS (*montrant Colette*). — Elle ne m'aime plus ; elle croit que je l'ai trompée.

— Vous, Colette! Et c'est pour vous seule qu'il osait me désobéir ; c'est pour vous.....

COLETTE. — N'achevez pas, c'est lui que je veux croire. Oui, je suis sûre de ton cœur ; et je ne te rends pas le mien ; jamais je n'ai pu te l'ôter. Ta Colette est aujourd'hui bien plus heureuse que toi, puisque c'est elle enfin qui fera ton bonheur. (*Le marquis tombe à ses pieds et se tourne vers Colin.*)

LE MARQUIS. — Et toi, es-tu mon frère?

COLIN (*l'embrasse*). — Il y a longtemps (*à la marquise*). Madame, nous étions destinés à ne faire qu'une famille ; souffrez que votre fils épouse ma sœur, et que tout mon bien lui serve de dot.

LA MARQUISE. — Ah! Colin, quelle vengeance! et combien vous êtes au-dessus de moi!

COLIN. — Vous vous trompez, puisque c'est vous qui êtes malheureuse.

LE MARQUIS. — Eh! ma mère, dites donc bien vite que vous me donnez à Colette.

LA MARQUISE. — Hélas! mes enfants, c'est moi qui me donne à vous. Mais comment pourrai-je réparer jamais...

COLETTE. — Ah! ma mère! si vous saviez combien je vous dois pour le plaisir de vous appeler ma mère!

COLIN. — J'ai ici de quoi vous acquitter avec vos créanciers. Nous donnerons à ta mère, mon cher Jeannot, ton patrimoine d'Auvergne ; la dot de ta femme restera dans mon commerce, que je ne ferai plus que pour vous deux (*à la marquise*). Approuvez-vous ce que je lui propose?

LA MARQUISE. — Je vous devrai, Colin, bien plus que vous ne pensez ; vous m'avez appris que le bonheur n'est pas dans la vanité, et que la vertu seule vient au secours de l'infortune.

FIN.

Paris. — Imprimerie de LACOUR, rue Saint-Hyacinthe-Saint-Michel, 33.

LES VEILLÉES LITTÉRAIRES ILLUSTRÉES

J. BRY AINÉ, ÉDITEUR
21, RUE DES MATHURINS-SAINT-JACQUES

VOYAGE SENTIMENTAL
PAR
STERNE.

20 CENTIMES LA LIVRAISON

Dessiné par Ed. Frère. — Gravé par Rouget.

La boucle du soulier.

« Cette affaire, dis-je, est mieux réglée en France. »

« Vous avez été en France? » me dit le plus poliment du monde, et avec un air de triomphe, la personne avec laquelle je disputais... Il est bien surprenant, dis-je en moi-même, que la navigation de vingt-un milles, car il n'y a absolument que cela de Douvres à Calais, puisse donner tant de droits à un homme... Je les examinerai... Ce projet fait aussitôt cesser la dispute. Je me retire chez moi... Je fais un paquet d'une demi-douzaine de chemises, d'une culotte de soie noire... Je jette un coup d'œil sur les manches de mon habit, je vois qu'il peut passer... Je prends une place dans la voiture publique de Douvres. J'arrive. On me dit que le paquebot part le lendemain matin à neuf heures. Je m'embarque ; et, à trois heures après midi, je mange en France une fricassée de poulets, avec une telle certitude d'y être, que s'il m'était arrivé la nuit suivante de mourir d'indigestion, le monde entier n'aurait pu suspendre l'effet du droit d'aubaine. Mes chemises, ma culotte de soie noire, mon porte-manteau, tout aurait appartenu au roi de France ; même ce petit portrait que j'ai si longtemps porté, et que je t'ai si souvent dit, Elisa, que j'emporterais avec moi dans le tombeau, m'aurait été arraché du cou... En vérité, c'est être peu généreux que de se saisir des effets d'un imprudent étranger que la politesse et la civilité de vos sujets engagent à parcourir vos états. Par le ciel, Sire, le trait n'est pas beau ; je fais ce reproche avec d'autant plus de peine, qu'il s'adresse au monarque d'un peuple si honnête, et dont la délicatesse de sentiments est si vantée partout.

A peine ai-je mis le pied dans vos états.

Je dînai. Je bus, pour l'acquit de ma conscience, quelques rasades à la santé du roi de France, à qui je ne portais point rancune ; je l'honorais et respectais au contraire infiniment, à cause de son humeur affable et humaine ; et quand cela fut fait, je me levai de table en me croyant un peu plus grand.

Non..., dis-je, la race des Bourbons est bien éloignée d'être cruelle... Ils peuvent se laisser surprendre ; c'est le sort de presque tous les princes, mais il est dans leur sang d'être doux et modérés. Tandis que cette vérité se rendait sensible à mon âme, je sentais sur ma joue un épanchement d'une espèce plus délicate, une chaleur plus douce et plus propice que celle que pouvait produire le vin de Bourgogne que je venais de boire, et qui coûtait au moins quarante sous la bouteille.

Juste Dieu ! m'écriai-je en poussant du pied mon portemanteau de côté, qu'y a-t-il donc dans les biens de ce monde pour aigrir si fort nos esprits, et causer des querelles si vives entre ce grand nombre d'affectionnés frères qui s'y trouvent ?

Lorsqu'un homme vit en paix et en amitié avec les autres, le plus pesant des métaux est plus léger qu'une plume dans sa main. Il tire sa bourse, la tient ouverte, et regarde autour de lui, comme s'il cherchait un objet avec lequel il pourrait la partager. C'est précisément ce que je cherchais... Je sentais toutes mes veines se dilater ; le battement de mes artères se faisait avec un concert admirable ; toutes les puissances de la vie accomplissaient en moi leurs mouvements avec la plus grande facilité ; et la précieuse

T. 1.

3

la plus instruite de Paris, avec tout son matérialisme, aurait eu de la peine à m'appeler une machine.

Je suis persuadé, me disais-je à moi-même, que je bouleverserais son *Credo*.

Cette idée, qui se joignit à celles que j'avais, éleva en moi la nature aussi haut qu'elle pouvait monter... J'étais en paix avec tout le monde auparavant, et cette pensée acheva de me faire conclure le même traité avec moi-même.

Si j'étais à présent roi de France, me disais-je, quel moment favorable à un orphelin, pour me demander, malgré le droit d'aubaine, le porte-manteau de son père!

LE MOINE.

Cette exclamation était à peine sortie de ma bouche, qu'un moine de l'ordre de saint François entra dans ma chambre, pour me demander quelque chose pour son couvent. Personne ne veut que le hasard dirige ses vertus. Un homme peut n'être généreux que de la même manière qu'un autre; il peut, selon la distinction des casuistes, être puissant, *sed non quoad hanc*... Quoi qu'il en soit... car on ne peut raisonner régulièrement sur le flux et le reflux de nos humeurs : elles dépendent peut-être des mêmes causes que les marées; et, si cela était, ce serait une espèce d'excuse à cette inconstance à laquelle nous sommes si sujets. Je sais bien, pour ce qui me regarde, que j'aimerais mieux qu'on dît de moi, dans une affaire où il n'y aurait ni péché ni honte, que j'ai été dirigé par les influences de la lune, que d'entendre attribuer l'action où il y en aurait, à mon *libre arbitre*.

Quoi qu'il en soit, car il faut revenir où j'en étais, je n'eus pas sitôt jeté les yeux sur le moine, que je me sentis *prédéterminé* à ne lui pas donner un sou. Je renouai effectivement le cordon de ma bourse, et je le remis dans ma poche. Je pris un certain air et, la tête haute, j'avançai gravement vers lui; je crois même qu'il y avait quelque chose de rude et de rebutant dans mes regards. Sa figure est encore présente à mes yeux; et il me semble, en me la rappelant, qu'elle méritait un accueil plus honnête.

Le moine, si j'en juge par sa tête chauve et le peu de cheveux blancs qui lui restaient, pouvait avoir soixante-dix ans. Cependant ses yeux, où l'on voyait une espèce de feu que l'usage du monde avait plutôt tempéré que le nombre des années, n'indiquaient que soixante ans. La vérité était peut-être au milieu de ces deux calculs; c'est-à-dire qu'il pouvait avoir soixante-cinq ans. Sa physionomie en général lui donnait cet âge; les rides dont elle était sillonnée ne font rien à la chose : elles pouvaient être prématurées.

C'était une de ces têtes qui sont si souvent sorties du pinceau du Guide. Une figure douce, pâle, n'ayant point l'air d'une ignorance nourrie par la présomption ; des yeux pénétrants, et qui semblaient se baissaient avec modestie vers la terre, et semblaient aussi viser à quelque chose au-delà de ce monde. Dieu sait mieux que moi comment cette tête avait été placée sur les épaules d'un moine, et surtout d'un moine de son ordre ; elle aurait mieux convenu à un brachmane, et je l'aurais respectée, si je l'avais rencontrée dans les plaines de l'Indostan.

Le reste de sa figure était ordinaire, et il aurait été aisé de la peindre, parce qu'il n'y avait rien d'agréable et de rebutant que ce que le caractère et l'expression rendraient tel. Sa taille, au-dessus de la médiocre, était un peu raccourcie par une courbure qu'un pli qu'elle faisait en avant; mais c'était l'attitude d'un moine qui se voue à mendier : telle qu'elle se présente en ce moment à mon imagination, elle gagnait plus qu'elle ne perdait à être ainsi.

Il fit trois pas en avant dans la chambre, mit la main gauche sur sa poitrine, et se tint debout avec un bâton blanc dans sa main droite. Lorsque je me fus avancé vers lui, il me détailla les besoins de son couvent et la pauvreté de son ordre... Il le fit d'un air si naturel, si gracieux, si humble, que il fallait que j'eusse été ensorcelé pour n'en être pas touché...

Mais la meilleure raison que je puisse alléguer de mon insensibilité, c'est que j'étais prédéterminé à ne lui pas donner un sou.

« Il est bien vrai, lui dis-je, pour répondre à une élévation de ses yeux, qui avait terminé son discours; il est bien vrai... Je souhaite que le ciel soit propice à ceux qui n'ont d'autre ressource que la charité du public ; mais je crains bien qu'on ne soit pas assez zélé pour satisfaire à toutes les demandes qu'on lui fait à chaque instant. »

A ce mot de demandes, il jeta un coup d'œil léger sur une des manches de sa robe... Je sentis toute l'éloquence de ce langage. « Je l'avoue, dis-je, un habit grossier qu'on fait user qu'en trois ans, et un ordinaire apparemment fort mince... je l'avoue, tout cela n'est pas grand'chose ; mais encore est-ce dommage qu'on puisse les acquérir dans ce monde avec aussi peu d'industrie que votre ordre en emploie pour se les procurer. Il ne les obtient qu'aux dépens des fonds destinés aux aveugles, aux infirmes, aux estropiés et aux personnes âgées. Le captif qui, le soir en se couchant, compte les heures de ses afflictions, languit après une partie de cette aumône... Que n'êtes-vous de l'ordre de la Merci, au lieu d'être de celui de saint François ! Pauvre comme je suis, vous voyez mon porte-manteau, il est léger ; mais il vous serait ouvert avec plaisir pour contribuer à la rançon des malheureux... » Le moine me salua... « Mais surtout, ajoutai-je, les infortunes de notre propre pays ont des droits à la préférence, et l'en ai laissé des milliers sur les rivages de ma patrie. »

Il fit un mouvement de tête plein de cordialité, qui semblait me dire que la misère règne dans tous les coins du monde aussi bien que dans son couvent... « Mais nous distinguons, lui dis-je, en posant la main sur la manche de sa robe, dans l'intention de répondre à son signe de tête, nous distinguons, mon bon père, ceux qui ne désirent avoir du pain que par leur propre travail, d'avec ceux qui, au contraire, ne veulent vivre qu'aux dépens du travail des autres, et qui n'ont d'autre plan de vie que de la passer dans l'oisiveté et dans l'ignorance, *pour l'amour de Dieu*. »

Le pauvre franciscain ne répliqua pas... Un rayon de rougeur traversa ses joues, et se dissipa dans un clin d'œil : il semblait que la nature épuisée ne lui fournissait point de ressentiment... du moins il n'en fit pas voir... Mais, laissant tomber son bâton entre ses bras, il se baissa avec résignation, ses deux mains contre la poitrine, et se retira.

Il n'eut pas sitôt fermé la porte, que mon cœur me fit un reproche de ma dureté... Bah ! disais-je à trois fois différentes, et prenant un air insouciant ; mais ma tranquillité ne revenait pas. Toutes les syllabes disgracieuses que j'avais prononcées se présentaient en foule à mon imagination. Je fis réflexion que je n'avais d'autre droit sur ce pauvre moine que de le refuser, et que c'était une peine assez grande pour lui, sans y ajouter des paroles dures. Je me rappelais ses cheveux gris ; sa figure, son air honnête, se retraçaient à mes yeux, et je me semblait l'entendre dire : Quel mal vous ai-je fait ?... Pourquoi me traiter ainsi ?... En vérité, j'aurais dans ce moment donné vingt francs pour avoir un avocat... Je ne suis pas mal comporté, me disais-je... ; mais je ne fais que commencer mes voyages... J'apprendrai par la suite à me mieux conduire.

J'avais remarqué qu'un homme mécontent de lui-même était dans une position fort admirable pour faire un marché. Il me fallait une voiture pour voyager en France et en Italie. J'aperçus des chaises dans la cour de l'hôtellerie, et je descendis de ma chambre pour en acheter ou pour en louer une. Une vieille désobligeante, qui était placée dans le coin le plus reculé de la cour, me frappa d'abord les yeux, et je sautai dedans : je la trouvai passablement d'accord avec la disposition actuelle de mes sensations. Je fis donc appeler M. Dessein, le maître de l'hôtellerie... mais M. Dessein était allé à vêpres. J'allais descendre, lorsque j'aperçus le moine de l'autre côté de la cour, causant avec celui qui venait d'arriver à l'auberge... Je ne voulais pas qu'il me vit ; je tirai le rideau de taffetas pour me cacher ; et, ayant résolu d'écrire mon voyage, je tirai de ma poche mon écritoire portative, et je me mis à en faire la préface dans la désobligeante.

Plus d'un philosophe péripatéticien doit avoir observé que la nature, de sa petite autorité, a mis des bornes du mécontentement de l'homme : elle a exécuté son plan de la manière la plus commode et la plus favorable pour lui, en lui imposant l'invincible nécessité de se procurer l'aisance, et de soutenir les revers de la fortune dans son propre pays. Ce n'est que là qu'elle l'a pourvu d'objets les plus propres à participer à son bonheur, et à porter une partie de ce fardeau qui, dans tous les âges et dans toutes les contrées, a toujours paru trop pesant pour les épaules d'une seule personne. Nous sommes doués, il est vrai, du pouvoir de répandre quelquefois notre bonheur hors de ses limites ; mais il est bien imparfait, par l'impossibilité de se faire entendre, le manque de connaissances, le défaut de liaisons, la différence qui se trouve dans l'éducation, les mœurs, les coutumes, les habitudes ; ce qui nous fait trouver tant de difficultés à communiquer nos besoins hors de notre propre sphère, qu'elles équivalent souvent à une entière impossibilité.

Il s'ensuit de là que la balance du commerce sentimental est toujours contre celui qui sort de chez lui. Les gens que l'on rencontre lui font acheter, au prix qu'ils veulent, les choses dont il n'a guère besoin ; ils prennent rarement sa conversation en échange pour la leur sans qu'il y perde... et il est forcé de changer souvent de correspondants, pour tâcher d'en trouver de plus équitables. On devine aisément tout ce qu'il a à souffrir.

Cela me conduit à mon sujet, et si le mouvement que je fais dans la désobligeante me permet d'écrire, je vais développer les causes qui nous portent à voyager.

Les gens oisifs qui quittent leur pays natal pour aller chez l'étranger ont leurs raisons ; elles proviennent de l'une ou de l'autre de ces trois causes générales :

Infirmités du corps.
Faiblesse d'esprit.
Nécessité inévitable.

Les deux premières causes renferment ceux que l'orgueil, la curiosité, la vanité, une humeur sombre, excitent à voyager par terre et par mer ; et cela peut être combiné et subdivisé à l'infini.

La troisième classe offre une armée de pèlerins et de martyrs. C'est ainsi que voyagent, sous l'obéissance d'un supérieur, les moines

de toutes les couleurs; que les malfaiteurs vont chercher le châtiment de leurs crimes; ou que les jeunes gens de famille, aimables libertins, sont forcés par des parents barbares de voyager sous la tutelle des gouverneurs qui leur sont recommandés par les universités d'Oxford, Aberdeen et Glasgow.

Il y a une quatrième classe de voyageurs; mais leur nombre est si petit qu'il ne mériterait pas de distinction, s'il n'était nécessaire, dans un ouvrage de la nature de celui-ci, d'observer la plus grande précision et la plus grande exactitude, pour ne point confondre les caractères. Les hommes dont je veux parler sont ceux qui traversent les mers et séjournent dans les pays étrangers par vues d'économie, pour plusieurs raisons et sous divers prétextes. Mais, comme ils pourraient s'épargner et aux autres beaucoup de peines inutiles en économisant dans leur pays... et que leurs raisons de voyager sont moins uniformes que celles des autres espèces d'émigrants, je les distinguerai sous le titre de

Simples voyageurs.

Ainsi on peut diviser le cercle entier des voyageurs comme il suit :

Voyageurs oisifs,
Voyageurs curieux,
Voyageurs menteurs,
Voyageurs orgueilleux,
Voyageurs vains,
Voyageurs sombres.

Viennent ensuite

Les voyageurs contraints, les moines;
Les voyageurs criminels, les coupables;
Les voyageurs innocents et infortunés,
Les simples voyageurs;

Et enfin, s'il vous plaît,

Le voyageur sentimental, ou moi-même dont je vais rendre compte. J'ai voyagé autant par nécessité et par le besoin que j'avais de voyager, qu'aucun autre de cette classe.

Je sais que mes voyages et mes observations seront d'une tournure différente de celle de mes prédécesseurs, et que j'aurais peut-être pu exiger pour moi seul une niche à part; mais en voulant attirer l'attention sur moi, ce serait empiéter sur les droits du voyageur vain, et j'abandonne cette prétention, jusqu'à ce qu'elle soit mieux fondée que sur l'unique nouveauté de ma voiture.

Mon lecteur se placera lui-même, comme il voudra, dans la liste. Il ne lui faut, s'il a voyagé, que peu d'inquiétudes et de réflexions pour se mettre dans le rang qui lui convient. Ce sera toujours un pas qu'il aura fait pour se connaître; et je parierais que, malgré ses voyages, il a conservé quelque teinture et quelque ressemblance de ce qu'il était avant qu'il ne les commençât.

L'homme qui le premier transplanta des ceps de vigne de Bourgogne au cap de Bonne-Espérance, ne s'imagina pas sans doute, quoique Hollandais, qu'il boirait au cap du même vin que ces ceps de vigne auraient produit sur les coteaux de Beaune et de Pomard... Il était trop flegmatique pour s'attendre à pareille chose; mais il était au moins l'idée qu'il boirait une espèce de liqueur vineuse, bonne, médiocre ou tout-à-fait mauvaise. Il savait que tout cela ne dépendait pas de son choix, et que ce qu'on appelle hasard devait décider du succès. Cependant il en espérait la meilleure réussite; mais, par une confiance trop présomptueuse dans la force de sa tête et dans la profondeur de sa prudence, mon Hollandais aurait bien pu voir renverser l'une et l'autre par les fruits de son nouveau vignoble, et, en montrant sa nudité, devenir la risée du peuple.

Il en est de même d'un pauvre voyageur qui se hisse dans un vaisseau, ou qui court la poste à travers les royaumes les plus policés du globe, pour s'avancer dans la recherche des connaissances et des perfections.

On peut en acquérir en courant les mers et la poste dans cette vue : mais c'est mettre à la loterie. En supposant même qu'on obtienne ainsi des connaissances utiles et des perfections réelles, il faut encore savoir se servir de ce fonds acquis, avec précaution et avec économie, pour le faire tourner à son profit. Malheureusement les chances vont ordinairement au revers et pour l'acquisition et pour l'application. Cela ne fait croire qu'un homme agirait très sagement s'il pouvait prendre sur lui de vivre content dans son pays, sans connaissances et sans perfections étrangères, surtout si on n'y manque pas absolument des unes et des autres. En effet, je tombe en défaillance quand j'observe tous les pas que fait un voyageur curieux, pour jeter les yeux sur les points de vue et observer les découvertes qu'il aurait pu voir chez lui, comme disait très bien Sancho Pança à Don Quichotte. Le siècle est si éclairé qu'à peine s'il y a quelque pays de quelque coin dans l'Europe dont les rayons ne soient pas traversés ou échangés réciproquement avec d'autres. Les rameaux divers des connaissances ressemblent à la musique dans les rues des villes d'Italie ; on participe gratis à ses agréments. Mais il n'y a pas de nation sous le ciel, et Dieu, à qui je rendrai compte un jour de cet ouvrage, sait témoin que je parle sans ostentation ; il n'y a pas, dis-je, une nation sous le ciel qui soit plus féconde dans les genres variés de la littérature... où l'on courtise plus les muses... où l'on puisse acquérir la science plus sûrement... où les arts soient plus encouragés et plus tôt portés à leur perfection... où la nature soit plus approfondie... où l'esprit enfin soit mieux nourri par la variété des caractères...

« Où donc allez-vous, mes chers compatriotes? — Nous ne faisons, me dirent-ils, que regarder cette chaise. — Votre très humble serviteur, leur dis-je en sautant dehors et en ôtant mon chapeau. — Nous avions envie de savoir, me dit l'un d'eux, qui était un voyageur curieux, ce qui occasionnait le mouvement de cette chaise... — C'était, dis-je froidement, l'agitation d'un homme qui voulait écrire une préface...
— Je n'ai jamais entendu parler, dit l'autre, qui était un voyageur simple, d'une préface écrite dans une désobligeante. — Elle aurait peut-être été plus chaudement faite, lui dis-je, dans un vis-à-vis. »

Mais un Anglais ne voyage pas pour voir des Anglais... Je me retirai dans ma chambre.

Je marchais dans le long corridor ; il me semblait qu'une ombre plus épaisse que la mienne en obscurcissait le passage : c'était effectivement M. Dessein, qui, étant revenu de vêpres, me suivait complaisamment le chapeau sous le bras; pour me faire souvenir que je l'avais demandé. La préface que je venais de faire dans la désobligeante m'avait dégoûté de cette espèce de voiture, et M. Dessein ne m'en parla que par un haussement d'épaules qui voulait dire qu'elle ne me convenait pas. Je jugeai aussitôt qu'elle appartenait à quelque voyageur idiot qui l'avait laissée à la probité de M. Dessein pour en tirer ce qu'il pourrait. Il y avait quatre mois qu'elle était dans le coin de la cour : c'était le point marqué où, après avoir fait son tour d'Europe, elle avait dû revenir. Lorsqu'elle en partit, elle n'avait pu sortir de la cour sans être réparée ; elle s'était depuis brisée deux fois sur le Mont-Cenis. Toutes ces aventures ne l'avaient pas améliorée; et son repos oisif dans le coin de la cour de M. Dessein ne lui avait pas été favorable. Elle ne valait pas beaucoup, mais encore valait-elle quelque chose. Et quand quelques paroles peuvent soulager la misère, je déteste l'homme qui est avare.

Je dis à M. Dessein, en appuyant le bout de mon index sur sa poitrine : « En vérité, si j'étais à votre place, je me piquerais d'honneur pour me défaire de cette désobligeante ; elle doit vous faire des reproches toutes les fois que vous en approchez. »

« Mon Dieu! dit M. Dessein, je n'y ai aucun intérêt... — Excepté, dis-je, l'intérêt que des hommes d'une certaine tournure d'esprit ; M. Dessein, prennent dans leurs propres sensations. Je suis persuadé que pour un homme qui sent pour les autres aussi bien que pour lui-même, et vous vous déguisez inutilement, je suis persuadé que chaque nuit pluvieuse vous fait de la peine... Vous souffrez, M. Dessein, autant que la machine. »

J'ai toujours observé, lorsqu'il y a de l'aigre-doux dans le compliment, qu'un Anglais est en doute s'il se fâchera ou non. Un Français n'est jamais embarrassé : M. Dessein me salua.

« Ce que vous dites est bien vrai, monsieur, dit-il ; mais je ne ferais en ce cas-là que changer d'inquiétude, et avec perte. Figurez-vous, je vous prie, mon cher monsieur, si je vous vendais une voiture qui tombât en lambeaux avant d'être à la moitié du chemin, figurez-vous ce que j'aurais à souffrir de la mauvaise opinion que j'aurais donnée de moi à un homme d'honneur, et de m'y être exposé vis-à-vis d'un homme d'esprit. »

La dose était exactement pesée au poids que j'avais prescrit; il fallut que je la prisse.... Je rendis à M. Dessein son salut; et, sans parier davantage de cas de conscience, nous marchâmes vers sa remise, pour voir son magasin de chaises.

Le globe que nous habitons est apparemment une espèce de monde querelleur. Comment, sans cela, l'acheteur d'une aussi petite chose qu'une mauvaise chaise de poste pourrait-il sortir dans la rue avec celui qui veut la vendre, dans des dispositions pareilles à celles où j'étais? Il ne devait tout au plus être question que d'en régler le prix ; et je me trouvais dans la même position d'esprit, je regardais mon marchand de chaises avec les mêmes yeux de colère, que si j'avais été de chemin pour aller au coin de Hyde-Parc me battre en duel avec lui. Je ne savais pas trop bien manier l'épée ; et je ne me croyais pas capable de mesurer la mienne avec celle de M. Dessein... mais cela n'empêchait pas que je ne sentisse en moi les mouvements dont on est capable dans cette espèce de situation... Je regardais M. Dessein avec des yeux perçants... Je les jetais sur lui en profil, ensuite en face... Il me semblait un Juif... un Turc... Sa perruque me déplaisait... J'implorais tous les dieux pour qu'ils le maudissent... Je le souhaitais à tous les diables...

Le cœur doit-il donc être en proie à toutes ces émotions pour une bagatelle? Qu'est-ce que trois ou quatre louis qu'il peut me faire payer de trop? « Passion basse! me dis-je en me retournant avec la précipitation naturelle d'un homme qui change subitement de façon de penser... Passion basse, vile!... tu fais la guerre aux humains : ils devraient être en garde contre toi... Dieu m'en préserve! » s'écria-t-elle, en mettant la main sur mon front... ; et je vis, en me retournant, la dame que le moine avait abordée dans la cour... Elle nous avait suivis sans que nous en fussions aperçus. « Dieu vous en préserve! » lui dis-je en lui offrant la mienne... Elle avait des

gants de soie noire, qui étaient ouverts au bout des pouces et des doigts... Elle l'accepta sans façon, et je la conduisis à la porte de la remise.

M. Dessein avait donné plus de cinquante fois la clef au diable avant de s'apercevoir que celle qu'il avait apportée n'était pas la bonne. Nous étions aussi impatients que lui de voir cette porte ouverte; et si attentifs à l'obstacle, que je continuais à tenir la main de la dame sans presque m'en apercevoir; de sorte que M. Dessein nous laissa ensemble, la main dans la mienne, et le visage tourné vers la porte de la remise, en nous disant qu'il serait de retour dans cinq ou six minutes.

Un colloque de cinq ou six minutes dans une pareille situation, fait plus d'effet que s'il durait cinq ou six siècles le visage tourné vers la rue. Ce que l'on se dit dans ce dernier cas ne roule ordinairement que sur des objets et des événements du dehors... Mais, quand les yeux ne sont point distraits, et qu'ils se portent sur un point fixe, le sujet du dialogue ne vient uniquement que de nous-mêmes... Je sentis l'importance de la situation... Un seul moment de silence après le départ de M. Dessein, eût été fatal... La dame se serait infailliblement retournée... Je commençai donc la conversation sur-le-champ.

Comme je n'écris pas pour excuser les faiblesses de mon cœur, mais pour en faire le récit, je vais dire quelles furent les tentations que j'éprouvai dans cette occasion, avec la même simplicité que je les ai senties.

Lorsque j'ai dit que je ne voulais pas sortir de la désobligeante, parce que je voyais le moine en conférence avec une dame qui venait d'arriver, j'ai dit la vérité...; mais je n'ai pas dit toute la vérité, car j'étais bien autant retenu par l'air et la figure de la dame avec laquelle il s'entretenait. Je soupçonnais qu'il lui rendait compte de ce qui s'était passé entre nous... ; quelque chose en moi-même me le suggérait... Je souhaitais le moine dans son couvent.

Lorsque le cœur devance l'esprit, il épargne au jugement bien des peines... J'étais certain qu'elle était du rang des plus belles créatures. Cependant je ne pensai plus à elle, et continuai d'écrire ma préface.

L'impression qu'elle avait faite sur moi revint aussitôt que je la rencontrai dans la rue. L'air franc et en même temps réservé avec lequel elle me donna la main me parut une preuve d'éducation et de bon sens. Je sentais, en la conduisant, je ne sais quelle douceur autour de moi... qui répandait le calme dans tous mes esprits.

Bon Dieu, me disais-je, avec quel plaisir on mènerait une pareille femme avec soi autour du monde!

Je n'avais pas encore vu son visage... mais qu'importe? son portrait était achevé longtemps avant d'arriver à la remise. L'imagination m'avait peint toute sa tête, et se plaisait à me faire croire qu'elle était une déesse, autant que si je l'eusse retirée du fond du Tibre... Ô magicienne qui es séduite, et tu es toi-même qu'une friponne séduisante... Tu nous trompes sept fois par jour avec tes portraits et tes images... mais tu tiens les faisis gracieux, ils ont tant de charmes... tu couvres tes peintures d'un coloris si brillant, qu'on a du regret à rompre avec toi.

Lorsque nous fûmes près de la porte de la remise, elle ôta sa main de son front et je la laissai voir... C'était une figure à peu près de vingt-six ans... une brune claire, piquante, sans rouge, sans poudre, et accommodée le plus simplement. A l'examiner en détail, ce n'était pas une beauté; mais il y avait dans cette figure le charme qui, dans la situation d'esprit où je me trouvais, m'attachait beaucoup plus que la beauté: elle était surtout intéressante... Elle avait l'air d'une veuve qui avait surmonté les premières impressions de la douleur, et qui commençait à se réconcilier avec sa perte; mais mille autres revers de la fortune avaient pu tracer les mêmes lignes sur son visage... J'aurais voulu savoir ses malheurs...; et si le moine lui-même qui régnait dans les conversations du temps d'Esdras eût été à la mode en celui-ci, je lui aurais dit: « Qu'as-tu? et pourquoi es-tu inquiet? Qu'est-ce qui te chagrine? et d'où te vient le trouble d'esprit? »

En un mot, je me sentis de la bienveillance pour elle, et je pris la résolution de lui faire la cour de manière ou d'autre... enfin de lui offrir mes services.

Telles furent mes tentations... et, disposé à les satisfaire, on me laissa seul avec la dame, sa main dans la mienne, ayant le visage tourné vers la remise, et beaucoup plus près de la porte que la nécessité ne l'exigeait.

LA PORTE DE LA REMISE.

« Belle dame, lui dis-je, en élevant légèrement sa main, voici un de ces événements qu'amène la capricieuse fortune, de prendre, pour ainsi dire, par la main deux personnes absolument étrangères l'une à l'autre, de différents sexes, et peut-être de différents coins du monde, et de les placer en un moment ensemble d'une manière si cordiale, que l'amitié elle-même ne pourrait à peine faire autant, si elle l'avait projeté depuis un mois. »

« Et votre réflexion sur ce point, monsieur, fait voir combien l'aventure vous a embarrassé...

« Lorsque notre situation est telle que nous l'aurions souhaitée, rien n'est plus mal à propos que de parler des circonstances qui la rendent ainsi. Vous remerciez la fortune, continuat-t-elle, vous avez raison... Le cœur le savait et il était content. Il n'y avait qu'un philosophe anglais qui pût en avertir l'esprit pour révoquer le jugement. »

En disant cela, elle dégagea sa main avec un coup d'œil qui me parut un commentaire suffisant sur le texte.

Je vais donner une misérable idée de la faiblesse de mon cœur, en avouant qu'il éprouva une peine que des causes peut-être plus dignes n'auraient pu lui faire ressentir... La perte de sa main me mortifiait, et la manière dont je l'avais perdue ne portait point de baume sur la blessure... Je sentis alors, plus que je n'ai jamais fait de ma vie, le désagrément que cause une sotte infériorité.

Mais de pareilles victoires ne donnent qu'un triomphe momentané : un cœur vraiment féminin n'en jouit pas longtemps. Cinq ou six secondes changèrent la scène : elle appuya sa main sur mon bras pour achever sa réplique, et je me remis, sans savoir comment, dans ma première situation.

J'attendais qu'elle me parlât... elle n'avait rien à y ajouter.

Je donnai alors une autre tournure à la conversation. La morale et l'esprit de la science m'avaient fait voir que je n'avais pas bien saisi son caractère. Elle tourna son visage vers moi, et je m'aperçus que le feu qui l'avait animée pendant qu'elle me parlait, s'était évanoui... ses muscles s'étaient relâchés, et je revis ce même air de peine qui m'avait d'abord intéressé en sa faveur. Qu'il était triste de voir cet esprit fin et délicat en proie à la douleur ! Je la plaignis de toute mon âme. Ce que je vais dire paraîtra peut-être ridicule à un cœur insensible..... mais, en vérité, j'aurais eu en ce moment la prendre et la serrer dans mes bras, quoique dans la rue, sans en rougir.

Mes doigts serraient les siens, et le battement de mes artères qui s'y faisait sentir, lui apprit ce qui se passait en moi... Elle baissa les yeux... un moment de silence s'ensuivit.

Je craignais avoir fait, dans cet intervalle, quelques légers efforts pour serrer davantage sa main ; car j'éprouvai une sensation plus subtile dans la mienne... Ce n'était pas un mouvement pour retirer la sienne... mais c'était comme si la pensée lui en venait; et je l'aurais infailliblement perdue une seconde fois, si l'instinct, plus que la raison, ne m'eût suggéré fort à propos une dernière ressource dans ces sortes de périls... c'était de la tenir si légèrement, qu'il semblait que j'étais le point de lui rendre sa liberté de mon propre gré ; et c'est ainsi qu'on la lui laissa jusqu'à ce que M. Dessein fût de retour avec la clef. Cependant, je me mis à réfléchir sur les moyens d'effacer les mauvaises impressions contre moi qu'aurait pu faire sur son esprit mon histoire avec le pauvre moine, en cas que celui-ci en eût fait un rapport.

Le bon vieillard de moine était à quatre pas de nous, lorsque je me rappelais ce qui s'était passé entre lui et moi... il avançait d'un pas timide, comme la crainte sans doute de ne pas être reçu importun... Il approche enfin d'un air libre... Il avait une tabatière de corne à la main, et il la présenta ouverte sous sa main avec beaucoup de franchise, « Vous goûterez de mon tabac, lui dis-je, en tirant de ma poche une petite tabatière d'écaille que je mis dans sa main... Il est excellent, dit-il. — Eh bien, lui dis-je, faites-moi donc la grâce de garder le tabac et la tabatière... et, lorsque vous en prendrez une prise, souvenez-vous quelquefois que c'est l'offrande de paix d'un homme qui vous a traité brusquement... mais qui n'en avait pas l'intention de cœur... »

Le pauvre moine devint rouge comme de l'écarlate... « Mon Dieu ! dit-il en serrant ses mains l'une contre l'autre, vous n'avez jamais été brusque à mon égard... — Oh ! pour cela, dit la dame, je crois qu'il en est incapable. » Je rougis à mon tour... Et quelle en fut la cause... Je le laisse à deviner à ceux qui ont du sentiment. « Pardonnez-moi, madame, je l'ai traité très rudement et sans aucune provocation de sa part... — Cela est impossible, dit-elle... — Mon Dieu, s'écria le moine avec une vivacité qui lui paraissait étrangère, la faute en fut à moi et à l'indiscrétion de mon zèle. » La dame dit que cela ne pouvait pas être, et je me mis à dire pour soutenir qu'il était impossible qu'un homme aussi honnête que lui pût offenser qui que ce soit.

J'ignorais, avant ce moment, qu'une dispute pût causer une irritation aussi douce et aussi agréable dans toutes les parties sensitives de notre existence. Nous restâmes dans le silence..... et nous y restâmes sans éprouver cette peine ridicule que l'on ressent pour l'ordinaire dans une compagnie où l'on s'entre-regarde dix minutes sans dire mot. Le moine, pendant cet intervalle, frottait sa tabatière de corne sur la manche de son froc... Dès qu'il lui eut donné un peu de lustre, il fit une profonde inclination, et me dit qu'il ne savait pas si c'était la faiblesse ou la bonté de nos cœurs qui nous avait engagés dans cette contestation. « Quoi qu'il en soit, monsieur, je vous prie de faire un échange des boîtes... » Il me présenta la sienne d'une

main, et de l'autre, tenant la mienne, il la baisa, les yeux humides de larmes, la mit dans son sein et s'en alla sans rien dire.

Ah!... je conserve sa boîte... elle vient au secours de ma religion pour aider mon esprit à s'élever au-dessus des choses terrestres... Je la porte toujours sur moi... elle me fait souvenir de la douceur et de la modération de celui qui la possédait, et je tâche de le prendre pour modèle dans tous les embarras de ce monde. Il en avait essuyé beaucoup. Son histoire, qu'on m'a racontée depuis, était un tissu de peines et de désagréments; il les avait supportés jusqu'à l'âge de quarante-cinq ans; mais alors, accablé par le chagrin de voir que ses services militaires étaient mal récompensés, et éprouvant en même temps des revers dans la plus tendre des passions, il abandonna l'épée et le beau sexe à la fois, et se retira dans le sanctuaire, non pas tant de son couvent que de lui-même.

Je sens un poids sur mon cœur en ajoutant qu'à mon retour par Calais, m'étant informé du père Lorenzo, j'appris qu'il était mort depuis trois mois, et qu'il avait désiré d'être enterré dans un petit cimetière, à deux lieues de la ville, appartenant à son couvent. J'eus un violent désir d'aller visiter son tombeau... Lorsque j'y fus, je tirai de ma poche sa petite boîte de corne, je m'assis près de sa tombe, et j'arrachai quelques orties qui n'avaient que faire de croître sur ce lieu sacré. Toute cette scène m'affecta à un tel point que je versai un torrent de larmes... je suis aussi faible qu'une femme, et je prie le lecteur de ne pas sourire, mais plutôt de me plaindre.

Pendant tout ce temps, je n'avais pas quitté la main de la dame... il me parut qu'il était peu décent, après l'avoir tenue si longtemps, de la lâcher sans la presser contre mes lèvres, et je m'y hasardai... Son teint pâle et inanimé semblait avoir repris pendant cette action son coloris le plus brillant.

Les deux voyageurs qui m'avaient parlé dans la cour vinrent à passer dans ce moment critique, et s'imaginèrent que nous étions pour le moins mari et femme. Le voyageur curieux s'approcha et nous demanda si nous partions pour Paris le lendemain matin... je lui dis que je ne pouvais répondre que pour moi-même. La dame ajouta qu'elle allait à Amiens..... « Nous y dinâmes hier, me dit l'un des voyageurs. — Vous traverserez cette ville, me dit l'autre, en allant à Paris. » J'allais lui faire mille remerciements de m'avoir appris qu'Amiens était sur la route de Paris... mais je tirai de ma poche la petite boîte de corne de mon pauvre moine pour prendre une prise de tabac... Je les saluai d'un air tranquille, et leur souhaitai une bonne traversée à Douvres... Ils nous laissèrent seuls...

Mais, me disais-je à moi-même, quel mal y aurait-il que j'offrisse à cette dame affligée la moitié de ma chaise? Quel grand malheur pourrait-il s'ensuivre?

Quel malheur? s'écrièrent en foule toutes les passions basses qui se réveillèrent en moi... Ne voyez-vous pas, disait l'AVARICE, que cela vous obligera de prendre un troisième cheval, et qu'il vous en coûtera vingt francs de plus? Vous ne savez pas ce qu'elle est, me disait la PRÉCAUTION... ni les embarras que cette affaire peut vous causer, disait la LÂCHETÉ à mon oreille.

Vous pouvez compter, Yorick, ajoutait la DISCRÉTION, que l'on dira que c'est votre maîtresse, et que Calais était le lieu de votre rendez-vous.

Comment pourriez-vous après cela, s'écria l'HYPOCRISIE, montrer votre visage en public?... ou vous élever, disait la PUSILLANIMITÉ, dans l'église?... ou y être autre chose qu'un petit chanoine? ajoutait l'ORGUEIL...

Mais... répondais-je à tout cela, c'est une honnêteté... Je n'agis guère que par ma première impulsion, et j'écoute fort peu les raisonnements qui contribuent à endurcir le cœur... Je me retournais précipitamment vers la dame.

Elle n'était déjà plus là... Elle était partie sans que je m'en aperçusse, pendant que cette cause se plaidait, et avait déjà fait douze ou quinze pas dans la rue. Je courus à elle pour lui faire ma proposition du mieux qu'il me serait possible... Mais elle marchait la joue appuyée sur sa main, les yeux fixés en terre, et du pas lent et mesuré d'une personne qui mesure en elle-même la même affaire en elle-même. Que le ciel vienne à son secours! disais-je; elle a probablement quelque belle-mère ignorante à consulter en cette occasion, aussi bien que moi. Ainsi, ne me souciant pas d'interrompre la procédure, et croyant qu'il était plus honnête de la prendre à discrétion, plutôt que par surprise, je me retournai doucement et fis deux ou trois tours devant la porte de la remise, tandis que de son côté, elle réfléchissait en se promenant.

La première fois que je l'avais vue, j'avais arrêté dans mon imagination qu'elle était charmante; ensuite j'avais posé, comme un second axiome aussi incontestable que le premier, qu'elle était veuve et dans l'affliction... Je n'allai pas plus loin; cette situation me plaisait... Elle serait restée avec moi jusqu'à minuit, que je m'en serais tenu à ce système et ne l'aurais considérée que sous ce point de vue général.

Elle s'était à peine éloignée de moi de vingt pas, que quelque chose d'intérieur en moi me faisait désirer plus de particularités sur son compte...L'idée d'une longue séparation vint me saisir et m'alarmer...

Il pouvait se faire que je ne la revisse plus... Le cœur s'attache à ce qu'il peut, et je voulais au moins des traces sur lesquelles mes souhaits pussent la rejoindre, si je ne la revoyais plus moi-même : en un mot, je voulais savoir son nom, celui de sa famille, son état... Je savais l'endroit où elle allait; je voulais savoir l'endroit d'où elle venait. Mais comment parvenir à toutes ces connaissances? Cent petites délicatesses s'y opposaient. Je formai vingt plans différents : je ne pouvais pas lui faire des questions directes; la chose du moins me paraissait impossible.

Un petit officier français de fort bon air, qui venait en dansant au bruit d'une ariette qu'il fredonnait, me fit voir que ce qui me semblait si difficile était la chose du monde la plus aisée. Il se trouva entre la dame et moi, au moment qu'elle revenait à la porte de la remise. Il m'aborda, et à peine m'avait-il parlé, qu'il me pria de lui faire l'honneur de le présenter à la dame... Je n'avais pas été présenté moi-même... Il se retourna aussitôt et se présenta sans moi. « Vous venez de Paris apparemment, lui dit-il, madame? — Non; mais je vais, dit-elle, prendre cette route. — Vous n'êtes pas de Londres? » Elle répondit que non. « Ah! madame vient de Flandre? apparemment que vous êtes Flamande? » La dame répondit oui... « De Lille, peut-être? — Non. — Ni d'Arras, ni de Cambrai, ni de Bruxelles?... » La dame dit qu'elle était de Bruxelles.

« J'ai eu l'honneur d'assister au bombardement de cette ville dans la dernière guerre... Il faut l'avouer, cette place est admirablement bien située pour cela... Elle était remplie de noblesse, quand les Impériaux en furent chassés par les Français... » La dame lui fit une légère inclination de tête... Il lui raconta la part qu'il avait eue au succès de cette affaire... la pria de lui faire l'honneur de lui dire son nom, et la salua...

« Et madame, sans doute, a son mari? » reprit-il en regardant derrière lui après avoir fait deux pas. Et, sans attendre la réponse, il s'en alla en sautant dans la rue.

Je le considérai avec deux yeux attentifs... Apparemment, me dis-je, que je n'ai pas assez médité les importantes leçons de la civilité qu'on a mises dans les mains de mon enfance; car je n'en pourrais pas faire autant.

M. Dessein était arrivé avec la clef de la remise à la main; il nous ouvrit les grands battants de son magasin de chaises.

Le premier objet qui me donna dans l'œil fut une autre guenille de désobligeante, le vrai portrait de celle qui m'avait plu une heure auparavant, mais qui depuis avait excité en moi une sensation si désagréable... Il me semblait qu'il n'y avait qu'un rustre, un homme insociable, qui eût pu imaginer une telle machine, et je pensais à peu près de même de celui qui voudrait s'en servir.

J'observai qu'elle causait autant de répugnance à la dame qu'à moi... M. Dessein s'en aperçut, et il nous mena vers deux chaises qui devinrent tout de suite l'objet de ses éloges. « Les lords A. et B., dit-il, les avaient achetées pour faire le grand tour; mais elles n'ont pas été plus loin que Paris: ainsi elles sont à tous égards aussi bonnes que neuves... — Je les trouve trop bonnes, M. Dessein ; » et je passai à une autre qui était derrière, et qui parut me convenir... J'entrai sur-le-champ en négociation du prix... « Cependant, dis-je, en ouvrant la portière et en montant dedans, il me semble qu'on aurait bien de la peine à y tenir deux... — Ayez la bonté, madame, dit M. Dessein, en lui offrant son bras, d'y monter aussi... » La dame hésita une demi-seconde... et s'y plaça, et M. Dessein, à qui un domestique faisait signe qu'il voulait lui parler, ferma la portière sur nous et nous laissa.

« Voilà qui est plaisant, dit la dame, en souriant; c'est la seconde fois que, par des hasards fort indifférents, on nous laisse ensemble : cela est comique. »

« Il me manque du moins pour me rendre tel, lui dis-je, que l'usage comique que la galanterie d'un Français voudrait faire de cette aventure... Faire l'amour dans le premier moment... offrir sa personne au second. »

« C'est là leur fort, » répondit la dame.

« On le suppose au moins, et je ne sais trop comment cela est arrivé... mais ils ont acquis la réputation de mieux connaître et faire l'amour que toute autre nation de la terre. Pour moi, je les crois très maladroits... et, dans le vrai, la pire espèce d'archers qui jamais exerça la patience du dieu d'amour.

«... Croire qu'ils mettent du sentiment dans l'amour!

« Je croirai plutôt qu'il est possible de faire un bel habit avec des morceaux de reste et de toute couleur... Je se déclarent tout d'un coup, à la première rencontre... N'est-ce pas là soumettre l'offre de leur amour et de leur personne à l'examen sévère d'un esprit que le cœur n'a pas encore échauffé? »

La dame m'écoutait comme si elle s'attendait à quelque chose de plus...

« Considérez donc, madame, lui dis-je en posant ma main sur la sienne...

« Que les personnes graves détestent l'amour à cause du nom.

« Les intéressées le haïssent, parce qu'elles donnent la préférence à autre chose.

« Les hypocrites paraissent l'avoir en horreur, en feignant de n'aspirer qu'aux choses célestes.

« Le vrai de tout cela, c'est que nous sommes beaucoup plus effrayés que blessés par cette passion... Quelque manque d'expérience que l'homme montre dans ces sortes d'affaires, il ne laisse échapper le mot d'amour qu'une heure ou deux au moins après le temps que son silence sur ce sujet est devenu un vrai tourment. Il me semble qu'une suite de petites et paisibles attentions qui n'iraient pas jusqu'à sonner l'alarme... et qui ne seraient pourtant pas assez vagues pour qu'on pût s'y méprendre... accompagnées de temps en temps d'un regard tendre, mais peu ou même point du tout de discours à ce sujet... laisseraient votre maîtresse toute à la nature, qui saurait bien amollir son cœur. »

« Eh bien ! dit la dame en rougissant, je crois que vous n'avez pas cessé de me faire l'amour depuis que nous sommes ensemble. »

M. Dessein revint pour nous ouvrir la portière, et dit à la dame que M. le comte de L..., son frère, venait d'arriver. Quoique je souhaitasse tout le bien possible à cette dame, j'avouerai que cet événement attrista mon cœur; et je ne pus m'empêcher de le lui dire... « Car en vérité, madame, ajoutai-je, il est fatal à une proposition que j'allais vous faire... »

« Il est inutile, me dit-elle en m'interrompant et en mettant une de ses mains sur les deux miennes, de m'expliquer votre projet. Il est rare, mon bon monsieur, qu'un homme ait quelque proposition amicale à faire à une femme, sans qu'elle en ait le pressentiment quelques moments auparavant. »

« Oui,... la nature, dis-je, l'arme de ce pressentiment, pour la garantir du piége... — Mais, dit-elle en me regardant, je n'avais rien à craindre; et, à vous parler franchement, j'étais déterminée à accepter votre proposition. Si je l'eusse acceptée... » elle s'arrêta un moment... « je crois, reprit-elle, que vous m'auriez disposée à vous raconter une histoire qui aurait rendu la compassion la chose la plus dangereuse qui aurait pu nous arriver dans le voyage. »

En me disant cela, elle me tendit la main... Je la baisai deux fois, et elle descendit de la chaise en me disant adieu avec un regard mêlé de sensibilité et de douceur.

Elle ne m'eut pas sitôt quitté, que je commençai à m'ennuyer. Il me semblait que les minutes étaient des heures, et je n'ai jamais fait un marché de douze guinées aussi promptement dans toute ma vie, que celui de ma chaise. Je donnai ordre qu'on m'amenât des chevaux de poste, et je dirigeai mes pas vers l'hôtellerie.

Ciel ! dis-je en entendant quatre heures sonner, et en faisant réflexion qu'il n'y avait guère plus d'une heure que j'étais à Calais...

Quel gros volume d'aventures, en cet instant si court, ne pourrait pas produire à un homme qui s'intéresse à tout, et ne laisse rien échapper de ce que le temps et le hasard lui présentent continuellement !

Je ne sais si cet ouvrage aura jamais quelque utilité: peut-être qu'un autre réussira mieux. Qu'importe ? c'est un essai que je fais sur la nature humaine... il ne me coûte que mon travail; cela suffit, il me fait plaisir ; il anime la circulation de mon sang, dissipe mes humeurs sombres, éclaire mon jugement et ma raison.

Je plains l'homme qui, voyageant de Dan à Bersheba, peut s'écrier: Tout est stérile ! Oui, sans doute, le monde entier est stérile pour ceux qui ne veulent pas cultiver les fruits qu'il présente; mais, me disais-je à moi-même en frottant gaîment mes mains l'une contre l'autre, je serais au milieu d'un désert que je trouverais de quoi réveiller mes affections... Un doux myrte, un cyprès, m'attristeraient sous leur feuillage... Je les bénirais de l'ombrage bienfaisant qu'ils m'offriraient... je graverais mon nom sur leur écorce; je leur dirais: vous êtes les arbres les plus agréables de tout le désert... Je gémirais avec eux en voyant leurs feuilles dessécher et tomber, et ma joie se mêlerait à la leur, quand le retour de la belle saison les couronnerait d'une riante verdure.

Le savant Smelfungus voyagea de Boulogne à Paris, de Paris à Rome, et ainsi de suite; mais le savant Smelfungus avait la jaunisse. Accablé d'une humeur sombre, tous les objets qui se présentèrent à ses yeux lui parurent décolorés et défigurés... Il nous a donné la relation de ses voyages : ce n'est qu'un triste détail de ses pitoyables sensations.

Je rencontrai Smelfungus sous le grand portique du Panthéon... il en sortait... « Ce n'est qu'un vaste cirque pour un combat de coqs, dit-il... Je voudrais, lui dis-je, que vous n'eussiez rien dit de pis de la Vénus de Médicis... » J'avais appris, en passant à Florence, qu'il avait fort maltraité la déesse, parce qu'il la regardait comme la beauté la plus prostituée du pays.

Smelfungus revenait de ses voyages, et je le rencontrai encore à Turin... Il n'eut que de tristes aventures sur la terre et sur l'onde à me reprocher... Il n'avait vu que des gens qui s'entre-mangent, comme les anthropophages... Il avait été écorché vif, et plus maltraité que saint Barthélemi, dans toutes les auberges où il était entré.

« Oh ! je veux le publier dans tout l'univers, s'écria-t-il. — Vous ferez mieux, lui dis-je, d'aller voir votre médecin. »

Mundungus, homme dont les richesses étaient immenses, se dit un jour : « Allons, faisons le grand tour. » Il va de Rome à Naples, de Naples à Venise, de Venise à Vienne, à Dresde, à Berlin... et Mundungus, à son retour, n'avait pas retenu une seule anecdote agréable... ou qui portât un caractère de générosité... Il avait parcouru les grandes routes sans jeter les yeux ni d'un côté ni de l'autre, de crainte que l'amour ou la compassion ne le détournât de son chemin.

Que la paix soit avec eux, s'ils peuvent la trouver ! Mais le ciel, s'il était possible d'y atteindre avec de pareils esprits, n'aurait point d'objets qui pussent fixer et amollir la dureté de leurs cœurs... Les doux génies, sur les ailes de l'Amour, viendraient se réjouir de leur arrivée : ils n'entendraient autre chose que des cantiques de joie, des extases de ravissement et de bonheur... O mes chers lecteurs ! les âmes de Smelfungus et de Mundungus... je les plains... elles manquent de facultés pour les sentir... Smelfungus et Mundungus seraient placés dans la demeure la plus heureuse du ciel... les âmes de Smelfungus et de Mundungus s'y croiraient malheureuses et gémiraient pendant toute l'éternité.

MONTREUIL.

Mon porte-manteau était tombé une fois de derrière la chaise ; j'avais été obligé de descendre deux fois par la pluie, et je m'étais mis une autre fois dans la boue jusqu'aux genoux, pour aider le postillon à l'attacher... Je ne savais ce qui causait un dérangement si fréquent. J'arrivai à Montreuil; et l'hôte me demande si je n'ai pas besoin d'un domestique. — A ce mot, je devine que c'est le manque d'un domestique qui est cause que mon porte-manteau se dérange si souvent.

« Un domestique ! dis-je : oui, j'en ai bien besoin ; il m'en faut un. — Monsieur, dit l'hôte, c'est qu'il y a ici près un jeune homme qui serait charmé d'avoir l'honneur de servir un Anglais. — Et pourquoi plutôt un Anglais qu'un autre ? — Ils sont si généreux ! » répond l'hôte. Bon ! dis-je en moi-même, je gage que ceci me coûtera vingt sous de plus ce soir... « C'est qu'ils ont de quoi faire les généreux, » ajouta-t-il. Courage ! me disais-je, autres vingt sous à noter. « Pas plus tard qu'hier au soir, continua-t-il, un milord anglais offrit un écu à la fille.,. — Tant pis pour mademoiselle Janneton, » dis-je.

Mademoiselle Janneton était la fille de l'hôte, et l'hôte, s'imaginant que je n'entendais pas bien le français, se hasarda à m'en donner une leçon. « Ce n'est pas tant pis que vous auriez dû dire, monsieur, c'est tant mieux. C'est toujours tant mieux, quand il y a quelque chose à gagner ; tant pis, quand il n'y a rien... — Cela revient au même, lui dis-je. — Pardonnez-moi, monsieur, dit l'hôte, cela est bien différent. »

Ces deux expressions, tant pis et tant mieux, étant les deux grands pivots de presque toutes les conversations françaises, il est bon d'avertir un étranger qui va à Paris ferait bien de s'instruire, avant d'arriver, de toute l'étendue de leur usage.

Un jeune marquis, plein de vivacité, demanda à M. Hume, à la table de notre ambassadeur, s'il était M. Hume le poète : « Non, dit M. Hume tranquillement. — Tant pis, répond le marquis.

« C'est M. Hume l'historien, un autre... — Ah ! tant mieux, » dit le marquis. Et M. Hume, dont le cœur, comme on le sait, est excellent, remercia le marquis pour tant pis et pour son tant mieux.

L'hôte, après sa leçon, appela La Fleur : c'est ainsi que se nommait le jeune homme qu'il me proposait. « Je ne puis rien dire de ses talents ; monsieur en jugera mieux que moi ; mais pour sa probité, j'en réponds. »

Je ne sais quel ton il donna à ce qu'il disait; mais il me fit faire attention à ce que j'allais faire, et La Fleur qui attendait dehors avec cette impatience qu'ont tous les enfants de la nature en certaines occasions, fit son entrée.

Je suis disposé à penser favorablement de tout le monde au premier abord, et surtout d'un pauvre diable qui vient offrir ses services à un aussi pauvre diable que moi : mais ce penchant me donne quelquefois de la défiance, m'autorise du moins à en avoir. J'en prends plus ou moins, selon l'humeur qui me domine, et le cas dont il s'agit... Je puis ajouter aussi, selon le sexe à qui je dois avoir affaire.

Dès que La Fleur entra dans la chambre, son air nouveau et naturel triompha de la défiance. Je me décidai sur-le-champ en sa faveur, et je l'arrêtai sans hésiter. J'ignore, à la vérité, ce qu'il sait faire; mais je découvrirai ses talents à mesure que j'en aurai besoin... D'ailleurs, un Français est propre à tout.

Cependant la curiosité m'aiguillonna ; et quelle fut ma surprise ! le pauvre La Fleur ne savait que battre du tambour, et jouer quelques marches sur le fifre. Je sentis que ma faiblesse n'avait jamais été insultée plus vivement que dans cette occasion par ma sagesse.

La Fleur avait commencé son entrée dans le monde par satisfaire le noble désir qui enflamme presque tous ses compatriotes. Il avait servi le roi pendant plusieurs années ; mais, s'étant aperçu que l'honneur d'être tambour ne lui ouvrait pas les portes de la récompense, ni la carrière de la gloire, il s'était retiré sur ses terres, où il vivait comme il plaisait à Dieu, c'est-à-dire aux dépens de l'air.

Ainsi, me dit la Sagesse, vous avez pris un tambour pour vous

servir dans votre voyage en France et en Italie? Et pourquoi ne l'aurais-je pas pris? dis-je. La moitié de notre noblesse ne fait-elle pas le même voyage avec des *tendors* de compagnons qu'elle paie, et qui lui laissent à payer de plus le flûteur, le diable et tout son train?... Lorsqu'on peut se débarrasser d'un mauvais marché par une équivoque... je trouve qu'on n'est pas à plaindre... « Mais, La Fleur, vous savez sans doute faire quelque chose de plus? — Oh qu'oui!... » Il savait faire des guêtres et jouer un peu du violon. Bravo! dit la Sagesse. — J'ai les meilleures dispositions... — C'en est assez pour le ciel, lui dis-je en l'interrompant, et cela doit me suffire... » On servit le souper..... Je me mis à table. J'avais d'un côté de ma chaise un épagneul anglais, de l'autre un domestique français aussi gai qu'on puisse l'être... J'étais content de mon empire... Et si les monarques savaient borner leurs désirs, ils seraient aussi heureux que je l'étais.

La Fleur ne m'a point quitté pendant tous mes voyages, et il sera souvent question de lui. Il est bien juste que j'instruise mes lecteurs sur son compte; et pourquoi même ne parviendrais-je pas à les intéresser en sa faveur? Je n'ai jamais eu de raison de me repentir d'avoir suivi les impulsions qui m'avaient déterminé à le prendre : il a été le domestique le plus fidèle, le plus attaché, le plus ingénu qui jamais fût à la suite d'un philosophe. Ses talents de battre du tambour et de faire des guêtres, bons en eux-mêmes, ne m'étaient pas, à la vérité, d'une grande utilité; mais j'en étais bien récompensé par la gaîté perpétuelle de son humeur... Elle suppléait à tous les talents qu'il n'avait pas : elle aurait même, dans mon esprit, effacé ses défauts. Je trouvais toujours des ressources et des motifs d'encouragement dans son air et ses regards, et une espèce de fil qui me faisait sortir des difficultés que je rencontrais... J'allais dire aussi des siennes; mais La Fleur était hors de toute atteinte des événements. La faim, la soif, le froid, le chaud, les veilles, la fatigue, ne faisaient pas la moindre impression sur sa physionomie : il était éternellement le même. Si je suis philosophe, Satan veut quelquefois me le persuader; mais si je le suis, je l'avoue, je me suis trouvé bien des fois humilié en réfléchissant aux obligations que j'ai au caractère philosophique de ce pauvre garçon. Combien de fois son exemple ne m'a-t-il pas excité à m'appliquer à une philosophie plus sublime?... Avec tout cela, La Fleur était un peu fat; mais c'était plutôt un changement de la nature que l'effet de l'art. Il n'eut pas demeuré trois jours à Paris que cette fatuité disparut.

J'installai le lendemain matin La Fleur dans sa charge. Je fis devant lui l'inventaire de mes six chemises et de ma culotte de soie noire, et je lui donnai la clé de mon porte-manteau. Je lui dis de le bien attacher derrière la chaise, de faire atteler les chevaux, et d'avertir l'hôte de m'apporter son compte.

« Ce garçon est heureux, » dit l'hôte en adressant la parole à cinq ou six filles qui entouraient La Fleur et lui souhaitaient affectueusement un bon voyage. La Fleur baisait les mains des filles; ses yeux se mouillèrent, il les essuya trois fois, et trois fois il promit d'apporter des pardons de Rome à toute la bande.

« Toute la ville l'aime, me dit l'hôte. On le trouvera de manque dans tous les coins de Montreuil; il n'a qu'un seul défaut, c'est d'être toujours amoureux... » Bon! dis-je en moi-même, cela m'évitera la peine de mettre chaque nuit ma culotte sous mon oreiller; et je faisais mon éloge, en disant cela, l'éloge de La Fleur que le mien. J'ai toute ma vie été amoureux d'une princesse ou de quelque autre, et je compte bien l'être jusqu'à ma mort. Je suis très persuadé que si j'étais destiné à faire une action basse, je ne la ferais que dans l'intervalle d'une passion à l'autre. J'ai éprouvé quelquefois de ces interrègnes, et je me suis toujours aperçu que mon cœur était fermé pendant ce temps : il était si endurci que j'ai fallu que je fisse un effort sur moi pour soulager un misérable en lui donnant seulement aux sous. Je me hâtais alors de sortir de cet état d'indifférence. Le moment où je me retrouvais ranimé par la tendre passion était le moment où je redevenais généreux et compatissant. J'aurais tout fait pour rendre service, pourvu qu'il n'y eût pas de crime...

Mais que fais-je en disant tout ceci? ce n'est point mon éloge, c'est celui de la passion.

De toutes les villes de la Thrace, celle d'Abdère était la plus adonnée à la débauche; elle était plongée dans un débordement de mœurs effroyable. C'était en vain que Démocrite, qui y faisait son séjour, employait tous les efforts de l'ironie et de la risée pour l'en tirer; il n'y pouvait réussir. Le poison, les conspirations, le meurtre, le viol, les libelles diffamatoires, les pasquinades, les séditions, y régnaient : on n'osait sortir le soir; c'était encore pis la nuit.

Ces horreurs étaient portées au dernier point lorsqu'on représenta à Abdère l'*Andromède* d'Euripide. Entre les spectateurs en furent charmés; mais de tous les endroits dont ils furent enchantés, rien ne frappa plus leur imagination que les tendres accents de la nature qu'Euripide avait mis dans le discours pathétique de Persée :

O Amour! roi des dieux et des hommes, etc.

Tout le monde, le lendemain, parlait en vers iambiques; ce discours de Persée faisait le sujet de toutes les conversations... On ne faisait que répéter dans chaque maison, dans chaque rue :

O Amour! roi des dieux et des hommes.

Tout retentissait du nom d'Amour; chaque bouche le prononçait comme les notes d'une douce mélodie dont le souvenir charme encore l'oreille, et qu'on ne peut s'empêcher de répéter. On n'entendait de tous côtés qu'Amour! Amour, roi des dieux et des hommes. Le même feu saisit tout le monde; et toute la ville, comme si ses habitants n'avaient eu qu'un même cœur, se livra à l'amour.

Les apothicaires d'Abdère cessèrent de vendre de l'ellébore; les faiseurs d'armes ne vendirent plus d'instruments de mort; l'amitié, la vertu, régnèrent partout; les ennemis les plus irréconciliables s'entre-donnèrent publiquement le baiser de paix... Le siècle d'or revint, et répandit ses bienfaits sur Abdère. Les Abdéritains jouaient des airs tendres sur le chalumeau; le beau sexe quittait les robes de pourpre et s'asseyait modestement sur le gazon pour écouter ces doux concerts.

Il n'y avait, dit le fragment, que la puissance d'un dieu dont l'empire s'étend du ciel à la terre, et jusque dans le fond des eaux, qui pût opérer ce prodige.

Quand tout est prêt, et qu'on a discuté chaque article de la dépense, il y a encore, à moins que le mauvais traitement n'ait remué votre bile en aigrissant votre humeur, une autre affaire à ajuster à la porte avant de monter en chaise. C'est avec les plus irréconciliables de la pauvreté que vous avez à faire... ; ils vous entourent... Et que personne ne les rebute... Ce que souffrent ces malheureux est déjà trop cruel pour y ajouter de la dureté : il vaut mieux avoir quelque monnaie à leur distribuer, et c'est un conseil que je donne à tous les voyageurs. Ils n'auront pas besoin d'écrire les motifs de leur générosité : ils seront enregistrés ailleurs.

Personne ne donne moins que moi, parce qu'il y a peu de mes connaissances qui aient moins à donner; mais c'était le premier acte de cette nature que je faisais en France, et je le fis avec plus d'attention.

« Hélas! disais-je en les montrant au bout de mes doigts, je n'ai que huit sous, et il y a huit pauvres femmes et autant d'hommes pour les recevoir. »

Un de ces hommes sans chemise, et dont l'habit tombait en lambeaux, se trouvait au milieu des femmes. Il s'en retira aussitôt en faisant la révérence. Lorsque le parterre crie d'une voix : « Place aux dames! » il ne montre pas plus de déférence pour le beau sexe que ce pauvre homme.

Juste ciel! m'écriai-je en moi-même, par quelles sages raisons as-tu ordonné que la mendicité et la politesse seraient réunies dans ce pays, quand elles sont si opposées dans les autres régions?

Je lui offris des huit sous, uniquement parce qu'il avait été honnête.

Un pauvre petit homme plein de vivacité, et qui était vis-à-vis de moi, après avoir mis sous son bras un fragment de chapeau, tira sa tabatière de sa poche, et offrit généreusement une prise de tabac à toute l'assemblée... C'était là don considérable pour lui, et chacun le refusa en faisant une inclination... Il les sollicita avec un air de franchise; prenez, prenez-en, en regardant d'un autre côté; à la fin chacun en prit. Ce qui me déplaît, dis-je, que sa boîte se vidât. J'y mis deux sous, et j'y pris moi-même une prise de tabac pour lui rendre le don plus agréable. Il sentit le poids de la seconde obligation plus que celui de la première. C'était lui faire honneur; l'autre, au contraire, était humiliant. Il me salua jusqu'à terre.

« Tenez, dis-je à un vieux soldat qui n'avait qu'une main, et semblait avoir vieilli dans le service, voilà deux sous pour vous... » Vive le roi! s'écria le vieux soldat.

Il ne me restait plus que trois sous; j'en donnai un pour l'amour de Dieu : c'est à ce titre qu'on me le demandait. La pauvre femme avait la cuisse disloquée : on ne peut pas soupçonner que ce fût pour un autre motif.

« Mon cher et très charitable monsieur!... » On ne peut refuser celui-ci, me disais-je.

« Milord anglais!... » Le seul son de ces mots valait de l'argent, et je le payai du dernier de mes sous... Mais, dans l'empressement où j'avais été de les distribuer, j'avais oublié un pauvre honteux qui n'avait personne pour faire la quête, et qui peut-être aurait péri avant d'oser demander l'aumône. Il était près de la chaise, hors du cercle; il essuyait une larme qui découlait le long de son visage, et il avait l'air d'avoir vu de plus beaux jours. Bon Dieu! me disais-je, et je n'ai pas un sou pour lui donner!... Vous en avez mille, s'écrièrent à la fois tous les sentiments de la nature qui étaient en mouvement chez moi. Je m'approchai de lui, et je lui donnai... il n'importe quoi... Je rougirais à présent de dire combien... J'étais honteux alors de penser combien peu... Si le lecteur devine ma disposition, il peut juger entre ces deux points donnés, à vingt ou quarante sous près, quelle fut la somme précise.

Je ne pouvais rien donner aux autres... Que Dieu vous bénisse! leur dis-je. Et que le bon Dieu vous bénisse vous-même! s'écrièrent le vieux soldat, le petit homme, etc., etc. Le pauvre honteux ne pou-

vait rien dire. Il tira un petit mouchoir de sa poche, et essuya ses yeux en se détournant. Je crus qu'il me remerciait plus que tous les autres.

Ces petites affaires ne furent pas sitôt ajustées, que je montai dans ma chaise, très content de tout ce que j'avais fait à Montreuil... La Fleur, avec ses grosses bottes, sauta sur un bidet. Il s'y tenait aussi droit et aussi heureux qu'un prince.

Mais qu'est-ce que le bonheur et les grandeurs dans cette scène l'actice de la vie ! Nous n'avions pas encore fait une lieue, qu'un âne mort arrêta tout court La Fleur dans sa course. Le bidet ne voulut pas passer. La contestation entre La Fleur et lui s'échauffa, et le pauvre garçon fut désarçonné et jeté par terre.

Il souffrit sa chute avec toute la patience du Français qui aurait été le meilleur chrétien, et ne dit pas autre chose que, diable ! Il remonta à cheval sur-le-champ, et battit le bidet comme il aurait pu battre son tambour.

Le bidet voltait d'un côté du chemin à l'autre, tantôt par-ci, tantôt par-là ; mais il ne voulait pas approcher de l'âne mort. La Fleur, pour le corriger, insistait... et le bidet enfin le jeta encore par terre.

« Qu'a ton bidet, La Fleur ? lui dis-je. — Monsieur, c'est le cheval le plus opiniâtre du monde. — Eh bien, s'il est obstiné, repris-je, il faut le laisser aller à sa fantaisie. » La Fleur, qui était remonté, descendit, et dans l'idée qu'il ferait aller le bidet en avant, il lui donna un grand coup de fouet ; mais le bidet me prit au mot, et s'en retourna en galopant à Montreuil. Peste ! dit La Fleur.

Il n'est pas hors de propos de remarquer ici que, quoique La Fleur, dans ses accidents, ne se fût servi que de ces deux termes d'exclamation, et il y en a cependant trois dans la langue française. Ils répondent à ce que les grammairiens appellent le positif, le comparatif et le superlatif ; et l'on se sert des uns et des autres dans tous les accidents de la vie.

Diable ! est le premier degré, c'est le degré positif ; il est d'usage dans les émotions ordinaires de l'esprit, et lorsque de petites choses contraires à notre attente arrivent. Qu'on joue, par exemple, au passe-dix, et que l'on rapporte deux fois de suite que doubles as, ou, comme La Fleur, que l'on soit jeté par terre ; ces petites circonstances et tant d'autres s'expriment par, diable ! et c'est pour cette raison que lorsqu'il est question de cocuage, on se sert de cette expression.

Mais dans une aventure où il entre quelque chose de dépitant, comme lorsque le bidet s'enfuit en laissant La Fleur étendu par terre avec ses grosses bottes, alors vient le second. On se sert de, peste !

Pour le troisième.

Oh ! c'est ici que mon cœur se gonfle de compassion, quand je songe à ce qu'un peuple aussi poli doit avoir souffert pour qu'il soit forcé à s'en servir.

Puissance, qui délies nos langues et les rends éloquentes dans la douleur, accorde-moi des termes décents pour exprimer ce superlatif, et quel que soit mon sort, je céderai à la nature !...

Mais il n'y a pas de ces termes décents dans la langue française. Je formai la résolution de prendre les accidents qui m'arriveraient avec patience et sans faire d'exclamation.

La Fleur n'avait pas fait cette convention avec lui-même. Il suivit le bidet des yeux tant qu'il le put voir... Et l'on peut s'imaginer, si l'on veut, dès qu'il ne le vit plus, de quelle expression il fit usage pour finir la scène.

Il n'y avait guère de moyens, avec des bottes fortes aux jambes, de rattraper un cheval effarouché. Je ne voyais qu'une alternative, c'était de faire monter La Fleur derrière la chaise, ou de l'y faire entrer.

Il vint s'asseoir à côté de moi, et, dans une demi-heure, nous arrivâmes à la poste de Nampont.

« Voici, dit-il, en tirant de son bissac le reste d'une croûte de pain, voici ce que tu aurais partagé avec moi si tu avais vécu... » Je croyais que cet homme apostrophait son enfant ; mais c'était à son âne qu'il adressait la parole, et c'était le même âne que nous avions vu en chemin, et qui avait été si fatal à La Fleur... Il paraissait le regretter si vivement, qu'il me fit souvenir des plaintes que Sancho-Pança avait faites dans une occasion semblable... Mais cet homme se plaignait avec des accents plus conformes à la nature.

Il était assis sur un banc de pierre à la porte. Le panneau de la bride de l'âne étaient à côté de lui : il les levait de temps en temps, et les laissait ensuite retomber... puis les regardait et secouait la tête... il reprit ensuite sa croûte de pain, comme s'il allait la manger...
Mais, après l'avoir tenue quelque temps à la main, il la posa sur le mors de la bride, en regardant avec des yeux de désir l'arrangement qu'il venait de faire, et il soupira.

La simplicité de sa douleur assembla une foule de monde autour de lui ; et La Fleur s'y mêla pendant qu'on attelait les chevaux. J'étais resté dans la chaise ; je voyais et j'entendais par-dessus la tête des autres.

Il disait qu'il venait d'Espagne, où il était allé du fond de la Franconie, et qu'il s'en retournait chez lui : il était arrivé jusqu'à cet endroit quand son âne mourut. Chacun était curieux de savoir ce qui avait pu engager ce pauvre vieillard à entreprendre un si long voyage.

« Hélas ! dit-il, le ciel m'avait donné trois fils ; c'étaient les plus beaux garçons de toute l'Allemagne. La petite-vérole m'enleva les deux aînés dans la même semaine ; le plus jeune était frappé de la même maladie ; je craignis de le perdre, et je fis vœu, s'il en revenait, d'aller à Saint-Jacques de Compostelle. »

Là, il s'arrêta pour payer un tribut à la nature... et pleura amèrement.

Il continua... « Le ciel, dit-il, me fit la faveur d'accepter la condition, et je partis de mon hameau avec le pauvre animal que j'ai perdu... Il a participé à toutes les fatigues de mon voyage ; il a mangé le même pain que moi pendant toute la route... enfin, il a été mon compagnon et mon ami. »

Chacun prenait part à la douleur de ce pauvre homme. La Fleur lui offrit de l'argent. Il dit qu'il n'en avait pas besoin. « Hélas ! ce n'est pas la valeur de l'âne que je regrette ; c'est sa perte... J'étais assuré qu'il m'aimait... » Il leur raconta l'histoire d'un malheur qui leur était arrivé en passant les Pyrénées... Ils s'étaient perdus, et avaient été séparés trois jours l'un de l'autre ; pendant ce temps, l'âne l'avait cherché autant qu'il avait cherché l'âne ; à peine purent-ils manger l'un et l'autre jusqu'à ce qu'ils se fussent retrouvés.

« Tu as au moins une consolation, lui dis-je, dans la perte de ton pauvre animal ; c'est que je suis persuadé que tu lui as été un tendre maître. — Hélas ! dit-il, je le croyais ainsi pendant qu'il vivait ; mais à présent qu'il est mort, je crains que la fatigue de me porter ne l'ait accablé, et que je ne sois responsable d'avoir abrégé sa vie. »

Quelle honte pour l'humanité ! me dis-je en moi-même ; si nous ne nous aimions les uns les autres qu'autant que ce pauvre homme aimait son âne... ce serait quelque chose.

Cette histoire m'affecta. Le postillon n'y prit pas garde, et il m'entraîna sur le pavé au grand galop.

Le voyageur qui brûle de soif dans les déserts sablonneux de l'Arabie, n'aspire pas plus vivement au bonheur de trouver une source, que mon âme ne soupirait après des mouvements tranquilles. J'aurais souhaité que le postillon fût parti moins vite ; mais au moment que le bon pèlerin achevait son histoire, il donna de si grands coups de fouet à ses chevaux, qu'ils partirent comme si mille diables étaient à leurs trousses.

« Pour l'amour de Dieu, lui criai-je, allez plus doucement ; » mais plus je criais, plus il excitait ses chevaux. « Que le diable t'emporte donc ! lui dis-je. Vous verrez qu'il continuera d'aller vite jusqu'à ce qu'il me mette en colère... ensuite il ira doucement, afin de me faire goûter les douceurs de cet état. »

Il n'y manqua pas. Il arriva à une hauteur, et fut obligé d'aller pas à pas... Je m'étais fâché contre lui... Je m'étais fâché ensuite contre moi-même pour m'être mis en colère.

Un bon galop dans ce moment m'aurait fait du bien...

« Allons un peu plus vite, je t'en prie, mon garçon, » lui dis-je...

Mais le postillon me montra la montagne... Je voulais alors me rappeler l'histoire du pauvre Allemand et de son âne ; mais j'en avais perdu le fil, et il me fut aussi impossible de la retrouver, qu'au postillon d'aller le trot.

Eh bien ! tout aille à l'aventure ; je me sens disposé à faire de mon mieux, et tout va de travers.

La nature dans ses trésors a toujours des lénitifs pour adoucir nos maux. Je m'endormis, et ne me réveillai qu'au mot d'Amiens qui frappa mon oreille.

Oh ! oh ! dis-je en me frottant les yeux... c'est ici que ma belle dame doit venir.

J'eus à peine prononcé ces mots que le comte de L*** et sa sœur passèrent rapidement dans leur chaise de poste. Elle n'eut que le temps de me faire un salut de connaissance, même avec un air qui semblait désigner qu'elle avait quelque chose à me dire. Je n'avais effectivement pas encore achevé de souper que le domestique de son frère m'apporta un billet de sa part. Elle me priait, le premier matin que je n'aurais rien à faire à Paris, de remettre la lettre qu'elle m'envoyait à madame de R***. Elle ajoutait qu'elle aurait bien voulu me raconter son histoire, et qu'elle était bien fâchée de n'avoir pu le faire... mais que si jamais je passais par Bruxelles, et que je n'eusse pas oublié le nom de madame de L***, elle aurait cette satisfaction.

Ah ! j'irai te voir, charmante femme ! disais-je en moi-même, rien ne me sera plus facile. Je n'aurai, en revenant d'Italie, qu'à traverser l'Allemagne, la Hollande, et retourner chez moi par la Flandre ; à peine y aura-t-il dix postes de plus ; mais j'en eût-il dix mille... Quelles délices, pour prix de tous mes voyages, de participer aux incidents d'une triste histoire de la beauté qui en est le sujet raconte elle-même ! de la voir pleurer ! C'en serait un plus grand encore de tarir la source de ses larmes ; mais si je n'y parviens pas à la dessécher, n'est-ce pas toujours une sensation exquise d'essuyer les joues mouillées d'une belle femme, assis à ses côtés pendant la nuit et dans le silence ?

Il n'y avait certainement pas de mal dans cette pensée. J'en fis cependant un reproche amer et dur à mon cœur.

J'avais toujours joui du bonheur d'aimer quelque belle. Ma dernière flamme, éteinte dans un accès de jalousie, s'était rallumée depuis trois mois aux beaux yeux d'Elisa, et je lui avais juré qu'elle durerait pendant tous mes voyages... Et pourquoi dissimuler la chose? Je lui avais juré une fidélité éternelle; elle avait des droits sur tout mon cœur. Partager mes affections, c'était dissimuler ces mêmes droits...
Les exposer, c'était les risquer... Et là où il y a du risque, il peut y avoir de la perte. Et alors, Yorick, qu'auras-tu à répondre aux plaintes d'un cœur si rempli de confiance, si bon, si doux, si irréprochable?

Non, non, dis-je en m'interrompant, je n'irai point à Bruxelles... Mon imagination vint au secours de mon Eliza. Je me rappelai ses regards au dernier moment de notre séparation, lorsque ni l'un ni l'autre n'eûmes la force de prononcer le mot, adieu! Je jetai les yeux sur son portrait qu'elle m'avait attaché au cou avec un ruban noir... Je rougis en le regardant... J'aurais voulu le baiser... Une honte secrète m'arrêtait. Cette tendre fleur, dis-je, en la pressant entre mes mains, doit-elle être flétrie jusque dans la racine; et flétrie, Yorick, par toi qui as promis que ton soin serait son abri?

Source éternelle de félicité ! m'écriai-je en tombant à genoux, sois témoin, ainsi que tous les esprits célestes, que je n'irai point à Bruxelles, à moins qu'Eliza ne m'y accompagne : dût ce chemin me conduire au suprême bonheur.

Le cœur, dans des transports de cette nature, dira toujours beaucoup trop en dépit du jugement.

La fortune n'avait pas favorisé La Fleur : il n'avait pas été heureux dans ses faits de chevalerie, et, depuis vingt-quatre heures à peu près qu'il était à mon service, rien ne s'était offert pour qu'il pût signaler son zèle. Ce pauvre garçon brûlait d'impatience. Le domestique du comte de L***, qui m'avait apporté la lettre, lui parut une occasion propice. Il la saisit. Dans l'idée qu'il me ferait honneur par ses intentions, il le prit dans un cabinet de l'auberge, et le régala du meilleur vin de Picardie. Le domestique du comte, pour n'être pas en reste de politesse, l'engagea à venir avec lui à l'hôtel. L'humeur gaie et douce de La Fleur mit bientôt tous les gens de la maison à leur aise vis-à-vis de lui. Il n'était pas chiche, en vrai Français, des talents qu'il possédait; en moins de cinq ou six minutes, il prit son fifre; la femme de chambre, le maître d'hôtel, le cuisinier, la laveuse de vaisselle, les laquais, les chiens, les chats, tous, jusqu'à un vieux singe, se mirent aussitôt à danser. Jamais cuisine n'avait été si gaie depuis le déluge.

Madame de L***, en passant de l'appartement de son frère dans le sien, surprise des ris et du bruit qu'elle entendait, sonna sa femme de chambre pour en savoir la cause; et, dès qu'elle sut que c'était le domestique du gentilhomme anglais qui avait répandu la gaîté dans la maison en jouant du fifre, elle lui fit dire de monter.

La Fleur, en montant l'escalier, s'était chargé de mille compliments de la part de son maître pour madame, ajoutant bien des choses au sujet de la santé de madame; que son maître serait au désespoir si madame se trouvait incommodée par les fatigues du voyage ; et enfin, que monsieur avait reçu la lettre que madame lui avait fait l'honneur de lui écrire... « Et sans doute m'a fait l'honneur, dit madame en interrompant La Fleur, de me répondre par un billet. »

Elle lui parut dire cela d'un ton qui annonçait tellement qu'elle était sûre du fait, que La Fleur n'osa la détromper... Il trembla que je n'eusse fait une impolitesse ; peut-être eut-il peur aussi qu'on ne le regardât comme un sot de s'attacher à un maître qui manquait d'égards pour les dames ; et lorsqu'elle lui demanda s'il avait une lettre pour elle : Oh! qu'oui, dit-il, madame. » Il mit aussitôt son chapeau par terre, et, saisissant le bas de sa poche droite avec la main gauche, il commença à chercher la lettre avec son autre main... Il fit la même recherche dans sa poche gauche : « Diable ! » disait-il. Ensuite il chercha dans les poches de sa veste, et même de son gousset : « Peste ! » Enfin il les vida toutes sur le plancher, où il étala un col salé, un mouchoir, un peigne, une mèche de fouet, un bonnet de nuit... Il regarda entre les bords de son chapeau ; et peu s'en fallut qu'il ne plaçât la troisième exclamation : « Quelle étourderie! dit-il. J'aurai laissé la lettre sur la table de l'auberge. Je vais courir la chercher et je serai de retour dans trois minutes. »

Je venais de me lever de table, quand La Fleur entra pour me conter son aventure. Il me fit naïvement le récit de toute l'histoire, et ajouta que si monsieur avait lui-même par hasard oublié de répondre à la lettre de madame, il pouvait réparer cette faute par tout ce qu'il voulait de faire.... sinon, que les choses resteraient comme elles étaient d'abord.

Je n'étais pas sûr que l'étiquette m'obligeât de répondre ou non. Mais un démon même n'aurait pas pu se fâcher contre La Fleur. C'était dans l'excès du zèle pour moi qu'il avait fait agir. S'y était-il mal pris? me jetait-il dans un embarras? Son cœur n'avait point de faute... Je ne crois pas que je fusse obligé d'écrire.... La Fleur avait cependant l'air d'être si satisfait de lui-même, que...

« Cela est fort bien, lui dis-je, cela suffit... » Il sortit de la chambre avec la vitesse d'un éclair, et m'apporta presque aussitôt une plume, de l'encre et du papier.... Il approcha la table d'un air si gai, si content, que je ne pus me défendre de prendre la plume.

Mais qu'écrire? Je commençai et recommençai. Je gâtai inutilement cinq ou six feuilles de papier.

Bref, je n'étais pas d'humeur à écrire.

La Fleur, qui s'imaginait que l'encre était trop épaisse, m'apporta de l'eau pour la délayer. Il mit ensuite devant moi de la poudre et de la cire d'Espagne. Tout cela ne faisait rien. J'écrivais, j'effaçais, je déchirais, je brûlais, et je me remettais à écrire avec aussi peu de succès. Peste de l'étourdi ! disais-je à voix basse.... Je ne peux pas écrire cette lettre... Je jetai de désespoir la plume à terre.

La Fleur, qui vit mon embarras, s'avança d'une manière respectueuse, et en me faisant mille excuses de la liberté qu'il allait prendre, il me dit qu'il avait dans sa poche une lettre écrite par un tambour de son régiment à la femme d'un caporal, laquelle lettre osait-il dire, pourrait convenir dans cette occasion.

Je ne demandais pas mieux que de le contenter. « Voyons-la, » lui dis-je.

Il tira de sa poche un petit portefeuille sale, rempli de lettres et de billets doux. Il dénoua la corde qui le liait, en tira les lettres, les mit sur la table, les feuilleta les unes après les autres, et, après les avoir repassées à deux reprises différentes, il s'écria : « Enfin, monsieur, la voici. » Il la déploya, la mit devant moi, et se retira à trois pas de la table, pendant que je la lisais.

« Madame,

« Je suis pénétré de la douleur la plus vive, et réduit en même « temps au désespoir par ce retour imprévu du caporal qui rend « notre entrevue de ce soir la chose du monde la plus impossible.

« Mais vive la joie ! et toute la mienne sera de penser à vous.

« L'amour n'est rien sans sentiment.

« Et le sentiment est encore *moins* sans amour.

« On dit qu'on ne doit jamais se désespérer.

« On dit aussi que monsieur le caporal monte la garde mercredi : « alors ce sera mon tour.

Chacun à son tour.

« En attendant, vive l'amour ! et vive la bagatelle !

« Je suis, Madame, avec tous les sentiments les plus respectueux « et les plus tendres, tout à vous,

« Jacques Rocque. »

Il n'y avait qu'à changer le caporal en comte... ne point parler de monter la garde le mercredi. La lettre, au surplus, n'était ni bien ni mal. Ainsi, pour contenter le pauvre La Fleur, qui tremblait pour ma réputation, pour la sienne, et pour celle de ce soir, je taillai ce chef-d'œuvre à ma guise. Je cachetai ce que j'avais écrit, La Fleur le porta à madame de L......, et nous partîmes le lendemain matin pour Paris.

PARIS.

L'agréable ville, quand on a un bel équipage, une demi-douzaine de laquais et une couple de cuisiniers ! avec quelle liberté, quelle aisance on y vit !

Mais un pauvre prince, sans cavalerie, et qui n'a pour tout bien qu'un fantassin, fait bien mieux d'abandonner le champ de bataille et de se confiner dans le cabinet, s'il peut s'y amuser.

J'avoue que mes premières sensations, dès que je fus seul dans ma chambre, furent bien éloignées d'être aussi flatteuses que je me l'étais figuré... Je m'approchai de la fenêtre, et je vis à travers les vitres une foule de gens de toutes couleurs, qui couraient après le plaisir : les vieillards, avec des lances rompues et des casques qui n'avaient plus leurs masques; les jeunes, chargés d'une armure brillante d'or, ornés de tous les riches plumages de l'Orient, et joutant tous en faveur du plaisir, comme les preux chevaliers faisaient autrefois dans les tournois pour l'amour et la gloire.

Hélas ! mon pauvre Yorick, m'écriai-je, que fais-tu ici ? A peine es-tu arrivé, que ce fracas brillant te jette dans le rang des atomes. Ah ! cherche quelque rue détournée, quelque profond cul-de-sac, où l'on n'ait jamais vu de flambeau darder ses rayons, ni entendu de carrosses rouler.... C'est là que tu peux passer ton temps. Peut-être y trouveras-tu quelque tendre grisette qui te fera paraître moins long. Voilà les espèces de coteries que tu pourras fréquenter.

Je périrai plutôt, m'écriai-je en tirant de mon portefeuille la lettre que madame de L.... m'avait chargé de remettre. J'irai voir madame de R...., et c'est la première chose que je ferai. « La Fleur ? — Monsieur. — Faites venir un perruquier... Vous donnerez ensuite un coup de vergette à mon habit. »

Le perruquier entre. Il jette un coup d'œil sur ma perruque, et refuse net d'y toucher. C'était une chose au-dessus ou au-dessous de son art. « Mais comment donc faire? lui dis-je... — Monsieur, il faut en prendre une de ma façon... J'en ai de toutes prêtes. »

« Mais je crains, mon ami, lui dis-je en examinant celle qu'il me

montrait, que cette boucle ne se soutienne pas... — Vous pourriez, dit-il, la tremper dans la mer, elle tiendrait. »

Tout est mesuré sur une grande échelle dans cette ville, me disais-je. La plus grande étendue des idées d'un perruquier anglais n'aurait jamais été plus loin qu'à lui faire dire : trempez-la dans un seau d'eau. Quelle différence ! C'est comme du temps à l'éternité.

Je l'avouerai, je déteste toutes les conceptions froides et flegmatiques, ainsi que toutes les idées mièvres dont elles naissent ; je suis ordinairement si frappé des grands ouvrages de la nature, que, si je le pouvais, je n'aurais jamais d'objets de comparaison que ce ne fût pour le moins une montagne. Tout ce qu'on peut objecter contre le le sublime français, dans cet exemple, c'est que la grandeur consiste plus dans le mot que dans la chose. La mer remplit, sans doute, l'esprit d'une idée vaste ; mais Paris est si avant dans les terres, qu'il n'y avait pas d'apparence que le prisse la poste pour aller à cent milles de là faire l'expérience dont me parlait le perruquier. Ainsi, le perruquier ne me disait rien.

Un seau d'eau fait, sans contredit, une triste figure à côté de la mer ; mais il a l'avantage d'être sous la main ; et l'on peut y tremper la boucle en un instant...

Disons vrai. L'expression française exprime plus qu'on ne peut effectuer. C'est du moins ce que j'en pense, après avoir bien réfléchi.

Je ne sais si je me trompe, mais il me semble que ces minuties sont des marques beaucoup plus sûres et beaucoup plus distinctives des caractères nationaux, que les affaires les plus importantes de l'État, où il n'y a ordinairement que les grands qui agissent. Ils se ressemblent et parlent à peu près de même dans toutes les nations, et je ne donnerais pas douze sous de plus pour avoir le choix entre tous.

Le perruquier resta si longtemps à accommoder ma perruque, que je trouvai qu'il était trop tard pour aller porter ma lettre chez madame de R... Cependant, quand un homme est une fois habillé pour sortir, il ne peut guère se livrer à des réflexions sérieuses. Je pris par écrit le nom de l'hôtel de Modène où j'étais logé, et je sortis sans savoir où j'irais... J'y songerai, dis-je, en marchant.

Les petites douceurs de la vie en rendent le chemin plus uni et plus agréable. Les grâces, la beauté, disposent à l'amour ; elles ouvrent la porte de son temple, et on y entre insensiblement.

« Je vous prie, madame, d'avoir la bonté de me dire par où il faut prendre pour aller à l'Opéra-Comique. — Très volontiers, monsieur ; » dit-elle en quittant son ouvrage.

J'avais jeté les yeux dans cinq ou six boutiques pour chercher une figure qui ne se renfrognerait pas en lui faisant cette question. Celle-ci me plut et j'entrai.

Elle était assise sur une chaise basse dans le fond de la boutique, en face de la porte, et brodait des manchettes.

« Très volontiers », dit-elle en posant son ouvrage sur une chaise à côté d'elle, et elle se leva d'un air si gai, si gracieux, que si j'avais dépensé cinquante louis dans sa boutique, j'aurais dit : Cette femme est reconnaissante.

« Il faut tourner, monsieur, dit-elle en venant avec moi à la porte et en me montrant la rue qu'il fallait prendre ; il faut d'abord tourner à votre gauche... Mais prenez garde... Il y a deux rues : c'est la seconde... Vous la suivrez un peu, et vous verrez une église ; quand vous l'aurez passée, vous prendrez à droite, et cette rue vous conduira au bas du Pont-Neuf, qu'il faudra passer... Vous ne trouverez personne qui ne se fasse un vrai plaisir de vous montrer le reste du chemin. »

Elle me répéta ses instructions trois fois, avec autant de patience et de bonté la troisième que la première ; et si des tons et des manières ont une signification (et ils en ont une sans doute, à moins que ce ne soit pour des cœurs insensibles), elle semblait s'intéresser à ce que je ne me perdisse pas.

Cette femme, qui n'était guère au-dessus de l'ordre des grisettes, était charmante ; mais je ne supposerai pas que ce fût sa beauté qui me rendit si sensible à sa politesse. La seule chose dont je me souvienne bien, c'est que je la regardais beaucoup en lui disant combien je lui étais obligé, et je réitérai mes remerciements autant de fois qu'elle avait pris la peine de m'instruire.

Je n'étais pas à dix pas de sa porte, que j'avais oublié tout ce qu'elle m'avait dit... Je regardai derrière moi, et je la vis qui était encore sur le pas de sa porte pour observer si je prendrais le bon chemin. Je retournai vers elle pour lui demander s'il fallait d'abord aller à droite ou à gauche. « J'ai tout oublié, lui dis-je. — Est-il possible ? dit-elle en riant. — Cela est très possible, lui dis-je, cela arrive toujours quand on fait moins d'attention aux avis que l'on reçoit qu'à la personne qui les donne. »

Ce que je disais était vrai, et elle le prit comme toutes les femmes prennent les choses qui leur sont dues. Elle me fit une légère révérence.

« Attendez, me dit-elle en mettant sa main sur mon bras pour me retenir ; je vais envoyer un garçon dans ce quartier-là porter un paquet ; si vous voulez avoir la complaisance d'entrer, il sera prêt dans un moment, et il vous accompagnera jusqu'à l'endroit même. » Elle cria à son garçon qui était dans l'arrière-boutique, de se dépêcher,

et j'entrai avec elle. Je levai de dessus la chaise où elle les avait mises, les manchettes qu'elle brodait, dans l'intention de m'y asseoir ; elle s'assit elle-même sur une chaise basse, et je me mis aussitôt à côté d'elle.

« Il sera prêt dans un moment, monsieur, dit-elle. — Et pendant ce moment, je voudrais, moi, vous dire combien je suis sensible à toutes vos politesses. Il n'y a personne qui ne puisse, par hasard, faire une action qui annonce un bon naturel ; mais quand les actions de ce genre se multiplient, c'est l'effet du caractère et du tempérament. Si le sang qui passe dans le cœur est le même que celui qui coule vers les extrémités, je suis sûr, ajoutai-je en lui soulevant le poignet, qu'il n'y a point de femme dans le monde qui ait un meilleur pouls que le vôtre... — Tâtez-le, » dit-elle en tendant le bras. Je me débarrassai aussitôt de mon chapeau ; je saisis ses doigts d'une main, et j'appliquai sur l'artère les deux premiers doigts de mon autre main.

Que n'as-tu passé en ce moment, mon cher Eugène ! Tu m'aurais vu en habit noir et dans une attitude grave, aussi attentivement occupé à compter les battements de son pouls que si j'eusse guetté le retour du flux et du reflux de la fièvre. Tu aurais ri, et peut-être moralisé sur ma nouvelle profession... Eh bien ! je t'aurais laissé rire et sermonner à ton aise... Crois-moi, mon cher Eugène, t'aurais-je dit, il y a de pires occupations dans le monde que celle de tâter le pouls d'une femme... Oui... mais d'une grisette, répliquerais-tu... et dans une boutique tout ouverte ! Ah ! Yorick !

Et tant mieux ! Quand mes vues sont honnêtes, je me mets peu en peine que le monde me voie dans cette occupation.

J'avais compté vingt battements de pouls, et je voulais aller jusqu'à quarante, quand son mari parut à l'improviste et dérangea mon calcul. « C'est mon mari, dit-elle, et cela ne fait rien. » Je recommençai donc à compter. « Monsieur est assez complaisant, ajouta-t-elle, lorsqu'il passa près de nous, pour prendre la peine de me tâter le pouls. » Le mari ôta son chapeau, me salua, et me dit que je lui faisais trop d'honneur. Il remit aussitôt son chapeau et s'en alla.

Bon Dieu ! m'écriai-je en moi-même, est-il possible que ce soit là son mari ?

Une foule de gens savent sans doute ce qui pouvait m'autoriser à faire cette exclamation ; qu'ils ne se fâchent pas si je vais l'expliquer à ceux qui l'ignorent.

A Londres, un marchand ne semble faire avec sa femme qu'un même tout : quelquefois l'un, quelquefois l'autre brille par diverses perfections de l'esprit et du corps ; mais ils unissent tout cela, vont de pair, et tâchent de cadrer l'un avec l'autre, autant que mari et femme doivent le faire.

A Paris, il y a à peine deux ordres d'êtres plus différents : car la puissance législative et exécutive de la boutique n'appartiennent point au mari, il y paraît rarement... Il se tient dans l'arrière-boutique ou dans quelque chambre obscure, tout seul dans son bonnet de nuit : enfant brut de la nature, il reste tel que la nature l'a formé.

Le génie d'un peuple, dans un pays où il n'y a rien de salique que la monarchie, ayant cédé ce département, ainsi que plusieurs autres, entièrement aux femmes, celles-ci, par un babillage et un commerce continuel avec ceux qui vont et viennent, sont comme des cailloux de toute sorte de formes, qui, frottés les uns contre les autres, perdent leur rudesse et prennent quelquefois le poli du diamant... L'époux ne vaut pas beaucoup mieux que la pierre que vous foulez aux pieds.

Très certainement il n'est pas bon que l'homme soit seul... cela est fait pour la société et les douces communications. J'en appelle, pour preuve de ce que j'avance, au perfectionnement que notre nature en reçoit.

« Comment trouvez-vous, monsieur, le battement de mon pouls ? dit-elle. — Il est aussi doux, lui dis-je en le regardant tranquillement, que je me l'étais imaginé. » Elle allait me répondre quelque chose d'honnête ; mais le garçon entra avec le paquet de gants. « A propos, dis-je, j'en voudrais avoir une ou deux paires. »

La belle marchande se leva, passa derrière son comptoir, avec un paquet, et le délia. J'avance vis-à-vis d'elle : les gants étaient tous trop grands ; elle les mesura l'un après l'autre sur ma main ; cela ne les rapetissait pas. Elle me pria d'en essayer une paire qui ne lui paraissait pas si grande que les autres... Elle en ouvrit un, et ma main y glissa tout d'un coup. « Cela ne me convient pas, dis-je en retenant un peu la tête. — Non, » dit-elle, en faisant le même mouvement.

Il y a de certains regards combinés d'une subtilité unique, où le caprice, et le bon sens, et la gravité, et la sottise, sont tellement confondus que tous les langages variés de la tour de Babel ne pourraient les exprimer... Ils se communiquent et se saisissent avec une telle promptitude qu'on ne sait à peine quel est le contagieux..... Pour moi, je laisse à messieurs les dissertateurs le soin de grossir de ce sujet leurs agréables volumes... Il me suffit de répéter que les gants ne me convenaient pas... Nous pliâmes tous deux nos mains dans nos bras en nous appuyant sur le comptoir. Il était si étroit qu'il n'y avait de place entre nous que pour le paquet de gants.

La jeune marchande regardait quelquefois les gants ; puis du côté de la fenêtre, puis les gants ; et jetait de temps en temps les yeux sur moi. Je n'étais pas disposé à rompre le silence... Je suivais en

tout son exemple. Mes yeux se portaient tour-à-tour sur elle, et sur la fenêtre, et sur les gants.

Mais je perdais beaucoup dans toutes ces attaques d'imitation. Elle avait de yeux noirs, vifs, qui dardaient leurs rayons à travers deux longues paupières de soie, et ils étaient si perçants, qu'ils pénétraient jusqu'au fond de mon cœur... Cela peut paraître étrange; mais telle était l'impression qu'elle faisait sur moi.

« N'importe, dis-je, je vais m'accommoder de ces deux paires de gants; » et je les mis en poche.

Elle ne me les suffit pas d'un sou, et je fus sensible à ce procédé. J'aurais voulu qu'elle eût demandé quelque chose de plus, et j'étais embarrassé comment le lui faire comprendre. «Croyez-vous, monsieur, me dit-elle, on se méprenant sur mon embarras, que je voudrais demander seulement un sou de trop à un étranger, et surtout à un étranger dont la politesse, plus que le besoin de gants, l'engage à prendre ce qui ne lui convient pas, et à se fier à moi? Est-ce que vous m'en auriez cru capable?... — Moi ! non, je vous assure; mais vous l'eussiez fait, que je vous l'aurais pardonné de bon cœur...» Je payai ; et, en la saluant un peu plus profondément que cela n'est d'usage à l'égard d'une femme de marchand, je la quittai; et le garçon, avec son paquet, me suivit.

On me mit dans une loge où il n'y avait qu'un vieil officier. J'aime les militaires, non-seulement parce que j'honore l'homme dont les mœurs sont adoucies par une profession qui développe souvent les mauvaises qualités de ceux qui sont méchants, mais parce que j'en ai connu un autrefois... car il n'est plus: pourquoi ne le nommerais-je pas? C'était le capitaine Tobie Shandy, le plus cher de tous mes amis. Je ne puis penser à la douceur et à l'humanité de ce brave homme, quoiqu'il y ait bien longtemps qu'il soit mort, sans que mes yeux se remplissent de larmes; et j'aime, à cause de lui, tout le corps des vétérans. J'enjambai sur-le-champ les deux bancs qui étaient devant moi, et me plaçai à côté de l'officier.

Il lisait attentivement, ses lunettes sur le nez, une petite brochure qui était probablement une des pièces qu'on allait jouer. Je fus à peine assis, qu'il ôta ses lunettes, les enferma dans un étui de chagrin, et mit le livre et l'étui dans sa poche. Je me levai à demi pour le saluer.

Qu'on traduise ceci dans tous les langages du monde : en voici le sens.

« Voilà un pauvre étranger qui entre dans la loge... il a l'air de ne connaître personne, et il demeurerait sept ans à Paris, qu'il ne connaîtrait qui que ce soit, si tous ceux dont il approcherait gardaient leurs lunettes sur le nez... C'est lui fermer la porte de la conversation; ce serait le traiter pire qu'un Allemand. »

Le vieil officier aurait pu dire tout cela à haute voix, et je ne l'aurais pas mieux entendu... Je lui aurais, à mon tour, traduit en français le salut que je lui avais fait; je lui aurais dit «que j'étais très sensible à son attention, et que je lui en rendais mille grâces. »

Il n'y a point de secret qui aide plus au progrès de la sociabilité que de se rendre habile dans cette manière abrégée de se faire entendre, et d'être prompt à expliquer en termes clairs les divers mouvements des yeux et du corps dans toutes leurs inflexions. Quant à moi, par une longue habitude, j'exerce cet art si machinalement que, lorsque je marche dans les rues de Londres, je traduis tout du long du chemin; et je me suis souvent trouvé dans des cercles où l'on n'avait pas dit quatre mots, et dont j'aurais pu rapporter vingt conversations différentes, et (en les écrivant) sans risquer de dire quelque chose qui n'aurait pas été vrai.

Un soir que j'allais au concert de Martini à Milan, comme je me présentais à la porte de la salle pour entrer, la marquise de F... en sortait avec une espèce de précipitation : elle était presque sur moi que je ne l'avais pas vue, de sorte que je fis un saut de côté pour la laisser passer... Elle, de même et du même côté; et nos têtes se touchèrent... Elle alla aussitôt de l'autre côté: un mouvement involontaire m'y porta, et je m'opposai encore innocemment à son passage. Cela se répéta encore malgré nous, jusqu'au point que cela en devint ridicule. À la fin, je fis ce que j'aurais dû faire dès le commencement, je me tins tranquille, et la marquise passa sans difficulté. Je sentis aussitôt ma faute, et il n'était pas possible que j'en trasse avant de la réparer. Pour cela, je suivis la marquise des yeux jusqu'au bout du passage : elle tourna deux fois les siens vers moi, et semblait marcher le long du mur, comme si elle voulait faire place à quelque autre qui viendrait à passer... Non, dis-je, c'est là une mauvaise traduction : elle a droit d'exiger que je lui fasse des excuses, et l'espace qu'elle s'est fait que pour m'en donner la facilité. Je cours donc à elle, et lui demande pardon de l'embarras que je lui avais causé, en lui ayant mon intention était de lui faire place... Elle répondit qu'elle avait eu le même dessein à mon égard... et nous nous remerciâmes réciproquement. Elle était au haut de l'escalier, et, ne voyant point d'écuyer près d'elle, je lui offris la main pour la conduire à sa voiture... Nous descendîmes l'escalier en nous arrêtant presque à chaque marche pour parler du concert et de notre aventure. Elle était dans son carrosse. « En vérité, madame, lui dis-je, j'ai fait six efforts différents pour vous laisser passer... — Et moi, j'en ai fait autant pour vous laisser entrer... — Je souhaite-

rais bien, ajoutai-je aussitôt, que vous en fissiez un septième... — Très volontiers, » dit-elle en me faisant place... La vie est trop courte pour s'occuper de tant de formalités... Je montai dans la voiture, et je l'accompagnai chez elle... Et que devint le concert? Ceux qui y étaient le savent mieux que moi.

Je veux seulement ajouter que la liaison agréable qui résulta de cette traduction, me fit plus de plaisir qu'aucune de celles que j'ai eu l'honneur de faire en Italie.

Je n'ai jamais ouï dire que quelqu'un, si ce n'est une seule personne que je nommerai probablement dans ce chapitre, eût fait une remarque que je fis au moment même que je jetai les yeux sur le parterre, et qui me frappa d'autant plus vivement, que je ne me souvenais même pas trop qu'on l'eût faite ; c'est le jeu inconcevable de la nature, en formant un si grand nombre de nains. Elle se joue sans doute de tous les pauvres humains dans tous les coins de l'univers ; mais, à Paris, il semble qu'elle ne mette point de bornes à ses amusements. Cette bonne déesse paraît aussi gaie qu'elle est sage.

J'étais à l'Opéra-Comique, mais toutes mes idées n'y étaient pas renfermées, et elles se promenaient dehors comme si j'y avais été moi-même... Je mesurais; j'examinais tous ceux que je rencontrais dans les rues ; c'était une tâche mélancolique, surtout quand la taille était petite... le visage très brun, les yeux vifs, le nez long, les dents blanches, la mâchoire en avant... Je souffrais de voir tant de malheureux que la force des accidents avaient chassés de la classe où ils devaient être, pour les contraindre à faire nombre dans une autre... Les uns, à cinquante pas, paraissaient à peine être des enfants par leur taille ; les autres étaient noués, rachitiques, bossus, ou avaient les jambes tortues. Ceux-ci étaient arrêtés dans leur croissance, dès l'âge de six ou sept ans, par les mains de la nature ; ceux-là ressemblaient à des pygmées nains qui, dès leur première existence, font voir qu'ils ne parviendront jamais à la hauteur commune des autres arbres de la même espèce.

Un médecin voyageur dirait peut-être que cela ne provient que des bandages mal faits et mal appliqués... Un médecin sombre dirait que c'est faute d'air ; et un voyageur curieux, pour appuyer ce système, se mettrait à mesurer la hauteur des maisons, le peu de largeur des rues, et combien de pieds carrés occupent au sixième ou septième étage les gens du peuple, qui mangent et couchent ensemble. M. Shandy, qui avait sur bien des choses des idées fort extraordinaires, soutenait, en causant un soir sur cette matière, que les enfants, comme d'autres animaux, pouvaient devenir fort grands lorsqu'ils étaient venus au monde sans accident ; mais, ajouta-t-il, le malheur des habitants de Paris est d'être si étroitement logés qu'ils n'ont pas réellement assez de place pour les faire.... Aussi, que font-ils? des riens ; car n'est-ce pas ainsi qu'on doit appeler une chose qui, après vingt ou vingt-cinq ans, de tendres soins et de bonne nourriture, n'est pas devenue plus haute que ma jambe?.... Or, M. Shandy était d'une très petite stature, on ne pouvait rien dire de plus.

Ce n'est pas ici un ouvrage de raisonnement, et je m'en tiens à la fidélité de la remarque qui peut se vérifier dans toutes les rues et dans tous les carrefours de Paris. Je descendais un jour la rue qui conduit du Carrousel au Palais-Royal, j'aperçus un petit garçon qui avait de la peine à passer un ruisseau, et je lui tendis la main pour l'aider... Quelle fut ma surprise en jetant les yeux sur lui ! Le petit garçon avait au moins quarante ans... Mais il n'importe, dis-je... quelque autre bonne âme en fera autant pour moi quand j'en aurai quatre-vingt-dix.

Je sens en moi je ne sais quels principes d'égards et de compassion pour cette portion défectueuse et diminutive de mon espèce, qui n'a ni la force ni la taille pour se pousser et pour figurer dans le monde. Je n'aime point qu'on les humilie... et je ne fus pas sitôt assis à côté de mon vieil officier que j'eus le chagrin de voir qu'on se moquait d'un bossu au bas de la loge où nous étions.

Il y a, entre l'orchestre et la première loge de côté, un espace où beaucoup de spectateurs se réfugient quand il n'y a plus de place ailleurs. On y est debout, quoiqu'on paie aussi cher que dans l'orchestre. Un pauvre hère de cette espèce s'était glissé dans ce lieu incommode : il était entouré de personnes qui avaient au moins deux pieds et demi de plus que lui... et le nain bossu souffrait prodigieusement ; mais ce qui le gênait le plus était un homme de six pieds de haut, épais à proportion, Allemand par-dessus tout cela, qui était précisément devant lui, et lui dérobait absolument la vue du théâtre et des acteurs. Mon nain faisait ce qu'il pouvait pour jeter un coup d'œil sur ce qui se passait : il cherchait à profiter des ouvertures qui se faisaient quelquefois entre les bras de l'Allemand et son corps ; il guettait d'un côté, était à l'affût de l'autre : mais ses soins étaient inutiles ; l'Allemand se tenait massivement dans une attitude carrée : il aurait été aussi bien dans le fond d'un puits. Il étendit en haut très civilement sa main jusqu'au bras du géant, et lui coûta sa peine... L'Allemand tourne la tête, jette en bas les yeux sur lui, comme Goliath sur David..., et inexorablement se remet dans sa situation.

Je prenais en ce moment une prise de tabac dans la tabatière de

corne du bon moine. « Ah! mon bon père Laurent! comme ton esprit doux et poli, et qui est si bien modelé pour supporter et pour souffrir avec patience... aurait prêté une oreille complaisante aux plaintes de ce pauvre nain!... »

L'aumône.

Le vieil officier me vit lever les yeux avec émotion en faisant cette apostrophe, et me demanda ce qu'il y avait. Je lui contai l'histoire en trois mots, en ajoutant que cela était inhumain.

Le nain était poussé à bout, et, dans les premiers transports, qui sont communément déraisonnables, il dit à l'Allemand qu'il couperait sa longue queue avec ses ciseaux. L'Allemand le regarda froidement, et lui dit qu'il en était le maître s'il pouvait y atteindre.

Oh! quand l'injure est aiguisée par l'insulte, tout homme qui a du sentiment prend le parti de celui qui est offensé, quel qu'il soit... J'aurais volontiers sauté en bas pour aller au secours de l'opprimé... Le vieil officier se soulagea avec beaucoup moins de fracas... Il fit signe à la sentinelle, et lui montra le lieu où se passait la scène. La sentinelle y pénétra... il n'y avait pas besoin d'explication; la chose était visible... Le soldat fit reculer l'Allemand, et plaça le nain devant l'épais géant... « Cela est bien fait! m'écriai-je, en frappant des mains.

— Vous ne souffririez pas une chose semblable en Angleterre, » dit le vieil officier.

« En Angleterre, monsieur, lui dis-je, nous sommes tous assis à notre aise... »

Il voulut apparemment me donner quelque satisfaction de moi-même, et me dit : « Voilà un bon mot... » Je le regardai, et je vis bien qu'un bon mot a toujours de la valeur à Paris. Il m'offrit une prise de tabac.

Mon tour vint de demander au vieil officier ce qu'il y avait... J'entendais de tous côtés crier du parterre : « Haut les mains, monsieur l'abbé, » et cela m'était tout aussi incompréhensible qu'il avait peu compris ce que j'avais dit en parlant du moine.

Il me dit que c'était apparemment quelque abbé qui se trouvait placé dans une loge derrière quelques grisettes, et que le parterre l'ayant vu, il voulait qu'il tint ses deux mains en l'air pendant la représentation... « Ah! comment soupçonner, dis-je, qu'un ecclésiastique puisse être un filou? » L'officier sourit, et, en me parlant à l'oreille, il me donna connaissance d'une chose dont je n'avais pas encore eu la moindre idée.

Bon, Dieu! dis-je, en pâlissant d'étonnement, est-il possible qu'un homme rempli de sentiment, ait en même temps des idées si étranges, et qu'il se démente jusqu'à ce point? Quelle grossièreté! » ajoutai-je.

L'officier me dit : C'est une raillerie piquante qui a commencé au théâtre contre les ecclésiastiques, du temps que Molière donna son Tartufe... Mais cela passe peu à peu avec le reste de nos mœurs gothiques... Chaque nation, continua-t-il, a ses délicatesses et ses grossièretés qui règnent pendant quelque temps, et se perdent par la suite... J'ai été dans plusieurs pays, et je n'en ai pas vu un seul où je n'aie trouvé des raffinements qui manquaient dans d'autres. Le POUR et le CONTRE se trouvent dans chaque nation... Il y a une balance de bien et de mal partout; il ne s'agit que de la bien observer. C'est le vrai préservatif des préjugés que le vulgaire d'une nation prend contre une autre... Un voyageur a l'avantage de voir beaucoup et de pouvoir faire le parallèle des hommes et de leurs mœurs, et par là il apprend le savoir-vivre. Une tolérance réciproque nous engage à nous entre-aimer... » Il me fit, en disant cela, une inclination et me quitta.

Il me tint ce discours avec tant de candeur et de bon sens, qu'il justifia les impressions favorables que j'avais eues de son caractère... Je croyais aimer l'homme; mais je craignais de me méprendre sur l'objet... Il venait de tracer ma façon de penser. Je n'aurais pas pu l'exprimer aussi bien; c'était la seule différence.

Rien n'est plus incommode pour un cavalier, que d'avoir un cheval entre ses jambes, qui dresse les oreilles et fait des écarts à chaque objet qu'il aperçoit : cela m'inquiète fort peu... mais j'avoue franchement que j'ai rougi plus d'une fois pendant le premier mois que j'ai passé à Paris, d'entendre prononcer certains mots auxquels je n'étais pas accoutumé. Je croyais qu'ils étaient indécents, et ils me soulevaient... Mais je trouvai, le second mois, qu'ils étaient sans conséquence, et ne blessaient point la pudeur.

Madame de Rambouillet, après six semaines de connaissance, me fit l'honneur de me mener avec elle à deux lieues de Paris, dans sa voiture... On ne peut être plus polie, plus vertueuse et plus modeste qu'elle dans ses expressions... en revenant elle me pria de tirer le cordon... « Avez-vous besoin de quelque chose? lui dis-je... — Rien que de pisser, » dit-elle.

Ami voyageur, ne troublez point madame de Rambouillet; et vous, belles nymphes qui faites les mystérieuses, allez cueillir des roses, effeuillez-les sur le sentier où vous vous arrêterez... Madame de Rambouillet n'en fit pas davantage... Je lui avais aidé à descendre de carrosse, et j'eusse été le prêtre de la chaste Castalie, que je ne me se-

Le mousquetaire.

rais pas tenu dans une attitude plus décente et plus respectueuse près de sa fontaine.

Ce que le vieil officier venait de me dire sur les voyages me fit souvenir des avis que Polonius donnait à son fils sur le même sujet : ces avis me rappelèrent Hamlet, et Hamlet retraça à ma mémoire les autres ouvrages de Shakspeare. J'entrai, à mon retour, dans la boutique d'un libraire sur le quai de Conti, pour acheter les œuvres de ce poëte.

Le libraire me dit qu'il n'en avait point de complètes. « Comment! lui dis-je, en voilà un exemplaire sur votre comptoir. — Cela est vrai; mais il n'est pas à moi... Il est à M. le comte de B..., qui me l'a envoyé de Versailles pour le faire relier, et je le lui renverrai demain matin. »

« Et que fait M. le comte de B... de ce livre? lui dis-je... Est-ce qu'il lit Shakspeare? — Oh! dit le libraire, c'est un esprit fort... Il aime les livres anglais; et ce qui lui fait encore plus d'honneur, monsieur, c'est qu'il aime aussi les Anglais. — En vérité, lui dis-je, vous parlez si poliment que vous forceriez presque un Anglais, par reconnaissance, à dépenser quelques louis dans votre boutique. » Le libraire fit une inclination, et allait probablement dire quelque chose lorsqu'une jeune fille d'environ vingt ans, fort décemment mise, et qui avait l'air d'être au service de quelque dévote à la mode, entra dans la boutique, et demanda les *Égarements du cœur et de l'esprit*. Le libraire les lui donna aussitôt. Elle tira de sa poche une petite bourse de satin vert, nouée d'un ruban de même couleur. Elle la délia, et mit dedans le pouce et l'index avec délicatesse, mais sans affectation, pour prendre de l'argent, et paya. Rien ne me retenait dans la boutique, et j'en sortis avec elle.

« Ma belle enfant, lui dis-je, quel besoin avez-vous des *Égarements du cœur*? A peine savez-vous encore que vous en ayez un, jusqu'à ce que l'amour vous l'ait dit ou qu'un berger infidèle lui ait causé du mal. — Dieu m'en garde! répondit-elle. — Oui, vous avez raison; votre cœur est bon, et ce serait dommage qu'on vous le dérobât... C'est pour vous un trésor précieux... Il vous donne un meilleur air que si vous étiez parée de perles et de diamants. »

La jeune fille m'écoutait avec une attention docile, et elle tenait sa bourse par le ruban. « Elle est bien légère, » lui dis-je en la saisissant... et aussitôt elle l'avança vers moi... Il y a bien peu de chose dedans, continuai-je. Mais soyez toujours aussi sage que vous êtes belle, et le ciel la remplira... » J'avais encore dans la main quelques écus qui avaient été destinés à l'achat de Shakspeare; elle m'avait tout-à-fait laissé aller sa bourse, et j'y mis un écu. Je nouai le ruban, et je la lui rendis.

Elle me fit, sans parler, une humble inclination... C'était une de ces inclinations tranquilles et reconnaissantes, où le cœur a plus de part que le geste. Le cœur sent le bienfait, et le geste exprime la reconnaissance. Je n'ai jamais donné un écu à une fille avec plus de plaisir.

« Mon avis ne vous aurait servi à rien, ma chère, sans ce petit présent; quand vous verrez l'écu, vous vous souviendrez de l'avis.

« N'allez pas le dépenser en rubans... »

« Je vous assure, monsieur, que je le conserverai... » et elle me donna la main... « Oui, monsieur, je le mettrai à part. »

Une convention vertueuse qui se fait entre homme et femme semble sanctifier leurs plus secrètes démarches. Il était déjà tard et il faisait obscur : malgré cela, comme nous allions du même côté, nous n'eûmes point de scrupule de suivre ensemble le quai de Conti.

Elle me fit une seconde inclination lorsque nous nous mîmes en marche, et nous n'étions pas encore à vingt pas de la porte du libraire que, croyant n'avoir pas assez fait, elle s'arrêta un petit moment pour me remercier encore.

« C'est un petit tribut, lui dis-je, que je n'ai pu m'empêcher de payer à la vertu, et je ne voudrais pas m'être trompé sur le compte de la personne à qui je rends cet hommage... Mais l'innocence, ma chère, est peinte sur votre visage... Malheur à celui qui essaierait de lui tendre des pièges! »

Elle parut un peu affectée de ce que je lui disais... Elle fit un profond soupir. Je ne me crus pas autorisé d'en rechercher la cause, et nous gardâmes le silence jusqu'au coin de la rue de Nevers, où nous devions nous séparer.

« Est-ce ici le chemin, lui dis-je, ma chère, de l'hôtel de Modène? — Oui, mais on peut y aller aussi par la rue Guénégaud, qui est un peu plus loin... — Eh bien! j'irai donc par la rue Guénégaud, pour deux raisons : d'abord, parce que cela me fera plaisir, et ensuite pour vous accompagner plus longtemps. — En vérité, lui dis-je, je souhaiterais que l'hôtel fût dans la rue des Saints-Pères... — C'est peut-être que vous y demeurez? — Oui, monsieur, je suis femme-de-chambre de madame de R***. — Bon Dieu! m'écriai-je, c'est la dame pour laquelle on m'a chargé d'une lettre d'Amiens. » Elle me dit que madame de R*** attendait en effet un étranger qui devait lui remettre une lettre, et qu'elle était fort impatiente de le voir... « Eh bien! ma chère enfant, dites-lui que vous l'avez rencontré. Assurez-la de mes respects, et que j'aurai l'honneur de la voir demain matin. »

C'était au coin de la rue de Nevers que nous disions tout cela... Nous nous étions arrêtés, parce que la jeune fille voulait mettre les deux volumes qu'elle venait d'acheter dans ses poches : je tenais le second, pendant qu'elle y fourrait le premier, et elle tint sa poche ouverte afin que j'y misse l'autre.

Qu'il est doux de sentir la finesse des liens qui attachent nos affections!

Nous nous remîmes encore en marche, et nous n'avions pas fait trois pas, qu'elle me prit le bras... J'allais l'en prier, mais elle le fit d'elle-même, avec cette simplicité irréfléchie qui montre qu'elle ne pensait pas du tout qu'elle ne m'avait jamais vu..... Pour moi, je crus sentir si vivement en ce moment les influences de ce qu'on appelle la force du sang, que je ne pus m'empêcher de la regarder pour voir si je ne trouverais pas en elle quelque ressemblance de famille...... « Eh! ne sommes-nous pas, dis-je, tous parents? »

Arrivés au coin de la rue Guénégaud, je m'arrêtai pour lui dire décidément adieu. Elle me remercia encore, et pour ma politesse, et pour lui avoir tenu compagnie. Nous avions quelque peine à nous séparer..... Cela ne se fit qu'en nous disant adieu deux fois. Notre séparation était si cordiale, que je l'aurais scellée, je crois, en tout autre lieu, d'un baiser de charité aussi saint, aussi chaud que celui d'un apôtre.

Mais à Paris il n'y a guère que les hommes qui s'embrassent...... Je fis ce qui revient à peu près au même.....

Je priai Dieu de la bénir.

Les égarements du cœur.

LE PASSEPORT.

De retour à l'hôtel, La Fleur me dit qu'on était venu de la part de M. le lieutenant de police pour s'informer de moi... « Diable! dis-je, j'en sais la raison, et il est temps d'en informer le lecteur. J'ai omis cette partie de l'histoire dans l'ordre qu'elle est arrivée. Je ne l'avais pas oubliée... mais j'avais pensé, en écrivant, qu'elle serait mieux placée ici.

J'étais parti de Londres avec une telle précipitation, que je n'avais pas songé que nous étions en guerre avec la France. J'étais arrivé à Douvres; déjà je voyais par le secours de ma lunette d'approche, les hauteurs qui sont au-delà de Boulogne, que l'idée de la guerre ne m'était pas plus venue à l'esprit, que celle qu'on ne pouvait pas aller en France sans passeport... Aller seulement au bout d'une rue, et m'en retourner sans avoir rien fait, est pour moi une chose pénible. Le voyage que je commençais était le plus grand effort que j'eusse jamais fait pour acquérir des connaissances, et je ne pouvais supporter l'idée de retourner à Londres sans remplir mon projet... On me dit que le comte de *** avait loué le paquebot... Il était logé dans mon auberge; j'étais légèrement connu de lui, et j'allai le prier de me prendre à sa suite... Il ne fit point de difficulté; mais il me prévint que son inclination à m'obliger ne pourrait s'étendre que jusqu'à Calais, parce qu'il était obligé d'aller de

là à Bruxelles. « Mais arrivé à Calais, me dit-il, vous pourrez sans crainte aller à Paris. Lorsque vous y serez, vous chercherez des amis pour pourvoir à votre sûreté. — M. le comte, lui dis-je, je me tirerai alors d'embarras... » Je m'embarquai donc, et je ne songeai plus à l'affaire.

Mais, quand La Fleur me dit que M. le lieutenant de police avait envoyé, je sentis dans l'instant de quoi il était question..... L'hôte monta presque en même temps pour me dire la même chose, en ajoutant qu'on avait singulièrement demandé mon passeport. « J'espère, dit-il, que vous en avez un? — Moi, non; en vérité, lui dis-je n'en ai pas. »

« Vous n'en avez pas! » et il se retira à trois pas, comme s'il eût craint que je ne lui communiquasse la peste : La Fleur, au contraire, avança trois pas avec cette espèce de mouvement que fait une bonne âme pour venir au secours d'une autre.... Le bon garçon gagna tout-à-fait mon cœur. Ce seul trait me fit connaître son caractère aussi parfaitement que s'il m'avait déjà servi avec zèle pendant sept ans; et je vis que je pouvais me fier entièrement à sa probité et à son attachement...

« Milord! » s'écria l'hôte... mais se reprenant aussitôt, il changea de ton... « Si monsieur, dit-il, n'a pas de passeport, il a apparemment des amis à Paris qui peuvent lui en procurer un... — Je ne connais personne, lui dis-je avec un air indifférent — Eh bien, monsieur, en ce cas-là, dit-il, vous pouvez vous attendre à vous voir fourrer à la Bastille, ou pour le moins au Châtelet... — Oh! dis-je, je ne crains rien : le roi est rempli de bonté; il ne fait de mal à personne..... — Vous avez raison; mais cela n'empêchera pourtant pas qu'on ne vous mette à la Bastille demain matin... — J'ai loué, repris-je, votre appartement pour un mois; et je ne le quitterai pas avant le temps pour tous les rois de France du monde. »

La Fleur vint me dire à l'oreille : « Monsieur, mais personne ne peut s'opposer au roi. »

« Parbleu! dit l'hôte, il faut avouer que ces messieurs Anglais sont des gens bien extraordinaires : » et il se retira, en gromelant.

Je ne montrai tant d'assurance à l'hôte, et n'eus l'air de traiter la chose si cavalièrement, que pour ne point chagriner La Fleur. J'affectai même de paraître plus gai pendant le souper, et de causer avec lui d'autres choses. Paris et l'Opéra-Comique étaient déjà pour moi un sujet inépuisable de conversation; La Fleur avait aussi vu le spectacle, et il m'avait suivi jusqu'à la boutique du libraire. Mais, lorsqu'il me vit en sortir avec la jeune fille, et qu'il j'allais avec elle, le long du quai; il jugea inutile de me suivre ni pas de plus; et, après quelques réflexions, il prit le chemin de l'hôtel, pour revenir à l'hôtel, où il avait appris toute l'affaire de la police sur mon arrivée à Paris.

Il n'eut pas sitôt ôté le couvert, que je lui dis de descendre pour souper. Je me livrai alors aux plus sérieuses réflexions sur ma situation...

Oh! c'est ici, mon cher Eugène, que tu souriras au souvenir d'un court entretien que nous eûmes ensemble, presqu'au moment de mon départ... Je dois le raconter ici.

Eugène, sachant que je n'étais pas plus chargé d'argent que de réflexion, m'avais pris à part pour me demander combien j'avais. Je lui montrai ma bourse. Eugène branla la tête, et dit que ce qu'il y avait ne suffirait pas!..... — « Tiens, tiens, dit-il, » en voulant vider la sienne dans la mienne, augmente tes guinées de toutes celles que j'ai.... — Mais en conscience j'en ai assez des miennes,... — Je t'assure que non. Je connais mieux que toi le pays où tu vas voyager. — Cela peut être, mais vous ne faites pas réflexion, Eugène, lui dis-je en refusant son offre, que je ne serais pas trois jours à Paris sans faire quelque étourderie qui me fera mettre à la Bastille, où je vivrai un ou deux mois entièrement aux dépens du roi. — Oh! excusez, répliqua-t-il sèchement, j'avais réellement oublié cette ressource. »

L'événement dont j'avais badiné allait probablement se réaliser... Mais, soit folie, indifférence, philosophie, obstination, ou je ne sais quelle autre cause, j'eus beau réfléchir sur cette affaire, je ne pus y penser que de la même manière dont j'en avais parlé à mon ami au moment de mon départ.

La Bastille!... Mais la terreur est dans le mot... et qu'on en dise ce qu'on voudra, ce mot ne signifie autre chose qu'une tour... et une tour ne vaut rien dire de plus qu'une maison dont on ne peut pas sortir... Que le ciel soit favorable aux goutteux!... Mais ne sont-ils pas dans ce cas deux fois par an ? Oh! avec neuf francs par jour, des plumes, de l'encre, du papier et de la patience, on peut bien garder la maison pendant un mois ou six semaines sans sortir. Que craindre quand on n'a point fait de mal?... On n'en sort que meilleur et plus sage...

La tête pleine de ces réflexions, enchanté de mes idées et de mon raisonnement, je descendis dans la cour, je ne sais pour quelle raison. Je détestе, me dis-je, les pinceaux sombres, et je n'envie point l'art triste de peindre les maux de la vie avec des couleurs aussi noires. L'esprit s'effraie d'objets qu'il s'est grossis, et qu'il s'est rendus horribles à lui-même; dépouillez-les de tout ce que vous y avez ajouté, et il n'y fait aucune attention... Il est vrai, continuai-je, dans le dessein d'adoucir la proposition, que la Bastille est un mal qui n'est pas à mépriser... Mais ôtez lui ses tours, comblez ses fossés, que ses portes ne soient pas barricadées, figurez-vous que ce n'est simplement qu'un asile de contrainte, et supposez que c'est quelque infirmité qui vous y retient; et non la volonté d'un homme, alors le mal s'évanouit, et vous le souffrez sans vous plaindre. Je me disais tout cela, quand je fus interrompu, au milieu de mon soliloque, par une voix que je pris pour celle d'un enfant qui se plaignait de ce qu'on ne pouvait sortir. Je regardai sous la porte cochère... Je ne vis personne, et je revins dans la cour sans faire la moindre attention à ce que j'avais entendu.

Mais à peine y fus-je revenu, que la même voix répéta deux fois les mêmes expressions... Je levai les yeux, et je vis qu'elles venaient d'un sansonnet qui était renfermé dans une petite cage... « *Je ne peux pas sortir, je ne peux pas sortir...* » disait le sansonnet.

Je me mis à contempler l'oiseau. Plusieurs personnes passèrent sous la porte, et il leur fit les mêmes plaintes de sa captivité, en volant de leur côté dans sa cage... « *Je ne peux pas sortir*... — Oh! je vais à ton aide, m'écriai-je, je te ferai sortir, coûte qu'il coûte... » La porte de la cage était du côté du mur; mais elle était si fort entrelacée avec du fil d'archal, qu'il était impossible de l'ouvrir sans mettre la cage en morceaux... J'y mis les deux mains.

L'oiseau volait à l'endroit où je tentais de lui procurer sa délivrance. Il passait sa tête à travers le treillis, et pressait son estomac, comme s'il eût été impatient... « Je crains bien, pauvre petit captif, lui disais-je, de ne pouvoir te rendre la liberté.... — *Non*, dit le sansonnet, *je ne peux pas sortir, je ne peux pas sortir...* »

Jamais mes affections ne furent plus tendrement agitées... Jamais dans ma vie aucun accident ne m'a rappelé plus promptement mes esprits dissipés par un faible raisonnement. Les notes n'étaient proférées que mécaniquement; mais elles étaient si conformes à l'accent de la nature, qu'elles renversèrent en un instant tout mon plan systématique sur la Bastille; et, le cœur appesanti, je remontai l'escalier avec des pensées bien différentes de celles que j'avais eues en descendant.

Déguise-toi comme tu voudras, triste esclavage, tu n'es toujours qu'une coupe amère; et quoique des millions de mortels, dans tous les siècles, aient été formés pour goûter de la liqueur, tu n'en es pas moins amer. C'est toi, ô charmante déesse! que tout le monde adore en public ou en secret; c'est toi, aimable liberté, dont le goût est délicieux, et le sera toujours jusqu'à ce que la nature soit changée... Nulle teinture ne peut ternir ta robe de neige, nulle puissance chimique changer ton sceptre en fer... Le berger qui jouit de tes faveurs est plus heureux en mangeant sa croûte de pain, sous son monarque, de la cour duquel tu es exilée... Dieu!... m'écriai-je en tombant à genoux sur la dernière marche de l'escalier, accorde-moi seulement la santé dont tu es la grand dispensateur; donne-moi cette belle déesse pour compagne,... et fais pleuvoir tes mitres, si c'est la volonté de la divine providence, sur les têtes de ceux qui les ambitionnent.

L'idée du sansonnet en cage me suivit jusque dans ma chambre... Je m'approchai de la table, et, ma tête appuyée sur ma main, toutes les peines d'une prison se retracèrent à mon esprit... J'étais disposé à réfléchir, et je donnai carrière à mon imagination.

Je voulus commencer par les millions de mes semblables qui étaient nés pour l'esclavage... Mais trouvant que cette peinture, quelque touchante qu'elle fût, ne rapprochait pas assez les idées de la situation où j'étais, et que la multitude de ces tristes groupes ne faisait que me distraire... je me représentai donc un seul captif renfermé dans un cachot... Je le regardai au travers de sa porte grillée, pour faire son portrait à la faveur de la lueur sombre qui éclairait son triste souterrain.

Je considérai son corps à demi usé par l'ennui de l'attente et de la contrainte, et je compris cette espèce de maladie du cœur qui provient de l'espoir différé... Je le vis, en l'examinant de plus près, presque entièrement défiguré... Il était pâle et miné par la fièvre... Depuis trente ans, son sang n'avait point été rafraîchi par le vent d'ouest. Il n'avait vu ni le soleil ni la lune pendant tout ce temps... Ni amis ni parents ne lui avaient fait entendre les deux sons de leurs voix à travers ses grilles... Ses enfants...

Ici mon cœur commença à saigner, et je fus forcé de jeter les yeux sur une autre partie du tableau.

Il était assis sur un peu de paille dans le coin le plus reculé du cachot. C'était alternativement son lit et sa chaise... Il avait la main sur un calendrier qu'il s'était fait avec de petits bâtons, où il avait marqué par des tailles les tristes jours qu'il avait passés dans cet affreux cachot. Il tenait un de ces petits bâtons, et avec un clou rouillé il ajoutait, par une nouvelle entaille, un autre jour de misère au nombre de ceux qui étaient déjà passés. Comme j'obscurcissais le peu de lumière qu'il avait, il leva vers la porte des yeux éteints par le désespoir, les baissa ensuite, secoua la tête, et continua son déplorable travail. Ses chaînes, en mettant son petit bâton sur le tas des autres, se firent entendre... Il poussa un profond soupir. Le fer qui l'entourait ne semblait pénétrer dans son âme... Je fondis en larmes. Je ne pus soutenir la vue de cet affreux tableau que mon imagination me présentait... Je me levai en sursaut... J'appelai La Fleur et

je lui ordonnai d'avoir, le lendemain matin, un carrosse de remise à neuf heures précises.

« J'irai, dis-je, me présenter directement à M. le duc de Choiseul. »

La Fleur m'aurait volontiers aidé à me mettre au lit ; ... mais je connaissais sa sensibilité, et je ne voulus pas lui faire voir mon air triste et sombre ; je lui dis que je me coucherais seul, et qu'il pouvait aller en faire autant.

Je montai dans mon carrosse à l'heure indiquée. La Fleur se mit derrière, et je dis au cocher de me mener à Versailles le plus grand train qu'il pourrait.

Le chemin ne m'offrant rien de ce que je cherche ordinairement en voyageant, je ne pus mieux en remplir le vide que par l'histoire abrégée de mon sansonnet.

Milord L... attendait un jour que le vent devint favorable pour passer de Douvres à Calais... Son laquais, en se promenant sur les hauteurs, attrapa le sansonnet avant qu'il pût voler. Il le mit dans son sein, le nourrit, le prit en affection, et l'apporta à Paris.

Son premier soin, en arrivant, fut de lui acheter une cage qui lui coûta vingt-quatre sous. Il n'avait pas beaucoup d'affaires ; et, pendant les cinq mois que son maître resta à Paris, il apprit au sansonnet, dans la langue de son pays, les quatre mots (et pas davantage) auxquels j'ai tant d'obligation.

Lorsque milord partit pour l'Italie, son laquais donna le sansonnet et la cage à l'hôte ; mais son petit chant en faveur de la liberté étant un langage inconnu à Paris, on ne faisait guère plus de cas de ce qu'il disait que de lui... La Fleur offrit une bouteille de vin à l'hôte, et l'hôte lui donna le sansonnet et la cage.

A mon retour d'Italie, je l'emportai avec moi, et lui fis revoir son pays natal. Je racontai son histoire au lord A..., et le lord A... me pria de lui donner l'oiseau. Quelques semaines après, il en fit présent au lord B... ; le lord B... le donna au lord G... ; l'écuyer du lord G... le vendit au lord D... pour un schelling ; le lord D... le donna au lord E... ; et mon sansonnet fit ainsi le tour de la moitié de l'alphabet. De la chambre des pairs il passa dans la chambre des communes, où il ne trouva pas moins de maîtres ; mais comme tous ces messieurs voulaient *entrer dedans...* et que le sansonnet au contraire leur demandait de *sortir*, il fut presque aussi méprisé à Londres qu'à Paris.

Plusieurs de mes lecteurs ont assurément entendu parler de lui... ; et si quelqu'un par hasard l'a jamais vu, je le prie de se souvenir qu'il m'a appartenu.

Je n'ai plus rien à ajouter à son sujet, sinon que, depuis lors jusqu'à présent, j'ai porté ce pauvre sansonnet pour cimier de mes armoiries.

Que les hérauts d'armes lui tordent le cou, s'ils l'osent.

Je ne voudrais pas, quand je vais implorer la protection de quelqu'un, que mon ennemi vît la mesure de mon esprit... C'est par cette même raison que je tâche ordinairement d'être mon propre protecteur... mais c'était par force que je m'adressais au duc de Choiseul ; si c'eût été une action de choix, je suppose que je l'aurais faite tout comme un autre.

Combien de formes de placets, de la tournure la plus basse, mon servile cœur ne conçut-il pas pendant tout le chemin ! Je méritais d'aller à la Bastille pour chacune de ces tournures.

Arrivé à la vue de Versailles, je voulus m'occuper à rassembler des mots, des maximes ; j'essayai des attitudes, des tons de voix pour m'insinuer dans les bonnes grâces de M. le duc. Bon ! disais-je, j'y suis : ceci fera l'affaire. Oui, tout aussi bien qu'un habit qu'on lui aurait fait sans lui prendre la mesure. Sot, continuai-je en m'apostrophant, commence par regarder M. le duc de Choiseul, observe son visage... le caractère qui y est tracé... remarque son attitude en l'écoutant, la tournure et l'expression de toute sa personne, et le premier mot qui sortira de sa bouche sera le ton que tu dois prendre. Vous composerez sur-le-champ votre harangue de l'assemblage de ces choses ; elle ne pourra lui déplaire, et passera très vraisemblablement : c'est lui qui en aura fourni les ingrédients.

Eh bien ! dis-je, je voudrais déjà avoir fait ce pas-là. Lâche ! un homme n'est-il pas égal à un autre sur la surface du globe ? Cela est ainsi dans un champ de bataille ; pourquoi cela ne serait-il pas de même face à face dans le cabinet ? Crois-moi, Yorick, un homme qui ne prend pas cette noble assurance, se dégrade lui-même, et dégrade ses propres ressources dix fois sur une que la nature les lui refuse. Présente-toi au duc avec la crainte de la Bastille dans les regards et dans la contenance, et sois assuré que tu seras renvoyé à Paris en moins d'une heure avec une bonne escorte.

Ma foi, dis-je, je le vois ainsi... Eh bien, par le ciel ! j'irai au duc avec toute l'assurance et la gaîté possibles !

Vous vous égarez encore, me dis-je. Un cœur tranquille ne se jette pas dans les extrêmes... il se possède toujours... Bien, bien, m'écriai-je, tandis que le cocher entrait dans les cours, je vois que je m'en acquitterai très bien. Et, quand il s'arrêta, je me trouvai, par la leçon que je venais de me donner, aussi calme qu'on peut l'être. Je ne montai l'escalier ni avec cet air craintif qu'ont les victimes de la justice, ni avec cette humeur vive et badine qui m'anime toujours quand je te vais voir, Elisa.

Dès que je parus dans le salon, une personne vint au devant de moi ; je ne sais si c'était le maître-d'hôtel ou le valet de chambre, peut-être était-ce quelque sous-secrétaire : elle me dit que M. le duc de Choiseul travaillait. « J'ignore, lui dis-je, comment il faut s'y prendre pour obtenir audience ; je suis étranger, et, ce qui est encore pis dans la conjoncture des affaires présentes, c'est que je suis Anglais. » Elle me répondit que cette circonstance ne rendait pas la chose plus difficile... Je lui fis une légère inclination... « Monsieur, lui dis-je, ce que j'ai à communiquer à M. le duc est fort important. » Il regarda de côté et d'autre, pour voir apparemment s'il n'y avait personne qui pût nous entendre : je retournai à lui... « Je ne veux pas, monsieur, lui dis-je, causer ici de méprise... ce n'est pas pour M. le duc que j'ai à lui parler cet importe, c'est pour moi. — Ah ! c'est une autre affaire, dit-il. — Non, monsieur, repris-je, je suis sûr que c'est la même chose pour M. le duc... » Cependant, je le priai de me dire quand je pourrais avoir accès. « Dans deux heures, » dit-il. Le nombre des équipages qui étaient dans la cour semblait justifier le calcul. Que faire pendant ce temps-là ? Me promener en long et en large dans une salle d'audience ne me paraissait pas un passe-temps fort agréable. Je descendis, et j'ordonnai au cocher de me mener au Cordon-Bleu.

Mais tel est mon destin... Il est rare que j'aille à l'endroit que je me propose.

Je n'étais pas à moitié chemin de l'auberge que je changeai d'avis. Puisque je suis à Versailles, pensai-je, il ne m'en coûtera pas davantage de parcourir la ville ; je tirai le cordon, et je dis au cocher de me promener par quelques-unes de ses principales rues. « Cela sera bientôt fait, ajoutai-je, car je suppose qu'elle n'est pas grande. — Elle n'est pas grande ! pardonnez-moi, monsieur, elle est fort grande et même fort belle. La plupart des seigneurs y ont des hôtels. » A ce mot d'hôtels, je me rappelai tout-à-coup le comte de B*** dont le libraire du quai de Conti m'avait dit tant de bien... Eh ! pourquoi n'irais-je pas chez un homme qui a une aussi haute idée des livres anglais et des Anglais mêmes ? Je lui raconterai mon aventure... je changeai donc d'avis une seconde fois... à bien compter, même, c'était la troisième. J'avais eu d'abord envie d'aller chez madame R***, rue des Saints-Pères ; j'avais chargé sa femme de chambre de la prévenir que je me rendrais assurément chez elle. Mais ce n'est pas une règle de conduite pour moi ; ce sont les circonstances qui me gouvernent. Ayant donc aperçu de l'autre côté de la rue un homme qui portait un panier et paraissait avoir quelque chose à vendre, je dis à La Fleur d'aller lui demander où demeurait le comte de B***.

La Fleur revint précipitamment ; et avec un air qui peignait la surprise, il me dit que c'était un chevalier de Saint-Louis qui vendait des petits pâtés... « Quel conte ! lui dis-je ; cela est impossible. — Je ne puis, monsieur, vous expliquer la raison de ce qu'il y a ; mais cela est : j'ai vu la croix et le ruban rouge attaché à la boutonnière. J'ai regardé dans le panier, et j'ai vu les petits pâtés qu'il vend ; il est impossible que je me trompe en cela. »

Un tel revers dans la vie d'un homme éveilla dans mon âme sensible un autre principe que la curiosité... Je l'examinai quelque temps de dedans mon carrosse... Plus je l'examinais, plus je le voyais avec sa croix et son panier, et plus mon esprit et mon cœur s'échauffaient... Je descendis de la voiture, et je dirigeai mes pas vers lui.

Il était entouré d'un tablier blanc qui lui tombait au dessous des genoux. Sa croix pendait au dessus de la bavette. Son panier, rempli de petits pâtés, était couvert d'une serviette ouvrée. Il y en avait une autre au fond, et tout cela était si propre, que l'on pouvait acheter ses petits pâtés, aussi bien par appétit que par sentiment.

Il ne les offrait à personne, mais il se tenait tranquille dans l'encoignure d'un hôtel, dans l'espoir qu'on viendrait les acheter sans y être sollicité.

Il était âgé d'environ cinquante ans, d'une physionomie calme, mais un peu grave. Cela ne me surprit pas... Je m'adressai au panier plutôt qu'à lui. Je levai la serviette, je pris un petit pâté, et le priant d'un air touché de m'expliquer ce phénomène.

Il me dit en peu de mots qu'il avait passé sa jeunesse dans le service, qu'il y avait mangé un petit patrimoine ; qu'il avait obtenu une compagnie et la croix ; mais qu'à la conclusion de la dernière paix, son régiment fut réformé, et que tout le corps, ainsi que ceux d'autres régiments, fut renvoyé sans pension ni gratification. Il se trouvait dans le monde sans amis, sans argent. « Et bien réellement, ajouta-t-il, sans autre chose que ceci » (montrant sa croix). Le pauvre chevalier me faisait pitié ; mais il gagna mon estime, en achevant ce qu'il avait à me dire.

« Le roi est un prince aussi bon que généreux, mais il ne peut récompenser ni soulager tout le monde : mon malheur est de me trouver de ce nombre. Je suis marié... Ma femme, que j'aime et qui m'aime, a cru pouvoir mettre à profit le petit talent qu'elle a de faire de la pâtisserie, et j'ai pensé, moi, qu'il n'y avait point de déshonneur à nous préserver tous deux des horreurs de la disette en

vendant ce qu'elle fait... à moins que la Providence ne nous eût offert un meilleur moyen. »

Je priverais les âmes sensibles d'un plaisir, si je ne leur racontais pas ce qui arriva à ce pauvre chevalier de Saint-Louis, huit ou neuf mois après.

Il se tenait ordinairement près de la grille du château. Sa croix attira les regards de plusieurs personnes qui eurent la même curiosité que moi, et il leur raconta la même histoire avec la même modestie qu'il me l'avait racontée. Le roi en fut informé. Il sut que c'était un brave officier qui avait eu l'estime de tout son corps, et il mit fin à son petit commerce, en lui donnant une pension de quinze cents livres.

J'ai raconté cette anecdote dans l'espoir qu'elle plairait au lecteur; je le prie de me permettre, pour ma propre satisfaction, d'en raconter une autre arrivée à une personne du même état: les deux histoires se donnent jour réciproquement, et ce serait dommage qu'elles fussent séparées.

Quand les empires les plus puissants ont leurs époques de décadence et éprouvent à leur tour les calamités et la misère, je ne m'arrêterai pas à dire les causes qui avaient insensiblement ruiné la maison d'E*** en Bretagne. Le marquis d'E*** avait lutté avec beaucoup de fermeté contre les coups de la fortune: il voulait conserver encore aux yeux du monde quelques restes de l'éclat dont avaient brillé ses ancêtres; mais les dépenses excessives qu'ils avaient faites lui en avaient entièrement ôté les moyens..... Il lui restait bien assez pour le soutien d'une vie obscure... mais il avait deux fils qui semblaient lui demander quelque chose de plus, et il croyait qu'ils méritaient un meilleur sort. Ils avaient essayé de la voie des armes... il en coûtait trop pour parvenir... l'économie ne convenait pas à cet état... Il n'y avait donc pour lui qu'une ressource, et c'était le commerce.

Dans toute autre province de France, hormis la Bretagne, c'était flétrir pour toujours la racine du petit arbre que son orgueil et son affection voulaient voir refleurir... Heureusement la Bretagne a conservé le privilège de secouer le joug de ce préjugé. Elle s'en prévalut. Les États étaient rassemblés à Rennes; le marquis eut l'occasion de se présenter un jour, suivi de ses deux fils, devant le sénat. Il alla faire valoir avec dignité la faveur d'une ancienne loi du duché, qui, quoique rarement réclamée, ne subsistait pas moins dans toute sa force. Il prit son épée de son côté. « La voici, dit-il, prenez-la; soyez-en les fidèles dépositaires, jusqu'à ce qu'une meilleure fortune me mette en état de la reprendre et de m'en servir avec honneur. »

Le président accepta l'épée..... Le marquis s'arrêta quelques moments pour le voir déposer dans les archives de sa maison, et se retira.

Il s'embarqua le lendemain avec toute sa famille pour la Martinique. Une application assidue au commerce pendant dix-neuf ou vingt ans, et quelques legs inattendus de branches éloignées de sa maison, lui rendirent de quoi soutenir sa noblesse, et il revint chez lui pour réclamer son épée.

J'eus le bonheur de me trouver à Rennes le jour de cet événement solennel. C'est ainsi que je l'appelle. Quel autre nom pourrait lui donner un voyageur sentimental?

Le marquis, tenant à la main une épouse respectable, parut avec modestie au milieu de l'assemblée. Son fils aîné conduisait sa sœur. Le cadet était à côté de sa mère. Un mouchoir cachait les larmes de ce bon père.

Le silence le plus profond régnait dans toute l'assemblée. Le marquis remit sa femme aux soins de son fils cadet et de sa fille, avança six pas vers le président, et lui demanda son épée. On la lui rendit. Il ne l'eut pas plutôt, qu'il la tira presque tout entière hors du fourreau..... C'était la face brillante d'un ami qu'il avait perdu de vue depuis quelque temps. Il l'examina attentivement, comme pour s'assurer que c'était la même. Il aperçut un peu de rouille vers la pointe: il la porta plus près de ses yeux, et il me sembla que je vis tomber une larme sur l'endroit rouillé; je ne puis y être trompé par ce qui suit.

« Je le nettoierai, dit-il, quelque autre moyen pour l'ôter. »

Il la remit ensuite dans le fourreau, remercia ceux qui en avaient été les dépositaires, et se retira avec son épouse, sa fille et ses deux fils.

Que je lui envais ses sensations!

VERSAILLES.

J'entrai chez M. le comte de B*** sans essuyer la moindre difficulté. Il feuilletait les ouvrages de Shakspeare qui étaient sur son secrétaire, et je le lus juger par mes regards que je les connaissais. « Je suis venu, lui dis-je, sans introducteur, parce que je savais que je trouverais dans votre cabinet un ami qui m'introduirait auprès de vous. Le voilà, c'est le grand Shakspeare, mon compatriote..... Esprit sublime, m'écriai-je, fais-moi cet honneur-là! »

Le comte sourit de la singularité de cette manière de se présenter... Il s'aperçut à mon air pâle que je ne me portais pas bien, et me pria aussitôt de m'asseoir. J'obéis; et, pour lui épargner des conjectures sur une visite qui n'était certainement pas faite dans les règles ordinaires, je lui racontai naïvement ce qui m'était arrivé chez le libraire, et comment cela m'avait enhardi à venir le trouver plutôt que tout autre, pour lui faire part du petit embarras où je m'étais plongé. « Quel est votre embarras? me dit-il, que je le sache. » Je lui fis le même récit que j'ai déjà fait au lecteur.

« Mon hôte, ajoutai-je en le terminant, m'assure, M. le comte, qu'on me mettra à la Bastille. Mais je ne crains rien; je suis au milieu du peuple le plus poli de l'univers, et ma conscience me dit que je suis intègre. Je ne suis point venu ici pour jouer le rôle d'espion, ni pour observer la nudité du pays; à peine ai-je eu la pensée que je fusse exposé. Il ne convient pas à la générosité française, M. le comte, dis-je, de faire du mal à des infirmes. »

Je vis le teint du comte s'animer lorsque je prononçai ceci... « Ne craignez rien, dit-il... — Moi monsieur, je ne crains réellement rien; d'ailleurs, continuai-je d'un air un peu badin, je suis venu en riant depuis Londres jusqu'à Paris; et je ne crois pas que M. le duc de Choiseul soit assez ennemi de la joie pour me renvoyer en pleurs.

« Je me suis adressé à vous, M. le comte, ajoutai-je en lui faisant une profonde inclination, pour vous engager à le prier de ne pas faire cet acte de cruauté. »

Le comte m'écoutait avec un grand air de bonté... sans cela j'aurais moins parlé... Il s'écria une ou deux fois : « Cela est bien dit... » Cependant la chose en resta là, et je ne voulus plus en parler.

Il changea lui-même de discours; nous parlâmes de choses indifférentes, de livres, de nouvelles, de politique, des hommes... et puis des femmes. « Que Dieu bénisse tout le beau sexe, lui dis-je, personne ne l'aime plus que moi. Après tous les faibles que j'ai vus aux femmes, toutes les satires que j'ai lues contre elles, je les aime toujours. Je suis fermement persuadé qu'un homme qui n'a pas une espèce d'affection pour elles toutes, n'en peut aimer une seule comme il le doit. »

« Eh bien! M. l'Anglais, me dit galment le comte, vous n'êtes pas venu ici, dites-vous, pour espionner la nudité du pays... je vous crois... ni encore... j'ose le dire, celle de nos femmes. Mais permettez-moi de conjecturer que si, par hasard, vous en trouviez quelques-unes sur votre chemin, que les présentassent ainsi à vos yeux, la vue de ces objets ne vous effraierait pas beaucoup. »

Il y a quelque chose en moi qui se révolte à la moindre idée indécente. Je me suis souvent efforcé de surmonter cette répugnance, et j'ai si bien avancé beaucoup de fois que je n'aurais pas osé risquer une seule dans un cercle de femmes, des choses dont je n'aurais pas osé risquer une seule dans un tête-à-tête, m'eût-elle conduit au bonheur.

« Excusez-moi, M. le comte, lui dis-je, si un pays aussi florissant ne m'offrait qu'une terre nue, j'y jetterais les yeux en pleurant.... Pour ce qui est de la nudité des femmes, continuai-je en rougissant de l'idée qu'il avait excitée en moi, j'observe si scrupuleusement l'Évangile, m'attendris tellement sur leurs faiblesses, que si j'en trouvais dans cet état, je les couvrirais d'un manteau, pourvu que le susse comment il faudrait m'y prendre... Mais, je l'avoue, je voudrais bien voir la nudité de leurs cœurs, et tâcher, à travers les différents déguisements des coutumes, du climat, de la religion et des mœurs, de modeler le mien sur ce qu'il y a de bon...

« C'est pour cela que je suis venu à Paris; c'est pour la même raison, M. le comte, continuai-je, que je n'ai pas encore été voir le Palais-Royal, le Luxembourg, la façade du Louvre... Je n'ai pas non plus essayé de grossir le catalogue des tableaux, des statues, des églises: je me représente chaque beauté comme un temple dans lequel j'aimerais mieux entrer pour y voir les traits originaux et les légères esquisses qui s'y trouvent, que le fameux tableau de la Transfiguration de Raphaël lui-même.

« La soif que j'en ai, continuai-je, aussi ardente que celle qui enflamme le sein du connaisseur, m'a fait sortir de chez moi pour venir en France, me conduira probablement plus loin... C'est un voyage tranquille que le cœur fait à la poursuite de la nature et des affections qu'elle fait éprouver, et qui nous porte à nous entr'aimer un peu mieux que nous ne faisons. »

Le comte me dit des choses fort obligeantes à ce sujet, et ajouta très poliment qu'il était très redevable à Shakspeare de lui avoir procuré ma connaissance... « Mais à propos, dit-il, cet auteur est si rempli de ses grandes idées, qu'il a oublié une petite bagatelle, qui est de me dire votre nom... Cela vous met dans la nécessité de vous nommer vous-même. »

Rien ne m'embarrasse plus que d'être obligé de dire qui je suis. Je parle plus aisément d'un autre que de moi-même; et j'ai souvent souhaité de pouvoir le faire en un seul mot, pour avoir plus tôt fini. Ce fut le seul moment, et la seule occasion dans ma vie où je ne pus me satisfaire à cet égard. Shakspeare était venu avec moi; je me souvins que mon nom était dans la tragédie d'Hamlet, je cherchai immédiatement la scène des fossoyeurs, au cinquième acte; et, posant le doigt

VOYAGE SENTIMENTAL.

sur le nom d'Yorick, je présentai le volume au comte... « Me voici, » lui dis-je.

Il importe peu de savoir si la réalité de ma personne avait effacé ou non de l'esprit du comte l'idée du squelette du pauvre Yorick, ou par quelle magie il se trompa de sept ou huit siècles... Les Français conçoivent mieux qu'ils ne combinent... Rien ne m'étonne dans ce monde, et encore moins ces espèces de méprises... Je me suis avisé de faire quelques volumes de sermons, bons ou mauvais; et un de nos évêques, dont je révère d'ailleurs la candeur et la piété, me disait un jour qu'il n'avait pas la patience de feuilleter des sermons qui avaient été composés par le bouffon du roi de Danemarck. « Mais, monseigneur, lui dis-je, il y a deux Yorick : le Yorick dont vous parlez est mort et enterré il y a huit siècles... Il florissait à la cour d'Horwendillus... L'autre Yorick n'a brillé dans aucune cour, et c'est moi qui le suis... » Il secoua la tête. « Mon Dieu, monseigneur, ajoutai-je, vous voudriez donc me faire penser que vous pourriez confondre Alexandre-le-Grand avec Alexandre dont parle saint Paul, et qui n'était qu'un chaudronnier? — Je ne sais, dit-il ; mais n'est-ce pas le même? »

« Ah ! si le roi de Macédoine, lui dis-je, monseigneur, pouvait vous donner un meilleur évêché, je suis bien sûr que vous ne parleriez pas ainsi. »

Le comte de B*** tomba dans la même erreur.

« Vous êtes Yorick ! s'écria-t-il... — Oui, je le suis. — Vous? — Oui, moi-même, moi qui ai l'honneur de vous parler. — Bon Dieu ! dit-il en m'embrassant, vous êtes Yorick ! »

Il mit aussitôt le volume de Shakespeare dans sa poche, et me laissa seul dans son cabinet.

Je ne pouvais pas concevoir pourquoi le comte de B*** était sorti si précipitamment, ni pourquoi il avait mis le volume de Shakespeare dans sa poche... Mais des mystères qui s'expliquent d'eux-mêmes par la suite ne valent pas le temps que l'on perd à vouloir les pénétrer... Il valait mieux lire Shakespeare... Je pris un des volumes qui restaient, et je tombai sur la pièce intitulée : *Beaucoup de bruit et de fracas pour rien,* et, du fauteuil où j'étais assis, je me transportai sur-le-champ à Messine ; je m'y occupais si fort de don Pèdre, de Benoit et de Béatrix, que je ne pensais ni à Versailles, ni au comte, ni au passe-port.

Douce flexibilité de l'esprit humain, qui peut aussitôt se livrer à des illusions qui adoucissent les tristes moments de l'attente et de l'ennui!... Il y a longtemps que je n'existerais plus si je n'avais pas créé dans les plaines enchantées... Dès que je trouve un chemin trop rude pour mes pieds ou trop escarpé pour mes forces, je le quitte pour chercher un sentier velouté et uni que l'imagination a jonché de boutons de roses. J'y fais quelques tours, et j'en reviens plus robuste et plus frais. Lorsque le monde m'accable et que ce monde ne m'offre aucune retraite pour m'y soustraire, je le quitte, et je prends une nouvelle route... Et, comme j'ai une idée beaucoup plus claire des Champs-Élysées que du ciel, je fuis comme Énée, j'y entre par force... Je le vois y rencontrer l'ombre pensive de sa Didon abandonnée, qu'il cherche à reconnaître... Elle l'aperçoit, se détourne en silence de l'auteur de sa misère et de sa honte... Mes sensations se perdent dans les siennes ; je les confondais dans ces émotions qui m'arrachaient des larmes sur son sort lorsque j'étais au collège.

Ce n'est certainement pas là courir après une ombre vaine et se tourmenter inutilement pour la saisir : on se tourmente bien plus souvent en confiant le succès de ces émotions à la seule raison. J'assurerai hardiment que, quant à moi, je ne fus jamais plus en état de vaincre aussi décidément une seule sensation désagréable dans mon cœur, qu'en y excitant à sa place une autre plus douce et plus agréable.

J'allais finir de lire le troisième acte, lorsque le comte de B*** entra, avec mon passe-port à la main... « M. le duc de Choiseul, me dit-il, est aussi bon prophète qu'il est grand homme d'État. Celui qui rit, dit-il, n'est jamais très dangereux. Pour tout autre que le bouffon du roi, je n'aurais pu l'avoir de plus de deux heures... — Mais M. le comte, lui dis-je, je ne suis pas le bouffon du roi... — Mais vous êtes Yorick ? — Oui. — Et vous riez, vous plaisantez? — Je ris, plaisante, mais je ne suis point payé pour cela... C'est toujours à mes propres frais que je m'amuse...

« Nous n'avons pas, M. le comte, de bouffons à la cour ; le dernier que nous eûmes parut sous le règne licencieux de Charles II. Nos mœurs depuis ce temps, se sont si épurées, nos grands seigneurs sont si désintéressés, qu'ils ne désirent plus rien que les honneurs et la richesse de leur patrie ; nos dames sont toutes si modestes, si réservées, si chastes, si dévotes... Ah ! M. le comte, un bouffon n'aurait pas un seul trait de la raillerie à décocher...»

« Oh ! pour cela, s'écria-t-il, voilà du persiflage. »

Le passe-port adressé à tous les gouverneurs, lieutenants, commandants, officiers généraux et autres officiers de justice ; et M. Yorick, le bouffon du roi, et son bagage, pouvaient voyager tranquillement. On avait ordre de les laisser passer sans les inquiéter. J'avoue cependant que le triomphe d'avoir obtenu ce passe-port me paraissait un peu terni par la figure que j'y faisais... Mais quels biens

dans ce monde sont sans mélange? Je connais de graves théologiens qui vont jusqu'à soutenir que la jouissance même est accompagnée d'un soupir, et que la plus délicieuse qu'ils connaissent se termine ordinairement par quelque chose approchant de la convulsion.

Je me souviens que le grave et le savant Bevoriskius, dans son commentaire sur les générations d'Adam, étant au milieu d'une note, l'interrompit tout naturellement pour parler de deux moineaux qui étaient sur les bords de sa fenêtre, et qui l'avaient tellement incommodé, pendant qu'il écrivait, qu'ils lui avaient enfin fait perdre le fil de sa généalogie.

« Cela est étrange, s'écrie-t-il, mais le fait n'en est pas moins « vrai. Ils me troublaient par leurs caresses... J'eus la curiosité de « les marquer une seconde fois avec ma plume, et le moineau mâle, dans « le peu de temps qu'il m'aurait fallu pour finir ma note, réitéra les « siennes vingt-trois fois et demie. »

« Que le ciel répand de bienfaits sur ses créatures ! » ajoute Bevoriskius.

Et c'est le plus grave de tes frères, ô malheureux Yorick, qui publie ce que tu ne peux copier ici sans rougir !

Mais cette anecdote n'a rien de commun avec mes voyages... Je demande deux fois... trois fois excuse de cette digression.

« Eh bien, me dit le comte après qu'il m'eut donné le passe-port, comment trouvez-vous les Français ? »

On peut s'imaginer qu'après avoir reçu tant d'honnêtetés je ne pouvais répondre à cette question que d'une manière fort polie.

« Passe pour cela, dit le comte, mais parlez franchement ; trouvez-vous dans les Français toute l'urbanité dont on leur fait tribut partout? — Tout ce que j'ai vu, lui dis-je, me confirme dans cette opinion... — Oh ! oui, dit le comte, les Français sont polis... — Jusqu'à l'excès, » repris-je.

Ce mot *excès* le frappa, il prétendait que j'entendais par là plus que je ne disais. Je m'en défendis pendant longtemps aussi bien que je pus... Il insista sur ma réserve, et m'engagea à parler avec franchise.

« Je crois, M. le comte, lui dis-je, qu'il en est des questions que l'on se fait dans la société comme de la musique ; on a besoin d'une clef pour répondre aux unes comme pour régler l'autre. Une note exprimée trop haut ou trop bas dérange tout le système de l'harmonie... » Le comte de B*** ne savait pas la musique, et me pria de m'expliquer de quelque autre façon... « Une nation civilisée, M. le comte, lui dis-je enfin, rend le monde son tributaire. La politesse en elle-même, ainsi que le beau sexe, d'ailleurs tant de charmes qu'il répugne au cœur d'en dire du mal... Je crois cependant qu'il n'y a pas un seul point de perfection où l'homme en général puisse arriver..... Je ne prétends pas marquer par là à quel degré cela se rapporte aux Français sur le point dont nous parlons. Mais si jamais les Anglais parvenaient à cette politesse qui distingue les Français, et s'ils ne perdaient pas en même temps cette politesse du cœur qui engage les hommes à faire plutôt des actes d'humanité que de pure civilité, ils perdraient au moins ce caractère original et varié qui les distingue non-seulement les uns des autres, mais qui les distingue aussi de tout le reste du monde. »

Je fouillai dans ma poche, et j'en tirai quelques schellings qui avaient été frappés du temps du roi Guillaume, et qui étaient unis comme le verre : ils pouvaient servir à éclaircir ce que je venais de dire.

« Voyez, M. le comte, lui dis-je en les posant devant lui sur son bureau : par le frottement de ces pièces pendant soixante-dix ans qu'elles ont passé par tant de mains, elles sont devenues si semblables les unes aux autres qu'à peine pourrez-vous les distinguer.

« Les Anglais, comme les anciennes médailles que l'on met à part et qui ne passent que par peu de mains, conservent la même rudesse que la nature leur a donnée. Elles ne sont pas si agréables au toucher; mais en revanche la légende n'en est si lisible que, du premier coup d'œil, on voit de qui elles portent l'effigie et la suscription..... Mais les Français, M. le comte... ajoutai-je, cherchant à adoucir ce que j'avais dit, ont tant d'excellentes qualités qu'ils peuvent bien se passer de celles-là. Il n'y a point de peuple plus loyal, plus brave, plus généreux, plus spirituel et meilleur. S'ils ont un défaut... c'est d'être trop sérieux.

« Mon Dieu ! s'écria le comte en se levant avec surprise...

« Mais vous plaisantez, » dit-il... Je mis la main sur ma poitrine et l'assurai gravement que c'était mon opinion.

Le comte me dit qu'il était mortifié de ne pouvoir rester pour m'entendre justifier cette idée. Il était obligé de sortir dans le moment pour aller dîner chez le duc de Choiseul, où il était engagé.

« Mais j'espère, me dit-il, que vous ne trouverez pas Versailles trop éloigné de Paris, pour vous empêcher d'y venir dîner avec moi... J'aurai peut-être alors le plaisir de vous voir rétracter votre opinion... ou d'apprendre comment vous la soutiendrez. En ce cas, M. l'Anglais, vous ferez bien d'employer tous vos moyens, car vous aurez tout le monde contre vous... » Je promis au comte d'avoir l'honneur de dîner avec lui avant de partir pour l'Italie, et je me retirai.

Je revins aussitôt à Paris. Le portier me dit qu'une jeune fille, qui avait une boîte de carton, était venue me demander un instant avant que j'arrivasse. « Je ne sais, dit-il, si elle s'en est allée ou non. » Je pris la clef de ma chambre, et je trouvai dans l'escalier la jeune fille qui descendait.

C'était mon aimable fille du quai de Conti. Madame de R*** l'avait envoyée chez une marchande de modes, à deux pas de l'hôtel de Modène ; je ne l'avais pas été voir, et elle lui avait dit de s'informer si je n'étais déjà plus à Paris ; et en ce cas, si je n'avais pas laissé une lettre à son adresse. Elle monta avec moi dans ma chambre, pour attendre que j'eusse écrit une carte. C'était une belle soirée de la fin du mois de mai. Les rideaux de la fenêtre, de taffetas cramoisi, étaient bien fermés... Le soleil se couchait et réfléchissait à travers l'étoffe une si belle teinte sur le visage charmant de la jeune beauté, que je crus qu'elle rougissait... Cette idée me fit rougir moi-même. Nous étions seuls, et cette circonstance me donna une seconde rougeur avant que la première fût dissipée.

Il y a une espèce agréable de rougeur qui est à moitié criminelle, et qui provient plutôt du sang que de l'homme lui-même. Le cœur l'envoie avec impétuosité, et la vertu vole à sa suite... non pas pour la rappeler, mais pour en rendre la sensation plus délicieuse... elles vont de compagnie... Je ne la décrirai pas.. Je sentis d'abord quelque chose en moi qui n'était pas conforme à la leçon de vertu que j'avais donnée la veille sur le quai de Conti ; je cherchai une carte pendant cinq ou six minutes, quoique je susse que je n'en avais point. Je pris une plume, je la replaçai ; ma main tremblait, le diable m'agitait.

Je sais aussi bien que tout autre que c'est un ennemi qui s'enfuit si on lui résiste ; mais il est rare que je lui résiste, de peur d'être blessé au combat, quoique vainqueur... j'aime mieux, pour plus de sûreté, céder le triomphe ; et c'est moi-même qui fuis, au lieu de le faire fuir.

La jeune fille s'approcha du secrétaire, où je cherchais si inutilement une carte... Elle prit d'abord la plume que j'avais replacée, et m'offrit de me tendre le cornet, et cela d'une voix si douce, que j'allais l'accepter : cependant je n'osai pas. « Mais, ma chère, je n'ai point de carte, lui dis-je, pour écrire. — Qu'importe ? écrivez, dit-elle naïvement, sur telle autre chose que ce soit. » — Ah ! je fus tenté de lui dire : « Je vais donc l'écrire sur tes lèvres. » Mais je suis perdu, me dis-je, si je fais cela. Je la pris par la main, et la menai vers la porte, en la priant de ne point oublier la leçon que je lui avais donnée... Elle promit de s'en souvenir, et elle fit cette promesse avec tant d'ardeur, qu'en se retournant elle mit ses deux mains dans les miennes... Il était impossible, dans cette situation, de ne pas les serrer ; je voulais les laisser aller et je les retenais encore... Je ne lui parlais point, je raisonnais en moi-même. L'action me faisait de la peine, mais je tenais toujours mes mains serrées... Au même instant, je m'aperçus qu'il y fallait recommencer le combat ; je sentais tout mon cœur trembler à cette idée.

Le lit n'était qu'à deux pas de nous. Je lui tenais encore les mains... et je ne sais comment cela arriva... Je ne lui dis pas de s'y asseoir... je ne l'y attirai pas. Je n'y pensais même pas, cependant nous nous trouvâmes tous deux assis sur le pied du lit.

« Il faut, dit-elle, que je vous montre la petite bourse que j'ai faite ce matin pour mettre votre écu... » Elle la chercha dans sa poche droite qui était de mon côté, et la chercha pendant quelque temps ; ensuite dans sa poche gauche, et ne la trouvant point, elle craignait de l'avoir perdue... Je n'ai jamais attendu une chose avec autant de patience. Enfin, elle la trouva dans sa poche droite, et l'en tira pour me la montrer. Elle était de taffetas vert doublé de satin blanc piqué, et n'était plus grande qu'il ne fallait pour contenir l'écu qui était dedans. Elle me la mit dans la main, elle était joliment faite. Je la tins dix minutes, le revers de ma main appuyé sur ses genoux. Je regardai la bourse et quelquefois à côté.

J'avais un col plissé, dont quelques fils s'étaient rompus. Elle enfila, sans rien dire, une aiguille, et se mit à le raccommoder... Je prévis tout le danger courait ma gloire... Sa main, qu'elle faisait passer et repasser à mon cou, en gardant le silence, agitait visiblement les lauriers que mon imagination avait placés sur ma tête.

La boucle d'un de ses souliers s'était défaite en marchant... « Voyez, dit-elle, en levant son pied, j'allais la perdre si je ne m'en étais aperçue... » Je ne pouvais pas faire moins, en reconnaissance du soin qu'elle avait pris de me raccommoder mon col, que de rattacher la boucle... Lorsque j'eus fini, je levai l'autre pied, pour voir si les boucles étaient placées l'une contre l'autre... Je fis un peu trop brusquement... et la belle fille fut renversée... Et alors...

Oui, et alors ?... O vous ! dont les têtes froides et les cœurs tièdes peuvent vaincre ou masquer les passions par le raisonnement, dites-moi quelle faute un homme commet à les ressentir ? Comment son esprit est-il responsable envers l'*émanateur* de tous les esprits, de la conduite qu'il tient quand il en est agité ?

Si la nature, en tissant sa toile d'amitié, a entrelacé dans toute la pièce quelques fils d'amour et de désir, faut-il déchirer toute la toile pour les en arracher ? Oh ! châtié de pareils stoïciens, grand Maître de la nature ! m'écriai-je en moi-même. En quelque endroit que tu me places pour éprouver ma vertu, quel que soit le péril où je me trouve exposé, quelle que soit ma situation, laisse-moi sentir les mouvements des passions qui appartiennent à l'humanité !... Et, si je les gouverne comme je le dois, j'ai toute confiance en ta justice ; car c'est toi qui nous as formés..... nous ne nous sommes pas faits nous-mêmes.

Je n'eus pas sitôt adressé cette courte prière au ciel, que je relevai la jeune fille. Je la pris par la main et la conduisis hors de la chambre. Elle se tint près de moi jusqu'à ce que j'eusse fermé la porte, et que j'en eusse mis la clef dans ma poche... Alors la victoire était décidée, et seulement alors je lui donnai un baiser sur la joue... je la pris par la main, et la conduisis en toute sûreté jusqu'à la porte de la rue.

Un homme qui jugera le cœur humain, jugera aisément qu'il m'était impossible de retourner sitôt dans ma chambre : c'eût été passer d'un morceau musical dont le feu avait animé toutes mes affections, à une clef froide... Je restai donc quelque temps sur la porte de l'hôtel, et je m'occupai à examiner les passants et à former sur eux les conjectures que leurs différentes allures me suggéraient ; mais un seul objet fixa bientôt toute mon attention et confondit toute espèce de raisonnement que je pouvais faire sur lui.

C'était un grand homme sec, d'un sérieux philosophique et d'une mine haute, qui passait et repassait gravement dans la rue, et n'allait jamais au-delà de soixante pas de chaque côté de la porte. Il paraissait avoir à peu près cinquante-deux ans ; il avait une petite canne sous le bras... Son habit, sa veste et sa culotte étaient de drap noir, un peu usé, mais encore propre. A sa manière d'ôter son chapeau et d'accoster un grand nombre de passants, je jugeai qu'il demandait l'aumône, et je préparai quelque monnaie pour le lui donner quand il s'adresserait à moi en passant... Mais il passa sans me rien demander, et cependant ne fit pas six pas sans s'arrêter vis-à-vis d'une petite femme qui venait devant lui... J'avais plus l'air de lui donner qu'elle. A peine eut-il fini, qu'il ôta son chapeau à une autre qui venait par le même chemin. Un monsieur d'un certain âge avançait lentement, il était suivi d'un jeune homme fort bien mis... Il les laissa passer tous deux sans lui rien demander... Je restai à l'observer une bonne demi-heure, et il fit pendant ce temps une douzaine de tours en avant et en arrière, en suivant constamment la même conduite. Il y avait dans cela deux choses bien singulières, et qui me faisaient faire inutilement beaucoup de réflexions : c'était de savoir d'abord pourquoi il ne contait son affaire qu'aux femmes ; et ensuite quelle espèce d'éloquence il employait pour toucher leurs cœurs, en jugeant apparemment de cette vertu fort inutile pour émouvoir ceux des hommes. Deux autres circonstances me rendaient encore ce mystère plus impénétrable : l'une, qu'il disait tout bas à chaque femme ce qu'il avait à lui dire, et d'une façon qui avait plutôt l'air d'un secret confié que d'une demande ; l'autre était qu'il réussissait toujours. Il n'arrêtait pas une seule femme qu'elle ne tirât de sa bourse quelque chose pour lui. J'eus beau réfléchir, je ne pus me former de système pour expliquer ce phénomène. C'était une énigme à m'occuper tout le reste de la soirée, et je me retirai dans ma chambre.

Mon hôte me suivit, et à peine fut-il entré qu'il me dit de chercher un autre logement. « Pourquoi cela, lui dis-je, mon ami ?... — Pourquoi ?... N'avez-vous donc pas eu pendant deux heures une jeune fille enfermée avec vous ? Cela est contre les règles de ma maison... — Fort bien, lui dis-je, et nous nous quitterons tous bons amis, car la jeune fille n'a point eu de mal... ni moi non plus, et je vous laisserai comme je vous ai trouvé... — C'en est assez, reprit-il, pour perdre mon hôtel de réputation... Cela n'est pas équivoque ; voyez, ajouta-t-il en me montrant le pied du lit où nous avions été assis... » J'avoue que cela avait quelque apparence d'un témoignage ; mais mon orgueil ne souffrait pas que j'entrasse en explication avec lui : je lui dis donc de se tranquilliser, de dormir aussi bien que je ferais cette nuit, et que je le paierais le lendemain matin.

« Je ne me serais pas soucié, monsieur, de vous voir une vingtaine de filles... — Et je n'ai jamais songé, moi, à en avoir une seule, lui dis-je en l'interrompant... — Pourvu, ajouta-t-il, que c'eût été le matin... — Est-ce que la différence des moments du jour met, à Paris, de la différence dans le mal ? — Cela en fait beaucoup, monsieur, par rapport à la décence. » Je goûte une bonne distinction, et je ne pouvais me fâcher bien vivement contre cet homme... « J'avoue, poursuivit-il, qu'il est nécessaire à un étranger d'avoir la commodité d'acheter des dentelles, de la broderie, des bas de soie... et c'est rien quand une femme qui vient de tout cela vient avec une boîte de carton... cela passe... — Oh ! en ce cas votre conscience et la mienne sont à l'abri, lui dis-je ; car, ma foi, elle en avait une, mais je n'y ai pas regardé... — Monsieur n'a donc rien acheté ? dit-il. — Rien du tout, lui dis-je. — C'est que je vous recommanderais, monsieur, une jeune fille qui vous vendra en conscience. — A la bonne heure, mais il faut que je le voie ce soir... » Il me fit une profonde révérence, et se retira sans répliquer. Je vais triompher de cet homme, me dis-je ; mais quel profit en tirerai-je ? Je lui ferai voir que ce n'est qu'une âme vile. Et ensuite ? ensuite ?... J'étais trop près de moi pour dire

que c'était pour l'amour des autres... Je n'avais point de bonne réponse à me faire à cette question... Il y avait plus de mauvaise humeur que de principe dans mon projet,.. et il me déplaisait même avant de l'exécuter. Une jeune grisette entra quelques minutes après avec une boîte de dentelles... Elle vient bien inutilement, me dis-je, je n'achèterai certainement rien. Elle voulait me faire tout voir... Mais il était difficile de me montrer quelque chose qui me plût. Cependant elle ne faisait pas semblant de s'apercevoir de mon indifférence. Son petit magasin était ouvert, et elle en étala toutes les dentelles à mes yeux, les déplia et les replia l'une après l'autre avec beaucoup de patience et de douceur... Il ne tenait qu'à moi d'acheter ou de ne point acheter; elle me laissait le tout pour le prix que je voudrais lui en donner. La pauvre créature semblait avoir grande envie de gagner quelques sous, et fit tout ce qu'elle put pour vaincre mon obstination... Le jeu de ses grâces était cependant plus animé par un air naïf et caressant que par l'art. S'il n'y a pas dans l'homme un fond de complaisance et de bonté qui le rende dupe, *tant pis!* Mon cœur s'amolit et ma dernière résolution se changea aussi facilement que la première... Pourquoi punir quelqu'un de la faute des autres? Si tu es tributaire de ce tyran d'hôte, me disais-je en fixant la jeune marchande, je plains ton sort. Je n'aurais eu que quelques louis dans ma bourse, que je ne l'aurais pas renvoyée sans en dépenser trois... Je lui pris une paire de manchettes. L'hôte va partager son profit avec elle..., Qu'importe? je n'ai fait que payer, comme tant d'autres ont fait avant moi, pour une action qu'ils n'ont *pu* commettre, ou même en avoir l'idée.

La Fleur, en me servant au souper, me dit que l'hôte était bien fâché de l'affront qu'il m'avait fait en me disant de chercher un autre logement. Un homme qui veut passer une nuit tranquille ne se couche point avec de l'inimitié contre quelqu'un, quand il peut se réconcilier. Je dis donc à La Fleur de dire à l'hôte que j'étais fâché moi-même de lui avoir donné occasion de me faire ce mauvais compliment; vous pouvez même ajouter que si la jeune fille revenait encore, je ne veux plus la recevoir. Ce n'était pas à lui que je faisais ce sacrifice, c'était à moi-même... *après l'avoir échappé aussi belle,* je m'étais résolu de ne plus courir de risques, et de tâcher de quitter Paris, s'il était possible, avec le même fonds de vertu que j'y avais apporté. «Mais, monsieur, dit La Fleur en me saluant jusqu'à terre, ce n'est pas votre le ton... Monsieur changera sans doute de sentiment. Si par hasard il voulait s'amuser... — Je ne trouve point en cela d'amusement, lui dis-je en l'interrompant. — Mon Dieu!» dit La Fleur en ôtant le couvert. Il alla souper, et revint une heure après pour me coucher. Personne n'était plus attentif que lui, mais il était encore plus officieux qu'à l'ordinaire. Je voyais qu'il voulait me dire ou me demander quelque chose, et qu'il n'osait le faire. Je ne concevais pas ce que ce pouvait être, et je ne me mis pas beaucoup en peine de le savoir. J'avais une autre énigme plus intéressante à deviner, c'était le manège de l'homme que j'avais vu demandant la charité. J'en aurais bien voulu connaître tous les ressorts, et ce n'est point la curiosité qui m'excitait : c'est en général un principe de recherche si bas, que je ne donnerais pas une obole pour la satisfaire... Mais un secret qui amollissait si promptement et avec autant d'efficacité le cœur du beau sexe, était, je pouvais dire, qui valait la pierre philosophale. Si les deux Indes m'eussent appartenu, j'en aurais donné une pour le savoir. Je le tournai et retournai inutilement toute la nuit dans ma tête. Mon esprit, le lendemain en m'éveillant, était aussi peu avancé sur ces rêves que celui du roi de Babylone. Je n'hésiterai pas d'affirmer que l'interprétation de cette énigme aurait embarrassé tous les savants de Paris aussi bien que ceux de la Chaldée.

LE DIMANCHE.

Cette nuit amena le dimanche. La Fleur, en m'apportant du café, du pain et du beurre pour mon déjeuner, était si paré que j'eus de la peine à le reconnaître.

En le prenant à Montreuil, je lui avais promis un chapeau neuf avec une ganse et un bouton d'argent, et quatre louis pour s'habiller à Paris; le bon garçon avait on ne peut mieux employé son argent.

Il avait acheté un fort bel habit écarlate et la culotte de même... Cela n'avait été porté que peu de temps... Je lui sus mauvais gré de me dire qu'il avait fait cette emplette à la friperie. L'habillement était si frais, que, quoique je susse bien qu'il ne pouvait pas être neuf, j'aurais souhaité pouvoir m'imaginer que je l'avais fait faire exprès pour lui, plutôt que d'être sorti de la friperie. Mais c'est une délicatesse à laquelle on ne fait pas beaucoup d'attention à Paris.

La veste qu'il avait achetée était en satin bleu, assez bien brodée en or, un peu usée, mais encore fort apparente; le bleu n'était pas trop foncé, et cela s'assortissait très bien avec l'habit et la culotte. Outre cela, il avait su tirer encore de cette somme une bourse à cheveux neuve et un solitaire; et il avait tant insisté auprès du fripier, qu'il en avait obtenu des jarretières d'or aux genouillères de sa culotte. Il avait acheté de sa propre monnaie des manchettes brodées qui coûtaient quatre francs, et une paire de bas de soie blancs. Mais par-dessus tout, la nature lui avait donné une belle figure qui ne lui coûtait pas un sou.

C'est ainsi qu'il entra dans ma chambre, ses cheveux frisés dans le dernier goût, et avec un gros bouquet à la boutonnière de son habit. Il y avait dans tout son maintien un air de gaîté et de propreté qui me rappela que c'était dimanche. Je conjecturai aussitôt, en combinant ces deux choses, que ce qu'il avait à me dire le soir, était de me demander la permission de passer ce jour-là comme on le passe à Paris. J'y avais à peine pensé, que, d'un air timide, mêlé cependant d'une sorte de confiance que je ne le refuserais pas, il me pria de lui accorder la journée, en ajoutant ingénument que c'était pour faire le galant vis-à-vis de sa maîtresse.

Moi, j'avais précisément à le faire vis-à-vis de madame de R***. J'avais retenu exprès mon carrosse de remise, et ma vanité n'aurait pas été peu flattée d'avoir un domestique aussi élégant derrière ma voiture.. J'avais de la peine à me résoudre à me passer de lui dans cette occasion.. Il faut sentir. Les domestiques sacrifient leur liberté dans le contrat qu'ils font avec nous; mais ils ne sacrifient pas la nature. Ils sont de chair et de sang, et ils ont leur vanité, leurs souhaits, aussi bien que leurs maîtres... Ils ont mis à prix leur *abnégation* d'eux-mêmes, si je peux me servir de cette expression ; cependant leurs prétentions sont quelquefois si déraisonnables, que si leur état ne me donnait pas le moyen de les mortifier, je voudrais souvent les en frustrer... Mais quand je réfléchis qu'ils peuvent me dire :

« Je le sais bien... je sais que je suis votre domestique... » Je sens alors que je suis désarmé de tout le pouvoir d'un maître.

« La Fleur, tu peux t'en aller, lui dis-je.. Mais quelle espèce de maîtresse as-tu faite depuis si peu de temps que tu es à Paris... » Et La Fleur, en mettant la main sur sa poitrine, me dit que c'était une demoiselle d'avec vue chez M. le comte de B***. La Fleur avait un cœur fait pour la société ; à dire vrai, il en laissait échapper de manière ou d'autre aussi peu d'occasions que son maître... Mais comment celle-ci vint-elle? Dieu le sait. Tout ce qu'il m'en dit, c'est que, pendant que j'étais chez le comte, il avait fait connaissance avec la demoiselle au bas de l'escalier. Le comte m'avait accordé sa protection, et La Fleur sut se mettre dans les bonnes grâces de la demoiselle. Elle devait venir ce jour-là à Paris, avec deux ou trois autres personnes de la maison de M. le comte, et il avait fait la partie de passer la journée avec elle sur les boulevarts. Gens heureux! qui, une fois la semaine au moins, mettez de côté vos embarras et vos soucis, et qui, en chantant et dansant, éloignez gaîment de vous un fardeau de peines et de chagrins qui accable les autres nations!

La Fleur, sans y songer plus que moi, m'avait laissé de quoi m'amuser tout le jour. Il m'avait apporté le beurre sur une feuille de figuier. Il faisait chaud et il avait demandé une mauvaise feuille de papier pour mettre entre sa main et la feuille de figuier. Cela tenait lieu d'une assiette, et je lui dis de mettre le tout sur la table comme c'était. Le congé que je lui avais donné m'avait déterminé à ne point sortir. Je lui dis d'avertir le traiteur que je dînerais à l'hôtel, et de me laisser déjeuner. Lorsque j'eus fini je jetai la feuille de figuier par la fenêtre. J'en allais faire autant de la feuille de papier ; mais elle était imprimée. J'y jetai les yeux. J'en lus une ligne, puis une autre, puis une troisième; cela excita ma curiosité. Je fermai la fenêtre, près de laquelle j'approchai un fauteuil, et je me mis à lire. C'était du vieux français qui paraissait être du temps de Rabelais; c'était peut-être lui qui en était l'auteur. Le caractère en était gothique, et si effacé par l'humidité et par l'injure du temps, que j'eus bien de la peine à le déchiffrer. J'en abandonnai même la lecture, et j'écrivis une lettre à mon ami Eugène...... Mais je repris le chiffon. Impatienté de nouveau, je l'écrivis aussi, ma chère Élisa, pour me calmer; mais irrité par la difficulté de débrouiller ce maudit papier, je le repris encore, et cette difficulté de l'éprouvais n'a fait qu'en faisant qu'augmenter le désir. Le dîner vint. Je réveillai mes esprits par une bouteille de vin de Bourgogne, et je repris ma tâche. Enfin, après deux ou trois heures d'une application presque aussi profonde que jamais Gruter ou Spon en mirent pour pénétrer le sens d'une inscription absurde, je crus m'apercevoir que je comprenais ce que je lisais... Mais, pour m'en assurer davantage, je m'imaginai qu'il n'y avait pas de meilleur moyen de le traduire en anglais, pour voir la figure que cela ferait... Je m'en occupai à loisir comme un homme qui écrit des maximes, tantôt en faisant quelques tours dans ma chambre, tantôt en me mettant à la fenêtre; puis je reprenais ma plume. A neuf heures du soir, j'eus enfin achevé mon travail. Alors je me mis à lire ce qui suit :

Or, comme la femme du notaire disputait sur ce point un peu trop vivement avec le notaire, «Je voudrais, dit le notaire en mettant bas son parchemin, qu'il y eût ici un autre notaire pour prendre acte de tout ceci.» Que feriez-vous alors?» dit-elle en se levant précipitamment... La femme du notaire était une petite femme vaine et colérique... Et le notaire, pour éviter une scène, jugea à propos de répondre avec douceur... « J'irais, dit-il, au *it...* — Vous pouvez aller au diable, » dit la femme du notaire.

Or, il n'y avait qu'un lit dans tout l'appartement, parce que ce n'est pas la mode à Paris d'avoir plusieurs chambres qui en soient garnies ; et le notaire, qui ne se souciait pas de coucher avec une femme qui venait de l'envoyer au diable, prit son chapeau, sa canne, son manteau, et sortit de la maison. La nuit était pluvieuse et venteuse, et il marchait mal à son aise vers le Pont-Neuf.

De tous les ponts qui ont jamais été faits, ceux qui ont passé sur le Pont-Neuf doivent avouer que c'est le pont le plus beau, le plus noble, le plus magnifique, le mieux éclairé, le plus long, le plus large qui ait jamais joint deux côtés de rivière sur la surface du globe...

A ce *trait, on dirait que l'auteur du fragment n'était pas Français*.

Le seul reproche que les théologiens, les docteurs de Sorbonne et tous les casuistes fassent à ce pont, c'est que s'il fait du vent à Paris, il n'y a point d'endroit où l'on blasphème plus souvent la nature à l'occasion de ce météore... et cela est vrai, mes bons amis ; il y souffle si vigoureusement, il vous y houspille avec des bouffées si subites et si fortes, que de cinquante personnes qui le passent, il n'y en a pas une qui ne coure le risque de se voir enlever ou de montrer quelque chose.

Le pauvre notaire, qui avait à garantir son chapeau d'accident, appuya dessus le bout de sa canne : mais, comme il passait en ce moment auprès de la sentinelle, le bout de sa canne, en le levant, attrapa la corne du chapeau de la sentinelle, et le vent, qui n'avait presque rien à faire, emporta le chapeau dans la rivière. « C'est un coup de vent, » dit en l'attrapant et en le poursuivant ce se trouvait là. La sentinelle était un Gascon. Il devint furieux, releva sa moustache, et mit son arquebuse en joue. Dans ce temps-là, on ne faisait partir les arquebuses que par le secours d'une mèche. Le vent, qui fait des choses bien plus étranges, avait éteint la lanterne de papier d'une vieille femme, et la vieille femme avait emprunté la mèche de la sentinelle pour la rallumer... Cela donna le temps au sang du Gascon de se refroidir, et de faire tourner l'aventure plus avantageusement pour lui... Il courut après le notaire et se saisit de son castor. « C'est un coup de vent, » dit-il, pour rendre sa capture aussi légitime que celle du bachoteur. Le pauvre notaire passa le pont sans rien dire ; mais, arrivé dans la rue Dauphine, il se mit à déplorer son sort. « Que je suis malheureux ! disait-il. Serai-je donc toute ma vie le jouet des orages, des tempêtes et du vent ? Étais-je né pour entendre toutes les injures, les imprécations qu'on vomit sans cesse contre mes confrères et contre moi ? Ma destinée était-elle donc de me voir forcé par les foudres de l'Église à contracter un mariage avec une femme qui est pire qu'une furie ? d'être chassé de chez moi par les vents domestiques, et dépouillé de mon castor par ceux du pont ? Me voilà tête nue, et à la merci des bourrasques d'aujourd'hui pluvieuse et orageuse, et du flux et reflux des accidents qui accompagnent. Où aller ? où passer la nuit ? Quel vent, au moins, dans les trente-deux points du compas, poussera chez moi les pratiques de mes confrères ? »

Le notaire se plaignait ainsi, lorsqu'il entendit, du fond d'une allée obscure, une voix qui criait à quelqu'un d'aller chercher le notaire le plus proche... Or le notaire qui était là se crut le notaire désigné... Il entra dans l'allée et s'y enfonça jusqu'à une petite porte qu'il trouva ouverte. Là, il entra dans une grande salle, et une vieille servante l'introduisit dans une chambre encore plus grande, où il y avait pour tous meubles une longue pertuisane, une cuirasse, une vieille épée rouillée, et une bandoulière, qui étaient suspendues à des clous à quatre endroits différents le long du mur.

Un vieux personnage, autrefois gentilhomme, et qui l'était encore, en supposant que l'adversité et la misère ne flétrissent pas la noblesse, était couché dans un lit à moitié entouré de rideaux, la tête appuyée sur sa main en guise de chevet. Il y avait une petite table tout auprès du lit, et, sur la petite table, une chandelle qui éclairait tout l'appartement. On avait placé la seule chaise qu'il y eût, près de la table, et le notaire s'y assit. Il tira de sa poche une écritoire et une feuille ou deux de papier qu'il mit sur la table... Il exprima du coton de son cornet un peu d'encre avec sa plume, et, la tête baissée au-dessus de son papier, il attendait, d'une oreille attentive, que le gentilhomme lui dictât son testament.

« Hélas ! M. le notaire, dit le gentilhomme, je n'ai rien à donner qui puisse seulement payer les frais de mon testament, si ce n'est mon histoire... Je vous avoue que je ne mourrais pas tranquillement si je ne l'avais léguée au public... Je vous lègue à vous, qui allez l'écrire, les profits qui pourront vous en revenir... C'est une histoire si extraordinaire, que tout le genre humain la lira avec avidité. Elle fera la fortune de votre maison... » Le notaire, dont l'encre était séchée, en puisa encore comme il put. « Puissant directeur de tous les événements de ma vie ! s'écria le vieux gentilhomme en levant les yeux et les mains vers le ciel ; ô toi dont la main m'a conduit, à travers ce labyrinthe d'aventures étranges, jusqu'à cette scène de désolation, aide la mémoire fautive d'un homme infirme et affligé... dirige ma langue par l'esprit de la vérité éternelle, que cet étranger n'écrive rien qui ne soit déjà écrit dans ce livre invisible qui doit me condamner ou m'absoudre ! » Le notaire éleva sa plume entre ses yeux et la chandelle, pour voir si rien ne s'opposerait à la netteté de son écriture. « Cette histoire, M. le notaire, ajouta le moribond, réveillera toutes les sensations de la nature... Elle affligera les cœurs humains. Les âmes les plus dures, les plus cruelles, en seront émues de compassion. » Le notaire brûlait d'impatience de la commencer ; il reprit l'encre pour la troisième fois, et le moribond, en se tournant de son côté, lui dit : « Écrivez, le notaire. » Et le notaire écrivit ce qui suit. « Où est le reste ? » dis-je à La Fleur qui était dans ce moment dans ma chambre.

« Le reste ! monsieur, dit-il, quand je lui eus dit ce qui me manquait. Il n'y en avait que deux feuilles, celle-ci, et une autre dont j'ai enveloppé les tiges du bouquet que j'avais, et que j'ai donné à la demoiselle que j'ai été trouver sur le boulevart... — Je t'en prie, La Fleur, retourne la voir, et demande l'autre feuille, si par hasard elle l'a conservée. — Elle l'aura sans doute, » dit-il ; et il part en volant. Il ne fut que quelques instants à revenir. Il était essoufflé, et plus triste que s'il eût perdu la chose la plus précieuse... « Juste ciel ! me dit-il, monsieur, il n'y a qu'un quart d'heure que je lui ai fait le plus tendre adieu ; et la volage, en ce peu de temps, a donné le gage de ma tendresse à un valet de pied du comte ! J'ai été te lui demander : il l'avait donné lui-même à une jeune lingère du coin ; et celle-ci en a fait présent à un joueur de violon, qui l'a emporté je ne sais où... — Et la feuille de papier avec ? — Oui, monsieur... » Nos malheurs étaient enveloppés dans la même aventure... Je soupirai ; et La Fleur soupira, mais un peu plus haut.

« Quelle perfidie ! » s'écriait La Fleur. « Cela est malheureux, » disait son maître.

« Cela ne m'aurait pas fait de peine, disait La Fleur, si elle l'avait perdu. — Ni à moi, La Fleur, si je l'avais trouvé. »

L'on verra par la suite si j'ai retrouvé cette feuille... ou point.

Un homme qui craint d'entrer dans un passage obscur peut être un très galant homme, et propre à faire mille choses ; mais il lui est impossible de faire un bon voyageur sentimental. Je fais peu de cas de ce qui se passe au grand jour et dans les grandes rues. La nature est retenue et n'aime pas à agir devant les spectateurs. Mais on voit quelquefois, dans un coin retiré, de courtes scènes qui valent mieux que tous les sentiments d'une douzaine de tragédies du Théâtre-Français réunies... Elles sont cependant bien bonnes... Elles sont aussi utiles aux prédicateurs qu'aux rois, aux héros, aux guerriers ; et, quand je veux faire quelque sermon plus brillant qu'à l'ordinaire, je les lis, et j'y trouve un fonds inépuisable de matériaux. La Cappadoce, le Pont, l'Asie, la Phrygie, la Pamphilie, le Mexique, me fournissent des textes aussi bons que ceux de la Bible.

Il y a un passage fort long et fort obscur qui va de l'Opéra-Comique à une rue fort étroite ; il est fréquenté par ceux qui attendent humblement l'arrivée d'un fiacre, ou qui veulent se retirer tranquillement à pied quand le spectacle est fini. Le bout de ce passage, vers la salle, est éclairé par un lampion dont la lumière faible se perd avant qu'on arrive à l'autre bout. Ce lumignon est peu utile, mais il sert d'ornement. Il paraît de loin comme une étoile fixe de la moindre grandeur... Elle brille, et ne fait aucun bien à l'univers.

En m'en retournant le long de ce passage, j'aperçus, à cinq ou six pas de la porte, deux dames qui se tenaient par le bras, et qui avaient l'air d'attendre une voiture ; comme elles étaient le plus près de la porte, je pensai qu'elles avaient un droit de priorité. Je me tapis donc le long du mur, presque à côté d'elles, et n'y tins tranquillement... J'étais en noir, et à peine pouvait-on distinguer qu'il y eût là quelqu'un.

La dame dont j'étais le plus proche était grande, maigre, et d'environ trente-six ans ; l'autre, aussi grande, aussi maigre, avait environ quarante ans. Elles n'avaient rien qui dénotât qu'elles fussent femmes ou veuves. Elles semblaient être deux sœurs, vraies vestales, aussi peu accoutumées au doux langage des amants qu'à leurs tendres caresses... J'aurais bien souhaité de les rendre heureuses... Mais le bonheur, ce soir, était destiné à leur venir d'une autre main.

Une voix basse avec une bonne tournure d'expression, terminée par une douce cadence, se fit entendre, et leur demanda, pour l'amour de Dieu, une pièce de douze sous entre elles deux... Il me parut singulier d'entendre un mendiant fixer le contingent d'une aumône, et surtout de le fixer à douze fois plus haut qu'on ne donne ordinairement dans l'obscurité. Les dames en parurent tout aussi surprises que moi. « Douze sous ! dit l'une ; une pièce de douze sous ! » dit l'autre ; et point de réponse.

« Je ne sais, mesdames, dit le pauvre, comment demander moins à des personnes de votre rang ; » et il leur fit une profonde révérence.

« Passez, passez, dirent-elles, nous n'avons point d'argent. »

Il garda le silence pendant une minute ou deux, et renouvela sa prière.

« Ne fermez pas vos oreilles, mes belles dames, dit-il, à mes accents. — Mais, mon bonhomme, dit la plus jeune, nous n'avons point de monnaie. — Que Dieu vous bénisse donc, dit-il, et multiplie envers vous ses faveurs ! » L'aînée mit la main dans sa poche. « Voyons donc, dit-elle, si je trouverai un sou marqué... — Un sou marqué

Ah! donnez la pièce de douze sous, dit l'homme; la nature a été libérale à votre égard, soyez-le envers un malheureux qu'elle semble avoir abandonné. »

« Volontiers, dit la plus jeune, si j'en avais. »

« Beauté compatissante, dit-il en s'adressant à la plus âgée, il n'y a que votre bonté, votre bienfaisance, qui donnent à vos yeux un éclat si doux, si brillant... et c'est ce qui faisait dire tout à l'heure au marquis de Santerre et à son frère, en passant, des choses si agréables de vous deux. »

Les deux dames parurent très affectées; et toutes deux à la fois, comme par impulsion, mirent la main dans leur poche et en tirèrent chacune une pièce de douze sous.

La contestation entre elles et le suppliant finit; il n'y en eut plus qu'entre elles pour savoir qui donnerait la pièce de douze sous; pour finir la dispute, chacune d'elles la donna, et l'homme se retira.

Je courus vite après lui, et je fus tout étonné de voir le même homme que j'avais vu devant l'hôtel de Modène, et qui m'avait jeté

L'homme, en ce moment, n'était pas gêné par le temps, et il prodigua à ces dames ce qu'il était forcé d'épargner dans d'autres circonstances. Il est sûr qu'il savait se réduire à moins de paroles dans les cas pressés, tels que ceux qui arrivaient dans la rue; mais comment faisait-il?... L'inquiétude de le savoir ne me tourmente pas... C'est assez pour moi de savoir qu'il gagna deux pièces de douze sous... Que ceux qui ont fait une fortune plus considérable par la flatterie expliquent le reste; ils y réussiront mieux que moi.

Nous nous avançons moins dans le monde en rendant des services qu'en en recevant. Nous prenons le rejeton fané d'un œillet, nous le plantons, et nous l'arrosons parce que nous l'avons planté.

M. le comte de B*** , qui m'avait été si utile pour mon passe-port, me le fut encore... Il était venu à Paris, et devait y rester quelques jours... Il s'empressa de me présenter à quelques personnes de qualité qui devaient me présenter à d'autres, et ainsi de suite.

Je venais de découvrir, assez à temps, le secret que je voulais approfondir pour tirer parti de ces honneurs et les mettre à profit. Sans

Marie la folle.

l'esprit dans un si grand embarras..... Je découvris tout d'un coup son secret, ou au moins ce qui en faisait la base : c'était la flatterie.

Parfum délicieux! quel rafraîchissement ne donnes-tu pas à la nature! Comme tu remues toutes ses puissances et toutes ses faiblesses! Avec quelle douceur tu pénètres dans le sang, et tu l'aides à franchir les passages les plus difficiles qu'il rencontre dans sa route pour aller au cœur!

cela, je n'aurais dîné ou soupé qu'une seule fois à la ronde chez toutes ces personnes, comme cela se pratique ordinairement; et en traduisant, selon ma coutume, les figures et les attitudes françaises en anglais, j'aurais vu à chaque fois que j'aurais pris le couvert de quelqu'un qui aurait été plus agréable à la compagnie que moi. L'effet tout naturel de ma conduite eût été de résigner toutes mes places l'une après l'autre, uniquement parce que je n'aurais pas su

les conserver... Mon secret opéra si bien, que les choses n'allèrent pas mal.

Je fus introduit chez le vieux marquis de ***. Il s'était signalé autrefois par une foule de faits de chevalerie dans la cour de Cythère, et il conservait encore l'idée de ses jeux et de ses tournois... Mais il aurait voulu faire croire que les choses étaient encore ailleurs que dans sa tête. « Je veux, disait-il, faire un tour en Angleterre; » et il s'informait beaucoup des dames anglaises... Croyez-moi, lui dis-je, M. le marquis, restez où vous êtes. Les seigneurs anglais ont beaucoup de peine à obtenir de nos dames un seul coup d'œil favorable. » Et le vieux marquis m'invita à souper.

M. P***, fermier général, me fit une foule de questions sur nos taxes... « J'entends dire, me dit-il, qu'elles sont considérables. — Oui, lui dis-je en lui faisant une profonde révérence; mais vous devriez nous donner le secret de les recueillir. »

Il me pria à souper dans sa petite maison.

On avait dit à madame de Q*** que j'étais un homme d'esprit. Madame de Q*** était elle-même une femme d'esprit; elle brûlait d'impatience de me voir et de m'entendre parler... Je ne fus pas plus tôt assis, que je m'aperçus du moindre de ses inquiétudes était de savoir que j'eusse de l'esprit ou non... Il me sembla qu'on ne m'avait laissé entrer que pour que je susse qu'elle en avait... Je prends le ciel à témoin que je ne desserrai pas une fois les lèvres.

Madame de Q*** assurait à tout le monde qu'elle n'avait jamais eu avec qui que ce fût une conversation plus instructive que celle qu'elle avait eue avec moi.

Il y a trois époques dans l'empire d'une dame d'un certain ton en France... Elle est coquette, puis déiste... et enfin dévote. L'empire subsiste toujours, et il ne fait que changer de sujet. Les esclaves de l'amour se sont-ils envolés à l'apparition de sa trente-cinquième année, ceux de l'incrédulité leur succèdent, viennent ensuite ceux de l'Église.

Madame de V*** chancelait entre les trois époques; ses roses commençaient à se faner; et il y avait cinq ans au moins, quand je lui rendis ma première visite, qu'elle devait pencher vers le déisme.

Elle me fit placer sur le sofa où elle était, afin de pouvoir plus commodément et de plus près sur la religion; nous n'avions pas causé quatre minutes, qu'elle me dit : « Pour moi, je ne crois à rien du tout. »

« Il se peut, madame, que ce soit votre principe; mais je suis sûr qu'il n'est pas de votre intérêt de détruire des ouvrages extérieurs aussi puissants. Cette citadelle ne résiste guère quand elle en est privée. Rien n'est si dangereux pour une beauté que d'être déiste... et je dois cette dette à mon credo, de ne pas vous le cacher. Eh! bon Dieu, madame, quels ne sont pas vos périls ! Il n'y a que quatre ou cinq minutes que je suis auprès de vous... et j'ai déjà formé des desseins ; qui sait si je n'aurais pas tenté de les suivre, si je n'avais été persuadée que les sentiments de votre religion seraient un obstacle à leur succès ? »

« Nous ne sommes pas des diamants, lui dis-je en lui prenant la main ; il nous faut des contraintes jusqu'à ce que l'âge s'appesantisse sur nous et nous les donne... Mais, ma belle dame, ajoutai-je en lui baisant la main que je tenais... il est encore trop tôt. Le temps n'est pas encore venu. »

Je peux le dire... je passai dans tout Paris pour avoir converti madame de V***. Elle rencontra D*** et l'abbé M***, et leur assura que je lui en avais plus dit en quatre minutes en faveur de la religion révélée, qu'ils n'en avaient écrit contre elle dans toute leur Encyclopédie... Je fus enregistré sur-le-champ dans la coterie de madame de V***, qui différa de deux ans l'époque déjà commencée de son déisme.

Je me souviens que j'étais chez elle un jour ; je tâchai de démontrer au cercle qui s'y était formé la nécessité d'une première cause... J'étais dans le fort de mes preuves, et tout le monde y était attentif, lorsque le jeune comte de F*** me prit mystérieusement par la main... Il m'attira dans le coin le plus reculé du salon, et me dit tout bas : « Vous n'y avez pas pris garde... votre solitaire est attaché trop serré... il faut qu'il badine... voyez le mien... Je ne vous en dis pas davantage; un mot, M. Yorick, suffit au sage. »

« Et un mot qui vient du sage suffit, M. le comte, » répliquai-je en le saluant.

M. le comte m'embrassa avec plus d'ardeur que je ne l'avais jamais été.

Je fus ainsi de l'opinion de tout le monde pendant trois semaines. « Parbleu ! disait-ce, ce M. Yorick à, ma foi, autant d'esprit que nous. — Il raisonne à merveille, disait un autre. — On ne peut être de meilleure compagnie, » ajoutait un troisième. J'aurais pu, à ce prix, manger dans toutes les maisons de Paris, et passer ainsi ma vie au milieu du beau monde... Mais quel métier ! j'en rougissais. C'était jouer le rôle de l'esclave le plus vil ; tout sentiment d'honneur se révoltait contre ce genre de vie... Plus les sociétés dans lesquelles je me trouvais étaient élevées, et plus je me trouvais forcé de faire usage du secret que j'avais appris dans le cul-de-sac de l'Opéra-Comique... Plus la coterie avait de réputation, et plus elle était fréquentée par les enfants de l'art... et je languissais après les enfants de la nature. Une nuit que je m'étais vilement prostitué à une demi-douzaine de personnes du plus haut parage, je me trouvai incommodé... J'allai me coucher. Je dis le lendemain de grand matin à La Fleur d'aller chercher des chevaux de poste, et je partis pour l'Italie.

MARIE.

Jamais, jusqu'à présent, je n'ai senti l'embarras des richesses. Voyager à travers le Bourbonnais, le pays le plus riant de la France, dans les beaux jours de la vendange, dans ce moment où la nature connaissante verse ses trésors avec profusion, et où tous les yeux sont rayonnants de joie. Ne pas faire un pas sans entendre la musique appeler à l'ouvrage les heureux enfants du travail, qui portent en folâtrant leurs grappes au pressoir. Rencontrer à chaque instant des groupes qui présentent mille variétés aimables. Se sentir l'âme dilatée par les émotions les plus délicieuses. Juste ciel ! voilà de quoi faire vingt volumes.

Mais hélas ! il ne me reste plus que quelques pages à remplir, et je dois en consacrer la moitié à la pauvre Marie, que mon ami M. Shandy rencontra près de Moulins.

J'avais lu avec attendrissement l'histoire qu'il a donnée de cette fille infortunée à qui le malheur avait fait perdre la raison. Me trouvant dans les environs du pays qu'elle habitait, elle me revint tellement à l'esprit, que je ne pus résister à la tentation de me détourner d'une demi-lieue, pour aller au village où demeuraient ses parents, demander de ses nouvelles.

C'était aller, je l'avoue, comme le chevalier de la Triste-Figure, à la recherche des aventures fâcheuses. Mais je ne sais comment cela se fait, je ne suis jamais plus convaincu qu'il existe dans moi une âme que quand j'en rencontre.

La vieille mère vint à la porte. Ses yeux m'avaient conté toute l'histoire avant qu'elle eût ouvert la bouche. Elle avait perdu son mari, enterré depuis un mois. Le malheur arrivé à sa fille avait coûté la vie à ce bon père. « Et j'avais craint d'abord, ajouta la bonne femme, que ce coup n'achevât de déranger la tête de ma pauvre Marie; mais, au contraire, elle lui est un peu revenue depuis. Cependant, il lui est impossible de rester en repos ; et, dans ce moment, elle est à errer quelque part dans les environs de la route. »

Pourquoi mon pouls bat-il si faiblement quand je le sens à peine, pendant que je trace ces lignes ? Pourquoi La Fleur, garçon qui ne respire que la joie, passa-t-il deux fois la main sur ses yeux pour les essuyer ? Pendant que la vieille nous faisait ce récit, j'ordonnai au postillon de reprendre la grande route.

Arrivé à une demi-lieue de Moulins, et à l'entrée d'un petit sentier qui conduisait à un petit bois, j'aperçus la pauvre Marie assise sous un peuplier; elle avait le coude appuyé sur ses genoux et la tête penchée sur sa main ; un petit ruisseau coulait au pied de l'arbre.

Je dis au postillon de s'en aller avec la chaise à Moulins, et à La Fleur de faire préparer le souper, que j'allais la suivre.

Elle était habillée de blanc, et à peu près comme m'on ami l'avait dépeinte, excepté ses cheveux, qui étaient retenus par un réseau de soie jusqu'à la vit, plutôt alors épars et flottants. Elle avait ajouté à son corset un ruban d'un vert pâle, qui passait par dessus son épaule et descendait jusqu'à sa ceinture, un chalumeau y était suspendu. Sa chèvre lui avait été infidèle comme son amant ; elle l'avait remplacée par un petit chien qu'elle tenait en laisse avec une petite corde attachée à son bras. Je regardai son chien ; elle le tira vers elle, en disant : « Toi, Sylvio, tu ne me quitteras pas. » Je fixai les yeux de Marie, et je vis qu'elle pensait à son père plus qu'à son amant ou à sa petite chèvre ; car en proférant ces paroles, des larmes coulaient le long de ses joues.

Je m'assis à côté d'elle, et Marie me laissa essuyer ses pleurs avec mon mouchoir ; j'essuyais ensuite les miens, puis encore les siens, puis encore les miens, et j'éprouvais des émotions qu'il me serait impossible de décrire, et qui, j'en suis bien sûr, ne provenaient d'aucune combinaison de la matière et du mouvement.

Oh ! je suis certain que j'ai une âme. Les matérialistes et tous les livres dont ils ont infecté le monde, ne me convaincront jamais du contraire.

Quand Marie fut un peu revenue à elle, je lui demandai si elle se souvenait d'un homme pâle et maigre qui s'était assis entre elle et sa chèvre, il y avait deux ans. Elle me répondit que dans ce temps-là elle avait l'esprit dérangé; mais qu'elle se le rappelait très bien, à cause de deux circonstances qui l'avaient frappée : l'une que, quoiqu'elle fût très mal, elle s'était bien aperçue que ce monsieur avait pitié de son état; l'autre, parce que sa chèvre lui avait pris son mouchoir, et qu'elle l'avait battue pour cela. Elle l'avait lavé dans le ruisseau, et depuis, elle le gardait dans sa poche pour le lui rendre, si jamais elle le revoyait. « Il me l'avait à moitié promis, » ajouta-t-elle. En parlant ainsi, elle tira le mouchoir de sa poche pour me le montrer ; il était soigneusement proprement dans deux feuilles de vigne et lié avec des brins d'osier; elle le déploya, et je vis qu'il était marqué d'un S à ses coins.

Elle me raconta qu'elle avait été depuis ce temps-là à Rome, qu'elle avait fait une fois le tour de l'église de Saint-Pierre... qu'elle

avait trouvé son chemin toute seule au travers de l'Apennin; qu'elle avait traversé toute la Lombardie sans argent... et les chemins pierreux de la Savoie sans souliers. Elle ne se souvenait point de la manière dont elle avait été nourrie, ni comment elle avait pu supporter tant de fatigue : « Mais Dieu, dit-elle, tempère le vent en faveur de l'agneau nouvellement tondu, »

« Et tondu au vif! lui dis-je... Ah! si tu étais dans mon pays, où j'ai un petit hameau, je t'y mènerais, tu te mettrais à l'abri des accidents... Tu mangerais de mon pain, tu boirais dans ma coupe, j'aurais soin de Sylvio... Quand, tes accès te reprenant, tu te remettrais à errer, je te chercherais et te ramènerais... Je dirais mes prières quand le soleil se coucherait... et, mes prières faites, tu jouerais ton chant du soir sur ton chalumeau. L'encens de mon sacrifice serait plus agréable au ciel quand il serait accompagné de celui d'un cœur brisé par la douleur. »

Je sentais la nature fondre en moi, en disant tout cela ; et Marie, voyant que je prenais mon mouchoir, déjà trop mouillé pour m'en servir, voulut le laver dans le ruisseau... » Mais où le feras-tu sécher, ma chère enfant? — Dans mon sein, dit-elle, cela me fera du bien.

« Est-ce que ton cœur ressent encore des feux, ma chère Marie ! »
Je touchai la une corde sûr laquelle étaient tendus tous ses maux. Elle me regarda quelques moments avec des yeux en désordre; puis, sans rien dire, elle prit son chalumeau et joua une hymne à la Vierge... La vibration de la corde que j'avais touchée cessa... Marie revint à elle, laissa tomber son chalumeau et se leva.

« Où vas-tu, ma chère Marie ? » lui dis-je. Elle me dit qu'elle allait à Moulins. « Eh bien ! allons ensemble. » Elle me prit le bras, et allongea la corde pour laisser à son chien la facilité de nous suivre avec plus de liberté. Nous arrivâmes ainsi à Moulins.

Quoique je n'aime point les salutations en public, cependant, lorsque nous fûmes au milieu de la place, je m'arrêtai pour faire mon dernier adieu à Marie.

Marie n'était pas grande, mais elle était bien faite. L'affliction avait donné à sa physionomie quelque chose de céleste. Elle avait les traits délicats et tout ce que le cœur peut désirer dans une femme... Ah ! si elle pouvait recouvrer son bon sens, et si les traits d'Élisa pouvaient s'effacer de mon esprit, non-seulement Marie mangerait de mon pain et boirait dans ma coupe... Je ferais plus, elle serait reçue dans mon sein, elle serait ma fille.

Adieu, fille infortunée ! imbibe l'huile et le vin que la compassion d'un étranger verse en passant sur tes blessures... L'être qui deux fois a brisé ton cœur, peut seul le guérir pour toujours.

Ces émotions si douces, ces riants tableaux que je m'étais promis en traversant cette belle partie de la France, pendant le temps des vendanges, s'étaient entièrement évanouis. Il ne m'en restait plus rien... Mon cœur s'était fermé au sentiment du bonheur depuis que j'avais posé le pied sur une terre d'affliction. Au milieu de toutes ces scènes d'une joie bruyante que je rencontrais à chaque instant, je voyais toujours Marie, dans le fond du tableau, assise et rêveuse sous son peuplier ; j'étais déjà aux portes de Lyon, je la voyais encore.

Charmante sensibilité! source inépuisable de tout ce qu'il y a de précieux dans nos plaisirs et de doux dans nos afflictions ! tu enchaînes ton martyr sur son lit de paille, ou tu l'élèves jusqu'à au ciel. Source éternelle de nos sensations ! c'est la divinité qui me donne ces émotions... Non que, dans certains moments funestes et maladifs, *mon âme s'abatte et s'effraie de la destruction*. Ce ne sont que des paroles pompeuses... Mais parce que je sens en moi que cette destruction doit être suivie des plaisirs et des soins les plus doux. Tout vient de toi, grand Émanateur de ce monde ! C'est toi qui amollis nos cœurs et nous rends compatissants aux maux d'autrui : c'est pour toi que mon ami Eugène tire les rideaux de mon lit quand je suis languissant, qu'il écoute mes plaintes et cherche à me consoler. Tu fais passer quelquefois cette douce compassion dans l'âme du pâtre grossier qui habite les montagnes les plus âpres : il s'attendrit quand il trouve égorgé un agneau du troupeau de son voisin... Je le vois dans ce moment, la tête appuyée sur sa houlette, le contempler avec pitié... « Ah ! si j'étais arrivé un moment plus tôt, » s'écrie-t-il..... Le pauvre agneau perd tout son sang, et sa mère ne pouvant plus rien, gémit.

Que la paix soit avec toi, généreux berger ! Tu t'en vas tout affligé... mais le plaisir balancera ta douleur, car le bonheur entoure ton hameau... heureuse est celle qui le partage avec toi ! heureux sont les agneaux qui bondissent autour de toi !

Un fer se détacha d'un pied de devant du cheval de brancard, en commençant la montée de Tarare : le postillon descendit et le mit à sa poche. Comme le montée pouvait avoir cinq ou six milles de longueur, et que ce cheval était notre unique ressource, j'insistai pour que nous rattachassions le fer aussi bien qu'il nous serait possible ; mais le postillon avait jeté les clous, et sans eux le marteau qui était dans la chaise ne pouvant rien, servir, je consentis à continuer notre route.

A peine avions-nous fait cinq cents pas que, dans un chemin pierreux, cette pauvre bête perdit aussi le fer de l'autre pied de devant. Je descendis alors tout de bon de la chaise, et apercevant une maison à quelques portées de fusil, à gauche du chemin, j'obtins du postillon qu'il m'y suivrait. L'air de la maison et de tout ce qui l'entourait ne me fit point regretter mon désastre. C'était une jolie ferme entourée d'un beau clos de vigne et de quelques arpents de blé. Il y avait d'un côté un potager rempli de tout ce qui pouvait entretenir l'abondance dans la maison d'un paysan, et de l'autre un petit bois qui pouvait servir d'ornement et fournir le chauffage... Il était à peu près huit heures du soir lorsque j'y arrivai. Je laissai au postillon le soin de s'arranger, et j'entrai tout droit dans la maison.

La famille était composée d'un vieillard à cheveux blancs, de sa femme, de leurs fils, de leurs gendres, de leurs femmes et de leurs enfants.

Ils allaient se mettre à table pour manger leur soupe aux lentilles. Un gros pain de froment occupait le milieu de la table, et une bouteille de vin à chaque bout promettait de la joie pendant le repas : c'était un festin d'amour et d'amitié.

Le vieillard se lève aussitôt pour venir à ma rencontre, et m'invite avec une cordialité respectueuse, à me mettre à table. Mon cœur s'y était mis dès le moment que j'étais entré. Il m'assis tout de suite comme un des enfants de la famille ; et, pour me prendre plus tôt le caractère, j'empruntai, à l'instant même, le couteau du vieillard, et je coupai un gros morceau de pain. Tous les yeux, en me voyant faire, semblaient me dire que j'étais le bienvenu, et qu'on me remerciait de ce que je n'avais pas paru en douter.

Était-ce cela, ou, dis-le-moi, Nature, était-ce autre chose qui me faisait paraître ce morceau si friand ? A quelle magie étais-je redevable des délices que je goûtais en buvant un verre de vin de cette bouteille, et qui semble encore m'affecter le palais?

Le souper était de mon goût : les actions de grâces qui le suivirent ne furent encore plus.

ACTIONS DE GRACES.

Le souper fini, le vieillard donne un coup sur la table avec le manche de son couteau. C'était le signal de se lever de table et de se préparer à danser. Dans l'instant, les femmes et les filles courent dans une chambre à côté pour arranger leurs cheveux, et les hommes et les garçons vont à la porte pour se laver le visage, et quitter leurs sabots pour prendre des souliers. En trois minutes toute la troupe est prête à commencer le bal sur une petite esplanade de gazon qui était devant la cour. Le vieillard et sa femme sortent les derniers. Je les accompagne, et me place entre eux sur un petit banc de verdure près de la porte.

Le vieillard, dans sa jeunesse, avait su jouer assez bien de la vielle, et il en jouait encore passablement. La femme l'accompagnait de la voix, et les enfants et les petits-enfants dansaient... Je dansais moi-même, quoique assis...

Au milieu de la seconde danse, à quelques pauses dans les moments où ils semblaient tous lever les yeux, je crus entrevoir que cette élévation était l'effet d'une autre cause que celle de la simple joie... Il me sembla, en un mot, que la religion était mêlée pour quelque chose dans la danse... Mais, comme je ne l'avais jamais vue s'engager dans ce plaisir, je soupçonnais à croire que c'était l'illusion d'une imagination qui me trompe, continuellement, si, la danse finie, le vieillard ne m'eût dit : « Monsieur, c'est là ma coutume ; pendant toute ma vie, j'ai toujours eu pour règle, après souper, de faire sortir ma famille pour danser et se réjouir ; étant sûr que le contentement et la gaîté de l'esprit sont les meilleures actions de grâces qu'un homme comme moi, qui n'est point instruit, puisse rendre au ciel.

« Ce seraient peut-être même aussi les meilleures des plus savants prélats, » lui dis-je.

Quand on est arrivé au sommet de la montagne de Tarare, on est bientôt à Lyon. Adieu alors à tous les mouvements rapides ! Il faut voyager avec précaution ; mais il convient mieux aux sentiments de ne pas aller si vite. Je fis marché avec un voiturier pour me conduire dans ma chaise aussi lentement qu'il voudrait à Turin par la Savoie.

Les Savoyards sont pauvres, mais patients, tranquilles, et doués d'une grande probité. Chers villageois, ne craignez rien ! le monde ne vous enviera pas votre pauvreté, trésor de vos simples vertus. Nature ! parmi tous tes désordres, tu sais encore avec bonté lorsque tu agis avec parcimonie. Au milieu des grands ouvrages qui t'environnent, tu n'as laissé que peu de choses pour la faux et la faucille ; mais ce peu est en sûreté ; il est protégé par toi ! Heureuses les demeures qui sont ainsi mises à l'abri de la cupidité et de l'envie !

Laissez d'ailleurs le voyageur fatigué se plaindre des détours et des dangers de vos routes, de vos rochers , de vos précipices, des difficultés de les gravir, des horreurs que l'on éprouve à les descendre, des montagnes impraticables et des cataractes qui roulent avec elles de grandes pierres qu'elles ont détachées de leur sommet, et qui barrent le chemin. Les habitants d'un village avaient travaillé à mettre de côté un fragment de ce genre entre Saint-Michel et Modène ; et, avant que mon conducteur pût arriver à ce dernier endroit, il fallait plus de deux heures d'ouvrage pour en ouvrir le passage... Il n'y avait point d'autre remède que d'attendre avec patience. La nuit était

pluvieuse et orageuse. Cette raison et le délai causé par les mauvais chemins obligèrent le voiturier d'arrêter à cinq milles de ses relais, dans une petite auberge près de la route.

Je pris aussitôt possession de ma chambre à coucher... L'air était devenu très froid ; je fis faire bon feu, et je donnai des ordres pour le souper... Je remerciai le ciel de ce que les choses n'étaient pas pires, lorsqu'une voiture, dans laquelle était une dame avec sa femme de chambre, arriva dans l'auberge.

Il n'y avait pas d'autre chambre à coucher dans la maison que la mienne : l'hôtesse les y amena sans façon, en leur disant qu'il n'y avait personne qu'un gentilhomme anglais... qu'il y avait deux bons lits et un cabinet à côté qui en contenait un troisième... La manière dont elle parlait de ce troisième lit n'en fit pas beaucoup l'éloge. « Toutefois, dit-elle, il y a trois lits, et il n'y a que trois personnes ; » et elle osait avancer que le monsieur ferait de son mieux pour arranger les choses. Je ne voulus pas laisser la dame un moment en doute ; je lui déclarai d'abord que je ferais tout ce qui serait en mon pouvoir.

Mais cela ne voulait pas dire que je la rendais maîtresse absolue de ma chambre. Plus je m'en crus tellement le propriétaire que je pris le droit d'en faire les honneurs. Je priai donc la dame de s'asseoir ; je la plaçai dans le coin le plus chaud, je demandai du bois ; je dis à l'hôtesse d'augmenter le souper, et de ne point oublier que je lui avais recommandé de donner le meilleur vin.

La dame ne fut pas cinq minutes auprès du feu qu'elle jeta les yeux sur les lits. Plus elle les regardait, et plus son inquiétude semblait augmenter. J'en étais mortifié et pour elle et pour moi ; ses regards et le cas en lui-même m'embarrassèrent autant qu'il était possible que la dame le fût elle-même.

C'en était assez pour causer cet embarras que les lits fussent dans la même chambre. Mais ce qui nous troublait le plus, c'était leur position. Ils étaient parallèles, et si proches l'un de l'autre qu'il n'y avait de place entre les deux que pour mettre une chaise... Ils n'étaient guère éloignés du feu. Le manteau de la cheminée d'un côté, qui avançait fort avant dans la chambre, et une grosse poutre de l'autre, formaient une espèce d'alcôve qui n'était point du tout favorable à la délicatesse de nos sensations. Si quelque chose pouvait ajouter à notre perplexité, c'était que les deux lits étaient si étroits qu'il n'y avait pas moyen de faire coucher la femme de chambre avec sa maîtresse. Si cela avait été faisable, l'idée qu'il fallait que je couchasse auprès d'elle aurait glissé plus aisément sur l'imagination.

Le cabinet nous offrit peu un point de consolation : il était humide, froid ; la fenêtre en était à moitié brisée ; il n'y avait pas de vitres... le vent soufflait, et il était si violent qu'il me fit tousser quand j'y entrai avec la dame pour le visiter. L'alternative où nous nous trouvâmes réduits était donc fort embarrassante. La dame sacrifierait-elle à sa délicatesse, en occupant le cabinet et en abandonnant le lit à sa femme de chambre, ou cette fille prendrait-elle le cabinet, etc. ?

La dame était une jeune Piémontaise, d'environ trente ans, dont le teint l'aurait disputé à l'éclat des roses. La femme de chambre, était Lyonnaise, vive, leste, et n'avait pas plus de vingt ans. De toute manière il y avait des difficultés. L'obstacle de la grosse pierre de roche qui barrait notre chemin, et qui fut cause de notre détresse, quelque grand qu'il parût, n'était qu'une bagatelle, en comparaison de ce qui nous accablait en ce moment ; ajouter à cela que le poids qui accablait nos esprits n'était pas allégé par la délicatesse que nous avions de ne pas nous communiquer l'un à l'autre ce que nous sentions dans cette occasion.

Le souper vint, et nous mîmes à table. Je crois que si nous n'eussions pas eu de meilleur vin que celui qu'on nous donna, nos langues auraient été liées jusqu'à ce que la nécessité nous eût forcés de leur donner de la liberté. Mais la dame avait heureusement quelques bouteilles de bon vin de Bourgogne dans sa voiture, et elle envoya sa femme de chambre en chercher deux. Le souper fini, et restés seuls, nous nous sentîmes inspirés d'une force d'esprit suffisante pour parler au moins sans réserve de notre situation ; nous la retournâmes dans tous les sens ; nous l'examinâmes sous tous les points de vue. Enfin, après deux heures de négociation et de débat, nous convînmes de nos articles, que nous stipulâmes en forme de traité de paix ; et il y eut, des deux côtés, autant de religion et de bonne foi que dans aucun traité qui jamais ait eu l'honneur de passer à la postérité.

En voici les articles :

Art. 1er. — Comme le droit de la chambre à coucher appartient à monsieur, et qu'il croit que le lit qui est le plus proche du feu est le plus chaud, il le cède à madame.

Accordé de la part de madame, pourvu que les rideaux des deux lits, qui sont d'une toile de coton presque transparente, et trop étroits pour bien fermer, soient attachés à l'ouverture avec des épingles, ou même entièrement cousus avec du fil, afin qu'ils soient censés former une barrière suffisante du côté de monsieur.

II. — Il est demandé de la part de madame que monsieur soit enveloppé toute la nuit dans sa robe de chambre.

Refusé, parce que monsieur n'a pas de robe de chambre, et qu'il n'a dans son porte-manteau, que six chemises et une culotte de soie noire.

La mention de la culotte de soie noire fit un changement total dans les articles. On regarda la culotte comme un équivalent de la robe de chambre. Il fut donc convenu que j'aurais toute la nuit ma culotte de soie noire.

III. — Il est stipulé et on insiste de la part de madame, que, dès que monsieur sera au lit, et que le feu et la chandelle seront éteints, monsieur ne dira pas un seul mot pendant toute la nuit.

Accordé, à condition que les prières que monsieur fera ne seront pas regardées comme une infraction au traité.

Il n'y eut qu'un point d'oublié : c'était la manière dont la dame et moi nous nous déshabillerions et nous nous mettrions au lit. Il n'y avait qu'une manière de le faire, et le lecteur peut la deviner... Je proteste que, si elle ne lui parait pas la plus délicate et la plus décente qu'il y ait dans la nature, c'est la faute de son imagination... Ce ne serait pas la première plainte que j'aurais à faire à cet égard. Enfin, nous nous couchâmes. Je ne sais si c'est la nouveauté de la situation ou quelque autre chose qui m'empêcha de dormir ; mais je ne pus fermer l'œil..... je me tournais tantôt d'un côté, tantôt de l'autre... Et cela dura jusqu'à deux heures du matin, qu'impatienté de tant de mouvements inutiles, il m'échappa de m'écrier : « O mon Dieu ! Vous avez rompu le traité, monsieur, » dit avec précipitation la dame, qui n'avait pas plus dormi que moi. Je lui fis mille excuses, mais je soutenais que ce n'était qu'une exclamation... Elle voulut que ce fût une infraction entière au traité... Et moi je prétendais qu'on avait prévu le cas par le troisième article.

La dame ne voulait pas céder, et la dispute affaiblit un peu sa barrière... J'entendais tomber par terre deux ou trois épingles des rideaux.

« Sur mon honneur, madame, ce n'est pas moi qui les ai détachées, lui dis-je en étendant mon bras hors du lit, comme pour affirmer ce que je disais...

J'allais ajouter que pour tout l'or du monde je n'aurais pas voulu violer l'idée de décence que je...

Mais la femme de chambre qui nous avait entendus, et qui craignait les hostilités, était sortie doucement de son cabinet, et, à la faveur de l'obscurité, s'était glissée dans le passage qui était entre le lit de sa maîtresse et le mien.

De manière qu'en étendant le bras je saisis la femme de chambre...

FIN. STERNE.

La femme de chambre.

Paris.—Imp. de LACOUR, rue St-Hyacinthe-St-Michel, 33.

LES VEILLÉES LITTÉRAIRES ILLUSTRÉES

J. BRY AINÉ
ÉDITEUR
21.
RUE DES MATHURINS
SAINT-JACQUES

20 CENTIMES
LA
LIVRAISON

CHARLOTTE CORDAY
PAR
ALPHONSE ESQUIROS.

Dessiné par Ed. Frère.

Gravé par Rougel.

L'Interrogatoire.

INTRODUCTION.

Il y a quelques années, un voyageur se mit en marche sur la route de Caen. Il était parti, un jour de printemps, pour visiter les lieux habités par Charlotte Corday.

On traverse, avant d'arriver à Caen, un pays fertile et couvert d'arbres à fruits. La Normandie est un vaste pommier; à l'ombre de ce pommier s'étend une prairie sans fin, où paissent à l'abandon de grands bœufs et de belles vaches nonchalantes qui ont de l'herbe jusqu'au dessus des flancs. Quelquefois même ces herbes sont si hautes que, dans certains prés, les bêtes errantes ou agenouillées laissent apercevoir seulement le bout de leurs cornes. Les paysannes qu'on rencontre se ressentent de cette abondance; quelques-unes allaitaient de leurs puissantes mamelles de beaux enfants frais et joufflus qui leur souriaient bravement. Les hommes gardent leurs troupeaux ou passent la herse sur les glèbes grasses et molles à l'aide de forts chevaux, dont la croupe gris-pommelé ressemble, pour la couleur, au ciel de Normandie. Comme on était alors au mois de juin, les pommiers fleuris couvraient la route d'une neige fine et odorante que le vent chassait par bouffées sur des nappes de verdure. Ces arbres prenaient le long de la route mille formes extraordinaires: les uns, à demi renversés, laissaient pendre tout d'un côté leur chevelure blanche et poudrée de fleurs, tandis que d'autres relevaient superbement la tête et s'alignaient avec ordre devant notre passage, comme des soldats un jour de revue. Quelques propriétaires leur donnaient en marchant sur la route un regard d'espérance : ces fleurs promettaient des fruits, et la récolte des pommes est la vendange de la Normandie.

J'eus occasion, chemin faisant, d'observer, jusque dans les détails les plus minutieux, les mœurs normandes, qui sont surtout entachées d'avarice et de chicane. De Paris à Mantes, on lit sur les méchantes auberges de la route cette formule consacrée : « Ici, on DONNE à boire et à manger. » Passé Mantes, les aubergistes normands, qui craignent d'être pris au mot, font écrire sur leurs volets : « Ici on VEND à boire et à manger. »

Je me consolai des habitants sur la nature, qui, sans être très variée, avait un caractère de force, de fécondité et d'abondance tout nouveau pour moi; la terre me surprenait par ses largesses; on eût dit la vieille mère Cybèle, avec son teint fauve et ses grappes de mamelles gonflées de lait.

Caen s'annonce de loin par une futaie de flèches d'églises et de clochers. Je fis mon entrée par la grande route, un dimanche qu'il tonnait; les faubourgs se montrèrent à moi dans un orage, au chant des cloches, au croassement des corbeaux et aux grondements de la foudre. C'était un jour favorable pour voir cette ville ancienne et curieuse; je visitai les églises, je remarquai de vieilles maisons encadrées dans une bordure de bois bizarrement sculptée, j'admirai la forme singulière de la ville, qui dessine un fer à cheval. La Providence ou le hasard se plaît quelquefois à écrire l'histoire avec des lignes de maçonnerie : tout le

T. I.

4

monde sait que Caen, sous Guillaume-le-Conquérant, et à plusieurs autres reprises, donna aux Anglais de violents coups de pieds de cheval dont l'Angleterre garde la marque.

Caen était avant tout, pour moi, la ville de Charlotte Corday. Humble pèlerin, je venais retrouver quelques traces de sa vie dans les lieux habités par cette femme historique, et jamais pieux visiteur de Notre-Dame del Pilar ou de Sainte-Ursule, tout chargé de coquilles, n'eut plus de dévotion pour sa sainte. Je cherchais son souffle dans l'air, sa voix dans le bruit du vent ou des feuilles, la marque de ses pieds sur le sable; mais je ne tardai pas à reconnaître que ses pas étaient effacés du sable, et sa mémoire du cœur des hommes.

Je m'adressai à tout venant :
— Monsieur, pourriez-vous m'indiquer, dans la ville, la maison qu'habitait Charlotte Corday?
— Monsieur, voici celle de Malherbe.
— Ce n'est pas cela que je vous demande.
— Un grand poète, monsieur!

« Enfin Malherbe vint! »

— Je vous parle de Charlotte Corday.
— Si vous êtes curieux de connaître les deux salamandres de pierre qui surmontaient l'entrée...
— Monsieur, peu m'importe. Ainsi vous ne pouvez me donner sur elle aucun renseignement?
— Si fait. François Malherbe était le fils d'un conseiller au bailliage...
— Ah! faites-moi grâce de votre Malherbe, le plus sec et le plus filandreux rimeur que je sache.

D'autres me répondaient gravement :
— Je ne connais pas cette dame-là dans la ville; adressez-vous au bureau de poste.

Cette indifférence me navra. Soyez donc femme; ayez pour vous la jeunesse, la beauté, l'amour; sacrifiez tout cela à une action que vous croyez généreuse, pour que, trente ans plus tard, un étranger vienne parler de vous, sur le sol même que vous avez foulé, sans réveiller aucun souvenir dans le cœur de vos concitoyens!. Les hommes de la terreur étaient plus justes envers cette femme : ils voulaient faire abattre sa maison, y semer du sel, et planter sur la place vide un poteau, avec cette inscription : « Ici fut la maison de Charlotte Corday! »

Depuis le mouvement de réaction thermidorienne, il avait été question d'élever, au milieu de la ville de Caen, un monument à cette femme extraordinaire. Le projet n'eut pas de suite. Il faut s'en réjouir; car une statue en l'honneur de Charlotte Corday, aurait été, sous le règne sanglant des idées modérées, un monument élevé à l'assassinat. Puisse le monument que je vous consacre ici l'auteur, bien fragile, bien pauvre et bien éphémère sans doute, de papier et non de bronze, ranimer quelque mémoire autour de votre nom, ô Charlotte! une mémoire pure qui dégage l'intention du fait, et qui pardonne à votre grand cœur sans amnistier votre main.

Cette ignorance des habitants de Caen et le peu de souvenir que Charlotte Corday a laissé dans la ville s'expliquent, au reste, par la vie ordinaire et cachée qu'elle y menait avant ce grand coup d'éclat dont Paris fut le théâtre. Mademoiselle Marie-Charlotte de Corday, petite-fille de Pierre Corneille, sortait d'une famille noble, mais ruinée. Il y a dans les familles des décadences qui répètent en tout celles des empires; chaque jour, quelque chose se détache des prospérités anciennes; la pente qui mène à la misère se fait plus rapide; les enfants se séparent des pères, les pères des enfants; tout va ainsi dépérissant jusqu'à une catastrophe dernière et théâtrale, qui abaisse le rideau sur la mort violente.

Charlotte Corday née dans un village, à Saint-Saturnin-les-Ligneries ou les Vignaux. Elle passa, comme Jeanne d'Arc, sa première enfance au milieu des champs : vêtue d'une robe de toile rouge, les épaules et les bras nus, elle courait, les cheveux au vent, sous la forêt de pommiers qui borde la route. On m'a montré sa maison; la toiture de chaume a été renouvelée par de la tuile. Il y a une cour avec un pommier au milieu, une cloche, un puits, un mur qui l'enclot, et une touffe de lierre qui jette son manteau sur l'épaule du mur.

On montre aussi près de Saint-Saturnin une source perdue sous des osiers et des joncs; quelques vieillards m'ont assuré avoir vu Charlotte, encore enfant, y puiser de l'eau dans le creux de sa main. Ce ruisseau obscur et perdu sous l'herbe, mais qui sort sans doute quelque part de sa solitude et de son silence, pour se mêler aux torrents écumeux, et souvent même aux combats des hommes, m'a semblé une image touchante de la vie de Charlotte Corday : calme et limpide à l'ombre des branches, mais troublée plus tard si profondément dans nos grandes villes, au contact des révolutions.

Charlotte Corday quitta la vie des champs, cette vie libre et charmante au grand air, pour entrer à Caen au couvent de la Sainte-Trinité, dont était abbesse madame de Belzunce. Cet établissement, fondé par la reine Mathilde, femme de Guillaume-le-Conquérant, avait acquis, avec le temps, de grands revenus et de hautes prérogatives. Les religieuses, soumises à la règle de saint Benoît, portaient le vêtement noir, excepté la guimpe et le bandeau, qui étaient blancs.

Elles vivaient sous le même toit, mais sans clôture, et pouvaient prendre chez elles une ou deux pensionnaires. Charlotte Corday fut reçue dans le couvent, avec sa sœur, par madame de Lauvagny, leur tante, qui avait fait ses vœux. Les bâtiments vastes et superbes s'étendaient au dos d'une petite colline, avec des jardins, des cours et des oratoires. L'église, qui subsiste encore, et qu'on répare à cette heure, est un édifice très curieux, dans le style anglo-normand; son extérieur froid, grave, recueilli, peu ouvert de portes et de fenêtres, lui donne l'air d'une nonne en prière et voilée. Quand nous visitâmes cette église, c'était le soir; quelques ouvriers, occupés aux cintres du portail, laissaient tomber leurs derniers coups de marteau; un vol perpétuel de corbeaux couronnait les tours, où le vent s'engouffrait avec des gémissements, la lune se levait derrière dans un nuage blanc, comme une pâle religieuse dans sa guimpe de batiste; je compris alors le jour mélancolique que la vue des lieux jette sur les souvenirs de l'histoire.

Charlotte Corday a dû prendre à l'Abbaye-des-Dames cette tournure d'esprit sombre et sévère qui, excitée plus tard par les événements, éclata en une action tragique.

Je tiens d'une vieille religieuse, que mademoiselle Corday se jeta d'abord dans la dévotion avec toute l'ardeur d'une tête exaltée. Seulement elle mêlait à ce zèle un fond d'orgueil et d'obstination qui lui attira souvent les réprimandes de sa tante. Elle apprit dans la maison à écrire, à faire de la musique et à dessiner, mais elle témoigna toujours beaucoup de répugnance pour les autres travaux de femme; cette main virile n'était pas faite pour tenir l'aiguille. Quand elle eut accompli sa dix-septième année, comme ses goûts n'étaient point arrêtés vers le cloître, et que la révolution, encore lointaine il est vrai, mais déjà menaçante, détournait beaucoup de femmes de la vie religieuse, mademoiselle de Corday quitta l'abbaye de la Trinité pour habiter à Caen la maison de madame de Bretteville.

Après de longues démarches, je suis enfin parvenu à découvrir cette maison où s'écoulèrent les années sérieuses et adultes de Charlotte Corday; elle est située rue Saint-Jean, n° 148, vis-à-vis la rue des Carmes; quoique réparée à neuf, cette maison a subi peu de changements, et il est aisé de deviner son ancienne forme sous les nouvelles retouches. J'ai d'ailleurs été aidé dans ce travail, sur les lieux, par le propriétaire, M. Lebidois. Cette maison, cachée au fond d'une petite cour, a un caractère singulièrement historique; on comprend qu'une résolution sombre, méditée et terrible, ait pu mûrir sous ces toits humides et recouverts d'une crasse de mousse, dans une chambre mal éclairée, devant une fenêtre morne et solitaire, où la pensée n'était jamais distraite par le spectacle de la rue. Les changements, ou, si vous voulez, les réparations, consistent, comme de rigueur, en un badigeon à la chaux qui a recouvert la pierre; les anciens vitraux de la fenêtre, à compartiments et à mailles de plomb, ont été remplacés par un châssis à grands verres de Bohême; la cour, autrefois pavée en grès, est maintenant dallée, pour empêcher l'herbe d'y croître et l'humidité de suinter; le soleil n'y luit presque jamais; ces lieux sévères et froids m'ont paru attristés d'une ombre éternelle. L'escalier massif qui mène à la chambre de mademoiselle de Corday, est en pierre, avec une rampe à volute. Comme un moine italien colle ses lèvres aux marches de la Scala-Santa, moi, simple voyageur, j'attachai quelques instants mes regards attristés aux marches rigides de cet escalier de pierre, que Charlotte Corday descendit, le mardi 9 juillet 1793, pour ne plus jamais le remonter.

J'ai aussi été servi dans cette visite des localités par les souvenirs d'un ancien tourneur en bois, qui, alors enfant, occupait avec sa mère la boutique située sur le devant de la rue. — Je la vois encore, me disait-il, dans ce coin de la cour du côté du puits, avec une amazone bleue, un chapeau de feutre conique et relevé de rubans, une gaze posée sur les seins; c'était une fière et belle personne qui ne chantait pas comme les autres filles, qui riait peu, et qui passait son temps à lire.

Le seul souvenir, en effet, que Charlotte Corday ait laissé dans la ville de Caen, est un souvenir de beauté studieuse et grave; cette remarque nous semble d'autant plus importante que presque toutes les femmes du pays sont belles. Seules, en France, elles savent porter la tête : cela tient aux casques, aux pyramides, aux cathédrales, aux obélisques, et généralement à toutes ces constructions de dentelles nouées sous le cou, qui forment la toilette du dimanche. Caen touche de près au pays de Caux, cette Géorgie de la France.

Je profitai de mon voyage à Caen pour aller voir la mer, qui est à quatre lieues de la ville. Je pris le chemin de la Délivrande; c'est une route large, plate et uniforme, comme toutes les routes de la Normandie; quelques flèches d'église, qui se dressent de temps en temps au-dessus des villages couchés au loin dans la plaine, vous font cependant lever çà et là dans la tête du voyageur, de grandes pensées.

J'arrivai par un beau ciel à la Délivrande. L'église, qui a donné son nom au village, possède une statue miraculeuse de la sainte Vierge, devant laquelle les pêcheurs suspendent leurs vestes humides d'eau salée et des débris de voile qu'ils ont sauvés un jour d'orage. De la Délivrande à Courseulles il n'y a plus qu'une demi-lieue : on ne tarde pas à recevoir dans la figure une brise fraîche et mouillée, et à entendre un bruit dans le lointain : c'est le souffle et la voix de l'Océan.

La terre, engraissée d'algues et de plantes salées que la mer en son flux pousse vers le rivage, étale aux yeux une végétation plus riche qu'aux environs de Caen. Un sainfoin ardent y croît par larges nappes qui rougissent au soleil comme des champs de charbons allumés. De grands oiseaux marins fendent l'air et se poursuivent en jetant des cris.

Courseulles est un gros bourg avec une flèche d'église fort élancée et entourée de tombeaux : il y a deux choses bien placées au bord de la mer, c'est une flèche d'église et un cimetière : — le mât éternel et le port.

Ce bourg dérobe entièrement le spectacle des eaux ; on n'aperçoit la mer que quand on l'a tout à fait à ses pieds. Il était deux heures ; je vis l'Océan dans son flux. Il emplissait jusqu'aux bords le bassin de sable que Dieu lui a donné pour le contenir. Le vent venait de tomber, et les vagues apportées vers le rivage par la seule force de cette grande masse d'eau venaient s'y briser lourdement : c'était un mouvement mécanique plein de monotonie et de grandeur. On a tort de croire la mer plus belle à voir quand elle s'agite que quand elle reste calme : rien, au contraire, n'égale alors la force et la majesté de cette reine, terrible jusque dans son sourire.

Sur le rivage, il y avait un cheval en liberté qui broutait du sainfoin dans un champ. Il s'interrompait de temps en temps pour regarder les flots et pour hennir. Quoique accoutumé sans doute à ce spectacle, le noble animal contemplait la mer dans son flux avec une grave surprise. Il fallait cet accompagnement au tableau ; les anciens l'avaient bien compris ; eux qui ont fait sortir le cheval de la terre sous un coup du trident de Neptune.

La mer est elle-même, en effet, une fougueuse cavale tenue en frein par la main de Dieu.

Nous n'étions que deux hommes sur le sable, moi et un prêtre qui lisait son bréviaire en se promenant. Le bruit des versets saints se mêlait sur ses lèvres au murmure éternel de l'Océan débordé. Je me pris alors à envier, moi pauvre voyageur inquiet et tumultueux, le sort de ce prêtre qui passe sa vie uniforme, sérieuse et calme, entre l'Océan et la Bible, ces deux mers.

On ne découvrait aucun vaisseau, et j'avoue que je ne m'en plaignais pas, au contraire : tout ce qui m'eût rappelé l'homme, l'industrie et le commerce, m'eût gêné dans ce moment-là. J'aime mieux la mer abandonnée à elle-même, le grand désert d'eau, que cette forêt de mâts à laquelle on donne le nom de port. Il faut à la mer la solitude : on ne peut alors la regarder, grande et immense qu'elle est, sans penser à cette grande mélancolie de l'esprit de Dieu porté sur les flots.

Je regardais profondément ce grand spectacle, quand le prêtre, qui avait fini de réciter ses vêpres à demi voix, vint s'asseoir à côté de moi sur le sable. C'était un homme qui penchait vers l'éternité ; quelques mèches de cheveux blancs tombaient sur sa soutane noire, et ses mains ridées agrafèrent soigneusement la fermeture du bréviaire.

— Vous êtes artiste? me demanda-t-il ; vous venez sans doute visiter nos sites et nos points de vue ?

— Non, lui dis-je, je suis venu à Caen pour recueillir quelques renseignements sur une femme.

— Pourriez-vous me dire son nom ?

— L'histoire de la nommée Charlotte Corday.

Le vieillard prit un air réfléchi, et sembla fouiller quelques instants dans sa mémoire.

— Oui, me dit-il enfin, je l'ai vue.

Ce prêtre me sembla plus beau qu'auparavant ; je le pressai d'un regard curieux.

— C'est cela, reprit-il, comme déroulant dans sa tête la chaîne rouillée de ses souvenirs ; j'étais alors sous-diacre ; je venais vers trois heures réciter l'office au bord de l'Océan. Un jour, je vis, à peu près à la place où nous sommes, une jeune fille assise qui lisait. La mer était mauvaise ; le vent soufflait par bourrasques et jetait de grosses vagues sur le sable. Les yeux de la jeune fille quittèrent bientôt son livre pour s'arrêter sur le spectacle bouleversé des flots. Elle resta plus d'une heure dans une attitude pensive et recueillie. Comme j'avais fini mes devoirs, je m'approchai d'elle. Un regard indiscret jeté au livre qu'elle tenait négligemment sur ses genoux, m'apprit que c'était un ouvrage de Raynal. Je me souvins alors d'avoir rencontré cette demoiselle à Caen, à l'hôtel de Faudoas, où elle avait une grande réputation d'esprit. Comme elle semblait absorbée dans une sombre méditation, j'attendais qu'elle tournât ses yeux vers moi, pour rompre le silence. Elle me reconnut quoique nous ne nous fussions vus qu'une seule fois. — Quel grand spectacle, me dit-elle, que celui de la mer ! — Oui, surtout, lui répondis-je, quand elle est comme aujourd'hui, mutine et turbulente. — Oh ! reprit-elle, celle-ci au moins s'apaise et rentre dans le devoir et dans le magnifique signe du Créateur ; mais il est un autre océan furieux dont rien ne peut réfréner l'audace. — Lequel ? lui dis-je. — C'est le peuple, répondit-elle.

Nous gardâmes un moment le silence ; un léger crépuscule commençait à descendre sur l'Océan, et des brumes violettes fumaient à l'horizon.

Le prêtre continua :

— Oui, lui dis-je en reprenant son idée, le flot révolté respecte au moins la limite que le doigt de Dieu lui a prescrite : *Huc usque venies et non ibis amplius*, tandis que le flot populaire, une fois lâché et sorti de son repos, ne connaît plus aucune borne.

Elle parut longtemps réfléchir ; puis, rejetant en arrière ses longs cheveux châtains et prenant un air inspiré qui m'éblouit :

— Que savez-vous, me répondit-elle d'une voix forte, si ce flot, qui vous paraît si terrible et si menaçant, ne s'arrêtera pas seulement devant le doigt d'une femme ?

— Lorsque ce que vous savez arriva, ajouta le vieillard, je me souvins de cette parole.

Depuis quelques instants je regardais instinctivement cette vaste mer qu'avait regardée Charlotte Corday.

— Oui, c'était une femme de grand cœur, ajouta le prêtre comme se parlant à lui-même, mais la religion défend de tuer : *Abhorret Ecclesia a sanguine.*

Le vieux prêtre s'éloigna. Mes yeux restèrent attachés sur la vaste mer, d'où je cherchais, pour ainsi dire, à dégager une image de femme.

Charlotte Corday vivait solitairement à Caen, chez sa tante. Elle passait presque tout son temps à la lecture de Plutarque, de Jean-Jacques Rousseau et de Corneille, ses auteurs de prédilection. C'était une âme dévouée et sensible à toutes les influences : la philosophie du dernier siècle en fit une héroïne : le christianisme en eût fait une sainte.

Elle était surtout liée, à Caen, avec Éléonore de Faudoas, sa camarade d'enfance, guillotinée à seize ans.

Mademoiselle de Corday fréquentait avec sa tante les premières maisons de la ville, où elle passait pour une fille instruite et aimable. On blâmait seulement ses manières ; ses voisines disaient un peu masculines pour le temps ; ses amies, c'est-à-dire ses rivales, disaient que c'était un garçon déguisé en demoiselle. Cette disposition à sortir de son sexe lui venait sans doute de la force et de l'exaltation de ses sentiments. Elle préludait sans le savoir aux femmes fortes du dix-neuvième siècle, madame de Staël et Georges Sand.

J'ai vu à Caen un vieillard qu'on me donna pour avoir été épris dans sa jeunesse de Charlotte Corday. « C'était, me dit-il, une de ces femmes belles et imposantes qu'on aime à l'adoration, sans jamais oser leur dire qu'on les aime. Elle avait les cheveux et les sourcils châtains, le tour du visage de forme ovale, le nez profilé avec grâce, le teint d'une fraîcheur de rose, la bouche bien garnie, les seins d'une Vénus (les hommes d'alors voyaient Vénus partout), les mains blanches et effilées comme une Italienne. Mais ce qu'elle possédait encore de plus remarquable et ce qui allait le mieux au cœur de toute sa personne, c'était la voix. Figurez-vous un timbre angélique : si l'on pouvait noter la parole comme on fait du chant, je vous la rendrais sensible maintenant sur le papier, tant cette voix m'est restée dans l'oreille. Je rencontrais quelquefois mademoiselle de Corday à l'hôtel de Faudoas. Elle parlait rarement et semblait beaucoup réfléchir. Sa créature parfaite et pleine de grâces, qu'on eût surnommer à juste titre la vierge des Girondins. »

Le gouvernement révolutionnaire, sachant l'empire qu'exerce la beauté, s'appliqua de toutes ses forces à effacer cette auréole du nom de Charlotte Corday. Il fit insérer les lignes suivantes dans la *Gazette nationale*, avec ordre aux feuilles de province de les reproduire :

« Cette femme, qu'on a dit fort jolie, n'était pas jolie : c'était une *virago* plus charnue que fraîche, avec un maintien hommasse et une stature garçonnière, sans grâce, malpropre, comme le sont presque tous les philosophes et les beaux esprits femelles. Sa tête était une furie de lectures de toute espèce. Sa figure était dure, insolente, érysipélateuse et commune ; mais une peau blanche et sanguine, de l'embonpoint, de la jeunesse, et une évidence fameuse, voilà de quoi être belle dans un interrogatoire. » Charlotte Corday avait vingt-cinq ans ; c'est être, dans nos mœurs, presque vieille fille. »

Malgré tous ces efforts, la vérité a prévalu, et la tête de Charlotte Corday est restée belle sous les injures de certaines feuilles de la Montagne, comme sous les soufflets du bourreau.

Les affections politiques de mademoiselle de Corday se rattachaient toutes au parti de la Gironde, dont Marat se montra l'ennemi le plus acharné. Depuis six mois, les déclamations de la feuille *l'Ami du peuple* portaient sur Buzot, sur Dumouriez, sur Lafayette, sur Barbaroux. Marat était le Caton de la révolution française ; la conclusion de toutes les diatribes de sa feuille, de tous ses discours à la tribune, était : Donc il faut détruire la Gironde.

On sait qu'avec cette patience et cette ténacité qui, dans les temps de révolution, équivalent au génie, Marat vint à bout de son œuvre. Il *passa*, comme il le dit lui-même, *le balai* dans la Convention.

Comme je tenais à recueillir tous les témoignages, je hasardai, dès mon retour à Paris, une visite chez la sœur de Marat qui vit encore. Elle a, dit-on, refusé autrefois de se marier, pour ne point perdre un nom dont elle se fait gloire.

C'était un jour de pluie.

Rue de la Barillerie, n° 32 (c'est l'adresse que m'avait indiquée le grand statuaire David), je rencontrai une allée étroite et sombre, gardée par une porte basse. Sur le mur, je lus ces mots : « *Le portier est au deuxième.* » Je montai.

Au second étage, je demandai mademoiselle Marat. Le portier et sa femme s'entre-regardèrent en silence. — C'est ici ? — Oui, monsieur. — Elle est chez elle ? — Toujours; cette pauvre fille est paralysée des jambes. — A quel étage ? — Au *cinquième*, la porte à droite.

La femme du portier, qui jusque-là m'avait regardé sans rien dire, ajouta d'une voix goguenarde : — Ce n'est pas une jeune fille, oui-dà !

Je continuai à monter. L'escalier devenait de plus en plus raide. Les murs sans badigeon étalaient au grand jour la sale nudité du plâtre. Arrivé tout en haut devant une porte mal close, je frappai. Après quelques instants d'attente durant lesquels je donnai un dernier coup d'œil au délabrement des lieux, on ouvrit. Je demeurai frappé de stupeur. L'être qui venait de m'ouvrir et qui me regardait, c'était Marat.

On m'avait averti de cette ressemblance presque surnaturelle entre le frère et la sœur, mais je ne la croyais pas possible à ce degré-là. Son vêtement douteux prêtait encore à l'illusion. Elle était coiffée d'une serviette blanche qui laissait passer très peu de cheveux. Cette serviette me fit souvenir que Marat avait la tête ainsi couverte, quand il fut tué dans son bain.

Je fis la question d'usage : — Mademoiselle Marat ?

Elle fixa sur moi deux yeux noirs et perçants. — C'est ici, entrez. Elle me fit passer par un cabinet sombre où l'on voyait confusément une manière de lit. Ce cabinet donnait dans une chambre unique, assez propre, mais misérable. Il y avait pour tous meubles, trois chaises, une table, une cage où chantaient deux serins, et une armoire ouverte qui contenait quelques livres. L'une des vitres de la fenêtre ayant été brisée, on l'avait remplacée par une feuille de papier huileuse qui jetait dans la chambre, par le temps de pluie qu'il faisait, un jour gras et terne.

Je ne pus m'empêcher, en voyant toute cette misère, de songer au désintéressement de ces rois révolutionnaires qui avaient tenu dans leurs mains toutes les fortunes avec toutes les têtes, et qui étaient morts laissant leur veuve ou leur sœur, au cinquième étage, dans une mansarde, sans linge et peut-être sans feu l'hiver.

La sœur de Marat se plaça dans une chaise à bras et m'invita à m'asseoir à côté d'elle. Je lui dis mon nom. Quand elle fut instruite du but de ma visite, je hasardai quelques questions sur son frère. Elle me parla, je l'avoue, plutôt de la révolution que de Marat. Je fus surpris de trouver sous les vêtements et les dehors d'une femme du peuple, un langage assez correct, précis et véhément. J'y reconnus toutes les idées et souvent même les expressions de son frère. Aussi me faisait-elle, avec un jour taciturne qui régnait dans cette chambre, un effet particulier. La terreur qui s'attache aux hommes et aux choses de 93 pénétrait peu à peu. J'avais froid. Cette femme me paraissait moins la sœur de Marat que son ombre. Je l'écoutai en silence.

Les paroles qui tombaient de sa bouche étaient à la vérité des paroles rigides. — On ne fonde pas, me disait-elle, une république avec de l'or ni avec des ambitions, mais avec des vertus. Il faut *moraliser* le peuple. Une république veut des hommes purs que l'attrait des richesses et des séductions des femmes trouvent inflexibles. Il n'y a d'autre gloire sur la terre que de travailler pour le maintien des devoirs et des lois. Cicéron est grand parce qu'il a déjoué les desseins de Catilina et défendu la liberté de Rome. Mon frère lui-même ne m'est quelque chose que parce qu'il a travaillé toute sa vie à détruire les factions et à établir le bien du peuple, autrement je le renierais. Monsieur, retenez bien ceci : ce n'est pas la liberté d'un parti qu'il faut vouloir, c'est la liberté de tous, et cette liberté-là ne s'acquiert que par des mœurs austères. Il faut savoir au besoin sacrifier sa vie et celle de ses concitoyens pour maintenir le bien général. Mon frère est mort à l'œuvre. On aura beau faire, l'on n'effacera pas sa mémoire.

Elle me parla ensuite de Robespierre avec amertume. — Il n'y avait rien de commun, ajouta-t-elle, entre lui et Marat. Si mon frère eût vécu, les têtes de Danton et de Camille Desmoulins ne seraient pas tombées.

Interrogée si son frère avait été vraiment médecin des écuries du comte d'Artois : — Oui, me dit-elle, c'est la vérité. Aussi fut-il poursuivi plus tard par une foule de comtesses et de marquises qui venaient chez lui l'engager à déserter la cause du peuple. Le bruit courut même alors par la ville qu'il s'était vendu pour un château. Monsieur, ajouta-t-elle en me montrant avec orgueil son misérable réduit, regardez, je suis sa sœur et son unique héritière : voici mon château.

Je la surpris plusieurs fois à fixer sur moi des regards méfiants et inquisiteurs. L'humeur soupçonneuse des révolutionnaires de 93 ne s'était point émoudrie chez elle avec les années. Elle m'avoua même qu'elle avait besoin de renseignements sur mon *civisme*. Je la vis s'emporter aussi à quelques observations que je lui fis : c'était

bien le sang de Marat. Les principes que son frère avaient défendus lui semblaient seuls dignes d'intérêt; les détails de sa vie intime rentraient, selon elle, dans les conditions de l'homme, être calamiteux et passager, que la mort efface sous un peu de terre.

J'obtins cependant d'elle, à force d'instances, quelques renseignements sur la vie et les habitudes de l'Ami du peuple.

Elle parla ensuite de Charlotte Corday comme d'une aventurière et d'une fille de mauvaise vie.

Je me levai pour sortir. — Monsieur, me dit-elle, revenez dans quinze jours, je vous donnerai d'autres détails, si je ne suis pas morte; car, dans l'état de maladie et de vieillesse où vous me voyez, je m'éteindrai subitement. Un jour, demain peut-être, en ouvrant la porte, l'on me trouvera morte; mais je ne m'en afflige aucunement; la mort n'est un mal que pour ceux qui ont la conscience troublée. Moi, qui suis sur le bord de la fosse et qui vous parle, je sais qu'on quitte la vie sans regret quand on se sent pur. Mon frère est mort pauvre et victime de son dévouement à la patrie; c'est là toute sa gloire.

Je sortis avec un poids sur le cœur. — Voilà des gens, me suis-je dit, qui voulaient le bien de l'humanité, qui poursuivirent ce rêve jusqu'à la mort avec un désintéressement héroïque, et qui ne sont guère arrivés (jusqu'ici du moins) qu'à une renommée sanglante, qu'à une œuvre éphémère.

— Oh ! c'est trop peu que de l'homme pour rien fonder de glorieux et de solide; il faut que Dieu y mette la main !

Le caractère de Marat a été refait sur son crâne, sur sa figure, sur l'ensemble de son système physiologique.

Il reste de Marat un portrait peint et un masque de plâtre; le portrait est de David; le plâtre a été moulé sur la figure du mort. La tête de Marat, cette grande agitation calmée tout-à-coup par le froid de l'agonie, garde sur ses traits ravagés des traces anciennes de lassitude et d'altération; les joues maigres et souffrantes se creusent en deux profonds puits de larmes, les lèvres molles se contractent amèrement. Il se mourait depuis longtemps, et Charlotte Corday n'a guère assassiné qu'un cadavre.

L'organisation de Marat l'appelait bien plutôt à la douceur et à la sensibilité qu'à la cruauté bestiale. Il avait la fibre délicate, la charnure molle, les lèvres épaisses (grand signe de bonté), la tête disposée à l'amour du genre humain; le front n'était pas très élevé; mais, outre ce qui dominait en Marat, c'était le tempérament révolutionnaire; nous remarquerons, en passant, que les fronts énormes contiennent des facultés vastes, mais oisives; les hommes d'action comme Richelieu, comme Robespierre, comme Saint-Just, ont le front renversé et coupant, le front en hache.

Ses opinions ont été rétablies entièrement sur ses écrits.

Marat se définissait lui-même le bouc émissaire qui se charge, en passant, de tous les maux et de toutes les puanteurs de l'humanité. Il avait dix siècles d'oppression, de misère, de souffrances sur cet enfant du peuple, laid, maigre, contrefait, mal venu, qui retourne, impatient et irrité, sa dent contre ses maîtres. Ce petit homme, sur les pieds duquel toute la société a marché; ce médecin, qui porte dans son corps malade et lépreux les ordures, la pâleur et la fièvre des hôpitaux; ce journaliste inquiet, soupçonneux, méfiant, lâché dans la révolution comme un dogue vigilant dans une ville nouvelle et peu sûre pour y faire le guet; cet œil du peuple, qui va rôdant çà et là pour découvrir les traîtres; homme-anathème, qui prend sur sa tête maudite et calomniée tout l'odieux des mesures de sang, ne nous semble pas encore avoir été compris jusqu'à ce jour.

Sans doute, il eût été plus facile pour nous et plus vite fait de déclarer, selon l'opinion du vulgaire, Marat, *un tigre altéré de sang* ; cela nous eût épargné beaucoup de recherches, beaucoup de contradictions et beaucoup d'ennemis; mais quoique nous fussions arrivé à cette étude avec le préjugé commun, nous n'avons pas tardé à nous trouver désarmé par la force du sentiment contraire. Toutes les idées qu'on se fait habituellement de Marat sont fausses. On le représente comme un tribun allant chercher ses paroles dans la boue du ruisseau, et Marat était, au contraire, un homme lettré, qui avait passé toute sa vie dans le cabinet, à des travaux de médecine, de science naturelle et d'histoire. Il y a quelques années, l'administration du Jardin-des-Plantes fit emplette d'une boîte contenant des instruments de physique; par un hasard singulier, une partie de ces instruments avait servi à Marat pour ses expériences sur la lumière; l'autre avait appartenu au comte de Provence, depuis Louis XVIII.

Si nous avons pris la peine de redresser les opinions fausses qui s'attachent à cet homme, ce n'est point pour le stérile et frivole plaisir d'avoir raison contre l'histoire; mais c'est que derrière la haine affectée à Marat se cache une haine sourde et hypocrite contre la révolution. Trop longtemps on s'est servi du fantôme de la terreur, comme d'un épouvantail, pour écarter du nouveau mouvement politique les esprits faibles et timorés. Le moment est venu de dissiper ces ombres et de faire évanouir les nuages qui obscurcissent nos destinées. Sans prétendre imposer à l'avenir des hommes politiques de la nature de Robespierre et de Marat, car chaque âge amène avec de nouveaux besoins de nouvelles facultés, nous

croyons qu'on doit rattacher l'œuvre de la démocratie à l'idée de ces grands philosophes de la Montagne.

Nul, certes, ne nous accusera de vouloir nous faire coupeur de têtes ; nous avons horreur du sang, et si nous désirons encore une réforme dans l'État, nous l'appelons par des moyens sages et pacifiques. Nous croyons même avoir fait preuve d'impartialité en rendant justice, dans notre livre, à des acteurs bien différents, qui ont dû se haïr et se mépriser les uns les autres durant leur vie. L'histoire, calme et grande, parce qu'elle est éternelle, ne peut descendre de ses hauteurs solennelles aux inimitiés passagères des partis ; tout en plaçant l'erreur d'un côté et la vérité de l'autre, elle doit peser avec une balance équitable le caractère et les actions des hommes. Nous sommes indulgent envers Louis XVI, tout en donnant raison à ses juges.

Nous avons vu beaucoup d'amis et d'ennemis de Marat qui ont vécu dans son intimité ; nous avons recueilli de leur bouche des témoignages curieux ; en vérité, nous croyons plutôt à cette tradition vivante qu'à l'histoire écrite : celle-là, en effet, n'a ni orgueil ni intérêt à tromper ; elle dit ce qu'elle a vu et rien de plus ; si la mémoire lui manque quelquefois, le sentiment qu'elle attache aux hommes et aux événements ne lui manque jamais, et c'est ce sentiment qu'il importe surtout de recueillir.

La plupart des spectateurs et quelques acteurs du grand drame de la révolution vivent encore ; ils se mêlent obscurément de nos jours à d'autres scènes mesquines et misérables. Vous avez peut-être remarqué, au théâtre de la Porte-Saint-Martin, un petit homme cassé, qui, le dos en voûte, la tête clair-semée de rares cheveux gris, distribue aux musiciens de l'orchestre, à la lueur du gaz et en redingote marron, des papiers notés : c'est le gendarme qui, le 13 juillet 1793, arrêta Charlotte Corday.

Ce que nous avons lu de brochures, de pamphlets, de journaux révolutionnaires, est effrayant ; il y a maintenant à Versailles un avocat, M. Deschiens, qui possède plusieurs chambrées de feuilles publiques (comme on disait alors), où nous avons promené nos doigts et nos yeux. A chaque grande époque historique, la Providence a soin de créer un homme (un, jamais plus) qui s'isole du mouvement général pour se livrer à des goûts en apparence bizarres.

La question que se faisait alors un s'éveillant l'avocat Deschiens n'était pas celle de tout le monde : « Qui l'emportera aujourd'hui de la Montagne ou de la Gironde ? Combien de têtes tomberont ? » Mais : « Combien paraîtra-t-il aujourd'hui de feuilles nouvelles ? »

Et il parcourait avec cette pensée les rues de Paris, achetant sur son chemin tous les papiers du jour dans la main des crieurs. Or, cet homme particulier a rendu là un grand service. S'il se fût laissé entraîner comme les autres à l'ambition de la tribune, nous aurions un pâle orateur de plus dans un temps qui regorge déjà de parleurs et d'hommes d'État ; tandis que nous rencontrerons un jour dans sa riche et précieuse collection tous les éléments pour écrire l'histoire.

Nous demandons pardon au public de le faire pénétrer ainsi dans le travail intérieur de notre livre ; mais une introduction nous semble une lettre d'ami adressée au lecteur, et l'on dit tout à ses amis.

On nous trouvera peut-être inconséquent d'élever sur le même plan Charlotte Corday et Marat, la Montagne et la Gironde ; mais au contraire, en politique, deux idées rivales et ennemies peuvent être représentées à un moment donné par deux grands caractères. Ceux qui croient rehausser le piédestal de Charlotte Corday en rapetissant, à propos de Marat, une caricature hideuse, l'abaissent positivement. Si, en effet, celui-ci n'eût été ce qu'on est convenu de le faire, un monstre stupidement féroce, un fou furieux, un moribond déjà à moitié noyé dans le sang de la nation avant que de l'être tout-à-fait dans son bain, c'eût été encore trop du bras d'une femme pour le pousser dans la tombe ; il fallait laisser cette besogne à la lèpre ou au bourreau.

Nous n'avons plus qu'un mot à ajouter.

Nous avons à traiter une époque immense : la guerre sur toutes les frontières et avec tous les rois ; la guerre dans la Vendée ; la guerre à l'intérieur ; les factions mutinées à contenir ; une ancienne société à renverser ; une nouvelle à mettre au moule ; de la boue, de la gloire et du sang ; des hommes apparus soudainement aux affaires et disparus de même ; des rois dont la veille on ne savait pas les noms, et dont le règne finit le lendemain avec eux sur les planches d'un échafaud ; des héros qui tuaient, des tribuns qui péroraient, des martyrs qui meurent ; une royauté qui s'en va, une souveraineté qui vient ; puis, au-dessus de tout cela, comme couronne à ce grand événement, un empire qui est plus qu'un empire, un homme qui est plus qu'un homme, Napoléon ! — Voilà ce que nos pères ont vu ; voilà ce qu'ils ont fait.

Quand on vient nous dire maintenant que notre siècle n'est bon à rien, ne le croyons pas, jeunes gens ! Il est trop près de son aîné pour ne pas avoir aussi ses révolutions et ses conquêtes dans un autre ordre de faits : nous devons tout renouveler, art, science, industrie, société, religion, tout, la pensée et la forme : — frères, comment ne ferions-nous pas de grandes choses, nous sommes les fils des géants !

LE SAMARITAIN.

Le 11 juin 1784, un jeune voyageur monté sur un cheval noir à tous crins arriva, vers le soir, sur la place d'armes de Versailles. Tout dans ses manières annonçait un fils de famille. On admirait la grâce singulière et hardie dont il se tenait en selle. C'était le comte Henri de Belzunce.

Il descendit à l'hôtel du *Lion-d'Or*. Le comte était un gentilhomme de Normandie qui venait se faire présenter à la cour. Il tenait à la famille de M. l'évêque de Belzunce, qui s'était signalé, en 1721, dans la fameuse peste de Marseille.

Versailles était alors dans toutes ses pompes. Les plans symétriques et corrects de Le Nôtre, le mouvement des eaux dans les bassins de marbre, les bronzes des frères Keller, les massifs d'arbres, les gazons verts, les allées de vieux chênes qui avaient vu Louis XIV, Bossuet et Condé, jetèrent notre jeune voyageur dans une foule de souvenirs. Il se promenait à l'entrée de la salle des gardes, sur le passage qui conduit aux appartements du roi, quand il entendit les sentinelles crier autour de lui : « Chapeau bas, messieurs, chapeau bas ! » Henri crut, à ce vacarme, que Louis XVI allait paraître en personne, et il se rangea contre le mur, en se découvrant. Au lieu du roi, il vit venir une troupe de valets ; chacun d'eux portait un plat couvert d'une serviette, et tous répétaient : « Chapeau bas ! messieurs. » Henri comprit alors qu'on saluait le dîner du roi. Cet usage de se découvrir devant des plats avait quelque chose d'asiatique et d'idolâtre qui le blessa, si zélé partisan qu'il fût de la royauté.

Après avoir visité le parc, le comte se rendit à Versailles chez le duc de Brissac, grand chambellan du roi. C'était un homme très vain, mais un ancien ami de la famille, qui reçut Henri de Belzunce avec assez de bonne grâce. Il y avait justement, le soir même, spectacle à la cour. Le jeune comte pria le duc de l'y conduire. Sa toilette était fort présentable : habit de satin bleu à la garniture en nacre de perle, la veste glacée argent et or, la culotte et les bas de soie, deux montres avec des breloques, une épée, un chapeau à gance d'acier, du linge très fin et des soucis vernis, à talons rouges, avec des boucles de strass. Sa jolie figure prêtait à tout cela un charme particulier. Henri ne put retenir, en se regardant au miroir, un sourire et une larme : « Oh ! dit-il, si Geneviève pouvait me voir dans ce costume ! »

Le duc de Brissac fit monter son jeune protégé dans sa voiture, et le conduisit au grand palais de Versailles qu'une foule d'hommes de marbre ne peut venir à bout de peupler à cette heure, mais que la royauté de ce temps-là emplissait toute seule, sans effort. Il en est de ce palais comme des larges rues de Versailles, que les petites femmes d'alors, à grandes jupes, encombraient aisément ; tandis que maintenant ces rues ne peuvent plus loger qu'une hôtesse digne d'elles, la solitude.

Après avoir placé Henri au parterre, où étaient les jeunes hommes de qualité et les officiers des gardes, M. de Brissac le quitta pour aller remplir ses fonctions auprès du roi.

A la sortie du spectacle, Henri de Belzunce fut averti de se trouver sur le passage du roi. Le duc le présenta à Sa Majesté, qui, pleine de respect pour la mémoire de M. de Belzunce, évêque de Marseille, fit à Henri l'accueil le plus favorable.

— A quelle profession vous destinez-vous ?

— A celle des armes, Sire.

— C'est bien, je m'en entendrai avec votre protecteur, monsieur le comte ; vous aurez de mes nouvelles.

Henri salua le roi.

Il était une heure du matin.

Le comte, qui s'était un peu attardé à attendre le roi, se trouva, en sortant du château, seul sur la grande place d'Armes. La maison où il avait couché la nuit d'auparavant était close et éteinte. L'orgueil le retint d'aller chez le duc de Brissac, qui ne lui avait point proposé son toit. Versailles était si beau pendant la nuit, avec son château et ses massifs d'arbres détachés, au clair de lune, sur un fond de ténèbres, que le comte se plut à errer dans la ville endormie. On eût dit, au peu de bruit que faisait le sommeil du roi, une majesté couchée dans le cercueil. Henri de Belzunce ne craignait qu'une chose dans ce silence et cette obscurité, c'était de rencontrer à un coin de rue, debout et blême, le spectre de Louis XIV.

Or, à l'angle d'une ruelle, il se sentit en effet serré par le pas d'un homme : ce Louis XIV était un voleur de nuit. Henri le reconnut bientôt à l'estoc qu'il dégaina et au signe qu'il fit à trois de ses camarades enfoncés dans les crevasses d'un vieux mur. Henri de Belzunce, avec le courage imprudent d'un jeune homme, voulut tenir contre les quatre spadassins ; il prit un arrière et attendit de pied ferme. La rencontre des épées eut lieu avec beaucoup d'éclairs. Si habile que le comte eût la main, son arme était trop mince pour résister longtemps contre quatre fortes lames ; elle se rompit dans un écart ; Henri se sentit alors percé à la cuisse et tomba.

Quant il revint à lui, il se trouva couché sur un lit à ciel et à rideaux de serge verte, dans une petite chambre tendue de ramages. Cette chambre appartenait à un jeune médecin de Versailles, qui, sortant tous les jours de grand matin, avait rencontré dans la rue

Henri étendu à terre et baigné dans son sang. Déjà quelques habitants de la ville avaient passé devant le blessé sans faire semblant de le voir; mais ce dernier s'arrêta, examina la plaie avec attention, et fit transporter chez lui le malheureux afin de le soigner jusqu'à ce qu'il fût rétabli. Pendant quelques jours le malade avait beaucoup souffert; il commençait à se sentir mieux, grâce sans doute au traitement du médecin.

Ce jeune docteur était un petit homme bizarre. Tout, dans sa figure maigre et mobile, annonçait une grande agitation d'esprit. Il écrivait beaucoup et gardait pendant son travail une serviette mouillée sur le front. Quoique médecin des écuries du comte d'Artois, il se livrait plutôt à des recherches sur le feu et sur la lumière qu'à l'exercice de sa profession. Rien n'égalait son horreur du sang; il lui en coûtait dans ses expériences de tuer un insecte.

Ce petit homme avait beaucoup voyagé, beaucoup souffert; tout récemment encore il revenait d'Angleterre. « J'avais été, disait-il au comte Henri de Belzunce, pour influencer au moyen d'un écrit les élections du Parlement; j'y travaillai, pendant trois mois, vingt-une heures par jour; à peine si j'en prenais deux de sommeil; et, pour me tenir éveillé, je fis un usage si excessif de café à l'eau, que je faillis y laisser ma vie. Je tombai dans une sorte d'anéantissement; toutes les facultés de mon âme étaient étonnées; je restai treize jours en ce triste état, dont je ne sortis que par le secours de la musique. »

Il se plaignait amèrement des académies qui refusaient d'examiner ses travaux, et qui mettaient ses livres de physique à l'index. Détracteur du système de Newton, il se prétendait appelé à faire révolution dans la science.

Ses mœurs semblaient réglées. Il menait une vie très sobre, mangeait du riz comme un lionze, buvait peu de vin et faisait une grande consommation de café à l'eau. Il n'annonçait guère plus de trente ans. Son costume était celui de tous les jeunes docteurs de 1780 : habit noir, veste, culotte et bas de même, jabot et manchettes longues de dentelle, perruque à trois marteaux et le claque sous le bras; mais tout cela lui allait autrement qu'aux autres et lui donnait l'air un peu grotesque.

Henri de Belzunce lui avait plu. Il l'avait traité comme son frère : lui cédant son lit, tandis qu'il couchait à terre sur un dur matelas, partageant avec lui sa chambre, le veillant la nuit, le soignant le jour; et, malgré tout, le jeune comte ne pouvait se décider à le trouver aimable. Le regard de cet homme était, selon lui, méfiant, et son humeur volcanique. Quand on contredisait ses systèmes, il frappait la terre du pied et s'emportait en termes fort durs. Revenu au calme, il s'adoucissait envers son adversaire, mais tout en demeurant intraitable sur le fond des idées. Sa conversation était impétueuse, le feu qu'il y mettait venait moins de la tête que du sang, qui, chez lui, s'allumait tout-à-coup; cela, joint à des traits animés et souffrants, formait, avec sa petite taille, un ensemble particulier; quiconque l'avait vu une fois ne l'oubliait plus.

Henri était d'un âge où le mal se répare en peu de temps, et quoique la lame eût attaqué profondément les chairs, il fut bientôt en état de se remettre en route. Avant de quitter son hôte, il voulut partager avec lui sa bourse; le docteur refusa cette offre très rudement. Le comte lui dit qu'il ne prétendait nullement le payer en or des soins qu'il avait pris de sa sûreté, qu'il n'y ajouterait jamais trop de reconnaissance; mais en qualité d'hôte et de médecin, ajouta-t-il, vous avez fait des avances dans lesquelles il est juste que vous rentriez. — L'or, répondit le jeune docteur avec emphase, ne sert qu'à corrompre; l'or est le salaire d'un flatteur, d'un baladin, d'un histrion, d'un mercenaire, d'un valet, d'un esclave. Oh ! si je pouvais ramasser tout ce qu'il y a d'or sur le monde pour l'engloutir d'un seul coup au fond de la mer, je croirais avoir rendu le plus grand des services à l'humanité.

— Au moins, je vais vous dire mon nom.
— Que me fait votre nom ! vous êtes homme, je pense; il suffit : je vous devais aide et assistance.
— Je suis le comte Henri de Belzunce.
— Que m'importe votre titre, monsieur, et qui vous le demande ici ?
— C'est afin de nous souvenir l'un de l'autre, vous comme mon bienfaiteur, et moi comme votre obligé.
— Point de ces distinctions entre nous, s'il vous plait; ce que j'ai fait, vous seriez un lâche et un méchant de ne point l'avoir fait à ma place; vous ne me devez pas de reconnaissance.
— Pourtant...
— Oh ! brisons là. Je n'hésiterais pas un jour, si le salut public l'exigeait, à vous reprendre cette vie que je viens de vous conserver avec tant de soin; faites-en de même à mon égard.
— N'êtes-vous point mon ami ?
— L'amitié ne s'établit que sur le dévoûment aux mêmes idées. Jusqu'ici je suis votre frère.
— Vous êtes dur, docteur; mais vous m'avez sauvé la vie, et, en dépit de vous-même, je ne serai pas ingrat. Dites-moi votre nom.
— Mon nom ne fait rien à l'affaire. Mais, puisque vous tenez absolument à ce qu'il y ait un souvenir entre nous deux, voici un livre que je viens de mettre au jour; gardez-le en mémoire de moi.

Henri reçut le livre du docteur et lui serra la main affectueusement; celui-ci le lui rendit de même. Ils se séparèrent.

Quand Henri de Belzunce eut quitté le seuil de la maison, il eut la curiosité d'ouvrir son livre et d'en regarder le titre; il lut :

Recherches sur l'Électricité médicale, par M. MARAT.

LA STATUE DE JUDITH.

En 1789, les temps étaient changés. Deux régiments stationnaient à Caen dans la caserne dite de Vaucelles; c'étaient le régiment d'Artois et le régiment de Bourbon. L'un tenait pour le peuple, dont il était aimé; l'autre, composé de jeunes officiers attachés au parti royaliste et de soldats gagnés, inspirait dans la ville une grande défiance. La haine et les soupçons des bourgeois portaient principalement sur le comte Henri de Belzunce, major en second du régiment de Bourbon.

On s'attendait dans la ville à un conflit. Le 11 août, à dix heures et demie du soir, un habitant de la ville, M. Rossignol (pourquoi refuserions-nous de transmettre à la postérité le nom de cet honnête Caennais), commandant le poste bourgeois, et Gouis, autre Caennais, étant de faction au pont de Vaucelles, un officier du régiment de Bourbon se présente dans l'ombre. La sentinelle crie trois fois : Qui vive ?

Nuit et silence.

L'officier, à l'entrée du pont, avait dans les mains un fusil de chasse; il brûle une amorce, mais le coup rate : il arme de nouveau; avant qu'il ait le temps de faire feu, une balle de la sentinelle bourgeoise l'abat, la face contre terre.

Le coup de feu de la sentinelle allume au même moment une horrible agitation dans toute la ville. Le poste bourgeois pousse le cri d'alarme; on sonne le tocsin; on bat le tambour par toutes les rues; le canon éclate avec un bruit de ville qui se défonce. Caen, surpris par tout ce tumulte au milieu de son sommeil, s'émeut éperdument; des lumières étoilent toutes les fenêtres des maisons; les bourgeois regardent en bonnet de coton dans la rue et s'informent entre eux de ce qui se passe; les paysans, étonnés de tout ce bruit, arrivent d'une lieue à la ronde avec des faux. Bientôt tout le monde est dehors. On se dit généralement que la garnison va faire un mouvement sur la ville et qu'il faut la prévenir. Le cri : « Aux armes! » s'élève de toute cette foule en désordre. On court au corps, on force les portes et on s'empare, sans résistance, de tout ce qui s'y trouve : poudre, fusils, sabres, pistolets, canons; le régiment d'Artois se joint à la milice bourgeoise, on allume des torches pour éclairer les voies. Toute cette multitude armée marche alors vers la caserne.

Le régiment de Bourbon se tenait dans la cour de la caserne. Il était sous les armes. Tout le peuple, ameuté devant la porte, arrive devant la grille qu'il trouve fermée. Il éclate en cris de : « Vive la nation ! » A ce cri menaçant et forcené qui courait sur toutes les têtes, le régiment répond d'une seule voix par celui de : « Vive Bourbon ! »

On conduit le comte à l'hôtel-de-ville. Un gros de garde bourgeoise le serrait étroitement. Le peuple suivait. L'ancien hôtel-de-ville, sur la place Saint-Pierre, est un des plus gracieux édifices de la renaissance, avec de frêles colonnettes, des clochetons aériens, des frises merveilleuses, des fenêtres à cadre de pierre brodée au ciseau, des fantaisies curieuses d'oiseaux, de griffons, de têtes de singes incrustées sur les murs; dans la cour, il y avait alors, et il y a encore aujourd'hui, deux statues colossales, l'une de David tenant à la main la tête de Goliath, l'autre de Judith.

Le comité, voulant mettre la tête de Henri de Belzunce à l'abri des fureurs de la multitude, et jugeant l'hôtel-de-ville trop peu fortifié, donna ordre de le conduire au château. Le château de Caen, bâti par Guillaume-le-Conquérant dans la seconde moitié du XIe siècle, était une citadelle entourée de gros murs, avec un pont-levis, un donjon et une église; le donjon a été abattu. Il fallait traverser, pour y arriver de l'hôtel-de-ville, deux places et une ruelle dite le Montoir du château. Le bruit courut alors qu'il y avait une galerie souterraine qui conduisait du château à l'Abbaye-aux-Dames; et que madame de Belzunce, tante du comte Henri de Belzunce et abbesse de la maison, avait assemblé le chapitre, pendant la nuit, pour mettre aux voix la proposition de recevoir le prisonnier dans le couvent. Elle espérait que la colère du peuple s'arrêterait devant un asile regardé jusque-là comme inviolable. Une fois dans les murs de l'abbaye, le comte aurait trouvé d'ailleurs aisément des moyens de fuite. Mais les jeunes religieuses n'osant pas sans doute se prononcer et les vieilles craignant l'entrée de quelque nouveau comte Ory dans le couvent, la proposition fut rejetée.

Transportons-nous maintenant rue Froide, devant l'église Saint-Sauveur, dans une tabagie de pauvre et triste apparence. Les tables sont encore humides de cidre; quelques pots de grès à couvercles d'étain, des gobelets renversés, des écuelles de plomb, des os à demi rongés dans des assiettes de faïence, étalent les restes d'un souper vorace. Du reste, la salle est vide : une chandelle jaune à la mèche longue et à la lumière terne grésille sur une table. Un homme entre mystérieusement avec une femme. L'homme est armé d'un fusil qu'il dépose dans un coin; la femme, couverte d'un manteau

et dans l'ombre, ne laisse voir que ses yeux, qui sont noirs, et ses mains qui sont blanches. Ses doigts brillent étoilés de bagues.

— Tu m'as donné rendez-vous ici, dit l'homme d'une voix rude et après s'être fait apporter un pot de cidre; que me veux-tu? — Je veux la tête du comte de Belzunce. — Que t'a donc fait ce gentilhomme pour vouloir sa mort? — Ce qu'il m'a fait! répondit-elle avec un rire éclatant et amer, il m'a fait ce que je suis, une fille perdue, avilie, malheureuse, damnée; le front dans le déshonneur, le cœur dans la boue. Voilà!

L'histoire de cette jeune fille était connue de toute la ville. Quand le jeune officier avait fait son entrée à Caen, Geneviève (c'était son nom) était belle et sage. Elle gagnait sa vie à broder des dentelles, une pauvre vie, des colifichets, des rubans et du pain. Un jour, elle se laissa prendre aux beaux yeux du comte. Celui-ci l'aima, puis la quitta. Geneviève ne put s'en consoler; fille perdue, elle continua son triste métier désespérément et avec colère. Elle aimait toujours le comte d'une haine jalouse. Sa vengeance était sourde, patiente, inexorable; elle couvait de sinistres projets sous les caresses vendues et les baisers amers. Celui avec qui Geneviève avait rendez-vous cette nuit-là, était un voleur, un braconnier; il faisait mine de l'aimer, et pour lui la vie d'un homme était peu de chose.

— Puisque tu y tiens, reprit-il, soit! je tirerai sur cet oiseau; mais embrasse-moi, petite! Geneviève le baisa sur la joue avec une horrible grimace; — une tête pour un baiser! L'homme et la femme sortirent.

Cependant il semblait qu'un démon acharné et invisible soufflât sa rage sur la tête du prisonnier. On parlait de dénonciations venues de Paris. Quelques soldats débauchés, disent les royalistes, par les bourgeois avaient déposé contre leur chef. Il s'en trouva même qui déclarèrent avoir reçu du comte l'ordre d'arracher la médaille à ceux du régiment d'Artois. Tous ces bruits étaient encore envenimés par des propos de femmes : une fille du quartier Saint-Sauveur déclara tenir de son amant, sergent au régiment de Bourbon, que l'intention de leur chef était depuis longtemps de faire un mouvement sur la ville.

Pendant ce temps-là, Gouix, la sentinelle du pont de Vaucelles qui avait tiré sur l'officier, était porté en triomphe à travers la ville comme un sauveur. Le peuple, toujours grondant et courroucé, serrait de plus en plus les abords du château. Les flots pressés et turbulents de cette marée humaine battaient à grand bruit les portes solidement fermées. Il commençait à faire jour. Deux soldats du régiment de Bourbon, qui avaient sans doute pris le parti de leur chef, furent amenés, sur des entrefaites et par ordre du comité, dans la prison du château. Il fallut pour ouvrir les portes. Le peuple amassé tout y entra. L'entrée profita de cette ouverture pour faire irruption dans la cour. Le cri : « A la prison! à la prison! » se détacha alors de ce râle lugubre et confus qui est le bruit naturel de l'émeute. Toute cette foule armée se précipita dans le donjon du château.

Le comte Henri de Belzunce, pâle et défait par les horreurs d'une pareille nuit, reçoit, au fond de son cachot, le choc impétueux de ce courant qui a brisé ses écluses. Sans répondre aux attaques et aux mauvais traitements, il demande d'une voix ferme à être conduit à l'hôtel-de-ville, devant le comité. Le cri : « A l'hôtel-de-ville » ayant aussitôt gagné toute cette multitude, on y conduit le prisonnier. C'est une voie douloureuse; on l'a fait descendre, le Montoir du château, la place du Marché au bois, et l'angle d'une petite rue. Henri de Belzunce, maltraité en chemin par des hommes sans entrailles qui lui jetaient des injures et des cailloux à la tête, s'adresse alors aux femmes, pour demander grâce: « Femmes de la nation, s'écria-t-il, ayez pitié de moi, ayez pitié de ma jeunesse, ayez pitié de ma mère! »

Puis, voyant qu'il n'y avait plus de pitié pour lui dans le cœur des femmes, il jugea alors que tout était perdu, et se résigna. Arrivé sur la place Saint-Pierre, devant l'hôtel-de-ville, le cortège s'arrêta à cause de la foule, qui grossissait toujours et encombrait les voies. L'église, les maisons, la place, étaient noires de têtes. L'hôtel-de-ville regardait avec ses fenêtres entr'ouvertes. Il était dix heures du matin. Alors un coup de feu partit, l'on ne sait d'où, et frappa le comte d'une balle à l'endroit du cœur. Il tomba. Au même instant, toute cette multitude en démence se précipite sur son cadavre. Des actes de la cruauté la plus dégoûtante se consomment à froid sur les restes encore tièdes de la victime. On dépouille le mort, on l'insulte, on lui enfonce la face; sa tête est coupée et mise au bout d'une pique; ses membres, divisés et attachés à des bâtons, sont promenés par ces furieux dans toutes les rues de la ville. Une femme (le lecteur l'a nommé Geneviève) lui ouvre la poitrine avec des ciseaux, en tire le cœur entre ses mains ensanglantées, et l'emporte. Il y avait, mêlés à toutes ces fureurs populaires, des haines et des amours qui ne sont ni de l'homme ni de la femme.

Nous avons parlé plus haut d'une statue de Judith qui se trouve à Caen dans la cour de l'hôtel-de-ville; c'est une belle et forte femme, qui tient le glaive d'une main et de l'autre une tête coupée; au moment où Henri de Belzunce montait sur la place, devant les fenêtres de l'hôtel-de-ville, cette statue mystérieuse remua ses lèvres de pierre, et, les cheveux au vent, la jambe nue, le sein droit sou-

levé hors de sa robe, murmura tout bas : Mort à Holopherne! — De la ville de Caen, devait sortir plus tard une vengeance de femme contre celui qu'on croyait être le chef des excès révolutionnaires.

LE SOUTERRAIN.

Marat était le bouc émissaire de la révolution; on rejetait sur sa tête la responsabilité de tous les actes odieux et sanguinaires que la guerre civile faisait commettre alors dans le royaume. Cela tenait à l'influence de sa feuille l'*Ami du peuple*. Marat est le premier qui ait élevé le journal à l'état de puissance. Roi des ateliers et des faubourgs, l'Ami du peuple n'en tenait pas moins sa cour au fond d'une cave. Un lourd pavé lui servait à fixer d'aplomb le tonneau qui lui tenait lieu de table pour écrire. C'était la cave de l'ancienne abbaye des Cordeliers.

Ce soir-là Marat était particulièrement triste. Une main, sans doute connue, frappa à l'entrée du caveau trois coups : le proscrit écouta avec défiance; une voix de femme, douce et claire, se fit entendre : « C'est moi! ouvrez! » Marat ouvrit. Une jeune fille, blonde, svelte et jolie, entra avec un petit sourire aux lèvres. Elle portait à son bras un panier en jonc gonflé de quelques provisions de bouche, du riz, des fruits secs et une bouteille de café à l'eau; c'était le souper du captif. Cette fille était la comédienne Fleury.

Marat l'avait connue à Versailles. Elle était l'obligée d'un homme qui avait d'abord accueilli dans sa maison l'Ami du peuple poursuivi par les agents de l'autorité, mais qui n'avait pas tardé à prendre ombrage des soins dévoués et gracieux que mademoiselle Fleury prodiguait à son hôte. Aussi venait-elle en secret le visiter dans son caveau. Il n'y avait pourtant rien que de pur et d'honnête dans les rapports de Marat avec cette jeune comédienne. Elle avait beaucoup souffert, pauvre fille abandonnée au théâtre dès ses premières années; il lui en restait une pitié intarissable pour les malheureux. Mademoiselle Fleury trouvait un charme triste et doux à venir de temps en temps défaire son masque rose et soyeux, sous lequel il y avait des larmes, auprès du masque de fer de Marat.

Il y avait entre cet homme et cette femme une haute conformité de position : tous les deux étaient amis de l'Index; l'une comme actrice, et l'autre comme factieux. Marat avait déjà déclaré dans sa feuille qu'à ses yeux « l'actrice la plus galante valait bien une catin de la cour. » La comédienne Fleury, opprimée sous le fardeau du mépris, favorisait de tous ses vœux le succès d'une révolution juste et humaine, qui devait bannir du monde les préjugés; elle espérait s'affranchir par ce moyen des affronts sanglants que les femmes du monde jetaient en riant à la tête des femmes de théâtre. Comme Marat était l'un des avocats les plus fervents de la cause du peuple, mademoiselle Fleury aimait à l'entendre parler de l'avenir; pauvre Samaritaine montrée du doigt, rejetée du monde, mal vue et proscrite, elle ouvrait son cœur à la loi de ce nouveau messie qui promettait de faire rentrer tous les hommes et toutes les femmes dans une même famille.

C'est ainsi que la révolution française, en s'élevant, trouva dans les cœurs des larmes amères dont elle forma ses orages, des vengeances dont elle grossit ses foudres.

Mademoiselle Fleury mit ses mains dans celles de Marat, qui les pressa tendrement; une des mains, aux doigts meurtris et au poignet marqué d'un cercle noir :

— Qu'est-ce que ceci? lui demanda-t-il. — Ce n'est rien, dit-elle en rougissant.

Marat, portant alors les yeux au cou frais et délicat de la jeune comédienne, le vit également affligé de taches livides et d'égratignures.

— Oh! je devine, s'écria-t-il avec emportement; cet homme atroce recommence par vous ses traitements odieux! N'est-ce donc pas assez que la tyrannie appuie depuis seize ans son genou contre ma gorge, faut-il encore que je rencontre la trace de ses ongles sur une femme que j'aime! Les moyens qu'emploie ce monstre pour vous retenir à s'attache sont révoltants, il faut leur résister. Ouvrez une croisée, appelez au secours, et traduisez devant les juges l'homme brutal qui abuse si lâchement de votre timidité. — Hélas! ce misérable me retient par des liens autrement puissants et difficiles à rompre que ceux de la terreur; il connaît votre retraite, et il me menace, si je l'abandonne, de vous livrer. — Et c'est pour moi que vous souffrez! Infortunée que je suis, j'étends mes maux et mes persécutions à tout ce qui me touche. Aussi je vais partir. — Vous partez, ô mon Dieu! que vais-je devenir alors? — Ne craignez rien je ne vous abandonnerai pas, faible et désarmée, aux fureurs de cet homme : je vais demain l'intimider par les menaces de mon feuille; il faudra bien que cet obscur misérable cède devant l'autorité de l'Ami du peuple, puisque mes plaintes et mes colères vont jusque dans les oreilles et pâlir le front des rois. — Vous êtes bon, Marat. — Je suis juste. Toute ma vie, j'ai juré de combattre la tyrannie sous toutes ses formes : celle qui s'attaque à un sexe faible et sans défense m'a toujours semblé la plus révoltante de toutes; je l'ai poursuivie dans le temps avec courage; au milieu d'un siècle prude et corrompu, j'ai

osé écrire en faveur des filles perdues par amour; j'en ai recueilli beaucoup de blâme et d'ironie, mais je suis d'avance résigné à tout. Au reste; j'ai déjà ma récompense : les affligées viennent à moi. Dernièrement, une jeune et belle femme se présente dans ma maison en habits de religieuse : son costume m'étonne; son air naïf, ses manières aisées, un sentiment mélancolique répandu sur sa figure fraîche et avenante, m'intéressent. Elle m'apprend qu'elle s'est échappée, la nuit, par la tour de l'abbaye de Panthemont, d'où un homme l'a tirée à force de bras. Cette démarche gaillarde avait été provoquée chez elle par les méchancetés des autres sœurs; je me fis l'avocat de cette pauvre fille, et je réussis à lui faire rendre sa liberté.

— Mais pourquoi vous en aller, Marat? — L'histoire de ma vie depuis l'instant où j'ai pris la plume pour défendre la patrie contre ses maîtres est si fertile en événements singuliers, en mouvements tumultueux, en succès, en coups du sort; j'ai été l'objet de tant d'attentats, de tant d'outrages, de tant de diffamations; j'ai été environné de tant de périls, je leur ai échappé d'une manière si peu commune, qu'il n'est peut-être aucun roman au monde plus tourmenté que cette histoire. J'ai mené ce genre de vie huit mois entiers, sans me plaindre un instant, sans regretter ni repos ni plaisir, sans tenir aucun compte de la perte de mon état, de ma santé, de mon avenir, sans pâlir à la vue du glaive toujours levé; maintenant je suis las. Je vais m'éloigner de la France. Hélas! j'aurais été protégé, caressé, fêté, si j'avais voulu seulement montrer du silence. Au lieu de l'or et des faveurs que je n'ai pas, j'ai quelques dettes qui viennent de l'impression de ma feuille, je vais abandonner à mes créanciers le peu qui me reste. Abhorré des grands et des hommes en place, noté dans tous les cabinets ministériels comme un monstre à étouffer, peut-être ne tarderai-je pas à être oublié du peuple, pour lequel je me suis fait anathème! Au reste, quelque affreux qu'ait été mon sort pendant ma longue captivité, toujours poursuivi, errant dans les rues au milieu de la nuit, ne dormant jamais qu'une paire de pistolets sous mon chevet, travaillant avec les ténèbres humides des caves sur la tête, et quelque sombre encore que soit la perspective ouverte devant moi, je ne regretterai pas ces sacrifices, et je ne me repentirai pas du bien que j'ai voulu faire aux hommes.

— Oh! dit la comédienne en joignant les mains, si les autres vous oublient, moi, Marat, je ne vous oublierai pas.

Et ils se séparèrent.

A peine mademoiselle Fleury avait-elle disparu, qu'un mouvement extraordinaire se fit dans le souterrain : un pan de mur qui séparait cette chambre nocturne d'un autre caveau, vint à s'écrouler. Marat, stupéfait du bruit et de la nature de l'éboulement, aperçut alors dans le caveau voisin, à la lueur d'une autre lampe, un vieillard aussi effrayé que lui-même; cela ressemblait à une vision. Les deux hôtes de ces lieux profonds se regardaient avec des yeux pleins de défiance et de surprise.

Marat fit quelques pas vers l'inconnu. — Seriez-vous, lui dit-il en lui montrant le bout d'un pistolet, un agent de la police envoyé pour me prendre? — J'allais, répondit le vieillard tout tremblant, vous faire exactement la même question. — Je ne suis ni un agent ni un espion : je suis l'Ami du peuple. — Et moi, reprit le vieillard invité à la confiance par l'air perçant et résolu de son camarade, je suis l'ancien supérieur des Cordeliers. — Les persécutions des ennemis de la liberté m'ont contraint à chercher un asile au fond des caves; j'entoure ma tête de ténèbres pour la sauver du billot. — Quand les ordres religieux furent abolis, le troupeau de mes moines se dispersa; le couvent, envahi par les sectaires des idées nouvelles, fut déclaré propriété nationale. Je ne savais où aller. L'idée me vint que ma tête serait plus en sûreté dans une demeure dont je connaissais les mystères et les détours. J'éprouvais d'ailleurs un déchirement de cœur à me séparer de ces vieux murs avec lesquels j'avais vécu depuis l'âge le plus tendre. Une vieille femme qui croit en Dieu se chargea de pourvoir à ma nourriture. J'attends ainsi dans la retraite et la prière des jours meilleurs. Je vois maintenant que nous sommes tous les deux intéressés à garder mutuellement le secret sur notre manière de vivre. Quoique ennemis, vous n'avez rien à craindre de moi, et je n'ai rien à craindre de vous. — Votre ennemi et pourquoi? — Il est vrai que nous ne pensons sans doute pas de la même manière; mais mes préjugés tiennent à l'éducation que j'ai reçue, à la robe que vous portez, à votre âge. Je souffre pour une cause bien différente de la vôtre; c'est égal : la souffrance est déjà un lien. N'y eût-il de commun entre nous que ces ténèbres glacées, ce silence et ces transes de mort qu'une pareille obscurité porte sans cesse au fond du cœur, cela suffit pour désarmer nos ressentiments personnels. Les hommes ne se touchent jamais de si près que pour l'infortune.

Marat aussitôt proposa au vieillard de partager avec lui son modique souper, ils rompirent le pain en signe de fraternité. Tout le reste de la nuit ces deux hommes réfléchirent à la bizarrerie du destin qui les réunissait sous la même voûte humide : l'un pour avoir voulu résister à la révolution, l'autre pour son impatience à franchir les obstacles que rencontrait le mouvement populaire. C'est ainsi que la liberté fait souvent sentir les mêmes rigueurs à ses ennemis et à ses amis.

LE JUIF ERRANT.

Marat avait annoncé son départ à la comédienne Fleury : il partit. La prudence le voulait ainsi; car, le surlendemain, une descente d'alguazils dans la cave du couvent des Cordeliers faillit le faire tomber aux mains de la justice; il s'était échappé par une issue secrète et s'était dirigé de nuit sur Versailles. Il errait sans pouvoir trouver d'asile et sans oser confier sa tête à ses anciens amis, dans les rues ténébreuses, lorsque, vaincu par la marche et par le froid, il se laissa tomber de découragement contre une borne.

Dans ce moment, un prêtre passa à côté de lui, dans l'ombre; il avait une simple soutane de drap noir, de gros souliers à cordons de cuir et des guêtres; il venait de porter le saint viatique à un mourant : c'était le curé Bassal.

Ce curé s'approcha de Marat. — Passez, monsieur l'abbé, lui dit celui-ci avec un sourire amer ; je suis calviniste. — Je ne passerai pas, dit le prêtre, devant un homme qui n'a pas d'asile pour la nuit; car je me souviens que mon maître était de même errant dans les rues de Jérusalem et qu'il n'avait point où reposer sa tête. — Je vous dis que je suis hérétique. — Mon fils, toutes les religions sont sœurs. Je vous offre ma maison. Il n'y a devant Dieu ni prêtres ni hérétiques, ni pauvres ni riches, ni maîtres ni esclaves : il n'y a que des enfants d'une même famille, que des brebis d'un même troupeau. Jésus-Christ, mon maître, mangeait avec les Samaritains et les pécheurs.

Marat suivit l'abbé Bassal dans son modeste presbytère; c'était une petite maison couverte de tuiles, dans une rue déserte, avec une treille qui laissait tomber au vent d'automne ses dernières feuilles. Une vieille servante vint ouvrir ; elle tenait une lanterne à la main, et était suivie du chien de la maison, qui courut, joyeux et caressant, embarrasser sa tête dans la soutane du prêtre. Un frugal repas était servi sur une table de chêne sans nappe, mais nette et luisante de propreté; l'abbé Bassal invita Marat à partager avec lui une tranche de viande et quelques fruits du jardin. Pendant le souper, la conversation tomba sur les événements : Marat blâma hautement la conduite et les travaux de l'assemblée.

« Le décret contre les émigrés, par exemple, me semble absurde ; on devrait au contraire favoriser le départ de tous ces ennemis intraitables de la chose publique. Laissons la France se purger d'elle-même. Loin de là, on garde de force dans l'État des hommes intéressés par leur naissance et par leur fortune à se révolter sans cesse contre la révolution; c'est vouloir se condamner plus tard à verser le sang. La création du papier-monnaie sera également une source de ruine pour les petits rentiers. Quant aux biens de l'Église, je voudrais qu'on en fît trois parts : l'une serait conservée aux ministres de la religion ; l'autre acquitterait les dettes de l'État, la troisième serait distribuée par petits lots aux malheureux. Les biens de l'Église étaient le domaine des pauvres : ils devraient leur revenir. On en ferait ainsi des citoyens utiles, et on les rattacherait fortement à la révolution.

— Vos vues sont très sages, monsieur Marat ; ce sont aussi les miennes, ou plutôt ce sont celles de mon maître. Quand, aux portes d'une cité, vous voyez des pauvres en haillons, secoués par les vêtements et pieds nus, car cette vie n'est pas chrétienne ; quand vous entendez le claquement des fouets sur le dos des esclaves, fuyez, fuyez, car c'est le Christ qu'on flagelle! Quand vous apercevez du sang le long des murs ou sur le pavé des rues, tournez la face et dites : « Seigneur, vous n'êtes pas là! » Le pauvre, l'opprimé, le bourreau, trois hommes de trop dans les sociétés à venir. Jésus n'a traversé la crèche, le prétoire et le calvaire que pour les éviter aux autres hommes : la peine de mort aurait dû s'arrêter à lui, stupéfaite et épouvantée du mauvais coup qu'elle venait de faire. Ne trouvez-vous pas avec moi qu'il eût été beau dans le monde que le supplice eût fini au gibet sacré, et que le dernier pendu fût un Dieu?

— Je me suis toujours prononcé contre la peine de mort, et je reconnais avec vous toute la beauté de la morale chrétienne. Si la religion influait sur le prince comme sur les sujets, cet esprit de charité que prêche l'Évangile adoucirait sans doute l'exercice de la puissance. J'ai depuis longtemps admiré à Rome le Mont-de-Piété, établissement vraiment humain, où la foi vient, les mains pleines d'aumônes et de bonnes œuvres, au secours des nécessités du peuple. Nos institutions politiques ne sauraient même s'élever à la sublimité de nos institutions religieuses ; mais, pour être toujours juste et vraie, la religion doit tendre à rendre l'homme citoyen.

— C'est aussi ce qui arrive maintenant, monsieur Marat; le christianisme passe de l'Église à la société ; les états-généraux sont des conciles ; la révolution est l'Évangile armé. Le peuple tend à élever désormais par la force ses croyances à l'état de formules politiques : celui-là est le premier rapporteur des *droits de l'homme*, qui a dit : *Vous êtes tous frères, et vous avez un Père qui est là-haut*. Jésus-Christ, pendant le cours de sa vie, n'a cessé de fronder les pharisiens, qui étaient les grands du peuple ; les prêtres, qui dévoraient la substance du pauvre ; les docteurs, qui, enflés d'une science vaine, hu-

miliaient les faibles d'esprit ; or ces mêmes hommes existent, sous d'autres noms ou d'autres formes, dans nos sociétés modernes, et avec les mêmes abus : si Jésus-Christ revenait demain sur la terre, nos prêtres d'à présent le recrucifieraient !

— C'est pour cela qu'ils m'ont en horreur, reprit Marat ; j'attaque chaque jour ouvertement leur avarice, leur hypocrisie, leur domination : il y a beaucoup à changer à votre culte.

— Je le pense comme vous ; mais ne conviendrez-vous pas avec moi que la main du prêtre, en jetant la même cendre sur tous les fronts et déposant la même pain consacré sur toutes les bouches, n'a pas peu contribué, dans les temps d'ignorance, à préparer les esprits au sentiment de l'égalité ? Au reste, je crois avec vous qu'il y a beaucoup à retrancher des pompes de notre culte. Le temps vient et il est déjà venu où Dieu doit être adoré en esprit et en vérité.

— Vous avez des idées trop avancées pour votre état, monsieur l'abbé, je crains bien que vous ne soyez, comme moi, persécuté par les vôtres.

Je garde ces idées pour moi ; je n'ai aucune ambition, et je manque des moyens de me produire. Seulement je m'associe de tous mes vœux à la sainte cause de notre révolution et à celle de ses défenseurs. — Marat, soyez ferme et patient : il y a deux pages dans la vie de tous les rénovateurs de l'humanité, l'une écrite avec des larmes de sang, l'autre avec de la gloire : hier et demain. — Un enfant du peuple qui vient au monde dans une étable, un ouvrier qui travaille jusqu'à trente ans à charpenter du bois, un juif que les autres peuples de la terre repoussent et méprisent, un esclave qui paie la dîme à César, un misérable, traité par les siens de fou, d'ivrogne, de blasphémateur ; un vagabond qui n'a pas où passer la nuit, un séditieux battu de verges devant un peuple qui rit, une tête de malfaiteur bonne pour le soufflet et le crachat, un chef de bande attaché à la croix, un cadavre jeté en terre les mains traversées de clous et le flanc troué, — voilà ce que c'était hier ; voici ce que ce sera demain : — un mort tout-puissant et glorieux que les sentinelles juives n'ont pu retenir dans sa tombe, un supplicié qui fait mettre le monde à genoux devant son gibet, un ressuscité qui a vaincu les efforts de ses bourreaux. — Hier c'était à peine un homme, demain c'est un Dieu.

Comme il commençait à se faire tard, Marat monta, conduit par la vieille servante, dans la petite chambre où il y avait un lit préparé avec des draps blancs. Il dormit tranquillement jusqu'au lendemain ; les hommes du police ne seraient pas venus chercher l'Ami du peuple chez un curé. Au matin, il fit ses adieux à son hôte : l'abbé Bassal ne le laissa aller qu'après avoir obtenu de Marat la promesse de venir chercher asile dans sa maison toutes les fois que sa tête serait en danger.

Marat prit le chemin de la Normandie. Son intention était de gagner les bords de l'Océan ; il espérait trouver une barque ou un vaisseau qui le jetterait de nuit en Angleterre. Son voyage fut une suite d'alertes et de périls. Depuis quelque jours, il errait sous un faux nom autour de la ville de Caen, lorsque, étant sorti un matin dans la campagne, il vit venir à lui, le long d'un étroit sentier ouvert dans les seigles, une jeune fille fraîche et naïve. L'allée était étroite, et comme l'inconnue marchait d'un pas léger, le voyageur se rangea de côté pour lui céder le passage. La jolie promeneuse, voyant un homme vêtu d'habits grossiers et couvert de poussière, la barbe inculte, les ongles noirs, les joues creuses, les yeux méfiants, un chapeau déformé et un bâton à la main, le prit pour un pauvre qui demandait l'aumône, et, approchant sa main du chapeau, y laissa tomber un écu. — Je ne demande pas l'aumône, dit l'étranger ; je vous saluais.

La jeune fille, mortifiée et toute rouge, retira l'écu du chapeau.

— Au reste, reprit-il, je ressemble plutôt, dans l'état où je suis, à un mendiant qu'à un voyageur ; j'ai tant souffert en route ! — D'où venez-vous donc ? — De Paris. — Seriez-vous, par hasard, une victime de notre révolution ? — Vous l'avez dit. — Peut-être sortez-vous de prison ? — Voici deux ans que je n'avais pas vu la lumière du soleil ni la verdure des champs.

En disant ces mots, Marat respira une abondante bouffée d'air, avec la joie et les efforts de poitrine d'un homme enfermé depuis dix-huit mois au fond des caves. — Et comment vont les affaires à Paris ? demanda l'inconnue. — Mal. — Il y a, dit-on, un nommé Marat, qui gâte notre belle cause, par les excès monstrueux de sa feuille. L'homme garda le silence. — Avez-vous un asile à Caen ? reprit la jeune fille. — Non, je rôde autour de la ville, couchant, la nuit, sous un arbre ou au bord d'un fossé. Je n'oserais me confier à un aubergiste, et je ne connais personne dans la ville — Si j'étais libre, je vous offrirais un asile, car j'admire toute révolution généreuse, et je m'intéresse, sans les connaître, à tout ceux qui souffrent pour elle ; mais je suis logée chez une vieille tante royaliste qui vous ferait mauvais accueil ; adressez-vous de ma part à madame T..., rue du Rempart ; c'est une bonne et courageuse femme qui attire chez elle tous les proscrits. — Votre nom ! demanda Marat. — Charlotte, répondit-elle.

Marat alla demander asile à l'adresse qu'on lui avait indiquée. Au milieu de toute cette vie errante, il ne négligeait pas pour cela la rédaction de sa feuille, qui continuait à paraître tous les jours. Les articles qu'il envoyait à l'*Ami du Peuple*, depuis la rencontre qu'il avait faite étaient d'une extrême douceur et d'une justice parfaite ; la beauté humaine. Les lecteurs ne purent revenir de ces articles, et déclarèrent Marat vendu.

Le lendemain, qui était un dimanche, Marat se hasarda à se promener par la ville ; en passant devant l'église Saint-Jean, il vit des femmes et des hommes qui sortaient de la messe. Ce reste de *superstition* l'irrita ; il entra dans l'église , tête haute, pour fronder les assistants. La messe venait de finir ; les femmes repliaient leur livre ; les cierges, mal éteints, fumaient encore sur l'autel, et le prêtre descendait la dernière marche, emportant le calice sous son voile de soie. Marat, en entrant jeta à l'autel et aux assistants un regard plein d'audace ; il allait se promener autour de l'église avec un air de défi et de sarcasme, quand il avisa, à l'ombre d'un pilier, la jeune fille de la veille à genoux sur le bord d'un banc, avec sa vieille tante. A cette vue, le rire amer commencé sur les lèvres de Marat s'évanouit. La jeune fille se leva pour sortir, et donna son bras à sa tante, qui s'éloigna lentement. Alors Marat s'approcha malgré lui du banc ; une force d'en haut le saisit, ses genoux se ployèrent à l'endroit où avaient posé ceux de Charlotte ; son front orgueilleux, levé pour la menace et l'outrage, s'abaissa comme celui d'un enfant sous l'influence douce de la prière ; l'anathème, l'esprit fort, le réformé qui, par conviction et par devoir, avait fait la guerre à l'église, joignit ses mains tremblantes, et murmura d'une voix basse : « Mon Dieu, mon Dieu ! ayez pitié de moi ! » Marat se releva du banc, étourdi et confus de ce qu'il venait de faire : » Oh ! se dit-il à lui-même, si l'on m'avait vu ! »

LE BUVEUR DE SANG.

Si jamais révolution dans le monde eut un but généreux, ce fut sans contredit celle de 93. Comment ne point s'intéresser à un événement et à des hommes qui vous disent avec une naïveté sublime : « Je n'ai vu partout jusqu'ici que les riches trompeurs et les pauvres trompés. Je me fais gloire d'être le défenseur des derniers et de mourir en républicain. » Les chefs n'étaient pourtant point tous d'accord sur ce but. Les Girondins, par exemple, voulaient organiser la victoire au profit de la bourgeoisie : la république ne se présentait guère à leur esprit que sous la forme d'une oligarchie puissante qui aurait mis les intérêts du tiers-état à la place des anciens intérêts de la noblesse. Les Montagnards, au contraire, prétendaient constituer la révolution pour le peuple. Mais de tous ceux qui combattaient alors dans leurs rangs, nul n'avait plus de souci de la classe pauvre que Marat. Son œuvre, à lui, n'était pas l'affranchissement d'un parti, mais de la nation tout entière. Or, au nombre des servitudes que la révolution française devait tuer et abolir pour toujours, il plaçait sans hésiter la misère. Le peu d'instants que lui laissaient ses fonctions publiques et ses devoirs d'écrivain étaient consacrés par lui à la visite des hôpitaux et des prisons. Médecin, il tâtait le pouls, dans ces sombres repaires du vice et de l'indigence, aux maladies morales et physiques qui ravagent notre société.

Ce jour-là, Marat était sorti de bon matin, et remontait les quais de pas inégal et précipité, qui lui était propre, quand il fut dérangé dans sa marche par la rencontre de Camille Desmoulins.

— Ah ! te voilà ! s'écria celui-ci avec cette surprise qu'excitait toujours, même parmi ses amis, l'aspect singulier de Marat. — Oui, dit Marat, je vais de ce pas au tribunal. — Au tribunal ! serais-tu donc incriminé ? — Non, reprit Marat, je vais défendre un prévenu. — Toi ! le grand accusateur révolutionnaire ! — Oui, l'accusateur du riche, mais le défenseur du pauvre. Ils marchèrent ensemble quelque temps.

— Ah çà ! demanda Camille, tu vas me raconter cette histoire ; tu n'es point chargé de défendre, il me semble, mais de guérir ; avocat et médecin, tu cumules. Marat lui expliqua en peu de mots qu'un homme d'âge, poussé par la faim à commettre un vol, avait été arrêté. Sur le point de subir son jugement, il avait refusé le secours de tout avocat, disant qu'il ne voulait être défendu que par l'Ami du peuple. Marat se rendit à la prière de ce malheureux. Les deux amis se séparèrent à la porte du tribunal. Marat entra. Un homme grand, maigre, chétif, livide, simplement vêtu d'une blouse de toile, venait d'être amené entre deux gardes. Après un interrogatoire banal qui n'apprit rien à l'assemblée, et auquel l'accusé répondait d'une voix morne, Marat obtint la parole.

« Citoyens !

« Pour que la société ait le droit de condamner un homme, il faut qu'elle lui ait offert et garanti un sort préférable à l'état de nature. Autrement, si, ne tenant à l'ordre établi que par ses désavantages et ses rigueurs, il s'en affranchit violemment, l'homme ne fait que reprendre à la société des droits qu'il avait aliénés sans raison. » Monsieur Marat ! s'écria à ce début le président indigné, vous prétendez donc ici justifier le vol et l'assassinat ? — Je ne justifie rien, reprit celui-ci, continuant son discours ; mais je soutiens que, dans votre société injuste et partiale, vous ne partez point d'une base légitime pour réprimer les délits. S'il faut que, pour se maintenir, la

société force ses membres à respecter l'ordre établi, avant tout, elle doit les mettre à couvert des tentations du besoin. Quel sort chez vous jusqu'ici que celui du bas peuple! il voit dans l'État une classe d'hommes heureux dont il ne fait point partie; il trouve la sûreté établie pour eux et non pour lui; il sent que leur âme peut s'élever, et que la sienne est contrainte de s'abaisser sans cesse. Que dis-je? travaux, périls, privations, jeûnes, mépris, insultes, outrages de toute espèce, voilà le sort affreux qui l'attend. Oui, je le dis hautement en votre présence : partout le gouvernement lui-même force les pauvres au crime, en leur ôtant les moyens de subsister. Il est tel pays où, dès que la récolte manque, le laboureur se voit ruiné pour toujours; s'il n'a de quoi payer les impôts dont il est accablé, on lui enlève impitoyablement jusqu'à la paille de son lit. Ainsi réduit à la mendicité par les exactions des traitants, révolté de la dureté des riches, éconduit de toutes parts, et désespéré par le cri de ses enfants qui lui demandent du pain, il n'a d'autre ressource que d'aller attendre les passants au coin d'un bois. Laissez-moi donc vous adresser, au nom de mon client, ce discours que les décisions du barreau repoussent, je le sais, mais auquel, je crois, la raison et le sens commun n'ont rien de sage à répondre. Suis-je coupable? je l'ignore; mais ce que je n'ignore pas, c'est que je n'ai rien fait que je n'aie dû faire. Le soin de sa propre conservation est le premier des devoirs de l'homme; vous-mêmes n'en connaissez point au-dessus : qui vole pour vivre, tant qu'il ne peut faire autrement, ne fait qu'user de ses droits. Vous m'imputez d'avoir troublé l'ordre de la société. Eh! que m'importe à moi cet ordre prétendu, qui toujours me fut si funeste? Que vous prêchiez la soumission aux lois, vous à qui elles assurent la domination sur tant de malheureux, le moyen d'en être surpris! Observez-les donc, ces lois, puisque vous leur devez votre bien-être. Mais que dois-je à la société, moi qui ne la connais que par ses horreurs? Et ne dites pas que tous ses membres, jouissant des mêmes prérogatives, peuvent en tirer les mêmes avantages : le contraire n'est que trop évident. Comparez votre sort au nôtre : tandis que vous coulez tranquillement vos jours au sein des délices, du faste, des grandeurs, nous sommes exposés pour vous aux injures du temps, aux fatigues, à la faim; pour multiplier vos jouissances, ce n'est pas assez d'arroser la terre de notre sueur, nous l'arrosons encore de nos larmes : qu'avez-vous donc fait pour être si heureux à nos dépens? Infortunés que nous sommes, si du moins il y avait un terme à nos maux! mais le sort du pauvre est irrévocablement fixé ; et, sans quelque coup du hasard, la misère est le lot éternel de misérable. Qui ne connaît les avantages que la fortune assure à ses favoris? Ils ont beau n'avoir ni talents, ni mérite, ni vertus, tout s'aplanit devant eux au gré de leurs souhaits. C'est au riche que sont réservées les grandes entreprises, l'équipement des flottes, l'approvisionnement des armées, la gestion des revenus publics, le privilège exclusif de piller l'État; c'est au riche que soient réservées les entreprises lucratives, l'établissement des manufactures, l'armement des vaisseaux, les spéculations de commerce. Il faut de l'or pour amasser de l'or : quand il manque, rien n'y supplée. Même dans les classes les moins élevées, c'est pour l'homme aisé que sont les professions honnêtes, les arts de luxe, les arts libéraux; mais c'est pour le pauvre que sont les métiers vils, les métiers périlleux, les métiers dégoûtants; telle est l'aversion vouée à la pauvreté, qu'on la repousse de toutes parts, et que partout on encourage ceux qui n'ont pas besoin d'encouragement. Il fallait travailler, direz-vous ; oui est bientôt dit; mais le pouvais-je? Réduit à l'indigence par l'injustice d'un voisin puissant, en vain ai-je cherché un asile sous le chaume; arraché à la charrue par la cruelle maladie qui me consume, et à charge au maître que je servais, il ne me resta pour subsister que la ressource de mendier mon pain : cette triste ressource même est venue à me manquer. Couvert de haillons et couché sur la paille, chaque jour j'étalais l'affligeant spectacle de mes plaies; quel cœur s'est ouvert à la pitié? Désespéré par vos refus, manquant de tout, et pressé par la faim, j'ai profité de l'obscurité de la nuit pour arracher d'un passant un faible secours que la dureté me refusait; et parce que j'ai usé des droits de la nature, vous m'envoyez au supplice! Condamnez-moi, puisqu'il le faut pour assurer de si injustes possessions; au milieu des tourments que je vais endurer, mon unique consolation sera de reprocher au ciel de m'avoir fait naître parmi vous. Mais non, hommes justes, je vois couler vos larmes, et je vous entends crier d'une commune voix, qu'il sera absous! Oui, sans doute, il doit l'être... »

Il le fut. Le tribunal, déconcerté par cette défense dangereuse sans doute et mal fondée en droit, mais qui partait d'un cœur ému, par le cri de détresse que Marat, cette voix du pauvre, avait jeté dans l'âme de tous les assistants, vota la mise en liberté du prévenu, qui, attendri jusqu'aux larmes et les mains jointes, se retira en bénissant l'Ami du peuple.

LES GIRONDINS A CAEN.

Nous ne reviendrons pas sur la journée du 31 mai, ni sur la part que prit Marat à cet événement, qui décida du sort de la révolution. La Gironde écroulée sema de ses ruines le nord de la France. Treize députés proscrits se réfugièrent à Caen : c'étaient Buzot, Salles, Pétion, Gorsas, Louvet, Meillan, Lesage, Duchâtel, Valady, Larivière, de Cussy et Barbaroux; ils occupèrent, rue des Carmes, l'hôtel de l'Intendance. A quoi s'occupaient dans leur exil les députés proscrits? Ils faisaient des chansons. Et quelles chansons, grand Dieu!

> Marat entre... à sa vue
> Le bon Dieu Brissotin,
> De sa mère éperdue
> Se cache dans le sein.
> —Père éternel, dit-il, quel être épouvantable!
> Ah! fais-le rentrer en enfer.
> Attends que je sois au désert
> Pour m'envoyer le diable.

Faire de méchants vers, porter, au milieu de gais festins, des toasts à la patrie, attirer chez eux les jolies femmes de la ville, voilà ce que les Girondins appelaient « élever un temple aux vertus civiques. »

Tout en faisant de bons repas et en fréquentant la meilleure société de la ville, Buzot, Barbaroux, Louvet, avaient cependant organisé un comité d'insurrection contre la république. Ils rédigeaient des placards, des ordres du jour. Le général Félix Wimpfen, qui se trouvait alors investi du commandement de l'armée dite des côtes de Cherbourg, menaçait de se rendre à Paris à la tête de 60 mille Normands. C'était là que résidait la force matérielle de l'insurrection fédéraliste. Les orateurs de la Gironde ouvrirent, dans l'église de l'ancienne Abbaye-aux-Hommes, un prêche public auquel les habitants de Caen et des environs s'empressaient de se rendre le dimanche. Ils vantaient avec un enthousiasme calculé les charmes d'une liberté douce, tempérée par les lois et pure du sang humain. Leurs déclamations portaient surtout contre la Montagne, qu'ils représentaient comme un amas de crimes et d'atrocités.

Quoique mademoiselle de Corday vécût dans la retraite avec sa tante, elle ne laissait pas que d'aller en soirée dans quelques maisons de la ville, surtout quand elle prévoyait y trouver un des apôtres de la Gironde. Ces hommes aimables et brillants tenaient presque partout le sceptre de la conversation. Mademoiselle de Corday les écoutait avec son cœur. On voyait en quelque sorte le resplendissement du visage animé de l'orateur sur celui de la jeune fille.

Mademoiselle de Corday était la seule républicaine de sa famille : elle avait été amenée à l'amour de la liberté par la lecture de Raynal et aussi par les sentiments généreux de son âme. Son père, noble et attaché au parti royaliste, voyait avec peine ce qu'il nommait les égarements de sa fille; ses deux frères émigrés la reniaient; sa sœur, plus âgée qu'elle de deux ans, la pressait de revenir aux bons principes; mais Charlotte demeura inébranlable dans ses idées révolutionnaires. C'est à cette différence d'opinion et à l'état de gêne où se trouvait alors la maison de Corday qu'il faut attribuer le séjour de Charlotte à Caen, chez une vieille tante, dont elle subissait sans doute à contre-cœur la compagnie et la générosité. L'éducation qu'on recevait avant 1789 dans les collèges et les couvents était en parfaite opposition avec la société chrétienne et monarchique où l'élève devait bientôt entrer. On y proposait sans cesse à son admiration les exemples de héros et de femmes païennes se dévouant à la mort pour punir les tyrans. Charlotte Corday conçut, toute jeune, une vénération exaltée pour les Epicharis, les Porcia, les Clélie, et toutes ces femmes grecques ou romaines qui se levaient, dans son esprit, le poignard à la main, sur le cadavre encore fumant de leur ennemi. La lecture de Plutarque, de Jean-Jacques Rousseau, de Raynal, de Pierre Corneille, la confirma dans ses idées; elle ne voyait rien au dessus du dévouement à la patrie. Toutes les vertus antiques, le courage, le mépris de la mort, la haine des tyrans, entrèrent dans son cœur excité; et comme la forme du visage suit toujours le mouvement de l'âme, mademoiselle Charlotte de Corday prit bientôt un air de tête classique et une beauté toute romaine.

Petite-fille de Pierre Corneille, elle avait d'ailleurs dans les veines quelques gouttes du sang républicain de son aïeul : elle composa une tragédie à sa manière dont elle fut à la fois l'auteur et l'héroïne.

La révolution de 89 avait créé dans les âmes une passion nouvelle et inconnue qui absorbait toutes les autres passions, c'était celle du bien public. Nos vertus et nos vices, et en général le tempérament humain suivent les influences climatériques des sociétés. Charlotte Corday avait détaché son amour des faiblesses de son sexe, pour le porter tout entier sur ce grand événement français, qui contenait alors l'avenir du monde.

Plus mademoiselle de Corday était attachée à la révolution, plus elle avait en horreur les hommes qui, sous prétexte de civisme, l'ensanglantaient, disait-elle, entre leurs mains impures et féroces. Elle était à Caen lorsque le jeune major Henri de Belzunce fut massacré par la populace. Peut-être vit-elle tomber cet jeune et beau jeune homme sur la place de l'Hôtel-de-Ville; peut-être rencontra-t-elle ses membres sanglants qu'on promenait au bout d'une pique, comme à plusieurs femmes de Caen, qui en ont gardé des pâleurs et des convulsions, la tête froide, et défigurée du comte à baiser.

Barbaroux trouva moyen de s'introduire chez mademoiselle de Corday, avec laquelle il eut des entrevues tolérées par la vieille tante. Il entrait, pour n'être point remarqué, par la boutique d'un tourneur en bois, qui avait une porte de derrière sur la petite cour où l'escalier de madame de Bretteville et de sa nièce prenait naissance. Il n'y avait que la rue à traverser pour aller de cette maison à l'hôtel de l'Intendance, où nous avons dit que Barbaroux était logé avec les autres Girondins. Une mâle conversation s'engageait entre elle et lui durant de longues heures dans une chambre assombrie par les vitraux à mailles de plomb et par les murs de la maison voisine. Charlotte recueillait une à une au fond de son cœur les paroles de son maître, et Barbaroux de son côté se retirait avec la joie d'être compris par une âme dans laquelle il croyait retrouver son image. Barbaroux se répétait dans mademoiselle de Corday comme dans un miroir où l'on aime à se voir en beau. Quelquefois ils marchaient ensemble sous les arbres solitaires du Cours, cette promenade de Caen où, suivant l'usage des villes de province, on ne se promène guère; mademoiselle de Corday lui disait, en versant de côté sa jolie tête : « Je vous écoute et je m'appuie à votre bras en silence ; car notre rôle, à nous autres femmes, est de nous retenir à vous qui êtes forts ; nos cheveux longs et bouclés sont comme ces branches grimpantes et ces folles attaches de la vigne qui cherchent l'ormeau, je m'abandonne à vos conseils et à votre bras dans ces temps d'orage, certaine que la grandeur et la sainteté de notre cause élèvera notre amitié au dessus de toute faiblesse. »

LE DÉPART.

Depuis le séjour des Girondins à Caen, mademoiselle de Corday semblait animée du désir de se sacrifier à la révolution. Le propre de l'amour chaste et magnanime est de détacher de la vie ce qu'il y a de plus grand que nous l'a dit : « Qui sait aimer, sait mourir. » Quoique le département du Calvados tînt pour la Gironde et qu'une sorte de Vendée républicaine s'organisât dans le nord de la France, des bandes d'hommes farouches parcouraient depuis quelques mois les rues de Caen. Ces hommes jetaient la terreur dans toute la ville par leurs visages féroces ; ils chantaient d'ignobles chansons et dansaient une danse forcenée autour d'une image de Marat.

Comme toutes les âmes fortes qui embrassent la société dans leurs haines ou leurs amours, Charlotte Corday s'imagina que délivrer la Gironde des mains de Montagne, c'était délivrer le pays. Le lendemain, elle se rencontra à l'hôtel Saint-Ouen avec quelques-uns des députés transfuges. Mademoiselle de Corday garda, comme de coutume, un silence passionné ; elle écoutait attentivement et recueillait une à une dans son cœur les paroles des orateurs girondins. Barbaroux présenta un tableau sombre et lamentable des maux de la nation : «Sans une nouvelle Jeanne d'Arc, s'écria-t-il en finissant, sans quelque libératrice envoyée du ciel, sans un miracle inattendu, c'en est fait de la France ! » Ces derniers mots fixèrent irrévocablement la destinée de Charlotte Corday. Elle crut que le ciel l'appelait par cette bouche aimée à se dévouer pour son pays. La beauté, ce magnétisme qui séduit et soumet les hommes eux-mêmes, ne pouvait manquer, rattachée ici au visage animé de l'orateur, d'entraîner une femme encore jeune, et sujette, malgré elle, aux influences de son sexe. Jamais le moment ne prit, pour s'insinuer dans une tête exaltée, des formes plus innocentes ; il se présente à elle sous les attraits de l'éloquence ; il revient à sa pensée durant ces heures silencieuses où la nuit conseille les nobles dévoûments ; il se drape dans les sentiments les plus élevés, l'humanité, le patriotisme, l'amour de la paix. Charlotte Corday vit l'assassinat en beau.

Il n'y a pas de terme dans le Code pénal, ni peut-être dans la langue, pour rendre cette provocation tacite et douteuse. Nous comptons sur l'imagination pénétrante de nos lectrices pour la deviner. Charlotte Corday, quoique influencée amoureusement par Barbaroux, crut jusqu'au bout n'obéir qu'au mouvement héroïque de sauver la patrie. Dans le cœur des femmes, l'amour, par suite de l'éducation fausse et guindée qu'on leur donne, n'ose pas se découvrir franchement ; le plus noble des sentiments eut besoin de se déguiser ici sous mille prétexte spécieux, pour ne point faire rougir celle dont il guida le bras.

Barbaroux, détruit par les coups de Marat, ne cessait de le représenter comme la tête hideuse de la Montagne : « Cet homme, disait-il, a la lèpre à l'âme ; il boit le sang de la France pour prolonger ses jours odieux et gangrenés. Tant que la France ne sera point débarrassée de ce monstre, l'anarchie avec toutes ses horreurs dévorera ses enfants. »

Il prêchait même une croisade contre « cet ennemi public. » Les feuilles girondines ne cessaient de répéter que la France était descendue dans la fosse aux lions. Elles nommaient Marat comme le chef des égorgeurs. On s'imaginait à Caen qu'il était toute la Montagne. On se le figurait hideux. Obsédée de ces images, Charlotte Corday voyait passer durant ses insomnies la tête du monstre devant ses yeux ouverts. L'hallucination était pressante, tenace ; une voix lui disait : « C'est à toi de sauver la France ! » Le 7 juillet, une armée de volontaires se forma, au son du tambour, sur la grande place de Caen ; mademoiselle de Corday assistait avec un visage charmé à cet enrôlement de fédéralistes. — Ces soldats vont donc marcher sur Paris? dit-elle à Pétion. — Est-ce que vous seriez fâchée s'ils ne partaient pas? répondit celui-ci. — Je vous ferai repentir, reprit-elle, du soupçon que vous manifestez sur mes sentiments. Puis elle réfléchit intérieurement que tant de braves gens, venant à Paris pour chercher la tête d'un homme, c'était de trop ; il ne mérite pas tant d'honneur, se dit-elle ; il suffit de la main d'une femme.

Cette pensée la décida tout-à-fait. Depuis quelques jours, madame de Bretteville trouvait à sa nièce un visage extraordinaire. Étant entrée, un soir, dans sa chambre, elle trouva sur la table une vieille bible ouverte, et lut ces mots soulignés au crayon : « Judith sortit de la ville, parée d'une beauté merveilleuse dont le Seigneur lui avait fait cadeau, pour se rendre à la tente d'Olopherne (1). »

Une autre fois, sa douce et sérieuse tête se couvrit d'un nuage de colère à voir deux bourgeois de la ville, assis devant une table, qui se divertissaient aux cartes : — Vous jouez, leur dit-elle, et la patrie se meurt ! Du reste, elle ne confia son projet à personne. Le mardi 9 juillet, elle se rendit, au matin, à l'hôtel de l'Intendance, accompagnée d'un domestique. Mademoiselle de Corday fit demander Barbaroux : cette dernière entrevue fut fatale et mortelle pour le cœur de la pauvre fille. Elle prit l'air le plus froid et le plus indifférent qu'elle put trouver, s'ouvrit à Barbaroux sur son voyage, mais sans lui en découvrir le motif, le pria de lui remettre une lettre pour Du Perret, afin d'obtenir des papiers nécessaires à l'une de ses amies d'enfance, nommée Marie Forbin. Au milieu de ses lents et secs préparatifs de départ, elle retenait à grand'peine, sur le bord de ses lèvres, des adieux plus tendres, que la séparation éternelle qui devait les suivre aurait sans doute rendus excusables. Déjà le secret terrible qu'elle enfermait dans sa frêle poitrine de femme allait lui échapper : elle ne se sentait presque plus maîtresse de ses larmes, et les larmes auraient été un aveu, et la main généreuse de Barbaroux aurait sans doute retenu le bras de Charlotte Corday sur le bord de cette résolution mortelle, quand Pétion vint traverser le salon où ils s'entretenaient tête-à-tête. — Comment ! voilà une belle aristocrate, dit-il, qui vient voir des républicains ! — Vous me jugez aujourd'hui sans me connaître, citoyen Pétion, répondit-elle ; un jour, vous saurez ce que je suis.

Comme toujours, Pétion et Barbaroux ne s'aperçurent du sens de ces paroles qu'après l'événement. Mademoiselle de Corday sortit de l'hôtel de l'Intendance pour rentrer dans sa chambre ; après avoir rangé ses livres et s'être chargée de son carton de dessins, elle prit congé de sa tante, sous prétexte d'aller voir faner le foin dans la campagne. Puis elle descendit l'escalier de pierre de sa maison qui donnait dans la petite cour ; sur les dernières marches, elle trouva assis et souriant un bel enfant blond, aujourd'hui un vieillard, qui aimait les images: « Tiens, dit-elle en lui remettant son carton de dessins, voilà pour toi, Robert, sois bien sage et embrasse-moi : tu ne me verras plus. » Et elle partit.

L'HÔTEL DE LA PROVIDENCE.

Le jeudi 11 juillet 1793, vers l'heure de midi, une femme descendit à l'hôtel de la Providence, rue des Vieux-Augustins, à Paris. Cette femme, d'une stature forte et pourtant légère, annonçait à peu près vingt-cinq ans. La poussière qui couvrait ses vêtements en désordre témoignait qu'elle venait de faire un assez long voyage, et qu'elle sortait de voiture. Elle demanda une chambre. La maîtresse de l'hôtel, nommée Louise Graulier, lui adressa, par prudence, et un peu par curiosité, diverses questions : — D'où venez-vous ainsi, citoyenne ? — De Caen, répondit-elle. — Alors, remarqua l'hôtesse, vous devez savoir des nouvelles. Est-il vrai qu'une forte armée partie de votre ville marche dans ce moment sur Paris? — Je me suis trouvée sur la place de Caen le jour où l'on a battu la générale pour venir à Paris, reprit l'inconnue avec un demi-sourire ; il n'y avait pas trente personnes. — Mais quel motif, citoyenne, peut vous amener toute seule, et encore jeune, dans notre ville, au milieu des choses terribles qui s'y passent ? — Je n'y suis que pour quelques jours. Je voudrais obtenir des papiers nécessaires à l'une de mes amies d'enfance. Après quoi, je m'en retournerai. — Vous connaissez donc du monde à Paris ? — J'ai une lettre de recommandation pour le citoyen Du Perret. — Le député à la Convention ? — Oui, je compte m'y faire conduire demain matin.

L'hôtesse se crut suffisamment éclairée. Il est vrai de dire que la figure de l'inconnue n'avait rien de suspect ; ses manières franches et son air ouvert lui gagnaient volontiers la confiance. Elle témoigna être très fatiguée de la route, et demanda qu'on mît tout de suite

(1) M. De Lamartine nous a fait l'honneur, dans son Histoire des Girondins, de nous emprunter quelques détails authentiques, recueillis sur les lieux ; je dois pourtant avertir que parmi ces détails il en est quelques-uns d'inventés. Je dis cela surtout à propos du verset de Judith.

(Note de l'Éditeur).

des draps blancs à son lit. Le garçon de l'hôtel monta avec elle dans une chambre, où il prépara tout ce qu'il fallait pour le sommeil de la citoyenne et pour sa toilette du lendemain. Pendant ce temps, la belle voyageuse lui demanda ce qu'on pensait du *petit* Marat. — Les patriotes, répondit celui-ci, l'estiment beaucoup ; mais les aristocrates le détestent.

Elle lui donna ensuite commission de lui acheter du papier, des plumes et de l'encre. A cinq heures, elle s'enferma dans sa chambre préparée pour la nuit, se coucha, et dormit jusqu'au lendemain d'un profond sommeil ; elle avait eu soin de retirer la clé. A huit heures, elle s'éveilla, et se fit conduire chez Du Perret, qui tenait au parti de la Gironde ; il avait refusé de suivre ses frères à Caen, et se sentait le courage de rester à son poste, malgré les périls qui environnaient sa tête.

La toilette de la voyageuse la faisait remarquer : elle portait un bonnet à ailes de papillon, un corsage bleu de ciel et une jupe rouge, avec un ruban vert dans les cheveux. Mais c'était surtout sa figure qui attirait les regards. Reposée de ses fatigues de voyage par le sommeil de la nuit, elle avait le teint d'une fraîcheur et d'un éclat fort séduisants. Peut-être était-elle un peu forte, selon les idées étroites que nous nous faisons de la beauté, et avait-elle l'air trop décidé ;

scènes de deuil et de désolation qu'elle cherchait avec ses yeux effrayés, elle ne rencontrait que l'image paisible d'une cité s'éveillant, le matin, toute fraîche et tout alerte pour les travaux de la journée ; les ouvriers allaient gaîment à leur besogne ; les vieilles

L'Ami du peuple.

femmes, leur pot de fer-blanc à la main, faisaient cercle autour des laitières ; les portières balayaient le devant des maisons et s'arrêtaient pour caqueter avec les voisines ; les garçons de boutique faisaient joyeusement la cour aux filles ; les fenêtres s'ouvraient une à une, comme des yeux qui s'éveillent pour recevoir l'air frais du matin ; quoiqu'il fût encore de bonne heure, des femmes en élégante toilette de ville parcouraient les rues ; des rentiers oisifs et souriants

L'Aumône.

mais son embonpoint ne gênait en rien sa marche, et la résolution de ses traits donnait à son visage sévère et noble un air romain qui était du plus grand style. Toute sa personne offrait un mélange harmonieux de la grâce de la femme avec l'énergie et la majesté de l'homme. C'était la première fois qu'elle venait à Paris. Elle avait eu, la veille, toutes sortes de peines à se débarrasser de quelques voyageurs qui, l'ayant vue endormie dans la voiture, s'étaient épris d'elle et voulaient l'accompagner à son hôtel. Elle s'était tirée de leurs mains en leur donnant un faux nom et une fausse adresse. Elle fut étonnée de ne pas trouver à la grande ville l'air morne et consterné qu'elle se figurait ; de loin, elle s'en faisait une tout autre image. Paris se représentait dans sa tête, lorsqu'elle était partie de Caen, sous les couleurs les plus sombres ; elle croyait, d'après les récits de la province, voir les fenêtres fermées, les rues désertes, les toilettes des femmes éteintes et amorties par la crainte d'attirer les yeux du comité de surveillance, les travaux suspendus, les boutiques sans marchands, les promenades sans promeneurs, les palais sans habitants, les églises sans Dieu.

La capitale, en un mot, s'offrait à elle, vue de cinquante lieues de distance, comme obscurcie par l'ombre de la mort ; au lieu de ces

Le Malade.

marchaient le long des allées vertes du Palais-Royal ; de petits oiseaux chantaient dans les feuillages ou becquetaient des miettes de pain sur le sable ; l'or, toujours avide de se montrer, étalait aux vitres des bijoutiers son éclat indiscret, comme s'il n'eût eu rien à craindre du pillage ni de l'émeute ; la journée promettait d'être belle ; tout était azur, sérénité, repos, dans le ciel et sur les visages.

Ceci déconcerta un moment la jeune étrangère. Rien n'était plus fait, en vérité, pour dissiper les idées injustes sur le régime révolu-

tionnaire que l'insouciance et le calme des habitants; l'émeute passée tout rentrait aussitôt dans le devoir; on eût dit un ruisseau qui aurait lavé les rues. Jamais, du reste, la ville n'eut une physionomie si gaie : les spectacles étaient suivis avec fureur; les fêtes et les réjouissances publiques attiraient une foule incroyable; le Palais-Egalité avait un air de joie que l'éclairage au gaz et les somptuosités récentes n'ont pu réveiller : une nuée de femmes, de filles, de jeunes gens s'ébattaient ensemble dans les avenues, avec des propos égrillards,

L'Arrestation.

et sans s'inquiéter du reste; les bourgeois amenaient leur famille prendre des glaces en plein air ou manger des gaufres : c'était, dans tout le jardin, un mouvement de promeneurs, de limonadiers portant des plateaux chargés de groseille ou de citron, de petits Savoyards jouant de l'orgue et chantant pour aider la générosité des buveurs de bière accoudés sur les tables vertes. L'été se mettait vaillamment de la partie, tandis que le sang des citoyens coulait sur la guillotine, les feuilles ne laissaient pas que de verdoyer gaîment, les fleurs de fleurir, les oiseaux de chanter, le ciel d'être bleu. La nature, dit-on, se soucie peu de l'homme.

Quand la jeune femme, arrivée de Caen pour affaires, se présenta à la porte de Du Perret, elle trouva dans l'antichambre une des filles de ce député, qui lui dit que son père était absent, et qui l'invita à revenir vers le soir. Elle se retira, contrariée, laissant aux mains de mademoiselle Du Perret un paquet sous pli à l'adresse de son père. Le soir, Du Perret était à table avec quelques amis; le dîner louchait au dessert quand une jeune femme entra délibérément, et, se tournant vers le député :

— Est-ce au citoyen Du Perret que j'ai l'honneur de parler? — A lui-même. — J'aurais à vous entretenir en particulier d'une affaire. Du Perret pousse de la main une porte, et entre avec cette inconnue dans une chambre voisine. Il avait oublié d'ouvrir le paquet remis, le matin, aux soins de sa fille, en sorte qu'il ignorait tout-à-fait le but de cette visite mystérieuse. Ce paquet était resté sur la cheminée, dans une chemise de papier blanc avec un large cachet de cire rouge. La jeune femme expliqua en peu de mots qu'elle arrivait de Caen, que le paquet contenait une lettre de Barbaroux avec des brochures, et qu'elle avait recours à la complaisance du citoyen pour la mener chez le ministre. Du Perret lui représenta qu'il ne pouvait dans le moment quitter ses amis qui étaient à table, et l'invita ellemême à se rafraîchir. — Non, dit-elle; demain, si vous voulez vous donner la peine de passer chez moi dans la matinée, nous irons ensemble chez le ministre. — Volontiers; mais il me faudrait pour cela savoir votre adresse. A ces mots, elle tire de sa poche une carte imprimée où on lisait en grosses lettres : HOTEL DE LA PROVIDENCE, rue des Vieux-Augustins. — Et votre nom, je vous prie? L'inconnue fouilla de nouveau dans sa poche et en tira un crayon avec lequel elle écrit son nom sur la carte : CHARLOTTE CORDAY. — Je n'ai plus qu'un mot à vous dire, ajouta-t-elle gravement et avec un air solennel : citoyen Du Perret, j'ai un conseil à vous donner; détachez-vous de l'assemblée, vous n'y faites rien. Allez à Caen, allez rejoindre vos frères. — Mon poste est à Paris, répondit fièrement Du Perret; je ne le quitterai pas. — Vous faites une sottise; croyez-moi, fuyez avant demain soir, car la colère du ciel va fondre sur la ville. »

Du Perret la reconduisit sur le palier. En entrant dans la salle où dînaient ses amis : — La plaisante aventure! s'écria-t-il, avec la surprise et l'inquiétude dans les yeux; cette femme m'a l'air d'une intrigante; par les propos qu'elle m'a tenus, elle m'a paru extraordinaire; j'ai vu dans ses raisons, dans son allure, dans sa contenance, quelque chose de singulier qui me confond. — Hôtel de la Providence, dit un des convives en souriant, après avoir lu l'adresse de la carte laissée par cette femme; prends garde, mon ami, il y a du mystérieux et du providentiel là-dessous. Du Perret, après un instant de réflexion : Au reste, je saurai demain ce que c'est.

LE MALADE.

Marat, depuis quelques jours, avait adressé à la Convention une lettre finissant par ces mots : « Accablé d'affaires, chargé de la défense d'une foule d'opprimés, et détenu chez moi par une indisposition très grave, je ne puis quitter mon lit pour me rendre à l'assemblée. »

Il était malade. Les obstacles apportés par les événements, les partis et les passions des hommes à la marche du bien public le jetaient dans des accès de fureur qui lui brûlaient le sang, et qui menaçaient de couvrir ses membres d'une lèpre vive.

La révolution était sur cet homme la robe de Déjanire : elle le consumait. Marat n'en continuait pas moins ses travaux : doué de cette activité dévorante qui ne le quitta qu'à la mort, il surveillait de son lit tous les mouvements de la république.

L'Ami du peuple n'avait d'ailleurs pas l'autorité que lui prêtent ses ennemis. Son influence était toute personnelle et toute morale; simple journaliste, simple député à la Convention nationale, où il n'était applaudi que du dehors, il n'a jamais tenu en main les rênes du gouvernement révolutionnaire. Le centre de la seule puissance réelle qu'il exerçât était à l'Hôtel-de-Ville, encore n'y occupait-il qu'une tribune. Consulté, obéi quelquefois, il régnait uniquement sur les esprits.

L'Échafaud.

Ce matin-là, on lui apporta la liste des citoyens arrêtés par ordre de la commune : Marat la parcourut des yeux avec attention. Lorsqu'il voulait attirer les yeux de la justice sur un des détenus, il fai-

sait une croix sur la liste au-dessous du nom ; l'un des membres du comité était assis au pied du lit, sur une chaise : — Charles... qu'est-ce que cet homme ? demanda Marat.

— Citoyen, c'est un prétendu savant que tu devrais connaître mieux que nous, et dont le comité a pensé que l'arrestation te serait agréable.

En effet, ce M. Charles, professeur de physique, n'avait cessé d'être l'ennemi acharné de Marat ; il le persiflait autrefois dans ses cours publics, le tournait en ridicule dans ses livres, lui faisait fermer la porte des journaux et des académies, le piquait, en un mot, de mille coups d'épingles à cet endroit de l'amour-propre que les savants ont tous si sensible et si irritable : le moment était venu de lui faire payer cher ces vexations ; Marat avait sa vengeance sous la main. — Pour qui me prenez-vous donc ? s'écria-t-il alors, se levant avec fureur sur son séant. Me croyez-vous l'âme assez basse pour me laisser guider le ressentiment d'un outrage dans l'*épuration* que nous faisons de la France ? Ce Charles est un misérable qui m'a lâchement maltraité dans ma jeunesse. Je méprise les méchants, mais je le plains encore plus que je ne le méprise ; tant qu'ils restent hommes privés, tant que leurs menées n'entraînent pas la ruine des autres, je gémis tout bas sur leur corruption, mais je serais au désespoir de faire tomber un cheveu de leur tête.

Je vais écrire au ministre pour qu'on mette cet homme en liberté.

Il était onze heures, la femme de grand cœur qui remplissait auprès de Marat les devoirs d'épouse légitime et de garde malade lui servit un breuvage amer dans une modeste tasse de faïence. Quoique son influence se fût de beaucoup accrue depuis la chute de la Gironde, Marat n'en continuait pas moins le même genre de vie laborieuse et dure. Cet homme, par l'austérité de ses mœurs, était un anachorète et un saint, mais un saint d'un ordre d'autant plus désintéressé que tout en croyant à l'immortalité de l'âme, il ne damnait personne au-delà du tombeau. — Vous voyez, dit-il, si ceux qui me représentent comme un ambitieux se trompent ! J'ai, au contraire, des goûts simples et sévères qui s'allient mal avec les grandeurs : en bonne santé, je sais être heureux avec un potage au riz, quelques tasses de café, ma plume et les instruments de physique. D'autres m'ont prêté des vues d'intérêt ; mais ceux qui me connaissent savent que je ne pourrais voir souffrir un malheureux sans partager le nécessaire. J'aime, d'ailleurs, la pauvreté par goût et parce qu'elle conseille les vertus plébéiennes. J'arrivai à la révolution avec des idées faites. Les mœurs que notre gouvernement s'efforce d'établir étaient depuis longtemps dans mon caractère, et je ne voudrais plus, pour tout au monde, en changer.

On entendit un coup de sonnette, et, le temps d'aller ouvrir, Marat écrivit quelques mots au ministre pour le citoyen Charles dont la tête était en danger. Entra le curé Bassal. Depuis la nuit où ils s'étaient rencontrés dans les rues de Versailles, une vive sympathie d'idées unissait ce prêtre à l'Ami du peuple. — Ah ! dit Marat en souriant, ces abbés viennent toujours sournoisement au lit des malades comme pour leur voler leur âme. Le prêtre s'assit ; leur entretien porta encore une fois sur les principes de la révolution ; Bassal soutenait que toute la constitution était dans l'Evangile. — Peut-être, reprit Marat ; mais l'humilité chrétienne, qui met sans cesse l'homme en présence de son néant, pousse nécessairement dans l'Eglise une entrée à la servitude. Sans défiance, sans crainte, sans artifice, sans colère, sans désir de vengeance, sans haine, un vrai chrétien est à la discrétion du premier venu. L'esprit de l'Evangile est un esprit de paix, de douceur, de charité ; ses disciples en sont animés même pour leurs ennemis. Quand on les frappe sur une joue, ils doivent présenter l'autre joue ; quand on leur ôte la robe, ils doivent encore donner le manteau ; quand on les contraint de marcher une lieue, ils doivent en marcher deux. Toujours résignés, ils souffrent en silence, tendent les mains au ciel et prient pour leur bourreau. Ce n'est pas avec de tels hommes qu'on fait les révolutions et qu'on remonte à l'indépendance. Pour se conserver libres, il faut avoir sans cesse les yeux ouverts sur les méchants ; il faut résister aux attentats des ennemis publics, et désarmer les complots des fourbes endormeurs, qui veulent tenir le monde sous le sommeil de l'asservissement. Il ne faut pas remettre le glaive dans le fourreau, le tenir toujours dans la main prêt à frapper les traîtres.

— Prenez garde, Marat, reprit l'abbé Bassal, de blâmer injustement une mesure de précaution prise par la Providence : cet esprit d'humilité et de résignation dont vous parlez était dans les commencements un contre-poids utile aux principes révolutionnaires que Jésus-Christ venait apporter dans le monde. Si les peuples s'étaient révoltés avant l'heure contre leurs maîtres, ils auraient succombé dans la lutte. La Providence leur a donné, dans les âges de foi, ce frein de la patience, de la douceur et de la soumission, afin de laisser aux germes de la liberté le temps de prendre leur développement. L'esprit révolutionnaire de l'Evangile travaillait sourdement à l'insu même de ses disciples, et le jour où l'esclave se leva pour rompre ses fers, il les trouva déjà rongés et mordus par dix-huit siècles de christianisme. La révolution est sortie de nos cloîtres et de nos églises ; ces mêmes cloches qui invitaient doucement à la prière, agitèrent,

quand le jour de la grande révolte fut venu, leurs voix d'airain et crièrent : Aux armes ! car, comme vous l'avez dit vous-même quelque part, le soin de son indépendance est le premier devoir religieux de l'homme.

Depuis quelques instants, Marat se tordait dans ses draps : sa poitrine, enflammée par les veilles, laissait sortir avec peine une haleine rare et sifflante. « Oh ! dit-il, j'ai du soufre allumé dans les poumons ! » A ces mots, il fut pris d'un accès de toux mordante et sèche qui couvrit toute sa figure terreuse d'un nuage pourpre. « Oui, reprit-il en s'essuyant le visage, je vais bientôt mourir, mon ami ; je voudrais savoir s'il y a quelque chose là-haut. » Bassal qui, par profession, avait un peu la manie de prêcher, lui fit un long sermon sur l'immortalité de l'âme. « Toutes ces choses, reprit Marat, doivent être écrites quelque part dans la nature ; mais Dieu tient le doigt sur le livre. J'ai passé toute ma vie à chercher l'homme au-delà du tombeau, et à poursuivre l'âme dans ses destinées éternelles. Je m'en vais, malgré cela, l'œil plein de ténèbres. Je n'ai rien vu distinctement dans ce sombre rayonnement de l'avenir. Après tout, je ne crains rien de Dieu : j'ai fait l'œuvre qu'il m'a imposée. Ma vocation fut de me constituer anathème pour mes frères. Je l'ai subie ; j'ai renoncé aux plaisirs de l'étude, aux douceurs de la famille, au repos de la vie. J'ai porté l'abnégation de moi-même jusqu'à immoler mes goûts et mes affections au bonheur public ; j'ai vécu trois ans au milieu des privations, des alarmes, des embûches ; j'ai versé mon sang goutte à goutte ; je me suis habitué à avoir sans cesse devant les yeux l'image de la mort. Offert en holocauste au ciel et à la patrie, j'ai senti le couteau m'entrer lentement dans la gorge. Je suis abreuvé, je suis las ; je vais mourir. Doué d'un caractère ardent, impétueux et tenace, si quelquefois cédé, à la vue des complots de mes ennemis, aux élans d'une indignation fatale ; mais, à mesure que le spectacle des désordres s'éloignait, mon cœur, moins agité, inspirait à ma plume un ton moins terrible. Je m'en vais les mains nettes de sang. Le tribunal révolutionnaire a fonctionné jusqu'ici avec une extrême réserve ; notre république naissante compte à peine deux cents exécutions capitales. Il est vrai que j'ai demandé dans ma feuille et à la tribune qu'on déployât des mesures énergiques contre les ennemis de l'humanité, mais est-ce ma faute si Dieu a mis dans mon cœur, pour accomplir ses desseins, une de ces vertus homicides qui ont l'incorruptibilité et le tranchant du glaive ? Je suis intraitable aux méchants, aux oppresseurs, aux fourbes ; il faut que je me brise contre eux ou que je les détruise. Si les morts revenaient, maintenant qu'ils sont dégagés des intérêts et des passions, ils reconnaîtraient avec moi que leur perte était nécessaire au monde. »

Le curé Bassal agita la tête en signe de doute.

« J'ai mes défauts, reprit Marat ; je suis d'une franchise qui va souvent jusqu'à la dureté ; j'ai peut-être le malheur d'attacher trop d'importance au bien que je voudrais faire ; je suis trop aisément les élans de mon imagination sombre et souterraine ; je m'en accuse à Dieu et aux hommes. — Allons, dit l'abbé Bassal, je vois que vous allez bientôt vous confesser, Marat. » Il sortit après avoir serré la main de son ami.

A la porte, il rencontra le médecin qui venait soigner Marat. « Eh bien ! comment allons-nous ? demanda le docteur en entrant. — Mal, répondit Marat avec un mouvement de tête amer. Le médecin tenait le doigt sur le bras du malade ; il lui annonça en même temps qu'une nouvelle contre-révolution, qui avait son centre à Caen, se formait dans le nord de la France. A cette nouvelle, une fièvre subite gonfla le pouls et le fit battre précipitamment. Marat était entré dans une de ces fureurs dangereuses que lui inspirait le désir du bien, mais qui étaient souvent fertiles en malheurs. — Il faudra encore vous saigner, dit le docteur.

C'était la troisième fois depuis huit jours qu'on ouvrait la veine au malade. Il y avait un calcul dans ce traitement ; on pensait que les transports de l'Ami du peuple lui venaient d'une sorte de fièvre chaude ; le sang enlevé à Marat était, dans l'idée de son confrère, autant de sang tiré à la nation.

Cependant la maladie de Marat faisait, depuis quelques jours, événement. Le 12 juillet, après-midi, la société des Jacobins, dont il ne pouvait plus suivre les séances, avait envoyé, en son nom, Mauro et David pour lui rendre visite. Marat, quoique très dangereusement malade, était entouré dans ce moment-là de papiers et de journaux. Sa main *échappée* tenait une plume ; il écrivait ses dernières pensées : « Vous voyez, mes amis, leur dit-il, je travaille au salut public. »

Il demeurait presque toute la journée et toute la nuit dans le bain ; la fraîcheur de l'eau calmait un peu les douleurs cuisantes qui s'étendaient sur tous ses membres. L'activité indomptable de Marat résistait à la souffrance avec une énergie désespérée. Ce petit homme, hâve et amaigri jusqu'aux os, semblait, à le voir, le spectre du peuple s'agitant jusque dans la mort.

« L'homme, dit-il aux deux députés qui étaient ses amis, n'est pas fait pour le calme. La nature nous montre, tout au contraire, qu'elle l'a formé pour le travail et le mouvement, puisqu'au terme de cette vie, bien courte, elle lui a préparé un lit où il doit si longtemps reposer ; le cercueil nous avertit de nous hâter et de nous agiter le plus

possible vers le bien public, avant que le sommeil ne vienne. » Les deux députés se retirèrent sous le coup de l'admiration et de la douleur. « Nous venons de voir votre frère Marat, dit Maure en rentrant à la séance; la maladie qui le mine ne prendra jamais les membres du côté droit : c'est beaucoup de patriotisme pressé, resserré dans un petit corps. Voilà ce qui le tue. »

Les hommes ne dépérissent pas ainsi au hasard; quand ils s'effacent, c'est que leur œuvre est faite. Il ne faut presque rien alors pour les tuer. Ceux contre lesquels n'ont jamais rien pu, jusque-là, ni la guerre civile, ni les embûches de leurs ennemis, ni les tempêtes des assemblées nationales, ni le glaive des lois, ni l'échafaud, ni le poignard, meurent pour une goutte de sang tombée au cœur, ou pour une blessure de femme.

LE 13 JUILLET.

Le 12 juillet au soir, en sortant de chez Du Perret pour rentrer à son hôtel, Charlotte Corday traversa le Palais-Royal. Il faisait encore grand jour; le soleil couchant versait le long des galeries, sur les boutiques, une lumière rougeâtre et folle qui les faisait étinceler. Il y avait surtout un magasin de coutellerie qui détachait à cru sur les vitres de cristal des lames d'acier fort brillantes ; Charlotte Corday s'arrêta. Après avoir regardé quelques minutes tous ces instruments meurtriers et tranchants, elle entra dans la boutique. Il y avait un étalage un grand couteau à manche d'ébène, dont Charlotte Corday essaya la lame avec le doigt. Ce couteau, fraîchement effilé, avait sa gaine à côté de lui dans la montre. On en demanda trois francs; elle les donna. Charlotte Corday cacha ce couteau avec la gaine sous le fichu rouge qui recouvrait sa gorge. Comme la soirée était belle, elle entra dans le jardin et s'assit sur un banc, à l'ombre des marronniers. Un enfant s'amusait aux alentours à ramasser du sable dans son tablier rouge. La figure de l'inconnue lui plaît; il s'avance, il sourit, il tourne autour du banc avec des minauderies (la beauté attire à elle les enfants). Puis enfin, devenu tout-à-fait familier, il renverse bravement sur les genoux de la dame sa petite tête blonde et bouclée. Charlotte le prend alors dans ses bras, et fixe sur l'enfant un regard mélancolique. Une foule de pensées tendres et profondes sortent, comme rejets, aux brises du souvenir et de la vue de ce petit être aussi innocemment assis sur ses genoux. Elle songe malgré elle aux joies de la maternité, à la famille, à l'amour ; elle se dit que peut-être c'est folie d'immoler à de vaines chimères le bonheur doux et facile que lui offre la nature. Les agitations de la jettent, depuis six mois, les événements et les affaires publiques se calment dans le regard limpide de cette petite créature : elle se surprend les yeux pleins de larmes devant son sourire ingénu; les frais et joyeux souvenirs de cet âge lui reviennent follement au cœur. A la vue de tant de sérénité, de joie, d'oubli, de pardon de tout, peints sur le visage de l'enfant, elle sent sa féroce résolution mollir et sa vengeance lui échapper des mains.

Cependant les petits doigts fureteurs et curieux de l'enfant, qui fouillaient depuis un instant sous le fichu rouge de Charlotte, en tirent, pour jouer, le sinistre couteau... A cette vue, elle pâlit, se lève, jette autour d'elle un regard inquiet, dépose l'enfant à terre et s'éloigne, rentrant le couteau sous le fichu et le fatal secret dans son sein. A la sortie du jardin, elle rencontre un cocher de fiacre dont les chevaux attendaient au repos devant la porte d'une maison. « Citoyen cocher, lui dit-elle, où demeure le citoyen Marat ? s'il te plaît. — Rue des Cordeliers, n° 30. » Et de peur que cette femme ne vienne à oublier l'adresse, il l'écrit lui-même au crayon sur un chiffon de papier blanc. Ceci fait, Charlotte Corday rentre à son hôtel.

Le lendemain, Du Perret vint à son hôtel, comme il le lui avait promis; après avoir devisé avec elle environ une quart d'heure, il la conduisit au ministère. Charlotte Corday ne put retirer des mains de l'administration les papiers de son amie. Elle prit alors congé de Du Perret, en le remerciant de son zèle et de son inutile défense de revenir la voir. « Vous savez ce que je vous ai dit hier, ajouta-t-elle ; fuyez au plus vite ; fuyez avant ce soir, car demain il ne sera plus temps. »

Après avoir satisfait à l'amitié, Charlotte Corday tourna ses forces et toutes ses résolutions vers le véritable but de son voyage. Elle avait adressé le matin, par la poste, la lettre suivante à Marat:

« Citoyen,

« J'arrive de Caen. Votre amour pour la patrie me fait présumer que vous connaîtrez avec plaisir les malheureux événements de cette partie de la République. Je me présenterai chez vous vers une heure. Ayez la bonté de me recevoir et de m'accorder un moment d'entretien ; je vous mettrai à même de rendre un grand service à la France. « Charlotte Corday. »

Il y avait ici une intention perfide, et comme une lame de couteau cachée sous cette dernière phrase. Mademoiselle de Corday n'ayant point reçu de réponse, reprit la plume vers quatre heures du soir :

« Je vous ai écrit ce matin, Marat ; avez-vous reçu ma lettre ? Je ne puis le croire, puisqu'on m'a refusé votre porte. J'espère que demain vous m'accorderez une entrevue. Je vous le répète : j'arrive de Caen, j'ai à vous révéler les secrets les plus importants pour le salut de la République. D'ailleurs, je suis persécutée pour la cause de la liberté ; je suis malheureuse : il suffit que je le sois pour avoir droit à votre protection. « Charlotte Corday. »

Le billet écrit, elle le plia et le mit dans son sein. Ce second écrit devait être remis à la gouvernante de Marat, dans le cas où il aurait fait refuser sa porte. A sept heures moins un quart, Charlotte Corday monta dans un fiacre sur la place des Victoires : « Où allons-nous ? demanda le cocher. — Rue des Cordeliers, n° 30, répondit une voix douce et claire comme celle d'un enfant.

LA MAISON DE MARAT.

Le fiacre, lancé au petit trot, s'arrêta, après une course d'un quart d'heure, devant une maison froide et terne ; c'est là, suivant le langage des Girondins, que le monstre de la Montagne avait établi son repaire. La maison de Marat, rue des Cordeliers, 30 (aujourd'hui rue de l'École-de-Médecine, 18), est encore debout ; elle ne manque pas de caractère. Cette masse monolithe, percée d'assez hautes fenêtres, frappe le regard par son aspect solitaire, rigide et morne. Il y a une physionomie pour les habitations comme pour les hommes. Cette maison, sans doute à cause de son air particulier, avait été choisie entre toutes par la Providence pour servir de témoin et de sombre décor à l'une des scènes les plus tragiques du grand drame de la révolution. Elle a bien subi, depuis ce temps-là, quelques réparations ; mais on aurait beau la blanchir, on ne lui ôterait pas sa tristesse ; avant le soir du 13 juillet, cette tristesse était un pressentiment ; depuis, c'est un souvenir. On lit encore sur le mur, en lettres pâles : « ou la m... » ; c'est le reste de cette inscription redoutable : « La fraternité, l'indivisibilité ou la mort. »

Hélas ! ce grand mot, dans lequel tous les autres viennent se perdre, finit par s'effacer lui-même sous la lime du temps ; un ancien a dit : « La mort meurt, *mors moritur*. » Une bordure de bois peinte en noir encadre l'entrée de la rue et donne à toute la maison l'air d'être en deuil ; une sorte de vestibule carré, avec une mauvaise loge de portière à droite, conduit à une petite cour humide où le pavé tout crasseux de mousse envoie à la surface comme une sueur froide dans les temps de pluie. Cette cour est bornée par une aile du bâtiment entachée de moisissures et de lézardes. Il y a un puits à l'un des angles. Un escalier à marches de pierre huileuses prend naissance sur la droite, et conduit, appuyé d'une rampe de fer, à un palier assez large, éclairé par un double vasistas. Sous l'escalier, l'œil plonge dans un renfoncement sordide, où s'entassent pêle-mêle de vieux ustensiles de ménage, et où s'ouvrent confusément des portes de caves, comme des bouches ténébreuses. Cette maison était marquée pour un événement sinistre.

Charlotte descendit, alerte et pimpante, du fiacre arrêté devant la porte cochère. Les voisins se souvinrent plus tard de s'être surpris à regarder dans la rue une jeune femme qui sortait de la voiture, avec un ruban vert dans les cheveux. Elle eut d'abord à affronter dans sa loge une portière à mine bourrue, vrai cerbère femelle, qui, sachant son locataire obsédé et malade, refusait impitoyablement l'entrée de la maison. Charlotte Corday fit instance. Soumise par ce ton pressant et résolu, la portière la laissa monter. Marat occupait le premier étage. L'escalier débouche sur un long palier, au fond duquel on aperçoit, à côté d'une porte peinte en jaune, une fenêtre de cuisine obscure et rouillée, et garnie de barres de fer. Cette sombre grille dut vivement émouvoir l'imagination de Charlotte Corday, qui se figurait Marat dans son logement comme une bête fauve dans sa cage. Elle s'arrêta devant la porte à main gauche, près de cette fenêtre grillée, qui la regardait avec un air menaçant ; c'était là. Un certain froid la prit au cœur ; derrière cette légère cloison se tenait son ennemi ; derrière cette planche était aussi, tout dressé et menaçant, son avenir à elle, l'échafaud ! Il était encore temps de reculer, de retourner à Caen ou de faire voile vers l'Angleterre ; il y avait sous les arbres de la Normandie, ou sur les côtes blanchissantes de la Grande-Bretagne, des plaisirs faciles et permis qui l'attendaient, jeune et belle femme, entre leurs bras amoureux. La lutte qu'elle allait engager avec Marat était une de ces luttes irrévocables où le vainqueur laisse, comme l'abeille, sa vraie plaie dans la plaie qu'il a faite. Le seuil de cette porte franchi, il n'y avait plus moyen de jamais revenir sur ses pas ; cette porte où elle allait frapper était la porte de son tombeau. Elle hésita : la main la plus courageuse aurait frémi devant cette entrée redoutable, au-dessus de laquelle était écrite, en lettres visibles pour l'imagination frappée de cette femme, la terrible sentence des damnés : « *Laissez à la porte toute espérance !* » Elle avait bien rêvé, le cas échéant, de s'enfuir et de chercher à gagner un port de mer ; mais c'était une chance si douteuse, un fil si léger et si fragile pour y suspendre tout le poids de son crime, qu'en vérité elle n'y comptait guère. Heurter le bois de cette porte, c'était éveiller le bruit sourd et terrible que rend la planche de cercueil quand on y touche. Et puis, il y a quelque chose d'horrible dans le moment de calme qui précède une action furieuse et violente comme le meurtre d'un homme. Elle sentait le besoin de rassembler toutes ses forces pour soulever, avec ses

mains blanches et délicates, le couteau; elle se tenait droite et immobile comme la statue de Judith; sa main pesait cent livres. Cependant, quelqu'un montant derrière elle dans l'escalier, et la résolution immuable qu'elle avait formée au fond du cœur l'emportant, les hésitations de ce bras vengeur et troublé devant cette porte fatale cessèrent : sept heures venaient de sonner. Charlotte Corday frappa.

UNE VOIX DE SIRÈNE.

Marat était couché dans son bain. Le cabinet où siégeait la baignoire était pauvrement éclairé par une fenêtre à guillotine qui prenait jour sur la cour. Il y avait pour tout meuble un billot de bois sur lequel étaient jetés pêle-mêle des papiers, des plumes et un encrier de plomb : Marat écrivait. Il signait son nom au bas d'une pétition au ministre, en faveur d'une pauvre veuve, mère de quatre enfants, qui avait réclamé le secours de l'ami du peuple.

Depuis quelques jours, Marat, comme nous l'avons dit, ne pouvait se tenir hors de l'eau sans être dévoré par des souffrances aiguës; ce petit homme volcanique et agité s'essayait à prendre, dans la baignoire, l'attitude et le repos du cercueil où il allait bientôt dormir.

Dans ces moments de solitude, Marat, en proie aux horreurs d'une mort prochaine qui s'avançait lentement et à pas certains sur son corps en dissolution, avait le cœur percé par un glaive intérieur; il saignait en dedans d'une blessure profonde et incurable. Toute sa vie, cet homme avait renfermé sa souffrance en lui-même.

Aux approches du tombeau, ses douleurs sortaient en foule de son sein déchiré et le suffoquaient. Il passa un regard morne sur sa vie de crucifié. Au souvenir des maux endurés pour la cause de la Révolution, il se demanda s'il n'aurait pas mieux fait de rester aux travaux calmes et sérieux de la science. Il rentra en esprit dans sa petite chambre de Versailles, où les oiseaux venaient becqueter les miettes de pain sur le bord de la fenêtre, et où les arbres voisins jetaient leur ombrage vert. Puis, il s'interrogea tristement sur le peu de joie sombre et mêlée d'écume qu'apportait au cœur, dans les orages civils, la toute-puissance du succès. Marat, de persécuté qu'il était, avec le temps, s'était fait persécuteur, offrait dans ce moment-là un exemple frappant et terrible de ce qu'il avait écrit lui-même autrefois : « On serait tenté d'accuser le ciel et de nier sa justice, si l'on n'était un peu consolé en voyant les affreux tyrans partager eux-mêmes les maux qu'ils font souffrir aux autres. »

Ce grand exécuteur des justices divines était tombé aux mains froides et douloureuses du dernier supplice : le sang du 2 septembre retombait sur son cœur; la maladie se montrait pour lui dure et raffinée, elle jouait avec son corps expirant comme avec une victime privilégiée qui avait à expier dans une seule mort toutes les morts violentes avec lesquelles l'influence populaire de sa feuille lui avait fait contracter une sorte de complicité morale.

Dieu purifiait par le charbon ardent et par le lit d'épines, avant de les retirer du monde, ceux sur qui était tombée la mission odieuse d'épurer le monde par le glaive.

Tout à coup, Marat entend dans l'antichambre la voix sibyllique de sa femme, en combat avec une autre voix très jeune, dont le timbre clair et séduisant vient le frapper dans son bain.—Le citoyen Marat? — C'est ici; mais il n'y est pas. — J'aurais absolument besoin de le voir; j'arrive de Caen, et je lui ai écrit ce matin. — On vous dit qu'il ne peut recevoir : il est souffrant. Revenez un autre jour. — Je vous prie en grâce de lui dire mon nom. Il doit avoir reçu de moi une lettre. Je suis sûre qu'il ne me refusera pas une courte entrevue. La femme de Marat, nature pâle et nerveuse, résistait avec douceur, mais, toujours intraitable; déjà Charlotte Corday reprenait, en murmurant, le chemin de la porte, qu'on semblait avoir hâte de refermer.

Cependant une douce émotion était venue au cœur de Marat avec cette voix si fraîche. Il lui sembla qu'il entendait pour la première fois; cette voix adolescente le reportait en arrière vers les années printanières et meilleures de sa jeunesse. Touché de tant d'intérêt si pur, qui semblait la musique naturelle d'une belle âme, il appela son oncle : — Laissez entrer, lui dit-il. — Mais citoyen, vous êtes accablé d'affaires, vous souffrez : le médecin vous a défendu de recevoir. — Les médecins sont des ignorants qui ne peuvent rien pour me guérir. Je ne veux pas subir leur joug. — D'ailleurs, vous ne devez pas accueillir comme cela, chez vous, le premier venu. Il court des bruits d'assassinat : vous savez vous-même que les royalistes et les girondins se remuent. Marat, vous m'avez dit, un jour, que vous deviez mourir de la main d'une femme.

Une vieille servante de Marat, nommée Catherine, qui se piquait de sorcellerie, et annonçait l'avenir, lui avait prédit une mort violente : « Défiez-vous, avait-elle ajouté, des jeunes filles en fichu rouge. » — Il est vrai, reprit Marat, après un silence et avec un sourire amer; mais je ne crois pas à ces sottises : les femmes ne m'aiment pas assez pour me tuer. — Ainsi je vais renvoyer cette importune. — Non, vous dis-je, laissez entrer; cette fille vient de Caen,

où sont les députés rebelles ; elle m'a écrit ce matin : elle est malheureuse.

Marat appuya sur ces derniers mots. Sa femme alors obéit en murmurant, et fit entrer l'inconnue dans le cabinet où était la baignoire. Quand Charlotte Corday entra, Marat avait la tête penchée sur sa poitrine nue.

Le cabinet sombre où entrait Charlotte Corday est rejeté sur le derrière de la maison; un silence morne y règne jour et nuit; une fenêtre, alors à compartiments massifs et à verres obscurs, recevait comme nous l'avons dit, la lumière de la cour. La femme se tint immobile près de la baignoire. La présence de la Gironde et de la Montagne, dans la personne de Charlotte Corday et de Marat, allait amener une lutte terrible entre ces deux ennemis : Charlotte porte déjà la victoire dans ses grands yeux éblouissants, dans sa santé robuste, dans l'éclat de son teint, dans son bras magnifique, au bout de sa main ferme et résolue. Marat est couché dans le bain, les bras étendus; un drap blanc, jeté négligemment, tapisse l'intérieur de la baignoire. On dirait un linceul. La femme est debout; elle regarde fixement; sa figure a cette beauté extraordinaire et fatale que donne l'audace d'une grande action. La vieille servante referme la porte de ce cabinet sombre et étroit, où Charlotte Corday touche presque Marat.

LE CADAVRE.

Un grand cri sort tout à coup du cabinet où était Marat : « A moi, ma chère amie, à moi ! » Et ayant poussé ce cri, il tourna la tête de côté et expira. La gouvernante et quelques femmes de la maison se précipitent vers la baignoire; elles trouvent Marat perdant le sang à gros bouillons par le côté, les yeux ouverts, remuant la langue et ne pouvant tirer aucune parole. Un couteau qui avait servi à commettre le crime était tombé à terre, non loin de la baignoire. Charlotte Corday se tenait debout du côté de la fenêtre; dans le premier moment, elle avait porté la main à ses cheveux : calme, sévère et hautaine, elle semble maintenant retenue auprès du cadavre par une sorte de vertige. L'orgueil du succès, le sentiment de l'immense chose qu'elle venait de faire, la plongent dans un enivrement mortel : tuer Marat, c'était tuer le roi populaire de la révolution.

Le commissionnaire Laurent Basse, qui était occupé dans la maison à plier les numéros du journal de Marat, accourt aux cris que poussent les femmes; il aperçoit alors dans l'ombre une jeune et belle fille qui tournait le dos à la baignoire; pour l'empêcher de sortir, il lui barre le passage avec des chaises, et lui en porte même un coup à la tête.

Charlotte Corday étourdie chancela ; puis, avec un mouvement de reins magnifique, un puissant de la taille et cette énergie nerveuse du jarret que l'on admire aux tableaux de Judith, elle fit un pas vers la fenêtre; mais les autres femmes se précipitèrent sur elle et lui attachèrent les mains. La femme de Marat, accourue la première au cri du mourant, raconte alors avoir trouvé l'assassin debout contre un rideau dans l'antichambre, et l'avoir prise à la tête.

Ce qui fendait tous les cœurs, et qui déconcertait Charlotte Corday elle-même, c'était le désespoir de cette malheureuse; échevelée, livide, elle se lançait sur l'assassin malgré les bras qui cherchaient à la retenir. Le spectacle de cette douleur si vraie était la plus éloquente condamnation de l'acte qui venait d'être commis. La Providence attache au crime un châtiment, selon la nature des personnes. Charlotte Corday, dans ce moment-là, fut punie par son cœur.

Un chirurgien, qui occupait l'étage au-dessus dans la même maison, Jean Pelletan, était descendu en toute hâte; il s'approcha de la baignoire teinte de sang. Marat avait les yeux fixes; une large blessure ouvrait, au milieu du sein découvert, deux lèvres humides et mornes. Le bras droit, échappé de la baignoire, traînait à terre. Le chirurgien chercha quelque reste de pouls sur le bras de Marat; mais ne lui en trouvant pas, il donna ordre de le transporter dans sa chambre à coucher. On tira Marat hors de la baignoire; tout son corps était trempé d'eau mêlée à du sang; des gouttes abondantes tombèrent à terre pendant le trajet, et marquèrent, du cabinet à la chambre à coucher, une longue traînée. On posa le cadavre sur un lit.

Le commissaire du quartier Saint-André-des-Arts ayant été instruit, par la clameur publique, d'un assassinat commis rue des Cordeliers, n° 30, arriva sur-le-champ. Il trouva, au premier étage, dans l'antichambre, plusieurs hommes armés et une femme dont on tenait les mains. Il entra ensuite dans un cabinet où il y avait une baignoire dont l'eau rougie et agitée commençait à se calmer. A côté de la baignoire, il vit une grande quantité de sang sur le carreau. Un homme venait d'être tué là.

On conduisit le commissaire dans une autre chambre (1), qui prenait vue sur la rue par deux croisées à grands verres de Bohême;

(1) L'appartement a subi quelques légers changements de forme et de destination. L'ancien salon de Marat sert aujourd'hui de salle de réunion pour un cours public; la chambre à coucher et la cuisine ont gardé leur ancien caractère; le plafond est très haut; une lumière froide et sans soleil descend des fenêtres; le plancher du cabinet où Marat prenait son bain a été recouvert d'une couleur rouge; le sang n'y paraît plus.

à gauche de la porte était un lit, et sur ce lit le cadavre de Marat. La figure offrait des traces de douleurs anciennes et profondes ; une dernière contorsion d'agonie avait jeté les traits de côté. Une large blessure saignait à la poitrine du mort.

Le chirurgien montrait cette blessure au commissaire, et lui expliquait en termes techniques, en y posant le doigt, les ravages qu'avait causés la lame du couteau : « Le coup porté, lui disait-il, a pénétré la clavicule du côté droit, entre la première et la seconde vraie côte, et cela si profondément, que l'index a fait écart pour pénétrer de toute sa longueur à travers le poumon blessé, et que, d'après la position des organes, il est probable que le tronc des carotides a été ouvert ; ce qu'indique encore la perte de sang qui a causé la mort, et qui sortait à flots de la plaie, au rapport des assistants. »

Et ayant regardé à côté du lit, ils y trouvèrent encore du sang.

On apporta un couteau à manche d'ébène, dont la lame était fraîchement émoulue : le commissaire l'essaya à la blessure, qui se trouva être la gaîne exacte du couteau.

Étant alors retourné dans l'antichambre, le commissaire y trouva la femme dont on tenait les mains, et, l'ayant fait passer dans le salon, il l'interrogea.

Elle dit ses noms, reconnut le couteau, et avoua elle-même avoir tué Marat.

MYSTÈRE.

On ne sait rien de ce qui se passa entre Charlotte Corday et Marat : ce sombre cabinet où était la baignoire ne laissa sortir aucune parole ; mais au bout de quelques minutes, il avait rejeté dehors un cadavre et une femme accusée de meurtre.

Les circonstances de ce sombre duel, dont un des deux adversaires fut réduit à l'éternel silence, ne nous sont point parvenus. On ne doit pas en effet, s'en rapporter au récit fait par Charlotte Corday. Elle avait un trop grand rôle à soutenir dans cette tragédie pour s'y montrer tout à fait désintéressée de sa gloire personnelle. Il est contre toute vraisemblance que Marat ait écrit sur une liste les noms des députés réfugiés à Caen, au fur et à mesure que Charlotte les lui indiquait ; il est faux qu'il ait ajouté : « C'est bien : ils iront tous à la guillotine. »

Nous avons sous les mains une lettre inédite de mademoiselle Julie Candeille qui prétend tenir de la gouvernante de Marat quelques détails curieux ; cette femme, par prudence, et, selon la lettre, par jalousie, venait de temps en temps écouter à la porte : Marat aurait, suivant ce récit, dans un moment d'abandon ou par mégarde, touché le bras de Charlotte Corday. A ce geste familier que cette jeune fille prit pour une insulte de la part de son ennemi mortel, le visage de Charlotte indigné se couvrit d'une vive rougeur, et sa main, qui fouillait depuis quelques instants sous son fichu, en tira un couteau dont elle enfonça la lame très avant dans le corps de Marat.

Si la tradition mêle un sentiment romanesque à ces crises révolutionnaires, c'est qu'en effet la patrie et la liberté avaient jeté alors dans les têtes, des vengeances, des spasmes, des transports, des fureurs jalouses qui ressemblaient fort aux égarements du cœur. Dans toutes les grandes choses, il y a de l'amour, et par conséquent de la folie : la révolution fut un délire ; mais toutes ces sublimes démences ont leur raison plus haut, dans l'intelligence calme qui gouverne le monde.

Cependant, tous les citoyens zélés du quartier Saint-André-des-Arts commençaient à s'émouvoir ; la nouvelle de l'assassinat parvint bientôt aux Cordeliers. Une pièce de vers où Marat était égalé aux demi-dieux et à tous les grands bienfaiteurs de l'humanité fut affichée le soir-là à sa porte, et couverte pendant la nuit de cent vingt signatures. Nous citerions cette pièce si les vers en étaient meilleurs.

L'INTERROGATOIRE.

Cependant le salon où Charlotte Corday subissait les questions du commissaire Guellard se remplissait de monde à ce moment : Mauro, Legendre, Chabot, Drouet et quelques autres députés à la Convention étaient accourus au bruit de la mort de Marat. Des gardes contenaient le peuple au dehors et défendaient l'entrée de la porte. Guellard ayant donné ordre de fouiller l'accusée, on trouva dans ses poches un passeport (1), des assignats, de l'argent, une lettre à l'adresse de Marat, une montre d'or ; mais ayant mis la main sous son fichu, on en tira une gaîne en chagrin ; le commissaire présenta à cette gaîne la lame du couteau, qui y entra sans résistance. L'accusée avait les mains liées étroitement. L'ex-capucin Chabot, qui promenait depuis quelques instants sur elle un regard luxurieux, avança la main vers la gorge de cette femme... Croyant voir dans ce geste un horrible outrage, Charlotte Corday se retire vivement, et un éclair terrible s'allume dans ses yeux. Mais par une méprise involontaire, celle qui trahit alors ce qu'elle cherchait à préserver. Dans le premier mouvement d'alarme elle avait jeté avec tant de fureur ses épaules en arrière, que les cordons, les épingles et les boutons qui retenaient son corsage rompirent brusquement ; elle se trouva tout-à-fait découverte devant le regard curieux des assistants. Par un instinct charmant de femme surprise dans ses mystères, elle abaissa sur ses deux genoux ses seins effarouchés, et forma, gracieusement accroupie à terre, une statue de Vénus pudique. Les trésors que ce mouvement subit avait mis à nu et que Charlotte Corday s'efforçait en vain de cacher entre ses deux genoux, étaient d'une beauté parfaite ; mais la figure de la patiente semblait si alarmée, la rose de la pudeur colorait si saintement son front, ses grands yeux abaissés regardaient par dessus l'épaule avec tant de dignité, que nul des hommes les moins délicats qui assistaient à cette scène ne se permit un geste, un sourire.

Charlotte Corday avait les mains attachées ; elle demanda, en les présentant à ses bourreaux, qu'on les lui déliât, pour qu'elle pût se rhabiller ; il n'y avait point là de femme, son embarras était extrême : celui qui remplit ce devoir était si près d'elle ! C'était Harmand de la Meuse. Quand on lui eut dégagé les mains, elle se tourna en face du mur et répara à la hâte le désordre pénible de sa toilette.

On était fort avant dans la nuit : quelques chandelles ternes grésillaient dans le salon. Cette obscurité lui permit de rentrer sous le voile des secrets de son sexe, sans que le regard des hommes ait eu le temps de les profaner. Pendant tout ce débat, le billet qui, caché dans le sein de Charlotte Corday, avait attiré le regard et la main d'un des commissaires, était tombé à terre. Chabot le ramassa. C'était un bulletin du Calvados où se trouvait écrit à la plume le nom de Barbaroux. On profita du moment où elle avait les mains libres pour lui faire signer son interrogatoire. Elle en demanda lecture ; mademoiselle Corday écoutait avec calme ; quand le sens de ses réponses lui semblait altéré, elle priait de le rétablir ; quand on lui présenta la plume, elle la reçut entre ses doigts blancs et oisifs comme ceux d'une fille de qualité, et, la manche relevée, elle écrivit comme main ferme son nom au bas du procès-verbal.

« Messieurs, dit-elle ensuite en présentant aux hommes de justice ses poignets délicats, tout rouges et meurtris par les cordes étroitement serrées à vif sur la peau, s'il vous est indifférent de me faire souffrir avant de mourir, je vous prierai de permettre qu'on rabatte mes manches où je mette des gants sous les liens que vous me préparez. »

Les assistants étaient touchés malgré eux de la beauté extraordinaire de cette femme, qui, simple, terrible et grave, rayonnait dans l'ombre de la chambre comme une vision. Nous avons dit que Charlotte avait été dépouillée de l'argent et des bijoux qu'elle portait sur elle ; Chabot parut vouloir se réserver sa montre ; elle lui dit, avec plus d'esprit qu'on n'en trouve d'ordinaire dans de telles circonstances : « laissez-la moi, oubliez-vous que les capucins font vœu de pauvreté. » Interrogée ensuite sur les motifs qui l'avaient fait agir, elle ne perdit pas de cette réponse : « Ayant vu la guerre civile s'allumer dans toute la France, et persuadée que Marat était le principal auteur de ces désastres, j'ai préféré faire le sacrifice de ma vie, pour sauver mon pays. »

Le moment était venu de faire subir à l'accusée la confrontation avec le cadavre. Elle passa, accompagnée des hommes de justice, dans la chambre à coucher. Chabot éclaira, un chandelier à la main, le lit où était étendu Marat. Cette chose nue et morte se détachait dans l'ombre sous un ton de lumière blafarde qui la rendait encore plus horrible. A cette vue, la femme se troubla. La plaie ouverte à la gorge du mort avait cessé de jeter du sang ; elle était là, béante et sombre, sous les yeux de Charlotte Corday, comme une bouche qui l'accusait :

« Eh bien ! oui, dit-elle, avec une voix émue et pressée d'en finir, c'est moi qui l'ai tué ! »

A ces mots, elle tourna le dos au cadavre et traversa le salon d'un pas résolu ; en passant dans l'antichambre, elle jeta un regard au cabinet où était la baignoire. Drouet et Chabot furent chargés de la conduire dans un fiacre à la Conciergerie. Il était trois heures du matin. Charlotte Corday descendit de l'escalier entre deux gendarmes. Un nombreux rassemblement, formé à la chute du jour, devant la porte de la rue, n'avait pu être dissipé. Des cris menaçants retentissaient au dehors et demandaient la mort de l'assassin. Au moment où Charlotte Corday monta dans le fiacre, l'indignation de la foule éclata ; quelques furieux suivirent la voiture et cherchèrent à arrêter à la tête des chevaux ; mais Drouet ayant mis la figure à la portière et ayant commandé au nom de la loi, toute cette multitude lancée s'arrêta et garda le silence. Ceci prouve combien ceux qui se représentent l'autorité détruite en 93 sont dans l'erreur. La couronne ne constitue pas le pouvoir ; le signe n'est pas la chose.

A ces cris, Charlotte Corday qui s'attendait toujours qu'elle allait être massacrée, s'évanouit.

(1) « Laissez passer la citoyenne Marie Corday, domiciliée à Caen, département du Calvados, âgée de vingt-quatre ans, taille de cinq pieds un pouce, cheveux et sourcils châtains, yeux gris, front élevé, nez long, bouche moyenne, menton rond fourchu, visage ovale. » Il en est de cette pièce officielle comme de tous les signalements administratifs, qui ne signalent jamais rien : à travers lesquels il est impossible de reconnaître une figure, tant les traits en sont communs et peu accusés.

LE LIT DE PARADE.

Une grande nouvelle saisit la ville de Paris à son réveil : Marat vient d'être assassiné par une femme! L'aube, si matinale au mois de juillet, éclairait à demi les rues désertes. Quelques groupes mornes se formaient sur les places. Les ouvriers, qui sortent les premiers, furent instruits d'abord ; en descendant de chez eux pour recommencer leurs travaux de la veille, ils rencontrèrent ces mots placardés aux murs : « Peuple, Marat est mort, tu n'as plus d'ami. » La consternation fut profonde. Ces paroles se répétaient sur un ton lugubre de la ville aux faubourgs : « Marat est mort! » Le peuple avait une figure désolée. Les enfants versèrent des pleurs ; les femmes des halles poussèrent des cris de désespoir ; les sans-culottes frémirent ; ce fut une tristesse amère et terrible, la tristesse du lion. Marat était aimé. Cette mort brutale le releva encore dans le cœur des malheureux. Le peuple, naturellement porté à la superstition, fit un dieu de Marat. Une sorte de culte s'établit autour de sa mémoire ; on attachait son buste et son portrait sur le devant des maisons ; les parents donnèrent son nom à leurs enfants ; des images représentant un cœur percé couraient entre toutes les mains avec cette inscription : « Cœur de Jésus, cœur de Marat, ayez pitié de nous! »

Dans les clubs, la nouvelle de la mort de Marat fut accueillie par des sanglots, des cris et des marques de douleur désordonnées. On couvrit son buste, aux Jacobins, d'un laurier et d'un crêpe. La Convention s'était réunie dès le matin. A l'ouverture de la séance, le président, d'une voix basse et émue : « Citoyens, un grand crime a été commis hier sur la personne d'un des représentants du peuple : Marat n'est plus. » Ces douloureuses paroles, prononcées lentement, tombèrent dans le silence de la salle. On entendit ensuite les discours des sections, qui, par la bouche de leurs orateurs, vinrent témoigner à l'assemblée leurs regrets et leurs chagrins sur la perte qu'elles venaient de faire. Il s'y mêlait des éloges vrais et sentis pour le mort. « Où es-tu, David? s'écria l'un d'eux. Tu as transporté sur la toile l'image de Lepelletier mourant ; il te reste encore un tableau à faire ! » David, de sa place : « Aussi, le ferai-je ! »

On entendit ensuite, de la bouche de Chabot, le récit des événements qui s'étaient passés la veille. Il parla de Charlotte Corday.

« Cette femme d'une audace du crime peinte sur sa figure. Avec de l'esprit, des grâces, une taille et un port superbes, elle paraît être d'un courage à tout entreprendre. Quoiqu'elle ait eu, pendant un quart d'heure, les moyens de se détruire, elle n'en a point fait usage ; et, lorsqu'on lui a dit qu'elle porterait sa tête sur l'échafaud, elle a répondu par un sourire de mépris. »

Une descente avait été ordonnée, la veille au soir, chez Du Perret ; on avait saisi tous ses papiers. Il apprit alors que Marat venait d'être assassiné par les mains d'une femme ; il se souvint alors de celle qu'il avait conduite le matin chez le ministre, et qu'il avait quittée la veille avec un pressentiment. Il savait maintenant ce que c'était. Du Perret essaya, au milieu des murmures, une justification difficile devant des juges prévenus contre l'accusée et aveuglés par la douleur. Une lettre de Barbaroux, remise aux mains de Charlotte Corday, fut trouvée dans les papiers saisis chez Du Perret ; la lecture de cette pièce séditieuse acheva de le perdre.

En voici le contenu : « Je t'adresse, mon cher bon ami, quelques ouvrages qu'il faut répandre. Il y a un ouvrage de Salles sur la constitution ; c'est celui qui, dans ce moment, produira le plus prompt effet. Il faut en faire un grand nombre d'exemplaires. Je t'écris par la voie de Rouen, pour t'intéresser à une affaire qui regarde une de nos concitoyennes. Il s'agit seulement de retirer du ministère de l'intérieur des pièces que tu lui rendras. La citoyenne qui te remettra ce paquet s'intéresse à cette même affaire. Tâche de lui procurer accès auprès du ministre. Adieu, je t'embrasse.

« P. S. Ici tout va bien ; nous ne tarderons pas à être sous les murs de Paris. »

Cependant on se préparait à rendre les derniers devoirs aux restes du mort. Le mardi au soir, le corps embaumé de Marat fut exposé dans l'ancienne église des Cordeliers. Un grand concours d'hommes et de femmes se pressait à ce spectacle. On voyait la baignoire où Marat avait reçu le coup mortel, et à côté de la baignoire, le drap et la chemise tout rouges de sang. Quelques femmes fondaient en pleurs. De rares flambeaux éclairaient l'église. Marat, étendu dans sa baignoire comme sur un lit de mort, avait gardé sur sa figure froide et inanimée ce cri de douleur dans lequel il avait laissé sa vie.

La Convention vint en masse jeter des fleurs sur le cadavre. On entendit un grand nombre de discours : « Hommes faibles et égarés, s'écria Drouet, vous qui n'osiez élever vos regards jusqu'à lui, approchez, contemplez les restes sanglants d'un citoyen que vous n'avez cessé d'outrager pendant sa vie. »

Cette cérémonie lugubre se prolongea très avant dans la nuit.

LA CONCIERGERIE.

Charlotte Corday, sauvée des mains de la multitude par l'intervention des magistrats, fut conduite d'abord à l'Abbaye, où elle subit un interrogatoire.

De l'Abbaye on la transporta à la Conciergerie. Comme la nuit était avancée, et qu'elle avait besoin de sommeil, elle pria les deux gendarmes qui la gardaient de se retirer. Ceux-ci répondirent qu'ils manqueraient à leur devoir, et qu'ils avaient reçu l'ordre de veiller sur la prisonnière nuit et jour. « C'est fort bien le jour, répondit-elle, mais la nuit... » Elle se coucha le plus modestement qu'elle put, et dormit jusqu'à l'aube d'un sommeil calme. Le sourire rose de l'innocence était sur ses joues ; sa bouche entr'ouverte laissait passer un souffle doux et uniforme ; son sein, voilé avec précaution, s'enflait et s'abaissait régulièrement sans qu'aucun remords parût le troubler ; au matin elle passa, en s'éveillant, ses mains sur ses yeux, et demanda à ses gardes quel temps il faisait. L'un d'eux ayant levé la tête vers les barreaux qui obscurcissaient la fenêtre : — Le ciel me semble pur, répondit-il. — Mon cœur est de même, reprit Charlotte Corday ; il n'y a pas de nuage.

Elle répara le plus décemment qu'elle put sa toilette.

La sérénité de son visage ne se démentit pas un instant. Elle croyait avoir rendu un grand service à la France en la délivrant de Marat.

Il faut regarder son action du point de vue où s'est placée Charlotte Corday ; quand même il se tromperait dans ses calculs, celui qui croit immoler un grand mérite d'être jugé avec indulgence et avec gravité, surtout lorsque la nation offensée a pris sa justice sur le cou de l'assassin.

Si quelque chose même nous afflige, c'est l'illusion parfaite où vécut Charlotte Corday jusqu'à son dernier soupir. Elle crut avoir rétabli la paix en France. Elle s'imagina que son audace allait arrêter court la marche sanglante des événements, comme si cette terrible Montagne, qui tenait depuis deux mois contre les armées étrangères et la guerre civile, pouvait alors reculer devant un coup de couteau. Ce n'étaient pas les hommes, qu'il eût fallu tuer pour en finir avec la terreur : c'étaient les idées révolutionnaires, et celles-là ne meurent pas de la piqûre d'une lame.

Pour apprécier tout ce qu'a de frivole et de dangereux le dessein de Charlotte Corday, nous n'avons qu'à regarder aux résultats : elle croyait fermer le puits de la terreur, et plus que tout autre elle contribua, le voulût-elle, à en élargir l'ouverture.

Sachons toutefois ménager les femmes ; dans le mauvais état de nos institutions, elles sont plus sujettes que nous par faiblesse et par ignorance, à des fautes que le peuple, dans un premier moment de colère, a droit de punir, mais que l'histoire admire par le côté du dévouement. Voilà ce qui sauve Charlotte Corday aux yeux de tous les esprits élevés et sincères.

Le 16 au soir, Charlotte Corday écrivit, dans sa prison, deux lettres.

La première était adressée à Barbaroux. « Citoyen, vous avez désiré que je vous fisse connaître le détail de mon voyage, je ne vous ferai point grâce de la moindre anecdote ; je suis partie avec des voyageurs que j'ai bientôt reconnus pour de francs montagnards. Leurs propos, aussi sots que leurs personnes, étaient désagréables, m'ont bien vite ennuyée. Je me suis laissée aller tout leur content, et je me suis endormie. Un de ces messieurs, qui aime probablement les femmes dormantes, a voulu me persuader, à mon réveil, que j'étais la fille d'un homme que je n'ai jamais vu, et que j'avais un nom dont je n'ai jamais entendu parler. Il a fini par m'offrir son cœur et sa main, et voulait partir à l'instant pour me demander à mon père. Ces messieurs ont fait tout ce qu'ils ont pu pour savoir mon nom et mon adresse à Paris ; mais j'ai refusé de le dire, et j'ai été fidèle à cette maxime de mon cher et vertueux Raynal : qu'on ne doit pas la vérité à ses tyrans. Arrivée à Paris, je fus loger rue des Vieux-Augustins, hôtel de la Providence. Je fus ensuite trouver Du Perret, votre ami. Je ne sais comment le comité de sûreté générale a été instruit de la conférence que j'avais eue avec lui. Vous connaissez l'âme ferme de ce dernier : il leur a répondu la vérité ; j'ai confirmé sa déposition par la mienne ; il n'y a rien contre lui ; mais sa fermeté est un crime. Je l'ai engagé à vous aller trouver ; il est trop têtu. Le croirez-vous ? Fauchet est en prison comme mon complice, lui qui ignorait mon existence. J'ai été interrogé par Chabot et par Legendre. Chabot avait l'air d'un fou ; Legendre voulait m'avoir vue le matin, moi qui n'ai jamais songé à cet homme. Je ne lui connais pas d'assez grands talents pour être le tyran de son pays, et je ne voulais pas punir tout le monde. Au reste, on n'est guère content de n'avoir qu'une femme sans conséquence à offrir aux mânes du grand homme. Pardon, ô hommes ! ce mot déshonore votre espèce : c'était une bête féroce qui allait dévorer le reste de la France pour le feu de la guerre civile. Maintenant, vive la paix ! Grâce au ciel, il n'était pas un Français. Je crois qu'on a imprimé les dernières paroles de Marat. Je doute qu'il en ait proféré ; mais voici les dernières qu'il m'a dites, après avoir reçu vos noms à tous, et ceux des administrateurs du Calvados qui sont à Évreux : il me dit, pour me consoler, que dans peu de jours il vous ferait guillotiner à Paris! Ces derniers mots décidèrent de son sort. Si le dépar-

tement met sa figure en face de celle de Saint-Fargeau, il pourra faire graver ces paroles en lettres d'or.

« J'avoue que j'ai employé un artifice perfide pour qu'il pût me recevoir. Je comptais en partant de Caen le sacrifier sur la cime de la Montagne de la Convention nationale; mais il n'y allait plus.

« A Paris, l'on ne conçoit pas comment une femme inutile, dont la plus longue vie ne serait bonne à rien, peut sacrifier sa vie de sang-froid pour sauver son pays. Je m'attendais bien à mourir à l'instant. Des hommes courageux et vraiment au-dessus de tout éloge m'ont préservée des fureurs bien excusables des malheureux que j'avais faits. Comme j'étais de sang-froid, j'ai souffert des cris de quelques femmes; mais qui sauve sa patrie ne s'aperçoit pas de ce qu'il en coûte. Puisse la paix s'établir aussitôt que je le désire! Voilà un grand criminel à bas; sans cela nous ne l'aurions jamais eue. Je jouis de la paix depuis deux jours. Le bonheur de mon pays fait le mien.

« Je ne doute pas que l'on ne tourmente mon père, qui a déjà bien assez de ma perte pour l'affliger. Je lui écrivis dernièrement que, redoutant le feu de la guerre civile, j'irais en Angleterre. Alors mon projet était de garder l'*incognito* sur la mort de Marat, et je voulais laisser les Parisiens cher cher inutilement mon nom. Je vous prie, citoyen et vos collègues, de prendre la défense de mes parents, si on les inquiète. Je n'ai jamais haï qu'un seul être, et j'ai fait voir mon caractère; ceux qui me regretteront se réjouiront de me voir dans les Champs-Élysées avec les Brutus et les anciens; car les modernes ne me tentent pas, ils sont si vils! Il est peu de vrais patriotes qui sachent mourir pour leur pays : ils sont presque tous égoïstes. Ici on m'a transférée à la Conciergerie; et ces messieurs du grand jury m'ont promis de vous envoyer ma lettre. Je continue donc :

« J'ai subi un long interrogatoire; je vous prie de vous le procurer, s'il est rendu public. J'avais sur moi, lors de mon arrestation, mon adresse aux *Amis de la Paix* : je ne puis l'envoyer; j'en demanderais la publication, je crois, bien en vain. J'avais une idée, hier au soir, de faire hommage de mon portrait au département du Calvados; mais le comité de salut public, à qui je l'avais demandé, ne m'a point répondu; et maintenant il est trop tard.

« Il ne faut un défenseur, c'est la règle. J'ai pris le mien sur la Montagne : c'est Doulcet Pontecoulant. J'imagine qu'il refusera cet honneur : cela ne lui donnerait cependant guère d'ouvrage. J'ai pensé demander Robespierre ou Chabot.

« C'est demain à huit heures que l'on me juge. Probablement à midi *j'aurai vécu*, pour parler le langage romain. On doit croire à la valeur des habitants du Calvados, puisque les femmes mêmes de ce pays sont capables de fermeté. Au reste, j'ignore comment se passeront les derniers moments de ma vie, et c'est la fin qui couronne l'œuvre. Je n'ai pas besoin d'affecter d'insensibilité sur mon sort, car jusqu'ici je n'ai la moindre crainte de la mort. Je n'estimai jamais la vie que par l'utilité dont elle devait être. J'espère que demain Du Perret et Fauchet seront mis en liberté. On prétend que ce dernier m'a conduite à la Convention dans une tribune. De quoi se mêle-t-il d'y conduire des femmes? Comme député, il ne devait point être aux tribunes, et comme évêque, il ne devait point être avec des femmes. Ainsi, c'est une correction. Mais Du Perret n'a aucun reproche à se faire. Marat n'ira point au Panthéon; il le méritait pourtant bien. Je vous charge de recueillir les pièces propres à faire son oraison funèbre. J'espère que vous n'oublierez point l'affaire de madame Forbin. Voici son adresse, s'il est besoin de lui écrire : « Alexandrine Forbin, à Mendrene, par Zurich, en Suisse. » Je vous prie de lui dire que je l'aime de tout mon cœur.

« Je vais écrire un mot à papa. Je ne dis rien à mes autres amis; je ne leur demande qu'un prompt oubli : leur affliction déshonorerait ma mémoire; dites au général Wimpffen que je crois lui avoir aidé à gagner plus d'une bataille, en lui facilitant la paix.

« Adieu, citoyen ; je vous recommande aux Amis de la Paix.

« Les prisonniers de la Conciergerie, loin de m'injurier comme les personnes des rues, avaient l'air de me plaindre. Le malheur rend toujours compatissant : c'est ma dernière réflexion.

« CORDAY. »

Elle écrivit ensuite une autre lettre à son père :

« Pardonnez-moi, mon cher papa, d'avoir disposé de mon existence sans votre permission ; j'ai vengé bien d'innocentes victimes, j'ai prévenu bien d'autres désastres; le peuple, un jour désabusé, se réjouira d'être délivré d'un tyran; si j'ai cherché à vous persuader que je passais en Angleterre, c'est que j'espérais garder l'incognito; mais j'en ai reconnu l'impossibilité. J'espère que vous ne serez point tourmenté, en tous cas, je crois que vous auriez des défenseurs à Caen ; j'ai pris pour défenseur Gustave Doulcet : un tel attentat ne permet pas de défense, c'est pour la forme. Adieu, mon cher papa; je vous prie de m'oublier ou plutôt de vous réjouir de mon sort, la cause en est belle. J'embrasse ma sœur, que j'aime de tout mon cœur, ainsi que tous mes parents. N'oubliez pas ce vers de Corneille :

Le crime fait la honte et non pas l'échafaud.

« C'est demain, à huit heures, que l'on me juge. Ce 16 juillet.
« CORDAY. »

La main qui a tracé ces deux lettres était plutôt faite pour jeter avec la plume de nobles et gracieuses idées sur le papier, que pour écrire avec la pointe d'un couteau sur la poitrine d'un mourant. Remarquons surtout que ces deux lettres démentent les motifs intéressés qu'on a donnés à l'action de Charlotte Corday; il n'est entré directement dans sa résolution d'autre amour que celui de son pays.

LE TABLEAU DE DAVID.

Cependant la France continuait ses honneurs à la mémoire de Marat. La place de l'Observance changea son nom contre celui de l'Ami-du-Peuple; la rue des Cordeliers, aujourd'hui rue de l'École-de-Médecine, où il avait succombé, prit également le nom de rue Marat; cette inscription fut gravée en gros caractères sur des pierres de la Bastille. Depuis cinquante ans notre ville est un livre dont vainqueurs et vaincus écrivent ou grattent tour à tour les pages; celle de la rue des Cordeliers, toute tachée de sang, gardera, à défaut du nom, le souvenir de Marat; les ruisseaux débordés de la réaction ne parviendront jamais à l'effacer.

La Convention décida qu'elle assisterait au convoi de Marat; son cœur fut enfermé dans l'urne la plus riche et la plus précieuse du garde-meuble de la couronne; la section des Cordeliers vint demander à conserver ces froides reliques, sous un tombeau de gazon, dans l'ancien jardin de l'Abbaye. Il était juste qu'une brise douce et empreinte de l'odeur âcre des feuilles vînt rafraîchir dans son lit de mort ce fougueux tribun qui avait brûlé son sang à servir la révolution. Marat était mort pauvre; on trouva chez lui vingt-cinq sous en assignats. Sa maison de la rue des Cordeliers garda pendant quelques jours le deuil et la solitude que la mort laisse après elle; le moment où l'on descendit le cadavre dans la cour pour le transporter à l'Abbaye fut déchirant; la sœur de Marat, debout à une lucarne ouverte, étendait, en pleurant, ses bras vers le ciel, pour montrer le séjour des bienheureux où venait de s'envoler l'âme du martyr.

Un grand concours de peuple assistait à cette scène touchante. Une lettre mystérieuse fut trouvée, dit-on, à côté de la baignoire : « Les barbares, mon ami, ne m'ont pas voulu laisser la douceur de mourir dans vos bras; j'emporte avec moi la consolante idée que je resterai éternellement gravé dans votre cœur. Ce petit présent, tout lugubre qu'il est, vous viendra du meilleur de vos amis; porte-le en mémoire de moi. Et (1) vous jusqu'à mon dernier soupir. » Ce billet était adressé à Gusman. Il n'est guère probable que Marat ait eu la force de tracer ces mots à la plume après le coup mortel; cependant ce billet est bien de son écriture. Faut-il l'attribuer plutôt à un sombre pressentiment, et croire qu'il a été écrit dans le bain, avant l'événement, par la main languissante du malade? Marat, dans le peuple, passait pour prophète : on trouva, après sa mort, qu'il avait prédit la fuite du roi, les sourdes menées de Mirabeau et la défection de Dumouriez. On découvrit également à côté de la baignoire deux numéros de l'*Ami du Peuple* tachés de sang : « Je suis prêt, avait souvent répété Marat sans sa feuille, à signer de ma mort ce que j'avance. »

Cependant David avait pris l'engagement de peindre Marat tué dans son bain. Il songeait ardemment à remplir sa promesse. Nuit et jour il travaillait avec une verve intarissable; l'ouvrage sortit enfin de l'atelier. Sous sa main révolutionnaire, le pinceau avait heureusement « reproduit les traits chéris du vertueux Ami du peuple. » Le peintre a eu soin d'écarter de son sujet le *personnage* et le mélodrame. Au moment où l'artiste prend sa scène, le coup est porté : Marat a cessé de vivre; le couteau est tombé à terre; la femme a disparu. C'est dans les ressources de son art que David a cherché l'effet et le mouvement. Jamais le pinceau n'a poursuivi si avant la vérité dans la chair, et cela sans effort, sans secousse, sans perte d'haleine; une lumière dure et fluide éclaire d'un seul jet les bras nus du cadavre, la poitrine pleine d'ombres obscurcit puissamment, la plaie, furieusement ouverte à la gorge, vient de se calmer; la tête semble endormie dans la mort comme dans le sommeil; l'art de ce temps-là était plus spiritualiste qu'on ne le croit généralement; la révolution sortit avant tout d'un mouvement d'idées, elle fut jusqu'au bout pleine d'agitation et de grandeur; et toute grande chose porte à Dieu.

De tous les ouvrages sortis de la main de David, celui-ci est le plus dans le sentiment moderne; c'est l'art comme nous le voulons, nous fils du mouvement et de la forme, comme nous le sentons avec nos entrailles chrétiennes, émues et déchirées depuis dix-huit siècles par les inquiétudes de l'avenir. À côté de la baignoire est le gros billot de bois où Marat bouchait les ennemis de la révolution avec une plume trempée dans un encrier de plomb. Le couteau, honteux et humilié du crime qu'il vient de commettre, traîne misérablement à terre : voilà tout ce qu'il reste du combat; la main qui a plongé

(1) Sans doute pour à.

la lame dans la blessure s'est retirée; ce couteau, d'ailleurs, en dit assez. Quand David eut terminé son tableau, quand il eut peint l'homme tué, quand il eut tiré de cette chair palpitante le cri de la mort, quand il eut éclairé tout cela d'une lumière tragique, alors il prit son pinceau et écrivit au bas ces mots simples et touchants qu'on a eu tort d'effacer :

David à son ami Marat.

Cette toile fut exposée pendant quelques jours sur un autel dans la cour du Louvre; on lisait cette inscription : « *Ne pouvant le corrompre, ils l'ont assassiné!* » Un crêpe et une couronne d'immortelles surmontaient la peinture. « Voilà! dit David, quand on eut découvert aux yeux de la foule curieuse et empressée l'image de Marat; je l'ai peint du cœur. »

Combien de rois puissants, comblés de richesses et assis sur le trône, n'ont pas obtenu après leur mort l'honneur que reçut de son ami ce tribun dont la mémoire fait horreur aux hommes faibles, ce *monstre atrabilaire*, ce *fou*, ce *lépreux!* — Vous avez beau dire, cette toile de David, c'est l'immortalité pour Marat!

LE JUGEMENT.

Le mercredi 17 juillet, à huit heures du matin, Charlotte Corday fut conduite au tribunal. La salle était envahie depuis le lever du jour par une foule immense; une lumière triste, et particulière aux chambres de justice, éclairait les visages moroses du jury; sur un siège à part s'élevait l'accusateur public, le sombre Fouquier-Tainville. Charlotte Corday s'avança avec une dignité calme vers le banc des accusés. Sa toilette était simple et même négligée; ses longs cheveux bruns coulaient d'un mince bonnet jusque sur ses épaules; un fichu jeté à l'abandon sur son cou laissait entrevoir, par une légère ouverture, la naissance des seins, et une jupe rouge, assez étroitement collée aux hanches, complétait tout son costume. La plus riche toilette de Charlotte Corday était sa beauté; tous les regards se portaient avec intérêt vers cette noble figure de femme qui, par l'éclat modeste de ses yeux, et les roses de la pudeur écloses sur ses joues, par sa contenance ferme et modeste, déconcerta un instant ses ennemis eux-mêmes. Jamais innocence ne prit des traits si purs, un maintien si convenable, un air de candeur à la fois si austère et si déterminé, pour paraître devant ses juges. On eût dit un ange descendu du ciel. Elle se tenait debout, les yeux baissés. Fouquier-Tainville fit lire par le greffier l'acte d'accusation. Charlotte Corday l'écouta sans donner la moindre marque de faiblesse. Elle paraissait avoir oublié qu'elle était intéressée dans ce procès.

Le président lui fit ensuite les questions d'usage; — Votre nom? — Marie-Charlotte Corday. — Votre pays? — Je suis née sur la paroisse de Saint-Saturnin-des-Lignerics. — Votre âge? — Vingt-cinq ans moins quinze jours. — Votre domicile? — Je demeurais ci-devant à Caen. — Avez-vous un défenseur? — J'avais choisi un ami, mais, n'en ayant point entendu parler depuis : je présume qu'il n'a pas eu le courage d'accepter ma défense.

Cet ami était Doulcet de Pontécoulant, que mademoiselle de Corday avait eu occasion de rencontrer à Caen, chez la supérieure de l'Abbaye-aux-Dames, quand elle y était pensionnaire. Alors le président ayant aperçu dans la salle un avocat qui y était amené par d'autres affaires, dit à l'accusée: « Le tribunal vous nomme d'office, pour défenseur, le citoyen Chauveau La Garde. » Celui-ci monta alors à sa place.

On procéda à l'audition des témoins. Une femme d'environ 30 ans, la citoyenne Evrard, surnommée la veuve de Marat vint déposer en habits noirs devant le tribunal; elle finit en ces termes: « Un cri parti du cabinet où était Marat m'a fait accourir; j'ai appelé les voisins, et les voisins étant venus, j'ai couru vers Marat : il n'a regardé sans rien dire; j'ai aidé à le sortir du bain; alors il a expiré... »

Ici Charlotte Corday, à qui ce tableau de l'agonie de Marat déplaisait sans doute, interrompt le témoin : « Oui, c'est moi qui l'ai tué! » A ces mots, un silence indéfinissable glace toute l'assemblée. Alors le président, son de siège : — Qui vous a engagée à commettre cet assassinat? — Ses crimes. — Qu'entendez-vous par ses crimes? — Les malheurs dont il a été la cause depuis la révolution. — Quels sont ceux qui vous ont engagée à commettre cet assassinat? — Personne. — Une telle idée n'a pu, cependant, vous être suggérée par quelqu'un? — On exécute mal ce qu'on n'a pas conçu soi-même.

Depuis quelques instants le dialogue s'était élevé à la hauteur d'une scène de Corneille: Tout l'auditoire admirait. Charlotte Corday était sublime par sa simplicité : ses yeux gris-bleus jetaient un grand éclat, tempéré par de longs cils presque toujours abaissés modestement; son port magnifique, ses belles épaules, les plans larges et développés de sa poitrine saillante, donnaient à son attitude calme une certaine fierté romaine qui était d'un effet fort imposant. Sa figure se tenait toujours à l'unisson des sentiments que sa bouche exprimait; ses traits mobiles suivaient l'âme avec une prestesse et une fidélité charmantes, dans ses moindres émotions qu'accompagnait merveilleusement sa belle voix. Aux yeux même de ceux qui désapprouvaient son crime, Charlotte Corday était dans ce moment-là une femme d'une nature rare et supérieure.

On continua à entendre les témoins. Charlotte Corday écoutait avec sang froid leurs dépositions : — Je vous somme, reprit le président, de déclarer ce que vous avez à répondre. — Rien, dit-elle, tous ces faits sont vrais. Cet aveu sortit de sa bouche avec une majesté infinie. Depuis quelques instants son visage avait repris l'air de mélancolie et de réflexion qui lui était naturel, et qu'accompagnaient si bien ses longs cheveux épars; il y avait de la Niobé dans cette belle tête de femme, déjà toute pâle et tout assombri par sa mort prochaine.

Mademoiselle de Corday, ayant remarqué dans l'auditoire un artiste qui dessinait son portrait au crayon, se tourna de son côté sans affectation et par manière de complaisance. Cette liberté d'esprit, qui ne l'abandonna pas un instant, était, pour les assistants, d'un caractère infiniment triste. On s'intéressait d'autant plus à cette jeune beauté désintéressée, qui livrait avec insouciance ses charmes et sa fraîcheur au fatal couteau.

Le président continua ses questions : — Avez-vous quelque chose à dire pour votre défense? — Je n'ai rien à dire, sinon que j'ai réussi. Et une mâle fierté anima son visage. — Comment avez-vous pu regarder Marat comme la cause de tous les maux qui désolent la France, lui qui n'a cessé de démasquer les traîtres et les conspirateurs? — Il n'y a qu'à Paris où l'on ait les yeux fascinés sur le compte de Marat; dans les autres villes, on le regarde comme un monstre. — Comment avez-vous pu regarder Marat comme un monstre, lui qui ne vous a laissé introduire chez lui que par un acte d'humanité, parce que vous lui avez écrit que vous étiez malheureuse et persécutée? — Que m'importe s'il se montre humain envers moi, si c'est un monstre envers les autres! — Croyez-vous avoir tué tous les Marat? — Non; mais celui-ci est mort, les autres auront peur, peut-être.

Cette femme semblait, dans ce moment-là, le juge de ses juges; ses yeux pleins d'éclairs foudroyaient la salle; qu'elle était grande! Le propre des belles époques est de créer dans tous les partis des âmes supérieures; il fallait cette noble et majestueuse figure de femme en face de l'ombre de Marat; aux hommes forts la Providence n'envoie pas des assassins vulgaires. Ici un huissier apporte le couteau à gaine dont Charlotte Corday s'était servie pour tuer Marat dans son bain, et le présente à l'accusée. Sa figure, qui avait gardé jusque-là une sérénité imperturbable, se trouble; une émotion soudaine fait monter à ses joues un épais nuage; elle détourne la vue, et, repoussant le couteau avec la main, elle dit, d'une voix entrecoupée : — Je le reconnais, je le reconnais. Le président reprend son interrogatoire : — Y avait-il longtemps que vous aviez formé ce projet? — Depuis l'affaire du 31 mai, jour de l'arrestation des députés. — Comment saviez-vous que Marat était un anarchiste? — Je savais qu'il pervertissait la France. J'ai tué un homme pour en sauver cent mille.

Cette réponse, qu'accompagnait une inflexion de voix particulière, saisit l'assemblée. Jamais l'héroïsme n'avait pris, pour se montrer aux hommes, des formes à la fois plus simples et plus entraînantes. L'illusion où était Charlotte Corday rendait sur son action excusable et son dévouement sublime. La salle était pleine de sanglots, on eût voulu jeter des couronnes sur cette tête promise à la mort.

Le président continue : — Quelles étaient vos opinions avant l'arrivée des députés à Caen? — J'étais républicaine bien avant la révolution, et je n'ai jamais manqué d'énergie. — Qu'entendez-vous par énergie? — Mettre l'intérêt particulier de côté, et savoir se sacrifier pour sa patrie. — Etait-ce à un prêtre assermenté ou insermenté que vous alliez à confesse à Caen? — Je n'allais jamais à confesse. — Ne vous êtes-vous point essayée avant de porter le coup à Marat? — J'ai frappé comme cela s'est trouvé, c'est un hasard.

Alors l'accusateur public : — Il est cependant prouvé, par le rapport des hommes de l'art, que, si vous eussiez porté le coup en long au lieu de le porter en large, vous n'eussiez point tué Marat. — Oh! le monstre! il me prend pour un assassin! Cette réponse, jetée d'une voix émue dans le silence de l'auditoire, termina la séance comme par un coup de foudre. Alors, l'accusateur public prit ses conclusions; cet homme sait toujours d'avance ce qu'il doit dire : il n'a, pour rester dans *les devoirs de sa charge*, qu'à réclamer la tête de l'accusé. Charlotte Corday l'écouta avec gravité; elle releva même, quand il eut fini, un regard impassible vers son bourreau; il y avait moins de ressentiment que de pardon sur son noble visage, naturellement si doux. Le président ajouta, non sans banalité : « Les débats sont terminés, le défenseur a la parole. » Chauveau La Garde se lève. Avant qu'il n'ait ouvert la bouche, on entend d'abord dans l'assemblée un bruit sourd et confus, comme de stupeur, et puis, ensuite, comme un silence de mort qui le glaça jusqu'aux entrailles.

L'accusée seule semblait inébranlable; son visage était toujours le même; seulement elle tournait ses regards vers son défenseur, de manière à lui faire entendre qu'elle ne voulait pas être justifiée. Cependant, quand il se fut un peu remis, l'avocat parla en ces termes : « L'accusée avoue avec sang-froid l'horrible attentat qu'elle a commis; elle en avoue tranquillement la longue préméditation et les circons-

tances les plus affreuses; en un mot, elle avoue tout et ne cherche pas même à se justifier. Voilà, citoyens jurés, sa défense tout entière. Ce calme imperturbable et cette entière abnégation de soi-même, qui n'annoncent aucun remords en présence de la mort même, ne sont pas dans la nature. Ils ne peuvent s'expliquer que par l'exaltation du fanatisme politique qui lui a mis le poignard à la main. C'est à vous, citoyens jurés, à décider de quel poids doit être cette considération morale dans la balance de la justice. Je m'en rapporte à votre prudence. »

À mesure que l'orateur parlait, un air de satisfaction croissante brillait sur le visage de l'accusée; quand il eut fini, elle lui exprima, par un demi-sourire, sa joie de n'avoir point été humiliée sous le ton plaintif et suppliant de la défense. La grande âme de Corneille avait passé tout entière dans cette héroïne de sa famille.

Le jury se retira pour délibérer, et rentra au bout d'un quart d'heure dans la salle. La sentence était portée. Le tribunal prononça la confiscation des biens et la condamnation à mort. Le président, après avoir signifié l'arrêt, demanda à l'accusée si elle n'avait rien à dire sur l'application de la loi. Charlotte ne répondit que par un sourire de dédain. Puis s'étant fait conduire par les gendarmes vers son défenseur, elle lui adressa la parole avec beaucoup de douceur et de grâce : « Monsieur, lui dit-elle, je vous remercie bien du courage avec lequel vous m'avez défendue d'une manière digne de vous et de moi. Ces messieurs (et elle se tourna vers ses juges) me confisquent mon argent... mais je veux vous donner un témoignage de ma reconnaissance ; je dois quelque chose à la prison, je vous charge d'acquitter mes dettes. » Charlotte Corday fut reconduite à la prison de la Conciergerie.

Comme elle avait laissé apercevoir, par mégarde, au moment où elle montait sur le banc des accusés, la naissance des seins, on lisait le lendemain dans les journaux : « Cette femme a laissé voir sur le fait de sa gorge qu'elle était au-dessus des puérilités de son sexe. » Ce langage des passions n'a point obscurci l'auréole empreinte au front de Charlotte Corday. Blâmez l'action de cette femme ; tuez-la même, puisque vos lois l'exigent : mais du moins ne l'insultez pas!

LA CONCIERGERIE.

Comme elle descendait de voiture, Charlotte Corday rencontra à la Conciergerie un confesseur qui vint au-devant d'elle, et qui la salua humblement. — Remerciez, lui dit-elle, de leur attention pour moi les personnes qui vous ont envoyé; mais je n'ai pas besoin de votre ministère. Le prêtre se retira. La condamnée était si douce, elle paraissait si fermement résolue à affronter l'échafaud, qu'on jugea inutile de lui lier les mains. En rentrant dans la prison, Charlotte Corday aperçut aux barreaux de la fenêtre un billet qui tenait par un fil à un caillou lancé du dehors. Elle profita d'un moment de distraction de ses gardes pour en prendre lecture : « Charlotte, âme sublime, fille sensible ! tes vertus et ton héroïsme sont au-dessus d'une plume aussi grossière que la mienne. Je t'ai voué un culte qui ne finira qu'avec ma vie. Si demain, vierge de Charlotte, à la mort, tu rencontres sur ta route un regard humblement tendre, un jeune homme ému qui te suive de ses regrets et de son admiration, ce regard sera le mien ; ce jeune homme sera sans moi. L'histoire a-t-elle ton semblable, ô Charlotte ! Triomphe, France ! triomphe, Caen ! Tu as produit une héroïne dont on chercherait en vain la rivale à Rome ou à Sparte. Ton souvenir, ô fille de la France, ne sera jamais perdu pour mon cœur; il m'encourage à aimer cette patrie dont je suis le fils adoptif; je n'aurai plus besoin désormais de me ressouvenir des héros de l'antiquité, il me suffira de penser à Charlotte Corday! Oui, j'aime cette patrie pour laquelle tu voulus mourir; j'aime le supplice, depuis que les barbares t'y ont condamnée : la seule idée d'aller à la même mort que toi me fera mépriser la puissance de mes bourreaux. J'étais venu chercher ici le règne de la douce liberté ; mais je trouve partout l'oppression du mérite et de la vertu, le triomphe de l'ignorance et du crime. Je suis las de vivre au milieu des horreurs qui se commettent sous mes yeux : il ne me reste plus que l'espérance de mourir sur l'échafaud teint de ton sang. Tu me pardonneras, sublime Charlotte, s'il m'est impossible de montrer dans mes derniers moments la même courage et la même énergie que toi; je me réjouis de ta supériorité, car n'est-il pas juste que l'objet adoré soit au-dessus de l'adorateur ? ADAM LUX. »

À la lecture de ce billet, Charlotte Corday fut émue aux larmes. Il y avait au monde un homme qui l'aimait. C'était comme un soutien et un ange envoyé dans sa prison pour élever le calice amer jusqu'à ses lèvres. Cet amour humain sur la douce et verte nature, sur le ciel bleu, sur les bois, les fleurs et les champs moissonnés qu'elle ne reverrait plus. Elle pensa que le bonheur lui aurait été si facile à deux, au bord des ruisseaux de la Normandie, sous un toit de chaume! Elle fit un triste retour sur sa solitude, sur sa prison, sur sa mort prochaine.

Des hirondelles passaient dans le ciel en battant de l'aile. Elle réfléchit tristement aux contrées lointaines que ces oiseaux voyageurs allaient regagner de leur aile rapide vers la fin de l'automne, et qu'elle ne visiterait jamais. Il lui sembla que quelques-unes prenaient le chemin des lieux où elle était née. Elle les chargea de dire adieu pour elle au vieux clocher de l'église, à sa petite maison couverte en tuiles, et au cimetière en ruine où elle ne reposerait pas, misérable exécutée à mort. Il y avait pourtant sur les tombes de beaux lits de mousse et de fougère qu'elle regrettait, et où la lune laissait tomber, le soir, ses rayons mélancoliques. Elle en vint presque à douter d'elle-même et de l'avenir. Elle se demanda si la brebis ou l'oiseau ne laissent pas plus de leur toison ou de leur duvet aux bruyères et aux rosiers épineux des sentiers que les actions héroïques ne laissent de traces sur la mémoire aride des hommes, vaste plaine de sable où tout s'efface. Morne et découragée, elle s'interrogea sur ce qui plaît le mieux à Dieu, du bras qui immole les tyrans, ou du cœur qui aime ; et une voix lui répondit, voix fausse et égoïste sans doute : « Charlotte, Charlotte, vous vous êtes beaucoup troublée et agitée ; mais vous n'avez point choisi la meilleure part. » Son cœur était brisé. Elle prit une plume pour répondre à cet inconnu. Depuis quelques minutes Charlotte Corday écrivait ; une mélancolie accablante s'était emparée d'elle ; de temps en temps elle appuyait sa tête sur sa main ; des larmes tombaient de ses yeux et mouillaient le papier ; elle n'avait encore tracé que les premières lignes, lorsqu'elle entendit un homme derrière elle. Charlotte Corday se retourna. — Déjà! fit-elle, étonnée. Laissez-moi seulement finir cette lettre. Alors l'homme pour toute réponse : — Fille Corday, à la charrette!

L'ÉCHAFAUD.

Charlotte Corday retrouva tout son calme et toute sa sérénité en face de la mort. L'instant de faiblesse qu'elle avait subi n'eut que Dieu pour témoin ; c'était un léger tribut payé à la nature, elle en revint tout à coup et sans effort à cette naïve insouciance qui, le matin même, avait étonné ses juges. Charlotte Corday fut exécutée le soir du jour de sa condamnation à mort. Le gouvernement révolutionnaire ne laissait pas languir ses victimes ; en rendant la peine de mort plus expéditive et plus succincte, il lui avait ôté ce caractère de vengeance que lui donnaient, sous la monarchie, les lenteurs et les raffinements du supplice. La loi ne se venge plus, elle punit.

Sept heures venaient de sonner ; c'était le moment où Charlotte Corday avait été trouver Marat. Elle ne témoigna aucun remords ; sa conscience semblait en repos comme celle d'un enfant ; elle ne crut pas même avoir besoin d'appuyer son innocence par le pardon descendu du ciel. Elle avait refusé le prêtre, elle ne recula pas devant le bourreau. On commença la toilette de la victime. Charlotte Corday pria qu'on ne lui coupât pas les cheveux ; on les lui releva seulement par derrière pour ne point arrêter le fil du couteau. On lui passa ensuite une chemise rouge (c'était le signe que la loi infligeait alors aux assassins), et on lui mit les mains derrière le dos.

Elle supporta ces apprêts horribles sans témoigner la moindre émotion ; un sourire bienveillant pour tous ceux qui l'approchaient entr'ouvrait doucement ses lèvres. On lui demanda encore une fois si elle ne reconnaissait pas avoir commis son crime, si elle n'en avait aucun remords. — Je ne puis pas me repentir de ma conduite, répondit-elle ; je m'élèverai sur l'échafaud avec satisfaction ; je mourrai contente ; j'ai rayé de la liste des hommes un monstre qui les déshonorait par toutes sortes de crimes. Elle monta dans la fatale tombereau que les prisonniers nommaient dans ce temps-là, en termes de Conciergerie : « la bière des vivants. »

Le cheval, habitué au voyage qu'il faisait alors régulièrement, se mit en marche pesamment, et franchit la grille de la Conciergerie. Charlotte Corday rencontra, en sortant, des visages féroces et des bouches indignées qui vomissaient sur elle un flot d'injures. La voix de sa conscience, plus forte que la voix de toute cette foule irritée, la soutint au-dessus du remords et de l'abattement ; elle alla à la mort comme Jeanne d'Arc, sans s'émouvoir des huées de ses ennemis.

Cependant, dans la rue Saint-Honoré se tenait depuis quelques heures, attendant le sombre cortège, un jeune homme mêlé à la foule ; on le nommait de l'un des beaux noms, Adam Lux : — le premier homme et la lumière. Il était envoyé de Mayence auprès de la Convention nationale pour solliciter la réunion de cette ville à la république française. Adam Lux avait reçu de sa mère, sous le ciel gris de l'Allemagne, une âme tendre et rêveuse, qui se trouvait étrangère et comme dépareillée sur la terre. Il n'avait pas encore vingt ans. Docteur en philosophie à Mayence, il avait étudié, comme mademoiselle de Corday, à l'école de Jean-Jacques Rousseau ; il était plein d'espoir et d'illusions ; il avait dans le cœur cette poésie vague et flottante qui tourne, dans les temps modernes, à l'amour du genre humain : il attendait la venue d'une nouvelle ère pour tous les peuples du monde. Les hommes d'élite étaient, à la fin du XVIIIe siècle, dans la position des Juifs lorsque le petit Enfant naquit à Bethléem ; ils avaient l'inquiétude d'un changement dans l'ordre de leurs destinées ; ils s'imaginaient que le sol, jusque-là dur et ingrat, allait s'amollir en une terre bienfaisante d'où s'écouleraient le lait et le miel. Le jeune docteur vint, comme autrefois étaient venus les mages, visiter la révolution naissante à son berceau. À Paris, son rêve se brisa, ses illu-

sions tombèrent. Au lieu de cet Eden de la liberté qu'il se figurait, il trouva une terre trempée de larmes et mouillée de sang : il s'imaginait cueillir la liberté en fleur, et sa main n'en rencontra que les épines qui le déchirèrent. Alors le découragement le prit : il voulut mourir.

Si nous étions un romancier habile, nous aurions *préparé* peu à peu, et selon une loi de gradation savante, l'arrivée un peu tardive de ce nouveau personnage dans notre récit; mais nous aimons mieux être historien sincère; or, dans l'histoire comme dans notre livre, la vie d'Adam Lux n'a qu'un chapitre : elle commence et finit à la mort de Charlotte Corday. Depuis quelques heures, comme nous l'avons dit, il faisait station dans la rue Saint-Honoré toute grosse de peuple : son imagination se représentait d'avance une héroïne fière et courageuse allant sans faiblesse au devant de la mort; mais quel fut son étonnement quand il la vit s'approcher sur la charrette avec un air de douceur et de bienveillance! Outre l'intrépidité qu'il attendait, il rencontra, avec une surprise mêlée de larmes, ces beaux yeux bleus modestes, voilés de longs cils, ce long regard tendre et pénétrant, ces étincelles vives et humides qui sortaient mollement de ses prunelles et qui allaient à l'âme; yeux charmants qui auraient adouci des bêtes fauves, derniers regards d'un ange tombé sur la terre! — Adam Lux ne se sentait plus vivre : tout son cœur suivait le cahot monotone et funèbre de cette horrible voiture amenant à la mort tout ce qu'il avait jamais aimé.

Lorsque Charlotte Corday passa, leurs regards se rencontrèrent; elle remarqua le visage rêveur et poétique de ce beau jeune homme blond qui se détachait mélancoliquement sur le fond sombre et tumultueux de cette tourbe grossière ; elle remarqua les sentiments qui sortaient en silence de ses lèvres tremblantes et amoureuses; elle remarqua le ruban vert qu'il portait à son habit; et tous les deux alors mirent plus de choses dans ce regard rapide qu'on ne s'en confierait pendant mille ans à se parler tête-à-tête au fond des bois. Un regard! un double rayon de l'âme croisé et confondu l'un dans l'autre avec la vivacité de l'éclair, voilà, en effet, tout ce que ces deux amants, gardés à vue et séparés par des hommes armés, avaient dans ce moment-là pour mêler ensemble leur vie et leur éternité. Ce coup d'œil rapide suffit cependant pour relever le courage de Charlotte Corday, qui commençait à faiblir devant la rage sans cesse croissante des insulteurs; elle avait besoin, dans cette fosse aux lions, d'un ange qui étendit autour d'elle ses ailes blanches et pures. Elle reprit avec une sérénité nouvelle et inaltérable le cours de son affreux voyage. Que lui faisait maintenant toute cette multitude injurieuse et courroucée? Parmi toutes ces têtes soulevées contre elle comme des vagues furieuses, il y en avait une qui l'aimait : elle ne voyait plus que celle-là. Quand elle arriva sur la place de la Révolution, une grande clameur sortit de toutes les rues voisines.

L'échafaud était dressé au milieu de la place. Charlotte Corday se montra douce et gracieuse envers la mort comme elle l'avait été envers ses ennemis. Son visage garda toute sa sérénité ; elle n'avait jamais été si belle. Ses longs cheveux roulaient négligemment sur son cou ; son front calme et fier opposait une douce pâleur aux propos féroces de la populace; ses lèvres vermeilles respiraient la fraîcheur d'une conscience pure; sa tenue était à la fois simple, modeste et ferme; ses joues avaient conservé toutes leurs roses : la mort embellit, car la mort rapproche de Dieu.

Il était sept heures et demie, l'heure où Marat expira dans son bain. Charlotte Corday monta d'un pas ferme les degrés de la guillotine. Elle ne chancela pas sur les planches glissantes et humides où le sang n'eut pas coulé. Cependant elle n'avait pas là, comme le fils de saint Louis, un bras envoyé de Dieu pour la soutenir. Elle était abandonnée à toute la faiblesse humaine. Pas de main à côté d'elle pour lui montrer le bleu séjour des justes, pas de voix pour lui dire : « Montez au ciel! » Et malgré tout cela, cette femme ne tremble pas. Son visage est toujours le même. Une noble et sage insouciance la soutient en face de la mort. A l'exemple de ces fières Romains qui finissaient l'existence comme un rêve, elle ne mourra pas ; elle aura vécu.

Adam Lux avait suivi le cortège. Il était au pied de l'échafaud ; il le voyait, elle, son bien, son trésor, son paradis, son idole, horriblement maniée par un bourreau. Il attachait des yeux fous sur cette fille délicate bien née, bien faite, bien élevée, sur cette vierge modeste livrée aux brutalités de ces hommes, et il se demandait avec angoisse si on ne descendrait rien du ciel pour la sauver. O triste et douloureux spectacle que celui de cet amour attardé qui cherche son objet toute sa vie dans un monde désert, et qui le rencontre à la fin, quand il n'est plus temps, Cependant l'instant suprême arrive, entre ses embrassements et la femme qu'il a rêvée se dresse, menaçant et armé de toutes pièces, l'échafaud ! Cependant Charlotte Corday parut se recueillir. Peut-être envoya-t-elle vers Dieu cette voix intérieure qui fait descendre le pardon ; peut-être élevait-elle sa prière dans ses beaux yeux vers le ciel; mais, nous le disons à regret, aucune prière sur sa bouche; aucun autel, pas même l'échafaud où cette femme agenouillée sur les marches son repentir de son innocence.

O philosophie du dernier siècle, que tu étais sèche! Il est vrai qu'au pied de ce même échafaud la Providence avait amené ce qu'il y a de plus grand, de plus auguste et de plus saint dans le monde après la foi, un amour pur et malheureux. Adam Lux était là; l'amant remplaçait le prêtre. Il remplissait les dernières fonctions auprès de cette condamnée à mort; il était le regard élevé en haut qui fait descendre la grâce, la main étendue qui dit : « Ame chrétienne, montez au ciel! » Cependant, le peuple ne cessait de se répandre en clameurs furieuses.

Charlotte Corday gardait toujours, devant cette indignation populaire et devant le couteau suspendu au haut de la hideuse machine, la même grâce inaltérable; elle montra jusqu'au bout à la guillotine un visage calme et indulgent; elle fut douce envers le supplice. Seulement, au moment où le valet du bourreau lui arracha l'ample fichu blanc qu'elle avait sur le cou, et mit brutalement à nu ses seins et ses épaules, sa pudeur de femme s'indigna, et un léger nuage rose monta jusqu'à ce visage. Qu'elle était belle dans ce moment-là! Ce mouvement de pudeur offensée fut réprimé aussitôt; son visage reprit toute sa sérénité, la crainte ni la colère n'entraient pour rien dans le sentiment qui l'avait fait rougir. Oh! comment le cœur des hommes qui étaient là ne s'émut-il pas devant un si touchant spectacle? Tant de grâce, d'esprit, de beauté d'âme, traînés brutalement sur le plancher d'un échafaud ; de douces mains blanches faites pour tenir la plume ou le crayon avec élégance, nouées de grosses cordes; un cou frais et délicat où les anges du ciel auraient voulu semer des baisers, livré froidement au couperet; quelle scène! N'est-on pas tenté, à la vue de ces justices nécessaires, mais horribles, de maudire, malgré leurs bienfaits, les révolutions qui ont mis le poignard au bras de cette femme? Cette florissante santé d'enfant élevée dans les champs et au grand air, ce luxe de beauté puissante et vivace, cette fraîcheur d'un teint plein de roses, ces longs cheveux épars, cet éclat d'un regard vif et bleu tempéré par l'ombre d'épais cils, produisaient, avec la morne guillotine qui allait détruire tout cela, un effet horrible. Oh! quand donc les hommes comprendront-ils ce qu'il faut pas défaire de ce que Dieu a fait? Cette fraîche et belle créature, née pour de chastes amours, ce trésor d'esprit et de beauté dont la possession élèverait jusqu'au ciel ce pâle et désolé jeune homme qui se tord là-bas dans la foule, voilà ce que la société jette impitoyablement au bourreau, pour travailler là-dessus et en faire je ne sais quoi qu'on appelle un cadavre! Debout sur la guillotine, Charlotte Corday promenait autour d'elle ses regards pour la dernière fois. Comme on était en été, il faisait encore grand jour; les massifs des Tuileries et des Champs-Elysées secouaient au vent du soir la poussière engagée dans leurs longues ramures ; à la vue de ces arbres qui envoyaient leur fraîcheur et leur âcre parfum jusque sur la guillotine, Charlotte Corday dut se ressouvenir alors des verts feuillages de la Normandie. Pareille à la vierge de Domrémy, elle retrouva de douces voix de son enfance dans ces feuilles agitées; mais, plus forte que Jeanne d'Arc, elle ne pleura pas. Le ciel était noir; de gros nuages qui s'amoncelaient depuis quelques heures sur la place menaçaient de crever. Déjà quelques gouttes de pluie, chassées par le vent, rayaient le fond du tableau. Alors, sur cette place inondée de monde, devant le palais des Tuileries en deuil, à l'endroit même où le sang d'un roi avait coulé, une belle et intelligente tête de femme, à un mouvement de l'exécuteur et devant une multitude bruyante, tomba. Il se fit aussitôt dans la foule un grand silence. Cependant, la guillotine était abreuvée. L'orage éclata tout-à-fait. Une pluie abondante descendait à larges gouttes. Quand un petit sang a coulé sur les planches de l'échafaud et sur le pavé d'une ville, il faut l'eau du ciel pour le laver. La loi était satisfaite : cependant un valet de guillotine, Legros (ceci vaut bien de le nommer), prit la pâle tête de la morte par ses longs cheveux, et la souffleta trois fois devant tout le peuple. La tête rougit, belle et indignée sous cet affront ; le sentiment revint sur les joues éteintes pour accuser cet homme. Un sourd murmure s'éleva alors de la foule. On désapprouva cette vengeance tardive et basse. Le peuple de la révolution, le peuple de la ville voulait qu'on punit, qu'il était sans pitié pour ses ennemis; mais au moins il n'outrageait pas les ennemis morts : il n'y avait pas de bourreau capable de cette lâcheté. L'ombre de Marat s'en indigna.

Ce valet de bourreau fut puni par le comité révolutionnaire : puisse-t-il être plus tard puni par sa conscience! Cependant le peuple se retira sous une impression qui tenait de la force et de la justice; il emportait l'horreur du crime commis sur Marat, et le souvenir du courage, de la décence et de la beauté de cette jeune femme à qui le bourreau avait tranché la tête.

LE MARIAGE.

Adam Lux quitta le lieu de l'exécution la mort dans l'âme. Nuit et jour il voyait cette tête pâle et parfaitement belle au bout de la main du bourreau. La terre lui semblait un lieu d'horreur dont les monstres étaient les maîtres, et où les hommes ne pouvaient plus habiter. Ce blond rêveur, détaché en lumière sur le fond orageux d'une révolution, était une de ces âmes venues trop tôt, qui ne trouvent pas dans leur siècle le calme qu'il leur faudrait pour mûrir. Les hommes manqués sont prévus par la Providence, comme les grains avortés par le semeur. Mais au fond, rien ne se perd dans le monde;

les natures mélancoliques et méditatives se continuent dans d'autres natures; les sentiments se transmettent; les âmes prématurées ressemblent à ces fruits trop hâtifs qui tombent de l'arbre, en annonçant pour bientôt d'autres fruits. Un jour nous apprendrons peut-être que les rêveries douces et solitaires d'un penseur font plus pour le mouvement de l'humanité que les agitations ambitieuses d'un homme d'action. Adam Lux était une lumière fugitive, un météore qui devait bientôt s'éteindre; mais qui sait si ces feux nocturnes et risqués avant l'heure ne sont pas les précurseurs nécessaires de l'aurore? Il était venu faire trois choses au monde : penser, aimer et mourir. A la vue de Charlotte Corday traînée dans l'horrible charrette, « son cœur se remplit d'émotions violentes qui lui avaient été inconnues jusque alors; émotions dont la douceur égalait l'amertume, et dont le sentiment ne s'effaça qu'avec son dernier soupir. » Depuis que le Christ y a trempé ses lèvres, l'amour n'est plus une coupe, c'est un calice. Ce sentiment plein de fiel et dont Adam Lux s'était abreuvé jusqu'au cœur lui fit trouver un grand dégoût à la vie; il ne pouvait demeurer dans un monde où celle qu'il aimait n'était plus. Il aspirait à rejoindre son âme à cette âme sœur de la sienne, il voulait la suivre dans son vol vers l'immortalité.

Lorsque Charlotte Corday avait été jetée dans les prisons, un homme était accouru; il avait demandé, avec larmes et les mains jointes, à subir pour elle le châtiment qu'on lui préparait. Il ne put rien obtenir des geôliers impitoyables, et se retira consterné.

Cet homme était Adam Lux. Il voulait maintenant lui offrir en holocauste une vie qu'il n'avait pu employer à la sauver. Le regard de cette femme lui était resté dans l'âme et l'appelait au ciel. Cet amour malheureux, commencé trop tard sur la terre et brusquement rompu par l'échafaud jeté en travers, avait besoin de se continuer ailleurs. Comme Adam Lux était docteur en philosophie, il se fit à lui-même de longs raisonnements pour se prouver que l'homme ne se laisse pas tout entier dans la mort, et que l'âme emporte, en sortant du monde, des sentiments impérissables qu'elle poursuit au-delà du tombeau. S'il y a une chose dans le cœur de l'homme qui fasse croire à l'immortalité, c'est sans contredit celle de l'amour. Autrement, comment la chaleur du dévoûment survivrait-elle à la flamme éteinte? et que signifieraient ces désirs éternels de s'unir à l'objet aimé, si celui-ci n'était réellement qu'un peu de cendre en mouvement, avec les apparences de la vie? Et puis, toutes les grandes époques comme celle de 93 sont religieuses; elles envoient les hommes au devant de la mort avec des sentiments purs et sublimes qui lui enlèvent la victoire : *O mors, ubi est victoria tua?* Quelques jours après le supplice de Charlotte Corday, le jeune député extraordinaire de Mayence trouvant représenté par le candeur de son visage la blonde Allemagne aux yeux bleus, adressa au comité de surveillance l'écrit suivant : « Je déteste le meurtre et je n'y prêterai jamais les mains. Quand il s'adresse surtout à un représentant du peuple, l'assassinat prend un caractère que je ne saurais louer. Mais je n'en rends pas moins justice au courage sublime et la vertu exaltée. Prenons dès ce moment les sentiments qu'aura sur elle-même sur Charlotte Corday la postérité toujours équitable. Une fille délicate, bien née, bien faite, bien élevée, animée d'un amour ardent de la patrie en danger, se croit obligée de s'immoler pour la sauver, en ôtant la vie à un homme qu'elle croit la source des malheurs publics. Elle prend cette résolution le 2 juin, s'y affermit le 7 juillet, quitte son foyer paisible; elle ne se confie à personne; malgré la chaleur excessive, elle fait un grand voyage à ce dessein; elle arrive, elle exécute un projet qui, selon ses espérances, devait sauver la vie à des milliers d'hommes. Elle prévoyait son sort, elle n'y pense pas à la suite; elle garde toujours sa fermeté, sa présence d'esprit, sa douceur, depuis le commencement de son emprisonnement, pendant quatre jours, jusqu'à son dernier soupir. Depuis son départ de la prison jusqu'à l'échafaud, elle garda la même fermeté, la même douceur inexprimable. Sur sa charrette, n'ayant ni appui, ni consolateur, elle était exposée aux huées continuelles. Ses regards, toujours les mêmes, semblaient quelquefois reparcourir cette multitude pour chercher s'il n'y avait pas un humain.... Elle monta sur l'échafaud..., elle expira..., et sa grande âme s'éleva au sein des Caton et des Brutus. Elle s'éleva, et laissa à tout homme digne de ce nom des souvenirs, à moi des douleurs et des regrets intarissables. Je vote pour qu'au lieu même où est morte l'immortelle Charlotte Corday ait une statue avec cette inscription :

PLUS GRANDE QUE BRUTUS!

« Paris, le 19 juillet 1793, l'an deuxième de la république une et indivisible. « ADAM LUX, citoyen français. »

La nature de cet écrit produisit sur le comité l'effet qu'Adam Lux en espérait : on l'envoya arrêter par deux gendarmes. Il entra en prison avec une joie exaltée: « Je vais donc enfin mourir, s'écria-t-il, pour Charlotte Corday! » Devant ses juges, Adam Lux n'essaya aucunement de se justifier; au contraire, il semblait avoir peur de la clémence : « Faites-moi, leur dit-il, faites-moi l'honneur de votre guillotine, qui désormais, par le sang pur versé le 17 juillet, a perdu à mes yeux toute son ignominie. » Les juges le condamnèrent à mort. Adam Lux les aurait embrassés de reconnaissance. C'était le jour le plus heureux de sa vie. Il rentra à la Conciergerie avec une grande allégresse : « Réjouissez-vous, dit-il aux autres captifs, je vais sortir de prison, je vais rompre mes fers. — Seriez-vous acquitté? lui demandèrent ceux-ci avec un air d'envie. — Oui, reprit-il, acquitté de l'existence, vous l'avez dit; car depuis qu'elle n'y est plus, la prison, pour moi, c'est ce monde inhabitable ; la vie, c'est la mort. Demain je vivrai.

Pendant la nuit, les prisonniers jouèrent entre eux, comme ils en avaient l'habitude, de petits drames, moitié sinistres, moitié bouffons. L'échafaud intervenait toujours dans le dénoûment de ces pièces *à action*; les acteurs répétaient d'avance leur rôle en petit comité, afin de le soutenir convenablement quand le jour de la grande représentation arrivait. Il y avait de tout dans ces mystères, comme dans la société d'alors en révolution : du sang, des larmes, du grotesque, du sublime; on imitait Chaumette, on parodiait Louis XVI.

Une lampe terne éclairait funèbrement les murs de la salle. Cette nuit-là, on joua la mort de Marat. Madame Roland fit Charlotte Corday; Adam Lux en devint presque amoureux en souvenir de la morte. Après cette scène tragique, on monta une petite comédie où tous les prisonniers avaient un rôle de circonstance. Marat, descendu dans la société d'alors en révolution, recevait leurs ombres à mesure qu'elles arrivaient, et marquait leur nom au crayon, avec une note, sur une liste qu'il devait remettre à Satan. C'était une dénonciation sur chacun d'eux en particulier. Cette plaisanterie, dans le goût du moment, amusait fort les prisonniers; la gaîté française, con dit-on, ne se dément jamais ; nous croyons qu'on dirait plus juste si l'on disait: l'humanité ne se dément jamais; elle ne peut supporter longtemps la douleur sans lui donner le change, et c'est une de nos faiblesses d'avoir plus besoin de rire au milieu de nos plus grands maux qu'au sein de nos prospérités. Chaque prisonnier paraissait à son tour devant la barre et déclinait ses noms à Marat. Madame Roland, Adam Lux et tous les autres vinrent successivement; Le bourreau seul, figure inconnue et morne se présenta; on ne l'avait pas encore vue dans la prison, ou du moins on ne la remit pas tout d'abord, à la clarté indécise de la lampe. « Ton nom? demanda l'acteur qui faisait Marat. L'homme répondit, les bras pendants et d'une voix sombre : — Le bourreau. C'est lui. Le jour commençait à poindre : — Je viens chercher, dit-il, en regardant sur la liste, le nommé Adam Lux. — Merci, dit celui-ci en se détachant du groupe des prisonniers. C'est moi. Ceci fit le dénoûment du drame. On cessa de *jouer* pour se dire adieu. Pendant le peu de jours qu'Adam Lux avait passés en prison, il s'était fait aimer de tous ses compagnons de misère. C'était une douce et excellente nature, un de ces êtres inoffensifs qui ne gênent personne sous le soleil, mais qu'il suffit de blesser dans leur solitude et leur rêverie; car ici-bas il n'y a guère de milieu : il faut broyer les autres ou en être broyé. Tous les prisonniers pleuraient : Adam Lux les consola. — La vie, leur dit-il, n'est un bien ou un mal que par l'usage qu'on en fait : je ne saurais plus comment m'en servir. La mort m'a ôté, le 17 juillet, tout ce qui pouvait m'y rattacher. Laissez-moi réunir gaîment à Charlotte Corday. C'est alors que quelques prisonniers lui baisèrent les mains. « Regardez, leur dit-il, en leur montrant sa figure qui rayonnait d'une joie céleste, si j'ai l'air d'un patient ou d'un bienheureux ! Il prit un air de toilette, coucha ses longs cheveux sur le front, secoua le collet de son habit et attacha à sa boutonnière le ruban vert tombé du bonnet de Charlotte Corday : comme l'amour est un culte, il a ses superstitions. Adam Lux suivit le bourreau. Il monta sur la guillotine le même courage, la même douceur, le même mépris du supplice que son modèle. Seulement quelque chose de plus exalté brillait dans ses yeux. Il porta sa tête à la mort avec enthousiasme.

Les planches sur lesquelles il montait lui semblaient saintes depuis qu'un tel sang y avait coulé ; à peine s'il osait y poser ses pieds respectueux; il se demandait intérieurement d'où lui venait cet honneur de monter aussi haut qu'elle vers les cieux. Pour Charlotte Corday, la guillotine était indifférente; pour Adam Lux elle était complaisante et aimable, puisqu'elle le réunissait à l'objet de tous ses désirs. Il mourut charmé! il aurait voulu baiser le fer qui avait touché le cou de Charlotte Corday, il lui présenta le sien avec délices. « Je ne le demande qu'une chose, dit-il au bourreau qui le liait sur la fatale planche, c'est de donner à ma tête abattue autant de soufflets que tu en as donné à celle de Charlotte Corday. »

Le fatal couteau tomba avec la tête. Toute la multitude se retira en silence. Ainsi finit cette cérémonie touchante et triste qui réunit l'amant à la femme aimée. Ce ne fut pas une exécution. La foule en emporta une impression à la fois amère et douce. Il fallait un autel pour joindre les mains à ces deux beaux fiancés qui se cherchaient d'un monde à l'autre, et, dans ce temps, l'autel, c'était l'échafaud.

L'APOTHÉOSE.

Charlotte Corday, en tuant Marat, lui rendit le plus grand service qu'on pût alors rendre à cet homme. Il commençait à s'éteindre, son absence de la Convention où il ne jouait plus aucun rôle, son idée fixe de dictature, la maladie qui le minait, tout contribuait à détourner de sa personne l'attention publique. Sa mort violente le ressuscita dans le cœur des multitudes.

Marat, remercie cette fille! Une loi défendait d'accorder l'apo-

théose avant cent ans à partir du jour du décès ; mais on décida que, par ses travaux, par les services qu'il avait rendus à la patrie, par les persécutions qui avaient agité sa misérable vie, par sa mort violente et précoce, Marat avait devancé l'immortalité.

David, le 24 brumaire, s'était levé à la Convention, et il avait dit : « Depuis longtemps le peuple redemandait son ami ; autant qu'il était en moi, je l'ai fait revivre sur la toile. Vos regards, citoyens, en parcourant les traits livides et ensanglantés de Marat, vous rappelleront à vos devoirs. « Votre infatigable confrère est mort ; il est mort sans même avoir de quoi se faire enterrer ! Postérité, tu le vengeras ! Tu diras à ceux qui l'appellent buveur de sang, que, pauvre, souffrant humilié, Marat n'a jamais bu que ses larmes. Et toi, mon frère, du fond de ton tombeau, réjouis-toi, et ne regrette pas ta dépouille mortelle, nous allons lui donner l'immortalité ! Je vote pour Marat les honneurs du Panthéon. »

L'assemblée rendit aussitôt le décret. On plaça le portrait de Marat, point par David, dans la salle des séances. Son ombre revenait en quelque sorte s'asseoir au milieu de la Montagne. Chaque jour on prononçait son nom. « Il y a quelque chose de terrible, s'écriait Saint-Just, dans l'amour sacré de la patrie. Il est tellement exclusif, qu'il immole tout sans pitié, sans frayeur, sans respect humain, à l'intérêt public ; il précipite Manlius, il entraîne Régulus à Carthage, pousse un Romain dans un abîme, et jette Marat au Panthéon, victime de son dévouement ! »

La république était pleine d'audace ; elle avait fait un culte à son usage : l'homme qui venait de conquérir la foudre se crut un instant le pouvoir de soumettre Dieu. Toutefois, les cérémonies de ce temps-là avaient toujours quelque réminiscence chrétienne ; elles se souvenaient que, l'homme étant immortel, on doit des honneurs à ses dépouilles, comme aux ruines que l'âme laisse sur la terre après elle. Marat reposait, en attendant les voûtes du temple, dans le jardin des Cordeliers, sous la verdure des arbres. On lui avait élevé un autel ; des fêtes venaient lui jeter des fleurs ; des services funèbres se célébraient dans toutes les sections ; mais ces honneurs solitaires ne faisaient que préluder à l'apothéose, qui eut enfin lieu le 31 septembre, deux mois après le 9 thermidor. Ce fut un jour de fête ; deux autels s'élevaient sur la place du carrousel ; il y avait aussi une bicoque où figuraient le buste de Marat, sa lampe, sa baignoire et son écritoire de plomb. La lampe était celle qui avait éclairé les veilles laborieuses de cet écrivain, elle s'était éteinte avant le jour, comme son maître, après avoir longtemps brûlé, comme lui, pour la révolution. La Convention se rendit en silence au lieu où était le cercueil. La chemise sanglante de la victime, le corps couché tout de son long sur son lit funèbre et recouvert d'un drap noir ; le couteau teint encore de son sang, la sœur du trépassé, morne et chancelante au pied de son tombe, tout cela formait une scène imposante et triste qui jetait les spectateurs dans le recueillement. Après un instant de réflexion muette, le président monta près du mort et posa sur son cercueil une couronne de feuilles de chêne. C'était la seconde fois que l'on décernait à Marat. Cette cérémonie d'apothéose reportait en arrière les esprits et les souvenirs vers cette autre marche glorieuse qui amena Marat couronné au sein de la Convention : mais, cette fois le triomphateur manquait au triomphe. Alors le cortège se mit en marche. Un détachement de cavalerie, précédé de sapeurs et de canonniers, ouvrit les voies ; il était suivi de tambours voilés qui prolongeaient leurs roulements sourds de moment en moment ; un grand nombre d'élèves de l'École de Mars marchaient derrière eux pêle-mêle. Le char s'élevait pompeusement, ombragé de quatorze drapeaux, et s'avançait au pas des chevaux entre quatorze soldats blessés sur le champ de bataille, des groupes de mères éplorées conduisant leurs enfants par la main, des veuves, des pauvres, des vieillards, suivaient lentement le corps de Marat.

La foule était immense ; de jeunes filles voilées s'avançaient, chemin faisant, vers le cercueil, pour y semer des fleurs ; une femme qui avait de longs cheveux dénoués les coupa devant tout le monde et les jeta, comme un trophée, sur le drap noir ! le cœur se remplissait, pendant cette marche lente et plaintive, d'émotions diverses ; la nouvelle d'une victoire remportée par les Français devant les murs de Maëstricht acheva de couronner la fête ; il fallait le bruit du canon de l'ennemi sur les restes de ce vainqueur pacifique, qui avait détrôné les rois par l'artillerie de la raison et de la justice. Il y eut plusieurs stations : on entendit un grand nombre de discours ; quelques-uns retracèrent avec bonheur les principaux traits de la vie de Marat ; mais de tous ces orateurs, le plus éloquent dans ce silence, c'était la mort. Une foule d'instructions solides et graves sortaient effectivement du char funèbre aux salves interrompues des caisses militaires recouvertes de drap noir : ce savant inquiet, parti d'en bas pour détrôner Newton, et qui était arrivé à renverser Louis XVI ; ce juge d'un roi condamné à mort, qu'une femme à son tour avait jugé ; cet enfant du peuple traîné par les mains des honneurs souverains par les mains de ses frères vers le Panthéon, au moment où l'on dispersait la cendre des majestés de Saint-Denis ; tout cela remplissait la cérémonie funèbre de ces grandes et mélancoliques pensées que la tombe seule peut contenir.

Au théâtre de la Porte-Saint-Martin, un orateur harangua le mort pour lui demander s'il était satisfait des honneurs qu'on lui rendait. A ces mots, le cercueil fit semblant de s'ouvrir, un homme se dressa tout droit et à demi nu dans son linceul : c'était l'ombre de Marat qui venait remercier les Français et les encourager à mourir comme lui pour la révolution. Ce mouvement fit grande frayeur, et le cortège ne tarda pas à se remettre en route. Dans les intervalles de silence que laissait le bruit du tambour, on récitait à demi voix et sur un ton de psalmodie lugubre : « Marat, l'ami du peuple, Marat, le consolateur des affligés, Marat, le père des malheureux, ayez pitié de nous ! » Enfin, on vit blanchir de loin la façade du Panthéon ; le cortège arriva sur la place à trois heures et demie. Au moment où l'on descendait du char le cercueil de l'Ami du peuple, on rejetait du temple, par une porte latérale, « les restes impurs du royaliste Mirabeau. »

Marat avait toujours été l'ennemi acharné de Mirabeau ; ces deux hommes se rencontraient maintenant face à face dans la mort, l'un poussant l'autre, 93 chassant devant lui 89 : les hommes et les époques vont se détrônant, de nos jours, jusque dans l'éternité. Mirabeau, les mains liées dans sa baignoire, et de Marat ne va nouveau venu, à ce folliculaire à peine remarqué de son temps, mais que le flux des événements avait amené, peu à peu jusqu'aux marches du Panthéon. S'il est permis de prêter encore un reste de vie sourde et latente aux cadavres, l'entrevue de ces deux hommes dut être solennelle ; Mirabeau, qui savait les vicissitudes de la gloire, a dû prédire alors à son successeur un avenir tumultueux ; car les tombeaux ont aussi leurs destinées : habent sua fata sepulcra. Marat, en effet, devait être à son tour chassé du Panthéon ; sa cendre jetée au vent, suite inévitable des révolutions qui, par leur flux et leur reflux, agitent les hommes jusque dans la mort.

La mémoire de ces grands tribuns, longtemps ballottée, ne se reposera qu'après des siècles ; on lui rendra alors le calme dont elle a besoin pour se montrer sévèrement aux hommes et mériter leur justice. En attendant, une idée de terreur reste de nos jours attachée au nom de Marat, mais, comme dit Saint-Just : « Il n'y a que les hommes faibles et méchants que l'équité terrible épouvante. » Pour nous, qui voyons plutôt l'avenir que le présent, nous suivons avec respect au Panthéon les restes d'un des plus ardents défenseurs de notre révolution si fertile en miracles, de cette révolution qui put dire : « J'ai trouvé les rois et les maîtres du monde assis sur leurs trônes ; j'ai repassé, ils n'y étaient déjà plus. » Marat est un de ces génies incomplets, rongés aux flancs par le vautour, dévorés de misères, qui se lèvent un jour pour délivrer en eux l'humanité souffrante, et qu'on assomme parce qu'ils effraient la tranquille existence des heureux du monde.

Cette terreur attachée à la mémoire de Marat touchait au merveilleux. L'Ami du peuple, cette grande épouvante des aristocrates, les poursuivra, disait-on, encore du fond de son sépulcre. On fit courir le bruit que son ombre revenait la nuit dans la bicoque où étaient sa lampe, son buste, sa baignoire, et où l'on plaçait tous les soirs une sentinelle. La vérité est qu'un matin le poste du Louvre étant venu relever de faction un jeune gentilhomme nommé d'Estigny, qui avait passé la nuit près des objets conservés religieusement, on le trouva mort.

A dater de ce jour, on cessa de garder la baignoire et les objets qui retraçaient aux yeux le souvenir de Marat.

FIN.

Adam Lux.

Paris.—Imp. de Lacour, rue St-Hyacinthe-St-Michel, 33.

LES VEILLÉES LITTÉRAIRES ILLUSTRÉES

J. BRY AINÉ, ÉDITEUR, 21, RUE DES MATHURINS SAINT JACQUES

VOYAGE AUTOUR DE MA CHAMBRE
LE LÉPREUX DE LA CITÉ D'AOSTE
Poésies de Gilbert, la Grande Journée;
La Marseillaise, le Chant du Départ.

20 CENTIMES LA LIVRAISON

Dessiné par Ed. Frère — Gravé par Rouget.

CHAPITRE 1er.

Qu'il est glorieux d'ouvrir une nouvelle carrière, et de paraître tout à coup dans le monde savant, un livre de découvertes à la main, comme une comète inattendue étincelle dans l'espace!

Non, je ne tiendrai plus mon livre *in petto*; le voilà, messieurs, lisez. J'ai entrepris et exécuté un voyage de quarante-deux jours autour de ma chambre. Les observations intéressantes que j'ai faites, et le plaisir continuel que j'ai éprouvé le long du chemin, me faisaient désirer de le rendre public; la certitude d'être utile m'y a décidé. Mon cœur éprouve une satisfaction inexprimable lorsque je pense au nombre infini de malheureux auxquels j'offre une ressource assurée contre l'ennui, et un adoucissement aux maux qu'ils endurent. Le plaisir qu'on trouve à voyager dans sa chambre est à l'abri de la jalousie inquiète des hommes; il est indépendant de la fortune.

Est-il en effet d'être assez malheureux, assez abandonné, pour n'avoir pas un réduit où il puisse se retirer et se cacher à toute le monde? Voilà tous les apprêts du voyage.

Je suis sûr que tout homme sensé adoptera mon système de quelque caractère qu'il puisse être, et quel que soit son tempérament; qu'il soit avare ou prodigue, riche ou pauvre, jeune ou vieux, né sous la zone torride ou près du pôle, il peut voyager comme moi; enfin, dans l'immense famille des hommes qui fourmillent sur la surface de la terre, il n'en est pas un seul, — non, pas un seul (j'entends de ceux qui habitent des chambres)

Le Boudoir.

qui puisse, après avoir lu ce livre, refuser son approbation à la nouvelle manière de voyager que j'introduis dans le monde.

CHAPITRE II.

Je pourrais commencer l'éloge de mon voyage par dire qu'il ne m'a rien coûté; cet article mérite attention. Le voilà d'abord prôné, fêté par les gens d'une fortune médiocre; il est une autre classe d'hommes auprès de laquelle il est encore plus sûr d'un heureux succès, par cette même raison qu'il ne coûte rien. — Auprès de qui donc? Eh quoi! vous le demandez? C'est auprès des gens riches. D'ailleurs, de quelle ressource cette manière de voyager n'est-elle pas pour les malades! ils n'auront point à craindre l'intempérie de l'air et des saisons. — Pour les poltrons, ils seront à l'abri des voleurs; ils ne rencontreront ni précipices ni fondrières. Des milliers de personnes qui avant moi n'avaient point osé, d'autres qui n'avaient pu, d'autres enfin qui n'avaient pas songé à voyager, vont s'y résoudre à mon exemple. L'être le plus indolent hésiterait-il à se mettre en route avec moi pour se procurer un plaisir qui ne lui coûtera ni peine ni argent? — Courage donc, partons. — Suivez-moi, vous tous qu'une mortification de l'amour, une négligence de l'amitié, retiennent dans votre appartement, loin de la politesse et de la perfidie des hommes. Que tous les malheureux, les malades et les ennuyés de l'univers me suivent! — Que tous les paresseux se lèvent *en masse*! — Et vous qui roulez dans votre esprit des projets

T. I.

(5)

sinistres de réforme ou de retraite pour quelque infidélité; vous qui, dans un boudoir, renoncez au monde pour la vie; aimables anachorètes d'une soirée, venez aussi : quittez, croyez-moi, ces noires idées; vous perdez un instant pour le plaisir sans en gagner un pour la sagesse : daignez m'accompagner dans mon voyage ; nous marcherons à petites journées, en riant, le long du chemin, des voyageurs qui ont vu Rome et Paris; — aucun obstacle ne pourra nous arrêter; et nous livrant gaîment à notre imagination, nous la suivrons partout où il lui plaira de nous conduire.

CHAPITRE III.

Il y a tant de personnes curieuses dans le monde ! — Je suis persuadé qu'on voudrait savoir pourquoi mon voyage autour de ma chambre a duré quarante-deux jours au lieu de quarante-trois ou de tout autre espace de temps; mais comment l'apprendrais-je au lecteur, puisque je l'ignore moi-même ? Tout ce que je puis assurer, c'est que, si l'ouvrage est trop long à son gré, il n'a pas dépendu de moi de le rendre plus court; toute vanité de voyageur à part, je me serais contenté d'un chapitre. J'étais, il est vrai, dans ma chambre, avec tout le plaisir et l'agrément possible; mais, hélas! je n'étais pas le maître d'en sortir à ma volonté; je crois même que, sans l'entremise de certaines personnes puissantes qui s'intéressaient à moi, et pour lesquelles ma reconnaissance n'est pas éteinte, j'aurais eu tout le temps de mettre un in-folio au jour, tant les protecteurs qui me faisaient voyager dans ma chambre étaient disposés en ma faveur !

Et cependant, lecteur raisonnable, voyez combien ces hommes avaient tort, et saisissez bien, si vous le pouvez, la logique que je vais vous exposer.

Est-il rien de plus naturel et de plus juste que de se couper la gorge avec quelqu'un qui vous marche sur le pied par inadvertance, ou bien qui laisse échapper quelque terme piquant dans un moment de dépit, dont votre imprudence est la cause, ou bien enfin qui a le malheur de plaire à votre maîtresse !

On va dans un pré, et là, comme Nicole faisait avec le Bourgeois Gentilhomme, on essaie de tirer carte tierce; et, pour que la vengeance soit sûre et complète, on lui présente une poitrine découverte, et on court risque de se faire tuer par son ennemi pour se venger de lui. — On voit que rien n'est plus conséquent, et toutefois on trouve des gens qui désapprouvent cette louable coutume ! Mais ce qui est aussi conséquent que tout le reste, c'est que ces mêmes personnes qui le désapprouvent et qui veulent qu'on la regarde comme une faute grave, traiteraient encore plus mal celui qui refuserait de la commettre. Plus d'un malheureux, pour se conformer à leur avis, a perdu sa réputation et son emploi; et sorte que, lorsqu'on a le malheur d'avoir ce qu'on appelle une affaire, on ne ferait pas mal de tirer au sort pour savoir si on doit la finir suivant les lois ou suivant l'usage, et comme les lois et l'usage sont contradictoires, les juges pourraient aussi jouer leur sentence aux dés. —

Et probablement aussi c'est à une décision de ce genre qu'il faut recourir pour expliquer pourquoi et comment mon voyage a duré quarante-deux jours juste.

CHAPITRE IV.

Ma chambre est située sous le quarante-cinquième degré de latitude, selon les mesures du père Beccaria; sa direction est du levant au couchant; elle forme un carré long qui a trente-six pas de tour, en rasant la muraille de bien près. Mon voyage en contiendra cependant davantage; car je la traverserai souvent en long et en large, ou bien diagonalement, sans suivre de règle ni de méthode. — Je ferai même des zigzags, et je parcourrai toutes les lignes possibles en géométrie, si le besoin l'exige. Je n'aime pas les gens qui sont si fort les maîtres de leurs pas et de leurs idées, qui disent : « Aujourd'hui je ferai trois visites, j'écrirai quatre lettres, je finirai cet ouvrage que j'ai commencé. »—Mon âme est tellement ouverte à toutes sortes d'idées, de goûts et de sentiments; elle reçoit si avidement tout ce qui se présente !.....Et pourquoi refuserait-elle les jouissances qui sont éparses sur le chemin difficile de la vie ? Elles sont si rares, si clair-semées, qu'il faudrait être fou pour ne pas s'arrêter, se détourner même de son chemin, pour cueillir toutes celles qui sont à notre portée. Il n'en est pas de plus attrayante, selon moi, que de suivre ses idées à la piste, comme le chasseur poursuit le gibier, sans affecter de tenir aucune route. Aussi, lorsque je voyage dans ma chambre, je parcours rarement une ligne droite : je vais de ma table vers un tableau qui est placé dans un coin; de là je pars obliquement pour aller à la porte; mais, quoique en partant mon intention soit bien de m'y rendre, si je rencontre mon fauteuil en chemin, je ne fais pas de façon, et je m'y arrange tout de suite. — C'est un excellent meuble qu'un fauteuil; il est surtout de la dernière utilité pour tout homme méditatif. Dans les longues soirées d'hiver, il est quelquefois doux et toujours prudent de s'y étendre mollement, loin du fracas des assemblées nombreuses.—Un bon feu, des livres, des plumes; que de ressources contre l'ennui ! Et quel plaisir encore d'oublier ses livres pour tisonner son feu, en se livrant à quelque douce méditation, ou en arrangeant quelques rimes pour égayer ses amis ! Les heures glissent alors sur vous, et tombent en silence dans l'éternité, sans vous faire sentir leur triste passage.

CHAPITRE V.

Après mon fauteuil, en marchant vers le nord, on découvre mon lit, qui est placé au fond de ma chambre, et qui forme la plus agréable perspective. Il est situé de la manière la plus heureuse : les premiers rayons du soleil viennent se jouer dans mes rideaux. — Je les vois, dans les beaux jours d'été, s'avancer le long de la muraille blanche, à mesure que le soleil s'élève : les ormes qui sont devant ma fenêtre les divisent de mille manières, et les font balancer sur mon lit, couleur de rose et blanc, qui répand de tous côtés une teinte charmante par leur réflexion. — J'entends le gazouillement confus des hirondelles qui se sont emparées du toit de la maison, et des autres oiseaux qui habitent les ormes : alors mille idées riantes occupent mon esprit ; et, dans l'univers entier, personne n'a un réveil aussi agréable, aussi paisible que le mien.

J'avoue que j'aime à jouir de ces doux instants, et que je prolonge toujours, autant qu'il est possible, le plaisir que je trouve à méditer dans la douce chaleur de mon lit. — Est-il un théâtre qui prête plus à l'imagination, qui réveille de plus tendres idées, que le meuble où je m'oublie quelquefois ? — Lecteur modeste, ne vous effrayez point ; — mais ne pourrais-je donc parler du bonheur d'un amant qui serre pour la première fois dans ses bras une épouse vertueuse ? plaisir ineffable, que mon mauvais destin me condamne à ne jamais goûter ! N'est-ce pas dans un lit qu'une mère, ivre de joie à la naissance d'un fils, oublie ses douleurs ! C'est là que les plaisirs fantastiques, fruits de l'imagination et de l'espérance, viennent nous agiter ! — Enfin, c'est dans ce meuble délicieux que nous oublions, pendant une moitié de la vie, les chagrins de l'autre moitié. Mais quelle foule de pensées agréables et tristes se pressent à la fois dans mon cerveau ! Mélange étonnant de situations terribles et délicieuses !

Un lit nous voit naître et nous voit mourir; c'est le théâtre variable où le genre humain joue tour à tour des drames intéressants, des farces risibles et des tragédies épouvantables. — C'est un berceau garni de fleurs; — c'est le trône de l'amour; — c'est un sépulcre.

CHAPITRE VI.

Ce chapitre n'est absolument que pour les métaphysiciens. Il va jeter le plus grand jour sur la nature de l'homme : c'est le prisme avec lequel on pourra analyser et décomposer les facultés de l'homme, en séparant la puissance animale des rayons purs de l'intelligence.

Il me serait impossible d'expliquer comment et pourquoi je me brûlai les doigts aux premiers pas que je fis en commençant mon voyage, sans expliquer dans le plus grand détail, au lecteur, mon système *de l'âme et de la bête*. — Cette découverte métaphysique influe d'ailleurs tellement sur mes idées et mes actions, qu'il serait très difficile de comprendre ce livre, si je n'en donnais la clef au commencement.

Je me suis aperçu, par diverses observations, que l'homme est composé d'une âme et d'une bête. — Ces deux êtres sont absolument distincts, mais tellement emboîtés l'un dans l'autre, ou l'un sur l'autre, qu'il faut que l'âme ait une certaine supériorité sur la bête pour être en état d'en faire la distinction.

Je tiens d'un vieux professeur (c'est du plus loin qu'il me souvienne) que Platon appelait la matière *l'autre*. C'est fort bien ; mais j'aimerais mieux donner ce nom par excellence à la bête qui est jointe à notre âme. C'est réellement cette substance qui est *l'autre*, et qui

nous lutine d'une manière si étrange. On s'aperçoit bien en gros que l'homme est double ; mais c'est, dit-on, parce qu'il est composé d'une âme et d'un corps ; et l'on accuse ce corps de je ne sais combien de choses, mais bien mal à propos assurément, puisqu'il est aussi incapable de sentir que de penser. C'est à la bête qu'il faut s'en prendre, à cet être sensible, parfaitement distinct de l'âme, véritable *individu*, qui a son existence séparée, ses goûts, ses inclinations, sa volonté, et qui n'est au-dessus des autres animaux que parce qu'il est mieux élevé et pourvu d'organes plus parfaits.

Messieurs et mesdames, soyez fiers de votre intelligence tant qu'il vous plaira ; mais défiez-vous beaucoup de *l'autre*, surtout quand vous êtes ensemble !

J'ai fait je ne sais combien d'expériences sur l'union de ces deux créatures hétérogènes. Par exemple, j'ai reconnu clairement que l'âme peut se faire obéir par la bête, et que, par un fâcheux retour, celle-ci oblige très souvent l'âme d'agir contre son gré. Dans les règles l'une a le pouvoir législatif et l'autre le pouvoir exécutif ; mais ces deux pouvoirs se contrarient souvent. — Le grand art d'un homme de génie est de savoir bien élever sa bête, afin qu'elle puisse aller seule, tandis que l'âme, délivrée de cette pénible accointance, peut s'élever jusqu'au ciel.

Mais il faut éclaircir ceci par un exemple :

Lorsque vous lisez un livre, monsieur, et qu'une idée plus agréable entre tout-à-coup dans votre imagination, votre âme s'y attache tout de suite et oublie le livre, tandis que vos yeux suivent machinalement les mots et les lignes ; vous achevez la page sans la comprendre et sans vous souvenir de ce que vous avez lu. — Cela vient de ce que votre âme ayant ordonné à sa compagne de lui faire la lecture, ne l'a point avertie de la petite absence qu'elle allait faire ; en sorte que *l'autre* continuait la lecture que votre âme n'écoutait plus.

CHAPITRE VII.

Cela ne vous paraît-il pas clair ? voici un autre exemple :

Un jour de l'été passé, je m'acheminais pour aller à la cour. J'avais peint toute la matinée, et mon âme, se plaisant à méditer sur la peinture, laissa le soin à la bête de me transporter au palais du roi.

Que la peinture est un art sublime ! pensait mon âme ; heureux celui qui le spectacle de la nature a touché, qui n'est pas obligé de faire des tableaux pour vivre, qui ne peint pas uniquement par passe-temps, mais qui, frappé de la majesté d'une belle physionomie et des jeux admirables de la lumière qui se fond en mille teintes sur le visage humain, tâche d'approcher dans ses ouvrages des effets sublimes de la nature ! Heureux encore le peintre que l'amour du paysage entraîne dans des promenades solitaires, qui sait exprimer sur la toile le sentiment de tristesse que lui inspire un bois sombre ou une campagne déserte ! Ses productions imitent et reproduisent la nature ; il crée des mers nouvelles et de noires cavernes inconnues au soleil : à son ordre, de verts bocages sortent du néant, l'azur du ciel se réfléchit dans ses tableaux ; il connaît l'art de troubler les airs et de faire mugir les tempêtes. D'autres fois il offre à l'œil du spectateur enchanté les campagnes délicieuses de l'antique Sicile : on voit des nymphes éperdues fuyant, à travers les roseaux, la poursuite d'un satyre ; des temples d'une architecture majestueuse élèvent leur front superbe au-dessus de la forêt sacrée qui les entoure ; l'imagination se perd dans les routes silencieuses de ce pays idéal ; des lointains bleuâtres se confondent avec le ciel, et le paysage entier, se répétant dans les eaux d'un fleuve tranquille, forme un spectacle qu'aucune langue ne peut décrire. — Pendant que mon âme faisait ces réflexions, *l'autre* allait son train, et Dieu sait où elle allait ! — Au lieu de se rendre à la cour, comme elle en avait reçu l'ordre, elle dériva tellement sur la gauche, qu'au moment où mon âme la rattrapa, elle était à la porte de madame de *Hautcastel*, à un demi-mille du palais royal.

Je laisse à penser au lecteur ce qui serait arrivé si elle était entrée toute seule chez une aussi belle dame.

CHAPITRE VIII.

S'il est utile et agréable d'avoir une âme dégagée de la matière au point de la faire voyager toute seule lorsqu'on le juge à propos, cette faculté a aussi ses inconvénients. C'est à elle, par exemple, que je dois la brûlure dont j'ai parlé dans les chapitres précédents. — Je donne ordinairement à ma bête le soin des apprêts de mon déjeuner ; c'est elle qui fait griller mon pain et le coupe en tranches. Elle fait à merveille le café, et le prend même très souvent sans que mon âme s'en mêle, à moins que celle-ci ne s'amuse à la voir travailler ; mais cela est rare et très difficile à exécuter ; car il est aisé, lorsqu'on fait quelque opération mécanique, de penser à toute autre chose ; mais il est extrêmement difficile de se regarder agir, pour ainsi dire ; — ou, pour m'expliquer suivant mon système, d'employer son âme à examiner la marche de sa bête, et de la voir travailler sans y prendre part. — Voilà le plus étonnant tour de force métaphysique que l'homme puisse exécuter.

J'avais couché mes pincettes sur la braise pour faire griller mon pain ; et quelque temps après, tandis que mon âme voyageait, voilà qu'une souche enflammée roule sur le foyer : — ma pauvre bête porta la main aux pincettes, et je me brûlai les doigts.

CHAPITRE IX.

J'espère avoir suffisamment développé mes idées dans les chapitres précédents pour donner à penser au lecteur, et pour le mettre à même de faire des découvertes dans cette brillante carrière : il ne pourra qu'être satisfait de lui, s'il parvient un jour à savoir faire voyager son âme toute seule ; les plaisirs que cette faculté lui procurera balanceront de restes les *quiproquo* qui pourront en résulter. Est-il une jouissance plus flatteuse que celle d'étendre ainsi son existence, d'occuper à la fois la terre et les cieux, et de doubler, pour ainsi dire, son être ? — Le désir éternel et jamais satisfait de l'homme n'est-il pas d'augmenter sa puissance et ses facultés de vouloir être où il n'est pas, de rappeler le passé et de vivre dans l'avenir ? Il veut commander les armées, présider aux académies ; il veut être adoré des belles ; et, s'il possède tout cela, il regrette alors les champs et la tranquillité, et porte envie à la cabane des bergers : ses projets, ses espérances échouent sans cesse contre les malheurs réels attachés à la nature humaine ; il ne saurait trouver le bonheur. Un quart d'heure de voyage avec moi lui en montrera le chemin.

Eh ! que ne laisse-t-il à *l'autre* ces misérables soins, cette ambition qui le tourmente ? — Viens, pauvre malheureux ! fais un effort pour rompre ta prison, et du haut du ciel où je vais te conduire, du milieu des orbes célestes et de l'empyrée — regarde ta bête, lancée dans le monde, courir toute seule la carrière de la fortune et des honneurs ; vois avec quelle gravité elle marche parmi les hommes : la foule s'écarte avec respect, et crois-moi, personne ne s'apercevra qu'elle est toute seule ; c'est le moindre souci de la cohue au milieu de laquelle elle se promène, de savoir si elle a une âme ou non, si elle pense ou non. — Mille femmes sentimentales l'aimeront à la fureur sans s'en apercevoir ; elle peut même s'élever, sans le secours de ton âme, à la plus haute faveur et à la plus grande fortune. — Enfin, je ne m'étonnerais nullement si, à notre retour de l'empyrée, ton âme, en rentrant chez elle, se trouvait dans la bête d'un grand seigneur.

CHAPITRE X.

Qu'on n'aille pas croire qu'au lieu de tenir ma parole en donnant la description de mon voyage autour de ma chambre, je bats la campagne pour me tirer d'affaire : on se tromperait fort, car mon voyage continue réellement ; et pendant que mon âme, se repliant sur elle-même, parcourait, dans le chapitre précédent, les détours tortueux de la métaphysique, j'étais dans mon fauteuil, sur lequel je m'étais renversé, de manière que mes deux pieds antérieurs étaient élevés à deux pouces de terre ; et, tout en me balançant à droite et à gauche, et gagnant du terrain, j'étais insensiblement parvenu tout près de la muraille. — C'est la manière dont je voyage lorsque je ne suis pas pressé. — Ma main s'était emparée machinalement du portrait de madame de *Hautcastel*, et *l'autre* s'amusait à ôter la poussière qui le couvrait. — Cette occupation lui donnait un plaisir tranquille, et ce plaisir se faisait sentir à mon âme, quoiqu'elle fût perdue dans les vastes plaines du ciel ; car il est bon d'observer que, lorsque l'esprit voyage ainsi dans l'espace, il tient toujours aux sens par je ne sais quel lien secret ; en sorte que, sans se déranger de ses occupations, il peut prendre part aux jouissances paisibles de *l'autre* ; mais si ce plaisir augmente d'un certain point, ou si elle est frappée par quelque spectacle inattendu, l'âme aussitôt reprend sa place avec la vitesse de l'éclair.

C'est ce qui m'arriva tandis que je nettoyais le portrait.

À mesure que le linge enlevait la poussière et faisait paraître des

boucles de cheveux blonds, et la guirlande de roses dont il sont couronnés, mon âme, depuis le soleil où elle s'était transportée, sentit un léger frémissement de plaisir, et partagea sympathiquement la jouissance de mon cœur. Cette jouissance devint moins confuse et plus vive lorsque le linge, d'un seul coup, découvrit le front éclatant de cette charmante physionomie; mon âme fut sur le point de quitter les cieux pour jouir du spectacle. Mais se fût-elle trouvée dans les Champs-Elysées, eût-elle assisté à un concert de chérubins, elle n'y serait pas demeurée une demi-seconde, lorsque sa compagne prenant toujours plus d'intérêt à son ouvrage, s'avisa de saisir une éponge mouillée qu'on lui présentait et de la passer tout à coup sur les sourcils et les yeux, — sur le nez, — sur les joues, — sur cette bouche; — ah! Dieu! le cœur me bat: sur le menton, sur le sein: ce fut l'affaire d'un moment; toute la figure parut renaître et sortir du néant. — Mon âme se précipita du ciel comme une étoile tombante; elle trouva *l'autre* dans une extase ravissante, et parvint à l'augmenter en la partageant. Cette situation singulière et imprévue fit disparaître le temps et l'espace pour moi. — J'existai pour un instant dans le passé, et je rajeunis contre l'ordre de la nature. — Oui, la voilà, cette femme adorée, c'est elle-même, je la vois qui sourit; elle va parler pour dire qu'elle m'aime. — Quel regard! viens, que je te serre contre mon cœur, âme de ma vie, ma seconde existence! viens partager mon ivresse et mon bonheur! — Ce moment fut court, mais il fut ravissant: et la froide raison reprit bientôt son empire, et, dans l'espace d'un clin d'œil, je vieillis d'une année entière; — mon cœur devint froid, glacé, et je me trouvai de niveau avec la foule des indifférents qui pèsent sur le globe.

CHAPITRE XI.

Il ne faut pas anticiper sur les événements: l'empressement de communiquer au lecteur mon système de l'âme et de la bête m'a fait abandonner la description de mon lit un peu plus tôt que je ne devais; lorsque je l'aurai terminée, je reprendrai mon voyage à l'endroit où je l'ai interrompu dans le chapitre précédent. — Je vous prie seulement de vous ressouvenir que nous avons laissé *la moitié de moi-même*, tenant le portrait de madame de *Hautcastel* tout près de la muraille, à quatre pas de mon bureau. J'avais oublié, en parlant de mon lit, de conseiller à tout homme qui le pourra d'avoir un lit de couleur rose et blanc: il est certain que les couleurs influent sur nous au point de nous égayer ou de nous attrister suivant leurs nuances. — La rose et le blanc sont deux couleurs consacrées au plaisir et à la félicité. — La nature, en les donnant à la rose, lui a donné la couronne de l'empire de Flore; et lorsque le ciel veut annoncer une belle journée au monde, il colore les nues de cette teinte charmante au lever du soleil.

Un jour nous montions avec peine le long d'un sentier rapide: l'aimable Rosalie était en avant; son agilité lui donnait des ailes: nous ne pouvions la suivre. — Tout à coup, arrivée au sommet d'un tertre, elle se tourna vers nous pour reprendre haleine, et sourit à notre lenteur. — Jamais peut-être les deux couleurs dont je fais l'éloge n'avaient ainsi triomphé. — Ses joues enflammées, ses lèvres de corail, ses dents brillantes, son cou d'albâtre, sur un fond de verdure, frappèrent tous les regards. Il fallut nous arrêter pour la contempler: je ne dis rien de ses yeux bleus, ni du regard qu'elle jeta sur nous, parce que je ne sortirais pas de mon sujet, et que d'ailleurs je n'y pense jamais que le moins qu'il m'est possible. Il me suffit d'avoir donné le plus bel exemple imaginable de la supériorité de ces deux couleurs sur toutes les autres, et de leur influence sur le bonheur des hommes.

Je n'irai pas plus avant aujourd'hui. Quel sujet pourrais-je traiter qui ne fût insipide? Quelle idée n'est pas effacée par cette idée? — Je ne sais même quand je pourrai me remettre à l'ouvrage. — Si je le continue, et que le lecteur désire en voir la fin, qu'il s'adresse à l'ange distributeur des pensées, et qu'il le prie de ne plus mêler l'image de ce tertre parmi la foule de pensées décousues qu'il me jette à tout instant.

Sans cette précaution, c'en est fait de mon voyage.

CHAPITRE XII.

. .
. .
. le tertre
. .

CHAPITRE XIII.

Les efforts sont vains; il faut remettre la partie et séjourner ici malgré moi: c'est une étape militaire.

CHAPITRE XIV.

J'ai dit que j'aimais singulièrement à méditer dans la douce chaleur de mon lit, et que sa couleur agréable contribue beaucoup au plaisir que j'y trouve.

Pour me procurer ce plaisir, mon domestique a reçu l'ordre d'entrer dans ma chambre une demi-heure avant celle où j'ai résolu de me lever. Je l'entends marcher légèrement et *tripoter* dans ma chambre avec discrétion, et ce bruit me donne l'agrément de me sentir sommeiller: plaisir délicat et inconnu de bien des gens.

On est assez éveillé pour s'apercevoir qu'on ne l'est pas tout-à-fait et pour calculer confusément que l'heure des affaires et des ennuis est encore dans le sablier du temps. Insensiblement mon homme devient plus bruyant; il est si difficile de se contraindre! d'ailleurs il sait que l'heure fatale s'approche. — Il regarde à ma montre, et fait sonner les breloques pour m'avertir; mais je fais la sourde oreille; et, pour allonger encore cette heure charmante, il n'est sorte de chicane que je ne fasse à ce pauvre malheureux. J'ai cent ordres préliminaires à lui donner pour gagner du temps. Il suit fort bien que ces ordres, que je lui donne d'assez mauvaise humeur, ne sont que des prétextes pour rester au lit sans paraître le désirer. Il ne fait pas semblant de s'en apercevoir, et je lui en suis vraiment reconnaissant.

Enfin, lorsque j'ai épuisé toutes mes ressources, il s'avance au milieu de ma chambre, et se plante là, les bras croisés, dans la plus parfaite immobilité.

On m'avouera qu'il n'est pas possible de désapprouver ma pensée avec plus d'esprit et de discrétion; aussi je ne résiste jamais à cette invitation tacite; j'étends les bras pour lui témoigner que j'ai compris, et me voilà assis.

Si le lecteur réfléchit sur la conduite de mon domestique, il pourra se convaincre que, dans certaines affaires délicates, du genre de celle-ci, la simplicité et le bon sens valent infiniment mieux que l'esprit le plus adroit. J'ose assurer que le discours le plus étudié sur les inconvénients de la paresse ne me déciderait pas à sortir aussi promptement de mon lit que le manège muet de M. Joannetti.

C'est un parfait honnête homme que M. Joannetti, et en même temps celui de tous les hommes qui convenait le plus à un voyageur comme moi. Il est accoutumé aux fréquents voyages de mon âme, et ne rit jamais des inconséquences de *l'autre*; il la dirige même quelquefois lorsqu'elle est seule; en sorte qu'on pourrait dire alors qu'elle est conduite par deux âmes. Lorsqu'elle s'habille, par exemple, il m'avertit par un signe qu'elle est sur le point de mettre ses bas à l'envers, ou son habit avant sa veste. — Mon âme s'est souvent amusée à voir le pauvre Joannetti courir après la folle sous les berceaux de la citadelle pour l'avertir qu'elle avait oublié son chapeau; — une autre fois, son mouchoir.

Un jour (l'avouerai-je?) sans ce fidèle domestique qui la rattrapa au bas de l'escalier, l'étourdie s'acheminait vers la cour sans épée, aussi hardiment que le grand-maître des cérémonies portant l'auguste baguette.

CHAPITRE XV.

« Tiens, Joannetti, lui dis-je, raccroche ce portrait. » — Il m'avait aidé à le nettoyer, et ne se doutait non plus de tout ce qui a produit le chapitre du portrait que de ce qui se passe dans la lune. C'était lui qui de son propre mouvement m'avait présenté l'éponge mouillée, et qui, par cette démarche, en apparence indifférente, avait fait parcourir à mon âme cent millions de lieues en un instant. Au lieu de le remettre à sa place, il le tenait pour l'essuyer à son tour. — Une difficulté, un problème à résoudre, lui donnait un air de curiosité que je remarquai. — « Voyons, lui dis-je, que trouves-tu à redire dans ce portrait? — Oh! rien, monsieur. — Mais encore? » Il le posa debout sur une des tablettes de mon bureau; puis, s'éloignant de quelques pas: — « Je voudrais, dit-il, que monsieur m'expliquât pourquoi ce portrait me regarde toujours, quel que soit l'endroit de la chambre où je me trouve. Le matin, lorsque je fais le lit,

sa figure se tourne vers moi, et si je vais à la fenêtre, elle me regarde encore et me suit des yeux en chemin. — En sorte, Joannetti, lui dis-je, que, si la chambre était pleine de monde, cette belle dame lorgnerait de tout côté et tout le monde à la fois? — Oh! oui, monsieur. — Elle souriait aux allants et aux venants tout comme à moi? » — Joannetti ne répondit rien. — Je m'étendis dans mon fauteuil, et, baissant la tête, je me livrai aux méditations les plus sérieuses. — Quel trait de lumière! Pauvre amant! tandis que tu te morfonds loin de ta maîtresse, auprès de laquelle tu es peut-être déjà remplacé; tandis que tu fixes avidement tes yeux sur son portrait et que tu t'imagines (au moins en peinture) être le seul regardé, la perfide effigie, aussi infidèle que l'original, porte ses regards sur tout ce qui l'entoure, et sourit à tout le monde.

Voilà une ressemblance morale entre certains portraits et leur modèle, qu'aucun philosophe, aucun peintre, aucun observateur n'avait encore aperçue.

Je marche de découvertes en découvertes.

<center>◆</center>

CHAPITRE XVI.

Joannetti était toujours dans la même attitude en attendant l'explication qu'il m'avait demandée. Je sortis la tête des plis de mon habit de voyage, où je l'avais enfoncée pour méditer à mon aise et pour me remettre des tristes réflexions que je venais de faire. — « Ne vois-tu pas, Joannetti, lui dis-je après un moment de silence, et tournant mon fauteuil de son côté, ne vois-tu pas qu'un tableau étant une surface plane, les rayons de lumière qui partent de chaque point de cette surface... » Joannetti, à cette explication, ouvrit tellement les yeux qu'il en laissait voir la prunelle tout entière; il avait en outre la bouche entr'ouverte: ces deux mouvements dans la figure humaine annoncent, selon le fameux Le Brun, le dernier période de l'étonnement. C'était ma bête, sans doute, qui avait entrepris une semblable dissertation; mon âme savait du reste que Joannetti ignore complètement ce que c'est qu'une surface plane, et encore plus ce que sont des rayons de lumière: la prodigieuse dilatation de ses paupières m'ayant fait rentrer en moi-même, je me remis la tête dans le collet de mon habit de voyage, et je l'y enfonçai tellement que je parvins à la cacher presque tout entière.

Je résolus de dîner en cet endroit: la matinée était fort avancée, un pas de plus dans ma chambre aurait reculé mon dîner à la nuit. Je me glissai jusqu'au bord de mon fauteuil, et, mettant les deux pieds sur la cheminée, j'attendis patiemment le repas. — C'est une attitude délicieuse que celle-là: il serait, je crois, bien difficile d'en trouver une autre qui réunît autant d'avantages, et qui fût aussi commode pour les séjours inévitables dans un long voyage.

Rosine, ma chienne fidèle, ne manque jamais de venir alors tirailler les basques de mon habit de voyage pour que je la prenne sur moi; elle y trouve un lit tout arrangé et fort commode au sommet de l'angle que forment les deux parties de mon corps; un V consonne représente à merveille ma situation. Rosine s'élance sur moi, si je ne la prends pas assez tôt à son gré. Je la trouve souvent là sans savoir comment elle y est venue. Mes mains s'arrangent d'elles-mêmes de la manière la plus favorable à son bien-être, soit qu'il y ait une sympathie entre cette aimable bête et la mienne, soit que le hasard seul en décide; — mais je ne crois point au hasard, à ce triste système, — à ce mot qui ne signifie rien. — Je croirais plutôt au magnétisme; — je croirais plutôt au martinisme. Non, je n'y croirai jamais.

Il y a une telle réalité dans les rapports qui existent entre ces deux animaux, que, lorsque je mets les deux pieds sur la cheminée par pure distraction, lorsque l'heure du dîner est encore éloignée, et que je ne pense nullement à prendre l'étape, toutefois Rosine, présente à ce mouvement, trahit le plaisir qu'elle éprouve en remuant légèrement la queue; la discrétion la retient à sa place, et l'autre, qui s'en aperçoit, lui en sait gré: quoique incapables de raisonner sur la cause qui le produit, il s'établit ainsi entre elles un dialogue muet, un rapport de sensation très agréable, et qui ne saurait absolument être attribué au hasard.

<center>◆</center>

CHAPITRE XVII.

Qu'on ne me reproche pas d'être prolixe dans les détails, c'est la manière des voyageurs. Lorsqu'on part pour monter sur le mont Blanc, lorsqu'on va visiter la large ouverture du tombeau d'Empé-docle, on ne manque jamais de décrire exactement les moindres circonstances: le nombre des personnes, celui des mulets, la qualité des provisions, l'excellent appétit des voyageurs, tout enfin, jusqu'aux faux pas des montures, est soigneusement enregistré dans le journal pour l'instruction de l'univers sédentaire. Sur ce principe, j'ai résolu de parler de ma chère Rosine, aimable animal que j'aime d'une véritable affection, et de lui consacrer un chapitre tout entier.

Depuis six ans que nous vivons ensemble, il n'y a pas eu le moindre refroidissement entre nous; ou, s'il s'est élevé entre elle et moi quelques petites altercations, j'avoue de bonne foi que le plus grand tort a toujours été de mon côté, et que Rosine a toujours fait les premiers pas vers la réconciliation.

Le soir, lorsqu'elle a été grondée, elle se retire tristement et sans murmurer: le lendemain, à la pointe du jour, elle est auprès de mon lit, dans une attitude respectueuse; et, au moindre mouvement de son maître, au moindre signe de réveil, elle annonce sa présence par les battements précipités de sa queue sur ma table de nuit.

Et pourquoi refuserais-je mon affection à cet être caressant qui n'a jamais cessé de m'aimer depuis l'époque où nous avons commencé de vivre ensemble? Ma mémoire ne suffirait pas à faire l'énumération des personnes qui se sont intéressées à moi et qui m'ont oublié. J'ai eu quelques amis, plusieurs maîtresses, une foule de liaisons, encore plus de connaissances; — et maintenant je ne suis plus rien pour tout ce monde, qui a oublié jusqu'à mon nom.

Que de protestations, que d'offres de services! Je pouvais compter sur leur fortune, sur une amitié éternelle et sans réserve!

Ma chère Rosine, qui ne m'a point offert de services, me rend le plus grand service qu'on puisse rendre à l'humanité: elle m'aimait jadis, et m'aime encore aujourd'hui. Aussi, je ne crains point de le dire, je l'aime avec une portion du même sentiment que j'accorde à mes amis.

Qu'on en dise ce qu'on voudra.

<center>◆</center>

CHAPITRE XVIII.

Nous avons laissé Joannetti dans l'attitude de l'étonnement, immobile devant moi, attendant la fin de la sublime explication que j'avais commencée.

Lorsqu'il me vit enfoncer tout-à-coup la tête dans ma robe de chambre, et finir ainsi mon explication, il ne douta pas un instant que je ne fusse resté court faute de bonnes raisons, et de m'avoir, par conséquent, terrassé par la difficulté qu'il avait proposée.

Malgré la supériorité qu'il en acquérait sur moi, il ne sentit pas le moindre mouvement d'orgueil, et ne chercha point à profiter de son avantage. — Après un petit moment de silence, il prit le portrait, le remit à sa place, et se retira légèrement sur la pointe du pied. — Il sentait bien que sa présence était une espèce d'humiliation pour moi, et sa délicatesse lui suggéra de se retirer sans m'en laisser apercevoir. — Sa conduite, dans cette occasion, m'intéressa vivement, et le plaça toujours plus avant dans mon cœur. Il aura sans doute une place dans celui du lecteur; et s'il ne est quelqu'un assez insensible pour le lui refuser après avoir lu le chapitre suivant, le ciel lui a sans doute donné un cœur de marbre.

<center>◆</center>

CHAPITRE XIX.

« Morbleu! lui dis-je un jour, c'est pour la troisième fois que je « vous ordonne de m'acheter une brosse! Quelle tête! quel animal! » — Il ne répondit pas un mot, et n'avait rien répondu la veille à une pareille incartade. « Il est si exact! » disais-je; je n'y concevais rien. — « Allez chercher un linge pour nettoyer mes souliers, » lui dis-je en colère. Pendant qu'il allait, je me repentais de l'avoir ainsi brusqué. Mon courroux passa tout-à-fait lorsque je le vis avec lequel il tâchait d'ôter la poussière de mes souliers sans toucher à mes bas: j'appuyai ma main sur lui en signe de réconciliation. — « Quoi! « dis-je alors moi-même, il y a donc des hommes qui décrottent « les souliers des autres pour de l'argent? » Ce mot d'argent fut un trait de lumière qui vint m'éclairer. Je me ressouvins tout-à-coup qu'il y avait longtemps que je n'en avais point donné à mon domestique. — « Joannetti, lui dis-je en retirant mon pied, avez-vous de « l'argent! » Un demi-sourire de justification parut sur ses lèvres à cette demande. — « Non, monsieur; il y a huit jours que je n'ai pas « un sou; j'ai dépensé tout ce qui m'appartenait pour vos petites « emplettes. — Et la brosse? C'est sans doute pour cela? » — Il sourit

encore. — Il aurait pu dire à son maître : « Non, je ne suis point une « tête vide, un animal, comme vous avez eu la cruauté de le dire à « votre fidèle serviteur. Payez-moi 24 livres 10 sous 4 deniers que « vous me devez, et je vous achèterai votre brosse. » — Il se laissa maltraiter injustement plutôt que d'exposer son maître à rougir de sa colère.

Que le ciel le bénisse ! Philosophes ! chrétiens ! avez-vous lu ?

« Tiens, Joannetti, lui dis-je, tiens, cours acheter la brosse. — « Mais, monsieur, voulez-vous rester ainsi avec un soulier blanc et « l'autre noir ? »

« Va, te dis-je, acheter la brosse ; laisse, laisse cette poussière sur mon soulier. » — Il sortit ; je pris le linge et je nettoyai délicieusement mon soulier gauche, sur lequel je laissai tomber une larme de repentir.

CHAPITRE XX.

Les murs de ma chambre sont garnis d'estampes et de tableaux qui l'embellissent singulièrement. Je voudrais de tout mon cœur les faire examiner au lecteur les uns après les autres, pour l'amuser et le distraire le long du chemin que nous devons encore parcourir pour arriver à mon bureau ; mais il est aussi impossible d'expliquer clairement un tableau que de faire un portrait ressemblant d'après une description.

Quelle émotion n'éprouverait-il pas, par exemple, en contemplant la première estampe qui se présente aux regards ! — Il y verrait la malheureuse Charlotte, essuyant lentement et d'une main tremblante les pistolets d'Albert. — De noirs pressentiments et toutes les angoisses de l'amour sans espoir et sans consolation sont empreints sur sa physionomie ; tandis que le froid Albert, entouré de sacs de procès et de vieux papiers de toute espèce, se tourne froidement pour souhaiter un bon voyage à son ami. Combien de fois n'ai-je pas été tenté de briser la glace qui couvre cette estampe, pour arracher cet Albert sa table, pour le mettre en pièces, le fouler aux pieds ! Mais il restera toujours trop d'Alberts en ce monde. Quel est l'homme sensible qui n'a pas le sien, avec lequel il est obligé de vivre, et contre lequel les épanchements de l'âme, les douces émotions du cœur et les élans de l'imagination vont se briser comme les flots sur les rochers ? Heureux celui qui trouve un ami dont le cœur et l'esprit lui conviennent ; un ami qui s'unisse à lui par une conformité de goûts, de sentiments et de connaissances ; un ami qui ne soit pas tourmenté par l'ambition ou l'intérêt ; — qui préfère l'ombre d'un arbre à la pompe d'une cour ! — Heureux celui qui possède un ami !

CHAPITRE XXI.

J'en avais un : la mort me l'a ôté ; elle l'a saisi au commencement de sa carrière, au moment où son amitié était devenue un besoin pressant pour mon cœur. — Nous nous soutenions mutuellement dans les travaux pénibles de la guerre ; nous n'avions qu'une pipe à nous deux ; nous buvions dans la même coupe ; nous couchions sous la même toile, et, dans les circonstances malheureuses où nous sommes, l'endroit où nous vivions ensemble était pour nous une nouvelle patrie : je l'ai vu en butte à tous les périls de la guerre, et d'une guerre désastreuse. — La mort semblait nous épargner l'un pour l'autre : elle épuisa mille fois ses traits autour de lui sans l'atteindre ; mais c'était pour me rendre sa perte plus sensible. Le tumulte des armes, l'enthousiasme qui s'empare de l'âme à l'aspect du danger, auraient peut-être empêché ses cris d'aller jusqu'à mon cœur. — Sa mort eût été utile à son pays et funeste aux ennemis : — je l'aurais moins regretté. — Mais le perdre au milieu des délices d'un quartier d'hiver ; le voir expirer dans mes bras au moment où il paraissait regorger de santé ; au moment où notre liaison se resserrait encore dans le repos et la tranquillité ! — Ah ! je ne m'en consolerai jamais ! Cependant sa mémoire ne vit plus que dans mon cœur ; elle n'existe plus parmi ceux qui l'environnaient et qui l'ont remplacé ; cette idée me rend plus pénible le sentiment de sa perte. La nature, indifférente de même au sort des individus, remet sa robe brillante du printemps, et se pare de toute sa beauté autour du cimetière où il repose. Les arbres se couvrent de feuilles et entrelacent leurs branches ; les oiseaux chantent sous le feuillage ; les mouches bourdonnent parmi les fleurs ; tout respire la joie et la vie dans le séjour de la mort ; — le soir, tandis que la lune brille dans le ciel, et que je médite près de ce triste lieu, j'entends le grillon poursuivre gaîment son chant infatigable, caché sous l'herbe qui couvre la tombe silencieuse de mon ami. La destruction insensible des êtres et tous les malheurs de l'humanité sont comptés pour rien dans le grand tout. — La mort d'un homme sensible qui expire au milieu de ses amis désolés, et celle d'un papillon que l'air froid du matin fait périr dans le calice d'une fleur, sont deux époques semblables dans le cours de la nature. L'homme n'est rien qu'un fantôme, une ombre, une vapeur qui se dissipe dans les airs...

Mais l'aube matinale commence à blanchir le ciel ; les noires idées qui m'agitaient s'évanouissent avec la nuit, et l'espérance renaît dans mon cœur. — Non, celui qui inonde ainsi l'orient de lumière ne l'a point fait briller à mes regards pour me plonger bientôt dans la nuit du néant. Celui qui étendit cet horizon incommensurable, celui qui éleva ces masses énormes, dont le soleil dore les sommets glacés, est aussi celui qui a ordonné à mon cœur de battre et à mon esprit de penser.

Non, mon ami n'est point entré dans le néant ; quelle que soit la barrière qui nous sépare, je le reverrai. — Ce n'est point sur un syllogisme que je fonde mon espérance. — Le vol d'un insecte qui traverse les airs suffit pour me persuader ; et souvent l'aspect de la campagne, le parfum des airs, et je ne sais quel charme répandu autour de moi, élèvent tellement mes pensées, qu'une preuve invincible de l'immortalité entre avec violence dans mon âme et l'occupe tout entière.

CHAPITRE XXII.

Depuis longtemps le chapitre que je viens d'écrire se présentait à ma plume, et je l'avais toujours rejeté. Je m'étais promis de ne laisser voir dans ce livre que la face riante de mon âme ; mais ce projet m'a échappé comme tant d'autres : j'espère que le lecteur sensible me pardonnera de lui avoir demandé quelques larmes ; et si quelqu'un trouve qu'à *la vérité* (1), j'aurais pu retrancher ce triste chapitre, il peut le déchirer dans son exemplaire, ou même jeter le livre au feu.

Il me suffit que tu le trouves selon ton cœur, ma chère Jenny, toi, la meilleure et la plus aimée des femmes ; — toi, la meilleure et la plus aimée des sœurs ; c'est à toi que je dédie mon ouvrage ; s'il a ton approbation, il aura celle de tous les cœurs sensibles et délicats ; et si tu pardonnes aux folies qui m'échappent quelquefois malgré moi, je brave tous les censeurs de l'univers.

CHAPITRE XXIII.

Je ne dirai qu'un mot de l'estampe suivante.

C'est la famille du malheureux Ugolin expirant de faim : autour de lui, un de ses fils est étendu sans mouvement à ses pieds ; les autres lui tendent leurs bras affaiblis et lui demandent du pain, tandis que le malheureux père, appuyé contre une colonne de la prison, l'œil fixe et hagard, le visage immobile, — dans l'horrible tranquillité que donne le dernier période du désespoir, meurt à la fois de sa propre mort et de celle de tous ses enfants, et souffre tout ce que la nature humaine peut souffrir.

Brave chevalier d'Assas, te voilà expirant sous cent baïonnettes, par un effort de courage, par un héroïsme qu'on ne connaît plus de nos jours !

Et toi qui pleures sous ces palmiers, malheureuse négresse ! toi qu'un barbare, qui n'a pas même voulu être ton ami, a trahie et délaissée ; — que dis-je ? toi qu'il a eu la cruauté de vendre comme une vile esclave malgré ton amour et tes services, malgré le fruit de sa tendresse que tu portes dans ton sein, — je ne passerai point devant ton image sans te rendre l'hommage qui est dû à ta sensibilité et à tes malheurs !

Arrêtons-nous un instant devant cet autre tableau : c'est une jeune bergère qui garde toute seule son troupeau sur le sommet des Alpes : elle est assise sur un vieux tronc de sapin renversé et blanchi par les hivers ; ses pieds sont recouverts par les larges feuilles d'une touffe de *cacalia*, dont la fleur lilas s'élève au-dessus de sa tête. La lavande, le thym, l'anémone, la centaurée, des fleurs de toute espèce, qu'on cultive avec peine dans nos serres et nos jardins, et qui naissent sur les Alpes dans toute leur beauté primitive, forment le tapis brillant sur lequel errent ses brebis. — Aimable bergère, dis-moi où se trouve l'heureux coin de la terre que tu habites ? de quelle bergerie éloignée es-tu partie ce matin au lever de l'au-

(1) Voyez le roman de Werther, lettre xxviii, 12 août.

CHAPITRE XXIV.

Je ne sais comment cela m'arrive; depuis quelque temps mes chapitres finissent toujours sur un ton sinistre. En vain je fixe, en les commençant, mes regards sur quelque objet agréable, — en vain je m'embarque par le calme, j'essuie bientôt une bourrasque qui me fait dériver. — Pour mettre fin à cette agitation, qui ne me laisse pas le maître de mes idées, et pour apaiser les battements de mon cœur, que tant d'images attendrissantes ont trop agité, je ne vois d'autre remède qu'une dissertation. — Oui, je veux mettre ce morceau de glace sur mon cœur.
Et cette dissertation sera sur la peinture; car, de disserter sur tout autre objet, il n'y a point moyen. Je ne puis descendre tout-à-fait du point où j'étais monté tout à l'heure : d'ailleurs, c'est le *dada* de mon oncle Tobie.
Je voudrais dire, en passant, quelques mots sur la question de la prééminence entre l'art charmant de la peinture et celui de la musique : oui, je veux mettre quelque chose dans la balance, ne fût-ce qu'un grain de sable, un atome.
On dit en faveur du peintre qu'il laisse quelque chose après lui; ses tableaux lui survivent et éternisent sa mémoire.
On répond que les compositeurs en musique laissent aussi des opéras et des concerts; mais la musique est sujette à la mode, et la peinture ne l'est pas. Les morceaux de musique qui attendrissaient nos aïeux sont ridicules pour les amateurs de nos jours, et on les place dans les opéras bouffons, pour faire rire les neveux de ceux qu'ils faisaient pleurer autrefois.
Les tableaux de Raphaël enchanteront notre postérité, comme ils ont ravi nos ancêtres.
Voilà mon grain de sable.

CHAPITRE XXV.

« Mais que m'importe à moi, me dit un jour madame de Hautcastel, la musique de Chérubini ou de Cimarosa diffère de celle de leurs prédécesseurs? — Que m'importe que l'ancienne musique me fasse rire, pourvu que la nouvelle m'attendrisse délicieusement? — Est-il donc nécessaire à mon bonheur que mes plaisirs ressemblent à ceux de ma trisaïeule? Que me parlez-vous de peinture? d'un art qui n'est goûté que par une classe très peu nombreuse de personnes, tandis que la musique enchante tout ce qui respire? »
Je ne sais pas trop, dans ce moment, ce qu'on pourrait répondre à cette observation, à laquelle je ne m'attendais pas en commençant ce chapitre.
Si je l'avais prévue, peut-être je n'aurais pas entrepris cette dissertation. Et qu'on ne prenne point ceci pour un tour de musicien. — Je ne le suis point, sur mon honneur ; — non , je ne suis pas musicien ; j'en atteste le ciel et tous ceux qui m'ont entendu jouer du violon.
Mais, en supposant le mérite de l'art égal de part et d'autre, il ne faudrait pas se presser de conclure du mérite de l'art au mérite de l'artiste. — On voit des enfants toucher du clavecin en grands maîtres; on n'a jamais vu un bon peintre de douze ans. La peinture, outre le goût et le sentiment, exige une tête pensante, dont les musiciens peuvent se passer. On voit tous les jours des hommes sans tête et sans cœur tirer d'un violon , d'une harpe , des sons ravissants.
On peut élever la bête humaine à toucher du clavecin, et lorsqu'elle est élevée par un bon maître, l'âme peut voyager tout à son aise , tandis que ses doigts vont machinalement tirer des sons dont elle ne se mêle nullement. — On ne saurait, au contraire, peindre la chose du monde la plus simple sans que l'âme y emploie toutes ses facultés.
Si cependant quelqu'un s'avisait de distinguer entre la musique de composition et celle d'exécution, j'avoue qu'il m'embarrasserait un peu. Hélas! si tous les faiseurs de dissertations étaient de bonne foi, c'est ainsi qu'elles finiraient toutes. — En commençant l'examen d'une question , on prend ordinairement le ton dogmatique, parce qu'on est décidé en secret, comme je l'étais réellement pour la peinture, malgré mon hypocrite impartialité ; mais la discussion réveille l'objection , — et tout finit par le doute.

CHAPITRE XXVI.

Maintenant que je suis plus tranquille, je vais tâcher de parler sans émotion des deux portraits qui suivent le tableau de *la Bergère des Alpes*.
Raphaël! ton portrait ne pouvait être peint que par toi-même. Quel autre eût osé l'entreprendre? — Ta figure ouverte, sensible, spirituelle, annonce ton caractère et ton génie.
Pour complaire à ton ombre, j'ai placé auprès de toi le portrait de ta maîtresse, à qui tous les hommes de tous les siècles demanderont éternellement compte des ouvrages sublimes dont ta mort prématurée a privé les arts.
Lorsque j'examine le portrait de Raphaël, je me sens pénétré d'un respect presque religieux pour ce grand homme qui, à la fleur de son âge, avait surpassé toute l'antiquité ; et dont les tableaux font l'admiration et le désespoir des artistes modernes. — Mon âme, en l'admirant, éprouve un mouvement d'indignation contre cette Italienne qui préféra son amour à son amant , et qui éteignit dans son sein ce flambeau céleste, ce génie divin.
Malheureuse! ne savais-tu donc pas que Raphaël avait annoncé un tableau supérieur à celui de la *Transfiguration*? — Ignorais-tu que tu serrais dans tes bras le favori de la nature , le père de l'enthousiasme, un génie sublime, un dieu?
Tandis que mon âme fait ces observations, sa *compagne*, en fixant un œil attentif sur la figure ravissante de cette funeste beauté , se sent toute prête à lui pardonner la mort de Raphaël.
En vain mon âme lui reproche son extravagante faiblesse, elle n'est point écoutée. — Il s'établit entre ces deux dames, dans ces sortes d'occasions, un dialogue singulier qui finit trop souvent à l'avantage du *mauvais principe*, et dont je réserve un échantillon pour un autre chapitre.

CHAPITRE XXVII.

Les estampes et les tableaux dont je viens de parler pâlissent et disparaissent au premier coup d'œil qu'on jette sur le tableau suivant: les ouvrages immortels de Raphaël, du Corrége et de toute l'École d'Italie ne soutiendraient pas le parallèle. Aussi je le garde toujours pour le dernier morceau, pour la pièce de réserve, lorsque je procure à quelques curieux le plaisir de voyager avec moi; et je puis assurer que, depuis que je fais voir ce tableau sublime aux connaisseurs et aux ignorants, aux gens du monde, aux artisans , aux femmes et aux enfants , aux animaux même , j'ai toujours vu les spectateurs quelconques donner, chacun à sa manière , des signes de plaisir et d'étonnement : tant la nature y est admirablement rendue !
Eh ! quel tableau pourrait-on vous présenter, messieurs; quel spectacle pourrait-on mettre sous vos yeux, mesdames, plus sûr de votre suffrage que la fidèle représentation de vous-mêmes? Le tableau dont je parle est un miroir, et personne jusqu'à présent ne s'est encore avisé de le critiquer ; il est, pour tous ceux qui le regardent, un tableau parfait auquel il n'y a rien à redire.
On conviendra sans doute qu'il doit être compté pour une des merveilles de la contrée où je me promène.
Je passerai sous silence le plaisir qu'éprouve le physicien habitué sur les étranges phénomènes de la lumière qui représente tous les objets de la nature sur cette surface polie. Le miroir présente au voyageur sédentaire mille réflexions intéressantes, mille observations qui le rendent un objet utile et précieux.
Vous que l'Amour a tenus ou tient encore sous son empire , apprenez que c'est devant un miroir qu'il aiguise ses traits et médite ses cruautés; c'est là qu'il répète ses manœuvres, qu'il étudie ses mouvements, qu'il se prépare d'avance à la guerre qu'il veut déclarer; c'est là qu'il s'exerce aux doux regards, aux petites mines, aux bouderies savantes, comme un acteur s'exerce en face de lui-même avant de se présenter en public. Toujours impartial et vrai , un miroir renvoie aux yeux du spectateur les roses de la jeunesse et les rides de l'âge, sans calomnier et sans flatter personne. — Seul entre tous les conseillers des grands, il leur dit constamment la vérité.

Cet avantage m'avait fait désirer l'invention d'un miroir moral, où tous les hommes pourraient se voir avec leurs vices et leurs vertus. Je songeais même à proposer un prix à quelque académie pour cette découverte, lorsque de mûres réflexions m'en ont prouvé l'inutilité.

Hélas! il est si rare que la laideur se reconnaisse et casse le miroir! En vain les glaces se multiplient autour de nous, et réfléchissent avec une exactitude géométrique la lumière et la vérité; au moment où les rayons vont pénétrer dans notre œil et nous peindre tels que nous sommes, l'amour-propre glisse son prisme trompeur entre nous et notre image, et nous présente une divinité.

Et de tous les prismes qui ont existé, depuis le premier qui sortit des mains de l'immortel Newton, aucun n'a possédé une force de réfraction aussi puissante et ne produit des couleurs aussi agréables et aussi vives que le prisme de l'amour-propre.

Or, puisque les miroirs communs annoncent en vain la vérité, et que chacun est content de sa figure; puisqu'ils ne peuvent faire connaître aux hommes leurs imperfections physiques, à quoi servirait mon miroir moral? Peu de monde y jetterait les yeux, et personne ne s'y reconnaîtrait, — excepté les philosophes. — J'en doute même un peu.

En prenant le miroir pour ce qu'il est, j'espère que personne ne me blâmera de l'avoir placé au-dessus de tous les tableaux de l'école d'Italie. Les dames, dont le goût ne saurait être faux, et dont la décision doit tout régler, jettent ordinairement leur premier coup d'œil sur ce tableau lorsqu'elles entrent dans un appartement.

J'ai vu mille fois des dames, et même des damoiseaux, oublier au bal leurs amants ou leurs maîtresses, la danse et tous les plaisirs de la fête, pour contempler avec une complaisance marquée ce tableau enchanteur, — et l'honorer même de temps à autre d'un coup d'œil, au milieu de la contredanse la plus animée.

Qui pourrait donc lui disputer le rang que je lui accorde parmi les chefs-d'œuvre de l'art d'Apelles?

CHAPITRE XXVIII.

J'étais enfin arrivé tout près de mon bureau; déjà même, en allongeant le bras, j'aurais pu en toucher l'angle le plus voisin de moi, lorsque je me vis au moment de vouloir détruire le fruit de tous mes travaux, et de perdre la vie. Je devrais passer sous silence l'accident qui m'arriva, pour ne pas décourager les voyageurs; mais il est si difficile de verser dans la chaise de poste dont je me sers, qu'on sera forcé de convenir qu'il faut être malheureux au dernier point, — aussi malheureux que je le suis, pour courir un semblable danger. Je me trouvai étendu par terre, complètement versé et renversé; et cela si vite, si inopinément, que j'aurais été tenté de révoquer en doute mon malheur, si un tintement dans la tête et une violente douleur à l'épaule gauche ne m'en avaient trop évidemment prouvé l'authenticité.

Ce fut encore un mauvais tour de ma moitié. — Effrayée par la voix d'un pauvre qui demanda tout à coup l'aumône à ma porte, et par les aboiements de Rosine, elle fit tourner brusquement mon fauteuil avant que mon âme eut le temps de l'avertir qu'il manquait une brique derrière; l'impulsion fut si violente que ma chaise de poste se trouva absolument hors de son centre de gravité et se renversa sur moi.

Voici, je l'avoue, une des occasions où j'ai eu le plus à me plaindre de mon âme; car, au lieu d'être fâchée de l'absence qu'elle venait de faire, et de tancer sa compagne sur sa précipitation, elle s'oublia au point de partager le ressentiment le plus animal, et de maltraiter de paroles ce pauvre innocent. — « Fainéant, allez travailler, » lui dit-elle (apostrophe exécrable, inventée par l'avare et cruelle richesse!) « Monsieur, dit-il alors pour m'attendrir, je suis de Chambéry... — Tant pis pour vous. — Je suis Jacques; c'est moi que vous avez vu à la campagne; c'est moi qui menais les moutons aux champs... — Que venez-vous faire ici? » — Mon âme commençait à se repentir de la brutalité de ses premières paroles. — Je crois même qu'elle s'en était repentie un instant avant de les laisser échapper. C'est ainsi que, lorsqu'on rencontre inopinément dans sa course un fossé ou un bourbier, on le voit, mais on n'a plus le temps de l'éviter.

Rosine acheva de me ramener au bon sens et au repentir : elle avait reconnu Jacques, qui avait souvent partagé son pain avec elle, et lui témoignait, par ses caresses, son souvenir et sa reconnaissance.

Pendant ce temps, Joannetti, ayant rassemblé les restes de mon dîner, qui étaient destinés pour le sien, les donna sans hésiter à Jacques.

Pauvre Joannetti!

C'est ainsi que, dans mon voyage, je vais prenant des leçons de philosophie et d'humanité de mon domestique et de mon chien.

CHAPITRE XXIX.

Avant d'aller plus loin, je veux détruire un doute qui pourrait s'être introduit dans l'esprit de mes lecteurs.

Je ne voudrais pas, pour tout au monde, qu'on me soupçonnât d'avoir entrepris ce voyage uniquement pour ne savoir que faire, et forcé, en quelque manière, par les circonstances; j'assure ici et jure pour tout ce qui m'est cher, que j'avais le dessein de l'entreprendre longtemps avant l'événement qui m'a fait perdre ma liberté pendant quarante-deux jours. Cette retraite forcée ne fut qu'une occasion de me mettre en route plus tôt.

Je sais que la protestation gratuite que je fais ici paraîtra suspecte à certaines personnes; — mais je sais aussi que les gens soupçonneux ne liront pas ce livre; — ils ont assez d'occupation chez eux et chez leurs amis; ils ont bien d'autres affaires; — et les bonnes gens me croiront.

Je conviens cependant que j'aurais préféré m'occuper de ce voyage dans un autre temps, et que j'aurais choisi, pour l'exécuter, le carême plutôt que le carnaval : toutefois, des réflexions philosophiques, qui me sont venues du ciel, m'ont beaucoup aidé à supporter la privation des plaisirs que Turin présente en foule dans ces moments de bruit et d'agitation. — Il est très sûr, me disais-je, que les murs de ma chambre ne sont pas aussi magnifiquement décorés que ceux d'une salle de bal : le silence de ma cabine ne vaut pas l'agréable bruit de la musique et de la danse; mais, parmi les brillants personnages qu'on rencontre dans ces fêtes, il en est certainement de plus ennuyés que moi.

Et pourquoi m'attacherais-je à considérer ceux qui sont dans une situation plus agréable, tandis que le monde fourmille de gens plus malheureux que je ne suis dans la mienne? — Au lieu de me transporter par l'imagination dans ce superbe casin, où tant de beautés sont éclipsées par la jeune Eugénie, pour me trouver heureux je n'ai qu'à m'arrêter un instant le long des rues qui y conduisent. — Un tas d'infortunés, couchés à demi sous les portiques de ces appartements somptueux, semblent près d'expirer de froid et de misère. — Quel spectacle! Je voudrais que cette page de mon livre fût connue de tout l'univers; je voudrais qu'on sût que, dans cette ville, où tout respire l'opulence, pendant les nuits les plus froides de l'hiver, une foule de malheureux dorment à découvert, la tête appuyée sur une borne ou sur le seuil d'un palais.

Ici, c'est un groupe d'enfants serrés les uns contre les autres pour ne pas mourir de froid. — Là, c'est une femme tremblante et sans voix pour se plaindre. — Les passants vont et viennent, sans être émus d'un spectacle auquel ils sont accoutumés. — Le bruit des carrosses, la voix de l'intempérance, les sons ravissants de la musique, se mêlent quelquefois aux cris de ces malheureux, et forment une horrible dissonance.

CHAPITRE XXX.

Celui qui se presserait de juger une ville d'après le chapitre précédent se tromperait fort. J'ai parlé des pauvres qu'on y trouve, de leurs cris pitoyables, et de l'indifférence de certaines personnes à leur égard; mais je n'ai rien dit de la foule d'hommes charitables qui dorment pendant que les autres s'amusent, qui se lèvent à la pointe du jour, et vont secourir l'infortune sans témoin et sans ostentation.

— Non, je ne passerai point sous silence : — je veux l'écrire sur le revers de la page que tout l'univers doit lire.

Après avoir ainsi partagé leur fortune avec leurs frères, après avoir versé le baume dans ces cœurs froissés par la douleur, ils vont dans les églises, tandis que le vice fatigué dort sur l'édredon, offrir à Dieu leurs prières et le remercier de ses bienfaits : la lumière de la lampe solitaire combat encore dans le temple celle du jour naissant, et déjà ils sont prosternés au pied des autels; — et l'Éternel, irrité de la dureté et de l'avarice des hommes, retient sa foudre prête à frapper!

CHAPITRE XXXI.

J'ai voulu dire quelque chose de ces malheureux dans mon voyage, parce que l'idée de leur misère est souvent venue me distraire en chemin. Quelquefois, frappé de la différence de leur situation et de la mienne, j'arrêtais tout à coup ma berline, et ma chambre me pa-

raissait prodigieusement embellie. Quel luxe inutile! Six chaises! deux tables! un bureau! un miroir! quelle ostentation! Mon lit surtout, mon lit couleur de rose et blanc, et mes deux matelas, me semblaient défier la magnificence et la mollesse des monarques de l'Asie. — Ces réflexions me rendaient indifférents les plaisirs qu'on m'avait défendus: de réflexions en réflexions, mon accès de philosophie devenait tel, que j'aurais vu en un bal dans la chambre voisine, que j'aurais entendu le son des violons et des clarinettes, sans remuer de ma place; — j'aurais entendu de mes deux oreilles la voix mélodieuse de Marchesini, cette voix qui m'a si souvent mis hors de moi-même, — oui, je l'aurais entendue sans m'ébranler: — bien plus, j'aurais regardé sans la moindre émotion la plus belle femme de Turin, Eugénie elle-même, parée de la tête aux pieds par les mains de mademoiselle Rapous (1). — Cela n'est cependant pas bien sûr.

CHAPITRE XXXII.

Mais, permettez-moi de vous le demander, messieurs, vous amusez-vous autant qu'autrefois au bal et à la comédie? — Pour moi, je vous l'avoue, depuis quelque temps toutes les assemblées nombreuses m'inspirent une certaine terreur. — J'y suis assailli par un songe sinistre. — En vain je fais mes efforts pour le chasser, il revient toujours, comme celui d'Athalie. — C'est peut-être parce que l'âme, inondée aujourd'hui d'idées noires et de tableaux déchirants, trouve partout des sujets de tristesse, — comme un estomac vicié convertit en poisons les aliments les plus sains. — Quoi qu'il en soit, voici mon songe: — Lorsque je suis dans une de ces fêtes, au milieu de cette foule d'hommes aimables et caressants qui dansent, qui chantent, — qui pleurent aux tragédies, qui n'expriment que la joie, la franchise et la cordialité, je me dis: — Si dans cette assemblée polie il entrait tout à coup un ours blanc, un philosophe, un tigre, ou quelque autre animal de cette espèce, et que, montant à l'orchestre, il s'écriât d'une voix forcenée: — « Malheureux humains! écoutez la vérité qui vous parle par ma bouche: vous êtes opprimés, tyrannisés, vous êtes malheureux; vous vous ennuyez. — Sortez de cette léthargie!

» Vous, musiciens, commencez par briser ces instruments sur vos têtes; que chacun s'arme d'un poignard: ne pensez plus désormais aux délassement et aux fêtes; montez aux loges, égorgez tout le monde; que les femmes trempent aussi leurs mains timides dans le sang!

« Sortez, vous êtes *libres*! arrachez votre roi de son trône, et votre Dieu de son sanctuaire! »

— Eh bien! ce que le tigre a dit, combien de ces hommes *charmants* l'exécuteront? — Combien peut-être y pensaient avant qu'il entrât? Qui le sait? — Est-ce qu'on ne dansait pas à Paris il y a cinq ans (2)?

« Joannetti, fermez les portes et les fenêtres. — Je ne veux plus voir la lumière; qu'aucun homme n'entre dans ma chambre; — mettez mon sabre à la portée de ma main, — sortez vous-même, et ne reparaissez plus devant moi! »

CHAPITRE XXXIII.

« Non, non, reste, Joannetti; reste, pauvre garçon: et toi aussi, ma Rosine, toi, qui devines mes peines et qui les adoucis par tes caresses; viens, ma Rosine; viens. — V consonne et séjour. »

CHAPITRE XXXIV.

La chute de ma chaise de poste a rendu le service au lecteur de raccourcir mon voyage d'une bonne douzaine de chapitres, parce qu'en me relevant je me trouvai vis-à-vis et tout près de mon bureau, et que je ne fus plus à temps de faire de ces réflexions sur le nombre

(1) Fameuse marchande de modes à l'époque du Voyage autour de ma chambre.
(2) On voit que ce chapitre fut écrit en 1794; il est aisé de s'apercevoir en lisant cet ouvrage qu'il fut laissé et repris.

d'estampes et de tableaux que j'avais encore à parcourir, et qui auraient pu allonger mes excursions sur la peinture.

En laissant donc sur la droite les portraits de *Raphaël* et de sa maîtresse, le chevalier d'*Assas* et la *Bergère des Alpes*, et longeant sur la gauche du côté de la fenêtre, on découvre mon bureau: c'est le premier objet et le plus apparent qui se présente aux regards du voyageur, en suivant la route que je viens d'indiquer.

Il est surmonté de quelques tablettes servant de bibliothèque; — le tout est couronné par un buste qui termine la pyramide, et c'est l'objet qui contribue le plus à l'embellissement du pays.

En tirant le premier tiroir à droite, on trouve un écritoire, du papier de toute espèce, des plumes toutes taillées, de la cire à cacheter. — Tout cela donnerait l'envie d'écrire à l'être le plus indolent. — Je suis sûr, ma chère Jenny, que si tu venais à ouvrir ce tiroir par hasard, tu répondrais à la lettre que je t'écrivis l'an passé. — Dans le tiroir correspondant gisent confusément entassés les matériaux de l'histoire attendrissante de la prisonnière de Pignerol, que vous lirez bientôt, mes chers amis (1).

Entre ces deux tiroirs est un enfoncement où je jette les lettres à mesure que je les reçois: on trouve là toutes celles que j'ai reçues depuis dix ans; les plus anciennes sont rangées, selon leurs dates, en plusieurs paquets; les nouvelles sont pêle-mêle; il m'en reste plusieurs qui datent de ma première jeunesse.

Quel plaisir de revoir dans ces lettres les situations intéressantes de nos jeunes années, d'être transporté de nouveau dans ces temps heureux que nous ne reverrons plus!

Ah! comme mon cœur est plein! comme il jouit tristement lorsque mes yeux parcourent les lignes tracées par un être qui n'existe plus! Voilà ses caractères, c'est son cœur qui conduisait sa main, c'est à moi qu'il écrivait cette lettre, et cette lettre est tout ce qui me reste de lui!

Lorsque je porte la main dans ce réduit, il est rare que je m'en tire de toute la journée. C'est ainsi que le voyageur traverse rapidement quelques provinces d'Italie, en faisant à la hâte quelques observations superficielles, pour se fixer à Rome pendant des mois entiers. — C'est la veine la plus riche de la mine que j'exploite. Quel changement dans mes idées et dans mes sentiments! quelle différence dans mon état! Lorsque je les examine alors et aujourd'hui, je les vois mortellement agités pour des projets qui ne les touchent plus maintenant. Nous regardions comme un grand malheur un événement; mais la fin de la lettre manque, et l'événement est complètement oublié: je ne puis savoir de quoi il était question. — Mille préjugés nous assiégeaient; le monde et les hommes nous étaient totalement inconnus; mais aussi quelle chaleur dans notre commerce! quelle liaison intime! quelle confiance sans bornes!

Nous étions heureux de nos erreurs. — Et maintenant: — Ah! ce n'est plus cela! il nous a fallu lire, comme les autres, dans le cœur humain; — et la vérité, tombant au milieu de nous comme une bombe, a détruit pour toujours le palais enchanté de l'illusion.

CHAPITRE XXXV.

Il ne tiendrait qu'à moi de faire un chapitre sur cette rose sèche que voilà, si le sujet en valait la peine: c'est une fleur du carnaval de l'année dernière. J'allai moi-même la cueillir dans les serres du *Valentin*, et le soir, une heure avant le bal, plein d'espérance et dans une agréable émotion, j'allai la présenter à madame de *Hautcastel*. Elle la prit, la posa sur sa toilette, sans la regarder et sans me regarder moi-même. — Mais comment aurait-elle fait attention à moi? elle était occupée à se regarder elle-même. Debout devant un grand miroir, toute coiffée, elle mettait la dernière main à sa parure: elle était si fort préoccupée, son attention était si totalement absorbée par les rubans, des gazes et des pompons de toute espèce amoncelés devant elle, que je n'obtins pas même un regard, un signe. — Je me résignai: je tenais humblement des épingles toutes prêtes, arrangées dans ma main; mais son carreau se trouvant plus à sa portée, elle les prenait à son carreau, — et si j'avançais la main, elle les prenait de ma main — indifféremment; — et pour les prendre elle tâtonnait, sans ôter les yeux de son miroir, de crainte de se perdre de vue.

Je tins quelque temps un second miroir derrière elle, pour lui faire mieux juger de sa parure; et sa physionomie se répétant d'un miroir à l'autre, je vis alors une perspective de coquettes, dont aucune ne faisait attention à moi. Enfin, l'avouerai-je? nous faisions, ma rose et moi, une fort triste figure.

Je finis par perdre patience, et ne pouvant plus résister au dépit

(1) L'auteur n'a pas tenu parole, et si quelque chose a paru sous ce titre, l'auteur du Voyage autour de ma chambre déclare qu'il n'y entre pour rien.

qui me dévorait, je posai le miroir que je tenais à ma main, et je sortis de colère, et sans prendre congé.

« *Vous en allez-vous?* » me dit-elle en se tournant de côté pour voir sa taille de profil. — Je ne répondis rien ; mais j'écoutai quelque temps à la porte, pour savoir l'effet qu'allait produire ma brusque sortie. — « *Ne voyez-vous pas,* disait-elle à sa femme de chambre, « après un instant de silence, *ne voyez-vous pas que ce caraco est beau-* « *coup trop large pour ma taille, surtout en bas, et qu'il y faut faire* « *une baste* (1) *avec des épingles?* »

Comment et pourquoi cette rose sèche se trouve là sur une tablette de mon bureau, c'est ce que je ne dirai certainement pas, parce que j'ai déclaré qu'une rose sèche ne méritait pas un chapitre.

Remarquez bien, mesdames, que je ne fais aucune réflexion sur l'aventure de la rose sèche. Je ne dis point que madame de *Hautcastel* ait bien ou mal fait de me préférer sa parure, ni que j'eusse le droit d'être reçu autrement.

Je me garde encore avec plus de soin d'en tirer des conséquences générales sur la réalité, la force et la durée de l'affection des dames pour leurs amis. — Je me contente de jeter ce chapitre (puisque c'en est un), de le jeter, dis-je, dans le monde, avec le reste du voyage, sans l'adresser à personne, et sans le recommander à personne.

Je n'ajouterai qu'un conseil pour vous, messieurs ; c'est de vous mettre bien dans l'esprit qu'un jour de bal votre maîtresse n'est plus à vous.

Au moment où la parure commence, l'amant n'est plus qu'un mari, et le bal seul devient l'amant.

Tout le monde sait du reste ce que gagne un mari à vouloir se faire aimer par force ; prenez donc votre mal en patience et en riant.

Et ne vous faites pas illusion, monsieur : si l'on vous voit avec plaisir au bal, ce n'est point en votre qualité d'amant ; car vous êtes un mari ; c'est parce que vous faites partie du bal, et que vous êtes, par conséquent, une fraction de sa nouvelle conquête : vous êtes une *décimale* d'amant ; ou bien, peut-être, c'est parce que vous dansez bien, et que vous la ferez briller : enfin, ce qu'il peut y avoir de plus flatteur pour vous dans le bon accueil qu'elle vous fait, c'est qu'elle espère qu'en déclarant pour son amant un homme de mérite comme vous, elle excitera la jalousie de ses compagnes ; sans cette considération, elle ne vous regarderait seulement pas.

Voilà donc qui est entendu ; il faudra vous résigner et attendre que votre rôle de mari soit passé. — J'en connais plus d'un qui voudrait en être quitte à si bon marché.

✥

CHAPITRE XXXVI.

J'ai promis un dialogue entre mon âme et *l'autre* ; mais il est certains chapitres qui m'échappent, ou plutôt il en est d'autres qui coulent de ma plume comme malgré moi, et qui déroutent mes projets : de ce nombre est celui de ma bibliothèque, que je ferai le plus court possible. — Les quarante-deux jours vont finir, et un espace de temps égal ne suffirait pas pour achever la description du riche pays où je voyage si agréablement.

Ma bibliothèque donc est composée de romans, puisqu'il faut vous le dire, — oui, de romans, et de quelques poëtes choisis.

Comme si je n'avais pas assez de mes maux, je partage encore volontairement ceux de mille personnages imaginaires, et je les sens aussi vivement que les miens : que de larmes n'ai-je pas versées pour cette malheureuse *Clarisse* et pour l'amant de *Charlotte* !

Mais si je cherche ainsi de feintes afflictions, je trouve, en revanche, dans ce monde imaginaire, la vertu, la bonté, le désintéressement, que je n'ai pas encore trouvés réunis dans le monde réel où j'existe. — J'y trouve une femme comme je la désire, sans humeur, sans légèreté, sans détour : je ne dis rien de la beauté ; on peut s'en fier à mon imagination : je la fais si belle qu'il n'y a rien à redire. Ensuite, fermant le livre, qui ne répond plus à mes idées, je la prends par la main, et nous parcourons ensemble un pays mille fois plus délicieux que celui d'Eden. Quel peintre pourrait représenter le paysage enchanté où j'ai placé la divinité de mon cœur? et quel poëte pourra jamais décrire les sensations vives et variées que j'éprouve dans ces régions enchantées?

Combien de fois n'ai-je pas maudit ce *Cleveland,* qui s'embarque à tout instant dans de nouveaux malheurs qu'il pourrait éviter ! Je ne puis souffrir ce livre et cet enchaînement de calamités ; mais si je l'ouvre par distraction, il faut que je le dévore jusqu'à la fin.

Comment laisser ce pauvre homme chez les *Abaquis* ? que deviendrait-il avec ces sauvages? J'ose encore moins l'abandonner dans l'excursion qu'il fait pour sortir de sa captivité.

(1) Terme national employé en badinant pour rempli.

Enfin, j'entre tellement dans ses peines, je m'intéresse si fort à lui et à sa famille infortunée, que l'apparition inattendue des féroces *Ruintons* me fait dresser les cheveux : une sueur froide me couvre lorsque je lis ce passage, et ma frayeur est aussi vive, aussi réelle que si je devais être rôti moi-même et mangé par cette canaille.

Lorsque j'ai assez pleuré et fait l'amour, je cherche quelque poëte, et je pars de nouveau pour un autre monde.

✥

CHAPITRE XXXVII.

Depuis l'expédition des Argonautes jusqu'à l'assemblée des Notables, depuis le fin fond des enfers jusqu'à la dernière étoile fixe au-delà de la voix lactée, jusqu'aux confins de l'univers, jusqu'aux portes du chaos, voilà le vaste champ où je me promène en long et en large, et tout à loisir ; car le temps ne me manque pas plus que l'espace. C'est là que je transporte mon existence, à la suite d'*Homère,* de *Milton,* de *Virgile,* d'*Ossian,* etc.

Tous les événements qui ont eu lieu entre ces deux époques, tous les pays, tous les mondes et tous les êtres qui ont existé entre ces deux termes, tout cela est à moi, tout cela m'appartient aussi bien, aussi légitimement que les vaisseaux qui entraient dans le *Pirée* appartenaient à un certain Athénien.

J'aime surtout les poëtes qui me transportent dans la plus haute antiquité : la mort de l'ambitieux *Agamemnon,* les fureurs d'*Oreste* et toute l'histoire tragique de la famille des *Atrées,* persécutée par le ciel, m'inspirent une terreur que les événements modernes ne sauraient faire naître en moi.

Voilà l'urne fatale qui contient les cendres d'*Oreste.* Qui ne frémirait à cet aspect? *Electre!* malheureuse sœur, apaise-toi : c'est *Oreste* lui-même qui apporte l'urne, et ces cendres sont celles de ses ennemis !

On ne retrouve plus maintenant de rivages semblables à ceux du *Xanthe* ou du *Scamandre;* — on ne voit plus de plaines comme celles de l'*Hespérie* ou de l'*Arcadie.* Où sont aujourd'hui les îles de *Lemnos* et de *Crète*? Où est le fameux labyrinthe? Où est le rocher qu'*Ariane* délaissée arrosait de ses larmes? — On ne voit plus de *Thésées,* encore moins d'*Hercules ;* les hommes et même les héros d'aujourd'hui sont des pygmées.

Lorsque je veux me donner ensuite une scène d'enthousiasme, et jouir de toutes les forces de mon imagination, je m'attache hardiment aux plis de la robe flottante du sublime aveugle d'Albion, au moment où il s'élance dans le ciel, et qu'il ose approcher du trône de l'Éternel. — Quelle muse a pu le soutenir à cette hauteur, où nul homme avant lui n'avait osé porter ses regards? — De l'éblouissant parvis céleste que l'avare *Mammon* regardait avec des yeux d'envie, je passe avec horreur dans les vastes cavernes du séjour de Satan ; — j'assiste au conseil infernal, je me mêle à la foule des esprits rebelles, et j'écoute leurs discours.

Mais il faut que j'avoue ici une faiblesse que je me suis souvent reprochée.

Je ne puis m'empêcher de prendre un certain intérêt à ce pauvre Satan (je parle du Satan de *Milton*) depuis qu'il est ainsi précipité du ciel. Tout en blâmant l'opiniâtreté de l'esprit rebelle, j'avoue que la fermeté qu'il montre dans l'excès du malheur et la grandeur de son courage me forcent à l'admiration malgré moi. — Quoique je n'ignore pas les malheurs dérivés de la funeste entreprise qui le conduisit à forcer les portes des enfers pour venir troubler le ménage de nos premiers parents, je ne puis, quoi que je fasse, souhaiter un moment de le voir périr en chemin dans la confusion du chaos. Je crois même que je l'aiderais volontiers, sans la honte qui me retient. Je suis tous ses mouvements, et je trouve autant de plaisir à voyager avec lui que si j'étais en bonne compagnie. J'ai beau réfléchir qu'après tout c'est un diable, qu'il est en chemin pour perdre le genre humain, que c'est un vrai démocrate, non de ceux d'Athènes, mais de ceux de Paris, tout cela ne peut me guérir de ma prévention.

Quel vaste projet ! et quelle hardiesse dans l'exécution !

Lorsque les spacieuses et triples portes des enfers s'ouvriront tout-à-coup devant lui à deux battants, et que la profonde fosse du néant et de la nuit parut à ses pieds dans toute son horreur, — il parcourut d'un œil intrépide le sombre empire du chaos, et, sans hésiter, ouvrant ses vastes ailes, qui auraient pu couvrir une armée entière, il se précipita dans l'abîme.

Je le donne en quatre au plus hardi. — Et c'est, selon moi, un des beaux efforts de l'imagination, comme un des plus beaux voyages qui aient jamais été faits, — après le voyage autour de ma chambre.

CHAPITRE XXXVIII.

Je ne finirais pas si je voulais décrire la millième partie des événements singuliers qui m'arrivent lorsque je voyage près de ma bibliothèque ; les voyages de *Cook* et les observations de ses compagnons de voyage, les docteurs *Banks* et *Solander*, ne sont rien en comparaison de mes aventures dans ce seul district : aussi je crois que j'y passerais ma vie dans une espèce de ravissement, sans le buste dont j'ai parlé, sur lequel mes yeux et mes pensées finissent toujours par se fixer, quelle que soit la situation de mon âme ; et lorsqu'elle est trop violemment agitée, ou qu'elle s'abandonne au découragement, je n'ai qu'à regarder ce buste pour la remettre dans son assiette naturelle : c'est le *diapason* avec lequel j'accorde l'assemblage variable et discord de sensations et de perceptions qui forme mon existence.

Comme il est ressemblant ! — Voilà bien les traits que la nature avait donnés au plus vertueux des hommes. Ah ! si le sculpteur avait pu rendre visibles son âme excellente, son génie et son caractère ! — Mais qu'ai-je entrepris ? Est-ce donc ici le lieu de faire son éloge ? Est-ce aux hommes qui m'entourent que je l'adresse ? Eh ! que leur importe ?

Je me contente de me prosterner devant ton image chérie, ô le meilleur des pères ! Hélas ! cette image est tout ce qui me reste de toi et de ma patrie : tu as quitté la terre au moment où le crime allait l'envahir ; et tels sont les maux dont il nous accable, que ta famille elle-même est contrainte de regarder aujourd'hui ta perte comme un bienfait. Que de maux l'eût fait éprouver une plus longue vie ! O mon père ! le sort de ta nombreuse famille est-il connu de toi dans le séjour du bonheur ? sais-tu que tes enfants sont exilés de cette patrie que tu as servie pendant soixante ans avec tant de zèle et d'intégrité ? Sais-tu qu'il leur est défendu de visiter ta tombe ? — Mais la tyrannie n'a pu leur enlever la partie la plus précieuse de ton héritage, le souvenir de tes vertus et la force de tes exemples : au milieu du torrent criminel qui entraînait leur patrie et leur fortune dans le gouffre, ils sont demeurés inaltérablement unis sur la ligne que tu leur avais tracée ; et lorsqu'ils pourront encore se prosterner sur ta cendre vénérée, elle les reconnaîtra toujours.

CHAPITRE XXXIX.

J'ai promis un dialogue, je tiens parole. — C'était le matin à l'aube du jour : les rayons du soleil doraient à la fois le sommet du mont Viso et celui des montagnes les plus élevées de l'île qui est à nos antipodes ; et déjà *elle* était éveillée, soit que son réveil prématuré fût l'effet des visions nocturnes qui la mettent souvent dans une agitation aussi fatigante qu'inutile, soit que le carnaval, qui tirait alors vers sa fin, fût la cause occulte de son réveil, ce temps de plaisir et de folie ayant une influence sur la machine humaine comme les phases de la lune et la conjonction de certaines planètes. — Enfin, *elle* était éveillée et très-éveillée, lorsque mon âme se débarrassa elle-même des liens du sommeil.

Depuis longtemps celle-ci partageait confusément les sensations de *l'autre* ; mais elle était encore embarrassée des crêpes de la nuit et du sommeil ; et ces crêpes lui semblaient transformés en gazes, en linons, en toile des Indes. — Ma pauvre âme était donc comme empaquetée dans tout cet attirail, et le dieu du sommeil, pour la retenir plus fortement dans son empire, ajoutait ses liens des tresses de cheveux blonds en désordre, des nœuds de rubans, des colliers de perles : c'était une pitié pour qui l'aurait vue se débattre dans ces filets.

L'agitation de la plus petite partie de moi-même se communiquait à *l'autre*, et celle-ci à son tour agissait puissamment sur mon âme. — J'étais parvenu tout entier à un état difficile à décrire, lorsque enfin mon âme, soit par sagacité, soit par hasard, trouva la manière de se délivrer des gazes qui la suffoquaient. Je ne sais si elle rencontra une ouverture, ou si elle s'avisa tout simplement de les relever, ce qui est plus naturel ; le fait est qu'elle trouva l'issue du labyrinthe. Les tresses de cheveux en désordre étaient toujours là ; mais ce n'était plus un *obstacle*, c'était plutôt un *moyen* : mon âme le saisit, comme un homme qui se noie s'accroche aux herbes du rivage ; mais le collier de perles se rompit dans l'action, et les perles se défilant roulèrent sur le sofa, et de là sur le parquet de madame de *Hautcastel* ; car mon âme, par une bizarrerie dont il serait difficile de rendre raison, s'imaginait être chez cette dame ; un gros bouquet de violettes tomba par terre, et mon âme, s'éveillant alors, rentra chez elle, amenant à sa suite la raison et la réalité. Comme on l'imagine, elle désapprouva fortement tout ce qui s'était passé en

son absence et c'est ici que commence le dialogue qui fait le sujet de ce chapitre.

Jamais mon âme n'avait été si mal reçue. Les reproches qu'elle s'avisa de faire dans ce moment critique achevèrent de brouiller le ménage : ce fut une révolte, une insurrection formelle.

« Quoi donc ! dit mon âme, c'est ainsi que pendant mon absence, au « lieu de réparer vos forces par un sommeil paisible, et vous rendre « par là plus propre à exécuter mes ordres, vous vous avisez *inso-* « *lemment* (le terme était un peu fort) de vous livrer à des transports « que ma volonté n'a pas sanctionnés ? »

Peu accoutumée à ce ton de hauteur, *l'autre* lui repartit en colère :

« Il vous sied bien, MADAME (pour éloigner de la discussion toute « idée de familiarité), il vous sied bien de vous donner des airs de « décence et de vertu ! Eh ! n'est-ce pas aux écarts de votre imagi- « nation et à vos extravagantes idées que je dois tout ce qui vous « déplait en moi ? Pourquoi n'étiez-vous pas là ? — Pourquoi auriez- « vous le droit de jouir sans moi, plus que moi sans vous ? — Ai-je jamais désapprouvé vos séances « dans l'empyrée ou dans les Champs-Elysées, vos conversations avec « les intelligences, vos spéculations profondes (un peu de raillerie, « comme on voit), vos châteaux en Espagne, vos systèmes sublimes ? « Et je n'aurais pas le droit, lorsque vous m'abandonnez ainsi, de « jouir des bienfaits que m'accorde la nature et des plaisirs qu'elle « me présente ? »

Mon âme, surprise de tant de vivacité et d'éloquence, ne savait que répondre. — Pour arranger l'affaire, elle entreprit de couvrir du voile de la bienveillance les reproches qu'*elle* venait de se permettre ; et afin de ne pas avoir l'air de faire les premiers pas vers la réconciliation, elle imagina de prendre aussi le ton de cérémonie.

« MADAME, » dit-elle à son tour avec une cordialité affectée... — (Si le lecteur a trouvé ce mot déplacé lorsqu'il s'adressait à mon âme, que dira-t-il maintenant, pour peu qu'il veuille se rappeler le sujet de la dispute ? — Mon âme ne sentit point l'extrême ridicule de cette façon de parler, tant la passion obscurcit l'intelligence !) — « MADAME, « dit-elle donc, je vous assure que rien ne me ferait autant de plaisir « que de vous voir jouir de tous les plaisirs dont votre nature est sus- « ceptible, quand même je ne les partagerais pas, si ces plaisirs ne « vous étaient pas nuisibles et s'ils n'altéraient pas l'harmonie qui... » ici mon âme fut interrompue vivement : — « Non, non, je ne suis « point la dupe de votre bienveillance supposée : — le séjour forcé « que nous faisons ensemble dans cette chambre où nous voyageons ; « la blessure que j'ai reçue qui a failli me détruire, et qui saigne « encore ; tout cela n'est-il pas le fruit de votre orgueil extravagant « et de vos préjugés barbares ? Mon bien-être et mon existence même « sont comptés pour rien lorsque vos passions vous entraînent, — « et vous prétendez vous intéresser à moi, et ces plaisirs viennent « de votre amitié ? »

Mon âme vit bien qu'elle ne jouait pas le meilleur rôle dans cette occasion : — elle commençait d'ailleurs à s'apercevoir que la chaleur de la dispute en avait supprimé la cause, et, profitant de la circonstance pour faire une diversion : « *Faites du café,* » dit-elle à Joannetti, qui entrait dans la chambre. — Le bruit des tasses attirant toute l'attention de l'*insurgente*, dans l'instant elle oublia tout le reste. C'est ainsi qu'en montrant un hochet aux enfants, on leur fait oublier les fruits malsains qu'ils demandent en trépignant.

Je m'assoupis insensiblement pendant que l'eau chauffait. — Je jouissais de ce plaisir charmant dont j'ai entretenu mes lecteurs, et qu'on éprouve lorsqu'on se sent dormir. Le bruit que faisait Joannetti en frappant de la cafetière sur le chenet retentissait sur mon cerveau, et faisait vibrer toutes mes fibres sensitives, comme l'ébranlement d'une corde de harpe fait résonner les octaves. — Enfin, je vis comme une ombre devant moi ; j'ouvris les yeux, c'était Joannetti. — Ah ! quel parfum ! quelle agréable surprise ! du café ! de la crème ! une pyramide de pain grillé ! — Bon lecteur, déjeune avec moi.

CHAPITRE XL.

Quel riche trésor de jouissances la bonne nature a livré aux hommes dont le cœur sait jouir ! et quelle variété dans ces jouissances ! Qui pourra compter leurs nuances innombrables dans les divers individus et dans les différents âges de la vie ? le souvenir confus de celles de mon enfance me fait encore tressaillir. Essaierai-je de peindre celle qu'éprouve le jeune homme dont le cœur commence à brûler de tous les feux du sentiment ? Dans cet âge heureux où l'on ignore encore jusqu'au nom de l'intérêt, de l'ambition, de la haine et de toutes les passions honteuses qui dégradent et tourmentent l'humanité ; durant cet âge, hélas ! trop court, le soleil brille d'un éclat qu'on ne lui retrouve plus dans le reste de la vie. L'air est plus pur ; — les fontaines

sont plus limpides et plus fraîches ; — la nature a des aspects, les bocages ont des sentiers qu'on ne retrouve plus dans l'âge mûr. Dieu ! quels parfums envoient ces fleurs ! que ces fruits sont délicieux ! de quelles couleurs se pare l'aurore ! — Toutes les femmes sont aimables et fidèles ; tous les hommes sont bons, généreux et sensibles : par-

La Servitude.

tout on rencontre la cordialité, la franchise et le désintéressement ; il n'existe dans la nature que des fleurs, des vertus et des plaisirs.

Le trouble de l'amour, l'espoir du bonheur n'inondent-ils pas notre cœur de sensations aussi vives que variées ?

Le spectacle de la nature et sa contemplation dans l'ensemble et les détails ouvrent devant la raison une immense carrière de jouissances. Bientôt l'imagination, planant sur cet océan de plaisirs, en augmente le nombre et l'intensité ; les sensations diverses s'unissent et se combinent pour en former de nouvelles ; les rêves de la gloire se mêlent aux palpitations de l'amour ; la bienfaisance marche à côté de l'amour-propre qui lui tend la main ; la mélancolie vient de temps en temps jeter sur nous son crêpe solennel, et changer nos larmes en plaisir. — Enfin les perceptions de l'esprit, les sensations du cœur, les souvenirs mêmes de ses, sont pour l'homme des sources inépuisables de plaisir et de bonheur. — Qu'on ne s'étonne donc point que le bruit que faisait Joannetti en frappant de la cafetière sur le chenet, et l'aspect imprévu d'une tasse de crème, aient fait sur moi une impression si vive et si agréable.

CHAPITRE XLI.

Je mis aussitôt mon *habit de voyage*, après l'avoir examiné avec un œil de complaisance ; et ce fut alors que je résolus de faire un chapitre *ad hoc*, pour le faire connaître au lecteur. La forme et l'utilité de ces habits étant généralement connues, je traiterai plus particulièrement de leur influence sur l'esprit des voyageurs. — Mon habit de voyage pour l'hiver est fait de l'étoffe la plus chaude et la plus moelleuse qu'il m'ait été possible de trouver ; il m'enveloppe entièrement de la tête aux pieds ; et lorsque je suis dans mon fauteuil, les mains dans mes poches et ma tête enfoncée dans le collet de l'habit, je ressemble à la statue de Visnou, sans pieds et sans mains, qu'on voit dans les pagodes des Indes.

On taxera, si l'on veut, de préjugé l'influence que j'attribue aux habits de voyage sur les voyageurs ; ce que je puis dire de certain à cet égard, c'est qu'il me paraîtrait aussi ridicule d'avancer d'un seul pas mon voyage autour de ma chambre revêtu de mon uniforme et l'épée au côté, que de sortir et d'aller dans le monde en robe de chambre. — Lorsque je me vois ainsi habillé suivant toutes les rigueurs de la pragmatique, non-seulement je ne serais pas à même de continuer mon voyage ; mais je crois que je ne serais pas même en état de lire ce que j'en ai écrit jusqu'à présent, et moins encore de le comprendre.

Mais cela vous étonne-t-il ? Ne voit-on pas tous les jours des personnes qui se croient malades parce qu'elles ont la barbe longue, ou parce que quelqu'un s'avise de leur trouver l'air malade et de le dire ! Les vêtements ont tant d'influence sur l'esprit des hommes, qu'il est des valétudinaires qui se trouvent beaucoup mieux lorsqu'ils se voient en habit neuf et en perruque poudrée : on en voit qui trompent ainsi le public et eux-mêmes par une parure soutenue ; — ils meurent un beau matin tout coiffés, et leur mort frappe tout le monde.

On oubliait quelquefois de faire avertir plusieurs jours d'avance le comte de... qu'il devait monter la garde : — un caporal allait l'éveiller de grand matin le jour même où il devait la monter, et lui annoncer cette triste nouvelle ; mais l'idée de se lever tout de suite, de mettre ses guêtres, et de sortir ainsi sans y avoir pensé la veille, le troublait tellement, qu'il aimait mieux faire dire qu'il était malade, et ne pas sortir de chez lui. Il mettait donc sa robe de chambre et renvoyait le perruquier ; cela lui donnait un air pâle, malade, qui alarmait sa femme et toute la famille. — Il se trouvait réellement lui-même *un peu défait* ce jour-là.

Il le disait à tout le monde, un peu pour soutenir gageure, un peu aussi parce qu'il croyait l'être tout de bon. — Insensiblement l'influence de la robe de chambre opérait : les bouillons qu'il avait pris, bon gré mal gré, lui causaient des nausées ; bientôt les parents et les amis envoyaient demander des nouvelles ; il n'en fallait pas tant pour le mettre décidément au lit.

Le soir, le docteur Ranson (1) lui trouvait le pouls *concentré*, et ordonnait la saignée pour le lendemain. Si le service avait duré un mois de plus, c'en était fait du malade.

Le V consonne.

Qui pourrait douter de l'influence des habits de voyage sur les voyageurs, lorsqu'on réfléchira que le pauvre comte de... pensa plus d'une fois faire le voyage de l'autre monde pour avoir mis mal à propos sa robe de chambre dans celui-ci ?

(1) Médecin fort connu à Turin lorsque ce chapitre fut écrit.

VOYAGE AUTOUR DE MA CHAMBRE.

CHAPITRE XLII.

J'étais assis près de mon feu, après dîner, plié dans mon habit de voyage et livré volontairement à toute son influence, en attendant l'heure du départ, lorsque les vapeurs de la digestion, se portant à mon cerveau, obstruèrent tellement les passages par lesquels les idées s'y rendent en venant des sens, que toute communication se trouva interceptée; et de même que mes sens ne transmettaient plus aucune idée à mon cerveau, celui-ci, à son tour, ne pouvait plus envoyer le fluide électrique qui les anime et avec lequel l'ingénieux docteur Valli ressuscite des grenouilles mortes.

Le Mendiant.

On concevra facilement, après avoir lu ce préambule, pourquoi ma tête tomba sur ma poitrine, et comment les muscles du pouce et de l'index de ma main droite, n'étant plus irrités par ce fluide, se relâchèrent au point qu'un volume des œuvres du marquis Caraccioli, que je tenais serré entre ces deux doigts, m'échappa sans que je m'en aperçusse, et tomba sur le foyer.

Je venais de recevoir des visites, et ma conversation avec les personnes qui étaient sorties avait roulé sur la mort du fameux médecin Cigna, qui venait de mourir, et qui était universellement regretté : il était savant, laborieux, bon physicien et fameux botaniste. — Le mérite de cet homme habile occupait ma pensée; et cependant, me disais-je, s'il m'était permis d'évoquer les âmes de tous ceux qu'il peut avoir fait passer dans l'autre monde, qui sait si sa réputation ne souffrirait pas quelque échec?

Je m'acheminais insensiblement à une dissertation sur la médecine et sur les progrès qu'elle a faits depuis Hippocrate. — Je me demandais si les personnages fameux de l'antiquité qui sont morts dans leur lit, comme Périclès, Platon, la célèbre Aspasie et Hippocrate lui-même, étaient morts comme des gens ordinaires, d'une fièvre putride, inflammatoire ou vermineuse; si on les avait saignés et bourrés de remèdes.

Dire pourquoi je songeai à ces quatre personnages plutôt qu'à d'autres, c'est ce qui ne me serait pas possible. — Qui peut rendre raison d'un songe? — Tout ce que je puis dire, c'est que ce fut mon âme qui évoqua le docteur de Cos, celui de Turin et le fameux homme d'état qui fit de si belles choses et de si grandes fautes.

Mais pour son élégante amie, j'avoue humblement que ce fut l'autre qui lui fit signe. — Cependant, quand j'y pense, je serais tenté d'éprouver un petit mouvement d'orgueil; car il est clair que dans ce songe la balance en faveur de la raison était de quatre contre un. — C'est beaucoup pour un militaire de mon âge.

Quoi qu'il en soit, pendant que je me livrais à ces réflexions, mes yeux achevèrent de se fermer, et je m'endormis profondément; mais, en fermant les yeux, l'image des personnages auxquels j'ai pensé demeura peinte sur cette toile fine qu'on appelle *mémoire*, et ces images se mêlant dans mon cerveau avec l'idée de l'évocation des morts, je vis bientôt arriver à la file Hippocrate, Platon, Périclès, Aspasie et le docteur Cigna avec sa perruque.

Je les vis tous s'asseoir sur les sièges encore rangés autour du feu; Périclès seul resta debout pour lire les gazettes.

« Si les découvertes dont vous me parlez étaient vraies, disait Hip-« pocrate au docteur, et si elles avaient été aussi utiles à la méde-« cine que vous le prétendez, j'aurais vu diminuer le nombre des « hommes qui descendent chaque jour dans le royaume sombre, et « dont la liste commune, d'après les registres de Minos, que j'ai vé-« rifiés moi-même, est constamment la même qu'autrefois. »

Le docteur Cigna se tourna vers moi : « Vous avez sans doute ouï « parler de ces découvertes? me dit-il; vous connaissez celle d'Har-« vey, sur la circulation du sang; celle de l'immortel Spallanzani « sur la digestion, dont nous connaissons maintenant tout le mé-« canisme? » — Et il fit un long détail de toutes les découvertes qui ont trait à la médecine, et de la foule de remèdes qu'on doit à la chimie; il fit enfin un discours académique en faveur de la médecine moderne.

« Croirai-je, lui répondis-je alors, que ces grands hommes ignorent « tout ce que vous venez de dire, et que leur âme, dégagée des « entraves de la matière, trouve quelque chose d'obscur dans toute « la nature? — Ah ! quelle est votre erreur! s'écria le proto-méde-« cin (1) du Péloponèse ; les mystères de la nature sont cachés aux « morts comme aux vivants; celui qui a créé et qui dirige tout sait « lui seul le grand secret auquel les hommes s'efforcent en vain d'at-« teindre : voilà ce que nous apprenons de certain sur les bords du « Styx ; et, croyez-moi, ajouta-t-il en adressant la parole au docteur, « dépouillez-vous de ce reste d'esprit de corps que vous avez apporté « du séjour des mortels; et puisque les travaux de mille générations « et toutes les découvertes des hommes n'ont pu allonger d'un seul « instant leur existence; puisque Caron passe chaque jour dans sa « barque une égale quantité d'ombres, ne nous fatiguons plus à dé-« fendre un art qui, chez les morts où nous sommes, ne serait pas « même utile aux médecins. » — Ainsi parla le fameux Hippocrate, à mon grand étonnement.

Le docteur Cigna sourit; et comme les esprits ne sauraient se refuser à l'évidence ni taire la vérité, non-seulement il fut de l'avis d'Hippocrate, mais il avoua même, en rougissant à la manière des intelligences, qu'il s'en était toujours douté.

Le Café.

Périclès, qui s'était approché de la fenêtre, fit un grand soupir, dont je devinai la cause. Il lisait un numéro du *Moniteur* qui annonçait la décadence des arts et des sciences; il voyait des savants illustres quitter leurs sublimes spéculations pour inventer de nouveaux crimes;

(1) Titre fort connu dans la législation du roi de Sardaigne, ce qui forme ici une plaisanterie purement locale.

et il frémissait d'entendre une horde de cannibales se comparer aux héros de la généreuse Grèce, en faisant périr sur l'échafaud, sans honte et sans remords, des vieillards vénérables, des femmes, des enfants, et commettant de sang-froid les crimes les plus atroces et les plus inutiles.

Platon, qui avait écouté sans rien dire notre conversation, la voyant tout-à-coup terminée d'une manière inattendue, prit la parole à son tour. — « Je conçois, nous dit-il, comment les décou-
« vertes qu'ont faites vos grands hommes dans toutes les branches
« de la physique sont inutiles à la médecine, qui ne pourra jamais
« changer le cours de la nature qu'aux dépens de la vie des hommes;
« mais il n'en sera pas de même sans doute des recherches qu'on a
« faites sur la politique. Les découvertes de Locke sur la nature de
« l'esprit humain; l'invention de l'imprimerie, les observations
« accumulées tirées de l'histoire, tant de livres profonds qui ont
« répandu la science jusque parmi le peuple; — tant de merveilles
« enfin auront sans doute contribué à rendre les hommes meilleurs,
« et cette république heureuse et sage que j'avais imaginée, et que
« le siècle dans lequel je vivais m'avait fait regarder comme un songe
« impraticable, existe sans doute aujourd'hui dans le monde. ? » — A cette demande l'honnête docteur baissa les yeux, et ne répondit que par ses larmes; puis, comme il les essuyait avec son mouchoir, il fit involontairement tourner sa perruque, de manière qu'une partie de son visage en fut cachée. — « Dieux immortels, dit Aspasie en poussant
« un cri perçant, quelle étrange figure! est-ce donc une découverte
« de vos grands hommes qui vous a fait imaginer de vous coiffer ainsi
« avec le crâne d'un autre ? »

Aspasie, que les dissertations des philosophes faisaient bâiller, s'était emparée d'un journal des modes qui était sur la cheminée, et qu'elle feuilletait depuis quelque temps, lorsque la perruque du médecin lui fit faire cette exclamation; et comme le siège étroit et chancelant sur lequel elle était assise était fort incommode pour elle, elle avait placé sans façon ses deux jambes nues, ornées de bandelettes, sur la chaise de paille qui se trouvait entre elle et moi, et s'appuyait du coude sur une des larges épaules de Platon.

« Ce n'est point un crâne, lui répondit le docteur en prenant sa
« perruque et la jetant au feu; c'est une perruque, mademoiselle, et
« je ne sais pourquoi je n'ai pas jeté cet ornement ridicule dans les
« flammes du Tartare lorsque j'arrivai parmi vous: mais les ridicules
« et les préjugés sont si fort inhérents à notre misérable nature, qu'ils
« nous suivent encore quelque temps au-delà du tombeau. » — Je prenais un plaisir singulier à voir le docteur abjurer ainsi tout à la fois sa médecine et sa perruque.

« Je vous assure, lui dit Aspasie, que la plupart des coiffures qui
« sont représentées dans le cahier que je feuillette mériteraient le
« même sort que la vôtre, tant elles sont extravagantes ! » — La belle Athénienne s'amusait extrêmement à parcourir ces estampes, et s'étonnait avec raison de la variété et de la bizarrerie des ajustements modernes. Une figure entre autres la frappa: c'était celle d'une jeune dame représentée avec une coiffure des plus élégantes, et qu'Aspasie trouva seulement un peu trop haute; mais la pièce de gaze qui couvrait la gorge était d'une ampleur si extraordinaire, qu'à peine apercevait-on la moitié du visage. Aspasie, ne sachant pas que ces formes prodigieuses n'étaient que l'ouvrage de l'amidon, ne put s'empêcher de témoigner un étonnement qui aurait redoublé en sens inverse si la gaze eût été transparente.

« Mais apprenez-nous, dit-elle, pourquoi les femmes d'aujourd'hui
« semblent plutôt avoir des habillements pour se cacher que pour se
« vêtir: à peine laissent-elles apercevoir leur visage, auquel seul on
« peut reconnaître leur sexe, tant les formes de leur corps sont dé-
« figurées par les plis bizarres des étoffes ! De toutes les figures qui
« sont représentées dans ces feuilles, aucune ne laisse à découvert la
« gorge, les bras et les jambes; comment vos jeunes guerriers n'ont-
« ils pas tenté de détruire une semblable coutume ? Apparemment,
« ajouta-t-elle, la vertu des femmes d'aujourd'hui, qui se montre
« dans tous leurs habillements, surpasse de beaucoup celle de mes
« contemporaines ! » — En finissant ces mots, Aspasie me regardait et semblait me demander une réponse. — Je feignis de ne pas m'en apercevoir; — et pour me donner un air de distinction, je poussai sur la braise, avec les pincettes, les restes de la perruque du docteur qui avaient échappé à l'incendie. — M'apercevant ensuite qu'une des bandelettes qui serraient le brodequin d'Aspasie était dénouée: « Permettez, lui dis-je, charmante personne; » et, en parlant ainsi, je me baissai vivement, portant les mains vers la chaise où je croyais voir ces deux jambes qui firent jadis extravaguer de grands philosophes.

Je suis persuadé que dans ce moment je touchais au véritable somnambulisme, car le mouvement dont je parle fut très réel; mais Rosine, qui reposait en effet sur la chaise, prit ce mouvement pour elle; et sautant légèrement dans mes bras, elle replongea dans les enfers les ombres fameuses évoquées par mon habit de voyage.

———

Charmant pays de l'imagination, toi que l'Être bienfaisant par excellence a livré aux hommes pour les consoler de la réalité, il faut que je te quitte. — C'est aujourd'hui que certaines personnes dont je dépends prétendent me rendre ma liberté, comme s'ils ne l'avaient enlevée ! comme s'il était en leur pouvoir de me la ravir un seul instant, et de m'empêcher de parcourir à mon gré le vaste espace toujours ouvert devant moi ! — Ils m'ont défendu de parcourir une ville, un point; mais ils m'ont laissé l'univers entier: l'immensité et l'éternité sont à mes ordres.

C'est aujourd'hui donc que je suis libre, ou plutôt que je vais rentrer dans les fers ! Le joug des affaires va de nouveau peser sur moi; je ne ferai plus un pas qui ne soit mesuré par la bienséance et le devoir. — Heureux encore si quelque déesse capricieuse ne me fait pas oublier l'un et l'autre, et si j'échappe à cette nouvelle et dangereuse captivité !

Eh ! que ne me laissait-on achever mon voyage ! Était-ce donc pour me punir qu'on m'avait relégué dans ma chambre, — dans cette contrée délicieuse qui renferme tous les biens et toutes les richesses du monde ? Autant vaudrait exiler une souris dans un grenier.

Cependant jamais je ne me suis aperçu plus clairement que je suis double. — Pendant que je regrette mes jouissances imaginaires, je me sens consolé par force: une puissance secrète m'entraîne; — elle me dit que j'ai besoin de l'air du ciel, et que la solitude ressemble à la mort. — Me voilà paré; — ma porte s'ouvre; — j'erre sous les spacieux portiques de la rue du Pô; — mille fantômes agréables voltigent devant mes yeux. — Oui, voilà bien cet hôtel, — cette porte, cet escalier; — je tressaille d'avance.

C'est ainsi qu'on éprouve un avant-goût acide lorsqu'on coupe un citron pour le manger.

O ma bête, ma pauvre bête, prends garde à toi !

<div style="text-align:right">MAISTRE.</div>

FIN DU VOYAGE AUTOUR DE MA CHAMBRE.

LE LÉPREUX DE LA CITÉ D'AOSTE.

La partie méridionale de la cité d'Aoste est presque déserte, et paraît n'avoir jamais été fort habitée. On y voit des champs labourés et des prairies terminées d'un côté par les remparts antiques que les Romains élevèrent pour lui servir d'enceinte, et de l'autre par les murailles de quelques jardins. Cet emplacement solitaire peut cependant intéresser les voyageurs. Auprès de la porte de la ville, on voit les ruines d'un ancien château, dans lequel, si l'on en croit la tradition populaire, le comte René de Chalans, poussé par les fureurs de la jalousie, laissa mourir de faim, dans le xv° siècle, la princesse Marie de Bragance, son épouse : de là le nom de *Brama-fan* (qui signifie *cri de la faim*), donné à ce château par les gens du pays. Cette anecdote, dont on pourrait contester l'authenticité, rend ces masures intéressantes pour les personnes sensibles qui la croient vraie.

Plus loin, à quelques centaines de pas, est une tour carrée, adossée au mur antique et construite avec le marbre dont il était jadis revêtu : on l'appelle la *Tour de la frayeur*, parce que le peuple l'a crue longtemps habitée par des revenants. Les vieilles femmes de la cité d'Aoste se ressouviennent fort bien d'en avoir vu sortir, pendant les nuits sombres, une grande femme blanche, tenant une lampe à la main.

Il y a environ quinze ans que cette tour fut réparée par ordre du gouvernement et entourée d'une enceinte, pour y loger un lépreux et le séparer ainsi de la société, en lui procurant tous les agréments dont sa triste situation était susceptible. L'hôpital de Saint-Maurice fut chargé de pourvoir à sa subsistance, et on lui fournit quelques meubles, ainsi que les instruments nécessaires pour cultiver un jardin. C'est là qu'il vivait depuis longtemps, livré à lui-même, ne voyant jamais personne, excepté le prêtre qui, de temps en temps, allait lui porter les secours de la religion, et l'homme qui chaque semaine lui apportait ses provisions de l'hôpital. — Pendant la guerre des Alpes, en l'année 1797, un militaire, se trouvant à la cité d'Aoste, passa un jour, par hasard, auprès du jardin du lépreux, dont la porte était entr'ouverte, et il eut la curiosité d'y entrer. Il y trouva un homme vêtu simplement, appuyé contre un arbre et plongé dans une profonde méditation. Au bruit que l'officier en entrant, le solitaire, sans se retourner et sans regarder, s'écria d'une voix triste : *Qui est là, et que me veut-on?* Excusez un étranger, répondit le militaire, auquel l'aspect agréable de votre jardin a peut-être fait commettre une indiscrétion, mais qui ne veut nullement vous troubler. N'avancez pas, répondit l'habitant de la tour en lui faisant signe de la main, *n'avancez pas ; vous êtes auprès d'un malheureux attaqué de la lèpre*. Quelle que soit votre infortune, répliqua le voyageur, je ne m'éloignerai point : je n'ai jamais fui les malheureux ; cependant, si ma présence vous importune, je suis prêt à me retirer.

Soyez le bien venu, dit alors le lépreux en se retournant tout-à-coup, *et restez, si vous l'osez, après m'avoir regardé*. Le militaire fut quelque temps immobile d'étonnement et d'effroi à l'aspect de cet infortuné, que la lèpre avait totalement défiguré. Je resterai volontiers, lui dit-il, si vous agréez la visite d'un homme que le hasard conduit ici, mais qu'un vif intérêt y retient.

LE LÉPREUX.

De l'intérêt !.... Je n'ai jamais excité que la pitié.

LE MILITAIRE.

Je me croirais heureux si je pouvais vous offrir quelque consolation.

LE LÉPREUX.

C'en est une grande pour moi de voir des hommes, d'entendre le son de la voix humaine, qui semble me fuir.

LE MILITAIRE.

Permettez-moi donc de converser quelques moments avec vous et de parcourir votre demeure.

LE LÉPREUX.

Bien volontiers, si cela peut vous faire plaisir. (En disant ces mots, le lépreux se couvrit la tête d'un large feutre dont les bords rabattus lui cachaient le visage.) Passez, ajouta-t-il, ici, au midi. Je cultive un petit parterre de fleurs qui pourront vous plaire; vous en trouverez d'assez rares. Je me suis procuré les graines de toutes celles qui croissent d'elles-mêmes sur les Alpes, et j'ai tâché de les faire doubler et de les embellir par la culture.

LE MILITAIRE.

En effet, voilà des fleurs dont l'aspect est tout-à-fait nouveau pour moi.

LE LÉPREUX.

Remarquez ce petit buisson de roses; c'est le rosier sans épines, qui ne croît que sur les hautes Alpes; mais il perd déjà cette propriété, et il pousse des épines à mesure qu'on le cultive et qu'il se multiplie.

LE MILITAIRE.

Il devrait être l'emblème de l'ingratitude.

LE LÉPREUX.

Si quelques-unes de ces fleurs vous paraissent belles, vous pouvez les prendre sans crainte, et vous ne courrez aucun risque en les portant sur vous. Je les ai semées, j'ai le plaisir de les arroser et de les voir, mais je ne les touche jamais.

LE MILITAIRE.

Pourquoi donc ?

LE LÉPREUX.

Je craindrais de les souiller, et je n'oserais plus les offrir.

LE MILITAIRE.

A qui les destinez-vous?

LE LÉPREUX.

Les personnes qui m'apportent des provisions de l'hôpital ne craignent pas de s'en faire des bouquets. Quelquefois aussi les enfants de la ville se présentent à la porte de mon jardin. Je monte aussitôt dans la tour, de peur de les effrayer ou de leur nuire. Je les vois folâtrer de ma fenêtre et me dérober quelques fleurs. Lorsqu'ils s'en vont, ils lèvent les yeux vers moi : *Bonjour, Lépreux*, me disent-ils en riant, et cela me réjouit un peu.

LE MILITAIRE.

Vous avez su réunir ici bien des plantes différentes : voilà des vignes et des arbres fruitiers de plusieurs espèces.

LE LÉPREUX.

Les arbres sont encore jeunes : je les ai plantés moi-même, ainsi que cette vigne, que j'ai fait monter jusqu'au-dessus du mur antique que voilà, et dont la largeur me forme un petit promenoir; c'est ma place favorite... Montez le long de ces pierres ; c'est un escalier dont je suis l'architecte. Tenez-vous au mur.

LE MILITAIRE.

Le charmant réduit! et comme il est bien fait pour les méditations d'un solitaire !

LE LÉPREUX.

Aussi je l'aime beaucoup ; je vois d'ici la campagne et les laboureurs dans les champs; je vois tout ce qui se passe dans la prairie, et je ne suis vu de personne.

LE MILITAIRE.

J'admire combien cette retraite est tranquille et solitaire, On est dans une ville, et l'on croirait être dans un désert.

LE LÉPREUX.

La solitude n'est pas toujours au milieu des forêts et des rochers. L'infortuné est seul partout.

Le Lépreux.

LE MILITAIRE.

Quelle suite d'événements vous amena dans cette retraite? Ce pays est-il votre patrie?

LE LÉPREUX.

Je suis né sur les bords de la mer, dans la principauté d'Oneille, et je n'habite ici que depuis quinze ans. Quant à mon histoire, elle n'est qu'une longue et uniforme calamité.

LE MILITAIRE.

Avez-vous toujours vécu seul?

LE LÉPREUX.

J'ai perdu mes parents dans mon enfance et je ne les connus jamais : une sœur qui me restait est morte depuis deux ans. Je n'ai jamais eu d'ami.

LE MILITAIRE.

Infortuné!

LE LÉPREUX.

Tels sont les desseins de Dieu.

LE MILITAIRE.

Quel est votre nom, je vous prie?

LE LÉPREUX.

Ah! mon nom est terrible! je m'appelle *le Lépreux!* On ignore dans le monde celui que je tiens de ma famille et celui que la religion m'a donné le jour de ma naissance. Je suis *le Lépreux* ; voilà le seul titre que j'ai à la bienveillance des hommes. Puissent-ils ignorer éternellement qui je suis !

LE MILITAIRE.

Cette sœur que vous avez perdue vivait-elle avec vous?

LE LÉPREUX.

Elle a demeuré cinq ans avec moi dans cette même habitation où vous me voyez. Aussi malheureuse que moi, elle partageait mes peines, et je tâchais d'adoucir les siennes.

LE MILITAIRE.

Quelles peuvent-être maintenant vos occupations, dans une solitude aussi profonde?

LE LÉPREUX.

Le détail des occupations d'un solitaire tel que moi ne pourrait être que bien monotone pour un homme du monde, qui trouve son bonheur dans l'activité de la vie sociale.

LE MILITAIRE.

Ah! vous connaissez peu ce monde, qui ne m'a jamais donné le bonheur. Je suis souvent solitaire par choix, et il y a peut-être plus d'analogie entre nos idées que vous ne le pensez; cependant, je l'avoue, une solitude éternelle m'épouvante; j'ai de la peine à la concevoir.

LE LÉPREUX.

Celui qui chérit sa cellule y trouvera la paix. L'Imitation de Jésus-Christ nous l'apprend. Je commence par éprouver la vérité de ces paroles consolantes. Le sentiment de la solitude s'adoucit aussi par le travail. L'homme qui travaille n'est jamais complètement malheureux, et j'en fais la preuve. Pendant la belle saison, la culture de mon jardin et de mon parterre m'occupe suffisamment : pendant l'hiver, je fais des corbeilles et des nattes ; je travaille à me faire des habits ; je prépare chaque jour moi-même ma nourriture avec les provisions qu'on m'apporte de l'hôpital, et la prière remplit les heures que le travail me laisse. Enfin, l'année s'écoule, et lorsqu'elle est passée, elle me paraît encore avoir été bien courte.

LE MILITAIRE.

Elle devrait vous paraître un siècle.

LE LÉPREUX.

Les maux et les chagrins font paraître les heures longues ; mais les années s'envolent toujours avec la même rapidité. Il est d'ailleurs encore au dernier terme de l'infortune, une jouissance que le commun des hommes ne peut connaître, et qui vous paraîtra bien singulière, c'est celle d'exister et de respirer. Je passe des journées entières de la belle saison, immobile sur ce rempart, à jouir de l'air et de la beauté de la nature : toutes mes idées alors sont vagues, indécises ; la tristesse repose dans mon cœur sans l'accabler ; mes regards errent sur cette campagne et sur les rochers qui nous environnent ; ces différents aspects sont tellement empreints dans ma mémoire, qu'ils me font, pour ainsi dire, partie de moi-même, et chaque site est un ami que je vois avec plaisir tous les jours.

LE MILITAIRE.

J'ai souvent éprouvé quelque chose de semblable. Lorsque le chagrin s'appesantit sur moi, et que je ne trouve pas dans le cœur des hommes ce que le mien désire, l'aspect de la nature et des choses inanimées me console ; je m'affectionne aux rochers et aux arbres, et il me semble que tous les êtres de la création sont des amis que Dieu m'a donnés.

LE LÉPREUX.

Vous m'encouragez à vous expliquer à mon tour ce qui se passe en moi. J'aime véritablement les objets qui sont, pour ainsi dire, mes compagnons de vie, et que je vois chaque jour : aussi, tous les soirs, avant de me retirer dans la tour, je viens saluer les glaciers de Ruitorts, les bois sombres du mont Saint-Bernard, et les pointes bizarres qui dominent la vallée de Rhême. Quoique la puissance de Dieu soit aussi visible dans la création d'une fourmi que dans celle de l'univers entier, le grand spectacle des montagnes en impose cependant davantage à mes sens : je ne puis voir ces masses énormes, recouvertes de glaces éternelles, sans éprouver un étonnement religieux ; mais, dans ce vaste tableau qui m'entoure, j'ai des sites favoris et que j'aime de préférence ; de ce nombre est l'ermitage que vous voyez là-haut sur la sommité de la montagne de Charvensod. Isolé au milieu des bois, auprès d'un champ désert, il reçoit les derniers rayons du soleil couchant. Quoique je n'y aie jamais été, j'éprouve un plaisir singulier à le voir. Lorsque le jour tombe, assis dans mon jardin, je fixe mes regards sur cet ermitage solitaire, et mon imagination s'y repose. Il est devenu pour moi une espèce de propriété ; il me semble qu'une réminiscence confuse m'apprend que j'ai vécu là jadis dans des temps plus heureux, et dont la mémoire s'est effacée en moi. J'aime surtout à contempler les montagnes éloignées qui se confondant avec le ciel dans l'horizon. Ainsi que l'avenir, l'éloignement fait naître en moi le sentiment de l'espérance, mon cœur opprimé croit qu'il existe pour moi une terre bien éloignée où, à une époque de l'avenir, je pourrai goûter enfin ce bonheur pour lequel je soupire, et qu'un instinct secret me présente sans cesse comme possible.

LE MILITAIRE.

Avec une âme ardente comme la vôtre, il vous a fallu sans doute bien des efforts pour vous résigner à votre destinée, et pour ne pas vous abandonner au désespoir.

LE LÉPREUX.

Je vous tromperais en vous laissant croire que je suis toujours résigné à mon sort ; je n'ai point atteint cette abnégation de soi-même où quelques anachorètes sont parvenus. Ce sacrifice complet de toutes les affections humaines n'est point encore accompli : ma vie se passe en combats continuels, et les secours puissants de la religion elle-même ne sont pas toujours capables de réprimer les élans de mon imagination. Elle m'entraîne souvent malgré moi dans un océan de désirs chimériques, qui tous me ramènent vers ce monde dont je n'ai aucune idée, et dont l'image fantastique est toujours présente pour me tourmenter.

LE MILITAIRE.

Si je pouvais vous faire lire dans mon âme, et vous donner du monde l'idée que j'en ai, tous vos désirs et vos regrets s'évanouiraient à l'instant.

LE LÉPREUX.

En vain quelques livres m'ont instruit de la perversité des hommes et des malheurs inséparables de l'humanité; mon cœur se refuse à les croire. Je me représente toujours des sociétés d'amis sincères et vertueux; des époux assortis, que la santé, la jeunesse et la fortune réunies comblent de bonheur. Je crois les voir errants ensemble dans des bocages plus verts et plus frais que ceux qui me prêtent leur ombre, éclairés par un soleil plus brillant que celui qui m'éclaire, et leur sort me semble plus digne d'envie, à mesure que le mien est plus misérable. Au commencement du printemps, lorsque le vent du Piémont souffle dans notre vallée, je me sens pénétré par sa chaleur vivifiante, et je tressaille malgré moi. J'éprouve un désir inexplicable et le sentiment confus d'une félicité immense dont je pourrais jouir et qui m'est refusée. Alors je fuis de ma cellule, j'erre dans la campagne pour respirer plus librement. J'évite d'être vu par ces mêmes hommes que mon cœur brûle de rencontrer; et du haut de la colline, caché entre les broussailles comme une bête fauve, mes regards se portent sur la ville d'Aoste. Je vois de loin, avec des yeux d'envie, ses heureux habitants qui me connaissent à peine; je leur tends les mains en gémissant, et je leur demande ma portion de bonheur. Dans mon transport, vous l'avouerai-je? j'ai quelque fois serré dans mes bras les arbres de la forêt, en priant Dieu de les animer pour moi, et de me donner un ami! Mais les arbres sont muets; leur froide écorce me repousse; elle n'a rien de commun avec mon cœur, qui palpite et qui brûle. Accablé de fatigue, las de la vie, je me traîne de nouveau dans ma retraite, j'expose à Dieu mes tourments, et la prière ramène un peu de calme dans mon âme.

LE MILITAIRE.

Ainsi, pauvre malheureux, vous souffrez à la fois tous les maux de l'âme et du corps!

LE LÉPREUX.

Ces derniers ne sont pas les plus cruels!

LE MILITAIRE.

Ils vous laissent donc quelquefois du relâche?

LE LÉPREUX.

Tous les mois ils augmentent et diminuent avec le cours de la lune. Lorsqu'elle commence à se montrer, je souffre ordinairement davantage; la maladie diminue ensuite, et semble changer de nature : ma peau se dessèche et blanchit, et je ne sens presque plus mon mal; mais il serait toujours supportable sans les insomnies affreuses qu'il me cause.

LE MILITAIRE.

Quoi! le sommeil même vous abandonne!

LE LÉPREUX.

Ah! monsieur, les insomnies! les insomnies! Vous ne pouvez vous figurer combien est longue et triste une nuit qu'un malheureux passe tout entière sans fermer l'œil, l'esprit fixé sur une situation affreuse et sur un avenir sans espoir. Non! personne ne peut le comprendre. Mes inquiétudes augmentent à mesure que la nuit s'avance; et lorsqu'elle est près de finir, mon agitation est telle que je ne sais plus que devenir : mes pensées se brouillent; j'éprouve un sentiment extraordinaire que je ne trouve jamais en moi que dans ces tristes moments. Tantôt il me semble qu'une force irrésistible m'entraîne dans un gouffre sans fond; tantôt je vois des taches noires devant mes yeux; mais pendant que je les examine elles se croisent avec la rapidité de l'éclair, elles grossissent en s'approchant de moi, et bientôt ce sont des montagnes qui m'accablent de leur poids. D'autres fois aussi, je vois des nuages sortir de la terre autour de moi, comme des flots qui s'enflent, qui s'amoncèlent et menacent de m'engloutir; et lorsque je veux me lever pour me distraire de ces idées, je me sens comme retenu par des liens invisibles qui m'ôtent les forces. Vous croirez peut-être que ce sont des songes; mais non, je suis bien éveillé. Je revois sans cesse les mêmes objets, et c'est une sensation d'horreur qui surpasse tous mes autres maux.

LE MILITAIRE.

Il est possible que vous ayez la fièvre pendant ces cruelles insomnies, et c'est elle sans doute qui vous cause cette espèce de délire.

LE LÉPREUX.

Vous croyez que cela peut venir de la fièvre? Ah! je voudrais bien que vous dissiez vrai. J'avais craint jusqu'à présent que ces visions ne fussent un symptôme de folie, et je vous avoue que cela m'inquiétait beaucoup. Plût à Dieu que ce fût en effet la fièvre!

LE MILITAIRE.

Vous m'intéressez vivement. J'avoue que je ne me serais jamais fait l'idée d'une situation semblable à la vôtre. Je pense cependant qu'elle devait être moins triste lorsque votre sœur vivait.

LE LÉPREUX.

Dieu sait lui seul ce que j'ai perdu par la mort de ma sœur. — Mais ne craignez-vous point de vous trouver si près de moi? Asseyez-vous ici, sur cette pierre; je me placerai derrière le feuillage, et nous converserons sans nous voir.

LE MILITAIRE.

Pourquoi donc? Non, vous ne me quitterez point; placez-vous près de moi. (En disant ces mots, le voyageur fit un mouvement involontaire pour saisir la main du Lépreux, qui la retira avec vivacité.)

LE LÉPREUX.

Imprudent! vous allez saisir ma main!

LE MILITAIRE.

Eh bien! je l'aurais serrée de bon cœur.

LE LÉPREUX.

Ce serait la première fois que ce bonheur m'aurait été accordé : ma main n'a jamais été serrée par personne.

LE MILITAIRE.

Quoi donc! hormis cette sœur dont vous m'avez parlé, vous n'avez jamais eu de liaison, vous n'avez jamais été chéri par aucun de vos semblables?

LE LÉPREUX.

Heureusement pour l'humanité, je n'ai plus de semblable sur la terre.

LE MILITAIRE.

Vous me faites frémir!

LE LÉPREUX.

Pardonnez, compatissant étranger! vous savez que les malheureux aiment à parler de leurs infortunes.

LE MILITAIRE.

Parlez, parlez, homme intéressant ! Vous m'avez dit qu'une sœur vivait jadis avec vous, et vous aidait à supporter vos souffrances.

LE LÉPREUX.

C'était le seul lien par lequel je tenais encore au reste des humains ! Il plut à Dieu de le rompre et de me laisser isolé et seul au milieu du monde. Son âme était digne du ciel qui la possède, et son exemple me soutenait contre le découragement qui m'accable souvent depuis sa mort. Nous ne vivions cependant pas dans cette intimité délicieuse dont je me fais une idée, et qui devrait unir des êtres malheureux. Le genre de nos maux nous privait de cette consolation. Lors même que nous nous rapprochions pour prier Dieu, nous évitions réciproquement de nous regarder, de peur que le spectacle de nos maux ne troublât nos méditations, et nos regards n'osaient plus se réunir que dans le ciel. Après nos prières, ma sœur se retirait ordinairement dans sa cellule ou sous les noisetiers qui terminent le jardin, et nous vivions presque toujours séparés.

LE MILITAIRE.

Mais pourquoi vous imposer cette dure contrainte ?

LE LÉPREUX.

Lorsque ma sœur fut attaquée par la maladie contagieuse dont toute ma famille a été la victime, et qu'elle vint partager ma retraite, nous ne nous étions jamais vus : son effroi fut extrême en m'apercevant pour la première fois. La crainte de l'affliger, la crainte plus grande encore d'augmenter son mal en l'approchant, m'avait forcé d'adopter ce triste genre de vie. La lèpre n'avait attaqué que sa poitrine, et je conservais encore quelque espoir de la voir guérir. Vous voyez ce reste de treillage que j'ai négligé ; c'était alors une haie de houblon que j'entretenais avec soin et qui partageait le jardin en deux parties. J'avais ménagé de chaque côté un petit sentier, le long duquel nous pouvions nous promener et converser ensemble sans nous voir et sans trop nous approcher.

LE MILITAIRE.

On dirait que le ciel se plaisait à empoisonner les tristes jouissances qu'il vous laissait.

LE LÉPREUX.

Mais du moins je n'étais pas seul alors ; la présence de ma sœur rendait cette retraite vivante. J'entendais le bruit de ses pas dans ma solitude. Quand je revenais à l'aube du jour prier Dieu sous ces arbres, la porte de la tour s'ouvrait doucement, et la voix de ma sœur se mêlait insensiblement à la mienne. Le soir, lorsque j'arrosais mon jardin, elle se promenait quelquefois au soleil couchant ; ici, au même endroit où je vous parle, je la voyais son ombre passer et repasser sur mes fleurs. Lors même que je ne la voyais pas, je trouvais partout des traces de sa tendresse. Maintenant je n'arrive plus de rencontrer sur mon chemin une fleur effeuillée, ou quelques branches d'arbrisseau qu'elle y laissait tomber en passant ; je suis seul : il n'y a plus ni mouvement ni vie autour de moi, et le sentier qui conduisait à son bosquet favori disparaît déjà sous l'herbe. Sans paraître s'occuper de moi, elle veillait sans cesse à ce qui pouvait me faire plaisir. Lorsque je rentrais dans ma chambre, j'étais quelquefois surpris d'y trouver des vases de fleurs nouvelles, ou quelque beau fruit qu'elle avait soigné elle-même. Je n'osais pas lui rendre les mêmes services, et je l'avais même priée de ne jamais entrer dans ma chambre ; mais qui peut mettre des bornes à l'affection d'une sœur ? Un seul trait pourra vous donner une idée de sa tendresse pour moi. Je marchais une nuit à grands pas dans ma cellule, tourmenté de douleurs affreuses. Au milieu de ma nuit, m'étant assis un instant pour me reposer, j'entendis un bruit léger à l'entrée de ma chambre. J'approche, je prête l'oreille ; jugez de mon étonnement ! c'était ma sœur qui priait Dieu en dehors sur le seuil de ma porte. Elle avait entendu mes plaintes. Sa tendresse lui avait fait craindre de me troubler ; mais elle venait pour être à portée de me secourir au besoin. Je l'entendis qui récitait à voix basse le *Miserere*. Je me mis à genoux près de la porte, et, sans l'interrompre, je suivis mentalement ses paroles. Mes yeux étaient pleins de larmes : qui n'eût été touché d'une telle affection ? Lorsque je crus que sa prière était terminée : « Adieu, ma sœur, lui dis-je à voix basse ; adieu, retire-toi, je me sens un peu mieux ; que Dieu te bénisse et te récompense de ta piété ! » Elle se retira en silence, et sans doute sa prière fut exaucée, car je dormis enfin quelques heures d'un sommeil tranquille.

LE MILITAIRE.

Combien ont dû vous paraître tristes les premiers jours qui suivirent la mort de cette sœur chérie !

LE LÉPREUX.

Je fus longtemps dans une espèce de stupeur qui m'ôtait la faculté de sentir toute l'étendue de mon infortune : lorsque enfin je revins à moi, et que je fus à même de juger de ma situation, ma raison fut prête à m'abandonner. Cette époque sera toujours doublement triste pour moi ; elle me rappelle le plus grand de mes malheurs, et le crime qui faillit en être la suite.

LE MILITAIRE.

Un crime ! je ne puis vous en croire capable.

LE LÉPREUX.

Cela n'est que trop vrai, et en vous racontant cette époque de ma vie je crains de me peindre meilleur que je ne suis, et vous me plaindrez peut-être un peu moins que vous ne m'avez condamné. Déjà, dans quelques accès de mélancolie, l'idée de quitter cette vie volontairement s'était présentée à moi : cependant la crainte de Dieu me l'avait toujours fait repousser, lorsque la circonstance la plus simple et la moins faite en apparence pour me troubler pensa me perdre pour l'éternité. Je venais d'éprouver un nouveau chagrin. Depuis quelques années, un petit chien s'était donné à nous : ma sœur l'avait aimé, et je vous avoue que depuis qu'elle n'existait plus ce pauvre animal était une véritable consolation pour moi.

Nous devions sans doute à sa laideur le choix qu'il avait fait de notre demeure pour son refuge. Il avait été rebuté par tout le monde ; mais il était encore un trésor pour la maison du Lépreux. En reconnaissance de la faveur que Dieu nous avait accordée en nous donnant cet ami, ma sœur l'avait appelé *Miracle*, et son nom, qui contrastait avec sa laideur, ainsi que sa gaîté continuelle, nous avait souvent distraits de nos chagrins. Malgré le soin que j'en avais, il s'échappait quelquefois, et je n'avais jamais pensé que cela pût être nuisible à personne. Cependant quelques habitants de la ville s'en alarmèrent, et crurent qu'il pouvait porter parmi eux le germe de ma maladie ; ils se déterminèrent à porter des plaintes au commandant, qui ordonna que mon chien fût tué sur-le-champ. Des soldats, accompagnés de quelques habitants, vinrent aussitôt chez moi pour exécuter cet ordre cruel. Ils lui passèrent une corde au cou et je ne pus m'empêcher de le regarder encore une fois ; je le vis tourner ses yeux vers moi pour me demander un secours que je ne pouvais lui donner. On voulait le noyer dans la Doire ; mais la populace, qui l'attendait en dehors, l'assomma à coups de pierres. J'entendis ses cris, et je rentrai dans ma tour plus mort que vif ; mes genoux tremblants ne pouvaient me soutenir ; je me jetai sur mon lit dans un état impossible à décrire. Ma douleur ne me permit de voir dans cet ordre juste, mais sévère, qu'une barbarie aussi atroce qu'inutile ; et quoique j'aie honte aujourd'hui du sentiment qui m'animait alors, je ne puis encore y penser de sang-froid. Je passai toute la journée dans la plus grande agitation. C'était le dernier être vivant qu'on venait d'arracher d'auprès de moi, et ce nouveau coup avait rouvert toutes les plaies de mon cœur.

Telle était ma situation, lorsque le même jour, vers le coucher du soleil, je vins m'asseoir ici, sur cette pierre où vous êtes assis maintenant. J'y réfléchissais depuis quelque temps sur mon triste sort, lorsque là-bas, vers ces deux bouleaux qui terminent la haie, je vis paraître deux jeunes époux qui venaient de s'unir depuis peu. Ils s'avancèrent le long du sentier, à travers la prairie, et passèrent près de moi. La délicieuse tranquillité qu'inspire un bonheur certain était empreinte sur leurs belles physionomies ; ils marchaient lentement ; leurs bras étaient entrelacés. Tout-à-coup je les vis s'arrêter : la jeune femme pencha la tête sur le sein de son époux, qui la serra

dans ses bras avec transport. Je sentis mon cœur se serrer. Vous l'avouerai-je? l'envie se glissa pour la première fois dans mon cœur : jamais l'image du bonheur ne s'était présentée à moi avec tant de force. Je les suivis des yeux jusqu'au bout de la prairie, et j'allais les perdre de vue dans les arbres, lorsque des cris d'allégresse vinrent frapper mon oreille : c'étaient leurs familles réunies qui venaient à leur rencontre. Des vieillards, des femmes, des enfants, les entouraient : j'entendais le murmure confus de la joie; je voyais entre les arbres les couleurs brillantes de leurs vêtements, et ce groupe entier semblait environné d'un nuage de bonheur. Je ne pus supporter ce spectacle; les tourments de l'enfer étaient entrés dans mon cœur : je détournai mes regards, et je me précipitai dans ma cellule. Dieu qu'elle me parut déserte, sombre, effroyable! C'est donc ici, me dis-je, que ma demeure est fixée pour toujours; c'est donc ici où, traînant une vie déplorable, j'attendrai la fin tardive de mes jours! L'Éternel a répandu le bonheur, il l'a répandu à torrents sur tout ce qui respire; et moi, moi seul! sans aide, sans amis, sans compagne.... Quelle affreuse destinée!

Plein de ces tristes pensées, j'oubliai qu'il est un être consolateur, je m'oubliai moi-même. Pourquoi, me disais-je, la lumière me fut-elle accordée? Pourquoi la nature n'est-elle injuste et marâtre pour moi? Semblable à l'enfant déshérité, j'ai sous les yeux le riche patrimoine de la famille humaine, et le ciel avare m'en refuse ma part. Non, non, m'écriai-je enfin dans un accès de rage, il n'est point de bonheur pour toi sur la terre; meurs, infortuné, meurs! assez longtemps tu as souillé la terre par ta présence; puisse-t-elle t'engloutir vivant et ne laisser aucune trace de ton odieuse existence! Ma fureur insensée s'augmentait par degrés, le désir de me détruire s'empara de moi, et fixa toutes mes pensées. Je conçus enfin la résolution d'incendier ma retraite, et de m'y laisser consumer avec tout ce qui aurait pu laisser quelque souvenir de moi. Agité, furieux, je sortis dans la campagne ; j'errai quelque temps dans l'ombre autour de mon habitation : des hurlements involontaires sortaient de ma poitrine oppressée, et m'effrayaient moi-même dans le silence de la nuit. Je rentrai plein de rage dans ma demeure, en criant : Malheur à toi, Lépreux! malheur à toi! Et comme si tout avait dû contribuer à ma perte, j'entendis l'écho qui, du milieu des ruines du château de Bramafan, répéta distinctement : Malheur à toi! Je m'arrêtai, saisi d'horreur, sur la place de la tour, et l'écho faible de la montagne répéta longtemps après : Malheur à toi!

Je pris une lampe, et, résolu de mettre le feu à mon habitation, je descendis dans la chambre la plus basse, remplie avec moi des sarments et des branches sèches. C'était la chambre qu'avait habitée ma sœur, je n'y étais plus rentré depuis sa mort : son fauteuil était encore placé comme lorsque je l'en avais retirée pour la dernière fois; je sentis un frisson de crainte en voyant son voile et quelques parties de ses vêtements épars dans la chambre : les dernières paroles qu'elle avait prononcées avant d'en sortir se retracèrent à ma pensée : « Je ne t'abandonnerai pas en mourant, me disait-elle; souviens-toi que je serai présente dans tes angoisses. » En posant la lampe sur la table, j'aperçus le cordon de la croix qu'elle portait à son cou, et qu'elle avait placée elle-même entre deux feuillets de sa Bible. À cet aspect, je reculai plein d'un saint effroi. La profondeur de l'abîme où j'allais me précipiter se présenta tout-à-coup à mes yeux dessillés; je m'approchai en tremblant du livre sacré : Voilà, voilà, m'écriai-je, le secours qu'elle m'a promis ! Et comme je retirai la croix du livre, j'y trouvai un écrit cacheté, que ma bonne sœur y avait laissé pour moi. Mes larmes, retenues jusqu'alors par la douleur, s'échappèrent en torrents : tous mes funestes projets s'évanouirent à l'instant. Je pressai longtemps cette lettre précieuse sur mon cœur avant de pouvoir la lire, et, me jetant à genoux pour implorer la miséricorde divine, je l'ouvris, et j'y lus en sanglotant ces paroles qui seront éternellement gravées dans mon cœur : « Mon « frère, je vais bientôt te quitter; mais je ne t'abandonnerai pas. Du « ciel, où j'espère aller, je veillerai sur toi; je prierai Dieu qu'il te « donne le courage de supporter la vie avec résignation, jusqu'à ce « qu'il lui plaise de nous réunir dans un autre monde : alors je pour-« rai te montrer toute mon affection; rien ne m'empêchera plus de « t'approcher, et rien ne pourra nous séparer. Je te laisse la petite « croix que j'ai portée toute ma vie; elle m'a souvent consolée dans « mes peines, et mes larmes n'ouvrent jamais d'autres témoins qu'elle. « Rappelle-toi, lorsque tu la verras, que mon dernier vœu fut que tu « puisses vivre ou mourir en bon chrétien. » Lettre chérie ! elle ne me quittera jamais ; je l'emporterai avec moi dans la tombe; c'est elle qui m'ouvrira les portes du ciel, que mon crime devait me fermer à jamais. En achevant de la lire, je me sentis défaillir, épuisé par tout ce que je venais d'éprouver. Je vis un nuage se répandre sur ma vue, et pendant quelque temps je perdis à la fois le souvenir de mes maux et le sentiment de mon existence. Lorsque je revins à moi, la nuit était avancée. À mesure que mes idées s'éclaircissaient, j'éprouvais un sentiment de paix indéfinissable. Tout ce qui s'était passé dans la soirée me paraissait un rêve. Mon premier mouvement fut de lever les yeux vers le ciel pour le remercier de m'avoir préservé du plus grand des malheurs. Jamais le firmament ne m'avait paru si serein et si beau : une étoile brillait devant ma fenêtre ; je la contemplai longtemps avec un plaisir inexprimable, en remerciant Dieu de ce qu'il m'accordait encore le plaisir de la voir, et j'éprouvais une secrète consolation à penser qu'un de ses rayons était cependant destiné pour la triste cellule du Lépreux.

Je remontai chez moi plus tranquille. J'employai le reste de la nuit à lire le livre de Job, et le saint enthousiasme qu'il fit passer dans mon âme finit par dissiper entièrement les noires idées qui m'avaient obsédé. Je n'avais jamais éprouvé de ces moments affreux lorsque ma sœur vivait; il me suffisait de la savoir près de moi, pour être plus calme, et la seule pensée de l'affection qu'elle avait pour moi suffisait pour me consoler et me donner du courage.

Compatissant étranger! Dieu vous préserve d'être jamais obligé de vivre seul! Ma sœur, ma compagne n'est plus, mais le ciel m'accordera la force de supporter courageusement la vie; il me l'accordera, je l'espère, car je le prie dans la sincérité de mon cœur.

LE MILITAIRE.

Quel âge avait votre sœur lorsque vous la perdites?

LE LÉPREUX.

Elle avait à peine vingt-cinq ans ; mais ses souffrances la faisaient paraître plus âgée. Malgré la maladie qui l'a enlevée, et qui avait altéré ses traits, elle eût été belle encore sans une pâleur effrayante la défigurait: c'était l'image de la mort vivante, et je ne pouvais la voir sans gémir.

LE MILITAIRE.

Vous l'avez perdue bien jeune.

LE LÉPREUX.

Sa complexion faible et délicate ne pouvait résister à tant de maux réunis ; depuis quelque temps, je m'apercevais que sa perte était inévitable, et tel était son triste sort, que j'étais forcé de la désirer. En la voyant languir et se détruire chaque jour, j'observais avec une joie funeste s'approcher la fin de ses souffrances. Déjà, depuis un mois, sa faiblesse était augmentée ; de fréquents évanouissements menaçaient sa vie d'heure en heure. Un soir (c'était vers le commencement d'août) je la vis si abattue, que je ne voulus pas la quitter : elle était dans son fauteuil, ne pouvant plus supporter le lit depuis quelques jours. Je m'assis moi-même auprès d'elle, et, dans l'obscurité la plus profonde, nous eûmes ensemble notre dernier entretien. Mes larmes ne pouvaient se tarir; un cruel pressentiment m'agitait. « Pourquoi pleures-tu ? me disait-elle; pourquoi t'affliger ainsi? je ne te quitterai pas en mourant, je serai présente dans tes angoisses. »

Quelques instants après, elle me témoigna le désir d'être transportée hors de la tour, et de faire ses prières dans son bosquet de noisetiers : c'est là qu'elle passait la plus grande partie de la belle saison. « Je veux, disait-elle, mourir en regardant le ciel ». Je ne croyais cependant pas son heure si proche. Je la pris dans mes bras pour l'enlever. « Soutiens-moi seulement, me dit-elle, j'aurai peut-être encore la force de marcher. » Je la conduisis lentement jusque dans les noisetiers : je lui formai un coussin avec des feuilles sèches qu'elle y avait rassemblées elle-même, et, l'ayant couverte d'un voile, afin de la préserver de l'humidité de la nuit, je me plaçai auprès d'elle; mais elle désira être seule dans sa dernière méditation : je m'éloignai sans la perdre de vue. Je voyais son voile s'élever de temps en temps, et ses mains blanches se diriger vers le ciel. Comme je me rapprochais du bosquet, elle me demanda de l'eau : j'en apportai dans sa coupe ; elle y trempa ses lèvres, mais elle ne put boire. « Je sens ma fin, me dit-elle en détournant la tête ; ma soif sera bientôt étanchée pour toujours. Soutiens-moi, mon frère; aide ta sœur à franchir ce passage désiré, mais terrible. Soutiens-moi, récite la prière des agonisants. » Ce furent les dernières paroles qu'elle m'adressa. J'appuyai sa tête contre mon sein, et je récitai la prière des agonisants : « Passe à l'éternité! lui disais-je, ma chère sœur; délivre-toi de la vie ; laisse cette dépouille dans mes bras ! » Pendant trois heures je la soutins ainsi dans la dernière lutte de la nature; elle s'éteignit enfin doucement, et son âme se détacha sans effort de la terre.

Le Lépreux, à la fin de ce récit, couvrit son visage de ses mains; la douleur était la voix au voyageur. Après un instant de silence, le Lépreux se leva. *Étranger*, dit-il, *lorsque le chagrin ou le décou-*

gement s'approcheront de vous, pensez au solitaire de la cité d'Aoste; vous ne lui aurez pas fait une visite inutile.

Ils s'acheminèrent ensemble vers la porte du jardin. Lorsque le militaire fut au moment de sortir, il mit son gant à la main droite: Vous n'avez jamais serré la main de personne, dit-il au Lépreux; accordez-moi la faveur de serrer la mienne: c'est celle d'un ami qui s'intéresse vivement à votre sort. Le Lépreux recula de quelques pas avec une sorte d'effroi, et levant les yeux et les mains au ciel: *Dieu de bonté*, s'écria-t-il, *comble de tes bénédictions cet homme compatissant!*

Accordez-moi donc une autre grâce, reprit le voyageur. Je vai partir; nous ne nous reverrons peut-être pas de bien longtemps: ne pourrions-nous pas, avec les précautions nécessaires, nous écrire quelquefois? une semblable relation pourrait vous distraire, et me ferait un grand plaisir à moi-même. Le Lépreux réfléchit quelque temps. *Pourquoi*, dit-il enfin, *chercherais-je à me faire illusion? Je ne dois avoir d'autre société que moi-même, d'autre ami que Dieu; nous nous reverrons en lui. Adieu, généreux étranger, soyez heureux.....* Le Lépreux ferma la porte et en poussa les verrous.

Les Adieux du Lépreux.

FIN DU LÉPREUX DE LA CITÉ D'AOSTE.

POÉSIES DE GILBERT.

Le Jugement dernier.

Quels biens vous ont produits vos sauvages vertus?
Justes, vous avez dit : Dieu nous protége en père ;
Et, partout opprimés, vous rampez abattus
Sous les pieds du méchant, dont l'audace prospère.
 Implorez ce Dieu défenseur ;
En faveur de ses fils qu'il arme sa vengeance :
Est-il aveugle et sourd? est-il d'intelligence
 Avec l'impie et l'oppresseur?

 —Méchants, suspendez vos blasphèmes.
Est-ce pour le braver qu'il vous donna la voix?
Il nous frappe, il est vrai ; mais, sans juger ses lois,
Soumis, nous attendons qu'il vous frappe vous-mêmes.
 Ce soleil, témoin de nos pleurs,
Amène à pas pressés le jour de sa justice.
Dieu nous paiera de nos douleurs
Dieu viendra nous venger des triomphes du vice.

— Qu'il vienne donc, ce Dieu, s'il a jamais été!
Depuis que du malheur les vertus sont sujettes,
L'infortuné l'appelle et n'est point écouté :
Il dort, au fond du ciel, sur ses foudres muettes.
 Est-ce là ce Dieu généreux?
Et vous pouvez encore espérer qu'il s'éveille?
Allez, imitez-vous, et, tandis qu'il sommeille,
 Soyez coupables, mais heureux.

Quel bruit s'est élevé? La trompette sonnante
 A retenti de tous côtés ;
Et, sur son char de feu, la foudre dévorante
 Parcourt les airs épouvantés.
Ces astres teints de sang et cette horrible guerre
Des vents échappés de leurs fers,
Hélas! annoncent-ils aux enfants de la terre
 Le dernier jour de l'univers?

L'Océan, révolté, loin de son lit s'élance,
 Et de ses flots séditieux
Court, en grondant, battre les cieux,
Tout près à les couvrir de leur ruine immense.
C'en est fait : l'Eternel, trop longtemps méprisé,
 Sort de la nuit profonde
Où, loin des yeux de l'homme, il s'était reposé.
Il a paru, c'est lui : son pied frappe le monde,
 Et le monde est brisé.

Tremblez, humains : voici de ce juge suprême
 Le redoutable tribunal.
Ici perdent leur prix l'or et le diadème ;
Ici l'homme à l'homme est égal ;
Ici la vérité tient ce livre terrible
 Où sont écrits vos attentats ;
Et la religion, mère autrefois sensible,
S'arme d'un cœur d'airain contre ses fils ingrats.

 Sortez de la nuit éternelle,
 Rassemblez-vous, âmes des morts ;
 Et, reprenant vos mêmes corps,
Paraissez devant Dieu : c'est Dieu qui vous appelle.
 Arrachés de leur froid repos,
Les morts du sein de l'ombre avec terreur s'élancent,
Et près de l'Eternel en désordre s'avancent,
 Pâles et secouant la cendre des tombeaux.

O Sion! oh! combien ton enceinte immortelle
Renferme en ce moment de peuples éperdus!
Le musulman, le juif, le chrétien, l'infidèle,
Devant le même Dieu s'assemblent confondus.
Quel tumulte effrayant! que de cris lamentables!
Ciel! qui pourrait compter le nombre des coupables?
 Ici, près de l'ingrat,
Se cachent l'imposteur, l'avare, l'homicide,
 Et ce guerrier perfide
Qui vendit sa patrie en un jour de combat.

Ces juges trafiquaient du sang de l'innocence
 Avec ses fiers persécuteurs.
 Sous le vain nom de bienfaiteurs,
Ces grands semaient ensemble et les dons et l'offense.
Où fuir? où vous cacher? L'œil vengeur vous poursuit,
Vous, brigands, jadis rois, ici sans diadème ;
Les antres, les rochers, l'univers est détruit :
 Tout est plein de l'Etre suprême.

Coupables, approchez :
De la chaîne des ans, les jours de la clémence
 Sont enfin retranchés.
Insultez, insultez aux pleurs de l'innocence :
Son Dieu dort-il? Répondez-nous.
Vous pleurez! vains regrets! ces pleurs font notre joie.
A l'ange de la mort Dieu vous a promis tous ;
 Et l'enfer demande sa proie.

Mais d'où vient que je nage en des flots de clarté!
Ciel! malgré moi, s'égarant sur ma lyre,
Mes doigts harmonieux peignent la volupté!
Fuyez, pécheurs, respectez mon délire.
 Je vois les élus du Seigneur
Marcher d'un front riant au fond du sanctuaire.
Des enfants doivent-ils connaître la terreur,
 Lorsqu'ils s'approchent de leur père?

Quoi! de tant de mortels qu'ont nourris tes bontés,
Ce petit nombre, ô Ciel, rangea ses volontés
 Sous le joug de tes lois augustes!
Des vieillards! des enfants! quelques infortunés!
A peine mon regard voit, entre mille justes,
 S'élever deux fronts couronnés.

Que sont-ils devenus, ces peuples de coupables
Dont Sion vit ses champs couverts?
Le Tout-Puissant parlait : ses accents redoutables
 Les ont plongés dans les enfers.
Là tombent condamnés et la sœur et le frère,
Le père avec le fils, la fille avec la mère ;
Les amis, les amants, et la femme et l'époux,
Le roi près du flatteur, l'esclave avec le maître,
Légions de méchants, honteux de se connaître,
Et livrés pour jamais au céleste courroux.

Le juste enfin remporte la victoire,
Et de ses longs combats, au sein de l'Eternel,
Il se repose environné de gloire.
Ses plaisirs sont au comble, et n'ont rien de mortel,
Il voit, il sent, il connaît, il respire
Le Dieu qu'il a servi, dont il aima l'empire ;
Il en est plein, il chante ses bienfaits.
L'Eternel a brisé son tonnerre inutile,
Et d'ailes et de faux dépouillé désormais,
Sur les mondes détruits le Temps dort immobile. Gilbert.

LA GRANDE JOURNÉE.

Pour la patrie il faut qu'on meure !
O citoyens ! voici notre heure ;
C'est l'heure de la liberté !
Levons-nous, levons-nous, mes frères :
Dans l'abîme de nos colères,
Jetons un pouvoir détesté !

 Entendez-vous sonner l'alarme :
 Le tambour bat ; le peuple s'arme ;
 Courons !
 Pêle-mêle chacun se rue,
 Le drapeau rouge est dans la rue,
 Mourons !
 Vive la liberté !

Elle est tombée, elle est tombée,
Cette couronne dérobée
D'entre tes mains, ô nation !
Que ces débris dans la poussière
Avec l'opprobre et la misère
Soient en abomination !
 Entendez-vous, etc.

Pas de sang ! et partout des armes !
Quoi ! des lauriers et pas de larmes !
Quels beaux rêves nous avons faits !
Il est à bas, mais dans sa honte
Foulé par le peuple qui monte
Et renversé par ses forfaits !
 Entendez-vous, etc.

Les mêmes droits pour tous les hommes ;
Frères ! aujourd'hui nous le sommes ;
Du travail et l'égalité !
Citoyens, au banquet du monde,
Asseyons-nous tous à la ronde
Avec ordre et tranquillité !

 Entendez-vous ce cri : Victoire !
 Jour d'héroïsme et jour de gloire !
 Partons !
 Pêle mêle chacun se rue ;
 Le drapeau rouge est dans la rue ;
 Chantons :
 Vive la liberté !

<div align="right">ALPHONSE ESQUIROS.</div>

LA MARSEILLAISE.

Allons, enfants de la patrie,
Le jour de gloire est arrivé :
Contre nous, de la tyrannie,
L'étendard sanglant est levé. *bis.*
Entendez-vous dans ces campagnes,
Mugir ces féroces soldats ?
Ils viennent jusque dans vos bras,
Egorger vos fils et vos compagnes !
Aux armes, citoyens ! formez vos bataillons,
Marchons, marchons, qu'un sang impur
 Abreuve nos sillons.
Marchons, marchons, qu'un sang impur
 Abreuve nos sillons.

Que veut cette horde d'esclaves,
De traîtres, de rois conjurés ?
Pour qui ces ignobles entraves,
Ces fers dès longtemps préparés ?... *bis.*
Français, pour nous, ah ! quel outrage,
Quels transports il doit exciter !
C'est nous qu'on ose méditer
De rendre à l'antique esclavage ?
Aux armes, etc.

Quoi ! ces cohortes étrangères
Feraient la loi dans nos foyers ?
Quoi ! ces phalanges mercenaires
Terrasseraient nos fiers guerriers ? *bis.*
Grand Dieu ! par des mains enchaînées,
Nos fronts sous le joug se ploieraient ;
De vils despotes deviendraient
Les maîtres de nos destinées !
Aux armes, etc.

Tremblez, tyrans ! et vous, perfides,
L'opprobre de tous les partis !
Tremblez, vos projets parricides
Vont enfin recevoir leur prix ! *bis.*

Tout est soldat pour vous combattre :
S'ils tombent nos jeunes héros,
La France en produit de nouveaux,
Contre vous tout prêts à se battre.
Aux armes, etc.

Français, en guerriers magnanimes,
Portez ou retenez vos coups :
Epargnez ces tristes victimes,
A regret s'armant contre nous. *bis.*
Mais ces despotes sanguinaires,
Mais les complices de Bouillé,
Tous ces tigres qui, sans pitié,
Déchirent le sein de leur mère.
Aux armes, etc.

Nous entrerons dans la carrière,
Quand nos aînés ne seront plus ;
Nous y trouverons leur poussière
Et la trace de leurs vertus. *bis.*
Bien moins jaloux de leur survivre,
Que de partager leur cercueil,
Nous aurons le sublime orgueil
De les venger ou de les suivre.
Aux armes, etc.

Amour sacré de la patrie,
Conduis, soutiens nos bras vengeurs,
Liberté, liberté chérie,
Combats avec tes défenseurs ! *bis.*
Sous nos drapeaux, que la victoire
Accoure à tes mâles accents !
Que tes ennemis expirants
Voient ton triomphe et notre gloire !
Aux armes, citoyens ! formez vos bataillons,
Marchons, marchons, qu'un sang impur
 Abreuve nos sillons.
Marchons, marchons, qu'un sang impur
 Abreuve nos sillons.

<div align="right">ROUGET DE LILLE.</div>

LE CHANT DU DÉPART.

La victoire en chantant nous ouvre la barrière,
 La liberté guide nos pas,
Et du Nord au Midi, la trompette guerrière
 A sonné l'heure des combats.
 Tremblez, ennemis de la France!
 Rois ivres de sang et d'orgueil!
 Le peuple souverain s'avance;
 Tyrans, descendez au cercueil!
 La république nous appelle,
 Sachons vaincre ou sachons périr;
 Un Français doit vivre pour elle,
 Pour elle un Français doit mourir!

UNE MÈRE DE FAMILLE.

De nos yeux maternels ne craignez point les larmes :
 Loin de nous de lâches douleurs!
Nous devons triompher quand vous prenez les armes :
 C'est aux rois de verser des pleurs!
 Nous vous avons donné la vie,
 Guerriers! elle n'est plus à vous;
 Tous vos jours sont à la patrie :
 Elle est votre mère avant nous!

 La république, etc.

DEUX VIEILLARDS.

Que le fer paternel arme la main des braves!
 Songez à nous au champ de Mars;
Consacrez dans le sang des rois et des esclaves
 Le fer béni par vos vieillards;
 Et rapportant sous la chaumière
 Des blessures et des vertus,
 Venez fermer notre paupière
 Quand les tyrans ne seront plus.

 La république, etc.

UN ENFANT.

De Barra, de Viala, le sort nous fait envie;
 Ils sont morts, mais ils ont vaincu.
Le lâche accablé d'ans n'a point connu la vie!
 Qui meurt pour le peuple a vécu.
 Vous êtes vaillants, nous le sommes;
 Guidez-nous contre les tyrans;

Les républicains sont des hommes,
 Les esclaves sont des enfants!

 La république, etc.

UNE ÉPOUSE.

Partez, vaillants époux, les combats sont vos fêtes;
 Partez, modèles des guerriers;
Nous cueillerons des fleurs pour en ceindre vos têtes,
 Nos doigts tresseront vos lauriers.
 Et si le temple de mémoire
 S'ouvrait à vos mânes vainqueurs,
 Nos voix chanteront votre gloire,
 Nos flancs porteront vos vengeurs.

 La république, etc.

UNE JEUNE FILLE.

Et nous, sœurs des héros, nous qui de l'hyménée
 Ignorons les aimables nœuds,
Si, pour s'unir un jour à notre destinée,
 Les citoyens forment des vœux,
 Qu'ils reviennent dans nos murailles
 Beaux de gloire et de liberté,
 Et que leur sang dans les batailles,
 Ait coulé pour l'égalité.

 La république, etc.

TROIS GUERRIERS.

Sur ce fer, devant Dieu, nous jurons à nos pères,
 A nos épouses, à nos sœurs,
A nos représentants, à nos fils, à nos mères,
 D'anéantir les oppresseurs :
 En tous lieux, dans la nuit profonde,
 Plongeant l'infâme royauté,
 Les Français donneront au monde
 Et la paix et la liberté!
 La république nous appelle,
 Sachons vaincre ou sachons périr;
 Un Français doit vivre pour elle,
 Pour elle un Français doit mourir!

M.-J. CHÉNIER.

LES VEILLÉES LITTÉRAIRES ILLUSTRÉES

J. BRY AINÉ, ÉDITEUR
21, RUE DES MATHURINS SAINT-JACQUES

LE VICAIRE DE WAKEFIELD
PAR GOLDSMITH.

20 CENTIMES LA LIVRAISON

Dessiné par Ed. Frère. Gravé par Rouget.

CHAPITRE 1er.

J'ai toujours pensé que l'honnête homme qui se mariait et qui élevait une nombreuse famille rendait plus de service à l'humanité que celui qui, vivant garçon, faisait les raisonnements les plus savants sur la population. Conduit par ce motif, il y avait à peine un an que j'avais pris les ordres que je commençai à penser sérieusement à prendre une femme. Je la choisis comme elle-même choisit l'étoffe de sa robe de noces, non pas pour l'éclat et pour le brillant, mais pour la solidité et le *bon user*. Pour lui rendre justice, c'était une femme d'un excellent caractère; et, quant à l'éducation, peu de dames de province pouvaient se vanter d'en avoir reçu une aussi bonne. Elle savait lire dans quelque livre anglais que ce fût, sans être obligée de trop épeler; et pour la cuisine et les fruits confits, tant au sucre qu'au vinaigre, elle n'avait pas son égale. Elle se piquait aussi d'entendre parfaitement le ménage. Cependant je ne me suis jamais aperçu que nous soyons devenus plus riches par toutes ses inventions économiques. Nous nous aimions tendrement l'un l'autre, et notre affection mutuelle s'accrut avec les années. Effectivement, nous n'avions rien qui pût nous rendre mécontents du monde ni de nous-mêmes. Nous avions une jolie maison située dans une belle campagne, et un bon voisinage. L'année s'écoulait dans des amusements moraux ou champêtres, à rendre des visites à nos voisins riches et à soulager ceux qui étaient pauvres. Nous n'avions ni révolutions à craindre ni travaux fatigants à essuyer. Toutes nos aventures étaient celles du coin de notre feu, et tous nos voyages se bornaient à passer de l'appartement bleu à l'appartement brun. Comme notre maison était située près du grand chemin, nous avions souvent des voyageurs ou des étrangers qui venaient se rafraîchir avec notre vin de groseilles, que nous avions la réputation de faire excellent, et je puis assurer, avec toute la candeur qui doit faire le partage d'un historien, que je n'ai jamais vu aucun de ces gens qui ne l'ait trouvé bon. Nous étions aussi visités souvent par des cousins au quatorzième degré, qui tous, sans le secours d'aucun généalogiste, se ressouvenaient très bien de leur parenté avec nous. Il y en avait parmi eux qui ne nous faisaient pas grand honneur en se prétendant nos parents ; car exactement tous les aveugles, les boiteux, les estropiés, se mettaient de ce nombre. Cependant ma femme voulait toujours que, comme ils étaient *une même chair et un même sang* avec nous, ils fussent assis à la même table ; de manière que si ce n'étaient pas des amis forts riches, c'étaient au moins des amis contents et satisfaits que nous avions autour de nous : car c'est une remarque qui est certaine, que plus le convive est pauvre, plus il a de plaisir à être bien traité, et, de

Départ de Moïse pour le marché.

mon naturel, je suis aussi grand admirateur d'un visage content que d'autres le sont d'une tulipe ou d'une aile de papillon bien nuancée. Il s'en trouvait cependant, dans le nombre de ces parents, qui avaient un mauvais caractère ou un mauvais esprit, en un mot,

T. 1. 20

qui étaient si incommodes que tous désirions de nous en débarrasser. A ceux-là j'avais attention, la première fois qu'ils nous rendaient visite, de leur prêter ou une redingote, ou une paire de bottes, ou même un cheval de peu de valeur, et j'eus toujours la satisfaction de voir qu'ils ne revinrent point pour me les rendre. Par ce petit artifice, ma maison se trouvait débarrassée de ceux qui ne convenaient pas; mais jamais le ministre de Wakefield ne fut connu pour fermer sa porte ni au voyageur ni à l'indigent.

Nous vécûmes ainsi quelques années dans l'état le plus heureux. Nous ne fûmes cependant pas exempts de ces petites disgrâces que la Providence nous envoie pour relever le prix de ses faveurs. Mon verger fut souvent pillé par les écoliers, et la pâtisserie de ma femme fut quelquefois volée par les chats ou les enfants. Il arrivait aussi que le seigneur de la paroisse s'endormait justement à l'endroit le plus touchant de mon sermon, ou que sa femme ne répondait que par une révérence trop courte aux politesses de la mienne à l'église. Mais nous prenions bientôt le dessus sur le chagrin causé par ces petits accidents; et ordinairement, au bout de trois ou quatre jours, nous commencions à être surpris qu'ils eussent pu nous affecter.

Mes enfants, production de la tempérance, étant élevés sans délicatesse, étaient d'une bonne constitution et d'une santé robuste. Les garçons étaient vigoureux et hardis, mes filles soumises et belles. Quand j'étais au milieu de ce petit cercle, que j'espérais qui serait le soutien de ma vieillesse, je ne pouvais m'empêcher de me rappeler la fameuse histoire du comte d'Abensberg, qui, dans le temps que Henri II visitait ses provinces d'Allemagne, pendant que les courtisans venaient au-devant du prince avec leurs trésors, lui amena ses trente-deux enfants, et les présenta à son souverain comme le plus beau présent qu'il eût à lui offrir. De même, quoique je n'eusse que six enfants, je les regardais comme un présent considérable que j'avais fait à mon pays, et pour lequel je pensais qu'il me devait quelque reconnaissance. Notre fils aîné se nommait Georges, du nom de son oncle, qui nous avait laissé dix mille livres sterlings. Notre second enfant était une fille à qui je voulais donner le nom de Griselle, qui était celui de sa tante; mais ma femme, qui pendant sa grossesse avait lu des romans, insista pour qu'elle s'appelât Olivia. En moins d'une année ensuite nous eûmes une seconde fille. Je comptais bien que celle-là porterait le nom de sa tante Griselle, mais une parente riche ayant eu la fantaisie d'en être la marraine, lui donna le nom de Sophie. Ainsi j'avais deux noms de roman dans ma famille; mais je proteste que je n'y ai aucune part. Le quatrième était un garçon nommé Moïse; et après un intervalle de douze années, nous eûmes encore deux garçons, Dick et Bill.

Il serait inutile de dissimuler la satisfaction que j'avais quand je voyais mes petits autour de moi; mais celle de ma femme était encore, pour ainsi dire, plus grande que la mienne. Quand ceux qui nous faisaient visite venaient dire: « En vérité, madame Primerose, vous avez les plus beaux enfants de tout le pays. — Ah! voisin, répondait-elle, ils sont comme Dieu les a faits, assez beaux, s'ils sont assez bons, car beau est qui bien fait. » En même temps, elle disait à ses filles de tenir leur tête droite; et, pour rien dissimuler, elles étaient effectivement fort jolies. Je regarde la figure comme une circonstance si indifférente en soi, que je n'aurais pas pensé à parler de celle de mes filles si ce n'est qu'elle était le sujet général des conversations du pays. Olivia, qui était alors âgée d'environ dix-huit ans, avait cette espèce de beauté dans laquelle les peintres représentent ordinairement Hébé, vive, animée, frappante. Les traits de Sophie n'avaient pas tant d'éclat au premier coup d'œil; mais leur effet était souvent plus sûr, car ils étaient doux, modestes, engageants. L'une remportait la victoire du premier coup, l'autre par des efforts répétés, mais toujours suivis du succès.

Le caractère des femmes s'accorde ordinairement avec leurs traits, au moins cela était-il vrai de mes filles. Olivia désirait d'avoir plusieurs amants; Sophie de s'en assurer un. Olivia laissait voir souvent un trop grand désir de plaire; Sophie, dans la crainte d'offenser, s'efforçait de cacher sa supériorité; l'une m'amusait par sa vivacité quand j'étais gai, l'autre me plaisait par son bon sens quand j'étais sérieux; mais ces qualités différentes n'étaient poussées à l'excès ni dans l'une ni dans l'autre, et je les ai vues souvent changer d'humeur ensemble pour un jour entier. Une robe de deuil faisait de ma coquette une prude, et un nouvel ajustement de rubans donnait à la cadette une vivacité surnaturelle. Mon fils aîné Georges, que je destinais à une des professions savantes, étudiait à l'université d'Oxford. Mon second, Moïse, que je destinais aux affaires, recevait, dans ma maison, une espèce d'éducation mixte. Il serait inutile d'entreprendre de décrire le caractère particulier d'enfants qui n'avaient que fort peu vu le monde: il suffira de dire qu'ils avaient tous une ressemblance de famille, et qu'à proprement parler, ils avaient tous un caractère général, celui d'être également généreux, crédules, simples et sans méchanceté.

CHAPITRE II.

Le temporel de ma famille était principalement sous la direction de ma femme; le spirituel était entièrement sous la mienne. Le produit de mon bénéfice, qui ne montait qu'à trente-cinq livres sterlings par année, je le donnais aux orphelins et aux veuves des ecclésiastiques de notre diocèse; car ayant une fortune suffisante pour moi-même, je ne me souciais pas du revenu temporel, et je sentais un plaisir secret à faire mon devoir sans intérêt. J'avais pris aussi la résolution de ne point me faire substituer dans mes fonctions par un vicaire, et dé connaître tous mes paroissiens. J'exhortais les hommes mariés à la tempérance, et les garçons au mariage; en sorte qu'en peu d'années j'étais parvenu à un propos commun qu'il y avait à Wakefield trois choses extraordinaires: un ministre sans orgueil, des garçons qui cherchaient à se marier, et des cabarets qui manquaient de pratiques.

Le mariage a toujours été un de mes sujets favoris, et j'ai écrit un grand nombre de sermons pour prouver l'utilité et le bonheur de cet état; mais il y a un article particulier dans cette matière que je m'étais fait un point capital de soutenir: je prétendais, avec Whiston, qu'il n'était pas permis à un prêtre de l'église anglicane, après la mort de sa première femme, de convoler à de secondes noces; en un mot, j'étais un zélé défenseur de la monogamie.

J'avais été initié de bonne heure dans cette dispute importante, qui a enfanté tant de volumes laborieusement écrits: je publiai moi-même quelques traités sur la matière; et comme ils ne se sont jamais vendus, j'ai la consolation de penser qu'ils ne sont lus que par le petit nombre des élus. Quelques-uns de mes amis appelaient cela mon côté faible; mais, hélas! quand ils parlaient ainsi, ils n'avaient pas, comme moi, fait de la matière le sujet d'une longue contemplation. Plus je réfléchissais sur le sujet, plus il me paraissait important: j'allais même un pas plus loin que Whiston dans le développement de mes principes. Comme il avait fait graver sur la tombe de sa femme qu'elle avait été la seule femme de Guillaume Whiston, je composai une semblable épitaphe pour ma femme, quoique encore vivante, dans laquelle je faisais l'éloge de sa prudence, de son économie et de son obéissance jusqu'à sa mort; je la fis copier par une belle main, proprement encadrer, et je la plaçai sur la cheminée de la chambre, où elle servait à différents usages très utiles: elle avertissait ma femme de ses devoirs et de ma fidélité; elle lui inspirait le désir de mériter les éloges que je donnais à ses vertus, et lui rappelait le souvenir de sa fin.

Ce fut peut-être pour m'avoir entendu si souvent recommander le mariage, que mon fils aîné, aussitôt sa sortie du collège, mit ses affections sur la fille d'un ecclésiastique de notre voisinage qui avait un bon bénéfice, et qui était en état de lui donner une dot considérable; mais la fortune de la demoiselle était son moindre mérite. Tout le monde, excepté mes deux filles, convenait que miss Arabella Wilmot était parfaitement belle: elle joignait à la jeunesse, à un air de santé et d'innocence, un teint si fin et des yeux si parlants que la vieillesse même ne pouvait la regarder avec indifférence. Comme le père savait que j'étais en état de mon côté de donner un bien honnête à mon fils, il n'était pas éloigné du marché. Couvaincu par ma propre expérience que le temps de la recherche est le plus heureux de la vie, je ne fus pas fâché d'en prolonger la durée; et les différents amusements que le jeune couple trouvait tous les jours dans la compagnie l'un de l'autre semblait augmenter leur passion. Nous étions ordinairement éveillés le matin par quelque concert; quand le jour était beau, nous faisions une partie de chasse à cheval. Le temps entre le déjeuner et le dîner était consacré par les dames à leur toilette et à l'étude; elles lisaient une page, ensuite se regardaient dans le miroir, et le philosophe le plus sévère aurait été obligé d'avouer que souvent la glace présentait plus de beautés que le livre. C'était ma femme qui présidait à table; elle voulait toujours découper et servir elle-même les viandes, parce que c'était l'usage de sa mère, et elle ne manquait pas, en cette occasion, de nous donner l'histoire de chaque plat. Quand nous avions dîné, pour empêcher les dames de nous quitter, je faisais ordinairement ôter la table, et, souvent les filles, avec l'ordre de leur maître de musique, nous donnaient un petit concert fort amusant. La promenade, le thé, la danse et de petits jeux accourcissaient le reste du jour, sans le secours des cartes, pour lesquelles j'ai toujours eu de l'aversion; de tous les jeux je n'aimais que le backgammon, auquel mon vieil ami Wilmot et moi risquions quelquefois nos six sous. Je ne puis m'empêcher, à ce sujet, de rapporter un événement de mauvais présage qui m'arriva la dernière fois que nous jouâmes ensemble: je n'avais besoin que d'un quatre, et j'amenai cinq fois de suite deux as.

Quelques mois s'étaient écoulés de cette manière, on fixa enfin le jour pour le mariage du jeune couple, qui semblait le désirer bien impatiemment. Je n'ai pas besoin de décrire l'air important et affairé de ma femme, ni les regards matois de miss Flinch pendant les préparatifs; pour moi, mon attention était fixée sur un autre objet: j'achevais un traité que je me proposais de publier dans peu pour la défense de la monogamie. Comme je regardais cet ouvrage comme un chef-d'œuvre, je ne pus m'empêcher, dans l'orgueil de mon cœur, de le faire voir à mon vieil ami M. Wilmot, et je ne doutais point

qu'il ne m'en fît des compliments; mais je découvris trop tard qu'il était fortement attaché à l'opinion contraire; cela par une bonne raison, car j'appris que dans ce temps même il faisait sa cour à une femme pour se marier en quatrièmes noces. Cette circonstance produisit, comme on peut bien croire, une dispute entre nous, dans laquelle il se mêla quelque aigreur qui pouvait occasionner la rupture de l'alliance proposée; mais le jour qui précéda celui fixé pour la cérémonie nous convînmes de discuter la matière avec étendue.

La dispute fut soutenue avec une égale chaleur des deux côtés : il m'accusait d'être hétérodoxe, je rétorquai l'imputation; il répliqua, je répliquai. Au moment où le débat était le plus chaud, je fus appelé hors de la salle par un de mes parents, qui, avec un visage triste, me conseilla de quitter la dispute et de laisser le vieux ministre devenir encore époux, s'il le pouvait, au moins jusqu'à ce que l'affaire du mariage de mon fils fût terminée. « Comment, m'écriai-je, abandonner la cause de la vérité; lui laisser la liberté de se remarier, quand je l'ai déjà poussé si loin dans le raisonnement que j'ai l'avantage de l'avoir réduit à l'absurde! Vous me persuaderiez aussitôt d'abandonner ma fortune que ma dispute. — Votre fortune, reprit mon ami, je suis fâché de vous l'apprendre, est presque réduite à rien. Le marchand de la ville sur qui vous aviez placé vos fonds vient de faire banqueroute et est en fuite, et l'on ne croit pas que les créanciers retirent cinq pour cent de leurs créances. Je ne voulais pas vous chagriner, ni votre famille, par cette mauvaise nouvelle, jusqu'à ce que le mariage fût achevé; mais j'ai cru devoir vous en parler plus tôt pour vous engager à modérer votre chaleur dans la dispute; car je suppose que votre prudence vous fera voir à vous-même la nécessité de dissimuler au moins jusqu'à ce que la fortune de la demoiselle soit assurée à votre fils. — Dissimuler! répliquai-je; si ce que vous m'apprenez est vrai, et que je sois réduit à la mendicité, la misère ne fera jamais de moi un malhonnête homme, et ne m'engagera point à désavouer mes principes. Je vais, de ce pas, informer tout à l'heure la compagnie de la circonstance qui m'arrive; et quant à ma thèse, je la rétracte dès à présent toutes les concessions que j'avais faites à mon adversaire, et je soutiens qu'il ne peut être époux, ni de droit, ni de fait, ni dans aucun sens possible. »

Il serait inutile de décrire les sensations qu'éprouvèrent les deux familles quand je leur appris la nouvelle de la catastrophe; mais ce que les autres ressentirent ne paraissait rien en comparaison de ce que les jeunes amants parurent souffrir. M. Wilmot, qui paraissait déjà auparavant assez porté à rompre le marché, y fut bientôt déterminé par cette circonstance. Il possédait dans toute sa perfection la vertu de la prudence, la seule qui trop souvent nous reste dans toute sa force à soixante-dix ans.

CHAPITRE III.

La seule espérance qui nous restât alors était que le rapport de notre malheur fût faux ou prématuré; mais une lettre que je reçus de l'homme qui faisait mes affaires à la ville, ne fit que confirmer les particularités. La perte de ma fortune, si elle n'eût tombé que sur moi, m'aurait paru une bagatelle; mais la seule peine que j'en ressentais était toute pour ma famille, qui, par là allait obligée de devenir humble, sans avoir reçu une éducation qui eût pu l'habituer au mépris.

Près de quinze jours s'écoulèrent avant que j'entreprisse de modérer leur affliction; car une consolation prématurée ne sert qu'à réveiller la douleur. Pendant cet intervalle, mon esprit s'occupa des moyens de soutenir ma famille. A la fin, on m'offrit une petite cure de cinquante livres sterlings dans un petit village éloigné où je pouvais conserver mes principes sans être molesté. J'acceptai avec joie l'offre qui m'en fut faite, et je résolus d'augmenter ce faible revenu en faisant valoir une petite ferme.

Cette résolution prise, mon premier soin fut de rassembler les débris de ma fortune. Toutes dettes reçues et payées, je ne me trouvai que quatre cents livres sterlings, de quatorze mille que j'avais. Ma principale attention fut donc ensuite de rabaisser la vanité de ma famille au niveau de mes facultés, car je savais qu'une mendicité ambitieuse est le comble du malheur. « Vous ne pouvez pas ignorer, leur disais-je, mes enfants, que toute notre prudence ne pouvait pas prévenir le malheur qui vient de nous arriver; mais elle peut faire plus, elle peut le rendre sans effet. Nous voilà devenus pauvres, mais chers enfants, et la sagesse veut que nous nous conformions à notre humble situation. Abandonnons donc, sans murmurer, et éclat qui n'empêche pas un grand nombre de ceux qui le possèdent d'être malheureux, et cherchons dans un état plus simple cette paix du cœur qui peut rendre tout le monde heureux. Les pauvres vivent gaiment sans notre secours, et Dieu ne nous a pas ainsi maltraités, en nous formant, pour que nous ne puissions pas vivre sans le leur. Oui, mes enfants, quittons dès ce moment toute idée de vaine gentilshommerie. Il nous reste assez pour être heureux, si nous sommes sages, et que le contentement nous indemnise du défaut de fortune. »

Comme mon fils aîné avait fait ses études, je me déterminai à l'envoyer à Londres, où les connaissances qu'il avait acquises dans l'Université pouvaient l'aider à se soutenir lui-même et nous aussi. La séparation d'amis et de parents est peut-être une des circonstances des plus douloureuses de l'indigence. Le jour arriva bientôt où nous devions nous disperser pour la première fois. Mon fils, après avoir pris congé de sa mère et de ses frères et sœurs, qui mêlaient leurs larmes à leurs embrassements, vint me demander ma bénédiction. Je la lui donnai de tout mon cœur, et j'y ajoutai cinq guinées, qui étaient tout le patrimoine que j'avais alors à lui donner. « Tu vas à Londres à pied, lui dis-je, mon enfant, c'est ainsi qu'un de tes aïeux y a été avant toi. Reçois de moi le même cheval qu'un bon évêque lui donna, ce bâton; prends aussi ce livre, pour te consoler dans le chemin; ces deux lignes, qui s'y trouvent, valent un million : *J'ai été jeune, et à présent je suis vieux, et cependant je n'ai jamais vu le juste abandonné ou sa postérité mendiant son pain.* Que cette assurance soit ta consolation dans ta route. Va, mon enfant, quelque chose qui t'arrive, viens me voir une fois chaque année. Bon courage et adieu. » Comme je connaissais à mon fils de la probité et de l'honneur, je n'eus point d'inquiétude, en le jetant; pour ainsi dire, nu sur le théâtre du monde; car je savais que, soit qu'il s'y élevât, soit qu'il y tombât, il y jouerait toujours le rôle d'un honnête homme.

Notre départ suivit bientôt le sien. Ce ne fut pas sans verser bien des larmes que nous quittâmes un lieu où nous passions depuis si longtemps des jours heureux : et la constance la plus ferme pourrait-elle les retenir dans une pareille occasion? D'ailleurs, un voyage de soixante milles, pour des gens qui jusque-là ne s'étaient pas éloignés à plus de dix milles de chez eux, nous remplissait de crainte. Les cris des pauvres, qui nous suivirent plusieurs milles, contribuaient à augmenter notre douleur. Le premier jour nous arrivâmes sans accident à trente milles de notre demeure future, et nous nous arrêtâmes, pour coucher, à une hôtellerie assez pauvre sur le chemin. Quand on nous eut montré notre chambre, je priai l'hôte, selon ma coutume, de nous donner sa compagnie à souper, ce qu'il accepta avec d'autant plus de plaisir que ce qu'il devait boire devait augmenter la carte pour le lendemain. Cependant sa compagnie me fit plaisir, parce qu'il connaissait toute le pays où j'allais m'établir, particulièrement le chevalier Thornhill, seigneur du lieu où j'allais demeurer, et propriétaire de la ferme que j'avais prise, qui demeurait à peu de distance du village où j'étais. Il me le dépeignit comme un gentilhomme qui ne se souciait de connaître le monde que du côté des plaisirs qu'il pouvait fournir, et qui était remarquable par son attachement pour le beau sexe. Il m'ajouta qu'il n'y avait point de vertu qui pût lui être contre ses artifices et ses assiduités, et qu'il y avait à peine une fille de fermier à dix milles à la ronde, un peu jolie, avec laquelle il n'eût été heureux et infidèle. Le récit ne causa du chagrin; mais il fit un effet tout différent sur mes filles, sur le visage desquelles je vis briller l'espoir d'un triomphe prochain. La femme elle-même, pleine de confiance dans leurs attraits et dans leur vertu, ne parut pas moins satisfaite.

Pendant que nous étions ainsi occupés de nos pensées différentes, l'hôtesse entra dans la chambre pour apprendre à son mari que ce monsieur singulier qui était chez eux depuis deux jours n'avait point d'argent pour payer sa dépense. « Point d'argent! reprit l'hôte, cela est impossible; car ce n'est pas plus loin qu'avant-hier qu'il paya trois guinées à notre bedeau pour racheter du fouet un pauvre soldat estropié qui avait été condamné à être fustigé pour avoir volé des chiens. » L'hôtesse continuant à assurer que le fait n'en était pas moins vrai, l'hôte se préparait à sortir de la chambre, jurant qu'il voulait être payé d'une façon ou d'une autre, quand je le priai de vouloir bien m'introduire chez cet étranger qu'il me venait de dépeindre si charitable. Il y consentit, et me présenta à un homme qui paraissait avoir environ trente ans, vêtu d'un habit qui avait été jadis galonné. Il était bien fait de sa personne, quoique son visage fût marqué des rides de la réflexion. Il avait quelque chose de bref et de sec dans son abord, et il semblait ne rien entendre à la cérémonie ou la mépriser.

Quand l'hôte fut sorti, je ne pus m'empêcher de marquer à l'étranger la peine que je ressentais de voir un homme de sa sorte dans la circonstance où il se trouvait, et je lui offris ma bourse pour satisfaire à ce qu'on lui demandait. « Je l'accepte de bon cœur, me répondit-il, et je vois bien avec quelle dernière inadvertance, en donnant tout l'argent que j'avais sur moi, m'ait donné occasion de voir qu'il reste encore parmi nous quelques cœurs bienfaisants. J'exige cependant, avant de recevoir votre offre, de connaître le nom et la demeure de mon bienfaiteur, pour pouvoir m'acquitter le plus tôt possible. » Je le satisfis pleinement là-dessus, et lui dis non-seulement mon nom, mais aussi le malheur qui m'était arrivé et le lieu où j'allais demeurer. « Cela se rencontre, reprit-il, encore plus heureusement que je n'espérais; car je suis moi-même de ce côté, ayant été retenu ici deux jours par les débordements, qui, au bout de je crois, laisseront demain les chemins praticables. » Je lui témoignai le plaisir que j'aurais de sa compagnie; et ma femme, ainsi que mes filles, se joignant à mon invitation, nous le retînmes à souper avec nous. La conversation, pendant le repas, tout à la fois agréable et instructive, me faisait souhaiter

d'en jouir plus longtemps ; mais l'heure de se retirer et de prendre du repos pour se préparer à la fatigue du lendemain vint interrompre le plaisir que j'avais à l'entendre.

Le lendemain matin, nous partîmes tous ensemble. Ma famille était à cheval, pendant que M. Burchell, notre nouveau compagnon, marchait à pied dans les sentiers le long du grand chemin, nous observait, avec un sourire, que, comme nous étions mal montés, il était trop complaisant pour nous laisser derrière. Comme les eaux n'étaient pas encore tout-à-fait retirées, nous fûmes obligés de louer un guide qui marchait au trot devant nous ; M. Burchell et moi faisions l'arrière-garde. Nous adoucissions la fatigue de la route par des disputes philosophiques, matière qu'il paraissait entendre très bien. Mais ce qui me semblait encore plus extraordinaire, c'est que, quoiqu'il me dût de l'argent, il soutenait ses opinions avec autant d'obstination que si c'eût été lui qui m'en eût prêté. Il m'apprenait de temps à autre, à qui appartenaient les différentes possessions que nous trouvions sur la route. « Celle-ci, me dit-il, en me montrant une très belle maison à quelque distance de nous, appartient à M. Tornhill, un jeune gentilhomme qui jouit d'une grande fortune, quoique absolument dépendante du bon plaisir de son oncle, sir William Tornhill, lequel, content lui-même de peu, laisse son neveu disposer du reste, et réside principalement à la ville. — Quoi ! re-

Sophie sauvée du torrent.

pris-je, mon jeune seigneur est-il le neveu d'un homme dont les vertus, la générosité et la singularité sont si connues ? J'ai entendu parler de sir William Tornhill comme de l'homme le plus généreux et en même temps le plus capricieux du royaume ; le plus bienfaisant. — Peut-être un peu trop, reprit M. Burchell ; au moins, quand il était jeune, poussa-t-il cette bienfaisance à l'excès ; car alors ses passions étaient fortes ; et, comme elles étaient toutes tournées du côté de la vertu, elles l'ont conduit à des excès romanesques. Il visa de bonne heure à la réputation de brave militaire et d'homme de lettres, se distingua bientôt dans le service, et acquit quelque réputation parmi les savants. L'adulation s'attache toujours à l'ambition ; car c'est de toutes les passions celle à qui la flatterie fait le plus de plaisir. Il était environné d'une foule de gens qui ne lui présentaient jamais qu'un côté de leur caractère ; en sorte qu'il commença à perdre, par une affection générale, toute attention à son intérêt particulier. Il aimait tout le monde, parce que le hasard l'empêcha de connaître qu'il y avait des coquins. Les médecins nous parlent

d'une maladie dans laquelle tout le corps devient d'une sensibilité si extrême que le moindre tact cause de la douleur ; ce gentilhomme éprouvait dans son esprit la sensation que ces sortes de malades éprouvent dans leur corps. La plus légère infortune, réelle ou simulée, le touchait au vif, et son âme était malade par une extrême sensibilité aux malheurs d'autrui. Ainsi disposé à secourir, on peut aisément imaginer quelle quantité de gens il trouva disposés à le solliciter. Ses profusions commencèrent à déranger sa fortune, mais non pas son bon cœur ; au contraire, l'un augmentait pendant que l'autre déclinait. Il devint sans prévoyance, en même temps qu'il devint pauvre, et, quoique ses discours fussent d'un homme sensé, ils étaient d'un fou. Cependant, continuant toujours d'être environné par l'importunité, et n'étant plus en état de satisfaire à toutes les demandes qu'on lui faisait, au lieu d'argent, il donnait des promesses : c'était tout ce qu'il pouvait donner, et il n'avait pas assez de résolution pour affliger quelqu'un par un refus. Par ce moyen, il amassa autour de lui une foule de demandeurs, qu'il était bien sûr de tromper dans leur attente, mais dont cependant il désirait de soulager les besoins. Ces gens, après avoir vainement attendu l'effet de ses promesses, le quittèrent avec mépris et avec les reproches qu'il méritait ; mais, à mesure qu'il devint méprisable aux yeux des autres, il le devint aux siens propres. Son esprit étant appuyé sur ses flatteurs ; et, ce support lui étant enlevé, il ne trouva point de ressources dans les applaudissements de son propre cœur, qu'il n'avait jamais instruit à se respecter lui-même. Le monde commença à prendre, à son égard, une autre face. La flatterie de ses amis dégénéra en de simples approbations, qui bientôt se tournèrent en avis moins ménagés, et un avis rejeté engendre les reproches. Il s'aperçut alors que ces amis que ses bienfaits avaient amassés autour de lui n'étaient point de tous les gens les plus estimables. Il reconnut que, pour acquérir le cœur d'un autre, il faut lui donner le sien. Enfin, je m'écarte de ce que je voulais vous dire. Enfin, monsieur, il résolut de commencer à songer à lui-même, et imagina un plan pour rétablir sa fortune délabrée. Pour cela il voyagea à pied, à sa manière singulière, partout l'Europe ; et, pendant ce temps, ses revenus s'accumulant, avant qu'il eût l'âge de trente ans, sa situation se trouva plus aisée qu'elle ne l'avait jamais été. Sa bonté est devenue à présent plus raisonnable et plus modérée ; mais il conserve toujours le caractère d'un homme singulier et du goût pour les vertus qui s'écartent un peu de la route ordinaire. »

J'étais si attentif au récit de M. Burchell, qu'à peine regardais-je devant moi en marchant, quand tout-à-coup nous fûmes alarmés par les cris de ma famille ; et, tournant la tête, j'aperçus ma fille au milieu d'un courant rapide qui l'entraînait malgré ses efforts. Elle avait été déjà deux fois à fond, et je ne pouvais arriver assez tôt à son secours ; et, quand je l'aurais pu, mes sensations, à cette vue, étaient trop violentes pour me permettre d'agir : elle aurait infailliblement péri, si mon compagnon, voyant son danger, ne se fût plongé au même instant dans l'eau pour l'en retirer ; et ce ne fut pas sans peine qu'il l'amena sur le bord. En prenant un peu plus haut au-dessus du courant, le reste de ma famille passa heureusement, et alors nous joignîmes nos remerciments à ceux de ma fille. Sa reconnaissance pour son libérateur est plus aisée à imaginer qu'à décrire. Elle le remerciait plus des yeux que de paroles, et elle continuait à s'appuyer sur son bras, comme si elle eût été encore bien aise de recevoir son secours. Ma femme aussi espérait être en état quelque jour de reconnaître son service et de le remercier chez nous. Après nous être bien reposés à la première auberge, et avoir dîné ensemble, M. Burchell, qui allait du côté opposé au nôtre, nous fit ses adieux, et nous continuâmes notre route. Ma femme, chemin faisant, me fit observer que M. Burchell lui plaisait beaucoup, et protesta que, s'il avait assez de naissance et de fortune pour pouvoir aspirer à une alliance avec une famille comme la nôtre, elle ne connaissait point d'homme qu'elle lui préférât. Je ne pus m'empêcher de sourire en l'entendant parler de cette manière. Quelqu'un, sur le bord de la mendicité, prendre ainsi le ton de l'opulence la plus présomptueuse, c'est de quoi fournir matière de raillerie à un cœur mal fait ; mais, pour moi, je n'ai jamais désapprouvé ces innocentes illusions qui tendent à nous rendre moins malheureux.

CHAPITRE IV.

Le lieu de notre nouvelle habitation était un petit hameau composé de fermiers qui cultivaient leurs propres terres et qui étaient également éloignés des deux extrêmes : la richesse et la pauvreté. Comme ils avaient chez eux presque toutes les nécessités de la vie, ils allaient rarement chercher le superflu dans les villes. Éloignés des gens polis, ils conservaient encore une simplicité des premiers temps ; et une longue habitude de la frugalité leur permettait à peine de savoir que la tempérance fût une vertu. Ils travaillaient gaiement les jours de travail ; mais ils observaient les fêtes comme des intervalles de repos et de plaisir. Ils ne manquaient ni de chanter des noëls à la Nativité, s'envoyaient des nœuds d'amour à la Saint-Valentin ; mangeaient des beignets au carnaval ; déployaient leur esprit par des poissons d'avril au premier de ce mois, et cassaient

religieusement des noix la veille de la Saint-Michel. Tout le hameau instruit de notre approche, vint au-devant de son ministre, les habitants parés de leurs plus beaux habits, un fifre et un tambourin à leur tête. On avait préparé, pour nous recevoir, un repas auquel nous prîmes place joyeusement; et ce qui manqua à la conversation du côté de l'esprit fut suppléé par le rire et la gaité.

Notre petite habitation était située au pied d'une montagne dont la pente était douce. Un beau bois nous couvrait par derrière, un ruisseau murmurait par devant; d'un côté nous avions un pré, et l'autre une pelouse. Ma ferme consistait en vingt acres environ d'excellente terre, et j'avais payé cent livres de pot-de-vin à mon prédécesseur pour sa cession. Rien ne pouvait surpasser la propreté de mes petites enclosures; les ormes et les haies qui les entouraient étaient d'une beauté inexprimable. Ma maison n'avait qu'un étage, et était couverte de chaume, ce qui lui donnait un air plus coi. Les murailles en dedans étaient proprement blanchies, et mes filles entreprirent de les orner de peintures de leur propre dessin. Quoique la même chambre nous servît de salle de compagnie et de cuisine, cela ne faisait que la rendre plus chaude. D'ailleurs, comme la batterie était tenue dans l'état le plus propre, les plats, les assiettes, le cuivre, bien écurés et disposés avantageusement sur les tablettes, faisaient un effet agréable à la vue et tenaient lieu de beaux ameublements. Il y avait trois autres appartements : un pour ma femme et moi, un autre pour mes deux filles, renfermé dans le nôtre, et le troisième, à deux lits, pour le reste de mes enfants.

La petite république à laquelle je donnais des lois était réglée de cette manière : Au point du jour, nous nous assemblions dans la chambre commune, où le feu avait été allumé par la servante. Après nous être salués les uns les autres avec la cérémonie convenable (car j'ai toujours tenu pour maxime qu'entre personnes, même les plus intimes, il est bon de conserver quelque forme extérieure de politesse, sans quoi la liberté détruit toujours l'amitié), nous nous mettions tous à genoux pour remercier l'Être-Suprême du nouveau jour qu'il nous accordait. Ce devoir rempli, mon fils et moi allions à nos affaires du dehors, tandis que ma femme et mes filles s'occupaient à préparer le déjeuner, qui était toujours prêt à une certaine heure. J'accordais une demi-heure pour ce repas et une heure pour dîner, et ce temps était rempli par des plaisanteries innocentes entre ma femme et mes filles, et par des arguments philosophiques entre mon fils et moi.

Comme nous levions avec le jour, nous ne poursuivions jamais nos travaux quand il était fini; mais nous retournions à la maison rejoindre une famille qui nous désirait et qui nous recevait avec un visage riant, un cœur content et un bon feu. Nous n'étions pas même sans compagnie; quelquefois le fermier Flamborough, un de nos voisins, qui ne haïssait pas à causer, et plus souvent un aveugle du lieu, qui jouait de la cornemuse, venaient nous rendre visite et boire de notre vin de groseilles, pour lequel nous n'avions pas perdu notre réputation. Ces bonnes gens avaient différents moyens pour se rendre amusants: tandis que l'un jouait de sa cornemuse, l'autre nous chantait quelque ballade touchante. Le jour se terminait comme nous l'avions commencé. Les plus jeunes de mes garçons étaient chargés de lire les contes de la Bible du jour : celui qui lisait le plus haut, le plus distinctement le mieux avait un demi-sou le dimanche pour mettre dans le tronc des pauvres.

Quand ce venait le dimanche, c'était là le jour de parure et de braverie, que tous mes édits somptuaires ne pouvaient réprimer. Quelque effet que je m'imaginasse avoir fait sur la vanité de mes filles par mes sermons sur l'orgueil, cependant je les trouvais toujours attachées, dans le cœur, à leurs anciennes parures. Elles aimaient encore les dentelles, les rubans, les gazes et les blondes; ma femme elle-même était toujours à son pou-de-soie cramoisi, parce que je m'étais avisé de lui dire un jour qu'il lui seyait bien.

Ce fut, en particulier, le premier dimanche après notre arrivée que leur coquetterie me mortifia bien. J'avais recommandé la veille à mes filles d'être prêtes le lendemain de bonne heure, car j'ai toujours aimé d'être arrivé à l'église bien avant les paroissiens. Elles m'obéirent ponctuellement; mais quand il s'agit de nous assembler le matin avant le déjeuner, je vis descendre ma femme et mes filles arrangées dans toute leur ancienne parure, leurs cheveux plâtrés de poudre et de pommade, des mouches, de grandes queues retroussées et bouffantes, dont l'étoffe faisait du bruit à chaque mouvement qu'elles faisaient. Je ne pus m'empêcher de sourire en voyant leur vanité, surtout celle de ma femme, de qui j'attendais plus de discrétion. Le parti que je pris dans cette occasion fut d'ordonner à mon fils, d'un air grave, d'appeler notre carrosse. Mes filles furent surprises à cet ordre: mais je le répétai avec encore plus de sérieux qu'auparavant... « Sûrement, mon cher, vous badinez, dit ma femme; nous pouvons fort bien aller d'ici à l'église à pied : nous n'avons pas besoin de carrosse pour nous y conduire. — Vous vous trompez, lui dis-je; ma chère, nous avons besoin d'un carrosse, car si nous allions à l'église à pied dans cet attirail, tous les enfants de la paroisse courraient après nous pour nous huer. — En vérité, reprit ma femme, j'avais toujours pensé que mon mari était bien aise de voir mes enfants mis honnêtement et proprement. — Vous pouvez vous tenir aussi propres que vous voudrez, m'écriai-je en l'interrompant; mais ce n'est pas de la propreté que tout ceci, c'est de la folie. Ces manchettes, ces mouches, ces découpures ne serviront qu'à nous faire haïr par toutes les femmes de nos voisins. Non, mes enfants, continuai-je d'un air plus tranquille, il faut refaire ces robes d'une manière plus simple, car tout cet étalage d'ajustement ne va pas à quelqu'un qui n'a pas même le moyen de se soutenir avec décence. Je ne sais même si tous ces falbalas, ces garnitures conviennent aux riches, quand on fait attention qu'à calculer modérément, la nudité des pauvres pourrait être couverte des garnitures superflues des riches. »

Ma remontrance fit effet: elles allèrent à l'instant, d'un air fort tranquille, changer d'habillements, et j'eus la satisfaction de voir le lendemain mes filles s'occuper d'elles-mêmes à diminuer l'ampleur et la queue de leurs robes; et de ce qui en sortit elles en firent des vestes du dimanche pour les deux petits garçons. Ce qui me fit encore plus de plaisir, c'est qu'ainsi diminuées, ces robes ne leur en allaient que mieux.

CHAPITRE V.

A une petite distance de la maison, mon prédécesseur avait fait un banc ombragé d'une aubépine et de chèvre-feuille. Là, quand le temps était beau et que notre ouvrage était fini de bonne heure, nous avions coutume de nous asseoir tous ensemble pour jouir de la vue d'un beau paysage pendant les soirées calmes; nous y prenions aussi quelquefois le thé au goûter, qui n'était plus alors pour nous qu'un repas extraordinaire; et comme ce régal arrivait rarement, c'était pour nous des jours de réjouissance, et il fallait voir les cérémonies et l'air d'importance avec lesquels les préparatifs s'en faisaient. Dans ces occasions, les deux petits garçons lisaient à table et ils étaient toujours servis quand nous avions fini. Quelquefois, pour varier nos amusements, mes filles chantaient en s'accompagnant de la guitare; et, pendant qu'elles formaient ainsi un petit concert, ma femme et moi nous promenions aux environs sur la pelouse émaillée de fleurs; nous nous entretenions avec ravissement de nos enfants, et respirions avec plaisir l'air frais qui apportait à nos poumons la santé et à nos oreilles l'harmonie.

Nous commençâmes, de cette façon, à trouver que chaque état de la vie peut fournir ses plaisirs particuliers. Si chaque matin nous éveillait pour le travail, chaque soir nous en récompensait par le plaisir de sa cessation.

C'était au commencement de l'automne, un jour de fête (car j'observais les fêtes comme des intervalles nécessaires pour délasser du travail) que j'avais conduit ma famille à notre place ordinaire d'amusement, et que nos jeunes musiciennes avaient commencé leur concert. Comme nous étions en train, nous vîmes un cerf sauter rapidement à côté de nous, environ à vingt pas de l'endroit où nous étions assis; et, par son air hors d'haleine, nous jugeâmes qu'il était poursuivi par des chasseurs. Nous commençions à réfléchir sur la détresse de ce pauvre animal, quand nous aperçûmes les chiens et les piqueurs à quelque distance, qui suivaient sa piste. Je voulais, dans le moment, rentrer avec ma famille; mais, soit curiosité, surprise ou quelque motif plus caché, ma femme et mes filles ne quittèrent pas leurs sièges. Le chasseur qui était à la tête nous passa rapidement, suivi de cinq ou six autres, qui paraissaient également pressés. A la fin, un jeune homme, de meilleure mine que les autres, s'avança, et, nous ayant regardées pendant quelque temps, au lieu de suivre la chasse, il s'arrêta court, mit pied à terre, et, ayant donné son cheval à un domestique qui le suivait, nous aborda d'un air de supériorité aisée: il crut n'avoir point besoin de s'annoncer, et il alla tout droit pour embrasser mes filles, comme certain d'être bien reçu; mais elles avaient appris de bonne heure à déconcerter la présomption d'un regard. Sur cela, il nous apprit que son nom était Tornhill, et qu'il était le seigneur du pays à l'entour. Il se présenta ensuite une seconde fois pour embrasser les femmes; et ce fut le pouvoir de la fortune et des beaux habits qu'il n'éprouva pas un second refus. Ses manières, quoique présomptueuses, étant aisées, nous devînmes bientôt plus familiers; et, ayant aperçu par terre quelques instruments, il demanda à être favorisé d'une chanson. Comme je n'étais pas flatté d'une connaissance si disproportionnée, je fis signe de l'œil à mes filles pour leur défendre de chanter; mais mon signe fut contrecarré par un autre de leur mère, auquel elles donnèrent la préférence; et comme on avait un air qui leur était familier, elles nous donnèrent une chanson de Dryden. M. Tornhill parut fort content du choix de la chanson et de la manière dont elle avait été chantée, et prit lui-même la guitare: il n'en jouait que très médiocrement; cependant ma fille aînée lui rendit avec usure les compliments qu'il lui avait faits, et l'assura qu'il tirait plus de son de l'instrument que le maître même de qui elle avait appris. Il s'inclina en recevant ce compliment, elle fit une révérence, il loua son goût, elle loua son exécution; un siècle ne les aurait pas pu se faire mieux connaître. Pendant tout cela, la mère, aussi fière que sa fille, et aussi heureuse qu'elle dans ses idées, insistait pour que monsieur nous fît l'honneur d'entrer et de se rafraîchir d'un verre de notre vin de groseilles. Toute la famille semblait s'empresser à lui plaire : mes filles

mirent sur le tapis les sujets de conversation qu'elles croyaient les plus modernes, pendant que Moïse, au contraire, s'avisa de lui faire une ou deux questions sur les Anciens, par lesquelles il eut l'avantage de se faire rire au nez; mais il n'en était pas moins content, car il avait l'heureuse disposition de croire que c'était de son esprit qu'on riait, quand c'était de sa simplicité. Mes petits n'étaient pas moins occupés autour de l'étranger, dont ils ne quittèrent pas les côtés. J'eus bien de la peine à les empêcher, avec leurs doigts sales, de toucher et de tenir le galon de son habit, et de lever les pattes de ses poches pour voir ce qu'il y avait dedans. Il nous quitta sur le soir, mais en nous demandant la permission de nous revoir, qui fut accordée bien aisément à notre seigneur.

Aussitôt qu'il fut sorti, ma femme tint conseil sur ce qui venait de se passer. Elle fut d'avis que c'était une aventure très heureuse, car elle avait toujours vu les choses les plus extraordinaires produire à la fin un bon effet. Elle espérait revoir le jour où nous pourrions encore leventa tête parmi les plus huppés, et elle conclut par protester qu'elle ne voyait pas de raison pourquoi, les deux miss Wrinklers ayant bien trouvé de bons partis, ses filles ne pourraient pas en trouver de semblables. Comme c'était à moi que s'adressait directement cette dernière réflexion, je protestai que je ne voyais pas non plus la raison de l'un ni de l'autre, de même que je ne voyais pas pourquoi Jack gagnait un lot de cent mille livres à la loterie pendant qu'un autre restait avec un billet blanc. « Mais les personnes, ajoutai-je, qui aspirent à des maris au-dessus d'elles ou au lot de cent mille livres, n'en sont pas moins des fous par leur ridicule prétention, soit qu'elles réussissent, soit qu'elles échouent. — Voilà, s'écria ma femme, comme vous cherchez toujours à nous chagriner, moi et mes filles, quand nous sommes un peu gaies. Dis-moi, Sophie, ma chère, que penses-tu de notre nouvelle connaissance? Ne te semble-t-il pas d'un bon caractère? — Extrêmement, maman, répliqua ma fille. Je crois qu'il peut dire beaucoup sur toutes sortes de sujets, et qu'il n'est jamais embarrassé : plus le sujet est même frivole, plus il a à parler dessus. En outre, je vous assure qu'il est fort bel homme. — Oui, reprit Olivia, il est assez bien pour un homme; mais, pour moi, il ne me plaît pas : il est si familier qu'il en est imprudent, surtout il n'est pas soutenable quand il s'avise de jouer de la guitare. » J'interprétai ces deux discours en sens contraire, et je découvris parce que mes filles venaient de dire que Sophie le méprisait autant intérieurement qu'Olivia l'admirait. « Quelle que soit votre façon de penser sur son compte, mes enfants, je vous avouerai qu'il ne m'a pas beaucoup prévenu en sa faveur : les amitiés disproportionnées finissent toujours par le dégoût; et malgré l'aise que j'ai qu'il affectait, il m'a semblé qu'il sentait parfaitement la distance qu'il y a de lui à nous. Voyons des gens de notre sorte. Il n'y a point, parmi les hommes, de caractère si méprisable que celui du coureur de fortune; et je ne vois pas pourquoi, parmi les femmes, les coureuses de fortune ne seraient pas également méprisables. Ainsi, en supposant même ses vues honorables quant à présent, le mépris succèdera bientôt; mais si elles ne l'étaient pas, je tremble seulement d'y penser : car quoique je n'eusse rien à craindre du caractère de mes enfants, je crois que du côté... »

J'allais continuer, quand je fus interrompu par un domestique du chevalier qui venait, avec les compliments de son maître, nous apporter, de sa part, un quartier de venaison et la promesse de venir dîner avec nous dans quelques jours. Ce présent, venu si à propos, plaida si puissamment en sa faveur que je vis bien que je n'avais plus rien à espérer de tout ce que j'aurais pu dire. Je pris donc le parti de me taire, et je me contentai d'avoir fait voir le danger, laissant à leur prudence à l'éviter. Une vertu qui a besoin d'être perpétuellement gardée ne vaut pas la peine d'une sentinelle.

CHAPITRE VI.

Comme notre dispute avait été poussée avec quelque chaleur, pour raccommoder les affaires nous voulûmes pour la conclusion de manger à souper une partie de la venaison que nous venions de recevoir, et mes filles se mirent à la préparer gaiment. « Je suis bien fâché, m'écriai-je, de n'avoir pas quelque voisin ou quelque étranger à inviter pour prendre sa part de notre bonne chère, car je trouve que le plaisir de ces sortes de régals double en le partageant. — Dieu me bénisse, reprit aussitôt ma femme, je vois venir notre bon ami M. Burchell, qui a sauvé notre pauvre Sophie et qui sait si bien vous river votre clou dans la dispute. — Me river mon clou, ma femme, vous vous trompez; je crois que je ne suis point à craindre sur ce point. Je ne dispute pas que vous ne soyez la première femme du monde pour mettre une fin en pâté; mais pour ce qui est de l'argumentation, je vous prie de me le céder là-dessus. »

Comme j'achevais, le pauvre M. Burchell entra. Il fut salué par toute la famille, qui lui prit la main de bon cœur, pendant que le petit Dick lui approchait une chaise.

L'amitié de ce pauvre homme me faisait plaisir par deux raisons : d'abord parce que je savais qu'il avait besoin de la mienne; ensuite, parce que je savais qu'il était disposé à être aussi ami qu'il pouvait l'être. On le connaissait dans le voisinage sous le caractère du pauvre gentilhomme qui n'avait rien voulu faire dans sa jeunesse, quoiqu'il n'eût pas encore plus de trente ans. Il y avait des intervalles où il parlait de très bon sens, mais en général il aimait trop la compagnie des enfants, qu'il avait coutume d'appeler de petites créatures innocentes. Il était connu pour leur chanter des romances et leur raconter des histoires, et rarement il allait sans quelque chose pour eux dans ses poches, comme du pain d'épice, des sifflets de deux liards et autres semblables bagatelles. Il venait ordinairement une fois l'année dans le canton et vivait sur l'hospitalité des habitants. Il soupa avec nous, et ma femme ne lui ménagea pas son vin de groseilles. La conversation s'anima, il nous chanta de vieilles chansons et raconta aux enfants le conte du Daim de Béverland et de Griselle, les Aventures de Castkin et de belle Rosamonde. Le chant de notre coq, qui chantait toujours à onze heures, nous avertit qu'il était temps d'aller se reposer; mais nous nous trouvâmes fort embarrassés par une difficulté que nous n'avions pas prévue : c'était de savoir comment nous logerions notre hôte. Nous n'avions pas plus de lits qu'il ne nous en fallait pour nous, et il était trop tard pour l'envoyer coucher à l'auberge. Dans cet embarras, le petit Dick lui offrit sa place dans son lit, si son frère Moïse voulait consentir qu'il couchât avec lui. « Et moi, s'écria Bill, je lui donnerai aussi la mienne si mes sœurs veulent me prendre avec elles. — Fort bien, mes enfants, m'écriai-je, l'hospitalité est un des premiers devoirs du chrétien : les bêtes se mettent à couvert dans leurs retraites, et les oiseaux sous les feuillages; mais l'homme malheureux ne peut trouver de refuge que chez ses semblables. Celui qui a été le plus étranger dans le monde a été celui qui est venu pour le sauver; il n'est jamais de maison, comme s'il eût voulu éprouver s'il restait quelque hospitalité parmi nous. Deborah, criai-je à ma femme, donnez à chacun de ces enfants un morceau de sucre, et que Dick ait le plus gros, parce qu'il a parlé le premier. »

Le matin, j'appelai de bonne heure ma fille pour aller retourner un regain de foin; et notre hôte s'étant offert à nous aider, fut accepté au nombre des travailleurs. Notre besogne alla vite. J'étais à la tête, et les autres suivaient en ordre. Cependant je ne pus m'empêcher de remarquer l'assiduité avec laquelle M. Burchell aidait ma fille Sophie dans sa tâche : quand il avait fini la sienne, il se joignait à elle, et ils entraient dans une conversation très étroite; mais j'avais une trop bonne opinion du bon sens de Sophie, et je connaissais trop bien son ambition, pour rien craindre pour elle de la part d'un homme dont la fortune était délabrée. Quand nous eûmes fini pour ce jour-là, M. Burchell fut invité à rester comme la veille; mais il nous refusa, devant coucher cette nuit chez un de nos voisins, à l'enfant duquel il portait un sifflet. Quand il fut parti, notre conversation du souper tomba sur le pauvre malheureux hôte qui venait de nous quitter. « Quelle preuve frappante, disais-je, cet homme ne fournit-il pas contre la suite d'une jeunesse inconsidérée et extravagante! Il ne manque point du tout de sens; mais cela ne fait que le rendre ses premières folies plus impardonnables. Pauvre malheureux! Où sont actuellement ces parasites, ces flatteurs qu'il inspirait autrefois, et lui aux quels il dominait? Ils sont peut-être à présent à faire leur cour au débauché qui s'est enrichi par ses extravagances : ils le louaient autrefois, c'est actuellement le débauché qu'ils louent. Les applaudissements qu'ils donnaient auparavant à son esprit sont changés en sarcasmes sur la folie. Il est pauvre, et, peut-être mérite-t-il de l'être, car il n'a ni l'ambition d'être indépendant ni le talent de se rendre utile. » Peut-être quelques raisons secrètes me firent mettre trop d'aigreur dans mes observations, et Sophie m'en reprit doucement. « Papa, me dit-elle, quoi qu'ait été autrefois sa conduite, son état actuel devrait le mettre à l'abri de la censure. Son indigence présente est une punition suffisante de sa première folie, et j'ai entendu dire à mon papa lui-même que nous ne devons jamais frapper inutilement ceux sur lesquels la main de la Providence tient déjà levé le fouet de son ressentiment. — Vous avez raison, Sophie, dit Moïse, un ancien représente fort bien cette conduite maligne sous la fable d'un paysan qui tâchait d'écorcher Marsyas, dont la peau avait déjà été enlevée par Apollon. D'ailleurs, je ne sais si la situation de ce pauvre homme est aussi fâcheuse que mon cher père la représente. Nous ne devons pas juger de ce que sentent les autres par ce que nous sentirions à leur place. Quelque obscure que nous paraisse l'habitation d'une taupe, cependant l'animal lui-même trouve son appartement suffisamment éclairé; et, à dire vrai, l'esprit de cet homme s'accorde avec sa situation; car je n'ai jamais entendu personne parler avec plus de vivacité qu'il le faisait aujourd'hui dans la conversation qu'il avait avec vous. » Ces dernières paroles étaient dites sans le moindre dessein; cependant elles firent rougir ma fille, qui tâcha de cacher son désordre par un rire affecté, et en assurant son frère qu'à peine avait-elle pris garde à ce que cet homme lui avait dit; mais qu'elle croyait qu'il avait pu être autrefois un fort aimable gentilhomme. Cet empressement à se défendre et cette rougeur furent des symptômes qui ne me plurent pas intérieurement, mais je réprimai mes soupçons.

Comme nous attendions notre seigneur le lendemain, ma femme se mit à faire un pâté de la venaison. Moïse était assis; pendant que je montrais à lire aux petits, mes filles paraissaient aussi fort em-

pressées de leur côté; et je remarquai, pendant assez longtemps, qu'elles étaient occupées à faire cuire quelque chose auprès du feu. Je crus d'abord que ce qu'elles faisaient était pour aider leur mère; mais le petit Dick m'apprit tout bas qu'elles faisaient une eau pour le visage. J'avais une antipathie naturelle pour les eaux de toute espèce; car je savais qu'au lieu d'embellir, elles ne font que gâter le teint. J'approchai donc insensiblement ma chaise du feu; et, prenant les pincettes, comme pour l'attiser, je renversai, en apparence par accident, toute la composition, et il était trop tard pour en recommencer une autre.

CHAPITRE VII.

Quand le matin du jour où nous devions traiter notre jeune seigneur fut venu, on peut penser quelle quantité de provisions furent épuisées pour faire figure. On peut bien s'imaginer aussi que ma femme et mes filles déployèrent leur plus riche plumage. M. Tornhill vint avec un couple d'amis et son chapelain, qui était son complaisant. Il voulut poliment envoyer les domestiques, qui étaient en grand nombre, au cabaret voisin, mais ma femme, triomphante de joie, insista pour qu'ils restassent à manger dans la maison: vanité qui, pour le dire en passant, causa trois semaines de jeûne à la famille. Comme M. Burchell nous avait appris, justement la veille, que M. Tornhill faisait des propositions de mariage à miss Wilmot, ci-devant la maîtresse de mon fils Georges, cette nouvelle ne laissa pas que de refroidir un peu l'accueil qu'on lui fit; mais le hasard nous tira d'embarras; car quelqu'un de la compagnie l'ayant nommée, M. Tornhill observa, avec un serment, qu'il n'avait jamais rien vu d'aussi absurde que d'appeler *une horreur* comme cela une beauté. « Car je veux être défiguré tout-à-l'heure, continua-t-il, si je n'aimais autant prendre ma maîtresse à la lueur de la lampe qui est sous l'horloge de Saint-Dunstan. » Il éclata de rire à son propos : aussi fîmes-nous. Les plaisanteries des riches réussissent toujours. Olivia, de son côté, ne put s'empêcher de dire tout bas, mais assez haut pour être entendue, qu'il avait un fond de plaisanterie infini.

Après le dîner, il commença par proposer ma santé ordinaire. L'église : le chapelain m'en remercia, m'assurant que l'Église était la seule maîtresse de son cœur. « Allons, Frank, sois sincère, dit le chevalier avec son air de supériorité ordinaire ; supposons que l'Église soit la maîtresse, ne lui ferais-tu pas une infidélité pour miss Sophie ? — Miss Sophie est aimable, répondit le chapelain. — Fort bien, Frank, s'écria le chevalier : la franchise est la première des vertus ; car le déguisement est le plus affreux vice, quoi qu'en disent les moralistes, qui prétendent qu'il ne faut pas dire tout ce qu'on pense : et c'est ce que je peux prouver... — Je voudrais que vous l'entreprissiez, dit mon fils Moïse ; et je crois que je serais en état de vous répondre. — Fort bien (dit le chevalier, qui le devina d'abord et qui fit signe de l'œil au reste de la compagnie pour la préparer au divertissement qu'il allait lui donner) ; si vous en êtes pour une dispute de sang-froid sur la matière, je suis prêt à accepter le défi ; et, d'abord, comment voulez-vous traiter la dispute, analogiquement ou dialogiquement ? — Raisonnablement, s'écria Moïse, tout joyeux qu'on lui permît de disputer. — Encore fort bien, dit le chevalier ; et, d'abord, avant tout, j'espère que vous ne nierez pas que tout ce qui est, est : si vous ne m'accordez pas cela, je vous déclare que je ne vais pas plus loin. — Pourquoi ne l'accorderais-je pas ? répondit Moïse : je crois que je le puis le faire, et même avec avantage. — J'espère aussi, reprit M. Tornhill, que vous m'accorderez que la partie est moindre que son tout. — Oui, dit Moïse, je l'accorde, cela est trop juste. — J'espère encore que vous ne nierez pas que les deux angles d'un triangle sont égaux à deux droits. — Rien de plus clair, dit mon fils, regardant autour de lui d'un air un peu important. — Fort bien donc, reprit le chevalier, se mettant à parler fort vite, les prémisses ainsi établies, j'observe que l'enchaînement des êtres, procédant en raison double réciproque, produit naturellement un dialogisme problématique, qui prouve, en quelque façon, que l'esprit de la spiritualité peut être rapporté au second prédicament... — Arrêtez ! arrêtez ! cria Moïse : croyez-vous que je laisse ainsi passer doucement des propositions si hétérodoxes ? — Quoi ! s'écria le chevalier, comme en colère, vous ne laisserez pas passer mes propositions ? Répondez-moi à une question bien simple : Croyez-vous qu'Aristote ait raison quand il dit que les relatifs sont dans les relations ? — Sans difficulté, répliqua Moïse. — Cela étant ainsi, répondez directement à cette proposition : Croyez-vous que l'investigation analytique de la partie de mon enthymème soit défectueuse, *secundum quoad* ou *quod minus* ? Si cela est, donnez-moi votre raison, donnez-moi votre raison tout-à-l'heure. — Je proteste, répondit Moïse, que je ne comprends pas bien la force de votre raisonnement ; mais, si vous le réduisiez à une proposition simple, je crois que je pourrais alors y répondre. — Oh ! monsieur, reprit le chevalier, votre serviteur très humble ! Je vois que vous voulez que je vous fournisse tout à la fois des raisons et de l'intelligence. Non, monsieur : c'est trop exiger. » Cela fit éclater de rire toute la compagnie sur le compte du pauvre Moïse, qui fut le seul qui, par la tristesse de sa figure, déparât le groupe des visages joyeux, et il ne lâcha pas un mot du reste de la fête.

Quoique tout ceci ne me fît pas plaisir, il fit un effet différent sur Olivia, qui s'y méprit, en prenant pour de l'esprit cette plaisanterie, qui n'était que l'effet de la mémoire. Elle regarda en conséquence le chevalier comme un gentilhomme accompli ; et, quand on fera attention pour combien entrent dans cette qualification une figure agréable, de beaux habits et une grande fortune, on sera disposé à lui pardonner son erreur. M. Tornhill, quoique réellement ignorant, parlait avec facilité sur les matières ordinaires de la conversation. Il n'est donc pas surprenant que ces talents gagnassent l'affection d'une fille qui, par son éducation, avait appris à estimer en elle-même une apparence superficielle, et conséquemment à l'estimer dans un autre où elle se rencontrait.

Quand notre jeune seigneur fut parti, nous recommençâmes à disputer sur son mérite. Comme c'était sur Olivia qu'il avait fixé plus constamment ses regards, et comme il lui avait adressé plus fréquemment la parole, on ne douta pas que ce ne fût elle qui fût l'objet de ses visites. Les railleries innocentes de son frère et de sa sœur sur ce sujet ne parurent même pas lui déplaire. « Ma femme elle-même semblait partager la gloire de ce jour, et se réjouissait de la victoire de sa fille comme si c'eût été la sienne propre. « Puisque tout est ainsi, mon ami, s'écria-t-elle, je vous avouerai à présent que c'est moi qui ai conseillé à mes filles d'encourager les visites du chevalier. J'ai toujours eu un peu d'ambition, et vous voyez actuellement que je n'avais pas tort ; car, qui sait comme tout ceci finira. — Qui le sait, effectivement ! repris-je avec un soupir. Pour moi, tout ceci ne me plaît pas, et j'aurais mieux aimé quelqu'un de pauvre et d'honnête que ce gentilhomme accompli avec sa fortune et son infidélité ; car, sachez que, s'il est tel que je le soupçonne, jamais homme qui pensera légèrement sur la religion n'aura une de mes filles en mariage. — Certainement, mon père, me dit Moïse, vous êtes trop sévère en ceci ; car le ciel ne lui demandera jamais compte de ce qu'il aura pensé, mais de ce qu'il aura fait. Il n'y a pas d'homme qui ne soit sujet à avoir mille mauvaises pensées qui s'élèvent dans son esprit, sans qu'il soit la maître de les écarter. Penser librement de la religion peut être un acte involontaire chez ce gentilhomme, en sorte qu'en convenant que ses sentiments sont erronés, cependant, comme il est en cela purement passif, il n'est pas plus blâmable de ce qu'ils s'emparent de son esprit, que le gouverneur d'une ville sans murailles ne le serait de ce que l'ennemi viendrait s'y loger. — Cela est vrai, mon fils, répliquai-je ; mais, si le gouverneur invite l'ennemi ; alors il est criminel ; et c'est toujours là le cas de ceux qui embrassent l'erreur. Ce vice ne consiste pas à se rendre aux preuves qui nous subjuguent, mais à s'aveugler volontairement sur les preuves qu'on nous présente. Ils ressemblent à des juges corrompus qui décident une cause sur les preuves qu'une partie leur administre, sans vouloir entendre celles de l'autre. Ainsi, mon fils, quoique nos opinions erronées puissent être involontaires quand nous les formons, cependant, comme nous nous laissons volontairement corrompre en les admettant, ou que nous sommes négligents à les examiner, nous méritons d'être punis pour notre crime ou mépris pour notre folie. »

Ma femme soutint la conversation, mais sans répondre à l'argument : elle observa que plusieurs personnes très prudentes de notre connaissance étaient des *esprits forts*, et n'en étaient pas moins de bons maris. D'ailleurs, elle connaissait des filles assez sensées pour pouvoir convertir ceux qui seraient leurs maris ; « et qui sait, continua-t-elle, de quoi Olivia est capable : ma fille peut dire bien des choses sur un sujet, et, à la connaissance, elle est très versée dans la controverse. — Quoi ! ma chère, qu'entendez-vous ? lui dis-je. Quels livres de controverse a-t-elle pu lire ? Je ne me ressouviens pas de lui en avoir jamais mis de tels entre les mains. Vous exagérez sûrement son mérite. — Non, papa, reprit Olivia, ma chère mère a raison, j'ai lu beaucoup de controverses : les disputes de *Troakum* et de *Squarre*, celles de *Robinson Crusoé* avec le sauvage *Vendredi*.— Fort bien, ma fille ! m'écriai-je, je crois que vous êtes très en état de faire des conversions ; c'est pourquoi allez aider votre mère à faire la tourte de groseilles. »

CHAPITRE VIII.

Le lendemain matin, M. Burchell vint nous revoir. Quoique je commençasse, par certaines raisons, à n'être pas content de la fréquence de ses visites, je ne pus cependant refuser de lui tenir compagnie et de lui donner place au coin de mon feu. Il est vrai que l'ouvrage qu'il faisait payait au-delà de sa dépense, car il travaillait vigoureusement avec nous ; et, soit qu'il s'agît de faner le foin ou de le mettre en meule, il était toujours à la tête. D'ailleurs, il avait toujours quelque chose d'amusant à dire, quelque chose très familier : il était, tout ensemble, si extravagant et si sensé, que je l'aimais ; je riais de lui et en avais pitié. Mon seul sujet de mécontentement contre lui naissait de ce qu'il montrait de l'attachement pour Sophie. Il l'appelait, en plaisantant, sa petite maîtresse ; et, quand il achetait pour mes filles un ajustement de rubans, celui de Sophie était toujours le plus joli. Je ne savais pas comment cela se faisait, mais chaque jour il semblait qu'il devenait plus aimable, que son

esprit augmentait et que sa simplicité prenait un air de supériorité fondé sur la raison.

Nous dînions un jour dans les champs, assis, ou plutôt couchés autour d'un repas frugal, notre nappe étendue sur le foin, et M. Burchell semblait répandre la joie et la gaîté sur la fête. Pour augmenter notre plaisir, deux merles se répondaient de dessus deux haies opposées. Le rouge-gorge familier venait becqueter dans nos mains les miettes de pain, et tout ce qui nous environnait semblait partager et augmenter notre tranquillité. « Je ne suis jamais assise ainsi, dit Sophie, que je ne me rappelle le sort de ces deux amants, décrit d'une manière si touchante par M. Gay, qui expirèrent dans les bras l'un de l'autre sous la chute d'un monceau de gerbes. Il y a quelque chose de si pathétique dans cette description que j'ai lue cent fois avec un nouveau plaisir. — A mon avis, reprit mon fils, les plus beaux traits de cette description sont fort inférieurs à ceux d'*Acis et Galatée* dans Ovide. Le poète romain entend mieux l'usage des *contrastes*; et c'est de cette figure, adroitement employée, que dépend toute la force du pathétique. —C'est une chose remarquable, s'écria M. Burchell, que les deux poètes dont vous parlez aient également contribué à introduire dans leur pays un faux goût, en surchargeant leurs vers d'épithètes. Les auteurs d'un moindre génie ont trouvé plus aisé de les imiter dans leurs défauts; et la poésie anglaise, de même que celle des derniers siècles de l'empire romain, n'est à présent qu'un mélange d'images redondantes, sans dessein et sans liaison, une chaîne d'épithètes qui augmentent l'harmonie sans servir au sens. Mais peut-être, madame, penserez-vous que, censurant les autres, il est juste que je leur donne occasion de me rendre la pareille; aussi n'ai-je fait cette remarque que pour avoir occasion de lire à la compagnie une ballade qui, parmi ses autres défauts, n'a pas celui que je viens de critiquer.

BALLADE.

Entends ma voix, gentil ermite de ce vallon; guide mes pas, dans ce lieu solitaire, vers la place où la clarté de ta lumière réjouit cette vallée obscure par ses rayons qui m'annoncent un refuge.

Car j'erre ici délaissée et perdue, et mes pas faibles et chancelants sont embarrassés par les broussailles, qui semblent allonger mon chemin à mesure que j'avance.

Garde-toi, mon fils, cria l'ermite, de t'exposer dans cette obscurité dangereuse; car cette lumière qui te séduit n'est qu'un feu follet qui t'égarerait pour te perdre.

Ma porte est toujours ouverte au fils de l'indigent qui n'a point de retraite; et, quoique ma provision soit petite, je la partagerai avec toi de bon cœur.

Reste ici cette nuit et partage librement ce que contient ma cellule, mon lit dur, mon repas frugal, mon bonheur et mon repos.

Je ne condamne pas à la mort les troupeaux qui paissent dans la vallée : j'apprends de l'Etre-Suprême, qui a pitié de moi, d'avoir pitié d'eux.

Mais je cueille sur la montagne fertile un repas innocent; elle me fournit des herbes et des fruits, et la fontaine voisine apaise ma soif.

Reste donc ici ce soir, pèlerin; envoie devant toi tes soucis; car les soucis des mortels sont injustes: l'homme n'a besoin que de peu ici-bas, et il n'en a pas besoin pour longtemps.

Les accents de l'ermite étaient aussi doux que la rosée qui tombe du ciel; le voyageur le remercie en s'inclinant, et le suit à sa cellule.

L'humble demeure de l'ermite était située dans un hallier retiré: elle était le refuge du pauvre et du voyageur égaré.

Elle ne renfermait pas sous son toit de paille des provisions qui exigeassent les soins du maître; la porte s'ouvrant avec un simple loquet, reçut le couple innocent.

C'était à l'heure où les hommes se retirent pour se réjouir ou pour se reposer; l'ermite garnit son petit feu et cherche à égayer son hôte pensif.

Il étale sa provision de végétaux; il le presse, en riant, de manger; et instruit dans la science de la légende, il cherche par des histoires qui en étaient tirées à accourcir le temps ennuyeux.

Près de lui, un petit chat, partageant sa gaîté, déploie ses tours : le grillon chante dans le foyer, le fagot se consume en craquetant.

Mais rien ne peut adoucir la tristesse de l'étranger, car son cœur est accablé du poids de sa douleur, et ses larmes commencent à couler.

L'ermite observe sa tristesse, et son cœur la partage. D'où naissent, infortuné jeune homme, les chagrins de ton cœur?

Est-ce une fortune perdue, une amitié payée d'ingratitude, ou un amour méprisé qui causent tes soucis?

Hélas! les plaisirs que donnent la richesse sont vains et périssables; et ceux qui estiment ces bagatelles, sont encore plus méprisables qu'elles.

Et qu'est-ce que l'amitié? qu'un vain nom, un charme qui nous berce le nom enfant, une ombre qui suit la richesse et la renommée, mais qui abandonne le malheureux à lui-même.

L'amour est encore un nom plus vain; c'est l'objet de la plaisanterie de l'orgueilleuse beauté; on ne le trouve point sur la terre, excepté peut-être lorsqu'il échauffe le nid de la tourterelle.

Fi! fi! deviens raisonnable, jeune homme, et méprise le sexe. Il dit, et pendant qu'il parlait, la rougeur trahit son hôte.

Un nombre infini de beautés se déploient à sa vue, semblables aux nuées transparentes qui parent le ciel au lever de l'aurore, aussi brillantes et aussi passagères.

Ses yeux, sa bouche, son sein palpitant, répandent tour-à-tour le trouble dans le cœur de l'ermite : l'aimable voyageur est reconnu être une fille avec tous ses charmes.

Pardonnez, hélas! s'écrie-t-elle aussitôt, à un étranger incivil, à un malheureux abandonné, qui vient ainsi porter ses pas infortunés dans un séjour où le ciel et vous résidez.

Mais ayez pitié d'une fille que l'amour fait ainsi errer à l'aventure, qui cherche le repos, et qui ne trouve que le désespoir qui accompagne ses pas.

Mon père vivait sur les bords de la Tyrne. C'était un seigneur riche et puissant; tous ses biens devaient m'appartenir : je suis son seul enfant.

Il se présenta un nombre infini d'amants pour m'obtenir de sa tendresse, et des amants qui me louaient des charmes qu'ils m'attribuaient, et qui m'aimaient ou feignaient de m'aimer.

Chaque matin leur troupe brillante s'empressait autour de moi avec les présents les plus riches. Parmi eux le jeune Edwin me faisait sa cour, mais il ne me parlait jamais d'amour.

Vêtu d'une manière simple, il n'avait ni richesses ni grandeur : un cœur constant était tout son bien, mais ce cœur était tout à moi. La fleur qui s'ouvre aux premiers rayons du jour, la rosée purifiée par le ciel, ne pouvaient être comparées à la pureté de son âme.

La rosée, les fleurs ont des charmes, mais peu durables; il eut leurs charmes, et j'eus leur inconstance.

Car, vaine et orgueilleuse, j'employai tout l'art de la coquetterie pour le tourmenter; et pendant que sa passion touchait mon cœur, je triomphais des peines que je lui causais.

Enfin, accablé sous mes mépris, il m'abandonna à ma fierté et alla chercher dans les déserts une solitude où il mourut.

Mais il me reste à présent le repentir de ma faute, et je ne puis l'expier que par ma mort; je veux chercher la solitude où il se retira et m'étendre sur la place où il repose.

Et là, perdue, désespérée, cachée à tous les yeux, je me coucherai par terre et j'y mourrai : c'est ainsi qu'Edwin est mort pour moi, c'est ainsi que je mourrai pour lui.

Non, vous ne le ferez pas, s'écria l'ermite en la serrant contre son sein. La belle, étonnée, était prête à le réprimander : c'était Edwin lui-même qui la serrait entre ses bras.

Regarde, Angeline, toi qui m'as toujours été chère, regarde, ma charmante, ton Edwin si longtemps perdu, rendu à l'amour et à la vie.

Laisse-moi te presser contre mon cœur et oublier dans ses embrassements toutes mes peines, et ne nous séparons jamais, jamais, ô toi, tout mon bien!

Non, jamais nous ne nous séparerons! nous nous aimerons et nous vivrons si constamment l'un pour l'autre que le soupir qui terminera tes jours terminera aussi ceux de ton Edwin.

Pendant que M. Burchell lisait cette ballade, Sophie semblait mêler un air de tendresse à son approbation. Mais notre tranquillité fut bientôt troublée par le bruit d'un coup de fusil tiré tout près de nous, et à l'instant nous vîmes un homme percer à travers la baie pour ramasser le gibier qu'il avait tué. Ce chasseur était le chapelain du chevalier qui venait de tirer un des merles qui nous amusaient tant. Un bruit si fort et venant de si près fit tressaillir mes filles, et je remarquai que dans le mouvement de sa frayeur Sophie s'était jetée dans les bras de M. Burchell. Le chapelain nous aborda et nous demanda pardon de nous avoir effrayés, nous assurant qu'il ne savait pas que nous étions si près. Il s'assit ensuite auprès de ma fille cadette; et, par une politesse de chasseur, il lui offrit le gibier qu'il avait tué dans la matinée. Elle allait le refuser, mais un coup d'œil de sa mère l'avertit bientôt de ne pas le faire. Elle accepta donc le présent, quoique avec quelque répugnance. Ma femme découvrit son orgueil, suivant sa coutume, en me disant à l'oreille que Sophie avait fait la conquête du chapelain, comme sa sœur avait fait celle du chevalier. Je soupçonnai cependant avec plus de probabilité que ses affections étaient placées ailleurs. Le message du chapelain était pour nous avertir que M. Tornhill avait retenu des musiciens et préparé des rafraîchissements, et qu'il se proposait de donner cette nuit un bal aux jeunes demoiselles, au clair de la lune, sur le gazon devant notre porte. Et j'avouerai, continua-t-il, que mon empressement à être le premier à vous apporter cette nouvelle n'était pas désintéressé de ma part. J'attends pour récompense que miss Sophie voudra bien m'honorer de sa main pour danser avec moi. » Ma fille répondit qu'elle n'aurait pas de répugnance à sa proposition si elle pouvait l'accepter honnêtement. « Mais voici, dit-elle, un monsieur, en regardant M. Burchell, qui m'a aidée dans ma tâche pendant la journée,

et il est juste qu'il partage mes amusements. » M. Burchell la remercia de sa politesse; mais il la céda au chapelain, ajoutant qu'il allait ce soir à cinq milles de là à un souper de moisson auquel il était invité. Son refus me parut un peu extraordinaire, et je ne concevais pas comment une fille aussi sensée que ma cadette pouvait préférer un homme de moyen âge, d'une fortune dérangée, à un jeune gaillard, vif et éveillé, de 22 ans. Mais comme les hommes sont plus capables de distinguer le mérite des femmes, de même les femmes jugent plus sainement des hommes. Les deux sexes semblent avoir été faits pour s'observer l'un l'autre, et sont pourvus de talents différents pour cette observation mutuelle.

CHAPITRE IX.

A l'instant où M. Burchell venait de nous quitter, et où Sophie venait de consentir à danser avec le chapelain, les petits vinrent, en courant, nous avertir que le chevalier était arrivé avec une grande compagnie. En rentrant au logis, nous trouvâmes notre seigneur avec deux messieurs et deux dames superbement mises, qu'il nous présenta comme des dames de grande qualité et du grand monde, qui étaient de la ville. Il se trouva que nous n'avions pas assez de chaises pour toute la compagnie. M. Tornhill proposa aussitôt que chaque homme prendrait une dame sur ses genoux. Je m'opposai nettement à cette proposition, malgré un regard de mécontentement que ma femme me lança. On envoya Moïse emprunter quelques chaises; et comme il nous manquait aussi des dames pour compléter avec deux messieurs et deux messieurs de la compagnie de M. Tornhill allèrent avec mon fils pour chercher une couple de danseuse. Ils revinrent, amenant les deux filles de mon voisin Flamborough, qui étaient toutes fières, avec des fontanges rouges. Mais il se trouva une malheureuse circonstance qu'on n'avait pas prévue; quoique les demoiselles Flamborough fussent estimées les meilleures danseuses de la paroisse, et qu'elles entendissent en perfection les gigues et les rondes, elles ne savaient point du tout les contredanses. Cela nous embarrassa d'abord; cependant, après qu'on leur eut montré un peu les figures, et qu'on les eut tirées et poussées pour les faire entendre, elles commencèrent à bien aller. Notre musique consistait en deux violons, avec un fifre et un tambourin. La lune était très brillante. M. Tornhill et ma fille aînée menaient la danse, au grand plaisir des spectateurs, car les voisins ayant appris ce qui se passait, étaient venus en foule pour nous regarder. Ma fille dansait avec tant de grâce et de vivacité, que ma femme ne put s'empêcher de laisser voir l'orgueil de son cœur, en m'assurant que la petite friponne avait appris d'elle tous les pas qu'elle faisait si bien. Les dames de la ville faisaient tout ce qu'elles pouvaient pour attraper ses grâces, mais inutilement; la tête leur tournait, elles s'étondaient, languissaient, frétillaient; mais cela ne produisait rien. Les spectateurs avouaient que tout cela était fort beau; mais le voisin Flamborough observa que les pas de miss Livy ne s'accordaient pas moins juste avec la musique que l'écho même qui la répétait. Après environ une heure de danse, les dames, dans la crainte de s'enrhumer, rompirent le bal. Une d'elles s'exprima, sur ce sujet, d'une manière qui me sembla bien grossière, en disant que la sueur lui *dégoulttait partout*. A notre rentrée à la maison, nous trouvâmes un fort beau souper froid que M. Tornhill avait fait apporter. La conversation devint plus réservée qu'auparavant; les deux dames éclipsèrent entièrement mes filles; car elles ne parlaient d'autre chose que du grand monde et de la haute compagnie, et d'autres sujets semblables à la mode, comme tableaux, goût, pièces de théâtre, musique, etc. Il est vrai que deux ou trois fois elles nous mortifièrent sensiblement, en laissant échapper un jurement; mais cela me paraissait la marque la plus certaine qu'elles étaient de qualité, quoique j'aie appris depuis que les jurements sont à présent totalement hors de mode parmi le beau monde. Leur parure cependant jetait un voile sur la grossièreté de leur conversation. Mes filles semblaient regarder avec envie leurs perfections supérieures, et ce qui paraissait mal, était considéré comme le superflu de la belle éducation. Mais leur complaisance était encore au-dessus de leurs autres qualités : une d'elles remarqua que miss Olivia avait un peu plus vu le monde, cela la perfectionnerait beaucoup. Sur quoi l'autre ajouta que miss Sophie avait passé seulement un hiver à la ville, cela serait tout autre. Ma femme fut très fort de leur avis, ajoutant qu'elle ne désirerait rien tant que de donner à ses filles le bon ton, par le séjour d'un seul hiver à la ville. Je ne pus m'empêcher de répliquer à cela, que leur éducation était déjà au-dessus de leur fortune, et que plus de talents ne serviraient qu'à rendre leur pauvreté ridicule, et à leur donner un goût pour le plaisir qu'elles n'auraient pas droit d'espérer de posséder. « Et à quels plaisirs n'ont pas droit de prétendre, s'écria M. Tornhill, celles qui sont en état d'en procurer de si grands? Pour moi, continua-t-il, ma fortune est assez considérable : l'amour, la liberté et les plaisirs sont mes maximes; mais je veux périr, si l'assurance de la moitié de mon bien pouvait procurer du plaisir à ma charmante Olivia,

s'il n'était pas à elle; et la seule faveur que je demanderais en retour, serait qu'elle me permît d'ajouter ma personne au présent. Je n'étais pas assez peu instruit du monde, pour ne pas savoir que ce propos était le propos à la mode, pour déguiser l'insolence de la proposition la plus insultante; mais je fis un effort pour cacher mon ressentiment. « Monsieur, répliquai-je vivement, la famille que vous voulez bien honorer actuellement de votre compagnie, a été élevée avec des sentiments d'honneur aussi délicats que les vôtres peuvent l'être : toute tentative pour y donner atteinte, peut entraîner les plus dangereuses conséquences. L'honneur, monsieur, est le seul bien qui nous reste à présent, et c'est un trésor que nous devons garder avec un soin particulier. » Je me repentis bientôt de la chaleur que j'avais mise dans ces dernières paroles, lorsque je vis que le jeune chevalier, me serrant la main, me jura qu'il louait ma façon de penser, en désapprouvant mes soupçons. « Quant à ce que vous venez de me donner à entendre, me dit-il, je vous proteste que rien n'était si éloigné de mon esprit qu'une telle pensée. Non, par tout ce qu'il y a de séduisant au monde, une vertu qui exige un siége en forme ne fut jamais de mon goût; et toutes mes amours ne se font que par des coups de mains. »

Les deux dames, qui avaient paru ne pas entendre le reste, semblèrent fort mécontentes de ce dernier trait de liberté, et commencèrent un dialogue fort sage et fort sérieux sur la vertu. Ma femme, le chapelain et moi, nous nous joignîmes bientôt à cette conversation; et le chevalier lui-même fut à la fin obligé de témoigner du repentir de ses premiers désordres. Nous parlâmes de la tempérance et de la pureté d'une âme qui n'est point souillée par le vice. Je fus bien aise que mes petits eussent veillé plus tard qu'à l'ordinaire, pour être édifiés par une conversation si morale. M. Tornhill alla même plus loin que moi, et me demanda si je n'avais pas d'objections à faire en lisant les prières du soir. J'embrassai avec joie sa proposition, et la soirée se passa de la manière la plus agréable, jusqu'à ce que la compagnie songeât à se retirer. Les dames semblaient très fâchées de se séparer de mes filles, pour lesquelles elles avaient conçu une affection particulière, et elles se joignirent pour me demander le plaisir de les voir chez elles. Le chevalier appuya la demande, et ma femme y joignit ses instances. Dans mon embarras, je donnai deux ou trois excuses que mes filles écartèrent aussitôt; en sorte qu'à la fin je fus obligé de refuser nettement : ce qui me produisit, le jour suivant, des airs de mauvaise humeur et des réponses courtes à essuyer.

CHAPITRE X.

Je commençai, depuis ce temps, à m'apercevoir que toutes mes longues et pénibles instructions sur la modération, la simplicité et le contentement dans son état, étaient entièrement méprisées. Les politesses que nous avions reçues de nos supérieurs pour le rang et pour la fortune, réveillèrent cet orgueil que je n'avais fait qu'assoupir, mais que je n'avais pas éteint. Nos fenêtres recommencèrent, comme auparavant, à être chargées d'eaux pour le visage et pour le cou. On appréhenda le soleil, comme gâtant la peau, quand on était dehors; et le feu, comme gâtant le teint dans la maison. Ma femme disait de se lever trop matin gâterait les yeux de ses filles; que de travailler après dîner, leur rendrait le nez rouge ; et elle me convainquit que quelques petits exercices les mains ne paraissaient si blanches, que quand elles ne faisaient rien. Au lieu donc de finir les chemises de mon fils Georges, je les vis reprendre leurs anciens chiffonnages, et broder du marly. Les pauvres miss Flamborough, qui leur faisaient auparavant une compagnie agréable, furent négligées, comme des connaissances trop inférieures, et toute la conversation ne roula plus que sur la vie du grand monde, sur la haute compagnie, sur les tableaux, le goût, le spectacle et la musique.

Tout cela aurait encore pu se supporter, si une Egyptienne, qui disait la bonne aventure, ne fût venue achever de tourner nos têtes par des idées de grandeur et d'élévation. La sybille basançée ne parut pas plus tôt, que mes filles accoururent à moi, pour me demander un schelling chacune, afin d'avoir la croix d'argent nécessaire pour l'opération. A dire vrai, j'étais las d'être toujours prudent, et je ne pus m'empêcher de leur accorder leur demande, parce que j'aimais à les voir heureuses. Je leur donnai donc à chacune un schelling. Je dois cependant observer, pour l'honneur de la famille, qu'elles n'étaient jamais sans argent sur elles; car ma femme leur laissait toujours généreusement une guinée dans leur poche, mais avec défenses expresses de jamais la changer. Après qu'elles furent enfermées quelque temps avec la diseuse de bonne aventure, je lus aisément dans leurs yeux qu'on leur avait promis quelque chose de grand. « Eh bien, mes enfants, êtes-vous contentes? — Dis-moi, Livy, la diseuse de bonne aventure t'a-t-elle promis pour ton schelling, donné quelque chose qui vaille un sou? — Je vous proteste, papa, me répondit-elle, avec un air fort sérieux, que je crois que cette femme a commerce avec quelqu'un que je ne saurais pas nommer; car elle m'a dit positivement qu'avant un an je serais mariée à un chevalier. — Fort bien ! Et toi, Sophie, mon enfant, quel mari dois-tu avoir? — Papa, répondit-elle, je dois avoir

un lord, aussitôt après que ma sœur aura été mariée au chevalier. — Quoi! m'écriai-je, voilà tout ce que vous avez pour vos deux schellings; l'une un chevalier, l'autre un lord? Foltes que vous êtes, pour un schelling, je vous aurais promis un prince ou un Nabab. »

Cette curiosité de mes filles produisit des effets très sérieux. Nous commençâmes à nous croire réservés par les étoiles pour quelque chose de grand, et à anticiper sur notre future élévation.

On a mille fois fait l'observation, et je la ferai encore une fois, que les heures que nous passons dans l'espérance du bonheur sont plus agréables que celles qui sont couronnées par la jouissance. Dans le premier état, nous assaisonnons le mets à notre goût : dans le second, c'est la nature qui l'assaisonne pour nous. Il est impossible de décrire les agréables rêveries auxquelles nous nous abandonnions pour nous satisfaire. Nous considérions que notre fortune se rétablirait; et comme toute la paroisse assurait que le chevalier était amoureux de ma fille, elle en était amoureuse, à force de l'avoir entendu dire. Pendant cet agréable intervalle, ma femme faisait les rêves les plus heureux du monde, qu'elle ne manquait pas de nous raconter tous les matins, avec le plus grand sérieux et la plus grande exactitude. Une nuit elle rêvait de bière et d'os croisés, signe de mariage prochain. Une autre fois, elle rêvait que les poches de ses filles étaient pleines de liards, signe indubitable qu'un jour elles seraient remplies d'or. Mes filles avaient aussi leurs présages. Elles sentaient des baisers sur leurs lèvres; elles voyaient des anneaux dans la chandelle, des bourses dans le feu et des nœuds d'amour au fond des tasses à thé.

Vers la fin de la semaine, nous reçûmes une carte des dames de la ville, par laquelle, en nous envoyant leurs compliments, elles nous marquaient qu'elles espéraient voir toute notre famille à l'église le dimanche suivant. Je m'aperçus, en conséquence, que, pendant toute la matinée du samedi, ma femme et mes filles avaient ensemble des conversations secrètes, et me regardaient de temps en temps avec des yeux qui m'annonçaient qu'il se tramait quelque chose. Je soupçonnai fortement qu'il se machinait quelque projet extraordinaire pour paraître avec éclat le lendemain. Le soir, elles commencèrent leurs opérations en forme, et ma femme entreprit l'attaque. Après le thé, comme je paraissais de bonne humeur, elle commença en ces termes : « Je crois, mon cher ami, que nous aurons demain à l'église beaucoup de belle compagnie. — Peut-être bien, repris-je; mais cela ne doit pas vous inquiéter. — Je donnerai toujours un sermon, soit qu'elle y vienne, soit qu'elle n'y vienne pas. — Ah! je m'y attendais bien, reprit-elle; mais je crois, mon cher, que nous devrions paraître à l'église aussi décemment qu'il sera possible; que ce qui peut être prêt pourrait y paraître? — Vos précautions, répondis-je, sont fort louables. Un extérieur décent à l'église me charme: nous devons y joindre la dévotion et l'humilité à la sérénité et à la satisfaction. — Oui, je sais bien cela, s'écria-t-elle; mais ce que j'entends, c'est que nous devons y aller d'une manière aussi convenable qu'il sera possible, et non pas tout-à-fait comme les manants qui nous environnent. — Vous avez tout-à-fait raison, ma chère, répliquai-je, j'allais vous dire la même chose. La manière convenable est d'y aller d'aussi bonne heure qu'il vous sera possible, pour avoir le temps de faire la méditation avant que le service commence. — Bon, bon, dit ma femme, en m'interrompant, on sait bien tout cela. Ce n'est pas ce dont je veux parler: ce que j'entends, c'est que nous devrions aller à l'église avec décence. Vous savez qu'elle est à deux milles de notre maison; et je vous assure que je n'aime point du tout à voir vos filles obligées de pousser pour entrer dans leur banc, tout essoufflées et toutes rouges par la longueur du chemin, et avec l'air de paysannes qui ont disputé une chemise à la course. Voici donc, mon cher, ce que je veux vous proposer. Nous avons nos deux chevaux de charrue, le bidet, qui est depuis neuf ans dans la maison, et son camarade noiraud, qui n'ont presque jamais rien fait depuis un mois, et qui deviennent gras et paresseux; pourquoi ne feraient-ils pas quelque chose aussi bien que nous? Je puis vous assurer que quand Moïse les aura un peu arrangés, ils n'auront point du tout mauvaise mine. »

J'objectai à cette proposition, que marcher à pied serait cent fois plus honnête, que d'aller à cheval sur d'aussi mauvaises montures, Blachery étant borgne, et le poulain sans crins; que l'un et l'autre n'avaient jamais été dressés à porter un cavalier; qu'ils avaient mille vices, et que nous n'avions qu'une selle de femme: toutes ces objections furent inutiles, je fus obligé de céder. Le lendemain matin, je les vis dans une grande occupation pour ramasser tous les attirails nécessaires pour l'expédition. Mais comme je vis que cela prendrait trop de temps, je partis à pied, devant, pour aller à l'église, où elles me promirent de me suivre bientôt. J'attendis près d'une heure dans la chaire, en lisant les prières, jusqu'à ce qu'elles arrivassent; mais ne les voyant point venir, je fus obligé de commencer le service, fort fâché en moi-même de leur absence. Mon chagrin augmenta, quand je vis le service fini, sans que ma famille y fût venue. Je pris, pour m'en retourner, par le grand chemin, qui avait cinq milles, pendant que le chemin de pied n'en avait que deux; et quand je fus à moitié chemin de la maison, j'aperçus la procession qui s'avançait lentement vers l'église; mon fils, ma femme et les deux petits, perchés sur un des chevaux, et mes deux filles sur l'autre. Je demandai la cause de leur retard; mais je lus bientôt dans leur figure qu'il leur était arrivé mille malheurs dans la route. D'abord, les chevaux avaient refusé de sortir de la maison, jusqu'à ce que M. Burchell eût eu la complaisance de les faire avancer deux cents toises, à coups de son bâton; ensuite les sangles de la selle de ma femme avaient rompu, et l'on avait été obligé de s'arrêter pour les raccommoder; enfin, un des chevaux avait pris fantaisie de s'arrêter, sans que prières ni coups eussent pu le déterminer à avancer. Ce caprice ne venait que de lui passer, quand je rencontrai mon monde. J'avoue que quand je vis qu'il n'était pas arrivé de plus grand malheur, leur confusion m'amusa, parce qu'elle me donnait beau jeu par la suite, pour triompher de ma femme, et apprendre à mes filles à être un peu plus humbles.

CHAPITRE XI.

La veille de Noël arrivant le lendemain, nous fûmes invités aux divertissements usités à la campagne en ce temps, chez le voisin Flamborough. Notre dernière mortification nous avait un peu humiliés; sans cela, il était probable qu'on aurait rejeté une pareille invitation avec mépris. Cependant nous voulûmes bien consentir à être heureux. L'oie et les poudings de notre honnête voisin étaient bons, et son aile fut trouvée excellente, même par ma femme, qui était une connaisseuse en cette matière. Il est vrai qu'il n'en était pas tout-à-fait de même de sa manière de narrer. Ses histoires étaient fort longues, fort ennuyeuses, toujours relatives à lui-même; et il nous avait déjà fait rire avec, dix fois auparavant: cependant nous fûmes assez polis pour en rire encore une onzième.

M. Burchell, qui était de la partie, était toujours pour mettre en train, par quelque amusement innocent. Il mit donc mes garçons et mes filles à jouer au colin-maillard. Ma femme se mit du jeu, et j'eus du plaisir en pensant qu'elle n'était pas encore trop vieille. Mon voisin et moi nous regardions le jeu, riions à chaque attrape, et vantions notre adresse quand nous étions jeunes. La main chaude suivit, ensuite vint le jeu des questions; enfin, on s'assit par terre pour jouer à la sayatte. Comme tout le monde peut bien ne pas connaître cet amusement des premiers siècles, il est nécessaire d'observer que pour jouer à ce jeu, la compagnie s'assied à terre en rond, excepté un qui reste debout au milieu, et dont la tâche est d'attraper un soulier que la compagnie se jette de main en main par-dessous les jarrets, à peu près comme une navette de tisserand. Comme il est impossible à celui qui est debout de voir en face tout le cercle, le beau du jeu est de lui donner des coups du talon du soulier, du côté qui est hors de défense. C'était ainsi que ma fille aînée était enfermée au milieu du rond, sautant de côté et d'autre après le soulier, toute rouge et toute bouffie, criant: Point de tricherie! point de tricherie! avec une voix capable de rendre sourd un chantourdes rues, quand tout-à-coup entrèrent dans la chambre, devinez qui? rien moins que nos deux grandes connaissances de la ville, lady Blarney et miss Caroline Willelmine-Amélie Skeggs. Je vous laisse à juger de la confusion. Les descriptions ne feraient qu'affaiblir l'idée, si j'entreprenais de peindre la mortification qu'on éprouva. Ah ciel! être surprise par des dames d'un si bon ton, dans des attitudes si vulgaires! Aussi, on ne pouvait pas s'attendre à autre chose qu'un jeu aussi bas de la proposition de M. Flamborough. Nous semblâmes, pendant quelque temps, collés à la terre, comme si nous eussions été pétrifiés d'étonnement.

Le fait était que les deux dames avaient été à notre maison pour nous voir, et que ne nous y ayant pas trouvés, elles étaient venues nous trouver pour s'informer de l'accident qui avait empêché ma famille de paraître à l'église le jour précédent. Olivia se chargea de la réponse pour tous, et, abrégeant l'histoire, elle dit que les chevaux avaient été jetées dans la route. Les dames furent fort touchées du récit de l'aventure; mais apprenant qu'il n'était point arrivé d'accident, elles en furent bien charmées. Ayant ensuite appris qu'on avait pensé mourir de peur, elles en furent extrêmement affligées; mais apprenant qu'on avait passé une fort bonne nuit, elles furent de nouveau bien charmées. Elles furent d'une complaisance sans égale pour mes filles. Le dernier jour que nous les avions vues, leurs protestations étaient fortes, alors elles furent pressantes. Elles jurèrent qu'elles désiraient lier une connaissance plus intime. Lady Blarney s'attacha particulièrement à Olivia; miss Caroline-Willelmine-Amélie Skeggs (j'aime à donner aux personnes leurs noms entiers) prit un peu plus de goût pour Sophie. La conversation se soutenait entre ces dames, pendant que mes filles admiraient en silence leur belle éducation. Mais comme il peut se faire que mes lecteurs, quelque bourgeois qu'ils soient, soient curieux d'une conversation du grand monde, et d'anecdotes de lords, de ladys et de chevaliers de la Jarretière, je leur demande la permission de leur donner la fin de la présente conversation.

« Tout ce que je sais de l'histoire, disait miss Skeggs, est que cela peut être, ou ne pas être; mais ce que je puis vous assurer, madame, c'est que toute l'assemblée fut dans le plus grand étonnement. Mylord changea cent fois de couleur, milady s'évanouit, mais sir Tom-

kin, tirant son épée, jura qu'il était à elle jusqu'à la dernière goutte de son sang. — Fort bien, répliqua lady Blarney; mais ce que je ne puis dire, c'est que la duchesse ne m'a jamais dit un mot de cette affaire; je suis sûre qu'elle n'a rien de secret pour moi. — Mais vous pouvez être certaine de ceci, car c'est un fait que le lendemain mylord-duc cria trois fois à son valet-de-chambre : Jernigan ! Jernigan ! Jernigan ! apporte-moi mes jarretières. »

J'ai oublié d'avertir que pendant cette conversation, M. Burchell se comportait très impoliment. Il avait le visage tourné du côté du feu, et à la fin de chaque phrase, il lâchait une expression de mépris et de désapprobation qui nous déplaisait à tous, et qui empêchait, en quelque sorte, la conversation de s'échauffer.

« Outre cela, ma chère Skeggs, continua notre milady, il n'y a pas un mot de cela dans les vers que le docteur Burdock a faits à ce sujet. — J'en suis surprise, s'écria miss Skeggs, car il lui arrive rarement de passer quelque circonstance, d'autant qu'il écrit seulement pour son amusement. — Mais madame peut-elle me faire la faveur de me montrer ces vers ? — Ma chère, reprit milady, croyez-vous que je porte ces sortes de choses sur moi ? quoique cependant ils soient fort jolis, sûrement, et je crois m'y connaître un peu; au moins je sais ce qui me plaît. En vérité, j'ai toujours admiré les petites pièces de vers du docteur Burdock; car, excepté les siennes et celles de notre chère comtesse d'Hanover-square, le reste est la plus pitoyable chose du monde. Pas un mot du bon ton. — Madame devrait excepter, reprit miss Skeggs, ses productions dans le Magasin des Dames. J'espère que vous conviendrez qu'il n'y a rien dedans qui ne sente le beau monde; mais je suppose que nous n'aurons plus rien de cette part. — Vous savez, répliqua milady, que ma lectrice et demoiselle de compagnie m'a quittée pour se marier au capitaine Roach, et comme ma pauvre vue ne me permet pas d'écrire moi-même, il y a quelque temps que je cherche une personne capable pour la remplacer. C'est de que ce n'est pas aisé à trouver, et certainement trente livres sterlings par an ne sont pas trop pour les appointements d'une demoiselle qui sait lire, écrire et se présenter en compagnie. Pour les filles élevées à la ville, on m'en parlez pas, elles ne sont pas soutenables. — Hélas ! je ne le sais que trop, et par expérience, reprit miss Skeggs: car de trois demoiselles de compagnie que j'ai eues dans six mois, une refusait de travailler au linge l'heure par jour, l'autre trouva que vingt-cinq louis étaient des appointements trop faibles, et pour la troisième, j'ai été obligée de la renvoyer, parce que je soupçonnais quelques intrigues entre elle et mon chapelain. La vertu, ma chère amie, ne peut être trop payée ! Mais où la trouver ? »

Ma femme avait été longtemps fort attentive à cette conversation; mais la dernière partie la frappa particulièrement. Trente livres sterlings et vingt-cinq guinées faisaient bien cinquante-six livres sterlings, cinq schellings, monnaie d'Angleterre, qu'on jetait pour ainsi dire à la tête, et qu'il ne s'agissait que de demander pour obtenir. Elle me regarda un moment, pour voir ce que je pensais; et à dire vrai, je pensais que deux places pareilles conviendraient parfaitement à nos filles. De plus, si le chevalier avait effectivement de l'affection pour ma fille aînée, c'était le moyen de la mettre à portée de faire sa fortune. Ma femme résolut donc de ne pas perdre tant d'avantages, faute de hardiesse, et elle entreprit la harangue pour la famille. « J'espère, dit-elle, que mesdames me pardonneront ma présomption. Il est vrai que je n'ai pas droit de prétendre à de telles faveurs; mais cependant il est naturel que je souhaite l'avancement de mes enfants, et j'ose dire que mes deux filles ont eu une belle et bonne éducation : au moins on ne peut pas en avoir une meilleure dans la province. Elles savent lire, écrire, compter; elles savent travailler à l'aiguille, tricoter, broder, et ont un peu de musique; elles peuvent faire des petits ajustements, comme la mère du marly. Mon aînée sait découper, et ma cadette dit fort bien la bonne aventure dans les cartes. »

Quand elle eut fini ce discours éloquent, les deux dames se regardèrent quelques minutes en silence avec un air d'importance et d'indécision. À la fin, miss Caroline-Willelmine-Amélie Skeggs eut la complaisance d'observer que les deux jeunes demoiselles, autant qu'on pouvait en juger d'après une connaissance aussi légère, leur paraissaient fort convenables pour ces places. « Mais, madame, dit-elle à mon épouse, une affaire comme celle-là exige un parfait examen du caractère, et une connaissance plus particulière les unes des autres; non pas, madame, que je soupçonne la vertu, la prudence et la sagesse de cette jeune demoiselle; mais il y a une certaine forme, madame, une certaine forme dans ces affaires. »

Ma femme approuva très fort ses défiances, observant qu'elle était fort défiante elle-même; mais elle s'en rapporta à nos voisins pour le caractère de ses filles. Notre milady dit que les informations de l'autres personnes étaient inutiles, que la recommandation de son cousin le chevalier Tornhill suffirait; et notre demande resta suspendue jusqu'à ce qu'elle lui eût parlé.

CHAPITRE XII.

Quand nous fûmes de retour à la maison, la nuit fut employée dans des projets de grandeur future. Ma femme déploya toute sa sagacité pour conjecturer laquelle de ses deux filles aurait la place la meilleure et le plus d'occasions de voir la bonne compagnie. Le seul obstacle qui retardait notre avancement était la recommandation du chevalier; mais il nous avait déjà donné tant de marques de son amitié, qu'il n'y avait pas à douter qu'il ne nous l'accordât. Même étant au lit, ma femme continua son sujet favori : « Ma foi, mon cher ami, entre nous, je crois que nous avons fait une excellente journée aujourd'hui. — Assez bonne, répondis-je, ne sachant trop que dire. — Comment, assez bonne ? reprit-elle; je crois qu'on ne la peut meilleure. Supposons que nos filles réussissent à faire connaissance à Londres avec des gens de bon goût; et je suis convaincue que Londres est la ville de l'univers la plus propre pour trouver des maris. D'ailleurs, mon cher, on voit tous les jours des choses plus étranges; et si des femmes de qualité se prennent sur un cheval, pourquoi des hommes de qualité ne le feraient-ils pas ? Entre nous, je vous assure que j'aime beaucoup milady Blarney; elle est si obligeante ! Cependant j'aime bien aussi miss Caroline-Willelmine-Amélie Skeggs. Et quand elles sont venues à parler de places à la ville, vous avez vu comment je les ai prises sur le temps. Dites-moi, mon cher, ne pensez-vous pas que j'aie bien fait là pour mes enfants ? — Ah ! repris-je, ne sachant trop que penser là-dessus, Dieu veuille que dans trois mois elles en soient mieux. » Cette observation était de l'espèce de celles que j'avais coutume de faire pour donner à ma femme une grande opinion de ma sagacité; car, si nos filles réussissaient, c'était un souhait pieux de ma part qui se trouvait accompli; s'il arrivait quelque malheur, alors ce que j'avais dit avait l'air d'une prophétie. Cependant toute cette conversation n'était qu'un préparatif d'un autre plan de ma femme que je ne redoutais pas moins. Ce n'était autre chose, sinon que, comme nous devions à présent paraître un peu dans le monde, il était convenable que nous vendissions notre bidet, qui était devenu vieux, à une foire voisine, et que nous achetassions à sa place un cheval qui pût porter deux cavaliers dans l'occasion et qui fût de belle apparence, pour aller à l'Église ou faire une visite. Je m'y opposai d'abord fortement à ce projet; mais il fut soutenu aussi fortement; et, comme je mollis, mon antagoniste gagna du terrain, jusqu'à ce qu'elle m'eût amené à consentir à m'en défaire.

Le lendemain était jour de foire, et j'avais dessein d'y aller moi-même, mais ma femme me persuada que j'étais enrhumé, et rien ne put l'engager à me laisser sortir de la maison. « Non, mon cher, dit-elle, Moïse est un garçon adroit, et il s'entend bien à vendre et à acheter avantageusement. Vous savez que tous nos bons marchés ont été faits par lui : il tient bon, il marchande jusqu'à ce qu'il ait gagné le sou sur ceux à qui il a affaire. »

Comme j'avais quelque bonne opinion de l'intelligence de mon fils, je ne résistai pas trop à le charger de la commission. Le matin, je vis ses sœurs très occupées à le parer pour la foire, frisant ses cheveux, nettoyant ses boucles, et lui retroussant son chapeau avec des épingles. Quand sa toilette fut finie, nous eûmes la satisfaction de le voir monté sur le bidet, avec une boîte de sapin devant lui, pour rapporter quelques merceries dedans. Il avait un habit de drap qu'on appelle tonnerre et éclair, à cause de sa force à résister aux orages, qui, quoique devenu un peu court, était encore trop beau pour être quitté. Sa veste était d'une ratine verte, et ses sœurs avaient noué ses cheveux avec un large ruban noir. Nous le suivîmes tous à quelque distance de la porte, lui criant, tant qu'il fût à notre portée : « Bonne chance, bonne chance ! »

Il ne fut pas plus tôt parti, que le sommelier de M. Tornhill vint nous féliciter sur notre bonne fortune, ayant entendu, nous dit-il, son maître parler de nous à des dames avec les plus grands éloges.

Un bonheur ne vient jamais seul. Un autre domestique de la maison du chevalier arriva avec une carte pour mes filles, par laquelle les deux dames leur apprenaient que M. Tornhill ayant rendu de nous tous un compte fort satisfaisant, elles espéraient qu'après quelques informations de plus, elles auraient lieu d'être entièrement satisfaites. « Ah ! s'écria ma femme, je vois que ce n'est pas chose aisée d'entrer chez les grands ; mais aussi, quand une fois on y est, alors, comme dit Moïse, on n'a plus qu'à dormir. » À cette exclamation originale, que ma femme donnait pour de l'esprit, mes filles applaudirent par un rire éclatant de plaisir. Enfin, elle fut si satisfaite de la nouvelle qu'elle mit la main à la poche et donna au commissionnaire sept sous et demi.

Ce jour était destiné, pour nous, à recevoir des visites. M. Burchell, qui venait de la foire, entra aussitôt. Il apportait à chacun de mes petits un pain d'épice d'un sou, que ma femme se chargea de serrer, pour le leur donner de temps en temps, quand ils tireraient bien. Il apportait aussi à mes filles un couple de boîtes pour renfermer des pains à cacheter, du tabac, des mouches, ou de l'argent quand elles en auraient gagné. Ma femme aimait ordinairement les bourses de peau de belette, comme portant bonheur; mais ces boîtes étaient bonnes en attendant. Nous avions encore de la considération pour M. Burchell, quoique ses manières impolies, lors de la conversation des deux dames, nous eussent déplu; nous ne pûmes même nous empêcher de lui faire part de notre bonne fortune et de lui demander son avis; car, quoique nous ne suivissions guère les avis, nous étions

assez portés à en demander. Quand il lut le billet, il branla la tête, et observa qu'une affaire de cette espèce exigeait la plus grande circonspection. Cet air de défiance déplut beaucoup à ma femme. « Je n'ai jamais douté, monsieur, s'écria-t-elle, que vous ne fussiez toujours disposé à être contre moi et contre mes filles. Vous avez plus de circonspection qu'il n'en faut; cependant je crois que, quand nous voulons demander des avis, nous devrions nous adresser à gens qui auraient su en suivre eux-mêmes de bons. — Il n'est pas question ici, madame, reprit M. Burchell, de ma propre conduite : quoique je n'aie pas fait usage de conseils moi-même, je dois, en conscience, donner les miens à ceux qui en veulent. » Comme j'appréhendais que cette réponse n'attirât une repartie plus dure que spirituelle, je changeai de propos, en feignant de m'étonner pourquoi notre fils était si longtemps à revenir de la foire, étant presque nuit fermée. « N'ayez pas d'inquiétude, répliqua ma femme; soyez sûr qu'il entend ses affaires; je vous garantis qu'il ne vendra jamais ses poules quand elles seront mouillées ; je lui ai vu faire des marchés surprenants; je vais, à propos de cela, vous en raconter un qui vous fera mourir de rire... Mais, sur ma vie, le voilà qui revient sans cheval, avec sa boîte derrière son dos. »

Pendant ce discours, Moïse s'avançait lentement, à pied, suant sous le poids de la boîte qu'il avait attachée avec une sangle derrière son dos. « Bonjour, bonjour, Moïse. Eh bien, mon enfant, que nous as-tu rapporté de la foire? — Ma personne, reprit Moïse avec un œil matois, en posant la boîte sur la table. — Oui, oui, nous savons cela, dit ma femme. Mais où est le cheval? — Je l'ai vendu, reprit Moïse, trois livres cinq schellings deux sous. — Fort bien, mon cher enfant; je savais que tu leur en revendrais. Entre nous, trois livres cinq schellings deux sous, ce n'est pas une mauvaise journée. — Allons, donne-nous l'argent. — Je n'ai point rapporté d'argent, dit Moïse ; je l'ai placé dans un marché que voici (en tirant de dessous son habit un paquet dans lequel il y avait une grosse de lunettes à verres verts, enchâssés d'argent, avec leurs étuis de chagrin). — Une grosse de lunettes à verres verts ! répéta ma femme d'une voix affaiblie. Et tu as vendu le bidet, et tu ne nous rapportes, pour sa valeur, qu'une grosse de méchantes lunettes ! — Ma chère mère, s'écria mon fils, pourquoi ne voulez-vous pas écouter la raison? C'est un marché d'or que j'ai fait : je les ai eues pour rien ; autrement je ne les aurais point achetées. Les seules châsses d'argent valent le double du prix que j'en ai donné. — Au diable tes châsses d'argent, s'écria ma femme hors d'elle-même ; je jurerais qu'on n'en aura pas la moitié de la valeur, à les vendre comme vieux argent, cinq schellings l'once. — Vous n'avez pas besoin de tant vous inquiéter de la valeur des châsses, leur dis-je, car je m'aperçois que ce n'est que du cuivre blanchi. — Comment ! s'écria ma femme, ce n'est pas de l'argent..., ce n'est pas de l'argent? — Non, lui dis-je, ce n'est pas plus de l'argent que votre poêlon. — Ainsi donc, nous voilà, dit-elle, sans bidet, avec une grosse de lunettes montées en cuivre et des étuis de chagrin ! Que la fièvre te serre, chien de trompeur ! Oh ! le nigaud, qui s'en est laissé revendre ! N'aurait-il pas dû mieux connaître les gens? — Vous avez tort en ceci, ma chère, m'écriai-je : il aurait dû ne point les connaître du tout. — Peste soit du sot, reprit-elle, de rapporter de pareilles drogues...; je les jetterais au feu. — Vous auriez encore plus tort, lui dis-je, ma chère; car, quoique ce ne soit que du cuivre, nous devons les garder, puisqu'il vaut mieux avoir des lunettes montées en cuivre que de ne rien avoir du tout. »

Pendant cette conversation, Moïse commençait à voir clair. Il s'apercevait qu'il avait été trompé par un escroc qui, sur sa figure, en avait fait aisément sa dupe. Je pris ce moment pour lui demander les circonstances de son histoire. Par ce que j'en appris, il me parut qu'il avait vendu le cheval et qu'il se promenait dans la foire en en cherchant un autre; qu'un homme à la figure respectable l'emmena dans sa tente sous prétexte d'en avoir un à vendre. « Là, continua mon fils, nous trouvâmes un autre homme bien mis qui demandait à emprunter vingt livres sterlings sur les lunettes, disant qu'il avait besoin d'argent et qu'il donnerait sa marchandise au tiers de sa valeur. Le premier homme, qui fit semblant d'être mon ami, me dit à l'oreille de les acheter, et m'avertit de ne pas être assez sot pour manquer un si bon coup. J'envoyai chercher M. Flamborough ; ils lui tinrent les mêmes propos qu'à moi ; enfin, nous nous laissâmes persuader d'acheter les deux grosses de lunettes entre nous deux. »

CHAPITRE XIII.

Ma famille avait résolu de briller ; mais quelque accident inattendu renversait leur projet aussitôt qu'il était formé. Je tâchais de tirer parti de chaque contre-temps pour augmenter leur raison en proportion de ce que leur ambition perdait. « Vous voyez, mes enfants, m'écriai-je, combien on réussit mal à vouloir en imposer au public en copiant les gens supérieurs. Les pauvres qui veulent ne faire société qu'avec les riches sont haïs de ceux qu'ils abandonnent, et méprisés de ceux qu'ils veulent imiter. Toutes associations inégales sont toujours désavantageuses au côté le plus faible. Le riche a tous les plaisirs, et le pauvre a tous les désagréments qui en peuvent résulter. A propos de cela, allons, Dick, mon enfant, répète-moi la fable que tu lisais aujourd'hui pour l'instruction de la compagnie.

« Il y avait un jour, cria l'enfant, un géant et un nain qui étaient amis et qui vivaient ensemble. Après s'être promis de ne jamais se quitter l'un l'autre, ils allèrent ensemble chercher des aventures. Ils rencontrèrent d'abord deux Sarrazins, contre lesquels ils combattirent. Le nain qui était fort courageux porta à un des deux adversaires un coup de toute sa force ; mais ce coup fit si peu de mal au Sarrazin qui, levant son sabre, en déchargea un coup si terrible sur le bras du nain, qu'il le lui coupa net. Celui-ci se trouvait fort embarrassé quand le géant vint à son secours, et en peu de temps laissa les deux Sarrazins morts sur la place. Le nain, de rage, coupa la tête de son antagoniste mort. Ils continuèrent à voyager et rencontrèrent une autre aventure : c'étaient trois satyres qui enlevaient une demoiselle. Le nain n'était plus si hardi qu'il l'avait été d'abord ; cependant il porta le premier coup, auquel un satyre riposta de façon qu'il lui jeta un œil hors de la tête. Le géant fut bientôt sur eux, et s'ils ne se fussent pas enfuis, il les aurait certainement tués tous trois. Les deux vainqueurs portant à un des jambe dans le combat. Il se trouvait donc avec une jambe, un bras et un œil de moins, tandis que le géant, qui n'avait pas reçu une seule blessure, lui criait : « Allons, mon petit héros, voilà ce qu'on appelle bien travailler; encore une victoire et nous acquerrons une gloire immortelle. — Non, dit le nain devenu plus sage ; non, je vous le déclare, je ne me bats plus ; car je vois que dans tous les combats vous gagnez tout l'honneur et tout le profit, et que moi, je porte tous les coups.

J'allais faire l'application de cette fable, quand mon attention fut détournée de sa part par une dispute violente qui s'éleva entre ma femme et M. Burchell au sujet des places futures de mes filles à la ville. Ma femme insistait fortement sur les avantages qui en résulteraient pour elles. M. Burchell, au contraire, la dissuadait de toutes ses forces, de n'en rien faire ; et moi je restais neutre. Les raisons de M. Burchell contre le projet me semblaient que la suite de celles qui avaient été si mal reçues le matin. La dispute s'échauffa, et ma pauvre femme, au lieu de raisonner plus sensément, ne faisait que crier plus haut, et fut à la fin obligée de quitter le combat faute de pouvoir crier. La fin de sa harangue fut cependant fort désagréable pour nous tous. « Je connais, dit-elle, des gens qui ont leurs raisons secrètes pour les avis qu'ils donnent, mais je les prie de vouloir bien ne pas les remettre à l'avenir les pieds dans ma maison. — Madame, dit M. Burchell, d'un air fort tranquille qui ne faisait qu'irriter davantage ma femme, quand vous parlez de raisons secrètes vous avez raison, j'en ai de secrètes que je me dispense de dire, parce que vous n'êtes pas capable de répondre à celles dont je ne fais pas un secret. Mais je vois que mes visites ici deviennent importunes, c'est pourquoi je prends mon congé, et je reviendrai plus qu'une fois peut-être pour vous dire un dernier adieu quand je quitterai le pays. » En achevant ces mots, il prit son chapeau, et les regards de Sophie qui semblaient lui reprocher sa précipitation ne purent l'empêcher de partir.

Quand il fut sorti, nous nous regardâmes quelques minutes les uns les autres fort confus. Ma femme qui en était cause, s'efforça de cacher son chagrin par un sourire forcé et un air d'assurance que je désapprouvai. « Comment ! lui dis-je, ma femme, m'écriai-je, est-ce ainsi qu'on traite les étrangers ? est-ce ainsi qu'on reconnaît leurs bienfaits ? Soyez sûre, ma chère, que voilà les expressions les plus dures et qui m'aient été les plus désagréables, qu'il n'en soit jamais sorti de plus dures de votre bouche. — Pourquoi m'a-t-il irritée, répondit-elle. Je connais très bien ses motifs, ce sont ses conseils. Il voudrait empêcher que mes filles n'allassent à Londres afin d'avoir eu le plaisir de la compagnie de ma cadette ; mais, quoi qu'il en soit, elle trouvera de meilleure compagnie que celle de tels mangeurs de tous biens. — Mangeur de tous biens ! m'écriai-je ; osez-vous bien l'appeler ainsi ? Est-il possible que nous puissions nous tromper à ce point sur le caractère de cet homme ? Il m'a paru en toute occasion l'homme le plus accompli que j'aie jamais connu... Dis-moi, Sophie, dis-moi, mon enfant, t'a-t-il donné quelque preuve d'un attachement secret ? — Ses conversations avec moi, mon père, ont toujours été sensées, modestes et agréables, mais il n'y a jamais rien eu autre chose. Je me souviens cependant qu'une fois il me dit qu'il n'avait jamais connu de femme qui eût trouvé du mérite à un homme qui n'était pas riche. — Voilà, ma chère, m'écriai-je, le propos ordinaire de ceux qui sont malheureux ou paresseux ; mais j'espère que vous avez appris à juger sainement de telles gens, et que vous sentez que ce serait une folie d'attendre son bonheur d'un homme qui a été si peu économe du sien propre. Votre mère et moi nous avons à présent des vues plus avantageuses

pour vous. L'hiver prochain, que vous passerez probablement à Londres, vous fournira des occasions pour faire un meilleur choix. »

Je ne déciderai point quelles furent les réflexions de Sophie dans cette occasion, mais au fond du cœur je ne fus pas fâché d'être débarrassé d'un hôte dont j'avais tant à craindre. L'hospitalité violée me pesa un peu sur la conscience ; mais j'eus bientôt imposé silence à cette conseillère importune par deux ou trois raisons spécieuses qui servirent à me satisfaire et à me réconcilier avec moi-même. Les reproches que fait la conscience à un homme qui a déjà commis une mauvaise action sont bientôt étouffés. La conscience est une poltronne, qui, quand elle n'a pas eu assez de force pour prévenir une faute, a rarement assez de justice pour en punir le coupable en l'accusant.

CHAPITRE XIV.

Le voyage de mes filles à la ville était à présent résolu. M. Tornhill nous avait obligeamment promis de veiller lui-même à leur conduite et de nous en informer par lettres. Mais nous jugeâmes qu'il était nécessaire que leurs habillements répondissent à la grandeur de leur attente ; ce qui ne pouvait se faire sans quelque dépense. Nous agitâmes donc en plein conseil quels étaient les moyens les plus propres pour faire de l'argent, ou, pour parler plus clairement, ce qu'il serait plus à propos de vendre pour en avoir. Notre délibération ne fut pas longue. Nous décidâmes bientôt que le cheval qui nous restait était totalement inutile pour la charrue, sans son compagnon, et qu'on ne pouvait le monter, parce qu'il lui manquait un œil. Nous résolûmes donc de le vendre à la foire voisine, et que je l'y mènerais moi-même pour éviter toute nouvelle surprise. Quoique ce fût la première opération mercantile que j'eusse faite de ma vie, je ne doutais pas que je ne m'en tirasse avec honneur. L'opinion qu'un homme se forme de sa capacité est mesurée sur celle de la compagnie qu'il fréquente ; et comme j'étais renfermé dans ma famille, je n'avais pas conçu des sentiments désavantageux de ma sagesse. Cependant, ma femme, le lendemain matin, quand je partis pour la foire, me rappela que je fus à quelques pas de la maison pour me dire à l'oreille de bien prendre garde à moi.

J'avais, suivant l'usage, en arrivant à la foire, mis mon cheval sur toutes ses allures ; mais il ne se présentait pas d'acheteurs. A la fin, il s'en approcha un, qui, après avoir fixé longtemps le cheval de tous les côtés, le trouvant borgne, n'en voulut rien offrir. Un autre vint ensuite, qui, lui ayant trouvé un éparvin, dit qu'il n'en voudrait pas quand on le lui donnerait pour la peine seulement de le monter jusque chez lui. Un troisième aperçut qu'il avait des molettes et n'en offrit rien. Un quatrième vit dans ses yeux qu'il avait des javars. Un cinquième, plus impertinent que les autres, me demanda quel diable je venais faire à la foire avec une rosse boiteuse, fourbue, aveugle, qui n'était bonne qu'à envoyer à l'écorcheur. Tout cela commença à me donner à moi-même le plus grand mépris pour le pauvre animal, et j'étais presque honteux à l'approche de chaque nouvel acheteur ; car, quoique je ne crusse pas entièrement tout ce que les autres m'avaient dit de ma bête, cependant je réfléchissais que le nombre des témoignages formait une forte présomption de la vérité, suivant l'opinion de saint Grégoire sur les bonnes œuvres.

J'étais dans cette situation mortifiante quand un de mes confrères, une ancienne connaissance, qui avait aussi quelques affaires à la foire, s'approcha de moi, et me prenant la main, me proposa d'entrer dans un cabaret et de boire un coup de ce que nous y trouverions. J'acceptai sur-le-champ la proposition ; et, étant entrés dans un cabaret à bière, on nous plaça dans une petite chambre sur le derrière, où il n'y avait qu'un vieillard vénérable, qui lisait avec attention dans un gros livre. Je n'ai jamais vu de ma vie de figure qui me prévint tant en sa faveur. Des cheveux gris ombrageaient son front et sa vieillesse, gaie et vigoureuse, semblait inspirer le respect, et sa vieillesse, gaie et vigoureuse, semblait annoncer le résultat de la bonne santé et de la bienveillance. Cependant, sa présence n'interrompit point notre conversation ; et moi nous nous entretenions des différents revers de fortune que nous avions éprouvés. Nous parlâmes de la dispute au sujet des seconds mariages, de ma dernière brochure, de la réplique de l'archidiacre, et des mesures violentes qu'on avait prises contre moi ; mais notre attention fut détournée quelque temps de notre conversation par la vue d'un jeune homme qui entra dans la chambre, et dit quelque chose tout bas à l'oreille du vieillard. « Point d'excuses, mon fils, lui dit le vieillard : faire du bien à nos semblables est un devoir que nous devons tous remplir. Prenez ceci ; je voudrais que vous eussiez besoin de davantage ; mais ci cinq livres sterlings peuvent soulager votre infortune, je vous les donne de tout mon cœur. » Le jeune homme, modeste, versa des larmes de reconnaissance ; et cependant la sienne n'égalait pas la mienne. J'aurais volontiers sauté au cou du bon vieillard pour l'embrasser, tant sa bienfaisance me faisait plaisir. Il se remit à lire, et nous continuâmes notre conversation jusqu'à ce que mon compagnon, se rappelant qu'il avait quelques affaires à la foire, sortit, en me promettant faire de retour dans un moment, ajoutant qu'il avait toujours désiré d'avoir le plus longtemps possible la compagnie du docteur Primerose. Le vieillard, entendant mon nom, sembla me regarder avec attention ; et quand

mon ami fut dehors, il me demanda, de la manière la plus respectueuse, si j'étais parent du grand Primerose, ce courageux défenseur de la monogamie, qui avait été le boulevard de l'église. Jamais mon cœur ne sentit de joie si pure que en ce moment. « Monsieur, m'écriai-je, les louanges d'un homme aussi vertueux que vous l'êtes, ajoutent à la satisfaction que votre bienfaisance a déjà excitée dans mon cœur. Vous voyez en moi le docteur Primerose , le défenseur de la monogamie, qu'il vous a plu d'appeler le grand. Vous voyez cet infortuné ecclésiastique qui a si longtemps, et, si j'ose le dire, avec tant de succès, combattu les seconds mariages. — Monsieur, s'écria l'étranger avec un air pénétré d'une admiration respectueuse, je crains d'avoir été trop familier ; mais pardonnez, s'il vous plaît, ma curiosité ; je vous en conjure... — Monsieur, lui répliquai-je vivement, en saisissant sa main, bien loin de m'avoir offensé par votre familiarité, je vous conjure d'accepter mon amitié comme vous avez déjà toute mon estime. — J'accepte l'offre avec reconnaissance, me dit-il en me serrant la main : vous, le ferme pilier de l'orthodoxie !... Ai-je le bonheur de voir... » J'interrompis ici la suite de son discours ; car, quoiqu'en qualité d'auteur loué sur ses ouvrages, je fusse en état de digérer une bonne dose de flatterie ; cependant ma modestie, dans ce moment, ne me permit pas d'en avaler davantage. Quoi qu'il en soit, jamais deux amants de roman ne formèrent une amitié plus prompte. Nous parlâmes sur différentes matières : d'abord je jugeai qu'il était plus pieux que savant, et je commençai à croire qu'il méprisait toutes les sciences humaines comme du fumier. Cependant, cela ne diminua en rien mon estime pour lui, car il y avait déjà quelque temps que j'avais commencé moi-même à être de cette opinion. Je pris donc occasion d'observer que le monde, en général, devenait d'une indifférence blâmable sur les matières de doctrine, et s'abandonnait trop aux spéculations humaines. « Ah ! oui, monsieur, répliqua-t-il, comme s'il eût réservé toute sa science pour ce moment ; il n'est que trop vrai, le monde est sur son déclin ; et cependant la cosmogonie, ou création du monde, a embarrassé les philosophes de tous les siècles. Quel mélange d'opinions bizarres n'a-t-on pas formées sur la création du monde ? Sanchoniathon, Manethon, Berose et Occellus Lucanus ont tous tenté en vain de l'expliquer. On trouve ces mots dans le dernier : *Anarchon ara kai ateleulaion topan,* ce qui signifie que *tout n'a ni commencement ni fin*. Manethon, qui vivait vers le temps de Nebuchadon-Assur, *Asser* étant un mot syriaque qui était le surnom des rois de ce pays, comme *Tegla-Phael-Asser*, *Nabon-Asser*; Manethon, dis-je, a formé une conjecture aussi absurde ; car, comme nous disons communément : *Ek te biblion kubernetes*, vous pouvez vous dire que l'on *n'apprend pas le monde dans les livres*, de même il a tenté de l'expliquer... Mais, monsieur, je vous demande pardon, je m'écarte de la question. » Certainement il s'en écartait, et je ne pouvais pas voir ce que la création du monde avait de commun avec mon sujet ; mais cela servit à me faire voir qu'il était homme de lettres, et je l'en respectai davantage. C'est pourquoi j'étais résolu de l'éprouver, mais il était trop doux et trop complaisant pour se disputer la victoire. Toutes les fois que je faisais une observation un peu vive qu'il attaque sur la controverse, il souriait, secouait la tête, et ne disait mot, ce qui me faisait croire qu'il pouvait dire beaucoup, s'il le jugeait à propos. Le sujet de la conversation descendit insensiblement de la création du monde aux affaires qui nous amenaient tous deux à la foire. « La mienne, lui dis-je, était de vendre un cheval. » Et fort heureusement il se trouva que la sienne était d'en acheter un pour un de ses fermiers. Aussitôt je lui fis voir mon cheval, et le marché fut tout d'un coup conclu. La seule chose qui restait était de savoir le prix. Pour ce faire, il tira de sa poche un billet de banque de trente livres sterlings, qu'il me proposa de lui changer. N'étant pas en état de le faire, il ordonna à un domestique de lui envoyer son laquais, qui vint aussitôt, vêtu d'une fort jolie livrée. « Abraham, lui dit-il, va me chercher la monnaie de ceci ; tu en auras ou chez le voisin Jackson, ou ailleurs. » Pendant que le laquais fut dehors, il me fit une déclaration fort pathétique sur la rareté de la monnaie d'argent. J'enchéris sur lui, en me plaignant de la rareté de celle d'or ; et quand Abraham revint, nous venions de tomber d'accord que l'argent n'avait jamais été si rare qu'alors. Abraham, de retour, nous dit qu'il avait couru toute la foire sans y avoir pas de chez moi, « cela étant ainsi, me dit-il, je crois que nous pouvons faire affaire ensemble. Je vais vous donner un mandement sur lui payable à vue ; et vous savez que c'est l'homme le plus exact à cinq milles à la ronde. L'honnête Salomon et moi nous avons été liés ensemble longtemps. Je me souviens que je lui gagnais toujours aux TROIS SAUTS ; mais il avait l'avantage sur moi au saut à CLOCHE-PIED. » Un mandement sur mon voisin était de l'argent pour moi, car je connaissais parfaitement sa solvabilité. Le billet fut donc signé et remis entre mes mains ; et M. Jenkinson, le vénérable vieillard, Abraham, son valet, et mon cheval, le vieux Blackbery, s'en allèrent trottant fort contents les uns des autres.

Laissé seul à mes réflexions, je commençai à songer que j'avais commis une imprudence en prenant un mandement d'un inconnu, et je conclus prudemment de reprendre mon cheval; et, pour cet effet, de suivre mon acheteur; mais il était trop tard : c'est pourquoi je repris le chemin de chez moi, bien résolu de recevoir chez mon voisin l'argent de mon mandement le plus tôt possible. Je le trouvai à sa porte, qui fumait sa pipe; et lui ayant dit que j'avais un petit billet sur lui, il le prit, et le lut à deux fois. « Je crois que vous lisez bien le nom, m'écriai-je, *Ephraïm Jenkinson*... — Oui, oui, me répondit-il, le nom est assez bien écrit, et je connais l'homme aussi, le plus grand coquin qu'il y ait sous le ciel; c'est le même fripon qui vous a vendu les lunettes. N'était-ce pas un homme à face vénérable, des cheveux gris, et point de poches à son justaucorps? Ne vous lâchait-il pas des tirades de grec et des discours sur la cosmogonie, le monde, etc.? A ce propos, je répliquai par un soupir; « Ah! continua-t-il, il n'a qu'une brille de science, qu'il débite toutes les fois qu'il se trouve en compagnie avec un homme de lettres; mais je connais le coquin, et je veux le faire prendre. »

Quelque mortifié que je fusse déjà, mon plus grand embarras était de savoir comment paraître devant ma femme et mes filles. Un écolier qui a fait l'école buissonnière n'est pas plus effrayé de se présenter devant son maître, que je l'étais de rentrer à la maison. Je pris cependant la résolution de prévenir leur colère, en commençant par m'y mettre moi-même.

Mais, hélas! en rentrant, je trouvai que ma famille n'était pas disposée à quereller. Ma femme et mes filles étaient en pleurs. M. Tornhill leur avait fait savoir, ce jour-là, qu'il ne fallait plus compter sur le voyage et les places de Londres; que quelques personnes mal intentionnées pour nous ayant fait de mauvais rapports sur notre compte à ces dames, elles étaient parties le même jour pour Londres; qu'il n'avait pu découvrir ni les auteurs de ces faux rapports, ni en quoi ils consistaient; mais que, quels que fussent et les rapports et les auteurs, il continuait à nous assurer de son amitié et de sa protection. Je les trouvai, par conséquent disposées à supporter avec une grande résignation mon infortune, parce qu'elle se trouvait éclipsée par une autre plus sensible pour elles. Mais ce qui nous inquiétait le plus, était de deviner qui pouvait avoir l'âme assez basse et assez noire pour diffamer une famille aussi innocente que la nôtre, qui n'était pas assez élevée pour exciter l'envie, ni assez méchante pour exciter la haine.

CHAPITRE XV.

La soirée et une partie du jour suivant furent employées à chercher, vainement à découvrir quels étaient nos ennemis. Il y eut à peine maison dans le voisinage qui échappât à nos soupçons; et chacun de nous avait ses raisons, qu'il consultait fort bien, pour fonder son opinion. Pendant que nous étions dans cette perplexité, un de nos petits, qui revenait de jouer dehors, nous rapporta un portefeuille qu'il avait trouvé sur l'herbe. Nous le reconnûmes sur-le-champ pour appartenir à M. Burchell, à qui nous l'avions vu; et, en l'examinant, nous trouvâmes qu'il contenait quelques notes sur différents sujets; mais ce qui attira le plus notre attention, fut un papier cacheté, avec cette suscription : *Copie de la lettre à envoyer aux deux dames, au château de Tornhill*. Il nous vint d'abord à l'esprit que c'était lui qui était l'infâme calomniateur; et nous délibérâmes si nous décacheterions le papier. Ce n'était pas mon avis; mais Sophie, en disant qu'elle était sûre que, de tous les hommes, M. Burchell était le plus incapable d'une telle bassesse, insista pour que le billet fût lu. Le reste de la famille seconda ses instances, et, à leur sollicitation réunie, je lus ce qui suit :

« Mesdames,

« Le porteur vous instruira suffisamment de quelle part vient cette lettre. C'est au moins quelqu'un qui aime l'innocence, et qui est disposé à empêcher de vous la séduire. Je suis informé de bonne part que vous êtes dans l'intention d'emmener à Londres deux jeunes demoiselles, que je connais un peu, en qualité de vos demoiselles de compagnie. Comme je ne veux point voir la simplicité trompée, ni la vertu souillée, je vous avertis ici que cette démarche imprudente, serait suivie des conséquences les plus dangereuses. Il n'a jamais été ma coutume de traiter avec sévérité les personnes déshonnêtes et infâmes; mais dans cette occasion, je me tairais encore, si je ne voyais que la folie se propose un crime. Profitez donc de l'avis d'un ami, et réfléchissez sur les conséquences qu'il y aurait d'introduire le vice et l'infamie dans une retraite que la paix et l'innocence ont habitée jusqu'ici. »

Nos doutes furent alors levés. Il paraissait bien dans cette lettre quelque chose qui pouvait s'appliquer aux deux parties, et les censures qu'elle contenait pouvaient aussi bien se rapporter aux personnes auxquelles elle avait été écrite qu'à nous. Mais la mauvaise interprétation se présentait trop naturellement, et nous n'allâmes pas plus loin. Ma femme eut à peine la patience de m'attendre jusqu'au bout, car elle déclamait contre celui qui avait écrit la lettre avec un ressentiment sans bornes. Olivia ne fut pas plus modérée, et Sophie semblait in-

terdite de sa noirceur. Pour moi, je considérais l'action comme une des preuves les plus odieuses d'une ingratitude sans sujet que j'eusse jamais vue. Je ne pouvais en découvrir d'autre raison, que l'envie qu'il avait de retenir ma fille cadette dans la province, pour avoir plus d'occasions de se trouver avec elle. Dans cet état, nous étions tous assis dans cet état, rêvant aux moyens de nous venger, quand notre petit garçon vint, en courant, nous annoncer que M. Burchell arrivait à l'autre bout du champ. Il est plus facile de concevoir que de dépeindre les différentes sensations que nous causèrent la douleur d'une insulte récente, et le plaisir d'une vengeance prochaine. Quoique notre intention ne fût que de lui reprocher son ingratitude, nous résolûmes de le faire de la manière la plus piquante que nous pourrions. Pour cet effet, nous convînmes de le recevoir avec un air ouvert et d'amitié à l'ordinaire, de jaser d'abord avec plus de douceur et d'affection que de coutume, pour l'amuser un peu; et ensuite au milieu de ce calme flatteur, de fondre sur lui comme un ouragan, et de l'accabler par les reproches de sa bassesse. Ce parti pris, ma femme se chargea elle-même de l'exécution, et elle avait réellement des talents pour l'entreprise. Nous le vîmes s'approcher : il entra, prit une chaise, et s'assit... « Il fait bien beau, M. de Burchell. — Oh! fort beau, docteur. Quoique, cependant, par la douleur que me font mes cors, et si... je juge que nous aurons de la pluie.... — La douleur de vos cornes! s'écria ma femme en éclatant de rire, et ensuite lui demandant pardon de la plaisanterie. — En vérité, madame, reprit-il, je vous pardonne de tout mon cœur; car je vous proteste que je n'aurais pas pensé que ce fût une plaisanterie, avant que vous me l'eussiez dit. — Cela se peut bien, monsieur, dit ma femme, en nous faisant un clin d'œil; et cependant je suis sûre que vous savez combien il en faut de ce poids pour faire une once. — Je crois, madame, en vérité, reprit M. Burchell, que vous avez lu ce matin quelques livres de bons mots, tant vous êtes disposée à en faire; cependant, madame, je vous dirai que j'aimerais mieux une once de bon sens. — Je le crois bien, dit ma femme, en nous regardant encore en riant, quoiqu'elle n'eût pas l'avantage. Cependant j'ai vu quelques gens qui prétendent au bon sens, et qui en ont fort peu. — Il n'y a pas de doute à cela, répliqua son antagoniste : vous avez connu des dames qui passent pour des merveilles quant à l'esprit, et qui n'en ont point du tout. »

Je m'aperçus bientôt que ma femme n'aurait pas l'avantage dans cette dispute; en sorte que je pris le parti de traiter la matière plus sérieusement. « L'esprit et les connaissances, m'écriai-je, ne sont que des bagatelles sans l'honnêteté; c'est elle qui donne du prix à un homme. Le paysan ignorant, sans aucun défaut, vaut mieux que le philosophe qui en a beaucoup. Car, qu'est-ce que le génie ou le courage, sans un cœur droit? L'honnête homme est l'ouvrage le plus noble de la création. — J'ai toujours regardé cette opinion favorite de Pope, répliqua M. Burchell, indigne d'un homme de son génie, et comme bassement indigne de sa propre supériorité. Comme la réputation d'un livre ne dépend pas tant de ce qu'il est exempt de défauts, que de ce qu'il contient de grandes beautés, de même celle des hommes devrait dépendre, non pas de leur exemption de défauts, mais de la grandeur des vertus qu'ils possèdent. L'homme savant peut manquer de prudence, le ministre d'état avoir de l'orgueil, et le guerrier avoir de la férocité; mais pour cela veut préférerons-nous un bas artisan qui chemine laborieusement au travers de la vie, sans mériter ni censure ni éloges? Il faudrait, par la même raison, donner la préférence aux froides et exactes productions de l'école flamande sur les productions incorrectes, mais sublimes et animées du pinceau italien. — Monsieur, repris-je, votre observation est juste, dans le cas où il y a des vertus brillantes jointes à de petits défauts; mais quand de grands vices se trouvent, dans le même sujet, opposés à des vertus extraordinaires, un tel homme ne mérite que du mépris. — Peut-être, répliqua M. Burchell, y a-t-il des monstres tels que vous les dépeignez, qui réunissent de grands vices à de grandes vertus. Cependant, dans le cours de ma vie, je n'ai point encore trouvé un seul exemple de leur existence : au contraire, j'ai toujours remarqué qu'où le génie était grand, les affections étaient bonnes. Et, en vérité, la Providence nous a traités bien favorablement en ce point, en abaissant aussi l'entendement, quand le cœur est corrompu, et en diminuant le pouvoir d'être nuisible dans ceux qui en ont la volonté. Cette règle semble s'étendre même aux autres animaux. La petite vermine est traître, cruelle et lâche; pendant que ceux qui ont la force en partage, sont braves, généreux et doux. — Ces observations sont fort belles, répliquai-je; cependant il me serait aisé, dans le moment, de citer un homme (en disant cela j'attachai mes regards fixement sur lui) dont la tête et le cœur formeraient le contraste le plus détestable. Oui, monsieur, continuai-je, je suis bien aise de le démasquer ici, au milieu de sa sécurité imaginaire... Connaissez-vous, monsieur, ce portefeuille? — Oui, monsieur, répondit-il avec une assurance inconcevable, il est à moi, et je suis bien aise de le retrouver. — Et connaissez-vous aussi cette lettre? m'écriai-je... Non, non, point d'échappatoires... Regardez-moi en face... Connaissez-vous, vous dis-je, cette lettre? — Cette lettre? oui, c'est moi qui l'ai écrite. — Et comment avez-vous osé avoir la bassesse, la noirceur et l'ingratitude d'écrire une pareille lettre? — Et comment

avez-vous eu la bassesse, vous (en me regardant avec une effronterie sans exemple), de décacheter cette lettre ? Ne savez-vous pas que je puis vous faire tous pendre pour cela ? Je n'ai qu'à aller chez le premier juge de paix, jurer que vous êtes coupable d'avoir ouvert la fermeture de mon portefeuille, et je vous ferai tous pendre devant cette porte. »

Cette insolence, à laquelle je ne m'attendais pas, me jeta dans un transport si violent, que j'avais peine à me contenir. » Ingrat ! coquin ! va-t-en, ne souille pas plus longtemps ma maison par ton odieuse présence. Va-t-en, et que je ne te voie jamais rentrer chez moi. La seule punition que je te souhaite, est celle d'une conscience alarmée qui sera ton continuel bourreau. » En disant ces mots, je lui jetai son portefeuille qu'il ramassa avec un sourire ; et en le refermant avec le plus grand sang-froid, il nous laissa étonnés de sa tranquillité et de son assurance. Ma femme particulièrement enrageait de ce que nous n'avions pu le mortifier ou le faire paraître honteux de ses bassesses. « Ma chère, lui dis-je, voulant calmer les passions qui étaient montées trop haut pour nous, nous ne devons pas être surpris que les méchants soient sans pudeur ; ils ne rougissent que quand on les surprend à faire une bonne action ; pour les mauvaises ils s'en glorifient.

« Le crime et la honte, à ce que rapporte une allégorie, furent d'abord compagnons, et au commencement de leur voyage ils marchèrent toujours ensemble ; mais leur union leur parut bientôt désagréable et incommode à tous deux. Le crime donnait à la honte des sujets fréquents de mécontentement, et la honte trahissait souvent les projets du crime. Après bien des contestations, ils consentirent donc à se séparer pour toujours. Le crime marchait seul hardiment en avant pour atteindre le destin qui allait devant sous la forme d'un exécuteur. Mais la honte naturellement timide, retourna en arrière pour aller tenir compagnie à la vertu qu'ils avaient laissée derrière au commencement du voyage. C'est ainsi, mes enfants, que quand les hommes sont un peu avancés dans le chemin du vice, ils cessent d'avoir honte de mal faire ; la honte n'accompagne que leurs vertus. »

CHAPITRE XVI.

Quels que fussent les idées et les sentiments de Sophie, le reste de la famille se consola aisément de l'absence de M. Burchell par la compagnie de notre seigneur, dont les visites devinrent plus fréquentes et plus longues. Quoiqu'il n'eût pas réussi à procurer à mes filles les amusements de Londres, comme il se le proposait, il tâchait de les en dédommager en leur procurant tous les petits amusements que notre retraite permettait. Il venait habituellement le matin, et pendant que moi et mon fils nous étions dehors pour nos affaires, il restait à la maison avec le reste de la famille, et les amusait par des descriptions de la vie qu'il connaissait parfaitement. Il répétait toutes les remarques faites dans l'atmosphère des théâtres, et savait par cœur tous les dits notables des beaux esprits avant qu'ils fussent dans les recueils des bons mots. Les intervalles des conversations étaient employés à apprendre à mes filles le piquet, ou quelquefois il mettait mes deux petits aux prises à coups de poing, pour les déniaiser, à ce qu'il appelait. Mais l'espérance que nous avions de le voir notre gendre nous aveuglait en quelque sorte sur tous ses défauts. Il faut avouer que ma femme mettait en usage mille petites ruses pour l'attraper ou, pour se servir d'une expression plus honnête pour elle, qu'elle employait toutes sortes d'arts pour faire briller les perfections de sa fille. Si les gâteaux pour le thé étaient bien secs et bien croquants, ils étaient faits par Olivia. Si le vin de groseilles était trouvé bon, c'était Olivia qui avait cueilli les groseilles ; c'était son habileté qui conservait aux fruits confits au vinaigre leur couleur naturelle ; et son talent pour composer un poudding était sans égal. D'autres fois la pauvre femme disait au chevalier qu'elle croyait qu'Olivia et lui étaient de la même taille, et les faisait lever pour voir lequel des deux était le plus grand. Ces petites finesses, qu'elle croyait impénétrables, sautaient aux yeux de tout le monde ; elles plaisaient fort à notre bienfaiteur qui donnait chaque jour de nouvelles preuves de sa passion ; et quoiqu'elles ne fussent jamais venues jusqu'à des propositions de mariage, cependant nous pensions qu'elles n'en étaient guère loin. Son retard à s'expliquer de son côté, nous l'attribuions quelquefois à une défiance naturelle chez lui, quelquefois à la crainte de déplaire à un oncle riche. Une circonstance qui arriva bientôt ne laissa plus de doute qu'il n'eût dessein de s'unir à notre famille ; ma femme la regarda même comme une promesse en forme.

Ma femme et mes filles allant rendre une visite au voisin Flamborough, trouvèrent que sa famille s'était fait peindre depuis peu par un peintre qui courait la campagne et faisait des portraits à quinze schellings la pièce. Comme cette maison et la nôtre étaient depuis longtemps dans une espèce de rivalité sur le chapitre du goût ; nous prîmes l'alarme de nous voir prévenus par cette marche qu'ils nous avaient dérobée, et malgré ce que je pus dire (et je dis beaucoup), il fut résolu que nous serions peints aussi. Ayant donc averti le peintre, car que pouvais-je faire ? nous délibérâmes ensuite de faire voir la supériorité de notre goût dans les attitudes de nos portraits. Car la famille de notre voisin était composée de sept personnes, et chacune était tirée avec une orange à la main, ce qui faisait sept oranges, chose absolument sans goût, sans variété, sans composition. Nous voulûmes avoir quelque chose de plus brillant ; après bien des débats, nous résolûmes unanimement de nous faire peindre tous ensemble dans un tableau de famille qui eût trait à l'histoire. Cela était meilleur marché parce qu'il ne fallait qu'un cadre, et cela était infiniment plus joli, car c'était ainsi que toutes les familles des gens de goût étaient peintes à présent. Comme nous ne nous rappelions pas un sujet historique qui pût nous convenir à tous, nous nous contentâmes de nous faire tirer comme une figure historique mais indépendante l'une de l'autre. Ma femme voulut être représentée en Vénus avec une pièce d'estomac enrichie de diamants, ses deux petits en cupidons à ses côtés, pendant que moi, avec ma robe de ministre et ma ceinture, je devais lui présenter les livres de ma dispute sur les seconds mariages. Olivia voulut être peinte en amazone assise sur un parterre de fleurs avec un habit de cheval, vert, galonné en or, et un fouet à la main. Sophie devait être en bergère avec autant de brebis autour d'elle que le peintre pourrait en faire tenir, et Moïse devait être avec un chapeau à plumet blanc. Notre goût plut si fort au chevalier qu'il insista pour être dans le tableau de la famille, dans le caractère d'Alexandre-le-Grand, aux pieds d'Olivia. Nous regardâmes cette demande comme une marque de son désir d'entrer dans notre famille, et nous ne pûmes refuser sa proposition. Le peintre se mit donc à l'ouvrage, et, comme il travaillait assidûment et promptement, en quatre jours le tableau fut achevé. La pièce était grande et il n'avait pas épargné les couleurs, ce dont ma femme le loua beaucoup. Nous fûmes tous très contents de l'exécution ; mais une circonstance malheureuse qui ne se présenta à notre esprit que quand le tableau fut fini, nous chagrina tous beaucoup. Il était si grand que nous n'avions pas de chambre dans la maison assez grande pour l'y placer. Il est inconcevable comment nous n'avions pas fait auparavant une réflexion importante ; mais ce qu'il y a de certain, c'est que cela nous était échappé. Au lieu donc de servir notre vanité comme c'était notre dessein, ce malheureux tableau restait contre la muraille de la cuisine où la toile avait été d'abord attachée pour le peindre ; il était trop grand pour entrer dans aucune de nos chambres et pour passer par les portes. Il fournissait matière à la plaisanterie de nos voisins ; l'un le comparait à la chaloupe de Robinson Crusoé qu'il avait bâtie trop grande pour pouvoir la remuer. Un autre disait qu'il ressemblait à ces dévidoirs qu'on construit dans une bouteille ; quelques-uns enfin s'étonnaient comment il avait pu entrer là, et comment il pourrait en sortir.

Mais en même temps que ce tableau donnait matière à plaisanterie aux uns il fournissait aux autres les interprétations les plus malignes. Le portrait du chevalier qui se trouvait dans les nôtres nous faisait trop d'honneur pour ne pas exciter l'envie. Des bruits malins commencèrent à courir sourdement sur notre compte ; notre repos fut troublé par des gens qui vinrent avec amitié nous rapporter les discours de nos ennemis. Nous recevions ces propos avec le ressentiment qui convenait, mais ce ressentiment ne fit qu'irriter la calomnie. Nous délibérâmes donc d'imposer silence à la calomnie de nos ennemis, et à la fin nous prîmes une résolution qui me parut trop fine pour que nous n'en eussions de la satisfaction. Voici quelle elle fut. Comme notre objet important était de connaître le motif des assiduités de M. Thornhill, ma femme se chargea de le sonder, sous prétexte de lui demander son avis sur le choix d'un mari pour sa fille aînée. Si ce plan ne se trouvait pas suffisant pour l'amener à une déclaration, alors il fut résolu de l'effrayer par la supposition qu'il aurait un rival, et l'on imaginait que par ce dernier moyen, quel qu'il fût, on l'amènerait au but. Mais je ne voulus jamais donner mon consentement à ce dernier projet jusqu'à ce qu'Olivia m'eût donné les assurances les plus positives qu'elle épouserait le rival qu'on supposerait à M. Thornhill dans le cas où celui-ci ne préviendrait pas ce mariage en l'épousant lui-même. Tel fut le plan auquel on s'arrêta et que je n'approuvais pas entièrement, quoique je ne m'y opposasse pas trop fortement.

La première fois que M. Thornhill vint nous voir, mes filles eurent soin de s'absenter pour donner à leur mère l'occasion de mettre son projet à exécution ; mais elles n'allèrent pas plus loin que dans la chambre voisine d'où elles pouvaient entendre toute la conversation. Ma femme adroitement mit la matière sur le tapis, en disant qu'une des demoiselles Flamborough était sur le point de faire une bonne affaire avec M. Spanker. Le chevalier était de son avis, ma femme continua la conversation en faisant la remarque que « celles qui avaient du bien doivent toujours sûres de trouver des mariages avantageux ; mais, poursuivit-elle, pour celles qui n'en ont point, le ciel a pitié d'elles. Que signifie la beauté ? Que signifient toutes les vertus et toutes les meilleures qualités du monde dans ce siècle intéressé ? Ce n'est pas qui est-elle ? mais qu'a-t-elle ? dont on s'informe.

— Madame, reprit-il, votre remarque est aussi juste qu'elle est neuve ; mais si j'étais roi, cela ne serait pas de même : les filles aimables, sans fortune, auraient alors bon temps. Vos deux demoiselles seraient les deux premières pourvues.

— Ah! monsieur, dit ma femme, vous voulez rire; mais moi je voudrais être reine, je saurais bien où elles trouveraient des maris. Mais, à propos, M. Tornhill, vous m'y faites penser, ne connaîtriez-vous pas quelqu'un qui pût convenir pour mari à mon aînée. Elle a actuellement dix-neuf ans; elle a pris toute sa croissance, elle est bien élevée, et, à mon petit avis, elle ne manque pas de mérite.
— Madame, répliqua-t-il, si vous laissiez cela à mon choix, je voudrais trouver quelqu'un qui eût assez de perfections pour rendre un ange heureux; quelqu'un qui eût de la sagesse, de la fortune, de la

La diseuse de bonne aventure.

richesse, du goût, de la sincérité; je voudrais tout cela dans un mari pour mademoiselle votre fille. — Oui, mais, dit-il, connaissez-vous quelqu'un de cette sorte? — Non, madame, reprit-il, il est impossible de connaître personne qui soit digne d'être son mari. C'est un trésor trop grand pour être possédé par un seul homme; c'est une divinité... Sur mon âme, je vous dis ce que je pense : c'est un ange. — Ah! M. Tornhill, vous flattez ma fille; mais nous avons songé à la marier à un de vos fermiers dont la mère est morte depuis peu, et qui a besoin d'une bonne ménagère. Vous savez qui je veux dire... le fermier William. C'est un homme actif, qui est en état de lui donner du pain, et qui nous a déjà fait des propositions (cela était effectivement vrai); mais je serais bien aise, monsieur, d'avoir votre approbation sur notre choix. — Comment, mon approbation pour un tel choix! Sacrifier tant de beauté, d'esprit, de talents, à une créature qui n'en sentira pas son bonheur! Je vous demande pardon, je ne puis jamais approuver une injustice si manifeste. Et j'ai mes raisons... — En vérité, s'écria ma femme, si vous avez vos raisons, c'est autre chose; mais je voudrais bien savoir vos raisons. — Je vous demande bien des excuses, madame, reprit-il; mais je ne puis vous les découvrir : elles sont (dit-il en mettant la main sur sa poitrine) entrées, clouées ici. »

Quand il fut parti, nous ne pûmes, après une consultation générale, définir quels étaient ces sentiments. Olivia les regardait comme des preuves de la passion la plus délicate. Pour moi, je considérais les choses d'un autre œil : j'y voyais plus d'amour que de désir de mariage. Cependant, quel que fût leur objet, il fut résolu de suivre le plan de la recherche du fermier William, qui, depuis que nous étions établis dans le pays, avait fait sa cour à ma fille.

CHAPITRE XVII.

Comme je n'envisageais que le bonheur réel de mes enfants, l'assiduité de M. William m'avait plu, parce qu'il avait une fortune honnête, et qu'il était prudent et sincère. Il ne fallut pas lui donner de grands encouragements pour faire revivre sa première passion; de sorte que deux ou trois jours après, M. Tornhill et lui se rencontrèrent le soir chez nous, et se regardèrent pendant quelque temps avec des yeux de colère. Mais William ne devait point d'arrérages à son seigneur, en sorte qu'il s'embarrassait fort peu de son indignation. Olivia, de son côté, jouait la coquette en perfection, si l'on peut appeler jouer un rôle, agir d'après son propre caractère, feignant de prodiguer toute sa tendresse à son nouvel amant. M. Tornhill parut tout-à-fait affligé de cette préférence, et nous quitta d'un air pensif; ce qui me surprit d'autant plus, qu'il était en son pouvoir de faire cesser fort aisément la cause de son chagrin, en faisant la déclaration d'une passion honnête; mais quelque mal à son aise qu'il parût, Olivia l'était encore davantage. Après ces entrevues avec ses amants, qui furent fort fréquentes, elle cherchait la solitude pour s'abandonner à sa tristesse. La trouvant un soir dans cet état, après avoir fait mes efforts pour soutenir pendant quelque temps une gaîté feinte : « Tu vois, lui dis-je à présent, mon enfant, que toute ta confiance dans la sincérité de la passion de M. Tornhill n'a été qu'un rêve; il souffre la rivalité d'un inférieur, quoiqu'il sache qu'il est en son pouvoir de s'assurer ta possession par une déclaration honnête. — Oui, papa, me dit-elle; mais je sais qu'il a ses raisons pour différer. Je sais qu'il en a. La sincérité de ses regards et de ses expressions me convainc qu'il m'estime réellement. Dans peu de temps j'espère qu'il découvrira la générosité de ses sentiments, et vous verrez que l'opinion que j'ai de lui est plus juste que la vôtre. — Olivia, ma chère enfant, lui répondis-je, c'est toi qui as formé et proposé tous les plans qui ont été suivis jusqu'à présent pour l'amener à une déclaration, et tu ne diras pas que je t'ai gênée en rien; mais tu ne dois pas attendre que je veuille jamais servir d'instrument pour qu'un honnête homme soit la dupe de ta passion mal fondée. Je te donnerai tout le temps que tu me demanderas pour amener à une explication ton adorateur prétendu; mais le terme expiré, s'il ne vient point au

Olivia retrouvée.

but, j'exige absolument que la constance de M. William soit récompensée. Le caractère que j'ai soutenu jusqu'à présent dans la vie, demande que je tienne cette conduite : et ma tendresse pour toi, comme père, n'influera jamais sur mon intégrité, comme homme. Nomme donc le jour : tu le prendras si éloigné que tu voudras; et en même temps instruis M. Tornhill du temps précis où j'entends te

donner à un autre. S'il t'aime réellement, son bon sens lui fera voir aisément qu'il n'a qu'un parti à prendre pour ne te pas perdre pour toujours. » Elle agréa cette proposition, dont elle ne put s'empêcher de reconnaître la justice. Elle me renouvela sa promesse, dans les termes les plus positifs, d'épouser M. William, dans le cas où l'autre serait insensible; et, à la première entrevue, nous fixâmes, en présence de M. Tornhill, de ce jour en un mois, le temps de son mariage sans son rival.

Ces mesures rigoureuses semblèrent redoubler l'inquiétude de M. Tornhill ; mais ce qu'Olivia elle-même éprouvait m'affectait insensiblement. Dans ce combat entre sa passion et sa raison, elle perdit toute sa vivacité naturelle, et elle cherchait toutes les occasions d'être seule pour pleurer. Une semaine se passa sans que son amant fît aucun effort pour mettre obstacle à son mariage. La semaine suivante, il fut aussi assidu, mais il ne s'ouvrit pas davantage. La troisième, il discontinua entièrement ses visites; et ma fille, au lieu d'en témoigner de l'impatience, semblait d'une tranquillité pensive, que je prenais d'abord pour de la résignation. Pour moi, c'était avec la plus grande satisfaction que je pensais que ma fille allait s'assurer un état aisé et tranquille; et j'applaudissais fréquemment à sa résolution. Quatre jours avant celui fixé pour le mariage, ma petite famille était le soir rassemblée autour d'un bon feu, contant des histoires du temps passé, et faisant des projets pour l'avenir. Nous étions ainsi innocemment occupés, riant de toutes les folies qui nous passaient par la tête.

« Eh bien ! Moïse, m'écriai-je, nous allons bientôt, mon garçon, avoir un mariage dans la famille : qu'est-ce que tu en penses ? quel est ton avis là-dessus ? — Mon avis, papa, est que tout va fort bien, et je pensais tout-à-l'heure que quand ma sœur sera mariée au fermier William, il nous prêtera alors gratis son pressoir et ses chaudières à brasser. — Oh ! sûrement, Moïse, il le fera; et par dessus le marché, il chantera, pour nous égayer, la chanson de la Mort et de la Dame. — Il a appris cette chanson à mon frère Dick, dit Moïse, et je crois qu'il la chante. — Oui-dà ! repris-je ! qu'il la chante fort bien. Où est Dick ? Allons, qu'il chante avec hardiesse. — Mon frère Dick, répondit le petit Bill, vient de sortir tout-à-l'heure avec ma sœur Olivia : mais M. William m'a appris deux chansons; et si vous voulez, papa, je vous les chanterai. Laquelle aimez-vous mieux, ou du Cygne mourant, ou de l'Élégie sur la mort d'un chien enragé ? — L'Élégie, mon fils, l'Élégie plutôt , lui dis-je, je ne l'ai pas encore entendue. Et vous, ma femme, vous savez que le chagrin altère; donnez-nous une bouteille du meilleur vin de groseilles, pour nous soutenir contre la tristesse. Les élégies m'ont tant fait pleurer dernièrement, que sans un petit coup pour m'égayer, je craindrais que celle-ci m'affectât trop. Et toi, Sophie, prends ta guitare, et racle un petit accompagnement à cet enfant. »

ÉLÉGIE

SUR LA MORT D'UN CHIEN ENRAGÉ.

Or, écoutez, petits et grands, prêtez l'oreille à ma chanson ; et s vous la trouvez courte, elle ne vous tiendra paslongtemps.

Il y avait un homme à Islington, de qui on pouvait dire que c'était un homme qui menait une fort bonne vie, toutes les fois qu'il se mettait en prières.

Il avait une âme tendre et charitable; il faisait du bien à ses ennemis comme à ses amis; il revêtait tous les jours celui qui était nu, quand il mettait sur lui ses habits.

Dans cette ville, il y avait un chien, comme il y en a beaucoup dans ce lieu, de toute espèce : des mâtins, des lévriers et tant d'autres.

Le chien et l'homme furent d'abord amis; mais, s'étant brouillés, le chien, pour en venir à son point, devint enragé et mordit l'homme. Les voisins, effrayés, accoururent de toutes les rues des environs, et juraient que le chien avait perdu l'esprit d'avoir mordu un si bon maître.

La blessure du pauvre chrétien paraissait à tout le monde dangereuse et mortelle; en même temps qu'ils juraient que le chien était enragé, ils disaient que l'homme en mourrait.

Mais bientôt on vit un grand miracle, qui leur donna le démenti. L'homme guérit de sa morsure, et ce fut le chien qui mourut.

— C'est un bon garçon que Bill, sur mon honneur ; et son élégie peut être appelée justement tragique. Allons, mes enfants, à la santé de Bill. Puisse-t-il devenir un jour évêque !

Vengeance.

— Je le souhaite de tout mon cœur ! s'écria ma femme ; et s'il prêche aussi bien qu'il chante, je ne doute pas qu'il y parvienne. Toute notre famille, du côté de ma mère, chantait très bien ; on disait communément, dans le pays, que les Blenkensops ne pouvaient jamais regarder droit devant eux, ni les Huggensons souffler une chandelle; qu'aucun des Grograms ne pouvait mettre une chanson sur l'air, ni aucun des Majorams raconter une histoire; mais que pour notre famille... — Quoi qu'il en soit, repris-je, la ballade la plus commune me plaît plus, en général, que toutes les belles odes modernes, et toutes ces belles ariettes qui, dans un seul couplet, nous pétrifient; et cependant nous louons ces productions, en même temps que nous les méprisons... Passe le verre à ton frère, Moïse... La grande faute des faiseurs d'élégies, c'est qu'ils se désespèrent pour des malheurs qui ne donnent pas la moindre affliction aux gens sensés. Une dame perd son petit chien, et on sot va mettre en vers la triste aventure.

— Cela peut être l'usage, dit Moïse, dans les compositions sublimes ; mais pour les chansons de Renelagh, qui nous parviennent ici, elles sont parfaitement simples, et toutes jetées au même moule.

Colin rencontre *Dolly*, et lui fait présent de quelques fleurs qu'il achète à la foire, pour mettre dans ses cheveux. Elle lui donne en échange un bouquet. Tous deux vont à l'église, où ils donnent avis aux nymphes et aux bergers de se marier le plus tôt qu'ils pourront.

— Et c'est un fort bon avis, m'écriai-je. On m'a dit aussi que ce Renelagh était l'endroit du monde où un tel conseil devait être donné le plus à propos, car en même temps qu'on y engage à se marier, on y fournit aussi des femmes; et c'est sûrement un excellent marché, mon enfant, que celui où on nous instruit de la marchandise dont nous avons besoin, et où on nous la fournit.

— Oui, mon père, reprit Moïse, et je ne connais que deux marchés en Europe pour les femmes: Renelagh en Angleterre, et Fontarabie en Espagne. Le marché d'Espagne ne tient qu'une fois l'année; mais le nôtre tient tous les soirs.

— Tu as raison, mon fils, reprit sa mère, la vieille Angleterre est le pays du monde le plus commode aux hommes pour trouver des femmes... — Et aux femmes pour gouverner leurs maris, dis-je en l'interrompant: car c'est un commun proverbe, que si l'on bâtissait un pont sur la mer, toutes les femmes du continent viendraient chez nous pour prendre modèle sur les nôtres.

— Mais, ma femme, donnez-nous une autre bouteille; et Moïse va nous donner une belle chanson. Quelles grâces n'avons-nous pas à rendre au ciel, pour la tranquillité, la santé et les nécessités de la vie qu'il veut bien nous accorder! Je m'estime à présent plus heureux que le plus grand monarque de l'univers: il n'a pas un si bon feu, ni des visages si gais près de lui. Oui, ma chère femme, nous commençons à vieillir; mais le soir de notre vie a toutes les apparences d'être heureux. Nos ancêtres ont vécu sans reproche; et nous laisserons après nous des enfants honnêtes et vertueux. Ils seront notre support pendant notre vie; et après notre mort, ils transmettront notre honneur sans tache à leur postérité... Allons, mon fils, nous attendons la chanson; il faut que nous fassions chorus... Mais, où est ma chère Olivia? sa voix est si douce et si agréable dans un concert! » A peine avais-je prononcé ces mots, que Dick entra en courant. « O papa! papa! elle est en allée; ma sœur Olivia est en allée pour toujours. — En allée, mon enfant? — Oui, elle est en allée avec deux messieurs dans une chaise de poste: l'un d'eux l'embrassait et la caressait, en l'assurant qu'il mourrait pour elle; et elle criait bien fort, en disant qu'elle voulait retourner; mais, après l'avoir pressée de nouveau, elle est entrée dans la chaise, et a dit: « Oh! que va devenir mon pauvre papa, quand il saura que je suis perdue! — Il ne nous reste donc plus à présent, mes enfants, m'écriai-je, que d'être misérables, car nous n'aurons plus un seul moment de joie dans notre vie. Que la vengeance éternelle du ciel puisse accabler cet infâme qui me ravit mon enfant! Sûrement Dieu m'exaucera, et le punira, pour m'arracher ainsi une enfant si sage, si vertueuse, que je conduisais au ciel. Hélas! mon enfant, tu vas être misérable et déshonorée!... Oh! mon cœur est déchiré... — Mon père, s'écria mon fils, est-ce là votre courage? — Mon courage? mon enfant. Oui, tu vas voir quel il est. Qu'on m'apporte mes pistolets; je veux poursuivre le traître; je le poursuivrai jusqu'au bout du monde: il le verra que, quoique vieux, je suis encore un homme. Le coquin! le scélérat!... » En disant ceci j'avais pris mes pistolets, quand ma pauvre femme, dont les passions étaient aussi fortes que les miennes, me prenant entre les bras: — « Mon cher, mon cher, s'écria-t-elle, la Bible est actuellement la seule arme qui convienne à ton âge. Ouvre ce livre saint, et apprends-y à supporter ton malheur en patience; car il a dignement trompé... » Sa douleur l'empêcha d'achever. « Certes, mon père, me dit mon fils, après une petite course, je crois que votre colère est trop violente, et qu'elle est hors de propos. Vous devriez être le consolateur de ma mère, et vous augmentez son affliction. Ce n'est pas bien fait à vous, à un homme de votre caractère, de maudire ce scélérat, quelque scélérat qu'il soit. — Je ne l'ai pas maudit, mon enfant, l'ai-je maudit? — Oui, mon père, vous l'avez maudit; vous l'avez maudit deux fois. — Le ciel veuille donc lui pardonner, et à moi aussi, si je l'ai maudit. Je vois bien à présent, mon fils, qu'il fallait que ce fût une charité plus qu'humaine, que celle qui nous enseigne à bénir nos ennemis. Le ciel soit béni pour le bien qu'il m'a donné, et pour celui qu'il m'a ôté. Mais ce n'est pas, non, ce n'est pas un malheur ordinaire, que celui qui peut arracher des larmes de mes yeux qui n'ont pas pleuré depuis tant d'années. Ma chère enfant!... M'enlever ma chère enfant!... Que la malédiction puisse tomber... Que le ciel me pardonne ce que j'allais dire! Tu te souviens, ma chère amie, combien elle était sage, qu'elle était toute charmante. Jusqu'à ce malheureux moment, tout son sort était de nous plaire. Que n'est-elle morte auparavant! Mais elle est en allée! l'honneur de notre famille est souillé! Non, ce n'est plus dans ce monde que j'ai de bonheur à espérer. Mais, mon enfant, tu les as vus partir: peut-être il l'a enlevée de force. Non, mon enfant, elle peut être innocente. — Non, mon père, s'écria l'enfant, il l'embrassait seulement, il l'appelait son ange; elle pleurait beaucoup, et elle s'appuyait sur son bras; et la chaise a couru très fort. — C'est une ingrate créature, s'écria ma femme, à qui ses pleurs permettaient à peine d'articuler, de nous trahir ainsi. Nous ne l'avons jamais gênée dans son inclination. La malheureuse a ainsi quitté ses parents, sans qu'ils lui en aient donné le moindre sujet, pour conduire vos cheveux blancs au tombeau, où je ne tarderai pas à vous suivre. »

Ce fut ainsi que cette nuit, la première pour nous d'un malheur réel, se plaça en complaintes amères, et en accès d'enthousiasme mal soutenus. Je résolus cependant de trouver le ravisseur partout où il pût être, et de lui reprocher son bassesse. Le lendemain, notre malheureuse fille manquait au déjeuner, où elle avait coutume d'inspirer la joie et la gaîté à toute la famille. Ma femme continua, comme elle avait déjà fait, à soulager son cœur par des reproches. « Jamais, s'écria-t-elle, cet opprobre de notre famille ne souillera cette innocente habitation par sa présence. Je ne veux jamais l'appeler davantage ma fille. Non, que la coquine vive avec son coquin de séducteur: elle peut nous déshonorer, mais elle ne nous trompera plus.

— Femme, repris-je, ne parlez pas si durement. Je déteste sa faute autant que vous; mais cette maison et ce cœur seront toujours ouverts à une pauvre pécheresse repentante. Plus tôt elle reviendra de son égarement, plus elle sera la bienvenue. Le plus juste peut faire une première faute; l'artifice peut persuader, la nouveauté surprendre par ses charmes. Une première faute est l'enfant de la simplicité; mais toutes les autres sont la production du crime. Oui, vous dis-je, la malheureuse créature sera toujours la bienvenue de ce cœur et dans cette maison, fût-elle souillée par mille vices. Je veux encore entendre l'harmonie de sa voix; je veux encore la presser tendrement sur mon sein, si je trouve en elle de la repentance. Mon fils, apporte-moi ma Bible et mon bâton: je veux aller à sa poursuite, quelque part qu'elle soit; et, si je ne puis prévenir sa honte, je puis au moins arrêter la continuation du désordre. »

Quoique l'enfant ne pût pas dépeindre la personne qui avait donné la main à sa sœur pour monter dans la chaise de poste, cependant mes soupçons tombèrent entièrement sur notre jeune seigneur, dont le caractère n'était que trop connu pour ces sortes d'intrigues. Je tournai donc mes pas vers le château de Tornhill, résolu de lui faire les reproches qu'il méritait et de ramener ma fille, si je le pouvais. Mais, avant que d'avoir gagné le château, je rencontrai un de mes paroissiens, qui me dit qu'il avait vu une jeune demoiselle qui ressemblait beaucoup à ma fille, dans une chaise de poste, avec un monsieur, que, par la description, je ne puis juger autre que M. Burchell, et qu'ils couraient très fort. Cette information ne me satisfit point du tout. J'allai donc chez le chevalier; je le vis qu'il fort matin, j'insistai pour lui parler sur-le-champ. Je le vis bientôt paraître avec l'air le plus ouvert et le plus aisé. Il me parut extrêmement surpris de l'évasion de ma fille, protestant sur son honneur qu'il n'y avait point la moindre part. Je blâmai alors mes premiers soupçons, et je n'eus plus d'autre personne sur qui les fixer, que sur M. Burchell, avec lequel je me ressouvins alors qu'elle avait eu depuis peu plusieurs conversations particulières; mais je n'eus plus lieu de douter de sa bassesse, quand une autre personne m'apprit que lui et ma fille étaient actuellement allés aux eaux, environ à trente milles de là, où il y avait une grande compagnie. Sur cet avis, je résolus de les poursuivre à cet endroit. Je marchai bon pas, et je m'informai à plusieurs personnes, le long du chemin, si on les avait vus, sans en rien apprendre; mais, en entrant dans la ville, je rencontrai une personne à cheval, que je me rappelai avoir vue chez le chevalier, qui m'assura que, si j'allais jusqu'à l'endroit des courses, qui n'était qu'à trente milles plus loin, je les y trouverais infailliblement; qu'il les avait vus danser aux eaux, cette nuit, et que toute l'assemblée avait été charmée des grâces de ma fille. Je pris donc le lendemain de bon matin le chemin du lieu des courses, et j'y arrivai vers quatre heures de l'après-midi. La compagnie y était fort brillante, et tout le monde était très occupé à continuer le divertissement. Quelle différence d'eux à moi, qui venais pour retrouver une enfant qui s'était écartée du chemin de la vertu! Je crus apercevoir M. Burchell à quelque distance de moi; mais, comme s'il craignait de me voir, quand j'approchai, il se mêla dans la foule, et il me fut impossible de le revoir. Je réfléchis alors qu'il serait inutile de poursuivre ma recherche plus loin, et je résolus de m'en retourner à la maison retrouver une famille innocente à qui ma présence était nécessaire; mais l'agitation de mon esprit et la fatigue du voyage me causèrent une fièvre dont je sentis les symptômes avant de quitter les courses. C'était un nouvel accident fort embarrassant, me trouvant alors à soixante-dix milles de chez moi. Je me retirai donc dans un petit cabaret qui était hors du chemin, dont l'apparence annonçait qu'il était la retraite ordinaire de l'indigence et de la frugalité; et là je pris un lit pour attendre patiemment l'issue de ma maladie. Je languis dans cet endroit environ trois semaines. A la fin, mon tempérament prit le dessus, mais je n'avais pas d'argent pour payer ma dépense. L'inquiétude seule que me causait cette dernière circonstance aurait pu occasionner une rechute, si je n'avais pas été assisté par un voyageur qui entra par hasard dans le cabaret pour se rafraîchir en passant. Cet homme était justement l'honnête libraire près Saint-Paul, qui a écrit tant de petits livres pour les enfants. Il s'appelait lui-même leur ami; mais il

était en effet l'ami de l'humanité en général. Il ne fut pas plus tôt entré, qu'il pensa à s'en aller; car il avait toujours quelques affaires de la dernière importance, et il était alors occupé à ramasser des matériaux pour l'histoire d'un certain M. Thomas Tripp. Je reconnus aussitôt le bonhomme à sa face bourgeonnée; car il avait publié mes écrits contre les seconds mariages. Je lui empruntai quelque argent, que je promis de lui rendre à mon retour chez moi. Je quittai donc l'hôtellerie; et, comme j'étais encore faible, je résolus de retourner à la maison à petites journées de dix milles chacune. Ma santé et ma tranquillité ordinaires étaient presque entièrement rétablies, et je condamnais alors mon orgueil, qui m'avait fait révolter contre la Providence qui me châtiait. L'homme connaît bien peu les malheurs qui sont au-dessus de ses forces, jusqu'à ce qu'il vienne à les éprouver : de même l'ambitieux qui voit tout brillant d'en bas, trouve, à mesure qu'il monte, que chaque pas qu'il fait lui découvre quelque désagrément caché qu'il n'avait pas prévu; de même, par l'effet de la disposition naturelle de notre esprit, toujours occupé à chercher des amusements dans quelque situation qu'il se trouve, le malheureux, à mesure qu'il descend dans l'abîme du malheur qui, vu la hauteur où règne le plaisir, lui paraît ténébreux et horrible, trouve quelque chose qui le flatte et qui le surprend. A mesure que nous descendons, les objets s'éclaircissent, des perspectives inattendues nous amusent, et les yeux de l'esprit s'adaptent aux ténèbres qui les environnent.

Il y avait deux heures que je marchais quand j'aperçus de loin une voiture qui me parut être un chariot couvert. Je résolus de l'atteindre; mais quand j'en fus près je reconnus que c'était un chariot qui voiturait les décorations, les habits et les bagages d'une troupe de comédiens de campagne au village voisin où ils devaient représenter. Il n'y avait que le charretier qui conduisait et un des comédiens dans le chariot, parce que les autres ne devaient arriver que le lendemain. Bonne compagnie en chemin, dit le proverbe, le rend plus court. J'entrai donc en conversation avec le pauvre comédien; et comme j'avais eu moi-même autrefois quelques talents pour le théâtre, je fis une petite dissertation sur ce sujet avec ma liberté ordinaire. Mais comme j'étais fort peu instruit de l'état actuel du théâtre, je demandai quels étaient les auteurs dramatiques à présent en vogue, quels étaient les Drydens et les Otways du jour. « Je crois, monsieur, répondit le comédien, que peu de nos auteurs d'aujourd'hui se croiraient honorés d'être comparés aux auteurs que vous nommez. La manière d'écrire de Dryden et de Rowe est à présent hors de mode. Notre goût a remonté d'un siècle. Fletcher, Ben Johnson et Shakespeare sont les seuls auteurs dont on représente les pièces. — Comment! m'écriai-je, est-il bien possible que notre siècle puisse s'amuser avec le vieux langage, les mauvaises plaisanteries et les caractères outrés qui abondent dans ces pièces? — Monsieur, répondit mon compagnon de voyage, le public ne s'embarrasse ni du langage, ni de la plaisanterie, ni des caractères. Ce n'est pas là son objet; il va au spectacle pour s'amuser, et il se trouve fort heureux quand il peut avoir une pantomime à l'abri du nom de Shakespeare ou de Ben Johnson. — En sorte donc, repris-je, je suppose que nos écrivains modernes s'attachent plutôt à imiter la manière de Shakespeare que la nature. — Pour vous dire la vérité, reprit mon compagnon, je crois qu'ils n'imitent ni l'un ni l'autre, et le public n'exige pas cela d'eux. Ce n'est pas la manière de traiter le sujet, mais la quantité d'actions, d'attitudes et de gestes qu'on peut y introduire qui attire les applaudissements. Je connais une pièce qui ne contenait pas une seule plaisanterie qui est devenue la favorite du public, parce qu'il y avait beaucoup de haussements d'épaules, et une autre dont la chute fut prévenue par un accès de colique qu'eut le poète y avait placé. Non, monsieur, les pièces de Congrève et de Farquhar ont trop d'esprit pour le goût présent. Notre dialogue actuel est bien plus naturel. »

Pendant la conversation, l'équipage de la troupe ambulante arriva au village qui, à ce qu'il parut, avait été instruit de leur arrivée, et qui était sorti pour nous considérer, car mon compagnon observa que les comédiens de campagne avaient toujours plus de spectateurs dehors que dedans. Je ne fis pas réflexion à l'indécence qu'il y avait de me trouver en pareille compagnie, jusqu'à ce que j'eusse aperçu la canaille s'attrouper autour de nous.

Je me réfugiai donc au plus vite au premier cabaret qui se présenta, où je fus introduit dans la salle commune. J'y fus aussitôt accosté par un homme fort bien mis, qui me demanda si j'étais le chapelain de la troupe ou si c'était mon habit de caractère pour la pièce, que je portais. Lui ayant dit le fait et que je n'appartenais pas à la troupe, il eut la complaisance de m'inviter, moi et le comédien, à prendre notre part d'une jatte de punch avec lui et pendant que nous la vidâmes, il parla politique avec tant de véhémence et d'intérêt, que je ne le pris pour rien moins que pour un membre du parlement; mais ma conjecture fut complétement confirmée quand, après avoir demandé ce qu'il y avait pour souper dans le cabinet, et n'ayant pas été content de ce qui y était, il insista pour que le comédien et moi nous vinssions souper chez lui; ce que j'acceptai après quelques instances.

La maison où nous allions n'étant qu'à une petite distance du village, celui qui nous invitait nous dit que comme le carrosse n'était pas prêt, il nous y conduirait à pied; et nous arrivâmes bientôt à une des plus belles maisons de campagne que j'eusse jamais vues. L'appartement où l'on nous introduisit était très élégamment orné et à la moderne. Notre hôte sortit pour donner ses ordres pour le souper; et le comédien me fit entendre par un clin d'œil que nous étions en bonheur ce jour-là. Lorsqu'on eut servi un souper magnifique, deux dames dans un déshabillé aisé entrèrent, et la conversation commença avec beaucoup de gaieté. La politique était le sujet sur lequel notre hôte s'étendait principalement, car il assurait que la liberté était tout à la fois sa gloire et sa terreur. Quand le couvert fut levé, il me demanda si j'avais lu le dernier *Moniteur*, sur quoi lui ayant répondu que non : mais vous avez lu au moins l'*Auditeur*? je suppose. — Non, monsieur, ni l'un ni l'autre, répondis-je. — « Cela est étrange, très étrange! reprit mon hôte. Pour moi, je lis tous les papiers politiques qui paraissent : le *Daily*, le *Public*, le *Ledger*, le *Chronicle*, le *London*, *Evening*, le *Whitehal Evening*, les dix-sept *Magasins* et les deux *Revues*; et quoique tous les écrivains de ces différents ouvrages se détestent les uns les autres, je les aime tous. La liberté, monsieur, la liberté est la gloire d'un Anglais, et par mes *nènes de Cornouaille* j'en respecte les protecteurs. — En ce cas, m'écriai-je, j'espère que vous respectez le roi. — Oui, reprit mon hôte, quand il fait ce que nous désirons; mais s'il se comporte comme il a fait dernièrement, je ne me mêlerai plus de ses affaires. Je ne dis rien, je me contente de penser. Il y a beaucoup de choses qui auraient été mieux si je les avais dirigées. Je crois qu'il n'y a pas eu assez d'avis; il devrait prendre conseil de chaque personne qui voudrait lui en donner, et alors tout en irait mieux.

— Je voudrais, repris-je, que ces donneurs d'avis qu'on ne demande pas, fussent mis au pilori. C'est le devoir des honnêtes gens d'assister le côté le plus faible de notre constitution, ce pouvoir sacré de la royauté qui a été en déclinant depuis quelques années, et qui perd l'influence qu'il devrait avoir dans l'Etat. Mais une foule d'ignorants crient toujours à la liberté, et s'ils ont quelque poids, ils le mettent bassement dans le côté qui penche déjà.

— Comment! s'écria une des dames, ai-je vécu pour voir quelqu'un d'assez abject, d'assez méprisable, pour être ennemi de la liberté, et défenseur des tyrans? La liberté! ce don précieux du ciel, ce privilége des Bretons.

— Est-il bien possible, s'écria de son côté notre hôte, qu'on trouve aujourd'hui des avocats défenseurs de l'esclavage? des hommes capables d'abandonner honteusement les priviléges des Bretons? Peut-il y avoir, monsieur, quelqu'un d'assez lâche pour cela?

— Non, monsieur, répliquai-je, je suis pour la liberté, cet attribut de Dieu; pour la glorieuse liberté, ce sujet des déclamations modernes. Je voudrais que tous les hommes fussent rois. Je voudrais être roi moi-même. Nous avons tous une même prétention au trône; nous sommes tous originairement égaux. Telle est mon opinion, et telle fut autrefois celle d'une espèce d'honnêtes gens qu'on appelait *Levellers*. Ils essayèrent de s'ériger en une société, où tous seraient également libres. Mais, hélas! cela ne pouvait jamais réussir; car parmi eux, il y avait des individus, les plus forts, les autres plus fins; et ceux-là devinrent maîtres du reste. Car il est aussi sûr que c'est que votre postillon ne monte vos chevaux que parce qu'il est un animal plus fin qu'eux, qu'un autre animal, plus fin ou plus fort que lui, lui montera sur les épaules à son tour. Puisqu'il est donc nécessaire que l'homme soit soumis à quelqu'un, et que les uns soient nés pour commander, et les autres pour obéir, la question est de savoir, puisqu'il doit y avoir des maîtres, s'il vaut mieux les avoir dans sa maison avec nous, ou dans le même village, ou plus loin encore, dans la capitale. Pour moi, monsieur, comme je suis naturellement le plus dévoué d'un maître, plus il est loin de nous, plus je suis content. La majeure partie est aussi de mon avis. On a unanimement élu un roi, dont l'élection, d'un côté, diminue le nombre de petit tyrans qu'il y aurait eu, et éloigne la tyrannie, le plus possible, du plus grand nombre du peuple. Ceux qui étaient des tyrans avant l'élection d'un roi, sont naturellement ennemis d'un pouvoir élevé au-dessus d'eux, et dont le poids est supérieur au leur sur les autres ordres inférieurs de l'Etat. C'est pourquoi il est de l'intérêt particulier des grands de diminuer, autant qu'ils le peuvent, l'autorité royale, parce que naturellement tout ce qu'ils lui enlèvent leur retourne, et tout ce qu'ils ont à faire dans l'Etat, c'est de miner en dessous, autant qu'ils le peuvent, le maître général, pour reprendre leur autorité primitive. Or, un Etat peut être tel dans sa constitution, ses lois tellement ordonnées, et ses sujets, riches et puissants, tellement intentionnés, que tout conspire à détruire la monarchie. Si les circonstances de l'Etat sont telles, par exemple, qu'elles favorisent l'accumulation des richesses, et rendent ceux qui sont déjà opulents encore plus riches, leur force et leur ambition s'accroîtront en même temps. Or, une accumulation de richesses arrive nécessairement dans un Etat qui tire plus de richesses du commerce extérieur que de son industrie intérieure; car il n'y a que les riches qui puissent faire avec avantage le commerce extérieur, et ces gens ont en même temps tout le produit de l'industrie

intérieure, en sorte que le riche, dans un tel état, a deux sources pour amasser des richesses, pendant que le pauvre n'en a qu'une. C'est par ce moyen qu'on a toujours vu les richesses s'accumuler dans les états commerçants; et ces états sont tous devenus par la suite aristocratiques. Outre cela, les lois même d'un état peuvent contribuer à cette accumulation excessive de richesses dans les mains des particuliers. Comme, par exemple, quand les liens naturels qui unissent les riches et les pauvres sont rompus, et qu'il est réglé que les riches ne se marieront qu'entre eux; ou quand les gens sages seront prévenus de servir leur pays comme conseillers, uniquement à cause de leur manque d'opulence, et que par ce moyen on rend les richesses l'objet de l'ambition d'un homme prudent, je dis que par ces moyens et autres semblables, les richesses s'accumuleront. Le possesseur de ces richesses accumulées, quand il s'est procuré les nécessités et les plaisirs de la vie, ne peut employer le superflu de sa fortune qu'à chercher à acquérir du pouvoir ; ce qui veut dire, en d'autres termes, à se faire des sujets, en achetant la liberté des indigents ou des âmes vénales, d'hommes, enfin, qui veulent bien, pour du pain, souffrir la tyrannie près d'eux. C'est ainsi que chaque homme opulent ramasse en général autour de lui un cercle du pauvre peuple; et l'état abondant en richesses accumulées peut être comparé au système de Descartes, où chaque globe est entouré de son tourbillon propre. Cependant ceux qui veulent bien se soumettre à se mouvoir ainsi dans le tourbillon d'un grand, ne peuvent être que des gens disposés à l'esclavage, la canaille, dont l'âme est formée pour la servitude, et qui ne connaît de la liberté que le nom. Mais il y aura encore un plus grand nombre d'hommes hors de la sphère de l'influence des opulents : j'entends cet ordre de citoyens qui ont trop de fortune pour se soumettre au pouvoir de leur voisin, et qui cependant n'en ont pas assez pour s'ériger eux-mêmes en tyrans. C'est dans cet état mitoyen que se trouvent communément les arts, la prudence et les vertus de la société : c'est cet ordre seul qui est le conservateur de la liberté, et qu'on peut appeler le peuple. Or, il peut arriver que cet ordre mitoyen perde toute son influence dans l'état, et que sa voix soit étouffée par celle de la canaille ; car si la fortune, nécessaire aujourd'hui pour procurer le droit de donner sa voix dans les affaires d'état, est dix fois moindre que celle qui a été jugée nécessaire au temps que la constitution se forma, il est évident qu'alors un plus grand nombre de la canaille entrera dans le système politique, et que, se mouvant toujours dans la sphère des grands, ils iront où la grandeur les dirigera. Dans un tel état, tout ce que l'ordre mitoyen a donc à faire, est de conserver et de défendre, avec le plus grand soin, les droits et les prérogatives d'un seul maître; car le prince divise le pouvoir des riches, et empêche les grands de tomber avec un poids supérieur à l'ordre qui est au-dessous d'eux. L'ordre mitoyen peut être comparé à une ville dont les opulents forment le siège, et que le prince se hâte de secourir. Tant que les assiégeants sont dans la crainte de l'ennemi extérieur, il est naturel qu'ils offrent à la ville les conditions les plus avantageuses, qu'ils flattent les assiégés en paroles, et qu'ils leur promettent des priviléges. Mais si une fois le défaut le prince, les murailles de la ville ne seront plus qu'une faible défense pour les habitants. On voit ce qu'ils doivent attendre, en considérant la Hollande, Gènes et Venise, où les lois gouvernent les pauvres, et où les riches gouvernent les lois. Je tiens donc, et je donnerais ma voix pour la monarchie, pour ce pouvoir sacré de la monarchie ; car s'il y a quelque chose de sacré parmi les hommes, ce doit être le souverain, l'oint du Seigneur; et toute atteinte portée à son pouvoir, dans la guerre comme dans la paix, est une atteinte réelle portée aux libertés des sujets. Les mots de liberté, de patriotisme, de Bretons, ont déjà trop opéré : il est à souhaiter que les vrais enfants de la liberté empêchent qu'ils n'opèrent davantage. J'ai connu dans mon temps beaucoup de ces vaillants champions de la liberté ; et cependant je ne m'en rappelle pas un seul qui, dans son cœur et dans sa famille, ne fût un tyran. »

Je m'aperçus que ma chaleur sur la matière avait allongé ma harangue au-delà des bornes de la politesse ; mais l'impatience de mon hôte, qui avait fait souvent des efforts pour m'interrompre, ne put se contenir plus longtemps. « Ainsi donc, dit-il, c'est un jésuite, sous les habits d'un ministre, que je trouve avoir à ma table ; mais, de par toutes mes mines de charbon de Cornouaille, il décampera d'ici, comme je m'appelle Wilkinson. » Je sentis alors que j'avais été trop loin, et je demandai pardon de la chaleur avec laquelle j'avais parlé. « Pardon ! s'écria-t-il en fureur, dix mille excuses n'obtiendraient pas votre pardon pour de tels principes. Abandonner la liberté, la propriété, est, comme dit le gazetier, tendre le dos avec bassesse pour recevoir le bât... Monsieur, j'exige que vous sortiez tout à l'heure de cette maison, si vous voulez qu'il ne vous arrive pas pire. Je l'exige... » J'allais recommencer mes remontrances, quand nous entendîmes un laquais frapper à la porte. Les deux dames de la compagnie s'écrièrent aussitôt, avec un air d'inquiétude : « Ah ! mord... c'est notre maître et notre maîtresse qui rentrent. » Je connus alors que l'homme qui nous traitait, n'était que le sommelier de la maison, qui, dans l'absence de son maître, avait eu envie de se donner les airs de faire le maître pour quelque temps. Et, à dire vrai, il parlait aussi bien politique que la plupart des gentilshommes de campagne. Mais rien ne peut exprimer quelle fut ma confusion, quand je vis le maître et son épouse entrer ; et leur surprise ne fut pas moindre que la nôtre, de trouver chez eux telle compagnie et si bonne chère. « Messieurs, dit le véritable maître de la maison, à moi et à mon compagnon, votre très humble serviteur ; mais je vous proteste que la faveur que vous me faites est si grande, que je ne sais comment vous en remercier. » Quelque inattendue que notre compagnie lui parût, la sienne ne l'était pas moins pour nous ; et je restais muet, en réfléchissant sur mon inconséquence, quand je vis entrer après eux, dans la chambre, miss Arabella Wilmot, qui avait été autrefois destinée à mon fils Georges, mais dont le mariage avait été rompu par l'accident que j'ai rapporté précédemment. Dès qu'elle me vit, elles vint se jeter dans mes bras, avec les signes de la joie la plus vive. « Mon cher monsieur, s'écria-t-elle, quel heureux hasard me procure le plaisir de votre visite? Je suis sûre que mon oncle et ma tante seront charmés de savoir qu'ils ont pour hôte l'honnête docteur Primerose. » En entendant mon nom, le monsieur et la dame s'avancèrent et me dirent que j'étais le bien venu.

M. Arnold et son épouse, qui étaient les maîtres de la maison où j'étais, insistèrent pour que je restasse chez eux quelques jours ; et, comme leur nièce, la charmante pupille, dont mes instructions avaient en quelque façon formé l'esprit, se joignit à eux, j'acceptai cette nuit. On me donna une chambre à coucher magnifique, et, le lendemain matin, de bonne heure, miss Wilmot me fit prier d'aller me promener avec elle dans le jardin. Après qu'elle m'eut fait voir les beautés de l'endroit, elle me demanda s'il y avait longtemps que je n'avais reçu des nouvelles de mon fils Georges. « Hélas ! madame, m'écriai-je, voilà trois ans qu'il est absent, sans m'avoir écrit ni à aucun de ses amis. J'ignore où il est ; peut-être ne le reverrai-je plus, non plus que le bonheur. Non, ma chère demoiselle, nous ne reverrons plus ces heures agréables que nous passions au coin de notre feu, à Wakefield. Ma petite famille commence à se disperser, et la pauvreté, mais le déshonneur, tombent sur nous. » Le bon cœur de miss Wilmot ne lui permit pas d'entendre ce récit sans verser des larmes ; et, comme je vis sa sensibilité, je n'entrai pas dans un plus long détail de nos malheurs. Ce fut cependant une consolation pour moi de trouver que le temps n'avait point changé ses affections et qu'elle avait refusé plusieurs partis qui lui avaient été proposés depuis que nous avions quitté le pays. Elle me promena dans tous les endroits où l'on avait fait des augmentations et des embellissements, me montrant les différentes allées, les bosquets, et prenant occasion, sur chaque objet, de me faire quelque question relative à mon fils. Nous employâmes ainsi la matinée, jusqu'au temps où l'on vint nous avertir pour le dîner. Nous y trouvâmes le directeur de la troupe ambulante, qui était venu pour placer des billets pour la *Belle-Pénitente*, qui devait être représentée le soir, et dans laquelle un jeune homme qui n'avait encore jamais paru sur aucun théâtre devait faire le rôle d'*Horatio*. Il semblait fort chaud dans les louanges du nouvel acteur, et assurait qu'il n'en avait jamais connu qui promît tant. « Bien jouer, observait-il, n'était pas l'affaire d'un jour ; mais cet homme, continua-t-il, paraît avoir été formé par la nature pour être sur le théâtre. Sa voix, sa figure, ses gestes, sont admirables. Nous l'avons rencontré par hasard dans notre voyage ici. »

Ce récit excita notre curiosité ; et, à la sollicitation des dames, je consentis à les accompagner à la comédie, qui n'était rien autre chose qu'une grange. Comme les personnes avec lesquelles j'étais étaient incontestablement les principaux du lieu, nous fûmes reçus avec beaucoup de respect et placés au premier rang, en face du théâtre, où nous attendîmes quelque temps, impatients de voir Horatio paraître. Enfin ce nouvel acteur s'avança, et je vis que c'était mon malheureux fils. Il allait commencer, quand, jetant les yeux sur les spectateurs, il nous aperçut, et resta sans voix et sans mouvement. Les acteurs, derrière la scène, qui croyaient que c'était la timidité naturelle d'un débutant qui l'arrêtait, tâchaient de l'encourager ; mais, au lieu de commencer il fondit en larmes et se retira. Je ne sais pas quelles furent les sensations que j'éprouvai alors ; car elles se succédaient trop rapidement pour que je puisse les décrire ; mais je fus bientôt tiré de ma rêverie par miss Wilmot, qui, pâle et tremblante, me pria de la reconduire chez son oncle. Au retour à la maison, M. Arnold, qui ne concevait encore rien à notre conduite extraordinaire, ayant été instruit que le débutant était mon fils, lui envoya son carrosse et une invitation pour venir chez lui, et comme il persévéra dans son refus de paraître sur le théâtre, les comédiens en mirent un autre à sa place, et nous l'eûmes bientôt avec nous. M. Arnold le reçut avec beaucoup de politesse, et moi avec mes transports ordinaires ; car je n'ai jamais pu contrefaire le ressentiment. Miss Wilmot le reçut avec un air d'indifférence affectée, et je voyais qu'elle s'étudiait à jouer ce rôle. Le trouble de son esprit ne paraissait pas encore apaisé : elle lâchait mille propos qui ressemblaient à la joie, et elle éclatait ensuite de rire de son étourderie. De temps en temps, elle donnait un coup d'œil dans la glace, comme si elle eût été bien aise de s'assurer du pouvoir irrésistible de sa beauté, et souvent faisait des questions sans en écouter la réponse.

Après le souper, madame Arnold offrit poliment à mon fils d'en

voyer deux de ses gens chercher son bagage. Il la remercia d'abord de son offre; mais comme elle insista, il fut obligé de lui avouer qu'un bâton et un sac de voyage étaient tout le mobilier qu'il possédait sur la terre. « Oui, mon fils, m'écriai-je, tu m'as quitté pauvre et tu reviens pauvre, mais du moins tu as beaucoup vu le monde. — Oui, mon père, répondit-il; mais courir après la fortune n'est pas le moyen de l'attraper; et, ma foi, depuis quelque temps, j'ai abandonné ma poursuite. — Je crois, dit madame Arnold, que le récit de vos aventures serait amusant. J'en ai entendu souvent raconter la première partie par ma nièce; mais si vous vouliez nous favoriser du reste, la compagnie vous aurait beaucoup d'obligation. — Madame, reprit mon fils, je puis vous assurer que le plaisir que vous aurez à entendre mon histoire ne sera pas à moitié aussi grand que ma vanité à la raconter. Cependant je ne puis vous promettre d'aventures, car j'ai plus vu que fait. Le premier malheur de ma vie, que vous connaissez, fut grand; mais s'il m'affligea, il ne m'abattit point. Personne n'eut jamais une plus heureuse disposition à se flatter d'espérances que moi. Moins je trouvai la fortune favorable alors, plus j'espérais qu'elle me récompenserait dans un autre temps; et, comme j'étais au plus bas de sa roue, une nouvelle révolution ne pouvait que m'élever. Je me mis donc en route pour Londres par un beau jour, sans inquiétude pour le lendemain, mais joyeux comme les oiseaux qui chantaient sur mon chemin. Je prenais courage en réfléchissant que Londres était la vraie place où les talents de toute espèce pouvaient être connus et récompensés.

« En arrivant à la ville, mon premier soin fut de remettre votre lettre de recommandation à notre cousin, que je trouvai n'être pas en beaucoup meilleure situation que moi. Mon premier plan, comme vous vous le rappelez, était d'être précepteur dans une école, et je lui demandai son avis là-dessus. Notre cousin reçut ma proposition avec un rire sardonique. « Oui, ma foi, dit-il, voilà une jolie carrière à laquelle on vous a destiné. J'ai été moi-même précepteur dans une pension, et je veux être pendu si j'eusse pas mieux aimé vivre sous la garde d'un geôlier à Newgate. Je me levais de bonne heure et me couchais tard. Le maître me regardait avec hauteur, la maîtresse me haïssait parce que je n'étais pas beau garçon, les enfants me faisaient enrager de la maison, et je n'avais pas la liberté de sortir pour aller chercher des civilités dehors. Mais êtes-vous sûr que vous soyez propre pour entrer dans une école? Voyons un peu. Savez-vous mettre la main à tout? — Non. — En ce cas, vous n'êtes pas bon pour une pension. Savez-vous accommoder les cheveux des enfants? — Non. — En ce cas, vous n'êtes pas bon pour une pension. Avez-vous eu la petite vérole? — Non. — En ce cas, vous n'êtes pas bon pour une pension. Pouvez-vous coucher trois dans un lit? — Non. — En ce cas, vous n'êtes pas bon pour une pension. Avez-vous bon appétit? — Oui. — En ce cas, vous n'êtes pas bon pour une pension, non, mon cher cousin : si vous voulez une profession jolie et aisée, mettez-vous en apprentissage pour sept ans chez un coutelier pour tourner sa roue; mais fuyez une pension. Cependant, continua-t-il, je vois que vous êtes un garçon qui avez des sentiments et de la science : voudriez-vous, à mon exemple, devenir auteur? Vous avez lu sans doute dans vos livres que des gens de génie sont morts de faim à ce métier; mais aujourd'hui je vous ferai voir quarante sots dans la ville qui en vivent et qui s'y enrichissent. Ce sont tous d'honnêtes lourdauds qui vont tout doucement et tout uniment leur chemin; qui écrivent sur l'histoire, la politique, ce qu'on loue; qui, s'ils avaient été faits savetiers, auraient toute leur vie raccommodé des souliers, sans qu'ils en eussent jamais fait.

« Voyant que le métier de précepteur dans une pension n'était pas fort honorable, je me résolus d'accepter la proposition de mon cousin, et ayant le plus grand respect pour la littérature, je saluai avec vénération la fameuse Grubstreet. Plein d'idées brillantes, je m'imaginais que j'allais marcher sur les pas de Dryden et des Otways. Dans le fait, je considérai la déesse de ce pays comme une mère par excellence; car, quoique le commerce du monde puisse former le bon sens, la pauvreté que la déesse distribue à ses enfants élève le génie. Plein de ces réflexions, je me mis à l'œuvre; et considérant ce restait de ressemblances du monde à dire du côté faux, je résolus de faire un livre qui fût tout-à-fait neuf. J'habillai donc trois paradoxes avec vraisemblance. Mes propositions étaient fausses sans doute, mais elles étaient neuves. Les diamants réels de la vérité sont une marchandise qu'on a si souvent importée que je n'avais de ressource que l'importation de quelque chose de brillant qui, vu à une certaine distance, leur ressemblât. Quelle importance, quand j'y pense, était perchée sur ma plume pendant que j'écrivais! Je ne doutais point que tout le monde littéraire ne s'élevât contre mon système; mais j'étais préparé à tenir tête au monde littéraire. Semblable au porc-épic qui se roule sur lui-même, présentant ses piquants pour défense, j'avais ma plume aiguisée contre tout assaillant. »

— Bien, mon enfant, m'écriai-je; et quel sujet traitas-tu? J'espère que tu n'oublias pas l'importance du second mariage des ecclésiastiques. Je t'interromps. Continue. Tu publias donc tes paradoxes; et que dirent les gens de lettres à tes paradoxes?

— Hélas! répondit mon fils, le monde littéraire ne dit rien à mes paradoxes, rien du tout. Chacun d'eux était occupé à se louer, lui et ses amis, ou à critiquer ses ennemis, et malheureusement je n'avais ni amis ni ennemis. J'éprouvai la plus cruelle de toutes les mortifications, le mépris.

« Étant un jour dans un café à réfléchir sur le sort de mes paradoxes, un petit homme entra dans la salle, se plaça à une table devant moi, et après quelques instants de conversation, s'étant aperçu que j'étais lettré, il tira de sa poche un paquet de prospectus, me priant de souscrire pour une nouvelle édition qu'il allait donner de Properce avec des notes. Sa demande produisit nécessairement ma réponse, qui fut que je n'avais point d'argent; et cet aveu de ma part le conduisit à s'informer quelle était la nature de mes espérances. Voyant par mes réponses qu'elles n'étaient pas plus grandes que ma bourse n'était pleine, « Je vois bien, me dit-il, que vous ne connaissez pas la ville : je vais vous donner quelques instructions là-dessus. Regardez ces prospectus; par leur moyen, j'ai subsisté fort à mon aise pendant douze années. Dès l'instant qu'un seigneur revient de ses voyages, qu'un riche créole arrive de la Jamaïque, ou une riche douairière de sa province, je leur propose de souscrire. J'assiège d'abord leur cœur par des flatteries, et quand par ce moyen la brèche est faite, je l'attaque avec mes prospectus. S'ils souscrivent sans difficulté d'abord, alors je renouvelle mes sollicitations pour la permission de leur dédier l'ouvrage. Si je l'obtiens, je leur demande celle de faire graver leurs armes en tête de l'épître dédicatoire. Ainsi, continua-t-il, je vis aux dépens de la vanité, et je m'en moque. Mais, entre nous, je commence à être trop connu; je serais bien aise que vous vous prêtassiez à m'obliger. Un seigneur de distinction vient de revenir justement d'Italie. Son portier connaît ma figure; mais comme il ne connaît point la vôtre, si vous voulez vous charger d'aller porter cette pièce de vers, je suis sûr que vous réussirez, et nous partagerons le profit. »

— Dieu me bénisse, m'écriai-je, Georges, est-ce là l'emploi de nos poètes à présent? Des gens d'un talent supérieur s'abaissent à ces indignités! Peuvent-ils déshonorer si honteusement la profession, en faisant un vil trafic de louanges pour du pain!

— Oh! non, mon père, répondit-il, un vrai poète ne s'abaisse jamais si bas; leur oui il y a du génie il y a de l'orgueil. Les hommes que je vous dépeins sont les mendiants de la rime. Un véritable poète, en même temps qu'il méprise toutes les difficultés pour acquérir de la gloire, est poltron pour souffrir le mépris; il n'y a que les gens indignes d'être protégés qui se soumettent à demander de la protection.

« Ayant le cœur trop haut pour m'avilir à ces indignités, et la fortune trop basse pour hasarder un second effort pour la gloire, je fus obligé de prendre un parti mitoyen et d'écrire pour avoir du pain. Mais je n'avais pas les qualités nécessaires pour une profession où l'adresse seule assure le succès. Je ne pouvais réprimer ma passion secrète pour la louange, en sorte que j'employais à faire des efforts pour écrire bien, ce qui eût été de plus de place, un temps qui aurait été plus utilement employé à écrire médiocrement mais beaucoup. Mes petits ouvrages ne se remarquèrent pas au milieu de la foule des écrits périodiques. Le public avait des occupations trop importantes pour s'amuser à remarquer l'aisance et l'agréable simplicité de mon style, et l'harmonie de mes périodes fut ensevelie dans l'oubli. Mes essais moururent avec les Essais sur la liberté, les Contes orientaux et les Remèdes pour la morsure des chiens enragés, pendant que l'Ami de lui-même, l'Ami de la vérité, l'Ami de la liberté, l'Ami de l'humanité, écrivaient mieux que moi, parce qu'ils écrivaient plus vite.

« Je commençai donc à n'avoir pour compagnon que des auteurs négligés, comme moi, qui se louaient, se plaignaient et se méprisaient les uns les autres. La satisfaction que nous causaient les écrits de tout auteur que le public estimait était en raison inverse de leur mérite. L'esprit des autres ne pouvait plus me plaire. Le malheur de mes paradoxes avait entièrement tari cette source de contentement pour moi. Je ne pouvais ni lire ni écrire d'une façon qui me plût, car la supériorité dans un autre était l'objet de mon aversion, et écrire était mon métier.

« Au milieu de ces sombres réflexions, étant un jour assis sur un banc dans le parc Saint-James, un jeune homme de bonne famille, que j'avais connu à l'université, m'aborda : nous nous saluâmes l'un l'autre en hésitant, lui presque honteux d'être connu de quelqu'un aussi mal mis que je l'étais, et moi craignant d'être méprisé. Mes craintes s'évanouirent bientôt, car je trouvai qu'au fond, Edward Tornhill était un bon garçon. »

— Que dis-tu, Georges? m'écriai-je en l'interrompant : Tornhill, le nommes-tu? Ce ne peut être certainement notre seigneur. — Ah! s'écria madame Arnold, est-ce que vous êtes si voisin de M. Tornhill? Il a été longtemps ami de notre famille, et nous attendons dans peu une visite de lui.

« Le premier soin de mon ami, continua mon fils, fut de changer ma décoration par un bel habit qu'il me donna; ensuite je fus admis à sa table sur le pied d'un demi-ami, d'un demi-favori. Mon emploi était de l'accompagner aux ventes publiques, de l'entretenir gai pendant qu'on faisait son portrait, de prendre la gauche dans son carrosse quand il n'y avait point d'autre compagnie, et de l'aider à faire

la débauche quand il était en humeur libertine. Outre cela, j'avais cent autres petites occupations dans la famille. J'avais beaucoup de petites choses à faire sans qu'on me l'ordonnât; d'être muni d'un tire-bouchon pour le lui présenter, de tenir en son nom les enfants de ses domestiques, de chanter quand on me le demandait, d'être toujours gai, toujours humble, et content si je pouvais.

« Je n'étais cependant pas sans rival dans ce poste honorable. Un capitaine de marine, que la nature semblait avoir formé pour une pareille place, me disputait l'affection de mon protecteur. Sa mère avait été blanchisseuse d'un homme de qualité, et par ce moyen il avait acquis de bonne heure du goût pour les intrigues amoureuses et la généalogie. Comme cet homme faisait l'unique occupation de sa vie de s'introduire dans la connaissance des seigneurs, quoique plusieurs l'eussent éconduit à cause de sa stupidité, d'autres permettaient ses assiduités, parce qu'ils étaient aussi sots que lui. La flatterie était sa profession, il la pratiquait avec une aisance inconcevable, et on même temps que chaque jour le désir d'être flatté croissait chez mon patron, la connaissance que j'acquérais chaque jour de ses défauts me dégoûtait de le louer. J'étais donc sur le point d'abandonner tout-à-fait le champ de bataille au capitaine quand il se présenta une occasion où mon ami prétendu eut besoin de mon secours. Il ne s'agissait de rien moins que de me battre pour lui contre un gentilhomme avec lequel on prétendait qu'il en avait mal agi. J'acceptai sans difficulté la commission; et quoique je voie que ma conduite vous déplaise, je crus que je devais cela à l'amitié de ne pas le refuser. Je me battis donc; je désarmai mon adversaire, et j'eus bientôt après la satisfaction de découvrir que la dame insultée n'était qu'une femme du monde, et celui contre qui je m'étais battu un escroc qui vivait avec elle. Les assurances de la reconnaissance la plus vive me furent prodiguées pour le service que je venais de rendre; mais comme mon patron devait quitter la ville dans peu de jours, il ne trouva d'autres moyens de m'être utile que de me recommander à son oncle sir William Tornhill et à un grand seigneur qui avait une place dans le gouvernement. Quand il fut parti, je n'eus rien de plus pressé d'aller porter ma lettre de recommandation à son oncle. C'était un homme qui passait pour posséder toutes les vertus, et qui cependant était juste. Ses gens me reçurent de l'air le plus honnête, car on voit toujours dans la réception des domestiques le caractère du maître. On m'introduisit dans une grande salle, où sir William Tornhill vint bientôt me trouver. Je lui présentai ma lettre, qu'il lut; et après avoir réfléchi pendant quelques minutes : « Quels sont, monsieur, me dit-il, les services que vous avez rendus à mon parent pour mériter qu'il vous recommande si chaudement? Mais je crois, monsieur, deviner quel mérite auprès de lui. Vous vous serez battu pour lui, et vous attendez que je vous récompense pour avoir été l'instrument de ses vices. Je souhaite de tout mon cœur que le refus que vous éprouvez de moi puisse être pour vous une punition de votre faute; mais plutôt je souhaite qu'il puisse vous conduire au repentir. » Je souffris avec patience la rudesse de ce traitement, parce que je sentais qu'il était juste. Ma seule ressource fut donc dans ma lettre pour l'homme de place. Les portes des grands sont presque toujours assiégées par une troupe de gens prêts à les importuner de demandes ridicules, il me fut assez difficile d'être admis à lui parler. Cependant, après avoir dépensé la moitié de ma fortune, qui n'était pas considérable, à faire des présents aux valets, on m'introduisit dans une salle spacieuse pour attendre que l'on eût porté ma lettre à monseigneur. J'eus le temps, avant que sa réponse vînt, de considérer l'appartement où j'étais : tout était grand et de bon goût. Les peintures, la dorure, les meubles me pétrifiaient d'admiration et m'inspiraient les idées les plus grandes du maître. « Ah! me disais-je à moi-même, combien doit être grand celui qui possède toutes ces choses, qui a dans sa tête les affaires de l'État, et dans sa maison la moitié des richesses du royaume! Certainement la profondeur de son génie doit être immense. » Pendant ces sublimes réflexions j'entendis quelqu'un s'avancer pesamment. « Ah! me dis-je, voilà le grand homme lui-même. » Non, ce n'était qu'une fille de chambre. Bientôt après j'entendis de nouveau marcher. « Ce doit être lui. » Non, ce n'était que le valet de chambre du grand homme. A la fin, sa grandeur parut elle-même. « Est-ce vous, me dit-il, qui êtes le porteur de cette lettre? » Je répondis en m'inclinant. « Ah! dit-il, elle m'instruit que... oui... Eh bien... » A cet instant même un domestique lui remit une carte; et, sans faire davantage attention à moi, il sortit de la salle, me laissant réfléchir à mon aise sur mon malheur. Je ne le vis plus jusqu'à ce qu'un laquais me dit que sa grandeur descendait pour monter en carrosse. Je courus aussitôt en bas, et je joignis ma voix à celles de deux ou trois autres personnes qui étaient là comme moi pour demander des grâces. Mais sa grandeur allait trop vite pour cela, et gagnait son carrosse à grandes enjambées, de manière que je fus obligé d'élever la voix le plus que je pus pour savoir si j'obtiendrais une réponse. Pendant ce temps, il était dans son carrosse, et il murmura à demi-voix une réponse dont j'entendis une moitié; l'autre moitié fut emportée par le bruit des roues de la voiture. Je restai quelque temps le cou tendu dans la posture d'un homme qui prête l'oreille pour tâcher de saisir des sons, jusqu'à ce que, regardant autour de moi, je me trouvai seul à la porte de sa grandeur.

« Ma patience était épuisée. Désespéré de tous les affronts que j'éprouvais, j'étais déterminé à me précipiter, et il ne me manquait qu'un précipice pour m'y jeter la tête la première. Je me considérais comme un de ces meubles de rebut que la nature avait jeté dans son garde-meuble pour y périr dans l'oubli et dans l'obscurité. Il me restait cependant une demi-guinée, et je pensais que la fortune ne pourrait pas m'en priver. Mais, pour m'en assurer, je résolus d'aller à l'instant même la dépenser pendant que je l'avais, et m'en remettre ensuite au hasard pour le reste. Comme je marchais dans cette résolution, le bureau d'adresse de M. Cripso, qui se trouvait sur mon chemin, sembla m'inviter à y entrer. Dans ce bureau, M. Crispe offre obligeamment à tous les sujets de Sa Majesté une récompense de trente livres par an, pour laquelle ils donnent en échange leur liberté et la permission qu'on les transporte en Amérique comme esclaves. Je me trouvai heureux de trouver une place où je pouvais noyer mes craintes dans le désespoir. J'entrai donc dans sa caverne, car on peut l'appeler ainsi, étant humide et sale. Là, je trouvai un nombre de malheureux, tous dans un état semblable au mien, attendant l'arrivée de M. Cripse et présentant un tableau frappant de l'impatience anglaise. Leurs âmes hautaines, brouillées avec la fortune, déchargeaient ses injustices sur leurs propres cœurs. M. Cripse descendit enfin, et tous les murmures cessèrent. Il daigna me regarder avec une distinction particulière, et il fut le premier homme qui, depuis un mois, m'eût parlé avec un air souriant. Après quelques questions, il trouva que j'étais propre pour tout au monde. Après avoir réfléchi un peu sur les moyens de m'occuper, il se frappa le front comme s'il venait de penser qu'il était question alors d'une ambassade que le synode de Pensylvanie devait envoyer aux Indiens Chicchas, et il m'assura que s'il s'emploierait pour me procurer la place de secrétaire de cette ambassade. Je savais en moi-même que mon homme mentait, et cependant sa promesse me fit plaisir, par la raison qu'elle était magnifique. Je partageai donc ma demi-guinée : une moitié alla tenir compagnie à ses trente mille livres sterlings de fortune, et avec l'autre je résolus d'entrer dans la première taverne pour me rendre plus heureux que lui.

« Comme je sortais de cette résolution, je rencontrai à la porte un capitaine de vaisseau que j'avais connu autrefois légèrement, et il consentit à me tenir compagnie pour vider une jatte de punch. Comme je n'ai jamais déguisé ma situation, il m'assura que j'étais au bord de ma ruine en écoutant les promesses du maître du bureau d'adresse, qui n'avait d'autre dessein que de me vendre pour les plantations. « Mais, continua-t-il, je crois que vous pourriez, sans aller si loin, trouver le moyen de gagner aisément votre vie. Croyez-moi : je fais voile demain pour Amsterdam; que ne venez-vous à bord comme passager? Tout ce que vous avez à faire en débarquant est d'enseigner l'anglais aux Hollandais, et je vous assure que vous ne manquerez pas d'écoliers et d'argent. Je suppose, ajouta-t-il, que vous entendez l'anglais, ou bien le diable s'en serait mêlé. » Je l'assurai que pour cela il pouvait en être sûr; mais je lui témoignai quelque doute de savoir si les Hollandais étaient curieux d'apprendre l'anglais. Il m'assura avec un serment qu'ils aimaient la langue anglaise à la folie; et, sur sa parole, je m'embarquai le lendemain pour aller enseigner l'anglais en Hollande. Le vent fut bon, notre voyage fut court; et, après avoir payé mon passage avec la moitié de mes effets, je me trouvai comme un étranger tombé des nues dans une des principales villes de Hollande. Dans mon état, je ne voulais pas laisser passer de temps sans enseigner. Je m'adressai donc à deux ou trois des gens qui passaient, dont l'apparence me parut promettre davantage; mais il était impossible que nous nous entendissions l'un l'autre. Ce ne fut qu'alors que je songeai que, pour apprendre l'anglais à des Hollandais, il fallait d'abord qu'ils m'apprissent le hollandais. Je fus surpris moi-même comment j'avais pu manquer de faire une réflexion si simple; mais il est certain que je ne l'avais pas faite.

« Ce projet ainsi évanoui, j'eus quelque envie de me rembarquer tout de suite pour retourner en Angleterre; mais m'étant trouvé en compagnie avec un étudiant irlandais, notre conversation tourna sur les sujets de littérature; car je vous ferai observer en passant que j'obtiendrais toujours ma misère quand je trouvais occasion de m'entretenir de ces matières. Il m'apprit que dans l'université où il étudiait, il n'y avait pas deux hommes qui entendissent le grec. Cela me surprit. Je pris à l'instant la résolution d'aller à Louvain et d'y gagner ma vie à enseigner le grec. Je fus encouragé dans mon projet par mon camarade, qui me fit entendre que si je pouvais faire ma fortune à ce métier.

« Je me mis en route le lendemain matin, plein d'espérance : chaque jour voyait diminuer le fardeau de mes nippes comme le panier de pain d'Ésope, car je les donnais en paiement pour mon logement à mesure que je voyageais. Quand j'arrivai à Louvain, je ne voulus point aller faire ma cour aux professeurs inférieurs; mais je pris le parti d'aller tout droit offrir mes talents au principal lui-même. J'y allais; je fus admis à lui parler, et je lui offris mes services comme maître en langue grecque, dont j'avais appris qu'on manquait dans son université. Le principal parut d'abord douter de

mes talents; mais j'offris de l'en convaincre sur-le-champ, en traduisant devant lui en latin une page de tel auteur grec qu'il voudrait choisir. Comme il vit que cela était sérieux, il me parla en ces termes : « Vous voyez, jeune homme que je n'ai jamais appris le grec, et je ne vois pas que j'en aie jamais eu besoin. J'ai eu le bonnet et la robe de docteur sans grec, et je ne crois pas qu'il serve à rien. »

« J'étais alors trop loin de chez moi pour songer à retourner; ainsi je résolus d'avancer. Je savais un peu de musique, j'avais une voix passable; et de ce qui avait fait autrefois mon amusement je fis un moyen de me procurer ma subsistance. Je traversai la partie de la Flandre où les paysans sont assez pauvres pour être joyeux; car j'ai toujours remarqué qu'ils étaient gais en proportion qu'ils étaient plus malheureux. Quand j'approchais de la maison d'un paysan à la chute du jour, je jouais un de mes airs les plus gais, et cela me procurait non-seulement un logement pour la nuit, mais de quoi vivre pour le lendemain. J'essayai une fois ou deux de jouer pour des gens comme il faut; mais ils trouvaient que je jouais horriblement, et ils ne me donnèrent jamais la moindre bagatelle : ce me paraissait d'autant plus extraordinaire que quand je jouais autrefois en compagnie pour mon seul plaisir, mon exécution ne manquait jamais de ravir l'assemblée, surtout les dames; mais comme c'était alors ma seule ressource pour vivre, on la trouvait misérable. ce qui prouve combien le monde est disposé à estimer bas les talents par lesquels un homme gagne sa vie. »

« J'arrivai de cette manière à Paris sans autre dessein que de voir la ville et de m'en retourner. Le peuple de Paris aime beaucoup mieux les étrangers qui ont de l'argent que ceux qui ont de l'esprit. Comme je n'avais ni l'un ni l'autre, vous pouvez bien imaginer que je ne fus pas fort bien accueilli. Après m'être promené dans la ville quatre ou cinq jours et avoir vu les meilleures maisons par les dehors, je me préparais à quitter cette ville où l'hospitalité est vénale, quand, passant dans une des principales rues, je rencontrai notre cousin à qui vous m'aviez recommandé. Sa rencontre me fit beaucoup de plaisir, et la mienne, je crois, ne lui fit pas de peine. Il s'informa des motifs qui m'avaient amené à Paris, et m'apprit que son occupation actuelle en cette ville était de ramasser des tableaux, des médailles, des gravures et des antiques de toute espèce pour un particulier de Londres qui venait d'acquérir tout d'un coup une grande fortune et du goût. Je fus d'autant plus surpris de voir mon cousin choisi pour cet emploi, que lui-même m'avait assuré plusieurs fois qu'il ne s'entendait pas du tout dans ces matières. Sur ce, que je lui demandai comment il avait fait pour devenir connaisseur ou si peu de temps, il m'assura qu'il n'y avait rien de plus aisé; que tout le secret consistait en deux règles : l'une de faire toujours l'observation que le tableau aurait pu être meilleur si le peintre avait pris plus de peine; l'autre de louer les ouvrages de Pietro Pérugino. « Mais, me dit-il, comme je vous ai appris autrefois à être auteur à Londres, je veux vous apprendre l'art d'acheter des tableaux à Paris. »

« J'acceptai de bon cœur sa proposition, parce que c'était un moyen de vivre, et que tout ce que je cherchais était de vivre. J'allai donc chez lui, et je me mis sous son occupation actuelle. Je l'accompagnai aux ventes de tableaux où l'on attendait des Anglais pour acheteurs. Je ne fus pas peu surpris de la vivacité de mon cousin dans le plus beau monde, qui s'en rapportaient à son jugement sur chaque tableau et sur chaque médaille, comme à un guide infaillible et au modèle du goût. Il tirait bon parti de ma présence en ces occasions; car, quand on lui demandait son avis, il me tirait gravement à l'écart et me demandait le mien, levait les épaules, regardait avec finesse, retournait, examinait la compagnie qu'il ne pouvait donner son opinion sur une affaire de cette importance. Cependant il se trouvait des occasions où il fallait montrer plus d'impudence. Je me ressouvins de l'avoir vu, après avoir dit que la peinture d'un tableau n'était pas assez moelleuse, prendre d'un air assuré une brosse et du vernis brun qui se trouvaient là par hasard, et en frotter tranquillement la pièce devant la compagnie, et demander ensuite si les teintes n'avaient pas gagné à l'opération.

« Quand il eut fini sa commission à Paris, il m'y laissa fortement recommandé à plusieurs personnes de distinction comme un homme fort propre à servir de gouverneur à un jeune homme dans ses voyages, et je fus quelque temps après employé en cette qualité par un Anglais qui avait amené son pupille à Paris pour l'envoyer de là faire un tour de l'Europe. Je fus donc choisi gouverneur du jeune homme, sous la condition qu'il se gouvernerait toujours à sa fantaisie. Mon pupille, en effet, entendait bien mieux que moi l'art de ménager l'argent. Il était l'héritier d'un bien de deux cent mille livres sterlings qu'un oncle, mort dans les Indes orientales, lui avait laissé; et ses tuteurs, pour le mettre en état de gouverner sa fortune, l'avaient mis apprenti chez un procureur. Aussi l'avarice était sa passion dominante. Toutes les informations en route roulaient sur les moyens d'épargner l'argent, de voyager à moins de frais et de savoir où il pourrait acheter quelques marchandises sur lesquelles il y eût un bénéfice à faire en les revendant à Londres. Il avait assez de goût pour voir les curiosités qui se trouvaient sur le chemin qu'on pouvait voir pour rien; mais s'il fallait payer quelque chose pour les voir, il assurait ordinairement qu'il avait entendu dire que cela ne valait pas la peine d'être vu. Il ne payait jamais un mémoire sans faire l'observation combien la dépense était prodigieuse en voyageant, et cependant il n'avait pas encore vingt et un ans. Quand nous fûmes à Livourne, en nous promenant sur le port, il s'informa combien coûtait le passage de là en Angleterre par mer. Ayant su que ce n'était qu'une bagatelle en comparaison de la dépense du voyage par terre, il ne put résister à la tentation. Il me paya donc la petite portion d'appointements qui m'était due, me quitta et s'embarqua pour Londres avec un seul domestique.

Je me retrouvai donc encore une fois abandonné au milieu du monde sans ressource; mais j'y étais alors accoutumé. Mon talent pour la musique ne pouvait me servir à rien dans un pays où le moindre paysan était meilleur musicien que moi; mais j'avais acquis alors un autre talent qui pouvait me servir aussi bien : c'était l'habileté à disputer. Dans toutes les universités étrangères, et dans les couvents, il y a de certains jours où l'on soutient des thèses philosophiques contre tout venant; et si le disputant montre quelque adresse, il reçoit un petit présent en argent, un dîner et un lit pour la nuit. Ce fut ainsi que je fis ma route d'Italie en Angleterre, allant de ville en ville, examinant les hommes de plus près, et, je puis dire que j'ai vu les deux côtés du tableau. Mes remarques cependant ne furent pas en grand nombre. J'ai vu que les monarchies étaient le meilleur gouvernement pour les pauvres, et les républiques pour les riches. J'ai vu que dans tout pays la richesse était un nom qui remplace celui de liberté, et qu'il n'y a pas d'homme si ami de la liberté qui ne voulût soumettre la volonté de quelques individus à la sienne.

CHAPITRE XVIII.

Le récit de l'histoire de mon fils était trop long pour avoir été fait en une fois. La première partie avait été racontée le soir, et la seconde s'achevait après le dîner du lendemain, quand la vue de l'équipage de M. Tornhill à la porte parut suspendre la satisfaction générale. Le sommelier, qui était alors devenu mon ami, me dit à l'oreille que le chevalier avait déjà fait quelques ouvertures de mariage avec Mademoiselle Wilmot et que l'oncle et la tante de la demoiselle semblaient fort approuver la proposition. M. Tornhill, en entrant, parut se reculer en nous apercevant, moi et mon fils; mais j'imputai ce mouvement plutôt à la surprise qu'au mécontentement de nous voir. Cependant quand nous nous avançâmes pour le saluer, il nous rendit nos compliments avec l'air de la plus grande candeur, et après quelques minutes sa présence ne parut plus qu'augmenter la gaîté générale.

Après le thé, il me tira à l'écart pour me demander des nouvelles de ma fille. Sur ce que je lui appris que mes recherches avaient été vaines, il parut extrêmement surpris, ajoutant que depuis mon départ il avait été souvent chez moi pour consoler le reste de ma famille, et qu'il l'avait laissée en fort bonne santé. Il me demanda ensuite si j'avais fait part de mon infortune à mademoiselle Wilmot et à mon fils. Lui ayant répondu que je ne l'avais pas encore fait, il loua beaucoup ma prudence et ma modération, et me conseilla très fort de leur en faire un secret : « Car, après tout, dit-il, cela ne peut servir qu'à divulguer son déshonneur, et miss Olivia peut n'être pas si coupable qu'on l'imagine. » Nous fûmes alors interrompus par un domestique qui vint avertir le chevalier qu'on le souhaitait pour danser des contredanses. Il me quitta donc, et je demeurai tout-à-fait pénétré de la part qu'il paraissait prendre à mes chagrins. Ses assiduités auprès de mademoiselle Wilmot étaient cependant trop remarquables pour qu'on pût s'y méprendre ; cependant elle ne paraissait pas en être fort satisfaite et consentait les souffrir plutôt par complaisance pour les volontés de sa tante que par goût; j'avais même la satisfaction de la voir lancer à la dérobée sur mon malheureux fils des regards tendres qui ne pouvaient avoir leur cause ni dans la fortune ni dans les assiduités de celui-ci. La tranquillité apparente de M. Thornhill pour lui semblait aussi s'accroître. Il avait même déjà donné autrefois les assurances les plus obligeantes de s'employer de tout son pouvoir pour nous être utile; mais alors sa générosité ne se borna plus à des promesses. La matinée du jour où je devais partir, M. Tornhill me vint trouver avec l'air de la satisfaction la plus vive récile, pour m'apprendre ce qu'il avait fait en faveur de son ami Georges : c'était de lui avoir procuré une place d'enseigne dans un régiment qui allait dans les Indes, qui ne coûterait que cent livres sterlings, ayant, par son crédit, obtenu la diminution de deux cents autres. « Ce service, continua le chevalier, est une bagatelle dont je ne veux d'autre récompense que le plaisir d'avoir servi mon ami; et pour les cent livres sterlings, si vous n'êtes pas en état de les payer, je vous les avancerai et vous me les rendrez à votre commodité. » Nous manquâmes d'expressions, mon fils et moi, pour exprimer combien nous ressentions une si grande faveur. Je lui donnai mon billet pour la somme, et je lui témoignai autant de reconnaissance que si j'eusse dû jamais ne la lui rendre.

Georges devait partir le lendemain pour Londres afin d'aller s'assurer de sa commission, suivant l'avis de son généreux patron, qui pensait qu'il fallait user de la plus grande diligence, de peur que dans l'intervalle quelqu'un ne vînt faire des propositions plus avantageuses. Le lendemain matin donc, notre jeune officier fut prêt à partir de fort bonne heure, et il semblait le seul d'entre nous que ce départ n'affligeât pas. Ni les dangers ni les fatigues auxquels il allait s'exposer, ni la séparation d'avec ses amis, ni sa maîtresse (car alors mademoiselle Wilmot l'aimait visiblement) qu'il allait quitter, n'abattaient son esprit. Après qu'il eut pris congé du reste de la compagnie, je lui donnai ce que j'avais, ma bénédiction : « Actuellement, mon enfant, m'écriai-je, tu vas combattre pour ton pays. Ressouviens-toi avec quel courage ton brave aïeul a combattu pour la personne sacrée du roi, dans un temps où la fidélité au souverain était une vertu chez les Anglais. Va, mon enfant, ressemble-lui en tout, excepté dans ses malheurs, si c'en fut de mourir avec mylord Falkland. Va, mon fils, si tu péris dans un combat, éloigné, abandonné, sans être pleuré de ta famille qui t'aime, souviens-toi que les larmes les plus précieuses sont celles que le ciel répand sur le corps sans sépulture d'un brave guerrier. »

Le Prisonnier.

Le lendemain matin je pris congé de la famille honnête qui avait eu la complaisance de me retenir si longtemps, sans oublier de renouveler les témoignages de ma reconnaissance à M. Tornhill pour son dernier service. Je les laissai tous dans le bonheur que l'abondance peut procurer, et je pris le chemin de mon logis, désespérant de jamais retrouver ma fille, mais poussant au ciel des soupirs qui lui demandaient son pardon. J'étais à la distance d'environ dix milles de chez moi, ayant loué un cheval pour m'y porter, parce que j'étais encore faible, et je me consolais par l'espérance de revoir bientôt ce que j'avais de plus cher au monde : mais la nuit venant, je m'arrêtai à une petite hôtellerie sur le bord du chemin, et je demandai à l'hôte sa compagnie pour boire une bouteille de vin. Nous nous assîmes au feu de sa cuisine, qui était la meilleure chambre de la maison, et nous parlâmes politique et nouvelles du pays. Entre autres choses, nous parlâmes du jeune chevalier Tornhill, que l'hôte m'assura être aussi détesté qu'un oncle qu'il avait et qui venait quelquefois dans le pays était chéri. Il me dit qu'il faisait toute son étude de débaucher les filles de ceux qui l'admettaient chez eux, et qu'après en avoir joui quinze jours ou trois semaines, il les quittait sans leur donner la moindre récompense, abandonnées et sans ressource. Comme notre conversation en était là, la femme de l'hôte, qui était sortie pour aller chercher de la monnaie, rentra, et voyant que son mari jouissait d'un plaisir qu'elle ne partageait pas, elle lui demanda d'un ton de mauvaise humeur ce qu'il faisait, à quoi il répondit ironiquement en buvant à sa santé. « M. Symmond, lui dit-elle, vous me traitez fort mal, et je ne le souffrirai pas plus longtemps. Vous me laissez les trois quarts de l'ouvrage à faire, et l'autre quart ne se fait pas, tandis que vous ne faites autre chose que gobeletter tout le jour à tout venant, pendant que moi. il ne me faudrait qu'une cuillerée de vin pour me guérir d'une fièvre, et je n'en tâte jamais une goutte. » Je m'aperçus de ce qu'elle voulait dire. À l'instant lui versai un verre, qu'elle reçut en me faisant une révérence et buvant à ma santé. « Monsieur, reprit-elle ensuite, ce n'est pas par rapport au vin que je suis fâchée, mais peut-on, être de bonne humeur quand tout va à travers dans une maison ? S'il faut tourmenter les pratiques ou les hôtes pour avoir de l'argent, toute cette besogne est sur mon dos et lui mangerait plutôt ce verre que de se bouger pour le faire. Nous avons actuellement là-haut une jeune femme qui est venue loger ici, et je sais bien que son argent est bien long à venir, et je voudrais qu'on l'y fît penser. — Que signifie, reprit l'hôte, l'y faire penser ? Si son argent est lent à venir, il est sûr. — Je n'en sais rien, reprit la femme, mais ce que je sais, c'est que voilà quinze jours qu'elle est ici, et nous n'avons pas encore vu comment son argent est fait. — Eh bien, ma femme, dit l'hôte nous l'aurons en gros. — En gros ? reprit l'hôtesse, je souhaite que nous l'ayons de quelque façon que ce soit, et je suis résolue que ce sera ce soir, ou bien je la fais décamper armes et bagage. — Considérez, ma femme, dit l'hôte, que c'est une femme de quelque chose, et qu'elle mérite plus d'égards. — Ah ! pour cela, répliqua l'hôtesse, femme de quelque chose ou de rien, noble ou roturière, elle décampera, elle décampera ! Les gens comme il faut peuvent être de fort honnêtes gens quand ils achètent et paient bien ; mais pour moi je n'en ai jamais vu grand profit venir à la maison. » En achevant ces mots elle courut par un petit escalier étroit qui montait de la cuisine à une chambre au-dessus, et je m'aperçus bientôt par l'élévation de sa voix et par l'aigreur de ses reproches qu'il n'y avait pas d'argent. Je pouvais entendre très distinctement ce qu'elle disait. « Sors d'ici tout-à-l'heure, décampe à l'instant, malheureuse, ou je te donnerai une touche dont tu te sentiras plus de trois mois. Comment, effrontée, venir se loger dans une honnête maison sans sous ni maille pour payer ! Descends. te dis-je. — Oh ! ma chère dame, criait la femme ayez pitié de moi, ayez pitié pour une nuit d'une pauvre créature malheureuse, la mort vous délivrera bientôt de moi. » Je reconnus à l'instant la voix de ma pauvre infortunée Olivia. Je volai à son secours ; je l'arrachai des mains de l'hôtesse, qui la traînait par les cheveux le long de l'escalier, et je pris dans mes bras la chère malheureuse perdue. « Sois la bienvenue, sois mille fois la bienvenue, ma chère, mon trésor dans les bras de ton pauvre vieux père ! Quoique les vicieux t'abandonnent, il y a encore quelqu'un dans le monde qui ne t'oubliera jamais. Quand je serais coupable de mille crimes, il te les pardonne tous. — Oh ! mon cher... (pendant quelques minutes elle n'en put pas dire davantage), mon cher papa, les anges pourraient-ils être plus doux ! Comment puis-je mériter tant de bontés ? Le traître, je le déteste je me déteste moi-même d'être un sujet de honte à tant de bontés. Vous ne pouvez me pardonner ; non, je sais que vous ne pouvez me pardonner. — Si, mon enfant, je te pardonne de tout mon cœur : sois seulement repentante, et nous serons tous heureux ; nous verrons encore des jours agréables. ma chère Olivia ! — Ah ! jamais, jamais, mon cher père, le reste de ma vie malheureuse ne sera qu'infamie au-dehors et honte à la maison. Mais, papa, vous paraissez plus pâle qu'à l'ordinaire. Pourrais-je en être la cause ? Sûrement vous avez trop de sagesse pour vous punir vous-même de mes folies ? — Notre sagesse, jeune enfant, répliquai-je. — Ah ! mon cher père, pourquoi un nom si froid ! s'écria ma fille : voilà la première fois que vous m'avez appelée ainsi. — Je te demande pardon, repris-je, ma chère, mais je voulais te dire que la sagesse ne peut être qu'une faible défense contre le chagrin, quoique à la fin elle soit sûre. »

L'hôtesse revint alors pour savoir si nous ne voulions pas avoir une chambre plus belle. J'y consentis, et nous mena dans une où nous pouvions nous entretenir plus librement. Après avoir parlé tendresse jusqu'à ce que nous fussions plus tranquilles, je ne pus m'empêcher de lui demander compte des gradations par lesquelles elle était parvenue à sa malheureuse situation présente. « Ce perfide, me dit-elle, depuis le premier jour que je l'ai vu, m'a fait des propositions honnêtes, quoique secrètes. »

— C'est un perfide effectivement, m'écriai-je. Cependant je suis surpris qu'un homme de tant de bon sens, qui paraissait avoir autant d'honneur, que M. Burchell puisse être coupable d'une telle bassesse, de propos délibéré, et de s'être introduit dans une maison pour la déshonorer.

— Mon cher papa, répondit ma fille, vous êtes dans une étrange méprise : M. Burchell n'a jamais cherché à me séduire ; au contraire, il a saisi toutes les occasions de m'avertir en particulier des artifices de M. Tornhill, que je reconnais à présent être pire qu'il ne me le représentait.

— M. Tornhill! m'écriai-je en l'interrompant, se peut-il faire! — Oui, mon cher père, reprit-elle, c'est M. Tornhill qui m'a séduite, qui a employé les deux dames, comme il les appelait, de mauvaise vie sans éducation et sans pitié, pour nous attirer à Londres. Leurs artifices, vous vous le rappelez, auraient réussi sans la lettre de M. Burchell qui leur faisait les reproches que nous nous sommes tous appliqués à nous-mêmes. Comment il a pu réussir à détruire leur projet, c'est ce que j'ignore encore; mais il a toujours été le plus zélé et le plus sincère de nos amis. — Tu me surprends, ma chère, m'écriai-je; mais je vois à présent que mes premiers soupçons de la bassesse de M. Tornhill n'étaient que trop bien fondés : il peut triompher impunément, car il est riche et nous sommes pauvres. Mais, dis-moi, mon enfant, il fallait sûrement que la tentation fût bien considérable pour te faire ainsi oublier les impressions d'une aussi bonne éducation que celle que tu as reçue et les heureuses dispositions que tu avais à la vertu?
— En vérité, reprit-elle, mon cher père, il doit son triomphe au désir que j'ai eu de le rendre heureux plutôt que moi-même. Je savais que la cérémonie de notre mariage, ayant été faite secrètement par un prêtre papiste, n'était nullement valable et que je n'avais que son honneur pour sûreté. — Quoi! interrompis-je, vous êtes effectivement mariés par un prêtre qui est dans les ordres? — Oui, mon père, répondit ma fille, quoique nous ayons juré l'un et l'autre de cacher son nom. — Eh bien, donc, mon enfant, viens encore une fois dans mes bras, et tu y seras encore mille fois mieux venue qu'auparavant; car actuellement tu es sa femme, sa femme légitime aux yeux de la religion, et toutes les lois humaines, quand elles seraient écrites sur des tables de diamant, ne peuvent affaiblir la sainteté de ce lien sacré. — Hélas! papa, reprit-elle, vous ne savez pas toutes ses infamies. Il a déjà été marié par le même prêtre à six ou huit autres femmes qu'il a séduites et abandonnées comme moi. — Est-ce ainsi? m'écriai-je : en ce cas, il faut faire pendre le prêtre, et il faut que tu rendes plainte demain contre lui. — Mais, mon père, répondit-elle, cela sera-t-il honnête, puisque j'ai juré le secret? — Ma chère, reprit-je, il ne faut pas une telle promesse, je ne puis ni ne veux t'empêcher d'y manquer. Quand cela pourrait même être utile au public, tu ne dois pas faire de plainte contre lui. Dans toutes les institutions humaines, on permet un petit mal pour en produire un plus grand bien; comme en politique, on peut abandonner une province pour assurer un royaume; en médecine, on peut couper un membre pour sauver le reste du corps; mais en matière de religion, la loi est écrite, et est inflexible, de ne jamais faire mal, et cette loi, mon enfant, est juste. Car autrement, si nous faisons un petit mal pour procurer un plus grand bien, alors un mal certain se trouve commis dans l'attente d'un avantage incertain. Et quand même l'avantage suivrait certainement, cependant l'intervalle qu'on convient être criminel, outre la mauvaise action et le bien qu'on en attend, peut être celui dans lequel nous serons appelés pour rendre compte de ce que nous aurons fait, et où le livre des actions humaines peut se fermer pour nous pour toujours : mais, ma chère, je t'ai interrompue. Continue.
— Le lendemain même du jour que je fus sa femme, continua-t-elle, je vis le peu de fond que j'avais à faire sur sa sincérité. Cette matinée même, il me présenta à deux femmes qu'il avait séduites ainsi que moi, mais qui vivaient contentes dans la prostitution. Je l'aimais trop pour pouvoir souffrir tranquillement ces deux rivales, et je m'efforçai d'oublier l'idée de ma honte dans le tumulte des plaisirs. Dans cette vue, je me parais, je chantais, je dansais, mais je n'en étais pas plus heureuse. Les hommes qui venaient nous voir me parlaient à tous moments du pouvoir de mes charmes, et ces discours seuls contribuaient à augmenter ma mélancolie, d'autant plus que j'avais perdu leur pouvoir.

« Ainsi, chaque jour augmenta mes rêveries et son insolence, jusqu'à ce qu'enfin le monstre eut l'infamie de m'offrir à un baronnet de sa connaissance. Ai-je besoin de vous décrire à quel point son ingratitude me déchira le cœur? Ma réponse fut la fureur : je demandai à m'en aller. Comme je partais, il m'offrit une bourse, mais je la lui jetai au visage avec indignation, et le quittai dans un accès de rage qui, pour quelque temps, m'ôta le sentiment de la misère de ma situation; mais quand je vins à regarder autour de moi, je ne me vis que comme un objet vil, abject, coupable, sans un ami dans le monde auquel je pusse recourir.

« Justement dans cet intervalle, un carrosse public passant près de moi, j'y pris une place sans autre intention que de m'éloigner d'un scélérat que je méprisais et que je détestais. J'ai descendu ici, ou, depuis que j'y suis, mes chagrins et la dureté de cette femme ont été ma seule compagnie. Le souvenir des jours de plaisir que j'ai passés avec ma chère mère et ma sœur ne sert qu'à redoubler ma peine; leurs chagrins sont grands, mais les miens le sont encore plus puisqu'ils naissent du crime et de la honte. »

— Prends patience, m'écriai-je, mon enfant, et j'espère que les choses iront mieux. Repose-toi cette nuit, et demain je te ramènerai au logis à ta mère et au reste de la famille, dont tu seras reçue avec tendresse. Ta pauvre mère, tu lui as fendu le cœur · mais elle t'aime encore, ma fille, elle te pardonnera.

Le lendemain matin, je pris ma fille en croupe et me mis en route pour retourner au logis. Chemin faisant, je m'efforçais de calmer par toutes sortes de raisons ses craintes et ses douleurs, et de l'armer de résolution pour soutenir la présence d'une mère offensée. Je prenais occasion de la vue d'un beau paysage qui se présentait à nos yeux pour lui faire voir combien le ciel avait été meilleur envers nous que nous ne sommes les uns envers les autres, et que les malheurs de la façon même de la nature étaient en fort petit nombre. Je l'assurais qu'elle ne trouverait point de changement dans ma tendresse pour elle, et que pendant le reste de mes jours, elle pouvait compter sur mes conseils et mes instructions. Je l'armais contre la censure du monde : je lui faisais voir que les livres étaient une compagnie douce et irréprochable pour les malheureux; et que s'ils ne pouvaient pas nous procurer les plaisirs de la vie, ils nous apprenaient du moins à la supporter.

Je devais mettre le cheval de louage que je montais à une hôtellerie sur le chemin, à environ cinq milles de ma maison; et comme j'étais bien aise de préparer ma famille pour la réception de ma fille, je résolus de la laisser cette nuit dans l'hôtellerie, et de revenir le lendemain matin avec ma sœur Sophie la chercher. Il était nuit avant que nous fussions arrivés à l'hôtellerie ; cependant, après lui avoir fait fournir une chambre décente et lui avoir fait préparer des rafraîchissements convenables, je l'embrassai et pris le chemin de la maison. Mon cœur sentait un nouveau plaisir à mesure que j'en approchais, semblable à un oiseau que quelque bruit a fait fuir de son nid ; mes désirs devançaient mes pas et voltigeaient autour de ma petite famille. Je songeais à toutes les choses tendres que j'allais dire, et je prévenais la bienvenue que j'allais recevoir. Je sentais déjà les tendres embrassements de ma femme, et je souriais à la joie que mes petits témoigneraient de me revoir. Comme je marchais doucement, la nuit s'avançait. Les laboureurs étaient retirés pour prendre leur repos; on ne voyait plus de lumière dans les chaumières, on n'entendait plus d'autre bruit que celui du coq qui chantait ou des chiens qui aboyaient. J'approchai de ma petite retraite avec un plaisir inexprimable; et avant que je fusse à cent pas de la maison, mon chien accourut pour me caresser.

Il était alors près de minuit quand je vins pour frapper à ma porte ; tout était calme et tranquille. Mon cœur fut dilaté par la joie, quand je fus surpris de voir la maison qui était en flammes et le feu qui sortait par toutes les ouvertures. Je jetai un cri terrible et convulsif, et je tombai sur le pavé sans sentiment. Le bruit que je fis éveilla mon fils, qui, voyant le feu, éveilla à l'instant sa mère et sa sœur. Tous coururent dehors, nus, la tête perdue par la frayeur, et leurs cris me rappelèrent à la vie ; mais ce ne fut que pour me présenter de nouveaux objets de frayeur ; car pendant ce temps les flammes avaient gagné le toit de la maison, qui s'enfonçait partie par partie, pendant que ma famille, debout, sans une agonie qui ne lui permettait pas de parler, contemplait la scène dans un silence de la clarté. Je tournai mes yeux tour-à-tour sur eux et sur la maison, et je regardai autour de moi pour voir mes petits; mais ils n'y étaient pas. « O malheureux que je suis, où sont, m'écriai-je, mes petits? — Ils sont brûlés dans les flammes, répondit ma femme d'un air calme, et je mourrai avec eux. » Au même instant, j'entendis on déclama le cri des enfants, qui ouche feu venait d'éveiller. Rien n'aurait pu m'arrêter. « Où sont mes enfants! m'écriai-je en me jetant au travers des flammes et brisant la porte de la chambre où ils étaient : où sont mes petits ! — Ici, papa, ici, » crièrent-ils tous ensemble. Les flammes prenaient déjà au lit où ils couchaient. Je les saisis tout deux dans mes bras, et les emportai le plus promptement que je pus au travers des flammes. Comme je les sortis que le plancher de la chambre s'enfonça. « A présent, m'écriai-je, serrant mes enfants dans mes bras, que le feu consume ma maison, que tout ce que je possède soit brûlé : les voici, j'ai sauvé mon trésor. Voici, ma chère, voici nos trésors, et nous pourrons encore être heureux. » Nous baisâmes mille fois nos petits ; ils nous passaient leurs bras autour du cou et semblaient partager nos transports, tandis que ma femme riait et pleurait tour-à-tour.

Je demeurai alors tranquille spectateur des flammes, et après quelques moments, je commençai à sentir de la douleur à mon bras, qui était grillé considérablement jusqu'à l'épaule. J'étais par là hors d'état d'aider mon fils, soit pour tâcher de sauver quelques effets, soit pour empêcher les flammes de gagner nos grains. Pendant ce temps, l'alarme se répandit chez nos voisins, qui accoururent pour nous secourir ; mais tout ce qu'ils purent faire fut d'être, comme nous, tranquilles spectateurs des flammes. Mes effets, parmi lesquels étaient des billets de banque que je conservais pour la dot de mes filles, furent entièrement consumés, à l'exception d'une boîte et de quelques papiers qui étaient dans la cuisine, et de deux ou trois autres bagatelles que mon fils sauva dès le commencement. Les voisins contribuèrent autant qu'ils purent à soulager notre malheur. Ils nous apportèrent des habits et nous fournirent des ustensiles de cuisine dans une petite chaumière qui était à quelque distance de notre maison, en sorte qu'au jour nous eûmes au moins une misérable retraite. Mon honnête voisin Flamborough ne furent pas les moins empressés à nous fournir ce qui nous était nécessaire et à nous donner toutes les consolations qu'un bon cœur et une bienfaisance naturelle pouvaient leur suggérer.

Quand les craintes de ma famille furent un peu apaisées, la curiosité de savoir la cause de ma longue absence prit la place. Les ayant donc instruits de chaque particularité, je commençai à les préparer à la réception de notre pauvre égarée, et quoique nous n'eussions rien que la misère à partager avec elle, je les exhortai à l'admettre avec bienveillance à ce qui nous restait. Cette tâche aurait été plus difficile sans le malheur que nous venions d'éprouver, qui avait abaissé l'orgueil de ma femme et qui avait émoussé son affliction pour la fuite de sa fille par d'autres plus sensibles. N'étant pas en état d'aller moi-même chercher ma pauvre fille, parce que mon bras était devenu plus douloureux, j'envoyai mon fils et ma fille, qui furent bientôt de retour, soutenant la malheureuse pécheresse, qui n'osait pas regarder sa mère, que toutes mes instances ne pouvaient pas engager à se réconcilier avec sa fille : car les femmes sont plus impitoyables pour les fautes des autres femmes que les hommes. « Mademoiselle, disait la mère, vous venez ici dans un bien pauvre endroit, après tant de braverie. Ma fille Sophie et moi ne sommes pas en état d'amuser beaucoup quelqu'un qui est accoutumé à ne voir que des gens de condition. Oui, mademoiselle Olivia, votre pauvre père et moi avons bien souffert à votre sujet : Dieu veuille vous pardonner. » Pendant cet accueil, la malheureuse victime était debout, pâle et tremblante, incapable de pleurer et de répondre ; mais je ne pus voir sans rien dire sa détresse ; c'est pourquoi, prenant un air de sévérité qui se faisait toujours obéir à l'instant : « Femme, dis-je à la mienne, faites une fois pour toutes attention à ce que je vous dis. Je vous ai ramené une pauvre malheureuse égarée ; son retour à son devoir demande le retour de notre tendresse pour elle. Voilà les malheurs réels de la vie qui fondent sur nous, ne les augmentons point par des divisions de famille. Si nous vivons ensemble en bonne intelligence, nous pourrons encore trouver le contentement, parce que nous sommes assez entre nous pour fermer notre porte aux censeurs et pour nous soutenir l'un l'autre. Le ciel promet le pardon à ceux qui se repentent : imitons son exemple. Les anges se réjouissent plus pour un pécheur qui se repent que pour un grand nombre de justes qui n'ont jamais sorti du sentier de la justice ; et cela est raisonnable, car le seul effort par lequel nous arrêtons court dans la descente glissante qui conduit à la perdition, est en soi un acte qui exige qu'on déploie plus de force que pour une marche tranquille dans un chemin égal et uni. »

Le chevalier Tornhill.

CHAPITRE XX.

Il nous fallut quelque assiduité pour rendre notre nouvelle habitation aussi commode que possible, et en peu de temps tout devint aussi serein qu'auparavant. Comme mon bras m'empêchait d'aider mon fils dans nos occupations ordinaires, je faisais à ma famille des lectures de livres que nous avions sauvés en petit nombre, et surtout de ceux qui, en amusant l'imagination, contribuaient à tranquilliser le cœur. Nos honnêtes voisins venaient tous les jours nous voir et nous témoigner la plus tendre sensibilité ; ils fixèrent même entre eux un temps où ils devaient tous se réunir pour nous aider à rétablir ma première maison. L'honnête fermier William n'était pas des derniers à nous faire visite, et il nous offrit constamment son amitié. Il aurait même, de bon cœur, renouvelé ses propositions pour ma fille ; mais elle les rejeta de manière à lui ôter toute espérance. Son chagrin semblait devoir continuer, et elle était la seule personne de notre petite société qui, dans une semaine, ne recouvrit pas sa gaîté ordinaire. Elle avait perdu cette innocence qui n'a à rougir de rien, qui lui enseignait autrefois à se respecter elle-même en même temps qu'elle se plaisait à plaire. L'inquiétude possédait à présent fortement son esprit. Sa beauté commença à diminuer en même temps que son tempérament à s'affaiblir, et la négligence dont elle était pour sa personne contribuait encore davantage à cette diminution. Toutes les tendres épithètes que l'on donnait à sa sœur arrachaient un soupir de son cœur et des larmes de ses yeux ; et comme un vice, quoique déraciné, en fait presque toujours croître d'autres à sa place, de même sa faute, quoique expiée par le repentir, laissa derrière elle la jalousie et l'envie. Je m'efforçais par mille moyens de diminuer ses chagrins, et j'oubliais même mon mal par l'intérêt que je prenais au sien, recueillant des passages amusants des histoires qu'une bonne mémoire et beaucoup de lecture me rappelaient. « Notre bonheur, lui disais-je, ma chère, dépend d'un être qui peut le faire naître par mille moyens que nous ne pouvons prévoir, et qui se moque de toute notre prudence. S'il te faut un exemple pour prouver cette vérité, je vais te raconter, mon enfant, une histoire qui nous est rapportée par un historien grave, quoiqu'il soit quelquefois un peu romanesque. »

« Mathilde fut mariée fort jeune à un seigneur napolitain de la première distinction, et se trouva veuve et mère à l'âge de quinze ans. Un jour qu'elle caressait son fils encore enfant, à une fenêtre de son appartement qui donnait sur la rivière de Vulture, l'enfant s'élança subitement hors de ses bras dans la rivière et disparut à l'instant. La mère, saisie d'effroi, se jeta à l'eau pour sauver son enfant ; mais bien loin d'avoir pu le secourir, elle échappa elle-même avec beaucoup de danger d'être noyée, et fut jetée sur le bord opposé, au moment justement où quelques soldats français pillaient le pays, et la firent prisonnière.

« Comme la guerre se faisait alors entre les Français et les Italiens avec la dernière inhumanité, les Français lui avaient fait aller commettre sur elle les deux extrêmes que suggèrent la passion effrénée et la cruauté. Un jeune officier cependant s'opposa à cette basse résolution ; et, quoiqu'ils fussent obligés de faire une retraite très précipitée, il la mit en croupe derrière lui, et la ramena saine et sauve dans la ville de sa naissance. La beauté de la dame avait d'abord charmé ses yeux ; son mérite charma bientôt son cœur. Ils se marièrent ; il s'éleva aux postes les plus importants ; ils vécurent longtemps ensemble et furent heureux : mais le bonheur d'un militaire ne peut jamais être permanent. Après quelques années, les troupes, qu'il commandait ayant été repoussées, il fut obligé de se sauver dans la ville où il avait vécu avec sa femme. La place fut assiégée et fut enfin prise. On trouve dans peu d'histoires des exemples d'une inhumanité semblable à celle que les Français et les Italiens exerçaient les uns envers les autres. Les vainqueurs résolurent de faire mourir tous les prisonniers français, mais surtout l'époux de l'infortunée Mathilde, parce que c'était lui qui avait été la principale cause de la longue défense de la place. Leurs résolutions étaient ordinairement exécutées aussitôt qu'elles étaient prises. L'officier prisonnier fut amené, et l'exécuteur avec la hache prête, pendant que les spectateurs, dans un silence terrible attendaient le coup fatal, qui n'était suspendu que jusqu'à ce que le général, qui présidait, eût donné le signal. Ce fut dans cet intervalle d'attente et d'inquiétude cruelle que Mathilde vint pour dire le dernier adieu à son mari et à son libérateur, déplorant sa malheureuse situation et la cruauté du destin qui l'avait sauvée de la mort, dans la rivière de Vulture, pour la rendre témoin de malheurs plus terribles. Le général, qui était un jeune homme, fut frappé de sa beauté et de ses infortunes ; mais son émotion augmenta quand il l'entendit parler de ses premiers malheurs. Le général était son fils, l'enfant pour lequel elle avait couru tant de dangers. Il la reconnut tout à coup pour sa mère et tomba à ses pieds. On suppose aisément le reste. Le prisonnier fut mis en liberté, et tout le bonheur que l'amour, l'amitié et le devoir respectueux peuvent procurer se trouva réuni dans ces trois personnes. »

C'était ainsi que je tâchais d'amuser et de distraire ma fille ; mais elle ne me prêtait qu'une attention partagée, car ses propres malheurs occupaient toute la pitié qu'elle avait autrefois pour ceux des autres, et rien ne lui causait de soulagement. En compagnie elle craignait le mépris, et dans la solitude elle ne trouvait qu'affliction. Elle était dans cet état malheureux quand nous reçûmes des avis certains que M. Tornhill allait épouser miss Wilmot, pour laquelle j'avais toujours soupçonné qu'il avait un goût réel, quoique devant moi il saisît toutes les occasions de marquer du mépris pour sa personne et pour sa fortune. Cette nouvelle ne servit qu'à redoubler l'affliction de la pauvre Olivia. Une infidélité si marquée était au-dessus de ce que ses forces pouvaient soutenir. Je résolus cependant de m'en informer plus exactement, et de prévenir, s'il était possible, l'exécution de son dessein, en envoyant mon fils chez M. Wilmot l'oncle, avec des instructions pour savoir la vérité du bruit qui courait, et pour remettre à mademoiselle Wilmot une lettre qui l'instruisait de la façon dont M. Tornhill s'était comporté envers nous.

Mon fils y alla en conséquence de mes ordres, et revint trois jours après, m'assurant que le bruit était véritable; mais qu'il lui avait été impossible de remettre ma lettre à mademoiselle Wilmot, parce qu'elle était allée, avec M. Tornhill, faire des visites dans le pays aux environs; qu'il l'avait laissée pour lui être rendue. Ils devaient être mariés, nous dit-il, dans peu de jours, ayant paru ensemble à l'église le dimanche précédent en grande pompe, la future accompagnée de six jeunes demoiselles en blanc, et le futur d'autant de jeunes gens. L'approche de leur mariage remplissait tout le pays de joie, et ils se promenaient ordinairement ensemble dans le plus bel équipage qu'on eût vu dans le lieu depuis bien des années. Tous les parents des deux familles étaient là, et particulièrement l'oncle du chevalier, sir William Tornhill, qui avait une si belle réputation. Il ajoutait qu'on ne voyait que des fêtes et réjouissances; que tout le pays faisait l'éloge de la beauté de la demoiselle et de la bonne mine du monsieur; qu'ils étaient tous deux extrêmement amoureux l'un de l'autre, et il finit par dire qu'il ne pouvait s'empêcher de regarder M. Tornhill comme l'homme le plus heureux du monde.

— Eh bien! repris-je, qu'il le soit, s'il le peut. Mais, mon fils, regarde ce lit de paille, ce toit entr'ouvert, ces murailles qui tombent en ruine et ce plancher humide; mon corps ainsi estropié par le feu et mes enfants pleurant autour de moi en me demandant du pain. Tu vois tout cela ici, et cependant, ici, oui, mon fils, ici, tu vois un homme qui ne voudrait pas changer son état pour tout ce prétendu bonheur. Oh! mes enfants, si vous pouviez apprendre à vous entretenir avec votre propre cœur, et connaître quelle bonne compagnie vous pouvez avoir avec lui, vous ne feriez guère attention à la pompe et à l'éclat des méchants. Presque tous les hommes s'accordent à appeler la vie un passage et eux-mêmes des voyageurs. La comparaison peut être encore rendue plus utile en observant que les bons sont joyeux et sereins dans la route, comme des voyageurs qui regagnent leur demeure, et que les méchants, au contraire, n'ont que des intervalles de bonheur, comme des gens qui s'en vont en exil.

Ma compassion pour ma pauvre fille, qui, accablée par ce nouveau coup, s'évanouit, interrompit la suite de mes discours; je dis à sa mère de la soutenir, et au bout de quelque temps elle revint à elle. Depuis ce temps elle parut plus calme, et j'imaginai qu'elle avait pris enfin son parti; mais les apparences me trompèrent. Sa tranquillité n'était qu'une langueur momentanée d'un chagrin excessif. Un secours de provisions que mes paroissiens m'envoyaient charitablement, semblait répandre la joie dans le reste de ma famille, et je n'étais pas fâché de les voir gais et contents. Il aurait été injuste de réprimer leur satisfaction en les forçant à partager une mélancolie opiniâtre, ou de les accabler du fardeau d'une tristesse qu'ils n'éprouvaient pas. La petite histoire alla donc encore une fois à la ronde; on demanda la chanson, et la joie voulut bien encore une fois visiter notre petite habitation.

M. Burchell.

CHAPITRE XXI.

Le lendemain, le soleil à son lever était extraordinairement chaud pour la saison, ce qui fit que nous résolûmes de déjeuner sur le banc de chèvre-feuille. Là, ma fille cadette, à ma prière, joignit sa voix au concert que faisaient les oiseaux autour de nous. C'était en ce lieu que ma pauvre Olivia avait vu pour la première fois son séducteur, et chaque objet servait à lui rappeler sa tristesse; mais la mélancolie qu'excitent des objets agréables en nous est inspirée par l'harmonie soulage le cœur au lieu de l'aigrir. Sa mère sentit aussi, à cette occasion, un serrement de cœur mêlé de joie; elle pleura et aima sa fille aussi tendrement qu'auparavant. « Allons, ma chère Olivia, donne-nous ce petit air mélancolique que ton père aimait si fort; ta sœur Sophie a déjà chanté: allons, mon enfant, tu feras plaisir à ton père. » Elle obéit et chanta d'une manière si touchante que j'étais tout ému.

« Quand une jeune personne se laisse séduire et qu'elle reconnaît trop tard que les hommes sont trompeurs, quel charme peut adoucir sa mélancolie? quelle ressource lui reste-t-il pour expier sa faute?

« Sa seule ressource, pour réparer son erreur, pour cacher sa honte, pour faire repentir l'amant de son infidélité et pour lui déchirer le cœur, est de mourir. »

Comme elle finissait ce dernier couplet, auquel une interruption de son affliction causa dans sa voix donna une douceur particulière, la vue de M. Tornhill, que nous aperçûmes à quelque distance, nous alarma tous; mais surtout elle augmenta la douleur de ma fille aînée, qui, pour fuir son séducteur, rentra dans la maison avec sa sœur. Il fut bientôt près de nous; et, s'avançant vers la place où nous étions assis, il s'informa de ma santé avec son air de familiarité ordinaire. « Monsieur, lui répondis-je, l'air d'assurance que vous avez à présent ne sort qu'à aggraver la bassesse de votre caractère, et il a été un temps où j'aurais châtié votre insolence, pour oser ainsi paraître devant moi; mais à présent l'âge a refroidi mes passions, et mon caractère m'apprend à les réprimer.

— Je vous avoue, mon cher monsieur, reprit-il, que je suis surpris de votre réception et que je n'entends pas ce qu'elle signifie. J'espère que vous ne pensez pas qu'il y ait eu rien de criminel dans la petite promenade que votre fille a faite avec moi dernièrement.

— Va, m'écriai-je, tu es un misérable, un misérable coquin et un impudent menteur; mais votre bassesse vous met à l'abri de ma colère. Cependant, monsieur, je descends d'une famille qui n'aurait pas souffert un pareil affront. Ainsi donc, vil séducteur, pour satisfaire un instant ta passion, tu as rendu une pauvre créature malheureuse pour la vie, et tu as déshonoré une famille qui n'avait pour bien que l'honneur.

— Si vous êtes déterminés, vous et elle, à être malheureux, reprit-il, je ne saurais qu'y faire; mais, vous pouvez encore être heureux; et quelque idée que vous vous soyez formée de moi, vous me trouverez toujours disposé à contribuer à votre bonheur. Nous pouvons facilement la marier à un autre, et ce qu'il y a de mieux, elle peut en outre conserver son amant; car je vous proteste que j'aurai toujours pour elle la plus parfaite considération.

Cette proposition honteuse réveilla toutes mes passions; car, quoique l'esprit puisse quelquefois supporter avec calme de grandes injures, de petites bassesses peuvent l'irriter jusqu'à la fureur. — Fuis de mes yeux, reptile, m'écriai-je, et ne continue pas à m'insulter par ta présence. Si mon brave George était à la maison, il ne souffrirait pas cela; mais je suis vieux, estropié et accablé de tous côtés.

— Je vois, répondit-il, que vous voulez m'obliger à vous parler plus durement que je n'avais intention de faire; mais, comme je vous ai fait voir ce que vous pouviez attendre de mon amitié, il ne sera pas hors de propos de vous mettre devant les yeux qu'elles peuvent être les conséquences de mon ressentiment. Mon procureur, auquel j'ai transporté votre dernier billet, en exige le paiement, et je ne sais comment prévenir le cours de la justice, sinon en payant moi-même la somme; mais comme j'ai fait dernièrement quelques dépenses pour mon mariage, je ne suis pas fort en état à présent. D'un autre côté, mon intendant parle de poursuivre pour les fermages; c'est un homme qui sait ce qui est de son devoir, car moi je ne me mêle jamais de ces sortes d'affaires: cependant je veux bien encore vous obliger, et même je désire que vous et votre fille soyez présents à mon mariage avec mademoiselle Wilmot, que vous ne voudrez pas, je pense, refuser.

— Monsieur Tornhill, répondis-je, entendez bien une fois pour toutes ce que je vais vous dire. Quant à votre mariage je ne consentirai jamais que vous épousiez personne autre que ma fille, et quand votre amitié pourrait m'élever jusqu'au trône, ou votre inimitié me plonger dans le tombeau, cependant je mépriserais l'une et l'autre. Vous m'avez trompé d'une manière horrible, irréparable: mon cœur se reposait sur votre honnêteté, et je n'ai trouvé en vous que bassesse. N'attendez donc plus d'amitié de ma part. Allez, et possédez ce que la fortune vous a donné, la beauté, les richesses, la santé et le plaisir, et laissez-moi abandonné à la misère, à la honte, à la maladie et à l'affliction. Humilié comme je suis, mon cœur soutiendra toujours sa dignité, et quoique je vous pardonne je vous mépriserai toujours.

— Si cela est ainsi, dit-il, comptez que vous vous ressentirez les effets de votre insolence, et que nous verrons dans peu lequel est méprisable de nous deux. À ces mots il partit brusquement.

Ma femme et mon fils qui étaient présents à la conversation semblaient pénétrés d'effroi. Mes filles, quand elles virent qu'il était parti, vinrent pour savoir le résultat de notre conférence, et elles ne furent pas moins alarmées que les autres quand elles l'eurent appris.

Nous vîmes bientôt que ce n'était pas en vain qu'il avait menacé, car, dès le lendemain même son homme d'affaires vint me demander mes fermages, que la suite d'accidents que j'ai ci-devant rapportés me mettait hors d'état de payer. La conséquence de mon

impuissance de satisfaire, fut que le soir mes bestiaux furent saisis, et le lendemain vendus pour la moitié de leur valeur. Alors ma femme et mes enfants me conjurèrent d'accepter toutes sortes de propositions plutôt que de nous exposer à une ruine certaine. Ils me supplièrent même de recevoir encore une fois les visites de M. Tornhill, et employèrent toute leur petite éloquence pour me peindre les extrémités que j'allais souffrir, l'horreur d'une prison dans une saison aussi rigoureuse et le danger que ma santé pourrait courir par l'accident qui m'était arrivé au feu ; mais je demeurai inflexible.

« Pourquoi, mes chers trésors, m'écriai-je, pourquoi tâchez-vous ainsi de me persuader une chose qui n'est pas juste? Mon devoir m'a appris à lui pardonner ; mais ma conscience ne me permet pas de l'approuver. Voulez-vous que je paraisse applaudir, aux yeux du monde, à une chose que mon cœur condamne intérieurement? Voulez-vous que je flatte honteusement un infâme séducteur, et, pour éviter la prison, que je me soumette aux tourments d'une conscience bourrelée? Non, jamais. S'il faut que nous soyons arrachés de cette retraite, soyons toujours justes, et partout où l'on nous jettera, nous pourrons toujours nous retirer dans un appartement agréable, dans notre propre conscience, et descendre dans nos cœurs avec intrépidité et avec plaisir. »

Cette soirée se passa dans cette conversation. Le lendemain matin, comme il avait tombé beaucoup de neige la nuit, mon fils était occupé à la nettoyer pour ouvrir un passage devant notre porte. Il n'avait pas été longtemps à l'ouvrage, qu'il rentra en courant, tout pâle, pour nous dire que deux hommes qu'il connaissait pour des officiers de justice venaient du côté de la maison.

Ils entrèrent justement comme il parlait, et, s'approchant du lit où j'étais couché, après m'avoir rendu compte de leur état et de l'affaire qui les amenait, ils me firent leur prisonnier, m'ordonnant de me préparer à les suivre à la prison du comté, qui était à onze milles de distance.

« Mes amis, leur dis-je, vous êtes venus par un temps bien rude pour me prendre et me mener en prison ; et ce qu'il y a encore de plus malheureux, c'est que j'ai un bras qui a été brûlé dernièrement considérablement, dont la douleur me cause une fièvre lente, que je manque d'habits pour me couvrir, et que je suis trop vieux et trop faible à présent pour pouvoir marcher loin dans une neige épaisse ; mais s'il faut que cela soit, j'essaierai à vous obéir. »

Je me tournai ensuite du côté de ma femme et de mes enfants, et je leur dis de ramasser le peu d'effets qui nous restaient et de se préparer à quitter la maison. Je les priai de se dépêcher et chargeai mon fils de secourir sa sœur aînée, à qui le reproche de sa conscience (se regardant comme la cause de tous ces malheurs) avait fait perdre connaissance. J'encourageai ma femme, qui, pâle et tremblante, serrait dans ses bras nos petits effrayés, qui se collaient contre son sein en silence, n'osant pas regarder les étrangers. En même temps, ma fille cadette préparait les choses pour le départ ; et comme je lui répétais plusieurs fois de se hâter, dans une heure de temps nous fûmes prêts à partir.

Nous nous unîmes en devoir de quitter notre paisible voisinage, et nous marchions lentement. Ma fille aînée étant affaiblie par une fièvre lente qui, depuis quelques jours, commençait à miner sa constitution ; un des officiers, qui avait un cheval, eut la complaisance de la prendre derrière lui ; car ces gens-là ne peuvent pas toujours se dépouiller des sentiments d'humanité. Mon fils menait un des petits par la main, ma femme l'autre, et moi je m'appuyais sur ma cadette, qui versait des pleurs, non pas sur ses maux, mais sur les miens.

Nous étions à deux milles de ma maison quand nous vîmes une troupe d'environ cinquante de mes plus pauvres paroissiens qui couraient après nous en poussant de grands cris. Ils se saisirent aussitôt, avec des imprécations horribles, des deux officiers de justice, jurant qu'ils ne souffriraient jamais qu'on emmenât leur curé en prison, tant qu'il leur resterait une goutte de sang dans leurs veines ; qu'ils le défendraient jusqu'à la mort, et ils allaient les maltraiter. Les conséquences auraient pu devenir fatales, et je n'eusse sur-le-champ interposé mon autorité, et retiré avec bien de la peine les officiers des mains de cette multitude furieuse. Mes enfants, qui regardaient ma délivrance comme certaine, paraissaient être transportés de joie, et avaient peine à en retenir les expressions ; mais ils furent bientôt détrompés quand ils m'entendirent adresser ces paroles à ces pauvres bonnes gens, qui étaient venus, à ce que j'imaginais, pour me rendre service.

« Quoi ! mes amis, leur criai-je, est-ce ainsi que vous m'aimez ? Est-ce ainsi que vous pratiquez les instructions que je vous ai données en chaire. Résister ainsi à la justice est ce vous ruiner vous et moi. Quel est votre chef ? Montrez-moi celui qui vous a ainsi séduits. Aussi sûr comme il vit, il éprouvera mon ressentiment. Hélas ! mon cher troupeau aveugle, retournez à vos obligations envers Dieu, envers votre pays et envers moi. Je vous reverrai peut-être un jour plus à mon aise que je ne suis à présent, en état de vous rendre la vie plus heureuse ; mais au moins que j'aie la consolation, quand je vous parquerai pour l'immortalité, qu'aucune de mes brebis ne me manque. »

Ils semblèrent alors tout repentis, et, fondant en larmes, ils vinrent l'un après l'autre me dire adieu. Je leur serrai à chacun tendrement la main, et leur donnant ma bénédiction, je continuai mon chemin sans trouver d'autre interruption. Nous arrivâmes quelques heures avant la nuit à la ville capitale du comté ou plutôt au village, car il n'était composé que de quelques méchantes maisons ayant perdu toute opulence et ne conservant d'autres marques de sa supériorité que sa prison.

En y entrant, nous descendîmes à une hôtellerie, où nous prîmes les rafraîchissements que nous pûmes nous procurer, et où je soupai avec ma famille, avec ma bonne humeur ordinaire. Quand je les vis tous pourvus convenablement pour la nuit, je suivis les officiers du shérif à la prison. C'était un bâtiment qui avait été autrefois construit pour des usages militaires. Il consistait en une vaste chambre, munie de fortes grilles, pavée de pierres, qui était commune aux prisonniers pour crimes et pour dettes à certaines heures du jour. Outre cela chaque prisonnier avait une chambre particulière où on l'enfermait pendant la nuit.

Je m'attendais, en y entrant, à ne trouver que des gémissements et les différents cris de la misère ; mais c'était tout le contraire. Les prisonniers semblaient tous s'occuper d'une seule chose, d'étouffer toutes réflexions dans la joie et dans les clameurs. On m'avait instruit de la bienvenue qu'il fallait payer dans ces occasions ; j'y satisfis aussitôt qu'on me le demanda, quoique le peu d'argent que j'avais fût bien près de sa fin. Ce que je donnai fut aussitôt employé à envoyer chercher des liqueurs, et la prison fut bientôt remplie de ris, de cris et de jurements.

« Comment, me dis-je à moi-même, des hommes si méchants seront-ils joyeux, et moi je serai triste ! je n'ai de commun avec eux que l'emprisonnement, et je crois avoir plus de raison qu'eux pour être content. »

Je tâchais, pendant ces réflexions, de m'égayer ; mais la gaîté ne fut jamais produite par effort, car tout effort est par lui-même pénible. Comme j'étais donc assis d'un air pensif dans un coin de la prison, un de mes compagnons d'infortune monta, et, s'asseyant auprès de moi, entra en conversation. Ça toujours été mon usage de ne jamais éviter la conversation de qui que ce soit qui a semblé désirer la mienne ; car s'il se trouvait un honnête homme, je pouvais profiter par son entretien ; si c'était un méchant, il pouvait profiter par le mien. Je trouvai que celui-ci était un homme qui avait des connaissances et un bon sens naturel, quoiqu'il n'eût point de lettres ; mais il avait une parfaite connaissance du monde, comme on l'appelle, ou plutôt de la nature humaine du mauvais côté. Il me demanda si j'avais pris soin de me pourvoir d'un lit, ce qui était une circonstance à laquelle je n'avais point du tout pensé.

« Cela est malheureux, me dit-il ; car on ne vous fournit ici que de la paille, et votre chambre est grande et froide ; cependant comme vous me paraissez quelqu'un comme il faut, et que je l'ai été moi-même dans mon temps, une partie de mes couvertures sont à votre service de tout mon cœur. »

Je le remerciai en lui témoignant ma surprise de trouver tant d'humanité dans une prison, au milieu de la misère, ajoutant, pour lui faire voir que j'étais savant, que « l'ancien sage de la Grèce semblait bien connaître la valeur de la compagnie dans l'affliction, quand il avait dit : « Ton cosmon aire eidos ton etairon. » En effet, continuai-je, qu'est-ce que l'univers, s'il ne vous donne pas de société ? »

— Vous parlez de l'univers, dit mon compagnon de prison : le monde est donc son déclin, et cependant la cosmogonie ou la création du monde a embarrassé les philosophes de tous les siècles. Quelle foule d'opinions bizarres n'ont-ils pas adoptées sur la création du monde ? Sanchoniaton, Manethon, Berose et Ocellus Lucanus, ont tous tenté en vain de l'expliquer. Le dernier emploie ces expressions : *Anarchon ara kai atelutaion topan*, ce qui signifie...... — Je vous demande pardon, monsieur, m'écriai-je, de vous interrompre en si beau champ ; mais je crois avoir déjà entendu tout cela. N'ai-je pas eu le plaisir de vous voir une fois à la foire de Welbridge, et votre nom n'est-il pas Ephraïm Jenkinson ? » Toute sa réponse à ma question fut un soupir. « Vous devez vous rappeler, lui dis-je, un docteur Primrose, de qui vous avez acheté un cheval. »

Il me reconnut alors tout-à-coup ; car l'obscurité de la place et l'approche de la nuit l'avaient empêché de reconnaître mes traits d'abord. « Oui, monsieur, reprit M. Jenkinson, je vous remets parfaitement bien. J'ai acheté de vous un cheval que j'ai oublié de vous payer. Votre voisin Flamborough est le seul accusateur que je craigne aux sessions prochaines ; car il est dans l'intention de me poursuivre comme monnayeur. Je suis sincèrement fâché, monsieur, de vous avoir trompé, ainsi que d'autres ; car vous voyez, continua-t-il, en me montrant ses fers, ce que j'y ai gagné.

— Eh bien ! monsieur, lui répondis-je, la bonté que vous avez de m'offrir vos services quand vous n'aviez pas de retour à en espérer sera reconnue par les efforts que je ferai pour engager M. Flamborough à adoucir ou à retirer son accusation, et j'enverrai mon fils lui parler à ce sujet à la première occasion. Je ne doute pas qu'il ne m'accorde ce que je lui demanderai ; et, quant à moi, vous n'avez aucune inquiétude à avoir de mon accusation.

— Cela étant, reprit-il, toute la reconnaissance que je suis en état de vous témoigner, vous pouvez l'attendre de moi. Je vous donnerai plus de la moitié de mes couvertures pour cette nuit et j'aurai soin de me montrer votre ami dans la prison, où je suis considéré. »

Je le remerciai, et je ne pus m'empêcher de lui témoigner ma surprise de lui voir maintenant un air si jeune, pendant que lorsque je l'avais vu auparavant il paraissait au moins avoir soixante ans...

« Monsieur, me répondit-il, vous connaissez peu le monde. J'avais alors une fausse chevelure, et j'avais appris l'art de contrefaire les âges depuis dix-sept ans jusqu'à soixante. Ah! monsieur, si j'avais employé à apprendre un commerce la moitié de la peine que j'ai prise pour apprendre à être un coquin, je pourrais être bien riche aujourd'hui; mais, quoiqu'un coquin, je puis encore vous être utile, et peut-être d'une manière à laquelle vous ne vous attendez le moins. »

Notre conversation fut interrompue par l'arrivée des domestiques du geôlier, qui venaient pour faire la revue des prisonniers et pour les renfermer pour la nuit. Un d'eux, avec une botte de paille sous son bras pour mon lit, me mena, par un passage long et étroit, dans une chambre pavée comme la chambre commune, où je fis mon lit dans un coin avec ma paille et les couvertures que M. Jenkinson m'avait données. Cela fait, mon conducteur, qui était assez honnête, me souhaita le bon soir. Après avoir fait ma méditation ordinaire, et avoir remercié l'Être suprême qui me châtiait, je me couchai, et dormis du sommeil le plus tranquille jusqu'au lendemain.

Le lendemain matin, je fus éveillé de bonne heure par ma famille qui fondait en pleurs autour de mon lit. Je les réprimandai doucement de leur affliction, les assurant que je n'avais jamais dormi plus tranquillement. Je m'informai ensuite de ma fille aînée, que je ne voyais pas avec eux. Ils m'apprirent que le trouble et la fatigue de la veille avaient augmenté sa fièvre, et qu'on avait jugé à propos de la laisser à la maison. Mon premier soin fut ensuite d'envoyer mon fils chercher une chambre ou deux pour loger ma famille, aussi près de la prison qu'il pourrait les trouver. Il y alla, mais il ne put trouver qu'une chambre qu'on louait bon marché pour loger ma mère et ses sœurs, et le geôlier eut l'humanité de consentir que lui et ses deux frères couchassent dans la prison avec moi. On leur fit donc un lit dans le coin de ma chambre. Je voulais cependant savoir auparavant si mes petits enfants n'auraient pas de répugnance à coucher dans un endroit qui avait paru les effrayer en y entrant.

« Eh bien! mes enfants, leur dis-je, comment trouvez-vous votre lit? Je pense que vous n'aurez pas peur de coucher dans cette chambre, quelque obscure qu'elle paraisse.

— Non, papa, dit Dick, je n'ai point peur de coucher partout où vous êtes.

— Et moi, dit Bill, qui n'avait encore que quatre ans, j'aime mieux l'endroit où est mon papa que tout autre. »

Après cela, je réglai les emplois de la famille. Ma fille fut destinée à soigner sa sœur, dont la santé déclinait : ma femme devait rester auprès de moi, et mes petits me lire. Et pour vous, mon fils, continuai-je, c'est le travail de vos mains qui doit nous soutenir tous. Votre salaire, comme journalier, sera suffisant, avec de la frugalité, pour nous procurer le nécessaire. Vous avez, actuellement seize ans, vous avez de la force, et le ciel a eu ses vues en vous la donnant : son intention a été qu'elle vous servît à sauver de la famine vos père et mère et votre famille malheureuse. Préparez-vous donc cet après-midi à chercher de l'ouvrage pour demain, et apportez-nous chaque soir l'argent que vous aurez gagné dans la journée. »

Après avoir ainsi tout réglé, je descendis dans la chambre commune de la prison, où il y avait plus d'air que dans la mienne; mais je n'y fus pas longtemps que les imprécations, les obscénités et les blasphèmes que j'entendais de tout côté me chassèrent à mon réduit. Je méditai quelque temps sur l'étrange aveuglement de ces misérables, qui, voyant tout le monde armé contre eux pour leur perte, travaillaient à se faire un ennemi redoutable dans l'éternité.

Leur insensibilité excita ma compassion et effaça pour un temps de mon esprit ma propre misère. Il me parut même qu'il était du devoir de mon état de les retirer de leur folie. Je me déterminai donc à retourner encore une fois, et, en dépit de leur mépris, de leur donner mes avis et de les vaincre par ma persévérance. Me mêlant donc de nouveau avec eux, je fis part de mon dessein à M. Jenkinson, qui en rit, mais qui le communiqua aux prisonniers. La proposition fut reçue avec beaucoup de joie, parce qu'elle promettait une nouvelle matière à amusement à des gens qui n'avaient d'autre ressource pour être gais que celle qu'ils pouvaient tirer du ridicule et de la débauche.

Je leur lus donc une partie de l'office d'une voix haute, mais sans affectation, et je trouvai que cela mettait tout mon auditoire en belle humeur. Des propos obscènes dits à l'oreille, des gémissements d'une contrition burlesque, des mouvements d'yeux ridicules et une toux affectée les faisaient rire de tout leur cœur. Je continuai cependant à lire avec ma gravité ordinaire, convaincu que ce que je faisais pouvait en convertir quelques-uns; mais qu'il ne pouvait point être souillé par le mépris des autres.

Après avoir lu les prières, je commençai une exhortation où je m'étais proposé de les amuser d'abord plutôt que de les réprimander. Je commençai par leur faire remarquer qu'il n'y avait que la vue de leur utilité qui pût m'engager à la démarche que je faisais; que j'étais leur compagnon de captivité et que mes sermons ne me rapportaient rien à présent. J'étais fâché, leur dis-je, de les voir si impies, parce qu'ils ne gagnaient rien à l'être, et qu'ils avaient par-là perdre beaucoup. « Car, soyez sûrs, mes amis, car vous êtes mes amis, quoique le monde rejette votre amitié, soyez sûrs, dis-je, que quoique vous fassiez dix mille jurements dans un jour, cela ne met pas un sou dans votre bourse. Que signifie donc d'appeler à tout moment le diable, de rechercher son amitié, puisque vous voyez combien il vous traite mal? Il ne vous a rien donné ici, vous le voyez, que plein la bouche de jurements, et il vous laisse le ventre vide; et sur ce que je sais de lui, il ne vous donnera rien de bon par la suite.

» Si un homme n'en use pas bien avec nous, nous cherchons naturellement d'autres connaissances. Ne vaudrait-il donc pas bien la peine d'essayer comment vous vous accommoderiez avec un autre maître qui vous fait au moins de belles promesses pour vous engager à venir à lui? Sûrement, mes amis, de tous les fous, celui-là serait le plus grand qui après avoir volé une maison irait se mettre sous la protection des archers; et cependant, êtes-vous plus sages? Vous recherchez tout l'appui de celui qui vous a déjà trompés, et vous vous fiez à un être plus méchant qu'aucun archer; car ceux-ci cherchent seulement à vous attraper pour vous faire pendre ensuite, mais l'autre non-seulement vous attrape et vous fait pendre, mais ce qu'il y a de pis, il ne vous lâche pas même après que vous êtes pendus. »

Quand j'eus fini, je reçus des compliments de mon auditoire, dont quelques-uns vinrent me prendre la main, et, en me le secouant, jurèrent que j'étais un honnête homme, et qu'ils voulaient faire plus ample connaissance avec moi. Je leur promis donc de commencer le service le lendemain, et je commençai à concevoir quelque espérance d'introduire une réforme dans la prison; car j'ai toujours pensé qu'il n'y avait point d'homme si abandonné dont on dût désespérer, le cœur étant toujours ouvert aux traits du reproche quand l'archer sait ajuster et frapper l'endroit convenable. Quand je me fus ainsi satisfait l'esprit, je retournai à ma chambre, où ma femme avait préparé un repas frugal. J'y trouvai aussi M. Jenkinson, qui me demanda la permission de joindre son dîner au mien pour avoir le plaisir, comme par une politesse le lui faisait appeler, de ma conversation. Il n'avait pas encore vu ma famille; car, comme elle venait à ma chambre par une porte qui communiquait dans le passage étroit dont j'ai déjà parlé, elle n'était pas obligée de passer par la chambre commune de la prison. Jenkinson, à la première vue de ma plus jeune cadette, parut donc frappé de sa beauté, qu'un air pensif contribuait encore à relever, et ses petits n'attirèrent pas moins son attention.

« Hélas! docteur, me dit-il, ces enfants sont trop beaux et trop bien élevés pour une demeure comme celle-ci.

— Ah! repris-je, monsieur Jenkinson, le ciel soit loué de ce que mes enfants sont de bonnes mœurs; s'ils sont vertueux qu'importe le reste.

— Je crois, reprit-il, que cela doit vous donner bien de la consolation de voir ainsi votre petite famille autour de vous.

— De la consolation! répliquai-je; ah! oui, monsieur Jenkinson, c'en est effectivement une grande pour moi, et je ne voudrais pas pour rien au monde être séparé d'eux; car ils peuvent me rendre d'un cachot un palais. Il n'y a qu'un moyen dans le monde de troubler mon bonheur, c'est de leur faire quelque tort.

— En ce cas, monsieur, je crains bien d'être coupable envers vous; car je crois voir ici (en regardant mon fils Moïse) quelqu'un à qui j'ai fait tort, et à qui j'en demande pardon. »

Mon fils se rappela aussitôt sa voix et ses traits, quoiqu'il ne l'eût vu auparavant que déguisé; et, lui prenant la main, il lui pardonna en souriant : « Cependant, dit-il, je ne puis concevoir ce que vous avez vu dans ma figure qui vous ait engagé à me regarder comme propre à faire une dupe.

— Mon cher monsieur, reprit l'autre, ce n'a pas été votre figure, mais vos bas blancs et le ruban noir qui nouait vos cheveux qui m'ont engagé de m'adresser à vous. Mais que cela ne vous humilie point : j'en ai trompé de plus fins que vous dans mon temps; et cependant, avec toutes mes finesses, les sots m'ont attrapé à la fin.

— Je crois, dit mon fils, que le récit d'une vie telle que la vôtre serait instructif et amusant.

— Ni l'un ni l'autre, reprit M. Jenkinson. Les relations qui ne décrivent que les tromperies et les vices de l'humanité retardent notre avancement dans le monde en nous rendant trop soupçonneux dans la vie. Le voyageur qui se défie de tous ceux qu'il rencontre et qui retourne en arrière à la vue de tout homme, qui lui paraît un voleur, arrive rarement à temps où il a affaire.

« Pour moi, je pense, d'après ma propre expérience, qu'un homme fin est le plus sot des hommes. Dès mon enfance, j'ai passé pour rusé. Je n'avais pas sept ans que les femmes disaient que j'étais un petit homme tout formé. A quatorze ans je connaissais le monde, je me mettais en petit-maître, et j'aimais les femmes. A vingt ans, quoique je fusse droit dans mes actions, j'avais la réputation d'être si fin que personne ne voulait avoir affaire à moi. Je fus donc obligé à la fin de devenir escroc pour ma propre défense, et j'ai vécu depuis la

tête pleine de projets pour attraper et le cœur plein de frayeur d'être découvert.

« J'avais coutume de rire de l'honnête simplicité de votre voisin le bonhomme Flamborough, et, d'une manière ou d'une autre, je l'attrapais ordinairement une fois l'année ; cependant ce bonhomme, simple et sans défiance, a fait son chemin et est devenu riche, pendant que moi je continuais à faire des tours, à finasser, et je suis resté dans la pauvreté, sans avoir la consolation de l'honnêteté.

« Cependant, continua-t-il, contez-moi votre histoire, et ce qui vous a amené ici. Peut-être, quoique je n'aie pas été assez habile pour éviter la prison moi-même, le serai-je assez pour en tirer mes amis. »

Pour satisfaire sa curiosité, je l'instruisis de toute la suite d'accidents qui m'avaient plongé dans le malheur où je me trouvais et de l'impuissance absolue où j'étais de m'en retirer.

Quand il eut entendu mon histoire, il réfléchit pendant quelques instants, et, se frappant le front comme s'il venait d'imaginer quelque chose d'important, il nous quitta en disant qu'il essaierait ce qu'on pourrait faire.

Le lendemain matin, je communiquai à ma femme et à mes enfants le plan que je méditais de réformer les prisonniers. Ils le désapprouvèrent beaucoup, m'objectant qu'il n'était ni possible ni convenable, en ajoutant que mes efforts ne contribueraient point à leur réformation, et probablement décréditeraient ma profession.

« Pardonnez-moi, leur dis-je ; ces gens, quoique déchus, sont encore des hommes, et c'est un titre pour que je les aime. Les bons avis rejetés retournent enrichir celui qui les a donnés ; et, quoique les instructions que je leur donne puissent peut-être ne les pas corriger, elles me rendront certainement meilleur moi-même. Si ces malheureux, mes enfants, étaient des princes, il y aurait des milliers d'hommes qui s'empresseraient à leur offrir leur ministère ; mais, à mon avis, une âme, quoique ensevelie dans un cachot, est aussi précieuse qu'une qui est assise sur un trône. Oui, mes enfants, si je puis les réformer, je le ferai. Peut-être tous ne me mépriseront-ils pas ; peut-être pourrai-je en retirer un de l'abîme, et ce sera beaucoup de gagné ; car y a-t-il sur la terre des diamants aussi précieux que l'âme d'un homme ? »

En disant ces mots, je les quittai et descendis à la chambre commune, où je trouvai les prisonniers fort joyeux en m'attendant, et chacun d'eux avait préparé à faire au docteur quelque tour de prison. Ainsi, quand j'allai pour commencer, l'un tournait ma perruque de travers, comme par accident, et me demandait pardon. Un autre, à quelque distance, avait une adresse particulière pour faire jaillir sa salive d'entre ses dents, et il en inondait mon livre. Un troisième criait amen avec un ton si affecté, que cela divertissait beaucoup les autres. Un quatrième avait subtilement tiré mes lunettes de ma poche ; mais il y en avait un qui fit un tour qui réjouit beaucoup plus que les autres. Ayant observé de quelle manière j'avais placé mes livres sur la table devant moi, il en ôta fort adroitement un, auquel il substitua un livre de plaisanteries obscènes qui était à lui. Cependant, je fis semblant de ne pas m'apercevoir de tout ce que pouvait faire cette espèce d'êtres malfaisants, mais je continuais tranquillement, intimement persuadé que ce qui leur paraissait ridicule dans mon entreprise ne ferait rire que la première ou la seconde fois, pendant que ce qu'elle avait de sérieux serait un bien durable. Mon dessein réussit, et, en moins de six jours, quelques-uns furent convertis, et tous furent attentifs.

Ce fut alors que je m'applaudis de ma persévérance et de mon habileté, d'avoir ainsi donné de la sensibilité à des misérables qui avaient perdu tous sentiments moraux, et je songeai alors à leur rendre des services temporels en rendant leur condition moins malheureuse. Leur temps, jusque-là, avait été partagé entre la faim et les excès, des débauches crapuleuses et des repentirs cuisants. Leur unique occupation était de se quereller, de jouer aux cartes et de faire des fourloirs de pipes. Cette dernière espèce d'occupation frivole me donna l'idée d'employer ceux qui voudraient travailler à faire des chevilles pour les fabricants de tabac et pour les cordonniers. Le bois nécessaire s'achetait à frais communs, et quand il était travaillé, l'ouvrage était vendu par mes soins, en sorte que chacun gagnait quelque chose chaque jour, une bagatelle, à la vérité, mais assez pour le soutenir.

Je ne m'en tins pas là ; j'établis des amendes pour punir le dérèglement, et des récompenses pour l'industrie. Ainsi, en moins de quinze jours, je formai deux espèces de société humaine, et j'eus la satisfaction de me considérer comme un législateur, qui avait retiré des hommes de leur férocité primitive et leur avait enseigné l'amitié et l'obéissance.

Et il serait grandement à souhaiter que le pouvoir législatif voulût ainsi diriger les lois plutôt vers la réformation que vers le châtiment ; qu'il voulût bien se persuader que le moyen de déraciner les crimes, n'est pas de rendre les punitions communes, mais formidables. Au lieu de nos prisons actuelles, qui reçoivent ou rendent les hommes criminels, qui renferment des malheureux pour avoir commis un crime, et qui les rendent à la société, quand ils en sortent vivants, propres à commettre mille crimes, il serait à souhaiter

que nous eussions, comme dans les autres pays de l'Europe, des lieux particuliers destinés à la pénitence et à la solitude, où les accusés pussent avoir auprès d'eux des gens qui leur inspirassent le repentir s'ils étaient coupables ; et de nouveaux efforts de vertu s'ils étaient innocents ; et c'est par ce moyen, et non par l'augmentation des châtiments, que l'on peut réformer un État. Je ne puis même m'empêcher de révoquer en doute la validité du droit que les sociétés humaines se sont attribué de punir de mort des crimes légers. Dans le cas de meurtre, ce droit est évident, parce que c'est un droit qui dérive de celui de la défense personnelle, de priver de la vie celui qui n'a point respecté celle d'un autre. Toute la nature s'arme contre les meurtriers ; il n'en est pas de même de celui qui vole mon bien. La loi naturelle ne me donne pas le droit de tuer un voleur, d'autant que, par cette loi, le cheval qu'il me dérobe est autant à lui qu'à moi. Si j'ai donc quelque droit, il ne peut dériver que d'un contrat fait entre nous, que celui qui privera un autre de son cheval sera tué ; mais d'abord ce contrat est nul, parce qu'un homme n'a pas plus le droit de donner qu'un autre de recevoir sa vie qui ne lui appartient pas. En second lieu ce contrat est injuste ; il n'y a pas de proportion, et il serait cassé même dans une cour ordinaire de justice, comme contenant une punition immense pour une commodité, qui n'est qu'une bagatelle, puisqu'il est incontestablement plus utile que deux hommes vivent, qu'il ne l'est qu'un autre aille à cheval ; mais un contrat qui serait nul entre deux hommes, l'est également entre cent mille ; car, de même que dix millions de cercles ne peuvent jamais faire un carré, de même la voix d'un milliard d'hommes ne peut rendre valable ce qui est essentiellement nul : c'est là le langage de la raison et de la droite nature. Les sauvages, qui se conduisent presque par la seule loi naturelle, respectent bien davantage que nous la vie des uns des autres. Ils ne répandent le sang que pour venger une première cruauté par la peine du talion.

Nos ancêtres, les Saxons, quelque cruels qu'ils fussent en temps de guerre, n'avaient que peu d'exécutions en temps de paix. Et dans tous les gouvernements naissants qui ont encore l'empreinte de la nature, il n'y a presque point de crime qui soit puni de mort.

C'est parmi les citoyens d'un état qui raffine que les lois pénales, qui sont entre les mains des riches, sont imposées sur les pauvres. Le gouvernement, en vieillissant, semble acquérir l'humeur chagrine et dure de la vieillesse ; et comme les richesses deviennent plus précieuses en proportion qu'elles augmentent, comme si nos craintes croissaient à mesure que nos trésors s'accroissent, nos possessions sont palissadées chaque jour par de nouveaux édits, et on les entoure de gibets pour effrayer ceux qui voudraient nous envahir.

Est-ce la quantité prodigieuse des lois pénales ou la licence de notre peuple, qui fait que ce pays produit plus de condamnés dans une année que la moitié de l'Europe entière ? Peut-être est-ce l'effet de tous deux, car l'une produit nécessairement l'autre : quand des lois pénales imposent, sans distinctions, les punitions égales pour des faits que les circonstances rendent différents, le peuple, qui ne voit point de distinction dans le châtiment, s'accoutume à n'en point voir dans les crimes, et c'est cependant cette distinction qui est le rempart de la moralité des actions. Par là, il arrive que la multitude des lois produit de nouveaux crimes, et que de nouveaux crimes exigent de nouvelles lois.

Il serait donc à souhaiter que l'autorité, au lieu d'inventer de nouvelles lois pour punir les crimes, au lieu de serrer les liens de la société, jusqu'à produire des mouvements convulsifs qui les rompent, au lieu de faire mourir les coupables comme inutiles, avant que d'avoir éprouvé de quelle utilité ils peuvent être, au lieu de changer la correction en vengeance, il serait, dis-je, à souhaiter que l'autorité essayât de mettre en usage des moyens de prévenir les crimes et de faire des lois qui protégeassent le peuple, plutôt que de le tyranniser. Nous verrions alors que ces créatures, dont l'âme semble des scories, n'avaient besoin que d'être affinées : nous verrions que ces malheureux, que nous condamnons à présent à de longs et cruels supplices, de peur que le luxe ne souffre un moment de douleur, pouvaient, s'ils étaient traités convenablement, servir à fortifier l'État dans les temps de danger ; que, comme leurs visages sont semblables aux nôtres, leurs cœurs ressemblent aussi aux nôtres ; qu'il y a peu de cœurs assez corrompus pour que la persévérance ne puisse les corriger ; qu'un homme peut voir son dernier crime sans souffrir la mort pour l'avoir commis, et qu'il faudrait peu de sang pour cimenter notre sûreté.

CHAPITRE XXII.

Il y avait déjà plus de quinze jours que j'étais dans la prison, sans que ma chère Olivia vînt me rendre visite, et j'avais une grande envie de la voir. Ayant fait part à ma femme de mon désir, le lendemain matin le pauvre fille entra dans ma chambre, appuyée sur le bras de sa sœur. Le changement que je remarquai en elle me frappa : les grâces qui brillaient auparavant dans sa personne étaient effacées ; la main de la mort semblait avoir défiguré ses traits pour m'alarmer : ses tempes étaient creuses, son front tendu, et une fatale pâleur était répandue sur ses joues.

« Je suis charmé de te voir, ma chère, m'écriai-je ; mais pourquoi cet abattement ? J'espère que tu as trop d'amitié pour moi pour laisser miner par le chagrin une vie que je prise à l'égal de la mienne. Prends courage, ma fille, et nous pourrons encore voir des jours heureux.
— Vous avez toujours été bon envers moi, reprit-elle, mon cher père, et ce qui augmente ma peine, c'est de voir que je ne pourrai jamais partager ce bonheur que vous me promettez. Je crains que le bonheur ne soit plus fait pour moi ici-bas, et j'aspire à me voir sortie d'un lieu où je n'ai trouvé que des malheurs. Je désirerais, mon cher papa, que vous voulussiez faire une soumission à monsieur Tornhill ; vous pourriez par là l'apaiser, et ce serait une consolation pour moi en mourant de vous voir libre.
— Jamais, repris-je, ma fille ; jamais rien ne pourra m'amener à reconnaître ma fille pour une prostituée ; car, quoique le monde puisse regarder ta faute avec mépris, moi je ne la regarderai comme une marque de ta crédulité, et non de la corruption de ton cœur. Ma chère, je ne suis point du tout malheureux dans cet endroit, quelque affreux qu'il puisse paraître, et aussi sûr que tant que j'aurai le bonheur de te posséder, il n'aura jamais mon consentement pour te rendre plus malheureuse ; je ne permettrai pas qu'il en épouse une autre. »

Après que ma fille fut sortie, mon compagnon de prison, qui avait été présent à notre conversation, me fit des représentations assez sensées sur mon opiniâtreté à refuser une soumission qui pouvait me procurer ma liberté : il m'observa que le reste de ma famille ne devait point être sacrifié à un seul enfant, à celle surtout qui était la seule qui m'eût donné des sujets de mécontentements. « En outre, ajouta-t-il, je ne sais s'il est juste de s'opposer ainsi à l'union de l'homme et de la femme, comme vous faites à présent, en refusant votre consentement à une union que vous ne pouvez empêcher, mais que vous pouvez rendre malheureuse. »
— Monsieur, lui répondis-je, vous ne connaissez pas l'homme qui nous opprime. Je suis très convaincu que toutes les soumissions que je pourrais lui faire ne me procureraient pas seulement une heure de liberté. On m'a dit que, dans cette même chambre où je suis, un de ses débiteurs qu'il détenait est mort de besoin l'année dernière ; mais quand ma soumission et mon consentement à son mariage pourraient me faire sortir d'ici, ce logement le plus beau de ses appartements, il n'aurait ni l'un ni l'autre, parce que quelque chose semble me dire que ce serait approuver un adultère. Tant que ma fille vivra, il ne pourra contracter aucun mariage valable à mes yeux. Si elle n'était plus au monde, si je serais à la vérité le plus vil des hommes, si, par ressentiment, je tâchais de séparer ceux qui désirent s'unir. Quelque malhonnête homme qu'il soit, je désirerais alors qu'il se mariât pour prévenir ses débauches futures ; mais aujourd'hui ne serais-je pas le plus cruel des pères de signer un contrat qui mettrait ma fille au tombeau, uniquement pour sortir moi-même de prison, pour m'éviter ainsi une angoisse, d'en causer à mon enfant mille plus cruelles ? »

Il convint de la justice de ma réponse, mais il ne put s'empêcher de m'observer que la vie de ma fille paraissait trop près de sa fin pour que j'eusse encore longtemps à rester dans la prison. « Cependant, continua-t-il, quoique vous refusiez de faire des soumissions au neveu, j'espère que vous n'aurez pas de répugnance à exposer votre cas à l'oncle, qui passe pour le plus honnête et le plus juste du royaume. Je voudrais que vous lui envoyassiez, par la poste, une lettre qui lui donnât avis des mauvais traitements que son neveu vous fait essuyer, et je gagerais que vous aurez de lui une réponse dans trois jours. » Je le remerciai de l'idée qu'il me donnait, et je me mis à l'instant en devoir d'écrire ; mais malheureusement je n'avais pas de papier, parce que tout notre argent avait été employé le matin en provision : il m'en fournit obligeamment.

Les trois jours suivants je fus dans l'inquiétude de savoir comment ma lettre serait reçue ; mais dans cet intervalle ma femme me sollicitait fréquemment de me soumettre tout près de la fin pour plutôt que de demeurer où j'étais ; et à chaque moment on m'apprenait que la santé de ma fille déclinait ; le troisième et le quatrième jour arrivèrent sans que je reçusse de réponse à ma lettre. Il n'y avait pas d'apparence que les plaintes d'un étranger contre un neveu bien-aimé pussent réussir ; ainsi mon espérance s'évanouit bientôt comme les autres. La force d'esprit ne m'abandonnait cependant pas, quoique la captivité et le mauvais air commençassent à altérer considérablement ma santé, et que mon bras empirât ; mais mes enfants étaient autour de moi, et, pendant que j'étais couché sur ma paille, me lisaient tour-à-tour ou écoutaient mes instructions et pleuraient. Mais la santé de ma fille s'affaiblissait plus vite que la mienne. Chaque nouvelle que je recevais d'elle augmentait mes craintes et ma tristesse. Le cinquième jour après que j'eus écrit à sir William Tornhill, je fus alarmé par la nouvelle qu'elle avait perdu la parole. Ce fut alors que ma prison devint douloureuse. Mon âme désirait de s'échapper pour être auprès du lit de ma fille pour la consoler, la fortifier, pour recevoir ses dernières paroles et lui enseigner le chemin du ciel. On vint me dire enfin qu'elle était expirante, et cependant j'étais privé de la faible consolation de pleurer sur elle. Mon compagnon de prison vint ensuite m'apporter la dernière nouvelle en m'exhortant à la patience ; elle était morte. Le lendemain matin il revint, et me trouva avec mes deux petits, qui faisaient alors ma seule compagnie et qui employaient leurs efforts innocents pour me consoler. Ils me conjuraient de lire à présent pour moi-même et de ne pas pleurer. « Ma sœur, s'écria l'aîné, n'est-elle pas un ange à présent, mon papa ? Pourquoi donc vous affligez-vous pour elle ? Je voudrais être un ange aussi pour être dehors de ce vilain endroit, où est ma sœur, est un plus bel endroit que celui-ci. Il n'y a là que de bonnes gens, et les gens d'ici sont bien méchants. »

M. Jenkinson interrompit leur babil innocent en m'observant qu'à présent que ma fille n'était plus je devais penser sérieusement au reste de ma famille, et essayer de sauver ma propre vie qui dépérissait chaque jour par le besoin et par le mauvais air ; il ajouta qu'il était de mon devoir de sacrifier à présent tout orgueil et tout ressentiment au bien de ceux qui avaient besoin de moi pour les soutenir, et que j'étais actuellement obligé, par rang et par justice, d'essayer de me réconcilier avec mon oppresseur.

« Dieu soit loué, répondis-je, je n'ai à présent ni orgueil ni ressentiment. Je me détesterais moi-même si je croyais qu'il y eût ou vengeance ou orgueil cachés dans mon cœur. Au contraire, comme mon oppresseur a été autrefois mon paroissien, j'espère le présenter un jour avec une âme sans tache au tribunal éternel. Non, monsieur, je n'ai point de ressentiment à présent, et quoiqu'il m'ait ôté ce que j'estimais plus que tous ses trésors, quoiqu'il m'ait déchiré le cœur, car je suis malade à mourir, bien malade, mon camarade ; cependant tous ses torts ne m'inspireront jamais des désirs de vengeance. Je consens actuellement à approuver son mariage, et si cette soumission peut lui faire plaisir, faites-lui savoir que si je l'ai offensé je lui en demande pardon. » M. Jenkinson prit une plume et de l'encre et écrivit ma soumission presque dans les mêmes termes que j'avais employés, et je la signai. J'envoyai mon fils porter la lettre à M. Tornhill, qui était alors à son château. Il y alla, et au bout d'environ six heures, il revint rapporter une réponse verbale. Il avait eu de la peine, à ce qu'il nous dit, à pouvoir parler au seigneur, parce que les domestiques étaient insolents et soupçonneux ; mais il l'avait vu par hasard, comme il sortait pour quelques affaires concernant son mariage, qui devait se faire dans trois jours. Il continua en nous disant qu'il s'était approché de la manière la plus soumise et qu'il avait donné la lettre, et que M. Tornhill, après l'avoir lue, lui avait fait réponse que la soumission venait à présent trop tard et était inutile ; qu'il avait appris que je m'étais adressé à son oncle, mais que ma lettre avait été honorée du mépris qu'elle méritait ; qu'au reste, toutes les propositions qu'on aurait à lui faire par la suite devaient être adressées à son procureur et non pas à lui. Il observa néanmoins que, comme il avait très bonne opinion de la prudence des deux jeunes demoiselles, leur intercession lui aurait été plus agréable.

« Eh bien, monsieur, dis-je à mon compagnon, vous voyez à présent le caractère de l'homme qui nous opprime ; il peut être à la fois plaisant et cruel ; mais qu'il fasse ce qu'il lui plaira, je serai bientôt libre en dépit de tous ses verrous pour me renfermer. J'avance vers ce jour qui me paraît plus brillant à mesure que j'en approche. Cette attente soulage mes afflictions, et quoique je laisse après moi une famille orpheline et sans secours, cependant ils ne seront pas entièrement abandonnés ; il se trouvera peut-être quelque ami qui les assistera pour l'amour de leur pauvre père, et quelque autre qui les secourra charitablement pour l'amour de leur père céleste. »

Justement, comme je parlais, ma femme, que je n'avais pas encore aperçue ce jour-là, entra avec l'air de la consternation et faisant des efforts pour parler sans pouvoir. « Pourquoi, mon amour, m'écriai-je, pourquoi veux-tu ajouter à mon affliction par la tienne ? Oui, quoique notre maître cruel ne veuille point se laisser fléchir à nos soumissions, quoiqu'il m'ait condamné à périr dans cet endroit de la misère, et quoique nous ayons perdu un enfant bien-aimé, tu trouveras encore de la consolation dans nos autres enfants quand je ne serai plus. — Nous avons effectivement perdu, reprit-elle, un enfant bien-aimé. Ma Sophie, ma chère Sophie est perdue, arrachée de nous, enlevée par des scélérats.
— Comment, madame, s'écria mon compagnon de prison, miss Sophie enlevée par des scélérats ? Cela ne peut être, sûrement ! »
Elle ne put répondre que par un regard fixe et un torrent de

larmes; mais la femme d'un des prisonniers, qui était présente et qui était entrée avec elle, nous fit un récit plus détaillé. Elle nous dit que ma femme, ma fille et elle, faisant un tour de promenade sur le grand chemin, un peu au-delà du village, une chaise de poste à quatre chevaux vint droit à eux et s'arrêta à l'instant; après quoi un homme bien mis, mais qui n'était pas M. Tornhill, était descendu de la chaise, avait saisi ma fille par le milieu du corps, et l'ayant fait

entrer de force dans la chaise, avait ordonné au postillon de marcher, en sorte qu'ils avaient été hors de vue en un moment.

« A présent, m'écriai-je, la somme de ma misère est complète. Rien ne peut plus ajouter au malheur de ma situation. Quoi ! pas une de reste. Ne m'en avoir pas laissé une ! Le monstre ! L'enfant que je chérissais le plus ! Elle avait la beauté d'un ange et presque la sagesse d'un ange... Mais soutenez cette femme, ne la laissez pas tomber... Ne m'en avoir pas laissé une ! — Hélas ! mon ami, dit ma femme, vous paraissez avoir plus besoin de consolation que moi. Nos malheurs sont grands; mais je les supporterais, et même de plus grands, si je vous voyais à votre aise. Ils peuvent m'ôter mes enfants et tout ce que je possède au monde, pourvu qu'ils vous laissent à moi. »

Mon fils tâchait de modérer notre douleur. Il nous priait de prendre de la consolation, en nous disant qu'il espérait que nous aurions encore occasion de nous réjouir. « Mon enfant, m'écriai-je, parcours des yeux l'univers et vois si je puis encore espérer quelque consolation. Nous luit-il un seul rayon d'espérance? La seule qui nous reste n'est-elle pas au-delà du tombeau ? — Mon cher père, reprit-il, j'espère qu'il y a encore quelque chose qui pourra vous donner un intervalle de consolation, car j'ai une lettre de mon frère Georges. — Que dis-tu, mon fils, de ton frère? Sait-il notre misère ? J'espère, mon enfant, qu'il est exempt des malheurs que le reste de sa famille éprouve. — Oui, mon père, répondit-il, il est parfaitement gai, joyeux et heureux. Sa lettre ne contient que de bonnes nouvelles : il est le favori de son colonel, qui lui a promis de lui faire avoir la première lieutenance qui viendrait à vaquer.

— Et es-tu sûr de tout ce que tu dis ? reprit ma femme ? Es-tu sûr qu'il ne soit point arrivé du mal à mon enfant ? — Rien du tout certainement, répondit mon fils, vous allez voir sa lettre, qui vous fera le plus grand plaisir; et si quelque chose peut vous consoler, je suis sûr qu'elle le fera. — Mais, es-tu sûr, répéta-t-elle encore, que cette lettre vienne de lui et qu'il soit réellement aussi heureux que tu dis?

— Oui, madame, répondit-il, elle est certainement de lui, et il sera un jour l'honneur et le soutien de sa famille. — Je remercie donc la Providence, s'écria-t-elle, de ce que la dernière lettre que je lui ai écrite ne lui est pas parvenue. Oui, mon cher, continua-t-elle en se tournant vers moi, je vous avouerai à présent que, quoique le ciel nous traite avec rigueur à d'autres égards, il nous a été favorable dans cette occasion-ci. Dans la dernière lettre que j'ai écrite à mon fils, et que j'ai écrite dans l'amertume de mon cœur, j'ai exigé de lui, sur le respect qu'il me doit et sur son honneur, de faire rendre justice à son père et à sa sœur, et de nous venger; mais grâce à celui qui dirige tout, la lettre n'a pas été rendue, et je suis tranquille. — Femme, m'écriai-je, vous avez fait là une très mauvaise action, et dans un autre temps mes reproches auraient été plus sévères. Oh ! à quel terrible précipice vous êtes-vous livrée ! Il vous aurait ensevelis, vous et votre fils, dans une ruine éternelle. Il faut reconnaître que la Providence nous a été plus favorable que nous ne l'avions mérité. Elle a réservé ce fils pour être le père et le protecteur de mes enfants quand je ne serai plus... Que j'ai été injuste de me plaindre de ce que j'étais privé de toute consolation, quand j'apprends qu'il est heureux et qu'il ignore nos afflictions, qu'il me reste encore ce fils pour soutenir sa mère dans son veuvage et pour protéger ses frères et ses sœurs ! Mais je n'y pense pas de

dire ses sœurs : il n'en a plus à présent : elles sont toutes perdues, elles m'ont toutes été enlevées, et je suis ruiné... — Mon père, dit mon fils en m'interrompant, permettez-moi de vous lire sa lettre; je sais qu'elle vous fera plaisir. Je lui en donnai la permission, et il lut la lettre qui suit :

« Mon très honoré père,

« Je détourne pour quelques instants ma vue des plaisirs qui m'environnent pour la fixer sur des objets qui lui sont encore plus agréables, le petit coin du feu de la maison paternelle. Mon imagination me représente le groupe innocent de mes frères et sœurs prêtant une oreille attentive à chaque ligne de la présente. Je vois avec plaisir ces visages qui n'ont jamais éprouvé les difformités que produit le luxe ou le besoin ; mais quelque heureux que vous soyez à la maison, je suis sûr que ce sera une augmentation à votre félicité d'apprendre que je suis parfaitement content de mon état et le plus heureux des hommes.

« Notre régiment a reçu un contre-ordre et ne sortira pas du royaume. Le colonel, qui me regarde comme son ami, me mène dans toutes les compagnies qu'il fréquente, et après une première visite, à la satisfaction de voir que, quand j'en fais une seconde, je suis reçu avec considération. J'ai dansé l'autre jour avec milady G***; et si je pouvais oublier la personne que vous savez, je serais peut-être dans le cas de réussir auprès de cette dame ; mais c'est mon destin de me ressouvenir des autres, tandis que je suis moi-même oublié par la plupart de mes amis absents, au nombre desquels je crains, mon très honoré père, que je ne doive vous compter, car j'ai attendu longtemps sans effet le plaisir d'une lettre de la maison. Olivia et Sophie avaient aussi promis de m'écrire ; mais elles semblent m'avoir oublié : dites-leur de ma part que ce sont des petites friponnes, et que je suis en ce moment dans la plus grande colère contre elles. Cependant, je ne sais comment il se fait que, quoique je veuille gronder un peu, mon cœur cède à de plus douces émotions. Dites-leur donc, mon cher père, que malgré tout je les aime le plus tendrement, et soyez assuré que je demeure à jamais, « Votre respectueux fils. »

« Quelles grâces n'avons-nous pas à rendre, dans tous nos malheurs, de ce que au moins un de notre famille est exempt de ce que nous souffrons ! Que le Ciel le conserve et continue son bonheur, pour qu'il soit le support de sa mère et le père de ces deux enfants, ce qui est tout le patrimoine que je puis lui laisser à présent. Puisse-t-il préserver leur innocence des tentations de la misère et inspire et être leur guide dans le chemin de l'honneur ! » A peine avais-je achevé ces mots, que j'entendis un bruit semblable à un tumulte, qui venait de la prison en bas. Ce bruit cessa peu de temps après, et j'entendis dans le passage qui conduisait à ma chambre le bruit des fers qui résonnaient. Le geôlier entra, tenant un homme blessé, tout sanglant, chargé des fers les plus pesants... Je regardais le malheureux avec compassion à mesure qu'il approchait ; mais je fus saisi d'horreur quand je reconnus que c'était mon fils..... « Georges, mon enfant, est-ce bien toi que je vois dans cet état, blessé, chargé de fers ! Est-ce là le bonheur dont tu jouis ! Est-ce là la manière dont tu reviens me voir ! Oh ! cette vue me déchire le cœur et me fera mourir !

— Où est votre courage, mon père, répondit mon fils, d'une voix ferme : je dois souffrir, j'ai encouru la mort, et je la verrai sans crainte. Ma dernière consolation est que je n'ai point commis de meurtre, quoique je ne puisse attendre de grâce. »

J'essayai de contenir pendant quelques minutes la douleur qui me troublait ; mais je sentis que mes efforts me coûteraient la vie. « Oh ! mon enfant, mon cœur saigne de te voir en cet état, et je ne puis retenir mes larmes. Au moment où je te croyais heureux, que je priais le Ciel pour la continuation de ton bonheur, te voir dans cet état, enchaîné, blessé ! Cependant la mort est un bonheur pour un jeune homme ; mais moi je suis vieux, je suis un vieil homme, et j'ai vécu pour voir tous mes enfants tomber autour de moi avant le temps, tandis que je reste et survis à leur destruction ! Puissent toutes les malédictions qui ont jamais écrasé une âme tomber sur le meurtrier de mes enfants ! Puisse-t-il vivre, ainsi que moi, pour voir.....

— Arrêtez, mon père, reprit mon fils, ou vous me forcerez à rougir pour vous. Comment pouvez-vous, oubliant votre âge, votre saint ministère, entreprendre aussi sur la justice de Ciel, et lui adresser des imprécations qui tomberaient bientôt sur votre tête chenue pour l'écraser ? Non, mon père, songez actuellement à me préparer à cette mort ignominieuse que je dois souffrir bientôt, à m'armer d'espérance et de résolution, à m'inspirer le courage nécessaire pour boire avec constance cette coupe amère qui me sera bientôt présentée.

— Mon enfant, tu ne mourras pas. Je suis sûr que tu n'as pas commis de faute qui mérite un supplice honteux. Mon fils n'a pu se rendre coupable d'un crime qui puisse faire rougir sa famille.

— Je crains, répondit mon fils, que mon crime ne soit pas graciable. J'ai envoyé un défi, et la peine de mort est prononcée pour ce cas par le dernier acte du parlement. Quand j'eus reçu la lettre de ma mère, je suis sur-le-champ pour punir l'auteur de notre déshonneur ; je lui envoyai un billet pour me joindre au lieu que je lui indiquais. Il n'y a pas répondu en venant en personne, mais en envoyant quatre de ses gens pour me prendre. J'en ai blessé un, et le reste m'a fait prisonnier. Le lâche est résolu à me poursuivre judiciairement : les preuves sont sans réplique ; et comme je suis le premier transgresseur depuis que la loi est faite, je ne vois pas d'espérance de grâce. Mais vous m'avez souvent charmé par des leçons de courage : inspirez-moi ce courage aujourd'hui par votre exemple.

— Eh bien, mon fils, tu retrouveras ces leçons dans mon exemple. Je me sens à présent élevé au-dessus du monde et de tous les plaisirs qu'il peut procurer. Dès ce moment mon cœur rompt les liens qui le tenaient attaché à la terre, et va nous préparer l'un et l'autre pour l'éternité. Oui, mon fils, je te montrerai le chemin : mon âme guidera la tienne dans le passage, car elles prendront leur élan toutes deux ensemble. Je vois et je suis convaincu que tu n'as pas de pardon à espérer ici-bas. Je t'exhorte donc à chercher à l'obtenir à ce grand tribunal où bientôt nous serons jugés l'un et l'autre ; mais ne soyons pas avares dans nos exhortations ; que nos compagnons de prison les partagent. Honnête geôlier, voulez-vous bien leur permettre de venir ici, pour que le tache de les rendre meilleurs ? » En disant ces mots, je fis un efforts pour me lever de dessus ma paille ; mais je n'en eus pas la force, et de tout ce que je pus faire fut de me tenir appuyé contre la muraille.

Je me recouchai donc sur ma paille et un de mes petits lisait à côté de mon lit quand M. Jenkinson entra et me dit qu'on avait des nouvelles de ma fille ; qu'une personne l'avait vue, environ deux heures auparavant en la compagnie d'un étrange monsieur ; qu'ils s'étaient arrêtés au village voisin pour se rafraîchir, et qu'ils semblaient revenir à la ville. A peine avait-il achevé que le geôlier entra avec un air d'empressement et de satisfaction pour m'informer que ma fille était retrouvée. Moïse accourut un moment après en criant que sa sœur Sophie était en bas et qu'elle montait avec notre ancien ami M. Burchell.

Comme il m'apprenait cette nouvelle, ma chère enfant entra avec les yeux presque égarés par le plaisir, et elle accourut pour m'embrasser dans le transport de son amitié. Les pleurs et le silence de sa mère montraient aussi sa joie. « Oh ! mon papa, voici, s'écria l'aimable enfant, le brave homme auquel je dois ma délivrance ; c'est à l'intrépidité de monsieur que je suis redevable de mon honneur et de ma liberté..... » Un baiser de M. Burchell, dont le plaisir paraissait encore plus grand que le sien, interrompit ce qu'elle allait ajouter.

« Ah ! M. Burchell, m'écriai-je, vous nous voyez dans une bien misérable demeure, et nous sommes actuellement bien différents de ce que nous étions la dernière fois que vous nous avez vus. Vous avez toujours été notre ami. Il y a longtemps que nous avons découvert l'erreur dans laquelle nous sommes tombés à votre égard et que nous nous sommes repentis de notre ingratitude. Après la manière indigne dont je vous ai traité, j'ai honte de vous regarder en face : cependant j'espère que vous serez assez généreux pour me pardonner, puisque j'ai été induit en erreur par un vil et lâche misérable qui, sous le masque de l'amitié, m'a ruiné.

— Il est impossible, répondit M. Burchell, que je vous pardonne, parce que vous n'avez jamais mérité mon ressentiment. Je vis alors votre erreur en partie ; mais comme il n'a pas été en mon pouvoir de vous en tirer, je n'ai eu qu'en avoir pitié.

— J'ai toujours pensé, m'écriai-je, que vous aviez l'âme généreuse ; mais à présent, j'en suis convaincu. Dis-moi, ma chère, comment tu as été délivrée et quels sont les scélérats qui t'ont enlevée.

— En vérité, reprit ma fille, quant au scélérat qui m'a enlevée, j'ignore encore qui il est ; car, comme nous nous promenions maman et moi, il vint derrière nous, et avant que j'eusse eu le temps de crier au secours, il me fit entrer de force dans une chaise de poste, et à l'instant les chevaux partirent au grand galop. J'aperçus plusieurs personnes sur le chemin, que j'appelai à mon secours ; mais elles ne tinrent aucun compte de mes prières. En même temps le scélérat employait toutes sortes de moyens pour m'empêcher de crier. Il me flattait et me menaçait tour à tour, et jurait que si je voulais me taire, il n'avait nul dessein de me faire aucun mal. Pendant tout cela, j'avais crevé la toile du store, qu'il avait levé, et la première personne que j'aperçus à quelque distance fut notre ancien ami M. Burchell, marchant avec sa vitesse ordinaire et tenant en main le gourdin pour lequel nous avions coutume de tant le plaisanter. Aussitôt que je fus à portée d'être entendue, je l'appelai par son nom et j'implorai son secours. Je répétai mes exclamations plusieurs fois ; sur quoi il cria au postillon d'une voix menaçante de s'arrêter ; mais celui-ci, loin d'obéir, fouetta plus fort. Je crus alors que M. Burchell ne pourrait jamais nous atteindre, quand en moins de quatre minutes, je le vis à côté des chevaux et, d'un coup de bâton jeter le postillon par terre. Les chevaux s'arrêtèrent d'eux-mêmes après la chute de leur conducteur ; notre ravisseur, sautant de la voiture et en jurant et menaçant, tira son épée et lui commanda de se retirer. Mais M. Burchell vint sur lui, et, après avoir mis son épée en pièces, il le poursuivit près d'un quart de mille ; mais il s'échappa. J'étais alors moi-même sortie de la voiture dans le dessein d'aider mon libérateur ; mais je le vis bientôt revenir à moi triomphant. Le postillon, qui était revenu de son étourdissement, voulait s'échapper, mais M. Burchell lui ordonna de remonter et de nous conduire à la ville. Comme il ne se trouvait pas en état de résister, il fut obligé d'obéir, quoique la blessure

qu'il avait reçue me parut dangereuse. Il se plaignit le long du chemin de la douleur qu'il ressentait, en sorte qu'à la fin il excita la compassion de M. Burchell, qui, à ma prière, en prit un autre à sa place à l'hôtellerie où nous nous sommes arrêtés en revenant.

— Soyez donc les bienvenus, m'écriai-je, toi, ma chère enfant, et vous, son brave libérateur, soyez mille fois les bienvenus! Quoique nous n'ayons qu'une pauvre chère à vous donner, nos cœurs sont prêts à vous recevoir. A présent donc, M. Burchell, que vous avez sauvé ma fille, si vous la regardez comme pouvant être une récompense de votre service, elle est à vous. Si vous pouvez consentir à une alliance avec une famille aussi pauvre que la mienne, prenez ma fille, obtenez son consentement. Comme je sais que vous avez déjà son cœur, je vous prie d'accepter le mien, et permettez-moi de vous dire, monsieur, que ce n'est pas un petit présent que je vous fais. On la regarde comme une beauté, cela est vrai; mais ce n'est pas cela que je veux dire : je vous donne un trésor dans son âme.

— Mais je suppose, répondit M. Burchell, que vous savez l'état de mes affaires et mon impuissance à la soutenir dans l'état qu'elle mérite. — Si cette objection que vous me faites, répliquai je, est une évasion de mon offre, je m'en désiste; mais je ne connais pas d'homme à qui je désire de la posséder que vous; et si j'étais en état de donner à ma fille des millions, et que des millions me la demandassent en mariage, l'honnête et brave M. Burchell serait celui que je choisirais de préférence. »

Son silence à cette proposition me sembla un refus mortifiant; et, sans répliquer à ma dernière offre, il demanda si nous ne pourrions pas avoir des rafraîchissements de l'hôtellerie voisine. Sur ce qu'on lui dit que oui, il ordonna qu'on lui apportât le meilleur dîner qu'on pourrait préparer sur un ordre aussi prompt. Il ordonna aussi une douzaine de bouteilles du meilleur vin, et quelques cordiaux pour moi, ajoutant avec un sourire, qu'il voulait faire une fois au moins de l'extraordinaire, et que, quoique dans une prison, il n'avait jamais été disposé à être si joyeux. Le garçon de l'hôtellerie parut bientôt avec le dîner; le geôlier prêta une table et parut extrêmement empressé à servir. Le vin fut rangé sur la table et on y apporta de bons plats.

Ma fille n'avait pu encore entendu parler de la triste situation de son frère, et personne de nous ne voulait arrêter le cours de sa joie par ce récit affligeant. Ce ne fut en vain que je tâchai de paraître joyeux; la position où se trouvait mon malheureux fils laissait percer mon chagrin à travers tous les efforts pour le dissimuler; en sorte que je fus obligé, à la fin, d'attrister notre joie par le récit de ses malheurs, en désirant qu'on lui permît de partager avec nous ce moment de plaisir.

Après que mes convives furent revenus de la consternation que mon récit avait produite, je priai aussi qu'on voulût bien admettre à notre repas M. Jenkinson, un des camarades de prison; et le geôlier se chargea de l'aller quérir avec un air de soumission extraordinaire. On n'entendit pas plutôt le bruit des fers de mon fils dans le passage que sa sœur courut avec impatience à sa rencontre. Pendant ce temps-là, M. Burchell me demanda si mon fils ne s'appelait pas Georges. Sur quoi lui ayant répondu que oui, il garda le silence. Aussitôt que mon fils entra dans la chambre, j'aperçus qu'il regardait M. Burchell avec des yeux d'étonnement et de respect. « Avance, lui criai-je, mon fils; quoique nous soyons tombés bien bas, la Providence a la bonté de nous accorder quelque relâche à nos maux. Ta sœur nous est rendue, et voilà son libérateur. C'est à ce brave homme que nous sommes redevables, moi d'une fille, et toi d'une sœur. Donne-lui la main, mon enfant, en signe d'amitié : il mérite notre plus vive reconnaissance. »

Mon fils paraissait, pendant que je parlais, ne pas faire attention à ce que je disais, et continuait à rester respectueusement éloigné.

« Mon frère, lui dit sa sœur, pourquoi ne remercies-tu pas mon brave libérateur? Les braves gens sont faits pour s'aimer les uns les autres. »

Mon fils continuait toujours à garder le silence et son air d'étonnement, quand notre convive, s'apercevant qu'il était reconnu par lui, prit son air de dignité naturel et ordonna à mon fils d'avancer. Jamais je n'ai rien vu de si noble et de si majestueux que l'air qu'il prit en cette occasion. Le plus bel objet dans l'univers, dit un certain philosophe, est un honnête homme aux prises avec l'adversité; il-y-a-en a cependant un plus bel encore, c'est l'honnête homme qui vient la soulager. « Je vous reprends encore, étourdi, dit-il à mon fils, dans la même faute où..... » Ici il fut interrompu par un des gens du geôlier, qui vint nous avertir qu'une personne de distinction qui arrivait à la ville dans son carrosse avec plusieurs domestiques présentait ses respects au monsieur qui était avec nous et le priait de lui faire savoir quand il pourrait avoir l'honneur de le voir. « Dis à cet homme, répliqua notre convive, d'attendre jusqu'à ce que j'aie le temps de le recevoir. » Et ensuite se tournant vers mon fils : « Je vous trouve donc encore, monsieur, coupable de la même faute pour laquelle je vous ai déjà réprimandé et pour laquelle la loi vous prépare maintenant ses justes châtiments. Vous pensez, peut-être que le méprise que vous faites de votre vie vous donne le droit d'ôter celle d'un autre. Mais où est, je vous prie, monsieur, la différence entre le duelliste qui hasarde une vie qu'il n'estime pas et l'assassin qui agit plus sûrement? Un escroc diminue-t-il sa friponnerie quand il allègue qu'il avait mis un jeton au jeu?

— Hélas! monsieur, m'écriai-je, qui que vous soyez, ayez pitié d'un pauvre malheureux qui a été séduit : car ce qu'il en a fait n'a été que par une obéissance aveugle aux ordres d'une mère qui, dans la chaleur de son ressentiment, a exigé de lui qu'il vengeât son injure. Voici, monsieur, la lettre qui servira à vous convaincre de l'imprudence de la mère et à diminuer la faute du fils. »

Il prit la lettre et la lut promptement. « Ceci, dit-il, quoique ce ne soit pas une excuse complète, diminue tellement sa faute qu'il me détermine à lui pardonner. Je vois, continua-t-il en prenant alors obligeamment mon fils par la main, je vois que vous êtes surpris de me trouver ici; mais j'ai souvent visité les prisons pour des sujets moins intéressants. Je suis venu actuellement pour voir rendre justice à un digne et honnête homme pour lequel j'ai l'estime la plus sincère. J'ai été longtemps témoin, à huis clos, faire connaître, de la bienfaisance de votre père. J'ai joui, dans sa petite habitation, d'un respect qui n'était point souillé de la flatterie, et j'ai trouvé, dans l'amusante simplicité du coin de son feu un bonheur qui ne se rencontre pas dans les cours. J'ai fait savoir à mon neveu que mon intention était de venir ici, et j'apprends qu'il y est venu. Ce serait lui faire une injustice, de même qu'à vous, de le condamner sans l'avoir entendu. Si l'on a commis des excès, il y aura réparation ; et je puis, sans vanité, me flatter que personne n'a jamais taxé d'injustice le chevalier William Tornhill. »

Nous apprimes alors que le personnage que nous avions si longtemps reçu chez nous comme une compagnie amusante et sans conséquence, n'était autre chose que le fameux sir William Tornhill, dont les vertus et les singularités étaient connues de presque tout le monde. Le pauvre M. Burchell était, dans le fait, un homme d'une grande fortune et d'un grand crédit, qu'on écoutait avec applaudissement dans le parlement et que le parti opposé respectait, parce qu'il était ami de son pays en même temps qu'il était fidèle à son roi. Ma pauvre femme, en se rappelant la familiarité avec laquelle elle l'avait traité, semblait dans les plus cruelles appréhensions. Mais Sophie, qui, quelques moments auparavant, le regardait comme un homme qui pouvait devenir son époux, voyant alors la distance immense que sa fortune mettait entre eux deux, ne pouvait retenir ses pleurs.

« Ah! monsieur, s'écria ma femme d'un ton douloureux, comment est-il possible que j'obtienne jamais pardon! Les insultes que vous avez reçues de moi la dernière fois que vous l'honneur de venir visiter à notre maison, et ces plaisanteries piquantes que j'eus l'audace de vous faire, je crains, monsieur, que vous ne les pardonnez jamais.

— Ma chère madame, répondit-il avec un sourire, si vous avez fait des plaisanteries, j'y ai répondu, et je laisse à juger à la compagnie si ma défense ne valait pas bien votre attaque. Pour vous dire la vérité, je ne connais personne contre qui je sois disposé à être fâché à présent, excepté contre le drôle qui a si effrayé ma petite fille ici. Je n'ai pas eu même le temps d'examiner la figure du coquin assez pour pouvoir le désigner dans un avertissement. Pourriez-vous, Sophie, ma chère, le reconnaître si vous le revoyiez?

— Je ne suis pas sûre que je le puisse, répondit-elle; cependant je me rappelle qu'il avait une grande marque au-dessus d'un de ses sourcils. — Je vous demande pardon de vous interrompre, madame, dit Jenkinson, qui était auprès d'elle; mais voulez-vous bien me dire si cet homme portait ses cheveux, et s'ils n'étaient pas rouges?

— Oui, je le crois, dit Sophie. — Et monsieur, continua-t-il en se tournant du côté du chevalier William, a-t-il observé la longueur de ses jambes? — Je n'ai pas remarqué leur longueur, répondit le baronnet; mais je suis sûr de leur vitesse, car il m'a surpassé à la course, ce que je croyais que peu d'hommes dans le royaume pouvaient faire. — Sous votre bon plaisir, s'écria Jenkinson, je connais l'homme; c'est certainement le même, le meilleur coureur d'Angleterre. Il a battu les plus fameux à la course : Timothée Baxter est son nom. Je le connais parfaitement, et je sais dans quel endroit il est actuellement retiré. Si monsieur veut ordonner au geôlier de me laisser sortir avec deux hommes, je m'engage de vous l'amener dans une heure au plus. » Là-dessus le geôlier fut appelé ; et ayant paru aussitôt, le chevalier William lui demanda s'il le connaissait. « J'ai cet honneur, répondit le geôlier; j'ai l'honneur de connaître très bien le chevalier William Tornhill, et tous ceux qui ont le même honneur désireraient le connaître davantage. — Cela étant, reprit le baronnet, ce que je vous demande est que vous permettiez à cet homme, et à deux de vos domestiques, d'aller de ma part exécuter une commission, car comme je suis un des juges du comté, je me charge de tout ce qui peut en arriver. — Votre parole me suffit, reprit le geôlier, et vous pouvez, quand il vous plaira, les envoyer partout où vous jugerez à propos. »

En conséquence, Jenkinson fut dépêché pour aller chercher Timothée Baxter, pendant que nous amusions à rire de la liberté de notre plus jeune enfant, qui grimpait sur la chaise du chevalier William pour l'embrasser. Sa mère allait le châtier pour sa familiarité ;

mais ce digne homme la prévint, et prenant l'enfant, tout en haillons comme il était, sur ses genoux : « Eh bien ! gros garçon, lui dit-il, te ressouviens-tu de ton ancien ami Burchell? Et ton frère Dick, mon bon ami, est-il là? Vous voyez que je ne vous ai pas oubliés. » En même temps qu'il leur parlait ainsi, il leur donna un gros morceau de pain d'épice, que les pauvres enfants mangèrent avidement, n'ayant eu qu'un fort léger déjeûner le matin.

M. Tornhill entra avec un sourire qui lui était ordinaire, et s'avança pour embrasser son oncle; mais celui-ci le repoussa avec un air de dédain. « Point de bassesse à présent, s'écria le baronnet d'un air sévère. On ne peut arriver à mon cœur que par le chemin de l'honneur; mais je ne vois ici que des preuves de fausseté, de lâcheté et d'oppression. Comment se fait, monsieur, que ce pauvre homme, dont vous faisiez profession d'être l'ami, soit traité si durement, sa fille bassement séduite, pour récompense de ce qu'il vous a reçu dans sa maison, et lui-même jeté dans une prison, peut-être pour avoir été sensible à l'affront; son fils aussi, à qui vous n'avez pas osé faire face comme un homme?

— Est-il possible, dit le neveu en l'interrompant, que mon oncle me reproche comme un crime une conduite que ses instructions réitérées m'ont empêché de tenir?

— Votre refus en cette circonstance, reprit l'oncle, a été juste. Vous avez fort bien agi dans cette occasion, et avec prudence, quoique ce ne fût pas tout-à-fait de même que votre père se serait comporté. Mon frère était effectivement un homme d'honneur..... Cependant votre conduite a été régulière en ce point, et je vous approuve.

— Et j'espère, dit le neveu, que le reste de ma conduite ne vous déplaira pas davantage. J'ai paru dans quelques endroits publics avec la fille de monsieur : cette indiscrétion a été traitée de scandale, et on a dit que je l'avais débauchée. J'allai chez le père, en personne, pour éclaircir la chose à sa satisfaction, et je n'ai reçu de lui que des insultes et des injures. Pour le reste, à l'égard de son emprisonnement, le geôlier pourrait mieux vous en rendre compte que moi, parce que c'est à lui que je remets le soin de ces sortes d'affaires. Si cet homme a contracté des dettes qu'il ne veuille pas ou même qu'il ne puisse pas payer, c'est l'affaire de ceux qui ont soin des miennes de prendre les voies de droit en pareil cas, et je ne vois point de dureté à user des voies que la loi nous ouvre.

— Si les choses sont comme vous les présentez, s'écria le baronnet, je ne vois rien d'impardonnable dans votre offense; et quoique votre conduite eût été plus généreuse, en ne laissant pas opprimer monsieur par la tyrannie de vos gens, au moins elle n'a pas été injuste.

— Il ne peut pas me contredire dans un mot de ce que je dis, répliqua le neveu; je le défie de le faire, et j'ai plusieurs de mes gens prêts à attester ce que je dis. Ainsi, monsieur, continua-t-il, voyant que je gardais le silence (car dans le fait, je ne pouvais pas le contredire), ainsi donc mon innocence est justifiée; mais quoique à votre considération je sois prêt à pardonner à monsieur tout autre tort, cependant je ne peux pas vouloir me confronter avec lui d'avoir voulu me faire perdre votre estime, et cela dans un temps où son fils cherchait à avoir ma vie. Cette circonstance est si criante que je suis déterminé à laisser la justice avoir son cours. J'ai ici le cartel qui m'a été envoyé et deux témoins pour prouver le défi, et, quand mon oncle voudrait m'en dissuader, je veux que justice soit faite et qu'il soit puni suivant la rigueur des lois.

— Monstre que tu es ! s'écria ma femme, n'es-tu pas déjà assez vengé, sans que mon pauvre enfant éprouve encore ta cruauté? J'espère que M. William Tornhill nous protégera, car mon fils est aussi innocent que l'enfant qui vient de naître. Je suis sûre qu'il l'est et qu'il n'a jamais fait de mal à personne.

— Madame, répondit l'honnête M. William, vos souhaits pour lui ne peuvent être plus sincères que les miens; mais je suis fâché que sa faute soit si évidente, et si mon neveu persiste...... » Mais Jenkinson et les deux gens du geôlier, qui entrèrent dans ce moment, traînant un grand homme bien mis et dont la figure répondait à la description du coquin qui avait enlevé ma fille, attirèrent notre attention. « Le voici, cria Jenkinson, le voici, et si jamais homme fut destiné à la potence, c'est celui-ci. »

A l'instant où M. Tornhill aperçut le prisonnier qu'on amenait et Jenkinson qui le tenait au collet, il sembla saisi de frayeur, il pâlit et voulut s'en aller; mais Jenkinson, qui aperçut son mouvement, l'arrêta. « Comment, chevalier, lui cria-t-il, vous avez donc honte de vos deux anciennes connaissances, Jenkinson et Baxter? Voilà comme les grands oublient leurs amis; mais nous ne vous oublierons pas. Notre prisonnier, continua-t-il, en se tournant du côté de M. William Tornhill, a déjà tout avoué. Il déclare que c'est M. Tornhill qui l'a engagé dans l'affaire de l'enlèvement de la demoiselle; que c'est lui qui lui a fourni l'habit qu'il a actuellement sur lui et la chaise de poste. Le complot était que Baxter emmènerait la demoiselle dans un endroit de sûreté, qu'il l'épouvanterait par des menaces; qu'ensuite M. Tornhill arriverait comme par hasard; qu'il feindrait de vouloir la délivrer; qu'ils se battraient pendant quelque temps, et que Baxter s'enfuirait, au moyen de quoi M. Tornhill aurait l'occasion de gagner l'affection de la demoiselle sous le titre de son libérateur. »

Le chevalier William se rappela avoir vu souvent l'habit à son neveu; et quant au reste de l'histoire, le prisonnier en fit le détail le plus circonstancié, en finissant par dire qu'il avait souvent entendu M. Tornhill dire qu'il aimait les deux sœurs à la fois.

« Ciel ! s'écria sir William, quelle vipère nourrissais-je dans mon sein? C'est un pareil monstre qui paraît si jaloux que justice publique soit faite; mais on la lui fera. Assurez-vous de lui, geôlier... Mais, non... je crains qu'il n'y ait pas de preuves juridiques pour l'arrêter. Il faut examiner l'affaire auparavant. »

A ces mots, M. Tornhill pria de la manière la plus humble que deux coquins tels que ces deux hommes ne fussent point admis en témoignage contre lui; mais qu'on interrogeât ses domestiques. « Vos domestiques, dites-vous? reprit le chevalier William : ne les appelez pas davantage vos domestiques..... Mais voyons cependant ce que ces gens ont à dire. Qu'on appelle le maître-d'hôtel. »

Quand le maître-d'hôtel fut introduit, il vit bien, à l'air de son maître, que son autorité s'évanouissait. « Dis-moi, lui cria sir William d'un air sévère, as-tu quelquefois vu ton maître et ce drôle, que tu vois vêtu de ses habits, en compagnie ensemble? — Oui; monsieur, répondit le maître-d'hôtel, je les y ai vus mille fois. C'était lui qui avait coutume de lui amener les demoiselles. — Comment s'écria le jeune Tornhill ! en l'interrompant, cela bien en ma présence !... — Oui, reprit le maître-d'hôtel, en votre présence et en présence de tout autre. Pour vous dire vrai, monsieur Tornhill, je ne vous ai jamais aimé ni approuvé; ainsi, je ne me soucie point si ce que je dis vous déplait. — A présent, s'écria Jenkinson, dites à monsieur si vous savez quelque chose de moi. — Je ne puis pas dire grand'bien de vous, reprit le maître-d'hôtel; mais ce qu'il y a de sûr, c'est que la nuit que la fille de M. Primerose fut amenée chez vous, vous étiez de la partie. — Voilà, en vérité, s'écria M. William Tornhill, des témoins bien favorables que vous produisez pour prouver votre innocence. Honte de l'humanité !... Mais, poursuivit-il, continuant son examen, vous me dites, M. le maître-d'hôtel, que c'est là l'homme qui amena la fille de monsieur? — Non, monsieur, je vous demande pardon, reprit le maître-d'hôtel, ce ne fut pas lui qui l'amena; car ce fut mon maître lui-même qui se chargea de la faire; mais c'est cet homme qui a amené le prêtre pour faire le prétendu mariage. — Cela n'est que trop vrai, s'écria Jenkinson, je ne puis le nier, ce fut là ma commission, et je l'avoue à ma honte.

— Bon Dieu ! s'écria le baronnet, combien je suis alarmé à chaque nouvelle découverte que je fais de sa méchanceté ! Son crime n'est actuellement que trop évident. Je vois à présent que la poursuite qu'il a continuée n'a été dictée que par l'oppression, la lâcheté et la vengeance. Monsieur le geôlier, mettez en liberté ce jeune officier qui est actuellement prisonnier, et je prends sur moi les conséquences : je me charge de représenter l'affaire, dans son vrai jour, au magistrat qui l'a fait emprisonner... Mais où est cette infortunée demoiselle elle-même? Faites-la venir pour la confronter avec ce coquin. J'ai ouï de savoir quels moyens il a employés pour la séduire. Faites-la entrer tout-à-l'heure.

— Ah ! monsieur, m'écriai-je, cette question me perce le cœur. J'étais autrefois heureux dans la possession de ma fille; mais ses malheurs... » Ici je fus interrompu par l'arrivée de miss Arabella Wilmot, qui devait être mariée le lendemain avec M. Tornhill. Sa surprise fut extrême de rencontrer M. William Tornhill et son neveu, car elle n'était venue que par hasard. Il était arrivé que comme ils traversaient la ville dans leur route pour aller chez une tante qui avait voulu que la célébration du mariage se fît chez elle, ils étaient descendus dans une hôtellerie à l'autre bout de la ville pour prendre quelques rafraîchissements. La jeune demoiselle, ayant aperçu par la fenêtre un de mes petits garçons qui jouait dans la rue, avait envoyé un laquais pour lui amener l'enfant, qui lui avait raconté quelque chose de nos malheurs; mais elle ne savait pas que c'était M. Tornhill qui en était la cause. Elle avait fait aussitôt le parti de nous venir voir, malgré les représentations que son père lui avait faites sur une pareille visite. L'enfant l'avait conduite, et c'est ainsi qu'elle nous surprit dans une circonstance où l'on attendait si peu.

Je ne puis aller plus loin sans faire une réflexion sur ces rencontres accidentelles, qui, quoiqu'elles arrivent tous les jours, excitent rarement notre surprise, si ce n'est dans quelque occasion extraordinaire. A quel concours de circonstances fortuites ne devons-nous pas le plaisir et les aisances de la vie ! Combien d'accidents doivent se réunir avant que nous soyons vêtus ou nourris !

Nous gardâmes tous le silence pendant quelques instants, tandis que ma charmante pupille (c'était le nom que je donnais ordinairement à la jeune demoiselle) nous regardait avec des yeux qui annonçaient sa compassion et sa surprise, et qui ajoutaient de nouveaux traits à sa beauté. « En vérité, mon cher monsieur Tornhill (dit-elle au jeune chevalier), qu'elle supposait se trouver là, pour nous secourir et non pas pour nous opprimer), je vous en veux un peu d'être venu ici sans moi et de ne m'avoir jamais appris la situation d'une famille qui m'est si chère à tous les deux. Vous devez savoir que je prendrai autant de plaisir à contribuer au soulagement de mon cher précepteur que j'estimerai toujours, que vous

pouvez y en prendre vous-même. Mais je vois que vous faites comme votre oncle, vous aimez à vous cacher pour faire le bien.
— Lui, trouver du plaisir à faire du bien ! s'écria sir William. Non, ma chère, ses plaisirs sont aussi vils qu'il l'est lui. Vous voyez en lui, mademoiselle, le plus lâche des coquins qui aient jamais déshonoré l'humanité ; un malheureux qui, après avoir séduit la fille de ce pauvre homme, après avoir comploté contre l'innocence de la seconde, a jeté le père en prison et le fils aîné dans les fers, parce qu'ils ont eu le courage de ressentir l'injure faite à leur famille. Permettez-moi, mademoiselle, de vous féliciter de ce que vous échappez aux embrassements d'un tel monstre.
— Ciel ! s'écria l'aimable fille, combien j'ai été trompée ! M. Tornhill m'a assuré que le fils aîné de monsieur, le capitaine Primerose, était parti pour l'Amérique avec la femme qu'il avait épousée.
— Ma chère demoiselle, s'écria ma femme, tout ce qu'il vous a dit sont autant de mensonges. Mon fils Georges n'est jamais sorti du royaume et n'a jamais été marié. Quoique vous l'ayez oublié, il a toujours conservé trop d'attachement pour vous pour penser à une autre ; et je lui ai entendu dire qu'il mourrait garçon, puisqu'il ne pouvait pas vous être uni. » Elle continua à s'étendre sur la sincérité de la passion de mon fils ; elle représenta son duel avec M. Tornhill dans son vrai jour, et elle fit une digression rapide sur les débauches et les faux mariages du chevalier, et finit par la peinture la plus piquante de sa lâcheté et de sa perfidie.
« Grand Dieu ! s'écria miss Wilmot, combien j'ai été près de ma perte ! combien j'ai de joie d'y avoir échappé ! Ce monsieur m'a dit mille faussetés. Il a eu, à la fin, l'art de me persuader que la promesse que j'avais faite au seul homme que j'estimais ne m'engageait plus, puisqu'il m'avait été infidèle. Ses mensonges m'avaient amenée au point de détester un homme également brave et généreux. » Pendant cette conversation, mon fils fut délivré de ses fers. M. Jenkinson lui avait, en cette occasion, servi de valet de chambre ; il avait recommandé ses cheveux et l'avait mis en état de paraître honnêtement. Il entra, bien mis, avec son habit d'ordonnance ; et, sans vanité, quoique ce soit mon fils, je puis vous dire qu'il parut un aussi bel homme que jamais il y ait eu dans le militaire. En entrant, il fit une profonde révérence à miss Wilmot en se tenant éloigné d'elle, car il ne savait pas encore l'heureux changement que l'éloquence de sa mère avait produit en sa faveur. Mais il n'y eut point de cérémonies qui pussent arrêter l'impatience de sa maîtresse pour obtenir son pardon. Ses pleurs, ses regards confus, tout concourait à découvrir les sentiments de son cœur pour avoir oublié sa première promesse et s'être laissé tromper par un imposteur. Mon fils parut confus de sa complaisance et ne pouvait la croire réelle. « Sûrement, mademoiselle, s'écria-t-il, tout ceci n'est qu'une illusion. Je n'ai pu mériter une telle faveur. Non bonheur est trop grand, puisque vous prenez encore quelque intérêt à ce qui me regarde. — Non, monsieur, reprit-elle ; j'ai été trompée, honteusement trompée ; autrement, rien n'aurait pu me faire violer ma promesse. Vous connaissez mon amitié pour vous : il y a longtemps que vous devez en être persuadé. Mais pardonnez-moi ce que j'ai fait ; et comme vous avez eu autrefois les assurances les plus fortes de ma constance, je vous les répèterai ici. Soyez sûr que si votre amie ne peut être à vous, elle ne sera à aucune personne. — Vous ne serez à nul autre qu'à lui, s'écria sir William, si j'ai quelque crédit sur l'esprit de votre père. »
Ce mot fut suffisant pour donner à mon fils Moïse l'idée de courir aussitôt à l'hôtellerie où était le vieux gentilhomme pour l'instruire de tout ce qui venait de se passer. Mais en même temps, M. Tornhill, voyant qu'il avait perdu sans ressource et qu'il n'avait plus rien à attendre de la flatterie ni de la dissimulation, conclut que le meilleur parti qui lui restait était de se retourner et de faire face à ceux qui le poursuivraient. Ainsi, mettant bas toute sa honte, il se montra ouvertement pour un coquin.
« Je vois, s'écria-t-il, que je ne puis attendre de justice ici ; mais je suis résolu de l'obtenir. Vous savez, monsieur, se tournant vers sir William, que je ne dépends plus de votre générosité. Je la méprise. Rien ne peut me priver de la fortune de miss Wilmot, qui, grâce à l'avarice du père, est assez considérable. Les articles sont signés, sa personne m'est assurée par une bonne obligation et elle ne peut m'échapper. C'était à sa fortune et non à sa personne que j'en voulais en l'épousant ; et, ayant l'une, prenne l'autre qui voudra. »
Ce coup était alarmant. Sir William sentait la justice de ses prétentions, car il avait été partie lui-même pour dresser les articles du mariage. Miss Wilmot, voyant donc que sa fortune était perdue sans ressource, se tourna vers mon fils et lui demanda si cette perte pouvait diminuer de son prix à ses yeux. « Quoique je n'aie plus de fortune, dit-elle, j'ose offrir, j'ai au moins ma main à vous donner. »
— Et c'est là, mademoiselle, s'écria son véritable amant, tout ce que j'ai jamais ambitionné, et je vous proteste, ma chère Arabella, par tout ce qu'il y a de plus sacré que votre manque de fortune augmente à présent mon plaisir, parce qu'il me met à portée de convaincre ma chère amie de ma sincérité.

M. Wilmot entra et parut très content de ce que sa fille était échappée au danger où elle était près de tomber. Il consentit aisément à l'alliance avec mon fils ; mais apprenant qu'on ne voulait pas se départir de sa fortune, qu'il avait assurée par une obligation à M. Tornhill, rien ne put égaler son chagrin. Il voyait que tout bien devait servir à enrichir un homme qui n'avait rien par lui-même. Il pouvait bien endurer l'idée que son gendre futur était un coquin ; mais qu'il n'eût pas une fortune équivalente à celle de sa fille, c'était un tourment cruel pour lui. Il resta quelque temps enfoncé dans ces spéculations accablantes jusqu'à ce que sir William entreprit de diminuer ses chagrins. « J'avouerai, monsieur, s'écria-t-il, que la circonstance présente ne m'afflige pas absolument. Votre passion immodérée pour le bien est maintenant justement punie. Mais, quoique la jeune personne ne puisse être riche à présent, elle a encore assez pour vivre contente. Vous voyez devant vous un jeune militaire qui veut bien se jeter avec elle dans sa fortune. Ils s'aiment depuis longtemps, et l'amitié que je porte à son père fera que je ne manquerai pas de m'intéresser pour son avancement. Quittez donc cette ambition qui vous trompe, et recevez une fois le bonheur que se présente à vous.
— Sir William, répliqua le vieux gentilhomme, soyez sûr que je n'ai jamais gêné ses inclinations et que je ne veux point les gêner à présent. Si elle aime encore monsieur, qu'elle l'épouse, j'y consens de tout mon cœur. J'ai encore, grâce au ciel, quelque bien à lui donner, et votre protection l'augmentera. Que mon ancien ami seulement (en parlant de moi) me donne une promesse d'assurer six cents livres sterlings à ma fille si jamais il recouvre sa fortune, et je suis prêt à les unir dès ce soir. »
Comme il ne dépendait plus que de moi de rendre le jeune couple heureux, je n'hésitai point à lui donner la promesse qu'il demandait, ce qui n'était pas une grande faveur de la part d'un homme qui avait aussi peu d'espérances que moi. Nous eûmes donc alors la satisfaction de les voir se jeter avec transport dans les bras l'un de l'autre. « Après tous mes malheurs, s'écriait mon fils Georges, me voir ainsi récompensé, c'est plus que je n'aurais jamais espéré. Posséder l'objet le plus estimable après tant de peine, ma présomption n'avait point été jusque-là. — Oui, mon cher Georges, répondit sa charmante future, que le malheureux prenne ma fortune : puisque vous êtes content sans elle, je le suis aussi ! Quel heureux échange j'ai fait du plus vil des hommes contre le plus honnête, le plus cher !... Qu'il jouisse de notre fortune ! Je sens qu'avec vous je pourrais être heureuse, même dans l'indigence. — Je vous promets, répondit le chevalier, d'être fort heureux avec ce qu'il vous méprisez...
— Un moment, un moment, s'écria Jenkinson, il y a quelque chose à dire à ce marché, car pour la fortune de cette demoiselle, vous n'en toucherez jamais un liard... Permettez-moi, je vous prie, de vous demander (s'adressant à sir William) : Le chevalier peut-il avoir la fortune de cette demoiselle s'il est marié à une autre ? — Comment pouvez-vous me faire une question si sotte ? répondit le baronnet. Certainement il ne le peut pas. — Je suis fâché de cela, reprit Jenkinson, car comme monsieur et moi sommes d'anciens camarades, j'ai de l'amitié pour lui. Mais en même temps je ne puis m'empêcher de déclarer que son contrat avec miss Wilmot ne vaut pas une pipe de tabac, car il est déjà marié... — Tu en as menti, coquin, as-tu menti (reprit M. Tornhill, qui sembla outré de l'insulte), je ne l'ai jamais été marié valablement avec aucune femme. — Je vous demande pardon, reprit Jenkinson, vous l'êtes, et j'espère que vous reconnaîtrez l'amitié de votre honnête Jenkinson qui vous amène sa femme, et si la compagnie veut bien suspendre sa curiosité pour quelques minutes, je vais la leur faire voir. » A ces mots, il sortit avec la promptitude ordinaire, et nous laissa tous hors d'état de former aucune conjecture probable sur son dessein. « Qu'il aille ! dit le chevalier. Quelqu'autres choses que je puisse avoir faites, pour celle-ci, je le défie de rien prouver. On ne m'effraie pas à présent avec des fusées.
— Je ne conçois pas, dit le baronnet, ce que cet homme prétend par là. C'est quelque tour de mauvaise plaisanterie, je suppose. Peut-être, repris-je, il est sérieux dans ce qu'il dit ; car, quand on réfléchit aux différents moyens que monsieur a mis en usage pour séduire l'innocence, peut-être quelque fille, plus adroite que les autres, aura pu le tromper lui-même. Quand on réfléchit sur le nombre de celles qu'il a séduites, sur le nombre de pères et mères qui sont actuellement dans l'affliction de voir le déshonneur qu'il a porté dans leurs familles, je ne serais pas surpris si quelqu'une de ces infortunées... Mais, quelle surprise !... Est-ce ma fille que j'avais perdue que je vois ! Est-ce elle que je serre dans mes bras ! Oui, c'est toi, c'est mon bonheur.
Je croyais t'avoir perdue, ma chère Olivia, et cependant c'est toi que j'embrasse... Et tu vis encore pour me rendre heureux !... Les transports les plus ardents de l'amant le plus sincère n'égalent pas ceux que je ressentis en voyant Jenkinson introduire ma fille. Je la tenais dans mes bras, et elle ne pouvait exprimer son ravissement que par son silence. « Es-tu revenue à ton père, ma chère enfant, m'écriai-je, pour faire la consolation de ta vieillesse !... Oui, s'écria Jenkinson, et ayez pour elle l'estime qu'elle mérite, car elle est votre

fille, honnête, et aussi honnête femme qu'aucune qui soit ici, sans faire injure à personne. Pour vous, chevalier, il est aussi sûr comme il est sûr que vous voilà que cette jeune demoiselle est votre femme légitime, et, quant à vous convaincre que je ne dis que la vérité, voilà la licence en vertu de laquelle vous avez été mariés ensemble. » En disant cela, il remit le papier entre les mains du baronnet, qui le lut et le trouva en très bonne forme. » A présent, messieurs, continua-t-il, je vois que vous êtes surpris de tout ceci, mais peu de mots vous vont mettre au fait. Ce chevalier fameux, que j'aime de tout mon cœur (mais cela est entre nous), m'a souvent employé dans des commissions un peu chatouilleuses. Entre autres, il me chargea de lui procurer une fausse licence et un faux prêtre pour tromper cette jeune demoiselle par l'apparence d'un mariage. Mais, comme j'étais l'ami du chevalier, qu'ai-je fait? J'ai obtenu une licence en forme, et j'ai procuré un vrai prêtre qui les a mariés ensemble aussi solidement que jamais on puisse l'être. Peut-être pensez-vous que c'est par honnêteté que j'ai fait cela. Mais j'avoue, à ma honte, que mon dessein était de garder la licence par-devers moi et d'instruire le chevalier que je pourrais prouver son mariage contre lui quand je jugerais à propos, afin de l'amener à me donner de l'argent quand j'en aurais besoin. » Continuant à serrer cette chère enfant dans mes bras, j'interrogeais mon cœur pour savoir si ses transports n'étaient pas une illusion. « Comment avez-vous été assez cruel pour ajouter à mes malheurs par l'histoire de sa mort? Mais peu m'importe à présent; le plaisir que je ressens en retrouvant ma chère fille me dédommage amplement de la douleur que vous m'avez causée.

— La réponse à votre question est simple, dit Jenkinson. Je croyais que le seul moyen d'obtenir votre liberté était de vous soumettre à ce que le chevalier désirait de vous, et de consentir à son mariage avec miss Wilmot; mais, comme vous aviez juré de n'y jamais consentir tant que votre fille serait vivante, je n'ai pas trouvé d'autre moyen d'arranger les affaires que de vous faire croire que votre fille était morte. J'ai engagé votre femme à m'aider à vous tromper, et nous n'avions pas eu jusqu'à présent l'occasion de vous détromper. »

Il n'y avait plus dans la compagnie que deux figures qui ne parussent pas montrer de la joie. M. Thornhill avait perdu son air d'assurance; il voyait ouvert devant lui le gouffre de l'infamie et de l'indigence, et il n'était effrayé d'y tomber. Il se jeta donc aux genoux de son oncle, et il implora sa pitié avec les cris perçants de la douleur. Sir William allait le traiter à coups de pied; mais à ma prière il le releva; et après un moment de silence : « Tes vices, tes crimes, ta noire ingratitude, lui dit-il, ne mériteraient point de pitié: cependant tu ne seras pas totalement abandonné. Tu auras le simple nécessaire pour fournir à tes besoins, mais non pas à tes folies. Cette jeune dame, ta femme, aura le tiers de cette fortune dont je t'ai laissé jouir ci-devant, et c'est de sa tendresse seule que tu pourras attendre quelque secours par la suite... »

Aussitôt qu'il fut sorti, sir William s'approcha plus poliment de sa nouvelle nièce, et avec un air gracieux il lui fit ses compliments sur l'honneur qu'il avait d'être allié avec elle. Miss Wilmot et son père suivirent son exemple. Ma femme embrassa aussi sa fille avec un redoublement d'affection, et lui témoigna la joie qu'elle avait de ce qu'elle était devenue à présent une honnête femme. Sophie et Moïse firent le même chose à leur tour. M. Jenkinson, notre bienfaiteur, demanda qu'il lui fût permis d'avoir le même bonheur. Il semblait qu'il n'y avait plus rien à ajouter à notre satisfaction. Sir William, qui n'avait pas de plus grand plaisir qu'à faire du bien, regardait autour de lui d'un air content, et ne voyait que joie dans les yeux de toute la compagnie, excepté de ma fille Sophie, qui par quelque raison que nous ne pouvions concevoir, ne paraissait pas si parfaitement satisfaite. « Il me paraît, dit-il, à présent que toute la compagnie, excepté une ou deux personnes, est parfaitement contente. Il ne reste un acte de justice à faire. Vous savez, monsieur, en m'adressant la parole, toutes les obligations que nous avons l'un et l'autre à M. Jenkinson pour le service qu'il a nous découvrir un misérable. Votre fille cadette, miss Sophie, peut, j'en suis sûr, faire son bonheur, et je lui donnerai pour future cinq cents livres sterlings de dot, avec quoi ils pourront vivre ensemble avec aisance. Allons, miss Sophie, que dites-vous de mon arrangement? Ma pauvre fille parut être s'évanouir dans les bras de sa mère à cette odieuse proposition. — L'épouser! monsieur, s'écria-t-elle d'une voix douloureuse, non, monsieur, jamais. — Comment, reprit-il, ne point vouloir de M. Jenkinson votre bienfaiteur, un jeune garçon bien fait, avec cinq cents livres sterlings et des espérances? — Je vous prie, monsieur, répondit-elle d'une voix étouffée, de vouloir bien abandonner ce projet et de ne pas me rendre si malheureuse. — Y eut-il jamais une pareille obstination! reprit-il. Refuser un homme à qui la famille a tant d'obligations, qui a préservé votre sœur? Pourquoi ne voulez-vous pas de lui? — Non, monsieur, jamais... répondit-elle avec courroux. J'aimerais mieux mourir. — Cela étant ainsi, reprit-il, si vous ne voulez pas de lui... pour moi, je crois que je veux bien de vous. » En disant ces mots, il la pressa contre son sein avec ardeur. Ma chère amie, s'écria-t-il, comment avez-vous pu croire un moment que votre ami Burchell voulût vous tromper ou que sir William Thornhill pût jamais cesser d'admirer une personne qu'il n'a aimée que

pour elle-même? J'ai pendant quelques années cherché une femme qui, sans égard pour ma fortune, pût m'aimer pour moi-même. Après avoir tenté vainement d'en trouver une, même parmi les sottes et les laides, quelle doit être enfin ma satisfaction d'avoir fait la conquête d'une personne qui réunit tant d'esprit à tant de beauté! »

Se retournant ensuite vers Jenkinson : « Comme je ne puis, monsieur, me détacher moi-même de cette jeune demoiselle, et que je suis sûr que ses sentiments sont conformes aux miens, tout ce que je puis vous donner, c'est la dot que je lui destinais; et vous pouvez aller demain demander, de ma part, cinq cents livres sterlings à mon intendant. »

Par ce moyen, nous eûmes à recommencer nos compliments, et lady Thornhill essuya les mêmes cérémonies que sa sœur avait essuyées auparavant. A l'instant, l'écuyer de sir William vint l'avertir que les équipages étaient prêts pour nous conduire à l'hôtellerie, où tout était disposé pour notre réception. Ma femme et moi nous menions la bande, et nous quittâmes cette ténébreuse demeure d'affliction. Le généreux baronnet fit distribuer aux prisonniers quarante livres sterlings. M. Wilmot, à son exemple, en donna vingt. Nous fûmes reçus avec les acclamations des habitants, et je serrai la main de deux ou trois de mes paroissiens qui se trouvèrent dans le nombre. Ils nous suivirent jusqu'à l'hôtellerie, où nous trouvâmes un repas somptueux et où nous fîmes distribuer des provisions à la populace. Après souper, comme j'étais fatigué par les alternatives de plaisir et de peine que j'avais éprouvées dans la journée, je demandai la permission de me retirer, et je quittai la compagnie au milieu de la joie qui y régnait. Sitôt que je me trouvai seul, je remerciai Celui qui donne la joie aussi bien que l'affliction, et je reposai d'un sommeil tranquille jusqu'au lendemain matin.

En m'éveillant, je trouvai mon fils aîné à côté de mon lit, où il était venu augmenter ma satisfaction par la nouvelle d'une autre révolution heureuse dans ma fortune. D'abord il me déchargea de l'obligation que j'avais faite en sa faveur le jour précédent; ensuite il m'apprit que le marchand qui avait mes fonds et qui avait fait une faillite avait été arrêté à Anvers, où il avait laissé des effets pour plus que ses dettes ne montaient. La générosité de mon fils me fit presque autant de plaisir que cette bonne fortune inattendue; mais j'eus quelques doutes si je pouvais honnêtement accepter son offre. Tandis que je réfléchissais là-dessus, sir William vint à entrer, et je lui communiquai mes doutes. Son opinion fut que, comme mon fils se trouvait déjà maître d'une grande fortune par son mariage, je pouvais accepter son offre sans balancer. L'objet cependant qui l'amenait était pour m'apprendre que, comme il avait envoyé la nuit précédente chercher les licences nécessaires, et qu'il les attendait à chaque moment, il espérait que je ne me refuserais pas à rendre toute la compagnie heureuse dans la matinée.

Pendant que nous parlions, un domestique entra pour nous dire que le courrier était arrivé, et comme j'étais alors habillé, je descendis, et je trouvai la compagnie pleine de la gaîté que l'aisance et l'innocence inspirent. Cependant, comme ils se préparaient pour une cérémonie importante, leurs ris ne me plurent pas. Je leur parlai de l'air grave et réservé qu'ils devaient prendre pour cette cérémonie mystique, et je leur lus deux homélies de ma composition pour les préparer à recevoir le sacrement. Cependant je ne pus venir à bout de les rendre plus sérieux. Même en allant à l'église, à laquelle je précédais le marchais à leur tête, il ne me fut pas possible de les contenir dans un air de gravité, et je fus plusieurs fois tenté de me retourner pour leur en faire des réprimandes. Quand nous fûmes à l'église, il arriva une autre difficulté dont la solution parut assez facile : ce fut de savoir qui serait marié le premier. La future de mon fils insistait fortement pour que lady Thornhill, ou du moins celle qui allait l'être, passât la première; mais l'autre refusait avec fermeté, protestant qu'elle ne voudrait pas commettre une telle impolitesse pour toutes choses au monde. La contestation se soutint entre elles deux pendant quelque temps avec autant d'opiniâtreté que de politesse. Mais comme, pendant toute cette dispute, j'étais debout, mon livre ouvert, je me lassai d'attendre, et, en le fermant, « Je vois bien, m'écriai-je, que ni l'une ni l'autre ne veulent être mariées, et que nous ferons aussi bien de nous en retourner, car il n'y aura rien de fait aujourd'hui. » Ma vivacité les mit à la raison : le baronnet et sa future furent mariés les premiers; mon fils et son aimable future ensuite.

J'avais eu la précaution d'envoyer le matin un carrosse pour amener mon honnête voisin le fermier Flamborough et sa famille : au moyen de quoi, à notre retour à l'hôtellerie, nous eûmes le plaisir de trouver les deux miss Flamborough arrivées. M. Jenkinson donna la main à l'aînée, mon fils Moïse à la cadette; et je me suis aperçu depuis qu'il a pris une inclination sincère pour elle; en sorte qu'il aura mon consentement et un établissement de moi quand il voudra me le demander. Nous ne fûmes pas plus tôt dans l'hôtellerie que nous apprîmes que tout le voisinage qu'avaient appris la bonne fortune qui m'était arrivée, vinrent pour me complimenter. De ce nombre étaient ceux qui s'étaient mis en devoir de me délivrer des archers et que j'avais réprimandés avec sévérité. Je contai leur histoire à mon gendre sir William, qui sortit et leur fit des reproches

très vifs sur leur faute ; mais voyant qu'il les avait tout-à-fait affligés, il leur donna à chacun une demi-guinée pour boire à sa santé et se consoler.

Ensuite on nous appela pour le dîner, qui fut somptueux, et qui avait été préparé par le cuisinier de M. Tornhill. Il ne sera pas hors de propos de remarquer, au sujet de M. Tornhill, qu'il demeure actuellement en qualité de gentilhomme de compagnie chez un de ses parents, où il est fort goûté et où il mange ordinairement à la table, excepté, fort rarement, quand il n'y a pas de place. Son temps est employé à faire compagnie à son parent, qui est un peu mélancolique, à l'égayer et à apprendre à donner du cor de chasse. Ma fille aînée, cependant, se le rappelle encore avec regret, et elle m'a dit en secret que s'il se réformait, elle pourrait lui pardonner. Pour revenir au dîner, quand il fut question de s'asseoir à table les cérémonies allaient recommencer. Il fut question de savoir si ma fille aînée, en qualité de dame, ne serait pas assise au-dessus des deux nouvelles mariées; mais mon fils Georges coupa court à la contestation en proposant que chaque homme se plaçât à côté de sa dame. La proposition fut reçue avec grande approbation de tout le monde, excepté de ma femme, qui ne me parut pas tout-à-fait contente, parce qu'elle s'attendait à avoir le plaisir d'être au bout de la table et de couper pour toute la compagnie. Malgré ce petit chagrin, il est impossible de décrire la bonne humeur qui régna durant notre repas. Je ne sais si nous eûmes plus d'esprit qu'à l'ordinaire ; mais je sais que nous rîmes davantage, ce qui revint au même. Je me ressouviens entre autres d'une plaisanterie du bon M. Wilmot. Comme il buvait à la santé de mon fils Moïse, qui regardait d'un autre côté, mon fils répondit : « Madame, je vous remercie. » A quoi M. Wilmot, faisant signe des yeux au reste de la compagnie, dit que mon fils pensait à sa maîtresse : sur quoi je crus que les deux miss Flamborough allaient étouffer de rire. Après que le dîner fut fini, je demandai, suivant mon ancienne coutume, qu'on ôtât la table, pour avoir le plaisir de voir encore une fois toute ma famille réunie agréablement autour du feu : mes deux petits étaient sur mes genoux, tandis que le reste de la compagnie, chacun avec sa moitié, s'amusait innocemment.

Sur le bord de mon tombeau, je n'ai plus rien à désirer à présent tous mes chagrins sont finis; ma satisfaction est inexprimable. Il ne me reste plus qu'à tâcher d'être encore plus reconnaissant dans ma bonne fortune que je n'ai été soumis dans mes adversités.

FIN DU VICAIRE DE WAKEFIELD.

LES HUMANITAIRES.

MILAN.

A MADAME TRIVULZE BELGIOJOSO.

Dulce et decorum est pro patria mori !

Que viens-tu faire ici, femme? Quelle folie
Te pousse, champion de la jeune Italie,
A nous porter l'écho des sanglots délirants
Qu'étouffent sous leurs pieds les suppôts des tyrans?
Que viens-tu nous parler de ruines fumantes,
D'innocents mutilés, des taches infamantes
Qu'Albert, ce trafiquant d'un titre à conquérir,
Cloue à son front royal, quand il devait périr ?
Il a fait son métier : un roi ne se dévoue
Qu'à lui-même... et le peuple? — Il l'enchaîne ou le joue...
De grâce épargne-nous le tableau déchirant
D'un désespoir sublime avec gloire expirant,
Quand ta fière cité, joyau de Lombardie,
Préfère à l'esclavage un suprême incendie ;
Quand Fermide, croulant sous l'effort du canon,
N'offre plus qu'un amas de ruines sans nom.
Que viens-tu parmi nous, héros, ardente femme,
Prodiguer vainement les grandeurs de ton âme ?
Qui te croira ? — Personne. Or, la femme n'est plus,
(Ainsi qu'aux sombres jours où succomba Jean Hus,
Et cela, par arrêt d'un moderne concile)
Qu'un instrument passif de l'homme,... être imbécille,
Sans initiative, et n'ayant d'horizon
Qu'un toit matériel, où, rivée en prison,
Son âme (s'il en est?) se crystallise et rouille,
Entre l'oisiveté, l'aiguille et la quenouille.
La tirer de l'ornière est folie : et l'on doit
Resserrer les anneaux de son servage étroit,
En la claquemurant loin de nos assemblées :
Car les ardents levains des mœurs échevelées
Coulant de sa parole en attraits séducteurs,
Vers l'écueil pousseraient le flot des auditeurs...

O sublime Catons des scrutins populaires!
Aiglons que le soleil éblouit dans vos aires,
Avez-vous, en frappant la femme par décrets,
Interrogé le pouls de l'éternel progrès?
Non pas. Mais remontez le cours de nos annales,
A travers les fléaux, les combats... saturnales
Des rois cherchant la gloire en des fleuves de sang,
Que voyez-vous? La femme atteindre au premier rang.
Et, quand sonnent les glas des grandes funérailles,
Le salut du pays germer de ses entrailles...
Si, lasse de revers, la France voit ses preux
Manquer de foi; faillir aux élans généreux,
Pour réparer ses jours de honte et de défaite,
Elle a ses Jeanne d'Arc et ses Jeanne Hachette!
Donc, c'est bien vainement que vos cœurs effrayés
Tribuns, forment des plans en tremblant essayés,
Et vos efforts communs s'écrouleront stériles
Aux aspirations de nos espoirs fébriles.
Nous voulons l'Italie heureuse... et nous l'aurons !
Tonne, chant du Départ! Marseillaise! clairons !
Aux jeunes descendants de nos vieux intrépides,
Annoncez le signal des victoires rapides,

Et tout va s'ébranler : l'éclair serait moins prompt...
Soldats, au pas de Suze ! allez venger l'affront
Dont Waterloo, ce jour de trahison insigne,
Sur le cœur de la France a buriné le signe ;
La France, nouveau Christ des peuples, dont la voix
Fait tressaillir le monde et pâlir tous les rois...
Qu'ai-je dit? Je subis l'illusion d'un rêve.
Ah ! nous ployons encor sous le joug de la trève
Que signa malgré nous le Bourgeois de Walmy,
Comptant sans les retours du cratère endormi,
Et plantant les jalons de son pouvoir étique
Sur l'appui dissolvant des rois de la boutique.
Bien plus, nous descendons : les nations, nos sœurs,
Nous appellent en vain contre leurs oppresseurs,
Et, pâles héritiers de Jemmape et d'Argonne,
Nous n'osons nous hausser jusqu'aux lauriers d'Ancône...
Oh ! si Périer vivait ? cet orgueilleux traitant,
Nous jetterait au front son mépris insultant !
Pour un trône, il fit plus que nous pour la patrie
Et pour l'humanité qui se tord, et nous crie :
« France ! ton Février qui me berça d'espoir,
« Ne serait-ce qu'un leurre, un signal pour déchoir ?
« Et les desseins d'en haut qui t'assignaient le rôle
« De peser sur le monde, âme, fer et parole,
« Afin que tous mes droits se redressent vengés,
« Ces desseins éternels seraient-ils donc changés ?
« Ou bien, faisant défaut à ton saint ministère,
« Me livres-tu flottante à l'avide Angleterre,
« Ce repaire abhorré d'olygarques sanglants,
« Qui des peuples meurtris absorbent les bilans,
« Et, pour voir prospérer leurs comptoirs séculaires,
« Epousent des tyrans les stupides colères ?...

« S'il en était ainsi, France ! tremble à ton tour :
« Tu n'échapperas aux serres du vautour
« Qui t'observe et retient son curvieuse haleine,
« Jusqu'au moment fatal où, dévorant la plaine,
« L'impétueux Baskir, le cosaque du Don,
« Promèneront sur toi la lance et le brandon,
« Et, recueillant le fruit de tes luttes rivales,
« Fouleront l'homme libre aux pieds de leurs cavales..... »
Nous attendrions ce jour. Honte ! déception !
Quand sous les faux semblants de modération,
L'égoïsme et la peur (ce monstre bicéphale),
Nous font superposer à la paix triomphale
Une paix besoigneuse et signée à genoux ;
L'orgueilleuse Albion se pâme... et rit de nous!

Ainsi, femme crois-moi, regagne l'Italie ;
Toi, chez qui le courage à la vertu s'allie.
Au spectacle énervant que t'offrent nos débats,
Tu verrais s'émousser ton ardeur aux combats.
Et ce duel sophistique où la patrie expire,
Pourrait t'inoculer nos mœurs du Bas-Empire.

G. BOUÉ.

MESSINE.

AUX PATRIOTES SICILIENS.

Exoriatur aliquis nostris ex ossibus ultor!

Guerre à mort! guerre à mort! c'est le cri de cinq jours :
Cinq jours, sous les efforts du bronze qui foudroie,
Messine a succombé. Mais le fer qui la broie
Ne peut broyer son peuple... Un peuple vit toujours!

Avancez, champions d'un monarque imbécille,
Qui, du vieux despotisme usant les vieux ressorts,
S'épuise à regretter avec le sang des morts
Son sceptre vermoulu sur l'arbre de Sicile.

Il ne fleurira pas : le cri des innocents,
Les malédictions du vieillard, de la veuve,
Et ce champ de douleur qui de mourir s'abreuve,
Flétriront ses rameaux en leur sève impuissants.

Entrez... mais, quel silence! à la horde assassine,
Nulle voix ne répond que la voix du trépas,
Et l'écho des débris qu'on foule sous les pas.....
Faut-il s'en étonner? — L'ordre règne à Messine!

L'ordre règne! c'est bien : Filanghiéri l'a dit.
Dans la cité déserte il doit en grande pompe
Publier les arrêts du maître à son de trompe...
Ressuscitera-t-il les morts par un édit?

L'ordre règne! sur qui? Sur la cohorte esclave,
Qui, du dernier Bourbon, seconde les projets.
Mais ce peuple, indocile au joug des vils sujets,
Hors du volcan muet s'agite, ardente lave...

Oh! porte dans les champs ta sainte liberté,
Messinois! reste fier et respire,... abrité
Sous la voûte du ciel, dont les vastes espaces
Et l'air pur dilatant le cœur des fortes races,
Leur donnent pour la mort un mépris souverain,
Qui du droit populaire élargit le terrain.
Tu dois le préférer au repos méphitique
Du serf qui s'alanguit sous la loi despotique,
Et ne peut espérer en ses foyers meurtris,
Que la honte ou la faim, l'insulte ou le mépris.
Ah! vivre ainsi, n'est pas vivre! c'est l'insomnie,
Le marasme énervant des âmes qu'on renie,
Les dévouant aux coups d'un sort immérité,
Dont Dieu même subit la solidarité...
Blasphème! Pharisiens de haut et bas étage,
Non, Dieu n'accepte pas le lugubre partage
Des mensonges dictés au nom du Saint des saints,
Dont votre ambition couvre ses noirs desseins.
Or, lorsque votre ligue, ivre de son orgueil,
Croit arriver au but... C'est lui qui leur inspire
Que vivre de la vie honteuse... c'est mourir!
Qu'autour de l'arche sainte il leur faut accourir
Pour combattre à l'abri de ses puissantes ailes,
Et venger l'attentat fait aux lois éternelles.....

Respirez l'air de vos campagnes,
Martyrs par l'orage battus!
A vos enfants, à vos compagnes,
Donnez l'essor de vos vertus :
A leurs larmes, à leur angoisse,
A ce désespoir qui les froisse,
Accordez vos pieux élans ;
Et lions envers qui les blesse,
Soyez agneaux pour la faiblesse
De leurs courages chancelants...

Soutenez la marche tremblante
De ces vénérables aïeux,
Qui, sur la ruine brûlante,
Tournent encor leurs tristes yeux...
Cruel moment! voir disparaître
Le doux foyer qui les vit naître
Et protégea leurs premiers ans,
Simples asyles où leurs pères,
Dans les bras de leurs fils prospères,
Sont morts calmes et bénissants!

Sur ces chers trésors de ton âme,
Veille, guerrier! et ce devoir
Lui rendra la divine flamme
Qui brille au foyer de l'espoir.
Ah! va, le Dieu des causes justes,
Qu'en ses décrets toujours augustes,
Les puissants bravent sans merci,
Te prouvera que sur la terre
Règne sa Providence austère,
Malgré leur orgueil endurci!

Mané! Thécel! Pharès!... c'est l'heure des orgies,
Des bachiques transports et des tables rougies
Par le mélange affreux et du sang et du vin ;
L'heure où, de toutes parts, bout l'ignoble levain
Des brutales chansons, du rapt, des infamies,
Que l'ivresse et le meurtre ont pour dignes amies.....
Calabre, Helvétien, Marin, Lazzaroné,
Aveugles instruments du bourreau couronné,
S'élancent pêle-mêle aux viles saturnales,
Battant insolemment le pavé de tes halles,
Messine! et tous leurs chefs joyeux applaudissants,
Mêlent leur folle joie à leurs cris frémissants,
Qui aiguillonnent la nuit et ses vives rafales,
Des flammes éclairant leurs marches triomphales.....

Hâtez-vous de jouir, esclaves pleins d'orgueil,
Sur ce sol qui s'apprête à vous faire un cercueil...
De ses flancs entr'ouverts vont jaillir des cratères
Destinés à venger les lois humanitaires,
Dont le peuple en ses mains porte les grands arrêts
Contre ses Balthazar! Mané! Thécel! Pharès!...

G. Boué.

Paris. — Imprimerie Lacour, rue Neuve-Soufflot, 11.
Stéréotypie de G. Jouss, rue du Temple, 22.

LES VEILLÉES LITTÉRAIRES ILLUSTRÉES

J. BRY AINÉ, ÉDITEUR, 21, RUE DES MATHURINS SAINT-JACQUES

L'ÉVANGILE DU PEUPLE

Par Alphonse Esquiros.

20 CENTIMES LA LIVRAISON

Dessiné par Ed. Frère. — Gravé par Rouget.

Ce livre est un captif qui brise les verrous et les barreaux de sa prison, un revenant qui soulève la pierre de son sépulcre. L'Évangile du peuple fut saisi et détruit en 1840. L'auteur paya de huit mois de prison et de 600 fr. d'amende l'audace d'avoir osé rattacher la tradition révolutionnaire à la tradition philosophique et religieuse. Le citoyen Alphonse Esquiros s'était fait dans ce livre démocratique l'apôtre de toutes les souffrances. Ce qu'il y a de plus étonnant, c'est que l'histoire complète de notre dernière et glorieuse révolution y est écrite page par page. Jamais ouvrage ne fut plus de circonstance que celui-là, surtout dans un moment où l'auteur est porté comme candidat aux élections de l'Assemblée nationale.

P. BRY.

PEUPLE, A TOI CE LIVRE !

A toi qui as le front courbé sur ton travail, à toi qui souffres de la faim, du dénûment ou de l'oppression, l'Évangile de l'Homme-Dieu qui naquit dans une étable et mourut sur une croix ! Depuis longtemps des hommes accoutumés à te tenir sous le joug interprétaient à leur usage et selon leurs intérêts le livre du Libérateur : Nous t'en apportons aujourd'hui l'esprit et la lettre dans toute leur énergique simplicité. Prends et lis !

La Cène.

En ce temps-là, un petit enfant naquit à Bethléem, ville de Judée. C'était un enfant du peuple. Son père exerçait, pour vivre, l'état de charpentier ; sa mère, quoique descendant du roi David, était pauvre, sans doute pour nous enseigner que nous méprisons souvent sous

T. I.

7

les haillons de la misère les rejetons de nobles et anciennes races. Le père de l'enfant se nommait Joseph, et la mère se nommait Marie. Comme ils n'avaient pu trouver de place pour eux à l'auberge, ils s'étaient réfugiés en une étable. Dans la société d'alors, comme dans la nôtre, il n'y avait pas de place pour le pauvre. C'est là que la mère, qui était grosse et qui était venue à Bethléem pour se faire enregistrer selon un édit de César-Auguste, accoucha. On enveloppa l'enfant de langes grossiers et on le posa dans une crèche. Un messie avait été promis. L'humanité, en souffrance, était alors dans une grande attente; le pauvre attendait une délivrance de ses maux, l'esclave attendait un sauveur. Aussi, ce petit enfant fut-il nommé Jésus, qui voulait dire, dans la langue des Juifs, *sauveur des hommes.* Sa mère, pendant sa grossesse, avait eu le pressentiment de cette mission; elle avait deviné qu'elle portait dans ses flancs l'auteur de la délivrance du monde, et elle s'était écriée, dans un accès de joie prophétique:

« Le Tout-Puissant a fait en moi de grandes choses, et son nom est saint! Il a déployé la force de son bras, il a dissipé ceux qui s'élevaient d'orgueil dans les pensées de leur cœur! Il a renversé les grands de leur trône, et il a élevé les petits! Il a rempli de biens les pauvres qui en manquaient, et il a renvoyé les mains vides ceux qui étaient riches! »

Nous allons voir que tout l'Évangile n'est que l'application et le développement de ce dessein.

La Providence avait préparé depuis longtemps l'avénement de Jésus-Christ sur la terre. Le Messie fut promis et porté en quelque sorte d'avance dans les flancs de la nation juive; ce fut une grossesse et un travail; le monde esclave souffrait à l'enfantement de son salut et de sa délivrance; l'humanité était en mal de Dieu. Il parut successivement dans le peuple juif des patriarches et des prophètes qui étaient en quelque sorte des essais de Messie. Mais le véritable promis des nations ne venait pas. Alors un homme qui avait des habits de poil de chameau et une ceinture de cuir sur les reins, qui vivait de sauterelles et de miel sauvage, se montra sur les bords du Jourdain. Alors une voix cria dans le désert. C'était celle de Jean le précurseur. Un précurseur est un homme dont la Providence se sert pour préparer les voies à un plus grand que lui qui doit venir. Jean avait l'inquiétude farouche de tous les avant-coureurs: il n'était pas encore le sauveur, mais il était celui qui marche devant sa face; il n'était pas la lumière, mais il venait pour l'annoncer et pour lui rendre témoignage; il n'était pas le jour, il était l'aube. Jean prêchait et baptisait. Sa doctrine était, par anticipation, celle du Sauveur lui-même; il parlait dans le même sens que lui, puisqu'il devait lui servir d'envoyé; Jean était l'exorde dont Jésus allait être le discours.

Or voici ce que Jean disait:

« Toute vallée sera remplie, toute montagne et toute colline sera abaissée, les chemins inégaux seront rendus unis, et l'on aplanira ceux qui sont rudes. Et toute chair verra le Sauveur qui est donné de Dieu. »

Puis, se tournant vers les pharisiens, qui étaient les grands et les puissants du peuple, et qui venaient à lui, il ajoutait:

« Race de vipères, qui vous a donc avertis de fuir la colère qui va tomber sur vous? Déjà la cognée est à la racine de l'arbre. »

Or les grands et les riches, effrayés, mais pas menacés, par cette colère prochaine qui devait les atteindre, par cette hache qui devait les couper comme du bois mort, s'écriaient et l'interrogeaient en disant: « Que faut-il donc que nous fussions? »

Et Jean leur répondait:

« Que celui qui a deux habits en donne un à celui qui n'en a pas, et que celui qui a de quoi manger en use de même. »

Jean les exhortait de la sorte à aller, par le sacrifice, au devant de cette révolution qui devait bouleverser tous les anciens privilégiés. C'était le moyen qu'il leur donnait pour fuir la colère à venir du peuple, *a ventura ira.* Or, à ces discours courageux, le pauvre peuple, qui attendait une délivrance et un changement, disait à Jean: « N'êtes-vous pas le Christ? » Et il répondait: « Non. » Il était, comme nous l'avons dit, la voix qui crie dans le désert et qui exhorte les esprits à la pénitence, c'est-à-dire à la réforme du passé, pour les préparer à recevoir la rénovation de l'avenir. Voilà dans quel sens, empruntant ses images aux lieux sauvages où il élevait la voix, au milieu des montagnes et des précipices, Jean annonçait que les grands, ces montagnes du peuple, seraient abaissés, et que les petits, ces humbles vallées, seraient comblées, et que toute la terre enfin s'aplanirait.

Le petit enfant qu'on nomma Jésus étant né à Bethléem comme nous l'avons raconté, l'ange du Seigneur, c'est-à-dire l'inspiration d'en haut, alla trouver, non les pharisiens, qui étaient les grands de la Judée, non les prêtres, qui étaient les princes du peuple, non Hérode, qui était roi, mais de pauvres bergers qui veillaient de nuit sur leurs troupeaux, et il leur dit:

« Ne craignez point, car je vous annonce une nouvelle qui remplira de joie tout le peuple. C'est aujourd'hui, dans la ville de David, il vous est né un sauveur qui est le Christ. La marque qui vous le fera connaître est ce que vous trouverez un enfant enveloppé de langes et couché dans une crèche. »

Après avoir annoncé aux bergers une grande joie pour le peuple, l'ange leur en indique le motif, qui est la naissance d'un petit enfant, en Israël, mais d'un petit enfant couché dans une crèche; et c'est là le signe qui fera reconnaître leur sauveur à ces pauvres gens! Le Libérateur de l'humanité souffrante devait en subir tous les maux et toutes les injures. La Providence semble en effet prendre plaisir à charger le petit enfant de toutes les misères et de tous les rebuts de la société; elle le fait naître Juif, et par conséquent en dehors du droit de citoyen (1); elle le tire de parents obscurs, et, pour plus d'abaissement, elle le jette, à son entrée au monde, dans une étable. Il devait en être ainsi; ce n'est jamais du sein de la grandeur et de l'opulence que peut sortir une protestation sérieuse contre les abus de la vieille société. Le Christ devait subir tous les affronts et passer lui-même par tous les esclavages, toutes les humiliations du pauvre, pour le glorifier dans sa personne et en affranchir un jour l'humanité. Le fait seul de l'extrême misère est une accusation de l'extrême richesse, et c'est cette accusation que Jésus-Christ est venu signer de son sang et de ses larmes. La crèche de petit enfant né à Bethléem protestait contre le berceau des enfants des grands, et voilà dans quel sens l'ange donne aux hommes du peuple la crèche comme un signe que cet enfant est vraiment leur sauveur, *et hoc vobis signum.* « C'est la crèche, c'est la misère, c'est la pauvreté de ce Dieu, dit Bossuet lui-même, qui nous montre qu'il n'est rien de plus méprisable que ce que les hommes admirent si fort. »

Or voici que les mages vinrent en ce temps-là, de très-loin, à Jérusalem, « qui demandèrent où est le roi des Juifs qui est né, car nous avons vu son étoile dans l'Orient et nous sommes venus l'adorer (2). » Ce titre de *roi* donné par les mages à cet enfant inconnu éveilla les soupçons d'Hérode. Son instinct de tyran lui fit deviner pour l'avenir un rival ou un ennemi dans ce nouveau-né. Il envoya donc tuer tous les enfants de deux ans et au-dessous. « Alors on entendit un grand cri dans Rama, des plaintes et des gémissements, Rachel qui pleurait ses enfants sans vouloir être consolée, parce que ses enfants n'étaient plus. » Cependant l'enfant échappa au massacre, ses parents l'ayant emmené en Égypte, où ils demeurèrent jusqu'à la mort d'Hérode. Le titre de *roi des Juifs* donné par les mages à l'enfant nouveau-né signifiait seulement que le Christ devait se faire un jour le chef de peuple par la persuasion et l'entraînement de sa doctrine. Or il convenait que cet enfant prédestiné à combattre l'autorité des maîtres de la terre rencontrât, à son entrée dans le monde, la persécution des rois. Si Hérode, de son côté, s'abandonna pour détruire cet ennemi naissant à l'un des abus les plus révoltants et les plus atroces du souverain pouvoir, c'est que, d'après les traditions mêmes des Juifs, le Messie devait être un libérateur du peuple et anéantirait le monde de la tyrannie.

Le jour où le père et la mère de l'enfant devaient l'apporter dans le temple, selon la loi des Juifs, pour le consacrer à Dieu, étant venu, ils offrirent deux tourterelles ou deux petites colombes. C'était le sacrifice des pauvres; les riches offraient un agneau. Or, il y avait à Jérusalem un homme juste et craignant Dieu, nommé Siméon, « qui vivait dans l'attente de la consolation d'Israël. » Il vint au temple ce jour-là, et, ayant pris l'enfant entre ses bras, il bénit Dieu en disant: « C'est maintenant, Seigneur, que vous laisserez mourir en paix votre serviteur, selon votre parole. Puisque mes yeux ont vu le Sauveur que vous nous donnez. Et que vous destinez pour être exposé à la vue de tous les peuples. » Le père et la mère de Jésus étaient dans l'admiration des merveilles que l'on racontait de lui. Siméon les bénit, et dit à Marie, sa mère: « Cet enfant est né pour la ruine et pour l'élévation de plusieurs en Israël et pour être en butte à la contradiction des hommes. Votre âme même sera percée par une épée, afin que les pensées contenues dans le cœur de plusieurs soient découvertes. » Un grand enseignement sort de tous ces détails. Qu'est-ce que Siméon? un pauvre sans doute, un homme du peuple, car il n'y a que ceux qui souffrent qui attendent avec angoisse et avec larmes une délivrance. Or Siméon était de ces Juifs proscrits et malheureux qui vivaient dans la grande inquiétude d'un sauveur. L'ayant reconnu dans ce petit enfant, il explique en quelques mots sa mission, qui est d'abattre les uns et de relever les autres. Mais ces renversements ne peuvent pas s'accomplir sans résistance: Siméon prévoit que cet enfant subira en lui les contradictions des hommes. Ceux qui commencent de tels ébranlements en sont presque toujours victimes. Abaissant alors les yeux vers la mère, pauvre femme qui doit avoir sa part de douleurs dans la grande

(1) La société se partageait alors en deux grandes classes, ceux qui étaient citoyens romains et ceux qui ne l'étaient pas; aux premiers revenaient de droit toutes les prérogatives, aux seconds toutes les injustices et toutes les exclusions. Jésus-Christ n'était pas citoyen romain.

(2) Les mages étaient des savants très versés aux sciences divinatoires qui prétendaient connaître, dans la position des astres, la naissance des enfants et leurs destinées. L'astrologie et toutes ces sciences humaines étaient proscrites chez les Juifs, qui n'ajoutaient foi qu'à la révélation de Moïse. L'étoile qui guida les mages aux pieds de l'Enfant-Jésus est une image de la pensée humaine et de la pensée divine, qui devaient se réconcilier dans le monde et réunir les Juifs et les Gentils.

affliction de son fils, il songe mélancoliquement au glaive qui lui percera l'âme. Mais cette douleur et cette affliction sont nécessaires ; elles serviront à faire sortir du cœur de plusieurs des pensées qu'y étaient jusque-là ensevelies dans l'ombre. Les révolutions sont préparées longtemps à l'avance dans le cœur des peuples, mais il faut un événement pour les attirer au dehors; la mort d'un martyr, la grande douleur du glaive, les souffrances de l'âme sont d'ordinaire les causes qui les excitent à se montrer, *ut revelentur ex multis cordibus cogitationes.*

Les premières années de Jésus n'eurent probablement rien de particulier, puisque l'Evangile ne nous en parle pas. Nous savons seulement qu'il vécut avec Marie et Joseph dans la pauvreté et dans le travail des mains. Il exerçait à Nazareth l'état de son père, qui était charpentier. Il demeura ensuite en Galilée. Cette première moitié obscure de sa vie s'écoula sans qu'on entendit parler de lui dans le pays. Cependant l'heure de se montrer était venue. Il se prépara à sa mission par la retraite et la solitude. Ayant été poussé par l'esprit dans le désert, il vivait avec les bêtes, au milieu d'une nature sauvage.

Jésus avait environ trente ans lorsqu'il commença à paraître. En sortant du désert, il était retourné en Galilée, et sa réputation commençait à se répandre par tout le pays. Il enseignait dans les synagogues, et tout le monde lui donnait de grandes louanges. Il alla aussi à Nazareth, où il avait été nourri, et, selon sa coutume, il entra au jour du sabbat dans une synagogue, où il se leva pour faire la lecture. Les synagogues des Juifs n'avaient rien de commun avec le temple : c'étaient des salles de conférences où l'on se réunissait pour entendre lire et commenter la Bible. On présenta à Jésus le livre du prophète Isaïe ; l'ayant ouvert, il tomba sur l'endroit où ces paroles étaient écrites : « L'Esprit du Seigneur s'est opsé sur moi; il m'a sacré par son onction, il m'a envoyé pour prêcher l'Evangile aux *pauvres*, pour guérir ceux qui ont le *cœur brisé.* » Pour annoncer aux *captifs* leur *délivrance* (2) et pour rendre la vue aux aveugles, pour émanciper ceux qui sont dans l'oppression, pour publier l'année favorable du Seigneur et le jour où il se vengera. » Ayant fermé le livre, il le rendit au ministre et il s'assit. Toute l'assemblée avait les yeux arrêtés sur lui. Et il commença à leur dire : « C'est aujourd'hui que cette écriture que vous venez d'entendre est accomplie. »

Jésus demeurait alors à Capharnaüm, ville maritime. Le temps était venu de choisir quelques hommes pour l'aider dans son ministère. Le prit-il parmi les riches, les savants et les grands du pays? Un jour, marchant le long de la mer de Galilée, il vit deux frères, Simon, surnommé Pierre, et André, qui jetaient leurs filets dans la mer, car ils étaient pêcheurs, et il leur dit : « Suivez-moi et je vous ferai pêcheurs d'hommes. » Aussitôt ils laissèrent leurs filets et suivirent Jésus. De là, s'avançant, il vit deux autres frères, Jacques, fils de Zébédée, et Jean, son frère, dans une barque avec Zébédée, leur père, qui raccommodaient leurs filets, et il les appela. A l'heure même ils laissèrent leurs filets et leur père pour suivre Jésus. Voilà donc les premiers apôtres ! quatre pauvres pêcheurs tachés de goudron et mouillés d'eau de mer ! Ce sont des hommes du peuple, ces mariniers qui devaient prendre le monde dans le filet de la sainte parole. Jésus étant rentré ensuite dans la ville vit un homme nommé Mathieu assis au bureau des impôts, auquel il dit : « Suivez-moi. » Aussitôt il se leva et le suivit. Jésus en ramassa de la sorte douze dont voici les noms: Pierre, André, Philippe, Mathieu, Thomas, Jacques (fils d'Alphée), Thadée, Simon-le-Cananéen, Jacques et Jean, deux frères qu'il surnomma Boanerges, c'est-à-dire enfants du tonnerre, et Judas Iscariote, qui fut celui qui le trahit. C'étaient tous des hommes de basse condition. Un scribe, c'est-à-dire un puissant et un lettré du pays, s'étant offert à suivre Jésus, celui-ci le refusa. « Les renards ont des tanières, lui dit-il pour le détourner, et les oiseaux du ciel ont des nids, mais le Fils de l'homme n'a pas où reposer sa tête. » Et cet homme s'en alla. L'œuvre de l'Evangile, qui est une œuvre d'affranchissement, ne pouvait être exécutée que par des instruments tirés du peuple. Ce n'est pas avec ceux qui sont déjà libres qu'on détruit l'esclavage, ni avec ceux qui ont de grands biens qu'on attaque les excès de la richesse. Un certain homme riche s'étant présenté à Jésus: « Si vous voulez être parfait, lui dit celui-ci, allez, vendez tout ce que vous avez et le donnez aux pauvres, « et après cela venez et suivez-moi. » Mais ayant entendu cette parole il se retira tout triste, car il avait de grands biens. Et Jésus le laissa aller. Ce libérateur savait qu'on ne combat pas une vieille société avec des hommes qui ont trempé dans les richesses et ses jouissances, ni qu'on ne refait pas une société nouvelle avec les débris d'une ancienne aristocratie.

« Jésus allait par toute la Galilée, enseignant dans les synagogues et prêchant l'Evangile du royaume. » Il faut s'entendre sur ce royaume dont Jésus parle sans cesse et dont il venait annoncer la bonne nouvelle aux nations. « Le royaume de Dieu, dit-il quelque part, est au dedans de vous,» et, suivant un autre texte, « entre

(1) Quand le christianisme sera tout-à-fait entré dans la société il en chassera les bagnes et les prisons.

vous. » C'est donc sur la terre et parmi les hommes que doit s'établir ce royaume, ou, autrement dit, cette société. Dans la prière que Jésus recommande à ses disciples il explique sa pensée en ces termes : « Notre Père qui es aux cieux, que ton règne arrive, que ta volonté soit faite sur la terre comme dans le ciel. » Il veut donc que le chrétien hâte de sa prière et de ses vœux l'avènement de ce règne qui refera la terre à l'image du ciel, et, à ce propos, il nous indique la voie par laquelle ce royaume entrera dans le monde : « Remettez-nous nos fautes comme nous les remettons nous-mêmes à ceux qui nous ont offensés! » C'est par le pardon et la bienveillance que le royaume de Dieu arrivera, c'est lorsque la société remettra à chacun ses fautes, déliera tout ce qui était lié, et recevra dans son sein tous les pécheurs, après une réforme morale. Dans une autre circonstance Jésus-Christ éclaire encore plus nettement sa pensée. Un scribe lui ayant parlé en ces termes : « Il n'y a qu'un seul Dieu et il n'y en a point d'autre; l'aimer de tout son cœur, de toutes ses forces et de toute son âme, et aimer son prochain comme soi-même, c'est quelque chose de plus grand que tous les holocaustes. » Jésus lui répondit : « Vous n'êtes pas loin du royaume de Dieu. » C'est-à-dire, vous n'êtes pas loin des principes qui doivent établir le règne du bien sur la terre, puisque vous reconnaissez l'unité divine et l'amour universel, qui sont les deux plus grandes lois de la société. Que ce royaume de Dieu soit bien véritablement un royaume terrestre qui doive commencer dans le temps pour se continuer ensuite dans l'éternité, c'est ce qui résulte jusqu'à l'évidence des paroles mêmes de Jésus-Christ : « Je vous dis, en vérité, que quiconque ne laisse sa maison, ou ses frères, ou ses sœurs, ou son père, ou sa mère, ou ses enfants, ou ses terres, pour l'amour de moi et de l'Evangile, qui maintenant et dès ce temps-ci (1) n'en reçoive cent fois autant, et qui n'ait des maisons, des frères, des sœurs, des mères, des enfants et des terres avec des persécutions, et dans le siècle à venir la vie éternelle. » Ceci contient deux genres de promesses bien distinctes pour ceux qui se dévouent aux persécutions dans un sentiment d'humanité. Jésus-Christ les exhorte à quitter leur famille, leurs biens, leur maison, parce que, au lieu de la lutte, ils trouveront dès cette vie, dans la société nouvelle, où tout aura organisé selon la justice, une ample compensation aux maux qu'ils auront soufferts. Ils y trouveront d'autres frères, d'autres biens et d'autres maisons à la place de tout ce qu'ils auront quittés ; car la grande famille humaine étant constituée selon l'ordre équitable, tous les hommes seront frères, tous posséderont des biens et habiteront des maisons. Enfin, cette société d'amour, d'unité, de justice commencée sur la terre se continuera dans la vie à venir, *et in futuro vitam æternam.* Voilà donc la société terrestre, d'après l'interprétation même du Christ, dans ce mot : « royaume de Dieu. » Sur la terre c'est une société humainement organisée où chacun, se rattachant de toutes ses forces à Dieu, qui est l'unité, aimera son prochain comme soi-même. Dans le ciel c'est le développement éternel et infini de cette société d'amour. Jésus-Christ est venu essayer le paradis à la terre.

Cependant Jésus-Christ ne se dissimule pas les obstacles que rencontrera ce royaume et la peine qu'il aura à s'établir dans le monde : « Le royaume de Dieu, dit-il, souffre résistance, et il n'y a que les violents qui l'emportent. » La lutte que nous subissons à cette heure pour fonder une société juste et humaine est prédite à chaque page de l'Evangile : « La voie qui mène à la vie, dit le Rédempteur, est étroite. » « Depuis dix-huit siècles, en effet, que nous nous efforçons nous n'avons pas encore pu y pénétrer. Les peuples se tiennent toujours sur le seuil, essayant de forcer le passage difficile, et toujours repoussés par l'embouchure étroite de ce nouveau royaume. Il y a eu jusqu'ici dans le monde des chrétiens, mais il n'y a pas encore une société chrétienne. Toutefois Jésus ne laisse pas que de nous exhorter à la lutte. « Efforcez-vous d'entrer, nous dit-il, par la porte étroite. » Il ne nous cache, au reste, aucune des tribulations que nous aurons à souffrir pour en arriver là ; et il nous les prédit à l'avance, afin que nous n'en soyons pas découragés. « Alors on vous livrera aux juges pour être tourmentés, et ils vous feront mourir. Le monde vous haïra comme il m'a haï moi-même le premier. » Cependant le Sauveur nous promet que, dans cette lutte laborieuse, l'avantage restera aux siens, c'est-à-dire aux hommes qui auront vaillamment milité comme lui pour la sainte cause des révolutions, à ceux qui auront porté jusqu'au bout, sur leurs épaules, la lourde croix de l'humanité souffrante (2). « Ayez confiance, s'écrie-t-il, j'ai vaincu le monde ! » Et ailleurs : « Lorsqu'une femme enfante, dit-il, elle est dans la tristesse, parce que son heure est venue ; mais, lorsqu'elle est accouchée d'un fils, la joie qu'elle a de ce qu'un enfant est né lui fait oublier ses douleurs. » La France est maintenant cette mère en travail qui souffre et qui gémit dans les angoisses de l'enfantement. Mère, prends courage, l'enfant de tes entrailles sera beau, et la joie de l'avoir mis au monde séchera toutes les larmes dans tes yeux !

(1) *Nunc et in tempore hoc.*
(2) Quiconque ne porte pas sa croix et ne me suit pas ne peut pas être mon disciple (Luc, v. iv, 127).

Jésus-Christ nous enseigne clairement la puissance qui fera résistance au nouveau royaume et l'ennemi que nous devrons combattre : ce sera « le prince du monde. » Si cette société nouvelle apportée par le Christ doit en effet rencontrer des obstacles, c'est surtout dans le chef de ce vieux monde qu'elle vient détruire. De là ce grand duel prédit à chaque instant par le Christ entre ses disciples et le monde : « Vous n'êtes pas du monde, leur disait-il. Si vous eussiez été du monde, le monde eût aimé ce qui est été à lui : mais le monde vous hait, parce que vous n'êtes pas du monde et que je vous ai choisis et tirés du monde. » Jésus-Christ avait extrait ses disciples de l'ancienne société pour les initier à une société nouvelle, qu'ils devaient répandre ensuite sur toute la terre. Telle est la cause de la haine que les gouvernements leur porteront ; car les gouvernements haïssent toujours les hommes généreux qui tentent la réforme et le bonheur de l'humanité. Mais celui qui apportera le plus de passion dans cette lutte sera le chef du vieux monde, puisque ses intérêts sont les plus menacés : aussi Jésus-Christ nous déclare-t-il que ce chef va « être déchaîné. » Par ce prince ou ce chef du monde Jésus-Christ entend le pouvoir souverain, représenté dans un homme.

Au reste, Jésus-Christ nous déclare que sa sentence est portée, et que sa ruine entraînera celle de l'ancienne société tout entière. « Lorsque le consolateur viendra, nous dit-il, il convaincra le monde, car le prince du monde est déjà condamné. » Mais cette sentence de condamnation ne recevra son entier développement que par l'expulsion et le bannissement de ce pouvoir. « Maintenant, ajoute Jésus-Christ, le prince de ce monde sera-t-il chassé dehors. »

Si Jésus-Christ se déclare en lutte avec le monde, c'est qu'il sait que, pour introduire son royaume, il lui faudra changer toutes les anciennes institutions et refaire entièrement la société à neuf. « Personne, dit-il, ne coud une pièce d'étoffe neuve et rude à un vieux vêtement, parce que la pièce neuve emporte l'autre et que la déchirure en devient plus considérable. » « Personne ne met de vin nouveau dans de vieilles outres, parce que le vin se répandrait. » Là est la théorie de toutes les révolutions qui depuis dix-huit siècles agitent le monde. On a essayé de recoudre le christianisme aux institutions du vieux monde. On a voulu injecter les idées de l'Évangile dans les monarchies, qui sont de vieilles outres payennes. Mais ce que le Christ a prédit arrivera : La pièce neuve et rude cousue au vieux manteau de pourpre usé en augmentera la scissure ; le vin des nouveaux principes de liberté et de fraternité humaine mis dans les anciennes institutions sociales les fera éclater. Jésus-Christ disait donc vrai quand, dans un sentiment d'allégresse et de triomphe pour ses frères, il s'écriait : « J'ai vaincu le monde ! » Oui, la ruine du vieux monde est désormais imminente. Vous rencontrerez bien encore quelques obstacles, vous qui combattrez pour la victoire des idées chrétiennes ! « On vous citera devant les tribunaux, et le jour approche où ceux qui vous tueront croiront être agréables à Dieu. » Mais nous vous répéterons avec le Christ : « Ayez confiance ! » Ne vous laissez pas intimider ni décourager, vous qui luttez pour la grande cause des peuples ! vous retrouverez au centuple ce que vous aurez laissé pour elle, maisons, biens, famille, et, si vous perdez même votre vie, vous la sauverez, car c'est encore vivre que de mourir pour l'humanité.

Cependant les grands de la nation ne cessaient d'exciter le peuple contre Jésus et de l'engager à lui jeter des pierres. Voyant que les voies de faits ne réussissaient pas, ils eurent recours à la calomnie et à la diffamation. Les scribes cherchaient à le faire passer pour fou, *insanit*. Les scribes et les pharisiens l'ayant surpris plusieurs fois à manger et à boire avec des hommes du peuple lui firent une réputation d'ivrogne, *potator vini*. Sa propre famille, dont il avait plus d'une fois essuyé les dérisions et les outrages, voulut le faire mettre en interdit. « Étant venu à la maison, dit l'Évangile, il s'y assembla de nouveau tant de peuple que Jésus et ses disciples ne pouvaient prendre leur repas. Mais ses parents ayant appris ils vinrent pour se saisir de lui, car ils disaient qu'il était aliéné d'esprit. » Les habitants même de Nazareth, où il avait été élevé, le chassèrent hors de la ville et le menèrent jusque sur le haut de la montagne où elle était bâtie, voulant le précipiter. Mais Jésus, passant au milieu d'eux, allait.

Cette vie de persécutions est celle de tous les révolutionnaires, et Jésus n'en promet pas une plus douce à ses disciples. « Gardez-vous des hommes, leur dit-il, car ils vous livreront aux juges ; ils vous mèneront devant les gouverneurs et devant les rois à cause de moi. » Jésus sait que cette œuvre de l'émancipation du monde est une croix, et il déclare que quiconque ne se décide pas à la porter n'est pas digne de le suivre. Il sait que cette révolution de l'humanité est un calice, et il déclare que quiconque n'y boira pas n'aura point sa part ensuite dans le grand banquet. Pierre ayant voulu le détourner de boire le premier à ce calice amer, « Jésus, le regardant par dessus l'épaule, lui dit : Allez, satan, ôtez-vous de devant moi ! vous m'êtes à scandale ! Si quelqu'un veut me suivre, qu'il renonce à soi-même, qu'il porte sa croix et qu'il marche sur mes pas ! » Le renoncement à soi-même, c'est-à-dire le sacrifice de l'égoïsme individuel à l'intérêt de l'humanité, est la première condition de tout vrai révolutionnaire. Jésus veut qu'on immole au succès de cette grande cause jusqu'aux affections les plus tendres de la famille : « Celui qui aime son père ou sa mère plus que moi, dit-il, n'est pas digne de moi, et celui qui aime son fils ou sa fille plus que moi n'est pas digne de moi. » Il est bon de remarquer qu'ici et dans plusieurs autres endroits que nous aurons occasion de citer, Jésus-Christ se donne comme le représentant de l'humanité. C'est dans ce sens qu'il se fait appeler le fils de l'homme, *filius hominis*. « J'ai fait connaître votre nom aux hommes, dit-il encore dans une prière à Dieu, afin que vous les aimiez de l'amour dont vous m'avez aimé, étant moi-même en eux. » L'humanité en progrès et en révolution est donc la forme visible de Jésus-Christ. C'est à ce titre de représentant de l'humanité que Jésus demande qu'on se sacrifie à lui, et qu'on renonce pour le suivre à tout le reste. Mais à ces maux, à ces persécutions, à ces affronts sans nombre qu'il faut subir pour suivre les traces de Jésus-Christ sur cette voie épineuse du dévouement, le grand Rédempteur oppose une compensation sublime qui les balance tous : « Celui qui aura persévéré jusqu'à la fin, dit-il, sera libre ! »

La preuve de la doctrine de Jésus-Christ était toute démocratique, c'est qu'elle n'était reçue que par le peuple, et encore par le bas peuple. « Y a-t-il, disaient les principaux de la nation aux archers qu'ils avaient envoyés pour arrêter Jésus, quelqu'un des seigneurs ou des pharisiens qui ait cru en lui ? Car, pour cette populace qui l'écoute, tout le monde sait qu'elle est maudite de Dieu. » Quels étaient en effet ceux qui suivaient Jésus ? Des pêcheurs de la mer de la Galilée, des ouvriers, des pauvres, toute une tourbe affamée d'hommes sans pain et sans argent auxquels le Sauveur disait lui-même : « Ce n'est point à cause de mes miracles que vous me cherchez, mais parce que vous avez mangé de mes pains et que vous avez été rassasiés. » C'étaient encore des malades, des fous, des lunatiques, des affligés dont Jésus-Christ guérissait toutes les langueurs ; c'étaient des publicains, des hommes de mauvaise vie, des pêcheurs, des débauchés, des ivrognes, des gens mal famés dans le pays avec lesquels il frayait en public. « Et un homme riche appelé Zachée, chef des publicains (1), qui cherchait le moyen de voir Jésus et de le connaître, mais qui en était empêché par la foule parce qu'il était fort petit, prenant le devant, monta sur un sycomore pour le voir en un endroit où il devait passer. Jésus étant arrivé en ce lieu-là le regarda et lui dit : Zachée, descendez promptement, parce que je dois loger aujourd'hui chez vous. Il descendit promptement et le reçut avec grande joie. Tout le peuple l'ayant vu aller murmura de ce qu'il était allé loger chez un pêcheur. Mais Zachée, se présentant devant le Seigneur, lui dit : Seigneur, je déclare que je donne la moitié de mon bien aux pauvres, et que, si j'ai fait tort de quelque chose à quelqu'un, je lui en rends quatre fois autant. Alors Jésus lui dit : Le salut entre aujourd'hui dans cette maison, parce que celui-ci même est aussi enfant d'Abraham. » Ce salut était une réintégration. Jésus annonce à ce publicain en dehors de la société, qu'il va le relever aux yeux des hommes et le faire rentrer dans la grande famille, « car lui aussi est un enfant. » Réhabiliter toutes les conditions, faire remonter toutes les charges à l'estime publique, effacer d'entre les hommes ces distinctions d'état et de naissance qui les divisent, voilà toute la mission du Christ. « Or Jésus, dit ailleurs l'Évangile, étant allé manger dans la maison de Mathieu, il y vint plusieurs publicains et pêcheurs manger avec Jésus et ses disciples. Les pharisiens s'en étant aperçus dirent à ses disciples : Pourquoi votre maître mange-t-il avec les publicains et les pêcheurs ? Jésus leur répondit : Je ne suis pas venu appeler les justes, mais les pêcheurs ; car je suis venu sauver ce qui avait péri. » Il y avait en effet, à la venue du Christ, toute une grande portion de l'humanité qui était morte. L'esclave, le pauvre, le publicain, la pêcheresse ne prenaient à la vie que ses misères ou ses affronts ; ils avaient péri à tout le reste, à l'estime, à la fortune, aux honneurs, à tout, en un mot, ce qui vaut la peine de vivre. On peut dire qu'une grande moitié de la société n'existait pas, *perierat*.

Le pauvre peuple est encore chez nous dans ce même état de mort civile et de dépérissement. Or, cependant, Jésus-Christ est venu ressusciter ce qui était mort, et appeler les pêcheurs, les proscrits, les anathèmes à entrer, à la réforme de leur conscience, en communion avec les justes. C'est pour cela qu'il traînait à sa suite toute cette famille de perclus, de gueux, de pêcheurs, de débauchés, de lépreux, de publicains mangeants et buvants. Il voulait faire entrer toute cette bande à sa suite dans le nouveau royaume. C'était là son œuvre et son peuple de prédilection ; car, voulant faire entendre à Jean et à ses disciples qu'il était le Christ, Jésus ne trouve pas de meilleur argument que celui-ci : « Allez rapporter à Jean ce que vous avez ouï et ce que vous avez vu ; que les aveugles voient, les boiteux marchent, les lépreux sont guéris, les sourds entendent, les morts ressuscitent, et que l'Évangile est prêché aux pauvres. » Ceci est en effet un témoignage au-dessus même des miracles ; oui, le Christ est venu du moment que le pauvre a reçu la bonne nouvelle de sa délivrance ; et comme le Sauveur sait que cette œuvre de l'élévation du pauvre, du petit, du faible, de l'humilié, du pêcheur ren-

(1) Les publicains chargés chez les Juifs du prélèvement des impôts étaient des gens mal vus.

contrera une vive opposition de la part de l'ancienne société, il ajoute : « Bienheureux celui à qui je ne serai point un sujet de scandale ! » Itien en effet de plus scandalisant pour les oreilles des riches que la doctrine du Christ, et voilà pourquoi ils avaient sans cesse, en l'écoutant, le blasphème à la bouche ou la pierre à la main. L'Évangile nous dit cependant que plusieurs même d'entre les principaux des Juifs crurent en lui ; mais, à cause des pharisiens, ils ne le confessaient pas, de peur d'être chassés de la synagogue. « Car ils aimèrent plus, ajoute le texte, la gloire des hommes que la gloire de Dieu. » D'où il suit qu'il y avait de la honte, aux yeux des Juifs, à se déclarer pour ce chef de la populace qui prétendait détruire les prérogatives des grands. [Qu'est-ce alors qui confessait Jésus-Christ devant les hommes? Un mendiant des rues, pauvre aveugle auquel le Sauveur avait ouvert les yeux, une Juive nommée Madeleine qui avait fait commerce de son corps, une Samaritaine débauchée, des lépreux, des démoniaques, des infirmes, des pauvres, des vagabonds, en un mot, tous ceux qui souffraient, tous ceux que le vieux monde avait rejetés et qui, comme la Samaritaine du puits, attendaient dans sa angoisses du cœur une réhabilitation. « *Christus cum venerit, restituet omnia*, lorsque le Christ viendra, disait-elle, il rétablira toutes choses. » Et Jésus lui répondit : « Il est venu ! »

Ceux qui s'entêtent, contre toute raison, à voir dans ces mots de *royaume de Dieu* un autre sens que celui que nous lui avons donné et qui l'entendent de la fin des temps font mentir Jésus-Christ ; car Jésus-Christ disait à ceux qui l'écoutaient : « Je vous dis, en vérité, qu'entre ceux qui sont ici il y en a quelques-uns qui ne mourront point qu'ils n'aient vu venir le Fils de l'homme dans son règne. » Or, voici bientôt dix-neuf siècles de cela, tous les Juifs du temps de Jésus sont morts, et la fin des temps n'est pas venue. Jésus prétendait donc uniquement annoncer que quelques-uns de ses auditeurs verraient les commencements d'une société conforme aux idées de l'Évangile. Cette société que les Juifs contemporains du Christ ont vue naître, c'est l'Église primitive. Or l'Église est, comme nous le démontrerons dans la suite, la matrice de la grande société humaine. Dans un autre endroit Jésus, pour faire encore bien comprendre que le royaume de Dieu était de ce temps et de ce monde-ci, dit aux grands des Juifs : « Je vous déclare que le royaume de Dieu vous sera ôté et qu'il sera donné au peuple qui en produira les fruits. » Ce que les chefs et les pharisiens, signés du même évangéliste, ne manquèrent pas de s'attribuer. En effet, ce royaume nouveau n'était point pour eux. Le royaume dont parle Jésus-Christ n'est point pour les riches, car l'accumulation des biens de la terre n'y sera pas admise. Nous avons déjà raconté l'histoire de ce riche qui avait voulu s'attacher à Jésus-Christ, et qui s'en alla tout triste parce que le Sauveur lui avait ordonné de vendre ses possessions et d'en distribuer le prix aux pauvres. Plusieurs hommes, de nos jours, poussés par le cri de leur conscience, s'approchent ainsi des révolutions, mais ils s'en retirent bientôt, tristes et intimidés, parce qu'ils possèdent de grands biens. « Il est plus facile, dit-à ce propos Jésus-Christ, à un câble d'entrer dans le trou d'une aiguille qu'à un riche d'entrer dans le royaume de Dieu. » Le royaume dont parle Jésus-Christ n'est pas non plus pour les grands, car l'orgueil et l'ancienne distinction du rang n'y seront pas reçus. Ceux qui tiennent maintenant le premier rang occuperont alors le dernier de tous. Le royaume dont parle Jésus-Christ n'est pas non plus pour les scribes, ni les docteurs, ni les prêtres, qui veulent faire poser leurs opinions sur la multitude, car l'esclavage de l'intelligence y sera aboli. « Si votre justice, dit Jésus-Christ, n'est pas plus grande que celle des scribes et des docteurs de la loi vous n'entrerez pas dans le royaume de Dieu. » Quels sont donc ceux alors qui entreront les premiers dans ce royaume, dans cette terre promise sociale que Jésus-Christ est venu annoncer au monde? Ce seront les pécheurs, les publicains, les pauvres, les femmes repenties ; tous ceux et celles qui auront traversé durement et à la sueur au front pendant des siècles le désert aride de notre société. « Je vous déclare, en vérité, disait-il, que le temple aux chefs des prêtres et aux anciens du peuple, que les publicains et les femmes débauchées vous devanceront dans le royaume de Dieu. »

La doctrine du Christ était si pure, qu'il pouvait descendre vers toutes les infirmités et vers toutes les dégradations morales, sans se souiller.

« En ce temps-là, dit l'Évangile, Jésus-Christ commença à prêcher la pénitence et le royaume de Dieu. » Qu'est-ce que cette pénitence, sinon la réforme de l'ancienne société et le commencement d'un royaume nouveau qui sera celui de Dieu, car Dieu est là où se trouvent la liberté et la justice? Or Jésus n'est point révolutionnaire à demi ; il ne veut pas seulement introduire dans l'ancien monde des améliorations et des progrès ; non, il veut le détruire de fond en comble ; il veut déraciner toute végétation de la vieille société pour faire une plantation entièrement nouvelle. « Tout arbre, dit-il, qui n'a pas été planté par mon Père céleste sera arraché. » Il ne restera rien de la société telle qu'elle est constituée. Et, en effet, qu'en pourrait-il rester ? car tout est en opposition sur tous les points avec l'Évangile. Votre société dit au pécheur et à la pécheresse : Anathème ! Jésus-Christ dit : Miséricorde. Votre société dit

aux petits : Honneur aux grands ! Jésus-Christ dit : Les grands seront abaissés et les petits seront élevés. Votre société dit au coupable par la voix des tribunaux : Justice ! Jésus-Christ lui dit : Repentez-vous? Votre société dit : Heureux les riches ! Jésus-Christ dit : Heureux les pauvres ! Votre société dit aux révolutionnaires : Calmez-vous! Jésus-Christ leur dit : Je suis venu apporter le feu et je veux qu'il s'allume ! Votre société dit à ses sergents : Désarmez le peuple ! Jésus-Christ dit au peuple : Vendez votre blouse et achetez une épée ! Vous voyez donc bien que votre société ne peut durer en présence de l'Évangile, et qu'elle sera arrachée comme un arbre mort et jetée au feu.

Qu'est-ce alors qui la remplacera? Écoutez: « Le royaume de Dieu est semblable à un homme qui, mariant son fils, envoya ses serviteurs pour appeler aux noces ceux qui y étaient invités, mais ils n'y voulurent pas venir. Il leur envoya de nouveau d'autres serviteurs pour leur dire : J'ai fait apprêter mon dîner ; l'on a tué les bœufs et tout ce que j'avais fait engraisser; tout est prêt, venez aux noces. Mais, ne s'en mettant point en peine, ils s'en allèrent un à sa terre, un autre à son commerce. Le serviteur, s'en étant retourné, rapporta toutes ces choses à son maître. Alors le père de famille, s'en fâchant, dit à son serviteur : Allez promptement dans les places et dans les rues de la ville, et faites venir ici les pauvres, les estropiés, les aveugles et les boiteux. Les serviteurs étant allés dans les grands chemins, assemblèrent tous ceux qu'ils y trouvèrent *bons et mauvais*. Alors le maître dit aux serviteurs : Allez dans les chemins et le long des haies, et pressez ceux que vous y trouverez d'entrer, afin que ma maison soit remplie. Alors je vous déclare qu'aucun de ces hommes qui ont été conviés n'aura part à mon souper ! » Que celui qui a des yeux voie, et que celui qui a des oreilles entende. Jésus vient de nous donner la grande réponse à cette question : Qu'est-ce qui remplacera les invités et les conviés actuels de la société? Ce seront les pauvres, des infirmes, des délaissés, des bons et des mauvais, toutes sortes de gens ramassés dans les carrefours ou au coin des rues, tous ceux, en un mot, que la vieille société oubliait et qu'elle n'avait point invités à son festin. De mauvais, ils seront devenus bons par la réforme de leur conscience. A ceux-là maintenant les honneurs et les places au banquet de la grande maison. A ceux-là les bœufs gras, les sièges et les préparatifs du festin. A ceux-là les caresses et les prédilections du père de famille, car ils sont les enfants de la souffrance. Trop longtemps ils ont erré nu-pieds au bord de la mer et le long des grands chemins; trop longtemps ils ont traîné leur misère, vagabonde autour des villes ou dans les rues ; il est juste qu'ils s'assoient maintenant et qu'ils festinent ; Car après la douleur vient la joie, après la pourriture du grain le brin d'herbe verte, après la grossesse l'enfantement.

En ce temps-là Jésus-Christ dit encore une autre parabole : « Il y avait un homme riche qui était vêtu de pourpre et de lin et qui se traitait splendidement tous les jours. Il y avait aussi un pauvre nommé Lazare, couché à la porte du riche, tout plein d'ulcères, qui eût bien voulu se rassasier des miettes qui tombaient de la table du riche, mais personne ne lui en donnait, et les chiens venaient lécher ses ulcères. Il arriva que le pauvre mourut et qu'il fut porté par les anges dans le sein d'Abraham. Le riche mourut aussi, et il fut enseveli dans l'enfer. Lorsqu'il était dans les tourments il leva les yeux, et il vit de loin Abraham et Lazare dans son sein, et s'écriant, il dit : Père Abraham, ayez pitié de moi, et envoyez Lazare, afin qu'il trempe le bout de son doigt dans l'eau pour me rafraîchir la langue, car je souffre dans cette flamme ! Abraham lui dit : Mon fils, souvenez-vous que vous avez reçu vos biens pendant votre vie, et que Lazare n'y a eu que des maux ; maintenant il est consolé, et vous êtes tourmenté. »

Quel est le but de cette parabole, sinon de promettre aux souffrances du pauvre une compensation ? Cette compensation a pour place d'abord le ciel après la mort. La foi en un Dieu juste et ami du pauvre est comme une main invisible qui soulage et allège bien des fardeaux. Toutefois, comme nous avons vu ailleurs que l'annonce du royaume de Dieu contient un double sens, présent et futur, cette parabole a également deux issues; elle touche à la fois aux temps et à l'éternité. Cette compensation, par laquelle « celui qui aura reçu des biens recevra des maux, et celui qui est dans les tourments sera consolé, » aura lieu un jour dans ce monde-ci quand le monde sera reconstitué selon l'Évangile ; et Dieu alors se réjouira et sera sanctifié, car il ne peut pas avoir de plus grande joie que de voir la terre se refaire à l'image du ciel. Alors Lazare, rongé d'ulcères et affamé des miettes de pain qui tombent sous la table du riche, sera élevé dans le sein du Père de famille, alors le riche souffrira et s'agitera dans les flammes de sa colère. « Car, comme le dit l'Évangile, maintenant et dès ce temps-ci, *nunc et in tempore hoc*, plusieurs de ceux qui étaient à la queue viendront à la tête. » De la part de Jésus, mon maître, bon espoir et consolation à vous, ô Lazares, mes frères ! Bon espoir et consolation à vous, petits mendiants qui, couchés à la porte des riches, pleins de vermine et de plaies, êtes léchés par les chiens ! Bon espoir et consolation à vous tous qui souffrez de la faim, de la pluie et du vent aux marches des palais ! Bon espoir et consolation à vous tous qui êtes pauvres !

Si vous vivez vous verrez la grande régénération humaine qui réparera et récompensera tous vos maux; si vous mourez vous aurez le ciel!

Jésus, interrogé par les pharisiens quand le royaume de Dieu devait venir, leur répondit : « Il n'y aura point de marques par lesquelles on connaisse quand le royaume de Dieu viendra. On ne dira point : Il est ici, ou il est là ; car sachez bien que le royaume de Dieu est au-dedans de vous. » C'est dans l'humanité, et au sein de chaque homme en particulier, que doit se développer ce royaume. Il a commencé à Jean et à Jésus-Christ. « La loi et les prophètes ont duré jusqu'à l'avénement de Jean : depuis ce temps-là jusqu'à aujourd'hui le royaume de Dieu est évangélisé, et chacun fait violence pour y entrer. » Cette société n'existe encore qu'au dedans de quelques hommes. Toutefois, la masse fait violence pour y parvenir, *omnis in illud vim facit*. Ces efforts et ces violences de chacun se manifestent, surtout depuis trente ans, parmi nous par les révolutions. Or, Jésus nous enseigne clairement par qui seront faites ces révolutions et au profit de qui elles tourneront, il nous dit que la vigne plantée et cultivée sera retirée des mains des vignerons qui en cueillaient les grappes et qu'elle sera donnée à d'autres. Et comme les grands du peuple, voyant qu'il en avait à eux, s'écrièrent, après avoir ouï ces choses : A Dieu ne plaise! Jésus les regarda en face : « La pierre que les architectes avait rejetée, leur dit-il, a été mise au haut de l'angle. Celui qui tombera sur cette pierre en sera brisé, et celui sur qui elle tombera en sera écrasé. Dès l'heure même, les princes des prêtres et les scribes cherchèrent le moyen de mettre la main sur lui, car ils connurent bien que cette parole s'adressait à eux, mais ils craignirent le peuple. » Hommes du peuple, travailleurs, prolétaires, mes frères, vous êtes cette pierre que l'architecte de la société ancienne a rejetée. On vous traite comme la pierre du chemin sur laquelle on marche et qu'on foule aux pieds; mais ayez confiance et croyez à l'Évangile : vous serez remis au haut de l'angle dans la reconstruction de l'édifice social. Vous êtes en effet la pierre angulaire et souveraine; le pouvoir qui se heurtera à vous sera brisé, et les maîtres sur lesquels vous tomberez, au jour de la grande secousse, seront écrasés.

Le Christ marchait suivi d'une famille de malades, de boiteux, de sourds-muets, de fiévreux, d'hystériques, de contrefaits : c'était bien véritablement le consolateur et le médecin promis à l'humanité qui souffre. Un centenier l'ayant fait prier de guérir un serviteur qu'il aimait, Jésus hésita. Il fallut que le peuple intercédât pour lui et que le centenier lui-même s'humiliât, disant : « Et moi aussi je suis un homme soumis à la puissance d'un autre. » Alors Jésus eut pitié du serviteur et le guérit. Au contraire Jésus, le même jour, allant dans une ville nommée Naïm suivi de ses disciples, suivi d'une grande multitude. « Lorsqu'il fut près des portes de la ville il se rencontra que l'on portait en terre un mort. C'était le fils unique d'une veuve qui était accompagnée de beaucoup de personnes de la ville. Le Seigneur ayant vu cette mère en fut touché de compassion et lui dit : Ne pleurez plus! En même temps il s'approcha du cercueil et le toucha; et ceux qui le portaient s'étant arrêtés, il dit au mort : Jeune homme, je vous commande de vous lever! Aussitôt le mort se leva sur son séant, et il commença à parler, et Jésus le donna à sa mère. » Touchant motif qui porta le cœur de Jésus au devant de cette mère et qui l'engagea au miracle : elle était veuve et elle pleurait! Il fallait au Libérateur des maux à guérir, des douleurs à consoler, des torrents de larmes à essuyer. « Ne pleurez plus, *noli flere!* » Voilà le grand mot de Jésus, souffrant lui-même, est venu dire à l'humanité qui souffre.

Jésus faisait encore beaucoup d'autres miracles. Dans les idées des Juifs la maladie était la dette du péché. Jésus remet le péché et guérit la maladie.

Des gens présentèrent à Jésus un paralytique couché dans son lit. « Jésus, voyant leur foi, dit au paralytique : Mon fils, prenez confiance, vos péchés vous sont pardonnés. En même temps quelques-uns des scribes dirent en eux-mêmes : Cet homme blasphème. Mais Jésus, voyant leur pensée : Pourquoi pensez-vous du mal dans vos cœurs? Lequel est le plus facile de dire : Vos péchés vous seront remis, ou de dire : Levez-vous et marchez? Or, afin que vous sachiez que le Fils de l'homme a le pouvoir sur la terre de remettre les péchés : Levez-vous, dit-il au paralytique, prenez votre grabat, et vous en allez dans votre maison. » Remarquez bien que Jésus dit le *Fils de l'homme*, et non le *Fils de Dieu*. Ainsi l'humanité a le droit, *sur la terre*, de remettre les fautes commises, de lever les sentences de réprobation, de purifier les impuretés de la chair et de redresser tout ce qui est courbé : voilà ce qu'entendait Jean quand il exhortait les hommes de son temps à rendre droits les chemins qui étaient déviés, *et in directa prava*. Réjouissez-vous, pauvres humains paralysés du corps social! Réjouissez-vous tous, vous qui avez péché et que le monde a damnés pour ce fait dans les bagnes ou ses prisons! Réjouissez-vous, pauvres qui, par vos propres vices ou par la faute de vos ancêtres, êtes tombés dans la misère, où il y a des pleurs et des grincements de dents! Encore une fois, au nom du Christ, réjouissez-vous! Car, même sans en appeler à la miséricorde divine, l'humanité a pouvoir de remettre vos fautes, de lever de vos têtes l'anathème, de casser votre ban et de vous recevoir dans sa patrie. Et celui qui dit ces paroles ne blasphème pas : Revenez au bien, et par le Christ, mon maître, vous êtes pardonnés, vous êtes élus, vous êtes guéris! Levez-vous donc, hommes engourdis et paralysés dans la misère! Levez-vous, pauvres couchés sur vos grabats! Levez-vous, pécheurs et pécheresses!

Quelques hommes intéressés à nous fermer la bouche vous diront peut-être que nous blasphémons et que nous faisons entendre les paroles du diable. En ces jours-là, souvenez-vous, mes frères, qu'ils en ont dit autant à Jésus-Christ. « Cet homme, disaient les chefs du peuple en parlant de Jésus, est possédé du démon; et ils ramassaient des pierres pour le lapider. » Souvenez-vous encore, mes frères, des paroles du Christ, que « le disciple n'est pas plus grand que le maître, » et que, puisque le maître a souffert pour commencer la grande révolution du monde, il faut que nous qui marchons sur ses traces nous souffrions également. Si l'on vous persécute, si l'on vous traîne dans les geôles et devant les prétoires, résistez, forts de votre foi en l'avenir de l'humanité; ne cherchez pas ce moment-là ce que vous aurez à dire, car le noble esprit qui vous anime vous mettra à la bouche des paroles qui terrasseront vos juges; ne faiblissez pas, car la liberté n'est que pour celui qui aura persévéré jusqu'au bout; ne vous arrêtez pas au milieu, car celui-là seul jouira de la maison qui aura poussé sa construction jusqu'au toit; ne vous endormez pas, car l'heure est venue de veiller et d'attendre l'ennemi; ne craignez pas de perdre même votre vie, car Dieu vous la rendra, augmentée de toute la grandeur de votre dévouement. Ne craint pas, petit troupeau livré chaque jour aux grosses mains du boucher et brutalement égorgé dans l'ombre; ne crains pas, car le Père t'a préparé un royaume! Ne craignez pas, mes frères, ces hommes dont le pouvoir s'arrête à tuer le corps, et qui n'ont plus ensuite aucune autorité sur l'esprit. C'est dans l'esprit qu'est la flamme de la liberté, et ils auront beau souffler, ils ne l'éteindront pas. Vous voyez donc bien que vous n'avez aucun sujet de craindre. Car, en vérité, j'espère bien que vous ne craignez pas de mourir.

Si Jésus-Christ soulage toutes les infirmités humaines et guérit toutes les langueurs, c'est encore parce que les maladies étant les fruits amers de la pauvreté, il est venu sur la terre pour bannir les fléaux en détruisant la racine du mal. Le jour où la misère aura disparu du monde les maladies diminueront. L'Évangile nous rapporte plusieurs miracles de Jésus-Christ. Ici c'est une femme cananéenne, maltraitée des Juifs, qui se traîne aux genoux du Seigneur pour avoir la guérison de sa fille et qui l'obtient; là, c'est une femme atteinte d'un flux e sang qui touche seulement par derrière la frange de la robe de Jésus, et qui est guérie. « Jésus allait par toute la Galilée, enseignant dans les synagogues et prêchant l'Évangile du royaume, et il guérissait toutes les langueurs dont le peuple était affligé. » Le christianisme révolutionnaire répétera parmi les peuples les mêmes miracles. Sa marche sera également une marche glorieuse et triomphante qui guérira sur son chemin le christianisme du peuple. La pauvreté, cette mère de tous les maux, s'éloignera. Ces quartiers infects qui semblent dans nos villes de sombres maladreries s'assainiront. Les hôpitaux ne recevront plus en abondance les déplorables ruines de l'humanité, sans cesse abattue par la faim ou rongée par la misère. Alors les peuples, délivrés, secoueront cette pâleur maladive et ces langueurs héréditaires qu'ils portent dans leurs membres souffrants. Alors les grabataires se lèveront de leurs grabats. Alors les pauvres filles traitées maintenant comme des chiennes, et qui ramassent à peine les miettes tombées des tables honnêtes, crieront et seront écoutées, et leur enfant malade leur sera rendu. Alors les lazares enfouis depuis plus de quatre mille ans, toute cette tourbe d'hommes souterrains et ténébreux qui puent, rongés de vermine, tous ces morts civils sur la tête desquels la société a mis un linceul et scellé une pierre, à ces paroles du Christ dites d'une voix forte : « Lazares, sortez dehors! » se lèveront; et ils sortiront de leur sépulcre ayant encore les pieds et les mains liés de bandes et le visage enveloppé d'un suaire, et ils étendront les mains vers le ciel, et de par Jésus alors il leur sera dit ces mots, que nous voudrions entendre proclamer et sonner, dès ce moment, dans le monde par la bouche de cuivre de la trompette : « Déliez-les et les laissez aller, *solvite et sinite abire!* » Et les peuples alors seront dans l'admiration, et parlant du christianisme humain et révolutionnaire qui aura guéri les malades, nettoyé les lépreux, ressuscité les morts, défait les mains des ensevelis et changé la face du monde, ils diront de lui comme autrefois de Jésus, qu'il a passé en faisant du bien, *transiit benefaciendo*.

Le Sauveur nous déclare que non-seulement les pauvres, les opprimés, les dénués sont ses amis, mais qu'encore il réside et est présent en eux; de telle sorte que cette portion humaine, malade, esclave du genre humain est une moitié visible du corps de Jésus-Christ. « J'ai eu faim, dit-il aux justes, et vous m'avez donné à manger; j'ai eu soif, et vous m'avez donné à boire; j'ai été étranger, et vous m'avez logé. J'ai été nu, et vous m'avez vêtu; j'ai été malade, et vous m'êtes venu voir; j'ai été prisonnier, et vous m'avez visité. Les justes répondront : Seigneur, quand est-ce que nous vous avons vu avoir faim et que nous vous avons donné à manger? avoir soif, et que nous vous avons donné à boire? Et quand nous vous avons vu

étranger, et nous vous avons logé? ou nu, et nous vous avons vêtu? Ou quand nous vous avons vu malade ou prisonnier, et nous vous avons visité? Le Roi leur répondra : Je vous dis, en vérité, que toutes les fois que vous avez fait ces choses envers les moindres de mes frères, c'est envers moi que vous les avez faites. Alors il dira aux autres : J'ai eu faim, et vous ne m'avez pas donné à manger ; j'ai eu soif, et vous ne m'avez pas donné à boire ; j'ai été étranger, et vous ne m'avez pas logé; j'ai été nu, et vous ne m'avez pas vêtu ; j'ai été malade et prisonnier, et vous ne m'avez pas visité. Alors ils lui diront aussi : Seigneur, quand est-ce que, vous voyant avoir faim ou soif, ou être étranger, malade ou prisonnier, nous ne vous avons pas secouru ? Et il leur répondra : Je vous dis, en vérité, qu'autant de fois que vous avez manqué de rendre ces devoirs à l'un de ces petits vous avez manqué de me les rendre à moi-même. » Jésus parle ici au nom de la grande humanité souveraine dont il est l'image et l'incarnation : c'est pour cela qu'il se nomme roi. Il établit ce fait, que la justice consiste dans le dévouement de l'homme à l'homme, du frère au frère; il nous enseigne, par cette même voie, que l'humanité ou le Christ, qui en est le représentant, réside aussi bien tout entière dans les membres petits ou souffrants que dans ses membres glorieux, et que, par conséquent, manquer à ces petits et à ces souffrants, en les laissant en langueur, c'est manquer à l'humanité. Coupables vous êtes, ô gouvernements qui voyez le pauvre avoir faim et soif, l'étranger manquer de gîte, le malheureux grelotter l'hiver sans vêtement et qui ne venez pas à son secours! Coupables vous êtes envers eux d'abord, envers l'humanité ensuite, coupables enfin envers Dieu !

Il y a des gens qui se disent chrétiens parce qu'ils jeûnent comme les disciples de Jean. Il y a des gens qui se disent chrétiens parce qu'ils font de longues prières, comme les Juifs, car « ils s'imaginent qu'à force de paroles ils seront exaucés. » Il y a des gens qui se disent chrétiens parce qu'ils observent toutes sortes de pratiques religieuses, comme faisaient les scribes et les princes des prêtres. Il y a des gens qui se disent chrétiens parce qu'ils passent leur temps dans le temple comme autrefois les pharisiens et les docteurs de la loi ; mais en vérité, je vous le dis, ces gens-là mentent par Satan, car ils honorent les grands et méprisent les petits. Or Jésus, leur maître, est venu au contraire relever les petits et humilier les grands. Ils font des distinctions entre les hommes. Or Jésus, leur maître, ne faisait point acception des personnes. Ils se piquent de noblesse et ne marchent de pair qu'avec leurs semblables. Or Jésus, leur maître attaquait sans cesse la noblesse dans la personne des pharisiens et hantait les hommes du peuple. Vous voyez bien qu'ils ne sont point chrétiens. Ces gens-là sont durs aux faiblesses de la classe déshéritée; ils condamnent chez elle avec une excessive amertume l'ivrognerie, la crapule; et Jésus, leur maître, a voulu, en fréquentant les hommes du peuple, passer pour ivrogne et pour crapuleux, vorax et potator vini. Ces gens-là sont durs aux misères du peuple; et Jésus, voyant que les multitudes qui le suivaient n'avaient point de pain, fit un miracle pour le leur en donner. Vous voyez donc bien qu'ils ne sont point chrétiens. Ils passent leur vie à des repas fort longs, dans l'oisiveté, dans le luxe et la mollesse. Et Jésus, leur maître, avait à peine le temps de manger à l'écart un pain grossier: « Venez, lui disaient ses disciples, prendre un peu de repos en quelque lieu retiré; car il y avait, ajoute l'Evangile, un si grand nombre de personnes qui venaient successivement vers lui qu'il n'avait pas seulement le temps de prendre ses repas. » Ils rougissent des membres de leur famille qui travaillent et qui ont un état; et Jésus, leur maître, était fils d'un ouvrier. « Plusieurs de ceux qui l'entendaient, s'étonnant de sa doctrine, disaient : Où a-t-il appris toutes ces choses? quelle est cette sagesse qui lui a été donnée, et d'où viennent ces grandes merveilles qui se font par ses mains ? N'est-il pas charpentier, fils de Marie, frère de Jacques, de Joseph, de Jude, de Simon, et ses sœurs, pauvres filles, ne sont-elles pas parmi nous ? » Ils insultent leurs frères pauvres, qu'ils affectent de confondre sous le nom de canaille; et Jésus, leur maître, nous déclare que quiconque dira à son frère raca sera condamné.

Vous voyez donc bien que ces gens-là ne sont pas chrétiens. Laissez-les prier leurs longues prières et jeûner leurs jeûnes; il ne leur en arrivera pas mieux pour cela ; « car ce n'est pas celui qui dit Seigneur ! Seigneur ! qui entrera dans le royaume de Dieu, mais celui qui fait la volonté du Père qui est aux cieux. » Or la volonté de Dieu est que les grandes destinées humaines s'accomplissent. Et ces gens-là mettent obstacle en voulant résister aux révolutions et aux événements qui doivent amener sur la terre le développement de ces destinées. Ce sont de ceux qui voudraient arrêter le mouvement du monde par un miracle, et qui demandent à Dieu, pour le tenter, comme autrefois les Saducéens, un signe dans le soleil ou dans la lune, c'est-à-dire dans les astres souverains de la société; mais il leur sera répondu : vous savez discerner les apparences de l'air, et vous ne savez pas connaître les marques des temps ? cette race méchante et adultère cherche un miracle, et il ne lui en sera pas donné : mais comme Jonas resta trois jours et trois nuits dans le ventre d'une baleine, le peuple, fils de Dieu, après trois jours et trois nuits d'épreuve, de lutte, de guerre civile, sortira glorieux des entrailles de la terre.

Un des fruits de la venue du Christ sur la terre c'est la liberté. Jésus en fait un devoir à ses disciples : « Soyez libres, liberi estote!» Il est venu apporter dans le monde l'affranchissement : « Si donc le fils vous met en liberté vous serez véritablement libres. » Ce ne sera plus en effet cette indépendance artificielle dont se glorifiaient les Juifs et dont nous nous piquons encore à cette heure, liberté dérisoire qui consiste dans des mots et ne se montre qu'à la surface, tandis que, au fond, elle cache le plus réel et le plus humiliant de tous les esclavages; ce sera la liberté dans sa notion la plus étendue, la liberté du Fils, c'est-à-dire la liberté de frères qui, ne reconnaissant qu'un père qui est Dieu, et ne se devant rien les uns aux autres, ne sont tenus entre eux à aucune subordination. D'où naîtra maintenant cette liberté ? de qui sera-t-elle fille? Jésus-Christ nous répond : de la science. Connaître, c'est être libre. « Et vous connaîtrez la vérité, ajoute le grand Docteur, et la vérité vous délivrera. » L'ignorance, au contraire, est la mère de l'esclavage. « Quiconque commet le péché (et le péché c'est l'ignorance) devient, dit Jésus, l'esclave du péché. » C'est en effet le premier moyen dont se servent les gouvernements pour maintenir l'esclavage que d'éteindre la lumière ou du moins de l'accaparer à leur profit. Jésus, s'adressant aux chefs de la nation, leur dit : « Malheur à vous, docteurs de la loi qui avez pris la clé de la science, vous qui n'êtes point entrés dans la maison de Dieu, et vous ne permettez pas l'entrée à ceux qui voulaient y pénétrer ! » Ce qui revient à dire chez nous : Malheur à vous, docteurs ignorants et vains, à vous qui tenez les chaires dans nos écoles; malheur à vous tous qui avez pris la clé de la science ! Vous n'êtes point entrés dans la vérité, et vous en avez interdit la porte aux esprits courageux qui voulaient y pénétrer. De tout temps ça été la tactique des universités de la pensée qui voulaient retenir le peuple en servitude que de lui fermer les voies de la science en prenant dans leurs mains le monopole de l'instruction. La première des libertés, celle que Jésus-Christ est venu réclamer à haute voix, est la liberté de la parole et de l'enseignement ; c'est pour cette liberté-là qu'il est mort. Cette liberté signée du sang d'un Dieu implique dans nos mœurs la liberté de la presse, qui n'est que la parole écrite. Jésus, au reste, nous annonce que cette diffusion de la lumière par la parole et l'écriture aura lieu en dépit du boisseau dont on veut la couvrir. « Il n'y a rien de secret qui ne doive un jour être révélé. » Et comme il prévoit que la censure viendra pour fermer la bouche de ses disciples révolutionnaires, il ajoute : « Ce que je vous dis ici dans l'ombre et tout bas, prêchez-le sur les toits. » Ne craignez donc plus, frères, de parler haut; montez sur les toits des maisons et prêchez la liberté. Si l'on vous arrête vous direz que c'est le grand tribun qui vous a ordonné de le faire ; et si l'on vous demande quel est ce tribun, vous répondrez que c'est Jésus de Nazareth, le charpentier, celui que le monde a nommé parole de Dieu, verbum Dei.

Or Jésus proposa à ses disciples cette parabole : « Un homme descendant de Jérusalem à Jéricho tomba entre les mains des voleurs, qui le dépouillèrent, et, après l'avoir fort blessé, se retirèrent, le laissant à demi mort. Il arriva qu'un prêtre descendit par le même chemin; mais, ayant aperçu cet homme, il passa outre; un lévite qui vint là aussi, l'ayant regardé, passa de même. Mais un Samaritain, faisant route, vint à passer près de lui, et, le voyant en cet état, il fut ému de compassion et, s'approchant de cet homme, il banda ses plaies après y avoir versé de l'huile et du vin, et, l'ayant posé sur son cheval, il le mena dans une hôtellerie où il prit soin de lui. Et le lendemain il tira deux deniers, qu'il donna à l'hôtesse, et lui dit : Ayez bien soin de cet homme, et tout ce que vous dépenserez en sus je vous le remettrai à mon retour. » Or cette parabole s'adressait surtout à un docteur de la loi qui avait fait cette question à Jésus : Qui est le prochain? Jésus se tourna donc vers lui : « Lequel des trois vous semble avoir été le prochain de celui qui tomba entre les mains des voleurs? » Le docteur lui répondit : Celui qui a exercé la miséricorde envers lui... » Allez donc, lui dit Jésus, et faites de même. » Vous n'êtes pas les vrais disciples du Christ, vous qui, voyant à terre le pauvre peuple blessé, le regardez et passez outre; vous êtes les frères égoïstes du prêtre et du lévite.

Chrétiens sont ceux au contraire qui, rencontrant sur leur chemin le pauvre peuple blessé, le relèvent. Ceux qui visitent ses membres blessés dans la bataille par les larrons et les brigands; ceux qui versent l'huile et le vin sur les plaies que la misère, les rencontres à main armée et les coups de feu lui ont faites; ceux qui chargent sur leurs épaules ou sur le dos de leur monture et qui le transportent à l'hôtellerie de la route pour qu'on en ait soin, en attendant la grande hôtellerie où seront hébergés tous les hommes. Honneur et bon courage à ceux-là ! S'ils ont faim maintenant, qu'ils attendent et qu'ils se réjouissent, car « ils mangeront le pain dans le royaume de Dieu. » S'ils sont riches, qu'ils espèrent et qu'ils se réjouissent encore; car, en considération de leur charité, on leur pardonnera leur richesse. « Donnez votre bien aux pauvres, disait Jésus au pharisien, et alors tout sera pur pour vous. » « Réjouissez-vous, vous qui faites du bien au peuple! Car l'homme n'existe réellement que par son affirmation et son concours à l'humanité. Autrement, quel

est-il? « Un roseau agité par le vent. » Faites le bien avec désintéressement et sans arrière-pensée au pauvre peuple qui combat pour l'avenir. « Lorsque vous voulez donner à dîner ou à souper, gardez-vous bien d'inviter vos amis, ni vos frères, ni vos cousins, ni ceux de vos voisins qui sont riches, de peur qu'ils ne vous conviennent à leur tour et qu'il ne vous soit rendu ce que vous avez avancé. Mais, lorsque vous faites un repas, appelez-y les pauvres, les débiles, les boiteux, les aveugles, et vous serez bien heureux alors, car il vous sera rendu lors de la réhabilitation des justes. » Donnez donc, car donner aux pauvres c'est prêter à l'humanité. Et comme les intérêts auront été longtemps en souffrance et en jachère, il vous sera rendu au centuple le jour du grand paiement. Conviez ceux qui ont faim à votre table; et comme ils ne peuvent vous réinviter sur-le-champ, il vous sera donné de retour et mille fois plus au jour du grand banquet, et vous serez bien heureux, *beati eritis!* Malheur au contraire à vous qui ne voulez avoir à vos tables que des riches et des puissants; car Jésus, votre maître, vous a ordonné d'y recevoir des pauvres, des faibles, des infirmes et des estropiés! Malheur à vous qui méprisez le Samaritain et qui passez, le cœur sec, devant le blessé; car le blessé devant lequel vous passez maintenant sera guéri un jour, et il se relèvera et il fera alors la loi au monde.

« Réformez-vous et croyez à l'Evangile, allait répétant Jésus, ou sinon vous périrez tous! » C'est aussi, frères, ce que nous venons vous dire. Réforme! ou sinon c'en est fait de votre société. Réforme! ou sinon l'arbre de vos institutions, ne donnant que de mauvais fruits, sera coupé et jeté au feu, et il brûlera. Réforme! ou sinon l'Etat tombera à terre comme un cadavre, et les aigles se rassembleront à l'entour pour le dévorer. Réforme! ou sinon votre gouvernement s'écroulera comme la tour de Siloé, et vous demeurerez ensevelis sous ses ruines. Réforme! réforme! ou sinon vous périrez avec toute votre constitution. Voulez-vous en effet juger de la valeur d'un gouvernement? vous le reconnaîtrez à ses fruits. On ne cueille pas de raisin sur des ronces, ni des chardons sur de la vigne. Or le vôtre ne donne que des fruits de mort; le vôtre ne donne que la misère, l'égoïsme, la faim, la maladie, l'esclavage, l'exploitation du faible par le fort, la tyrannie du maître sur l'ouvrier, du riche sur le pauvre. C'est une ronce qui produit ses piquants et ses épines. Hâtez-vous de le greffer ou de l'amender, si vous voulez qu'il dure encore quelque temps; car autrement, je vous dis en vérité, qu'il sera arraché bientôt et jeté au feu. Réforme donc, encore une fois! Réforme électorale d'abord, et ensuite réforme de toutes vos institutions qui sont vicieuses! Réformé de mœurs; car, si vous ne commencez par mettre la justice dans toutes vos actions et dans votre vie privée, vous ne la mettrez pas dans l'Etat. Unissez-vous pour cela, frères, unissez-vous! Car, comme de toutes les bouches des petits enfants réunis sortait une ne le passage du Christ une grande voix qui lui rendait témoignage, ainsi de toutes vos signatures réunies sortira une parole forte et éloquente qui témoignera de votre souveraineté; allez donc vous faire inscrire, les plus petits comme les plus grands; allez, car c'est de la bouche de ceux qui tètent encore à la mamelle de la société que sortira le grand mot par lequel s'accompliront les destinées du monde, *ex ore infantium et lactantium perfecisti laudem.* Le nom du petit enfant nouveau-né mis par hasard à Bethléem sur le registre du dénombrement de l'empire romain a détruit dans le monde ancien la puissance de César.

Non-seulement Jésus demandait une réforme, mais il prêchait encore « le baptême de réforme, *baptismum pœnitentiæ.* » Ce baptême commencé par Jean et continué par Jésus-Christ tendait à effacer la première naissance; c'était un baptême d'eau, parce qu'il lavait les taches originelles attachées par le vieux monde à la venue de certains enfants, comme ceux par exemple des pauvres, des publicains, des prostituées, des condamnés à mort; c'était un baptême d'esprit, parce qu'il engendrait, par l'intelligence, la société libre et humaine, où la distinction du rang et du nom serait abolie. Le baptême était une régénération : « Il faut renaître, disait Jésus-Christ au docteur, *oportet quidem renasci.* » C'est ce baptême de réforme sociale que nous venons prêcher aux citoyens de notre temps. Nous leur disons, comme Christ : Renaissez! Car votre première naissance a été vicieuse; elle est fondée sur le vieux monde, sur la fortune, sur la distinction et sur le privilège, c'est-à-dire sur autant de bases fausses et injustes. « Faut-il donc, nous dira le bourgeois avec Nicodème, que nous rentrions à quarante ans dans le sein de notre mère pour en sortir de nouveau? » Non, mais il faut non, touchés par le souffle de l'esprit qui agite aujourd'hui toutes les têtes, par ce souffle de la presse et de la parole qui parcourt toute la nation, vous renaissiez à une nouvelle vie sociale. Ce qui est né du vieux monde, c'est-à-dire de l'exploitation, de l'égoïsme, de l'aristocratie du sang, est chair et mourra comme chair. Ce qui naîtra de l'esprit, c'est-à-dire des convictions, de la justice et de la liberté, est esprit et vivra. Renaissez donc, frères, car c'est Christ lui-même qui vous le dit : « En vérité, celui qui ne naît pas de l'eau et de l'esprit ne peut entrer dans le royaume de Dieu.

Jésus étant entré dans le temple au point du jour, les scribes et les pharisiens amenèrent une femme qui avait été surprise en adultère. Et l'ayant fait tenir debout au milieu de l'assemblée, ils dirent à Jésus : « Maître, cette femme vient d'être surprise en adultère. Or, dans la loi, Moïse nous a ordonné de lapider ces sortes de femmes. Pour vous, qu'en dites-vous! Ils disaient cela le tentant, afin de pouvoir l'accuser; mais Jésus, se retournant et se baissant, se mit à écrire avec son doigt sur la terre. Comme néanmoins ils persévéraient à l'interroger, il se dressa et leur dit : Que celui de vous qui est sans péché lui jette le premier la pierre. Et se baissant de nouveau il écrivait sur la terre. Cependant, ayant entendu ces paroles, ils se retiraient l'un après l'autre, à commencer par les vieillards, et Jésus resta seul avec la femme qui était au milieu, debout. Alors Jésus, se redressant, lui dit : Femme, où sont ceux qui vous accusaient? Aucun d'eux ne vous a-t-il condamnée? Celle-ci lui dit : Personne, Seigneur. Or, Jésus lui dit : Ni moi je ne vous condamnerai pas non plus. Allez, et désormais ne péchez pas de nouveau. » De quel droit des hommes pécheurs et souvent criminels comme l'accusé prétendent-ils envoyer un homme à la mort? Accusateurs publics, échafauds blanchis, êtes-vous chrétiens, vous qui, voyant la pierre hésiter dans la main des autres hommes, leur criez de toutes vos forces : Jette et tue! Non, vous ne l'êtes pas; vous êtes les anté-christs du vieux monde, les pharisiens et les scribes de l'ancienne loi qui va finir. Magistrats tachés de robes noires, vous êtes pleins de péchés, de rapines et d'adultères, et vous osez, hommes de chair et de boue, appliquer un droit terrible dont le juste même devrait s'interdire l'exercice! Prenez garde et tremblez, car l'épée de la justice toute sanglante entre vos mains va être brisée! Vous allez avoir à rendre compte du sang versé sur la terre depuis Abel! Vous allez avoir à rendre compte du sang de tous les prophètes du peuple que vous avez fait condamner! Vous allez avoir à rendre compte du sang de tous les grands réformateurs de l'humanité, depuis Zacharie, tué entre le temple et l'autel! « Je vous dis, en vérité, que toutes ces choses retomberont sur vos têtes! » Vous avez mieux aimé le sacrifice de chair humaine que la miséricorde et le pardon, et Jésus vous dira alors : « Si vous aviez bien entendu ce que signifie cette parole : J'aime mieux la miséricorde que le sacrifice, vous n'auriez jamais condamné des innocents, *nunquam condemnassetis innocentes.* »

Qui ose nier maintenant que l'Evangile s'adresse aux pauvres, aux esclaves, aux opprimés, aux faibles, à la femme et à l'enfant, au samaritain et au paria? Venez donc, vous tous qui avez le dos courbé sous le grand labeur humain; venez, femmes ployées sous le poids de l'homme; penseurs laborieux, portefaix chargés du fardeau des âmes; venez, vous qui suez à porter le bagage de l'humanité sur vos épaules; venez, hommes du peuple qui avez le dos voûté sous les lourds ballots des riches. « Venez à moi, vous a dit le Christ en vous tendant les mains, vous tous qui travaillez et qui êtes chargés, et je vous soulagerai! » C'est lui, je vous le dis en vérité, qui est le libérateur et le révolutionnaire, c'est lui qui est la porte de la société nouvelle, c'est par lui qu'il faut entrer. « Je suis la porte des brebis, nous dit-il lui-même. Tous ceux qui sont venus sont des larrons et des voleurs, et les brebis ne les ont pas entendus. Je suis la porte : celui qui entrera par moi sera libre; il entrera et sortira, et trouvera des pâturages. Le larron ne vient que pour dérober, pour égorger et pour perdre les brebis; mais moi je suis venu afin qu'elles aient la vie, et qu'elles l'aient avec plus d'abondance. » Délivrez-vous donc, frères, des larrons et des voleurs publics qui vous dévorent; délivrez-vous-en à travers le Christ, entrez par la violence et la force, *vim patitur.* Dans cette vie d'abondance, de développement et de liberté que Christ, le grand tribun, annonçait aux hommes de son temps, dans cette vie que, par sa mort et par la mort des siens, il a conquise aux hommes de l'avenir, entrez, et la porte est étroite, et difficile, et bien garde, forcez-la!

Jésus était bien, comme on l'a dit, doux et humble de cœur. Mais envers qui s'exerçait cette mansuétude? Était-ce envers les grands et les chefs de la nation? Loin de là, puisqu'il les traitait chaque jour avec colère de dévorateurs de veuves, *qui devorant domos viduarum.* Était-ce envers les pharisiens et les princes des prêtres, qui composaient l'aristocratie juive! Non, en vérité, car il les accusait rudement d'être des guides aveugles « qui passent le moucheron et avalent le chameau; des coupes pleines d'ordures en dedans, des cœurs pleins de rapines, des serpents qui sucent le sang du peuple, et qui méritent d'être condamnés au feu; » des sépulcres sur lesquels on marche parce qu'au dehors ils sont blanchis ou couverts d'herbe; mais, au fond, ce n'est que pourriture et ossements. Était-ce envers les marchands qui composaient la bourgeoisie juive? Non, certes, car « la Pâques des Juifs étant proche, et Jésus étant allé à Jérusalem, » nous verrons qu'il y chassa tous les vendeurs avec une corde. Ainsi, pour les grands, pour les puissants, pour les riches, pour les marchands chargés d'or, Jésus n'a que colère, menaces, indignation, coups de fouet. Envers qui donc, encore une fois, s'exerçait cette mansuétude si connue, si tolérante que nous attribuons à la douce figure du Christ? C'était envers les pauvres, les faibles, les pécheurs, les enfants, les oiseaux du ciel et les lis des champs. Il était plein de miséricorde et de pardon : il ne brisait pas le roseau cassé, il n'éteignait

pas la lampe qui fume encore. Quand les disciples repoussaient d'autour de lui les petits enfants Jésus les reprenait: « Laissez venir à moi, disait-il, ces petits enfants. » Et il les attirait doucement sur ses genoux et il les caressait d'un liard : « C'est pour ceux-là qu'est le royaume de Dieu. » L'enfant ne comptait pas dans la société ancienne, où toute puissance avait été donnée à la force. Dans l'enfant Jésus comprend les faibles, les simples, les humiliés, en un mot toute cette portion de l'humanité tenue en tutelle et en enfance; c'est à celle-là surtout que s'adresse le royaume du Christ ou la société nouvelle; c'est à cette blonde et fragile nature personnifiée dans les petits enfants que l'humanité régénérée dira un jour: Venez à moi, car c'est pour vous, le royaume, petits enfants de Dieu !
Un autre jour, Jésus étant assis dans le temple, près du tronc, regardait la foule et jeter de l'argent. Or il y avait beaucoup de riches qui en jetaient lorsqu'il vint aussi une pauvre veuve qui y mit deux petites pièces de la valeur d'un liard. Et Jésus, assemblant ses disciples leur dit : « Je vous déclare, en vérité, que cette pauvre veuve a mis plus que tous les autres dans le tronc, parce que tous les autres n'ont donné que de leur abondance; mais celle-ci a donné de sa pauvreté tout ce qu'elle avait et tout ce qui lui restait pour vivre. »
Ou bien encore Jésus parlant, sur la montagne, au peuple, lui montrait les lis des champs que le Père céleste se donne la peine de vêtir, et qui sont plus beaux dans leur fleur que Salomon dans toute sa gloire; il leur montrait les corbeaux qui n'ont ni granges ni celliers, et que le Père céleste prend soin de nourrir; il leur montrait les passereaux qui volent dans le ciel, que les enfants vendent pour un sou, et dont pas un ne meurt avant le temps; il leur montrait les cheveux de leur tête dont pas un ne tombe sans la volonté de la Providence; en révélant ainsi au peuple la présence de Dieu sur les plus petits êtres et les plus petites choses, il leur enseignait le respect qu'on leur doit. Nous vous dirons de même, mes frères: Ne méprisez pas les petits, parce qu'ils sont en train de grandir et de se fortifier pour le nouveau royaume. Ne méprisez pas l'herbe des champs, les oiseaux du ciel, ni les grains de sable de la mer, car le même esprit qui vit dans tout cela vous anime; ne méprisez ni les cheveux de votre tête, ni les vêtements de votre corps, quand même ce serait des haillons, ni la nourriture que vous prenez, quand même ce serait un pain bis et amer : Tout ce qui s'approche du plus petit d'entre vous est grand, car il a été écrit ; Vous êtes tous des dieux, *Dii estis !*

On a singulièrement abusé d'un petit verset de l'Evangile pour retenir les peuples sous leur obéissance passive et muette ; ce verset si odieusement interprété: « Rendez à César ce que vous devez à César, et à Dieu ce que vous devez à Dieu, » se tourne précisément en faveur des peuples et contre les rois, quand on se place au point de vue de l'Evangile. Voici d'abord dans quelles circonstances ce mot a été dit : Les princes des prêtres, les docteurs et les scribes cherchaient depuis longtemps à prendre Jésus en défaut ; ils lui adressaient donc chaque jour mille demandes captieuses, espérant qu'une fois au moins il tomberait dans le piège. La sagesse de Jésus consistait à éluder ces questions, ou à y répondre de telle sorte qu'il mît ses ennemis eux-mêmes dans l'embarras. C'est ainsi qu'il les avait réduits plusieurs fois au silence. Une fois, entre autres que les grands du peuple le chicanaient sur sa mission, en lui demandant de qui il tenait cette puissance d'instruire et de réformer, Jésus riposta à leur malice par cette autre question insidieuse qui leur ferma la bouche : « De qui était le baptême de Jean ? de Dieu ou des hommes ? » Et ils n'osèrent pas répondre, remarque l'Evangile, parce que le peuple tenait Jean pour un prophète. « Ni moi je ne vous dirai pas, reprit alors Jésus profitant de leur silence, par quelle autorité je fais ces choses. » Dans plusieurs de ses réponses aux questions qui lui étaient faites par les grands de la nation juive Jésus ne cherchait donc souvent qu'à déjouer un complot ou à tourner une embûche. Ce n'est pas dans ces sortes de tours d'adresse qu'il faut chercher le véritable esprit de l'Evangile et les hauts enseignements du Christ. Ici le piège tendu par les scribes et les princes des prêtres était même facile à découvrir. Ils vinrent à Jésus et lui dirent: « Maître, est-il permis ou non de payer le tribut à César ? » S'il avait dit non les princes des Juifs auraient saisi cette occasion pour le livrer aux Romains comme un séditieux et un ennemi de César. « Or, Jésus, considérant leur malice, leur dit : Pourquoi me tentez-vous ? Montrez-moi le denier. De qui est l'image et l'inscription ? Ils répondirent de César. Alors il leur dit : Rendez donc à César ce qui est à César, et à Dieu ce qui est à Dieu. » Il est clair, d'après les paroles mêmes de l'Evangile, que Jésus cherchait seulement, dans sa réponse, à éluder la *malice* des Juifs et à échapper aux tentatives faites pour le perdre. Nous ferons remarquer, en outre, que l'autorité de l'empereur romain, loin d'être un fardeau pour les peuples conquis, était souvent, vis-à-vis d'eux, un bouclier contre les exactions et les violences de leurs chefs, à peu près comme la royauté, au moyen-âge, servait de remparts dans les provinces aux entreprises des grands contres leurs vassaux. Mais à prendre même la réponse de Jésus-Christ en elle-même, nous n'y trouverons rien qui démente les principes de démocratie et de souveraineté du peuple dont toute la vie du Christ fut une affirmation constante. « Rendez à César ce qui est à César et à Dieu ce qui est à Dieu. » Par cette simple parole, Jésus-Christ élève au-dessus de sa royauté tout un ordre de démocratie et de puissance divine qui l'anéantit presque entièrement. Aussi les devoirs envers cette souveraineté de la terre se bornent-ils, dans la pensée du Christ, à lui payer le tribut. Payez donc l'impôt, ô peuples, puisque vous y êtes contraints; payez leurs gages aux rois, puisque c'est de l'or qu'il faut à ces avares; payez-les, puisque leur joie est d'enterrer des trésors que la rouille ronge et d'amasser dans leurs granges des grains que les vers dévorent. Mais vous, frères, amassez dans le ciel cette âme des trésors de science et d'amour que les vers ni la rouille ne gâtent point ; mais vous, frères, si vous donnez l'or, gardez le fer pour en forger une épée au jour du grand combat; mais vous, frères, si vous subissez l'obligation de payer l'impôt à César, souvenez-vous que vous avez un autre ordre de devoir à remplir envers Dieu. Or, si le premier devoir envers les rois est de se soumettre, le premier devoir de l'homme envers son créateur est d'être libre !
Il y a mieux, Jésus-Christ n'est pas même d'avis qu'on paie l'impôt aux rois, et il s'en ouvre dans l'intimité avec ses disciples : « De qui, leur dit-il, les rois de la terre ont-ils le droit d'exiger le tribut ou le cens, de leurs enfants ou de leurs esclaves? Pierre répondit : De leurs esclaves. Les fils, reprit Jésus, en sont donc exempts. » S'il se soumet à l'impôt et s'il engage les scribes à s'y soumettre, c'est donc uniquement par contrainte et pour ne point soulever un scandale inutile ; mais dans le tête-à-tête il proteste contre le principe. La raison qu'il nous en donne est que les peuples étant de la même race et de la même famille que les rois de la terre ne sont tenus envers eux à aucune redevance. L'homme ne doit rien à l'homme; ne doit qu'à l'humanité et à Dieu.
Jésus ne cache pas à ses disciples que la lutte contre l'ancienne société sera longue et laborieuse. « Il y a un passage étroit à forcer ; c'est une tempête à traverser sur une faible barque, tandis que le vent apporte les flots sur le bord à gros bouillons ; c'est une mère qui enfante et qui souffre, parce que son heure est venue. Jésus déclare que les hommes ne prendront goût que lentement et peu à peu aux principes révolutionnaires de l'Evangile. « Celui qui boit du vin vieux n'en demande pas aussitôt du nouveau, nous dit-il, car il dit que le vieux est meilleur. » La construction de la société nouvelle ressemble à une maison posée sur le sable. Plus d'une fois les flots viendront de la mer, les vents souffleront et ils emporteront l'édifice, car il était bâti sur le sable. Nous avons déjà essayé en effet de fonder une société juste et humaine ; mais les flots des armées étrangères sont venus, mais les grands vents du despotisme ont soufflé, et ils ont emporté au loin l'œuvre de nos pères. Il en sera de la sorte jusqu'à ce que la société nouvelle soit fondée sur la pierre, c'est-à-dire sur l'opinion et la croyance des peuples. Alors les grands vents du nord viendront, alors les flots de la mer se soulèveront, mais ils ne la renverseront pas. Non-seulement la lutte contre l'ancienne constitution du monde sera longue, mais elle sera terrible. « On entendra parler de guerres et de bruits de guerres, on verra des soulèvements du peuple contre peuple et de royaume contre royaume. Toutes ces choses ne seront encore que le commencement des douleurs. Malheur aux femmes qui seront grosses et nourrices en ces jours-là ! Parce que alors l'affliction sera si grande que depuis la création du monde jusqu'à maintenant il n'y en a point eu et il n'y en aura pas de semblable. » Ces choses ont été interprétées de la fin du monde : ce sera en effet la fin du vieux monde, la fin de société ancienne qui agonisera et mourra; le soleil de la royauté s'obscurcira, et toutes les puissances qui étoilaient le ciel tomberont, et il se fera une grande nuit. Cependant ne craignez pas, vous qui avez foi dans le Christ et dans l'avenir! car alors c'est que l'heure de votre délivrance approche. L'humanité, notre mère, sera près d'accoucher dans le sang et dans les larmes ; le Fils de l'homme sera près de venir, c'est-à-dire cette fois, le Christ-peuple ; il viendra dans les nuages, qui couvriront la face de la terre ; il viendra avec gloire et avec majesté. Si le Verbe s'est fait chair dans la personne de Jésus, il doit un jour se faire peuple dans tous les hommes ; ce sera là le second et dernier avénement, c'est le Messie qu'attendent les chrétiens.

« Jésus, prenant à part Pierre, Jacques et Jean son frère, les emmena sur une haute montagne. Il fut transfiguré devant eux ; son visage devint resplendissant comme le soleil, son habit blanc comme la neige. » Nous avons déjà dit que Jésus-Christ, dans sa vie de luttes et de souffrances, était la forme militante de l'humanité : il nous enseigne par cette transfiguration qu'elle aura ça et là, même pendant son pèlerinage, des jours de gloire. Elle aura ses journées du Mont-Tabor, elle aura ses journées d'Austerlitz, Wagram et d'Eylau ; elle aura ses journées du 14 et du 29 juillet ; elle aura ça et là ses élévations sur la cime de la montagne, pendant lesquelles sa face resplendira comme le soleil, et ses haillons auront l'éclat et la blancheur de la neige ; elle voudra se reposer dans cette splendeur ; elle dira : Il fait bon ici ; plantons-y notre tente ! et une voix viendra du ciel qui dira : Celle-ci est une fille bien-aimée ! Mais cette élévation et cette gloire ne seront pas passagères. A la descente de la montagne d'humanité rencontrera encore l'obscurité de la nuit, les vêtements grossiers et le désert aride ; elle entendra ces sévères paroles

du Christ : « Je vous déclare qu'Élie est déjà venu et qu'ils ne l'ont pas connu. C'est ainsi qu'ils feront souffrir le Fils de l'homme. »

Oui, il faut que l'humanité souffre, il faut qu'elle meure au vieux monde pour renaître à la société nouvelle, il faut que l'ancien édifice vermoulu qui nous abrite soit démoli de fond en comble et jeté à terre. Quelques béats de l'ancien ordre de choses passent encore devant ce temple de la société en l'admirant, ils s'arrêtent avec complaisance devant la grandeur des lignes et la somptuosité des ornements. Et bien, moi, je vous dis, au nom du Christ, que tous ces grands ouvrages des hommes, seront détruits et qu'il ne restera pas ici pierre sur pierre. On cherchera la place où aura été cet édifice, et on ne la trouvera pas: car le vent de la colère aura passé et il aura emporté toutes ces constructions. Mais, à la place de cet édifice détruit, il s'en élèvera aussitôt un autre qui sera le temple du Christ et de la société nouvelle: « Détruisez ce temple, disait Jésus en parlant du temple de Jérusalem qui représentait la vieille société juive, et je le rebâtirai en trois jours. » On concevra aisément le besoin de cette démolition entière et profonde, si l'on fait attention qu'il ne s'agit pas ici d'un simple changement à la surface des choses. Il s'agit de retourner la société de manière à amener en haut ce qui était en bas. Un tel renversement ne peut se faire sans fracas et sans violences. Ainsi, je vous déclare qu'auparavant l'humanité sera fauchée comme un champ de blé. Les institutions et les pouvoirs seront bouleversés comme la terre, sous le soc de la charrue. Jésus-Christ nous fait même entendre qu'il y aura plusieurs secousses et plusieurs révolutions avant la grande catastrophe définitive qui changera tout à-fait et pour toujours la face du monde. Mais plus ces jours de l'enfantement seront durs, plus les devoirs de ceux qui travaillent au salut de l'humanité seront sévères. Si quelqu'un, après avoir mis la main à la charrue des révolutions, retourne la tête pour regarder derrière lui, « celui-là n'est pas propre pour le royaume de Dieu. » Si quelqu'un ayant son père mort demande le temps d'aller l'ensevelir, celui-là n'est pas digne de suivre le pas sanglants du grand révolutionnaire Jésus. Frères, laissez les morts du vieux monde ensevelir leurs morts; mais, pour vous, montez vers la vie, soyez prêts à tous les sacrifices. L'humanité, en révolution, sera réduite elle-même à retrancher de ses membres tous ceux qui lui nuisent : Si c'est sa main droite qui refuse d'agir, qu'elle la coupe ; si c'est le pied qui refuse de marcher, qu'elle le coupe ; si c'est l'œil qui voit faux et qui l'égare, qu'elle l'arrache; il vaut mieux, pour elle, entrer dans la vie boiteuse et borgne et sanglante que de laisser en chemin tout son corps dans une chute irréparable.

Le royaume de Dieu, ou, autrement dit, la société nouvelle sera amenée dans le monde par la grande loi du progrès. Cette loi, ignorée des anciens et révélée par le Christ, est celle qui préside à tous les événements. « A quoi comparons-nous, dit Jésus, le royaume de Dieu? Le royaume de Dieu est semblable à un homme qui a semé sa terre. Qu'il dorme ou qu'il veille, pendant la nuit et pendant le jour, la semence croît toujours sans qu'il y pense. Car la terre produit d'elle-même son fruit, premièrement l'herbe, puis le froment tout formé dans l'épi. » Voilà l'image du développement de l'humanité. Sans qu'elle y pense, qu'elle veille ou qu'elle dorme, pendant le repos ou dans le mouvement, la nuit ou le jour, elle travaille, à son insu, pour l'avenir. Le germe déposé en elle se développe selon des lois irrésistibles et invariables. L'humanité est un épi. L'humanité est un arbre. Il lui est aussi impossible d'arrêter en elle le travail de la sève que de hâter l'épanouissement de ses bourgeons et la maturité de ses fruits. Dieu seul a le secret de cette loi physiologique du développement humain, lui seul sait l'heure et les moments; car chaque feuille a sa date sur cet arbre séculaire, chaque grain de froment a son jour sur cet épi mystérieux. Il nous suffit de savoir que tout vient à temps. Le développement embryologique de l'humanité doit amener à la fin, comme fruit de l'arbre et comme froment de l'épi, le bonheur, c'est-à-dire l'éclosion et l'épanouissement complet de toutes nos destinées. C'est ce que le Christ résume dans un mot, « royaume de Dieu. » Il est impossible, encore une fois, de pénétrer l'heure et le jour de cette grande manifestation de la vie, le jour où Dieu se relèvera. « Car les anges même l'ignorent, et le Père l'a caché à son Fils. » Cependant il est des signes auxquels Jésus-Christ lui même nous a appris qu'on pourrait reconnaître que ce moment allait venir.

Frères, vous dites que nous entrons dans l'hiver; moi, j'ai consulté le figuier, et il m'a semblé que l'été du genre humain approche. Frères, vous dites qu'on va jeter le grain en terre, car nous allons en novembre, et moi je vous dis que les récoltes sont blanches pour la moisson et qu'on va y mettre la faux. Jésus nous enseigne encore que ce progrès sera accompagné de fermentation et de soulèvement. « A quoi comparerai-je le royaume de Dieu ? Il est semblable au levain qu'une femme a pris et a mis dans trois mesures de farine jusqu'à ce que toute la pâte ait levé. » Ce levain est le ferment des révolutions qui fait lever aujourd'hui toutes les sociétés. Quand il sera tout à fait levé, quand le feu allumé par le Christ aura produit la grande conflagration du monde, quand le glaive qu'il a apporté sur la terre aura frappé les grandes plaies, quand les peuples auront été suffisamment broyés et foulés aux pieds des chevaux, quand tous les astres de la société auront pâli et auront eu du sang sur la face, quand les autorités seront ébranlées comme les fondements d'un édifice qui croule, quand les peuples auront été consternés par la frayeur au bruit confus de la mer et des flots, et demeureront, pâmés de crainte, dans l'attente de ce qui va arriver à la terre; alors, vous, frères, vous qui avez foi dans l'avenir des révolutions et dans le salut de l'humanité, «lorsque ces choses commenceront d'arriver, regardez en haut et levez la tête, parce que votre liberté approche! »

Si la lutte doit être longue, Jésus-Christ nous déclare que le moment qui la décidera sera prompt comme l'éclair. Une vengeance soudaine et terrible éclatera avec la rapidité de la foudre sur la tête des méchants. En ces jours-là les heureux du monde mangeront et boiront et se marieront comme ils faisaient au temps de Noé quand toute la terre fut surprise par le déluge; en ces jours-là les riches planteront et bâtiront comme ils faisaient au jour que Loth sortit de Sodome et qu'une pluie de feu tomba sur la ville; en ces jours-là les rois, ces serviteurs couronnés, battront leurs esclaves et boiront le sang des nations; car ils diront en leur cœur: mon maître ne viendra pas sitôt. Or, c'est alors que l'avènement du Peuple-Dieu paraîtra. Ce maître-là viendra au jour où ses serviteurs ne s'y attendront pas, « et il les livrera aux bourreaux jusqu'à ce qu'ils aient payé tout ce qu'ils doivent. » Ce sera une vengeance subite et universelle qui couvrira toute la terre ; les puissants y seront pris comme une bête fauve à un piège; les riches y seront enveloppés comme les poissons de la mer dans un filet; les rois y seront brûlés comme l'ivraie dans un champ; car, pour eux, des jours de ruine et de vertige. Fuyez si vous en avez le temps ! Mais que le riche avare qui sera sur le toit et qui aura ses meubles avec son argent dans la maison ne descende pas pour les prendre; que le propriétaire qui sera dans ses champs à visiter ses orges et à supputer le gain de sa prochaine récolte ne retourne pas derrière lui; que le roi qui sera en voyage dans ses terres ne rentre pas dans son palais. « Souvenez-vous de la femme de Loth, » qui a été pétrifiée pour avoir seulement regardé l'incendie de Sodome! Or une pluie de feu et une grêle de plomb éclatera de même alors sur la tête des grands. Ils essaieront de fuir et de se cacher pour éviter la main de la vengeance divine; ils diront aux terres, engloutis-nous ; aux collines, couvrez-nous; aux antres profonds, recevez-nous ! Mais les antres les vomiront, mais les collines refuseront de leur faire de l'ombre; mais la terre les rejettera avec horreur; car l'heure du grand jugement aura sonné, car la bouche de cuivre des trompettes aura proclamé, d'un bout du monde à l'autre, leur sentence.

Il est parlé plusieurs fois dans l'Évangile de ce dernier jugement de la société où il sera rendu à chacun selon ses œuvres. Il y aura une division et un partage. Le royaume de Dieu, sur la terre, est semblable à un filet qui a été jeté dans la mer et qui a enveloppé toutes sortes de poissons. Lorsque le filet est plein les pêcheurs le tirent sur le bord où, s'étant assis, ils mettent les bons ensemble dans un vaisseau et jettent les mauvais dehors. Le filet est celui des révolutions qui surprendra les hommes pêle-mêle sous ses mailles de plomb; elles ensuite viendront les anges, c'est-à-dire les ministres des volontés divines, qui sépareront du milieu des justes les méchants, et qui les jetteront dans la fournaise de feu, où il y a des pleurs et des grincements de dents. Le royaume de Dieu, sur la terre, est encore semblable à un champ où a été semé d'abord le bon grain; mais, pendant qu'il dormait, son ennemi est venu, a semé de l'ivraie au milieu du froment et s'en est allé. Ce champ est la société où Dieu avait semé primitivement du bon grain, c'est-à-dire des germes de liberté, de fraternité et d'amour; mais l'esprit de domination est venu qui a jeté l'ivraie, c'est-à-dire la servitude, l'égoïsme, la division. Cet ennemi-là est venu pendant le sommeil des peuples, cum autem dormirent. L'herbe ayant donc poussé et étant montée en épi, l'ivraie commença à paraître, c'est-à-dire toutes les têtes privilégiées qui ont commencé à dépasser le niveau des autres fronts. Alors les serviteurs du peuple diront à Dieu: « Seigneur, n'avez-vous pas semé du bon grain dans votre champ? D'où vient donc qu'il y a de l'ivraie? Voulez-vous que nous allions sur l'heure l'arracher? » Mais Dieu leur répondit non, de crainte qu'en arrachant les hommes pervers et usurpateurs, qui sont l'ivraie de la société, vous ne déraciniez en même temps des hommes justes, qui sont le bon grain. Laissez-les croître les uns et les autres jusqu'à la grande moisson des peuples, et au temps de la moisson je dirai aux moissonneurs: « Arrachez premièrement ces grands, ces riches, ces privilégiés, ces puissants, ces accapareurs, qui sont vraiment l'ivraie de la société puisqu'ils étouffent leurs frères et les empêchent de se développer. Arrachez-les, liez-les tous en botte et les jetez au feu! Mais amassez le blé pour le porter dans le grenier de la société future, où règneront la paix et l'abondance. » Ces moissonneurs du Père de famille sont les révolutionnaires de l'humanité; ce sont tous les anges de la justice, armés du glaive ou de la faux, qui coupent la moisson humaine pour la diviser en deux parts. Cette séparation des bons et des méchants, des grands et du peuple a déjà été commencée dans notre première révolution sous les coups des faucheurs; mais la moisson n'est pas finie, mais le dernier juge-

ment n'est pas jugé. Qui donc prononcera la dernière sentence qui doit jeter certains poissons dans l'eau et les autres dans les flammes, le blé dans les greniers et l'ivraie dans le four? Ce sera le peuple-Christ venant dans les nuages avec majesté, accompagné de ses anges, au son des trompettes et des clairons. Les hommes seront confondus pêle-mêle dans cette grande vallée de Josaphat. « Toutes les nations seront assemblées devant lui; il séparera tous les hommes, les uns avec les autres, comme un pasteur sépare les brebis d'avec les boucs. » Or il mettra les brebis du côté de sa main droite, c'est-à-dire les faibles, les vaincus, les opprimés, les femmes; il placera au contraire à sa gauche les boucs, c'est-à-dire les forts, les oppresseurs, les violents, les hommes, tous ceux qui ont menacé et soumis le troupeau par la corne.

Et une grande voix s'élèvera: « Maudits! » Maudits ceux qui ont laissé l'humanité être nue et avoir faim! Maudits ceux qui ont laissé les malades frapper à la porte des hôpitaux sans en prendre soin! Maudits ceux qui ont entassé pêle-mêle les prisonniers dans les prisons! Maudits! maudits! « Et ceux-ci s'en iront dans le supplice éternel. » Quels seront, au contraire, ceux qui entreront dans le royaume nouveau et dans la vie? Nous l'avons déjà dit plusieurs fois : Les pauvres, les délaissés, les patients, les charitables, tous ceux qui auront souffert ou qui auront aidé l'humanité souffrante, ceux qui auront combattu, ceux qui auront ramassé le glaive de la liberté tombé des mains ensanglantées du Christ et qui s'en seront vaillamment servis, ceux qui auront allumé leur âme au feu des révolutions et qui l'auront propagé, ceux qui auront été jusqu'au bout de la lutte sans se soumettre et sans défaillir. Bénédiction à ceux-là, amour, gloire, honneur! Il sera tenu compte, en ce jour-là, du moindre service rendu à la cause des peuples. N'auriez-vous fait que donner un verre d'eau froide au combattant qui avait soif, n'auriez-vous fait que jeter le denier de la veuve dans le tronc des souscriptions révolutionnaires, n'auriez-vous fait que visiter le défenseur du peuple dans son cabanon ou le blessé à l'hôpital sur son lit de douleur; soyez joyeux, il vous sera rendu au centuple! Révolutionnaires, avocats de nos frères, soldats du peuple, sœurs de charité, vous tous enfin qui avez bien fait à l'humanité, vous qui avez souffert, vous qui avez aimé, réjouissez-vous! Sous les affronts, sous les soufflets, sous les malédictions des hommes, réjouissez-vous encore! car vous aurez votre récompense dans la société humaine régénérée, vous aurez place dans le ciel et le paradis que le Fils de Dieu est venu apporter aux hommes sur la terre, *beati eritis cum maledixerint vobis homines*. Venez donc tous, venez, vous qui êtes les bénis de l'humanité, prendre possession du royaume qui vous a été préparé depuis dix-huit siècles par les souffrances et les travaux de vos frères!

Cette société glorieuse et régénérée sera en effet le fruit de tout le grand labour humain : Nos pères, en souffrant, en combattant ou en protestant auront germé et travaillé pour elle; leurs fils en jouiront. Ceci est la grande loi du monde : « Ce que l'on dit communément en ce sujet est vrai, que l'un sème et que l'autre recueille. Je vous ai envoyés recueillir ce que vous n'avez pas cultivé. De sort d'autres qui l'ont cultivé, et vous êtes entrés dans leurs travaux. » Respect donc au passé, respect aux hérétiques morts sur les bûchers en affirmant et en attestant dans les flammes la liberté de l'intelligence! Respect aux Albigeois, aux Patarins, aux Vaudois et à tous les émeutiers du moyen-âge qui ont versé leur sang pour la cause de l'humanité! Respect aux Huguenots et aux Frondeurs! Respect à nos pères, à ces grands révolutionnaires de 89 et de 93 qui ont proclamé, sous le couteau, la souveraineté du peuple! Respect à eux! « car nous sommes entrés dans leurs travaux »; ils ont remué et préparé le terrain des révolutions : c'est à nous de continuer leur œuvre. Respect à vous-mêmes, frères, qui avez combattu et qui combattez encore pour détruire la vieille société! Vous ne transmettrez pas à vos fils un honteux héritage de maux patiemment soufferts, d'esclavage accepté sans résistance; vous ne les laisserez pas recueillir ces herbes amères et ces chardons blessants. Si vous succombez, du moins vous aurez réclamé et protesté, et votre sang portera ses fruits. Le devoir de tout homme ne peut vivre libre est de mourir.

Jésus, dans une parabole, va au devant d'une objection qu'on ne manque pas de faire aux hommes qui ont foi dans l'avenir. Si, disent certains partisans de l'immobilité et du *statu-quo*, l'humanité doit jouir un jour d'un bonheur qu'elle n'a pas eu par le passé, cela est injuste; votre loi du progrès fait murmurer contre Dieu; car les derniers venus au monde ont des avantages que n'ont pas eus les premiers, et, en vérité, ce n'est pas leur faute si la nature a oublié de les faire naître il y a mille ans. A quoi Jésus répond : « Le royaume de Dieu est semblable à un père de famille qui sortit de sa maison de grand matin afin de louer des ouvriers à sa vigne. Et étant convenu avec les ouvriers qu'ils auraient un denier pour leur journée, il les envoya à sa vigne; il sortit encore vers la troisième heure, et, en ayant vu d'autres qui se tenaient dans la place sans rien faire, il leur dit : Allez-vous-en aussi, vous autres, à ma vigne, et je donnerai ce qui sera raisonnable. Et ils s'y en allèrent. Il sortit encore sur la sixième et sur la neuvième heure, et fit la même chose. Enfin,

étant sorti sur la onzième heure, il en trouva d'autres qui étaient là, debout, auxquels il dit : Pourquoi demeurez-vous là tout le long du jour sans travailler? C'est, lui dirent-ils, que personne ne nous a loués. Et il leur dit : Allez-vous-en aussi, vous autres, à ma vigne. Le soir étant venu, le maître de la vigne dit à celui qui avait le soin de ses affaires: Appelez les ouvriers et payez-les, en commençant depuis les premiers jusqu'aux derniers. Ceux qui n'étaient venus que vers la onzième heure s'étant approchés reçurent chacun un denier. Ceux qui avaient été loués les premiers, venant à leur tour, crurent qu'on leur donnerait davantage, mais ils ne reçurent non plus qu'un denier chacun; et en le recevant ils murmuraient contre le père de famille en disant : Ces derniers n'ont travaillé qu'une heure, et vous les rendez égaux à nous qui avons porté le poids du jour et de la chaleur. Mais, pour réponse, il dit à l'un d'eux : Mon ami, je ne vous fais point de tort : n'êtes-vous pas convenu avec moi d'un denier? Prenez ce qui vous appartient, et vous en allez. Pour moi, je veux donner à ce dernier autant qu'à vous. Ne m'est-il donc pas permis de faire ce que je veux? et votre œil est-il mauvais parce que je suis bon? » Cette vigne est la société. Les travailleurs qu'y envoie le père de famille sont les hommes. Quelques-uns y sont venus de meilleure heure et ont eu plus longtemps que les autres à soutenir le poids de la chaleur et du jour; ils ont sué et haleté à cette rude besogne des révolutions. Mais tous recevront, à la fin du jour, la même récompense; cette récompense sera égale, quoique les travaux n'aient point été les mêmes pour tous. Si la justice de Dieu souffre de cette égalité, sa bonté en est satisfaite, et cela suffit. Dans la pensée de Jésus-Christ l'humanité est un seul et même être dont tous les intérêts se tiennent, comme les travaux ou les souffrances. C'est un grain de sénevé jeté en terre, c'est un arbre dont toutes les feuilles sont solidaires, c'est une même masse de farine pénétrée par le même levain. Nous travaillons les uns pour les autres, comme nous héritons dans nos organes, en venant au monde, du progrès et du développement amenés par les siècles qui nous précèdent. C'est dans ce sentiment de l'identité humaine que Jésus-Christ annonce souvent comme prochaines, à ses disciples, des choses qui ne pouvaient advenir qu'après plusieurs siècles à leurs successeurs. Ceci explique encore l'impatience des premiers chrétiens, leurs terreurs de la fin du monde et leur foi entièrement tournée vers le ciel. L'homme, être éphémère et passager qui se hâte de mourir, croit toujours que les destinées du monde doivent s'accomplir de son temps, ou bien alors il les transporte ailleurs ; tandis que l'humanité, qui a devant elle des siècles et l'espace, suit que ces destinées s'accompliront toujours assez tôt, elle marche calme et grande vers l'avenir, sans s'agiter outre mesure et sans vouloir précipiter dans le ciel, par dépit et par impatience, des espérances qui doivent un jour commencer sur la terre leur accomplissement.

Vous êtes favorisés, vous qui le mouvement des temps et des révolutions a apportés sur le bord du royaume de Dieu. » Nous vous avons parlé des commotions et des ébranlements devant amener ce règne. Nous vous avons dit: Quand vous entendrez l'orage gronder dans la nue, quand une grêle de balles sifflera à vos oreilles, quand le tonnerre du canon grondera, n'imitez pas les Gentils qui n'ont pas de foi, imitez les Juifs, qui attendent une délivrance; ne fermez pas vos fenêtres alors, ouvrez-les; ouvrez vos cœurs à l'espérance; car le messie-peuple doit venir dans un orage. Toutefois, nous vous l'avons encore dit, ces choses ne seront que le commencement. Ces secousses et ces émotions ne font que préparer un fait moral; et ce fait, quand le jour en sera venu, se détachera de lui-même comme un fruit mûr. Il n'y a plus besoin ce jour-là de fusils, ni de canons, ni de force brutale. Une seule arme sera nécessaire : la foi. Or la foi implique la volonté. Croyez et voulez, croyez et voulez, frères, et tous les miracles s'accompliront dans l'État sans autre instrument que la parole! Ayez en l'avenir de la foi gros comme un grain de sénevé; et vous direz au vieil arbre mort de la société : Déracine-toi! et il se déracinera. Vous direz à cette lourde montagne du despotisme qui pèse sur le monde : Ôte-toi de là! et elle se retirera. Vous n'aurez même pas besoin de combattre contre ce troupeau de privilégiés, de grands, de propriétaires, de maîtres qui broutaient toute votre substance et qui s'engraissaient de votre maigreur. Vous n'aurez même pas la peine de les détruire; car, comme ce troupeau de pourceaux qui, ayant vu la délivrance d'un homme, se jeta tout d'un bond dans la mer, ces hommes, à la vue du peuple délivré du mauvais esprit de servitude qui le possédait, se précipiteront tous de colère, et s'abîmeront eux-mêmes dans le néant.

Quel sera maintenant cet ordre amené dans le monde par la maturité lente du genre humain? D'abord, la première et grande loi sociale que Jésus-Christ est venu révéler aux peuples, c'est l'unité. « Père, dit-il à Dieu en parlant des hommes, qu'ils soient tous un comme nous sommes un. Père saint, gardez en votre nom ceux que vous m'avez donnés, afin qu'ils soient un comme nous. Je suis en eux et vous êtes en moi, afin qu'ils soient consommés dans l'unité. » Voilà toute la théorie du christianisme sociétaire, l'unité divine appelant l'unité humaine. Le peuple doit être un comme Dieu est un. Cette société a son point de ralliement dans le Christ. « Je suis en eux, dit-il à son père, comme vous êtes en moi. » Cette

unité s'étendra à toute la terre et à tous les peuples. « Il viendra des gens du septentrion et du midi qui seront à table dans le royaume de Dieu. » Il ne doit y avoir qu'un peuple, car il n'y a qu'un Dieu. Arabes, Cosaques, Abyssins, Kalmouks, Malgaches, vous viendrez, du midi et du septentrion, vous asseoir à nos tables et manger avec nous; vous tous qui d'un pôle du monde à l'autre êtes divisés par les mers, les terres, et, ce qui est encore plus infranchissable, par les rivalités et les amours-propres de nation, vous viendrez et vous ne ferez qu'un même cercle de convives buvant à la santé du monde.

Jésus chassant les vendeurs du temple.

C'est cette sainte et fraternelle unité que Jésus-Christ a voulu consacrer par un signe sensible dans la communion. Il a voulu que tous les hommes mordissent au même pain et bussent au même vin, afin qu'ils n'eussent tous qu'un sang et qu'une chair; la chair et le sang des enfants de Dieu. C'est dans cette unité humaine qu'est la vie; c'est dans cette communion mutuelle qu'est la fécondité : « Celui qui me mange, dit Jésus, vivra par moi. » La vie est dans la communion des branches au tronc : « Demeurez en moi, et je demeurerai en vous; comme la branche de la vigne ne peut d'elle-même porter le fruit si elle ne demeure dans ce cep, de même vous n'en pouvez porter si vous ne demeurez en moi. » Or Jésus étant, comme nous l'avons dit, la figure incarnée de l'unité humaine. En nous exhortant à le manger et à demeurer en lui il nous engage à nous nourrir de l'humanité et à demeurer en elle. Et comme l'unité humaine est le point de liaison entre l'homme et la Divinité, il s'ensuit qu'en étant unis ensemble nous tiendrons en société avec le Père. Mordant tous au même pain, nous mangerons tous au même Dieu. C'est là ce repas unitaire dont le repas libre des anciens n'était qu'une grossière ébauche. « Mangez, nous dit le Christ en nous rompant le pain, ceci est mon corps. » C'est-à-dire le corps de l'humanité. « Buvez, nous dit le Christ en nous versant le vin, ceci est mon sang. » C'est-à-dire le sang de l'humanité. Frères, mangeons-nous et buvons-nous donc les uns les autres sous ces espèces; car communier à l'humanité c'est communier au Christ, et communier au Christ c'est communier à Dieu. « Comme mon Père, qui est vivant, m'a envoyé et que je vis par mon Père, de même celui qui me mange vivra par moi. »

« Je suis le pain vivant, disait Jésus-Christ ; si quelqu'un mange de ce pain il vivra éternellement, et le pain que je donnerai c'est ma chair pour la liberté du monde. » Or, comme ce discours révoltait ses auditeurs, Jésus appuyait et persistait en disant : « En vérité, en vérité, je vous répète que si vous ne mangez la chair du Fils de l'homme et si vous ne buvez son sang, vous n'aurez point la vie en vous; car ma chair est véritablement nourriture, et mon sang est véritablement breuvage. Celui qui mange ma chair et boit mon sang demeure en moi, et je demeure en lui. » Or les disciples continuaient de murmurer : « Cette parole est dure, disaient-ils entre eux, et qui peut l'écouter? » Plusieurs même se retirèrent. Cette loi d'anthropophagisme humanitaire par laquelle nous buvons le sang et nous mangeons la chair les uns des autres, de telle sorte que nous nous assimilions les uns aux autres comme la nourriture au corps, et que nous demeurons les uns dans les autres, *manet et in me et ego in vobis*, est en effet le côté transcendant et le dernier mot du christianisme socialiste. Jésus, voulant montrer la supériorité de ce grand festin moral qu'il venait apporter aux hommes, l'oppose à la manne, qui était également une figure du repas commun et égalitaire : « Il n'en est pas ainsi que de la manne dont vos pères ont mangé, et toutefois ils sont morts; celui qui mange ce pain vivra éternellement. » La vie est attachée à cette transsubstantiation du Fils de l'homme dans son semblable, parce que l'humanité renaissant et se transmettant ainsi tout entière, par la communion, dans chacun de ses membres, entre en possession de l'éternité de Dieu. « Celui qui mange ma chair et qui boit mon sang, dit le Christ, Fils de l'homme et représentant de l'humanité, a la vie éternelle, *habet vitam æternam*. »

« Cherchez premièrement, dit Jésus-Christ, le royaume de Dieu et sa justice, et toutes les choses de la vie vous seront données comme par surcroît. » Il nous promet en effet, dans cette société nouvelle, la vigilante administration d'un *père juste et libéral qui distribuera à chacun selon ses besoins* et fera luire sur tous les hommes l'égalité comme un soleil. Une société où il y a des membres qui souffrent de la faim, du froid ou de la soif n'est pas une société chrétienne; car Jésus a voulu que la boisson, la nourriture et le vêtement fussent communs à tous comme l'air du ciel et la lumière. Cette confiance en un pouvoir distributeur du nécessaire entre si profondément dans les vues du Christ qu'il en fait le signe singulier de son peuple : « Ce sont les gentils, dit-il, qui font autrement et qui se tourmentent des

Jésus et la femme adultère.

choses de la vie. » Le peuple au contraire régénéré, ayant foi en une sorte de providence sociale infaillible, bannira de son sein ce tourment et ce souci de la vie matérielle qui empoisonne toutes les jouissances de l'âme. L'esprit n'étant plus gêné par la crainte du lendemain, par la question de boire et de manger, *quid bibemus et quid manducabimus*, s'élèvera plus facilement à cette parole de vérité qui sort de la bouche de Dieu et qui est la vraie nourriture de l'intelli-

gence. L'humanité s'étant remise du soin de la satisfaction de ses besoins à une main juste et libérale qui rendra à chacun selon ses œuvres, ne sera plus inquiète du vêtement ni du lendemain, car le lendemain apportera, avec les mêmes travaux et les mêmes besoins, la même récompense.

La propriété n'étant plus immobilisée sur quelques hommes qui l'enfouissent en terre, là où la rouille la ronge et où les vers la dévorent, s'étendra à tous et se multipliera par la circulation. Alors la richesse luira pour tous les hommes comme le soleil. En ces jours-là l'usure, au contraire, l'immense fortune personnelle, l'usurpation de l'or auront disparu de la famille et des citoyens; en ces jours-là la bourse et la banque seront démolies, car le royaume de Dieu n'admet pas ces temples de Mammon. La parole du Christ est formelle: « Personne ne peut servir deux maîtres; car, ou il aura de l'aversion pour l'un et de l'amour pour l'autre, ou il honorera l'un et méprisera l'autre. » Vous ne pouvez servir Dieu et l'argent ! Vous ne pouvez être à la fois chrétiens et propriétaires ! «Vendez votre bien, disait Jésus aux riches, distribuez-en le prix, et ensuite venez et suivez-moi.» Riches, avant donc de mettre les pieds aux églises, commencez, si vous n'êtes pas des hypocrites et des menteurs, par sacrifier une partie de vos biens et par les distribuer; car, autrement, vous rencontrerez à la porte la sévère figure du Christ qui dira : « Ces gens-là m'honorent des lèvres, mais leur cœur est loin de ma doctrine. »

d'égalité et témoigna son horreur pour l'institution de la souveraineté chez les peuples lorsque, « sachant que plusieurs viendraient afin de le faire roi, » il se retira plus loin seul sur la montagne. Admirons, au reste, la hauteur et la puissance du niveau que Jésus entend passer sur les têtes humaines : « Vous êtes tous frères, et vous n'avez qu'un Père qui est au ciel. » Comme la politique de nos députés et de nos hommes d'État semble petite devant la doctrine du Nazaréen! La Charte dit : « Tous les hommes sont égaux devant la loi;» L'Évangile dit: « Tous les hommes sont égaux devant Dieu ! » Il faut pourtant s'entendre sur cette égalité. J.-C. ne prétend pas détruire dans le monde cette grande hiérarchie naturelle sans laquelle aucune société ne saurait vivre. Il s'avoue lui-même le chef de ses disciples, *sunt etenim*. Mais Jésus-Christ n'entend pas que cette principauté d'intelligence pèse sur eux comme un joug; « Je ne vous appellerai pas serviteurs, se hâte-t-il d'ajouter, parce que le serviteur ne sait pas les desseins de son maître, mais je vous appelle mes amis. » La nation tout entière sera en effet conviée comme amie et comme conseil aux desseins de son gouvernement. Mais Jésus-Christ représentant en sa personne, vis-à-vis des disciples, l'autorité future tient à nous fixer sur les notions exactes que nous en devons avoir. « Que celui qui commande, nous dit-il, soit comme celui qui sert. » Le commandement ne peut donc être considéré au point de vue chrétien que comme une fonction et une charge, non comme une dignité. L'homme en pouvoir est un ser-

La Résurrection.

La fraternité découle encore naturellement de la sainte loi de l'unité. « Vous n'avez qu'un père, un seul Jésus-Christ; vous êtes tous frères ! » Le peuple-Christ regardant un jour autour de lui dira de tous les peuples voisins et de toutes les nations qui le touchent : « Voilà mes sœurs et mes frères ! » Tous les hommes sont frères parce qu'ils sont tous les enfants de Dieu. Tenons, peuple, à cette filiation divine; ne nous abrutissons pas dans des doctrines de matérialisme dégoûtant qui ravalent tous les hommes à une fraternité abjecte, comme tous les porcs d'un même troupeau. Car souvenons-nous que, si l'on opprime aisément les pourceaux parce qu'ils sont pourceaux, et si on les chasse devant soi avec une gaule, on ne s'attaque pas volontiers aux dieux, parce que, étant dieux, ils ont dans leurs mains la foudre. C'est pourquoi Christ nous a tous surnommés, par Jacques et Jean, *Boanerges*, enfants du tonnerre.

Jésus-Christ tient à bannir du milieu des siens toute question de préséance. « Vous savez que ceux qui commandent aux nations les gouvernent avec empire, et que les grands prennent sur elles une autorité de maîtres: qu'il n'en soit pas ainsi parmi vous, » Il ajoute, en parlant des scribes et des pharisiens qui composaient l'aristocratie chez les Juifs: « ils aiment qu'on les salue et qu'on les appelle maîtres; mais, pour vous, ne prenez pas le nom de *maître*, car vous êtes tous frères. » Jésus mit lui-même en pratique cette maxime

viteur aux gages de la nation. L'autorité future ne sera pas, comme celle des maîtres de la terre, un lourd fardeau qui pèse sur la tête des peuples. « Venez à moi, dit Jésus-Christ, appelant à lui les populations fatiguées par le poids de l'ancienne servitude. Prenez mon joug sur vous et apprenez de moi que je suis doux et humble de cœur, et vous trouverez le repos de vos âmes, car mon joug est doux et mon fardeau est léger. » Qu'est-ce qui allégera ce fardeau du nouveau pouvoir et le rendra doux à l'épaule des peuples? Ce sera l'amour. Jésus, avant de remettre à Pierre la garde du troupeau, l'interrogea par trois fois, au nom de l'humanité, en lui disant: « Pierre, m'aimez-vous ? » Et ce n'est qu'à la troisième affirmation qu'il lui abandonna le soin de mener paître ses brebis. Là est toute la théorie du pouvoir à venir, qui sera un pouvoir moral et dont l'influence s'exercera sur le cœur. Celui qui commandera le mieux sera celui qui aimera le mieux. Quant à ceux qui règnent et commandent aujourd'hui par la force, leur sentence semble suffisamment portée par le Christ. Ils ont tiré le glaive du fourreau; ils périront par le glaive.

Jésus-Christ étant venu apporter la vie, *ego veni ut vitam habeant*, c'est-à-dire le libre développement de toutes les facultés et de toutes les tendances humaines, comprit la nécessité de déterminer à cette liberté de chacun une limite, pour qu'elle ne

gênât pas la liberté des autres. Le cercle dans lequel l'activité individuelle peut s'exercer sans gêner ni contrarier l'activité d'autrui est tracé par cette parole mémorable : « Ne faites pas aux autres ce que vous ne voudriez pas qu'il vous fût fait. » Cette parole et quelques autres du même genre règlent suffisamment les rapports des citoyens entre eux : « Conduisez-vous donc envers les hommes comme vous voudriez qu'ils se conduisissent envers vous. Ne jugez pas, afin que vous ne soyez pas jugé. » Si quelqu'un s'écarte de cette conduite équitable et humaine, Jésus-Christ indique le moyen de le ramener au devoir. La pénalité du Christ n'est pas comme la vôtre, qui frappe souvent des victimes repenties. Jésus-Christ veut qu'on commence par avertir et par reprendre le coupable en particulier, de vive voix, *increpa illum*. Si cette admonition réitérée jusqu'à trois fois ne suffit pas pour le retenir, alors il faut prendre deux ou trois personnes avec soi, afin de donner plus d'autorité à la chose. S'il ne les écoute pas, alors il faut le faire réprimander publiquement par la société. Si enfin il résiste à la société, il faut le regarder comme un païen, c'est-à-dire le déclarer en retard de son siècle et en arrière de la civilisation. Jésus-Christ a horreur des lois pénales qui régissent les vieilles sociétés : aussi engage-t-il les siens à finir entre eux leurs différends sans en déférer à l'autorité : « Accordez-vous de bonne heure avec votre adversaire pendant que vous êtes encore en chemin avec lui, de peur qu'il ne vous livre au juge et que le juge ne vous livre à son ministre et que vous ne soyez mis en prison. Je vous dis, en vérité, que vous n'en sortirez point que vous n'ayez rendu jusqu'au dernier denier. » Ces conseils montrent bien que Jésus, en contradiction avec la société de son temps, s'occupait avant tout de l'organisation d'une autre société. En retirant ainsi ses disciples de l'ancien Code pénal, Jésus-Christ les amène naturellement à la nouvelle loi et au nouveau royaume qu'il veut fonder sur la terre, royaume de tolérance et d'amour dont vous êtes par avance les citoyens, vous qui ne voulez pas qu'on éteigne la lampe qui fume encore et qu'on achève le roseau brisé, royaume où le glaive de la justice sera remis tout sanglant dans le fourreau, royaume où l'on écartera les pierres du sein de la femme pécheresse et le couteau de la main des pêcheurs, car le pouvoir, en ce temps-là, sera miséricordieux comme le Père céleste qui fait lever son soleil sur les bons et sur les méchants.

La doctrine de Jésus condamnait les riches, les grands, les privilégiés. Son entrée en triomphe dans le temple de Jérusalem acheva d'exciter contre lui les magistrats. Cette entrée était en effet une véritable ovation populaire. Les branches d'arbre coupées et jetées à terre, les vêtements étendus sur son chemin, les palmes aux mains de la multitude, tout annonçait une marche tumultueuse en l'honneur d'un tribun. Et les troupes du peuple qui marchaient devant lui et celles qui le suivaient criaient : « Hosanna au Fils de David ! Béni soit celui qui vient au nom du Seigneur ! Hosanna au plus haut des cieux ! » Lorsqu'il entra dans Jérusalem, toute la ville fut émue, chacun demandait : Qui est celui-ci ? Et le peuple répondait : c'est Jésus le prophète qui est sorti de Nazareth en Galilée. Et la foule se prosternait sur son passage en disant : Délivrez-nous, *salva queso* ! Or, les princes des prêtres entendant tout ce que le peuple criait dans le temple : « Hosanna au Fils de David ! » en conçurent de l'indignation et lui dirent : « Maître, reprenez vos disciples. » Mais Jésus, sans condescendre à leurs remontrances, leur dit : « Je vous déclare que, si ceux-ci se taisent, les pierres crieront. » Ces emportements de la foule, ces chants de joie et d'allégresse, ces cris de liberté, *salva queso* ! avaient allumé, comme dit le texte, la colère des grands ; mais ce qui les courrouça tout-à-fait, ce fut le titre de *roi* donné à Jésus. « Béni soit le roi, disait le peuple, qui vient au nom de Dieu. » Le peuple, ne sachant trop encore comment caractériser cet initiateur à une société nouvelle, le salue de la formule consacrée, elle le nomme roi. Mais pour faire entendre que celui-là n'a rien de commun avec les autres maîtres de la terre qui maltraitent et tyrannisent leurs sujets, elle ajoute que c'est le roi envoyé de Dieu pour le mettre en liberté. A dater de ce jour, Jésus était vraiment un chef populaire.

Pour mieux se pénétrer de cette vérité, que l'entrée de Jésus en triomphe dans Jérusalem fut un fait tout politique, il suffit de lire le texte : « Lorsqu'il approcha de la ville et qu'il la vit il pleura sur elle en disant : Oh ! si tu connaissais encore ce jour favorable pour toi et les choses qui se présentent pour te donner la paix ! mais elles sont maintenant cachées à tes yeux. » Ce sont aussi les paroles que je t'adresse, ô mon pays ! Si tu connaissais les choses qui se présentent pour te donner la paix, si tu écoutais la voix de ceux qui t'annoncent la liberté, si par une douce et salutaire réforme tu changeais sans violence tes institutions, si tu abattais de toi-même par les armes pacifiques de la raison les privilèges, les fortunes et les servitudes qui t'accablent, si tu rejetais tout d'un coup sur l'Europe cette guerre lente et continue des rois, veulent porter dans ton sein, tu serais sauvé, tu serais heureux ! Mais au contraire tu fermes obstinément les yeux au soleil de la vérité. « Il viendra un temps malheureux pour toi auquel tes ennemis feront une circonvallation autour de tes murailles ; ils t'assiégeront et te serreront de toutes parts ; ils raseront les maisons, ils extermineront tes habitants, et ils ne te laisseront pas pierre sur pierre, » parce que tu n'as pas écouté la voix de tes vrais amis et connu l'heure de ta délivrance. France, France, qui tues les prophètes du peuple et qui lapides ceux qui te sont envoyés, combien de fois nous avons voulu ramasser tes enfants comme une poule qui ramasse ses petits sous ses ailes, et tu ne l'as pas voulu, France !

Jésus se voyant soutenu dans le moment par l'enthousiasme et le courroux du peuple, en profita pour attaquer une aristocratie qui a pris dans notre civilisation moderne un si déplorable développement, l'aristocratie de la finance et du commerce. Ayant trouvé dans le temple des gens qui y vendaient des bœufs, des brebis et des colombes, ayant trouvé aussi des changeurs, il fit un fouet de corde, puis il chassa les marchands hors du temple avec les brebis et jeta par terre l'argent des changeurs et renversa leur table, et il dit à ceux qui vendaient des colombes : Otez cela d'ici, et ne faites pas de la maison de mon Père un marché ! » Oh ! que ne pouvons-nous faire aussi, nous, de notre parole un fouet sévère et déchirant qui chasse hors de la société, ce vrai temple de Dieu, tout ce honteux troupeau de boursiers, d'agioteurs, de loups-cerviers, d'agents de change, tout ce ramas de Juifs qui ont fait de la société un marché, et de la ville de l'intelligence une caverne de voleurs ! Otez cela d'ici ! nous dirions à ceux qui étalent avec orgueil leur argent et leurs marchandises. Et nous renverserions les tables chargées d'or, et nous ferions sentir au dos de ces avares la vengeance du pauvre peuple, et nous chasserions à coups de corde hors de la société cet esprit d'intérêt et de trafic qui la déshonore, si, comme Christ, nous avions le bras soutenu par la force de notre mission et le courage des multitudes. Frères, chassons tous ces vendeurs du temple de la société, car il est écrit que la société est une maison d'amour, et ils en ont fait une halle où chacun fond sur la propriété comme sur une proie, et exploite le pauvre comme un vil bétail.

Jésus-Christ n'avait point ce caractère d'agneau que les prêtres lui ont donné ; il était « l'agneau du monde » en ce sens qu'il portait en lui toutes les misères et toutes les infirmités de la nature humaine, mais c'était en même temps un révolutionnaire qui venait sur la terre pour y exercer un jugement. « Il a le van dans la main, disait-de lui par avance Jean-Baptiste ; il nettoiera très exactement son aire, il amassera son blé dans le grenier, mais il brûlera les pailles dans un feu qui ne s'éteindra plus. » Jésus-Christ est venu diviser la société en deux parts, ceux qui ont et ceux qui n'ont pas ; il est venu purger le monde de cette paille inutile des grands qui dévorent le pur froment du peuple ; il est venu vanner l'humanité pour en mettre la portion saine dans un grenier et jeter au feu celle qui est viciée ; ce sont celui des révolutions allumé par le Christ qui ne s'éteindra plus avant que toutes les aristocraties mauvaises n'aient disparu du monde. C'est en ce sens que Jean-Baptiste ajoutait : « Celui-là vous baptisera dans le feu. » Jésus-Christ est venu plonger le monde dans un baptême de flamme et de sang ; il est venu commencer cette révolution terrible qui devait apporter la joie au cœur des esclaves et jeter le glaive sur la tête des maîtres. Il ne veut ni transaction ni pitié ; celui qui n'est pas avec lui est contre lui, et celui qui est contre lui sera jeté à la vengeance du peuple comme une branche morte, pour qu'il brûle. « Il y aura un choix et un jugement sévères : De deux hommes qui seront dans un champ l'un sera pris, l'autre sera laissé ; de deux femmes qui moudront au même moulin, l'une sera prise, l'autre sera laissée ; de deux personnes couchées dans le même lit, l'une sera prise, l'autre sera laissée ; » et ceux et celles qui seront pris par la main du peuple, leur seigneur, à une heure inattendue, seront jetés dans une prison éternelle, « là où le ver des condamnés ne meurt pas. »

Révolutionnaires, enfants de Dieu, mes frères, vous qu'on humilie, vous qu'on outrage, vous qu'on dépouille, vous qu'on jette nus dans les prisons avec les prostituées et les forçats, vous que les hommes appellent devant leur tribunal comme des malfaiteurs, il faut bien que je vous relève au nom de Jésus-Christ, mon maître, et que je vous dise de sa part de bonnes paroles : « Vous êtes le sel de la terre ! » Vous avez quelquefois à la bouche des discours âcres et amers, mais vous êtes le sel, et si vous vous évanouissez la société où vous êtes n'ayant plus pour la conserver ne serait que corruption et affadissement. « Vous êtes la lumière du monde. » On ne met pas la lumière sous un boisseau mais sur un chandelier, afin qu'elle luise aux yeux des hommes. Ne vous laissez donc pas éteindre ni étouffer par les gouvernements sous la compression du boisseau ; luisez malgré eux et en dépit de tout sur le chandelier ! « Vous êtes une ville située sur une haute montagne. » Vous ne pouvez donc être cachés ; les yeux des persécutés s'élèveront vers vous pour vous demander asile ; les yeux des gouvernements s'élèveront vers vous pour vous assiéger. Soyez fermes et tenez bon, car la victoire, à la fin, demeurera de votre côté. Ecoutez maintenant les conseils que le grand agitateur Jésus m'a dit de vous communiquer ; allez vers les brebis perdues de la nation ; aux lieux où vous irez, prêchez que la société nouvelle est proche ; rendez la santé aux malades de cœur, ressuscitez les morts civils, guérissez ceux qui sont lépreux au moral, chassez l'esprit de servitude ; vous avez reçu gratuitement, donnez gratuitement ; ne possédez ni or ni argent, et ne portez aucune monnaie

dans vos ceintures ; votre pauvreté protestera contre les abus de la propriété. Quand vous vous mettrez en chemin, n'ayez ni sac, ni double habit, ni souliers, ni bâton, car celui qui travaille mérite d'être nourri. En quelque ville ou village que vous arriviez, informez-vous s'il y a quelqu'un qui soit digne de vous recevoir et demeurez chez lui tant que vous serez en ce lieu-là. En entrant dans la maison saluez en disant : La paix soit dans cette maison ! Que si quelqu'un refuse de vous recevoir ou d'écouter vos paroles, sortez de la maison ou de la ville et secouez même la poussière de vos pieds. Je vous dis, en vérité, qu'au jour du grand jugement des peuples le pays de Sodome et de Gomorrhe ne sera pas si rigoureusement puni que cette ville-là. Je vous envoie comme des brebis au milieu des loups, car vous n'avez d'autres armes que celle de la parole et de la vérité, tandis que vous aurez affaire à des hommes armés et forts. Soyez donc prudents comme des serpents et simples comme des colombes. Gardez-vous des hommes, car ils vous livreront aux juges et vous mèneront devant les gouverneurs. Quand ils vous persécuteront dans une ville fuyez dans une autre ; car je vous dis, en vérité, que la délivrance du peuple viendra avant que vous ayez passé par toutes les villes du royaume. Ne vous offensez pas des paroles qu'on vous adressera ni des discours qu'on tiendra sur votre compte : « puisqu'ils ont nommé le Père de famille Beelzébuth, » à plus forte raison vous insulteront-ils, vous les disciples et les continuateurs du Christ. Dites en plein jour ce que vous avez appris dans les ténèbres, et prêchez au haut des maisons ce que l'Évangile vous disait jusqu'ici à l'oreille. Ne craignez point ceux qui peuvent vous faire mourir : ces gens-là ne peuvent tuer que votre corps, mais ils n'ont aucun pouvoir sur votre âme ; l'esprit restera pour réclamer, pour protester et pour crier vengeance ! Craignez plutôt cet esprit de servitude qui peut tuer l'esprit et le corps en les jetant l'un à l'autre dans l'enfer de l'ignorance et de l'abrutissement. Voilà les avis du Christ, je les crois bons, ce sont ceux qu'il donnait aux apôtres ; ces premiers révolutionnaires ont commencé par la propagande et la prédication une grande mission de délivrance que nous sommes appelés à terminer. Allons donc comme eux, allons pieds nus, sans bâton et sans argent, allons en missionnaires de la liberté. Allons annoncer aux peuples, par la parole, par la presse et par l'exemple, que le grand jour est proche et qu'il faut se tenir prêt, car il luira subitement comme l'éclair, car il viendra au moment où l'on s'y attend le moins, comme un voleur.

Cette surprise à main armée n'est point une spoliation injuste et criante, c'est au contraire un acte équitable qui doit remettre les biens de la société aux mains des légitimes possesseurs. Écoutez à ce propos ce que dit Jésus-Christ : « Un père de famille planta une vigne. » Nous avons vu plusieurs fois occasion de voir que par ce mot de père de famille Jésus entend désigner Dieu, père de famille de l'humanité, et le peuple, qui représente Dieu sur la terre. « Il la renferma d'une haie, en creusant la terre il y fit un pressoir et bâtit une tour, et, après avoir affermé la vigne à des vignerons il s'en alla. » La vigne est la société avec tous ses biens, avec son pressoir qui représente l'usage des impôts, avec sa tour qui est le signe de la force ; les vignerons auxquels la vigne a été affermée sont les rois, les grands, les hommes en place ; « lorsque le temps des vendanges s'approchait, il envoya ses serviteurs vers les vignerons pour en recevoir le fruit de sa vigne. » Le peuple, tout en remettant l'autorité aux mains des gouvernants, ne s'est point pour cela démuni de ses droits ; il n'en reste pas moins le maître de la vigne. Il envoya au temps de la vendange, c'est-à-dire lorsque les destinées de la nation eurent mûri, des serviteurs révolutionnaires pour recevoir l'usufruit de ses biens que le peuple avait confiés aux seigneurs et aux riches. « Mais les vignerons s'étant saisis d'eux battirent les uns, lapidèrent les autres et en tuèrent plusieurs. Il envoya de nouveau d'autres serviteurs en plus grand nombre que la première fois, et ils en reçurent le même traitement. » C'est en effet par le glaive et à coups de pierre que les pouvoirs constitués accueillirent les premières réclamations des représentants du peuple. « Enfin il leur envoya son fils ; car il dit : ils respecteront mon fils. » Ce fils des peuples est le peuple de France qui s'est présenté en armes devant tous les rois et tous les seigneurs du monde auxquels avait été affermée la puissance. « Mais les vignerons voyant le fils de leur maître dirent en eux-mêmes : c'est ici l'héritier, venez, tuons-le ; nous serons les maîtres de son héritage. » Venez, tuons la France, disent les rois de l'Europe, et nous serons les maîtres de l'héritage des peuples ! « Et s'étant saisis de lui ils le chassèrent hors de la vigne et le tuèrent. » Écoutez maintenant la suite : « Lors donc que le seigneur de la vigne sera venu, que fera-t-il à ces vignerons ? Il exterminera ces méchants, et il passera la vigne à d'autres vignerons qui lui en rendront les fruits en leur saison. » Voilà toute l'histoire de ce qui doit arriver au monde. Les révolutions sont le retour du peuple dans ses domaines, le retour de Dieu. Il exterminera les maîtres qui auront mal administré son bien, ceux qui auront mangé le raisin de sa vigne et foulé les grappes dans son pressoir sans lui en faire partager le fruit ; il les détruira par le fer comme des assassins et des voleurs ; il reprendra sa vigne, c'est-à-dire la puissance, pour l'affermer désormais en des mains plus pures qui ne garderont pas tout le produit de la terre, mais qui feront au contraire entrer le peuple en participation de la souveraineté et de l'abondance. L'aspect de l'Europe nous présente aujourd'hui ce grand combat des peuples qui veulent rentrer dans leurs possessions et refouler les anciens fermiers injustes de la puissance.

Jésus-Christ nous apprend que cette reprise à main armée des droits du peuple ne se fera pas sans de longs combats et sans des alternatives douteuses. Les peuples délivrés auront des rechutes dans la servitude. La France, émancipée un instant, sera reprise par le démon ancien de la puissance. L'esprit impur de servitude sorti de la nation s'en alla un jour au loin par les lieux arides, cherchant du repos ; mais n'en trouvant point il dit : « Je retournerai dans ma maison d'où je suis sorti. » Et lorsqu'il y revint il la trouva nettoyée par le balai des révolutions. Alors il s'en alla prendre avec lui sept autres démons plus méchants que lui, c'est-à-dire sept autres rois qui forcèrent de nouveau l'entrée de la maison et qui y établirent leur demeure. Et le dernier état de cette nation devint pire que le premier. Elle gémira dans cet état, le dos courbé sous un esprit de servitude, au point de ne pouvoir même regarder le ciel, comme cette vieille femme de l'Évangile qui marchait ployée en deux, jusqu'à ce que Jésus lui dise aussi : « Femme, je vous délivre ; redressez-vous ! »

Le retour du maître dans sa vigne, du Peuple-Roi dans son palais, aura lieu subitement et au moment où l'on ne s'y attendra pas. « Heureux sont les serviteurs que le maître, à son retour, trouvera veillant, les reins ceints et une lampe allumée dans la main ! Je vous dis, en vérité, qu'il se ceindra, qu'il les fera mettre à table et qu'il ira et viendra pour les servir ; que s'il arrive à la seconde veille ou qu'il vienne à la troisième, ces serviteurs sont heureux s'il les trouve dans cet état ; je vous déclare que si un père de famille savait à quelle heure un voleur doit venir, il ne manquerait pas de veiller, et il ne laisserait point faire d'ouverture à sa maison ; de même, tenez-vous prêts, parce que le Fils de l'Homme viendra à une heure que vous ne pensez pas ! » Veillons donc, frères, veillons les reins ceints pour le combat, la lampe de l'amour allumée dans notre main, veillons la nuit dans les astres de la société ont fait en s'éteignant ; veillons et tenons-nous prêts, car Jésus nous l'a répété déjà plusieurs fois, le Fils de l'Homme, c'est-à-dire du peuple, viendra comme un voleur à une heure inattendue ; il viendra armé, vir armatus ; il viendra, comme un maître, mettre l'ordre dans la maison et jeter dehors ceux qui auront mal administré ses affaires ; il viendra arracher tous les pouvoirs qui donnent de mauvais fruits ; il viendra dire au gouvernement stérile comme au figuier : « Coupez-le donc ! Pourquoi faut-il qu'il occupe la terre plus longtemps ? » Il viendra battre de coups les serviteurs en place qui n'auront point rempli ses volontés. Plus les pouvoirs confiés auront été grands, plus le châtiment sera sévère : « On demandera plus à chacun selon qu'il aura plus reçu, et l'on fera rendre un plus grand compte à celui auquel on aura commis plus de choses. »

Jésus aime les forts, les violents, les hommes armés, ceux qui marchent sur les flots soulevés des peuples, au milieu du vent des révolutions et de l'orage des partis sans perdre cœur ; ceux qui font assaut pour entrer dans la société à venir, omnis in illud vim facit ; mais tout en aimant ces agitateurs et ces belliqueux, il n'oublie pas les contemplatifs, les penseurs, les poètes qui auront servi dans le silence et le recueillement au progrès de l'humanité. Ces deux natures de révolutionnaires sont figurées dans l'Évangile par deux femmes, Marthe et Marie sa sœur, l'une qui s'emploie avec ardeur aux soins de la maison, l'autre qui demeure aux pieds de Jésus à écouter sa parole dans le recueillement du cœur. Or comme celle qui s'agitait se s'empressait au service du Fils de l'Homme voulait lui faire remarquer que sa sœur la laissait faire toute seule, Jésus la reprit en disant que Marie avait choisi la meilleure part. Ce ne seront pas en effet toujours ceux qui se seront les plus tourmentés en tous sens pour mettre le mouvement dans l'État qui auront le plus servi à l'humanité ; ce seront souvent ces natures calmes et douces qui, attentives de cœur aux grandes révolutions de l'avenir, se tiennent en silence, aux pieds de l'humanité, à écouter les voix mystérieuses des événements, à réfléchir et à aimer. Ne méprisez donc rien, mes frères ; ne méprisez ni les petits, ni les faibles, ni les oisifs, « car leur ange (c'est-à-dire leur pensée) voit dans le ciel la face de Dieu ! » Ne méprisez pas les femmes, ni vos sœurs, de ce qu'elles ne peuvent se mêler avec vous aux durs travaux de ces révolutions : une âme qui pense, ou un cœur qui aime, avance souvent plus le monde vers la liberté que les entreprises à main armée des vaillants et des forts. Ne méprisez rien, je vous le répète ; rattachez à la grande cause de l'émancipation toutes les natures, toutes les tendances, toutes les facultés humaines ; rattachez-y toutes les opinions qui militent et qui protestent, quand même elles ne seraient pas tout-à-fait la vôtre ; rattachez y les opposants de toutes les nuances et de toutes les couleurs, tous ceux qui veulent chasser de la société le démon actuel de la servitude ; car c'est encore Jésus qui vous le dit : « Quiconque n'est pas contre vous est pour vous ! »

Nous allons maintenant raconter la fin de la vie de Jésus. Nous y

trouverons l'image de tout ce qui doit arriver au peuple; car, nous le répétons, Christ est la forme populaire de l'humanité. Toute sa conduite avait été une négation perpétuelle de la noblesse dans la personne des scribes et des docteurs, de l'exploitation dans la personne des marchands; il avait démasqué les uns et fustigé les autres; une partie de la nation le haïssait. Jésus, l'ouvrier de la ville de Nazareth, avait contre lui toutes les classes puissantes : aux yeux des princes des prêtres qui tenaient la tête de l'aristocratie juive, c'était un impie et un hérétique. L'Église des Juifs prohibait l'usage de certaines viandes. Or, Jésus venait dire : « Ce n'est point ce qui « entre dans la bouche qui souille l'homme : mangez ce que l'on vous « présente. » L'Église des Juifs commandait des jeûnes : Or Jésus ve- « nait dire : « Les amis de l'époux ne jeûnent point tant que l'époux « est avec eux. » Et il buvait mangeait avec ses disciples. L'Église des Juifs ordonnait de s'abstenir le jour du sabbat, de toute œuvre des mains, et Jésus disait : « Le Fils de l'Homme), c'est-à-dire l'hu- « manité) est au-dessus du sabbat, Dominus est etiam sabbati. » Les prêtres le détestaient donc et voulaient le faire mourir; les chefs le regardaient comme un perturbateur qui leur aliénait le peuple pour l'entraîner à sa suite, comme un rebelle qui résistait à l'autorité de la loi, comme un révolutionnaire qui voulait changer les institutions du pays. En effet, il parlait à chaque instant de démolir le temple, et de le reconstruire, ce que les grands et les princes des peuples n'entendaient pas seulement du temple, comme ils l'avouèrent par la suite, mais de toute la société ; il parlait de mettre du vin nouveau dans de nouvelles outres, ce que les scribes et les docteurs de la loi comprenaient bien de nouvelles institutions dans lesquelles il voulait déposer sa doctrine; il parlait de refaire un habit à neuf au lieu d'y coudre des pièces, ce que les pharisiens, qui n'étaient point des sots, interprétaient fort bien d'une forme neuve de gouvernement dont il voulait revêtir et envelopper la nation. La société nouvelle qu'il prêchait, et où les pauvres, les publicains, les proscrits devaient être admis au premier rang, était nécessairement subversive de l'ancienne société, fondée sur l'aristocratie de la richesse et de la naissance. Mais les vues révolutionnaires du Christ ne s'arrêtaient point à la Judée : S'il parlait spécialement de la maison d'Israël, c'est que c'était son pays, et que Jésus, comme toutes les grandes âmes, avait le sentiment national ; mais il ajoutait en même temps « qu'il avait d'autres brebis qui n'é- « taient point de ce bercail, qu'il les amènerait, et qu'elles ne feraient « toutes ensemble qu'un même troupeau, » le grand troupeau de l'humanité. Jésus, dans les menaces qu'il adressait à Jérusalem, comprenait toutes les autres sociétés qui devaient également être démolies ou tomber en ruine. Sa doctrine était un levain d'insurrection déposé au sein de la Judée contre toutes les puissances de la terre : c'est ce que comprirent les princes des prêtres et les pharisiens lorsque, tenant conseil entre eux contre Jésus, « si nous le « laissons agir, opinèrent-ils, tout le monde croira en lui, et les Ro- « mains viendront et ils détruiront notre ville. » Frères, c'est encore l'argument dont on se sert contre nous pour amortir notre énergie et retarder le mouvement de la nation. Si nous laissons agir les citoyens généreux qui veulent la liberté, disent les gens du pouvoir, tout le monde croira en eux, ils voudront étendre au loin la propagation de leurs idées, et les étrangers viendront et ils détruiront notre ville. Puis, satisfaits de leur lâche raisonnement, ils concluent, comme autrefois les Juifs envers Jésus, à ce que le peuple français soit crucifié.

En ces jours-là Lazare étant mort et ayant ressuscité, les princes des Juifs s'assemblèrent aussi et tinrent conseil pour le faire mourir de rechef, « parce qu'il était cause que plusieurs se retiraient d'avec eux et croyaient à Jésus. » En ces jours-ci les princes des peuples s'assemblent et tiennent conseil en disant : Nous avons déjà tué la France à Waterloo, mais voici qu'elle ressuscite; tuons-là donc de nouveau, car autrement tous les peuples de la terre croiront en elle et ils se retireront d'avec nous. Et cela dit, ces dévorateurs de peuples, insensibles qu'ils sont au miracle, ne guettent plus que l'occasion de surprendre la France pour la tuer perfidement dans l'ombre.

Or Jésus représentait l'opposition de son temps, l'opposition de la misère contre la richesse, l'opposition du faible contre le fort, l'opposition de l'esclave contre le maître, l'opposition du peuple contre l'aristocratie, l'opposition de la nation contre l'étranger. On comprendra maintenant qu'il fut en haine aux conservateurs, aux privilégiés, aux titulaires, à tous les hommes en un mot qui sacrifient le bien de leurs frères et l'honneur national en présence de leur intérêt personnel. Quelques tentatives d'arrestation avaient été faites, comme nous l'avons vu, contre la personne de Jésus-Christ, mais à chaque fois que les grands avaient voulu mettre la main sur lui ils avaient reculé devant la crainte d'une émeute, car le peuple aimait Jésus. Ils eurent recours alors à tous ces moyens ténébreux et perfides dont se servent encore de nos jours les gouvernements contre les révolutionnaires. On lui envoya des agents provocateurs, ainsi que notre police en glisse dans les ateliers et les lieux publics : « Comme ils ne cherchaient que les occasions de le perdre, dit l'Évangile, ils lui envoyèrent des personnes apostées qui contrefaisaient les gens de bien pour le surprendre dans ses paroles afin de le livrer aux magistrats et au pouvoir du gouverneur. » Voyant que la sagacité de Jésus déjouait tous ces pièges, enhardis par le spécieux argument du chef du conseil, les magistrats décrétèrent enfin l'arrestation du factieux. Si le peuple, pensaient-ils, nous demande compte de notre conduite, nous lui répondrons que cet homme est dangereux pour la nation et qu'il provoque la guerre. Un décret de prise de corps fut donc rendu, séance tenante, contre Jésus; et comme si cette violence ne suffisait pas à la haine des Juifs conservateurs ils donnèrent ordre « que si quelqu'un savait où Jésus était il l'indiquât pour que les agents s'emparassent de lui. » Violation du domicile, système de délation et d'espionnage, en un mot toutes les armes les plus viles dont se servent les gouvernements furent donc mises en usage contre Jésus. Tout homme connaissant la retraite de Jésus, fils de Marie, de ce prophète du peuple qui n'avait point où reposer sa tête, fut sommé de venir la révéler au sanhédrin, à peu près comme de nos jours un ministère sans pudeur ordonnait aux médecins, après une émeute, de lui livrer le secret de la retraite des blessés. La sentence contre Jésus fut donc publiée à haute voix. Il est probable, comme nous le verrons tout-à-l'heure par la conduite de Judas, qu'un prix était attaché à la délation. A celui donc qui apportera aux chefs, aux Juifs, aux grands, aux prêtres et aux anciens de la Judée la tête du révolutionnaire Jésus, de la part du grand sanhédrin, salaire et récompense!

Jésus se cacha. Trop faible pour tenir tête aux entreprises des chefs de la nation, il prit, comme tous les hommes prématurés qui luttent contre un pouvoir supérieur, le parti de la retraite. Le temps des fêtes de Pâques étant venu, il ne se rendit pas à Jérusalem avec les autres Juifs. Cependant, soit que les poursuites exercées contre lui par le sanhédrin se fussent calmées, soit que le peuple lui offrît un rempart suffisant contre une main-mise de la part des magistrats, il se rendit en secret, quelques jours après, à Jérusalem, où il ne tarda pas même à se remontrer dans le temple, ce qui excita la surprise des multitudes. « Voilà, se dirent les Juifs entre eux, que les chefs de la nation le cherchaient pour le faire mourir, et que maintenant il se promène librement dans la ville sans qu'on lui fasse aucun mal » Et ils s'étonnaient. Comme tous les grands émancipateurs qui viennent mettre le monde en liberté, Jésus trouvait de l'écho pour sa doctrine dans le cœur des opprimés, des petits, des esclaves, des souffrants, des calomniés; il était fort de toutes les faiblesses du peuple. Les enfants, les femmes, les fous, les malades lui savaient gré de vouloir délivrer ce qui avait péri, salvare quod perierat. Les pauvres aimaient Jésus parce qu'il leur ressemblait ; il était errant comme eux, dénué et sans gîte; il souffrait de la faim et des intempéries de l'air. Les publicains, les ivrognes, les malfaiteurs tenaient pour Jésus parce qu'il mangeait avec eux et s'associait à leur réprobation. Les prolétaires lui savaient gré d'être le fils d'un ouvrier comme eux et d'avoir dit plusieurs fois que les riches n'étaient que les économes du bien public. Enfin tous ceux qui avaient péché, souffert ou combattu, lui faisaient rempart de leurs misères et de leur abandon. Aussi le grand conseil avait-il incliné pour qu'on se saisît de Jésus par dol, ut Jesum dolo traderent. Or Jésus n'en continuait pas moins, en face de ce mandat d'arrestation pendant sur sa tête, de frapper dans ses discours l'autorité et d'affirmer sa doctrine toute démocratique. « Vous serez surpris, répétait-il encore une fois, de voir que ceux qui étaient les derniers seront les premiers, et que les premiers seront les derniers, » Car la société se retournera. Or il y avait beaucoup de peuple qui l'écoutait. « Ce jour-là même, ajoute le texte, qu'il disait ces choses, il vint quelques pharisiens qui lui dirent : Retirez-vous d'ici parce que Hérode veut vous faire mourir. »

La liaison entre les paroles de Jésus et l'avis que lui donnent les pharisiens de se retirer montre assez que les Juifs entendaient ces paroles dans le sens politique; ils y voyaient l'annonce d'un renversement social qui devait changer entièrement la position des choses et des hommes. Alors, feignant de s'intéresser à Jésus, ces pharisiens lui donnèrent le conseil mielleux de se soustraire par la fuite et le silence aux poursuites d'Hérode. Ces sortes d'avis sont les moyens hypocrites dont se servent les gouvernements pour gagner les défenseurs du peuple ou pour les décider au silence en les intimidant. Quant à l'intervention du roi Hérode en cette affaire, c'est un fait nouveau qui mérite d'être apprécié. La royauté chez les Juifs était tout-à-fait redoutable sur certains points et fort désarmée sur d'autres; elle avait droit de vie et de mort en plusieurs cas, ainsi que nous le voyons dans la mort de Jean-Baptiste, dont la tête fut coupée et mise en un plat, pour satisfaire le bon plaisir d'une courtisane qui avait élégamment sauté devant le roi. Mais cette autorité si absolue était retenue en tout ce qui regardait les intérêts de l'aristocratie par les liens et les gênes d'une caste puissante qui en modérait à son gré l'exercice. Il est probable que la délibération du grand conseil était montée jusqu'aux oreilles du roi qui l'avait lui-même consentie, soit par crainte des grands, soit par haine de Jésus. Les pharisiens, c'est-à-dire les aristocrates juifs, envoyés peut-être par le sanhédrin, mettent ici leurs desseins et la délibération du grand conseil à couvert derrière l'autorité souveraine : « Hérode le roi, disent-ils à Jésus, cherche à vous faire mourir. » Peut-être espéraient-

ils que cette fermeté révolutionnaire que rien n'avait pu jusque-là assouplir fléchirait enfin devant la majesté d'Hérode. Il n'en fut rien; l'intraitable démagogue n'eut pas pour le roi de paroles plus douces que pour les autres chefs de la nation : « Allez dire à votre renard que je suis ici chassant les démons et achevant de guérir aujourd'hui et demain, et qu'au troisième jour ma consommation viendra. » Jésus appelle le roi Hérode un *renard*, sans doute parce que c'était un de ces princes rusés qui s'embusquent aux angles des buissons pour recevoir les pouvoirs tombés de la main des princes faibles et mal conseillés, un de ces rois qui trompent le peuple par des dehors de libéralisme, de bienveillance et de familiarité; mais ce ne sont que des moyens pour mieux le surprendre et l'étrangler. Ils viennent vers les peuples sous les dehors de brebis, mais au fond ce sont des loups rapaces, *sunt lupi rapaces*.

Tout en regardant le décret du sanhédrin comme monstrueux en tant qu'il frappait un défenseur du peuple, nous ne partageons pas cependant l'opinion émise par un de nos avocats (1) que l'arrestation de Jésus fut injuste, en ce sens qu'elle allât contre les lois du pays. Nous nous avançons même plus loin, et nous disons que tout autre gouvernement en eût fait autant que celui de la Judée. Dans toutes les sociétés anciennes nous trouvons des lois sévères et toutes prêtes contre le crime de rébellion morale, crime sublime dont le Fils de Dieu s'était évidemment rendu coupable en prêchant la réforme des institutions et le renversement des pouvoirs établis. Notre gouvernement se pique maintenant en France d'être libéral et tolérant : or, nous le demandons, comment traiterait-il un homme qui monterait dans la rue sur une borne ou sur les marches des églises et qui ouvrirait publiquement la bouche en disant : Les premiers vont être les derniers et les derniers les premiers; je vous apporte la glaive; vos riches sont des chameaux qui n'entreront pas dans la société future; vos chefs sont des serpents qui seront jetés dans le feu ; vos administrateurs en fait sont des larrons et des voleurs publics, *hic est fur et latro*; vous êtes tous égaux; n'appelez pas votre roi sire, ni votre pape saint-père, car vous n'avez qu'un maître, qui est Dieu; vous n'avez qu'un Père, qui est au ciel ; vous êtes tous frères. Et si l'on venait pour l'arrêter au nom du roi, qu'il répondît: « Allez dire à votre roi que je n'ai que faire de ses menaces! j'accomplis ma mission aujourd'hui et demain, et le troisième jour je mourrai, » je vous le demande encore une fois, comment traiteriez-vous cet homme? Voyons, répondez franchement? Vous l'arrêteriez. Or, Jésus faisait toutes choses. Maintenant, hommes du pouvoir, n'allez plus à certains jours chanter dans les cathédrales vos *Te Deum*; ne saluez plus nos autels où réside, selon la foi, l'Homme-Dieu sous un voile; n'envoyez plus vos femmes ni vos enfants à la messe ; essuyez ces agenouillements dérisoires et ces respects hypocrites; car ce même Dieu que vous adorez à genoux dans vos temples vous l'auriez, s'il eût vécu de nos jours, fait prendre au collet par deux sergents de ville !

Avant de mourir, Jésus voulut donner aux siens un dernier signe d'égalité. « Il se leva de table, quitta ses habits, et ayant pris un linge il s'en ceignit ; ensuite, il mit de l'eau dans un bassin, et commença à laver les pieds de ses disciples et à les essuyer avec le linge dont il était ceint. Après donc qu'il eut lavé les pieds et qu'il eut repris ses habits, s'étant remis, il leur dit : Savez-vous ce que je viens de vous faire ? Vous m'appelez votre Maître et votre Seigneur, et vous dites bien, car je le suis : Si donc je vous ai lavé les pieds, moi qui suis votre Maître et votre Seigneur, vous devez aussi vous laver les pieds les uns les autres ; car je vous ai donné l'exemple, afin que vous fassiez la même chose que j'ai faite envers vous. » Jésus ne prétendait pas seulement instituer une vaine cérémonie dont l'usage rappelait du moins, une fois l'an, aux prélats et aux rois l'esprit de l'Évangile, il a voulu que cette pratique d'égalité s'étendît à toutes les actions de la vie. S'il a choisi celle du lavement des pieds, c'est que de toutes les fonctions c'est la plus répugnante et la plus basse. Il a prétendu que cette égalité atteignît tous les hommes, *lavate pedes alterutrum*. Et si l'Évangile témoigne qu'il voulut leur donner en cela un dernier enseignement d'amour, c'est que l'amour est le père de l'égalité; c'est lui qui nous fait prendre naturellement et sans répugnance le niveau des autres hommes. « Il quitta ses habits, dit l'Évangile, ces vêtements de la Pâque étaient une robe sans manches, ornée d'une frange couleur de jacinthe, relevée d'une ceinture magnifique, avec des souliers extraordinaires, un bandeau sur le front et un ornement d'or pendu au bras gauche; c'étaient les insignes que le père de famille ou le chef de maison portait à table le jour où l'on mangeait l'agneau. Jésus se dépouilla donc de la préséance comme d'un manteau pour descendre sans transition du rôle de chef à celui de valet, afin d'établir cette vérité toute nouvelle et bien insolite dans le monde, que le maître n'est que le serviteur des autres hommes. Jésus lavant les pieds de ses disciples nous montre encore que les hommes, fils de Dieu, ne doivent pas rougir de se descendre pour leurs frères, aux fonctions les plus simples et les plus domestiques, parce que tout est grand qui se rapporte au service de l'humanité.

Jésus s'étant remis à table avec ses disciples leur dit : « J'ai désiré du désir manger cette pâque avec vous. » Ce désir était un désir du

cœur; le jeudi-saint est le jour où l'amour humain a trouvé son rêve. « Pendant qu'ils soupaient, Jésus prit du pain qu'il bénit, et il le rompit, et il le donna à ses disciples, en disant: Prenez et mangez; ceci est mon corps ! Et après qu'il eut pris le calice et qu'il eut rendu grâce, il le leur passa en disant : Buvez-en tous, car ceci est mon sang, le sang qui sera répandu pour plusieurs. Faites ceci en mémoire de moi. » Nous avons dit ailleurs ce qu'il fallait penser, au point de vue social, de la communion. Comme mythe c'est la participation aux mêmes idées et aux mêmes sentiments, comme fait c'est le repas *unitaire* substitué au repas libre des anciens. L'unité de nourriture et de boisson comme signe de la communauté et de l'égalité humaine, voilà le sens profond caché dans ce banquet, dans cette pâque mangée en commun et solennellement, la veille de la mort du Christ. « Distribuez-les entre vous, *divide inter vos*, » dit Jésus à ses disciples en leur passant le pain et la coupe ; voilà la communauté ; « Après leur avoir lavé les pieds, comme un serviteur, dit l'Évangile, il se remit à table avec eux. » Voilà l'égalité. Jésus a voulu instituer surtout la société nouvelle à table, là où tous les convives se touchent côte à côte, où la participation au même acte et aux mêmes mets amène peu à peu la familiarité. Il les a fait communier dans sa personne à l'humanité sous les espèces du pain et du vin, de sa chair et de son sang, ajoutant que ce sang était « celui de la nouvelle loi » qui allait être répandu « pour la liberté du monde. » C'est donc surtout à l'humanité militante et sacrifiée que Jésus a voulu nous faire communier, c'est à la passion des peuples, c'est à leur sang versé, *hic est sanguis*, c'est à la liberté, *redemptionem pro multis*. Il a voulu que, dans le vin du calice, l'homme bût l'humanité qui souffre et qui saigne; afin que « par la mémoire souvent répétée » de ce sacrifice, *hoc in memoriam*, » et de cette passion incessante, nous remontions vous enfin, un jour, à l'affranchissement et à la vie. « Celui qui mangera vivra en moi. » C'est encore cette communion au sacrifice continuel et sanglant des peuples que Jésus-Christ entendait instituer quand il disait : « Ma chair est vraiment nourriture, et mon sang est vraiment breuvage. » Nous buvons et mangeons en progrès la chair et le sang de tous les martyrs de l'humanité.

On se souvient que l'ordre de traduire Jésus en justice et de dénoncer le lieu de sa retraite avait été proclamé; il paraît que cet ordre rencontra dans la nation juive peu de citoyens décidés à s'y soumettre, puisque, comme nous l'avons vu, Jésus n'en continua pas moins de vivre sans beaucoup de secret avec ses disciples. Il se trouva cependant un homme assez lâche et vénale : Judas Iscariote son nom. Apôtre de Jésus-Christ, cet homme vivait dans la familiarité du maître. Il assistait même à la cène, où il mangeait et buvait avec les autres apôtres. Comme il avait le goût du luxe, *quia fur erat*, il s'était chargé de garder la bourse commune. Pendant la cène, Jésus le désigna clairement comme le traître qui devait livrer le Fils de l'Homme. Ce qui n'empêcha pas Judas de persévérer dans son dessein. — Celui qui met la main pour moi maintenant dans mes affaires, dit le peuple, me trahira ; ce qui n'empêche pas mes traîtres de se lever de table pour aller vendre la nation à l'étranger. Judas se leva donc de la cène et sortit.

Or il était nuit. Il s'en alla trouver les magistrats qui avaient mis à prix la tête de Jésus, et il proposa de souscrire un pacte avec eux, « Que voulez-vous me donner? leur dit-il, et je vous le livrerai. » Les magistrats promirent trente pièces d'argent, et ils pactisèrent ensemble. Dans Judas Iscariote étaient contenus tous les traîtres qui, par amour du gain, ont forfait depuis à leur conscience; Judas était ce juif qui vendit une femme pour quelques pièces d'or. Dans Judas étaient ces rhéteurs avides qui, après avoir séduit la jeunesse, vont trouver les autorités et leur disent : Combien me donnez-vous? et je vous la livrerai, *et ego vobis tradam*; dans Judas étaient tous les écrivains du peuple qui, après l'avoir servi quelque temps, vont passer un pacte avec ses ennemis et signer une œuvre de sang. Pour ce qui est du peuple, il s'en va, selon que l'Écriture a dit de lui, vers ses destinées. Mais malheur à ces hommes par qui le peuple a été trahi ! c'eût été un avantage pour eux s'ils n'étaient jamais nés, ou si leur mère avait attaché à leur cou, quand ils vivraient au monde, une meule de moulin pour les précipiter au fond de la mer. Dans Judas étaient encore ces ministres perfides qui encouragent les peuples du dehors à se soulever, puis qui, abandonnant tout-à-coup la grande cause de l'humanité, vont tendre la main aux puissances du Nord et leur disent : Nous pourrions défendre la Pologne, nous pourrions défendre l'Italie, nous pourrions défendre l'Égypte, mais soutenez-nous et nous vous les abandonnons, *et ego vobis tradam* ! Alors se signent dans l'ombre des pactes monstrueux dont le prix est le prix du sang, le sang des peuples égorgés dans les murs de Varsovie, d'Ancône, de Beyrouth qui fume encore et qui crie vengeance !

Il est impossible de condamner la police et le désir immodéré du lucre comme ici on fait, la Providence dans la conduite des Juifs et dans celle de Judas, et l'on ne comprend pas trop, en vérité, comment des sociétés qui se disent chrétiennes ont pu établir leur fondement sur l'argent, qui servit à vendre et à livrer leur Dieu. C'est encore, au reste, le même moyen dont le pouvoir fait usage vis-à-vis des écrivains et des députés du peuple. Il pactise

avec eux, *et pactum fecerunt* : à celui-ci trente pièces d'argent, à celui-là cinquante, à chacun, selon ses moyens, ses influences ou ses prétentions, une somme plus ou moins considérable, à tous la corruption et la honte. Il passe traité avec eux, et le sujet de ce traité est le pauvre peuple vendu, livré, trahi, saisi de nuit sur la montagne. Si les Judas de ces pactes infâmes se repentent par la suite, si, poussés après une émeute par le cri de leur conscience, ils offrent de rapporter l'argent et s'écrient : Nous sommes coupables du sang du peuple juste! on les renvoie en disant : Ce n'est pas notre affaire.... et ils s'en vont. Et après avoir possédé un champ du fruit de leur péché, ils crèveront par le milieu de leur ventre, et leurs entrailles répandues seront livrées aux chiens; et l'avenir, passant devant leurs cadavres, s'en détournera avec dégoût, et leur nom sera maudit comme celui de Judas, le don de leur forfait retournera à la société, qui en achètera un champ commun, et ce champ sera nommé *Haceldama*, le prix du sang!

Après avoir célébré la Pâque, qui était pour les Juifs une cérémonie légale et un souvenir de délivrance, Jésus se leva de table en disant : « Allons-nous-en d'ici. » Ils s'en allèrent en un jardin où ils avaient coutume de se réunir. Pendant le chemin Jésus eut un dernier entretien avec ses disciples. Il commença à leur dire qu'il allait les quitter. « Mes petits enfants, je ne suis plus avec vous que pour peu de temps. » Et comme une grande tristesse les envahit tous à cette nouvelle, il leur annonça, pour les consoler, le don de l'Esprit, qu'il nomma le Saint, le promis du Père, *promissum Patris*. « Je prierai mon Père, et il vous donnera un autre consolateur pour demeurer avec vous à jamais. » Nous engageons à méditer profondément ces paroles. Jésus ne se donne pas comme le dernier mot de la loi et le dernier envoyé au monde; il annonce au contraire un autre révélateur qui doit demeurer à jamais dans l'humanité. Quel est-il? « C'est l'esprit de vérité que le monde ne peut recevoir, parce qu'il ne le voit point ni ne le connaît. Mais, pour vous autres, vous le connaîtrez, parce qu'il demeurera avec vous et qu'il sera dans vous-mêmes. » Qu'est-ce que cet esprit, sinon l'élément actif et universel du progrès qui réside dans chaque homme pour développer en lui les germes de l'Evangile? La révélation de Jésus-Christ se continue dans ses disciples : « Je ne vous laisserai pas orphelins; je demeurerai avec vous. » S'il ajoute que le monde ne peut recevoir cet esprit, c'est que l'esprit du progrès, qui est l'esprit humain et l'esprit de Dieu, n'agit point sur les membres morts de la vieille société immobile. « Dans peu de temps le monde ne me verra plus; mais, pour vous, vous me verrez parce que je vivrai, et vous vivrez aussi ! » Quand nous disions, plus haut, que Jésus-Christ promettait un autre révélateur, nous disions d'après l'Evangile et pour mieux nous faire comprendre, mais nous disions mal. Il n'y a qu'une seule révélation continuée à jamais dans l'humanité. Aussi Jésus se reprend-il en disant : « J'ai encore beaucoup de choses à vous communiquer; mais vous n'êtes pas maintenant capables de les porter. Lorsque cet esprit de vérité sera venu il vous enseignera toute vérité, car il ne parlera pas de lui-même, mais il dira tout ce qu'il aura entendu, et il vous annoncera les choses à venir. » L'humanité est la manifestation naturelle de Dieu. Trop faible d'abord pour porter tout le poids de la vérité, elle s'y exerce peu à peu et s'y ingénie de manière à développer progressivement en elle toutes les facultés divines. C'est dans ce sens que Jésus ajoute : « Je vous ai dit ces choses demeurant avec vous; mais le Paraclet saint que mon Père enverra en mon nom vous expliquera toutes ces choses et vous interprétera tout ce que je vous ai dit. » L'interprétation de la lettre biblique est donc soumise au mouvement nécessaire qu'amène chaque siècle. L'Evangile n'est point contenu seulement dans un livre, mais aussi dans l'humanité; ou plutôt c'est l'humanité elle-même arrivant par l'esprit à expliquer et à développer à jamais, *semper*, le grand symbole du Christ, Fils de Dieu.

Frères, nous ne venons pas détruire le christianisme, mais le continuer. Il y a parmi vous qui, par une crainte légitime sans doute et par ressentiment des servitudes religieuses qu'on a fait peser si longtemps sur le monde, repoussent jusqu'au nom de Dieu; mais ce sont les faibles : il ne faut pas les condamner, il faut les plaindre. Rien ne se fait au hasard dans le monde; si l'humanité a passé par le christianisme, c'est que c'était un moule nécessaire pour la former à ses destinées futures. Gardons de cette première foi initiatrice le plus que nous pourrons; gardons-en ce sentiment religieux qui unit les hommes et les rend meilleurs. Si les riches et les puissants qui ont l'or, les plaisirs et toutes les distractions du monde peuvent se passer de Dieu, il n'en est pas toujours ainsi du pauvre peuple qui souffre; il a besoin, au fond de son isolement, de sa misère, de sa faiblesse, de sentir Dieu avec lui, *nobiscum Deus*, pour le soutenir dans toutes ces laborieuses entreprises de gloire et de liberté où il n'est que le bras visible de la Providence.

C'était la nuit. Après avoir célébré la cène Jésus avait conduit ses disciples sur la montagne des Oliviers, au-delà du torrent de Cedron, dans un jardin où ils avaient pour habitude de se réunir. Alors il commença à être pris d'une grande tristesse. Il s'en alla dans un endroit de la montagne, à l'écart. Le calice amer qu'il allait boire se présenta devant son esprit, et il en fut troublé jusqu'à tomber sur les deux genoux. Dans ce calice étaient tous les maux et toutes les larmes des peuples. Christ représentait dans ce moment-là le grand sanglot humain. A la vue de la longue Passion des peuples, une sueur froide coula de tout son corps et ses membres furent saisis d'un tremblement. Il alla prier à plusieurs reprises, le visage prosterné contre terre et disant : « Abba, mon Père, détournez ce calice; » Mais, voyant que les destinées du monde étaient immuables, il ajouta : « Que votre volonté soit faite ! » Puis étant retourné vers ses disciples et les ayant trouvés endormis : «Veillez, leur dit-il.» Veillez, peuples, car l'ennemi est proche! Veillez et ne vous endormez pas, ne vous laissez pas engourdir dans l'ivresse, dans la bonne chère ou dans les plaisirs, car le despotisme rôde autour de vous dans la nuit, et il n'attend que l'heure favorable pour vous saisir. Veillez, car le moment est grave et la trahison s'avance à pas sourds; veillez et méfiez-vous de ces endormeurs qui veulent vous persuader qu'il n'y a aucun danger pour la patrie. Veillez et tenez-vous prêts à vous lever. « Levons-nous, allons, dit Jésus; celui qui doit me trahir est près d'ici. » A peine eut-il fini ces mots que Judas, à la tête d'une bande d'hommes, parut. C'étaient des soldats et des sergents qui venaient avec des lanternes, des flambeaux et des armes. Il y avait aussi des valets du grand-prêtre et des pharisiens avec des épées et des bâtons. Judas, s'étant approché de Jésus, le salua et le baisa. C'était le signal qu'il avait donné à ses gens : « Celui que je baiserai, leur avait-il dit, c'est celui-là dont vous vous saisirez ! » Baiser infâme plusieurs fois répété par des traîtres sur les joues du peuple ! Baiser qui est devenu de nos jours le signal et le mot d'ordre de toutes les perfidies ! Ce peuple auquel je serre la main et que je caresse, dit un pouvoir judas à ses agents, c'est celui-là que je vous livrerai ! Ce peuple que je baise sur la joue dans l'un de ses représentants, c'est celui-là dont il faudra vous saisir ! Jésus, voyant que je vous livrerai : Mon ami, pourquoi êtes-vous venu? *amice, ad quid venisti?* se tourna vers cette bande armée : « Qui cherchez-vous? » Et ils lui dirent : « Jésus le Nazaréen. » « C'est moi ! reprit-il. » A cette parole ils tombèrent tous par terre à la renverse. Peuple, tu n'aurais qu'un mot à dire pour renverser tes ennemis, car tu es dix fois plus fort qu'eux, alors même que dans leur insolence et leur témérité ils osent mettre la main sur toi; ton souffle seul les balaierait tous, comme le vent balaie des feuilles sèches, si tu n'étais retenu dans ta force, à ton insu, par des destinées écrites qui doivent s'accomplir, *hoc autem ut scriptura impleretur*. Puis ayant jeté les yeux sur la bande qui venait l'arrêter : « Vous êtes venus à moi, remarqua Jésus, comme vers un voleur, avec des bâtons. » Noble tradition d'assommeurs et de bâtonnistes que les gouvernements n'ont pas laissé perdre (1). Cependant, Simon-Pierre, indigné de cette main-mise de nuit sur Jésus, de cette voie de fait brutale et de ce guet-apens, ayant une épée, la tira et en frappa un serviteur nommé Malchus qui était au pontife ; mais Jésus lui dit : « Remettez votre épée dans le fourreau. » C'est aussi le conseil que nous donnons. Peuple, au lieu de tirer du fourreau avant l'heure un glaive brut et rouillé, bon à couper seulement l'oreille d'un valet, aiguise-le d'avance sur les principes et les idées révolutionnaires; emploie, avant de recourir à la force pour repousser les aggressions du pouvoir, toutes les résistances légales ; accule le gouvernement contre cette nécessité terrible de tirer le premier l'épée de la guerre civile hors du fourreau; car alors s'accomplira sur lui cette parole terrible : celui qui s'est servi du glaive périra par le glaive!

Or, Jésus ayant interdit aux siens une résistance impossible, s'avança de lui-même au-devant de ses ennemis. Alors les soldats, le chef de la légion et les sergents des Juifs prirent Jésus et le lièrent. On conduisit Jésus chez le grand-prêtre, nommé Caïphe. Les soldats et les sergents le déposèrent au milieu de la cour, en attendant qu'il plût au conseil d'en ordonner. Comme il faisait froid, on alluma du feu, et les gens du pontife venaient se chauffer les mains. A la lueur de ce feu, une servante reconnut Pierre qui avait suivi Jésus de loin et en silence. Tous les autres disciples, frappés de terreur, s'étaient dispersés. « Celui-ci, dit cette femme après l'avoir considéré, était aussi de la compagnie de cet homme. » Mais il le nia, disant : « Femme, je ne le connais pas. » Peu de temps après, un valet de l'hôtel l'ayant regardé, lui dit : « Vous êtes aussi de ses disciples. » Mais Pierre lui répondit : « O homme, je n'en suis point. » Enfin, un autre ayant témoigné encore que Pierre était à Jésus, il le nia une troisième fois. Alors le coq chanta, et Jésus s'étant retourné, regarda Pierre. Combien de députés qui avaient juré de mourir pour le peuple le renoncent et le renient de même au jour du danger ! La voix d'un vil serviteur de la cour les fait pâlir à la tribune, et les abandonnent lâchement le peuple aux mains barbares des sergents. « Ceux qui tenaient Jésus, dit l'Evangile, se moquaient de lui en le frappant, et lui ayant bandé les yeux, lui donnaient des coups sur le visage, et l'interrogeaient en lui disant : Devine qui est celui qui t'a frappé ? Et ils lui disaient encore bien d'autres injures. » Quoiqu'il y eût des soldats parmi cette bande de vils insulteurs, nous devons dire que c'étaient des soldats de police et de municipalité; car pour les autres, pour ces soldats sortis du peuple qui versent leur sang sur le champ de bataille, ils sont incapables de pareilles bassesses. Cette milice du grand-prêtre était une milice à gages, une

sorte de brigade de gendarmerie comme celle qui soufflète et injurie encore chez nous les hommes du peuple surpris par guet-apens dans une rue; milice brutale de tout temps, parce qu'elle est lâche, milice sans nom qui injurie l'homme arrêté et sans défense, parce qu'elle croit par-là être agréable à ses maîtres. Il y avait aussi un tout jeune homme qui avait suivi Jésus, « n'étant couvert que d'un linceul, et ils se saisirent de lui; mais il leur laissa son linceul et se sauva tout nu de leurs mains. » Qu'est-ce qui, aux jours d'arrestation et de terreur, suit encore chez nous le pauvre peuple qu'on enmène? De jeunes enfants à moitié nus qui n'ont que les ténèbres et la fuite pour se dérober aux mauvais traitements des gardes.

Le coq avait chanté. Toutefois, il n'était pas encore jour. Les anciens du peuple, les princes des prêtres et les scribes s'assemblaient. Ayant donné l'ordre de faire comparaître Jésus, on le leur amena, et ils procédèrent à son interrogatoire. Ce conseil, composé des premiers parmi les Juifs, allait exercer ici des pouvoirs judiciaires; c'était un tribunal. Malgré l'invasion des Romains, les Juifs avaient conservé le droit de justice délibérative. Il y avait trois tribunaux chez les Juifs : le premier, de trois juges pour les causes pécuniaires; le second, de vingt-trois juges qui connaissaient des crimes capitaux; et le troisième, nommé le grand-sanhédrin, composé de soixante-douze juges, qui instrumentait sur les crimes d'État ou de religion. C'est ce dernier tribunal qui était appelé à prononcer sur Jésus de Nazareth. Jésus fut donc interrogé par le président du conseil, qui était Caïphe. Mais l'accusé gardait le silence.

Cependant, l'on fit venir des témoins, car tout le sénat des Juifs cherchait un témoignage contre Jésus pour le traduire à mort. Il y eut plusieurs dépositions fausses en ce sens qu'elles ne s'accordaient point entre elles et qu'elles ne concluaient pas à la peine capitale. Mais elles étaient véridiques en ce sens qu'elles reposaient sur des discours que Jésus-Christ avaient réellement tenus: Quelques-uns en effet se levèrent et témoignèrent en ces termes : « Nous lui avons ouï dire : Je détruirai ce temple bâti de la main des hommes et j'en rebâtirai un autre en trois jours qui ne sera point fait de la main des hommes. » Jésus, se promenant à Jérusalem devant les vastes constructions du temple, avait dit : « Détruisez-le, et je le rebâtirai en trois jours. » Le temple des Juifs contenait toute leur société : c'est là qu'étaient leur culte, leur loi, leur gouvernement. En menaçant le temple Jésus voulait donc menacer toute la société ancienne, qui devait être détruite et rétablie. C'est ainsi que le comprirent les Juifs, car autrement leur accusation n'aurait pas de sens. Leur déposition allait à dire : Voici un homme qui se vante de pouvoir détruire et rebâtir notre gouvernement; jugez vous-mêmes si ce n'est pas un séditieux. Comme cela, du moins, leur témoignage acquérait une certaine valeur, et l'on conçoit que le sénat s'y soit arrêté. Mais on ne peut rien induire de là qui fît condamner Jésus, non que ce ne fût une charge suffisante, mais parce que les témoins ne s'accordaient point entre eux, et *non erat conveniens testimonium illorum*. « Jésus-Christ, remarque un évangéliste, parlait du temple de son corps. » Soit; mais, comme nous avons dit que le corps de Jésus était en image et un symbole du corps de l'humanité, il s'ensuit que l'humanité mettra régulièrement trois jours à accomplir ses grandes transformations. Remarquons, avant de passer outre, ce chiffre mystérieux des trois jours qui préside, depuis les paroles du Christ, à la ruine et à la reconstruction de tous les gouvernements. Le temple de la vieille société française a été, au mois de juillet 1789, détruit et rebâti en trois jours. La révolution de 1830 a en ses trois jours. L'avenir aura ses trois jours.

Cependant, comme les dépositions des témoins ne chargeaient pas Jésus à mort et que l'assemblée était décidée à le faire périr, le grand-prêtre se leva et dit : « De par le Dieu vivant, je vous adjure de nous dire si vous êtes le Christ, fils de Dieu! » Jésus, qui était jusque-là demeuré dans le silence, répondit : « Vous le dites : je le suis! » A ces mots le pontife déchira ses vêtements en disant : Il a blasphémé! qu'avons-nous besoin de témoins! Vous venez d'entendre vous-mêmes son blasphème! Peuple, frère du Christ, tu seras ainsi conduit devant les tribunaux de la terre; un juge accusateur, qui n'attend que ton témoignage pour te faire traduire à mort, te sommera de même et t'adjurera de décliner ta filiation divine; mais ils le savent, ces grands et ces maîtres qui se sont fait nommer dans leur orgueil les dieux de la terre, que toi le peuple aura le sentiment de sa grandeur, il ne s'agenouillera pas aisément devant une idole couronnée. « Vous l'avez dit : oui, je suis fils de Dieu! » Que n'importe, après tout, la colère passagère d'un juge déchirant ses habits? Peuple, sous les injures, sous les soufflets, sous le couteau : je vous déclare et je vous annonce qu'un jour vous verrez venir le peuple, fils de l'humanité, assis à la droite de la puissance de Dieu. « Il viendra vous juger à son tour et séparer les vivants d'avec les morts! » Alors tout le tribunal, composé de grands du pays, juge un homme sur la simple affirmation et conclut en disant: « Il a mérité la mort, *reus est mortis*. »

Jésus-Christ est un exemple solennel et déplorable du peu de justice qu'on doit attendre d'un tribunal exceptionnel qui décide en sa propre cause. Le grand-sanhédrin formait le sénat des Juifs. Ces hommes riches et puissants étaient tous intéressés par leur position et par leur fortune à condamner une doctrine révolutionnaire qui les menaçait tous. La sentence de Jésus était donc arrêtée et portée d'avance; ils ne cherchaient plus, comme dit l'Évangile, que des prétextes pour donner à cet assassinat une forme de jugement. C'est ce que Jésus-Christ comprit sur-le-champ dès qu'il se vit tombé entre leurs mains. « A quoi bon vous répondre? dit-il au juge interrogateur; si je dis vrai, vous ne me croirez pas, ni vous ne me laisserez point aller. » C'est perdre sa peine que d'attendre et de vouloir tirer quelque justice de gens qui ont intérêt à condamner. Si l'on en eût appelé à la justice du pays, nul doute que Jésus de Nazareth n'eût été absous; car tous les hommes désintéressés étaient convaincus de son innocence. Judas, qui as-tu trahi? — Le Juste; *tradidi sanguinem justum*. — Pilate, qui a-t-on amené à ton prétoire? — Le Juste. *Innocens sum sanguinis hujus justi*. — Femme, quel est l'homme qui t'a troublé cette nuit dans tes songes et pour lequel tu envoies parler au gouverneur? — Le Juste. *Nihil tibi et justo illi*. — Le Juste! le Juste! voilà le cri du peuple. Il est digne de mort! *reus est mortis!* Voilà le cri d'un sénat conservateur et privilégié qui se fait justice lui-même sur un révolutionnaire. Il est coupable! crierait encore aujourd'hui notre sanhédrin si le Fils de Dieu revenait sur la terre, et il le recondamnerait à mort.

Tout ceci se passait de nuit. C'est la nuit que les gouvernements et les voleurs ont coutume de faire leurs mauvais coups. « Aussitôt que le matin fut venu, les princes des prêtres, avec les anciens et les scribes et tout le conseil, ayant délibéré ensemble, lièrent Jésus, l'emmenèrent et le traduisirent devant Pilate. » Jésus était dès lors bien et dûment condamné à mort par le sénat des Juifs. Il ne s'agissait plus que de le remettre aux mains de la justice exécutive pour lui appliquer la sentence. Le sanhédrin, corps judiciaire, avait le droit de porter sentence et de condamner, mais il devait en référer, pour l'exécution de la peine, à Ponce-Pilate, qui était gouverneur de la Judée au nom des Romains. L'usage de la force qui condamne était demeuré aux Juifs après la conquête, mais l'usage du bras qui tue était passé aux vainqueurs. Jésus fut donc conduit à Ponce-Pilate pour être exécuté. Cependant, comme les Romains étaient les maîtres, et que probablement ils se méfiaient de la justice des Juifs, Pilate s'enquit du procès de Jésus et des motifs qui l'avaient fait condamner, se réservant ainsi de refuser l'appui de la force exécutive si la sentence lui semblait injuste. Quoique le droit exercé par les Romains se bornât à frapper, c'était du moins le droit d'un bras intelligent qui ne voulait pas frapper au hasard. Le procurateur romain avait droit d'examen et de révision. Or nous voyons ici intervenir dans la personne de Pilate, en faveur de Jésus, un pouvoir moins ombrageux que celui des Juifs parce qu'il est plus fort, moins vindicatif, parce qu'il est plus grand. Ce seul fait explique et justifie ce que nous avons dit plus haut de l'influence heureuse exercée par la domination de l'empire romain sur certaines provinces conquises. Devant le gouverneur romain l'accusation prit une tournure toute politique. Les princes des prêtres, les anciens et les scribes comprirent qu'ils ne pouvaient intéresser la justice de Pilate en leur faveur contre Jésus qu'en lui avouant la véritable charge qui pesait sur le condamné. Ils le représentèrent au gouverneur comme un séditieux et un perturbateur. « Nous avons trouvé, diront-ils, cet homme pervertissant notre nation, défendant de payer le tribut à César et se disant le roi. » Voilà donc maintenant la sentence de mort nettement justifiée : Jésus à été condamné par les Juifs comme atteint et convaincu de crime d'État. Mais ici le procès recommence en détail devant la justice de Pilate. Deux chefs d'accusation pèsent sur Jésus : déni d'impôts et usurpation de la royauté. Le premier grief ne portait pas tout à fait à faux, puisque nous avons vu, dans l'intimité, Jésus décliner le principe du cens. Quant à l'accusation d'avoir prétendu se faire roi, elle était fausse si l'on veut la prendre à la lettre, puisque Jésus-Christ, au contraire, s'enfuit pour se soustraire aux honneurs souverains. Mais il est probable que les Juifs entendaient ici par *roi* simplement un chef politique; et sous ce rapport leur accusation était fondée. Jésus lui-même ne songea point à la nier; car, Pilate l'ayant interrogé lui-même sur ce point, Jésus répondit : « Oui, je le suis. Je suis venu dans le monde pour rendre témoignage à la vérité. » Et Pilate, après avoir jeté au hasard une question vague : « Quest-ce que la vérité? » tourna le dos à Jésus sans attendre la réponse, et s'en alla trouver les Juifs. Cette réponse, nous allons la faire au pouvoir interrogateur par la bouche même de Jésus, et cette fois il faudra bien qu'il l'entende. « Vous connaîtrez la vérité, dit autre part Jésus, et la vérité vous délivrera. » Si donc nous rapprochons ces deux paroles : « Je suis venu pour rendre témoignage à la vérité. », et « la vérité vous délivrera, » nous tiendrons du témoignage même de Jésus-Christ le dernier et le grand mot de sa mission sur la terre, l'affranchissement. Tourne le dos maintenant, Pilate, et fais semblant de ne point entendre la réponse du Christ, car cette réponse est ton arrêt de condamnation et la grande proclamation des peuples : Soyez libres.

« Mon royaume n'est pas de ce monde, » dit encore Jésus à Pilate. Mot peu compris et mal interprété des uns, injustement et traîtreusement exploité au profit des autres. Non, le royaume du Christ, le

royaume de la fraternité, de la liberté et de la justice n'est pas de votre vieux monde d'égoïsme et de servitude. Jésus-Christ n'aspire pas à être roi en place de César. Aussi Jésus-Christ ajoute-t-il dans un autre texte: « Mon royaume n'est pas de ce temps-ci ; si mon royaume était de ce temps-ci, mes partisans combattraient pour empêcher que je ne fusse livré aux Juifs, mais mon royaume n'est pas de cette heure. » Ici est toute l'explication de la conduite du Christ. S'il a fait remettre à Pierre l'épée dans le fourreau, et s'il lui a défendu de résister, c'est qu'il savait que le temps de la lutte n'était pas encore venu. S'il comparaît maintenant avec une attitude soumise devant Pilate, c'est qu'il a les mains liées, et que, son royaume ne devant s'établir ici que dans plusieurs siècles, il n'a pas pu réunir assez de partisans pour le défendre. La situation de Jésus dans ce moment-là était celle de tout révolutionnaire qui, venant prêcher une société à venir, ne peut compter sur l'appui sérieux d'une résistance armée, et se soumet à la force brutale ; car il sait que cette soumission même est une protestation. Le fait seul de la condamnation de Jésus par le sanhédrin accuse toutes les chambres hautes, tous les tribunaux exceptionnels, et les convainc d'injustice. C'est ce que Jésus-Christ entendait lui-même quand il disait que le prince du monde allait être condamné par sa mort.

Pilate s'en revint vers les Juifs, satisfait de l'explication de Jésus. Jésus, effectivement, en faisant entendre à Pilate que la société qu'il prêchait n'était pas de son temps, et qu'elle ne devait s'établir que dans l'avenir, calmait les inquiétudes du gouverneur et les craintes qu'il avait pu concevoir que cet homme n'en voulût directement à l'autorité de César, à peu près comme de nos jours notre gouvernement, si ombrageux qu'il soit, laisse certaines doctrines subversives se développer à l'aise et sans contrainte, parce qu'il croit qu'elles sont d'une réalisation lointaine. Pilate revint donc vers ceux qui lui avaient livré Jésus pour l'exécuter, *ut interficerent eum*. « Je ne trouve, leur dit-il, aucun crime dans cet homme. » Mais les chefs des Juifs insistaient ; et, pour ne laisser plus aucun doute sur la valeur politique du procès, ils répliquèrent : « Cet homme soulève le peuple par la doctrine qu'il a semée par toute la Judée et qu'il a commencé à publier depuis la Galilée jusqu'ici. » Il soulève le peuple ! crime de provocation à la guerre civile et au changement de la forme du gouvernement. Il soulève le peuple ! crime prévu et puni chez nous par des lois sévères. Il soulève le peuple ! crime qui, devant notre chambre des pairs, aurait pour le moins fait envoyer le Fils de Dieu à Blaye. Il soulève le peuple ! crime qui, depuis Jésus de Galilée, a fait tomber la tête de tant de révolutionnaires. Il soulève le peuple !... Allons, qu'on l'enlève et qu'on le crucifie ! vociférait autour du Prophète du peuple une cohue de bourgeois excités : *Tolle, crucifige eum!* Cependant Pilate hésitait ; et, ayant entendu parler à Jésus lui-même de la Galilée, il le renvoya au roi Hérode, qui avait la juridiction de cette province. Pilate fut encore engagé à ne agir de la sorte par l'accusation toute politique qui chargeait Jésus le Galiléen. C'était au roi d'apprécier le crime de cet homme qu'on disait avoir voulu se faire roi des Juifs. Pour Hérode, Jésus fut un simple objet de curiosité ; il espérait trouver dans l'entrevue de cet homme extraordinaire un passe-temps et voir faire un miracle. N'y rencontrant que le silence, il le traita comme un fou. « Cependant les princes des prêtres et les scribes étaient là, *stabant*, et ils persistaient à l'accuser. Mais Hérode ayant une fois, avec toute sa milice, le méprisa ; et, l'ayant fait revêtir d'une robe blanche par moquerie, il le renvoya à Pilate. » C'est ainsi que les rois ont coutume de comprendre les grands hommes. Cette note de folie, imprimée par toute la cour à la personne de Jésus, montre suffisamment la sagesse et l'intelligence des agents du pouvoir. « Ce sont des fous, » répètent, avec Hérode et sa cour, les maîtres actuels de l'autorité en parlant des révolutionnaires ; et ils couvrent d'une robe blanche, en signe de dérision et de mépris, les doctrines de ces hommes forts. Frères, renvoyons-leur ce mépris et cette dérision ; car les fous d'aujourd'hui sont les sages de demain ; car les Nazaréens conduits pieds nus le vendredi et les mains liées devant les rois seront quelquefois le surlendemain les dieux du monde !

Au fond, la principale charge des pharisiens contre Jésus portait sur ce qu'il s'était fait le chef du peuple. C'est ce que les soldats voulurent punir en dérision lorsque, posant une couronne tressée d'épines sur la tête de Jésus, lui jetant une casaque d'écarlate sur les épaules et lui mettant un sceptre de roseau dans la main, ils fléchirent le genou en terre en disant: « Salut au roi des Juifs ! *ave rex Judæorum*. » C'est encore aujourd'hui de cette souveraineté dérisoire qu'on salue les peuples constitutionnels. On proclame après une révolution et quand le canon gronde encore dans la ville leur royauté inviolable, mais c'est pour la traduire quelques jours après aux mains des soldats, la couronne d'épines au front, le roseau à la main, la guenille sur l'épaule, et pour souffleter avec des rires cette souveraineté du peuple, *ave rex Judæorum*! Souveraineté illusoire et vaine devant laquelle on fléchit le genou par momerie et sur laquelle le dernier valet de cour se fait gloire de cracher, *et conspuerunt*.

Comme il était d'usage, aux approches de la fête de Pâques, de délivrer un prisonnier, Pilate soumit au peuple le choix de Barabbas ou de Jésus. Barabbas était un homicide et un voleur. Or il arriva en cette circonstance ce qui arriverait encore de nos jours, les haines politiques l'emportèrent sur la justice due au crime. « Lequel, dit Pilate, voulez-vous que je vous délivre de Barabbas ou de Jésus ? » Et ils répondirent : « Barabbas ! » Crucifierai-je votre roi ? « reprit par ces longueurs Pilate, qui voulait gagner du temps et espérait par ces longueurs détourner la résolution de traduire Jésus à mort ; et les anciens des peuples répondirent : Nous n'avons pas d'autre roi que César. » Au fond, les grands de la Judée détestaient César ; mais il n'y a pas, comme nous l'avons dit, de plus lâches esclaves que ces maîtres quand ils se trouvent placés devant une autorité souveraine qui maintient leurs priviléges et leur autorité sur la nation. Nous n'avons pas d'autre maître que le roi, répondent les courtisans, aigris au fond du cœur contre la servitude dorée qu'ils subissent, quand on vient à leur parler de la souveraineté du peuple. Cette déclaration en faveur de César eut sur l'esprit de Pilate tout l'effet que les princes des prêtres en attendaient ; il se crut menacé dans sa soumission du Romain par le zèle chaleureux de ces étrangers, et il se tut. Cependant, embarrassé de Jésus, il dit : « Que ferai-je de cet homme ? » Et la foule répondit : « Otez-le ! ôtez-le et le crucifiez ! » Il y avait sans doute dans cette foule bien des voix gagnées à prix d'or par les magistrats, mais il y avait des marchands Juifs chassés à coups de fouet par Jésus, il y avait des riches qu'il avait traités publiquement de race de vipères et de voleurs. De toutes ces haines avides et intéressées s'élevaient à plusieurs reprises dans l'air ce cri formidable : — Crucifiez-le ! crucifiez-le ! — Que voulez-vous donc que nous fassions du peuple ? dit un ministère lâche et pusillanime à la vue du mauvais vouloir de la cour. Et les courtisans répondent : — Qu'il soit crucifié ! Mais pourtant, hasarde encore le fonctionnaire intimidé, il ne trouve en lui aucun crime, *nullum invenio in eo causam*. — N'importe, répondent-ils encore, c'est un ennemi de César, il faut qu'il meure ! Et on le leur abandonne pour être crucifié.

Cependant Pilate, ne voulant pas avoir à se reprocher la mort de Jésus, se fit apporter de l'eau, en lava ses mains devant le peuple et dit aux magistrats : « Je suis innocent du sang de ce juste ; ce sera à vous d'en répondre. » Lave tes mains, Pilate ; l'eau n'y effacera pas la tache du sang. Lave tes mains, gouverneur du peuple qui consent au supplice des condamnés à mort en disant : Je suis innocent du sang de ces hommes ; ils ont été jugés par les tribunaux. Lave tes mains, car elles sont rouges ; mais, encore une fois, l'eau n'en enlèvera rien. Partout où sera prêché cet Évangile, et je vous déclare qu'il sera prêché par toute la terre, on dira : Le peuple a souffert sous ses maîtres, *passus est*. Mais quant à toi, sénat de pharisiens qui prends la responsabilité de cette œuvre de mort, quant à toi qui t'écries : « Que le sang retombe sur nos têtes et sur celles de nos enfants ! » Tu seras exaucé, il y retombera. Ne lave pas tes mains, ne lave pas ta tête ; c'est inutile. Le sang de Jésus, le sang du soldat, le sang du juste, le sang du martyr populaire est sur ton front ; tu en transmettras la tache à tes fils. Vois ce peuple qui erre sur la surface de la terre, morne, misérable, marqué d'un signe : c'est le reste de ce sanhédrin qui mit à mort Jésus le juste et le révolutionnaire. Ainsi tu erreras, un jour, pauvre, dispersé, nu, en horreur au monde, et les peuples diront, en les montrant du doigt : Voilà les enfants de ces hommes qui ont fait mourir les prophètes de l'humanité !

Le chemin du prétoire au mont du Calvaire fut un chemin de douleur. Jésus porta lui-même sa croix, et, comme il avait fléchi dessous plusieurs fois, tombant de ses deux genoux à terre, on chargea un ouvrier qui revenait de son travail de la porter. Cette croix était en effet celle que tout le pauvre peuple supporte depuis des siècles, peu importe qu'elle posât sur l'épaule de Cyrène ou sur celle de Jésus. Quelques femmes compatissantes suivaient en pleurant. Ces pauvres et faibles créatures courbées sous le fardeau mêlaient leurs larmes et leurs souffrances à la grande Passion du Fils de l'homme. Et Jésus, bon jusque dans leur douleur à ses afflictions, leur dit : « Ne pleurez pas sur moi, mais sur vous, femmes. Quand on fut arrivé au lieu du Calvaire, on écrivit, selon l'usage, sur l'instrument du supplice, au-dessous de la tête du condamné, *l'extrait de la sentence*, afin que le peuple passant par-là vît pour quel crime l'homme avait été traduit à mort. Pilate fit écrire en hébreu, en grec et en latin, afin que personne ne l'ignorât : *Jésus de Nazareth, roi des Juifs*. Ce que voyant les pharisiens et les scribes, ils firent remarquer au gouverneur romain qu'il y avait erreur. « N'inscrivez pas, lui dirent-ils, qu'il est le roi des Juifs, mais bien qu'il *a voulu* se faire notre roi. » Mais Pilate, las de condescendre à la haine minutieuse et aux exigences puériles des magistrats juifs, leur répondit : « Ce qui est écrit est écrit ! » Et l'inscription demeura. La royauté du Christ était, comme celle de la France une royauté d'initiation. L'humanité écrit ainsi, malgré tout, en lettres de sang ses vérités et ses titres, que ni la haine, ni la puissance, ni la mauvaise foi des ennemis ne peuvent plus ensuite changer. Après la grande Passion de la nation crucifiée, trouée au flanc par la lance du cosaque, attachée aux pieds, il est resté écrit en caractères rouges sur la croix de Waterloo : *Peuple de France, roi des peuples!*

Voici bientôt trente ans qu'à Waterloo les rois
Après l'avoir frappée ont mis la France en croix ;
Depuis les étrangers passent hochant la tête :
— Descends donc, disent-ils, toi qu'en un jour de fête
Nous vîmes, à travers les villes, les hameaux,
T'avancer en triomphe au milieu des rameaux !
Toi qui mettais le glaive aux mains de tes apôtres,
Toi qui voulais instruire et délivrer les autres,
Descends-donc de la croix ! — Mais clouée aux deux mains,
Morne, désespérant du salut des humains
Et de leur avenir qui s'en va comme un songe,
Ne trouvant que vinaigre et que fiel à l'éponge,
Sentant que le jour baisse et que tout est fini,
Elle s'écrie : *Eli lamma sabactani !*

Or Eli ne vint pas... Sur sa croix solitaire,
Après un long tourment (ici baisez la terre),
Quand le voile du temple en deux se déchira,
Elle pencha sa tête, et muette expira.

Un dur cosak au flanc la perça d'une lance ;
Mais les autres, voyant, dans un morne silence,
Le ciel qui se couvrait de ténèbres, les morts
De leurs tombeaux ouverts qui sortaient au dehors,
La terre qui d'effroi tremblait à la surface,
Le grand soleil là-haut qui se cachait la face,
Et qui, comme un mourant, fermait son œil de feu,
Se dirent : — Elle était vraiment fille de Dieu !

Des disciples, la nuit, dans un coin du royaume,
Parfumèrent son corps de l'aloès et du baume,
Et la baisant au front avec recueillement
La posèrent ainsi dans un froid monument ;
Des mères étaient là s'essuyant la paupière :
Mais les rois avec soin firent sceller la pierre,
Et le gouverneur mit des gardes à l'entour,
Craignant la prophétie et le troisième jour.

Christ est, dit-on, sorti des ombres de la tombe ;
Mais toi qui l'as promis, voici le jour qui tombe,
Toi qui pendant trente ans debout as combattu,
France, percée au flanc, ressusciteras-tu ?

Te verrons-nous un jour, ô reine ensevelie
Que les rois font garder et que le monde oublie,
T'éveiller, et, trouvant ton sépulcre du front,
Secouant le linceul, la poussière et l'affront,
Jetant autour de toi des clartés solennelles,
Et terrassant d'effroi tes pâles sentinelles,
Qui toutes cacheront leur face avec remords,
Crier : — Je suis le Christ sorti d'entre les morts !

Ce jour sera le jour des Pâques populaires.
Chassés comme la paille au vent de nos colères,
Les pouvoirs dispersés s'en iront en lambeaux,
Les cachots effrayés rouvriront leurs tombeaux,
Les centeniers confus frapperont leurs poitrines,
Les trônes écroulés ne feront que ruines,
Et les peuples louant Dieu qui les appuya,
Libres, battant des mains, diront : — Alleluia !

Jésus fut donc attaché à la croix. C'était le supplice des vaincus et des esclaves : les citoyens romains ne pouvaient, en aucun cas, y être soumis. Jésus étant venu détruire dans le monde l'esclavage avec tous ses signes devait le traverser d'un bout à l'autre, de la crèche à la croix. Sa mort, par cela même qu'elle était forcée, fut une condamnation et une protestation muette. Il a vaincu la mort par la mort et l'esclavage par l'esclavage. Il a vaincu le plus monstrueux de tous les esclavages, celui du supplice, en étant lui-même supplicié. Tôt ou tard la croix renversera la guillotine. Celui qui souffre témoigne contre la souffrance, et celui qui meurt contre la peine de mort. Dieu a voulu que le contre-poison au mal fût dans le mal lui-même. La Passion de Jésus fut une rédemption, c'est-à-dire un rachat. Les peuples s'étaient vendus à la domination d'un maître : Jésus mourant les racheta. Or, si le prix de l'esclavage est l'or, la monnaie qui abolit l'esclavage est du sang. La mort de Jésus fut une œuvre de liberté, *salus mundi*. Prenez donc courage et respirez avec orgueil, vous qui souffrez la grande Passion des peuples ! Votre misère, votre servitude, votre mort même sont le travail nécessaire pour arriver à l'état de gloire. Vous êtes les chrysalides de la grande résurrection humaine, c'est la misère c'est l'abondance ! Et la résurrection de la mort c'est la vie ! Jésus a tué la mort, la misère et l'esclavage en subissant, en souffrant et en mourant. Chrétiens, ne rougissez donc plus du signe de votre foi, car l'arbre de la croix planté sur le Calvaire est le grand arbre de la liberté. Prêtres, soyez fiers de ce digne rédempteur ! seulement, au lieu de tourner, dans vos processions, la face de la croix en arrière comme pour lui faire regarder le passé, tournez-la en avant, vers l'avenir.

Or la mère de Jésus et la sœur de sa mère, Marie, femme de Cléophas, et Marie-Madeleine se tenaient auprès de la croix. Voilà donc ce qui était resté à ce nouveau pasteur de tout son troupeau dispersé, trois pauvres femmes, trois brebis tremblantes et affligées dont une avait été une brebis perdue ! Il y avait aussi quelques autres femmes, à distance, qui regardaient et qui pleuraient. C'étaient de ces femmes qui, tout le long de la Galilée, suivaient Jésus et qui l'assistaient de leurs soins. Suivre Jésus, c'était suivre un chef errant de Bohémiens qui marchaient au soleil par les lieux sauvages ; c'était se dévouer à la sueur, à la faim et à la soif ; c'était dormir la nuit sur une pierre et n'avoir souvent à manger que des épis cueillis sur le bord du chemin. Il y avait encore beaucoup de femmes qui étaient montées de Jérusalem avec lui, l'accompagnant de loin et versant des larmes. La doctrine du Christ s'adressait surtout aux femmes, qui étaient les vaincues et les esclaves de l'ancienne alliance sociale, aux femmes, êtres faibles et débiles de corps qui attendaient leur délivrance de l'esprit ! Elles furent aussi les premières à recevoir la bonne nouvelle de liberté que Jésus semait par les villes et les campagnes. Elles le suivaient et elles l'aimaient. Quand les disciples, saisis de terreur, eurent pris la fuite, elles restèrent autour de Jésus, de cette victime souffrante dans laquelle les princes et les anciens du peuple frappaient la partie femelle, humiliée, débile de la société. L'esclavage entier du vieux monde, esclavage du publicain, du bâtard, du pauvre, du lépreux, du malade, de l'enfant, de l'aliéné, enfin de tout ce qui était en soumission et en tutelle, pendait dans la personne de Jésus au gibet du Calvaire. Or, du haut de cet instrument de servitude et d'ignominie, Jésus mourant abaissa encore un dernier regard sur la plus grande souffrance qu'il pût trouver au monde, sur la femme. « Jésus donc voyant sa mère, et auprès d'elle le disciple qu'il aimait (car Jean, nature tendre et amoureuse, était resté avec les saintes femmes), il dit à sa mère : Mère, voilà votre fils ! » Et au disciple : « Fils, voilà votre mère ! » Il y a ici deux grands dogmes qui n'ont pas été compris, la réintégration de la femme et l'universalité de la famille. Dans Marie étaient figurées dans ce moment-là toutes les femmes. Dans Jean, avouent les Pères de l'Église, était représentée en ce moment-là l'humanité. Tous les hommes n'ont donc qu'une mère. Cette mère est Marie, c'est-à-dire la femme, créature souffrante et sublime qui enfante dans la douleur ; Marie, c'est-à-dire celle qui a l'âme pleine de la grande amertume, *Maria id est amaritudine plena* ; Marie, celle qui a bu avec le Christ le calice de fiel, et c'est pour cela qu'elle est la mère, *ecce mater tua*. Il paraît bien que Jean comprit ainsi le sens des derniers mots de Jésus, puisqu'il reçut aussitôt chez lui Marie en communauté de biens, *in sua*. Les dernières volontés de ce Dieu mourant ont été pour la femme, pour sa communauté de biens avec l'homme, pour sa réintégration par les titres sublimes de la maternité. Relevez-vous, faibles femmes à genoux, relevez la tête, mes mères et mes sœurs, relevez votre pauvre cœur abattu et découragé par la servitude ! C'est vers vous que la société mourante tourne, par les yeux du Christ, ses derniers regards. Relève-toi, femme ! tu n'es plus l'esclave de l'homme, tu en es la mère ! Ceci (c'est-à-dire la réhabilitation de la femme au point de vue de la maternité) étant fait, Jésus-Christ trouva qu'il avait consommé son œuvre, *consummatum est*. Alors, ayant poussé un grand cri, il expira.

Toute cette passion du Christ nous figure la grande passion des peuples ; sa mort est la mort d'un monde. En ce temps-là les ténèbres du doute s'étendront de même sur la face de la terre. La Liberté, mère du peuple, demeurera debout près de son fils sur le Calvaire. En ce temps-là il y aura également des femmes fortes, d'anciennes pécheresses, des épouses ayant quitté leur mari, comme Madeleine ou Jeanne de Chusa, qui se tiendront au pied de la croix des peuples, et le peuple en croix les regardera et il dira : Hommes, voici vos mères ! mères, voici vos fils ! Hommes, prenez-les en communauté de biens avec vous ! Ceci fait, la femme relevée et reconstituée dans ses droits, le grand *lamma sabactani* des peuples arrivera : L'humanité poussera un cri. Ce cri sera celui d'une nation qu'on

égorge ou d'une révolution qu'on tue; ce sera ce cri qu'on entendit dans les plaines de Waterloo quand l'Empire mourut; ce sera ce cri qu'on entendit dans les plaines de Praga et aux environs quand la Pologne tomba; et ayant poussé son grand cri l'humanité baissera la tête comme pour mourir. Alors le voile des anciennes croyances se déchirera depuis le haut jusqu'en bas, le sol des anciennes institutions tremblera sous les pieds des peuples, les pierres qui servent de base à l'ancien édifice de la société se fendront; ces tombeaux civils où la société tient les captifs sous les scellés de sa justice s'ouvriront; les corps de plusieurs qui étaient morts ressusciteront à la société; tous ces cadavres vivants se promèneront dans la nuit; les revenants, échappés du tombeau des bagnes ou des prisons, traîneront comme des spectres leurs chaînes par la ville. Le centenier alors et ceux qui gardaient le peuple avec lui voyant le tremblement de terre de la société et tout ce qui se sera passé seront saisis de frayeur et frapperont leur poitrine en disant : Ce peuple que nous avons crucifié était vraiment le peuple de Dieu.

Cependant ni la haine ni la surveillance des maîtres du monde ne s'endormira. Nous nous souvenons, diront-ils, que ce peuple a promis de ressusciter le troisième jour; il a promis de détruire et de rebâtir le temple du corps social : Prenons garde qu'on ne l'enlève au tombeau où nous l'avons placé. Et ces maîtres pusillanimes qui ont peur d'un cadavre mettront des sentinelles à l'entour pour le garder, et ils rouleront une grande pierre à l'entrée de la ville où ils veulent ensevelir le peuple; ils scelleront cette pierre dans le roc, et ils l'entoureront de remparts et de bastilles, et ils diront : Nous verrons maintenant, ô peuple, si tu ressusciteras !

La résurrection du Christ est l'image de la grande résurrection des peuples. Quels seront ceux qui en recevront les premiers la bonne nouvelle ? Ce seront les femmes; ce seront les mieux aimants; ce seront ces fils de Jean qui, soutenus par le cœur comme par des ailes, courront le plus vite en avant de l'humanité; ce seront les souffrants, tous ceux qui seront restés, sur le Calvaire, au pied de la croix des peuples. Or, pendant la nuit, un vaste tremblement de terre aura eu lieu dans la société. Le tombeau qui contenait le cadavre du peuple se sera ouvert. La pierre qui scellait le tombeau aura été renversée. Les gardes qui veillaient à l'entour, voyant une grande clarté et un grand fracas, voyant le peuple ressuscité qui sort, en seront si frappés de terreur qu'ils tomberont tous la face contre terre, comme morts, et les pierres taillées dans le roc, les bastilles, les ceintures de murailles et tous ces monuments dont les maîtres du monde s'étaient entourés pour se défendre contre la résurrection des peuples tomberont et laisseront passage au fils de Dieu; alors les malheureux viendront et regarderont avec stupeur dans le sépulcre; ils trouveront les linges et le suaire dans lesquels on avait mis le Crucifié, ils verront dispersés à terre les haillons dans lesquels l'humanité morte étalait sa misère et son deuil, mais ils ne retrouveront plus son cadavre. Ce sera le jour de la grande joie et du grand *alleluia* des peuples. Réjouissez-vous par avance dans cette foi vous qui souffrez ! Vous répétez en ce moment la passion et la mort du Fils de l'homme : vous répéterez un jour sa résurrection. Christ a passé par la douleur : l'humanité y passe; Christ a passé par la gloire : l'humanité y passera. Vous qui avez faim, vous qui avez soif, vous qui êtes retenus à l'hôpital ou en prison, vous qui souffrez du froid et de la nudité, vous qui manquez de gîte et qui couchez la nuit sous les arches des ponts, allégresse et bonne nouvelle à vous, mes frères et mes sœurs ! car, comme le Christ, en sortant du tombeau, a ressuscité tous ses membres, même les plus petits et les plus blessés, ainsi l'humanité régénérée ressuscitera tous les malades nécessiteux, prisonniers, hommes sans aveu et sans gîte, membres frappés de douleur, enfants déshérités de la grande famille ! Oh ! ce sera un beau jour que celui-là ! Priez, frères, pour que ce jour advienne bientôt et pour que les tristes jours de l'épreuve et de l'attente soient abrégés ! »

« Le soir de ce même jour, qui était le premier de la semaine, étant venu, et les portes du lieu où les disciples étaient assemblés étant fermées parce qu'ils craignaient les Juifs, Jésus vint et se tint au milieu d'eux et leur dit : La paix soit avec vous. Après avoir dit ces paroles il leur montra ses mains et son côté, et les disciples ayant vu le Seigneur furent remplis de joie. Il leur dit une seconde fois : La paix soit avec vous ! « Tel sera, en effet, le premier fruit de la résurrection du peuple-Christ, la paix. Après la grande guerre contre la tyrannie où il y aura eu les mains et le côté percés, il se reposera dans l'union et dans la liberté sociale calme de la béatitude. « Comme mon père m'a envoyé, ajouta Jésus, je vous envoie aussi de même. » Il y aura un peuple missionnaire de la civilisation, envoyé au monde pour y annoncer la bonne nouvelle de la délivrance, un peuple évangélique et initiateur qui marchera à la tête du troupeau des peuples comme Jésus à la tête de ses disciples. « Ayant dit ces paroles Jésus souffla sur eux et leur dit : Recevez l'Esprit saint. » Cette insufflation de l'Esprit est une image de la transmission du progrès; ce souffle est le grand souffle civilisateur qui anime tous les membres de l'humanité; ce souffle est la communication de l'intelligence et de l'amour établie entre tous les peuples. « Les péchés seront pardonnés à ceux à qui vous les remettrez, et ils seront retenus à

ceux à qui vous les retiendrez. » Nous avons longuement expliqué ailleurs la valeur, le sens et la portée de cette rémission : l'humanité est investie par le Christ du droit d'effacer le mal de dessus les actions ou les infirmités des hommes; elle a le droit de dire, un jour, aux fous, aux estropiés, aux lépreux, aux pauvres qu'on regardait, dans l'ancien temps, comme des coupables et des réprouvés de Dieu : — Mes fils, allez en paix, vos péchés vous sont pardonnés ! Elle a droit de dire aux hérétiques, aux huguenots, aux excommuniés qu'on regardait pendant les premiers siècles comme impurs et ennemis de l'Église : — Mes fils, allez en paix, vos fautes sont effacées ! Elle a droit de dire aux révolutionnaires que les gouvernements poursuivent encore maintenant et qu'ils traînent devant les tribunaux comme des fléaux de la société : — Mes fils, allez en paix, vos peines vous sont remises ! Elle a droit de dire aux forçats et aux prostituées que le monde damne pour toujours : — Mes fils et vos filles, ne péchez plus, réformez votre conscience, et vos crimes seront oubliés ! Enfin l'humanité a pouvoir de lier et de délier, elle a pouvoir d'ouvrir et de fermer; c'est pour cela que lui ont été données les clés du royaume de Dieu. Ces clés serviront à ouvrir les destinées mystérieuses qui doivent nous introduire dans la société à venir. C'est par ces ouvertures faites aux institutions anciennes que le peuple entrera dans la vraie et sainte constitution du monde. Voilà en quel sens le peuple, dans la personne de Pierre, est nommé porte-clés, *accipe claves regni*.

« Huit jours après, pendant que les disciples étaient encore dans la maison et que Thomas était avec eux, Jésus vint, les portes étant fermées, et se plaça au milieu d'eux et dit : la paix soit avec vous ! Ensuite il dit à Thomas : mettez ici votre doigt, et regardez mes mains; portez aussi votre main et la mettez dans mon côté, et ne soyez pas incrédule, mais fidèle. Thomas lui répondit : vous êtes mon Seigneur et mon Dieu ! Ce seront les membres blessés de l'humanité qui témoigneront justement au jour de sa résurrection; ce sont ces plaies guéries, ces stigmates de souffrance et de honte devenus désormais stigmates de gloire, qui convaincront les plus incrédules. Mettez ici votre doigt ! dira le peuple régénéré en montrant ses mains trouées par les clous du despotisme; portez votre main et fouillez dans mon côté ! dira-t-il en montrant son flanc ouvert dans le combat par la lance; regardez et touchez, dira-t-il, mes pieds marqués des stigmates du crucifiement, et croyez que je suis bien le Peuple-Christ ! Regardez et touchez, dira l'humanité, ces pauvres, ces ouvriers, ces esclaves, ces bâtards, ces proscrits, ces prostituées, qui étaient mes membres meurtris et saignants, mes pieds, mes mains et mon flanc percés, et croyez maintenant, parce que ces flétrissures et ces plaies vivantes sont aujourd'hui passées à l'état de gloire, parce que ces membres souffrants sont maintenant les membres bienheureux, parce que les mains percées gouvernent maintenant le monde, parce que ce flanc ouvert est le flanc de l'humanité sainte, toujours ouvert et toujours fécond. Ce qu'il y aura de plus sacré, de plus frappant, et si l'on peut ainsi dire, de plus ressuscité dans le corps de l'humanité après sa grande transformation, ce sera, comme dans le corps du Christ, ce qui aura le plus souffert. C'est de ces signes-là, à ces marques de l'ancienne croix restées en caractères glorieux sur l'humanité transfigurée, que tout le monde tombera à genoux et se prosternera en reconnaissant en tout ceci le doigt de la Providence.

Jésus-Christ demeura encore sur la terre pendant quarante jours, communiquant avec « ses disciples et leur parlant du royaume de Dieu. » Ce que ceux-ci entendant bien d'un royaume terrestre et humain lui dirent : « Seigneur, sera-ce en ce temps-ci que vous rétablirez le royaume d'Israël ? » Or Jésus ne chercha point à donner un autre sens à leurs paroles; seulement il reprit la curiosité de leur demande quant au temps où ce rétablissement de la société devait se faire. « Ce n'est pas à vous, leur dit-il, de savoir le temps et les moments dont le Père a mis la disposition en sa puissance; mais vous recevrez la force du Saint-Esprit qui viendra en vous, et vous rendrez témoignage de moi dans Jérusalem, dans toute la Judée et la Samarie, et jusqu'aux extrémités de la terre. » C'est par la force du progrès humain et par l'éducation des peuples aux idées évangéliques qu'aura lieu la grande régénération des sociétés, sans qu'il soit possible d'en connaître au juste la date et le moment. En attendant, il faut que l'humanité, personnifiée dans le Christ, passe par l'initiation de la souffrance : « En même temps il leur ouvrit l'esprit, afin qu'ils entendissent les Écritures; et il leur dit : C'est ainsi qu'il est écrit, et c'est ainsi qu'il fallait que le Christ souffrît et qu'il ressuscitât le troisième jour, et qu'on prêchât en son nom la réforme et la rémission des péchés dans toutes les nations, en commençant par Jérusalem. » Peuple, c'est cette réforme sociale et cette rémission des fautes que nous venons annoncer à toutes les nations, en commençant par la France, cette nouvelle Jérusalem; ce sont là les deux sceaux du vieux monde, la double pierre du sépulcre des peuples. Rompez ces sceaux, levez cette pierre, et les peuples ensevelis se dresseront, et une grande voix criera pour la seconde fois dans le ciel : « Christ est ressuscité. *Christus resurrexit !* » Et le Christ, cette fois, sera toute l'humanité.

En ces jours-là, Jésus prit ses disciples et les mena dehors vers Béthanie; puis, ayant levé les mains, il les bénit en disant : « Allez

prêcher la bonne nouvelle aux peuples jusqu'aux extrémités de la terre. Après qu'il eut dit ces paroles, ils le virent s'élever en haut; et il entra dans une nuée qui le déroba à leurs yeux, et comme ils étaient attentifs à le regarder monter au ciel, deux hommes vêtus de blanc se présentèrent soudain à eux, et leur dirent : Hommes de Galilée, pourquoi vous arrêtez-vous à regarder au ciel? Ce Jésus, qui, on se séparant de vous, s'est élevé là-haut, viendra, un jour comme il est monté. » Nous allons vous répéter les paroles des deux hommes vêtus de blanc : Chrétiens, pourquoi vous arrêter toujours à regarder le ciel? Considérez plutôt la terre, car c'est aussi sur la terre que doit venir le règne de Jésus-Christ. En quittant les hommes, Jésus ne leur a pas dit adieu, mais au revoir; il doit revenir; seulement, il reviendra sous une autre forme que celle qu'il avait en montant au ciel; il est parti homme, il reviendra peuple. Il y aura une grande incarnation du Christ dans l'humanité ; ce sera là le second avènement; les cieux s'abaisseront jusqu'à la terre, et Dieu, par l'opération de l'esprit, prendra une forme et une chair dans une nation vierge qui enfantera le salut du monde ; cette vierge est la France, à laquelle appartient l'initiative des grandes destinées humaines. Nous vous le répétons donc, frères : n'ayez pas sans cesse les yeux au ciel ; abaissez-les quelquefois sur cette terre où Dieu même viendra cohabiter avec les hommes, et où Christ établira sa puissance pas orphelins, disait Jésus, je reviendrai à vous. » Attendons donc ce retour du Christ; attendons-le sous la forme où ce retour doit avoir lieu, la forme de l'humanité glorieuse et transfigurée. Jésus-Christ nous a promis de revenir; il nous a même annoncé que ce second avènement devait avoir, comme le premier, ses précurseurs; Elie viendra ouvrir les voies. Mais en même temps il nous a avertis de nous tenir en garde dans ces derniers temps contre les faux prophètes. Il y en aura beaucoup alors qui flatteront le peuple, qui parleront sur les places de la ville et qui feront en apparence des miracles d'éloquence et de patriotisme, mais gardez-vous d'eux et de leurs discours, car, sous cette peau de brebis du peuple, perce l'oreille de loups dévorants. Méfiez-vous de ceux qui affectent des sentiments populaires et qui n'en font pas les œuvres; méfiez-vous de ceux qui, étant riches, vantent le désintéressement; méfiez-vous de ceux qui, désirant acquérir de grands biens, provoquent des révolutions; méfiez-vous de ceux qui prêchent l'égalité dans leurs discours, mais qui, dans leur vie, sont pleins de morgue, d'égoïsme et d'arrogance. En vérité, je vous le dis, méfiez-vous, car on ce temps-là il y aura beaucoup de faux christs et de faux prophètes. « Alors il y aura des gens qui vous diront : Il est ici ou Il est là... N'y allez pas ni ne les suivez pas. » Voulez--vous juger de vrais amis du peuple? vous les reconnaîtrez à leurs œuvres; tout bon arbre donne de bons fruits; on no cueille point des raisins sur des buissons ni des œuvres populaires des hommes avares ou ambitieux. Ne vous divisez pas non plus sous plusieurs chefs. « Prenez garde que je vous avertis de ces choses avant qu'elles arrivent. Si donc l'on vient vous dire: Le Christ est dans le désert, n'y allez point ; et si l'on vous dit: Il est dans une chambre retirée, n'en croyez rien ; car, ainsi que l'éclair part de l'orient et paraît à l'occident, de même on sera-t-il de l'avènement du Fils de l'Homme. » L'avènement de l'humanité régénérée sera en effet une manifestation générale et universelle qui s'étendra d'un bout du monde à l'autre sans que les chefs de partis y soient pour rien ; ce sera le peuple tout entier qui arrivera, par son impulsion et par ses propres forces, à sa délivrance. Comme il y aura, avant ce temps-là, plusieurs séditions et plusieurs grands mouvements, prenez garde aussi que votre foi en l'avenir ne défaille, « parce que l'iniquité sera grande, le zèle de plusieurs se refroidira. » Frères, ne vous laissez tomber en indifférence et en tiédeur ni par les obstacles que rencontrera notre délivrance, ni par l'iniquité des gouvernants, ni même par le peu de succès des révolutions; persévérez et ne vous découragez point, « car il faut que ces choses arrivent. » Persévérez, car, si le combat est long, difficile et terrible, croyez-moi, la victoire n'en sera pas plus belle. Vous êtes, comme les Juifs du temps de Jésus, en mal et en enfantement de Dieu ; l'humanité souffre à faire ses couches : mais qu'elle espère et prenne courage: « Aussitôt après ces jours-là, le soleil deviendra obscur, la lune ne rendra plus sa lumière, les étoiles tomberont du ciel, et les puissances des cieux seront ébranlées; alors le signe du Fils de l'Homme paraîtra. »

L'Evangile nous figure dans Jésus la forme mâle de l'humanité, et dans Marie l'image de la femme ; Marie représente la femme à ses trois états de vierge, d'épouse et de mère. Or, comme tous les hommes doivent avoir leur part un jour dans la résurrection de Jésus, toutes les femmes doivent prendre la leur dans l'assomption de Marie. « Il parut en ces jours-là un grand prodige dans le ciel : une femme revêtue du soleil, qui avait la lune sous ses pieds, et sur la tête une couronne de douze étoiles ; et ayant un fruit dans le ventre, elle criait en travail et elle souffrait à enfanter. » Comme des flancs de Marie est sorti Jésus, le Sauveur des hommes, ainsi des flancs de la femme transfigurée sortira, un jour, le dernier salut du monde. L'ascension de Jésus et l'assomption de Marie sont les deux grandes figures bibliques de la réhabilitation complète de l'humanité; l'homme et la femme seront assis côte à côte sur un trône de gloire.

Il est dit, d'après la tradition chrétienne, que Marie ne s'éleva pas d'elle-même, mais qu'elle fut enlevée en haut, *assumpta est*. La femme ne remontera en effet à la sublime réhabilitation de son sexe qu'attirée et en quelque sorte soutenue par l'homme. Et comme l'ascension de Jésus précéda celle de Marie, ainsi la partie mâle de l'humanité entrera dans la gloire. Pierre ayant aussi demandé à Jésus ce que deviendrait Jean, ce disciple que Jésus aimait et qui avait reposé sur son sein pendant la cène, Jésus lui répondit : « Je veux qu'il demeure jusqu'à ce que je revienne. Il courut sur cela un bruit parmi les frères que ce disciple ne mourrait point. » Tout est symbole dans l'Écriture : Si Jésus a dit à Jean qu'il ne mourrait pas et qu'il resterait sur la terre pour attendre le second avènement, c'est que Jean représentait l'amour. Or c'est par l'amour toujours vivant et toujours actif que les peuples doivent s'initier à cette grande révolution finale qui sera la manifestation complète du Fils de Dieu sur la terre.

Selon les révélations de l'esprit, nous vous avons annoncé ce qui doit arriver au monde, *quæ ventura sunt*. Ces destinées sont inévitables, seulement nous ne savons ni l'heure ni les moments où elles doivent s'accomplir ; Dieu seul en a le secret.

Nous vous exhortons à ne point les reculer par des efforts tumultueux et téméraires en voulant trop les précipiter. Plus le but vers lequel nous tendons est certain, plus il nous convient d'être calmes et pacifiques sur les moyens qui doivent nous y conduire. N'imitez pas ces disciples violents et impétueux parce qu'ils étaient de peu de foi, qui proposaient de faire descendre le feu du ciel sur une ville de Samarie, en punition de ce qu'elle n'avait pas voulu les recevoir. Imitez, au contraire, la tolérance et la longanimité du Christ! Ne faites point descendre le feu de l'émeute sur nos villes, parce que celles-ci, auront refusé de recevoir vos doctrines, et de les partager. Ne faites point descendre le feu de la malédiction et de la menace sur la tête des hommes qui vous repoussent faute de vous comprendre ; ne faites point descendre le feu de la division ni de la discorde parmi les partis qui luttent et qui s'acharnent entre eux ; secouez tout au plus la poussière de vos vêtements et de vos sandales en sortant de leurs maisons. Attendez et soyez calmes. Si vous n'êtes pas encore les plus nombreux, vous qui combattez pour le bien des hommes, c'est que vous n'avez pas encore tout-à-fait raison. Attendez donc que le jour vienne où votre doctrine aura acquis la force de l'opinion du consentement public. Jusque-là respect aux institutions établies dans tout ce qui ne choque pas trop injurieusement les intérêts du peuple. Respect à la propriété grande ou petite, car c'est par ceux qui possèdent maintenant que l'État tout entier arrivera un jour à posséder. Respect à la forme du gouvernement comme à la forme providentielle par laquelle le peuple doit passer pour arriver à ses destinées futures.

Quant à celui qui écrit ces lignes, il continuera « d'annoncer la justice aux nations. Il ne disputera ni ne criera point en plein air et l'on n'entendra point sa voix sur les places publiques ; il ne brisera point le roseau cassé ni n'éteindra point la lampe qui fume encore jusqu'à ce qu'il ait convaincu le monde de la justice de sa cause. » Il vous a dit gravement et sans arrière-pensée ce qu'il pensait de l'avenir en vous exhortant à vous y préparer ; C'est à vous par le désir de hâter la manifestation du Christ dans la personne du peuple ; car l'Évangile n'est pas seulement le récit de la vie de Jésus, c'est la grande épopée de l'humanité.

« Le semeur sortit pour aller semer. Lorsqu'il semait, une partie du grain tomba sur le bord de la route et les oiseaux du ciel vinrent qui le mangèrent. » Cette semence est la parole que ce livre jette à droite et à gauche sur le peuple ; une partie tombera au bord du grand chemin ; les indifférents la fouleront aux pieds, et les puissants, ces oiseaux du ciel, viendront pour la dévorer, de peur qu'elle ne lève. « Une autre partie, dit l'Évangile, tomba dans des endroits pierreux où il y avait peu de terre, et elle poussa parce que la terre n'était pas profonde ; mais le soleil s'étant levé, elle fut brûlée, et devint sèche parce qu'elle n'avait point de racine. » Ces endroits pierreux sont ces esprits légers et ces cœurs stériles sur lesquels la parole produit d'abord un peu de végétation ; ils se lèvent imprudemment avant l'heure et veulent germer en œuvres ; mais ils n'ont point de racine en eux. « Car s'il survient quelque trouble ou quelque persécution à cause de la parole, aussitôt ils se scandalisent. » Le soleil donc brûle ces premiers germes et les dessèche. « Une autre partie, ajoute l'Évangile, tomba dans des épines, et les épines étant crûes l'étouffèrent. » Celui qui recevra la parole parmi les épines, c'est celui qui écoute la parole ; mais les soins de ce monde et la *tromperie des richesses* étouffent en lui cette parole et il devient infructueux. Enfin une autre partie, dit l'Évangile en terminant, tomba dans une bonne terre et porta du fruit, un des grains en rendit cent, l'autre soixante, l'autre trente. » Cette bonne terre sur laquelle la parole doit tomber en fructifiant, c'est l'homme du peuple qui, suffisamment labouré par le soc des révolutions, reçoit avec amour et avec sagesse la semence que nous y jetons. Il ne se lève pas avant l'heure et ne se laisse point brûler ; car il sait que la moisson, pour être bonne, a besoin d'être mûrie à la lente et tiède lumière de l'intelligence. Il ne veut point réaliser

prématurément et par la destruction la parole évangélique, car il sait que Christ « n'est point venu pour perdre, mais pour sauver. » Il poursuit aussi longtemps que possible, par les voies légales, la réforme de la société : ses résistances a l'ordre de choses établi sont des protestations morales et calmes, jusqu'au moment où, poussés par le démon, les gouvernements sortent des lois et se jettent les premiers dans la violence. Voilà toute la parabole du semeur qui sortit semer la parole au peuple. La parole est la première des libertés ; et tant que celle-ci subsiste toutes les autres finissent tôt ou tard par éclore. On pourra vouloir enchaîner la parole et la comprimer, mais l'on n'y réussira point. Le christianisme révolutionnaire, qui est la religion de la majorité des citoyens, délivrerait alors la France du démon muet dont on voudrait la posséder.

Nous avons raconté simplement et comme nous l'avons appris des évangélistes la vie de Jésus de Nazareth, le charpentier ; nous vous avons dit ses misères, ses luttes, ses résistances depuis la crèche jusqu'à la croix ; nous vous avons dit sa gloire à partir du Calvaire où il ressuscita jusqu'au mont des Oliviers où il s'éleva au ciel. En vous racontant ainsi la vie de Jésus, Fils de Marie, nous vous avons exposé les destinées futures de l'humanité, car Christ est une figure de ce qui doit arriver à tous les hommes. Celui qui ne croit pas les choses qui sont dans ce livre n'est pas chrétien. Celui qui, feignant de les croire, ne les pratique pas et continue d'opprimer ces frères, ajoute au mal qu'il fait le mensonge et l'hypocrisie ; les faux chrétiens insultent plus Dieu que les impies et les athées. Le soufflet du valet de Caïphe offensa moins l'auguste figure du Christ que le baiser de Judas. Le temps viendra où les vérités que nous vous avons dites organiseront l'humanité à l'image de Dieu ; car le ciel et la terre peuvent passer, mais les paroles du Christ ne passeront pas ; car les étoiles tombent quelquefois du ciel, et le pâtre les voit filer dans la nuit ; mais pas une lettre ne tombera de cet Evangile éternel qui contient les destinées présentes et futures de l'humanité. Nous avons dédié ce livre au peuple, parce que c'est à lui surtout que s'adresse la doctrine sublime apportée sur la terre par le Christ. « En ce même temps il fut ému de joie par le Saint-Esprit et il dit : Je vous bénis, mon Père, Seigneur du ciel et de la terre, de ce que vous avez caché ces choses aux grands, aux sages et aux prudents, et que vous les avez découvertes aux petits. » Ce livre s'appelle Testament parce qu'il contient le legs qu'un Dieu mourant fit à la terre, la liberté ! Ce livre s'appelle livre de la nouvelle alliance parce qu'il est venu établir de nouveaux liens de société parmi les hommes ; ce livre s'appelle enfin l'Evangile, qui veut dire bonne nouvelle, parce qu'il est venu annoncer aux peuples l'heureuse nouvelle de leur délivrance. Tout ce qu'il raconte du Christ nous arrivera, tout ce qu'il prédit adviendra dans le monde. Peuple, il t'a prédit souffrance, passion, mort sur le Calvaire : il faut que les volontés d'en haut s'accomplissent. Peuple, il t'a prédit gloire, transformation, bonheur sur le mont des Oliviers : Qu'il en soit ainsi, amen ! Peuple, il t'a prédit le retour de Jésus sur la terre en un grand peuple. Viens au plus tôt, Christ ! veni domine Jesu ! Viens, car nous souffrons et nous languissons comme des brebis sans pasteur que le loup dévore, comme des enfants sans père que l'étranger maltraite, comme des passereaux pris au piège que les petits enfants tourmentent entre leurs doigts ; viens ! et si la prière peut quelque chose pour hâter les destinées trop lentes du genre humain, je t'en prie à genoux et au nom de mes frères, viens finir nos maux, car nous attendons et nous gémissons ! Viens, peuple Fils de Dieu, second Christ, dernier Sauveur du monde, veni ! Mais, auparavant, il faut que cet Evangile-ci soit prêché à tous les peuples, et alors viendra la fin, et tunc veniet consummatio. Alors les écritures et les destinées humaines étant accomplies il y aura une nouvelle société et un nouveau peuple qui sera le peuple et la société de Dieu. Quant à nous, sœurs et frères, qui travaillons, qui souffrons et qui espérons dans cette attente, élevons à Dieu, du fond de nos misères et de l'abîme du présent, nos cœurs avec nos mains en criant : « Père, que votre règne arrive ! »

Alphonse Esquiros.

FIN.

LIBERTÉ, ÉGALITÉ, FRATERNITÉ.

Paris. — Imprimerie de Lacour, rue St-Hyacinthe-St-Michel, 33.

LES VEILLÉES LITTÉRAIRES ILLUSTRÉES

J. BRY AINÉ ÉDITEUR
21, RUE DES MATHURINS SAINT-JACQUES

LE DIABLE AMOUREUX
PAR CAZOTTE

LA SCIENCE DU BONHOMME RICHARD
Par FRANKLIN.

20 CENTIMES LA LIVRAISON

Dessiné par Ed. FRÈRE. Gravé par ROUGET.

Fâcheux contre-temps.

I.

J'étais à vingt-cinq ans capitaine aux gardes du roi de Naples : nous vivions beaucoup entre camarades, et comme de jeunes gens, c'est-à-dire, des femmes, du jeu, tant que la bourse pouvait y suffire ; et nous philosophions dans nos quartiers quand nous n'avions plus d'autre ressource.

Un soir, après nous être épuisés en raisonnements de toute espèce autour d'un très petit flacon de vin de Chypre et de quelques marrons secs, le discours tomba sur la cabale et les cabalistes.

Un d'entre nous prétendait que c'était une science réelle, et dont les opérations étaient sûres ; quatre des plus jeunes lui soutenaient que c'était un amas d'absurdités, une source de friponneries, propres à tromper les gens crédules et amuser les enfants. — Le plus âgé d'entre nous, Flamand d'origine, fumait une pipe d'un air distrait, et ne disait mot. Son air froid et sa distraction me faisaient spectacle à travers ce charivari discordant qui nous étourdissait, et m'empêchait de prendre part à une conversation trop peu réglée pour qu'elle eût de l'intérêt pour moi.

Nous étions dans la chambre du fumeur, la nuit s'avançait : on se sépara, et nous demeurâmes seuls, notre ancien et moi.

Il continua de fumer flegmatiquement ; je demeurai, les coudes appuyés sur la table, sans rien dire. Enfin mon homme rompit le silence.

« Jeune homme, me dit-il, vous venez d'entendre beaucoup de bruit : pourquoi vous êtes-vous tiré de la mêlée ? — C'est, lui répondis-je, que j'aime mieux me taire que d'approuver ou blâmer ce que je ne connais pas : je ne sais pas même ce que veut dire le mot de cabale. — Il a plusieurs significations, me dit-il ; mais ce n'est point d'elles dont il s'agit, c'est de la chose. Croyez-vous qu'il puisse exister une science qui enseigne à transformer les métaux et à réduire les esprits sous notre obéissance ? — Je ne connais rien des esprits, à commencer par le mien, sinon que je suis sûr de son existence. Quant aux métaux, je sais la valeur d'un carlin au jeu, à l'auberge et ailleurs, et ne peux rien assurer ni nier sur l'essence des uns et des autres, sur les modifications ou impressions dont ils sont susceptibles. Mon jeune camarade, j'aime beaucoup votre ignorance ; elle vaut bien la doctrine des autres : au moins vous n'êtes pas dans l'erreur, et si vous n'êtes pas instruit, vous êtes susceptible de l'être. Votre naturel, la franchise de votre caractère, la droiture de votre esprit, me plaisent : je sais quelque chose de plus que le commun des hommes ; jurez-moi le plus grand secret sur votre parole d'honneur ; promettez de vous conduire avec prudence, et vous serez mon écolier. — L'ouverture que vous me faites, mon cher Soberano, m'est très agréable. La curiosité est ma plus forte passion. Je vous avouerai que naturellement j'ai peu d'empressement pour nos connaissances ordinaires ; elles m'ont toujours semblé trop bornées, et j'ai deviné cette sphère élevée dans laquelle vous voulez m'aider à m'élancer : mais quelle est la pre-

T. I. 8

mière clef de la science dont vous parlez? Selon ce que disaient nos camarades en disputant, ce sont les esprits eux-mêmes qui nous instruisent; peut-on se lier avec eux?—Vous avez dit le mot, Alvare : on n'apprendrait rien de soi-même; quant à la possibilité de nos liaisons, je vais vous en donner une preuve sans réplique. »

Comme il finissait ce mot, il achevait sa pipe : il frappe trois coups pour faire sortir un peu de cendre qui restait au fond, la pose sur la table assez près de moi. Il élève la voix : « Calderon, dit-il, venez chercher ma pipe, allumez-la, et rapportez-la-moi. »

Il finissait à peine le commandement, je vois disparaître la pipe ; et, avant que j'eusse pu raisonner sur les moyens, ni demander quel était ce Calderon chargé de ses ordres, la pipe allumée était de retour, et mon interlocuteur avait repris son occupation.

Il la continua quelque temps, moins pour savourer le tabac que pour jouir de la surprise qu'il m'occasionnait; puis se levant, il dit : « Je prends la garde au jour, il faut que je repose. Allez vous coucher ; soyez sage, et nous nous reverrons. »

Je me retirai plein de curiosité et affamé d'idées nouvelles, dont je me promettais de me remplir bientôt par le secours de Soberano. Je le vis le lendemain, les jours ensuite; je n'eus plus d'autre passion; je devins son ombre.

Je lui faisais mille questions; il éludait les unes et répondait aux autres d'un ton d'oracle. Enfin, je le pressai sur l'article de la religion de ses pareils. « C'est, me répondit-il, la religion naturelle. »

Nous entrâmes dans quelques détails; ses décisions cadraient plus avec mes penchants qu'avec mes principes; mais je voulais venir à mon but et ne devais pas le contrarier.

« Vous commandez aux esprits, lui disais-je; je veux, comme vous, être en commerce avec eux : je le veux, je le veux ! Vous êtes vif, camarade, vous n'avez pas subi votre temps d'épreuve; vous n'avez rempli aucune des conditions sous lesquelles on peut aborder sans crainte cette sublime catégorie. — Et me faut-il bien du temps? — Peut-être deux ans. J'abandonne ce projet, m'écriai-je : je mourrais d'impatience dans l'intervalle. Vous êtes cruel, Soberano. Vous ne pouvez concevoir la vivacité du désir que vous avez créé dans moi : il me brûle... — Jeune homme, je vous croyais plus de prudence : vous me faites trembler pour vous et pour moi. Quoi ! vous vous exposeriez à évoquer des esprits sans aucune des préparations... — Eh ! que pourrait-il m'en arriver? — Je ne dis pas qu'il dût absolument vous en arriver du mal; s'ils ont du pouvoir sur nous, c'est notre faiblesse, notre pusillanimité qui le leur donne : dans le fond, nous sommes nés pour le commander. — Ah ! je les commanderai ! — Oui, vous avez le cœur chaud; mais si vous perdez la tête, s'ils vous effraient à certain point. — S'il ne tient qu'à ne les pas craindre, je les mets au pis pour m'effrayer. — Quoi ! quand vous verriez le Diable ? — Je tirerais les oreilles au grand Diable d'enfer. — Bravo ! si vous êtes si sûr de vous, vous pouvez vous risquer, et je vous promets mon assistance. Vendredi prochain, je vous donne à dîner avec deux des nôtres, et nous mettrons l'aventure à fin. »

II.

Nous n'étions qu'à mardi : jamais rendez-vous galant ne fut attendu avec tant d'impatience. Le terme arrive enfin; je trouve chez mon camarade deux hommes d'une physionomie peu prévenante : nous dînons. La conversation roule sur des choses indifférentes.

Après dîner, on propose une promenade à pied vers les ruines de Portici. Nous sommes en route, nous arrivons. Ces restes des monuments les plus augustes écroulés, brisés, épars, couverts de ronces, portent à mon imagination des idées qui ne m'étaient pas ordinaires. « Voilà, disais-je, le pouvoir du temps sur les ouvrages de l'orgueil et de l'industrie des hommes. » Nous avançons dans les ruines, et enfin nous sommes parvenus presque à tâtons, à travers ces débris, dans un lieu si obscur, qu'aucune lumière extérieure n'y pouvait pénétrer.

Mon camarade me conduisait par le bras; il cesse de marcher, et je m'arrête. Alors un de la compagnie bat le fusil et allume une bougie. Le séjour où nous étions s'éclaire, quoique faiblement, et je découvre que nous sommes sous une voûte assez bien conservée de vingt-cinq pieds en carré à peu près, et ayant quatre issues.

Nous observons le plus parfait silence. Mon camarade, à l'aide d'un roseau qui lui servait d'appui dans sa marche, trace un cercle autour de lui sur le sable léger dont le terrain était couvert, et en sort après y avoir dessiné quelques caractères. « Entrez dans ce penthacle, mon brave, me dit-il, et n'en sortez qu'à bonnes enseignes. — Expliquez-vous mieux; à quelles enseignes en dois-je sortir ? — Quand tout vous sera soumis; mais avant ce temps, si la frayeur vous faisait faire une fausse démarche, vous pourriez courir les risques les plus grands. »

Alors il me donne une formule d'évocation courte, pressante, mêlée de quelques mots que je n'oublierai jamais.

« Récitez, me dit-il, cette conjuration avec fermeté, et appelez ensuite à trois fois clairement Béelzébuth, et surtout n'oubliez pas ce que vous avez promis de faire. »

Je me rappelai que je m'étais vanté de lui tirer les oreilles. « Je tiendrai parole, lui dis-je, ne voulant pas en avoir le démenti. — Nous vous souhaitons bien du succès, me dit-il ; quand vous aurez fini, vous nous avertirez. Vous êtes directement vis-à-vis de la porte par laquelle vous devez sortir pour nous rejoindre. » Ils se retirent.

Jamais fanfaron ne se trouva dans une crise plus délicate : je fus au moment de les rappeler; mais il y avait trop à rougir pour moi; c'était d'ailleurs renoncer à toutes mes espérances. Je me raffermis sur la place où j'étais, et tins un moment conseil.

On a voulu m'effrayer, dis-je ; on veut voir si je suis pusillanime. Les gens qui m'éprouvent sont à deux pas d'ici, et à la suite de mon évocation je dois m'attendre à quelque tentative de leur part pour m'épouvanter. Tenons bon ; tournons la raillerie contre les mauvais plaisants.

Cette délibération fut assez courte, quoique un peu troublée par le ramage des hiboux et des chats-huants qui habitaient les environs, et même l'intérieur de ma caverne.

Un peu rassuré par mes réflexions, je me rassois sur mes reins, je me pète; je prononce l'évocation d'une voix claire et soutenue ; et, en grossissant le son, j'appelle, à trois reprises et à très courts intervalles, Béelzébuth.

Un frisson courait dans mes veines, et mes cheveux se hérissaient sur ma tête.

A peine avais-je fini, une fenêtre s'ouvre à deux battants vis-à-vis de moi, au haut de la voûte : un torrent de lumière plus éblouissante que celle du jour fond par cette ouverture ; une tête de chameau horrible, autant par sa grosseur que par sa forme, se présente à la fenêtre; surtout elle avait des oreilles démesurées. L'odieux fantôme ouvre la gueule, et, d'un air assorti au reste de l'apparition, me répond : Che vuoi ?

Toutes les voûtes, tous les caveaux des environs retentissent à l'envi du terrible Che vuoi ?

Je ne saurais peindre ma situation ; je ne saurais dire qui soutint mon courage et m'empêcha de tomber en défaillance à l'aspect de ce tableau, au bruit plus effrayant encore qui retentissait à mes oreilles.

Je sentis la nécessité de rappeler mes forces ; une sueur froide allait les dissiper : je fis un effort sur moi.

Il faut que notre âme soit bien vaste et ait un prodigieux ressort ; une multitude de sentiments, d'idées, de réflexions touchent mon cœur, passent dans mon esprit, et font leur impression toutes à la fois.

La révolution s'opère, je me rends maître de ma terreur. Je fixe hardiment le spectre.

« Que prétends-tu toi-même, téméraire, en te montrant sous cette forme hideuse ? »

Le fantôme balance un moment :

« Tu m'as demandé, dit-il d'un ton de voix plus bas. — L'esclave, lui dis-je, cherche-t-il à effrayer son maître ? Si tu viens recevoir mes ordres, prends une forme convenable et un ton soumis. — Maître, me dit le fantôme, sous quelle forme me présenterai-je pour vous être agréable ? »

La première idée qui me vint à la tête étant celle d'un chien : « Viens, lui dis-je, sous la figure d'un épagneul. »

A peine avais-je donné l'ordre, l'épouvantable chameau allonge le col de seize pieds de longueur, baisse la tête jusqu'au milieu du salon, et vomit un épagneul blanc à soies fines et brillantes, les oreilles traînantes jusqu'à terre.

La fenêtre s'est refermée, toute autre vision a disparu, et il ne reste sous la voûte, suffisamment éclairée, que le chien et moi.

Il tournait tout autour du cercle en remuant la queue, et faisant des courbettes.

« Maître, me dit-il, je voudrais bien vous lécher l'extrémité des pieds ; mais le cercle redoutable que vous avez tracé me repousse. »

Ma confiance était montée jusqu'à l'audace : je sors du cercle, je tends le pied, le chien le lèche ; je fais un mouvement pour lui tirer les oreilles, il se couche sur le dos comme pour me demander grâce ; je vis que c'était une petite femelle.

« Lève-toi, lui dis-je ; je te pardonne : tu vois que j'ai compagnie ; ces messieurs attendent à quelque distance d'ici ; la promenade a dû les altérer ; je veux leur donner une collation ; il faut des fruits, des conserves, des glaces, des vins de Grèce ; que cela soit bien entendu ; éclaire et décore la salle sans faste, mais proprement. Vers la fin de la collation tu viendras en uniforme du premier talent, et tu porteras une harpe ; je t'avertirai quand tu devras paraître. Prends garde à bien jouer ton rôle, mets de l'expression dans ton chant, de la décence, de la retenue dans ton maintien... — J'obéirai, maître, mais sous quelle condition ? — Sous celle d'obéir, esclave. Obéis, sans réplique, ou... — Vous ne me connaissez pas, maître : vous me trai-

teriez avec moins de rigueur ; j'y mettrais peut-être l'unique condition de vous désarmer et de vous plaire. »

Le chien avait à peine fini, qu'en tournant sur le talon, je vois mes ordres s'exécuter plus promptement qu'une décoration ne s'élève à l'Opéra. Les murs de la voûte, ci-devant noirs, humides, couverts de mousse, prenaient une teinte douce, des formes agréables ; c'était un salon de marbre jaspé. L'architecture présentait un cintre soutenu par des colonnes. Huit girandoles de cristaux, contenant chacune trois bougies, y répandaient une lumière vive, également distribuée.

III.

Un moment après, la table et le buffet s'arrangent, se chargent de tous les apprêts de notre régal ; les fruits et les confitures étaient de l'espèce la plus rare, la plus savoureuse et de la plus belle apparence. La porcelaine employée au service et sur le buffet était du Japon. La petite chienne faisait mille tours dans la salle, mille courbettes autour de moi, comme pour hâter le travail et me demander si j'étais satisfait.

« Fort bien, Biondetta, lui dis-je ; prenez un habit de livrée, et allez dire à ces messieurs qui sont près d'ici que je les attends, et qu'ils sont servis. »

A peine avais-je détourné un moment mes regards, je vois sortir un page à ma livrée, lestement vêtu, tenant un flambeau allumé ; peu après il revint conduisant sur ses pas mon camarade le Flamand et ses deux amis.

Préparés à quelque chose d'extraordinaire par l'arrivée et le compliment du page, ils ne m'étaient pas au changement qui s'était fait dans l'endroit où ils m'avaient laissé. Si je n'eusse pas eu la tête occupée, je me serais plus amusé de leur surprise ; elle éclata par leur cri, se manifesta par l'altération de leurs traits et par leurs attitudes.

« Messieurs, leur dis-je, vous avez fait beaucoup de chemin pour l'amour de moi, il nous en reste à faire pour regagner Naples ; j'ai pensé que ce petit régal ne vous désobligerait pas, et que vous voudriez bien excuser le peu de choix et le défaut d'abondance en faveur de l'impromptu. »

Mon aisance les déconcerta plus encore que le changement de la scène et la vue de l'élégante collation à laquelle ils se voyaient invités. Je m'en aperçus, et résolus de terminer bientôt une aventure dont intérieurement je me défiais, je voulus en tirer tout le parti possible, en forçant même la gaieté qui fait le fond de mon caractère.

Je les pressai de se mettre à table ; le page avançait les sièges avec une promptitude merveilleuse. Nous étions assis ; j'avais rempli les verres, distribué les fruits ; ma bouche seule s'ouvrait pour parler et manger, les autres restaient béantes ; cependant je les engageai à entamer les fruits, ma confiance les détermina. Je porte la santé de la plus jolie courtisane de Naples ; nous la buvons. Je parle d'un opéra nouveau, dit-elle, d'une improvisatrice romaine arrivée depuis peu, et dont les talents font du bruit à la cour. Je reviens sur les talents agréables, la musique, la sculpture ; et par occasion je les fais convenir de la beauté de quelques marbres qui font l'ornement du salon. Une bouteille se vide, et est remplacée par une meilleure. Le page se multiplie, et le service ne languit pas un instant. Je jette l'œil sur lui à la dérobée : figurez-vous l'Amour en trousse de page ; mes compagnons d'aventure le lorgnaient de leur côté, d'un air où se peignaient la surprise, le plaisir et l'inquiétude. La monotonie de cette situation me déplut ; je vis qu'il était temps de la rompre. « Biondetto, dis-je, la signora Fiorentina m'a promis de me donner un instant ; voyez si elle ne serait point arrivée. » Biondetto sort de l'appartement.

Mes hôtes n'avaient point encore eu le temps de s'étonner de la bizarrerie du message, qu'une porte du salon s'ouvre, et Fiorentina entre tenant sa harpe ; elle était dans un déshabillé étoffé et modeste ; un chapeau de voyage et un crêpe très clair sur les yeux ; elle pose sa harpe à côté d'elle, salue avec aisance, avec grâce : « Seigneur don Alvare, dit-elle, je n'étais pas prévenue que vous eussiez compagnie ; je ne me serais point présentée vêtue comme je suis ; ces messieurs voudront bien excuser ma voyageuse. »

Elle s'assied, et nous lui offrons à l'envi les reliefs de notre petit festin, auxquels elle touche par complaisance.

« Quoi ! madame, lui dis-je, vous ne faites que passer par Naples ? On ne saurait vous y retenir ? — Un engagement déjà ancien m'y force, seigneur ; on a eu des bontés pour moi à Venise au carnaval dernier ; on m'a fait promettre de revenir, et j'ai touché des arrhes : sans cela, je n'aurais pu me refuser aux avantages que m'offrait ici la cour, et à l'espoir de mériter les suffrages de la noblesse napolitaine, distinguée par son goût au-dessus de toute celle d'Italie. »

Les deux Napolitains se courbent pour répondre à l'éloge, saisis par la vérité de la scène au point de se frotter les yeux. Je pressai la virtuose de nous faire entendre un échantillon de son talent. Elle était enrhumée, fatiguée ; elle craignait avec justice de déchoir dans notre opinion. Enfin, elle se détermina à exécuter un récitatif obligé et une ariette pathétique qui terminaient le troisième acte de l'opéra dans lequel elle devait débuter.

Elle prend sa harpe, prélude avec une petite main longuette, potelée, tout à la fois blanche et purpurine, dont les doigts insensiblement arrondis par le bout étaient terminés par un ongle dont la forme et la grâce étaient inconcevables : nous étions tous surpris, nous croyions être au plus délicieux concert.

La dame chante. On n'a pas, avec plus de gosier, plus d'âme, plus d'expression : on ne saurait rendre plus, en chargeant moins. J'étais ému jusqu'au fond du cœur, et j'oubliais presque que j'étais le créateur du charme qui me ravissait.

La cantatrice m'adressait les expressions tendres de son récit et de son chant. Le feu de ses regards perçait à travers le voile ; il était d'un pénétrant, d'une douceur inconcevable ; ces yeux ne m'étaient pas inconnus. Enfin, en assemblant les traits tels que le voile me les laissait apercevoir, je reconnus dans Fiorentina le fripon de Biondetto ; mais l'élégance, l'avantage de la taille se faisaient beaucoup plus remarquer sous l'ajustement de femme que sous l'habit de page.

Quand la cantatrice eut fini de chanter, nous lui donnâmes de justes éloges. Je voulus l'engager à nous exécuter une ariette pour nous donner lieu d'admirer la diversité de ses talents.

« Non, répondit-elle, je m'en acquitterais mal dans la disposition d'âme où je suis ; d'ailleurs, vous avez dû vous apercevoir de l'effort que j'ai fait pour vous obéir ; ma voix se ressent du voyage, elle est voilée. Vous êtes prévenus que je pars cette nuit. C'est un cocher de louage qui m'a conduite, je suis à vos ordres ; je vous demande en grâce d'agréer mes excuses, et de me permettre de me retirer. » En disant cela elle se lève, veut emporter sa harpe. Je la lui prends des mains, et, après avoir reconduite jusqu'à la porte par laquelle elle s'était introduite, je rejoins la compagnie.

Je devais avoir inspiré de la gaieté, et je voyais de la contrainte dans les regards ; j'eus recours au vin de Chypre. Je l'avais trouvé délicieux, il m'avait rendu mes forces, ma présence d'esprit ; je doublai la dose. Comme l'heure s'avançait, je dis à mon page, qui s'était remis à son poste derrière mon siège, d'aller faire avancer ma voiture. Biondetto sort sur-le-champ, va remplir mes ordres. « Vous avez ici un équipage, me dit Soberano ? — Oui, répliquai-je, je me suis fait suivre, car j'ai imaginé que si votre partie se prolongeait, vous ne seriez pas fâchés d'en revenir commodément. Buvons encore un coup, nous ne courons pas les risques de faire de faux pas en chemin. »

Ma phrase n'était pas achevée, que le page rentre suivi de deux grands estafiers bien tournés, superbement vêtus à ma livrée. « Seigneur don Alvare, me dit Biondetto, je n'ai pu faire approcher votre voiture ; elle est au-delà, mais tout auprès des débris dont ces lieux-ci sont entourés. » Nous nous levons, Biondetto et les estafiers nous précèdent ; on marche.

Comme nous ne pouvions pas aller quatre de front entre les bases et les colonnes brisées, Soberano, qui se trouvait seul à côté de moi, me serra la main. « Vous vous donnez un bon régal, ami ; il vous coûtera cher. — Ami, répliquai-je, je suis très heureux s'il vous a fait plaisir ; je vous le donne pour ce qu'il me coûte. »

Nous arrivons à la voiture ; nous trouvons deux autres estafiers, un cocher, une postillon, une voiture de campagne à mes ordres, aussi commode qu'on eût pu la désirer. J'en fais les honneurs, et nous prenons légèrement le chemin de Naples.

IV.

Nous gardâmes quelque temps le silence ; enfin un des amis de Soberano le rompt. « Je ne vous demande point votre secret, Alvare ; mais il faut que vous ayez fait des conventions singulières : jamais personne ne fut servi comme vous l'êtes ; et depuis quarante ans que je travaille, je n'ai pas obtenu le quart des complaisances que l'on vient d'avoir pour vous dans une seule soirée. Je ne parle pas de la plus céleste vision qu'il soit possible d'avoir, tandis que l'on afflige mes yeux plus souvent que l'on ne songe à les réjouir ; enfin, vous savez vos affaires, vous êtes jeune ; à votre âge on désire trop pour se laisser le temps de réfléchir, et on précipite ses jouissances. »

Bernadillo, c'était le nom de cet homme, s'écoutait en parlant, et me donnait le temps de penser à ma réponse.

« J'ignore, lui répliquai-je, par où j'ai pu m'attirer des faveurs distinguées ; j'augure qu'elles seront très courtes, et ma consolation sera de les avoir toutes partagées avec de bons amis. » On vit que je me tenais sur la réserve, et la conversation tomba.

Cependant le silence amena la réflexion : je me rappelai ce que j'avais fait et vu ; je comparai les discours de Soberano et de Bernadillo, et conclus que je venais de sortir du plus mauvais pas dans lequel une curiosité vaine et la témérité eussent jamais engagé un homme de ma sorte. Je ne manquais pas d'instruction ; j'avais été élevé jusqu'à treize ans sous les yeux de don Bernardo Maravillas, mon père, gentilhomme sans reproche, et par doña Mencia, ma mère, la femme la plus religieuse, la plus respectable qui fût dans l'Estramadure. « Oh, ma mère ! disais-je, que penseriez-vous de votre fils si vous l'aviez vu, si vous le voyiez encore ? Mais ceci ne durera pas, je m'en donne parole. »

Cependant la voiture arrivait à Naples. Je reconduisis chez eux les amis de Soberano. Lui et moi revînmes à notre quartier. Le brillant de mon équipage éblouit un peu la garde devant laquelle nous passâmes en revue, mais les grâces de Biondetto, qui était sur le devant du carrosse, frappèrent encore davantage les spectateurs.

Le page congédia la voiture et la livrée, prend un flambeau de la main des estafiers, et traverse les casernes pour me conduire à mon appartement. Mon valet de chambre, encore plus étonné que les autres, voulait me demander des nouvelles du nouveau train dont je venais de faire la montre. « C'en est assez, Carle, lui dis-je en entrant dans mon appartement, je n'ai pas besoin de vous : allez vous reposer, je vous parlerai demain. »

Nous sommes seuls dans ma chambre, et Biondetta a fermé la porte sur nous ; ma situation était moins embarrassante au milieu de la compagnie dont je venais de me séparer, et de l'endroit tumultueux que je venais de traverser.

Voulant terminer l'aventure, je me recueillis un instant. Je jette les yeux sur le page, les siens sont fixés vers la terre ; une rougeur lui monte sensiblement au visage ; sa contenance décèle l'embarras et beaucoup d'émotion ; enfin je prends sur moi de lui parler.

« Biondetto, vous m'avez bien servi, vous avez même mis des grâces à ce que vous avez fait pour moi ; mais comme vous étiez payé d'avance, je pense que nous sommes quittes. — Don Alvare est trop noble pour croire qu'il ait pu s'acquitter à ce prix. — Si vous avez fait plus que vous ne deviez, si vous m'avez dû de reste, donnez votre compte ; mais je ne vous réponds pas que vous soyez payé promptement. Le quartier courant est mangé ; je dois au jeu, à l'auberge, au tailleur... — Vous plaisantez hors de propos. — Si je quitte le ton de plaisanterie, ce sera pour vous prier de vous retirer, car il est tard et il faut que je me couche. — Et vous me renverriez incivilement à l'heure qu'il est ? Je n'ai pas dû m'attendre à ce traitement de la part d'un cavalier espagnol. Vos amis savent que je suis venue ici ; vos soldats, vos gens m'ont vue et ont deviné mon sexe. Si j'étais une vile courtisane, vous auriez quelque égard pour les bienséances de mon état ; mais votre procédé pour moi est flétrissant, ignominieux : il n'est pas de femme qui n'en fût humiliée. — Vous faut-il donc à présent d'être femme pour vous concilier des égards ? Eh bien ! pour sauver le scandale d'une votre retraite, ayez pour vous le ménagement de la faire par le trou de la serrure. — Quoi ! sérieusement, sans savoir qui je suis... — Puis-je l'ignorer ? — Vous l'ignorez, vous dis-je, vous n'écoutez que vos préventions ; mais, qui que je sois, à vos genoux, les larmes aux yeux : c'est à titre de client que je vous implore. Une imprudence, excusable peut-être, puisque vous en êtes l'objet, m'a fait aujourd'hui tout braver, tout sacrifier pour vous obéir, me donner à vous et vous suivre. J'ai révolté contre moi les passions les plus cruelles, les plus implacables ; il ne me reste de protection que la vôtre, d'asile que votre chambre ; me la fermerez-vous, Alvare ? Pourra-t-il se dire qu'un cavalier espagnol aura traité avec cette rigueur, cette indignité, quelqu'un qui a sacrifié pour lui une âme sensible, et tout faible dénué de tout autre secours que le sien ; en un mot, une personne de mon sexe ? »

Je me reculais autant qu'il m'était possible, pour me tirer d'embarras ; mais elle m'avait embrassé les genoux, et me suivait sur les sien ; enfin, je suis rangé contre le mur. « Relevez-vous, lui dis-je, vous venez sans y penser de me prendre par mon serment. »

Quand ma mère me donna ma première épée, elle me fit jurer sur la garde, de servir toute ma vie les femmes, et de n'en pas désobliger une seule. Quand ce serait ce que je pense, que c'est aujourd'hui... — Eh bien ! cruel, à quelque titre que ce soit, permettez-moi de rester dans votre chambre. — Je le veux bien pour la rareté du fait, et mettre le comble à la bizarrerie de mon aventure. Cherchez à vous arranger de manière à ce que je ne vous voie ni ne vous entende ; au premier mot, au premier mouvement capables de me donner de l'inquiétude, je grossis le son de ma voix pour vous demander à mon tour, Che vuoi ? »

Je lui tourne le dos, et m'approche de mon lit pour me déshabiller. « Vous aiderai-je ? me dit-on. — Non, je suis militaire et me sers moi-même. » Je me couche.

V.

A travers la gaze de mon rideau, je vois le prétendu page arranger dans le coin de ma chambre une natte usée qu'il a trouvée dans une garde-robe. Il s'assied dessus, se déshabille entièrement, s'enveloppe d'un de mes manteaux qui était sur un siège, éteint la lumière, et la scène finit là pour le moment ; mais elle recommença bientôt dans mon lit, où je ne pouvais trouver le sommeil.

Il semblait que le portrait du page fût attaché au ciel du lit et aux quatre colonnes ; je ne voyais que lui. Je m'efforçais en vain de lier avec cet objet ravissant l'idée du fantôme épouvantable que j'avais vu ; la première apparition servait à relever le charme de la dernière.

Le chant mélodieux, que j'avais entendu sous la voûte, ce son de voix ravissant, ce parler qui semblait venir du cœur retentissait encore dans le mien et y excitaient un frémissement singulier.

Ah ! Biondetta, disais-je, si vous n'étiez pas un être fantastique, si vous n'étiez pas ce vilain dromadaire !...

Mais à quel mouvement me laissai-je emporter ? J'ai triomphé de la frayeur, déraçonnons un sentiment plus dangereux. Quelle douceur puis-je en attendre ? Ne tiendrait-il pas toujours de son origine ?

Le feu de ses regards si touchants, si doux, est un cruel poison. Cette bouche si bien formée, si coloriée, si fraîche, et en apparence si naïve, ne s'ouvre que pour des impostures. Ce cœur, si c'en est un, ne s'échaufferait que pour une trahison.

Pendant que je m'abandonnais aux réflexions occasionnées par les mouvements divers dont j'étais agité, la lune, parvenue au haut de l'hémisphère et dans un ciel sans nuages, dardait tous ses rayons dans ma chambre, à travers trois grandes croisées.

Je faisais des mouvements prodigieux dans mon lit ; il n'était pas neuf ; le bois s'écarte, et les trois planches qui soutenaient mon sommier tombent avec fracas.

Biondetta se lève, accourt à moi avec le ton de la frayeur. « Don Alvare, quel malheur vient de vous arriver ? »

Comme je ne la perdais pas de vue, malgré mon accident, je la vis se lever, accourir ; sa chemise était une chemise de page, et au passage, la lumière de la lune ayant frappé sur sa cuisse avait paru gagner au reflet.

Fort peu ému du mauvais état de mon lit, qui ne m'exposait qu'à être un peu plus mal couché, je fus bien davantage de me trouver serré dans les bras de Biondetta.

« Il ne m'est rien arrivé, lui dis-je, retirez-vous ; vous courez sur le carreau sans pantoufles, vous allez vous enrhumer, retirez-vous..... — Mais, vous êtes mal à votre aise. — Oui, vous m'y mettez actuellement ; retirez-vous, ou, puisque vous voulez être couchée chez moi et près de moi, je vous ordonnerai d'aller dormir dans cette toile d'araignée qui est à l'encoignure de ma chambre. » Elle n'attendit pas la fin de la menace, et alla se coucher sur sa natte, en sanglotant tout bas.

La nuit s'achève et la fatigue prenant le dessus me procure quelques moments de sommeil. Je ne m'éveillai que du jour. On devine la route que prirent mes premiers regards. Je cherchais des yeux mon page.

Il était assis tout vêtu, à la réserve de son pourpoint, sur un petit tabouret ; il avait étalé ses cheveux qui tombaient jusqu'à terre, en couvrant, à boucles flottantes et naturelles, son dos et ses épaules, et même entièrement son visage.

Ne pouvant faire mieux, il démêlait sa chevelure avec ses doigts. Jamais peigne d'un plus bel ivoire ne se promena dans une plus épaisse forêt de cheveux blond-cendré ; leur finesse était égale à toutes les autres perfections ; un petit mouvement que j'avais fait ayant annoncé mon réveil, elle écarte avec ses doigts les boucles qui lui ombrageaient le visage. Figurez-vous l'aurore au printemps, sortant d'entre les vapeurs du matin avec sa rosée, ses fraîcheurs et tous ses parfums.

« Biondetta, lui dis-je, prenez un peigne ; il y en a dans le tiroir de ce bureau. » Elle obéit. Bientôt, à l'aide d'un ruban, ses cheveux sont rattachés sur sa tête avec autant d'adresse que d'élégance. Elle prend son pourpoint, met le comble à son ajustement, et s'assied sur son siège d'un air timide, embarrassé, inquiet, qui sollicitait vivement la compassion.

S'il faut, me disais-je, que je voie dans la journée mille tableaux plus piquants les uns que les autres, assurément je ne n'y tiendrai pas; amenons le dénouement, s'il est possible.

Je lui adresse la parole.

« Le jour est venu, Biondetta, les bienséances sont remplies, vous pouvez sortir de ma chambre sans craindre le ridicule. — Je suis, me répondit-elle, maintenant au dessus de cette frayeur; mais vos intérêts et les miens m'en inspirent une beaucoup plus fondée : ils ne permettent pas que nous nous séparions. — Vous vous expliquerez? lui dis-je. — Je vais le faire, Alvare.

« Votre jeunesse, votre imprudence, vous ferment les yeux sur les périls que nous avons rassemblés autour de nous. A peine vous vis-je sous la voûte, que cette contenance héroïque à l'aspect de la plus hideuse apparition décida mon penchant. Si, me dis-je à moi-même, pour parvenir au bonheur, je dois m'unir à un mortel, prenons un corps, il en est temps : voilà le héros digne de moi. Dussent s'en indigner par son choix, et ma mère, la suite, réfléchissant un jour sur mes aventures, prétendit que cet assoupissement n'avait pas porte? Aimée d'Alvare, unie avec Alvare, eux et la nature nous seront soumis. Vous avez vu la suite; voici les conséquences.

« L'envie, la jalousie, le dépit, la rage me préparent les châtiments les plus cruels auxquels puisse être soumis un être de mon espèce, dégradé par son choix, et cela vous seul pouvez m'en garantir. A peine est-il jour, et déjà les délateurs sont en chemin pour vous déférer, comme nécromancien, à ce tribunal que vous connaissez. Dans une heure...— Arrêtez, m'écriai-je, en me mettant les points fermés sur les yeux, vous êtes le plus adroit, le plus insigne des faussaires. Vous parlez d'amour, vous en présentez l'image, vous en empoisonnez l'idée, je vous défends de m'en dire un mot. Laissez-moi me calmer assez, si je puis, pour devenir capable de prendre une résolution.

S'il faut que je tombe entre les mains du tribunal, je ne balance pas, pour ce moment-ci, entre vous et lui; mais si vous m'aidez à me tirer d'ici, à quoi m'engagerai-je? Puis-je me séparer de vous quand je le voudrai? Je vous somme de me répondre avec clarté et précision. — Pour vous séparer de moi, Alvare, il suffira d'un acte de votre volonté. J'ai même regret que ma soumission soit forcée. Si vous méconnaissez mon zèle par la suite, vous serez imprudent, ingrat... — Je ne crois rien, sinon qu'il faut que je parte. Il faut éveiller mon valet de chambre; il faut qu'il me trouve de l'argent, qu'il aille à la poste. Il me faut rendre à Venise près de Bentinelli, banquier de ma mère. — Il vous faut de l'argent? Heureusement je m'en suis précautionnée; j'en ai à votre service...— Gardez-le. Si vous étiez une femme, en l'acceptant je ferais une bassesse...— Ce n'est pas un don, c'est un prêt que je vous propose. Donnez-moi un mandement sur le banquier; faites un état de ce que vous devez ici. Laissez-lui votre bureau et les ordres à Carle pour payer. Disculpez-vous par lettre auprès de votre commandant, sur une affaire indispensable qui vous force à partir sans congé. J'irai à la poste vous chercher une voiture et des chevaux; mais auparavant, Alvare, forcée à m'écarter de vous, je retombe dans toutes mes frayeurs; dites : « Esprit qui ne t'es lié à un corps que pour moi, et pour moi seul, j'accepte ton vasselage et t'accorde ma protection. »

En me prescrivant cette formule, elle s'était jetée à mes genoux, me tenait la main, la pressait, la mouillait de larmes.

J'étais hors de moi, ne sachant quel parti prendre; je lui laisse ma main qu'elle baise, et je balbutie les mots qui lui semblaient si importants; à peine ai-je fini qu'elle se relève : « Je suis à vous, s'écrie-t-elle avec transport; je pourrai devenir la plus heureuse de toutes les créatures. »

En un moment, elle s'affuble d'un long manteau, rabat un grand chapeau sur ses yeux et sort de ma chambre.

J'étais dans une sorte de stupidité. Je trouve un état de mes dettes. Je mets aux mains de Carle de quoi le payer, je compte l'argent nécessaire; j'écris au commandant, à un de mes plus intimes, des lettres qu'ils doivent trouver très extraordinaires. Déjà la voiture et le fouet du postillon se faisaient entendre à la porte.

Biondetta, toujours dans son manteau, revient et m'entraîne. Carle, éveillé par le bruit, paraît en chemise. « Allez, lui dis-je, à mon bureau, vous y trouverez mes ordres. Je monte en voiture; je pars. »

VI.

Biondetta était entrée avec moi dans la voiture; elle était sur le devant. Quand nous fûmes sortis de la ville, elle ôta le chapeau qui la tenait à l'ombre. Ses cheveux étaient renfermés dans un filet cramoisi; on n'en voyait que la pointe, c'étaient des perles dans du corail. Son visage, dépouillé de tout autre ornement, brillait de ses seules perfections. On croyait voir un transparent sur son teint. On ne pouvait concevoir comment la douceur, la candeur, la naïveté pouvaient s'allier au caractère de finesse qui brillait dans ses regards.

Je me surpris faisant malgré moi ces remarques; et les jugeant dangereuses pour mon repos, je fermai les yeux pour essayer de dormir.

Ma tentative ne fut pas vaine, le sommeil s'empara de mes sens et m'offrit les rêves les plus agréables, les plus propres à délasser mon âme des idées effrayantes et bizarres dont elle avait été fatiguée. Il fut d'ailleurs très long, et ma mère, par la suite, réfléchissant un jour sur mes aventures, prétendit que cet assoupissement n'avait pas été naturel. Enfin, quand je m'éveillai, j'étais sur les bords du canal sur lequel on s'embarque pour aller à Venise. La nuit était avancée; on ne pouvait me tirer par la manche, c'était un portefaix; il voulait se charger de mes ballots. Je n'avais pas même un bonnet de nuit.

Biondetta se présenta dans une autre portière, pour me dire que le bâtiment qui devait me conduire était prêt. Je descends machinalement, j'entre dans la felouque et retombe dans ma léthargie.

Que dirai-je? le lendemain matin je me trouvai logé sur la place Saint-Marc, dans le plus bel appartement de la meilleure auberge de Venise. Je la connaissais; je le reconnus sur-le-champ. Je vois du linge, une robe de chambre assez riche auprès de mon lit. Je soupçonnai que ce pouvait être une attention de l'hôte chez qui j'étais arrivé dénué de tout.

Je me lève et regarde si je suis le seul objet vivant qui soit dans la chambre; je cherchais Biondetta.

Honteux de ce premier mouvement, je rendis grâce à ma bonne fortune. Cet esprit et moi ne sommes donc pas inséparables; j'en suis délivré; et après mon imprudence, si je ne perds que ma compagnie aux gardes, je dois m'en estimer très heureux.

Courage Alvare, continuai-je; il y a d'autres cours, d'autres souverains que celui de Naples. Ceci doit te corriger si tu n'es pas incorrigible, et te conduiras mieux. Si on refuse tes services, une tante tendre, l'Estramadure et un patrimoine honnête te tendent les bras.

Mais que me voulait ce lutin, qui ne t'a pas quitté depuis vingt-quatre heures? Il avait pris une figure bien séduisante; il m'a donné de l'argent, je veux le lui rendre..... Comme je parlais encore, je vois arriver mon créancier; il m'amenait deux domestiques et deux gondoliers.

« Il faut, dit-il, que vous soyez servi, en attendant l'arrivée de Carle. On m'a répondu dans l'auberge de la fidélité de ces gens-ci, et voici les plus hardis patrons de la république. — Je suis content de votre choix, Biondetta, lui dis-je; vous êtes-vous logé ici? — J'ai pris, me répond le page, les yeux baissés, dans l'appartement même de votre excellence, la pièce la plus éloignée de celle que vous occupez, pour vous causer le moins d'embarras qu'il vous sera possible. »

Je trouvai du ménagement, de la délicatesse, dans cette attention à mettre de l'espace entre elle et moi. Je lui sus gré.

Au pis aller, disais-je, je ne saurais la chasser du vague de l'air, s'il lui plaît de s'y tenir invisible pour m'obséder. Quand elle sera dans une chambre connue, je pourrai calculer ma distance. Content de mes raisons, je donnai légèrement mon approbation à tout.

Je voulais sortir pour aller chez le correspondant de ma mère. Biondetta donna ses ordres pour ma toilette, et quand elle fut achevée, je me rendis où j'avais dessein d'aller.

Le négociant me fit un accueil dont j'eus lieu d'être surpris. Il était à sa banque, et de loin il me caresse de l'œil, vient à moi :

« Don Alvare, me dit-il, je ne vous croyais pas ici. Vous arrivez très à propos pour m'empêcher de faire une bévue; j'allais vous envoyer deux lettres et de l'argent. — Celui de mon quartier, répondis-je. — Oui, répliqua-t-il, et quelque chose de plus. Voilà deux cents sequins qui sont arrivés ce matin. Un vieux gentilhomme à qui j'en ai donné le reçu me les a remis de la part de dona Mencia. Ne recevant pas de vos nouvelles, elle vous a cru malade, et a chargé un Espagnol de votre connaissance de me les remettre pour vous les faire passer. — Vous a-t-il dit son nom? — Je lui ai écrit dans le reçu; c'est don Miguel Pimientos, qui dit avoir été écuyer dans votre maison. Ignorant votre arrivée ici, je ne lui ai pas demandé son adresse. »

Je pris l'argent. J'ouvris les lettres : ma mère se plaignait de sa santé, de ma négligence, et ne parlait pas des sequins qu'elle m'envoyait; je m'en fus que plus sensible à ses bontés.

Me voyant la bourse aussi à propos et aussi bien garnie, je revins gaiement à l'auberge; j'eus de la peine à trouver Biondetta dans l'espèce de logement où elle s'était réfugiée. Elle y était un un dégagement distant de ma porte, je m'y aventurai par hasard, et la vis courbée contre une fenêtre, fort occupée à rassembler et recoller les débris d'un clavecin.

« J'ai de l'argent, lui dis-je, et vous rapporte celui que vous m'a-

vez prêté. » Elle rougit, ce qui lui arrivait toujours avant de parler; elle chercha mon obligation, me la remit, prit la somme et se contenta de me dire que j'étais trop exact, et qu'elle eût désiré jouir plus longtemps du plaisir de m'avoir obligé.

« Mais, je vous dirai encore, lui dis-je, car vous avez les postes. » Elle en avait l'état sur la table. Je l'acquittai. Je sortais avec un sang-froid apparent; elle me demanda mes ordres, je n'en eus pas à lui donner, et elle se remit tranquillement à son ouvrage; elle me tournait le dos. Je l'observai quelque temps; elle semblait très occupée, et apportait à son travail autant d'adresse que d'activité.

Je revins rêver dans ma chambre. « Voilà, disais-je, le pair de ce Caldéron, qui allumait la pipe à Soberano, et quoiqu'il ait l'air très distingué, il n'est pas de meilleure maison. S'il ne se rend ni exigeant, ni incommode, s'il n'a pas de prétentions, pourquoi ne le garderais-je pas? Il m'assure, d'ailleurs, que pour le renvoyer, il ne faut qu'un acte de ma volonté. Pourquoi me presser de vouloir tout à l'heure, ce que je puis vouloir à tous les instants du jour ? » On interrompit mes réflexions en m'annonçant que j'étais servi.

Je me mis à table. Biondetta, en grande livrée, était derrière mon siège, attentive à prévenir mes besoins. Je n'avais pas besoin de me retourner pour la voir ; trois glaces disposées dans le salon, répétaient tous ses mouvements. Le dîner fini, on dessert; elle se retire.

L'aubergiste monte, la connaissance n'était pas nouvelle. On était en carnaval; mon arrivée n'avait rien qui dût le surprendre. Il me félicita sur l'augmentation de mon train, qui supposait un meilleur état de ma fortune, et se rabattit sur les louanges de mon page, le jeune homme le plus beau, le plus affectionné, le plus intelligent, le plus doux qu'il eût encore vu. Il me demanda si je comptais prendre part aux plaisirs du carnaval : c'était mon intention. Je pris un déguisement et montai dans une gondole.

Je courus la place; j'allai au spectacle, au Ridotto. Je jouai, je gagnai quarante sequins et rentrai assez tard, ayant cherché de la dissipation partout où j'avais cru pouvoir en trouver.

Mon page, un flambeau à la main, me reçoit au bas de l'escalier, me livre aux soins d'un valet de chambre et se retire, après m'avoir demandé à quelle heure j'ordonnais que l'on entrât chez moi. A l'heure ordinaire, répondis-je, sans penser que personne n'était au fait de ma manière de vivre.

Je me réveillai tard le lendemain, et me levai promptement. Je jetai par hasard les yeux sur les lettres de ma mère, demeurées sur la table. « Digne femme ! m'écriai-je : que fais-je ici ? Que ne vais-je me mettre à l'abri de vos sages conseils ? J'irai, ah ! j'irai, c'est le seul parti qui me reste. »

Comme je parlais haut, on s'aperçut que j'étais éveillé; on entra chez moi, et je revis l'écueil de ma raison. Il avait l'air désintéressé, modeste, soumis, et ne m'en parut que plus dangereux. Il m'annonçait un tailleur et des étoffes; le marché fait, il disparut avec lui jusqu'à l'heure du repas.

Je mangeai peu et courus me précipiter à travers le tourbillon de mes amusements de la ville. Je cherchai les masques; j'écoutai, je fis de froides plaisanteries, et terminai la scène par l'opéra, surtout le jeu jusqu'alors ma passion favorite. Je gagnai beaucoup plus à cette seconde séance qu'à la première.

VII.

Dix jours se passèrent dans la même situation de cœur et d'esprit, et à peu près dans des dissipations semblables; je trouvai d'anciennes connaissances, j'en fis de nouvelles. On me présenta aux assemblées les plus distinguées; je fus admis aux parties des nobles dans leurs casins.

Tout allait bien si ma fortune au jeu ne s'était pas démentie, mais je perdis au Ridotto, un soir, treize cents sequins que j'avais amassés. On n'a jamais joué d'un plus grand malheur. A trois heures du matin, je me retirai, mis à sec, devant cent sequins à mes connaissances. Mon chagrin était écrit dans mes regards, et sur tout mon extérieur. Biondetta me parut affectée; mais elle n'ouvrit pas la bouche.

Le lendemain je me levai tard. Je me promenais à grands pas dans ma chambre en frappant des pieds. On me sert, je ne mange point. Le service enlevé, Biondetta reste contre son ordinaire. Elle me fixe un instant, laisse échapper quelques larmes : « Vous avez perdu de l'argent, dom Alvaro; peut-être plus que vous n'en pouvez payer. — Et quand cela serait, où trouverais-je le remède ? »

— Vous m'offensez; mes services sont toujours à vous au même prix; mais ils ne s'étendraient pas loin, s'ils n'allaient qu'à vous faire contracter avec moi de ces obligations que vous vous croiriez dans la nécessité de remplir sur-le-champ. Trouvez bon que je prenne un siège; je sens une émotion qui ne me permettrait pas de me soutenir debout; j'ai, d'ailleurs, des choses importantes à vous dire. Voulez-vous vous ruiner ?... Pourquoi jouez-vous avec cette fureur, puisque vous ne savez pas jouer ? —Tout le monde ne sait-il pas les jeux de hasard ? Quelqu'un pourrait-il me les apprendre ? —Oui ; prudence à part, on apprend les jeux de chance, que vous appelez mal à propos jeux de hasard. Il n'y a point de hasard dans le monde; tout y a été et sera toujours une suite de combinaisons nécessaires que l'on ne peut entendre que par la science des nombres, dont les principes sont, en même temps, si abstraits et si profonds, qu'on ne peut les saisir si l'on n'est conduit par un maître; mais il faut se le donner et se l'attacher. Je ne puis vous peindre cette connaissance sublime que par une image. L'enchaînement des nombres fait la cadence de l'univers, règle ce qu'on appelle les évènements fortuits et prétendus déterminés, les forçant, par des balanciers invisibles, à tomber chacun à leur tour, depuis ce qui se passe d'important dans les sphères éloignées, jusqu'aux misérables petites chances qui vous ont aujourd'hui dépouillé de votre argent. »

Cette tirade scientifique dans une bouche enfantine, cette proposition un peu brusque de me donner un maître, m'occasionnèrent un léger frisson, un peu de cette sueur froide qui m'avait saisi sous la voûte de Portici. Je fixe Biondetta qui baissait la vue. « Je ne veux pas de maître, lui dis-je ; je craindrais d'en trop apprendre ; mais essayez de me prouver qu'un gentilhomme peut savoir au peu plus que le jeu, et s'en servir sans compromettre son caractère. » Elle prit la thèse, et voici en substance l'abrégé de sa démonstration.

« La banque est combinée sur le pied d'un profit exorbitant qui se renouvelle à chaque taille ; si elle ne courait pas des risques, la république ferait, à coup sûr, un vol manifeste aux particuliers. Mais les calculs que nous pouvons faire sont supposés, et la banque a toujours beau jeu, en tenant contre une personne instruite sur dix mille dupes. »

La conviction fut poussée plus loin. On m'enseigna une seule combinaison, très simple en apparence ; je n'en devinai pas les principes ; mais, dès le soir même, j'en connus l'infaillibilité par le succès.

En un mot, je regagnai, en la suivant, tout ce que j'avais perdu, payai mes dettes de jeu, et rendis, en rentrant, à Biondetta l'argent qu'elle m'avait prêté pour tenter l'aventure.

J'étais en fonds, mais plus embarrassé que jamais. Mes défiances s'étaient renouvelées sur les desseins de l'être dangereux dont j'avais agréé les services. Je ne savais pas comment je pourrais l'éloigner de moi ; en tout cas, je n'avais pas la force de le vouloir. Je détournais les yeux pour ne pas le voir où il était, et je le voyais partout où il n'était pas.

Le jeu cessait de m'offrir une dissipation attachante. Le pharaon, que j'aimais passionnément, n'étant plus assaisonné par le risque, avait perdu tout ce qu'il avait de piquant pour moi. Les singeries du carnaval m'ennuyaient ; les spectacles m'étaient insipides. Quand j'aurais eu le cœur assez libre pour désirer de former une liaison parmi les femmes du haut parage, j'étais rebuté d'avance par la langueur, le cérémonial et la contrainte de la cicisbeature. Il me restait la ressource des casins des nobles, où je ne voulais plus jouer, et la société des courtisanes.

Parmi les femmes de cette dernière espèce, il y en avait quelques-unes plus distinguées par l'élégance de leur faste et l'enjouement de leur société, que par leurs agréments personnels. Je trouvais dans leurs maisons une liberté réelle dont j'aimais à jouir, une gaieté bruyante qui pouvait m'étourdir, si elle ne pouvait me plaire ; enfin un abus continuel de la raison qui me tirait pour quelques moments des entraves de la mienne. Je faisais des galanteries à toutes les femmes de cette espèce chez lesquelles j'étais admis, sans avoir de projet sur aucune; mais la plus célèbre d'entre elles avait des desseins sur moi qu'elle fit bientôt éclater.

On la nommait Olympia. Elle avait vingt-six ans, beaucoup de beauté, de talents et d'esprit. Elle me laissa bientôt apercevoir du goût qu'elle avait pour moi, et, sans en avoir pour elle, je me jetai à sa tête pour me débarrasser en quelque sorte de moi-même.

Notre liaison commença brusquement, et, comme j'y trouvais peu de charmes, je jugeai qu'elle finirait de même, et qu'Olympia, ennuyée de mes distractions auprès d'elle, chercherait bientôt un amant qui lui rendît plus de justice, d'autant plus que nous ne nous étions pris sur le pied de la passion la plus désintéressée ; mais notre planète en décidait autrement. Il fallait sans doute pour le châtiment de cette femme superbe et emportée, et pour me jeter dans des embarras d'une autre espèce, qu'elle conçût un amour effréné pour moi.

Déjà je n'étais plus le maître de revenir le soir à mon auberge, et j'étais accablé pendant la journée de billets, de messages et de surveillants.

On se plaignait de mes froideurs. Une jalousie qui n'avait pas encore trouvé d'objet, s'en prenait à toutes les femmes qui pouvaient attirer mes regards, et aurait exigé de moi jusqu'à des incivilités pour elles, si l'on eût pu entamer mon caractère. Je me déplaisais dans ce tourment perpétuel, mais il fallait bien y vivre. Je cherchais de bonne foi à aimer Olympia, pour aimer quelque chose, et distraire du goût dangereux que je me connaissais.

Cependant une scène plus vive se préparait.

J'étais sourdement observé dans mon auberge par les ordres de la courtisane. « Depuis quand, me dit-elle un jour, avez-vous ce beau page qui vous intéresse tant, à qui vous témoignez tant d'égards, et que vous ne cessez de suivre des yeux quand son service l'appelle dans votre appartement? Pourquoi lui faites-vous observer cette retraite austère? Car on ne le voit jamais dans Venise. — Mon page, répondis-je, est un jeune homme bien né, de l'éducation duquel je suis chargé par devoir. C'est... — C'est, reprit-elle, les yeux enflammés de courroux, traître, c'est une femme. Un de mes affidés lui a vu faire sa toilette par le trou de la serrure... — Je vous donne ma parole d'honneur que ce n'est pas une femme... — N'ajoute pas le mensonge à la trahison. Cette femme pleurait, on l'a vue; elle n'est pas heureuse. Tu ne sais que faire le tourment des cœurs qui se donnent à toi. Tu l'as abusée, comme tu m'abuses, et tu l'abandonnes. Renvoie à ses parents cette jeune personne; et si tes prodigalités t'ont mis hors d'état de lui faire justice, qu'elle la tienne de moi. Tu lui dois un sort ; je le lui ferai; mais je veux qu'elle disparaisse demain. — Olympia, repris-je le plus froidement qu'il me fût possible, je vous ai juré, je vous le répète et vous jure encore que ce n'est pas une femme; et plût au ciel... — Que veulent dire ces mensonges et ce plût au ciel, monstre? Renvoie-la, te dis-je, ou... Mais j'ai d'autres ressources ; je te démasquerai, et elle entendra raison, si tu n'es pas susceptible de l'entendre. »

Excédé par ce torrent d'injures et de menaces, mais affectant de n'être point ému, je me retirai chez moi quoiqu'il fût tard.

Mon arrivée parut surprendre mes domestiques, et surtout Biondetta : elle témoigna quelque inquiétude sur ma santé; je répondis qu'elle n'était point altérée.

Je ne lui parlais presque jamais depuis ma liaison avec Olympia, et il n'y avait eu aucun changement dans sa conduite à mon égard; mais on en remarquait dans ses traits ; il y avait sur le ton général de sa physionomie une teinte d'abattement et de mélancolie.

Le lendemain, à peine étais-je éveillé, que Biondetta entre dans ma chambre, une lettre ouverte à la main. Elle me la remet et je lis :

AU PRÉTENDU BIONDETTO.

« Je ne sais qui vous êtes, madame, ni ce que vous pouvez faire chez dom Alvare ; mais vous êtes trop jeune pour n'être pas excusable et en de trop mauvaises mains pour ne pas exciter la compassion. Ce cavalier vous aura promis et il promet à tout le monde, ce qu'il me jure encore tous les jours, quoique déterminé à nous trahir. On dit que vous êtes sage autant que belle ; vous serez susceptible d'un bon conseil. Vous êtes en âge, madame, de réparer le tort que vous pouvez vous être fait; une âme sensible vous en offre les moyens. On ne marchandera point sur la force du sacrifice que l'on doit faire pour assurer votre repos. Il sera qu'il soit proportionné à votre état, aux vues que l'on vous a fait abandonner à celles que vous pouvez avoir pour l'avenir, et par conséquent tout réglera tout vous-même. Si vous persistez à vouloir être trompée et malheureuse et à en faire d'autres, attendez-vous à tout ce que le désespoir peut suggérer de plus violent à une rivale. J'attends votre réponse. »

Après avoir lu cette lettre, je la remis à Biondetta. « Répondez, lui dis-je, à cette femme qu'elle est folle ; et vous savez mieux que moi combien elle est... — Vous la connaissez, dom Alvare ; n'appréhendez-vous rien d'elle ?... J'appréhende qu'elle ne m'ennuie plus longtemps. Ainsi je la quitte ; et, pour m'en délivrer plus sûrement, je vais louer ce matin une jolie maison que l'on m'a proposée sur la Brenta. » Je m'habillai sur-le-champ, et allai conclure mon marché. Chemin faisant, je réfléchissais aux menaces d'Olympia. Pauvre folle ! disais-je, elle veut tuer... Je ne pus jamais, et sans savoir pourquoi, prononcer le mot. Dès que j'eus terminé mon affaire, je revins chez moi ; je dînai ; et, craignant que la force de l'habitude ne m'entraînât chez la courtisane, je déterminai à ne pas sortir de la journée.

Je prends un livre. Incapable de m'appliquer à la lecture, je le quitte ; je vais à la fenêtre, et la foule, la variété des objets me choquent au lieu de me distraire. Je me promène à grands pas dans tout mon appartement, cherchant la tranquillité de l'esprit dans l'agitation continuelle du corps.

VIII.

Dans cette course indéterminée, mes pas s'adressent vers une garde-robe sombre, où mes gens renfermaient les choses nécessaires à mon service qui ne devaient pas se trouver sous la main. Je n'y étais jamais entré. L'obscurité du lieu me plaît. Je m'assieds sur un coffre et y passe quelques minutes.

Au bout de ce court espace de temps, j'entends du bruit dans une pièce voisine ; un petit jour qui me donne dans les yeux m'attire vers une porte condamnée : il s'échappait par le trou de la serrure ; j'y applique l'œil.

Je vois Biondetta assise vis-à-vis de son clavecin, les bras croisés, dans l'attitude d'une personne qui rêve profondément. Elle rompit le silence.

« Biondetta ! Biondetta ! dit-elle. Il m'appelle Biondetta. C'est le premier, c'est le seul mot caressant qui soit sorti de sa bouche. »

Elle se tait, et paraît retomber dans sa rêverie. Elle pose enfin les mains sur le clavecin que je lui avais vu autrefois raccommoder. Elle avait devant elle un livre fermé sur le pupitre. Elle prélude et chante à demi voix en s'accompagnant.

Je démêlai sur-le-champ que ce qu'elle chantait n'était pas une composition arrêtée. En prêtant mieux l'oreille, j'entendis mon nom, celui d'Olympia.

Elle improvisait en prose sur sa prétendue situation, sur celle de sa rivale, qu'elle trouvait bien plus heureuse que la sienne ; enfin sur les rigueurs que j'avais pour elle et les soupçons qui occasionnaient une défiance qui m'éloignait de mon bonheur. Elle m'aurait conduit dans la route des grandeurs, de la fortune et des sciences, et j'aurais fait sa félicité. « Hélas ! disait-elle, cela devient impossible. Quand il me connaîtrait pour ce que je suis, mes faibles charmes ne pourraient l'arrêter ; une autre... » Elle ne put achever.

La passion l'emportait, et les larmes semblaient la suffoquer. Elle se lève, va prendre un mouchoir, s'essuie et se rapproche de l'instrument ; elle veut se rasseoir ; et, comme si le peu de hauteur du siège l'eût tenue ci-devant dans une attitude trop gênée, elle prend le livre qui était sur son pupitre, le met sur le tabouret, s'assied et prélude de nouveau.

Je compris bientôt que la seconde scène de musique ne serait pas de l'espèce de la première. Je reconnus l'air d'une barcarolle fort en vogue alors à Venise. Elle le répéta deux fois ; puis, d'une voix plus distincte et plus assurée, elle chanta les paroles suivantes :

Hélas ! quelle est ma chimère !
Fille du ciel et des airs,
Pour Alvare et pour la terre,
J'abandonne l'univers ;
Sans éclat et sans puissance,
Je m'abaisse jusqu'aux fers ;
Et quelle est ma récompense ?
On me dédaigne et je sers.

Coursier, la main qui vous mène
S'empresse à vous caresser ;
On vous captive, on vous gêne,
Mais on craint de vous blesser.
Des efforts qu'on vous fait faire,
Sur vous l'honneur rejaillit ;
Et le frein qui vous modère,
Jamais ne vous avilit.

Alvare, une autre t'engage,
Et m'éloigne de ton cœur :
Dis-moi par quel avantage
Elle a vaincu ta froideur ?

On pense qu'elle est sincère ,
On s'en rapporte à sa foi ;
Elle plaît, je ne puis plaire ;
Le soupçon est fait pour moi.

La cruelle défiance
Empoisonne le bienfait.
On me craint en ma présence ;
En mon absence on me hait.
Mes tourments, je les suppose ;
Je gémis, mais sans raison ;
Si je parle, j'en impose...
Je me tais, c'est trahison.

Amour, tu fis l'imposture,
Je passe pour l'imposteur ;
Ah ! pour venger notre injure,
Dissipe enfin son erreur.
Fais que l'ingrat me connaisse ;
Et quel qu'en soit le sujet,
Qu'il déteste une faiblesse
Dont je ne suis pas l'objet.

Ma rivale est triomphante,
Elle ordonne de mon sort,
Et je me vois dans l'attente
De l'exil ou de la mort.
Ne brisez pas votre chaîne,
Mouvements d'un cœur jaloux ;
Vous éveilleriez la haine...
Je me contrains : taisez-vous !

Le son de la voix, le chant, le sens des vers, leur tournure, me jettent dans un désordre que je ne puis exprimer. « Etre fantastique, dangereuse imposture ! m'écriai-je en sortant avec rapidité du poste où j'étais demeuré trop longtemps : peut-on mieux emprunter les traits de la vérité et de la nature ? Que je suis heureux de n'avoir connu que d'aujourd'hui le trou de cette serrure ! comme je serais venu m'enivrer, combien j'aurais aidé à me tromper moi-même ! Sortons d'ici. Allons sur la Brenta dès demain. Allons-y ce soir. »

J'appelle sur-le-champ un domestique , et fais dépêcher une gondole, ce qui m'était nécessaire pour aller passer la nuit dans ma nouvelle maison.

Il m'eût été trop difficile d'attendre la nuit dans mon auberge. Je sortis. Je marchai au hasard. Au détour d'une rue , je crus voir entrer dans un café ce Bernadillo qui accompagnait Soberano dans notre promenade à Portici. « Autre fantôme ! dis-je ; ils me poursuivent. » J'entrai dans ma gondole, et courus tout Venise de canal en canal : il était onze heures quand je rentrai. Je voulus partir pour la Brenta, et mes gondoliers fatigués refusant le service ; je fus obligé d'en faire appeler d'autres : ils arrivèrent, et mes gens, prévenus de mes intentions, me précédèrent dans la gondole, chargés de leurs propres effets. Biondetta me suivait.

A peine ai-je les deux pieds dans le bâtiment, que des cris me forcent à me retourner. Un masque poignardait Biondetta : « Tu l'emportes sur moi ! meurs, meurs, odieuse rivale ! »

IX.

L'exécution fut si prompte, qu'un des gondoliers resté sur le rivage ne put l'empêcher. Il voulut attaquer l'assassin en lui portant le flambeau dans les yeux ; un autre masque accourt et le repousse avec une action menaçante, une voix tonnante que je crus reconnaître pour celle de Bernadillo. Hors de moi, je m'élance de la gondole. Les meurtriers ont disparu. A l'aide du flambeau je vois Biondetta pâle, baignée dans son sang, expirante.

Mon état ne saurait se peindre. Toute autre idée s'efface. Je ne vois plus qu'une femme adorée, victime d'une prévention ridicule, sacrifiée à ma vaine et extravagante confiance, et accablée par moi, jusque-là, des plus cruels outrages.

Je me précipite ; j'appelle en même temps le secours et la vengeance. Un chirurgien, attiré par l'éclat de cette aventure, se présente. Je fais transporter la blessée dans mon appartement ; et, craignant qu'on ne la ménage point assez, je me charge moi-même de la moitié du fardeau.

Quand on l'eut déshabillée, quand je vis ce beau corps sanglant atteint de deux énormes blessures, qui semblaient devoir attaquer toutes deux les sources de la vie, je dis, je fis mille extravagances.

Biondetta, présumée sans connaissance, ne devait pas les entendre ; mais l'aubergiste et ses gens, un chirurgien, deux médecins, appelés, jugèrent qu'il était dangereux pour la blessée qu'on me laissât auprès d'elle. On m'entraîna hors de la chambre.

On laissa des gens près de moi ; un d'eux ayant eu la maladresse de me dire que la faculté avait jugé les blessures mortelles, je poussai des cris aigus. Fatigué enfin par mes emportements, je tombai dans un abattement qui fut suivi du sommeil.

Je crus voir ma mère en rêve, je lui racontais mon aventure, et pour la lui rendre plus sensible, je la conduisais vers les ruines de Portici.

« N'allons pas là, mon fils, me disait-elle, vous êtes dans un danger évident. » Comme nous passions dans un défilé étroit où je m'engageais avec sécurité, une main tout-à-coup me pousse dans un précipice ; je la reconnais, c'est celle de Biondetta. Je tombais , une autre main me retire, et je me trouve entre les bras de ma mère. Je me réveille, encore haletant de frayeur. Tendre mère ! m'écriai-je, vous ne m'abandonnez pas, même en rêve.

Biondetta ! vous voulez me perdre ? Mais ce songe est l'effet du trouble de mon imagination. Ah ! chassons des idées qui me feraient manquer à la reconnaissance, à l'humanité.

J'appelle un domestique et fais demander des nouvelles. Deux chirurgiens veillent : on a beaucoup tiré de sang, on craint la fièvre.

Le lendemain, après l'appareil levé, on décida que les blessures n'étaient dangereuses que par la profondeur ; mais la fièvre survient, redouble, et il faut épuiser le sujet par de nouvelles saignées.

Je fis tant d'instances pour entrer dans l'appartement, qu'il ne fut pas possible de s'y refuser.

Biondetta avait le transport, et répétait sans cesse mon nom. Je la regardai ; elle ne m'avait jamais paru si belle.

Est-ce là, me disais-je, ce que je prenais pour un fantôme colorié, un amas de vapeurs brillantes uniquement rassemblées pour en imposer à mes sens ?

Elle avait la vie comme je l'ai, et je la perds, parce que je n'ai jamais voulu l'entendre, parce que je l'ai volontairement exposée. Je suis un tigre, un monstre.

Si tu meurs, objet le plus digne d'être chéri, et dont j'ai si indignement reconnu les bontés, je ne veux pas te survivre. Je mourrai après avoir sacrifié sur ta tombe la barbare Olympia !

Si tu m'es rendue, je serai à toi ; je reconnaîtrai tes bienfaits ; je couronnerai ta vertu, ta patience, je me lierai par des liens indissolubles, et ferai mon devoir de te rendre heureuse par le sacrifice aveugle de mes sentiments et de mes volontés.

Je ne peindrai point les efforts pénibles de l'art et de la nature, pour rappeler à la vie un corps qui semblait devoir succomber sous les ressources mises en œuvre pour le soulager.

Vingt et un jours se passèrent sans qu'on pût se décider entre la crainte et l'espérance : enfin, la fièvre se dissipa, et il parut que la malade reprenait connaissance.

Je l'appelais ma chère Biondetta, elle me serra la main. Depuis cet instant, elle reconnut tout ce qui était autour d'elle. J'étais à son chevet : ses yeux se tournèrent sur moi ; les miens étaient baignés de larmes.

Je ne saurais peindre, quand elle me regarda, les grâces, l'expression de son sourire. « Chère Biondetta ! reprit-elle ; je suis la chère Biondetta d'Alvare. »

Elle voulait m'en dire davantage : on me força encore une fois de m'éloigner.

Je pris le parti de rester dans sa chambre, dans un endroit où elle ne pût me voir. Enfin, j'eus la permission de l'approcher. « Biondetta, lui dis-je, je fais poursuivre vos assassins. — Ah ! ménagez-les, dit-elle : ils ont fait mon bonheur. Si je meurs, ce sera pour vous ; si je vis, ce sera pour vous aimer. »

J'ai des raisons pour abréger ces scènes de tendresse qui se passèrent entre nous jusqu'au temps où les médecins m'assurèrent que je pouvais faire transporter Biondetta sur les bords de la Brenta, où l'air serait plus propre à lui rendre ses forces. Nous nous y établîmes.

Je lui avais donné deux femmes pour la servir, dès le premier instant où son sexe fut avéré par la nécessité de panser ses blessures. Je rassemblai autour d'elle tout ce qui pouvait contribuer à sa commodité, et ne m'occupai qu'à la soulager, l'amuser et lui plaire.

X.

Ses forces se rétablissaient à vue d'œil, et sa beauté semblait prendre chaque jour un nouvel éclat. Enfin, croyant pouvoir l'engager dans une conversation assez longue, sans intéresser sa santé : « O Biondetta ! lui dis-je, je suis comblé d'amour, persuadé que vous n'êtes point un être fantastique, convaincu que vous m'aimez, malgré les procédés révoltants que j'ai eus pour vous jusqu'ici. Mais vous savez si mes inquiétudes furent fondées. Développez-moi le mystère de l'étrange apparition qui affligea mes regards dans la voûte de Portici. D'où venaient, que devinrent ce monstre affreux, cette petite chienne qui précédèrent votre arrivée? Comment, pourquoi les avez-vous remplacées pour vous attacher à moi? Qui étaient-ils? Qui êtes-vous? Achevez de rassurer un cœur tout à vous, et qui veut se dévouer pour la vie. — Alvare, répondit Biondetta, les nécromanciens, étonnés de votre audace, voulurent se faire un jeu de votre humiliation et parvenir par la voie de la terreur à vous réduire à l'état de vil esclave de leurs volontés. Ils vous préparaient d'avance à la frayeur, en vous provoquant à l'évocation du plus puissant et du plus redoutable de tous les esprits; et par le secours de ceux dont la catégorie leur est soumise, ils vous présentèrent un spectacle qui vous eût fait mourir d'effroi, si la vigueur de votre âme n'eût fait tourner contre eux leur propre stratagème.

« A votre contenance héroïque, les Sylphes, les Salamandres, les Gnomes, les Ondins, enchantés de votre courage, résolurent de vous donner tout l'avantage sur vos ennemis.

« Je suis Sylphide d'origine, et une des plus considérables d'entre elles. Je parus sous la forme de la petite chienne ; je reçus vos ordres, et nous nous empressâmes tous à l'envi de les accomplir. Plus vous mettiez de hauteur, de résolution, d'aisance, d'intelligence à régler nos mouvements, plus nous redoublions d'admiration pour vous et de zèle.

« Vous m'ordonnâtes de vous servir en page, de vous amuser en cantatrice. Je me soumis avec joie, et goûtai de tels charmes dans mon obéissance, que je résolus de vous la vouer pour toujours.

« Décidons, me disais-je, mon état et mon bonheur. Abandonnée dans le vague de l'air à une incertitude nécessaire, sans sensations, sans jouissances, esclave des évocations des cabalistes, jouet de leurs fantaisies, nécessairement bornée dans mes prérogatives comme dans mes connaissances, balancerais-je davantage sur le choix des moyens par lesquels je puis ennoblir mon essence?

« Il m'est permis de prendre un corps pour m'associer à un sage : le voilà. Si je me réduis au rôle de femme, si je perds par ce changement volontaire le droit naturel des Sylphides et l'assistance de mes compagnes, je jouirai du bonheur d'aimer et d'être aimée. Je servirai mon vainqueur ; je l'instruirai de la sublimité de son être dont il ignore les prérogatives ; je lui soumettrai, avec les éléments dont j'aurai abandonné l'empire, les esprits de toutes les sphères. Il est fait pour être le roi du monde, et j'en serai la reine, et la reine adorée de lui.

Ces réflexions, plus subites que vous ne pouvez le croire dans une substance débarrassée d'organes, me décidèrent sur-le-champ. En conservant ma figure, je prends un corps de femme pour ne le quitter qu'avec la vie.

« Quand j'eus pris un corps, Alvare, je m'aperçus que j'avais un cœur, je vous admirai, je vous aimai; mais que devins-je, lorsque je ne vis en vous que de la répugnance, de la haine ! Je ne pouvais ni changer, ni même me repentir; soumise à tous les revers auxquels sont sujettes les créatures de votre espèce, m'étant attiré le courroux des esprits, la haine implacable des nécromanciens, je devenais, sans votre protection, l'être le plus malheureux qui fût sous le ciel : que dis-je? je serais encore sans votre amour. »

Mille grâces répandues dans la figure, l'action, le son de la voix,
ajoutaient au prestige de ce récit intéressant. Je ne concevais rien de ce que j'entendais. Mais qu'y avait-il de concevable dans mon aventure?

Tout ceci me paraît un songe, me disais-je ; mais la vie humaine est-elle autre chose? je rêve plus extraordinairement qu'un autre, et voilà tout.

Je l'ai vue de mes yeux, attendant tout secours de l'art, arriver presque jusqu'aux portes de la mort, en passant par tous les termes de l'épuisement et de la douleur.

L'homme fut un assemblage d'un peu de boue et d'eau. Pourquoi une femme ne serait-elle pas faite de rosée, de vapeurs terrestres et de rayons de lumière, des débris d'un arc-en-ciel condensés? Où est le possible?... Où est l'impossible?...

Le résultat de mes réflexions fut de me livrer encore plus à mon penchant, en croyant consulter ma raison. Je comblais Biondetta de prévenances, de caresses innocentes. Elle s'y prêtait avec une franchise qui m'enchantait, avec cette pudeur naturelle qui agit sans être l'effet des réflexions ou de la crainte.

XI.

Un mois s'était passé dans des douceurs qui m'avaient enivré. Biondetta, entièrement rétablie, pouvait me suivre partout à la promenade. Je ne lui avais fait faire un déshabillé d'amazone : sous ce vêtement, sous un grand chapeau ombragé de plumes, elle attirait tous les regards, et nous ne paraissions jamais dans mon bonheur ne fit l'objet de l'envie de tous ces heureux citadins qui peuplent, pendant les beaux jours, les rivages enchantés de la Brenta; les femmes même semblaient avoir renoncé à cette jalousie dont on les accuse, ou subjuguées par une supériorité dont elles ne pouvaient disconvenir, ou désarmées par un maintien qui leur annonçait l'oubli de tous ses avantages.

Connu de tout le monde pour l'amant aimé d'un objet aussi ravissant, mon orgueil égalait mon amour, et je m'élevais encore davantage quand je venais à me flatter sur le brillant de son origine.

Je ne pouvais douter qu'elle ne possédât les connaissances les plus rares, et je supposais avec raison que son but était de m'en orner; mais elle ne m'entretenait que de choses ordinaires et semblait avoir perdu l'autre objet de vue. « Biondetta, lui dis-je, un soir que nous nous promenions sur la terrasse de mon jardin, lorsqu'un penchant trop flatteur pour moi vous décida à lier votre sort au mien, vous vous promettiez de m'en rendre digne en me donnant des connaissances qui ne sont point réservées au commun des hommes. Vous paraissez maintenant indigne de vos soins? un amour aussi tendre, aussi délicat que le vôtre peut-il ne point désirer d'ennoblir son objet? — O Alvare! me répondit-elle, je suis femme depuis six mois, et ma passion, il me le semble, n'a pas duré un jour. Pardonnez si la plus douce des sensations enivre un cœur qui n'a jamais rien éprouvé. Je voudrais vous montrer à aimer comme moi : vous seriez, par ce sentiment seul, au dessus de tous vos semblables ; mais l'orgueil humain aspire à d'autres jouissances. L'inquiétude naturelle ne lui permet pas de saisir un bonheur, s'il n'en peut envisager un plus grand dans la perspective. Oui, je vous instruirai, Alvare. J'oubliais avec plaisir mon intérêt ; il le veut, puisque je dois retrouver ma grandeur dans la vôtre ; mais il ne suffit pas de me promettre d'être à moi, il faut que vous vous donniez et sans réserve et pour toujours. »

Nous étions assis sur un banc de gazon, sous un abri de chèvrefeuille au fond du jardin : je me jetai à ses genoux. « Chère Biondetta, lui dis-je, je vous jure une fidélité à toute épreuve. — Non disait-elle, vous ne me connaissez pas, vous me connaissez pas ; il me faut un abandon absolu. Il peut seul me rassurer et me suffire. »

Je lui baisais la main avec transport, et redoublais mes serments ; elle m'opposait ses craintes. Dans le feu de la conversation, nos têtes se penchent, nos lèvres se rencontrent... Dans ce moment, je me sens saisir par la basque de mon habit, et secouer d'une étrange force...

C'était mon chien, un jeune danois dont on m'avait fait présent. Tous les jours, je le faisais jouer avec mon mouchoir. Comme il s'était échappé de la maison la veille, je l'avais fait attacher pour prévenir une seconde évasion. Il venait de rompre son attache, conduit par l'odorat, il m'avait trouvé, et me tirait par mon manteau pour me montrer sa joie et me solliciter au badinage ; j'eus beau le chasser de la main, de la voix, il ne fut pas possible de l'écarter ; il

courait, revenait sur moi en aboyant; enfin, vaincu par son importunité, je le saisis par son collier et le reconduisis à la maison.

Comme je revenais au berceau pour rejoindre Biondetta, un domestique marchant presque sur mes talons nous avertit qu'on avait servi, et nous allâmes prendre nos places à table. Biondetta eût pu y paraître embarrassée. Heureusement, nous nous trouvions en tiers, un jeune noble était venu passer la soirée avec nous.

Le lendemain j'entrai chez Biondetta, résolu de lui faire part des réflexions sérieuses qui m'avaient occupé pendant la nuit. Elle était encore au lit, et je m'assis auprès d'elle: « Nous avons, lui dis-je, pensé faire hier une folie dont je me fusse repenti le reste de mes jours: Ma mère veut absolument que je me marie. Je ne saurais être à d'autre qu'à vous, et ne puis point prendre d'engagement sérieux sans son aveu. Vous regardant déjà comme ma femme, chère Biondetta, mon devoir est de vous respecter. — Eh! ne dois-je pas vous respecter vous même, Alvare? Mais ce sentiment ne serait-il pas le poison de l'amour? — Vous vous trompez, repris-je, il en est l'assaisonnement... — Bel assaisonnement, qui vous ramène à moi d'un air glacé, et me pétrifie moi-même! Ah! Alvare! Alvare! je n'ai heureusement ni rime ni raison, ni père ni mère, et veux aimer de tout mon cœur sans cet assaisonnement-là. Vous devez des égards à votre mère: ils sont naturels; il suffit que sa volonté ratifie l'union de nos cœurs, pourquoi, faut-il qu'elle la précède? Les préjugés sont nés chez vous au défaut de lumières, et soit en raisonnant soit en ne raisonnant pas, ils rendent votre conduite aussi inconséquente que bizarre. Soumis à de véritables devoirs, vous vous en imposez qu'il est ou impossible ou inutile de remplir; enfin vous cherchez à vous faire écarter de la route, dans la poursuite de l'objet dont la possession vous semble la plus désirable. Notre union, nos liens deviennent dépendants de la volonté d'autrui. Qui sait si dona Mencia me trouvera d'assez bonne maison pour entrer dans celle de Maravillas? Et je me verrais dédaignée? ou, au lieu de vous tenir de vous-même, il faudrait vous obtenir d'elle? Est-ce un homme destiné à la haute noblesse que vous êtes, ou un enfant qui sort des montagnes de l'Estramadure? Et dois-je être sans délicatesse, quand je vois d'un ménage celle des autres plus que la mienne? Alvare! Alvare! on vante l'amour des Espagnols; ils auront toujours plus d'orgueil et de morgue que d'amour. »

J'avais vu des scènes bien extraordinaires; je n'étais point préparé à celle-ci. Je voulus excuser mon respect pour ma mère; le devoir me le préscrivait, et la reconnaissance, l'attachement, plus forts encore que lui. On n'écoutait pas. « Je ne suis pas devenue femme pour lui, Alvare: vous me tenez de moi, c'est vous tenir de vous. Dona Mencia désapprouvera après, si elle est folle. Ne m'en parlez plus. Depuis qu'on ne me respecte, qu'on se respecte, qu'on respecte tout le monde, je deviens plus malheureuse que lorsqu'on me haïssait. » Elle se mit à sangloter.

Heureusement je suis fier, et ce sentiment me garantit du mouvement de faiblesse qui m'entraînait aux pieds de Biondetta, pour essayer de désarmer cette déraisonnable colère, et faire cesser les larmes dont la seule vue me mettait au désespoir. Je me retirai. Je passai dans mon cabinet. En m'y enchaînant, on m'eût rendu service; enfin craignant tous les combats que j'éprouvais, je cours à ma gondole : une des femmes de Biondetta se trouve sur mon chemin. « Je vais à Venise, lui dis-je. J'y deviens nécessaire pour la suite du procès intenté à Olympia; » et sur le champ je pars, en proie aux plus dévorantes inquiétudes, mécontent de Biondetta et plus encore de moi, voyant qu'il ne me restait à prendre que des partis lâches ou désespérés.

XII.

J'arrive à la ville ; je touche à la première calle. Je parcours d'un air effaré toutes les rues qui sont sur mon passage, ne m'apercevant point qu'un orage affreux va fondre sur moi, et qu'il faut m'inquiéter pour trouver un abri.

C'était dans le milieu du mois de juillet. Bientôt je fus chargé par une pluie abondante mêlée de beaucoup de grêle.

Je vois une porte ouverte devant moi : c'était celle de l'église du grand couvent des Franciscains ; je m'y réfugie.

Ma première réflexion fut, qu'il avait fallu un semblable accident pour me faire entrer dans une église depuis mon séjour dans les états de Venise ; la seconde fut de me rendre justice sur cet entier oubli de mes devoirs.

Enfin, voulant m'arracher à mes pensées, je considère les tableaux, et cherche à voir les monuments qui sont dans cette église:

c'était une espèce de voyage curieux que je faisais autour de la nef et du chœur.

J'arrive enfin dans une chapelle enfoncée et qui était éclairée par une lampe, le jour extérieur n'y pouvant pénétrer : quelque chose d'éclatant frappe mes regards dans le fond de la chapelle : c'était un monument.

Deux génies descendaient dans un tombeau de marbre noir une figure de femme.

Deux autres génies fondaient en larmes auprès de la tombe.

Toutes les figures étaient de marbre blanc, et leur éclat naturel, rehaussé par le contraste, en réfléchissant vivement la faible lumière de la lampe, semblait les faire briller d'un jour qui leur fût propre, et éclairer lui-même le fond de la chapelle.

J'approche, je considère les figures; elles me paraissent des plus belles proportions, pleines d'expression et de l'exécution la plus finie.

J'attache mes yeux sur la tête de la principale figure. Que deviens-je? Je crois voir le portrait de ma mère. Une douleur vive et tendre, un saint respect, me saisissent.

« O ma mère! est-ce pour m'avertir que mon peu de tendresse et le désordre de ma vie vous conduiront au tombeau, que ce froid simulacre emprunte ici votre ressemblance chérie? O la plus digne des femmes! tout égaré qu'il est, votre Alvare vous a conservé tous vos droits sur son cœur. Avant de s'écarter de l'obéissance qu'il vous doit, il mourrait plutôt mille fois: il en atteste ce marbre insensible. Hélas! je suis dévoré de la passion la plus tyrannique : il m'est impossible de m'en rendre maître désormais. Vous venez de parler à mes yeux; parlez, ah! parlez à mon cœur, et si je dois la bannir, enseignez-moi comment je le pourrai faire sans qu'il m'en coûte la vie. »

En prononçant avec force cette pressante invocation, je m'étais prosterné la face contre terre, et j'attendais dans cette attitude la réponse que j'étais presque sûr de recevoir, tant j'étais enthousiasmé.

Je réfléchis maintenant, ce que je n'étais pas en état de faire alors, que dans toutes les occasions où nous avons besoin de secours extraordinaires pour régler notre conduite, si nous les demandons avec force, dussions-nous n'être pas exaucés, au moins, en nous recueillant pour les recevoir, nous nous mettons dans le cas d'user de toutes les ressources de notre propre prudence. Je méritais d'être abandonné à la mienne, et voici ce qu'elle me suggéra:

« Tu mettras un devoir à remplir et un espace considérable entre ta passion et toi; les événements t'éclaireront. »

« Allons, dis-je en me relevant avec précipitation, allons ouvrir mon cœur à ma mère, et remettons-nous encore une fois sous ce cher abri. »

Je retourne à mon auberge ordinaire : je cherche une voiture, et, sans m'embarrasser d'équipages, je prends la route de Turin pour me rendre en Espagne par la France, mais avant, je mets dans un paquet une note de trois cents sequins sur la banque, et la lettre qui suit :

« A MA CHÈRE BIONDETTA. »

« Je m'arrache d'auprès de vous, ma chère Biondetta, et ce serait m'arracher à la vie, si l'espoir du plus prompt retour ne consolait mon cœur. Je vais voir ma mère; animé par votre charmante idée, je triompherai d'elle, et viendrai former avec son aveu une union qui doit faire mon bonheur. Heureux d'avoir rempli mes devoirs avant de me donner tout entier à l'amour, je sacrifierai à vos pieds le reste de ma vie. Vous connaîtrez un Espagnol, ma Biondetta ; vous jugerez d'après sa conduite, que s'il obéit aux devoirs de l'honneur et du sang, il sait également satisfaire aux autres. En voyant l'heureux effet de ses préjugés, vous ne me taxerez pas d'orgueil le sentiment qui l'y attache. Je ne puis douter de votre amour: il m'avait voué une entière obéissance ; je le reconnaîtrai encore mieux par cette faible condescendance qu'il aura pour moi, n'ayant d'objet que notre commune félicité. Je vous envoie ce qui peut être nécessaire pour l'entretien de notre maison. Je vous enverrai d'Espagne ce que je croirai le moins indigne de vous, en attendant que la plus vive tendresse qui fut jamais vous ramène pour toujours votre esclave. »

« Je suis sur la route de l'Estramadure. Nous étions dans la plus belle saison, et tout semblait se prêter à l'impatience que j'avais d'arriver dans ma patrie.

Je découvrais déjà les clochers de Turin lorsqu'une chaise de poste assez mal en ordre ayant dépassé ma voiture s'arrête et me laisse voir, à travers une portière, une femme qui fait des signes et s'élance pour en sortir.

Mon postillon s'arrête de lui-même ; je descends, et reçois Biondetta dans mes bras; elle y reste pâmée sans connaissance; elle

n'avait pu dire que ce peu de mots : « Alvare! vous m'avez abandonnée. »

Je la porte dans ma chaise, seul endroit où je pusse l'asseoir commodément; elle était heureusement à deux places. Je fais mon possible pour lui donner plus d'aisance à respirer en la dégageant de ceux de ses vêtements qui la gênent; et, la soutenant entre mes bras, je continue ma route dans la situation que l'on peut imaginer.

XIII.

Nous arrêtons à la première auberge de quelque apparence : je fais porter Biondetta dans la chambre la plus commode; je la fais mettre sur un lit et m'assieds à côté d'elle. Je m'étais fait apporter des eaux spiritueuses, des élixirs propres à dissiper un évanouissement. À la fin elle ouvre les yeux.

« On a voulu ma mort, encore une fois, dit-elle; on sera satisfait. — Quelle injustice! lui dis-je ; un caprice vous fait vous refuser à des démarches senties et nécessaires de ma part. Je risque de manquer à mon devoir et je ne sais pas vous résister, et je m'expose à des désagréments, à des remords qui troubleraient la tranquillité de notre union. Je prends le parti de m'échapper pour aller chercher l'aveu de ma mère.... — Et vous ne me faites-vous connaître votre volonté, cruel! Ne suis-je pas faite pour vous obéir? Je vous aurais suivi; mais m'abandonner seule, sans protection, à la vengeance des ennemis que je me suis faits pour vous, me voir exposée par votre faute aux affronts les plus humiliants..... — Expliquez-vous, Biondetta; quelqu'un aurait-il osé?... — Et qu'aurait-on à risquer contre un être de mon sexe, dépourvu d'aveu comme de toute assistance? L'indigne Bernadillo nous avait suivis à Venise ; à peine vous-vous disparu qu'alors, cessant de vous craindre, impuissant contre moi depuis que je suis à vous, nous pouvant troubler l'imagination des gens attachés à mon service, il a fait assiéger par des fantômes de sa création votre maison de la Brenta. Mes femmes, effrayées, m'abandonnent. Selon un bruit général, autorisé par beaucoup de lettres, un lutin a enlevé un capitaine aux gardes du roi de Naples et l'a conduit à Venise. On assure que je suis ce lutin, et cela se trouve presque avéré par les indices. Chacun s'écarte de moi avec frayeur. J'implore l'assistance, de la compassion ; je n'en trouve pas. Enfin l'or obtient ce que l'on refuse à l'humanité. On me vend fort cher une mauvaise chaise ; je trouve des guides, des postillons; je vous suis... »

Ma fermeté pensa s'ébranler au récit des disgrâces de Biondetta... « Ne pouvais-je, lui dis-je, prévoir des événements de cette nature. Je vous avais vue l'objet des égards, des respects de tous les habitants des bords de la Brenta ; ce qui vous semblait si bien acquis, pouvais-je imaginer qu'on vous le disputerait dans mon absence? Ô Biondetta! vous êtes éclairée: ne deviez-vous pas prévoir qu'en contrariant des vues aussi raisonnables que les miennes, vous me porteriez à des résolutions désespérées? Pourquoi... — Est-on toujours maîtresse de ne pas contrarier? Je suis femme par mon choix, Alvare, mais je suis femme enfin, exposée à ressentir toutes les impressions ; je ne suis pas de marbre. J'ai choisi entre les zônes la matière élémentaire dont mon corps est composé; elle est très susceptible ; si elle ne l'était pas, je manquerais de sensibilité, vous ne me feriez rien éprouver et je vous deviendrais insipide. Pardonnez-moi d'avoir couru le risque de prendre toutes les imperfections de mon sexe, pour en réunir, si je pouvais, toutes les grâces; mais la folie est faite, et constituée comme je le suis à présent, mes sensations sont d'une vivacité dont rien n'approche; mon imagination est un volcan. J'ai, en un mot, des passions d'une violence qui devrait vous effrayer si vous n'étiez pas l'objet de la plus emportée de toutes, et si nous ne connaissions pas mieux les principes et les effets de ces élans naturels qu'on ne les connaît à Salamanque. On leur a donné des noms odieux ; on parle au moins de les étouffer. Étouffer une flamme céleste, le seul ressort au moyen duquel l'âme et le corps peuvent agir réciproquement l'un sur l'autre et se forcer de concourir au maintien nécessaire de leur union! Cela est bien imbécile, Alvare! Il faut régler ces mouvements, mais quelquefois il faut leur céder ; si on les contrarie, si on les soulève, ils échappent tous à la fois, et la raison ne sait plus où s'asseoir pour gouverner. Ménagez-moi dans ces moments-ci, Alvare; je n'ai que six mois, je suis dans l'enthousiasme de tout ce que j'éprouve ; songez qu'un de vos refus, un mot que vous me dites inconsidérément, indignent l'amour, révoltent l'orgueil, éveillent le dépit, la défiance, la crainte; que dis-je ? je vois d'ici ma pauvre tête perdue, et mon Alvare aussi malheureux que

moi ! — Ô Biondetta! répartis-je, on ne cesse pas de s'étonner auprès de vous ; mais je crois voir la nature même dans l'aveu que vous faites de vos penchants. Nous trouverons des ressources contre eux dans notre tendresse mutuelle. Que ne devons-nous pas espérer d'ailleurs des conseils et de la main que nous recevoir dans ses bras? Elle vous chérira, tout m'en assure, et tout nous aidera à couler des jours heureux..... — Il faut vouloir ce que vous voulez, Alvare. Je connais mieux mon sexe et n'espère pas autant que vous ; mais je veux vous obéir pour vous plaire, et je me livre. »

Satisfait de me trouver sur la route de l'Espagne, de l'aveu et en compagnie de l'objet qui avait captivé ma raison et mes sens, je m'empressai de chercher le passage des Alpes pour arriver en France ; mais il semblait que le ciel me devenait contraire depuis que je n'étais pas seul : des orages affreux suspendent ma course et rendent les chemins mauvais et les passages impraticables. Les chevaux s'abattent; ma voiture, qui semblait neuve et bien assemblée, se démonte à chaque poste, et manque par l'essieu, ou par le train, ou par les roues. Enfin, après bien des traverses infinies, je parviens au col de Tende.

Parmi les sujets d'inquiétude, les embarras que me donnait un voyage aussi contrarié, j'admirais le personnage de Biondetta. Ce n'était plus cette femme tendre, triste ou emportée que j'avais vue; il semblait qu'elle voulût soulager mon ennui en se livrant aux saillies de la gaité la plus vive, et me persuader que les fatigues n'avaient rien de rebutant pour elle.

Tout ce badinage agréable était mêlé de caresses trop séduisantes pour que je pusse m'y refuser : je m'y livrais, mais avec réserve ; mon orgueil compromis servait de frein à la violence de mes désirs. Elle lisait trop bien dans mes yeux pour ne pas juger de mon désordre et chercher à l'augmenter. Je fus en péril, je dois en convenir.

Une fois entre autres, si une roue ne se fût brisée, je ne sais ce que le point d'honneur fût devenu. Cela me mit un peu plus sur mes gardes pour l'avenir.

XIV.

Après des fatigues incroyables, nous arrivâmes à Lyon. Je consentis, par attention pour elle, à m'y reposer quelques jours. Elle arrêtait mes regards sur l'aisance, la facilité des mœurs de la nation française. « C'est à Paris, c'est à la cour que je voudrais vous voir établi. Les ressources d'aucune espèce ne vous y manqueront; vous ferez la figure qu'il vous plaira d'y faire, et j'ai des moyens sûrs de vous y faire jouer le plus grand rôle ; les Français sont galants : si je ne présume point trop de ma figure, ce qu'il y aurait de plus distingué parmi eux viendrait me rendre hommage, et je les sacrifierais tous à mon Alvare. Le beau sujet de triomphe pour ma vanité espagnole! »

Je regardai cette proposition comme un badinage. « Non, dit-elle, j'ai sérieusement cette fantaisie. — Partons donc bien vite pour l'Estramadure, répliquai-je, et nous reviendrons faire présenter à la cour de France l'épouse de don Alvare Maravillas, car il ne conviendrait pas de ne vous y montrer qu'une aventurière..... — Je suis sur le chemin de l'Estramadure, dit-elle, il s'en faut bien que je la regarde comme le terme où je dois trouver mon bonheur; comment ferais-je pour ne jamais la rencontrer? »

J'entendais, je voyais sa répugnance, mais j'allais à mon but, et je me trouvai bientôt sur le territoire espagnol. Les obstacles imprévus, les fondrières, les ornières impraticables, les muletiers ivres, les mulets rétifs, me donnaient encore moins de relâche que dans le Piémont et la Savoie.

On dit beaucoup de mal des auberges d'Espagne, et c'est avec raison ; cependant je m'estimais heureux quand les contrariétés éprouvées pendant le jour ne me forçaient pas de passer une partie de la nuit au milieu de la campagne, ou dans une grange écartée.

« Quel pays allons-nous chercher, disait-elle, à en juger par ce que nous éprouvons? En sommes-nous encore bien éloignés? — Vous êtes, repris-je, en Estramadure, et à dix lieues tout au plus du château de Maravillas. — Nous n'y arriverons certainement pas, le ciel nous en défend les approches. Voyez les vapeurs dont il se charge. »

Je regardai le ciel, et jamais il ne m'avait paru plus menaçant. Je fis apercevoir à Biondetta que la grange où nous étions pouvait nous garantir de l'orage. « Nous garantira-t-elle aussi du tonnerre? me dit-elle... — Et que vous fait le tonnerre, à vous ; habituée à vivre

dans les airs, qui l'avez vu tant de fois se former et devez si bien connaître son origine physique ? — Je ne craindrais pas, si je la connaissais moins : je me suis soumise par l'amour de vous aux causes

La chambre du fumeur.

physiques, et je les appréhende parce qu'elles tuent et qu'elles sont physiques. »

Nous étions sur deux tas de paille aux deux extrémités de la grange. Cependant l'orage, après s'être annoncé de loin, approche et mugit d'une manière épouvantable. Le ciel paraissait un brasier agité par les vents en mille sens contraires; les coups de tonnerre, répétés par les antres des montagnes voisines, retentissaient horriblement autour de nous. Ils ne se succédaient pas, ils semblaient s'entre-heurter. Le vent, la grêle, la pluie, se disputaient entre eux à qui ajouterait le plus à l'horreur de l'effroyable tableau dont nos sens étaient affligés. Il part un éclair qui semble embraser notre asile; un coup effroyable suit. Biondetta, les yeux fermés, les doigts dans les oreilles, vient se précipiter dans mes bras : « Ah! Alvaro, je suis perdue!... »

Je veux la rassurer. « Mettez la main sur mon cœur, disait-elle. Elle me la place sur sa gorge, et quoiqu'elle se trompât en me faisant appuyer sur un endroit où le battement ne devait pas être le plus sensible, je démêlai que le mouvement était extraordinaire. Elle m'embrassait de toutes ses forces et redoublait à chaque éclair. Enfin un coup plus effrayant que tous ceux qui s'étaient fait entendre part : Biondetta s'y dérobe de manière qu'en cas d'accident il ne pût la frapper avant de m'avoir atteint moi-même le premier.

Cet effet de la peur me parut singulier, et je commençai à ap-

préhender pour moi, non les suites de l'orage, mais celles d'un complot formé dans sa tête de vaincre ma résistance à ses vues. Quoique plus transporté que je ne puis le dire, je me lève : « Biondetta, lui dis-je, vous ne savez ce que vous faites. Calmez cette frayeur; ce tintamarre ne menace ni vous ni moi. »

Mon flegme dut la surprendre; mais elle pouvait me dérober ses pensées en continuant d'affecter du trouble. Heureusement la tempête avait fait son dernier effort. Le ciel se nettoyait, et bientôt la clarté de la lune nous annonça que nous n'avions plus rien à craindre du désordre des éléments.

Biondetta demeurait à la place où elle s'était mise. Je m'assis auprès d'elle sans proférer une parole : elle fit semblant de dormir et je me mis à rêver plus tristement que je n'eusse encore fait depuis le commencement de mon aventure, sur les suites nécessairement fâcheuses de ma passion. Je ne donnerais que le canevas de mes réflexions. Ma maîtresse était charmante, mais je voulais en faire ma femme.

Le jour m'ayant surpris dans ces pensées, je me levai pour aller voir si je pourrais poursuivre ma route. Cela me devenait impossible pour le moment. Le muletier qui conduisait ma calèche me dit

Don Alvare, quel malheur vient de vous arriver !

que ses mulets étaient hors de service. Comme j'étais dans cet embarras, Biondetta vint me joindre.

Je commençais à perdre patience quand un homme d'une physio-

nomie sinistre, mais vigoureusement taillé, parut devant la porte de la ferme, chassant devant lui deux mulets qui avaient de l'apparence. Je lui proposai de me conduire chez moi; il savait le chemin, nous convînmes du prix.

J'allais remonter dans ma voiture, lorsque je crus reconnaître une femme de ma campagne qui traversait le chemin, suivie d'un valet: je m'approche; je la fixe. C'est Berthe, honnête fermière de mon village et sœur de ma nourrice. Je l'appelle; elle s'arrête, me regarde à son tour, mais d'un air consterné. « Quoi! c'est vous, me dit-elle, seigneur don Alvare! Que venez-vous chercher dans un endroit où votre perte est jurée, où vous avez mis la désolation?.... — Moi! ma chère Berthe, et qu'ai-je fait?... — Ah! seigneur Alvare, la conscience ne vous reproche-t-elle pas la triste situation à laquelle votre digne mère, notre bonne maîtresse, se trouve réduite? — Elle se meurt... Elle se meurt? m'écriai-je... — Oui, poursuivit-elle, et c'est la suite du chagrin que vous lui avez causé; au moment où je vous parle, elle ne doit pas être en vie. Il lui est venu des lettres de Naples, de Venise. On lui a écrit des choses qui font trembler. Notre bon seigneur, votre frère, est furieux : il dit qu'il sollicitera partout des ordres contre vous, qu'il vous dénoncera, vous livrera

La toilette de Biondetta.

Ah! Alvare, je suis perdue.

Alvare, vous m'avez abandonnée!

lui-même... — Allez, madame Berthe, si vous retournez à Maravillas et y arrivez avant moi, annoncez à mon frère qu'il me verra bientôt. »

XV.

Sur-le-champ, la calèche étant attelée, je présente la main à Biondetta, cachant le désordre de mon âme sous l'apparence de la fer-

mité. Elle se montrait effrayée: « Quoi! dit-elle, nous allons nous livrer à votre frère? nous allons aigrir par notre présence une famille irritée, des vassaux désolés... — Je ne saurais craindre mon frère, madame; s'il m'impute des torts que je n'ai pas, il est important que je le désabuse. Si j'en ai, il faut que je m'excuse, et comme ils ne viennent pas de mon cœur, j'ai droit à sa compassion et à son indulgence. Si j'ai conduit ma mère au tombeau par le déréglement de ma conduite, j'en dois réparer le scandale, et pleurer si hautement cette perte, que la vérité, la publicité de mes regrets effacent aux yeux de toute l'Espagne la tache que le défaut de naturel imprimerait à mon sang. — Ah! don Alvare, vous courez à votre perte et à la mienne; ces lettres écrites de tous côtés, ces préjugés répandus avec tant de promptitude et d'affectation, sont la suite de nos aventures et des persécutions que j'ai essuyées à Venise. Le traître Bernadillo, que vous ne connaissez pas assez, obsède votre frère; il le portera... — Eh! qu'ai-je à redouter de Bernadillo et de tous les lâches de la terre? Je suis, madame, le seul ennemi redoutable pour moi. On ne portera jamais mon frère à la vengeance aveugle, à l'injustice, à des actions indignes d'un homme de tête et de courage, d'un gentilhomme enfin. » Le silence succède à cette conversation assez vive; il eût pu devenir embarrassant pour l'un et l'autre: mais après quelques instants, Biondetta s'assoupit peu à peu, et s'endort.

Pouvais-je ne pas la regarder? Pouvais-je la considérer sans émotion? Sur ce visage brillant de tous les trésors, de la pompe, enfin de la jeunesse, le sommeil ajoutait aux grâces naturelles du repos cette fraîcheur délicieuse, animée, qui rend tous les traits harmonieux; un nouvel enchantement s'empare de moi: il écarte mes défiances; mes inquiétudes sont suspendues, ou s'il m'en reste une assez vive, c'est que la tête de l'objet dont je suis épris, ballottée par les cahots de la voiture, n'éprouve quelque incommodité par la brusquerie ou la rudesse des frottements. Je ne suis plus occupé qu'à la soutenir, à la garantir. Mais nous en éprouvons un si vif, qu'il me devient impossible de le parer; Biondetta jette un cri, et nous sommes renversés.

L'essieu était rompu; les mulets heureusement s'étaient arrêtés. Je me dégage: je me précipite vers Biondetta, rempli des plus vives alarmes. Elle n'avait qu'une légère contusion au coude, et bientôt nous sommes debout en pleine campagne, mais exposés à l'ardeur du soleil en plein midi, à cinq lieues du château de ma mère, sans moyens apparents de pouvoir nous y rendre, car il ne s'offrait à nos regards aucun endroit qui parût être habité.

Cependant à force de regarder avec attention, je crois distinguer à la distance d'une lieue une fumée qui s'élève derrière un taillis, mêlé de quelques arbres assez élevés; alors, confiant ma voiture à la garde du muletier, j'engage Biondetta à marcher avec moi du côté qui m'offre l'apparence de quelque secours.

Plus nous avançons, plus notre espoir se fortifie; déjà la petite forêt semble se partager en deux: bientôt elle forme une avenue au fond de laquelle on aperçoit des bâtiments d'une structure modeste: enfin, une ferme considérable termine notre perspective.

Tout semble être en mouvement dans cette habitation, d'ailleurs isolée. Dès qu'on nous aperçoit, un homme se détache et vient au-devant de nous.

Il nous aborde avec civilité. Son extérieur est honnête: il est vêtu d'un pourpoint de satin noir taillé en couleur de feu, orné de quelques passements en argent. Son âge paraît être de vingt-cinq à trente ans. Il a le teint d'un campagnard; la fraîcheur perce sous le hâle, et décèle la vigueur et la santé.

Je le mets au fait de l'accident qui m'attire chez lui. « Seigneur cavalier, me répondit-il, vous êtes toujours le bien arrivé, et chez des gens remplis de bonne volonté. J'ai ici une forge, et votre essieu sera rétabli: mais vous me donneriez aujourd'hui tout l'or du monseigneur le duc de Medina-Sidonia mon maître, que ni moi ni personne des miens, ne pourrait se mettre à l'ouvrage. Nous arrivons de l'église, mon épouse et moi: c'est le plus beau de nos jours. Entrez. En voyant ma mariée, mes parents, mes amis, mes voisins qu'il me faut fêter, vous jugerez s'il m'est possible de faire travailler maintenant. D'ailleurs, si madame et vous ne dédaignez pas une compagnie composée de gens qui subsistent de leur travail depuis le commencement de la monarchie, nous allons nous mettre à table, nous sommes tous heureux aujourd'hui; il ne tiendra qu'à vous de partager notre satisfaction. Demain nous penserons aux affaires. »

En même temps il donne ordre qu'on aille chercher ma voiture.

Me voilà hôte de Marcos, le fermier de monseigneur le duc, et nous entrons dans le salon préparé pour le repas de noce; adossé au manoir principal, il occupe tout le fond de la cour; c'est une feuillée en arcades, ornée de festons de fleurs, d'où la vue, d'abord arrêtée par les deux petits bosquets, se perd agréablement dans la campagne, à travers l'intervalle qui forme l'avenue.

La table était servie. Luisia, la nouvelle mariée, est entre Marcos et moi. Biondetta est à côté de Marcos. Les pères et les mères, les autres parents sont vis-à-vis; la jeunesse occupe les deux bouts.

La mariée baissait deux grands yeux noirs qui n'étaient pas faits pour regarder en dessous; tout ce qu'on lui disait, et même les choses indifférentes la faisaient rougir.

La gravité préside au commencement du repas: c'est le caractère de la nation; mais à mesure que les outres disposées autour de la table se désenflent, les physionomies deviennent moins sérieuses.

On commençait à s'animer, quand tout-à-coup les poètes improvisateurs de la contrée paraissent autour de la table. Ce sont des aveugles qui chantent les couplets suivants, en s'accompagnant de leurs guitares:

Marcos a dit à Louise,
Veux-tu mon cœur et ma foi?
Elle a répondu, suis-moi,
Nous parlerons à l'église.
Là de la bouche et des yeux,
Ils se sont juré tous deux
Une flamme vive et pure:
Si vous êtes curieux
De voir des époux heureux,
Venez en Estramadure.

Louise est sage, elle est belle,
Marcos a bien des jaloux;
Mais il les désarme tous,
En se montrant digne d'elle;
Et tout ici, d'une voix,
Applaudissant à leur choix,
Vante une flamme aussi pure:
Si vous êtes curieux
De voir des époux heureux,
Venez en Estramadure.

D'une douce sympathie,
Comme leurs cœurs sont unis!
Leurs troupeaux sont réunis
Dans la même bergerie;
Leurs peines et leurs plaisirs,
Leurs soins, leurs vœux, leurs désirs
Suivent la même mesure:
Si vous êtes curieux
De voir des époux heureux,
Venez en Estramadure.

Pendant qu'on écoutait ces chansons aussi simples que ceux pour qui elles semblaient être faites, tous les valets de la ferme n'étant plus nécessaires au service, s'assemblaient gaîment pour manger les reliefs du repas; mêlés avec des Egyptiens et des Egyptiennes appelés pour augmenter le plaisir de la fête, ils formaient sous les arbres de l'avenue des groupes aussi agissants que variés, et embellissaient notre perspective.

Biondetta cherchait continuellement mes regards, et les forçait à se porter vers ces objets dont elle paraissait agréablement occupée, semblant me reprocher de ne point partager avec elle tout l'amusement qu'ils lui procuraient.

XVI.

Mais le repas a déjà paru trop long à la jeunesse, elle attend le bal. Ceux aux gens d'un âge mûr à montrer de la complaisance. La table est dérangée, les planches qui la forment, les futailles dont elle est soutenue, sont repoussées au fond de la feuillée; devenues tréteaux, elles servent d'amphithéâtre aux symphonistes. On joue

le fandango sévillan, de jeunes Égyptiennes l'exécutent avec leurs castagnettes et leurs tambours de basque; la noce se mêle avec elles et les imite : la danse est devenue générale.

Biondetta paraissait en dévorer des yeux le spectacle. Sans sortir de sa place, elle essaie tous les mouvements qu'elle voit faire.

« Je crois, dit-elle, que j'aimerais le bal à la fureur. » Bientôt elle s'y engage et me force à danser. D'abord elle montre quelque embarras et même un peu de maladresse : bientôt elle semble s'aguerrir et unir la grâce et la force à la légèreté, à la précision. Elle s'échauffe : il lui faut son mouchoir, le mien, celui qui lui tombe sous la main : elle ne s'arrête que pour s'essuyer.

La danse ne fut jamais ma passion; et mon âme n'était point assez à son aise pour que je pusse me livrer à un amusement aussi vain. Je m'échappe et gagne un des bouts de la feuillée, cherchant un endroit où je pusse m'asseoir et rêver.

Un caquet très bruyant me distrait, et arrête presque malgré moi mon attention. Deux voix se sont élevées derrière moi. « Oui, oui, disait l'une, c'est un enfant de la planète. Il entrera dans sa maison. Tiens, Zoradille, il est né le trois mai à trois heures du matin... — Oh ! vraiment, Lélagise, répondait l'autre, malheur aux enfants de Saturne, celui-ci a Jupiter à l'ascendant, Mars et Mercure en conjonction trine avec Vénus. O le beau jeune homme ! quels avantages naturels ! quelles espérances il pourrait concevoir ! quelle fortune il devrait faire ! mais... »

Je connaissais l'heure de ma naissance, et je l'entendais détailler avec la plus singulière précision. Je me retourne et fixe ces babillardes.

Je vois deux vieilles Égyptiennes moins assises qu'accroupies sur leurs talons. Un teint plus qu'olivâtre, des yeux creux et ardents, une bouche enfoncée, un nez mince et démesuré qui, partant du haut de la tête, vient en se recourbant toucher au menton; un morceau d'étoffe qui fut rayé de blanc et de bleu tourne deux fois autour d'un crâne à demi pelé, tombe en écharpe sur l'épaule, et de là sur les reins, de manière qu'ils ne soient qu'à demi nus; en un mot, des objets presque aussi hideux que ridicules. Je les aborde. « Parliez-vous de moi, mesdames ? leur dis-je, voyant qu'elles continuaient à me fixer et à se faire des signes... — Vous nous écoutiez donc, seigneur cavalier ? — Sans doute, répliquai-je; et si bien instruites de l'heure de ma nativité ?... — Nous aurions bien d'autres choses à vous dire, heureux jeune homme; mais il faut commencer par mettre le signe dans la main. — Qu'à cela ne tienne, repris-je, et sur-le-champ je leur donne un doublon. — Vois, Zoradille, dit la plus âgée, vois comme il est noble, comme il est fait pour jouir de tous les trésors qui lui sont destinés. Allons, pince la guitare, et suis-moi. » Elle chante :

L'Espagne vous donna l'être,
Mais Parthénope vous a nourri :
La terre en vous voit son maître,
Du ciel, si vous voulez l'être,
Vous serez le favori.

Le bonheur qu'on vous présage
Est volage, et pourrait vous quitter.
Vous le tenez au passage :
Il faut, il est très sage,
Le saisir sans hésiter.

Quel est cet objet aimable ?
Qui s'est soumis à votre pouvoir ?
Est-il.......

Les vieilles étaient en train. J'étais tout oreilles. Biondetta a quitté la danse : elle est accourue, elle me tire par le bras, me force à m'éloigner.

« Pourquoi m'avez-vous abandonnée, Alvare ? Que faites-vous ici ? — J'écoutais, repris-je.... — Quoi ! que dit-elle, en m'entraînant, vous écoutiez ces vieux monstres ?... — En vérité, ma chère Biondetta, on ne peut avoir des créatures si singulières : elles ont plus de connaissances qu'on ne leur en suppose; elles me disaient... — Sans doute, reprit-elle avec ironie, elles faisaient leur métier, elles vous disaient votre bonne aventure : et vous les croiriez ? Vous êtes, avec beaucoup d'esprit, d'une simplicité d'enfant. Et ce sont là les objets qui vous empêchent de vous occuper de moi ?... — Au contraire, ma chère Biondetta, elles allaient me parler de vous. — Parler de moi ! reprit-elle vivement, avec une sorte d'inquiétude, qu'en savent-elles ? qu'en peuvent-elles dire ? Vous extravaguez. Vous danserez toute la soirée pour me faire oublier cet écart. »

Je la suis : je rentre de nouveau dans le cercle, mais sans attention à ce qui se passe autour de moi, à ce que je fais moi-même. Je ne songeais qu'à m'échapper pour rejoindre, où je le pourrais, mes diseuses de bonne aventure. Enfin je crois voir un moment favorable : je le saisis. En un clin d'œil j'ai volé vers mes sorcières, les ai retrouvées et conduites sous un petit berceau qui termine le potager de la ferme. Là, je les supplie de me dire, en prose, sans énigme, très succinctement, enfin, tout ce qu'elles peuvent savoir d'intéressant sur mon compte. La conjuration était forte, car j'avais les mains pleines d'or. Elles brûlaient de parler, comme moi de les entendre. Bientôt je ne puis douter qu'elles ne soient instruites des particularités les plus secrètes de ma famille et confusément de mes liaisons avec Biondetta, de mes craintes, de mes espérances ; je croyais apprendre bien des choses, je me flattais d'en apprendre de plus importantes encore ; mais notre Argus est sur mes talons.

Biondetta n'est point accourue, elle a volé. Je voulais parler. « Point d'excuses, dit-elle, la rechute est impardonnable... — Ah ! vous me la pardonnerez, lui-dis-je : j'en suis sûr, quoique vous m'ayez empêché de m'instruire comme je pouvais l'être; des à présent j'en sais assez... — Pour faire quelque extravagance. Je suis furieuse, mais ce n'est pas ici le temps de quereller ; si nous sommes le cas de nous manquer d'égard, nous devons le aux hôtes. On va se mettre à table, et je m'y assieds à côté de vous : je ne prétends plus souffrir que vous m'échappiez. »

Dans le nouvel arrangement du banquet, nous étions assis vis-à-vis des nouveaux mariés. Tous deux animés par les plaisirs de la journée : Marcos a les regards brûlants, Luisia les a moins timides : la pudeur s'en venge et lui couvre les joues du plus vif incarnat. Le vin de Xérès fait le tour de la table, et semble en avoir banni jusqu'à un certain point la réserve : les vieillards même, s'animant du souvenir de leurs plaisirs passés, provoquent la jeunesse par des saillies qui tiennent moins de la vivacité que de la pétulance. J'avais ce tableau sous les yeux ; j'en avais un plus mouvant, plus varié à côté de moi.

Biondetta, paraissant tour à tour livrée à la passion ou au dépit, la bouche armée des grâces fières du dédain, ou embellie par le sourire, m'agaçait, me boudait, me pinçait jusqu'au sang, et finissait par me marcher doucement sur les pieds. En un mot, c'était en un moment une faveur, un reproche, un châtiment, une caresse ; de sorte que, livré à cette vicissitude de sensations, j'étais dans un désordre inconcevable.

XVII.

Les mariés ont disparu : une partie des convives les a suivis pour une raison ou pour une autre. Nous quittons la table. Une femme, c'était la tante du fermier et nous la savions, prend un flambeau de cire jaune, nous précède ; et, en la suivant, nous arrivons dans une petite chambre de douze pieds en carré : un lit qui n'a pas quatre pieds de largeur, une table et deux sièges en font l'ameublement. « Monsieur et madame, nous dit notre conductrice, voilà le seul appartement que nous puissions vous donner. » Elle pose son flambeau sur la table, et on nous laisse seuls.

Biondetta baisse les yeux. Je lui adresse la parole : « Vous avez donc dit que nous étions mariés ? — Oui, répond-elle ; je ne pouvais dire que la vérité. J'ai votre parole, vous avez la mienne ; voilà l'essentiel. Vos cérémonies sont des précautions prises contre la mauvaise foi, il n'en est pas ici le point de cas. Le reste n'a pas dépendu de moi. D'ailleurs, si vous ne voulez pas partager le lit que l'on nous abandonne, vous me donnerez la mortification de vous voir passer la nuit mal à votre aise. J'ai besoin de repos : je suis plus que fatiguée ; je suis excédée de toutes les manières. » En prononçant ces paroles du ton le plus animé, elle s'étend dessus le lit le nez tourné vers la muraille. « Eh quoi ! m'écriai-je, Biondetta, que vous ai déplu, vous êtes sérieusement fâchée ? Comment puis-je expier ma faute ? Demandez ma vie. — Alvare, me répond-elle, allez vous déranger, allez consulter vos Égyptiennes sur les moyens de rétablir le repos dans mon cœur et dans le vôtre. — Quoi ! l'entretien que j'ai eu avec ces femmes est le motif de votre colère ? Ah ! vous allez m'excuser, Biondetta. Si vous saviez combien les avis qu'elles m'ont donnés sont d'accord avec les vôtres, et qu'elles m'ont enfin décidé à ne point

retourner au château de Maravillas ! Oui, c'en est fait, demain nous partons pour Rome, pour Venise, pour Paris, pour tous les lieux que vous voudrez que j'aille habiter avec vous. Nous y attendrons l'aveu de ma famille... »

A ce discours, Biondetta se retourne. Son visage était sérieux et même sévère. « Vous rappelez-vous, Alvare, ce que je suis, ce que j'attendais de vous, ce que je vous conseillais de faire? Quoi! lorsqu'en me servant avec discrétion des lumières dont je suis douée, je n'ai pu vous amener à rien de raisonnable, la règle de ma conduite et de la vôtre sera fondée sur les propos de deux êtres, les plus dangereux pour vous et pour moi, s'ils ne sont pas les plus méprisables! Certes, s'écria-t-elle dans un transport de douleur, j'ai toujours craint les hommes ; j'ai balancé pendant des siècles à faire un choix ; il est fait, il est sans retour : je suis bien malheureuse ! » Alors elle fond en larmes, dont elle cherche à me dérober la vue.

Combattu par les passions les plus violentes, je tombe à ses genoux : « O Biondetta! m'écriai-je, vous ne voyez pas mon cœur! vous cesserez de le déchirer! — Vous ne me connaissez pas, Alvare, et me ferez cruellement souffrir avant de me connaître. Il faut qu'un dernier effort vous dévoile mes ressources, et ravisse si bien et votre estime et votre confiance, que je ne sois plus exposée à des partages humiliants ou dangereux ; vos pythonisses sont trop d'accord avec moi pour ne pas m'inspirer de justes terreurs. Qui m'assure que Soberano, Bernadillo, vos ennemis et les miens, ne soient pas cachés sous ces masques ? Souvenez-vous de Venise. Opposons à leurs ruses un genre de merveilles qu'ils n'attendent sans doute pas de moi. Demain, j'arrive à Maravillas dont leur politique cherche à m'éloigner ; les plus avilissants, les plus accablants de tous les soupçons vont m'y accueillir ; mais dona Mencia est une femme juste, estimable ; votre frère a l'âme noble, je m'abandonnerai à eux. Je serai un prodige de douceur, de complaisance, d'obéissance, de patience, j'irai au-devant des épreuves. »

Elle s'arrête un moment. « Sera-ce assez t'abaisser, malheureuse sylphide ? s'écrie-t-elle d'un ton douloureux. »

Elle veut poursuivre; mais l'abondance des larmes lui ôte l'usage de la parole.

Que devins-je à ces témoignages de passion, ces marques de douleur, ces résolutions dictées par la prudence, ces mouvements d'un courage que je regardais comme héroïque! Je m'assieds auprès d'elle ; j'essaie de la calmer par mes caresses; mais d'abord on me repousse ; bientôt après je n'éprouve plus de résistance sans avoir sujet de m'en applaudir ; la respiration l'embarrasse, les yeux sont à demi fermés, le corps n'obéit qu'à des mouvements convulsifs, une froideur suspecte s'est répandue sur toute la peau, le pouls n'a plus de mouvement sensible, et le corps paraîtrait entièrement inanimé, si les pleurs ne coulaient pas avec la même abondance.

O pouvoir des larmes ! c'est sans doute le plus puissant de tous les traits de l'amour ! Mes défiances, mes résolutions, mes serments, tout est oublié. En voulant tarir la source de cette rosée précieuse, je me suis trop approché de cette bouche où la fraicheur se réunit au doux parfum de la rose; et si je voulais m'en éloigner, deux bras dont je ne saurais peindre la blancheur, la douceur et la forme, sont des liens dont il me devient impossible de me dégager.....

« O mon Alvare ! s'écrie Biondetta, j'ai triomphé : je suis le plus heureux de tous les êtres. »

Je n'avais pas la force de parler : j'éprouvais un trouble extraordinaire : je dirais plus ; j'étais honteux, immobile. Elle se précipite à bas du lit : elle est à mes genoux : elle me déchausse. « Quoi ! chère Biondetta, m'écriai-je, quoi ! vous vous abaissez ?.... — Ah ! répond-elle, ingrat, je te servais lorsque tu n'étais que mon despote : laisse-moi servir mon amant. »

Je suis dans un moment débarrassé de mes hardes : mes cheveux, ramassés avec ordre, sont arrangés dans un filet qu'elle a trouvé dans sa poche.

Sa force, son activité, son adresse ont triomphé de tous les obstacles que je voulais opposer. Elle fait avec la même promptitude sa petite toilette de nuit, éteint le flambeau qui nous éclairait, et voilà les rideaux tirés.

Alors une voix à la douceur de laquelle la plus délicieuse musique ne saurait se comparer : « Ai-je fait, dit-elle, le bonheur de mon Alvare, comme il a fait le mien ? Mais non : je suis encore la seule heureuse ; il le sera, je le veux ; l'enivrerai de délices ; je le remplirai de sciences ; je l'élèverai au faîte des grandeurs. Voudras-tu, mon cœur, voudras-tu être la créature la plus privilégiée, te soumettre avec moi les hommes, les éléments, la nature entière ? — O ma chère Biondetta! lui dis-je, quoiqu'en faisant un peu d'efforts sur moi-même, tu me suffis ; tu remplis tous les vœux de mon cœur... — Non, non, réplique-t-elle vivement, Biondetta ne doit pas te suffire; ce n'est pas là mon nom; tu me l'avais donné; il me flattait; je le portais avec plaisir; mais il faut que tu saches qui je suis... Je suis le diable, mon cher Alvare, je suis le diable... »

En prononçant ce mot avec un accent d'une douceur enchanteresse, elle fermait plus exactement le passage aux réponses que j'aurais voulu lui faire. Dès que je pus rompre le silence : « Cesse, lui dis-je, ma chère Biondetta, ou qui que tu sois, de prononcer ce nom fatal et de me rappeler une erreur abjurée depuis longtemps.—Non, mon cher Alvare, non, ce n'était point une erreur ; j'ai dû te le faire croire, cher petit homme. Il fallait bien te tromper pour te rendre enfin raisonnable. Votre espèce échappe à la vérité : ce n'est qu'en vous aveuglant qu'on peut vous rendre heureux. Ah ! tu le seras beaucoup si tu veux l'être ! je prétends te combler. Tu conviens déjà que je ne suis pas aussi dégoûtant que l'on me fait noir. »

Ce badinage achevait de me déconcerter. Je m'y refusais, et l'ivresse de mes sens aidait à ma distraction volontaire.

« Mais, réponds-moi donc, me disait-elle. — Eh ! que voulez-vous que je réponde ?... — Ingrat, place la main sur ce cœur qui t'adore; que le tien s'anime, s'il est possible, de la plus légère des émotions qui sont si sensibles dans le mien. Laisse couler dans tes veines un peu de cette flamme délicieuse qui par les miennes sont embrasées ; adoucis si tu le peux le son de cette voix si propre à inspirer l'amour, et dont tu ne te sers que trop pour effrayer mon âme timide; dis-moi, enfin, s'il t'est possible, une chose aussi tendrement que je l'éprouve pour toi : Mon cher Béelzébuth, je t'adore.. .. »

XVIII.

A ce nom fatal, quoique si tendrement prononcé, une frayeur mortelle me saisit ; l'étonnement, la stupeur accablent mon âme ; je la croirais anéantie si la voix sourde du remords ne criait pas au fond de mon cœur. Cependant, la révolte de mes sens subsiste d'autant plus impérieusement qu'elle ne peut être réprimée par la raison. Elle me livre sans défense à mon ennemi : il en abuse et me rend aisément sa conquête.

Il ne me donne pas le temps de revenir à moi, de réfléchir sur la faute dont il est beaucoup plus l'auteur que le complice. « Nos affaires sont arrangées, me dit-il, sans altérer sensiblement le ton de voix auquel il m'avait habitué. Tu es venu me chercher ; je t'ai suivi, servi, favorisé ; enfin, j'ai fait ce que tu as voulu. Je désirais ta possession, et il fallait, pour que j'y parvinsse, que tu me fisses un libre abandon de toi-même. Sans doute, je dois à quelques artifices la première complaisance ; quant à la seconde, je n'étais nommé ; tu savais à qui tu te livrais, et ne saurais te prévaloir de ton ignorance. Désormais, notre lien, Alvare, est indissoluble, mais pour cimenter notre société, il est important de nous mieux connaître. Comme je te sais déjà presque par cœur, pour rendre nos avantages réciproques, je dois me montrer à toi tel que je suis. »

On ne me donne pas le temps de réfléchir sur cette harangue singulière : un coup de sifflet très aigu part à côté de moi. A l'instant l'obscurité qui m'environne se dissipe : la corniche qui surmonte le lambris de la chambre s'est toute chargée de gros limaçons, dont les cornes, qu'ils font mouvoir vivement en matière de bascule, sont devenues des jets de lumière phosphorique, dont l'éclat et l'effet redoublent par l'agitation et l'allongement.

Presque ébloui par cette illumination subite, je jette les yeux à côté de moi ; au lieu d'une figure ravissante, que vois-je ? O ciel ! c'est l'effroyable tête de chameau. Elle articule d'une voix de tonnerre ce ténébreux Che vuoi ? qui m'avait tant épouvanté dans la grotte, part d'un éclat de rire humain plus effrayant encore, tire une langue démesurée...

Je me détourne ; je me cache sous le lit, les yeux fermés, la face contre terre. Je sentais battre mon cœur avec une force terrible : j'éprouvais un suffoquement auquel je m'allais perdre la respiration.

Je ne puis évaluer le temps que je comptais avoir passé dans cette inexprimable situation, quand je me sentis tirer par le bras ; mon épouvante s'accroît : forcé néanmoins d'ouvrir les yeux, une lumière frappante me blesse.

Ce n'était point celle des escargots : il n'y en avait plus sur les corniches ; mais le soleil me donnait d'aplomb sur le visage. On me tire encore par le bras : on redouble ; je reconnais Marcos.

« Eh ! seigneur cavalier, me dit-il, à quelle heure comptez-vous donc partir ? Si vous voulez arriver à Maravillas aujourd'hui, vous n'avez pas de temps à perdre, il est près de midi. »

Je ne répondais pas : il m'examine : « Comment ? vous êtes resté tout habillé sur votre lit : vous y avez donc passé deux heures sans vous éveiller ? Il fallait que vous eussiez un grand besoin de repos. Madame votre épouse s'en est doutée; c'est sans doute dans la

crainte de vous gêner qu'elle a été passer la nuit avec une de mes tantes; mais elle a été plus diligente que vous; par ses ordres, dès le matin tout a été mis dans votre voiture, et vous pouvez y monter. Quant à madame, vous ne la trouverez pas ici : nous lui avons donné une bonne mule; elle a voulu profiter de la fraîcheur du matin ; elle vous précède et doit vous attendre dans le premier village que vous rencontrerez sur votre route. »

Marcos sort. Machinalement je me frotte les yeux, et passe les mains sur ma tête pour y trouver ce filet dont mes cheveux devaient être enveloppés...

Elle est nue, en désordre, ma cadenette est comme elle était la veille : la rosette y tient. Dormirais-je ? me dis-je alors. Ai-je dormi ? serais-je assez heureux pour que tout n'eût été qu'un songe ? Je lui ai vu éteindre la lumière... Elle l'a éteinte... La voilà...

Marcos rentre. « Si vous voulez prendre un repas, seigneur cavalier, il est préparé. Votre voiture est attelée. »

Je descends du lit; à peine puis-je me soutenir, mes jarrets plient sous moi. Je consens à prendre quelque nourriture, mais cela me devient impossible. Alors, voulant remercier le fermier et l'indemniser de la dépense que je lui ai occasionnée, il refuse.

Madame, me répond-il, nous a satisfait et plus que noblement; vous et moi, seigneur cavalier, avons deux braves femmes. A ce propos, sans rien répondre, je monte dans ma chaise; elle chemine.

Je ne peindrai point la confusion de mes pensées: elle était telle que l'idée du danger dans lequel je devais trouver ma mère ne s'y retraçait que faiblement. Les yeux hébétés, la bouche béante, j'étais moins un homme qu'un automate.

Mon conducteur me réveille. « Seigneur cavalier, nous devons trouver madame dans ce village-ci. »

Je ne lui réponds rien. Nous traversons une espèce de bourgade; à chaque maison il s'informe si l'on n'a pas vu passer une jeune dame en tel et tel équipage. On lui répond qu'elle ne s'est point arrêtée. Il se retourne comme voulant lire sur mon visage mon inquiétude à ce sujet. Et, s'il n'en savait pas plus que moi, je devais lui paraître bien troublé.

Nous sommes hors du village, et je commence à me flatter que l'objet actuel de mes frayeurs s'est éloigné de moins pour quelque temps. Ah ! si je puis arriver, tomber aux genoux de dona Mencia, me dis-je à moi-même, si je puis me mettre sous la sauvegarde de ma respectable mère, fantômes, monstres qui vous êtes acharnés sur moi, oserez-vous violer cet asile ? J'y retrouverai avec les sentiments de la nature les principes salutaires dont je m'étais écarté, je m'en ferai un rempart contre vous.

Mais si les chagrins occasionnés par mes désordres m'ont privé de cet ange tutélaire... Je ne veux vivre que pour la venger sur moi-même. Je m'ensevelirai dans un cloître... Eh ! qui m'y délivrera des chimères engendrées dans mon cerveau ? Prenons l'état ecclésiastique. Sexe charmant, il faut que je renonce à vous ; une larve infernale s'est revêtue de toutes les grâces dont j'étais idolâtre ; ce que je verrais en vous de plus touchant me rappellerait...

XIX.

Au milieu de ces réflexions, dans lesquelles mon attention est concentrée, la voiture est entrée dans la grande cour du château. J'entends une voix : « C'est Alvare ! c'est mon fils ! » J'élève la vue et reconnais ma mère sur le balcon de son appartement.

Rien n'égale alors la douceur, la vivacité du sentiment que j'éprouve. Mon âme semble renaître : mes forces se raniment toutes à la fois. Je me précipite, je vole dans les bras qui m'attendent. Je me prosterne, je l'embrasse. Ah ! m'écriai-je les yeux baignés de pleurs, la voix entrecoupée de sanglots, ma mère ! ma mère ! je ne suis donc pas votre assassin ? Me reconnaîtrez-vous pour votre fils ? Ah ! ma mère, vous m'embrassez.

La passion qui me transporte, la véhémence de mon action ont tellement altéré mes traits et le son de ma voix, que dona Mencia en conçoit de l'inquiétude. Elle me relève avec bonté, m'embrasse de nouveau, me force à m'asseoir. Je voulais parler : cela m'était impossible ; je me jetais sur ses mains en les baignant de larmes, en les couvrant des caresses les plus emportées.

Dona Mencia me considère d'un air d'étonnement : elle suppose qu'il doit m'être arrivé quelque chose d'extraordinaire ; elle appréhende même quelque dérangement dans ma raison. Tandis que son

inquiétude, sa curiosité, sa bonté, sa tendresse se peignent dans ses complaisances et dans ses regards, sa prévoyance a fait rassembler sous ma main ce qui peut soulager les besoins d'un voyageur fatigué par une route longue et pénible.

Les domestiques s'empressent à me servir. Je mouille mes lèvres par complaisance : mes regards distraits cherchent mon frère ; alarmé de ne le pas voir : « Madame, dis-je, où est l'estimable don Juan ? — Il sera bien aise de savoir que vous êtes ici, puisqu'il vous avait écrit de vous y rendre ; mais comme ses lettres, datées de Madrid, ne peuvent être parties que depuis quelques jours, nous ne vous attendions pas sitôt. Vous êtes colonel du régiment qu'il avait, et le roi vient de le nommer à une vice-royauté des Indes. — Ciel ! m'écriai-je. Tout serait-il faux dans le songe affreux que je viens de faire ? Mais il est impossible... — De quel songe parlez-vous, Alvare ? ... — Du plus long, du plus étonnant, du plus effrayant que l'on puisse faire. Alors, surmontant l'orgueil et la honte, je lui fais le détail de ce qui m'était arrivé depuis mon entrée dans la grotte de Portici, jusqu'au moment heureux où j'avais pu embrasser ses genoux. »

Cette femme respectable m'écoute avec une attention, une patience, une bonté extraordinaires. Comme je connaissais l'étendue de ma faute, elle vit qu'il était inutile de me l'exagérer.

« Mon cher fils, vous avez couru après les mensonges, et, dès le moment même vous en avez été environné. Jugez-en par la nouvelle de mon indisposition et du courroux de votre frère aîné. Berthe, à qui vous avez cru parler, est depuis quelque temps détenue au lit par une infirmité. Je ne songeai jamais à vous envoyer deux cents sequins au-delà de votre pension. J'aurais craint, ou d'entretenir vos désordres, ou de vous y plonger par une libéralité mal entendue. L'honnête écuyer Pimientos est mort depuis huit mois. Et sur dix-huit cents clochers que possède peut-être M. le duc de Medina-Sidonia dans toutes les Espagnes, il n'a pas un pouce de terre à l'endroit que vous désignez : je connais parfaitement, et vous aurez rêvé cette ferme et tous ses habitants. — Ah ! madame, repris-je, le muletier qui m'amène a vu cela comme moi. Il a dansé à la noce. »

Ma mère ordonne qu'on fasse venir le muletier, mais il avait dételé en arrivant, sans demander son salaire.

Cette fuite précipitée, quoique peu sujette à des traces, jeta ma mère en quelques soupçons. Nuñez, dit-elle à un page qui traversait l'appartement, allez dire au vénérable don Quebracuernos que mon fils Alvare et moi l'attendons ici.

C'est, poursuivit-elle, un docteur de Salamanque ; il a ma confiance et le mérite : vous pouvez lui donner la vôtre. Il y a dans la fin de votre rêve quelque particularité qui m'embarrasse ; don Quebracuernos connaît les termes, et définira ces choses beaucoup mieux que moi.

Le vénérable docteur ne se fit pas attendre ; il en imposait, même avant de parler, par la gravité de son maintien. Ma mère me fit recommencer devant lui l'aveu sincère de mon étourderie et des suites qu'elle avait eues. Il m'écoutait avec une attention mêlée d'étonnement et sans m'interrompre. Lorsque j'eus achevé, après s'être un peu recueilli, il prit la parole en ces termes :

« Certainement, seigneur Alvare, vous venez d'échapper au plus grand péril auquel un homme puisse être exposé par sa faute. Vous avez provoqué l'esprit malin et lui avez fourni, par une suite d'imprudences, tous les déguisements dont il avait besoin pour parvenir à vous tromper et à vous perdre. Votre aventure est bien extraordinaire ; je n'ai rien lu de semblable dans la *Démonomanie de Bodin*, ni dans le *Monde enchanté de Bekker*. Et il faut convenir que depuis que ces grands hommes ont écrit, notre ennemi s'est prodigieusement raffiné, sur la manière de former ses attaques, en profitant des ruses que les hommes du siècle emploient réciproquement pour se corrompre. Il copie la nature fidèlement et avec choix ; il emploie la ressource des talents aimables, donne des fêtes bien entendues, fait parler aux passions leur plus séduisant langage ; il imite même jusqu'à un certain point la vertu. Cela m'ouvre les yeux sur beaucoup de choses qui se passent ; je vois d'ici bien des grottes plus dangereuses que celles de Portici, une multitude d'obsédés qui malheureusement ne se doutent pas de l'être. A votre égard, en prenant des précautions sages pour le présent et pour l'avenir, je vous crois entièrement délivré. Votre ennemi s'est retiré, cela n'est pas équivoque. Il vous a séduit, il est vrai, mais il n'a pu parvenir à vous corrompre ; vos intentions, vos remords vous ont préservé à l'aide des secours extraordinaires que vous avez eus ; ainsi son prétendu triomphe et votre défaite n'ont été pour vous et pour lui qu'une illusion dont le repentir achèvera de vous laver. Quant à lui, une retraite forcée a été son partage ; mais admirez comme il a su la couvrir, et laisser en partant le trouble dans votre esprit et des intelligences dans votre cœur pour pouvoir renouveler l'attaque, si vous lui en fournissiez l'occasion. Après vous avoir ébloui autant que vous avez voulu l'être, contraint de se montrer à vous dans toute sa difformité, il obéit en esclave qui prémédite la révolte ; il ne veut vous laisser aucune idée raisonnable et distincte, mêlant

le grotesque au terrible, le puéril de ses escargots lumineux à la découverte effrayante de son horrible tête, enfin le mensonge à la vérité, le repos à la veille; de manière que votre esprit confus ne distingue rien, et que vous puissiez croire que la vision qui vous a frappé était moins l'effet de sa malice, qu'un rêve occasionné par les vapeurs de votre cerveau : mais il a soigneusement isolé l'idée de ce fantôme agréable dont il s'est longtemps servi pour vous égarer ; il la rapprochera si vous le lui rendez possible. Je ne crois pas cependant que la barrière du cloître, ou de notre état, soit celle que vous deviez lui opposer. Votre vocation n'est point assez décidée ; les gens instruits par leur expérience sont nécessaires dans le monde. Croyez-moi, formez des liens légitimes avec une personne du sexe ; que votre respectable mère préside à votre choix : et dût celle que vous tiendrez de sa main avoir des grâces et des talents célestes, vous ne serez jamais tenté de la prendre pour le Diable. »

ÉPILOGUE DU DIABLE AMOUREUX.

Lorsque la première édition du DIABLE AMOUREUX parut, les lecteurs en trouvèrent le dénoûment trop brusque. Le plus grand nombre eût désiré que le héros tombât dans un piége couvert d'assez de fleurs pour qu'elles pussent lui sauver le désagrément de la chute. Enfin, l'imagination leur semblait avoir abandonné l'auteur, parvenu aux trois quarts de sa petite carrière ; alors la vanité, qui ne veut rien perdre, suggéra à celui-ci, pour se venger du reproche de stérilité et justifier son propre goût, de réciter aux personnes de sa connaissance le roman en entier tel qu'il l'avait conçu dans le premier feu. Alvare y devenait la dupe de son ennemi, et l'ouvrage alors, divisé en deux parties, se terminait dans la première par cette fâcheuse catastrophe, dont la seconde partie développait les suites ; d'obsédé qu'il était, Alvare, devenu possédé, n'était plus qu'un instrument entre les mains du Diable, dont celui-ci se servait pour mettre le désordre partout. Le canevas de cette seconde partie, en donnant beaucoup d'essor à l'imagination, ouvrait la carrière la plus étendue à la critique, au sarcasme, à la licence.

Sur ce récit, les avis se partagèrent ; les uns prétendirent qu'on devait conduire Alvare jusqu'à la chute inclusivement, et s'arrêter là ; les autres, qu'on ne devait pas en retrancher les conséquences.

On a cherché à concilier les idées des critiques dans cette nouvelle édition. Alvare y est dupe jusqu'à un certain point, mais sans être victime ; son adversaire, pour le tromper, est réduit à se montrer honnête et presque prude, ce qui détruit les effets de son propre système, et rend son succès incomplet. Enfin, il arrive à sa victime ce qui pourrait arriver à un galant homme séduit par les plus honnêtes apparences ; il aurait sans doute fait de certaines pertes, mais il sauverait l'honneur, si les circonstances de son aventure étaient connues.

On pressentira aisément les raisons qui ont fait supprimer la deuxième partie de l'ouvrage : si elle était susceptible d'une certaine espèce de comique aisé, piquant quoique forcé, elle présentait des idées noires, et il n'en faut pas offrir de cette espèce à une nation de qui l'on peut dire que, si le rire est un caractère distinctif de l'homme comme animal, c'est chez elle qu'il est le plus agréablement marqué. Elle n'a pas moins de grâces dans l'attendrissement ; mais soit qu'on l'amuse, ou qu'on l'intéresse, il faut ménager son beau naturel, et lui épargner les convulsions.

Le petit ouvrage que l'on donne aujourd'hui réimprimé et augmenté, quoique peu important, a eu dans le principe des motifs raisonnables, et son origine est assez noble pour qu'on ne doive en parler ici qu'avec les plus grands ménagements. Il fut inspiré par la lecture du passage d'un auteur infiniment respectable, dans lequel il est parlé des ruses que peut employer le Démon quand il veut plaire et séduire. On les a rassemblées autant qu'on a pu le faire, dans une allégorie où les principes sont aux prises avec les passions : l'âme est le champ de bataille ; la curiosité engage l'action, l'allégorie est double, et les lecteurs s'en apercevront aisément.

On ne poursuivra pas l'explication plus loin : on se souvient qu'à vingt-cinq ans, en parcourant l'édition complète des œuvres du Tasse, on tomba sur un volume qui ne contenait que l'éclaircissement des allégories renfermées dans la *Jérusalem délivrée*. On se garda bien de l'ouvrir. On était amoureux passionné d'Armide, d'Herminie, de Clorinde ; on perdait des chimères trop agréables si ces princesses étaient réduites à n'être que de simples emblèmes.

NOTES.

Nous donnons ici le premier dénoûment, que l'auteur a changé, selon le compte qu'il en rend dans l'épilogue qui est à la fin de la nouvelle.

Après ces mots : « d'un gentilhomme enfin, » il y avait :

Elle voulut insister, j'étais devenu inflexible. M'imputant le malheur des miens, j'eusse exposé ma tête à tous les risques, et eussé-je pu redouter des châtiments, j'étais déterminé à les affronter, à les souffrir, plutôt que de demeurer en proie aux remords qui déchiraient mon cœur.

C'était dans cette disposition que je m'avançais vers les murs qui m'avaient vu naître, et que je devais trouver bientôt remplis du deuil que j'y avais causé. Les mulets quoique forts, ne marchaient pas assez vite au gré de mon impatience : « Fouette donc, malheureux, fouette ! » disais-je au muletier. Il fouette ; et, en effet, les mulets hâtent le pas.

Je découvrais déjà, mais d'assez loin, le sommet des tours du château ; pour animer encore davantage les animaux qui me tirent, je les aiguillonne avec la pointe de mon épée ; ils ruent, ils prennent le mors aux dents. Bientôt on ne les voit plus courir, ils volent. Le postillon, démonté, est jeté dans une ornière ; les rênes, retombées en avant, ne peuvent plus être saisies par moi ; je crie, je m'emporte ; on s'effraie, on s'écarte, on fuit sur mon passage ; enfin, je traverse comme un orage le village de Maravillas, et suis emporté à six lieues au delà, sans que rien motte obstacle à la force invincible qui entraîne ma voiture. Je me fusse précipité mille fois, si la rapidité du mouvement m'en eût laissé les moyens.

Las d'efforts, de tentatives de toute espèce, je me rassois. Je regarde Biondetta. Elle me semble plus tranquille qu'elle ne devait l'être, elle que j'avais vue susceptible de crainte pour de bien moindres raisons. Un trait de lumière m'éclaire : « Les évènements m'instruisent, m'écriai-je, je suis obsédé. » Alors je la prends par un bouton de son habit de campagne : « Esprit malin, prononçai-je avec force, si tu n'es ici que pour m'écarter de mon devoir et m'entraîner dans le précipice d'où je t'ai témérairement tiré, rentres-y pour toujours. » A peine eus-je prononcé ces mots, elle disparut ; et les mulets qui m'avaient emporté étant de même nature qu'elle, l'avaient suivie.

La calèche fait un mouvement extraordinaire, il m'enlève du siége, et je me vois au point d'en sortir. Je lève les yeux au ciel ; un nuage noir s'élevait en l'air, le sommet représentait une énorme tête de chameau. Le vent, qui emportait cette vision avec la violence d'un ouragan, l'eut bientôt dissipée. En portant mes regards autour de moi, je vis que les mulets étaient évanouis, et que ma calèche, penchée vers la terre, portait sur ses brancards.

Je me trouvai seul dans une petite plaine aride écartée des chemins ordinaires. Mon premier mouvement fut de me prosterner pour rendre grâce de ma délivrance.

J'aperçois un hameau ; j'y vais, j'y trouve des secours pour me faire conduire où je devais aller, mais sans demander de nouvelles, sans me faire reconnaître. J'étais absorbé dans ma douleur, et accablé de remords qui ne s'étaient jamais fait sentir aussi vivement.

J'arrive au château. J'osais à peine lever les yeux, ni les arrêter sur aucun objet. J'entends une voix : « c'est Alvare ! c'est mon fils ! » J'élève la vue, et reconnais ma mère... *au milieu de ces réflexions*, etc.

Nous avons rapporté dans la notice les paroles attribuées à Cazotte comme ayant été prononcées à l'occasion de son jugement, d'après le compte rendu rédigé par M. Bastien, l'éditeur de ses œuvres. Les termes de la phrase semblent impliquer qu'il reconnaissait la justesse de sa condamnation, soit en général, soit au point de vue de l'état de choses révolutionnaire. M. Scévole Cazotte, fils de l'illustre victime, nous a écrit pour protester contre cette rédaction, ainsi qu'il l'a fait à l'époque de la publication de M. Bastien. Les paroles de Cazotte furent au contraire empreintes du sentiment de son innocence et de l'horreur que lui inspirait le tribunal qui s'était attribué le droit de le juger. Nous croyons devoir citer un passage de la lettre de M. Scévole Cazotte, qui fait honneur à la fermeté de ses convictions :

« Et moi aussi, je fus alors condamné, mais non saisi et exécuté, et M. de Nerval ne put me refuser la conscience des sentiments, qui, du cœur de mon père, avaient pénétré dans le mien. Eh bien ! je lui rappellerai les paroles de l'Écossais Monrose (Mountross) à ses juges, lorsqu'on lui prononça la sentence qui le condamnait à la mort et à ce que son corps fût divisé en quatre quartiers, pour être exposé dans les quatre principales villes de l'Écosse.

« Je regrette, répondit-il, qu'il ne puisse pas fournir assez de matière pour l'exposition dans toutes les grandes villes du monde, comme monument de ma fidélité à mon roi et aux lois séculaires de mon pays !

« Et j'affirme à M. de Nerval que les sentiments de mon père et les miens étaient beaucoup plus près de ces paroles que de celles qui ont été citées par M. Bastien...

« Ce 25 juillet 1845.

« J. Scévole Cazotte. »

AVIS DE L'AUTEUR POUR LA PREMIÈRE ÉDITION.

Le Diable amoureux est orné de figures faites par ces hommes de génie que la nature se plaît à former, et dont l'art, par ses règles asservissantes, n'a jamais refroidi le génie. De Strasbourg à Paris, il n'y a presque pas de cheminée qui ne porte l'empreinte du feu des compositions du premier, de la fumée ondoyante de ses pipes et du flegme philosophique de ses fumeurs.

Il avait bien voulu jeter sur le papier son idée brûlante et rapide; et si les froids connaisseurs n'y trouvent pas le fini maniéré d'un burin platement exact, les gens de goût seront, à coup sûr, saisis de la vérité de l'expression; le sérieux imposant d'un philosophe instruit des secrets les plus impénétrables de la cabale, l'avide curiosité d'un adepte qui brûle de s'instruire et dont l'attention se communique jusqu'à ses jambes, leur sauteront aux yeux. Ce qui ne leur échappera sûrement pas, c'est le bras du serviteur infernal de Soberano, qui sort d'un nuage pour obéir à son maître, et lui apporter, au premier signal, la pipe qu'il demande; c'est enfin la facilité du génie de l'artiste à placer si naturellement, sur le mur de la chambre, l'estampe, heureusement négligée, qui représente cet étonnant effet de la puissance magique.

Que ne pouvons-nous décrire avec la même étendue les chefs-d'œuvre de deux autres génies qui ont prêté leurs crayons séduisants! mais pourquoi nous y refuser? L'esprit d'un dessin, l'expression d'une gravure, ne disent-ils pas presque toujours plus et mieux que les paroles les plus sonores et les mieux arrangées? Quelles expressions rendraient, comme la gravure, le courage tranquille d'*Alvare*, que le caverneux *che vuoi*? n'ébranle point.

Comment peindre aussi chaudement, en écrivant, son étonnement froid, lorsque de sa couche rompue, il jette les yeux sur son page charmant qui se peigne avec ses doigts?

Quelles phrases donneront jamais une idée plus nette du *clair-obscur* que la quatrième de nos estampes, dont l'auteur, ayant à représenter deux chambres, a si ingénieusement mis tout l'*obscur* dans l'une et tout le *clair* dans l'autre? Et quel service n'a-t-il pas rendu, par cet heureux contraste, à tant de gens qui ont la fureur de parler de cet art sans en avoir les premières notions? Si nous ne craignions pas de blesser sa modestie, nous ajouterions que sa manière nous a paru tenir beaucoup de celle du fameux Rembrandt.

Le chien d'Alvaro, qui, dans le bosquet, le sauve, en déchirant son habit, du précipice où il allait s'engloutir, prouve bien que les gens d'esprit en ont souvent moins que les bêtes.

La dernière enfin, qui tire assez sur le haché si spirituel de la première, quoique d'une autre main, nous a paru aussi sublime qu'elle est morale; quelle foule d'idées présente à l'imagination son éloquente sécheresse! une campagne éloignée de tout secours humain; des coursiers fougueux, emblème des passions, qui, en brisant leurs liens, laissent bien loin derrière eux la voiture fragile qui représente si bien l'humanité; un être énivré qui se précipite pour n'embrasser qu'une vapeur; un nuage affreux, d'où sort un monstre dont la figure retrace, aux yeux du moral abusé, l'image au vrai de ce que son imagination libertine lui avait si follement embelli.

Mais, où nous entraîne le désir de rendre justice aux délicieux auteurs de ces tableaux frappants? Qui de nos lecteurs n'y trouvera pas un million d'idées que nous nous reprocherions de leur indiquer? Brisons là, et qu'il nous soit permis seulement de dire *un mot* de l'ouvrage.

Il a été rêvé en une nuit et écrit en un jour: ce n'est point, comme à l'ordinaire, un vol fait à l'auteur; il l'a écrit pour son plaisir et un peu pour l'édification de ses concitoyens, car il est très moral; le style en est rapide; point d'esprit à la mode, point de métaphysique, point de science, encore moins de jolies impiétés et de hardiesses philosophiques; seulement un petit assassinat pour ne pas heurter de front le goût actuel, et voilà tout. Il semble que l'auteur ait senti qu'un homme qui a la tête tournée d'amour est déjà bien à plaindre; mais que lorsqu'une jolie femme est amoureuse de lui, le caresse, l'obsède, le mène, et veut à toute force s'en faire aimer, c'est le diable.

Beaucoup de Français, qui ne s'en vantent pas, ont été dans les grottes faire des évocations, y ont trouvé de vilaines bêtes qui leur criaient *che vuoi?* et qui, sur leur réponse, leur présentaient un petit animal de treize à quatorze ans. Il est joli, on l'emmène; les bains, les habits, les modes, les vernis, les maîtres de toute espèce, l'argent, les contrats, les maisons, tout est en l'air; l'animal devient maître, le maître devient animal. Eh! mais pourquoi? C'est que les Français ne sont pas Espagnols; c'est que le diable est bien malin, c'est qu'il n'est pas toujours si laid qu'on le dit.

LA SCIENCE DU BONHOMME RICHARD.

J'ai ouï dire que rien ne fait autant de plaisir à un auteur que de voir ses ouvrages cités avec vénération par d'autres savants écrivains. Jugez donc combien je dus être content d'une aventure que je vais vous rapporter.

Je passais l'autre jour à cheval dans un endroit où il y avait beaucoup de monde rassemblé pour une vente publique. Je m'y arrêtai. L'heure n'étant pas encore venue, la compagnie causait sur la dureté des temps ; et quelqu'un s'adressant à un personnage en cheveux blancs, assez bien mis, lui dit : « Et vous, père Abraham, que pensez-vous de ce temps-ci? N'êtes-vous pas d'avis que le fardeau des impôts finira par détruire ce pays-ci de fond en comble? Car comment faire pour les payer? Quel parti voudriez-vous qu'on prît là-dessus? » Le père Abraham fut quelque temps à réfléchir et répliqua : « Si vous voulez savoir ma façon de penser, je vais vous la dire en peu de mots, car un mot suffit à qui sait entendre, » comme dit le bonhomme Richard. Tout le monde se réunit pour engager le père Abraham à parler, et l'assemblée s'étant approchée en cercle autour de lui, il tint le discours suivant :

Mes chers amis et bons voisins, il est certain que les impôts sont très lourds ; cependant, si nous n'avions à payer que ceux que le gouvernement nous demande, nous pourrions espérer d'y faire face plus aisément ; mais nous en avons une quantité d'autres bien plus onéreux, par exemple, l'impôt de notre paresse nous coûte le double de la taxe du gouvernement ; notre orgueil le triple et notre folie le quadruple. Ces impôts sont tels qu'il n'est pas possible aux commissaires d'y faire la moindre diminution ; cependant, si nous voulons suivre un bon conseil il y a encore quelque espoir pour nous ; Dieu aide ceux qui s'aident eux-mêmes, comme dit le bonhomme Richard dans son Almanach de 1733.

S'il existait un gouvernement qui obligeât les sujets à donner régulièrement la dixième partie de leur temps pour son service, on trouverait assurément cette condition fort dure ; mais la plupart d'entre nous sont taxés, par leur paresse, d'une manière beaucoup plus tyrannique. La paresse amène avec elle des incommodités, et raccourcit sensiblement la durée de la vie ; semblable à la rouille, elle use beaucoup plus que le travail ; la clé dont on se sert est toujours claire, comme dit le bonhomme Richard.

— Si vous aimez la vie, ne prodiguez pas le temps ; car, comme dit encore le bonhomme Richard, c'est l'étoffe dont la vie est faite. Combien de temps ne donnons-nous pas au sommeil au-delà de ce que nous devrions naturellement lui donner ! Nous oublions que le renard qui dort ne prend pas de poules et que nous aurons assez de temps à dormir quand nous serons dans la tombe.

Si le temps est le plus précieux des biens, prodiguer le temps doit être, comme dit le bonhomme Richard, la plus grande des prodigalités, puisque, comme il nous l'apprend ailleurs, le temps perdu ne se retrouve jamais, et ce que nous appelons assez de temps se trouve toujours fort peu de temps.

Courage donc ! et agissons pendant que nous le pouvons. Moyennant l'activité, nous ferons beaucoup plus avec moins de peine ; la paresse rend tout difficile ; le travail rend tout aisé ; celui qui se lève tard s'agite tout le jour, et commence à peine ses affaires qu'il est déjà nuit ; la paresse va si lentement que la pauvreté l'a bientôt attrapée. Poussez vos affaires et que ce ne soit pas elles qui vous poussent. Un homme qui se couche de bonne heure et se lève matin, dit le bonhomme Richard, devient bien portant, riche et sage.

Que signifient les désirs et les espérances de temps plus heureux ? Nous pouvons rendre le temps meilleur si nous savons agir. L'activité, comme dit le bonhomme Richard, n'a pas besoin de former des vœux. Celui qui vit d'espérance mourra de faim. Il n'y a point de profit sans peine. Il faut me servir de mes mains puisque je n'ai point de terres ; si j'en ai, elles sont fortement imposées, et, comme le bonhomme Richard l'observe avec raison, un métier vaut un fonds de terre, une profession est un emploi utile et honorable ; mais il faut faire valoir son métier et suivre sa profession ; autrement ni le fonds, ni l'emploi ne nous aideront à payer nos impôts.

Quiconque est industrieux n'a point à craindre la disette ; la faim regarde la porte de l'homme laborieux mais n'ose pas l'ouvrir ; les commissaires et les huissiers la respectent également, car l'activité paie les dettes et le désespoir les augmente. Vous n'avez besoin ni de trouver un trésor, ni d'hériter de riches parents, le travail est le père de la prospérité et Dieu ne refuse rien à l'industrie.

Labourez pendant que les paresseux dort, vous aurez du blé à vendre et à garder. Labourez aujourd'hui, car vous ne pouvez pas savoir tous les obstacles que vous rencontrerez le lendemain. C'est ce qui a fait dire au bonhomme Richard : Un bon aujourd'hui vaut mieux que deux demain, et encore : Ne remettez jamais à demain ce que vous pouvez faire aujourd'hui. Si vous étiez le domestique d'un bon maître, ne seriez-vous pas honteux qu'il vous trouvât les bras croisés ? Eh bien ! puisque vous êtes votre propre maître, rougissez lorsque vous vous surprenez vous-même dans l'oisiveté, tandis que vous avez tant à faire pour vous, pour votre famille, pour votre patrie.

— Levez-vous donc dès le point du jour ; que le soleil en regardant la terre ne puisse pas dire : Voilà un lâche qui sommeille. Point de remises, mettez-vous à l'ouvrage, endurcissez vos mains à manier vos outils, et souvenez-vous, comme dit le bonhomme Richard, qu'un chat en mitaines ne prend point de souris.

— Vous me direz qu'il y a beaucoup à faire, et que vous n'avez pas la force. Cela peut-être ; mais ayez la volonté et la persévérance, et vous verrez des merveilles. L'eau qui tombe constamment goutte à goutte, finit par user la pierre. Avec du travail et de la patience, une souris coupe un câble, et de petits coups répétés abattent de grands chênes.

Il me semble entendre quelqu'un de vous me dire : Ne faut-il donc pas prendre quelques instants de loisir ? Je vous répondrai, mes amis, ce que dit le bonhomme Richard : Employez bien votre temps, si vous voulez mériter le repos, et ne perdez pas une heure, puisque vous n'êtes pas sûrs d'une minute. Le loisir est un temps qu'on peut employer à quelque chose d'utile. Il n'y a que l'homme vigilant qui puisse se procurer cette espèce de loisir auquel le paresseux ne parvient jamais. Une vie tranquille et une vie oisive sont deux choses fort différentes. Croyez-vous que la paresse vous procurera plus d'agrément que le travail ? Vous avez tort ; car la paresse engendre les soucis, et le loisir sans nécessité produit l'ennui et les regrets.

— Bien des gens voudraient vivre, sans travailler, par leur seul esprit ; mais ils échouent faute de fonds. Le travail, au contraire, mène toujours à sa suite la satisfaction, l'abondance et la considération. Le plaisir court après ceux qui le fuient. La fileuse vigilante ne manque jamais de chemise. Depuis que j'ai des brebis et une vache, chacun me donne le bonjour, comme le dit très bien le bonhomme Richard.

Mais, indépendamment de l'industrie, il faut encore avoir de la constance, de la résolution et des soins. Il faut voir ses affaires avec ses propres yeux, et ne pas trop s'en rapporter aux autres. Le bonhomme Richard dit : Je n'ai jamais vu un arbre qu'on change souvent de place, ni une famille qui déménage souvent, prospérer autant que d'autres qui sont stables. Trois déménagements font le même tort qu'un incendie, et il vaut autant jeter l'arbre au feu que de le changer de place. Conservez votre boutique et votre boutique vous conservera. Si vous voulez que vos affaires se fassent, allez-y vous-même. Si vous ne voulez pas qu'elles soient faites, envoyez-y. Le laboureur qui veut prospérer doit conduire lui-même sa charrue. L'œil du maître fait plus que ses deux mains. Le défaut de soin fait plus de tort que le défaut de savoir. Ne pas surveiller vos ouvriers, c'est laisser votre bourse à leur discrétion. Le trop de confiance dans les autres est la ruine de bien des gens.

Les soins qu'on prend pour soi-même sont toujours profitables, car le savoir est pour l'homme studieux, les richesses pour l'homme vigilant, la puissance pour le brave, et le ciel pour la vertu. Si vous voulez avoir un serviteur fidèle et que vous aimez, servez-vous vous-même. Le bonhomme Richard conseille la circonspection et le soin par rapport aux objets même de la plus petite importance, parce qu'il arrive souvent qu'une légère négligence produit un grand mal. Faute d'un clou, dit-il, le fer d'un cheval se perd ; faute d'un fer on perd le cheval, et faute d'un cheval le cavalier lui-même est perdu, parce que son ennemi l'atteint, le tue, et le tout pour n'avoir pas fait attention à un clou au fer de sa monture.

En voilà assez, mes amis, sur le travail et sur l'attention que chacun doit donner à ses propres affaires ; mais à cela il faut ajouter encore la tempérance, si nous voulons assurer le succès de notre travail.

Un homme qui ne sait pas épargner à mesure qu'il gagne, mourra sans avoir un sou, après avoir eu toute sa vie le nez collé sur son ouvrage. Plus la cuisine est grasse, dit le bonhomme Richard, plus le testament est maigre. Bien des fortunes se dissipent en même temps qu'on les gagne, depuis que les femmes ont négligé les quenouilles et le tricot pour la table à thé, et que les hommes ont quitté pour le punch la hache et le marteau. Si vous voulez être riche, n'apprenez pas seulement comment on gagne, sachez aussi comment on ménage. Les Indes n'ont pas enrichi les Espagnols, parce que leurs dépenses ont été plus fortes que leurs revenus.

Renoncez donc à vos folies dispendieuses, et vous aurez moins à vous plaindre de l'ingratitude des temps, de la dureté des impositions, et de l'entretien onéreux de vos grosses maisons ; car le vin, les plaisirs, le jeu et la mauvaise foi diminuent la fortune et multiplient les besoins. Il en coûte plus cher pour entretenir un vice que pour élever deux enfants. Vous vous imaginez peut-être qu'un peu de thé, quelques tasses de punch, quelques délicatesses pour la table, des habits plus recherchés, de petites parties de plaisir, ne peuvent être de grande conséquence ; mais souvenez-vous de ce que dit le bonhomme Richard : Un peu, répété plusieurs fois, fait beaucoup. Soyez en garde contre les petites dépenses. Il ne faut qu'une légère voie d'eau pour submerger un grand navire. La délicatesse du goût conduit à la mendicité. Les fous donnent les festins et les sages les mangent.

Vous voilà tous assemblés ici pour une vente de meubles élégants et des bagatelles fort chères. Vous appelez cela des biens, mais si vous n'y prenez garde, il en résultera de grands maux pour quelques-uns de vous. Vous comptez que tout cela sera vendu bon marché, peut-être le sera-t-il en effet pour beaucoup moins qu'il n'a coûté ; mais si vous n'en avez pas réellement besoin, cela sera toujours trop cher pour vous. Rappelez-vous les maximes du bonhomme Richard : Si tu achètes ce qui est superflu pour toi, tu ne tarderas pas à vendre ce qui t'est le plus nécessaire. Réfléchis toujours avant de profiter d'un bon marché. Le bonhomme pense sans doute que souvent un bon marché n'est qu'illusoire, et qu'il vous gênant dans vos affaires, il vous cause plus de tort qu'il ne vous fait de profit ; car je me souviens qu'il dit ailleurs : J'ai vu quantité de gens ruinés pour avoir fait de bons marchés. C'est une folie d'employer son ar-
gent à acheter un repentir : c'est cependant ce qu'on fait tous les jours dans les ventes, faute de se souvenir de l'Almanach du bonhomme Richard.

— L'homme sage, dit-il, s'instruit par les malheurs d'autrui. Les fous deviennent rarement plus sages par leur propre malheur : Felix quem faciunt aliena pericula cautum. Je sais tel qui, pour orner ses épaules, a fait jeûner son ventre, et a presque réduit sa famille à se passer de pain. Les étoffes de soie, les satins, les écarlates et les velours éteignent le feu de la cuisine. Loin d'être des besoins de la vie, on peut à peine les regarder comme des commodités ; mais parce qu'elles paraissent brillantes, on est tenté de les avoir. C'est ainsi que les besoins artificiels du genre humain sont devenus plus nombreux que les besoins naturels. Pour une personne réellement pauvre, il y a cent indigents.

Par ces extravagances et autres semblables, les gens bien nés sont réduits à la pauvreté, et sont forcés d'avoir recours à ceux qu'ils méprisaient auparavant, mais qui ont su se maintenir par le travail et la sobriété. C'est ce qui prouve, comme le dit fort bien le bonhomme Richard, qu'un manant sur ses pieds est plus grand qu'un gentilhomme à genoux. Peut-être ceux qui sont ruinés avaient-ils hérité d'une fortune honnête ; mais sans connaître les moyens par lesquels elle avait été acquise, ils pensaient que, puisqu'il était jour, il ne ferait jamais nuit. Une si petite dépense, disaient-ils, sur une fortune comme la mienne, ne mérite pas qu'on y fasse attention.

Les enfants et les fous imaginent que vingt francs et vingt ans ne peuvent jamais finir. Mais à force de prendre à la huche, sans rien y mettre, on en trouve bientôt le fond, et quand le puits est sec, on connaît tout le prix de l'eau. C'est ce qu'ils auraient su d'abord, s'ils avaient voulu consulter le bonhomme. Êtes-vous curieux, mes amis, de connaître ce que vaut l'argent ? essayez d'en emprunter : celui qui va faire un emprunt, va chercher une mortification ; il en arrive autant à ceux qui prêtent à certaines gens, quand ils vont redemander leur dû ; mais ce n'est pas là notre question.

Le bonhomme Richard, à propos de ce que je disais tout-à-l'heure, nous avertit que l'orgueil de la parure est une malédiction. Quand vous en êtes atteint, consultez votre bourse avant de consulter votre fantaisie. L'orgueil est un mendiant qui crie aussi haut que le besoin, et qui est bien plus insatiable. Si vous achetez une jolie chose, il vous en faudra dix autres pour que l'assortiment soit complet ; mais, dit le bonhomme Richard, il est plus aisé de réprimer la première fantaisie que de satisfaire toutes celles qui viennent ensuite. Il est aussi fou aux pauvres de vouloir singer le riche, qu'il l'était à la grenouille de s'enfler pour devenir aussi grosse que le bœuf. Les grands vaisseaux peuvent se hasarder en pleine mer, mais les petits bateaux doivent se tenir près du rivage. Les folies de l'orgueil sont bientôt punies, car, comme le dit le bonhomme Richard, l'orgueil qui dîne de vanité soupe de mépris. Il dit encore : L'orgueil déjeune avec l'abondance, dîne avec la pauvreté, et soupe avec la honte. Mais, après tout, que revient-il de cette vanité de paraître pour laquelle on se donne tant de peines et l'on s'expose à de si grands dangers ? Elle ne peut ni nous conserver la santé ni adoucir nos souffrances ; au contraire, sans augmenter notre mérite personnel, elle nous rend l'objet de l'envie et accélère notre ruine. Qu'est-ce qu'un papillon ? Ce n'est tout au plus qu'une chenille habillée, et voilà ce qu'est le petit-maître. Quelle folie n'est-ce pas que de s'endetter pour de telles superfluités !

Dans la vente que l'on va faire ici, mes amis, on nous offre six mois de crédit, et peut-être est-ce l'avantage de cette condition qui a engagé quelques-uns d'entre nous à s'y trouver, parce que, n'ayant point d'argent comptant à dépenser, ils espèrent satisfaire leur fantaisie sans rien débourser. Mais, hélas ! songez-vous bien à ce que vous faites lorsque vous vous endettez ? Vous donnez à un autre des droits sur votre liberté. Si vous ne pouvez pas payer au terme fixé, vous rougirez de voir votre créancier, vous ne lui parlerez qu'avec crainte, vous vous abaisserez à vous excuser auprès de lui d'une manière humiliante ; peu à peu vous perdrez votre franchise, et vous en viendrez enfin à vous déshonorer par les men-

songes les plus évidents et les plus misérables; car, comme dit le bonhomme Richard, la première faute est de s'endetter, la seconde est de mentir. Le faiseur de dettes a toujours le mensonge en croupe. Un homme né libre ne devrait jamais rougir ni appréhender de parler à quelque homme vivant que ce soit, ni de le regarder en face. La pauvreté ôte toute espèce de courage et de vertus. Il est difficile qu'un sac vide puisse se tenir debout.

Que penseriez-vous d'un prince ou d'un gouvernement qui vous commanderait par édit de vous habiller comme les personnes de distinction, malgré qu'il y eût peine de prison ou de servitude pour quiconque ferait des dettes. — Ne diriez-vous pas que vous êtes nés libres, que vous avez le droit de ne vous vêtir que selon vos moyens, et qu'un tel gouvernement est tyrannique? Et cependant vous vous soumettez volontairement à cette tyrannie quand vous vous endettez pour vous parer. Votre créancier a le droit, si bon lui semble, de vous priver de votre liberté en vous confinant pour toute votre vie dans une prison.

Quand vous avez fait le marché qui vous plaît, vous ne songez peut-être guère au paiement; mais les créanciers, comme dit le bonhomme Richard, ont meilleure mémoire que les débiteurs. Les créanciers, dit-il encore, sont la secte du monde la plus superstitieuse; il n'y a pas d'observateurs plus exacts qu'eux de toutes les époques du calendrier; l'échéance de votre dette arrive sans que vous y preniez garde, et l'on vous en fait la demande avant que vous soyez préparé à y satisfaire. Si, au contraire, vous pensez à ce que vous devez, le terme, qui paraissait d'abord si long, vous semblera en approchant extrêmement court; vous vous imaginerez que le temps a mis des ailes aux talons comme il en a aux épaules. Le carême n'est jamais long pour ceux qui doivent payer à Pâques. L'emprunteur et le débiteur sont deux esclaves, l'un du prêteur, l'autre du créancier; ayez horreur de cette double chaîne; conservez votre liberté et votre indépendance.

Peut-être croyez-vous en ce moment dans un état d'opulence qui vous permet de satisfaire impunément quelque petite fantaisie; mais épargnez pour le temps de la vieillesse et du besoin pendant que vous le pouvez. Le soleil du matin ne dure pas tout le jour. Le gain est incertain et passager; mais la dépense est continuelle et certaine. Il est plus aisé de bâtir deux cheminées que d'entretenir du feu dans une, dit le bonhomme Richard; ainsi, couchez-vous sans souper plutôt que de vous lever avec des dettes. Gagnez ce qu'il vous est possible de gagner, et sachez le conserver; c'est le véritable secret de changer votre plomb en or, et quand vous posséderez cette pierre philosophale vous ne vous plaindrez pas de la rigueur des temps et de la difficulté à payer les impôts.

Cette doctrine, mes amis, est celle de la raison et de la prudence. N'allez pas cependant vous confier uniquement à votre travail, à votre sobriété et à votre économie; ce sont d'excellentes choses à la vérité, mais elles vous seront inutiles si vous n'avez, avant tout, les bénédictions du ciel. Demandez donc humblement ces bénédictions; ne soyez point insensibles aux besoins de ceux à qui elles sont refusées; mais donnez-leur des consolations et des secours. Souvenez-vous que Job fut pauvre, et qu'ensuite il retrouva son opulence.

Je n'en dirai pas davantage; l'expérience tient une école où les leçons coûtent cher; mais c'est la seule où les insensés puissent s'instruire : encore est-ce fort rare; car, comme dit le bonhomme Richard, on peut donner un bon avis, mais non pas la bonne conduite. Cependant rappelez-vous que celui qui ne sait pas recevoir un bon conseil ne peut pas non plus être secouru d'une manière utile; et si vous ne voulez pas écouter la raison, dit enfin le bonhomme Richard, elle ne manquera pas de se faire sentir.

Le vieil Abraham finit ainsi sa harangue. On écouta son discours, on approuva ses maximes; mais on ne manqua pas de faire sur-le-champ le contraire de ce qu'elles prescrivaient, comme il arrive aux sermons ordinaires; car, la vente ayant commencé, chacun acheta de la manière la plus extravagante. Je vis que le bonhomme avait soigneusement étudié mon Almanach et mis en ordre tout ce que j'avais dit sur le travail et l'économie durant l'espace de vingt-cinq ans. Les fréquentes citations qu'il a faites de moi auraient été ennuyeuses pour tout autre; mais ma vanité en fut merveilleusement flattée, quoique je susse bien que, de toute la philosophie qu'on m'attribuait, il n'y avait pas la dixième partie qui m'appartînt, et que je n'avais fait que recueillir en glanant, d'après le bon sens de tous les siècles et de toutes les nations. Quoi qu'il en soit, je résolus de faire mon profit de la répétition que je venais d'en entendre faire; et, quoique je me fusse arrêté avec le dessein d'acheter de quoi me faire un habit neuf, je me retirai dans la résolution de faire durer le vieux un peu plus longtemps.

Lecteur, si vous pouvez faire de même, vous y gagnerez autant que moi.

<div style="text-align:right;">Richard SAUNDERS.</div>

LE DÉLIRE D'UNE MÈRE.

A Madame ***.

Un jour la mort frappe à ma porte,
Son front de cyprès était ceint;
Elle entre, et puis elle m'emporte
L'enfant qui dormait sur mon sein.
Depuis, à chaque fleur qui brille,
Aux oiseaux que j'entends jaser,
Je pleure et demande ma fille,
Rose d'amour que fit naître un baiser.

Hélas! où donc a fui son âme,
Flambeau qui brillait dans ses yeux?
Quel vent souffla sur cette flamme
Et la fit remonter aux Cieux?
Etoile blanche qui scintille
Dans l'azur prêt à s'empourprer,
Dis, n'es-tu pas l'œil de ma fille
Qui de là-haut me regarde pleurer?

Ramier, colombe ou tourterelle,
Que j'appelle et qui fuis toujours,
Toi qui voles à tire d'ailes
Jusques au nid de tes amours,
Toi dont la petite famille
Trouve un abri sous ton duvet,
N'es-tu pas l'âme de ma fille
Qui souriait hier sur mon chevet?

Je souffre et ma tête se brise,
Mes cris éveillent les échos,
Nulle voix qu'emporte la brise
Ne vient répondre à mes sanglots.
Rossignol qui dans la charmille
Jettes un chant mélodieux
N'es-tu pas la voix de ma fille
Qui près de moi chante l'hymne des Cieux.

Sylphes plus légers qu'un phalène
Prenez pitié de ma douleur.
Ma fille est-elle dans la plaine?
La bercez-vous dans une fleur?
Brise du ruisseau qui babille,
Et qui rends le roseau chanteur,
Es-tu le souffle de ma fille
Dont le parfum vient effleurer mon cœur.

Soleil dont le feu nous inonde
Des âmes es-tu le séjour?
Trouve-t-on dans ton vaste monde
La vie et l'éternel amour?
Est-ce qu'un ange vous habille,
A-t-on du miel pour se nourrir?
Si c'est là qu'habite ma fille,
Pour la revoir, mon Dieu, fais-moi mourir!

P. Buy.

L'ÉPI ET LE PAVOT,

Fable.

A Pierre LACHAMBEAUDIE.

L'épi mûr au pavot fleuri
Disait : « A quoi sers-tu? Par moi l'homme nourri
 Supporte l'existence
Et reprend son labeur plus fort et plus dispos. »
Le pavot répondit : « Le pauvre en son repos,
 Grâce à mon influence,
 De ses maux perd le souvenir,
Et dans un rêve d'or voit briller l'avenir. »

 Que le froid égoïste
Ou que le travailleur accuse, ô fabuliste,
 Tes récits de futilité,
Je répondrai : « Les vers qui calment la souffrance,
Et dans les cœurs blessés font naître l'espérance,
 Ont aussi leur utilité. »

P. Buy.

Paris.—Imp. de Lacour, rue St-Hyacinthe-St-Michel, 33.

LES VEILLÉES LITTÉRAIRES ILLUSTRÉES

J. BRY AÎNÉ, ÉDITEUR, 21, RUE DES MATHURINS SAINT-JACQUES

LE SOPHA
PAR CRÉBILLON FILS

20 CENTIMES LA LIVRAISON

Dessiné par Ed. Frère. — Gravé par Rouget.

Les amants surpris et punis.

INTRODUCTION.

Il y a déjà quelques siècles qu'un prince nommé Schah-Baham régnait sur les Indes. Il était petit-fils de ce magnanime Schah-Riar, de qui l'on a lu les grandes actions dans les *Mille et une Nuits*, et qui, entre autres choses, se plaisait tant à étrangler des femmes et à entendre des contes; celui-là même qui ne fit grâce à l'incomparable Schéhérazade, qu'en faveur de toutes les histoires qu'elle savait.

Soit que Schah-Baham ne fût pas extrêmement délicat sur l'honneur, soit que ses femmes ne couchassent point avec leurs nègres, ou (ce qui est pour le moins aussi vraisemblable) qu'il n'en sût rien; il était bon et commode mari, n'avait hérité de Schah-Riar que de ses vertus et de son goût pour les contes. On assure même que le recueil des contes de Schéhérazade, que son auguste grand-père avait fait écrire en lettres d'or, était le seul livre qu'il eût jamais daigné lire.

À quelque point que les contes ornent l'esprit, et quelque agréables ou quelques sublimes que soient les connaissances et les idées qu'on y puise, il est dangereux de ne lire que des livres de cette espèce. Il n'y a que les personnes vraiment éclairées, au-dessus des préjugés et qui connaissent le vide des sciences, qui sachent combien ces sortes d'ouvrages sont utiles à la société, et combien l'on doit d'estime et même de vénération aux gens qui ont assez de génie pour en faire et assez de force dans l'esprit pour s'y dévouer, malgré l'idée de frivolité que l'orgueil et l'ignorance ont attachée à ce genre. Les importantes leçons que les contes renferment, les grands traits d'imagination qu'on y rencontre si fréquemment, et les idées riantes dont ils sont toujours remplis, ne prennent rien sur le vulgaire de qui l'on ne peut acquérir l'estime qu'en lui donnant des choses qu'il n'entend jamais, mais qu'il puisse se faire honneur d'entendre.

Schah-Baham est un exemple bien mémorable de l'injustice des hommes à cet égard. Quoiqu'il sût l'origine de la féerie, aussi bien qu'il eût été de ce temps-là; que personne ne connût plus particulièrement le célèbre pays du Ginnistan, et ne fût plus instruit sur les fameuses dynasties des premiers rois de Perse; et qu'il fût, sans contredit, l'homme de son siècle qui possédât le mieux l'histoire de tous les événements qui ne sont jamais arrivés, on le faisait pour le prince du monde le plus ignorant.

Il est vrai qu'il narrait avec si peu de grâces (choses d'autant plus désagréable qu'il narrait toujours) qu'il était impossible qu'il n'ennuyât pas un peu, surtout n'ayant jamais pour auditeurs que des femmes et des courtisans, personnes qui, communément aussi délicates que superficielles, s'attachent plus à l'élégance des tours qu'elles ne sont frappées de la grandeur et de la justesse des idées. C'est sans doute d'après ce que l'on pensait de Schah-Baham dans sa propre cour, que Scheik-Ebn-Taher-Abou-Feraïki, auteur contemporain de ce prince, nous l'a dépeint dans sa grande histoire des Indes tel qu'on va le voir ci-dessous; c'est

T. I. 9

à l'endroit où il parle des contes. Schah-Baham, premier du nom, était un prince ignorant et d'une mollesse achevée. On ne pouvait pas avoir moins d'esprit, et (ce qui est assez ordinaire à ceux qui, par cet endroit, lui ressemblent) on ne pouvait pas s'en croire davantage. Il s'étonnait toujours de ce qui est commun, et ne comprenait jamais bien que les choses absurdes et hors de toute vraisemblance. Quoiqu'en tout un an il ne lui arrivât pas une seule fois de penser ; à peine en tout un jour lui arrivait-il de se taire une minute. Il disait pourtant de lui modestement qu'à l'égard de la vivacité d'esprit il n'y prétendait pas ; mais que pour la réflexion il ne croyait pas avoir son pareil.

Aucun des plaisirs qui sont dépendants de l'esprit ne touchait le sultan ; tout exercice, quel qu'il fût, lui déplaisait, et cependant il n'était pas désœuvré. Il avait des oiseaux qui ne laissaient pas de l'amuser beaucoup ; des perroquets qui, grâce au soin qu'il prenait de leur éducation, étaient les plus bêtes perroquets des Indes ; sans compter des singes auxquels il donnait une assez grande partie de son temps ; et ses femmes, qui, après tous les animaux de sa ménagerie, lui paraissaient fort propres à le divertir.

Malgré de si grandes occupations et des plaisirs si variés, il fut impossible au sultan d'éviter l'ennui. Il n'y eut pas jusqu'à ces contes fameux, objets perpétuels de son étonnement et de sa vénération, et dont il était défendu, sur peine de la vie, de faire la critique ; qui à force de lui être connus ne lui fussent devenus insipides. Il les admirait toujours ; mais il bâillait en les admirant. L'ennui enfin le suivait jusque dans l'appartement de ses femmes, où il passait une partie de sa vie à les voir broder et faire des découpures, arts pour lesquels il avait une estime singulière, dont il regardait l'invention comme le chef-d'œuvre de l'esprit humain, et auxquels il voulait enfin que tous ses courtisans s'appliquassent.

Il récompensait trop bien ceux qui y excellaient pour qu'il y eût dans tout l'empire quelqu'un qui les négligeât. Broder et découper, étaient alors dans les Indes les seuls moyens d'arriver aux honneurs. Le sultan ne connaissait aucune espèce de mérite, ou du moins ne doutait pas qu'un homme qui avait de pareils talents n'eût à bien plus forte raison tous ceux qu'il faut pour être un bon général ou un excellent ministre. Pour prouver à quel point il en était persuadé, il avait élevé à la place de premier vizir un de ces courtisans découvrés, de ceux qui, ne sachant à quoi employer leur temps, le passent à ennuyer les rois de leur présence, et réciproquement à s'ennuyer de la leur. Celui-ci, qui avait été longtemps confondu dans la foule, se trouva heureusement pour lui, un des premiers découpeurs du royaume, lorsqu'il plut à Schah-Baham de révérer le découpure ; et, sans être comme beaucoup d'autres obligé de faire des brigues, ne dut qu'à la supériorité de ses talents l'honneur éclatant de découper auprès de son maître, et la première place de l'empire.

Entre les femmes du sultan on distinguait la sultane-reine, qui par son esprit faisait les délices de ceux qui, dans une cour aussi frivole, avaient encore le courage de penser et de s'instruire. Elle seule y connaissait et y soutenait le mérite ; et le sultan lui-même osait rarement n'être pas de son avis, quoiqu'elle n'approuvât ni ses goûts ni ses plaisirs ; il se contentait, lorsqu'elle le raillait sur ses singes et sur ses autres occupations, de lui dire qu'elle était caustique, défaut que les sots ne manquent jamais de trouver aux gens d'esprit.

Un jour Schah-Baham étant avec toute sa cour dans l'appartement de ses femmes, où il regardait découper avec une attention incroyable, et ne pouvant cependant vaincre l'ennui qui l'accablait : Je ne m'étonne point, dit-il en bâillant, si je m'endors ! nous ne disons mot ! Oh ! je voudrais de la conversation, moi !

Eh ! de quoi voulez-vous qu'on vous parle ? demanda la sultane. Que sais-je ? reprit-il : suis-je fait pour deviner cela ? Ne suffit-il pas que je veuille qu'on me parle de quelque chose, sans que je sois encore obligé de dire ce que je voudrais qu'on me dît ? Savez-vous bien que vous m'avez pas, à beaucoup près, tant d'esprit que vous vous croyez ? que vous rêvez plus que vous ne parlez, et qu'à cela près de quelques bons mots, que les trois quarts du temps je n'entends seulement pas, je vous trouve on ne peut pas plus stérile ? Pensez-vous, par exemple, que si la sultane Schéhérazade vivait encore et qu'elle fût ici, elle ne nous fit pas d'elle-même et sans en être priée par ma tante Dinarzade, les plus beaux contes du monde ? Mais vraiment, à propos d'elle, je pense une chose ! Quelque mémoire qu'elle eût, il est impossible qu'elle ait retenu tous les contes qu'elle avait appris ; que quelqu'un ne sache pas précisément ceux qu'elle avait oubliés ; qu'on n'en ait pas fait depuis elle, ou qu'actuellement même on n'en fasse pas. Cela n'est pas douteux, sire, dit le vizir ; et je puis assurer Votre Majesté que non-seulement j'en sais, mais que j'ai même le talent d'en faire de si bizarres que ceux de feu madame votre grand-mère n'ont rien qui les puisse surpasser.

Vizir, vizir, dit le sultan, c'est beaucoup dire ! ma grand-mère était une personne d'un rare mérite.

En effet, s'écria la sultane, il en faut beaucoup pour faire des contes ! Ne dirait-on pas, à vous entendre, qu'un conte est le chef-d'œuvre de l'esprit humain ? Et cependant, quoi de plus puérile, de plus absurde ? Qu'est-ce qu'un ouvrage (s'il est vrai toutefois qu'un conte mérite de porter ce nom) ? Qu'est-ce, dis-je, qu'un ouvrage où la vraisemblance est toujours violée, et où les idées reçues sont perpétuellement renversées, qui, s'appuyant sur un faux et frivole merveilleux, n'emploie des êtres extraordinaires et la toute-puissance de la féerie, ne bouleverse l'ordre de la nature et celui des éléments, que pour créer des objets ridicules, singulièrement imaginés, mais qui souvent n'ont rien qui rachète l'extravagance de leur création ? Trop heureux encore si ces misérables fables ne gâtaient que l'esprit, et n'allaient point, par des peintures trop vives et qui blessent la pudeur, porter jusqu'au cœur des impressions dangereuses ?

Propos de Caillette, dit gravement le sultan, grands mots qui ne signifient rien ; ce que vous venez de dire a d'abord l'air d'être beau ; il saisit, il faut l'avouer ; mais avec le secours de la réflexion, il est impossible que... au fond, il ne s'agit ici que de savoir si vous avez raison ; et comme je voulais vous le dire, et que je viens de le prouver, c'est ce que je ne crois pas ; car, ce n'est pas pour faire le bel esprit assurément, mais puisqu'un conte m'a toujours amusé, il est clair qu'il faut qu'un conte ne soit pas une chose si frivole. Ce ne sera certainement pas à moi qu'on fera croire qu'un sultan peut être une bête. D'ailleurs, c'est-à-dire par parenthèse, il est tout aussi clair qu'une chose merveilleuse, j'entends par-là une de ces choses... que je dirais bien si c'était de cela qu'il fût question... mais parlons de bonne foi ; que nous importe, après tout ? Je soutiens, moi, que j'aime les contes, et qu'au surplus je ne les trouve plaisants que quand ils sont ce qu'on appelle, entre gens sensés, un peu gaillards. Cela y jette un intérêt d'une vivacité... si vive ! au reste, j'entends, je comprends bien : c'est comme si vous me disiez que vous savez des contes et que vous en faites. Voilà véritablement ce qu'il me faut. Je pensais que pour rendre les jours moins longs, il faudrait que chacun de nous racontât des histoires ; quand je dis des histoires, je m'entends bien ! Je veux des événements singuliers, des fées, des talismans ; car, ne vous y trompez pas, au moins ! Il n'y a que cela de vrai. Eh bien ! nous convenons donc tous de faire des contes ? Mahomet veuille m'assister ! mais je ne doute pas que, même sans son secours, je n'en fasse de meilleurs que qui que ce soit ; et la raison de cela, c'est que je sors d'une maison où l'on n'ignore pas que l'on en sait faire, et sans vanité, d'assez bons.

Au reste, comme je n'ai aucune partialité quelconque, je déclare que l'on parlera chacun à son tour, que ce sera le sort qui décidera les places, et non ma volonté, que j'entends que tout le monde ait la liberté de me faire des contes, et que chaque jour on parlera une demi-heure, plus ou moins, selon qu'il me conviendra.

En achevant ces paroles, il fit tirer au sort toute sa cour : malgré les vœux du vizir, il tomba sur un jeune courtisan, qui après en avoir reçu la permission du sultan commença ainsi :

<center>⁂</center>

Sire, votre majesté n'ignore pas que, quoique je sois son sujet, je ne suis pas la même loi qu'elle, et que je ne reconnais pour Dieu que Brama.

Quand je le saurais, dit le sultan, qu'est-ce que cela ferait à votre conte. Au reste, ce sont là vos affaires ; tant pis pour vous, si vous croyez Brama, il vaudrait mieux cent fois que vous fussiez mahométan. Je vous le dis en ami, n'allez pas croire au moins que ce soit pour faire le docteur, car, au fond, cela ne m'importe guère. Après.

Nous autres sectateurs de Brama, nous croyons la métempsicose, continua Amanzéi (c'est le nom du conteur), c'est-à-dire pour ne point embarrasser mal à propos votre majesté, que nous croyons qu'au sortir d'un corps notre âme passe dans un autre, et, successivement ainsi, tant qu'il plaît à Brama ou que notre âme soit devenue assez pure pour être mise au nombre de celles qu'enfin il juge dignes d'être éternellement heureuses.

Quoique le dogme de la métempsicose soit, parmi nous, généralement établi, nous n'avons pas tous les mêmes raisons pour le croire certain, puisqu'il y a fort peu de gens à qui il soit accordé de se souvenir des différentes transmigrations de leur âme. Il arrive ordinairement qu'au sortir du corps où une âme était emprisonnée, elle entre dans un autre sans conserver aucune idée, soit des connaissances qu'elle avait acquises, soit des choses auxquelles elle a eu part.

Ainsi, nos fautes sont perpétuellement perdues pour nous, et nous recommençons une nouvelle carrière avec une âme aussi neuve, et aussi susceptible d'erreurs et de vices, que lorsque Brama la tira pour la première fois de cet immense tourbillon de feu, dont, en attendant sa destination, elle fait partie.

Beaucoup d'entre nous se plaignent de cette disposition de Brama, et je doute qu'ils aient raison. Nos âmes destinées pendant une longue suite de siècles à passer de corps en corps, seraient presque toujours malheureuses si elles se souvenaient de ce qu'elles ont été. Telle, par exemple, qui après avoir animé le corps d'un roi se trouve dans celui d'un reptile ou dans le corps d'un de ces mortels obscurs dont la grandeur de leur misère rend plus à plaindre encore que les animaux les plus vils, ne soutiendrait pas, sans désespoir, sa nouvelle condition.

J'avoue qu'un homme qui se voit dans le sein des richesses, ou élevé au rang suprême, s'il se souvenait de n'avoir été qu'un insecte pourrait abuser moins de l'état heureux ou brillant où la bonté de Brama l'a mis. A considérer, cependant, l'orgueil, la dureté, l'insolence de ces gens nés dans la bassesse et élevés par la fortune, l'on peut croire, à la promptitude avec laquelle ils perdent le souvenir de leur premier état, que d'un corps à un autre leur humiliation se déroberait plus rapidement encore à leurs yeux, et n'influerait en rien sur leur conduite. L'âme, d'ailleurs, se trouverait nécessairement surchargée du grand nombre d'idées qui lui resteraient de ses vies précédentes, et, plus affectée peut-être de ce qu'elle aurait été que de ce qu'elle serait, négligerait les devoirs que le corps qu'elle occupe lui prescrit, et troublerait enfin l'ordre de l'univers au lieu d'y contribuer.

Mon cher ami, dit alors le sultan, Mahomet me pardonne si ce n'est pas de la morale que ce que vous venez de me dire? Sire, répondit Amanzei, ce sont des réflexions préliminaires qui, je crois, ne sont pas inutiles. Fort inutiles, c'est moi qui le dis, répliqua Schah-Baham. C'est que tel que vous me voyez je n'aime pas la morale, et que vous m'obligerez beaucoup de la laisser là.

J'exécuterai vos ordres, répondit Amanzei; il me reste cependant à dire à votre majesté que Brama permet quelquefois que nous nous souvenions de ce que nous avons été, surtout quand il nous a infligé quelque peine singulière, et ce qui le prouve, c'est que je me souviens parfaitement d'avoir été sopha.

Un sopha! s'écria le sultan, allons, cela ne se peut pas. Me prenez-vous pour une autruche de me faire ces contes là? J'ai envie de vous faire un peu brûler pour vous apprendre à me dire, et affirmativement, de pareilles balivernes.

Votre clémente majesté se fâche de l'humeur aujourd'hui, dit la sultane, il est dans son auguste caractère de ne douter de rien, et elle ne veut pas croire qu'un homme ait pu être sopha. Cela n'est pas relatif à ses idées ordinaires.

Croyez-vous? répliqua le sultan, terrassé par l'objection, il me semble pourtant que je n'ai pas tort. Ce n'est pas cependant que je ne pusse... mais, parbleu, j'ai raison. Je ne saurais en conscience croire ce que dit Amanzei, est-ce donc pour rien que je suis musulman?

A merveille, répondit la sultane; hé bien! écoutez Amanzei, et ne le croyez pas. Ah! oui, reprit le sultan, ce ne sera point parce que la chose est incroyable qu'il faudra que je ne la croie pas, mais parce que, fût-elle vraie, je ne dois pas la croire. Je comprends bien, cela fait une différence. Vous avez donc été sopha, mon enfant? Cela fait une terrible aventure! Hé, dites-moi, étiez-vous brodé?

Oui, sire, répondit Amanzei; le premier sopha dans lequel mon âme entra était couleur de rose, brodé d'argent. Tant mieux, dit le sultan, vous deviez être un assez beau meuble. Enfin, pourquoi votre Brama vous fit-il sopha plutôt qu'autre chose? quel était le fin de cette plaisanterie? Sopha! cela me passe.

C'était, répondit Amanzei, pour punir mon âme de ses dérèglements. Dans quelque corps qu'il l'eût mise, il n'avait pas eu lieu de être content, et sans doute il crut m'humilier plus en me faisant sopha qu'en me faisant reptile.

Je me souviens qu'au sortir du corps d'une femme mon âme entra dans celui d'un jeune homme. Comme il était minaudier, coquet, tracassier, médisant, grand connaisseur en bagatelles, uniquement occupé de ses habits, de sa toilette, et de mille autres petits riens, à peine s'aperçut-elle qu'elle eût changé de demeure.

Je voudrais bien, interrompit Schah-Baham, savoir un peu de ce que vous faisiez pendant que vous étiez femme; cela doit faire un détail fort curieux. J'ai toujours cru que les femmes avaient de singulières idées. Je ne sais si je me fais entendre, mais je veux dire qu'on a de la peine à deviner ce qu'elles pensent.

Peut-être, répondit Amanzei, serions-nous plus éclairés là-dessus si nous leur croyions moins de finesse. Il me semble que, lorsque j'étais femme; je me moquais beaucoup de ceux qui m'attribuaient des idées réfléchies, pendant que le moment seul me les faisait naître, cherchaient des raisons où je n'avais pris de lois que du caprice, et qui pour vouloir trop m'approfondir me pénétraient jamais. J'étais vraie dans le temps que je passais pour fausse; on me croyait coquette dans l'instant que j'étais tendre; j'étais sensible, et l'on imaginait que j'étais indifférente. On me donnait presque toujours un caractère qui n'était pas le mien ou qui venait de cesser de l'être. Les gens intéressés à me connaître le plus, avec qui je dissimulais le moins, à qui même, emportée par mon indiscrétion naturelle ou par la violence de mes mouvements, je découvrais les secrets les plus cachés de ma vie ou les sentiments les plus vrais de mon cœur, n'étaient pas ceux qui me croyaient le plus ou qui me saisissaient le mieux; ils voulaient juger de moi suivant le plan qu'ils s'en étaient fait, s'y trompaient sans cesse, et croyaient m'avoir bien connue quand ils m'avaient définie à leur gré.

Oh! je le savais, dit le sultan, on ne connaît jamais bien les femmes, et comme vous dites, il y a longtemps pour moi que j'y ai renoncé; mais, laissons-là cette matière, elle aiguise trop l'esprit et elle est cause que vous m'avez fait un grand préambule dont je n'a-

vais que faire, et que vous n'avez pas répondu à ce que je vous demandais. Il me semble que je voulais savoir ce que vous faisiez pendant que vous étiez femme.

Il ne m'est resté de ce que je faisais alors qu'une idée fort imparfaite, répondit Amanzei. Ce dont je me souviens le plus, c'est que j'étais galante dans ma jeunesse, que je ne savais ni haïr, ni aimer; que, née sans caractère, j'étais tour à tour ce que l'on voulait que je fusse ou ce que mes intérêts et mes plaisirs me forçaient d'être; qu'après une vie fort dérangée je finis par me faire hypocrite, et qu'enfin je mourus en m'occupant, malgré mon air prude, de ce qui dans le cours de ma vie m'avait amusée le plus.

Ce fut apparemment du goût que j'avais eu pour les sopha que Brama prit l'idée d'enfermer mon âme dans un meuble de cette espèce. Il voulut qu'elle conservât dans cette prison toutes ses facultés, moins sans doute pour adoucir l'horreur de mon sort que pour me la faire mieux sentir. Il ajouta que mon âme ne recommencerait une nouvelle carrière que quand deux personnes se donneraient mutuellement, et sur moi, leurs prémices.

Voilà, s'écria le sultan, bien du galimatias pour dire que... N'allez-vous pas avoir la bonté de nous expliquer cela? demanda la sultane. Pourquoi pas? reprit-il, j'aime assez les choses claires. Cependant si vous n'êtes pas de mon avis, je consens qu'Amanzei soit aussi obscur qu'il le voudra. Grâces au prophète! il ne le sera jamais pour moi.

Il me restait assez d'idées et de ce que j'avais eu, et de ce que j'avais vu, continua Amanzei, pour sentir que la condition à laquelle Brama voulait bien m'accorder une nouvelle vie me retenait pour longtemps dans le meuble qu'il m'avait choisi pour prison, mais la permission qu'il me donna de me transporter quand je le voudrais de sopha en sopha calma un peu ma douleur. Cette liberté mettait dans ma vie une variété qui devait me la rendre moins ennuyeuse; d'ailleurs, mon âme était aussi sensible aux ridicules d'autrui que lorsqu'elle animait une femme, et le plaisir d'être à portée d'entrer dans les lieux les plus secrets et d'être en tiers dans les choses que l'on croirait le plus cachées la dédommagea de son supplice.

Après que Brama m'eut prononcé mon arrêt, il transporta lui-même mon âme dans un sopha que l'ouvrier allait livrer à une femme de qualité qui passait pour être extrêmement sage, mais s'il est vrai qu'il y ait peu de héros pour les gens qui les voient de près, je puis dire aussi qu'il y a pour leur sopha bien peu de femmes vertueuses.

Un sopha ne fut jamais un meuble d'antichambre, et l'on me plaça chez la dame à qui j'allais appartenir, dans un cabinet, séparé du reste de son palais, et où, disait-elle, elle s'occupait souvent pour méditer sur ses devoirs, et se livrer à Brama avec moins de distraction. Quand j'entrai dans ce cabinet, j'eus peine à croire à la façon dont il était orné, qu'il ne servît jamais qu'à d'aussi sérieux exercices. Ce n'était pas qu'il fût somptueux, ni que rien y parût trop recherché; tout y semblait, au premier coup d'œil, plus noble que galant, mais à le considérer avec réflexion, on y trouvait un luxe hypocrite, des meubles d'une certaine commodité, de ces choses enfin que l'austérité n'invente pas, et dont elle n'est pas accoutumée à se servir. Il me sembla que j'étais moi-même, d'une couleur bien gaie pour une femme qui affichait tant d'éloignement pour la coquetterie.

Peu de temps après que je fus dans le cabinet, ma maîtresse entra, elle me regarda avec indifférence, parut contente, mais sans me louer plus que de trop froid, et d'un air froid, et distrait, elle renvoya l'ouvrier. Aussitôt qu'elle se vit seule, cette physionomie sombre et sévère s'ouvrit; je vis un autre maintien, et d'autres yeux, elle m'essaya avec un soin qui m'annonçait qu'elle ne comptait pas faire de moi un meuble de simple parade. Cet essai voluptueux, et l'air tendre et gai qu'elle avait pris d'abord qu'elle s'était vue sans témoins, ne m'ôtaient rien de la haute idée qu'on avait d'elle dans Agra.

Je savais que ces âmes que l'on croit si parfaites, ont toujours un vice favori, souvent combattu, mais, presque toujours triomphant: qu'elles paraissent sacrifier des plaisirs, qu'elles n'en goûtent quelquefois qu'avec plus de sensualité, et qu'enfin elles font souvent consister la vertu, moins dans la privation, que dans le repentir. Je conclus de cela, que Fatmé était paresseuse, et je ne serais alors reproché de porter vos idées plus loin.

La première chose qu'elle fit après celle dont je viens de parler, fut d'ouvrir une armoire fort secrètement pratiquée dans le mur, et cachée avec art à tous les yeux; elle en tira un livre. De cette armoire elle passa à une autre, où beaucoup de volumes étaient fastueusement étalés; elle y prit aussi un livre qu'elle jeta sur moi avec un air de dédain et d'ennui, et revint avec celui qu'elle avait choisi d'abord, se plonger dans toute la mollesse des coussins dont j'étais couverte.

Dites-nous un peu, Amanzei, interrompit le sultan, était-elle jolie, votre femme raisonnable?

Oui, sire, répondit Amanzei, elle était belle, plus qu'elle ne le paraissait. On sentait même qu'avec moins de modestie, ces airs

évaporés qui inspirent le mépris à la vérité, mais qui excitent les désirs, elle aurait pu ne le céder à personne. Ses traits étaient beaux, mais sans jeu, sans vivacité, et n'exprimant que cet air vain, et dédaigneux, sans lequel, les femmes de ce genre croiraient n'avoir pas une physionomie vertueuse. Tout en elle annonçait d'abord, l'abandonnement, et le mépris de soi-même. Quoiqu'elle fût bien faite, elle se tenait mal, et si elle marchait noblement, c'est parce qu'une démarche lente et posée convient à des personnes occupées des objets les plus sérieux. La haine qu'elle témoignait pour la parure, n'allait pas jusques à cette négligence, qui rend presque toujours les vertueuses dégoûtantes : ses habits étaient simples, de couleurs obscures, mais dans leur modestie, on trouvait de la noblesse, et du choix; elle avait même soin qu'il ne pussent rien dérober de l'élégance de sa taille, et sous l'attirail de l'austérité, il était aisé de remarquer qu'elle aimait la propreté la plus recherchée et la plus sensuelle.

Le livre qu'elle avait pris le dernier ne me parut pas être celui qui l'intéressait le plus. C'était pourtant un gros recueil de réflexions, composées par un bramine. Soit qu'elle crût avoir assez de celles qu'elle faisait elle-même, ou que celles-là ne portussent pas sur des objets qui lui plussent, elle ne daigna pas en lire deux, et quitta bientôt ce livre pour prendre celui qu'elle avait tiré de l'armoire secrète, et qui était un roman dont les situations étaient tendres, et les images vives. Cette lecture me paraissait si peu devoir être celle de Fatmé, que je ne pouvais revenir de ma surprise. Sans doute, dis-je, en moi-même, elle veut s'éprouver, et savoir jusques à quel point son âme est affermie contre toutes les idées qui peuvent porter le trouble dans celle des autres.

Sans deviner alors le motif qui la faisait agir d'une façon si contraire aux principes que je lui croyais, je ne lui en supposai qu'un bon. Il me parut cependant que ce livre l'animait, ses yeux devinrent plus vifs, elle le quitta, moins pour perdre les idées qu'il lui donnait, que pour s'y abandonner avec plus de volupté. Revenue enfin de la rêverie dans laquelle il l'avait plongée, elle allait le reprendre, lorsqu'elle entendit un bruit qui le lui fit cacher. Elle s'arma à tout événement, de l'ouvrage du bramine; sans doute elle le croyait meilleur à montrer qu'à lire.

Un homme entra, mais d'un air si respectueux, que malgré la noblesse de sa physionomie, et la richesse de ses vêtements, je le pris d'abord pour un des esclaves de Fatmé. Elle le reçut avec tant d'aigreur! lui parla si durement! parut si choquée de sa présence! si ennuyée de ses discours! que je commençai à croire que cet homme si maltraité, ne pouvait être que son mari. Je ne me trompais pas. Elle rejeta longtemps, et avec aigreur, les instantes prières qu'il lui fit de le laisser auprès d'elle, et n'y consentit enfin que pour l'accabler de l'importun détail des fautes qu'elle prétendait qu'il commettait sans cesse. Ce mari, le plus malheureux de tous les époux d'Agra, reçut cette impatientante correction, avec une douceur dont je m'indignais pour lui. L'opinion qu'il avait de la vertu de Fatmé n'était pas la seule chose qui la rendît si docile; Fatmé était belle, et quoiqu'elle parût se soucier peu d'inspirer des désirs, elle en inspirait pourtant. Quelque peu aimable qu'elle voulût paraître aux yeux de son mari, elle éveilla sa tendresse. L'amant le plus timide, et qui parlerait amour pour la première fois à la femme du monde qu'il craindrait le plus, serait mille fois moins embarrassé que ce mari ne le fut pour dire à sa femme l'impression qu'elle faisait sur lui. Il la pressa tendrement et respectueusement de répondre à son ardeur, elle s'en défendit longtemps de mauvaise grâce, et céda enfin comme elle s'était défendue.

Avec quelque opiniâtreté qu'elle lui refusât tout ce qui aurait pu lui faire penser qu'elle n'avait pas, pour ce qu'il exigeait d'elle, la plus forte répugnance, je crus m'apercevoir qu'elle était moins insensible qu'elle ne voulait le paraître. Ses yeux s'animèrent, elle prit un air plus attentif, elle soupira, et quoiqu'avec nonchalance, elle devint moins oisive. Ce n'était cependant pas son mari qu'elle aimait. Je ne sais quelles étaient alors les idées de Fatmé; mais, soit que la reconnaissance la rendît plus douce, soit qu'elle voulût engager son mari à de nouvelles attentions, ses propos assez tendres, quoique graves, et mesurés, succédèrent de ton dur et grondeur, dont elle s'était armée en le voyant. Il est apparent qu'il lui en découvrait pas le motif, ou qu'il n'en était pas touché, ou il ne l'est pas moins que sa froideur ou sa distraction déplurent à Fatmé. Insensiblement elle engagea une querelle, elle vit dans un instant à son mari les vices les plus odieux. Quelles horribles mœurs n'avait-il pas? Quelle débauche! quelle dissipation! quelle vie! elle l'accabla enfin de tant d'injures, que malgré toute sa patience, il fut obligé de la quitter. Fatmé se fâcha de son départ; le trouble de ses yeux, moins obscur pour moi qu'il ne l'avait été pour ce mari, m'apprit que ce n'était point par son absence qu'elle aurait voulu être calmée, avant même que quelques mots assez singuliers qu'elle prononça, quand elle se vit seule, m'eussent absolument mis au fait de ce qu'elle pensait là-dessus.

Que cette femme! l'exemple et la terreur de toutes celles d'Agra, qu'elles haïssaient toutes, et que toutes voulaient cependant imiter, devant qui, la moins contrainte sur ses passions, se croyait obligée au moins d'être hypocrite, que cette femme aurait rassuré de gens, s'ils avaient pu comme moi, la voir dans la solitude et la liberté du cabinet!

Oui dà! dit le sultan, est-ce que c'était une femme qui dans le fond... comme il y en a qui font semblant... C'est que cela arrive, au moins? Il ne faut pas du tout croire que ce soit une chose si peu ordinaire que celle que je veux dire. Vous m'entendez bien, je pense?

A la façon dont sa majesté s'explique, reprit Amanzéi, il n'est pas bien difficile de deviner ce qu'elle désire, et sans vouloir me vanter de trop de finesse, j'ose croire que je l'ai pénétrée.

Oui! dit le sultan en riant, eh bien! voyons un peu, qu'est-ce que je pensais?

Que Fatmé n'était rien moins que ce qu'elle voulait paraître, répondit Amanzéi. C'est cela, ou je meure, interrompit le sultan; continuez, vous avez réellement bien de l'esprit!

Fatmé, en apparence, fuyait les plaisirs, continua Amanzéi, et ce n'était que pour s'y livrer avec plus de sûreté. Elle n'était du nombre de ces femmes imprudentes, qui ayant donné leur jeunesse à l'éclat, à la dissipation, aux jeunes gens que le caprice met à la mode, quittent dans un âge plus avancé, le fard et la parure, et après avoir été longtemps la honte et le mépris de leur siècle, veulent en devenir l'exemple et l'ornement; plus méprisables en affectant des vertus qu'elles n'ont pas, qu'elles ne l'étaient par l'audace avec laquelle elles affichaient leurs vices. Non, Fatmé avait été plus prudente. Assez heureuse pour être née avec cette fausseté qu'inspirent aux femmes la nécessité de se déguiser et le désir de se faire estimer (désir qui n'est pas toujours le premier qu'elles conçoivent), elle avait senti de bonne heure qu'il est impossible de se dérober aux plaisirs, sans vivre dans les plus cruels ennuis, et qu'une femme ne peut cependant s'y livrer ouvertement, sans s'exposer à une honte, et à des dangers qui les rendent toujours amers. Dévouée à l'imposture dès sa plus tendre jeunesse, elle avait moins songé à corriger les penchants vicieux de son cœur, qu'à les violer sous l'apparence de la plus austère vertu. Son âme, naturellement... Dirai-je voluptueuse? Non; ce n'était pas le caractère de Fatmé : son âme était portée aux plaisirs, peu délicate, mais sensuelle, elle se livrait au vice, et ne connaissait point l'amour. Elle n'avait pas encore vingt ans, il y en avait cinq qu'elle était mariée, et plus de huit qu'elle avait prévenu le mariage. Ce qui séduit ordinairement les femmes, ne pouvait rien sur elle; une figure aimable, beaucoup d'esprit, lui inspiraient peut-être des désirs, mais elle n'y cédait pas. Les objets de ses passions étaient choisis parmi des gens non suspects, engagés par leur genre de vie à taire leurs plaisirs, ou entre ceux que la bassesse de leur état dérobe aux soupçons du public, que la libéralité séduit, que la crainte retient dans le silence, et qui dévoués en apparence aux plus vils emplois, quelquefois n'en paraissent pas moins propres aux plus doux mystères de l'amour. Fatmé, au reste, méchante, colère, orgueilleuse, s'abandonnait sans danger à son caractère; il n'y en avait même pas un défaut qu'elle n'eût fait servir au succès à sa réputation. Haute, impérieuse, dure, cruelle, sans égards, sans foi, sans amitié, le zèle pour Brama, le chagrin que lui causaient le dérèglement des autres, le désir de les ramener à eux-mêmes, couvraient et honoraient ses vices. C'était toujours à si bonne fin qu'elle nuisait! elle était si saintement vindicative! son âme était si pure! quel moyen de soupçonner un cœur si droit, si sincère, d'être conduit dans ses haines, par quelque motif qui lui pût être personnel?

⁂

Après le départ de son mari, Fatmé allait reprendre sa lecture, lorsqu'un vieux bramine, suivi de deux vieilles femmes, dont il se disait le consolateur, et dont il était le tyran, entra. Fatmé se leva, et les reçut d'un air si modeste, si recueilli, qu'il était impossible de n'y pas être trompé. Il fallut même que le vieux bramine l'empêchât de se prosterner devant lui, mais ce fut d'un air d'orgueil qui me peignit si bien le cas qu'il faisait de lui-même, il paraissait si content de ce qu'elle faisait pour lui, si persuadé même qu'il méritait encore plus, qu'il me fut impossible de ne pas rire en moi-même de la sotte vanité de ce ridicule personnage.

Il était bien difficile qu'entre des personnes d'un si rare mérite, la conversation ne fût pas aux dépens d'autrui. Ce n'est point que les gens qui vivent dans la dissipation, ne médisent souvent; mais plus occupés des ridicules que des vices, la médisance n'est pour eux qu'un amusement, et ils ne sont point assez parfaits pour s'en faire un devoir. Ils nuisent quelquefois, mais ils n'ont pas toujours l'intention de nuire, ou du moins, leur légèreté et le goût des plaisirs ne leur permettent ni de la conserver longtemps, ni de songer à la mettre à profit. Cette façon aigre, et pesante de parler mal des autres, et qu'on trouve si nécessaire pour les corriger, qui sans cette vue même, paraîtrait si commendable, leur est inconnue; ils... Aurez-vous bientôt fait, interrompit le sultan en colère? Ne voilà-t-il pas vos chiennes de réflexions qui reviennent encore sur le tapis? Mais, sire, répondit Amanzéi, il y a des occasions où elles sont indispensables. Et moi, je prétends, répliqua le sultan, que cela n'est pas

vrai; et quand cela serait... En un mot, puisque c'est à moi qu'on fait des contes, j'entends qu'on les fasse à ma fantaisie. Divertissez-moi, et trêve, s'il vous plaît, de toutes ces morales qui ne finissent point, et me donnent la migraine. Vous aimez à faire le beau parleur, mais, parbleu, j'y mettrai bon ordre, et je jure, foi de sultan, que je tuerai le premier qui osera me faire une réflexion. Nous verrons à présent comment vous vous en tirerez.

En me préservant des réflexions, répondit Amanzeï, puisqu'elles n'ont pas le bonheur de plaire à votre majesté. Fort bien, cela, dit le sultan, allez.

Jamais on n'est sensible au plaisir de dire mal des autres, qu'on ne le soit aussi à celui de parler bien de soi-même. Fatmé et les personnes qui étaient chez elle avaient trop de raisons de s'estimer beaucoup, pour ne pas mépriser tous ceux qui ne leur ressemblaient pas. En attendant qu'on apprêtât ce qui leur était nécessaire pour jouer, elles commencèrent une conversation qui ne démentit point leur caractère. Le vieux bramine cependant, dit du bien d'une femme que Fatmé connaissait, et l'éloge lui déplut. Entre toutes les choses contre lesquelles elle se déchaînait, l'amour était ce qui lui paraissait le plus digne de blâme. Qu'une femme aimât, eût-elle d'ailleurs les qualités les plus estimables, rien ne pouvait la sauver de la haine de Fatmé, mais qu'elle eût les vices les plus déshonorants et les plus odieux, et qu'on pût ne pas nommer son amant, c'était pour elle une personne respectable, et dont on ne pouvait assez révérer la vertu.

La femme que le bramine louait, était malheureusement pour elle, dans le cas où l'on méritait l'indignation de Fatmé. Une femme perdue, dit-elle, d'un ton aigre, peut-elle mériter vos éloges? Le bramine se défendit sur ce qu'il ignorait qu'elle eût des mœurs si condamnables, et Fatmé l'instruisit charitablement des raisons qui la lui faisaient mépriser.

Je ne doute pas, Fatmé, lui dit alors une des femmes qui étaient chez elle, que généreuse, et portée au bien comme vous l'êtes, vous ne soyez infiniment sensible à ce que je vais vous apprendre. Nahami, cette Nahami dont nous avons ensemble tant déploré la perte, Nahami lassée de ses erreurs, vient tout d'un coup de quitter le monde, elle ne met plus de rouge. Hélas! s'écria Fatmé, qu'elle est louable, si ce retour est sincère! mais, madame, vous êtes bonne, et les personnes de votre caractère sont facilement trompées; je le sens par moi-même, quand on est né avec cette droiture de cœur, cette candeur que vous avez, on n'imagine pas que quelqu'un soit assez malheureux pour ne les avoir point. Après tout, c'est un beau défaut que de juger trop bien des autres. Mais, pour revenir à Nahami, je ne saurais m'empêcher de craindre que dans le fond de l'âme, tout entière au monde, elle n'en ait pas abjuré sincèrement les erreurs. Quitte le monde aisément que ses vices, et souvent on prend un air plus réservé, plus modeste, moins pour commencer à entrer dans la vertu, que pour imposer au monde, sur des dérèglements auxquels on est encore attaché.

Mon cher ami, dit Schah-Baham, en bâillant, cette conversation m'est mortelle; pour l'amour de moi, ne l'achevez pas. Ces gens-là m'excèdent à un point que je ne puis dire. En conscience, cela ne vous ennuie-t-il pas vous-même? En grâce, faites qu'ils s'en aillent. Très volontiers, sire, répondit Amanzeï. Après avoir poussé sur Nahami la conversation aussi loin qu'elle pût aller, on revient aux médisances générales, et j'appris, en moins d'un moment, toutes les aventures d'Agra. Ensuite on se loua, on se mit tristement au jeu, on le continua avec toute l'aigreur et toute l'avarice possibles, et l'on sortit.

J'étais sur les épines, dit le sultan, vous venez de m'obliger considérablement. Me donnez-vous parole qu'ils ne rentreront pas, ces gens-là? Oui, sire, reprit le sultan, pour vous prouver que je sais récompenser les services qu'on me rend, je vous fais émir; d'ailleurs, je veux que vous brodiez bien, vous travaillez avec ardeur, j'espère que vous sortirez bien de votre conte, enfin... Tout cela me fait plaisir; et puis il faut encourager le mérite.

Le nouvel émir, après avoir rendu grâces au sultan, poursuivit ainsi: Malgré l'air affable de Fatmé, je crus m'apercevoir que la visite de ces trois personnes avait fait sur elle le même effet que sur votre majesté, et que si elle en eût été la maîtresse, elle aurait employé sa journée à d'autres amusements qu'à ceux qu'elles lui avaient procurés.

Aussitôt qu'elles furent sorties, Fatmé se mit à rêver profondément, mais sans tristesse; ses yeux s'attendrirent, ils errèrent languissamment dans le cabinet, il semblait qu'elle désirât vivement quelque chose qu'elle n'avait pas, ou dont elle craignait de jouir. Enfin, elle appela.

A sa voix, un jeune esclave d'une figure plus fraîche qu'agréable se présenta. Fatmé le fixant avec des yeux où régnaient l'amour et le désir, parut cependant irrésolue, et craintive. Ferme la porte, Dahis, lui dit-elle enfin, viens, nous sommes seuls, tu peux sans danger te souvenir que je t'aime, et me prouver ta tendresse.

Dahis à cet ordre, quittant l'air respectueux d'un esclave, prit celui d'un homme qu'on rend heureux. Il me parut fort délicat, peu tendre, mais vif, ardent, dévoré de désirs, ne connaissant point l'art de les satisfaire par degrés, ignorant la galanterie, ne sentant point de certaines choses, ne détaillant rien, ne s'occupant essentiellement de tout. Ce n'était pas un amant, et pour Fatmé qui ne cherchait pas l'amusement, c'était quelque chose de plus nécessaire. Dahis louait grossièrement, mais le peu de finesse de ses éloges ne déplaisait pas à Fatmé, qui, pourvu qu'on lui prouvât fortement qu'elle inspirait des désirs, croyait toujours être louée assez bien.

Fatmé se dédommagea avec Dahis, de la réserve avec laquelle elle s'était forcée avec son mari. Moins fidèle aux sévères lois de la décence, ses yeux brillèrent du feu le plus vif; elle prodigua à Dahis les noms les plus tendres, les plus ardentes caresses; loin de lui rien dérober de tout ce qu'elle sentait, elle se livrait à tout son trouble. Plus tranquille, elle faisait remarquer à Dahis, toutes les beautés qu'elle lui abandonnait, et le forçait même à lui demander de nouvelles preuves de sa complaisance, et que de lui-même il n'aurait pas désirées.

Dahis, cependant paraissait peu touché; ses yeux s'arrêtaient stupidement sur les objets que la facile Fatmé leur présentait, c'était machinalement qu'ils faisaient impression sur lui, son âme grossière ne sentait rien, le plaisir ne pénétrait même pas jusqu'à elle; pourtant Fatmé était contente. Le silence de Dahis, et sa stupidité ne choquaient point son amour-propre, et elle avait de trop bonnes raisons, pour croire qu'il était sensible à ses charmes, pour ne pas préférer son air indifférent aux éloges les plus outrés, et aux plus fougueux transports d'un petit-maître.

Fatmé, en s'abandonnant aux désirs de Dahis, annonçait assez qu'elle avait aussi peu de délicatesse que de vertu, et n'exigeait pas de lui, cette vivacité dans les transports, ces tendres riens que la finesse de l'âme, et la politesse des manières rend supérieurs aux plaisirs, ou qui, pour mieux dire, les font eux-mêmes.

Dahis sortit enfin après avoir bâillé plus d'une fois. Il était du nombre de ces personnes malheureuses, qui ne pensant jamais rien, n'ont jamais aussi rien à dire, et qui sont meilleures à occuper qu'à entendre.

Quelque idée que les amusements de Fatmé m'eussent donné d'elle, j'avouerai qu'après la retraite de Dahis, je crus ne lui restant rien sur quoi elle pût méditer dans ce cabinet, elle en sortirait bientôt, je me trompais : c'était sur ce genre de méditation, une femme infatigable. Il n'y avait pas longtemps qu'elle était toute aux réflexions dont Dahis lui avait fourni si ample matière, lorsqu'il lui arriva du nouveau pour en faire de nouvelles.

Un bramine sérieux, mais jeune, frais, et avec une de ces physionomies dont l'air composé ne détruit pas la vivacité, entra dans le cabinet. Malgré son habit de bramine, peut fait pour les grâces, il était tourné de façon à donner des idées à plus d'une prude; aussi était-il le bramine d'Agra, le plus recherché, le plus consolant, le plus employé. Il parlait si bien! disait-on, c'était avec tant de douceur qu'il s'insinuait dans les âmes le goût de la vertu! le moyen sans lui de ne pas s'égarer! Voilà ce qu'en public on disait de lui; on verra bientôt sur quoi en particulier on lui devait des éloges, et ceux qu'on lui donnait le plus haut, étaient ceux qu'il méritait le mieux.

Cet heureux bramine s'approcha de Fatmé d'un air doucereux et empesé, plus fade que galant. Ce n'était pas qu'il ne cherchât des airs légers, mais il copiait mal ceux qu'il prenait pour modèles, et le bramine perçait au travers du masque qu'il empruntait.

Reine des cœurs, dit-il à Fatmé, en minaudant, vous êtes aujourd'hui plus belle que les êtres heureux destinés au service de Brama. Vous élevez mon âme à une extase qui a quelque chose de céleste, et que je voudrais bien vous voir partager. Fatmé, d'un air languissant, lui répondit sur le même ton : et le bramine n'en changeant point, il s'établit entre eux une conversation fort tendre, mais où l'amour parlait une langue bien étrangère, bien peu faite pour lui. Sans leurs actions, je doute que j'eusse jamais compris leurs discours.

Fatmé, qui naturellement faisait assez peu de cas de l'éloquence, et qui, quoi qu'elle en dit, s'estimait pas beaucoup celle du bramine même, finit par commencer à s'ennuyer du sentiment. Le bramine à qui il ne plaisait pas plus qu'à elle, la quitta bientôt aussi, et cette conversation si fade, si doucereuse, finit comme celle de Dahis avait commencé.

Il est vrai cependant que Fatmé, en faisant les mêmes choses, était plus soigneuse des dehors. Elle voulait en paraître délicate, et que le bramine pût croire qu'elle ne cédait qu'à l'amour.

Le bramine, qui pour le caractère et la figure, ressemblait assez à Dahis, ne lui fut inférieur en rien, et mérita tous les compliments que lui prodiguait sans cesse la complaisante Fatmé. Après qu'ils eurent donné à leur tendresse ce qu'elle avait exigé d'eux, ils tournèrent la vertu en ridicule, s'entretinrent ensemble du plaisir qu'il y a à tromper les autres, et se firent mutuellement des leçons d'hypocrisies. Ces deux odieuses personnes se séparèrent enfin, et Fatmé alla désespérer son mari, et faire parade de ses mortifications.

Pendant que je fus chez elle, je ne lui connus point d'autres façons d'amuser ses loisirs que celles que j'ai racontées à votre toujours auguste majesté.

Fatmé, toute prudente qu'elle était, s'oubliait quelquefois. Un jour que seule avec son bramine, elle se livrait à ses transports, son mari que le hasard conduisit à la porte du cabinet, entendit des soupirs, et de certains termes qui l'étonnèrent. Les occupations publiques de Fatmé laissaient si peu imaginer ses amusements particuliers, que je doute que son mari devinât d'abord de qui partaient les soupirs, et les étranges paroles qui venaient de frapper ses oreilles.

Soit enfin qu'il crût reconnaître la voix de Fatmé, soit que la curiosité seule lui fît désirer de s'éclaircir de cet aventure, il voulut entrer dans le cabinet. Malheureusement pour Fatmé, la porte n'était pas bien fermée, et il l'enfonça d'un seul coup.

Le spectacle qui frappa ses yeux, le surprit au point que sa fureur demeurant suspendue, il sembla pendant quelques instants douter de ce qu'il voyait, et ne savoir à quoi se déterminer. Perfides! s'écria-t-il enfin, recevez le châtiment dû à vos vices, et à votre hypocrisie.

A ces mots, sans écouter ni Fatmé, ni le bramine, qui s'étaient précipités à ses pieds, il les fit expirer sous ses coups. Quelqu'affreux que fût ce spectacle, il ne me toucha pas. Ils avaient tous deux trop mérité la mort, pour qu'ils pussent être plaints, et je fus charmé qu'une aussi terrible catastrophe apprît à tout Agra, ce qu'avaient été deux personnes qu'on y avait si longtemps regardées comme des modèles de vertu.

⁂

Après la mort de Fatmé, mon âme prit son essor, et vola dans un palais voisin où tout me parut à peu près réglé comme dans celui que j'abandonnais. Dans le fond pourtant, on y pensait d'une façon bien différente. Ce n'était pas que la dame qui l'habitait entrât dans cet âge où les femmes un peu sensées, quand elles ne condamneraient pas la galanterie comme un vice, la regardent au moins comme un ridicule. Elle était jeune et belle, et l'on ne pouvait pas dire qu'elle n'aimait la vertu que parce qu'elle n'était point faite pour l'amour. A son air simple et modeste, au soin qu'elle prenait de faire de bonnes actions et de les cacher, à la paix qui semblait régner dans son cœur, on devait croire qu'elle était née ce qu'elle paraissait. Sage sans contrainte et sans vanité, elle ne se faisait ni une peine ni un mérite de suivre ses devoirs. Jamais je ne la vis un moment ni triste ni grondeuse; sa vertu était douce et paisible; elle ne s'en faisait un droit de tourmenter, ni de mépriser les autres; et elle était, sur cet article, beaucoup plus réservée que ne le sont ces femmes qui, ayant tout à se reprocher, ne trouvent cependant personne exempt de reproche. Son esprit était naturellement gai, et elle ne cherchait pas à en diminuer l'enjouement. Elle ne croyait pas sans doute, comme beaucoup d'autres, qu'on n'est jamais plus respectable que lorsqu'on est fort ennuyeux. Elle ne médisait point, et n'en savait pas moins amuser. Persuadée qu'elle avait autant de faiblesses que les autres, elle savait pardonner à celles qu'elle leur découvrait. Rien ne lui paraissait vicieux ou criminel que ce qui l'est effectivement. Elle ne se défendait pas les choses permises, pour ne se permettre, comme Fatmé, que celles qui sont défendues. Sa maison était fort faste, mais tenue noblement. Tous les honnêtes gens d'Agra se faisaient honneur d'y être admis; tous voulaient connaître une femme d'un aussi rare caractère; tous la respectaient; et, malgré ma perversité naturelle, je me vis enfin forcé de penser comme eux.

J'étais, lorsque j'entrai chez cette dame, si rempli de Fatmé, que je ne doutai pas d'abord qu'elle ne me fît les mêmes choses, et je confondis au premier coup d'œil la femme vertueuse avec l'hypocrite. Jamais je ne voyais entrer un esclave ou un bramine sans croire qu'on ne me mettrait de la conversation, et je fus longtemps étonné d'y être toujours compté pour rien.

L'oisiveté à laquelle on me condamnait dans cette maison m'ennuya enfin; et, persuadé que ce serait en vain que j'attendrais qu'on m'y donnât matière à observations, je quittai le sopha de cette dame, charmé d'être convaincu que dans tout l'univers il y avait des femmes vertueuses, mais désirant assez peu d'en retrouver de pareilles.

Mon âme, pour varier les spectacles que son état actuel pouvait lui procurer, ne voulut pas, en quittant ce palais, rentrer dans un autre, et s'abattit dans une basse vilaine maison, obscure, petite et telle que je doutai d'abord s'il y aurait de quoi m'y donner retraite. Je pénétrai dans une chambre triste, meublée au-dessous du médiocre et dans laquelle pourtant je fus assez heureux pour rencontrer un sopha, pour la vérité, délabré, témoignait assez que c'était à ses dépens qu'on avait acquis les autres meubles qui l'accompagnaient. Ce fut avant que je susse chez qui j'étais, la première idée qui me vint; et, quand je l'appris, je ne changeai pas d'opinion.

Cette chambre, en effet, servait de retraite à une fille assez jolie, et qui, par sa naissance et par elle-même, étant ce qu'on appelle mauvaise compagnie, voyait cependant les gens qui, dit-on, composent la bonne. C'était une jeune danseuse qui venait d'être reçue parmi celles de l'empereur, et dont la fortune et la réputation n'étaient pas encore faites, quoiqu'elle connût particulièrement presque tous les jeunes seigneurs d'Agra, qu'elle les comblât de ses bontés et qu'ils l'assurassent de leur protection. Je doute même, quelque chose qu'ils lui promissent, que, sans un intendant des domaines de l'empereur, qui prit du goût pour elle, sa fortune eût si tôt changé de face.

Abdalathif, c'est le nom de cet intendant, par sa naissance et par son mérite personnel, ne faisait pas une conquête brillante. Il était naturellement rustre et brutal, et, depuis sa fortune, il avait joint l'insolence à ses autres défauts. Ce n'était pas qu'il ne voulût être poli; mais, persuadé qu'un homme comme lui honore quelqu'un quand il lui marque des égards, il avait pris cette politesse froide et sèche des gens d'un certain rang, qu'on eux on veut bien appeler dignité, mais qui, dans Abdalathif, était le comble de la sottise et de l'impertinence. Né dans l'obscurité la plus profonde, non seulement il l'avait oublié, mais même il n'y avait rien qu'il ne fît pour se donner une origine illustre. Il couronnait ses travers en jouant perpétuellement le seigneur; vain et insolent, sa familiarité outrageait autant que sa hauteur; ignoble et sans goût dans ses magnificences, elle n'était en lui qu'un ridicule de plus. Avec peu d'esprit et moins encore d'éducation, il n'y avait rien à quoi il ne crût se connaître et dont il ne voulût décider. Tel qu'il était cependant, on le ménageait, non qu'il pût nuire, mais il savait obliger. Les plus grands d'Agra étaient assidûment ses complaisants et ses flatteurs, et leurs femmes même étaient sur le pied de lui pardonner des impertinences qu'avec elles il poussait à l'excès, ou de ne rien refuser à ses désirs. Quelque couru qu'il fût dans Agra, il était quelquefois bien aise de se délasser des trop grands empressements des femmes de qualité et de chercher des plaisirs qui, pour être moins brillants, n'en étaient pas moins vifs et, selon ce qu'il avait résolu l'insolence de dire, souvent guère plus dangereux.

Ce fut un soir, en sortant de chez l'empereur, devant qui Amine avait dansé, que ce nouveau protecteur la ramena chez elle. Il promena dans son triste et obscur logement des regards orgueilleux et distraits; puis, en daignant à peine lever les yeux sur elle : Vous n'êtes pas bien ici, lui dit-il; il faut vous y tirer; c'est autant pour moi que pour vous que je veux que vous soyez plus convenablement logée. On se moquerait de moi si une fille de qui je me mêle n'était pas d'une façon à se faire respecter. Après ces paroles, il s'assit sur moi; et, la tirant sur lui brusquement, il prit avec elle toutes les libertés qu'il voulut; mais, comme il avait plus de libertinage que de désirs, elles ne furent pas excessives.

Amine, que j'avais vue haute et capricieuse avec les seigneurs qui allaient chez elle, loin de prendre avec Abdalathif des airs familiers, le traitait avec un extrême respect, et n'osait même le regarder que quand il paraissait désirer qu'elle le fît. Vous me plaisez assez, lui dit-il enfin, mais je veux qu'on soit sage. Point de jeunes gens, des mœurs, une conduite réglée; sans tout cela, nous ne serions pas longtemps bons amis. Adieu, petite, ajouta-t-il en se levant; demain vous entendrez parler de moi : vous n'êtes point meublée de façon qu'on puisse aujourd'hui souper avec vous; j'y vais pourvoir; bonjour.

En achevant ces mots, il sortit. Amine le reconduisit respectueusement, et revint sur moi, se livrer à toute la joie que lui causait sa bonne fortune, et compter avec joie sur les sommes et sur les richesses qu'elle attendait le lendemain de la générosité d'Abdalathif.

Cette mère qui, quoique femme d'honneur, était la plus complaisante des mères, exhortait sa fille à se conduire sagement dans le bonheur qu'il plaisait à Brama de lui envoyer, et, comparant l'état où elles étaient à celui dans lequel elles allaient se trouver, faisait mille réflexions sur la providence des dieux qui n'abandonne jamais ceux qui la méritent.

Elle fit, après cela, une longue énumération des seigneurs qui avaient été amis de sa fille. Combien peu leur amitié vous a-t-elle été utile? Mon enfant, lui disait-elle, ayez avis c'est bien votre faute. Je vous l'ai dit mille fois; vous êtes née trop douce. Ou vous vous donnez par pure indolence, ce qui est un grand vice, ou, ce qui ne vaut pas mieux et a donné de grands ridicules, vous vous prenez de fantaisie. Je ne dis pas qu'on ne se satisfasse quelquefois, à Dieu ne plaise! mais il ne faut pas tellement se sacrifier à ses plaisirs, qu'on en néglige sa fortune; il faut surtout éviter qu'on puisse dire qu'une fille comme vous peut se livrer quelquefois à l'amour, et malheureusement vous avez donné là-dessus matière à bien des propos. Vous n'êtes encore bien jeune, et j'espère que cela ne vous fera pas grand tort. Rien ne perd tant les personnes de votre condition que ces étourderies que j'ai entendu nommer des complaisances gratuites. Quand on sait qu'une fille est dans la malheureuse habitude de se donner quelquefois pour rien, tout le monde croit être fait pour l'avoir au même prix, ou du moins à bon marché. Voyez Roxane, Atalis, Elzire; elles n'ont pas une faiblesse à se reprocher; aussi Brama a béni leur conduite. Moins jolies que vous, voyez comme elles sont riches! Profitez bien de leur exemple; ce sont des filles bien raisonnables!

Eh oui! ma mère, oui, répondit Amine, que cette exhortation impatientait, j'y songerai; mais me conseilleriez-vous pourtant de

n'être qu'au monstre que j'ai actuellement? Cela est impossible ; je vous en avertis.

Vraiment non, reprit la mère, à l'égard de son cœur on n'est pas la maîtresse, je dis simplement qu'il faut que vous renonciez aux seigneurs de la cour, à moins que vous ne les voyiez *incognito*, et qu'ils n'aient pour vous de meilleures façons, qu'ils n'en ont eu jusqu'ici. Si vous voulez, je leur parlerai, moi. Vous avez Massoud que vous aimez ; c'est un bon choix; il n'est connu de personne ; il se prête à tout, vous le faites passer pour votre parent, on le prend pour cela, il n'y a rien à dire. Ce monsieur qui vous veut du bien, s'y trompera comme les autres ; en vous conduisant avec prudence, il ne se doutera de rien, et,... Croyez-vous, ma mère, interrompit Amine, qu'il me donne des diamants! Ah! oui, il m'en donnera. Ce n'est pas, ajoutait-elle, que j'aie de la vanité, mais quand on tient un certain rang, on est bien aise d'être comme tout le monde. Là dessus, elle se mit à compter toutes les filles qui seraient désespérées et des diamants et des belles robes qu'elle aurait ; idée qui la flattait plus que sa fortune même.

Le lendemain, d'assez bonne heure, un char vint la prendre, et mon âme, curieuse de voir l'usage qu'Amine ferait des conseils de sa mère, la suivit. On la conduisit dans une jolie maison toute meublée qu'Abdalathif avait dans une rue détournée. Je me plaçai en y arrivant dans un sopha superbe que l'on avait mis dans un cabinet extrêmement orné. Jamais je n'ai vu personne être dans une aussi sotte admiration que celle qu'Amine témoignait pour tout ce qui s'y offrait à ses yeux. Après avoir curieusement examiné tout, elle vint se mettre à sa toilette. Les vases précieux dont elle la vit couverte, un écrin rempli de diamants, des esclaves bien vêtus qui, d'un air respectueux, s'empressaient à la servir, des marchands et des ouvriers qui attendaient ses ordres, tout la transportait et augmentait son ivresse.

Quand elle en fut un peu revenue, elle songea au rôle qu'elle devait jouer devant tant de spectateurs. Elle parla à ses esclaves avec hauteur, aux marchands et aux ouvriers avec impertinence, choisit ce qu'elle voulut, ordonna que tout ce qu'elle commandait fût prêt pour le lendemain au plus tard, se remit à sa toilette, y resta longtemps, et, en attendant les magnificences qui lui étaient destinées, se revêtit d'un déshabillé superbe qui avait été fait pour une princesse d'Agra et qu'elle trouva à peine assez beau pour elle.

Elle passa la plus grande partie de la journée à s'occuper de tout ce qu'elle voyait et à attendre Abdalathif. Vers le soir, enfin, il parut. Eh bien, petite, lui dit-il, comment vous trouvez-vous de tout ceci? Amine se précipita à ses pieds, et, dans les termes les plus ignobles, le remercia de tout ce qu'il faisait pour elle.

J'étais étonné, moi qui jusqu'alors avais été en bonne compagnie, de tout ce qui frappait mes oreilles ; ce n'était pas que je n'eusse jamais entendu de sottises, mais du moins elles étaient élégantes et de ton noble avec lequel il semble presque qu'on n'en dit pas.

⚜

Avant que de s'engager dans une plus longue conversation, Abdalathif tira de sa poche une longue bourse pleine d'or, qu'il jeta sur une table d'un air négligent. Serrez ceci, lui dit-il, vous en aurez peu de besoin. Je me charge de toute la dépense de votre maison et de celle de votre personne. Je vous ai envoyé un cuisinier ; c'est après le mien le meilleur d'Agra. Je compte souper souvent ici. Nous n'y serons pas toujours seuls, quelques-uns des seigneurs de mes amis, avec quelques beaux-esprits à qui je prête de l'argent, y viendront quelquefois. On y joindra de vos compagnes, des plus jolies s'entend ; cela fera des soupers gais, je les aime.

A ces mots, il la conduisit dans le petit cabinet où j'étais, et la mère d'Amine, cette femme respectable qui jusque-là avait été présente à la conversation, se retira et ferma la porte.

Ce n'est pas d'une pareille conversation, dit Amanzei en s'interrompant, que je vous rendrai un compte exact à votre majesté. Amine y parut tout-à-fait tendre et vive jusqu'au transport. Abdalathif avait pris soin de lui dire auparavant que les femmes réservées dans leurs discours lui déplaisaient, et avec l'envie qu'Amine avait de lui plaire, son éducation et les habitudes qu'elle avait contractées, votre Majesté imagine sans peine qu'il se tint des propos qu'il serait difficile de lui rendre et qui d'ailleurs ne lo flatteraient pas.

Pourquoi cela? demanda le sultan ; peut-être les trouverai-je fort bons. Voyons un peu. Voyez, dit la sultane en se levant ; mais, comme je suis sûre qu'ils ne m'amuseraient pas, vous trouverez bon que je sorte.

Voyez-vous cela! s'écria le sultan, la belle modestie! Vous croyez peut-être que j'en suis la dupe, détrompez-vous. Je connais les femmes à présent, et je me souviens d'ailleurs qu'un homme qui les connaissait aussi bien que moi, ou à peu près, m'a dit que les femmes ne font rien avec tant de plaisir que ce qui leur est défendu, et qu'elles n'aiment que les discours qu'il semble qu'elles ne doivent pas entendre ; par conséquent, si vous sortez, ce n'est pas que vous ayez envie de sortir. Mais n'importe, Amanzei me dira à mon coucher ce que vous ne voulez pas qu'il me dise à présent ;

cela fera précisément que je n'y perdrai rien, n'est-il pas vrai? Amanzei n'avait garde de ne pas convenir que le sultan avait raison, et après avoir exagéré la prudence de sa conduite, il continua ainsi :

Après l'entretien d'Abdalathif et d'Amine, que j'ai plus long qu'intéressant, on servit ; comme je n'étais pas dans la salle à manger, je ne puis, sire, vous rendre compte de ce qu'ils y dirent. Ils revinrent longtemps après. Quoiqu'ils eussent soupé tête-à-tête, il me parut qu'ils n'en avaient pas été plus sobres. Après quelques fort mauvais discours, Abdalathif s'endormit sur le sein de sa dame.

Amine, toute complaisante qu'elle était, trouva mauvais d'abord qu'Abdalathif prît avec elle de si grandes libertés. Sa vanité souffrait aussi du peu de cas qu'il paraissait faire d'elle. Les éloges qu'il lui avait donnés sur la façon dont elle avait soutenu l'entretien qu'elle avait eu avec lui, l'avaient enorgueillie et lui faisaient croire qu'elle méritait qu'il prît la peine de l'entretenir encore. Malgré les attentions qu'elle devait à Abdalathif, elle s'ennuya de la contrainte où il la retenait, et elle en aurait étourdiment marqué son chagrin, si Abdalathif, ouvrant pesamment les yeux, ne lui eût demandé d'un ton brusque l'heure qu'il était. Il se leva sans attendre sa réponse. Adieu, lui dit-il en la caressant brutalement, je vous ferai dire demain si je puis souper ici. A ces mots, il voulut sortir. Quelque envie qu'eût Amine qu'il la laissât libre, elle crut devoir le retenir ; quoiqu'elle poussât la fausseté jusqu'à pleurer de son départ, il fut inexorable, et se débarrassa des bras d'Amine, en lui disant qu'il voulait bien qu'elle l'aimât, mais qu'il ne prétendait pas être gêné.

D'abord qu'il fut sorti, elle sonna, en l'honorant à demi dans de toutes les épithètes qu'il méritait. Pendant qu'on la déshabillait, sa mère vint lui parler bas. La nouvelle qu'elle donnait à Amine lui fit hâter ses esclaves ; enfin elle ordonna qu'on la laissât seule. Peu de moments après que sa mère et ses esclaves se furent retirées, la première rentra. Elle menait un nègre, mal fait, horrible à voir, et qu'Amine n'eut pourtant pas plus tôt aperçu, qu'elle vint l'embrasser avec emportement.

Amanzei, dit le sultan, si vous ôtez ce nègre-là de votre histoire, je pense qu'elle n'en serait pas plus mauvaise. Je ne vois pas ce qu'il y gâte, sire, répondit Amanzei. Je m'en vais vous le dire, moi, répliqua le sultan, puisque vous n'ayez pas l'esprit de le voir. La première femme de mon grand-père Schah-Riar couchait avec tous les nègres de son palais. Ça a été, grâces à Dieu, une chose assez notoire. En conséquence de ce, mon susdit grand-père, non-seulement fit étrangler celle-là, mais toutes les autres qu'il eut après, jusqu'à ma grand-mère Schéhérazade, qui lui en fit perdre l'habitude. Donc je trouve fort peu respectueux que l'on vienne, après ce qui est arrivé dans ma famille, me parler de nègres, comme si je n'y devais prendre aucun intérêt. Je vous passe celui-ci, puisqu'il est venu ; mais qu'il n'en vienne plus, je vous prie. Amanzei, après avoir demandé pardon au sultan de son étourderie, continua ainsi : Ah! Massoud, dit Amine à son amant, que j'ai souffert d'être deux jours sans te voir! Que je hais le monstre qui m'obsède! Qu'on est malheureuse de se sacrifier à sa fortune!

Massoud, à tout cela, répondait assez peu de chose. Il lui dit cependant que, quoiqu'il l'aimât avec toute la délicatesse possible, il n'était pas fâché qu'Abdalathif eût pour elle des attentions. Il l'exhorta ensuite à faire tout ce qui serait convenable pour le ruiner, et, se livrant après à toute la fureur des caresses d'Amine, ils commencèrent une sorte d'entretien dont la joie de tromper Abdalathif augmentait encore la vivacité. Avant que de sortir du cabinet, elle paya fort généreusement Massoud de l'extrême amour qu'il lui avait témoigné.

Elle passa avec lui la plus grande partie de la nuit, et le renvoya enfin lorsqu'elle vit paraître le jour, et la mère d'Amine, qui par une porte de son appartement qui donnait dans celui de sa fille, l'avait introduit, le fit sortir par la même voie.

Amine passa le matin à essayer toutes les robes qu'elle avait commandées et à en ordonner d'autres. Ce fut son amusement jusqu'à l'heure qui lui était marquée pour aller danser chez l'empereur. Elle en fut ramenée par Abdalathif ; ils étaient suivis de quelques jolies compagnes d'Amine, deux ou trois beaux-esprits des plus renommés d'Agra. Ils s'empressèrent à l'envie de louer la magnificence d'Abdalathif, son goût, son air noble, la délicatesse de son esprit et la sûreté de ses lumières. Je ne concevais pas comment des gens qui, par leur naissance ou leur talents, tenaient un rang distingué, pouvaient se pardonner la bassesse et la fausseté de leurs éloges. Ils n'oubliaient pas même de louer Amine, mais à la vérité, c'était d'une façon qui devait lui faire sentir qu'elle n'était que subalterne et qu'on ne s'en voulait bien devoir à la paraître peu. Après les louanges d'Abdalathif, chacun se dispersa dans le salon avec qui il lui plut. La conversation était, selon ceux qui parlaient, tantôt vive, tantôt plate, en tout, il me parut que l'on mangeait assez peu les dames qui donnaient ce souper chez Amine, et qu'elles ne s'en offensaient guère.

On descendit enfin pour souper. Comme il n'y avait pas de retraite pour mon âme, dans le lieu où l'on mangeait, je ne pus pas entendre les discours qui s'y tinrent. A en juger par ceux qui pré-

cédèrent le souper et ceux qui le suivirent, on pouvait ne pas regretter de n'être point à portée de les entendre.

Abdalathif noyé dans le vin, enivré des éloges que le mérite qu'on avait découvert à son cuisinier avait rendus plus vifs et plus nombreux, ne tarda point à s'endormir. Un jeune homme qui avait intérêt qu'il laissât bientôt Amine en état de disposer d'elle, osa bien l'éveiller pour lui représenter qu'un homme comme lui, chargé des plus grandes affaires, et nécessaire à l'Etat autant qu'il l'était, pouvait quelquefois permettre aux plaisirs de le distraire, mais ne devait jamais s'y abandonner. Il prouva si bien enfin à Abdalathif combien il était cher au prince et au peuple, qu'il le convainquit qu'il ne pouvait différer de s'aller coucher, sans que l'Etat ne risquât d'y perdre son plus ferme appui.

Il sortit, et tout le monde avec lui. Quelques regards que j'avais surpris entre Amine et le jeune homme qui venait de haranguer si bien Abdalathif, me firent croire que je le reverrais bientôt. Elle se mit à sa toilette d'un air nonchalant, et débarrassée de cet attirail superbe, plus gênant encore pour les plaisirs, qu'il n'est pour l'amour-propre, elle ordonna qu'on la laissât seule.

La respectable mère d'Amine, gagnée apparemment par le récit que le jeune homme lui avait fait de ses souffrances (car je ne saurais croire qu'une âme si belle eût pu être sensible à l'intérêt) l'introduisit discrètement dans l'appartement de sa fille, et ne se retira qu'après qu'il lui eût donné parole positive de ne faire à Amine aucune proposition qui pût alarmer la pudeur d'une fille aussi sage et aussi modeste.

En vérité! dit Amine au jeune homme, quand ils furent seuls, il faut que je vous aime bien tendrement, pour m'être déterminée à ce que je fais. Car enfin, je trompe un honnête homme que je n'aime point à la vérité, mais à qui pourtant je devrais être fidèle. J'ai tort, je le sais bien, mais l'amour est une terrible chose, et ce qu'il me fait faire aujourd'hui est bien éloigné de mon caractère. Je vous en sais d'autant plus de gré, répondit le jeune homme en voulant l'embrasser. Oh! pour cela, répliqua-t-elle en le repoussant, voilà ce que je ne vous pas vous permettre: de la confiance, du sentiment, du plaisir à vous voir, je vous en ai promis, mais si j'allais plus loin, je trahirais mon devoir. Mais, mon enfant, lui dit le jeune homme, deviens-tu folle? Qu'est-ce donc que le jargon dont tu te sers? Je te crois tout le sentiment du monde, assurément, mais à quoi veux-tu qu'il nous serve? Est-ce pour cela que je suis venu ici?

Vous vous êtes trompé, répondit-elle, si vous avez attendu de moi quelque autre chose. Quoique je n'aime point le seigneur Abdalathif, j'ai fait vœu de lui être fidèle, et rien ne peut m'y faire manquer. Ah! petite reine, répartit le jeune homme en raillant, d'abord que tu as fait un vœu, je n'ai rien à dire, cela est respectable; et pour la rareté du fait, je te permets d'y demeurer fidèle. Hé! dis-moi, et en as-tu beaucoup fait de pareils en ta vie? Ne raillez pas, répondit Amine, je suis fort scrupuleuse. Oh! tu m'étonnes point, répliqua-t-il, vous autres filles tant soit peu publiques, vous vous piquez toutes de scrupules, et vous en avez, en général, beaucoup plus que les femmes vertueuses. Mais à propos de ton vœu, tu aurais tout aussi bien fait de m'en instruire tantôt, et de ne pas me faire prendre la peine de venir passer la nuit ici. Cela est vrai, répondit-elle d'un air embarrassé, mais vous m'avez fait des propositions si brillantes, que d'abord elles m'ont éblouie, je l'avoue. Hé! lui demanda-t-il, la réflexion te les a donc gâtées? Tiens, poursuivit-il en tirant une bourse, voilà ce que je t'ai promis, je suis homme de parole; il y a là dedans de quoi guérir tes scrupules et te relever de tous les vœux que tu as pu faire. Conviens-en, du moins. Que vous êtes badin! répondit-elle en se saisissant de la bourse, vous me connaissez bien peu! Je vous jure que sans l'inclination que je te sens pour vous.... Finissons cela, interrompit-il. Pour te prouver combien je suis noble, je te dispense des remerciements et même de cette prodigieuse inclination que tu as pour moi; aussi bien dans le marché que nous avons fait ensemble ne m'a-t-elle servi à rien. Je te paie mieux que cela n'est cher que si j'étais en premier, et tu sais bien que cela n'est pas dans les règles. Il me semble que si, répondit Amine, et que si une perfidie vous coûte.... Si je ne te payais, interrompit-il, qu'à raison de ce qu'elle te coûte, je te répondrais que je t'aurais pour rien. Mais encore une fois, finissons, quoique tu aies de l'esprit autant qu'on en puisse avoir, la conversation m'ennuie.

Quelque impatience qu'il marquât, il ne pût empêcher qu'Amine qui était la prudence même, ne comptât l'argent qu'il venait de lui donner. Ce n'était pas, disait-elle, qu'elle se défiât de lui, mais il pouvait lui-même s'être trompé; enfin elle ne se rendit à ses désirs que quand elle fut sûre qu'il n'avait point commis d'erreur de calcul.

Lorsque le jour fut prêt à paraître, la mère d'Amine revint et dit au jeune homme qu'il était temps qu'il se retirât; il n'était pas tout-à-fait de cet avis, quoique Amine le priât de vouloir bien ménager sa réputation. Cette considération ne l'aurait sûrement pas ébranlé, et, malgré ses prières, si Amine ne lui eût promis de lui accorder à l'avenir autant de nuits qu'elle pourrait en dérober à Abdalathif.

Outre Abdalathif, Massoud, et ce jeune homme à qui quelquefois elle tenait parole, Amine qui avait reconnu l'utilité des conseils que sa mère lui avait donnés, recevait indifféremment tous ceux qui la trouvaient assez belle pour la désirer, pourvu cependant qu'ils fussent assez riches pour lui faire agréer leurs soupirs. Bonzes, bramines, imans, militaires, cadis, hommes de toutes nations, de tout âge, rien n'était rebuté. Il est vrai que comme elle avait des principes et des scrupules, il en coûtait plus aux étrangers, à ceux surtout qu'elle regardait comme des infidèles, qu'à ses compatriotes et à ceux qui suivaient la même loi qu'elle. Ce n'était qu'à prix d'argent qu'ils pouvaient vaincre ses répugnances, et après qu'elle s'était donnée, triompher de ses remords. Elle s'était même fait là dessus des arrangements singuliers. Il y avait des cultes qu'elle avait plus en horreur que les autres, et je me souviendrai toujours qu'il en coûta plus à un guèbre pour obtenir d'elle des complaisances qu'il n'en aurait coûté en pareil cas à dix mahométans.

Soit qu'Abdalathif fût trop persuadé de son mérite, pour croire qu'Amine pût être infidèle, soit qu'aussi ridiculement il comptât sur les serments qu'elle lui avait faits de n'être jamais qu'à lui, il fut longtemps avec elle dans la plus parfaite sécurité, et sans un événement imprévu, quoiqu'il ne fût pas sans exemple, il est apparent qu'il y aurait toujours été plongé.

J'entends bien, dit alors le sultan, quelqu'un lui dit qu'elle était infidèle. Non, sire, répondit Amanzei. Ah! oui, reprit le sultan, je vois à présent que c'est tout autre chose, cela se devine : lui-même, il la surprit. Point du tout, sire, répartit Amanzei, il aurait été trop heureux d'en être quitte à si bon marché. Je ne sais donc plus ce que c'était, dit Schah-Baham, au fond ce ne sont pas mes affaires, et je n'ai pas besoin de me tourner la tête, pour deviner quelque chose qui ne m'intéresse pas.

<center>⁂</center>

Le moment fatal où toutes les grandeurs, les diamants, les richesses qu'Amine possédait, allaient s'évanouir pour elle était venu. Du moins pour se consoler de leur perte, lui restait-il le souvenir d'un beau songe, et Abdalathif, supposé qu'il eût rêvé, ne l'avait pas fait aussi agréablement qu'elle.

Depuis quelques jours, j'avais remarqué qu'Amine était plus triste qu'à l'ordinaire, sa maison, la nuit, était fermée, et le jour elle ne voyait qu'Abdalathif. Je le voyais écrit beaucoup de lettres, et toutes l'avaient chagrinée. Je me perdais en réflexions pour deviner ce qu'elle pouvait avoir, et ne pouvant la pénétrer, je fus assez imbécile pour croire que les remords dont elle était agitée, causaient seuls le chagrin qu'elle paraissait avoir.

Quoique la connaissance que j'avais de son caractère dût m'interdire cette idée, la difficulté de pénétrer la cause de son inquiétude me la fit former. Je ne fus pas longtemps à voir que je m'étais trompé sur tout ce que j'avais imaginé.

Amine, l'air embarrassé, pensif, sombre, était un matin à sa toilette. Abdalathif entra. Elle rougit à sa vue, elle n'était pas accoutumée à le voir le matin, et cette visite inopinée lui déplut. Confuse et timide, je la vis ne se lever les yeux sur lui. A la mine renfrognée d'Abdalathif, aux regards terribles que, de temps en temps, il lançait sur elle, il n'était pas difficile de juger qu'il était tourmenté d'une idée fâcheuse à laquelle, vraisemblablement, elle avait donné lieu. Amine, sans doute, savait ce que c'était, car elle n'osa jamais le lui demander. Il garda quelque temps le silence. Vous êtes jolie, lui dit-il enfin, avec une fureur ironique, vous êtes jolie! oui, très fidèle! Oh! parbleu, ma reine, parbleu! On saura vous apprendre à être sage, et vous mettre en lieu où vous serez forcée de l'être, du moins quelque temps.

Quel est donc ce discours, monsieur? lui répondit Amine d'un air de hauteur, est-ce à une personne comme moi qu'il peut jamais s'adresser? Mesurez un peu vos paroles, je vous prie.

L'insolence d'Amine, dans la situation présente, parut si singulière à Abdalathif qu'il ne confondit : mais enfin la fureur prenant le dessus, il l'accabla de toutes les injures et de tout le mépris qu'il croyait lui devoir. Amine voulut alors entrer en justification; mais Abdalathif qui avait sans doute eu des témoins convaincants de ce dont il l'accusait, lui ordonna brusquement de se taire.

Amine convint en ce moment qu'Abdalathif avait raison de se plaindre, mais il lui paraissait si peu possible que ce fût d'elle, qu'il n'en revenait pas. Elle crut même devoir à son tour l'accabler de reproches sur ses infidélités, lui faire même des remontrances sur les mauvais choix qu'il faisait, toutes choses, qu'elle lui disait, ajoutait-elle, que par l'extrême intérêt qu'elle osait prendre à ce qui le regardait.

Une impudence si soutenue impatienta enfin Abdalathif au point qu'il pensa s'échapper tout-à-fait. Amine voyant qu'il n'était la dupe ni de sa hauteur, ni de ses reproches, et craignant la fureur où elle le voyait, que cette scène ne finît pour elle de la façon la plus tragique, crut enfin qu'elle devait prendre le parti des larmes et de la soumission. Ce fut en vain, rien ne calma Abdalathif: je ne vous dirai pas ce qu'il avait, mais jamais je n'ai vu d'homme si fâché. De moment en moment il entrait dans des accès de fureur pendant lesquels il aurait sans doute tout brisé dans la maison, si tout ce qui y

était ne lui eût pas appartenu. Cette sage considération le retenait sur un fracas indécent qui l'aurait peut-être soulagé, et la violence qu'il se faisait pour se retenir sur cela augmentait sa colère contre Amine. Ce dont il était le plus outré, c'était qu'on eût osé manquer d'une façon si cruelle à ce qu'on devait à un homme comme lui. Cela seul lui paraissait inconcevable. Après avoir dit toutes les impertinences que sa fureur et sa fatuité lui dictaient tour à tour, il s'empara généralement de tout ce qu'il avait donné à Amine. Elle s'était attendue à être quittée et elle s'en consolait en jetant de temps en temps les yeux sur les diamants, et les autres choses qu'elles croyait qui lui resteraient ; mais quand elle vit l'impitoyable Abdalathif se mettre en devoir de tout reprendre, elle poussa les cris les plus perçants et les plus douloureux. Sa mère alors entra, se jeta mille fois aux pieds d'Abdalathif, et crut l'apaiser beaucoup en lui avouant que c'était un maudit bonze qui était cause de tout ce qui arrivait.

Loin que ce qu'on disait du bonze parut attendrir Abdalathif, il sembla le déterminer à user de toute la rigueur possible. Hélas ! ajoutait tristement la mère d'Amine, nous sommes bien punies de nous être fiées à un infidèle. Ma fille sait ce que j'en pensais, et que je lui ai toujours dit que cela ne pouvait que lui porter malheur.

Pendant ces lamentations, Abdalathif, ayant à la main un état de tout ce qu'il avait donné à Amine, se faisait tout restituer par ordre. Lorsque cela fut fait : A l'égard de l'argent que je vous ai donné, dit-il à Amine d'un air grave, je vous le laisse ; il n'a pas tenu à moi, petite reine, que vous n'ayez été plus heureuse. Cette mortification-ci vous rendra sans doute plus prudente, je le désire sincèrement ; allez, ajouta-t-il, je n'ai plus besoin de vous ici. Rendez grâces au ciel de ce que je ne porte pas plus loin ma colère.

En achevant ces paroles, il ordonna à ses esclaves, de les faire sortir, n'étant pas plus ému des injures atroces qu'alors elles vomissaient contre lui, qu'il ne l'avait été des larmes qu'il leur avait vu répandre.

La curiosité de voir l'usage qu'Amine ferait de son humiliation me fit résoudre, malgré le dégoût que ses mœurs me causaient, à la suivre dans ce réduit obscur d'où Abdalathif l'avait tirée, et où elle retourna cacher sa honte, et la douleur de n'avoir pas su la ruiner.

Ce fut dans ce triste lieu que je fus témoin de ses regrets et des imprécations de sa vertueuse mère. Les débris de leur fortune, qui étaient encore considérables, les consolèrent enfin de ce qu'elles avaient perdu.

Eh bien ! ma fille, disait un jour la mère d'Amine, est-ce donc un si grand malheur que ce qui vous est arrivé ? Je conviens que ce monstre que vous aviez était la libéralité même, mais est-il donc le seul à qui vous puissiez plaire ? D'ailleurs, quand vous n'en retrouveriez pas un aussi riche, croiriez-vous pour cela être malheureuse ? Non, ma fille, où l'espèce manque, il faut se dédommager par le nombre. Si quatre ne suffisent pas pour le remplacer, prenez-en dix, plus même, s'il le faut. Vous me direz peut-être que cela est sujet à des accidents, cela est vrai ; mais quand on ne se met au-dessus de rien, que l'on craint tout, on reste dans l'infortune et dans l'obscurité.

Quelque envie qu'Amine eût de mettre à profit ces sages conseils, l'abandonnement où elle était ne lui permit pas de s'en servir aussitôt qu'elle l'aurait voulu. Son aventure avec Abdalathif lui avait si bien donné dans Agra, la réputation d'une personne peu sûre dans le commerce que, hors le fidèle Massoud de qui la tendresse était à l'épreuve de tout, je ne vis chez elle pendant quelque temps que quelques unes de ses compagnes qui venaient la voir plutôt sans doute pour jouir de son malheur que pour l'en consoler.

Le temps qui efface tout, effaça enfin la mauvaise opinion qu'on avait d'Amine. On la crut changée, on imagina que les réflexions qu'on lui avait laissé le temps de faire, l'auraient guérie de la fureur d'être infidèle. Les amants revinrent. Un seigneur persan qui arriva dans ce temps à Agra, et qui ne savait que médiocrement les anecdotes, vit Amine, la trouva jolie et s'entêta d'autant plus qu'un de ces hommes obligeants qui ne s'occupent que du noble soin de procurer des plaisirs aux autres, l'assura que s'il avait le bonheur de plaire à Amine, il devrait lui en savoir d'autant plus de gré que ce serait la première faiblesse qu'elle aurait à se reprocher.

Tout autre aurait cru la chose impossible, le persan ne la trouva qu'extraordinaire. Cette nouveauté le piqua, et à l'aide de l'irréprochable témoin de la vertu d'Amine il acheta au plus haut prix des faveurs qui, dans Agra, commençaient à être taxées au plus bas et n'étaient pourtant pas encore aussi méprisées qu'elles auraient dû l'être.

Cette triste maison qu'Amine habitait fut encore une fois quittée pour un palais superbe où brillait tout le faste des Indes. Je ne sais si Amine usa sagement de sa nouvelle fortune ; mon âme rebutée d'étudier la sienne alla chercher des objets plus dignes de s'occuper, dans le fond peut-être aussi méprisables, mais qui, plus ornés, la révoltaient moins et l'amusaient davantage.

Je m'envolai dans une maison qu'à sa magnificence et au goût qui y régnait de toutes parts, je reconnus pour une de celles où je me plaisais à demeurer, où l'on trouve toujours le plaisir et la galanterie, et où le vice même, déguisé sous l'apparence de l'amour, embelli de toute la délicatesse et de toute l'élégance possibles, ne s'offre jamais aux yeux que sous les formes les plus séduisantes.

La maîtresse de ce palais était charmante, et à la tendresse qu'elle avait dans les yeux, autant qu'à sa beauté, je jugeai que mon âme y trouverait des amusements. Je restai quelque temps dans son sopha, sans qu'elle daignât seulement s'y asseoir. Cependant elle aimait et elle était aimée. Poursuivie par son amant, persécutée par elle-même, il n'y avait pas d'apparence que je lui fusse toujours aussi indifférent qu'elle semblait se le promettre. Quand j'entrai chez elle, il avait déjà obtenu la permission de lui parler de son amour, mais quoiqu'il fût aimable et pressant, que même il eût déjà persuadé, il était encore bien loin de vaincre.

Phénime (c'est ainsi qu'elle s'appelait) renonçait avec peine à sa vertu, et Zulma, trop respectueux pour être entreprenant, attendait du temps et de ses soins, qu'elle prît pour lui autant d'amour qu'il en ressentait pour elle. Mieux informé que lui, des dispositions de Phénime, je concevais pas qu'il pût connaître aussi peu son bonheur. Phénime, à la vérité, ne lui disait pas encore qu'elle l'aimait, mais ses yeux le lui disaient toujours. Lui parlait-elle d'une chose indifférente ? dans qu'elle le voulût, même sans qu'elle s'en aperçût, sa voix s'attendrissait, ses expressions devenaient plus vives. Plus elle s'imposait de contrainte avec lui, plus elle lui marquait d'amour. Rien de son amant ne lui paraissait indifférent ; elle en craignait tout, et les gens qu'elle aimait le moins en apparence mieux traités que lui. Quelquefois elle lui imposait silence, et l'oubliant à l'instant même elle continuait la conversation qu'elle avait voulu finir. Toutes les fois qu'il la trouvait seule (et sans s'en apercevoir elle lui en donnait mille occasions), l'émotion la plus tendre et la plus marquée s'emparait d'elle involontairement. Si dans le cours d'un entretien long et animé, il arrivait à Zulma de lui baiser la main ou de se jeter à ses genoux, Phénime s'effrayait moins de ses libertés qu'elle ne se fâchait point ; c'était même si tendrement qu'elle se plaignait de ses entreprises !

Et cependant, interrompit le Sultan, il ne les continuait pas ? Non, assurément, sire, répondit Amanzei, plus il était amoureux... plus il était bête, dit le sultan, je le vois bien. L'amour n'est jamais plus timide, reprit Amanzei, que quand... Oui ! timide, interrompit encore le sultan, voilà un beau conte ! Est-ce qu'il ne voyait pas qu'il impatientait cette dame ? A la place de cette femme-là, je l'aurais renvoyé pour jamais, moi qui vous parle.

Il n'est pas douteux, reprit Amanzei, qu'avec une coquette Zulma n'eût été perdu, mais Phénime qui réellement désirait de n'être pas vaincue, tenait compte à son amant de sa timidité. D'ailleurs en ménageant les scrupules de Phénime, plus il s'assurait la victoire. Un moment donné par le caprice, n'est pas ainsi, ne revient peut-être jamais, mais quand c'est l'amour qui le donne, il semble que moins on le saisit plus il s'empresse de le rendre. J'ai cependant ouï dire, répliqua Schah-Baham, que les femmes n'aiment point qu'on ne les devine pas. Cela peut être quelquefois, répondit Amanzei, mais Phénime pensait positivement qu'elle n'aimait jamais tant Zulma que quand il avait été plus respectueux, qu'elle-même ne l'avait désiré. A-t-on demandé encore le sultan, lieu arrivait-il souvent de s'y méprendre ?

Oui, sire, répondit Amanzei, et quelquefois si grossièrement qu'il en était ridicule. Un jour, par exemple, il entra chez Phénime ; il y avait plus d'une semaine que, livrée à sa tendresse, elle ne s'occupait que de lui : elle avait commencé par le désirer vivement, et son imagination s'échauffant par degrés, elle s'abandonna voluptueusement à son désordre ; il était au plus haut point, lorsque Zulma se présenta à ses yeux ; son trouble augmenta ; elle acheva de rougir en le voyant ; ah ! s'il eût deviné ce qui faisait alors rougir Phénime ! s'il eût osé même la presser ! mais il se croyait fort mal avec elle de quelques libertés fort innocentes que, la veille, il avait voulu prendre, et il l'employa à lui en demander pardon le temps où elle ne se serait offensée de rien.

Ah ! le butord, s'écria le sultan, il n'est pas croyable qu'on soit si bête ! Il ne faut cependant pas que cela vous étonne, sire, repartit Amanzei ; tout le temps que j'ai été sopha, j'ai vu manquer plus de moments que je n'en ai vu saisir. Les femmes accoutumées à nous cacher sans cesse ce qu'elles pensent, mettent surtout leur attention à nous dissimuler les mouvements qui les portent à la tendresse, et telle a droit à se vanter de n'avoir jamais succombé, qui doit moins cet avantage à sa vertu qu'à l'opinion qu'elle en a su donner.

Je me rappelle qu'étant chez une femme célèbre par sa rare vertu, j'y fus assez longtemps sans rien voir qui démentît l'idée qu'on avait d'elle dans le monde. Il est vrai qu'elle n'était pas jolie et qu'il faut convenir qu'il n'y a rien de pis pour les femmes à qui il soit plus aisé d'être vertueuses, qu'à celles qui manquent d'agréments. Celle-ci joignait à sa laideur un caractère d'esprit dur et sévère, qui effrayait pour le moins autant que sa figure. Quoique personne ne se fût ha-

sardé à essayer de la rendre sensible, on n'en croyait pas moins qu'il était impossible qu'elle le devint. Par je ne sais quel hasard, un homme plus hardi ou plus capricieux que les autres, ou qui ne croyait pas à la vertu des femmes, un jour se trouvant seul auprès d'elle osa lui dire qu'il la trouvait aimable. Quoiqu'il le lui dît assez froidement pour ne devoir pas en être cru, un discours si nouveau pour elle lui fit impression. Elle répondit modestement, mais avec trouble, qu'elle n'était point faite pour inspirer de pareils sentiments; il lui baisa la main, elle en tressaillit; son air embarrassé, sa rougeur, le feu qui tout d'un coup anima ses yeux, furent de sûrs garants du désordre qui s'élevait dans son âme. Il lui répéta, en la serrant dans ses bras avec transport qu'elle faisait sur lui l'impression la plus vive. Je ne sais (pendant qu'elle continuait à s'en étonner) comment il fit pour lui prouver qu'il disait vrai, mais cette modestie dont elle s'était armée commença à céder à l'évidence. De quelque nature que fût la preuve qu'il lui offrit, en la convainquant, elle acheva de la subjuguer. Soit que des objets si nouveaux pour elle lui imposassent, soit qu'en ce moment elle se sentît fatiguée du poids de sa vertu, à peine se souvint-elle que la bienséance demandait au moins qu'elle combattît et elle se rendit plus promptement que les femmes même accoutumées à résister le moins. Cet exemple et quelques autres du même genre, m'ont fait croire qu'il y avait bien peu de femmes vertueuses qu'on ne puisse attaquer sans succès et qu'il n'y en a point de plus faciles à vaincre, que celles qui ont le moins d'habitude de l'amour; mais je reviens aux deux amants dont je faisais l'histoire à votre majesté.

⁂

Un soir, en quittant Phénime, Zulma lui demanda quand il pourrait la revoir; quoiqu'elle craignît beaucoup sa présence, elle ne savait pas s'en passer, ainsi après avoir rêvé quelque temps, elle lui répondit qu'il pourrait la voir le lendemain.

Phénime qui sentait bien tout le danger qu'il y avait pour elle à être seule avec lui, avait pensé à avoir du monde, et pourtant fit dire, le jour du rendez-vous, qu'elle n'y était pour personne que pour Zulma. Il lui semblait que quand il trouvait quelqu'un chez elle, moins il avait la liberté de lui parler de son amour, plus par mille choses qu'il imaginait il tâchait de lui faire comprendre qu'il en était perpétuellement occupé; et l'on est si clairvoyant dans le monde! Elle entendait si bien Zulma! La méchanceté des spectateurs ne pouvait-elle pas leur donner cette pénétration qu'elle ne devait qu'à l'amour? Zulma était moins dangereux pour elle, quand ils étaient seuls, puisque alors il savait être respectueux et que devant des témoins il n'était pas assez prudent; donc il ne fallait jamais le voir en compagnie, que le moins qu'il serait possible.

D'ailleurs, il était si triste quand il ne pouvait pas lui parler! N'y avait-il pas trop d'humanité à le priver d'un plaisir que jusqu'alors elle avait trouvé si peu de risque à lui accorder?

Toutes ces raisons avaient déterminé Phénime, ou du moins elle le croyait, et elle fondait toujours soit sur les usages, soit sur les choses qui lui paraissaient aussi sensées, ce que l'amour seul lui faisait faire en faveur de Zulma.

Ce jour même elle avait été extrêmement tentée de faire son bonheur, elle s'était dit tout ce que peut se dire une femme qui veut se vaincre elle-même, sur ce qu'elle oppose à son amour; elle s'était exagéré la constance et les soins de Zulma, ce désir toujours pressant qu'il avait de lui plaire; elle se souvenait même avec plaisir qu'il avait toujours mieux aimé être trompé qu'infidèle. Zulma d'ailleurs était jeune, spirituel, bien fait; toutes choses sur lesquelles elle ne croyait pas s'appuyer, mais qui n'en étaient pas moins celles qui l'avaient le plus touchée.

Qui diable l'arrêtait donc? demanda le sultan, cette femme-là m'excède. Huit ans de vertu, répondit Amanzei, huit ans dont une seule faiblesse allait lui enlever tout le mérite! En effet! s'écria le sultan, voilà ce qui s'appelle une perte!

Elle est pour une femme qui pense plus considérable que votre majesté ne le croit, répondit Amanzei. La vertu est toujours accompagnée d'une paix profonde, elle n'amuse pas, mais elle satisfait. Une femme assez heureuse pour la posséder, toujours contente d'elle-même, peut ne se regarder jamais qu'avec complaisance; l'estime qu'elle a pour elle est toujours justifiée par celle des autres, et les plaisirs qu'elle sacrifie ne valent pas ceux que le sacrifice lui procure.

Dites-moi un peu, dit le sultan, croyez-vous, si j'avais été femme, que j'eusse été vertueuse? En vérité, sire, répondit Amanzei, stupéfait de la question, je n'en sais rien. Pourquoi me savez-vous rien? demanda le sultan. Mais, est-il possible que l'on fasse de pareilles questions! dit la sultane. Ce n'est pas vous que j'interroge, répliqua-t-il. Je veux seulement qu'Amanzei me dise si j'aurais été vertueuse. Sire, je crois qu'oui, repartit Amanzei. Eh bien! mon cher, vous vous trompez, reprit Schah-Baham, j'aurais été tout le contraire. Ce que j'en dis au reste, ajouta-t-il en s'adressant à la sultane, ne n'est pas pour vous dégoûter d'être vertueuse, vous; ce que je pense là-dessus n'est que pour moi et peut-être bien que si j'étais femme, je changerais d'avis: sur ces sortes de choses, chacun pense comme il veut et je ne contrains personne. Votre maîtresse m'embarrasse, dit en souriant la sultane à Amanzei, et je vous réponds qu'il vous sera fort obligé, si vous poursuivez votre conte. Ce que j'entends n'est pas mauvais, répliqua le sultan, ne dirait-on pas que c'est moi qui interromps?

Zulma entra, reprit Amanzei, et Phénime, quoiqu'il vînt plus tôt qu'elle ne l'attendait, ne laissa pas de lui dire qu'il venait bien tard.

Que je suis heureux, Phénime, lui dit-il tendrement, que vous me trouviez coupable! Phénime ne s'aperçut dans cet instant de la force de ce qu'elle venait de lui dire; elle voulut s'excuser et ne sut que répondre. Zulma sourit de l'embarras où il la voyait, et elle rougit de l'avoir vu sourire. Il se jeta à ses genoux et lui baisa la main avec une ardeur extrême; elle fit un mouvement pour la retirer: mais comme il ne faisait pas d'efforts pour la retenir, elle la lui rendit.

Zulma, cependant, lui disait les choses les plus tendres, elle ne lui répondait pas, mais elle l'écoutait avec une attention et une avidité qu'elle se serait sûrement reprochées, si elle avait pu démêler ses mouvements. Sa gorge était un peu découverte, elle s'aperçut qu'il y portait ses yeux et voulut rapprocher sa robe. Ah! cruelle, lui dit Zulma.

Cette exclamation suffit pour arrêter la main de Phénime. Pour laisser jouir Zulma de la légère faveur qu'elle lui accordait sans qu'il pût rien conclure contre elle; elle feignit d'avoir quelque chose à raccommoder à sa coiffure. Les yeux de Zulma ne purent sans s'enflammer s'attacher longtemps sur l'objet que Phénime lui avait abandonné. Elle se livra d'abord au plaisir d'être admirée de ce qu'elle aimait; ses yeux se troublèrent, elle regarda Zulma languissamment et parut plongée dans la plus tendre rêverie.

Allons, Zulma, dit alors le sultan; mais il ne voyait pas cela, lui! Ah la cruelle bête!

Phénime, malgré le désordre qui s'emparait d'elle, poursuivit Amanzei, s'aperçut de celui de son amant, et craignant également l'émotion de Zulma et la sienne, elle se leva brusquement; il fit quelques efforts pour la retenir, et n'ayant plus la force de lui parler, il tâcha, en arrosant sa main des pleurs qu'il répandait, de lui faire comprendre combien il était touché de la cruelle résolution qu'elle prenait. Tant de respect achevait d'émouvoir Phénime, mais l'amour ne l'ayant pas encore absolument vaincue, elle triompha, et de ses propres désirs et de ceux de son amant, plus dangereux pour elle, peut-être, que les siens mêmes.

Aussitôt qu'elle se fut débarrassée des bras de Zulma, elle lui fit signe de se retirer, il obéit. Ils se regardèrent quelque temps en gardant le silence. Phénime enfin lui dit qu'elle voulait jouer. Quelque désabusé que cette envie parût à Zulma, il ne savait pas résister aux volontés de Phénime et il prépara tout lui-même avec autant de vivacité que s'il eût été lui qui eût désiré le jeu. Cette nouvelle preuve de sa soumission toucha extrêmement Phénime et la vis prête à lui demander pardon d'une fantaisie qu'alors elle trouvait ridicule.

Le repentir de Phénime ne dura pas moins qu'il aurait fallu pour le bonheur de Zulma, et plus elle se sentit émue plus elle crut devoir lui cacher son trouble. Elle se mit donc au jeu, mais il lui inspira un ennui qui lui fit bientôt connaître que ce qu'elle avait imaginé contre Zulma était pour elle d'une bien faible ressource. Elle ne voulut pourtant pas croire d'abord que les dispositions où elle était pour lui causassent cette langueur dans laquelle elle se sentait et l'attribuant uniquement au jeu qu'elle avait choisi, elle pressa son amant d'en prendre un autre: il obéit en soupirant et elle n'en fut pas moins tourmentée. Ce désordre qu'elle croyait calmer, ces tendres idées dont elle cherchait à se distraire semblaient, par la violence qu'elle se faisait, s'accroître et prendre plus d'empire sur son âme. Abîmée dans sa rêverie, elle croyait regarder son jeu et ne s'occupait que de Zulma.

L'air pénétré qu'elle lui voyait, les profonds soupirs qu'il poussait, ses larmes qu'elle voyait prêtes de couler et que son respect pour elle semblait seule retenir, achevèrent d'attendrir Phénime. Tout entière aux tendres mouvements qu'il lui inspirait, elle s'attacha uniquement à le regarder, soit qu'enfin elle fût confuse de l'état où elle se trouvait, soit qu'elle ne pût plus soutenir les regards de Zulma, elle appuya sa tête sur sa main. Zulma ne la vit pas plutôt dans cette attitude qu'il alla se jeter à ses pieds; ou Phénime trop occupée ne le vit pas, ou elle ne voulut pas l'en empêcher. Il profita de ce moment de faiblesse pour lui baiser la main qu'elle avait libre et la laissa avec plus de transports qu'un amant ordinaire n'en éprouve en jouissant de tout ce qui peut le rendre heureux.

Comblé d'une faveur que, dans les termes mêmes où ils en étaient ensemble, il n'osait pas encore espérer, il voulut chercher dans les yeux de Phénime quel devait être son destin. Elle avait toujours la tête appuyée sur sa main, il s'en empara doucement, et Phénime, en découvrant le visage, le laissa voir couvert de ses larmes. Ce

spectacle émut Zulma au point d'en verser lui-même. ! Ah Phénime, s'écria-t-il, en poussant un profond soupir. Ah! Zulma, répondit-elle tendrement. En achevant ces paroles ils se regardèrent, mais avec cette tendresse, ce feu, cette volupté, cet égarement que l'amour seul, et l'amour le plus vrai peut faire sentir.

Zulma enfin, d'une voix entrecoupée par les soupirs, reprit la parole : Phénime, dit-il avec transport, ah! s'il est vrai qu'enfin mon amour vous touche et que vous craigniez encore de me le dire, laissez du moins à ces yeux charmants, à ces yeux que j'adore, la liberté de s'expliquer en ma faveur. Non, Zulma, répondit-elle, je vous aime, et je ne me pardonnerais pas de vous retrancher rien d'un triomphe que vous avez si bien mérité. Je vous aime, Zulma, ma bouche, mon cœur, mes yeux, tout doit vous le dire et tout vous le dit. Zulma! mon cher Zulma! je ne suis heureuse que depuis que je peux vous apprendre tout ce que je sens pour vous. A des paroles si douces et si peu attendues, Zulma pensa mourir de sa joie. Dans quelque égarement qu'elle le plongeât, il n'oublia pas que Phénime pouvait le rendre encore plus heureux. Quoiqu'il n'ignorât pas que l'aveu qu'elle lui faisait l'autorisait à mille choses qu'à peine, jusqu'à ce moment, il avait osé imaginer, le respect qu'il avait pour elle l'emportant sur ses désirs, il voulut attendre qu'elle achevât de décider de son sort.

Phénime connaissait trop Zulma pour se méprendre au motif qui suspendait ses empressements; elle le regarda encore avec une extrême tendresse, et cédant enfin aux doux mouvements dont elle était agitée, elle se précipita sur lui avec une ardeur que les termes les plus forts et l'imagination la plus ardente ne pourraient jamais bien peindre. Que de vérité! que de sentiment dans leurs transports! non! jamais spectacle plus attendrissant ne s'était offert à mes yeux. Tous deux enivrés semblaient avoir perdu tout usage de leurs sens. Ce n'étaient point ces mouvements momentanés que donne le désir, c'était ce vrai délire, cette douce fureur de l'amour toujours cherchés et si rarement sentis. O dieux, dieux! disait de temps en temps Zulma, sans pouvoir en dire davantage. Phénime, de son côté, abandonné à tout son trouble, serrait tendrement Zulma dans ses bras, s'en arrachait pour la regarder, s'y rejetait, la regardait encore. Zulma! lui disait-elle avec transport, ah! Zulma, que j'ai connu tard le bonheur.

Ces paroles étaient suivies de ce silence délicieux auquel l'âme se plaît à se livrer, lorsque les expressions manquent au sentiment qui la pénètre.

Zulma, cependant, avait bien des choses encore à désirer, et Phénime, à qui son ardeur les rendait en ce moment presque aussi nécessaires qu'à lui-même, loin de vouloir rien opposer à ses désirs, s'y livra aveuglément. Il semblait même qu'il fît encore plus pour elle qu'elle ne faisait pour lui; plus elle s'était défendue contre son amour, plus elle croyait devoir lui prouver combien sa résistance lui avait coûté et lui faire une sorte de satisfaction sur les tourments qu'elle lui avait fait éprouver si longtemps. Elle aurait rougi de s'armer de cette fausse décence qui si souvent gêne et corrompt les plaisirs et qui paraissant mettre sans cesse le repentir à côté de l'amour laisse, au milieu du bonheur même, un bonheur encore plus doux à désirer. La tendre, la sincère Phénime se serait crue coupable envers Zulma, si elle lui avait dérobé quelque chose de l'extrême extrême qu'il lui inspirait; elle volait avec empressement au-devant de ses caresses, et comme quelques moments auparavant, elle s'estimait de lui résister, elle mettait alors toute sa gloire à le bien convaincre de sa tendresse.

Dans un de ces intervalles que, tous courts qu'ils étaient, ils remplissaient par mille tendres transports, Phénime, lui dit Zulma de l'air le plus passionné, vous mettez trop de vérité dans tous vos mouvements, pour que je n'aie pas dû croire quelquefois que vous m'aimiez; pourquoi avez-vous retardé si longtemps cet aveu?

Mon cœur s'est déterminé promptement pour vous, répondit Phénime, mais ma raison s'est longtemps opposée à mes sentiments. Plus je me sentais capable de la passion la plus sincère, plus je craignais de m'engager; sans avoir aimé je sentais que j'exigerais plus de tendresse que je ne pourrais en inspirer. Vous saul me devez connaître qu'il y a encore des hommes capables d'aimer; vous m'aviez touché, mais vous ne m'aviez pas vaincue. Vous l'avouerai-je, Zulma! cette vertu que je vous sacrifie aujourd'hui avec tant de plaisir a longtemps combattu contre vous. Je n'ignorais pas sans désespoir qu'une seule faiblesse allait me ravir et la douce certitude que j'étais estimable et le bonheur d'être estimée. Ah! Zulma, ajouta-t-elle en le serrant dans ses bras, que tu me rends odieux, tous les moments que je n'ai point passés à te prouver ma tendresse! Oui, moi! Zulma, j'ai pu te résister! je t'ai fait répandre des larmes et ce ne sont toujours été celles que tu répands aujourd'hui! pardonne-le-moi, j'étais plus malheureuse que toi-même! oui, Zulma! je me reprocherai toujours d'avoir pu croire qu'être à toi ne dût pas remplir tous mes vœux et me tenir lieu de tout. Tu m'aimais! et je pouvais songer à l'estime des autres! ah! puis-je encore mériter la tienne!

Votre majesté devine sans doute, continua Amanzei, quelle fut la suite d'une pareille conversation; quelque plaisir qu'elle m'ait donné, il me serait impossible de me rappeler les discours de deux amants qui, enivrés d'eux-mêmes s'interrogeaient et ne se donnaient jamais le temps de se répondre et dont les idées n'ayant alors entre elles aucune liaison ne peignaient que le désordre de leur âme et ne devaient pas avoir pour un tiers le même charme que pour eux. J'étais surpris et de la vivacité de leur passion et des ressources qu'ils y trouvaient. Ils ne se séparèrent que fort tard, et Zulma fut à peine sorti que Phénime, qui lui avait consacré tous ses moments, se mit à lui écrire. Zulma revint le lendemain de fort bonne heure, toujours plus tendrement aimé, jouir aux genoux ou dans les bras de Phénime, des plus délicieux moments. Malgré le penchant qui me portait à changer souvent de demeure, je ne pus résister au désir de savoir si Zulma et Phénime s'aimeraient longtemps et cette curiosité m'arrêta chez elle près d'un an; mais voyant enfin que leur amour loin de diminuer semblait tous les jours prendre de nouvelles forces et qu'ils avaient même joint à toutes les délicatesses, à toute la vivacité de la passion la plus ardente, la confiance et l'égalité de l'amitié la plus tendre, j'allai chercher ailleurs ma délivrance ou de nouveaux plaisirs.

<center>⁂</center>

En sortant de chez Phénime, j'entrai dans une maison où ne voyant que de ces choses qui, à force d'être ordinaires, ne valent la peine d'être ni regardées, ni racontées, je ne demeurai pas longtemps. Je fus encore quelques jours sans trouver dans les différents endroits où mon inquiétude et ma curiosité me conduisirent, rien qui m'amusât, ou qui dût me paraître nouveau. Ici, l'on se rendait par vanité; là, le caprice, l'intérêt, l'habitude, même l'indolence étaient les seuls motifs des faiblesses dont on me faisait le témoin. Je rencontrais assez souvent, ce mouvement vif et passager que l'on honore du nom de goût, mais je ne retrouvais nulle part cet amour, cette délicatesse, cette tendre volupté qui, chez Phénime, avaient fait si longtemps mon admiration et mes plaisirs.

Las de la vie errante que je menais, convaincu que le sentiment dont on veut, sans cesse, paraître rempli, est cependant ce que l'on éprouve le moins, je commençai à m'ennuyer de ma destinée, et à désirer vivement de trouver cette occasion qui devait terminer le supplice auquel j'étais condamné.

Quelles mœurs! m'écriais-je quelquefois; non, Brama qui les connaît, m'a flatté d'une espérance vaine; il n'y a pas cru qu'avec ce goût effréné des plaisirs qui règne dans Agra et ce mépris des principes qui y est si généralement répandu, je pusse jamais trouver deux personnes, telles qu'il les demande pour m'appeler à une autre vie.

Tout entier à ces chagrinantes réflexions, je me transportai dans une maison où tout avait l'air paisible. Une fille, âgée de près de quarante ans, y logeait seule. Quoiqu'elle fût encore assez bien pour pouvoir sans ridicule, se livrer à l'amour, elle était sage, fuyait les plaisirs bruyants, voyait peu de monde, et semblait même avoir moins cherché à se faire une société agréable, qu'à vivre avec des gens qui, soit par leur âge, soit par la nature de leurs emplois, pussent la mettre à l'abri de tout soupçon. Aussi y avait-il dans Agra peu de maisons plus tristes que la sienne.

Entre les hommes qui allaient chez elle, celui qu'elle paraissait voir avec le plus de plaisir et qui aussi la quittait le moins, était un homme déjà d'un certain âge, grave, froid, révère, plus encore par tempérament que par état, quoiqu'il fût chef d'un collège de bramines. Il était dur, haïssait les plaisirs, et n'y en avait aucun dont l'âme du vrai sage pût n'être pas avilie. A cette mauvaise humeur, à cet extérieur sombre; je le pris d'abord pour une de ces personnes plus farouches que vertueuses, inexorables pour les autres, indulgentes pour elles-mêmes, et blâmant en public avec aigreur, les vices auxquels ils se livrent en secret; je le pris enfin pour un faux dévot. Fatmé m'avait terriblement gâté l'esprit sur les gens dont l'extérieur était sage et réglé. Quoique je me sois rarement mépris en pensant mal d'eux, je me trompais sur Moclès, et lorsque je le connus, il méritait que j'eusse de lui d'autres idées. Son âme alors était droite et sa vertu sincère. Tout Agra le croyait plus sage même qu'il ne voulait le paraître; personne ne doutait que son aversion pour les plaisirs ne fût réelle, et que, quelque durs que fussent ses principes, il ne les eût toujours suivis. L'on avait d'Almaïde, (c'est le nom de la fille dont je parlais) des idées aussi favorables. L'étroite liaison qui était entre elle et Moclès n'aurait donné aucun lieu à des soupçons qui leur fussent désavantageux, et quelle que soit par les liaisons intimes la méchanceté du public, il n'y avait personne qui ne respectât la leur et qui ne la crût fondée sur le goût qu'ils avaient pour la vertu.

Moclès venait tous les soirs chez Almaïde, et, soit qu'ils fussent en compagnie, soit qu'ils fussent seuls, leurs actions étaient irréprochables, et leurs discours sages et mesurés. Communément ils agitaient quelque point de morale ; Moclès, dans ces discussions, faisait toujours briller ses lumières et sa droiture. Une chose seule me déplai-

sait; c'était que deux personnes si supérieures aux autres, et qui tenaient toutes leurs passions dans des bornes si resserrées, n'eussent point triomphé de l'orgueil, et que mutuellement elles se proposassent pour exemple. Souvent même ne s'en reposant pas sur l'estime qu'ils avaient l'un pour l'autre, chacun d'eux entreprenait son panégyrique et se louait avec une complaisance, une chaleur, une vanité dont assurément leur vertu n'aurait pas dû être contente.

Massoud et Amine.

Quoique une maison si triste m'ennuyât beaucoup, je résolus d'y demeurer quelque temps. Ce n'était pas que j'espérasse de m'y amuser un jour ou d'y trouver ma délivrance. Plus je croyais Almaïde et Moclès assez parfaits pour l'opérer, moins j'osais attendre d'eux une faiblesse; mais las encore de mes courses, dégoûté du monde, sentant alors avec horreur à quel point il m'avait perverti, je n'étais pas fâché d'entendre parler morale, soit que la nouveauté dont elle était pour moi, fût seulement ce qui me la rendrait agréable, ou que dans les dispositions où j'étais, je la regardasse comme une chose qui pouvait m'être salutaire.

Ah vraiment! s'écria le sultan, je ne suis plus étonné que vous m'en ayez accablé, je vois où vous l'avez prise; mais afin que vous ne soyez pas encore tenté de me montrer votre éloquence ou votre mémoire, je réitère les menaces que je vous ai faites avec tant de prudence au commencement de votre conte. Si j'étais moins clément, je vous laisserais faire, et avec le plaisir que vous avez à parler, sans doute, vous iriez loin, mais je hais pas la supercherie, et je veux bien vous redire encore que rien ne m'est moins salutaire que la morale.

Malgré la rare vertu dont Almaïde et Moclès étaient doués, reprit Amanzéi, ils mêlaient quelquefois à la morale des peintures du vice, un peu trop détaillées. Leurs intentions, sans doute, étaient bonnes, mais il n'en était pas plus prudent à eux de s'arrêter sur des idées dont on ne saurait trop éloigner son imagination, si l'on veut échapper au trouble qu'elles portent ordinairement des sens.

Almaïde et Moclès qui n'y sentaient pas de danger ou s'y croyaient supérieurs, ne craignaient point assez de disserter sur la volupté; il est bien vrai qu'après en avoir vivement étalé tous les charmes, ils en exagéraient la honte et les dangers. Ils convenaient même que la vraie félicité ne se trouve que dans le sein de la vertu, mais ils en convenaient sèchement, et comme d'une vérité trop généralement reconnue pour avoir besoin d'être discutée. Ce n'était pas avec la même rapidité qu'ils faisaient l'examen du plaisir; ils s'étendaient sur une matière si intéressante et s'appesantissaient sur les détails les plus dangereux, avec une confiance dont enfin j'osai espérer qu'ils pourraient bien être la dupe.

Il y avait au moins un mois que, tous les soirs, ils s'amusaient de ces peintures vives que je crois si peu faites pour eux, et que, quelque sujet qu'ils traitassent d'abord, ils retombaient toujours sur celui qu'ils auraient dû éviter. Moclès, de qui, insensiblement, les discours avaient adouci l'humeur, venait chez Almaïde, plus tôt qu'à son ordinaire, s'y amusait davantage et en sortait plus tard. Almaïde, de son côté, l'attendait avec plus d'impatience, le voyait avec plus de plaisir, l'écoutait avec plus de distraction. Quand Moclès arrivait chez elle, et qu'il y trouvait du monde, il y avait l'air contraint et embarrassé, et elle-même ne paraissait pas être plus contente. Enfin, les laissait-on seuls, je remarquais sur leur visage cette joie que ressentent deux amants qui, longtemps troublés par une visite importune, ont enfin le bonheur de pouvoir se livrer à leur tendresse. Almaïde et Moclès s'approchaient l'un de l'autre avec empressement, se plaignaient de ce qu'on ne les laissait pas assez à eux-mêmes et se regardaient mutuellement avec une extrême complaisance. C'était à peu près la même façon de se parler, mais ce n'était plus le même ton. Ils vivaient enfin avec une familiarité qui devait les mener d'autant plus loin, qu'ils s'étourdissaient sur ce qui l'avait fait naître, ou (ce que je croirais plus aisément) ne le pénétraient pas.

Moclès, un jour, louait excessivement Almaïde sur sa vertu; pour moi, dit-elle, il n'est pas bien singulier que j'aie été sage; dans une femme, les préjugés aident la vertu, mais dans un homme, ils la corrompent. C'est une espèce de sottise à vous de n'être pas galants, en nous, c'est un vice de l'être. Vous avez dû, vous, par exemple, qui me louez, en ne pensant que comme moi, mériter pourtant plus d'estime. A ne pas examiner les choses avec cette exactitude de raisonnement qui les montre telles qu'elles sont, répondit-il gravement, on imaginerait que je suis en effet plus estimable que vous, et l'on se tromperait. Il est aisé à un homme de résister à l'amour, et tout y livre les femmes. Si ce n'est pas la tendresse qui les y porte, ce sont les sens. Au défaut de ces deux mouvements qui causent tous les jours tant de désordres, elles ont la vanité qui, pour être la source de leurs faiblesses, que l'on doit excuser le moins, n'en peut-être pas la moins ordinaire; et ce qui, ajouta-t-il en soupirant et en levant les yeux au ciel, est encore plus terrible pour elles, c'est le désœuvrement perpétuel dans lequel elles languissent. Cette nonchalance fatale livre l'esprit aux idées les plus dangereuses; l'imagination naturellement vicieuse les adopte et les étend : la passion déjà née, en prend plus d'empire sur le

Abdalatif et Amine.

cœur, ou s'il est encore exempt de trouble, ces fantômes de volupté que l'on se plaît à se présenter, le dispose à la faiblesse. Quand seule et abandonnée à toute la vivacité de son imagination, une femme poursuit une chimère que son désœuvrement la force d'enfanter, pour n'être pas troublée dans cette jouissance imaginaire, elle écarte toutes ces idées de vertu qui la feraient rougir des illusions qu'elle se forme; moins l'objet qui la séduit est réel, plus

elle croit inutile de lui résister ; c'est dans le silence, c'est vis-à-vis d'elle-même qu'elle est faible, qu'a-t-elle à craindre ? Mais ce cœur qu'elle nourrit de tendresse, ces sens qu'elle plie à l'habitude de la volupté, se contenteront-ils toujours d'illusions ? Supposé même qu'elle ne cherche pas ce qui blesse plus réellement la vertu, peut-

Après l'orgie.

elle se flatter que dans un moment (et qui sera peut-être un de ceux où intérieurement elle s'égare) où un amant tendre, ardent, empressé, viendra gémir à ses genoux et y porter en même temps ses larmes et ses transports, elle retrouvera dans son cœur qu'elle a tant de fois livré volontairement aux charmes de la mollesse ces principes qui seuls pouvaient la faire triompher d'une si dangereuse occasion ?

Ah ! Moclès, s'écria Almaïde en rougissant, que la vertu est difficile à pratiquer ! Vous êtes moins faite qu'une autre pour le croire, répondit-il, vous qui avec tous les agréments possibles, née pour vivre au milieu des plaisirs, avez tout sacrifié à cette même vertu qu'aujourd'hui l'on sacrifie aux choses même qui sembleraient devoir le moins l'emporter sur elle. Je ne me flatte point, répliqua-t-elle modestement, d'être arrivée à la perfection, mais il est vrai que j'ai tout craint, surtout ce désœuvrement dont vous venez de parler, et ces livres, et ces spectacles pernicieux qui ne peuvent qu'amollir l'âme. Oui, je le sais, reprit-il, et c'est à ce soin continuel de vous occuper que vous devez principalement votre sagesse, car (et je le vois par nous-mêmes) rien ne nous livre plus aux passions que l'oisiveté, et si elle prend tout sur nous qui sommes nés moins fragiles, jugez de ce qu'elle peut sur vous. Il est vrai, répondit-elle, que nous avons tout à combattre. Infiniment plus que nous, répliqua-t-il, et c'était ce que je vous disais. Il faut, de plus, que vous considériez les femmes sont toujours attaquées, et que (si vous en exceptez quelques-unes sans pudeur et sans principes, qui, même sans aimer, osent les premières dire qu'elles aiment) il n'arrive pas, quelque corrompu que l'on soit aujourd'hui, que nous ayons à combattre ces soins, ces pleurs, et cette obstination que nous employons tous les jours contre les femmes avec tant de succès. D'ailleurs, si vous ajoutez

aux hommages qu'on leur rend, l'exemple... A cet égard, interrompit-elle, nous n'avons point d'avantage sur vous ; l'exemple doit même d'autant plus vous entraîner que vous êtes galants par état. Cela n'est pas exactement vrai pour tous les hommes, répondit-il, puisqu'il y en a beaucoup à qui leur état même interdit cette frénésie de l'âme que l'on appelle le plaisir d'aimer : moi, par exemple, je suis dans ce cas-là. Quand cela ne serait pas, répliqua-t-elle, né assez heureux pour être inaccessible aux passions, vous auriez toujours...
Ici Moclès leva les yeux au ciel en soupirant. Quoi ! continua Almaïde, vous reprocheriez-vous quelque chose ? Ah Moclès ! si vous n'êtes pas content de vous-même, qui peut oser l'être de soi ! Quoi ! vous auriez voulu connaître l'amour ? Oui, répondit-il tristement ; cet aveu m'humilie, mais je le dois à la vérité. Il est vrai aussi que je n'ai pas cédé à cette funeste tentation. En vous avouant que j'ai quelquefois été obligé de combattre, je me montre sans doute à vos yeux avec des faiblesses dont, à votre étonnement, je vois bien que vous ne me croyiez pas capable, mais en vous tirant d'une erreur qui m'était avantageuse je crains de vous faire encore trop bien penser de moi. Il est moins humiliant d'être tenté qu'il n'est glorieux de résister à la tentation. En vous confiant mes faiblesses, je suis forcé de vous parler de mes triomphes ; ce que je perds d'un côté, il semble que je veuille le regagner de l'autre, et je ne sais si je ne dois pas craindre que vous n'attribuiez à orgueil un aveu que je ne vous fais que pour éviter le mensonge.

En achevant ce modeste discours, Moclès baissa les yeux. Oh ! vous ne risquez rien avec moi, lui dit vivement Almaïde, je vous connais. Eh bien ! vous avez donc été quelquefois tenté de succomber ? vous ne m'étonnez pas ! On a beau marcher d'un pas constant à la perfection, on n'y arrive jamais. Ce que vous dites n'est malheureusement que trop prouvé, répondit-il. Hélas ! s'écria-t-elle douloureusement, pensez-vous donc que j'aie tant à me louer de moi-même, et que je sois exempte de ces faiblesses que vous vous reprochez ? Quoi ! lui dit-il, vous aussi, Almaïde ! J'ai trop de confiance en vous pour vouloir rien vous cacher, reprit-elle, et je vous avouerai que j'ai eu cruellement à combattre. Ce qui m'a longtemps étonnée, et qu'encore aujourd'hui je ne conçois pas, c'est que ce trouble qui s'empare des sens et les confond soit indépendant de nous-mêmes : cent fois il m'a surprise dans les occupations les plus sérieuses, et qui natu-

Zulica.

rellement devaient y rendre mon âme moins accessible. Quelquefois je le combattais avec assez de succès ; dans d'autres temps, moins forte contre lui, malgré moi-même il m'asservissait, entraînait mon imagination, se soumettait toutes mes facultés. Que ces honteux mouvements subjuguent une âme qui se plaît à les nourrir et qui ne se trouve heureuse qu'autant qu'elle y est en proie, je n'en suis pas sur-

prise, mais pourquoi y est-on exposé quand on fait le plus grand et le plus continu de ses soins de les anéantir.

Ce que l'on appelle sagesse, répondit Moclès, consiste beaucoup moins à n'être pas tenté qu'à savoir triompher de la tentation, et il y aurait trop peu de mérite à être vertueux si, pour l'être, l'on n'avait pas d'obstacles à surmonter. Mais, puisque nous en sommes sur ce chapitre, dites-moi de grâce : depuis que vous êtes dans cet âge où le sang coulant dans les veines avec moins d'impétuosité nous rend moins susceptibles de désirs, avez-vous encore ces moments affreux? Ils sont beaucoup moins fréquents, répartit-elle, mais j'y suis encore sujette. Je suis aussi dans le même cas, répondit-il en soupirant.

Mais nous sommes fous de parler comme nous faisons, dit Almaïde en rougissant, et cette conversation n'est pas faite pour nous. Je doute, toutes réflexions faites, que nous devions beaucoup la craindre, répondit Moclès en souriant d'un air vain; il est bon de se défier de soi-même, mais ce serait aussi avoir trop mauvaise opinion de nous que de nous croire si susceptibles. Je conviens que le sujet que nous traitons ramène nécessairement à de certaines idées, mais il est bien différent de le discuter dans la vue de s'éclairer ou dans celle de se séduire, et nous pouvons, je crois, sans nous tromper, nous répondre de nos motifs et nous reposer sur eux de notre tranquillité. Il ne faut pas, d'ailleurs, que vous croyiez que ces sortes d'objets, si dangereux pour les gens qui vivent dans le désordre, puissent faire la même impression sur nous : par eux-mêmes ils ne sont rien; des personnes de la vertu la plus pure sont quelquefois forcées de s'y arrêter sans que la discussion la plus exacte de ces matières prenne sur l'innocence de leurs mœurs. Tout est mal et corruption pour les cœurs corrompus, comme les choses qui paraissent le plus contraires à la sagesse sont sans pouvoir sur ceux qui ne cherchent point à s'y complaire. Cela n'est pas douteux puisque vous le croyez, répondit-elle, et je n'ai garde de me faire des scrupules quand il vous paraît que je n'en dois pas avoir.

Vous ne devineriez jamais, lui dit-il, la curiosité qui m'occupe; je n'ose vous la découvrir, parce que je la crois indiscrète, et je ne puis cependant y résister; je voudrais savoir si jamais on ne vous a fait de propositions d'un certain genre, si jamais enfin (pour vous montrer ma curiosité toute entière) vous n'avez essuyé les transports d'aucun homme soit volontairement, soit malgré vous?

A cette question qu'Almaïde n'avait pas prévue, elle demeura étonnée, rougit et parut rêver; enfin, prenant son parti, mais oui, répondit-elle avec embarras, et, puisque vous voulez le savoir, je vous avouerai naturellement qu'un jour un jeune étourdi qui (car je ne veux rien dissimuler), malgré mon aversion pour les hommes, me paraissait assez aimable, me trouvant seule me dit de ces galanteries que les hommes croient nous devoir quand nous ne sommes pas encore parvenus à cet âge heureux qui ne leur inspire pour nous que du respect, ou que nous sommes assez à plaindre pour avoir une figure qui nous expose à leurs désirs. Je lui répondis selon les principes que je m'étais faits. Loin que ma réponse lui imposât, il crut que je cherchais moins à lui dérober ma conquête qu'à la lui faire valoir : il osa même m'assurer que je l'aimerais; vous imaginez bien que je lui soutins fortement le contraire. Je ne suis avec quelles femmes vivait ordinairement cet étourdi, mais assurément elles ne l'avaient pas accoutumé au respect. Il s'approcha de moi, et me prenant brusquement entre ses bras il me renversa sur un sopha. Dispensez-moi, de grâce, du reste d'un récit qui blesserait ma pudeur, et qui peut-être troublerait encore mes sens. Qu'il vous suffise de savoir... Non, interrompit vivement Moclès, vous me direz tout ; c'est moins, je le veux (et ne le vois pas sans frémir pour vous), la crainte d'émouvoir vos sens ou de blesser la pudeur qui vous ferme la bouche que la honte d'avouer que vous avez été trop sensible, et ce motif, loin d'être louable, ne saurait être trop blâmé. Je puis, je crois même, devoir ajouter à ce que je vous dis que s'il est vrai que vous craigniez que le récit que j'exige de vous ne vous jette dans une émotion dangereuse vous ne pouvez le supprimer ou l'adoucir sans être coupable. N'est-il donc pour vous d'aucune conséquence d'ignorer ce que pourrait sur vous de certaines idées ? Oserez-vous compter sur vous-même quand vous ne vous serez pas éprouvée ? Ainsi donc, ménageant toujours votre âme, vous ignorerez toujours quelles sont ses forces ? Almaïde, croyez-moi, l'on ne craint jamais assez un danger que l'on ne connaît pas, et l'on ne tombe ordinairement que pour avoir trop compté sur soi-même. Vous ne pouvez donc pas peser trop sur toutes les circonstances de votre histoire; ce n'est que par l'effet qu'elles feront aujourd'hui sur vous que vous pourrez apprendre jusque où vont les progrès que vous avez faits dans le chemin de la vertu, ou (ce qui est encore plus essentiel) ce qu'il vous reste encore à détruire pour parvenir à cette aversion totale des plaisirs qui seule fait les vertueux.

Ce conseil me surprit dans la bouche de Moclès; je lui connaissais de la droiture et des lumières, et je ne concevais pas ce qui, dans cet instant, le faisait raisonner d'une façon si contraire à ses principes. Quoi ! me dis-je avec étonnement, c'est Moclès ! ce sage Moclès ! qui conseille à Almaïde de peser sur des détails qui peuvent blesser la pudeur et porter à la corruption ? L'envie que j'avais de m'éclaircir des motifs de Moclès me le fit regarder avec attention, et je lui trouvai tant d'égarement dans les yeux que je commençai à croire que je pourrais bien trouver ma délivrance dans le lieu du monde où j'aurais osé le moins l'attendre.

Pendant que je fondais de si douces espérances, autant sur l'idée que j'avais de la vertu d'Almaïde, et de Moclès, que sur le trouble où tous deux commençaient à se mettre, Almaïde continua son histoire.

∽

Je vous obéirai aveuglément, répondit Almaïde à Moclès : vous venez de me faire sentir que la vanité seule me fermait la bouche, et je vais m'en punir, en vous confiant sans déguisement, les circonstances de mon aventure, qui me mortifient le plus.

Je vous ai dit, ce me semble, que ce jeune homme dont je vous parlais, m'avait renversée sur un sopha; je n'étais pas encore revenue de mon étonnement, qu'il s'y précipita sur moi. Quoique l'excès de ma surprise, me permît à peine de lui exprimer ma colère, il la lut aisément dans mes yeux, et voulant se précautionner contre mes cris, il parvint, malgré ma résistance, à me fermer la bouche avec le baiser le plus insolent. Il me serait impossible de vous dire combien d'abord j'en fus révoltée; je l'avouerai pourtant, mon indignation ne fut pas longue. La nature qui me trahissait, me porta bientôt ce baiser dans le fond du cœur ; il se mêla tout d'un coup, à ma colère, des mouvements qui ne la laissèrent plus agir qu'avec faiblesse. Tous mes sens se soulevèrent, un feu inconnu se glissa dans toutes mes veines; je ne sais quel plaisir qui, en le détestant, m'entraînait, remplit insensiblement toute mon âme; mes cris se convertirent en soupirs, et emportée par des mouvements auxquels, malgré ma colère, et ma douleur, je ne pouvais plus résister, en gémissant de l'état où je me voyais, je n'avais plus la force de m'en défendre.

Voilà, s'écria Moclès, une terrible situation ! Eh bien! continuat-il en la regardant avec des yeux enflammés. Que vous dirai-je, reprit-elle ? quand je le pouvais, je lui faisais des reproches, mais c'était machinalement. Je crois que je lui parlais, que je le traitais avec tout le mépris qu'il méritait; je le crois, car je n'oserais l'assurer. A mesure que ce trouble cruel augmentait, je sentais expirer mes forces, et, ma fureur; une confusion singulière régnait dans toutes mes idées. Je ne m'étais pourtant pas encore rendue, mais, quelle résistance ! qu'elle était faible! et que toute faible qu'elle était, elle me coûtait encore ! Je ne me rappelle, Moclès, qu'avec horreur, et la honte qu'il me cause, me le rend encore présent, que si je gémissais encore, entre les bras de cet audacieux, quel moment pour ma vertu ! Ah Moclès ! comment, sentant tout le prix de cette innocence que l'on cherchait à me ravir, ne craignant rien tant, même au milieu du désordre auquel j'étais livrée, que le malheur de la perdre, trouvais-je tant de douceur dans cette volupté qui s'était emparée de moi? Comment, des craintes si vives, ne m'arrachaient-elles pas aux plaisirs, ou pourquoi les plaisirs laissaient-ils encore sur mon cœur, tant d'empire à la vertu? Je souhaitais, (mais avec quels efforts! combien je souffrais! je ne pas le souhaiter !) que l'on vint m'arracher au sort qui me menaçait ! en même temps que je formais cette idée, un mouvement contraire qui agissait sur moi avec la dernière violence, et qui cependant, me déplaisait moins que le premier, me faisait désirer vivement que rien ne s'opposât à ma défaite. En rougissant de ce que je sentais, je brûlais d'en sentir davantage; sans imaginer de nouveaux plaisirs, j'en souhaitais; l'ardeur qui me dévorait commençait à devenir un supplice pour moi, et à fatiguer mes sens.

Quelle que fût l'ivresse dans laquelle j'étais plongée, je n'avais pas encore pu parvenir à étouffer cette voix importune qui criait au fond de mon cœur, et qui n'ayant pu m'arracher à ma faiblesse, continuait de me la reprocher, lorsque ce jeune homme, remarquant, sans doute, l'impression qu'il faisait sur moi, poussa enfin jusques au bout, les outrages qu'il me faisait. Il... mais comment pourrais-je vous exprimer ce dont je rougis encore ! Occupée uniquement, autant que mon trouble me le permettait, à me défendre de ces baisers dont il m'accablait sans cesse, je n'avais point pris, d'ailleurs, de précautions contre lui. Malgré le cruel état où j'étais, cette nouvelle insulte réveilla ma fureur; hélas! ce ne fut pas pour longtemps. Je sentis bientôt augmenter mon désordre; jusques aux efforts que je faisais pour échapper à cet audacieux, ou pour le déranger du moins, tout y contribuait, tout achevait de me séduire. Perdue enfin dans des transports inexprimables, dans un ravissement dont il me serait impossible de vous donner l'idée, je tombai sans force, et sans mouvement, entre les bras du cruel qui me faisait de si sanglants affronts.

Quel état ! s'écria Moclès, et que j'en crains les suites ! Elles ne seront cependant pas, telles que vous les imaginez, répondit Almaïde. Au milieu d'une situation dont j'avais d'autant plus à craindre, que je n'en craignais plus rien, je ne sais pourquoi mon ennemi suspendit tout d'un coup sa fureur, et ses entreprises. Par un pro-

dige que je n'ai jamais pu concevoir, et que vous ne croirez peut-être pas, tant il est extraordinaire ! dans l'instant où je n'avais plus rien à lui opposer, et où lui-même paraissait au comble de l'égarement, ses yeux, dont je ne pouvais soutenir l'éclat, et l'expression, changèrent; une sorte de langueur qui vint y régner, en bannit la fureur : il chancela, et en me pressant dans ses bras, avec plus de tendresse, et moins de violence qu'auparavant, il devint (juste punition des maux qu'il m'avait faits!) aussi faible que je l'étais moi-même. En ce moment, mon trouble commençait à se dissiper, et je fus assez heureuse pour pouvoir jouir de toute l'humiliation de mon ennemi; après l'avoir considérée avec tout le plaisir possible, et remercié intérieurement Brama de la protection visible qu'il m'avait accordée, je me relevai avec violence. A mesure que mes sens se calmaient, et que mes idées devenaient plus claires, je sentais plus vivement ma honte. Vingt fois, j'ouvris la bouche, pour charger ce jeune téméraire des reproches qu'il méritait, mais cette confusion secrète dont j'étais accablée, me la ferma toujours, et après l'avoir regardé avec toute l'indignation que méritait l'insolence de son procédé, je le quittai brusquement. J'aimai mieux, à vous dire vrai, garder le silence que d'entrer dans des détails qui m'auraient fait rougir, et que la faiblesse dont je venais d'être capable, me faisait craindre.

Voilà, poursuivit-elle, la seule fois que je me sois trouvée dans ce danger que j'avais toujours craint avant que de le connaître, et que je n'ai connu que pour l'éviter avec plus de soin que jamais. Je ne crus même, d'autant plus obligée à le fuir, que je ne doutai pas, aux mouvements que j'avais éprouvés, que je n'eusse plus de penchant à l'amour que je ne l'avais cru.

Vous voyez bien, dit alors Moclès, qu'il est important d'essayer son âme; mais à propos, comment va la vôtre? ce récit a-t-il fait sur vous les impressions que vous craigniez? Mais enfin, répondit-elle en rougissant, elle n'est pas aussi tranquille qu'elle l'était. De sorte, reprit-il, que si actuellement vous trouviez un téméraire, vous ne laisseriez pas d'en être un peu embarrassée. Ah! ne me parlez plus de cela, s'écria-t-elle, ce serait le plus cruel malheur qui pût m'arriver. Oui, répondit-il avec distraction, cela se conçoit aisément.

En achevant ces paroles, il tomba dans la rêverie la plus profonde : de temps en temps, il regardait Almaïde d'un air interdit, et avec des yeux qui peignaient ses désirs, et son irrésolution. L'aveu qu'Almaïde venait de lui faire de son trouble, l'encourageait, mais son inexpérience ne lui permettant pas de savoir le mettre à profit, peu s'en fallait qu'il ne lui devint inutile. La façon dont il devait s'y prendre, pour achever de séduire Almaïde, n'était pas la seule chose à laquelle il rêvât. Retenu par le souvenir de ce qu'il avait été, tyrannisé par l'idée des plaisirs, séduit, cessant de l'être, je le voyais, tour-à-tour, prêt à fuir, ou à tout tenter.

Pendant qu'il éprouvait tant de combats, Almaïde n'était pas dans un état plus tranquille. Le récit que Moclès lui avait demandé, avait produit tout ce qu'elle en avait craint. Ses yeux s'étaient animés; une rougeur, différente de celle que la pudeur fait naître; des soupirs entre-coupés, de l'inquiétude, de la langueur, tout m'apprit mieux qu'elle ne le savait elle-même, la force de l'égarement dans lequel elle était plongée. J'attendais avec impatience ce que deviendrait la situation où deux personnes si sages s'étaient si imprudemment engagées. Je craignis même quelque temps qu'ils ne soutissent l'erreur où leur trop grande sécurité les avait entraînés, et que, dans des cœurs accoutumés à la vertu, elle ne fît pas tout le progrès que mon état et les promesses de Brama me forçaient de souhaiter.

Je crus voir enfin aux regards d'Almaïde et de Moclès qui, de moment en moment, devenaient moins timides et se chargeaient de plus de volupté, que c'était moins la crainte de succomber qui les retenait, que l'embarras d'amener leur chute. Tous deux étaient également tentés, tous deux semblaient avoir le même désir et le même besoin de le connaître. Cette situation pour deux personnes qui auraient eu un peu d'usage du monde, n'aurait pas été embarrassante, mais Almaïde et Moclès, loin de savoir l'art de s'aider mutuellement, n'osaient ni se confier leur état, ni le marquer autrement que par des regards, encore mal assurés, du feu dont ils se sentaient brûler. Quand même ils se seraient crus l'un à l'autre les mêmes idées, savaient-ils à quel point ils étaient séduits tous deux? quelle honte ne serait-ce pas pour celui qui parlerait le premier, s'il trouvait dans le cœur de l'autre quelques restes de vertu, et comment pouvoir s'éclaircir quand tous deux ont tant de raisons de rompre le silence? En supposant à Almaïde plus de faiblesse encore qu'à Moclès, elle n'en était pas moins forcée de l'attendre. A cette sagesse dont elle avait toujours fait profession, se joignaient la pudeur et les bienséances de son sexe, qui ne lui permettaient pas de déclarer ses désirs, et, quoique pour toutes les femmes, cette loi ne soit pas inviolable, Almaïde, ou tout-à-fait neuve, ou peu faite à la galanterie, craignait le mépris si justement attaché à une démarche de cette nature. D'ailleurs savait-elle comment Moclès la prendrait? peut-être, si elle eût été sûre qu'en le méprisant, il eût voulu céder, se serait-elle étourdie là-dessus, mais s'il s'en tenait simplement au mépris?

Après qu'ils eurent agité quelque temps en eux-mêmes, de quelle manière ils pourraient se parler sans s'exposer à la honte de ne pas réussir, Moclès, de qui un aveu formel de ses sentiments aurait

trop blessé l'orgueil et l'état, crut qu'il ne pouvait mieux réussir que par le sophisme; suppose cependant que le choix des moyens dépendît encore de l'examen qu'en pouvait faire sa raison, et qu'il ne cherchât pas encore plus à s'éblouir lui-même, ou à sauver sa gloire en cas que l'épreuve qu'il allait tenter ne lui réussît point, qu'à tromper Almaïde. Heureux s'il eût voulu employer pour se défendre seulement la moitié de l'art qu'il mit à achever de se séduire, ou à se justifier sa séduction !

Oh parbleu! dit alors le sultan, ou peut dire que s'il s'y prend mal, ce ne sera pas faute d'y avoir beaucoup rêvé. Mais, dit la sultane, je ne sais pas pourquoi vous êtes si étonné qu'il ait fait tant de réflexions; il me semble que la situation où il se trouvait exigeait qu'il en fît quelques-unes. Quelques-unes, passe, répondit Schah-Baham, et c'est précisément parce qu'il n'en fallait que quelques-unes, qu'il n'avait pas besoin d'en faire tant. Il fallait que ces gens-là fussent terriblement tentés pour ne pas rentrer en eux-mêmes, avec le temps qu'ils se donnaient pour cela. Vous avez risqué de faire une remarque judicieuse, reprit la sultane. Vous avez risqué! dit Schah-Baham, oserais-je bien vous demander ce que cela veut dire? Vous avez de petites façons de parler aussi peu respectueuses que j'en connaisse, et dont il n'y a peut-être pas au monde de sultan qui voulût s'accommoder. Mais je veux dire, répondit la sultane, qu'elle porte à faux. Toutes ces idées tumultueuses qui occupaient Almaïde et Moclès se succédaient avec une extrême promptitude; et, si vous vouliez bien y penser, vous verriez que ce qu'Amanzéi ne nous a dit qu'en un quart d'heure ne dut pas suspendre deux minutes leurs résolutions. Eh bien! répliqua le sultan, la conteur est donc une bête, s'il emploie tant de temps à rendre ce que les gens dont il parle pensèrent avec tant de promptitude. Je voudrais bien, reprit-elle, que vous fussiez obligé de nous en peindre autant. J'ai mes raisons pour croire que je m'en acquitterais fort bien, repartit-il, mais je ferais encore mieux que tout cela, car, ce que je trouverais si difficile à dire, je ne me ferais point du tout de peine de le passer.

Les idées dans lesquelles Moclès était absorbé, ses désirs, les efforts qu'il faisait pour les éteindre, le plaisir avec lequel il s'y livrait, lui donnaient un air si sérieux, et si occupé qu'Almaïde enfin jugea à propos de lui demander ce qu'il avait pour garder si longtemps le silence. Je crains, ajouta-t-elle, que vous ne vous fassiez des idées noires. Vous avez raison, répondit-il, et le récit que vous venez de me faire que les a fait naître. Almaïde parut étonnée de ce qu'il lui disait. N'en soyez pas surprise, continua-t-il, et ne soyez pas plus choquée de ce que je vais vous dire, tout extraordinaire ou si vers dans ma bouche, je suis désolé que ce jeune téméraire qui vous ménagea si peu n'ait pas eu le temps d'achever son crime. Ah Moclès! s'écria-t-elle, et pourquoi? Parce que, répondit-il, vous seriez en état de calmer des doutes qui me tourmentent depuis longtemps, que vous venez de me rendre dans toute leur force, et que notre inexpérience réciproque laissera toujours subsister, puisque vous ne pourriez point répondre à mes questions, et qu'il serait trop dangereux pour moi d'interroger sur ce qui m'agite, une autre personne que vous. Ma curiosité roule sur des choses d'une nature si étrange pour un homme de mon caractère, et de ma profession, qu'à moins de me connaître comme vous faites, on ne manquerait pas de l'attribuer à un motif qui ne me ferait pas honneur. Il est certain, répondit-elle, que vous pouvez tout me dire, sans rien risquer. C'est cela même, reprit-il, qui me ferait presque désirer que vous fussiez plus instruite, car, ayant en moi autant de confiance que vous en avez en vous, sûrement vous ne me cacheriez rien. Quand j'aurais pu douter de votre amitié et de la façon dont vous comptez sur ma discrétion, la vérité avec laquelle vous venez de me confier jusques à vos plus intimes mouvements, m'en aurait convaincu. Sachons toujours ce qui vous occupe, répliqua-t-elle, peut-être à force de raisonner viendrons-nous à bout... Oh non! interrompit-il, vous ne pourriez me donner que des conjectures; et ce qui m'occupe, est de nature à exiger la plus parfaite certitude. Sans vous inquiéter davantage, je vais vous dire ce que c'est, et vous jugerez s'il doit m'être indifférent, pensant comme je fais, d'être sur un pareil article dans une si profonde ignorance. D'ailleurs votre intérêt s'y trouve joint au mien, puisqu'il n'est pas douteux que, vertueuse comme vous êtes, vous ne soyez pas tourmentée des mêmes idées que moi. Vous m'effrayez! lui dit Almaïde, parlez, je vous en conjure. Eh bien! lui dit-il, je pense qu'il est possible que nous ayons fort peu de mérite à ne nous être jamais écartés de nos devoirs. Cela se pourrait-il, s'écria-t-elle, et je ne suis pas assez fâché de ce que la conversation prenait un tour si sérieux. Vous n'avez, vous, jamais éprouvé les douceurs de l'amour (car quelque chose que vous en puissiez croire, il n'est pas douteux que ce qui vous est arrivé avec ce jeune homme ne vous en a donné qu'une idée fort imparfaite); moi, je l'ai toujours fui, est-ce là de quoi nous croire si parfaits? Mais, dites-vous, nous avons eu des désirs et nous en avons triomphé. Est-ce donc si grande victoire que celle-là? Savions-nous ce que nous désirions? sommes-nous même bien sûrs d'avoir eu des désirs? Non, notre orgueil nous a trompés : ce que nous avons

pris pour les désirs les plus ardents, était, sans doute, de bien légères tentations. Ce n'est, peut-être, que par ignorance que nous nous y sommes mépris, plût au Ciel ! mais s'il est vrai (comme je le crairis bien) que la seule envie de nous exagérer nos triomphes, ou de croire seulement que nous en remportions, nous ait trompés là-dessus, dans quelle coupable erreur n'avons-nous pas vécu ? Nous nous sommes flattés d'être vertueux, pendant que nous étions peut-être plus imparfaits que ceux que nous osions blâmer, et que notre vanité nous donnait même un vice de plus qu'à eux.

Cela est vrai, dit Almaïde, vous venez de faire là une affligeante réflexion ! Ce n'est pas d'aujourd'hui qu'elle me tourmente, répliqua-t-il d'un air triste, et d'autant plus que, pour me guérir de mes doutes, je ne vois qu'un moyen qui, tout simple qu'il est, ne laisse pas d'être dangereux. Voyons toujours, lui dit-elle ; comme je suis précisément dans le même cas que vous, j'ai l'intérêt du monde le plus pressant à savoir ce que vous avez pensé. Il faut vous connaître comme je fais, répondit-il, pour ne pas craindre de vous le dire.

Nous nous croyons vertueux, vous et moi, mais, comme je vous le disais tout à l'heure, nous ne savons réellement ce qui en est, et vous n'en allez plus douter. En quoi consiste la vertu ? dans la privation absolue des choses qui flattent le plus les sens. Qui peut savoir quelle est la chose qui les flatte le plus ? celui-là, seul qui a joui de toutes. Si la jouissance du plaisir peut seule apprendre à le connaître, celui qui ne l'a point éprouvé ne le connaît pas ; que peut-il donc sacrifier ? Rien, une chimère ; car quel autre nom donner à des désirs qui ne peuvent avoir pour une chose qu'on ignore ? et si, comme cela est décidé, la difficulté du sacrifice en fait seul le prix, quel mérite peut avoir celui qui ne sacrifie qu'une idée ! Mais après s'être livré aux plaisirs et s'y être trouvé sensible, y renoncer, s'immoler soi-même, voilà la grande, la seule, la vraie vertu ! et celle que ni vous ni moi ne pouvons nous flatter d'avoir.

Je ne le vois que trop, dit Almaïde ; il est certain que nous ne pouvons pas nous en flatter. Nous nous en sommes flattés pourtant, répondit vivement Moclès, que craignait qu'en laissant à Almaïde le temps de la réflexion, elle ne sentît combien les raisonnements qu'il employait étaient faux, lorsqu'il aurait osé le croire, et de ce moment nous voilà coupables d'orgueil. Je suis bien aise, continua-t-il, et je vous loue sincèrement de ce que vous sentez que tant qu'on ne s'est point mis à portée de pouvoir faire une comparaison exacte du vice et de la vertu, l'on ne peut avoir sur l'un et sur l'autre que des idées fausses. D'ailleurs, car ce mal, tout grand qu'il est, n'est pas le seul, on est sans cesse tourmenté du désir d'apprendre ce que l'on s'obstine à ignorer. L'âme exercée malgré elle-même par ce mouvement de curiosité en a sûrement plus de négligence pour ses devoirs, en proie à des distractions fréquentes, elle perd à raisonner, à entrevoir, à suivre, à détailler, à approfondir ce qu'elle a conçu, le temps que, sans cette tourmentante idée qui l'obsède toujours, elle donnerait uniquement à la pratique de la vertu. Si elle savait à quoi s'en tenir sur ce qu'elle souhaite de connaître, elle serait plus tranquille ; plus tranquille, elle serait plus parfaite ; il faut donc connaître le vice, soit pour être moins troublé dans l'exercice de la vertu, soit pour être sûr de la sienne.

Quoiqu'Almaïde fût dans une situation à ne pouvoir guère saisir ce que qui, en lui démontrant la nécessité du plaisir, la délivrait de la crainte des remords, ce sophisme la fit frissonner ; elle demeura quelques moments interdite, mais l'envie qu'elle avait de s'éclairer sur la volupté, ou de s'y perdre encore, l'emportant sur sa terreur, elle me parut enfin plus surprise qu'effrayée de ce qu'elle venait d'entendre. Vous croyez donc, lui demanda-t-elle d'une voix tremblante, que nous ne serions pas parfaits ? Mais vraiment, répliqua-t-il, je n'en doute pas, car considérez de grâce la position où nous sommes, et jugez s'il en est de plus horrible. Je ne le vois que trop, dit-elle, elle est réellement épouvantable !

Premièrement, continua-t-il, nous ne savons pas si nous sommes vertueux ; état triste pour des gens qui pensent comme nous. En doute, tout cruel qu'il est, ce n'est pas le seul malheur qu'entraîne notre situation : il n'est que trop certain que, contents de la privation que nous nous sommes imposée, il y a mille choses plus essentielles peut-être sur lesquelles nous nous sommes crus dispensés de nous observer ; par conséquent, à l'ombre d'une vertu qui pourrait bien n'être qu'imaginaire, nous avons commis des crimes réels, ou (ce qui, sans être de la même importance, a cependant des inconvénients considérables) ou nous avons négligé de faire de bonnes actions. Enfin, en nous supposant tels que nous nous sommes crus jusqu'ici, je me défierais encore d'une vertu que nous avons choisie, et je m'imaginerais pas qu'il y eût un grand mérite à l'avoir. Mettez différents fardeaux au choix d'un homme, il n'est pas douteux que ce sera du plus léger qu'il se chargera.

Je vous entends, dit-elle en soupirant, vous voulez dire que nous avons fait de même. A combien de scrupules ne me livrez-vous pas, continua-t-elle en baissant les yeux, et comment n'en être pas tourmentée, quand le seul moyen que l'on ait pour s'en délivrer en fait lui-même naître tant ? Ce moyen, reprit-il vivement, est dans le fond moins à craindre qu'il ne le paraît. Je suppose (et plût au ciel que je ne le supposasse rien !) que fatigués de notre incertitude, sentant enfin qu'il est de notre devoir de nous en tirer, nous voulons connaître le plaisir et juger de ses charmes par nous-mêmes, quel serait le danger de cette épreuve ? de ne pouvoir pas nous y arracher quand une fois nous l'aurons connu ; pour des âmes un peu faibles j'avoue que cela serait à risquer, mais il me semble que sans trop de présomption nous pouvons un peu compter sur nous-mêmes. Si, comme à ne vous rien cacher je le présume, ce plaisir est moins séduisant qu'on ne le dit, ce ne sera pas la peine de nous livrer à des choses à la privation desquelles, flatteuses ou non, l'on a attaché de la gloire ; si, au contraire, elles peuvent porter dans l'âme un trouble aussi grand qu'on l'assure, nous nous en priverons avec d'autant plus de joie que nous serons sûrs qu'il y a beaucoup de vertu à le faire.

Ce raisonnement que, sans doute, Almaïde aurait détesté si elle avait été plus à elle-même, fit sur une âme qui n'attendait plus pour succomber que l'apparence d'une excuse, tout l'effet que le malheureux Moclès s'en était promis. Après l'avoir regardé quelque temps avec des yeux incertains et troublés ; je suis comme vous, lui dit-elle, la nécessité absolue de cette épreuve, mais avec qui la pourrions-nous faire en sûreté ?

A ces mots elle se pencha languissamment sur Moclès, qui peu à peu s'était approché d'elle au point qu'en ce moment il la tenait entre ses bras. Je crois, lui répondit-il, que si nous la voulions hasarder ce ne pourrait être qu'entre nous deux ; nous sommes sûrs l'un de l'autre, et comme nous ne pouvons point douter que ce ne soit par une pluss grande recherche de la vertu, que nous nous déterminons à des actions qui semblent la blesser, nous sommes certains de ne nous pas faire une habitude d'un mouvement de curiosité qui ne part que d'un si bon principe. De quelque façon que ce puisse être enfin, nous y gagnerons, puisqu'au moins le souvenir de notre chute nous garantira de l'orgueil.

Quoiqu'Almaïde ne répondît rien, elle paraissait encore incertaine ; Moclès qui voulait, à quelque prix que ce fût, la déterminer, lui proposa pour achever de la vaincre de ne tenter cette épreuve que par degrés, afin, disait-il, que s'ils trouvaient dans leurs premiers essais assez de volupté pour fixer leurs doutes, ils n'allassent pas plus loin. Elle y consentit ; bientôt ils s'égarèrent, et irritant leurs désirs par des choses qui, quoiqu'elles fussent faites sans règles et avec maladresse, n'en prenaient pas moins d'empire sur leurs sens, ils perdirent de vue le marché qu'ils venaient de faire. Tous deux trouvant trop ou trop peu dans ce qu'ils sentaient, jugèrent à propos de poursuivre en ne purent s'arrêter, et... Tout d'un coup, vous deviendrez autre chose, interrompit le sultan ? Non, sire, répondit Amanzei. Je ne comprends rien à cela, reprit Schah-Baham, et je sais bien pourquoi, c'est que cela est incompréhensible ; car il n'est pas douteux qu'ils n'eussent tout ce que votre Brama demandoit. Je le crus d'abord comme votre invincible majesté, répartit Amanzei, il fallait pourtant qu'au moins l'un des deux en eût imposé à l'autre. J'imagine que vous fûtes bien fâché ! répliqua le sultan, et dites-moi, du côté des deux vous défaites-vous le plus ? Le récit d'Almaïde, répondit Amanzei, me donna sur elle de grands soupçons, et l'ignorance qu'elle affecta quand elle se rendit à Moclès, quoiqu'elle fût extrême, ne m'empêcha pas de croire qu'en lui faisant le récit de son aventure, elle avait supprimé la circonstance qui me faisait rester dans ma prison. Voilà bien les femmes ! s'écria le sultan ; oh oui ! votre réflexion est juste : eh bien ! je n'en ai rien dit, mais j'aurais parié qu'elle ne disait pas tout ; si je m'en étais vanté, il y a ici des gens qui m'auraient accusé de faire l'esprit fort. Allez, allez, soyez-en certain, ce fut elle qui empêcha que vous ne fussiez délivré.

La chose, toute probable qu'elle est, répondit Amanzei, souffre des difficultés ; Moclès, pour un homme jusqu'alors si irréprochable, me parut avoir bien de l'expérience. Ceci change la thèse, dit le sultan, car... ah oui ! on le voit bien, c'était lui. Mais accordez-vous donc, dit la sultane ; c'était elle, c'était lui, pourquoi, sans se tourmenter tant, ne pas penser que tous deux étaient de mauvaise foi ? Vous avez raison, répliqua le sultan, à la rigueur cela se pourrait ; il me semble pourtant qu'il serait plus plaisant que ce fût l'un ou l'autre ; je ne sais pas pourquoi, mais je l'aimerais mieux. Voyons toujours, que dirent-ils après ? ce n'est pas là ce qui m'intéresse le moins.

Moclès fut le premier qui revint de son égarement ; il me parut d'abord comme étonné de se trouver entre les bras d'Almaïde, et sa raison reprenant peu à peu son empire, à l'étonnement succéda l'horreur : il semblait ne pouvoir pas comprendre ce qu'il voyait ; il cherchait à en douter, à se flatter qu'un songe seul lui offrait de si cruels objets. Trop sûr de son malheur, il leva douloureusement les yeux sur lui-même, et se retraçant tout ce qu'il avait fait pour séduire Almaïde ! combien sa criminelle passion l'avait aveuglé ! avec quel art il l'avait corrompue par degrés ! il tomba dans la douleur la plus amère.

Almaïde enfin ouvrit les yeux, mais encore troublée, ne distinguant pas les objets aussi bien que Moclès, elle lui fit d'abord plus confuse qu'affligée. Soit enfin que le désespoir où elle le voyait lui fit sentir sa chute, soit que d'elle-même elle connût tout ce qu'elle

avait à se reprocher : ah Moclès ! s'écria-t-elle en pleurant, vous m'avez perdue ! Moclès en convint, il s'accusa de l'avoir séduite, la plaignit, tâcha de la consoler, et lui parla en homme vraiment humilié sur le danger qu'il y a à compter sur soi-même. Enfin après lui avoir dit tout ce que peuvent inspirer la plus vive douleur et le repentir le plus sincère, sans oser la regarder, il prit congé d'elle pour toujours.

Almaïde restée seule n'en fut ni moins honteuse ni plus tranquille ; elle passa toute la nuit à pleurer et à se reprocher tout, jusqu'au reproche qu'elle avait fait à Moclès, et dans lequel alors elle trouvait trop de vanité. Moclès, dès le lendemain, prit le parti de la retraite la plus austère... Voilà qui achève de me décider, interrompit le sultan, ce n'était pas lui. Et Almaïde, continua Amanzeï, toujours inconsolable, quelque temps après, suivit son exemple. Ceci me dérange, reprit le sultan, il fallait donc que ce ne fût pas elle. Jamais question plus difficile à décider ne s'était offerte à mon esprit, et je la laisse à résoudre à qui le pourra.

Quelque goût que j'eusse pris pour la morale, je commençais à m'ennuyer chez Almaïde, lorsque Moclès la séduisit. Un jour plus tard j'en serais sorti, persuadé qu'il y avait au moins, dans Agra, deux femmes insensibles. Ma patience heureusement me sauva une idée fausse.

Après avoir quitté Almaïde, j'errai longtemps, les ridicules ou les vices d'un genre qui m'était déjà connu, me promettant peu de plaisir, j'évitai avec soin ces maisons où tout avait l'air décent et arrangé. Mes courses me conduisirent dans un faubourg d'Agra qui était rempli de maisons fort ornées ; celle pour qui je me déterminai, appartenait à un jeune seigneur qui n'y logeait pas, mais qui, quelquefois, y venait incognito.

Le lendemain que je m'y fus fixé, je vis, sur le soir, arriver mystérieusement une dame, qu'à sa magnificence, et plus encore à la noblesse de son air, je pris pour une femme du plus haut rang. Mes yeux furent éblouis de ses charmes ; avec plus d'éclat encore que l'hônime, elle avait la même modestie, et une physionomie si douce que je ne pus la voir sans m'intéresser à elle vivement. A l'air dont elle entra dans le cabinet où j'étais, il semblait qu'elle fût étonnée de la démarche qu'elle faisait ; elle ne parla qu'en tremblant à l'esclave qui la conduisait, et sans oser lever les yeux, elle vint s'asseoir sur moi, en rêvant, mais avec tant de langueur qu'il ne me fut pas difficile de deviner quel était le mouvement qui l'occupait.

A peine fut-elle seule et livrée à elle-même, que s'occupant des plus tristes réflexions, après avoir soupiré plusieurs fois, ses beaux yeux répandirent des larmes. Sa douleur paraissait cependant plus tendre que vive, et elle semblait moins pleurer des malheurs qu'en craindre. Elle avait à peine essuyé ses pleurs qu'un jeune homme fort bien fait, et mis avec impétuosité, entra avec impétuosité, et en chantant, dans le cabinet. Sa présence acheva de troubler la dame ; elle rougit, et en détournant ses yeux de dessus lui, et en se cachant le visage, elle tâcha de lui dérober la confusion où elle était.

Pour lui, il s'avança vers elle de l'air du monde le moins tendre et le plus galant, et se jetant à ses genoux : Ah Zéphis ! lui dit-il, mes yeux ne me trompent-ils pas ! est-ce Zéphis que je vois ici ! est-ce bien vous ? vous que j'adore et que je n'osais presque pas y espérer ! quoi ! c'est vous qu'enfin je tiens dans mes bras !

Oui, répondit-elle en soupirant, c'est moi qui n'aurais jamais dû venir ici, c'est moi qui meurs de honte de m'y trouver, et qui n'ai cependant pas craint de m'y rendre. Que vous me rendez chère cette solitude ! s'écria-t-il en lui baisant la main. Ah ! répondit-elle, qu'un jour, peut-être, elle me coûtera de regrets ! Les preuves que je vous y donne de ma faiblesse deviendront plus cruelles pour moi, à mesure qu'elles s'effaceront de votre souvenir ; et elles s'en effaceront, Mazulhim ! ou si vous vous les rappelez quelquefois, ce ne sera que pour me mépriser de ce que j'aurai fait pour vous. Mais quelle erreur, répliqua-t-il d'un ton badin, pouvez-vous, belle comme vous êtes, vous former de pareilles chimères ? Savez-vous bien qu'au vrai je n'ai jamais aimé personne aussi tendrement que vous, et vous doutez de mes sentiments ! Non, je n'ai point le bonheur d'en douter, reprit-elle tristement ; je sais que vous ne pouvez être ni constant, ni fidèle ; je doute même que vous sachiez aimer ; cependant je vous aime, je vous l'ai dit, et je viens dans ces lieux vous le dire encore. Je sens ma faiblesse dans toute son étendue, je m'en fais pitié à moi-même, j'en vois toutes les suites, et pourtant j'y cède. Ma raison me fait voir tout ce que j'ai à craindre, mon amour me fait tout braver.

Mais, en vérité, répondit-il, savez-vous bien que vous me faites un vrai tort, un tort mortel de ne me pas voir aussi tendre que je le suis ? Ah Mazulhim ! s'écria-t-elle, est-ce ainsi que vous sentez tout ce que je vous dois ? Que vous rassurez mon cœur ! Je vous aime, Mazulhim, si vous me connaissiez mieux, vous n'en douteriez

pas. Ce cœur qui vous adore n'a (vous ne pouvez pas l'ignorer) jamais été qu'à vous ; dites-moi que vous désirez qu'il y soit toujours. Si vous saviez combien j'ai besoin de croire que vous m'aimez, vous ne me refuseriez pas de me le dire, ne fût-ce même que par humanité. C'est à vous seul aujourd'hui que mon bonheur est attaché ; vous voir, vous aimer toujours, c'est mon seul bien, et mes uniques vœux. Serait-il bien vrai que vous fussiez incapable de penser pour moi, comme je pense pour vous !

Ah ! s'écria-t-il, je vous proteste... Mazulhim, interrompit-elle, laissez-moi le soin de vous justifier, je m'en acquitterai mieux que vous-même, et j'ai plus d'envie de croire que vous m'aimez que vous de me le persuader. Je vous avouerai, madame, reprit-il d'un air plus sérieux que touché, que je ne me croyais pas assez malheureux pour que les preuves que depuis six mois j'ai tâché de vous donner de ma tendresse, vous en eussent aussi peu persuadée. Je sens bien qu'un amour extrême, tel que celui que j'ai eu le bonheur de vous inspirer, ne va jamais sans un peu de défiance ; et celle que vous me témoignez pouvait me tourmenter que moi, ajouta-t-il en la serrant dans ses bras, si je m'en plaindrais beaucoup moins, et le plaisir de vous trouver si délicate me ferait oublier combien vous êtes injuste, mais c'est de votre repos qu'il s'agit ici, et si vous connaissiez mieux mes sentiments, vous n'auriez pas de peine à croire qu'il m'est infiniment plus cher que le mien.

En achevant ces mots, il voulut prendre avec Zéphis les plus tendres libertés, mais elle se défendit d'un air si vrai que ne pouvant plus imaginer que ce fût en elle envie de faire de ces façons auxquelles on ne prend seulement pas garde aujourd'hui, il la regarda avec étonnement. Eh quoi ! Zéphis, lui dit-il, est-ce ainsi que vous me prouvez votre tendresse, et devais-je m'attendre à tant d'indifférence ? Mazulhim ! répondit-elle en pleurant, daignez m'écouter. Je ne suis pas venue ici sans savoir à quoi je m'exposais, et vous me verriez verser moins de larmes, si je n'étais pas déterminée à me livrer à votre tendresse ; je vous aime, et si je n'en croyais que les mouvements de mon cœur, je serais entre vos bras ; mais, Mazulhim, il en est encore temps, et nous ne sommes pas encore assez engagés l'un à l'autre pour que vous deviez me cacher vos sentiments. Il n'y a pas de temps où il ne me soit affreux d'apprendre que vous ne m'aimez pas, mais jugez combien j'aurais à me plaindre de vous, jugez quel serait mon état si je ne l'apprenais qu'après que ma faiblesse ne vous aurait rien laissé à désirer. Dominé par le désir de plaire, accoutumé à l'inconstance par des succès qui ne se sont point démentis, vous ne cherchez qu'à vaincre, et vous ne voulez pas aimer. Peut-être est-ce sans passion pour moi que vous m'avez attaquée ? examinez bien votre cœur, vous êtes maître de ma destinée, et je ne mérite pas que vous la rendiez malheureuse. Si ce n'est pas l'amour le plus tendre qui vous attache à moi, en un mot, si vous ne m'aimez pas comme je vous aime, ne craignez pas de me le déclarer ; je ne rougirai pas d'être le prix de l'amour, mais je mourrais de honte et de douleur si je ne m'étais vu que l'objet d'un caprice.

Quoique ces paroles et les pleurs que Zéphis versait en les prononçant n'attendrissent pas Mazulhim, elles lui firent prendre un ton moins froid que celui qu'il avait d'abord employé auprès d'elle. Que vos craintes me touchent, lui dit-il, mais que je les mérite peu ! est-il possible que vous imaginiez que je vous confonde avec ces objets méprisables, qui, seuls jusqu'à ce jour, ont paru m'occuper. J'avoue que la façon dont j'ai vécu a pu donner lieu à vos soupçons, mais, Zéphis, voudriez-vous que je l'eusse joint au ridicule d'avoir eu les femmes qui ont rempli mes histoires la honte de les avoir aimées ? Il est vrai, je craignais l'amour ; eh ! que pouvais-je faire de mieux, pour lui échapper toujours, que de vivre avec des femmes sans mœurs et sans principes, qui dans l'instant même qu'elles me séduisaient le plus par leurs agréments me sauvaient par leur caractère du danger d'une passion ? Je suis, dites-vous, accoutumé à l'inconstance par le succès. M'estimez-vous assez peu pour croire qu'avant de vous avoir touchée je me flattasse d'en avoir quelques-uns ? Il n'y a pas une de ces victoires dont, peut-être, vous me croyez si vain, qui intérieurement ne m'ait couvert de confusion ; pas une enfin qu'au prix de tout mon sang je ne voulusse n'avoir point remportée, puisqu'elles me rendent moins digne de vous !

Zéphis, à ces paroles, parut plus rassurée, tendit la main à Mazulhim en attachant sur lui ses beaux yeux avec cette expression tendre et touchante que l'amour seul peut donner. Oui Zéphis ! continua Mazulhim, je vous aime ! ah ! combien vivement, quel plaisir je sens à vos genoux, qu'au milieu même des transports les plus ardents, ce n'était pas à l'amour que je sacrifiais ! qu'il m'est doux de le connaître et de ne le connaître que par vous ! sans vos charmes, même sans vos vertus, j'aurais sans doute ignoré toujours ce sentiment auquel jusqu'à vous je refusais de me livrer. C'est à vous seule que je le dois, c'est pour vous seule que je veux en être éternellement rempli.

Ah Mazulhim, s'écria-t-elle, que nous serons heureux si vous pensez ce que vous me dites ! S'il est vrai que vous m'aimiez, vous m'aimerez toujours ! A ces mots, elle se pencha sur Mazulhim, et en le serrant tendrement dans ses bras elle approcha sa tête de la sienne.

La plus tendre ivresse était peinte dans ses yeux, et bientôt Mazulhim, par ses transports, en pénétra toute son âme. Dieux! quels yeux quand il eut achevé de les troubler! je n'avais jamais vu les mêmes qu'à Phénime.

Quelque préparée qu'elle fût, cependant, à rendre Mazulhim l'amant du monde le plus heureux, elle ne put, sans se ressouvenir de ses craintes, et peut-être de sa vertu, le voir si près de son bonheur. Vous ne doutez pas que je vous aime, lui dit-elle, en lui opposant la plus faible résistance, mais ne pouvez-vous... Ah Zéphis! interrompit-il, Mazulhim! pouvez-vous craindre encore de me prouver votre tendresse!

Zéphis soupira et ne répondit rien : plus vaincue par son amour, qu'elle n'était persuadée de celui de son amant, elle céda enfin à ses désirs. Trop heureux Mazulhim! que de charmes s'offrirent à tes regards, et combien la pudeur de Zéphis n'en augmentait-elle pas le prix! aussi Mazulhim m'en parut-il vivement frappé; tout l'étonnait, tout l'enchantait en Zéphis l'objet d'un éloge et d'un baiser. Quoique, loin de condamner l'admiration dans laquelle il était plongé, je la partageasse avec lui, il me sembla que pour la situation où il se trouvait, elle durait trop longtemps, et qu'elle semblait même suspendre ou lui faire oublier ses désirs.

Il est bien vrai que plus on est délicat, plus on s'amuse de bagatelles. Le sentiment seul connaît ces tendres écarts qu'il imagine et qu'il varie sans cesse; mais enfin on ne saurait s'y plaire toujours, et si l'on s'y arrête, c'est moins pour y borner ses désirs que pour y trouver de nouvelles sources de flamme. J'eus, quelques instants, assez bonne opinion de Mazulhim, pour n'attribuer l'anéantissement où je le voyais qu'à un excès d'amour; et les charmes de Zéphis justifiaient cette idée. Vraisemblablement Zéphis le crut aussi, et plus longtemps que moi. Je ne concevais pas comment les transports d'un amant si tendre, si pressé d'être heureux, s'affaiblissaient à mesure qu'ils trouvaient de quoi augmenter; il était vif sans être ardent; il louait, il admirait toujours; mais n'est-ce donc que par des éloges qu'un amant sait exprimer ses désirs?

Avec quelque adresse que Mazulhim dissimulât son malheur, Zéphis s'aperçut du peu de succès de ses charmes; elle n'en parut ni surprise, ni choquée, et tournant ses beaux yeux vers son amant, levez-vous, lui-elle avec la plus douce sourire, je suis plus heureuse que je ne pensais.

Mazulhim, à ce discours qui ne lui parut qu'insultant, s'efforça, mais vainement, de prouver à Zéphis qu'il ne méritait pas qu'elle eût de lui l'idée qu'elle semblait en avoir prise. Forcé enfin de se rendre justice: Hélas madame! lui dit-il d'un ton qui me fit rire, c'est que vous m'avez attristé. Sans doute je vous divertis, répondit Zéphis, mais votre douleur m'offenserait. Il serait trop cruel pour moi que vous crussiez de son avoir blessé... Ah Zéphis! interrompit Mazulhim, qu'il est affreux d'avoir tort avec vous, et difficile de vous le justifier! Cessez donc de vous affliger, interrompit tendrement Zéphis; je crois que vous m'aimez, je le crois même que depuis un instant, et vous ne pouviez mieux me prouver votre tendresse que par les choses que vous vous reprochez.

Ah! cela, comme l'on dit, est bon pour le discours, dit le sultan, mais dans le fond de l'âme, cette dame-là n'était sûrement pas contente. Premièrement c'est que par soi-même cela est affligeant, et qu'il y a apparence que ce qui afflige toutes les femmes n'en saurait divertir une, ou du moins vous conviendrez qu'en ce cas-là, elle serait bien capricieuse. D'ailleurs, c'est que le sentiment n'est pas une chose si consolante, quand cela arrive, qu'on le pourrait bien dire.

A ce propos, je me souviens qu'un jour (j'étais parbleu bien jeune!) c'était une femme. Je ne vous dirai pas comment cela arriva; nous étions pourtant tous deux... Réellement, je ne m'en serais jamais défié, ne voilà-t-il pas que tout d'un coup... je ne sais pas trop comment vous dire cela. Eh bien! j'eus beau lui tenir les propos du monde les plus galants, plus je lui parlai, plus elle pleura. Je n'ai jamais vu cela qu'une fois, mais il est vrai que c'était une chose bien attendrissante. Je lui dis pourtant entre autres qu'il ne fallait désespérer de rien, que je ne l'avais pas fait exprès... Eh! finissez votre cruelle histoire, interrompit la sultane. Je trouve assez bon, répondit Schah-Baham, qu'il ne me soit point permis de faire un conte, et chez moi, surtout; de-là, comme je vous disais, poursuivit-il, j'ai conclu, et pour jamais, qu'il n'y a point de femme à qui cela fasse un certain plaisir; par conséquent, la dame de Mazulhim, qui disait de si belles choses... Aurait tout autant aimé n'avoir pas eu à les dire, interrompit la sultane, cela est probable; mais sachez pourtant que ce que vous croyez si fâcheux pour une femme l'afflige moins qu'il ne l'embarrasse. Ah oui! reprit le sultan, je n'aurais, par exemple, qu'à... mais n'ayez pas peur! continuez, émir.

Quelque déconcerté que Mazulhim ne parût de son aventure, il me sembla qu'il était encore plus étonné de la façon dont Zéphis le prenait.

Si quelque chose peut, lui dit-il, me consoler de cette affreuse disgrâce, c'est de voir qu'elle ne prenne rien sur votre cœur; que de femmes me détesteraient, si elles avaient autant à se plaindre de moi! Je vous avoue, répondit Zéphis, que je ferais peut-être comme elles, si je pouvais attribuer cet accident à votre froideur, mais, si comme vous me l'avez dit, et que je le crois, l'amour seul trouble vos sens, je ne trouve dans cette aventure que mille choses plus flatteuses pour moi que tous vos transports. Je vous aime trop pour ne pas croire que vous m'aimez; peut-être aussi ai-je trop de vanité, ajouta-t-elle en souriant, pour imaginer qu'il y a de ma faute; mais quel que soit le motif de mon indulgence, ce qu'il y a de vrai, c'est que je vous pardonne. Je vous avertis, au reste, que je serais moins tranquille sur le plus simple soupçon, sur votre fidélité, que sur ce que vous appelez un crime. Oui, Mazulhim, soyez-moi fidèle, et puissé-je toujours vous trouver tel que vous êtes actuellement! Ce que j'y perdrais du côté de ce que vous appelez des plaisirs, ne le retrouverais-je pas bien dans la certitude que vous seriez constant?

Pendant que Zéphis parlait, Mazulhim, qui aurait bien voulu lui avoir moins d'obligation, n'épargnait rien de tout ce qui pouvait faire cesser son malheur. Zéphis se prêtait à ses désirs avec une complaisance qu'intérieurement, peut-être, il n'approuvait pas, parce que, de moment en moment, elle le rendait moins excusable. Cette complaisance même devenait plus tendre, insensiblement elle augmentait; Zéphis défendait moins ou accordait de meilleure grâce; ses yeux brillaient la pudeur de ne leur avais pas encore vu; il semblait que ce ne fût que dans cet instant qu'elle se fût véritablement rendue; elle n'avait jusque-là souffert que les empressements de Mazulhim, alors elles les partageait. Cette répugnance inséparable du premier moment, que tant de femmes jouent et que si peu sentent, avait cessé. Zéphis soutenait sans embarras les éloges de Mazulhim, et paraissait même désirer qu'il pût se mettre à portée de lui en donner de nouveaux; elle rougissait, et ce n'était plus la pudeur qui la faisait rougir; ses regards ne se détournaient plus de dessus les objets qui d'abord avaient paru les blesser; la pitié que Mazulhim lui inspirait enfin n'eut plus de bornes, cependant...

Ah oui! interrompit le sultan; cependant... j'entends bien! voilà un impatient petit homme! Je ne connais rien qui soit, à la longue, plus insupportable que les procédés qu'il a avec Zéphis; je suis bien sûr qu'elle s'en fâcha. Et moi, dit la sultane, je le suis du contraire; se fâcher d'un pareil malheur, c'est le mériter. Bon! reprit le sultan, pensez-vous qu'une femme fasse une pareille réflexion? ce qu'il y a de certain pour moi, c'est qu'en pareil cas je me fâcherais, et je ne m'en croirais pas moins raisonnable, non. Voyons pourtant ce que dit Zéphis, car, à ce que je vois, en cela comme en toute autre chose, chacun a son goût.

Quelque indulgente qu'elle fût, reprit Amanzéi, l'obstination du malheur de son amant me parut l'ennuyer; soit qu'ayant plus fait pour lui que la première fois, elle crût le mériter moins, soit qu'étant en ce moment plus favorablement disposée, elle trouvât dans sa raison moins de force pour la soutenir.

Mazulhim, moins convaincu que Zéphis de son infortune, ou accoutumé peut-être à braver de pareils malheurs, ne pensait pas de Zéphis aussi bien qu'il le devait, tenta ce que, s'il eût été plus sage ou plus poli, il n'aurait pas tenté. Il me sembla qu'elle n'agréait pas une épreuve qui lui montrait moins encore de présomption dans Mazulhim, que la mauvaise opinion qu'il avait avoir de ses charmes.

Malgré son trouble, il lui échappa un sourire malin qui semblait dire à Mazulhim ou qu'il n'était point persuadé avec qui cette témérité fût placée et pût être heureuse. Sûre qu'il ne serait bientôt puni, elle se livra à ces ridicules entreprises avec une intrépidité que toute femme est assez vaine pour avoir en pareil cas, mais qui n'est point dans les faits justifiée par le succès. Quoique Mazulhim fût en ce moment moins à plaindre qu'il ne l'avait été, il n'était pas cependant dans une situation dont on pût le féliciter, et quelques fussent ses efforts, Zéphis eut raison de les avoir pas craints.

A l'air étonné de Mazulhim, je dus croire que s'il était fait à une partie de ce qui lui arrivait, il ne l'était pas à trouver des femmes qui, comme Zéphis, ne pussent dans ses malheurs lui laisser aucunes ressources; et que que je dis toutefois sans vouloir en offenser aucune; et que sait-on, d'ailleurs, si ce serait toujours à elles qu'on devrait s'en prendre?

Quoi qu'il en soit, la surprise de Mazulhim fut si plaisamment marquée, et aux dépens de beaucoup d'autres femmes, faisait si bien l'éloge de Zéphis, qu'elle ne put s'empêcher d'en rire. Si vous me l'aviez demandé, lui dit-elle, je vous l'aurais dit, mais vous ne m'en auriez peut-être pas crue. J'aurais assurément eu tort, répondit-il, mais je ne devais pas m'y attendre; une expérience de dix ans, toujours heureuse, me faisait croire toujours possible ce qu'avec vous seule j'ai inutilement tenté. Ah Zéphis! ajouta-t-il, faut-il que je trouve dans ce qui devrait combler mes désirs de nouvelles raisons de me plaindre! En effet, répondit-elle en riant, je conçois combien vous êtes malheureux, et vous devez aussi être bien sûr de toute ma pitié. Zéphis! reprit-il avec un transport plus vrai que tous ceux que je lui avais vus, rien n'égale ma tendresse, que vos charmes; chaque moment augmente mon ardeur et mon désespoir; et je sens... Eh Mazulhim! interrompit-elle, quel aurait donc été ce bonheur dont vous regrettez tant la perte? Non, s'il est vrai que vous m'aimiez, vous n'êtes pas à plaindre. Un seul de mes regards doit vous rendre plus heureux que tous ces plaisirs que vous cherchez, si vous les

aviez trouvés auprès d'une autre. Vos sentiments me charment et me pénètrent, dit-il, mais en redoublant mon amour ils augmentent mes regrets et ma douleur.

Finissons cet entretien, dit Zéphis en se levant. Quoi, s'écria-t-il, voudriez-vous déjà me quitter? Ah Zéphis! ne m'abandonnez point à l'horreur de ma situation! Non, Mazulhim, répliqua-t-elle, je vous ai promis de passer ce jour avec vous; eh! puisse-t-il ne vous point paraître plus long qu'à moi! mais sortons de ce cabinet; allons jouir de la délicieuse fraîcheur qui commence à se répandre; distraire votre imagination, la détourner enfin de dessus les objets qui l'attristent: peut-être, Mazulhim, plus on cherche les plaisirs, moins on peut les goûter; essayons si, en y arrêtant moins notre pensée, nous ne nous y disposerons pas mieux.

La généreuse Zéphis sortit en achevant ces paroles, et Mazulhim lui donna la main de l'air du monde le plus respectueux.

Ce qu'il y a de singulier, c'est que ce Mazulhim qui employait si mal les rendez-vous qu'on lui donnait, était l'homme d'Agra le plus recherché, il n'y avait pas une femme qui ne l'eût eu, ou qui ne voulût l'avoir pour amant; vif, aimable, volage, toujours trompeur, et n'en trouvant pas moins à tromper, toutes les femmes le connaissaient, et toutes cependant cherchaient à lui plaire; sa réputation enfin était étonnante. On le croyait!... que ne le croyait-on pas! et pourtant, qu'était-il? que ne devait-il pas à la discrétion des femmes, lui qui ayant pour elles de si mauvais procédés les ménageait cependant si peu!

Après une heure de promenade, Zéphis et lui revinrent du jardin. Je cherchai promptement dans leurs yeux s'ils étaient plus contents que lorsqu'ils étaient sortis. A l'air modeste de Mazulhim, je crus que non et je ne me trompais pas. Zéphis s'assit sur moi, nonchalamment, et Mazulhim se mit à ses pieds, sur des carreaux. Ayant assez peu de chose à lui dire, et n'imaginant d'abord aucune sorte d'amusements qu'il fût en état de lui procurer, il s'abandonna à la rêverie en la regardant assez tendrement. Honteux, peu de temps après du personnage qu'il jouait auprès de la plus belle femme d'Agra, mais consterné encore de ses malheurs, tremblant, en voulant les réparer, d'essuyer de nouveaux affronts, il fut quelques moments sans savoir à quoi se déterminer. Il craignit enfin que son silence et sa froideur ne parussent plutôt à Zéphis des preuves d'indifférence que de crainte ou de repentir. Il la prit brusquement dans ses bras, et lui donnant les baisers les plus tendres sembla vouloir sortir par un coup d'éclat de la profonde léthargie dans laquelle il était plongé. Zéphis d'abord parut délibérer en elle-même si elle se prêterait aux nouvelles entreprises de Mazulhim. Si sa tendresse la sollicitait à tout accorder, cette même tendresse lui faisait voir avec douleur qu'elle n'avait jamais plus de cruauté pour Mazulhim que quand elle ne lui refusait rien. Désirait-il d'être heureux, ou la connaissait-il assez peu pour croire qu'elle serait blessée s'il ne cherchait pas à le devenir? Était-ce enfin l'amour ou la vanité qui le lui ramenaient si tendre?

Pendant qu'elle s'occupait de ces idées, Mazulhim (soit qu'il cherchât uniquement se à tirer d'une situation qui l'ennuyait, soit que, comme il était admirable pour les menus détails de l'amour, il voulût empêcher Zéphis de s'ennuyer) crut devoir employer ces riens charmants quand ils précèdent ou suivent une conversation sérieuse, mais qui par leur frivolité ne sont pas faits pour en tenir lieu. Zéphis refusa d'abord de s'y prêter, mais croyant à l'empressement extrême avec lequel Mazulhim le lui demandait plus de complaisance qu'il avait besoin qu'elle en eût, elle consentit par pure générosité et en haussant les épaules, à ce dont il se faisait de si grandes idées, et dont, car il faut lui rendre justice, il attendait beaucoup moins que lui.

L'air inattentif et même ennuyé qu'elle garda longtemps, loin d'impatienter Mazulhim, l'engagea à redoubler ses soins; et comme il était l'homme de son temps, qui savait le mieux traiter les petites choses, il la força à lui prêter plus d'attention; de l'attention, elle la conduisit à l'intérêt: le peu de réalité des objets qu'il lui offrait disparut insensiblement à ses yeux; elle seconda elle-même l'illusion où il la jetait, et connut enfin de combien de plaisirs l'imagination est la source, et combien, sans elle, la nature serait bornée.

Pour comble de bonheur, ce Mazulhim avait peut-être moins regardé comme une ressource pour lui, que comme une sorte de dédommagement qu'il devait à Zéphis, lui fit une impression plus vive qu'il ne s'en était flatté. Les charmes de Zéphis, devenus même plus touchants, lui firent sentir cette émotion qu'il avait jusque-là cherchée si vainement, et dans le doux désordre qui commençait à s'emparer de ses sens, ayant perdu le souvenir de ses malheurs, ou du moins alors plus irrité qu'abattu, il vainquit enfin glorieusement ces obstacles cruels par lesquels il s'était vu si longtemps et si cruellement arrêté.

J'entends, dit alors le sultan, c'est fort bien fait; *il vaut mieux tard que jamais*; c'est-à-dire que... N'allez-vous pas nous expliquer cela, interrompit la sultane, et pensez-vous qu'Amanzéi ait eu la prudence et la finesse de nous laisser quelque chose à deviner? Je n'en sais rien, reprit le sultan, ce ne sont pas là mes affaires, mais enfin, c'est que, comme vous le savez aussi bien que moi, ce Mazulhim est un peu sujet à des accidents, et qu'il me paraît tout simple que l'on s'informe... parce que, par hasard, il se pourrait... Eh bien! dites-moi donc un peu, Mazulhim?

Sire, il fut heureux, mais il savait mieux offenser qu'il ne savait réparer les outrages qu'il faisait, et je doute que s'il eût eu affaire à une personne moins généreuse que Zéphis, il eût pu pour si peu obtenir son pardon. Plus vain qu'il n'était amoureux, il me parut moins sentir le bonheur de posséder Zéphis que le plaisir d'avoir moins à rougir devant elle. Ils commencèrent une conversation tendre, où Zéphis mit beaucoup de sentiment et Mazulhim extrêmement de jargon.

Peu de temps après on servit un souper où il avait épuisé la délicatesse et le goût. Zéphis animée de plus en plus par la présence de son amant, lui dit mille choses fines et passionnées qui ne me fit pas moins admirer son esprit que sa tendresse. Quoique lui-même fût étonné de tant de charmes, ils n'agissaient pas sur lui aussi vivement que sur moi, et il me parut que son orgueil était plus flatté de la conquête de Zéphis, que son cœur n'était touché de cette passion vive et délicate qu'elle avait pour lui, et dont, malgré ce qu'elle craignait de son inconstance, elle était uniquement remplie.

Si la possession de Zéphis n'avait pas rendu Mazulhim aussi amoureux qu'elle l'aurait dû, il en était du moins devenu plus vif; son cœur, inaccessible au sentiment, languissait encore; toutes les vertus de Zéphis, que l'ingrat louait sans les connaître et peut-être sans les lui croire, loin de l'attacher à elle, semblaient l'en éloigner et le contraindre. Je ne le voyais pas même ému de l'amour tendre et vrai qu'elle avait pour lui, mais elle commençait à lui inspirer des désirs. Il la regardait avec transport, il soupirait, il lui parlait avec ardeur du bonheur dont il avait joui, et il semblait attendre avec impatience que le souper finît. Il le lui dit même; mais soit qu'elle s'y amusât, soit qu'elle n'eût pas si bonne opinion de lui que de l'après-souper, elle était moins impatiente. Cependant elle l'aimait, il la pressa, bientôt... Ah Mazulhim! que tu aurais été heureux si tu avais su aimer!

Peu de temps après Zéphis sortit, et Mazulhim la suivit en lui faisant des protestations d'amour et de reconnaissance que je crus d'autant moins vraies qu'elle les méritait mieux. Zéphis était trop estimable pour qu'il pût s'attacher constamment à elle; elle était vraie, sans fard, sans coquetterie; Mazulhim était sa première affaire, mais ce qui aurait fait la félicité d'un autre n'était pour ce cœur corrompu qu'une liaison où il ne trouvait ni plaisir ni amusement. Il ne lui fallait que de ces femmes qui, nées sans sentiment et sans pudeur, ont mille aventures sans avoir un amant, et qu'à l'indécence de leur conduite on pourrait accuser de chercher plus encore le déshonneur que le plaisir. Il n'était pas étonnant que Mazulhim, qui n'était qu'un fat, plût aux femmes de ce genre, et qu'à son tour il les recherchât.

Mais, Amanzéi, demanda la sultane, comment un homme de si peu de mérite avait-il pu toucher une personne aussi estimable que vous nous avez peint Zéphis? Si votre majesté voulait bien se ressouvenir du portrait que j'ai fait de Mazulhim, répondit Amanzéi, elle s'étonnerait moins qu'il eût su plaire à Zéphis; il avait des agréments, et savait feindre des vertus. Zéphis, d'ailleurs, ne serait pas la première femme raisonnable qui aurait eu le malheur d'aimer un fat, et votre majesté n'ignore pas qu'on ne voit autre chose tous les jours. Sans doute, dit le sultan, par exemple il a raison, l'on ne voit que cela; au reste, ne me demandez pas pourquoi, car je n'en sais rien. Ce n'est pas à vous non plus que je le demande, reprit la sultane. Ce sont des choses qu'avec tout l'esprit que vous avez il me paraît simple que vous ne sachiez pas.

Qu'une femme raisonnable, continua-t-elle, se rende à un amour également tendre et constant; que, sûre des sentiments et de la probité d'un homme qui l'aime (si toutefois quelque chose peut jamais l'en assurer), elle se livre enfin à lui, cela ne me surprend pas, mais qu'elle soit capable de faiblesse pour un Mazulhim! voilà ce que je ne puis comprendre! L'amour, répondit Amanzéi, ne serait pas ce qu'il est, si... Si, si, interrompit le Sultan, allez-vous faire longtemps les beaux esprits, et ne vous souvient-il plus que j'ai défendu les dissertations? Que vous importe, dites-moi, que cette Zéphis aime ce Mazulhim, que l'une soit une bégueule et l'autre fat? eh bien! elle l'aime tel et c'est tout. Vous voulez savoir pourquoi; que ne le demandiez-vous à Amanzéi, pendant qu'il était femme? croyez-vous qu'il se souvienne de cela, lui, à présent? Vous êtes cause, au reste, avec tous vos discours, que les contes que l'on me fait ne finissent point, et cela m'excède. Voyons, émir, où en étiez-vous? que devint cette Zéphis si raisonnable qu'elle en ennuie? quelle fut la fin de tout cela?

Celle qu'elle devait avoir, reprit Amanzéi; Mazulhim ne voulant pas d'abord manquer totalement d'égards pour Zéphis, la trompa le plus secrètement qu'il put. Ou les ménagements qu'il prit ne furent pas assez habilement employés pour la tromper longtemps, ou les infidélités qu'il lui faisait étaient trop fréquentes et trop marquées pour qu'il pût toujours les lui dérober. Quoi qu'il en soit, elle se plaignit, mais comme avec toutes les délicatesses de l'amour le plus tendre elle en avait tout l'aveuglement; il vint aisément à bout

de la calmer. Il continua ses infidélités et elle recommença ses reproches. Enfin, il s'impatienta, et peu touché de son amour et de ses larmes il rompit absolument avec elle, et la laissa livrée à la honte de l'avoir aimé et à la douleur de l'avoir perdu.

Ma foi, dit le sultan, il fit fort bien de la quitter, et la preuve de cela, c'est que j'aurais fait de même. Je sais bien qu'elle était fort belle, qu'elle avait beaucoup de mérite, mais ce mérite-là m'aurait, moi qui veut qu'on me divertisse, ennuyé tout comme lui. Ce n'est pourtant pas que je sois un Mazulhim, je pense qu'on ne me le reprochera pas, mais c'est qu'il ne laisse pas d'être plaisant de quitter des femmes, quand ce ne serait uniquement que pour entendre ce qu'elles en disent.

Trois jours après que j'eus vu Zéphis pour la première fois, Mazulhim arriva seul. A peine avait-il eu le temps de donner quelques ordres, qu'une petite femme dont l'air était vif, indécent, étourdi, et pourtant manière, entra dans le cabinet. De loin, elle ne manquait pas d'éclat; de près, ce n'était qu'une figure médiocre, et que, sans ses ridicules, ses mines, et cette prodigieuse vivacité qu'elle affectait, on n'aurait seulement pas remarquée. Aussi était-ce la seule chose qui avait fait naître à Mazulhim l'envie de l'avoir. Ah! s'écria-t-il en la voyant, c'est vous! mais savez-vous bien que vous êtes divine d'arriver de si bonne heure! Cette beauté, qui, malgré ses airs enfantins, avait trente ans au moins, s'avança vers Mazulhim avec cette noble indécence qui composait presque toutes ses grâces, et sans lui répondre, ni presque le regarder, vous aviez raison, lui dit-elle, de me dire que votre petite maison était jolie; mais., c'est qu'elle est charmante! meublée d'un goût! d'une volupté! cela est divin! N'est-il pas vrai, répondit-il, que c'est la plus jolie du faubourg? Ne dirait-on pas, à ce propos, répliqua-t-elle, que j'en connais beaucoup? Ce cabinet-ci est charmant! continua-t-elle, galant au possible! Je suis, dit-il, charmé de vous y voir, et qu'il vous plaise. Oh pour moi! répliqua-t-elle, je n'ai peut-être pas fait, pour y venir, toutes les façons que je devais; ce n'est pas que je ne sache aussi bien qu'une autre l'art de filer, et de mettre de la décence dans une affaire, mais... Vous ne la pratiquez pas, interrompit-il, oh! pour cela, l'on vous rend justice. C'est que cela est vrai, au moins, reprit-elle; exactement, je ne suis point fausse. Hier, quand vous me dîtes que vous m'aimiez, et que vous me proposâtes de venir ici... je fus pourtant bien tentée de vous répondre non, mais la vérité de mon caractère ne me le permet point; je suis franche, naturelle, vous me plaisez, et me voilà. Vous n'en pensez pas plus mal de moi, peut-être? Qui! moi! répondit-il en haussant les épaules, voilà une belle idée! J'en penserais mille fois mieux, s'il m'était possible! Au vrai, vous êtes charmante! reprit-elle, mais, dites-moi donc: y a-t-il longtemps que vous êtes ici? J'arrivais, repartit-il, et j'en rougis! Je n'en suis confondu! mais vous avez pensé être ici la première. Cela aurait vraiment été joli, dit-elle, et je n'aurais pas manqué de vous en savoir gré. Vous concevez bien, répondit-il, qu'on ne fait pas ces choses-là exprès, et qu'elles peuvent arriver aux gens les plus empressés. Oui, oui, reprit-elle, je le conçois bien, je ne l'aimerais pourtant pas. Écoutez donc, que je vous dise des nouvelles. Zobéide vient dans la minute de quitter Arch-Chan : ne lui a-t-elle fait pas cela, demanda-t-il? Et Sophie, continua-t-elle, vient de prendre Dara. N'a-t-elle pris pas lui, demanda-t-il encore?

Pendant qu'il parlait, Mazulhim qui la connaissait trop pour la respecter seulement un peu, prenait avec elle les plus grandes libertés. Loin qu'elle m'en parût plus émue que lui, elle promena ses yeux dans le cabinet avec distraction, puis les ramenant sur sa montre : mais quelle folie donc! Mazulhim, lui dit-elle, est-ce que nous serons seuls tout le jour? Voilà une assez bonne question! répondit-il; sans doute, nous serons seuls. Mais vraiment, reprit-elle, je n'avais pas compté là-dessus; laissez donc! ajouta-t-il sans aucun désir qu'il finît, qu'il continuât (aussi ne s'en embarrassait-il pas plus qu'elle) vous êtes, au vrai, d'une folie qui ne ressemble à rien; et à propos de quoi êtes-vous si fâchée que ceci vous plaît? Il me semble, répondit froidement Mazulhim, que cette conversation n'empêchait pas de s'amuser, que cela était convenu entre nous. Convenu! dit-elle, quel conte! où avez-vous pris cela! je n'en ai pas dit un mot, je vous jure; après tout, cela m'est égal et je saurai bien vous contenir. Ah! pour cela, laissez donc! vous avez des façons singulières! Pas trop, il me semble que je ne suis pas plus singulière qu'une autre. D'ailleurs, étant ensemble comme nous sommes, je dois croire que je n'outre rien. Ah! Zulica, ajouta-t-il, vous qui avez du goût, dites-moi ce que vous pensez de ce plafond? C'était à cela que je rêvais, dit-elle, je le voudrais moins chargé de dorure; tel qu'il est, je le trouve pourtant fort beau, ajouta-t-elle en s'asseyant sur ses genoux, et selon toutes les apparences ce n'était pas pour le déranger.

Quand j'y pense, reprit-elle, il faut que je sois bien folle pour croire que vous me serez fidèle, vous ne m'avez encore été à personne. Ah! ne parlons pas de cela, répliqua-t-il en s'occupant toujours, et (grâces aux bontés de Zulica) fort commodément; vous seriez peut-être bien embarrassée si j'étais plus constant que vous ne me soupçonnez de l'être. Vous ne voulez donc pas me laisser? dit-elle en ne faisant pas le moindre mouvement pour lui échapper ou pour le contraindre. A l'égard de la constance, continua-t-elle aussi froidement que s'il n'eût pas continué, lui; j'en ai dans le caractère, j'ose le dire. Ce n'est pas aujourd'hui une vertu, que la constance, tant elle est commune, répondit-il, et l'on peut, sans se vanter, dire qu'on en est capable; vous avez pourtant, et malgré celle dont vous pouvez vous piquer, changé quelquefois. Pas tant, n'allez pas croire cela. Mais, je sais, et vous ne l'ignorez pas, répondit-il, tous les amants que vous avez eus. Eh bien! dit-elle, en ce cas-là, vous conviendrez qu'il n'a tenu qu'à moi d'en avoir davantage; finissez donc! vous me tourmentez! Beaucoup moins que je ne devrais. Mais enfin, répliqua-t-elle, c'est toujours plus que je ne veux. Quoi! lui dit-il, ne m'aimez-vous pas; allez-vous avoir un caprice? n'avez-vous pas tout réglé? Eh mais... oui, répondit-elle, mais... Ah! Mazulhim! vous me déplaisez! C'est un conte, repartit-il froidement, cela ne se peut pas.

Alors il la posa doucement sur moi. Je vous assure, Mazulhim, lui dit-elle en s'y arrangeant, que je suis outrée contre vous; je vous le dis, c'est que je ne vous le pardonnerai jamais.

Malgré ces terribles menaces de Zulica, Mazulhim voulut achever de lui déplaire. Comme entre autres choses il avait la mauvaise habitude de ne s'attendre jamais, et qu'elle avait apparemment celle de ne jamais attendre personne, il lui déplut en effet à un point qu'on ne saurait imaginer. Cependant, malgré sa colère, elle attendit, et sa vanité lui fit suspendre son jugement. Dans toutes les occasions où elle s'était trouvée (et elles avaient été fréquentes assurément) on ne lui avait jamais manqué; c'était pour elle une preuve incontestable de ce qu'elle valait. D'ailleurs, ce Mazulhim qu'elle trouvait si peu digne d'estime, de quels prodiges, si l'on en croyait le public, n'était-il pas capable? Si (comme la chose lui paraissait assez avérée) elle n'avait rien à se reprocher, par quel hasard Mazulhim, qui, disait-on, n'avait jamais eu tort avec personne, en avait-il avec elle un si singulier? Elle avait ouï dire à tout le monde qu'elle était charmante; la réputation de Mazulhim était trop belle pour qu'il ne la méritât pas au moins par quelqu'endroit : donc ce qui lui faisait faire tant de réflexions n'était point naturel et ne pouvait pas durer.

Avec ces consolantes idées et d'ouï dire en ouï dire, Zulica s'était armée de patience et cachait son dépit le mieux qu'il lui était possible. Mazulhim, cependant, tenait les propos du monde les plus galants sur les beautés qui semblaient le toucher si peu. Il fallait, disait-il, que pour la rendre tel qu'il se trouvait, tous les magiciens des Indes eussent travaillé contre lui; mais, continuait-il, que peuvent leurs charmes contre les vôtres? Aimable Zulica! ils en ont différé le pouvoir, mais ils n'en triompheront pas.

A tout cela, Zulica plus fâchée que Mazulhim n'était déconcerté, ne lui répondait que par des sourires malins, mais auxquels, de peur de l'achever, il n'osait donner toute l'expression qu'elle aurait voulu. Vous êtes, lui demanda-t-elle d'un air railleur, brouillé avec des magiciens? je vous conseille de vous raccommoder avec eux; des gens capables de jouer de pareils tours sont de dangereux ennemis. Ils le seraient moins, si vous étiez bien mise en état de leur en donner le démenti, répondit-il, et je doute aussi que, malgré leur mauvaise volonté, si vous aimais vous-même d'ardeur, j'eusse éprouvé... Oh! c'est un propos auquel j'ajoute assez peu de foi, que celui que vous me tenez-là, interrompit Zulica, qui, ayant déterminé en elle-même le temps que l'on pouvait rester enchanté, croyait alors avoir accordé assez de répit. Je sais bien, reprit-il, que si vous me jugez à la rigueur vous ne devez pas être contente, mais moins vous l'êtes plus vous devriez achever de me mettre dans mon tort. Je doute, répliqua-t-elle, que cela fût convenable. Je vous croyais moins attachée à la décence, reprit-il d'un air railleur et j'osais espérer... Vous prenez assurément bien votre temps pour... railler! interrompit-il, vous avez raison! rien n'est si glorieux pour vous que cette aventure! Mais, Zulica, reprit-il, ne voudrez-vous donc jamais sentir que le ton que je prends ne peut que me nuire et perpétuer mon humiliation! C'est, je vous jure, dit-elle, ce dont je me soucie le moins. Mais, lui demanda-t-il, si vous vous en souciez si peu, de quoi vous fâchez-vous tant? Vous me permettrez de vous dire, monsieur, que c'est une fort sotte question que celle que vous me faites?

A ces mots, elle se leva, malgré tous les efforts qu'il fit pour la retenir; laissez-moi, lui dit-elle d'un ton aigre, je ne veux ni vous voir, ni vous entendre! Assurément! s'écria-t-il, je n'ai jamais vu d'aussi malheureuse, mais je n'en ai jamais vu d'aussi fâchée!

Cette exclamation de Mazulhim ne plut pas à Zulica; désespérée de l'accident qui lui arrivait, outrée de l'air froid de Mazulhim, elle s'en prit, sans fureur, à un grand vase de porcelaine qu'elle trouva sous sa main et qu'elle brisa en mille morceaux. Hélas! madame, lui dit Mazulhim en souriant, ce vase m'était trouvé ici à briser, si toutes les personnes qui n'y ont pas été contentes de moi, s'en étaient vengées de la même manière; au reste, ajouta-t-il en s'asseyant sur moi, je vous conjure de ne vous pas gêner.

Voilà une femme qui me plaît tout-à-fait, dit Schah-Baham, elle a du sentiment, et n'est pas comme cette Zéphis, à qui tout était égal, et qui, d'ailleurs, était bien la plus sotte précieuse que j'aie de ma vie rencontrée! Je sens qu'elle m'intéresse infiniment, et je vous la

recommande, Amanzei ; entendez-vous? tâchez qu'on ne la chagrine pas toujours. Sire, répondit Amanzeï, je la favoriserai autant que le respect dû à la vérité pourra me le permettre.

Mazulhim en finissant de parler, se mit à rêver d'un air distrait. Zulica, qui était allée s'asseoir dans un coin et loin de lui, soutint assez bien pendant quelque temps la méprisante indifférence qu'il lui témoignait, et pour la lui rendre elle se mit à chanter. Ou je me trompe, lui dit-il, quand elle eut fini, ou le morceau que madame vient de chanter, est de tel opéra? Elle ne répondit rien. Vous avez continua-t-il, une jolie voix, peu étendue, mais flûtée et dont les sons vont droit au cœur. Il est heureux qu'elle vous plaise, répondit-elle sans le flatter. Vous ne le croyez peut-être pas, repartit-il, mais il est vrai pourtant, que vous pourriez en être flattée et que peu de gens s'y connaissent aussi bien que moi. Un autre agrément que je vous trouve et que je vous dirais, si je pouvais à présent vous paraître digne de vous louer, c'est une expression charmante qui ne laisse rien à désirer par sa vivacité et par sa justesse et que vos yeux secondent si bien qu'il est impossible de vous entendre sans se sentir remuer jusqu'au fond du cœur. Vous allez me répondre encore qu'il est heureux que cela me plaise?

Non, répondit-elle d'un ton plus doux, je ne suis pas fâchée que vous me trouviez des choses aimables, et plus je vous sais connaisseur, plus vos éloges doivent me flatter. Voilà précisément, dit-il, la raison qui me ferait désirer de mériter les vôtres. Ah! sans doute, dit-elle, Allez-vous dire que vous ne vous connaissez à rien, répondit-il, et pour mettre le comble à l'injustice, n'imaginerez-vous pas aussi qu'il m'est indifférent que vous pensiez de moi bien ou mal? Joindrez-vous cette injure à toutes celles que vous m'avez déjà faites? Ah Zulica! est-il possible que ce qui devrait augmenter votre tendresse ne serve qu'à vous irriter contre moi !

Est-il possible aussi, reprit-elle avec emportement, que vous me croyiez assez dupe pour regarder comme une preuve d'amour, l'affront le plus sanglant que jamais vous puissiez me faire ! Un affront! s'écria-t-il ; aimable Zulica! vous connaissez peu l'amour; et vous croyez que nous devions vous et moi rougir de ce qui nous est arrivé. Je ne craindrai pas de vous dire plus : les gens que vous avez honorés de votre tendresse vous ont aimée bien peu, si vous ne les avez pas trouvés tous aussi malheureux que moi.

Oh! pour cela, monsieur, dit-elle en se levant, finissez ou je vous quitte, je ne puis plus soutenir le ridicule et l'indécence de vos propos. Je n'ignore pas qu'ils vous blessent, répondit-il, et je suis surpris, je l'avoue, de ce qu'ils font cet effet-là sur vous ; mais ce dont je ne conviens pas, c'est que vous vous obstiniez à me trouver si coupable Je trouverais tout simple qu'une femme ordinaire, sans monde, sans usage, s'offensât mortellement d'une aventure pareille, mais vous, qui vous soyez assez imbécille, pour que vous puissiez me persuader jamais, que plus un amant a de tendresse, moins il peut s'exprimer à ce qu'il aime.

C'est-à-dire, reprit-il d'un air nonchalant, que vous croyez précisément le contraire, vous? Oui, répartit-elle ; précisément, c'est qu'on ne peut pas être plus persuadée d'une chose, que je le suis de celle-là. Eh bien, madame! vous pouvez donc vous vanter d'être la femme la moins délicate qu'il y ait au monde ; et si je ne vous aimais au point que je ne connais, sous le Ciel, rien d'assez fort pour m'arracher à vous, je vous avouerai que cette façon de penser m'en éloignerait pour jamais, Il serait, en effet, dit-elle, assez étonnant qu'elle vous plût.

Oh non ! reprit-il d'un air détaché, je ne suis pas intéressé autant que vous voulez bien me faire l'honneur de le croire, à m'en déclarer l'ennemi ; c'est qu'il est décidé de tout temps, que plus on a d'amour, moins on a l'usage de ses sens, et qu'il appartient qu'à des cœurs grossiers, et incapables de se laisser pénétrer des charmes de la volupté, de se posséder dans les momens où vous m'avez trouvé si loin de moi-même. Si l'espoir du plaisir suffit pour troubler un amant, jugez de ce qui doit produire sur lui l'approche de ces instants heureux qu'il a si vivement désirés; combien son âme doit s'être usée dans les transports qui les précèdent, et si ce désordre que vous me reprochez, n'a pas quelque chose d'obligeant pour une femme qui sait penser, que ce sang froid dont, faute d'y réfléchir, sans doute, vous voudriez que j'eusse été capable. Franchement, ajouta-t-il en s'allant jeter à ses genoux, serait-ce la première fois de vous... Ah! cessez cette mauvaise plaisanterie, interrompit-elle, laissez-moi, je veux sortir, et ne vous voir de ma vie. Mais Zulica, lui dit-il en la ramenant de mon côté, ne voudriez-vous donc jamais sentir qu'il semble, à la façon dont vous prenez mon malheur, que vous ne vous croyez pas assez de charmes pour le faire cesser?

Soit que les délicates distinctions de Mazulhim eussent déjà disposé Zulica à la clémence, soit que la grande réputation qu'il s'était acquise rendît ce qu'il disait plus vraisemblable, elle se laissa conduire sur moi, en faisant cette légère résistance qui, communément enflamme plus qu'elle n'arrête. Peu à peu Mazulhim en obtint davantage, et se retrouva enfin dans la même circonstance où Zulica s'était fâchée.

Déjà, troublée par les emportements de Mazulhim, elle commençait à désirer vivement qu'il se laissât moins frapper les sens, que la première fois, déjà même elle espérait, lorsque Mazulhim plus délicat que jamais, manqua cruellement à ses plus douces espérances. Elle en fut d'autant plus indignée que (vanité à part) il lui aurait alors fait plaisir de se comporter différemment.

Oh bien! dit le sultan, qu'il finisse donc aussi, lui, cela m'ennuie autant qu'elle. Ce n'est pas, parce j'ai déjà pris le parti de Zulica, mais je vous demande s'il y a quelqu'un que cela n'impatiente pas, si la patience d'un dervische y tiendrait? C'est parbleu! bien la peine de la faire attendre! Amanzei, vous ne m'aviez pas promis cela, au moins? A la fin, vous me feriez croire que vous en voulez à cette femme-là ; et, je vous le dis franchement, je ne le trouverais pas bon, mais, point du tout. Sire, répondit Amanzei, s'il m'en coûte à votre majesté, il me serait facile d'arranger les objets comme elle le voudrait, mais je raconte ce que j'ai vu, et je ne puis, sans altérer la vérité, donner à Mazulhim des procédés différents de ceux qu'il avait. Ah le sot que ce Mazulhim ! s'écria Schah-Baham, et que je suis piqué contre lui ! Mais, dit la sultane, je ne sais pas pourquoi vous lui en voulez tant, il ne faisait pas plus exprès que vous. Lui ! reprit-il, ma foi! je n'en sais rien, c'était un méchant homme! D'ailleurs, dit encore la sultane, c'est que cette Zulica qui vous plaît tant, était la dernière des... Je vous prie, madame, interrompit-il, d'en penser tout ce qu'il vous plaira, et de ne m'en point dire de mal. Je sais bien qu'il suffit que je prenne quelqu'un en amitié, pour qu'il vous déplaise ; et cela me choque, je vous en avertis. Votre colère ne m'effraie point, répondit la sultane, et de plus, je ne serais point du tout étonnée que cette Zulica que vous aimez tant aujourd'hui, vous ennuyât demain mortellement. J'en doute, reprit le sultan; je ne me préviens pas comme vous, moi ; en attendant que cela arrive, voyons toujours le reste de son histoire.

Zulica rougit de fureur au nouvel affront que Mazulhim faisait à ses charmes: en vérité! monsieur, lui dit-elle, en le repoussant avec violence, c'est une préférence que vous me donnez, j'ose dire qu'elle est mal placée. Je le dirais vous de le premier, répondit-il, si je pouvais imaginer que vous crussiez un seul moment mériter les torts que j'ai avec vous; mais je n'y vois pas d'apparence, et j'avouerai sans peine, que rien ne me justifie, c'est que quand on se connaît d'une certaine façon, dit-elle, l'on doit laisser les gens en repos. Ce sera, sans doute, le parti que je prendrai, si ceci a des suites, répliqua-t-il ; vous permettrez pourtant que je ne vous flatte du contraire. En vérité ! dit-elle, je ne vous le conseille pas.

Alors elle se leva, prit son éventail, remit ses gants, et tirant une boîte à rouge, alla vis-à-vis une glace. Pendant qu'avec toute l'attention possible, elle tâchait de se remettre comme elle était, lorsqu'elle était entrée, Mazulhim qui était venu derrière elle, en troublant son ouvrage, la priait tendrement de ne se point donner une peine, qu'à coup sûr, il faudrait qu'elle reprît. Zulica ne lui répondit d'abord que par une mine qui dut lui prouver le peu de foi qu'elle avait à ses prédictions, mais voyant enfin qu'il continuait à la tourmenter, eh bien, monsieur, lui dit-elle, ceci sera-t-il éternel, et ne voulez-vous pas que je puisse sortir? Vous n'avez qu'à dire! Mais, autant que je puis m'en souvenir, répondit-il, tout est dit là-dessus ; est-ce que vous ne soupez pas ici ? Non pas que je sache, reprit-elle. Vous verrez, dit-il en souriant, que vous n'avez pas non plus compté là-dessus. Enfin, dit-elle, je suis engagée, et il est tard. Voilà une assez bonne folie ! dit-il en la rejetant sur moi, et en voulant encore essayer qu'il ne trouverait pas plus le moyen de lui rendre les heures moins longues. Tenez Mazulhim, lui dit-elle d'un ton doux, vous m'en croirez si vous voulez, je vous le dis sans colère, mais le personnage que vous me faites jouer est insoutenable. Plus de bonté de votre part, répondit-il, m'aurait rendu moins à plaindre, mais vous êtes si peu complaisante ! En vérité ! repartit-elle, il y aurait quelque trop d'humanité à vous dire que la seule excuse qui puisse vous rester. Il lui répondit avec fermeté, et en courrait volontiers le hasard.

Alors elle entra dans ses raisons pour avoir le plaisir de le combler de tous les torts imaginables. Plus il méritait sa pitié, plus (car elle n'était pas née généreuse) elle se sentait d'indignation. Blessée qu'il eût été si peu sensible à ses charmes, elle semblait l'être encore plus qu'il eût répondu si mal à ses dernières bontés ; sa vanité seule lui faisait soutenir ce qui la blessait si sensiblement. A peine elle s'était flattée du triomphe qu'elle le voyait s'évanouir. Vingt fois elle fut près de renoncer à un espoir qui ne semblait se présenter à elle

que pour la tromper après plus cruellement. Mais quoi? après tout ce qu'elle a fait pour Mazulhim l'abandonnera-t-elle à sa destinée? un moment de plus peut vaincre son ingratitude. S'il eût été plus doux pour elle de devoir tout à la tendresse de Mazulhim, il lui doit être plus glorieux de lui tout arracher.

Ce raisonnement n'était peut-être pas le plus juste que Zulica pût faire, mais pour la situation où elle se trouvait c'était encore beaucoup qu'elle pût raisonner.

Mazulhim qui sentait à l'air dont elle le regardait que pour résister à l'opiniâtre froideur que malgré lui-même il lui témoignait elle avait besoin d'être soutenue, lui donnait sans cesse les éloges les plus flatteurs sur son caractère compatissant. Assurément! s'écria-t-elle à son tour, dans un instant où peut-être l'impatience prenant le dessus lui faisait trouver plus de mérite dans les bontés qu'elle avait pour Mazulhim, assurément! il faut convenir que j'ai une belle âme!

À cette exclamation si bien placée, Mazulhim ne put s'empêcher d'éclater, et Zulica qui savait combien quelquefois il est dangereux de rire se fâcha fort sérieusement de ce qu'il avait ri.

La gaîté de Mazulhim ne lui fut cependant pas aussi funeste qu'elle l'avait craint. Les enchanteurs qui l'avaient jusque-là si cruellement persécuté commencèrent même à retirer leurs bras malfaisants de dessus lui. Quoiqu'il s'en fallût beaucoup que la victoire qu'elle remportait sur eux ne fût complète, elle ne laissa pas de s'en féliciter tout haut; ce n'était pas qu'avec les lumières qu'elle avait elle s'y trompât, mais elle voulait fortifier Mazulhim par la confiance qu'elle semblait avoir : elle le connaissait bien peu de croire qu'il en eût besoin.

À peine Mazulhim, qui était l'homme du monde le plus avantageux, se sentit moins accablé qu'il porta la témérité jusqu'à se croire capable des plus grandes entreprises. Quelque chose que Zulica, qui était à portée de juger des objets plus sainement que lui, pût lui dire, elle ne put l'arrêter. Soit qu'il imaginât qu'il ne pouvait différer sans se perdre, soit (ce qui est plus vraisemblable) qu'il crût n'avoir besoin de rien de plus auprès d'elle, il voulut tenter ce qui et encore par le plus grand hasard du monde) lui n'avait jamais manqué qu'une fois. Zulica qui ne s'éblouissait pas facilement, et qui, d'ailleurs, n'était pas la femme d'Agra qui pensât le moins loin d'elle-même, fut étonnée de la présomption de Mazulhim, et lui fit sur son audace les représentations les plus sensées. Elles ne réussirent pas; et Mazulhim s'opiniâtrant toujours par une suite nécessaire de sa confiance en ses charmes, et pour l'humilier, elle ne se refusa pas plus que Zéphis à des idées dont elle ne pouvait assez admirer le ridicule. Ah oui! dit-elle d'un air dédaigneux. Tout d'un coup sa physionomie changea, et je jugeai à sa rougeur et à son dépit, autant qu'à l'air railleur et insultant de Mazulhim, que ce qu'elle avait annoncé comme impraticable était aisé au dernier point.

Voyez-vous cela! s'écria le sultan; eh puis! les femmes se plaindront ou feront les merveilleuses : cela est bon à savoir! Quoi? lui demanda la sultane, quelle admirable découverte venez-vous donc de faire? Oh! je m'entends bien, répliqua le sultan, c'est que si jamais on s'avise de me faire des reproches je sais à présent ce que j'aurai à répondre. Je suis pourtant bien fâché que cette mortification arrive à Zulica, elle le méritait certainement moins que personne, mais poursuivez, émir; il y a de très belles choses dans ce que vous venez de nous raconter, et ceci me donne fort bonne opinion du reste.

⁂

Si le désagrément qui arrivait à Zulica la mortifia beaucoup, il ne lui ôta pas la présence d'esprit qui lui était nécessaire dans un accident aussi fâcheux. Elle félicita Mazulhim, se plaignit de toute autre chose que de ce qui le pénétrait de fureur et pour tâcher de sauver sa gloire, ne craignit pas de lui faire un honneur de l'assurément il ne méritait point.

Je ne sais si ce fut pour mortifier Zulica, ou, si, contre son ordinaire, il voulait se rendre justice, mais quelque chose qu'elle fit, il ne voulut jamais croire qu'il fût ce qu'elle disait. Il y avait, disait-il opiniâtrement, des jours malheureux, des jours, que si on les prévoyait, on mourrait plutôt que de les attendre.

Zulica convenait du jour, et y en avait qui en effet ne commençaient pas d'une façon brillante, mais dont à la fin on trouvait plus à se louer, qu'à se plaindre. Je vous avoue, ajouta-t-elle avec une tendresse dont en ce moment elle était bien éloignée, que j'ai eu lieu de croire que ce que vous m'avez dit cent fois sur ma beauté n'était pas sincère, ou que les choses que vous m'avez paru admirer étaient effacées par des défauts qui vous choquaient d'autant plus que vous les aviez moins prévus, mais, vous m'avez rassurée.

Ah! Zulica, s'écria l'impitoyable Mazulhim, vos craintes étaient donc bien médiocres! Je sens tout ce que je dois à vos bontés, mais elles ne m'aveuglent pas, et plus je vous trouve généreuse, plus vous augmentez mes remords. Mais, qu'elle folie! repartit-elle, n'allez pas au moins vous frapper d'une idée aussi fausse, rien ne serait plus injuste. En finissant ces mots, ils se mirent à se promener

dans la chambre, tous deux fort embarrassés l'un de l'autre, sans amour, sans désirs, et réduits, par leurs mutuelles imprudences, à l'arrangement qu'entraîne un rendez-vous dans une petite maison, à passer ensemble le reste d'un jour qu'ils ne paraissaient pas disposés à employer d'une façon qui pût leur plaire. Zulica avait de belles réflexions à faire sur la fausseté des réputations. Ce qui intérieurement la désespérait (car je lisais aisément dans son âme), c'était l'impossibilité de se venger de Mazulhim. Si je le dis, qui le croira, se disait-elle? ou, si on le croit, la prévention où l'on est pour lui permettra-t-elle de penser qu'il eût en autant de tort avec moi si j'avais eu de quoi l'empêcher de l'avoir. Quelque chose que je fasse, il me sera impossible de désabuser tout le monde.

Ces idées l'occupaient assez tristement. Pour Mazulhim, il semblait qu'il fût au-dessus de tout intérêt; ils se promenèrent quelque temps sans se rien dire; de temps en temps cependant ils se souriaient d'une façon froide et contrainte.

Vous rêvez! lui dit-il enfin. Vous en étonnez-vous? répondit-elle d'un air prude; pensez-vous que d'être avec quelqu'un comme je suis avec vous, ne soit point pour une femme raisonnable une chose extraordinaire? Non, répliqua-t-il, j'y crois les femmes raisonnables tout-à-fait accoutumées. Il paraît bien, reprit-elle, que vous ignorez ce que cela prend sur elles, et combien, avant que de se rendre, elles éprouvent de combats. Ce que vous dites, par exemple, est très probable, répliqua-t-il, car à la façon dont elles les ont abrégés il fallait qu'ils les fatiguassent cruellement.

Voilà, s'écria-t-elle, un des plus mauvais propos qu'on puisse tenir! Croyez-vous avoir eu bien de l'esprit quand vous avez dit de pareilles choses? Savez-vous bien que ce n'est là qu'un vrai discours de petit-maître? Je ne l'en tiendrai pas pour plus mauvais pour cela, répondit-il. Du moins vous le trouveriez bien faux, reprit-elle, si vous saviez ce qu'il m'en a coûté pour vous prendre. Quoi, s'écria-t-il, vous y avez-rêvé! Cela m'outrage; je me flattais du contraire, et je vous sais mauvais gré de m'ôter une erreur à laquelle je gagnais sans que vous y perdissiez dans mon esprit. Hé! dites-moi de grâce, Zadis vous a-t-il autant coûté de réflexions? Que voulez-vous dire? demanda-t-elle froidement; qu'est-ce que c'est que Zadis? Je vous demande pardon, répondit-il en raillant, j'aurais juré que vous le connaissiez.

Oui, répondit-elle, comme on connaît tout le monde. Je crois, tout peu connu qu'il vous est, qu'il serait bien fâché s'il vous savait ici, continua-t-il, et je me trompe fort, ou vos idées seraient bien loin de le chagrineraient beaucoup. Soyez de bonne foi, ajouta-t-il en lui voyant hausser les épaules, Zadis vous plaisait avant que j'eusse le bonheur de vous plaire, et je parierais même qu'actuellement vous êtes bien ensemble.

Voilà, répondit-elle, une plaisanterie d'un bien mauvais genre! Au fond, continua-t-il, quand vous lui feriez une infidélité, il serait encore trop heureux; un homme comme Zadis est peu fait pour être aimé, et j'ai toujours été surpris que, vive comme vous êtes et d'une gaîté charmante, vous eussiez pu prendre un amant aussi froid, aussi taciturne! Vous vous y trompez, Mazulhim, répondit-elle, il n'est que tendre. Je vous l'ai sacrifié, il serait inutile de vous dire le contraire, mais je crains bien que vous ne me forciez bientôt à m'en repentir. Vous étiez légère, répliqua-t-il, et j'avoue que j'étais inconstant, mais moins nous avons paru jusqu'ici être capables d'un attachement sérieux, plus nous aurons de gloire à nous fixer l'un l'autre.

À ces mots, il la conduisit de mon côté, mais d'un air qui faisait aisément connaître que la bienséance seule y guidait ses pas. Il est vrai que vous êtes charmante, lui dit-il, et sans un air un peu trop décent que même avec moi vous ne quittez pas, je ne connais personne qui pût mieux que vous faire le bonheur d'un amant. J'avoue, répondit-elle, que naturellement je suis réservée; ce n'est pourtant pas à vous de vous en plaindre. Vous me rendez heureux, sans doute, répliqua-t-il; mais née sans désirs vous n'accordez pas grâce à ceux que vous faites naître, je sens de la contrainte dans tout ce que vous faites pour moi, vous craignez sans cesse de vous livrer trop, et, entre nous, je vous soupçonne d'être assez peu sensible.

Mazulhim, en parlant ainsi à Zulica, lui serrait les mains d'un air passionné. Quoique l'excès de vos charmes m'ait déjà nui, poursuivit-il, je ne saurais me refuser au plaisir de les admirer encore; dussé-je même en périr, tant de beautés ne me seront pas cachées plus longtemps. Dieux! s'écria-t-il avec transport, ah! s'il se peut, rendez-moi digne de mon bonheur.

Quelque chose que Zulica eût dite de son peu de sensibilité, l'admiration où Mazulhim paraissait plongé, la vivacité de ses transports, les soins qu'il prenait pour les lui faire partager, l'émurent et la troublèrent. Vous plaindrez-vous? lui dit-il tendrement. Il ne lui répondit qu'en voulant lui prouver toute sa reconnaissance; mais Zulica se souvenant encore du peu de fond qu'il y avait à faire sur lui, et redoutant tout de l'égarement dans lequel elle le voyait : Ah! Mazulhim, lui dit-elle d'un ton qui marquait toute sa crainte, n'allez-vous pas m'aimer trop? Quoique Mazulhim ne pût s'empêcher de rire de sa terreur, elle se trouva moins aimée qu'elle ne le craignait de l'être.

Leur bonheur mutuel leur ôta cette contrainte, et cet air ennuyé

que depuis quelque temps ils avaient l'un avec l'autre. Leur conversation s'anima, Zulica qui croyait avoir délivré Mazulhim des mains des enchanteurs s'applaudissait de l'ouvrage de ses charmes, et Mazulhim, plus content de lui-même, s'abandonnait aussi à son enjouement.

Comme ils étaient dans ces heureuses dispositions, on vint servir; leur repas fut gai. Zulica et Mazulhim, qui étaient peut-être les deux plus méchantes personnes qu'il y eût à la cour d'Agra, n'épargnèrent qui que ce pût être.

Ne pourriez-vous pas me dire, demanda Mazulhim, à propos de quoi Altun-Can a depuis quelques jours pris cet air important que nous lui voyons?

Mon Dieu! sans doute, répondit-elle, est-ce que vous ignorez qu'il est infiniment bien avec Aïscha? Mais ce serait à ce qu'il me semble, répondit-il, une raison de plus pour être modeste. Oui, pour un autre, repartit-elle; mais est-ce que vous ne le trouvez pas trop heureux lui? Je vous avouerai que non, repartit-il, quelque ridicule que soit Altun-Can je ne puis m'empêcher de le plaindre; un homme qui appartient à Aïscha est, sans contredit, le plus malheureux homme du monde.

Ce qu'il y a de particulier, dit-elle, c'est qu'elle en fait mystère. Ah! pour le coup, répondit-il, vous cherchez à lui donner un travers; jamais Aïscha n'a caché ses amants, et je puis vous jurer qu'à l'âge qu'elle a, et de l'énorme figure dont elle est, elle y sera moins disposée que jamais. Rien n'est pourtant plus réel que ce que je vous dis. Hé bien! répondit-il, si cela est, c'est qu'Altun-Can lui a demandé le secret.

Et la petite Mesem, demanda-t-il, il me semble que vous ne la voyez plus? C'est qu'on ne peut plus la voir, répliqua-t-elle en prenant un air prude, et qu'elle a une conduite misérable. Vous avez raison, répartit-il sérieusement, rien n'est si important pour une femme qui se respecte que de voir bonne compagnie.

Je trouve, continua-t-il, qu'elle embellit. Tout au contraire, répondit-elle, elle devient hideuse. Je ne suis pas de votre avis, reprit-il, elle prend depuis quelque temps un fond de jaune, un air d'abattement qui lui sied tout-à-fait bien; si elle continue à avoir celui de la mauvaise santé, elle deviendra charmante.

Je ne finirais pas, sire, dit alors Amanzéi en s'interrompant, si je voulais rendre à votre majesté tous les propos qu'ils se tinrent. Ah! je conçois bien, répondit le sultan, et je vous permets de les abréger; pourtant, quand j'y songe, vous me feriez plaisir de me les redire tous. J'oserais représenter à votre majesté, reprit Amanzéi, qu'il y en aurait beaucoup qui ne seraient pas assez intéressants pour... Oui, justement, interrompit le sultan, cela ne m'intéresserait pas; mais pourquoi (car j'ai fait vingt fois cette réflexion-là), pourquoi est-ce, dans une histoire ou dans un conte, comme vous voudrez, tout n'est-il pas intéressant? Par bien des raisons, dit la sultane; ce qui sert à amener un fait ne saurait, par exemple, être aussi intéressant que le fait même; d'ailleurs, si les choses étaient toujours au même degré d'intérêt elles lasseraient par la continuité, l'esprit ne peut pas toujours être attentif, le cœur ne pourrait soutenir d'être toujours ému, et il faut nécessairement à l'un et à l'autre des temps de repos. J'entends, répondit le sultan, cela comme pour se divertir mieux il est à propos de s'ennuyer quelquefois; quand on a un certain jugement, qu'on pense d'une certaine façon, on a beau faire, on devine tout. Enfin donc, Amanzéi.

Mazulhim, moins touché encore l'après souper des charmes de Zulica qu'il ne l'avait été dans la journée, entre mille idées d'amusements qu'il lui proposa ne trouva jamais ce qui aurait pu lui convenir, et Zulica se prépara à sortir d'un air qui ne fit douter de la revoir.

Cependant, malgré la mauvaise humeur de Zulica et la façon dont Mazulhim l'avait traitée, il osa cependant avant que de la quitter lui demander qu'ils se revissent, et ajouter avec empressement qu'il fallait que ce fût dans deux jours. Quoiqu'en ce moment elle eût, je crois, peu d'envie de lui accorder ce qu'il semblait désirer avec tant d'ardeur, elle lui répondit qu'elle le voulait bien, mais si froidement que je n'imaginai pas qu'elle voulût lui tenir parole.

En cet instant je fis réflexion qu'après le départ de Mazulhim je m'ennuierais dans sa petite maison, qu'il suffirait que j'y revinsse quand il y reviendrait lui-même, et que je ne pouvais mieux faire pour m'amuser et pour m'instruire que de suivre Zulica chez elle; je m'abandonnai à cette idée et montai avec elle dans son palanquin. Aussitôt que je fus dans son palais, j'allai par le mouvement de l'attraction que Brama avait mis en moi cacher dans le premier sopha qui s'offrit à mes yeux.

Zulica venait le lendemain de se mettre à sa toilette lorsqu'on lui annonça Zàdis; elle le fit prier d'attendre, soit qu'elle ne voulût paraître à ses yeux qu'avec toute la beauté qu'elle avait ordinairement lorsqu'elle s'était préparée, ou qu'elle imaginât qu'il serait indécent qu'il la vît dans le désordre où elle était alors. Vu la fausseté de Zulica, cette dernière raison n'était peut-être pas aussi imaginaire qu'elle pourrait le paraître.

Zàdis entra enfin; quand on ne l'aurait pas nommé, au portrait que la veille j'en avais entendu faire à Mazulhim, je l'aurais reconnu. Il était grave, froid, contraint, et avait toute la mine de traiter l'amour avec cette dignité de sentiments, cette scrupuleuse délicatesse qui sont aujourd'hui si ridicules et qui peut-être ont toujours été plus ennuyeuses encore que respectables.

Zàdis s'approcha de Zulica avec autant de timidité que s'il ne lui eût pas encore déclaré sa passion; de son côté elle le reçut avec une politesse étudiée et cérémonieuse et un air aussi prude qu'il le fallait pour le tromper toujours.

Tant que les femmes de Zulica furent présentes ils se parlèrent fort indifféremment de nouvelles ou d'autres choses aussi frivoles. Zàdis qui croyait être le seul que Zulica eût aimé, et qui ne trouvait pas que les ménagements les plus grands suffissent à ce qu'elle méritait, ne se permettait pas le moindre regard; et Zulica qui, contre toute apparence, trouvait un homme assez imbécile pour l'estimer, imitait sa réserve ou ne le regardait qu'avec ces yeux hypocrites et couchés que l'on voit communément aux prudes dans quelque occasion qu'elles se trouvent.

Avec quelque soin que Zàdis se contraignît, Zulica crut remarquer dans ses yeux une tristesse différente de celle qu'il y portait toujours; elle lui demanda vainement ce qu'il avait. A toutes les questions qu'elle lui faisait d'un ton fort doux, il ne répondait que par de profondes révérences et par des soupirs plus profonds encore.

Lorsqu'elle fut coiffée ses femmes sortirent. Voulez-vous bien, Zàdis, lui demanda-t-elle d'un air d'autorité, me dire ce que vous avez? Pensez-vous que m'intéressant à ce qui vous regarde, comme vous savez que je fais, je ne doive pas me fâcher de votre silence! En un mot, je le veux, répondez-moi, je ne vous pardonnerai pas si vous vous obstinez à vous taire.

Vous me pardonneriez peut-être moins d'avoir parlé, répondit-il enfin, et ce qui m'agite ne doit d'aucune façon vous être confié. Zulica insista, et d'une façon si pressante qu'il crut que sans l'offenser il ne pouvait se taire plus longtemps. Le croiriez-vous, madame, lui dit-il en rougissant de l'absurdité qu'il trouvait dans ce qu'il allait lui dire, je suis jaloux!

Vous! Zàdis, s'écria-t-elle d'un air d'étonnement; c'est moi que vous aimez; si vous aime, de vous, êtes jaloux! Y pensez-vous bien? Ah! madame, répliqua-t-il d'un air pénétré, ne m'accablez point de votre colère. Je sens tout le ridicule de mes idées, j'en rougis moi-même. Mon esprit se refuse aux mouvements de mon cœur et les désavoue; cependant ils m'entraînent, et tout le respect que j'ai pour vous, toute l'estime que je vous dois n'empêchent pas que je ne sois cruellement tourmenté. La honte enfin que je me fais de mes soupçons ne les détruit point.

Écoutez-moi, Zàdis, lui répondit-elle d'un air majestueux, et souvenez-vous à jamais de ce que je vais vous dire. Je vous aime, je ne crains point de le répéter, et je vais vous donner de mes sentiments une preuve qui, pour vous, doit être une réplique, c'est de vous pardonner vos soupçons. Peut-être pourrais-je vous dire que ce qu'il vous en a coûté pour me vaincre et la façon dont je vis ne devraient vous laisser aucun lieu de douter de moi, et qu'une personne de mon caractère doit inspirer de la confiance. Je devrais même mépriser vos craintes ou m'en offenser, mais il est plus doux pour mon cœur de vous rassurer, et mon amour veut bien descendre jusqu'à une explication.

Ah! madame, s'écria Zàdis en se prosternant à ses genoux, je crois que vous m'aimez, je mourrais de douleur si je pouvais penser que des soupçons auxquels même je ne me suis pas arrêté longtemps fussent pour vous une raison de douter de mon respect. Non, Zàdis, répondit-elle en souriant, je n'en doute pas; mais sachons un peu ce qui vous a donné de l'inquiétude? Qu'importe, madame, quand je n'en ai plus, reprit-il? Je le veux savoir, répliqua-t-elle. Hé bien! dit-il, les soins que Mazulhim a paru vous rendre... Quoi! interrompit-elle, c'est de lui que vous étiez jaloux? Ah! Zàdis, êtes-vous fait pour craindre Mazulhim, et m'avez-vous assez méprisée pour croire qu'il pût jamais me plaire? Ah! Zàdis, dois-je, et puis-je jamais vous le pardonner.

<center>⁂</center>

En achevant ces paroles, ses yeux se mouillèrent de quelques larmes, et Zàdis qui les croyait sincères, ne put s'empêcher d'y mêler les siennes. Oui, j'ai tort, lui disait-il tendrement, et quelque violente que soit ma passion pour vous, je sens qu'elle ne peut pas même me servir d'excuse. Ah! cruel, répondit-elle en sanglotant, soyez jaloux si vous le voulez, abandonnez-vous à toute votre frénésie, j'y consens; mais si vous me connaissez assez peu pour vous défier de ma tendresse, du moins ne me soupçonnez pas d'être capable d'aimer Mazulhim.

Je crois que vous ne l'aimez pas, répliqua-t-il, et je n'ai jamais imaginé que vous pussiez prendre du goût pour lui, mais je n'ai pu sans frémir le voir venir ici. Et c'est pourtant, de tous ceux que vous y voyez, le moins dangereux pour moi. Quand je n'aurais pas le cœur rempli de la passion la plus vive, que Mazulhim m'adorerait, que le nombre de ses agréments surpasserait, s'il était pos-

sible, le nombre de ses vices, il serait encore à mes yeux le dernier des hommes. Comment voudriez-vous qu'une femme (je ne dis pas qui se respecte, mais qui n'a pas perdu toute honte) voulût prendre Mazulhim? lui qui n'a jamais aimé; qui dit tout haut qu'il est incapable d'une passion, et pour qui le sentiment le plus faible est encore une chimère; lui enfin qui ne connaît d'autre plaisir que celui de déshonorer les femmes qu'il a. Je laisse là ses ridicules, ce n'est pas assurément que je n'eusse de quoi m'étendre, mais en vérité, je rougirais de vous parler de lui plus longtemps. Au reste, je suis bien aise, quoique je trouve vos soupçons aussi injurieux que déplacés, que vous m'ayez confié le sujet de vos inquiétudes, et je vous réponds que vous ne verrez Mazulhim ici que le temps qui me sera nécessaire pour rompre avec lui sans éclat.

Zâdis en lui baisant la main avec transport, lui rendit grâces mille fois de ce qu'elle faisait pour lui. De quoi me remerciez-vous donc? lui demanda-t-elle, je ne vous fais point de sacrifice. Mais, madame, lui dit-il, est-il possible que Mazulhim ne vous ait jamais dit que vous lui paraissiez aimable? Voilà une belle idée! s'écria-t-elle en souriant; oh! non, je vous assure que Mazulhim me connaît mieux que vous ne me connaissez et que tout étourdi qu'il veut paraître, il ne l'est pas assez pour s'adresser à des femmes d'un certain genre. Au surplus, pourtant, je ne serais pas surprise que, sans m'avoir jamais désirée, et sans m'avoir de sa vie parlé de rien, il dit publiquement quelqu'un de ces jours, on qu'il a été ou qu'il est avec moi au mieux. A la vérité, ajouta-t-elle en riant, il n'y aurait qu'un jaloux comme vous qui pût le croire; n'est-il pas vrai? Non, reprit-il, je puis avoir le ridicule de le craindre quelquefois, mais je vous jure que je n'aurai jamais celui de le croire. Et moi, je n'en jurerais pas, répondit-elle. De l'humeur dont vous êtes, ce doit être pour vous quelque chose délicieuse que d'entendre mal parler de votre maîtresse et de venir lui faire une querelle la plus grande du monde, sur les propos du premier fat qui connaissant votre caractère aura voulu vous donner de l'inquiétude.

De grâce épargnez-moi, lui dit-il, et songez que la jalousie que vous voulez bien me pardonner.... ne sera peut-être pas, interrompit-elle, la dernière d'aujourd'hui; je ne voudrais, pour vous voir retomber dans vos chagrins, que l'arrivée de Mazulhim. Ne parlons plus de lui, répondit-il, et puisque vous m'avez pardonné et que jusqu'à mes injustices, tout vous prouve que je vous adore, ne perdons pas des moments précieux et daignez me confirmer ma grâce.

A ces mots, que Zulica comprenait fort bien, elle prit un air embarrassé. Que vous êtes incommode avec vos désirs! lui dit-elle; ne me les sacrifierez-vous donc jamais? Si vous saviez combien je vous aimerais si vous étiez plus raisonnable... Cela est vrai, ajouta-t-elle en le voyant sourire, je vous en aimerais mille fois plus; je le croirais du moins, et n'ayant rien à craindre de vous du côté de ce que je hais, vous me verriez me livrer avec beaucoup plus d'ardeur aux choses qui me plaisent.

Tout en disant ces augustes paroles, elle se laissait conduire languissamment de mon côté. Je vous jure, dit-elle à Zâdis, quand elle fut sur moi, que de ma vie je ne me brouillerai avec vous. Je le voudrais bien, répondit-il, mais je ne l'espère pas. Et moi, répondit-elle, à ce que me coûtent les raccommodements, je commence à le croire.

Malgré sa répugnance, Zulica céda enfin aux empressements de Zâdis, mais ce fut avec une décence, une majesté, une pudeur dont on n'a peut-être pas d'exemple en pareil cas. Un autre que Zâdis s'en serait plaint sans doute; pour lui, attaché aux plus minutieuses bienséances, la vertu déplacée de Zulica le transporta de plaisir, et il imita de mieux qu'il put l'air de grandeur et de dignité qu'il lui voyait, et fut d'autant plus content d'elle qu'elle lui témoignait moins d'amour.

Je ne sais pourtant pas comment les choses à la fin se tournèrent dans l'imagination de Zulica, mais elle lui proposa de passer la journée avec elle. Pour que personne ne sût qu'ils étaient ensemble et le temps qu'ils y demeureraient, en un mot, plus pour éviter les discours que pour toute autre raison, elle ordonna qu'on dît qu'elle n'était pas chez elle. Zâdis, que sa jalousie n'avait, comme c'est l'ordinaire, rendu que plus amoureux, répondit fort bien aux bontés de Zulica, et malgré sa taciturnité, ne l'ennuya pas une minute. Il sortit enfin, vers la moitié de la nuit, quitta Zulica, persuadé autant qu'on peut l'être, qu'elle était la femme d'Agra la plus raisonnable et la plus tendre.

J'ai dit que je ne croyais pas, à l'air dont Zulica avait quitté Mazulhim et beaucoup plus encore à sa façon de penser, qu'elle voulût continuer un commerce peu agréable pour une femme de son caractère, et où ni l'amour, ni les plaisirs ne l'intéressaient; cependant, la curiosité l'emporta sur toutes les raisons qu'elle pouvait avoir. Elle dit à Zâdis en le quittant, qu'une affaire fort importante l'empêcherait de le voir le lendemain, et le soir marqué pour le rendez-vous fut à peine arrivé qu'elle monta dans son palanquin, et prit, avec mon âme qui la suivit, le chemin de la petite maison où nous ne trouvâmes qu'un esclave qui attendait et elle et Mazulhim.

Comment donc! dit-elle à l'esclave, d'un ton brusque, il n'est pas encore ici? Je le trouve charmant de se faire attendre! Il est admirable que je sois ici la première. L'esclave l'assura que Mazulhim allait arriver. Mais, reprit-elle, c'est que ce sont des airs tout particuliers que ceux qu'il se donne! L'esclave sortit, et Zulica vint d'un air de colère se mettre sur moi. Comme elle était naturellement impétueuse, elle n'y fut pas tranquille, et en s'accusant tout haut d'être d'une facilité sans exemple, elle jura mille fois de ne plus voir Mazulhim. Enfin elle entendit un char arrêter; préparée à dire à Mazulhim tout ce que la colère pouvait lui fournir, elle se leva vivement, et ouvrant la porte: En vérité, monsieur, dit-elle, vous avez des façons aussi singulières, aussi rares! Ah ciel! s'écria-t-elle, en voyant l'homme qui entrait.

Je fus presque aussi étonné qu'elle, à la vue d'un homme que je ne connaissais pas. Quoi! demanda le sultan, ce n'était pas Mazulhim? Non, sire, répondit Amanzeï. Ce n'était pas lui! dit le sultan, cela est bien particulier! et pourquoi n'était-ce pas lui? Sire, répondit Amanzeï, votre majesté va l'apprendre. Savez-vous bien, reprit le sultan, que rien n'est si comique que cela? Cet homme-là se trompait apparemment. Ah! sans doute, il se trompait; on le voit bien. Mais, dites-moi, Amanzeï, pendant que j'y pense, qu'est-ce que c'est qu'une petite maison? Depuis que vous en parlez, j'ai fait semblant de savoir ce que c'était, mais je n'y peux plus tenir. Sire, c'est, repartit Amanzeï, une maison écartée où sans suite et sans témoins, on va... Ah! oui, interrompit le sultan, je devine, cela est vraiment fort commode. Poursuivez.

La colère et la surprise qui saisirent Zulica à l'aspect de l'homme qui venait d'entrer, l'empêchant de parler : Je sais, madame, lui dit cet Indien d'un air respectueux, combien vous devez être étonnée de me voir; je n'ignore pas davantage les raisons qui vous feraient désirer ici toute autre vue que la mienne. Si ma présence vous interdit, la vôtre ne me cause pas moins d'émotion. Je ne m'attendais pas que la personne à qui Mazulhim m'a prié de porter les excuses, serait celle de toutes à qui (si j'avais eu le bonheur d'être à sa place) j'aurais voulu manquer le moins. Ce n'est que cependant que Mazulhim soit coupable, non, madame, il sait tout ce qu'il doit à vos bontés; il brûlait de venir à vos genoux, vous parler de ses reconnaissance; des ordres cruels, auxquels même il a pensé désobéir, lesque sacrés qu'ils lui doivent être, l'ont arraché à d'aussi doux plaisirs. Il a cru devoir compter sur ma discrétion plus que sur celle d'un esclave, et n'a pas imaginé qu'il fallût mettre au hasard un secret où une personne telle que vous se trouve aussi particulièrement intéressée.

Zulica était si étonnée de ce qui lui arrivait, que l'Indien aurait pu parler plus longtemps, sans qu'elle eût eu la force de l'interrompre. L'embarras où elle était lui faisait même souhaiter qu'il eût encore plus de choses à lui dire. Consternée et presque sans mouvement, elle baissait les yeux, n'osait le regarder, rougissait de honte et de colère, enfin elle se mit à pleurer. L'Indien lui prenant civilement la main la conduisit sur moi où, sans prononcer une seule parole, elle se laissa tomber.

Je le vois, madame, continua-t-il, vous vous obstinez à croire Mazulhim coupable, et tout ce que je puis vous dire pour le justifier semble augmenter la colère où vous êtes contre lui. Qu'il est heureux! Tout mon ami qu'il est, j'envie les précieuses larmes qu'il vous fait verser! Que tant d'amour!... Qui vous dit que je l'aime, monsieur, interrompit fièrement Zulica, qui avait eu le temps de se remettre? ne puis-je pas pleurer pour les choses où l'amour n'a point de part? Ne peut-on voir Mazulhim sans concevoir pour lui les sentiments qu'il me plairait qu'on m'attribuât? Sur quoi enfin osez-vous juger qu'il offense mon cœur?

J'ose croire, répondit l'Indien en souriant, que si mes conjectures ne sont pas vraies, au moins elles sont vraisemblables. Les pleurs que vous versez, votre colère, l'heure à laquelle je vous trouve dans un lieu qui jamais n'a été consacré qu'à l'amour, tout m'a fait croire que lui seul avait eu le pouvoir de vous y conduire. Ne vous en défendez pas, madame, ajouta-t-il, vous aimez, faites-vous, si vous le voulez, un crime de l'objet et non de la chose.

Quoi! s'écria Zulica que rien ne faisait renoncer à sa fausseté, Mazulhim a osé vous dire que je l'aimais! Oui, madame. Et vous le croyez? Il le demanda-t-elle avec étonnement. Vous me permettrez de vous dire, répondit-il, que la chose est si probable qu'il serait ridicule d'en douter. Eh bien, oui, monsieur, répliqua-t-elle, oui, je l'aime, je le lui ai dit, je venais ici le lui prouver, l'ingrat avait enfin su m'amener jusque là. Ne me punirait-il pas assez de l'avouer, sans perfide n'aura jamais d'autres preuves de ma faiblesse que l'aveu que je lui ai fait. Un jour plus tard! ciel! que serais-je devenue?

Eh! madame, dit froidement l'Indien, pensez-vous que Mazulhim ait eu assez mauvaise opinion de moi pour ne m'avoir confié que la moitié du secret? Qu'a-t-il donc pu vous dire? demanda-t-elle aigrement, at-il joint la calomnie à l'outrage, et serait-il assez indigne... Mazulhim peut être indiscret, répondit-il, mais j'ai peine à le croire menteur. Ah! le fourbe, s'écria-t-elle, c'est la première fois

que je viens ici. Je le veux bien, puisque vous le voulez, répliqua-t-il, et j'aime mieux croire que Mazulhim m'a trompé, que de douter de ce que vous me dites. Mais, madame, devant qui vous en défendez-vous? Si vous vouliez me rendre justice, j'oserais me flatter que vous craindriez moins que je fusse le dépositaire de vos secrets. Vous pleurez! ah! c'est trop honorer l'ingrat! Belle comme vous êtes, vous sied-il de croire que vous ne pourriez pas vous venger? Oui, madame, oui, Mazulhim m'a tout dit; je n'ignore pas que vous avez comblé ses vœux, je sais même des détails de son bonheur qui vous étonneraient. Ne vous en offensez point, poursuivit-il, sa félicité était trop grande pour qu'il pût la contenir; moins content, moins transporté, sans doute, il aurait été plus discret. Ce n'est pas sa vanité, c'est sa joie qui n'a pu se taire.

Mazulhim! interrompit-t-elle avec transport, ah! le traître! Quoi! Mazulhim me sacrifie! Mazulhim vous a tout dit? il a bien fait, poursuivit-t-elle d'un ton plus modéré, il ne me connaissait pas encore les hommes, et grâces à ses soins j'en serai quitte pour une faiblesse. Eh! madame, répondit froidement l'Indien qui feignait de la croire, ce n'est pas vous venger, c'est vous punir. Non, répondit-elle, non, tous les hommes sont perfides, j'en fais une trop cruelle expérience pour en pouvoir douter, non ils ressemblent tous à Mazulhim.

Ah! ne les croyez pas, s'écria-t-il, j'ose vous jurer que si vous m'aviez mis à sa place, vous ne l'auriez jamais vu à la mienne. Mais, reprit-elle, ces ordres qui l'ont retenu ne sont qu'un vain prétexte, et sans doute il m'abandonne. Ah! ne craignez point de me l'apprendre. Eh bien! oui, madame, répondit l'Indien, il serait inutile de vous le cacher, Mazulhim ne vous aime plus. Il ne m'aime plus! s'écria-t-elle douloureusement; ah! le coup me tue, l'ingrat! était-ce le prix qu'il réservait à ma tendresse?

En finissant ces paroles, elle fit encore quelques exclamations, et joua tour à tour les larmes, la fureur et l'abattement. L'Indien qui la connaissait ne s'opposait à rien et feignait toujours d'être pénétré d'admiration pour elle. Je sens que je meurs, monsieur, lui dit-elle après avoir longtemps pleuré, ce n'est point un cœur aussi sensible, aussi délicat que le mien, qu'on peut porter impunément d'aussi rudes coups; mais qu'aurait-il donc fait si je l'avais trompé? Il vous aurait adorée, répondit l'Indien. Je ne conçois rien, reprit-elle, à ce procédé, je m'y perds. Si l'ingrat ne m'aimait plus, et qu'il craignît de me l'annoncer lui-même, ne pouvait-il pas me l'écrire? Romprait-on plus indignement avec l'objet le plus méprisable? Pourquoi encore faut-il que ce soit vous qu'il choisisse pour me le faire dire?

Je ne vois que trop, répliqua l'Indien, que le choix du confident vous déplaît plus encore que la confidence même, et je puis vous jurer que connaissant comme je le sais votre injuste aversion pour moi, vous ne m'auriez pas vu ici, si Mazulhim m'avait nommé la dame à laquelle il me priait de porter ses excuses. Je doute même (étant pour vous dans des dispositions fort différentes de celles où j'ai le malheur de vous voir pour moi), que je l'eusse cru, s'il m'eût nommé Zulica; je n'aurais jamais pu penser qu'il y eût au monde quelqu'un qui pût ne pas faire son bonheur d'être aimé d'elle.

C'est avec fondement innocemment, ajouta-t-il, que je contribue à vous donner le chagrin le plus sensible que vous puissiez recevoir, et que je me trouve mêlé dans des secrets que vous aimeriez mieux voir entre les mains de tout autre qu'entre les miennes. Je ne sais pas ce qui vous le fait croire, répondit-elle d'un air embarrassé, les secrets de la nature de celui dont vous vous trouvez aujourd'hui possesseur ne se confient ordinairement à personne, mais je n'ai point de raisons particulières...

T. I.

Pardonnez-moi, madame, interrompit-il vivement, vous me haïssez; je n'ignore pas qu'en toute occasion, mon esprit, ma figure et mes mœurs ont été l'objet de vos railleries ou de votre plus sévère critique. J'avouerai même que si j'ai quelques vertus, je les dois au désir que j'ai toujours eu de me rendre digne de vos éloges, ou de vous obliger du moins à me faire grâce de ces traits amers dont, depuis que nous sommes dans le monde, vous n'avez pas cessé de m'accabler.

Moi! monsieur, dit-elle en rougissant, je n'ai jamais rien dit de vous dont vous puissiez être fâché; d'ailleurs à peine nous connaissons-nous, vous ne m'avez jamais donné sujet de me plaindre de vous, et je ne me crois pas assez ridicule... Brisons-là, de grâce, madame, interrompit-il, une plus longue explication vous gênerait, mais puisque nous sommes sur ce chapitre, permettez-moi seulement de vous dire que par les sentiments que j'ai toujours eus pour vous (sentiments tels que votre injustice n'a pas pu un moment les altérer), j'étais l'homme du monde qui méritait le plus votre pitié et le moins votre haine. Oui, madame, ajouta-t-il, rien n'a été capable d'éteindre le malheureux amour que vous m'avez inspiré; vos mépris, votre haine, votre acharnement contre moi ne font que gémir mais ne m'ont pas guéri. Je connais trop votre cœur pour me flatter qu'il puisse un jour prendre pour moi les sentiments que je pourrais désirer, mais j'espère que ma discrétion sur ce qui vous regarde vous fera revenir de votre prévention, et que si elle est au point que vous ne puissiez jamais m'accorder votre amitié, au moins vous ne me refuserez pas votre estime.

Zulica, gagnée par un discours si respectueux, lui avoua qu'en effet, par un caprice dont elle n'avait jamais pu découvrir la source, elle s'était ouvertement déclarée son ennemie, mais que c'était un tort qu'elle comptait si bien réparer qu'il n'en serait plus question entre eux, et qu'elle l'assurait de son estime, de son amitié et de sa reconnaissance.

Après l'avoir prié de vouloir bien lui garder le secret le plus inviolable, elle se leva dans l'intention de sortir.

Où voulez-vous aller, madame, lui dit l'Indien en la retenant? vous n'avez ici personne à vous; j'ai renvoyé mes gens, et l'heure à laquelle ils doivent revenir est encore bien éloignée. N'importe, répliqua-t-elle, je ne puis rester dans ce lieu où tout me reproche ma faiblesse. Oubliez Mazulhim, reprit-il, cette maison aujourd'hui n'est point à lui, il me l'a cédée; permettez à l'homme du monde qui s'intéresse le plus véritablement à vous de vous prier d'y commander. Songez du moins à ce que vous voulez faire. Vous ne pouvez sortir à l'heure qu'il est sans risquer d'être rencontrée. Que votre colère ne vous fasse pas oublier ce que vous vous devez. Songez à l'éclat affreux que vous feriez, songez que peut-être demain vous seriez la fable de tout Agra, et qu'avec une vertu et les sentiments que l'on doit respecter, l'on vous croirait la personne à qui ces sortes d'aventures sont ordinaires.

Zulica résista longtemps aux raisons que Nassès, c'était le nom de l'Indien, lui apportait pour la faire rester. Tout était préparé ici pour vous recevoir, ajouta-t-il, souffrez que j'y passe la soirée avec vous; ce que vous êtes, ce que je suis moi-même, tout doit vous répondre de mon respect. Je n'appuie pas sur mes sentiments, si j'ose encore vous en parler, c'est uniquement pour vous faire sentir à quel point je m'intéresse à vous, et pour tâcher de vous ôter les impressions sinistres que l'indiscrétion de Mazulhim me semble vous avoir laissées.

Après quelque résistance, Zulica, persuadée par ce que lui disait Nassès, consentit enfin à rester. Pensant comme vous faites, madame,

Nassès, Mazulhim et Zulica.

lui dit-il, vous devez être bien étonnée de vous trouver si sensible... Bon! interrompit le sultan, il ne sait ce qu'il dit, car autant que je puis m'en souvenir, c'est toujours cette dame qui était fâchée de ce que Mazulhim n'avait pas de bonnes façons pour elle? Sans doute, dit la sultane, c'est la même. Un moment de grâce, reprit le sultan, orientons-nous. Si c'est la même, pourquoi lui dit-il... Ce qu'il lui dit? Vous voyez bien qu'il se trompe. Cette dame-là est accoutumée à avoir des amants, par conséquent, il est ridicule qu'il lui dise qu'elle doit être bien étonnée? Ne voyez-vous pas qu'il veut la tourner en ridicule, répondit la sultane? Ah! c'est une autre affaire, répliqua le sultan, mais pourquoi ne m'en avertit-on pas? où veut-on que j'aille deviner cela? Ah! il se moque d'elle, je le vois bien, mais à propos de quoi s'en moque-t-il? Voilà ce que je voudrais savoir. Et c'est sans doute ce qu'Amanzeï vous apprendra ; si vous voulez le laisser continuer. Soit, dit le sultan, ce que j'en dis, comme vous le concevez bien, ce n'est pas que cela me ne soit égal ; on parle pour parler, cela amuse, et pour moi je ne hais pas la conversation..

Amanzeï, le lendemain, continua ainsi.

Pensant, comme vous faites, madame, disait Nassès à Zulica, vous devez être bien étonnée de vous trouver si sensible? Cela n'est pas douteux, répondit-elle, et c'est, je vous assure, une aventure bien singulière dans ma vie, que celle qui m'arrive! Que vous ayez aimé, reprit-il, ce n'est pas ce qui m'étonne; il y a bien peu de femmes qui se soient sauvées de l'amour, mais que ce soit Mazulhim qui ait triomphé de votre cœur, de ce cœur qui semblait si peu fait pour connaître l'amour! c'est, je vous l'avouerai, ce que je ne comprends point.

Je ne le comprends pas, moi-même, répondit-elle, et réellement, quand je m'examine, je ne puis concevoir comment il a pu me plaire et me séduire. Ah! madame, s'écria-t-il avec un air pénétré, quelle cruelle destinée que la nôtre! Vous aimez qui ne vous aime plus, et j'aime qui ne m'aimera jamais. Pourquoi, toujours arrêté par cette injuste aversion que je savais que vous aviez pour moi, ne vous ai-je pas dit à quel point vous m'aviez touché? Peut-être, hélas! mes soins, ma constance, mon respect auraient désarmée. Et peut-être aussi, dit-elle, m'auriez-vous traitée comme Mazulhim me traite. Non, répondit-il en lui prenant la main, non, Zulica, ne serait vue adorée aussi religieusement qu'elle mérite de l'être. Mais, repartit-elle, Mazulhim m'a tenu les mêmes discours que vous, pourquoi croirais-je ceux que je n'aurais pas fait les mêmes choses que lui?

Tout devait vous faire douter de la vérité de ses sentiments, répondit-il? Mazulhim, inconstant, dissipé, n'a jamais su ce que c'était qu'aimer. Vous ne pouviez pas ignorer qu'il était plus indiscret et plus trompeur qu'il ne nous est même permis de l'être. Il est vrai, cependant, que quelque infidèle qu'il fût, vous pouviez, sans être accusée de trop d'orgueil, prétendre à la gloire de le fixer. La difficulté de vous plaire, vos charmes, le plaisir si doux et si rare de régner dans un cœur qu'avant lui personne ne s'était soumis, tout devait vous faire espérer de sa part une tendresse éternelle. Ce qui, en toute autre, aurait été une vanité ridicule, ne devenait pour Zulica qu'une idée si simple qu'elle ne pouvait pas s'empêcher de l'avoir. Il est certain, du moins, répondit-elle modestement, que par ma façon de penser je pouvais mériter quelques égards. Des égards! vous! s'écria-t-il, ah! des égards vous rendent-ils tout ce qu'on vous doit? Ainsi donc, pour prix de vos bontés, vous n'exigeriez que ce qu'on doit à la femme même qu'on estime le moins. Vous voyez pourtant, reprit-elle, que j'ai encore trop exigé?

S'il m'était permis de vous parler, repartit Nassès... Vous le pouvez, interrompit-elle, vous ne devez pas douter que ce qui se passe aujourd'hui entre nous ne doive nous lier de la plus tendre amitié. Oui, madame, dit-il vivement de la plus tendre; mais, est-ce à moi, est-ce à ce Nassès si longtemps haï, que Zulica daigne promettre l'amitié la plus tendre! Oui, Nassès, répondit-elle, c'est Zulica qui reconnaît ses injustices, qui en est désespérée, et qui vous jure de la réparer par des sentiments et une confiance à toute épreuve.

Alors elle le regarda obligeamment, et il était d'une figure fort agréable, et quoique moins à la mode de Mazulhim, il ne lui cédait en rien. Quoi! s'écria-t-il encore, c'est vous qui me promettez de m'aimer! Oui, répliqua-t-elle, mon cœur vous sera ouvert, vous y lirez comme moi-même; mes moindres sentiments, mes idées, tout vous sera connu.

Ah! Zulica, dit-il en se jetant à ses genoux et en lui baisant la main avec ardeur, que ma tendresse saura-t-elle pas payer de ce que vous ferez pour moi! Avec quel plaisir ne me soumettrai-je pas toutes mes pensées! Maîtresse souveraine de ma vie, vos ordres seuls règleront ma conduite! Laissons cela, dit-elle en souriant, et levez-vous, je n'aime pas à vous voir à mes genoux, revenons à ce que vous vouliez me dire.

Il se leva, s'assit auprès d'elle, et lui tenant toujours la main il poursuivit ainsi. Je vais vous interroger, puisque vous le voulez bien

permettre. Par quelles voies Mazulhim a-t-il pu vous plaire? par quel enchantement la femme la plus respectable par ses sentiments et par sa conduite, Zulica enfin, l'a-t-elle trouvé aimable? Comment un homme aussi vain, aussi impétueux, a-t-il pu convenir à une femme aussi sage, aussi modeste que vous? Car, qu'il plaise à des femmes sans objet qu'inspire de l'amour, je veux cependant sont vaincues par tous ceux qui se présentent à leurs yeux, qu'il leur plaise, dis-je, cela ne m'étonne pas, mais vous!

Pour commencer avec vous le commerce de confiance que je vous ai promis, répondit Zulica, je vous dirai naturellement que je ne devais pas craindre que Mazulhim pût jamais m'être cher. Ce n'était pas que je ne crusse incapable de faiblesse. Sans en avoir fait la cruelle expérience, comme je l'ai faite depuis, je n'ignorais pas qu'il ne faut qu'un moment pour plonger la femme vertueuse dans les égarements les plus funestes, mais rassurée par l'habitude de les éprouver, le temps même qu'il y avait que j'étais dans le monde sans avoir manqué aux moindres devoirs qui nous sont prescrits, j'osais me flatter que ce calme serait éternel.

Sans doute, dit Nassès d'un air fort sérieux, rien ne perd les femmes comme cette sécurité dont vous parlez. Cela est vrai, au moins, répliqua-t-elle, une femme n'est jamais plus exposée à succomber que lorsqu'elle se croit invincible. J'étais dans ce calme trompeur, continua-t-elle, lorsque Mazulhim s'est offert à mes yeux, je ne vous dirai pas comment il a fait pour me séduire. Ce que je sais, c'est qu'après lui avoir résisté longtemps, mon cœur s'est ému, ma tête s'est troublée. J'ai senti les mouvements qui prenaient sur moi, d'autant plus que je n'étais pas dans l'habitude de les éprouver. Mazulhim, qui savait mieux que moi-même de quelle nature était mon trouble, en a profité pour m'engager dans des démarches dont j'ignorais la conséquence ; enfin il m'a amenée au point de me faire venir ici. Je croyais, et il me l'avait promis, qu'il ne voulait que m'entretenir avec plus de liberté que dans le tumulte du monde, nous n'en pouvions espérer. J'y suis venue, sa présence m'a plus émue que je ne l'avais pensé; seule avec lui, je me suis trouvée moins forte contre ses désirs ; sans savoir ce que j'accordais, je n'ai pu lui refuser rien; l'amour enfin m'a séduite jusqu'au bout.

En finissant ces paroles, elle avait les yeux à demi mouillés de larmes qu'elle s'efforçait de répandre. Nassès, qui paraissait prendre à sa douleur la part la plus sincère, en feignant de la consoler, lui disait les choses du monde les plus propres à la désespérer. Surtout il appuyait malignement sur le peu de temps que Mazulhim l'avait gardée. Ce n'est pas assurément, lui dit-il, que vous n'ayez de quoi rendre un homme heureux ; du moins on en doit juger ainsi. Il est pourtant vrai que cette inconstance si prompte de Mazulhim ferait, s'il était toute autre que vous, penser les choses les plus désavantageuses.

Zulica, à ce propos, fit une mine qui marquait assez à Nassès qu'elle croyait avoir raison de ne se rien reprocher là-dessus.

On n'ignore pas, reprit Nassès, que les hommes sont assez malheureux pour ne pouvoir pas jouir longtemps de l'objet même le plus aimable, sans que leurs désirs se ralentissent, mais au moins on aime trois mois, six semaines, quinze jours même, plus ou moins; on n'a jamais imaginé de quitter une femme aussi brusquement que Mazulhim vous a quittée, vous ; c'est là, d'un ridicule, d'une horreur même, qu'on ne peut imaginer! Ah! Zulica, ajouta-t-il, j'ose encore le répéter, vous m'auriez trouvé plus constant. Zulica lui répondit qu'elle en était bien persuadée, mais que, ne voulant plus aimer, ce lui était désormais une chose indifférente que les hommes fussent constants ou non; qu'elle désirait même, par la sincère amitié qu'elle avait pour lui, que l'amour qu'il disait sentir ne fût pas véritable, et qu'elle serait extrêmement fâchée qu'il conservât des sentiments qu'il ne pourrait jamais voir récompensés.

Oui, lui répondit Nassès d'un air triste, je sens bien tout ce que vous me dites. Je trouve dans votre caractère cette fermeté que j'ai toujours crainte en vous et que je ne puis m'empêcher d'admirer, quoique'elle fasse mon malheur. Si vous étiez moins constante, j'en serais beaucoup moins à plaindre ; car enfin il me serait permis d'imaginer que, puisque vous avez aimé Mazulhim, il ne serait pas impossible que vous m'aimassiez aussi. C'est une idée qu'on pourrait concevoir avec toutes les femmes du monde sans les offenser, mais malheureusement vous ne ressemblez à personne, et c'est sans tirer à conséquence pour l'avenir que vous avez eu une faiblesse.

Zulica, qui sans doute riait en elle-même de la fausse idée que Nassès semblait avoir d'elle, l'assura qu'il lui rendait justice, et s'étendit beaucoup sur l'heureuse façon de penser qu'elle avait reçue de la nature, le peu de disposition qu'elle avait à se laisser toucher et la froideur dans laquelle ce qui était pour beaucoup d'autres femmes des plaisirs d'une extrême vivacité l'avait laissée, même malgré l'amour violent que lui avait su inspirer Mazulhim.

Tant pis pour vous, madame, lui dit Nassès ; plus vous êtes estimable, plus vous êtes à plaindre. Votre insensibilité va faire le malheur de votre vie. Toujours Mazulhim sera présent à vos yeux. La façon humiliante dont il vous a quittée ne sortira pas un moment de votre mémoire ; c'est un supplice qui vous accablera dans la soli-

tude et dont la dissipation et les plaisirs du monde ne vous distrairont jamais assez. Mais que faire, lui demanda-t-elle, pour effacer de mon esprit une idée aussi cruelle? Je conviens avec vous qu'un nouvel amour pourrait m'ôter le souvenir de Mazulhim ; mais, sans compter les nouveaux malheurs qui peut-être y seraient attachés, puis-je croire que mon cœur voudrait s'y livrer autant qu'il le faudrait pour assurer ma guérison ? Non, Nassès, croyez-moi, une femme qui pense d'une certaine façon ne saurait aimer deux fois. Idée faussé ! s'écria-t-il, j'en connais qui ont aimé plus de six et qui ne s'en estiment pas moins. Vous êtes d'ailleurs dans un cas si cruel qu'il vous met au-dessus des règles, et que, si l'on savait votre aventure, on vous verrait aimer dix hommes à la fois, qu'on trouverait que vous ne vous en dédommageriez pas encore. On aurait assurément de la bonté de reste, répliqua-t-elle en souriant. Mais non, repartit-il, on trouverait cela plus simple que vous ne croyez. Vous concevez bien, au reste, que ce que l'on dis n'est pas pour vous conseiller de les prendre, puisque c'en serait assez d'un pour me faire mourir de douleur.

Ah ! dit Zulica en rêvant, c'est qu'on nous trouve si blâmables quand nous aimons, qu'avec une seule passion, la plus longue et la plus sincère qu'on puisse voir, nous avons encore bien de la peine à échapper au mépris; et que tel est notre malheur, que ce que l'on regarde en vous comme des vertus nous est toujours compté pour des vices. Oui, autrefois on pensait cela, répondit-il, mais, les mœurs ayant changé, nos idées ont changé avec elles. Oh ! si ce n'était que la crainte du blâme qui vous retînt, vous pourriez vous livrer à l'amour. Dans le fond, reprit-elle, vous avez raison, car qu'importe qu'on occupe son cœur ? Essentiellement, je n'y vois pas le moindre mal. Et cependant, répliqua-t-il, avec un esprit qui vous fait discerner si bien le faux du vrai, vous sacrifiez aux préjugés, comme quelqu'un qui ne saurait pas raisonner. Vous voilà déterminée à pleurer toute votre vie votre faiblesse pour Mazulhim, plutôt que de songer sagement à vous en consoler ; vous croyez qu'une femme qui pense d'une certaine façon ne doit aimer qu'une fois ; vous sentez bien intérieurement que le principe d'après lequel vous agissez n'est pas vrai ; mais vous résistez à vos lumières pour jouir du noble plaisir de vous affliger, et apparemment aussi pour qu'on ne cesse pas de dire que c'est la perte de Mazulhim que vous voulez pleurer toujours. Ne sont-ce pas là de beaux propos à faire tenir de soi ? De moi ! répondit-elle, mais je me flatte qu'on n'en parlera pas.

Je le crois bien, répliqua-t-il, je sais que vous, madame, vous ne direz rien de ceci ; il est constant que je n'en parlerai pas, moi ; la chose fait assez peu d'honneur à Mazulhim, pour qu'il se croie obligé à garder le silence, et cependant il vous ne changez point de façon de penser, tout le monde le saura. Mais pourquoi? demanda-t-elle.

Parbleu ! reprit-il, croyez-vous qu'on vous voie affligée, sans qu'on cherche à pénétrer pourquoi vous l'êtes, et que si on le cherche opiniâtrement, on ne le découvre pas? Pensez-vous que Mazulhim même, de qui votre douleur flattera la vanité, résiste au plaisir d'apprendre au public ce que c'est sa perte qui la cause ? Cela est vrai, dit-elle, mais, Nassès, est-ce que cela dépendrait de moi de n'être plus affligée ? Sans doute, répondit-il, cela dépend de vous. Au fond, que regrettez-vous à présent ? Mazulhim ? S'il revenait à vous, consentiriez-vous à le recevoir? Moi ! s'écria-t-elle, ah ! j'aimerais mieux être au dernier des hommes que d'être à lui. Si quelque chose donc n'a pu faire, rien ne pourrait lui rendre votre cœur, il est donc, reprit-il, bien ridicule que vous le regrettiez?

Dites-moi un peu, demanda le sultan, en avez-vous encore pour longtemps? Oui, sire, répondit Amanzeï. De par Mahomet ! tant pis, répliqua Schah-Baham, voilà des discours qui m'ennuient furieusement, je vous en avertis. Si vous pouviez les supprimer, ou les abréger du moins, vous me feriez plaisir, et je n'en serais pas ingrat. Vous avez tort de vous plaindre, lui dit la sultane, cette conversation vous ennuie, et pour ainsi dire un fait par elle-même. Ce n'est point une dissertation inutile, on ne le porte sur rien, c'est un fait... N'est-ce pas dialogué qu'on dit, demande-t-elle à Amanzeï en souriant? Oui, madame, répondit-il. Cette façon de traiter les choses, reprit-elle, est agréable, elle peint mieux et plus universellement les caractères que l'on met sur la scène, mais elle est sujette à quelques inconvénients. A force de vouloir tout approfondir, ou de saisir chaque nuance, par exemple, on risque de tomber dans des minuties, fines peut-être, mais qui ne sont pas des objets assez importants pour l'on doive s'y arrêter, et l'on excède de détails et de longueurs ceux qui écoutent. S'arrêter précisément où il le faut, est peut-être une chose plus difficile que de créer. Le sultan a tort de vouloir que les choses où vous vous êtes, vous marchiez si rapidement, mais vous l'aurez devant moi et devant toute personne de goût, la façon de parler vous ennuyant est ce qui vous ne savez pas sacrifier de temps en temps les choses mêmes qui vous paraîtront le plus agréables, lorsque vous ne pourriez nous les dire qu'aux dépends de celles que nous attendons. Le sultan a tort, dit Schah-Baham, cela est bientôt dit ! et moi, je vous soutiens que cet Amanzeï-là n'est qu'un bavard, qui se mire dans tout ce qu'il dit et qui, ou je ne m'y connais pas, a le vice d'aimer les longues conversations et de faire le bel esprit. Cela vous choque, ajouta-t-il en se tournant du côté d'Amanzeï, mais c'est que je suis franc, et si vous voulez l'être, je parie que vous avouerez que j'ai raison. Oui, sire, répondit Amanzeï, et, complaisance de courtisan à part, je suis d'autant plus forcé d'en convenir qu'il y a longtemps qu'on me trouve le défaut que votre majesté me reproche. Corrigez-vous en donc, dit Schah-Baham. S'il m'avait été aussi facile de m'en corriger, qu'il me l'a paru d'en convenir, répartit Amanzeï, votre majesté n'aurait pas eu de reproche à me faire.

La force du raisonnement de Nassès frappa Zulica, poursuivit-il. Dans le fond, vous avez raison, lui dit-elle, aussi n'est-ce plus Mazulhim que je pleure, c'est ma faiblesse, c'est de m'être donnée à un homme si indigne de moi. J'avoue, répliqua Nassès d'un air simple, que le tour qu'il vous joue ne doit pas le rendre aimable à vos yeux; cependant si vous voulez le juger sans prévention, je ne doute pas que vous ne lui trouviez des agréments, car enfin il en a. Si vous voulez, répondit-elle dédaigneusement, d'abord, il n'est pas bien fait. Je ne sais pas, reprit-il, mais personne, cependant, n'a plus de grâces que lui, il a la plus belle tête, et la plus belle jambe du monde, l'air noble et aisé, l'esprit vif, léger, amusant. Oui, reprit-elle, je ne le nie point qu'il ne soit une bagatelle assez jolie, mais après tout il n'est que cela, et de plus je vous assure qu'il s'en faut beaucoup qu'il soit aussi amusant qu'on le dit. Entre nous, c'est un fat, d'une présomption ! d'une suffisance !... Je pardonne un peu d'orgueil à un homme assez heureux pour vous avoir plu, interrompit Nassès, on en prend à moins, tous les jours.

Mais, Nassès, répondit-elle, pour un homme qui me dit qu'il m'aime, et qui veut que je le croie apparemment, vous me tenez de singuliers propos. Tout odieux que vous est à présent Mazulhim, répondit Nassès, il vous l'est encore moins que moi, et je croirais risquer plus à vous parler d'un amant que vous n'aimerez jamais, que je ne fais à vous entretenir d'un que vous avez si tendrement aimé. Il vous occupe encore si vivement, que jamais je ne prononce son nom, que vos yeux ne se mouillent de larmes, actuellement encore ils s'en remplissent, et vous voulez en vain me les cacher. Ah ! retenez vos pleurs, aimable Zulica, s'écria-t-il, ils me percent le cœur ! Je ne puis, sans un attendrissement qui me devient funeste, les voir couler de vos yeux.

Zulica, qui depuis quelque temps n'avait pas envie de pleurer, ne put s'empêcher de le discuter, sans se croire obligée de verser de nouvelles larmes. Nassès qui se divertissait de tout le manège qu'il lui faisait faire à son gré, la laissa quelque temps dans cette douleur affectée. Cependant pour ne pas perdre les moments auprès d'elle, il s'empara à lui baiser la gorge qu'elle avait extrêmement découverte. Elle fut assez longtemps sans daigner songer à ce qu'il faisait, et ce ne fut qu'après lui avoir laissé là-dessus entière liberté, qu'elle s'avisa d'y trouver à redire. Vous n'y pensez pas, Nassès, lui dit-elle, ayant toujours un mouchoir sur les yeux, voilà des libertés qui me blessent. Vraiment ! je le crois, répondit-il, n'allez-vous pas prendre cela pour une faveur? regardez-moi donc, ajouta-t-il, que je voie vos yeux. Non, reprit-elle, ils ont trop pleuré pour être beaux. Sans vos larmes, répliqua-t-il, vous me paraîtriez bien moins belle.

Écoutez-moi, continua-t-il, l'état où je vous vois, m'afflige, je veux absolument que vous vous en tiriez, je vous ai prouvé la nécessité ou vous êtes d'aimer encore, et je vais autant qu'il me sera possible, vous prouver actuellement que c'est moi qu'il faut que vous aimiez. Je doute, répondit-elle, que vous y réussissiez. C'est ce que nous allons voir, reprit-il : premièrement, vous convenez de m'avoir haï sans sujet, c'est une injustice que vous ne pouvez réparer qu'en m'aimant à la fureur. Elle sourit. D'ailleurs, continua-t-il, je vous aime, et tout facile qu'il vous est de faire prendre à qui que ce soit plus d'amour même qu'il ne vous plaira peut-être de lui en inspirer, jamais vous ne trouverez personne aussi disposé que moi à vous aimer avec toute la tendresse que vous méritez.

Que nous ayons tort, ou raison, il est constant qu'en général, nous pensons mal des femmes ; nous nous sommes persuadés qu'elles ne sont ni fidèles, ni constantes, car ce sont fondement, nous croyons ne leur devoir ni constance, ni fidélité. De passions, par conséquent on n'en voit guère ; il faudrait que nous puissions déterminer à en prendre une, que nous sussions qu'une femme mérite des sentiments moins légers que ceux que communément on lui accorde; examiner son caractère et la façon de vivre et de penser, et régler là-dessus le degré d'estime que nous pouvons lui devoir.... Hé bien ! interrompit-elle, qui vous en empêche ? Vous vous moquez, madame, répondit-il, cette étude prend du temps ; pendant que nous en serions occupés, une femme nous préviendrait d'inconstance, et c'est un cruel accident pour nous, que pour n'y pas être exposés, nous la quittons souvent, avant que de savoir si elle mérite que nous l'aimions plus longtemps. Mais, demanda-t-elle, qu'est-ce que tout cela peut conclure pour vous ?

Le voici, répondit-il ; mais ce mouchoir sera-t-il éternellement sur vos yeux ? Ne vous ai-je pas regardé ? lui dit-elle. Pas assez, répondit-il, je ne veux plus que ce mouchoir paraisse, ou je vous hais, s'il est possible, autant que vous m'avez haï.

Alors elle le regarda en souriant, et d'une façon assez tendre.

Continuez donc, lui dit-elle, en se penchant sur lui. Oui, répondit-il en la serrant fortement dans ses bras, je vais continuer, n'en doutez point. Ce que j'ai vu de vous ici, poursuivit-il, me vaut l'étude dont je vous parlais, vous a acquis tout mon estime, et conséquemment a redoublé mon amour pour vous. Un autre que moi ne peut donc pas vous aimer autant que je vous aime, il ne verrait de vous que vos charmes, et la beauté de votre âme, serait une chose dont il ne pourrait jamais être sûr, puisque rien ne lui prouverait jusque à quel point vous portez la délicatesse des sentiments. Il l'apprendrait, direz-vous, en me voyant agir; eh! madame (je vais parler mal de nous), pensez-vous qu'un homme dissipé, étourdi, sans mœurs surtout sur ce qui regarde les femmes, et ne trouvant pas de moyen plus sûr pour les mépriser toujours, que de ne leur faire jamais l'honneur de les examiner, pensez-vous, dis-je, qu'il s'aperçoive des choses qui devraient vous assurer son estime, ou qu'il ne vous accuse pas de forcer votre caractère, et de vous parer à ses yeux de vertus que vous ne possédez point? Oui, je le crois, dit-elle, ce que vous dites-là, par exemple, est, on ne peut pas plus sensé.

Nassès pour la remercier de cet éloge, voulut d'abord lui baiser la main, mais la bouche de Zulica, se trouvant plus près de lui, ce fût à elle qu'il jugea à propos de témoigner sa reconnaissance. Ah! Nassès, lui dit-elle doucement, nous nous brouillerons. Vous voyez donc bien, poursuivit-il sans lui répondre, que puisque je suis l'homme du monde qui vous estime le plus, et qui a le plus de raison de le faire, je dois être aussi le seul que vous puissiez aimer. Non, répondit-elle, l'amour est trop dangereux. Vieille maxime d'Opéra, si plate, si usée, répliqua-t-il, qu'on ne la voudrait seulement pas aujourd'hui passer dans un madrigal, et qui, au reste, n'empêchera point du tout que vous ne m'aimiez, je vous en avertis. Si ce n'est pas elle qui m'en empêche, répondit-elle,... Mais pourquoi me demander de l'amour? ne vous ai-je pas promis de l'amitié? Sans doute ! répliqua-t-il, l'effort est généreux ! il est constant que si je ne vous aimais pas, je vous tiendrais quitte pour cela, et peut-être même à moins, mais les sentiments que j'ai pour vous ne peuvent-être payés que par le plus tendre retour de votre part, et je puis vous jurer que je n'oublierai rien pour vous inspirer toute l'ardeur que je vous demande. Je vous proteste aussi, répondit-elle, que je n'oublierai rien pour m'en défendre. Ah! ah! dit-il, vous voulez prendre des précautions contre moi, j'en suis charmé, c'est une preuve que vous me croyez dangereux. Vous avez raison. En vous aimant comme je fais, je le ferai pour vous plus que personne. Avec une femme moins estimable que vous, je ne serais pas sûr de ma victoire.

Cependant, reprit-elle, plus je suis estimable, plus je résisterai. Tout au contraire, répliqua-t-il, les coquettes seules coûtent à vaincre, on leur persuade aisément qu'on est aimables, mais on ne les touche pas de même, et de toutes les conquêtes, la plus aisée, c'est celle d'une femme raisonnable. Je ne l'aurais assurément pas cru, dit-elle. Rien n'est pourtant plus vrai, répondit-il. Vous ne pouvez pas douter que je ne vous aime, vous, par exemple. Répondez, en doutez-vous? Soyez de bonne foi ! Je viens d'être si sottement crédule, repartit-elle, que je crois qu'on ne me persuadera de longtemps. Mais, Mazulhim à part, insista-t-il, qu'en croyez-vous? Elle répondit qu'elle croyait qu'il ne la haïssait pas, s'obstina, et enfin obtint d'elle, qu'elle était persuadée qu'il l'aimait. Et vous, poursuivit-il, vous ne me trouvez plus odieux? Odieux ! dit-elle, non sans doute, je puis vouloir être indifférente, mais je ne veux plus être injuste.

Vous croyez que je vous aime ! s'écria-t-il, vous ne me haïssez pas, et vous imaginez que vous me résisterez longtemps ! Vous ! avec cette vérité que vous avez dans le caractère ! vous flattez que vous pourrez me rendre malheureux, lorsque vos propres désirs vous parleront en ma faveur ! que vous fixerez un temps pour céder, et que ce ne sera que lorsqu'il sera arrivé, que vous croirez pouvoir vous rendre avec décence ! Non, Zulica, non, j'ai meilleure opinion de vous que vous-même. Vous n'aurez point assez de fausseté pour vouloir désespérer un amant que vous aimez, vous ignorerez l'art perfide de me conduire de faveur en faveur, jusque à celle qui doit à jamais combler et ranimer mes désirs; l'instant où je vous attendrai sera celui où je mourrai de plaisir entre vos bras, et cette bouche charmante, ajouta-t-il avec transport,...

Fort bien cela, fort bien, interrompit le sultan, vous me tirez d'une grande peine. Ma foi! je commençais à craindre que cela ne fût jamais. Ah! la sotte créature que cette Zulica, avec ses fanons. En effet! dit la sultane, il faut convenir qu'on ne peut pas faire attendre des faveurs plus longtemps. Comment donc ! résister une heure ! Cela est sans exemple ! Ce qu'il y a de vrai, répondit le sultan, c'est que cela m'ennuyait autant que s'il y eût quinze jours, et que pour peu qu'Amanzei eût encore retardé la chose, je serais mort de chagrin et de vapeurs, mais auparavant, il lui en aurait coûté la vie, et que je lui aurais appris à faire périr d'ennui une tête couronnée.

Au silence qui se fit dans cet instant dont votre majesté était hier si contente, dit Amanzei le lendemain, je jugeai que Nassès empêchait Zulica de parler et qu'elle l'empêchait de poursuivre. Ah! Nassès, s'écria-t-elle, qu'elle le pût, Nassès, songez-vous à ce que vous faites si vous m'aimiez ! Plus Nassès craignait les reproches de Zulica, moins il lui laissait la liberté de lui en faire. Jamais je n'ai mieux qu'en cet instant, conçu combien il est avantageux d'être opiniâtre avec les femmes. Mais écoutez-moi, disait Zulica, Nassès, écoutez-moi. Voulez-vous donc que je vous déteste?

Tous mots qui, entrecoupés, prononcés faiblement, perdaient leur force et n'imposaient pas, Zulica vit bien qu'il était inutile qu'elle parlât davantage à un homme perdu dans ses transports et à qui l'on aurait, sans aucun fruit, dit les plus belles choses du monde. Que faire? Ce qu'elle fit. Après s'être précautionnée contre les entreprises que Nassès, au milieu de son trouble, tentait avec toute la témérité possible, et s'être mise à cet égard hors de crainte, elle attendit patiemment qu'il fût en état d'entendre les discours qu'elle lui préparait sur ses impertinences. Nassès cependant, soit pour obtenir plus aisément son pardon, soit qu'en effet Zulica l'eût troublé, ne la laissa en liberté que pour tomber sur son sein, et dans un abattement qui ne devait pas la laisser sensible à quelque autre chose qu'à l'état où il se trouvait.

Embarras nouveau pour Zulica; car à quoi sert-il de parler à quelqu'un qui ne saurait entendre. Ce qui, en cet instant, pouvait lui rendre moins pénible le silence auquel elle était forcée, c'est qu'il n'y avait pas d'apparence que Nassès eût l'esprit assez libre pour faire dessus des commentaires. Elle tenta pourtant de se retirer tout-à-fait d'entre ses bras et n'y réussit point. Quand il revint de son trouble, il avait l'air si tendre! Ses premiers regards errèrent sur Zulica d'une façon si touchante ! Il referma les yeux si languissamment, poussa de si profonds soupirs, que loin de pouvoir lui montrer autant de colère qu'elle s'en était flattée, elle commença, malgré son insensibilité naturelle, à se sentir émue et à partager ses transports. Cette vertueuse personne était perdue, si Nassès eût pu s'apercevoir des mouvements dont elle était agitée. Nassès enfin rendu à lui-même, saisit la main de Zulica. Nassès, lui dit-elle d'un ton colère, est-ce ainsi que vous croyez vous faire aimer?

Nassès s'excusa sur la violence de son ardeur qui, disait-il, ne lui avait pas permis plus de ménagement. Zulica lui soutint que l'amour, quand il est sincère, était toujours accompagné de respect, et que l'on n'avait ces façons aussi peu mesurées que les siennes, qu'avec les femmes que l'on méprisait. Lui de son côté soutint qu'il n'y avait qu'à celles qui inspiraient des désirs que l'on manquait de respect, et que rien, ne devait mieux prouver à Zulica la force du sien que l'emportement qu'elle s'obstinait à condamner en lui.

Si je vous avais moins estimée, poursuivit-il, je vous aurais demandé ce que je viens de ravir, mais quelque légères que soient les faveurs que je vous ai dérobées, je n'ignorais pas que vous me les refuseriez. Sûr de les obtenir de vous, je n'aurais pas songé à ne les devoir qu'à-moi même. Plus on pense bien d'une femme, plus on est forcé d'être coupable auprès d'elle de trop de hardiesse, rien n'est si vrai. Je n'en crois pas un mot, répondit Zulica, mais quand ce que vous venez de me dire serait vrai, c'est toujours une règle établie de ne pas commencer l'aveu de ses sentiments par des façons aussi singulières que celles que vous avez.

Supposé que j'eusse brusqué les choses autant que vous le dites, répliqua-t-il, ce serait encore une attention pour vous, dont vous devriez me remercier. Non, reprit-elle avec impatience, vous avez dans l'esprit des opinions d'une bizarrerie dont rien n'approche. Il est plaisant, repartit-il, que ces opinions que vous traitez de bizarres, soient toutes fondées en raison. Celle que vous me reprochez actuellement est d'une vérité que sûrement je vous ferai sentir, car non-seulement vous avez de l'esprit, mais encore vous l'avez juste, mérite assez rare dans votre sexe pour que l'on puisse vous en féliciter. Le compliment m'a séduit pas, dit-elle d'un ton brusque, et je vous avertis que je n'en fais que ce que je dois. C'est sans doute un désagrément pour moi, répondit-il, de vous voir si peu sensible aux discours obligeants que je vous tiens. En un mot, monsieur, l'interrompit-elle, pour entreprendre de certaines choses, il faut au moins avoir persuadé ; trouvez bon que je vous le dise.

Je vous entends, madame, reprit-il, vous voulez que je vous perde dans le monde. Hé bien ! je vous y perdrai. Je voulais vous mettre à portée de m'aimer, sans que qui que ce fût s'en doutât, mais puisque ce ménagement de ma part vous déplaît, je vous rendrai des soins, madame, on saura que je vous aime, et je ne vous épargnerai aucune de ces tendres étourderies qui pourront apprendre au public quels sont les sentiments que j'ai pour vous. Mais, que voulez-vous dire? lui demanda-t-elle, vous êtes un étrange homme. C'est par respect pour moi que vous me faites une impertinence que je ne devrais jamais vous pardonner, c'est par une attention infinie sur ce qui me regarde que vous me brusquez, comme la femme du monde qui mériterait le moins d'égards. C'est vous qui faites mille choses condamnables, et c'est moi qui ai tort ! Dites-moi, de grâce, comment tout cela se peut faire?

Si vous étiez moins neuve en amour, répliqua-t-il, vous m'épargneriez toutes ces explications-là. Je vous dirai pourtant que quelque gênantes qu'elles puissent être pour moi, j'aime, sans comparaison, mille fois mieux vous donner des leçons sur cette matière, que de vous voir assez instruite pour n'en avoir pas besoin. Êtes-vous encore à savoir que ce sont moins les bontés qu'une femme a pour son amant, qui la perdent, que le temps qu'elle les lui fait attendre? Croyez-vous que je puisse vous aimer et être malheureux sans que mes assiduités auprès de vous, sans que les soins que je prendrai pour vous attendrir, échappent au public? Je deviendrai triste, et (ma discrétion fût-elle extrême) on n'ignorera pas que vos seules rigueurs causent ma mélancolie. Enfin, car il en faut toujours venir là, vous me rendrez heureux. Pensez-vous qu'avec quelque attention que je m'observe, vos yeux, les miens, cette tendre familiarité qui, malgré tous nos efforts, naîtra entre nous, ne découvrent pas notre secret?

Zulica par son étonnement et son silence, semblait approuver ce que lui disait Nassès. Vous voyez donc bien, poursuivit-il, que quand je vous presse de me rendre promptement heureux, c'est moins encore pour moi que pour vous que je le demande. En suivant mes conseils, si vous m'épargnez des tourments, vous évitez l'éclat qui suit toujours les commencements d'une passion. D'ailleurs, dans la situation où nous avons été ensemble, je ne pourrais, sans tout découvrir, marquer d'abord de l'amour pour vous. D'accord tous deux, nous imposerons au public sur nos affaires, tant que nous le jugerons à propos; persuadé que vous me détestez, il ne pourra jamais imaginer que, d'un sentiment qui lui est si contraire, vous ayez passé si rapidement à l'amour. Il vous sera facile, au reste, d'amener naturellement notre réconciliation.

A la cour ou chez la première princesse où nous nous trouverons ensemble, vous saisirez quelque occasion que ce soit de me traiter avec politesse; ne vous inquiétez pas de la conjoncture, j'aurai soin de la faire naître. Je répondrai avec empressement à ce que vous m'aurez dit d'obligeant, je parlerai tout haut de l'envie que j'ai que vous ne me haïssiez plus. Je vous ferai même proposer par quelqu'un de nos amis communs, de vouloir bien que je vous voie; vous direz que vous le voulez bien, je me ferai présenter à vous, je vanterai les charmes de votre commerce et le malheur que j'ai eu d'en avoir été si longtemps privé, il ne faudra pas davantage pour justifier mes empressements: ils paraîtront simples et naturels, et nous aurons d'autant plus de plaisir à nous aimer, que nous jouirons de celui de le cacher à tout le monde. Non, répondit-elle en rêvant, je vous rendrais si promptement heureux, je craindrais trop votre inconstance. J'avoue que je ne serais pas fâchée de lier avec vous un commerce fondé sur des motifs d'estime, de confiance et d'amitié, qu'on n'en trouve ordinairement dans le monde; je vous dirai plus, je dirai plus, je ne haïrais pas l'amour, si un amant pouvait n'exiger que d'une femme que l'aveu de sa tendresse.

Ce que vous demandez, reprit-il tendrement, est une chose plus difficile avec vous qu'avec quelque autre femme que ce puisse être. J'avoue aussi que quelque peu que vous accordiez, on doit en être plus flatté que d'obtenir tout d'une autre. Mais, Zulica, croyez-moi, vous adore, vous m'aimez, faites le bonheur de l'homme du monde qui ressent pour vous la passion la plus vive. Si vous saviez borner vos désirs, répondit-elle avec émotion, et ce que l'on pourrait vous accorder ne fût pas pour vous un droit de demander davantage, on pourrait essayer de vous rendre moins malheureux, mais... Non, Zulica, interrompit-il vivement, vous serez contente de mon obéissance.

Sur cette parole que Zulica sentait bien aussi périlleuse qu'elle l'était, elle se pencha nonchalamment sur Nassès qui se précipitant sur elle, usa sans ménagement des faveurs qui venaient de lui être accordées. Ah! Zulica, lui dit-il tendrement un moment après, ne sera-ce que là votre complaisance, que je devrai d'aussi doux instants, et ne voulez-vous donc pas qu'ils le deviennent autant pour vous qu'ils le sont déjà pour moi?

Zulica ne répondit rien, mais Nassès ne s'en plaignit plus. Bientôt il fit passer dans l'âme de Zulica tout le feu qui dévorait la sienne. Bientôt il oublia la parole qu'il venait de lui donner, et elle ne se souvint pas elle-même de ce qu'elle avait exigé de lui. Elle se plaignit à la vérité, mais si doucement que ce fût moins un reproche qu'un soupir tendre, que l'espèce de plainte qui lui échappa. Nassès sentant à quel point il l'égarait, crut ne devoir pas perdre d'aussi précieux instants. Ah! Nassès, lui dit-elle d'une voix étouffée, si vous ne m'aimez pas, que vous allez me rendre à plaindre!

Quand les craintes de Zulica sur l'amour de Nassès auraient été aussi vraies et aussi vives qu'elles paraissaient l'être, il y avait apparence que les transports de Nassès les auraient dissipées. Aussi presque assuré qu'elle ne douterait pas longtemps de son ardeur, il le jugea pas à propos de perdre, à lui répondre, un temps qu'il devait employer à la rassurer, et d'une façon plus forte qu'il ne l'aurait pu faire par les discours les plus touchants. Zulica ne s'offensa point de son silence; bientôt même (car il ne faut souvent qu'une bagatelle pour faire perdre de vue les choses les plus importantes), elle ne parut plus s'occuper d'une crainte que, sans faire une injure

mortelle à Nassès, elle croyait ne pouvoir plus garder. D'autres idées, plus douces sans doute, succédèrent à celles-là. Elle voulut parler, mais elle ne put proférer que quelques mots sans suite, et qui n'exprimaient rien que le trouble de son âme.

Lorsqu'il eût cessé, Nassès se jeta à ses genoux. Ah! laissez-moi, lui dit-elle en le repoussant faiblement. Quoi! répondit-il d'un air étonné, aurais-je eu le malheur de vous déplaire, et serait-il possible que vous eussiez à vous plaindre de moi? Si je ne m'en plains pas, reprit-elle, ce n'est pas que je n'eusse de quoi le faire. Eh! de quoi vous plaindriez-vous, répliqua-t-il, ne deviez vous pas être lasse d'une aussi cruelle résistance? Je conviens, répondit-elle, que beaucoup de femmes se seraient rendues plus tôt, mais je n'en sens pas moins que j'aurais dû vous résister plus longtemps. Alors elle le regarda avec ce trouble, cette langueur dans les yeux qui annoncent et excitent les désirs. M'aimez-vous? lui demanda Nassès aussi tendrement que s'il l'eût aimée lui-même. Ah! Nassès, s'écria-t-elle, quel plaisir vous serait un aveu que vos emportements m'ont déjà arraché; m'avez-vous là-dessus laissé quelque chose à vous dire? Oui, Zulica, répondit-il; sans cet aveu charmant que je vous demande, je ne puis être heureux; sans lui, je ne puis jamais me regarder que comme un ravisseur. Ah! voulez-vous me laisser un si cruel reproche à me faire? Oui, Nassès, dit-elle en soupirant, je vous aime!

Nassès allait remercier Zulica, lorsque l'esclave de Mazulhim vint servir, il en soupira... Parbleu! je le crois bien, interrompit le sultan, voilà comme sont les valets! On ne les voit jamais que quand on a le moins besoin de leur présence. N'ayez pas peur qu'il soit venu tantôt, pendant que Nassès et Zulica m'ennuyaient tant! Il faut précisément qu'il vienne interrompre, quand j'ai le plus de plaisir à entendre. Vous m'avez étonné, vous, lui dit-il la sultane, de n'avoir rien dit. Tubleu! répliqua-t-il, je n'avais garde de le troubler; j'avais trop d'envie de savoir comment tout ceci finirait. J'en suis fort content, ajouta-t-il en se tournant vers Amanzeï; voilà ce qui peut s'appeler une situation touchante, j'en ai encore les larmes aux yeux. Quoi! lui dit la sultane, vous pleurez de cela? Pourquoi donc pas? répondit-il, cela est fort intéressant, ou je me trompe fort. C'est pour moi, comme une tragédie, et vous ne pleurez jamais point c'est que vous n'avez pas le cœur bon. En achevant ces paroles qu'il prenait pour l'épigramme sanglante contre la sultane, il ordonna d'un air satisfait, à Amanzeï de poursuivre.

Nassès soupira de se voir interrompu, poursuivit Amanzeï; ce n'était pas qu'il fût amoureux, mais il avait cette impatience, cette ardeur qui sans être amour, produit en nous des mouvements qui lui ressemblent, et que les femmes regardent toujours comme les symptômes d'une vraie passion, soit qu'elles sentent combien il leur est nécessaire avec nous de paraître s'y tromper, ou qu'en effet, elles ne connaissent rien de mieux. Zulica, qui n'attribuait qu'à ses charmes l'impatience qu'elle remarquait dans Nassès, en avait toute la reconnaissance possible, mais pour soutenir le caractère de personne réservée, qu'elle s'était donné, elle lui fit signe, en lui serrant la main, d'avoir devant l'esclave de Mazulhim un peu de circonspection. Ils se mirent à table.

Après le souper... Tout doucement s'il vous plaît, interrompit Schah-Baham, je veux, si cela ne vous déplaît pas, les voir souper. J'aime, sur toutes choses, les propos de table. Vous avez dans l'esprit, une inconséquence bien singulière! lui dit la sultane; vous vous êtes impatienté mille fois, à des discours qui étaient nécessaires, et vous en demandez actuellement qui l'absolument hors de l'histoire qu'on vous raconte, ne peuvent que l'allonger! Hé bien! répondit le sultan, si je veux être inconséquent, moi, y a-t-il quelqu'un ici qui puisse m'en empêcher? Voyons? Je veux bien qu'on apprenne qu'un sultan est fait pour raisonner comme il lui plaît; que tous mes ancêtres ont eu le même privilège que celui qu'on me dispute; que jamais femme bel esprit n'a eu le crédit de les empêcher de parler comme ils voulaient, et que ma grand'mère même à qui, je crois, vous n'avez pas l'audace de vous comparer, n'a jamais eu celui de contredire Schah-Riar mon aïeul, fils de Schali-Mamoun, qui engendra Chah-Techni, lequel... Ce que j'en dis, au reste, continua-t-il plus modérément, n'est pas pour vous faire voir que je sais ma généalogie, que pour contrarier personne, et vous pouvez poursuivre, Amanzeï.

C'est, dit Zulica, un instant après qu'elle se fût mise à table, une chose bien singulière que, sur les événements les plus marqués de notre vie, sont amenés! Qui dirait à une femme, vous aimerez ce soir, à la fureur, un homme, non-seulement auquel vous n'avez jamais pensé, mais que même vous haïssez, elle ne le croirait pas? et pourtant, il n'est pas sans exemple que cela arrive! Je vous en réponds, repartit Nassès, et je serais bien fâché que cela n'arrivât pas. De plus, il est certain que rien n'est si commun que de voir les femmes aimer violemment quelqu'un qu'elles voient pour la première fois, ou qu'elles ont haï. C'est ainsi, là, que naissent les passions les plus vives. Et pourtant, reprit-elle, vous trouvez des gens, mais je dis, beaucoup, qui vous soutiennent qu'il n'y a presque point de coups de sympathie.

Savez-vous, répondit Nassès, qui sont les gens qui soutiennent cela? Ce sont, ou des jeunes gens qui ne connaissent pas encore le monde, ou des femmes dont l'esprit est prude et le cœur froid, de ces femmes indolentes qui ne prennent une passion qu'avec toutes les précautions possibles, ne s'enflamment que par degrés, et vous font acheter bien cher un cœur où vous trouvez toujours plus de remords que de tendresse, repartit-il, et dont vous ne jouissez jamais parfaitement. Hé bien! répondit-elle, ces femmes-là, toutes ridicules qu'elles sont, ont encore des partisans; et, moi qui vous parle, il n'y a pas bien longtemps que je pensais comme elles.

Vous! répliqua-t-il, mais savez-vous bien que vous avez tous les préjugés qu'on peut avoir? Cela se peut, reprit-elle, mais actuellement j'en ai un de moins, car je crois aux coups de sympathie. Quant à moi, dit-il, je sais qu'ils sont fort communs. Je connais même, une femme qui y est si sujette, qu'elle en trouve ordinairement trois ou quatre dans la journée. Ah! Nassès, s'écria-t-elle, cela n'est pas possible! Quand vous diriez simplement que cela n'est pas ordinaire, savez-vous bien, repartit-il, que vous vous tromperiez encore, et qu'une femme qui a le malheur d'être née fort tendre (si pourtant c'en est un), ne peut pas répondre un moment d'elle-même? Je vous suppose, vous, dans la nécessité de m'aimer, que feriez-vous? Je vous aimerai, répondit-elle. Hé bien! supposez à présent, continua-t-il, une femme qui soit dans la nécessité d'aimer par jour, trois ou quatre hommes. Je la trouve bien à plaindre, dit-elle. Soit, j'en conviens, mais que voulez-vous qu'elle fasse? Qu'elle fuie, me direz-vous? Mais on ne va pas loin dans une chambre; quand on s'y est promené quelque temps, on s'est lassé, il faut se rasseoir. Cet objet qui vous a frappé, est toujours présent à vos yeux. Les désirs se sont irrités par la résistance qu'on a faite, et la nécessité d'aimer, loin d'en être diminuée n'en est devenue que plus pressante. Mais, répondit-elle en rêvant, en aimer quatre! Puisque le nombre vous choque, répliqua-t-il, j'en ôte deux.

Ah! dit-elle, cela devient plus vraisemblable, et plus possible même. Que de façons, pourtant n'avez-vous pas faites, s'écria-t-il, pour n'en aimer qu'un! Taisez-vous, lui dit-elle en souriant, je ne sais où vous prenez tous les raisonnements que vous me faites, et où je prends, moi, toutes les réponses que je vous fais. Dans la nature, répondit-il. Vous êtes vraie, sans art, vous m'aimez assez pour ne vouloir rien me cacher de ce que vous pensez, et je vous en estime d'autant plus qu'il y a bien peu de femmes qui aient autant de vérité dans le caractère.

Avec tous ces propos et quelques autres qui ne furent pas plus intéressants, Nassès parvint à gagner le dessert. Il fut à peine servi que se voyant seuls, il se leva avec feu, et se mettant aux genoux de Zulica, vous m'aimez, lui dit-il. Je le veux bien, l'ai-je pas assez dit! répondit-elle languissamment! Ciel! s'écria-t-il en se relevant et en la prenant dans ses bras, puis-je trop vous l'entendre dire et pouvez-vous trop me le prouver! Ah Nassès! répondit-elle, en se laissant aller sur lui et sur moi, quel usage faites vous de ma faiblesse!

Eh que diable! dit le sultan, voulait-elle donc qu'il en fît? Ceci n'est pas mauvais, elle aurait, je crois, été bien fâchée qu'il l'eût laissée tranquille. Non, les femmes sont d'une singularité... bien singulière! elles ne savent jamais ce qu'elles veulent. On jugerait toujours comme on est avec elles... Quelle colère! interrompit la sultane, quel torrent d'épigrammes! Que vous avons-nous donc fait? Non, dit le sultan, c'est sans colère que je dis tout cela. Est-ce que pour trouver les femmes ridicules on a besoin d'être fâché contre elles? Vous êtes d'une causticité sans exemple, lui dit la sultane, et je crains bien que vous qui haïssez tant les beaux esprits, vous n'en deveniez un incessamment. C'est cette Zulica qui m'a fâché, repartit le sultan, je n'aime point les façons déplacées. Que votre Majesté prenne moins d'humeur contre elle dit Amanzéi, elle n'en fit pas longtemps.

Après avoir dit ce peu de mots qui ont déplu à votre majesté, Zulica se tut. Croyez-vous, lui demanda enfin Nassès, que Mazulhim vous aimât mieux que je ne fais? Il ne louait davantage, répondit-elle, mais il me semble que vous m'aimez mieux. Je ne veux vous laisser aucun lieu de douter de ma tendresse, repartit-il, oui, Zulica vous apprendrez bientôt combien Mazulhim m'est inférieur en sentiment.

Eh quoi! reprit-elle, quoi!... Nassès ne la laissa pas achever, et elle ne se plaignit pas d'avoir été interrompue. Ah Nassès! s'écria-t-elle tendrement, que vous êtes digne d'être aimé! Nassès ne répondit à cet éloge, qu'en ne prétendant point par là l'encourager sur l'avenir. Il avait attendri Zulica, il parvint à l'étonner; aussi prit-elle avec lui, même une sorte de respect, qui, vu le motif qui les lui faisait obtenir, devenaient extrêmement plaisantes, et qui doivent flatter un homme d'autant plus qu'elles ne sont pas chez les femmes l'effet de la prévention comme le sentiment.

Nassès, assez content de lui-même, crut qu'il pouvait suspendre pour un moment l'admiration qu'il causait à Zulica. Avoir triomphé d'elle n'était rien pour lui : il la connaissait trop pour en être flatté, et les bontés qu'elle lui marquait loin de diminuer la haine qu'il lui portait l'avaient augmentée. Il se sentait pour elle ce mépris profond qui nous rend impossibles la dissimulation et les ménagements avec les personnes qui nous l'inspirent; et dans cette disposition, il ne croyait pas pouvoir lui montrer assez tôt, toute l'impression que sa conduite avec lui avait faite sur son âme.

Vous trouvez donc, lui demanda-t-il, que je ne vous loue pas si bien de Mazulhim? Oui, répondit-elle, mais je trouve en même temps que vous savez aimer mieux que lui. Voilà, répliqua-t-il, une distinction que je n'entends pas; quelle valeur attachez-vous actuellement au mot d'aimer? Celle qu'il a, repartit-elle, je ne lui en connais qu'une, et ce n'est que de celle-là que je prétends parler; mais vous qui me paraissez aimer si bien, pourquoi me demandez-vous ce que c'est que l'amour? Si je le demande, répliqua-t-il, ce n'est pas que je l'ignore, mais comme chacun définit ce sentiment suivant son caractère, je voulais savoir ce qu'en particulier, vous entendez, vous, en disant que je vous aime mieux que Mazulhim ne vous aimait. Je ne puis connaître la différence que vous mettez entre lui et moi, si vous ne m'apprenez pas ce que c'est que sa façon d'aimer. Mais, répondit-elle, en affectant de rougir, c'est qu'il a le cœur épuisé, lui.

Le cœur épuisé! reprit-il, voilà une expression qui, selon moi, n'offre point de sens déterminé. Le cœur s'épuise sans doute sur une passion trop longue, mais Mazulhim ne pouvait pas se trouver avec vous dans ce cas-là, puisque pour ses yeux et son imagination vous étiez un objet nouveau. Par conséquent ce que vous me dites de lui n'est pas ce que vous devriez m'en dire. Je ne m'en dirai pourtant que cela, répondit-elle; ce que j'en sais, c'est (du moins je'n'en doute) qu'il y a peu d'hommes moins faits pour aimer que lui, et ne m'interrogez pas davantage, car je sens que sur cet article je n'ai rien de plus à vous répondre.

Ah! je vous entends, répliqua-t-il; cependant je ne reconnais pas Mazulhim au portrait que vous m'en faites. Mais, reprit-elle, il me semble que je ne vous dis rien de lui. Ah! pardonnez-moi, repartit-il, on sent aisément ce que vous lui reproche à un homme quand on dit de lui qu'il a le cœur épuisé; c'est une expression modeste et mesurée, mais on l'entend. Je suis surpris pourtant que vous ayez eu à vous plaindre de lui. Je ne m'en plains pas, Nassès, répondit-elle, mais puisque vous voulez savoir ce que j'en pense, je vous dirai qu'il est vrai que j'en ai été surprise. Ah! ah! dit-il, quoi! vous l'avez trouvé?... Cela est étonnant! reprit-elle, à ce que je crois du moins.

Oh! je m'en rapporterais bien à vous. Sans doute répondit-elle ironiquement, l'expérience m'a donné là-dessus, de si grandes lumières!... Expérience ou non, répliqua-t-il, on sait ce que doit être un amant quand on veut bien ne lui laisser plus rien à désirer; et il y a là-dessus une tradition établie: mais j'avoue encore une fois que vous me surprenez, car Mazulhim... Hé bien! Nassès, interrompit-elle, c'est à un point qu'on ne saurait imaginer. Je ne saurais revenir de ma surprise, répondit-il, je sais de lui des choses incroyables, des prodiges! Ce sera probablement lui qui vous les aura contés, dit-elle. Quand on n'aurait été que par amour-propre, je me serais, repartit-il, défié d'un pareil récit. Non, il ne m'a parlé de rien; je vous dirai plus il a là-dessus une vraie modestie. Pour modeste, répondit-elle, il ne l'est pas, mais quelquefois peut-être il se rend justice.

Madame, madame lui dit-il, une réputation aussi brillante que celle de Mazulhim, doit avoir un fondement, et vous ne me ferez jamais croire que quelqu'un dont toutes les femmes d'Agra pensent bien, soit un homme si peu estimable. Eh! pensez-vous, répliqua-t-elle, qu'une femme mécontente de Mazulhim (s'il est vrai cependant qu'il puisse s'en trouver qui soient sensibles à ce dont nous parlons) dise à qui ce soit, la raison pour laquelle elle en est si mécontente? Précisément oui, reprit-il, elle ne le dira pas à tout le monde, mais elle le dira à quelqu'un et la preuve de cela c'est que vous le dites à moi. Je n'ignore pas que je ne dois cette confidence qu'à la façon dont nous sommes ensemble. Mais Mazulhim a plu à d'autres personnes que vous, après lui, elles ont aimé de ceux à qui, sans doute, elles confiaient leurs aventures. Il y a peut-être dans Agra plus de mille femmes qui n'ont pas résisté à Mazulhim; il y aurait par conséquent quarante mille hommes, ou à peu près, qui sauraient dans la plus exacte vérité, ce qu'il est; et vous voudriez qu'entre des femmes piquées et des hommes humiliés, un secret de cette nature eût été enseveli? Cela n'est pas probable. Non, madame, encore une fois, non un homme tel que Mazulhim vous a paru, n'en aurait pas imposé si longtemps.

Vous dirais-je plus? vous connaissez Telmisse? elle n'est plus assurément ni jeune ni jolie. Il n'y a que dix jours au plus que Mazulhim lui a prouvé toute l'estime possible, et qu'il a mérité ce qu'avait toute la sienne. C'est pourtant un fait. Telmisse le dit à qui veut l'entendre; ce n'est pas une personne à dire gratuitement du bien de quelqu'un, et nous ne connaissons point de femme de qui le suffrage fasse plus

d'honneur, et soit plus difficile à obtenir que le sien. Pouvez-vous après cela penser mal de Mazulhim ? Non, répondit-il sèchement, je crois qu'il est incomparable. C'est ma faute, sans doute, ajouta-t-elle avec un sourire dédaigneux, si je ne l'ai pas trouvé tel. Je ne suis pas fait pour le penser, reprit-il, mais il est vrai qu'il y a là-dedans quelque chose d'inconcevable. Au surplus vous ne croiriez peut-être pas une chose ! Si j'étais femme les gens de l'espèce dont Mazulhim vous a paru, bien loin de me plaire, me déplairaient infiniment plus que les autres. Je crois, répondit-elle, que ce ne serait pas une raison de n'en pas vouloir, ou de les quitter, mais je vous avouerai que je ne vois pas à propos de quoi il faudrait leur donner la préférence.

Ils aiment mieux, dit-il; eux seuls connaissent les soins et la complaisance : plus ils sentent qu'on leur fait grâce de les aimer, plus ils s'empressent à mériter de l'être : nécessairement soumis ils sont moins aimants qu'esclaves. Sensuels et délicats, ils s'imaginent sans cesse mille dédommagements, et l'amour leur doit peut-être ce qu'il a de plus ingénieux plaisirs. Leur arrive-t-il de se transporter ? ce n'est point à un mouvement aveugle, et par conséquent jamais flatteur pour une femme, qu'elle doit l'ardeur dont leur âme se remplit; c'est elle seule, ce sont ses charmes qui subjuguent la nature. Peut-il jamais y avoir pour elle de triomphe plus doux et plus vrai !

Vous ne m'étonnez point, lui dit Zulica, vous aimez les opinions singulières. Vous pensez trop bien, répondit-il, pour que celle-ci vous paraisse telle, et je sais que plus d'une femme... Laissons cela, interrompit-elle, je n'ai jamais disputé sur les choses qui ne m'intéressent pas. Au reste, c'est, à ce qu'il me semble, moins à vous qu'à Mazulhim à tâcher de faire recevoir cette opinion.

Elle a raison, dit le sultan. Quand s'en va-t-elle ? Que vous êtes impatient ! répondit la sultane. Ce n'est pas que je m'ennuie, reprit le sultan, à beaucoup près, mais puisque je me divertise fort, il me semble que j'aimerais tout autant entendre quelque autre chose. Je suis comme cela, moi. Que voulez-vous dire ? lui demanda la sultane. Est-ce que cela ne s'entend pas ? répondit-il, je ne trouve fort clair. Quand je dis que je suis comme cela, c'est que je pense qu'un plaisir, quelquefois, n'empêche pas qu'on en souhaite un autre. Je vais encore me faire mieux entendre. Il y a mille choses qui perdent à être expliquées, interrompit la sultane, on vous entend, voulez-vous quelque chose de plus. Oui, dit le sultan, je veux qu'Amanzéi finisse son histoire; il faut pour cela qu'il la continue, répondit la sultane. Au contraire, reprit Scha-Baham, il me semble que, s'il la laissait là, il la finirait beaucoup plus tôt; mais comme je suis à complaisance même, je lui permets de poursuivre, à condition pourtant que cela ne tirera pas à conséquence.

Au surplus, poursuivit Zulica, vous m'obligeriez beaucoup si vous vouliez bien ne plus parler de Mazulhim. Très volontiers, répondit-il; c'est ce cœur épuisé dont vous avez parlé qui nous a fait tomber sur une dissertation fort inutile en effet, et que je ne recommencerais, puis-qu'elle vous a fâchée, si je ne me rappelais que ma tendresse pour vous et le désir de savoir pourquoi vous croyiez que je vous aimais mieux que Mazulhim, l'ont seuls amenée. Plus les sentiments que vous me marquez me sont chers, moins vous devriez me blâmer d'une curiosité que je n'ai que parce que je vous aime. Non, répondit-elle d'un air triste, il me semble que depuis quelques moments vous ne m'aimez plus autant que vous m'aimiez, je ne sais pas pourquoi, je le crois, mais je le crois enfin, et cette idée m'afflige.

Je suis enchanté de vous le voir, répliqua Nassès; ces sortes d'inquiétudes qui, pour n'avoir pas d'objet, n'en tourmentent pas moins vivement, ne peuvent être senties que par un cœur également tendre et délicat: vous me faites injustice, mais cette injustice même me prouve combien vous m'aimez et vous ne m'en êtes que plus chère. Rassurez-vous, poursuivit-il, aimable Zulica, ciel ! que de plaisirs je trouve à bannir vos craintes ! Zulica ! charmante Zulica ! Ah ! pour votre bonheur et le mien, puissent-elles renaître sans cesse ! En disant ces paroles, il prenait Zulica dans ses bras et l'accablait des caresses les plus tendres. Que vous me donnez de transports ! s'écriait-elle, je sens tous les vôtres passer dans mon cœur; ils le remplissent, le troublent, le pénètrent ! Ah ! Nassès ! quel plaisir pour moi de vous en devoir et de si doux et que je ne connaissais si peu ! Vous seul !... Oui, vous seul !... Mais Nassès ! Ah ! cruel !...

Quoique Zulica ne cessât point de parler, il ne me fut pas possible d'entendre ce qu'elle disait. C'est qu'apparemment elle parlait trop bas, dit le sultan ? Cela est vraisemblable, répondit Amanzéi. Et puis, continua le sultan, c'est qu'il est vrai que vous ne vous en perdiez beaucoup à ne plus l'entendre, car, ou je suis bien trompé, ou il n'y avait pas de sens commun dans ce qu'elle disait; du moins, moi, je n'y ai rien compris. Je suis de votre avis, sire, reprit Amanzéi, elle n'est pas moins clair. Cependant, où Nassès l'entendait, ou il n'avait pas en ce moment plus d'esprit qu'elle, car il disait à peu près les mêmes choses. Ne vous dis-je pas, repartit le sultan, ces gens-là n'avaient pas le sens commun !

Lorsque Nassès et Zulica furent devenus plus raisonnables, continua Amanzéi, Zulica en le regardant tendrement, vous êtes charmant ! Nassès, lui dit-elle, ah ! pourquoi ne vous ai-je pas aimé plus tôt ! Vous devez moins vous en plaindre que moi, répondit-il, moi, dis-je, à qui chaque instant fait sentir que je n'ai commencé de vivre que depuis que vous m'avez aimé. Lorsque je songe à quelles beautés Mazulhim a fermé les yeux, que je le plains ! Quoi ! Zulica, dans ces lieux où nous sommes, dans ces mêmes lieux que vos bontés pour moi me rendent aussi chers que celles que vous y avez eues pour moi me les ont d'abord fait trouver odieux, l'ingrat a pu ne pas rougir d'en avoir aimé d'autres, et renoncer pour jamais à son inconstance ! Quel génie ! quel dieu même veillait pour moi, lorsque après l'avoir rendu insensible à tant de charmes il lui inspira le dessein de me choisir pour vous apprendre sa perfidie. Ah ! Zulica, quel aurait pu être mon malheur, s'il vous avait été fidèle, ou si quelque autre que moi... Arrêtez, interrompit majestueusement Zulica, s'il m'avait été fidèle, je n'aurais jamais aimé que lui, mais pour le bannir de mon cœur, il ne fallait pas moins que Nassès. Je crois, puisque vous m'avez choisi, répondit-il, que j'étais en effet le seul qui pût vous plaire, mais quand je songe à l'état où vous étiez ici, à ce que pouvait exiger de vous un étourdi que Mazulhim vous aurait envoyé, à quel prix, peut-être, il aurait mis son silence, je ne puis m'empêcher de frémir.

Je ne vois pas bien pourquoi, répondit-elle, ne voulant rien accorder, il m'aurait été assez indifférent que l'on eût exigé quelque chose. Vous n'en pouvez pas répondre, dit-il ; il y a pour les femmes, de terribles situations, et celle où je vous ai vue était peut-être une des plus affreuses !... Tant qu'il vous plaira, interrompit-elle, mais je vois prise de croire qu'il est bien moins cruel pour une femme qui a des sentiments, d'être abandonnée d'un homme qui l'aime, que de se livrer à quelqu'un qu'elle n'aime pas. Cela n'est pas douteux, répliqua-t-il, mais c'est une terrible chose que d'être prise dans une petite maison. Vous ne le savez pas, si j'étais femme et que cela m'arrivât, ce que je ferais, mais il me semble que je serais bien aise de l'homme qui m'y aurait surprise, voulût bien n'en dire mot.

Vous seriez bien aise, reprit-elle, apparemment, cela est tout simple ; et moi aussi j'aurais été bien aise, qui que ce fût qui m'eût surprise ici, qu'il n'en eût rien dit. Le beau propos ! il faut que vous perdiez l'esprit pour en tenir de pareils ! Pensez-vous qu'un honnête homme ait besoin, pour se taire, qu'on l'engage au silence par les choses que vous imaginez, et croyez-vous d'ailleurs qu'on fasse certaines propositions à des femmes d'un certain genre ? Certainement oui, répondit-il. Toute femme surprise dans une petite maison prouve qu'elle a le cœur sensible, on tire là-dessus de terribles conséquences, et communément plus la femme est aimable moins l'homme est généreux.

Oh ! c'est un conte, reprit Zulica, le goût seul, mais je dis, le goût le plus vif, peut excuser une femme de s'être rendue, et je ne crois pas, quoi qu'on en puisse dire, qu'il y en eût une qui voulût acheter aussi cher son silence, le croyez, la discrétion dont elle aurait besoin ; et l'honneur.... Bon ! interrompit-il, croyez-vous qu'une femme craigne beaucoup de sacrifier son honneur à sa réputation ? Enfin, répondit-elle, je ne le ferais pas, et je ne connais point de situation, quelque terrible qu'elle fût, qui pût me déterminer à accorder à un homme, ce que mon cœur voudrait toujours lui refuser. Il faut être bien délicat, reprit-il, pour faire cette distinction, et s'y arrêter ; en attendant que l'on puisse gagner le cœur, on cherche à engager une femme, de façon que ce qu'elle ait de mieux à faire soit de se le donner, et assez souvent, elle est trop heureuse de pouvoir finir par là.

Je commence à vous entendre, monsieur, lui dit-elle, vous voulez me faire sentir que vous ne croyez me devoir qu'à la situation où vous m'avez trouvée ici, et vous aimez mieux imaginer que vous n'aviez pas de quoi me plaire, que de ne pas mal penser de moi. Voilà donc, ajouta-t-elle en pleurant, le bonheur dont je m'étais flattée ? Ah ! Nassès, était-ce de vous que je devais attendre un procédé aussi cruel ? Ah ! Zulica, répondit-il, croyez-vous que j'aie oublié la résistance que vous m'avez faite et ce qu'il m'en a coûté pour obtenir de vous mon bonheur ? Eh ! pensez-vous, reprit-elle en sanglotant, que je ne sente pas que vous me reprochez de ne pas m'être assez longtemps défendue ? Hélas ! entraînée par le goût que j'avais pour vous, plus encore que par celui que vous me marquiez, j'ai cédé sans craindre qu'on pût dire que vous me feriez un crime de n'avoir pas assez longtemps résisté. Mais quelle idée est donc la vôtre ? Zulica ! répondit-il ce sont en se rapprochant d'elle ; moi ! vous reprocher d'avoir fait mon bonheur ! pouvez-vous le croire ! moi qui vous adore, ajouta-t-il en n'oubliant rien de tout ce qui pouvait lui prouver qu'il disait vrai. Laissez-moi, lui dit-elle, en le repoussant faiblement, laissez-moi, s'il est possible, oublier combien je vous ai aimé.

La résistance de Zulica était si douce, que quand les empressements de Nassès auraient été moins vifs, ils en auraient encore triomphé. Vous ! cesser de m'aimer ! lui disait-il d'un air tendre, en ajoutant à ce discours tout ce qui pouvait le rendre plus persuasif, vous, qui devez éternellement mon bonheur ! Non, votre cœur n'est point fait pour me haïr quand le mien ne garde que pour vous ses plus tendres sentiments. Non, répondit Zulica, d'un ton qui commençait à ne pouvoir plus marquer de la colère, non, traître que vous êtes ! vous ne me tromperez plus. Ciel ! ajouta-t-elle plus dou-

cement encore, n'êtes-vous pas le plus injuste et le plus cruel des hommes ! Ah ! laissez-moi... Non, vous ne me persuadez plus... Je ne dois pas vous pardonner... Que je vous hais !

Malgré toutes ces protestations de haine que Zulica faisait à Nassès, il ne voulut pas croire un moment qu'il pût être haï, et Zulica, en effet, semblait ne pas se soucier beaucoup qu'il crût qu'il n'était plus aimé: Je ne sais pas si je me flatte, lui dit-il enfin, mais je jurerais presque que vous me haïssez moins que vous ne dites. Le beau triomphe! répondit-elle en haussant les épaules, croyez-vous que je vous en déteste moins? Est-ce ma faute si.... mais cela est vrai, je vous hais beaucoup. Ne riez pas, ajouta-t-elle, rien n'est plus certain que ce que je dis. Je vous estime trop pour le penser, répondit-il, et cela est au point que je vous verrais inconstante que je n'en voudrais rien croire. Je suis et je veux être persuadé que vous m'aimez autant que vous pouvez aimer quelque chose. En ce cas-là, reprit-elle, je vous aime donc autant qu'il est possible; mon cœur n'est point fait pour des sentiments modérés. Je le crois bien, répliqua-t-il, et c'est aussi ce que je voulais dire. Plus on a de délicatesse, plus on a les passions vives, et quand j'y songe, une femme est bien malheureuse quand elle pense comme vous. En vérité, j'ose le dire, la dépravation est telle aujourd'hui que plus une femme est estimable, plus on la trouve ridicule; je ne dis pas que ce soient les femmes seules qui lui fassent cette injustice, cela serait tout simple; mais ce que l'on ne conçoit pas c'est que ce sont les hommes ! eux, qui leur demandent sans cesse des sentiments ! Cela n'est que trop vrai, dit-elle.

Je le vois dans le monde, continua-t-il, qu'y cherchons-nous ? L'amour? Non, sans doute. Nous voulons satisfaire notre vanité, faire sans cesse parler de nous ; passer de femme en femme; pour n'en pas manquer une, courir après les conquêtes, même les plus méprisables; plus vains d'en avoir eu un certain nombre que de n'en posséder qu'une digne de plaire; les chercher sans cesse et ne les aimer jamais. Ah ! que vous avez raison, s'écria-t-elle, mais aussi c'est la faute des femmes, vous les mépriseriez moins, si toutes pensaient d'une façon, avaient des sentiments qui pussent les faire respecter. Je l'avoue à regret, répondit-il, mais il est certain qu'on ne saurait nier que les sentiments ne soient un peu tombés. Un peu ! dit-elle avec étonnement; ah ! dites beaucoup. Il y a encore des femmes raisonnables assurément, mais ce n'est pas le plus grand nombre. Je ne parle point de celles qui aiment, car je crois que vous les trouvez vous-mêmes plus à plaindre qu'à blâmer, mais pour une que l'amour seul conduit, combien n'en est-il pas qui loin de pouvoir le prendre pour excuse, font tout ce qu'elles peuvent pour qu'on ne puisse pas seulement les soupçonner de le connaître. Il y a, repartit-il, bien peu de femmes assez équitables pour parler comme vous. A quoi sert-il de vouloir dissimuler des choses aussi connues, répondit-elle? Je vous dirai, pour moi, qu'autant que je voudrais qu'on ménageât les femmes raisonnables, autant je voudrais qu'on accablât de mépris, celles dont la conduite est du dernier délabrement. Toute faiblesse est excusable, mais, en vérité, l'on ne peut trop condamner le vice.

On le condamne, répliqua-t-il, mais on le tolère; le vice ne paraît ce qu'il est que dans celles qui ne sont point faites pour inspirer des désirs, et le plus grand agrément peut-être des femmes d'aujourd'hui est cet air indécent qui annonce qu'on n'en peut facilement triompher.

Je n'ignore pas, répondit-elle, que ce sont celles-là que vous cherchez le plus; ce n'est jamais le cœur que vous demandez. Comme vous n'aimez pas vous ne vous souciez pas d'être aimés et pourvu que vous triomphiez de la personne, la conquête du reste vous paraît toujours inutile.

Un moment, Amanzei, dit le sultan. Quand est-ce donc qu'il la méprise? L'admirable question. Ce que j'en dis, répondit le sultan, n'est point par méchanceté. Une question, une fois, c'est une question, et je n'ai pas tort, à ce qu'il me semble, de faire celle-là. On m'ennuie et l'on ne veut pas même que je parle, cela est plaisant, oui ! On me donne pour un conte un recueil de conversations où il n'y a le mot pour rire quand on n'y parle pas et c'est moi qui ai tort ! En un mot comme en mille, Amanzei, si demain Nassès n'a pas méprisé Zulica, je ne vous dis que cela, mais c'est à moi que vous aurez affaire.

※

Votre majesté, dit Amanzei le lendemain, se souvient sans doute... Oui, interrompit brusquement le sultan, je me souviens qu'hier je mourus d'ennui; est-ce cela que vous me demandiez ! Si le conte vous ennuie, dit le sultane, il n'y qu'à le finir. Non pas s'il vous plaît, répondit le sultan, je veux qu'il finisse ou que l'on m'ennuie pas, si cela se peut, s'entend, car je ne demande point des choses impossibles. Amanzei reprit ainsi la parole.

Vous, par exemple, continua Zulica, je crains que vous n'ayez fort peu de délicatesse. Vous me faites tort, répondit-il d'un air tranquille, je suis naturellement fort susceptible d'amour. J'avouerai pourtant que j'ai eu plus de femmes que je n'en ai aimées. Mais, voilà qui est infâme ! répliqua-t-elle, je ne conçois pas comment on peut se vanter de cela ! Je ne m'en vante pas non plus, repartit-il, je dis simplement ce qui est. Je crois, dit-elle, que vous avez trompé bien des femmes. J'en ai quitté quelques-unes et n'en ai point trompé, répondit-il; elles ne m'avaient point prié d'être constant, par conséquent je ne leur avais pas promis de l'être, et vous concevez bien quand on se prend sans conditions on n'a d'aucun côté à se plaindre qu'on en ait violé quelqu'une.

Je serais curieuse au possible, dit Zulica, de savoir tout ce que vous avez fait. Vous faut-il, répartit Nassès, une histoire de ma vie bien circonstanciée? Cela serait long et je craindrais de vous ennuyer beaucoup. Je puis cependant vous obéir sans risque, en supprimant les détails. Il y a dix ans que je suis dans le monde, j'en ai vingt-cinq, et vous êtes la trente-troisième beauté que j'ai conquise en affaire réglée. Trente-trois ! s'écria-t-elle. Il est pourtant vrai que je n'en ai eu que cela, répondit-il, vous avoir prouvé que je n'ai jamais été à la mode, moi.

Ah Nassès ! dit-elle, que je suis à plaindre de vous aimer, et que difficilement je pourrais compter sur votre constance ! Je ne vois pas pourquoi, répondit-il, croyez-vous que pour avoir eu trente-trois femmes je doive vous en aimer moins ? Oui, reprit-t-elle, moins vous auriez aimé, plus je pourrais croire qu'il vous resterait des ressources pour aimer encore, et qu'enfin vous ne seriez pas absolument usé de sentiment. Je crois, répliqua-t-il, que vous avoir prouvé que je n'ai pas le cœur épuisé ; d'ailleurs à vous parler avec franchise, il y a bien peu d'affaires où l'on se serve du sentiment, L'occasion , la convenance, le désœuvrement les font naître presque toutes. On se dit, sans le sentir, qu'on se paraît aimable; on se lie, sans se croire, on voit que c'est en vain qu'on attend l'amour, et l'on se quitte de peur de s'ennuyer. Il arrive aussi quelquefois qu'on s'est trompé à ce que l'on sentait, on croyait que c'était de la passion, ce n'était que du goût, mouvement, par conséquent, peu durable et qui s'use dans les plaisirs, au lieu que l'amour semble y renaître. Tout cela, comme vous voyez, fait qu'après avoir eu beaucoup d'affaires, on n'en est quelquefois pas encore à sa première passion.

Vous n'avez donc jamais aimé, lui demanda-t-elle? Pardonnez-moi, répliqua-t-il, j'ai aimé deux fois à la fureur, et je sens à la façon dont je commence avec vous que si, depuis, mon cœur n'a pas été ému, ce n'était pas, comme je le croyais, qu'il ne dût pas l'être, mais parce qu'il n'avait pas encore rencontré l'objet qui devait lui faire retrouver plus de sentiments qu'il ne craignait d'en avoir perdu. Mais vous qui m'interrogez, me serait-il, à mon tour, permis de vous demander combien de fois vous vous êtes enflammée ? Oui, repartit-elle, et je vous le permettrais encore plus volontiers, si je ne vous l'avais pas déjà dit ; vous n'ignorez pas que Mazulhim et vous êtes les seuls qui ayez pu me plaire.

Quand nous nous connaissions moins, reprit-il, il était naturel que vous me fissiez ce langage. Je n'ai pas même trouvé à redire que tout impossible qu'il était de me cacher Mazulhim, vous ayez cependant voulu le faire; mais à présent que la confiance doit être établie, et que si, par moi-même rien de caché pour vous, il me paraîtrait singulier, je l'avoue, que vous ne me fissiez pas le dépositaire de vos secrets. Vous le seriez assurément, répondit-elle, si je m'en étais réservé quelques-uns, mais je vous jure que je n'ai rien à me reprocher là-dessus, et qu'il me paraît même étonnant que, pour le peu de temps qu'il y a que je vous aime, j'aie en vous une aussi grande confiance, et qu'enfin je crois devoir en être aussi sûre que je le suis de moi-même.

J'en suis charmé, madame, répondit-il d'un air piqué, j'ose dire cependant qu'après la façon dont je me suis livré, j'étais en droit d'attendre mieux de vous.

A ces mots il voulut s'éloigner, mais elle le retenant : Quelle est donc cette fantaisie, Nassès ? lui demanda-t-elle tendrement, comment se peut-il que tantôt vous vous fussiez fait un crime de douter de ce que je vous disais, et que à présent il me semble que vous vous reprocheriez de me croire? S'il faut vous le dire, madame, répondit-il, tantôt je ne vous croyais pas, mais occupé alors d'un intérêt plus pressant pour moi, j'ai cru qu'il valait mieux travailler à vous persuader que d'entrer dans des détails qui ne pouvaient, en cet instant, que vous déplaire, et que je n'étais pas même en droit d'exiger de vous. Mais Nassès, insista-t-elle, je vous jure que je n'ai à vous dire que ce que je vous ai dit.

Cela n'est pas possible, madame, interrompit-il brusquement. Depuis plus de quinze ans que vous êtes dans le monde, il n'est pas croyable que vous n'ayez souvent été attaquée, et qu'au moins vous ne soyez point quelquefois rendue. Vous seriez la première qui dans un espace de temps aussi considérable n'aurait eu que deux amants, ou vous serez forcée de convenir que le goût de la galanterie vous aurait pris bien tard. Cela ne serait pas assez nouveau, monsieur, pour être trouvé incroyable, répondit-elle, et je suis bien trompée s'il n'est arrivé à d'autres que moi, d'être longtemps indifférentes faute d'avoir rencontré de bonne heure l'objet auquel il était réservé de les rendre sensibles. Je n'ai certainement rien à vous

dire, mais quand il serait vrai que j'eusse, sur cet article, quelque chose à vous confier, la crainte de vous perdre m'empêcherait toujours de le faire. J'ai presque toujours vu le mépris suivre ces sortes de confidences, quoique pour avoir autrefois aimé nous ne soyons point coupables envers l'objet qui nous occupe, il est cependant fort rare que sa vanité nous pardonne de n'avoir pas été le premier qui nous ait rendu sensibles.

Mais, quelle idée! lui dit-il, qui moi! je vous mépriserais parce que vous me donneriez, en m'avouant tout ce que vous avez fait, une nouvelle preuve de votre tendresse, et peut-être la plus convaincante de toutes par la peine qu'on a communément à l'obtenir? Eh bien! vous avez aimé Mazulhim, cela m'a-t-il étonné? Vous en estimé-je moins? Pourquoi voudriez-vous que quelques amants de plus fissent sur moi une impression désagréable? Ai-je quelque chose à démêler avec ceux qui m'ont précédé? Est-ce votre faute, si le destin ne m'a pas offert à vos yeux le premier? Non, Zulica, non; je ne suis pas de l'avis de ceux qui croient qu'une femme qui a beaucoup aimé n'est plus capable d'aimer encore. Loin que je pense que le cœur s'use en aimant, je suis, au contraire, persuadé que plus on aime plus on est vif sur le sentiment, plus on a de délicatesse.

Suivant ce principe, répondit-elle, vous ne seriez donc pas flatté d'être le premier amant d'une femme? J'ose dire que non, répliqua-t-il, et voici sur quoi je fonde une façon de penser qui peut-être vous paraît ridicule.

Dans cet âge tendre où une femme n'a point encore aimé, si elle désire d'être vaincue, c'est moins encore parce qu'elle est pressée par le sentiment que parce qu'elle désire de le connaître; elle veut enfin moins aimer que plaire. On l'éblouit plus qu'on ne la touche. Comment la croirait-on quand elle dit qu'elle aime? a-t-elle, pour s'assurer de la nature et de la force de son sentiment actuel, de quoi le comparer? Dans un cœur où par leur nouveauté les plus faibles mouvements sont des objets considérables, la moindre émotion paraît trouble, et le simple désir transport; et ce n'est pas enfin quand on connaît aussi peu l'amour qu'on peut se flatter de le ressentir et qu'on doit le persuader.

Peut-être, en effet, s'exagère-t-on ses mouvements, répondit Zulica, mais du moins on ne dit que ce qu'on croit sentir, et, que ce désordre parte du cœur ou qu'il n'existe que dans l'imagination, l'amant en est-il moins heureux? Non, Nassès, quoique quelque désavantage que vous peigniez les premiers sentiments, je vous aimerais, s'il était possible, mille fois plus que je ne vous aime si j'étais la première à qui vous rendissiez hommage.

Vous y perdriez plus que vous ne pensez, répliqua-t-il. Je suis à présent mille fois plus en état de sentir ce que vous valez que je ne l'aurais été dans le temps que vous voudriez que je vous eusse aimée. Tout alors m'échappait, esprit, délicatesse, sentiment. Toujours tenté, n'aimant jamais, mon cœur s'émouvait point, même dans ces moments où emporté par mes transports je n'étais plus à moi-même. Cependant on me croyait amoureux, je croyais l'être aussi. L'on s'applaudissait de pouvoir me rendre si sensible; moi-même je me félicitais d'être capable d'une aussi délicate volupté; il me semblait qu'il n'y avait dans la nature qui fût d'assez heureux pour sentir aussi vivement les charmes de l'amour. Sans cesse aux pieds de ce que j'aimais, quelquefois languissant, jamais éteint, je trouvais dans mon âme mille ressources dont j'étais étonné de pouvoir faire si peu d'usage. Un seul regard portait le trouble et le feu dans mes sens; mon imagination toujours bien au-delà de mes plaisirs... Ah! Nassès! Nassès! s'écria vivement Zulica, que vous deviez être aimable! Non! vous n'aimez plus comme vous aimiez alors.

Mille fois davantage, répliqua-t-il; dans le temps dont je vous parle, je n'aimais point. Emporté par le feu de mon âge, c'était à lui non à mon cœur que je devais tous ces mouvements que je croyais de l'amour, et j'ai bien senti depuis... Ah! interrompit-elle, il est impossible que vous n'ayez point perdu à être désabusé. La jalousie, la défiance, mille monstres qu'alors vous vous saviez seulement fait scrupule d'imaginer, empoisonnent à présent vos plaisirs. Plus instruit, vous avez donc été moins heureux. Votre esprit n'a pu s'éclaircir qu'aux dépens de votre cœur; vous raisonnez mieux sur le sentiment, mais vous n'aimez plus si bien.

Ce raisonnement, répondit-il, serait autant contre vous que contre moi, et je dois croire, en supposant toujours que Mazulhim a été votre premier amant, que vous ne pouvez pas m'aimer autant que vous l'avez aimé, lui. Je ne serais point surprise du tout que vous eussiez cette idée, répliqua-t-elle, vous ne suivez avec plaisir que celles auxquelles je puis perdre, mais laissons cela. Point du tout, dit-il, ne le laissons pas.

Au reste, continua-t-elle aigrement, à la façon dont vous avez vécu, il n'est pas bien surprenant que vous pensiez mal des femmes. Et si c'était, interrompit-il, la façon dont les femmes vivent qui fût cause que je n'en pense pas bien? Vous allez dire qu'il est impossible que cela soit. Non, je vous jure, reprit-elle d'un air dédaigneux, je n'en prendrai pas la peine. Ah! j'entends, repartit-il, vous craindriez

qu'elle ne fût inutile. Vous ne voulez donc pas absolument me d... ? qui vous avez aimé?

Quoi! s'écria-t-elle, pensez-vous encore à cela! si vous m'aimiez, pourriez-vous douter de ce que je vous dis? En vérité! Zulica, lui dit-il, vous m'en croirez si vous voulez, mais ceci devient du dernier ridicule.

Zulica, qui, comme votre majesté a pu le voir, dit Amanzeï, cherchait depuis longtemps à détourner la conversation... Elle faisait bien, interrompit le sultan, mais vous auriez, vous, fait beaucoup mieux si vous m'aviez épargné toutes ces dissertations que vous y avez mises à tort et à travers. Vous convenez que vous n'êtes qu'un bavard et ce n'est que pour en parler plus! Comment voulez-vous qu'on tienne à ces perfidies-là? En un mot, comme en mille, finissez votre histoire.

Zulica, continua Amanzeï, opposa longtemps encore de mauvaises défaites aux empressements de Nassès. Enfin, elle parut se rendre, et après avoir tiré parole de lui qu'il ne l'en estimerait pas moins; plus je me suis défendue de satisfaire votre curiosité, lui dit-elle, moins à présent j'y devrais céder. Vous me saurez peut-être moins de gré de l'aveu qu'enfin vous m'arrachez, que vous ne me voudriez de mal de l'avoir refusé si longtemps. Vous aurez tort. Vous ne devez pas ignorer qu'il est plus aisé d'inspirer un nouveau goût à une femme, que de la faire convenir de ceux qu'elle a eus. Je ne sais si c'est par fausseté que quelques-unes pensent ainsi, mais pour moi, je puis vous jurer que mon silence n'était pas fondé sur un si indigne motif. Je crois qu'il est impossible que l'on se rappelle avec plaisir une faiblesse qui loin de se retracer à votre imagination avec les charmes qu'elle avait autrefois pour vous, ne s'y présente jamais qu'accompagnée des remords qu'elle vous cause ou du souvenir douloureux des mauvais procédés d'un amant. Cela est exactement vrai, dit Nassès, une femme délicate est bien à plaindre.

Fort bien, dit le sultan, mais pour le plaisir que je prends à vous entendre, je désire que vous remettiez à demain la suite (car je n'ose encore dire la fin) de cette inouïe conversation.

⁂

Vous saurez donc, continua Zulica, que quand j'entrai dans le monde, je ne laissai pas (sans être plus belle qu'une autre) de trouver plus d'amants que je n'en désirais, toute sotte que j'étais alors sur ce que l'on appelle l'empire de la beauté. Quand je dis des amants, j'entends cette foule de gens découverts qui disent qu'ils aiment, plus par habitude que par sentiment, qui ne s'écoute parce qu'ils le faut, et qui parviennent plus aisément à nous faire croire que nous sommes aimables qu'à se le faire trouver eux-mêmes. Ils amusèrent longtemps ma vanité et ne m'en rendirent pas plus sensible. Née délicate, je craignais l'amour; je sentais que je trouverais difficilement un cœur aussi tendre, aussi vrai que le mien, et que le plus grand malheur qui puisse arriver à une femme raisonnable est d'avoir une passion, quelque heureuse même qu'elle puisse être. Tant que je dus être indifférente, ces considérations prirent tout sur moi, mais je connus enfin qu'elles n'avaient retenu mon cœur que parce qu'on n'avait pas encore su le toucher, et que ce calme dont nous nous applaudissons est moins l'ouvrage de la raison que l'effet du hasard. Un moment, un seul moment suffit pour troubler mon cœur! Voir, aimer, adorer même, sentir à la fois et avec une extrême violence ce que l'amour a de plus doux et de plus cruels mouvements; être livrée au plus flatteur espoir, retomber de là dans les plus cruelles incertitudes, tout cela fut l'ouvrage d'un regard et d'une minute. Etonnée, confuse, même d'un état si nouveau pour mon âme, dévorée de désirs qui jusqu'alors m'avaient été inconnus, sentant la nécessité d'en démêler la cause, craignant de la connaître, absorbée dans cette douce émotion, cette divine langueur qui avaient surpris tous mes sens, je n'osais m'aider de ma raison pour détruire des mouvements si doux, si pleins de bonheur qu'on ne peut définir, par moi, me faisaient déjà jouir de ce bonheur qu'on ne peut définir, et quand on le sent et quand on ne le sent plus.

Je vis enfin que j'aimais. Quelque empire que ce mouvement eût déjà pris sur moi, j'essayai de le combattre. Les leçons du devoir; la crainte de me perdre dans le monde; soupirs, larmes, remords, tout fut inutile, ou, pour mieux dire, tout augmentait encore ce sentiment cruel dont j'étais tyrannisée. Ah Nassès! quel ne fut par mon plaisir, quand dans les soins respectueux, quoique empressés de ce que j'adorais, je connus que j'étais aimée! Quel trouble! Quels transports! Avec quel ménagement, quels égards, ne m'apprenait-il pas sa passion! Quelle douceur d'être obligée de contraindre la mienne!

Que vous êtes heureux! Nassès! de pouvoir au premier mouvement dont votre âme est agitée, l'apprendre à l'objet qui le cause; de ne pas connaître cette dissimulation si nécessaire pour nous conserver votre estime, mais si pénible pour un cœur tendre! Combien de fois en l'entendant soupirer auprès de moi, soupirais-je de douleur de ne l'oser faire pour lui! Quand ses yeux s'attachaient ten-

drement sur les miens; que j'y trouvais cette expression douce, et langoureuse, que j'y trouvais enfin l'amour même, ah! comment dans ces instants qui me mettaient si loin de moi, avais-je la force de me dérober à cette volupté qui m'entraînait? Enfin, il parla. Nassés! vous ignorez le plaisir que donne ce tendre, ce charmant aveu. On ne vous dit qu'on vous aime qu'après l'avoir fait désirer, et quelquefois trop longtemps; qu'après vous avoir fait redire mille fois que vous aimez : mais voir un amant timide, un amant adoré, mais qui ne sait pas son bonheur; pénétré de sentiment, de crainte, de respect, venir à vos pieds, vous déclarer tout ce qu'il sent pour vous; manquer même d'expressions en voulant vous l'apprendre; tremblant autant de l'émotion que son amour lui donne, que de la crainte qu'il ne soit pas agréé; voler au-devant de ses paroles, se les répéter tout bas, se les graver dans le cœur ; en lui répondant qu'on ne le croit pas, se faire intérieurement un crime de son mensonge; s'exagérer même ce qu'il vous dit, ajouter à tout l'amour qu'il vous montre, celui que vous sentez pour lui, Nassés! croyez-moi, de tous les spectacles, de tous les plaisirs, ceux dont je vous parle, sont assurément les plus doux.

Si la vanité suffit pour vous rendre agréable le spectacle que vous me peignez si vivement, répondit Nassés, je conçois que quand l'amour y mêle l'intérêt du cœur, il n'en est pas pour vous de plus satisfaisant. Mais enfin, il parla, dit-amant si tendrement aimé, répondîtes-vous ?

Peignez-vous mon embarras, répliqua-t-elle ; combattue par l'amour, et par la vertu, si la dernière ne l'emporta pas, du moins, elle me servit à masquer l'autre, mais ce fut point autant que je le désirais. Livrée trop longtemps à ses discours, mon émotion découvrit le secret de mon cœur, et en croyant ne lui répondre que froidement, ma bouche, et mes yeux lui dirent mille fois que ma tendresse égalait la sienne.

C'est un malheur qui est arrivé à d'autres, répondit froidement Nassés; hé bien! qui était cet homme si dangereux que le voir et l'aimer ne furent, malgré votre fierté naturelle, qu'une même chose? Que vous importe son nom, demanda-t-elle, ne vous dis-je pas ce que vous vouliez savoir? Pas encore, répliqua-t-il, et vous sentez bien vous-même que la confidence n'est pas complète. Hé bien! répondit-elle, c'était le Raja Amagi.

Amagi ! s'écria-t-il, quel temps avez-vous donc pris pour l'avoir? Il est mon ami, ne vous cache rien, et je sais depuis qu'il est dans le monde, il n'a véritablement aimé que Canzade. Amagi ! répéta-t-il, mais ne vous trompériez-vous point?

Assurément ! s'écria-t-elle à son tour, voilà une singulière question, elle est unique ! Point du tout, reprit-il, vous allez voir que rien n'est plus simple. Amagi m'a dit que malgré son extrême tendresse pour Canzade, et le peu d'envie qu'il avait de lui manquer, il s'était quelquefois amusé ailleurs, parce qu'il y a des femmes qui font des avances si peu ménagées, et que nous sommes si fats, que le mépris qu'elles nous inspirent ne nous empêche pas de leur savoir gré, pour le moment du moins, de ce qu'elles font pour nous. En me parlant des infidélités qu'il avait faites à Canzade, il m'a avoué qu'il se les reprochait d'autant plus que parmi les femmes qui l'avaient quelquefois arraché à elle, il n'en avait pas trouvé une qui méritât de l'estime et de l'attachement, et qui ne fit pour lui, par dérèglement de tête seulement, ce qu'il avait été assez ridicule pour attribuer quelquefois à un sentiment si vif qu'il leur avait fait oublier toutes bienséances. Vous n'êtes pas de ces femmes-là, vous? Par conséquent je dois croire qu'il ne vous a pas aimée.

Vous voyez bien qu'il ne vous ait plus tout; répondit-elle, car il m'a aimée plus de trois ans avec toute l'ardeur possible. S'il ne me l'a pas dit, repartit-il, ce n'était pas qu'il voulût m'en faire un mystère, mais c'est par l'apparement il ne s'est pas souvenu de me le dire... Fût-ce vous qui lui fîtes une infidélité? Me ferez-vous longtemps de pareilles questions, lui demanda-t-elle? Je vous en demande pardon, reprit-il, mais c'est à peu faite pour vous ne quittât qu'il ne doit pas vous surprendre. Il vous quitta donc? Après lui qui est-ce qui vous occupa?

Personne, répondit-elle d'un air simple. Longtemps livrée à la douleur de l'avoir perdu, je me flattais que je ne pouvais plus être sensible; mais Mazulhim parut et je ne me tins point parole.

Parbleu ! s'écria-t-il, les femmes sont bien malheureuses et bien cruellement exposées à la calomnie! Cela n'est que trop vrai, dit-elle; mais à propos de quoi vous en souvenez-vous à présent? À propos de vous, repartit-il, à qui, puisqu'il faut vous le dire, on a fait l'injustice de donner un peu plus d'aventures que je vois que vous n'en avez eu. Oh ! répondit-elle, cela ne me fâche, ni ne m'étonne. Pour peu qu'une femme ne fasse pas peur on n'imagine point qu'elle ne soit pas plus sensible qu'il ne le faudrait, et ce sont souvent les hommes qu'elle a voulu écouter le moins que le public lui donne le plus; mais, quoi qu'il en soit, cela ne me fait rien. Ne serait-il donc pas possible de vous obliger à parler d'autres choses? Il n'est donc pas vrai que vous ayez eu tous les amants qu'on vous a donnés? lui demanda-t-il encore. Zulica ne répondit à cette nouvelle imperti-

nence qu'en haussant les épaules. Ne vous fâchez point de ce que je vous dis, continua-t-il; si vous étiez moins aimable, je croirais plus aisément que vous ne diminuez rien de votre histoire. Pardonnez-moi, répondit-elle aigrement, j'ai eu toute la terre. Enfin, reprit-il, voici ce qu'on m'a dit.

Vos commencements sont douteux ; on sait pourtant que dans votre très grande jeunesse, passionnée pour les talents et persuadée que le meilleur moyen pour en acquérir et de se perfectionner est d'intéresser vivement à nous ceux qui les possèdent, vous ne dédaignâtes pas vos maîtres, et que c'est ce qui fait que vous chantez avec tant de goût et que vous dansez avec tant de grâce.

Ah! grand Dieu! quelle horreur ! s'écria Zulica. Vous avez raison de vous récrier là-dessus, madame, répondit-il froidement, car, en effet, cela est horrible. Pour moi, je ne vous condamne pas, et je ne saurais même assez vous estimer de ce que dans un âge où les femmes qui, un jour, doivent être le moins réservées ont tous les préjugés imaginables vous avez eu assez de force d'esprit pour sacrifier ceux que votre naissance et l'éducation devaient vous avoir donnés. À votre entrée dans le monde, convaincue qu'on ne saurait y être trop fausse, vous cachâtes sous un air prude et froid ce penchant qui vous porte aux plaisirs. Née peu tendre, mais excessivement curieuse, tous les hommes que vous vîtes alors piquèrent votre curiosité, et autant que vous le pûtes vous les connûtes à fond. Quand on a autant d'esprit et de pénétration que vous, l'étude d'un homme n'est pas une chose bien difficile, et j'ai ouï dire que celui que vous vous attachâtes le plus à observer ne vous occupa pas huit jours. Ces amusements philosophiques éclatèrent; on donna un mauvais tour à vos intentions; sans renoncer à votre curiosité vous la modérâtes, cependant ce ne fut pas pour longtemps. Vos occupations particulières n'ayant pas l'aveu de ceux qui en étaient les témoins crûtes devoir vous soustraire à leurs yeux, vous renonçâtes à la solitude et vous allâtes porter dans le monde ce penchant naturel qui vous portait à tout connaître.

La princesse Salieb avait alors Iskender pour amant, vous voulûtes juger par vous-même si l'on pouvait se fier à son goût, et vous le lui enlevâtes. Elle ne vous l'a jamais pardonné et s'en plaint même encore tous les jours.

Ah! juste ciel! s'écria Zulica outrée de fureur, est-il au monde de plus abominables calomnies !

On m'a assuré, continua-t-il avec le même sang-froid qu'il avait commencé, que vous quittâtes bientôt Iskender pour prendre Akébar-Mirza, à qui (parce que tout prince qu'il était il vous ennuyait) vous associâtes le vizir Atamulk et l'émir Noureddin; que le prince ne vous entretenant jamais que du mauvais état de sa santé, que vous connaissiez pour être plus déplorable encore qu'il ne disait, le vizir étant trop occupé des affaires de l'État pour l'être de vos charmes autant qu'il l'aurait dû, et ne vous amusant jamais que des détails dûs à la profonde politique, et l'émir, des grandes actions qu'il avait faites à la guerre, vous vous étiez dégoûtée de trois personnages plus importants qu'aimables.

On ose ajouter que sachant combien il est dangereux à la cour de se faire des ennemis vous leur aviez laissé ignorer vos dispositions à leur égard, et que forcée de les ménager vous étiez, avec tout le mystère possible, jetée entre les bras du jeune Vélid qui, moins grand, moins profond, moins guerrier, mais plus agréable que ses rivaux, vous avait lui seul, pendant quelque temps, dédommagée de l'ennui qu'ils vous causaient. Un dit encore que voyant Vélid moins amoureux, et ayant besoin pour réveiller son ardeur de lui donner de l'inquiétude, vous aviez pris Jemla; que Vélid, fâché de se voir un rival, et vous épiant avec soin, avait enfin découvert les trois autres, et que toute cette affaire jusque-là si judicieusement conduite avait fini pour vous par l'éclat le plus injurieux, et vous avait donné les plus cruelles et les plus publiques mortifications.

Ah ! c'en est trop, interrompit Zulica en se levant, et je vais... Un moment encore, lui dit-il, s'il vous plaît, madame, dit Nassés en la retenant, on a poussé l'impudence jusqu'à me dire que voyant que les affaires réglées ne vous réussissaient pas, haïssant l'amour, mais tenant encore aux plaisirs, vous ne vous étiez plus permis que des amusements passagers assez agréables pour remplir vos moments, mais jamais assez vifs pour intéresser votre cœur. Sorte de philosophie qui, pour le dire en passant, n'a pas laissé de faire quelques progrès dans ce siècle-ci, et dont il serait aisé de démontrer la sagesse et l'utilité si c'était ici le temps de le faire.

À la fin de ce récit, Zulica se mit à pleurer de fureur, et Nassés feignant de ne s'en pas apercevoir continua ainsi : vous concevez bien que je vous rends trop de justice, que je vous connais trop à présent pour croire absolument tout ce qu'on m'a dit. Vous me faites trop du grâce; répondit-elle. Non, reprit-il modestement, ce que je fais pour vous est tout simple, et pour savoir l'opinion que je dois en avoir je n'ai qu'à consulter la façon dont vous vous êtes rendue à mes désirs; mais on ne croyant pas tout, vous sentez bien aussi qu'il est impossible que je ne croie rien.

Pourquoi donc, lui demanda-t-elle, tout ce qu'on vous a dit est

si probable que je ne puis concevoir que vous vouliez avoir pour moi un ménagement si déplacé? Je crois donc seulement, reprit-il... Ah! croyez tout, monsieur, interrompit-elle, croyez tout et ne nous revoyons jamais. Quand vous le mériteriez, répondit-il, c'est un effort dont je ne serais pas capable; jugez si, en vous croyant innocente, je pourrais prendre assez sur moi, être assez barbare pour faire ce que vous semblez me conseiller. Non, non, monsieur, répliqua-t-elle, vous croyez tout ce qu'on vous a dit, vous le croyez, et vous ne valez pas la peine que je vous désabuse. Ainsi donc, reprit-il, nous allons être brouillés. Une même soirée aura vu naître et finir votre ardeur, car je ne parle pas de la mienne, ajouta-t-il en soupirant, je ne sens que trop qu'elle sera éternelle.

Oui, monsieur, répondit Zulica, oui, nous serons brouillés et pour jamais. Pour jamais, s'écria-t-il! c'est-à-dire que vous me quittez aussi promptement que vous m'avez pris? C'est, en honneur, une chose que je ne croyais pas possible. Mais comment cette constance si prodigieuse dont vous vous piquez, cette âme si délicate sur le sentiment, peuvent-elles s'accommoder d'un procédé pareil! Quelle cruelle violence n'allez-vous pas vous faire pour me tenir parole! Que je vous plains! Après tout, rien n'est plus heureux pour moi, puisque vous deviez changer, que de vous voir changer si promptement; un plus long commerce avec vous m'aurait rendu votre inconstance trop douloureuse. Je me flatte pourtant encore que vous ferez vos réflexions, et que s'il est vrai que votre goût pour moi soit totalement éteint, vous craindrez, du moins, que je ne puisse dire que, comblé de vos bontés les plus particulières, vous, ayant tous les sujets du monde de vous louer de moi, vous n'avez pas pu gagner sur vous d'être constante seulement vingt-quatre heures. Après les petites libertés que vous m'avez permises, on trouvera votre procédé mauvais, je vous en avertis. Non, continua-t-il en s'avançant vers elle et en la serrant tendrement dans ses bras; non, vous ne ferez pas cette injustice à l'amant du monde le plus passionné. Qui, moi! s'écria-t-elle en se débattant dans ses bras avec violence; moi! je serais encore à vous! Elle ajouta à ce propos tout ce qui pouvait marquer vivement à Nassès son indignation contre lui. Ce fut en vain qu'il voulut triompher de ses efforts; son dépit la servant mieux que n'avait fait cette sévère vertu pour laquelle elle combattait si mal à propos, il fut obligé de disputer contre elle jusqu'à des faveurs si peu importantes qu'il n'avait pas encore eu les lui devoir demander. Elle se défendait toujours contre lui lorsqu'un bruit qu'ils entendirent arrêter suspendit l'attaque et la résistance.

Voilà sans doute mes gens, monsieur, lui dit-elle, et je pars. Je ne vous presse pas de réfléchir sur ce qui s'est passé entre nous, cela vous serait inutile; plus on est capable d'un mauvais procédé, moins on est fait pour le sentir.

En achevant ces paroles, elle se leva, et elle allait sortir, lorsque ce que je dirai demain à votre majesté la força de demeurer. Pourquoi demain? dit le sultan; pensez-vous que vous ne le dissiez pas aujourd'hui, si j'en avais la fantaisie? Heureusement pour vous, je n'ai sur tout ceci aucune curiosité; et soit demain, soit un autre jour, tout cela m'est indifférent.

※

Après ce qui s'était passé entre Zulica et Mazulhim, elle devait peu s'attendre à le revoir; c'était cependant lui qui entrait. Elle recula de surprise en le voyant, et les pleurs succédant à son étonnement, elle se laissa tomber sur moi. Il feignit de ne pas remarquer l'état où sa présence la mettait, et s'avançant vers elle d'un air libre: Je viens, reine, lui dit-il, vous demander pardon. Un enchaînement d'affaires aussi affreuses, désespérantes, m'a empêché de me rendre à vos ordres... Quoi! vous pleurez! Ah! Nassès, cela n'est pas bien, vous avez abusé de ma facilité, de mon amitié, de ma confiance!... Mais, mais, au vrai, je ne comprends rien à tout ceci, moi. Vous êtes fâchée! non, j'en suis furieux, désolé; je ne m'en consolerai jamais. Ceci fait une aventure unique, étonnante, du premier rare!... Enfin, on ne peut-on pas savoir ce que c'est que tout cela? Dites donc, vous autres, vous ne parlez point! Ah! je vois ce que c'est; j'en suis la cause innocente. Vous me croyez infidèle, oui, vous le croyez. Que vous connaissez peu mon cœur! je reviens à vous, mille fois, je dis mille fois plus tendre, plus épris, plus enchanté que jamais.

Plus Mazulhim feignait de tendresse, plus Zulica, déconcertée, abattue, s'obstinait au silence. Nassès, qui jouissait malignement de sa confusion, craignait, s'il répondait à Mazulhim, qu'elle ne profitât de ce temps-là pour se remettre, et attendait impatiemment qu'elle répondît elle-même. Ce fut en vain. Ils restèrent quelque temps tous trois dans le silence. De grâce, éclaircissez-moi ce mystère, dit enfin Mazulhim à Nassès, est-ce de vous ou de moi que madame a à se plaindre? Ne m'aime-t-elle plus, vous aime-t-elle? Point du tout, repartit Nassès; c'est moi, puisqu'il faut vous le dire, que l'infidèle juge à propos de ne plus aimer. Nous sommes brouillés. Ah! perfide! dit Mazulhim, après les serments que vous m'aviez

faits de m'être toujours fidèle... Quelle horreur! Ce n'est qu'avec une peine extrême que je suis parvenu à consoler madame de votre perte, répondit Nassès; c'est une justice que je lui dois, et pour faire mon devoir jusqu'au bout, je vais, quelque chose qu'il m'en coûte, vous laisser essayer si vous pourrez avec plus de facilité la consoler de la mienne. Adieu, madame, poursuivit-il en s'adressant à Zulica, mon bonheur n'a pas duré longtemps, mais je connais trop la bonté de votre cœur pour ne pas espérer qu'un jour vous me rendrez ce que votre prévention me fait perdre aujourd'hui. En cas qu'il vous plaise de vous souvenir de moi, soyez sûre que je serai toujours à vos ordres.

Lorsque Nassès fut parti, Zulica se leva brusquement, et, sans regarder Mazulhim, voulut sortir aussi. Non, madame, lui dit-il d'un air respectueux; je ne puis me déterminer à vous quitter sans m'être justifié; il se pourrait aussi que vous eussiez quelques petites excuses à me faire, et de quelque façon que ce soit, il me parait indécent que nous nous séparions sans nous être expliqués. Garderez-vous toujours le silence? Ne vous souvient-il plus que vous m'aviez promis une constance éternelle? Ah! monsieur! répondit-elle en pleurant, n'ajoutez pas à vos autres indignités celle de me parler encore d'un amour que vous n'avez jamais ressenti. Eh bien! répliqua-t-il, voilà les femmes! On manque malgré soi, on en gémit, on sèche, on languit de douleur; et, lorsqu'on n'a mérité que d'être plaint, que l'on revient, plein des plus tendres transports, se jeter aux pieds de ce qu'on aime, on se trouve abhorré! Après tout, vous seriez moins injustes si vous étiez moins délicates. Avec les âmes sensibles, on n'a jamais de petits torts. Je vous remercie de votre colère pourtant; sans elle j'aurais peut-être ignoré toute ma vie combien vous m'aimez, et je vous en aurais moi-même aimée moins. Mais dites-moi donc, ajouta-t-il en s'approchant d'elle familièrement, êtes-vous réellement bien fâchée?

Zulica ne répondit à cette question qu'en le regardant avec le dernier mépris. C'est qu'au fond, continua-t-il, il me serait bien aisé de me justifier; mais, ajouta-t-il en voyant hausser les épaules, très aisé, je ne dis rien de trop; car voyons quels sont mes torts avec vous.

En vérité! s'écria-t-elle, j'admire votre impudence! me faire venir ici, ne vous y pas rendre; tout mauvais, tout impertinent, tout méprisable même qu'est ce procédé, vous être fait pour l'avoir, il ne m'a point étonnée, mais y joindre la dernière perfidie! M'envoyer un inconnu que vous avez instruisez de ma faiblesse quand vous deviez la cacher à toute la terre... Oui! la cacher! interrompit-il; ce serait un beau mystère et fort utile au reste que celui-là. Pensez-vous qu'une affaire entre personnes comme nous puisse s'ignorer? Mais je suppose que votre expérience même, vous vous fussiez assez aveuglée pour croire qu'on ne vous nommerait pas, en quoi (permettez-moi de vous le demander) vous ai-je exposée? Notre secret n'est-il pas mieux entre les mains d'un homme d'un certain rang qu'entre celles d'un esclave? Avais-je même alors, pour vous l'envoyer, celui qui a auprès de moi le détail de ces sortes de choses, et n'était-il pas ici à vous attendre? Le temps me pressait. J'ai choisi, pour vous instruire de ce qui m'arrivait, celui de mes amis à qui je sais le plus de mœurs; Nassès enfin, qui outre des mœurs a de l'esprit, est l'homme du monde qui assurément mérite le plus d'être vu avec plaisir et à qui, j'ose le dire, on doit le plus d'estime et de considération.

Au reste, je prendrai la liberté de vous dire que je ne vois pas bien pourquoi, après les remerciements que vous l'avez si généreusement mis à portée de vous faire, vous vous plaignez de ce que je vous l'ai envoyé. Entre nous, cet article pourrait mériter éclaircissement; vous ne me le donnerez pourtant qu'en cas qu'il vous plaise de le faire; car, soit dit sans vous fâcher, je ne suis ni aussi curieux, ni aussi incommode que vous.

Que d'impertinence et de fatuité! s'écria Zulica. Doucement, s'il vous plait, madame, sur les exclamations de ce genre, dit vivement Mazulhim; tel que vous me voyez, j'ai à mille choses sur lesquelles je pourrais me récrier aussi, mais je vous demande en grâce de ne pas m'obliger à prendre ma revanche. Si vous voulez bien me faire l'honneur de m'en croire, nous nous parlerons amicalement; peut-être y gagnerez-vous autant que moi. Voyons un peu, puisque Nassès vous a fâchée d'abord, je n'en doute pas; et ce dont je doute aussi c'est que, pour vous mettre à l'aise avec lui, vous l'avez accablé de toutes les faveurs que vous aviez eu la bonté de me destiner.

Quand cela serait, répondit fièrement Zulica... J'entends, interrompit-il, cela est. Hé bien! oui, reprit-elle courageusement; oui, je l'ai aimé. N'abusons pas des mots, répliqua-t-il, vous ne l'avez point aimé, mais cela est revenu au même. Convenez, puisqu'à présent vous le connaissez un peu, que c'est un homme d'un rare mérite.

Ce que j'en sais, repartit-il froidement, c'est que s'il est fat, insolent et sans égards, il a du moins de quoi se le faire pardonner, et que tel qui ose prendre les mêmes tons aurait plus d'une raison pour être modeste.

Toute détournée qu'est cette épigramme, reprit-il, je sens à merveille qu'elle s'adresse à moi, et je veux bien, sans que cela tire à conséquence, vous donner la petite consolation de me l'entendre avouer. Je pousserai même les égards beaucoup plus loin, et ne me permettrai pas une justification dont peut-être la politesse serait blessée.

Zéinis.

Que vous tenez de misérables propos ! s'écria-t-elle en le regardant d'un air de pitié, et que le ton railleur et léger convient mal à une espèce comme vous ! Vous aurez beau faire, madame, répondit-il, je ne m'écarterai ni du respect que je vous dois, ni du plan sur lequel j'ai résolu de vous entretenir. Je ne serai pas fâché de vous offrir en ma personne un modèle de modération; peut-être qu'en ne me voyant point me démentir vous serez tentée de m'imiter. Vous l'exercerez donc tout seul, cette modération si vantée, repartit-elle en se levant, car je vais... Non, s'il vous plaît, madame, dit-il en la retenant, vous ne me quitterez point; ce n'est pas ainsi que des gens comme nous doivent finir; pour votre honneur, pour le mien, nous devons mutuellement nous prêter à un éclaircissement et éviter un éclat qui serait beaucoup plus à craindre pour vous que pour moi... En un mot, Zulica, vous m'écouterez.

Soit que Zulica sentît le tort que cette aventure pouvait lui faire si elle se répandait, et qu'elle crût, toutes réflexions faites, ne devoir rien oublier pour engager Mazulhim au silence; soit que trop méprisable pour être longtemps fâchée qu'on la méprisât, sa colère commençât à se calmer, elle se rejeta sur le sopha, mais sans regarder Mazulhim, qui, peu touché de cette marque de dépit, reprit ainsi son discours. Vous convenez que vous avez pris Nassès; un autre vous dirait que communément une femme ne s'engage dans une nouvelle affaire que quand celle qu'elle avait est entièrement rompue, et là-dessus il vous accablerait de tout le mépris qu'on apparence semble mériter cette conduite; pour moi qui, assez d'usage du monde pour savoir comment cela s'est fait, loin de vous en savoir mauvais gré, je vous en aime davantage.

Ce n'était cependant pas l'effet que je voulais produire sur votre cœur, répondit-elle. Vous n'en pouvez rien savoir, répliqua-t-il :

dans le trouble où vous étiez était-il possible que vous démêlassiez les motifs qui vous faisaient agir. Vous me croyiez inconstant, ou vous pressait de vous venger; si vous m'aviez moins aimé vous ne l'auriez pas fait, et Nassès aurait tenté vainement de vous mener aussi loin qu'il l'a fait. Il n'appartient, croyez-moi, qu'à la passion la plus vive d'inspirer ces mouvements qui ne laissent pas aux réflexions le temps ou la liberté d'agir. Je ne saurais assez m'étonner que Nassès ait été assez peu délicat pour vouloir profiter du moment où vous vous trouviez, ou assez aveuglée pour ne pas voir que, même entre ses bras, vous étiez toute à une autre, et que sans votre amour pour moi vous ne l'auriez jamais rendu heureux.

Oh ! non, répondit-elle, il m'a plu, et je vous ai fait assurément une infidélité dans toutes les règles. Vanité toute pure de votre part, répliqua-t-il, n'allez pas croire cela, rien n'est moins vrai.

Comment donc? dit-elle, rien n'est moins vrai ! Je trouve assez singulier que vous vouliez savoir mieux que moi ce qui en est. Je le sais pourtant si bien que je pourrais vous dire mot à mot comment il s'y est pris pour vous séduire, répondit-il; Nassès vous a trouvée belle, il a mieux aimé vous instruire des désirs que vous lui donniez que de me justifier, et je parierais même que loin de vous parler en ma faveur il a,... Cela n'est pas douteux, interrompit-elle. Ne vous dis-je pas? continua-t-il. Quel misérable triomphe a-t-il remporté là, et qu'il est peu flatteur ! Après tout, il y a des gens à qui il faut pardonner ces petits stratagèmes, ils en ont besoin pour plaire.

Quoi ! lui dit-elle avec étonnement, vous oseriez me soutenir que

Phéléas et Zéinis.

vous n'êtes point infidèle. Assurément, reprit-il, je ne l'étais pas, et c'est ce qui rend votre aventure si plaisante. Vous n'étiez pas coupable ! répéta-t-elle, qu'étiez-vous donc devenu ? Je ne suis, répliqua-

t-il, sorti de chez l'empereur qu'à l'heure à laquelle vous m'avez vu arriver ici ; et Zâdis même à qui, par parenthèse, on a fait mille plaisanteries sur ce qu'il a été hier perdu tout le jour, ne m'a point quitté ; il peut vous le dire.

Au nom de Zâdis, Zulica frémit, et regarda en rougissant Mazulhim

qu'elle faisait tous les jours, et voulut le prendre avec lui sur un ton de dignité qui, ne la rendant que plus méprisable, ne l'encouragea que plus à ne la pas ménager.

S'il n'était pas si tard, lui dit-il, je vous prouverais que loin que

Zéinis et Phéléas.

Zulma et Phénisme.

vous ayez à vous plaindre de moi, vous avez mille remerciments à me faire. Je n'ignore pas que Zâdis a passé hier chez vous, et seul avec vous, toute la journée et une grande partie de la nuit. Plus curieux que je n'étais jaloux, et sûr que vous manqueriez à la parole que

qui, sans paraître remarquer aucun de ses mouvements, continua ainsi.

Quoique j'aie toujours pour vous un goût fort vif, vous concevez bien que nous ne vivrons plus ensemble dans cette intimité que vous m'aviez permise. Ce n'est pas que je ne vous pardonne tout, mais un commerce lié ne vous convient plus ; au reste, nous nous étions pris plus de fantaisie que d'amour ; ce n'était point le sentiment qui nous unissait ; ce qui arrive ne doit ni vous mortifier, ni me déplaire, ni nous empêcher de céder au caprice, si, sans vouloir nous reprendre, nous nous en trouvons susceptibles l'un pour l'autre. Je me flatte, répondit-elle dédaigneusement, qu'en faisant cet arrangement vous en sentez tout le ridicule, et que vous n'espérez pas m'y faire consentir. Pardonnez-moi, reprit-il ; vous êtes trop raisonnable pour ne pas sentir ce que l'on doit d'égards et de ménagements à ses anciens amis ; d'ailleurs, vous n'ignorez pas qu'aujourd'hui c'est un usage établi de former autant d'affaires que l'on peut, et d'accorder tout à ses nouvelles connaissances sans pour cela retrancher rien aux anciennes. Vous trouverez bon que les choses s'arrangent comme j'ai l'honneur de vous le dire, et que je regarde ce point-là comme très décidé entre nous.

A ce honteux marché, Zulica, très digne qu'on le fît avec elle, s'offensa pourtant de ce que Mazulhim osait la croire capable de ce

Le conteur.

vous m'aviez donnée de ne le jamais revoir, je vous ai fait observer tous deux... Il n'était pas besoin, interrompit-elle, que vous en prissiez la peine. Je n'ai point prétendu me cacher, et le motif qui m'a

fait recevoir hier Zàdis chez moi ne peut jamais que me faire honneur. Ah! uh! dit-il d'un air surpris, cela est très particulier! Votre air railleur n'empêchera point que je ne dise vrai, répliqua-t-elle, je n'avais pas encore rompu absolument avec lui, et c'était pour lui annoncer que je ne le verrais jamais..... Que vous passâtes, interrompit-il, tout le jour et toute la nuit avec lui. Je ne vous contredis pas sur le motif, tout extraordinaire qu'il est; car vous avouerez qu'il est rare qu'une femme se renferme vingt-quatre heures avec un homme quand elle ne veut que se brouiller avec lui. Mais comme une chose, pour être sans exemple, peut n'en être pas moins sensée, je conçois, moi qui ne cherche uniquement qu'à vous justifier, que Zàdis recevant de vous la confirmation de son malheur en a pensé mourir de désespoir à vos genoux, et que, touchée de l'abattement où votre inconstance le jetait, vous l'avez consolé avec toute l'humanité dont vous êtes capable sans que vos soins pour lui prissent rien sur la fidélité que vous m'aviez jurée. Un homme désespéré est peu raisonnable, on a de la peine à l'amener à une conduite sensée; il faut dire, redire, retourner mille fois la même chose; essuyer des regrets, des reproches, des larmes, de la fureur, rien ne prend plus de temps. Au reste, je vous dirai que vous n'avez pas à regretter celui que vous avez employé à tâcher de calmer Zàdis, il était aujourd'hui d'une gaîté charmante. Zàdis gai! Cela vous paraît-il concevable! Si, comme je me garderai bien d'en douter, vous me dites vrai, ou vos conseils ont eu bien de l'empire sur lui, ou pour vous regretter aussi peu qu'il le fait il fallait qu'il vous aimât bien faiblement. Si l'un fait honneur à votre esprit, l'autre en fait assez peu à vos charmes; mais je ne vous afflige pas, vous savez à quoi vous en tenir là-dessus. A tout événement, vous deviez bien lui recommander de paraître triste au moins pour le temps que vous pouviez avoir besoin de me tromper.

Zulica, à ces paroles, voulut essayer de se justifier, mais Mazulhim l'interrompant, tout ce que vous pourriez me dire, madame, lui dit-il, serait inutile. Epargnez-vous une justification que je ne vous demande, ni ne vous recevoir, et qui vous coûterait sans me satisfaire. Adieu, ajouta-t-il en se levant, il est tard, et nous devrions déjà nous être séparés. Ah! à propos, que ferez-vous de Nassès?

Zulica, à cette question, parut étonnée. Ce que je vous demande, poursuivit-il, me paraît sensé. Vous vous êtes quittés mal, et il me semble qu'en cela vous avez manqué de prudence. Si vous faites bien vous le reverrez; croyez-moi, évitez un éclat. Il ne doit pas vous être plus difficile de le garder en le haïssant qu'il ne vous l'a été de le prendre sans l'aimer. Si vous vous obstinez à ne le pas revoir, il parlera peut-être, et, quoique rien assurément ne soit si simple que ce que vous avez fait, il se trouverait des gens assez noirs, assez injustes pour vous y quitter, ou il s'accoutumera à la fin à nous voir vous faire assidûment notre cour.

Ce n'est pas, dans le fond ce qu'on en dira qui doit vous en inquiéter; quand on porte un certain nom, qu'on est d'un certain rang, une affaire de plus ou de moins n'est pas une chose à laquelle on doit regarder de si près, mais c'est qu'il faut éviter de se faire des ennemis. Demain, je vous le présenterai, Moi! s'écria-t-elle, je vous reverrais. Eh oui! répondit-il en lui présentant la main pour descendre, il faudra prendre cela sur vous. Si par hasard, Zàdis est assez extraordinaire pour le trouver mauvais, comptez sur moi, ou il sera forcé de vous quitter, ou il s'accoutumera à la fin à nous voir vous faire assidûment notre cour.

En achevant ces paroles, il lui offrit encore la main, et voyant qu'elle s'obstinait à la refuser, quelle misère! lui dit-il en la lui prenant malgré elle, vous faites l'enfant à un point qui m'est pas supportable.

Alors ils sortirent. Ils sortirent! s'écria le sultan, ah! le grand mot, c'est à mon gré, le meilleur de votre histoire, et ne reviendront-ils pas? Je ne revis plus Zulica, répondit Amanzéi, mais je vis encore longtemps Mazulhim. Et toujours, dit le sultan, comme vous savez.. Parbleu! c'était un rare garçon! Quel femme eut-il après Zulica? Beaucoup qui ne valaient pas mieux qu'elle, et quelques-unes qui ne méritaient pas de l'avoir, et dont le destin me faisait pitié. Mais à propos, demanda Schah-Baham à la sultane, n'avez-vous pas trouvé que Mazulhim traite bien mal cette Zulica? Je la trouve si méprisable, répliqua la sultane, que je voudrais, s'il était possible, qu'il l'eût encore plus punie. M'a semblé à moi, repartit le sultan, qu'elle était trop douce avec lui; cela n'est pas dans la nature. Je crois, au contraire, dit la sultane; une femme telle que Zulica n'a point de ressources contre le mépris; et comme l'ignominie de sa conduite la livre au plus cruelles insultes, la bassesse de son caractère, et cette honte intérieure dont, malgré elle-même, elle se sent toujours accablée, ne lui laisse pas la force de les repousser. D'ailleurs quand il serait vrai qu'Amanzéi eût outré l'humiliation de Zulica, loin de lui en faire des reproches, je lui en saurais bon gré. Ce serait en quelque façon donner les préceptes de vice, que le peindre heureux et triomphant. Oh! oui! reprit le Sultan, cela est bien nécessaire! Mais laissons cela, la dispute m'aigrit, et je ne doute point que je ne me fâchasse, si nous parlions plus longtemps. Quand vous eûtes quitté Mazulhim, où allâtes-vous, Amanzéi?

Quelques plaisirs que je trouvasse dans la petite maison de Mazulhim, l'intérêt de mon âme me força de m'en arracher, et persuadé que ce ne serait pas là que je trouverais ma délivrance, j'allai chercher quelque maison où je fusse, s'il était possible, plus heureux que dans toutes celles que j'avais déjà habitées. Après plusieurs courses qui s'offrirent à mes yeux que des choses que j'avais déjà vues, ou des faits peu dignes d'être racontés à votre majesté, j'entrai dans un vaste palais qui appartenait à un des plus grands seigneurs d'Agra. J'y errai quelque temps, enfin je fixai ma demeure dans un cabinet orné avec une extrême magnificence, et beaucoup de goût, quoique l'un semble toujours exclure l'autre. Tout y respirait la volupté; les ornements, les meubles, l'odeur des parfums exquis qu'on y brûlait sans cesse, tout le retraçait aux yeux, tout la portait dans l'âme; ce cabinet enfin aurait pu passer pour le temple de la mollesse, pour le vrai séjour des plaisirs.

Un instant après que je m'y fus placé, je vis entrer la divinité à qui j'allais appartenir. C'était la fille de l'Omrah chez qui j'étais. La jeunesse, les grâces, la beauté, ce je ne sais quoi qui seul les fait valoir, et qui plus puissant, plus marqué qu'elles-mêmes, ne peut cependant jamais être défini, tout ce qu'il y a de charmes et d'agréments, composait sa figure. Mon âme ne put la voir sans émotion, elle éprouva à son aspect mille sensations délicieuses que je ne croyais pas à son usage. Destiné à porter quelquefois une si belle personne, non seulement je cessai de me tourmenter sur mon sort, mais même je commençai à craindre d'être obligé de commencer une nouvelle vie.

Ah! Brama, me disais-je, qu'elle est donc la félicité que tu prépares à ceux qui t'ont bien servi, puisque tu permets que les âmes que ton juste courroux a réprouvées, jouissent de la vue de tant d'attraits! Viens, continuais-je avec transport, viens! image charmante de la divinité, viens calmer une âme inquiète qui déjà serait confondue avec la tienne, si des ordres cruels ne la retenaient pas dans sa prison.

Il sembla dans cet instant que Brama voulut exaucer mes vœux. Le soleil était alors à son plus haut point, il faisait une chaleur excessive; Zéinis se prépara bientôt à jouir des douceurs du sommeil, et tirant elle-même les rideaux, ne laissa dans le cabinet que ce demi-jour si favorable au sommeil et aux plaisirs, qui ne dérobe rien aux regards, et accorde à la pudeur volupté, qui rend enfin la pudeur moins timide, et lui laisse accorder plus à l'amour.

Une simple tunique de gaze, et presque tout ouvert fut bientôt le seul habillement de Zéinis; elle se jeta sur moi nonchalamment. Dieux! avec quels transports je la reçus! Brama, en faisant mon âme dans ces sopha lui avait donné la liberté de s'y placer où elle voudrait; qu'avec plaisir en cet instant j'en fis usage!

Je choisis avec soin l'endroit d'où je pouvais le mieux observer les charmes de Zéinis, et me mis à la contempler avec l'ardeur de l'amant le plus tendre et l'admiration que l'homme le plus indifférent n'aurait pu leur refuser. Ciel! que de beautés s'offrirent à mes regards! Le sommeil enfin vint fermer ces yeux qui m'inspiraient tant d'amour.

Je m'occupai alors à détailler tous les charmes qu'il me restait encore à examiner, et à revenir sur ceux que j'avais déjà parcourus. Quoique Zéinis dormît assez tranquillement, elle se retourna quelquefois, et chaque mouvement qu'elle faisait dérangeant sa tunique, offrait à mes avides regards de nouvelles beautés. Tant d'appas achevèrent de troubler mon âme. Accablée sous le nombre et la violence de ces désirs, toutes ses facultés demeurèrent quelque temps suspendues. C'était en vain que je voulais former une idée, je sentais seulement que j'aimais, et, sans prévoir les suites d'une aussi funeste passion, je m'y abandonnais tout entier.

Objet délicieux! m'écriai-je enfin, non tu ne peux pas être une mortelle. Tant de charmes ne sont pas leur partage. Au dessus même des êtres aériens, il n'en est point que tu n'efface. Dois-je recevoir les hommages d'une âme qui t'adore, garde-toi de lui préférer quelque vil mortel. Zéinis! Zéinis! non, il n'en est point qui te mérite; non, Zéinis! puisqu'il n'en est point qui puisse te ressembler!

Pendant que je m'occupais de Zéinis avec tant d'ardeur, elle fit un mouvement et se retourna. La situation où elle venait de se mettre m'était favorable, et malgré mon trouble, je songeai à en profiter. Zéinis était couchée sur le côté, sa tête était penchée sur un coussin du sopha, et sa bouche le touchait presque. Je pus, malgré la rigueur de Brama, accorder quelque chose à la violence de mes désirs; mon âme alla se placer enfin sur le coussin, et si près de la bouche de Zéinis qu'elle parvint enfin à s'y coller tout entière.

Il y a sans doute pour l'âme des délices que le terme de plaisir n'exprime pas, pour qui même celui de volupté n'est pas encore assez fort. Cette ivresse douce et impétueuse où mon âme se plongea, qui en occupa si délicieusement toutes les facultés, cette ivresse ne saurait se peindre.

Sans doute notre âme embarrassée de ses organes, obligée de

mesurer ses transports sur leur faiblesse, ne peut, quand elle se trouve emprisonnée dans un corps, s'y livrer avec autant de force que lorsqu'elle en est dépouillée. Nous la sentons même quelquefois dans un vif mouvement de plaisir, qui voulant forcer les barrières que le corps lui oppose, se répand dans toute sa prison, y porte le trouble, et le feu qui la dévore, cherche vainement une issue, et accablée des efforts qu'elle a faits, tombe dans une langueur qui, pendant quelque temps, semble l'avoir anéantie. Telle est, à ce que je crois du moins, la cause de l'épuisement où nous jette l'excès de la volupté.

Tel est notre sort que notre âme toujours inquiète au milieu des plus grands plaisirs, est réduite à en désirer plus encore qu'elle n'en trouve. La mienne collée sur la bouche de Zéinis, abîmée dans sa félicité, chercha à s'en procurer une encore plus grande. Elle essaya, mais vainement, à se glisser tout entière dans Zéinis; retenue dans sa prison par les ordres cruels de Brama, tous ses efforts ne purent l'en délivrer. Ses élans redoublés, son ardeur, la fureur de ses désirs échauffèrent apparemment celle de Zéinis. Mon âme ne s'aperçut pas plutôt de l'impression qu'elle faisait sur la sienne qu'elle redoubla ses efforts. Elle errait avec plus de vivacité sur les lèvres de Zéinis, s'élançait avec plus de rapidité, s'y attachait avec plus de feu. Le désordre qui commençait à s'emparer de celle de Zéinis augmenta le trouble, et les plaisirs de la mienne. Zéinis soupira, je soupirai; sa bouche forma quelques paroles mal articulées, une aimable rougeur vint colorer son visage. Le songe le plus flatteur vint enfin égarer ses sens. De doux mouvements succédèrent au calme dans lequel elle était plongée. Oui, tu m'aimes! s'écria-t-elle tendrement. Quelques mots interrompus par les plus tendres soupirs, suivirent ceux-là. Doutes-tu, continua-t-elle, que tu ne sois aimé?

Moins libre encore que Zéinis, je l'entendais avec transport et n'avais pas la force de lui répondre. Bientôt son âme, aussi confondue que la mienne, s'abandonna toute au feu dont elle était dévorée, ou dont elle frémissement. Ciel! que Zéinis devint belle!

Mes plaisirs et les siens se dissipèrent par son réveil. Il ne lui resta plus de la douce illusion qui avait occupé ses sens, qu'une tendre langueur à laquelle elle se livra avec une volupté qui la rendait bien digne des plaisirs dont elle venait de jouir. Ses regards où l'amour même régnait, étaient encore chargés du feu qui coulait dans ses veines. Quand elle put ouvrir les yeux, ils avaient déjà perdu de l'impression voluptueuse que mon amour et le trouble de ses sens y avaient mise, mais qu'ils étaient encore touchants! Quel mortel, en se devant le bonheur de les voir ainsi, ne serait expiré de l'excès de sa tendresse et de sa joie.

Zéinis! m'écriai-je avec transport, aimable Zéinis! c'est moi qui viens de te rendre heureuse; c'est à l'union de ton âme et de la mienne que tu dois tes plaisirs : Ah! puisses-tu les lui devoir toujours, et ne répondre jamais qu'à mon ardeur. Non, Zéinis, il n'en peut jamais être pour elle de plus tendre et de plus fidèle. Ah! si je pouvais soustraire mon âme au pouvoir de Brama, ou qu'il pût l'oublier, éternellement attachée à la tienne, ce serait par toi seule que son immortalité pourrait devenir un bonheur pour elle, qu'elle croirait perpétuer elle-même. Si je te perds jamais, âme que j'adore; eh! comment dans l'immensité de la nature, où accablé de ces liens cruels dont Brama me chargera peut-être, pourrais-je te retrouver? Ah Brama! si ton pouvoir suprême m'arrache à Zéinis, fais au moins que quelque douloureux que me soit son souvenir, je ne le perde jamais!

Pendant que mon âme parlait si tendrement à Zéinis, cette fille charmante semblait s'abandonner à la plus douce rêverie, et je commençai à m'alarmer de la tranquillité avec laquelle elle avait pris ce songe, dont, quelques instants auparavant, je trouvais tant à me féliciter. Zéinis, me disais-je, est-elle donc accoutumée aux plaisirs qu'elle vient de goûter? Quelque chose qu'il aient pris sur ses sens, ils n'ont point étonné son imagination! elle rêve, mais elle ne paraît pas se demander la cause des mouvements dont elle a été agitée. Familiarisée avec ce que l'amour a de plus doux et de plus tendres transports, je n'ai fait que lui en retracer l'idée. Un mortel plus heureux a déjà développé dans le cœur de Zéinis ce germe de tendresse que la nature y a mis. C'est son image, non l'amour qui l'a enflammée; elle connaît l'amour, elle en a parlé, elle semblait au milieu de sa volupté, être occupée du soin de rassurer un amant qui, peut-être, est accoutumé à porter entre ses bras, ses craintes et son inquiétude. Ah Zéinis! s'il est vrai que vous aimiez, que dans l'état où m'a mis la colère de Brama, mon sort va devenir horrible!

Mon âme errait entre toutes ces idées, lorsque j'entendis frapper doucement à la porte. La rougeur de Zéinis à ce bruit imprévu augmenta mes craintes. Elle raccommoda avec promptitude le dérangement où les erreurs de son sommeil l'avaient laissée, et plus en état de paraître, elle ordonna qu'on entrât. Ah! me dis-je avec une extrême douleur, c'est peut-être un rival qui va s'offrir à ma vue; s'il est heureux, quel supplice! il le devient, que Zéinis soit telle que quelquefois je la suppose, et que ce soit à elle que je doive ma délivrance; quel coup affreux pour moi si je suis forcé de me séparer d'elle après les sentiments qu'elle m'a inspirés!

Quoique par la connaissance que j'avais des mœurs d'Agra, je dusse être rassuré contre la crainte de quitter Zéinis, et qu'il fût assez vraisemblable qu'à l'âge de quinze ans à peu près qu'elle paraissait avoir, elle n'eût pas tout ce que Brama demandait pour me rendre à une autre vie, il se pouvait aussi que j'eusse tout à craindre d'elle de ce côté-là, et quelque cruel qu'il fût pour moi d'être témoin des bontés qu'elle aurait pour mon rival, je préférais ce supplice à celui de la perdre.

A l'ordre de Zéinis, un jeune Indien de la figure la plus brillante était entré dans le cabinet. Plus il me parut digne de plaire, plus il excita ma haine; elle redoubla à l'air dont Zéinis le reçut. Le trouble, l'amour et la crainte se peignirent tour à tour sur son visage : elle le regarda quelque temps avant de lui parler; il me parut aussi agité qu'elle; mais à son air timide et respectueux je jugeai que s'il était aimé on ne le favorisait pas encore. Malgré son trouble et son extrême jeunesse, car il ne me parut guère plus âgé que Zéinis, il semblait n'en être pas à sa première passion, et je commençai à espérer que je n'aurais de cette aventure que le chagrin que je pouvais le mieux supporter.

Ah! Phéléas, lui dit Zéinis avec émotion, que venez-vous chercher ici? Vous que j'espérais y trouver, répondit-il en se jetant à ses genoux, vous sans qui je ne puis vivre et qui voulûtes bien hier me promettre de me voir sans témoins. Ah! j'espérez pas, reprit-elle vivement, que je vous tienne parole; sortez, je ne veux pas rester plus longtemps dans ce cabinet. Zéinis, répliqua-t-il, m'enviez-vous le bonheur de rester seul un moment avec vous, et se peut-il que vous vous repentiez si tôt de la première faveur que vous m'accordez? Mais, répondit-elle d'un air embarrassé, ne puis-je pas vous parler ailleurs qu'ici, et si vous m'aimiez, vous obstineriez-vous à me demander une chose, pour laquelle j'ai tant de répugnance?

Phéléas, sans lui répondre, lui saisit une main, et la baisa avec toute l'ardeur dont j'aurais été capable. Zéinis le regardait languissamment, elle soupirait; encore émue de ce songe qui lui avait peint son amant si pressant, et où elle avait été si faible, disposée encore plus à l'amour par les impressions dont il en étaient restées; chaque fois que ses yeux se tournaient vers Phéléas, ils devenaient plus tendres, et reprenaient insensiblement un peu de cette volupté que mon amour y avait mise quelques moments auparavant.

Malgré le peu d'expérience de Phéléas, sa tendresse qui le rendait attentif à tous les mouvements de Zéinis, les lui laissait assez remarquer pour qu'il ne pût pas douter qu'elle le voyait avec plaisir. Zéinis, d'ailleurs, simple et sans art, ne cachant à Phéléas que par pudeur l'état où sa présence la mettait, en croyant lui dérober beaucoup du trouble dont elle était agitée, le lui montrait tout entier. Phéléas n'en savait pas assez pour triompher d'une coquette dont la fausse vertu et les airs décents l'auraient effrayé; mais il n'était que trop dangereux pour Zéinis qui, pressée par son amour, ignorait, même en craignant de céder, la façon dont elle aurait pu se défendre.

Avec quelque plaisir qu'elle vît Phéléas à ses genoux, elle le pria de se lever. Loin de lui obéir, il les lui serrait avec une expression si tendre, et ces transports si vifs que Zéinis en soupira. Ah! Phéléas, lui dit-elle avec émotion, sortons d'ici, je vous en conjure. Me craindrez-vous toujours, lui demanda-t-il si tendrement? Ah! Zéinis, que mon amour vous touche peu! Que pouvez-vous craindre d'un amant qui vous adore, qui, presque en naissant, fut soumis à vos charmes, et qui depuis, uniquement touché d'eux, n'a voulu vivre que pour vous? Zéinis! ajouta-t-il en versant des larmes, voyez l'état où vous me réduisez?

En achevant ces paroles, il leva sur elle ses yeux chargés de pleurs; elle le fixa quelque temps d'un air attendri, et cédant enfin aux transports de l'amour, et à la douleur de Phéléas lui causaient; Ah cruel! lui dit-elle d'une voix étouffée par les pleurs qu'elle tâchait de retenir, ai-je mérité les reproches que vous me faites, et quelles preuves puis-je vous donner de ma tendresse, si après toutes celles que vous en avez reçues, vous voulez en douter encore? Si vous m'aimiez, répondit-il, vous oublieriez-vous pas avec moi dans cette solitude, et loin d'en vouloir sortir, auriez-vous quelqu'autre crainte que celle qu'on ne vint nous y troubler? Hélas! reprit-elle naïvement, qui vous dit que j'en aie d'autres?

A ces mots Phéléas, quittant brusquement ses genoux, courut à la porte, et la ferma; en revenant, il rencontra Zéinis, qui devinant ce qu'il allait faire, s'était levée pour l'en empêcher : il la prit entre ses bras, et malgré la résistance qu'elle lui opposait, il la remit sur moi, et s'y assit auprès d'elle.

⁂

Je ne sais si Zéinis imagina que quand une porte est fermée, il est inutile de se défendre, ou, si craignant moins d'être surprise, elle-même se craignit plus; mais à peine Phéléas fut-il auprès d'elle, que

rougissant moins de ce qu'il faisait que de ce qu'elle appréhendait qu'il ne voulût faire; avant même qu'il lui demandât rien, d'une voix tremblante, et d'un air interdit, elle le supplia de vouloir bien ne lui rien demander. Le ton de Zéinis était plus tendre qu'imposant, et ne fâcha ni ne contint Phéléas. Couché auprès d'elle, il la serrait dans ses bras avec tant de fureur que Zéinis en commençant à connaître combien elle devait le craindre, malgré elle partagea ses transports.

Quelque émue qu'elle fût, elle tâcha de se débarrasser des bras de Phéléas, mais c'était avec tant d'envie d'y rester, que pour rendre ses efforts inutiles, il n'eut pas besoin d'en employer de bien grands. Ils se regardèrent quelque temps sans se rien dire, mais Zéinis sentant augmenter son trouble, et craignant enfin de ne pouvoir pas en triompher, pria, mais doucement, Phéléas de vouloir bien la laisser.

Ne voudrez-vous donc jamais me rendre heureux, lui demanda-t-il? Ah! répondit-elle avec une étourderie que je ne lui ai pas encore pardonnée, vous ne l'êtes que trop, et avant que vous vinssiez, vous l'avez été bien davantage.

Plus ces paroles parurent obscures à Phéléas, plus il lui parut nécessaire d'apprendre de Zéinis, ce qu'elles voulaient dire; il la pressa longtemps de les lui expliquer, et quelque répugnance qu'elle eût à parler davantage, il la pressait si tendrement, la regardait avec tant de passion qu'enfin il acheva de la troubler. Mais si je vous le dis, dit-elle d'une voix tremblante, vous en abuserez. Il lui jura que non avec des transports qui, loin de la rassurer sur ses craintes, ne devaient pas lui laisser douter qu'il ne lui manquât de parole. Trop émue pour pouvoir former cette idée, ou trop peu expérimentée pour connaître toute la force de la confiance qu'elle allait lui faire; après s'être encore faiblement défendue contre ses empressements, elle lui avoua qu'un moment avant qu'il entrât, s'étant endormie, elle l'avait vu, mais avec des transports dont elle n'avait jamais eu d'idée. Étais-je entre vos bras, lui demanda-t-il en la serrant dans les siens? Oui, répondit-elle en portant sur lui des yeux troublés. Ah! continua-t-il, avec une extrême émotion, vous m'aimiez plus alors que vous ne m'aimez à présent. Je ne pouvais pas vous aimer plus répliqua-t-elle; mais il est vrai que je craignais moins de vous le dire. Après? lui demanda-t-il. Ah Phéléas! s'écria-t-elle en rougissant, que me demandez-vous? Vous étiez plus heureux que je ne veux que vous le soyez jamais, et vous n'en étiez pas moins injuste.

Phéléas, à ces mots, ne pouvant plus contenir son ardeur, et devenu plus téméraire par la confidence que Zéinis lui avait faite, se soulevant un peu, et se penchant sur elle, fit ce qu'il put pour approcher sa bouche de la sienne. Quelque hardie que fût cette entreprise, Zéinis peut-être ne s'en serait pas offensée, mais Phéléas uniquement occupé de se rendre heureux, porta son audace si loin qu'elle ne crut pas devoir lui pardonner ce qu'il faisait. Ah Phéléas! s'écria-t-elle, sont-ce là les promesses que vous m'avez faites, et craignez-vous si peu de me fâcher.

Quelque violents que fussent les transports de Phéléas, Zéinis se défendit si sérieusement, et il vit tant de colère dans ses yeux, qu'il crut ne devoir plus s'opiniâtrer à une victoire qu'il ne pouvait remporter sans offenser ce qu'il aimait, et qui même par la résistance de Zéinis, devenait extrêmement douteuse pour lui. Soit respect, soit timidité, enfin il s'arrêta et n'osant plus regarder Zéinis; non, lui dit-il tristement, quelque cruelle que vous soyez, je ne m'exposerai plus à vous déplaire. Si je vous étais plus cher, vous craindriez sans doute moins de faire mon bonheur, mais quoique je ne doive plus espérer de vous rendre sensible, je ne vous en aimerai pas moins tendrement.

En achevant ces paroles, il se leva d'auprès d'elle, et sortit. Mortellement fâché que Phéléas la quitta, et n'osant cependant pas le rappeler, la tête appuyée sur ses mains, Zéinis pleurait, et était demeurée sur le sopha. Inquiète pourtant du départ de son amant, elle se levait pour savoir ce qu'il était devenu, lorsque ramené par sa tendresse, il rentra dans le cabinet. Elle rougit en le revoyant, et se laissa retomber sur moi en poussant un profond soupir. Il courut se jeter à ses genoux, lui prit tendrement la main, et n'osant la baiser, il l'arrosa de ses larmes. Ah levez-vous! lui dit Zéinis sans le regarder. Ah Zéinis, lui dit-il, c'est à vos pieds que j'attends mon arrêt; un seul mot... Mais vous pleurez! Ah Zéinis! est-ce moi qui fais couler vos larmes?

La barbare Zéinis en ce moment, lui serra la main, et tournant vers lui des yeux que les pleurs qu'ils versaient, embellissaient encore, soupira sans lui répondre. Le trouble qui régnait dans ses yeux, ne fut pas plus obscur pour Phéléas qu'il ne l'était pour moi-même. Ciel! s'écria-t-il en l'embrassant avec fureur, serait-il possible que Zéinis me pardonnât! Zéinis garda encore le silence. Hélas! Phéléas ne perdit rien de ce qu'il semblait lui dire, et sans interroger davantage Zéinis, il alla chercher jusques sur sa bouche l'aveu qu'elle semblait lui refuser encore.

En cet instant, je n'entendis plus que le bruit de quelques soupirs étouffés. Phéléas s'était emparé de cette bouche charmante où mon âme un instant avant lui. Mais pourquoi rappellé-je un souvenir encore si cruel pour moi. Zéinis s'était précipitée dans les bras de son amant; l'amour, un reste de pudeur qui ne la rendait que plus belle, animaient son visage et ses yeux. Ce premier trouble dura longtemps. Phéléas, et Zéinis tous deux immobiles, respirant mutuellement leur âme, semblaient accablés de leurs plaisirs.

Tant cela, dit alors le sultan, ne vous faisait pas grand plaisir, n'est-il pas vrai? Aussi, de quoi vous avisiez-vous de devenir amoureux, pendant que vous n'aviez pas de corps? Cela était d'une folie inconcevable, car, en bonne foi, à quoi cette fantaisie pouvait-elle vous mener? Vous voyez bien qu'il faut savoir raisonner quelquefois. Sire, répondit Amanzeï, ce ne fut qu'après que ma passion fut bien établie, que je sentis combien elle devait me tourmenter, et selon ce qui arrive ordinairement, les réflexions vinrent trop tard. Je suis vraiment fâché de votre accident; car je vous aimais assez sur la bouche de cette fille que vous avez nommée, reprit le sultan, c'est réellement dommage qu'on vous ait dérangé.

Tant que Zéinis avait résisté à Phéléas, dit Amanzeï, je m'étais flatté que rien ne pourrait la vaincre, et lorsque je la vis plus sensible, je crus qu'arrêtée par les préjugés de son âge, elle ne porterait pas sa faiblesse jusques où elle pourrait faire mon malheur. J'avouerai cependant que quand je lui entendis raconter ce songe, que j'avais cru le ne devait qu'à moi, que j'appris d'elle même que l'image de Phéléas était la seule qui se fût présentée à elle, et que c'était de ce pouvoir qu'il avait sur ses sens, et non à mes transports qu'elle avait dû ses plaisirs, il me resta peu d'espoir d'échapper au sort que je craignais tant. Moins délicat cependant que je n'aurais dû l'être, je me consolais du bonheur de Phéléas, par la certitude que j'avais de le partager avec lui. Quelque chose qu'il eût dit à Zéinis de sa passion et de la fidélité qu'il lui avait toujours gardée, il ne me paraissait pas possible qu'il fût parvenu à l'âge de quinze ou seize ans, sans avoir eu au moins quelque curiosité qui l'empêcherait de délivrer mon âme de cette captivité qui m'avait longtemps paru si cruelle, et que je préférais dans cet instant au poste le plus glorieux qu'une âme pût remplir. Tout désespéré que j'étais de la faiblesse de Zéinis, j'en attendais les suites avec moins de douleur, dès que je me fus persuadé que, quelque chose qui arrivât, je ne serais pas contraint de la quitter.

Quelque affreuse que fût pour moi la tendre léthargie où ils étaient plongés, et que chaque soupir qu'ils poussaient, paraissait augmenter encore, elle retardait les tendres entreprises de Phéléas, et quoiqu'elle me prouvât à quel point ils sentaient leur bonheur, je priais les vœux! J'étais trop criminel pour que deux âmes innocentes et dignes de leur félicité me fussent sacrifiées.

Phéléas, après avoir langui quelques instants sur le sein de Zéinis, pressé par de nouveaux désirs, que la faiblesse de son amante avait rendus plus ardents, la regarda avec des yeux qui exprimaient la délicieuse ivresse de son cœur. Zéinis embarrassée des regards de Phéléas, détourna les siens en soupirant. Quoi! tu fuis mes regards, lui dit-il, ah! tourne plutôt vers moi ces beaux yeux! viens lire dans les miens toute l'ardeur que tu m'inspires.

Alors il la reprit dans ses bras. Zéinis tenta encore de se dérober à ses transports, mais soit qu'elle ne voulût pas résister longtemps, soit que se faisant illusion à elle-même, en cédant, elle crut résister, Phéléas fut bientôt regardé aussi tendrement qu'il désirait de l'être.

Quoique les dernières bontés de Zéinis l'eussent jetée dans une tendre langueur peu différente de celle où mes transports l'avaient plongée et qu'elle regardât Phéléas avec toute la volupté qu'il avait désirée d'elle, elle parut se repentir de s'être trop livrée à son amant, et chercha à se retirer des bras de Phéléas. Ah Zéinis! lui dit-il, dans ce songe dont vous m'avez parlé, vous ne craigniez pas de me rendre heureux. Hélas! répondit-elle, quel que soit mon amour pour vous, sans lui, sans le trouble qu'il a mis dans mes sens, vous n'en auriez pas tant obtenu.

Imaginez, sire, quel fut mon chagrin, lorsque j'appris que c'était à moi seul que mon rival devait son bonheur. Vous devez être content de votre victoire, continua-t-elle, et vous ne pouvez, sans m'offenser, vouloir la pousser plus loin. J'ai fait plus que je ne devais pour vous prouver ma tendresse, mais... Ah Zéinis! interrompit l'impétueux Phéléas, s'il était vrai que tu m'aimasses, tu craindrais moins de me le dire, ou du moins, tu me le dirais mieux. Loin de ne te livrer à mon amour qu'avec timidité, tu l'abandonnerais à tous mes transports que tu ne croirais pas faire assez pour moi. Viens, continua-t-il en s'élançant auprès d'elle avec une vivacité qui m'aurait fait mourir si une âme était mortelle, viens, achève de me rendre heureux.

Ah Phéléas! s'écria d'une voix tremblante la timide Zéinis, songes-tu ce que tu me perds! Hélas tu m'avais juré tant de respect! Phéléas! Est-ce ainsi qu'on respecte ce qu'on aime!

Les pleurs de Zéinis, ses prières, ses ordres, ses menaces, rien n'arrêta Phéléas. Quoique la tunique de gaze qui était entre elle et lui ne lui laissât jouir déjà que de trop de charmes, et que ses transports l'eussent remise comme elle était pendant le sommeil de Zéinis;

moins satisfait des beautés qu'elle offrait à sa vue que transporté du désir de voir celles qu'elle lui dérobait encore; il écarta enfin ce voile que la pudeur de Zéinis défendait encore faiblement, et se précipitant sur les charmes que sa témérité offrait à ses regards, il l'accabla de caresses si vives, et si pressantes, qu'il ne lui resta plus que la force de soupirer.

La pudeur et l'amour combattaient cependant encore dans le cœur et dans les yeux de Zéinis. L'une refusait tout à l'amant, l'autre ne lui laissait presque plus rien à désirer. Elle n'osait porter ses regards sur Phéléas, et lui rendait avec une tendresse extrême tous les transports qu'elle lui inspirait. Elle défendait une chose pour en permettre une plus essentielle : elle voulait et ne voulait plus; cachait une de ses beautés pour en découvrir une autre; elle repoussait avec horreur, et se rapprochait avec plaisir. Le préjugé quelquefois triomphait de l'amour, et lui était un instant après sacrifié, mais avec des réserves, et des précautions qui, tout vaincu qu'il avait paru, le faisaient triompher encore. Zéinis avait tour à tour honte de sa facilité et de ses répugnances. La crainte de déplaire à Phéléas, l'émotion que lui causaient ses transports, et l'épuisement où un combat aussi long l'avait jetée, la forcèrent enfin à se rendre. Livrée elle-même à tous les désirs qu'elle inspirait, ne supportant qu'impatiemment des plaisirs qui l'irritaient sans la satisfaire, elle chercha la volupté qu'ils lui indiquaient et ne lui donnaient point.

En ce moment, outré du spectacle qui s'offrait à mes yeux, et commençant à craindre à de certaines idées de Phéléas qui me prouvaient son peu d'expérience, qu'il ne chassât mon âme d'un lieu où, malgré les chagrins qu'on lui donnait, elle se plaisait à demeurer, je voulus sortir pour quelques instants du sopha de Zéinis, et éluder les décrets de Brama. Ce fut en vain, cette même puissance qui m'avait exilé s'opposa à mes efforts, et me contraignit d'attendre dans le désespoir la décision de ma destinée.

Phéléas.... O souvenir affreux! moment cruel dont l'idée ne s'effacera jamais de mon âme! Phéléas, enivré d'amour, et maître, par les tendres complaisances de Zéinis, de tous les charmes que j'adorais, se prépara à achever son bonheur. Zéinis se prêta voluptueusement aux transports de Phéléas, et si les nouveaux obstacles qui s'opposaient encore à la félicité la retardèrent, ils ne la diminuèrent pas. Les beaux yeux de Zéinis versèrent des larmes, la bouche voulut former quelques plaintes, et dans cet instant, la tendresse seule ne lui fit point pousser des soupirs. Phéléas, auteur de tant de maux, n'en était cependant pas plus haï; Zéinis, de qui Phéléas se plaignait, n'en fut que plus tendrement aimée. Enfin, un cri plus perçant qu'elle poussa, une joie plus vive que je vis briller dans les yeux de Phéléas, m'annoncèrent mon malheur et ma délivrance; et mon âme, pleine de son amour et de sa douleur, alla en murmurant, recevoir les ordres de Brama, et de nouvelles chaînes.

[Quoi! c'est là tout? demanda le sultan ; ou vous avez été sopha bien peu de temps, ou vous avez vu bien peu de chose, pendant que vous l'étiez. Ce serait vouloir ennuyer votre majesté que de lui raconter tout ce dont j'ai été témoin pendant mon séjour dans les sopha, répondit Amanzei ; et j'ai moins prétendu lui rendre toutes les choses que j'ai vues que celles qui pouvaient l'amuser. Quand les choses que vous avez racontées, dit la sultane, seraient plus brillantes que celles que vous avez supprimées, et je le crois, (puisqu'il est impossible d'en faire la comparaison) on aurait toujours à vous reprocher de n'avoir amené sur la scène que quelques caractères, pendant que tous étaient entre vos mains, et d'avoir volontairement resserré un sujet qui, de lui-même, est si étendu. J'ai tort sans doute, madame, répondit Amanzei, si tous les caractères sont agréables, ou marqués au même point; si j'ai pu les traiter tous, sans tomber dans l'inconvénient d'exposer à vos yeux des traits communs, ou rebatus, et si j'ai pu m'étendre beaucoup sur une matière qui devait, quelque variété que j'eusse mise dans les caractères, devenir ennuyeuse par la répétition continuelle et inévitable du fond.

En effet, dit le sultan, je crois que si l'on voulait peser tout cela, il pourrait bien avoir raison, mais j'aime mieux qu'il ait tort que de me donner la peine d'examiner ce qui en est. Ah! ma grand'mère! continua-t-il en soupirant, ce n'était pas ainsi que vous contiez!

FIN DU SOPHA.

LA FLEUR DESSÉCHÉE.

Par une belle matinée du mois de mai dernier, je sortis de chez moi dans le louable dessein de flâner. D'abord, j'eus l'idée de parcourir Paris, cette tumultueuse cité, que personne ne connaîtra jamais entièrement; mais, le beau ciel aidant, je me ravisai, et je pris le chemin du fer qui me conduisit à Nanterre. Après avoir admiré quelques sites, traversé quelques prairies, je m'étendis sur la verdure, et me laissai aller aux flottantes rêveries. Doux état que celui de l'homme qui rêve et détourne les yeux des tristes et repoussantes réalités qui couvrent la terre, pour les porter au ciel, la patrie des belles illusions.

Rêves! chimères! bien malheureux ceux qui ne peuvent plus vous caresser. La rêverie est la poésie de la vie; n'est-ce pas elle qui a engendré le poète?... Or, l'humanité a-t-elle gagné ou perdu à acquérir le poète? voilà un problème qu'il n'est pas difficile de résoudre. Aussi, je n'hésite pas à dire que la poésie, parvenue à l'apogée de son développement, doit régénérer le monde. Aujourd'hui elle ne fait que hasarder ses premiers pas, au milieu du scepticisme et des sourires moqueurs de notre époque; mais laissez-la marcher, car elle est courageuse autant qu'elle est belle, et tous les peuples la regarderont et l'aimeront bientôt comme une sainte religion. Le sentiment triomphera tôt ou tard de la matière.

L'atmosphère s'était rafraîchie, le froid me saisit et je revins à Paris. Ne sachant où passer ma soirée, j'entrai dans un de nos théâtres à drames noirs. Pendant un entr'acte, très embarrassé de ma personne, je regardais furtivement les jolies femmes qui se trouvaient dans la salle, je dis furtivement, parce que je n'ai pas l'habitude de m'extasier devant l'or, quand je n'ai pas le sou dans ma poche, ce qui, par parenthèse, m'arrive quelquefois. Je remarquai que ces dames, qui pleuraient sur les infortunes imaginaires du théâtre, n'avaient pas une larme pour celles du monde, qui sont véritables. Je ne pus réprimer un léger bâillement, signe manifeste d'ennui. Un monsieur, à tête de lion, à moustaches frisées en croc, me fit une simple et juste remarque.

— Vous vous ennuyez monsieur?
— C'est vrai, monsieur.
— Le spectacle n'a pas d'attraits pour vous.
— Je vous demande pardon, je l'aime beaucoup quand il est beau.
— Vous plairait-il d'en voir un autre?
— Ma foi non. Je passerai ma soirée ici, afin de ne pas me déranger.
— Il est inutile que vous vous dérangiez.
— Je ne comprends pas...
— Regardez cette dame en robe de velours noir, qui est placée aux premières stalles.
— Oh! le joli visage! m'écriai-je aussitôt. Quelle fraîcheur, quelle suavité de lignes!
— Elle est bien belle, n'est-ce pas, monsieur? me dit mon interlocuteur très animé; ses yeux lancent de beaux éclairs d'amour; on donnerait, sans hésiter, dix ans de son existence pour un baiser de sa jolie bouche. Désirez-vous connaître l'histoire de cette femme?
— Très volontiers, répondis-je.
— Elle se nomme Christine Covart. Fille d'un ancien banquier, elle a été élevée dans l'opulence. Malheureusement pour elle, elle perdit, à l'âge de seize ans, son père qui était un très honnête homme, quoique banquier; sa mère seule fut chargée alors de la surveiller. Vous pensez bien qu'elle devint le point de mire d'une foule de jeunes gens. Entre tous, il y avait un poète, un bon jeune homme, qui l'aimait follement, comme on n'aime qu'une fois dans la vie. Charles Devin était très bien avec madame Covart, qui le voyait toujours venir chez elle avec beaucoup de plaisir, quoiqu'elle fût secrètement instruite qu'il aimait sa fille.

Cependant le poète se consumait d'amour et n'osait demander au médecin un remède à ses souffrances. Un beau jour, Charles et Christine se trouvèrent ensemble au jardin : la jeune fille effeuillait quelques roses et le jeune homme la contemplait.

— Oh! je vous en prie, s'écria Charles, qui fit un violent effort pour vaincre sa timidité, n'effeuillez pas cette rose; par grâce, je la réclame.
— Pourquoi me demandez-vous cette fleur? il y en a d'autres dans le jardin. Cueillez-en.
— Que me font ces fleurs que votre main n'a pas touchées...
— Savez-vous que c'est une déclaration que vous me faites-là, monsieur Devin!
— Oh! donnez-la moi, dit Charles en tombant à genoux. J'en aurai un si grand soin qu'elle ne se fanera jamais...
— La voici. Espérez, monsieur le poète, vous aurez peut-être la main qui vous donne cette rose.

Le poète s'en retourna rayonnant d'amour et de joie : il était bien mûr de se fier au sourire d'une femme, mais la poésie est l'enfance du cœur. Charles se mit à l'œuvre et publia un volume d'admirables poésies. La tête couronnée de lauriers, il se présenta chez madame Covart, et il fut reçu par la mère et la fille avec une froideur qui le foudroya. Ne sachant à quoi attribuer ce refroidissement à son égard, le poète fit des questions, mais on ne lui répondit que par des phrases entrecoupées. Il finit par comprendre qu'il était de trop!...

— Qu'était-il donc arrivé? demandai-je brusquement.
— Un riche dandy, monsieur de L... était survenu pendant les quelques jours d'absence du poète, et avait conquis le cœur de Christine. Noble et riche!!! Charles n'était pas de force à lutter contre lui.
— Qu'est devenu le poète, il s'est suicidé, sans doute?
— Ce fut sa première idée, mais il ne la réalisa pas; car sa seconde idée, qui prévalut, fut de se venger. Il comprit bien que dans ce siècle de Macaires, lorsque chacun joue au plus fin, au plus fourbe, c'est perdre son temps que d'entretenir de beaux sentiments dans son âme. Donc, il ne pensa plus, il agit. Il frisa sa moustache, se donna un air de fatuité, et devint plus tard l'amant heureux de nos femmes à la mode. Il se vengea sur elles des illusions que Christine lui avait fait perdre. Aujourd'hui encore, Charles mène ce train de vie, monsieur, mais il n'est pas heureux, car tous les soirs il arrose d'une larme la pauvre petite fleur qui est desséchée.

Quelques pleurs brillèrent dans ses yeux.

— Je vous ai compris, monsieur, lui dis-je en lui tendant une main qu'il pressa fortement. Vous n'avez pu oublier Christine, et vous êtes encore venu ce soir vous réchauffer au feu de ses rayons.
— J'ai usé mon corps et mon âme, me dit-il, et je ne suis pas parvenu à effacer ma première pensée d'amour. Oh! monsieur, je souffre le supplice du damné. Regardez-la donc. N'est-ce pas qu'elle est ravissante, quand elle sourit? Oh! douleur! son visage effleure celui de ce monsieur de L... que je hais, que j'abhorre; mais qu'a-t-il donc fait celui-là pour être si heureux?...

J'entraînai ce malheureux hors du théâtre, car il souffrait le martyre. La nuit lui fit du bien, et lorsque je le quittai, il m'engagea à aller le voir.

Toute la nuit je rêvai de Christine Covart et de Charles Devin.

Un de ces jours derniers, j'étais chez lui et il m'a dit avec une amertume que je n'essaierai pas de peindre, tout en regardant la fleur desséchée :

— Quand Dieu me fera-t-il donc la grâce de me délivrer de cette vie que je hais?

Il était bien pâle en prononçant ces sinistres paroles; attendra-t-il encore longtemps?

<div align="right">Benjamin GASTINEAU.</div>

POÉSIES D'ANDRÉ CHÉNIER.

LE JEU DE PAUME. — A LOUIS DAVID, PEINTRE.

I.

Reprends ta robe d'or, ceins ton riche bandeau,
 Jeune et divine poésie ;
Quoique ces temps d'orage éclipsent ton flambeau,
Aux lèvres de David, roi du savant pinceau,
 Porte la coupe d'ambroisie.
La patrie, à son art indiquant nos beaux jours,
 A confirmé mes antiques discours :
Quand je lui répétais que la liberté mâle
 Des arts est le génie heureux ;
Que nul talent n'est fils de la faveur royale ;
 Qu'un pays libre est leur terre natale,
 Là, sous un soleil généreux,
Ces arts, fleurs de la vie, et délices du monde,
 Forts, à leur croissance livrés,
 Atteignent leur grandeur féconde.
La palette offre l'âme au regards enivrés.
Les antres de Paros de dieux peuplent la terre.
L'airain coule et respire. En portiques sacrés
 S'élancent le marbre et la pierre.

II.

Toi-même, belle vierge à la touchante voix,
 Nymphe ailée, aimable sirène,
Ta langue s'amollit dans le palais des rois,
Ta hauteur se rabaisse, et d'enfantines lois
 Oppriment ta marche incertaine,
Ton feu n'est que lueur, ta beauté n'est que fard.
 La liberté du génie et de l'art
T'ouvre tous les trésors. Ta grâce auguste et fière
 De nature et d'éternité
Fleurit. Tes pas sont grands. Ton front ceint de lumière
 Touche les cieux. Ta flamme agite, éclaire,
 Dompte les cœurs. La liberté,
Pour dissoudre en secret nos entraves pesantes,
 Arme ton fraternel secours.
 C'est de tes lèvres séduisantes
Qu'invisible elle vole, et par d'heureux détours
Trompe les noirs verrous, les fortes citadelles,
Et les mobiles ponts qui défendent les tours,
 Et les nocturnes sentinelles.

III.

Son règne au loin semé par tes doux entretiens
 Germe dans l'ombre au cœur des sages.
Ils attendent son heure, unis par tes liens,
Tous, en un monde à part, frères, concitoyens,
 Dans tous les lieux, dans tous les âges.
Tu guidais mon David à le suivre empressé :
 Quand, avec toi, dans le sein du passé,
Fuyant parmi les morts sa patrie asservie,
 Sous sa main, rivale des dieux,
La toile s'enflammait d'une éloquente vie ;
 Et la ciguë, instrument de l'envie,
 Portant Socrate dans les cieux ;
Et le premier consul, plus citoyen que père,
 Rentré seul par son jugement,
 Aux pieds de sa Rome si chère
Savourant de son cœur le glorieux tourment,
L'obole mendiée seul appui d'un grand homme ;
Et l'Albain terrassé dans le mâle serment
 Des trois frères sauveurs de Rome.

IV.

Un plus noble serment d'un si digne pinceau
 Appelle aujourd'hui l'industrie.
Marathon, tes Persans et leur sanglant tombeau
Vivaient par ce bel art. Un sublime tableau
 Naît aussi pour notre patrie.
Elle expirait : son sang était tari ; ses flancs
 Ne portaient plus son poids. Depuis mille ans,
A soi-même inconnue, à son heure suprême,
 Ses guides tremblants, incertains
Fuyaient. Il fallut donc, dans ce péril extrême,
 De son salut la charger elle-même.
 Longtemps, en trois races d'humains,
Chez nous l'homme a maudit ou vanté sa naissance :
 Les ministres de l'encensoir,
 Et les grands, et le peuple immense,
Tous à leurs envoyés confieront leur pouvoir.
Versailles les attend. On s'empresse d'élire ;
On nomme. Trois palais s'ouvrent pour recevoir
 Les représentants de l'empire.

V.

D'abord pontifes, grands, de cent titres ornés,
Fiers d'un règne antique et farouche,
De siècles ignorants à leurs pieds prosternés,
De richesses, d'aïeux vertueux ou prônés.
Douce égalité, sur leur bouche,
A ton seul nom pétille un rire âcre et jaloux.
Ils n'ont point vu sans effroi, sans courroux,
Ces élus plébéiens, forts des maux de nos pères,
Forts de tous nos droits éclaircis,
De la dignité d'homme, et des vastes lumières
Qui du mensonge ont percé les barrières.
Le sénat du peuple est assis.
Il invite en son sein, où respire la France,
Les deux fiers sénats; mais leurs cœurs
N'ont que des refus. Il commence :
Il doit tout voir; créer l'État, les lois, les mœurs.
Puisant dans notre aveu, sa main sage et profonde
Veut sonder notre plaie, et de tant de douleurs
Dévoiler la source féconde.

VI.

On tremble. On croit, n'osant encor lever le bras,
Les disperser par l'épouvante.
Ils s'assemblaient, leur seuil méconnaissant leurs pas
Les rejette. Contre eux, prête à des attentats,
Luit la baïonnette insolente.
Dieu! vont-ils fuir? Non, non. Du peuple accompagnés,
Tous, par la ville, ils errent indignés :
Comme Latone enceinte, et déjà presque mère,
Victime d'un jaloux pouvoir,
Sans asyle flottait, courait la terre entière,
Pour mettre au jour les dieux de la lumière.
Au loin fut un ample manoir
Où le réseau noueux, en élastique égide,
Arme d'un bras souple et nerveux,
Repoussant la balle rapide,
Exerçait la jeunesse en de robustes jeux.
Peuple, de tes élus cette retraite obscure
Fut la Délos. O murs! temple à jamais fameux!
Berceau des lois! sainte masure!

VII.

N'allons pas d'or, de jaspe, avilir à grands frais
Cette vénérable demeure ;
Sa rouille et son éclat. Qu'immuable à jamais

Elle règne au milieu des dômes, des palais.
Qu'au lit de mort tout Français pleure,
S'il n'a point vu ces murs où renaît son pays.
Que Sion, Delphe, et la Mecque, et Saïs
Aient de moins de croyants attiré l'œil fidèle.
Que ce voyage souhaité
Récompense nos fils. Que ce toit leur rappelle
Ce tiers-état à la honte rebelle,
Fondateur de la liberté :
Comme en hâte arrivait la troupe courageuse,
A travers d'humides torrents
Que versait la nue orageuse;
Cinq prêtres avec eux; tous amis, tous parents,
S'embrassant au hasard dans cette longue enceinte;
Tous juraient de périr ou vaincre les tyrans;
De ranimer la France éteinte.

VIII.

De ne point se quitter que nous n'eussions des lois
Qui nous feraient libres et justes.
Tout un peuple inondant jusqu'aux faîtes des toits,
De larmes, de silence, ou de confuses voix,
Applaudissait ces vœux augustes.
O jour! jour triomphant! jour saint! jour immortel!
Jour le plus beau qu'ait fait luire le ciel
Depuis qu'au fier Clovis Bellone fut propice!
O soleil! ton char étonné
S'arrêta. Du sommet de ton brûlant solstice
Tu contemplais ce divin sacrifice!
O jour de splendeur couronné !
Tu verras nos neveux, superbes de ta gloire,
Vers toi d'un œil religieux
Remonter au loin dans l'histoire.
Ton lustre impérissable, honneurs de leurs aïeux,
Du dernier avenir ira percer les ombres.
Moins belle la comète aux longs crins radieux
Enflamme les nuits les plus sombres.

IX.

Que faisaient cependant les sénats séparés?
Le front ceint d'un vaste plumage,
Ou de mitres, de croix, d'hermines décorés,
Que tentaient-ils d'efforts pour demeurer sacrés?
Pour arrêter le noble ouvrage?
Pour n'être point Français? pour commander aux lois?
Pour ramener ces temps de leurs exploits,
Où ces tyrans, valets sous le tyran suprême,
Aux cris du peuple indifférents,
Partageaient le trésor, l'État, le diadème?
Mais l'équité dans leurs sanhédrins même

Trouve des amis. Quelques grands,
Et des dignes pasteurs une troupe fidèle,
Par ta céleste main poussés,
Conscience, chaste immortelle,
Viennent aux vrais Français, d'attendre enfin lassés,
Se joindre, à leur orgueil abandonnant des prêtres
D'opulence perdus, des nobles insensés
Ensevelis dans leurs ancêtres.

X.

Bientôt ce reste même est contraint de plier.
O raison ! divine puissance !
Ton souffle impérieux dans le même sentier
Les précipite tous. Je vois le fleuve entier
Rouler en paix son onde immense,
Et dans ce lit commun tous ces faibles ruisseaux
Perdre à jamais et leurs noms et leurs eaux.
O France ! sois heureuse entre toutes les mères.
Ne pleure plus des fils ingrats,
Qui jadis s'indignaient d'être appelés nos frères ;
Tous revenus des lointaines chimères,
La famille est toute en tes bras.
Mais que vois-je ? ils feignaient ? Aux bords de notre Seine
Pourquoi ces belliqueux apprêts ?
Pourquoi vers notre cité reine
Ces camps, ces étrangers, ces bataillons français
Traînés à conspirer au trépas de la France ?
De quoi rit ce troupeau d'eunuques du palais ?
Riez, lâche et perfide engeance !

XI.

D'un roi facile et bon corrupteurs détrônés,
Riez ; mais le torrent s'amasse.
Riez ; mais du volcan les feux emprisonnés
Bouillonnent. Des lions si longtemps déchaînés
Vous n'attendiez plus tant d'audace !
Le peuple est réveillé. Le peuple est souverain.
Tout est vaincu. La tyrannie en vain,
Monstre aux bouches de bronze, arme pour cette guerre
Ses cent yeux, ses vingt mille bras,
Ses flancs gros de salpêtre, où mugit le tonnerre :
Sous son pied faible elle sent fuir la terre,
Et meurt sous les pesants éclats
Des créneaux fulminants, des tours et des murailles
Qui ceignaient son front détesté.
Déraciné dans ses entrailles,
L'enfer de la Bastille à tous les vents jeté,
Vole, débris infâme, et cendre inanimée ;
Et de ces grands tombeaux, la belle liberté,
Altière, étincelante, armée,

XII.

Sort. Comme une triple foudre éclate au haut des cieux,
Trois couleurs dans sa main agile
Flottent en long drapeau. Son cri victorieux
Tonne. A sa voix, qui sait, comme la voix des dieux,
En homme transformer l'argile,
La terre tressaillit. Elle quitta son deuil.
Le genre humain d'espérance et d'orgueil
Sourit. Les noirs donjons s'écroulèrent d'eux-mêmes.
Jusque sur les trônes lointains
Les tyrans ébranlés, en hâte à leurs fronts blêmes,
Pour retenir leurs tremblants diadèmes,
Portèrent leurs royales mains.
A son souffle de feu, soudain de nos campagnes
S'écoulent les soldats épars
Comme les neiges des montagnes,
Et le fer ennemi tourné vers nos remparts,
Comme aux rayons lancés du centre ardent d'un verre,
Tout-à-coup à nos yeux fondu de toutes parts,
Fuit et s'échappe sous la terre.

XIII.

Il renaît citoyen : en moisson de soldats
Se résout la glèbe aguerrie.
Cérès même et sa faux s'arment pour les combats.
Sur tous ses fils jurant d'affronter le trépas,
Appuyée au loin, la patrie
Brave les rois jaloux, le transfuge imposteur,
Des paladins le fer gladiateur,
Des Zoïles verbeux l'hypocrite délire.
Salut, peuple français ! ma main
Tresse pour toi les fleurs que fait naître la lyre.
Reprends tes droits, rentre dans ton empire.
Par toi sous le niveau divin
La fière égalité range tout devant elle.
Ton choix, de splendeur revêtu,
Fait les grands. La race mortelle
Par toi lève son front si longtemps abattu
Devant les nations, souverains légitimes,
Ces fronts dits souverains s'abaissent. La vertu
Des honneurs aplanit les cimes.

XIV.

O peuple deux fois né ! peuple vieux et nouveau.
Tronc rajeuni par les années !
Phénix sorti vivant des cendres du tombeau !
Et vous aussi, salut, vous, porteurs du flambeau !
Qui nous montra nos destinées !

Paris vous tend les bras, enfants de notre choix!
Pères d'un peuple! architectes des lois!
Vous qui savez fonder, d'une main ferme et sûre,
Pour l'homme un code solennel,
Sur tous ses premiers droits, sa charte antique et pure,
Ses droits sacrés, nés avec la nature,
Contemporains de l'Eternel.
Vous avez tout dompté. Nul joug ne vous arrête.
Tout obstacle est mort sous vos coups.
Vous voilà montés sur le faîte.
Soyez prompts à fléchir sous vos devoirs jaloux.
Bienfaiteurs, il vous reste un grand compte à nous rendre,
Il vous reste à borner et les autres et vous;
Il vous reste à savoir descendre.

XV.

Vos cœurs sont citoyens. Je le veux. Toutefois
Vous pouvez tout. Vous êtes hommes.
Hommes! d'un homme libre écoutez donc la voix.
Ne craignez plus que vous, magistrats, peuples, rois,
Citoyens, tous tant que nous sommes,
Tout mortel dans son cœur cache, même à ses yeux,
L'ambition, serpent insidieux,
Arbre impur que déguise une brillante écorce.
L'empire, l'absolu pouvoir
Ont, pour la vertu même, une meilleure amorce.
Trop de désirs naissent de trop de force.
Qui peut tout pourra trop vouloir.
Il pourra négliger, sûr du commun suffrage,
Et l'équitable humanité,
Et la décence au doux langage.
L'obstacle nous fait grands. Par l'obstacle excité,
L'homme, heureux à poursuivre une pénible gloire,
Va se perdre à l'écueil de la prospérité,
Vaincu par sa propre victoire.

XVI.

Mais au peuple surtout sauvez l'abus amer
De sa subite indépendance.
Contenez dans son lit cette orageuse mer.
Par vous seuls dépouillé de ses liens de fer,
Dirigez sa bouillante enfance.
Vers les lois, le devoir, et l'ordre, et l'équité,
Guidez, hélas! sa jeune liberté.
Gardez que nul remords n'en attriste la fête.
Repoussant d'antiques affronts,
Qu'il brise pour jamais, dans sa noble conquête,
Le joug honteux qui pesait sur sa tête
Sans le poser sur d'autres fronts.

Ah! ne le laissez pas, dans sa sanglante rage,
D'un ressentiment inhumain
Souiller sa cause et votre ouvrage.
Ah! ne le laissez pas sans conseil et sans frein,
Armant, pour soutenir ses droits si légitimes,
La torche incendiaire et le fer assassin,
Venger la raison par des crimes.

XVII.

Peuple! ne croyons pas que tout nous soit permis.
Craignez vos courtisans avides,
O peuple souverain! A votre oreille admis
Cent orateurs bourreaux se nomment vos amis.
Ils soufflent des feux homicides
Aux pieds de notre orgueil prostituant les droits,
Nos passions par eux deviennent lois.
La pensée est livrée à leurs lâches tortures.
Partout cherchant des trahisons,
A nos soupçons jaloux, aux haines, aux parjures,
Ils vont forgeant d'exécrables pâtures.
Leurs feuilles noires de poisons
Sont autant de gibets affamés de carnage.
Ils attisent de rang en rang
La proscription et l'outrage.
Chaque jour dans l'arène ils déchirent le flanc
D'hommes que nous livrons à la fureur des bêtes.
Ils nous vendent leur mort. Ils emplissent de sang
Les coupes qu'ils nous tiennent prêtes.

XVIII.

Peuple, la liberté, d'un bras religieux,
Garde l'immuable équilibre
De tous les droits humains, tous émanés des cieux.
Son courage n'est point féroce et furieux,
Et l'oppresseur n'est jamais libre.
Périsse l'homme vil! périssent les flatteurs,
Des rois, du peuple, infâmes corrupteurs!
L'amour du souverain, de la loi salutaire,
Toujours teint leurs lèvres de miel.
Peur, avarice ou haine, est leur dieu sanguinaire.
Sur la vertu toujours leur langue amère
Distille l'opprobre et le fiel.
Hydre en vain écrasé, toujours prompt à renaître,
Séjans, Tigellins empressés
Vers quiconque est devenu maître;
Si, voués au lacet, de faibles accusés
Expirent sous les mains de leurs coupables frères;
Si le meurtre est vainqueur; si les bras insensés
Forcent des toits héréditaires,

XIX.

C'est bien. Fais-toi justice, ô peuple souverain,
 Dit cette cour lâche et hardie.
Ils avaient dit : C'EST BIEN, quand, la lyre à la main,
L'incestueux chanteur, ivre de sang romain,
 Applaudissait à l'incendie.
Ainsi de deux partis les aveugles conseils
 Chassent la paix. Contraires, mais pareils,
Dans un égal abîme, une égale démence
 De tous deux entraîne les pas.
L'un, Vandale stupide, en son humble arrogance,
 Veut être esclave et despote, et s'offense
 Que ramper soit honteux et bas ;
L'autre arme son poignard du sceau de la loi sainte.
 Il veut du faible sans soutien
 Savourer les pleurs ou la crainte.
L'un, du nom de sujet, l'autre de citoyen,
 Masque son âme inique et de vice flétrie ;
L'un sur l'autre acharnés, ils comptent tous pour rien
 Liberté, vérité, patrie.

XX.

De prières, d'encens prodigue nuit et jour,
 Le fanatisme se relève.
Martyrs, bourreaux, tyrans, rebelles tour à tour ;
Ministres effrayants de concorde et d'amour
 Venus pour apporter le glaive,
Ardents contre la terre à soulever les cieux,
 Rivaux des lois, d'humbles séditieux,
De trouble et d'anathème artisans implacables...
 Mais où vais-je ! L'œil tout puissant
Pénètre seul les cœurs à l'homme impénétrables.
 Laissons cent fois échapper les coupables
 Plutôt qu'outrager l'innocent.
Si plus d'un, pour tromper, étale un faux scrupule,
 Plus d'un, par les méchants conduit,
 N'est que vertueux et crédule.
De l'exemple éloquent laissons germer le fruit.
La vertu vit encore. Il est, il est des âmes
Où la patrie aimée et sans faste et sans bruit
 Allume de constantes flammes.

XXI.

Par ces sages esprits, forts contre les excès,
 Rocs affermis du sein de l'onde,
Raison, fille du temps, tes durables succès
Sur le pouvoir des lois établiront la paix ;
 Et vous, usurpateurs du monde,
Rois, colosses d'orgueil, en délices noyés,
 Ouvrez les yeux, hâtez-vous. Vous voyez
Quel tourbillon divin de vengeances prochaines
 S'avance vers vous. Croyez-moi,
Prévenez l'ouragan et vos chutes certaines.
 Aux nations déguisez mieux vos chaînes ;
 Allégez-leur le poids d'un roi.
Effacez de leur sein les livides blessures,
 Traces de vos pieds oppresseurs..
 Le ciel parle dans leurs murmures.
Si l'aspect d'un bon roi peut adoucir vos mœurs ;
Ou si le glaive ami, sauveur de l'esclavage,
Sur vos fronts suspendu, peut éclairer vos cœurs
 D'un effroi salutaire et sage.

XXII.

Apprenez la justice, apprenez que vos droits
 Ne sont point votre vain caprice.
Si votre sceptre impie ose frapper les lois,
Parricides, tremblez ; tremblez, indignes rois.
 La liberté législatrice,
La sainte liberté, fille du sol français,
 Pour venger l'homme et punir les forfaits,
Va parcourir la terre en arbitre suprême.
 Tremblez ! ses yeux lancent l'éclair.
Il faudra comparaître et répondre vous-même,
 Nus, sans flatteurs, sans cour, sans diadème,
 Sans gardes hérissés de fer.
La nécessité traîne, inflexible et puissante,
 A ce tribunal souverain,
 Votre majesté chancelante :
Là seront recueillis les pleurs du genre humain ;
Là, juge incorruptible, et la main sur sa foudre,
Elle entendra le peuple, et les sceptres d'airain
 Disparaîtront, réduits en poudre.

SUR LES SUISSES

Révoltés du régiment de Châteauvieux, fêtés à Paris sur une motion de Collot-d'Herbois.

Salut, divin triomphe ! entre dans nos murailles :
 Rends-nous ces guerriers illustrés
Par le sang de Désille et par les funérailles
 De tant de Français massacrés.
Jamais rien de si grand n'embellit ton entrée :
 Ni quand l'ombre de Mirabeau
S'achemina jadis vers la voûte sacrée
 Où la gloire donne un tombeau ;
Ni quand Voltaire mort et sa cendre bannie
 Rentrèrent aux murs de Paris,
Vainqueurs du fanatisme et de la calomnie
 Prosternés devant ses écrits.
Un seul jour peut atteindre à tant de renommée,
 Et ce beau jour luira bientôt ;
C'est quand tu porteras Jourdan à notre armée,
 Et Lafayette à l'échafaud !
Quelle rage à Coblentz ! quel deuil pour tous ces princes,
 Qui, partout diffamant nos lois,
Excitent contre nous et contre nos provinces
 Et les esclaves et les rois !
Ils voulaient nous voir tous à la folie en proie ;
 Que leur front doit être abattu !
Tandis que parmi nous, quel orgueil, quelle joie,
 Pour les amis de la vertu !
Pour vous tous, ô mortels, qui rougissez encore
 Et qui savez baisser les yeux !
De voir des échevins que la Râpée honore (1)
 Asseoir sur un char radieux

Ces héros que jadis sur les bancs des galères
 Assit un arrêt outrageant,
Et qui n'ont égorgé que très peu de nos frères,
 Et volé que très peu d'argent !
Eh bien, que tardez-vous, harmonieux Orphées ?
 Si sur la tombe des Persans
Jadis Pindare, Eschyle, ont dressé des trophées,
 Il faut de plus nobles accents.
Quarante meurtriers, chéris de Robespierre,
 Vont s'élever sur nos autels.
Beaux-arts, qui faites vivre et la toile et la pierre,
 Hâtez-vous, rendez immortels
Le grand Collot-d'Herbois, ses clients helvétiques,
 Ce front que donne à des héros
La vertu, la taverne, et le secours des piques ;
 Peuplez le ciel d'astres nouveaux.
O vous ! enfants d'Eudoxe, et d'Hipparque, et d'Euclide,
 C'est par vous que les blonds cheveux,
Qui tombèrent du front d'une reine timide,
 Sont tressés en célestes feux (1) ;
Pour vous l'heureux vaisseau des premiers Argonautes
 Flotte encor dans l'azur des airs ;
Faites gémir Atlas sous de plus nobles hôtes,
 Comme eux dominateurs des mers.
Que la nuit de leurs noms embellisse les voiles,
 Et que le rocher aux abois
Invoque en leur galère, ornement des étoiles,
 Les Suisses de Collot-d'Herbois.

(1) Allusion à Péthion, maire de Paris, et à ses collègues de la commune. Dans une circonstance grave, un général, chargé pour eux d'un ordre très important, après les avoir cherchés inutilement pendant plusieurs heures dans Paris, les trouva, en bonne fortune, dans un cabaret de la Râpée.
(1) La constellation de Bérénice.

Paris.—Imp. de Lacour, rue St-Hyacinthe-St-Michel, 33.

LES VEILLEES LITTERAIRES ILLUSTRÉES

J. BRY AINÉ ÉDITEUR, 21 RUE DES MATHURINS SAINT-JACQUES

20 CENTIMES LA LIVRAISON

LE RÈGNE DE SATAN
ou
LES RICHES ET LES PAUVRES
Par BENJAMIN GASTINEAU

Dessiné par Ed. Frère. — Gravé par Rouget.

Ce livre est le tableau fidèle, l'expression exacte de la Société, qu'il représente dans son ensemble et sous son véritable jour, au milieu du choc des passions, de la lutte des partis, des complications d'intérêts divers. Toutes les classes y ont leurs types et y trouveront la peinture de leurs douleurs, — l'écho de leurs joies, — leurs désirs, — leurs aspirations. Le *Drame social* se joue, se déroule en entier sous les yeux du lecteur, qui jugera de la vérité du sujet et des personnages. Après avoir énergiquement flétri nos iniquités sociales, nos mœurs ridicules et corrompues, stigmatisé nos rivalités impies, fondées sur l'injustice et le privilège, l'Auteur montre le but de la Vie, l'Idéal de l'Avenir.

P. BRY aîné.

I. — SUR LA ROUTE.

Par une froide et sombre matinée du mois de janvier, une femme, tenant dans ses bras un enfant, marchait avec une grande vitesse sur la route qui conduit d'Amboise au village de Vouvray. Ses vêtements en lambeaux et ses traits flétris dans leur jeunesse annonçaient une créature éprouvée par toutes les douleurs. Lorsqu'une diligence la forçait de se rejeter subitement sur les côtés du chemin, les aspérités formées par le gel des boues ensanglantaient ses pieds. Par intervalles, elle regardait avec inquiétude le long ruban que la route déroulait devant elle, cherchant à mesurer par la pensée l'espace qui lui restait à parcourir avant d'atteindre le but de son voyage, puis elle baissait aussitôt la tête pour réchauffer de son haleine l'enfant qu'elle portait.

Un brouillard épais voilait le soleil et répandait sur tous les objets cette teinte grise qui attriste la vue et cause un profond ennui. Le morne silence de la route n'était troublé que par le vol rapide d'un oiseau qui cherchait un abri contre le froid. Comme la pauvre voyageuse, la nature était muette et désolée.

Comment finissent les Pauvres.

Cependant un faible cri s'échappa de la poitrine de Madeleine Simon. Elle venait d'apercevoir le village où elle espérait trouver un allégement à ses souffrances. Puisant dans cette vue de nouvelles forces, Madeleine doubla le pas; mais elle eut à peine dépassé les premières maisons de Vouvray, qu'elle s'arrêta, irrésolue, devant la porte d'une ferme. Alors elle leva au ciel ses yeux obscurcis par les larmes, souleva son enfant à la hauteur de ses bras tendus, comme si elle eût voulu, par cette action, le présenter à Dieu et implorer sa miséricorde infinie, puis elle franchit le seuil de la ferme. Un journalier vint à la rencontre de Madeleine. Elle lui demanda à voir M. Simon.

— A c't'heure, il est au verger, répondit Nicolas le garçon de ferme, je vas aller le chercher. Vot' nom, s'il vous plaît?

A cette question, Madeleine parut embarrassée.

— Mon nom, dit-elle, mon nom.... c'est inutile. — Vous n'avez pas de nom! répliqua Nicolas ébahi en ouvrant de surprise une bouche démesurément grande. — Dites à M. Simon qu'une femme désire lui parler. — Ah! c'est drôle, tout de même. Not'

T. I.

11

maître, que je vas lui conter, une femme qui n'a pas de nom à affaire à vous. Ah ! c'est drôle tout de même !

Nicolas, ne pouvant revenir de son ébahissement, resta immobile en face de Madeleine.

— Allez avertir votre maître, je vous en prie.

Sur cette invitation, Nicolas courut au verger. En attendant le fermier Simon, Madeleine entra dans une grande salle qui tenait de plain-pied à la cour. Un bon feu de sarments pétillait dans l'âtre. Après s'en être approchée, Madeleine, émue, regarda autour d'elle. Dans chaque objet, elle retrouvait un souvenir. Devant cette cheminée, sa mère l'avait souvent bercée, comme à présent elle berçait son enfant. De cette croisée, elle l'avait vu pour la première fois, *lui* ! En songeant à son enfance si heureuse, Madeleine tomba dans une rêverie qu'on pourrait appeler l'oubli du présent et le réveil du passé. — Rêverie chère aux infortunés qui parviennent à tromper le sort, à oublier un instant toutes leurs agitations en se reportant à l'époque de leur vie où nul souffle ne ridait encore la surface polie de leur âme.

Le fermier, suivi de son fils, entra dans la salle. C'était un homme de cinquante ans, d'une haute stature ; une figure osseuse, des cheveux roux, d'épais sourcils et de petits yeux imprimaient à sa physionomie un caractère de ruse et de dureté. Il ne reconnut pas Madeleine.

— Que voulez-vous de moi ? lui demanda-t-il d'un ton brusque en s'avançant vers elle.

Madeleine fit un mouvement pour se jeter au cou du fermier, mais sa pensée le ramenant à sa triste position, elle tomba à genoux.

— Mon père, dit-elle, ne reconnaissez-vous pas votre fille ? — Je n'ai plus de fille, répondit le fermier revenu de sa stupeur. — Ayez pitié de moi, mon père ! s'écria Madeleine en embrassant les genoux de Simon et les arrosant de ses larmes.

Le fermier se dégagea violemment des étreintes de Madeleine.

— Tu oses te présenter devant moi ! dit-il d'une voix que la colère rendait tremblante, après ce que tu as fait !... Sors d'ici ! Tu es maudite ! — Oh ! vous ne chasserez pas sans l'entendre, votre fille, que le repentir amène à vos pieds. J'ai bien souffert de mes fautes, allez, père : je les ai cruellement expiées. Mon Dieu ! pourquoi ne suis-je pas devenue la femme de Mathias, comme vous le vouliez ?...
— Tu as mieux aimé t'enfuir de la maison avec le misérable qui t'avais séduite. — Si j'étais restée à la ferme, vous m'auriez tuée. Et puis, je l'aimais... j'étais folle !

Tout autre homme que Simon eût été touché de ce naïf et douloureux aveu échappé au désespoir de Madeleine, dont la voix était entrecoupée de sanglots, mais impassible, le fermier reprit, d'un ton ironique :

— Tu lui as sacrifié ton honneur, ta famille à ton séducteur. Et il t'en a bien récompensée, n'est-ce pas ? — Vous le voyez, dit Madeleine. Sans pitié pour celle qu'il avait égarée en lui jurant un amour éternel, il l'a repoussée lorsqu'elle est devenue mère. Il l'a chassée de sa demeure comme une servante. Oh ! vous ne l'imiterez pas, mon père. Ayez pitié de moi. Vous me donnerez une place à votre foyer. Du matin au soir, voyez-vous, je n'aurai plus que la pensée de réparer par mon travail et mes soins le mal que je vous ai fait. Un jour, peut-être, lorsque vous verrez que mon cœur ne contienne plus qu'un amour, celui de mon père, vous oublierez mes fautes passées et vous abaisserez sur moi un regard de tendresse. Oh ! laissez-moi espérer que ce jour viendra !

— Jamais ! s'écria le fermier furieux, jamais la misérable fille qui a déshonoré mon nom n'abritera sa tête coupable sous mon toit. — Je sais sans ressources, reprit Madeleine. Si j'avais du travail, je me suis offerte en condition, et partout j'ai essuyé des refus à cause de mon enfant. Seul au monde, vous me restez, mon père. Je n'ai plus d'espoir qu'en vous. Si vous me chassiez, que deviendrais-je, mon Dieu ! — Tu deviendras ce que tu pourras. Qui a commis le crime mérite le châtiment. — Oh ! je trouverai des accents pour vous toucher. Au nom de ma mère, recevez votre fille ! — Ne parle pas de ta mère ; c'est toi qui l'as tuée, infâme ! — Jacques ! dit Madeleine désespérée en se tournant vers son frère et l'implorant de la voix et du regard. — J'obéis à mon père, répondit sèchement le fils du fermier. — Je ne vous prie plus, mon père. Je le vois, ma faute est trop grande pour que le repentir puisse l'effacer. J'ai mérité votre colère ; elle est juste, mais elle ne doit pas retomber sur la tête de mon fils, qui n'est pas coupable, lui ! Prenez-le, élevez-le. Je fuirai... Vous ne me reverrez jamais. Dieu vous récompensera de cette bonne action. C'est d'ici qu'avec moi, il mourrait, le pauvre petit !

Madeleine cherchait en vain à attendrir le fermier. Prières et larmes étaient inutiles. Simon, comme tant d'autres, n'avait jamais senti battre son cœur dans sa poitrine. Pendant que sa fille éplorée lui criait grâce et lui demandait pardon, contenant à peine sa fureur, il lui montrait du doigt la porte de la salle.

— Si tu ne sors pas d'ici, répondit-il à la dernière prière de Madeleine, malheur à toi ! — Par pitié pour mon enfant ! — Ton enfant ! ton enfant ! reprit le fermier avec rage, qu'il disparaisse avec toi, ou je ne réponds plus de moi ! ou ces flammes vont anéantir à l'instant le fruit de ton crime !...

Le fermier accompagna cette menace insensée d'un geste horrible. Madeleine jeta un cri déchirant et saisit son fils dans ses bras. Les imprécations du fermier l'avaient en quelque sorte métamorphosée. Elle ne suppliait plus. Son attitude était ferme et imposante. À son tour, Simon se sentit dominé par une puissance supérieure à la sienne.

— Taisez-vous ! taisez-vous ! dit Madeleine belle d'indignation à travers ses larmes. Vous n'êtes pas mon père ; je ne vous connais pas. Mon Dieu ! je suis folle. J'ai cru entrer chez mon père, et voilà que cet homme menace mon enfant ! Mon père, à moi, il est au ciel, il m'entend et me juge ; seul, il peut me sauver à présent. Je n'ai besoin de rien... Je m'en vais... je m'en vais...

Et Madeleine sortit de la salle, laissant Simon et son fils stupéfaits du subit changement qui s'était opéré en elle.

La menace du fermier, la plus terrible qu'une mère puisse entendre, en bouleversant l'âme et les sens de Madeleine, lui avait fait oublier le froid et la faim. Elle courait comme une insensée dans le village, aiguillonnée qu'elle était par les paroles de son père, qui résonnaient toujours à son oreille. Bientôt son agitation se calma. Elle eut conscience de sa position. Une seule ressource lui restait : c'était de frapper à la porte d'un habitant de Vouvray et de lui demander l'hospitalité. Par malheur, un paysan l'avait reconnue à son entrée dans Vouvray. Le village tout entier avait été aussitôt instruit de son arrivée. Dès lors chacun s'était demandé si le fermier la recevrait ou la renverrait. Animés de cette curiosité méchante et avide de scandale qui semble inhérente aux gens qui habitent les petits endroits, les villageois s'étaient réunis en groupes devant leurs portes et causaient entre eux de ce *grave événement*. Madeleine s'aperçut qu'elle était l'objet de tous les regards. Des voix sorties des groupes arrivèrent jusqu'à elle et l'instruisirent des dispositions des habitants de Vouvray à son égard.

— La v'la. C'est ben la fille de Simon, disait l'un. — Oui, répondait un autre, Madeleine Simon qui s'est envolée un beau matin avec le fils de l'intendant de Valquières, il y aura de ça deux ans à la Saint-Jean. Il paraît qu'elle n'a pas fait fortune à Paris. Elle n'a rapporté qu'un enfant de son grand voyage. Dam ! les amoureux, c'est si léger ! Tant pis pour elle. Ne devait-elle pas s'attendre à ce qui lui arrive ? — Ce n'est que justice, répétait-on de toutes parts, elle mérite son sort.

On ne saurait peindre les angoisses que ces cruels propos firent éprouver à Madeleine. Elle chancelait en traversant cette haie de gens qui l'insultaient et raillaient sa triste destinée. Son cœur était serré à l'étouffer. Enfin, la douleur ayant atteint son dernier degré d'intensité, Madeleine tomba dans une prostration morale qui lui ôta jusqu'au sentiment de l'existence.

La bienfaisante main de Dieu a imposé une limite à la douleur comme à la joie. Cette limite dépassée, les facultés de l'homme s'affaiblissent, sa raison s'anéantit. Si la douleur est trop forte, un engourdissement s'empare de tout son être. Si la joie est excessive, il tombe dans l'ivresse. Lorsque Madeleine put se relever de son accablement, sa première pensée fut pour son enfant. Elle conservait encore un espoir, c'était de trouver au bourg le plus voisin des âmes compatissant à son malheur.

— De Vouvray à Saint-Georges, se dit-elle, il y a deux lieues. Eh bien ! avec un peu de courage, j'arriverai à Saint-Georges aujourd'hui. Il faut sauver son enfant !

Madeleine fit des efforts surhumains pour triompher de sa lassitude et de son épuisement, mais elle devait y succomber. La nuit la surprit, le froid devint plus violent. Bientôt elle ressentit les symptômes de fièvre. Des frissons répétés parcoururent ses membres, ses tempes se mouillèrent d'une sueur froide. Attribuant son malaise à la fatigue, car la faim avait cessé de la tourmenter, elle s'assit sur un tertre. Après s'être reposée quelques instants, elle voulut reprendre son chemin ; mais à peine debout, elle retomba lourdement à la place qu'elle avait quittée. Les souffrances avaient épuisé ses forces et détruit son énergie. Alors elle eut peur de son impuissance, elle eut peur de mourir sur cette route avec son enfant. Elle jeta un cri de détresse.

— Au secours ! mon secours !

La voix de Madeleine, emportée par le vent, se perdit dans l'espace, et aucun être ne répondit à son appel. Elle fit un nouvel effort pour se relever, il fut inutile. Il semblait qu'on l'eût attachée au sol. Désespérée, elle versa d'abondantes larmes que le froid congela aussitôt sur ses joues.

— Mon Dieu ! venez-moi en aide, dit la pauvre mère, mon fils ne peut mourir ici. Oh ! ce serait trop affreux.

En ce moment, Madeleine aperçut deux sillons de feu sur la route. Un équipage s'avançait vers elle avec une grande vitesse.

— Je vous remercie, mon Dieu ! dit-elle. Vous avez entendu ma prière. Mon enfant vivra !

Madeleine se traîna péniblement sur le chemin, au risque d'être écrasée par les chevaux. Lorsqu'ils passèrent, elle s'écria avec toute l'énergie que lui inspirait sa détresse :

— Un enfant et une femme se meurent ! Venez à leur secours. Le cocher, qui avait quelque humanité, arrêta sa voiture. Une tête enveloppée de foulards se montra à la portière.
— Qui t'a donné l'ordre d'arrêter, imbécile ! dit une voix aigre.
Au son de cette voix, Madeleine tomba évanouie. La tête enveloppée de foulards disparut dans l'intérieur de la voiture. Le cocher fouetta ses chevaux, qui partirent au galop. Heureusement, un voyageur avait entendu le cri de désespoir de Madeleine. Il accourut vers elle et lui prodigua ses soins. Madeleine reprit peu à peu ses sens, mais sa respiration était courte et pénible. La vie s'éteignait en elle. Tant d'émotions l'avaient brisée.
— Maurice... mon enfant... murmura-t-elle faiblement. — Le voici, dit l'inconnu. — Dans cette voiture... qui vient de passer... le père de mon enfant. — Oh! infamie! — La mort... je souffre... dit Madeleine dont le râle indiquait l'agonie. — Et personne pour porter secours à cette femme! s'écria l'inconnu. — Mon enfant, qui le sauvera! murmura Madeleine. — Moi, répondit l'inconnu. Pauvre mère, ton vœu sera exaucé. J'élèverai ton fils. Dès ce jour, il deviendra le mien. — Merci!... oh! merci. — Puisse cette consolation adoucir ta dernière heure, ton adieu à cette terre où, délaissée de tous, tu n'as trouvé que honte et misère. Dieu te tiendra compte de chaque torture de ton cœur. Du ciel où tu seras, tu veilleras sur ton enfant, que j'adopte et que je n'abandonnerai jamais, je le jure à l'heure suprême de la mort. — Oh! soyez béni...
La parole expira sur les lèvres de Madeleine. Après une dernière convulsion, elle rendit l'âme. L'inconnu descendit le cadavre de Madeleine dans le fossé de la route. Cette œuvre accomplie, il remonta aussitôt pour apaiser Maurice, qui appelait sa mère à grands cris.
— Ta mère ne te répondra plus, mon enfant, lui dit-il, elle est au ciel.
Puis il ôta son manteau, en enveloppa l'enfant et continua sa route. La neige, qui tombait par flocons, forma en quelques minutes un linceul au corps de la pauvre Madeleine.

II. — UN DISCIPLE DE VINCENT DE PAULE.

L'homme qui avait si généreusement recueilli l'enfant de Madeleine se nommait Jérôme Ballue, et exerçait à Saint-Georges, joli bourg assis sur la rive septentrionale de la Loire, une profession aussi honorable que peu lucrative, celle de maître d'école.
Notre société honore et gratifie ses membres en raison inverse des services qu'ils lui rendent. Les hommes les plus utiles et les plus dévoués sont les plus malheureux : cela seul suffit pour la juger.
Ce n'était pas la première fois que le maître d'école montrait pour les enfants abandonnés le zèle d'un Vincent de Paule; le trait suivant le fera bien connaître.
En 1816, à l'époque des vacances, des affaires de famille l'avaient contraint de se rendre à Paris avec sa femme, Catherine. La veille de leur départ de la capitale, en passant à dix heures du soir devant l'église Saint-Roch, les époux entendirent des vagissements. Jérôme abandonna aussitôt le bras de sa femme et franchit lestement les marches de l'église; à l'angle de l'escalier il aperçut une berceaunette dont il s'empara.
— Femme, voilà ce que j'ai trouvé, dit-il à Catherine en lui présentant la berceaunette.
A la lumière d'un reverbère placé à côté de l'église, Catherine vit un enfant qui lui tendait ses petites mains. Un médaillon pendait à son cou ; c'était le portrait d'une femme, de la mère de l'enfant sans doute.
— Eh bien, qu'en penses-tu? reprit Jérôme en interrogeant sa femme du regard. — Je pense, répondit Catherine, qu'il faut accepter ce que le bon Dieu nous envoie. — Catherine, tu es la perle des femmes.
Le lendemain, les époux quittaient Paris, emportant avec eux la petite fille qu'ils avaient trouvée exposée sur les marches de l'église Saint-Roch, et qu'ils nommèrent Juliette.
Cette bonne action ne préserva pas Jérôme des coups du malheur. La bonne Catherine mourut prématurément, et le maître d'école resta seul avec ses enfants adoptifs, n'ayant pour les élever que le modique gain de sa place de maître d'école, c'est-à-dire 800 francs. En additionnant les profits qu'il avait à chanter au lutrin le dimanche (car le père Jérôme cumulait les emplois), il jouissait d'un revenu net de 1,000 f. par an.
A l'époque de notre récit, le père Jérôme avait cinquante-deux ans; son corps, d'une extrême maigreur, et sa figure décharnée, accusaient de longues privations. Sa vie semblait s'être retirée et concentrée dans ses yeux vifs et brillants comme dans un dernier foyer.
En dépit de sa misère, jamais une plainte ne sortait de la bouche du maître d'école ; il avait trouvé dans les joies de l'âme l'oubli des douleurs physiques. La vue seule de sa petite famille (c'est ainsi qu'il appelait ses écoliers) le rendait heureux.
Le père Jérôme ne se contentait pas d'apprendre à lire à ses enfants; il apportait un religieux soin à leur éducation morale. Rien ne lui coûtait, ni le temps, ni la patience. Du reste, sa méthode était aussi simple que belle; elle consistait à maintenir dans le cœur de

ses élèves la supériorité des bons instincts sur les mauvais, des sentiments généreux sur les penchants égoïstes. Il considérait l'enfance comme un champ où croissent en foule bonnes et mauvaises herbes, et l'éducateur comme un agriculteur dont l'amour intelligent détruit l'ivraie qui stérilise en leurs germes les moissons dorées.
A l'heure du déjeûner, par exemple, lorsqu'il remarquait qu'un de ses écoliers mangeait son pain sec à l'écart, il s'approchait d'un autre plus heureux, et lui disait à l'oreille : — Vois donc ce pauvre Pierre comme il est triste là-bas dans son coin. L'enfant courait aussitôt à Pierre et partageait avec lui ses friandises.
Cette sorte de répartition faite entre ses écoliers, le père Jérôme rentrait dans sa chambre, se versait une copieuse rasade d'eau fraîche, et découpait délicatement en petits morceaux le pain qui composait son déjeûner. Son repas terminé, il collait sa figure décharnée aux vitres d'une croisée qui donnait sur la cour où jouaient les écoliers; alors son œil se dilatait, son visage s'épanouissait ; tous ses traits, subissant une métamorphose, s'éclairaient d'une joie infinie.
— Petits enfants, disait-il en examinant les écoliers qui jetaient des cris bruyants en gambadant dans la cour et formaient une chaîne dont les anneaux se disjoignaient sans cesse, pourquoi faut-il que vous me quittiez un jour? Que vous êtes beaux ainsi!... Monde qui me les ravira, qu'en feras-tu? Je te les donnerai bons, et tu me les rendras méchants. A présent, ils sont unis par l'amour qui épanouit leurs cœurs ; plus tard la haine les divisera; la haine! fruit de l'intérêt, de l'envie, de toutes les mauvaises passions. Au milieu de vos luttes ardentes, de vos rivalités, enfants, puissiez-vous garder un souvenir du vieux Jérôme et de l'école de Saint-Georges où vous vivez en frères et ne formez qu'une famille. Mon Dieu ! puisqu'ils s'aiment aujourd'hui, faites qu'ils ne se haïssent pas demain! Petits enfants, pourquoi faut-il que vous me quittiez ?
Les deux orphelins, Maurice et Juliette, grandirent, se développèrent sous l'œil vigilant du maître d'école dont ils écoutaient docilement les paternelles remontrances.
Juliette avait atteint sa quinzième année; c'était une blonde et naïve enfant dont la vue inspirait de douces pensées. Les lignes de son visage, qu'encadraient deux longues grappes de cheveux aux reflets dorés, étaient empreintes d'une pureté raphaëlesque. Bonne, prévenante, charitable, la jeune fille avait conquis l'affection de tous ceux qui la connaissaient.
A peu près du même âge que Juliette, bon et sensible comme elle, Maurice différait essentiellement par le caractère. Celui-ci de sa sœur d'adoption et le sien formaient un contraste frappant. Juliette était gaie, expansive, tournée en dehors (qu'on nous passe cette expression, qui rend bien notre pensée), Maurice sombre et réservé. La gravité du jeune homme excitait parfois les sarcasmes de Juliette, mais elle s'évertuait vainement à dissiper cette tristesse par ses propos enfantins. Entre Maurice et la joie venait toujours se placer la funèbre image de sa mère expirant sur la route; dans ses nuits agitées, il voyait son fantôme. Cette terrible apparition se présentait sans cesse à son imagination frappée. Le maître d'école voulut effacer de la pensée de Maurice ce pénible souvenir, mais il n'y réussit pas; chaque jour le jeune homme lui disait : « Parlez-moi de ma mère, » quoiqu'il sût bien que le père Jérôme n'avait d'autres détails à lui donner que ceux qu'il connaissait déjà.
Maurice aimait l'étude avec passion ; de bonne heure il montra un ardent désir de connaître le dessin. N'ayant pour se guider d'autre maître que son goût, en peu de temps il sut dessiner assez habilement. Sa vocation se révéla d'une étrange manière. A l'église, pendant la messe, ses yeux s'attachèrent à un tableau dont le sujet était la Fuite en Égypte. Maurice connaissait ce tableau, mais jamais il n'avait produit sur lui la vive impression qu'il ressentait, jamais la figure de la Vierge ne lui avait paru si pure, si rayonnante d'amour. Il lui semblait que la vie animait les personnages peints sur la toile et qu'ils lui souriaient.
Le jeune homme, transporté dans d'idéales régions, n'entendit pas prononcer l'Ite missa est, et ne s'aperçut pas que l'église était devenue déserte. Il fallut que le père Jérôme vint mettre un terme à son extase en lui frappant sur l'épaule.
Hors de l'église Maurice lui dit : — Mon père, je veux être peintre. — Peintre? s'exclama le maître d'école absourdi par le laconisme de Maurice. — Oui, mon père ! Oh ! que de joies il doit ressentir l'artiste qui anime ou ressuscite à son gré tous les êtres qui sourient à son imagination. — Pour devenir un peintre, objecta le maître d'école, il faut beaucoup de temps et... de l'argent. — Ah! dit Maurice avec un soupir, vous avez raison; pardonnez-moi. Ce tableau m'avait fait tout oublier. — Ne te désole pas, enfant; dans tes heures de loisir, tu t'occuperas de ton dessin, de ton art favori. Autant que cela lui est possible, Maurice, l'homme doit suivre la vocation vers laquelle ses idées et ses goûts le portent. Celui qui remplit avec prédilection la plus humble fonction dans la société est heureux.
Maurice, se rendant aux conseils du maître d'école, résolut de s'appliquer avec ardeur au dessin ; mais un événement vint déranger ses projets d'étude.

Un dimanche il rentra le visage bouleversé et les vêtements en désordre. Dès que le maître d'école l'aperçut, il s'élança au-devant de lui. — Maurice, que t'est-il arrivé? demanda-t-il. — Je me suis battu, répondit Maurice dont le visage conservait encore les traces de la colère. — Tu t'es battu! Mais pour quelle raison? — Parce qu'on insultait ma mère. — Et qui a osé?... — Un misérable qui se nomme Mathias. — Comment a-t-il appris qui tu étais? Dans ce bourg, on croit que tu t'ai trouvé abandonné sur la route; personne ne connaît le nom de ta mère, ni son malheureux sort. — Chacun en est instruit à présent, grâce à ce Mathias. — Voyons, raconte-moi comment cela s'est passé. — Au moment où je traversais la place de l'église, Mathias et quelques autres me montrèrent au doigt en riant aux éclats de mon étonnement; je m'avançai vers eux, et je les entendis s'écrier : C'est lui, le fils de..... Oh! je ne répéterai pas leurs infâmes paroles. Hors de moi, je courus à Mathias, je le traitai de lâche, et bientôt nous nous ruâmes l'un sur l'autre. La colère avait doublé mes forces; je le terrassai, et je crois que je l'aurais tué si on ne l'eût arraché de mes mains. Pauvre mère! ce n'est pas assez d'avoir souffert le martyre pendant sa vie, morte il faut encore qu'elle soit calomniée. — Maurice, calme-toi, je t'en conjure. Mathias ne mérite que le mépris; je saurai arrêter ces propos. — Quel mal leur avais-je fait à ces gens pour me frapper ainsi dans la mémoire de ma mère? Dieu m'est témoin que je ne leur ai jamais montré que de la bienveillance.

A cet instant on entendit Juliette qui descendait l'escalier de sa chambre en fredonnant un gai refrain.

— Voici ta sœur, dit le père Jérôme à Maurice, qu'elle ne soupçonne rien; essuie tes larmes. — Je m'en vais, répondit Maurice, car je me trahirais malgré moi. Au revoir, père.

Et après avoir serré avec effusion la main du maître d'école, Maurice s'esquiva.

Le jeune homme marchait lentement, la tête baissée, dans la rue qui traverse le bourg de Saint-Georges dans toute sa longueur; sa colère se dissipait peu à peu et faisait place à de mélancoliques pensées. Tout-à-coup un cri aigu résonne à son oreille; il relève la tête et aperçoit un cheval emporté qui menace à chaque instant de briser, aux angles des maisons, le tilbury qu'il traîne après lui. Une femme tendait les bras hors de la voiture en implorant du secours.

A cette vue, Maurice ne se sent plus maître de lui; sans réfléchir au danger auquel il s'expose, il se précipite au-devant du cheval, et pendant à ses rênes, il lui imprime une forte secousse. L'animal furieux bondit et s'arrêta à quelques pas, mais il traîna le courageux Maurice et le foula sous ses pieds. Une jeune fille descendit du tilbury. A peine remise de l'effroi qu'elle avait ressenti, elle songea à son sauveur.

— Blessé! mon Dieu, il est blessé! s'écria-t-elle en jetant les yeux sur Maurice qui gisait au milieu de la rue.

Elle alla à lui, écarta de son front ses cheveux noirs souillés de sang, et lui fit respirer un petit flacon qu'elle portait sur elle. Maurice ayant repris ses sens, on le transporta à la maison du maître d'école. Un médecin fut appelé; il déclara que les blessures de Maurice étaient assez graves, mais cependant qu'il n'y avait aucun danger pour sa vie.

La jeune fille, oubliant, dans sa sollicitude pour son sauveur, la contrainte imposée aux femmes, resta au chevet du malade, lui donnant, de concert avec Juliette, tous les soins que réclamait son état. On vint lui annoncer que son tilbury était réparé; elle donna des ordres à son domestique pour qu'il se tînt prêt le lendemain à neuf heures du matin.

— Eh quoi, mademoiselle, dit timidement Juliette, vous voulez passer cette nuit... — Auprès de votre frère. — C'est trop de bonté! Je suis là... Il ne manquera pas de soins, je vous l'assure.

— Je n'en doute pas; mais si je partais maintenant, j'emporterais dans mon cœur une inquiétude mortelle. Je ne quitterai cette maison qu'avec la certitude que votre frère sera hors de danger.

— Que vous êtes bonne... Oh! je me sens de l'amitié pour vous.

Et les deux jeunes filles, comme deux anges gardiens, veillèrent au chevet du malade. Maurice passa une nuit assez agitée. Le matin, en ouvrant les yeux, il vit à côté de lui une jeune femme dont la beauté séraphique lui fit croire à une vision; il resta un moment absorbé dans une muette contemplation. Enfin, désirant s'assurer s'il n'était pas sous la puissance d'un rêve ou d'une hallucination, Maurice parla.

— J'ai soif, dit-il.

Aussitôt la jeune femme se leva, prit sur la cheminée une tasse qui contenait une potion, et l'apporta au malade.

— Qui êtes-vous? demanda Maurice en cherchant à rassembler ses esprits. — Votre amie, celle qu'hier vous sauvâtes d'une mort presque certaine. Je me nomme Lucie Delaborde; je suis la nièce de Jacques Delaborde, le célèbre fabricant de Tours. Souvenez-vous, je vous en prie, que Lucie Delaborde comptera au nombre de ses plus beaux jours celui où vous lui donnerez l'occasion de vous prouver toute sa gratitude. — Mon Dieu! je vous remercie. — Que dites-vous? — Je remercie Dieu d'avoir sauvé un de ses anges.

Neuf heures sonnèrent; Lucie fit ses adieux au père Jérôme et à sa famille.

Deux mois suffirent à l'entier rétablissement de Maurice.

Un matin, après avoir préparé son trousseau, il vint, le bâton à la main, trouver le père Jérôme.

— Je pars, mon père, lui dit-il. — Comment?... que signifie?... balbutia le maître d'école étourdi par cette nouvelle. — Je me rends à Tours; il le faut. — C'est là la manière de me demander mon autorisation. — Mon père, croyez qu'il m'en coûte de me séparer de vous et de ma sœur; mais vous comprenez que je ne puis rester à Saint-Georges après ce qui s'est passé. Et puis, à mon âge, on doit suffire à ses besoins; j'ai honte de vous être à charge, car je sais que vous vous imposez des privations. Aussi, suis-je décidé à me rendre à Tours. Par mademoiselle Delaborde, j'aurai de l'occupation dans les ateliers de son oncle. — Puisque ta résolution est bien arrêtée, je ne chercherai pas à la combattre. Mais qui a pu te suggérer l'idée de ce voyage? — Ma mère que j'ai vue en songe. — Que Dieu te protège, mon enfant.

Juliette vint souhaiter le bonjour au père Jérôme.

— Embrasse-moi aussi, Juliette, dit Maurice. — Bien volontiers, dit la jeune fille en sautant au cou de son frère. — C'est le baiser d'adieu que je te donne. — Tu nous quittes, toi! — Pour quelque temps... Il le faut, n'est-ce pas, mon père?

Le maître d'école ne répondit pas; il se retourna pour cacher ses larmes.

— Adieu mon père; adieu ma sœur! Nous nous reverrons bientôt.

Et Maurice s'élança hors de la chambre.

Juliette et le maître d'école se placèrent devant la porte et suivirent des yeux le jeune homme, qui lentement s'éloignait; on le sentait tomber sous son cœur les larmes du père Jérôme. Près de disparaître derrière une sinuosité de la route, Maurice se retourna et fit un signe d'adieu auquel Juliette répondit en agitant un mouchoir blanc au-dessus de sa tête.

III. — LE MANUFACTURIER.

En 1832, l'industrie florissait à Tours. Jacques Delaborde était alors le manufacturier le plus en renom dans cette ville. Il possédait dans le quartier dit de la *Cathédrale* une fabrique de draps qui n'occupait pas moins de deux cents ouvriers. C'était un immense bâtiment haut de cinq étages. Chaque étage formait une longue salle dans laquelle il y avait plusieurs machines alimentées par la vapeur.

Le manufacturier allait rarement dans ses ateliers. En qualité de philanthrope, il était très sensible; — la vue de ses malheureux ouvriers énervés par le Travail et la Misère, — cette union sacrilège, cette plaie du peuple, — l'aurait trop affecté. Il avait fixé sa résidence à une portée de fusil de Tours, dans une charmante villa. Cette maison, bâtie avec une remarquable symétrie, se composait de deux corps de bâtiment. Le premier, qui se trouvait au fond d'une cour sablée, renfermait une cuisine, une salle à manger, dont les croisées donnaient sur un délicieux jardin, deux chambres à coucher et un garde-fruits. Un perron à rampes de fer établi au milieu de la cour conduisait au second bâtiment. En montant les dix marches et en faisant quelques pas dans un large vestibule, on tenait à sa droite un salon ruisselant d'or consacré aux réunions, aux soirées, et à sa gauche, l'appartement de M. Delaborde; celui de sa femme se trouvait au premier. Une vaste prairie et un petit bois formaient les dépendances et comme le complément de cette jolie propriété.

Il y a des êtres qui luttent toute leur vie contre un mauvais destin (appelez-le hasard, circonstances, peu importe) sans en triompher; d'autres ne rencontrent jamais de barrières infranchissables. Leur route est une surface plane; ils n'ont qu'à marcher. Jacques Delaborde peut être rangé dans cette dernière catégorie. Fils d'un obscur et pauvre intendant, il voulut être riche. Sa pensée s'arrêta à ce désir, ses facultés furent dirigées vers ce but; le sort le favorisa. Il se lança dans l'industrie avec de faibles capitaux et y acquit une fortune en quelques années. Il désira la richesse et l'eut. Voilà son histoire.

En ce moment, nous voyons le manufacturier assis dans son petit salon en face d'une personne avec laquelle nos lecteurs ont déjà fait connaissance : mademoiselle Lucie. Le crâne chauve, le nez épaté, le teint enluminé du fabricant de draps, font ressortir avec éclat la beauté de la jeune fille.

Lucie avait dix-huit ans. D'une nature précoce qu'elle tenait de sa mère italienne, son corps et son esprit avaient atteint à cet âge leur complet développement. A travers son visage, d'une vive et chaude carnation, éclataient l'intelligence, la vie, l'ardeur, la passion. Ses yeux d'un bleu tendre étaient ombragés par de noirs sourcils; sa voix sonore, métallique, dénotait la fermeté de son caractère. Sa beauté réunissait ces dons si opposés : la force et la grâce.

Le manufacturier, qui d'ordinaire était enjoué, fronçait le sourcil, et tenait majestueusement la tête haute.

— Ma nièce, dit-il à Lucie qui le regardait curieusement, nous allons causer d'affaires très graves. — Mon Dieu! mon oncle, dit la jeune fille presque effrayée du ton doctoral de M. Delaborde, auriez-

vous quelque fâcheuse nouvelle à m'apprendre? — Bien au contraire, je crois que vous sortirez de ce salon plus joyeuse que vous n'y êtes entrée. — Oh! alors, parlez vite. — Lucie, vous perdîtes votre père à huit ans. Votre mère, vous le savez, avait un profond attachement pour son mari. Aussi le suivit-elle de près au tombeau. A dix ans, vous restiez orpheline. — Pourquoi évoquez-vous le souvenir de ma mère, dit Lucie les larmes aux yeux. — Ma belle-sœur, continua le manufacturier impassible dans sa gravité, vous laissa deux cent mille francs. Elle m'institua votre tuteur, et je jurai à son lit de mort de veiller au bonheur de votre vie. — Oh! vous avez bien tenu votre serment. Que de reconnaissance je vous ai! — Ne m'interrompez pas, je vous prie. — Je vous écoute. — Ma belle-sœur voulut que vous fussiez élevée à Paris dans la pension de mademoiselle Lebrun, son amie. Je vous y envoyai. Maintenant, il vous reste à réaliser le vœu le plus cher à votre mère. — Quel est-il? s'écria vivement Lucie en se levant. Oh! ce sera pour moi un devoir sacré. — Ma nièce, vous avez dix-huit ans révolus. — Je le sais, mon oncle, répondit avec humeur la jeune fille impatientée. — Vous êtes à un âge où une jeune fille doit songer à son avenir, à son établissement.

Lucie ne put réprimer un mouvement d'inquiétude.

— Je ne désire rien, balbutia-t-elle. Je suis heureuse avec vous, mon oncle, et mon avenir ne me préoccupe pas du tout. — Ma nièce, pour réaliser la dernière volonté de votre mère, il faut que vous deveniez l'épouse de mon fils Albert.

Il se fit un silence. Lucie, frappée de stupeur, resta muette.

— Je suis certain que l'idée de cette union vous agrée, ma nièce, reprit le manufacturier, très mauvais observateur. Mon fils est un charmant jeune homme, un cavalier accompli. Ah! vous aurez là un mari que bien des jeunes filles vous envieront.

Lucie était devenue affreusement pâle. L'horreur et l'effroi étaient peints sur son visage.

— Mon oncle, je suis bien malheureuse, dit-elle. — Malheureuse! s'exclama M. Delaborde étonné, malheureuse! et pourquoi, s'il vous plaît? — Parce que je ne puis accomplir le vœu de ma mère. Dites-moi, mon oncle, le mariage, n'est-ce pas un lien qui réunit pour la vie deux êtres attirés l'un vers l'autre par une mutuelle sympathie? — Sans doute, répondit le manufacturier, un peu déconcerté par cette théorie sentimentale du mariage. — Eh bien! puisque j'ai votre approbation, je vous avouerai que je n'aime pas mon cousin. — Ah! n'est-ce que cela? dit en riant le manufacturier. L'obstacle ne me paraît pas grand. Albert vous aura fait encore quelque espièglerie de sa façon. Il est si malin! Mais il s'en repent déjà, c'est certain, et vous auriez dû oublier ces niaiseries, ma nièce. — Vous m'aviez annoncé un entretien sérieux, mon oncle, et c'est sérieusement que je vous ai parlé.

Cette réponse fut faite avec tant de dignité et de résolution, que M. Delaborde en parut surpris et piqué.

— Mademoiselle, reprit-il, qu'avez-vous donc appris dans votre pensionnat de Paris, pour que vous ignoriez que le premier devoir d'une jeune fille est d'obéir à ses parents. J'entends que vous vous soumettiez à la volonté de votre mère. — Ma mère, dit Lucie sans se troubler, ni manifestant le désir que je fusse unie à mon cousin, n'avait pas l'intention de contraindre mes penchants. Si elle vivait, je lui dirais comme je vous le dis, mon oncle : mon bonheur est à jamais détruit si je deviens la femme de mon cousin. Et bien loin de traiter ma franchise de révolte ou de désobéissance, elle m'aurait approuvée, j'en suis sûre.

Battu sur le terrain de la raison par cette jeune fille si ferme dans son droit, le manufacturier se hâta de reprendre le ton plaisant.

— Lucie, dit-il, je me fâcherais si je ne savais que cette répulsion que vous croyez avoir pour votre cousin n'est qu'un pur enfantillage. Au surplus, ajouta M. Delaborde en désignant son fils qui ouvrait la porte du salon : voici le coupable. Je veux qu'il répare ses fautes devant moi.

Albert Delaborde était un beau et fringant jeune homme de vingt-trois ans. Sa physionomie était malicieuse, son regard effronté. De noires moustaches effilées et retroussées en crocs lui donnaient un air fanfaron.

— Tu arrives à propos, dit M. Delaborde à son fils, pour t'excuser des torts dont tu t'es rendu coupable envers ta cousine. — Si c'est être coupable que d'aimer passionnément, répondit Albert en lançant une œillade à Lucie, je le suis à l'égard de ma belle cousine. — Tu te trompes, Albert, tu as le tort capital de ne pas être aimé.

La colère empourpra le visage du jeune homme.

— Il est bien difficile de plaire à ma cousine, répliqua-t-il d'une voix aigre. Du reste, quand soi-même on possède toutes les qualités, toutes les vertus, on a bien le droit d'exiger une semblable perfection chez les autres. — Allons, allons, interrompit M. Delaborde, tu ne prends pas le bon chemin pour obtenir ton pardon. Vous êtes deux enfants. Tu sais, Albert, que dans un mois, tu dois devenir l'époux de Lucie. Ainsi, mon garçon, fais bien ta cour. Je vous laisse tous les deux, afin que vous vous expliquiez plus librement. Au revoir, enfants.

Et le manufacturier sortit en laissant échapper un gros rire.

— Qu'avez-vous encore contre moi, Lucie? dit Albert d'un ton amical en se rapprochant de sa cousine. Répondrez-vous toujours par un injuste dédain au sincère amour que vous m'avez inspiré. Pourtant, je devrais vous haïr, car vous saisissez toujours avec empressement l'occasion de médire de moi. Mais non, je n'en ai pas le courage. J'adore si follement ma belle ennemie que je lui donnerais ma vie pour un de ses regards sans colère, pour une de ses paroles sans fiel. — Ah! ah! c'est charmant! s'exclama Lucie en riant aux éclats. Ah! l'admirable galanterie! — Mademoiselle, dit Albert froissé dans son amour-propre, pourquoi riez-vous? — Vous avez raison de me rappeler à moi-même, mon cousin. Il est des femmes que de tels serments d'amour égarent. Et tenez, je connais une pauvre fille qui fut ainsi trompée dans ses affections. Elle accueillit avec un sourire de bonheur de belles protestations de dévoûment... semblables à celles que vous me faites; mais elle ne tarda pas à s'en repentir, car celui qui lui avait juré un éternel attachement, la laissa seule avec sa honte et sa flétrissure. — En vérité, voilà une histoire touchante jusqu'aux larmes, dit Albert d'un ton railleur, mais je n'en vois pas l'à-propos. Ma cousine, je ne vous comprends plus. Vous devenez une énigme pour moi. — Mon histoire ne vous eût sans doute pas paru énigmatique, si je vous eusse d'abord dévoilé le nom de l'héroïne. — Et cette mystérieuse femme se nomme..... — Louise.

Albert tressaillit.

— N'est-ce pas, mon cousin, qu'il est odieux de se jouer de la vie et de l'honneur d'une femme? N'est-ce pas que cet homme est un misérable garçon? — Ma cousine! prenez garde! — Qu'avez-vous, mon cousin? Que signifie cette colère? L'amant parjure, serait-ce vous, par hasard? — Qui vous a conté une pareille imposture? — Elle-même, monsieur, Louise, qui serait morte aujourd'hui si je ne l'avais soutenue de mes conseils et de ma bourse. Mais vous m'écoutez à peine. En effet, cette pauvre fille dont vous avez voué l'existence au malheur, qu'est-elle pour vous à présent? un souvenir importun. Je sais que dans votre langage, vous avez des mots dorés pour couvrir vos fautes. Vous appelez cela un passe-temps, une folie de jeunesse. J'appelle cela un crime, moi! — Lucie! taisez-vous, s'écria Albert furieux. — Décidément, mon cousin, nous ferions tous les deux un très mauvais ménage. J'espère que vous voudrez bien prier mon oncle de ne plus songer à notre union. — Je n'ai pas la simplicité de croire à la valeur des prétextes que vous opposez à notre mariage. La vérité, c'est que j'ai un rival. — Je le pense, fors, interrompit fièrement Lucie, avoir le compte à vous rendre touchant mes affections. — Mais vous me haïssez donc bien, Lucie? — Ce n'est pas vous que je hais, monsieur, ce sont vos vices.

Lucie sortit.

Pendant que cette scène se passait dans le salon du manufacturier, son ami, le chevalier de Barcas, avait avec madame Delaborde une conversation qui mérite d'être rapportée.

IV. — LA THÉORIE DU CHEVALIER DE BARCAS.

La première femme de M. Delaborde était morte en donnant le jour à son fils Albert. Le manufacturier ne resta pas longtemps veuf. Il s'enamoura d'une jeune orpheline qui n'avait d'autre richesse qu'une remarquable beauté et l'épousa. Ce mariage fut amené par le chevalier de Barcas. M. Delaborde, en mettant le chevalier à l'abri du besoin, car la famille de ce gentilhomme avait été ruinée par la révolution de 89, s'était entouré d'un fidèle et sincère ami. Du moins, telle était sa ferme conviction, car il le consultait en toutes choses.

M. de Barcas avait une physionomie double. Cela peut paraître étrange au premier abord; mais quand on y réfléchit bien, chacun de nous ne lui ressemble-t-il pas? N'avons-nous pas notre physionomie vraie, qui reflète nos sentiments quand nous n'avons aucun intérêt à les celer, et le masque mobile de la civilisation, à l'aide duquel chacun joue sa petite comédie. Lorsque le chevalier avait jeté son masque frivole et enjoué, l'expression de sa figure était caustique, méchante, terrible. Son regard, qu'allumaient de mauvaises passions, vous éblouissait.

Madame Delaborde était d'une petite taille. Des traits grecs, un regard terne, une carnation mate lui donnaient l'apparence d'une statue. Il ne fallait pas être un profond observateur pour remarquer qu'il manquait à cette beauté morte le foyer intérieur qui éclaire et vivifie le corps, l'âme.

— Ah! chevalier, dit madame Delaborde aussitôt qu'elle aperçut M. de Barcas, j'avais hâte de vous voir. — De mon côté, madame, j'étais pressé par le désir de me trouver auprès de vous. Pendant mon absence, votre santé ne s'est pas altérée? — Un peu, chevalier.

Ce disant, madame Delaborde lança à M. de Barcas un coup d'œil dont celui-ci comprit le langage, car il alla aussitôt s'assurer si la porte de l'appartement était bien close.

— Éléonore, dit M. de Barcas en revenant vers madame Delaborde, que vous est-il arrivé? — Georges, croyez-vous au remords? — Oui, madame, le remords est le défaut des esprits timorés. — Ne mérite cette qualification. Lorsque vous n'êtes plus ici, Georges, la tranquillité de mon âme s'évanouit. Le passé se représente à moi, il m'accuse avec justice. Le souvenir de Frédéric s'attache à mes pas

et trouble chaque heure de ma vie. — Faible femme! dit le chevalier en considérant madame Delaborde avec pitié. — Hier, toutes ces idées me tourmentaient avec une telle force que ma respiration en était devenue difficile. Je sortis seule, car je ne voulais que personne au monde fût témoin de mon agitation. Marchant d'un pas rapide, j'eus bientôt atteint Val-en-Fleurs, mais je ne trouvai point dans cette solitude le repos que j'y cherchais. Si je levais les yeux au ciel, Dieu m'apparaissait sur les nuages pourprés, j'entendais ses malédictions. Le crépuscule étant venu, je me mis en devoir de rentrer. J'avais fait quelques pas dans la prairie, lorsque j'entendis du bruit derrière moi. Effrayée, je me retournai. Un homme m'avait suivi. Il s'était arrêté et tenait ses yeux fixés sur les miens. En lui, je crus reconnaître Frédéric. Folle d'épouvante, je courus à travers la campagne comme si j'eusse été harcelée par les furies, n'osant retourner la tête, de peur que mon regard ne rencontrât ce spectre. Haletante, épuisée de fatigue, j'arrivai dans notre cour, où je trouvai mon mari inquiet de moi. L'heure du dîner était passée; l'on me cherchait partout. Je prétextai une visite, et M. Delaborde est heureusement si loin de soupçonner la vérité, qu'il ne remarqua même pas mon désordre. — Madame, vous deviendrez folle. — Ah! Georges, vous êtes cruel. — Moins que vous ne l'êtes envers vous-même. N'offrez-vous pas le triste spectacle d'une femme riche, honorée, enviée, qui détruit son bonheur en se créant de vaines chimères. — Oh! répétez-moi qu'il est impossible que j'aie vu Frédéric, que c'est une hallucination de mon cerveau. — Les morts ne reviennent pas, que je sache. — Il est mort... — Faut-il pour vous en convaincre que je vous apporte son cadavre? Ne savez-vous pas comme moi que le Frédéric Marvennes, connu pour l'un des plus chauds partisans de l'empereur, fut massacré après les Cent-Jours à Marseille, avec plusieurs autres officiers, au moment où il songeait à s'embarquer pour échapper à une mort juridique. — Cet inconnu qui a établi sa demeure à la Roche-Noire me cause de l'effroi. C'est lui, peut-être, qui m'a suivie hier. On le dit riche, parce qu'il secourt beaucoup de malheureux, mais que signifie le mystère dont il s'entoure? S'il a de la fortune, pourquoi vit-il comme un animal dans la cavité d'un château en ruines. Il excite la curiosité de plusieurs personnes. Georges, cherchez à le connaître. — N'allez-vous pas prendre ombrage d'un original qui a la fantaisie de vivre en ermite. C'est un moyen assez ingénieux pour acquérir à peu de frais de la célébrité. On est tellement habitué aujourd'hui à voir une myriade d'êtres se presser, se ruer dans les sentiers battus, qu'on s'étonne de la révolte d'une âme libre qui ose mener une vie particulière. La société, madame, est un tyran qu'il faut dominer de toute sa puissance ou servir comme un esclave. — Je n'écoute plus vos pernicieux conseils, dit madame Delaborde en faisant un geste d'impatience. Vous m'aviez promis le bonheur, et je n'ai trouvé dans ma nouvelle position qu'amertumes du cœur, que tourments de la pensée. Vous m'avez trompée en me tendant un piège odieux, en m'arrachant mon enfant, seul lien capable de me retenir à l'honneur. Ah! pourquoi ai-je marché avec confiance vers le mirage que tu m'as présenté; tentateur infernal. — Vous m'adressez là, madame, d'injustes reproches, et puisque vous avez oublié les faits passés, je vais vous les remémorer. Lorsque je vous connus, par l'intermédiaire de votre vieille tante, vous étiez en proie à la plus horrible misère..... — Monsieur... interrompit madame Delaborde dont l'orgueil souffrait cruellement. — En vous, continua M. de Barcas, je découvris un trésor. Je vous appris que dans une société esclave de tous les vices, la beauté était pour la femme un sceptre, une puissance. Vous me parlâtes d'honneur, de devoir... que sais-je? Pour toute réponse, j'ouvris la croisée de votre chambre. Voici le spectacle qui s'offrait à nous:
« Au milieu de la rue, une femme avec un enfant dans les bras, était repoussée, insultée par ceux dont elle implorait la pitié. Une calèche qui passa faillit écraser la pauvre mère. Vous jetâtes un cri d'horreur. La calèche traînait une grande dame dont la beauté et la brillante parure attiraient les regards de tous les passants.
» — « Choisissez votre sort, vous dis-je alors. Heureuse et admirée comme celle-ci », — ou malheureuse et flétrie comme celle-là ! »
« Votre réponse fut claire, madame; j'emportai votre enfant. »
Les pâles joues de madame Delaborde se colorèrent d'une vive rougeur.
— Le lendemain de ce jour, reprit l'impitoyable chevalier, je vous trouvai parée de la riche toilette dont je vous avais fait présent. Vous étiez éblouissante de beauté. Je vous présentai à M. Delaborde, qui s'éprit de vos charmes. Quelque temps après, grâce à l'intérêt que j'avais su jeter sur votre jeunesse orpheline, il vous épousait. Les promesses que je vous fis, madame, se sont réalisées pour votre mariage. Richesse, considération, tout ce qui peut constituer une existence fortunée, vous le possédez. Maintenant, dites-moi, si je vous ai trompée?
Madame Delaborde, terrassée par cette logique de Satan, fascinée par cette force de caractère, reprit docilement le joug qu'elle avait tenté de secouer.
— Je n'ai pas le droit de vous accuser, répondit-elle au chevalier.

Un sourire de satisfaction erra sur les lèvres de M. de Barcas.
— Il n'est pas juste, reprit-il, de m'imputer les défaillances de votre esprit, car je vous ai constamment montré l'exemple d'une inébranlable fermeté. Je n'ai pas bronché d'une ligne dans la route que je me suis tracée. Cependant ma vie est une image de la vôtre. J'ai eu aussi mes heures de jeunesse, de vertu, de résignation. J'ai supporté les angoisses de la faim, j'ai ressenti les cruelles humiliations du malheur. Mais il vint un jour où, las de tant de souffrances, je relevai fièrement la tête; je regardai autour de moi, et je me fis ce raisonnement:
« La société joue une grande comédie. Les habiles, les forts choisissent leurs rôles; les faibles, les sots se laissent imposer les leurs. Lorsqu'on est jeté au milieu d'une mêlée d'hommes qui se combattent et s'écrasent sans pitié, la bonté du cœur est une sottise. Pour se mesurer à leur taille, il faut des entrailles de fer. La vie sociale est un steeple-chasse; le but, c'est la richesse, qui tient lieu de tout. Pour y arriver, tous les moyens sont courts, hors la vertu et le mérite. » Ayant ainsi raisonné ma conduite, je me mis à l'action. Un préjugé me donna du prestige, je me créai noble. Vous savez ce que j'y ai gagné. Autrefois, on méprisait mon honnête et obscure pauvreté, aujourd'hui l'on me salue jusqu'à terre. Imitez-moi, Éléonore, chassez de votre esprit cette fantasmagorie de souvenirs; oubliez le passé. Dans le passé, il y avait pour vous la misère et l'esclavage, le présent vous donne la richesse, l'avenir vous réserve la liberté!
— Quel mot avez-vous prononcé, Georges? La liberté! Oh! qu'il me tarde d'en jouir! — Vous n'avez pas, je crois, à vous plaindre de votre mari? N'accède-t-il pas au moindre de vos caprices. Son amour semble s'accroître chaque jour. — Ma répulsion pour lui augmente en raison de son amour. Être liée à un être qu'on n'aime pas, ah! c'est un supplice que vous ne connaissez pas, Georges? — Patience!.. s'exclama M. de Barcas avec une intonation de voix terrible. — Que voulez-vous dire? murmura madame Delaborde effrayée. — Oh! ne craignez rien, madame. Loin de moi la pensée de brusquer ce que l'âge doit naturellement amener. Mais je songe que pendant que nous causons ici, votre mari instruit Lucie de sa prochaine union avec son fils. Je doute que Lucie accepte Albert pour son époux. — Il le faut pourtant, Albert, ce jeune homme qui je gouverne à mon gré en flattant ses goûts, ses passions, est le mari qui me convient. Si un étranger entrait dans notre famille, il y prendrait assurément un trop grand intérêt. La fortune de Lucie ne doit pas sortir de la famille. Oh! je me doutais bien de sa répugnance à épouser son cousin. Aussi ai-je engagé M. Delaborde à lui déclarer que ce mariage était l'une des dernières volontés de sa mère. Sans aucun doute, cet innocent subterfuge nous réussira; car Lucie, a voué un culte sacré à sa mère, n'oserait lui désobéir après sa mort. Cette petite fille ne nous aime pas, madame, et si nous ne la soumettons, elle deviendrait une dangereuse ennemie. — Vous avez raison, Georges. — Madame, dit M. de Barcas en changeant de ton, me permettrez-vous de descendre au salon? — Certainement, chevalier.
M. de Barcas trouva Albert écumant de rage et vociférant d'atroces menaces.
— Eh bien! nous nous emportons, dit M. de Barcas au jeune homme. Mauvais signe! — Croiriez-vous, répondit Albert, que cette petite sotte m'a éconduit en me prêchant un sermon! Oh! si je parviens à connaître celui qu'elle aime, malheur à lui! — Tenez, Albert, je me rappelle avoir rendu un signalé service à un jeune homme qui se trouvait à peu près dans votre position. Ce pauvre diable s'était vu supplanter par un heureux rival qui était sur le point d'épouser la jeune fille qu'il aimait. Désespéré, il songeait comme moi à se mettre fin à son existence, lorsque le hasard me plaça sur son chemin. Il me conta son malheur. Je le fis changer de résolution en l'engageant fortement à tuer son rival. Pour cela, je lui enseignai un coup d'épée infaillible que seul je connais et que je réserve à tous les jeunes gens contrariés dans leurs inclinations. Maudit gars insulta son rival, lui marcha sur le pied, le souffleta. Bref, il le tua. Un mois après, il possédait le choix de son cœur. Voilà comme quoi, Albert, mon coup d'épée fit deux heureux. Vous me l'enseignerez, chevalier. — Avec plaisir. Que voulez-vous, mon cher? Chacun écarte l'obstacle qui s'oppose à son passage, chacun écrase son ennemi, qui par la ruse, qui par la force. L'un tue l'autre! C'est la grande loi qui régit la société, c'est la loi du combat. Les faibles doivent supporter les forts, les malheureux les heureux. — Oui, je me vengerai d'elle en tuant celui qu'elle aime. — Je connais encore un petit moyen pour arriver aux fins qu'on se propose. À la rigueur, il est vrai, un sévère moraliste trouverait quelque chose à y reprendre. Par fois, l'on force une jeune fille rebelle à ses intentions à réparer son honneur. Notez bien que cet expédient n'est absolument conforme aux règles d'une saine morale. Une ne l'emploie qu'à la dernière extrémité.
— Quelle idée! Ah! ma belle cousine, vous ne m'échapperez pas. — D'abord, Albert, tâchons de découvrir votre rival. Si c'était par hasard... oh! non..... Eh! qui sait? L'amour ne se plaît-il pas à rapprocher les distances! — Vous dites?

— Que ce rival pourrait bien se nommer Maurice. Vous savez ce rustre que Lucie, préservée par lui d'un grand danger, a fait entrer à la fabrique de votre père. Un sauveur ! Je croyais, moi, que l'espèce en était perdue, qu'il n'en existait plus que dans les romans. Un sauveur ! ah ! ah ! — Oh ! dit Albert avec un mouvement d'orgueil, Lucie ne me préférerait pas ce misérable ! — Vous avez trop de confiance, Albert, dit M. de Barcas, qui cherchait à verser du fiel dans l'âme du jeune homme, il faut se défier du pauvre. Le pauvre, c'est l'envie incarnée. Il épie le riche, le vole et le tue dès qu'il est assuré de l'impunité. Il faut que le riche le tienne rampant sous son pied, comme un serpent, et qu'il l'écrase dès qu'il essaie de mordre. L'un tue l'autre ! Ma foi, ma grande loi qui revient toujours. Ainsi méfiez-vous de ce Maurice. — Chevalier, je vous invite à venir dans mon pavillon. J'ai des armes. Vous m'apprendrez à manier l'épée avec dextérité. — Volontiers, jeune homme. Je tiens à ce que vous connaissiez la botte secrète du mariage. Une ! deux !

Albert et M. de Barcas sortirent du salon.

V. — RÊVES D'AMOUR.

Par la supériorité de l'esprit et le prestige qu'exerce un blason sur la gent roturière, M. de Barcas dominait le manufacturier, par la terreur sa femme, et par le vice Albert. A vraiment parler, il tenait en mains les fils qui remuaient ces trois personnages. Il était donc devenu, grâce à cette puissance, maître de la maison Delaborde. Rien ne se faisait sans son ordre ou son approbation. Le manufacturier lui avait laissé le soin de presque toutes ses affaires. C'était son associé, moins le nom. Dans les arrangements dont il était l'arbitre, le chevalier n'avait garde de s'oublier. Sur chaque chose, il trouvait le moyen de prélever un pot-de-vin. Cela passait inaperçu, l'amitié aveuglant le manufacturier.

Selon les personnes avec lesquelles il traitait, M. de Barcas se montrait hautain ou serviable, souple par-dessus tout. Chacun le craignait et lui souriait, car il avait à son service deux armes terribles dont il se servait tour-à-tour pour terrasser ses ennemis : la raillerie et l'épée. Qu'on choisit l'une ou l'autre, on n'en était pas moins tué. Plus d'un bourgeois tourangeau avait succombé sous le feu de ses épigrammes, plus d'un duelliste était tombé à ses pieds. Entre autres prouesses, il avait rayé de la liste des vivants un certain notaire qui, pour son malheur, avait inspiré un tendre sentiment à madame Delaborde. Ce coup d'épée lui avait valu l'amitié du manufacturier en particulier et l'estime des maris en général. M. de Barcas tenait beaucoup à ce qu'Albert n'épousât pas d'autre femme que sa cousine. Il prévoyait dans sa sagacité qu'une étrangère eût acquis dans la famille Delaborde une influence pernicieuse à ses desseins. De Lucie, une fois mariée, il ne craignait rien, car elle était très indifférente à son oncle. Privée de tout parent, Lucie eût été plus heureuse que dans la maison du manufacturier. Haïe de madame Delaborde et de M. de Barcas, épiée par l'œil jaloux de son cousin, cette famille était pour elle comme une prison qui étouffait son cœur et sa pensée. Elle ne disait pas un mot qui ne fût malicieusement interprété, ne faisait pas une démarche qui ne fût calomniée. Sous les avertissements, les conseils hypocrites qu'on lui adressait, elle sentait la glaciale froideur de la haine. Ses ennemis lui faisaient envisager son mariage avec Albert comme la condition sine quâ non de la réconciliation. Par cette sourde persécution, ils espéraient changer sa volonté. C'était une erreur. Comme toutes les natures passionnées, Lucie se fût brisée plutôt que de plier. Dans la lutte qu'elle avait engagée avec ceux qui l'entouraient, la jeune fille était d'ailleurs soutenue par un admirable sentiment qui sera éternellement plus fort que la haine ; elle aimait un jeune homme à la pâle et mélancolique figure qui souvent passait devant ses croisées, échangeant avec elle de longs et tendres regards. Que de poèmes ils contenaient ! Si comprimé qu'il soit, le cœur, à l'âge où il s'éveille à l'amour, à la vie, trouve une issue à la lave qu'il renferme en renversant les digues qu'on lui oppose.

Cependant la tristesse envahit l'âme de Lucie, sa beau front se courba sous d'amères réflexions. Vainement elle ouvrait ses vertes persiennes, vainement elle regardait au loin dans la campagne, personne ne paraissait. Cet amour s'était dissipé comme un songe. En se réveillant, Lucie sentit en son cœur un vide profond. Sa vie était changée. Les persécutions auxquelles elle était en but lui parurent plus cruelles et plus insupportables.

Un soir, après avoir eu une altercation assez vive avec Albert, Lucie s'échappa de la maison de son oncle. Il avait fait une belle et chaude journée de juin. Le soleil s'était couché dans un lit de nuages pourprés. L'air résonnait de mille bruits divers, mélancoliques adieux que le soir semble adresser au jour qui fuit. Lucie avait oublié sa prison. Plus de contrainte, plus de visage grimaçant le sourire. Elle est libre ; elle va s'abandonner à une douce rêverie. L'exubérante sève de la nature la pénètre, double la force de son sang ; la brise qui se joue dans ses cheveux lui caresse de sa molle et tiède haleine. Lucie marchait avec rapidité, ou plutôt elle fuyait, lorsqu'à l'extrémité d'une prairie, près d'un hallier, elle rencontra un individu qui fit un mouvement pour l'éviter. Mais elle le reconnut.

— Maurice ! dit-elle. — Mademoiselle Delaborde, dit froidement le jeune homme, je vous salue.

Et de nouveau il chercha à s'éloigner.

— Pourquoi fuyez-vous à mon approche, Maurice ? — Mademoiselle, je vous dois le respect, et le monde auquel vous appartenez vous ordonne de tenir votre rang, de garder votre fierté envers les gens de ma condition. — Sommes-nous donc étrangers l'un à l'autre ? N'avez-vous pas une sincère reconnaissance ? Sans vous, existerais-je à cette heure ? — Je ne mérite pas tant de gratitude pour une action que mille autres eussent faite à ma place. J'ai suivi l'impulsion de mon cœur, voilà tout. Et je vous prie, mademoiselle, de nous séparer ici. Dans votre position, à la veille de contracter un lien sacré, je serais désolé que M. Albert, qui me traite avec hauteur, avec mépris, nous rencontrât ensemble.

Lucie avait enfin l'explication de la subite disparition de Maurice et de la froideur qu'il lui montrait.

— Personne n'a le droit de vous mépriser, dit-elle ; et mon cousin moins qu'un autre. N'avez-vous pas été reconnu digne, par votre intelligence, d'être placé à la tête des ouvriers de son père. Mais revenons à mon mariage, car il ne vous déplait pas d'en parler, je pense. — Bien au contraire, répondit Maurice en se contraignant, je vois avec plaisir qu'il doit assurer votre bonheur.

Soit qu'elle fût poussée par cet irrésistible penchant des femmes à tourmenter les êtres qui leur sont chers, soit qu'elle voulût punir Maurice d'avoir douté d'elle, Lucie reprit d'un ton légèrement ironique.

— Maurice, j'espère que vous ne pousserez pas le respect jusqu'à me refuser ce que je vous demande avec instance. — Mademoiselle... balbutia Maurice, cela m'est impossible... Je ne puis. — Ah ! je vois que je n'ai pas assez abaissé ma fierté. Faut-il donc vous avouer que ce le plus grand désir que vous assistiez à la célébration de mon mariage.

Devant cette cruelle obstination, le calme étudié de Maurice s'évanouit. La passion, qui grondait sourdement dans son cœur, éclata.

— Écoutez-moi, Lucie, dit-il d'une voix que l'émotion rendait chevrotante. Il y eut un insensé qui, perdu dans son obscurité, osa lever les yeux sur vous, belle et riche. Vous aimai-je toute la puissance d'une âme ardente. Ah ! cela vous surprend. En effet, n'existe-t-il pas entre les classes de la société des lignes de démarcation nettement tracées ? Mais le cœur ne connaît ni barrières, ni distinctions. Dans sa folle ardeur, il va à la plus belle et à la plus riche créature comme à la plus humble. Notre audacieux reçut un terrible châtiment pour avoir un instant oublié que la fortune donne à ses élus toutes les joies, tous les bonheurs, et que la pauvreté ôte à ses enfants jusqu'au droit d'aimer. Il fallut devenir fou à la nouvelle de vos fiançailles avec votre cousin. Cependant la raison lui vint en aide. Il eut le courage d'arracher la passion de ses entrailles. Il s'imagina qu'un beau rêve lui était apparu, qui n'aurait peut-être pas ici-bas sa réalisation. Et lorsqu'à peine ce feu qui embrasait sa poitrine est éteint, lorsque ses brûlants désirs sont encore mal cicatrisés, vous voulez qu'il assiste au triomphe de son rival ; vous l'invitez aux brillantes fêtes de votre mariage. Non, il ne s'y trouvera pas, il ne sortirait la rage et la révolte dans le cœur. Non, il n'ira pas. Il ne veut pas blasphémer Dieu !

A cette véhémente apostrophe, Lucie répondit avec douceur.

— Maurice, prenez garde ! la douleur nous rend quelquefois injuste. Ce monde privilégié que vous réprouvez renferme des âmes fières, rétives au joug, qui préféreraient une naissance obscure à la vie factice et fardée qui leur est imposée. Comme Laocoon enlacé, étouffé par les replis des serpents de Ténédos, elles se débattent vainement au milieu des préjugés qui les entourent.

Il se fit une lumière dans l'esprit de Maurice.

— Lucie ! s'écria-t-il avec exaltation, je n'ose croire à mon bonheur. Oublierez-vous les reproches qu'un insensé que la foudre du ciel n'a pas frappé lorsqu'il accusait un ange de courage et de vertu ! — Je croyais, Maurice, que l'amour n'existait pas sans la foi ? — Pardonnez-moi, Lucie. J'ai tant souffert à l'idée de vous perdre pour toujours. Mais comment se fait-il que dans toute la ville il ne soit question que de votre mariage avec M. Albert ? — Je reconnais là l'œuvre de M. de Barcas et de mon cher cousin. En répandant ces bruits mensongers, ils croient décourager mes efforts. Ma fermeté ne le cédera en rien à leur méchanceté. Je vous le jure ici, Maurice, si l'heure de mon union avec Albert doit sonner, elle sera pour moi la dernière ! — Oh ! supplice ! s'écria Maurice, vous savoir entourée d'ennemis et ne pouvoir voler à votre secours. N'être qu'un misérable que l'on chasserait comme un valet s'il osait déclarer qu'il vous aime. A cette pensée, que vous avez à rougir de moi, mon âme se soulève indignée. Je voudrais effacer au prix de mon sang l'injuste mépris qui s'attache à ma condition. Par instants, je forme d'ambitieux projets. Il me semble que j'ai en moi une puissance à la manifestation de laquelle les hommes accorderaient leur admiration. Ce langage vous étonne, chère Lucie. Vous croyiez mes idées arrêtées aux devoirs de mon état. Il n'en est pas ainsi. Le jour, je suis tout entier à mes travaux, aux cris de douleur qu'un rude labeur

arrache à mes frères; mais la nuit venue, je dépose le fardeau des tristes pensées. Alors que les cieux sont étoilés, et que dans le lointain j'entrevois de ma chambre votre blanche maison caressée par les timides rayons de la lune, la rêverie, comme une douce sœur, vient s'asseoir à côté de moi. Mon esprit, bercé par les mystérieuses voix de la nuit, s'élance dans d'idéales régions. Les ombres des grands peintres m'apparaissent et semblent me dire : « Entre elle et toi, il y a un abîme que tu peux franchir. Travaille, espère. L'amour a été le principe et la fécondation de notre glorieuse existence. » Si vous ne me fussiez pas apparue, Lucie, comme tant d'autres, triste et résigné, j'aurais tracé mon pénible sillon; mais, après vous avoir vue, suis-je bien coupable de rêver les gloires de l'artiste. Oh! pour me rendre digne de vous, il n'est pas d'efforts dont je ne me sente capable. Par un travail incessant, peut-être parviendrai-je à m'élever jusqu'aux sereines régions des esprits d'élite. J'aurai dans la poursuite de mon but l'ardeur et la confiance du juste dont le front est éclairé par l'espérance de l'immortalité. Vous jetterez dans mon ciel sombre la douce et pure lumière de l'étoile. Régénéré par la gloire et le travail, si nos deux mains peuvent s'unir un jour, Lucie, je posséderai toutes les joies du ciel et de la terre. — Je prie Dieu qu'il vous donne assez de force pour triompher des obstacles qui nous séparent. — Je m'égare!... interrompit Maurice d'une voix qui fit tressaillir la jeune fille. Mon espoir est insensé. Lucie, fuyez-moi, oubliez-moi. Ma honte ne doit pas rejaillir sur vous. — Vous avez encore un secret à m'apprendre, dit Lucie d'un ton de reproche. — Malheur sur moi! Je n'ai pas de nom, pas de famille! — Vous n'êtes pas le fils de Jérôme Ballue et le frère de Juliette? — Non, Lucie. Ma pauvre mère fut séduite et abandonnée. Repoussée de tous, n'ayant pas d'asile pour abriter sa tête, elle mourut sur la route de Saint-Georges, où celui que je nomme mon père m'a trouvé. Doué d'une âme généreuse et compatissante, il m'éleva comme si j'eusse été son fils. Vous le voyez, Lucie, la puissance même d'un ange ne saurait conjurer la fatalité qui pèse sur ma destinée. — Espérance et courage! Maurice.

Ce fut dit d'un ton si doux et si pénétrant, que Maurice crut entendre une voix divine. Transporté d'admiration pour la jeune fille, il tomba à ses genoux. Lucie lui tendit une main qu'il couvrit de larmes et de baisers.

— Oh! maintenant, quoi qu'il arrive, s'écria Maurice en se relevant, j'ai du bonheur pour toute ma vie!...

En ce moment, un ricanement diabolique, répété d'échos en échos, troubla le silence de la nuit. Les jeunes gens restèrent un instant immobiles, glacés de terreur.

— Ciel! s'écria Lucie, nous aurait-on écoutés?

Le bruit avait cessé.

En un bond Maurice se trouva derrière la haie. Il n'y avait personne!

— Peut-être est-ce une illusion de nos sens, dit Maurice, très peu rassuré lui-même et s'efforçant de calmer les alarmes de Lucie. Peut-être, ajouta-t-il, moitié sérieux, moitié plaisant, est-ce le diable qui s'était embusqué derrière cette haie pour nous railler.

Cette fois, Maurice avait raison. Satan ne jette-t-il pas son sarcasme à tout ce qui se dit et se fait ici-bas : aux belles promesses d'amour, d'amitié, de vertu; aux rêves du poète; aux projets de l'ambitieux; à la misanthropie de l'honnête homme; aux naïves croyances de la jeunesse; au monotone et vain bourdonnement de la civilisation; à notre société, courtisane hypocrite qui prêche le bien et se vautre dans le vice, qui vante à ses enfants la grandeur d'âme, l'héroïsme, le désintéressement, et se fait petite et mesquine. — Oh! Satan, le rieur éternel, qui sait le dénoûment des choses terrestres, s'égaie au spectacle que nous lui donnons. — Les hommes se lancent dans l'arène de la vie. Comme les flots tumultueux d'une mer soulevée par la tempête, ils se brisent en se heurtant les uns contre les autres. Satan écoute. De cette nature humaine sort un concert étrange, hybride, monstrueux, de rires et de pleurs, d'éclats de joie et de cris de douleurs! Des chants funèbres, discordants, traversent une musique vive, joyeuse, folle. Enfin les plus heureux dans cette lutte vont atteindre le but de leurs fatigues, ils y touchent, mais tout-à-coup un abîme s'entr'ouvre sous leurs pas et les engloutit. Pendant qu'ils s'essoufflaient, Satan creusait leurs fosses en ricanant! Et tout ceci pour vous dire qu'un démon, sous la forme humaine de M. de Barcas, avait suivi Lucie, et, caché derrière la haie, avait attentivement écouté son entretien avec Maurice. Les jeunes gens, troublés par le ris moqueur de M. de Barcas, triste présage de leur avenir, se séparèrent assez tristes et s'éloignèrent, chacun de son côté.

VI. — LES OUVRIERS.

En bon psychologiste, M. de Barcas savait que la vue ravive, accroît la passion de deux amants, mais que le temps et l'absence en triomphent presque toujours. Faute d'aliment, le feu s'éteint; il devait en être de même du fantasque amour de Lucie. Le seul moyen d'assurer son mariage avec son cousin, c'était donc de la séparer de Maurice; il ne s'agissait plus que d'amener un conflit entre M. Delaborde et son contre-maître, ce qui n'était pas facile. Le manufacturier affectionnait particulièrement Maurice, car il avait en lui un contre-maître qui rendait de grands services à son industrie en dirigeant sa fabrique avec intelligence et activité. Mais rien n'était impossible à M. de Barcas : sa féconde imagination ne tarda pas à lui fournir les moyens de réaliser ses projets; il insinua au manufacturier que ses prix de main-d'œuvre étant supérieurs à ceux des autres fabriques, il devait les abaisser d'autant. M. Delaborde, qui prêtait une oreille complaisante à tous ses conseils, le crut sur parole et changea son mode de paiement. Ce qu'avait prévu le rusé chevalier arriva : les ouvriers quittèrent spontanément la fabrique, refusant de travailler aux prix qui leur étaient proposés. Leur résistance fut approuvée de Maurice, qui leur promit d'obtenir du manufacturier que leur rétribution ne fût pas changée; il demanda à cet effet une entrevue à M. Delaborde; elle lui fut accordée.

— Eh bien, dit le manufacturier à son contre-maître, qu'est-ce que cela veut dire? mes ouvriers se mutinent?... Que signifie ce refus de travail? croient-ils par là me jeter dans l'embarras? Mais avant huit jours j'aurai autant de bras qu'il me plaira d'en occuper.

— J'espère, monsieur, que vous n'aurez pas recours à un pareil expédient. Je me présente ici pour appuyer les réclamations de vos ouvriers; depuis longtemps les prix de main-d'œuvre n'ont pas été changés, et vous conviendrez avec moi que c'est justice de les maintenir. — Parlez à M. de Barcas, dit le manufacturier poussé dans ses derniers retranchements; cette affaire le regarde. — Je m'adresse de préférence à vous, monsieur, répliqua Maurice, parce que je ne vous ai jamais trouvé mal disposé, comme M. de Barcas, à écouter de justes observations. Vous ne voudrez pas réduire à la mendicité vos ouvriers, dont la plupart comptent dix années de travaux dans votre fabrique; songez que tout en vous enrichissant ils sont restés pauvres, dénués de tout. Je vous prie de vous souvenir de leurs services et de maintenir votre paiement ordinaire.

Le raisonnement de Maurice convenait médiocrement à M. Delaborde, et il allait y répondre avec aigreur, quand une rumeur sourde, venue du dehors, détourna le cours de ses idées.

— Qu'est-ce que ce bruit? demanda-t-il à Maurice.

Le jeune homme ouvrit les croisées du salon qui donnaient sur une belle prairie où s'étaient réunis, avec leurs familles, les deux cents ouvriers de la fabrique Delaborde.

— Voyez-les, dit Maurice en les montrant du geste au manufacturier; ils sont là; ils attendent que vous prononciez leur sort. Oh! vous n'engagerez pas la guerre impie du riche et du pauvre avec des gens qui défendent leur pain de chaque jour, la vie de leur famille. Qu'il est beau d'être puissant, d'être riche! Dites un mot, et ces hommes si tristes se livreront à la joie, et toutes ces femmes, vous appelant leur bienfaiteur, apprendront à leurs enfants à bénir votre nom!

M. Delaborde aurait peut-être cédé à la chaleureuse plaidoirie de son contre-maître si l'entrée de M. de Barcas et d'Albert n'eût changé ses dispositions.

D'un coup d'œil le chevalier devina la situation. Maurice sentit sa cause perdue.

— Savez-vous ce qui se passe en ce moment? dit M. de Barcas au manufacturier en simulant une grande agitation. Savez-vous que vos ouvriers sont en pleine révolte; tout à l'heure, en passant à côté d'eux, j'ai entendu proférer contre vous d'horribles menaces. — Mille diables! s'écria Albert, cette canaille que je voulais cravacher a failli me mettre en morceaux; sans la présence d'esprit du chevalier, j'étais perdu.

Une rumeur plus terrible et plus menaçante que la première vint justifier les assertions d'Albert et de son ami. M. Delaborde devint livide; un frisson parcourut tous ses membres.

— Tranquillisez-vous, reprit M. de Barcas, à qui l'effroi du manufacturier n'était pas échappé; les autorités sont prévenues; elles doivent avoir déjà donné des ordres pour disperser ce troupeau de misérables. Mais il faut qu'un châtiment exemplaire atteigne l'instigateur de cette révolte, celui qui, abusant de son influence sur les ouvriers, leur a conseillé de quitter la fabrique en leur disant : Montrez-vous menaçants, et vos exigences seront satisfaites. — Vous connaissez cet instigateur? — Oui. — Nommez-le-moi, dit le manufacturier en essayant de se mettre en colère pour donner le change au tremblement nerveux qui l'agitait; nommez-le-moi, et celui-là, quel qu'il soit, paiera pour tous. — Le coupable est devant vous, dit M. de Barcas en désignant Maurice. — Maurice! s'exclama M. Delaborde étonné.

Je donne un démenti formel aux accusations de monsieur le chevalier. Contrairement à ce qu'il dit, j'ai engagé les ouvriers à apporter la plus grande modération dans la réclamation de leurs droits.

— Mensonge! s'écria M. de Barcas avec impudence. Sont-ce des gens disposés à la tranquillité qui se réunissent en masse et hurlent comme des bêtes féroces?

Une nouvelle rumeur décontenançait le manufacturier.

— Allons, monsieur Maurice, dit le chevalier d'un ton goguenard, puisque vous êtes le héros de cette révolution, mettez-vous aux fenêtres, votre présence apaisera ces enragés. — Je n'ai jamais trompé personne, M. de Barcas, répliqua rudement Maurice. En me voyant,

les ouvriers croiraient à la réalisation de leurs vœux. — Maurice, dit le manufacturier, pâle de frayeur, vous n'appartenez plus à ma maison !

Un éclair de joie passa sur le visage de M. de Barcas.

— Je déplore que vous cédiez aux perfides suggestions de monsieur le chevalier, dit Maurice avec fermeté. Pour moi, je me retire avec la conviction que j'ai fait mon devoir.

Lucie était entrée sur ces dernières paroles.

— Vous partez, Maurice, dit-elle. — J'obéis à votre oncle, mademoiselle. — Oh ! c'est impossible. Mon oncle, vous n'avez pas donné un tel ordre. Maurice n'est pas coupable ; de quoi l'accusez-vous ? Il ne partira pas ; vous le gardez, n'est-ce pas ? — Comment ma cousine, dit Albert avec un sourire méprisant, peut-elle s'abaisser jusqu'à soutenir ce rustre !

A cette insulte, Maurice, hors de lui-même, fit un mouvement pour se précipiter sur Albert, mais un geste de Lucie le contint.

— Rustre tant que vous voudrez, répliqua la jeune fille, mais ce rustre-là m'a sauvé la vie au péril de la sienne ; et si j'ai bonne mémoire, en une pareille circonstance, vous ne l'imitâtes point, mon cousin. Les rustres auraient-ils seuls le privilège de la générosité et du dévoûment ?

De dépit, Albert se mordit les lèvres et se retourna vers le chevalier.

Le manufacturier se trouvait entre sa nièce et son fils ; à l'un des angles du salon, Maurice dévorait ses outrages et du fond du cœur remerciait la généreuse Lucie, qui, placée à côté de lui, semblait le couvrir de son égide.

— Mon oncle, reprit Lucie, je vous en prie, conservez à Maurice la direction de votre fabrique. — Je ne reviens jamais sur ce que j'ai dit, mademoiselle ; Maurice ne fait plus partie de ma maison. — Eh bien ! s'écria Lucie en s'animant, puisque vous le chassez, chassez-moi donc aussi. Je l'aime !

Cet aveu stupéfia le manufacturier.

M. de Barcas, suffisamment renseigné, attendait là Lucie.

— Ah ! voici la cause de votre résistance à mes volontés, dit naïvement M. Delaborde. — Veuillez m'écouter sans colère, mon oncle. Je vous conjure de tenir le serment que vous fîtes à ma mère mourante : vous lui jurâtes d'assurer mon bonheur. Eh bien, mon oncle, permettez-moi de devenir l'épouse de Maurice. Avec lui seulement ma vie sera heureuse ; vous me réduiriez au désespoir en me destinant à un autre. Maurice n'a pas de fortune, mais je suis riche, moi.
— Vous êtes folle, ma nièce.

Un éclat de rire du chevalier suivit la cruelle réponse de M. Delaborde.

Maurice et Lucie tressaillirent en même temps ; ils avaient déjà entendu quelque part ce rire sardonique.

— En vérité ! s'exclama M. de Barcas avec l'accent d'une profonde surprise, j'ai de la peine à croire ce que j'entends. Eh quoi ! monsieur Maurice prétendrait à la main de la riche héritière de Maria Storeni ; c'est une plaisanterie. A-t-il donc oublié qu'il est l'enfant d'une misérable femme, d'une fille perdue ? Faut-il lui rappeler que sa naissance fut un crime, qu'il fut trouvé sur la route de Saint-Georges, près du cadavre de sa mère, et élevé par charité à l'école de Jérôme Balloc ? Assurément mademoiselle Lucie ignore ces petits détails, car je ne vous pais lui supposer l'intention de déshonorer sa famille par une telle alliance. Voyons, monsieur Maurice, suis-je un fidèle historien ?

Maurice, l'œil en feu, les narines gonflées, s'élança vers M. de Barcas.

— Taisez-vous ! lui dit-il ; pas un mot de plus ou il me faudra votre vie ! Ah ! je ne suffis pas à votre rage... ah ! vous me voyez, la tête courbée sous vos sarcasmes, et vous n'êtes pas satisfait ! Vous poussez l'outrage jusqu'à ma mère, une martyre !! Il n'y a qu'un lâche qui puisse ainsi calomnier la mémoire de Jérôme Balloc. Oui, vous êtes un lâche, M. de Barcas !

La physionomie du chevalier prit une expression terrible, mais, faisant un suprême effort sur lui-même pour ne pas se commettre avec Maurice, il dissimula son ressentiment sous un sourire de dédain.

— Adieu, mademoiselle, dit le jeune homme la voix pleine de sanglots. Oubliez Maurice, qui se souviendra éternellement de vous, car vous êtes la seule âme dans ce monde qui lui ait été sympathique. Si j'étais né riche et heureux comme monsieur Albert, ou illustre comme monsieur le chevalier, il m'eût été permis de vivre avec vous, mais Dieu ne l'a pas voulu. Et le fils de Madeleine Simon doit se résigner à son sort ; sa mère lui en a donné l'exemple. Encore une fois, mademoiselle, adieu et merci !

M. Delaborde fut pris de vertige.

— Mon fils ! murmura-t-il en tombant foudroyé sur un fauteuil, pendant que Maurice sortait.

Lucie, désespérée, se retira dans sa chambre pour y pleurer en liberté.

L'attention de M. de Barcas était concentrée sur le manufacturier dont la physionomie bouleversée et les yeux égarés lui donnaient à penser ; il avait remarqué son émotion au nom de Madeleine Simon.

— Est-ce que d'une pierre j'aurais fait deux coups, se dit-il ; je ne me savais pas si adroit !

Albert emmena le chevalier.

Resté seul, M. Delaborde respira plus à l'aise. Mille idées confuses se disputaient son cerveau.

— Maurice ! dit-il en essuyant les gouttes de sueur qui perlaient sur son front ; Maurice, trouvé sur la route de Saint-Georges, près du cadavre de sa mère ! O mes souvenirs ! Cette femme mourante pour laquelle je me montrai sans pitié dans la nuit du 9 janvier, c'était donc Madeleine ; ce cri de désespoir qui résonne encore à mes oreilles, c'était le sien. Oh ! malheureux ! malheureux ! c'est moi qui l'ai tuée ! Et j'ai chassé Maurice de ma maison !

Après cette explosion de sa conscience, le manufacturier revint à son état normal ; la réflexion, ou plutôt le calcul, lui fit envisager cet événement sous un autre jour. L'homme sensible s'évanouit ; à sa place surgit le calculateur, l'égoïste, commerçant dont le cœur est un morceau de parchemin et la tête une machine à chiffrer.

— Quelle honte pour moi, se dit M. Delaborde, si l'on eût découvert que Maurice est mon fils. Que de discussions, d'embarras, de troubles dans ma famille. A moins de le reconnaître, ce qui eût été impossible, il aurait fallu tôt ou tard en arriver à une séparation ; sa présence d'ailleurs m'eût trop souvent rappelé le sort de Madeleine. Allons, à ce compte-là, les choses se sont bien passées.

Le manufacturier ratifia cette belle opération par son sourire le plus fin.

VII. — FRÉDÉRIC DE MARVENNES.

Éléonore Barlé, subitement transportée de sa mansarde dans de somptueux salons, échangeant les privations de la misère contre les jouissances du luxe, fut quelque temps émerveillée, éblouie de son nouveau sort. Mais elle sentit bientôt peser sur elle la main de fer de M. de Barcas. Elle souffrait d'autant plus de ce joug qu'un invincible orgueil formait le fond de son caractère. Cette passion, aiguillonnée par le chevalier de Barcas, avait été le principe de toutes ses fautes. Pour la satisfaire, elle avait trahi ses devoirs de mère et vaincu ses répugnances de femme.

En fuyant sa pauvreté, Éléonore n'avait pas rencontré le bonheur. Si elle eût vécu à Paris, dans le tourbillon des fêtes et du bruit, comme tant d'autres femmes, elle eût peut-être oublié son passé, mais la voix de sa conscience se faisait trop clairement entendre dans le silence de sa villa de Tours. Le souvenir de Frédéric de Marvennes, comme un serpent, la mordait sans cesse au cœur.

Grâce aux émotions qu'avait données le renvoi de Maurice, personne, ce jour-là, ne s'était inquiété de madame Delaborde, qui, en proie à une vague tristesse, à un malaise d'esprit, s'était enfermée dans ses appartements. Elle se donnait une peine incroyable pour chasser les noirs pressentiments qui assiégeaient son âme, et s'apprêtait à recommencer son manège de lionne emprisonnée quand elle se trouva en face d'un homme qui, dans l'immobilité d'une statue, dardait sur elle les deux éclairs de ses yeux.

Épouvantée, la tête perdue, Éléonore recula de quelques pas et tomba sur son canapé, affaissée sur elle-même.

Pour tout autre qu'elle, Frédéric de Marvennes eût été méconnaissable. Seize ans l'avaient bien changé. Ce n'était plus le bel officier à la tournure martiale, au regard doux et fier, au sourire confiant. La douleur avait flétri cette face humaine ; les tristes pensées avaient creusé de profondes rides à ce front ; bien des déceptions étaient exprimées par ce sourire. Peu à peu doute gagna Éléonore elle-même, et de son ton le plus digne et le plus assuré, elle dit au nouveau venu :

— Qui êtes-vous, monsieur, et que voulez-vous ? — Vous m'adressez, madame, deux questions très brèves auxquelles il me faudra répondre très longuement. Qui je suis ? c'est toute une histoire. Êtes-vous disposée à l'écouter ? — Oui, monsieur.

— Vous devez vous rappeler, madame, de la terreur qui pesa sur la France après les Cent-Jours. Les braves qui avaient défendu vaillamment leur patrie à Waterloo fuyaient devant les bandes d'assassins. Les royalistes les traquaient comme des bêtes fauves, et les massacraient sans pitié. Entre tous les officiers, Frédéric de Marvennes avait été le premier à déserter la cause de Louis XVIII pour celle de Napoléon. Aussi fut-il condamné à mort par un prévôtal. Mais Frédéric ne voulait pas mourir. Il avait vu la terre deux êtres qui lui faisaient aimer la vie, une femme et un enfant. Après avoir échappé au massacre de Marseille, à mille dangers, il toucha enfin le sol étranger. Frédéric avait quitté sans trop de regret la France livrée aux lâches et aux assassins, car Éléonore, sa maîtresse, lui avait juré de veiller à l'enfant qu'elle venait de lui donner... Mais vous paraissez émue, madame. — Oui... en effet... ce récit m'impressionne... dit avec égarement madame Delaborde.

— Aussitôt que Frédéric fut installé dans une ville de la Suisse, il manda à Éléonore qu'elle lui écrivît sous le nouveau nom qu'il avait pris. On ne répondit pas à sa lettre. Plusieurs autres eurent

le même sort. Dévoré d'inquiétude, craignant que quelque malheur ne fût arrivé à la mère de son enfant, Frédéric brava tous les dangers et revint en France. Il alla frapper à la porte de la mansarde qu'habitait sa maîtresse; des figures étrangères lui apparurent. Il demanda ce qu'était devenue Eléonore Barié. On lui répondit qu'elle était partie un matin en grande toilette, accompagnée d'un homme richement vêtu. Comprenez-vous, madame, ce que dut souffrir Frédéric en apprenant que cette femme dont il avait reçu, à son départ, mille serments d'amour et de fidélité, s'était jetée dans les bras d'un autre. Oh! son cœur se brisa dans sa poitrine... Mais vous tremblez, madame.

Eléonore ne répondit pas, mais les palpitations et le bondissement de son sein trahissaient une émotion profonde.

— Fou de douleur, Frédéric ne prit pas la peine de se cacher. Il fut arrêté et jeté dans une forteresse. Il y vécut dix années, torturé par le doute et l'anxiété, car il ignorait le sort de sa fille ! Rendu à la liberté en 1825, le prisonnier put assister aux derniers moments de son vieil oncle, qui lui laissa une fortune. Mais que lui importait la richesse? N'éclairait-elle pas d'un plus grand jour les misères de son âme? Sa fortune, il l'aurait donnée pour un baiser de sa fille qu'il avait pleurée dix ans dans un cachot. Cependant Frédéric avait le pressentiment qu'elle existait. Soutenu par un rayon d'espoir, il se mit à la recherche d'Eléonore. Il fouilla les coins et les recoins de la France, mais la perfide avait effacé tout vestige de son passé. Après cinq années d'efforts stériles, Frédéric s'était arrêté aux environs de Tours, lorsque le hasard, ou plutôt Dieu, lui fit rencontrer celle qu'il cherchait en vain depuis si longtemps. Un beau jour, il se présenta chez Eléonore. Savez-vous, madame, comment elle l'accueillit? Oh! vous ne croirez pas à tant d'ignominie. Plus éhontée qu'une courtisane, Eléonore lui demanda ce qu'il était et ce qu'il voulait!

Frédéric s'avança alors vers madame Delaborde, et, lui saisissant les mains, il la foudroya de ces paroles :

— Vous avez donc commis quelque crime, madame, puisque vous tremblez comme une coupable!... — Grâce! s'écria Eléonore, terrifiée sous le feu des regards de son accusateur. — Dieu avait confié à votre garde une innocente créature, qu'en avez-vous fait, madame? — Pitié! Frédéric, je ne t'ai pas oublié! — Oh! je ne vous ai pas cherchée cinq années, madame, pour vous adresser les sots reproches d'un amant trompé : l'amour est une fleur flétrie et fanée dans mon âme. Je suis venu vous demander ma fille. Elle existe, n'est-ce pas? Oh! rends-la moi, Eléonore, et je te jure sur elle de ne pas troubler ta vie. Tu ne me reverras jamais; si tu réponds-moi donc, où est ma fille? — Je l'ignore, dit madame Delaborde, si bas que Frédéric l'entendit à peine. — Infâme! tu as commis un infanticide! — Est-ce qu'une mère peut tuer son enfant? Écoute-moi, Frédéric, tu vas apprendre la vérité tout entière. A Paris, je manquai de travail, et bientôt je tombai dans le dernier degré de la misère. Un infernal tentateur m'offrit alors le moyen de me délivrer de ses maux. Il me fascina par la perspective d'un brillant mariage. Pour le conclure, il fallait tromper M. Delaborde; je devais me séparer de mon enfant. Ayant perdu tout espoir, car je croyais que tu avais succombé dans les massacres de Marseille, j'acceptai. — Oh! mon Dieu! — L'homme à qui je livrai ma fille, après avoir eu la précaution de passer autour de son cou mon portrait en médaillon, m'avait promis de la faire élever secrètement par une nourrice, mais il me trahit. Il la déposa la nuit sur les marches de Saint-Roch. Caché derrière un pilier de l'église, il vit arriver un passant qui, attiré par les cris de l'enfant, prit son berceau et l'emporta.

Frédéric, tu as entendu le sincère aveu de mes fautes. Ne sois pas un juge trop sévère pour moi. Oh! j'ai bien souffert avant d'abandonner mon enfant!

— Ainsi te livres-tu sans remords aux plaisirs que procure la richesse, lorsque ta fille mendie peut-être son pain sur une grande route ; tu te pares avec coquetterie lorsqu'elle manque de vêtement; tu goûtes les jouissances de l'orgueil lorsqu'elle est humiliée et insultée par ta faute, et tu dis que tu ne l'as pas tuée! — Tais-toi, Frédéric! par grâce, tais-toi! dit madame Delaborde, la respiration haletante. Je serais perdue, si l'on t'entendait! plus bas !... — Tu crains le scandale, Eléonore. En effet, n'es-tu pas universellement respectée et admirée; n'es-tu pas la reine de la bonne ville de Tours, l'âme de ses réunions, de ses soirées? Ah! si tu étais montrée au doigt, si tu devenais un objet de mépris, ce serait un cruel supplice pour ton orgueil. Eh bien! je te l'infligerai. — Oh! non! tu ne me déshonoreras pas, s'écria Eléonore en se tordant les mains de désespoir. — Ah! tu as cru qu'il suffisait de jeter sur tes crimes le brillant manteau de la richesse pour qu'ils fussent effacés?.. Je t'arracherai de tes épaules, et je montrerai à tous les hideuses guenilles qu'il cache. — Frédéric! je ne rends pas ta fille. Ne me perds pas, aie pitié de moi! — As-tu eu pitié de ta fille? A genoux, femme sans honneur, mère sans entrailles, à genoux!

En disant cela, Frédéric fit tomber madame Delaborde à ses pieds.

A cet instant on entendit un bruit de pas.

Eléonore engagea une lutte désordonnée pour se relever, mais ses forces la trahirent. Elle retomba gisante sur le tapis.

M. de Barcas et le manufacturier parurent. M. Delaborde s'avança menaçant vers l'audacieux qui violentait son épouse, mais Frédéric, l'arrêtant d'un geste plein de noblesse, lui dit :

— J'ai des droits sur cette femme. Avant de s'unir à vous, monsieur, elle était mère, et j'étais son amant!...

— Des preuves! s'écria le manufacturier, des preuves de ce que vous avancez, monsieur!

Un paquet de lettres roula aussitôt à ses pieds. La stupéfaction de M. Delaborde n'était égalée que par la colère concentrée du chevalier. Quant à Eléonore, elle était comme pétrifiée. Frédéric de Marvennes se dirigea à pas lents vers la porte de l'appartement, se retourna deux fois pour regarder les personnages de cette scène, et sortit tranquillement.

— Oh! je me vengerai! murmura madame Delaborde quand Frédéric fut sorti.

Le manufacturier releva le paquet de lettres et pria M. de Barcas de passer avec lui dans son salon. Lorsqu'ils y furent entrés, M. Delaborde, ne contenant plus sa fureur, dit au chevalier :

— M. de Barcas, vous avez agi envers moi comme un imposteur!

— Soyons parlementaires, dit le chevalier. Expliquons-nous sans emportement.

— Vous raillez selon votre habitude. Ce n'est pas ici le cas, monsieur. Je ne veux pas jouer le rôle de dupe, entendez-vous? Je ne resterai pas plus longtemps avec une femme qui m'a trompé : j'obtiendrai une séparation. Il y aura du bruit, du scandale, mais ce n'est pas moi qui aurai à rougir devant les tribunaux. — Vous n'en ferez rien, mon cher monsieur. — Et pourquoi, s'il vous plaît?

— Parce que demain Maurice saurait que vous êtes son père!...

VIII. — LES AMIS DE JOB.

Madame Delaborde subit le châtiment dont l'avait menacée Frédéric. Une feuille de Tours publia l'histoire de sa jeunesse ; bien qu'elle ne fût pas nommée dans l'article du journal, les Tourangeaux surent parfaitement la reconnaître. La prédiction de Frédéric se réalisa : elle fut en butte au mépris de toutes les femmes, et particulièrement de celles qui avaient une faute semblable à la sienne à cacher; celles-là se montrèrent impitoyables pour elle. Afin de se soustraire à ces humiliations, doublement cruelles dans une ville où elle avait trôné, Eléonore engagea son mari à céder sa manufacture. M. Delaborde, qui se trouvait assez riche, lui obéit sans peine. Eléonore vint cacher sa honte à Paris, dans cette immense arène où les flots de poussière que soulèvent les combattants empêchent de distinguer les spectateurs. Là, du moins, vous êtes à l'abri des messieurs les provinciaux qui, une loupe à la main, vous étudient comme une bête curieuse.

Frédéric de Marvennes, comme tant d'autres, avait été électrisé par le génie de l'empereur. La gloire lui sourit; il livra son âme généreuse et enthousiaste à ses ardents baisers; l'incontestable trahit à Waterloo. Frédéric se dit alors avec infiniment de raison que l'amour console de tous les rêves évanouis. Il rencontra Eléonore, qui fut le Waterloo de son amour. De tous les biens de la vie, la liberté restait seule à l'officier; celle lui fut ravie dix ans. Après cela, on n'aura pas de peine à croire que la bouillante ardeur de sa jeunesse fût calmée. Sorti de son cachot courbé par les souffrances, Frédéric fit l'inventaire de ses richesses morales ; ce ne fut pas long. Son cœur ne contenait plus qu'un vivace amour, celui de sa fille. Nous avons vu comment il fut déçu dans ses dernières espérances de bonheur.

Las qu'il était de servir de jouet au sort, Frédéric livra les débris de sa vie à la débauche; il la chargea d'achever l'œuvre commencée par la femme. Que vous lui apporter peu ou beaucoup, dame débauche vous reçoit toujours avec grâce; elle sait par expérience qu'elle est la dernière ressource, l'achèvement des cœurs atrophiés au contact du monde. Aussi, assise sur son trône, attend-elle tranquillement ses sujets, qui, après bien des détours, bien des rêves éteints, viennent lui dire : Tue-moi, tue-moi le plus promptement possible; donne-moi les délires et les convulsions de tes honteux plaisirs.

A la nouvelle, promptement répandue dans la société parisienne, qu'un original gaspillait royalement sa fortune, amis et maîtresses assiégèrent Frédéric. Ces bipèdes-là, comme on sait, ne résistent pas à la puissance de son argent. Frédéric prit tout sans rien contrôler : les amis pour rire de l'amitié, les maîtresses pour railler l'amour. Il inventa mille folies, mordit à belles dents à la grappe des joies impures, se roula dans l'orgie, mais il épuisa son corps sans avancer son suicide moral. Le bruit passé, l'ivresse dissipée, sa plaie se rouvrait et saignait plus vive. Six mois de cette vie lui parurent six siècles. A la fin de janvier, pour célébrer dignement le carnaval, ce dieu des fous, Frédéric donna dans son hôtel un bal masqué. Il y eut foule, comme à toutes ses fêtes, car elles attiraient par leur magnificence l'élite de la société parisienne ; et puis l'on n'était pas fâché d'entrevoir le héros des steeple-chasse, l'heureux amant des femmes à la mode. Les nombreuses excentricités de Frédéric piquaient la curiosité publique. L'opposition de sa folle conduite avec son caractère grave et sa physionomie sévère était une énigme que chacun s'ingé-

nait à deviner; n'en trouvant pas le mot, on lui appliquait l'épithète élastique d'original. Notre original n'était pas en veine de gaîté cette nuit-là ; l'ennui le prit corps à corps et le terrassa. C'était pourtant au meilleur moment de sa fête. La valse lascive régnait ; il semblait qu'elle eût prêté des ailes aux invités, dont les pieds effleuraient à peine le parquet. Les femmes frémissaient sous d'amoureuses étreintes. La foule, entraînée par une musique vive et passionnée, tourbillonnait en groupes dans un cercle ardent de voluptés où les souffles étaient mêlés, les poitrines haletantes, les regards enivrés. Des girandoles versaient un torrent de lumière sur ce frénétique pêle-mêle. Pour ne pas attrister ces bienheureux de sa présence, Frédéric s'était retiré dans son salon de réception. L'esprit distrait et rêveur, il écoutait le bruissement du bal et les éclats de la musique, qui arrivaient par crescendo à son oreille.

— Ils rient et dansent! s'exclama Frédéric. Ils oublient!..... leurs crimes peut-être! Eh! qu'importe? ils sont heureux. Oh! supplice, ne pouvoir oublier! L'oubli! l'oubli! quelle puissance me le donnera? la mort seule. Vainement je l'ai demandé aux joies de la terre. Mon esprit s'est fatigué, l'amertume s'est amassée sur mon cœur. Oh! je souffre! j'étouffe!... Ma fille, ma pauvre fille! où es-tu?...

Il avait à peine fini de parler qu'il entendit bourdonner un essaim d'amis.

— Que le diable les emporte! murmura-t-il.

Quatre personnages entrèrent dans le salon : un banquier, un poète, un député conservateur et un mélomane. Le visage du banquier ressemblait à une pièce d'or, le corps du rêveur à un échalas, le ventre du conservateur à une outre pleine, et les jambes du mélomane à une double-croche.

— C'est prodigieux! c'est incroyable! vociféra Emile de Saint-Phar, le rimeur (né Camuzot). Il est ici ; gardez toutes les issues pour qu'il ne puisse nous échapper. M. Boulard, placez-vous devant la porte.

— M'y voici, dit le député ; il n'y a pas de danger qu'il sorte! — Quel homme admirable! s'écria le mari d'Ernestine. Il réfléchit, pendant que les autres s'amusent! — Mon ami! mon cher ami! j'étais inquiet de toi, dit Théodore, le mélomane, qui se proclamait le Pylade de M. de Marvennes.

A demi couché sur son divan, Frédéric écoutait sans sourciller ces vaines démonstrations d'amitié.

— Messieurs, dit Saint-Phar d'une voix lugubre, vous êtes priés d'assister au service et à l'enterrement de Frédéric de Marvennes. Un De profundis, s'il vous plaît.

A cette saillie, les trois amis éclatèrent de rire.

— Si nous eussions reçu un billet de mort ainsi conçu, reprit le poète, nous n'aurions pas été surpris de trouver un cadavre. Comment peut-on résister à la poésie d'un bal masqué! — Aux charmes de toutes ces femmes! — A cette divine fureur! — A l'éclat des parures, au chatoiement des diamants et des bijoux! — Il lui manque le sens poétique, reprit Saint-Phar. — Il est... neutre. — Il est de pierre, dit Théodore. Encore les rochers se remuaient-ils au son de la lyre du divin Orphée. — Et moi, fit le banquier, je soutiens qu'il est aveugle. — Messieurs, dit mystérieusement le mélomane, Frédéric doit avoir dans son passé quelque sombre événement dont l'ombre se projette sur son présent. — En effet, dit Saint-Phar, je lui trouve l'expression féroce d'un traître tourmenté par les remords. — Quel homme étonnant! s'écria le banquier. — Nous sommes ses amis, que diable! hurla saint-Phar: il n'a pas le droit de nous cacher ses pensées. M. de Marvennes, au nom de l'amitié, nous vous adjurons de nous ouvrir votre âme. — Je m'ennuie, fit Frédéric en bâillant. Trouvez-moi un remède efficace à cette maladie, et je vous tiens pour mes meilleurs amis. Voyons! où est le bonheur? — Dans la bonne chère, dit le conservateur. — Dans la poésie, dit le rimeur. — Dans la richesse, dit le banquier. — Dans la musique, dit le mélomane.

— A vous entendre, le bonheur serait partout. — La bonne chère! reprit le conservateur, voilà le secret de la félicité terrestre. La bonne chère est la vraie morale, la morale substantielle; ceux qui ne la pratiquent pas sont toujours en proie aux humeurs noires, témoins les républicains, mécontents d'eux-mêmes et des autres. César se défiait avec raison des gens pâles et maigres. En effet, tout sourit à l'homme bien repu ; il devient l'ami de la société et du gouvernement ; la terre est un paradis pour lui. J'ai dit. — Quel grossier naturalisme! s'écria Saint-Phar indigné en secouant sa blonde crinière. — Au nom de l'animalité. La poésie seule nous sourit et nous console ici-bas. Celui qui ne connaît pas la cadence du rhythme, l'harmonie de la rime, est un être estropié, incomplet, dégradé. Oh! les métamorphoses chatoyantes! Oh! l'inspiration qui nous emporte sur ses ailes de feu à travers les espaces imaginaires! Oh! les murmures de l'âme! Oh! les ravissantes visions de l'esprit! Oh! les délires de l'enthousiasme!... La vie ruisselle de la poésie. Le poète possède un bonheur olympien, pyramidal, obéliscal! — Bath! fit le mélomane avec dédain, que peuvent les mots à côté des sons? Les plus beaux vers ne soutiennent pas la comparaison avec une triade harmonique. La musique nous ravit dans de célestes extases, nous procure d'ineffables jouissances; et je le prouve : lorsque je suis morose, un air de flûte dissipe ma tristesse, si profonde qu'elle soit. Le musicien jouit sur cette terre d'une béatitude anticipée. — Vos théories me font pitié, dit à son tour

le banquier. L'argent n'est-il pas le roi de la terre? Le poète rime, le musicien joue, tous deux tempêtent jusqu'à ce qu'ils aient des écus. Un poète ne vaut pas cher par le temps qui court ; la poésie se cote bien bas. Dam! il y a concurrence. Le monde est un immense marché où se vendent dignités, gloire, amour, plaisirs. Le riche passe, marchande et achète ce qui lui plaît; seul il est libre, puissant et heureux au milieu d'une multitude d'esclaves qui se prosternent humblement devant cette décoration qui brille sur sa poitrine : une pièce d'or! — Ainsi, dit Frédéric, M. Boulard trouve le bonheur dans son ventre, Saint-Phar dans une rime, Ernest dans un solo de flûte, et M. Retaing dans un écu! Allons! vous n'êtes pas de bons médecins. Vous ne me guérirez pas. A mon avis, le bonheur de l'homme serait plutôt dans la satisfaction de ses besoins physiques et moraux. — Messieurs! dit le mélomane, permettez-moi de vous faire une ouverture. Frédéric est bien malade! Si nous essayions le mariage?... — Oui! il faut le marier! s'écria Saint-Phar. — Vous désespérez donc de moi, dit Frédéric.

A cet instant, les joyeuses rumeurs du bal cessèrent comme par enchantement ; un morne silence se fit. Il fut suivi d'un bruit confus de murmures, de chuchottements, d'exclamations de surprise. Évidemment la joie des invités avait été troublée par un grave événement. Le député, le poète et le banquier rentrèrent au bal. Le Pylade de Frédéric profita de ce moment de répit pour l'accabler de protestations de son amitié. Les trois transfuges revinrent ; ils paraissaient inquiets, agités...

— Mon cher de Marvennes, dit Saint-Phar, je prends congé de vous pour accompagner ma mère. — Pourquoi les danses ont-elles cessé? demanda Frédéric.

Les trois amis se regardèrent avec embarras.

— Oh! la cause en est très simple... la fatigue... rien que la fatigue... balbutia Saint-Phar. — Je vous demande pardon de vous quitter aussi brusquement, M. de Marvennes, dit à son tour le banquier, mais il faut que je suive Ernestine.

Même politesse de la part de M. Boulard, qui, avant de sortir du salon, glissa un mot à l'oreille de Théodore. Aussitôt le mélomane blêmit et chancela comme s'il eût reçu une forte secousse.

— Attendez-moi, messieurs, je suis avec vous, dit-il en dansant sur sa double-croche. Mon ami, mon cher ami, je suis fâché de vous laisser seul... J'ai aussi une personne qui m'attend... Vous comprenez, mon ami... Adieu.

Et le Pylade s'enfuit de toute la vitesse de ses jambes tortues.

— Mon bal s'interrompt... Mes amis m'abandonnent... Qu'est-ce que cela signifie? se dit Frédéric en se plaçant de manière à découvrir tous ses salons.

Son étonnement redoubla à l'aspect de ses invités qui se précipitaient avec fureur vers les issues de l'hôtel, trop petites pour écouler cette foule impatiente.

— C'est étrange! dit Frédéric. Le feu est-il à mon hôtel? — Suis-je menacé de quelque malheur?... Ah! cette lettre que j'ai reçue avant le bal et que je n'ai pas ouverte... elle m'instruira peut-être... Voyons.

Frédéric sortit une lettre de son portefeuille. — Mon banquier s'est enfui à l'étranger... Il laisse un passif d'un million! s'écria-t-il après avoir parcouru des yeux. Je suis ruiné!

Il froissa la lettre dans ses mains et la jeta loin de lui sans que son visage trahît aucune émotion.

— Il paraît, fit-il avec une expression de pitié et de mépris, en regardant la foule qui assiégeait les portes de son hôtel, qu'un homme ruiné est un animal très dangereux. Pauvre fou! j'ai dressé un splendide banquet devant lequel le monde est venu s'asseoir en me faisant un concert de ses louanges. A présent qu'il s'y est repu, que les plats sont nets, il quitte la table et me fuit. Ce monde est bas et mensonger! Le chien à qui l'on donne un os est moins ingrat et moins vil! Pas d'indignation! ce spectacle vaut bien qu'on le paie de sa fortune. Maintenant, allons voir dans le sombre empire de Pluton si les choses se passent ainsi. Mes pistolets m'attendent. Ah! je croyais le jour de ma ruine plus éloigné; il est vrai que je comptais sans mon banquier.

Et disant, Frédéric pénétra dans sa chambre; il en sortit bientôt tenant à la main une boîte qu'il déposa sur un fauteuil. En se retournant, il vit devant lui une femme en domino rose, dont les yeux étincelaient à travers les fentes de son masque.

— Aurais-je encore une amie? dit M. de Marvennes.

— Tu te trompes, Frédéric, dit l'inconnue en se démasquant, c'est une ennemie qui vient à toi pour jouir de sa vengeance!

— Eléonore! s'écria Frédéric en reculant de surprise.

IX. — UN PIED DANS LA TOMBE.

Eléonore triomphait. Une joie cruelle éclairait son visage. Par son orgueilleuse attitude, elle semblait défier Frédéric.

— Tu n'espérais plus me revoir! dit-elle d'un ton ironique. Sans doute, tu me croyais accablée sous le coup de tes lâches dénonciations? Mais plus l'humiliation fut grande, plus elle me donna d'ardeur à la vengeance. Me venger de toi! oh! ce fut la pensée de mes

ours, le rêve de mes nuits! Je te suivis à Paris. Je t'entourai de gens qui épièrent tes démarches. Je connus ainsi tes relations so-

J'ai des droits sur cette femme!...

Partout où je rencontre une vipère, je l'écrase sans pitié!

ciales. Tu brillais dans le monde, tu étais riche, heureux. Il fallait te renverser de ton piédestal. Je mis tout en œuvre, aucun sacrifice ne me coûta pour amener ta ruine. Mon but atteint, je suis venue te souffleter au milieu de ta fête avec ces trois mots : Il est ruiné! convainquant les incrédules par des preuves sans réplique. A ma voix, la terreur s'est emparée de tes invités. Ils ont déserté ton bal. Tes amis ont fui. Ces salons, qui tout à l'heure encore retentissaient de joies bruyantes, sont devenus froids et silencieux comme la tombe. Seule, je te suis restée fidèle. Insensé qui, après avoir outragé publiquement une femme, s'endormait confiant au sein de son bonheur. Réveille-toi, Frédéric. Tu vas connaître la misère, c'est-à-dire le supplice de chaque heure, de chaque instant, c'est-à-dire toutes les souffrances du corps et de l'âme. La misère, vois-tu, c'est le désespoir impuissant, la mort lente, le déchirement des entrailles! La misère, c'est la honte, la lèpre, le fer rouge que la société imprime sur l'épaule de ses enfants maudits! Ce sera désormais ta vie, à toi, maudit!...

Pendant qu'Eléonore vomissait ces furieuses paroles, Frédéric s'était emparé d'un pistolet. Elle ne s'en aperçut pas, absorbée qu'elle était dans l'expression de sa vengeance. Lorsqu'elle se tut, Frédéric passa vivement devant elle et lui dit, en lui présentant le canon du pistolet :

— Je crois que vous me raillez, madame!

L'effroi d'Eléonore fut si grand qu'elle faillit tomber à la renverse. Elle essaya de parler, mais les mots expirèrent inarticulés sur ses lèvres blémissantes.

Tu es belle, lui dit le Tentateur. — Pourquoi restes-tu pauvre?

— En effet, reprit Frédéric, d'après l'esquisse que vous m'en avez tracée, la misère, je le vois, est une triste compagne. Aussi ne contracterai-je pas d'alliance avec elle. Mieux vaut encore mourir d'un coup de pistolet. Cependant cette fin violente a bien aussi son côté désagréable. Qu'en pensez-vous, madame?

Eléonore tremblait de tous ses membres. L'arme meurtrière, qui la menaçait toujours, lui faisait souffrir mille morts.

— Je t'en supplie, Frédéric, dit-elle en joignant ses mains, abaisse cette arme qui me donne le vertige. — Vous n'avez pas assez réfléchi, madame, avant d'engager la partie avec un joueur ruiné. On s'expose beaucoup à menacer un homme qui n'a en perspective que la misère, c'est-à-dire le supplice de chaque heure, de chaque instant, c'est-à-dire toutes les souffrances du corps et de l'âme! — Oh! tu ne m'assassineras pas, Frédéric. Tu ne voudrais pas monter sur l'échafaud! — Tu subirais ce supplice infâme, Eléonore, si la justice humaine atteignait les misérables femmes qui, comme toi, trafiquent des sentiments les plus saints, foulent aux pieds les devoirs les plus sacrés et font de leur beauté un piège

dangereux où vient se prendre l'honneur des familles. Mais puisque tu te dérobes à la justice des hommes, au nom de la justice divine, moi, je vais te frapper!

Ce fut dit d'un ton si solennel qu'Eléonore crut entendre l'arrêt d'un Dieu vengeur.

— Je ne mourrai pas ici! s'écria-t-elle désespérée. Quelqu'un viendra à mon secours. — Personne ne répondra à ton appel, car tu as eu le soin d'écarter les importuns. A ta voix, la terreur s'est emparée de mes invités. Ils ont déserté mon bal. Mes amis ont fui! Folle! tu as préparé ton cercueil de tes propres mains!

— Oh! pardonne-moi, Frédéric. Je me repens! je me repens! — Il est trop tard. Allons, fais ta prière à Dieu ou plutôt au Diable, car nent mes semblables. — Où êtes-vous, belles illusions, brillants mensonges de mes jeunes années, diaphanes visions de mon esprit que j'ai prises pour des réalités. J'ai rêvé, j'ai cherché dans ce monde la gloire et l'amour. — Deux chimères! — Joies, peines, regrets, désirs, se sont effacés de mon âme comme de vains simulacres. — L'être dont le cœur est éteint n'a plus de signification. La tombe est la seule demeure qui lui convienne. — D'ailleurs, quelle puissance oserait blâmer l'action que je vais accomplir? L'Église! Mais n'enseigne-t-elle pas le suicide de l'esprit? — La société! Mais la marâtre n'immole-t-elle pas systématiquement ses enfants, les uns par l'excès des plaisirs, les autres par l'excès des douleurs? — Dans cinq minutes je n'existerai plus! — Qu'est-ce donc que ce jouet du destin,

La mort de Pierre Blanchard l'espion.

tu auras un compte à régler avec cet impitoyable créancier! — Non! tu n'es pas assez cruel pour devenir un assassin! — Partout où je rencontre une vipère, je l'écrase sans pitié! — Ne sois pas inexorable! s'écria Eléonore, le visage baigné de larmes, en tombant aux pieds de Frédéric. Laisse-moi la vie, et, je te le jure, j'expierai mes fautes. Ma fortune... tout ce que j'ai... tout est à toi... Mais ne me tue pas! ne me tue pas! — Tu as donc bien peur de la mort, Eléonore? — Oh! oui! c'est affreux de mourir! — Lorsqu'on craint de paraître devant Dieu... lorsqu'on a méprisé les devoirs de la vie et prostitué son âme aux biens terrestres... en effet, il est affreux de mourir. — Ne me maudis pas!... J'ai peur... j'ai peur! — Tu es lâche, Eléonore. Relève-toi. Je ne veux pas me souiller de ta mort. Reprends ton rang dans ce monde dont tu es digne. Va-t-en!

Frédéric livra passage à madame Delaborde, qui, à peine revenue de sa terreur, sortit en chancelant.

Il est des instants où la vie vous apparaît avec son hideux cortège d'amères déceptions, de vaines inquiétudes, d'inutiles regrets, de projets qui roulent dans le néant. Vous sentez alors en vous comme un gouffre où s'abîment affections, tendresses, rêves, espérances, tout ce qui fait supporter et chérir l'existence. Il s'élève de votre âme une douleur inexprimable qui vous pousse à la folie ou au suicide. Frédéric était dans un de ces moments critiques.

— Pourquoi hésiter?... se dit-il en s'asseyant sur un canapé. Que fais-je ici bas? Je traîne péniblement une existence inutile. La lassitude et le dégoût m'ont rendu indifférent aux choses qui passion- cette éternelle dupe, cette lueur vacillante, ce monstrueux alliage de grandeur et de bassesse, de folie et de raison, de puissance et de faiblesse, — qu'on appelle homme?... Cet atome perdu dans un point de l'espace a-t-il en lui un principe d'immortalité? — Dans cinq minutes, mon corps ne représentera plus qu'un amas informe de chair et d'os! — Où serai-je? Que serai-je? — La mort est-elle une porte basse par laquelle on arrive à Dieu. Conduit-elle au néant ou à l'éternité? — Mourir, est-ce renaître? — Ma pensée que j'exerce en ce moment périra-t-elle? — Survivra-t-elle à mon corps? — Qu'est-ce que la pensée sans le cerveau qui la conçoit? — Étranges problèmes dont la solution échappe à l'esprit humain. — Allons chercher le mot de l'énigme. — Aussi bien je commençais à ressentir un ennui mortel au milieu de ces êtres dont la richesse forme le seul mérite. Sots prétentieux, coquins sans courage, épais bouffons, courtisanes hypocrites, ineptes grimaciers, ridicules marionnettes, j'espère ne pas vous rencontrer où je vais. — Assurément Dieu doit s'amuser de ce drame burlesque que le monde joue sous ses yeux! Par malheur la vertu y est peu récompensée et le crime y triomphe souvent, contrairement aux mensonges sociaux débités dans les livres, les discours et sur le théâtre. — Peu m'importe! — Un coup de pistolet finit tout. — La mort, voilà le baisser du rideau, le dénouement éternel de la pièce. — Ma fille! seul être que je regrette sur cette terre, reçois mes adieux. Je veux prononcer ton nom en mourant!

Frédéric mit le doigt sur la détente de son pistolet et le leva à la

hauteur de sa bouche... A cet instant, soit hasard, soit providence, les portes du salon s'ouvrirent, et deux jeunes gens entrèrent. Une minute plus tard, c'en était fait de Frédéric de Marvennes ! Son premier mouvement fut de cacher son arme en maudissant les importuns qui l'empêchaient de se brûler la cervelle. Il ne put distinguer les traits du visage des nouveaux venus, car le jour, à cette heure matinale, éclairait à peine l'appartement d'un reflet blafard.

— Ne crains rien, Juliette, dit une voix bien connue de Frédéric, j'aperçois M. de Marvennes. — Maurice ! vous ! s'écria Frédéric. — Ma visite vous surprend, n'est-ce pas, monsieur ? — En effet... Je ne m'attendais pas à vous voir. — D'abord il faut que nous nous excusions, ma sœur et moi, de nous présenter devant vous à cette heure, sans être annoncés, mais nous n'avons rencontré aucun domestique. — Vous avez bien fait, mes amis, de passer outre. — Ah ! M. de Marvennes, depuis que vous avez quitté Tours, Dieu m'a frappé d'un grand malheur. — Que vous est-il donc arrivé ? — Vous le voyez, monsieur, dit tristement Maurice en montrant le vêtement de deuil de Juliette, nous avons perdu notre père.

Juliette ne put résister à son émotion. Elle se couvrit le visage de ses deux mains et sanglota.

— Et cette sensible jeune fille est votre sœur ? dit Frédéric en regardant Juliette. — Oui, monsieur. — Pauvres enfants !... Mais dans quel but êtes-vous venus à Paris ? — Après la mort de notre père, répondit Maurice, nous nous trouvâmes sans ressources. C'est alors que, dans ma détresse, je songeai à vous, monsieur. Je me rappelai l'intérêt que vous me témoignâtes lorsque vous restiez aux environs de Tours et la recommandation que vous me fîtes de ne pas vous oublier si un jour j'avais besoin de quelque service. Cette idée fut comme une inspiration du ciel. — Allons à Paris, dis-je à Juliette. M. de Marvennes s'occupera de moi, et facilement il me procurera un emploi qui nous fera subsister tous les deux. J'amassai un peu d'argent, et ma sœur et moi nous partîmes de Saint-Georges, mettant l'espoir de notre avenir en vous et en Dieu.

Frédéric inclina la tête et resta pensif. — Pouvait-il repousser ces enfants qui invoquaient son appui et les conseils de son expérience ? — Mais son funeste projet de suicide était trop bien arrêté dans sa pensée pour qu'il en fût détourné par ce devoir que Dieu lui imposait. Aussi, après quelques moments d'hésitation, répondit-il aux jeunes gens : — Si vous étiez venus à Paris un mois plus tôt, mes amis, je vous aurais sauvé de cette position critique. Ma maison eût été la vôtre. Je vous eusse reçus comme mes enfants. Il y a un mois encore j'étais riche... aujourd'hui je suis aussi pauvre que vous. — Est-il possible ! s'écria Maurice. — Ah ! monsieur, dit Juliette, enhardie par le ton de franchise de Frédéric, pourquoi faut-il que la perte de votre fortune nous prive du bonheur de vivre avec vous. — Ma fille aurait son âge, rêva Frédéric en écoutant la jeune fille. — Cependant... reprit timidement Juliette, il me semble que tout pourrait se réparer. — Comment, mon enfant, demanda Frédéric en souriant.

— Oui, M. de Marvennes, dit Juliette avec cette naïveté d'expansion qui la caractérisait, si vous le vouliez, votre maison serait la nôtre, et nous serions vos enfants. Nous formerions à nous trois une association, une famille. En travaillant, chacun de notre côté, nous jouirions d'une petite aisance. D'abord, je ferais régner l'ordre et l'économie dans le ménage. Maurice et moi, nous vous entourerions de tant de soins et de prévenances, que vous ne regretteriez peut-être pas trop votre fortune. Ah ! ce projet me semble ravissant ! Que je serais heureuse, monsieur, si vous l'approuviez. — Je joins mes vœux à ceux de ma sœur, dit Maurice.

Un terrible combat se livrait dans l'âme de Frédéric. Il est si doux de vivre quand on aime ! lui disait le sourire angélique de Juliette.

— Pourquoi hésiter ? répliquait la voix de son système. Sous l'influence de ces deux sentiments qui s'excluaient l'un l'autre, Frédéric ne répondit pas. Ce voyant, Juliette redoubla d'ardeur. Elle passa avec une grâce adorable ses mains autour du bras droit de Frédéric, et, levant vers lui sa blonde tête qui contrastait étrangement avec ses habits de deuil.

— Oh ! je sens que je vous aimerai comme un père, lui dit-elle avec effusion. — Comme j'eusse aimé le mien, ajouta-t-elle tristement, si j'avais eu le bonheur de le connaître. — Eh quoi ? dit Frédéric étonné, vous n'êtes pas la fille de Jérôme. Maurice ne m'avait pas instruit de cela. — Non, dit Maurice, Juliette est une enfant trouvée. Elle fut recueillie par mon père à Paris sur les marches de l'église Saint-Roch. — Sur les marches de l'église Saint-Roch ! s'écria Frédéric, l'esprit frappé d'un souvenir. En quelle année ? — En 1816, répondit Maurice. — 1816 ! répéta Frédéric dans la plus grande agitation. Juliette ne portait-elle pas un médaillon attaché à son cou ? — En effet... dit Maurice. — Pauvre Juliette, vous l'avez toujours. — Oh ! il ne me quitte pas, dit la jeune fille. Chaque jour je l'embrasse religieusement en pensant à ma mère... Mais comment savez-vous ? Il faut que je voie ce médaillon, Juliette... donnez-le moi ? — Le voici.

Frédéric prit le médaillon des mains de Juliette, le regarda et jeta un cri de joie. C'était le portrait d'Éléonore !

— Ma fille ! Juliette, tu es ma fille ! s'écria Frédéric. — Vous mon père ! fit Juliette en se jetant dans les bras de Frédéric. Oh ! j'aurais dû le deviner à la tendresse que je ressentais pour vous ! — Quel bonheur ! dit Maurice. — Mon Dieu ! s'écria Frédéric, je suis un misérable pécheur. J'ai douté de votre providence ! j'ai blasphémé votre saint nom ! pardonnez-moi, mon Dieu.... Laisse-moi t'embrasser encore, ma fille ! Il y a seize ans, vois-tu que ce désir me brûle le cœur... Cela semble si bon de te tenir dans ses bras, de couvrir de caresses une enfant que l'on croyait perdue ! Oh ! tu ne me quitteras plus ! — Non ! jamais ! mon bon père. — Pauvre enfant ! tu as eu froid.... tu as souffert dans ce voyage... tes mains sont encore glacées. Réchauffe-les dans les miennes. — Oh ! vous pleurez, mon père ! — N'essuie pas ces larmes. Elles me soulagent... Il me semble que mon cœur est débarrassé d'une avalanche d'amertumes. Ah ! Maurice, vous avez eu raison de dire qu'une inspiration du ciel vous conduisait ici. Insensé ! J'allais mourir sans t'embrasser, ma fille ! ange envoyé par Dieu pour me sauver, douce rosée qui ranime mon âme flétrie, rayon de soleil qui dissipe les ombres de la mort. — Oh ! je veux vivre maintenant ! Je suis riche, je suis fort, je suis heureux. Richesse, force, bonheur, tout cela est contenu dans un baiser de ma fille ! — Qui ose dire que je suis ruiné ? — Être pauvre, c'est passer ses jours dans une vaine agitation, c'est n'aimer que soi, ne vivre que pour soi. Ah ! vous tous qui m'avez abandonné, je vous plains, pauvres de cœur ! — Ainsi, dit Maurice en souriant, rien ne s'oppose plus à la réalisation du projet de Juliette.

— Non, Maurice. Désormais, nous vivrons et nous travaillerons ensemble. Je dépouille cette robe brillante livrée qui me brûlait comme la robe de Déjanire. Je ne suis plus Frédéric de Marvennes, l'oisif, le débauché, l'homme du monde. Je suis un ouvrier qui va faire courageusement sa journée. Je traînerai la brouette, je remuerai la terre, s'il le faut ! Venez, mes enfants. Sortons de cet hôtel. Je laisse ici toutes mes misères. Une vie nouvelle commence pour moi !...

X. — LA MANSARDE.

Lorsque Frédéric fut installé dans sa nouvelle demeure, il réfléchit aux périls de la situation. Qu'allait-il devenir avec ses enfants ? Il ne lui restait pas assez de ressources pour les préserver longtemps des atteintes de la misère. Les sinistres prédictions d'Éléonore lui revinrent alors à la mémoire. Il pâlit d'effroi en songeant que sa fille serait forcée de subir de cruelles privations. L'avenir lui apparut sombre et menaçant. Déjà l'inquiétude, les appréhensions déchiraient son cœur. Non qu'il hésitât à commencer une vie laborieuse, mais il prévoyait les difficultés sans nombre qu'il aurait à surmonter, les chocs du destin auxquels il devait résister, et il rassemblait ses forces pour ne pas faiblir au moment du combat. Il avait besoin d'ailleurs, d'une grande prudence. En se trompant de route, en s'engageant dans une fausse voie, ne compromettait-il pas l'existence de deux êtres dont il répondait à Dieu ?

Personnellement, Frédéric ne craignait pas la pauvreté. N'eût été la crainte de voir souffrir sa fille, il eût béni son sort. Il se sentait jeune, plein de sève et d'ardeur. Nouveau Lazare, il avait soulevé la pierre du sépulcre et s'était remis à vivre. Tous les sentiments qui animent l'homme s'étaient réveillés en lui et emplissaient son âme, muette depuis si longtemps, de divines harmonies. Voyageur égaré dans les sables brûlants du désert, il avait enfin trouvé le délicieux oasis. Toutefois, il ne s'y reposa pas, pénétré qu'il était de l'importance de ses devoirs.

M. de Marvennes tira un bon parti des ressources que lui offrait la brillante éducation qu'il avait reçue en embrassant le professorat. Cette tentative lui réussit à merveille. Divers moyens de publicité l'ayant fait connaître au public parisien, les élèves ne lui manquèrent pas. Il donna des répétitions aux externes des collèges, des leçons de mathématiques et de tenue de livres aux particuliers et aux commerçants.

De son côté, Juliette ne restait pas inactive. Quoique son père prétendît que celle-ci devait se contenter des soins du ménage, elle voulut encore exercer l'état de couturière, qu'elle avait appris à Saint-Georges.

Chacun de nos personnages ayant choisi la profession, la carrière qui lui convenait, ils rivalisèrent tous trois d'ardeur et de travail. Juliette était infatigable. Dès que l'aube paraissait, elle sortait de son lit, faisait le ménage, préparait le déjeuner. Grâce à ses soins, la plus grande propreté régnait dans la mansarde. La douce enfant comprenait très bien que son père, habitué au luxe, eût souffert dans un intérieur en désordre. Par ses attentions délicates, son empressement à prévenir ses désirs, elle s'efforçait de lui rendre moins sensible le brusque passage de l'opulence à la pauvreté. Elle l'entourait d'un certain bien-être, recherchait les occasions de lui être agréable. Un souvenir venait-il assombrir son front, de suite elle dissipait ce nuage par une caresse ou une parole naïve. Aussi Frédéric adorait sa fille à l'égal de Dieu. Chaque jour, il découvrait en elle un nouveau charme, une nouvelle qualité. Juliette paraissait si gracieuse avec une simple robe d'indienne et un petit bonnet de tulle, elle était si attrayante lorsqu'un sourire épanouissait son candide visage, qu'à la voir seulement, son père ressentait une joie indicible.

Par un singulier hasard, il advint que Juliette rencontra la nièce

de M. Delaborde chez une de ses pratiques. La connaissance entre les jeunes filles fut bien vite renouvelée. Dès qu'elles furent seules, Lucie questionna sa jeune amie au sujet de Maurice. Juliette peignit avec tant d'éloquence la tristesse et l'abattement qui s'étaient emparés de son frère, que Lucie se rendit avec elle à la mansarde dans le louable dessein d'apporter quelque consolation au pauvre artiste. Malheureusement, notre peintre, qui ne s'attendait pas assurément à cette visite, était sorti ce jour-là selon son habitude. Les jeunes filles furent donc très désappointées. Néanmoins Juliette supplia Lucie d'attendre le retour de Maurice.

— Mon frère ne tardera pas à rentrer, ajouta-t-elle. Et il sera si heureux de vous voir! — Votre frère vous a donc avoué qu'il m'aimait? — Non, mademoiselle, mais je l'ai deviné, dit Juliette en souriant. Cela ne m'a pas été difficile, ajouta-t-elle, car je l'ai souvent surpris en extase devant votre portrait, qu'il a point de souvenir. De cette manière, il passe des heures entières à vous regarder et à vous parler, sans que vous vous en doutiez le moins du monde. — Ce portrait, Juliette, pouvez-vous me le montrer? — Très facilement. Jetez les yeux de ce côté, il tient la place d'honneur dans notre chambre. — Oh! voilà bien mes traits... ma physionomie, s'écria Lucie visiblement émue. Puis elle murmura : — Comme il s'est souvenu de moi! — Plusieurs personnes ont proposé à mon frère d'acheter ce tableau, mais il n'a jamais voulu le vendre, quelque prix qu'on lui en offrît. — Pauvre Maurice! — Oh! il n'est pas à plaindre, puisque vous l'aimez, s'écria Juliette avec une ravissante naïveté. Lucie baissa les yeux d'un air confus.

— Vous aurais-je offensée? mademoiselle, dit Juliette très surprise. Ah! pardonnez-moi. — Non Juliette, vous ne m'avez pas offensée. Seulement vous m'avez rappelée au sentiment de ma situation. Je rêvais déjà que j'étais pauvre, libre, heureuse comme vous. J'oubliais... — L'amour n'est donc pas permis aux jeunes filles riches, mademoiselle Lucie? — Pourquoi m'adressez-vous cette singulière question? — Parce que vous désirez devenir pauvre... à cause de mon frère, sans doute. — En effet, Juliette, c'était là ma pensée. Les autres jeunes filles dont on envie à tort la brillante existence, nous sommes condamnées à ne témoigner de l'intérêt qu'aux êtres qui jouissent d'une fortune et tiennent un rang dans la société. Ceux que le sort a déshérités ne doivent nous inspirer que de l'indifférence et du mépris. — A ces conditions-là, je vous assure, mademoiselle Lucie, que je serais très malheureuse avec de grandes richesses, car j'aime tout le monde, moi! Mon père et Maurice plus particulièrement... c'est naturel... et puis encore un autre...

Juliette s'arrêta, à son tour elle rougit.

— Vous n'achevez pas, Juliette. Craignez-vous de me faire une confidence? J'ai la preuve à vous demander votre secret puisque vous savez le mien. — Eh bien, mademoiselle Lucie, il me semble que j'ai de l'amitié... plus que de l'amitié pour un jeune homme qui demeure dans la maison qui fait face à la nôtre. Oh! mais je ne suis pas aussi ambitieuse que mon frère... M. Paul est pauvre... aussi pauvre que moi. Il m'a assuré qu'il ne gagnait que cent francs par mois dans un bureau. Voilà mon secret, mademoiselle Lucie.

A ce moment trois coups retentirent à la porte de la mansarde. Les jeunes filles tressaillirent. — Voici mon frère, dit Juliette. Mademoiselle, il faut le surprendre. Cachez-vous dans ce cabinet. — Volontiers, répondit Lucie.

Aussitôt qu'elle eut disparu de la chambre, Juliette ouvrit à son frère. Maurice entra silencieux et sombre. Il découvrit un tableau sur lequel Juliette avait l'habitude de jeter une indienne pour le garantir de la poussière, s'assit sur un tabouret et prépara sa palette.

Hâtons-nous de le dire, Maurice avait pris son art au sérieux. Il ne se contentait pas de barbouiller une toile de couleurs plus ou moins éclatantes. Chacune de ses œuvres témoignait d'importantes études et révélait un esprit méditatif. Le tableau dont il s'occupait était d'un grand intérêt pour lui, car il le destinait au Musée. Aussi n'y touchait-il que dans ses moments de verve et d'inspiration. Voici le sujet qu'il avait choisi :

Au milieu d'une vallée, par une belle journée de printemps, s'ébattaient une foule d'enfants dont la réunion offrait un contraste assez étrange. Les uns, à peine couverts d'un haillon, cheveux au vent et pieds nus, ressemblaient à de petits vagabonds, les autres, vêtus avec recherche, à de petits seigneurs. Sans se soucier de leur richesse ou de leur pauvreté, bohémiens et fils de famille, confondus dans un pêle-mêle où l'étiquette eût peu observée, se roulaient sur l'herbe, se lutinaient, se tenaient embrassés, s'abandonnaient à la folle gaîté et à la vive sympathie de leur âge. Toutes ces figures enfantines rayonnaient de plaisir. Un voyageur s'était arrêté au pied d'une colline et regardait, rêveur, les jeux des enfants, songeant sans doute à la leçon qu'ils donnaient aux hommes divisés par tant de préjugés, d'absurdes distinctions. Une belle lumière éclairait le paysage.

Lucie sortit sans bruit de l'endroit où elle s'était retirée et surprit le peintre dans une attitude qui trahissait un profond abattement. Le coude appuyé sur son genou et la tête dans sa main droite, il paraissait accablé par de tristes réflexions. La jeune fille s'approcha doucement de l'artiste et lui dit de sa voix suave:
— Espoir et courage, Maurice!

XI. — COUSIN ET COUSINE.

Maurice se leva lentement de son tabouret, porta la main à son front, comme s'il eût voulu s'assurer qu'il ne rêvait pas, et s'écria dans son ravissement :
— Lucie! est-ce bien vous que je vois?... N'est-ce pas plutôt une bienfaisante fée qui m'apparaît ainsi pour me rendre l'espoir et le courage? Oh! qui que vous soyez, ange ou fée, vous qui venez me trouver dans le malheur, du fond du cœur je vous remercie!

Juliette riait fort de l'étonnement de son frère. Après avoir surmonté son émotion, non sans un grand effort sur elle-même, Lucie répondit à l'artiste d'un ton légèrement ironique :
— Malheureusement, Maurice, je ne suis point un ange, encore moins une fée ; car, si j'en avais la puissance, d'un coup de ma baguette je changerais cette demeure en un palais magnifique dont vous seriez le seigneur. Vous auriez une containe de serviteurs toujours prêts à obéir à vos ordres. En outre, j'emplirais quelques milliers de coffres d'émeraudes, de topazes, de saphirs, que je vous offrirais à titre de cadeaux. Voilà, monsieur le manufacturier, qui vous dédaigne aujourd'hui, accourrait en toute hâte à votre palais, et vous supplierait à genoux d'accepter la main de sa nièce ; mais, hélas! je ne suis qu'une simple mortelle, réduite à faire des vœux impuissants pour votre bonheur. — Ne dites pas cela, chère Lucie. Votre présence me donne une joie qui rachèterait dix années d'amères angoisses. Oh! vous vous exprimerai-je mon admiration, ma reconnaissance?
— En ne soupçonnant pas ceux qui vous aiment, et surtout en ne désespérant jamais de l'avenir... Juliette m'a informé de votre conduite, monsieur. — Faites-lui de sévères remontrances, mademoiselle, dit Juliette. Il vous écoutera mieux que moi. — Quoi! Maurice, vous vous abandonnez à une coupable oisiveté! Votre art ne vous passionne plus!.. — Loin de vous, Lucie, un doute affreux me gagnait, me rongeait le cœur, m'ôtait toute ardeur, toute énergie. Je ne sais quel démon m'avait suggéré la funeste pensée que vous étiez perdue pour moi. Je tentai vainement de la fuir... Elle me poursuivait partout... la nuit dans mes rêves, le jour au milieu de mes travaux. Je souffrais le martyre. Ne voulant pas de la vie sans soleil, sans amour, n'ayant plus de désirs, plus de but..., je m'arrêtai. Je quittai la route sur laquelle jusque-là j'avais marché courageusement et je m'assis sur le bord du fossé. Mais Dieu a eu pitié de moi ; il a permis que vous passiez sur mon chemin pour ranimer mes forces abattues et rouvrir le ciel à mes espérances! Ainsi, monsieur, vous m'accusiez d'oublier, au milieu de frivoles plaisirs ou de vains bruits du monde, les serments que je vous avais faits! — Non Lucie, je ne vous accusais pas ; mais, je vous l'avoue, je craignais que vous ne fussiez contrainte de céder aux persécutions de votre famille. — Elles ne m'ont pas manqué. Mon cher cousin, ma tante et M. de Barcas ne m'ont épargné aucun tourment, aucune humiliation. Ils comptaient sans doute que leurs obsessions triompheraient de ma résistance ; mais ils n'ont réussi qu'à rendre ma volonté plus inflexible. J'acceptais, d'ailleurs, avec résignation les épreuves que le ciel m'envoyait, sachant que de votre côté vous luttiez dans les souffrances. — Oh! je suis indigne de vous, chère Lucie. Que n'ai-je suivi votre exemple, au lieu de passer mes jours dans l'indolence! Désormais, je vous le jure, je ne prendrai pas une minute de repos. Et d'abord, je veux terminer ce tableau qui doit décider de mon avenir. — Maurice, ayez bon espoir. J'ai le pressentiment que vous deviendrez un grand artiste. — Puisse votre prédiction s'accomplir! s'écria le peintre dans l'enthousiasme. Il est si beau de communier avec ses semblables par la gloire, c'est-à-dire par l'affection que vous leur inspirez! On éprouve tant de joie à donner un nom illustre à la femme qu'on aime!

A cet instant, un pas d'homme résonna sur le palier de la mansarde, le bruit se rapprocha de la porte, et presque aussitôt les jeunes gens entendirent ces paroles prononcées à voix basse et qui semblaient sortir d'une bouche collée au trou de la serrure :
— Mademoiselle Juliette, êtes-vous seule?
Lucie fit un geste d'effroi.
— Serait-ce lui, murmura-t-elle. — Oh! ne craignez rien, mademoiselle ; c'est M. Paul.
Et Juliette alla ouvrir la porte. M. Paul entra. A la vue de ce nouveau personnage, Maurice et Lucie jetèrent simultanément le même cri de surprise. Quant à M. Paul, il paraissait très contrarié d'avoir franchi le seuil de la porte ; mais, comprenant que sa fuite eût été ridicule, puisqu'on l'avait reconnu, il essaya de faire bonne contenance.
— Mon frère, mademoiselle, dit Juliette, permettez-moi de vous présenter M. Paul. — Depuis quand, dit Lucie ironiquement, mon cousin Albert se nomme-t-il Paul?
Juliette devint blanche comme un lys.
— Votre cousin... lui!... s'écria-t-elle. — Lui-même. — Oh! mon

Dieu! fit Juliette en tombant accablée sur une chaise. — Monsieur! dit Maurice en s'avançant vers Albert les poings crispés par la colère, veuillez m'apprendre le motif de votre visite. — Parbleu! répondit Albert, assez embarrassé de fournir promptement une explication... c'est tout simple... Je venais... chercher ma cousine. — Vous mentez, monsieur! s'écria Lucie avec indignation. — Toujours aimable, cousine... fit Albert en grimaçant un sourire. — Oui, vous mentez! — Prouvez-le-moi. — N'appelez pas la dissimulation à votre aide, monsieur; elle aggrave encore vos fautes. Le pseudonyme que vous avez pris, cet habit d'emprunt attestent assez que de coupables intentions vous conduisaient ici. Vous consacriez vos loisirs à tromper une pauvre jeune fille sans expérience... Vous cherchiez à empoisonner son existence par une infâme séduction. Mais, en vous démasquant, je la préserve de tout danger.

Juliette, cédant à la violence de son émotion, se couvrit la tête de ses mains, et fondit en larmes.

— Ma chère cousine, répliqua Albert, en affectant beaucoup de calme, il ne vous sied pas de montrer ces grands airs de vertu lorsque je vous surprends en tête-à-tête avec votre amant. — Oh! monsieur!... dit Lucie douloureusement en courbant la tête sous cet outrage.

Les rôles étaient changés. Les sarcasmes d'Albert avaient atterré sa cousine, qui, dans sa sollicitude pour Juliette, avait oublié la position équivoque dans laquelle elle se trouvait elle-même.

— Ne rougissez pas, belle cousine, reprit Albert triomphant. Vos amours ne peuvent que vous faire honneur, puisque, pour en voir l'objet, il faut que vous vous éleviez... jusqu'à un cinquième étage. A cette raillerie grossière et de mauvais goût, un sourire méprisant effleura les lèvres de Lucie.

— Ah! ah! l'aventure est vraiment curieuse et vaut la peine d'être racontée, continua Albert sur le même ton. — Vous savez bien que ce serait une honteuse calomnie! s'écria Maurice, qui se contenait à peine. Il vous restait un peu d'honneur, monsieur, vous n'outrageriez pas une jeune fille si pure. — Qui vous donne les rendez-vous. — Oh! misérable!

Dans sa fureur, Maurice leva la main sur Albert; mais Juliette, prompte comme l'éclair, se jeta au cou de son frère.

— Maurice, je t'en supplie, s'écria-t-elle. Ne le frappe pas. — Sortez! sortez! s'écria Maurice en menaçant Albert. Ne souillez pas plus longtemps cette demeure de votre présence. — Je me vengerai de vos outrages, mon petit monsieur, dit Albert en ouvrant la porte.

Et il disparut. Après son départ, il se fit un moment de silence; les jeunes gens étaient agités d'émotions douloureuses; le premier, Maurice éleva la voix.

— Pauvre sœur! tu l'aimais donc? dit-il à Juliette.

Un sanglot fut la seule réponse de la jeune fille.

— Consolez-vous, Juliette; mon cousin ne mérite pas vos regrets. — Oh! je pleure sur mes fautes, mademoiselle Lucie. Si ma légèreté n'avait pas attiré M. Albert dans cette maison, la scène qui vient de se passer n'aurait pas eu lieu. Oh! je suis coupable..., trop coupable pour que vous me pardonniez. — Dieu lui-même ne vous condamnerait pas, Juliette. — Que vous êtes bonne! — Maintenant, mes amis, dit Lucie en pressant les mains de Juliette dans les siennes, il faut que je me sépare de vous. Je vais prévenir les calomnies de mon cousin. — Partez, mademoiselle... dit Maurice d'une voix qui exprimait à la fois la résignation et le désespoir, dites-moi un adieu éternel. Vous avez été trop longtemps victime de votre générosité. Moi, qui donnerais avec plaisir mon sang pour vous épargner une douleur, je ne veux pas d'un bonheur qui vous coûte tant de larmes. Non, il ne m'est pas permis d'aspirer à vous qui êtes riche et belle... Les nuages qui couvrent l'horizon de mon avenir ne se dissiperont jamais peut-être... Sur cette terre, je ne dois être uni à vous que par la pensée. — Vous me dites adieu, Maurice, et moi je vous dis : Au revoir!

Et, après avoir gratifié l'artiste d'un regard dans lequel elle mit toute son âme, la jeune fille sortit. Il était temps. On entendait encore le frôlement de sa robe de soie sur les marches de l'escalier, quand M. de Marvennes rentra chez lui. En embrassant sa fille, il sentit l'humidité des larmes qu'elle avait versées.

— Juliette, lui dit-il, qu'est-il arrivé pendant mon absence?... Tu as pleuré...

Par des signes d'intelligence, Maurice suppliait sa sœur de ne pas avouer à M. de Marvennes la cause de son affliction. Juliette embarrassée garda le silence.

— Tu ne me réponds pas? dit Frédéric à sa fille d'un ton de reproche. Crains-tu que je te gronde?... Enfant, ce serait la première fois. — Eh bien!... il est vrai,... balbutia Juliette, à qui le mensonge coûtait, j'ai pleuré... en pensant à ma mère!

Au souvenir d'Éléonore, évoqué par sa fille, les traits de M. de Marvennes se contractèrent violemment.

— Pauvre enfant! murmura-t-il, elle souffre.... mais, quoi qu'il lui en coûte, elle doit toujours ignorer le nom de sa mère. Il y va du salut de sa vie!...

XII. — SÉDUCTION.

Lorsque le chevalier de Barcas vint à Paris avec M. Delaborde, il se trouvait à la tête de deux cent mille francs. Aussitôt il monta une maison, prit des domestiques, acheta un équipage, le tout afin de soutenir dignement l'éclat de son rang. Il ne manqua pas plus de faire peindre son blason sur le panneau de sa voiture. C'était une forte épée, couronnée de lauriers, avec cette devise : *Protegit virtutem* (elle protége la vertu). Grâce à sa science héraldique, à son esprit délié, à ses belles manières, notre chevalier passa pour un noble de bonne souche et fut reçu dans les salons aristocratiques du faubourg Saint-Germain. Bizarre rapprochement! Cet homme qui coudoyait des duchesses était pourtant sorti de l'égout et du tripot. Plongé dans une misère dégradante, objet de mépris et de pitié, jeté sur ce fumier immonde où la société laisse pourrir les pauvres, c'est-à-dire les deux tiers de ses membres, il avait accepté le défi que le sort lui avait jeté, et il était sorti triomphant de la lutte qu'il avait engagée avec les hommes. Ce sentiment le plus infime il s'était élevé à une éminente position par la ruse et le mensonge. Un préjugé lui avait servi de passe-port. Autrefois il était honni, conspué; aujourd'hui il était choyé, fêté, admiré.

M. de Barcas avait perverti par son exemple et ses conseils le jeune Delaborde, dont il comptait faire sa dupe. Encouragé par un tel maître, Albert ne gardait aucune retenue. Il donnait un libre cours à ses mauvaises passions, se livrait à une luxure effrénée. Si la débauche n'eût pas tué en lui le sens moral, Juliette l'eût sauvé de l'abîme où l'entraînait le chevalier. Elle était digne de lui inspirer un amour sincère et pur. Ce sentiment l'eût tiré de la fange où vivait la jeune fille, loin de le toucher, excitaient ses désirs insatiables d'impurs plaisirs. Contrarié dans ses projets par sa cousine, il songea que M. de Barcas saurait lui donner les moyens d'arriver à ses fins. En conséquence, il se rendit à la demeure du chevalier, qu'il trouva dans son salon.

— Par quel miracle faites-vous votre apparition, jeune homme? s'écria M. de Barcas avec l'accent d'une profonde surprise. — En effet... répondit Albert, je mérite vos reproches. Il y a quinze jours que je n'ai eu le plaisir de vous serrer la main. — Et que signifie cette longue absence? — Mon cher ami, ne riez pas trop. Je crois que je suis amoureux... — Amoureux! interrompit M. de Barcas en souriant. Et de quelle courtisane? D'une loretto, d'une actrice, d'une danseuse? — Non... non... d'une femme. — Ah diable! il paraît que c'est sérieux. Voyons!... quelque syrène de haut parage vous laisse soupirer sur tous les tons avant de se mettre avec vous à l'unisson? — Vous ne devinez pas, chevalier. Je suis fatigué de chiffonner la dentelle et la soie. Vive la robe d'indienne! — C'est donc une petite ouvrière?... — Simple, vertueuse, pauvre. — Trois titres qui sonnent mal à mon oreille. Ne vous attaquez pas aux vertus de mansarde, Albert, elles sont hérissées d'épines. Le beau plaisir de séduire la fille du peuple pour avoir à ses trousses cinq ou six butors, le père, les frères, qui hurlent et aboient comme des enragés. L'honneur, mon cher Albert, c'est le manteau de parade dans lequel le pauvre se drape orgueilleusement. Nous autres, nous avons les délices du luxe, du *far niente*, de la bonne chère, mais le pauvre n'a que son honneur. Aussi mord-il et déchire-t-il à belles dents ceux qui cherchent à lui ravir ce pompeux hochet, sa seule consolation. — Je me moque de ces dangers. Il me faut Juliette!... Je la veux! je l'aurai!... s'écria Albert avec un cynisme qui eût révolté tout autre homme que M. de Barcas. D'ailleurs, ajouta-t-il, je satisfais à la fois mon amour et ma vengeance. — Votre vengeance? — Sans doute, puisque Juliette est la sœur de Maurice. — Vraiment! — Et que Maurice est l'amant de ma cousine. Voyez, comme tout s'enchaîne! — Que dites-vous? — La stricte vérité! J'ai rencontré ma cousine dans une mansarde... Elle y venait trouver Maurice, et moi, Juliette. — Étrange rencontre! — N'est-ce pas? — Ne perdez pas de temps, Albert. Il faut instruire M. Delaborde de la conduite de sa nièce. Je vous engage à ne pas l'épargner. Elle irrite sans cesse votre père contre vous. — Je le sais bien, quand elle me montre un visage sévère... il ne répond rien à mes demandes d'argent. Je suis forcé d'emprunter, moyennant d'énormes intérêts, à de vils usuriers. Ma parole d'honneur, j'ignore ce que M. Delaborde prétend faire de ces lingots d'or... des reliques sans doute. — Vous hériterez de ces reliques. — Dieu sait quand! — Bientôt peut-être... D'un moment à l'autre, votre père peut succomber. Il ne vous laisserait pas moins d'un million... Oh! que la vie serait belle avec un million! Plus de gêne, plus de soucis, plus d'entraves à nos plaisirs... — Taisez-vous, chevalier, taisez-vous, s'écria Albert, si vous voulez que j'aie la patience d'attendre! — Moins heureux que vous, je n'attends rien. — Ne suis-je pas votre ami? Que j'hérite demain de la fortune de mon père, et demain vous serez aussi riche que moi. — Cette générosité, Albert... — Ne vous récriez pas. J'acquitterais simplement une dette que de bons services m'ont fait contracter envers vous. — Avec le temps, vos idées changeront. — L'amitié fondée sur la sympathie des goûts, des caractères, est durable, éternelle. Ce que j'aime en vous, chevalier, c'est le joyeux compagnon

demandant à la vie les jouissances qu'elle peut donner, riant de toutes choses. Moi, d'abord, je veux rire et m'amuser jusqu'à mon dernier soupir! — Voyons, Albert, tenez-vous beaucoup à cette petite ouvrière? — Certainement. Je n'ai jamais désiré avec autant d'ardeur la possession d'une femme. Mais j'arriverai difficilement à mon but. Juliette ne me recevra plus chez elle à présent qu'elle connaît mon rang, car je m'étais donné pour un pauvre commis. Il n'y aurait qu'un enlèvement qui pût me la livrer. — Mauvais et ridicule moyen. Vous devez avoir étudié sa nature. Est-elle coquette? — Non. — Orgueilleuse? — Non. — Ambitieuse? — Non. — Gourmande? — Non. — Paresseuse? — Non. — C'est donc un ange que votre grisette? — Je le crois. — Si elle n'a aucune passion, on ne peut l'attaquer alors que du côté des sentiments. A-t-elle ses parents? — Oui. Elle demeure avec son père et Maurice. Ah! j'oubliais de vous faire part d'une chose assez singulière : Juliette m'a montré un portrait, celui de sa mère, qui ressemble d'une manière frappante à madame Delaborde. — Oh! mes souvenirs!... Ne serait-ce pas un médaillon? — Précisément. — Il est cinq heures, dit M. de Barcas en jetant les yeux sur la pendule, demain à la même heure, jeune homme, mademoiselle Juliette sera dans vos bras. — Vous raillez, chevalier. — Nullement. — Mais encore, comment ferez-vous? A moins que vous ne possédiez un talisman pour attirer les jeunes filles, je ne vois pas trop quel moyen vous emploierez. — Pas de questions. Ayez foi en mes promesses. — Vous avez raison, chevalier. C'est la foi qui sauve. — Votre petite maison de la rue d'Amsterdam est-elle habitée? Phædora? — Je l'en ai chassée. Elle me ruinait. — Bien. Trouvez-vous demain, à la porte de cette maison, et à cinq heures précises votre déité vous apparaîtra. — M. de Barcas, vous marchez sur les brisées du célèbre Cagliostro. — Ah! l'adresse de la petite? — Rue Neuve-Saint-Martin, 19. Tenez, voici la clef de ma chambre, d'où vous l'observerez à votre aise. Adieu, chevalier. — Ah! M. de Marvennes, murmura le chevalier pendant qu'Albert sortait, je vais prendre contre vous une belle revanche. Le déshonneur de votre fille paiera votre équipée de Tours!

Le lendemain, après s'être assuré de l'absence de Maurice et de Frédéric, M. de Barcas frappait à la porte de la mansarde. S'imaginant que son père ou son frère rentrait, Juliette alla promptement ouvrir. A l'aspect d'un étranger, elle ne put réprimer un mouvement de frayeur.

— Albert n'a pas mauvais goût, pensa M. de Barcas en regardant la jeune fille. — Que désirez-vous, monsieur? dit Juliette toute tremblante. — M'entretenir un instant avec vous, mon enfant. — Mais, monsieur, je ne sais... — Si vous devez m'accorder ce que je vous demande. D'un mot je puis faire cesser votre hésitation et calmer vos alarmes. Je viens à vous au nom de votre mère. — Ma mère! vous la connaissez, monsieur? s'écria Juliette en se rapprochant de M. de Barcas. — Oui, mon enfant. Elle a bien voulu me charger de vous conduire à sa demeure. — Je pourrais l'embrasser!... Oh! mon Dieu! ce serait trop de bonheur! — Elle vous attend. — Je croyais... on m'a dit que ma mère résidait à Londres. — On vous a trompée, mon enfant. Votre mère n'a jamais quitté la France. En ce moment, elle se trouve à Paris. — A Paris, si près de moi! — Consentez-vous à me suivre, et dans quelques minutes vous la verrez? — Ah! monsieur, si je n'écoutais que mon cœur, je courrais au devant de ma mère... Mais on m'a défendu de chercher à la connaître. — M. de Marvennes, sans doute? — Oui, monsieur. — Il ne peut lui pardonner de vous avoir abandonnée dans un moment où le malheur la frappait cruellement. — Quoi? monsieur, vous savez... — L'histoire de votre enfance. Vous avez été recueillie sur les marches de l'église Saint-Roch. On a trouvé sur vous un petit médaillon. — Tout cela est vrai. Mais ne croyez pas que j'accuse ma mère de mon abandon. Je l'aime comme si j'eusse passé ma vie avec elle. Chaque soir, je prononce son nom dans mes prières et j'embrasse son portrait. — Votre mère vous aime autant que vous l'aimez, Juliette. Aussi je ne me présenterai pas sans vous à sa demeure. Elle mourrait de désespoir en apprenant que vous avez refusé de me suivre. — Oh! mon Dieu! que faire? — Pourquoi hésitez-vous? — M. de Marvennes, ignorera le motif de votre absence... — Mais il sera inquiet. — Rassurez-le par un mot d'écrit. Tenez, justement, voici une plume, de l'encre. Écrivez.

Et ce disant, le chevalier mit une plume dans la main de la jeune fille.

— Non... Je commettrais une faute... murmura Juliette. — Dans une heure, vous serez de retour ici, et vous aurez embrassé votre mère!... — Oh! pardonnez-moi, mon Dieu!

Juliette traça vivement quelques mots sur le papier.

— Vous avez écrit. Venez, Juliette, venez! s'écria M. de Barcas en entraînant la jeune fille.

La voiture du chevalier l'attendait dans la rue. Il y fit monter Juliette et ordonna au cocher de courir à ventre à terre. En moins d'un quart d'heure, le trajet de la rue Neuve-Saint-Martin à la rue d'Amsterdam fut parcouru par deux chevaux fringants. L'équipage s'arrêta devant une petite maison dont tous les volets étaient hermétiquement fermés. Elle semblait inhabitée. Cependant, au premier coup de marteau, un concierge vint ouvrir la porte-cochère. La voiture entra dans une cour sablée. M. de Barcas et Juliette en descendirent, montèrent un petit perron et pénétrèrent dans un salon après avoir traversé une antichambre. Là, M. de Barcas pria la jeune fille d'attendre un instant la venue de sa mère. Restée seule, Juliette eut peur. Le morne silence qui régnait dans cette mystérieuse maison l'effrayait. Elle se prit à réfléchir à la démarche qu'elle avait faite, regrettant déjà d'avoir cédé aux sollicitations du chevalier. L'inquiétude la gagnait. Elle se demanda pourquoi sa mère ne l'avait pas reçue chez elle. Juliette en était là de ses réflexions lorsqu'elle entendit un bruit de pas qui se rapprochait de l'appartement où elle se trouvait. Ses soupçons s'évanouirent aussitôt; et elle fut tout entière à la joie d'embrasser sa mère. Elle ressentait une telle émotion qu'elle se soutenait à peine. Son cœur battait à briser sa frêle poitrine. La porte s'ouvrit enfin... Albert Delaborde parut sur le seuil. Juliette resta muette de stupeur. Albert s'avança au milieu du salon.

— Bonjour à la charmante Juliette, dit-il légèrement. — Où suis-je?... Mon Dieu! où suis-je? s'écria Juliette avec égarement. — Ne te désole pas ainsi, ma toute belle. Tu ne cours aucun danger. Tu es ici chez toi. Oui, Juliette, si tu le veux, retirés dans cette maison, loin du monde, loin des importuns, nous serons heureux, nous nous aimerons. — Oh! monsieur, vous osez me parler d'amour après avoir tendu un piège à ma bonne foi, après avoir abusé du nom sacré de ma mère...

Albert changea de ton.

— Sois-je donc bien coupable, mademoiselle, répliqua-t-il, d'avoir employé une innocente ruse pour vous retirer d'une position qui ne vous convenait nullement. Tous les trésors de grâce et de beauté ne doivent pas être enfouis dans une obscure pauvreté... — Épargnez-moi, monsieur, des choses que je ne dois pas entendre. Je suis très contente de mon sort, je ne désire pas la richesse. Votre intention, en m'attirant dans cette maison, était-elle de m'éblouir par des offres brillantes? — Non, Juliette. Je veux savoir seulement si vous répondrez un jour à mon affection, à mon amour. — Vous m'avez trompée, monsieur. Je ne vous aimerai jamais. — Jamais! s'écria le jeune homme furieux. Juliette, tu viens de prononcer ta condamnation! — Que dites-vous? — Je dis que tu es en mon pouvoir. Je dis que tu vas m'accorder à l'instant cet amour que tu m'as refusé!... — Oh! je vous en prie, monsieur, dit Juliette éplorée en joignant les mains, au nom de ce que vous avez de plus sacré, de plus cher au monde, laissez-moi partir. Vous n'exécuterez pas vos horribles menaces. Vous avez voulu m'effrayer... me punir de mes torts... Oui, j'ai eu tort... Un jour... peut-être... j'aurai de l'affection, de l'estime pour vous... Oh! laissez-moi sortir de cette maison... Mon père m'attend... il serait inquiet de ne me voyant pas venir!... — Que tu est belle!... dit Albert, dont les yeux ardents semblaient boire les larmes qui roulaient sur les joues de Juliette. — Oh! mon Dieu! sauvez-moi!...

Après avoir jeté ce cri de détresse, la jeune fille s'élança vers la porte, mais Albert la prévint, la prit dans ses bras et l'étreignit contre sa poitrine. Juliette essaya de rompre la chaîne qui entourait son corps, lutta quelques instants, mais en vain.

Brisée par tant d'émotions, la pauvre enfant s'évanouit.

— Elle est à moi!... s'écria le misérable jeune homme avec une expression de cynisme impossible à décrire.

Pour compléter le tableau, la figure diabolique de M. de Barcas apparut alors dans l'encadrement de la porte.

XIII. — LA MARATRE.

A trois lieues de Paris, près du village de Chenevières, se trouve un château dont la situation est ravissante. Il est coquettement assis au pied d'un coteau. Devant sa façade s'étend une belle et vaste prairie coupée dans sa longueur par un bois, dont l'extrémité borde la rive gauche de la Marne. Depuis quelque temps le *château de Chenevières* (ainsi appelé à cause de sa proximité avec le village de ce nom) ses dépendances appartenaient à M. Delaborde, qui venait, chaque année, y passer la belle saison. Aussi ce ne fut pas sans un vif mécontentement qu'il se vit contraint de quitter son domaine au milieu du mois de juillet 1835, et de se rendre avec sa femme à Paris, où des affaires importantes réclamaient immédiatement leur présence. Ne voulant pas rester seule avec son cousin, Lucie accompagna M. Delaborde.

Huit jours après l'action infâme dont il s'était rendu coupable, Albert déjeunait avec ses amis dans la salle basse du château, dont les murs résonnaient sous les bruyantes rires excités par les plaisanteries de M. de Barcas, qui donnait un libre cours à sa verve caustique. Les convives, parmi lesquels nous remarquons deux anciennes connaissances, Théodore le mélomane et Émile de Saint-Paul le rêveur, avaient la tête échauffée par les vins les plus exquis, sortis des caves de M. Delaborde. Ils raisonnaient, ou plutôt divaguaient sur toutes choses, parlant à la fois de femmes, de chevaux, de poésie, de jeux de bourse, de théâtre, mêlant tout, confondant tout dans une conversation sans frein, sans logique, qui dénotait des esprits frivoles et des cœurs parfaitement vides.

Il faisait une chaude journée. L'atmosphère était chargée d'électricité. Au-dessus de la tête des débauchés grondait sourdement le tonnerre, mais leur tapage infernal couvrait la voix de Dieu.

Pour respirer plus librement, Albert quitta la table, et alla se placer à l'embrasure de la croisée. Au même instant, un immense éclair couvrit de feu la surface du ciel et un bruit lugubre, formidable, retentit dans les airs. Jamais homme ne parut plus effrayé qu'Albert. Chancelant, égaré, il vint retomber sur sa chaise comme une masse inerte. Une pâleur cadavéreuse couvrait son visage. On eût dit que la foudre l'avait frappé.

L'orage était d'une violence extrême. La pluie tombait par torrents. Théodore s'empressa de refermer les croisées. Les amis d'Albert accueillirent sa terreur involontaire avec de grands éclats de rire.

— Ne riez pas, messieurs, leur dit le jeune homme saisi d'un tremblement nerveux, ne riez pas. J'ai vu...

Albert s'arrêta, comme si la voix lui eût fait tout-à-coup défaut. — Eh bien, quoi? qu'avez-vous vu? fit le chevalier d'un ton goguenard. L'hydre aux sept têtes, de l'Apocalypse ? — Le doigt de Dieu sur la muraille? dit Saint-Phar. — Le *Mané, thecel, pharès* qui apparut à Balthazar, de sinistre mémoire, ajouta Théodore. — Une bête fauve. Je parie?... dit à son tour le vicomte de Junior.

En dépit de ces sarcasmes, Albert restait impassible. Le spectacle auquel il avait assisté lorsqu'il était à la fenêtre, l'avait glacé d'épouvante. A la lueur blafarde d'un éclair, il avait vu et reconnu aussitôt une femme qui se tenait au milieu de la prairie les bras et les yeux levés au ciel. Au moment où la foudre avait éclaté, cette femme était tombée la face contre terre. — Morte! morte!... murmurait Albert absorbé dans sa pensée. Et tandis qu'elle était dans les larmes, que le désespoir déchirait son cœur, je me réjouissais, je m'enivrais ! Oh ! le ciel n'est pas juste... je méritais son sort. — Auras-tu bientôt fini ton soliloque? dit Saint-Phar au jeune homme.

Les railleries recommencèrent. Pressé de questions, Albert murmura le nom de Juliette à l'oreille de M. de Barcas. Ce que le chevalier traduisit de la sorte :

— La chose est vraiment incroyable! Figurez-vous, messieurs... il faut lui pardonner en faveur de sa jeunesse... Figurez-vous qu'Albert a la conscience troublée par les remords.

Un hourra général accueillit ces paroles.

— Quel crime a-t-il commis? demanda Théodore, quand le silence fut rétabli. — Rien autre chose qu'une peccadille... le plus innocent péché du monde. Albert s'est abaissé jusqu'à donner son amour à une fille du peuple. — Raconte-nous l'histoire, chevalier. Nous sommes curieux d'en connaître les détails. N'est-ce pas, messieurs ?

— Deux mots suffiront. La jeune fille en question, croyant embrasser sa mère, s'est trouvée je ne sais comment dans les bras de notre ami Albert. Voilà l'histoire.

Nouveaux rires.

— Il ne faut pas croire ainsi à la fidélité et à l'attachement des femmes, mon cher Albert, reprit M. de Barcas. Juliette ne songe pas à venir vous relancer ici. Elle vous a déjà oublié et remplacé... J'en suis certain. — Vous avez peut-être raison, chevalier, répondit Albert, cherchant à chasser les fantômes qui obsédaient son esprit. Emile, du madère ! — Je remplis la coupe jusqu'à ton bord ! dit le poète en versant une copieuse rasade de vin dans un verre, qu'Albert vida d'un trait. — L'enfer me guette ! s'écria-t-il en posant son verre sur la table. — Deviens-tu fou, Albert? dit le mélomane. — Cette fois, ce n'est pas une vision de mon esprit en délire. Regardez, messieurs! s'écria Albert en désignant d'un geste l'entrée de la salle.

Tous les convives tournèrent la tête et restèrent muets de stupeur. Sur le seuil de la porte se tenait immobile une pauvre fille dont l'aspect eût ému les cœurs les plus insensibles. Elle n'avait sans doute pas d'asile, car elle était toute mouillée. Les larmes qui coulaient en abondance sur son visage flétri dans sa jeunesse et sa beauté se confondaient avec l'eau qui ruisselait de ses vêtements. Elle était comme submergée par la douleur. Son attitude accablée révélait de poignantes angoisses. Elle penchait la tête et laissait tomber négligemment ses bras le long de son corps. De son bonnet, s'étaient échappées plusieurs boucles de cheveux blonds qui flottaient en désordre sur ses épaules. N'eussent été les sanglots qu'elle ne pouvait étouffer, qui sortaient par intervalles de sa poitrine, on eût dit la statue ou la personnification de la douleur. La vue de cette malheureuse créature dissipa les fumées du vin qui obscurcissaient le cerveau des convives. Aucun d'eux n'eut le courage de lui adresser des paroles inconvenantes. Albert s'avança vers elle.

— Mademoiselle, lui dit-il en déguisant son émotion sous un ton de froideur, que voulez-vous ? — Je n'ai pas le droit de vouloir, monsieur, je suis à votre merci... répondit la pauvre fille d'une voix entrecoupée de sanglots. Je vous supplie, les mains jointes et les larmes aux yeux, de me retirer de l'abîme où vous m'avez jetée... Vous le savez, monsieur, on ne se résigne pas à la honte comme au malheur. Depuis quelques jours, tant d'affreuses pensées m'ont épouvantée l'esprit, tant d'horribles souffrances m'ont serré le cœur, que je me crois parfois le jouet d'un rêve. J'avais l'amour de mon père, l'estime et l'amitié de ceux qui me connaissaient ; mon existence était un chant joyeux, un hymne à Dieu. Oh ! que vous avais-je fait, monsieur, dites, que vous avais-je fait pour que vous changiez cette existence si heureuse en un long et douloureux gémissement?... Est-ce possible que vous ayez froidement résolu de me perdre, moi, pauvre fille, de m'exposer à la réprobation et au mépris de tous?... Ah ! je ne croyais pas qu'on pût supporter de telles souffrances, mon Dieu ! Si vous ne repoussez, monsieur, la mort abrégera mes tortures... Mais non...: je ne puis pas mourir. Mon père me suivrait dans la tombe. Oh ! voyez, je suis à vos genoux... Au nom de Dieu, rendez une fille à son père.

Les touchantes supplications de Juliette (car c'était elle) impressionnèrent Albert, mais il se défendit aussitôt contre l'émotion qui commençait à le gagner en songeant qu'il était observé par ses amis, gens qui tournaient en ridicule les sentiments les plus sacrés et mettaient leur gloire dans l'éclat de leurs vices.

— Mademoiselle, répondit-il sèchement à Juliette, votre situation m'intéresse... je compatis à votre malheur. Je regrette que vous ayez tellement refusé les secours que je vous avais offerts, et que je vous offre encore... — De l'argent ! vous m'offrez de l'argent, — interrompit vivement Juliette en rougissant, — lorsque je vous demande l'honneur. — A la fin, que prétendez-vous ? s'écria Albert avec l'accent de la colère. — Si j'eusse été seule au monde, j'aurais bu mes larmes, j'aurais souffert en silence, vous ne m'eussiez jamais revue... Mais le coup qui me frappe atteint aussi mon père. Il passera ses derniers jours dans la honte et la douleur si vous ne me donnez pas votre nom. Lorsque je sortis de la maison où vous m'attirâtes par un sacrilège artifice, j'avais la tête perdue; je voulais mourir. Le ciel me détourna de cette funeste résolution en m'envoyant une sainte pensée. — La vie ne m'appartient pas, me dis-je, je la dois à mon père. J'irai trouver celui qui tient sa destinée à la mienne entre ses mains; je lui crierai : Grâce pour mon père, grâce pour un honnête homme qu'on déshonore de sa fille tuerait ! — Et je suis accourue vers vous, guidée par l'espérance.

Albert releva la tête d'un air hautain.

— Vous oubliez, mademoiselle, que je suis et qui vous êtes, répondit-il orgueilleusement. — Mon Dieu, je n'ai plus rien à espérer! murmura Juliette désespérée. — Que de bruit, que de grimaces pour une innocence perdue ! s'écria M. de Barcas en accompagnant sa parole d'un sourire cruel. Eh ! petite, n'aurait-il pas fallu en venir là tôt ou tard... Allons, belle Madeleine, sèche tes larmes. Tu dois être fatiguée de gémir et de sangloter. Viens t'asseoir à cette place. Voici un vin généreux qui ramènera la joie dans ton âme et le sourire sur tes lèvres.

Cette insulte fut le signal de cent autres plaisanteries qui déconcertèrent et troublèrent Juliette. Elle voulut sortir de cet enfer, mais un convive lui barra le passage, la prit par la taille et essaya de la ramener à la table.

— Ah ! vous ne m'épargnez aucune humiliation ! dit la pauvre fille à Albert, en se débattant au milieu de ces ignobles débauchés.

A cet instant un domestique vint annoncer que madame Delaborde était de retour de Paris.

— Messieurs, dit Albert à ses amis, je vais au-devant de ma mère. Il n'eut pas le temps d'exécuter son projet, car madame Delaborde parut aussitôt. Juliette s'élança vers elle.

— Madame ! s'écria-t-elle en tombant à ses genoux, sauvez-moi ! protégez-moi ! Je suis insultée... — Qu'est cette fille? demanda Éléonore d'un ton méprisant. — Une mendiante !... s'empressa de répondre M. de Barcas. — Oh ! ne croyez pas cela, madame ! c'est un mensonge. Je suis la victime de votre fils !...

Il y eut un moment de silence. Juliette, qui attendait un mot d'encouragement, une parole sortie du cœur, vit tomber une bourse devant elle. La jeune fille se releva indignée.

— Oh ! soyez maudite, madame ! s'écria-t-elle, vous qui...

Juliette n'acheva pas. Sa malédiction était un blasphème. Elle recula épouvantée d'un geste d'horreur. Son visage se couvrit subitement d'une pâleur livide ; ses yeux s'injectèrent de sang. Un cri horrible déchira sa poitrine et fit tressaillir d'effroi ceux qui l'entendirent. Folle de désespoir, elle sortit de la salle du château en s'appuyant sur chaque objet que rencontrait sa main et en poussant de sourds gémissements, comme si elle eût reçu un coup de poignard au cœur.

Dans cette femme qu'elle venait de maudire, Juliette avait reconnu sa mère !...

XIV. — ALBERT ET MAURICE.

La disparition de Juliette jeta dans une grande perplexité son père et son frère, qui ne surent à quel événement l'attribuer ; car, on se le rappelle, la jeune fille n'avait pas marqué dans sa lettre le motif de son absence. Quelques jours se passèrent en recherches infructueuses. Alors un doute surgit dans l'esprit de Maurice. Il se remémora les menaces de son ennemi. Effrayé de cette idée, de ce soupçon, Maurice se rendit spontanément à la demeure de mademoiselle Delaborde, qui lui apprit le crime de son cousin.

— Et ma sœur, qu'est-elle devenue?... demanda Maurice avec anxiété. — Elle m'a quittée, malgré mes remontrances. Elle s'est

rendue au château de Chenevières dans l'espoir de ramener mon cousin à de meilleurs sentiments, de le toucher par ses prières.

— Vaine tentative! Albert raillera sa victime... Il n'en aura pas pitié. Les hommes orgueilleux et corrompus qui se font un jeu du désespoir de leurs semblables, n'entendent jamais les prières qu'on leur adresse; mais, au milieu de leurs plaisirs et de leurs fêtes, ils se troublent et restent saisis d'effroi lorsque ceux qu'ils oppriment viennent leur crier justice. Oui, j'irai demander pour ma sœur outragée une réparation solennelle au fils de M. Delaborde, et malheur à lui s'il me la refuse!

— Maurice, écartez cette funeste résolution. Songez qu'un duel avec mon cousin aurait pour conséquence de nous séparer à jamais.

— Nul ne peut échapper à sa destinée, mademoiselle, répondit Maurice d'une voix sourde qui dénotait un profond découragement. La mienne est de désirer ardemment un bien qui s'éloigne toujours de moi. Dans ma première jeunesse, j'avais comme le pressentiment de mon avenir. Contrairement à tous les enfants, j'étais triste, réservé, renfermé en moi-même. Je me montrais inaccessible aux bruits de la terre. La fin terrible et violente de ma mère m'avait tellement impressionné que ce funèbre tableau se présentait sans cesse à mon esprit frappé. Je marchais dans la vie, les yeux fixés sur son cadavre. Un jour, vous m'apparûtes, Lucie. Je vous aimai..., et l'amour fit croire au bonheur. J'oubliai ma mère, l'héritage de malheurs qu'elle m'avait légué; j'oubliai que j'étais un enfant sans nom, sans naissance; j'oubliai que je n'avais pas le droit de vivre! Je me mis à travailler et à espérer. Vous connaissez le résultat de mes luttes et de mes fatigues. A mesure que je faisais un pas vers vous, Lucie, la fatalité, le sort, les circonstances me repoussaient aussitôt, m'enlevaient en un instant le terrain que j'avais péniblement gagné dans ma carrière d'artiste. Ce dernier événement pose entre nous une barrière infranchissable. Ainsi, plus de folles illusions, plus de songes ambitieux, plus d'avenir. Je vous délie de vos serments, Lucie. Je ne suis plus votre fiancé. Ma mère se plaint de mon long oubli, et m'appelle du fond de son tombeau. Mon rêve d'amour et de bonheur est terminé. Adieu, mademoiselle.

Et Maurice sortit brusquement, sans attendre la réponse de Lucie, qui tomba accablée, le cœur brisé, sur un siège. Après cette entrevue, Maurice prit aussitôt le chemin de Chenevières; car il avait hâte de rejoindre Albert et de lui demander un compte sévère de sa conduite. Bien que Maurice ne se fût jamais battu en duel, les conséquences d'une provocation ne l'effrayaient pas. Pourquoi aurait-il craint la mort? N'avait-il pas dit un éternel adieu à ses rêves et renoncé à cet amour qui l'avait soutenu jusque-là comme sa divine espérance au milieu de ses tristesses et de ses misères? Pour venger sa sœur, n'avait-il pas fermé le livre de sa vie sur la page brûlante de sa passion? Tous les brillants météores qui scintillaient au ciel de sa jeunesse s'étaient éteints. Maurice ne voyait devant lui qu'un implacable ennemi qui l'avait constamment poursuivi d'une haine injuste et frappé dans ses affections les plus chères. Assez longtemps il avait baissé la tête et souffert en silence; assez longtemps il avait opposé une sublime résignation aux attaques incessantes d'Albert; il se redressait maintenant sous le pied qui l'écrasait. — Patience, résignation, vertus inutiles et méconnues! murmurait le jeune homme en proie à un sombre désespoir. Plus l'opprimé se courbe, plus l'oppresseur pèse sur lui. Deux heures sonnaient à la massive horloge du château de Chenevières, lorsque Maurice y arriva. Albert et ses amis déjeunaient encore, ou, pour mieux dire, le déjeuner avait été converti en orgie. Maurice pénétra dans la salle basse du château. Les convives, tout entiers à leur exubérante joie, ne remarquèrent pas même son entrée. A la vue d'Albert, de ce misérable qui se plongeait dans la débauche, après s'être souillé d'une action infâme, Maurice ne put contenir son indignation; la colère empourpra ses joues; la haine qui fermentait sourdement en son cœur éclata.

— C'est cela! c'est bien cela!... s'écria-t-il d'une voix tonnante. L'orgie après le crime!

Il y eut un moment de stupéfaction générale.

— Voilà un original qui a une étrange manière de s'annoncer! s'écria M. de Barcas. De quel monde vient-il? — Mais je ne me trompe pas, ajouta-t-il en marchant au-devant du jeune homme, c'est Maurice... une connaissance de longue date. Pardieu! il n'a pas changé. — Pas plus que vous, M. de Barcas. La méchanceté vous tient lieu d'esprit. Au surplus, ce n'est pas à vous que j'ai affaire, c'est à M. Albert Delaborde. — Parlez, monsieur, dit Albert d'un ton goguenard.

— Je n'ai peu peu de mots à vous dire, répliqua Maurice d'un ton ferme. Le sort de trois personnes, d'une famille que vous avez plongée dans la douleur, dépend de vous. Ai-je besoin de rappeler comment les choses se sont passées. N'ayant pas réussi à séduire une jeune fille en vous présentant à elle sous un faux nom et sous une fausse qualité, vous l'avez prise dans je ne sais quel piège traîtreusement dressé sous ses pas, et, là, sans pitié pour sa jeunesse et son avenir, vous l'avez déshonorée. Maintenant, voulez-vous relever cette jeune fille que vous avez brisée, foulée aux pieds? Voulez-vous effacer, par un acte d'homme d'honneur, sa honte et votre crime? Dites, le voulez-vous?.... — Messieurs, dit Albert à ses amis, puisque vous avez entendu l'accusation, vous entendrez aussi la défense. — Rien de plus juste! fit M. de Barcas. — Il y a de cela trois années, reprit Albert, j'allais épouser ma cousine, jolie femme, joli dot! Imaginez quel est l'important personnage qui contraria mes projets? Monsieur Maurice, un ouvrier de mon père, un enfant sans nom, sans famille, qui se donnait des airs romanesques et jouait l'homme passionné avec ma cousine, qu'il prévenait charitablement contre moi par ses calomnies. Si bien, que Lucie, se laissant prendre à ce jeu de paroles, eut le ridicule inexplicable de rompre un mariage digne de son rang pour s'intéresser, elle, riche héritière! à un ouvrier... Ceci se passait à Tours. Vous croyez peut-être qu'en venant à Paris, j'ai été débarrassé de M. Maurice? Pas du tout! Je le trouve encore sur mon passage, continuant la même comédie sentimentale avec ma cousine, se plantant à tout jamais entre elle et moi! A vous parler franchement, j'eus un peu de dépit. Sur ces entrefaites, je vis une petite fille, la sœur d'adoption de Monsieur. Elle me plut... je la pris. N'est-ce pas d'une bonne guerre? — Rien de plus juste, dit de nouveau M. de Barcas. — Sans doute... sans doute. Tu étais dans ton droit, répétèrent l'un après l'autre les amis d'Albert. — De quoi se plaint monsieur? — Il a tort, nous t'absolvons.

Ces sarcasmes étaient autant de coups de poignard qui déchiraient le cœur de Maurice. — Dans le cas de rivalité, la vengeance est légitime, reprit Albert. — Oui... en effet! monsieur, s'écria Maurice, dont le geste menaçant effleura le visage d'Albert. Vous vous êtes vengé comme se vengent les lâches et les traîtres, sur une femme, sur une créature qui ne pouvait vous résister! Lâche !...

Cette violente apostrophe rendit Albert furieux. Un nuage de sang passa devant ses yeux. Il saisit un couteau de sa main crispée et se précipita sur Maurice, mais celui-ci, qui avait remarqué son mouvement, lui prit le bras droit de la main gauche, et de l'autre le renversa sur le carreau par une brusque et forte secousse. Puis, lui ayant posé un genou sur la poitrine, il le désarma, et, à son tour, il tint le couteau levé au-dessus de la tête d'Albert. C'était un moment terrible. A chaque seconde, il était à craindre que Maurice, aveuglé par la colère, ne frappât son ennemi. On n'avait pas encore eu le temps ni le pouvoir de séparer les jeunes gens, lorsqu'un homme entra soudainement dans la salle, s'ouvrit un passage au milieu des convives et cria d'une voix déchirante à Maurice, dont il arrêta le bras :

— Maurice! voulez-vous devenir l'assassin de votre frère!...

C'était M. Delaborde. Averti par Lucie, il s'était empressé d'accourir au château, dans la prévision de ce qui était arrivé, d'un conflit entre ses deux fils. A la révélation qui lui fut faite, Maurice laissa tomber son arme. Albert se releva. Il écumait de rage.

— Ton sang! Il me faut ton sang!, vociféra-t-il en menaçant Maurice. Misérable assassin, auras-tu le courage de tenir une épée?...

M. Delaborde se jeta entre ses deux enfants.

— Albert! s'écria-t-il, ne m'as-tu pas entendu? Ton frère... c'est ton frère! — Laissez-moi libre, mon père, je t'ordonne de rester ici, je te défends de te battre. Malheureux! le coup de la mort que tu porterais à Maurice serait ton châtiment éternel. A ton oreille, la voix de Dieu soufflerait sans cesse ces terribles reproches : Caïn! Caïn! qu'as-tu fait de ton frère?... — Il faut que je me batte! s'écria Albert, qui avait perdu toute raison. Mon père, si vous empêchez ce duel, je me frappe sous vos yeux de ce couteau!

A cette menace, qu'Albert semblait prêt à exécuter, les assistants frémirent d'horreur. M. Delaborde était dans un état affreux. Une sueur froide mouillait ses tempes et son front. Son visage était bouleversé par l'épouvante, sa respiration haletante. Il se tourna vers son autre enfant et lui dit :

— Maurice, soyez plus raisonnable, plus humain que ce fils indigne. Vous a outragé; oubliez ses injures. Quant à la personne qui vous est chère, je me charge de réparer le mal qui lui a été fait. Ne donnez pas de suites à cette provocation, Maurice. Montrez que la modération s'allie à la justice. C'est moi, votre père, qui vous en prie.

Depuis le moment où sa parenté avec Albert lui avait été révélée, Maurice était tombé dans une sorte de léthargie morale. Les dernières paroles de M. Delaborde l'en firent brusquement sortir.

— Si vous aviez gardé un souvenir de la nuit du 12 janvier, monsieur, — répondit-il à l'ancien manufacturier, qui parut terrifié et baissa la tête pour cacher la pâleur livide de son visage, — vous ne m'adresseriez pas de vaines prières. Vous auriez plutôt aussi cette pauvre mère mourante de froid et de faim sur une route déserte, par une horrible nuit d'hiver. Elle vous suppliait de la secourir dans sa détresse. Vous fûtes impitoyable. Et pourtant, monsieur, c'était vous qui l'aviez réduite à cette extrémité. Quelques instants après votre cruel refus, un étranger descendait son cadavre dans le fossé de la route. Ce fut la sépulture de ma mère, morte de misère et de honte! A présent, monsieur, vous devez comprendre pourquoi le nom de père, source ordinaire de joies infinies, n'éveille en mon cœur aucune tendresse. Je ne vous connais pas, Monsieur, je ne veux pas vous connaître, parce que je ne peux pas vous aimer.

— Maurice!... interrompit M. Delaborde. — D'ailleurs en 1832, si j'ai bonne mémoire, ne m'avez-vous pas chassé de votre maison

précisément à cause de ma naissance. Vous saviez cependant que j'étais l'enfant de Madeleine Simon. Il faut qu'un motif bien puissant vous force aujourd'hui à vous rétracter, à me reconnaître. Ah! c'est qu'aujourd'hui vous croyez que les jours de votre fils légitime sont en danger. Vous tremblez pour lui! Eh bien, monsieur, rassurez-vous. Votre fils me tuera, comme il y a vingt ans vous avez tué ma mère!...

L'ancien manufacturier ne trouva rien à répondre à ces foudroyants reproches sortis de l'âme ulcérée de Maurice. Atterré, immobile au milieu de la salle, comme si ses pieds eussent été rivés au sol, il souffrait mille morts. Par instants son esprit s'égarait, le fil de ses idées lui échappait. Il lui semblait que des ombres dansaient autour de lui une ronde infernale. Durant toute cette scène, M. de Barcas avait montré une physionomie radieuse, enivrée. Ses yeux étincelaient de joie. — Ils vont s'entr'égorger, ma parole d'honneur! murmura-t-il à l'oreille de son voisin au plus fort de l'orage. Quant aux autres personnages, ces événements les avaient jetés dans une stupeur qui ne leur permettait aucune réflexion.

— Allons, messieurs, partons! dit Albert en faisant simultanément un signe à Maurice et à ses amis.

Tout le monde sortit, sauf M. Delaborde.

— Puisqu'ils restent sourds à ma voix, pensa-t-il, il n'y a qu'un moyen d'empêcher ce duel, c'est d'avertir l'autorité.

Et il s'élança vers la porte. Mais à ce moment Éléonore parut sur le seuil et dit à son mari d'une voix forte, en appuyant son ordre d'un geste énergique et impérieux :

— Restez! monsieur, restez!

XV. — PIERRE BLANCHARD L'ESPION.

M. Delaborde s'arrêta brusquement.

— Savez-vous ce qui se passe, madame? dit-il à sa femme d'un air égaré. — Oui, monsieur, je le sais, répondit froidement Éléonore. — Et vous me retenez! Il faut que je sorte. Nous causerons dans un autre moment. — Vous resterez, monsieur. — Cette obstination!... A la fin, suis-je le maître chez moi ou votre esclave? — Puisque vous le prenez sur ce ton-là, je vous laisse le champ libre. Allez, monsieur. Vous êtes bien le maître, en effet, de vous déshonorer publiquement, de vous couvrir de ridicule. Je n'ai rien à y voir. — Eh! madame, si je suivais vos conseils, je laisserais s'entr'égorger mes deux enfants, n'est-ce pas? — Ne jouez pas la comédie avec moi, monsieur. Vous n'ayez qu'un fils. C'est Albert que vous craignez de perdre. — Eh bien, ai-je tort? Sa vie n'est-elle pas en danger? — Pas plus que la vôtre. — Je ne suis pas le sens de vos paroles. Vous ignorez qu'Albert est un duelliste. Il a déjà eu trois ou quatre affaires semblables. — En effet, j'en reçois la première nouvelle. — Vos puériles frayeurs l'indiquent assez. — Albert a manqué de franchise envers moi. — Ne l'accusez pas, monsieur. Vous êtes toujours montré trop sévère à son égard. — Et vous, madame, trop indulgente. — Duels, dettes, maîtresses, sont des peccadilles, des échappées de jeunes gens, qu'il faut savoir pardonner à leur fougue. Ainsi, monsieur, soyez sans inquiétude : ce soir, Albert rentrera sain et sauf au château. — Alors il aurait terrassé son ennemi. Non cela ne sera pas!... — Je vous l'avoue, monsieur, j'ai peine à m'expliquer l'intérêt que vous portez à ce... Maurice. — Ignorez-vous que je suis son père? — Lorsque vous le renvoyâtes de votre fabrique, dans le courant de l'année 1832, vous l'étiez aussi, ce me semble : comment se fait-il qu'à cette époque l'amour paternel vous ait complétement manqué? — J'ai mal agi, j'en conviens ; mais ce n'est pas une raison pour recommencer. — Je vous le déclare formellement, Monsieur, si ce bâtard entre dans votre famille, j'en sortirai, moi! — Éléonore! — Réfléchissez, monsieur. — Votre passé, madame, ne vous donne pas le droit de tenir un pareil langage. Que voulez que mon nom vous a sauvé de l'opprobre?... — Encore ces reproches! — Eh bien, si l'enfant que vous avez abandonnée, si votre fille se présentait à vous, auriez-vous le courage de la méconnaître? Répondez-moi avec sincérité.

Éléonore pâlit légèrement.

— Oui, monsieur, dit-elle en s'efforçant de paraître calme ; je la méconnaîtrais, je la renverrais loin de moi, comme j'ai renvoyé ce matin la maîtresse d'Albert, cette jolie fille qui m'imploraît à genoux.

— Malédiction sur vous, madame! Vous avez frappé votre enfant!...

A cette terrible interruption, madame Delaborde se tourna vivement du côté de la porte. En apercevant à l'entrée de la salle Frédéric de Marvennes, qu'elle reconnut malgré ses cheveux blancs et l'altération des traits de son visage flétri par l'âge et les chagrins, Éléonore recula de quelques pas. Sa surprise tenait de l'épouvante. Dans son trouble, elle s'imaginait que c'était une apparition. En effet, ne croyait-elle pas être certaine de la mort de son amant? Comment aurait-il survécu à sa ruine?

Étourdie par la présence subite de l'homme qui avait enterré, madame Delaborde passa la main sur son front pour en chasser les nuages qui voilaient sa pensée, et s'avança, chancelante, égarée, vers M. de Marvennes, en murmurant avec effroi :

— Qui êtes-vous?... Que dites-vous? — Je dis, madame, que vous êtes une marâtre ; je dis que j'aurais dû vous écraser sans pitié, le jour où je vous tenais à ma merci ; car je vous aurais épargné un crime! — Ma fille! c'était ma fille!... vociféra Éléonore en saisissant entre ses mains sa tête brûlante. Oh! mon Dieu!... Mais je lui ai porté un coup fatal! Mais elle est sortie folle de cette maison... Le désespoir peut la pousser au suicide! Oh! courons, Frédéric, viens, viens : nous retrouverons notre enfant... Nous la sauverons.

Éléonore essaya vainement de sortir. Elle se soutenait à peine. Après avoir fait quelques pas dans la salle, elle retomba comme une masse inerte sur un siège. Son émotion l'avait brisée.

— Maurice ne se trouve-t-il pas avec Juliette? demanda M. de Marvennes. — Non, monsieur, répondit M. Delaborde. En ce moment peut-être, Maurice se bat avec son frère, avec mon fils Albert! — Tou fils! L'infâme débauché! qu'il soit maudit!... s'écria Éléonore en se levant de son fauteuil. — La fatalité est sur nous, madame, répondit stoïquement l'ancien manufacturier. — Non pas la fatalité, dit M. de Marvennes, non pas l'aveugle destin, mais la main de Dieu qui s'appesantit sur des coupables. Époux dignement assortis! Le crime a présidé à votre union. Tous les deux, avant de vous donner la main, vous avez livré vos enfants sans guide, sans soutien, sans ressources, aux hasards et aux orages de la misère. Vous recevez aujourd'hui votre châtiment. La main de Dieu vous frappe, reconnaissez-la!

— Le châtiment doit se mesurer à la faute, monsieur de Marvennes. Eh bien, j'ai vu mes deux enfants insensibles à mes prières, je n'ai pu les séparer. Croyez-vous que je ne sois pas trop puni? Ah! je vous conjure, au nom de l'humanité, monsieur, puisque vous avez de l'ascendant sur Maurice, empêchez-le de commettre un fratricide! Veuillez m'accompagner au bois. C'est là qu'ils doivent se battre. Partons à l'instant, monsieur. Nous arriverons trop tard peut-être! Malgré ces vives instances, Frédéric ne bougea pas.

— Je n'ai pas l'influence que vous me prêtez, répondit-il à M. Delaborde. Nulle puissance ne saurait réconcilier à cette heure vos deux enfants, qu'un monde sépare. Albert a été formé à votre école. Vous lui avez inculqué vos préjugés. Au milieu des séductions, des enivrements de la fortune, des vertiges d'orgueil qu'elle donne, vous lui avez appris à mépriser son frère pauvre, le déshérité. Étonnez-vous donc qu'il ait vécu dans la paresse, la débauche et l'oubli de ses devoirs. Maurice, lui, a été élevé et formé à l'école du malheur. Il y a puisé, avec de mâles vertus, le sentiment de son droit, l'ardent amour du bien et la haine profonde de l'injuste. Par un fatal hasard, il a rencontré sur son chemin votre fils, votre élève. Maintenant irai-je crier à ce jeune homme qui venge sa sœur indignement outragée : Tu as tort, jette ton arme! Non, monsieur, non! Les colères lentement amassées dans le cœur de ceux qui souffrent ne s'apaisent pas au souffle de la parole. Elles éclatent et foudroient les misérables qui les ont provoquées.

— Soyez indulgent, monsieur de Marvennes. Grâce, grâce pour mes enfants. Séparez-les, sauvez-les! — C'est notre fille, entends-tu, Frédéric! C'est elle qu'il faut sauver. Oh! qu'elle ne meure pas en maudissant sa mère! — Ne m'approchez pas! s'écria M. de Marvennes en repoussant d'un geste méprisant Éléonore et son mari dont les mains suppliantes effleuraient ses vêtements. Ne me touchez pas! Assassins! assassins!...

Et les deux époux, comme s'ils eussent entendu prononcer leur condamnation par un juge suprême, baissèrent en même temps la tête sous cet anathème. M. de Marvennes sortit. Nous laisserons Éléonore et son mari face à face, et nous raconterons au lecteur les détails du duel entre les jeunes gens. L'arme offerte par les témoins d'Albert et acceptée par Maurice fut l'épée. On se mit en route. Il ne se passa rien d'extraordinaire durant le trajet, si ce n'est que M. de Barcas se permit de nouvelles plaisanteries, qui restèrent sans effet. Albert donnait des signes manifestes d'impatience. Tantôt il devançait ses amis, tantôt il revenait vers ses pas, pressant les retardataires de la parole et du geste. On eût dit qu'il craignait que sa vengeance lui échappât. De temps en temps, il portait la main à sa joue, que Maurice avait touchée. Il y sentait un fer rouge! Le calme, la dignité, la marche silencieuse de Maurice contrastaient étrangement avec l'agitation fébrile et la fureur mal contenue d'Albert. L'artiste se recueillait avant de quitter cette terre où il n'avait eu que souffrances et amères déceptions. Il donna une dernière pensée à Lucie et à sa sœur d'adoption ; puis, songeant à la mort : Qu'y a-t-il au delà? se demanda-t-il. — Dieu! lui répondirent à la fois deux voix saintes, sa conscience et sa raison. Cet examen de lui-même le rassérena. La petite troupe des témoins et des champions traversa la prairie, prit un sentier à gauche du bois, et s'y enfonça. Après deux minutes de marche, elle déboucha dans une charmante clairière. De cet endroit on entendait le murmure des eaux de la Marne qui serpentent le long du bois.

— Nous serons parfaitement ici! s'écria M. de Barcas. Puis, regardant du côté Maurice : — Le vaincu, ajouta-t-il méchamment, ne se contusionnera pas le corps en tombant sur ce tapis de verdure.

Albert ôta son habit. Maurice l'imita. Pendant qu'on faisait les

préparatifs et qu'on réglait les conditions du combat, M. de Barcas se rapprocha d'Albert, et lui dit :

— Surtout n'oubliez pas le coup que je vous ai enseigné. Une, deux ! — Soyez tranquille, chevalier, j'ai bonne mémoire.

— S'ils pouvaient s'enferrer tous les deux ! songea M. de Barcas, qui couvait de la pensée le million de M. Delaborde. Quel coup merveilleux ! Il ne resterait plus que la petite Lucie. Bah ! le couvent nous en débarrasserait... ou autre chose.

Achevant son calcul idéal, le chevalier décidait que les chagrins devaient promptement miner les jours de M. Delaborde. Alors il épousait Éléonore, et s'emparait du million. Sa puissante imagination, réalisant déjà les belles promesses qu'il se faisait, transmuait en or le sang des deux frères. Il croyait voir devant lui de l'or, des monceaux d'or. Dans son hallucination, il avançait la main pour palper provisoirement quelques louis dont il avait sans doute l'emploi immédiat, lorsque la voix stridente d'Albert le réveilla en sursaut de ce songe doré.

— Êtes-vous prêt, monsieur ? — Me voici, répondit Maurice.

A la manière embarrassée dont le jeune homme tenait son épée, le chevalier fronça le sourcil. Son château de cartes s'écroula.

— Le maladroit, murmura-t-il, se fera embrocher ; mais à coup sûr il n'embrochera pas l'autre.

Émile de Saint-Phar, qui avait consenti à servir de témoin à Maurice, donna le signal du combat : — Allez, messieurs, dit-il.

Les épées se croisèrent. Maurice se tint sur la défensive. Albert attaqua vivement son adversaire, et lui porta deux coups, que celui-ci sut parer avec adresse ; mais, au troisième, Maurice ne fut pas assez prompt, et l'épée d'Albert lui traversa le bras de part en part. Il laissa tomber son arme. Albert jeta la sienne. A la vue du sang qui coulait en abondance de la blessure de son frère, il pâlit légèrement. Sa vengeance était assouvie, sa colère apaisée. On s'empressa autour de Maurice.

— Ce n'est rien... rien du tout ! fit M. de Barcas en ramassant l'épée qu'Albert avait jetée au pied d'un arbre. — Une simple égratignure ! Jeunes gens, vous ne savez pas vous servir de ces instruments-là !

M. de Marvennes arrivait en ce moment sur le lieu du combat. Un rapide coup d'œil lui apprit ce qui s'était passé. D'ailleurs il avait entendu la cruelle observation du chevalier, auquel il répliqua après avoir ramassé l'épée de Maurice. — Pardieu, monsieur, je serais charmé que vous me donnassiez une preuve de votre habileté.

Les témoins de cette scène, à l'exception de Maurice, ouvrirent de grands yeux. Il était évident que ce nouveau personnage leur était complètement inconnu. Quant à M. de Barcas il devint blême et répondit, en essayant de rendre sa voix assurée :

— Me cherchez-vous une mauvaise querelle, monsieur ? Est-ce un duel que vous demandez ? — Non pas un duel. C'est un meurtre que je vous propose, dit Frédéric. — Ah çà, monsieur, il me semble que votre esprit... — Rassurez-vous. J'ai l'esprit sain, le coup d'œil sûr et le poignet solide. Je vais vous tuer. Est-ce clair ? — Je vous engage à cesser, monsieur. Je ne tolérerais pas plus longtemps d'inconvenantes plaisanteries de la part d'un homme que je ne connais pas. — Ceci est un mensonge. — Monsieur ! — Vous mentez ! vous dis-je. Apprenez-moi donc enfin qui vous êtes et ce que vous me voulez, monsieur, ou je croirai qu'ai affaire à un fou. — Je me rends à votre désir. En 1816, j'étais un proscrit, et vous un agent de police, un espion. Votre dénonciation me valut dix années de prison. Vous vous nommiez à cette époque Pierre Blanchard. — Assez, monsieur, assez ! s'écria le chevalier furieux.

A cette singulière révélation, les amis de M. de Barcas s'écartèrent brusquement de lui d'un air méprisant.

— Plus tard, continua Frédéric, sans tenir aucun compte de l'interruption menaçante du chevalier, — vous rejetâtes le nom que vous aviez rendu honteux, infâme, et vous prîtes celui de chevalier de Barcas. Et voici dans quel but. Vous poussâtes au mal une femme du peuple à laquelle vous enleviez son enfant. Par la ruse et la trahison, vous vous introduisîtes avec elle dans une famille que vous avez volée, et que vous comptiez mener à son extinction afin de vous enrichir de ses dépouilles. Tout-à-l'heure encore, vous encouragiez une lutte fratricide. Votre vie, monsieur, n'a été qu'une longue suite, qu'un tissu de bassesses, de trahisons et d'infamies. Mais vous vous arrêterez ici. Après vous avoir flétri devant vos amis du nom de Pierre Blanchard, je vais vous tuer comme un chien, ainsi que j'ai déjà eu l'honneur de vous le dire. — Misérable ! vociféra M. de Barcas. C'est moi qui vais te clouer au cœur toutes ces impostures !

Et il se précipita avec impétuosité sur Frédéric. Le premier duel n'avait été en quelque sorte qu'un simulacre à côté de celui-ci. La lutte dura longtemps. Les deux champions étaient également expérimentés. Cependant l'avantage semblait devoir rester à M. de Marvennes, qui avait gardé son sang-froid, tandis que le chevalier avait perdu le sien dans les transports de rage, provoqués par l'historien de son passé. Tout le monde attendait, dans une anxiété impossible à décrire l'issue du combat. M. de Marvennes soutint l'assaut du chevalier sans broncher d'une ligne. Il laissa s'épuiser en vains

efforts, puis il le pressa vivement à son tour. — Vous faiblissez, mon cher monsieur ! Vous ne savez pas vous servir de ces instruments-là, dit Frédéric à son adversaire en lui poussant une vigoureuse botte.

M. de Barcas, atteint en pleine poitrine, chancela, tourna sur lui-même et tomba lourdement sur le gazon, qu'il arrosa de son sang. Aucun de ses amis ne lui porta secours.

— Albert... faites-moi transporter au château... dit avec effort M. de Barcas, dont le râle indiquait la fin prochaine.

Albert s'éloigna de lui.

— Émile... à mon secours !...

Le poète tourna la tête d'un autre côté.

— Personne... personne !... murmura l'agonisant. — Non, personne ! s'écria Frédéric en se penchant sur lui. Pas un ami ! Meurs dans ta honte ! Meurs, méprisé de tous !... Pierre Blanchard, il faut que ta mort rachète ta vie !

A cet instant, des cris de détresse retentirent dans le bois.

— Du secours ! Quelqu'un se noie ! du secours ! criaient plusieurs voix du côté de la rivière. — Quelqu'un se noie ! s'écria Maurice. Oh ! je cours... — Restez, Maurice, vous êtes blessé.

Ce disant, M. de Marvennes écarta les branchages qui obstruaient le chemin de la Marne et s'élança en deux bonds sur la rive. Là il trouva des paysans qui lui rapportèrent que de loin ils avaient vu une femme se jeter à l'eau. Une affreuse pensée traversa l'esprit de Frédéric. Il se débarrassa promptement de son habit et plongea à l'endroit que les gens du pays lui indiquèrent approximativement. Deux minutes s'écoulèrent. Enfin Frédéric reparut au milieu de la rivière, soutenant d'une main le corps d'une femme, tandis qu'il nageait de l'autre.

— Sauvée ! elle est sauvée ! s'écrièrent tous les assistants avec allégresse.

Lorsqu'il fut hors de l'eau, M. de Marvennes regarda la personne qu'il venait de secourir, et qu'il tenait froide, inanimée entre ses bras. C'était sa fille !... Éperdu d'effroi, il revint dans le bois, la mit doucement sur l'herbe, et, agenouillé auprès d'elle, il essaya de la ranimer par mille soins, mille efforts ; mais ce fut en vain, Juliette ne donnait aucun signe de vie.

— Oh ! mon Dieu ! mon Dieu ! s'écria Frédéric d'une voix déchirante. Ma fille est morte !... — Morte ! répéta madame Delaborde, qui entrait en cet instant dans la clairière. Qui donc ?

Éléonore faillit devenir folle au spectacle qui s'offrit à ses yeux. Elle voulut se jeter sur le corps de sa fille, mais elle ne put avancer. Une main sanglante s'était cramponnée à sa robe. S'étant brusquement retournée, elle vit M. de Barcas, qui lui dit, — en cherchant à se soulever sur le coude, et en réussissant qu'à faire sortir de sa blessure des flots de sang dans lesquels il gisait :

— Éléonore... je meurs... je me meurs...

Madame Delaborde tomba foudroyée, le visage contre terre. Les témoins de cette horrible scène, pris de vertige, s'enfuirent à toutes jambes.

Le crépuscule enveloppait le bois de ses lueurs douteuses. Un ouragan s'était élevé. Les vents sifflaient et hurlaient dans les branchages des arbres comme une troupe de damnés. Une nuée d'oiseaux passaient en ce moment au-dessus de la clairière et semblaient fuir à tire-d'ailes ce théâtre d'épouvante et d'horreur.

XVI. — LE TENTATEUR.

Lorsque Éléonore revint à la vie, personne ne se trouvait là pour lui rappeler les événements qui s'étaient accomplis. Sombre était la nuit. Pas une étoile ne brillait au ciel. A demi-couchée sur l'herbe, au milieu de la clairière, n'entendant d'autre bruit que le frissonnement des arbres et le sifflement aigu du vent, qui s'engouffrait par rafales dans le bois, Éléonore se croyait le jouet d'un rêve. Son esprit, harcelé par d'horribles et fantastiques images, ne pouvait lui donner la compréhension de son étrange situation. Elle resta quelques instants immobile, dans un état de prostration complète, d'anéantissement, puis, faisant un mouvement machinal, elle essaya de se relever ; mais sa main, qui cherchait un point d'appui, rencontra le cadavre de M. de Barcas, aux côtés duquel elle était tombée évanouie. Le contact de ce corps sanglant la ramena au sentiment de la réalité. Les souvenirs vinrent en foule l'assaillir et l'épouvanter.

— Oh ! mon Dieu ! s'écria-t-elle, en se levant d'un bond, comme si elle eût été mue par un ressort. — J'ai tué mon enfant ! j'ai tué mon enfant !

Éperdue de douleur, folle d'effroi, les cheveux épars, les vêtements souillés de sang, Éléonore traversa le bois en courant et en appelant sa fille par des cris lamentables. A sa voix répondait celle de l'écho, qui, après avoir répété ses paroles sur un ton plaintif, allait mourir dans le silence de la nuit. L'épouvante lui donnait des ailes. Elle dévorait l'espace, les yeux toujours fixés sur les lumières du château qui brillaient dans le lointain comme un phare. Des légions de fantômes accompagnaient sa course désordonnée. Il lui semblait qu'elle traînait après elle le cadavre de sa fille. Son imagination peuplait la prairie de mille démons, qui la suivaient, l'en-

touraient et soufflaient à son oreille l'anathème dont Juliette l'avait accablée.

— *Maudite! maudite pour l'éternité!*...

Elle arriva au château haletante, épuisée de fatigue, brisée par l'émotion.

— Oh! mon Dieu! madame, s'écria sa femme de chambre en la voyant. Vous vous êtes blessée! Vous êtes couverte de sang, votre robe en est tout abîmée.

— Thérèse réponds-moi... Où est cette jeune fille qui s'est présentée ce matin au château? Qu'est-elle devenue?... demanda madame Delaborde, sans faire attention à l'observation de sa femme de chambre. — Je ne sais, madame, si je dois vous apprendre... répondit Thérèse d'un air embarrassé. — Elle est morte! dit Eléonore d'une voix sourde. — Oh! non, madame. Ce n'était qu'un évanouissement, une léthargie. J'ai donné à mademoiselle Juliette la chambre du perron. — Bien, conduis-moi auprès d'elle.

Sur ces paroles de madame Delaborde, Frédéric entra, silencieux et sombre. D'un geste, il ordonna à la femme de chambre de sortir, et s'approchant d'Eléonore, qui était restée comme pétrifiée en l'apercevant :

— Où alliez-vous? madame, lui dit-il froidement. — Je me rendais auprès de ma fille. Ma place est à son chevet. — Il paraît que vous n'êtes pas encore satisfaite de votre œuvre. Ce n'est pas assez d'avoir fait le malheur de Juliette, de l'avoir réduite au désespoir, poussée au suicide. Par un raffinement de cruauté, vous tenez à vous montrer à votre victime. — Comment osez-vous m'imputer une action infâme... la séduction de notre enfant? — N'avez-vous pas excusé cette action infâme, encouragé le misérable jeune homme qui s'en était rendu coupable. Ah ! sachez-le, madame. Le mal que l'on encourage autour de soi vous atteint tôt ou tard. On est toujours vaincu par ses vices et châtié par ses fautes. Si vous eussiez donné de bons exemples et de sages conseils au fils de M. Delaborde, vous n'auriez pas aujourd'hui à vous plaindre de ses actions. — Je n'avais pas d'ascendant sur Albert. Il obéissait aux suggestions de M. de Barcas. — De votre amant. — Monsieur!... — En effet, je comprends qu'il était d'une bonne politique de prendre le parti du fils en trahissant le père. Albert n'ignorait pas que vous viviez en adultère avec M. de Barcas. — C'est une calomnie! — Osez le nier. Son sang souille encore votre front. Vous avez reçu le dernier baiser de votre amant, le baiser de la mort!

Eléonore frémit d'horreur et de dégoût.

— Oh! tais-toi! Frédéric, tais-toi! s'écria-t-elle. Ne me rends pas folle !

— Pauvre femme! — reprit M. de Marvennes après un moment de silence, en considérant avec une douloureuse compassion cette créature qu'il avait tant aimée. — J'oublie ton indigne conduite, je me sens ému de pitié, lorsque je songe au passé. Ne t'ai-je pas connue belle et pure, Eléonore. Te rappelles-tu ce jour où, forcé de m'expatrier pour lors soustraire à une mort imminente, je te fis mes adieux? Que d'élans d'amour, de larmes versées, d'ardentes promesses, de paroles sorties du cœur ! Ah ! lorsque je te tenais frémissante entre mes bras, j'aurais plutôt douté du ciel que de ta sincérité. Une année s'écoula. Je revins en France. J'avais quitté l'ange, et je retrouvais le démon. Tu avais abandonné ton enfant, vendu ton âme, profané ta beauté. Tu t'étais livrée à l'être le plus abject que la société renferme dans son sein, à un espion, à un traître!

A ces derniers mots, madame Delaborde leva vers Frédéric sa tête noyée de larmes. Elle paraissait ne pas avoir compris à quelle personne s'appliquaient les qualifications d'*espion*, de *traître*.

— Oui, reprit Frédéric; M. de Barcas était un misérable espion de police à l'époque de la Restauration. En cachant son ignominie sous un faux titre de noblesse, il s'était élevé, comme tant d'autres, par la bassesse et l'intrigue.

En apprenant la honteuse origine du chevalier, Eléonore jeta un cri épouvantable, intraduisible.

— Où suis-je tombée, mon Dieu !... — Dans un abîme de souillures! — Oh ! c'est trop de honte!... Puisqu'il n'est plus d'espoir pour moi, il faut que je meure... Mais une dernière grâce, Frédéric. Laisse-moi voir ma fille un instant... un seul instant! — Vous n'avez plus de fille, madame! dit M. de Marvennes d'une voix éclatante. Sa malédiction vous a séparée d'elle à jamais!...

Et il sortit du salon. Eléonore se retira dans sa chambre à coucher. Dès qu'elle en eut franchi le seuil, elle se jeta sur son lit et s'y roula; torturée par d'effrayantes convulsions. Pour étouffer ses sanglots, elle mordit son oreiller à pleine bouche.

Soit qu'il eût craint que Juliette n'éprouvât une émotion dangereuse en revoyant madame Delaborde, soit qu'il eût voulu lui infliger un châtiment égal à ses fautes, M. de Marvennes, il faut bien le dire, n'avait pas eu assez d'indulgence envers cette mère qui demandait à embrasser son enfant. Mieux que tout autre cependant, il devait comprendre la profondeur et la sincérité de son repentir. Eléonore n'était plus la même. La femme orgueilleuse et corrompue, la grande dame n'existait plus. Les glaces de l'égoïsme et de l'insensibilité amassées sur son cœur s'étaient fondues au premier rayon de l'amour maternel. Elle était sortie purifiée, régénérée, des terribles infortunes, des épreuves que Dieu lui avait infligées.

Minuit venait de sonner à l'horloge du château. Eléonore, qui n'avait pu sommeiller un seul instant, attendait cette heure avec une fébrile impatience. Aussitôt que le douzième coup eut retenti, elle s'enveloppa d'une pelisse, sortit de sa chambre et écouta. Un silence absolu régnait au château. Elle descendit l'escalier de son appartement et traversa la cour en ayant l'attention d'assourdir ses pas sur le sable. Eléonore eût marché à la mort, qu'elle n'eût pas été plus tremblante. Arrivée à un petit perron, qui conduisait à la chambre de sa fille, elle fut obligée, pour le monter, de prendre la rampe de fer et de s'y appuyer, tant son émotion était profonde. A la dernière marche, elle s'arrêta indécise, partagée entre deux sentiments contraires, la crainte et l'amour. L'irrésistible désir d'embrasser Juliette lui étreignait le cœur, mais, d'un autre côté, elle craignait de se trouver face à face avec Frédéric. Elle prêta encore une fois l'oreille. Aucun bruit ne troublait la morne tranquillité de la nuit. Alors elle tira de la poche de sa robe une clef, que Thérèse lui avait donnée, l'adapta à la serrure et ouvrit la porte de Juliette. Une veilleuse éclairait faiblement la chambre. La jeune fille dormait d'un sommeil agité. Sa poitrine était oppressée, sa respiration haletante, difficile. Elle avait la main droite hors du lit. Ses cheveux luxuriants étaient épars sur l'oreiller. La pâleur de son visage, altéré par de cruelles souffrances, se confondait avec le blanc mat des draps. Eléonore s'agenouilla à son chevet. Après avoir adressé une fervente prière à Dieu, elle prit la main de sa fille et la couvrit de baisers. Juliette fit un mouvement. Madame Delaborde, effrayée, se baissa jusqu'à toucher du front le carreau de la chambre.

— Si ma fille se réveillait, murmura-t-elle en fondant en larmes, elle me repousserait... comme son père!

Juliette paraissait livrée à une fiévreuse agitation. Elle se retournait de tous les côtés dans son lit, murmurant des mots inintelligibles. Cependant elle prononça distinctement ceux-ci :

— Ma mère! ma mère!

A cet appel, Eléonore ne fut pas maîtresse d'elle-même. Emportée par son amour, elle prit la tête de sa fille entre ses mains et l'embrassa à plusieurs reprises. Depuis longtemps elle avait été sevrée de ces indicibles tressaillements, de ces délices de la maternité qui pénétraient en cet instant dans les profondeurs de son âme et l'inondaient d'une joie ineffable. Non ! pendant les vingt années qu'elle avait épuisé les plaisirs énervants du luxe et de la mollesse, les sèches jouissances de l'orgueil, les impures satisfactions des sens, elle n'avait pas ressenti une telle félicité. Il lui semblait que son être s'agrandissait, se renouvelait, qu'elle sortait du tombeau, qu'elle s'élançait vers d'idéales régions. Les miasmes impurs qui empoisonnaient sa vie s'étaient dissipés comme par enchantement. Elle reconnaissait à présent qu'elle s'était misérablement trompée en reniant son devoir, auquel était attaché le bonheur de son existence. Les yeux fixés sur le visage de son enfant, Eléonore, tout entière à cette délicieuse contemplation, tomba dans une sorte d'extase qui la fit assister comme spectatrice au drame qu'elle avait joué.

Voici le tableau que son imagination lui représentait :

C'était l'intérieur d'une chambre en mansarde. Au fond d'une chambre délabrée, presque nue, travaillait la pauvre ouvrière. Elle était assise à côté d'un berceau sur lequel elle se penchait assez souvent. Les sourires, les innocentes caresses de son enfant lui donnaient de la force et du courage.

Il faisait une froide journée d'hiver. L'air passait à travers les ais mal joints d'une mauvaise porte et glaçait les membres de l'ouvrière, vêtue simplement d'une légère robe d'indienne. Une aiguille s'échappait à chaque minute de ses doigts engourdis. Ne pouvant lutter plus longtemps contre les quinze degrés de froid qui régnaient dans la mansarde, elle s'arrêta.

— Mon Dieu ! qu'ai-je donc fait pour être aussi malheureuse? s'écria-t-elle, cœur gros de larmes. Je travaille jours et nuits, et c'est à peine si je parviens à élever ma petite Juliette. Mon Dieu ! que vais-je devenir?

La pauvre fille se désolait ainsi, lorsque parut soudainement devant elle un inconnu dont les yeux brillaient comme deux escarboucles.

C'était le démon tentateur.

— Tu es belle, lui dit-il. Pourquoi restes-tu pauvre? Sur la route où tu marches, les ronces déchirent, ensanglantent tes pieds. Ton avenir, le voici : — Méprisée de tous, tu mourras un jour de froid et de faim avec ton enfant.

L'ouvrière pleura.

— Ecoute-moi bien, continua l'inconnu. Je veux te sauver. Quitte le chemin de la pauvreté. Prends celui de la richesse. Plus d'épines, mais des fleurs sous tes pas... Plus de tristesses, mais des plaisirs sans nombre. Plus de mépris, mais de l'adulation. — Tu seras honorée comme une reine, aimée comme une déesse. Tu brilleras partout, au bal, au spectacle, dans les soirées. Tiens, regarde!

Et le démon étala sur la table une magnifique robe de moire et une riche parure dont l'éclat éblouit, fascina la pauvre ouvrière. Le vertige la saisit. Elle croit assister à une brillante fête. Entourée

d'admirateurs qui se disputent ses regards, s'extasient sur sa beauté, elle respire l'atmosphère parfumée des salons. Une musique bruyante et folle fait tourbillonner de nombreux groupes au milieu desquels elle est bientôt entraînée... Cependant l'ouvrière se réveille de ce songe séduisant et tourne la tête du côté du berceau. — Son enfant n'y est plus! — Elle se jette sur la porte, essaie de l'ouvrir. — Vains efforts. — Elle a beau appeler, crier, personne ne vient. — La malheureuse retombe épuisée sur sa chaise. — Alors elle est livrée à une lutte étrange, inouïe, formidable. — Les insinuations du démon reviennent bruire à son oreille. — Oh! la tentation!...
D'un côté, toutes les ivresses, tous les délires, toutes les douceurs, tous les prestiges de la civilisation, — une existence tissue d'or et de soie.
De l'autre, toutes les douleurs, toutes les fatigues, toutes les misères, toutes les cruautés de la civilisation, — le mépris, la faim, le froid... avec la fosse commune au bout.
Oh! la tentation!
Après avoir hésité longtemps, longtemps, l'ouvrière s'approcha timidement de la parure, la toucha, la prit, s'en revêtit. Le serpent de l'orgueil la mordait au cœur, l'enlaçait de ses replis. Elle foula aux pieds sa robe d'indienne, ses haillons, et se regarda dans un morceau de miroir cassé.
— Tu es belle! — lui dit le démon, qui était entré furtivement. — Suis-moi!
Elle le suivit.
A ce moment, l'extase d'Éléonore cessa. Les spectres de son passé s'évanouirent. Elle se demanda si, en effet, ces choses s'étaient réalisées. Non, elle n'avait pu céder aux suggestions de ce misérable tentateur; elle n'avait pu abandonner son enfant. Malheureusement, le doute ne lui était pas permis. Ah! que n'aurait-elle pas donné pour revenir sur le passé, pour vivre, comme autrefois, à côté du berceau de cet ange dont les sourires l'enivraient!
— Heureuses les mères martyres, pensait-elle. Heureuses celles qui se sacrifient à leurs enfants. Dieu les anime, les console, les soutient. Elles trouvent la félicité dans leur dévoûment.
Éléonore entendit sonner quatre heures. Déjà les lueurs blafardes de l'aube envahissaient la chambre. Craignant d'être surprise, elle sortit précipitamment après avoir donné un dernier baiser et dit un adieu suprême à sa fille, qui dormait toujours. Elle ne devait plus la revoir!...

XVII. — L'EXPIATION.

Une semaine suffit au rétablissement de Juliette et de Maurice. Le huitième jour de son entrée au château, le jeune homme, le bras en écharpe, se promenait dans le jardin. Les tièdes émanations du soleil d'juillet le ranimaient, lui donnaient de nouvelles forces. Après avoir traversé plusieurs allées, il se dirigea vers une charmille dont les diverses plantes grimpantes dessinaient de capricieuses ombres sur le sable. Sa surprise fut grande en y rencontrant Lucie.
— Mademoiselle, dit-il, je bénis le hasard qui m'a conduit ici auprès de vous. — Votre franchise me plaît, monsieur, répondit Lucie d'un air joyeux. Il y a tant de gens qui attribuent à leur volonté ou à leur habileté ce qu'ils doivent au hasard! Eh bien, monsieur, ajouta la jeune fille, pourquoi vous tenez-vous debout et immobile comme le dieu Terme, lorsque vous pouvez vous asseoir à mes côtés? — Cette familiarité, mademoiselle... — N'a rien d'étrange entre parents, car vous êtes mon cousin, monsieur. — Oh! dites votre frère. Je vous aime comme une sœur! s'écria Maurice en se plaçant auprès de Lucie.
— Et moi plus qu'un frère, fit la jeune fille en souriant.
Le front de Maurice s'assombrit.
— Allez-vous être triste maintenant? dit Lucie. Voyez donc quel gai soleil! Ah! je vous en veux de votre irrésibilité penchant à la mélancolie. Que n'imitez-vous la nature?... Un moment bouleversée par la tempête, elle reparaît radieuse et sereine; elle reprend son sourire et son éclat. Mille oiseaux chantent dans la feuillée le retour de la paix, des amours. Toute ma vie dure depuis que je suis né, Lucie. Mais pourquoi me plaindrais-je? N'avez-vous pas brillé comme une divine étoile dans mon ciel sombre? — Espérez, Maurice, les beaux jours viendront. Vous touchez peut-être au port. — Vous le savez, Lucie, ce soir je dois quitter le château de Chenevières avec Juliette et M. de Marvennes. — Et vous ne tenterez rien pour vous rapprocher de M. Delaborde et de son fils. — Non, Lucie. Bien que j'en aie un ardent désir, et je ne crois pas qu'une affection sincère puisse exister entre nous. Un abîme nous sépare. Pour le franchir, il faudrait vaincre des préjugés trop bien enracinés. Je voudrais, Maurice que vous revinssiez de votre prévention contre les riches. Voyons, monsieur, n'avez-vous jamais rencontré, parmi les privilégiés, des personnes bienveillantes, exemptes d'orgueil... — Une seule! et c'est vous. — Eh bien! fait la jeune fille en riant, n'est-ce pas assez? — Chère Lucie, s'écria Maurice avec un accent passionné en prenant la main de la jeune fille et la portant à ses lèvres brûlantes, vous êtes pour moi tout un monde!
— Rappelez-vous, monsieur, dit Tamante Lucie, dont le sein palpitait d'émotion, que vous devez m'aimer... comme une sœur.
Nos jeunes gens qui avaient pris pour thème de conversation ce sujet éternellement nouveau et fécond, l'amour, restèrent longtemps ensemble. Leurs mains étaient entrelacées, leurs regards confondus, leurs âmes unies. Pendant qu'ils se livraient ainsi aux chastes effusions de leur tendresse, Albert avait une sérieuse explication avec M. de Marvennes. De son boudoir, qui ouvrait sur le salon de réception, Éléonore écoutait attentivement cet entretien, car l'avenir et le bonheur de sa fille en dépendaient.
— Vous m'avez fait l'honneur de me demander, monsieur? dit Albert en entrant. — Oui, monsieur, répondit Frédéric. Je désire causer quelques instants avec vous. — Je suis à vos ordres.
Albert et Frédéric prirent chacun une chaise.
— Tout d'abord, fit M. de Marvennes en s'asseyant, je vous prie de ne pas voir en moi un père irrité, mais plutôt un ami.
Ce début étonna fort Albert, qui s'attendait à quelque scène violente.
— Étant votre ami, reprit Frédéric, vous me permettrez d'agir sans façon, n'est-ce pas? de vous parler franchement et rudement le langage de la vérité... ce langage que notre monde de fausseté et d'hypocrisie appelle inconvenance. — Je vous remercie, monsieur, de me croire digne de l'entendre.
— Jusqu'à présent, Albert, vous avez fait fausse route. Subissant d'un côté la pernicieuse influence de votre famille, de M. de Barcas; entraîné, de l'autre, par cette jeunesse élégante et dorée qui joint tous les ridicules à tous les vices, vous vous êtes jeté dans un torrent de débauches, vous avez dispersé au vent des folies humaines les bonnes semences de votre âme, les généreux sentiments, ce qu'il y avait en vous de noble et de grand. Vous avez poussé le délire jusqu'à porter une main sacrilège sur votre frère. Eh bien! vos fautes, vos erreurs, quelque grandes qu'elles soient, peuvent encore être rachetées, effacées si vous en avez la ferme volonté. Ce n'est pas à vingt-six ans qu'on se condamne à la stagnation, à l'immobilité, que l'on referme sur soi les barrières de l'arène. Réveillez-vous, jeune homme! surgissez à la lumière. Assez longtemps vous avez été l'esclave de honteuses passions; réagissez sur elles à présent; maîtrisez ces chevaux fougueux. L'aurore de votre avenir dissipera les ténèbres de votre passé. Vous sortirez triomphant de cet abîme, au fond duquel, vous n'avez rencontré que doutes amers, cruelles déceptions.
La vie n'est pas, comme on vous l'a dit et comme vous l'avez pratiquée, — une orgie, une saturnale, une longue ivresse. C'est, au contraire, une rude tâche, une œuvre sainte, un devoir imposé par Dieu. Lâche est celui qui ne le remplit pas. Lâche est l'homme qui n'a d'autre idéal que l'assouvissement de ses passions et ne cherche sur cette terre que le plaisir. Nos pères comprenaient autrement le but de la vie: ils se dévouaient à une idée sublime. Sous la République, ils mouraient avec enthousiasme pour la liberté et la fraternité des peuples. — Sous l'Empire, ils se sacrifiaient à la gloire, à la grandeur de la France. — Mais aujourd'hui il y a une déroute générale, une panique, un mot d'ordre de lâcheté, de sauve qui peut. La société actuelle, prosternée devant le monstrueux idole de la Matière, dit à ses enfants: Enrichissez-vous, jouissez. Chacun chez soi, chacun pour soi. O temps d'ignominie! Triste époque de marasme et d'abâtardissement où la contagion morale gagne tous les cœurs, flétrit et abaisse toutes les âmes!
Albert avait écouté, la tête baissée, le regard fixé à terre, ces chaleureuses paroles dont il sentait la justesse. Aussi resta-t-il quelques instants sans répondre. Puis il dit lentement:
— Je reconnais, M. de Marvennes, que vous me donnez de bons encouragements, et je vous sais gré de l'intérêt que vous semblez me porter. Malheureusement, vous excitez à marcher un homme qui n'a plus de jambes. Ce n'est pas en vain que je me suis livré aux amoureuses étreintes des courtisanes: mes sens sont énervés. Ce n'est pas en vain que j'ai pressé la main de faux amis, que je me suis complu au mal, que j'ai bu à longs traits à la coupe des joies impures: je n'ai plus d'énergie morale. Mon cœur est vide. La mort plane sur lui. Les simples croyances de ma jeunesse sont fanées à tout jamais. Feuilles arrachées de leur arbre par l'ouragan des passions, elles sont là sous mes pieds. — Pourquoi donc présenter à mon imagination de brillants rêves, puisque la force me manque pour les réaliser?
— Dites plutôt le courage. Au pied de la montagne, n'en mesurez pas de l'œil la hauteur. Commencez à la gravir. A mesure que vous vous élèverez, vous serez plus robuste, plus libre. Un air pur, salubre, dilatera votre poitrine. Lorsque vous en aurez atteint le sommet, vous sentirez un souffle divin qui vous rendra les bonheurs perdus, les saints enthousiasmes, les ravissements extatiques de l'âme, les amours idéals. Votre esprit découvrira de nouvelles sphères, de limpides horizons. A cette hauteur, vous verrez les hommes ramper et remuer dans la boue comme un immense nid de serpents. C'est alors que, prenant en pitié ces êtres dégradés, vous bénirez le Seigneur de vous avoir retiré de la fange du vice.
— S'il me restait encore quelque ardeur, quelque force, dit Albert, je recommencerais ma vie. Je rallumerais le foyer à la dernière étincelle. Mais il est trop tard. La liqueur parfumée que le vase contenait s'est vaporisée. Je suis las, — perclus, — débile comme un vieillard. Je n'ai plus d'avenir.
A cet instant, la porte du salon s'ouvrit. Maurice et Juliette parurent—

rent sur le seuil et s'y arrêtèrent. C'était un tableau ravissant. La jeune fille avait les mains croisées autour du bras gauche de Maurice. Les ravages de la maladie avaient en quelque sorte idéalisé les traits de son angélique visage. Elle regardait Albert et lui souriait. Son sourire, empreint de tristesse, donnait à sa physionomie une expression de douce rêverie. Qu'on se représente la *Vierge au jardin*, de Raphaël. Comme sa sœur, Maurice tenait ses yeux fixés sur Albert. Ses longs cheveux noirs, son air sombre et méditatif formaient contraste avec la blonde tête de Juliette. On eût dit, à les voir tous deux, une éclaircie bleuâtre au milieu d'un ciel brumeux. Il y avait tant de charme, tant de poésie dans ce petit groupe, qu'Albert ne put se défendre d'une émotion profonde. Elle éclata lorsque M. de Marvennes lui dit en lui montrant sa fille :

— Voilà l'ange qui vous sauvera. Le cœur de Juliette renferme des trésors de tendresse et d'affection. Voyez ! Elle vous sourit... elle vous a pardonné ? — Il serait vrai, Juliette ! dit Albert en allant au-devant de la jeune fille. Vous n'auriez pas de haine pour un misérable qui vous a méconnue, outragée. Oh ! c'est à vos pieds que je veux obtenir la grâce, l'oubli de mon crime ! — Relevez-vous, monsieur, répondit Juliette très émue. Je n'ai aucune grâce à vous accorder. Je vous aime... — Oh ! c'est trop de bonheur ! — Mon frère !... dit Maurice en tendant à Albert une main que celui-ci pressa dans les siennes. — Ma femme ! mon frère ! s'écria le jeune homme ivre de joie. Oh ! ne me quittez jamais. Je ne craindrai pas les tentations du mal. Entre vous deux, ma vie s'écoulera heureuse et pure !

Sur ces paroles d'Albert, entra M. Delaborde, accompagné de Lucie. Nous n'essaierons pas de dépeindre son étonnement.

— Que vois-je ! s'écria-t-il, comme s'il eût douté de la réalité ! Mes enfants réunis ! Qui a opéré ce miracle ? — L'amour ! répondit M. de Marvennes. — Je comprends tout à présent, répliqua l'ancien manufacturier. Monsieur de Marvennes, je ne saurais vous exprimer la reconnaissance dont mon cœur est pénétré. Vous avez été la Providence de ma famille ; vous avez réparé le mal que j'avais fait... car je suis la première cause des malheurs qui nous ont frappés... — Monsieur !... interrompit Frédéric. — Laissez-moi m'accuser hautement ici, reprit aussitôt M. Delaborde, laissez-moi reconnaître la gravité de mes erreurs. Il me semble que ces aveux soulagent ma conscience. A la vile passion des richesses, au désir immodéré d'acquérir, j'ai sacrifié les devoirs de la famille, une digne femme qui m'aimait... et jusqu'à mon fils... dont j'ai mérité le mépris !... — Oh ! ne croyez pas cela, monsieur ! s'écria Maurice.

La confession de l'ancien manufacturier avait été faite avec un tel accent de douloureuse sincérité, que Frédéric en fut touché.

— Oubliez le passé, Maurice, dit-il en s'avançant vers le jeune homme. C'est le vœu, n'en doutez pas, de Madeleine Simon !

Le nom de sa mère impressionna vivement Maurice. Il se jeta dans les bras de M. Delaborde. Lorsque celui-ci fut remis de son émotion, Albert lui dit :

— Mon père, je vous demande pour Maurice la main de ma cousine. — Si la volonté de ma nièce ne s'y oppose pas... — Il y a quatre ans que j'attends votre consentement, mon oncle, dit Lucie en riant.

— Eh bien, mademoiselle, vous n'attendrez pas huit jours votre mariage. — Mon père, — fit Albert en prenant Juliette par la main, — je vous présente ma fiancée. Deux contrats se signeront en même temps, si vous le permettez. — Très volontiers ! s'écria M. Delaborde en embrassant Juliette au front.

Retiré au fond du salon, M. de Marvennes contemplait avec une émotion ineffable les heureux qu'il avait faits.

— Mes amis, dit-il en s'avançant vers les groupes qui s'étaient formés, restez toujours unis. L'union des âmes donne toutes les joies du ciel et de la terre. Hier encore, vous souffriez, car vous vous haïssiez. De tristes préjugés vous divisaient. Pauvre, riche, grand, petit, que signifient ces noms ? Pourquoi ces distinctions ? Ne sommes-nous pas tous les enfants de Dieu, et ne devons-nous pas marcher vers lui de même pas en nous appuyant les uns sur les autres ? Que le plus digne fraie la route ! Pardonnez-moi ce petit sermon, mes amis. Je ne suis vieux, voyez-vous. J'ai acquis de l'expérience à mes dépens. Par un caprice du sort, je me suis trouvé mêlé aux diverses classes de la société. Le grand monde m'a montré ses ridicules, ses vices et son orgueil. J'ai connu le Pauvre. J'ai assisté à de terribles drames, à de sombres désespoirs ; j'ai entendu d'effrayantes menaces. Je vois aujourd'hui toute une multitude se lever et demander à la société la vie, l'amour. Mais la marâtre reste insensible à ses prières.

— Non ! rien ! répond-elle. J'ai mes élus. Pour vous, déshérités, rien, rien ; que le mépris !

Ah ! j'en ai la conviction ; cet état de choses cessera. Les misères morales qui nous assiègent disparaîtront. Un jour, la grande famille humaine, séparée à cette heure par tant d'erreurs, tant de haines, tant d'iniquités, se réconciliera, — comme vous, mes amis, comme votre famille, — dans une pensée d'amour. Le soleil de la justice éclairera le monde. La Liberté déploiera ses ailes. La Fraternité régnera. Satan sera vaincu. Oui, il viendra ce jour d'enthousiasme où les barrières élevées entre les hommes tomberont, où les vains échafaudages, péniblement étayés par des siècles d'ignorance et de despotisme, s'écrouleront au souffle puissant de la Vérité et de la Liberté. Le Riche, n'écoutant que la voix de sa conscience, descendra de son trône, rejetera le manteau de l'injustice, trop lourd à ses épaules, et dira à son frère le Pauvre : — Donne-moi ta main. J'ai assez souffert de mon isolement. Mon cœur s'y est desséché. Désormais, plus d'orgueil, plus d'éclat mensonger, plus de *privilèges*. Je veux ma part de tes souffrances ; je veux creuser avec toi la terre, notre mère commune ; et la féconder de mes sueurs !

Maintenant, mes amis, un dernier conseil... et il faudra que je me sépare de vous. — Élargissez votre cœur ; élevez votre pensée. Semez autour de vous le bien, et vous récolterez le bonheur.

— Quoi ! vous songeriez à nous quitter, dit M. Delaborde. Oh ! c'est impossible. — Ma résolution est inébranlable, répondit Frédéric. Je reprends mes travaux trop longtemps interrompus. Je retourne auprès de mes élèves, qui m'attendent à Paris. — Mon père, s'écria Juliette en sautant au cou de M. de Marvennes, vous restez avec nous... Je vous en prie. — Ne te désole pas ma fille. De temps en temps je te rendrai une visite. — Albert, ajouta Frédéric en remettant Juliette aux mains de son fiancé, je vous confie cet ange ! — Ah ! monsieur, s'écria M. Delaborde.

Frédéric attira l'ancien manufacturier à l'écart, près de l'endroit où Éléonore écoutait.

— Ne cherchez pas à me retenir, lui dit-il. Je ne dois pas revoir votre femme !

A cet instant, il se fit un bruit du côté du boudoir. On entendit un sourd gémissement, un sanglot étouffé.

— Qu'est-ce que cela ? dit M. Delaborde avec inquiétude.

Tout aussitôt, Éléonore parut et terrifia les assistants. Son visage était livide, ses traits horriblement contractés, ses cheveux épars, ses vêtements en désordre. Elle avait l'écume aux lèvres. Ses yeux roulaient avec une vitesse effrayante dans leurs orbites. Chancelante, elle alla se placer devant la porte du salon, et dit à Frédéric :

— Vous ne partirez pas, monsieur ! — Que signifie ?... — Demeurez avec ceux qui vous aiment ; vous ne me verrez plus. Ma présence aurait troublé le bonheur de cette famille... Avant que cinq minutes ne soient écoulées, je serai morte... — Qu'avez-vous fait, madame ! s'écria Frédéric. Je ne pouvais pas vivre maudite de l'enfant que j'ai porté dans mon sein... Oh ! c'était une pensée trop affreuse !... Je me suis empoisonnée. — Oh ! malheureuse !

Chacun jeta une exclamation d'horreur et d'effroi.

— Du secours ! du secours ! cria M. Delaborde. — Il est trop tard... murmura Éléonore, qui était tombée sur un sofa et se tordait les membres, en proie à d'horribles convulsions.

Son agonie commençait.

— Ma mère ! ma mère !... s'écria Juliette en se jetant dans les bras de madame Delaborde, qui l'étreignit sur sa poitrine. — Adieu... Juliette... adieu, mon fille !... Ne me maudis pas !... — Ne mourrez pas, ma mère, ne mourrez pas !... sanglota Juliette. Je vous aime !... je vous bénis !... — Mon Dieu ! vous serez... indulgent... pour moi... — dit Éléonore en s'arrêtant à chaque mot, pour reprendre haleine, — puisque... mon enfant... m'a pardonnée !...

Frédéric s'empara de sa main. Elle était déjà froide.

— Dieu te recevra, pauvre femme ! dit-il d'un ton solennel, car tu as cruellement expié tes fautes !...

Éléonore eut une dernière convulsion, et s'affaissa tout d'un coup sur elle-même.

Elle était morte !

Juliette avait la bouche appuyée sur ses lèvres. Ne sentant plus le souffle de la respiration, elle jeta un cri déchirant et tomba évanouie aux pieds de sa mère.

Une année après les événements de cette histoire, que nous avons raconté succinctement à nos lecteurs, quatre jeunes gens, nouvellement unis, priaient, agenouillés sur la tombe d'Éléonore.

Derrière eux se tenaient, immobiles et la tête découverte, deux hommes qui paraissaient plongés dans une méditation profonde. Le spectacle de ces jeunes êtres, dont les cœurs chauds et vivifiés par l'amour touchaient une cendre froide, leur donnait de mélancoliques pensées. Les yeux fixés sur la pierre tumulaire, ils songeaient sans doute aux néant des agitations humaines, qui aboutissent toutes à quelques grains de poussière, à un *ci-gît. — Il ou elle fut.*

De ces deux hommes, l'un avait été l'amant, l'autre le mari de la morte.

BENJAMIN GASTINEAU.

FIN.

Paris. — Imprimerie de Lacour, rue St-Hyacinthe-St-Michel, 35.

LES VEILLÉES LITTÉRAIRES ILLUSTRÉES

J. BRY AINÉ, ÉDITEUR — 21, RUE DES MATHURINS SAINT-JACQUES

20 CENTIMES LA LIVRAISON

HISTOIRE DU PETIT JEHAN DE SAINTRÉ ET DE LA DAME DES BELLES-COUSINES.

Dessiné par Ed. Fr... Gravé par ROUGET.

Le Boudoir.

La cour du roi Jean était une des plus brillantes de l'Europe, non-seulement par la puissance du souverain d'une grande monarchie, mais aussi par la splendeur et la dignité que l'élévation de l'âme de ce roi, si digne chevalier, et les vertus aimables de Bonne de Luxembourg, son épouse, y maintenaient. Jamais l'esprit de la chevalerie ne remplit mieux que dans ce temps ce que des principes sévères de valeur et de loyauté exigent d'un vrai chevalier; jamais l'amour (si quelquefois il eut accès dans cette cour) ne s'enveloppa plus exactement du voile de la décence et du mystère.

Le seigneur de Pouilly, l'un des plus puissants et des plus renommés chevaliers de la Touraine, avait amené le jeune damoisel Jehan de Saintré à sa suite, dans un voyage qu'il avait fait à Paris, pour rendre hommage à son souverain. Le seigneur de Saintré, son voisin, son égal et son ami, lui avait confié son fils unique. L'usage de ce temps était que les plus grands seigneurs, se défiant de l'éducation domestique dans leurs châteaux, et même un peu de la tendresse et de la faiblesse paternelles, envoyassent leurs enfants aux chevaliers de leurs parents et de leurs amis qu'ils estimaient le plus, pour leur procurer, par leurs conseils, par leur exemple et par leurs secours, la véritable, la dernière éducation qu'on appelait *bonne nourriture* ; et c'était un honneur signalé qu'un père de famille faisait à celui de ses parents qu'il avait choisi pour la faire recevoir à son fils.

Le jeune Saintré plut aux enfants d'honneur de la cour, qu'il surpassait tous en adresse et en agilité sans leur faire jamais sentir une supériorité qui blesse dans tous les âges : il réussit sans peine à s'en faire aimer. Il plut également aux vieux seigneurs de la cour par son respect et son attention à les écouter. Le roi lui-même l'ayant remarqué parmi les enfants de son âge, un jour que, domptant un cheval fougueux, il donnait déjà des preuves de son intrépidité, le demanda au seigneur de Pouilly pour le faire élever parmi les enfants d'honneur et les pages de sa maison. Quoique Saintré n'eût encore que treize ans, son service devint bientôt assez agréable pour que le roi le choisît entre ses compagnons pour le suivre à la chasse, et pour augmenter le petit nombre de ceux qui se servaient à table, au banquet royal.

Une des princesses dont le droit, par la naissance, était de faire porter son cadenas par ses officiers, et de manger à la table du banquet royal, ne manquait presque jamais de s'y trouver : chère à la reine, agréable à ses égales, elle parait le banquet par les charmes de sa figure; elle en était l'âme par les agréments de son esprit.

Cette dame, que l'auteur, par une juste et forte raison, ne désigne que par le nom de la dame des Belles-Cousines, était, dans la fleur de son âge, et veuve d'un grand prince dont les années avaient été le moindre défaut. Elle ne pouvait le regretter, et il paraissait naturel que, jeune et belle, elle pensât à un second hyménée. Mais sachant trop bien que les mariages des personnes de son rang sont des actes de politique, et ne font pas naître le bonheur, elle avait fait le serment secret de conserver toujours son état heureux et sa liberté.

La dame des Belles-Cousines était née vive et sensible, mais elle l'ignorait encore. Un vieux époux, chagrin et grondeur, avec lequel elle n'avait vécu qu'un an, n'avait eu ni le temps ni le don de

lui apprendre. L'auguste veuve ne s'occupait que de la considération que lui donnait son nouvel état, de la douce liberté dont elle jouirait toute sa vie. Née généreuse et bienfaisante, elle se formait une idée délicieuse des libéralités et des bienfaits que ses richesses immenses lui permettaient de répandre. On croira sans peine qu'elle était adorée de ses dames de compagnie. Dame Jehanne, dame Catherine et dame Ysabelle ne la quittaient presque jamais. Si son rang la forçait à garder en public avec elles l'air de la simple politesse et celui de la dignité, elle aimait à les faire jouir en particulier de tous les charmes de son esprit et d'une douce égalité; elle savait se rapprocher en cherchant à leur plaire, comme à des amies qui contribuaient à sa félicité; mais elle n'avait encore besoin ni de leurs conseils, ni de leur discrétion. Quoique solidement instruite, et quoiqu'elle sût tout ce qu'une jeune princesse peut apprendre d'une pieuse éducation, la dame des Belles-Cousines avait une imagination vive, et toute la gaîté des personnes de son âge; elle cherchait à s'amuser; elle ne goûtait point les farces grossières et les spectacles ridicules de ce temps. Un de ses amusements favoris était d'aller à un balcon, d'où l'on voyait sur un vaste préau où les exercices de toute espèce s'occupait une jeunesse brillante, appelée par la naissance aux honneurs de la chevalerie.

Le petit Jehan de Saintré s'y distinguait parmi ses compagnons par son adresse, sa force et son agilité. Sa taille n'était pas élevée; mais elle était svelte, pleine de grâces, et très nerveuse pour son âge.

Dès que le jeune Saintré apercevait la dame des Belles-Cousines sur le balcon, le désir de se distinguer à ses yeux lui donnait une supériorité nouvelle sur ceux qui lui disputaient le prix. La jeune princesse le remarquait, se plaisait à l'encourager; et lorsqu'elle le voyait empressé à la servir à la table royale, elle lui remettait son assiette couverte de confitures de toute espèce, et lui disait quelques mots de bonté qui le faisaient rougir et baisser les yeux. Ces yeux-là étaient bien beaux et bien touchants; mais ce n'était encore que ceux d'un enfant de quatorze ans : une étincelle du flambeau de l'amour était nécessaire pour les rendre plus brillants et plus dangereux. Ils ne tardèrent pas à s'animer sans qu'il pût s'en douter lui-même. C'est ainsi qu'il passa à la cour les deux premières années de son service et de ses exercices militaires. Les écuyers du roi, les gouverneurs des pages, faisaient également son éloge. Attentif à leurs différentes leçons, il leur prouvait sans cesse son émulation, la noblesse et l'élévation de son âme, et surtout sa modestie. Ils le proposaient pour modèle à ses compagnons, qui, subjugués par ses agréments et sa courtoisie, l'entendaient louer sans envie. Ces mêmes écuyers, en rendant compte au roi des progrès des jeunes gentilshommes confiés à leurs soins, se faisaient honneur des talents et des dispositions du jeune Saintré. Ce prince écoutait avec intérêt les louanges données au page qu'il s'était choisi lui-même; il les répétait dans sa famille, et la dame des Belles-Cousines éprouvait déjà la plus vive émotion en les écoutant. Plus attentive que jamais à se trouver au balcon à l'heure des exercices, elle n'avait songé à réfléchir au motif secret qui l'y conduisait, quoiqu'en y arrivant ses yeux se fixassent d'abord sur le jeune Saintré. Elle faisait remarquer ce jeune homme à ses dames favorites; s'il disputait le prix du course, elle le comparait au léger Hippomène. Si, se servant d'armes courtoises, il apprenait à se servir des plus meurtrières dans les combats, il lui représentait le jeune Achille instruit par le centaure Chiron; cependant elle ne prenait encore au pour une douce sympathie l'intérêt vif qui l'attachait à ses succès.

Le jeune Saintré approchait de l'âge de seize ans. Les hommes commençaient à distinguer sur son front et dans ses yeux la noblesse et l'audace dont son âme était animée; les femmes n'y trouvaient encore que de la douceur et de l'indifférence. Cependant il n'avait jamais montré tant d'activité, tant d'adresse à se servir : on le voyait, au banquet royal, voler au moindre signe des princesses. Ses soins adroits et prévenants furent souvent remarqués et applaudis par la reine; mais personne ne s'aperçut mieux, s'attachant principalement à servir la dame des Belles-Cousines, il retournait promptement derrière elle dès qu'un autre service l'en avait écarté. Un jour que la chaleur du soleil rendait l'air étouffant, les dames ne purent s'empêcher de relever leurs collets-montés, et d'écarter les gazes qui redoublaient une chaleur importune. Saintré, placé derrière le tabouret de la dame des Belles-Cousines, ne put voir sans émotion, et sans pousser un soupir, de nouveaux charmes qu'il admirait pour la première fois. La princesse se retournant dans ce moment s'aperçut de son trouble et du feu qui brillait dans ses yeux. Son premier mouvement fut de sourire en regardant Saintré, qui rougit, et qui, pour cacher son désordre, laissa tomber son assiette et s'éloigna. La princesse, émue de l'agitation qu'elle avait surprise, allait peut-être porter un regard dans son cœur; mais le ris de la reine et des autres dames, en voyant Saintré cacher dans la foule, ne lui en laissèrent pas le temps. La reine fit appeler Saintré, et elle eut la bonté de le rassurer, de le consoler d'une faute légère; et le jeune homme fut si fort attendri que quelques larmes obscurcirent ses beaux yeux.

La dame des Belles-Cousines ne put voir couler ces larmes sur des joues de lis et de rose sans se dire dans son âme : Ah! que celle de Saintré me paraît noble et sensible! qu'il mérite bien que je répande sur lui mes premiers bienfaits, et qu'en lui donnant les moyens de déployer les vertus que tour à tour je découvre en lui, je parvienne à l'élever aux honneurs dont son courage le rendra digne! Ce moment fut décisif pour son âme; et, croyant ne suivre qu'un sentiment de justice et de générosité en distinguant un poursuivant d'armes digne de toute sa protection, elle se livrait à un sentiment beaucoup plus tendre, toujours sans y réfléchir. Elle eût frémi sans doute si la raison eût offert à ses yeux le projet généreux comme le complot secret de réunir tous les moyens de lui plaire, et de l'aimer dans le silence. Mais nos lecteurs pardonneront peut-être à une belle et jeune veuve de n'avoir pas assez réfléchi quand elle était déjà si animée. La différence est extrême entre une jeune personne dont le cœur parle pour la première fois, et la veuve du même âge, qui n'ignore pas ce qu'il doit lui dire de plus, et comment elle doit se défendre. Une année de mariage, quoique passée presque entière dans les larmes vis-à-vis d'un époux odieux, était cependant suffisante pour multiplier en elle des idées inconnues à celle qui n'est encore agitée que par la curiosité et le désir de les acquérir. Ainsi elle était un peu coupable; mais sommes-nous assez innocents nous-mêmes pour ne pas aimer à l'excuser?

Saintré, de son côté, fut à peine retiré, qu'il réfléchit dans le silence, à ce qui pouvait avoir occasionné cette fatale distraction, cause de ce qu'il venait d'essuyer. Il n'avait garde de l'attribuer à son service auprès de la dame des Belles-Cousines; cependant les beautés, nouvelles pour lui, qu'il n'avait entrevues qu'un moment, se peignaient dans à ses yeux; il ne voyait qu'elles, ne s'occupait que d'elles; mais il eût regardé comme une démence coupable d'oser les accuser. Son cœur palpitait, son imagination s'allumait lorsqu'il se peignait ce collet-monté comme un mur d'albâtre entourant un parterre embelli par les plus belles fleurs. Saintré aimait les fleurs dès son enfance; mais de ce moment le lis et la rose devinrent l'objet de sa préférence, et parèrent tous les jours son plus beau pourpoint.

Quelques jours s'écoulèrent, pendant lesquels Saintré fut plus empressé que jamais à servir la dame des Belles-Cousines, qui, toujours occupée de cet aimable damoisel, et croyant ne l'être que de sa fortune, ne perdait aucune occasion de lui dire quelques mots obligeants.

Un jour que la reine, ayant senti quelque envie de dormir après dîner, avait prié les Belles-Cousines de se retirer pour quelques heures, la jeune veuve, en traversant une galerie qui conduisait à son appartement, aperçut Saintré qui regardait jouer à la paume dans le préau. Ce jeune page, voyant passer les écuyers qui précédaient la princesse, se plaça promptement un genou en terre avec bien du respect, mais en levant ses beaux yeux uniquement sur elle. La princesse ne put le voir sans une douce émotion; elle ralentit sa marche, et saisissant tout-à-coup un moyen que son esprit lui offrit, en le lui suggérant seulement comme une bonne plaisanterie : « Saintré, lui dit-elle, je vois ce qui vous convient-il de vous amuser dans une galerie à voir jouer à la paume, où à voir passer les dames? J'ai perdu quelque temps envie de savoir si vos sentiments répondent au bien que vos supérieurs disent de vous; passez devant avec mes écuyers et suivez-moi. » Le jeune page obéit. « Mesdames, dit-elle tout bas aux dames de sa suite, nous n'avons rien à faire en ce moment; je vous prépare une bonne scène, et nous allons bien rire de l'embarras où je vais mettre le petit Saintré. »

Comme toutes ces dames étaient prévenues en sa faveur; elles applaudirent au projet de la princesse. Madame rentre dans son appartement; quelques moments après elle congédie tous les hommes de sa suite. Saintré fléchit le genou, et veut se retirer avec eux; la princesse l'en empêche. « Depuis longtemps, dit-elle; j'ai des querelles importantes à vous faire; restez ici. » Le ton imposant qu'elle avait pris fit rougir et intimida le jeune homme. Madame s'assit sur un petit lit de repos, et fit avancer Saintré au milieu de ses dames debout devant elle. « Saintré, lui dit-elle, je sais et je vois par moi-même que vous vous distinguez tous les jours de plus en plus parmi vos camarades; je voudrais savoir de vous-même d'où vous vient cette émulation. » Saintré répondit modestement : « Madame, si vous daignez m'en reconnaître, j'ai du moins celle de remplir mes devoirs, de bien servir mon maître dans sa maison, et de me rendre capable de le bien servir un jour à la guerre. — Je suis contente de votre réponse, lui dit la princesse; mais enfin cette émulation ne naîtrait-elle pas aussi d'un sentiment plus vif et plus doux? Allons, Saintré, faites-moi le serment de répondre à la question que je vais vous faire, et de me dire la vérité. — Ah bon dieu! répondit le jeune homme en mettant la main sur son cœur, Madame pourrait-elle me soupçonner d'oser lui mentir? — Eh bien dites-moi de bonne foi s'il y a de temps que vous n'avez vu votre dame par amour? » Il rougit, pâlit tour à tour, baissa les yeux, et resta muet à cette question. Les dames se mirent à rire de son embarras qu'elles redoublèrent. La princesse répéta jusqu'à trois fois la même question,

sans pouvoir en arracher une réponse. « Il est bien vilain à vous de commencer si tôt à manquer au serment que vous venez de me faire ; et je vous ordonne expressément de me dire combien il y a que vous n'avez vu votre dame par amour. — Ah ! Madame, dit-il d'une voix étouffée, et déjà les yeux pleins de larmes, je ne sais que répondre, et je n'en ai point. — Comment, reprit-elle, il n'existe aucune femme au monde qui vous soit chère ? » A ces mots, Saintré souleva doucement sa paupière, fixa un instant ses beaux yeux sur ceux de Madame, et répondit en balbutiant : « Ah ! vraiment si, Madame... » Mais comme embarrassé de ce premier mouvement, il baissa promptement les yeux et la tête, et resta muet, en tortillant sa ceinture avec ses doigts. Madame, devenant plus pressante, et voulant absolument qu'il lui nommât celle qu'il préférait, Saintré, après avoir hésité, lui dit : « Par exemple, Madame, j'aime bien madame ma mère et ma sœur Jacqueline. — Oh ! je le crois bien, Saintré, ajouta Madame ; mais ce n'est pas d'elles que je veux parler : dites-moi absolument si vous n'avez pas encore vu quelque dame à laquelle vous ayez donné votre cœur ? » A ces mots, qui parurent un coup de foudre au jeune et timide Saintré, il resta plus muet, plus confus que jamais ; et, pressé de nouveau de répondre, à peine Madame put-elle entendre le *non, Madame*, qu'il dit tout bas et en détournant la tête. Madame feignant d'entrer en colère : « Eh bien, mesdames, ne l'avais-je pas prévu, leur dit-elle en les regardant toutes, que Saintré démentirait peut-être bientôt la bonne opinion que nous commencions à prendre de lui ? » Les dames, en retenant une très forte envie de rire, entrèrent dans la plaisanterie, et firent une très grande honte à Saintré de sa réponse à Madame. « Sachez, misérable gentilhomme que vous êtes, lui dit Madame, d'un air courroucé, que vous me donnez la plus mauvaise opinion de vous ; que jamais vous ne parviendrez à rien d'honnête, et que vous resterez indigne des honneurs attachés à la chevalerie. Ne savez-vous pas que le premier sentiment nécessaire à tout noble poursuivant d'armes, c'est de choisir une dame qu'il aime par amour, à laquelle il doit rapporter toutes ses pensées, toutes ses actions, et qui seule puisse élever son courage ? Et quel sentiment pensez-vous qui ait pu pénétrer de si grands sentiments dans vos pensées, vous conduire aux belles actions, et élever aux grandes actions l'âme du grand Lancelot du Lac, et celle du malheureux et passionné Tristan de Léonois. L'un aimait et était aimé de la belle reine Genièvre, et l'autre adorait la blonde et charmante Yseult. Allez, allez, sortez de ma présence ; non, je n'espère plus rien de vous. »

Le pauvre petit Saintré n'était déjà plus en état d'obéir à cet ordre cruel : à peine avait-il été proféré, que, tombant sur ses genoux, et fondant en larmes, il levait des mains suppliantes vers Madame ; et, se prosternant sur ses jolis pieds, il cherchait à les baiser, et les baignait de ses larmes. La princesse prit ce moment pour sourire à ses dames, et pour leur faire un signe qu'elles entendirent. Elles se levèrent d'un commun accord, et se mettant à genoux autour du petit Saintré, elles conjurèrent Madame d'avoir pitié de lui, de lui pardonner, et de lui donner le temps de se remettre du trouble et de la douleur qu'elle venait de répandre dans son âme. « Mes chères amies, leur dit-elle, j'y consens pour l'amour de vous, bien que j'espère peu de si pauvre écuyer, qui ne sait encore aimer, et dont le cœur, flétri presque avant que d'éclore, ne peut promettre de s'élever aux grandes actions. Je veux bien lui donner jusqu'à demain au soir : qu'il se trouve dans la galerie lorsque je me retirerai de chez la reine ; et nous verrons ce que nous pouvons en attendre. »

Le petit Saintré se retira bien tristement et bien doucement, à reculons, faisant de profondes révérences aux dames, mais les yeux gros de larmes, le cœur serré, et sans oser ni pouvoir dire un seul mot. Il passa la nuit dans le même état, et le lendemain, en retournant à son service, il se garda bien de se présenter pour servir la dame des Belles-Cousines, et ne put jamais plus de se trouver le soir, sur son chemin, dans la galerie qui conduisait chez elle.

La princesse, qui l'avait cherché vainement des yeux pendant tout le jour, et qui ne le trouva pas le soir sur son passage, dit à ses dames en riant, lorsqu'elle fut rentrée : « Nous avons fait tant de peur au petit Saintré, qu'il nous fuit, et nous ne le reverrons plus. » Mais ce qu'elle disait d'un ton léger, et ce qu'elles prenaient pour une plaisanterie, la rendit cependant assez sérieuse lorsqu'elles furent retirées, et la jolie mine de Saintré, ses larmes, son air suppliant, se peignirent à son imagination assez vivement pour la tenir éveillée et la faire rêver une partie de la nuit.

Le lendemain fut un jour de fête à la cour, où la reine fit appeler à dîner, aux tables dressées près de la sienne, toutes les dames qui avaient l'honneur d'être admises à son cercle. Celles de la dame des Belles-Cousines y apparurent avec éclat ; et bientôt, ayant aperçu Saintré, elles lui firent vainement quelques signes pour qu'il s'approchât d'elles. Saintré s'en éloigna toujours, servit les dames de la duchesse de Bourgogne, et ne put jamais se résoudre à servir celles qui, la veille, avaient été témoins de ses larmes et de sa confusion. Elles en rirent beaucoup le soir avec la princesse, qui leur dit qu'elle s'y prendrait de façon à le forcer de se rendre à ses ordres ; qu'il n'en était pas quitte avec elle, et qu'elle voulait jouir encore

une fois de son embarras. Le lendemain, en effet, elle fit appeler Saintré, et lui dit qu'il apprenait de bonne heure à manquer à la parole qu'il donnait aux dames ; qu'elle voyait bien qu'il avait besoin de leçons sur les devoirs d'un digne poursuivant d'armes, et que, pour cette fois, elle lui ordonnait expressément de l'attendre dans la galerie au moment qu'elle se retirerait.

Saintré, forcé d'obéir, se rendit le soir ; et dès qu'il vit arriver Madame, il joignit de lui-même ses écuyers, n'osant lever les yeux sur elle ; il la précéda dans son appartement, où la princesse l'ayant aperçu, chargea madame Ysabelle de le retenir, lorsqu'elle congédierait ses officiers. Madame Ysabelle, s'acquittant fort bien de sa commission, ne fit que de très douces plaisanteries au jeune homme, et sut l'arrêter au moment où, malgré elle, il voulait se retirer avec les officiers.

La dame des Belles-Cousines, affectant un air très grave, s'assit, comme la veille, sur un petit lit, fit approcher le petit Saintré plus près d'elle que jamais ; et l'ayant fait entourer par ses dames, elle lui fit les reproches les plus amers, en lui disant qu'il avait manqué à sa parole, et qu'il était dans le cas odieux d'être traité de foi-mentie. A ces mots, le pauvre enfant sanglota, sa tête tomba sur sa poitrine ; ses lèvres, entr'ouvertes et vermeilles, étaient tremblantes, et laissaient voir des dents charmantes. Ah ! qu'il était attendrissant dans cet état ! le pauvre enfant se croyait diffamé pour toujours. On sait combien la honte ajoute à la beauté, quand elle n'a que la nuance de la pudeur. Madame en fut touchée ; et les soupirs redoublés de Saintré portant jusque sur son front un souffle pur et une chaleur brûlante, elle se hâta de le rassurer. « Calmez-vous, Saintré, lui dit-elle ; vous êtes encore à temps de tout réparer : votre repentir me touche, si vous m'avouez enfin quelle est la dame que vous aimez le mieux, après votre mère et votre petite sœur Jacqueline. » Enfin, Saintré balbutiant, et croyant avoir trouvé la meilleure défaite, répondit : « Eh bien, puisque Madame l'ordonne, je lui dirai que j'aime bien Matheline de Coucy. — Eh ! mon pauvre petit Saintré, que me dites-vous là ? et comment voulez-vous que je croie qu'un enfant de dix ans ait pu toucher votre cœur ? Ce n'est pas que la petite Matheline ne soit charmante, du plus haut parage, et que vous n'eussiez bien placé votre attachement ; mais quel retour pourriez-vous espérer d'une enfant ? Quels services, quels bons conseils en pourriez-vous attendre ? Ah ! vous me trompez plus que jamais, Saintré ; mais ne prétendez plus m'en imposer. »

Saintré, qui croyait avoir trouvé la meilleure défaite, fut bien confondu lorsque la princesse lui prouva qu'elle était si mauvaise ; et ses larmes recommencèrent à couler. Les trois dames ayant enfin pitié de ce charmant enfant, s'écrièrent à la fois : « Ah ! c'en est assez, Madame, ayez pitié de son embarras ; notre présence doit le redoubler ; sa discrétion doit vous plaire : il n'ose devant nous vous avouer le nom de celle qu'il aime, mais daignez l'interroger dans votre cabinet : nous osons croire qu'il craindra moins de s'expliquer. »

La dame des Belles-Cousines avait déjà pensé plus d'une fois à ce moyen de parler à Saintré plus librement ; elle fut bien aise, sans doute, qu'il lui fût suggéré. « Peut-être avez-vous raison, dit-elle à ses dames ; et, par égard pour vous qui daignez le plaindre, je veux bien employer cette dernière ressource. » A ces mots, et ayant toujours l'air de plaisanter vis-à-vis de ses dames, elle se leva, dit à Saintré de marcher devant elle, et le conduisit dans une arrière-cabinet, séparé de sa chambre par un grand cabinet de toilette ; et, s'asseyant sur un petit lit pareil à celui qu'elle quittait (1), elle recommença ses questions d'un ton un peu plus bas et plus affectueux au jeune Saintré, qu'elle fit encore approcher debout plus près d'elle. Le jeune homme rougit encore, il hésita quelques moments de répondre, mais il ne pleurait plus ; et, levant timidement ses beaux yeux sur ceux de Madame, qui ne tenaient rien de la colère, et qui brillaient d'un feu doux et céleste, il s'enhardit à lui répondre : « Hélas ! Madame, quand même j'oserais commencer à former les premiers vœux de ma vie, pourrais-je me flatter qu'ils fussent écoutés ? Quelle est celle qui daignerait jeter les yeux sur un pauvre jouvenceau sans réputation, sans expérience, et l'écouter favorablement ? — Pourquoi vous défier de vous-même à ce point ? reprit la princesse avec vivacité ; n'êtes-vous pas de si noble race ? n'êtes-vous pas joli, bien fait, et distingué parmi tous vos camarades ? — Madame est bien bonne, répondit-il d'une voix douce et d'un air timide ; je me rends juste, et je sens que l'honneur de servir une dame, et d'en être avoué, ne peut être encore mon heureux partage. — En vérité, Saintré, reprit-elle, vous avez trop mauvaise opinion de vous. N'avez-vous pas des yeux pour la voir, un cœur

(1) Cet arrière-cabinet s'appelait alors un oratoire ; mais la richesse des ornements, les parfums, les meubles élégants et commodes, rendaient ces oratoires des asiles agréables et utiles, autant que le peuvent être, de nos jours, les plus tranquilles et les plus délicieux boudoirs. Nous observons avec plaisir qu'ils sont à la cour et à la ville de la plus haute antiquité.

pour l'aimer, une bouche pour le lui dire, du courage et des bras pour le servir? » Nous supprimons quelques autres détails plus flatteurs, dans lesquels l'auteur dit que la dame des Belles-Cousines entra pour animer son amour-propre. Ne pouvant vaincre sa modestie : « Vous voulez donc n'être jamais bon à rien, lui dit-elle, et manquer de ce sentiment plein de chaleur, qui fut toujours l'âme des chevaliers les plus renommés? Si par hasard vous étiez agréable aux yeux de quelque femme, il faudrait donc que'elle vous le déclarât elle-même, et qu'elle s'humiliât jusqu'à vous prévenir? » Saintré, commençant à se rassurer, lui répondit : « Ah! Madame, si cette dame vous ressemblait, qu'elle aurait peu de peine à me faire tomber à ses genoux, et à s'assurer de ma foi! » A peine eut-il prononcé ces mots, qu'effrayé de ce qu'il avait osé dire, sa tête retomba sur sa poitrine, et ses genoux tremblants le soutenaient à peine. La dame des Belles-Cousines avait besoin de ce moment de trouble pour se remettre un peu du sien; mais le sien était délicieux. Après quelques moments de silence, elle prit sa main tremblante, et lui dit : Écoutez-moi, Saintré; je sais que, quoique bien jeune encore, vous êtes rempli d'honneur : eh bien! si c'était moi qui eusse daigné jeter les yeux sur vous pour m'attacher à jamais votre âme et vos volontés, et pour vous élever à la plus haute fortune, oseriez-me prêter le serment de m'être ô jamais fidèle, de n'avoir d'autres volontés que les miennes, d'être d'une discrétion à toute épreuve, et de mourir plutôt que de changer et de me compromettre? — Ah! Madame, s'écria-t-il, si je le jurerais!... » A ces mots, fléchissant un genou, attachant ses yeux sur les siens, et se prosternant, la bouche collée sur sa belle main, qui ne put s'empêcher de serrer un peu la sienne : « Ah! oui, Madame, je le jurerais; et la mort et les enfers déchaînés ne me feraient pas manquer à mes serments. — Eh bien! dit-elle d'une voix aussi douce que tendre, jurez-le-moi donc, mettez votre main dans la mienne; et de ce moment, regardez-moi comme votre unique, votre seule amie, une amie qui se croit en possession de celui qu'elle a choisi pour lui faire sa fortune, et pour faire son propre bonheur. » Elle ne put prononcer ces mots sans appuyer sa belle bouche sur le front brûlant de Saintré, qui tombait éperdu de surprise et d'amour à ses genoux.

Après s'être un peu remise de ce premier moment si vif, si désiré par les tendres amants, la princesse se rassit; et prenant encore la main de Saintré qu'elle serra plus tendrement : « Mon ami, lui dit-elle, c'est à moi de vous instruire de tous les devoirs d'un bon et loyal chevalier; et ces premiers moments doivent être employés à vous éclairer sur tout ce que vous devez faire les principes constants de votre cœur et des actions de votre vie. »

Nous craindrions d'ennuyer le lecteur bien plus que nous n'espérerions l'édifier, si nous rapportions les quarante et cinquante pages que l'auteur emploie à rendre compte des doctes leçons que la dame des Belles-Cousines donne à son jeune élève. Elle commence par lui paraphraser le Pater, le Credo, le Confiteor, comme étant en effet les consolations de l'âme et la lumière pure de l'esprit : elle s'attache ensuite à lui inspirer une sainte horreur des sept péchés mortels, dont elle lui fait les plus longs détails, et plus de quatre-vingts passages latins, tirés des pères de l'Église, de la Bible, des philosophes et des poëtes anciens, viennent à l'appui de ce long traité. Nous ne pouvons cependant nous empêcher de dire à quel point l'état de son cœur lui fit adoucir sa morale en parlant du septième péché, le plus dangereux sans doute, puisqu'il est le plus doux à commettre. Ici nous croyons devoir recourir au texte de l'auteur, de peur qu'on ne nous soupçonnât d'avoir voulu tourner en badinage les sérieuses et respectables leçons qu'elle lui donne sur tout le reste. Après lui avoir rapporté un dictum latin de Boèce, qui ne peint que la laideur du péché, elle conclut ainsi :

« Et pour ce, mon ami, dit-elle, que ce péché est si très-déshonnête, le vrai amoureux doit à tout son pouvoir le fuir; et si par vive contrainte d'amour il y échoit, tant et très-tant sont les très-angoisseuses peines et dangers que les loyaux amants ont à souffrir, que ce ne leur doit point être compté à péché mortel, et si aucun péché y a, vraiment il doit être éteint par lesdites peines si grandes; donc par ainsi je puis dire que le vrai amoureux, tel que je le dis, de mortel péché est de tous les autres est quitte, franc et sauve. »

La dame des Belles-Cousines continue à l'instruire de tout ce qui tient aux dix commandements de Dieu, à ceux de l'église, et sa redoutable érudition lui fournit encore autant de passages tirés des mêmes sources. Elle finit par tout ce qui tient aux mœurs de la vraie chevalerie; elle appuie sur la fidélité, sur la discrétion qu'un loyal chevalier doit à sa dame, avec une énergie qui porte bien naturellement à croire que cette dernière leçon est un peu intéressée, et que la dame a déjà pris son parti sur le prix dont elle doit payer l'usage de ses leçons.

Le jeune Saintré, qui l'a toujours écoutée avec l'attention et l'attendrissement dont une belle âme ne peut se défendre, renouvelle ses serments et tombe à ses genoux pour les lui répéter encore. Il ose reprendre cette belle main dans laquelle elle lui a fait, déposer ses premières promesses, et, sans douter que ses respects sont en ce moment les plus tendres caresses et sont reçus de même que des transports par une âme sensible, il baise, il couvre de larmes de joie et d'amour cette charmante main qu'elle se plaît à lui abandonner.

La dame des Belles-Cousines était attentive à tout pour perfectionner son jeune et aimable élève. Son petit amour-propre de vingt-un ans était même flatté de se trouver digné d'instruire et de former un damoisel qui avait déjà près de trois mois plus que seize ans. Ses soins se portèrent jusque sur sa parure. Rien ne sembla lui échapper dans l'examen de tous ses vêtements; ils étaient alors aussi bizarres, et même plus variés et plus nombreux que ceux de nos jours. Elle n'en put trouver aucun qui répondit à la taille élégante et svelte du jeune Saintré. Elle blâma le choix des étoffes et des couleurs, et surtout la façon maladroite et maussade dont les tailleurs avaient arrangé ces vêtements sur une créature charmante. Elle ouvrit une petite armoire, et rapportant une petite bourse tissue des couleurs qu'elle portait pour livrée avant que d'être mariée, et que les tristes et sombres cordelières du veuvage servissent d'attache à sa robe, elle la remit entre ses mains. « Mon ami, lui-dit-elle, prenez ces douze écus d'or, servez-vous en pour vous faire habiller par les premiers ouvriers qui travaillent pour le roi. Faites-vous bien joli pour dimanche prochain, dépensez hardiment cet argent. »

Le bon petit Saintré hésitait à recevoir cette bourse : « Eh! mais, Madame, dit-il, je n'ai pas encore mérité vos bienfaits. — Je n'en juge pas comme vous, répondit la princesse, j'espère même, ajouta-t-elle en rougissant un peu, que vous les mériterez mieux de jour en jour; et je suis assez grande dame pour ne vous laisser manquer de rien de tout ce qui pourra vous rendre agréable au roi mon cousin, et contribuer à vous élever aux plus grands honneurs. Ah! ça, mon ami, poursuivit-elle, en voilà assez pour cette fois, mes dames attendent depuis longtemps : je vais faire la courroucée en vous congédiant; ayez bien l'air d'en être honteux et affligé. Mais croyez, ajouta-t-elle en lui baisant le front, que vous avez en moi la plus tendre et la plus fidèle amie. »

A ces mots, Madame sortit, ayant bien besoin que ses yeux animés annonçassent de la colère, et poussant Saintré dehors par la porte : « Oh! pour le coup, dit-elle à ses dames, je renonce à jamais rien faire de ce petit écuyer, et je n'en l'admettrai plus en ma présence. » Saintré, cachant avec les mains ses yeux brillants des feux de l'amour, fit semblant de sangloter. « En vérité, Madame, dit la bonne dame Catherine, vous maltraitez trop ce jeune homme; n'en désespérez pas encore : peut-être à la fin, en serez-vous plus contente. — Nous verrons, dit la dame de Belles-Cousines, mais je conserve bien peu d'espoir. »

Saintré sortit, la joie la plus vive dans le cœur, et le sentant palpiter en pensant à sa dame. Il alla cacher ses douze écus d'or dans sa chambre. Il dormit peu sans doute; dès que le jour parut, il courut chez tous les ouvriers du roi, qui, connaissant et chérissant déjà ce jeune homme, se firent un plaisir de bien servir, et le dimanche, tous parurent à lui fort chargés de ce qui devait le parer. Le commandant se trouvait présent : son étonnement fut extrême. « Eh! mon bon petit ami, dit-il à Saintré, je crois que vous avez compté avec vos receveurs. » Saintré répondit en souriant : « C'est ma bonne maman qui m'a envoyé douze écus d'or pour m'aider à me tenir propre, elle m'en promet encore, et je ne puis mieux les employer qu'à faire honneur à mon service. — Eh bien! voudriez-vous que vous êtes, dit le commandant à ses camarades, n'ai-je pas raison de vous donner Saintré pour exemple? Lequel de vous saurait aussi bien employer son argent? La plus grande partie n'irait-elle pas chez le marchand de vin ou ailleurs? Courage, mon ami Saintré! j'en rendrai compte au roi, et soyez sûr de moi pour vous servir. »

Le jeune homme parut à la cour, le jour même, avec sa nouvelle parure. On le trouva plus joli, mieux fait que jamais. Mais on fut curieux de savoir quelle livrée il portait à ses aiguillettes; elles étaient assez remarquables pour exciter des questions : on pense bien qu'il n'eut garde d'y répondre. La reine même fut du nombre de celles qui se tourmentèrent vainement à ce sujet; et cette princesse, instruite des scènes qui s'étaient déjà passées entre la dame des Belles-Cousines et lui, la pria de les renouveler, pour pousser à bout la discrétion du jeune page.

La dame des Belles-Cousines ne demandait pas mieux. Elle suivait sans cesse des yeux celui dont elle occupait le cœur. Saisissant ce prétexte, elle l'appela et lui dit d'un ton assez haut : « J'ai ce soir à vous parler de la part de la reine; je vous ordonne de vous trouver dans la galerie, et de m'y attendre. » Saintré eut l'air de recevoir cet ordre avec peine; il savait déjà dissimuler.

Il se trouva le soir sur le passage de Madame, se joignit aux écuyers, et le temps aux dames de la princesse de le retenir, lorsqu'il parut vouloir se retirer avec eux.

Madame l'examina légèrement dans sa nouvelle parure, en présence de ses dames; mais elle pensait que bientôt elle pourrait s'en dédommager. Elle débuta donc par des questions impérieuses, auxquelles Saintré répondit d'un air assez embarrassé, mais très négatif sur l'objet de ses demandes... La bonne dame Catherine prenait, à

son ordinaire, le parti de Saintré; Madame lui dit d'un ton courroucé : « Vous le gâtez, mesdames, il s'autorise de votre présence. Allons, allons, suivez-moi, jeune homme; ou vous ne remettrez jamais les pieds chez moi. » Saintré la suivit, les yeux tristes et baissés, et les tournant en soupirant vers ses dames. Ce nuage apparent fit place à la joie la plus vive. Comment la peindre? comment exprimer ce que tous sentirent? Madame à peine arrivée à son oratoire, moins éclairé qu'à l'ordinaire, s'était assise sur le petit lit. Saintré s'était déjà précipité à ses genoux; elle allait baisser son front, mais ce front était déjà baissé, et Saintré, voyant un parterre de fleurs, entouré de murs d'albâtre, qui l'avait un jour si vivement frappé, lui rendait le plus vif et le plus doux hommage.

La dame des Belles-Cousines, malgré sa première émotion, malgré tout ce qu'elle prévoyait et ne craignait déjà plus, repoussa doucement Saintré, le fit relever, et ce fut alors qu'elle lui parut ne s'occuper que de son nouvel ajustement. Il est vrai de dire que les ouvriers du roi s'étaient surpassés; et Madame trouva que jamais pourpoint mieux coupé n'avait renfermé une taille si bien prise et si pleine de grâces. Toutes les autres pièces de sa parure furent examinées et louées tour-à-tour avec le degré d'attention que chacune méritait. Cet examen fut long; il ne le parut à aucun des deux.

Pendant cette douce occupation de la princesse, Saintré, qui en partageait les détails et les charmes, avait son occupation particulière; il observait quelquefois assez indiscrètement qui s'entr'ouvait sur une fraise qui venait de tomber sur un cou d'albâtre. De pareils examens deviennent quelquefois assez intéressants pour que l'on s'oublie soi-même; nous ignorons jusqu'à quel point cet oubli fut porté; l'auteur craint de le dire : cette crainte est bien indiscrète.

L'aimable princesse, après avoir donné toutes les leçons de prudence qu'une jeune veuve pleine d'esprit, nourrie dans la cour la plus brillante, peut et doit donner à son jeune élève, s'aperçut que la conversation avait duré longtemps. Ses dames devaient s'être ennuyées; et elle savait que l'ennui de trois jeunes dames de la cour ne peut être adouci que par un peu de médisance.

Elle se pressa d'avertir Saintré qu'elle allait le bannir pour toujours, en apparence, de son appartement, et qu'elle lui défendrait de se trouver jamais le soir sur son passage. Mais qu'elle fut belle, qu'elle fut touchante, lorsque, lui présentant une clef en rougissant, elle lui dit que cette clef ouvrait un petit garde-robe qui donnait sur un corridor écarté! « Vous en ferez usage, lui dit-elle, quand le mystère et la nuit envelopperont ce palais. Vous ne pourrez jamais me surprendre; vous me trouverez toujours occupée de vous. Prenez, ajouta-t-elle, prenez les soixante écus d'or que renferme cette bourse tissue de mes cheveux. Ce n'est que par degrés que vous pouvez briller dans cette cour sans me compromettre; les nouvelles parures dont je vous prie d'orner votre figure charmante, pourront passer pour un nouveau don de votre mère. »

A ces mots, tirant une épingle et la mettant dans ses dents : Soyez attentif, ajouta-t-elle, à ce nouveau signe; mon ami; vous vous souviendrez, lorsque je le répéterai, d'y répondre en frottant votre œil droit : ne me parlez jamais en public que je ne vous appelle; personne ne pourra soupçonner notre intelligence. »

Saintré baisa mille fois avec feu et la clef, et la main qui la lui présentait. Tous deux allèrent retrouver les trois dames qui s'étaient endormies après avoir fini leurs ouvrages et avoir épuisé ce qu'elles savaient de contes. « Eh bien! dame Catherine, dit la princesse, aurez-vous la faiblesse de prendre le parti de ce gentilhomme sans foi, sans cœur et sans élévation? Sortez pour toujours de chez moi, ajouta-t-elle en regardant Saintré; vous vous montrez trop peu digne de mes bontés, pour y être souffert. »

Saintré parut anéanti; et, saluant les dames avec un air pénétré, il se retira le cœur rempli du sentiment de son bonheur.

Peu de jours après il parut à la cour, plus brillant que jamais. Il avait une robe de fin bleu doublé de fins agneaux de Romélie, un chaperon garni de martre de Sibérie. Peu de seigneurs paraient aussi bien vêtus; aucun n'avait autant de grâces et la taille aussi déliée. La reine s'arrêta quelques instants pour le regarder en allant à la messe; mais la Belle-Cousine, qui la précédait, avait passé sans avoir eu l'air de l'apercevoir. La reine, en sortant de son oratoire, le voyant une seconde fois, le fit remarquer à cette princesse. « Je suis bien curieuse de savoir, lui dit-elle, comment le jeune Saintré peut faire autant de dépense pour se parer; vous devriez bien l'interroger à ce sujet. — Je le ferai, répondit Madame, quoique je sois si peu satisfaite des réponses qu'il m'a faites précédemment, que je n'ai guère à présent d'être informée de ce qu'il touche; et ce ne sera que pour vous obéir que je l'interrogerai. » En effet, Saintré n'eut pas plus tôt rentrée dans son appartement, Madame fit appeler Saintré dans l'antichambre. » Nous nous trouvons toutes si paré dans un simple page, lui dit-elle, que nous sommes curieuses de savoir qui peut vous en fournir les moyens. — Madame, répondit Saintré d'un air respectueux, mon père et ma mère m'aiment tendrement; ils veulent que je fasse honneur à mon service; et me voyant d'âge à espérer que le roi daignera continuer à m'employer dans un nouveau grade, ils m'ont envoyé de quoi me mettre en état de paraître, quelquefois sous ses yeux sous d'autres habits que ceux de page, que je suis honteux de porter à dix-sept ans. Ah ! Madame, ajouta-t-il en se jetant à ses pieds, que votre altesse royale serait bonne, si elle daignait me protéger et m'obtenir la place d'écuyer tranchant ! Mes parents n'attendent que ce moment pour m'envoyer tout ce qu'il me faut encore pour me soutenir avec honneur dans ce nouvel état. — Nous verrons, répondit la princesse d'un air sec; en attendant, remerciez Dieu de vous avoir donné une si bonne mère, et priez-le de vous la conserver. »

La dame des Belles-Cousines, rentrée chez la reine, ne s'empressa pas de satisfaire à sa curiosité. Elle attendit que cette princesse lui dit : « Eh bien ! Belle-Cousine, avez-vous interrogé Saintré sur ce que nous voulons savoir? — Vraiment, répondit-elle, il se vante que ses parents le soutiendront en tel état que lui voudra bien lui donner; il se plaint de n'être que simple page à dix-sept ans; il a même osé me prier d'en parler à vos majestés, et de demander pour lui la place d'écuyer tranchant : mais je m'en garderai bien avant de savoir s'il le mérite. — En pouvez-vous douter, lui dit la reine, à tout le bien que les écuyers et ses autres supérieurs rapportent de ses mœurs, de son application à ses devoirs, et de sa gentillesse? Oui, Belle-Cousine, il a raison; et puisque vous me paraissez si froide sur ce qui le touche, je veux me charger moi-même d'en parler au roi. »

La famille royale alors était prête à se mettre à table; et dès que le roi parut, la reine lui fit remarquer Saintré, qu'il n'avait pas d'abord reconnu sous sa riche et nouvelle parure. Il lui plut assez, pour accorder sur-le-champ à la reine ce qu'elle demandait pour lui; et, curieux de voir comment il s'acquitterait de la charge d'écuyer tranchant, il appela son premier maître-d'hôtel, et lui ordonna de mettre sur-le-champ Saintré en fonctions. Saintré, alors confondu avec ses camarades, se préparait à remplir sa tâche ordinaire, lorsque le maître-d'hôtel vint lui attacher la serviette et les autres marques de sa charge. Il le conduisit ensuite aux genoux du roi. « Mon ami Saintré, lui dit de bon et brave prince, moi-même je vous ai choisi pour mon page; vous m'avez toujours plu, et j'espère vous voir croître toujours en honneurs et en chevalerie. Je vous ordonne sur mon état à trois chevaux, et deux hommes pour vous servir, en attendant mieux. Remerciez la reine, qui m'a parlé de vous. » Saintré, se précipitant à leurs pieds, embrassa les genoux de son bon maître, et baisa le bas de la robe de sa bienfaitrice. Toutes les dames Belles-Cousines, assises au banquet royal, applaudirent à la grâce que le roi venait d'accorder, et toutes donnèrent une marque de contentement au nouvel écuyer, hors celle que cette grâce pénétrait de la joie la plus vive. « Vraiment, Saintré, lui dit-elle, bien avez-vous à travailler pour mériter le guerdon que vous recevez avant que de l'avoir mérité, de préférence sur vos pareils. » Saintré l'écouta d'un air soumis sans lui répondre, et sur-le-champ commença son service neuf une grâce et une adresse qui firent applaudir de nouveau à la faveur qu'il venait d'obtenir.

La tendre et charmante veuve le regardait souvent du coin de l'œil, et recevait dans son âme sensible les louanges que l'on donnait à son jeune amant. Ne pouvant résister à la tendre émotion qui l'agitait, elle employa le signal de l'épingle, auquel Saintré répondit avec la joie la plus vive, en se frottant l'œil droit et en les élevant tous deux au ciel. La nuit vint : qu'il lui fut doux d'être payé d'amour des feintes rigueurs de la bienséance! Saintré n'en oubliait aucune; la dame les avouait toutes : jamais on ne trouva plus de plaisir à se plaindre; jamais on ne songea moins à s'excuser.

La dame des Belles-Cousines, aussi généreuse que tendre, s'était occupée déjà des dépenses auxquelles le nouvel état de Saintré l'obligeait. Quatre cents écus d'or qu'elle lui donna furent plus que suffisants pour payer les trois chevaux, les faire équiper superbement, faire couvrir les valets de riches livrées, et répandre ses libéralités sur tous les gens des écuries du roi, qui lui avaient prouvé leur attachement pendant son premier service.

Saintré se fit estimer de plus en plus en exerçant son nouvel emploi. Le roi Jean ne pouvait se passer de lui à sa table; il s'en faisait suivre à la chasse. Adroit à la joute, redoutable dans les tournois, léger, plein de grâces, et, dans un bal, occupé de plaire sans cesse, les vieux chevaliers le donnaient pour exemple à la jeunesse; les dames louaient son air noble et galant; plusieurs, peut-être, désiraient l'avoir conquise. La dame des Belles-Cousines était la seule qui conservât un air froid et sévère lorsqu'elle le rencontrait en public : mais l'épingle jouait souvent son jeu.

C'est ainsi que Saintré passa plusieurs années. Lorsqu'il eut atteint l'âge de pouvoir prétendre à l'honneur d'être chevalier, les bienfaits de sa dame lui furent assez prodigués pour le rendre le plus magnifique des aspirants. Il était d'usage que le bachelier ou écuyer-expert lui demandait l'ordre de la chevalerie débutât par quelque entreprise d'armes qui signalât son courage, et rendit son nom assez célèbre pour lui mériter l'accolade et les éperons dorés. Il avait si souvent traité de ce sujet avec la dame des Belles-Cou-

sines, que, quoiqu'il lui en coûtât de se séparer de lui pendant quelque temps, elle ne s'occupa plus qu'à diriger son entreprise de manière à rendre son amant également célèbre par sa magnificence et par sa valeur. « Je veux, dit-elle, que vos hérauts portent votre défi dans les quatre cours les plus puissantes de l'Europe, où vos combattants recevront de vous de riches présents; et, pour marque de votre entreprise, vos hérauts publieront que ceux qui se présenteront pour vous combattre, ou seront tenus de vous enlever à force d'armes le riche bracelet que je veux moi-même attacher à votre bras, ou de vous faire un riche présent pour gage de votre victoire, qu'à votre retour vous présenterez à votre dame.

A ces mots, elle ouvrit un grand coffre plein d'or; et Saintré fut obligé de faire trois voyages du cabinet au sien, pour porter la somme immense qu'elle lui força de recevoir. Chaque retour, marqué par les transports de la plus vive reconnaissance, augmentait pour elle le plaisir de donner. Lorsqu'il fut prêt à se retirer, elle lui remit une petite cassette pleine des plus belles pierreries, parmi lesquelles elle choisit celles qui devaient enrichir ce bracelet qu'elle voulait attacher à son bras.

Saintré fit préparer en secret tout ce qu'il lui fallait pour exécuter son projet. L'Andalousie et les bords de la mer Rouge lui fournirent les superbes destriers. Les meilleurs ouvriers furent employés à leurs harnais, à ses armes, ses livrées; et le premier orfèvre du roi fit un chef-d'œuvre du bracelet qu'il devait porter.

On croira sans peine que pendant le temps que demandaient ces préparatifs, cette petite épingle, plus belle à ses yeux que les flèches d'or de l'Amour, renouvelait souvent le signal qui la lui avait rendue si chère, et que la réponse ne se faisait pas attendre.

Tout étant prêt dans le mois d'avril, et dans le moment même où le roi Jean, l'aimant et l'estimant de plus en plus, venait de l'élever à la dignité de chambellan, Saintré, se jetant à ses genoux, s'écria : « Ah! cher sire, mon redouté seigneur, permettez-moi donc de me rendre digne des honneurs et des bienfaits dont vous me comblez. » A ces mots, il lui fit part de son noble projet, et le supplia d'en autoriser l'exécution par des lettres d'armes. « Eh quoi! mon ami Saintré, lui répondit ce bon maître, c'est au moment où je vous attache encore plus intimement à ma personne, que vous voulez vous éloigner de moi! Mais, ajouta ce brave roi, je ne peux vous condamner; je peux encore moins vous refuser une occasion de faire honneur à mes sentiments, et de me mettre en droit de vous armer chevalier. »

Dès que le jeune Saintré eut obtenu cette permission de son maître, il ne dissimula plus son entreprise. Ses hérauts, richement vêtus et leurs cottes d'armes brodées et blasonnées, parurent en public, ainsi que sa nombreuse livrée, et les beaux chevaux que jusqu'alors il avait tenus écartés dans un village à quelques lieues de Paris.

Chacun félicita Saintré sur l'honneur que lui faisait son entreprise, et sur la magnificence de ses préparatifs. L'usage de ce temps était que le roi, la famille royale et les princes du sang fissent un don au jeune gentilhomme dont l'entreprise faisait honneur à la nation. Le monarque lui donna deux mille écus d'or de son épargne; la reine en donna mille de la sienne; messeigneurs de Bourgogne, d'Anjou, de Berry, en donnèrent autant; les princesses leurs épouses l'enrichirent de bracelets, d'attaches, d'anneaux, de pierreries, pour qu'il pût répandre ces dons dans les différentes cours où il allait combattre. La seule dame des Belles-Cousines ne lui avait encore rien donné. La reine ne put s'empêcher de lui en faire des reproches : « Vraiment, madame, répondit-elle, êtes-vous bien sûre que Saintré n'ait pas conçu un projet téméraire, qu'il puisse faire honneur à votre cour et à la nation? — J'ose en répondre, dit la reine; Saintré acquiert tous les jours de nouveaux droits à notre estime par de nouvelles vertus. — Je me rends, madame, dit la princesse; je ne peux nier qu'il ne soit changé, depuis quelque temps, à son avantage; et je trouve de la justice à le dédommager de mon ancienne prévention, que je n'ai pu souvent m'empêcher de lui témoigner. Par déférence pour votre majesté, je veux payer le bracelet qui doit être la marque de son entreprise; j'espère qu'il saura le défendre, et qu'il en coûtera cher à celui qui voudra le délivrer. Je veux bien même lui faire l'honneur de le passer moi-même à son bras le jour de son départ. Mais, madame, ajouta-t-elle (comme par réflexion), il serait bon de savoir si Saintré s'est pourvu de tout ce qui lui est nécessaire pour répondre avec éclat à la haute protection dont vous l'honorez; et vous devriez peut-être lui ordonner de faire rassembler ses équipages et son cortège dans le préau : votre majesté, et nous toutes, nous pourrions les voir du grand balcon, en revenant demain de la messe. » La reine approuva fort la Belle-Cousine; elle fit donner en conséquence l'ordre à Saintré qui partit le lendemain, mais sans être encore armé, dans le préau, à la tête de son cortège. Il était monté sur le plus beau cheval qu'eût nourri l'Arabie, qu'il maniait et faisait passager avec une grâce supérieure.

On admira le poursuivant d'armes et la magnificence de son équipage. La belle veuve ne se récria point comme les autres; mais elle jouit intérieurement des charmes de son amant, des applaudissements qu'il recevait, et l'épingle fut mise en jeu. Saintré, sachant ce que la belle veuve avait dit à la reine, en se jetant le soir à ses genoux, lui présenta le beau bracelet dont elle admira le travail, et qu'elle garda pour l'attacher à son bras le jour de son départ.

Ce jour n'était pas loin. Lorsqu'il fut arrivé, la reine tint un grand cercle. Les hérauts d'armes, revêtus des marques de leur charge, se tinrent debout derrière la famille royale. Saintré parut armé de toutes pièces, la visière levée, la main droite désarmée de son gantelet, se précipita aux pieds de son maître, renouvela le serment d'obéissance et de fidélité, et reçut de sa main, qu'il baisa, la lettre d'armes. La dame des Belles-Cousines, dissimulant l'état de son cœur, s'avança d'un air plein de noblesse et de dignité, et s'approchant de Saintré, attacha sa main le riche bracelet. Saintré baisa le bas de sa robe avec le plus grand respect en la remerciant; et, suivi des plus anciens seigneurs et chevaliers de la cour, il descendit dans le préau, s'élança légèrement sur son cheval; et, après avoir levé les yeux sur le palais où restait celle qui faisait l'honneur et les délices de sa vie, il sortit de Paris, prit la route d'Aragon, où son premier héraut l'avait déjà devancé.

Le jeune Saintré se fit admirer par sa beauté, ses sentiments, et par sa magnificence, dans toutes les villes françaises qui se trouvèrent sur son passage. Cette magnificence et ses dons augmentèrent dès qu'il entra sur les frontières étrangères; quelques aventures même signalèrent son adresse et sa valeur. Des chevaliers catalans gardaient différents pas dans les montagnes; vaincus également par les armes, les dons et la courtoisie de Saintré, ils le précédèrent à Barcelone, où les seigneurs du pays marquèrent son arrivée par des fêtes. Il s'y arrêta pendant quelques jours pour faire réparer ses équipages, et les rendre encore plus brillants. De là, il envoya trois hérauts dont le principal était couvert des attributs et des livrées de France; les deux autres l'étaient des siennes. Il en députait pour présenter les patentes du roi de France, qui autorisait son entreprise, et pour demander la permission de paraître à la cour du roi d'Aragon, d'embrasser les genoux de ce prince, et de lui présenter lui-même les lettres d'armes. Tout lui fut accordé; et, peu de jours après, il arriva près de Pampelune, où la cour était alors. La grande réputation du noble poursuivant d'armes français l'avait devancé; et Saintré vit accourir à sa rencontre un nombre infini de chevaliers et de dames, qui furent frappés de la magnificence et de la galanterie qui régnaient dans tout son cortège.

Arrivé auprès du trône, le monarque lui parla avec une distinction pleine de bonté, et lui demanda des nouvelles du brave chevalier qui régnait sur la France, ajoutant qu'il lui félicitait d'avoir fait un pareil élève. Les premiers chevaliers étaient prêts à se disputer l'honneur de le délivrer; mais ils furent forcés de céder cet honneur à monseigneur Enguerrand, le premier d'entre eux, et proche parent du roi, dont il avait épousé la nièce madame Aliénor, princesse de Cardone, l'une des plus belles et des plus parfaites dames de toutes les Espagnes. Au moment où Saintré quitta les genoux du roi, monseigneur Enguerrand vint à lui avec toute la noblesse, l'air galant et ouvert qui distinguaient les chevaliers aragonais de ceux des deux Castilles, dont l'air était plus fier et plus réservé. « Monsieur, dit-il à Saintré en lui tendant les bras, m'acceptez-vous pour vous délivrer? — Oui, seigneur, répondit Saintré; et l'honneur que vous daignez me faire est déjà si grand, que je rougis de l'avoir encore si peu mérité. — Que ne dois-je pas faire, répondit Enguerrand, pour l'élève d'un si grand roi, et pour un tel poursuivant d'armes, également agréable aux yeux de toutes nos dames et de tous nos chevaliers? » A ces mots, il embrassa le jeune Saintré, le conduisit au monarque; il détache alors le bracelet de Saintré; il appelle Aragon, premier héraut d'armes de la cour, et le lui remet avec un rubis d'un prix inestimable. Enguerrand le présente ensuite aux dames et aux autres chevaliers, et Saintré ne put s'empêcher de comparer la beauté de madame Aliénor à celle de la dame des Belles-Cousines, dont son cœur était sans cesse si tendrement occupé. Il fallait que cette Aliénor fût en effet bien belle, pour mériter à ses yeux l'honneur de la comparaison; car on sait que l'amant heureux, lorsqu'il est fidèle, ne trouve rien d'aussi beau que l'objet aimé.

Le lendemain fut marqué par une fête brillante que donna la reine d'Aragon. Saintré y parut avec tout le goût et tout l'éclat qui caractérisaient la cour de France. Il plut aux hommes par la politesse noble, aux dames par sa galanterie respectueuse. Ce fut le premier honneur qu'il fit à la nation. Le fier et juste Aragonais ne put s'empêcher de juger des succès de l'éducation de la noblesse française; lorsque l'amour-propre et de légers défauts ne les font point abuser des dons naturels qu'elle semble avoir reçus pour plaire.

Pendant ces moments de plaisir, on préparait les lices. Les lettres d'armes de Saintré portaient que, le premier jour, les deux tenants rompraient cinq lances, et que le prix serait adjugé à celui qui aurait remporté quelque avantage. Les mêmes lettres portaient que, dans la seconde journée, les tenants combattraient à pied avec l'épée, la dague et la hache, et le vainqueur recevrait un riche don du vaincu.

Le roi et la reine, suivis d'une cour nombreuse, honorèrent ces joûtes de leur présence. Monseigneur Enguerrand surpassait le jeune Saintré de toute la tête. Son air martial, sa force et sa valeur éprouvées dans vingt combats, formaient un préjugé favorable pour lui. Le vœu des dames était cependant pour Saintré; leur cœur éprouvait une secrète peine; quelques-unes poussaient plus loin cet intérêt.

L'honneur des trois premières joûtes fut absolument égal entre les combattants. À la quatrième course, monseigneur Enguerrand parut avoir quelque avantage; mais celui du jeune Saintré fut décisif dans la cinquième. Monseigneur Enguerrand ayant manqué son atteinte, Saintré brisa sa lance jusqu'à la poignée, en atteignant Enguerrand dans la visière de son casque, et lui faisant ployer la tête presque sur la croupe de son cheval, sans toutefois le renverser.

Ici le combat fut arrêté. Les juges du camp, ayant saisi les adversaires, les conduisirent au balcon royal. Aragon, premier héraut d'armes, ayant recueilli les voix (pour la forme), Saintré fut proclamé vainqueur. Enguerrand prit le rubis des mains du héraut, le présenta à Saintré, et lui dit : « Mon frère, puisse ce rubis parer les cheveux de la haute et vertueuse dame qui préside secrètement à votre entreprise! » Tous deux furent admis à ce festin royal, et traités avec la distinction la plus glorieuse. Le lendemain fut un jour de plaisirs publics.

Le troisième jour, les trompettes annoncèrent un combat plus sérieux; et les lices rétrécies furent préparées différemment pour le combat à pied. Ce combat fut assez long et assez violent pour que les deux adversaires fussent obligés de reprendre quelquefois haleine, et de relacer leurs armes que la violence des coups avait, en partie, faussées et désassemblées. Le dernier assaut fut le plus terrible. Le jeune Saintré, ayant laissé échappé sa hache, eut recours à son épée avec laquelle il para longtemps les coups qu'Enguerrand lui portait. Se servant alors de toute son adresse pour esquiver ou parer, il saisit un moment favorable pour porter un si furieux coup sur le poignet de son ennemi, que, sans la force de la trempe du gantelet, il eût peut-être coupé la main d'Enguerrand, dont la hache vola à plusieurs pas de distance. Saintré ramassa alors la sienne avec la plus grande agilité, et en présenta la pointe à la visière du casque d'Enguerrand, sautant légèrement et posant le pied sur la hache tombée que celui-ci voulait ramasser. Enguerrand, désespéré de se voir désarmé, s'élança sur Saintré, et l'embrassant étroitement, il essaya vainement de le jeter par terre. Saintré, le saisissant aussi du bras gauche, tenait sa hache levée du bras droit, mais sans lui porter un seul coup; il se contentait de résister à ses efforts, et de l'empêcher de lui saisir ce même bras. Le roi d'Aragon, voulant faire finir cette lutte dangereuse, jeta sa baguette. Les juges saisirent les combattants, qu'ils séparèrent sans effort. Enguerrand, levant aussitôt sa visière de la main qui lui restait libre, s'écria : « Noble Français, mon courageux frère Saintré, vous m'avez vaincu pour la seconde fois. — Ah! mon frère, que dites-vous? s'écria Saintré : ne suis-je pas vaincu moi-même par votre main, puisque ma hache d'armes est tombée la première? » Pendant ce noble débat, ils furent conduits au balcon royal, dont le roi descendit pour les recevoir l'un et l'autre dans ses bras. Tandis que les hérauts recueillaient les voix pour proclamer le vainqueur, Saintré s'échappa de ceux qui l'entouraient, vola vers le roi d'armes, reprit son bracelet, et vint, la main droite désarmée, le présenter à monseigneur Enguerrand comme à son vainqueur, sans vouloir donner aux hérauts le temps de faire leur proclamation. Enguerrand, loin de l'accepter, lui présenta aussitôt son épée par le pommeau. Le roi eut de la peine à arrêter ces mouvements de générosité; et, décidant enfin que Saintré devait garder son riche bracelet, celui-ci, sur-le-champ, courut au balcon de la reine; et, mettant un genou à terre vis-à-vis de madame Aliénor, il voulut lui faire accepter ce bracelet, comme le prix de la victoire que son époux venait de remporter sur lui. Un cri d'admiration s'éleva; la reine même, emportée par ce sentiment, vint le relever des genoux de madame Aliénor, qui refusait obstinément de recevoir ce riche don. La reine décida qu'il devait être accepté par courtoisie, et pour honorer celui qui mettait une âme aussi élevée. Madame Aliénor céda; mais, sur le champ, détachant un riche carcan de diamants dont son cou était paré : « Seigneur, lui dit-elle, il ne conviendrait pas que vous retournassiez près de la haute et vertueuse dame de vos pensées, sans des marques de votre victoire; puisse-t-elle ne pas dédaigner d'honorer ce carcan que je lui présente par vos mains, et puissiez-vous vous plaire un jour à le lui voir porter! »

Le roi aida lui-même à désarmer les deux chevaliers. Saintré, s'apercevant que monseigneur Enguerrand était blessé, se précipita sur son poignet sanglant, et baisa l'empreinte du coup qu'il avait porté, en le baignant de ses larmes.

La légère blessure de ce seigneur ne le privant pas d'assister au festin qui suivit le combat, le roi fit asseoir à sa table le seigneur de Saintré entre lui et madame Aliénor, et la reine fit le même honneur à monseigneur Enguerrand.

Plusieurs fêtes couronnèrent encore ce beau jour, et Saintré y fut toujours l'objet des attentions les plus glorieuses. Mais les jours passés loin de ce que l'on aime sont bien longs quoique embellis par les honneurs. L'amant pressa le héros de venir recevoir en France un prix plus doux de sa victoire.

Il partit; il vola. Il arriva sur les bords de la Seine. Moment délicieux d'embrasser les genoux de son roi, et de retrouver tout son bonheur dans les yeux de sa maîtresse, quand on vient d'honorer l'un et l'autre!

Le roi l'embrassa, lui dit des choses les plus flatteuses, sent augmenter son plaisir par les applaudissements redoublés des anciens chevaliers. Il le conduit vers la reine. Elle était femme; elle l'avait protégé, elle le revoyait vainqueur et adoré; elle jouissait de son ouvrage : sentiment bien doux, qui ne tient point de la faiblesse et fait honneur à la nature! La dame des Belles-Cousines était auprès d'elle : le plus beau moment de la vie de Saintré fut de lever les yeux sur elle, et de rendre enfin un hommage public à celle qu'il aimait, sans blesser le mystère rigoureux qui captivait son amour.

La dame des Belles-Cousines avait attaché, de sa main, au bras de Saintré, le riche bracelet, marque de son entreprise; elle se voyait en droit, en quittant les genoux de la reine, d'aller aux siens. De lui faire hommage de sa victoire, et de lui présenter le rubis éclatant et le riche carcan de diamants qu'il avait acceptés secrètement pour elle. Autorisée par la présence de la reine et par les succès brillants de Saintré, la belle et sensible veuve put laisser paraître une partie des sentiments dont elle était pénétrée; et se laissant entraîner par le désir si naturel de ne pas perdre un moment de vue son amant, qu'elle prévoyait devoir bientôt être entraîné par une cour nombreuse, empressée à le féliciter sur sa victoire : « Madame, dit-elle à la reine, si votre Majesté daigne penser à la fatigue que le pauvre Saintré vient d'essuyer en courant nuit et jour pour se rendre à ses pieds, elle croira une œuvre charitable en prévenant une foule innombrable prête à l'entourer, et en l'emmenant dans son cabinet où elle n'admettra que nos belles-cousines. Saintré trouvera de reste là le temps de parler de joûtes et de combats à ses compagnons. J'aimerais bien qu'il commençat par nous parler de la cour d'Aragon, et des beautés renommées dont elle est parée. »

La reine approuva fort cette proposition; et, prenant Saintré sous le bras, elle le conduisit dans son appartement, où les seules belles-cousines furent admises. Saintré leur raconta d'abord tout ce qui pouvait satisfaire leur curiosité. Son front et ses joues furent colorés par la modestie, lorsqu'il fut contraint de parler de lui. Pendant ce récit, il levait souvent les yeux sur ceux de sa dame. Ses regards étaient encore plus suppliants que tendres; il observait, il désirait, il attendait, avec une inquiétude qui faisait palpiter son cœur, l'heureux et charmant signal de la petite épingle. Hélas! la dame des Belles-Cousines n'en avait pas sous sa main, et en cherchait vainement dans toute sa parure. Un dernier regard de Saintré comblant son impatience, elle vint s'approcher de la reine; et feignant d'admirer l'éclat d'une agrafe de diamants, elle prit adroitement une épingle. Qu'elle fut prompte à s'en servir; que ses yeux devinrent brillants! La reine l'avait surprise. « Bon dieu! chère Cousine, lui dit-elle, n'avez-vous pas peur de gâter vos belles dents? J'ai remarqué que depuis quelque temps vous aviez pris cette habitude. Vous devriez mieux ménager un des charmes les plus parfaits de votre agréable figure. — Vraiment, madame, vous avez bien raison, dit la Belle-Cousine; mais vous savez que je suis distraite, et quelle est la force de l'habitude : je sens qu'il serait à présent bien difficile de me corriger. »

Le reste du jour, Saintré fut obligé de se livrer aux empressements de ses anciens compagnons, et d'une cour dans laquelle il n'avait pas même un seul ennemi secret. Il attendait avec impatience le moment heureux de voir en liberté celle à qui il supposait si justement le même désir. Ce moment vint, et fut le plus doux qu'il eût encore passé auprès d'elle. Sa victoire, l'honneur dont il s'était couvert, le rapprochaient un peu plus d'un objet adoré, et lui donnaient cette assurance que la douce égalité établit entre les amants.

Ces moments, d'un prix inestimable, se renouvelèrent souvent. Leur douceur fut troublée au bout d'un mois, par l'arrivée inattendue du comte de Loiselcng, l'un des plus grands seigneurs de la Pologne, et grand-officier de cette couronne. Ce riche et brave palatin venait admirer la cour de Jean, accompagné de quatre autres palatins d'un rang à peine inférieur au sien. Tous les cinq, ayant fait la même entreprise d'armes, portaient au bras un carcan d'or et une chaine qui l'attachait au pied, sans leur ôter la liberté de se servir de l'un et de l'autre. Ils étaient supplier le monarque de leur permettre d'attendre dans sa cour qu'il se présentât le même nombre de chevaliers pour les délivrer.

La magnificence et la simplicité noble des habits des seigneurs polonais se firent admirer à la cour de France. Une veste de brocard d'or, qui leur prenait exactement la taille, leur tombait jusqu'aux genoux. Une ceinture couverte de pierreries soutenait la large épée courbée qu'ils portaient à un côté. Des bottes légères, armées de riches éperons d'or; un bonnet relevé sur le front, que surmontait

une aigrette de plumes de héron, qui paraissait sortir d'une gerbe de diamants; un long manteau de pourpre, doublé de martre zibeline ou de peau d'agneau d'Astracan, qui tombait à moitié jambes, et se relevait sur l'épaule droite avec une agrafe de pierreries : tout réunissait, dans ce simple et noble habillement, l'air militaire des guerriers du Nord et la magnificence des seigneurs des cours du Midi. Leur courtoisie, l'aménité de leurs mœurs, se firent bientôt connaître, malgré l'air fier et même un peu farouche que les peuples du Nord, descendants des disciples d'Odin et de Fréga, conservaient encore. Ils étonnèrent d'abord les dames et les courtisans français; bientôt ils leur plurent ; et bientôt aussi cet amour des nouvelles modes, qui semble né dans la nation, les porta à les imiter. Les souliers à la poulaine baissèrent de quelques pouces. Les pourpoints furent moins surchargés d'aiguillettes brillantes : plusieurs superfluités même de leur ajustement disparurent, ou furent diminuées jusqu'à la vraisemblance. Plusieurs jeunes chevaliers ou poursuivants-d'armes s'empressèrent à remplir de leur nom la liste des prétendants au combat, que les deux maréchaux de France devaient présenter au roi.

Saintré n'osait rien demander à la Belle-Cousine ; mais il ne lui parlait jamais de l'entreprise d'amour des seigneurs polonais sans la plus vive émotion. Elle pensait avec élévation ; et, quoi qu'il en coûtât à son cœur, elle ne put voir, sans en être touchée, le désir que son amant lui montrait d'acquérir une nouvelle gloire à ses yeux. Elle lui accorda donc la permission de se présenter au roi pour *délivrer* les nobles esclaves d'amour polonais.

Le roi Jean ne balança pas à le nommer le premier des cinq qui devaient combattre les chevaliers étrangers. La cérémonie se fit avec la plus grande splendeur. Ce fut Saintré qui, s'avançant avec grâce, alla demander au palatin comte de Loiselong s'il l'acceptait pour le délivrer. Celui-ci, prévenu par la réputation de Saintré, regarda comme un honneur le choix que le monarque français avait fait de son élève, et du jeune seigneur le plus renommé de sa cour. Il serra tendrement Saintré dans ses bras, tandis que celui-ci se baissait pour le délivrer de la chaîne et du carcan attachés à l'un de ses pieds.

Les lices furent élevées près du palais Saint-Pol, dans la grande Culture de Sainte-Catherine. Les combats durèrent deux jours, et furent également honorables pour les deux partis. Saintré, cependant, dans toute sa force alors, et n'ayant rien perdu de son adresse et de son agilité, sentit bientôt sa supériorité que l'une et l'autre lui donnaient sur son courageux adversaire. Loin d'en abuser, il se contenta, dans la première journée, de remporter l'avantage nécessaire pour en avoir l'honneur et en faire hommage à sa dame. Mais la seconde journée mit sa courtoisie à l'épreuve la plus dangereuse. Le fier et brave palatin, exercé de bonne heure à combattre avec son sabre recourbé, eût peut-être remporté une victoire décisive sans l'adresse extrême de Saintré à éviter ou parer les coups de son ennemi. Saintré, conservant toujours son sang-froid contre un adversaire que son adresse irritait, se contenta longtemps de rendre ses coups inutiles. Sachant par lui-même que la douleur la plus profonde qui puisse pénétrer une belle âme, c'est l'humiliation, il eut l'art d'entretenir le combat jusqu'à l'heure marquée pour le terminer ; il s'apercevait déjà que le bras de Loiselong s'appesantissait, et ne portait plus que des coups mal assurés. Il se mit alors bondir son cheval, et, par une passade, ayant gagné la croupe de celui de Loiselong, il porta un coup adroit sur la pointe de son sabre, qu'il enleva, pour ainsi dire, de sa main. Ayant sauté légèrement à terre, il le ramassa, dégaça son casque ; et n'eut son pressa de le présenter par la croisée au palatin. Celui-ci, frappé de la grâce et de la courtoisie de Saintré, descendit promptement de cheval pour recevoir son épée et embrasser un si digne adversaire, en avouant noblement sa défaite. Déjà le roi Jean était descendu du balcon royal pour embrasser les deux combattants : il sentit, en serrant Saintré dans ses bras, se s'était attaché un vif intérêt du cœur d'un père. Mais un prix plus doux avait déjà payé son triomphe ; le jeu flatteur de la petite épingle avait accompagné les regards les plus passionnés.

On peut imaginer tout ce que la bonté du roi Jean, et la politesse noble, et prévenante, de la cour la plus aimable et la plus brillante de l'univers, réunirent pour adoucir aux seigneurs polonais l'embarras et le chagrin de leur défaite. Ils repartirent pour les bords de la Vistule, comblant Saintré, qui alla les reconduire à une journée, de riches présents et de leurs caresses.

Peu de temps après, un simple courrier vint annoncer au monarque français que douze chevaliers de la Grande-Bretagne avaient passé la mer, et qu'après avoir séjourné quelques jours à Calais, dédaignant de se soumettre aux usages reçus, ils avaient pris le parti non-seulement de ne point paraître à la cour, mais même de ne rien entreprendre qui pût les obliger à y envoyer un héraut, et à recevoir aucune espèce de permission d'un prince qu'ils ne reconnaissaient pas pour roi de France, étant le fils de Philippe de Valois, auquel leur maître avait disputé vainement la couronne. En effet, les chevaliers bretons avaient seulement dressé un pas d'armes sur les confins de leur territoire, et fait élever un perron où leurs douze écus blasonnés étaient attachés près des tentes où ces Bretons devaient attendre ceux des chevaliers français qui seraient assez hardis pour les toucher.

Cette nouvelle excita l'indignation de la chevalerie française, et réveilla cette espèce d'animosité entre les deux nations, que depuis longtemps rien ne pouvait éteindre. Les Français, cependant, plongés alors dans la plus profonde ignorance, auraient peut-être eu besoin d'imiter leurs voisins, qui commençaient à s'instruire, et dont plusieurs auteurs méritaient déjà d'être écoutés. Mais les Anglais eussent eu plus besoin encore de se conformer à l'aménité des mœurs des Français ; de porter moins d'injustice et d'avidité dans leur commerce ; de montrer moins de férocité dans leur génie turbulent et factieux, qui, sous l'apparence de la liberté, les entraînait à des guerres civiles, où le sang le plus illustre de leur nation inondait sans cesse les échafauds, et qui les rendait encore plus dangereux les uns contre les autres dans l'intérieur de leur gouvernement, que redoutables dans les guerres qu'ils entreprenaient, sans aucune raison légitime, contre leurs voisins.

Un grand nombre de chevaliers obtinrent d'aller réprimer cet orgueil, et se rassemblèrent, au nombre de douze, dans le port d'Ambleteuse, d'où, sans s'informer du nom de leurs adversaires, ils partirent avec cette confiance courageuse qui n'apprécie jamais aucun danger pour aller toucher les écus de ceux qui tenaient ce pas d'armes. Ils eurent presque tous du désavantage dans les premières joutes, genre de combat où la noblesse bretonne s'exerçait sans cesse dans les plaines de Cramalot, en mémoire d'Artus et des chevaliers de la Table-Ronde. On sut bientôt cette humiliante nouvelle à Paris. Le roi Jean jeta les yeux sur Saintré, et l'honneur de la nation lui parut déjà vengé. Saintré, enflammé par le regard de son maître, se tourne sans affectation vers son auguste amante : un coup d'œil l'anime encore ; il embrasse les genoux du monarque, et vole à la gloire. Aux motifs qui devaient l'entraîner, se joignait le penchant que sa modestie naturelle lui donnait de punir l'orgueil effréné d'une nation impérieuse, jalouse de la sienne. Ce sentiment, né dans son cœur, s'était augmenté sans cesse en voyant les moyens injustes dont elle se servait pour réussir dans ses desseins.

Il partit accompagné de chevaliers dont il connaissait l'attachement et la bravoure. A peine parut-il près du perron, que, touchant les écus, les Bretons sortirent de leurs tentes tout armés, et, croyant marcher contre de faibles ennemis, ne craignirent point de leur montrer les boucliers français renversés et traînés dans la poussière (audace accompagnée de propos insultants). Saisis d'une juste indignation, Saintré et ses compagnons chargèrent les Bretons avec fureur. Ceux-ci plièrent bientôt. Les lances, la hache et l'épée leur furent également funestes. Saintré en renversa cinq sous la pesanteur de ses coups. Ils furent enfin obligés de demander merci.

Saintré s'étant emparé de leurs boucliers et de leurs bannières, fit relever ceux des Français et les plaça sur le perron avec honneur. Il dédaigna de s'emparer des chevaux ; et, renvoyant les Bretons à Calais, il leur dit qu'il garderait le même perron pendant trois jours, prêt à le défendre contre ceux qui sortiraient de Calais pour l'attaquer. Mais, les trois jours s'étant écoulés sans qu'il vit paraître aucun chevalier breton, il fit renverser le perron, et, revenant à grandes journées, il entra dans Paris aux acclamations d'un peuple nombreux. Les boucliers furent déposés aux pieds du roi. Le monarque ne rêva pas longtemps pour trouver une récompense digne du vainqueur ; dès le lendemain, il fit convoquer une assemblée brillante, et Saintré fut reçu chevalier.

Il n'était pas d'usage que la reine chaussât de sa main les éperons, même aux premiers princes du sang ; mais quand elle voulait honorer cette cérémonie, elle la faisait accomplir en sa présence par la princesse qu'elle aimait le mieux. La dame des Belles-Cousines fut l'objet de son choix. Celle-ci remplit d'un air noble et plein de grâce une charge si chère à son cœur ; elle attacha l'éperon et saisit ce moment pour faire le signal, que Saintré avait toujours l'air de recevoir comme il l'avait reçu plusieurs années auparavant pour la première fois.

Le roi Jean déclara le même jour qu'ayant été invité à se joindre aux princes chrétiens qui formaient alors une espèce de croisade pour aller au secours de la Prusse, de la Hongrie et de la Bohême, désolées par les armées sarrasines sorties des bords du Tanaïs, il avait pris la résolution d'accorder un puissant secours aux chevaliers teutoniques ; que la bannière royale sortirait, et qu'elle serait confiée à Saintré, qui marcherait à l'avant-garde, à la tête de cinq cents hommes d'élite.

La résolution et le choix du roi furent également approuvés. Le cœur de Saintré tressaillit de joie en entendant parler son maître ; mais une tristesse, un sentiment, un trouble douloureux, saisit celui de la dame des Belles-Cousines ; et ce ne fut que lentement et les yeux obscurcis par les larmes, qu'elle porta, d'une main mal assurée, la petite épingle sur ses belles dents. Peu de moments après, ce penser pressentiment troubla le brave Saintré ; il voulut le combattre, il n'y put réussir ; et, le soir, la conversation s'en ressentit.

On croira sans peine que la modestie du jeune et généreux Saintré souffrit beaucoup lorsque, arrivant à la tête des cinq cents lances, il

se vit entouré par tous les seigneurs et commandants, qui lui dirent qu'ils le reconnaissaient tous pour leur chef. « Messeigneurs, répondit noblement Saintré, bien me souvient que n'aguère, n'étant encore que jeune page du roi, je suivis mon maître dans une riche abbaye, où nous fûmes bien fêtés. Mon maître, dont vous connaissez la bonté, se promenant sur le préau de l'abbaye, vit une troupe de jolis enfants qui jouaient à différents jeux et que le respect éloignait alors de sa présence. Il les rappela d'un air riant autour de lui ; et, s'adressant à ceux qui lui parurent les plus éveillés : « Mes enfants, leur dit-il, lequel de vous est-il le plus sage ? » Les enfants sourirent, et le plus hardi de tous s'étant avancé : « Sire, lui dit-il, c'est celui que veut damp abbé. » Le roi, s'étant fait répéter cette réponse par plusieurs autres, rêva quelque temps au sens qu'elle renfermait ; il la trouva juste à la fin, comprenant que, la volonté du maître étant décidée par la connaissance qu'il a de ceux qui lui obéissent, elle lui fait juger de tour les sujets plus ou moins sages. Il en est ainsi de moi, messeigneurs, lorsque le roi me choisit pour porter la bannière royale et semble, pour ce moment, me nommer le plus sage. Je dois donc l'être assez pour reconnaître toute la déférence que je vous dois, et ne rien entreprendre sans être guidé par vos sages conseils. Telles gens que vous êtes n'en peuvent donner qui mènent à servir notre sainte religion dans cette guerre, et à soutenir l'antique honneur de la chevalerie française. »

La petite histoire, les sentiments et la modestie de Saintré furent généralement applaudis. Il leur parut, au conseil de guerre qui s'assembla, être leur ami plus que leur commandant. Ils obéirent librement et de cœur à ses ordres ; et, dès le lendemain, l'armée prit le chemin de l'Allemagne, et s'avança vers les rives du Mein.

Saintré ne démentit point l'opinion de sagesse et de valeur qu'on avait du principal chef de l'armée. Sa modestie, sa déférence, ses soins attentifs pour les princes et les anciens seigneurs qu'il commandait, lui donnèrent un empire particulier. Jamais général d'armée ne fut plus aimé et mieux obéi.

L'armée française s'étant jointe à celles que tous les princes chrétiens avaient envoyées à cette guerre sacrée, Saintré jouit du bonheur de revoir retrouver de ses anciens amis dans l'armée du roi d'Aragon, et de retrouver, dans celui qui la commandait, le seigneur Enguerrand, avec lequel il s'était uni par une si noble et si tendre amitié et par la fraternité d'armes qu'ils s'étaient jurée.

Agissant toujours de concert, campés à côté l'un de l'autre, se prêtant sans cesse des secours mutuels, les fiers et braves Aragonais ne firent plus qu'un même corps avec les Français. Le même esprit de zèle et d'honneur animant ces deux estimables nations, ce furent elles qui portèrent les premiers coups à l'armée innombrable des infidèles, et qui ranimèrent le courage et l'espérance des chevaliers teutoniques.

Pendant que Saintré coupait des têtes et cueillait des lauriers, il se passait un événement bien étrange, bien inconcevable, dans cette cour de France où tout retentissait de la gloire et de ses vertus.

Hélas ! comment pourrons-nous raconter, sans frémir mille fois, la trahison cruelle qui allait percer le cœur le plus loyal et le plus fidèle ? La plume tombe presque de nos mains, et nous ne doutons pas que le sentiment douloureux qui nous affecte ne passe bientôt dans l'âme de nos lecteurs.

La dame des Belles-cousines, cette charmante veuve, cette amante si tendre et jusqu'alors si constante pour ce jeune héros qu'elle avait formé, qu'elle s'était si vivement attaché, pour le Saintré charmant à qui elle devait le bonheur inestimable d'aimer et d'être adorée, cette dame des Belles-Cousines allait lui faire la plus lâche, la plus atroce des infidélités.

Cette veuve trop sensible s'était fait une si douce habitude des plaisirs que l'absence lui enlevait, qu'en croyant ne regretter que son amant, elle éprouvait d'autres regrets moins nobles et plus impérieux peut-être. Inquiète, agitée, ne goûtant plus les douceurs du sommeil, elle se rappelait tristement un bonheur qui n'était plus. Une langueur mortelle suivit la suite de l'insomnie ; les roses de son teint furent bientôt effacées par une pâleur effrayante. Combien de fois, plongée dans une rêverie profonde et se livrant à ces distractions que donnent également les regrets et les désirs, ne tirait-elle pas machinalement cette épingle qui l'avait si bien servie ! Son amant n'en recevait plus l'heureux signal : lui paraissait appesantir son bras ; bientôt, froide et presque inanimée, elle se laissait retomber languissamment sur son lit.

Cet état cruel influa bientôt sur sa santé. La reine, à qui cette princesse était chère, s'en aperçut ; et ne la voyant point paraître à sa toilette, un jour de fête, envoya auprès d'elle le docteur Hué, son premier médecin.

Ce docteur Hué n'était point semblable aux médecins de son temps, qui, presque tous, affectaient un maintien grave et un air sentencieux. Loin de porter des lunettes sur le nez, pour paraître avoir affaibli ses yeux par l'étude, les siens étaient riants, spirituels et quelquefois lorgneurs. Quoique véritablement profond dans son art, messire Hué n'affectait point un triste savoir avec ses malades, il était plus occupé de leur plaire que de leur en imposer. Connaissant toutes les petites tracasseries de la cour, il les en amusait : plus mystérieux que secret, c'était en ayant l'air de faire une confidence, qu'il embellissait l'histoire du jour : courant sans cesse après l'épigramme, il eût été mécontent de lui-même, s'il n'eût pas mêlé quelques bons mots dans ses consultations, et s'il eût écrit une ordonnance pour une jolie femme, sans lui tenir quelques propos galants. On croira sans peine que toutes celles de la cour en étaient folles ; plusieurs même le consultaient sans besoin. La robe de velours et le beau rabat de point de Venise étaient quelquefois froissés au sortir d'une de ces visites. La seule dame des Belles-Cousines, dont le maintien et l'air étaient assez sévères en public, et s'il est possible de juger facilement que son âme était occupée d'un sentiment profond et douloureux. Soit curiosité, soit intérêt, messire Hué, oubliant un moment qu'il était aimable, se servit des connaissances qu'il avait en effet pour découvrir les vraies causes du mal dont elle souffrait. Il s'empara d'un des beaux bras de la princesse ; et, mettant toute son attention à étudier son pouls, il fut surpris de son intermittence ; le jeu inégal et précipité des tendons lui prouva combien ses nerfs étaient agités.

Un habile médecin a bien des privilèges. Messire Hué, craignant ou feignant de craindre que l'altération des nerfs ne vînt d'un commencement d'obstruction, obtint de la belle veuve le moyen de s'instruire mieux ou de se rassurer. La main de messire Hué parcourut, pressa modestement une partie de ses charmes. Deux fois il fut surpris de la sentir tressaillir vivement. Ce signe, joint à quelques autres, lui fit juger à quel point le cœur de la malade était prompt à s'enflammer. Cette découverte fait naître de simples préjugés chez les autres hommes, et donne des notions sûres aux médecins. Messire Hué avait trop d'esprit pour oser essayer d'abuser de celles qu'il venait d'acquérir. Il connaissait l'humeur altière de la dame des Belles-Cousines ; et sagement il prit le parti de se borner à gagner sa confiance. « Ah ! madame, lui dit-il, que je vous plains ! vos maux me sont connus, et il n'est point dans mon art de les pouvoir guérir ; ce n'est que dans votre courage, ce n'est qu'en vous-même, que vous pouvez trouver des ressources pour les surmonter. Je respecte trop le secret de votre âme pour porter plus loin mes questions, mes réflexions et mon examen... » A ces mots, prononcés d'une voix douce et persuasive, la belle veuve ne put retenir ses larmes ; ces larmes furent même suivies de quelques sanglots qui l'empêchèrent de s'exprimer. « Ah ! messire Hué, s'écria-t-elle enfin, je vois que rien ne peut rester inconnu pour vous. Oui, vous voyez en moi la plus malheureuse de toutes les femmes ; je ne peux m'expliquer plus clairement ; mais apprenez du moins que, dans ce moment, le séjour de la cour est insupportable pour moi. Ce n'est qu'avec mon cœur avec confiance ; j'ai besoin de la solitude, et d'y chercher un calme qui me fuit sans cesse ici. Aidez-moi, de grâce, à obtenir de la reine que j'aille respirer l'air pur de la campagne, et passer le printemps dans mon château de ***. »

Messire Hué reçut avec autant d'attendrissement que de respect cette confidence. Il jura sur-le-champ à la belle veuve qu'il parlerait dès le même jour à la reine, de façon à déterminer Sa Majesté à presser elle-même le voyage désiré ; il s'assura même que, dès ce moment, elle pouvait en ordonner les préparatifs. La princesse, calmée par cette heureuse espérance, tira de son doigt un diamant, qu'elle présenta d'un air plein de grâce à messire Hué. « Recevez-le, dit-elle, comme le gage de l'estime et de la reconnaissance. »

Messire Hué courut avec empressement rendre compte à la reine de l'état dans lequel il avait trouvé la dame des Belles-Cousines, et, cherchant à définir par mot d'esprit essayer d'expression la complication des maux dont elle était affectée, il inventa le mot de *vapeurs*, qui d'abord ne fut entendu ni par la reine ni par ses dames, mais que l'instant d'après elles crurent toutes entendre, et dont, au bout de deux jours, plusieurs d'entre elles se plaignirent languissamment de ressentir les effets. Jamais expression ne devint plus promptement à la mode, et n'eut une plus longue durée. C'est à messire Hué que nous devons ce mot, qui, parvenu jusqu'à nous, explique d'une façon si touchante les sentiments et les peines secrètes que nos dames ont à cacher.

La reine, d'après le rapport de messire Hué, passa chez la dame des Belles-Cousines au sortir de la messe ; et, touchée de la voir pâle et défaite, elle l'embrassa tendrement, et s'attendrit sur ses maux. Mais la dame des Belles-Cousines fut un peu interdite, lors-

que la reine et ses dames la plaignirent surtout d'éprouver d'aussi cruelles vapeurs. N'étant point prévenue, elle craignit d'abord que cette expression ne renfermât l'explication d'un état dont elle ne voulait pas être soupçonnée; mais, rassurée bientôt par la prudence connue de messire Hué, elle convint de ses vapeurs, et que ces vapeurs ne pouvaient se dissiper que par le changement d'air, le séjour de la campagne, et beaucoup d'exercice. La reine, le pensant comme elle, d'après l'avis du médecin, la pressa de hâter son départ; et, peu de jours après, la dame des Belles-Cousines, suivie des fidèles dames Catherine, Jehanne et Ysabelle, partit pour se rendre dans son magnifique château, situé dans la province la plus fertile, sur les bords d'un beau fleuve, entouré à demi d'une belle et vaste forêt, et distant d'environ soixante lieues de la capitale; ce qui nous fait présumer que ce château, que l'auteur s'est si bien gardé de nommer, pouvait être situé dans les plaines riantes et fertiles qui bordent la Loire dans la Touraine. Un préjugé plus fort nous porte encore à le croire; c'est qu'il était bien naturel que la dame des Belles-Cousines, occupée du soin de l'embellissement des jardins, choisît entre tous ses châteaux celui de la province où cet amant avait reçu le jour. Nous allons voir en effet que Saintré, à la mort de son père, se trouva seigneur d'une petite ville distante seulement de deux lieues du château de la dame des Belles-Cousines.

La princesse, arrivée dans ce château, s'occupa les premiers jours à le parcourir et à donner ses ordres pour l'embellissement des jardins. Accoutumée au luxe et aux commodités que la famille plus que galante de Philippe-le-Bel avait introduites déjà dans la cour de France, elle eut d'abord un peu de peine à se faire aux galeries, à l'épaisseur des murs, et aux vastes appartements voûtés, perdus de vue depuis plusieurs années; son premier soin fut de se ménager un appartement commode, avec un petit oratoire bien solitaire, qu'elle fit meubler et qu'elle arrangea comme celui dont le souvenir lui était si cher.

Agitée par la route et par les soins qu'elle s'était donnés, elle avait d'abord joui d'une santé beaucoup meilleure; mais les mêmes regrets, les mêmes inquiétudes secrètes, commençaient à la faire retomber dans son premier état, lorsqu'un incident qui paraissait ne devoir point avoir de suite, vint la distraire de ses sombres rêveries, où sans cesse elle aimait à se replonger.

Un matin, ses dames, s'étant rassemblées de bonne heure dans sa chambre pour y déjeuner avec elle, entendirent une belle et forte sonnerie qui paraissait sortir de la forêt. La belle veuve, ayant fait appeler le gouverneur du château, pour l'interroger sur le lieu d'où ces sons partaient : « Quoi! dit-il étonné, Madame ignore-t-elle que la riche et belle abbaye de ***, dont ses augustes ancêtres sont fondateurs, est située à moins d'une lieue d'ici? C'est sans doute pour annoncer la fête des pardons, qui se célèbre tous les ans dans ce temps-ci, que les religieux font sonner toutes les cloches. »

On a vu, dans le commencement de cette histoire, que la belle veuve était très instruite, très pieuse, et que son âme sensible se fût peut-être tournée à la dévotion, si le jeune Saintré n'y avait empreint son image; car les âmes sensibles, et celles des femmes surtout, veulent toujours s'occuper d'un sentiment qui puisse le plus facilement les remplir et les dominer. Le désir de gagner les pardons la détermina à faire venir promptement ses voitures pour se rendre à l'abbaye, où sa qualité de fondatrice lui donnait droit d'entrer.

Nous croyons devoir suppléer un peu à la négligence de l'auteur, qui ne donne pas une idée suffisante de la beauté, de la richesse de cette abbaye de Bernardins, et de l'heureux abbé crossé, mitré, qui depuis un an avait été élu tout d'une voix, par une nombreuse communauté, qu'il rendait heureuse.

Cette maison était vaste. L'extérieur en était surchargé d'ornements gothiques, l'intérieur préparé pour toutes les commodités de la vie. La nombreuse bibliothèque était poudreuse, mal rangée; mais on admirait l'ordre qui régnait dans les celliers, la propreté du réfectoire, et les belles voûtes de l'immense cuisine.

L'abbé qui régnait dans cette maison (car tout riche abbé régulier exerce à peu près un despotisme oriental), cet abbé n'avait tout au plus que vingt-six ans. Fils d'un riche laboureur, propriétaire des environs, dont il jouissait de la plus grande considération, avait mérité deux fois les récompenses des *Missi Dominici* (1), en se mettant à la tête des communes pour repousser les compagnies d'aventuriers qui, pendant la paix, avaient pénétré, la flamme et le fer à la main, dans cette riche province. Il avait gagné dix procès contre les curés envahisseurs du pays dont il avait défendu les habitants, qu'il aidait et nourrissait en des temps de disette. Ce galant homme ne savait ni lire ni écrire; mais m'imaginant pas qu'un peu d'instruction pût nuire jusqu'à un certain point à ses enfants, il avait permis à son curé, qui se piquait de littérature, de

(1) Les *Missi Dominici* étaient des commissaires que le roi envoyait dans les provinces, pour y entretenir le bon ordre et l'abondance, et défendre le faible contre les attaques du fort.

les instruire à sa manière, tandis qu'il s'occupait fortement à leur former des mœurs honnêtes, et à les endurcir à tous les travaux de la campagne. L'aîné de ses fils ne promettait que d'être un jour le meilleur laboureur et le plus excellent père de famille des environs; mais le second était un vrai prodige. Dès l'âge de seize ans il savait lire et chanter au lutrin d'une voix mâle, qui couvrait celle du vicaire, du maître d'école, et faisait mugir la voûte de l'église : portant légèrement la grande croix d'une main à la procession, il encensait à six pieds de hauteur de l'autre; il sonnait deux cloches à la fois, mangeait la moitié d'un pain bénit, buvait le vin des burettes; et le curé ne cessait de dire à son père que, s'il voulait mettre son fils en religion (l'usage de ce temps était que les plus grands cadets se fissent moines), ce fils deviendrait une des lumières de l'Église. Ce curé même, qui voyait tout en beau dans son disciple favori, l'ayant vu rosser souvent les compagnons de son âge, assurait qu'il était né pour commander aux hommes, et qu'il parviendrait aux grandes dignités de son ordre. Le bon père de famille ne put se refuser à des pronostics si brillants; et s'apercevant que les jeunes filles du village commençaient à jouer avec son fils les jours de fêtes, qu'un léger duvet colorait déjà ses joues vermeilles, et qu'il avait conduit quelques-unes de ces jolies filles dans les halliers du bois les plus fertiles en belles noisettes, il ne différa plus à suivre les conseils de son curé, et alla le présenter à l'abbaye de ***, où il fut reçu à bras ouverts.

Le jeune novice s'y forma sans peine. Jamais on n'avait apporté dans son état de plus heureuses et de plus brillantes dispositions. Il devint le héros du chœur, de la cuisine et du cellier, levant un muid d'une main pour le ranger sur les tréteaux, composant les meilleurs salmis, chantant les leçons à ténèbres et les hymnes d'une voix éclatante. Ses talents, sa figure charmante, sa force, sa taille de cinq pieds huit pouces, se perfectionnèrent de jour en jour. Le célèbre Houdon eût choisi pour modèle, s'il eût voulu faire naître Hercule sous son ciseau, dans le plus incroyable de ses travaux. Rubens eût regretté de ne pouvoir assez bien rendre le coloris brillant de son teint; on croit même que c'est d'après l'un de ses portraits, que frère Jean des Entomures avait mis à la place d'honneur dans le salon de son abbaye de Thélème, que Despréaux reçut l'idée de ce vers heureux, et qui peint si bien :

L'autre broie, en riant, le vermillon des moines.

On croira sans peine qu'avec des qualités aussi supérieures, l'âme et le caractère le plus franc, l'humeur la plus riante, le goût le plus décidé pour la bonne chère, le bon vin, et tous les travaux utiles à la communauté, il se fit adorer de l'abbé, de ses confrères, et, reçu profès, il passa rapidement par toutes les charges de l'abbaye, qu'il remplit toutes avec honneur jusqu'à ce qu'il fût fixé dans celles de dépensier et de cellerier, dont l'exercice acheva de le couvrir de gloire. Cinq ou six ans après, l'abbé, mourant d'une indigestion, le montrait du doigt, de sa main tremblante, aux moines assemblés autour de lui; ceux-ci applaudissaient, en secret, au mot de successeur que ses lèvres mourantes balbutiaient. L'abbé venait à peine d'être déposé dans la tombe, que le chapitre s'assembla. Le fils du digne laboureur, élu tout d'une voix, fut béni par son évêque, porta la crosse de la meilleure grâce, la mitre brillante couvrait son blanc et large front; sa longue robe, d'une serge fine et blanche comme la neige, formait des plis agréables sur les beaux contours de sa taille, forte mais élégante; ses yeux perçans et pleins de feu auraient pu faire soupçonner que cette longue robe cachait des pieds de chèvre, s'il ne s'était fait une habitude de la lever, et de laisser voir un bas blanc bien tiré, et les deux jambes les mieux faites et les plus nerveuses.

On nous reprochera peut-être d'avoir été beaucoup trop long dans les détails de l'éducation, de la peinture des mœurs et de la figure de damp abbé; mais, il faut l'avouer, nous ne pouvons nous empêcher d'aimer cette charmante dame des Belles-Cousines, si généreuse, si tendre, si sensible : ne devons-nous pas d'avance multiplier les excuses pour une grande princesse? Hélas! nous frémissons de l'idée que bien d'honnêtes lecteurs vont prendre d'elle. Jamais ce sexe charmant, honnête et si fidèle, qui fait les charmes et l'honneur de la société, n'excusera dans la dame des Belles-Cousines ce qu'il pardonne à peine à ce vaurien de Galaor; mais du moins il nous saura gré de notre bonne intention, et de notre zèle à l'excuser même quand il devient infidèle.

La dame des Belles-Cousines arriva donc dans cette abbaye, le cœur occupé par les regrets et par l'idée toujours présente de son amant. Elle venait chercher au pied des autels quelques consolations et y portait le culte qui restait de son âme. Son arrivée ayant été annoncée par ses écuyers, quatre beaux pères, portant un dais, l'attendaient à la porte de l'église : un riche carreau était préparé pour elle; et damp abbé, couvert de sa mitre brillante, paré d'une large croix d'or, d'une riche étole brodée, tenait sa crosse d'argent d'une main, et de l'autre le goupillon pour lui présenter l'eau bénite. La princesse fut frappée de la modestie et de l'air de dignité de cette première réception. La

figure majestueuse alors de damp abbé lui rappela celle des grands-prêtres de Juda. S'étant mise à genoux, elle reçut l'eau bénite de sa main; et damp abbé n'osant encore fixer ses regards sur les yeux touchans de la princesse, ce fut à d'autres charmes, que les siens, bientôt devenus étincelans, rendirent leur premier hommage.

Ayant conduit la princesse sur un riche prie-Dieu près de l'autel, sa voix sonore et brillante fit retentir l'église lorsqu'il entonna le Te Deum, dont il répétait les versets alternativement avec le chœur. Cette voix agréable, quoique éclatante, faisant déjà quelque impression sur elle, sut la distraire de ses premières méditations. Elle leva ses beaux yeux sur ceux de damp abbé, qui ne pouvait s'empêcher d'observer ses moindres mouvements. Leurs regards se rencontrèrent; l'attention de damp abbé devint plus forte; la distraction de la belle veuve augmenta.

La messe était célébrée, la dame des Belles-Cousines se préparait à partir lorsque l'abbé, suivi des principaux de la maison, l'ayant conduite à la porte de l'église, lui dit respectueusement qu'il était bien tard pour retourner dîner à son château, et la supplia, comme fondatrice de l'abbaye, de venir s'y reposer et prendre un repas frugal dans un monastère aimé de ses aïeux, et qu'elle honorerait par sa présence. Elle ne trouva aucune bonne raison pour se refuser à cette invitation respectueuse. Hélas! le sort la destinait à n'en trouver jamais de meilleures pour s'opposer à tous les mauvais tours qu'un méchant enfant lui préparait.

Quelle fut la surprise de la dame des Belles-Cousines en entrant dans un salon agréable, placé entre deux jardins, où déjà l'on dressait une table couverte du plus beau linge, et qui bientôt fut jonchée de fleurs! Un festin superbe fut promptement servi, et damp abbé, un peu plus rassuré, parut encore plus aimable aux dames Jehanne, Ysabelle et Catherine, à cette table qui paraissait son véritable élément, qu'il ne leur avait paru majestueux à l'église, faisant les honneurs du festin avec grâce, servant la princesse d'un air respectueux, et les dames d'un air libre et galant. Ces trois dames se parlaient sans cesse à l'oreille, et celle qui était plus près de la princesse, paraissant plus occupée de ce qu'elles se disaient, la dame des Belles-Cousines ne put s'empêcher de lui faire une question dont elle devinait déjà la réponse. Cette réponse fut bien avantageuse à damp abbé. La belle veuve ne répondit rien; mais, le regardant du coin de l'œil, elle suivait sans cesse, et pour arrêter même sans le vouloir, tous ses mouvements, tous ses soins empressés, et n'en trouvait aucun qui ne fût animé par une grâce naturelle et par le désir de plaire.

Les excellents vins de toute espèce, et surtout celui sur lequel saint Bernard répandit sa bénédiction dans le xıı⁰ siècle, en faveur du don que les habitants de Vougeot avaient fait du terrain qui le produit à l'abbaye de Cîteaux pour obtenir de riches communes dans l'éternelle patrie des élus, les vins des Pyrénées et de la Grèce même, que damp abbé faisait venir à grands frais, et qu'il humectait sur la table dans des bocaux de cristal, au milieu des plus beaux fruits de la saison, chassèrent au dessert cette gaîté, cette douce liberté qui bannit une ennuyeuse contrainte. Madame Catherine, que quelques années de plus rendaient plus hardie que ses compagnes, aimait beaucoup à parler; et trouvant damp abbé très aimable, elle se plut à l'attaquer et à l'agacer par quelques plaisanteries. L'abbé, qui cherchait à briller, y répondit d'un ton très gaillard et avec la gaîté d'un moine bien gâté par ses succès avec de petites femmes des bourgs voisins, qui ne connaissaient rien d'aussi grand que monseigneur l'abbé. Ses réponses eussent pu paraître indécentes à des dames dans les châteaux de Loches ou du Plessis-lès-Tours; mais dans un monastère, et sorties de la bouche riante et vermeille de damp abbé, elles ne paraissaient déjà que plaisanteries à la dame des Belles-Cousines. Bientôt même elle se joignit à madame Catherine, et l'abbé, perdant presque la tête, où le bon vin, l'amour et les désirs commençaient à bien échauffer, déploya toute la galanterie monastique, compara la fondatrice de son abbaye aux plus aimables saintes du paradis, à Vénus même, dont il avait appris un peu l'histoire sur une ancienne tapisserie, et fit rougir deux ou trois fois la dame des Belles-Cousines; mais il ne déplut pas. » Parbleu, madame, j'espère bien, dit-il, que notre auguste fondateur ne voudra pas attaquer les statuts de notre ordre, dont ses généreux pères l'ont laissée la protectrice. L'un des plus sacrés points de nos us et saint Bernard nous a laissés, c'est celui d'exercer l'hospitalité. « Quiconque, dit-il, entrera dans les monastères, de mon ordre doit y être reçu et traité pendant trois jours comme le serait un des enfants de l'abbaye. Les religieux mêmes sont en droit d'exiger qu'il y reste au moins un jour franc pour qu'il assiste à leurs prières, à leurs repas, et qu'il puisse s'associer aux mérites attachés à l'ordre. Songez, madame, que vous êtes venue dans cette maison pour gagner les pardons, et que vous ne pouvez les obtenir qu'en observant nos statuts et en nous accordant au moins toute la journée. Nous avons des chambres commodes; demain votre altesse royale pourra aisément assister à notre office, gagner les pardons, prendre un dîner pareil à celui-ci, et retourner le soir à son château. »

Hélas! la belle veuve ne put encore trouver de bonnes raisons pour se refuser à cette prière qu'accompagnait l'air le plus vif et le plus rempli de candeur, le plus expressif et le plus embarrassant pour celle qui aurait craint d'y trouver plus que de la politesse. Elle fut quelques moments sans répondre. Les dames lui rendirent le service de la presser; et comme elle ne pouvait rien faire sans y mettre de la grâce, elle promit avec tant de bonté de ne partir que le lendemain, et dans ce moment ses beaux yeux devinrent si doux et si riants que damp abbé ne put s'empêcher de se précipiter à ses genoux, de saisir le bas de sa robe et de la baiser avec une ardeur que la vue de deux jolis pieds augmenta bientôt encore. Rien n'échappait aux yeux de la belle veuve. Ce premier mouvement ne put lui déplaire: elle lui trouva même encore plus de grâce, étant en désordre à ses genoux, qu'il n'en avait, paré de tous les ornements abbatiaux.

De petites coupes de cristal de roche, présentées pleines de la liqueur précieuse de la Dalmatie, étaient déjà vidées lorsque l'abbé les conduisit dans un vert et beau préau, où des sièges commodes étaient préparés à l'abri du soleil, dont les platanes et les sycomores touffus voilaient en entier les rayons. Damp abbé, voulant procurer quelque amusement à la dame des Belles-Cousines, lui dit d'un air riant : « Madame, vous devez être lasse de ces joûtes et de ces tournois présentés si souvent dans les grandes cours. Permettez-moi de vous faire voir les jeux que les enfants de saint Bernard se permettent pour s'entretenir dans une souplesse de nerfs et dans un exercice utile à la santé. » A ces mots, donnant l'exemple aux jeunes moines de son couvent, il fut le premier à secouer son long scapulaire et son chaperon, et, retroussant sa robe dans sa ceinture, et laissant voir des bras blancs et nerveux découverts jusqu'au-dessus du coude, il provoqua les religieux à la course, au saut et même à la lutte.

Quelques-uns parurent des émules dignes de lui dans les deux premiers jeux; mais quoique presque tous fussent grands et bien faits, aucun n'approchait de cette taille élégante et nerveuse, qui semblait, par la correspondance de tous les muscles, être toujours dans l'attitude la moins gênée et la plus favorable. Aucun des jeunes moines n'eût osé se présenter pour la lutte, connaissant de longue main l'adresse et la force prodigieuse de damp abbé, si celui-ci, en provoquant les deux plus forts, ne les eût piqués d'honneur pour essayer de l'ébranler. Damp abbé leur laissa, pendant quelque temps, faire des efforts inutiles, et voulant enfin terminer ces jeux qui duraient depuis une heure, il déploya tout-à-coup ses forces, enleva tout à la fois ses deux adversaires à plus de deux pieds de hauteur, et alla les porter entre ses bras aux pieds de la dame des Belles-Cousines.

Pendant ces jeux la princesse se rappela plus d'une fois le temps où, se plaisant à voir les exercices de la jeune noblesse de la cour, elle allait souvent sur ce balcon d'où ses regards s'attachaient avec tant de plaisir sur le jeune Saintré. Mais enfin (nous sommes forcés de le dire) déjà l'image de l'aimable Saintré ne se peignait plus si charmante à son souvenir, la comparaison qu'elle faisait de sa taille fine et légère avec celle de damp abbé, dont, en ce moment, elle était vivement frappée, ne lui rappelait qu'un jeune page, peut-être même un joli enfant. Absorbée dans une nouvelle rêverie, elle ne sentait de cette complication d'accidents divers, que messire Huë avait définie si habilement par le mot vapeurs, qu'une vive émotion qui semblait se répandre dans toutes ses veines, et qui lui paraissait trop agréable pour en craindre la durée.

Cette émotion redoubla lorsque l'abbé, fier de son triomphe, porta ses deux compagnons à ses pieds, en lui disant : « Madame, c'est à vous de nommer le vainqueur, et c'est de votre belle main qu'il doit recevoir le prix de sa victoire. » Elle rougit, et l'auteur laisse deviner si c'est de plaisir ou de pudeur. Elle se remit de ce premier trouble, et tirant de son doigt une grosse et brillante émeraude, entourée de diamants jaunes : « Damp abbé, lui dit-elle, qui pourrait ici vous rien disputer? Recevez donc de ma main ce léger prix de votre victoire dans ces jeux plus agréables pour moi que les combats souvent ensanglantés de mes tournois. »

L'abbé, se jetant une seconde fois à ses genoux, tendit la main pour recevoir la bague; la princesse, voulant la placer elle-même, serra nécessairement le doigt : ce doigt répondit si brusquement à toute l'existence de l'abbé qu'il ne put empêcher ses lèvres brûlantes de porter un baiser sur la main qui le pressait, et ce baiser répondit si brusquement au cœur de la malade de messire Huë qu'elle ne put en être offensée.

L'un et l'autre se levèrent enfin. L'abbé, lui donnant la main, la conduisit à une calèche simple, mais commode, qu'il avait fait préparer pour lui donner le plaisir de la chasse, et lui faire parcourir les belles routes de la forêt. Bientôt des fauconniers, bien montés, entourèrent la calèche, et peu de moments après, damp abbé, vêtu d'un habit de campagne qui découvrait toutes les perfections de sa taille, parut sur un beau coursier, le front couvert d'une espèce de chaperon étroit qui se relevait par les bords avec grâce, et ne tenait en rien du vaste et traînant chaperon des enfants de saint Bernard.

Damp abbé guidant la calèche dans la plaine, et les chiens faisant lever le gibier de toutes parts, bientôt les alouettes furent enlevées par les émerillons; des perdrix furent portées à terre par le coup de talon des tiercelets, et un héron s'étant élevé d'une touffe de roseaux,

trois faucons qui furent l'instant d'après déchaperonnés, s'agitant sur le poing des fauconniers, s'élevèrent en tournant pour suivre le héron qui déjà se dérobait aux yeux et paraissait avoir percé la nue; quelques moments après on le vit précipité par les coups redoublés des faucons, qui, l'ayant à la fin surmonté dans son vol, le frappaient tour à tour de leurs talons, et descendirent avec assez de rapidité pour le lier dans leurs serres au moment qu'il allait toucher la terre. L'abbé, s'avançant promptement, reçut de ses fauconniers la patte et les belles plumes de l'aigrette du héron, et vint les offrir d'un air galant à la princesse.

Cette chasse étant finie, la calèche prit la route de la forêt. Bientôt une collation, des glaces, des surprises de tout genre, manifestèrent la galanterie de l'abbé. Les dames exprimèrent leur étonnement; la princesse, par un effet bien senti, ne dit rien; se laissant aller doucement aux nouveaux mouvements de son âme, et n'ayant déjà plus de remords, elle commença à jouir sans trouble de tout ce que damp abbé faisait pour lui plaire. Cette collation augmenta la liberté qui commençait à s'établir entre eux; et, le soleil étant prêt à disparaître, elle vit finir sans peine un jour agréablement rempli, en pensant que la soirée qu'elle allait passer dans l'abbaye pourrait être tout aussi riante pour elle.

En arrivant, les premières ombres de la nuit, augmentées par un léger orage, lui firent voir la façade de l'abbaye illuminée; et ce fut à la clarté de vingt flambeaux de poing que l'abbé la conduisit dans le riche appartement qu'il lui avait fait préparer. Un concert champêtre s'y fit bientôt entendre; mais la princesse, agitée, presque oppressée par toutes ses nouvelles idées, par tous ces spectacles qui s'étaient succédé si rapidement, ne put prêter une longue attention à cette nouvelle fête; et bientôt une douce rêverie et quelques moments de repos lui paraissant préférables, elle passa dans l'intérieur de son appartement avec ses dames et damp abbé, qu'elle eût trouvé bien impoli de bannir alors d'auprès d'elle.

Le prudent et modeste auteur ne s'étend point sur les détails de cette soirée, qui fut même assez longtemps prolongée après le souper et le départ des dames. Il passe rapidement au réveil de la princesse, dont les yeux ne furent jamais si brillants. Il laisse entrevoir seulement que la dame des Belles-Cousines, entraînée par ce charme et ce pouvoir irrésistible que messire Hue avait si bien reconnu, renfermait déjà dans son cœur de nouveaux secrets auxquels Saintré n'avait plus de part : il peint même l'abbé paraissant le lendemain à la toilette de la princesse avec un air moins empressé, mais plus respectueux. Enfin il fait penser que tous deux pouvaient avoir besoin des pardons, que les cloches de l'abbaye annonçaient qu'il était temps d'aller méditer.

L'abbé fit les honneurs avec la même grâce que la veille; le jour

Damp abbé.

Combat d'Enguerrand et de Jehan de Saintré.

Jehan de Saintré contre cinq Bretons.

entier fut marqué par des soins nouveaux; et le soir il reconduisit la princesse à son château. Comme il restait encore cinq jours de prières pour gagner pleinement les indulgences, ils se quittèrent avec moins de regret, dans la certitude de se revoir le lendemain matin.

Ces cinq jours de pardons furent cinq jours de fêtes plus variées et plus ingénieuses. Semblable au jeune et rustique Cimon, qui fut dans un instant poli par l'amour, l'abbé avait promptement reçu les mêmes leçons de ce maître enchanteur, qui nous fait si facilement changer de maintien et de langage. Ces cinq jours furent suivis d'un grand nombre de pareils. Un temps si doux s'écoula rapidement; mais trois mois d'absence de la Belle-Cousine avaient paru assez longs à la reine pour lui envoyer un gentilhomme, avec une lettre de sa main pour la presser de revenir auprès d'elle.

L'adroite et Belle-Cousine, prévenue de l'arrivée de ce gentilhomme, eut soin de le recevoir dans son lit, et de faire assez intercepter le jour, pour qu'il ne s'aperçût pas que les roses du plaisir et de la santé rendaient son teint plus frais et plus brillant qu'il ne l'avait été depuis longtemps : elle affecta plus que jamais la langueur; et dans

Vengeance de Jehan de Saintré.

l'audience qu'elle lui donna, ainsi que dans la réponse qu'elle lui fit remettre le soir, elle s'excusa sur sa mauvaise santé de retourner à la cour, et sur la nécessité de continuer les remèdes favorables qu'elle avait commencés.

Tandis que le perfide amour se jouait aussi cruellement de la sécurité du brave et fidèle Saintré, ce jeune héros venait de se couvrir d'une gloire immortelle. Son bras vainqueur avait fait tomber sous ses coups les deux soudans qui commandaient les infidèles; il leur avait arraché de sa main l'étendard du croissant; et les Turcs, épouvantés à l'aspect de la bannière triomphante de la croix, fuyaient de toutes parts, abandonnaient la Prusse, la Silésie, et cherchaient à se réfugier dans les marais du Pont-Euxin.

La trop digne petite-nièce des belles-filles de Philippe-le-Bel menait impunément la même vie avec damp abbé qu'elles avaient menée avec le malheureux Lanoy, lorsque Saintré, couvert de lauriers, et brûlant d'apporter aux pieds de la dame des Belles-Cousines les trophées de sa victoire, arriva à la cour de France, après s'être séparé de son frère d'armes, monseigneur Enguerrand, qui retournait couvert de la même gloire à la cour d'Aragon.

Déjà Saintré avait baisé les mains de son auguste maîtra, et lui avait rendu compte modestement de la plus glorieuse campagne; déjà il était chez la reine, dans l'espérance d'y voir la dame des Belles-Cousines, de recevoir le signal de la petite épingle, de se retrouver le soir à ses genoux. Quelles furent sa surprise et sa douleur, en apprenant, de la bouche de la reine même, que depuis près de cinq mois la Belle-Cousine s'était retirée dans l'un de ses châteaux,

donnait rarement de ses nouvelles, et se servait même de nouveaux prétextes pour prolonger son absence ! La douleur et les inquiétudes de l'âme loyale de Saintré ne portèrent que sur la langueur et la maladie qui retenaient depuis si longtemps celle qu'il adorait : il prit le prétexte de la mort de son père, de la nécessité d'aller se faire reconnaître par les vassaux de sa baronie; et dès le surlendemain, suivi d'un seul écuyer, il partit, et vola vers ce château qui renfermait celle qui lui faisait aimer la vie.

Arrivé dans le parc, il apprit, par un ancien domestique de la princesse, que sa maîtresse jouissait de la santé la plus parfaite, et qu'elle venait déjà de traverser le parc, montée sur sa haquenée, suivie de ses trois dames, pour aller chasser dans la forêt. Saintré n'hésita pas à voler sur ses traces ; et, dirigé par le bruit des cors et la voix des chiens, il aperçut bientôt la dame des Belles-Cousines, arrêtée dans une étoile de la forêt. Voler près d'elle, se jeter à bas de son cheval, embrasser les genoux de sa dame fut l'ouvrage d'un moment. La dame, qui ne l'attendait pas, qui ne pensait plus à lui, que sa présence accusait, fit un cri de surprise, le reconnaissant à peine : « Ah ! c'est vous, monseigneur de Saintré? lui dit-elle d'un ton assez froid (ce titre lui était dû depuis qu'il était chevalier) : vraiment je ne vous attendais pas si tôt. Pourquoi, ajouta-t-elle d'un ton plus froid, avez-vous quitté le roi votre bon maître? pourquoi êtes-vous venu me chercher ici? »

Saintré, glacé, surpris, confondu, lève les yeux au ciel, les porte sur ceux de sa dame, dont il peut à peine surprendre un regard, et lui dit : « Juste ciel ! madame, est-ce bien vous qui tenez ce langage, et qui recevez avec une si cruelle froideur le fidèle et malheureux Saintré? — Si je ne me trompe, répondit-elle d'un air sec et hautain, vos propos renferment un reproche : de quel droit venez-vous troubler mes amusements? »

Saintré pensa expirer d'étonnement et de douleur. Il n'avait pas la force de se relever ; il avait abandonné les genoux qu'il avait d'abord serrés si tendrement ; la dame des Belles-Cousines était déjà prête à s'éloigner et à le laisser dans cet état, lorsque damp abbé arrive à toutes jambes, un cor passé sur son cou et dans son bras gauche, et, sans prendre garde à Saintré, dit à la dame des Belles-Cousines : « Ne perdez pas un moment, madame, si vous voulez voir le cerf encore vivant. » La princesse frappe sa haquenée, s'éloigne brusquement avec damp abbé sans daigner regarder Saintré, qui demeure immobile, cherche à deviner quel est cet homme qui vient d'entraîner sa princesse, et fixe ses yeux tristes sur madame Catherine, qu'il voit lever les siens pleins de larmes, s'écriant : « Ah ! brave et malheureux Saintré, que les temps sont changés ! »

Ce peu de mots porta la lumière et le désespoir dans l'âme sensible de Saintré : mais, cherchant à confirmer ou à détruire les cruels soupçons qui, malgré lui, le pénétraient déjà, et remontant à cheval, il suivit tristement les trois dames, qui paraissaient partager sa douleur, et ne rejoignirent qu'au pas de leur palefroi la dame des Belles-Cousines, attentive alors à voir damp abbé qui levait le pied du cerf pour le lui présenter. L'infidèle veuve avait eu le temps d'avertir son nouvel amant que le chevalier qu'il venait de voir était le célèbre Jehan Saintré, l'élève du roi, et qui possédait un château près de son abbaye.

Saintré salua profondément et d'un air sérieux la dame des Belles-Cousines en l'abordant. « Sans doute, sire, lui dit-elle, vous êtes venu de votre château pour voir un moment la chasse? — Non, madame, lui répondit-il ; arrivé depuis très peu de jours de l'armée de Prusse, je n'ai paru qu'un moment à la cour. L'inquiétude que me donnait la maladie d'une grande princesse qui m'a toujours protégé, ne m'a pas permis de différer un moment de venir moi-même m'informer de son état. — Vraiment, répondit-elle, vous pouvez voir qu'il n'a jamais été meilleur qu'aujourd'hui ; et même, ajouta-t-elle en regardant l'abbé qui souriait, jamais mon âme ne fut plus tranquille que depuis que je goûte ici des plaisirs qui m'étaient inconnus. » Damp abbé empêcha Saintré de répondre, en s'approchant de lui d'un air assez familier. « Monseigneur de Saintré, lui dit-il, j'apprends que nous sommes voisins ; il ne tiendra pas à moi que nous ne vivions pas dans la meilleure intelligence. » A ces mots, sans même écouter la réponse de Saintré, il s'approcha d'un air plus familier de la belle veuve. « Madame, lui dit-il assez haut pour que Saintré pût l'entendre, ne me conseillez-vous pas de prier le seigneur de Saintré de venir souper ce soir à l'abbaye? — Eh ! mais, dit-elle assez embarrassée, comme vous voudrez;... cependant... ne déchirez pas sa robe pour l'arrêter, s'il se refuse à vos invitations. »

Saintré, qui se proposait intérieurement d'achever de développer un mystère qui s'éclaircissait de plus en plus à ses yeux, ne balança pas à se rendre à la légère invitation de l'abbé ; et tous ensemble ayant pris le chemin de l'abbaye, Saintré ne s'occupa que de madame Catherine pendant la route, et se contenta d'observer finement le maintien de la princesse, tandis que le présomptueux abbé l'entretenait d'un air libre, lui parlait souvent à l'oreille, et semblait plaisanter avec elle de l'air sérieux et contraint avec lequel Saintré les suivait, éloigné d'eux de quelques pas.

La joie, la magnificence qui brillèrent dans l'abbaye à leur arrivée, surprirent Saintré. Il crut entrer dans un château préparé pour les noces du seigneur du lieu, plutôt que dans le modeste séjour d'un disciple du sévère saint Bernard.

Le souper fut très bon, et devint même assez gai ; Saintré ne cherchant déjà plus à pénétrer les sentiments de la dame des Belles-Cousines, et damp abbé se livrant à la joie bruyante d'un riche moine qui se sent le plus fort, et que l'habitude du bonheur rend avantageux ; bientôt même, excité par les regards et les applaudissements de la dame, qui déjà ne se contraignait plus, il essaya de faire quelques plaisanteries sur la chevalerie, et sur ceux qui tiraient leur bonheur et leur renommée de cet état. Le vin, la bonne chère, les lorgneries de la dame l'emportant encore plus loin, il osa lui presser les genoux, Saintré vit le mouvement ; et, quoiqu'il eût pris le parti de n'avoir plus qu'un froid mépris pour cette ingrate, il ne put s'empêcher de rougir pour elle. Le moine, animé plus que jamais, et voyant l'air sérieux et embarrassé de Saintré, se crut en droit de le plaisanter, et même de le braver. « Qu'est-ce donc, monseigneur de Saintré, lui dit-il, vous avez l'air de vous ennuyer avec nous? Le vin ne vous paraît-il pas bon, ou la pitance d'un simple religieux n'est-elle pas digne d'un chevalier souvent admis à la table des plus grands souverains? » Saintré l'assura fort qu'on ne pouvait rien ajouter à l'excellence du vin et à la bonne chère ; et que, d'ailleurs, la présence d'une aussi grande dame honorerait la plus vile chaumière. Le moine, piqué de ce que Saintré semblait, par ce propos, dégrader un peu son abbaye et sa table, répondit brusquement : « Tous ces chevaliers et ces écuyers qui vont si souvent courir le monde, seraient bien heureux de trouver quelquefois de pareilles chaumières en chemin. » La dame sourit de la réponse de l'abbé, et, le pressant du genou à son tour, semblait l'animer à poursuivre la plaisanterie. « Convenez, seigneur de Saintré, lui dit-il, que de tous ces ferrailleurs si en est bien peu qui soient conduits par l'amour de la gloire. Se trouvant oisifs dans une cour, ils commencent par y chercher quelque folle ou quelque beauté niaise, facile à séduire ; s'ils la trouvent, ils la trompent ; s'ils sont rebutés, ils gémissent, ils pleurent ; et les femmes, qui ne sont que trop portées à croire aux grandes passions, en sont souvent les dupes. Mais un des moyens les plus sûrs de ces quêteurs d'aventures, c'est de faire avec éclat pour elles ce qu'ils nomment des entreprises d'amour. Alors s'attachant quelque espèce d'emprinse (1) sur le bras, au cou ou à la jambe, ils font accroire en particulier à toutes ces pauvres dames, qu'ils le sont prises pour elles, et que c'est pour leur en apporter le prix qu'ils vont courir les plus grands hasards. Ils trouvent même un double avantage à cette feinte ; l'ancien usage des grandes cours étant de favoriser de pareilles entreprises, ils savent qu'ils recevront de la bonté du maître et de la famille royale le moyen d'aller courir le monde, et de se donner du bon temps. Successivement ils parcourent les cours de l'Europe, ne songeant qu'à s'y amuser. Les salles de bal sont leurs lices. Lorsqu'ils ont bien battu le pays, ils reviennent avec un valet menteur qu'ils habillent en héraut d'armes ; et, le chargeant de mentir encore plus qu'eux, il résulte des contes les plus faux, la plus fausse renommée et la plus brillant accueil. Qu'en pensez-vous, madame? ajouta l'impudent abbé : trouvez-vous que je m'écarte de la vérité? — Je pense, dit la princesse, que vous venez de peindre, trait pour trait, tous ces jeunes aventuriers. — Tous! s'écria Saintré en la regardant, tous!... Ah! madame, il n'est pas possible que vous le pensiez ; et je suis étonné que la protectrice de la noblesse du royaume, et qui s'est montrée telle jusqu'à ce jour, la laisse avilir en sa présence avec autant d'audace et de fausseté. — Parbleu! monseigneur de Saintré, reprit l'abbé en l'interrompant, il peut bien y avoir quelques exceptions; mais, en général, il est vrai que l'histoire fidèle de tous ces gens qui se couvrent de fer, et qui souvent auraient grand' peur s'ils rencontraient un véritable danger. — Damp abbé, répondit vivement Saintré, vous osez trop ; respectez un état qui vous dote, vous protège, et vous aide à recueillir tranquillement les richesses dont souvent vous abusez. Si vous étiez d'état à soutenir les propos téméraires que vous venez de hasarder, vous subiriez bientôt la punition qu'ils méritent. — Ma foi, monseigneur de Saintré, dit brusquement le moine, je ne soutiendrais envers et contre tous, si ce pouvait être avec des armes égales, et dont je fusse accoutumé à me servir. Il est vraiment bien aisé à un homme si bien enveloppé de fer, qu'on aurait peine à le blesser avec une aiguille, de braver un pauvre diable de moine qui n'a que son froc et son scapulaire : mais si, pour soutenir vous-même ce que vous m'avez dit, vous me présentiez un champion qui acceptât de lutter avec moi, madame connaîtrait bientôt qui de nous deux a raison. »

La dame des Belles-Cousines se pâmait de rire de cette dispute : ses yeux, ses pieds, ses mains encourageaient l'abbé, et paraissaient lui applaudir. Bientôt, perdant toute retenue, et ne cherchant plus qu'à braver et à mortifier Saintré, connaissant les forces de l'un et de l'autre, et jugeant l'abbé supérieur par ce qu'elle avait déjà vu sur

(1) Nom de la marque que portait un chevalier, et dont il devait se faire déferrer.

le préau : « Damp abbé, dit-elle avec un rire moqueur, savez-vous ce que vous risquez par un pareil défi ! et ne voyez-vous pas que le seigneur de Saintré, qui se trouve maintenant sans armes, ne doit point balancer de l'accepter ? — A la bonne heure, dit l'abbé : si le jeu plaît à monseigneur, je suis son homme. Non, parbleu, je ne m'en dédirai pas ; et je serai charmé si madame veut bien être témoin de cette lutte, et couronner de sa main celui qui remportera la victoire. » Saintré sentit bien toute la noirceur et l'adresse de celle qu'il méprisait déjà dans son âme. Mais son grand cœur ne put souffrir d'être défié par un moine insolent ; il ne résista point à son premier mouvement, et se porta à cette lutte inégale ; il se leva de table le premier, et regardant la dame avec fierté : « C'est en effet, madame, lui dit-il à moitié bas, la seule espèce de combat que vous méritez qu'on rende aujourd'hui pour vous. »

Dès que l'abbé vit Saintré debout, il quitta la table en faisant un saut de joie : il courut s'emparer familièrement de cette main charmante que mille tendres et respectueux baisers de Saintré avaient si souvent pressée, et l'entraîna plutôt qu'il ne conduisit la dame dans le préau voisin. Là, dès qu'il fut arrivé, il se dépouilla promptement de tous ses habits monastiques. L'auteur rapporte qu'il ne conserva pas même le dernier vêtement que la décence lui prescrivait de garder en présence des dames. Pendant ce temps, le modeste Saintré, servi par l'écuyer qui le suivait, rougissait de se voir forcé à rendre les armes égales, et à ne conserver aucune espèce d'avantage sur l'abbé. Mesdames Catherine, Ysabelle et Jehanne baissaient les yeux, ou se les couvraient avec leurs chasse-mouches (1), tandis que madame admirait damp abbé, et faisait remarquer aux autres moines, tout fiers de la valeur de leur chef, la supériorité qu'il annonçait sur son adversaire.

Saintré se présenta de bonne grâce aux bras longs et nerveux de l'abbé, qui pouvait en embrasser deux comme lui. Il soutint deux ou trois tours avec assez de force ; mais le moine, dès longtemps exercé dans ce genre de combat, lui tirant fortement un jarret avec le sien, les deux pieds de Saintré parurent bientôt en l'air ; et l'insolent abbé s'écriant alors : « Ah ! Madame, priez un peu monseigneur de Saintré de m'épargner, » l'étendit sur l'herbe tout de son long. Tandis que Saintré se relevait assez honteux de sa chute, le moine vint déjà aux genoux de la dame de Belles-Cousines. « Madame, lui dit-il, je viens de soutenir mon dire ; mais si monseigneur de Saintré veut recommencer une seconde lutte en l'honneur de ses amours, je lui ferai voir que, lorsque j'ai mis bas mon scapulaire, je peux, aussi bien que lui, accomplir l'usage des joûtes, qui prescrit de rompre une dernière lance en présence des dames. — Ah ! vraiment, s'écria-t-elle, je crois M. de Saintré trop galant pour se refuser à remplir cet usage ; et, s'il y manquait, je le tiendrais le reste de ma vie pour chevalier de mince valeur, et lui en ferais la honte en présence de la reine et de mes Belles-Cousines. »

Furieux de cette atrocité de conduite, et de ces propos d'une femme d'autant plus haïssable, qu'elle avait été plus adorée, Saintré se présenta pour la seconde fois à la lutte, et ne fut pas plus heureux. Le vigoureux moine, s'amusant de ses vains efforts, et continuant à le pousser, se plut à le mettre hors d'haleine, et l'étendit encore une fois sur l'herbe.

Cette indécente et cruelle plaisanterie n'ayant été déjà que trop prolongée, les trois dames de la princesse, qui aimaient aussi tendrement Saintré qu'elles l'estimaient, ne purent s'empêcher de faire entendre à leur dame combien elles étaient scandalisées de voir qu'elle l'eût si longtemps soufferte ; et la princesse, rentrant un peu en elle-même, revint à l'abbaye, se remit à table avec elles, et fit signe aux frères servants d'apporter les confitures et les vins de liqueur.

Damp abbé s'habilla proprement pour revenir joindre la dame des Belles-Cousines. La joie et l'audace brillaient dans ses yeux. Son orgueil monastique était bien élevé de l'avantage qu'il venait de remporter ; et, quoiqu'il faut bien dire, et tant il est vrai que les passions basses et honteuses avilissent le caractère, cette fière et haute dame de Belles-Cousines s'applaudissait secrètement de son choix, et d'avoir vu le plus brave et le plus renommé des chevaliers français terrassé par l'homme qu'elle lui avait préféré. Emportée par l'ardeur du plaisir, elle était encore incapable de réfléchir et de considérer que le véritable amour ne règne que sur des âmes sensibles et honnêtes, mais qu'il fuit avec horreur et s'envole à l'aspect du vice.

Saintré, fatigué de la lutte et froissé de ses deux chutes, reprenait lentement ses habits ; et, cachant la rage qu'il avait dans le cœur, il méditait sur les moyens de s'assurer une prompte vengeance.

Cette lutte, le train de vie que l'abbé menait depuis cinq mois, excitaient alors un grand murmure parmi les anciens religieux de l'abbaye. Ils se repentaient déjà d'avoir élu l'homme le moins propre à remplir les vrais devoirs de son état ; et l'ancien procureur de

(1) La mode des éventails n'existait pas encore dans ce temps grossier.

l'abbaye leur ayant représenté que le nom et la personne de monseigneur de Saintré devaient leur être chers et respectables, et que ses ancêtres étaient comptés parmi les bienfaiteurs dont les fondations les avaient enrichis, ils craignirent, avec raison, le juste ressentiment de ce seigneur, et députèrent sur-le-champ d'entre eux pour faire les représentations les plus fortes à damp abbé, et pour exiger même de lui qu'il se soumît à tous les moyens possibles de réparer en partie la faute qu'il venait de commettre. Les députés ayant eu le temps de lui parler avant que Saintré se fût remis à table, damp abbé convint avec eux qu'il avait poussé trop loin ce qu'il osait ne nommer qu'une plaisanterie, et il promit de faire en sorte que le seigneur de Saintré l'excusât et en perdît le souvenir.

Saintré revint, peu de moments après, et parut avec un maintien qu'il affectait de rendre ouvert et riant. Damp abbé se leva avec hâte, et le conduisit respectueusement à sa place. « Monseigneur, lui dit-il, tels sont les jeux de la campagne ; et vous n'avez pas moins marqué la bonté de votre âme en daignant vous y prêter, que vous avez prouvé son élévation, les armes à la main, à la tête des armées françaises. » C'est une espèce de supplice que de s'entendre louer par un homme que l'on hait, et surtout lorsqu'il a eu quelque avantage sur nous. Mais Saintré sut dissimuler son ressentiment ; et, recevant avec une cordialité apparente les respects de damp abbé : « En vérité, madame, dit-il galment à la dame de Belles-Cousines, c'est bien dommage qu'un homme de la riche taille, aussi bien fait et d'une force aussi prodigieuse, se soit consacré parmi les enfants de saint Bernard. De quelle utilité n'eût-il pas été pour le service du roi, s'il eût porté des armes ! Deux seuls chevaliers tel que lui renverseraient un escadron de nos plus braves hommes d'armes ; et nous en trouverions difficilement un qui ait un air aussi martial, aussi redoutable qu'aurait été damp abbé, combattant à la tête de nos premiers rangs. — Vraiment, répondit la dame, toujours aveuglée sur le mérite de son abbé, je crois bien que la plupart de ceux qu'on voit briller aujourd'hui dans de pareils postes y seraient bien éclipsés par un tel gendarme. » Pour la première fois, damp abbé reçut cette louange qu'avec une extrême modestie. « J'aurais pu valoir quelque chose à ce noble métier, répondit-il, si j'avais servi longtemps d'écuyer à ce seigneur de Saintré, la fleur de notre chevalerie. Vous devez savoir, monseigneur, continua-t-il, tous les droits que vous avez dans ce monastère, dont les hommes, les trésors et les équipages seront à vos ordres, quand il vous plaira de vous en servir. C'est le moins que nous devions au petit-fils de nos généreux bienfaiteurs.

Alors Saintré, tirant l'abbé à l'écart, lui dit de l'air le plus simple et le plus honnête : « Je suis sensible à vos offres, et je soutiendrai désormais, contre l'opinion la plus générale, qu'il est possible de trouver quelquefois de la reconnaissance dans les monastères. Vous autres Bernardins, vous êtes tenus, plus que la plupart des autres ordres, à pratiquer cette noble vertu. Votre saint instituteur naquit homme de haut parage, et tenait à la maison royale par le sang. Ses enfants doivent conserver quelque chose des sentiments d'un noble cœur, et le froc, l'esprit du cloître, ne doivent pas entièrement les détruire. Mais, damp abbé, comblé des bienfaits de mon auguste et bon maître, je n'ai besoin que de les mériter par ma conduite, et de travailler à los et honneur acquérir. Je vous dirai cependant avec ingénuité, qu'arrivé depuis peu dans une dépendance de ma baronie, il me serait bien honorable parmi mes égaux que son altesse royale, se trouvant dans ces cantons, me donnât une marque de distinction précieuse, qui serait de venir dans mon château, et de daigner y dîner demain avec vous et les dames de sa suite. Je n'ose l'en supplier, mais le seul et le premier dont je vous requière, c'est que vous tâchiez de m'obtenir l'honneur de sa présence. — Je vous le promets, » répondit damp abbé sans hésiter ; et, se sentant fort de tout le pouvoir qu'il avait sur elle : « Vous pouvez, monseigneur, le lui proposer dès ce moment en ma présence. »

Quoique Saintré sentît intérieurement toute l'humiliation de ne devoir qu'à la protection d'un moine heureux une faveur qu'autrefois la dame lui eût offerte d'elle-même, il feignit de la reconnaissance pour l'abbé ; et, s'adressant à la dame de Belles-Cousines, il la pria, de l'air le plus respectueux, de lui faire l'honneur de venir dîner le lendemain dans son château, qu'elle ne connaissait point encore, et où elle pourrait varier ses amusements. La dame reçut la prière de Saintré avec la plus grande hauteur : « Apprenez, seigneur de Saintré, que les Belles-Cousines de la reine, jouissant des honneurs du banquet royal, ne peuvent accorder de telles demandes qu'aux princes de leur lignage. Quand la dévotion m'appelle dans cette abbaye, j'ai pris en conséquence y prendre tous les rafraîchissements qui me conviennent ; et, nul, tel qu'il soit, ne peut s'autoriser de cette démarche de ma part, pour me demander la même grâce. Non, non, seigneur de Saintré, je ne peux me compromettre par une faveur qui serait désapprouvée par toutes celles de mon rang. »

S'il y eût eu dans le cœur de Saintré quelque reste de ses anciens sentiments, cette nouvelle marque de mépris et d'aversion de sa personne eût bien achevé de le détruire. Il n'était plus maître de son

dépit, lorsqu'il aperçut l'abbé qui, prenant la dame des Belles-Cousines à part, lui parlait d'un air d'autorité, et semblait exiger d'elle qu'elle tînt la parole qu'il venait de donner lui-même. L'instant d'après, Saintré ne put douter de ce qui s'était dit. La dame le rappela avec des yeux un peu rouges et l'air de dépit sur le front. «Seigneur de Saintré, dit-elle, damp abbé vient de me représenter que, dans la haute faveur où vous êtes en ce moment auprès du roi, mon redouté seigneur et mon cousin, il me saurait peut-être mauvais gré de vous refuser une grâce qu'il accorderait lui-même à celui qui vient de faire triompher sa bannière. Je consens donc à dîner demain chez vous, mais ne mettez nul apparat à ce dîner; je ne prétends pas que ma visite ait l'air d'être annoncée ni marquée par une fête: c'est bien assez pour un simple baron tel que vous, qu'on n'y voie que l'effet du hasard et de la proximité de nos châteaux.»

Saintré reçut, avec l'air de la reconnaissance, une grâce qu'on toute autre occasion son grand cœur eût peut-être rejetée. Le repas s'acheva sans que rien de ce qui s'était passé dans la journée fût rappelé. La dame des Belles-Cousines eut une contenance embarrassée; les dames de sa suite, celle de l'incertitude. L'abbé reprit bientôt l'air d'un amant heureux qui sort de table pour passer le soir avec celle qu'il aime; et Saintré, toujours modeste et respectueux, prit congé de la princesse, en l'assurant qu'il se conformerait à ses ordres. Nous ne rendrons point compte à nos lecteurs de tous les préparatifs auxquels il employa ses écuyers de confiance pendant une partie de la nuit: nous dirons seulement que, dans l'intérieur de son château, tout fut disposé pour un festin somptueux; et nul de ses vassaux n'étant averti de l'honneur que la princesse devait lui faire, ses avant-cours et la cour même du château, parurent désertes lorsque la princesse arriva vers le midi, montée sur sa haquenée et l'émerillon sur le poing. Six dames la suivaient dans le même équipage; et damp abbé, en habit de campagne, faisait de temps en temps cabrer le gros roussin qu'il montait, et croyait lui faire lever des pointes.

Les gentilshommes et les pages de Saintré s'étaient rangés en haie dans la première salle. Lorsque la princesse arriva, elle affecta de dire qu'ayant été entraînée par le vol de ses oiseaux, et se trouvant à l'heure du dîner si près du seigneur Saintré, elle avait espéré qu'elle y serait reçue pour s'y rafraîchir pendant quelques heures. Saintré, pour la servir à sa guise, affecta d'être surpris de l'honneur qu'il recevait; et selon l'usage de ce temps, peut-être aussi pour abréger une conversation embarrassante, dès que la clepsydre du château sonna les douze heures, il lui présenta respectueusement sa main couverte d'un gant, et la conduisit dans un grand salon, où la table dressée achevait d'être couverte par les maîtres-d'hôtel. La dame s'étant placée sur un fauteuil doré préparé pour elle, damp abbé alla s'asseoir sans façon sur le tabouret le plus près; les dames prirent leurs chaises à dos; et Saintré, une serviette sur l'épaule, se tint debout près du cadenas de la princesse pour la servir; il ne voulut se placer à table qu'après en avoir reçu l'ordre le plus pressant, et que lorsqu'on eut posé le second service. Il n'avait pas négligé de faire mettre devant le moine plusieurs flacons de cristal où l'on voyait briller le vin parfumé de Cahors, dont un fameux et agréable de Roussillon. Il savait que le voluptueux damp abbé les aimait, et que, quelque forte que fût sa tête, elle le serait encore moins que la vapeur enchanteresse de ces vins pleins de feu.

La conversation devint en effet vive et plus gaie au second service, la dame parut même oublier qu'elle était chez Saintré, et, le croyant bien maté, bien anéanti par la hauteur et par les propos qu'elle lui tenait, elle eut bientôt l'air de ne s'occuper que de son amant, tandis que l'abbé prenait, à sa façon, le ton et les airs d'un petit-maître qui se trouve en partie de campagne avec sa maîtresse.

On complimenta beaucoup le seigneur de Saintré sur la beauté de son château, sur la bonté de ses vins, l'excellence de son repas, et surtout sur les ornements nobles, simples et militaires qui paraient son vaste salon. En effet, le roi ayant voulu que Saintré ornât le château de ses pères d'une partie des étendards et des autres trophées qu'il avait remportés sur les infidèles, ils étaient élevés contre les murs du salon, et entremêlés d'autres armures de toute grandeur, lesquelles, portées sur des pieux façonnés avec dessein, montraient d'un seul coup d'œil le harnais complet, dont un joueur de bataille, un chevalier devait être couvert. Saintré saisit adroitement cette occasion de faire renaître l'entretien de la veille; il fit remarquer à ceux qu'il avait à sa table les grandes et fortes armes d'un des soudans qu'il avait tué de sa main, et il leur fit observer aussi qu'il y avait peu d'hommes assez robustes pour les supporter et s'en servir, « Ma foi, monseigneur, dit damp abbé, vous ne sauriez pas les porter pendant deux heures, courir, sauter même avec pour les gagner, vous trouveriez facilement bon à qui souscrirait à ce marché. — Peut-être bien, répondit Saintré, je crois même que si quelqu'un pouvait gagner le pari, ce serait un homme de votre taille, et qui serait aussi robuste que vous; car le soudan qui le portait était le plus redoutable Turc dont j'aie jamais éprouvé la valeur, et je n'aurais pu lui donner la mort, si son haubert mal attaché ne m'eût offert un passage pour lui plonger mon épée dans le côté. Au reste, ajouta-t-il, si je croyais qu'elles pussent vous servir, je serais charmé de vous les offrir, sans vous proposer de les gagner par une semblable épreuve.»

La dame des Belles-Cousines fut absolument la dupe de l'air de politesse, et même d'amitié, que Saintré avait pris en parlant, et curieuse de voir à quel point ces belles armes pouvaient relever la riche taille de ce damp abbé, qu'au fond de sa pensée elle regardait déjà comme un héros, elle l'excita elle-même à les éprouver. « Parbleu, dit à la fin l'abbé, en buvant une large coupe pleine de vin de Roussillon, je me souviens d'avoir dans mon église un grand et vieux saint George tout délabré, à moitié couvert d'armes rouillées; si monseigneur de Saintré veut me mettre à l'épreuve, sous la condition de me donner celles-ci, je vais essayer de les gagner pour remettre mon saint George en honneur.»

Tout le monde applaudit à la proposition de l'abbé, qui se leva de table, se dépouilla promptement de ses habits, tandis que Saintré, préparant les différentes pièces du trophée d'armes, se disposait à les lui attacher lui-même. Il ne manqua pas de les joindre fortement par des doubles nœuds qu'il fit à chaque lacet; et, dès qu'il eut pris les mêmes précautions pour le casque, il profita du temps où damp abbé, se promenant d'un air comiquement martial, arrêtait ses yeux sur ceux de la dame des Belles-Cousines et des autres dames. Alors il se couvrit lui-même de ses armes ordinaires qu'un de ses écuyers affidés lui laça dans un instant. Damp abbé se pavanait et s'enflait des éloges que la faible princesse lui prodiguait, en se plaignant seulement de ce que le maudit casque était bien plus lourd que son chaperon, lorsque tout-à-coup il vit paraître Saintré armé de toutes pièces, suivi d'un héraut d'armes et de ses livrées qui portaient deux rondaches, deux épées de combat et deux dagues. Au même instant, on vit les deux portes de la salle occupées pas deux hommes d'armes, qui présentaient la pointe de leurs lances et de leurs épées. « Qu'est-ce que cela veut dire, Saintré? s'écria la dame des Belles-Cousines très effrayée; que prétendez-vous faire — Rien que de juste, Madame. Hier monsieur l'abbé me provoqua chez lui à une espèce de combat dont il connaît depuis longtemps l'usage; vous eûtes l'air de l'approuver, et vous sûtes même par vos propos me forcer de me rendre à son défi: moi je provoque à mon tour damp abbé à la seule espèce de lutte que j'aie apprise; et vous êtes trop juste, Madame, pour ne le pas presser aussi de ne pas me refuser.» Pendant ce temps le héraut d'armes offrait le choix des haches, des épées et des dagues à damp abbé qui les refusait constamment et avec une mine très piteuse et très embarrassée. «Arrêtez, Saintré! Saintré! s'écria la dame des Belles-Cousines en prenant le plus grand air d'autorité; arrêtez, ou craignez les plus cruels effets de mon indignation.» Mais Saintré perdant enfin toute patience, s'approcha d'elle, la prit par le bras, et la fit rasseoir sur son fauteuil. «Osez-vous bien encore, s'écria-t-il, perfide et déloyale que vous êtes, vous servir de votre auguste rang, après vous être avilie par votre honteuse faiblesse pour un coquin de moine à qui vous avez sacrifié le plus fidèle et le plus loyal de tous les amants? Non, je ne vous connais plus pour la souveraine de mon âme, ni pour la cousine de mon roi: non, vous n'êtes plus à mes yeux que la créature la plus coupable qui respire. Et toi, malheureux, ne balance plus à te servir de la force et des armes à l'épreuve dont je t'ai couvert; défends ta vie contre moi, ou, dans l'instant, je te fais jeter par les fenêtres de mon château, armé comme tu l'es; et tu périras aux yeux mêmes de la lâche et indigne maîtresse. Le moine qui vit alors que son unique ressource était de se défendre, se confia dans sa force prodigieuse, et se saisit d'une hache et d'autres armes que le héraut lui présentait. Lorsqu'il eut choisi, Saintré reçut les mêmes armes de la main du héraut; et damp abbé, plus haut que son adversaire de toute la tête, courut de désespoir sur lui, espérant l'anéantir d'un seul coup. Mais l'adroit et valeureux Saintré détourna ce coup du dos de sa hache d'armes; et, sans vouloir en frapper le moine à son tour, il lui en porta seulement la pointe à la visière. L'enferra, et, le prenant du fort au faible, il le fit reculer de dix pas sur un des tréteaux de la table, sur lequel damp abbé tomba lourdement, faisant retentir la salle de sa chute et du bruit de ses armes. Il demeurait immobile sous la hache tranchante de Saintré, qui se préparait à lui couper la tête, lorsque la dame des Belles-Cousines s'écria douloureusement: « Arrêtez, arrêtez; hélas! Saintré, qu'allez-vous faire? — Le punir à vos yeux, s'écria celui-ci, ô la plus déloyale de toutes les femmes! Mais son infâme sang ne sera point répandu par ma main.» A ces mots, il releva la visière de damp abbé, qui perdait la respiration et étouffait dans son casque: «Tu seras seulement puni, dit-il, comme doivent l'être tous les blasphémateurs, et pour les propos injurieux que ta bouche impie a vomis contre l'ordre sacré de la chevalerie, et contre ceux qui le composent.» Alors, il lui saisit la langue qu'il tirait pour reprendre haleine, et se contenta de la percer légèrement de sa dague.

Saintré voyant ensuite que la dame des Belles-Cousines était évanouie sur son fauteuil, et que ses dames effrayées étaient en pleurs autour d'elle, sa belle âme s'émut encore par un mouvement de pitié. Il se tourna vers les trois dames, et, levant les yeux au ciel: « Pou-

vais-je faire moins? leur cria-t-il. Je pars; ayez encore pitié d'elle, quelque indigne qu'elle soit de vos soins. » En achevant ces mots, il remarqua la ceinture bleue que portait la dame des Belles-Cousines, et qui était alors l'emblème de la loyauté : il ne put le souffrir, et, dénouant cette ceinture, il la mit dans son aumônière, et s'éloigna. Tout était préparé pour son départ; il monta à cheval, et abandonna la princesse à ses remords, le moine à ses soins, son château à ses concierges.

Peu de jours après, Saintré rejoignit la cour et fit observer à tous ses gens le plus profond silence sur l'événement singulier qui venait de se passer. Ses serviteurs, élevés sous l'œil d'un maître vertueux, furent fidèles au serment qu'il leur fit prêter, et lui-même eût cru commettre un crime impardonnable s'il eût révélé rien de ce qui touchait à l'honneur d'une dame, même de la plus coupable.

Quinze jours après, la dame des Belles-Cousines ne pouvant plus prolonger une absence dont la reine commençait à se plaindre (car elle n'avait pu se refuser à quelques légers soupçons), rejoignit aussi la cour, qui, revenue de la campagne, se trouvait rassemblée dans le vaste hôtel de Saint-Pol. Elle fut reçue à bras ouverts par la vertueuse Bonne de Luxembourg, et dut bien rougir en se voyant dans les bras de cette illustre reine, et dans ceux de mesdames de Berry, de Bourgogne et d'Anjou, ses belles cousines. L'arrivée de la belle veuve occasionna des fêtes, dans lesquelles Saintré se trouva près d'elle aussi respectueux et avec l'air aussi attaché qu'il avait toujours paru l'être à son ancienne protectrice. Ce fut, il est vrai, avec moins de regret qu'elle n'en avait peut-être alors, qu'il ne revit plus le signal de cette épingle, qui, pendant si longtemps, avait toujours été celui d'un tête-à-tête heureux, et qu'il n'avait jamais reçu sans que son cœur en tressaillît d'amour et de plaisir.

Un jour, après le dîner de la reine, toutes les belles-cousines et quelques seigneurs distingués, tels que Saintré, furent admis dans l'intérieur des appartements, dont les huissiers interdisaient l'entrée au reste de la cour. Quoique le désœuvrement et l'ennui ne puissent jamais se faire sentir dans une si noble et illustre société, la reine n'était pas fâchée qu'on lui contât quelquefois des histoires, et comme personne ne racontait plus agréablement que Saintré, ce fut lui que la reine choisit, ce jour-là, pour lui demander une anecdote qui pût l'intéresser. Saintré prit son parti; mais ce ne fut qu'après avoir bien assuré qu'il ne pouvait croire que tous les faits fussent exactement vrais dans l'histoire singulière dont on venait, disait-il, de lui envoyer les détails du fond de la Hongrie. Ensuite il raconta, devant tout le monde, l'histoire fidèle de ses amours avec la dame des Belles-Cousines, et ne supprima aucune circonstance des événements arrivés dans l'abbaye, et, en dernier lieu, dans son château.

La reine se montra très scandalisée : elle dit que la dame lui faisait horreur et méritait la punition la plus éclatante. Mesdames de Bourgogne, de Berry et d'Anjou, la comtesse de Périgord, la belle et vertueuse dame de Gravelle, enchérirent sur le genre de cette punition, et imaginèrent tout ce qu'elles crurent de plus déshonorant et de plus cruel. Le tour de la dame des Belles-Cousines étant venu, Saintré ne put s'empêcher de lui dire aussi : « Et vous, Madame, quel est votre avis? » La dame, trop accoutumée à braver les remords, n'osa pas excuser l'héroïne de l'histoire; mais elle blâma fortement la conduite du chevalier; elle le trouva inexcusable d'avoir porté si loin la vengeance, et surtout d'avoir osé enlever la ceinture bleue de son ancienne dame et bienfaitrice. Saintré, piqué de ce qu'elle avait pris un ton très haut en prononçant ces dernières paroles, lui laissa entrevoir un bout de cette même ceinture qu'elle seule aperçut, et il la cacha presque aussitôt. Ce fut la fin de sa vengeance et de son amour.

<p align="right">Le comte de TRESSAN.</p>

FIN DU PETIT JEHAN DE SAINTRÉ.

FABLES CHOISIES

DE

PIERRE LACHAMBEAUDIE.

LA GOUTTE D'EAU.

Un orage grondait à l'horizon lointain,
Lorsqu'une goutte d'eau s'échappant de la nue
Tombe au sein de la mer et pleure son destin :
« Me voilà dans les flots, inutile, inconnue,
Ainsi qu'un grain de sable au milieu des déserts.
Quand sur l'aile du vent je volais dans les airs,
Un plus bel avenir s'offrait à ma pensée;
J'espérais sur la terre avoir pour oreiller
L'aile du papillon ou la fleur nuancée,
Ou sur le gazon vert et m'asseoir et briller.....
Elle parlait encore : une huître, à son passage,
S'entr'ouvre, la reçoit, se referme soudain.
Celle qui supportait la vie avec dédain
Durcit, se cristallise au fond du coquillage,
Devient perle bientôt, et la main du plongeur
La délivre de l'onde et de sa prison noire,
Et depuis on l'a vue éclatante de gloire
Sur la couronne d'or d'un puissant empereur.

O toi, vierge sans nom, fille du prolétaire,
Qui retrempes ton âme au creuset du malheur,
Un travail incessant fut ton lot sur la terre;
Prends courage! ici-bas chacun aura son tour
Dans les flots de ce monde, où tu vis solitaire,
Comme la goutte d'eau tu seras perle un jour...

LA LOCOMOTIVE ET LE CHEVAL.

Un cheval vit un jour sur un chemin de fer
Une machine énorme à la gueule enflammée,
Aux mobiles ressorts, aux longs flots de fumée.
« En vain, s'écria-t-il, ô fille de l'enfer,
En vain tu voudrais nuire à notre renommée;
Une palme immortelle est promise à nos fronts,
Et toi, sous le hangar, honteuse et délaissée,
Tu pleureras ta gloire en naissant éclipsée.
De vitesse avec moi veux-tu lutter? — Luttons!
Dit la machine; enfin ta vanité me lasse. »
Elle roule, elle roule et dévore l'espace,
Il galope, il galope, et d'un sabot léger
Il soulève le sable et vole dans la plaine.
Mais il se berce, hélas! d'un espoir mensonger :
Inondé de sueur, épuisé, hors d'haleine,
Bientôt l'imprudent tombe et termine ses jours;
Et que fait sa rivale? elle roule toujours.

La routine au progrès veut disputer l'empire;
Le progrès toujours marche, et la routine expire.

L'ENFANT ET LES FLEURS.

Dans les champs voisins d'une ferme
De beaux froments étaient en germe;

En même temps germaient aussi
La blanche pâquerette et le jaune souci.
 Du printemps la saison vermeille
De ses sucs généreux fertilisant les blés,
Aux sillons prodigua les fleurs de sa corbeille.
 On voyait croître, entremêlés,
Bluets, coquelicots, marguerites, pensées,
 Muguets, boutons d'or étoilés,
Et clochettes traînant leurs tiges enlacées.
Lorsque pour voir ses blés s'en va le laboureur,
Alfred, son jeune fils, admire chaque fleur.
Que la tempête au loin répande les alarmes,
Que la bise tardive apporte des glaçons,
« Grand Dieu, dit le fermier, protégez nos moissons !
— Ciel, épargnez mes fleurs ! » dit l'enfant tout en larmes.
 Dans l'été, lorsque les passants
Émerveillés disaient : « Oh ! les blés ravissants ! »
Alfred disait tout bas : « Que ces fleurs sont gentilles ! »
Les épis arrivant à leur maturité,
Dès l'aube, le fermier fait armer de faucilles
Ses fils et ses voisins, qui, pleins d'activité,
S'en vont des blés jaunis recueillir mille gerbes ;
Alfred, de son côté, fait des gerbes de fleurs.
« Oh ! l'enfant paresseux, avec ses folles herbes ! »
Criaient, en ricanant, les rudes moissonneurs.
Et lui, d'un seul objet nourrissant sa pensée,
En chantant poursuivait sa tâche commencée.
Mes gens gagnent enfin, à la chute du jour,
La ferme où les attend une table frugale.
Ruisselant de sueur, Alfred vient à son tour,
 Et dignement il veut qu'on le régale.
« Qui ne travaille pas, ne mange pas, enfant ! »
Lui dit-on aussitôt ; mais lui, tout triomphant,
Il offre aux conviés mainte fraîche guirlande.
 Pour prix de sa naïve offrande,
 Chacun l'embrasse et de grand cœur
On l'accueille au repas comme un bon travailleur.

L'enfant que j'ai chanté, c'est l'artiste candide
Qui, sur un monde austère et de richesse avide,
Des poétiques fleurs aime à verser le miel...
Mais quand sa tête est lasse et que la faim le presse,
Il trouve rarement, paria qu'on délaisse,
Une table commune, un foyer paternel.

LA FLEUR ET LE NUAGE.

L'été règne ; une fleur languissante au vallon
 Appelle un nuage qui passe :
 « O toi qui voles dans l'espace,
 Sur les ailes de l'Aquilon,

 Verse-moi tes flots de rosée,
 Et par toi ma tige arrosée
 Verra renaître son printemps...
 — J'y penserai, dit le nuage ;
 Mais je dois remplir un message ;
 Attends !... »
Il s'éloigne ; elle meurt, vers la terre penchée.
Le nuage revint sur la fleur desséchée
Répandre, mais trop tard, ses ondes par torrents.

Toujours le malheureux nous trouve indifférents ;
 Mais quand sous sa croix il succombe,
 Souvent nous allons sur sa tombe
Semer de vains regrets, de stériles trésors :
Ni largesses, ni pleurs ne réveillent les morts...

L'HERMINE ET LE RAT.

 Sur un terrain rocailleux
 Vivaient le Rat et l'Hermine ;
 Bientôt ils furent tous deux
 Menacés de la famine.
 De son trou le Rat sortant
 Dit à sa blanche compagne :
 « Vois, par delà cet étang,
 Comme est riche la campagne ;
 De fermes, d'arbres, d'oiseaux
 Et de fruits elle est couverte.
 Suis-moi, traversons les eaux ;
 Dans notre lande déserte
 La faim nous accablerait.
 — Quoi ! dit l'Hermine, il faudrait
 Me salir à cette fange ?
 — Eh ! qu'importe, si l'on mange !...
 Non, dit-elle, en vérité !
 Va-t'en, je veux rester pure ;
 Ah ! plutôt la pauvreté
 Et la mort qu'une souillure ! »

LA TOURTERELLE CHOISISSANT UN ÉPOUX.

La tourterelle se lamente ;
Que veut la tourterelle ? elle veut un époux.
« Apaisez, dit le coq, le feu qui me tourmente ;
Beau, brave, vigilant, je suis digne de vous.

—Je ne puis vous aimer, répond la tourterelle,
　Car je veux un époux fidèle. »
　En ce moment, l'aigle arrive des cieux :
« Des oiseaux, lui dit-il, soyez la souveraine. »
Elle répond : « L'amour n'est pas ambitieux. »
Le rossignol survient : « Pour adoucir ta peine
　Je filerai les plus doux sons,
—Le chant ne suffit pas à mon âme brûlante ;
　L'amour ne vit pas de chansons. »
La paon déploie en vain sa roue étincelante ;
　Elle lui dit : « L'éclat, la vanité
　Ne font pas la félicité. »
Les amants éconduits quittent la tourterelle,
　Et la pauvrette pleure encor.
Un tourtereau venant : « Sois mon époux ! » dit-elle.
Pour plaire, qu'avait-il ? de la gloire, de l'or ?...
Il avait son amour pour unique trésor.

L'ESCARGOT ET LA CHENILLE.

Par habitude, par système,
O vous qui courtisez ou repoussez autrui
　Pour son habit, non pour lui-même,
C'est à vous que j'adresse une fable aujourd'hui.

Jadis vers l'escargot se glissa la chenille.
　« Bonjour, dit-elle, mon voisin,
　　Ou plutôt mon cousin,
Car tous deux nous rampons... —Moi de votre famille !
Reprend maître escargot ; vraiment, vous radotez.
　Fi ! la vilaine créature !
Je ne vous connais pas, vieille folle ; partez ! »
Et la chenille part sans relever l'injure.
A quelque temps de là, sur le gazon fleuri,
　Un beau papillon dont les ailes
Semblaient faire jaillir des milliers d'étincelles,
Voltigeait, voltigeait. « Approche, mon chéri,
　Dit l'escargot, causons ensemble ;
Qu'un lien fraternel à jamais nous rassemble.
—Tais-toi, répond l'insecte, oh ! de grâce, tais-toi,
　Lâche orgueilleux ! ce qui te plait en moi,
　Je le sais trop, c'est mon aile qui brille,
　Car tu me repoussas impitoyablement
　Lorsque j'étais encore une pauvre chenille. »
A ces mots disparut le papillon charmant,
Et l'escargot honteux rentra dans sa coquille.

LA FAUVETTE ET LE PINSON.

A M. BÉRANGER.

Dès l'aube jusqu'au soir la Fauvette chantait ;
　　C'était
　Tout son bonheur, toute sa vie.
Le Pinson vint lui dire : « Excités par l'envie,
　Le geai, le merle, le dindon,
　Le corbeau, la pie et l'oison
Disent insolemment que tu devrais te taire ;
Et toi, malgré leurs cris, malgré leurs sots discours,
　Joyeuse, tu chantes toujours...
De ta persévérance apprends-moi le mystère. »
La Fauvette répond : « Hier, au fond des bois,
　Le Rossignol, ce roi de l'harmonie,
Daigna d'un doux sourire encourager ma voix.
　Va, mon frère, quand le génie,
Oracle irrécusable, applaudit à nos chants,
Que nous font les clameurs des sots et des méchants ? »

LE ROI ET LE PEUPLE.

Un peuple gémissait, accablé de détresse ;
Le prince, ayant appris ces revers affligeants,
Résout de visiter ses sujets indigents,
　Pour mettre un terme au mal qui les oppresse,
　Et pour doter sa patrie aux abois
　De plus riches travaux et de plus sages lois.
　　Quoiqu'il voulût, en homme sage,
Surprendre incognito le malheur sur les lieux,
　Ses courtisans officieux,
Aux champs, dans les cités, annoncent son passage,
　　Et les plus pauvres aussitôt,
　A l'envi simulant une gaîté parfaite,
Pour la première fois mettent la poule au pot,
Remplacent leur pain noir par des gâteaux de fête,
Sous leurs plus frais haillons cachent leur nudité.
Le prince croit réelle une fausse richesse,
Il prend pour du bonheur cette feinte allégresse,
Si bien qu'en son palais il retourne, enchanté
　　D'avoir, au lieu de la tristesse,

Vu partout tant de joie et de félicité.
Voilà comme les rois savent la vérité :
Courtisans de malheur, engeance diabolique,
Quand un roi, par hasard, veut faire son devoir,
Ne couvrez pas de fleurs l'infortune publique,
 Afin qu'il ne puisse la voir !

LES DEUX ORMEAUX.

 Sous un ormeau grand et robuste
Était un jeune ormeau, frêle et chétif arbuste.
L'arbre géant lui dit : « J'ai su te protéger
Contre l'assaut des vents et d'orages sans nombre ;
 Sous mes rameaux et sous mon ombre
 Tu crois à l'abri du danger.
Je dois, par tant de soins et tant de bienfaisance,
Avoir acquis des droits à ta reconnaissance...
 — Ah ! de votre feinte bonté
 Osez-vous tirer vanité ?
 Dit en pleurant l'ormeau débile.
Vous fûtes un tuteur dévorant son pupille,
 Et vous avez de mes rameaux naissants
 Écarté du soleil les rayons caressants ;
 Vous avez absorbé ma sève ;
Vous m'avez étouffé sous vos traîtres abris,
 Et chaque jour je dépéris,
Tandis que vers les cieux votre tige s'élève :
Je crains plus vos bienfaits que les vents destructeurs. »

Méfions-nous, amis, de certains protecteurs.

M. JOBARD ET LE NUAGE.

Monsieur Jobard, brave et digne bourgeois,
Un de ces bons rentiers que le Marais engraisse,
Un dimanche matin, secoua sa paresse ;
Le doux soleil de mai réveillait à la fois
Les rentiers dans leurs lits, les oiseaux dans les bois.
Notre homme à son bonheur tout entier s'abandonne,
Et sort pour visiter les poudreux boulevarts,
 L'Arc-de-Triomphe, la Colonne,
 L'Obélisque et le Champ-de-Mars :
La gloire parle haut dans le cœur des Jobards.
Quelqu'un lui dit : « Voyez, le temps est à l'orage ;
Prenez un parapluie, ou vous n'êtes pas sage. »
Le conseil était juste et le danger pressant,
 Car un nuage épais et menaçant
 S'élevait alors dans l'espace.
« Ce n'est, répond Jobard, qu'une vapeur qui passe. »
Et le voilà courant pour voir son beau Paris
Ceint de frais boulevarts et de jardins fleuris.
Il va ; mais tout-à-coup de la nue enflammée
Tombent le feu, la pluie, et mon pauvre héros
S'en retourne confus et trempé jusqu'aux os.
Depuis, se méfiant de la moindre fumée,
Et quoique l'horizon fût pur de tout brouillard,
Il sortait, chaque jour, armé d'un lourd *riflard*.

Lecteurs, n'a-t-on pas vu plus d'un haut personnage,
Inhabile à prévoir maint politique orage,
Prendre, quand le danger n'existait déjà plus,
Mille précautions, mille soins superflus ?

LA MORT ET L'AMOUR.

 Munis de l'arc et du carquois
La Mort et Cupidon voyageaient une fois.
Aussitôt que la Nuit vint déployer son aile,
Les compagnons lassés se couchèrent tous deux,
Posant sur le gazon leurs flèches pêle-mêle.
S'éveillant quand l'Aurore illumina les cieux,
L'Amour, par une erreur, source de mille larmes,
Prit des traits à la Mort, et la Mort, à son tour,
De l'enfant de Vénus emporta quelques armes.
 Souvent la Mort, depuis ce jour,
Lance au cœur des vieillards les flèches de l'Amour,
 Et, de son côté, l'Amour blesse
Des flèches de la Mort le cœur de la jeunesse.

FIN DES FABLES CHOISIES.

FABLES INÉDITES.

A MON AMI PIERRE BRY.

LA NEIGE.

« D'où viens-tu, neige et si pure et si blanche ?
— Je viens de la montagne où roule l'avalanche
 Et dont le front perce les cieux.
Je trouvais mon séjour triste et froid ; ces hauts lieux
Étant de tous les vents la patrie éternelle,
Je priai l'Aquilon, qui me prit sur son aile,
De me porter au sein d'une grande cité.
Ah ! j'arrive..... » Elle tombe au milieu de la ville,
Se fond sur les pavés et devient fange vile.

Des champs, ô jeune fille, aime l'obscurité.
Les cités à ton âme offriront plus d'un piége.
 Là tu perdras, comme la neige,
 Ta blancheur et ta pureté.

L'AIGLE ENCHAINÉ.

Au sommet du Caucase, un aigle dans son aire
S'éveille, et se livrant à de nobles transports :
« J'irai ravir sa proie au tigre sanguinaire !
Je vaincrai mes rivaux les plus fiers, les plus forts,
Et j'espère qu'un jour, pour prix de mes efforts,
Je porterai le Dieu qui porte le tonnerre ! »
Sa grande aile, à ces mots, se déploie et son corps
S'agite, mais en vain ; ses serres obstinées
Refusent leur service ; un satyre odieux
Sur le rocher, la nuit, les avait enchaînées.

L'aigle, c'est le génie aux élans glorieux.
Souvent la pauvreté, riant de son extase,
Dans un réseau de fer tient ses membres liés,
Il a, comme l'oiseau qui s'éveille au Caucase,
Des ailes à la tête et des chaînes aux pieds.

L'ENFANT ET LES BOTTES DE SON PÈRE.

A MON PETIT LOUIS.

« Or, la lune dorait le pli des vagues bleues ;
 L'Ogre ronflait horriblement,
 Et le petit Poucet doucement, doucement,
 Lui prit ses bottes de sept lieues.
Chaque botte était fée et, par un enchantement,
De se rapetisser l'une et l'autre s'empresse,
Et Poucet en trois pas arriva chez l'Ogresse... »
Un tout petit enfant, jusqu'alors attentif
Au récit de Perrault, le conteur si naïf,

Interrompt brusquement sa mère.
« Je vais, dit-il, dès aujourd'hui,
Chausser les bottes de mon père,
Et je pourrai marcher aussi vite que lui. »
Sur une chaise il grimpe et dans la double gaine
Le voilà s'enfonçant jusqu'au milieu du corps.
Il fait pour avancer de stériles efforts,
Chancelle et tombe enfin. Le marmot avec peine
Se relève honteux, rougissant, interdit.
Sa mère à son secours s'élance, le rassure,
L'embrasse tendrement et souriant lui dit :
« Sache à ton pied, mon fils, mesurer ta chaussure. »

Vous voulez exhumer *Napoléon-le-Grand*,
Poucets impériaux ! De l'*Ogre* conquérant
Laisser dormir en paix les glorieux trophées.
Respectez sa sandale et ne l'essayez pas.
Une chute terrible attend vos premiers pas,
Car il n'est plus le temps des géans et des fées.

L'ORCHESTRE.

FABLE.

Deux amis, le premier pessimiste et railleur,
L'autre, rêvant pour tous un avenir meilleur,
Chaudement soutenaient leurs différents systèmes.
« Mon cher, vous poursuivez d'insolubles problèmes,
Dit enfin le sceptique ; il y faut renoncer.
De votre Eldorado nous devons nous passer.
Loin de vous confier aux mensonges d'un prisme,
Descendez au réel ; songez à l'égoïsme
 Qui tient les hommes divisés.
 Les voyez-vous, de caractères,
De vœux et de besoins constamment opposés ?
Comment associer ces éléments contraires ?
Tous les beaux résultats par des rêveurs promis,
Ce sont les fruits dorés du pays des chimères :
Je le crois comme vous, les hommes seront frères,
Mais toujours ils vivront en frères ennemis. »
 A riposter l'autre s'apprête,
Lorsque d'un grand concert l'affiche les arrête.
Ils prennent place. En ce moment,
 chaque instrument,
Sur tous les tons, à part, sans mesure, résonne ;
C'est un bruit, un vacarme à rendre les gens sourds.
Mais ce tohu-bohu n'épouvante personne :
Tout concert, on le sait, prélude ainsi toujours.
« Du chaos social je trouve ici l'emblème !
Dit notre pessimiste en reprenant son thème.

Le parallèle est peu flatteur,
Mais il offre l'attrait de la vérité même. »
Il parlait ; tout-à-coup l'archet régulateur
Soumet les instruments à sa loi fraternelle.
 Pas un ne s'y montre rebelle ;
Le rôle est à chacun sagement adapté.
Et le rauque clairon, et le haut-bois si tendre,
 Et la flûte au son velouté,
Ensemble ou tour à tour savent se faire entendre.
Depuis le violon, virtuose accompli,
 Jusqu'au triangle monotone,
A nul on n'imposa le silence et l'oubli.
 L'orchestre pleure, gronde, tonne ;
C'est l'amour, c'est la paix, la guerre, l'ouragan.
De cette immense voix, de ce foyer géant
L'harmonie en torrents roule et se précipite.
 Tout l'auditoire est enchanté,
 Et de bonheur tout cœur palpite.
« Ami, dit le croyant, de plaisir transporté,
Loin de vous désormais le doute et l'ironie :
Le contraste des sons a produit l'harmonie ;
C'est le tableau vivant de la fraternité,
Et l'unité naîtra de la diversité. »

LE DÉJEUNER A L'ÉCOLE.

Un usage bien doux régnait dans mon jeune âge :
Tous les jours, les enfants, munis de leur bagage,
Se rendaient à l'école, et, suivant la saison,
Sur une longue table ils versaient à foison
 Figues, raisins, gâteaux, fromage,
 Pains de maïs, de seigle, de froment.
Chacun, selon son goût, s'en donnait librement.
Les plus riches, pour tous, puisaient dans leur corbeille
Les débris délicats du souper de la veille ;
Et, si l'enfant trop pauvre à la communauté
 N'avait rien apporté,
On choisissait pour lui, sans blesser sa misère,
 Les morceaux les plus savoureux.
Comme nous nous aimions ! que nous étions heureux !
Aussi, chaque matin, le maître, à l'œil sévère,
Me voyait dans sa classe arriver sans retard,
Non pas pour les leçons, que je ne savais guère,
Mais pour le doux festin où tous nous avions part.
Depuis, lorsque je vois, anomalie étrange !
L'homme chez soi vivant, des hommes séparé,
Le repas somptueux pour ceux-ci préparé,
 Ceux-là n'obtenant, en échange
De leurs travaux, qu'un pain mal assuré,

D'autres, pâles de faim... cet aspect me désole!
Aux champs de l'avenir mon âme enfin s'envole,
Et se plaît à rêver pour toute nation
Les banquets fraternels, sainte communion,
 Qu'enfants nous faisions à l'école.

LA PAUVRETÉ, C'EST L'ESCLAVAGE.

Liberté, Liberté, mot sonore, doux songe
Que vingt siècles encore n'ont pu réaliser!
Si tu veux que ce mot ne soit plus un mensonge,
Peuple, c'est le travail qu'il faut organiser.
Tant que tu traîneras de rivage en rivage
Le boulet du mépris et de la pauvreté,
 Ne parle pas de liberté:
 La pauvreté, c'est l'esclavage.

— J'ai quitté ma chaumière et les champs pour la ville,
D'un favori des cours, je me suis fait laquais.
Je déplore parfois ma condition vile;
Mais j'ai toujours du pain dont souvent je manquais.
Si tu portes encor, dans un honteux servage,
Le sceau que t'imprima la domesticité,
 Ne parle pas de liberté:
 La pauvreté, c'est l'esclavage.

— Passant, je veux te rendre heureux; approche, écoute:
Daigne de ma misère avoir compassion.
J'avais faim, j'étais belle, et bientôt sur ma route
Un abîme s'ouvrit... la prostitution!
— O femme dont la honte a flétri le visage,
Femme qui pour tous biens as reçu la beauté,
 Ne parle pas de liberté:
 La pauvreté, c'est l'esclavage.

— Tu marches à côté de ce conscrit novice?
Grognard, dans tes foyers, je te croyais rendu.....
— Pour le fils d'un banquier, j'ai repris du service;
Hélas! c'est par besoin que je me suis vendu.
— Toi qui sous les drapeaux sers après ton jeune âge,
Homme trop généreux par un lâche exploité,
 Ne parle pas de liberté:
 La pauvreté, c'est l'esclavage.

Le pauvre, en ses haillons, sait bien qu'il n'est pas libre,
Lorsqu'il passe courbé près des riches hautains.
Seul le travail viendra rétablir l'équilibre
Entre les deux plateaux de nos divers destins.
Mais tant que Pauvre et Riche, en un duel sauvage,
Déchireront tes flancs, vieille société,
 Ne parle pas de liberté:
 La pauvreté, c'est l'esclavage.

<div align="right">PIERRE LACHAMBEAUDIE.</div>

Paris.—Imp. de Lacour, rue St-Hyacinthe-St-Michel, 33.

LES VEILLÉES LITTÉRAIRES ILLUSTRÉES

J. BRY AINÉ, ÉDITEUR, 21, RUE DES MATHURINS-SAINT-JACQUES

20 CENTIMES LA LIVRAISON

LA TRIBU INDIENNE
ou ÉDOUARD ET STELLINA
Par LUCIEN BONAPARTE

Dessiné par Ed. Frère. — Gravé par Rouget.

Le livre que nous offrons aujourd'hui à nos lecteurs est le début littéraire de LUCIEN BONAPARTE, ce singulier Bonaparte, esprit tout pacifique et tout aimable. Il fut primitivement tiré à trois cents exemplaires plutôt donnés que vendus. Ces rares exemplaires, qui étaient dans le commerce, furent retirés par lui plus tard. C'est d'ailleurs sous un patronage illustre que nous présentons ce livre. Bernardin de Saint-Pierre a eu longtemps le manuscrit entre les mains. Il relisait souvent Edouard et Stellina et disait qu'il voudrait en être l'auteur.

P. BRY.

L'HOSPITALITÉ.

Le vieux Milford, riche négociant de Plymouth, avait acquis des biens immenses par le commerce des Indes : son avidité croissant à mesure, il ne vivait que pour les augmenter.

Edouard, son fils unique, atteignait sa dix-huitième année. Soigneusement élevé dans la maison paternelle, retenu dans les bornes d'un comptoir, entouré dès son enfance de commis et de courtiers, il n'avait jamais entendu parler que de calculs, de chiffres ou de métaux; son attention ne s'était fixée que sur des ballots ou des échantillons; son cœur, comme son esprit, était fermé à tout ce qui n'était pas intérêt; et toutes les beautés de la nature, les chefs-d'œuvre des arts, les éléments des sciences, les orages délicieux des passions..... tout cela n'existait pas pour lui...

Il savait cependant les quatre règles d'arithmétique, connaissait de la géographie de l'Archipel indien tout ce qui était relatif au commerce de son père, et possédait assez bien la langue orientale des Malais, que l'on parle dans ces contrées. Le vieux Milford voyait avec ravissement son fils répondre à ses espérances; il souriait à sa stupidité : lorsqu'il parlait malais avec lui, ou bien qu'il lui désignait sur la carte la place de ses comptoirs, il croyait que son éducation était accomplie.

C'était une femme endormie.

Ce n'était ni un homme aimable, ni un honnête homme, ni un citoyen, mais un marchand qu'il avait prétendu former, et il avait lieu de s'applaudir de son ouvrage.

L'âme avide d'Edouard, par une bizarrerie ordinaire à la nature, était revêtue d'un corps de Ganymède. Une taille svelte, une figure régulière, une physionomie prononcée, le mettaient au rang des plus beaux hommes d'Angleterre.

Outre cette qualité si puissante par elle-même, Edouard était le seul héritier d'une fortune considérable. Il fut bientôt l'objet des regards langoureux et des avances séductrices de plusieurs beautés du voisinage. Déjà leurs agaceries commençaient à l'intéresser. Son père, craignant de perdre le fruit de ses soins, résolut de le faire partir sans délai. Il attendait avec impatience sa vingtième année pour lui faire entreprendre son premier voyage de l'Inde. Mais devançant dès lors le terme projeté, il prépara de suite un riche chargement pour Java. L'idée du départ de son fils unique n'affligea pas un instant le vieux Milford. L'espoir d'améliorer son commerce et d'augmenter ses trésors par la présence aux îles d'un correspondant fidèle, était bien autrement fort sur l'âme du marchand que les vulgaires sentiments de la nature!...

En peu de jours tout fut prêt.

T. I. 13

Le Bellérophon (1), chargé de productions européennes, était en rade; et le capitaine Rinéald, après avoir reçu tous les ordres qu'on voulut lui donner, n'attendait plus qu'Édouard pour mettre à la voile.

« Écoutez, mon fils, lui dit alors le vieillard : quoique très jeune encore, vous montrez de si louables dispositions, que je vous fais partir demain pour Java. Un de mes vaisseaux est prêt à vous recevoir. Rinéald, que vous connaissez, le commande. Vous trouverez à Batavia mon correspondant Vindek, Hollandais fort estimable et prodigieusement riche. Vous travaillerez avec lui une année, et vous prendrez ensuite le maniement de mes affaires. J'espère que vous suivrez ponctuellement les instructions que je vous ai données. En échange des denrées d'Europe dont votre vaisseau est chargé, vous m'enverrez des pierreries, des épiceries, des bois odoriférants, des racines et des herbes médicinales, du poivre et de l'indigo. Souvenez-vous, mon fils, que l'économie est la source des richesses ; vivez sobrement, amassez sans relâche, n'ayez point d'autre occupation. Défiez-vous surtout des femmes et des plaisirs qui renversent les fortunes les mieux établies ; et dans huit ou dix ans vous reviendrez en Angleterre, où vous serez puissant par les trésors que vous allez acquérir, et par ceux que mon industrie m'a déjà procurés. »

Édouard écoutait en silence : il quittait sa famille et son pays sans regrets. La perspective de l'or et des diamants entassés dans le comptoir de Batavia s'offrait à son imagination sous une forme attrayante. Il prit tous les renseignements, les comptes et les lettres de son père pour la maison Vindek, et le 20 d'avril à la pointe du jour, le Bellérophon s'éloigna rapidement des rivages de Plymouth.

Après deux mois d'une navigation heureuse, ils doublèrent, vers la fin du mois de juin, le cap Comorin. La chaleur avait corrompu l'eau du navire ; il fallait la renouveler, et plus de trois cents lieues les séparaient encore de Java. Le vieux Rinéald, qui connaissait parfaitement ces parages, se dirige alors vers l'île de Ceylan, et il ordonne au pilote de relâcher dans la petite rade de Bilao. L'équipage répond à cet ordre par des chants d'allégresse, et depuis le plus petit mousse jusqu'au plus vieux des marins, tous fixent les yeux avec complaisance sur la terre ferme qui s'approche. Les malheureux !...

Édouard, arrivé dans la mer des Indes, croyait n'avoir plus rien à redouter des caprices de la fortune. La vue de la pointe de l'Indostan et des îles Maldives avait porté dans son âme la joie de la sécurité. Il se faisait une fête d'aborder quelques heures au rivage, et d'y respirer cet air si pur, si délicieux après un voyage de long cours. L'île de Ceylan, vers laquelle cinglait le navire, se développait lentement devant lui, et semblait d'abord sortir avec modestie du sein de l'Océan, s'élever ensuite avec majesté sur la surface, et bientôt braver orgueilleusement les vagues écumantes. Les pitons sourcilleux et blanchâtres du pic d'Adam frappaient surtout les regards du jeune homme, peu accoutumés à ce sublime spectacle..... Le pic d'Adam, la plus élevée des montagnes des Indes, qui s'élance du milieu de Ceylan jusqu'aux nues, semble d'une part, dominer la mer indienne, et de l'autre, le golfe du Bengale.

« C'est là, dit le vieux Rinéald, qui riait de sa surprise, c'est sur ce mont que les Indiens prétendent qu'était le paradis terrestre, et on y montre encore avec respect les traces des pieds d'Adam. Voici bien la vingtième fois que je le salue en passant le séjour de nos premiers pères. Avant qu'il vous en arrive autant, jeune homme, votre menton aura blanchi. Mais passons cela, et puisque vous avez envie de connaître l'île où nous allons aborder, prêtez l'oreille à ce que je vais vous dire.

« Ceylan est la meilleure des îles indiennes, elle est encore plus riche que Java et Sumatra, où sont vos comptoirs. Les Portugais sont parvenus avec bien de la peine à s'établir sur la rive méridionale, où ils ont bâti le fort Colombo. Les habitants, appelés Singales, sont gouvernés par plusieurs rois ou itolars, dont le pouvoir n'est balancé que par les brames. Le plus puissant de ces rois est celui de Candy, à qui tous les autres sont soumis dans les moments de troubles. Mais la plus redoutable des tribus est celle des Ténadares ou Bédas, à qui appartient le pays de Colombo, et qui occupe toute la partie de l'île qui est sous vos yeux, depuis le rivage jusqu'aux sommets des montagnes. Les Bédas, qui se nourrissent avec le fruit du cocotier, s'habillent d'une étoffe grossière faite avec son écorce qu'ils nomment caros, et qui leur ceint le milieu du corps. Ils lancent fort bien la flèche ; toute leur industrie consiste à savoir merveilleusement fabriquer des poignards. Leur première passion est la haine des Portugais, sentiment qui prend source dans les longues guerres qu'ils ont essuyées de leur part. Voilà toutes les notions que l'on a sur leur compte : personne n'a la curiosité d'en apprendre davantage, parce que l'étranger qui tombe entre leurs mains n'en revient pas. On sait pourtant que, loin d'être anthropophages, ils sont bons et hospitaliers entre eux ; mais leur loi veut que tout

(1) Il est curieux de voir un Bonaparte mettre en scène le même Bellérophon de Plymouth qui devait, quinze ans plus tard, porter l'empereur à Sainte-Hélène. P. BRY.

Européen soit mis à mort, et ils sacrifient, dit-on, leurs prisonniers aux mânes de leurs ancêtres. Aussi, lorsque nous relâchons sur cette côte, nous nous gardons bien d'y rester trop longtemps.

« Quant aux productions de l'île, elles sont précieuses. Les cocos, les oranges, les limons y sont délicieux ; le bétail, les oiseaux y abondent. Le pays est couvert de forêts où se recueille la cannelle. Les diamants, saphirs, escarboucles, topazes, grenats y sont les plus beaux de l'Orient. On y fait une pêche abondante de perles ; les montagnes renferment beaucoup de mines d'or et d'argent. Mais on ne connaît encore que les peuples de Candy, de Taffana, de Patan au-delà du pic. Les implacables Bédas refusent toute liaison commerciale. C'est cependant cette partie de l'île qu'on croit renfermer le plus de trésors ; aussi les Portugais n'épargnent rien pour parvenir à les exploiter : jusqu'ici leurs invitations ont été aussi infructueuses que leurs armes. »

Rinéald finissait à peine, que déjà le navire abordait au rivage de Bilao. Près de là coulait une source d'eau vive, où il s'était désaltéré plus d'une fois. Il donne de suite l'ordre de l'approvisionnement, que l'équipage exécute avec ardeur.

Cette plage était déserte : à peu de distance s'élevait une colline couverte d'arbres semblables aux oliviers par leur hauteur et leurs fruits, et dont les feuilles approchaient de celles du laurier. Édouard, croyant reconnaître dans ces olives noires le fruit de la cannelle, gravit à grands pas. Il ne s'était point trompé : joyeux de la découverte, il poursuit ses recherches.

L'autre côté de la colline était couvert des mêmes arbres, et l'on voyait au loin des forêts de cocotiers. Puisqu'à ses premiers pas il avait découvert des fruits aussi précieux, pourquoi ne découvrirait-il pas des diamants et des pierres précieuses dans cette île qui en abonde ?... Il marche toujours devant lui ; mais le vallon ne lui offre que des eaux cristallines et des prairies émaillées de fleurs champêtres, dont l'air pompe et répand les parfums. Rien de brillant ne frappe ses regards, et ce n'est les pointes chargées de glaces du pic que le soleil dore de ses rayons mourants... Les cocotiers même, qui lui auraient offert un rafraîchissement désirable, paraissent fuir. La fatigue et la sueur l'arrêtent.

Il marchait depuis une heure, et en regardant derrière lui, l'espace qu'il a parcouru l'étonne. La colline de Bilao lui dérobait la vue de la mer : c'est alors qu'il s'aperçoit seul dans un vallon silencieux, et il retourne à pas précipités vers la colline.

Il arrive haletant au sommet, et jette un regard avide sur la surface de la mer. Le Bellérophon fendait les flots avec la rapidité de la flèche. Un cri de frayeur s'échappe du sein d'Édouard ; il se précipite au rivage... Quel tableau vient s'offrir à sa vue !... Les cadavres de ses compagnons étendus sur la terre, poussant encore les gémissements derniers !... Les traces de leur sang empreintes dans le sable, se mêlant aux eaux rougies de la source fatale ! Ses yeux égarés s'élèvent encore sur la mer, et ils aperçoivent à peine le vaisseau fugitif. Il demeure immobile ; mais des cris affreux le tirent de son assoupissement. Une troupe de Bédas, qui, frappant les airs de leurs chants de victoire, se retiraient vers les montagnes du midi, l'éclairent sur la fuite précipitée de son navire et sur les dangers qui le menacent... O fortune ! ô mon père ! s'écrie-t-il ; et il fuit désespéré loin du champ du carnage, et loin des terribles insulaires qui viennent de l'ensanglanter.

Il ne veut que s'éloigner, et il suit les bords de la mer. La nuit s'approchait, les vents impétueux de l'est amoncelaient les nuées menaçantes. Édouard ne voyait que des glaives et des sauvages, et les fantômes ailés de la nuit ne frappaient point ses yeux égarés. Cependant, la terreur et la fatigue l'avaient épuisé : il s'arrête près d'une roche où les flots se brisaient en écume.

Ses premiers transports se calment et le laissent en proie à une douleur qui, plus raisonnée, devient plus amère. Ses idées se portent sur la riche cargaison du navire, qu'il regarde déjà comme la proie de Rinéald. La perte de tant de richesses lui arrache des larmes. « Le Bellérophon traverse les mers, se dit-il, et il emporte tout mon or et toutes mes espérances : il arrivera sans moi au comptoir de Batavia, où la certitude de ma mort se répandra, et à mon arrivée tardive, Rinéald sera accueilli en Europe. Sans ressource, délaissé, je végéterai dans la misère à Java ; dans la misère ! au milieu des trésors qui m'appartiennent. »

Bientôt à cette crainte trop douce vient succéder une réflexion plus terrible. Comment jamais aborder à Java ? Comment sortir jamais des mains des Ténadares ? Cette idée l'accable malgré lui ; le mal qu'il vient de redouter lui paraît déjà le plus désirable des biens, il ne fait plus d'autres vœux que de pouvoir arriver chez Vindek, la pauvreté ne l'effraie plus, parce que la terreur et la faim l'environnent.

La nuit d'abord avait tout enveloppé de ses ombres : dans l'épaisse obscurité, à peine si l'on pouvait reconnaître les sinuosités du rivage. Mais insensiblement les ténèbres se dissipent, la lueur chancelante de la lune blanchit les cieux, se réfléchit dans la mer tranquille, et

se répand sur les sommités incertaines du pic et sur les forêts de cocotiers qui bordent l'horizon. Les vents se taisent, les nuages disparaissent, et la plus belle des nuits succède à la nuit la plus terrible. Ce changement subit de la nature offrirait-il au jeune homme de Plymouth un augure favorable?

L'infortuné n'y fut pas insensible. Avec l'obscurité sa terreur diminue, et le calme universel ranime son courage. Le besoin, qui le pressait depuis longtemps, était devenu impérieux. Résolu de le satisfaire, il s'achemine vers les arbres qu'il aperçoit dans le lointain: la crainte des Ténadares ne l'arrête plus, et la faim le rend intrépide.

Il parcourt le vallon où il s'était arrêté le matin. Les arbres qui portent la cannelle, et qui lui avaient paru si précieux, ne lui offrant pas de nourriture, lui deviennent insupportables: il arrache et foule aux pieds leurs fruits inutiles.

Le vallon se rétrécissait devant lui; la forêt qui en couvre l'extrémité s'approchait à mesure. Il avait reconnu les tiges arrondies des cocotiers, et il croyait déjà savourer leur fruit nourrissant... Espoir trompeur!... Les arbres, dépouillés de leurs cocos, ne donnent à Édouard qu'un regret de plus. Il cherche en vain, ses mains ne saisissent que de l'herbe ou des feuilles... Trop exténué pour prolonger sa course, ne sachant plus où la diriger, il se laisse tomber au pied d'un arbre écarté.

Sa mémoire lui retrace alors l'établissement portugais dont Rinéald lui avait parlé. Il sait qu'il y a quelque part dans l'île un fort nommé Colombo. Mais où est-il situé? comment y parvenir? et surtout comment vivre et éviter la rencontre des insulaires? Ces difficultés offraient mille périls à un jeune homme sans courage comme sans expérience; elles lui parurent insurmontables, et l'excès de son accablement lui donna le sommeil.

Le sommeil ne s'arrête pas longtemps près du crime ni de l'infortune. Édouard, après quelques heures d'un assoupissement pénible, se lève en sursaut: il se croyait entouré de Bédas.

Peu d'instants suffisent pour le rassurer. Tout était tranquille autour de lui. Sans doute les arbres de la forêt ne peuvent pas être sans quelques fruits; leur ombre épaisse le dérobe d'ailleurs à tous les yeux. Il peut attendre la nuit secourable pour regagner le rivage qu'il côtoiera jusqu'au fort Colombo.

Cette lointaine espérance le tranquillise. Il marche, tournant sans cesse autour de lui ses regards avides. Il ne sait où diriger ses pas dans les innombrables avenues. Mais le bruissement léger d'un ruisseau fixe son incertitude; ses bords moins stériles lui offriront peut-être des secours hospitaliers.

La forêt se terminait en cet endroit. Le jeune homme se trouve bientôt à découvert au milieu d'une vaste prairie qui longeait les bords du ruisseau. Le crépuscule naissant donnait à tous les objets des formes chancelantes et bizarres. Il croit apercevoir sur la rive opposée une foule de Bédas étendus sur la terre: quoiqu'ils lui paraissent endormis, leur attitude menaçante le glace de frayeur, et il se reproche son imprudence.

Des touffes d'arbres étaient disséminées çà et là dans la prairie, où la nature prévoyante les avait jetées sans ordre avec ce goût que l'art s'efforce en vain d'atteindre. Édouard tremblant, court vers la touffe la plus voisine, bien résolu de ne plus quitter pendant le jour l'ombre amicale qui peut seule le dérober aux dangers qui le suivent. Il arrive, écarte des deux mains les arbustes importuns qui s'opposent à son impatience, et s'abrite sous l'épaisseur d'arbres antiques qui lui sont inconnus, mais qui lui deviennent bien chers.

A peine il respirait sous cette épaisseur protectrice, qu'il aperçoit devant lui, sous un palmier, un être vivant... Sans doute, c'est une bête féroce ou un Ténadare. Cependant il ne fuit pas; pour la première fois de sa vie, il se sent du courage, il approche du palmier, il ose mieux fixer l'objet qui l'a frappé. Un second regard l'étonne, un troisième le rassure... C'était une femme endormie.

Une femme!... A cette vue, le fils de Milford sent naître dans son cœur le trouble si difficile à définir, si délicieux à éprouver... Il avance doucement pour ne pas troubler son repos. Les premières clartés du jour avaient pénétré les cimes touffues, et laissaient en proie aux regards du jeune homme presque tous les attraits de Stellina... Couchée sur une peau d'éléphant, sa tête repose sur un carquois; ses cheveux, aussi noirs et plus polis que l'ébène, sont noués en tresses irrégulières; un vêtement de toile des Indes, fixé sur son épaule gauche par un nœud de perles, dessine la forme d'un demiglobe, s'échappe vers la pente de l'autre qu'il n'ose pas couvrir, et se réunissent en écharpe au milieu du corps, descend jusqu'aux genoux en replis ondoyants. Le sourire du bonheur décèle, à travers les ombres du sommeil, l'innocence de la jeune fille, et respire dans tous ses traits. Cette figure enchanteresse... ce sein gracieusement arrondi... cette taille élancée couverte ici par un voile transparent, et là dans tout l'éclat de la nudité, tout remplit à la fois les yeux et l'âme du jeune homme... Il se prosterne, et un cri d'admiration lui échappe.

Ce cri réveille la belle Indienne. Elle voit le Portugais, et, plus prompte que l'éclair, se lève, saisit son arc, s'éloigne, ajuste la flèche, et présente la mort à l'audacieux... Lui se prosterne encore, et lève sur la beauté des yeux suppliants. « Oh! frappez, frappez; qui que vous soyez, j'accepterai la mort de vos mains sans me plaindre. »

Et il fixe sans crainte la flèche meurtrière. Il sentait que Stellina ne pouvait pas être son assassin.

L'expression pénible de ses traits, sa situation, et les paroles qu'il vient de prononcer avec l'accent de la douleur, frappent l'Indienne: l'éclair de la sensibilité part de ses yeux... Elle arrête sur son arc la mort de l'étranger.

« Pourquoi dans ces lieux, Portugais? Puisque tu parles la langue de ma tribu, tu viens sans doute de Colombo. Tu es sans armes, et tu parais malheureux. Je t'épargne, quoique je n'ignore pas que parmi vous on se fait un jeu de trahir et de tromper. Qui que tu sois d'ailleurs, ne sais-tu pas qu'ici la mort est réservée à l'Européen captif, et que les supplices les plus cruels sont le châtiment de celui qui a osé porter ses regards sur la fille de l'itobar ou du brame?... Fuis. Si tu étais surpris par les chasseurs qui près d'ici reposent, ton sort serait plus terrible que celui des bêtes féroces tombées hier sous nos flèches acérées. »

A ces mots elle s'éloignait. Édouard osa la retenir: « O vous qui régnez sans doute sur les Ténadares, ne m'abandonnez pas. Les rois comme les dieux doivent protéger la faiblesse. Il n'est plus pour moi de sûreté que dans vos secours. Je ne suis point Portugais. Parti de pays lointains pour aborder à Java, j'ai relâché hier sur vos rivages; la curiosité m'a conduit dans vos forêts. A mon retour, j'ai vu mes compagnons égorgés et mon navire fuyant vers la vaste mer. Depuis deux jours la faim me presse, et je cherche en vain de quoi la satisfaire; ne me refusez pas l'hospitalité pour un seul jour, défendez-moi de vos terribles insulaires; demain je chercherai sur la route du fort Colombo. L'Amour, que partout l'on adore, vous récompensera d'avoir défendu l'homme d'outre-mer qui n'offensa jamais ni vos ancêtres ni vous. — Si vous êtes insensible à ma prière oh! alors je vous conjure de finir mes tourments. Je ne quitte plus ces lieux. Frappez; c'est de vous que je veux recevoir le trépas. »

Il dit. La larme du désespoir roule sur sa joue décolorée, et il tend les bras à l'Indienne attendrie, qui le considère en silence. Chaque regard accroît les vœux de l'étranger souffrant lui inspire; en vain pense-t-elle aux moyens de le sauver. Quelques arbres seulement la séparent de ses femmes. Si une d'elles se réveille, c'en est fait de sa propre gloire et des jours de l'infortuné. La loi condamne aux flammes dévorantes quiconque accorde un léger secours à l'homme d'outre-mer. Elle croit entendre son vieux père, le respectable brame, les chefs de la tribu, tout entière lui ordonner d'être inflexible et de fuir... La nature plus forte que les préjugés l'arrête. Elle ne peut point se résoudre au barbare sacrifice que l'on nomme devoir; ses yeux, mouillés des pleurs de la pitié, se fixent encore sur le jeune homme défaillant... Une puissance irrésistible l'entraîne auprès de lui. Elle le relève, le rassure, sort doucement de l'enceinte des palmiers, et lui fait signe de se taire et de la suivre.

Édouard croit renaître. Il retrouve ses forces pour voler sur les pas de la généreuse Stellina, qui fixait de temps en temps ses regards inquiets sur les bords de la Sanga, où reposaient les Bédas chargés de veiller à sa sûreté. Elle les aperçoit couchés sur l'herbe; les fatigues d'une course de plusieurs jours les avaient accablés; tous dormaient profondément.

Après une marche courte, mais précipitée, elle se trouve dans l'épaisseur de la forêt, et montre au jeune homme une grotte couverte de mousse que les arbres touffus laissaient à peine entrevoir. Ils approchent. Le murmure léger d'une source d'eau vive interrompait seul le silence qui l'environnait, et les rayons du soleil naissant s'efforçaient en vain de pénétrer l'enceinte mystérieuse.

« Étranger, dit Stellina, voici la grotte de l'hospitalité; jamais mortel n'osa pénétrer dans ces lieux. C'est ici que viennent se baigner les femmes de l'itobar; et l'épouse et les filles du triste Ditulan ont péri atteintes par le feu destructeur des Portugais, et seule je lui tiens lieu de toute sa famille, moi... qui visite aujourd'hui ces lois les plus sacrées en osant ici te donner un asyle. Mais le grand Brama me voit et m'entend. Tu étais seul; désarmé, mourant de faim... j'ai voulu te sauver. Puissé-je, un jour ne pas pleurer sur le sentiment que m'ont inspiré tes douleurs!

Je te donne jusqu'à demain pour réparer tes forces. Les cocos nourrissants, les albâtres aux fruits rouges ciselés, les sagous farineux t'environnent, et l'eau désaltérante est près de toi. — Demain, à l'entrée de la nuit, tu t'achemineras vers le rivage: on le suivant sur ta droite, avant trois jours tu seras chez les Portugais. — Adieu, bon étranger, j'ai désobéi à mes Dieux pour te sauver la vie. — Au-delà des mers, souviens-toi de la fille de Ceylan. »

Elle s'éloigne. Le bruit des cors guerriers lui avait annoncé l'inquiétude de ses amis. Elle traverse la forêt d'un pas rapide, et rejoint ses femmes alarmées.

Quoique ce jour ne fût pas le dernier de ceux qu'elle destinait à

la chasse, son âme attendrie, troublée, avait besoin de repos. Elle donne de suite le signal du retour. Elle espère trouver des renseignements sur l'incursion de Bilao ; peut-être elle apprendra quelque chose sur l'étranger dont l'image ne la quitte pas... Elle sait que plus d'un Européen a péri sur le rivage, et que d'autres sont tombés vivants dans les mains de la tribu. Ceux-ci vont expirer dans les flammes suivant la terrible coutume des Ténadares. Cette idée lugubre excite en elle le frémissement de la pitié : son âme qui vient de secouer le joug de la barbarie, est pleine encore de la douceur que donne la bienfaisance ; une foule de sentiments nouveaux l'agite ; elle s'étonne d'avoir vu de sang froid jusqu'alors le supplice des étrangers, et ne pense qu'avec horreur à celui qui s'apprête. Humanité sainte ! tu deviens aujourd'hui la divinité de Stellina ; et vous, prêtres de l'Indostan, vous ne régnez plus seuls sur la fille de l'itobar.

Plongée dans sa rêverie, elle marchait en silence vers la colline de Ténor. Ses femmes étonnées l'observaient, et se regardaient entre elles, vainement elles épiaient le sourire accoutumé. Stellina ne pensait qu'à délivrer des flammes les compagnons d'Édouard. « Oui, se disait-elle, je les sauverai. L'Amour que partout l'on adore me récompensera d'avoir défendu l'homme d'outre-mer qui n'offensa jamais ni mes ancêtres, ni moi. Il disait bien, ce beau jeune homme : certes, ni lui, ni ces compagnons ne sont Portugais ; et notre cruauté doit finir avec notre ignorance. »

Telle était sa pensée : elle s'approchait de Ténor, et les masses énormes de pierres élevées sur le penchant de la colline lui annonçaient la demeure des itobars.

※

LE SACRIFICE.

La ville de Ténor renfermait la plus grande partie de la tribu. Elle était composée d'un amas de cabanes, au milieu desquelles s'élevaient deux édifices formés par des pierres entassées à une hauteur prodigieuse : le plus vaste servait de temple aux dieux et de palais aux prêtres, et le peuple s'y rassemblait dans les jours de solennité ; l'autre était la demeure des itobars.

Les insulaires qui n'habitaient point la ville occupaient quelques hameaux épars sur les coteaux d'alentour. Tous possédaient plus d'arbres qu'il n'en fallait à leurs besoins, et ce que les Portugais appelaient trésors leur paraissait inutile : aussi ne s'en servait-on parmi eux que pour orner les rois et les idoles.

Ils étaient soumis depuis des siècles à la même famille. Le vieux Ditulan, qui régnait encore, avait pendant vingt années combattu sans relâche ; il ne respirait en paix que depuis peu de temps. Sa femme et tous ses proches avaient péri sous les coups meurtriers, et Stellina était l'unique soutien de sa vieillesse ; Stellina !... la plus belle des filles de Ceylan, l'espoir de la tribu, l'amour des plus fameux Ténadares.

Lorsque la guerre menaçante appelait les Singales sur les rivages portugais, la ville restait déserte, et les dieux et leurs ministres, abandonnés à eux-mêmes, étaient presque oubliés. Mais avec la paix, l'oisiveté ramenant les pratiques religieuses, les brames reprenaient toute leur force, et quelquefois ils portaient l'audace jusqu'à s'opposer aux lois du prince.

Ils vivaient ensemble dans l'enceinte du temple : au lieu du vêtement de caros, ils portaient des tuniques de lin travaillées à Candy, pour lesquelles ils donnaient en échange des perles et de la cannelle. Leur chef avait plein pouvoir : ils avaient seuls le droit de le choisir. Déli, dans la force de l'âge, était alors revêtu de cette dignité suprême. Il n'avait rien oublié de ce qui pouvait le rendre une considération que de longs troubles avaient affaiblie. Pour y parvenir, il avait eu soin d'étudier les passions des Bédas, qu'il savait flatter avec adresse ; bien persuadé que s'il devenait cher à la multitude, il redeviendrait puissant.

Depuis des siècles, l'usage et la loi voulaient que les prisonniers trouvassent la mort sur le champ de bataille, où leur sang se mêlait à celui qu'on venait de répandre les armes à la main. Au commencement de sa puissance, Déli s'aperçut qu'une guerre cruelle ayant exaspéré tous les cœurs, la haine avait redoublé d'activité. Habile à profiter de tout, il trouva le droit d'immoler, il fit parler les dieux, et obtint que désormais tous les captifs seraient envoyés pour être ensuite sacrifiés au milieu de la tribu réunie, en présence des initiés, qui, dans ces beaux jours, se montraient rayonnants de gloire et brillants de tout leur éclat.

Depuis cette époque, plus de cent Portugais avaient péri dans les flammes, après avoir longtemps souffert dans le temple. Le peuple se plaisait à voir ces supplices solennels souvent renouvelés. Quelques guerriers généreux voyaient bien avec peine les lâches qui fuyaient ces combats assassiner à leur gré les ennemis vaincus, et préférant aux lois nouvelles l'antique usage, ils donnaient une prompte mort aux Européens sur le champ de bataille ; mais leur indignation n'osait pas éclater dans l'enceinte de Ténor, où ils gardaient un silence craintif devant les prêtres devenus chers à la foule avide de cruauté.

Le vieux Ditulan ne respirait que vengeance, les gémissements des prisonniers ne touchaient point son âme brisée par ses propres douleurs : il abandonnait le soin de gouverner à l'ambitieux Déli, qui profitait de sa faiblesse.

Stellina jeune et timide, démêlait à peine ses sentiments secrets. L'époux qu'elle devait choisir était le successeur de son père, des amants nombreux adoraient en elle la puissance et la beauté. Les brames prévoyants l'entouraient de leurs séduisantes caresses. Elle donnait peu de temps aux amants et aux brames ; mais elle parlait à toutes les jeunes filles de Ténor, les visitait souvent dans leurs chétives cabanes, écoutait volontiers les longs récits des vieux Bédas et les conseils de leurs femmes ; et chacun de ces bons habitants avait pour elle une affection de père. Quelquefois elle essayait ses forces et son adresse en poursuivant les bêtes féroces ; et tous se disputaient le plaisir de la suivre et de veiller à sa défense.

Ainsi les brames et Stellina remplissaient les loisirs d'une paix trop longue.

Telle était la situation de la tribu au moment où le Bellérophon vint relâcher sur ses rivages. La rade de Bilao se découvrait du village de Fétan placé sur les bords de la Sanga ; Fétan, où se forgent les poignards aigus, les traits homicides et les massues ferrées. L'île entière n'avait point d'hommes plus courageux, ni plus féroces. Riamir était leur chef ; et parmi les guerriers qui prétendaient à la main de Stellina, aucun ne pouvait se vanter d'avoir immolé plus de Portugais. — A peine le navire fut-il aperçu, que plus de cent d'entre eux descendirent vers les bords de la mer. Les mains éprouvantées se jetèrent dans les flots. Plusieurs atteints par les flèches meurtrières, furent renversés sur le sable ; et trois passagers, ne sachant où fuir, restèrent à la merci des Ténadares. Ils crurent toucher à la fin de leur vie lorsqu'ils se virent dans les mains de ces sauvages demi-nus, qui poussaient des hurlements de joie. Mais les prisonniers appartenaient aux brames ; et Riamir, suivi de quelques-uns des siens, se chargea lui-même de les conduire.

Ils se trouvèrent près de la ville au commencement de la nuit. Chaque famille était déjà retirée dans sa demeure. Soudain les cors font retentir les airs de sons redoublés ; leurs accents belliqueux présages d'un grand événement, portent dans tous les cœurs le trouble de l'incertitude : le sapin huileux, allumé de toutes parts, éclaire la colline ; la multitude couvre la place publique située entre les palais de l'itobar et de Brama.

Le vieux Ditulan s'alarme : il regrette de n'avoir pas auprès de lui sa fille chérie. Ses amis l'environnent. Tous les yeux se tournent du côté du midi, par où les Bédas de Fétan gravissaient à Ténor. Riamir, au front superbe, arrive aux pieds de l'itobar, et lui annonce l'incursion de Bilao et les trois prisonniers qu'il amène. Ce bruit se propage, mille cris de joie se répètent, la foule se précipite sur les pas des étrangers... et le temple s'ouvre aux victimes.

Ditulan ordonne que l'on prépare à Riamir un lit près du sien. Des peaux d'éléphants et de tigres alternativement posées sur des rouleaux de caros, sont étendues sur le pavé pierreux, et des fruits sont offerts au convive. Lui s'assure d'abord si tous les siens sont recueillis sous le toit hospitalier, et il s'assied auprès du vieillard.

Le vieillard voyait avec prédilection le chef de Fétan : son audace, le nombre de ses amis, surtout sa haine implacable contre les usurpateurs d'Europe, le mettaient à ses yeux bien au-dessus de tous ses rivaux. Ils s'entretinrent quelques instants de l'absence de Stellina, et se livrèrent au sommeil.

Depuis la fin de la guerre, les brames n'avaient point eu de prisonniers. Altérés de sang, ils craignaient que la rareté de leurs cérémonies n'affaiblît les impressions qu'ils avaient su donner à la tribu, et ne finit par les rendre méprisables. A la vue des trois Anglais ils sourirent, et le fougueux Déli, impatient de ce nouveau spectacle, ordonna que dans la nuit même on préparât le bûcher. — A sa voix, des initiés armés de haches se répandirent dans la forêt sacrée, où ils abattent les arbres nécessaires à la solennité ; d'autres préparent le temple et ornent la statue de Brama de pierres étincelantes ; ceux-ci dépouillent les palmiers de leurs feuilles allongées, et tressent les guirlandes mortuaires ; ceux-là disposent, au milieu de la place publique les bois abattus, et apprêtent les torches funèbres... et, on se livrant à ces soins, ils pensent avec délices au jour qui va luire, et se félicitent mutuellement de leur religieuse activité !...

Au lever du soleil des brames parcourent la colline ; ils appellent les Bédas par les sons aigus du zenda. Cet instrument sacré ne sortait du temple que dans les jours de la vengeance ; ses cris déchirants, que l'on n'avait pas entendus depuis une année, répandent

partout la terreur. La foule accourt, et se presse autour de la place publique comme les flots de l'Océan soulevés par le vent du nord.

L'itobar est assis devant le bûcher ; la pourpre éclate sur sa longue robe, sa tête est couverte de mille plumes entrelacées de saphirs ; la mort respire dans tous ses traits, et les ombres de sa femme et de ses fils s'agitent à ses côtés.... Derrière lui, Riamir et les chefs des guerriers debout s'appuient sur leurs pesantes massues. Le temple entr'ouvert laisse voir dans l'éloignement l'idole, et vis-à-vis, sur un siège circulaire, est le grand-brame ; une longue ceinture de pierres précieuses l'enveloppe à plusieurs reprises, son front est ceint d'un bandeau sacré, ses yeux immobiles sont fixés vers le ciel. Les initiés qui l'environnent semblent, dans leur impatience, accuser la lenteur du sacrifice. — La multitude les regarde en silence... écoute... et, saisie de crainte, elle adore les dieux.

Déli se lève, et d'un ton inspiré :

« Peuple de Ténor, tes ancêtres habitaient le pays de Colombo : là ils vivaient heureux et tranquilles, lorsque des hommes féroces, venus d'au-delà des mers, descendirent sur leurs rivages.

« Le père du puissant itobar leur donna l'hospitalité, et ils lui donnèrent la mort...

« Possesseurs du feu meurtrier, ils se rendirent maîtres de Colombo, détruisirent les temples, brisèrent les statues des dieux, et firent expirer dans des tourments qui te sont inconnus, le sage Bisnagar, le ministre et le confident de Brama.

« Ils te poursuivirent depuis dans tes montagnes, qu'ils ont mille fois baignées de ton sang...

« Vengeance, peuple de Ténor, vengeance ! Le siècle de l'épreuve va finir, et le ciel n'est plus courroucé contre toi.

« Hier les flots ont jeté les Portugais sur tes côtes, et leurs corps, étendus sur le sable de Bilao, sont la proie des oiseaux de la nuit.

« Trois ont échappé à la flèche parce que Brama les destinait au bûcher...

« Ténadaras, réjouissez-vous, et adorez Brama. Bientôt de retour à Colombo, vous pourrez couvrir de fleurs les tombes de vos ancêtres !

« Et vous, enfants du temple, amenez les victimes, couronnez leur front de guirlandes, et accomplissez le sacrifice. »

Déli se tait, et les échos plaintifs répètent sa dernière parole. On eût dit que les ombres, éparses dans les vallées silencieuses, répondaient au prêtre par un gémissement prolongé.

Les enfants du temple amènent les victimes, et couronnent leur front de guirlandes. Elles poussent en vain des cris de douleur ; les sons du zenda les étouffent.

Alors les deux initiés qui gardent le feu sacré sortent du temple la torche à la main : ils se prosternent, et la remettent au grand-brame. Lui, inflexible comme la mort, s'avance. Déjà les trois Européens sont traînés auprès du bûcher pour le recevoir, lorsqu'un bruit confus s'élève vers le midi. Tous les yeux se tournent de ce côté... Le bruit augmente comme le souffle du vent qui pénètre dans la forêt... Les brames étonnés entourent les captifs... Le zenda se tait. La foule se partage... et Stellina paraît, s'élance, écarte les initiés, saisit les captifs, et s'écrie :

« Amis, ce ne sont point des Portugais ! »

Le tumulte qui s'élève couvre sa voix. Les prêtres frémissent, l'itobar et les guerriers se précipitent auprès d'elle... Le peuple incertain la considère avec joie, et toutes les langues répètent : « Ce ne sont point des Portugais. »

Le vieux Ditulan ordonne le silence, et il parle à sa fille d'un ton sévère. — Elle croit voir dans chacun des trois Anglais l'image du jeune homme de la grotte... Son audace se ranime ; elle embrasse les genoux de son père :

« C'est pour apaiser, lui dit-elle, les mânes de nos aïeux que la loi condamne tout ennemi prisonnier ; mais elle ne veut pas la mort de l'homme d'outre-mer que l'Océan jette sur nos rivages, et qui ne nous offensa jamais. — Haine, haine éternelle aux tigres de Colombo, qui, depuis un siècle, entretiennent parmi nous le deuil et la douleur. Bédas, reprenez vos armes ; volez au rivage, et envoyez aux brames de nombreuses victimes.

« Mais où est la gloire à se rendre maître du faible déjà vaincu par la tempête ! Le lâche seul frappe l'homme qui n'a pas combattu ; et il n'est point de lâches parmi les Ténadaras. »

« Amis, continue-t-elle en se tournant vers le peuple qui l'écoute, Brama est tout-puissant, et ses ministres sont justes. Ces trois infortunés ne sont point Portugais ; ils n'ont jamais été nos ennemis ni ceux de nos pères : donnons-leur la vie et l'hospitalité ; et demain qu'on les conduise au port de Colombo où ils diront aux usurpateurs que nous ne sommes pas comme eux impitoyables. »

Stellina, en finissant, se jette aux pieds de Déli pour lui demander la grâce des captifs. — Lui,... furieux comme le vautour à qui sa proie va échapper, répond d'une voix tonnante :

« Audacieuse, qui t'assure que les captifs ne sont point des Portugais ? Et qui t'inspire le dessein de les arracher à Brama qui les attend ? Ne sais-tu pas qu'ils viennent d'au-delà des mers, parce que les dieux ont fixé la fin de leur vie sur la place de Ténor ? Hier la tempête n'agitait pas l'Océan.., l'Océan était tranquille.... Mais Brama voulait des victimes, et rien ne peut résister à sa volonté.

« Audacieuse, sans les vertus de ton père, j'appellerais la foudre sur ta tête. Eloigne-toi, et ne parais dans le temple qu'après avoir expié le crime que tu viens de commettre. »

Il dit, repousse du pied la fille de l'itobar, et lui arrache les prisonniers. Elle, abandonnée, perd l'usage de ses sens. Son père la soutient dans la baigne de ses pleurs. Riamir, à la vue de celle qu'il adore, frémit de colère contre le prêtre insolent, et rassemble autour de lui ses amis... Le peuple tremble. Mais la vue de Stellina défaillante excite un murmure d'indignation qui fait pâlir les initiés..... L'intrépide Déli voit le péril, et le brave. Il ranime d'un regard le courage des brames, qui déjà soulèvent les victimes...

Alors, terrible comme la tempête, Riamir s'élance au milieu de la place, suivi des cyclopes de Fétan. Il arrête les victimes soulevées, brise leurs liens, les pousse au pied de l'itobar, et l'œil plein de rage :

« Fût-ce le grand Brama, dit-il, ces trois hommes m'appartiennent, et je les donne à Stellina. »

Et il agite dans les airs son énorme massue ; et les prêtres, tremblant devant lui comme devant le génie de la mort, fuient et se précipitent dans le temple, dont ils ferment la multitude ; et la multitude, frappée d'étonnement, se presse autour de Stellina qui lui sourit, serre dans ses bras les captifs moribonds, et rentre avec eux dans le palais, suivie des chefs des guerriers.

Cette scène avait affligé le respectable Ditulan. Il ordonne à tous les vieillards de la tribu de se réunir, afin d'apaiser des troubles qui viennent d'éclater.

Le peuple, inquiet, partagé, attendait sur la place publique. — La réunion fut nombreuse. Stellina arracha des larmes aux cœurs les plus durs. Riamir, fier d'avoir seul défendu son amante contre tous, fit retentir le palais des accents de l'imprécation, et il donna trois fois aux prisonniers le baiser de l'hospitalité. Termor, Mélut, Onémo, Cosmoë, las du joug des brames, le justifièrent. Les vieillards, en approuvant la liberté des Anglais, voulurent que les dieux fussent apaisés. Ditulan se rangea de leur avis, et il adressa ces mots à Riamir :

« Après avoir pris ces trois captifs à Brama, tu les lui as enlevés, et tu l'as menacé lui-même !...

« L'outrage fait à Stellina a excité dans ton cœur une juste indignation, et tes transports n'ont plus connu de bornes.

« Que les captifs soient libres, mais que Brama soit vengé.

« Avant la fin du jour, rends-toi dans le temple, et promets au grand prêtre le sang des trois Portugais qui tomberont les premiers dans tes mains.

« Et après avoir fait ta promesse expiatoire, guide toi-même les étrangers jusqu'au rivage de Colombo. S'ils demeuraient plus longtemps parmi nous, leur présence serait un outrage continuel aux dieux que nous servons. »

Un murmure d'approbation interrompit Ditulan. Le superbe Riamir se soumit à l'ordre du père de Stellina. Il sort du palais avec ses guerriers, et annonce au peuple qu'il va offrir à Brama une promesse expiatoire. Le peuple, en lui répondant par des cris de joie, le suit au temple.

Le grand-brame hésite ; mais il connaît l'humeur altière du chef de Fétan : il sait que seul avec ses amis il peut tenir tête à la tribu tout entière. Cette considération le décide, et l'hypocrite compose ses traits, où éclate une céleste douceur, s'assied aux pieds de la statue étincelante, et fait ouvrir les portes sacrées.

Les initiés, rangés sur deux files, ouvrent un passage à Riamir, dont le regard menaçant les épouvante encore.

« Ministre de Brama, dit-il, si j'ai arraché trois victimes au dieu que tu sers, je promets de te livrer sous peu de jours six Portugais, que j'amènerai moi-même jusqu'au pied du bûcher. »

Déli lui annonce la faveur des dieux et l'oubli de ses transports, et le peuple croit que la discorde a disparu ; comme si les prêtres savaient pardonner !

Riamir sort du temple avec la foule qui se sépare. Il prend congé de l'itobar et de sa fille, et retourne à Fétan, suivi de ses guerriers et des trois Anglais qu'il ramène en triomphe.

L'ORACLE.

La situation pénible où la jeune Indienne s'était trouvée pendant le sacrifice avait épuisé ses forces : la nuit qui survint la trouva dans les bras du sommeil. Les trois captifs qu'elle avait délivrés et le jeune homme de la grotte vinrent tour à tour s'offrir à sa mémoire. Mais dans peu les captifs s'effacèrent, et le jeune homme resta seul maître de ses sens..... L'Amour, qui se cache souvent sous les traits de la pitié, dès qu'il se sent assez de force, jette au loin le masque qui le défigurait, et son regard malin et son sourire amer annoncent son audace et sa victoire. L'enfant céleste avait pénétré dans l'enceinte des palmiers avec Milford ; il avait dicté à Riamir ses imprécations sacrilèges ; et tout joyeux encore de la défaite de Brama et de la peur qu'il venait de faire à ses ministres, il s'était couché près de la fille de l'Itobar.

Il dépose son carquois près du sien, la serre dans ses bras caressants, et ses lèvres enfantines impriment un baiser sur les lèvres demi-closes de la belle endormie ; puis, à demi penché sur elle, il épie l'effet de ses étreintes..... Soudain le feu qu'il vient d'allumer circule : les joues, le sein, le front de Stellina se colorent d'un vif incarnat..., un léger frémissement agite tout son corps... un soupir convulsif lui échappe.

« Elle est à moi, dit l'Amour en souriant de plaisir, elle est à moi : bientôt j'achèverai ma conquête. » Et il enivre de nouveau la jeune fille de mille sensations voluptueuses et prolongées...

Le lendemain, le souvenir de son rêve l'occupe ; sa tête et son cœur sont remplis de l'image d'Édouard. Craignant qu'il ne soit parti pour Colombo, elle se reproche de lui avoir donné cet ordre rigoureux. Puisqu'il ignore la route, sa marche ne peut être que lente. Les guerriers de Fétian, qui doivent conduire les captifs, peuvent le rencontrer..... La seule idée de cette rencontre fatale lui inspire une terreur insurmontable ; et Riamir, qu'elle avait vu jusqu'alors avec indifférence, lui devient le plus odieux des mortels.

« Si Brama réprouvait ma sensibilité, aurais-je pu défendre les captifs contre ses ministres ?..... La vue de l'étranger m'aurait-elle inspiré des sentiments si doux ? La nuit m'eût-elle offert d'aussi riantes images ? Oh ! non, j'irai ; je le retiendrai dans la forêt, jusqu'auprès de Riamir ; je lui apprendrai la délivrance de ses amis. — Il sourira, sans doute, et il me devra sa gaîté..... Si je le laissais partir aujourd'hui, mon hospitalité deviendrait meurtrière. »

La veille, à peine elle avait osé fixer Édouard ; mais un moment suffit pour développer des événements prescrits par la destinée. La plus belle des filles de l'Indostan devait être la victime d'un marchand de Plymouth. — L'Amour, aveugle comme la Destinée, dispense au hasard le plaisir et l'amertume... Tour à tour bienfaisant et assassin, il renverse le matin le bûcher de Ténor, et le soir il prépare celui de Stellina. Quelquefois il se plaît à épuiser sur nous la coupe du bonheur..... et quelquefois la mort et la destruction deviennent ses hochets : le mouvement de ses ailes ébranle la terre, et les peuples aussi bien que les hommes sont le jouet de ses caprices.

Édouard, en sûreté dans la forêt, peut enfin satisfaire la faim qui le presse ; les sucs nourriciers lui rendent toute son existence. L'image de sa libératrice n'est pas sortie de sa mémoire ; mais ses regrets l'occupent plus vivement. La boisson délicieuse renfermée dans les fruits qu'il vient de dévorer n'a point apaisé la soif de l'or qui le consume... Il pense à l'avenir, et s'afflige. Cependant les attraits de Stellina s'offraient à sa pensée ; ils interrompaient souvent ses calculs et suspendaient sa tristesse. Un espoir inattendu naît dans son cœur, et son imagination docile s'y livre avec transport.

« Pourquoi partir ? La fille d'un prince indien m'a sauvé du trépas : maigré ses dieux, elle m'a donné l'hospitalité. Peut-être le reverrai. Si je devenais son ami, que de trésors je pourrais acquérir ! L'or et les diamants qu'ici l'on méprise me seraient par elle prodigués. Lorsque tous mes vœux seraient remplis, je me rendrais à Colombo. Mes richesses seraient bientôt réalisées... Sans regretter mon comptoir de Batavia, je retournerais à Plymouth..... Peut-être la beauté va me ramener à la fortune par le chemin des plaisirs. »

Cette pensée électrique l'agite ; il se retraçait la belle Indienne endormie sous le palmier, il se rend compte de tous ses charmes.....

Le repos avait ranimé ses forces, les fleurs de la jeunesse avaient reparu sur ses joues, naguère flétries par la souffrance : la volupté brillait dans ses regards...

Il observe, avec un sentiment nouveau pour lui tout ce qui l'environne. Il trouve le gazon riant ; il admire les fruits rouges de l'albâtre entrelacés avec les petites fleurs du myrte, et les hautes tiges des sagoux qui s'élèvent derrière les arbustes comme une seconde enceinte, et qui semblent elles-mêmes s'abaisser devant les tiges plus hautes des cocotiers superbes ; avec délices il promène sa vue sur cet amphithéâtre de verdure... Tout-à-coup il croit entendre le froissement de l'herbe foulée par des pas rapides : il se lève, s'avance jusqu'à l'entrée de la forêt, prête l'oreille, et retient son haleine sans pouvoir retenir les battements redoublés de son cœur.

Les arbres croisés lui offrent et lui dérobent successivement un objet incertain, comme pour se jouer de son impatience. Déjà il oublie ce qu'il doit à leur ombre protectrice. Cependant le taillis couvert ne cache un moment Stellina que pour la rendre de plus près à son regard avide... il précipite ses pas, et ne s'exprime que par son silence. Elle sourit ; mais bientôt les traits du jeune homme lui rappellent toutes les douceurs de son rêve..... Son front se colore..... ses yeux timides ne savent plus où se fixer..... et la grotte lui sert de refuge.

Là, elle parle à Édouard d'une voix faible qui décèle le trouble de ses sens ; elle lui annonce que de nouveaux périls le menacent, et qu'il ne peut point quitter la forêt jusqu'au retour des Bédas qui mènent à Colombo ses trois compagnons.

« Bon étranger, que ce retard ne t'afflige pas ; je prendrai soin de tes jours, je veillerai à ta sûreté ; quand il sera temps, je te guiderai moi-même jusqu'au mont Argias, d'où se découvre le premier fort des Portugais. En attendant le jour de la délivrance, que mon amitié tienne éloignées de toi la crainte et la douleur. Puisque j'éprouve tant de plaisir à te consoler, tes chagrins ne sont-ils pas adoucis par l'intérêt qu'ils m'inspirent ? »

Milford l'entend, et les douces inflexions de sa voix pénètrent son cœur. Il ne pense plus aux richesses de Ténor ; les projets qu'il a formés s'évanouissent, son avidité sommeille, et les charmes de la jeune fille sont aujourd'hui les seuls trésors qu'il convoite... Souvent le désir emprunte le langage de l'Amour ; et, semblable à l'éclair dans la nuit profonde, le sentiment quelquefois embrase l'âme la plus vile.

« Oui, ta présence, en adoucissant mes chagrins, me fait oublier tout ce qui est au-delà des mers ; mais ton absence me laisse aux regrets et à la solitude. Les songes, il est vrai, près de moi te ramènent ; mais leurs douces illusions ne durent pas toujours, et je ne sens que plus vivement l'amertume du réveil ! O la plus belle des filles de l'Indostan, la pitié, ton retour, et la rougeur et ta voix tremblante t'annoncent qu'il existe pour moi comme en Europe l'Amour à des autels... Mon existence est un mystère... Ne me quitte plus, ou du moins viens ici tous les jours. Nous partagerons le même fruit, nous nous aimerons ; et si nous ne pouvons pas vivre ensemble parmi les Ténudares, je resterai toute ma vie dans la grotte de l'hospitalité. Sans tes secours généreux, je ne serais plus. Eh bien ! je ne veux plus être que pour toi. J'oublie tout, et je rends grâces au Belléphoron qui m'a laissé sur la rive, et à la faim dévorante qui m'a conduit au palmier. »

L'Indienne assise écoute la tête baissée : chaque parole accroît la flamme allumée dans son cœur. — Ainsi la fleur naissante se penche d'abord au souffle du zéphyr ; mais le souffle amoureux pénètre dans le sein de la rose, et les feuilles développées livrent le sein de la rose aux baisers du zéphyr.

Le jeune Milford l'observe : son silence, la légère obscurité qui précède la nuit l'encouragent ; il couvre de baisers sa main tremblante, qu'il porte sur son cœur... On ne lui résiste que par des soupirs... Ses lèvres altérées se posent sur son sein... Alors Stellina retrouve ses forces ; elle retire sa main, le repousse, et sort de la grotte qui n'a pu lui servir de refuge... Le carquois et les flèches y restent délaissés...

Édouard la suit ; mais un regard de colère, faible effort de la pudeur expirante, le retient. Elle croit pouvoir quitter l'enceinte : après avoir cherché l'issue, elle se retrouve encore auprès du jeune homme. Il veut s'excuser... Un sourire l'arrête, et elle s'exprime en ces termes :

« Depuis hier, Milford, je ne suis plus la même, et sans doute le changement que j'éprouve est la punition de mon impiété : j'évite les regards et la voix d'Émora, je ne puis supporter ceux de mes compagnes, et l'approche des chefs qui prétendent à ma main me fait horreur... Indifférente et tranquille, je regardais l'étranger comme un monstre destructeur... Aujourd'hui un pouvoir inconnu m'entraîne, me retient auprès de lui, et je sens que je ne m'appartiens plus. — Mais je puis au moins n'être pas criminelle. — Ami, séparons-nous. — Retourne en Europe. — Oui, retourne, et reçois mes adieux. — L'horreur et la mort nous environnent... Le deuxième jour, tu pourras sans péril t'éloigner de la forêt. Tu me laisses un sentiment qui me rendra longtemps malheureuse. Pourquoi n'es-tu pas né sur les rivages de Ceylan, et sous les lois de Brama ? »

Cet aveu transporte le jeune homme et redouble ses désirs. Mais Stellina a déjà quitté l'enceinte, elle disparaît, véloce comme l'étoile fugitive qui dans une belle nuit s'échappe quelquefois, et glisse sur la voûte azurée.

Le silence régnait sur la colline. La fille de Ditulan arrive au palais, reçoit l'embrassement paternel, et se réfugie à la hâte au milieu de ses femmes. Sa nourrice, la sage Émora, vainement s'efforce d'égayer son repas douloureux, vainement elle l'interroge ; il semble

qu'elle n'ait plus d'amitié pour tout ce qui l'environne : toutes les facultés de son âme sont réunies sur un seul objet; et pour que rien n'interrompe sa profonde rêverie, elle se retire, et sur sa couche elle invoque le sommeil ou plutôt les songes consolants qui, dans leurs illusions badines, donnent quelquefois l'ombre du bonheur,... illusions dont la jouissance sans remords est peut-être préférable à la réalité!

Le sommeil s'arrêta sur ses paupières humides, et n'alla point jusqu'à son âme. Son trouble s'accrut; chaque heure de la nuit soufla le feu dont elle était embrasée. Les songes voluptueux s'éloignèrent; des images sombres, extravagantes, sans suite, se disputèrent l'empire de sa tête assoupie. Le sang agité par la tempête se souleva: bientôt son cours précipité porta le désordre dans tous les principes de la vie. Les battements de son pouls redoublèrent... Tel le feu couvert par la cendre. Il nous offre l'image d'un cœur dont l'enfance retarde encore l'explosion. La première étincelle annonce son existence secrète, et soudain la chaleur se dilate..... la cendre froide devient brûlante....., et la flamme se forme..... pétille et consume. — Chaque progrès de la nature est précédé par une crise; et de même que les maux qui assiégent nos premières années forment l'accroissement du corps, l'amour, cette première crise de l'âme, en développant nos facultés intellectuelles, nous donne l'existence du sentiment, existence précieuse par laquelle seule l'homme doit compter le nombre de ses années!

Accablée de fatigue, elle ouvre les yeux. Depuis une heure, la bonne Emora, assise à son côté, déjà plusieurs fois avait doucement séché la sueur de son front : elle embrasse sa fille, et son teint pâle, ses lèvres décolorées alarment sa tendresse. Elle veut savoir la cause des maux qui l'affligent, et implorer les secours du vieux brame, qui seul dans la tribu possède l'art divin de la guérison. Stellina l'arrête, et modère son affectueuse vivacité.

« Non, ma chère, je ne suis point malade; mais je suis triste, et le secours du brame est impuissant. »

Emora veut connaître d'où vient cette tristesse : elle redouble ses instances; ses reproches se mêlent aux prières. Silencieuse comme la veille, la jeune fille d'abord ne répond que par ses larmes.

« Emora, lui dit-elle enfin, ne me tourmentez pas davantage. Pouvez-vous m'appeler ingrate? N'ai-je pas toujours déposé dans votre sein les peines qui m'ont affligée? Si dans ce jour je dois garder le silence, vous ne pouvez m'en faire un crime. Mon mal est affreux; mais s'il cessait d'être un secret, il deviendrait insupportable... Emora, ne m'interrogez plus. Je crois que la colère de Brama me poursuit. »

A ces derniers mots, la vieille frémit. Elle n'interroge plus; mais elle se pénètre des peines de sa fille, et n'en voit le soulagement que dans la religion, dernier asile de l'infortune : elle serre la main de Stellina dans la sienne, et s'efforce ainsi de la consoler.

« O ma fille, le chagrin te rend injuste envers les dieux bons. Ecoute-moi, et cesse de t'affliger. Jamais la colère de Brama ne poursuit l'innocence; mais Brama quelquefois abandonne les mortels au génie du mal, le terrible Vedra, que rien ne peut apaiser que par le sacrifice des ténèbres. Le sage Bisnagar, qui périt à Colombo sous le fer des Portugais, a le premier mis en honneur parmi nous le culte du dieu malfaisant. Lorsque des peines que l'on ne peut alléger nous accablent, le grand-brame évoque l'oracle, et toujours cet oracle est salutaire. Vedra s'apaise, et Brama veille encore sur nous...

« Je ne te dirai pas quel est le sacrifice; le mystère l'enveloppe. Je sais qu'au milieu de la nuit on se rend seul dans le temple. Le reste est un secret entre le ciel et l'initié. Rarement il a lieu. Une année cependant s'est à peine écoulée depuis que le vieux Siloc l'obtint. Siloc revenait de Colombo, où longtemps il avait servi dans les fers des Européens. A son retour, il ne trouva plus d'amis, plus d'enfants, et dans son désespoir, il courut sacrifier aux ténèbres. Il est aujourd'hui bramine. La gaîté a reparu dans son cœur, et la tribu ne le voit jamais sans admirer la puissance des dieux.

« Eh bien, ma fille, si vos maux ne peuvent être apaisés ni par l'amitié, ni par la raison, sans doute ils viennent de l'influence du terrible Vedra. Le respectable Déli n'épargnera rien pour vous le rendre favorable, et dans peu de jours vous pouvez retrouver la paix de l'âme qui vous a quittée. Il demanderai pour vous le sacrifice. Mais épargnez votre père : qu'il ignore tout; il succombe sous le poids des années, et vos chagrins pourraient précipiter leur cours. Croyez à mon expérience, et invoquez le dieu puissant des ténèbres. C'est à celui d'où vient le mal qu'il faut demander le remède. »

La fille de l'itohar écoutait avidement le récit de sa mère. L'âme n'est jamais plus disposée à la dévotion que lorsqu'elle est enflammée d'une passion amoureuse. La dévotion et l'amour sont également des faiblesses que la sensibilité nourrit. Mais sans l'amour, où serait le bonheur des mortels?... et sans la religion, quelle serait la consolation des malheureux?...

Stellina ne balance point. « Oui, dit-elle, j'irai, j'invoquerai le génie du mal. Quel que soit son oracle, il m'apprendra du moins ce que je dois faire; il me défendra de moi-même. Je sens que ma seule résolution calme ma douleur. »

Emora remet sa fille aux soins de ses femmes, et se rend à la demeure du grand-brame. Stellina se lève, et va trouver son père pour partager avec lui le premier repas du matin.

Le grand-brame, à la demande d'Emora, peut à peine contenir son allégresse.

« Allez, dit-il, femme respectable : vous craignez les dieux, ils vous rendront heureuse. Allez, les maux de Stellina finiront. Vous l'accompagnerez seule jusqu'à la porte du temple, à la douzième heure de la nuit. Là, vous l'attendrez en prières. N'oubliez pas que le secret est la première condition qu'exigent les dieux des ténèbres, et que leur colère confond l'indiscret avec le sacrilège. »

Déli croit que l'accablement de Stellina vient de ses remords, et qu'elle se repent d'avoir arraché aux flammes les trois captifs. Il s'applaudit de sa faiblesse, ordonne l'apprêt funèbre, et rêve au langage qu'il fera tenir à ses dieux. Stellina devant choisir le nouvel itobar, son intérêt veut qu'il se rende assez le maître de son esprit pour lui dicter son choix, et surtout pour l'éloigner du terrible Riamir, que le vieux Dittulan préfère. — Riamir était devenu l'objet de sa haine implacable. Il lui avait souri la veille, mais c'était le sourire atroce de l'assassin, qui remet son crime au jour suivant pour mieux assurer sa vengeance.....

Parmi les chefs de Ténor, on distinguait le jeune Orixa, neveu du grand-brame, à qui la dignité de son oncle donnait un nouveau lustre, et qui osait se déclarer le rival du chef de Fétan. Il semblait que le sort amenât Stellina au temple pour favoriser les projets du brame ambitieux. Lui inspirer l'horreur pour Riamir, c'était presque la donner à Orixa, et mettre dans sa famille le sceptre de la tribu. — Tel était le raisonnement du fourbe. — Pour réussir, il fallait maîtriser une jeune fille par tous les prestiges du fanatisme, et faire des dieux les instruments serviles de l'ambition et de la haine. — Jamais prêtre placé entre son intérêt et un sacrilége sut-il un instant balancer?...

La douzième heure de la nuit sonne. Stellina, enveloppée dans une longue robe de caros, sort du palais : sa démarche est incertaine. Emora la soutient jusqu'à l'entrée du côté de l'occident. Un brame veillait à cette porte. Il désigne à Emora la pierre où elle peut attendre à genoux le retour de sa compagne, et marche devant elle. — Stellina se trouble : elle suit cependant le brame à pas lents, et de nombreux soupirs soulagent sa poitrine oppressée.

Ils sortent du temple du côté de l'orient, et suivent une allée sombre, étroite et voûtée. — Le brame frappe dans sa main : la porte s'ouvre, et se referme. Alors son guide l'abandonne : elle se trouve seule dans une enceinte effrayante.

Les murs sont couverts par le lierre timide, et par le noir ocanit qui chérit les tombeaux. L'air est peuplé de cent monstres malfaisants qui paraissent s'élancer sur la terre. Leur troupe infernale cache la voûte, et interdit aux malheureux jusqu'à la consolation d'élever les yeux vers le ciel. Leurs attitudes toutes diverses sont toutes horribles, et leurs formes menaçantes. Celui-ci a le bras armé d'un poignard et d'une massue, le sang qui ruisselle de ses lèvres rougit son corps. Celui-là est revêtu des dehors d'une femme : on s'étonne, à la vue de ses charmes, qu'elle soit parmi les génies de ténèbres; mais un poison verdâtre et subtil coule de tous ses pores : elle cause la mort.... et le sourire du bonheur est dans ses regards assassins. — L'ingratitude, le meurtre, l'envie, la trahison, l'orage, et tout ce qu'il y a parmi nous de crimes et de malheurs, sont personnifiés avec précision, et semblent respirer et se mouvoir. — Deux monstres surtout frappent les regards de Stellina : l'un est un homme d'Europe, et l'autre une femme aussi vieille que le monde, et qui, pour son malheur, survit toujours aux révolutions qu'il éprouve..... L'Européen tient d'une main une arme à feu, et de l'autre une branche d'olivier; il caresse la vieille, qui le serre sur son cœur, et lui désigne la statue de Vedra comme le dieu protecteur des Portugais. — Stellina se rassure, et fixe encore le couple qui vient de l'effrayer. — Sur le front de l'affreuse femelle, elle lit en caractères malais : Politique; et les traits du jeune Européen lui retracent les traits de Milford; ses vêtements sont les mêmes. Elle veut s'approcher; mais soudain ses regards se tournent vers le dieu puissant qu'elle vient consulter, et elle s'éloigne éperdue de l'image de son amant, qui la poursuit jusqu'aux pieds de la statue gigantesque.

Le colosse est placé au milieu de l'enceinte; sa tête se cache dans la voûte : un roc stérile lui sert de base, habité par l'image du tigre, du serpent, et de toutes les bêtes féroces et venimeuses que l'attouchement de ses pieds avec la terre semble faire éclore. Le colosse est de bois de cyprès : un de ses bras repose sur la Discorde, et l'autre lance la tempête. La Discorde, accroupie sur le roc, enorgueillie de son ministère, prépare à l'envi le feu, l'or et le fer, éléments de son empire.

L'immense étendue est ornée de quelques lampes, dont la lueur douteuse éclaire à peine les fantômes sinistres, comme si la lumière

tremblante craignait de pénétrer dans le séjour des ténèbres..... La fille de l'itobar a besoin de tout son courage. Prosternée au pied du roc, tous ses efforts pour chasser le jeune homme de sa mémoire sont inutiles... Son image accourt de la forêt pour veiller à sa sûreté.

L'instrument sacré pousse un cri funèbre qui roule dans la voûte, anime un instant les idoles de la nuit, et rentre dans le silence. A ce signal, Stellina frémit. Le colosse s'ébranle, et une voix sombre comme le tonnerre qui gronde dans le lointain, profère ces paroles :

« Fuis Riamir, l'ennemi des dieux. Avant trois jours, choisis ton époux, et je te rends à Brama. »

Les échos successifs du temple répètent « Brama » de distance en distance. — Le souffle de Vedra, lentement propagé par l'air épais, atteint les lampes, et partout répand les ténèbres; et un vent impétueux s'élève, et porte de tous côtés l'infection et le trouble : le chaos s'anime... et Stellina s'évanouit.

Deux brames soulèvent l'initiée; ils traversent rapidement le temple et la remettent dans les bras de sa compagne, qui la porte avec peine jusqu'au palais.

Le sapin épuré s'allume. Emora, après avoir réchauffé sa fille de son haleine maternelle, versa dans son sein la boisson restaurante. — Ses yeux se rouvrent. L'aspect de sa demeure la rassure. Elle se couche avec son amie sur la même natte, et elles attendent impatiemment le jour, qui s'annonce déjà par la première clarté.

LA DISCORDE.

Stellina, saisie d'horreur devant le ténébreux colosse, avait à peine entendu son oracle. Ce n'est que loin du temple qu'elle se rappelle l'ordre qu'il renferme. A mesure qu'elle reprend l'usage de ses sens, sa rigueur et le délai fatal lui paraissent plus terribles. Riamir lui était odieux : le fuir n'est pas un effort pour elle, et sans peine elle obéit à Vedra. Mais dans peu choisir son époux parmi des chefs qui lui sont tous indifférents.... cet effort lui semble au dessus de son courage. Ignorant encore si elle pourra s'y contraindre ou si elle osera résister aux dieux, son âme a besoin des conseils de l'amitié. Puisque Emora lui tient de mère, elle veut l'interroger et l'entendre.

« Sans tes soins, lui dit-elle, je n'aurais pas consulté le génie malfaisant : tremblante, incertaine, je serais encore à la porte du temple, sur la pierre où tu m'as recueillie. Toi qui m'as conduite aux dieux, écoute leur oracle, et dis-moi si cette nuit n'a pas redoublé mes malheurs. »

« Avant de vous écouter, ma fille, s'écrie la vieille, j'aimerais mieux expirer de faim sur la pointe solitaire du roc où le puissant Itobar fait enchaîner les criminels et les lâches... Avez-vous oublié que le secret est la première condition qu'exigent les dieux des ténèbres, et qu'ils confondent dans leur courroux l'indiscret et le sacrilège?.... Ah! retenez dans votre sein la plainte, et que la parole coupable expire sur vos lèvres. — Les dieux n'ont fait entendre leur voix qu'à vous, et seule vous devez connaître leur volonté. — Espérez et obéissez. Souvent les oracles les plus favorables sont enveloppés d'une apparence sinistre qui ne sert qu'à éprouver les mortels. »

Ces mots l'affligent tout à la fois et la rassurent. Si la privation des conseils de son amie lui paraît dure, ses derniers accents rallument dans son sein le flambeau mal éteint de l'espérance. « Souvent les oracles les plus favorables, se dit-elle, sont enveloppés d'une apparence sinistre qui ne sert qu'à éprouver les mortels. — Oui, sans doute, toujours les dieux s'énoncent obscurs, et un seul événement peut l'expliquer. Qui sait si Milford n'est pas destiné par eux à vivre parmi les Ténadares? Peut-être, en le choisissant pour mon époux et laissant à d'autres le droit de régner, pourrions-nous vivre heureux et tranquilles. — Les dieux ont bien amené les Portugais sur nos rives : ils leur ont bien donné les maisons ailées pour traverser les mers et le feu céleste pour détruire.... Pourquoi ne pourraient-ils pas dissiper l'ignorance des Bèdas qui voient des ennemis dans tous les hommes d'Europe? Pourquoi ne pourraient-ils pas rétrécir la fureur et étendre l'hospitalité... ceux qui n'augure m'ont donné assez de force pour délivrer trois captifs entourés de guerriers et de brames? »

Ces idées successives ont accru l'espoir réveillé par la bonne Emora. — Stellina veut obéir aux dieux. Aujourd'hui même elle veut annoncer à son père qu'avant trois jours elle nommera son époux. La confiance la soutient : elle ne recule plus devant sa destinée.

Depuis longtemps le soleil éclairait l'île de Ceylan. L'itobar s'étonne que sa fille n'ait pas encore volé dans ses bras. Inquiet, il interroge ses femmes; et, à l'heure tardive de son réveil, il se rend auprès d'elle.

Son air abattu le surprend. Les sillons des pleurs qu'elle a versés sont tracés sur ses joues. Malgré tous ses efforts, le sourire de la gaieté ne peut point se fixer sur sa figure, et les soucis qui la tourmentent n'échappent point au regard paternel. Pressée par des instances réitérées, il faut qu'elle réponde et cependant qu'elle cache la cause de sa tristesse et sa démarche nocturne. Elle détourne par ces mots les soupçons du vieillard :

« J'ai souvent résisté à vos prières en refusant de faire un choix parmi ceux qui prétendent à ma main. Je sens aujourd'hui qu'il faut m'y résoudre. Vous pouvez avertir les chefs de la tribu. Je désire qu'avant le troisième jour mon époux soit connu de tous les Ténadares. »

Les soupirs qui accompagnent ces paroles devraient faire connaître à Ditulam que sa fille vient d'accomplir un devoir bien pénible; mais l'allégresse est le seul sentiment qu'elles lui inspirent. Il croit que ce qu'il a d'abord remarqué n'est que la douce émotion qui précède toujours l'hymen, et que le cœur de Stellina, jusqu'alors insensible, appartient à quelque chef, sans doute à celui de Fétan. Après avoir embrassé plusieurs fois sa fille bien-aimée, il sort pour annoncer l'heureuse nouvelle. — Eût-il jamais pensé qu'un esclave d'Europe?...

A peine il s'éloignait, qu'elle regrette l'aveu qui vient de lui échapper. Sa compagne s'efforce de dissiper ses alarmes; mais elle ne sait à quel motif attribuer l'inquiétude qui la tourmente. — Sa santé, altérée par les secousses violentes qu'elle venait d'éprouver, ne lui permettait pas de sortir du palais. Le reste du jour, elle passa tour à tour de l'espérance à la crainte et de la douleur à la joie.

Souvent la nuit paisible calme les chagrins; mais quelquefois orageuse, elle marche lentement, couverte de voiles sombres et suivie de rêves effrayants. Elle apparut ainsi pour la seconde fois à Stellina. Les guerriers étaient réunis dans la grande salle du palais. L'attente brillait dans les yeux de tous. Elle, assise auprès de son père, retardait l'instant du choix fatal, lorsque tout-à-coup Riamir et Orixa paraissent poudreux, ensanglantés. Ils pressent chacun d'un bras irrité les reins rougi du jeune Milford ; et, s'élançant devant l'itobar : « Tiens, lui disent-ils, voilà celui que ta fille nous préfère. »

A ces mots, les doigts accusateurs de tous la désignent à l'opprobre, et les regards de tous lancent sur elle l'infamie. Son père courroucé prononce l'arrêt du jeune audacieux. Tous les guerriers se disputent le barbare plaisir de lui donner la mort. Il tombe frappé de mille coups, et ses lambeaux épars sont portés en triomphe par ses rivaux, comme un honorable trophée... Telle fut l'horrible illusion que cette nuit sut créer et entretenir... Telle la lueur funèbre qui veille auprès des insomnies.

Baignée d'une sueur froide, elle se réveille. L'ombre d'Édouard mourant s'attache à tous ses pas. L'espérance s'éloigne, mais l'amour survit à l'espérance ; et, quoiqu'elle regarde son malheur comme inévitable, elle veut toutefois s'assurer si l'Européen qu'elle doit oublier respire encore dans la forêt, ou si les murs de Colombo le renferment déjà dans leur enceinte ennemie. Ce désir est suivi d'une foule de sentiments douloureux, vifs, passionnés, qui dans peu ne connaissent plus de bornes. Son âme s'embrase de nouveau.... Les souvenirs du temple s'affaiblissent. Elle se demande déjà si ses destins sont irrévocablement fixés, et si elle ne doit pas préférer son cœur à l'oracle ténébreux... Déjà même, affranchie de tous liens, elle veut retourner à la grotte qui recèle son amant... Cet orage, soulevé par l'amour impétueux, se fond en larmes, et bientôt il s'apaise. La pudeur et la religion reprennent l'empire de son âme; elle rougit de ses désirs effrénés, et tremble de son audace impie ; elle sent que l'ordre des dieux et sa promesse à son père ont enchaîné sa volonté, et qu'il ne lui reste plus qu'à supporter à jamais l'affreux tourment de ne plus voir celui qu'elle aime et d'être à celui qu'elle n'aime pas... Ses larmes deviennent amères.

« Il faut oublier l'Européen; le ciel et l'honneur et la nécessité l'exigent : mais faut-il que je renonce aux soins de l'hospitalité? Dois-je l'abandonner aux périls qui le menacent? Cette nuit je l'ai vu expirant sous les coups des assassins, et le ciel nous porte souvent les avertissements des dieux. Je lui avais promis de le guider jusqu'au mont Argias, d'où l'on découvre le premier fort des Portugais. Si je ne puis moi-même tenir ma promesse, pourquoi ne pas lui faire porter par la voix d'Emora des adieux consolants et des avis hospitaliers?... Pourquoi délaisser mon ami sans guide au milieu des déserts?... Peut-être errre-t-il depuis ce matin dans les forêts en maudissant ma mémoire... »

Elle appelle soudain sa fidèle Emora, lui retrace son entrevue avec l'Européen, et la conjure de se rendre sans délai vers la grotte et de le guider dans la nuit jusqu'au pied des montagnes. Emora écoute, et croit à peine ce qu'elle entend : elle sait que parler à l'homme d'outre-mer est un crime aux yeux de Brama. Elle hésite. Mais les larmes de Stellina, son désespoir, sa résolution, si elle refuse, d'aller elle-même retrouver l'étranger, la déterminent ; elle

préfère son déshonneur à celui de sa fille ; l'amour maternel accroît sa vigueur. Elle s'achemine à grands pas vers la forêt.

L'amante de Milford n'attendait que le lendemain le retour de sa compagne. Deux heures s'étaient à peine écoulées lorsque Emora reparaît à ses yeux. — Elle avait trouvé la grotte déserte. — « Il est donc retourné parmi les siens ! Puisse-t-il au moins vivre heureux et se ressouvenir sans haine du nom de Stellina ! »

Cependant tous les chefs de la tribu se rendent au palais. Ils désiraient depuis longtemps que l'itobar, affaibli par l'âge et les infirmités, se choisît un successeur digne de les guider contre les Portugais. Le jour qui va luire est pour eux une fête solennelle. Plusieurs des jeunes gens qui jusqu'alors avaient osé prétendre au premier rang, s'étaient retirés pour éviter un affront presque certain. Le guerrier de Fétan, Orixa, Cosmoë, qui habite avec ses amis dans les vastes forêts de la Sanga, et le sage Onemo qui, dans l'âge mûr, conserve toute sa fraîcheur, restent seuls pour disputer la main de la jeune Indienne.

Presque tous les Bédas nommaient Riamir, et se réjouissaient de ce choix honorable. Les amis du grand brame espéraient avoir pour prince Orixa. Quelques autres faisaient des vœux pour leurs rivaux.

Les vieillards et les chefs environnaient le vieux Ditulan, qui recevait leurs félicitations ; les cabanes retentissaient de cris joyeux ; les femmes préparaient les gâteaux de sagou, les enfants déroulaient les bandelettes, et les hommes aiguisaient les flèches qui devaient servir aux jeux du lendemain... Le murmure de l'allégresse populaire, porté par le vent du soir aux oreilles de Stellina, lui paraissait affreux comme le son rauque de la tempête...

Riamir, de retour de Colombo, s'étonne du mouvement inaccoutumé qu'il observe. Il interroge une jeune fille qui descendait la colline.

« C'est pour célébrer, lui dit-elle, le mariage de notre jeune itobare, qui doit avoir lieu demain. »

Ces mots frappent Riamir d'un coup de massue. Soupçonneux, violent, irrité, il se croit trahi. En peu d'instants, il est aux portes du palais. Là, il ordonne à ses guerriers de l'attendre, et il entre dans la grande salle où se pressait la multitude.

Le vieux Ditulan l'aperçoit et s'avance en lui tendant les bras. Riamir, immobile, lui adresse ces mots d'une voix étouffée :

« Tu me souris après m'avoir trompé ! Je suis absent, et l'hymen de ta fille se prépare ! c'est demain qu'il se célèbre ! Demain un autre va monter au rang que tu m'as si souvent promis... Si tu es assez faible pour violer ta parole, souviens-toi que la parole des braves est sacrée comme celle du ciel. Riamir sera l'époux de Stellina, ou demain les flots de la Sanga rouleront ensanglantés. »

Tous les chefs, les yeux fixés sur celui de Fétan, l'écoutent avec surprise ; quelques-uns l'entourent pour l'avertir de son erreur. Ditulan indigné le retient ; il s'écrie :

« Si des cheveux blancs couvrent mon front, je ne sais pas encore supporter l'outrage. Penses-tu, guerrier téméraire, régner sur moi par la crainte et dicter les lois à la fille des itobars ? Ta raison t'abandonne, et tu n'as plus de vertus, puisque tu deviens ingrat. Vá, sors de ma présence. La discorde que ton aveugle fureur appelle, fera sourire les Européens ; tu les délivreras d'Orixa, qui est moins affreuse que l'infâme. Si la solennité te déplaît, tu peux rester à Fétan. »

Le vieillard ému s'éloigne. Il défend à ses amis de le suivre. Riamir, frappé de sa douleur, se reproche sa vivacité. Mais la vue d'Orixa triomphant rallume sa colère.

Orixa, instruit par le grand-prêtre, ne doutait plus de sa victoire. L'imprudence de son rival avait porté la joie dans son cœur. Il veut dans ce moment faire éclater sa tendresse pour le père de Stellina ; et, comme s'il était déjà revêtu de la suprême puissance, il ose exciter contre Riamir ceux qui l'environnent.

Riamir l'approche, et l'on se range autour d'eux. Onémo et Cosmoë, qui les observent avec plaisir, espèrent que le chef de Fétan, qu'ils ne craignent pas, les délivrera d'Orixa, qu'ils n'ont jamais tant redouté. Perdus dans la foule, ils excitent les haines mutuelles, et chacun d'eux espère recueillir le fruit de ces divisions. Ainsi, dans les états mêmes les plus policés, les factions diverses se heurtent, se déchirent ; et, quoique tout ne soit pas le même, elles ont toutes pour point de contact le désir du trouble et la haine de l'ordre établi.

Lorsque Riamir s'approchait, le neveu de Déli tenait ce discours :

« Amis, il ose insulter au puissant itobar ! N'est-ce pas lui qui, le jour du sacrifice, vomit contre les dieux des torrents de menaces ?... Et si la parole des braves est sacrée, devrait-il se présenter devant nous avant d'avoir accompli la promesse expiatoire qu'il a faite à Brama ?... Il revient de Colombo... Où sont les six Portugais qu'il devait amener au temple ? »

Riamir, qui l'entend, peut à peine retenir ses transports.

« Guerriers, à qui prêtez-vous une oreille attentive ? Le neveu du brame est celui qui m'accuse ! Elevé à l'ombre de l'autel pacifique, il ose me disputer la fille de Ditulan ! Il prétend, lui qui n'a jamais combattu régner sur les Ténadares ! — Si je ne respectais cette demeure, la flèche qui sur mon arc résonne d'impatience, aurait déjà puni l'insolent.

« Il me demande où sont les six captifs que j'ai promis à Brama. Je n'irai pas sans doute implorer son bras pour l'accomplissement de ma promesse ; je le remets à un temps plus calme, et Brama seul peut s'en offenser... Si demain l'on ose encore me préférer un lâche, ce ne sont pas des victimes européennes qu'il faut à ma rage..... Adieu. — Je vais rejoindre mes amis, et je laisse avec les siens le religieux Orixa. — Demain, nous nous reverrons au temple. »

Il quitte le palais, et suivi d'une partie des chefs, il se retire à Fétan.

Orixa se réfugie auprès de l'ambitieux Déli, qui le rassure, et se flatte que le choix du jour suivant lui donnera bientôt le pouvoir de réprimer son ennemi.

Ditulan parle à Stellina de la division qui vient de naître ; il s'efforce, par ses caresses, d'attirer sa confiance. Elle lui avoue qu'elle n'aime point Riamir. Pressée dans les bras du vieillard qui s'étonne de ses larmes, elle est sur le point de lui ouvrir son cœur, lorsqu'un regard de la vigilante Emora le referme sans retour. La crédulité religieuse étouffe la nature, et en affligeant son père, en le trompant, elle croit obéir aux dieux.

Tandis qu'à Ténor on s'entretient douloureusement, les partisans de Riamir se pressent autour de lui. L'audace du faible Orixa, qui aspire au rang d'itobar, l'indigne. Sa mort est jurée, s'il persiste.

— Riamir s'efforce surtout d'animer les guerriers contre le grand-prêtre dont l'astuce l'épouvante.

« Les dieux, leur dit-il, nous donnent souvent des princes parjures, pourquoi ne nous donneraient-ils pas quelquefois des brames sacrilèges ? »

La Discorde éloigna le sommeil des bords de la Sanga. Les forges des cyclopes furent occupées toute la nuit. C'est là que les hommes de Fétan se réunissent à l'approche de la guerre. Les chefs sont au palais de Riamir, et le peuple veille dans les forges à la lueur des fournaises embrasées. Ainsi se retrempent en même temps et dans les mêmes lieux les armes meurtrières et les féroces courages.

Le soleil avait à peine parcouru la moitié des cieux. Le temple renfermait une grande partie de la tribu, le reste couvrait la place publique.

Déli est aux pieds de la statue de Brama. A sa droite, Ditulan, sa fille, et tous les chefs ; à sa gauche, les vieillards. Une balustrade en pierres sépare le peuple de l'enceinte sacrée.

Au dessus du grand-prêtre, sur les genoux de Brama, se voit exposé l'arc d'ébène, ornement des princes indiens.

Riamir s'est placé au milieu de l'enceinte : l'œil fixe sur ses guerriers attentifs, il semble défier les dieux et se promettre, malgré leur courroux, la conquête de Stellina. — Ses trois rivaux sont près de l'itobar.

Les parfums s'élèvent en nuages jusqu'aux voûtes de l'édifice.....

Le grand-prêtre annonce que Stellina va choisir un époux.

« Quel qu'il soit, je jure au nom des initiés de le reconnaître, et je dévoue aux dieux malfaisants le rebelle et l'audacieux. »

Le vieux Ditulan répète l'imprécation. Il se fait un grand silence. On écoute, sûrs d'entendre de la bouche de Stellina le nom du vainqueur... Tout-à-coup, la voix de Riamir retentit dans le temple.

« Vieillards, s'écrie-t-il d'un ton grave et menaçant, c'est à vous qu'il appartient de nous transmettre les lois qui, depuis des siècles, régissent la tribu. Les princes ne peuvent point s'y soustraire, et les brames ne doivent s'occuper que de l'hommage que l'on rend aux dieux.

« Vieillards, je vous le demande :

« L'itobar fut-il jamais choisi parmi les hommes étrangers aux combats ? Un faible enfant, sans courage et sans prudence, a-t-il jamais régné sur les Ténadares ?..... Le sage Onémo et Cosmoë, la terreur des forêts, me disputent le rang suprême. Je les accepte pour mes rivaux, mais je refuse Orixa.....

« Vieillards, prononcez. Souvenez-vous que Riamir ne souffrirait point l'injustice ; c'est à vous à prévenir les malheurs qu'elle pourrait entraîner.

« Peuple de Ténor, brames, guerriers, je refuse Orixa. »

Un bruit favorable s'élève. Les amis de Riamir éclatent en cris d'allégresse. Le peuple, toujours plus lorsqu'il est abandonné à lui-même, se joint à eux, et de la place publique au temple l'approbation devient unanime.

Cependant les vieillards incertains attendent l'ordre du grand-prêtre, qui cache la fureur qui le dévore, et leur dit d'un ton calme :

« Ce n'est point dans l'enceinte sacrée que vous devez prononcer :

le palais de l'itobar vous attend. Le temple se rouvrira lorsque vous serez prêts à annoncer la volonté des lois. Puisse Brama vous inspirer la justice! »

A ces mots, il se lève. Deux initiés reportent l'arc précieux. L'itobar et Stellina, entourés des chefs et des vieillards, fendent la presse, et le grand-prêtre désespéré se retire.

LA GROTTE.

Les vieillards se réunissent auprès de l'itobar. Une voix unanime s'élève contre Orixa. Chacun saisit cette occasion propice pour raconter les hauts faits de sa jeunesse et les exploits des guerres passées. Après avoir perdu quelques heures dans cette douce occupation, les avis se recueillent. Le centenaire Ipénare en est le dépositaire. — Ipénare, ayant obtenu depuis six mois la couronne de la sagesse, avait acquis le droit de présider aux conseils. On regardait à Ténor comme un homme sage celui qui avait pu atteindre cent années révolues : on le portait en triomphe au temple; le grand-prêtre lui donnait, au nom des dieux, la guirlande de chêne; son nom était inscrit sur les colonnes qui soutiennent la statue de Brama, et dès ce jour, il était respecté à l'égal des initiés.

Ipénare à la tête blanchie marche son soutien. Après avoir recueilli les opinions d'un pas ferme, il annonce la volonté de la loi. Dituïan lui-même écoute, saisi de respect.

« Pour régner, il faut avoir du courage et de la vertu. Riamir est le premier parmi les braves. Souvent Cosmoë porta la terreur parmi les étrangers. Onemo plus d'une fois nous a donné des conseils salutaires. Mais les vieillards ne connaissent point Orixa. Qu'Orixa se présente devant nous. »

Le neveu du brame était dans le temple, où Déli lui prescrivait ce qu'il devait faire pour éviter l'opprobre. Instruit de la décision du centenaire, il court au palais, fier des conseils qu'il vient de recevoir, et se présente devant ses juges le front calme et l'abord gracieux.

« Sages vieillards, vous me demandez ce que j'ai fait pour la tribu. Je vous demande ce que j'ai pu faire.....

« A peine sorti de l'enfance, la paix a régné parmi vous. Devais-je aller chercher les combats et rompre par une aveugle fureur les liens qui vous attachent à vos ennemis? — Le jour du sacrifice, n'ai-je pas retenu les transports de la multitude? Hier, n'ai-je pas défendu l'itobar contre l'audacieux pour qui rien n'est sacré?

« Si je ne craignais pas la guerre civile, je voudrais faire preuve de courage contre celui qui pense être le seul brave de la tribu. Mais à peine assez forts par notre union, la discorde nous livrerait aux Portugais attentifs.

« Je demande que le choix du prince soit retardé de quelques mois..... Dans quelques mois, j'aurai vécu, ou je vous aurai prouvé que le sang de Bisnagar et de Déli coule dans mes veines. »

Ces mots réveillent les amis du brame. Ceux-ci détestent l'orgueil du chef de Pétan; ceux-là sont charmés de l'intrépidité de son jeune rival. L'accueil favorable de l'itobar entraîne les avis incertains de plusieurs; d'autres se flattent que leurs enfants pourront bientôt disputer aussi le rang suprême: presque tous approuvent la demande d'Orixa. — Ipénare reçoit de nouveau les suffrages, et il prononce que le choix de Stellina est suspendu.

A cette nouvelle, Riamir courroucé retourne au milieu des siens, le peuple se sépare, et le vieux Dituïan court auprès de sa fille pour lui annoncer l'irrévocable arrêt que la loi vient de rendre.

Stellina étonnée ne sait plus à quel parti se fixer. Elle regrette de ne pouvoir pas révéler à son père le secret qui l'accable, ni à sa fidèle Emora le sens de l'oracle qui remplit son âme d'une religieuse inquiétude.

« Eh quoi! sur le point de faire un choix prescrit par le ciel, les lois, qui viennent m'arrêter, me rendent la cause involontaire des troubles qui nous menacent! Que veulent de moi les dieux et les hommes? Si je suis dévouée au malheur, pourquoi du moins cet oracle mystérieux me condamne-t-il à souffrir sans pouvoir épancher mes peines dans le sein des amis qui m'entourent?.... Cet odieux Riamir... sera-t-il plus puissant que Vedra? Serai-je à lui malgré les dieux et malgré moi-même, comme une proie échue en partage?..... »

Bientôt des idées moins sombres la tranquillisent. Elle pense avec horreur au sacrifice qu'elle allait accomplir, et rend grâces à l'événement qui l'a troublé.

« Si mon choix n'eût par été suspendu, je ne serais plus à moi: j'appartiendrais à Cosmoë, plus féroce que les monstres des forêts qu'il habite, ou au prudent Onemo dont la jeunesse est passée, ou au méprisable Orixa..... Tandis que je pleurerais sur mon sort, l'implacable Riamir porterait peut-être le fer et le feu dans le palais de mon père. Oh! que mes plaintes contre les dieux étaient injustes! Ce délai propice est un bienfait. Le jeune homme depuis hier a quitté la grotte, et son éloignement sans doute apaise le courroux de Brama..... Si je ne le vois plus, du moins je n'appartiens qu'à la douleur, et je puis me livrer sans crainte aux souvenirs qu'elle m'inspire..... Ces souvenirs charment mon existence. Les dieux qui voient tout ne me les ont pas défendus: j'ai suivi leur oracle, et je m'abandonne à leur volonté ».

Le lendemain, Stellina se trouve plus que jamais remplie de confiance dans la justice des dieux bienfaisants: le baume salutaire qui coule dans ses veines lui rend l'espoir et la santé; comme si elle était devenue étrangère aux troubles qu'allo a fait naître, elle veut parcourir les forêts pour dissiper ses ennuis.

En peu d'instants tout se prépare. Dix jeunes filles, à peine voilées par la toile légère, les cheveux relevés en tresse, le carquois sur l'épaule et l'arc à la main, environnent Stellina, qui s'efforce de leur sourire, et s'avance à leur tête. Après elles, vingt guerriers, armés de javelots et de massues, sont conduits par le farouche Cosmoë, qui marche aussi fier que s'il traînait après lui de sanglantes dépouilles. — Deux cors bruyants annoncent et précèdent le passage de la jeune itobare.

Arrivés dans la plaine, on s'arrête au bord du Gardel, où se fixe le point du départ et du retour. Elle attend des lieu les femmes qui suivaient chargées de provisions champêtres. Au signal accoutumé, les chasseurs s'éloignent, espérant tous remporter le prix et revenir en triomphe. Cosmoë, souriant de leur audace, s'approche de Stellina.

« Puissé-je traiter mes rivaux comme le tigre que je vais atteindre. Si tel est votre désir, aujourd'hui les forêts du Gardel seront dépeuplées ».

Il part sans attendre de réponse. On croirait à son ardeur qu'il a déjà signalé le monstre sauvage.

Cependant les jeunes filles sont restées seules avec deux guerriers qui veillent auprès d'elles. Les femmes attendues arrivent au lieu du campement, où elles préparent pour le soir le repas de Stellina et de ses compagnes, et disposent les peaux fraîches et mollissantes qui doivent leur servir de couche pendant toute la durée de la chasse.

Stellina s'avance, avec ses jeunes amies, dans la forêt, et se livre avec elles au plaisir qu'elle était venue chercher. — La touffe de palmier isolée dans la plaine frappe ses regards..... Un soupir et une larme lui échappent, et un mouvement involontaire ralentit sa course..... Ses compagnes se séparent; l'espoir de la proie les entraîne..... Elles courent aussi légères que les vents.

Stellina ne poursuit point les bêtes féroces; mais l'image de Milford la poursuit. L'arc et les yeux baissés vers la terre, elle marche lente et pensive.

Livrée à sa douce rêverie, elle avançait toujours. Un pouvoir surnaturel la ramenait à la forêt de l'étranger, du côté de la Sanga. Elle s'aperçoit de son erreur, et se plaît à la prolonger. Le campement qu'elle voit dans le lointain la rassure.

Elle arrive près de la grotte; son cœur impatient s'élance pour l'y précéder. Elle sait bien qu'il n'y est plus; mais elle aime à se rappeler le lieu où, exténué par la terreur et la faim, il trouva dans l'enceinte hospitalière les secours qu'il pouvait désirer; elle se retrace sa reconnaissance et sa joie, et l'aimable douceur qui animait sa figure, et ses cheveux blonds qui se repliaient en boucles ondoyantes, et ses yeux bleus où semblaient en même temps siéger le plaisir et la candeur.....

Le charme des souvenirs amoureux l'entraîne dans la grotte : elle y voit sur le gazon son arc et ses flèches délaissés.....

Cependant le soleil était brûlant, l'air enflammé. La jeune fille était accablée de fatigue et de chaleur. Jamais cette grotte ne lui avait paru si belle; l'herbe qui la revêt de toutes parts est semée de fleurs odoriférantes : l'oëma douce comme la violette, et l'ipaûs plus blanc que les lis, étalent sur le tapis vert leurs couleurs variées. Mille arbustes aromatiques naissent dans ce lieu de mystère, et quelques-uns plantés en dehors pénètrent, légèrement s'élèvent, et couvrent les murs de la grotte. — Le murmure de la source qui sort du roc et tombe dans un bain de pierre, appelle le repos et invite à la fraîcheur. Une lumière douce comme celle qui précède l'aurore répand son attrait magique sur tous les objets qu'elle éclaire à peine, et les parfums suaves et irritants qu'exhalent les plantes aromatiques, excitent la soif ardente de la volupté.

La jeune fille espère trouver dans les eaux cristallines un délassement agréable. Elle quitte sa robe légère, et glisse dans le bain... Les flots, soulevés de plaisir, caressent avidement les genoux, la gorge et les lèvres de corail qu'ils osent de temps en temps frapper

d'un ton caressant, comme pour y réveiller les tendres baisers qui reposent..... Mollement elle se balance, et s'assied sur la pelouse qui tapisse la fontaine.

Elle avait cru que le bain calmerait son ardeur; mais son ardeur s'en accroît, et ses sens soulevés s'emparent de tout son être. Dans l'enceinte solitaire, sans redouter l'influence des dieux malfaisants, elle se livre aux sensations qui l'embrasent : son imagination lui répète les plaisirs qu'elle éprouva la première fois du son amour..... Elle suit dans tous ses détails le rêve voluptueux qu'elle se plaît à renouveler..... Puis se rappelant l'audacieuse tentative de Milford, elle croit de nouveau sentir sur son épaule nue l'impression de ses lèvres..... Elle tressaillit, et tendrement agitée, le plaisir un instant l'enivre... Ce n'est plus l'initiée de Vedra, mais l'initiée de l'Amour... A peine peut-elle suffire à la volupté dont son âme est remplie.....

Elle quitte avec peine les flots que la jouissance vient de consacrer, s'enveloppe du lin qu'elle promène doucement sur son corps, respire, et s'assied sur le gazon.

Le lin salutaire avait séché l'humide fraîcheur. Elle se lève. Sa main saisissant déjà son écharpe, lorsqu'un bruit léger la surprend. Ce bruit s'approchait par degrés..... Elle prête l'oreille, et porte ses regards inquiets sur l'entrée de la grotte..... Amour !..... tu peux seul nous dire quel trouble s'éleva dans son cœur !..... C'est lui, c'est Milford qu'elle aperçut,..... Milford qui s'avançait d'un air attristé.....

Un cri lui échappe. Le jeune homme craintif recule... Elle se resserre en elle-même, reprend le lin propice, et court se réfugier dans le bain qu'elle vient de quitter. Édouard l'a reconnue. Plus prompt que le trait qui fend les airs, il se jette entre elle et la fontaine, l'arrête, embrasse trois fois ses genoux chancelants, et s'écrie :

« O Stellina ! tu m'appartiens. »

Le frémissement du plaisir agitait encore la jeune Indienne. Elle veut en vain s'échapper des bras du jeune homme. Des larmes couvrent ses joues, et roulent sur son sein. Telle la rosée matinale qui tombe sur le bouton printanier.

Le jeune homme la serre dans ses bras, et suce la trace de ses larmes. Elle veut se courroucer. Inutile défense ! Le reproche impuissant reste sur ses lèvres, où mille baisers vainqueurs viennent l'effacer... C'était l'heure de la faiblesse... Hors d'elle, égarée, presque évanouie, elle tombe sur le sein de son amant, qui l'embrasse, et l'enveloppe comme la flamme dévorante...

La douleur appelle les cris de la jeune fille... A mesure que cette douleur voluptueuse augmente, elle serre plus vivement contre son cœur Milford anéanti...

Un regard fait de nouveau pétiller le feu sacré dans les veines du jeune homme. Ses mains avides pressent tour-à-tour les globes élastiques, les reins brûlants, les formes arrondies... L'insatiable désir meurt pour renaître... Ainsi le flot soulevé succède au flot qui vient de se briser sur le rivage...

Des cris plus aigus annoncent que le triomphe s'approche. Il s'élance... L'athlète qui touche au but de la carrière n'est pas plus terrible, et moins précieuse est la sueur qui baigne son corps... Il s'élance, résolu de vaincre ou d'expirer... Les soupirs de Stellina se précipitent, se croisent, s'élèvent... Sa plainte cesse un instant... Ce silence annonce le cri de la victoire qui s'ébranle et s'échappe du fond de son âme. Il retentit dans tous les points de l'enceinte mystérieuse, et les échos discrets le redisent pour ne plus le répéter.

A ce cri décisif, l'Amour répond par un cri de joie. Assis à l'entrée de la grotte, son bras est armé d'une flèche de myrte, avec laquelle il éloigne les soucis et les regrets au teint livide qui déjà l'assiègent en foule...

L'heureux Édouard couvre encore de ses baisers les yeux qu'il vient de posséder... loin de se dérober à ses regards, ils semblent à présent sourire à leur souverain... Toutefois une larme s'échappe de la paupière de son amante; larme douteuse, fille de la jouissance ou de la pudeur...

« O ma Stellina, pourquoi cette larme? N'es-tu pas mon épouse? Si les dieux réprouvaient notre union, t'auraient-ils livrée sans défense à mes désirs?

« Depuis ton départ, j'ai vainement tenté de m'éloigner de cette forêt. Colombo n'a plus de charmes pour ton amant. Plusieurs fois j'ai quitté ces lieux; mais à peine j'apercevais le rivage, que je demeurais immobile, et fuyant la mer comme le tombeau, je revenais dans la grotte hospitalière... O ma Stellina, l'Europe ne m'offre plus que la solitude et la mort. »

« Moi te quitter, répond-elle. Écoute. Le ciel, où sont les dieux de l'Inde, renferme aussi les dieux de l'Europe. Eh bien ! prenons le ciel à témoin de nos serments... Tu es mon époux. Tu régneras sur les Ténadares, où je te suivrai partout où la destinée voudra te conduire. — Ce n'est plus ici la grotte de l'hospitalité; tu viens de la consacrer à l'Amour. »

« Oui, s'écrie le jeune homme embrasé de nouveaux désirs, je prends à témoin de mes serments et le ciel et l'Amour. »

Et en soupirant la dernière parole, il se penche sur le sein de son amante, et le sacrifice amoureux se renouvelle...

La grotte, pendant ce jour, ne résonna que des accents de la volupté...

C'est en vain que Stellina eût voulu retourner le même soir au campement. — Jadis le dieu de la guerre partagea la couche de Vénus, et l'Amour a quelques traits de ressemblance avec le dieu de la guerre..... Il fait aussi des blessures profondes, et ses flèches se rougissent quelquefois du sang des victimes...

Retenue dans la grotte, elle oublia l'univers. La nuit fut consacrée aux douceurs d'un premier hyménée : la pudeur s'égara dans les ténèbres, et la jeune femme s'abandonna tout entière aux désirs effrénés de son époux...

Le lendemain, elle pouvait s'éloigner; sa démarche n'était plus chancelante... Au bouton mystérieux avait succédé la rose épanouie, que voilait l'écharpe officieuse... Il ne restait plus la moindre trace de sa défaite, et l'insomnie pouvait à peine se lire dans ses yeux abattus. — Elle sait bien qu'aucun Ténadare n'oserait pénétrer dans l'enceinte : toutefois elle craint d'éveiller les soupçons; et prenant congé de Milford par un baiser savouré longuement, elle lui promet de bientôt revenir, et s'approche des rives du Gardel.

Les chasseurs poursuivaient encore les bêtes féroces, et les aboiements de leurs chiens retentissaient dans les vallées du mont Argias. — Les femmes n'avaient point reposé de toute la nuit : elles avaient en vain frappé les airs de leurs voix aiguës. Répandues dans la forêt, fatiguées de leurs recherches, elles s'avançaient vers l'enceinte des itobars, lorsque la vue de Stellina les rassure. Elles l'entourent, et lui reprochent les peines que leur a causées son absence.

La chasse dura plusieurs jours. Stellina tous les matins s'acheminait à pas précipités vers la grotte, où elle préparait à son amant l'ennui de la satiété... Tous les soirs elle revenait au campement. Cosmoë n'attribuait son inquiétude qu'au choix d'un époux, et respectant son humeur solitaire, il redoublait de soins pour mériter la fleur que le marchand de Plymouth venait de cueillir.

LE MEURTRE.

Tandis que sur les rives du Gardel les soupirs des amants se mêlaient aux cris des chasseurs, les bords de la Sanga retentissaient d'un bruit plus sinistre.

Riamir, aussitôt après la décision du centenaire, s'était retiré la rage dans le cœur : il voulait marcher sur Ténor, enlever la fille de Diiulan, et se venger du grand brame d'Orixa. Ses premiers transports exhalés, il écouta les conseils de ses amis, qui lui rappelèrent combien le jugement des vieillards était sacré. Il l'avait invoqué lui-même; en le méprisant, il soulevait contre lui tous les Bédas, son rival devenait le défenseur de Stellina et de sa famille, et plusieurs de ses propres guerriers abandonnaient sa cause pour se ranger avec l'itobar et les dieux..... Il fallut céder un instant, mais son courroux n'en devint que plus terrible. A peine eut-il appris que son amante avait quitté la colline, qu'il rappela ses projets de vengeance, bien résolu cette fois de ne pas les abandonner.

La présence de Cosmoë ne ralentit pas son ardeur. Il n'ignore pas que les femmes, pendant le jour délaissées, se dispersent dans les forêts les plus voisines. Se mesurer d'ailleurs avec le plus brave de ses rivaux, est un motif de gloire qui redouble son empressement.

Après avoir mûri l'idée qu'il vient de concevoir, une seule crainte l'arrête encore. Il pourrait se trouver parmi ses amis un homme faible ou d'un audace semblerait criminelle, et qui sonnerait l'alarme dans la tribu. Pour éviter ce péril et s'assurer du succès de son entreprise, il choisit les plus éprouvés de ses guerriers, qu'il invite à se réunir autour du foyer paternel.

Ils écoutent leur chef. Fiers d'être seuls dépositaires de son secret, ils brûlent d'impatience de le seconder. Presque tous sont unis par les liens du sang, et l'outrage qu'il a reçu leur est personnel. Ils voudraient partir sur l'heure et ramener dans la nuit même eux la jeune itobare.

« Les bords de la Sanga, disent-ils avec le sourire de la férocité, les bords de la Sanga ne sont pas moins favorables à la chasse que ceux du Gardel, et le palais de Tétan vaut bien le campement de Cosmoë. »

Le mystère n'avait pas enveloppé leur réunion. Le grand-prêtre craignant pour lui-même, veillait en tous lieux sur les démarches de Riamir; plusieurs de ses satellites erraient sans cesse autour de sa demeure. Etonnés de l'agitation extraordinaire qu'ils observent, un d'eux plus hardi, s'était avancé jusqu'au seuil du palais: Quelques mots avaient suffi pour lui dévoiler le secret qu'il venait épier, et il s'était empressé de retourner au temple pour l'annoncer.

La Grotte.

A cette nouvelle, Déli n'hésite plus, il sent que tous les moments sont précieux, et que s'il ne prévient pas le chef de Fétan, il va devenir sa victime.

Orixa reposait: ni les aiguillons de la gloire, ni les désirs de l'amour ne troublaient son sommeil. Certain de succéder à Ditulan, il laissait à Déli le soin de préparer sa grandeur. Eveillé par son ordre, il se rend auprès de lui.

Déli lui apprend les projets de Riamir.

« Ton rival, dit-il, n'a plus de frein: demain, il doit enlever Stellina. En avertissant Cosmoë, nous ne faisons que retarder le triomphe du coupable; la mort seule peut l'arrêter..... Que l'on ignore tout, mais que l'audacieux tombe à l'instant même où il se croira vainqueur... Qu'il tombe... et que ses amis éperdus voient dans son châtiment le doigt de Brama.....

« L'heure presse. Ecoute.

« De tous nos affidés, Normis est le plus adroit à lancer la flèche, il n'attend que mon ordre, et depuis longtemps il connaît celui qu'il doit frapper... Pour arriver de Fétan aux rives du Gardel, le sentier tortueux traverse la forêt... C'est là qu'il doit l'attendre au lever du soleil. — Qu'il échappe, s'il peut, aux regards de tous, mais s'il est découvert, qu'il montre ce signe révéré devant qui s'apaise la fureur, et qu'il annonce hautement que c'est par mon ordre qu'il a frappé le sacrilège..... »

En disant ces mots, il détache de son front le bandeau sacré. Orixa le reçoit en tremblant, et court le remettre au ministre du grand-prêtre.

L'assassinat se disposait ainsi dans le sanctuaire de Brama. La guerre civile en même temps venait d'être résolue dans le palais de Riamir; mais un crime plus affreux se préparait dans la grotte de l'Itobare... L'ingratitude amoureuse, enfant hideux de la jouissance et de l'ennui, était née dans l'âme de l'Européen; l'ingratitude..... plus funeste que la guerre civile et l'assassinat, parce que loin de trancher comme eux d'un seul coup le fil de notre vie, elle se plaît à glisser dans nos veines le poison douloureux, qui lentement circule, chaque jour nous donne mille morts, et ne nous ravit enfin l'existence que lorsque nous n'avons plus la force de souffrir.....

Tous les soirs, en revenant au campement du Gardel, Stellina plus tendre, regrettait davantage qu'une longue nuit dût l'éloigner de son époux. Les premiers sons du cor belliqueux ne l'éveillaient jamais, et l'aurore en vain se fût efforcée de la surprendre; elle devançait l'aurore et pressait, par ses vœux impatients, l'heure où les accents du cor appelaient dans la forêt les guerriers. De sa tente épiant leur départ, son œil perçant les suivait jusqu'à la fin de la prairie; elle repoussait alors celle de ses compagnes qui voulaient la suivre, et, bientôt seule, elle reprenait à pas précipités le sentier qu'elle parcourait tous les soirs avec moins de promptitude et de gaîté.....

Milford ne l'attend plus comme autrefois... La jouissance, en dissipant le charme de la nouveauté, l'a rendu à lui-même. Nourri dans la mollesse, la terre sur laquelle il repose, et la nourriture froide que lui offrent les cocotiers, ne peuvent plus le satisfaire; il ressent toutes les privations qu'il avait oubliées... Au souffle du zéphyr, il ne prête plus une oreille attentive, prenant son murmure pour Stellina qui s'approche... S'il se réveille quelquefois avant son arrivée, ce n'est plus son image enchanteresse qui voltige sur ses paupières; mais l'Europe, le désert de Ceylan, Colombo sont redevenus ses premières pensées. « Stellina peut lui procurer de l'or et des diamants. »

La Fuite.

Ce n'est plus la beauté, mais la fortune qu'il adore en elle... L'esprit mercantile a repris la possession d'un cœur qui lui appartient; et le nom d'épouse ne se mêle pas même aux calculs qui désormais l'occupent tout entier.

Stellina aurait voulu ne pas s'apercevoir du changement de Milford. Elle ne pense pas encore à son inconstance, mais elle le croit malade, et redouble ses caresses pour rappeler sur ses lèvres le sourire. Elle le serre dans ses bras, joue avec les tresses de sa chevelure, lui demande quelles peines l'affligent, et deux larmes se forment et roulent dans ses yeux... Édouard, ému par l'attrait de sa douleur, éprouve un nouveau désir... Il se presse sur son beau sein qu'il néglige... Stellina ne vit que par le plaisir qu'elle lui donne et reçoit avidement son haleine.....

Un matin, elle le surprit qui dormait profondément. Assise auprès de lui, elle protégeait son repos en attendant son réveil. Soudain le visage d'Édouard s'anime; il s'agite, se tourne en tous les sens, et de ses lèvres s'échappent des mots confus qui désignent le malaise où il se trouve sur le gazon qui lui sert de couche. Stellina, qui le voit souffrir, court aux arbres qui forment la première enceinte, arrache leurs feuilles, qu'elle rassemble dans les plis de sa robe et les jette dans la

Une Soirée indienne.

grotte, où elle veut en former un lit plus mollissant...

Elle dépouille l'albâtre aux fruits ciselés, et le picas à l'épais ombrage, et le célia succulent; tous les arbustes lui sont égaux, puisqu'ils doivent tous servir au repos de son ami... Le myrte même, le myrte s'abaisse sous son bras imprudent... Privée de ses fleurs et de son feuillage, la branche nue se relève et paraît dire à la jeune femme que son amour lui ressemblera bientôt......

En ouvrant les yeux, Milford voit un lit de verdure parsemé de fleurs diverses. Stellina finissait à peine d'aplanir sa riante surface.
« Viens, mon Édouard, ici tu seras mieux. »

Elle lui tend les bras. Il la suit sur l'autel champêtre; une nuit pénible lui ayant laissé le besoin du sommeil, il s'y livre, la tête appuyée sur ses genoux.

Le malaise de l'Européen était bien diminué par des soins aussi doux. Mais la soif de l'or et l'ennui le consumaient; de l'or et Colombo pouvaient seuls lui rendre le bonheur et la santé. Pressé chaque jour par de nouvelles prières, il ne veut pas plus longtemps cacher ses projets à celle qu'il espère séduire. Stellina, avide d'apprendre la cause de ses maux, l'écoute en silence.

« L'amour embellit pour nous cette solitude, mais quel est le sort qui nous attend? Pouvons-nous espérer qu'un mystère impénétrable nous dérobera toujours aux yeux des insulaires? Et si mon existence était connue!... Je puis à peine fixer mes regards dans l'avenir.

« En vain nous nous étions flattés de pouvoir vivre à Ténor. Ma naissance et mon amour sont deux crimes qui retombent sur toi... Tous les cœurs, celui même de ton père, te seraient fermés.

« Mes paroles t'affligent, mais c'est à moi maintenant de veiller à ta sûreté. Ce n'est qu'en les prévoyant qu'on peut éviter les malheurs.

« Non, tu ne peux plus vivre auprès de Ltobaf; il faut que tu abandonnes ton père ou ton époux. Le sacrifice est douloureux, mais il est nécessaire. Un jour, il faudrait que l'on découvrît les liens qui nous unissent; et il vaudrait mieux cent fois que cette grotte devînt notre tombeau.

« Et comment d'ailleurs vivre ici plus longtemps? Ces fruits ont assouvi ma faim, mais ils ne peuvent point remplacer les aliments salutaires de l'Europe. Les longues in-

La Vengeance.

somnies, le désordre de ma tête m'annoncent que la santé s'éloigne, et je sens mes forces diminuer.

« Tu connais maintenant la cause du chagrin qui m'accable. Ouvre les yeux sur l'abîme, et fuyons à Colombo de là, nous passerons en Europe, où tu retrouveras un père, aux yeux de qui l'amour et la naissance ne sont point des crimes. Chaque instant peut nous séparer à jamais. Cette enceinte est sacrée; mais l'amour et la jalousie ne connaissent point de barrière insurmontable. »

Édouard à ce discours fait succéder ses caresses. Il l'entretient toute la journée des coutumes aimables de l'Europe, des douceurs de la vie inconnues à Ceylan, de l'empire de la beauté, de la durée de son amour... La voyant rêveuse et attentive, il saisit ce moment favorable pour lui parler du prix des richesses; il lui apprend comment l'or, dédaigné par les Ténadares, s'échange ailleurs contre toutes les productions de la terre. Elle savait bien que pour ce métal les Portugais traversaient les mers et désolaient l'Indostan, mais elle ignorait que l'on n'en pût pas exister en Europe sans en posséder. Tout ce qu'Édouard lui dit redouble son étonnement. Elle lui promet les trésors qu'il désire, ne pense qu'en frémissant à la fuite qu'il propose, et, toutefois, elle renouvelle le serment de

ne jamais la quitter. Édouard saisi de crainte l'interrompt. Il croyait entendre dans l'éloignement les pas redoublés d'une troupe nombreuse. Ils écoutent, et ne peuvent plus douter que l'on n'approche de l'enceinte qui les recèle. Le nom de Stellina retentit mille fois dans la forêt, et il semble que la tribu tout entière s'avance en tumulte.

Édouard éperdu se retire dans la grotte. Stellina, qui reconnaît les voix de ses femmes, le rassure d'un geste; et, saisissant son arc, s'élance loin de lui. Elle aperçoit Cosmoë, suivi de tout le campement, dont l'air sinistre paraît la menacer. Tranquille pour elle-même, tremblante pour Milford, elle se resserre à l'entrée de la grotte où elle reste immobile...

Les femmes et les chasseurs l'entourent. Tous les yeux étaient baignés de larmes. Cosmoë lui annonce que *Riamir vient de tomber sous la flèche d'un traître.* « Il vient de tomber sur la rive du Gardel, où il gît inanimé. Ses guerriers poursuivent l'assassin, et nous courons auprès de l'asile que vous avez choisi pendant le jour. Nous vous ramènerons à l'itobar. Le meurtre au bras sanglant parcourt ces funèbres vallées.... Après avoir atteint le chef de Fétan, il poursuit peut-être, et nous répondons aux dieux de vos jours. »

Il dit, et ses sanglots attestent sa peine. Cosmoë ne voit dans son rival que le plus brave des guerriers de la tribu.

Stellina, revenue de son premier saisissement, verse des larmes sur l'infortuné Riamir; et prévoyant les troubles que va causer son trépas, elle craint encore pour Édouard. Agitée de mille sentiments contraires, elle ne sait à quoi se résoudre. Mais son incertitude peut amener les périls qu'elle redoute. Elle cède et s'empresse de suivre ses amis, qui se rangent autour d'elle. Cosmoë marche avant tous, et le campement rentre à Ténor en sûreté.

Le trouble et la douleur agitaient toutes les âmes. La fatale nouvelle s'était répandue dans les cabanes avec la promptitude de l'éclair. Chaque famille, en pleurant le guerrier généreux, appelait sur le traître la malédiction de Brama. Et le ministre de Brama!... Jouissant du meurtre avec tranquillité, il s'indignait de la faiblesse d'Orixa, trop lâche pour étouffer ses remords.

L'itobar désespéré se rappelle close de l'injure qu'il a reçue dans le temple. Il envoie sur le Gardel une troupe de braves pour se joindre aux guerriers de Stellina et presser le retour de Stellina. Ses regards s'arrêtent tour-à-tour sur les rivaux de Riamir. Dans l'horreur qui le presse, il ose même les fixer sur le grand-prêtre; mais il réprime soudain sa coupable pensée.

La vue de celui-ci adoucit son inquiétude : il l'embrasse plus tendrement, comme si la perte de son ami le lui rendait plus chère, en réunissant toutes ses affections sur sa tête. Serrée contre le sein du vieillard, Stellina se reproche d'avoir pu songer à le fuir : la piété filiale et l'amour se disputaient son cœur... Son silence et son accablement suffiraient pour éveiller les soupçons, si un père pouvait soupçonner son enfant.

Retirée dans sa demeure, la bonne Emora vient la rejoindre : impatiente de sa longue absence, ses questions affectueuses se succèdent. Stellina souffre avec peine sa présence. Autrefois, lorsqu'elle pouvait se déguiser à elle-même son amour sous le nom de la pitié, son amour ne pouvait point la faire rougir, et les conseils de sa nièce calmaient ses transports... Mais aujourd'hui elle n'a plus de mère... Femme d'un Européen, Ténor n'est plus sa patrie... Privée des consolations de l'amitié, elle a besoin de se cacher dans la nuit du crime.... Ses yeux se détournent d'Emora, qui respecte sa douleur.

Cependant Cosmoë retourne aux bords du Gardel. Onémo l'accompagne. Ils prodiguent à leur rival les soins les plus généreux. Déli voulait qu'Orixa suivît leur exemple; mais ses prières furent inutiles : il ne put pas lui inspirer la force d'aller sourire à la victime...

Riamir était blessé à la poitrine. Ceux de ses amis qui n'étaient pas à la poursuite de Normis, préparaient à la hâte un lit pour le recevoir.... Des branches dépouillées de leurs feuilles et réunies entre elles sont couvertes par les vêtements des Bédas. Là, Riamir étendu s'abandonne, la main attachée à la flèche qui le brûle. Près de lui son arc et sa massue reposent..... Quatre guerriers, l'œil sombre et les cheveux épars, lentement le soulèvent.... Le cortége s'achemine... Onémo et Cosmoë le suivent avec les braves de Ténor.

Le peuple de Fétan couvrait les bords de la Sanga. Les femmes, les enfants, les vieillards pleuraient, en prononçant à voix basse le nom de Riamir : les guerriers fixaient un œil sec sur le cercueil. Mais les pleurs sont moins douloureux que leur attitude, et les rugissements des monstres sauvages moins terribles que leur silence.

Riamir est déposé dans son palais, d'où quelques guerriers écartent la foule. Le brame, qui possède l'art de guérir les blessures, arrive du temple. Au nom de *brame*, Riamir frémit et retrouve des forces; sa figure devient convulsive... Il s'élance... A peine l'initié put-il se soustraire à sa rage.

Cet effort l'avait épuisé. Il retombe plus faible, et prononce avec peine les noms de Stellina et de Ditulan : sa poitrine enflée repousse le sang, qui se presse et rejaillit sur les rouleaux de caros.

Il tend les bras à Cosmoë qui soutient sa tête, à ses amis éplorés, et son regard éteint leur donne le dernier adieu, lorsque l'arrivée de l'itobar et de sa fille, annoncée précipitamment, le ranime..... Il tourne les yeux sur l'itobar, presse la main de Stellina, et rappelant son âme sur ses lèvres, il dit ces dernières paroles :

« Le coup qui m'a frappé vous menace... Défiez-vous du brame... » Ses forces s'échappent avec ces mots. En vain ses amis s'empressent, il repousse leurs soins; et frémissant à l'atteinte de la mort, ne pouvant plus supporter le feu qui le consume, il serre sa poitrine, arrache la flèche, et rend le dernier soupir..... La flèche était envenimée...

Stellina et Ditulan s'éloignent. Cosmoë, surpris de ce qu'il vient d'apprendre, entrevoit l'affreuse lumière... Les gémissements et les sanglots s'ouvrent un libre cours...

Le lendemain, le cadavre livide fut exposé au seuil du palais. Tous les hommes de la Sanga vinrent contempler pour la dernière fois les traits du brave.

Le bûcher s'élevait au milieu de la place. A l'heure où le soleil achève sa course, tout le peuple arriva. On n'entendait point cette rumeur que produisent les nombreuses assemblées..... Le silence, frère de la mort, étendait son sceptre de plomb sur le village de Fétan.

On approche Riamir sur son lit funèbre. Ses guerriers le précèdent, sa famille éplorée l'entoure..... Le bûcher le reçoit, et la flamme le dévore.

Les Ténadares ne confient jamais le corps des hommes à la terre : ils savent que ce serait les déposer dans le sein de la corruption..... et les abandonner aux reptiles... Ils laissent aux nations policées cette noble coutume... Le plus pur des éléments, le feu, dissout leurs restes honorables... La cendre est recueillie par la main tremblante de la veuve ou du fils... et l'urne simple et chérie repose sous le toit ou sous les voûtes du temple... C'est là qu'après bien des années le héros, le père ou l'époux reçoivent encore en hommage les regards de l'amitié, les larmes de l'amour et les souvenirs des générations qui se succèdent.

Riamir n'avait qu'un frère, qui poursuivait inutilement l'affidé d'Orixa. Sidras, le plus proche de ses parents, porte l'urne d'ébène. Après avoir appuyé deux fois ses lèvres sur elle, il se retire avec les chefs, et dépose les cendres de son ami dans le palais, auprès de celles de ses ancêtres.

Telle est la pompe funèbre des insulaires... Puissé-je un jour être honoré comme eux !... Oui, je suis forcé d'envier pour ma dernière heure la fin des sauvages de Ténor ! Tous les jours je vois mes amis jetés sur des litières ou dans des chars à gages portent en souriant... Point de famille autour d'eux... point de larmes... point de douleur... O honte d'un peuple autrefois sensible !... ô coupable négligence des lois!... Si nous prenons encore la peine de rendre à la terre les cadavres, ce n'est que pour les cacher à notre vue. L'indifférence et la solitude les accompagnent : nos mains ne savent plus répandre des fleurs sur les tombeaux; et tandis que le luxe qui étouffe les mœurs multiplie l'usage des parfums, nous oublions d'en offrir aux mânes de nos épouses et de nos pères...

Ce crime d'une nation tout entière peut-il appartenir à la liberté ? Non, sans doute. La liberté veut des mœurs; mais la soif des richesses nourrit la dépravation, l'égoïsme naît du besoin de l'immoralité, et souvent aux préjugés vaincus succèdent des préjugés plus honteux.

La nuit était sombre. Le bûcher ne jetait plus qu'une lueur mourante. Assis en rond, les amis de Riamir s'entretenaient de leur perte... Ils aimaient leur douleur; et loin d'en fuir l'objet, ils attachaient sur le feu presque éteint leurs yeux privés de larmes. — Le jour approchait lorsqu'ils se séparèrent. Cosmoë répéta le serment des guerriers, et tous avec lui promirent de n'avoir point de repos tant que le meurtrier souillerait de sa présence la terre de Ceylan.

LA FUITE.

L'arrivée tumultueuse du campement autour de la grotte avait consterné Milford. Il croit à chaque instant que les sauvages vont paraître, et ne voit point d'asile contre leur furie. Son épouse, coupable elle-même à leurs yeux, ne pourra pas le défendre.

Cette crainte occupe tellement son âme qu'il ne s'aperçoit que le bruit a cessé que longtemps après le départ des insulaires.

Délivré du péril le plus prochain, il reprend assez de tranquillité pour penser à ceux qui lui restent à courir. — Peut-être l'Indienne ne reviendra plus. Les regards de la défiance vont s'attacher à tous ses pas. Cette foule qui vient de l'entraîner prouve que les soupçons l'environnent. La jalousie a sans doute éclairé quelqu'un de ses amants de son lugubre flambeau... Sa constance à passer toutes les journées dans l'enceinte a paru extraordinaire, et l'on veut en connaître la cause. Les Bédas, qui cette fois n'ont pas osé violer la grotte de l'itobar, peuvent revenir... Avant la fin du jour, il peut expirer dans les flammes...

« Il se lève, poursuivi par les fantômes qu'il vient de créer : il voudrait à l'instant chercher une retraite plus sûre ; mais l'avidité combat sa frayeur. *Si Stellina arrivait dans la nuit chargée de trésors !*..... Cette idée l'arrête, et il retarde l'exécution de son projet.

Il veilla toute la nuit entre la crainte et l'espérance. — A Ténor, on n'était pas plus tranquille. Le grand-prêtre, entouré de soupçons, ne songeait qu'à détruire tous les indices de son crime.

Les hommes de la Sanga, divisés en plusieurs troupes, poursuivaient Normis. Caliture, frère de Riamir, à peine sorti de l'enfance, guidait la plus nombreuse, et lui inspirait son infatigable fureur ; il voulait parcourir les vallons du mont Argias et les rivages de Colombo.

Au milieu de ces troubles, Stellina ne pouvait point s'éloigner... Elle croyait Édouard à l'abri de tous les périls.

La troisième nuit s'approchait. Édouard voulait fuir, et remettait toujours sa fuite au lendemain. Il achevait le repas de nuit, lorsque la voix des cors, qui résonnent à peu de distance, lui rend toutes ses frayeurs... C'était le vieux Talahor, le plus féroce des forgerons de Fétan, suivi de quelques amis affligés de leurs vaines recherches ; Talahor, dont le poignard et la massue de Riamir attestent l'habileté. — Il s'arrête auprès de l'enceinte, et la désignant d'un bras audacieux, il excite ainsi les siens à la franchir :

« Jamais un Européen n'aurait eu le courage d'attendre dans nos bois le plus redoutable des guerriers. Comment aurait-il su qu'il devait ce matin traverser la forêt du Gardel ?... Amis, n'en doutez pas, une main ténébrare a lancé la flèche, et ce n'est pas sans raison que les braves veulent nous persuader que le traître est parti de Colombo... Vous n'avez oublié ni le sacrifice, ni le jour où les voûtes du temple devaient répéter le nom du nouvel itobar ; Caliture poursuit le meurtrier sur les terres des Portugais ; et caché peut-être dans nos bois, le meurtrier tire de ses poursuites... peut-être conduit par le respect qui nous éloigne de ces lieux, *c'est là* qu'il respire. Ces lieux ne sont pas éloignés du Gardel, et ils sont les seuls où nous n'ayons pas porté nos regards. Amis, suivez-moi : aucun asile ne doit dérober à notre haine cet homme de la tribu... Fût-il sous la statue de Brama, il appartient à la mort. »

Les sons de cette voix menaçante avaient glacé l'âme de l'Européen. En vain cherche-t-il une pierre pour fermer l'entrée de sa retraite... Retiré dans le coin le plus obscur, il croit déjà sentir dans son sein la pointe acérée du poignard.

Cependant le vieux cyclope s'avance, et il est surpris de voir tous ses compagnons immobiles. Sidras, Bezel, Wiperon lui reprochent son audace sacrilège. « Si la fille de l'itobar était dans la grotte, quelle serait ton excuse? » Ce peu de mots suffit, et l'opinion populaire parle des amis de Talahor... l'opinion populaire... plus puissante que les portes d'airain.

Ainsi, lorsque notre peuple enivré des premières vapeurs de la liberté environnait le jardin superbe du dernier de ses rois, rien ne pouvait le retenir... Soudain ses magistrats paraissent ; ils entourent le palais d'un ruban qui pouvait à peine résister au zéphyr ; mais la force magique de l'opinion rendait cette frêle barrière insurmontable... Plus fort que les gardes et les remparts, ce fil arrêta les flots tumultueux.

Édouard écoute, se lève, et peut croire à peine au bonheur qui le dérobe au trépas. Renonçant à toutes ses espérances, il quitte la grotte et s'enfonce dans la forêt. Il regrette l'or que lui avait promis son épouse, et redoute la clarté du jour qui peut l'exposer aux regards des sauvages.

Il sait que le Gardel va se jeter dans la mer près de Colombo, et il suit son cours avec rapidité. L'imprudent croit que tout dort dans les ténèbres, et il ignore que la vengeance ne sommeille pas.

Le jeune Caliture traversait tristement la plaine. Il avait laissé derrière lui le mont Argias, et il marchait en silence, espérant recevoir le dernier soupir de son frère. Il croit entendre sur l'autre bord le sifflement de ces cailloux qui glissent sous des pas mal assurés... Sa main, élevée en signe de surprise, suspend le pas de ses guerriers. A cette heure, les bêtes féroces reposent dans leurs cavernes. Cependant le bruit redouble... Seul, il avance sur la rive. La tête élevée au-dessus des arbrisseaux, il veut percer l'obscurité profonde qui couvre la nature... Il lui semble apercevoir un vêtement rouge. — Craignant que ce but précieux ne lui échappe, il bande son arc sans

se détourner, se penche sur le fleuve, lance la flèche, et la suit d'un regard inquiet.

Édouard, harassé de fatigue, se traînait sur ces bords inconnus. Il venait au-devant du coup invisible qui l'atteint dans le bras, et lui arrache un cri prolongé...

Caliture reconnaît la voix de l'Européen..... A ce cri, plus odieux que celui du tigre, il répond par d'affreux rugissements, se précipite dans les flots, lutte contre eux, et s'élance sur le rivage...

Mais il ne voit plus rien, n'entend rien. En passant le fleuve, il a perdu la nuance incertaine. Ses amis font voler au hasard une nuée de traits inutiles. Ne doutant point que leur proie n'ait fui vers Colombo, ils retournent sur leurs pas, s'étendent au loin sur les côtés du Gardel, et suivent tous ses détours.

Milford, après avoir fait quelques pas, était tombé sur la terre, où sa faiblesse le tenait immobile... L'épaisseur de la nuit l'avait dérobé à tous les regards. Le sang ruisselait de sa blessure.

Emportés par leur aveugle fureur, les hommes de Fétan se retrouvent au pied du mont Argias ; ils se réunissent et se pressent autour de leur chef.

« Le traître, leur dit-il, nous a échappé ; il va recevoir à Colombo le prix de la tête de mon frère... »

« En retournant près de lui, nous le trouverons mourant, il nous demandera s'il est vengé... Quelle sera notre réponse?...

« Non ; retourne qui veut à Fétan ; moi, je reste, et je cours chercher des victimes... Le premier fort de nos ennemis est sur cette montagne... Ses gardes avancées sont près de nous... Je veux me baigner dans leur sang et rentrer sans déshonneur sur les bords de la Sanga... Les ténèbres, qui tantôt nous ont trahis, maintenant nous favorisent. L'itobar, appesanti par l'âge, nous retient-dans une paix honteuse. Les coups que nous allons porter seront le signal de la guerre... Nous immolerons nos assassins sur les ruines de Corli ; et si nos ennemis, nos cendres du moins se mêleront à celles de nos aïeux, éparses dans la plaine de Malvana. »

Les guerriers sont émus comme s'ils entendaient la voix même de Riamir ; ce sont ses terribles accents et ses regards mortifères. Ils veulent tous suivre leur jeune chef, et il est forcé de désigner celui qui doit aller répandre l'alarme dans la tribu. — Hacmar est choisi. Il obéit avec peine ; et en peu d'instants il arrive à Ténor.

L'itobar était auprès de Stellina. Effrayé de la tristesse inconnue qui empoisonne les jours du seul enfant qui lui reste, il s'efforçait d'adoucir ses peines. — On lui annonce un messager. L'heure de son arrivée ne laissant aucun doute sur l'importance de son voyage, il n'hésite pas à le recevoir.

Hacmar est introduit. Il retrace la rencontre du Portugais blessé, sa fuite et la résolution de Caliture. « Peut-être ses ennemis épars dans les montagnes veulent tenter une nouvelle attaque ; ils marchent peut-être dans les ténèbres. »

L'itobar apprend avec joie qu'un Européen est l'assassin de Riamir. — Les soupçons répandus dans le brame le pénétraient d'horreur, et lui faisaient craindre les maux les plus affreux. La guerre lui paraît moins redoutable. — Il se rappelle encore les dernières paroles proférées par la victime, mais il les regarde comme la plainte d'un homme que la raison vient d'abandonner. Il s'empresse d'envoyer Hacmar à Fétan pour éclairer ses compagnons et rappeler leur confiance.

Dix jeunes guerriers, connus sous le nom d'*hoas*, veillaient sans cesse dans le palais. Diludan les appelle auprès de lui. Quelques uns, après avoir reçu son ordre, se dispersent et font allumer des collines ; d'autres précèdent l'itobar, qui marche vers le temple. Pour dissiper l'orage, il veut consulter le grand-prêtre et les dieux.

Stellina, restée seule, peut enfin s'abandonner aux mouvements de son âme... Pendant le récit d'Hacmar, la pâleur était sur ses lèvres, et une sueur froide sillonnait son front. Un Portugais blessé !... un vêtement rouge !... un cri plaintif !... tout l'assure que c'est son époux. S'il est tombé vivant sous la flèche, le jour va le livrer aux hommes de la Sanga. S'il a pu fuir, il est à jamais séparé d'elle...

Des larmes inondent son visage... Elle s'indigne de ses larmes et se sent embrasée d'un sentiment sublime qui l'élève au-dessus de son sexe ; elle veut sauver son époux ou périr en le défendant. Toutes ses affections se confondent dans un amour : son père, la vie, l'honneur n'offrent à son esprit que de faibles obstacles, pareils aux roseaux que le torrent déracine, balance et entraîne dans son cours. Tous les moments sont précieux... Déjà la grande pierre du temple a frappé la neuvième heure... Elle s'arme, s'enveloppe d'une natte grossière et vole sur les bords du Gardel.

Après avoir quelque temps suivi le fleuve, elle se trouve dans une étroite vallée qu'il partage et où le sol est pierreux et stérile. Le récit d'Hacmar a indiqué cet endroit... Elle passe sur la rive oppo-

sée, rallentit sa course et porte en vain ses regards autour d'elle... Rien d'éclatant ne rompt la triste uniformité de la nuit.

Toutefois un courage inespéré la soutient. S'il est sur ces bords, ses cris peuvent lui annoncer la présence de son épouse... Mais ses cris peuvent aussi frapper l'oreille de quelques insulaires... Cette idée ne peut point la retenir; elle se rassure, et sa voix aiguë demande et redemande Édouard à la vallée.

Le jeune homme avait repris connaissance; la douleur était devenue moins violente, il avait eu la force de se relever. Abîmé dans son désespoir, ne sachant où porter ses pas, il était résolu de retourner à la grotte pour y attendre la mort. Au premier son d'Édouard que lui renvoient les échos, il frémit, s'arrête et prête l'oreille... Son nom frappe de nouveau les airs, il retentit plusieurs fois de suite... C'est... il ne peut plus douter... c'est la voix de Stellina.

Rappelé à la vie, son mal ne l'importune plus. Il approche... appelle son épouse... l'entend... l'appelle encore... et se sent pressé sur son sein. — Elle ne s'occupe que de sa blessure, l'arrose de ses pleurs; et après avoir déchiré une partie de la toile dont elle est revêtue, elle enveloppe le bras, arrête le sang et tranquillise son ami. — Le trait n'avait percé que la surface.

« Viens, lui dit-elle, je serai ton guide et ton soutien. Nous ne pouvons pas suivre cette route plus longtemps. On croit que tu as fui vers Colombo. Les feux qui s'allument de toutes parts annoncent le réveil de la tribu. — Ces bords dans peu seront couverts d'ennemis furieux. — Il n'est pour nous de salut que dans les montagnes. — Le pic d'Adam nous offre un asile. Ses vallées sont désertes; elles nous cacheront pendant le jour, et nous pourrons dans la nuit arriver sur les premières terres de Colombo, en mettant le mont Argias entre nous et nos ennemis. — Viens mon Édouard; tu n'as point d'armes, mais ces flèches seront ta défense... »

Stellina approche ses joues brûlantes des lèvres du jeune homme attendri, qui marche appuyé sur elle.

Ils traversent les campagnes de Suffregam, les bois de Corvitte, gravissent au point du jour les innombrables collines d'Opénaca, et se trouvent au pied du pic quelques heures après le lever du soleil.

Au lever du soleil, l'itobar était encore enfermé dans le temple. Asservi sous le joug de l'habitude, il n'était point capable de se conduire par lui-même. Il sentait bien que l'aveugle fureur du frère de Riamir allait rompre la paix; toutefois il n'eût pas osé le rappeler. Mais le grand-prêtre craignait une attaque imprévue. Habile à persuader, il excita par ces mots la lenteur du vieillard :

« Les destinées de Ténor dépendraient ainsi d'un jeune homme?... Et nous serions demain enveloppés dans une guerre nouvelle? où sont nos préparatifs, quelle est notre espérance? Prendrons-nous leurs forts avec nos massues, et nos flèches arrêteront-elles l'explosion de leur foudre?... Avez-vous oublié que l'itobar de Candy prépare en silence la ruine de ces tyrans redoutables?... Un autre peuple d'outre-mer est déjà établi dans la baie de Trinquemale. Ce peuple est l'ami du raddasinga. Il déteste nos usurpateurs, qu'il a offert de chasser de Colombo.

« Dans quelques jours les tribus de Maturé, de Taffama, de Patan doivent se réunir à Candy pour jurer avec les Hollandais une paix inviolable. Vous avez désigné le sage Onémo pour s'y rendre en votre nom. — Des vaisseaux chargés d'armes à feu flottent déjà sur les rivages de Dos-Arcos, et, par votre faiblesse, vous commenceriez l'attaque avant le signal !... Prince, il faut laisser à nos ennemis un long calme et une profonde sécurité... Alors nous les frapperons sûrement, le brave Riamir sera vengé, et vous rentrerez à Colombo sur la terre de vos pères. »

Ditulan ne balance plus. Il ordonne à un hoas, ministre de ses volontés, d'aller vers Caliture. — Déli, qui craint le caractère impétueux du jeune homme, confie au chef Onémo le soin de le ramener, et de suspendre sa fureur.

L'hoas et Onémo s'éloignent de Ténor. L'itobar envoie sur tous les points des troupes de guerriers, chargés de parcourir les forêts jusqu'aux ruines de Corli, afin d'observer tous les mouvements des Portugais.

Ces troupes bruyantes peuplèrent bientôt les forêts d'Argias et de Galkisse sur le bord de la mer : mais la droite Édouard et Stellina avaient pénétré dans l'intérieur de l'île. Hors de leur atteinte, ils étaient assis sur la colline de Movéa, où le paradigge et le jombos étalent leurs fruits succulents. Du milieu de ces arbres peu élevés s'élancent le vellas et le jaka, dont la tête verdâtre est hérissée d'épines; d'autres arbres portent des pommes qui, par le jus et la saveur, ressemblent à l'ananas. Le bas du monticule est couvert de petits cocotiers, que l'on préfère à tous les autres pour fabriquer l'étoffe de Candy. — Les neiges qui couvrent les pointes les moins hautes du pic se fondent aux rayons du soleil, et mille rigoles fugitives serpentent sur le penchant de la colline, et vont toutes accroître les eaux du torrent qui roule au fond de la vallée.

Dans un clin d'œil la jeune Indienne apprête le repas. Édouard reçoit de ses mains la pomme champêtre qu'il ne connaissait point encore; il en savoure le fruit délicieux.

La douleur de son bras était apaisée, mais le bois de la flèche gênait tous ses mouvements. Stellina cherche l'ellère à la feuille large, luisante et pointue, dont souvent elle admira l'effet balsamique, et qui naît auprès des ruisseaux. Joyeuse, elle montre à son ami, en plante salutaire, déroule la toile ensanglantée; et, sentant la flèche qui cède sous ses doigts, elle la retire avec promptitude... Édouard pousse un cri, mais la souffrance a disparu avec le trait. Il serre la main qui le soulage, et fixe sur son épouse des yeux où se peint la sensibilité... Après avoir posé sur la blessure deux feuilles d'ellère, elle annonce à Milford une prompte guérison.

Ces lieux étaient trop exposés pour y attendre la nuit. On voyait dans le lointain Ténor qui domine sur les forêts, et le Gardel qui les traverse et, par intervalles, s'échappe dans la plaine. Pour reposer loin de l'atteinte et de la vue des Bédas, il fallait tourner le pic vers le nord, et passer plusieurs gorges formées par les penchants des collines qui se croisent de cent manières. Stellina encourage le jeune homme, et le résout à de nouvelles fatigues qui commencent et se prolongent jusqu'au milieu du jour.

Ils arrivent enfin sur le vallon de Ganao, que l'on nomme l'épaule du pic, et qui soutient le sommet de la montagne. Les vents ne quittent jamais ce vallon : les remparts de glace qui l'entourent ne s'abaissent qu'auprès des gorges; le lac de Valgam en est couvert, et on ne saurait de quel côté il se trouve, sans le mugissement de la rivière de Mawelongue qui naît dans son sein, se précipite en cascade vers le midi, et poursuit sa course majestueuse jusqu'à la baie de Trinquemale, où elle marie ses flots aux vagues de l'Océan.

Dans la plaine qui borde le lac, la neige fondue laisse voir la prairie. Réchauffée par les rayons du soleil, l'herbe flétrie se relève... mais elle n'offre plus qu'un tapis jaune et sans fraîcheur !... Ainsi, lorsque les glaçons de la vieillesse se sont appesantis sur nous, si la volupté veut encore charmer nos derniers jours, elle ne trouve plus dans notre âme le même feu, ni le même coloris sur nos traits. Étonnée de son impuissance, elle nous agite, et nos sens épuisés peuvent à peine saisir son ombre fugitive. — Les lois des saisons sont immuables. — O vous, que le printemps anime encore, la vie n'est que le plaisir... et l'heure qui fuit ne revient plus !

Édouard observe à l'extrémité de la plaine une cabane ruinée, dont la teinte relève la blancheur de la neige : il tremble à cette vue, et son geste indique à la fois la cabane et sa frayeur. Son amie le rassure. Joyeuse de la découverte, elle sait que les Bédas passent quelquefois la nuit sur ces montagnes, et c'est là sans doute que les derniers chasseurs se sont reposés... L'asyle du chasseur et la caverne du tigre sont les seules habitations éparses dans les vallons du pic.

Le jeune homme suit son guide. — Quelques arbres à pain et des branches entrelacées forment la cabane : les larges feuilles du pandang lui servent de couverture. Le toit commençait à s'affaisser sous le poids de la neige; mais l'ardeur du soleil en le dégageant, lui avait rendu sa couleur d'un vert sombre. Il pouvait abriter Milford et protéger son repos... Cette idée rend la hutte précieuse à Stellina, qui s'empresse de couvrir le sol de feuilles les moins humides, et veille auprès de son époux.

Il est en sûreté... il repose... Elle jouit de son ouvrage. C'est alors qu'elle se rappelle son père... Ses larmes se pressent : elle voit le vieillard éperdu qui l'appelle à grands cris... Elle cherche des yeux la colline de Candi.

Ténor ne paraissait plus : il se trouvait derrière le pic, et les pitons et les nuages confondus élevaient, abaissaient une effrayante barrière... Elle cherche en vain : ses regards ne rencontrent que des lieux inconnus. Tout le pays qui s'étend vers le nord est le royaume de Candi, que la rivière de Mawelongue traverse dans sa longueur. Une échappée de vue offre la profonde baie de Dos-Arcos, où se jettent plusieurs fleuves, et qui, par sa tranquillité contraste avec la haute mer, où les flots se brisent sur les bancs de rochers.

L'Indienne observe l'espace qui la sépare de Colombo. De ce côté, la descente du pic est moins rude; des collines d'une pente douce, des plaines revêtues d'un brun pâle, des forêts d'une teinte plus brillante se succèdent jusqu'au rivage, où la ville s'élève presque entourée par l'Océan.

La pointe de Mandasinde, les montagnes de cristal et de la pagode, celle de Torwite dont la cime recourbée semble se séparer de la base, et des laves grisâtres et un sable de fer couvrent dans son entier... rien ne pouvait arrêter les regards de Stellina, qui se reportaient sans cesse à Colombo, dont l'aspect excitait dans son âme le trouble et la douleur. — La paisible obscurité du crépuscule ajoutait déjà le regrets. — Devenue la proie des regrets, elle ne put point fermer la paupière.

Le sommeil avait rendu toutes ses forces à Milford, et lui avait offert l'ombre des richesses qu'il avait espérées si longtemps.

Réveillé par cette image trompeuse, l'idée de sa pauvreté remplit son cœur d'amertume... Tour-à-tour lâche et avide, le malheur qui l'avait anéanti faisait toujours place au désir impétueux... Ses lèvres séchées par la soif de l'or sont insensibles aux caresses de son épouse, et il l'accuse avec humeur de n'avoir pas tenu sa promesse. Elle lui retrace sa promptitude à voler à son secours à l'instant où le récit d'Hacmar l'avait effrayée.

« Lorsque chaque moment pouvait causer ta mort et la mienne, pouvais-je m'arrêter? Mon ami, chasse le chagrin qui couvre ton front. Les dieux et l'amour ne nous ont pas dérobés à tous les périls pour nous abandonner. Tu es ma richesse... je suis la tienne, et bientôt peut-être un enfant qui te ressemblera, viendra doubler notre bonheur. »

« Il doublera notre misère, répond le marchand, comme vous doublez déjà la mienne. »

Stellina pâlit à ce reproche... Son visage se couvre de larmes. Des idées nouvelles viennent l'assaillir. Édouard sans elle a quitté la grotte pour s'éloigner : ce n'est qu'à sa blessure qu'il doit encore sa présence... Il pourrait devenir ingrat!...

Ses pleurs rappellent Édouard à lui-même. Soit calcul ou sensibilité, il s'attendrit et console son amante, qui bientôt serrée dans ses bras, perd de vue le nuage qui vient d'obscurcir l'horizon.

À l'entrée de la nuit, le couple quitte la cabane du lac, et descend le vallon de Ganao, du côté du midi.

Cependant le sage Onémo et son compagnon arrivent au mont Argias. Le fort s'élevait sur le dos de la montagne. Toute la nuit, Caliture avait erré autour de ses remparts, épiant le premier soldat qui s'offrirait à ses coups. Mais les remparts avaient été déserts. Les Portugais, sans défiance et sans discipline, ne laissaient point de garde pendant la nuit. Caliture, trompé dans sa vengeance, sent redoubler sa fureur ; et, malgré le jour, qui l'expose au feu des ennemis, il ne s'éloigne qu'à regret de ces murs. Tel, au milieu des ténèbres et de la neige, le loup affamé s'approche des lieux habités ; il attend sa proie, et ses dents aiguës s'agitent d'impatience... Tout-à-coup les villageois armés paraissent : les brandons allumés éclairent la campagne ; le monstre, obligé de fuir, frémit et tourne en fuyant ses regards sinistres vers l'habitation qu'il a voulu surprendre.

Tel Caliture rentre dans la forêt. À la vue de l'hoas, il s'arrête, et il écoute en silence l'ordre de l'itobar. Onémo, qui prévoit sa réponse, le serre dans ses bras, et la persuasion coule ainsi de ses lèvres :

« Tu n'as pas encore baigné de tes pleurs l'urne funéraire... Suivi d'une foule de braves, tu veux frapper de loin un ennemi sans défiance ; comme si la vengeance pouvait excuser l'assassinat... La vengeance!... tous nous la voulons. Ditulan, Cosmoé, les brames, les vieillards, tous la veulent terrible et sans infamie... Ce n'est pas le sang d'un soldat ignoré, mais celui de ces chefs de Colombo qu'il faut offrir aux mânes de Riamir. Ce n'est pas un Européen, mais mille Européens qu'il faut à notre rage. »

Alors il entraîne Caliture. Dans leur entretien solitaire, il lui retrace la ligue de Trinquemale, et lui annonce que, dans peu de jours, il doit partir pour Candy, et que bientôt les peuples d'Europe seront détruits l'un par l'autre. — Le jeune homme le suit dans tous les détails de la conjuration ourdie contre ceux qu'il croit les assassins de son frère : il tressaillit d'impatience, et rejoint ses guerriers surpris de la joie féroce qui brille sur son front.

Il s'incline devant l'hoas en signe d'obéissance, et ordonne le départ pour Fétan. L'hoas retourne auprès de l'itobar, et Onémo accompagne son ami, qui ne se lasse point de l'entendre.

Ils arrivent sur les bords de la Sanga sans que le moindre bruit ni la vue d'aucun homme aient frappé leurs oreilles ni leurs yeux. On eût dit Fétan était désert.

Caliture verse des larmes sur les rouleaux de caros encore imbibés du sang fraternel. Il s'achemine vers le bûcher, comme s'il pouvait seul renouveler la pompe funèbre... Puis il presse de ses lèvres les restes de Riamir.

Le sage de Ténor le laisse à sa douleur, et il admire les regrets de tout un peuple à la mort du jeune chef bien-aimé. Le deuil est dans toutes les cabanes, sur toutes les figures : c'est un père que chaque famille a perdu. On n'entend point les éclats bruyants d'un faux désespoir; mais, au milieu du jour, le repos nocturne semble appesanti sur le village.

Cependant l'arrivée du jeune chef n'est plus un secret. Cette nouvelle se propage lentement sous les toits de palmier. Les Fétanais se réunissent auprès de Caliture. Sidras et Talahor lui présentent l'arc et la massue de son frère. En saisissant d'une main hardie ces armes terribles, signes révérés du pouvoir, il prononce le serment que tous répètent encore après lui, et il part avec Onémo pour Ténor, où le chef de la tribu doit confirmer le rang qu'il vient de recevoir.

Au bout de la plaine, ils aperçurent un insulaire dont la démarche précipitée les étonne. Qu'aloja le reconnaît pour un affidé du père de Stellina. Il s'avance pressentant quelque nouveau malheur. Les premières paroles de l'hoas confirment ces pressentiments.

La fille de l'itobar, s'écrie-t-il, a disparu. Nous avons inutilement porté nos pas jusque dans la grotte des femmes. On craint que les Portugais ne l'aient enlevée. »

Les deux chefs, à ce récit, demeurent immobiles ; mais, ne pouvant croire ce qu'ils viennent d'apprendre, ils se hâtent d'atteindre la colline.

Ditolan se plaignait de l'absence de sa fille. La vieille Emora, qui partageait sa douleur, ne pouvait point l'adoucir. Toutes les femmes de la tribu pleuraient aussi leur bien-aimée. Peut-être s'est-elle égarée au milieu des forêts lointaines... On ordonne de nouvelles recherches, et cent jeunes Bédas se répandent sur les rivages et les montagnes.

Le grand-brame, frappé d'un coup aussi imprévu, regrettait la suprême puissance qu'il espérait obtenir par l'hymen d'Orixa: Délivré du redoutable Riamir, il croyait avoir asservi l'esprit timide de la jeune fille. Sa perte rompait la trame qu'il avait ourdie. Dès qu'elle reparaîtra, il veut que l'union désirée s'accomplisse.

Vains projets! Stellina ne devait plus reparaître à Ténor... Les jours s'écoulent. Les messagers reviennent sans aucune nouvelle. On ne doute plus alors qu'elle ne soit au pouvoir des Portugais.

Déli sent que la guerre est inévitable ; mais une seule tribu ne peut pas la commencer... En pressant les secours des Hollandais tardifs, il peut retrouver sa proie dans les murs mêmes de Colombo, et ressaisir le sceptre qui lui échappe... Le prêtre était loin de soupçonner que l'amour eut depuis longtemps disposé de Stellina contre son vœu... L'amour, plus habile que l'ambition, seconde quelquefois ses plans, et se plaît quelquefois à les déconcerter.

Les chefs sont convoqués dans le temple.— Cosmoé bouillant de fureur, Caliture avide de carnage, les vieillards mêmes demandent la guerre à cris redoublés. Déli, taciturne et rêveur, assis à côté du prince, dirige le conseil tumultueux. Après avoir laissé un libre cours aux imprécations, il parle au nom de l'itobar, qui l'approuve par son silence.

« Amis, préparez-vous à la guerre ; elle est juste, et les dieux la puniront les assassins et les ravisseurs.

« Mais réjouissez-vous : mes soins ont soulevé contre eux toutes les tribus de Ceylan. Le grand chef de Raddasinga seront ici dans peu de jours, et leurs guerriers innombrables couvriront la colline et la vallée. Avec eux viendront des hommes d'outre-mer qui aiment la justice, respectent Brama et embrassent notre cause contre les Portugais ; ils viendront avec les armes d'Europe ; et nous aussi nous aurons la foudre qui détruit et consume.

« Ils sont prêts et n'attendent que le signal.

« Le sage Onémo va partir pour Dos-Arcos. Dès qu'il sera de retour, nous et nos alliés nous tomberons sur le rivage comme le feu du ciel.

« Que les femmes et les enfants préparent les sagous pour la nourriture des braves, et que le courage aujourd'hui cède à la prudence. Aujourd'hui toute entreprise ressemblerait au fruit qui n'a pas atteint sa maturité... Il remplit d'amertume la bouche de l'imprudent qui le dévore.

« Tout nous assure le succès, et Brama bénira ses enfants.

« Mais notre triomphe pourrait devenir fatal à Stellina. Si elle ne périt point sous les ruines de Colombo, ses ravisseurs fugitifs peuvent l'entraîner en Europe... Amis, il faut l'obtenir par la douceur et la venger ensuite par la violence.

« L'or appuiera nos prières, et les Portugais nous la rendront. Demain le généreux Cosmoé, deux vieillards et deux brames iront leur offrir en échange une partie des pierres éblouissantes dont les colonnes du temple étincellent.

« Ce message de paix sauvera la fille chérie de la tribu, et notre attitude suppliante endormira les tigres sur le bord de l'abîme.

« Telle est la volonté de l'itobar et des dieux. »

Ces mots réunissent tous les avis. Le lendemain le sage Onémo et Cosmoé, chargé de la rançon de son amante, prennent les routes opposées.— Les guerriers de Ténor apprêtent les flèches et les massues. — La multitude abat les sagous dont la moelle farineuse offre un aliment salutaire, et le grand-prêtre se flatte de revoir bientôt Stellina, de recueillir par son hymen le fruit de son crime, et de régner sur les Bédas rétablis dans leurs antiques foyers.

Le vice-roi de Ceylan ne prévoyait pas l'orage. Tranquille dans sa capitale, il jouissait d'un calme heureux. Plus de trois mille fantassins dans les murs de Colombo, un nombre égal répandu dans les autres comptoirs, assuraient depuis vingt années la domination des Portugais, qui s'étaient montrés d'abord comme de paisibles marchands. Les Indiens les reçurent avec leur bonne foi ordinaire. Mais bientôt, maîtres de plusieurs postes avantageux, ils levèrent le

masque; et, fiers de la puissance artificielle de leurs armes, ils portèrent l'audace jusqu'à imposer d'énormes tributs à ceux qui leur avaient donné l'hospitalité.

Le vieux Fuentes était leur chef au moment de la conquête. Vieilli dans le métier de la guerre, son âme était aussi endurcie aux pleurs des hommes que son corps aux fatigues des camps : il promena le glaive d'un point de l'île à l'autre, et n'épargna rien pour amasser des trésors; mais, dans une incursion à Négombo, il reçut la mort qu'il avait donnée tant de fois. La cour de Lisbonne, satisfaite de ses succès, nomma son fils pour le remplacer.

Cet événement répandit l'allégresse dans l'âme des Indiens, et leur inspira le désir de secouer le joug honteux qu'on leur avait imposé. Le roi de Candy laissa le premier éclater la haine qu'il dévorait depuis longtemps; et les agents de la compagnie de Hollande, qui épiaient le moment d'arracher aux Portugais leur conquête, profitèrent de leurs fautes : ils offrirent au roi de Candy de riches présents au nom de leur république, se déclarèrent ses amis et ses protecteurs; et lorsqu'ils lui demandèrent son consentement pour bâtir une forteresse dans la baie de Trinquemale ou de Dos-Arcos, l'Itobar leur répondit :

« Assurez vos états de mon amitié : dites-leur que je consens à tout, et que s'il le fallait, moi, mes femmes, mes enfants et ma cour nous porterions au rivage les pierres et les bois nécessaires à la construction. »

Le jeune Fuentes ressemblait peu à son père. Elevé dans le sein d'une famille illustre, son cœur et son esprit s'étaient formés avec un égal succès : son éducation s'était perfectionnée à la cour de Portugal, où brillaient alors les lumières et la galanterie; les basses passions n'avaient point de prise sur son âme embrasée du double amour de la gloire et des femmes. Il s'était promis, en partant de Lisbonne, de se faire chérir des Indiens, et de réunir dans son gouvernement toutes les jouissances du luxe et de la paix.

A son arrivée, il trouva mert Argias, où il bâtit une forteresse, les poursuivit jusque dans leurs retraites; et lorsque les Indiens vaincus ne purent plus douter de sa puissance, il avoua les torts de sa nation, diminua les tributs trop onéreux, et se montra aussi juste dans la paix que terrible dans la guerre.

Sa conduite eût apaisé toutes les haines, sans les Hollandais, dont l'adroite politique sut les entretenir..... Depuis trois ans, ils préparaient une ligue formidable, et les Ténadares étaient enveloppés d'un profond mystère.

Fuentes, content du bien qu'il avait opéré, vivait dans le sein des plaisirs : la gaîté, la mollesse régnaient avec lui dans l'enceinte de Colombo. Ses officiers, appelés à partager ses amusements, le chérissaient, et s'abandonnaient, à son exemple, à la douce ivresse de la volupté.

Le comte Arpos, qui était sans contredit le plus dissipé de tous, avait quitté Lisbonne dans l'espérance de rétablir sa fortune ruinée dans les jeux et la débauche. S'enrichir afin de pouvoir satisfaire tous ses goûts, et dépouiller les Indiens pour s'enrichir, ses vœux ne tendaient qu'à ce but.

Ses défauts étaient rachetés par un courage chevaleresque, et par l'ancienne amitié qui l'unissait à la famille de Fuentes; il l'avait connu lui-même en Portugal, où il avait su l'apprécier : flexible comme le lierre, habile à s'élever en rampant, il était parvenu à captiver son cœur.

Le courtisan aimait les beaux arts autant que le vice-roi ; il devint leur protecteur par goût comme par politique. Il dirigeait les travaux des artistes que Fuentes avait amenés de Portugal, mais que ses occupations quelquefois lui faisaient perdre de vue. Les soins du comte excitaient l'émulation des talents. La colonie, qui n'était composée d'abord que de soldats et de marchands, s'avançait à grands pas vers la civilisation. L'imprimerie répandait les lumières, les ateliers où respiraient le marbre et la toile se peuplaient d'élèves. Dans les concerts mélodieux les voix séduisantes des cantatrices d'Europe enivraient les enfants de Plutus et de Bellone, et ces prêtresses d'Apollon desservaient aussi les autels de Cythérée...

Tant de nouvelles jouissances ne firent qu'accroître la soif de l'or, et le commerce prospéra par les beaux arts. Tous les ans, des convois immenses portaient à Lisbonne les productions de l'Inde, et ils rapportaient des objets de luxe et de munitions de guerre, des artistes et des soldats.

Une ville populeuse et florissante s'élevait ainsi au milieu des sauvages de Taprobane. Tel dans les plaines de l'Afrique un dattier s'élève seul et majestueux; la verdure de ses rameaux, l'éclat de ses fruits contraste avec la teinte roussâtre du sable enflammé qui l'entoure.

Les habitants de Colombo attendaient avec impatience l'anniversaire de la naissance du vice-roi. La fin du mois d'Auguste approchait. Le comte Arpos n'avait rien oublié de ce qui pouvait plaire à son ami. Semblable à la nouvelle épouse au moment de ses noces, la capitale devait étaler dans ce jour tout ce qu'elle possédait d'agréments et de beautés.

Les Ténadares étaient loin de croire les Portugais occupés des apprêts d'une fête.... ceux qui dans ce même moment les accusaient du meurtre de Riamir et de l'enlèvement de Stellina!...

Fuentes, sans se douter des malheurs qu'on lui attribue, s'abandonne aux témoignages d'amour qui lui sont prodigués de toutes parts. Le lever de l'aurore est annoncé par les bouches d'airain, dont la voix terrible fait gémir les échos, et porte la frayeur dans l'âme des deux fugitifs, qui s'approchaient de Colombo. Le peuple entoure le palais de Portugal; l'or qui pleut de tous les balcons excite son allégresse. Les magistrats, les officiers paraissent au lever du vice-roi, qui accepte en souriant les fleurs et les fruits, les compliments et les harangues.

Le roulement des tambours annonce que les vainqueurs du Bengale vont commencer leurs savantes manœuvres. La cour se rend sur la place du Coromandel, où les troupes déploient tout l'art de la tactique. Ses chefs s'avancent auprès du trône de Fuentes, pour prêter hommage au monarque qu'il représente. Les drapeaux s'agitent, et le serment de fidélité se mêle aux acclamations de la multitude.

Au milieu de la journée, les officiers se réunissent au palais, où des tables somptueuses étaient couvertes des mets du pays. La discipline et l'orgueil restent à la porte, les rangs disparaissent, et la douce égalité préside au festin.

Les richesses distribuées aux troupes et au peuple répandent partout l'abondance et la joie.

Mais le bonheur ne réside pas dans les nombreuses réunions..... A l'entrée de la nuit les convives se dispersent ; l'amour guide les jeunes gens auprès de leurs maîtresses, et les vieillards s'entretiennent des exploits de leur printemps.

Fuentes échappe aux importuns pour se rendre chez son ami, qui ne rougissait pas d'être le ministre et le confident de ses plaisirs.

Le palais du comte Arpos surpassait en richesses tous ceux de Colombo. — Au milieu de la pompe orientale brillait l'élégance d'outre-mer : les tapis, les meubles précieux se disputaient à lambris dorés; les aromates brûlaient dans les cassolettes d'argent..... Partout les peintures à fresque offraient des tableaux dignes de l'Albane et du Corrège, et les statues aux formes parfaites reposaient sur les trépieds étincelants : celles-ci figuraient Momus, l'impudique Cypris et le fils de Sémélé; d'autres représentaient la famille royale de Portugal et le vice-roi lui-même couronné par la victoire et la paix.

Arpos obtint le sourire qui devait récompenser de son zèle. Mais Fuentes n'était pas venu pour admirer ses trésors. Il traversa d'un pas rapide les salons magnifiques, et préféra leur éclat au modeste boudoir où l'attendait Léonice.

L'Espagnole Léonice, la plus renommée des courtisanes, avait su lui plaire : il la désirait quelquefois; et dans ce jour où toutes les illusions de la puissance l'ont environné, il recherche avec plus d'ardeur la réalité, qu'il retrouve dans ses bras caressants.....

Elle pince de la harpe, mariant à demi sa voix à ses frémissements, comme si leur douce mélodie devait servir de prélude aux soupirs..... Son corps est penché, ses genoux entr'ouverts..... Ses doigts glissent sur les cordes argentines..... La gaze transparente ne cache aucun de ses attraits..... Le désir est dans ses yeux, sur ses lèvres, et sa molle attitude promet toutes les délices de la volupté.

Fuentes parvient au cabinet mystérieux. Les regards de ses courtisans ne peuvent plus l'atteindre. Seul avec son Espagnole, l'ottomane les reçoit en silence.... et leur groupe se répète cent fois dans les glaces artistement disposées.

Dans les appartements voisins, le comte Arpos, qui n'a pas la dignité du trône à ménager, se livre au plaisir avec moins de décence. Plusieurs de ses amis l'entourent. Les liqueurs enivrantes couvrent le buffet. Des femmes nues leur versent à boire ; d'autres boivent avec eux dans la même coupe..... Celles-ci sont des esclaves de Colombo, dont la beauté ne laisse rien à désirer; celles-là, moins belles, mais plus coquettes, rient de la naïveté de leurs compagnes, qu'elles ne peuvent effacer, malgré toutes les mignardises d'Europe,

parmi celles dont la blancheur éblouit, quelques Africaines à l'œil brûlant, aux lèvres de corail, aux dents de neige, présentent des appas robustes sur des corps d'ébène. Ces nuances diverses varient la jouissance, et les filles d'Afrique sont préférées souvent par les jeunes Portugais, qui, revenus de leurs préjugés, savent qu'un tempérament de feu fait oublier la couleur.....

Les lustres épanchaient des flots de lumière sur la joyeuse compagnie. A un signal du comte, ils s'éclipsent..... La lutte libertine commence, et se prolonge comme dans les fêtes nocturnes de la bonne déesse.

L'impuissance ramène l'ordre. Une douce clarté reparaît et se mêle aux ténèbres. Arpos et ses amis, à la vue des roses qui restent à cueillir, se reprochent leur faiblesse. — Le gourmand rassasié fixe ainsi d'un regard plaintif les mets exquis qu'il ne peut plus dévorer; il hume le fumet qu'ils exhalent, et rappelle en vain l'appétit qui ne revient pas.

Dans ce moment, un esclave vient annoncer au comte que l'officier de garde à la porte de Corli demande à lui parler. Echauffé par les vapeurs bachiques qui fermentent dans ses veines, il refuse brusquement la visite indiscrète. L'esclave qui revient lui remet un billet. Pour le lire, il rassemble ses forces, et s'écrie joyeux :

« Amis, c'est une jeune sauvage que l'on nous amène. Nous sommes justement dans le lieu le plus propre à sa réception : rien n'empêche qu'on ne l'introduise. »

L'officier paraît suivi de Milford et de l'Indienne. On se groupe autour d'eux. Stellina est triste; mais son carquois et ses regards respirent la fierté. Ce salon...... ces hommes au front sans pudeur, qui cherchent dans leurs verres de quoi suppléer à la nature..... ces bacchantes au visage enflammé.... tout ce qu'elle voit l'étonne. — Elle s'appuie sur Edouard.

Quelques Portugais plus hardis se disposent à l'outrager par leurs caresses familières, lorsque l'officier, maudissant le tumulte qui étouffe sa voix, la couvre de son glaive, et s'écrie d'un ton indigné :

« C'est à Fuentes seul que je dois remettre ma prisonnière. Puisqu'il n'est point ici, je la remmène. Sans doute la fille du chef de Ténor n'est point destinée à peupler votre sérail. »

A ces mots, il s'éloigne. — Le respect a remplacé l'étourderie. — Le courtisan retrouve sa raison, rejoint l'officier, l'apaise, et après avoir poussé les deux fugitifs dans un lieu écarté, il court avertir le vice-roi, qui s'empresse de le suivre.

Fuentes rassure la jeune femme, et la fait asseoir auprès de lui. Ses pleurs et le récit de Milford l'attendrissent. Il lui promet de ne pas la séparer de son amant; et, après avoir chargé le comte de lui prodiguer dans son palais tous les égards que l'on doit au malheur et à la beauté, il se retire, parcourant d'un esprit inquiet la nouvelle carrière que le hasard ouvre à sa politique.

Fidèle aux ordres de son maître, Arpos ne néglige rien pour plaire à ses convives. Il les établit dans un riche appartement : des esclaves couvrent la table d'une toile aussi blanche que la neige, et de l'argent le plus pur façonné de cent manières. Il se plaît à indiquer à l'Indienne l'usage des divers ustensiles. Mais occupée de soins plus importants, elle l'écoute à peine. Les remords de la piété filiale l'attristent : elle ne peut trouver de soulagement que dans les consolations de son époux; et son époux se livre à des demandes indifférentes et à des calculs qu'elle ne peut pas concevoir. Il admire la richesse de chaque meuble; les bijoux dont le comte est paré attirent ses regards; il voudrait connaître la valeur de chaque objet, il essaie même de la fixer, et sourit aux idées numériques dont sa tête est remplie.

Il s'informe ensuite si l'on a des nouvelles de Java et de Sumatra, si quelque vaisseau doit partir pour ces contrées.... Il apprend avec peine qu'il n'existe aucun rapport entre ces îles et l'établissement portugais.

Le courtisan, exercé à lire dans les physionomies, observe tout. L'avidité qui agite la figure mobile d'Edouard, ses gestes et la promptitude de ses questions, lui donnent l'air d'un homme tourmenté par une fièvre brûlante. Mais la langueur de l'Itobar exprime l'inquiétude d'un être faible que l'amour vient de séduire. Elle voudrait ne voir et n'entendre que son ami : la présence d'un hôte fastueux l'importune.

On avait promptement préparé des mets délicats. Stellina, en les dédaignant, se nourrit de quelques fruits, et le jus du cocotier fut sa seule boisson. L'Anglais, au contraire, ravi de retrouver des aliments et les liqueurs de l'Europe, fit une large offrande au dieu des festins. Dans la gaîté du sacrifice, Arpos obtint de lui toutes les connaissances qu'il pouvait désirer; et, en se retirant, il lui promit un navire et tous les secours nécessaires pour arriver chez Vindek, où il pourrait peut-être retrouver le Bellérophon.

Avant de se livrer au sommeil, Milford pense aux promesses du comte. Son imagination le transporte auprès de Rinéald : il se rappelle toutes les parties de son immense cargaison; il se voit à Java

l'un des premiers négociants du comptoir..... Sa demeure est aussi magnifique que celles de Colombo... Il a des esclaves et des amis.... et ses plaisirs n'épuisent jamais ses trésors...

Il se plaît à s'égarer dans ces routes fleuries, qui le ramènent insensiblement vers Stellina. — Que deviendra-t-elle?... Dans une forêt, elle pouvait être sa compagne; elle lui était nécessaire!... Mais aujourd'hui le riche Edouard ne peut pas associer à sa fortune une Indienne sans biens, que sa religion lui défend de regarder comme son épouse. Il pourrait l'abandonner; mais elle porte un enfant dans son sein !... Cet enfant est à lui, et la fortune et la religion ne peuvent point nier son existence, ni les bienfaits de sa mère. — Non, il ne peut point la délaisser. Elle le suivra. — Dans son nouvel état, il veut la mettre à l'abri de la misère : elle aura un asile dans sa demeure, où elle élèvera son fils.

Telle est la reconnaissance de l'Anglais; il ne craint plus la faim ni le trépas. La fille de l'Itobar, abattue par les remords et la fatigue, ne lui offre plus que des charmes flétris... Elle ne peut plus lui procurer de trésors... Les courtisanes qu'il espère bientôt posséder sont toutes plus belles que Stellina... Elle ne doit qu'à son enfant et à la pitié l'asile qu'elle vient d'obtenir dans le palais de Batavie... Milford ne la regarde plus comme une épouse, mais comme une esclave : il ne tourne pas même les yeux sur le pauvre sauvage qui sommeille près de lui.

Infortunée !... elle repose !... Pourquoi son repos n'est-il pas éternel ?... Le premier regard de Milford l'a subjuguée : ses douces paroles ont dissipé ses craintes; l'amour l'a livrée à lui sans voile et sans défense; Milford a juré aux dieux qu'elle serait toujours sa compagne... Les pleurs ont suivi ses serments... — Elle ne savait pas que chez les hommes d'Europe le parjure emprunte tous les traits de la vérité !...

Le lendemain Milford, profitant de la générosité de Fuentes, choisit parmi les esclaves et les vêtements qu'on lui présente, et s'empresse de se parer avec élégance. Il n'était pas plus brillant dans les jours de fête à Plymouth.

Stellina l'observe et ne l'imite pas : elle rejette loin d'elle tous les ornements de l'art, n'accepte qu'une robe de toile et une femme pour la servir, et s'étonne que son ami s'éloigne sans la presser sur son cœur...

Le vice-roi s'applaudissait de posséder la fille de son ennemi, et prévoyait tout l'avantage qu'il pourrait retirer de cet événement, mais incapable d'une violence trop odieuse, il aurait voulu concilier son intérêt avec la justice. Il ne pouvait pas désirer qu'un étranger devint l'époux de Stellina, et toutefois il repoussait les conseils d'Arpos, qui, trouvant juste tout ce qui était avantageux, s'efforçait ainsi de le persuader :

« Cette femme est le nœud qui doit nous réunir à la tribu de Ténor : elle doit donner au Portugal l'entière possession de Ceylan; les mines du pic d'Adam sont à vous qu'elle nous appartient... Vous seriez coupable devant la cour de Lisbonne, si vous négligiez une circonstance aussi heureuse qu'imprévue.

« L'Anglais est séducteur, et non pas son époux. Il faut le satisfaire, et l'envoyer à son comptoir de Java. Pour épargner quelques larmes d'amour, vous ne voyez pas trahir vos devoirs. Souvent les malheurs du faible font le triomphe de la politique.

« Vos largesses d'ailleurs consoleront le mercenaire. Lorsqu'il vous aura cédé tous ses droits sur son amante, elle sera dans vos mains l'instrument de la conquête. — C'est parce que vous aimez cette peuplade d'Indiens que vous devez vous emparer de la seule personne qui puisse la forcer à l'alliance qu'elle a toujours refusée. Si les Bédas ne veulent pas prêter hommage au roi de Portugal, vous obtiendrez du moins un traité de commerce; et en rendant une fille à son père vous acquerrez un pays et des richesses que nous avons toujours convoités. »

Fuentes ne peut pas méconnaître la raison d'état que le comte fait valoir avec hardiesse. Une alliance avec les Ténandares assurerait son crédit dans le continent; elle est même nécessaire à sa gloire. Plusieurs fois il avait reçu l'ordre d'attaquer la tribu, et de rien épargner pour la soumettre. Il avait retardé une guerre qu'il croyait inutile, et sa lenteur prêtait à la malignité dans une cour où lorsqu'on appréciait chaque somme et chaque envoi des convois du Bengale, on ne calculait jamais le sang des hommes en déduction du produit... Il ne peut pas cependant se résoudre à abjurer la jeune femme de son ravisseur. Puisqu'ils sont tous les deux en sa puissance, il peut retarder l'injustice, sans crainte de perdre l'occasion de la commettre.

La répugnance du vice-roi n'échappe pas à l'habile confident. Il résolut de le servir en ménageant sa faiblesse : à quelque prix que ce soit il veut obtenir Stellina, et la donner à son ami comme son bien. Il sait que sa générosité ne sera pas sans récompense, et qu'il pourra un jour atteindre à ces mines inépuisables que le fer n'a jamais exploitées.

Arpos a lu dans le cœur de l'Anglais; il ne doute pas du succès

de sa démarche. Il le fait appeler, lui prodigue les témoignages d'une feinte amitié, et s'étudie, par ses discours et sa conduite, à exciter la passion qui l'enflamme. — Après avoir déploré la perte du Bellérophon, *bien difficile à réparer*, il étale nonchalamment à ses regards des coffres remplis de monnaies diverses, et tout ce que son palais renferme de précieux; il lui reproche de n'avoir pas obtenu de son esclave des pierreries peu estimées à Ténor, et qui auraient relevé sa fortune; il lui demande comment cette Indienne l'indemnisera des sacrifices qu'elle va lui coûter..... Elle a peu d'attraits, point de fraîcheur; elle est sans grâces, sans amabilité. — Des vingt esclaves qui lui appartiennent, il n'en est point qui ne lui soit préférable.

Il le retient tout le jour avec lui. Après le repas du soir, il l'invite à désigner parmi ses femmes celle qu'il désire. Le charme de la nouveauté enivre le jeune homme : il trouve les raffinements de l'art bien au-dessus de la nature.

Le comte se prêtait malgré lui aux ruses d'un séducteur. — S'il n'avait pas craint de maître, il aurait fait jeter Milford dans une barque ou dans un cachot, et se serait approprié sa femme par le droit de la force. Mais il fallait respecter les intentions du vice-roi.

L'Anglais avait respiré l'air de la corruption... L'image de Stellina n'avait point troublé ses plaisirs...

« Écoute, lui dit Arpos, tu es parti de Plymouth pour acquérir de l'or, et non pour ramener chez ton père une sauvage de Ceylan. — La fortune, qui a voulu t'éprouver, te sourit encore, puisque je m'intéresse à toi. Je t'ai promis un navire pour Batavia. Je ferai plus, je te comblerai de richesses. Dans peu de jours tu pourras partir, et si le Bellérophon n'est pas arrivé chez Vindek, mes présents répareront sa perte.

« Mais j'exige un prix de mes bienfaits. Cette femme, qui te serait à charge, peut m'être utile; je te la demande, et je t'offre en échange celles de mes esclaves que tu préféras. »

Ces mots rappellent à Édouard l'image de Stellina; ils excitent dans son âme un trouble imprévu... Dans une heure il peut être riche!... Dans quelques jours il peut partir pour Java!... Un seul mot lui donne des trésors! — Mais sa femme... son enfant...

Arpos ignorait que Stellina fût enceinte. Il s'étonne que le marchand balance. Mais quoique le succès soit retardé, il n'y renonce pas, et le jour suivant, dût-il se servir du crime, il veut obtenir ce qu'il a résolu.

La nuit était très avancée. — Milford se retire auprès de son amie, qui l'attendait dans les pleurs. Son arrivée la console. Elle se jette dans ses bras, et lui demande pourquoi il s'est éloigné si longtemps. Il affecte une tendresse qu'il n'a plus, et la rassure. L'illusion devait bientôt se dissiper...

Fuentes, averti par les gardes avancées d'Argias et de Corvitte que l'on voyait des troupes d'insulaires sur les montagnes, sent davantage le prix de sa captive.

La nature et l'avidité se disputaient la possession d'Édouard. L'insomnie ne termina point son incertitude. Deux champions se mesurent ainsi dans l'arène : leurs forces sont égales, leurs succès momentanés, mais l'épuisement les accable : la lutte est suspendue, et la victoire reste indécise.

Un officier ordonne au jeune homme de se rendre auprès du comte, dont le visage n'était pas, comme la veille, couvert du masque de l'amitié. Il dit à Milford :

« Vous n'avez oublié ni mes offres, ni ma prière. — Il faut que vous vous prononciez sur l'heure. Si vous êtes assez fou pour refuser mes bienfaits, je serai assez indulgent pour excuser votre audace.... Je laisse à la misère le soin de vous punir. Vous ne reverrez plus ni Java, ni Plymouth, et vous et votre beauté fugitive vous ne vivrez qu'en implorant la pitié des Portugais. »

C'est ainsi que le courtisan abuse de l'ombre du pouvoir, en se servant d'une menace que Fuentes désavouerait sans doute.... La source qui s'échappe de la montagne est pure; mais en roulant dans la vallée, son eau cristalline se charge de limon, et devient bientôt un torrent fangeux.

L'Anglais a frémi à l'idée de la misère... Le comte, qui l'observe, se radoucit, et continue d'un ton caressant :

« J'ai pitié de votre jeunesse. Vous trouverez partout des femmes, mais où trouverez-vous ce que je vous offre encore pour la dernière fois? »

A ces mots, il se lève, ouvre la porte d'un cabinet, et désignant du doigt au jeune homme une table couverte de pièces d'or :

« Mon ami, votre choix est libre... prononcez. »

Le tapis était caché sous les guinées et les portugaises... L'Anglais regarde, et n'hésite plus...

« Seigneur, elle est à vous, s'écria-t-il, et je m'abandonne à vos soins. »

Arpos triomphe.

« Tout cet or vous appartient. Vous méritez votre bonheur, puisque vous savez en profiter. — Restez ici; vous occuperez ce logement... Stellina est mon esclave, et j'exige que vous ne la voyiez plus. — Puisqu'elle vous aime encore, sa présence vous serait pénible. Je vais lui annoncer votre départ. Dans quelques jours, un bon vaisseau sera prêt à vous conduire partout. En prenant aujourd'hui l'agrément du vice-roi, vous lui ferez part de nos conditions, afin que personne ne puisse douter de ma franchise. — Jeune homme, votre sagesse précoce est le sûr garant d'une éducation mercantile..... Je vous présage de grands succès dans la carrière que vous allez parcourir. »

Édouard croit entendre les gémissements de son amie... Pour étouffer ce dernier mouvement de la nature, il compte son or, et sépare les monnaies... Leur son l'étourdit et l'enchante. Après plusieurs heures, Arpos le retrouve dans la même occupation.

Fuentes ne pouvait pas croire à ce marché d'infamie. Milford le lui confirme, et lui demande ses ordres. « Lâche, répond-il, pars au plus tôt de ces lieux, et sors de ma présence. Ta vue me fait souffrir. »

Le comte, en alléguant les raisons les plus probables, avait dit à Stellina qu'elle ne reverrait Édouard que le lendemain. Elle passa le jour et la nuit dans la douleur. « Peut-être même mon époux est-il exposé à quelque péril..... Peut-être ses jours sont menacés, et je ne suis point auprès de lui pour le secourir. » — A l'heure indiquée pour son retour, on lui annonça qu'il était parti pour l'Europe... Elle ne voulut point y ajouter foi. Repoussant avec horreur cette lâche accusation, elle croit plutôt à la perfidie de tous ceux qui l'entourent qu'à l'ingratitude de son ami... Elle accuse Arpos de son trépas... Elle se voit seule au milieu des assassins de son époux!.... Plus d'Emora!... plus de père!... plus de compagne!... Elle redemande Milford, et veut le suivre au tombeau.

Tous les soins de Fuentes ne purent point apaiser sa douleur. Elle fut transportée dans le palais de Portugal, où elle était servie comme la sœur du vice-roi. Plusieurs femmes essayèrent vainement de lui persuader que son ami l'avait abandonnée. Elle ne recherchait que la solitude. Insensible à tous les égards qui lui étaient prodigués, elle disait : « C'est ainsi qu'ils traitaient mon Édouard, et ils lui ont donné la mort. »

Fuentes la plaint, et ne désespère pas de sa guérison. Son cœur se révolte contre le marchand, et il désire que le temps consolateur puisse encore ramener des jours sereins pour l'infortunée.

⁂

LA VENGEANCE.

Quelques jours s'étaient à peine écoulés depuis la trahison de Milford. Le vaisseau qui devait le transporter à Batavia était dans la rade. La douleur de Stellina avait rendu beaucoup plus vive l'impression de ses charmes. Tous les officiers s'intéressaient à ses peines; ils auraient tous mis leur bonheur à les adoucir... « Jamais, disaient-ils, jamais un Portugais ne fut assez lâche pour outrager ainsi l'amour et la beauté. L'Italie, les Espagnes, ni les Gaules ne produisent point de ces hommes... Un spéculateur de Plymouth, un Anglais pouvait seul calculer sa fortune sur les larmes de sa maîtresse. » Le peuple de Colombo n'était pas moins sensible que ses chefs. Partout on parlait de Stellina, que l'on aurait voulu venger aux dépens du palais.

Le riche Édouard n'osait pas s'éloigner de son trésor, ni s'exposer à l'indignation universelle; et si quelquefois il quittait sa demeure, tous les yeux se fixaient sur lui. Les soldats, les enfants, les vieillards le flétrissaient du doigt, et les femmes, en se retirant, se disaient entre elles : « Le voilà celui qui a vendu son épouse et son fils. »

Le chef des forêts d'Arisem, Cosmoë, suivi de ses compagnons, arrive au mont Argias. Plusieurs gardes d'escorte les conduisent à Colombo. Attirée par la nouveauté du spectacle, la foule se réunit sur les remparts. L'inquiète curiosité se manifeste sur leur passage en cris confus; et les flots agités les poussent vers le palais de Portugal.

Cosmoë marche avant tous. Son farouche regard plane sur la multitude, qu'il écarte avec l'ombre de sa massue. Le sourire de l'orgueil déride sa physionomie, et il se dit à lui-même : « Parmi ces ennemis si vantés, je n'en vois pas un seul assez fort pour se servir de mes armes... Un seul dont le bras pût tendre mon arc... et ils sont les vainqueurs!... Si le génie du mal qui les favorise ne leur eût pas donné la foudre, seul aujourd'hui, je voudrais les sacrifier à mes aïeux. »

Deux guerriers et deux brames suivent Cosmoë. L'un des brames porte un rameau de cocotier, emblème des messages de paix; l'autre

soutient un petit coffre d'ébène qui renferme la rançon de Stellina. Ils marchent comme s'ils étaient dans le temple. Leur figure imposante, leurs longues robes de lin annoncent les ministres des dieux. Les Portugais les regardent respectueusement.

Les deux guerriers sont Termor et Mélut, fameux parmi les braves, qui, le jour du sacrifice, furent prêts à se déclarer pour Riamir. Ils chérissent le chef des forêts d'Arisem, et ils ont comme lui la ceinture à peine couverte d'une panne de caros. Leur nudité montre leur force, les muscles nerveux se développent et se dessinent sur la teinte brunie de leurs corps.

Ils arrivent au palais, où les principaux habitants et les magistrats s'étaient réunis pour donner plus de solennité à leur réception. On voulait les frapper d'étonnement... Les troupes, rangées sur la place de Lisbonne, font en leur honneur un feu de file, dont l'éclat, le bruit et la fumée arrêtent les brames, peu faits aux combats des Européens. Cosmoë observe, écoute, et poursuivant d'un air sinistre, il entre sous les portiques.

Le vice-roi, qu'entourent les officiers de sa maison, est assis sous le daïs : il est revêtu de toutes les décorations de son rang. Près de lui le prélat chrétien, qui se nommait archevêque de Taprobane, semble dévouer aux enfers les brames qu'il aperçoit. Heureusement, l'inquisiteur a peu de crédit auprès de Fuentes, et les prêtres de l'Indostan ne sont pas du ressort de son tribunal....

Des siéges sans dossier sont préparés devant le trône. Cosmoë s'approche. Ces mots retentissent sous les voûtes sonores :

« Prince, tu as juré la paix avec ma tribu dans la forêt de Suffraga ; tu as promis à tes dieux de ne jamais la rompre. Le grand Vistnou a reçu nos serments.

« Pourquoi es-tu livré au parjure ? Pourquoi des Portugais errent-ils dans nos montagnes ? Une flèche envenimée partie de leurs mains a porté la mort au brave Riamir. Stellina, surprise dans les ténèbres, a été conduite dans ces murs.

« Le lâche meurtrier a trompé les meurtriers, et je te laisse le soin de les punir. Mais je te demande, au nom de ma tribu, la fille de l'itobar. Si tu la regardes comme ta captive, j'apporte une rançon précieuse

« Accepte ma prière, et ne sois pas injuste. — Nous refusons l'alliance que tu nous offres, parce que les passions de nos amis s'irritent du feu couvrent encore le rivage ; mais nous aimons la paix jurée dans la forêt de Suffraga.

Les brames déposent aux pieds du trône le rameau de cocotier et le coffre d'ébène.

« Indiens, s'écrie le vice-roi, l'artifice est inutile à celui qui a la force ; je voue à la mort les assassins et les ravisseurs.

« Depuis longtemps les noms de Riamir et de Cosmoë sont fameux parmi nous ; la gloire les a portés au-delà des mers. — Vous m'apprenez que Riamir est tombé sous la flèche d'un traître. Je plains le sort du brave... Plusieurs fois, il est venu comme vous dans ces lieux au nom de l'itobar... Si nous avions voulu être parjures, qu'elle puissance pouvait alors le soustraire à nos coups ?.... Et pour donner une prompte mort, avons-nous besoin de traits envenimés ? Le plomb n'est-il pas plus rapide et plus sûr ?

« Indiens, je suis votre ami. Vos plaintes sont injustes. La guerre m'est odieuse, et le mensonge n'a jamais souillé mes lèvres.

« Les Portugais n'ont point surpris la fille de l'itobar. Elle-même est venue me demander un asile, suivie d'un homme d'Europe étranger à notre nation. Je lui ai donné l'hospitalité. Celui qu'elle nommait son époux l'a délaissée, il part pour des pays lointains. Recueillie dans mon palais, elle est traitée en souveraine.

« Cosmoë, j'accepte le rameau pacifique. Mais ce n'est point contre de l'or que l'on veut racheter Stellina. Je ne veux que l'amitié de l'itobar et la tienne ; la rançon que tu m'offres est inutile.

« Le repos t'appelle sous tes compagnons mais la demeure qui vous est destinée. Si demain tu secondes mes vœux, j'espère rendre la joie au père de Stellina et le bonheur aux Ténadares. »

Il dit, et l'assemblée se disperse. Cosmoë se retire dans le palais de Malespi, qui domine le golfe. Il croit Fuentes incapable de lui cacher la vérité. Si ce n'est pas un Portugais, quel peut être l'assassin de Riamir ? Il se rappelle ses dernières paroles, et ses soupçons sur le grand-prêtre se réveillent....

Une inquiétude plus pressante écarte cette idée. O rage !..... Quel est donc cet homme, le ravisseur, l'époux de Stellina ?...

Son hôte répond à toutes ses questions ; il se plaît à lui apprendre les amours des deux fugitifs, leur arrivée à Colombo, et la perfidie d'Édouard. « L'ingrat, dit-il, est détesté parmi nous ; il se cache, semblable au reptile venimeux qui n'ose plus sortir de sa tannière... Il a, comme le reptile, laissé sa dent dans qui l'avait réchauffé. » La surprise de Cosmoë égale sa fureur... En écoutant Malespi, un mouvement électrique l'agite, ses veines se gonflent, s'élèvent, et leurs lignes bleuâtres se croisent sur sa figure effrayante. Il se retrace le campement du Gardel. L'affreuse passion de son amante était alors la cause de son trouble... Hier, elle fut coupable... aujourd'hui, elle est esclave !

Tous les jours retirée dans la grotte !..... C'est là, sans doute, que le monstre d'Europe l'attendait tous les jours.....

Mais à peu de distance, le frère de Caliture a reçu le coup mortel. Stellina lui était destinée. Peut-être son heureux rival a lancé la flèche, rassuré par l'inviolable asile qui n'était accessible que pour lui... Il est en même temps le ravisseur et le meurtrier... Il respire encore dans les murs de Colombo, et il irait dans l'Occident jouir en paix du fruit de ses crimes ?

La fille de l'itobar déshonorée n'existe plus pour les Bédas : elle ne trouverait parmi eux que le mépris et la mort..... Cosmoë renonce à l'obtenir de Fuentes ; mais il peut rapporter en échange la tête du séducteur, triste offrande à la douleur publique et au désespoir paternel !

Après Riamir, le chef d'Arisem était le premier des Ténadares. Ses amis nombreux dédaignaient le séjour de Ténor et de Fétan. Tandis que leurs troupeaux paissaient dans la forêt sous la garde de leurs femmes, ils faisaient une guerre éternelle aux bêtes fauves : quelquefois désignant le but, ils disputaient de force et d'adresse, et celui dont la flèche ou le pieu l'atteignait le premier, retournait le soir en triomphe au milieu des siens. Des armes et l'oisiveté suffisaient à leur bonheur. Leurs cabanes étaient auprès de leurs troupeaux ; et lorsque la terre épuisée n'offrait plus de pâturage, ils cherchaient une autre terre, où ils élevaient de nouvelles cabanes, sans regretter celles qu'ils venaient d'abandonner. Moins réuni, ce peuple pasteur était plus féroce que le reste des Singalès. Cosmoë semblait le seul chef digne de disputer à celui de la Sanga le sceptre et l'itobare. Aucun Bédas aujourd'hui ne pourrait plus impunément l'outrager. Aussi le grand-prêtre l'a-t-il choisi pour se rendre à Colombo. Son absence est agréable, et la déloyauté portugaise peut amener des périls dont il aime à le voir menacé.

Le vice-roi connaît la puissance du chef d'Arisem : il éprouva dans la bataille de Corli son courage et la fureur de ses braves.;... S'il peut obtenir son amitié, il ne doute plus de celle de la tribu. Le vieux Ditulan, pour ravoir Stellina, ne trouvera rien d'impossible. Après avoir formé l'alliance qu'il désire, le vice-roi lui-même ira la jurer dans le temple des brahmines, et remettre sa captive dans les bras de son père. Ses présents et son affabilité lui attireront la confiance des Indiens. Les désirs de la cour de Lisbonne seront remplis sans renouveler une guerre que la compagnie de Hollande appelle depuis longtemps, parce qu'elle n'ignore pas que la victoire même serait fatale aux Portugais, et que la haine nationale leur rendrait à jamais inaccessibles les montagnes de Ceylan.

L'amante de Milford ne doutait plus de son trépas. Les femmes qui la servaient ne pouvaient pas vaincre son incrédulité. Le comte Arpos et le vice-roi lui étaient également odieux. Si son époux vivait encore, elle eût appris en tremblant que les envoyés de la tribu s'approchaient ; la pompe de leur réception dans le palais de Portugal, où elle se trouve, eût été pour elle un supplice. Craignant qu'on ne vint la séparer de son Édouard, elle eût embrassé les genoux de Fuentes pour obtenir son appui... Mais puisqu'il n'est plus, elle n'a plus rien à redouter, plus rien à perdre. La présence des guerriers, des vieillards de Ténor l'intimiderait peu ; le mépris de ses compagnes lui serait même indifférent..... L'inflexible loi de Brama, qui dévoue au bûcher la mère criminelle, épargne, il est vrai, l'enfant qui doit naître, mais c'est pour le condamner à l'esclavage et à la douleur... Tout mieux qu'il ne sorte pas de son sein... Le trépas n'est pour elle que la fin de ses malheurs ; il lui semble moins sentir ses regrets et ses remords, et la solitude douloureuse qui l'environne. Elle espère que la rançon que l'on vient d'offrir la délivrera des Portugais. Dans peu de jours elle embrassera son père, et rejoindra son époux....

L'image du vieillard, qui peut être à sa dernière heure la repoussera de son sein, l'accable autant que les maux qu'elle prévoit pour son fils. Elle ne peut plus répandre de pleurs... Cependant de nouvelles peines lui sont réservées. Le cruel amour ne veut point se dessaisir de sa proie... La mort en vain s'approche, il lui demande la victime... Elle devait encore revoir son époux, et retrouver des larmes...

Cosmoë quitte sa demeure, et s'achemine vers le palais de Portugal. Le fantôme de sa vengeance avait été l'inséparable compagnon de la nuit : il marche à ses côtés... et pour que son regard n'excite pas la défiance, il adoucit son éclat funèbre par le sourire de la dissimulation.

Le vice-roi, qui l'accueille avec bienveillance, lui ouvre son cœur, et lui témoigne le désir de mettre un terme à la haine de deux peuples. Il emploie tour-à-tour le langage de l'intérêt et l'éloquence du sentiment : il propose aux Bédas de les rétablir dans les contrées de Corli et de Suffraga, qu'ils occupaient avant la dernière guerre ; il demande leur alliance, un traité de commerce, et la confiance qu'exigent des échanges réciproques. Si l'itobar veut pardonner à

sa fille, il promet de la conduire à Ténor, et de la remettre dans ses bras. Si la loi est inflexible, il offre de lui donner, parmi les premiers seigneurs de sa cour, un époux dont la tendresse lui fera oublier l'ingratitude d'Édouard. Elle vivra heureuse à Colombo, et le vieux Difulan pourra quelquefois la presser sur son cœur, et jouir des caresses de ses enfants.

Fuentes ignore qu'il parle à l'amant de Stellina... Il ignore que l'Indienne porte dans son sein le fils de l'Anglais, et qu'elle n'est plus pour les siens qu'un objet d'horreur...

« Vous êtes un héros dans la guerre, dit-il à Cosmoë; devenez un Dieu protecteur dans la paix, en étouffant la haine qui multiplie la mort et empoisonne la vie... Votre prince n'a plus de famille. Vous êtes destiné sans doute à lui succéder. Préparez le bonheur d'un peuple qui déjà vous appartient, et n'obligez pas votre ami à vous combattre. J'ai toujours retardé l'exécution des ordres du grand monarque. Ne soyez pas sourd à ma voix. Une paix inutile n'est pas un bien pour nous. Votre alliance ou la guerre... Et comment résisterez-vous à nos armes?... Votre valeur ne fera que retarder votre ruine... et je puis devenir aussi terrible que mon père. »

Cosmoë, fidèle à la loi qu'il s'est promis de suivre, affectait une extrême douceur. La persuasion paraissait avoir rempli son âme. Il put entendre de sang-froid parler d'une paix qu'il abhorre, et de l'hymen de Stellina avec un Portugais... Il entendit même la menace. Mais lorsque Fuentes prononça le nom de son père, il crut se trahir. Il frémit à ce nom détesté par tous les hommes de Ceylan... Se remettant bientôt de ce trouble involontaire, il demande à voir la captive, afin de s'assurer des égards que l'on a pour elle. Fuentes le lui refuse.

« Ta vue, lui dit-il, ne pourrait qu'accroître le trouble de l'infortunée. Ma parole doit assez te convaincre qu'elle est ici traitée comme ma sœur. Chasse un doute qui m'outrage. Va proposer à l'itobar mon offre amicale, et que les pierreries d'une rançon inutile soient replacées par les soins dans le temple du grand Brama. Ton retour doit m'apporter la guerre ou la paix. Je compterai les jours de ton absence. »

Le chef d'Arisem dévore le dépit qui le presse. Le refus qu'il a essuyé ne le décourage pas. Il répond à Fuentes en ces termes :

« Tu caches à mes yeux Stellina!... Ce mystère m'inquiète. Si je pouvais croire à ta loyauté, à l'instant même l'alliance serait conclue. Mais je te l'avoue, je me défie de tes paroles. L'histoire de Milford, son nom peuvent n'être qu'une fable... Je ne puis pas affirmer qu'il existe. Peut-être même Stellina ne respire plus, ou est partie pour l'Europe comme une esclave... Autrefois nous étions plus crédules; mais à force de la violer, vous nous avez appris à douter de vos promesses.

» Je désire la vue de ce marchand : qu'il vienne, et qu'il s'explique. Alors je croirai les Portugais étrangers aux crimes dont la tribu les accuse. »

Le vice-roi balance. Sa fierté souffre des soupçons injurieux qu'on lui témoigne : mais un second refus serait un outrage. Il veut ménager le nouvel ami qu'il croit acquérir, et il ordonne que l'Anglais soit amené devant lui.

Un sourire affreux brille sur les lèvres de Cosmoë.

L'Anglais devait partir dans la nuit. Depuis l'arrivée des sauvages, il n'avait pas quitté le palais du comte Arpos. Il tressaillit à la voix du messager de Fuentes, qu'il suit à regret.

La présence du Ténadare le glace de frayeur. Quoiqu'il soit sans armes, le lâche craint son approche : il écoute à peine, et l'on peut à peine saisir ses réponses tremblantes.

Le chef d'Arisem entend qui fait l'aveu de sa perfidie... Il n'hésite plus. — Son bras cherche lentement le poignard caché dans les plis de sa ceinture... Fuentes en vain se précipite... en vain l'Anglais attentif recule... Cosmoë le frappe au cœur... Il repoussa d'une main le vice-roi qui veut le retenir, frappe encore, et s'écrie : « Tu n'insulteras plus à nos douleurs. »

Édouard tombe, et se débat sur les marches du trône. Les gardes entourent le sauvage, qui jetant aux pieds de Fuentes le poignard ensanglanté, lui dit, furieux :

« Apprends que la fille de l'itobar devait être mon épouse... J'ai vengé l'amour et la patrie... Toi qui me donnes des fers, et qui parles sans cesse de justice et de générosité, tu protégeais ce monstre... En achetant ses droits, tu approuvas son crime... Ajoute ma tête à celle de Riamur, et punis-moi de l'avoir épargné. »

Entraîné par les gardes, il sort, fixant d'un œil satisfait l'homme de Plymouth immobile, et en passant près de lui, il écrase d'un pied dédaigneux le sang qui ruisselle sur le parquet.

Les femmes du palais accourent. On place Édouard sur une estrade, et les enfants d'Esculape lui donnent tous leurs soins.

Le tumulte... les cris... le nom d'Édouard parviennent à l'appartement de Stellina... Ses cheveux se hérissent; elle frissonne, s'élance dans la salle de Fuentes, écarte la foule, pousse un cri d'alarme, et se jette sur le corps de son époux.

A ce spectacle, le vice-roi craint pour les jours de l'Indienne. On essaie vainement de la soulever : elle serre Édouard sur son sein; ses bras forment un lien difficile à rompre. La pâleur de la mort est sur les deux visages.

Les efforts que l'on fait pour les séparer la raniment. La violence seule peut l'éloigner du cadavre. Ses sanglots douloureux s'exhalent avec peine... Ses yeux égarés, son front livide, ses lèvres baignées du sang de l'ingrat arrachent des larmes aux plus insensibles...

Revenue de son évanouissement, elle renaît à la douleur; mais il semble que l'usage de ses sens l'ait abandonnée; elle ne reconnaît point ses femmes et n'entend point leurs discours, elle croit que le corps inanimé de son Édouard repose sur sa couche; elle montre à tous sa blessure; elle parle à son père et à sa bonne Émora, et répète en pleurant ces mots d'une voix déchirante :

« Les méchants m'accusaient de m'avoir abandonnée... d'être parti pour l'Europe!... Ils l'ont tué. C'est là, là qu'ils l'ont frappé de plusieurs coups... Oh! je le rejoindrai avec mon enfant... je le rejoindrai. »

Et en disant ces paroles, elle suçait sur la toile le sang qu'elle croyait voir couler près d'elle...

Si le repos ne vient pas la soulager, on tremble pour sa vie. — Ses périls rendent la mémoire du marchand plus odieuse; l'exécration publique couvre sa tombe : loin d'exciter un seul regret, son trépas semble un châtiment trop doux... Il aurait dû périr lentement consumé par le poison du remords, et son agonie devait être aussi pénible au moins que celle de sa victime.

Le vice-roi s'afflige de l'événement imprévu qui détruit ses pacifiques espérances. Il y renonce avec peine. Milford fut toujours l'objet de ses mépris, mais le crime ne justifie pas le crime... C'est devant son tribunal que le Ténadare a poignardé un Européen... Rien ne peut le défendre...

Les brames et les guerriers accourent devant le palais. Ils demandent la liberté de leur chef ou des fers. — Fuentes leur ordonne de sortir de Colombo. Les gardes irritables ne leur donnent pas même le temps de reprendre la rançon de Stellina. Ils s'éloignent, et un torrent de menaces s'échappe de leur bouche.

LA CONQUÊTE.

Cosmoë, dans le cachot qui le renferme, attend son arrêt. La loi portugaise le condamne, mais la politique qui, tour-à-tour, emploie l'indulgence et la cruauté, le couvre de son égide.

Plusieurs courtisans deviennent ses défenseurs. Amollis par le repos et les plaisirs, ils craignent que le sang du chef d'Arisem ne rejaillisse sur eux, et ils veulent qu'on lui rende la liberté.

Le comte Arpos est le seul qui ait profité du désastre. Il a repris l'or qu'Édouard avait reçu en paiement de son crime. Personne n'est moins sévère, mais les combats ne l'ont jamais effrayé. Le retour de Stellina parmi les siens lui paraît impossible. Puisqu'aujourd'hui l'alliance ne peut point se former, il croit imprudent de briser les fers du Ténadare, et il pense qu'il doit rester en otage.

Fuentes adopte son avis. Il lui reste encore une faible espérance de pouvoir renouer la trame que le fer de Cosmoë vient de rompre. — Tandis que ses officiers se livrent aux débats qu'entraîne la différence des opinions, la grande voix signale un vaisseau. En peu d'instants il paraît à l'entrée du golfe; il entre à pleines voiles dans le port.

C'était le brave Almendro, gouverneur d'Ockande. Le salut des Portugais dépend de la nouvelle qu'il apporte... Ockande, situé entre la fameuse pagode de Trinculy et la rivière de Koëbok, est le comptoir le plus voisin de Trinquemale. Les préparatifs de la compagnie d'Amsterdam sont connus... la ligue est dévoilée... Almendro expose au vice-roi la cause de son voyage.

« Oui, seigneur, votre perte est jurée depuis trois jours; toutes les forces de nos ennemis se rassemblent dans la baie de Bos-Arcos. Dans peu vous serez attaqué. Les implacables Bédas ont soulevé toutes les tribus, qui doivent se réunir à Ténor. Plusieurs navires, partis des possessions hollandaises, ont amené des troupes qui doivent soutenir les insulaires. Ce n'est pas à mes soins, mais au hasard, ou plutôt à la Providence, que nous devons la découverte de cette conjuration. Je suis parti ce matin du comptoir, et les vents propices ont secondé mon impatience. »

Il dit ensuite comment un esclave de Trinquemale a pénétré l'affreux complot.

Fuentes témoigne sa satisfaction au gouverneur. Ce qu'il vient d'apprendre a ranimé son ardeur guerrière ; il se reproche sa faiblesse et la résistance qu'il a opposée trop longtemps aux ordres de la cour. Les idées de paix s'effacent de son esprit comme ces rêves légers dont le jour emporte jusqu'au souvenir. L'intérêt impose silence à l'humanité. Il ne pense plus qu'au danger qui s'approche et à la gloire qui l'attend.

Puisque le destin a voulu que le secret des Hollandais fût décelé, le destin lui est favorable... Mais l'heure presse ; chaque jour les deux éléments se couvrent pour lui d'ennemis irrités. Il n'a point le temps de préparer une défense régulière. Il faut hasarder un de ces coups d'éclat qui plaisent au Dieu des batailles ; c'est le seul moyen de ramener la victoire qui s'échappe... — Le Portugais sent dans son âme le feu sacré qui fait les héros... Il conçoit, il décide. — La témérité devient sa prudence.

Ainsi dans les beaux jours d'été le nageur insouciant s'avance quelquefois dans la haute mer : l'orage qu'il n'a point prévu arrive aussi prompt que la foudre ; l'Océan tremble et se soulève ; de toutes parts le danger l'environne ; chaque flot lui présente la mort... Si la trouble s'empare de son âme, il craint diminue ses forces, ses destins sont comblés : il s'épuise, et cède par degrés à l'ennemi qui le presse. — Mais loin de se laisser abattre par l'orage, le nageur expérimenté le brave... Ses efforts doublent devant le péril. Il court au-devant de la vague furieuse et voûtée qui menace de l'engloutir, prévient son attaque, de ses bras nerveux la brise, s'élance... et plane sur la mer impuissante, qui reconnaît son vainqueur.

Telle fut la promptitude de Fuentes. Le comte Arpos est le seul qu'il veuille consulter. Arpos est incapable de crainte ; il unit unir l'intrépidité du soldat à la souplesse du courtisan : aussi brave dans la guerre que voluptueux dans la paix, il est digne de la confiance de son ami, qui l'instruit ainsi de ses desseins.

« J'ai retardé une guerre facile à terminer, parce que je n'ai pas cru les Indiens implacables. Les Hollandais ont profité de ma confiance. Si je me renferme dans les murs de Colombo, la plus honorable défense ne peut point me justifier. Je suis coupable, si je ne suis pas vainqueur.

« Réunis à l'instant les gardes d'Ayamonte, et vole avec eux au fort d'Argins. Je t'y rejoindrai à la fin du jour. Puisque nos ennemis ont choisi Ténor pour leur rendez-vous, volons à Ténor, et que le drapeau de Portugal flotte demain sur le sommet de la colline. »

Soudain tout s'anime dans le silence de la nuit. Des officiers partent pour les comptoirs de Makoëne, de Négombo, de Chilaw et de Marabel où ils ne doivent laisser que les troupes nécessaires à la garde des forts. Ils ont l'ordre de rallier le reste, et de le conduire en diligence à Colombo.

Arpos a tout prévu. Le pain aussi blanc que la neige, la boisson qui donne la vigueur sont déjà préparés. D'autres chariots suivent, et le fer noirci qui les couvre peut à peine retenir l'élan du salpêtre. — « Des Thersites plus invulnérables qu'Achille ne calculaient pas alors sur la nourriture des braves, ni sur la qualité de la poudre... » — Arpos, avec sa troupe, sort des murs de la ville.

Quelques heures suffisent à Fuentes. Le régiment de Bragance, celui d'Algarbie, les artilleurs de Portalègre sont rangés sur la place du Coromandel. Ils ignorent la cause de leur réunion ; mais leur confiance est sans bornes. Les chefs parcourent les rangs, et ils annoncent que la guerre est déclarée aux Indiens... A cette nouvelle, les soldats répondent par leurs cris d'allégresse : ils vont combattre les téméraires qui refusent avec dédain l'alliance des vainqueurs du Bengale. Après un long repos, ils vont se livrer encore au désordre et au pillage... Le Dogue furieux, retenu longtemps à la chaîne, lorsqu'il est délié, rugit ainsi d'impatience et de joie.

Le vice-roi paraît, suivi du corps des Lusitaniens qui ne le quitte jamais. Les troupes l'accueillent par des acclamations bruyantes. Il ne leur répond que par un sourire qui promet la victoire, et il donne le signal.

Toute la garnison l'a suivi. Des armes ont été distribuées par son ordre aux habitants, que leur intérêt oblige à devenir guerriers. Si les Hollandais paraissent, la grande tour est prête à les recevoir. Le gouverneur d'Ockando est chargé de la défense de Colombo, et Fuentes s'éloigne sans inquiétude. Avant le coucher du soleil, il est au fort, où l'attendait le comte Arpos. Sa petite armée campe sur le dos de la montagne.

Cependant les compagnons de Cosmoë sont de retour : ils annoncent que leur chef est dans les fers... Ils disent tout ce qu'ils ont appris dans le palais de Malespi... Les guerriers frémissent ; et la triste nouvelle passe de bouche en bouche, comme si l'on craignait encore de l'outrager par la calomnie. — La vieille Emora gémit. En apprenant la fuite de Stellina, elle s'était rappelé l'existence de l'Européen ; elle se reproche aujourd'hui d'avoir renfermé dans son sein la pénible confidence, et de n'avoir pas dévoilé le crime au ministre des dieux...

Dans ses plus tristes conjectures, Ditulan supposait la mort de sa fille, et non pas son déshonneur... Caché dans son palais, il déplore l'avilissement de la race des Itobars... Il ne trouve plus de douceur que dans l'amertume de ses larmes. La ligue de Trinquemale, qui lui fait espérer la vengeance, ne peut plus effacer l'opprobre de sa famille : le trépas seul peut le rendre insensible à la honte.

Le grand-prêtre a écouté le récit des deux brames avec des sentiments contraires. Il s'applaudit de la perte de Cosmoë, qui lui paraît inévitable. Le sort de Stellina, qu'il regardait comme devant bientôt lui appartenir par les liens du sang, l'afflige ; mais puisqu'elle n'est plus qu'une esclave sans appui, sans puissance, sans parents, il écarte sa mémoire, et songe à profiter de son infortune. L'itobar a plus que jamais besoin d'un successeur, et le sceptre appartient à celui qui devait être l'époux de Stellina...

L'insensé croit atteindre le but, et tandis qu'il ne rêve que puissance, les Portugais rassemblés pénètrent dans les montagnes.

Le comte Arpos, avec cinq cents hommes, forme l'avant-garde. Il remonte les monts du Gardol, et passe les gorges du Suffraga, célèbres par la résistance des insulaires. Mais aujourd'hui Riamir et Cosmoë ne sont plus, et Ténor, privé de ces braves, ressemble au troupeau que les chiens vigilants ont abandonné : les loups pénètrent dans le bercail, sans qu'aucune voix ait donné l'éveil au pasteur endormi, qui devient la victime de son insouciance.

Le comte devait s'arrêter après le passage des gorges : mais le succès l'enflamme, et il veut sans attendre Fuentes attaquer la tribu.

Quelques lieues seulement le séparaient de Ténor, lorsque l'éclat de l'acier, frappé par les rayons de la lune, étincelle aux regards surpris d'un Ténadare qui descendait la colline... Les feux qu'il observe se croisent et se varient... Il donne l'alarme, et retourne sur ses pas... A l'instant les sons prolongés du cor se répètent de toutes parts. L'itobar et le brame craignent que les alliés de Candi s'approchent. Ils sont cruellement détrompés par l'épouvante de tous ceux qui les environnent..... Les Portugais ont passé les gorges de Suffraga !... Ils approchent !... — Ditulan trop affaibli pour prendre une résolution généreuse. Le grand-prêtre, qui ne recule pas devant le crime, se trouble devant le péril. — Sans chef, la multitude flotte incertaine en attendant que quelqu'un la guide au combat.

Les guerriers d'Arisem et de Pétan gravissent la colline. Le bruit de guerre qui vient de les frapper plaît à leur âme avide de vengeance. — Caliture, suivi de mille braves, ne prend conseil que de sa fureur. Témor, Mélut, se précipitent dans la plaine avec le reste des guerriers. Il faut périr ou repousser les Européens à leurs chefs.

Les Portugais marchent à leur rencontre. Leur première décharge atteint plus d'un sauvage... S'ils avancent, le plomb les renverse ; s'ils s'arrêtent, leurs flèches lancées de trop loin, les blessent...

En vain leur nombre augmente. Une bouche à feu placée à la tête de la colonne vomit la mitraille : le jeune Malespi dirige son explosion meurtrière.

Le désordre commence parmi les Ténadares. Alors les guerriers d'Arisem reculent, et se réunissent autour de leurs chefs.

Caliture ne ralentit point sa course. Il ne veut point fuir devant les assassins de son frère... Son regard furibond arrache à ses amis le cri du désespoir. Talahor marche son égal. Sidras, Wiperon, Bezel le pressent. Suivi de tous les siens, il court au devant du gouffre embrasé... Ceux qui tombent ont servi de rempart à ceux qui avancent... Déjà les flèches atteignent les Portugais... Le frère de Riamir se jette sur les premiers soldats de la colonne... Il renverse Malespi dans la poussière... Les flots de guerriers s'amoncèlent, et la foudre ne peut plus les repousser ; les glaives polis se brisent sous les lourdes massues... Le nom de Ténor retentit dans les airs, et les Fétanais entourent la bouche d'airain devenue leur conquête. — Moins impétueux, les torrents d'hiver tombent du haut des montagnes et se précipitent dans le fond de la vallée...

Le comte cède au nombre et au désespoir ; il se retire en bon ordre sur une éminence, où il croit pouvoir se défendre. Les gardes d'Ayamonte se forment en bataillon carré. Semblables à la célèbre phalange, le fer qu'ils offrent de tout côté leur sert de rempart.

Fuentes s'étonne de ne point trouver son avant-garde au poste qu'il lui a fixé. Les coups de feu, les roulements du tambour lui annoncent l'imprudence de son ami. Après avoir invité les Portugais à doubler la vitesse de leur marche, il les devance avec les Lusitaniens qui, tous montés sur de bons chevaux, traversent les plaines aussi rapides que l'orage.

A la vue des Lusitaniens et du vice-roi, les gardes d'Ayamonte quittent la défensive, et reprennent le terrain qu'ils ont perdu... La mêlée s'engage plus meurtrière, la terre est semée de cadavres indiens. Tous les hommes de la tribu combattent dans ce lieu ; Ténor ne renferme plus que les enfants, les femmes et les vieillards inutiles.

Le vice-roi prolonge le combat. Il ordonne au comte Arpos de rejoindre l'armée, de prendre avec lui le régiment de Bragance, et de marcher à Ténor.

Le comte exécute son ordre avec promptitude. En moins d'une heure, il arrive sur la grande place sans trouver de résistance. Tout fuit à son approche. Le peuple se répand dans les bois. Les Portugais entrent dans le temple... Après l'avoir livré au pillage et à la profanation, ils y mettent le feu... La flamme qui s'accroît consume les cabanes et le palais de l'itobar.

Les Bédas voient derrière eux la colline embrasée. Leur rage en vain s'accroît avec l'incendie... Les Lusitaniens auraient suffi pour les vaincre... Les artilleurs de Portalègre, le régiment des Algarves achèvent leur défaite.

Déli, Orixa, les brames et leurs affidés fuyaient vers les montagnes de Candi. Entraîné par eux, le vieux Ditulan va chercher un asile auprès du grand-chef. Les Hollandais, étonnés de l'activité de leurs ennemis, perdirent l'espoir de les vaincre. Ils remirent à un temps plus heureux l'accomplissement de leur projet, et ne s'occupèrent que du soin de leur sûreté dans le comptoir de Trinquemale. — La ligue se sépara, et le sage Onémo reçut les restes de sa tribu, misérables débris du naufrage !...

Caliture et les Fétanais abandonnèrent les derniers le champ de bataille. Retirés sur les bords de la Sanga, ils voulurent défendre leurs foyers. Le comte Arpos fut chargé de les poursuivre. Les globes d'airain portèrent la flamme dans l'enceinte de Fétan... Caliture et Talahor rejoignirent leurs amis dans les montagnes. — La demeure de Riamir ne fut pas épargnée ; son urne fut ensevelie sous les ruines... Mais sa mémoire a échappé à la destruction !...

Sur le sommet de la colline où fut le temple de Brama, les Portugais élevèrent une forteresse ; le drapeau de Portugal y fut arboré. Fuentes confia la garde au régiment de Bragance, et il reprit le chemin de sa capitale.

La tribu des Bédas avait été jusqu'alors indomptable : mais sous le nom d'un faible vieillard un brame ambitieux la gouvernait. Le crime ne suppléa pas au courage... Affaiblie par la discorde, elle fut ainsi livrée à la destruction...

Les habitants de Colombo, guidés par le gouverneur d'Oekanda, vont au-devant des vainqueurs. Des arcades de feuillage sont dressées au milieu des gorges mêmes de Suffraga... Les cantatrices, les instruments harmonieux célèbrent la gloire de Fuentes ; mais à leurs sons cadencés se mêlent de longs gémissements... Mille cadavres indiens qui couvrent la plaine demandent les honneurs du bûcher... et les ossements blanchis de leurs ancêtres se raniment pour déplorer la ruine de Ténor.

Les acclamations de la multitude ne consolent point Fuentes du sang qu'il vient de répandre... Fuentes n'avait ni la férocité d'un tigre, ni l'âme d'un conquérant.

En rentrant dans les murs de Colombo, il s'occupe de la jeune captive : il ne veut point qu'on lui apprenne les malheurs de sa tribu, et il fait écarter loin du palais la foule tumultueuse. Le sort de Stellina l'intéresse !... Peut-être un jour !...

Inutile pitié !... Stellina n'était plus... Elle venait d'expirer en prononçant les noms de son père et de son époux... Depuis le départ des Portugais, chaque jour avait accru ses transports et son égarement. Le jour du triomphe elle périt dans les angoisses... L'enfant qui déchirait son sein rendit ses derniers moments affreux...

Elle périt, et les assassins de Riamir lui survivent !... Si le Ténare ou l'Élysée n'étaient que des chimères, où serait donc la justice des dieux ?

Stellina fut regrettée par Fuentes, comme si les liens d'une longue amitié les avaient réunis. S'il avait cru le prêtre chrétien de Colombo, il eût fait jeter dans la mer le corps de l'infortunée. Une Indienne, une adoratrice de Brama ne méritait point, suivant le prêtre, les tristes honneurs de la sépulture. Mais Fuentes ne voyait dans Stellina que la fille de l'itobar et la victime de l'amour... Un bûcher, par son ordre élevé, consuma ses restes... Le peuple l'honora par sa tristesse...

Cosmoë languissait dans la grande tour, où ses gardes avaient eu soin de l'informer de tout. Il n'attendait plus que la mort, lorsqu'il apprit que l'on venait de prononcer sa délivrance. La guerre avait laissé au vice-roi le besoin d'être généreux... Assez d'Indiens lui avaient servi de victimes... Il ordonne que le chef d'Arisem soit amené devant lui. Il veut que la rançon laissée par les brames dans le palais de Malespi lui soit rendue.

Cosmoë paraît dégagé de ses fers. Son œil farouche, son maintien superbe assurent qu'il n'a point fléchi devant l'adversité.

« Amant de Stellina, lui dit Fuentes, tu es libre. Si tu as poignardé un homme d'Europe ; ce monstre avait vendu son épouse, et l'Europe le désavoue. — Tes malheurs me font oublier ton audace. — Ce coffre renferme la rançon de celle que je ne puis plus te rendre... Il t'appartient. Accepte avec lui mon estime, et retourne auprès de tes amis... Sans la ligue de Trinquemale, jamais je n'aurais porté le fer et le feu dans vos paisibles montagnes. »

Un Portugais remet à Cosmoë la rançon précieuse.

« Ces pierres, dit le Ténadare, en les saisissant d'un bras irrité, ces pierres étaient l'ornement de la statue de Brama. Elles ne nous ont pas sauvés de sa colère !... Leur poids gêne celui qui les méprise. — « Vous qui pour les acquérir ne comptez pas les crimes, gardez-les, gardez ces trésors, et convenez que celui qui les donne est plus riche que vous. »

À ces mots, il jette avec dédain aux pieds de Fuentes le coffre d'ébène qui se brise, et ouvre passage aux pierreries étincelantes qui roulent sur le parquet... Les courtisans se jettent à l'envie sur elles ; et, après les avoir recueillies jusqu'à la dernière, ils les resserrent soigneusement... Leur figure naïve exprime la surprise. Cosmoë les observe avec pitié. — L'homme libre contemple ainsi le malheureux courbé sous le poids de chaînes pesantes.

Il s'approche ensuite du vice-roi, et lui répond en ces termes :

« J'accepte la liberté que tu n'aurais jamais dû me ravir : je l'accepte pour ranimer ma tribu. Je te prouverai que je mérite ton estime. — Si ta fortune, qui souvent sourit à l'injustice, vous est fidèle, au moins elle vous sera inutile. C'est dans nos montagnes que vous devez chercher le fruit de vos victoires : eh bien ! dans ces montagnes vous trouverez partout Cosmoë. Ceux d'entre vous qui viendront creuser leurs flancs seront atteints par mes flèches, et leurs têtes courbées ne se relèveront plus... Et si malgré moi vous arrachez à la terre un peu d'or, il sera couvert de votre sang ; et cette terre dont vous dévorez les entrailles, à son tour vous dévorera. »

Il dit, et, le front sévère, il traverse la foule des Portugais frappés de son audace.

Son arrivée inattendue à la cour du roi de Candi porte un faible rayon de joie dans l'âme des Singales. — Après quelques années il devint le chef de la tribu fugitive qui s'établit dans le pays de Cottiar, auprès de Trinquemale. Ditulan rejoignit sa fille ; et le jeune Onémo prépara, de concert avec les Hollandais, une nouvelle ligue qui devait détruire la domination portugaise à Taprobane.

Le grand-brame vécut encore longtemps, mais en butte aux soupçons de Cosmoë ; au lieu du sceptre, il n'obtint que le mépris et l'impuissance... Dans tous les pays de la terre, les prêtres sont les artisans du crime et de l'erreur.

FIN DE LA TRIBU INDIENNE

A ÉLÉONORE B.....

C'est à toi, mon Éléonore, que je dédie mon premier essai littéraire : puisse-t-il quelquefois occuper agréablement tes loisirs !

Voilà, mon Éléonore, le récit que je t'avais promis. — L'Amour, aux fruits délicieux qu'il nous donne, mêle quelquefois des fruits empoisonnés... — La soif immodérée des richesses étouffe la nature, et l'on appelle tous les maux sur la terre qui la renferme.

Heureux les pays sauvages inconnus aux nations policées de l'Europe, et qui ne possèdent rien qui puisse attirer ses avides spéculateurs !

LUCIEN BONAPARTE.

Paris. — Imp. de LACOUR, rue St-Hyacinthe-St-Michel, 33.

LES VEILLÉES LITTÉRAIRES ILLUSTRÉES

J. BRY AINÉ, ÉDITEUR, 21, RUE DES MATHURINS SAINT-JACQUES

OURIKA. — ÉDOUARD
SUIVIS D'UNE NOTICE SUR
MADAME DE DURAS

20 CENTIMES LA LIVRAISON

Dessiné par Ed. Frère. Gravé par Rouget.

Ourika et son médecin.

INTRODUCTION.

J'étais arrivé depuis peu de mois de Montpellier, et je suivais à Paris la profession de la médecine, lorsque je fus appelé un matin au faubourg Saint-Jacques, pour voir dans un couvent une jeune religieuse malade. L'empereur Napoléon avait permis depuis peu le rétablissement de quelques-uns de ces couvents : celui où je me rendais était destiné à l'éducation de la jeunesse, et appartenait à l'ordre des Ursulines. La révolution avait ruiné une partie de l'édifice ; le cloître était à découvert d'un côté par la démolition de l'antique église, dont on ne voyait plus que quelques arceaux. Une religieuse m'introduisit dans ce cloître, que nous traversâmes en marchant sur de longues pierres plates, qui formaient le pavé de ces galeries ; je m'aperçus que c'étaient des tombes, car elles portaient toutes des inscriptions pour la plupart effacées par le temps. Quelques-unes de ces pierres avaient été brisées pendant la révolution ; la sœur me le fit remarquer, en me disant qu'on n'avait pas encore eu le temps de les réparer. Je n'avais jamais vu l'intérieur d'un couvent ; ce spectacle était tout nouveau pour moi. Du cloître nous passâmes dans le jardin, où la religieuse me dit qu'on avait porté la sœur malade : en effet, je l'aperçus à l'extrémité d'une longue allée de charmille ; elle était assise, et son grand voile noir l'enveloppait presque tout entière. « Voici le médecin, dit la sœur, et elle s'éloigna au même moment. Je m'approchai timidement, car mon cœur s'était serré en voyant ces tombes, et je me figurais que j'allais contempler une nouvelle victime des cloîtres, les préjugés de ma jeunesse venaient de se réveiller, et mon intérêt s'exaltait pour celle que j'allais visiter, en proportion du genre de malheur que je lui supposais. Elle se tourna vers moi, et je fus étrangement surpris en apercevant une négresse ! Mon étonnement s'accrut encore par la politesse de son accueil et le choix des expressions dont elle se servait. « Vous venez voir une personne bien malade, me dit-elle : à présent je désire guérir, mais je ne l'ai pas toujours souhaité, c'est peut-être ce qui m'a fait tant de mal. » Je la questionnai sur sa maladie. « J'éprouve, me dit-elle, une oppression continuelle, je n'ai plus de sommeil, et la fièvre ne me quitte pas. » Son aspect ne confirmait que trop cette triste description de son état : sa maigreur était excessive, ses yeux brillants et fort grands, ses dents d'une blancheur éblouissante, éclairaient seuls sa physionomie ; l'âme vivait encore, mais le corps était détruit, et elle portait toutes les marques d'un long et violent chagrin. Touché au-delà de l'expression, je résolus de tout tenter pour la sauver ; je commençai à lui parler de la né-

T. I. 14

cessité de calmer son imagination, de se distraire, d'éloigner des sentiments pénibles. «Je suis heureuse, me dit-elle; jamais je n'ai éprouvé tant de calme et de bonheur.» L'accent de sa voix était sincère, cette douce voix ne pouvait tromper; mais mon étonnement s'accroissait à chaque instant. «Vous n'avez pas toujours pensé ainsi, lui dis-je, et vous portez la trace de bien longues souffrances. — Il est vrai, dit-elle, j'ai trouvé bien tard le repos de mon cœur, mais à présent je suis heureuse. — Eh bien! s'il en est ainsi, repris-je, c'est le passé qu'il faut guérir; espérons que nous en viendrons à bout : mais ce passé, je ne puis le guérir sans le connaître. — Hélas répondit-elle, ce sont des folies!» En prononçant ces mots, une larme vint mouiller le bord de sa paupière. «Et vous dites que vous êtes heureuse! m'écriai-je. — Oui, je le suis, reprit-elle avec fermeté; et je ne changerais pas mon bonheur contre le sort qu'im'a fait autrefois tant d'envie. Je n'ai point de secret: mon malheur, c'est l'histoire de toute ma vie. J'ai tant souffert jusqu'au jour où je suis entrée dans cette maison, que peu à peu ma santé s'est ruinée. Je me sentais dépérir avec joie, car je ne voyais dans l'avenir aucune espérance. Cette pensée était bien coupable! vous le voyez, j'en suis punie; et lorsque enfin je souhaite de vivre, peut-être que je ne le pourrai plus.» Je la rassurai, je lui donnai des espérances de guérison prochaine; mais en prononçant ces paroles consolantes, je lui promettais la vie, je ne sais quel triste pressentiment m'avertissait qu'il était trop tard et que la mort avait marqué sa victime. Je revis plusieurs fois cette jeune religieuse; l'intérêt que je lui montrais parut la toucher. Un jour, elle revint d'elle-même au sujet où je désirais la conduire. «Les chagrins que j'ai éprouvés, dit-elle, doivent paraître si étranges, que j'ai toujours senti une grande répugnance à les confier: il n'y a point de juges des peines des autres, les confidents sont presque toujours des accusateurs. — Ne craignez pas cela de moi, lui dis-je; je vois assez le ravage que le chagrin a fait en vous pour croire le vôtre sincère. — Vous le trouverez sincère, dit-elle, mais il vous paraîtra déraisonnable. — Et en admettant ce que vous dites, repris-je, cela exclut-il la sympathie? — Presque toujours, répondit-elle: cependant, si, pour me guérir, vous avez besoin de connaître les peines qui ont détruit ma santé, je vous les confierai quand nous nous connaîtrons un peu davantage. » Je rendis mes visites au couvent de plus en plus fréquentes, le traitement que j'indiquai parut produire quelque effet. Enfin, un jour de l'été dernier, la retrouvant seule dans le même berceau, sur le même banc où je l'avais vue la première fois, nous reprîmes la même conversation, et elle me raconta ce qui suit.

OURIKA.

Je fus rapportée du Sénégal à l'âge de deux ans par M. le chevalier de B., qui en était gouverneur. Il eut pitié de moi, un jour qu'il voyait embarquer des esclaves sur un bâtiment négrier qui allait bientôt quitter le port : ma mère était morte, et on m'emportait dans le vaisseau, malgré mes cris. M. de B. m'acheta, et, à son arrivée en France, il me donna à Madame la maréchale de B., sa tante, la personne la plus aimable de son temps, et celle qui sut réunir, aux qualités les plus élevées, la bonté la plus touchante. Me sauver de l'esclavage, me choisir pour bienfaitrice madame de B., c'était me donner deux fois la vie : je fus ingrate envers la Providence en n'étant point heureuse; et cependant le bonheur résulte-t-il toujours de ces dons de l'intelligence? Je croirais plutôt le contraire : il faut payer le bienfait de savoir par le désir d'ignorer, et la fable ne nous dit pas si Galatée trouva le bonheur après avoir reçu la vie. Je ne sus que longtemps après l'histoire des premiers jours de mon enfance. Mes plus anciens souvenirs ne me retracent que le salon de madame de B., où j'y passais ma vie, aimée d'elle, caressée, gâtée par tous ses amis, accablée de présents, vantée, exaltée comme l'enfant le plus spirituel et le plus aimable. Le ton de cette société était l'engouement, mais un engouement dont le bon goût savait exclure tout ce qui ressemblait à l'exagération : on louait tout ce qui prêtait à la louange, on excusait tout ce qui prêtait au blâme, et souvent, par une adresse encore plus aimable, on transformait en qualités les défauts mêmes. Le succès donne du courage; on valait près de madame de B. tout ce qu'on peut valoir, et peut-être un peu plus, car elle prêtait quelque chose d'elle à ses amis sans s'en douter elle-même : en la voyant, en l'écoutant, on croyait lui ressembler. Vêtue à l'orientale, assise aux pieds de madame de B., j'écoutais, sans la comprendre encore, la conversation des hommes les plus distingués de ce temps-là. Je n'avais rien de la turbulence des enfants; j'étais pensive avant de penser, j'étais heureuse à côté de madame de B. : aimer, pour moi, c'était être là, c'était entendre, lui obéir, la regarder surtout : je ne désirais rien de plus. Je ne pouvais m'étonner de vivre au milieu du luxe, de n'être entourée que des personnes les plus spirituelles et les plus aimables; je ne connaissais pas autre chose; mais, sans le savoir, je prenais un grand dédain pour tout ce qui n'était pas ce monde où je passais ma vie. Le bon goût est à l'esprit ce qu'une oreille juste est aux sons. Encore tout enfant, le manque de goût me blessait; je le sentais avant de pouvoir le définir, et l'habitude me l'avait rendu comme nécessaire. Cette disposition eût été dangereuse si j'avais eu un avenir; mais je n'avais pas d'avenir, et je ne m'en doutais pas. J'arrivai jusqu'à l'âge de douze ans sans avoir eu l'idée qu'on pouvait être heureuse autrement que je ne l'étais. Je n'étais pas fâchée d'être une négresse : on me disait que j'étais charmante; d'ailleurs, rien ne m'avertissait que ce fût un désavantage; je ne voyais presque pas d'autres enfants; un seul était mon ami, et ma couleur noire ne l'empêchait pas de m'aimer. Ma bienfaitrice avait deux petits-fils, enfants d'une fille morte jeune. Charles, le cadet était à peu près de mon âge. Elevé avec moi, il était mon protecteur, mon conseil et mon soutien dans toutes mes petites fautes. A sept ans, il alla au collège : je pleurai en le quittant; ce fut ma première peine. Je pensais souvent à lui, mais je ne le voyais presque plus. Il étudiait, et moi, de mon côté, j'apprenais, pour plaire à madame de B., tout ce qui devait former une éducation parfaite. Elle voulut que j'eusse tous les talents : j'avais de la voix, les maîtres les plus habiles l'exercèrent; j'avais le goût de la peinture, et un peintre célèbre, ami de madame de B., se chargea de diriger mes efforts; j'appris l'anglais, l'italien, et madame de B. elle-même s'occupait de mes lectures. Elle guidait mon esprit, formait mon jugement : en causant avec elle, en découvrant tous les trésors de son âme, je sentais la mienne s'élever, et c'était l'admiration qui m'ouvrait les voies de l'intelligence. Hélas! je ne prévoyais pas que ces douces études seraient suivies de jours si amers; je ne pensais qu'à plaire à madame de B., un sourire d'approbation sur ses lèvres était tout mon avenir. Cependant des lectures multipliées, celle des poètes surtout, commençaient à occuper ma jeune imagination; mais, sans but, sans projet, je promenais au hasard mes pensées errantes, et, avec la confiance de mon jeune âge, je me disais que madame de B. saurait bien me rendre heureuse : sa tendresse pour moi, la vie que je menais, tout prolongeait mon erreur et autorisait mon aveuglement. Je vais vous donner un exemple des soins et des préférences dont j'étais l'objet. Vous aurez peut-être de la peine à croire, en me voyant aujourd'hui, que j'ai été citée pour l'élégance et la beauté de ma taille. Madame de B. vantait souvent ce qu'elle appelait ma grâce, et elle avait voulu que je susse parfaitement danser. Pour faire briller ce talent, ma bienfaitrice donna un bal dont ses petits-fils furent le prétexte, mais dont le véritable motif était de me montrer fort à mon avantage dans un quadrille des quatre parties du monde où je devais représenter l'Afrique. On consulta les voyageurs, on feuilleta les livres de costumes, on lut les ouvrages savants sur la musique africaine, enfin on choisit une Comba, danse nationale de mon pays. Mon danseur mit un crêpe sur son visage : hélas! je n'eus pas besoin d'en mettre un sur le mien; mais je ne fis pas alors cette réflexion. Tout entière au plaisir du bal, je dansai la Comba, et j'eus tout le succès qu'on pouvait attendre de la nouveauté du spectacle et du choix des spectateurs, dont la plupart, amis de madame de B., s'enthousiasmaient pour moi, et croyaient lui faire plaisir en se laissant aller à toute la vivacité de ce sentiment. La danse d'ailleurs était piquante; elle se composait d'un mélange d'attitudes et de pas mesurés; on y peignait l'amour, la douleur, le triomphe et le désespoir. Je ne connaissais encore aucun de ces mouvements violents de l'âme; mais je ne sais quel instinct me les faisait deviner; enfin je réussis. On m'applaudit, on m'entoura, on m'accabla d'éloges : ce plaisir fut sans mélange; rien ne troublait alors ma sécurité. Ce fut peu de jours après ce bal qu'une conversation, que j'entendis par hasard, ouvrit mes yeux et finit ma jeunesse.

Il y avait dans le salon de madame de B. un grand paravent de laque. Ce paravent cachait une porte; mais il s'étendait aussi près d'une des fenêtres, et, entre le paravent et la fenêtre, se trouvait une table où je dessinais quelquefois. Un jour je finissais avec application une miniature; absorbée par mon travail, j'étais restée longtemps immobile, et, sans doute madame de B. me croyait sortie, lorsqu'on annonça une de ses amies, la marquise de... C'était une personne d'une raison froide, d'un esprit tranchant, positive jusqu'à la sécheresse; elle portait ce caractère dans l'amitié : les sacrifices ne lui coûtaient rien pour le bien et pour l'avantage de ses amis; mais elle leur faisait payer cher ce grand attachement. Inquisitive et difficile, son exigence égalait son dévouement, et elle était la moins aimable des amies de madame de B. Je la craignais quoiqu'elle fût bonne pour moi; mais elle l'était à sa manière : examiner, et même assez sévèrement, était pour elle un signe d'intérêt. Hélas! j'étais si accoutumée à la bienveillance, que la justice me semblait toujours redoutable. «Pendant que nous sommes seules, dit madame de... à madame de B., je veux vous parler d'Ourika : elle devient charmante, son esprit est tout-à-fait formé, elle causera comme vous, elle est pleine de talents, elle est piquante, naturelle; mais que deviendra-t-elle? et enfin qu'en ferez-vous? — Hélas! dit madame de B., cette pensée m'occupe souvent, et, je vous l'avoue, toujours avec tristesse : je l'aime comme si elle était ma fille; je ferais

tout pour la rendre heureuse; et cependant, lorsque je réfléchis à sa position, je la trouve sans remède. Pauvre Ourika! je la vois seule, pour toujours seule dans la vie! » Il me serait impossible de vous peindre l'effet que produisit en moi ce peu de paroles; l'éclair n'est pas plus prompt : je vis tout; je me vis négresse, dépendante, méprisée; sans fortune, sans appui, sans un être de mon espèce à qui unir mon sort, jusqu'ici un jouet, un amusement pour ma bienfaitrice, bientôt rejetée d'un monde où je n'étais pas faite pour être admise. Une affreuse palpitation me saisit, mes yeux s'obscurcirent, le battement de mon cœur m'ôta un instant la faculté d'écouter encore; enfin je me remis assez pour entendre la suite de cette conversation. « Je crains, disait madame de..., que vous ne la rendiez malheureuse. Que voulez-vous qui la satisfasse, maintenant qu'elle a passé sa vie dans l'intimité de votre société? — Mais elle y restera, dit madame de B. — Oui, reprit madame de..., tant qu'elle est une enfant: mais elle a quinze ans; à qui la marierez-vous, avec l'esprit qu'elle a et l'éducation que vous lui avez donnée? Qui voudra jamais épouser une négresse? Et si, à force d'argent, vous trouvez quelqu'un qui consente à avoir des enfants nègres, ce sera un homme d'une condition inférieure, et avec qui elle se trouvera malheureuse. Elle ne peut vouloir que de ceux qui ne voudront pas d'elle. — Tout cela est vrai, dit madame de B.; mais heureusement elle ne s'en doute point encore, et elle a pour moi un attachement qui, je l'espère, la préservera longtemps de juger sa position. Pour la rendre heureuse, il eût fallu en faire une personne commune : je crois sincèrement que cela était impossible. Eh bien! peut-être sera-t-elle assez distinguée pour se placer au-dessus de son sort, n'ayant pu rester au-dessous. — Vous vous faites des chimères, dit madame de..., la philosophie nous place au-dessus des maux de la fortune, mais elle ne peut rien contre les maux qui viennent d'avoir brisé l'ordre de la nature. Ourika n'a pas rempli sa destinée : elle s'est placée dans la société sans sa permission; la société se vengera. — Assurément, dit madame de B., elle est bien innocente de ce crime; mais vous êtes sévère pour cette pauvre enfant. — Je lui veux plus de bien que vous, reprit madame de...; je désire son bonheur et vous la perdez. » Madame de B. répondit avec impatience, et j'allais être la cause d'une querelle entre les deux amies, quand on annonça une visite : je me glissai derrière le paravent; je m'échappai; je courus dans ma chambre, où un déluge de larmes soulagea un instant mon pauvre cœur. C'était un grand changement dans ma vie, que la perte de ce prestige qui m'avait environnée jusqu'alors! Il y a des illusions qui sont comme la lumière du jour; quand on les perd, tout disparaît avec elles. Dans la confusion des nouvelles idées qui m'assaillaient, je ne retrouvais plus rien de ce qui m'avait occupée jusqu'alors : c'était un abîme avec toutes ses terreurs. Ce mépris dont je me voyais poursuivie; cette société où j'étais déplacée; cet homme qui, à prix d'argent, consentirait peut-être que ses enfants fussent nègres! toutes ces pensées s'élevaient successivement comme des fantômes et s'attachaient sur moi comme des furies: l'isolement surtout; cette conviction que j'étais seule, pour toujours seule dans la vie, madame de B. l'avait dit; et à chaque instant je me répétais, seule! toujours seule! La veille encore, que m'importait d'être seule? je n'en savais rien; je ne le sentais pas; j'avais besoin de ce que j'aimais, je ne songeais pas que ce que j'aimais n'avait pas besoin de moi. Mais à présent, mes yeux étaient ouverts, et le malheur avait déjà fait entrer la défiance dans mon âme. Quand je revins chez madame de B.. tout le monde fut frappé de mon changement; on me questionna : je dis que j'étais malade; on le crut. Madame de B. envoya chercher Barthez, qui m'examina avec soin, me tâta le pouls, et dit brusquement que je n'avais rien. Madame de B. se rassura, et essaya de me distraire et de m'amuser. Je n'ose dire combien j'étais ingrate pour ces soins de ma bienfaitrice; mon âme s'était comme resserrée en elle-même. Les bienfaits qui sont doux à recevoir, sont ceux dont le cœur s'acquitte ; le mien était rempli d'un sentiment trop amer pour se répandre au dehors. Des combinaisons infinies des mêmes pensées occupaient tout mon temps; elles se reproduisaient sous mille formes différentes : mon imagination leur prêtait les couleurs les plus sombres: souvent mes nuits entières se passaient à pleurer. J'épuisais ma pitié sur moi-même; ma figure me faisait horreur, je n'osais plus me regarder dans une glace; lorsque mes yeux se portaient sur mes mains noires, je croyais voir celles d'un singe; je m'exagérais ma laideur, et cette couleur me paraissait comme le signe de ma réprobation; c'est elle qui me séparait de tous les êtres de mon espèce, qui me condamnait à être seule, toujours seule! jamais aimée! Un homme, à prix d'argent, consentirait peut-être que ses enfants fussent nègres! Tout mon sang se soulevait d'indignation à cette pensée. J'eus un moment l'idée de demander à madame de B. de me renvoyer dans mon pays; mais là encore j'aurais été isolée : qui m'aurait entendue, qui m'aurait comprise? Hélas! je n'appartenais plus à personne; j'étais étrangère à la race humaine tout entière! Ce n'est que longtemps après que je compris la possibilité de me résigner à un tel sort. Madame de B. n'était point dévote; je devais à un prêtre respectable, qui m'avait instruite pour ma première communion, ce que j'avais de sentiments religieux. Ils étaient sincères comme tout mon caractère; mais je ne savais pas que, pour être profitable, la piété a besoin d'être mêlée à toutes les actions de la vie : la mienne avait occupé quelques instants de mes journées, mais elle était demeurée étrangère à tout le reste. Mon confesseur était un saint vieillard, peu soupçonneux ; je le voyais deux ou trois fois par an, et, comme je n'imaginais pas que des chagrins fussent des fautes, je ne lui parlais pas de mes peines. Elles altéraient sensiblement ma santé ; mais, chose étrange! elles perfectionnaient mon esprit. Un sage d'Orient a dit : « Celui qui n'a pas souffert, que sait-il? » Je vis que je ne savais rien avant mon malheur; mes impressions étaient toutes des sentiments; je ne jugeais pas, j'aimais : les discours, les actions, les personnes plaisaient ou déplaisaient à mon cœur. À présent, mon esprit s'était séparé de ces mouvements involontaires : le chagrin est comme l'éloignement, il fait juger l'ensemble des objets. Depuis que je me sentais étrangère à tout, j'étais devenue plus difficile, et j'examinais, en critiquant, presque tout ce qui m'avait plu jusqu'alors. Cette disposition ne pouvait échapper à madame de B.; je n'ai jamais su si elle en devina la cause. Elle craignait peut-être d'exalter ma peine en me permettant de la confier ; mais elle me montrait encore plus de bonté que de coutume; elle me parlait comme à un entier abandon, et, pour me distraire de mes chagrins, elle m'occupait de ceux qu'elle avait elle-même. Elle jugeait bien mon cœur ; je ne pouvais en effet me rattacher à la vie, que par l'idée d'être nécessaire ou du moins utile à ma bienfaitrice. La pensée qui me poursuivait le plus, c'est que j'étais isolée sur la terre, et que je pouvais mourir sans laisser de regrets dans le cœur de personne. J'étais injuste pour madame de B.; elle m'aimait, elle me l'avait assez prouvé; mais elle avait des intérêts qui passaient bien avant moi. Je n'enviais pas sa tendresse à ses petits-fils, surtout à Charles ; mais j'aurais voulu pouvoir dire comme eux : Ma mère! Les liens de famille surtout me faisaient faire des retours bien douloureux sur moi-même, moi qui jamais ne devais être la sœur, la femme, la mère de personne! Je me figurais dans ces liens plus de douceur qu'ils n'en ont peut-être, et je négligeais ceux qui m'étaient permis, parce que je ne pouvais atteindre à ceux-là. Je n'avais point d'amie, personne n'avait ma confiance : ce que j'avais pour madame de B. était plutôt un culte qu'une affection ; mais je crois que je sentais pour Charles tout ce qu'on éprouve pour un frère. Il était toujours au collège, qu'il allait bientôt quitter pour commencer ses voyages. Il partait avec son frère aîné et son gouverneur, et ils devaient visiter l'Allemagne, l'Angleterre et l'Italie ; leur absence devait durer deux ans. Charles était charmé de partir; et moi, je ne fus affligée qu'au dernier moment; car j'étais toujours bien aise de ce qui lui faisait plaisir. Je ne lui avais rien dit de toutes les idées qui m'occupaient; je ne le voyais jamais seul, et il m'aurait fallu bien du temps pour lui expliquer ma peine : je suis sûre qu'alors il m'aurait comprise. Mais il avait, avec son air doux et grave, une disposition à la moquerie, qui me rendait timide : il est vrai qu'il n'y exerçait guère que sur les ridicules de l'affectation ; tout ce qui était sincère le désarmait. Enfin je ne lui dis rien. Son départ, d'ailleurs, était une distraction, et je crois que cela me faisait du bien de m'affliger d'autre chose que de ma douleur habituelle. Ce fut peu de temps après le départ de Charles, que la révolution prit un caractère plus sérieux : je n'entendais parler tout le jour, dans le salon de madame de B., que des grands intérêts moraux et politiques que cette révolution remua dans leur source; ils se rattachaient à ce qui avait occupé les esprits supérieurs de tous les temps. Rien n'était plus capable d'étendre et de former mes idées, que le spectacle de cette arène où des hommes distingués remettaient chaque jour en question tout ce qu'on avait pu croire jugé jusqu'alors. Ils approfondissaient les sujets, remontaient à l'origine de toutes les institutions ; mais trop souvent pour tout ébranler et tout détruire. Croiriez-vous que, jeune comme j'étais, étrangère à tous les intérêts de la société, nourrissant à part ma plaie secrète, la révolution apporta un changement dans mes idées, fit naître dans mon cœur quelques espérances, et suspendit un moment mes maux? tant on cherche vite ce qui peut consoler! J'entrevis donc, dans ce grand désordre, je pourrais trouver ma place; que les fortunes renversées, tous les rangs confondus, tous les préjugés évanouis, amèneraient peut-être un état de choses où je serais moins étrangère ; et que si j'avais quelque supériorité d'âme, quelque qualité cachée, on l'apprécierait lorsque ma couleur ne m'isolerait plus au milieu du monde, comme elle avait fait jusqu'alors. Mais il arriva que ces qualités mêmes que je pouvais me trouver, s'opposèrent vite à mon illusion : je ne pus désirer longtemps beaucoup de mal pour un peu de bien personnel. D'un autre côté, j'apercevais les ridicules de ces personnages qui voulaient maîtriser les événements; je jugeais les petitesses de leurs caractères, je devinais leurs vues secrètes; bientôt leur fausse philanthropie cessa de m'abuser, et je renonçai à l'espérance, en voyant qu'il resterait encore assez de mépris pour moi au milieu de tant d'adversités. Cependant je m'intéressais toujours à ces discussions animées ; mais elles ne tardèrent pas à perdre ce qui faisait leur plus grand charme. Déjà le temps n'était plus où l'on ne songeait qu'à plaire, et où la première condition pour y réussir était l'oubli des succès de son amour-propre : lorsque la révolution cessa d'être

une belle théorie et qu'elle toucha aux intérêts intimes de chacun, les conversations dégénérèrent en disputes, et l'aigreur, l'amertume et les personnalités prirent la place de la raison. Quelquefois, malgré ma tristesse, je m'amusais de toutes ces violentes opinions qui n'étaient au fond presque jamais que des prétentions, des affectations ou des peurs : mais la gaieté qui vient de l'observation des ridicules, ne fait pas de bien ; il y a trop de malignité dans cette gaieté, pour qu'elle puisse réjouir le cœur qui ne se plait que dans les joies innocentes. On peut avoir cette gaieté moqueuse, sans cesser d'être malheureux ; peut-être même le malheur rend-il plus susceptible de l'éprouver, car l'amertume dont l'âme se nourrit, fait l'aliment habituel de ce triste plaisir.

L'espoir sitôt détruit que m'avait inspiré la révolution n'avait point changé la situation de mon âme ; toujours mécontente de mon sort, mes chagrins n'étaient adoucis que par la confiance et les bontés de madame de B. Quelquefois, au milieu de ces conversations politiques dont elle ne pouvait réussir à calmer l'aigreur, elle me regardait tristement ; ce regard était un baume pour mon cœur ; il semblait me dire : Ourika, vous seule m'entendez ! On commençait à parler de la liberté des nègres : il était impossible que cette question ne me touchât pas vivement ; c'était une illusion que j'aimais encore à me faire, qu'ailleurs, du moins, j'avais des semblables : comme ils étaient malheureux, je les croyais bons, et je m'intéressais à leur sort. Hélas ! je fus promptement détrompée ! Les massacres de Saint-Domingue me causèrent une douleur nouvelle et déchirante : jusqu'ici je m'étais affligée d'appartenir à une race proscrite; maintenant j'avais honte d'appartenir à une race de barbares et d'assassins. Cependant la révolution faisait des progrès rapides ; on s'effrayait en voyant les hommes les plus violents s'emparer de toutes les places. Bientôt il parut que ces hommes étaient décidés à ne rien respecter : les affreuses journées du 20 juin et du 10 août durent préparer à tout. Ce qui restait de la société de madame de B. se dispersa à cette époque ; les uns fuyaient les persécutions dans les pays étrangers ; les autres se cachaient ou se retiraient en province. Madame de B. ne fit ni l'un ni l'autre ; elle était fixée chez elle par l'occupation constante de son cœur ; elle resta avec un souvenir et près d'un tombeau. Nous vivions depuis quelques mois dans la solitude, lorsque, à la fin de l'année 1792, parut le décret de confiscation des biens des émigrés. Au milieu de ce désastre général, madame de B. n'aurait pas compté la perte de sa fortune, si elle n'eût appartenu à ses petits-fils ; mais, par des arrangements de famille, elle n'en avait que la jouissance. Elle se décida donc à faire revenir Charles, le plus jeune des deux frères, et à renvoyer l'aîné, âgé de près de vingt ans, à l'armée de Condé. Ils étaient alors en Italie, et achevaient ce grand voyage, entrepris deux ans auparavant dans des circonstances bien différentes. Charles arriva à Paris au commencement de février 1793, peu de temps après la mort du roi. Ce grand crime avait causé à madame de B. la plus violente douleur ; elle s'y livrait tout entière, et son âme était assez forte pour proportionner l'horreur du forfait à l'immensité du forfait même. Les grandes douleurs dans la vieillesse ont quelque chose de frappant : elles ont pour elles l'autorité de la raison. Madame de B. souffrait avec toute l'énergie de son caractère; sa santé en était altérée, mais je n'imaginais pas qu'on pût essayer de la consoler, ou même de la distraire. Je pleurais, je m'unissais à ses sentiments, j'essayais d'élever mon âme pour la rapprocher de la sienne, pour souffrir du moins autant qu'elle et avec elle. Je ne pensai presque plus à mes peines, tant que dura la terreur ; j'aurais eu honte de me trouver malheureuse en présence de ces grandes infortunes ; d'ailleurs je ne me sentais plus isolée depuis que tout le monde était malheureux. L'opinion est comme une patrie ; c'est un bien dont on jouit ensemble ; on est frère pour la soutenir et pour la défendre. Je me disais quelquefois que moi, pauvre négresse, je tenais pourtant à toutes les âmes élevées, par le besoin de la justice que j'éprouvais en commun avec elles : le jour du triomphe de la vertu et de la vérité serait un jour de triomphe pour moi comme pour elles; mais, hélas ! ce jour était bien loin. Aussitôt que Charles fut arrivé, madame de B. partit pour la campagne. Tous ses amis étaient cachés ou en fuite ; sa société se trouvait presque réduite à un vieil abbé que, depuis dix ans, j'entendais tous les jours se moquer de la religion, et qui à présent s'irritait qu'on eût vendu les biens du clergé, parce qu'il y perdait vingt mille livres de rente. Cet abbé vint avec nous à Saint-Germain.

Sa société était douce, ou plutôt elle était tranquille ; car son calme n'avait rien de doux ; il venait de la tournure de son esprit plutôt que de la paix de son cœur. Madame de B. avait été toute sa vie dans la position de rendre beaucoup de services ; liée avec M. de Choiseul, elle avait pu, pendant ce long ministère, être utile à bien des gens. Deux des hommes les plus influents pendant la terreur avaient des obligations à madame de B. ; ils s'en souvinrent et se montrèrent reconnaissants. Veillant sans cesse sur elle, ils ne permirent pas qu'elle fût atteinte ; ils risquèrent plusieurs fois leurs vies pour dérober la sienne aux fureurs révolutionnaires, car on doit remarquer qu'à cette époque funeste, les chefs mêmes des partis les plus violents ne pouvaient faire un peu de bien sans danger ; il semblait que, sur cette terre désolée, on ne pût régner que par le mal, tant lui seul donnait et ôtait la puissance. Madame de B. n'alla point en prison; elle fut gardée chez elle, sous prétexte de sa mauvaise santé. Charles, l'abbé et moi, nous restâmes auprès d'elle et nous lui donnions tous nos soins. Rien ne peut peindre l'état d'anxiété et de terreur des journées que nous passâmes alors, lisant chaque soir, dans les journaux, la condamnation et la mort des amis de madame de B., et tremblant à tout instant que ses protecteurs n'eussent plus le pouvoir de la garantir du même sort. Nous sûmes qu'en effet elle était au moment de périr, lorsque la mort de Robespierre mit un terme à tant d'horreurs. On respira ; les gardes quittèrent la maison de madame de B., et nous restâmes tous quatre dans la même solitude, comme on se retrouve, j'imagine, après une grande calamité à laquelle on a échappé ensemble. On aurait cru que tous les liens s'étaient resserrés par le malheur ; j'avais senti que là, du moins, je n'étais pas étrangère.

Si j'ai connu quelques instants doux dans ma vie, depuis la perte des illusions de mon enfance, c'est l'époque qui suivit ces temps désastreux. Madame de B. possédait au suprême degré ce qui fait le charme de la vie intérieure : indulgente et facile, on pouvait tout dire devant elle ; elle savait deviner ce que voulait dire ce qu'on avait dit. Jamais une interprétation sévère ou infidèle ne venait glacer la confiance ; les pensées passaient pour ce qu'elles valaient ; on n'était responsable de rien. Cette qualité eût fait le bonheur des amis de madame de B. quand bien même elle n'eût possédé que celle-là. Mais combien d'autres grâces n'avait-elle pas encore ! Jamais on ne sentait de vide ni d'ennui dans sa conversation ; tout lui servait d'aliment : l'intérêt qu'on prend aux petites choses, qui est de la futilité dans les personnes communes, est la source de mille plaisirs avec une personne distinguée ; car c'est le propre des esprits supérieurs de faire quelque chose de rien. L'idée la plus ordinaire devenait féconde et elle passait par la bouche de madame de B. ; son esprit et sa raison savaient la revêtir de mille nouvelles couleurs. Charles avait des rapports de caractère avec madame de B., et son esprit aussi ressemblait au sien, c'est-à-dire qu'il était ce que celui de madame de B. avait dû être, juste, ferme, étendu, mais sans modifications ; la jeunesse ne les connaît pas : pour elle tout est bien ou tout est mal, tandis que l'écueil de la vieillesse est souvent de trouver que rien n'est tout-à-fait bien, et rien tout-à-fait mal. Charles avait les deux belles passions de son âge, la justice et la vérité. J'ai dit qu'il haïssait jusqu'à l'ombre de l'affectation ; il avait le défaut d'en voir quelquefois où il n'y en avait pas. Habituellement contenu, sa confiance était flatteuse ; on voyait qu'il la donnait, qu'elle était le fruit de l'estime, et non le penchant de son caractère : tout ce qu'il accordait avait du prix, car presque rien en lui n'était involontaire, et tout cependant était naturel. Il me comptait tellement pour lui qu'il n'avait pas une pensée qu'il ne me dit aussitôt. Le soir, assis autour d'une table, les conversations étaient infinies : notre vieil abbé y tenait sa place ; il s'était fait un enchaînement si complet d'idées fausses, et il les soutenait avec tant de bonne foi qu'il était une source inépuisable d'amusement pour madame de B., dont l'esprit juste et lumineux faisait admirablement ressortir les absurdités du pauvre abbé, qui ne se fâchait jamais ; elle jetait tout au travers de son ordre d'idées de grands traits de bon sens que nous comparions aux grands coups d'épée de Roland ou de Charlemagne. Madame de B. aimait à marcher ; elle se promenait tous les matins dans la forêt de Saint-Germain, donnant le bras à l'abbé ; Charles et moi nous la suivions de loin. C'est alors qu'il me parlait de tout ce qui l'occupait, de ses projets, de ses espérances, de ses idées surtout, sur les choses, sur les hommes, sur les événements. Il ne me cachait rien, et il ne se doutait pas qu'il me confiât quelque chose. Depuis si longtemps il comptait sur moi, que mon amitié était pour lui comme sa vie, il en jouissait sans la sentir ; il ne me demandait ni intérêt ni attention ; il savait bien qu'en me parlant de lui, il me parlait de moi, et que j'étais plus lui que lui-même : charme d'une telle confiance vous pouvez tout remplacer, remplacer le bonheur même ! Je ne pensais jamais à parler à Charles de ce qui m'avait fait tant souffrir ; je l'écoutais, et ces conversations avaient sur moi je ne sais quel effet magique, qui amenait l'oubli de mes peines. S'il m'eût questionnée, il m'en eût fait souvenir ; alors je lui aurais tout dit, mais il n'imaginait pas que j'avais aussi un secret. On était accoutumé à me voir souffrante ; et madame de B. faisait tant pour mon bonheur qu'elle devait me croire heureuse. J'aurais dû l'être ; je me le disais souvent ; je m'accusais d'ingratitude ou de folie ; je ne sais si j'aurais osé avouer jusqu'à quel point ce mal sans remède de ma couleur me rendait malheureuse. Il y a quelque chose d'humiliant à ne pas savoir se soumettre à la nécessité : aussi ces douleurs, quand elles maîtrisent l'âme, ont tous les caractères du désespoir. Ce qui m'intimidait aussi avec Charles, c'est cette tournure un peu sévère de ses idées. Un soir, la conversation s'était établie sur la pitié, et on se demandait si les chagrins inspirent plus d'intérêt par leurs résultats ou par leurs causes. Charles s'était prononcé pour la cause ; il pensait donc qu'il fallait que toutes les douleurs fussent raisonnables. Mais qui peut dire ce que c'est que la raison ? est-elle la même pour tout le monde ? tous les cœurs ont-ils tous les mêmes besoins ? et le malheur n'est-il pas la privation des besoins du cœur ? Il était rare

cependant que nos conversations du soir me ramenassent ainsi à moi-même ; je tâchais d'y penser le moins que je pouvais ; j'avais ôté de ma chambre tous les miroirs ; je portais toujours des gants ; mes vêtements cachaient mon cou et mes bras, et j'avais adopté, pour sortir, un grand chapeau avec un voile que souvent même je gardais dans la maison. Hélas ! je me trompais ainsi moi-même : comme les enfants, je fermais les yeux, et je croyais qu'on ne me voyait pas.

Vers la fin de l'année 1795, la terreur était finie, et l'on commençait à se retrouver ; les débris de la société de madame de B. se réunirent autour d'elle, et je vis avec peine le cercle de ses amis s'augmenter. Ma position était si fausse dans le monde, que plus la société rentrait dans son ordre naturel, plus je m'en sentais dehors. Toutes les fois que je voyais arriver chez madame de B. des personnes qui n'y étaient pas encore venues, j'éprouvais un nouveau tourment. L'expression de surprise mêlée de dédain que j'observais sur leur physionomie commençait à me troubler ; j'étais sûre d'être bientôt l'objet d'un aparté dans l'embrasure de la fenêtre ou d'une conversation à voix basse, car il fallait bien se faire expliquer comment une négresse était admise dans la société intime de madame de B. Je souffrais le martyre pendant ces éclaircissements ; j'aurais voulu être transportée dans ma patrie barbare, au milieu des sauvages qui l'habitent, moins à craindre pour moi que cette société cruelle qui me rendait responsable du mal qu'elle seule avait fait. J'étais poursuivie, plusieurs jours de suite, par le souvenir de cette physionomie dédaigneuse ; je la voyais en rêve, je la voyais à chaque instant ; elle se plaçait devant moi comme ma propre image. Hélas ! elle était celle des chimères dont je me laissais obséder ! Vous ne m'aviez pas encore appris, ô mon Dieu ! à conjurer ces fantômes ; je ne savais pas qu'il n'y a de repos qu'en vous. A présent, c'était dans le cœur de Charles que je cherchais un abri ; j'étais fière de son amitié, je l'étais encore plus de ses vertus ; je l'admirais comme ce que je connaissais de plus parfait sur la terre. J'avais cru autrefois aimer Charles comme un frère ; mais depuis que j'étais toujours souffrante, il me semblait que j'étais vieillie, et que ma tendresse pour lui ressemblait plutôt à celle d'une mère. Une mère, en effet, pouvait seule éprouver ce désir passionné de son bonheur, de ses succès ; j'aurais volontiers donné ma vie pour lui épargner un moment de peine. Je voyais bien avant lui l'impression qu'il produisait sur les autres ; il était assez heureux pour ne s'en pas soucier : c'est tout simple ; il n'avait rien à en redouter, rien ne lui avait donné cette inquiétude habituelle que j'éprouvais sur les pensées des autres ; tout était harmonie dans son sort, tout était désaccord dans le mien. Un matin, un ancien ami de madame de B. vint chez elle ; il était chargé d'une proposition de mariage pour Charles. Mademoiselle de Thémines était devenue, d'une manière bien cruelle, une riche héritière ; elle avait perdu le même jour, sur l'échafaud, sa famille entière ; il ne lui restait plus qu'une grande tante, autrefois religieuse, et qui, devenue tutrice de mademoiselle de Thémines, regardait comme un devoir de la marier, et voulait se presser, parce qu'ayant plus de quatre-vingts ans, elle craignait de mourir et de la laisser ainsi sa nièce seule et sans appui dans le monde. Mademoiselle de Thémines réunissait tous les avantages de la naissance, de la fortune et de l'éducation ; elle avait seize ans ; elle était belle comme le jour : on ne pouvait hésiter. Madame de B. en parla à Charles, qui d'abord fut un peu effrayé de se marier si jeune ; bientôt il désira voir mademoiselle de Thémines ; l'entrevue eut lieu, et alors il n'hésita plus. Anaïs de Thémines possédait en effet tout ce qui pouvait plaire à Charles ; jolie sans s'en douter, et d'une modestie si tranquille qu'on voyait qu'elle ne devait qu'à la nature cette charmante vertu. Madame de Thémines permit à Charles d'aller chez elle, et bientôt il devint passionnément amoureux. Il me racontait les progrès de ses sentiments : j'étais impatiente de voir cette belle Anaïs, destinée à faire le bonheur de Charles. Elle vint enfin à Saint-Germain ; Charles lui avait parlé de moi ; je n'eus point à supporter d'elle ce coup d'œil dédaigneux et scrutateur qui me faisait toujours tant de mal ; elle avait l'air d'un ange de bonté. Je lui promis qu'elle serait heureuse avec Charles ; je la rassurai sur sa jeunesse, je lui dis qu'à vingt-un ans il avait la raison solide d'un âge bien plus avancé. Je répondis à toutes ses questions : elle m'en fit beaucoup, parce qu'elle savait que je connaissais Charles depuis son enfance ; et il m'était si doux d'en dire du bien que je ne me lassais pas d'en parler.

Les arrangements d'affaires retardèrent de quelques semaines la conclusion du mariage. Charles continuait à aller chez madame de Thémines, et souvent il restait à Paris deux ou trois jours de suite : ces absences m'affligeaient, et j'étais mécontente de moi-même, en voyant que je préférais mon bonheur à celui de Charles ; ce n'est pas ainsi que j'étais accoutumée à aimer. Les jours où il revenait étaient des jours de fête ; il me racontait ce qui l'avait occupé, et s'il avait fait quelques progrès dans le cœur d'Anaïs, je m'en réjouissais avec lui. Un jour pourtant il me parla de la manière dont il voulait vivre avec elle : « Je veux obtenir toute sa confiance, me dit-il, et lui donner toute la mienne ; je ne lui cacherai rien, elle saura toutes mes pensées, elle connaîtra tous les mouvements secrets de mon cœur ; je veux qu'il y ait entre elle et moi une confiance comme la nôtre, Ourika. » Comme la nôtre ! Ce mot me fit mal ; il me rappela que

Charles ne savait pas le seul secret de ma vie, et il m'ôta le désir de le lui confier. Peu à peu les absences de Charles devinrent plus longues ; il n'était presque plus à Saint-Germain que les instants ; il venait à cheval pour mettre moins de temps en chemin, il retournait l'après-dînée à Paris, de sorte que tous les soirs se passaient sans lui. Madame de B. plaisantait souvent de ces longues absences ; j'aurais bien voulu faire comme elle !

Un jour, nous nous promenions dans la forêt. Charles avait été absent presque toute la semaine ; je l'aperçus tout-à-coup à l'extrémité de l'allée où nous marchions ; il venait à cheval, et très vite. Quand il fut près de l'endroit où nous étions, il sauta à terre et se mit à se promener avec nous ; après quelques minutes de conversation générale, il resta en arrière avec moi, et nous recommençâmes à causer comme autrefois ; j'en fis la remarque. « Comme autrefois ! s'écria-t-il ; ah ! quelle différence ! avais-je donc quelque chose à dire dans ce temps-là ? Il me semble que je n'ai commencé à vivre que depuis deux mois. Ourika, je ne vous dirai jamais ce que j'éprouve pour elle ! Quelquefois je crois sentir que mon âme tout entière va passer dans la sienne. Quand elle me regarde, je ne respire plus ; quand elle rougit, je voudrais me prosterner à ses pieds pour l'adorer. Quand je pense que je vais être le protecteur de cet ange, qu'elle me confie sa vie, sa destinée ; ah ! que je suis glorieux de la mienne ! Que je la rendrai heureuse ! Je serai pour elle le père, la mère qu'elle a perdus ; mais je serai aussi son mari, son amant ! Elle me donnera son premier amour ; tout son cœur s'épanchera dans le mien ; nous vivrons de la même vie, et je ne veux pas que, dans le cours de nos longues années, elle puisse dire qu'elle ait passé une heure sans être heureuse. Quelles délices, Ourika, de penser qu'elle sera la mère de mes enfants, qu'ils puiseront la vie dans le sein d'Anaïs ! Ah ! ils seront doux et beaux comme elle ! Qu'ai-je fait, ô Dieu ! pour mériter tant de bonheur ! » Hélas ! j'adressais en ce moment au ciel une question toute contraire ! Depuis quelques instants j'écoutais ces paroles passionnées avec un sentiment indéfinissable. Grand Dieu ! vous êtes témoin que j'étais heureuse du bonheur de Charles ; mais pourquoi avez-vous donné la vie à la pauvre Ourika ? pourquoi n'est-elle pas morte sur ce bâtiment négrier d'où elle fut arrachée, ou sur le sein de sa mère ? Un peu de sable d'Afrique eût recouvert son corps, et ce fardeau eût été bien léger ! Qu'importait au monde qu'Ourika vécût ? Pourquoi était-elle condamnée à la vie ? C'était donc pour vivre seule, toujours seule ; jamais aimée ! O mon Dieu, ne le permettez pas ! Retirez de la terre la pauvre Ourika ! Personne n'a besoin d'elle ; n'est-elle pas seule dans la vie ? cette affreuse pensée me saisit avec plus de violence qu'elle n'avait encore fait. Je me sentis fléchir, je tombai sur les genoux, mes yeux se fermèrent, et je crus que j'allais mourir. En achevant ces paroles, l'oppression de la pauvre religieuse parut s'augmenter ; sa voix s'altéra, et quelques larmes coulèrent le long de ses joues flétries. Je voulus l'engager à suspendre son récit ; elle s'y refusa. Ce n'est rien, me dit-elle ; maintenant le chagrin ne dure pas dans mon cœur : la racine en est coupée. Dieu a eu pitié de moi ; il m'a retirée lui-même de cet abîme où je n'étais tombée que faute de le connaître et de l'aimer. N'oubliez donc pas que je suis heureuse ; mais, hélas ! ajouta-t-elle, je ne l'étais point alors. » Jusqu'à l'époque dont je viens de vous parler, j'avais supporté mes peines ; elles avaient altéré ma santé, mais j'avais conservé ma raison et une sorte d'empire sur moi-même ; mon chagrin, comme le ver qui dévore le fruit, avait commencé par le cœur ; je portais dans mon sein le germe de la destruction, lorsque tout était encore plein de vie au-dehors de moi. La conversation me plaisait, la discussion m'animait ; j'avais même conservé une sorte de gaîté d'esprit ; mais j'avais perdu les joies du cœur. Enfin, jusqu'à l'époque dont je viens de vous parler, j'étais plus forte que mes peines ; je sentais qu'à présent mes peines seraient plus fortes que moi. Charles me rapporta dans ses bras jusqu'à la maison : là tous les secours me furent donnés, et je repris connaissance. En ouvrant les yeux, je vis madame de B. à côté de mon lit ; Charles me tenait une main : ils m'avaient soignée eux-mêmes, et je vis sur leurs visages un mélange d'anxiété et de douleur qui pénétra jusqu'au fond de mon âme ; je sentis la vie revenir en moi ; mes pleurs coulèrent. Madame de B. les essuyait doucement ; elle ne me disait rien, elle ne me faisait point de questions : Charles m'en accabla. Je ne sais ce que je lui répondis ; je donnai pour cause à mon accident le chaud, la longueur de la promenade ; il me crut, et l'amertume rentra dans mon âme en voyant qu'il me croyait : mes larmes se séchèrent ; je me dis qu'il était donc bien facile de tromper ceux dont l'intérêt était ailleurs ; je retirai ma main qu'il tenait encore, et je cherchai à paraître tranquille. Charles partit, comme de coutume, à cinq heures ; j'en fus blessée ; j'aurais voulu qu'il fût inquiet de moi ; je souffrais tant ! Il serait parti de même, je l'y aurais forcé ; mais je me serais dit qu'il ne devait le bonheur de sa soirée, et cette pensée m'eût consolée. Je me gardai bien de montrer à Charles ce mouvement de mon cœur ; les sentiments délicats ont une sorte de pudeur ; s'ils ne sont devinés, ils sont incomplets : on dirait qu'on ne peut les éprouver qu'à deux.

A peine Charles fut-il parti, que la fièvre me prit avec une grande violence ; elle augmenta les deux jours suivants. Madame de B. me

soignait avec sa bonté accoutumée ; elle était désespérée de mon état et de l'impossibilité de me faire transporter à Paris, où le mariage de Charles l'obligeait à se rendre le lendemain. Les médecins dirent à madame de B. qu'ils répondaient de ma vie si elle me laissait à Saint-Germain ; elle s'y résolut, et elle me montra en partant une affection si tendre qu'elle calma un moment mon cœur. Mais, après son départ, l'isolement complet, réel, où je me trouvais pour la première fois de ma vie, me jeta dans un profond désespoir. Je voyais se réaliser cette situation que mon imagination s'était peinte tant de fois ; je mourrais loin de ce que j'aimais, et mes tristes gémissements ne parvenaient pas même à leurs oreilles. Hélas ! ils eussent troublé leur joie. Je les voyais s'abandonnant à toute l'ivresse du bonheur, loin d'Ourika mourante. Ourika n'avait qu'eux dans la vie ; mais eux n'avaient pas besoin d'Ourika : personne n'avait besoin d'elle ! Cet affreux sentiment de l'inutilité de l'existence est celui qui déchire le plus profondément le cœur ; il me donna un tel dégoût de la vie, que je souhaitai sincèrement mourir de la maladie dont j'étais attaquée. Je ne parlais pas, je ne donnais presque aucun signe de connaissance, et cette seule pensée était bien distincte en moi : Je voudrais mourir. Dans d'autres moments, j'étais plus agitée ; je me rappelais les mots de cette dernière conversation que j'avais eue avec Charles dans la forêt ; je le voyais nageant dans cette mer de délices qu'il m'avait dépeinte, tandis que je mourais abandonnée, seule dans la mort comme dans la vie. Cette idée me donnait une irritation plus pénible encore que la douleur. Je me créais des chimères pour satisfaire à ce nouveau sentiment ; je me représentais Charles arrivant à Saint-Germain ; on lui disait : Elle est morte. Eh bien ! le croiriez-vous ? je jouissais de sa douleur ; elle me vengeait. Et de quoi ? grand Dieu ! De ce qu'il avait été l'ange protecteur de ma vie ? Cet affreux sentiment me fit bientôt horreur ; j'entrevis que, si la douleur n'était pas une faute, s'y livrer comme je le faisais pouvait être criminel. Mes idées prirent alors un autre cours ; j'essayai de me vaincre, de trouver en moi-même une force pour combattre les sentiments qui m'agitaient ; mais je ne la cherchais point, cette force, où elle était. Je me fis honte de mon ingratitude. Je mourrai, me disais-je, je veux mourir ; mais je ne veux pas laisser les passions haineuses approcher de mon cœur. Ourika est un enfant déshérité ; mais l'innocence lui reste : je ne la laisserai pas se flétrir en moi par l'ingratitude. Je passerai sur la terre comme une ombre ; mais, dans le tombeau, j'aurai la paix. O mon Dieu ! ils sont déjà bien heureux ; eh bien ! donnez-leur encore la part d'Ourika, et laissez-la mourir comme la feuille tombe en automne. N'ai-je donc pas assez souffert ? Je ne sortis de la maladie qui avait mis ma vie en danger que pour tomber dans un état de langueur où le chagrin avait beaucoup de part. Madame de B. s'établit à Saint-Germain après le mariage de Charles ; il y venait souvent accompagné d'Anaïs, jamais sans elle. Je souffrais toujours davantage quand ils étaient là. Je ne sais de l'image du bonheur me rendait plus sensible ma propre infortune, ou si la présence de Charles réveillait le souvenir de notre ancienne amitié ; je cherchais quelquefois à le retrouver, et je ne le reconnaissais plus. Il me disait pourtant à peu près tout ce qu'il me disait autrefois ; mais son amitié présente ressemblait à son amitié passée, comme la fleur artificielle ressemble à la fleur véritable : c'est la même chose, hors la vie et le parfum. Charles attribuait au dépérissement de ma santé le changement de mon caractère ; je crois que madame de B. jugeait mieux le triste état de mon âme, qu'elle devinait mes tourments secrets, et qu'elle en était vivement affligée ; mais le temps n'était plus où je consolais les autres ; je n'avais plus pitié que de moi-même. Anaïs devint grosse, et nous retournâmes à Paris. Ma tristesse augmentait chaque jour. Ce bonheur intérieur si paisible, ces liens de famille si doux ! cet amour dans l'innocence, toujours aussi tendre, aussi passionné, quel spectacle pour une malheureuse destinée à passer sa triste vie dans l'isolement, à mourir sans avoir été aimée, sans avoir connu d'autres liens que ceux de la dépendance et de la pitié ! Les jours, les mois se passaient ainsi ; je ne prenais part à aucune conversation, j'avais abandonné tous mes talents. Si je supportais quelques lectures, c'étaient celles où je croyais retrouver la peinture imparfaite des chagrins qui me dévoraient. Je m'en faisais un nouveau poison, je m'enivrais de mes larmes ; et, seule dans ma chambre pendant des heures entières, je m'abandonnais à ma douleur. La naissance d'un fils mit le comble au bonheur de Charles ; il accourut pour me le dire, et dans les transports de sa joie je reconnus quelques accents de son ancienne confiance. Qu'ils me firent mal ! Hélas ! c'était la voix de l'ami que j'avais plus ! et tous les souvenirs du passé venaient à cette voix déchirer de nouveau ma plaie. L'enfant de Charles était beau comme Anaïs ; le tableau de cette jeune mère avec son fils touchait tout le monde : moi seule, par un sort bizarre, j'étais condamnée à le voir avec amertume ; mon cœur dévorait cette image d'un bonheur que je ne devais jamais connaître, et l'envie, comme le vautour, se nourrissait dans mon sein. Qu'avais-je fait à ceux qui crurent me sauver en m'amenant sur cette terre d'exil ? Pourquoi ne me laissait-on pas suivre mon sort ? Eh bien ! je serais la négresse esclave de quelque riche colon ; brûlée par le soleil, je cultiverais la terre d'un autre ; mais j'aurais mon humble cabane pour me retirer le soir ; j'aurais un compagnon de ma vie et des enfants de ma couleur qui m'appelleraient : Ma mère ! Ils appuieraient sans dégoût leur petite bouche sur mon front ; ils reposeraient leur tête sur mon cou, et s'endormiraient dans mes bras ! Qu'ai-je fait pour être condamnée à n'éprouver jamais les affections pour lesquelles seules mon cœur est créé ? O mon Dieu ! ôtez-moi de ce monde ; je sens que je ne puis plus supporter la vie. A genoux dans ma chambre, j'adressais au Créateur cette prière impie, quand j'entendis ouvrir ma porte : c'était l'amie de madame de B., la marquise de...., qui était revenue depuis peu d'Angleterre, où elle avait passé plusieurs années. Je la vis avec effroi arriver près de moi ; sa vue me rappelait toujours que, la première, elle m'avait révélé mon sort ; qu'elle m'avait ouvert cette mine de douleurs où j'avais tant puisé. Depuis qu'elle était à Paris, je ne la voyais qu'avec un sentiment pénible.

« Je viens vous voir et causer avec vous, ma chère Ourika, me dit-elle. Vous savez combien je vous aime depuis votre enfance, et je ne puis voir, sans une véritable peine, la mélancolie dans laquelle vous vous plongez. Est-il possible, avec l'esprit que vous avez, que vous ne sachiez pas tirer un meilleur parti de votre situation ? — L'esprit, madame, lui répondis-je, ne sert guère qu'à augmenter les maux véritables ; il les fait voir sous tant de formes diverses ! — Mais reprit-elle, lorsque les maux sont sans remède, n'est-ce pas une folie de refuser de s'y soumettre, et de lutter ainsi contre la nécessité ? car enfin, nous ne sommes pas les plus forts. — Cela est vrai, dis-je, mais il me semble que, dans ce cas, la nécessité est un mal de plus. — Vous conviendrez pourtant, Ourika, que la raison conseille alors de se résigner et de se distraire. — Oui, madame, mais, pour se distraire, il faut entrevoir ailleurs l'espérance. — Vous pourriez du moins vous faire des goûts et des occupations pour remplir votre temps. — Ah ! madame, les goûts qu'on se fait, sont un effort, et ne sont pas un plaisir. — Mais, dit-elle encore, vous êtes remplie de talents. — Pour que les talents soient une ressource, madame, lui répondis-je, il faut se proposer un but ; mes talents seraient comme la fleur du poète anglais, qui perdait son parfum dans le désert. — Vous oubliez vos amis qui en jouiraient. — Je n'ai point d'amis, madame ; j'ai des protecteurs, et cela est bien différent ! — Ourika, dit-elle, vous vous rendez bien malheureuse, et bien inutilement. — Tout est inutile dans ma vie, madame, même ma douleur. — Comment pouvez-vous prononcer un mot si amer ! vous, Ourika, qui vous êtes montrée si dévouée, lorsque vous restiez seule à madame de B... pendant la Terreur ? — Hélas ! madame, je suis comme ces génies malfaisants qui n'ont de pouvoir que dans les temps de calamités, et que le bonheur fait fuir. — Confiez-moi votre secret, ma chère Ourika, ouvrez-moi votre cœur, personne ne prend à vous plus d'intérêt que moi, et peut-être que je vous ferai du bien. — Je n'ai point de secret, madame, lui répondis-je, ma position et ma couleur sont tout mon mal, vous le savez. — Allons donc, reprit-elle, pouvez-vous nier que vous renfermez au fond de votre âme une grande peine ? Il ne faut que vous voir un instant pour en être sûr. » Je persistai à lui dire ce que je lui avais déjà dit, elle s'impatienta, éleva la voix ; je vis que l'orage allait éclater. « Est-ce là votre bonne foi, dit-elle, cette sincérité qui vous vante ? Ourika, prenez-y garde, la réserve quelquefois conduit à la fausseté. — Eh ! que pourrais-je vous confier, madame, lui dis-je, à vous surtout qui depuis si longtemps avez prévu quel serait le malheur de ma situation ? A vous, moins qu'à personne, je n'ai rien de nouveau à dire là-dessus. — C'est que vous ne me persuaderez jamais, répliqua-t-elle, mais puisque vous me refusez votre confiance, et que vous assurez que vous n'avez point de secret, eh bien ! Ourika, je me chargerai de vous apprendre que vous en avez un. Oui, Ourika, tous vos regrets, toutes vos douleurs ne viennent que d'une passion malheureuse, d'une passion insensée ; et si vous n'étiez pas folle d'amour pour Charles, vous prendriez fort bien votre parti d'être négresse. Adieu, Ourika, je m'en vais, et je vous le déclare, avec bien moins d'intérêt pour vous que je n'en avais apporté en venant ici. » Elle sortit en achevant ces paroles. Je demeurai anéantie. Que venait-elle de me révéler ! Quelle lumière affreuse avait-elle jetée sur l'abîme de mes douleurs ! Grand Dieu ! c'était comme la lumière qui pénétra une fois au fond des enfers, et qui fit regretter les ténèbres à ses malheureux habitants. Quoi ! j'avais une passion criminelle ! c'est elle qui, jusqu'ici, dévorait mon cœur ! Ce désir de tenir ma place dans la chaîne des êtres, ce besoin des affections de la nature, cette douleur de l'isolement, c'étaient les regrets d'un amour coupable ! et lorsque je croyais envier l'image du bonheur, c'est le bonheur lui-même qui était l'objet de mes vœux impies ! Mais qu'ai-je donc fait pour qu'on puisse me croire atteinte de cette passion sans espoir ? Est-il donc impossible d'aimer plus que sa vie avec innocence ? Cette mère qui se jeta dans la gueule du lion pour sauver son fils, quel sentiment l'animait ? Ces frères, ces sœurs qui voulurent mourir ensemble sur l'échafaud, et qui priaient Dieu avant d'y monter, était-ce donc un amour coupable qui les unissait ? L'humanité seule ne produit-elle pas tous les jours des dévouements sublimes ? Pourquoi donc ne pourrais-je aimer ainsi Charles, le compagnon de mon enfance, le protecteur de ma jeunesse ?... Et cependant, je ne sais quelle voix crie au fond

de moi-même, qu'on a raison, et que je suis criminelle. Grand Dieu! je vais donc recevoir aussi le remords dans mon cœur désolé. Il faut qu'Ourika connaisse tous les genres d'amertume, qu'elle épuise toutes les douleurs! Quoi! mes larmes désormais seront coupables! il me sera défendu de penser à lui! quoi! je n'oserai plus souffrir!

Ces affreuses pensées me jetèrent dans un accablement qui ressemblait à la mort. La même nuit, la fièvre me prit, et, en moins de trois jours, on désespéra de ma vie: le médecin déclara que, si l'on voulait me faire recevoir mes sacrements, il n'y avait pas un instant à perdre. On envoya chercher mon confesseur; il était mort depuis peu de jours. Alors madame de B... fit avertir un prêtre de la paroisse; il vint et m'administra l'extrême-onction, car j'étais hors d'état de recevoir le viatique; je n'avais aucune connaissance, et on attendait ma mort à chaque instant. C'est sans doute alors que Dieu eut pitié de moi; il commença par me conserver la vie: contre toute attente, mes forces se soutinrent. Je luttai ainsi environ quinze jours; ensuite la connaissance me revint. Madame de B.... ne me quittait pas, et Charles paraissait avoir retrouvé pour moi son ancienne affection. Le prêtre continuait à venir me voir chaque jour, car il voulait profiter du premier moment pour me confesser; je le désirais moi-même; je ne sais quel mouvement me portait vers Dieu, et me donnait le besoin de me jeter dans ses bras et d'y chercher le repos. Le prêtre reçut l'aveu de mes fautes; il ne fut point effrayé de l'état de mon âme; comme un vieux matelot, il connaissait toutes les tempêtes. Il commença par me rassurer sur cette passion dont j'étais accusée: « Votre cœur est pur, me dit-il, c'est à vous seule que vous avez fait du mal, mais vous n'en êtes pas moins coupable. Dieu vous demandera compte de votre propre bonheur qu'il vous avait confié; qu'en avez-vous fait? Ce bonheur était entre vos mains, car il réside dans l'accomplissement de nos devoirs; les avez-vous seulement connus? Dieu est le but de l'homme; quel a été le vôtre? Mais ne perdez pas courage; priez Dieu, Ourika! il est là, il vous tend les bras; il n'y a pour lui ni nègres ni blancs : tous les cœurs sont égaux devant ses yeux, et le vôtre mérite de devenir digne de lui. » C'est ainsi que cet homme respectable encourageait la pauvre Ourika. Ces paroles simples portaient dans mon âme je ne sais quelle paix que je n'avais jamais connue; je les méditais sans cesse, et comme d'une mine féconde, j'en tirais toujours quelque nouvelle réflexion. Je vis qu'en effet, je n'avais point connu mes devoirs : Dieu en a prescrit aux personnes isolées comme à celles qui tiennent au monde; s'il les a privées des liens du sang, il leur a donné l'humanité tout entière pour famille. La sœur de la charité, me disais-je, n'est point seule dans la vie, quoiqu'elle ait renoncé à tout; elle s'est créé une famille de choix; elle est la mère de tous les orphelins, la fille de tous les pauvres vieillards, la sœur de tous les malheureux. Des hommes du monde n'ont-ils pas souvent cherché un isolement volontaire? Ils voulaient être seuls avec Dieu; ils renonçaient à tous les plaisirs pour adorer, dans la solitude, la source pure de tout bien et de tout bonheur; ils travaillaient, dans le secret de leur pensée, à rendre leur âme digne de se présenter devant le Seigneur. C'est ainsi, ô mon Dieu! qu'il est doux d'embellir ainsi son cœur, de le parer, comme pour un jour de fête, de toutes les vertus qui vous plaisent. Hélas! qu'avais-je fait? Jouet insensé des mouvements involontaires de mon âme, j'avais couru après les jouissances de la vie, et j'en avais négligé le bonheur. Mais il n'est pas encore trop tard; Dieu, en me jetant sur cette terre étrangère, voulut peut-être me destiner à lui; il m'arracha à la barbarie, à l'ignorance; il me déroba aux vices de l'esclavage, et me fit connaître sa loi: cette loi me montre tous mes devoirs; elle m'enseigne ma route; ô mon Dieu! je ne vous servirai plus de vos bienfaits pour vous offenser, je ne vous accuserai plus de mes fautes. Ce nouveau jour sous lequel j'envisageais ma position fit rentrer le calme dans mon cœur. Je m'étonnais de la paix qui succédait à tant d'orages : on avait ouvert une issue à ce torrent qui dévastait ses rivages, et maintenant il portait ses flots apaisés dans une mer tranquille. Je me décidai à me faire religieuse. Je'n parlai à madame de B...; elle s'en affligea, mais elle me dit : « Je vous ai fait tant de mal en voulant vous faire du bien, que je ne me sens pas le droit de m'opposer à votre résolution. » Charles fut plus vif dans sa résistance; il me pria, il me conjura de rester avec lui; il me dit: Laissez-moi aller, Charles, dans le seul lieu où il me soit permis de penser sans cesse à vous... lui je pris religieuse finit brusquement son récit. Je continuai à lui donner des soins: malheureusement, ils furent inutiles, elle mourut à la fin d'octobre; avec les dernières feuilles de l'automne.

FIN D'OURIKA.

ÉDOUARD.

INTRODUCTION.

J'allais rejoindre à Baltimore mon régiment, qui faisait partie des troupes françaises employées dans la guerre d'Amérique; et, pour éviter des lenteurs d'un convoi, je m'étais embarqué à Lorient sur un bâtiment marchand armé en guerre. Ce bâtiment portait avec moi trois autres passagers : l'un d'eux m'intéressa dès le premier moment que je l'aperçus; c'était un grand jeune homme, d'une belle figure, dont les manières étaient simples et la physionomie spirituelle; sa pâleur, et la tristesse dont toutes ses paroles et toutes ses actions étaient comme empreintes, éveillaient à la fois l'intérêt et la curiosité. Il était loin de les satisfaire; il était habituellement silencieux, mais sans dédain.

On aurait dit, au contraire, qu'on lui la bienveillance avait survécu à d'autres qualités éteintes par le chagrin. Habituellement distrait, il n'attendait ni retour ni profit pour lui-même de rien de ce qu'il faisait. Cette facilité à vivre, qui vient du malheur, a quelque chose de touchant; elle inspire plus de pitié que les plaintes les plus éloquentes. Je cherchais à me rapprocher de ce jeune homme; mais, malgré l'espèce d'intimité forcée qu'amène la vie d'un vaisseau, je n'avançais pas. Lorsque j'allais m'asseoir auprès de lui, et que je lui adressais la parole, il répondait à mes questions; et si elles ne touchaient à aucun des sentiments intimes du cœur, mais aux rapports vagues de la société, il ajoutait quelquefois une réflexion; mais dès que je voulais entrer dans les sujets des passions, ou des souffrances de l'âme, ce qui m'arrivait souvent, dans l'intention d'amener quelque confiance de sa part, il se levait, ils'éloignait, ou sa physionomie devenait si sombre que je ne me sentais pas le courage de continuer.

On voyait que son esprit avait été fort cultivé; mais, pendant toute la traversée, je ne le vis jamais ouvrir un livre; rien en apparence ne m'accomplissait pour lui la longue oisiveté de nos jours. Assis sur un banc à l'arrière du vaisseau, il restait des heures entières appuyé sur le bordage à regarder fixement la longue trace que le navire laissait sur les flots. Un jour il me dit : Quel fidèle emblème de la vie! ainsi nous creusons péniblement notre sillon dans cet océan de misère qui se referme après nous. — A votre âge, lui dis-je, comment voyez-vous le monde sous un jour si triste? — On est vieux, dit-il, quand on n'a plus d'espérance. — Ne peut-elle donc renaître? lui demandai-je. — Jamais, répondit-il. Puis, me regardant tristement : Vous avez pitié de moi, me dit-il, je le vois ; croyez-vous que je suis touché, mais je ne puis vous ouvrir mon cœur; je ne le désirez même pas, il n'y a point de remède à mes maux, et il m'est inutile désormais, même un ami. — Il me quitta en prononçant ces dernières paroles. J'essayai peu de jours après de le reprendre la même conversation; je lui parlai d'une aventure de ma jeunesse; je lui racontai comment les conseils d'un ami m'avaient épargné une grande faute. Je voudrais, lui dis-je, être aujourd'hui pour vous ce qu'on fut alors pour moi. Il prit ma main :

— Vous êtes trop bon, me dit-il, vous ne savez pas ce que vous me demandez, vous voulez me faire du bien, et vous me feriez du mal : les grandes douleurs n'ont pas besoin de confidents; l'âme qui peut les contenir se suffit à elle-même; il faut entrevoir ailleurs l'espérance pour sentir le besoin de l'intérêt des autres; à quoi bon toucher à des plaies inguérissables? tout est fini pour moi dans la vie, et je suis déjà à mes yeux comme si je n'étais plus. — Il se leva, se mit à marcher sur le pont, et bientôt alla s'asseoir à l'autre extrémité du navire. Je quittai alors le banc que j'occupais pour lui donner la facilité d'y revenir : c'était sa place favorite, et souvent même il y passait les nuits. Nous étions alors dans le parallèle des vents alisés, à l'ouest des Açores, et dans un climat délicieux. Rien ne peut peindre le charme de ces nuits des tropiques : le firmament semé d'étoiles se réfléchit dans une mer tranquille. On se croirait placé, comme l'archange de Milton, au centre de l'univers, et pouvant embrasser d'un seul coup d'œil la création tout entière. Le jeune passager remarquait un soir ce magnifique spectacle : L'infini est partout, dit-il; on le voit là, en montrant le ciel, on le sent ici, en montrant son cœur; et cependant quel mystère! qui peut le comprendre? Ah! la mort en a le secret; elle nous l'apprendra peut-être, ou peut-être nous fera-t-elle tout oublier. Tout oublier! répéta-t-il d'une voix tremblante. — Vous n'entretenez pas une pensée si coupable? lui dis-je. — Non, répondit-il : qui pourrait douter de l'existence de Dieu en contemplant ce beau ciel? Dieu a répandu ses dons également sur tous les êtres, il est souverainement bon; mais les institutions des hommes sont toutes-puissantes aussi, et elles sont la source de mille douleurs.

Les anciens plaçaient la fatalité dans le ciel; c'est sur la terre qu'elle existe, et il n'y a rien de plus inflexible dans le monde que l'ordre social tel que les hommes l'ont créé. Il me quitta en achevant ces mots. Plusieurs fois je renouvelai mes efforts, tout fut inutile; il me repoussait sans me blesser, et cette âme inaccessible aux consolations était encore généreuse, bienveillante, élevée; elle

aurait donné le bonheur qu'elle ne pouvait plus recevoir. Le voyage finit; nous débarquâmes à Baltimore. Le jeune passager me demanda de l'admettre comme volontaire dans mon régiment; il y fut inscrit, comme sur le registre du vaisseau, sous le seul nom d'Édouard. Nous entrâmes en campagne, et, dès les premières affaires que nous eûmes avec l'ennemi, je vis qu'Édouard s'exposait comme un homme qui veut se débarrasser de la vie. J'avoue que chaque jour m'attachait davantage à cette victime du malheur; je lui disais quelquefois : J'ignore votre vie, mais je connais votre cœur; vous ne voulez pas me donner votre confiance, mais je n'en ai pas besoin pour vous aimer. Souffrir profondément appartient aux âmes distinguées, car les sentiments communs sont toujours superficiels. Édouard, lui dis-je un jour, est-il donc impossible de vous faire du bien? Les larmes lui vinrent aux yeux. — Laissez-moi, me dit-il, je ne veux pas me rattacher à la vie. — Le lendemain nous attaquâmes un fort sur la Skulkill. S'étant mis à la tête d'une poignée de soldats, Édouard emporta la redoute l'épée à la main. Je le suivais de près; je ne sais quel pressentiment me disait qu'il avait fixé ce jour-là pour trouver la mort qu'il semblait chercher. En effet, je le vis se jeter dans les rangs des soldats ennemis qui défendaient les ouvrages intérieurs du fort. Préoccupé de l'idée de garantir Édouard, je ne pensais pas à moi-même; je reçus un coup de feu tiré de fort près, et qui lui était destiné. Nos gens arrivèrent, et parvinrent à nous dégager. Édouard me souleva dans ses bras, me porta dans le fort, banda ma blessure, et, soutenant ma tête, il attendit ainsi le chirurgien. Jamais je n'ai vu une physionomie exprimer si vivement des émotions si variées et si profondes; la douleur, l'inquiétude, la reconnaissance, s'y peignaient avec tant de force et de fidélité, qu'on aurait voulu qu'un peintre pût en conserver les traits. Lorsque le chirurgien prononça que mes blessures n'étaient pas mortelles, des larmes coulèrent des yeux d'Édouard. Il me pressa sur son cœur ; Je serais mort deux fois, me dit-il. De ce jour, il ne me quitta plus; je languis longtemps: ses soins ne se démentirent jamais; ils prévenaient tous mes désirs. Édouard, toujours sérieux, cherchait pourtant à me distraire; son esprit piquant amenait et faisait naître la plaisanterie : lui seul lui restait étranger à cette gaieté qu'il avait excitée lui-même. Souvent il me faisait la lecture; il devinait ce qui pouvait soulager mes maux. Je ne sais quoi de paisible, de tendre, se mêlait à ses soins, et leur donnait le charme délicat qu'on attribue à ceux des femmes; c'est qu'il possédait leur dévouement, cette vertu touchante qui transporte hors de que nous aimons ce moi, source de toutes les misères de nos cœurs, quand nous ne le plaçons pas dans un autre. Édouard cependant gardait toujours sur lui-même ce silence qui m'avait longtemps affligé; mais chaque jour diminuait ma curiosité, et maintenant je craignais bien plus de l'affliger que je ne désirais le connaître. Je le connaissais assez ; jamais un cœur plus noble, une âme plus élevée, un caractère plus aimable, ne s'étaient montrés à moi. L'élégance de ses manières et de son langage montraient qu'il avait vécu dans la meilleure compagnie. Le bon goût forme entre ceux qui le possèdent une sorte de lien qu'on ne saurait définir. Je ne pouvais concevoir pourquoi je n'avais jamais rencontré Édouard, tant il paraissait appartenir à la société où j'avais passé ma vie. Je le lui dis un jour, et cette simple remarque amena ce que j'avais si longtemps sollicité en vain. Je ne dois plus vous rien refuser, me dit-il ; mais n'exigez pas que je vous parle de mes peines ; j'essaierai d'écrire, et de vous faire connaître celui dont vous avez conservé la vie aux dépens de la vôtre. Bientôt je me repentis d'avoir accepté cette preuve de la reconnaissance d'Édouard. En peu de jours, il retomba dans la profonde mélancolie dont il s'était un moment efforcé de sortir. Je voulus l'engager à interrompre son travail. Non, me dit-il; c'est un devoir, je veux le remplir. Au bout de quelques jours, il entra dans ma chambre, tenant dans sa main un gros cahier d'une écriture assez fine. — Tenez, me dit-il, ma promesse est accomplie, vous ne vous plaindrez plus qu'il n'y a pas de passé dans notre amitié; lisez ce cahier, mais ne me parlez pas ce qu'il contient; ne me cherchez même pas aujourd'hui, je veux rester seul. On croit ses souvenirs ineffaçables, ajouta-t-il ; et cependant quand on va les chercher au fond de son âme, on y réveille mille nouvelles douleurs. Il me quitta en achevant ces mots, et je lus ce qui va suivre.

————◦◦◦◉◦◦◦◦————

Je suis le fils d'un célèbre avocat au parlement de Paris; ma famille est de Lyon, et, depuis plusieurs générations, elle a occupé les utiles emplois réservés à la haute bourgeoisie de cette ville. Un de mes grands-pères mourut victime de son dévouement dans la maladie épidémique qui désola Lyon en 1748. Son nom révéré devint dans sa patrie le synonyme du courage et de l'honneur. Mon père fut de bonne heure destiné au barreau; il s'y distingua, et acquit une telle considération qu'il devint d'usage de ne se décider sur aucune affaire de quelque importance sans la lui avoir soumise. Il se maria déjà vieux à une femme qu'il aimait depuis longtemps; je fus leur unique enfant. Mon père voulut m'élever lui-même; et lorsque j'eus dix ans accomplis, il se retira avec ma mère à Lyon, et se consacra tout entier à mon éducation. Je satisfaisais mon père sous quelques points; je l'inquiétais sous d'autres. Apprenant avec une extrême facilité, je ne faisais aucun usage de ce que je savais. Réservé, silencieux, peu confiant, tout s'entassait dans mon esprit et ne produisait qu'une fermentation inutile et de continuelles rêveries. J'aimais la solitude, j'aimais à voir le soleil couchant; je serais resté des journées entières, assis sur cette petite pointe de sable qui termine la presqu'île où Lyon est bâtie, à regarder se mêler les eaux de la Saône et du Rhône, et à sentir comme ma pensée ma vie entraînées dans leur courant. On m'envoyait chercher; je rentrais, je me mettais à l'étude sans humeur et sans dégoût; mais on aurait dit que je vivais de deux vies, tant mes occupations et mes pensées étaient de nature différente. Mon père essayait quelquefois de me parler; mais c'était ma mémoire seule qui lui répondait. Ma mère s'efforçait de pénétrer dans mon âme par la tendresse, je l'embrassais ; mais je sentais même dans ces douces caresses quelque chose d'incomplet dans mon âme. Mon père possédait au milieu des montagnes du Forez, entre Boën et Saint-Étienne, des forges et une maison. Nous allions chaque année passer à ces forges les deux mois des vacances. Ce temps désiré et savouré avec délices s'écoulait toujours trop vite. La position de ce lieu avait quelque beauté ; la rivière qui faisait aller la forge descendait d'un cours rapide, et souvent brisé par les rochers ; elle formait au dessous de la forge une grande nappe d'eau plus tranquille; puis elle se détournait brusquement, et disparaissait entre deux hautes montagnes recouvertes de sapins. La maison d'habitation était petite ; elle était située au dessus de la forge, de l'autre côté du chemin , et placée à peu près au tiers de la hauteur de la montagne. Environnée d'une vieille forêt de sapins, elle ne possédait pour tout jardin qu'une petite plate-forme, dessinée avec des buis, ornée de quelques fleurs, et d'où l'on avait la vue de la forge, des montagnes et de la rivière. Il n'y avait point là de village. Il était situé à un quart de lieue plus bas, sur le bord du torrent, et chaque matin la population, qui travaillait aux forges presque toute entière, passait sous la plate-forme en se rendant aux travaux. Les visages noirs et enfumés des travailleurs, leurs vêtements en lambeaux, faisaient un triste contraste avec leur vive gaieté, leurs chants, leurs danses, et leurs chapeaux ornés de rubans. Cette forge était pour moi à la campagne ce qu'était à Lyon la petite pointe de sable et le cours majestueux du Rhône ; le mouvement me jetait dans les mêmes rêveries que le repos. Le soir, quand la nuit était sombre, on ne pouvait m'arracher de la plate-forme ; la forge était alors dans toute sa beauté; les torrents de feu qui s'échappaient dehors de ses fourneaux éclairaient ce seul point d'une lumière rouge, sur laquelle tous les objets se dessinaient comme des spectres; les ouvriers, dans l'activité de leurs travaux, armés de leurs grands pieux aigus, ressemblaient aux démons de cette espèce d'enfer; des ruisseaux d'un feu liquide coulaient au dehors ; des fantômes noirs coupaient ce feu, et en emportaient des morceaux au bout de leur baguette magique, et bientôt le feu lui-même prenait entre leurs mains une nouvelle forme. La variété des attitudes, l'éclat de cette lumière terrible dans un seul point du paysage, la lune qui se levait derrière les sapins, et qui argentait à peine l'extrémité de leur feuillage, tout ce spectacle me ravissait. J'étais fixé sur cette plate-forme comme par l'effet d'un enchantement, et, quand on venait m'en tirer, on me réveillait comme d'un songe. Cependant je n'étais pas si étranger aux jeux de l'enfance que cette disposition pourrait le faire croire, mais c'était surtout le danger qui me plaisait. Je gravissais les rochers les plus inaccessibles ; je grimpais sur les arbres les plus élevés ; je croyais toujours poursuivre je ne sais quel but que je n'avais encore pu atteindre , mais que je trouverais au-delà de ce que j'étais déjà connu ; je m'associais d'autres enfants dans mes entreprises; mais j'étais leur chef, et je me plaisais à les surpasser en témérité. Souvent je leur défendais de me suivre, et ce sentiment du danger perdait tout son charme pour moi je le voyais partagé. J'allais avoir quatorze ans, mes études étaient fort avancées , mais je restais toujours au même point pour le fruit que je pouvais en tirer, et mon père désespérait d'éveiller en moi ce feu de l'âme sans lequel tout ce que l'esprit peut acquérir n'est qu'une richesse stérile, lorsqu'une circonstance, légère en apparence, vint faire vibrer cette corde cachée au fond de mon âme, et commença pour moi une existence nouvelle. J'ai parlé de mes goûts : un de ceux qui me plaisaient le plus était de traverser la rivière en sautant de rocher en rocher par-dessus ses ondes bouillonnantes ; souvent même je prolongeais ce jeu périlleux, et, non content de traverser la rivière, je la remontais ou je la descendais de la même façon. Le danger était grand ; car, en approchant de la forge, la rivière encaissée se précipitait violemment sous les lourds marteaux qui broyaient la mine, et sous les roues que le courant faisait mouvoir. Un jour, un enfant un peu plus jeune que moi me dit : — Ce que tu fais n'est pas difficile. — Essaie donc , répondis-je. Il saute , fait quelques pas, glisse, et disparaît dans les flots. Je n'eus pas le temps de la réflexion ; je me précipite, je me cramponne aux rochers , et l'enfant,

entraîné par le courant, vient s'arrêter contre l'obstacle que je lui présente. Nous étions à deux pas des roues, et les forces me manquant nous allions périr, lorsqu'on vint à notre secours. Je fondis en larmes lorsque le danger fut passé. Mon père, ma mère accoururent et m'embrassèrent; mon cœur palpita de joie en recevant leurs caresses. Le lendemain, en étudiant, je croyais lire des choses nouvelles; je comprenais ce que jusque-là je n'avais fait qu'apprendre; j'avais acquis la faculté d'admirer; j'étais ému de ce qui était bien, enflammé de ce qui était grand. L'esprit de mon père me frappait comme il je ne l'eusse jamais entendu : je ne sais quel voile s'était déchiré dans les profondeurs de mon âme. Mon cœur battait dans les bras de ma mère, et je comprenais son regard. Ainsi, un jeune arbre, après avoir langui longtemps, prend tout à coup l'essor; il pousse des branches vigoureuses, et l'on s'étonne de la beauté de son feuillage ; c'est que sa racine a enfin rencontré le filon de terre qui convient à sa substance; j'avais rencontré aussi le terrain qui m'était propre; j'avais dévoué ma vie pour un autre.

De ce moment je sortis de l'enfance. Mon père, encouragé par le succès, m'ouvrit les voies nouvelles qu'on ne parcourt qu'avec l'imagination. En me faisant appliquer les sentiments aux faits, il forma à la fois mon cœur et mon jugement. Savoir et sentir, disait-il souvent, voilà toute l'éducation. Les lois furent ma principale étude; mais par la manière dont cette étude était conduite, elle embrassait toutes les autres. Les lois furent faites en effet pour les hommes et pour les mœurs de tous les temps : elles suivirent les besoins; compagnes de l'histoire, elles sont le mot de toutes les difficultés, le flambeau de tous les mystères; elles n'ont point de secret pour qui sait les étudier, point de contradiction pour qui sait les comprendre. Mon père était le plus aimable des hommes; son esprit servait à tout, et il n'en avait jamais que ce qu'il fallait. Il possédait au suprême degré l'art de faire sortir la plaisanterie de la raison. L'opposition du bon sens aux idées fausses est presque toujours comique; mon père m'apprit à trouver ridicule ce qui manquait de vérité. Il ne pouvait mieux en conjurer le danger. C'est un danger pourtant et un grand malheur que la passion dans l'appréciation des choses de la vie, même quand les principes les plus purs et la raison la plus saine sont vos guides. On ne peut haïr fortement ce qui est mal sans adorer ce qui est bien; et ces mouvements violents sont-ils faits pour le cœur de l'homme? Hélas ! ils le laissent vide et dévasté comme une ruine, et cet accroissement momentané de la vie amène et produit la mort. Je ne faisais pas alors ces réflexions; le monde s'ouvrait à mes yeux comme un océan sans bornes. Je rêvais la gloire, l'admiration, le bonheur; mais je ne les cherchais pas hors de la profession qui m'était destinée. Notre profession! où l'on prend en main la défense de l'opprimé, où l'on confond le crime et fait triompher l'innocence. Mes rêveries, qui avaient alors quelque chose de moins vague, me représentaient toutes les occasions que j'aurais de me distinguer; et je créais des malheurs et des injustices chimériques, pour avoir la gloire et le plaisir de les réparer. La révolution qui s'était faite dans mon caractère n'avait produit aucun changement dans mes goûts. Comme aux jours de mon enfance, je fuyais la société; je ne suis quelle déplaisance s'attachait pour moi à vivre avec des gens, respectables sans doute, mais dont aucun ne réalisait ce type que je m'étais formé au fond de l'âme, et qui, au vrai, n'avait que mon père pour modèle. Dans l'intimité de notre famille, entre mon père et ma mère, j'étais heureux; mais dès qu'il arrivait un étranger, je m'en allais dans ma chambre vivre dans ce monde que je m'étais créé, et auquel celui-ci ressemblait si peu. Ma mère avait beaucoup d'esprit, de la douceur et une raison supérieure; elle aimait les idées reçues, peut-être même les idées communes, mais elle les défendait par des motifs nouveaux et piquants. La longue habitude de vivre avec mon père et de l'aimer avait fait d'elle comme un reflet de lui; mais ils pensaient souvent les mêmes choses par des motifs différents, et cela rendait leurs entretiens à la fois paisibles et animés. Je ne les vis jamais différer que sur un seul point. Hélas ! je vois aujourd'hui que ma mère avait raison. Mon père avait dû, la plus grande partie de son talent, et de sa célébrité comme avocat, à une profonde connaissance du cœur humain. Je lui ai ouï dire que les pièces d'un procès servaient moins à établir son opinion que le tact qui lui faisait pénétrer jusqu'au fond de l'âme des parties intéressées. Cette sagacité, cette pénétration, cette finesse d'aperçus, étaient des qualités que mon père aurait voulu me donner; peut-être même la solitude habituelle où nous vivions avait-elle pour but de me préparer à être plus frappé du spectacle de la société qu'on me l'est, lorsque graduellement on s'est familiarisé avec ses vices et ses ridicules, et qu'on arrive blasé sur l'impression qu'on en peut recevoir. Mon père voulait montrer le monde à mes yeux lorsque le serait assuré que le goût du bien, la solidité des principes et la faculté de l'observation seraient assez mûris en moi pour retirer de ce spectacle le profit qu'il se plaisait à en attendre. Mon père avait été assez heureux dans sa jeunesse pour sauver dans un procès fameux la fortune et l'honneur du maréchal d'Olonne. Les rapports où les avait mis cette affaire avaient créé entre eux une amitié qui, depuis trente ans, ne s'était jamais démentie. Malgré des destinées si différentes, leur intimité était restée la même, tant il est vrai que la parité de l'âme est le seul lien réel de la vie. Une correspondance fréquente alimentait leur amitié. Il ne se passait pas de semaine que mon père ne reçût de lettres de M. le maréchal d'Olonne, et la plus intime confiance régnait entre eux. C'est dans cette maison que mon père comptait me mener quand j'aurais atteint ma vingtième année; c'est là qu'il se flattait de me faire voir la bonne compagnie, et de me faire acquérir ces qualités de l'esprit qu'il désirait tant que je possédasse. J'ai vu ma mère s'opposer à ses desseins. Ne sortons point de notre état, disait-elle à mon père; pourquoi mener Edouard dans un monde où il ne doit pas vivre, et qui le dégoûtera peut-être de notre paisible intérieur? Un avocat, disait mon père, doit avoir étudié tous les rangs; il faut qu'il se familiarise d'avance avec la politesse des gens de la cour pour n'en être pas ébloui. Ce n'est que dans le monde qu'il peut acquérir la pureté du langage, et la grâce de la plaisanterie. La société seule enseigne les convenances, et toute cette science de l'esprit, qui n'a point de préceptes, et que pourtant on ne vous pardonne pas d'ignorer. — Ce que vous dites est vrai, reprenait ma mère; mais j'aime mieux, je vous l'avoue, qu'Edouard ignore tout cela et qu'il soit heureux; on ne l'est qu'en s'associant avec ses égaux :

> Among unequals no society
> Can sort.

— La citation est exacte, répondit mon père, mais le poète ne l'entend que de l'égalité morale, et, sur ce point; je suis de son avis, j'ai le droit de l'être. — Oui, sans doute, reprit ma mère; mais le maréchal d'Olonne est une exception. Respectons les convenances sociales; admirons même la hiérarchie des rangs, elle est utile, elle est respectable; d'ailleurs n'y tenons-nous pas notre place? mais gardons-la, cette place; on se trouve toujours mal d'en sortir. Ces conversations se renouvelaient souvent; et j'avoue que le désir de voir des choses nouvelles, et je ne sais quelle inquiétude cachée au fond de mon âme me mettait du parti de mon père, et me faisait ardemment souhaiter d'avoir vingt ans pour aller à Paris, et pour voir le maréchal d'Olonne. Je ne vous parlerai pas des deux années qui s'écoulèrent jusqu'à cette époque. Des études sérieuses occupèrent tout mon temps : le droit, les mathématiques, les langues, employaient toutes les heures de mes journées ; et cependant ce travail aride, qui aurait dû fixer mon esprit, me laissa tel que la nature m'avait créé, et tel sans doute que je dois mourir. A vingt ans, j'attendais un grand bonheur, et la Providence m'envoya la plus grande de toutes les peines ; je perdis ma mère. Comme nous allions partir pour Paris, elle tomba malade, et cette maladie succéda un état de langueur qui se prolongea six mois. Elle expira doucement dans mes bras; elle me bénit, elle me consola. Dieu eut pitié d'elle et de moi; il lui épargna la douleur de me voir malheureux, et à moi celle de déchirer son âme; elle ne me vit pas tomber dans ce piège que sa raison avait su prévoir, et dont elle avait eu inutilement cherché à me garantir. Hélas ! puis-je dire que je regrette la paix que j'ai perdue? voudrais-je aujourd'hui de cette existence tranquille que ma mère rêvait pour moi? Non sans doute. Je ne puis plus être heureux; mais cette douleur, que je porte au fond de mon âme, m'est plus chère que toutes les joies communes de ce monde. Elle fera encore la gloire du dernier de mes jours, après avoir fait le charme de ma jeunesse; à vingt-trois ans, des souvenirs sont tout ce qui me reste; mais, qu'importe ! ma vie est finie, et je ne demande plus rien à l'avenir. Dans le premier moment de sa douleur, mon père renonça au voyage de Paris. Nous allâmes en Forez, où nous croyions nous distraire, et où nous trouvâmes partout l'image de celle que nous pleurions. Qu'elle est cruelle l'absence de la mort! Absence sans retour! nous la sentions, même quand nous croyions l'oublier. Toujours seul avec mon père, je ne sais quelle sécheresse se glissait quelquefois dans nos entretiens. C'est par ma mère que la décision de mon père et mes rêveries se rencontraient sans se heurter; elle était comme la nuance harmonieuse qui unit deux couleurs vives et trop tranchées. A présent qu'elle n'y était pas, nous sentions pour la première fois, mon père et moi, que nous étions deux, et que nous n'étions pas toujours d'accord. Au mois de novembre nous partîmes pour Paris. Mon père alla loger chez un frère de ma mère, M. d'Herbelot, fermier-général fort riche. Il avait une belle maison à la Chaussée-d'Antin, où il nous reçut à merveille. Il nous donna de grands dîners, me mena au spectacle, au bal, me fit voir toutes les curiosités de Paris. Mais c'était M. le maréchal d'Olonne que je désirais voir, et il était à Fontainebleau, d'où il ne devait revenir que dans quinze jours. Ce temps se passa dans des fêtes continuelles. Mon oncle ne me faisait grâce d'aucune façon de s'amuser ; les pique-niques, les parties de chasse, les comédies, les concerts, Géliot, et mademoiselle Arnould. J'étais déjà fatigué de Paris, quand mon père reçut un billet de M. le maréchal d'Olonne, qui lui mandait qu'il était arrivé, et qu'il l'invitait à dîner pour ce même jour. Amenez notre Edouard, disait-il. Combien cette expression me toucha!

Je vous raconterai ma première visite à l'hôtel d'Olonne, parce qu'elle me frappa singulièrement. J'étais dans la magnificence chez mon oncle M. d'Herbelot ; mais tout le luxe de la maison d'un fermier-général fort riche ne ressemblait en rien à la noble

simplicité de la maison de M. le maréchal d'Olonne. Le passé dans cette maison servait d'ornement au présent ; des tableaux de famille, qui portaient des noms historiques et chers à la France, décoraient la plupart des pièces ; de vieux valets de chambre marchaient devant vous pour vous annoncer. Je ne sais quel sentiment de respect vous saisissait en parcourant cette vaste maison où plusieurs générations s'étaient succédé, faisant honneur à la fortune et à la puissance plutôt qu'elles n'en étaient honorées. Je me rappelle jusqu'au moindre détail de cette première visite ; plus tard, tout est confondu dans un seul souvenir ; mais alors j'examinais avec une vive curiosité ce qui avait fait si souvent le sujet des conversations de mon père et cette société dont il m'avait parlé tant de fois. Il n'y avait que cinq ou six personnes dans le salon lorsque nous arrivâmes. M. le maréchal d'Olonne causait debout auprès de la cheminée ; il vint au-devant de mon père et lui prit les mains : « Mon ami, lui dit-il, mon excellent ami ! enfin vous voilà! Vous m'amenez Edouard. Savez-vous, Edouard, que vous venez chez l'homme qui aime le mieux votre père, qui honore le plus ses vertus et qui lui doit une reconnaissance éternelle? Je répondis qu'on m'avait accoutumé de bonne heure aux bontés de M. le maréchal. Vous a-t-on dit que je devais vous servir de père, si vous n'eussiez pas conservé le vôtre? — Je n'ai pas eu besoin de ce malheur pour sentir la reconnaissance, » répondis-je. Il prit occasion de ce peu de mots pour faire mon éloge. « Qu'il est bien ! dit-il ; qu'il est beau ! qu'il a l'air modeste et spirituel ! » Il savait qu'en me louant ainsi il réjouissait le cœur de mon père. On reprit la conversation. J'entendis nommer les personnes qui m'entouraient ; c'étaient les hommes les plus distingués dans les sciences et dans les lettres et un Anglais, membre fameux de l'opposition. On parlait, je m'en souviens, de la jurisprudence criminelle en Angleterre et de l'institution du jury. Je sentis, je vous l'avoue, un mouvement inexplicable d'orgueil en voyant combien dans ces questions intéressantes l'opinion de mon père était comptée. On l'écoutait avec attention, presque avec respect. La supériorité de son esprit semblait l'avoir placé tout-à-coup au-dessus de ceux qui l'entouraient, et ses beaux cheveux blancs ajoutaient encore l'autorité et la dignité à tout ce qu'il disait. C'est la mode d'admirer l'Angleterre. M. le maréchal d'Olonne soutenait le côté de la question qui était favorable aux institutions anglaises, et les personnes qui se montraient d'une opinion opposée s'étaient placées sur un mauvais terrain pour la défendre. Mon père en un instant mit la question dans son véritable jour. Il présenta le jury comme un monument vénérable des anciennes coutumes germaniques, montra l'esprit conservateur des Anglais et leur respect pour le passé dans l'existence de ces institutions qu'ils reçurent de leurs ancêtres presque dans le même état où ils les possèdent encore aujourd'hui ; mais mon père fit voir dans notre système judiciaire l'ouvrage perfectionné de la civilisation.— Notre magistrature, dit-il, a pour fondement l'honneur et la considération, ces grands mobiles des monarchies ; elle est comme un sacerdoce dont la fonction est le maintien de la morale à l'extérieur de la société, et elle n'a au-dessus d'elle que les ministres d'une religion qui, réglant cette société dans la conscience de l'homme, en attaque les désordres à leur seule et véritable source. — Mon père va jusqu'à défendre la vénalité des charges que l'Anglais attaquait toujours. — Admirable institution, dit mon père, que celle qui est parvenue à faire payer si cher le droit de sacrifier tous les plaisirs de la vie et d'embrasser la vertu comme une convenance d'état. Ne nous calomnions pas nous-mêmes, dit encore mon père ; la magistrature qui a produit Molé. Lamoignon, d'Aguesseau, n'a rien à envier à personne ; et, si le jury anglais se distingue par l'équité de ses jugements, c'est que la classe qui le compose en Angleterre est remarquable surtout par ses lumières et son intégrité. En Angleterre l'institution repose sur les individus ; ici les individus tirent leur lustre et leur valeur de l'institution. — Se peut, mon père en finissant cette conversation, que ces institutions conviennent mieux à l'Angleterre que ne feraient les nôtres ; cela doit être ; les nations produisent leurs lois, et ces lois sont tellement le fruit des mœurs et du génie des peuples qu'ils y tiennent plus qu'à tout le reste ; ils perdent leur indépendance, leur nom même avant leurs lois. Je suis prêt à donner cette expression : « Subir la loi du vainqueur, » a un sens plus étendu que l'on ne le lui donne en général ; c'est le dernier degré de la conquête que de subir la loi d'un autre peuple ; et les Normands qui, en Angleterre, ont presque conquis la langue n'ont jamais pu conquérir la loi. Ces matières étaient sérieuses, mais elles ne le paraissaient pas. Ce n'est pas la frivolité qui produit la légèreté de la conversation ; c'est cette justesse qui, comme l'éclair, jette une lumière vive et prompte sur tous les objets. Je sentis, en écoutant mon père, qu'il n'y a rien de si piquant que le bon sens d'un homme d'esprit. Je me suis étendu sur cette première visite pour vous montrer ce qu'était mon père dans la société de M. le maréchal d'Olonne. Ne devais-je pas me plaire dans un lieu où je le voyais respecté, honoré, comme il l'était de moi-même ? Je me rappelais les paroles de ma mère, « sortir de son état ! » Je ne leur trouvais point de sens ; rien ne m'était étranger dans la maison de M. le maréchal d'Olonne ; peut-être même je me trouvais chez lui plus à l'aise que chez M. d'Herbelot. Je ne sais quelle simplicité,

quelle facilité dans les habitudes de la vie me rendait la maison de M. le maréchal d'Olonne comme le toit paternel. Hélas! elle allait bientôt me devenir plus chère encore.

« Natalie est restée à Fontainebleau, dit M. le maréchal d'Olonne à mon père; je l'attends ce soir. Vous la trouverez un peu grandie, ajouta-t-il en souriant. Vous rappelez-vous le temps où vous disiez qu'elle ne ressemblerait à nulle autre, et qu'elle plairait plus que toute autre? elle avait neuf ans alors. Madame la duchesse de Nevers promettait dès ce temps-là tout ce qu'elle est devenue depuis, dit mon père. — Oui, reprit le maréchal, elle est charmante; mais elle ne veut pas se remarier, et cela me désole. Je vous ai parlé de mes derniers chagrins à ce sujet; rien ne peut vaincre son obstination. »

— Mon père répondit quelques mots, et nous partîmes. — Je suis du parti de madame de Nevers, me dit mon père; mariée à douze ans, elle n'a jamais vu qu'à l'autel ce mari, qui, dit-on, méritait peu une personne aussi accomplie. Il est mort pendant ses voyages. Veuve à vingt ans, libre et charmante, elle peut disposer qui elle voudra; elle a raison de ne pas se presser, de bien choisir et de ne pas se laisser sacrifier une seconde fois à l'ambition. Je me récriai sur ces mariages d'enfants. L'usage les autorise, dit mon père ; mais je n'ai jamais pu les approuver. Ce fut le lendemain de ce jour que je vis pour la première fois madame la duchesse de Nevers ! Ah ! mon ami! comment vous la peindre? Si elle n'était que belle, si elle n'était qu'aimable, je trouverais des expressions dignes de cette femme céleste. Mais comment décrire ce qui tout ensemble formait une séduction irrésistible? Je me sentis troublé en la voyant, j'entrevis mon sort; mais je ne vous dirai pas que je doutai un instant si je l'aimerais; cet aveu pénètre mon âme de toute part, et je ne m'étonnai point de ce qu'elle me faisait éprouver. Une émotion de bonheur inexprimable s'empara de moi; je sentis s'évanouir l'ennui, le vide, l'inquiétude qui dévoraient mon cœur depuis si longtemps ; j'avais trouvé ce que je cherchais, et j'étais heureux. Ne parlez ni de ma folie ni de mon imprudence; je me défends rien; je paie de ma vie d'avoir osé l'aimer. Eh bien ; je ne m'en repens pas; j'ai au fond de mon âme un trésor de douleur et de délices que je conserverai jusqu'à la mort. Ma destinée m'a séparé d'elle ; je n'étais pas son égal, elle se fût abaissée en se donnant à moi : un souffle de blâme eût terni sa vie; mais du moins je l'ai aimée comme nul autre que moi ne pouvait l'aimer, et je mourrai pour elle, puisque rien ne m'engage plus à vivre. Cette première journée que je passai avec elle, et qui devait être suivie de tant d'autres, a laissé comme une trace lumineuse dans mon souvenir. Mon père s'occupa du charme que lui donna qu'elle met à tout; elle voulait lui prouver qu'elle se souvenait de ce qu'il lui avait autrefois enseigné; elle répétait les graves leçons de mon père, et le choix de ses expressions semblait en faire des pensées nouvelles. Mon père le remarqua, et parla du charme que les mots ajoutent aux idées. Tout a été dit, assurait mon père ; mais la manière de dire est inépuisable. Madame de Nevers se mêlait à cette conversation. Je me souviens qu'elle dit qu'elle était peu défiante, comment on ne croyait que l'accent et la physionomie de ceux qui lui parlaient. Elle me regarda en disant ces mots; je me sentis rougir, elle sourit; peut-être vit-elle en ce moment en moi la preuve de la vérité de sa remarque. Depuis ce jour, je retournai chaque jour à l'hôtel d'Olonne. Habituellement peu confiant, je n'eus pas à dissimuler: l'idée que je pusse aimer madame de Nevers était si loin de mon père qu'il n'eut pas le moindre soupçon; il croyait que je me plaisais chez M. le maréchal d'Olonne, où se réunissait la société la plus spirituelle de Paris, et il s'en réjouissait. Mon père assurément ne manquait ni de sagacité ni de finesse d'observation ; mais il avait passé l'âge des passions, il n'avait jamais eu d'imagination, et le respect des convenances régnait en lui à l'égal de la religion, de la morale et de l'honneur; je sentais aussi quel serait le ridicule de paraître occupé de madame de Nevers, et je renfermais au fond de mon âme une passion qui prenait chaque jour de nouvelles forces. Je ne sais si d'autres femmes sont plus belles que madame de Nevers; mais je n'ai vu qu'à elle cette réunion complète de tout ce qui plaît. La finesse de l'esprit, la simplicité du cœur ; la dignité du maintien, et la bienveillance des manières: partout la première elle m'inspirait point l'envie; elle avait cette supériorité que personne ne conteste, qui semble servir d'appui, et exclut la rivalité. Les fées semblaient l'avoir douée de tous les talents et de tous les charmes. Sa voix venait jusqu'au fond de mon âme y porter je ne sais quelles délices qui m'étaient inconnues. Ah, mon ami! qu'importe la vie quand on a senti ce qu'elle m'a fait éprouver ! Quelle longue carrière pourrait me rendre le bonheur d'un seul amour ! Il convenait à ma position dans le monde de me mêler peu de la conversation. M. le maréchal d'Olonne, par bonté pour mon père, me reprochait quelquefois le silence que je préférais garder, et je ne résistais pas toujours à montrer madame de Nevers que j'avais une âme, et que j'étais peut-être digne de comprendre la sienne ; mais habituellement c'est elle que j'aimais à entendre ; je l'écoutais avec délices ; je devinais ce qu'elle allait dire ; ma pensée achevait la sienne ; je voyais se réfléchir sur son front l'impression que je recevais moi-même, et cependant elle m'était toujours nouvelle, quoique je la devinasse toujours. Un des rapports les plus doux que la société puisse

créer, c'est la certitude qu'on est ainsi deviné. Je ne tardai pas à m'apercevoir que madame de Nevers sentait que rien n'était perdu pour moi de tout ce qu'elle disait. Elle m'adressait rarement la parole; mais elle m'adressait presque toujours la conversation. Je voyais qu'elle évitait de la laisser tomber sur des sujets qui m'étaient étrangers, sur un monde que je ne connaissais pas; elle parlait littérature; elle parlait quelquefois de la France, de Lyon, de l'Auvergne; elle me questionnait sur nos montagnes, et sur la vérité des descriptions de d'Urfé. Je ne sais pourquoi il m'était pénible qu'elle s'occupât ainsi de moi. Les jeunes gens qui l'entouraient étaient aussi d'une extrême politesse, et j'en étais involontairement blessé; j'aurais voulu qu'ils fussent moins polis, ou qu'il me fût permis de l'être davantage. Une espèce de souffrance sans nom s'emparait de moi dès que je me voyais l'objet de l'attention. J'aurais voulu qu'on me laissât seul dans mon silence entendre et admirer madame de Nevers. Parmi les jeunes gens qui lui rendaient des soins, et qui venaient assidûment à l'hôtel d'Olonne, il y en avait deux qui fixaient plus particulièrement mon attention : le duc de L. et le prince d'Enrichemont. Ce dernier était de la maison de Béthune et descendait du grand Sully; il possédait une fortune immense, une bonne réputation, et je savais que M. le maréchal d'Olonne désirait qu'il épousât sa fille. Je ne sais ce qu'on pouvait reprendre dans le prince d'Enrichemont, mais je ne vois pas non plus qu'il y eût rien à admirer. Il me fallait un mot nouveau depuis que j'étais dans le monde, et je vais m'en servir pour lui : ses formes étaient parfaites. Jamais il ne disait rien qui ne fût convenable et agréablement tourné; mais aussi jamais rien d'involontaire ne trahissait qu'il eût dans l'âme autre chose que ce que l'éducation et l'usage du monde y avaient mis. Cet acquis était fort étendu, et comprenait tout ce qu'on ne croirait pas de son ressort. Le prince d'Enrichemont ne se serait jamais trompé sur le jugement qu'il fallait porter d'une belle action ou d'une grande faute; mais, jusqu'à son admiration, tout était factice. Il savait les sentiments, il ne les éprouvait pas, et l'on restait froid devant sa passion et sérieux devant sa plaisanterie, parce que la vérité seule touche, et que le cœur méconnaît tout ce qui n'émane pas de lui. Je préférais le duc de L., quoiqu'il eût mille défauts. Inconsidéré, moqueur, léger dans ses propos, imprudent dans ses plaisanteries, il aimait pourtant ce qui était bien, et sa physionomie exprimait avec fidélité les impressions qu'elle recevait; mobile à l'excès, elles n'étaient pas de longue durée, mais enfin il avait une âme, et c'était assez pour comprendre celle des autres. On aurait cru qu'il prenait la vie pour un jour de fête, tant il se livrait à ses plaisirs : toujours en mouvement, il mettait autant de prix à la rapidité de ses courses que s'il eût eu les affaires les plus importantes; il arrivait toujours trop tard, et cependant il n'avait jamais une cinquante minutes pour venir de Versailles. Il entrait sa montre à la main, en racontant une histoire ridicule, que je ne sais quelle folie qui faisait rire tout le monde. Généreux, magnifique, le duc de L. méprisait l'argent et la vie; et quoiqu'il prodiguât l'un et l'autre d'une manière souvent indigne du prix du sacrifice, j'avoue à ma honte que j'étais séduit par cette sorte de dédain de ce que les hommes prisent le plus. Il y a de la grâce dans un homme à ne reconnaître aucun obstacle; et quand on expose galment sa vie dans une course de chevaux, ou qu'on risque sa fortune sur carte, il est difficile de croire qu'on n'exposerait pas l'un et l'autre avec encore plus de plaisir dans une occasion sérieuse. L'élégance du duc de L. me convenait donc beaucoup plus que les manières, un peu compassées, du prince d'Enrichemont; mais je n'avais pas à me louer de tous deux. Les bontés de M. le maréchal d'Olonne m'avaient établi dans sa société de la manière qu'on pouvait le moins me faire sentir l'infériorité de la place que j'y occupais. Je n'avais presque pas senti cette infériorité dans les premiers jours; maintenant elle commençait à peser sur moi; je me défendais par le raisonnement; mais le souvenir de madame de Nevers était encore un meilleur préservatif, et j'y pensais à chaque instant. Un jour, on avait parlé longtemps dans le salon du dévouement de madame de B., qui s'était enfermée avec son amie, madame d'Anville, malade et mourante de la petite vérole. Tout le monde avait loué cette action, et l'on avait cité plusieurs amitiés de jeunes femmes dignes d'être comparées à celle-là. J'étais debout devant la cheminée, et près du fauteuil de madame de Nevers. « Je ne vous vois point d'amie intime? lui dis-je. — J'en ai une sujet bien chère, me répondit-elle, c'est la sœur du duc de L. Nous sommes liées depuis l'enfance; je ne crains que nous ne soyons séparées pour bien longtemps; le marquis de C., son mari, est ministre en Hollande, et elle est à La Haye depuis six mois. — Ressemble-t-elle à son frère? demandai-je. — Pas du tout, reprit madame de Nevers; elle est aussi calme qu'il est étourdi. C'est un grand chagrin pour moi que son absence, dit madame de Nevers. Personne ne m'est si nécessaire que madame de C., elle est ma raison, je ne suis jamais mieux en peine d'en avoir d'autre, et à présent que je suis seule je ne sais plus me décider à rien. — Je ne vous aurais jamais cru cette indécision dans le caractère, lui dis-je. — Ah! reprit-elle, il est si facile de cacher ses défauts dans le monde! chacun met à peu près le même habit; et ceux qui passent n'ont pas le temps de voir que les visages sont différents. — Je rends grâces au ciel d'avoir été élevé comme un sauvage, repris-je; cela me préserve de voir le monde dans cette ennuyeuse uniformité; je suis frappé au contraire de ce que personne ne se ressemble. — C'est, dit-elle, que vous avez le temps d'y regarder; mais quand on vient de Versailles en cinquante minutes, comment voulez-vous qu'on puisse voir autre chose que la superficie des objets? — Mais quand c'est vous qu'on voit, lui dis-je, on devrait s'arrêter en chemin. — Voilà de la galanterie, dit-elle. — Ah! m'écriai-je, vous savez bien le contraire! » Elle ne répondit rien, et se mit à causer avec d'autres personnes. Je fus ému toute la soirée du souvenir de ce que j'avais dit : il me semblait que tout le monde allait me deviner.

Le lendemain, mon père se trouva un peu souffrant; nous devions dîner à l'hôtel d'Olonne, et, pour ne pas me priver d'un plaisir, il fit un effort sur lui-même et sortit. Jamais son esprit ne parut si libre et si brillant que ce jour-là. Plusieurs étrangers qui se trouvaient à ce dîner témoignèrent leur admiration, et je les entendis qui disaient entre eux qu'un tel homme occuperait en Angleterre les premières places. La conversation se prolongea longtemps, enfin la société se dispersa; mon père resta le dernier, et, en lui disant adieu, M. le maréchal d'Olonne lui fit promettre de revenir le lendemain. Le lendemain! grand Dieu! il n'y en avait plus pour lui. En traversant le vestibule mon père me dit : « Je sens que je me trouve mal. » Il s'appuya sur moi et s'évanouit. Les domestiques accoururent; les uns allèrent avertir M. le maréchal d'Olonne; les autres transportèrent mon père dans une pièce voisine. On le déposa sur un lit de repos, et il tous les secours lui furent donnés. Madame de Nevers les dirigeait avec une présence d'esprit admirable. Bientôt, un chirurgien attaché à la maison de M. le maréchal d'Olonne arriva, et, voyant que la connaissance ne revenait point à mon père, il proposa de le saigner. Nous attendions Tronchin, que madame de Nevers avait envoyé chercher. Quelle bonté que la sienne! elle avait l'air d'un ange descendu du ciel, près de ce lit de douleur; elle essayait de ranimer les mains glacées de mon père en les réchauffant dans les siennes. Ah! comment la vie ne revenait-elle pas à cet appel? Hélas! tout était inutile. Tronchin arriva, et ne donna aucune espérance. La saignée ramena un instant la connaissance. Mon père ouvrit les yeux; il fixa sur moi son regard éteint, et sa physionomie peignit une anxiété douloureuse. M. le maréchal d'Olonne le comprit; il saisit la main de mon père et la mienne. — Mon ami, dit-il, soyez tranquille, Édouard sera mon fils. — Les yeux de mon père exprimèrent la reconnaissance; mais cette vie fugitive disparut bientôt; il poussa un profond gémissement : il n'était plus! Comment vous peindre l'horreur de ce moment? je ne le pourrais même pas; je me jetai sur le corps de mon père, et je perdis à la fois la connaissance et le sentiment de mon malheur. En revenant à moi, j'étais dans le salon, tout avait disparu; je crus sortir d'un songe horrible : mais je vis près de moi madame de Nevers en larmes. M. le maréchal d'Olonne me dit : — Mon cher Édouard, il vous reste encore un père. Ce mot me prouva que tout était fini. Hélas! je doutais encore; mon ami, quelle douleur! Accablé, anéanti, mes larmes coulaient sans diminuer le poids affreux qui m'oppressait. Nous restâmes longtemps dans le silence; je leur savais gré de ne pas chercher à me consoler. — J'ai perdu l'ami de toute ma vie, dit enfin le maréchal d'Olonne. Vous aurez dû à sa dernière consolation, répondis-je. — Édouard, me dit M. le maréchal d'Olonne : de ce jour je remplace celui que vous venez de perdre; vous resterez chez moi; j'ai donné l'ordre qu'on préparât pour vous l'appartement de mon neveu, et j'ai envoyé l'abbé Tercier prévenir M. d'Herbelot de votre malheur. Mon cher Édouard, je ne vous donnerai pas de vulgaires consolations; mais votre père était un chrétien, vous l'êtes vous-même, et un autre monde vous réunira tous. — Voyant que je pleurais, il me serra dans ses bras. — Mon pauvre enfant, dit-il, je ne vous console, et j'aurais besoin de l'être moi-même! — Nous retombâmes dans le silence; j'aurais voulu remercier M. le maréchal d'Olonne, je ne pouvais que verser des larmes. Au milieu de ma douleur, je ne sais quel sentiment doux se glissait pourtant dans mon âme; les pleurs répandus à madame de Nevers étaient déjà une consolation; je me le reprochais, mais sans pouvoir m'y soustraire. Quand je fus seul dans ma chambre, je me jetai à genoux; je priai pour mon père, ou plutôt je priai mon père. Hélas! il avait fourni sa longue carrière de vertu, et je commençais la mienne en ne voyant devant moi que des orages. Je fuyais ses sages conseils quand il vivait, me disais-je, et que deviendrai-je maintenant que je n'ai plus que moi-même pour guide et pour juge de mes actions? Je lui cachais les folies de mon cœur; mais il était là pour me sauver; il était ma force, ma raison, ma persévérance; j'ai tout perdu avec lui. Que ferai-je dans le monde sans appui! sans le respect qu'il inspirait! Je ne suis rien, je n'étais quelque chose que par lui; il a disparu, et je reste seul comme une branche détachée de l'arbre et emportée par les vents. Mes larmes recommencèrent; je repassai les souvenirs de mon enfance; je pleurai de nouveau ma mère, car toutes les douleurs se tiennent, et la dernière réveille toutes les autres! Plongé dans mes tristes pensées, je restai longtemps immobile, et dans l'espèce d'abattement

qui suit les grandes douleurs; il me semblait que j'avais perdu la faculté de penser et de sentir; enfin, je levai les yeux par hasard, et j'aperçus un portrait de madame de Nevers; indigne fils! en le contemplant je perdis un instant le souvenir de mon père! Qu'était-elle donc pour moi? Quoi! déjà, son seul souvenir suspendait dans mon cœur la plus amère de toutes les peines! Mon ami, ce sera un sujet éternel de remords pour moi que cette faute dont je vous fais l'aveu; non, je n'ai point assez senti la douleur de la mort de mon père! Je mesurais toute l'étendue de la perte que j'avais faite; je pleurais son exemple, ses vertus; son souvenir déchirait mon cœur, et j'aurais donné mille fois ma vie pour racheter quelques jours de la sienne, mais quand je voyais madame de Nevers, je ne pouvais pas m'empêcher d'être heureux. Mon père témoignait par son testament le désir de reposer près de ma mère. Je me décidai à le conduire moi-même à Lyon. L'accomplissement de ce devoir soulageait un peu mon cœur. Quitter madame de Nevers me semblait une expiation du bonheur que je trouvais près d'elle malgré moi. Mon père me recommandait aussi de terminer des affaires relatives père, répondis-je; mais je crois que cela ne peut durer plus de quinze jours, et ces jours seront si longs que le temps ne me manquera pas pour les affaires. — Irez-vous en Forez? demanda-t-elle. — Je le crois; je compte revenir par-là, mais sans m'y arrêter. — Ne désirez-vous donc pas revoir ce lieu? me dit-elle; on aime tant ceux où

M. D'Herbelot.

l'on a passé son enfance! — Je ne sais ce qui m'est arrivé, lui dis-je; mais il me semble que je n'ai plus de souvenirs. — Tâchez de les retrouver pour moi, dit-elle. Ne voulez-vous pas me raconter

Le maréchal d'Olonne.

Madame de Nevers.

à la tutelle des enfants d'un de ses amis; je voulais lui obéir; je me disais que je reviendrais bientôt, que j'habiterais sous le même toit que madame de Nevers, que je la verrais à toute heure; et mon coupable cœur battait de joie à de telles pensées! La veille de mon départ, M. le maréchal d'Olonne alla passer la journée à Versailles; je dînai seul avec madame de Nevers et l'abbé Tercier. Cet abbé demeurait à l'hôtel d'Olonne depuis cinquante ans; il avait été attaché à l'éducation du maréchal, et la protection de cette famille lui avait valu un bénéfice et de l'aisance. Il faisait les fonctions de chapelain, et était un meuble aussi fidèle du salon de l'hôtel d'Olonne que les fauteuils et les ottomanes de tapisseries des Gobelins qui le décoraient. Un attachement si long de la part de cet abbé avait tellement lié sa vie à l'existence de la maison d'Olonne, qu'il n'avait d'intérêt, de gloire, de succès et de plaisirs que les siens; mais c'était dans la mesure d'un esprit fort calme, et d'une imagination tempérée par cinquante ans de dépendance. Il avait un caractère fort facile: il était toujours prêt à jouer aux échecs, ou au trictrac, ou à dévider les écheveaux de soie de madame de Nevers; et pourvu qu'il eût bien dîné, il ne cherchait querelle à personne. La veille donc du jour où je devais partir, voyant que madame de Nevers ne voulait faire usage d'aucun de ses petits talents, l'abbé s'établit après dîner dans une grande bergère auprès du feu, et s'endormit bientôt profondément. Je restai ainsi presque tête à tête avec celle qui m'était déjà si chère. J'aurais dû être heureux, et cependant un embarras indéfinissable vint me saisir, quand je me vis ainsi seul avec elle. Je baissai les yeux, et je restai dans le silence. Ce fut elle qui le rompit. « A quelle heure partez-vous demain? me demanda-t-elle. — A cinq heures, répondis-je; et je commençais ici la journée, je ne saurais plus comment partir. — Et quand reviendrez-vous? dit-elle encore. — Il faut que j'exécute les volontés de mon

l'histoire de votre enfance et de votre jeunesse? A présent que vous êtes le fils de mon père, je ne dois plus rien ignorer de vous. — J'ai tout oublié, lui dis-je; il me semble que je n'ai commencé à vivre

que depuis deux mois. » Elle se tut un instant ; puis elle me demanda si le monde avait donc si vite effacé le passé de ma mémoire. — Ah ! m'écriai-je, ce n'est pas le monde ! — Elle continua : — Je ne suis pas comme vous, dit-elle ; j'ai été élevée jusqu'à l'âge de sept ans chez ma grand-mère, à Faverange, dans un vieux château, au fond du Limousin, et je me le rappelle jusque dans ses moindres détails, quoique je fusse si jeune ; je vois encore la vieille futaie de châtaigniers, et ces grandes salles gothiques boisées de chêne et ornées de trophées d'armes, comme au temps de la chevalerie. Je trouve qu'on aime les lieux comme des amis, et que leur souvenir se rattache à toutes les impressions qu'on a reçues. — Je croyais cela autrefois, lui répondis-je ; maintenant je ne sais plus ce que je crois, ni ce que je suis. — Elle rougit, puis elle me dit : — Cherchez dans votre mémoire ; peut-être trouverez-vous les faits, si vous avez oublié les sentiments qu'ils excitaient dans votre âme. Si vous voulez que je pense quelquefois à vous quand vous serez parti, il faut bien que je sache où vous prendre, et que je n'ignore pas comme à présent tout le passé de votre vie. J'essayai de lui raconter mon enfance, et tout ce que contient le commencement de ce cahier ; elle m'écoutait avec attention, et je vis une larme dans ses yeux, quand je lui dis quelle révolution avait produite en moi l'accident de ce pauvre enfant dont j'avais sauvé la vie. Je m'aperçus que mes souvenirs n'étaient pas si effacés que je le croyais, et près d'elle je les trouvais mille impressions nouvelles d'objets qui jusqu'alors m'avaient été indifférents. Les rêveries de ma jeunesse étaient comme expliquées par le sentiment nouveau que j'éprouvais, et la forme et la vie étaient données à tous ces vagues fantômes de mon imagination.

L'abbé se réveilla comme je finissais le récit des premiers jours de ma jeunesse. Un moment après M. le maréchal d'Olonne arriva.

Madame de Nevers et lui me dirent adieu avec bonté. Il me recommanda de hâter tant que je le pourrais la fin de mes affaires, et me dit que, pendant mon absence, il s'occuperait de moi. Je ne lui demandai pas d'explication. Madame de Nevers ne me dit rien ; elle me regarda, et je crus lire un peu d'intérêt dans ses yeux : mais que je regrettais la fin de notre conversation ! Cependant j'étais content de moi ; je ne lui ai rien dit, pensais-je ; et elle ne peut m'avoir deviné. C'est ainsi que je me rassurais mon cœur. L'idée que madame de Nevers pourrait soupçonner ma passion me glaçait de crainte, et tout bonheur à venir me semblait dépendre du secret que je garderais sur mes sentiments. J'accomplis le triste devoir que je m'étais imposé, et pendant le voyage je fus un peu moins tourmenté du souvenir de madame de Nevers. L'image de mon père mort effaçait toutes les autres : l'amour mêle souvent l'idée de la mort à celle du bonheur ; mais ce n'est pas la mort dans l'appareil funèbre dont j'étais environné, c'est l'idée de l'éternité, de l'infini, d'une éternelle réunion, que l'amour cherche dans la mort ; il recule devant un cercueil solitaire. A Lyon, je retrouvai les bords du Rhône et mes rêveries, et madame de Nevers régna dans mon cœur plus que jamais. J'étais loin d'elle, je ne risquais pas de me trahir, et je n'opposai aucune résistance à la passion qui venait de nouveau s'emparer de toute mon âme. Cette passion prit la teinte de mon caractère. Livré à mon unique pensée, absorbé par un seul souvenir, je vivais encore une fois dans un monde créé par moi-même, et bien différent du véritable ; je voyais madame de Nevers, j'entendais sa voix, son regard me faisait tressaillir ; je respirais le parfum de ses beaux cheveux. Enfin, attendri, je versais des larmes de plaisir pour des joies imaginaires. Assis sur une pierre au coin d'un bois, ou seul dans ma chambre, je consumais ainsi les jours inutiles. Incapable d'aucune étude et d'aucune affaire, c'était l'occupation qui me dérangeait ; et malgré que je susse bien que mon retour à Paris dépendait de la fin de mes affaires, je ne pouvais prendre sur moi d'en terminer aucune. Je remettais tout au lendemain ; je demandais grâce pour les heures, et les heures étaient toutes données à ce délice ineffable de penser sans contrainte à ce que j'aimais. Quelquefois on entrait dans ma chambre, et on s'étonnait de me voir impatient et contrarié comme si l'on m'eût interrompu. En apparence, je ne faisais rien ; mais en réalité, j'étais occupé de la seule chose qui m'intéressait dans la vie. Deux mois se passèrent ainsi. Enfin, les affaires dont mon père m'avait chargé finirent, et je fus libre de quitter Lyon. C'est avec ravissement que je me retrouvai à l'hôtel d'Olonne, mais cette joie ne fut pas de longue durée. J'appris que madame de Nevers partait dans deux jours pour aller voir à La Haye son amie madame de C. Je ne pus dissimuler ma tristesse, et quelquefois je crus remarquer que madame de Nevers aussi était triste ; mais elle ne me parlait presque pas, ses manières étaient sérieuses ; je la trouvais froide, je ne la reconnaissais plus, et ne pouvant deviner la

La lecture d'un roman devant M. le Curé.

cause de ce changement, j'en étais au désespoir.

Après son départ, je restai livré à une profonde tristesse. Mes rêveries n'étaient plus comme à Lyon mon occupation chérie ; je sortais, je cherchais le monde pour y échapper. L'idée que j'avais déplu à madame de Nevers, et l'impossibilité de deviner comment j'étais coupable, faisaient de mes pensées un tourment continuel. M. le maréchal d'Olonne attribuait à la mort de mon père l'abattement où il me voyait plongé. « Notre malheur a fait une cruelle impression sur Natalie, me dit un jour M. le maréchal d'Olonne ; elle ne s'en est point remise ; elle n'a pas cessé d'être triste et souffrante depuis ce temps-là. Le voyage, j'espère, lui fera du bien ; la Hollande est charmante au printemps, la promenade, et des objets nouveaux la distrairont. »

Ce peu de mots de M. le maréchal d'Olonne me jeta dans une nouvelle anxiété. Quoi ! c'était depuis la mort de mon père que madame de Nevers était triste ! Mais qu'étais-je arrivé ? qu'avais-je fait ? Elle était changée pour moi. Voilà ce dont j'étais trop sûr, et ce qui me désespérait. M. le maréchal d'Olonne avec sa bonté accoutumée s'occupait de me distraire. Il voulait que j'allasse au spectacle, et que je visse tout ce qu'il croyait digne d'intérêt ou de curiosité. Il me questionnait sur ce que j'avais vu, causait avec moi comme il aurait fait mon père, et pour m'encourager à la confiance, il me disait que ces conversations l'amusaient, et que mes impressions rajeunissaient les siennes. M. le maréchal d'Olonne, quoiqu'il ne fût point ministre, avait cependant beaucoup d'affaires. Ami intime du duc d'A., il passait pour avoir plus de crédit qu'en réalité il ne s'était soucié d'en acquérir ; mais les grandes places qu'il occupait lui donnaient le pouvoir de rendre d'importants services. Toute la Guienne, dont il était gouverneur, affluait chez lui. Pendant la plus grande partie de la matinée, il recevait beaucoup de monde. Quatre fois par semaine il s'occupait de sa correspondance, qui était fort étendue ; il avait deux secrétaires qui travaillaient dans ses cabinets ; mais il me demandait souvent de rester dans celui où il écrivait lui-même. Il me parlait des affaires qui l'occupaient avec une entière confiance. Il me faisait quelquefois écrire un mémoire sur une chose secrète ou des notes relatives aux affaires qu'il m'avait confiées, et dont il ne voulait pas que personne eût connaissance. J'aurais été bien ingrat si je n'eusse été touché et flatté d'une telle préférence. Je devais à mon père les bontés de M. le maréchal d'Olonne ; mais ce n'était pas une raison pour en être moins reconnaissant. Je cherchais à me montrer digne de la confiance dont je recevais tant

de marques, et M. le maréchal d'Olonne me disait quelquefois, avec un accent qui me rappelait mon père, qu'il était content de moi. Il est singulièrement doux de se sentir à son aise avec des personnes qui vous sont supérieures. On n'y est point, si l'on éprouve le sentiment de son infériorité; on n'y est pas non plus en apercevant qu'on l'a perdu ; mais on y est si elles vous le font oublier. M. le maréchal d'Olonne possédait ce don touchant de la bienveillance et de la bonté. Il inspirait toujours la vénération, et jamais la crainte. Il avait cette sorte de sécurité sur ce qui nous est dû qui permet une indulgence sans bornes. Il savait bien qu'on n'en abuserait pas, et que le respect pour lui était un sentiment auquel on n'avait jamais besoin de penser. Je sentais mon attachement pour lui croître chaque jour, et il paraissait touché du dévoûment que je lui montrais. J'allais quelquefois chez mon oncle M. d'Herbelot, et j'y retrouvais la même gaîté, le même mouvement qui m'avaient tant déplu à mon arrivée à Paris. Mon oncle ne concevait pas que je fusse heureux dans cet intérieur grave de la famille de M. le maréchal d'Olonne, et moi, je comparais intérieurement ces deux maisons tellement différentes l'une de l'autre. Quelque chose de bruyant, de joyeux, faisait de la vie chez M. d'Herbelot comme un étourdissement perpétuel. Là, on ne vivait que pour s'amuser, et une journée qui n'était pas remplie par le plaisir paraissait vide; là, on s'inquiétait des distractions du jour autant que de ses nécessités, comme si l'on eût craint que le temps qu'on n'occupait pas de cette manière ne se fût pas écoulé tout seul. Une troupe de complaisants, de commensaux, remplissaient le salon de M. d'Herbelot, et paraissaient partager tous ses goûts : ils exerçaient sur lui un empire auquel je ne pouvais m'habituer; c'était comme un appui que cherchait sa faiblesse. On aurait dit qu'il n'était jamais sûr de rien sur sa propre foi; il lui fallait le témoignage des autres. Toutes les phrases de M. d'Herbelot commençaient par ces mots : « Luceval et Bertheney trouvent, Luceval et Bertheney disent; » et Luceval et Bertheney précipitaient mon oncle dans toutes les folies et les ridicules d'un luxe ruineux, et d'une vie pleine de désordres et d'erreurs. Dans cette maison toutes les frivolités étaient traitées sérieusement, et toutes les choses sérieuses l'étaient avec légèreté. Il semblait qu'on voulût jouir à tout moment de cette fortune récente, et de tous les plaisirs qu'elle peut donner, comme ou avait touché son trésor pour s'assurer qu'il est là. Chez M. le maréchal d'Olonne, au contraire, cette possession des honneurs et de la fortune était si ancienne qu'il n'y pensait plus. Il n'était jamais occupé d'en jouir; mais il l'était souvent de remplir les obligations qu'elle impose. Des assidus, des commensaux, remplissaient aussi très souvent le salon de l'hôtel d'Olonne; mais c'étaient des parents pauvres, un vieux officier de marine, venant à Paris demander le prix de ses services; c'était un vieux militaire couvert de blessures, et réclamant la croix de Saint-Louis; c'étaient d'anciens aides-de-camp du maréchal; c'était un voisin de ses terres; c'était, hélas! le fils d'un ancien ami. Il y avait une bonne raison à donner pour la présence de chacun d'eux. On pouvait dire pourquoi ils étaient là, et il y avait une sorte de paternité dans cette protection bienveillante autour de laquelle ils venaient tous se ranger. Les hommes distingués par l'esprit et le talent étaient tous accueillis chez M. le maréchal d'Olonne, et ils y valaient tout ce qu'ils pouvaient valoir; car le bon goût qui régnait dans cette maison gagnait même ceux à qui il n'aurait pas été naturel; mais il faut pour cela que le maître en soit le modèle, et c'est ce qu'était M. le maréchal d'Olonne. Je ne crois pas que le bon goût soit une chose si superficielle qu'on le pense en général : tant de choses concourent à le former; la délicatesse de l'esprit, celle des sentiments; l'habitude des convenances, un certain tact qui donne la mesure de tout sans avoir besoin d'y penser; et il y a aussi des choses de position dans le goût et le ton qui exercent un empire; il faut une grande naissance, une grande fortune, de l'élégance, de la magnificence dans les habitudes de la vie; il faut enfin être supérieur à sa situation par son âme et ses sentiments; car on n'est à son aise dans les prospérités de la vie que quand on s'est placé plus haut qu'elles. M. le maréchal d'Olonne et madame de Nevers pouvaient être atteints par le malheur sans être abaissés par lui; car l'âme du moins ne déchoit point, et son rang est invariable. On attendait madame de Nevers de jour en jour, et mon cœur palpitait de joie en pensant que j'allais la revoir. Loin d'elle, je ne pouvais croire longtemps que je l'eusse offensée; je sentais que je l'aimais avec tant de désintéressement; j'avais tellement la conscience que j'aurais donné ma vie pour lui épargner un moment de peine, que je finissais par ne plus croire qu'elle fût mécontente de moi, à force d'être assuré qu'elle n'avait pas le droit de l'être; mais son retour me détrompa cruellement! Dès le même soir, je lui trouvai l'air sérieux et glacé qui m'avait tant affligé : à peine me parla-t-elle, et mes yeux ne purent jamais rencontrer les siens. Bientôt il parut que sa manière de vivre même était changée; elle sortait souvent, et, quand elle restait à l'hôtel d'Olonne elle y avait toujours beaucoup de monde; elle était depuis quinze jours à Paris, et je n'avais encore pu me trouver un instant seul avec elle. Un soir, après souper, on se mit au jeu; madame de Nevers resta à causer avec une femme qui ne jouait point. Cette femme, au bout d'un quart d'heure, se leva pour s'en aller, et je me sentis tout ému en pensant que j'allais res-

ter tête à tête avec madame de Nevers. Après avoir reconduit madame de R., madame de Nevers fit quelques pas de mon côté; mais se retournant brusquement, elle se dirigea vers l'autre extrémité du salon, et alla s'asseoir auprès de M. le maréchal d'Olonne, qui jouait au whist, et dont elle se mit à regarder le jeu. Je fus désespéré. Elle me méprise! pensai-je; elle me dédaigne! Qu'est devenue cette bonté touchante qu'elle montra lorsque je perdis mon père? C'était donc seulement au prix de la plus amère des douleurs que je devais sentir la plus douce de toutes les joies; elle pleurait avec moi alors; à présent elle déchire mon cœur, et ne s'en aperçoit même pas. Je pensai pour la première fois qu'elle avait peut-être pénétré mes sentiments, et qu'elle en était blessée. Mais pourquoi le serait-elle? me disais-je. C'est un culte que je lui rends dans le secret de mon cœur; je ne prétends à rien, je n'espère rien; l'adorer c'est ma vie : comment pourrais-je m'empêcher de vivre? J'oubliais que j'avais mortellement redouté qu'elle ne découvrît ma passion, et j'étais si désespéré que je crois qu'en ce moment je la lui aurais avouée moi-même pour la faire sortir, fût-ce par la colère, de cette froideur et de cette indifférence qui me mettaient au désespoir. Si j'étais le prince d'Enrichemont, ou le duc de L..., me disais-je, j'oserais m'approcher d'elle; je la forcerais à s'occuper de moi; mais dans ma position je dois l'attendre, et puisqu'elle m'oublie je veux partir. Oui, je la fuirai, je quitterai cette maison; mon père y apportait trente ans de considération, et une célébrité qui le faisait rechercher de tout le monde; moi, je suis un être obscur, isolé, je n'ai aucun droit par moi-même, et je ne veux pas des bontés qu'on accorde au souvenir d'un autre, même de mon père. Personne aujourd'hui ne s'intéresse à moi; je suis libre, je la fuirai, j'irai au bout du monde avec son souvenir; le souvenir de ce qu'elle était il y a six mois! Livré à ces pensées douloureuses, je me rappelais les rêveries de ma jeunesse, de ce temps où je n'étais l'intérieur de personne. Entouré de mes égaux, pensai-je, je n'avais pas besoin de soumettre mon instinct à l'examen de ma raison; j'étais bien ou je n'étais pas à mes pauvres parents; mais je ne le sentais pas non plus il y a six mois quand madame de Nevers me regardait avec douceur, quand elle me faisait raconter ma vie, et qu'elle me disait que j'étais le fils de son père. Avec elle, je retrouverais tout ce qui me manque. Qu'ai-je donc fait? en quoi l'ai-je offensée? Le jeu était fini; M. le maréchal d'Olonne s'approcha de moi et me dit : — Certainement, Édouard, vous n'êtes pas bien; depuis quelques jours vous êtes fort changé, et ce soir vous avez l'air tout-à-fait malade. Je l'assurai que je me portais bien, et je regardai madame de Nevers qui venait de se retourner pour parler à quelqu'un. Si j'eusse pu croire qu'elle savait que je souffrais pour elle, j'aurais été moins malheureux, les jours suivants, je crus remarquer un peu plus de bonté dans ses regards, un peu moins de sérieux dans ses manières; mais elle sortait toujours presque tous les soirs, et, quand je la voyais partir à neuf heures, belle, parée, charmante, pour aller dans ces fêtes où je ne pouvais la suivre, j'éprouvais des tourments inexprimables; je la voyais entourée, admirée, je la voyais gaie, heureuse, paisible, et je dévorais en silence mon humiliation et ma douleur.

Il était question depuis quelque temps d'un grand bal chez M. le prince de L..., et l'on vint tourmenter madame de Nevers pour la mettre d'un quadrille russe, que la princesse voulait qu'on dansât chez elle, et où elle devait danser elle-même. Les costumes étaient élégants, et prêtaient fort à la magnificence; on arrangea le quadrille; il se composait de huit jeunes femmes toutes charmantes, et d'autant de jeunes gens, parmi lesquels étaient le prince d'Enrichemont et le duc de L... Ce dernier fut le danseur de madame de Nevers, au grand déplaisir du prince d'Enrichemont. Pendant quinze jours, ce quadrille devint l'unique occupation de l'hôtel d'Olonno; Gardel venait le faire répéter tous les matins; les ouvriers de tout genre employés pour le costume prenaient les ordres; on assortissait des pierreries; on choisissait des modèles; on consultait des voyageurs pour s'assurer de la vérité et ne pas s'écarter du type national, qu'avant tout on voulait conserver. Je savais mauvais gré à madame de Nevers de cette frivole occupation; et cependant je ne pouvais me dissimuler que, si j'eusse été à la place du duc de L..., je me serais trouvé le plus heureux des hommes. J'avais l'injustice de dire des mots piquants sur la légèreté en général, comme si ces mots eussent pu s'appliquer à madame de Nevers! Des sentiments indignes de moi, et que je n'ose me rappeler, se glissaient dans mon cœur. Hélas! il est bien difficile d'être juste dans un rang inférieur de la société, et ce qui nous prime peut difficilement ne pas nous blesser. Madame de Nevers cependant n'était pas gaie, et elle se laissait entraîner à cette fête plutôt qu'elle n'y entraînait les autres. Elle dit une fois qu'elle était lasse de tous ces plaisirs; mais pourtant le jour du quadrille arriva, et madame de Nevers parut dans le salon à huit heures en costume, et accompagnée de deux ou trois personnes, qui allaient avec elle répéter encore une fois le quadrille chez la princesse avant le bal. Jamais je n'avais vu madame de Nevers plus ravissante qu'elle ne l'était ce soir-là. Cette coiffure de velours noir, brodée de diamants, ne couvrait qu'à demi ses beaux cheveux blonds;

un grand voile brodé d'or et très léger surmontait cette coiffure, et tombait avec grâce sur son cou et sur ses épaules, qui n'étaient cachés que par lui ; un corset de soie rouge boutonné et aussi orné de diamants, dessinait sa jolie taille ; ses manches blanches étaient retenues par des bracelets de pierreries, et sa jupe courte laissait voir un pied charmant, à peine pressé dans une petite chaussure en brodequin, de soie aussi, et lacée d'or ; enfin, rien ne peut peindre la grâce de madame de Nevers dans cet habit étranger, qui semblait fait exprès pour le caractère de sa figure et la proportion de sa taille. Je me sentis troublé en la voyant ; une palpitation me saisit ; je fus obligé de m'appuyer contre une chaise ; je crois qu'elle le remarqua. Elle me regarda avec douceur. Depuis si longtemps je cherchais ce regard, qu'il ne fit qu'ajouter à mon émotion. « N'allez-vous pas au spectacle, me demanda-t-elle. — Non, lui dis-je, ma soirée est finie. — Mais cependant, reprit-elle, il n'est pas encore huit heures ? — N'allez-vous pas sortir ? répondis-je. » Elle soupira ; puis me regardant tristement : « J'aimerais mieux rester, » dit-elle. On l'appela, elle partit. Mais, grand Dieu ! quel changement s'était fait autour de moi ! « J'aimerais mieux rester ! » Ces mots si simples avaient bouleversé toute mon âme ! « J'aimerais mieux rester ! » Elle me l'avait dit, je l'avais entendu, elle avait soupiré, et son regard disait plus encore ! Elle aimerait mieux rester ! rester pour moi ! O ciel ! cette idée contenait trop de bonheur ; je ne pouvais la soutenir ; je m'enfuis dans la bibliothèque, je tombai sur une chaise. Quelques larmes soulagèrent mon cœur. Rester pour moi ! répétai-je ; j'entendais sa voix, son soupir ; je voyais son regard, il pénétrait mon âme, et je ne pouvais suffire à tout ce que j'éprouvais à la fois de sensations délicieuses. Ah ! qu'elles étaient loin des humiliations de mon amour-propre ! Je ne concevais pas que j'eusse jamais été malheureux. Quoi ! elle aurait pitié de moi ! Je n'osais dire : Quoi ! elle m'aimerait ! Je doutais, je voulais douter ! mon cœur n'avait pas la force de soutenir cette joie ! Je la tempérais, comme on ferme les yeux à l'éclat d'un beau soleil, je ne pouvais la supporter tout entière. Madame de Nevers se tenait souvent le matin dans cette même bibliothèque où je m'étais réfugié. Je trouvai sur la table un de ses gants, je le saisis avec transport, je le couvris de baisers, je l'inondai de larmes. Mais bientôt je m'indignai contre moi-même d'oser profaner son image par mes coupables pensées, je lui demandais pardon de la trop aimer. Qu'elle me permette seulement de souffrir pour elle ! me disais-je, je sais bien que je n'ai pas prétendre au bonheur. Mais est-il donc possible que ce qu'elle m'a dit ait le sens que mon cœur veut lui prêter ? Peut-être que, si elle fût restée un instant de plus, elle aurait tout démenti. C'est ainsi que le doute rentrait dans mon âme avec ma raison ; mais bientôt cet accent si doux se faisait entendre de nouveau au fond de moi-même. Je le retenais, je craignis qu'il ne s'échappât ; il était ma seule espérance, mon seul bonheur ; je le conservais comme une mère serre son enfant dans ses bras. Je restai entière si peu sans sommeil ; j'aurais été bien fâché de dormir, et de perdre ainsi le sentiment de mon bonheur. Le lendemain, M. le maréchal d'Olonne me fit demander dans son cabinet ; je commençai alors à penser qu'il fallait cacher ce bonheur, qu'il me semblait que tout le monde allait deviner, mais je ne pus surmonter mon invincible distraction. Je n'eus pas besoin longtemps de dissimuler pour avoir l'air triste ; je revis à dîner madame de Nevers, elle évita mes regards, ne me parla point, sortit de bonne heure, et me laissa au désespoir. Cependant sa sévérité s'adoucit un peu les jours suivants, et je crus voir qu'elle n'était pas insensible à la peine qu'elle me causait. Je ne pouvais presque pas douter qu'elle ne m'eût deviné ; si j'eusse été sûr de sa pitié, je n'aurais pas été malheureux.

Je n'avais jamais vu danser madame de Nevers, et j'avais un violent désir de la voir, sans en être vu, à une de ces fêtes où je me la représentais si brillante. On pouvait aller à ces grands bals comme spectateur ; cela s'appelait aller en bayeux. On était dans les tribunes ou sur des gradins, séparés du reste de la société ; on y trouvait en général des personnes d'un rang inférieur et qui ne pouvaient aller là de plain-pied. J'étais blessé d'aller là, la pensée de madame de Nevers pouvait seule l'emporter sur la répugnance que j'avais d'exposer ainsi à tous les yeux l'infériorité de ma position. Je ne prétendais à rien, et cependant me montrer ainsi à côté de mes égaux m'étais pénible. Je ne dis qu'en allant de bonne heure, je me cacherais dans la partie du gradin où je serais le moins en vue, et que dans la foule on ne me remarquerait peut-être pas. Enfin le désir de voir madame de Nevers l'emporta sur tout le reste, et je pris un billet pour une fête que donnait l'ambassadeur d'Angleterre et où la reine devait aller. Je me plaçai en effet sur des gradins qu'on avait construits dans l'embrasure des fenêtres d'un immense salon ; à côté de moi un rideau derrière lequel je pouvais me cacher, et j'attendis là madame de Nevers, non sans un sentiment pénible ; car tout ce que j'avais prévu arriva, et je ne fus pas plus tôt sur ce gradin que le désespoir me prit d'y être. Le langage que j'entendais autour de moi blessait mon oreille. Quelque chose de commun, de vulgaire, dans les remarques, me choquait et m'humiliait, comme si j'en eusse été responsable. Cette société momentanée où je me trouvais avec mes égaux m'apprenait combien je m'étais placé loin d'eux. Je m'irritais aussi de ce que je trouvais en moi cette petitesse de caractère qui me rendait si sensible à leurs ridicules. Le vrai mérite dépend-il donc des manières ? me disais-je. Qu'il est indigne de moi de désavouer ainsi au fond de mon âme le rang où je suis placé et que je tiens de mon père ! N'est-il pas honorable ce rang ? Qu'ai-je donc à envier ? Madame de Nevers entrait en ce moment. Qu'elle était belle et charmante ! Ah ! pensai-je, voilà ce que j'envie ; ce n'est pas le rang pour le rang ; c'est qu'il me ferait son égal. O mon Dieu ! huit jours seulement d'un tel bonheur, et puis la mort ! Elle s'avança, et elle allait passer près du gradin sans me voir, lorsque le duc de L. me découvrit au fond de mon rideau, et m'appela en riant. Je descendis du bord du gradin ; car je ne voulais pas avoir l'air honteux d'être là. Madame de Nevers s'arrêta, et me dit : « Comment ! vous êtes ici ? — Oui ; lui répondis-je. Je n'ai pu résister au désir de vous voir danser ; j'en suis puni ; car j'espérais que vous ne me verriez pas. » Elle s'assit sur la banquette qui était devant le gradin, et je continuai à causer avec elle. Nous n'étions séparés que par la barrière qui isolait les spectateurs de la société : triste emblème de celle qui nous séparait pour toujours ! L'ambassadeur vint parler à madame de Nevers, et lui demanda qui j'étais. « C'est le fils de M. G., avec lequel je me rappelle que vous avez dîné chez mon père, il y a environ un an, répondit-elle. — Je n'ai jamais rencontré un homme d'un esprit plus distingué, » dit l'ambassadeur. Et s'adressant à moi : « Je fais un reproche à madame de Nevers, dit-il, de ne m'avoir pas procuré le plaisir de vous inviter plus tôt. Quittez, je vous prie, cette mauvaise banquette, et venez avec nous. » Je fis le tour du gradin, et l'ambassadeur continuant : « La profession d'avocat est une des plus honorées en Angleterre, dit-il ; elle mène à tout. Le grand-chancelier actuel, lord D., a commencé par être un simple avocat, et il est aujourd'hui au premier rang dans notre pairie. Le fils de lord D. a épousé une personne que vous connaissez, madame, ajouta l'ambassadeur en s'adressant à madame de Nevers : c'est lady Sarah Benmore, la fille aînée du duc de Sunderland. Vous souvenez-vous que nous trouvions qu'elle vous ressemblait ? » L'ambassadeur s'éloigna. « Comme vous êtes pâle ? qu'avez-vous ? me dit madame de Nevers. — Je m'ennuie, dis-je au duc de L. sans l'entendre, je veux lui montrer le bal, et d'ailleurs vous allez danser. » Le prince d'Enrichemont venait chercher madame de Nevers, et j'allai avec le duc de L. dans la galerie, où la foule s'était portée, parce que la reine y était. Le duc de L., toujours d'un bon naturel, était charmé de me voir au bal ; il me nommait tout le monde, et se moquait de la moitié de ceux qu'il me nommait. L'idée inquiet, mal à l'aise ; l'idée qu'on pouvait s'étonner de me voir là m'ôtait tout le plaisir d'y être. Le duc de L. s'arrêta pour parler à quelqu'un ; je m'échappai, je retournai dans le salon où dansait madame de Nevers, et je m'assis sur la banquette qu'elle venait de quitter. Je pensai à ce bal que je pensais ! Je croyais encore entendre toutes les paroles de l'ambassadeur. Que j'enviais ce pays où toutes les carrières étaient ouvertes au mérite, où l'impossible ne s'élevait jamais devant le talent, où l'on me disait jamais : « Vous n'irez que jusque-là ! » Émulation, courage, persévérance, tout est détruit par l'impossible, par cet abîme qui sépare du but et qui ne sera jamais comblé ! Et ici l'autorité est nulle comme le talent ; la puissance elle-même ne saurait franchir cet obstacle, et cet obstacle, c'est ce nom révéré, ce nom sans tache, que je tiens de mon père dont j'ai la lâcheté de rougir ! Je m'indignai contre moi-même ; et, m'accusant de ce sentiment comme d'un crime, je restai absorbé dans mille réflexions douloureuses. En levant les yeux, je vis madame de Nevers auprès de moi. « Vous étiez bien loin d'ici ! me dit-elle. — Oui, lui répondis-je, je veux aller en Angleterre, dans ce pays où rien n'est impossible. — Ah ! dit-elle, j'étais bien sûre que vous pensiez à cela ! Mais ne danserez-vous pas ? me demanda-t-elle. — Je crains que cela ne soit inconvenant, lui dis-je. — Pourquoi donc ? reprit-elle ; puisque vous êtes invité, je voudrais danser, et je ne vois pas ce qui vous en empêcherait. Et qui inviterez-vous ? ajouta-t-elle en souriant. — Vous, lui dis-je ; je crains qu'on ne trouve déplacé que vous dansiez avec moi. — Encore ! s'écria-t-elle. Voilà réellement de l'humilité fastueuse. — Ah ! lui dis-je tristement, si vous priiez en Angleterre ! » Elle rougit. « Il faut que je quitte le monde, ajoutai-je ; il n'est pas fait pour moi, j'y souffre et je m'y sens de plus en plus isolé ; je veux suivre ma profession ; j'irai au palais, personne ne me demandera pourquoi j'y suis ; je mettrai une robe noire, et je plaiderai des causes. Me confierez-vous vos procès ? lui demandai-je, les gagnerai tous. — Je voudrais commencer par gagner celui-ci, me dit-elle. Ne voulez-vous donc pas danser avec moi ? » Je ne pus résister à la tentation ; je pris sa main, sa main que je n'avais jamais touchée ; et nous nous mîmes à une contredanse. Je ne tardai pas à me repentir de ma faiblesse : il me semblait que tout le monde nous regardait. Je croyais lire l'étonnement sur les physionomies, et je passais du délice de la contempler et d'être si près d'elle, de la tenir presque dans mes bras, à la douleur de penser qu'elle faisait peut-être pour moi une chose inconvenante, et qu'elle en serait blâmée. Comme la contredanse allait finir, M. le maréchal d'Olonne s'approcha de nous, et je vis son visage devenir sérieux et mécontent. Madame de Nevers lui dit quelques

mots tout bas, et son expression habituelle de bonté revint sur-le-champ. Il me dit : « Je suis bien aise que l'ambassadeur vous ait prié ; c'est aimable à lui. » Cela voulait dire : « Il l'a fait pour m'obliger, et c'est par grâce que vous êtes ici. » C'est ainsi que tout me blessait et que, jusqu'à cette protection bienveillante, tout portait un germe de souffrance pour mon âme et d'humiliation pour mon orgueil. Je fus poursuivi pendant plusieurs jours après cette fête par les réflexions les plus pénibles, et je me promis bien de ne plus me montrer à un bal. L'infériorité de ma position m'était bien moins sensible dans l'intérieur de la maison de M. le maréchal d'Olonne, ou même au milieu de sa société intime, quoiqu'elle fût composée de grands seigneurs ou d'hommes célèbres par leur esprit. Mais là du moins on pouvait faire valoir quelque chose par soi-même, tandis que dans la foule on n'est distingué que par le nom ou l'habit qu'on porte ; et y aller comme pour y étaler son infériorité me semblait insupportable, tout en ne pouvant m'empêcher de trouver que cette souffrance était une faiblesse. Je pensais à l'Angleterre. Que j'admirais ces institutions qui du moins relèvent l'infériorité par l'espérance ! Quoi ! me disais-je, ce qui est ici une folie sans excuse serait là le but de la plus noble émulation ; là je pourrais conquérir madame de Nevers ! Sept lieues de distance séparent le bonheur et le désespoir. Qu'elle était bonne et généreuse à ce bal ! Elle a voulu danser avec moi, pour me relever à mes propres yeux, pour me consoler de tout ce qu'on sentait bien qui me blessait. Mais est-ce d'une femme, est-ce de celle qu'on aime qu'on devrait recevoir protection et appui ? Dans ce monde factice tout est interverti, ou plutôt c'est ma passion pour elle qui change ainsi les rapports naturels ; elle n'aurait pas rendu service au prince d'Enrichemont en le priant à danser. Il prétendait à ce bonheur ; il avait droit d'y prétendre ; et moi, toutes mes prétentions sont déplacées, mon amour pour elle est ridicule ! J'aurais mieux aimé la mort que cette pensée ; elle s'empara pourtant de moi au point que je mis à fuir madame de Nevers autant d'empressement que j'en avais mis à la chercher ; mais c'était sans avoir le courage de me séparer d'elle tout-à-fait, en quittant, comme je l'aurais dû peut-être, la maison de M. le maréchal d'Olonne, et en suivant ma profession. Madame de Nevers, par un mouvement opposé, m'adressait plus souvent la parole, et cherchait à dissiper la tristesse où elle me voyait plongé ; elle sortait moins le soir ; je la voyais davantage, et peu à peu sa présence adoucissait l'amertume de mes sentiments. Quelques jours après le bal de l'ambassadeur d'Angleterre, la conversation se mit sur les fêtes en général ; on parla de celles qui venaient d'avoir lieu, et l'on cita les plus magnifiques et les plus gaies. « Gaies ! s'écria madame de Nevers ; je ne reconnais pas qu'aucune fête soit gaie : j'ai toujours été frappée au contraire qu'on n'y voyait que des gens tristes et qui semblaient fuir là quelque grande peine. — Qui se serait douté que madame de Nevers ferait une telle remarque, dit le duc de L. Quand on est jeune, belle, heureuse, comment voit-on autre chose que l'envie qu'on a excité et l'admiration qu'on inspire ? — Je ne vois rien de tout cela, et j'ai raison. Mais sérieusement ne trouvez-vous pas comme moi que la foule est toujours triste ? Je suis persuadée que la dissipation est née du malheur ; le bonheur n'a pas cet air agité. Nous interrogerons les assistants au premier bal, dit en riant le duc de L. — Ah ! reprit madame de Nevers, si cela se pouvait, vous seriez peut-être bien étonné de leurs réponses ! — S'il y a au bal des malheureux, dit le duc de L., ce sont ceux que vous faites, madame. Voici le prince d'Enrichemont, je vais l'appeler et invoquer son témoignage. » Le duc de L. se tirait toujours de la conversation par des plaisanteries : observer et raisonner était une espèce de fatigue dont il était incapable ; son esprit agissait comme son corps, et avait besoin de changer de place à tout moment. Je me demandai aussi pourquoi madame de Nevers avait fait cette réflexion sur les fêtes, et pourquoi depuis six mois elle y avait passé sa vie. Je n'osais croire ce qui se présentait à mon esprit ; j'aurais été trop heureux. Les jours suivants, madame de Nevers ne me parut triste, mais elle ne me fuyait pas. Un soir, elle me dit. « Je sais que mon père s'est occupé de vous, et qu'il espère que vous serez placé avantageusement au ministère des affaires étrangères ; cela vous donnera des moyens de vous distinguer prompts et sûrs, et cela vous mettra aussi dans un monde agréable. — Je tenais à la profession de mon père, lui dis-je ; mais il me sera doux de laisser M. le maréchal d'Olonne vous disposer de ma vie. » Peu de jours après, elle me dit : « La place est obtenue, mais mon père ne pourra pas longtemps vous y être utile. — Les bruits qu'on fait courir sur la disgrâce de M. le duc d'A. sont donc vrais ? lui demandai-je. — Ils sont trop vrais, me répondit-elle, et je crois que mon père la partagera. Suivant toute apparence, il sera exilé à Faverange, au fond du Limousin, et je l'y accompagnerai. — Grand Dieu ! m'écriai-je, et c'est en ce moment que vous me parlez de place ? Vous me connaissez donc bien peu si vous me croyez capable d'accepter une place pour servir vos ennemis ? Je n'ai qu'une place au monde, c'est à Faverange, et ma seule ambition c'est d'y être souffert. Je la quittai ce moment même, et, j'allai, encore tout ému, chez M. le maréchal d'Olonne lui dire tout ce que mon cœur m'inspirait. Il en fut touché. Il me dit qu'en effet le duc d'A. était disgracié, et que, sans avoir partagé ni sa faveur ni sa puissance, il partagerait sa disgrâce. » J'ai dû le soutenir dans une question où son honneur était compromis, dit-il ; je suis tranquille, j'ai fait mon devoir, et la vérité sera connue tôt ou tard. J'accepterai votre dévouement, mon cher Édouard, comme j'aurais accepté celui de votre père ; je vous laisserai ici pour quelques jours ; vous terminerez des affaires importantes, que sans doute on ne me donnera pas le temps de finir. Restez avec moi, me dit-il, je veux mettre ordre au plus pressé, être prêt et n'avoir rien à demander, pas même un délai. » L'ordre d'exil arriva dans la soirée, et répandit la douleur et la consternation à l'hôtel d'Olonne. M. le maréchal d'Olonne, avec le plus grand calme, donna des ordres précis ; et, en fixant une occupation à chacun, suspendit les plaintes inutiles. Le duc de L., le prince d'Enrichemont et les autres amis de la famille accoururent à l'hôtel d'Olonne au premier bruit de cette disgrâce. M. le maréchal d'Olonne eut toutes les peines du monde à contenir le bouillant intérêt du duc de L., à enchaîner son zèle inconsidéré et à tempérer la violence de ses discours. Le prince d'Enrichemont, au contraire, toujours dans une mesure parfaite, disait tout ce qu'il fallait dire, et je ne sais comment, en étant si convenable, il trouvait le moyen de me choquer à tout moment. Quelquefois en écoutant ces phrases si bien tournées, je regardais madame de Nevers, et je voyais sur ses lèvres un léger sourire, qui me prouvait que le prince d'Enrichemont n'avait pas auprès d'elle plus de succès qu'auprès de moi. J'eus à cette époque un chagrin sensible. M. d'Herbelot se conduisit envers M. le maréchal d'Olonne de la manière la plus indélicate. Ils avaient eu à traiter ensemble une affaire relative au gouvernement de Guienne ; et après des contestations assez vives, mon oncle avait eu le dessous. Il restait quelques points en litige ; mon oncle crut le moment favorable pour le succès, il intrigua, et fit décider l'affaire en sa faveur. Je fus blessé au cœur de ce procédé. Cependant les ballots, les paquets remplirent bientôt les vestibules et les cours de l'hôtel d'Olonne. Quelques chariots partirent en avant avec une partie de la maison, et M. le maréchal d'Olonne et madame de Nevers quittèrent Paris le lendemain ; ne voulant être accompagnés que de l'abbé Tercier. Tout Paris était venu dans la soirée à l'hôtel d'Olonne ; mais M. le maréchal d'Olonne n'avait reçu que ses amis. Il dédaignait cette insulte au pouvoir dont les exemples étaient alors si communs. Il trouvait plus de dignité dans un respectueux silence. Je l'imite ; mais je ne doute pas qu'à cette époque vous n'ayez entendu parler de l'exil de M. le maréchal d'Olonne comme d'une grande injustice, et d'un abus de pouvoir, fondé sur la plus étrange erreur.

Les affaires de M. le maréchal d'Olonne me retinrent huit jours à Paris. Je partis enfin pour Faverange, et mon cœur battit de joie en songeant que j'allais me trouver presque seul avec celle que j'adorais. Joie coupable ! indigne personnalité ! J'en ai été cruellement puni, et cependant le souvenir de ces jours orageux que j'ai passés près d'elle sont encore la consolation et le seul soutien de ma vie. J'arrivai à Faverange dans les premiers jours de mai. Le maréchal d'Olonne se méprit à la joie si vive que je montrai en le revoyant ; il m'en sut gré, et je reçus ses éloges avec embarras. S'il eût pu lire au fond de mon cœur, combien je lui aurais paru coupable ! Lorsque j'y réfléchis, je ne comprends pas que M. le maréchal d'Olonne n'eût point encore deviné mes sentiments secrets ; mais la vieillesse et la jeunesse manquaient également de pénétration, l'une ne voit que ses espérances, et l'autre que ses souvenirs. Faverange était ce vieux château où madame de Nevers avait été élevée, et dont elle m'avait parlé une fois. Situé à quelques lieues d'Uzerche, sur un rocher, au bord de la Corrèze, sa position était ravissante. Un grand parc fort sauvage environnait le château ; la rivière qui baignait le pied des terrasses, fermait le parc de trois côtés. Une forêt de vieux châtaigniers couvrait un espace considérable, et s'étendait depuis le sommet du coteau jusqu'au bord de la rivière. Ces arbres vénérables avaient donné leur nom à plusieurs générations ; on appelait le lieu la Châtaigneraie. La rivière, les campagnes, les collines bleuâtres qui fermaient l'horizon, tout me plaisait dans cet aspect ; mais tout m'aurait plu dans la disposition actuelle de mon âme. La solitude, le calme, les douces mœurs, l'air de paix, de contentement de madame de Nevers, tout me jetait dans cet état si doux où l'on demande rien au passé ni à l'avenir, où l'on voudrait faire durer le temps, retenir l'heure qui s'échappe et le jour qui va finir. M. le maréchal d'Olonne en arrivant à Faverange avait établi la manière dont il voulait vivre qui laissait du temps pour tout. Il avait annoncé qu'il recevrait très peu de monde, et, avec le bon esprit qui lui était propre, il avait créé des occupations qui avaient de l'intérêt, parce qu'elles avaient un but utile. De grands défrichements, la construction d'une manufacture, celle d'un hospice, occupaient une partie de ses matinées ; d'autres heures étaient employées dans son cabinet à écrire des mémoires sur quelques parties de sa vie plus consacrées aux affaires publiques. Le soir, tous réunis dans le salon, M. le maréchal d'Olonne animait l'entretien par ses souvenirs ou ses projets ; les gazettes, les lectures, fournissaient aussi à la conversation, et jamais un moment d'humeur ne trahissait les regrets de l'ambition dans le grand seigneur exilé, ni le dépit dans la victime d'une injustice. Cette simplicité, cette égalité d'âme n'étaient point un ef-

fort dans M. le maréchal d'Olonne. Il était si naturellement au dessus de toutes les prospérités et de tous les revers de la fortune, qu'il ne lui en coûtait rien de les dédaigner, et si la faiblesse humaine, se glissant à son insu dans son cœur, y eût fait entrer un regret de la vanité, il l'aurait raconté naïvement, et s'en serait moqué le premier. Cette grande bonne foi d'un caractère élevé est un des spectacles les plus satisfaisants que l'homme puisse rencontrer; il console et honore ceux mêmes qui ne sauraient y atteindre. Je parlais un jour avec admiration à madame de Nevers du caractère de son père. « Vous avez, me dit-elle, tout ce qu'il faut pour le comprendre; le monde admire ce qui est bien, mais c'est souvent sans savoir pourquoi; ce qui est doux, c'est de retrouver dans une autre âme tous les éléments de la sienne : et quoi qu'on fasse, dit-elle, ces âmes se rapprochent; on veut en vain les séparer ! — Ne dites pas cela, lui répondis-je, je vous prouverais trop aisément le contraire. — Peut-être ce que vous me diriez fortifierait mon raisonnement, reprit-elle; je ne veux pas le savoir. » Elle se rapprocha de l'abbé Tercier, qui était sa ressource pour ne pas rester seule avec moi. Il était impossible qu'elle ne vit pas que je l'adorais; quelquefois j'oubliais l'obstacle éternel qui nous séparait. Dans cette solitude, le bonheur était le plus fort. La voir, l'entendre, marcher près d'elle, sentir son bras s'appuyer sur le mien, c'étaient autant de délices auxquelles je m'abandonnais avec transport. Il faut avoir aimé pour savoir jusqu'où peut aller l'imprévoyance. Il semble que la vie soit concentrée dans un seul point, et que tout le reste ne se présente plus à l'esprit que comme des images effacées. C'est avec effort que l'on porte sa pensée sur d'autres objets; et dès que l'effort cesse, on rentre dans la nature de la passion, dans l'oubli de tout ce qui n'est pas elle. Quelquefois je croyais que madame de Nevers n'était pas insensible à un sentiment qui ressemblait si peu à ce qu'elle avait pu inspirer jusqu'alors; mais, par la bizarrerie de ma situation, l'idée d'être aimé, qui aurait dû me combler de joie, me glaçait de crainte. Je ne mesurais qu'alors la distance qui nous séparait; je ne sentais qu'alors de combien de manières il était impossible que je fusse heureux. Le remords aussi entrait dans mon âme avec l'idée qu'elle pouvait m'aimer. Jusqu'ici je l'avais adorée en secret, sans but, sans projets, et sachant bien que cette passion ne pouvait me conduire qu'à ma perte; mais enfin je n'étais responsable à personne du choix que je faisais pour moi-même. Mais si j'étais aimé d'elle, combien je deviendrais coupable ! Quoi ! je serais venu chez M. le maréchal d'Olonne, il m'aurait traité comme son fils, et je n'aurais usé de la confiance qu'il admettait avec lui que pour adorer sa fille, pour m'en faire aimer, pour la précipiter peut-être dans les tourments d'une passion sans espoir! Cette liaison me paraissait indigne de moi, et l'idée d'être aimé qui m'enivrait ne pouvait pourtant m'aveugler au point de voir une excuse possible à une telle conduite; mais là encore l'amour était le plus fort, il n'effaçait pas mes remords, mais il m'ôtait le temps d'y penser. D'ailleurs la certitude d'être aimé était bien loin de moi, et le temps s'écoulait comme il passe à vingt-trois ans, avec une passion qui vous possède entièrement. Un soir la chaleur était étouffante; on n'avait pu sortir de tout le jour; le soleil venait de se coucher, et l'on avait ouvert les fenêtres pour obtenir un peu de fraîcheur. M. le maréchal d'Olonne, l'abbé, et deux hommes d'une petite ville voisine assez instruits, étaient engagés dans une conversation sur l'économie politique; ils agitaient depuis une heure la question du commerce des grains, et cela faisait une de ces conversations pesantes où l'on parle longuement, où l'on suit un raisonnement, où les arguments s'enchaînent, et où l'attention de ceux qui écoutent est entièrement absorbée; mais rien aussi n'est si favorable à la rêverie de ceux qui n'écoutent pas; ils savent qu'ils ne seront pas interrompus, et qu'on est trop occupé pour songer à eux. Madame de Nevers s'était assise dans l'embrasure des fenêtres pour respirer l'air frais du soir; un grand jasmin qui tapissait le mur de côté du château, montait dans la fenêtre, et s'entrelaçait dans le balcon. Debout, à deux pas derrière elle, je voyais son profil charmant se dessiner sur un ciel d'azur, encore doré par les derniers rayons du couchant; l'air était rempli de ces petites particules brillantes qui nagent dans l'atmosphère à la fin d'un jour chaud de l'été; les coteaux, la rivière, la forêt étaient enveloppés d'une vapeur violette qui rendait plus le jour, et qui n'était pas encore l'obscurité. Une vive émotion s'empara de mon cœur. De temps en temps un souffle d'air arrivait à moi; il m'apportait le parfum du jasmin, et ce souffle embaumé semblait s'exhaler de celle qui m'était si chère! Je le respirais avec avidité. La paix de nos campagnes, l'heure, le silence, l'expression de ce doux visage, si fort en harmonie avec ce qui m'entourait, tout m'enivrait d'amour. Mais bientôt mille réflexions douloureuses se présentèrent à moi. Je l'adore, pensai-je, et je suis pour jamais séparé d'elle! Elle est là; je passe ma vie près d'elle, elle lit dans mon cœur, elle devine mes sentiments, elle les voit peut-être sans colère : eh bien! jamais, jamais, nous ne serons rien l'un à l'autre! La barrière qui nous sépare est insurmontable, je ne puis que l'adorer; le mépris la poursuivrait dans mes bras! et cependant nos cœurs sont faits l'un pour l'autre. Et n'est-ce pas là peut-être ce qu'elle a voulu dire l'autre jour! Un mouvement irrésistible me rapprocha d'elle; j'allai m'asseoir sur cette même fenêtre où elle était assise, et j'appuyai ma tête sur le balcon. Mon cœur était trop plein pour parler. « Édouard, me dit-elle, qu'avez-vous? — Ne le savez-vous pas? » lui dis-je. Elle fut un moment sans répondre; puis elle me dit : « Il est vrai, je le sais ; mais si vous ne voulez pas m'affliger, ne soyez pas ainsi malheureux. Quand vous souffrez, je souffre avec vous ; ne le savez-vous pas aussi ? — Je devrais être heureux de ce que vous me dites, répondis-je, et cependant je ne le puis. — Quoi! dit-elle, si nous passions notre vie comme nous avons passé ces deux mois, vous seriez malheureux? » Je n'osai lui dire que oui ; je cueillis des fleurs de ces jasmins qui l'entouraient, et qu'on ne distinguait plus qu'à peine; je les lui donnai, je les lui repris ; puis je les couvris de mes baisers et de mes larmes. Bientôt j'entendis qu'elle pleurait, et je fus au désespoir. « Si vous êtes malheureuse, lui dis-je, combien je suis coupable! Dois-je donc vous fuir? — Ah! dit-elle, il est trop tard. — On apporta des lumières ; je m'enfuis du salon; je me trouvais à plaindre, et pourtant j'étais si heureux, que mon âme était entièrement bouleversée. Je sortis du château, mais sans pouvoir m'en éloigner; j'errais sur les terrasses, je m'appuyais sur ces murs qui renfermaient madame de Nevers, et je m'abandonnais à tous les transports de mon cœur. Être aimé, aimé d'elle! elle me l'avait presque dit ; mais je ne pouvais le croire. Elle a pitié de moi, me disais-je, voilà tout ; mais n'est-ce pas là assez pour être heureux? Elle n'était plus à la fenêtre ; je vis de la lumière dans une tour qui formait l'un des angles du château. Cette lumière venait d'un cabinet d'étude qui dépendait de l'appartement de madame de Nevers. Un escalier tournant, pratiqué dans une tourelle, conduisait de la terrasse à ce cabinet. La porte était ouverte ; je m'en rapprochai involontairement ; mais à peine eus-je franchi les premières marches que je m'arrêtai tout à coup. Que vais-je faire? pensai-je ; je vais déplaire, peut-être l'irriter! Je m'assis sur les marches ; mais bientôt, entraîné par ma faiblesse, je montai plus haut. Je n'entrerai pas, me disais-je ; je resterai à la porte, je l'entendrai seulement, et je me sentirai près d'elle. Je m'assis sur la dernière marche, à l'entrée d'une petite pièce qui précédait le cabinet. Madame de Nevers était dans le cabinet! Bientôt je l'entendis marcher, puis s'arrêter, puis marcher encore ; mon cœur plein d'elle battait dans mon sein avec une affreuse violence. Je me levai, je me rassis, sans savoir ce que je voulais faire. En ce moment sa porte s'ouvrit : « Agathe, dit-elle, est-ce vous? Non, répondis-je ; me pardonnerez-vous? J'ai vu de la lumière dans ce cabinet, j'ai pensé que vous y étiez, mais je ne sais comment je suis ici. — Édouard, dit-elle, venez ; j'allais vous écrire ; il vaut mieux que je vous parle, et peut-être que j'aurais dû vous parler plus tôt. » Je vis qu'elle avait pleuré. — « Je suis bien coupable, lui dis-je ; je vous offense en vous aimant, et cependant, que puis-je faire? Je n'espère rien, je ne demande rien, je suis trop bien convaincu que je suis malheureux. Mais dites-moi seulement que si le sort m'eût fait votre égal, vous ne m'eussiez pas défendu de vous aimer? — Pourquoi ce doute, me dit-elle ; ne savez-vous pas, Édouard, que je vous aime? nos deux cœurs se sont donnés l'un à l'autre en même temps ; je ne me suis fait aucune illusion sur la folie de cet attachement, je sais qu'il ne peut que nous perdre. Mais comment fuir sa destinée? l'absence eût guéri un homme ordinaire ; j'ai près de mon amie chercher de l'appui contre cette passion, cette passion qui fera, peut-être, Édouard, le malheur de tous deux. Eugénie employa toute la force de sa raison pour me démontrer la nécessité de combattre mes sentiments. Hélas! ignorais-je tout ce qui nous sépare? je crus qu'elle m'avait persuadée, je revins à Paris, armée de la sagesse plus que de la mienne. Je pris la résolution de vous fuir; je cherchai la distraction dans le monde où j'étais sûre de ne pas vous trouver.

Quelle profonde indifférence je portais dans tous ces lieux où vous n'étiez pas, où vous ne pouviez jamais venir! Ces portes s'ouvraient sans cesse, et ce n'était jamais pour vous. Le duc de L. me plaisantait souvent sur mes distractions. En effet, je sentais bien que je pouvais obéir aux conseils d'Eugénie, me conduire ma personne au bal ; mais, Édouard, n'avez-vous jamais senti que mon âme était errante autour de vous, que la meilleure moitié de mon moi-même restait près de vous, qu'elle ne pouvait pas vous quitter! » — Je tombai à ses pieds. Je ne sus que la serrer dans mes bras! Mais je n'avais que de froides paroles pour peindre les transports de mon cœur. Je lui redis mille fois que j'étais heureux, que je défiais tous les malheurs de m'atteindre; que ma vie se passerait près d'elle à l'aimer, à lui obéir ; que je saurais lui imposer silence, qu'elle me serait facile. En effet, mes chagrins, mes remords, son rang, ma position, la distance qui nous séparait, tout avait disparu ; il me semblait que je pouvais tout supporter, tout braver, et que j'étais inaccessible à tout ce qui n'est pas l'ineffable joie d'être aimé de madame de Nevers. « Je ne veux pas imposer qu'une loi, me dit-elle, c'est la prudence. Que mon père ne puisse jamais soupçonner ses sentiments : vous savez assez que s'il en avait la moindre idée, il se croirait profondément offensé ; son bonheur, son repos, la paix de notre intérieur seraient détruits sans retour. C'est de cela que je voulais vous parler, ajouta-t-elle en rougissant ; voyez, Édouard, si je dois ainsi

rester seule avec vous? Je vous ai dit tout ce que je ne voulais pas vous dire; hélas! nous ne savons que trop bien à présent ce qui est au fond de nos cœurs! ne nous voyons plus seuls. — Je vais vous quitter, lui dis-je, ne m'enviez pas cet instant de bonheur; est-il donc déjà fini? » L'enchantement d'être aimé suspendit en moi pour quelques jours toute espèce de réflexion; j'étais devenu incapable d'en faire. Chacune des paroles de madame de Nevers s'était gravée dans mon souvenir, et y remplaçait mes propres pensées; je les répétais sans cesse, et le même sentiment de bonheur les accompagnait toujours. J'oubliais tout : tout se perdait dans cette idée ravissante que j'étais aimé; que nos deux cœurs s'étaient donnés l'un à l'autre en même temps; que, malgré tous nos efforts, elle n'avait pu se détacher de moi; qu'elle m'aimait; qu'elle avait accepté mon amour; que ma vie s'écoulerait près d'elle; que la certitude d'être aimé me tiendrait lieu de tout bonheur. Je le croyais de bonne foi, et il me paraissait impossible que la félicité humaine pût aller au delà de ce que madame de Nevers venait de me faire éprouver, lorsqu'elle m'avait dit que, même absente, son âme était errante autour de moi.

Cet enivrement aurait peut-être duré longtemps, si M. le maréchal d'Olonne, qui se plaisait à louer ceux qu'il aimait, n'eût voulu un soir faire mon éloge. Il parlait à quelques voisins qui avaient dîné à Faverange, et, quoique j'eusse essayé de sortir dès le commencement de la conversation, il m'avait forcé de rester. Ah! quel supplice il m'imposait! m'entendre vanter pour ma délicatesse, pour ma reconnaissance, pour mon dévoûment! Il n'en fallait pas tant pour rappeler ma raison égarée, et pour faire rentrer le remords dans mon âme. Il s'en empara avec violence, et me déchira d'autant plus que j'avais pu l'oublier un moment. Mais par une bizarrerie de mon caractère, j'éprouvai une sorte de joie de voir que pourtant je sentais encore ce que devait sentir un homme d'honneur; que la passion m'entraînait sans m'aveugler, et que du moins madame de Nevers ne m'avait pas encore ôté le regret des vertus que je perdais pour elle. J'essayai de me dire qu'un jour je la fuirais. Fuir madame de Nevers! m'en séparer! Je ne pouvais en soutenir la pensée, et cependant j'avais besoin de me dire dans l'avenir j'étais capable de ce sacrifice. Non, je ne l'étais pas; j'ai senti plus tard que m'arracher d'auprès d'elle, c'était aussi m'arracher la vie. Il était impossible qu'un cœur déchiré, comme l'était le mien pût donner ni recevoir un bonheur paisible. Madame de Nevers me reprochait l'inégalité de mon humeur; elle qui n'avait besoin que d'aimer pour être heureuse, tout était facile de sa part : c'était elle qui faisait les sacrifices. Mais moi qui l'adorais qui étais certain de ne la posséder jamais! Dévoré de remords, obligé de cacher à tous les yeux cette passion sans espoir, qui ferait ma honte si le hasard la dévoilait à M. le maréchal d'Olonne, que me dirait-il? Que je devais fuir. Il aurait raison, et je sentais que je n'avais d'autre excuse qu'une faiblesse indigne d'un honnête homme, indigne de mon père, indigne de moi-même; mais cette faiblesse me maîtrisait entièrement; j'adorais madame de Nevers, et un de ses regards payait toutes mes douleurs; grand Dieu! je n'ose dire qu'il effaçait tous mes remords. On passait ordinairement les matinées dans une grande bibliothèque que M. le maréchal d'Olonne avait fait arranger depuis qu'il était à Faverange. On venait de recevoir de Paris plusieurs caisses remplies de livres, de gravures, de cartes géographiques, et un globe fort grand et fort beau nouvellement tracé d'après les découvertes encore récentes de Cook et de Bougainville. Tous ces objets avaient été placés sur des tables, et M. le maréchal d'Olonne, après les avoir examinés avec soin, sortit, emmenant avec lui l'abbé Tercier. Je demeurai seul avec madame de Nevers, et nous restâmes quelque temps debout devant une table à faire tourner ce globe avec l'espèce de rêverie qu'inspire toujours l'image, même abrégée, de ce monde que nous habitons. Madame de Nevers fixa ses regards sur le grand océan pacifique et sur l'archipel des îles de la Société, et elle remarqua cette multitude de petits points qui ne sont marqués que comme des écueils. Je lui racontai quelque chose du voyage de Cook que je venais de lire, et des dangers qu'il avait courus dans ces régions inconnues par ces bancs de corail qui nous voyons figurés sur le globe, et qui entourent cet archipel comme pour lui servir de défense contre l'Océan. J'essayai de décrire à madame de Nevers quelques-unes de ces îles charmantes; elle me montra du doigt une des plus petites, située au nord du tropique et entièrement isolée. « Celle-ci, lui dis-je, est déserte, mais elle mériterait des habitants; le soleil ne la brûle jamais; de grands palmiers l'ombragent; l'arbre à pain, le bananier, l'ananas y produisent inutilement leurs plus beaux fruits; ils mûrissent dans la solitude; ils tombent, et personne ne les recueille. On n'entend d'autre bruit dans cette retraite que le murmure des fontaines et le chant des oiseaux; on n'y respire que le doux parfum des fleurs : tout est harmonie, tout est bonheur dans ce désert. Ah! lui dis-je, il devrait servir d'asile à ceux qui s'aiment. Là, on serait heureux des seuls biens de la nature, on ne connaîtrait pas la distinction des rangs ni l'infériorité de la naissance! Là, on n'aurait pas besoin de porter d'autres noms que ceux que l'amour donne, on ne serait pas déshonoré de porter le nom de ce qu'on aime! » Je tombai sur une chaise en disant ces mots, je cachai mon visage dans mes mains, et je sentis bientôt qu'il était baigné de mes larmes; je n'osais lever les yeux sur madame de Nevers. « Edouard, me dit-elle, est-ce un reproche? Pouvez-vous croire que j'appellerais un sacrifice ce qui me donnerait à vous? Sans mon père, croyez-vous que j'eusse hésité. » — Je me prosternai à ses pieds; je lui demandai pardon de ce que j'avais osé lui dire : « Lisez dans mon cœur, lui dis-je; concevez, s'il est possible, une partie de ce que je souffre, de ce que je vous cache; si vous me plaignez, je serai moins malheureux. » Cette île imaginaire devint l'objet de toutes mes rêveries; dupe de mes propres fictions, j'y pensais sans cesse; j'y transportais une idée folle que j'aimais : là, elle m'appartenait; là, elle était à moi, toute à moi! Je vivais de ce bonheur chimérique; je la fuyais elle-même pour la retrouver dans cette création de mon imagination, où loin de ces lois sociales, cruelles et impitoyables; je me livrais à de folles illusions d'amour, qui me consolaient un moment, pour m'accabler ensuite d'une nouvelle et plus poignante douleur. Il était impossible que ces violentes agitations n'altérassent pas ma santé; je me sentais dépérir et mourir; d'affreuses palpitations me faisaient croire quelquefois que j'en touchais à la fin de ma vie, et j'étais si malheureux que j'en voyais le terme avec joie. Je fuyais madame de Nevers; je craignais de rester seul avec elle, de l'offenser peut-être en lui montrant une partie des tourments qui me déchiraient. Un jour elle me dit que je lui tenais mal la promesse que je lui avais faite d'être heureux du seul bonheur d'être aimé d'elle. « Vous êtes mauvais juge de ce que je souffre, lui dis-je, et je ne veux pas vous l'apprendre; le bonheur n'est pas fait pour moi, je n'y prétends pas; mais dites-moi seulement, dites-moi une fois que vous me regretterez quand je ne serai plus; que ce tombeau qui me renfermera bientôt attirera quelquefois vos pas; dites que vous eussiez souhaité qu'il n'y eût pas d'obstacle entre nous. » — Je la quittai sans attendre sa réponse; je n'étais plus maître de moi; je sentais que je lui dirais peut-être ce que je ne voulais pas lui dire; et la crainte de lui déplaire régnait dans mon âme autant que mon amour et que ma douleur. Je m'en allai dans la campagne : je marchais des journées entières, dans l'espérance de fuir deux pensées déchirantes qui m'assiégeaient tour-à-tour; l'une, que je ne posséderais jamais celle que j'aimais; l'autre, que je manquais à l'honneur en restant chez M. le maréchal d'Olonne. Je voyais l'ombre de mon père me reprocher ma conduite, me demander si c'était là le fruit de ses leçons et de ses exemples. Puis à cette vision terrible succédait la douce image de madame de Nevers; je ranimais pour un moment ma triste vie; je fermais les yeux pour que rien ne vînt me distraire d'elle. Je la voyais, je me pénétrais d'elle; elle devenait comme la réalité, elle me souriait, elle me consolait, elle calmait par degrés mes douleurs, elle apaisait mes remords. Quelquefois je trouvais le sommeil dans les bras de cette ombre vaine; mais, hélas! j'étais seul à mon réveil! O mon Dieu! si vous m'eussiez donné seulement quelques jours de bonheur! Mais jamais, jamais! tout était inutile; et ces deux cœurs formés l'un pour l'autre, pétris du même limon, pénétrés du même amour, le sort impitoyable les séparait pour toujours! Un soir, revenant d'une de ces longues courses, je m'étais assis à l'extrémité de la Châtaigneraie, dans l'enceinte du parc, mais cependant fort loin du château. J'essayais de me calmer avant que de rentrer chez soi et de rencontrer les regards de M. le maréchal d'Olonne, lorsque je vis de loin madame de Nevers qui s'avançait vers moi; elle marchait lentement sous les arbres, plongée dans une rêverie dont j'osai me croire l'objet: elle avait ôté son chapeau, ses beaux cheveux tombaient en boucles sur ses épaules; son vêtement léger flottait autour d'elle; son joli pied se posait sur la mousse si légèrement qu'il ne foulait même pas; elle ressemblait à la nymphe de ces bois; je la contemplais avec délices; jamais je ne m'étais encore senti entraîné vers elle avec autant de violence; le désespoir auquel je m'étais livré tout le jour avait redoublé l'empire de la passion dans mon cœur. Elle vint à moi, et dès que j'entendis le son de sa voix, il me sembla que je reprenais un peu de pouvoir sur moi-même. « Où avez-vous donc passé la journée? me demanda-t-elle, ne craignez-vous pas que mon père ne soit étonné de ces longues absences? — Qu'importe? lui répondis-je, mon absence bientôt sera éternelle. — Edouard, me dit-elle, est-ce donc là les promesses que vous m'aviez faites? — Je ne sais ce que j'ai promis, lui dis-je; mais la vie m'est à charge, je ne l'ai plus d'avenir, et je ne vois de repos que dans la mort. Pourquoi s'en effrayer? lui dis-je, elle sera plus bienfaisante pour moi que la vie; il n'y a pas de rangs dans la mort, je n'y retrouverai pas l'infériorité de ma naissance qui m'empêche d'être à vous, ni mon nom obscur; tous portent le même nom dans le tombeau! Mais l'âme ne meurt pas, elle aime encore après la vie, elle aime toujours. Pourquoi dans cet autre monde ne serions-nous pas unis? — Nous serons dans celui-ci, me dit-elle. Edouard, mon parti est pris; je serai à vous, je serai votre femme. Hélas! c'est mon bonheur aussi bien que le vôtre que je veux! Mais dites-moi que je ne verrai plus votre visage pâle et décomposé comme il l'est depuis quelque temps; dites-moi que vous reprendrez à la vie, à l'espérance; dites-moi que vous serez heureux. — Jamais! m'écriai-je avec désespoir. Grand Dieu! c'est donc quand vous me proposez le comble de la félicité,

que je dois me trouver le plus malheureux de tous les hommes ! Moi ! vous épouser ! moi ! vous faire déchoir ! vous rendre l'objet du mépris, changer l'éclat de votre rang contre mon obscurité ! vous faire porter mon nom inconnu ! — Eh ! qu'importe ? dit-elle, j'aime mieux ce nom que tous ceux de l'histoire ; je m'honorerai de le porter, il est le nom de ce que j'aime. Edouard ! ne sacrifiez pas notre bonheur à une fausse délicatesse. — Ah ! ne me parlez pas de bonheur, lui dis-je ; point de bonheur avec la honte ! Moi ! trahir l'honneur ! trahir M. le maréchal d'Olonne ! je ne pourrais seulement soutenir son regard ! Déjà je voudrais me cacher à ses yeux ! de quelle juste indignation ne m'accablerait-il pas ! Le déshonneur ! c'est comme l'impossible ; rien à ce prix. — Eh bien ! Edouard, dit-elle, il faudra donc nous séparer ? — Je demeurai anéanti. — Vous voulez ma mort, lui dis-je, vous avez raison, elle seule peut tout arranger. Oui, je vais partir ; je me ferai soldat, je n'aurai pas besoin pour cela de prouver ma noblesse, j'irai me faire tuer. Ah ! que la mort me soit douce ! je bénirais celui qui me la donnerait en ce moment. — Je ne regardais pas madame de Nevers en prononçant ces affreuses paroles. Hélas ! la vie semblait l'avoir abandonnée. Pâle, glacée, immobile, je crus un moment qu'elle n'existait plus ; je compris alors qu'il y avait encore d'autres malheurs que ceux qui m'accablaient ! A ses pieds j'implorai son pardon ; je repris toutes mes paroles, je lui jurai de vivre, de vivre pour l'adorer, son esclave, son ami, son frère ; nous inventions tous les deux noms qui nous étaient permis. « Viens, me dit-elle, en se jetant à genoux ; prions ensemble ; demandons à Dieu de nous aimer dans l'innocence, de nous aimer ainsi jusqu'à la mort ! » — Je tombai à genoux à côté d'elle : j'adorai cet ange presque autant que Dieu même ; elle était un souffle émanée de lui ; elle avait la beauté, l'angélique pureté des enfants du ciel. Comment un désir coupable m'aurait-il atteint près d'elle ? elle était le sanctuaire de tout ce qui était pur. Mais loin d'elle, hélas ! je redevenais homme, et j'aurais voulu la posséder ou mourir. Nous entrâmes bientôt dans la lutte la plus singulière et la plus pénible ; elle, pour me déterminer à l'épouser ; et moi, pour lui prouver que l'honneur me défendait cette félicité que j'eusse payée de mon sang et de ma vie. Que ne me dit-elle pas pour me faire accepter le don de sa main ! Le sacrifice de son nom, de son rang ne lui coûtait rien ; elle me le disait, et j'en étais sûr. Tantôt elle m'offrait la peinture séduisante de notre vie intérieure. « Retirés, disait-elle, dans notre humble asile, au fond de nos montagnes, heureux de notre amour, en paix avec nous-mêmes, saurons-nous seulement si l'on nous blâme dans le monde ? » — Et elle disait vrai, et je connaissais assez la simplicité de ses goûts pour être certain qu'elle eût été heureuse, sous notre humble toit, avec mon amour et l'innocence. Quelquefois elle me disait : « Il se peut que j'offense, en vous aimant, les convenances sociales, mais je n'offense aucune des lois divines ; je suis libre, vous l'êtes aussi, ou plutôt nous ne le sommes plus ni l'un ni l'autre. Y a-t-il, Edouard, un lien plus sacré que notre attachement, et notre nôtre ? Que ferions-nous dans la vie maintenant, si nous n'étions pas unis ? Pourrions-nous faire le bonheur de personne ? » Je ne puis dire ce que me faisait éprouver un pareil langage : je n'étais pas séduit, je n'étais pas même ébranlé ; mais je l'écoutais comme un prête l'oreille à des sons harmonieux qui bercent et endorment ses douleurs. Je n'essayais pas de lui répondre, je l'écoutais, et ses paroles enchanteresses tombaient comme un baume sur mes blessures. Mais, par une bizarrerie que je ne saurais expliquer, quelquefois ces mêmes paroles produisaient en moi un effet tout contraire, et elles me jetaient dans un profond désespoir. Inconséquence des passions ! le bonheur d'être aimé me consolait de tout, ou mettait le comble à mes maux. Madame de Nevers quelquefois feignait de douter de mon amour : « Vous m'aimez bien peu, disait-elle, si je ne vous console pas des mépris du monde. — J'oublierais tout à vos pieds, lui disais-je, hors le déshonneur, hors le blâme dont je ne pourrais pas vous sauver. Je le sais bien, que les maux de la vie ne vous atteindraient pas dans mes bras ; mais le blâme n'est pas comme les autres blessures, sa pointe aiguë arriverait à mon cœur avant que de passer au vôtre ; mais elle vous frapperait malgré moi, et j'en serais la cause. De quel nom ne flétrirait-on pas le sentiment qui nous lie ? Je serais un vil séducteur, et vous une fille dénaturée. Ah ! n'acceptons pas le bonheur au prix de l'infamie ! Tâchons de vivre encore comme nous vivons, ou laissez-moi vous fuir et mourir. Je quitterai la vie sans regret : j'ai-t-elle qui me retienne ? Je désire la mort plutôt ; je ne sais quel pressentiment me dit que nous serons unis après la mort, qu'elle sera le commencement de notre éternelle union. » Nos larmes finissaient ordinairement de telles conversations, et quoique le sujet en fût si triste, elles portaient en elles je ne sais quelle douceur qui vient de l'amour même. Il est impossible d'être tout-à-fait malheureux quand on s'aime, qu'on se le dit, qu'on est près l'un de l'autre. Ce bien-être ineffable que donne la passion ne saurait être détruit que par le changement de ceux qui l'éprouvent ; car la passion est plus forte que tous les malheurs qui ne viennent pas d'elle-même.

Cependant nous sentions la nécessité de nous distraire quelquefois de ces pensées douloureuses pour conserver la force de les supporter. Nous essayâmes de lire ensemble, de fixer sur d'autres objets que nous-mêmes nos idées et nos réflexions ; mais l'imagination préoccupée par l'amour ressemble à cette forêt enchantée que nous peint Le Tasse, et dont toutes les issues ramenaient toujours dans le même lieu. La passion répond à tout, et tout ramène à elle. Si nous trouvions dans nos lectures quelques sentiments exprimés avec vérité, c'est qu'ils nous rappelaient les nôtres ; si les descriptions de la nature avaient quelque charme pour nous, c'est qu'elles retraçaient à nos cœurs l'image de la solitude où nous eussions voulu vivre. Je trouvais à madame de Nevers la beauté et la modestie de l'Ève de Milton, la tendresse de Juliette, et le dévouement d'Emma. La passion qui produit tous les fruits de la faiblesse est cependant ce qui met l'homme de niveau avec tout ce qui est grand, noble, élevé. Il nous semblait quelquefois que nous étions capables de tout ce que nous lisions de sublime ; rien ne nous étonnait, et l'idéal de la vie nous semblait l'état naturel de nos cœurs, tant nous vivions facilement dans cette sphère élevée des sentiments généraux. Mais quelquefois aussi, un mot qui nous rappelait trop vivement notre propre situation, ou ces tableaux touchants de l'amour dans le mariage, qu'on rencontre si fréquemment dans la poésie anglaise, me précipitaient du faîte de mes illusions dans un violent désespoir. Madame de Nevers alors me consolait, essayait de nouveau de me convaincre qu'il n'était pas impossible que nous fussions heureux, et la même lutte se renouvelait entre nous, et apportait avec elle les mêmes douleurs et les mêmes consolations. Il y avait environ six mois que M. le maréchal d'Olonne était à Faverange, et nous touchions aux derniers jours de l'automne, lorsqu'un soir comme on allait se retirer, on entendit un bruit inaccoutumé autour du château : les chiens aboyaient, les grilles s'ouvraient, les chaînes des ponts faisaient entendre leur claquement en s'abaissant, les fouets des postillons, le hennissement des chevaux, tout annonçait l'arrivée de plusieurs voitures en poste. Je regardai madame de Nevers : le même pressentiment nous avait fait pâlir tous deux, mais n'en eûmes pas le temps à nous communiquer notre pensée ; la porte s'ouvrit, et le duc de L. et le prince d'Enrichemont parurent. Leur présence disait tout ; car M. le maréchal d'Olonne avait annoncé qu'il ne voulait recevoir aucune visite tant que durerait son exil, et il n'était venu à Faverange que deux ou trois vieux amis, qui même n'y avaient fait que peu de séjour. M. le maréchal d'Olonne était en effet rappelé. Le duc de L. lui annonça avec le bon cœur et la bonne grâce qu'il mettait à tout, et le prince d'Enrichemont recommença à dire toutes ces choses convenables que madame de Nevers ne pouvait lui pardonner. Il en avait toujours de prêtes pour la joie comme pour la douleur, et il n'en fut point avare en cette occasion. Il s'adressait plus particulièrement à madame de Nevers ; elle répondit en plaisantant ; la conversation s'animait entre eux, et je retrouvais ses anciennes souffrances que je ne connaissais plus depuis six mois ; seulement elles me paraissaient encore plus cruelles par le souvenir du bonheur dont j'avais joui près de madame de Nevers, seul en possession du moins de ce charme de sociabilité qui n'appartenait qu'à elle : à présent il fallait le partager avec ces nouveaux venus ; et pour que rien ne me manquât, je retrouvais encore leur politesse ; cérémonieuse de la part du prince d'Enrichemont, cordiale de la part du duc de L. ; mais enfin, me faisant toujours ressouvenir, et de ce qu'ils étaient, et de ce que j'étais moi-même. La conversation s'établit sur les nouvelles de la société, sur Paris, sur Versailles. Il était simple que M. le maréchal d'Olonne fût curieux de savoir mille détails que personne depuis longtemps n'avait pu lui apprendre ; mais j'éprouvais un sentiment de souffrance, inexprimable en me sentant si étranger à ce monde, dans lequel madame de Nevers allait de nouveau passer sa vie. Le prince d'Enrichemont conta que la reine avait dit qu'elle espérait que madame de Nevers serait de retour pour le premier bal qu'elle donnerait à Trianon. Le duc de L. parla du voyage de Fontainebleau qui venait de finir. Je ne pouvais m'étonner que madame de Nevers s'occupât de personnes qu'elle connaissait, de la société dont elle faisait partie ; mais cette conversation était si différente de celles que nous avions ordinairement ensemble, qu'elle me faisait l'effet d'une langue inconnue, et j'éprouvais une sensation pénible en voyant cette langue si familière à celle que j'aimais. Hélas ! j'avais oublié qu'elle était la sienne, le doux langage de l'amour que nous parlions depuis si longtemps avait effacé tout le reste. Le duc de L. qu'on ne fixait jamais longtemps sur le même sujet revint à parler de Faverange, et s'engoua de ce qu'il voyait, de l'aspect du château par le clair de lune, de l'escalier gothique, surtout de la salle où nous étions. Il admira la vieille boiserie de chêne, noir et poli comme l'ébène, qui portait dans chacun de ses panneaux un chevalier armé de toute pièce, sculpté en relief, avec le nom et la devise du chevalier, sculptés aussi au bas du panneau. Le duc de L. lut les devises, et plaisanta sur la délivrance de madame de Nevers. enfermée dans ce donjon gothique comme une princesse du temps de la chevalerie. Il lui demanda si elle ne s'était pas bien ennuyée depuis six mois. « Non sans doute, dit-elle, je ne me suis jamais trouvée plus heureuse, et je suis sûre que mon père n'a quitté Faverange avec regret. — Oui, dit M. le maréchal d'Olonne, le souvenir du temps que j'ai passé ici sera toujours un des plus doux de ma vie. Il y a deux manières d'être heu-

reux, ajouta M. le maréchal d'Olonne : on l'est par le bonheur qu'on éprouve, ou par celui qu'on fait éprouver : s'occuper du perfectionnement moral et du bien-être physique d'un grand nombre d'hommes est certainement la source des jouissances les plus pures et les plus durables; car le plaisir dont on se lasse le moins est celui de faire le bien, et surtout un bien qui doit nous survivre. » — Je fus frappé au dernier point de ce peu de paroles. Une pensée traversa mon esprit. Quoi! M. le maréchal d'Olonne, si je lui ravissais sa fille, aurait encore une autre manière d'être heureux; et moi, grand Dieu! en perdant madame de Nevers, je sentais que tout était fini pour moi dans la vie : avenir, repos, vertu même, tout me devenait indifférent; et jusqu'à ce fantôme d'honneur auquel je me sacrifiais, je sentais qu'il ne me serait plus rien si je me séparais d'elle. La mort seule alors deviendrait ma consolation et mon but : rien n'était plus rien pour moi dans le monde, le monde lui-même n'était plus qu'un désert et un tombeau. Cette idée que M. le maréchal d'Olonne serait heureux sans sa fille était le piège le plus dangereux qu'on eût encore pu m'offrir. Deux jours après l'arrivée des deux amis, M. le maréchal d'Olonne quitta Faverange. Avec quelle douleur je m'arrachai de ce lieu où madame de Nevers m'avait avoué qu'elle m'aimait! Je ne partis que quelques heures après elle; je les employai à dire un tendre adieu à tout ce qui restait d'elle. J'entrai dans le cabinet de la tour, dans ce cabinet où elle n'était plus; je me mis à genoux devant le siége qu'elle occupait; je baisais ce qu'elle avait touché; je m'emparais de ce qu'elle avait oublié; je pressais sur mon cœur ces vestiges qu'avait laissés sa présence; hélas! c'était tout ce qu'il m'était permis de posséder d'elle, mais ils m'étaient chers comme elle-même, et je ne pouvais m'arracher de ces murs qui l'avaient entourée, de ce siége où elle s'était assise, de cet air qu'elle avait respiré. Je savais bien que je serais moins avec elle où j'allais la retrouver, que je ne l'étais en ce moment, dans cette solitude remplie de son image; un triste pressentiment me disait que j'avais passé à Faverange les seuls jours heureux que le ciel m'eût destinés.

En arrivant à l'hôtel d'Olonne, j'éprouvai un premier chagrin : madame de Nevers était sortie. Je parcourus ces grands salons déserts avec une profonde tristesse. Le souvenir de la mort de mon père se réveilla dans mon cœur. Je ne sais pourquoi cette maison semblait me présager de nouveaux malheurs. J'allai dans ma chambre: j'y retrouvai le portrait de madame de Nevers enfant; sa vue me consola un peu, et je restai à le contempler jusqu'à l'heure du souper. Alors je descendis dans le salon; je le trouvai plein de monde. Madame de Nevers faisait les honneurs de ce cercle avec sa grâce accoutumée, mais je ne sais quel nuage de tristesse couvrait son front. Quand elle m'aperçut, il se dissipa tout-à-coup. Magie de l'amour! j'oubliai toutes mes peines; je me sentis fier de ces succès, de l'admiration qu'on montrait pour elle; si j'eusse pu lui ôter une nuance de ce rang qui nous séparait pour toujours, je n'y aurais pas consenti. En ce moment, je jouissais de la voir au dessus de tous, encore plus que je ne souhaitais de la posséder, et j'éprouvais pour elle un enivrement d'orgueil dont j'étais incapable pour moi-même. Si j'avais pu ainsi m'oublier toujours, j'aurais été moins malheureux; mais cela était impossible. Tout ne froissait, tout blessait ma fierté — ce que j'enviais le plus dans une position élevée, c'est le repos que jo me figurais qu'on devait y éprouver, c'était de ne compter avec personne et d'être à sa place partout. Cette inquiétude, ce malaise d'amour-propre, aurait été un véritable malheur, si un sentiment bien plus fort n'eût laissé le temps de m'y livrer; mais je pensais trop à madame de Nevers pour que les chagrins de ma vanité fussent durables, et je les sentais surtout, parce qu'ils étaient une preuve de plus de l'impossibilité de notre union. Tout ce qui me rabaissait m'éloignait d'elle, et cette réflexion ajoutait une nouvelle amertume à des sentiments déjà si amers. J'occupai, à mon retour de Faverange, la place que M. le maréchal d'Olonne m'avait fait obtenir aux affaires étrangères, et qu'on m'avait conservée par considération pour lui. Le travail n'en était pas assujétissant, et cependant je le faisais assez négligement. La passion rend surtout incapable d'une application suivie; c'est avec effort qu'on écarte de soi une pensée qui suffit au bonheur, et tout ce qui distrait d'un objet adoré semble un vol fait à l'amour. Cependant ces sortes d'affaires sont si faciles qu'on était content de moi, et que je recueillais de ma place à peu près tout ce qu'elle avait d'agréable; elle me donnait des relations fréquentes avec les hommes distingués qui affluaient à Paris de toutes les parties de l'Europe, et je prenais insensiblement un peu plus de consistance dans le monde, à cause des petits services que je pouvais rendre. Je logeais toujours à l'hôtel d'Olonne; j'y passais toutes mes journées, et nouvel arrangement n'avait rien changé à ma vie que de créer quelques rapports de plus; les étrangers qui venaient chez M. le maréchal d'Olonne, me connaissant davantage, me montraient en général plus d'obligeance et de bonté. J'avais bien prévu qu'à Paris je verrais moins madame de Nevers; mais je ne désespérais des difficultés que je rencontrais à la voir seule. Je n'osais aller que rarement dans son appartement, de peur de donner des soupçons à M. le maréchal d'Olonne, et dans le salon, il y avait toujours du monde. Elle était obligée d'aller assez souvent à Versailles, et quelquefois d'y passer la journée. Il me semblait que je n'arriverais jamais à la fin de ces jours où je ne devais pas la voir; chaque minute tombait comme un poids de plomb sur mon cœur. Il s'écoulait un temps énorme avant qu'une autre minute vint remplacer celle-là. Lorsque je pensais qu'il faudrait supporter ainsi toutes les heures de ce jour éternel, je me sentais saisi par le désespoir, par le besoin de m'agiter du moins, et de me rapprocher d'elle à tout prix. J'allais à Versailles : je n'osais entrer dans la ville de peur d'être reconnu par les gens de M. le maréchal d'Olonne, mais je me faisais descendre dans quelque petite auberge d'un quartier éloigné, et j'allais errer sur les collines qui entouraient ce beau lieu. Je parcourais les bois de Satory ou les hauteurs de Saint-Cyr; les arbres dépouillés par l'hiver étaient tristes comme mon cœur. Du haut de ces collines, je contemplais ces magnifiques palais dont j'étais à jamais banni. Ah! je les aurais tous donnés pour un seul regard de madame de Nevers! Si j'avais été le plus grand roi du monde, avec quel bonheur j'aurais mis à ses pieds toutes mes couronnes. Qu'il est heureux l'homme qui peut élever à lui la femme qu'il aime, la parer de sa gloire, de son nom, de l'éclat de son rang, et, quand il la serre dans ses bras, sentir qu'elle tient tout de lui, qu'il est tout l'appui de sa faiblesse, le soutien de son innocence! Hélas! je n'avais rien à offrir à celle que j'aimais, qu'un cœur déchiré par la passion et par la douleur. Je restais longtemps abîmé dans ces pénibles réflexions; et quand le jour commençait à tomber, je me rapprochais du château; j'errais dans ces bosquets déserts qui semblent attendre encore la grande ombre de Louis XIV. Quelquefois assis aux pieds d'une statue, je contemplais ces jardins enchantés créés par l'amour; ils ne me déplaisaient pas à mon cœur; leur tristesse, leur solitude étaient en harmonie avec la disposition de mon âme. Mais quand je tournais les yeux vers ce palais qui contenait le seul bien de ma vie, je sentais ma douleur redoubler de violence au fond de mon âme. Ce château magique me paraissait défendu par je ne sais quel monstre farouche. Mon imagination essayait en vain d'en forcer l'entrée: elle tentait toutes les issues, toutes étaient fermées, toutes se terminaient par des barrières insurmontables, et ces voies trompeuses ne menaient qu'au désespoir. Je me rappelais alors ce qu'avait dit l'ambassadeur d'Angleterre. Ah! si j'avais eu une seule carrière ouverte à mon ambition, quelles difficultés auraient pu m'effrayer? J'aurais tout vaincu, tout conquis; l'amour est comme la foi, et partage à toute-puissance, mais l'impossible flétrit toute la vie. Bientôt la triste vérité venait faire évanouir mes songes; elle me montrait du doigt cette fatalité de l'ordre social qui me défendait toute espérance, et j'entendais sa voix terrible qui criait au fond de mon cœur : « Jamais, jamais tu ne possèderas madame de Nevers! » La mort alors m'eût semblé douce en comparaison des tourments qui me déchiraient. Je retournais à Paris dans un état digne de pitié, et cependant je préférais ces agitations à la longue attente de l'absence, où je me sentais me consumer sans pourtant me sentir vivre.

Je tombai bientôt dans un état qui tenait le milieu entre le désespoir et la folie; on proie à une idée fixe, je voyais sans cesse madame de Nevers; elle me poursuivait pendant mon sommeil; je m'élançais pour la saisir dans mes bras, mais un abîme se creusait tout à coup entre nous deux : j'essayais de le franchir, et je me sentais retenu par une puissance invincible; je luttais en vain; je me consumais en efforts superflus; je sortais épuisé, anéanti, de ce combat qui n'avait de réel que le mal qu'il me faisait, et la passion qui en était cause. Mystérieuse alliance de l'âme et du corps! Qu'est-ce que cette enveloppe fragile qui obéit à une pensée, que le malheur détruit, et qu'une idée fait mourir? Je sentais que je ne résisterais pas longtemps à ces cruelles souffrances. Madame de Nevers me montrait sans déguisement sa douleur et son inquiétude; elle cherchait à adoucir mes peines sans pouvoir y parvenir; sa tendresse ingénieuse me prouvait sans cesse qu'elle me préférait à tout. Elle, si brillante, si entourée, elle dédaignait tous les hommages, elle trouvait moyen de me montrer à chaque instant qu'elle préférait mon amour aux adorations de l'univers. Une reconnaissance passionnée venait se joindre à tous mes sentiments pour elle, je ne pouvais me concentrer tous en elle seule. Si j'avais pu lui donner ma vie! mourir pour elle, pour qu'elle fût heureuse! ajouter mes jours à ses jours, ma vie à sa vie! Hélas! je ne pouvais rien, et elle me donnait ce trésor inestimable de sa tendresse sans que je puisse lui rien donner en retour. Chaque jour la contrainte où je vivais, la dissimulation à laquelle j'étais forcé, me devenait plus insupportable. J'avais renoncé au bonheur, et il me fallait sacrifier jusqu'au dernier plaisir des malheureux, celui de s'abandonner sans réserve au sentiment de leurs maux! Il me fallait composer mon visage, et feindre quelquefois une gaité trompeuse qui pût masquer les tourments de mon âme, et prévenir des soupçons qui atteindraient madame de Nevers. La crainte de la compromettre pouvait seule me donner assez d'empire sur moi-même pour persévérer dans un rôle qui m'était si pénible. Je m'apercevais depuis quelque temps que cette bienveillance affectueuse dont j'avais eu tant à me louer de la part du prince d'Enrichemont et du duc de L. avait entièrement cessé. Le prince d'Enrichemont me montrait une froideur qui allait jusqu'au dédain; et le duc de L. avait avec moi une sorte d'ironie qui n'était ni dans son caractère ni dans ses manières habituelles.

Si j'eusse été moins préoccupé, j'aurais fait plus d'attention à ce changement; mais M. le maréchal d'Olonne me traitait toujours avec la même bonté, me montrait toujours la même confiance : il me semblait que je n'avais à craindre que lui seul, et que tant qu'il ne soupçonnerait pas mes sentiments pour madame de Nevers, j'étais en sûreté. La conduite du prince d'Enrichemont et du duc de L. me blessa donc sans m'éclairer; je n'avais jamais aimé le premier, et je me sentais à mon aise pour le haïr; je n'étais pas jaloux de lui; je savais que madame de Nevers ne l'épouserait jamais, et cependant je l'enviais d'oser prétendre à elle, et d'en avoir le droit. Je lui rendais avec usure la sécheresse et l'aigreur qu'il me montrait, et je ne perdais pas une occasion de me moquer devant lui des défauts ou des ridicules dont on pouvait l'accuser, et de louer avec exagération les qualités qu'on savait bien qu'il ne possédait pas. Un jour M. le maréchal d'Olonne alla souper et coucher à Versailles; madame de Nevers devait l'accompagner, mais elle se trouva souffrante; elle fit fermer sa porte, resta dans son cabinet, et l'abbé et moi nous passâmes la soirée avec elle. Jamais je ne l'avais vue si belle que dans cette parure négligée, à demi couchée sur un canapé et un peu pâle de la souffrance qu'elle éprouvait. Je lui lus un roman qui venait de paraître, et dont quelques situations se rapportaient que trop bien avec la nôtre. Nous pleurâmes tous deux; l'abbé s'endormit; à dix heures il se réveilla, et mon cœur battit de joie en voyant qu'il allait se retirer. Dangereux tête-à-tête, pour lequel nous étions bien mal préparés tous deux ! « Edouard, me dit-elle, je veux vous gronder. Qu'est-ce que ces continuelles altercations dans lesquelles vous êtes avec le prince d'Enrichemont? Hier, vous lui avez dit les choses les plus aigres et les plus piquantes. — Prenez-vous son parti? lui demandai-je. Il est vrai, je le hais; il prétend à vous, et je ne puis le lui pardonner. — Je vous conseille d'être jaloux du prince d'Enrichemont, me dit-elle; je vous offre ce que je lui refuse, et vous ne l'acceptez pas. — Ah ! faites-moi le plus grand roi du monde, m'écriai-je, et je serai à vos genoux pour vous demander d'être à moi. — Vous ne voulez pas recevoir de moi ce que vous voudriez me donner, me dit-elle. Est-ce ainsi que l'amour calcule? Tout n'est-il pas commun dans l'amour? — Ah ! sans doute, lui dis-je; mais c'est quand on s'appartient l'un à l'autre, quand on n'a plus qu'un cœur et qu'une âme; alors en effet tout est commun dans l'amour. — Si vous m'aimiez comme je vous aime, dit-elle, combien il vous en coûterait peu d'oublier le monde pour vous séparer ! » — Je me mis à ses pieds. — « Ma vie est à vous, lui dis-je, vous le savez bien; mais l'honneur! Il faut le conserver : vous m'ôteriez votre amour si j'étais déshonoré. — Vous ne le serez point, me dit-elle; le monde nous blâmerait peut-être! Eh ! qu'importe? quand on est à ce qu'on aime, que faut-il de plus? — Ayez pitié de moi, lui dis-je; ne me montrez pas toujours l'image d'un bonheur auquel je ne puis atteindre, la tentation est trop forte. — Je voudrais qu'elle fût irrésistible, dit-elle. Je refuserai ne refusez pas d'être heureux! Va! dit-elle avec un regard enivrant, je le ferais tout oublier! — Vous me faites mourir, lui dis-je. Eh bien ! répondez-moi. Ce sacrifice que vous me demandez, c'est celui de mon honneur. Le feriez-vous ce sacrifice? dites, le feriez-vous à mon repos, le feriez-vous, hélas ! à ma vie? » Elle ne me comprit que trop bien. « Edouard, dit-elle d'une voix altérée, est-ce vous qui me parlez? » — J'allai me jeter sur une chaise à l'autre extrémité de la chambre. Je crus que j'allais mourir, cette voix sévère avait percé mon cœur comme un poignard. Me voyant si malheureux, elle s'approcha de moi, et voulut prendre ma main. — « Laissez-moi, lui dis-je, ne me faites pas perdre le peu de raison que je conserve encore. » — Je me levai pour sortir; elle me retint. « Non, dit-elle en pleurant, je le croirai jamais que vous ayez besoin de me fuir pour me respecter ! » — Je tombai à ses genoux. « Ange adoré, je te respecterai toujours, lui dis-je; mais tu le vois, tu le sens bien toi-même, que je ne puis vivre ainsi près de toi, il faut donc mourir ! Ne t'effraie pas de cette pensée, nous nous retrouverons dans une autre vie, bien-aimée de mon cœur ! Y seras-tu belle, charmante, comme tu l'es en ce moment? Viendras-tu là te rejoindre à ton amant? Lui tiendras-tu les promesses de l'amour, dis, seras-tu à moi dans le ciel? — Edouard, vous le savez bien, dit-elle toute troublée, si vous mourez, je meurs : ma vie est dans ton cœur, tu ne peux mourir sans moi ! » — Je passai mes bras autour d'elle; elle ne s'y opposa point; elle pencha sa tête sur mon épaule. « Qu'il serait doux, dit-elle, de mourir ainsi ! — Ah ! lui dis-je, il serait bien plus doux d'y vivre ! Ne sommes-nous pas libres tous deux? Personne n'a reçu de serments; qui nous empêche d'être l'un à l'autre? Vous m'aimez d'amour, » — Je la serrai sur mon cœur. — « Edouard, dit-elle, aie toi-même pitié de moi, ne déshonore pas celle que tu aimes ! Tu le vois, je n'ai pas de forces contre toi. Sauve-moi ! sauve-moi ! S'il ne fallait que ma vie pour te rendre heureux, il y a longtemps que je te l'aurais donnée; mais tu ne te consolerais pas toi-même de mon déshonneur. Eh quoi ! tu ne veux pas m'épouser, et tu veux m'avilir! — Je ne veux rien, lui dis-je au désespoir, je ne veux que la mort ! Ah ! si du moins je pouvais mourir dans tes bras, exhaler mon dernier soupir sur tes lèvres ! » Elle pleurait, je n'étais plus maître de moi : j'osai ravir un baiser qu'elle me refusait.
— Elle s'arracha de mes bras; ses larmes, ses sanglots, son désespoir me firent payer bien cher cet instant de bonheur. Elle me força de la quitter. Je rentrai dans ma chambre le plus malheureux des hommes; pourtant jamais la passion ne m'avait possédé à ce point. J'avais senti que j'étais aimé; je pressais encore dans mes bras celle que j'adorais. Au milieu des horreurs de la mort, j'aurais été heureux de ce souvenir. Ma nuit entière se passa dans d'affreuses agitations; mon âme était entièrement bouleversée; j'avais perdu jusqu'à cette vue distincte de mon devoir qui m'avait guidé jusqu'ici. Je me demandais pourquoi je n'épouserais pas madame de Nevers; je cherchais des exemples qui pussent autoriser ma faiblesse; je me disais que dans une profonde solitude j'oublierais le monde et le blâme; que, s'il le fallait, je fuirais avec elle en Amérique, et jusque dans cette île déserte, objet de mes anciennes rêveries. Quel lieu du monde ne me paraîtrait pas un lieu de délices avec la compagne chérie de mes jours, mon amie, ma bien-aimée? Natalie ! Natalie ! Je répétais ce nom à demi-voix pour que ces deux sons vinssent charmer mon oreille, et calmer un peu mon cœur. Le jour parut, et peu d'instants après on me remit une lettre. Je reconnus l'écriture de madame de Nevers; jugez de ce que je dus éprouver en la lisant. « Ne craignez pas mes reproches, Edouard, je ne vous en ferai point : je sais trop que je suis aussi coupable, et plus coupable que vous; mais que cette leçon nous serve à tous deux, et nous ait ouvert sous nos pas; il est encore temps de n'y point tomber. Plus tard, Edouard, cet abîme ensevelirait à la fois et notre bonheur et notre vertu. Ne trahissons pas les sentiments qui ont uni nos deux cœurs. C'est par ce qui est bon, c'est par ce qui est juste, vrai, élevé dans la vie, que nous nous sommes entendus. Nous avons senti que nous parlions la même langue, et nous nous sommes aimés. Ne démentons pas à présent ces qualités de l'âme auxquelles nous devons notre amour, et sachons être heureux dans l'innocence, ou nous contenter du bonheur dont nous pouvons jouir devant Dieu. « Il le faut, Edouard, oui, il faut nous unir, ou nous séparer. Crois-tu que je pourrais écrire ce mot, si je ne savais bien que l'effet en est impossible? Où trouverais-tu de la force pour me fuir? Où en trouverais-je pour vivre sans toi? Toi, moitié de moi-même, sans lequel je ne puis seulement supporter la vie un seul jour, ne sens-tu pas plutôt que nous sommes inséparables? Que peux-tu m'opposer? Un fantôme d'honneur qui ne reposerait sur rien. Le monde t'accuserait de m'avoir séduite! Eh ! quelle séduction y a-t-il pour deux êtres qui s'aiment que la séduction de l'amour? N'est-ce pas moi d'ailleurs qui t'ai séduit! Si je ne t'avais montré que je t'aimais, m'aurais-tu avoué ta tendresse? Hélas ! je mourrais plutôt que d'en faire l'aveu ! Tu dis que tu ne veux pas m'abaisser! Mais pour une femme a-t-il une autre gloire que d'être aimée? un autre rang que d'être aimée? un autre titre que d'être aimée? Te défies-tu assez de ton cœur pour croire qu'il ne me rendrait pas tout ce que tu me figures que tu me ferais perdre? Imagine, si tu le peux, le bonheur qui nous attend quand nous serons unis, et repousse, si tu l'oses, ces prétendus avantages que tu m'enlèves. Mon père, Edouard, est le seul obstacle : je méprise tous les autres, et je les trouve indignes de nous. Eh bien, je veux l'avouer je ne suis pas sans espérance d'obtenir un jour le pardon de mon père. Oui, Edouard, mon père m'aime; il t'aime aussi : qui ne t'aimerait pas? Je suis sûr que mon père a regretté mille fois de ne pouvoir faire de toi son fils; tu lui plais, tu l'entends, tu es le fils de son cœur. Eh ! n'es-tu pas celui de son vieil ami, qui sauva autrefois son honneur et sa fortune? Eh bien, nous forcerons mon père d'être heureux par nos soins, par notre tendresse; s'il nous exile de Paris, il nous admettra à Faverange. Là, il osera nous reconnaître pour ses enfants; là, il sera père dans l'ordre de la nature, et non dans l'ordre des convenances sociales, et la vue de notre amour lui fera oublier tout le reste. Ne crains rien. Ne sens-tu pas que tout nous sera possible quand nous serons une fois l'un à l'autre? Crois-moi, il n'y a d'impossible que de cesser de nous aimer, ou de vivre sans nous le dire. Choisis, Edouard ! ose choisir le bonheur. Me le refuse pas ! Crois-tu m'être responsable de ton bonheur à toi seul? Hélas ! ne vois-tu pas que notre vie tient au même fil? Tu choisirais la mienne en choisissant la fuite, et ma mort avec la tienne. »
En achevant cette lettre, je tombai à genoux; je fis le serment de consacrer ma vie à celle qui l'avait écrite, de l'aimer, de l'adorer, de la rendre heureuse. J'étais plongé dans l'ivresse; tous mes remords avaient disparu, et la félicité du ciel régnait seule dans mon âme. Madame de Nevers connaît bien mieux que moi ce monde où elle passe sa vie, me disais-je, elle sait ce que nous avons à redouter. Si elle croit notre union possible, elle est. Que j'étais insensé de refuser le bonheur! M. d'Olonne nous pardonnera d'être heureux; un jour, il nous bénira tous deux; et, Natalie ! Natalie sera ma compagne chérie, ma femme bien aimée; je passerai ma vie entière près d'elle, uni à elle. Je succombais sous l'empire de ces pensées délicieuses, et mes larmes seules pouvaient alléger cette joie trop forte pour mon cœur, cette joie qui succédait à des émotions si amères, si profondes, et si souvent si douloureuses. J'attendais avec impatience qu'il fût midi, heure à laquelle je pouvais, sans donner de soupçons, paraître un instant chez madame de Nevers, et la trouver seule. Les plus doux projets remplirent cet inter-

valle; j'étais trop enivré pour qu'aucune réflexion vînt troubler ma joie. Mon sort était décidé; je me relevais à mes propres yeux de la préférence que m'accordait madame de Nevers, et une pensée, une seule pensée absorbait toutes les autres; elle sera à moi! elle sera toute à moi! La mort, s'il eût fallu payer de la mort une telle félicité, m'eu eût semblé un léger salaire. Mais penser que ce serait là le bonheur, le charme, le devoir de ma vie! Non, l'imagination chercherait en vain des couleurs pour peindre de tels sentiments, ou des mots pour les rendre! Que ceux qui les ont éprouvés les comprennent, et que ceux qui les ignorent les regrettent, car tout est vide et fini dans la vie sans eux ou après eux! Les deux jours qui suivirent cette décision de notre sort furent remplis de la félicité la plus pure. Madame de Nevers essayait de me prouver que c'était moi qui lui faisais des sacrifices, et que je ne lui devais point de reconnaissance d'avoir voulu son bonheur, et un bonheur sans lequel elle ne pouvait plus vivre. Nous convînmes qu'elle irait au mois de mai en Hollande. Ce voyage était prévu; une visite promise depuis longtemps à madame de C..., en serait le prétexte naturel. Je devais de mon côté, feindre des affaires en Forez, qui me forceraient de m'absenter quinze jours; j'irais secrètement rejoindre madame de Nevers à La Haye, où le chapelain de l'ambassade devait nous unir; c'était un vieux prêtre qu'elle connaissait, et sur la fidélité duquel elle comptait entièrement. Une fois de retour, nous avions mille moyens de nous voir, et d'éviter les soupçons. Lorsque je réfléchis aujourd'hui sur quelles bases fragiles était construit l'édifice de mon bonheur, je m'étonne d'avoir pu m'y livrer, ne fût-ce qu'un instant, avec une sécurité si entière: mais la passion crée autour d'elle un monde idéal. On juge tout par d'autres règles; les proportions sont agrandies: le factice, le commun disparaissent de la vie; on croit les autres capables des mêmes sacrifices qu'on ferait soi-même, et lorsque le monde réel se présente à vous, armé de sa froide raison, il cause un douloureux étonnement. Un matin, comme j'allais descendre chez madame de Nevers, mon oncle, M. d'Herbelot, entra dans ma chambre. Depuis l'exil de M. le maréchal d'Olonne, je le voyais peu; ses procédés à cette époque avaient encore augmenté l'éloignement que je m'étais toujours senti pour lui. Croyant qu'il était de mon devoir de ne pas me brouiller avec le frère de ma mère, j'allais chez lui de temps en temps. Il me traitait toujours très bien, mais depuis près de trois semaines, je ne l'avais pas aperçu. Il entra avec cet air jovial et goguenard qui annonçait toujours qu-ique histoire scandaleuse. Il se plaisait à cette sorte de conversation, et y mêlait une bonhomie qu'était encore plus désagréable que la franche méchanceté; car porter de la simplicité et un bon cœur dans le vice, c'est le comble de la corruption. « Eh bien! Édouard, me dit-il, tu débutes bien dans la carrière, vraiment; je fais mon compliment; tu es passé maître. Ma foi, nous sommes dans l'admiration, et Luceval et Berthenay prédisent que tu iras au plus loin.

— Que voulez-vous dire, mon oncle, lui demandai-je assez sérieusement. — Allons donc, dit-il, vas-tu faire le mystérieux? Mon cher, le secret est bon pour les sots; mais quand on vise haut, il faut de la publicité, et la plus grande. On n'a tout de bon que ce qui est bien constaté; d'une est un moyen d'arriver à l'autre, et il faudra bientôt grossir la liste. — Je ne vous comprends pas, lui dis-je, et je ne conçois pas de quoi vous voulez parler. — Tu t'y es pris au mieux, continua-t-il sans m'écouter, tu as mis le temps à profit. Que diront les bégueules et les cagots? Toutes les femmes voudront t'avoir. — M'avoir? répétai-je: quel est ce que tout cela signifie? — Tu es un beau garçon, je ne suis pas étonné que tu leur plaises: diable! elles en ont de plus mal tournés. — Qui donc? de quoi parlez-vous? — Comment! de quoi je parle? Eh! mais, mon cher, je parle de madame de Nevers. N'es-tu pas son amant? tout Paris le dit. Ma foi, tu ne peux pas avoir une plus jolie femme, et qui te fasse plus d'honneur. Il faut pousser la pointe; nous établirons le fait publiquement, et c'est là, Édouard, le chemin de la mode et de la fortune. » Je sentis mon sang se glacer dans mes veines. « Quelle horreur! m'écriai-je: qui a pu vous dire une si infâme calomnie? Je veux connaître l'insolent, et lui faire rendre raison de son crime. » Mon oncle se mit à rire. « Comment donc, dit-il, ne serais-tu pas si avancé que je croyais? Serais-tu amoureux par hasard? Va, tu te corrigeras de cette sottise. Mon cher, on a une femme aujourd'hui, une autre demain; elles ne sont occupées elles-mêmes qu'à s'enlever leurs amants les unes aux autres. Avoir et enlever, voilà le monde, Édouard, et la vraie philosophie. — Je ne sais où vous avez vu de pareilles mœurs, lui dis-je indigné, grâces au ciel, elles me sont étrangères, et elles le sont encore plus à la femme angélique que vous outragez. Nommez-moi dans l'instant l'auteur de cette indigne calomnie! » Mon oncle éclata de rire de nouveau, et me répéta que tout Paris parlait de ma bonne fortune, et me louait d'avoir été assez habile et assez adroit pour séduire une jeune femme qui était sans doute fort gardée. « En vertu de la garde, répliquai-je dans une indignation dont je n'étais plus le maître, elle n'a pas besoin d'être autrement gardée. — C'est étonnant! dit mon oncle. Mais où as-tu donc vécu? dans un couvent de nonnes? — Non, monsieur, répondis-je, j'ai vécu dans la maison d'un honnête homme, où vous n'êtes pas digne de rester. — Et, oubliant ce que je devais au frère de ma mère, je poussai dehors M. d'Herbelot, et fermai ma porte sur lui.

Je demeurai dans un désespoir qui m'ôtait presque l'usage de la raison. Grand Dieu! j'avais flétri la réputation de madame de Nevers! La calomnie osait profaner sa vie, et j'en étais cause! On se servait de mon nom pour outrager l'ange adorable objet de mon culte et de mon idolâtrie! Ah! j'étais digne de tous les supplices, mais ils étaient tous dans mon cœur. C'est mon amour qui la déshonore, pensai-je; qui la livre au blâme, au mépris, à cette honte que rien n'efface, qui reparait toujours comme la tache sanglante sur la main de Macbeth! Ah! la calomnie ne se détruit jamais, sa souillure est éternelle; mais les calomniateurs périront, et je vengerai l'ange de tous ceux qui l'outragent. Se peut-il qu'oubliant l'honneur et mon devoir, j'aie risqué de mériter ces vils éloges? Voilà donc comment ma conduite peut se traduire dans le langage du vice? Hélas! le piège le plus dangereux que la passion puisse offrir, c'est ce voile d'honnêteté dont elle s'enveloppe. Je voyais à présent la vérité nue, et je me trouvais le plus vil comme le plus coupable des hommes. Que faire! que devenir! Irais-je annoncer à madame de Nevers qu'elle est déshonorée, qu'elle l'est par moi! Mon cœur se glaçait dans mon sein à cette pensée. Hélas! qu'était devenu notre bonheur! Il avait eu la durée d'un songe! Mon crime était irréparable! Si j'épousais à présent madame de Nevers, que n'imaginerait-on pas? Quelle calomnie nouvelle inventerait-on pour la flétrir? Il fallait fuir! il fallait la quitter! Je le sentais, je voyais que c'était mon devoir; mais cette nécessité funeste m'apparaissait comme un fantôme dont je détournais la vue. Je reculais devant ce malheur, ce dernier malheur, qui achevait pour moi tous les autres, et mettait le comble à mon désespoir. Je ne pouvais croire que cette séparation fût possible: le monde ne m'offrait pas un asile loin d'elle; elle seule était pour moi la patrie; tout le reste, un vaste exil. Déchiré par la douleur, je perdais jusqu'à la faculté de réfléchir; je voyais bien que je ne pouvais rester près de madame de Nevers; je sentais que je voulais la venger, surtout sur le duc de L..., que mon oncle m'avait désigné comme l'un des auteurs de ces calomnies. Mais le désespoir surmontait tout; j'étais comme noyé, abîmé, dans une mer de pensées accablantes; aucune consolation, aucun repos ne se présentait d'aucun côté; je ne pouvais pas même me faire le sacrifice que je croyais en partant serait utile; je le faisais trop tard; je ne prenais pas une résolution vertueuse; je fuyais madame de Nevers comme un criminel, et rien ne pouvait réparer le mal que j'avais fait: ce mal était irréparable! Tout mon sang versé ne racheterait pas sa réputation injustement flétrie! Elle, pure comme les anges du ciel, verrait son nom associé à ceux de ces femmes perdues, objets de son juste mépris! et c'était moi, moi seul, qui versais cet opprobre sur sa tête! La douleur et le désespoir s'étaient emparés de moi à un point que l'idée de la vengeance pouvait seule en ce moment m'empêcher de m'ôter la vie. Je balançais si j'irais chez le duc de L. avant de parler à madame de Nevers, lorsque j'entendis sonner avec violence les sonnettes de son appartement; un mouvement involontaire me fit courir de ce côté; un domestique m'apprit que madame de Nevers venait de se trouver mal, et qu'elle était sans connaissance. Glacé d'effroi, je me précipitai vers son appartement; je traversai deux ou trois grandes pièces sans savoir ce que je faisais, et je me trouvai à l'entrée de ce même cabinet où la veille encore nous avions osé croire au bonheur. Madame de Nevers était couchée sur un canapé, pâle et sans mouvement. Une jeune femme que je ne connaissais point la soutenait dans ses bras; je n'eus que le temps de l'entrevoir. M. le maréchal d'Olonne vint au-devant de moi. « Que faites-vous ici? me dit-il d'un air sévère, sortez. — Non, lui dis-je; si elle meurt, je meurs. » Je me précipitai au pied du canapé. M. le maréchal d'Olonne me releva. « Vous ne pouvez rester ici, me dit-il; allez dans votre chambre, plus tard je vous parlerai. » Sa sécheresse, sa froideur aurait percé mon cœur, si j'avais pu penser à autre chose qu'à madame de Nevers mourante pour moi; je n'entendais que lui. M. le maréchal d'Olonne, il me semblait de même que ma vie était comme en suspens, et ne tenait plus qu'à la sienne. La jeune femme se tourna vers moi; je vis des larmes dans ses yeux. « Natalie va vous voir quand elle reprendra connaissance, dit-elle, votre vue peut lui faire du mal. — Le croyez-vous? lui dis-je, alors je vais sortir. » J'allai dans la pièce qui précédait le cabinet; je ne pus aller plus avant; je me jetai à genoux: « O mon Dieu! m'écriai-je, sauvez-la! sauvez-la! » Je ne pouvais répéter que ces seuls mots: sauvez-la! Bientôt j'entendis qu'elle reprenait connaissance; on parlait, on s'agitait autour d'elle. Un vieux valet de chambre de madame de Nevers, qui la servait depuis son enfance, parut en ce moment; me voyant là, il vint à moi. « Il faut rentrer chez vous, M. Édouard, me dit-il. Bon Dieu! comme vous êtes pâle! Pauvre jeune homme, vous vous tuerez. Appuyez-vous sur moi, et regagnons votre chambre. » J'allais suivre ce conseil, lorsque M. le maréchal d'Olonne sortit de chez sa fille. « Encore ici! dit-il d'une voix altérée. Suivez-moi, monsieur, j'ai à vous parler. » Il ne peut se soutenir, dit le vieillard. — Oui, je le puis, » dis-je en l'interrompant; et essayant de reprendre des forces pour la scène que je prévoyais, je suivis M. le maréchal d'Olonne dans son appartement.

« Les explications sont inutiles entre nous, me dit M. le maréchal d'Olonne; ma fille m'a tout avoué. Son amie, instruite plus tôt que moi des calomnies qu'on répandait sur elle, est venue de Hollande pour l'arracher de l'abîme où elle était prête à tomber. Je pense que vous n'ignorez pas le tort que vous avez fait à sa réputation; votre conduite est d'autant plus coupable qu'il n'est pas en votre pouvoir de réparer le mal dont vous êtes cause. Je désire que vous partiez sur-le-champ; je n'abandonnerai point le fils d'un ancien ami, quelque peu digne qu'il se soit montré de ma protection. J'obtiendrai pour vous une place de secrétaire d'ambassade dans une cour du Nord, vous pouvez y compter. Partez sans délai pour Lyon, et vous y attendrez votre nomination. — Je n'ai besoin de rien, monsieur, lui dis-je, permettez-moi de refuser vos offres; demain je ne serai plus ici. — Où irez-vous? me demanda-t-il. — Je n'en sais rien, répondis-je. — Quels sont vos projets? — Je n'en ai point. — Mais que deviendrez-vous? — Qu'importe! — Ne croyez pas, Edouard, que l'amour soit toute la vie. — Je n'en désire point une autre, et je n'en veux point. — Ne perdez pas votre avenir. — Je n'ai plus d'avenir. — Malheureux! que puis-je donc faire pour toi? — Rien. — Edouard! vous déchirez mon cœur, je l'avais armé du sévérité, mais je ne puis en avoir longtemps avec vous. Je n'ai point oublié les promesses que je fis à votre père mourant, je ferais tout pour votre bonheur; mais vous le sentez vous-même, Edouard, vous ne pouvez épouser ma fille. — Je le sais, monsieur, je le sais parfaitement, je partirai demain. Me permettez-vous de me retirer? — Non, pas ainsi; Edouard, mon enfant! ne suis-je pas ton second père? — Ah! lui dis-je, vous êtes celui de madame de Nevers! Soignez-la, aimez-la, consolez-la quand je n'y serai plus. Hélas! elle aura besoin de consolation! » Je le quittai. J'allai chez moi, dans cette chambre que j'allais abandonner pour toujours! dans cette chambre où j'avais tant pensé à elle, où je vivais sous le même toit qu'elle! Il faudra donc m'arracher d'ici, me disais-je. Ah! qu'il vaudrait bien mieux y mourir! J'eus la pensée de mettre un terme à ma vie et à mes tourments. L'idée de la douleur que je causerais à madame de Nevers et le besoin de la vengeance me retinrent. Ma fureur contre le duc de L. ne connaissait pas de bornes; car il nous voyait d'assez près pour avoir pu juger que mon respect pour madame de Nevers égalait ma passion, et il n'avait pu feindre de me croire son amant que par une méchanceté réfléchie, digne de tous les supplices. Je brûlais du désir de tirer de lui la vengeance qui m'était due, et je pensais que la fureur et le désespoir que tant de causes réunies avaient amassés dans mon sein. Je passai la nuit à mettre ordre à quelques affaires; j'écrivis à madame de Nevers et à M. le maréchal d'Olonne des lettres qui devaient leur être remises si je succombais; je fis une espèce de testament pour assurer le sort de quelques vieux domestiques de mon père que j'avais laissés en Forez. Je me calmais un peu en songeant que je vengerais madame de Nevers, ou que je finirais ma triste vie, et je serais regretté par elle. Je me défendais de l'attendrissement qui voulait quelquefois pénétrer dans mon cœur, et aussi des sentiments religieux dans lesquels j'avais été élevé et des principes qui, malgré moi, faisaient entendre leur voix au fond de mon âme. A huit heures, je me rendis chez le duc de L. Il n'était pas réveillé. Il me fallut attendre; je me promenais dans un salon avec une agitation qui faisait bouillonner mon sang. Enfin, je fus admis. Le duc de L. parut étonné de me voir. « Je viens, monsieur, lui dis-je, vous demander raison de l'insulte que vous m'avez faite, et des calomnies que vous avez répandues par madame de Nevers à mon sujet. Vous ne pouvez croire que je supporterai un tel outrage, et vous devez, monsieur, m'en donner satisfaction. — Ce serait avec le plus grand plaisir, me dit le duc de L. Vous savez M. G., que je trouve peu ces occasions-là; mais malheureusement, dans ce cas-ci, c'est impossible. — Impossible! m'écriai-je, c'est ce qu'il faudra voir. Ne croyez pas que je vous laisserai impunément calomnier la vertu, et noircir la réputation d'un ange d'innocence et de pureté! — Quant à calomnier, on rirait de vous, le duc de L., vous me permettrez de ne pas le prendre si haut. J'ai cru que vous étiez l'amant de madame de Nevers; je le crois encore, je le dirai; je ne vois pas en vérité ce qu'il y a là d'offensant pour vous; on vous donne la plus charmante femme de Paris, et vous vous fâchez! Bien d'autres voudraient être à votre place, et moi tout le premier. — Moi, monsieur, en rougirais d'être à la vôtre. Madame de Nevers est pure, elle est vertueuse, elle est irréprochable. La conduite que vous m'avez prêtée serait celle d'un lâche, et vous devez me rendre raison de vos indignes propos. — Mes propos sont ce qu'il me plait, dit le duc de L.; je penserai de vous, et même de madame de Nevers, ce que je voudrai. Vous pouvez nier votre bonne fortune, c'est fort bien fait à vous, quoique ce soit fort inusité aujourd'hui. Quant à me battre avec vous, je vous donne ma parole d'honneur qu'à présent j'en ai autant d'envie que vous; mais, vous le savez, cela ne se peut pas. Vous n'êtes point gentilhomme, vous n'avez aucun état dans le monde, et je me couvrirais de ridicule si je consentais à ce que vous désirez. Tel est le préjugé. J'en suis désespéré, ajouta-t-il ou se radoucissant: soyez persuadé que je vous estime du fond du cœur, M. G., et que j'aurais été charmé de nous pussions nous battre ensemble. Vous pâlissez! dit-il; je vous plains, vous êtes un homme d'honneur. Croyez que je déteste cet usage barbare; je le trouve injuste, je le trouve absurde;

je donnerais mon sang pour qu'il me fût permis de me battre avec vous. — Grand Dieu! m'écriai-je, je croyais avoir épuisé toutes les douleurs! — Edouard, dit le duc, qui paraissait de plus en plus touché de ma situation, ne prenez pas un ami pour un ennemi; ceci me cause, je vous l'assure, une véritable peine. Quelques paroles imprudentes ne peuvent-elles se réparer? — Jamais, répondis-je. Me refusez-vous la satisfaction que je vous demande? — J'y suis forcé, dit le duc. — Eh bien, repris-je, vous êtes un lâche; car c'est une lâcheté que d'insulter un homme d'honneur, et de le priver de la vengeance. Je sortis comme un furieux de la maison du duc de L. Je parcourais les rues comme un insensé; toutes mes pensées me faisaient horreur. Les furies de l'enfer semblaient s'attacher sur moi: le mal que j'avais fait était irréparable, et on me refusait la vengeance! Je retrouvais là cette fatalité de l'ordre social qui me poursuivait partout, je croyais voir des ennemis dans tous les êtres vivants et inanimés qui se présentaient à mes regards. Je m'aperçus que c'était la mort que j'avais cherchée chez le duc de L., car je ne m'étais occupé de rien au-delà de cette visite. La vie se présentait devant moi comme un champ immense et stérile, où je ne pouvais faire un pas sans dégoût et sans désespoir. Je me sentais accablé sous un manteau de plomb. Un instant peut me délivrer de ce supplice! pensai-je; et une tentation affreuse, mais irrésistible, me précipita du côté de la rivière!

Le duc de L. logeait à l'extrémité du faubourg Saint-Germain, vers les nouveaux boulevarts, et je descendais la rue du Bac avec précipitation dans ces horribles pensées. J'étais coudoyé et arrêté à chaque instant par la foule qui se pressait dans cette rue populeuse. Ces hommes qui allaient tranquillement à leurs affaires me faisaient horreur. La nature humaine se révolte contre l'isolement, elle a besoin de compassion; la vue d'un autre homme, d'un semblable, insensible à nos douleurs, blesse ce don de pitié que Dieu mit au fond de nos âmes, et que la société étouffe et remplace par l'égoïsme. Ce sentiment amer augmentait encore mon irritation: on dirait que le désespoir se multiplie par lui-même. Le mien était au comble, lorsque tout-à-coup je crus reconnaître la voiture de madame de Nevers, qui venait vers moi. Je distinguai de loin ses chevaux et ses gens, et mon cœur battit encore une fois d'autre chose que de douleur en pensant que j'allais la voir passer. Cependant la voiture s'arrêta à dix pas de moi, et entra dans la cour du petit couvent de la Visitation des filles Sainte-Marie. Je jugeai aisément que madame de Nevers allait y entendre la messe; et au même instant l'idée me vint de l'y suivre, de prier avec elle, de prier pour elle, de demander à Dieu des forces pour nous deux, d'implorer des secours, de la pitié de cette source de tout bien, qui donne des consolations, quand rien n'en donne plus! C'est ainsi que cet ange me sauva, que sa seule présence enchaîna mon désespoir, et me préserva du crime que j'allais commettre. Je me jetai à genoux dans un coin obscur de cette petite église. Avec quelle ferveur je demandai à Dieu de consoler, de protéger, de bénir celle que j'aimais! Je la voyais peu, elle était dans une tribune grillée; mais je pensais qu'elle priait peut-être en ce moment elle-même pour son malheureux ami, et que nos sentiments étaient encore une fois semblables. O mon Dieu! que nos prières se confondent en vous, m'écriai-je, comme nos âmes s'y confondront un jour! C'est ainsi que nous serons unis, pas autrement: vous n'avez pas voulu que nous le fussions sur la terre; mais vous ne nous séparerez pas dans le ciel. Ne la rendez pas victime de mes imprudences; alors je pourrai tout supporter: confondez ses calomniateurs. Je ne suis pas digne de la venger! dit-on : qu'importe! Qu'importe ma vie, qu'importe tout, pourvu qu'elle soit heureuse, qu'elle soit irréprochable! Seul je suis coupable. Je n'eusse écouté la voix de mon devoir, je n'aurais pas troublé sa vie! Il faut maintenant avoir le courage de lui rendre l'honneur que ma présence lui fait perdre; il faut partir, partir sans délai. Il me semblait que je retrouvais dans cette église une force qui m'était inconnue, et que le repentir, en lieu de me plonger dans le désespoir, m'animait de je ne sais quel désir d'expier mes fautes, en me sacrifiant moi-même, et de retrouver ainsi la paix, ce premier besoin du cœur de l'homme. Je pris avec moi-même l'engagement de partir ce même jour; mais ensuite je ne pus résister à l'espoir de voir encore une fois madame de Nevers, quand elle monterait en voiture. Je sortis: elle n'y était plus! En quittant le couvent, je rencontrai un jeune homme que je connaissais un peu. Il arrivait d'Amérique: il m'en parla. Le seul mot d'Amérique m'avait décidé, tout m'était si égal! Je me résolus à partir dans la soirée. On fait la guerre en Amérique, pensai-je, je me ferai soldat, je combattrai les ennemis de mon pays. Mon pays! hélas! ce sentiment était pour moi amer comme tous les autres. Enfant déshérité de ma patrie, elle ne repousse, elle ne me trouve pas digne de la défendre! Qu'importe! mon sang coulera pour elle; et si mes os reposent dans une terre étrangère, mon âme viendra errer autour de celle que j'aimerai toujours. Ange de ma vie! tu as seule fait battre mon cœur, et mon dernier soupir sera pour toi! Je rentrai à l'hôtel d'Olonne, comme un homme condamné à mort, mais dont la sentence ne sera exécutée que dans quelque temps. J'étais résigné, et mon désespoir s'était calmé en pensant que mon absence rendrait à madame de Nevers sa réputation et son repos. C'était du

moins me dévouer une dernière fois pour elle. Le vieux valet de chambre de madame de Nevers vint dans ma chambre. Il m'apprit qu'elle était restée à la Visitation avec son amie madame de C., et qu'elles n'en reviendraient que le lendemain. Je perdais ainsi ma dernière espérance de la voir encore une fois. Je voulus lui écrire, lui expliquer, en la quittant pour toujours, les motifs de ma conduite, surtout lui peindre les sentiments qui déchiraient mon cœur. Je n'y réussis que trop bien : ma lettre était baignée de mes larmes. A quoi bon augmenter sa douleur, pensai-je, ne lui ai-je pas fait assez de mal? Et cependant, est-ce mon devoir de me refuser à lui dire une fois, une dernière fois, que je l'adore! J'ai espéré pouvoir le lui dire tous les jours de ma vie : elle le voulait, elle croyait que c'était possible? J'essayai encore d'écrire, de cacher une partie de ce que j'éprouvai : je ne pus y parvenir. Autant le cœur se resserre quand on n'aime pas, autant il est impossible de dissimuler ce qu'on aime : la passion perce tous les voiles dont on voudrait l'envelopper. Je donnai ma lettre au valet de chambre de madame de Nevers, il la prit en pleurant. Cet intérêt silencieux me faisait du bien, je n'aurais pu en supporter un autre. Je demandai des chevaux de poste, à la nuit tombante, et je m'enfermai dans ma chambre. Ce portrait de madame de Nevers, qu'il fallait encore quitter, avec quelle douleur ne lui dis-je point adieu! je baisais cette toile froide; je reposais ma tête contre elle ; tous mes souvenirs, tout le passé, toutes mes espérances, tout semblait réuni là, et je ne sentais pas en moi-même la faculté de briser le lien qui m'attachait à cette image chéri : je m'arrachais à ma propre vie en déchirant ce qui nous unissait ; c'était mourir que de renoncer ainsi à ce qui me faisait vivre. On frappa à ma porte. Tout était fini. Je me jetai dans une chaise de poste, qui me conduisit, sans m'arrêter, à Lorient, où je m'embarquai le lendemain sur le bâtiment qui nous amena ici tous deux.

la vie m'est odieuse : j'ai tout perdu. Ah! dit-il, la mort vient trop tard. » Il expira, sa tête se pencha sur moi; je reçus son dernier soupir. Je revins dans un désespoir dont je ne me croyais plus capable.

Les gazettes contenaient cet article :

« Hier, 26 août, à onze heures du matin, on a célébré en l'église et paroisse de Saint-Sulpice les obsèques et funérailles de T. H. et T. P. dame madame Louise-Adélaïde-Henriette-Natalie d'Olonne, veuve de T. H., T. P., et T. Ill. seigneur monseigneur le duc de Nevers, prince de Châtillon, marquis de Souvigny, etc., etc., décédée en son hôtel, rue de Bourbon, à l'âge de vingt-un ans, par suite d'une maladie de langueur. Après la cérémonie, le convoi s'est mis en marche pour le Limousin, où madame la duchesse de Nevers a témoigné le désir d'être enterrée. On la conduit en la baronie de Faverange, bailliage de*** généralité de***, où elle reposera au caveau de ses ancêtres, en l'église et chapitre abbatial dudit Faverange, etc., etc. »

» Vers la fin de cette même année, la paix me permit de repasser en France ; je ramenai avec moi le corps de mon malheureux ami. Je demandai, et j'obtins de M. le maréchal d'Olonne la permission

Mort d'Édouard.

de le déposer dans ce caveau qui contenait l'autre moitié de lui-même. Je le fis placer au pied du cercueil de madame de Nevers, et alors seulement je sentis le premier soulagement à ma douleur.

M. le maréchal d'Olonne avait quitté le monde et la cour. Il habita Faverange jusqu'à la fin de sa vie, qu'il consacra à la bienfaisance la plus active et la plus éclairée; mais quoique sa carrière ait été longue, et en apparence paisible, il conserva toujours une profonde tristesse.

Il disait bien souvent qu'il s'était trompé en croyant qu'il y avait dans la vie deux manières d'être heureux.

Conclusion.

C'est avec effort que je respectai les intentions d'Édouard, et que j'observai la parole que je lui avais donnée de ne pas chercher à le voir le reste du jour. L'amitié reconnaît difficilement son insuffisance; elle croit pouvoir consoler, et ne sait pas que l'ami dont elle partage les maux n'est dans ses maux qu'un vain simulacre privé de sentiment et de vie. Je préparais cependant une consolation à Édouard : c'était de parler avec lui de madame de Nevers. Je la connaissais, et je savais combien elle était digne de la passion qu'elle avait su inspirer. Je passai la nuit à réfléchir au sort d'Édouard, à cette fatalité dont il était la victime, à la bizarrerie de l'ordre social, à ce malheur indépendant des hommes, et cependant créé par eux. Je cherchais des remèdes à la situation de mon malheureux ami, et j'étais forcé de m'avouer avec douleur qu'elle n'en offrait aucun d'efficace. Le lendemain, de bonne heure, j'entrai dans la chambre d'Édouard, elle était déserte. J'aperçus sur sa table quelques journaux qui venaient d'arriver de France. Personne ne me l'avait vu sortir. Comme je savais qu'on devait attaquer, ce matin même, le camp anglais, l'inquiétude me prit, je me fis donner un cheval, et je courus, encore très faible, sur les traces de l'armée. En arrivant, je trouvai une canonnade violente engagée pour une position dont il paraissait presque impossible de chasser l'ennemi. Je distinguai Édouard au premier rang, et j'arrivai pour le voir tomber couvert de blessures. Je le reçus dans mes bras; son sang coulait à gros bouillons; je voulus essayer de l'arrêter, il s'y opposa. « Laissez-moi mourir, me dit-il, et ne me plaignez pas : la mesure est comblée;

Notice sur madame de DURAS.

Claire de Kersaint, née à Brest, en 1778, était fille de l'amiral de Kersaint, mort sur l'échafaud révolutionnaire. Elle épousa à Londres, en 1794, le duc de Duras, depuis pair de France. De retour à Paris, en 1801, elle se lia intimement avec madame de Staël, et son salon fut un des plus remarquables du faubourg Saint-Germain. La restauration combla ses vœux ; mais elle n'approuva point les réactions de cette époque. On ne la vit qu'à la tête des sociétés de bienfaisance et d'instruction primaire. Elle mourut à Nice, au mois de janvier 1829.

L'anonyme n'a pu dérober madame de Duras à sa célébrité littéraire. Tous les biographes lui attribuent les deux nouvelles qu'on vient de lire. M. Quérard dans sa France littéraire, M. Ourry, dans le Dictionnaire de la conversation, ne laissent aucun doute à cet égard. Enfin M. de Barante s'exprime ainsi dans ses Mélanges :

« Ourika et Édouard ont appris à beaucoup de lecteurs quelle délicatesse de sentiments, quelle élévation d'âme, quelle connaissance « et quelle pitié des souffrances du cœur formaient le caractère distinctif du talent de madame de Duras... Ces deux petits volumes « ont pris place pour toujours auprès des romans de madame de La « Fayette et de madame Cottin. »

M. Sainte-Beuve est plus explicite encore et rapporte comment, en 1820, l'anecdote réelle d'une jeune négresse élevée chez la maréchale de Beauvau ayant été racontée un soir par madame de Duras, ses amis l'invitèrent à l'écrire, ce qu'elle fit dans la matinée du lendemain.

P. BRY.

FIN.

Paris.— Imp. de Lacour, rue St-Hyacinthe-St-Michel, 33.

LES VEILLÉES LITTÉRAIRES ILLUSTRÉES

J. BRY AINÉ, ÉDITEUR, 21, RUE DES MATHURINS SAINT-JACQUES — **20 CENTIMES LA LIVRAISON**

CLAIRE D'ALBE
Par madame COTTIN.

LA VAPEUR
Par Pierre LACHAMBEAUDIE.

Dessiné par Ed. Faure. — Gravé par Rouget.

Dis-moi, Frédéric, meurs et je vais expirer à tes pieds.

CLAIRE D'ALBE A ÉLISE DE BIRÉ.

Non, mon Élise, non, tu ne doutes pas de la peine que j'ai éprouvée en te quittant. Tu l'as vue : elle a été telle que M. d'Albe proposait de me laisser avec toi, et que j'ai été prête à y consentir. Mais alors le charme de notre amitié n'eût-il pas été détruit! Aurions-nous pu être contents d'être ensemble, en ne l'étant pas de nous-mêmes? Aurais-tu osé parler de vertu, sans craindre de me faire rougir, et remplir des devoirs qui eussent été un reproche tacite pour celle qui abandonnait son époux et séparait un père de ses enfants? Élise, j'ai dû te quitter, et je ne puis m'en repentir ; si c'est un sacrifice, la reconnaissance de M. d'Albe m'en a dédommagée, et les sept années que j'ai passées dans le monde depuis mon mariage, ne m'avaient pas obtenu autant de confiance de sa part que la certitude que je ne te préfère pas à lui. Tu le sais, cousine, depuis mon union avec M. d'Albe, il n'a été jaloux que de mon amitié pour toi. Il était donc essentiel de le rassurer sur ce point, et c'est à quoi j'ai parfaitement réussi. Élise, gronde-moi si tu veux ; mais, malgré ton absence, je suis heureuse, oui, je suis heureuse de la satisfaction de M. d'Albe. « Enfin, me disait-il ce matin, j'ai acquis la plus entière sécurité sur votre attachement. Il a fallu longtemps sans doute ; mais agréments de ce séjour ; vous cherchez à jouir de ce que je vous donne, pour me faire oublier ce que je vous ôte ; mais le mérite unique, inappréciable de votre complaisance, c'est d'être si naturelle et si abandonnée que j'ignore moi-même si le lieu que je préfère pouvez-vous vous en étonner, et la disproportion de nos âges ne vous rendra-t-elle pas indulgente là-dessus? Vous êtes belle et aimable ; je vous ai vue dans le tourbillon du monde et des plaisirs, recherchée, adulée ; trop sage pour qu'on osât vous adresser des vœux, trop simple pour être flattée des hommages, votre esprit n'a point été éveillé à la coquetterie, ni votre cœur à l'intérêt, et dans tous les moments j'ai reconnu en vous le désir sincère de glisser dans le monde sans y être aperçue : c'était là votre première épreuve ; avec des principes comme les vôtres, ce n'était pas la plus difficile. Mais bientôt je vous réunis à votre amie, je vous donne l'espérance de vivre avec elle. Déjà vos plans sont formés, vous confondez vos enfants, le soin de les élever double de charme en vous occupant ensemble, et c'est du soin de cette jouissance que je vous arrache pour vous mener dans un pays nouveau, dans une terre éloignée. Vous voilà seule à vingt-deux ans, sans autre compagnie que deux enfants en bas-âge et un mari de soixante. Eh bien! je vous retrouve la même, toujours tendre, toujours empressée ; vous êtes la première à remarquer les

fère n'est pas celui qui vous plaît toujours davantage : c'était ma seconde épreuve ; après celle-ci il ne m'en reste plus à faire. Peut-être étais-je né soupçonneux, et vous aviez dans vos charmes tout ce qu'il fallait pour accroître cette disposition ; mais, heureusement pour tous deux, vous aviez plus encore de vertus que de charmes, et ma confiance est désormais illimitée comme votre mérite. — Mon ami, lui ai-je répondu, vos éloges me pénètrent et me ravissent; ils m'assurent que vous êtes heureux ; car le bonheur voit tout en beau. Vous me peignez comme parfaite, et mon cœur jouit de votre illusion, puisque vous m'aimez comme telle ; mais, ai-je ajouté en souriant, ne faites pas à ce que vous nommez ma complaisance tout l'honneur de ma gaieté. Vous n'avez pas oublié qu'Elise nous a promis de venir se joindre à nous, puisque nous n'avions pu rester avec elle, et cette espérance n'est pas pour moi le moins beau point de vue de ce séjour-ci. » En effet, mon amie, tu ne l'oublieras pas cette promesse si nécessaire à toutes deux : tu profiteras de ton indépendance pour ne pas laisser divisé ce que le ciel créa pour être uni ; tu viendras rendre à mon cœur la plus chère portion de lui-même ; nous retrouverons ces instants si doux et dont l'existence fugitive a laissé de si profondes traces dans ma mémoire ; nous reprendrons ces éternelles conversations que l'amitié savait rendre si courtes ; nous jouirons de ce sentiment unique et cher qui éteint la rivalité et enflamme l'émulation, enfin l'instant heureux où Claire te reverra sera celui où il lui sera permis de dire *pour toujours* ; et puisse le génie tutélaire qui présida à notre naissance et nous fit naître au même moment, afin que nous nous aimassions davantage, mettre le sceau à ses bienfaits et n'envoyant qu'une seule mort pour toutes deux !

CLAIRE A ÉLISE.

J'ai tort, en effet, mon amie, de ne t'avoir rien dit de l'asile qui bientôt doit être le tien et qui d'ailleurs mérite qu'on le décrive ; mais que veux-tu ; quand je prends la plume, je ne puis m'occuper que de toi, et peut-être pardonneras-tu un oubli dont mon amitié est la cause.

L'habitation où nous sommes est située à quelques lieues de Tours, au milieu d'un mélange heureux de coteaux et de plaines, dont les uns sont couverts de bois et de vignes, et les autres de moissons dorées et de riantes maisons ; la rivière du Cher embrasse le pays de ses replis, et va se jeter dans la Loire. Les bords du Cher, couverts de bocages et de prairies, sont riants et champêtres ; ceux de la Loire, plus majestueux, s'ombragent de hauts peupliers, de bois épais et de riches guérets. Du haut d'un roc pittoresque qui domine le château, on voit ces deux rivières rouler leurs eaux étincelantes des feux du jour dans une longueur de sept à huit lieues et se réunir au pied du château en murmurant. Quelques îles verdoyantes s'élèvent de leurs lits. Un grand nombre de ruisseaux grossissent leur cours. De tous côtés on découvre une vaste étendue de terre riche de fruits, parée de fleurs, animée par les troupeaux qui paissent dans les pâturages. Le laboureur, courbé sur la charrue, les berlines roulant sur le grand chemin, les bateaux glissant sur les fleuves, et les villes, bourgs et villages surmontés de leurs clochers, déploient la plus magnifique vue que l'on puisse imaginer.

Le château est vaste et commode. Les bâtiments dépendants de la manufacture que M. d'Albe vient d'établir sont immenses. Je m'en suis approprié une aile, afin d'y fonder un hospice de santé où les ouvriers malades et les pauvres paysans des environs puissent trouver un asile. J'y ai attaché un chirurgien et deux gardes-malades ; et, quant à la surveillance, je me la suis réservée ; car il est peut-être plus nécessaire qu'on ne croit de s'imposer l'obligation d'être tous les jours utile à ses semblables ; cela tient en haleine, et même pour faire le bien, nous avons besoin souvent d'une force qui nous pousse.

Tu sais que cette vaste propriété appartient depuis longtemps à la famille de M. d'Albe ; c'est là que, dans sa jeunesse, il connut mon père et se lia avec lui ; c'est qu'enchantés d'une amitié qui les avait rendus si heureux, ils se jurèrent d'y venir finir leurs jours et d'y déposer leurs cendres ; c'est là enfin, ô mon Elise ! qu'est le tombeau du meilleur des pères ; sous l'ombre des cyprès et des peupliers repose son urne sacrée ; un large ruisseau l'entoure, et forme comme une île où les élus seuls ont le droit d'entrer : combien je me plais à parler de lui avec M. d'Albe, combien nos cœurs s'entendent et se répondent sur un pareil sujet ! « Le dernier bienfait de votre père fut de m'unir à vous, me disait mon mari : jugez combien je dois chérir sa mémoire. » Et moi, Elise, considérant le monde et les hommes que j'y ai connus, ne dois-je pas aussi bénir mon père de m'avoir choisi un si digne époux ?

Adolphe se plaît beaucoup plus ici que chez toi ; tout y est nouveau, et le mouvement continuel des ouvriers lui paraît plus gai que le tête-à-tête des deux amies ; il ne quitte point son père ; celui-ci le gronde et lui obéit ; mais qu'importe, quand l'excès de sa complaisance rendrait son fils mutin et volontaire dans son enfance, ne suis-je pas sûre que ses exemples le rendront bienfaisant et juste dans sa jeunesse ?

Laure ne jouit point, comme son frère, de tout ce qui l'entoure, elle ne distingue que sa mère, et encore veut-on lui disputer cet éclair d'intelligence ; M. d'Albe m'assure qu'aussitôt qu'elle a tété elle ne me connaît pas plus que sa bonne, et je n'ai pas voulu encore en faire l'expérience de peur de trouver qu'il n'eût raison.

M. d'Albe part demain ; il va au-devant d'un jeune parent qui arrive du Dauphiné : uni à sa mère par les liens du sang, il lui jura, à son lit de mort, de servir de guide et de père à son fils, et tu sais si mon mari sait tenir ses serments ; d'ailleurs il compte le mettre à la tête de sa manufacture, et se soulager ainsi d'une surveillance trop fatigante pour son âge ; sans ce motif, je ne sais si je verrais avec plaisir l'arrivée de Frédéric ; dans le monde, un convive de plus n'est pas même une différence ; dans la solitude, c'est un événement.

Adieu, mon Elise ; il règne ici un air de prospérité, de mouvement et de joie qui te fera plaisir ; et pour moi, je crois bien qu'il ne me manque que toi pour y être heureuse.

CLAIRE A ÉLISE.

Je suis seule, il est vrai, mon Elise, mais non pas ennuyée ; je trouve assez d'occupation auprès de mes enfants, et de plaisir dans mes promenades pour remplir tout mon temps : d'ailleurs M. d'Albe devant trouver son cousin à Lyon sera de retour ici avant dix jours ; et puis comment me croire seule quand je vois la terre s'embellir chaque jour d'un nouveau charme ? Déjà le premier né de la nature s'avance, déjà j'éprouve ses douces influences, tout mon sang se porte vers mon cœur qui bat plus violemment qu'à l'approche du printemps ; à cette sorte de création nouvelle, tout s'éveille et s'anime ; le désir naît, parcourt l'univers, et effleure tous les êtres de son aile légère, tous sont atteints et le suivent ; il leur ouvre la route du plaisir, tous enchantés s'y précipitent ; l'homme seul attend encore, et diffère sur ce point des êtres vivants, il ne sait marcher dans cette route que guidé par l'amour. Dans ce temple de l'union des êtres, où les nombreux enfants de la nature se réunissent, désirer et jouir étant tout ce qu'ils veulent, ils s'arrêtent et sacrifient sans choix sur l'autel du plaisir ; mais l'homme dédaigne ces biens faciles entre le désir qui l'appelle, et la jouissance qui l'excite ; il languit fièrement s'il ne pénètre au sanctuaire, c'est là seulement qu'est le bonheur, et l'amour seul peut y conduire..... O mon Elise ! je ne te tromperai pas, et tu m'as devinée ; oui, il est des moments où ces images me font faire des retours sur moi-même, où je soupçonne que mon sort n'est pas rempli comme il aurait pu l'être ; ce sentiment, qu'on dit être le plus délicieux de tous, et dont le germe était peut-être dans mon cœur, ne s'y développera jamais, et y mourra vierge. Sans doute, dans ma position, m'y livrer serait un crime, y penser est même un tort ; mais crois-moi, Elise, il est rare, très rare, que je m'appuie d'une manière déterminée sur ce sujet ; la plupart du temps je n'ai, à cet égard, que des idées vagues et générales, et auxquelles je ne m'abandonne jamais. Tu aurais tort de croire qu'elles reviennent plus fréquemment à la campagne ; au contraire, c'est là que les occupations aimables et les soins utiles donnent plus de moyens d'échapper à soi-même. Elise, le monde m'ennuie, je n'y trouve rien qui me plaise ; mes yeux sont fatigués de ces êtres nuls qui s'entrechoquent dans leur petite sphère pour se dépasser d'une ligne ; qui a vu un homme n'a plus rien de nouveau à voir, c'est toujours le même cercle d'idées, de sensations et de phrases, et le plus aimable de tous ne sera jamais qu'un homme aimable. Ah ! laisse-moi sous mes ombrages ; c'est là qu'en rêvant une mieux idéal je trouve le bonheur que le ciel m'a refusé. Ne pense pas pourtant que je me plaigne de mon sort, Elise, je serais bien coupable ; mon mari n'est-il pas le meilleur des hommes ? Il me chérit, je le révère, je donnerais mes jours pour lui ; d'ailleurs n'est-il pas le père d'Adolphe, de Laure ? Que de droits à ma tendresse ! Si tu savais comme il se plaît ici, tu conviendrais que ce seul motif devrait m'y retenir ; chaque jour il me félicite d'y être, et me remercie de m'y trouver bien. Dans tous les lieux, Elise, il serait heureux par sa Claire ; mais ici il l'est par tout ce qui l'entoure, le soin de sa manufacture, la conduite de ses ouvriers, sont des occupations selon ses goûts ; c'est un moyen d'ailleurs de faire prospérer son village ; par là il excite les paresseux, fait vivre les pauvres ; les femmes, les enfants, tout travaille ; les malheureux se rattachent à lui ; il est comme le centre et la cause de tout le bien qui se fait à dix lieues à la ronde, et cette vue le rajeunit. Ah ! mon amie, eussé-je autant d'attrait pour le monde qu'il m'inspire d'aversion, je resterais encore ici ; car une femme qui aime son mari compte les jours qu'il a du plaisir comme des jours ordinaires, et ceux où elle lui en fait comme des jours de fête.

CLAIRE A ÉLISE.

J'ai passé bien des jours sans t'écrire, mon amie, et au moment où j'allais prendre la plume, voilà M. d'Albe qui arrive avec son parent. Il l'a rencontré bien en-deçà de Lyon, c'est pourquoi leur retour a été plus prompt que je ne comptais. Je n'ai fait qu'embrasser mon mari, et entrevoir Frédéric. Il m'a paru bien, très bien. Son maintien est noble, sa physionomie ouverte ; il est timide, et non pas embarrassé. J'ai mis dans mon accueil toute l'affabilité possible, autant pour l'encourager que pour plaire à mon mari. Mais j'entends celui-ci qui m'appelle, et je me hâte de l'aller rejoindre, afin qu'il ne me reproche pas que, même au moment de son arrivée, ma première idée soit pour toi. Adieu, chère amie.

CLAIRE A ÉLISE.

Combien j'aime mon mari, Elise ! combien je suis touchée du plaisir qu'il trouve à faire le bien ! Toute son ambition est d'entreprendre des actions louables, comme son bonheur est d'y réussir. Il aime tendrement Frédéric, parce qu'il voit en lui un heureux à faire. Ce jeune homme, il est vrai, est bien intéressant. Il a toujours habité les Cévennes, et le séjour des montagnes a donné autant de souplesse et d'agilité à son corps, que d'originalité à son esprit et de candeur à son caractère. Il ignore jusqu'aux moindres usages. Si nous sommes à une porte, et qu'il soit pressé, il passe le premier. A table, s'il a faim, il prend ce qu'il désire, sans attendre qu'on lui en offre. Il interroge librement sur tout ce qu'il veut savoir, et ses questions seraient même souvent indiscrètes, s'il n'était pas clair qu'il ne les fait que parce qu'il ignore qu'on ne doit pas tout dire. Pour moi, j'aime ce caractère neuf qui se montre sans voile et sans détour ; cette franchise crue qui le fait manquer de politesse, et jamais de complaisance, parce que le plaisir d'autrui est un besoin pour lui. En voyant un désir si vrai d'obliger tout ce qui l'entoure, une reconnaissance si vive pour mon mari, je souris de ses naïvetés, et je m'attendris sur son bon cœur. Je n'ai point encore vu une physionomie plus expressive ; les moindres sensations s'y peignent comme dans une glace. Je suis sûre qu'on en est encore à savoir qu'on peut mentir. Pauvre jeune homme ! si on le jetait ainsi dans le monde, à dix-neuf ans, sans guide, sans ami, sans défiance, avec cette disposition à tout croire et ce besoin de tout dire, que deviendrait-il ? Mon mari lui servira sans doute de boussole ; mais sais-tu que M. d'Albe exige presque que je lui en serve aussi ? Je suis un peu brusque, me disait-il ce matin, et la bonté de mon cœur ne rassure pas toujours sur la rudesse de mes manières. Frédéric aura besoin de conseils. Une femme s'entend mieux à les donner, et puis votre âge vous y autorise. Trois ans de plus entre vous font beaucoup. D'ailleurs, vous êtes mère de famille, et le titre inspire le respect. J'ai promis à mon mari de faire ce qu'il voudrait. Ainsi, Elise, me voilà érigée en grave précepteur d'un jeune homme de dix-neuf ans. N'es-tu pas tout émerveillée de ma nouvelle dignité ? Mais, pour revenir aux choses plus à ma portée, je te dirai que ma fille a commencé hier à marcher. Elle s'est tenue seule pendant quelques minutes. J'étais fière de ses mouvements. Il me semblait que c'était moi qui les avais créés. Pour Adolphe, il est toujours avec les ouvriers. Il examine les mécaniques, n'est content que lorsqu'il les comprend, les imite quelquefois, et les brise plus souvent, saute au cou de son père quand celui-ci le gronde, et se fait aimer de chacun en faisant enrager tout le monde. Il parle beaucoup à Frédéric, mais ma fille n'a pas tant de bonheur. Je lui demandais s'il ne la trouvait pas charmante, n'y avait pas de plaisir à baiser sa peau douce et fraîche ; non, m'a-t-il répondu naïvement, elle est laide, et elle sent le lait aigre.

Adieu, mon Elise, je me fie à ton amitié pour rapprocher ces jours charmants que nous devons passer ici. Je sais que l'état d'un veuve qui a le bien de ses enfants à conserver, demande beaucoup de sacrifices ; mais si le plaisir d'être ensemble est un aiguillon pour ton indolence, il doit nécessairement accélérer les affaires. Mon ange, M. d'Albe me disait ce matin que si l'établissement de sa manufacture et l'instruction de Frédéric, ne nécessitaient pas impérieusement sa présence, il quitterait femme et enfants pendant trois mois, pour aller expédier tes affaires et te ramener toi trois mois plus tôt. Excellent homme ! il ne voit de bonheur que dans celui qu'il donne aux autres, et je sens que son exemple me rend meilleure. Adieu, cousine.

CLAIRE A ÉLISE.

Ce matin, comme nous déjeunions, Frédéric est accouru tout essoufflé. Il venait de jouer avec mon fils ; mais, prenant tout-à-coup un air grave, il a prié mon mari de vouloir bien, dès aujourd'hui, lui donner les premières instructions relatives à l'emploi qu'il lui destine dans sa manufacture. Ce passage subit de l'enfance à la raison m'a paru si plaisant, que je me suis mise à rire immodérément. Frédéric m'a regardée avec surprise. « Ma cousine, m'a-t-il dit, si j'ai tort, reprenez-moi ; mais il est mal de se moquer. — Frédéric a raison, a repris son mari ; vous êtes trop bonne pour être moqueuse, Claire ; mais vos ris inattendus, qui contrastent avec votre caractère habituel, vous en donnent souvent l'air. C'est là votre seul défaut ; et ce défaut est grave, parce qu'il fait autant de mal aux autres que s'ils étaient réellement les objets de votre raillerie. » Ce reproche m'a touchée. J'ai tendrement embrassé mon mari, en l'assurant qu'il ne me reprocherait pas deux fois un tort qui l'afflige. Il m'a serrée dans ses bras. J'ai vu des larmes dans les yeux de Frédéric : cela m'a émue. Je lui ai tendu la main en lui demandant pardon ; il l'a saisie avec vivacité, il l'a baisée, j'ai senti ses pleurs... En vérité, Elise, ce n'était pas là un mouvement de politesse. M. d'Albe a souri. « Pauvre enfant, m'a-t-il dit, comment se défendre de l'aimer, si naïf et si caressant ! Allons, ma Claire, pour cimenter votre paix, menez-le promener vers ces forêts qui dominent la Loire. Il retrouvera là un site de son pays. D'ailleurs il faut bien qu'il connaisse le séjour qu'il doit habiter. Pour aujourd'hui, j'ai des lettres à écrire. Nous travaillerons demain, jeune homme. »

Je suis partie avec mes enfants. Frédéric portait ma fille, quoiqu'elle sentît le lait aigre. Arrivés dans la forêt, nous avons causé... Causé n'est pas le mot, car il a parlé seul. Le lieu qu'il voyait, en lui rappelant sa patrie, lui a inspiré une sorte d'enthousiasme. J'ai été surprise que les grandes idées lui fussent aussi familières, et de l'éloquence avec laquelle il les exprimait. Il semblait s'élever avec elles. Je n'avais point vu encore autant de feu dans son regard. Ensuite, revenant à d'autres sujets, j'ai reconnu qu'il avait une instruction solide et une aptitude singulière à toutes les sciences. Je crains que l'état qu'on lui destine ne lui plaise ni ne lui convienne. Une chose purement mécanique, une surveillance exacte, des calculs arides, doivent nécessairement lui devenir insupportables, ou éteindre son imagination, et cela serait bien dommage. Je crois, Elise, que je m'accoutumerai à la société de Frédéric. C'est un caractère neuf, qui n'a point été émoussé encore par le frottement des usages. Aussi présente-t-il toute la piquante originalité de la nature. On y retrouve ces touches larges et vigoureuses, dont l'homme dut être formé en sortant des mains de la divinité ; on y pressent des nobles et grandes passions qui peuvent égarer, sans doute, mais qui, seules, élèvent à la gloire et à la vertu. Loin de lui ces petits caractères sans vie et sans couleur, qui ne savent agir et penser que comme les autres, dont les yeux délicats sont blessés par un contraste, et qui, dans la sphère où ils se remuent, ne sont pas même capables d'une grande faute.

CLAIRE A ÉLISE.

J'aurais été bien surprise si l'éloge très mérité que j'ai fait de Frédéric, ne m'eût attiré le reproche d'enthousiaste de la part de ma très judicieuse amie ; car je ne puis dire les choses telles que je les vois, ni les exprimer comme je les sens, que sa censure ne vienne aussitôt mettre le veto sur mes jugements. Il se peut, mon Elise, que je n'aie vu encore que le côté favorable du caractère de Frédéric ; et, pour ne lui avoir pas trouvé de défauts, je ne prétends pas affirmer qu'il en soit exempt ; mais je veux, par le récit suivant, te prouver qu'il n'y a du moins aucun intérêt personnel dans ma manière de le juger.

Hier, nous nous promenions ensemble assez loin de la maison. Tout-à-coup Adolphe lui demande étourdiment : « Mon cousin, qui aimes-tu mieux, mon papa ou maman ? » Je t'assure que c'est sans hésiter qu'il a donné la préférence à mon mari. Adolphe a voulu en savoir la raison. « Ta maman est beaucoup plus aimable, a-t-il répondu, mais je crois ton papa meilleur, et, à mes yeux, un simple mouvement de bonté l'emporte sur toutes les grâces de l'esprit. — Eh bien ! mon cousin, tu dis comme maman ; elle ne m'embrasse qu'une fois quand j'ai bien étudié, et me caresse longtemps quand j'ai fait plaisir à quelqu'un, parce qu'elle dit que je ressemblerai à mon papa..... » Frédéric m'a regardé d'un air que je ne saurais trop définir, puis mettant la main sur son cœur : « C'est singulier, a-t-il dit à part soi, cela m'a porté là. » Alors, sans ajouter un mot, il m'a faire une excuse, il m'a quittée, et s'en est allé tout seul à la maison. A dîner, je l'ai plaisanté sur son peu de civilité, et j'ai prié M. d'Albe de le gronder de me laisser ainsi seule sur les grands chemins. « Auriez-vous eu peur, a interrompu Frédéric ? Il fallait me le dire, je serais resté ; mais je croyais de vous savoir l'habitude de vous promener seule. — Il est vrai, ai-je répondu ; mais votre procédé doit me causer plus d'ennui, et voilà ce qu'il ne fallait pas me laisser voir. — Vous auriez tort de le penser, j'éprouvais au contraire, en vous écoutant une sensation agréable, mais qui me faisait mal : c'est pourquoi je vous ai quittée. » M. d'Albe a souri. « Vous aimez donc beaucoup ma femme, Frédéric, lui a-t-il dit ? — Beaucoup ? Non. — La quitteriez-vous sans regret ? — Elle me plaît ;

mais je crois qu'au bout de peu de jours je n'y penserais plus. — Et moi, mon ami? — Vous! s'est-il écrié en se levant, et courant se jeter dans ses bras, je ne m'en consolerais jamais. — C'est bien, c'est bien, mon Frédéric, lui a dit M. d'Albe tout ému; mais je veux pourtant qu'on aime ma Claire comme moi-même. — Non mon père, a repris l'autre en me regardant, je ne le pourrais pas. »

Tu vois, Élise, que je suis un objet très secondaire dans les affections de Frédéric. Cela doit être : je ne lui pardonnerais pas d'aimer un autre à l'égal de son bienfaiteur. Je crains de t'ennuyer en te parlant sans cesse de ce jeune homme. Cependant il me semble que c'est un sujet aussi neuf qu'intéressant. Je l'étudie avec cette curiosité qu'on porte à tout ce qui sort des mains de la nature. Sa conversation n'est point brillante d'un esprit d'emprunt; elle est riche de son propre fonds. Elle a surtout le mérite, inconnu de nos jours, de sortir de ses lèvres telle que la pensée la conçoit. La vérité n'est pas au fond du puits, mon Élise, elle est dans le cœur de Frédéric.

Cet après-midi nous étions seuls, je tenais ma fille sur mes genoux, et je cherchais à lui faire répéter mon nom. Ce titre de mère m'a rappelé ce qui s'était dit la veille, et j'ai demandé à Frédéric pourquoi il donnait le nom de père à M. d'Albe : « Parce que j'ai perdu le mien, a-t-il répondu, et que sa bonté m'en tient lieu. — Mais votre mère n'est morte aussi, il faut que je devienne la vôtre. — Vous? Oh! non. — Pourquoi donc? — Je me souviens de ma mère, et ce que je sentais pour elle ne ressemblait en rien à ce que vous m'inspirez. — Vous l'aimiez bien davantage? — Je l'aimais tout autrement : j'étais parfaitement libre avec elle; au lieu que votre regard m'embarrasse quelquefois; je l'embrassais sans cesse..... — Vous ne m'embrasseriez donc pas? — Non ; vous êtes beaucoup trop jolie. — Est-ce une raison? — C'est au moins une différence. J'embrassais ma mère comme sa figure; mais, auprès de vous, je ne voudrais que cela. » Peut-être me blâmeras-tu, Élise, de badiner ainsi avec lui, mais je ne puis m'en empêcher; sa conversation me divertit et m'inspire une gaîté qui ne m'est pas naturelle; d'ailleurs mes plaisanteries amusent M. d'Albe, et souvent il les excite. Cependant ne crois pas pour cela que j'aie mis de côté mes fonctions de moraliste; je donne souvent des avis à Frédéric, qu'il écoute avec docilité et dont il profite; et je sens qu'outre le plaisir qu'éprouve M. d'Albe à me voir concourir à son élève, j'en trouverai moi-même un bien réel à éclairer son esprit sans nuire à son naturel, et à le guider dans le monde en lui conservant sa franchise.

Non, mon Élise, je n'irai point passer l'hiver à Paris. Si tu y étais, peut-être aurais-je hésité, et j'aurais eu tort; car mon mari, tout entier aux soins de son établissement, ferait un bien grand sacrifice en s'en éloignant. Frédéric nous sera d'une grande ressource pour les longues soirées; il a une très jolie voix; il ne manque que de méthode. Je fais venir plusieurs partitions italiennes. Quel dommage que tu ne sois pas ici! Avec trois voix, il n'y a guère de morceaux qu'on ne puisse exécuter, et nous aurions mis notre bon vieux ami dans l'Élysée.

CLAIRE A ÉLISE.

Cela t'amuse donc beaucoup que je te parle de Frédéric? et par une espèce de contradiction je n'ai presque rien à t'en dire aujourd'hui. Depuis plusieurs jours je ne le vois guère qu'aux heures des repas; encore, pendant tout ce temps, il s'occupe-t-il à causer avec mon mari de ce qu'ils ont fait, ou de ce qu'ils vont faire. Je suis même plus habituellement seule qu'avant son arrivée, parce que M. d'Albe, se plaisant beaucoup avec lui, sent moins le besoin de ma société. Pendant les premiers jours, cela m'a attristée. Pour être avec eux, j'avais rompu le cours de mes occupations ordinaires, et je ne savais plus le reprendre; il me semblait toujours que j'attendais quelqu'un, et l'habitude de la société désenchantait jusqu'à mes promenades solitaires. Nous sommes de vraies machines, mon amie; il suffit de s'accoutumer à une chose pour qu'elle nous devienne nécessaire; et par cela seul que nous l'avons eue hier, nous la voulons encore aujourd'hui. Je crois qu'il y a dans nous une inclination à la paresse, qui est la plus fort de nos penchants; et s'il y a si peu d'hommes vertueux, c'est moins par indifférence pour la vertu, que parce qu'elle tend toujours à agir, et nous toujours au repos. Mais aussi comme elle sait récompenser ceux dont le courage s'élève jusqu'à elle! Si les premiers instants sont rudes, comme la suite dédommage des sacrifices qu'on lui fait! Plus on l'exerce, plus elle devient chère : c'est comme deux amis qui s'aiment mieux à mesure qu'ils se connaissent davantage. Il est aussi un art de la rendre facile, et ce n'est pas à Paris qu'il se trouve. Du fond de nos hôtels dorés, est-il difficile d'apercevoir la misère qui gémit dans les greniers! Si la bienfaisance nous soulève de nos fauteuils, combien d'obstacles nous y replongent! Au milieu de cette foule de malheureux qui fourmillent dans les grandes villes, comment, dans la crainte de la fourbe de l'infortuné? On commence par se fier à la physionomie ; mais bientôt revenu de cet indice trompeur, pour avoir été dupe des fausses larmes, on finit par ne plus croire aux vraies. Que de démarches, de perquisitions ne faut-il pas pour être sûr de ne secourir que les vrais malheureux! En voyant leur nombre infini, combien l'âme est tristement oppressée de ne pouvoir en soulager qu'une si faible partie! Et malgré le bien qu'on a fait, l'image de celui qu'on n'a pu faire vient troubler notre satisfaction. Mais à la campagne, où notre entourage est plus borné et plus près de nous, on ne court risque ni de se tromper, ni de ne pouvoir tout faire; et quand il est moins grand, du moins hâte-t-il l'espoir de l'atteindre. Ah! si chacun se chargeait ainsi d'embellir son petit horizon, la misère disparaîtrait de dessus la terre; l'inégalité des fortunes s'éteindrait sans efforts et sans secousses, et la charité serait le nœud céleste qui unirait tous les hommes ensemble!

CLAIRE A ÉLISE.

Tu connais le goût de M. d'Albe pour les nouvelles politiques. Frédéric le partage. Un sujet qui embrasse le bonheur des nations entières lui paraît le plus intéressant de tous : aussi chaque soir, quand les gazettes et journaux arrivent, M. d'Albe se hâte d'appeler son ami pour les lire et les discuter avec lui. Comme cette occupation dure toujours près d'une heure, je profite assez souvent de ce moment pour me retirer dans ma chambre, soit pour écrire ou pour être avec mes enfants. Durant les premiers jours, Frédéric me demandait où j'allais, et voulait que je fusse présente à cette lecture. A la fin, voyant qu'elle était toujours pour moi le signal d'une retraite, il m'a grondée de mon indifférence sur les nouvelles publiques, et a prétendu que c'était un tort. Je lui ai répondu que je ne donnais ce nom qu'aux choses d'où il résultait quelque mal pour les autres; qu'ainsi je ne pouvais pas me reprocher comme tel, le peu d'intérêt que je mettais aux événements politiques. Moi, faible atome, perdu dans la foule des êtres qui habitent cette vaste contrée, qu'ajouté-je, que peut-il résulter du plus ou moins de vivacité que je mettrai à ce que je la regarde? Frédéric, le bien qu'un homme peut faire à son pays n'est pas de s'occuper de ce qu'il y passe, ni de donner sans cesse son avis sur ce qu'on y fait, mais d'y exercer le plus de vertus qu'elle peut. « Claire a raison, a interrompu M. d'Albe; une femme, en se consacrant à l'éducation de ses enfants et aux soins domestiques, en donnant à tout ce qui l'entoure l'exemple des bonnes mœurs et du travail, remplit la tâche que la patrie lui impose; car chacun se contente de faire ainsi le bien en détail, et de cette multitude de bonnes choses naîtra un bel ensemble. C'est aux hommes qu'appartiennent les grandes et vastes conceptions; c'est à eux à créer le gouvernement et les lois; c'est aux femmes à leur en faciliter l'exécution, en se bornant strictement aux soins qui sont de leur ressort. Leur tâche est facile; car, quel que soit l'ordre des choses, pourvu qu'il soit basé sur la vertu et la justice, elles sont sûres de concourir à sa durée, en ne sortant jamais du cercle que la nature a tracé autour d'elles; car, pour qu'il tout marche bien, il faut que chaque partie reste à sa place. »

Élise, je recueille bien le fruit d'avoir rempli mon devoir en accompagnant M. d'Albe ici. Je n'y suis plus semblable à ce que je ne l'ai jamais été; je n'éprouve plus ces moments de tristesse et de dégoût dont tu t'inquiétais quelquefois. Sans doute c'était le monde qui m'inspirait cet ennui profond, dont la vue de la nature m'a guérie. Mon amie, rien ne peut me convaincre davantage que la vie de la campagne, au milieu d'une nombreuse famille. Outre l'air de ressemblance avec les mœurs antiques et patriarchales, que je compte bien pour quelque chose, c'est là seulement qu'on peut retrouver cette bienveillance douce et universelle que tu m'accuses de ne point avoir, et dont les nombreuses réunions d'hommes ont dû nécessairement faire perdre l'usage. Quand on n'a avec ses semblables que des relations utiles, telles que le bien qu'on peut leur faire et les services qu'ils peuvent nous rendre, on ne figure étrangère annonce toujours un plaisir, et le cœur s'ouvre pour la recevoir; mais lorsque, dans la société, on se voit entouré de gens d'oisifs qui viennent nous accabler de leur inutilité, qui, loin d'apprendre à bien employer le temps, forcent à en faire un mauvais usage, il faut, si on ne leur ressemble pas, être aiguillonné d'une froide ou fausse pitié; et c'est ainsi que la bienveillance s'éteint dans le grand monde, comme l'hospitalité dans les grandes villes.

CLAIRE A ÉLISE.

Ce matin on est venu m'éveiller, avant cinq heures, pour aller voir la bonne mère Françoise, qui avait une attaque d'apoplexie. J'ai fait appeler sur-le-champ le chirurgien de la maison, et nous avons été ensemble porter des secours à cette pauvre femme. Peu à peu les symptômes sont devenus moins alarmants; elle a repris connaissance, et son premier mouvement, en me voyant auprès de son lit, a été de remercier le ciel de lui avoir rendu sa vie à laquelle sa bonne maîtresse s'intéressait. Nous avons vu qu'une des causes de son accident venait d'avoir négligé la plaie de sa jambe, et comme le chirurgien la blessait en y touchant, j'ai voulu la nettoyer moi-même. Pendant

que j'en étais occupée, j'ai entendu une exclamation, et, levant la tête, j'ai vu Frédéric.... Frédéric en extase ; il revenait de la promenade, et voyant du monde devant la chaumière, il y était entré. Depuis un moment il était là ; il contemplait, non plus sa cousine, m'a-t-il dit, non plus une femme belle autant qu'aimable, mais un ange ! — J'ai rougi et de ce qu'il m'a dit, et du ton qu'il y a mis, et peut-être aussi du désordre de ma toilette ; car, dans mon empressement à me rendre chez Françoise, je n'avais eu que le temps de passer un jupon et de jeter un châle sur mes épaules ; mes cheveux étaient épars, mon cou et mes bras nus. J'ai prié Frédéric de se retirer ; il a obéi, et je ne l'ai pas revu de toute la matinée. Une heure avant le dîner, comme j'attendais du monde, je suis descendue très parée, parce que je sais que cela plaît à M. d'Albe ; aussi m'a-t-il trouvée très à son gré ; et, s'adressant à Frédéric : « N'est-ce pas, mon ami, que cette robe sied bien à ma femme, et qu'elle est charmante avec ? — Elle n'est que jolie, a répondu celui-ci, je l'ai vue céleste ce matin. » M. d'Albe a demandé l'explication de ces mots ; Frédéric l'a donnée avec feu et enthousiasme. « Mon jeune ami, lui a dit mon mari, quand vous connaîtrez mieux ma Claire, vous parlerez plus simplement de ce qu'elle a fait aujourd'hui : s'étonne-t-on de ce qu'on voit tous les jours? Frédéric, contemplez bien cette femme, parée de tous les charmes de la beauté, dans tout l'éclat de la jeunesse, elle s'est retirée à la campagne, seule avec un mari qui pourrait être son aïeul, occupée de ses enfants, ne songeant qu'à les rendre heureux par sa douceur et sa tendresse, et répandant sur tout un village son active bienfaisance : voilà quelle est ma compagne ! qu'elle soit votre amie, mon fils ; parlez-lui avec confiance ; recueillez dans son âme de quoi perfectionner la vôtre ; elle n'aime pas la vertu mieux que moi, mais elle sait la rendre plus aimable. » Pendant ce discours, Frédéric était tombé dans une profonde rêverie. Mon mari ayant été appelé par un ouvrier, je suis restée seule avec Frédéric ; je me suis approchée de lui : « A quoi pensez-vous donc? » lui ai-je demandé. — Il a tressailli, et prenant mes deux mains en me regardant fixement, il a dit : « Dans les premiers beaux jours de ma jeunesse, elle s'est retirée à la campagne, seule avec un mari qui pourrait être son aïeul, occupée de ses enfants, ne songeant qu'à les rendre heureux par sa douceur et sa tendresse, et répandant sur tout un village son active bienfaisance : voilà quelle est ma compagne ! Cette chimère enchanteresse m'accompagnait partout ; je n'en trouvais le modèle nulle part ; mais je viens de la reconnaître dans celle que votre mari a choisie ; il n'y manque qu'un trait : celle dont je me forgeais l'idée ne pouvait être heureuse qu'avec moi. — Que dites-vous, Frédéric? me suis-je écriée vivement. — Je vous raconte mon erreur, a-t-il répondu avec tranquillité ; j'avais cru jusqu'à présent qu'il ne pouvait y avoir qu'une femme comme vous ; sans doute je me suis trompé, j'ai besoin de l'en trouver une qui vous ressemble. » Tu vois, Élise, que la fin de son discours a dû éloigner tout-à-fait les idées que le commencement avait pu faire naître. Puissé-je, ô mon amie ! lui aider à découvrir celle qu'il attend, celle qu'il désire sera heureuse, bien heureuse, car Frédéric saura aimer !

Il faut donc m'y résigner, chère amie, encore six mois d'absence ! six mois éloignée de toi ! Que de temps perdu pour le bonheur ! Le bonheur, peut-être ne fût-il que fugitif que plusieurs le croient chimérique, n'existe que par la réunion de tous les sentiments auxquels le cœur est accessible, et par la présence de ceux qui en sont les objets ; un vide l'empêche de naître, l'absence d'un ami le détruit. Aussi ne suis-je point heureuse, Élise, car tu es loin de moi, et jamais mon cœur n'eut plus besoin de t'aimer et de jouir de ta tendresse. Je sais que l'amitié t'appelle, le devoir te retient, et je t'estime trop pour t'attendre ; mais combien mes vœux aspirent à ce moment qui, accordant tes devoirs, te ramènera dans mes bras ! Il me serait si doux de pleurer avec toi ; cela soulagerait mon cœur d'un poids qui l'oppresse, et que je ne puis définir ! Adieu.

CLAIRE À ÉLISE.

Tu me demandes si j'aurais été bien aise que mon mari eût été témoin de ma dernière conversation avec Frédéric? Assurément, Élise, elle n'avait rien qui pût lui faire de la peine ; cela est vrai, que je la lui ai racontée d'un bout à l'autre. Peut-être bien ne lui ai-je pas rendu tout-à-fait l'accent de Frédéric ; mais qui le pourrait? M. d'Albe a mis à ce récit plus d'indifférence que moi-même ; il n'y a vu que le signe d'une tête exaltée, et, a-t-il ajouté, c'est le partage de la jeunesse. Mon ami, lui ai-je répondu, je crois que Frédéric joint à une imagination ardente un cœur infiniment tendre. La contemplation de la nature, la solitude de ce séjour, doivent nourrir ses dispositions, et dès lors il serait peut-être nécessaire de les fixer. Puisque vous vous intéressez à son bonheur, ne pensez-vous pas qu'il serait à propos que j'invitasse alternativement de jeunes personnes à venir passer quelque temps avec moi ? Ce n'est qu'ainsi qu'il pourra les connaître, et choisir celle qui peut lui convenir. — Bonne Claire ! a repris mon mari, toujours occupée des autres, même à vos propres dépens ; car, je suis sûr, d'après vos goûts et l'âge de vos enfants, que la société des jeunes personnes ne doit point avoir d'attraits pour vous ; mais n'importe, ma bonne amie, je vous connais trop pour vous ôter le plaisir de faire du bien à mon élève ; je crois d'ailleurs vos observations à son égard très vraies, et vos projets très bien conçus. Voyons : qui inviterez-vous? — J'ai nommé Adèle de Raincy ; elle a seize ans, elle est belle, remplie de talents ; je la demanderai pour un mois.... » Je pense, mon Élise, que ce plan, ainsi que ma confiance en M. d'Albe, répondent aux craintes bizarres que tu laisses percer dans ta lettre. Ne me demande donc plus s'il est bien prudent, à mon âge, de m'ensevelir à la campagne avec cet aimable, cet intéressant jeune homme : ce serait outrager ton amie que d'en douter ; ce serait l'avilir que d'exiger d'elle des précautions contre un semblable danger. Où il y a un crime, Élise, il ne peut y avoir de danger pour moi, et il est des craintes dont l'amitié doit rougir de concevoir. Élise, Frédéric est l'enfant adoptif de mon mari ; je suis la femme de son bienfaiteur : ce sont de ces choses que la vertu grave en lettres de feu dans les âmes élevées, et qu'elles n'oublient jamais. Adieu.

CLAIRE À ÉLISE.

Il se peut, mon aimable amie, que j'aie appuyé trop vivement sur l'espèce de soupçon que tu m'as laissé entrevoir ; mais que veux-tu? Il m'avait révolté, et je n'adopte pas davantage l'explication que tu lui donnes. Tu ne craignais que pour mon repos, et non pour ma conduite, dis-tu ? Eh bien ! Élise, tu as tort ; il n'y a d'honnêteté que dans un cœur pur, et on doit tout attendre de celle qui est capable d'un sentiment criminel. Mais laissons cela, aussi bien j'ai honte de traiter si longtemps un pareil sujet ; et, pour te prouver que je ne le redoute point tes observations, je vais te parler de Frédéric, et te citer un trait qui, par rapport à lui, serait fait pour appuyer tes remarques, si tu l'estimais assez peu pour y persister.

En sortant de table, j'ai suivi mon mari dans l'atelier, parce qu'il voulait me montrer un modèle de mécanique qu'il a imaginé, et qu'il doit faire exécuter en grand. Je n'en avais pas encore vu tous les détails, lorsqu'il a été détourné par un ouvrier. Pendant qu'il lui parlait, un vieux bonhomme, qui portait un outil à la main, passe près de moi, et casse par mégarde une partie du modèle. Frédéric, qui prévoit la colère de mon mari, s'élance prompt comme l'éclair, arrache l'outil des mains du vieillard, par ce mouvement paraît être le coupable. M. d'Albe se retourne au bruit, et voyant son modèle brisé, il accourt avec emportement et fait tomber sur Frédéric tout le poids de sa colère. Celui-ci, trop vrai pour se justifier d'une faute qu'il n'a pas faite, trop bon pour en accuser un autre, gardait le silence et ne souffrait que de la peine de son bienfaiteur. Attendrie jusqu'aux larmes, je me suis approchée de mon mari. « Mon ami, lui ai-je dit, combien vous affligez ce pauvre Frédéric ! On peut acheter un autre modèle, mais non un moment de peine causé à ce qu'on aime. » En disant ces mots, j'ai vu les yeux de Frédéric attachés sur moi avec une expression si tendre, que je n'ai pu continuer. Les larmes m'ont gagnée. À ce même moment, le vieillard est venu se mettre aux pieds de M. d'Albe. « Mon bon maître, lui a-t-il dit, grondez-moi ; le cher M. Frédéric n'est pas coupable, c'est pour me sauver de votre colère qu'il s'est jeté devant moi, quand j'ai cassé votre machine. » Ces mots ont apaisé M. d'Albe ; il a relevé le vieillard avec bonté, et prenant mon bras et celui de Frédéric, il nous a conduits dans le jardin. Après un moment de silence, il a serré la main de Frédéric, et lui disant : « Mon jeune ami, ce serait vous affliger que vous faire des excuses sur ma violence ; ainsi je n'en parlerai point. Sachez du moins, a-t-il ajouté en me montrant, que c'est à la douceur de cet ange que je dois de n'en plus avoir de très rares et de courts accès. Quand j'ai épousé Claire, j'étais sujet à des emportements terribles, qui éloignaient de moi mes serviteurs et mes amis ; elle, assez bonne pour ne les braver ni les craindre, a toujours su les tempérer. Au plus haut période de ma colère, elle savait le calmer d'un mot, m'attendrir d'un regard, et me faire rougir de mes torts sans me les reprocher jamais. Peu à peu l'influence de sa douceur s'est étendue jusqu'à moi, et ce n'est plus que rarement que je suis sujet à me moins aimer : n'est-ce pas ma Claire? » Je me suis jetée dans les bras de cet excellent homme ; j'ai couvert son visage de mes pleurs ; il a continué en s'adressant toujours à Frédéric : « Mon ami, je crois être ce qu'on appelle un bourru bienfaisant ; ces sortes de caractères paraissent meilleurs que les autres, et ce que le passage de la rudesse à la bonté rehausse l'éclat de celle-ci ; mais parce qu'elle frappe moins quand elle est égale et permanente, est-ce une raison pour la moins estimer? Voilà pourtant comment on est injuste dans le monde, et pourquoi on a cru quelquefois que mon cœur était meilleur encore que celui de Claire. — Je crois avoir partagé cette injustice, lui a répondu Frédéric ; mais j'en suis bien revenu, et votre femme me paraît ce qu'il y a de plus parfait au monde. — Mon fils, s'est écrié M. d'Albe, puissé-je vous en voir un jour une pareille, former moi-même de si doux nœuds, et couler ma vie entre des amis qui me la rendent si chère ! Ne nous quittez jamais, Frédéric ; votre société est devenue un besoin pour moi. — Je le jure, ô mon père ! a répondu le jeune homme avec véhémence et en mettant un genou

en terre ; je le jure à la face de ce ciel que ma bouche ne souilla jamais d'un mensonge, et au nom de cette femme plus angélique que lui.....Moi, vous quitter! Ah Dieu! il me semble que, hors d'ici, il n'y a plus que mort et néant. — Quelle tête! s'est écrié mon mari ; ah! mon Elise, quel cœur! »

Le soir, m'étant trouvée seule avec Frédéric, je ne sais comment la conversation est tombée sur la scène de l'atelier. « J'ai bien souffert de votre peine, lui ai-je dit. — Je l'ai vu, m'a-t-il répondu, et de ce moment la mienne a disparu. — Comment donc? — Oui, l'idée que vous souffriez pour moi, avait quelque chose de plus doux que le plaisir même; et puis quand, avec un accent pénétrant, vous avez prononcé mon nom ; *Pauvre Frédéric*, disiez-vous; tenez, Claire, ce mot s'est écrit dans mon cœur, et je donnerais toutes les jouissances de ma vie entière pour vous entendre encore; il n'y a que la peine de mon père qui a gâté ce délicieux moment. »

Elise, je l'avoue, j'ai été émue, mais qu'en concluerus-tu? Qui sait mieux que toi combien l'amitié est loin d'être un sentiment froid! N'a-t-elle pas ses élans, ses transports? Mais ils conservent leur physionomie, et quand on les confond avec une sensation plus passionnée, ce n'est pas de la faute de celui qui les sent, mais de celui qui les juge. Frédéric éprouve de l'amitié pour la première fois de sa vie, et doit l'exprimer avec vivacité. Ne remarques-tu pas que l'image de mon mari est toujours unie à la mienne dans son cœur? Quand je le vois si caressant auprès d'un homme de soixante ans; quand je me rappelle les effusions que nous éprouvions toutes deux, puis-je m'étonner de la vive amitié de Frédéric pour moi? Dis si tu veux qu'il ne faut pas qu'il s'en éprouve, mais non qu'elle n'est pas ce qu'elle doit être.

Ma petite Laure commence à courir toute seule ; il n'y a rien de joli comme les soins d'Adolphe envers elle ; il la guide, la soutient, écarte tout ce qui peut la blesser, et perd, dans cette intéressante occupation, toute l'étourderie de son âge. Adieu.

<center>CLAIRE A ÉLISE.</center>

Pourquoi donc, mon Elise, viens-tu, par des mots entrecoupés, par des phrases interrompues, jeter une sorte de poison sur l'attachement qui m'unit à Frédéric ? Que n'es-tu témoin de la plupart de nos conversations, tu verrais que notre mutuelle tendresse pour M. d'Albe est le nœud qui nous lie le plus étroitement, et que le soin de son bonheur est le sujet inépuisable et chéri qui nous attire sans cesse l'un vers l'autre. J'ai passé la matinée entière avec Frédéric, et durant ce long tête-à-tête, mon mari a été presque le seul objet de notre entretien. C'est dans trois jours la fête de M. d'Albe ; j'ai fait préparer un petit théâtre dans le pavillon de la rivière, et je compte établir un concert d'instruments à vent dans le bois de peupliers où repose le tombeau de mon père. C'est là qu'ayant fait descendre ma harpe, ce matin, je répétais la romance que j'ai composée pour mon mari. Frédéric est venu me joindre, ayant deviné mon projet, il avait travaillé de son côté, et m'apportait un duo dont il a fait les paroles et la musique. Après avoir chanté ce morceau que j'ai trouvé charmant, je lui ai communiqué mon ouvrage ; il en a été content. Si M. d'Albe eût aussi, jamais auteur n'aura reçu un prix plus flatteur et plus doux. Il commençait à faire chaud; j'ai voulu rentrer, Frédéric m'a retenue. Assis près de moi, il me regardait fixement, trop fixement; c'est là son seul défaut, car son regard a une expression qu'il est difficile..... j'ai presque dit dangereux de soutenir. Après un moment de silence, il a commencé ainsi : « Vous ne croiriez pas que ce même sujet qui vient de m'attendrir jusqu'aux larmes, enfin que votre union avec M. d'Albe m'avait inspiré, d'avoir de vous connaître, une forte prévention contre vous. Accoutumé à regarder l'amour comme le plus bel attribut de la jeunesse, il me semblait qu'il n'y avait qu'une âme froide ou intéressée qui eût pu se résoudre à former un lien dont la disproportion des âges devait exclure ce sentiment. Ce n'était point sans répugnance que je venais ici, parce que je me figurais trouver de la coquetterie, où, comme on m'avait beaucoup vanté votre beauté, je plaignais tendrement M. d'Albe, et je supposais être dupe de vos charmes. De la route que je fis avec lui, il ne cessa de m'entretenir de son bonheur et de vos vertus. Je vis si clairement qu'il était heureux, qu'il fallait bien vous rendre justice; mais c'était comme malgré moi, mon cœur repoussait toujours une femme qui avait fait vœu de vivre sans aimer; et rien ne put m'ôter l'idée que vous étiez raisonnable par froideur, et généreuse par ostentation. J'arrive, je vous vois, et toutes mes préventions s'effacent. Jamais regard ne fut plus touchant, jamais voix humaine ne m'avait paru si douce. Vos yeux, votre accent, votre maintien, tout en vous respire la tendresse, et cependant vous êtes heureuse. Je vis que l'objet constant de vos soins ; votre âme semble avoir créé pour lui un sentiment nouveau; ce n'est point l'amour, il serait ridicule, ce n'est point l'amitié, elle n'a ni ce respect, ni cette déférence ; vous avez cherché dans tous les sentiments existants ce que chacun pouvait offrir de mieux pour le bonheur de votre époux, et vous en avez formé un tout, qu'il n'appartenait qu'à vous de connaître et de pratiquer. O aimable Claire! j'ignore quel motif ou quelle circonstance vous a jetée dans la route où vous êtes, mais il n'y avait que vous au monde qui puissiez l'embellir ainsi. » Il s'est tû, comme pour attendre ma réponse ; je me suis retournée, et montrant l'urne de mon père : « Sous cette tombe sacrée, lui ai-je dit, repose la cendre du meilleur des pères. J'étais encore au berceau lorsqu'il perdit ma mère ; alors, consacrant tous ses soins à mon éducation, il devint pour moi le précepteur le plus aimable et l'ami le plus tendre, et fit naître dans mon cœur des sentiments si vifs, que je joignais pour lui, à toute la tendresse filiale qu'inspire un père, toute la vénération qu'on a pour un dieu. Il me fut enlevé comme j'entrais dans ma quatorzième année. Sentant sa fin approcher, effrayé de me laisser sans appuis, et n'estimant au monde quelle soit M. d'Albe, il me conjura de m'unir à lui avant sa mort. Je crus que ce sacrifice le retarderait de quelques instants, je le fis, je ne m'en suis jamais repentie. O mon père ! toi qui lis dans l'âme de la fille, tu connais le vœu, l'unique vœu que la digne homme à qui tu l'as unie éprouve jamais une peine dont elle soit la cause, et elle aura vécu heureuse... — Et moi aussi, s'est écrié Frédéric dans une espèce de transport, et moi aussi, mes vœux sont exaucés ! Chaque jour, j'en formais pour le bonheur de mon père. Mais que peut-on demander pour celui qui possède Claire? Le ciel, par un tel présent, épuisa sa munificence, il n'a plus rien à donner..... » Un moment de silence a succédé; j'étais un peu embarrassée, mes doigts, errant machinalement sur ma harpe, rendaient quelques sons au hasard. Frédéric m'a pris la main, et la baisant avec respect : « Est-il vrai, est-il possible, m'a-t-il dit, que vous consentiez à être mon amie? Mon père le voulut-il le désire. De tous les bienfaits qu'il m'a prodigués, c'est celui qui m'est le plus cher ; pour la première fois seriez-vous moins généreuse que lui? » Elise, chère Elise, comment lui aurais-je refusé un sentiment dont mon cœur était plein, et qu'il mérite si bien ? Non, non, j'ai dû lui promettre de l'amitié, je l'ai fait avec ferveur : eh ! qui peut avoir plus de droits que lui? Lui, dont tous les penchants sont d'accord avec les miens, qui devine mes goûts, pressent ma pensée, chérit et vénère le père de mes enfants. Et toi, mon Elise, toi, la bien-aimée de mon cœur, quand viendras-tu, par ta présence, me faire goûter dans l'amitié tout ce qu'elle peut donner de félicité? Que ce sentiment céleste me tienne lieu de tous ceux auxquels j'ai renoncés; qu'il anime la nature, que je le retrouve partout. Je l'écouterai des sons que je rendrai, et leur vibration aura son écho dans mon cœur ; c'est lui qui fera couler mes larmes, et lui seul qui les essuiera. Amitié, tu es tout! la feuille qui voltige, la romance que je chante, la rose que je cueille, le parfum qu'elle exhale ! Je veux vivre pour toi, et puissé-je mourir avec toi !

<center>CLAIRE A ÉLISE.</center>

Si mes deux dernières lettres ont ranimé tes doutes, cousine, j'espère que celle-ci les détruira tout-à-fait. Adèle de Raincy est arrivée depuis trois jours, et déjà elle a fait une assez vive impression sur Frédéric. Je voulais lui laisser ignorer qu'elle dût venir, afin de le surprendre, et j'ai réussi. Aussitôt qu'Adèle fut arrivée, je la conduisis dans le pavillon qui baigne la rivière, et je fis appeler Frédéric ; il accourt, mais voyant Adèle près de moi, une cri lui échappe, et la plus vive rougeur couvre son visage; il s'approche pourtant, mais avec embarras, et son regard craintif et curieux semblait lui dire : Êtes-vous celle que j'attends? Lorsque j'ai dit en souriant : « Vous êtes surpris, Frédéric, de me trouver avec une pareille compagne ? — Oui, m'a-t-il répondu en me regardant, j'ignorais qu'on pût être aussi belle. » Ce compliment flatteur, et qui, dans la bouche de Frédéric, avait si peu l'air d'en être un, a changé aussitôt les dispositions d'Adèle ; elle lui a jeté un coup d'œil obligeant, on lui faisant signe de s'asseoir auprès d'elle ; il a obéi avec vivacité, et a continué une conversation qui ne ressemble guère, ou je suis bien trompée, à celle que cette jeune personne entend tous les jours ; aussi répondait-elle fort peu, mais en silence même enchantait Frédéric ; il lui a paru une preuve de modestie et de timidité, et c'est ce qui lui plait par-dessus tout dans une jeune personne. Adèle, de son côté, me paraît très disposée en sa faveur. L'admiration qu'elle lui inspire le flatte, l'agrément de ses discours l'attire, et le feu de son imagination l'amuse. D'ailleurs la figure de Frédéric est charmante; s'il n'a pas ce qu'on appelle de *la tournure*, il a de la grâce, de l'adresse et de l'agilité ; tout cela peut bien faire impression sur un cœur de seize ans. Depuis un an que je n'avais vu Adèle, elle est singulièrement embellie ; ses yeux sont noirs, vifs et brillants ; sa brune chevelure tombe en anneaux sur on cou éblouissant ; je n'ai point vu de plus belles dents ni des lèvres si vermeilles ; et, sans être amant ni poète, je dirai que la rose humide des larmes de l'aurore, n'a ni la fraîcheur ni l'éclat de ses joues ; son ensemble est une Grâce. Il est impossible, en la voyant, de ne pas être frappé d'admiration ; aussi Frédéric la quitte-t-il le moins qu'il

peut. Vient-il dans le salon ? C'est toujours elle qu'il regarde, c'est toujours à elle qu'il s'adresse. Il a laissé bien loin toutes mes leçons de politesse, et le sentiment qui l'inspire lui en a plus appris en une heure que tous mes conseils depuis trois mois. A la promenade, il est toujours empressé d'offrir son bras à Adèle, de la soutenir si elle saute un ruisseau, de ramasser un gant quand il tombe, car c'est un moyen de toucher sa main, et cette main est si blanche et si douce! Je ne sais si je me trompe, Élise, mais il me semble que ce gant tombe bien souvent.

Ce matin, Adèle examinait un portrait de Zeuxis qui est dans le salon : « Cela est singulier, a-t-elle dit, de quelque côté que je me mette, je vois toujours les yeux de Zeuxis qui me regardent. — Je le crois bien, a vivement interrompu Frédéric, ne cherchent-ils pas la plus belle? » Tu vois, mon amie, comment le plus léger mouvement de préférence forme promptement un jeune homme, et j'espère que désormais tu ne seras plus inquiète de son amitié pour moi. Ce mot amitié est même trop fort pour ce que je lui inspire, car, dans mes idées, l'amour même ne devrait pas faire négliger l'amitié, et je ne puis me dissimuler que je suis tout-à-fait oubliée. Un seul mot d'Adèle, oui, un seul mot, j'en suis sûre, ferait bientôt enfreindre cette promesse, jurée si solennement, de ne jamais nous quitter. En vérité, Élise, je me blâme de la disposition que j'avais à m'attacher à Frédéric. Quand une fois le sort est fixé, comme le mien, aucune circonstance ne pouvant changer les sentiments qu'on éprouve, ils restent toujours les mêmes; mais lui, dans l'âge des passions, pouvant être entraîné, subjugué par elles, peut-on compter de sa part sur un sentiment durable? Non, l'amitié serait bientôt sacrifiée, et j'en ferais seule tous les frais. Malheur à moi, alors! car nous le savons, mon Élise, ce sentiment exige tout ce qu'il donne. Puissé-je voir Frédéric heureux! mais tranquillise-toi, cousine, il n'a pas besoin de moi pour l'être. Adieu.

CLAIRE A ÉLISE.

Si je ne t'ai pas écrit depuis près de quinze jours, ma tendre amie, c'est que j'ai été malade. En finissant ma dernière lettre, je me sentais oppressée, triste, sans savoir pourquoi, et faisant une très mauvaise compagnie à la vive et brillante Adèle. Je remettais chaque jour à t'écrire, à cause de l'abattement qui m'accablait; enfin la fièvre m'a prise. J'ai craint que le dérangement de ma santé ne nuisît à ma fille, j'ai voulu la sevrer. Le médecin, sur convenant que je faisais bien pour elle, m'a objecté que j'avais tort pour moi, parce que dans un moment où les humeurs étaient en mouvement, il pouvait passer dans le sang et causer une révolution fâcheuse. Mon mari a vivement appuyé cet avis; j'ai persisté dans le mien. A la fin il s'est emporté, et m'a dit qu'il voyait bien que je ne me souciais ni de son repos, ni de son bonheur, puisque je faisais si peu de cas de ma vie; qu'au surplus, il me défendait de sevrer tout-à-coup. Je tenais ma fille entre mes bras, je me suis approchée de lui, en la mettant dans les siens : « Cette enfant est à vous, mon ami, lui ai-je dit, et vos droits sur elle sont aussi puissants que les miens; mais, oubliez-vous qu'en lui donnant la vie, nous prîmes l'engagement sacré de lui sacrifier la nôtre? Et si nous la perdons, croyez-vous pouvoir oublier que vous en serez la cause, et m'en consoler jamais? Par pitié pour moi, pour vous-même, souvenez-vous que, devant l'intérêt de nos enfants, le nôtre doit être compté pour rien. » A m'a rendu ma fille. « Claire, m'a-t-il dit, vous êtes libre : malheur à qui pourrait vous résister. » J'ai promis à M. d'Albe de le dédommager de sa condescendance, en usant de tous les ménagements possibles, et c'est ce que j'ai fait : aussi depuis huit jours ma santé va-t-elle mieux, et j'espère avant peu de jours être tout-à-fait rétabli. Adèle me disait ce matin : « Je vois bien, madame d'Albe, à quel point je suis loin de pouvoir faire encore une bonne mère; j'ai été effrayée l'autre jour des devoirs que vous vous êtes imposés envers vos enfants. Quoi! vous croyez leur devoir le sacrifice de votre existence! J'ai été si surprise quand vous l'avez dit, que j'ai été tentée de vous croire folle..... — Folle! s'est écrié Frédéric, dites sublime, mademoiselle. — Vous ne le croiriez pas, mon jeune ami, a interrompu M. d'Albe, mais dans le monde ces deux mots sont presque synonymes; vous y verrez taxé de bizarre et d'esprit systématique celui dont l'âme élevée dédaigne de copier les copies qui l'entourent. »

Cela est bien vrai, cette injustice est une suite de ce petit esprit du monde qui tend toujours à rabaisser les autres pour les mettre à son niveau. Je me rappelle que dans ces assemblées insipides où l'oisiveté enfante la médisance, et où la futilité parvient à tout dessécher, j'ai souvent pensé que ce sot usage de s'asseoir en rond pour faire la conversation, était la cause de la moitié des torts et la source de toutes nos sottises.... Mais je sens ma tête trop faible pour en écrire davantage. Adieu, mon ange.

CLAIRE A ÉLISE.

Adèle a voulu aller au bal ce soir, Frédéric lui donne la main, et mon mari leur sert de mentor. Mes deux amis désiraient bien rester avec moi, Frédéric surtout a insisté auprès d'Adèle pour l'empêcher de me quitter. Il a voulu lui faire sentir que, ne me portant pas bien, il était peu délicat à elle de me laisser seule ; mais l'amour de la danse a prévalu sur toutes ses raisons, et elle a déclaré que la danse était son unique passion, rien ne pouvait l'empêcher d'y aller ; d'ailleurs, a-t-elle ajouté avec un peu de moqueur, vous savez que madame d'Albe n'aime pas qu'on se gêne ; et puis, comment craindrions-nous qu'elle s'ennuie, ne la laissons-nous pas avec ses enfants? Elle a appuyé sur ce dernier mot avec une sorte d'ironie. Frédéric l'a regardée tristement. « Il est vrai, a-t-il répondu, c'est sa son plus doux plaisir, et je crois qu'il n'appartient pas à tout le monde de savoir l'apprécier. Vous avez raison, mademoiselle, il faut que chacun prenne la place qui lui convient : celle de madame d'Albe est d'être adorée en remplissant tous ses devoirs, la vôtre est d'éblouir, et le bal doit être votre triomphe. » Adèle n'a vu qu'un éloge de sa beauté dans cette phrase ; j'y ai démêlé autre chose. Je vois trop que malgré les charmes séduisants d'Adèle, si son âme ne répond pas à sa figure, elle ne fixera pas Frédéric. Cependant, que ne peut-on pas espérer à son âge? Élise, je veux mettre tous mes soins à cacher des défauts que le temps peut corriger. Nous sommes invités dans trois jours à un autre bal ; si je n'y vais pas, Adèle me quittera encore, et Frédéric ne lui pardonnera pas. Je suis donc décidée à l'accompagner ; d'ailleurs, il est possible que la danse et le monde me distraient d'une mélancolie qui me poursuit et me domine de plus en plus. J'éprouve une langueur, une sorte de dégoût qui décolore toutes les actions de la vie. Il me semble qu'elle ne vaut pas la peine que l'on se donne pour la conserver. L'ennui d'agir est partout, le plaisir d'avoir agi nulle part. Je sais bien que le bien qu'on fait aux autres est une jouissance ; mais je le dis plus que je ne le sens, et je suis tellement agitée d'émotions subites, je croirais mon âme prête à s'éteindre. Je n'ai plus assez de vie pour cette solitude absolue où il faut se suffire à soi-même. Pour la première fois je sens le besoin d'un peu de société, et je regrette de n'avoir point été au bal. Adieu, la plume me tombe des mains.

CLAIRE A ÉLISE.

Adèle peint supérieurement pour son âge ; elle a voulu faire mon portrait, et j'y ai consenti avec plaisir, afin de l'offrir à mon mari. Ce matin, comme elle y travaillait, Frédéric est venu nous joindre. Il a regardé son ouvrage, et a loué son talent, mais avec un demi-sourire qui n'a point échappé à Adèle, et dont elle a demandé l'explication. Sans l'écouter ni lui répondre, il a continué à regarder le portrait, et puis moi, et puis le portrait, ainsi alternativement. Adèle, impatiente, a voulu savoir ce qu'il pensait. Enfin, après un long silence : « Que voulez-vous que madame d'Albe, a-t-il dit, vous n'avez pas même réussi à rendre un de ses moments. — Comment donc, a-t-il interrompu Adèle en rougissant, qu'y trouvez-vous à redire? Ne reconnaissez-vous pas tous ses traits? — J'en conviens, tous ses traits y sont ; si vous n'avez vu que celle en la regardant, vous devez être contente de votre ouvrage. — Que voulez-vous donc de plus? — Ce que je veux? qu'on reconnaisse qu'il est telle figure que l'art ne saurait rendre jamais, et qu'on en sente du moins son insuffisance. Ces beaux cheveux blonds, quoique touchés avec habileté, n'offrent ni le brillant, ni la finesse, ni les ondulations des siens. Je ne vois point, sur cette peau blanche, réfléter le coloris du sang ni le duvet délicat qui la couvre. Ce teint uniforme ne rappellera jamais celui dont les couleurs varient comme la pensée. C'est bien le bleu céleste de ses yeux, mais je n'y vois pas leur couleur : c'est leur regard qu'il fallait rendre. Cette bouche est fraîche et voluptueuse comme la sienne ; mais son sourire est éternel, j'attends en vain l'expression qui le suit. Ces mouvements nobles, gracieux, enchanteurs, qui se déploient dans ses moindres gestes, sont enchaînés et immobiles. Non, non, des traits sans vie ne rendront jamais Claire ; et là où je ne vois point d'âme, je ne puis la reconnaître. — Hé bien! lui a dit Adèle avec dépit, chargez-vous de la peindre, pour moi je ne m'en mêle plus. » Alors, ayant brusquement ses pinceaux, elle s'est levée et est sortie avec humeur. Frédéric l'a suivie des yeux d'un air surpris ; et puis, laissant échapper un soupir : « Dans quelle erreur n'ai-je pas été de la voyant si belle! J'avais cru que cette femme devait avoir quelque ressemblance avec vous, pour mon malheur, mon éternel malheur, je vois trop, vous êtes unique..... » Je ne puis te dire, Élise, quel mal ces mots m'ont fait ; cependant, me remettant de mon trouble, je me suis hâtée de répondre. « Frédéric, ai-je dit, gardez-vous de porter un jugement précipité, et vous laisser atteindre par des préventions qui pourraient nuire au bonheur qui vous est peut-être destiné. Parce que Adèle n'est pas en tout semblable à la chimère que vous êtes faite, devez-vous fermer les yeux sur ce qu'elle vaut ? Ne savez-vous pas, d'ailleurs, combien on peut changer? Croyez que telle personne qui vous plaît quand elle est formée, vous aurait peut-être paru insupportable quelques années auparavant. Vous voulez toujours comparer? Mais parce que le bouton n'a pas le parfum de la fleur entièrement éclose, oubliez-vous qu'il l'aura un

jour, et mille fois plus doux peut-être? Frédéric, pénétrez-vous bien que dans celle que vous devez choisir, dans celle dont l'âge doit être en proportion avec le vôtre, vous ne pouvez trouver ni des qualités complètes ni des vertus exercées; un cœur aimant est tout ce que vous devez chercher; un penchant au bien, tout ce que vous devez vouloir : quand même il serait obscurci par de légers travers, faudrait-il donc se rebuter? De même qu'il est peu de matins sans nuages, on ne voit guère d'adolescence sans défauts; mais elle s'en dégage tous les jours, surtout quand elle est guidée par une main aimée. C'est à vous qu'appartiendra ce soin touchant; c'est à vous à former celle qui vous est destinée, et vous ne pourrez y réussir qu'en la choisissant dans l'âge où l'on peut l'être encore. Mais, ô Frédéric! ai-je ajouté avec solennité, au nom de votre repos, gardez-vous bien de lever les yeux sur tout autre. » En disant ces mots, je suis sortie de la chambre sans attendre sa réponse.

Élise, je n'ose te dire tout ce que je crains; mais l'air de Frédéric m'a fait frémir; s'il était possible!.... Mais non, je me trompe assurément; inquiète de tes craintes, influencée par tes soupçons, je vois déjà l'expression d'un sentiment coupable où il n'y a que celle de l'amitié; mais ardente, mais passionnée, telle que doit l'éprouver une âme neuve et enthousiaste. Néanmoins, je vais l'examiner avec soin; et quant à moi, ô mon unique amie! bannis ton injurieuse inquiétude, fie-toi à ce cœur qui a besoin, pour respirer à son aise, de n'avoir aucun reproche à se faire, et à qui le contentement de lui-même est aussi nécessaire que ton amitié.

CLAIRE A ÉLISE.

Élise, comment te peindre mon agitation et mon désespoir? C'en est fait, je n'en puis plus douter, Frédéric m'aime. Sens-tu tout ce que ce mot a d'affreux dans notre position? Malheureux Frédéric! mon cœur se serre, et je ne puis verser une larme. Ah Dieu! pour l'avoir appelé ici? Je le connais, mon amie, il aime, et ce sera pour la vie; il traînera éternellement le trait dont il est déchiré, et c'est moi qui cause sa peine! Ah! je le sens; il est des douleurs au-dessus des forces humaines. Comment te dire tout cela? Comment rappeler mes idées? Dans le trouble qui m'agite je n'en puis retrouver aucune. Chère, chère Élise, que n'es-tu ici, je pourrais pleurer sur ton sein!

Aujourd'hui, à peine avons-nous eu dîné, que mon mari a proposé une promenade dans les vastes prairies qu'arrose la Loire. Je l'ai acceptée avec empressement, Adèle d'assez mauvaise grâce, car elle n'aime point à marcher; mais n'importe, j'ai dû ne pas consulter son goût quand il s'agissait du plaisir de mon mari. J'ai pris mon fils avec moi, et Frédéric nous a accompagnés. Le temps était superbe; les prairies fraîches, émaillées, remplies de nombreux troupeaux, offraient le paysage le plus charmant; je le contemplais en silence, en suivant doucement le cours de la rivière, quand un bruit extraordinaire est venu m'arracher à mes rêveries. Je me retourne : ô Dieu! un taureau échappé, furieux, qui accourait vers nous, vers mon fils! Je m'élance au-devant de lui, je couvre Adolphe de mon corps. Mon action, mes cris effrayaient l'animal; il se retourne, et va fondre sur une pauvre vieillard. Enfin, mon mari aussi allait être sa victime, si Frédéric, prompt comme l'éclair, n'eût hasardé sa vie pour le sauver. D'une main vigoureuse il saisit l'animal par les cornes, ils se débattent; cette lutte donne le temps aux bergers d'arriver; ils accourent; le taureau est terrassé : il semble! Alors seulement j'entends les cris d'Adèle et ceux du malheureux vieillard; j'accours à celui-ci; son sang coulait d'une épouvantable blessure; je l'étanche avec mon mouchoir; j'appelle Adèle pour me donner le sien; elle me l'envoie par Frédéric, en ajoutant qu'elle n'approchera pas; que le sang lui fait horreur, et qu'elle veut retourner à la maison. « Quoi! sans avoir secouru ce malheureux, lui dit Frédéric? — N'y a-t-il pas assez de monde ici, répond-elle? Pour moi, je n'ai pas la force de supporter la vue d'une plaie; j'ai besoin de respirer des sels pour calmer la violente frayeur que j'ai éprouvée, et si je reste un moment de plus ici, je suis sûre de me trouver mal. » Pendant qu'elle parlait, le pauvre vieillard gémissait sur le sort de sa femme et de ses enfants que sa mort allait réduire à la mendicité. Entraînée par la douceur de consoler cette malheureuse famille, j'ai prié mon mari de ramener Adèle et Adolphe à la maison, et de m'envoyer tout de suite le chirurgien de l'hospice dans le village que le vieillard m'indiquait, et où Frédéric et moi allions nous charger de le faire conduire. « Quoi! vous restez ici, M. Frédéric? lui a dit Adèle d'un air chagrin. — Si je reste, a-t-il répondu d'un ton terrible et qui m'a remuée jusqu'au fond de l'âme..... Allez, mademoiselle, a-t-il ajouté plus doucement, allez vous reposer, ce n'est point ici votre place. » Elle est partie avec M. d'Albe. Deux bergers nous ont aidés à faire un brancard, ils y ont placé le pauvre vieillard, que nous avons conduit dans sa chaumière à une lieue de là. Ah! mon Élise, quel spectacle que celui de cette famille éplorée! quels cris déchirants en voyant un père, un mari dans cet état! J'ai pressé ces infortunés sur mon sein; j'ai mêlé mes larmes aux leurs; je leur ai promis secours et protection, et mes efforts ont enfin réussi à calmer leur douleur.

Le chirurgien est arrivé au bout d'une heure; il a mis un appareil sur la blessure, et a assuré qu'elle n'était pas mortelle. Je l'ai prié de passer la nuit auprès du malade, et j'ai promis de revenir les visiter le lendemain. Alors, comme il commençait à faire nuit, j'ai craint que mon mari ne fût inquiet, et nous avons quitté ces bonnes gens, Frédéric et moi, comblés de leurs bénédictions.

Le cœur plein de toutes les émotions que j'avais éprouvées, je marchais en silence, et en me retraçant le dévoûment héroïque avec lequel Frédéric s'était presque exposé à une mort certaine pour sauver son père, j'ai jeté les yeux sur lui; la lune éclairait doucement son visage, il m'a vu baigné de larmes. Attendrie, je me suis approchée, mon bras s'est appuyé sur le sien, il l'a pressé avec violence contre son cœur : « ce mouvement a fait palpiter le mien. « Claire, Claire, a-t-il dit d'une voix étouffée, que ne puis-je payer de toute ma vie la prolongation de cet instant; je la sens, je la vois, je la presse. » En effet, j'étais presque dans ses bras. « Écoute, a-t-il ajouté dans une espèce de délire, si tu n'es pas un ange qu'il faille adorer, et que le ciel ait prêté pour quelques instants à la terre; si tu es réellement une créature humaine, dis-moi pourquoi toi seule as reçu cette âme, ce regard qui la peint, ce torrent de charmes et de vertus qui te rendent l'objet de mon idolâtrie?... Claire, j'ignore si je t'offense, mais comme ma vie est passée dans ton sang, et que je n'existe plus que par ta volonté, si je suis coupable, dis-moi : Frédéric, meurs, et tu me verras expirer à tes pieds. » Il y était tombé en effet; son front était brûlant, son regard égaré. Non, je ne peindrai pas ce que j'éprouvais : la pitié, l'émotion, l'image de l'amour enfin, tel que j'étais peut-être destinée à le sentir, tout cela est entré trop avant dans mon cœur; je ne me soutenais plus qu'à peine, et me laissant aller sur un vieux tronc d'arbre dépouillé : « Frédéric, lui ai-je dit, cher Frédéric, revenez à vous, reprenez votre raison, voulez-vous affliger votre amie? » Il a relevé sa tête; il a appuyé sur mes genoux; Élise, je crois que je l'ai pressée, car il s'est écrié aussitôt : « O Claire! que je sente encore ce mouvement de la main adorée qui me rapproche de ton sein; il a porté l'ivresse dans la mien. » En disant cela, il m'a enlacée dans ses bras, ma tête est tombée sur son épaule, un déluge de larmes a été ma réponse, l'état de ce malheureux m'inspirait une pitié si vive!... Ah! quand on est la cause d'une pareille douleur, et que c'est un ami qui souffre, dis, Élise, n'a-t-on pas une excuse pour la faiblesse que l'on a montrée?... J'étais si près de lui... j'ai senti l'impression de ses lèvres qui recueillaient mes larmes. A cette sensation si nouvelle, j'ai frémi, et repoussant Frédéric avec force : « Malheureux! me suis-je écriée, oublies-tu que ton bienfaiteur, que ton père est l'époux de celle que tu dois aimer! Tu serais un perfide, toi! ô Frédéric! reviens à toi, la trahison n'est pas faite pour ton noble cœur. » Alors, se levant vivement et me fixant avec effroi : « Qu'as-tu dit? Ah! qu'as-tu dit, inconcevable Claire! j'avais oublié l'univers près de toi; mais tes mots, comme un coup de foudre, me montrent mon devoir et mon crime. Je vais te fuir, adieu : ce moment est le dernier où nous nous verrons ensemble. Claire, Claire, adieu!... » Il m'a quittée. Effrayée de son dessein, je l'ai rappelé d'un ton douloureux; il m'a entendue, il est revenu. « Écoutez, lui ai-je dit, le digne homme dont vous avez trahi la confiance ignore vos torts; s'il les soupçonnait jamais, son repos serait détruit; Frédéric, vous n'avez qu'un moyen de les réparer, c'est d'anéantir le sentiment qui l'offense. Si vous fuyez, que croira-t-il? Que vous êtes un perfide ou un ingrat; vous, son enfant! son ami Non, non, il faut se taire, il faut dissimuler enfin; c'est un supplice affreux, je le sais, mais c'est au coupable à le souffrir; à lui seul à expier sa faute en se portant seul tout le poids... » Frédéric ne répondait point, il semblait pétrifié; tout-à-coup un bruit de chevaux s'est fait entendre, j'ai reconnu la voiture que M. d'Albe envoyait au-devant de moi. « Frédéric, ai-je dit, voilà du monde, si le repos de votre père vous est cher, si vous attachez quelque prix à mon estime, ni vos discours, ni votre maintien, ni vos regards ne décèleront votre égarement... » Il ne répondait point; toujours immobile, il semblait que la vie l'eût abandonné; la voiture avançait toujours; je n'avais plus qu'un moment, déjà j'entendais la voix de M. d'Albe; alors, me rapprochant de Frédéric : « Parle donc, malheureux, lui ai-je dit; veux-tu me faire mourir? » Il a tressailli. Claire, a-t-il répondu, je le veux, tu l'ordonnes, tu vaincras; du moins pourras-tu en juger à ton pouvoir sur moi. » Comme il prononçait ces mots, mes gens m'avaient reconnue, et la voiture s'est arrêtée : mon mari est descendu. « J'étais bien inquiet, m'a-t-il dit; mes amis, vous avez tardé bien longtemps; si la bienfaisance n'était pas votre excuse, je ne vous pardonnerais pas d'avoir oublié que je vous attendais. » Sens-tu, Élise, tout ce que ce reproche avait de déchirant dans un pareil instant? Il m'a atterrée; mais Frédéric... O amour! quelle est donc ta puissance? Ce Frédéric si franc, si ouvert, à qui, jusqu'à ce jour, la feinte fut toujours étrangère, le voilà changé; un mot, un ordre a produit ce miracle! Il a répondu d'un air tranquille, mais pénétré : « Vous avez raison, mon père, nous avons bien des torts, mais ce seront les derniers, je vous le jure; au reste, c'est moi seul qui ai été entraîné, votre femme ne vous a point oublié. — Vous vous vantez, Frédéric, a répondu M. d'Albe; je connais

le cœur de Claire sur ce sujet, il était aussi entraîné que le vôtre ; et si elle a pensé plus tôt à moi, c'est qu'elle me doit davantage : n'est-ce pas, bonne Claire ?... » Elise, je ne pouvais répondre ; jamais, non jamais je n'ai tant souffert : serais-je donc coupable ? Nous avons remonté en voiture ; en arrivant, j'ai demandé la permission de me retirer. Ah ! je ne feignais pas en disant que j'avais besoin de repos ! Dis, Elise, pourquoi dois-je porter la punition d'une faute dont je ne suis pas complice ? Quand j'ai exigé de Frédéric qu'il tût la vérité, je ne savais pas tout ce qu'il en coûte pour la déguiser. Je crains les regards de mon mari, de cet ami que j'aime, et que mon cœur n'a pas trahi ; car le ciel m'est témoin que l'amitié seule m'intéresse au sort de Frédéric. Je crains qu'il ne m'interroge, qu'il ne me pénètre ; le moindre soupçon qu'il concevrait à cet égard me fait trembler ; le bonheur de sa vie entière serait détruit ; il faudrait éloigner ce Frédéric dont l'esprit et la société répandent tant de charmes sur ses jours ; il faudrait cesser d'aimer le fils de son adoption ; il faudrait jeter dans le vague du monde l'orphelin qu'il a promis de protéger ; il lui semblerait entendre sa mère lui crier d'une voix plaintive : « Tu t'étais chargé du sort de mon fils ; cette espérance m'avait fait descendre en paix dans la tombe, et tu le chasses de chez toi, sans ressources, sans appui, consumé d'un amour sans espoir ! Regarde-le, il va mourir : est-ce donc ainsi que tu remplis tes serments ? » Elise, mon mari ne soutiendra jamais une pareille image. Plutôt que d'être parjure à sa foi, il gardera Frédéric auprès de lui ; mais alors plus de paix : la cruelle défiance empoisonnerait chaque geste, chaque regard ; le moindre mot serait interprété, et l'union domestique à jamais troublée. Moi-même serais-je à l'abri de ses soupçons ? Hélas ! tu sais combien il a douté longtemps que je puisse l'aimer. Enfin, après sept années de soins, j'étais parvenue à lui inspirer une confiance entière à cet égard : qui sait si cet événement ne la détruirait pas entièrement ? Tant de rapports entre Frédéric et moi, tant de conformité dans les goûts et les opinions, il ne croira jamais qu'une âme neuve à l'amour comme la mienne, ait pu voir avec indifférence celui que j'inspire à un être si aimable... Il doutera du moins ; je verrais cet homme respectable en proie aux soupçons ! ce visage, image du calme et de la satisfaction, serait sillonné par l'inquiétude et les soucis ! Elle s'évanouirait, cette félicité que je me promettais de vie heureuse pour moi jusqu'à mon dernier jour ! Non, Elise, non, je sens qu'en achetant son repos au prix d'une dissimulation continuelle, c'est plus que je ne dois à mon mari ; mais il n'est point de sacrifices auxquels je ne doive me résoudre pour lui. Que Frédéric trouve un prétexte de s'éloigner, me diras-tu ; mais comment en trouver un ? Tu sais qu'à l'exception de M. d'Albe, la mère de Frédéric était brouillée avec tous ses autres parents, et que son père était un étranger. Il n'a donc de famille que nous, de ressource que nous, d'appui que nous ; quelle raison alléguer pour un pareil départ, surtout au moment où il vient d'être chargé presque seul de la direction de l'établissement de M. d'Albe ? Que veux-tu que pense celui-ci ? Il le croira fou ou ingrat ; il m'en parlera sans cesse : que lui répondrai-je ? Ou plutôt il soupçonnera la vérité ; il connaît trop Frédéric pour ignorer que la crainte de nuire à son bienfaiteur est le seul motif capable de l'éloigner de cet asile ; mais du moment que les soupçons seront éveillés sur lui, ils le seront aussi sur moi ; il se rappellera mon trouble ; je ne pourrai plus être tristement impunément, et dès-lors toutes mes craintes seront réalisées. Non, non, que Frédéric reste et qu'il se taise ; j'éviterai soigneusement d'être seule avec lui, et quand je m'y trouverai malgré moi, mon extrême froideur lui ôtera tout espoir d'en profiter. Mais crois-tu qu'il le désire ? Ah ! mon amie, si tu connaissais comme moi l'âme de Frédéric, tu saurais que si la violence des passions l'a subjuguée un moment, elle est trop noble pour y persister.

Pourquoi le ciel injuste l'a-t-il poussé vers une femme qui ne s'appartient pas ? Sans doute que celle qui eût été libre de faire son bonheur, eût été trop heureuse... Mais je ne sais ce que je dis ; pardonne, Elise, ma tête n'est point à moi ; l'image de ce malheureux me poursuit ; j'entends encore ses accents ; ils retentissent dans mon cœur. À peine venait d'une autre cause, l'humanité m'ordonnerait de l'adoucir par toute la tendresse que permet l'amitié. Et parce que c'est moi qu'il aime, parce que c'est moi qui le fais souffrir, il faut que je sois dure et barbare envers lui ? Combien une pareille conduite choque les lois éternelles de la justice et de la vérité !... Ecris-moi, Elise, guide-moi, je ne sais que vouloir, je ne sais que résoudre, je me sens malade, je ne quitterai point ma chambre. Adieu.

CLAIRE A ÉLISE.

Je n'ai point encore sorti de mon appartement ; l'idée de voir Frédéric me fait frémir. J'ai dit que j'étais malade, je le suis en effet ; ma main tremble en t'écrivant, et je ne puis calmer l'agitation de mes esprits. Qu'est-ce donc que ce terrible sentiment d'amour, si sa vue, si la pitié qu'il inspire, jettent dans l'état où je suis ? Ah ! combien je bénis le ciel de m'avoir garantie de son pouvoir ! Va, mon amie, c'est bien à présent que je suis sûre d'être toujours indifférente ; je l'étais moins quand je croyais que les passions pouvaient être une source de félicité ; mais à présent que j'ai vu avec quelle violence elles entraînent à la folie et au crime, j'en ai un effroi qui te répond de moi pour la vie.

Elise, ô mon Elise ! c'est lui, je l'ai vu ; il vient d'entrouvrir la porte, il a jeté un billet et s'est retiré avec précipitation ; son regard suppliant me disait : lisez. Mais, le dois-je ? je n'ose ramasser ce papier... Cependant si on venait, qu'on le vît... Je l'ai lu. Ah ! mon amie, voilà les premières larmes que j'ai versées depuis hier, j'en ai inondé ce billet, je vais tâcher de le transcrire.

FRÉDÉRIC A CLAIRE.

« Pourquoi vous cacher, pourquoi fuir le jour ? c'est à moi d'en avoir horreur : vous ! vous êtes aussi pure que lui. »

Adieu Elise, j'entends mon mari, je vais m'entourer de mes enfants ; je ne sais si je répondrai. Je ne sais ce que je répondrai. Non, il vaut mieux se taire. Adieu.

FRÉDÉRIC A CLAIRE.

Vous m'évitez, je le vois ; vous êtes malade, j'en suis cause, je dissimule avec un père que j'aime ; j'offense dans mon cœur le bienfaiteur qui m'accable de ses bontés. Claire, le ciel ne m'a pas donné assez de courage pour de pareils maux.

CLAIRE A FRÉDÉRIC.

Qu'osez-vous me faire entendre, malheureux ? Une faiblesse nous a mis sur le bord de l'abîme, une lâcheté peut nous y plonger ; vous aurai-je trop estimé, en supposant que vous pouviez réparer vos torts ; et ne ferez-vous rien pour moi ?

FRÉDÉRIC A CLAIRE.

Je ne suis pas maître de mon amour, je le suis de ma vie ; je ne puis cesser de vous offenser qu'en cessant d'exister ; chaque battement de mon cœur est un crime, laissez-moi mourir.

CLAIRE A FRÉDÉRIC.

Non, on n'est pas maître de sa vie quand celle d'un autre y est attachée. Malheureux ! frémis du coup que tu veux porter, il ne l'atteindrait pas seul.

FRÉDÉRIC A CLAIRE.

Je ne résiste point... Le ton de votre billet, ce que j'y ai cru voir. Ah ! Claire, s'il était possible... Puisque vous persistez à ne point me condamner, permettez du moins que j'écrive pour m'expliquer. Peut-être vous paraîtrai-je alors moins coupable. Demain matin, quand il me sera permis d'entrer chez vous pour savoir de vos nouvelles, daignez recevoir ma lettre.

FRÉDÉRIC A CLAIRE.

Dans l'abîme de misère où je suis descendu, s'il est un lien qui puisse me rattacher à la vie, je le trouve dans l'espoir de regagner votre estime en montrant mon cœur tel qu'il fut, tel qu'il s'est animé par vous, peut-être ne rougirez-vous pas de l'autel où vous serez adorée jusqu'à mon dernier jour.

Vous le savez, Claire, je fus élevé par une mère qui s'était mariée malgré le vœu de toute sa famille. L'amour seul avait rempli sa vie, et elle me fit passer son âme avec son lait. Sans cesse elle me parlait de mon père, du bonheur d'un attachement mutuel, je fus le témoin du charme de leur union, et de l'excessive douleur de ma mère lors de la mort de son mari ; douleur qui, la consumant peu à peu, la fit périr elle-même quelques années après.

Toutes ces images me disposèrent de bonne heure à la tendresse. J'y fus encore excité par l'habitation des montagnes. C'est dans ces pays sauvages et sublimes que l'imagination s'exalte et allume dans le cœur un feu qui finit par le dévorer ; c'est là que je me créai un fantôme auquel je me plaisais à rendre une sorte de culte. Souvent, après avoir gravi une de ces hauteurs imposantes où la vue plane sur l'immensité, elle est là, m'écriai-je dans une douce extase, elle est là cet être destiné à faire la félicité de ma vie. Peut-être mes yeux sont-ils tournés vers le lieu où elle embellit pour mon bonheur. Peut-être que dans ce même instant, où je l'appelle, elle songe à celui qu'elle doit aimer : alors je lui donnais des traits, je lui donnais

de toutes les vertus, je réunissais sur un seul être toutes les qualités, tous les agréments dont la société et les livres m'avaient offert l'idée. Enfin, épuisant sur lui tout ce que la nature a d'aimable, et tout ce que mon cœur pouvait aimer, j'imaginai Claire!... Mais non, je regard, le plus puissant de tes charmes, ce regard que rien ne peut peindre ni définir, il n'appartenait qu'à toi de le posséder : l'imagination même ne pouvait aller jusque-là.

Ma mère avait gravé dans mon âme les plus saints préceptes de morale et le plus profond respect pour les nœuds sacrés du mariage. Aussi, en arrivant ici, combien j'étais loin de penser qu'une femme mariée, que la femme de mon bienfaiteur, pût être un objet dangereux pour moi. J'étais d'autant moins sur mes gardes, que, quoique votre premier regard eût fait évanouir toutes mes préventions, et que je vous eusse trouvée charmante, un sourire fin, j'ai presque dit malin, qui effleure souvent vos lèvres, me faisait douter de l'excellence de votre cœur. Aussi n'avez-vous pas oublié peut-être que, dans ce temps-là, j'osais vous dire plus d'une fois que votre mari m'était plus cher que vous; ce n'est pas que je n'éprouvasse dès-lors une sorte de contradiction entre ma raison et mon cœur, et dont je m'étonnais moi-même, parce qu'elle m'avait toujours été étrangère. Je ne m'expliquais point comment, aimant votre mari davantage, je me sentais plus attiré vers vous; mais, à force de m'interroger à cet égard, je finis par me dire que, comme vous étiez plus aimable, il était tout simple que je préférasse votre conversation à la sienne, quoiqu'au fond je lui fusse plus réellement attaché. Peu à peu je découvris en vous non pas plus de bonté que dans M. d'Albe; nul être ne peut aller plus loin que lui sur ce point, mais une âme plus élevée, plus tendre et plus délicate; je vous vis alternativement douce, sublime, touchante, irrésistible; tout ce qu'il y a de beau et de grand vous est si naturel, qu'il faut vous voir de près pour vous apprécier, et la simplicité avec laquelle vous exercez les vertus les plus difficiles, les ferait paraître des qualités ordinaires aux yeux d'un observateur peu attentif. Dès-lors je ne cessai plus de vous contempler; je m'enorgueillissais de mon admiration; je te regardais comme le premier des devoirs, puisque c'était la vertu qui me l'inspirait, et, tandis que je croyais n'aimer qu'elle en vous, je m'enivrais de tous les poisons de l'amour. Claire, je l'avoue, dans ce temps-là, je sentis plusieurs fois près de vous des impressions si vives, qu'elles auraient pu m'éclairer; mais vous ignorez sans doute combien on est habile à se tromper soi-même quand on pressent que la vérité nous arrachera à ce qui nous plaît; un instinct incompréhensible donne une subtilité à cet esprit qu'il avait ignorée jusqu'alors; à l'aide des sophismes les plus adroits, il éblouit la raison et subjugue la conscience. Cependant la mienne me parlait encore, j'éprouvais un mécontentement intérieur, un malaise confus dont je ne voulais pas voir la véritable cause; ce fut sans doute le motif secret de la joie que je sentis à l'arrivée de mademoiselle de Raincy en la voyant brillante de tous vos vertus et je me crus sauvé. Je fus plusieurs jours séduit par sa figure; elle était plus régulièrement belle que vous; j'osais vous comparer... Ah! Claire, si la terre n'a rien de plus beau qu'Adèle, le ciel seul peut m'offrir votre modèle!

Vous m'estimez assez, j'espère, pour penser qu'il ne me fallut pas longtemps pour mesurer la distance qui sépare vos caractères; je me rappelle qu'un jour où vous me fîtes son éloge, en me laissant entrevoir le dessein de nous unir, je fus humilié que vous pussiez penser qu'après vous avoir connue je pusse me contenter d'Adèle, et que vous m'estimassiez assez peu pour croire que, si la beauté pouvait m'émouvoir, il ne me fallût pas autre chose pour me fixer. O Claire! m'écriai-je souvent, en m'adressant à votre image, si vous voulez qu'on puisse aimer une autre femme que vous, cessez d'être le parfait modèle qu'elles devraient toutes imiter: ne vous montrez plus qu'elles peuvent unir l'esprit à la franchise, l'activité à la douceur, et surtout cette dignité avec laquelle tous les petits devoirs auxquels leur sexe et leur sort les assujettissent, Claire, je ne m'avouais point encore que je vous aimais; mais souvent, lorsqu'attiré vers vous par mon cœur, encouragé par la touchante expression de votre amitié, je me sentais prêt à vous serrer dans mes bras par un mouvement dont je ne me rendais pas compte, je m'éloignais avec effort, je n'osais ni vous regarder, ni toucher votre main, je repoussais même jusqu'à l'impression de votre vêtement; enfin je fuissais par instinct ce que j'aurais dû faire par raison: cependant un jour... Claire, oserai-je vous le dire? un jour vous me priâtes de dénouer les rubans de votre voile; en y travaillant, mes yeux fixèrent vos charmes, un mouvement plus prompt que la pensée m'attira, j'osai porter mes lèvres sur votre cou; je tenais Adolphe entre mes bras, vous crûtes que c'était lui; je ne vous détrompai pas, mais j'emportai un trouble dévorant, une agitation tumultueuse; j'entrevis la vérité, j'eus horreur de moi-même.

Enfin ce jour, ce jour fatal où ma lâche faiblesse vous a appris ce que vous n'auriez jamais dû entendre, combien j'étais éloigné de penser qu'il dût finir ainsi! Dès le matin j'avais été parcourir la campagne, et, m'élevant vers un Dieu sincère vers l'auteur de mon être, je l'avais conjuré de me garantir d'une séduction dont la cause était si belle et l'effet si funeste. Ces élans religieux me rendirent la paix; il me sembla que Dieu venait de se placer entre nous deux, et j'osai me rapprocher de vous.

De même qu'un calme parfait est souvent le précurseur des plus violentes tempêtes, un repos qui m'était inconnu depuis longtemps avait rempli ma journée. J'acceptai avec empressement la promenade proposée par M. d'Albe, afin de revoir cette nature dont la bienfaisante influence m'avait été si salutaire le matin; mais je la revis avec vous, et elle ne fut plus la même : la terre ne m'offrait que l'empreinte de vos pas; le ciel, que l'air que vous respiriez; un voile d'amour répandu sur toute la nature m'enveloppait délicieusement, et me montrait votre image dans tous les objets que je fixais. Enfin, Claire, à cet instant où je vous vis prête à sacrifier vos jours pour votre fils, et où je craignis pour votre vie, alors seulement je sentis tout ce que vous étiez pour moi. Témoin de la sensibilité courageuse qui vous fit étancher une horrible blessure, de cette inépuisable bonté qui vous indiquait tous les moyens de consoler des malheureux, je me dis que le plus méprisable des êtres serait celui qui pourrait vous voir sans vous adorer, si ce n'était celui qui oserait vous le dire.

Ce fut dans ces dispositions, Claire, que je sortis de cette chaumière où vous venez d'exercer une déité bienfaisante; la faible lueur de la lune jetait sur l'univers quelque chose de mélancolique et de tendre; l'air doux et embaumé était imprégné de volupté; le calme qui régnait autour de nous n'était interrompu que par le chant plaintif du rossignol; nous étions seuls au monde..... Je devinai le danger, et j'eus la force de m'éloigner de vous; ce fut alors que vous vous approchâtes, que vous sentis et je fus perdu; la vérité, renfermée avec effort, s'échappa brûlante de mon sein, et vous me vîtes aussi coupable, aussi malheureux qu'il est donné à un mortel de l'être. Dans ce moment où je venais de me livrer avec frénésie à tout l'excès de ma passion; dans ce moment, où vous me rappeliez combien elle outrageait mon bienfaiteur, où l'image de mon ingratitude, toute horrible qu'elle était, ne combattait que faiblement la puissance qui m'attirait vers vous, je vois mon père... Égaré, éperdu, je veux fuir; vous m'ordonnez de rentrer et de feindre; feindre, moi! Je crus qu'il était plus facile de mourir que d'obéir, je me trompai; l'impossible n'est plus quand c'est Claire qui le commande; son pouvoir sur moi est semblable à celui de Dieu même, il ne s'arrête que là où commence mon amour.

Claire, je ne veux pas vous tromper, si dans vos projets sur moi vous faites entrer l'espoir de me guérir un jour, vous nourrissez une erreur; je ne puis ni ne veux cesser de vous aimer; non, je ne le veux point, il n'est aucune portion de moi-même qui combatte l'adoration que je te porte. Je veux t'aimer, parce que tu es ce qu'il y a de meilleur au monde, et que ma passion ne nuit à personne; je veux t'aimer enfin, parce que tu me l'ordonnes; ne m'as-tu pas dit de vivre?

Écoutez, Claire, j'ai examiné mon cœur, et je ne crois point offenser mon père en vous aimant. De quel droit voudrait-il qu'on vous connût sans vous apprécier, et qu'est-ce que mon amour lui ôte? Ai-je jamais conçu l'espoir, ai-je même le désir que vous répondiez à ma tendresse? Ah! gardez-vous de le croire! j'en suis si loin que ce serait pour moi le plus grand des malheurs; car ce serait le seul, l'unique moyen de m'arracher mon amour; Claire méprisable n'en serait plus digne; Claire méprisable ne serait plus vous; cessez d'être parfaite, cessez d'être vous-même, et de ce moment je ne vous crains plus.

D'après cette déclaration étonnante peut-être, mais vraie, mais sincère, que risquez-vous en m'ordonnant de vous aimer? Permettez-moi de toujours adorer la vertu, et de lui prêter vos traits pour m'encourager à la suivre; alors il n'y a rien dont elle ne me rende capable. Ma raison, mon âme, ma conscience, ne sont plus qu'une émanation de vous; c'est à vous qu'appartient le soin de ma conduite future. Je vous remets mon existence entière, et vous rends responsable de la manière dont elle sera remplie; si votre cruauté me repousse, s'il m'est défendu de vous approcher, tous les ressorts de mon être se détendent; je tombe dans le néant. Éloigné de vous, je me perds dans un vague immense, où je ne distingue plus la vertu, l'humanité ni l'honneur. O céleste Claire! laisse-moi te voir, t'entendre, t'adorer; je serai grand, vertueux, magnanime; un amour chaste comme le mien ne peut offenser personne, c'est un enfant du ciel à qui Dieu permet d'habiter la terre.

Je ne quitterai point ce séjour, j'y veux employer chaque instant de ma vie à vous imiter en faisant le bonheur de mon père. Ce digne homme se plaît avec moi, il m'a prié de diriger les études de son fils; Claire, je m'attache à votre maison, à votre sort, à vos enfants; je veux devenir une partie de vous-même en dépit de vous-même : c'est là mon destin, je n'en aurai point d'autre; ne me parlez plus de liens de mariage, tout est fini pour moi, et ma vie est fixée.

Je vous promets de révérer en silence l'objet sacré de mon culte; dévoré d'amour et de désirs, ni mes paroles, ni mes regards ne vous dévoileront mon trouble; vous finirez par oublier ce que j'ai osé vous dire, et je vous jure de ne jamais vous rappeler ce souvenir. Claire, si ma situation vous paraissait pénible, si votre tendre cœur était ému de compassion, ne me plaignez point; il est dans votre dernier billet un mot!... Source d'une illusion ravissante, il m'a fait goûter

un moment tout ce que l'humanité peut attendre de félicité! ô Claire! ne m'ôte point mon erreur! qu'y gagnerais-tu? Je sais que c'en est une, mais elle m'enchante, me consume; c'est elle qui doit essuyer toutes mes larmes; laisse-moi ce bien précieux, ce n'était pas la volonté de me le donner; je l'ai saisi afin de pouvoir t'obéir quand tu m'as commandé de vivre, aurais-tu la barbarie de me l'arracher?

CLAIRE A FRÉDÉRIC.

Votre lettre m'a fait pitié; si ce n'était celle d'un malheureux qu'il faut guérir, ce serait celle d'un insensé que je devrais chasser de chez moi; le délire de votre raison peut seul vous aveugler sur les contradictions dont elle est remplie. Ce mot que je devrais désavouer, ce mot qui seul vous a rattaché à la vie, n'est-il pas le même qui rendrait Claire méprisable à vos yeux si elle osait le prononcer? Et jamais amour chaste fut-il dévoré de désirs, et déroba-t-il de coupables faveurs? Malheureux! rentrez en vous-même, votre cœur vous apprendra qu'il n'est point d'amour sans espoir, et que vous nourrissez le criminel désir de séduire la femme de votre bienfaiteur : il se peut que la faiblesse que j'ai eue de vous écouter, de vous répondre, celle que j'ai de tolérer votre présence après l'inconcevable serment que vous faites de m'aimer toujours, autorise votre téméraire espoir; mais sachez que quand même mon cœur m'échapperait, vous n'en seriez pas plus heureux, et que Claire serait morte avant d'être coupable.

Je répondrai dans un autre moment à votre lettre, je ne le puis à présent.

CLAIRE A ÉLISE.

Ah! qu'as-tu dit, ma tendre amie! de quelle horrible lumière viens-tu frapper mes yeux? Qui, moi, j'aimerais? Tu te penses, et tu me parles encore? et tu ne rougis pas de ce nom d'amie que j'ose te donner? Quoi! sous les yeux du plus respectable des hommes, mon époux, parjure à mes serments, j'aimerais le fils de son adoption! le fils que sa bonté a appelé ici, et que sa confiance a remis entre mes mains! Au lieu des vertueux conseils dont j'avais promis de pénétrer son cœur, je lui inspirerais une passion criminelle? Au lieu du modèle que je devais lui offrir, je la partagerais! Ô honte! chaque mot que je trace ici me trace un crime, et j'en détourne la vue en frémissant..... Dis, Élise, dis-moi, que faut-il faire? Si tu m'estimes encore assez pour me guider, soutiens-moi dans cet abîme dont tu viens de me découvrir toute l'horreur; je suis prête à tout; il n'est point de sacrifice que je ne fasse : faut-il cesser de le voir, le chasser, percer son cœur et le mien? Je m'y résoudrai, la vertu m'est plus chère que ma vie, que la sienne... L'infortuné! dans quel état il est! Il se sait, il se consume en silence, et, pour prix d'un pareil effort, je lui dirai : « Sors d'ici, va expirer de misère et de désespoir; tu ne voulais que me voir, ce seul bien te consolait de tout, eh bien! je te le refuse... » Élise, il me semble le voir les yeux attachés sur les miens : leur muette expression me dit tout ce qu'il éprouve, et tu m'ordonnerais d'y résister? Quoi! ne pouvoir chérir l'honnêteté sans être barbare et dénaturée, et la vertu demande-t-elle jamais des victimes humaines? Laisse, laisse-moi prendre des moyens plus doux; pourquoi déchirer les plaies au lieu de les guérir? Sans doute je veux qu'il s'éloigne, mais il faut que mon amitié l'y prépare; il faut trouver un prétexte; le goût des voyages en est un; c'est une curiosité louable à son âge, et je ne doute pas que M. d'Albe ne consente à la satisfaire. Repose-toi sur moi, Élise, du soin de me séparer de Frédéric. Ah! j'y suis trop intéressée pour n'y pas réussir!

Comment t'exprimer ce que je souffre? Adèle est partie hier, et depuis ce moment mon mari, inquiet sur ma santé, ne me quitte le moins qu'il peut; il faut que je dévore mes larmes; je tremble qu'il n'en voie la trace et qu'il n'en devine la cause; il s'étonne de ce que j'interdis ma chambre à tout le monde. « Ma bonne amie, me disait-il tout à l'heure, pourquoi n'admettre que moi et vos enfants auprès de vous? Est-ce que mon Frédéric vous déplaît? » Cette question si simple m'a fait tressaillir; j'ai cru qu'il m'avait devinée et qu'il voulait me sonder. Ô tourments d'une conscience agitée! c'est ainsi que je soupçonne dans le plus vrai, le meilleur des hommes, une dissimulation dont je suis seule coupable, et je vois trop que la première peine du méchant est de croire que les autres lui ressemblent.

CLAIRE A ÉLISE.

Ce matin, pour la première fois, je me suis présentée au déjeuner; j'étais pâle et abattue; Frédéric était là; il s'était appuyé de la cheminée. En me voyant entrer, il a changé de couleur, il a posé son livre, et s'est approché de moi; je n'ai point osé le regarder; mon mari a avancé un fauteuil; en le retournant, mes yeux se sont fixés sur la glace; j'ai rencontré ceux de Frédéric, et n'en pouvant soutenir l'expression, je suis tombée sans force sur mon siège. Frédéric s'est avancé avec effroi, et M. d'Albe, aussi effrayé que lui, m'a remise entre ses bras pendant qu'il allait chercher des sels dans ma chambre. Le bras de Frédéric était passé autour de mon corps; je sentais sa main sur mon cœur, tout mon sang s'y est porté; il le sentait battre avec violence. « Claire, m'a-t-il dit à demi-voix, et moi aussi, ce n'est plus que là qu'est le mouvement et la vie.... Dis-moi, a-t-il ajouté en penchant son visage vers le mien, dis-moi, je t'en conjure, que ce n'est plus la haine qui le fait palpiter ainsi. » Élise, je respirais son souffle, j'en étais embrasée, je sentais ma tête s'égarer..... Dans mon effroi, j'ai repoussé sa main ; je me suis relevé : « Laissez-moi, lui ai-je dit, au nom du ciel, laissez-moi, vous ne savez pas le mal que vous me faites. » Mon mari est rentré, ses soins m'ont ranimée; quand j'ai été un peu remise, il m'a exprimé toute l'inquiétude que mon état lui cause. « Je ne vous ai jamais vue si étrangement souffrante, ma Claire, m'a-t-il dit, je crains que la cause de ce changement ne soit une révolution de lait; laissez-moi, je vous en conjure, faire appeler quelque médecin éclairé. » Élise, mon cœur s'est brisé, il ne peut soutenir le pesant fardeau d'une dissimulation continuelle; en voyant l'erreur où je plongeais mon mari, en sentant près de moi la complice trop aimé de ma faute, j'aurais voulu que la terre nous engloutît tous deux. J'ai pressé les mains de M. d'Albe sur mon front : « Mon ami, lui ai-je répondu, je me sens en effet bien malade; mais ne me refusez pas vos soins, guérissez-moi, sauvez-moi, remettez-moi en état de conserver mes jours à votre bonheur; quels qu'en soient les moyens, soyez sûr de ma reconnaissance. » Il a paru surpris; j'ai frémi d'en avoir trop dit : alors, tâchant de lui donner le change, j'ai attribué au bruit et au grand jour la faiblesse de ma tête, et j'ai demandé à rentrer chez moi. Il a prié Frédéric de lui offrir à me soutenir; je n'aurais pu refuser son bras sans éveiller des soupçons qu'il ne faut peut-être qu'un mot pour faire naître; mais, Élise, te le dirai-je? cet instant les yeux sur Frédéric, j'ai cru y voir quelque chose de moins triste que d'attendri; j'ai même cru y démêler un léger mouvement de plaisir... Ah! je n'en doute plus! ma faiblesse lui aura révélé mon secret. Mon trouble devant M. d'Albe ne lui aura point échappé; il aura vu mes combats; ils lui auront appris que je l'ai aimé, et peut-être jouissait-il d'un désordre qui lui marquait son pouvoir?... Élise, cette idée me rend à la fierté et au courage; crois-moi, je saurai me vaincre et le désabuser; il est temps que ce tourment finisse : ta lettre m'a décidé sur mon sort, et du moins suis-je digne encore de t'entendre? Je vais lui écrire; oui, ma tendre amie, j'y suis résolue; il partira; je saurai me distraire, qu'il m'oublie, le ciel m'est témoin que ce vœu est sincère; et moi, pour retrouver des forces contre lui, je vais relire cette lettre où tu me peins les devoirs d'épouse et de mère sous des couleurs qu'il n'appartient qu'à ma digne amie de savoir trouver. Adieu.

CLAIRE A FRÉDÉRIC.

J'ignore jusqu'où la vertu a perdu ses droits sur votre âme; et si l'amour que je vous inspire vous a dégradé au point de n'être plus capable d'une action courageuse et honnête; mais je vous déclare que si dans deux jours vous n'avez pas exécuté ce que je vais vous prescrire, Claire aura cessé de vous estimer.

Mon mari vous aime et en fait son bonheur; j'ai voulu, et je veux encore lui laisser ignorer un égarement qui détruirait son repos, et peut-être son amitié; mais, en lui taisant la vérité, j'ai dû m'imposer la loi d'agir comme il le ferait si elle lui était connue. Partez donc, Frédéric; quittez un lieu que vous remplissez de trouble; allez purifier votre cœur, et surtout oubliez une femme que les plus saints devoirs vous ordonnaient de respecter; je ne vous reverrai qu'alors.

Le goût des voyages est un des plus vifs chez les jeunes gens; prenez ce prétexte pour vous éloigner d'ici; exprimez à votre père le désir d'aller vous instruire en parcourant de nouvelles contrées : l'excellent homme que vous offensez s'affligera de votre absence, mais sacrifiera son propre plaisir à celui de mon époux qui l'en récompense si mal. Aussitôt que vous aurez obtenu sa permission, que je hâterai de tous mes efforts, hâtez-vous de nous éloignerez sans tarder. Je vous défends de me voir seule, je ne recevrai point vos adieux ; ne vous imaginez pas néanmoins que je croie cette précaution nécessaire à mon repos; non, l'honnêteté est un besoin pour moi et non pas un effort; et si elle pouvait jamais être ébranlée, ce ne serait pas par l'homme qui se laisserait dominer par un penchant coupable, l'excuse au lieu de le combattre, et humilie celle qui en est l'objet en la rendant cause de l'avilissement où il est réduit.

FRÉDÉRIC A CLAIRE.

Qu'est-il nécessaire d'insulter avec froideur la victime qu'on dévoue à la mort? Qu'aviez-vous besoin, pour me la donner, de me parler de votre haine? L'ordre de mon départ suffisait; mais il vous

était doux de me montrer à quel point je vous suis odieux : mais je n'ai point reconnu Claire à cette barbarie.

Vous le voyez, je suis de sang-froid ; votre lettre a glacé les terribles agitations de mon sang, et je suis en état de raisonner.

Pourquoi dois-je partir, Claire ? Si c'est pour votre époux, et que le sentiment que je porte en mon cœur soit un outrage pour lui, où trouverez-vous un point de l'univers où je puisse cesser de l'offenser ? Sous les pôles glacés, sous le brûlant tropique, tant que mon cœur battra dans mon sein, Claire y sera adorée ; si c'est une froide pitié qui vous intéresse à moi, je la rejette : ce n'est point elle qui

M. D'Albe.

trouvera les moyens d'adoucir mes maux, et vous me rendez trop malheureux pour que je vous laisse l'arbitre de mon sort.

Claire, l'intérêt de votre repos pouvait seul me chasser d'ici ; mais votre estime même est trop chère à ce prix, et s'il faut m'éloigner de vous, je ne connais plus qu'un asile.

CLAIRE A ÉLISE.

Où suis-je, Elise, et qu'ai-je fait ? Une effrayante fatalité me poursuit ; je vois le précipice où je me plonge, et il me semble qu'une main invisible m'y pousse malgré moi ; c'était peu qu'un criminel amour eût corrompu mon cœur, il me manquait d'en faire l'aveu. Entraînée par une puissance contre laquelle je n'ai point de force, Frédéric connaît enfin l'excès d'une passion qui fait de ton amie la plus méprisable des créatures... Je ne sais pourquoi je t'écris encore ; il est des situations qui ne comportent aucun soulagement, et ta pitié ne peut pas plus m'arracher mes remords que tes conseils réparer ma faute. L'éternel repentir s'est attaché à mon cœur ; il le déchire, il le dévore ; je n'ose mesurer l'abime où je me perds, et je ne sais où poser les bornes de ma faiblesse... J'adore Frédéric, je ne vois plus que lui seul au monde ; il le sait, je me plais à le lui répéter ; s'il était là, je le lui dirais encore, car dans l'égarement où je suis en proie, je ne me reconnais plus moi-même... Je voulais t'écrire tout ce qui vient de se passer ; mais je ne le puis, ma main tremblante peut à peine tracer ces lignes mal assurées... Dans un instant plus calme peut-être... Ah ! qu'ai-je dit ? Le calme, la paix, il n'en est plus pour moi.

CLAIRE A ÉLISE.

Depuis trois jours, Elise, j'ai essayé en vain de t'écrire, ma main se refusait à tracer les preuves de ma honte ; je le ferai pourtant, j'ai besoin de ton mépris, je le mérite et le demande ; ton indulgence me serait odieuse, ma faute ne doit pas rester impunie, et le pardon m'humilierait plus que les reproches. Songe, Elise, que tu ne peux plus m'aimer sans t'avilir, et laisse-moi la consolation de m'estimer encore dans mon amie.

La lettre de Frédéric, que tu trouveras ci-jointe, m'avait rendu je m'étonnais d'avoir pu craindre un homme une sorte de dignité ; qui osait me dire qu'il dédaignait mon estime ; impatiente de lui prouver qu'il l'avait perdue, j'ai vaincu ma faiblesse pour paraître à dîner ; mon air était calme, froid et imposant ; j'ai fixé Frédéric avec hauteur, et uniquement occupée de mon mari et de mes enfants, j'ai répondu à peine à deux ou trois questions qu'il m'a adressées, et je trouvais une jouissance cruelle à lui montrer le peu de cas que je faisais de lui. En sortant de table, Adolphe s'est assis sur mes genoux ; il m'a rendu compte des différentes études qui l'avaient occupé pendant mon indisposition ; c'était toujours son cousin Frédéric qui lui avait appris ceci, cela ; jamais une leçon ne l'ennuie quand c'est son cousin Frédéric qui la donne. « C'est si amusant de lire avec lui, me disait mon fils, il m'explique si bien ce que je ne comprends pas ; cependant, ce matin, il n'a jamais voulu m'apprendre ce que c'était que la vertu ; il m'a dit de te le demander, maman ? — C'est la force, mon fils, ai-je répondu, c'est le courage d'exécuter rigoureusement tout ce que nous sentons être bien, quelque peine que cela nous fasse ; c'est un mouvement grand, généreux, dont ton père t'offre souvent l'exemple, dont la seule idée m'attendrit, mais dont ton cousin ne pouvait pas te donner l'explication. » En disant ces derniers mots, que Frédéric seul a entendus, j'ai jeté sur lui un regard de dédain... O mon Elise, il était pâle, des larmes roulaient dans ses yeux, tous ses traits exprimaient le désespoir, mais, soumis à sa promesse de dissimuler toutes ses sensations devant mon mari, il continuait à causer avec une apparence de tranquillité. M. d'Albe, les yeux fixés sur un livre, ne remarquait pas l'état de son ami et répondait sans le regarder. Pour moi, Elise, dès cet instant toutes mes résolutions furent changées ; je trouvai que

Le malade.

j'avais été dure et barbare ; j'aurais donné ma vie pour adresser à Frédéric un mot tendre qui pût réparer le mal que je lui avais fait, et pour la première fois, je souhaitai de voir sortir M. d'Albe..... Le jour baissait ; plongée dans la rêverie, j'avais cessé de causer, et mon mari, n'y voyant plus à lire, me demande un peu de musique. J'y consens ; Frédéric m'apporte ma harpe : je chante, je ne sais trop

quoi ; je me souviens seulement que c'était une romance, que Frédéric versait des pleurs, et que les miens, que je retenais avec effort, m'étouffaient en retombant sur mon cœur. A cet instant, Elise, un homme vient demander mon mari ; il sort, un instinct confus du danger où je suis me fait lever précipitamment pour le suivre ; ma robe s'accroche aux pédales, je fais un faux pas, je tombe : Frédéric me reçoit dans ses bras, je veux appeler, les sanglots éteignent ma voix ; il me presse fortement sur son sein... A ce moment, tout a disparu, devoirs, époux, honneur ; Frédéric était l'univers, et l'amour, le délicieux amour, mon unique pensée. « Claire, s'est-il écrié, un mot, un seul mot, dis quel sentiment t'agite ? — Ah ! lui ai-je répondu éperdue, si tu veux le savoir, crée-moi donc des ex-

Ta main sacrilège osera-t-elle m'atteindre jusqu'ici.

pressions pour le peindre ! ». Alors je suis retombée sur mon fauteuil, il s'est précipité à mes pieds ; je sentais ses bras autour de mon corps ; la tête appuyée sur son front, respirant son haleine, je ne résistais plus. « Ô femme idolâtrée ! a-t-il dit, quelles inexprimables délices j'éprouve en ce moment ; la félicité suprême est dans mon âme ; oui, tu m'aimes, oui, j'en suis sûr ; le délire du bonheur où je suis n'était réservé qu'au mortel préféré par toi. Ah ! que je l'entende encore de ta bouche adorée, ce mot dont la seule espérance a porté l'ivresse dans tous mes sens ! Si je l'aime, Frédéric ! oses-tu le demander ? Imagine ce que doit être une passion qui réduit Claire dans l'état où tu la vois : oui, je t'aime avec ardeur, avec violence ; et dans ce moment même, où j'oublie pour te le dire les plus sacrés devoirs, je jouis de l'excès d'une faiblesse qui te prouve celui de mon amour. » A cet instant, les lèvres de Frédéric ont touché les miennes ; j'étais perdue, si la vertu, par un dernier effort, n'eût déchiré le voile de volupté dont j'étais enveloppée ; m'arrachant d'entre les bras de Frédéric, je suis tombée à ses pieds. « Oh ! épargne-moi, je t'en conjure, me suis-je écriée ; ne me rends pas vile, afin que tu puisses m'aimer encore. Dans ce moment de trouble, où je suis entièrement soumise à ton pouvoir, tu peux, je le sais, remporter une facile victoire ; mais si je suis à toi aujourd'hui, demain je serai dans la tombe. Je le jure au nom de l'honneur que j'outrage, mais qui est plus nécessaire à l'âme de Claire que l'air qu'elle respire !

Frédéric, Frédéric, contemple-la, prosternée, humiliée à tes pieds, et mérite son éternelle reconnaissance, en ne la rendant pas la dernière des créatures. — Lève-toi, m'a-t-il dit en s'éloignant, femme angélique, objet de ma profonde vénération et de mon immortel amour ! Ton amant ne résiste point à l'accent de ta douleur ; mais, au nom de ce ciel dont tu es l'image, n'oublie pas que le plus grand sacrifice dont la force humaine soit capable, tu viens de l'obtenir de moi. » Il est sorti avec précipitation, je suis rentrée chez moi égarée ; un long évanouissement a succédé à ces vives agitations. En recouvrant mes sens, j'ai vu mon époux près de mon lit, je l'ai repoussé avec effroi, j'ai cru voir le souverain arbitre des destinées qui allait prononcer mon arrêt. « Qu'avez-vous, Claire ? m'a-t-il dit d'un ton douloureux, chère et tendre amie, c'est votre époux qui vous tend les bras. » J'ai gardé le silence, j'ai senti que si j'avais parlé, j'aurais tout dit : peut-être l'aurais-je dû, mon instinct m'y poussait, l'aveu a erré sur mes lèvres, mais la réflexion l'a retenu. Loin de moi cette franchise barbare, qui soulageait mon cœur aux dépens de mon digne époux ! En me taisant, je reste chargée de mon malheur et du sien, la vérité lui rendrait la part des chagrins qui doivent être mon seul partage. Homme trop respectable ! vous ne supporteriez pas l'idée de savoir votre femme, votre amie en proie aux tourments d'une passion criminelle, et l'obligation de mépriser celle qui faisait votre gloire, et de chasser de votre maison celui que vous aviez placé dans votre cœur, empoisonnerait vos derniers jours ; je verrais votre visage vénérable, où ne se peindraient jamais que la bienfaisance et l'humanité, altéré par le regret de n'avoir aimé que des ingrats, et couvert de la honte que j'aurais répandue sur lui ; je vous entendrais appeler une mort que le chagrin accélérerait peut-être, et je joindrais ainsi au remords du parjure tout le poids d'un homicide. Ô misérable Claire ! ton sang ne se glace-t-il pas à l'aspect d'une pareille image ? Est-ce bien toi qui es parvenue à ce comble d'horreur ? et peux-tu te reconnaître dans la femme infidèle qui n'oserait avouer ce qui se passe dans son cœur sans porter la mort dans celui de son époux ? Quoi, un pareil tableau ne te fera-t-il pas abjurer la détestable passion qui te consume ? ne te fera-t-il pas abhorrer l'odieux complice de ta faute, Frédéric ?... Frédéric, qu'ai-je dit ? Moi, le haïr ; moi, renoncer à ce bonheur de l'entendre dire qu'il m'aime ! le chasser de cet asile, ne plus l'espérer, ni le voir, ni l'entendre ! Hé ! quels sont les crimes qui ne seraient pas trop punis par de pareils sacrifices, et comment ai-je mérité de me les imposer ?

Frédéric me reçoit dans ses bras.

Retirée du monde, j'étais paisible dans ma retraite, heureuse du bonheur de mon mari, je ne formais aucun désir ; il m'amène un jeune homme charmant, doué de tout ce que la vertu a de grand, l'esprit d'aimable, la candeur de séduisant ; il me donne son amitié pour lui, il nous laisse sans cesse ensemble ; le matin, le soir, partout je le vois, partout je le trouve ; toujours seuls, sous des ombrages, au milieu des charmes d'une nature qui s'anime, il aurait

fallu que nous fussions nés pour nous haïr, si nous ne nous étions pas aimés. Imprudent époux! pourquoi réunir ainsi deux êtres qu'une sympathie mutuelle attirait l'un vers l'autre? Deux êtres qui, vierges à l'amour, pouvaient en ressentir toutes les premières impressions sans s'en douter? Pourquoi surtout nous envelopper de ce dangereux voile d'amitié, qui devait être un si long prétexte pour se cacher leurs vrais sentiments? C'était à vous, à votre expérience, à prévoir le danger et à nous en préserver; loin de là, quand votre main elle-même nous en approche, le couvre de fleurs, et nous y pousse, pourquoi, terrible et menaçant, venir nous reprocher une faute qui est la vôtre, et nous ordonner de l'expier par le plus douloureux supplice?... Qu'ai-je dit? Elise, c'est Frédéric que j'aime, et c'est mon époux que j'accuse. Ce Frédéric qui m'a vue entre ses bras, faible et sans défense, c'est lui que je veux garder ici! O Elise! tu seras bien changée, si tu reconnais ton amie dans celle qu'une pareille situation peut laisser incertaine sur le parti qu'elle doit prendre.

FRÉDÉRIC A CLAIRE.

Femme, femme trop enchanteresse, qui es-tu pour faire entrer dans mon cœur les sentiments les plus opposés? Pour me faire passer tout-à-coup de l'excès du bonheur à celui de l'infortune? Ces yeux si touchants, qu'il est impossible de regarder sans la plus vive émotion, ces yeux qui n'appartenaient qu'à Claire, l'idole chérie de mon cœur, la première femme que j'aie aimée, la seule que j'aimerai jamais; ces yeux, où elle me permettait hier de lire l'expression de la tendresse, sont voilés aujourd'hui par la douleur et la sévérité; et mon âme, où tu règnes despotiquement, mon âme, qui n'a maintenant plus de sentiments que tu n'aies fait naître, gémit de la peine sans en connaître la cause. O ma douce, ma charmante amie! garde-toi bien de te croire coupable, ni de t'affliger du bonheur que tu m'as donné; le repentir ne doit point entrer dans une âme dont le mal n'approcha jamais. Toi, craindre le crime, Claire! Ton seul regard le tuerait. Femme adorée et trop craintive, oses-tu penser que la divinité qui te forma à son image, nous entraîne vers le vice par tout ce que la félicité a de plus doux. Non, non, ces élans, ces transports, ces émotions enchanteresses nous rassurent contre le remords, et je ne sens trop heureux pour me croire criminel. Ah! laisse-moi retrouver ces instants où, t'enlaçant dans mes bras et respirant ton souffle, j'ai recueilli sur tes lèvres tout ce que l'immensité de l'univers et de la vie peut donner de félicité à un mortel.

Claire, tu m'as éloigné de toi, mais je ne t'ai point quittée; mon imagination te plaçait sur mon sein, je t'inondais de caresses et de larmes; ma bouche avide pressait la tienne : Claire ne s'en défendait point, Claire partageait mes transports. Sans autre guide que son cœur et la nature, elle oubliait le monde, ne sentait que l'amour, ne voyait que son amant : nous étions dans les cieux. Ah! Claire, ce n'est pas là qu'est le crime.

Claire, je t'idolâtre avec frénésie, ton image me dévore, ton approche me brûle; trop de feux me consument : il faut mourir ou te satisfaire. Laisse-moi te voir, je t'en conjure, ou ne fuis point, laisse-moi te presser encore une fois entre mes bras, je les étends pour te saisir, mais c'est une ombre qui m'échappe. Je t'écris à genoux, mon papier est baigné de mes pleurs; ô Claire! un de tes baisers; un seul encore : il est des plaisirs trop vifs pour pouvoir les goûter deux fois sans mourir.

FRÉDÉRIC A CLAIRE.

Je ne puis dormir; j'erre dans la maison, je cherche la dernière place que tu as occupée; ma bouche presse ce fauteuil où ton bras reposa longtemps; je m'empare de cette fleur échappée de ton sein; je baise la trace de tes pas, je m'approche de l'appartement où tu dors, de ce sanctuaire qui serait l'objet de mes ardents désirs, s'il n'était celui de mon profond respect. Mes larmes baignent le seuil de la porte; j'écoute si le silence de la nuit ne me laissera pas recueillir quelqu'un de tes mouvements... j'écoute... O Claire! Claire! je n'en doute pas, j'ai entendu des sanglots. Mon amie, tu pleures, qui peut donc causer ta peine? Quand je te dois un bonheur dont le reste du monde ne peut concevoir l'idée, puisque nul mortel ne fut aimé de toi, qui peut t'affliger encore? Claire, que ton amour est faible, s'il a laissé une pensée ou un sentiment qui ne soit pas pour lui, et si sa puissance n'a pas anéanti toutes les autres facultés de ton âme! Pour moi il n'est plus de passé ni d'avenir : absorbé par toi, je ne vois que toi, je n'ai plus un instant de ma vie qui ne soit à toi; tous les autres êtres sont nuls et anéantis; ils passent devant moi comme des ombres, je n'ai plus de sens pour les voir, ni de cœur pour les aimer. Amitié, devoir, reconnaissance, je ne sens plus rien; l'amour, l'ardent amour a tout réuni; il a réuni en un seul point toutes les parties sensibles de mon être, et il y a placé l'image de Claire : c'est là le temple où je t'adore en silence quand tu es loin de moi; mais si j'entends le son de ta voix, si tu fais un mouvement, si mes regards rencontrent tes regards, si je te presse doucement sur mon sein... alors, ce n'est plus seulement mon cœur qui palpite, c'est tout mon être, c'est tout mon sang, qui frémissent de désir et de plaisir; un torrent de volupté sort de ces yeux et vient inonder mon âme. Perdu d'amour et de tendresse, je sens que tout moi s'élance vers toi; je voudrais te couvrir de baisers, recevoir ton haleine, te tenir dans mes bras, sentir ton cœur battre contre mon cœur, et m'abîmer avec toi dans un océan de bonheur et de vie... Mais, ô ma Claire! seule tu réunis ce mélange inconcevable de décence et de volupté qui éloigne et attire sans cesse, et qui éternise l'amour. Seule tu réunis ce qui commande le respect et ce qui allume les désirs; mais comment exprimer ce qu'est et ce qu'inspire une femme enchanteresse, la plus parfaite de toutes les créatures, l'image vivante de la divinité, et quelle langue sera digne d'elle? Je sens que mes idées se troublent devant toi comme devant un ange descendu du ciel : rempli de ton image adorée, je n'ai plus d'autre sentiment que l'amour et l'adoration de tes perfections; toute autre pensée que la tienne s'évanouit; en vain je cherche à les fixer, à les rassembler, à les éclaircir; en vain je cherche à tracer quelques lignes qui te peignent ce que je sens : les termes me manquent; ma plume se traîne péniblement, et si mon premier besoin n'était pas de verser dans ton cœur tous les sentiments qui m'oppressent, effrayé de la grandeur de ma tâche, je me tairais, accablé sous ta puissance, et sentant trop pour pouvoir penser.

CLAIRE A FRÉDÉRIC.

Non, je ne vous verrai point; trop de présomption m'a perdue, et je suis trop coupable pour n'oser plus me fier à moi-même. Je vous écris, parce que j'ai beaucoup à vous dire, et qu'il faut un terme enfin à l'état affreux où nous sommes.

Je devrais commencer par vous ordonner de ne plus m'écrire, car ces lettres si tendres, malgré moi je les presse sur mes lèvres, je les pose contre mon cœur, c'est du poison qu'elles respirent... Frédéric, je vous aime, je n'ai jamais aimé que vous; l'image de votre bonheur, de ce bonheur que vous me demandez et que je pourrais faire, égare mes sens et trouble ma raison; pour le satisfaire, je compterais pour rien la vie, l'honneur et le reste; mon avenir futur : vous rendre heureux et mourir après, ce serait tout pour Claire, elle aurait assez vécu; mais acheter votre bonheur par une perfidie! Frédéric, vous ne le voudriez pas... Insensé! tu veux que Claire soit à toi, uniquement à toi! Est-elle donc libre de se donner? s'appartient-elle encore? Si tes yeux osent se fixer sur ce ciel que nous outrageons, tu y verras les serments qu'elle a faits : c'est là qu'ils sont écrits! Et, qui veux-tu qu'elle trahisse? Son époux et ton bienfaiteur, celui qui t'a appelé dans son sein, qui te nourrit, qui t'éleva et qui t'aime; celui dont la confiance a remis dans nos mains le dépôt de son bonheur! Un assassin ne lui ôterait que la vie; et toi, pour prix de ses bontés, tu veux souiller son asyle, ravir sa compagne, remplacer par l'adultère la fraternité, la candeur et la vertu qui régnaient ici, et que tu en as chassées. Ose te regarder, Frédéric, et dis qu'est-ce qu'un monstre ferait de plus que toi? Quoi! ton cœur est-il sourd à cette voix qui te crie que tu violes l'hospitalité et la reconnaissance? Ton regard ose-t-il se porter sur cet homme respectable que tu dois frémir de nommer ton père? ta main peut-elle presser la sienne, sans être déchirée d'épines? Enfin, n'as-tu rien senti en voyant hier des larmes dans ses yeux? Ah! que n'ai-je pu les payer de tout mon sang! tu étais agité, j'étais pâle et tremblante. Il a tout vu, il est tout, c'en est fait, l'innocent n'est à la peine due au vice! Malheureuse Claire! était-ce donc pour empoisonner sa vie, que tu juras de lui consacrer la tienne? Femme perfide, te sied-il d'accuser un autre quand tu es toi-même si coupable? Frédéric, vous fûtes faible et je suis criminelle; il me semble que toute la nature crie après moi et me réprouve; je n'ose regarder ni le ciel, ni vous, ni mon époux, ni moi-même. Si je veux embrasser mes enfants, je rougis de les presser contre un cœur dont l'innocence est bannie; les objets qui me sont les plus chers, sont ceux que je repousse avec le plus d'effroi... Toi-même, Frédéric, c'est parce que je t'adore que tu m'es odieux; c'est parce que je n'ai plus de forces pour te résister, que ta présence me fait mourir; si mon amour ne me paraît un crime, que parce que je brûle de m'y livrer. O Frédéric! éloigne-toi, ce n'est pas par devoir, que ce soit par pitié; ta vue est un reproche dont je ne peux plus supporter le tourment; si ma vie et la vertu te sont chères, fuis sans tarder davantage : quelles que soient les résolutions, de quelque force que l'honneur les soutienne, elles ne résisteraient point à l'occasion ni à l'amour; songe, Frédéric, qu'un instant peut faire de toi le dernier des hommes, et me faire mourir déshonorée, et que, si après y avoir pensé, il était nécessaire de te répéter encore de fuir, tu serais si vil à mes yeux que je ne te craindrais plus.

Je vous le répète, je suis sûre que mon mari a tout deviné, ainsi je n'ai malheureusement plus à redouter les soupçons que votre dé-

part peut occasionner. D'ailleurs, vous savez que les affaires d'Elise s'accumulent de plus en plus et lui donnent le besoin d'un aide : soyez le sien, Frédéric, devenez utile à mon amie, allez mériter le pardon des maux que vous m'avez faits; vous trouverez dans cette femme chérie une autre Claire, mais sans faiblesse et sans erreurs. Montrez-vous tel à ses yeux, qu'elle puisse dire qu'il n'y avait qu'une Elise ou un ange, capable de vous résister; que vos vertus m'obtiennent ma grâce, et que votre travail me rende mon amie; que ce soit à vous que je doive son retour ici, afin que chaque heure, chaque minute où je jouirai d'elle, soit un bienfait que je vous doive, et que je puisse remonter à vous comme à la source de ma félicité. Frédéric, il dépend de vous que je m'énorgueillisse de la tendresse que j'éprouve et de celle que j'inspire; élevez-vous par elle au-dessus de vous-même; qu'elle vous rattache à toutes les idées de vertu et d'honneur, pour que je puisse fixer mes yeux sur vous chaque fois que l'idée du bien se présentera. Enfin, en devenant le plus grand et le meilleur des hommes, forcez ma conscience à se taire, pour qu'elle laisse mon cœur vous aimer sans remords. O Frédéric! s'il est vrai que je le sois chère, apprends de moi à chérir assez notre amour pour ne le souiller jamais par rien de bas ni de méprisable. Si tu es tout pour moi, mon univers, mon bonheur, le dieu que j'adore; si la nature entière ne me présente plus que ton image; si c'est par toi seule que j'existe, et pour toi seul que je respire; si ce cri de mon cœur, qu'il ne m'est plus possible de retenir, t'apprend une faible partie du sentiment qui m'entraine, je ne suis point coupable. Ai-je pu t'empêcher de naître? suis-je maîtresse de l'anéantir? dépend-il de moi d'éteindre ce qu'une puissance supérieure alluma dans mon sein? Mais de ce que je ne puis donner de pareils sentiments à mon époux, s'ensuit-il que je ne doive point lui garder la foi jurée? Oserais-tu le dire, Frédéric, oserais-tu le vouloir? L'idée de Claire, livrée à l'opprobre, ne glace-t-elle pas tous tes désirs, et ton amour n'a-t-il pas plus besoin encore d'estime que de jouissance? Non, non, je le connais bien cette âme qui s'est donnée à moi; c'est parce que je la connais que je t'ai adoré. Je sais qu'il n'est point de sacrifice au-dessus de ton courage, et quand je t'aurai rappelé que l'honneur commande que tu partes, et que le repos de Claire l'exige, Frédéric n'hésitera pas.

FRÉDÉRIC A CLAIRE.

J'ai lu votre lettre, et la vérité, la cruelle vérité a détruit les prestiges enchanteurs dont je me berçais; les tortures de l'enfer sont dans mon cœur, l'abîme du désespoir s'est ouvert devant moi : Claire ordonne que je m'y précipite, je partirai.

Ce sacrifice, que la vertu ne m'eût jamais fait faire, et que vous seule pouviez obtenir de moi, ce sacrifice auquel nul autre ne peut être comparé, puisqu'il n'y a qu'une Claire au monde, et qu'un cœur comme le mien pour l'aimer; ce sacrifice, dont je ne peux moi-même mesurer l'étendue, quel que soit le mal qu'il me cause, je te jure, ô ma Claire! de ne jamais attenter à des jours qui te sont consacrés et qui t'appartiennent; mais si la douleur, plus forte que mon courage, dessèche les sources de ma vie, me fait succomber sous le poids de ton absence, promets-moi, Claire, de me pardonner ma mort et de ne point haïr ma mémoire. Sois sûre que l'infortuné qui t'adore eût préféré t'obéir, en se dévouant à des tourments éternels et inouïs, que de descendre dans la paix du tombeau que tu lui refuses.

CLAIRE A ÉLISE.

Elise, il me quitte demain, et c'est chez toi que je l'envoie; en le remettant dans tes bras, je tiens encore à lui, et, pourvu qu'il vive, il ne m'aura pas perdue tout-à-fait. Soulage sa douleur, conserve-lui la vie, et, s'il est possible, fais-plus encore, arrache-moi de son cœur; Elise, Elise, que l'objet de ma tendresse ne soit pas celui de ton inimitié! Pourquoi le mépriserais-tu puisque tu m'estimes encore? pourquoi le haïr, quand il m'aime toujours? pourquoi ton injustice l'accuse-t-elle plus que moi? S'il a troublé ma paix, n'ai-je pas empoisonné son cœur, ne sommes-nous pas également coupables? Que dis-je? ne suis-je pas bien plus? son amour n'emporte-t-il sur le mien? ne suis-je pas dévorée en secret des mêmes désirs que lui? Il voulait que Claire lui appartînt, eh! ne s'est-elle pas donnée mille fois à lui dans son cœur? Enfin, que peux-tu lui reprocher dont je ne suis innocente? Nos torts sont égaux, Elise, et nos devoirs ne l'étaient pas : j'étais épouse et mère, il était sans liens; je connaissais le monde, il n'avait aucune expérience; mon sort était fixé et mon cœur rempli; lui, à l'aurore de sa vie, dans l'effervescence des passions, on le jette, à dix-neuf ans, dans une solitude délicieuse, près d'une femme qui lui prodigue la plus tendre amitié, près d'une femme jeune et sensible, et qui l'a peut-être devancée dans un coupable amour. J'étais épouse et mère, Elise, et ni ce que je devais à mon époux, à mes enfants, ni respect humain, ni devoirs sacrés,

rien ne m'a retenue; j'ai vû Frédéric, et j'ai été séduite. Quand les titres les plus saints n'ont pû me préserver de l'erreur, tu lui ferais un crime d'y être tombé? Quand tu me crois plus malheureuse que coupable, l'infortuné qui fut appelé ici comme une victime, et qui s'en arrache par un effort dont je n'aurais pas été capable peut-être, ne deviendrait pas l'objet de ta plus tendre indulgence et de ton ardente pitié? O mon Elise! recueille-le dans ton sein ; que ta main essuie ses larmes. Songe, qu'à dix-neuf ans il a connu des passions que les douleurs qu'elles causent, et le vide qu'elles laissent; qu'anéanti par ce coup, il aurait terminé ses jours, s'il n'avait craint pour les miens. Songe, Elise, que tu lui dois ma vie..... Tu lui dois plus peut-être ; il m'a respectée quand je ne me respectais plus moi-même; il a su contenir ses transports, quand je ne rougissais pas d'exhaler les miens; enfin, s'il n'était pas le plus noble des hommes, ton amie serait peut-être à présent la plus vile des créatures.

CLAIRE A ÉLISE.

Inexprimables mouvements du cœur humain! il est parti, Elise, et je n'ai pas versé une larme; il est parti, et il me semble que ce départ m'ait donné une nouvelle vie; j'éprouve une force inconnue qui me commande une activité continuelle; je ne puis rester en place, ni garder le silence, ni dormir; le repos m'est impossible, et je sens que la gaîté même est plus près de moi que le calme. J'ai ri, j'ai plaisanté avec mon mari, j'étais montée sur un ton extraordinaire; je ne savais pas ce que je faisais, je ne me reconnaissais plus moi-même. Si tu pouvais voir comme je suis loin d'être triste, je n'éprouve pas non plus cette satisfaction douce et paisible qui naît de l'idée d'avoir fait son devoir, mais quelque chose de désordonné et de dévorant, qui ressemblerait à la fièvre, si je n'étais d'ailleurs en parfaite santé. Croirais-tu que je n'ai aucune impatience d'avoir de ses nouvelles, et que je suis aussi indifférente sur ce qui le regarde, que sur tout le reste du monde? Je t'assure, mon Elise, que ce départ m'a fait beaucoup de bien, et je me crois absolument guérie..... N'est-ce pas ce matin qu'il nous a quittés? Je ne sais plus comment marche le temps : il me semble que tout ce qui s'est passé dans mon âme depuis hier n'a pu avoir lieu dans un espace aussi court..... Cependant il est bien vrai, c'est ce matin que Frédéric s'est arraché d'ici; je n'ai compté que douze heures depuis son départ, pourquoi donc le son de l'airain a-t-il pris quelque chose de si lugubre? Chaque fois qu'il retentit, j'éprouve un frémissement involontaire. Pauvre Frédéric, chaque coup t'éloigne de moi; chaque instant qui s'écoule repousse vers le passé l'instant où je te voyais encore; le temps t'éloigne, le dévore : ce n'est plus qu'une ombre fugitive que je ne peux saisir, et ces heures de félicité que je passais près de toi sont déjà englouties par le néant. Accablante vérité! Les jours vont se succéder; l'ordre général ne sera pas interrompu, et pourtant tu seras loin d'ici. La lumière reparaîtra sans toi, et mes tristes yeux, ouverts sur l'univers, n'y verront plus le seul être qui l'habite. Quel désert, mon Elise! Je me perds dans une immensité sans rivage; je suis accablée de l'éternité de la vie; c'est en vain que je me débats contre moi-même, je succombe sous le poids d'une heure, et pour aiguiser mon mal, la pensée, comme un vautour déchirant, vient m'entourer de toutes celles qui me sont encore réservées..... Mais pourquoi te dis-je tout cela? Mon projet était autre : je voulais te parler du son départ, qu'est-ce donc qui m'arrête? Lorsque je veux fixer ma pensée sur ce sujet, un instinct confus le repousse; il me semble, quand la nuit m'environne et que le sommeil pèse sur l'univers, que peut-être ce départ aussi n'est qu'un songe..... Mais je ne puis m'abuser plus longtemps; il est trop vrai, Frédéric est parti; ma main glacée est restée sans mouvement dans la sienne; mes yeux n'ont pas eu une larme à lui donner, ni ma bouche un mot à lui dire..... J'ai vu sur ces lambris son ombre paraître et s'effacer pour jamais; j'ai entendu le seuil de la porte retentir sous ses derniers pas, et le bruit de la voiture qui l'emportait se perdre peu à peu dans le vide et le néant..... Mon Elise, j'ai été obligée de suspendre ma lettre; je souffrais d'un mal singulier, c'est le seul qui me reste, j'en guérirai sans doute. J'éprouve un étouffement insupportable, les artères de mon cœur se gonflent, je n'ai plus de place pour respirer, il me faut de l'air; j'ai été dans le jardin, déjà la fraîcheur commençait à me soulager, lorsque j'ai vu de la lumière dans l'appartement de M. d'Albe; j'ai cru même l'apercevoir à travers ses croisées, et dans la crainte qu'il n'attribuât au départ de Frédéric la cause qui troublait mon repos, je me suis hâtée de rentrer; mais, hélas! mon Elise, je suis presque sûre, non-seulement qu'il m'a vue, mais qu'il sait tout ce qui se passe dans mon cœur. J'avais espéré pourtant l'arracher au soupçon en parlant la première du départ de Frédéric, et par un effort dont son intérêt seul pouvait me rendre capable, je le fis sans trouble et sans embarras. Dès le premier mot, je crus voir un léger signe de joie dans ses yeux; cependant il me demanda gravement quels motifs me faisaient approuver ce projet; je lui répondis que les affaires, demandant un aide, et ce moment-ci étant un temps de vacance pour la manufacture, je pensais que c'était celui où Frédéric pouvait le

plus s'absenter; que, pour moi, je souhaitais vivement qu'il allât t'aider à venir plus tôt ici. Frédéric était là quand j'avais commencé à parler, mais il n'avait pas dit un mot; il attendait, pâle et les yeux baissés, la réponse de M. d'Albe; celui-ci, nous regardant fixement tous deux, me répondit : « Pourquoi n'irais-je pas à la place de Frédéric? j'entends mieux que lui le genre d'affaires de votre amie, au lieu qu'il est en état de suivre les miennes ici; d'ailleurs il dirige les études d'Adolphe avec un zèle dont je suis très satisfait, et j'ai été touché plus d'une fois en le voyant, auprès de cet enfant, user d'une patience qui prouve toute sa tendresse pour le père..... » Ces mots ont altéré Frédéric; il est affreux sans doute de recevoir un éloge de la bouche de l'ami qu'on trahit, et une estime que le cœur dément avilit plus que l'aveu même d'avoir cessé de le mériter. Nous avons tous gardé le silence; mon mari attendait une réponse; ne la recevant pas, il a interrogé Frédéric. « Que décidez-vous, mon ami? a-t-il dit; est-ce à vous de rester, est-ce à moi de partir? » Frédéric s'est précipité à ses pieds, et les baignant de ses larmes : « Je partirai, s'est-il écrié avec un accent énergique et déchirant, je partirai, mon père, et du moins une fois serai-je digne de vous? » M. d'Albe, sans avoir l'air de comprendre ces derniers mots ni de lui demander l'explication, l'a relevé avec tendresse, et le pressant dans ses bras : « Pars, mon fils, lui a-t-il dit, souviens-toi de ton père, sûrs la vertu de tout ton courage, et reviens que quand le but de ton voyage sera rempli. Claire, a-t-il ajouté en se retournant vers moi, recevez ses adieux et la promesse que je fais en son nom, de ne jamais oublier la femme de son ami, la respectable mère de famille; ce sont là les traits qui ont dû vous graver dans son âme : l'image de votre beauté pourra s'effacer de sa mémoire, mais celle de vos vertus y vivra toujours. Mon fils, a-t-il continué, je me charge du soin de vous parler de vos amis, il me sera si doux à remplir que je le réserve pour moi seul... » Ce mot, Elise, est une défense, je l'ai trop entendu, mais je n'en avais pas besoin : quand je me serai séparé de Frédéric, nul n'a le droit de douter de mon courage. Ah! sans doute cet inconcevable effort me relève de ma faiblesse, et plus le penchant est irrésistible, plus le triomphe est glorieux! Non, non, si le cœur de Claire fut trop tendre pour être à l'abri d'un sentiment coupable, il est trop grand peut-être pour être soupçonné d'une lâcheté. Pourquoi M. d'Albe paraissait-il donc craindre de me laisser seule avec Frédéric dans ces derniers moments? Croyait-il que je ne saurais pas accomplir le sacrifice en entier? ne m'a-t-il pas vue regarder d'un œil sec tous les apprêts de ce départ? ma fermeté l'a-t-elle abandonnée depuis? Enfin, Elise, le croiras-tu, je n'ai point senti le besoin d'être seule, et de tout le jour je n'ai pas quitté M. d'Albe; j'ai soutenu la conversation avec une aisance, une vivacité, une volubilité qui ne m'est pas ordinaire; j'ai parlé de Frédéric comme d'un autre, je crois même (quoi j'ai plaisanté; j'ai joué avec mes enfants, et tout cela, Elise, se faisait sans effort; il y a eu seulement un peu de trouble dans mes idées, et je sens qu'il m'arrivo quelquefois de parler sans penser. Je crains que M. d'Albe n'ait imaginé qu'il y avait de la contrainte dans ma conduite, car il n'a cessé de me regarder avec tristesse et sollicitude; le soir, il a passé la main sur mon front, et l'ayant trouvé brûlant : « Vous n'êtes pas bien, Claire, m'a-t-il dit, je vous crois même un peu de fièvre; allez vous reposer, mon enfant. — Eh! bien, ai-je repris, je crois avoir besoin de sommeil. » Mais ayant fixé la glace en prononçant ces mots, j'ai vu que le brillant extraordinaire de mes yeux démentait ce que je venais de dire, et, tremblant que M. d'Albe ne soupçonnât que je faisais un mensonge pour m'éloigner de lui, je me suis rassise. « Je préférerais passer la nuit ici, lui ai-je dit, je ne me sens bien qu'auprès de vous. — Claire, a-t-il repris, ce que vous dites là est peut-être plus vrai que vous ne le pensez vous-même; je vous connais bien, mon enfant, et je sais qu'il ne peut y avoir de paix, et par conséquent de bonheur pour vous, hors du sentier de l'innocence. — Que voulez-vous dire? me suis-je écriée. — Claire, a-t-il répondu, vous me comprenez et je vous ai devinée; qu'il vous suffise de savoir que je suis content de vous, ne me questionnez pas davantage; à présent, mon amie, retirez-vous, et calmez, s'il se peut, l'excessive agitation de vos esprits. » Alors, sans ajouter un mot ni me faire une caresse, il est sorti de la chambre; je suis restée seule : quel vide! quel silence! partout je voyais de lugubres fantômes; chaque objet me paraissait une ombre, chaque son un cri de mort; je ne pouvais ni dormir, ni penser, ni vivre; j'ai erré dans la maison pour me sauver de moi-même, ne pouvant y réussir, j'ai pris la plume pour t'écrire; cette lettre du moins ira où il est, ses yeux verront ce papier que mes mains ont touché, il pensera que Claire a tracé son nom, et je sais qu'il y a un lieu, c'est le dernier fil qui nous retiendra au bonheur et à la vie.... Mais, hélas! le ciel ne nous ordonne-t-il pas de les briser tous? et cette secrète douceur que l'on trouve à penser qu'au milieu du néant qui nous entoure, nos âmes conserveront une sorte de communication, n'est-ce pas le dernier nœud qui m'attache à ma faiblesse? Il faut-il donc que mes barbares mains les anéantissent tous! Faut-il enfin cesser de penser à lui, et votre étrangère à tout ce qui fait vivre? O mon Elise! quand le devoir me lie sur la terre et me commande d'oublier Frédéric, que ne puis-je oublier aussi qu'on peut mourir!

ÉLISE A M. D'ALBE.

Mon amie, en s'unissant à vous, m'ôta le droit de disposer d'elle; je puis vous donner des avis, mais je dois respecter vos volontés : vous m'ordonnez donc de lui taire l'état de Frédéric, j'obéirai, Cependant, mon cousin, s'il y a des inconvénients à la vérité, il y en a plus encore à la dissimulation : l'exemple de Claire en est la preuve; il nous apprend que celui qui se sert du mal, même pour arriver au bien, est tôt ou tard la victime. Si dès le premier instant elle vous eût fait l'aveu de l'amour de Frédéric, cet infortuné aurait pu être arraché à sa destinée; ma vertueuse amie serait pure de toute faiblesse, et vous-même n'auriez pas été déchiré par l'angoisse d'un doute; et pourtant que de motifs plus plausibles, plus délicats, plus forts pour les siens pour se taire? Le bonheur de votre vie entière lui semblait compromis par cet aveu, quel autre intérêt au monde était capable de lui sacrifier la vérité? Qui saura jamais apprécier ce qu'il lui en a coûté pour vous tromper? Ah! pour user de dissimulation, il lui a fallu toute l'intrépidité de la vertu.

Moi-même, lorsqu'elle me confia ses raisons, je les approuvai : je crus qu'elle aurait la force d'éloigner Frédéric avant que vous eussiez soupçonné les feux dont il brûlait, j'espérais encore que le vœu unique et permanent de Claire, ce vœu de n'avoir été pour vous pendant sa vie qu'une source de bonheur, pouvait être rempli... Un instant a tout détruit; ces mots, échappés à son amie dans le délire de la fièvre, éveillèrent vos soupçons, l'état de Frédéric les confirma. Vous fûtes moins malheureux que vous ne deviez l'être, puisque vous crûtes voir dans l'excessive douleur de Claire, la preuve de son ignominie. Ses caresses vous rassurèrent bientôt, vous connaissiez trop votre femme pour douter qu'elle n'eût repoussé les bras de son époux, si elle n'avait pas été digne de s'y jeter. J'ai approuvé la délicatesse qui vous a dicté le ne point l'aider dans le sacrifice qu'elle voulait faire, afin qu'en ayant seule le mérite, il pût la raccommoder avec elle-même. Mais je suis loin de redouter comme vous le désespoir de Claire; cet état demande des forces, et tant qu'elle en aura, elles tourneront toutes au profit de la vertu. En lui peignant Frédéric tel qu'il est, je donnerai sans doute plus d'énergie à sa douleur; mais, dans les âmes comme la sienne, il faut de grandes résolutions; au lieu que si, fidèle à votre plan, je lui laisse entrevoir qu'elle a mal connu Frédéric; que non-seulement il peut l'oublier, mais qu'une autre est prête à le remplacer; si lui montre, léger et sans foi, ce qu'elle a vu noble et grand; enfin si j'éveille sa défiance sur un point où elle a mis tout son cœur, la vérité, l'honneur même ne seront plus pour elle qu'un problème. Si vous lui faites douter de Frédéric, craignez qu'elle ne doute de tout, et qu'en lui persuadant que son amour ne fut qu'une erreur, elle ne se demande si la vertu aussi n'en est pas une.

Mon ami, il est des âmes privilégiées qui reçurent de la nature une idée plus exquise et plus délicate du beau moral; elles n'ont besoin de raison ni de principe pour faire le bien, elles sont nées pour l'aimer, comme l'eau pour suivre son cours, et nulle cause ne peut arrêter leur marche, à moins qu'on ne dessèche leur source; mais si, en remontant pour ainsi dire vers le point visuel de leur existence, vous parvenez, en l'effaçant entièrement, à ébranler l'autel où elles se sont créé, vous les précipitez dans un nuage où elles se perdent pour jamais; car, après l'appui qu'elles ont perdu, elles ne peuvent plus en trouver d'autre; elles aimeront toujours le bien, mais ne croyant plus à sa réalité, elles n'auront pas de forces pour le faire; et cependant comme cet aliment seul était digne de les nourrir, et qu'après lui l'univers ne peut rien offrir qui leur convienne, elles languissent dans un dégoût universel, jusqu'à l'instant où le Créateur les réunit à leur essence.

Mon cousin, je ne risque rien à vous montrer Claire telle qu'elle est; dans aucun moment elle ne perdra à se laisser voir en entier, et il n'est point de faiblesse que ses angéliques vertus ne rachètent. J'oserai donc tout vous dire : le mépris qu'elle concevra pour Frédéric pourra lui arracher la vie, mais le devoir seul peut lui ôter son amour; fiez-vous à lui pour y travailler, n'entreprenez ne veut davantage; si elle n'y réussit pas, nul n'aurait réussi, et du moins si tous les moyens échouent, réservez-vous la consolation de n'en avoir employé que de dignes d'elle.

Je ne lui écris point aujourd'hui; j'attends votre réponse pour lui parler de Frédéric.

Je ne connais donc enfin cet étonnant jeune homme; jamais Claire ne l'a point comme il m'a paru; c'est la tête d'Antinoüs sur le corps de l'Apollon, et le charme de sa figure n'est pas même effacé par le sombre désespoir empreint dans tous ses traits; il ne parle point, il répond à peine, enfin jusqu'au nom de Claire, rien ne l'arrache à son morne silence; les grandes blessures de l'âme et du corps ne saignent point au moment qu'elles sont faites, elles n'impriment pas sitôt leurs plus vives douleurs, et dans les violentes commotions, c'est le contre-coup qui tue.

La seule excuse de ce jeune homme, mon cousin, est dans l'excès même de sa passion; s'il n'en était pas tyrannisé au point de n'avoir

pas une idée qui ne fût pour elle, si les désirs que Claire lui inspire n'étouffaient pas jusqu'au sentiment de ce qu'il vous doit, s'il pouvait on l'aimant se ressouvenir de vous, ce ne serait plus un malheureux insensé, mais un monstre. Vous avez tort, je crois, de ne point permettre que Claire lui écrive, dans ce moment il ne peut entendre qu'elle; elle seule l'a fait partir, seule elle peut pénétrer dans son âme, lui rappeler ses devoirs et le faire rougir des torts affreux dont il s'est rendu coupable. Mon ami, je ne crains point de le dire, en interceptant toute communication entre ces deux êtres, vous les isolez sur la terre; aucune voix ne pourra ni les sauver ni les guérir, car nulle autre n'arrivera jusqu'à eux. Croyez-moi, pour un sentiment comme celui-là, il faut d'autres moyens que ceux qui réussissent à tout le monde; laissez-les défiler leur amour, en le rendant la base de toutes les vertus, peu à peu la vérité saura briser l'idole et se substituer à sa place.

Frédéric est arrivé hier, j'avais du monde chez moi, je me suis esquivée pour l'aller recevoir; je voulais qu'il ne parût point, qu'il restât dans son appartement, parce que je sais que dans les passions extrêmes, l'instinct dicte des cris, des mouvements et des gestes qui donnent un cours aux esprits et font diversion à la douleur; mais il s'est refusé à tous ces ménagements. « Non, m'a-t-il dit, au milieu du monde, comme ici, partout je suis seul; elle n'y est plus. » Il est descendu avec moi; son regard avait quelque chose de si sinistre, que je n'ai pu m'empêcher de frémir en lui voyant manier des pistolets qu'il sortait de la voiture; il a deviné ma pensée. Ne craignez rien, m'a-t-il dit avec un sourire affreux, je lui ai promis de n'en pas faire usage. Le reste de la soirée il a paru assez tranquille, cependant je ne le perdais pas de vue; tout-à-coup je me suis aperçue qu'il pâlissait, sa tête a fléchi, et en un instant, il a été couvert de sang; des artères, comprimées par la violence de la douleur, s'étaient brisées dans sa poitrine. J'ai fait appeler des secours, et d'après ce qu'on m'a dit, il est possible que cette crise de la nature, en l'affaiblissant beaucoup, contribue à le sauver; je réponds de lui si je peux l'amener à l'attendrissement; mais comment l'espérer, si un mot de Claire ne vient lui demander des larmes? car il ne peut plus en verser que pour elle.

Mon ami, en vous ouvrant tout mon cœur sur ce sujet, je vous ai donné la plus haute preuve d'estime qu'il soit possible de recevoir; de pareilles vérités ne pouvaient être entendues que par un homme assez grand pour se mettre au dessus de ses propres passions, afin de juger celles des autres; assez juste, pour ce que qu'il y a de plus vif dans l'intérêt personnel ne dénature pas son jugement; assez bon, pour que le mal dont il souffre n'endurcisse pas son cœur contre ceux qui le lui causent, et il n'appartenait qu'à l'époux de Claire d'être cet homme-là.

ÉLISE A M. D'ALBE.

Je gémis de votre erreur, et je m'y soumets; puissiez-vous ne vous repentir jamais d'avoir assez peu apprécié votre femme, pour croire que ce qui pouvait être bon pour une autre pouvait lui convenir. J'ai éprouvé une répugnance extrême à la vérité à vous nuire, c'est la première fois que cela m'arrive, mon cœur me dit que c'est mal, et il ne m'a jamais trompée. Croyez néanmoins que je sens toute la force de vos raisons, et que je n'ignore pas combien il est dangereux pour Claire, de lui laisser croire qu'aimer Frédéric, c'est aimer la vertu. Ce coloris pernicieux dont la passion embellit le vice, est assurément le plus subtil des poisons, car il sait s'insinuer dans les âmes honnêtes, mettre la sensibilité de son parti, et intéresser à tous ses égarements. Je m'indigne comme vous du pouvoir de l'imagination qui, à l'aide de sophismes adroits et touchants, nous fait pardonner des choses qui feraient horreur en en les dépouillant de leur voile. Ainsi ne croyez pas que si je voyais Claire chercher des illusions pour couvrir ses torts, ma lâche complaisance autorisât son erreur; mais l'infortunée a senti toute l'étendue de sa faute, et son âme gémit écrasée sous le poids. Ah! que pouvons-nous lui dire dont elle ne soit pénétrée? Qui peut la voir plus coupable qu'elle ne se voit elle-même? Accablée de vos bontés et de votre indulgence, tourmentée du remords affreux d'avoir empoisonné vos jours, elle voit avec horreur ce que je puis dans son âme, et tremble que vous n'y pénétriez; et ne croyez pas que cet effroi soit causé par la crainte de votre indignation; non, elle ne redoute que votre douleur. Si elle ne pensait qu'à elle, elle parlerait, il lui serait doux d'être punie comme elle croit le mériter, et les reproches d'un époux l'aviliraient moins à son gré que l'indulgence dont elle ne se sent pas digne; mais elle croit ne pouvoir effacer sa faiblesse qu'en l'expiant, ni s'acquitter avec la justice, qu'en portant seule toute le poids des maux qu'elle vous a faits.

Sa dernière lettre me dit qu'elle commence à soupçonner fortement que vous êtes instruit de tout ce qui se passe dans son cœur; mais elle ne rompra le silence que quand elle en sera sûre. Croyez-moi, allez au devant de sa confiance, relevez son courage abattu; joignez à la délicatesse qui vous a fait attendre, pour le départ de Frédéric, qu'elle l'eût décidé elle-même, la générosité qui ne craint point de le montrer aussi intéressant qu'il l'est; qu'elle vous voie enfin si grand, si magnanime, que ce soit par vous qu'elle soit forcée d'attacher les yeux pour revenir à la vertu. Enfin, si les conseils de mon ardente amitié peuvent ébranler votre résolution, le seul artifice que vous vous permettrez avec Claire, sera de lui dire que je vous avais suggéré l'idée de la tromper, mais que l'opinion que vous avez d'elle vous a fait rejeter tout moyen petit et bas, que vous la jugez digne de tout entendre, comme vous l'êtes de tout savoir. En l'élevant ainsi, vous la forcez à ne pas déchoir sans se dégrader; en lui confiant toutes vos pensées, vous lui faites sentir qu'elle vous doit toutes les siennes, et pour vous les communiquer sans rougir, elle parviendra à les épurer. O mon cousin! quand nos intérêts sont semblables, pourquoi nos opinions le sont-elles si peu, et comment ne marche-t-on pas ensemble quand on tend au même but?

Vous trouverez ci-joint la lettre que j'écris à Claire, et où je lui parle de Frédéric sous des couleurs si étrangères à la vérité. Depuis son accident il n'a pas quitté le lit; au moindre mouvement le vaisseau se rouvre: une simple sensation produit cet effet. Hier, j'étais près de son lit, on m'apporte mes lettres, il distingue l'écriture de Claire. A cette vue il jette un cri perçant, s'élance et saisit le papier; il la porte sur son cœur, en un instant il est couvert de sang et de larmes. Une faiblesse longue et effrayante succède à cette violente agitation. Je veux profiter de cet instant pour lui ôter le fatal papier; mais, par une sorte de convulsion nerveuse, il le tient fortement collé sur son sein; alors j'ai vu qu'il fallait attendre, pour le ravoir, que la connaissance lui fût revenue. En effet, en reprenant ses sens, sa première pensée a été de me le rendre en silence sans rien demander, mais en retenant ma main comme ne pouvant s'en détacher, avec un regard! Mon cousin, qui n'a pas vu Frédéric, ne peut avoir l'idée de ce qu'est l'expression; tous ses traits parlent; ses yeux sont vivants d'éloquence, et si la vertu elle-même descendait du ciel, elle ne le verrait point avec la même émotion; et c'est auprès d'une femme belle et sensible que vous l'avez placé, au milieu d'une nature dont l'attrait parle au cœur, à l'imagination, aux sens, c'est là que vous les laissez tête à tête, sans moyens d'échapper à eux-mêmes. Quand tout tendait à les rapprocher, pouvaient-ils y rester impunément? Il eût été beau de le pouvoir, il était insensé de le risquer, et vous deviez songer que toute force employée à combattre la nature succombe tôt ou tard. Dans une pareille situation, il n'y avait qu'une femme supérieure à tout son sexe, qu'une Claire, enfin qui pût rester honnête; mais, pour n'être pas sensible, ô mon imprudent ami, il fallait être un ange.

En vous engageant à n'user d'aucune réserve avec Claire, je ne vous peins que les avantages qui doivent résulter de la franchise : mais qui peut nombrer les terribles inconvénients de la dissimulation, s'ils viennent à la découverte? et c'est ce qui arrivera infailliblement, quels que soient les moyens que nous emploierons pour les tromper; deux cœurs, animés d'une semblable passion, ont un instinct plus sûr que notre adresse; ils parlent un autre univers; ils parlent un autre langage; sans se voir ils s'entendent, sans se communiquer ils se devineront; ils se donneront et ne nous croiront pas. Prenez garde de mettre la vérité de leur parti, et de les approcher en leur faisant sentir que, hors eux, tout les trompe autour d'eux; prenez garde enfin d'avoir un tort avec Claire, ce n'est pas qu'elle s'en prévalût, elle n'en a pas le droit, et ne peut en avoir la volonté; mais ce n'est qu'un excitant dans son âme tout ce que la reconnaissance de plus vif, et l'admiration de plus grand, que vous pouvez la ramener à vous, et l'arracher à l'ascendant qui l'entraîne.

CLAIRE A ÉLISE.

L'univers entier me l'eût dit, j'aurais démenti l'univers ! Mais toi, Élise, tu ne me tromperais pas, et, quelque changée que je sois, je n'ai pas appris encore à douter de mon amie. — Frédéric n'est point ce qu'il me paraissait être; ardent et impétueux dans ses sensations, il est léger et changeant dans ses sentiments; on peut captiver son imagination, émouvoir ses sens, mais on ne peut pénétrer son cœur. C'est ainsi que tu l'as jugé, c'est ainsi que tu l'as vu; c'est Élise qui le dit, c'est de Frédéric qu'elle parle! O mortelle angoisse! si ce sentiment profond, indestructible, qui me crie qu'il est toujours vertueux et fidèle, qu'on me trompe et qu'on le calomnie; si ce sentiment, qui est devenu l'unique substance de mon âme, est réel, c'est donc toi qui me trahis? Toi, Élise! quel horrible blasphème! toi, ma sœur, ma compagne, mon amie, tu aurais cessé d'être vraie avec moi? Non, non; en vain je m'efforce à le penser, en vain je voudrais justifier Frédéric aux dépens de l'amitié même; la vertu outragée étouffe la voix de mon cœur, et m'empêche de douter d'Élise. Ce mot terrible que tu as dit a retenti dans tout mon être; chaque partie de moi-même est en proie à la douleur, et semble se multiplier pour souffrir; je ne sais où porter mes pas, ni où reposer ma tête; ce mot terrible me poursuit, il est partout, il a séché mon âme et renversé toutes mes espérances.

Hélas! depuis quelques jours ma passion ne m'effrayait plus; pour sauver Frédéric, je me sentais le courage d'en guérir. Déjà, dans un lointain avenir, j'entrevoyais le calme succéder à l'orage; déjà je formais des plans secrets pour une union qui, en le rendant heureux, lui aurait permis de se réunir à nous; notre pure amitié embellissait la vie de mon époux, et nos tendres soins effaçaient la peine passagère que nous lui avions causée. Combien j'avais de courage pour un pareil but! nul effort ne m'eût coûté pour l'atteindre, chacun devait me rapprocher de Frédéric! Mais quand il a cessé d'aimer, quand Frédéric est faux et frivole, qu'ai-je besoin de me surmonter? ma tendresse n'est-elle pas évanouie avec l'erreur qui l'avait fait naître? et que doit-il me rester d'elle, qu'un profond et douloureux repentir de l'avoir éprouvée? O mon Elise, tu ne peux savoir combien il est affreux d'être un objet de mépris pour soi-même! Quand je voyais dans Frédéric la plus parfaite des créatures, je pouvais estimer une âme qui n'avait failli que pour lui; mais quand je considère pour qui je fus coupable, pour qui j'offensais mon époux, je me sens à un tel degré de bassesse, que j'ai cessé d'espérer de pouvoir remonter à la vertu.

Elise, je renonce à Frédéric, à toi, au monde entier; ne m'écris plus, je ne me sens plus digne de communiquer avec toi; je ne veux plus faire rougir ton front de ce nom d'amie que je te donne ici pour la dernière fois; laisse-moi seule; l'univers et tout ce qui l'habite n'est plus rien pour moi : pleure ta Claire, elle a cessé d'exister.

CLAIRE A ÉLISE.

Hélas! mon Élise! tu as été bien prompte à m'obéir, et il t'en a peu coûté de renoncer à ton amie! ton silence ne me dit que trop combien ce nom n'est plus fait pour moi; et cependant, tout en étant indigne de le porter, mon âme, déchirée, le chérit encore, et ne peut se résoudre à y renoncer. Il est donc vrai, Elise, toi aussi, tu as cessé de m'aimer? La misérable Claire se verra donc mourir dans le cœur de tout ce qui lui fut cher, et exhalera sa vie sans obtenir un regret ni une larme! Elle, qui se voyait naguère heureuse mère, sage épouse, aimée, honorée de tout ce qui l'entourait, n'ayant point une pensée dont elle pût rougir, satisfaite du passé, tranquille sur l'avenir, la voilà maintenant méprisée par son amie, baissant un front humilié devant son époux, n'osant soutenir les regards de personne : la honte la suit, l'environne, il semble que, comme un cercle redoutable, elle la sépare du reste du monde, et se place entre tous les êtres et elle. O tourments que je ne puis dépeindre! quand je veux fuir, quand je veux détourner mes regards de moi-même, le remords, comme la griffe du tigre, s'enfonce dans mon cœur et déchire ses blessures; oui, il faut succomber sous de si amères douleurs, celui qui aurait la force de les soutenir ne les sentirait pas; mon sang se glace, mes yeux se ferment, et, dans l'accablement où je suis, j'ignore ce qui me reste à faire pour mourir... Mais, Élise, si mon trépas expie ma faute, et que ta sagesse daigne s'attendrir sur ma mémoire, souviens-toi de ma fille, c'est pour elle que je t'implore : que l'image de celle qui lui donna la vie ne la prive pas de ton affection; recueille-la dans ton sein, et ne lui parle de sa mère que pour lui dire que mon dernier soupir fut un regret de n'avoir pu vivre pour elle.

CLAIRE A ÉLISE.

Pardonne, ô mon unique consolation! mon amie, mon refuge, pardonne si j'ai pu douter de ta tendresse! Je t'ai jugée non sur ce que tu es, mais sur ce que je méritais; je te trouvais juste dans ta sévérité, comme tu me parais à présent aveugle dans ton indulgence. Non, mon amie, celle qui a porté le trouble dans la maison et la défiance dans l'âme de son époux, ne mérite plus le nom de vertueuse, et tu ne me nommes ainsi que parce que tu me vois dans ton cœur.

Malgré tes conseils, je n'ai point parlé avec confiance à mon mari; je l'aurais désiré, et plus d'une fois je lui ai donné occasion d'entamer ce sujet, mais il a toujours paru l'éloigner; sans doute il rougirait de m'entendre; je dois lui épargner la honte d'un pareil aveu, et je sens que son silence me prescrit de guérir sans me plaindre. Elise, tu peux me croire, le règne de l'amour est passé; mais le coup qu'il m'a porté a frappé trop violemment sur mon cœur, je n'en guérirai pas; il est des douleurs que le temps peut user; en me résigne à celles émanées du ciel; on courbe sa tête sous les décrets éternels, et le reproche s'éteint quand il n'est adressé à Dieu. Mais ici tout conspire à rendre ma peine plus cuisante, je ne peux m'accuser personne, tous les maux qu'elle cause refoulent vers mon cœur, car c'est là qu'en est la source... Cependant je suis calme, car il n'y a plus d'agitation pour celui qui a tout perdu. Néanmoins je vois avec plaisir que M. d'Albe est content de l'espèce de tranquillité dont il me voit jouir. Il a saisi cet instant pour me parler de la lettre où tu lui apprends la réunion imprévue d'Adèle et de Frédéric; pourquoi donc m'en faire un mystère, Elise? Si cette charmante personne parvient à le fixer, crains-tu que je m'en afflige, crois-tu que je le blâme? Non, mon amie, je pense au contraire que Frédéric a senti que quand l'attachement était un crime, l'inconstance devenait une vertu, et il remplit, en m'oubliant, un devoir que l'honneur et la reconnaissance lui imposaient également; c'est ce que j'ai fait entendre à M. d'Albe, lorsqu'il est entré dans les détails de ce que tu lui écrivais : j'ai vu s'adoucir jusqu'à moi sa réponse; son approbation m'a ranimée, et l'image de son bonheur m'est si douce, que j'en remplirais encore tout mon avenir si je ne sentais pas mes forces s'épuiser, et la coupe de la vie se retirer de moi.

CLAIRE A ÉLISE.

Non, mon amie, je ne suis pas malade, je ne suis pas triste non plus; mes journées se déroulent et se remplissent comme autrefois : à l'extérieur je suis presque la même, mais l'extrême faiblesse de mon corps et de mes esprits, le profond dégoût qui flétrit mon âme, m'apprennent qu'il est des chagrins auxquels on ne résiste pas. La vertu fut ma première idole, l'amour la détruisit, il s'est détruit à son tour, et me laisse seule au monde : il faut mourir avec lui. Ah! mon Elise! je souffre bien moins du changement de Frédéric, que de l'avoir si mal jugé : tu ne peux comprendre jusqu'où allait ma confiance en lui; enfin, te le dirai-je? il a été un moment où j'ai pensé que tu étais d'accord avec mon époux pour me tromper, et vous vous réunissiez pour me peindre sous des couleurs infidèles et odieuses, l'infortuné qui expirait de mon absence; il me semblait voir ce malheureux que j'avais envoyé vers toi pour reposer sa douleur sur ton sein, abusé par tes fausses larmes, confiant entre tes bras, tandis que tu le trahissais auprès de ton amie; enfin mon criminel amour, répandant son venin sur tes lettres et sur les discours de mon époux, m'y faisait trouver des signes nombreux de fausseté. Elise, conçois-tu ce qu'est une passion qui a pu me faire douter de toi? Ah! sans doute, c'est là son plus grand forfait!

Mon amie, le coup qui me tue est d'avoir été trompée sur Frédéric; je croyais le bien le connaître! il me semblait que mon existence eût commencé avec la sienne, et que nos deux âmes, confondues ensemble, s'étaient identifiées par tous les points. On se console d'une erreur de l'esprit, et non d'un égarement du cœur : le mien m'a trop mal guidé pour que j'ose y compter encore, et je dois voir avec inquiétude jusqu'aux mouvements qui le portent vers toi. O Frédéric! mon estime pour toi fut de l'idolâtrie; en me forçant à y renoncer, tu ébranles mon opinion sur la vertu même; le monde ne me paraît plus qu'une vaste solitude, et les appuis que j'y trouvais, que des ombres vaines qui échappent sous ma main. Elise, tu peux me parler de Frédéric; Frédéric ne peut celui que j'aimais : semblable au païen qui rend un culte à l'idole qu'il a créée, j'adorais en Frédéric l'ouvrage de mon imagination; la vérité ou Elise ont déchiré le voile, Frédéric n'est plus rien pour moi; mais comme je peux tout entendre avec indifférence, de même je peux tout ignorer sans peine, et peut-être devrais-je vouloir que tu continues à garder le silence, afin de pouvoir consacrer entièrement mes dernières pensées à mon époux et à mes enfants.

CLAIRE A ÉLISE.

Je n'en suis plus, la langueur m'accable, l'ennui me dévore, le dégoût m'empoisonne; je souffre sans pouvoir dire le remède; le passé et l'avenir, la vérité et les chimères ne me présentent plus rien d'agréable; je suis importune à moi-même; je voudrais me fuir et je ne puis me quitter; rien ne me distrait, les plaisirs ont perdu leur piquant, et les devoirs leur importance. Je suis mal partout : si je marche, la fatigue me force à m'asseoir; quand je repose, l'agitation m'oblige à marcher. Mon cœur n'a pas assez de place, il étouffe, il palpite violemment; je veux respirer, et de longs et profonds soupirs s'échappent de ma poitrine. Où est donc la verdure des arbres? Les oiseaux ne chantent plus. L'eau murmure-t-elle encore? Où est la fraîcheur? où est l'air? Un feu brûlant court dans mes veines et me consume; des larmes rares et amères mouillent mes yeux et ne me soulagent pas. Que faire? Où porter mes pas? Pourquoi rester ici? Pourquoi aller ailleurs? J'irai lentement errer dans la campagne, choisissant les lieux écartés, j'y recueillerai quelques fleurs sauvages et desséchées comme moi, quelques soucis, emblèmes de ma tristesse : je n'y mêlerai aucun feuillage, la verdure est morte dans la nature, comme l'espérance dans mon cœur. Dieu! que l'existence me pèse! l'amitié l'embellissait jadis, tous les jours étaient sereins; une volupteuse mélancolie m'attirait sous l'ombre des bois, j'y jouissais du repos et du charme de la nature; mes enfants! je pensais à vous alors, je n'y pense plus maintenant que pour être importunée de vos jeux, et tyrannisée par l'obligation de vous rendre des soins. Je voudrais

vous ôter d'auprès de moi, je voudrais en ôter tout le monde, je voudrais m'en ôter moi-même... Lorsque le jour paraît, je sens mon mal redoubler. Que d'instants comptés par la douleur ! Le soleil se lève, brille sur toute la nature et la ranime de ses feux ; moi seule, importunée de son éclat, il m'est odieux et me flétrit : semblable au fruit qu'un insecte dévore au cœur, je porte un mal invisible... et pourtant de vives et rapides émotions viennent souvent frapper mes sens ; je me sens frissonner dans tout mon corps ; mes yeux se portent du même côté, s'attachent sur le même objet ; ce n'est qu'avec effort que je les en détourne. Mon âme, étonnée, cherche et ne trouve point ce qu'elle attend ; alors plus agitée, mais affaiblie par les impressions que j'ai reçues, je succombe tout-à-fait, ma tête penche, je fléchis, et dans mon morne abattement, je ne me débats plus contre le mal qui me tue.

ÉLISE A M. D'ALBE.

Votre lettre m'a rassurée, mon cousin, j'en avais besoin, et je me féliciterais bien plus des changements que vous avez observés chez Claire, si je ne craignais qu'abusé par votre tendresse, vous ne prissiez l'affaissement total des organes pour la tranquillité, et la mort de l'âme pour la résignation.

Je ne m'étonne point de ce que vous inspire la conduite de Claire ; je reconnais là cette femme dont chaque pensée était une vertu, et chaque mouvement un exemple. Son cœur a besoin de vous dédommager de ce qu'il a donné involontairement à un autre, et elle ne peut être en paix avec elle-même qu'en vous consacrant tout ce qui lui reste de force et de vie ; vous êtes touché de sa constante attention envers vous, de l'expression tendre dont elle l'anime ; vous êtes surpris des soins continuels de son active bienfaisance envers tout ce qui l'entoure. Eh ! mon cousin, ignorez-vous que le cœur de Claire fut créé dans un jour de fête, qu'il s'échappa parfait des mains de la nature, que son essence étant la bonté, elle ne peut cesser de faire le bien qu'en cessant de vivre ?

Je ne vous peindrai point le mal que m'ont fait ses lettres ; je rejette avec effroi cette confiance sans bornes qui, lui faisant étouffer jusqu'à l'instinct de son cœur, me rend responsable de sa vie ; elle se reproche, comme un forfait, d'avoir pu douter de son époux et de son amie, et se forfait, il faut le dire, c'est nous qui l'avons commis, car c'en est de tromper une femme comme elle ; ses torts furent involontaires ; les nôtres sont calculés ; elle repousse avec horreur, nous persistons dans les nôtres de sang-froid. Animée par un motif sublime, elle s'est résolue à taire la vérité. Nous ! nous l'avons souillée de méprisables détours, sans avoir même la certitude de réussir ; cependant je ne me reproche rien, et la vie de Claire, dût-elle être le prix de l'exécution de vos volontés, en m'y soumettant, en la sacrifiant elle-même au moindre de vos désirs, je remplis son vœu, je ne fais que ce qu'elle m'eût prescrit, que ce qu'elle ferait elle-même avec transport.

Ne pensez pas pourtant que je fusse d'avis de changer de plan ; non, à présent il faut le suivre jusqu'au bout, et il n'est plus temps de reculer, une nouvelle secousse l'épuiserait ; mais n'attendez pas que je persiste à lui donner des détails imaginaires sur l'état de Frédéric, non, elle-même ayant senti que la raison nous engageait à n'en parler jamais, je me bornerai à garder un silence absolu sur ce sujet.

Depuis que Frédéric commence à se lever, il m'a conjuré de lui donner le détail de mes affaires ; je l'ai fait avec empressement, dans l'espérance de le distraire ; il les a saisies avec intelligence, et les suit avec opiniâtreté : comment s'en étonner ? Claire lui ordonna le travail.

Il a reçu hier votre lettre, celle où, sans lui parler directement de votre femme, vous la peignez à chaque page, gaie et tranquille. J'ignore l'effet que ces nouvelles ont produit sur lui, il ne m'en a rien dit, j'observe seulement que son regard est plus sombre et son silence plus absolu ; il concentre toutes ses sensations en lui-même, rien ne perce, rien ne l'atteint, rien ne le touche. Ce matin, tandis qu'il travaillait auprès de moi, pour le tirer de sa morne stupeur, j'ai sorti le portrait de Claire de mon sein et l'ai posé auprès de lui : son premier mouvement a été de me regarder avec surprise comme pour me demander ce que cela signifiait ; et puis, reporta ses yeux sur l'objet qui lui était offert, il l'a contemplé longtemps ; enfin, me le remettant avec froideur : « Ce n'est pas elle, » m'a-t-il dit, puis il s'est tû et s'est remis à l'ouvrage. Quelques heures se sont passées dans un mutuel silence ; il ne me questionne que sur mes affaires ; si je l'interroge sur tout autre sujet que Claire, il n'a pas l'air de m'entendre, ou bien il me répond par un signe ou un monosyllabe ; j'écarte avec grand soin toute conversation tendante à une entière confiance, car je ne me sentirais pas la force de continuer à le tromper. A chaque instant la pitié m'entraîne à lui ouvrir mon cœur ; je le vois dans qui s'accroît de jour en jour, et mon courage n'est pas à l'épreuve de sa douleur : je n'ai pourtant rien dit encore ; mais il ne faut peut-être qu'un mot de sa part, qu'un instant d'épanchement pour m'arracher votre secret. Ah ! mon cousin ! pardonnez mon incertitude ; mais voir souffrir un malheureux, pouvoir le soulager d'un mot et se taire, c'est un effort auquel je ne peux pas espérer d'atteindre. Puis-je même le désirer ? Voudrais-je étouffer dans mon âme cet ascendant qui nous pousse à adoucir les maux d'autrui ? Ah ! si c'est là une faiblesse, je ne sais quel courage la vaudrait ! Il y a une heure que j'étais chez Frédéric ; les cris de ma fille m'ayant forcée à sortir avec précipitation, j'ai oublié sur ma cheminée une lettre de Claire que je venais de recevoir. L'idée que Frédéric pouvait la lire m'a fait frémir, je suis remontée comme un éclair, il la tenait dans sa main. « Frédéric, qu'avez-vous fait ? Me suis-je écriée. — Rien qu'elle ne m'eût permis, m'a-t-il répondu. — Vous n'avez donc pas lu cette lettre ? ai-je repris. — Non, elle m'aurait méprisé, m'a-t-il dit, en me la remettant. J'ai voulu louer sa discrétion, sa délicatesse ; il m'a interrompue. « Non, Elise, vous vous méprenez ; je n'ai plus ni délicatesse, ni vertu ; je n'agis, ne sens et n'existe plus que par elle, et peut-être eussé-je lu ce papier si la crainte de lui déplaire ne m'eût arrêté. » En finissant cette phrase, il est retombé dans son immobilité accoutumée. Que ne donnerais-je pas pour qu'il exhalât ses transports, pour l'entendre pousser des cris aigus, pour le voir se livrer à un désespoir forcené ! combien cet état serait moins effrayant que celui où il est ! Concentrant dans son sein toutes les furies de l'enfer, elles le déchirent par cent forces diverses, et ces blessures qu'il renferme, s'aigrissent, s'enveniment sur son cœur, et portent dans tout son être des germes de destruction. L'infortuné mérite votre pitié, et quelle que fût son ingratitude envers vous, son supplice l'expie et l'emporte sur elle.

CLAIRE A ÉLISE.

Elise, je crois que le ciel a béni mes efforts, et qu'il n'a pas voulu me retirer du monde avant de m'avoir rendue à moi-même ; depuis quelques jours un calme salutaire s'insinue dans mes veines, je souris avec satisfaction à mes devoirs ; la vue de mon mari ne me trouble plus, et je partage le contentement qu'il éprouve à se trouver près de moi, je vois qu'il me sait gré de toute la tendresse que je lui montre, et qu'il en distingue bien toute la sincérité. Son indulgence m'encourage, ses éloges me relèvent, et je me crois plus méprisable quand je vois qu'il m'estime encore ; mais à mesure que mon âme se fortifie, mon corps s'affaiblit. Je voudrais vivre pour mon digne époux, c'est là le vœu que j'adresse au ciel tous les jours, c'est là le seul prix dont je pourrais racheter ma faute ; mais il faut renoncer à cet espoir. La mort est dans mon sein, Elise, je le sens qui me mine, et ses progrès, lents et continus, m'approchent insensiblement de ma tombe. O mon excellente amie ! ne pleure pas sur mon trépas, mais sur la cause qui me le donne ; s'il m'eût été permis de sacrifier ma vie pour mon époux, mes enfants ou mon amie, ma mort aurait fait mon bonheur et ma gloire ; mais périr victime de la perfidie d'un homme, mais mourir de la main de Frédéric !... O Frédéric ! ô souvenir mille fois trop cher ! Hélas ! ce nom fut jadis pour moi l'image de la plus noble candeur ; à ce nom se rattachaient toutes les idées du beau et du grand ; lui seul me paraissait exempt de cette contagion funeste que la fausseté a soufflée sur l'univers ; lui seul me présentait ce modèle de perfection dont j'avais souvent nourri mes rêveries, et c'est de cette hauteur où l'amour l'avait élevé qu'il tombe... Frédéric, il est impossible d'oublier si vite l'amour dont tu prétendais être atteint ; tu as donc feint de le sentir ? L'artifice d'un homme ordinaire ne paraît qu'une faute commune, mais Frédéric artificieux est un monstre : la distance de ce que tu es à ce que tu feignais d'être est immense, et il n'y a point de crime pareil au tien. Mon plus grand tourment est bien moins de renoncer à toi que d'être forcée à te mépriser, et la bassesse était le seul coup que je ne pouvais supporter.

Mon amie, cette lettre-ci est la dernière où je te parlerai de lui ; désormais mes pensées vont se porter sur de plus dignes objets ; le seul moyen d'obtenir la miséricorde céleste est sans doute d'employer le reste de ma vie au bonheur de ce qui m'entoure : je visite mon hospice tous les jours ; je vois avec plaisir que ma longue absence n'a point interrompu l'ordre que j'y avais établi. Je léguerai à mon Elise le soin de l'entretenir ; c'est d'elle que ma Laure apprendra à y veiller à ma place : puisse cette fille chérie se former auprès de toi à toutes les vertus qui manquèrent à sa mère ! parle-lui de mes torts, surtout de mon repentir ; dis-lui que si je lui apprends que j'aurais vécu paisible et honorée, et que je t'aurais valu peut-être. Que ces tendres soins dédommagent mon vieux père de tout le mal que je lui causai ; et, pour payer tout ce qu'il tiendra de toi, puisse-t-elle t'aimer comme Claire !... Adieu, mon cœur se déchire à l'aspect de tout ce que j'aime ; c'est au moment de quitter des objets si chers, que je sens combien ils m'attachent à la vie. Elise, tu consoleras mon digne époux, tu ne le laisseras pas isolé sur la terre, tu deviendras son amie, de même que la mère de mes enfants : ils n'auront pas perdu au change.

CLAIRE A ÉLISE.

Ne t'afflige point, mon amie, la douce paix que Dieu répand sur mes derniers jours m'est un garant de sa clémence; quelques instants encore et mon âme s'envolera vers l'éternité. Dans ce sanctuaire immortel, si j'ai à rougir d'un sentiment qui fut involontaire, peut-être l'aurai-je trop expié sur la terre pour en être punie dans le ciel. Chaque jour, prosternée devant la majesté suprême, j'admire sa puissance et j'implore sa bonté; elle enveloppe de sa bienfaisance tout ce qui respire, tout ce qui sent, tout ce qui souffre : c'est là le manteau dont les malheureux doivent réchauffer leurs cœurs... Mais, quand la nuit a laissé tomber son obscur rideau, je crois voir l'ombre du bras de l'Éternel étendu vers moi; dans ces instants d'un calme parfait, l'âme s'élance vers le ciel et correspond avec Dieu, et la conscience, reprenant ses droits, pèse le passé et présent l'avenir. C'est alors que, jetant un coup d'œil sur ces jours engloutis par le temps, on se demande, non sans effroi, comment ils ont été employés, et, en faisant la revue de sa vie, on compte par ses actions les témoins qui déposeront bientôt pour ou contre soi. Quel calcul! qui osera le faire sans une profonde humilité, sans un repentir poignant de toutes les fautes auxquelles on fut entraîné? O Frédéric! comment supporteras-tu ces redoutables moments? Quand il se pourrait, qu'innocent d'artifice, tu aies cru sentir tout ce que tu m'exprimais, songe, malheureux, que pour t'absoudre de ton ingratitude envers ton père, il aurait fallu que le ciel lui-même eût allumé les feux dont tu prétendais brûler, et ceux-là ne s'éteignent point. Et toi, mon Élise, pardonne si le souvenir de Frédéric vient encore se mêler à mes dernières pensées; le silence absolu que tu gardes à ce sujet, me dit assez que je devrais l'imiter; mais, avant de quitter cette terre que Frédéric habite encore, permets-moi de lui adresser un dernier adieu, et de lui dire que je lui pardonne; s'il reste à cet infortuné quelques traits de ressemblance avec celui que j'aimais, l'idée d'avoir causé ma mort accélérera la sienne, et peut-être n'est-il pas éloigné l'instant qui doit nous réunir sous la voûte céleste. Ah! quand il ne fût seulement que je dois le revoir, serais-je donc coupable de souhaiter cet instant?

ÉLISE A M. D'ALBE.

Il est donc vrai, mon amie s'affaiblit et chancelle, et vous êtes inquiet sur son état! Ces évanouissements longs et fréquents sont un symptôme effrayant et un obstacle au désir que vous auriez de lui faire changer d'air? Ah! sans doute je volerai auprès d'elle, je confierai mes deux fils à Frédéric, c'est une chaîne dont je l'attacherai ici; je dissimule ma douleur devant lui, car s'il pouvait soupçonner le motif de mon voyage, s'il se doutait que tout ce que vous lui dites de Claire n'est qu'une ruse, s'il voyait ces terribles paroles que vous n'avez point tracées sans frémir, et que je n'ai pu lire sans désespoir, déjà les ombres de la mort couvrent son visage, aucune force humaine ne le retiendrait ici.

Non, mon ami, non, je ne vous fais pas de reproches, je n'en fais pas même à l'auteur de tous nos désastres. Dès qu'un être est atteint par le malheur, il devient sacré pour moi, et Frédéric est dans un état trop affreux pour que l'amertume de ma douleur vienne contre lui; mais mon âme est brisée de tristesse, et je n'ai point d'expressions pour ce que j'éprouve. Claire était le flambeau, la gloire, le délice de ma vie; si je la perds, tous les liens qui me restent me deviendront odieux; mes enfants, oui mes enfants eux-mêmes ne seront plus pour moi qu'une charge pesante; chaque jour, en les embrassant, je penserai que ce sont eux qui m'empêchent de la rejoindre; dans ma profonde douleur je rejette et leurs caresses, et les jouissances qu'ils me promettaient, et tous les nœuds qui m'attachent au monde; et mon âme désespérée déteste les plaisirs que Claire ne peut plus partager.

Ah! croyez-moi, laissez-lui remplir tous ses exercices de piété, ce ne sont point eux qui l'affaiblissent, au contraire, les âmes passionnées comme la sienne ont besoin d'aliment et cherchent toujours leurs ressources ou très loin ou très près d'elles, dans les idées religieuses ou dans les idées sensibles, et le vide terrible que l'amour y laisse ne peut être rempli que par Dieu même.

Annoncez-moi à Claire, je compte partir dans deux ou trois jours. Fiez-vous à ma foi, je saurai respecter votre volonté, ma parole et l'état de mon amie, et elle ignorera toujours que son époux, cessant un moment de l'apprécier, l'a traitée comme une femme ordinaire.

ÉLISE A M. D'ALBE.

O mon cousin! Frédéric est parti, et je suis sûre qu'il est allé chez vous, et je tremble que cette lettre, que je vous envoie par un exprès, n'arrive trop tard, et ne puisse empêcher les maux terribles qu'une explication entraînerait après elle..... Comment vous peindre la scène qui vient de se passer? Aujourd'hui, pour la première fois, Frédéric m'a accompagnée dans une maison étrangère; muet, taciturne, son regard ne fixait aucun objet, il semblait ne prendre part à rien de ce qui se faisait autour de lui, et répondait à peine quelques mots au hasard aux différentes questions qu'on lui adressait. Tout-à-coup un homme inconnu prononce le nom de madame d'Albe, il dit qu'il vient de chez elle, qu'elle est mal, mais très mal..... Frédéric jette sur moi un œil hagard et interrogatif, et voyant des larmes dans mes yeux, il ne doute plus de son malheur. Alors il s'approche de cet homme et le questionne. En vain je l'appelle, en vain je lui promets de lui tout dire, il me repousse avec violence en s'écriant : « Non, vous m'avez trompé, je ne vous crois plus. » L'homme qui venait de parler, et qui n'avait été chez vous que pour des affaires relatives à votre commerce, étourdi de l'effet inattendu de ce qu'il a dit, hésite à répondre aux questions pressantes de Frédéric. Cependant, effrayé de l'accent terrible de ce jeune homme, il n'ose résister ni à son ton ni à son air. « Ma foi, dit-il, madame d'Albe se meurt, et on assure que c'est à cause de l'infidélité d'un jeune homme qu'elle aimait, et que son mari a chassé de chez elle. »

À ces mots, Frédéric jette un cri perçant, renverse tout ce qui se trouve sur son passage, et s'élance hors de la chambre; je me précipite après lui, je l'appelle, c'est au nom de Claire que je le supplie de m'entendre, il n'écoute, il n'écoute rien : nulle force ne peut le retenir, il écrase tout ce qui s'oppose à sa fuite, je le perds de vue, je ne l'ai plus revu, et j'ignore ce qu'il est devenu; mais je ne doute point qu'il n'ait porté ses pas vers l'asile de Claire; je tremble qu'il ne le voie; la surprise, l'émotion épuiserait ses forces. O mon amie! puisse ma lettre arriver à temps pour prévenir un pareil malheur! L'insensé, dans son féroce délire, ne songe pas que son apparition subite peut tuer celle qu'il aime. Ah! s'il se peut, empêchez-les de se voir, repoussez-le de votre maison, qu'il le retrouve plus en vous ce père indulgent qui justifiait tous ses torts, faites tonner l'honneur outragé, accablez-le de votre indignation; que vous fait sa fureur, ses imprécations, sa douleur même? Songez que c'est lui qui est le meurtrier de Claire, que c'est lui qui a porté le trouble dans cette âme céleste, et qui a terni une réputation sans tache, car enfin, les discours de cet homme inconnu ne sont-ils pas l'écho fidèle de l'opinion publique? Ce monde barbare, odieux et injuste a déshonoré mon amie, sans égard pour ce qu'elle fut, il a jugé à la rigueur sur de trompeuses apparences, mais ne distingue pas la femme tendre et irréprochable, de la femme adultère. Eh! quand ma Claire retrouverait toutes ses forces contre l'amour, en aurait-elle contre la perte de l'estime publique? Celle qui la respecta toujours, qui la regardait comme la plus bel ornement de son sexe, pourrait-elle vivre après l'avoir perdue? Non, Claire, meurs, quitte une terre qui ne sut pas te connaître, et qui n'était pas digne de te porter; abreuvée de larmes et d'outrages, va demander au ciel le prix de tes douleurs, et que les anges, empressés auprès de toi, ouvrent leurs bras pour recevoir leur semblable.

Il était tard, la nuit commençait à s'étendre sur l'univers, Claire, faible et languissante, s'était fait conduire au bas de son jardin, sous l'ombre des peupliers qui couvrent l'urne de son père, et où sa piété consacra un hôtel à la divinité. Humblement prosternée sur le dernier degré, le cœur toujours dévoré de l'image de Frédéric, elle implorait la clémence du ciel pour un être si cher, et des forces pour l'oublier. Tout-à-coup un marche précipitée vient arracher à ses méditations, elle s'étonne qu'on vienne la troubler; et, tournant la tête, le premier objet qui la frappe, c'est Frédéric! Frédéric pâle, éperdu, couvert de sueur et de poussière. A cet aspect elle croit rêver, et reste immobile comme craignant de faire un mouvement qui lui arrache son erreur. Frédéric la voit et s'arrête, il contemple ce visage charmant qu'il avait laissé naguère brillant de fraîcheur et de jeunesse, il le retrouve flétri, abattu, ce n'est plus que l'ombre de Claire, et le sceau de la mort s'est déjà empreint dans tous ses traits; il veut parler et ne peut articuler un mot; la violence de la douleur a suspendu son être. Claire, toujours immobile, les bras étendus vers lui, laisse échapper le nom de Frédéric : à cette voix il retrouve la chaleur et la vie, et saisissant sa main décolorée : « Non, s'écrie-t-il, tu ne l'as pas cru que Frédéric ait cessé de t'aimer, non; le blasphème horrible, épouvantable, a été démenti par ton cœur. O ma Claire! en te quittant, en renonçant à toi pour jamais, en supportant la vie pour t'obéir, j'avais cru avoir épuisé la coupe amère de l'infortune; mais si tu as douté de ma foi, je n'en ai goûté que la moindre partie...... Parle donc, Claire, rassure-moi, romps ce silence mortel qui me glace d'effroi. » En disant ces mots, il la pressait sur son sein avec ardeur. Claire, le repoussant doucement, se lève, fixe les yeux sur lui, et le parcourant longtemps avec surprise : « O toi, dit-elle, qui me présente l'image de celui que j'ai tant aimé, toi, l'ombre de ce Frédéric dont j'avais fait mon dieu! dis, descends-tu de la céleste séjour pour m'apprendre que ma dernière heure approche? et es-tu l'ange destiné à me guider vers l'éternelle région? — Qu'ai-je entendu? lui répond Frédéric, est-ce toi qui me méconnais? Claire, ton cœur est-il donc changé comme tes traits, et reste-t-il insensible auprès de moi? — Quoi! il se pourrait que tu

sois toujours Frédéric! s'écrie-t-elle, mon Frédéric existerait encore? On me l'avait dit perdu, l'amitié m'aurait-elle donc trompée? — Oui, interrompit-il avec véhémence, une affreuse trahison me faisait paraître infidèle à tes yeux, et te peignait à moi gaie et paisible; on nous faisait mourir victimes l'un de l'autre, on voulait que nous nous enfonçassions mutuellement le poignard dans nos cœurs. Crois-moi, Claire, amitié, foi, honneur, tout est faux dans le monde; il n'y a de vrai que l'amour, il n'y a de réel que ce sentiment puissant et indestructible qui m'attache à ton être, et qui dans ce moment même te domine ainsi que moi : ne le combats plus, ô mon âme! livre-toi à ton amant, partage ses transports, et sur les bornes de la vie où nous touchons l'un et l'autre, goûtons, avant de la quitter, cette félicité suprême qui nous attend dans l'éternité. » Frédéric dit; et saisissait Claire, il la serre dans ses bras, il la couvre de baisers, il lui prodigue ses brûlantes caresses; l'infortunée, abattue par tant de sensations, palpitante, oppressée, à demi-vaincue par son cœur et par sa faiblesse, résiste encore, le repousse et s'écrie : « Malheureux! quand l'éternité va commencer pour moi, veux-tu que je paraisse déshonorée devant le tribunal de Dieu! Frédéric, c'est pour toi que je t'implore, la responsabilité de mon crime retombera sur ta tête. — Eh bien, je l'accepte, interrompit-il d'une voix terrible, il n'est aucun prix dont je ne veuille acheter la possession de Claire; qu'elle m'appartienne un instant sur la terre, et que le ciel m'écrase pendant l'éternité! L'amour a doublé les forces de Frédéric, l'amour et la maladie ont épuisé celles de Claire..... Elle n'est plus à elle, elle n'est plus à la vertu ; Frédéric est tout, Frédéric l'emporte..... Elle a goûté dans toute sa plénitude, cet éclair de délice qu'il n'appartient qu'à l'amour de sentir; elle l'a connue, cette jouissance délicieuse et unique, rare et divine comme le sentiment qui l'a créée; son âme, confondue dans celle de son amant, nage dans un torrent de volupté; il fallait mourir alors, mais Claire était coupable, et la punition l'attendait au réveil. Qu'il fut terrible! quel gouffre il présenta à celle qui vient de rêver le ciel! Elle a violé la foi conjugale! Elle a souillé le lit de son époux! La noble Claire n'est plus qu'une infâme adultère! Des années de vertu sans tache, des mois de combats et de victoires sont effacées par ce seul instant! Elle le voit, et n'a plus de larmes pour son malheur; le sentiment de son crime l'a dénaturée; ce n'est plus cette femme douce et tendre dont l'accent pénétrant maîtrisait l'âme des êtres sensibles, et en créait une aux indifférents; c'est une femme égarée, furieuse, qui ne peut se cacher sa perfidie et qui ne peut la supporter. Elle s'éloigne de Frédéric avec horreur, et levant ses mains tremblantes vers le ciel : « Eternelle justice! s'écrie-t-elle, s'il te reste quelque pitié pour la vile créature qui ose l'implorer encore, punis le lâche artisan de mon malheur; qu'errant, isolé dans le monde, il y soit toujours poursuivi par l'ignominie de Claire et les cris de son bienfaiteur. Et toi, homme perfide et cruel, contemple la victime, mais écoute les derniers cris de son cœur; il te hait ce cœur plus encore qu'il ne t'a aimé; ton approche le fait frémir, et ta vue est son plus grand supplice; éloigne-toi, va, ne me souille plus de tes indignes regards. » Frédéric, embrasé d'amour et dévoré de remords, veut fléchir son amante : prosterné à ses pieds, il l'implore, la conjure, elle n'écoute rien; le crime a anéanti l'amour, et la voix de Frédéric ne va plus à son cœur. Il fait un mouvement pour se rapprocher d'elle; effrayée, elle s'élance auprès de l'autel divin, et l'entourant de ses bras, elle dit : « Ta main sacrilège osera-t-elle m'atteindre jusqu'ici? Si ton âme basse et rampante n'a pas craint de profaner tout ce qu'il y a de saint sur la terre, respecte au moins le ciel, et que ton impiété ne vienne pas m'outrager jusque dans ce dernier asile. « C'est ici, ajouta-t-elle dans un transport prophétique, que je jure que cet instant où je te vois est le dernier où mes yeux s'ouvriront sur toi; si tu demeures encore, je saurai trouver une mort prompte, et que le ciel m'anéantisse à l'instant où tu oserais reparaître devant moi. »

Frédéric, terrassé par cette horrible imprécation, et frémissant que le moindre délai n'assassine son amante, s'éloigne avec impétuosité. Mais à peine est-il hors de sa vue, qu'il s'arrête; il ne peut sortir du bois épais qui les couvre, sans y avoir entendue encore une fois, et élevant la voix, il s'écrie : « O toi, que je ne dois plus revoir! toi qui, d'accord avec le ciel, viens de maudire l'infortuné qui t'adorait! toi qui, pour prix d'un amour sans exemple, le condamnes à un exil éternel! toi enfin dont la haine l'a proscrit de la surface du monde, ô Claire! avant que l'immensité nous sépare à jamais, avant que le néant soit entre nous deux, que j'entende encore ton accent, et au nom du tourment que j'endure, que ce soit un accent de pitié!... »
Il se tait, il ne respire pas, il étouffe les horribles battements de son cœur pour mieux écouter, il attend la voix de Claire..... Enfin ces mots faibles, tremblants, et qui percent à peine le repos universel de la nature, viennent frapper ses oreilles et calmer ses sens : Va, malheureux, je te pardonne.

L'indignation avait ranimé les forces de Claire, l'attendrissement les anéantit; subjuguée par l'ascendant de Frédéric, à l'instant où en lui pardonnant elle sentit qu'elle l'aimait encore, elle tomba sans mouvement sur les degrés de l'autel.

Cependant M. d'Albe qui n'avait point reçu la lettre d'Elise, et qui était sorti pour quelques heures, apprend à son retour que Frédéric a paru dans la maison; il frémit et demande sa femme; on lui dit qu'elle est allée, selon son usage, se recueillir près du tombeau de son père. Il dirige ses pas de ce côté; la lune éclaire faiblement les objets. Il appelle Claire, il ne répond point; sa première idée que c'est qu'elle a fui avec Frédéric; la seconde, plus juste, mais plus terrible encore, est qu'elle a cessé d'exister. Il se hâte d'arriver, enfin, à la lueur des rayons argentés qui percent à travers les tremblants peupliers, il aperçoit un objet... une robe blanche... il approche... c'est Claire étendue sur le marbre et aussi froide que lui. A cette vue, il jette des cris perçants; ses gens l'entendent et accourent. Ah! comment peindre la consternation universelle! Cette femme céleste n'est plus, cette maîtresse adorée, cet ange de bienfaisance n'est plus qu'une froide poussière! La désolation s'empare de tous les cœurs; cependant un mouvement a ranimé l'espérance; on se hâte, on la transporte, les secours volent de tous côtés. La nuit entière se passa dans l'incertitude, mais le lendemain une ombre de chaleur renaît, et ses yeux se rouvrent au jour, au moment même où Elise arrivait auprès d'elle.

Cette tendre amie avait suivi sa lettre de près, mais sa lettre n'était point arrivée; un mot de M. d'Albe l'instruit de tout, elle entre éperdue. Claire ne la méconnaît point; elle lui tend les bras, Elise se précipite, Claire la presse sur son cœur déjà atteint des glaces de la mort. Elle veut que l'amitié la ranime et lui rende la force d'exprimer ses dernières volontés : son œil mourant cherche son époux, sa voix éteinte l'appelle, elle prend sa main et l'unissant à celle de son amie, elle les regarde tous deux avec tristesse, et dit : « Le ciel n'a pas voulu que je meure innocente, l'infortunée que vous voyez devant vous s'est couverte du dernier opprobre; mes sens égarés m'ont trahie; en un ingrat, abusant de ma faiblesse, a brisé les nœuds sacrés qui m'attachaient à mon époux. Je ne demande point d'indulgence, ni lui ni moi n'avons droit d'y prétendre; il est des crimes que la passion n'excuse pas et que le pardon ne peut atteindre. » Elle se tait; en l'écoutant, l'âme d'Elise se ferme à toute espérance, elle est sûre que son amie ne lui survivra pas à sa honte.

M. d'Albe, consterné de ce qu'il entend, ne repousse pas néanmoins la main qui l'a trahi. « Claire, lui dit-il, votre faute est grande sans doute, mais il vous reste encore assez de vertus pour faire mon bonheur, et le seul tort que je ne vous pardonne pas, est de souhaiter une mort qui me laisserait seul au monde. » A ces mots, sa femme jette sur lui un regard attendri et reconnaissant : « Cher et respectable ami, lui dit-elle, croyez que je voudrais vivre, et que mourir indigne de vous est ce qui rend ma dernière heure si amère. Mais je sens que mes forces diminuent, éloignez-vous l'un et l'autre, j'ai besoin de me recueillir quelques moments, afin de vous parler encore. »

Elise ferme doucement le rideau et ne profère pas une parole; elle n'a rien à dire, rien à demander, rien à attendre; l'aveu de son amie lui a appris que tout était fini, que l'arrêt du sort était irrévocable, et que Claire était perdue pour elle.

M. d'Albe, qui la connaît moins, s'agite et se tourmente; plus heureux qu'Elise, il craint, car il espère; il s'étonne de la tranquillité de celle-ci, sa muette consternation lui paraît de la froideur, il le dit et s'en irrite. Elise, sans s'émouvoir de sa colère, se lève doucement et l'entraînant hors de la chambre : « Au nom de Dieu! lui dit-elle, ne troublez pas la solennité de ces moments par de vains secours qui ne la sauveront point, et calmez un emportement qui peut rompre le dernier fil qui la retient à la vie. Craignez qu'elle ne s'éteigne avant de nous avoir parlé de ses enfants; sans doute son dernier vœu sera pour eux; tel qu'il soit, fût-il du lui survivre, je jure de le remplir. Quant à son existence terrestre, elle est finie; elle a dû renoncer au jour; elle l'aime trop pour vouloir qu'elle vive, et je la connais trop pour pouvoir l'espérer. L'air imposant et assuré dont Elise accompagna ces mots, fut un coup de foudre pour M. d'Albe; il lui apprit que sa femme était morte.

Elise se rapprocha du lit de son amie : assise à son chevet, toujours immobile et silencieuse, il semblait qu'elle attendit le dernier souffle de Claire pour exhaler le sien.

Au bout de quelques heures, Claire étendit la main, et prenant celle d'Elise : « Je sens que je m'éteins, dit-elle, il faut nous hâter de parler; fais sortir tout le monde, et que M. d'Albe reste seul avec toi. » Elise fait un signe, chacun se retire; le malheureux époux s'avance sans avoir le courage de jeter les yeux sur celle qu'il va perdre, et se reproche intérieurement d'avoir peut-être causé sa mort en la trompant. Claire devine son repentir et croit que son amie le partage; elle se hâte de les rassurer. « Ne vous reprochez point, leur dit-elle, de m'avoir déguisé la vérité, votre motif fut bon, et ce moyen pouvait seul réussir; sans doute il m'eût guérie, si l'effrayante fatalité qui me poursuit n'eût renversé tous vos projets. » Elise ne répond rien, elle sait que Claire ne dit cela que pour calmer leur conscience agitée, et elle ne se justifie pas d'un tort qui retomberait en entier sur M. d'Albe; mais celui-ci s'accuse, il rend à Elise la justice qui lui est due, en apprenant à Claire qu'elle n'a cédé qu'à sa volonté. Elle se dédommage de sa droiture, un léger serrement de main que M. d'Albe n'aperçoit pas, la récompense sans le punir.

Claire reprend la parole. « O mon ami! dit-elle en regardant tendrement son mari, nul n'est ici coupable que moi; vous qui n'eûtes jamais de pensées que pour mon bonheur et que j'offensai avec tant d'ingratitude, est-ce à vous à vous repentir? » M. d'Albe prend la main de sa femme et la couvre de larmes; elle continue : « Ne pleurez point, mon ami, ce n'est pas à présent que vous me perdez; mais quand par une honteuse faiblesse, j'autorisai l'amour de Frédéric, quand par un raisonnement spécieux, je manquai de confiance en vous pour la première fois de ma vie, ce fut alors que cessant d'être moi-même, je cessai d'exister pour vous; dès l'instant où je m'écartai de mes principes, les anneaux sacrés qui les liaient ensemble se brisèrent et me laissèrent sans appui dans le vague de l'incertitude, alors la séduction s'empara de moi, fascina mes yeux, obscurcit le sacré flambeau de la vertu et s'insinua dans tous mes sens; au lieu de m'arracher à l'attrait qui m'entraînait, je l'excusai, et dès lors la chute devint inévitable. O toi, mon Elise! continuat-elle avec un accent plus élevé, toi qui vas devenir la mère de mes enfants, je ne te recommande point mon fils, il aura les exemples de son père; mais veille sur ma Laure, que son intérêt l'emporte sur ton amitié. Si quelques vertus honorèrent ma vie, dis-lui que ma faute les effaça toutes, en lui contant la cause de ma mort, garde-toi bien de l'excuser, car dès lors tu t'intéresserais à mon crime; qu'elle sache que ce qui m'a perdue, est d'avoir coloré le vice des charmes de la vertu; dis-lui bien que celui qui la déguise est plus coupable encore que celui qui la méconnaît; car en la faisant servir de voile à son hideux ennemi, on nous trompe, on nous égare, et on nous approche de lui quand nous croyons n'aimer qu'elle... Enfin, Elise, ajouta-t-elle en s'affaiblissant, répète souvent à ma Laure que si une main courageuse et sévère avait dépouillé le prestige dont j'entourais mon amour, et qu'on n'eût pas craint de me dire que celui qui composa ce que l'honneur l'a déjà perdu, et que jamais il n'y eut de nobles effets d'une cause vicieuse, alors, sans doute, j'eusse foulé aux pieds le sentiment dont j'expire aujourd'hui... » Ici Claire fut forcée de s'interrompre, en vain elle voulut achever sa pensée, ses idées se troublèrent et sa langue glacée ne put articuler que des mots entrecoupés. Au bout de quelques instants, elle demanda la bénédiction de son époux, en la recevant, un éclair de joie ranima ses yeux. « A présent, je meurs en paix, dit-elle, je peux paraître devant Dieu... Je vous offensai plus que lui, il ne sera pas plus sévère que vous. » Alors, jetant sur lui un dernier regard, et serrant la main de son amie, elle prononça le nom de Frédéric, soupira et mourut.

Quelques jours après, M. d'Albe reçut ce billet écrit par Elise et dicté par Claire.

CLAIRE A M. D'ALBE.

Je ne veux point faire rougir mon époux, en prononçant devant lui un nom qu'il déteste peut-être, mais pourra-t-il oublier que cet infortuné voulait fuir cet asile, et que mon ordre seul l'y a retenu; que dans notre situation mutuelle, ses devoirs étant moindres, ses torts le sont aussi, et que mon amour fut un crime quand le sien n'était qu'une faiblesse. Il est errant sur la terre, il a vos malheurs à se reprocher, il croira avoir causé ma mort, et son cœur est né pour aimer la vertu. O mon époux! mon digne époux! la pitié ne vous dit-elle rien pour lui, et n'obtiendra-t-il pas une miséricorde que vous ne m'avez pas refusée?

Pour remplir les dernières volontés de sa femme, M. d'Albe s'informa de Frédéric dans tous les environs, il fit faire les perquisitions les plus exactes dans le lieu de sa naissance; tout fut inutile, ses recherches furent infructueuses; jamais on n'a pu découvrir où il avait traîné sa déplorable existence, ni quand il l'avait terminée. Jamais nul être vivant n'a su ce qu'il était devenu. On dit seulement qu'aux funérailles de Claire, un homme inconnu, enveloppé d'une épaisse redingote et couvert d'un large chapeau, avait suivi le convoi dans un profond silence; qu'au moment où l'on avait posé le cercueil dans la terre, il avait tressailli, et s'était prosterné la face dans la poussière, et qu'aussitôt que la fosse avait été comblée, il s'était enfui impétueusement en s'écriant : — A présent je suis libre, tu n'y seras pas longtemps seule!

FIN DE CLAIRE D'ALBE.

LA VAPEUR.

Un vieillard et son fils, au haut d'une montagne,
D'un regard attentif plongent dans la campagne ;
Ils ont vu s'élancer vers des pays lointains,
Sur vingt chars attelés d'une locomotive,
La génération industrieuse, active,
Que la Vapeur convie à de meilleurs destins.

LE PÈRE.

Sur ce nouvel enfant de la science humaine
Eclairé mes esprits et mes yeux incertains.
Quel est ce noir coursier qui vole dans la plaine,
Et porte pour panache un blanc nuage au front ?
A saisir l'inconnu notre siècle si prompt
Ne l'accueille-t-il pas avec trop d'imprudence ?
Est-ce un don de l'Enfer ou de la Providence ?

LE FILS.

Ce coursier merveilleux, ce moteur tout-puissant,
Dont le fer est le corps, dont la vapeur est l'âme,
Que le chauffeur nourrit d'eau, de houille et de flamme,
Du sein de l'atelier s'échappe hennissant.
Où vont les aquilons, le cerf, l'aigle intrépide ?
Ils luttent de vitesse avec son vol rapide !
Vains efforts ! il dépasse, en ses fougueux élans,
Le cerf aux pieds légers, les oiseaux et les vents
Que des monts sourcilleux se dressent sur sa route,
Pour lui livrer passage ils entr'ouvrent leurs flancs ;
Dans le roc le plus dur il se creuse une voûte ;
Ni le fleuve écumeux, ni l'abîme béant,
Ne peuvent dans sa marche arrêter le géant ;
Des ponts, des viaducs à ses rails parallèles
Offrent subitement leurs arches fraternelles ;
Et que la grande mer lui dise : Halte-là !
Un bateau se présente, et répond : Me voilà !
Et, traçant un sillon de l'un à l'autre monde,
L'homme avec la Vapeur fend l'Océan qui gronde.
Qui sait? prenant, un jour, un vol audacieux,
Tous deux ils tenteront le voyage des cieux !
Jadis, c'était le temps des contes fantastiques,
L'enchanteur et la fée, aussi prompts que l'éclair,
A leur gré parcouraient les royaumes de l'air :
La Vapeur accomplit ces rêves poétiques.
C'est un agent si fort et si prodigieux,
Que Salomon de Caus, voulant à nos aïeux
En faire pressentir le résultat immense,
Fut accusé d'erreur, convaincu de démence.

Certain jour, dans un vase étroitement fermé,
L'onde bouillant au sein du foyer enflammé,
Dans sa prison de fer en vapeur se dilate ;
Avec un bruit de foudre enfin le vase éclate.
Salomon à la cause, en voyant les effets,
Remonte, et la Vapeur, et ce levier suprême,
Qui du bonheur humain résoudra le problème,
Lui dévoile à la fois sa force et ses bienfaits.
L'idée en son cerveau vient grandir et s'étendre ;
Du cardinal-ministre il veut se faire entendre ;
Mais, de la politique alors préoccupé,
Méditant des combats, ou, par malheur, peut-être
Par des savants jaloux le grand homme trompé,
Fit chasser l'importun... qui mourut à Bicêtre :
Tel fut souvent le sort du génie incompris.
Vous avez vu des prés, par le soleil flétris,
Ne donner aux troupeaux qu'un aliment stérile ;
Nul ruisseau généreux, nulle source fertile
Dans le sol altéré n'infiltrait leurs engrais.
Mais on y creuse enfin des canaux purs et frais ;
Et, riante, l'on voit la verdure renaître,
Et les bœufs bondissants y viennent se repaître.
Ainsi, dans les hameaux que n'ont point arrosés
Les abondantes eaux des bords civilisés,
Règnent la pauvreté, l'ignorance, l'envie.
Des artères de fer le réseau bienfaisant
Sur tous les points du sol, s'étendant, se croisant,
Dans le corps social fait circuler la vie.
Chaque cité devient un vaste réservoir
D'où coulent à longs flots et richesse et savoir.
Une communion de mœurs et de langage,
Des hommes, des produits les faciles transports,
Tous les peuples unis par d'incessants rapports,
D'une féconde paix n'est-ce pas là le gage ?
Frontières, ouvrez-vous ; barrières et remparts,
Tombez : c'est la Vapeur qui vient de toutes parts.
Est-il une contrée, à tout progrès rebelle,
Qui, refusant les fruits d'une moisson si belle,
Ne vienne prendre place à ce banquet promis,
Où tous sont appelés, où tous seront admis ?
Lorsque Napoléon, captif à Sainte-Hélène,
Vit le *Fulton* passer sur la liquide plaine,
Il fut pris d'un regret bien profond, bien amer,
De n'avoir pas compris l'élément dont la force
Lui pouvait assurer l'empire de la mer.
Mais Dieu ne voulait pas que l'aigle de la Corse,
Poursuivant jusqu'au bout son belliqueux transport,
De l'instrument de paix fît l'instrument de mort.

L'homme enfin revenant à sa fierté native,
Pour se faire obéir rend la Vapeur captive.
Docile, elle lui dit : Médite, j'agirai ;
Elle lui dit : Commande, et je te servirai.
Et l'homme, glorieux de sa noble conquête,
Renonce aux durs travaux et relève la tête.
Cent fois et mille fois, par ses soins importants,
Aussi bien que l'espace elle abrège le temps.
Décuplant, centuplant les puissances humaines,
On la voit dessécher les mines souterraines,
Dans l'usine agiter les sonores marteaux,
Lever, en se jouant, les plus rudes fardeaux ;
Puis on la voit, fileuse adroite et délicate,
Tisser l'or et la soie et tourner les fuseaux :
Tel le roi des forêts tient un rat sous sa patte,
Sans lui faire de mal, près du tigre abattu ;
Tel, après ses exploits, Hercule, revêtu
De la peau du lion, dépouille triomphale,
Amant doux et soumis, filait aux pieds d'Omphale.

LE PÈRE.

L'espérance t'abuse, ô mon fils ; la Vapeur,
De la fatalité c'est un présent trompeur.
Ce fléau que versa la boîte de Pandore,
Comme les dieux cruels, comme le Minotaure,
Dans sa rage implacable a soif du sang humain.
Il en voulut hier, il en voudra demain.
A ce monstre Lyon, Liverpool et Versailles
Ont payé leur tribut d'horribles funérailles.

LE FILS.

Le cheval, avant d'être et souple et familier,
Avant de supporter ou le mors ou la bride,
Au fond d'un noir ravin, dans quelque lande aride
Lança plus d'une fois le hardi cavalier.
Mais de l'homme, qu'enfin il reconnut pour maître,
Il fut le serviteur fidèle, obéissant.
A toute invention, c'est une loi peut-être,
Il faut payer sa dette et de pleurs et de sang.
Mais que dis-je, ô mon Dieu ! quelle erreur, quel blasphème !
Ah ! c'est l'homme lui seul, non ta bonté suprême.
Que de nos longs malheurs j'ai le droit d'accuser ;
Avec précaution nous devons tout oser.
Mon père, croyez-moi, la Vapeur, achetée
Par des deuils éternels, est à jamais domptée.

Oui, le génie est roi de la création.
N'écoutant qu'une noble et sainte ambition,
Il parcourt son domaine et soumet la matière ;
Il impose des lois à la nature entière ;
Tout obéit, tout cède à ses constants efforts.
La terre sous ses pas tressaille d'allégresse,
Et, se parant de fleurs, étalant sa richesse,
A son fils, à son maître elle ouvre ses trésors.
Dieu ne se voile plus de ses mystères sombres ;
A Prométhée absous il prête son flambeau ;
La Presse des esprits a dissipé les ombres ;
Chaque jour nous révèle un élément nouveau ;
Et la Vapeur enfin, reliant ces conquêtes,
Ramène l'âge d'or tant chéri des poètes.
D'un monde imaginaire empruntant les couleurs,
Longtemps la poésie a vécu de symboles,
De mensonges dorés, de mythes, d'hyperboles,
Ou, du monde réel étalant les malheurs,
Elle chanta la mort, soupira l'élégie,
Et, pour se consoler, se vautra dans l'orgie.
Barbe, n'exalte plus les combats destructeurs ;
Célèbre désormais, pacifique Tyrtée,
Les amours, les beaux-arts, les travaux créateurs ;
O nouvel Amphion, qu'à ta voix enchantée
Naissent des monuments utiles, glorieux ;
Poète, à la douleur que ton luth fasse trêve ;
La vérité bientôt remplacera le rêve,
Et la réalité sera le merveilleux.
A vous une couronne, à vous une statue,
O Salomon de Caus, Watt, Papin et Fulton !
De génération en génération
Votre nom grandissant vole et se perpétue.
Chacun de vous, sublime en sa témérité,
Osa de la Vapeur pénétrer le mystère :
Vos travaux seront chers à la postérité ;
Ils ont renouvelé la face de la terre.

LE PÈRE.

O mon fils, à mon cœur il est doux d'entrevoir
Ce riant avenir que je n'osais prévoir.
Je croyais des mortels la race infortunée
Dans l'exil et les pleurs à vivre condamnée.
Oui, le ciel apaisé nous rendra son amour.
Dans toute sa splendeur si je ne vois ce jour
Qui se lève sur vous, éclatant météore,
J'ai du moins le bonheur d'en saluer l'aurore.

FIN.

Pierre LACHAMBEAUDIE.

Paris. — Imprimerie de Lacour, rue St-Hyacinthe-St-Michel, 35.

LES VEILLÉES LITTÉRAIRES ILLUSTRÉES

J. BRY AINÉ, ÉDITEUR, 21, RUE DES MATHURINS SAINT-JACQUES

M^{elle} DE KÉROUARE, par Jules Sandeau.
LA FANFARLO, par Ch. Baudelaire.
LES VERTUS DU SIÈCLE, par L. Bongars.

20 CENTIMES LA LIVRAISON

Dessiné par Ed. Frère. — Gravé par Rouget.

PREMIÈRE PARTIE.

A six lieues de Nantes, non loin de Clisson, sur le bord de la Sèvre, s'élève à mi-côte, au milieu des bois, le château de Kérouare, un des plus poétiques débris qui couvrent à cette heure la terre de Bretagne. Incendiées par l'armée républicaine, après la bataille de Torfou, les habitations qui se groupaient autrefois au pied de la colline n'ont pas été relevées; le château seul est resté debout, pareil à un guerrier qui, ayant vu tomber autour de soi tous ses compagnons d'armes, cesse de combattre et attend gravement la mort. Cette demeure est inhabitée, mais depuis quelques années à peine, et il s'y est accompli tout récemment un drame touchant et simple.

Ce fut en 1815 que le comte de Kérouare rentra dans le domaine de ses pères. C'était un de ces vieux fidèles, dont la légitimité aura pour jamais emporté le type dans un pli de son linceul; race de preux avec laquelle menacent de s'éteindre en France la poésie du dévoûment et la religion du passé. Il rentra pauvre dans son château ruiné, sans songer à demander compte de son sang et de sa fortune. Il s'oubliait, on l'oublia : l'histoire des restaurations est aussi l'histoire des ingratitudes. Il importait peu d'ailleurs au comte de Kérouare, qui ne pensa pas un instant qu'on dût se souvenir de lui :

Mademoiselle de Kérouare et Octave Duvivier. Serment d'amour.

noble cœur qui s'ignorait lui-même, et n'était pas plus avant dans le secret de ses sacrifices que les maîtres qu'il avait servis. Il suspendit modestement à son chevet son épée vendéenne, et se voua tout entier à l'amour de sa fille, fruit unique et tardif d'un hymen qui n'en espérait plus. Madame de Kérouare était morte en lui donnant le jour.

Marie de Kérouare grandit et s'éleva dans ce château féodal, comme une fleur dans un vase gothique. Son enfance égaya le toit sombre; sa jeunesse l'embellit d'une grâce divine. Elle fut à seize ans l'orgueil et la joie de son père. On parle d'elle encore à Clisson, où elle allait entendre la messe les dimanches et les jours de fête. C'était une belle fille à la fois grave et souriante, qui portait sur son visage la fière dignité des Kérouare, adoucie par le suave éclat de la jeunesse. Elle tenait de sa mère une âme délicate et tendre, et de ses aïeux un caractère aventureux et chevaleresque, qu'avait encore développé son éducation solitaire. Son père l'avait bercée avec de belliqueux récits; tout ce qui l'entourait l'avait entretenue de cette guerre de Vendée, féconde en héroïsmes de tout genre, si bien que, dans cette atmosphère de glorieux souvenirs, sur ce sol toujours brûlant, sous ce ciel peuplé de grandes ombres, son imagination dut naturellement s'exalter de bonne heure, et ne point s'attarder dans les sentiers battus de

T. I. — 16

la réalité. C'est en effet ce qui arriva. Mais elle tempérait cette exaltation précoce par une adorable bonté. A cheval, les cheveux au vent, on eût dit une jeune guerrière; près de son père, on l'eût prise pour Antigone. Son père fut, à vrai dire, la plus grande passion de sa trop courte vie. Elle l'aimait d'une tendresse non commune; les besoins de son cœur n'allaient pas au-delà, et lorsque M. de Grand-Lieu demanda au comte de Kérouare la main de sa fille, Marie n'avait point encore songé qu'il existât un autre amour et d'autres liens que ceux qui l'attachaient à son père.

Cependant cette union était depuis longtemps le rêve des deux familles. Le comte de Kérouare et le père de M. de Grand-Lieu avaient été frères d'armes. Rentrés en même temps dans leurs châteaux voisins, après avoir, durant près de vingt ans, partagé les mêmes dangers et combattu sous le même drapeau, ils avaient achevé de vieillir dans le doux espoir d'unir un jour leurs enfants l'un à l'autre, et lorsque M. de Grand-Lieu mourut, précédant son ami dans la tombe, ç'avaient été son dernier vœu et ses derniers adieux à son fils. Marie n'était alors qu'un enfant. Maître de sa fortune et de sa destinée, le jeune de Grand-Lieu voyagea et ne revint qu'au bout de quelques années. C'était à son retour en France d'un extérieur froid et réservé, ce qu'on est convenu d'appeler une âme silencieuse, élégant d'ailleurs et de belles manières, un véritable gentilhomme. Il retrouva Marie sans paraître frappé de sa grâce et de sa beauté; il revit M. de Kérouare sans rien rappeler du passé. Leurs relations semblaient devoir se borner à un échange d'exquises politesses; mais un beau jour, soit amour, soit piété filiale, soit qu'il cédât à ses propres instincts, soit qu'il crût d'obéir qu'aux derniers désirs de son père, M. de Grand-Lieu demanda la main de Marie.

M. de Grand-Lieu était jeune, noble de cœur, d'esprit et de figure, il n'y avait rien en tout ceci qui pût raisonnablement effaroucher une imagination de seize ans. Toutefois Marie s'effraya. Elle n'avait pas de répugnance à ce mariage; elle appréciait dignement les hautes qualités de M. de Grand-Lieu; mais elle ne se sentait pas irrésistiblement entraînée. Puis, elle était si jeune encore! De son côté, le comte de Kérouare, bien que cette alliance comblât ses vœux les plus chers, ne s'était point habitué à l'idée de voir passer sitôt dans les bras d'un époux l'unique joie de sa vieillesse. Il fut décidé qu'on attendrait quelques années encore; mais les paroles furent échangées, et dès lors ces deux jeunes gens purent se regarder comme fiancés. Ces dispositions ne changèrent presque rien à la nature de leurs relations. M. de Grand-Lieu, il est vrai, se montra plus assidu, mais ni plus tendre ni plus expansif; de sorte qu'au bout de six semaines, mademoiselle de Kérouare avait tout oublié, et que sa vie, un instant troublée, avait repris son cours habituel. Peut-être n'eût-il pas été impossible de saisir sous l'apparente froideur de ce grave jeune homme les indices certains d'une passion vraie et profonde; mais cette aimable et charmante fille, que savait-elle de la passion et que pouvait-elle y connaître?

Un jour pourtant, elle en eut une vague révélation. Comme ils chevauchaient dans un des sentiers verts qui longent la Sèvres-Nantaise, l'alezan que montait Marie s'emporta. La rivière était proche, l'animal fougueux, le danger imminent. M. de Grand-Lieu se jeta à bas de son cheval, et n'eut que le temps de recevoir Marie entre ses bras. Il était pâle, défait, sans haleine, et, le voyant ainsi, la jeune fille se prit à sourire.

— Si je m'étais tuée, comment donc seriez-vous? dit-elle.
— Je me tuerais, répondit-il froidement.

Mademoiselle de Kérouare demeura le reste du jour silencieuse et préoccupée. Mais cette impression s'effaça vite, et la cruelle enfant finit par en rire, tant ce mouvement passionné contrastait singulièrement avec les habitudes calmes et réservées de M. de Grand-Lieu.

Les choses en étaient là, lorsque des affaires d'intérêt amenèrent à Nantes la sœur du comte de Kérouare. Son frère ne lui avait jamais pardonné ce qu'il appelait une mésalliance, et, depuis vingt années au moins, toute relation fraternelle avait cessé d'exister entre eux. Après 1845, le vieux comte avait repoussé plus que jamais toute espèce de rapprochement avec M. Duvivier, son beau-frère, qui comptait parmi les membres les plus influents du libéralisme; et telle avait été là-dessus son inexorable rigueur, que sa fille ne s'était jamais doutée qu'elle eût d'autre famille que son père. Madame Duvivier, bonne femme d'ailleurs, avait longtemps souffert de l'inflexibilité de cet orgueil breton, puis, à la longue, elle en avait pris son parti. Mais à Nantes, près de ce frère autrefois tant aimé, près du toit héréditaire qui avait abrité leur enfance, elle sentit son cœur s'attendrir, et ses yeux se mouiller de larmes. L'air natal est puissant; il garde éternellement le parfum de nos jeunes années; c'est l'air frais et sonore du matin de la vie, et nul ne peut le respirer sans ressaisir quelque image envolée, quelque mélodie de son printemps. Quoiqu'il en soit, madame Duvivier ne put se décider à partir sans avoir fait une dernière tentative de réconciliation; elle espérait de l'influence des lieux, de l'émotion des souvenirs, surtout de l'intervention de sa nièce et de celle aussi de son fils.

Un matin donc, un jeune étranger se présenta au château de Kérouare. Il aborda le comte d'un air timide et tremblant, et comme il ressemblait trait pour trait à la jeunesse de sa mère, le comte sentit tout d'abord son cœur troublé en le voyant. Il y eut un instant d'hésitation et de silence; puis enfin, d'une voix émue :
— Je suis le fils de votre sœur, dit le jeune homme en levant les yeux.
— Votre sœur! s'écria Marie présente à cette entrevue.
— Embrasse ta cousine, répondit brusquement M. de Kérouare, dont le cœur, lorsqu'il était fortement remué, tenait du soldat pour le moins autant que du gentilhomme.

Octave baisa respectueusement la main de la jeune fille, tout étonnée de se trouver, en moins d'un instant, à la tête d'une tante et d'un cousin.
— Je ne veux pas voir ma mère, ajouta M. de Kérouare d'une voix altérée. Où est-elle?

A ces mots, la porte du salon s'ouvrit, et madame Duvivier parut. Son frère lui tendit les bras, et tous deux se tinrent longtemps embrassés, tandis que les jeunes gens s'observaient l'un l'autre d'un air à la fois surpris et charmé.

Madame Duvivier et son fils passèrent trois mois au château. Précisément à cette époque, M. de Grand-Lieu fut obligé de s'absenter, et cette absence se prolongea au delà du terme qu'il avait lui-même assigné. Octave était ce qu'on peut appeler un charmant jeune homme, ardent, enthousiaste, tout en dehors, cœur, esprit, tête au vent, élégant, disert, déjà rompu aux façons du monde, mais naïf encore et dans sa fleur; en un mot toutes les grâces de la jeunesse. M. de Kérouare l'eût volontiers aimé sous un autre nom, mais au fond il ne lui pardonnait pas son père. Durant les trois mois que sa sœur passa près de lui, je ne pense pas qu'il lui soit arrivé de prononcer le nom de Duvivier. Toutefois il sut s'abstenir de toute vaine récrimination, et ces trois mois de famille improvisée s'écoulèrent comme un jour enchanté, les deux vieillards mêlant leurs souvenirs, les deux enfants leurs espérances. L'heure du départ fut cruelle. M. de Kérouare et sa sœur comprirent, en se quittant, qu'ils ne devaient plus se revoir sur cette terre. Leurs adieux furent pénibles, et pourtant ils ne savaient pas tout ce que leur séparation coûtait de douleurs et de larmes.

C'est à partir de ce moment qu'un changement, insensible d'abord, s'opéra dans l'humeur et dans le caractère de mademoiselle de Kérouare. Rêveuse, distraite, inoccupée, elle devint en peu de mois sombre, bizarre, inexplicable. Elle s'observait devant son père, mais elle se cachait pour pleurer. Le retour de M. de Grand-Lieu l'irrita; sa présence lui fut importune. Il n'y eut que de tendresse pour son père qui demeura inaltérable. Aussi M. de Kérouare fut-il le dernier à s'apercevoir de ce changement de manières. Pour donner l'éveil à sa sollicitude, il fallut la pâleur de sa fille qu'amaigrissaient de secrets ennuis. En effet, en moins de quelques mois, Marie avait perdu le bel éclat de la jeunesse; son front se voila, ses lèvres se décolorèrent, l'azur de ses yeux se ternit. M. de Kérouare l'interrogea; mais elle répondit qu'elle était heureuse et qu'elle ignorait elle-même ce qu'il pouvait y avoir de changé dans sa vie, puisqu'elle avait, comme autrefois, l'amour de son père adoré. Il est vrai qu'en parlant ainsi, son pâle sourire se voilait de pleurs, et le vieillard eussent bien que son enfant n'était pas heureuse.

En ceci, M. de Grand-Lieu se montra d'une bonté parfaite; si Marie s'en irrita parfois, elle en parut plus souvent touchée. Plus d'une fois elle fut tentée de s'ouvrir à lui et de lui confier le mal de son âme; mais la crainte d'affliger son père refoula toujours dans son sein le secret près de s'en échapper; peut-être aussi la crainte d'offenser ce noble jeune homme dont rien n'avait pu décourager la grave sollicitude, ni les silences boudeurs, ni les caprices mutins, ni les sauvages tristesses. Ce qu'elle n'osait dire, une mère l'aurait deviné; mais les hommes, et les plus clairvoyants et les plus subtils, qu'entendent-ils à ces jeunes cœurs? M. de Kérouare, à force de chercher, finit par découvrir, lui, qu'il serait prudent de ne plus retarder davantage une union déjà trop différée peut-être. M. de Grand-Lieu répondit tranquillement qu'il doutait de la chose, qu'elle était cependant possible, qu'il était prêt d'ailleurs, et qu'il n'avait pas de plus chère ambition.

Consultée par son père, mademoiselle de Kérouare répondit, comme toujours, qu'elle était heureuse, que rien ne la pressait, qu'il conviendrait plutôt d'attendre quelques années encore, et qu'enfin elle n'avait point de hâte. Tout cela fut dit d'une voix caressante, le regard suppliant, les bras autour du cou du vieux père, le tout mêlé de tendres reproches et de plaintes presque amoureuses. — Êtes-vous las de votre enfant? ma présence vous gêne-t-elle? Vous tarde-t-il à ce point de partager mon cœur et ma tendresse? suis-je donc pour vous un si cruel embarras? serait-il vrai que vous ne chérissez plus votre fille? — Et mille cajoleries d'enfant gâtée qui n'aime pas l'homme que son père lui veut faire épouser.

M. de Kérouare n'insista pas, et porta la nouvelle de sa défaite à M. de Grand-Lieu, qui, sans paraître s'en émouvoir le moins du monde, répéta avec son sang-froid britannique qu'il était prêt et n'avait pas de plus chère ambition.

Depuis le départ de leurs hôtes, Marie avait souvent parlé de sa tante, et de loin en loin d'Octave à son père. Mais au bout de quelque temps, les antipathies de M. de Kérouare, un instant assoupies, s'étaient réveillées plus vives que devant. L'opposition libérale devenait de jour en jour plus terrible et plus menaçante. Dans toutes les attaques dirigées contre le trône, M. Duvivier apparaissait toujours au premier rang, et le compte rendu de la Chambre jetait M. de Kérouare dans une telle exaspération, que Marie avait pris le parti de lire en cachette le journal avant de le remettre à son père, pour l'égarer quand la séance était orageuse et que le nom de son oncle y revenait par trop souvent. On devine aisément ce que la pauvre fille dut consommer ainsi de méchant français et de sottes harangues. Mais les grands dévoûments sont les jeux de l'amour. Malheureusement le journal ne pouvait s'égarer tous les jours, et le comte, qui, de tout temps, avait regardé son château comme un des sanctuaires les plus purs de la monarchie, en arriva bientôt à ne pas se pardonner à lui-même d'avoir pu recevoir sous le toit des Kérouare le fils d'un des ennemis les plus acharnés de la royauté.

— Mais, mon père, disait parfois Marie de sa plus douce voix, ne craignez-vous pas d'être injuste envers le fils de votre sœur?

— Ventre-saint-gris! s'écriait le vieux comte, qui ne haïssait pas de jurer comme Henri IV; injuste envers ce jeune loup!

— N'est-ce pas vous, mon père, s'empressait d'ajouter Marie en s'appuyant coquettement sur l'épaule du vieillard, qui jouez ici le rôle de loup, et mon cousin ne serait-il pas plutôt l'agneau se désaltérant dans le courant d'une onde pure?

Mais le vieux Kérouare n'entendait là-dessus raison ni raillerie. C'était le seul point sur lequel sa fille ne pût espérer le fléchir, et lorsqu'elle l'essayait, il se portait bientôt à des excès de langage qui, s'ils n'eussent fait toujours pleurer Marie, l'auraient souvent fait sourire.

— Les Duvivier! s'écriait-il, en froissant le journal qu'il tenait entre ses mains et en le jetant avec colère; les Duvivier! Mais tu ne les connais pas! c'est une famille de brigands, une bande de loups-cerviers, une race de régicides. Le père de celui-ci siégeait à la convention; il a voté la mort de Louis XVI. Lui, le Duvivier mon beau-frère, fut-il autre chose à cette heure qu'aiguiser la hache du bourreau? Ces gens-là chassent de race; de père en fils, il leur faut une tête de roi. Je jurerais qu'il s'est trouvé en Angleterre un Duvivier pour voter la mort du roi Charles. Ce sont les Duvivier qui perdront le trône et la France.

— Mais Octave, mon père...

— C'est un louveteau qui lèchera le sang qu'aura versé son père.

— Le fils de votre sœur...

— Ventre-saint-gris! elle n'est plus ma sœur. Voici plus de vingt ans qu'elle a renié les Kérouare, et, Dieu merci! les Kérouare le lui ont rendu.

— Un jeune homme si doux, mon père, et qui semblait tant vous aimer!

— Il a l'œil fauve de son père.

— Des yeux bleus comme l'azur du ciel!

— Je l'ai bien observé; j'ai découvert en lui des appétits féroces, des instincts sanguinaires!

— Octave! cet aimable jeune homme!

— C'est un Marat qui pousse! Un jour tu le verras continuer l'œuvre des Duvivier à la chambre. Eh! vive Dieu! que Sa Majesté Charles X n'entre-t-elle un beau jour dans son parlement ne le met-elle, le fouet à la main, ces bavards et tous ces bandits à la porte! Le roi Louis XIV n'en agissait pas autrement.

Tout ce que disait Marie ne faisait qu'exaspérer son père, et la pauvre enfant finissait toujours par baisser humblement la tête et se retirait en pleurant.

Les appréhensions de M. de Kérouare étaient, dans leur exagération, moins folles qu'on aurait pu le croire. Il arriva qu'un jour l'air retentit d'un grand coup de foudre: la terre de Vendée tressaillit, les bois se peuplèrent de bruits sinistres, les épées rouillées frémirent dans leurs fourreaux. M. de Kérouare brisa la sienne; il n'avait plus de sang à donner; d'ailleurs, à la façon dont venaient de se passer les choses, il avait compris tout d'abord que la lutte était insensée, la résistance vaine, le succès impossible. Sans vouloir se mêler aux mouvements qui se firent alors: il cria silence au reste de sang qui voulait se répandre, à ses emportements à ses regrets, il se plaignit seulement à Dieu de l'avoir laissé vivre assez longtemps pour être témoin d'un si grand désastre. Ce qui restait en lui de sève et de verdeur se flétrit, comme dans les rameaux d'un arbre déraciné. En moins d'un jour, en moins d'une heure, avec la fatale nouvelle tous ses ans fondirent et pesèrent sur sa blanche tête. Il tomba dans une sombre mélancolie que rien ne put distraire, pas même les caresses de sa fille qui semblait avoir oublié ses préoccupations pour ne plus songer qu'aux nobles ennuis de son père. Mais tout fut inutile, et Marie finit par retomber elle-même dans ses rêveuses tristesses. Pendant ce temps, M. de Grand-Lieu, qui, sous un flegme apparent, cachait une humeur belliqueuse et des opinions exaltées, allait de château en château, étudiant les esprits, encourageant les faibles, se concertant avec les forts, payant partout de son nom et de sa personne, et mettant au service de ses convictions l'ardeur de sa jeunesse et l'activité de son âme. Il n'apparaissait plus que de loin en loin à Kérouare pour y apporter des nouvelles du dehors. Marie semblait indifférente à toutes choses; son père souriait tristement à ces folies chevaleresques.

Cependant un mal inconnu consumait la jeune châtelaine. Depuis quelques mois surtout, ce mal faisait des progrès rapides. Un soir, à la lueur d'une lampe, devant un des premiers feux de l'automne, M. de Kérouare se prit à contempler sa fille qui avait interrompu un ouvrage de tapisserie, et s'était oubliée dans une méditation douloureuse. Il fut frappé de la pâleur de ses traits et de l'amaigrissement de son visage; ses joues étaient baignées de larmes qui coulaient sans effort et sans bruit.

M. de Kérouare se leva, prit entre ses mains la jeune et blonde tête, et la pressant sans son cœur:

— Tu souffres, tu pleures, qu'as-tu? s'écria-t-il.

Marie se réveilla comme d'un rêve. Elle voulut essuyer ses yeux; mais son père l'en empêcha, et, la retenant sur son sein:

— Pleure, et dis-moi la source de tes larmes; quelle qu'elle soit, je la tarirai, dit-il en couvrant de baisers le front de la chère éplorée.

Marie éclata en sanglots.

— O mon père, dit-elle, le secret qui me tue vous tuerait; mais dût-il seulement vous affliger votre cœur, j'aimerais mieux mourir que de vous le confier à ce prix.

— C'est impossible, mon enfant, dit M. de Kérouare en caressant les cheveux de Marie, que tu ne t'exagères pas la gravité de tes confidences. Ouvre-moi ton âme que tu n'aurais jamais dû me fermer. Tu n'as pas besoin de pardon; mais s'il en était autrement, il n'est rien que mon amour ne puisse pardonner.

Tendre et sévère en même temps, la voix de M. de Kérouare suppliait et commandait à la fois.

Marie s'arracha des bras qui l'étreignaient, et, se laissant glisser aux genoux du vieillard, elle lui prit les mains et les arrosa longtemps ainsi; puis enfin, faisant un long effort sur elle-même:

— Mon père, vous le voulez? dit-elle. Eh bien !... eh bien, mon père, je n'aime pas M. de Grand-Lieu. Lorsque je vous laissai engager votre parole et la mienne, je croyais, je pensais que je pourrais l'aimer un jour. Alors cela me semblait facile; il me semblait que mes inclinations ne pouvaient aller longtemps à l'encontre de vos désirs. Pardonnez-moi: je me trompais. J'ai bien, essayé, j'ai bien longtemps prié mon cœur, bien longtemps je l'ai tourmenté; j'ai bien souffert, j'ai bien attendu; mais vainement, et, je sens, hélas! qu'il faut renoncer à la tâche. Cependant l'époque de ce mariage approche, et voilà, mon père, ce qui tue votre enfant.

M. de Kérouare demeura silencieux, le front chargé de nuages sombres.

— Ma fille, dit-il enfin d'une voix lente et grave, es-tu sûre de ne pas aimer M. de Grand-Lieu?

— Oh! oui mon père, s'écria-t-elle.

— Es-tu sûre de ne pouvoir jamais l'aimer? Ce mariage révolte-t-il tes goûts et tes instincts? Est-ce là ce qui tue ma fille bien-aimée?

— Oui, mon père, murmura-t-elle.

Après un nouveau silence, plus long encore que le premier:

— Ma fille, dit M. de Kérouare en se levant, je vais, en vue de votre bonheur, faire ce que je n'aurais jamais fait pour éviter la mort aux jours où j'aimais la vie, aux meilleurs jours de ma jeunesse. Que les Kérouare me pardonnent de faillir ainsi à leur antique loyauté! Pour vous, ma fille, je vais redemander à un homme de cœur la parole que vous et moi lui avons librement donnée.

— O mon père! s'écria-t-elle, si vous croyez notre foi à ce point engagée, laissez le sacrifice s'accomplir.

M. de Kérouare se dégagea doucement des étreintes de sa fille, et se disposa sur-le-champ à écrire à M. de Grand-Lieu.

Marie ne put réprimer un mouvement de joie et de délivrance; elle n'avait dit que la moitié de son secret, mais désormais elle était libre, et l'avenir lui appartenait.

M. de Kérouare était assis devant une table, et la plume tremblait dans sa main.

— C'était mon dernier rêve, mon dernier espoir, dit-il d'une voix étouffée. O mon enfant! quand je ne vivrai plus, — et ce sera bientôt, ma fille, — n'oubliez jamais à quel point vous aima votre père; rappelez-vous que vous m'avez été plus chère que l'honneur, et que la voix de votre douleur m'a commandé plus impérieusement que celle de ma conscience.

A ces chers accents, mademoiselle de Kérouare sentit son âme éperdue.

— Laissez-moi mourir ! s'écria-t-elle.

Le vieillard la repoussa avec bonté.

Mais comme il allait écrire, le galop d'un cheval s'arrêta devant le château, et presque au même instant M. de Grand-Lieu entra dans le salon. Il était pâle et plus grave que d'ordinaire.

DEUXIÈME PARTIE.

M. de Kérouare et sa fille, en voyant entrer M. de Grand-Lieu, pressentirent un grand malheur, quelque chose d'irréparable. Tous deux s'étaient levés pour le recevoir; d'un geste silencieux, M. de Grand-Lieu les pria de s'asseoir, et, après avoir pris place vis-à-vis d'eux :

— Monsieur le comte, dit-il d'une voix émue, je viens vous rendre votre parole : mademoiselle, vous êtes libre, ajouta-t-il en s'adressant à Marie.

L'orgueil blessé étouffa d'abord chez le vieux gentilhomme la joie qu'il aurait dû ressentir de cette déclaration inespérée; Marie remercia Dieu dans son cœur.

— Ne m'interrompez pas, reprit aussitôt M. de Grand-Lieu. Mademoiselle, je vous aime, et Dieu m'est témoin qu'à cette heure encore je payerais de mon sang la suprême félicité d'unir mon existence à la vôtre. Je vous aime, monsieur le comte, je vous aime, je vous révère, et n'ai point cessé d'apprécier l'honneur de votre alliance. Cette alliance était le rêve de mon père; il s'endormit dans cet espoir, et cet espoir qu'il me transmit fut mon plus précieux héritage. Je dois y renoncer. Lorsque je demandai la main de mademoiselle de Kérouare, tout me souriait; il me semblait alors qu'en échange du bonheur que je sollicitais, j'avais, de mon côté, quelque bonheur à donner, humble sans doute et bien modeste, mais enfin je pouvais, sinon sans présomption, du moins sans trop d'égoïsme, offrir à une âme généreuse le partage de ma destinée. Il n'était doux aussi, mademoiselle, de penser qu'à force de soins, de tendresse et de sollicitude, je pourrais vous faire une vie qui ne fût pas trop indigne de votre nom, de votre grâce et de votre beauté. Il n'y faut plus songer; désormais je n'ai plus rien que mon amour. La meilleure partie de cette fortune que j'étais heureux de mettre à vos pieds vient d'être engloutie dans un abîme; j'en ai reçu ce matin la nouvelle. Les haines politiques me poursuivent; déjà je suis en butte à de lâches vengeances. A l'heure où je vous parle, le bois de Grand-Lieu est en flammes. Qui sait s'il ne restera demain pierre sur pierre du château de mes aïeux? Pauvre, proscrit, rebelle, sans asile, je ne traîne plus après moi qu'une destinée maudite. Reprenez donc, ami de mon père, la parole que vous m'aviez donnée; soyez libre, vous qu'il ne m'est permis d'appeler la fiancée de mon cœur. Il ne m'appartient pas de vous entraîner dans ma ruine.

M. de Kérouare et Marie demeurèrent atterrés sous le coup de ces terribles paroles. La foudre en tombant à leurs pieds les eût frappés de moins de stupeur, de moins d'épouvante. Avant l'arrivée de M. de Grand-Lieu, tous deux pouvaient encore dégager leur foi sans faillir rigoureusement à l'honneur. Mais le pouvaient-ils à cette heure? pouvaient-ils reprendre sans honte la parole que M. de Grand-Lieu offrait de leur rendre avec tant de générosité? Nul ne saurait dire, Dieu seul a pu savoir ce qui se passa en cet instant dans le cœur du dernier des Kérouare. Il s'agissait de choisir entre le malheur de sa fille et le déshonneur de son nom; il n'était pas d'autre alternative. Ce fut alors que Marie se leva, digne enfant de sa noble race.

— Monsieur de Grand-Lieu, lui dit-elle d'une voix haute et ferme, s'il vous appartient pas de nous entraîner dans votre ruine, il nous appartient à nous de vous y suivre. Votre pauvreté nous est plus chère que votre fortune. Tant que ce château sera debout, vous ne manquerez pas d'asile, et s'il est vrai que vous m'aimez, voilà ma main, monsieur, elle est à vous.

A ces mots, mademoiselle de Kérouare tendit sa main qui ne tremblait pas.

— Bien, ma bonne! bien ma fille! s'écria le vieux comte éperdu. Viens dans mes bras, héroïque enfant; viens sur mon cœur, orgueil de ma vieillesse!

Et il pressait sur son sein les deux jeunes gens qu'il avait réunis dans une même étreinte.

Durant toute cette scène, mademoiselle de Kérouare demeura à la hauteur de son sacrifice. Elle imposa silence aux scrupules de M. de Grand-Lieu et fixa elle-même, dans un temps rapproché, l'époque de leur mariage. Le comte de Kérouare savait bien ce qu'il en coûtait; mais il acceptait l'immolation de son enfant avec l'inflexible égoïsme de l'honneur, le plus dur, le plus inexorable de tous les égoïsmes. D'ailleurs, le vieux gentilhomme était loin de penser que sa fille dût en mourir. Il ne croyait pas aux antipathies invincibles, et, jugeant M. de Grand-Lieu très digne en tout point d'être aimé, il se disait que nécessairement Marie l'aimerait à la longue. Et en effet, pour M. de Kérouare, qui n'avait pas un instant soupçonné que le cœur de Marie pût ne pas être libre, qu'était-ce après tout que ce grand dévoûment? M. de Grand-Lieu était jeune, d'une beauté mâle et fière, brave comme l'épée de son père : Marie se consolerait bien vite. M. de Grand-Lieu ne se retira que fort avant dans la nuit. Restée seule avec le comte, la jeune fille ne laissa rien paraître de l'état de son âme. Elle rassura le vieillard sur l'étendue de son sacrifice, et ne se sépara de lui qu'avec le sourire sur les lèvres. Comme la victime antique, pour marcher à l'autel elle se couronnait de fleurs. Mais lorsqu'elle ne se sentit plus soutenue par l'exaltation du moment, ni contenue par la présence de son père, une fois seule dans sa chambre, face à face avec la réalité, son désespoir éclata, et son cœur, libre enfin, s'épancha en ruisseaux de larmes.

— O mon père! s'écria-t-elle d'une voix déchirante, sommes-nous quittes enfin? Vous m'aviez offert le sacrifice de votre honneur; je vous immole, moi, mon bonheur, mon amour et ma vie. Votre fille a-t-elle fait assez pour l'orgueil de votre nom? Suis-je assez frappée et assez misérable? Êtes-vous satisfait, mon père?

Elle marchait dans sa chambre d'un air égaré, les cheveux en désordre, se frappant la poitrine, et se tordant les bras avec rage. Elle aimait, la malheureuse! Elle portait depuis trois ans dans son sein un amour silencieux et profond : elle aimait son cousin Octave. Il avait fallu toute l'inexpérience de M. de Kérouare pour ne pas prévoir, durant le séjour de madame Duvivier au château, que ces deux belles jeunesses seraient irrésistiblement entraînées l'une vers l'autre. Durant trois mois, ces deux enfants s'étaient vus en toute liberté et en toute innocence, par toutes les lunes et par tous les soleils. Ils avaient eu les mêmes ardeurs, les mêmes admirations naïves. La même grâce embellissait leurs personnes et leurs discours. Les mêmes goûts, les mêmes sympathies les unissaient par des liens invisibles. Pour les rapprocher fatalement, il eût suffi d'ailleurs de la division de leurs pères. N'est-ce pas toujours les Capulet et les Montaigu qui font les Roméo et les Juliette? L'amour naît de l'obstacle. Fiancée à son cousin Octave, peut-être Marie eût-elle aimé M. de Grand-Lieu.

Octave et Marie s'étaient aimés, ainsi qu'il arrive à cet âge, sans se le dire, et leur amour qui s'ignorait n'avait éclaté que dans la douleur du départ. A l'heure de la séparation, ils avaient compris qu'ils s'aimaient aux déchirements de leur cœur, et, près de se quitter, tous deux s'étaient avoué l'un à l'autre ce que peut-être chacun d'eux ne s'était pas encore dit à soi-même. Que de larmes versées alors, que de regrets et d'espérances, que de promesses échangées sous les ombrages de Kérouare! Ce fut par une soirée sereine, par une douce soirée d'automne; les étoiles brillaient au ciel, la lune se levait derrière les grands arbres, la Sèvres déroulait ses flots argentés à leurs pieds. Octave devait partir le lendemain : c'était leur premier soir d'amour, hélas! et le dernier peut-être. Enivrement des premiers aveux, chastes délices, fusion des jeunes âmes, qui pourra vous peindre jamais! A la face des cieux étoilés, ils se jurèrent des amours sans fin et des tendresses éternelles. En cette heure de sainte ivresse, Marie avait tout oublié, sa foi donnée et sa main promise. Elle jura de se garder pour Octave, Octave de revenir bientôt demander Marie pour épouse à son père, et tous deux prirent à témoin les bois, le ciel, les eaux murmurantes et toute cette belle nature qui venait d'écouter leurs serments.

Il est aisé de s'expliquer à présent ce qui se passa dans le cœur de mademoiselle de Kérouare, après le départ du jeune Duvivier. Que devint l'amour d'Octave? Peut-être le saurons-nous plus tard. Celui de Marie grandit, et s'exalta dans la lutte avec l'impossible. La solitude des bois, le silence des champs, la continuelle contemplation de la nature, contribuèrent à le développer. La prédilection de M. de Grand-Lieu et l'absence d'Octave achevèrent de lui donner tous les caractères de la passion. L'absence est poétique. L'absence d'un être invisible fée qui pare à toute heure l'être aimé des plus brillantes fleurs de l'imagination. La prédilection de M. de Kérouare pour M. de Grand-Lieu et sa haine du Duvivier ne firent qu'embellir dans l'âme de Marie l'image de son cousin. Octave eut le beau rôle, le rôle d'exilé, de proscrit, de banni. Ce fut tout un poème qui se chanta dans le cœur de la jeune fille. Cependant les jours et les mois s'écoulaient, et Octave ne venait pas; mais Marie conservait bonne confiance et bon espoir. Ignorante de toutes choses, elle ne savait rien du monde ni de la vie, elle avait toute la candeur, toute la foi robuste du jeune âge. Il ne lui arriva pas une fois de douter de la tendresse de l'absent. Son amour répondait de celui d'Octave. Au lieu de s'affaiblir, ce sentiment prit de jour en jour un caractère plus grave et plus sérieux. L'absence avait été d'abord qu'un arbuste odorant et gracieux : ce devint un arbre vigoureux et robuste, au feuillage touffu, aux racines vives et profondes. Et cependant les années s'écoulaient, Octave ne venait pas. Mais Marie l'attendait, sans l'accuser et sans se plaindre. Il y avait même dans

cette héroïque attente quelque chose qui ne déplaisait pas à ses instincts chevaleresques. Là n'était donc pas le mal de son âme, mais dans la persistance de M. de Grand-Lieu et dans la lutte ouverte qu'elle aurait à soutenir un jour contre son père, si tendrement aimé. C'était là le chagrin de sa vie, la cause de ses dévorantes tristesses ; mais au milieu des ennuis qui la consumaient, son cœur était demeuré ferme et son amour inébranlable. Elle espérait aussi que, l'heure venue, M. de Kérouare ne se montrerait pas plus rebelle au bonheur de sa fille qu'il ne l'avait été à la tendresse de sa sœur, et qu'elle saurait bien, à son tour, attendrir et fléchir ce fier esprit, sur lequel elle avait régné jusqu'alors en souveraine et même en despote. Quant à M. de Grand-Lieu, il était si froid et si calme, que sa passion n'inquiétait guère mademoiselle de Kérouare ; elle avait fini par se dire qu'il lui serait toujours facile de l'amener sans trop d'efforts à renoncer à ses prétentions. Toutefois, un jour vint où Marie sentit en elle la confiance s'abattre et le courage chanceler. Ce fut après la révolution de Juillet. A partir de cette époque, la haine que M. de Kérouare portait aux Duvivier ne connut plus de bornes ni de mesure, et dès lors il n'avait plus même été permis de prononcer, au château, le nom d'Octave et de sa mère. M. de Kérouare paraissait convaincu que c'étaient les Duvivier père et fils qui, à eux seuls, avaient fait les barricades, massacré la garde royale, pris les Tuileries, et envoyé les Bourbons de la branche aînée dans l'exil. D'une autre part, le vieillard, qui commençait à fléchir sous le poids des ans, pressait le mariage de sa fille. M. de Grand-Lieu répondait toujours qu'il était prêt ; Octave ne venait pas, et il semblait à Marie qu'elle n'avait plus qu'à mourir. Un soir pourtant, un soir, à la voix émue de son père, elle vit un instant s'éclairer sa nuit sombre ; un instant les portes de l'avenir s'ouvrirent à demi devant elle ; un instant son âme affaissée se releva et battit des ailes. Mais aussi, en moins d'un instant le rayon s'éteignit, les portes d'airain se refermèrent, et l'âme retomba sur elle-même pour ne plus se relever jamais.

Tel était donc l'amour, tel était le rêve et l'espoir que Marie venait d'immoler à l'orgueil de son père, et aussi, nous devons le dire, à un sentiment d'honneur et de loyauté personnelle, que son père lui avait transmis avec le sang des Kérouare. Elle ne démentait pas une race de preux ; elle en avait, comme son père, l'orgueil exagéré peut-être, et, lorsqu'elle avait tendu sa main à M. de Grand-Lieu, elle n'avait fait que céder à l'impulsion de son sang, à l'ordre de son propre cœur, enfin à ce besoin d'héroïsme et de dévouement qui de tout temps avait tourmenté son inquiète jeunesse. D'ailleurs, en cette circonstance, quelle âme un peu haut placée eût osé agir autrement ? M. de Kérouare et sa fille s'étaient vus pris à l'improviste comme dans un réseau de fer ; la brusque déclaration de M. de Grand-Lieu avait rivé leur foi et scellé leur parole. Pouvaient-ils sans honte repousser la ruine de ce noble jeune homme, après avoir accepté sa fortune ? On se retire aisément de la prospérité, mais non pas du malheur.

Mademoiselle de Kérouare passa cette nuit dans les pleurs et dans les sanglots, se tordant sur son lit, appelant Octave et demandant si Dieu permettrait un si grand désastre. Ce fut une cruelle nuit. Mais le lendemain, plus forte que sa douleur, Marie se présenta à son père, résignée, souriante, presque sereine, et dès lors ses lèvres ne laissèrent pas échapper une plainte, ni ses yeux une larme. Elle assista de sang-froid aux préparatifs de son mariage : elle hâta elle-même les apprêts du sacrifice. Le jour fatal arriva vite. La veille, mademoiselle de Kérouare écrivit à son cousin. Il est aisé d'imaginer ce que dut être cette lettre, long cri d'amour, de remords et de désespoir. Durant quatre pages, aux genoux d'Octave, lui baisant les mains et les pieds, Marie supplia son jeune amant de pardonner à la malheureuse infidèle. « Ne m'accusez pas, écrivait-elle en terminant ; soyez fort, soyez généreux, que votre douleur épargne la mienne, et que cette infortunée puisse mourir sans emporter votre malédiction avec elle ! » Ce devoir accompli, la victime fut tout-à-fait calme, et le lendemain, le lever du jour ne la vit ni trembler ni pâlir. C'était le jour de son mariage.

Dans la matinée, M. de Grand-Lieu se présenta dans la chambre de mademoiselle de Kérouare, grave et froid comme de coutume. Lorsqu'il fut seul avec Marie :

— Mademoiselle, lui dit-il, êtes-vous sûre de n'avoir pas obéi seulement à un élan généreux de votre âme ? Êtes-vous sûre que ma destinée ne répugne pas à la vôtre ? N'abusé-je pas, à mon insu, d'un mouvement d'exaltation et d'enthousiasme, que j'aurais fait naître dans le vouloir sans le vouloir ? N'ai-je pas surpris votre assentiment ? Pensez-vous n'être pas enchaînée à cette heure par quelque mauvaise honte ? Dites, Marie, il est temps encore. Vous m'êtes plus chère que la vie ; mais je ne voudrais pas d'un bonheur qui dût vous coûter une larme.

Il y eut dans la voix de M. de Grand-Lieu, et dans son regard, tandis qu'il parlait, une expression de tendresse et d'humilité qui touchèrent mademoiselle de Kérouare.

— Monsieur de Grand-Lieu, répondit-elle, depuis le soir où je vous ai tendu la main, avez-vous surpris un regret dans mon cœur, un reproche sur mon visage ? prenez-la, cette main qui vous appartient, et dites si vous la sentez hésiter dans la vôtre ?

M. de Grand-Lieu porta à ses lèvres les doigts de la jeune fille, et se retira, aussi paisible dans sa joie que Marie dans son désespoir.

Le mariage eut lieu à Clisson, et la cérémonie religieuse dans la chapelle du château de Kérouare. Ce fut un beau jour pour le jeune époux, le dernier jour de son bonheur !

---·—◆◆◆●◆●◆●◆—·---

TROISIÈME PARTIE.

◆

Durant ce jour, mademoiselle de Kérouare n'avait pas un instant faibli, si bien que, le voyant ainsi, froide et sérieuse, mais calme et sereine, M. de Grand-Lieu ne put se douter du sacrifice qui s'accomplissait, et dans lequel il jouait à son insu le rôle de bourreau. De son côté, M. de Kérouare se sentit tout-à-fait rassuré sur l'avenir de sa fille, et, en présence d'une résignation si facile, c'est à peine s'il plaignit l'héroïque enfant. Toutefois, au retour de Clisson, le mariage accompli, il la prit entre ses bras, et la tint longtemps embrassée.

— Ton vieux père te bénit, dit-il d'une voix attendrie ; nous te bénissons tous, ajouta-t-il en levant les yeux vers les portraits des Kérouare qui tapissaient les lambris du salon.

Marie étouffa ses sanglots et pressa son cœur à deux mains pour l'empêcher d'éclater. L'ivresse de la douleur la soutint jusqu'au bout. Mais le soir, lorsque tout fut dit, lorsqu'elle sortit de la chapelle, épouse devant Dieu et devant les hommes, il se fit autour d'elle comme un de ces grands coups de vent qui dégagent parfois, dans les jours de tempête, les horizons submergés par la brume. Sa destinée lui apparut à découvert, sombre, terrible, irrévocable ; l'ivresse qui l'avait soutenue s'abattit, et la réalité l'étreignit de sa main de fer.

La soirée était peu avancée, mais déjà la nuit descendait des coteaux dans la plaine.

On touchait aux derniers beaux jours de l'automne. Oppressée et n'en pouvant plus, Marie s'échappa du salon où étaient réunis son père, son époux, et les invités peu nombreux. Elle se réfugia d'abord dans sa chambre ; mais, prise aussitôt d'un invincible sentiment de terreur, elle s'enfuit avec épouvante. Elle étouffait ; elle avait besoin d'air, de mouvement, de solitude et de silence. Il faisait nuit sombre : elle sortit du château sans être aperçue, et, sans s'en apercevoir elle-même, elle arriva bientôt sur le bord de la Sèvres. Où allait-elle ? L'infortunée ne le savait pas. Elle marchait d'un pas rapide, nu-tête, les cheveux en désordre, meurtrissant ses pieds aux cailloux des sentiers, déchirant sa robe aux buissons, pâle, égarée, mêlant ses cris aux plaintes du vent. Elle passait comme une ombre éplorée, à travers les bois. Elle allait, harcelée par son cœur, comme une biche par une meute. Soudain elle s'arrêta. La rivière coulait devant elle, les étoiles brillaient au ciel, la lune se levait derrière les grands chênes. Marie reconnut l'endroit où, par une soirée pareille, par une douce soirée d'automne, elle avait échangé son amour et sa foi contre l'amour et la foi d'Octave. Elle se laissa tomber sur le gazon de la rive et s'y débattit longtemps dans l'agonie du désespoir. Tout lui semblait prendre une voix pour l'accuser et la maudire ; dans le bruit de l'eau, dans les soupirs du vent, elle entendait la voix d'Octave lui rappelant leurs serments. — Grâce ! pardonne-moi ! s'écriait-elle. — Elle s'arracha de ces lieux, mais partout, sur son passage, les rameaux qu'agitait la brise lui murmuraient les noms d'infidèle et de parjure. A chaque détour de haie, il lui semblait voir le fantôme irrité de son amant. Cette vallée, ces bois, ces collines n'avaient pas un coin qui ne fût plein du souvenir toujours adoré. Partout ce souvenir se dressa devant elle comme un spectre menaçant. Elle allait, se frappant le front et la poitrine, s'accusant

elle-même et joignant ses imprécations à celles que lui jetait la nature entière. — Ah! pleure, malheureuse, pleure! s'écriait-elle; pleure, et ne demande point de pardon! Pleure, et ne cherche plus à t'absoudre par la grandeur de ton sacrifice! pleure, parjure, pleure, infidèle! — Et ses pleurs coulaient en effet. Elle ne savait pas, elle ne comprenait plus comment elle avait pu se résigner et se soumettre. Il y avait des instants où elle s'arrêtait brusquement et se demandait si tout cela n'était pas un rêve. Parfois elle portait les mains à son visage, pour se convaincre qu'elle ne dormait pas; elle se regardait curieusement pour s'assurer que c'était bien elle; puis en reconnaissant sa robe de mariée, elle poussait un cri et reprenait sa course haletante. Mille projets confus se croisaient dans son cerveau malade. Parfois elle voulait aller se jeter aux genoux de son mari, lui tout avouer, et mourir à ses pieds. Alors elle se rapprochait de Kérouare; mais aussitôt qu'elle en apercevait de loin les tourelles que blanchissait la lune, elle s'enfuyait dans les bois comme une gazelle effarée. Elle finit par arriver à un état d'exaltation difficile à décrire. Plus d'une fois elle se sentit fatalement attirée par le bruit des écluses; plus d'une fois elle regarda d'un œil avide l'eau qui étincelait à travers le feuillage.

Cependant, au château, on commençait à s'inquiéter de cette disparition et de cette longue absence. Les invités s'étaient retirés; M. de Kérouare et M. de Grand-lieu restaient seuls. Ils s'étonnèrent d'abord, puis ils s'alarmèrent. On chercha vainement Marie dans le château et aux alentours: personne ne l'avait vue sortir. On l'appela à plusieurs reprises du haut de la terrasse : aucune voix ne répondit. On s'informa dans le voisinage ; nul ne l'avait aperçue. Ce devint bientôt une horrible angoisse. M. de Grand-Lieu était pâle et muet; M. de Kérouare assailli par des pressentiments sinistres. Après une heure de vaine attente, le jeune homme fit seller un cheval et partit pour battre les environs. Plusieurs serviteurs l'imitèrent. Le vieux Kérouare demeura seul, en proie à une anxiété qu'il est aisé d'imaginer. Au bout de deux heures, les serviteurs rentrèrent au château: aucun d'eux n'avait trouvé les traces de leur jeune maîtresse. La consternation était sur tous les visages. M. de Grand-Lieu revint le dernier, plus sombre, plus silencieux qu'au départ. M. de Kérouare, en le voyant, laissa tomber sa tête entre ses mains et se prit à pleurer, comme s'il avait perdu tout espoir. Pendant qu'il pleurait, M. de Grand-Lieu se promenait à grands pas dans le salon, les bras croisés sur sa poitrine; la contraction de ses traits révélait seule tout ce qui s'agitait dans son âme.

— Monsieur le comte, dit-il enfin, en s'arrêtant devant le vieillard, ne sauriez-vous rien présumer de ce qui se passe? Vous connaissez le cœur de votre fille mieux que je ne le connais moi-même. N'avez-vous jamais rien vu, rien surpris dans ce jeune cœur, qui puisse nous aider à pénétrer ce mystère? N'auriez-vous pas, sans le savoir, quelque fil qui puisse nous guider? Voyez, monsieur, interrogez scrupuleusement vos souvenirs ; il y va de notre destinée à tous.

Et comme M. de Kérouare ne répondait pas :

— Eh bien donc! monsieur le comte, ajouta M. de Grand-Lieu, préparons nos forces et notre courage; car je sens, — je sens là qu'il s'accomplit un affreux malheur.

M. de Grand-Lieu avait laissé son cheval sellé et bridé à la porte : il se disposa à repartir. Mais auparavant il voulut visiter la chambre de Marie et s'assurer qu'il ne s'y trouvait rien qui pût le mettre sur la voie. Rien, nul indice! Il se jeta dans un fauteuil et prêta l'oreille aux bruits de la nuit. En cet instant, une heure du matin sonna à l'église de Clisson. Le jeune homme tressaillit et se leva épouvanté, comme s'il venait d'entendre la première note du glas de la mort. Une sueur froide mouillait son front, et son cœur battait à coups redoublés. Il allait sortir, quand soudain il crut entendre, dans le silence de la campagne, des cris plaintifs et éloignés. Il se précipita à la fenêtre, se pencha sur le balcon, et il écouta. C'étaient les courlis qui vagissaient entre les roseaux des étangs. Il écouta longtemps : il n'entendit que le gazouillement lointain des écluses, le bruissement des feuilles jaunies que détachait le vent, le chant funèbre des orfraies qui battaient l'air de leurs ailes cotonneuses. On entendait aussi les aboiements des chiens, qui, à de longs intervalles, s'appelaient et se répondaient dans l'ombre. A tous ces bruits, à toutes ces rumeurs, M. de Grand-Lieu sentait son sang se glacer dans ses veines et son cœur mourir dans sa poitrine. Il s'arracha de la fenêtre; mais à peine retourné, il poussa un grand cri : Marie de Kérouare, madame de Grand-Lieu, était debout, vis-à-vis de lui.

Il tendit ses mains tremblantes vers la pâle apparition.

— Marie, est-ce vous? s'écria-t-il.

Elle se tenait immobile, le front illuminé par la fièvre, les yeux brillants d'un funeste éclat. Ses pieds étaient déchirés, ses vêtements en lambeaux, son visage et ses mains ensanglantés. Ses cheveux, mouillés par la rosée, pendaient le long de ses joues et sur ses épaules.

— C'est moi, dit-elle; monsieur de Grand-Lieu, ne perdons pas de temps. Allez rassurer mon père et nos serviteurs. Personne ne m'a vue rentrer; il est convenable que personne ne puisse me voir en cet état. Vous direz à mon père ce que vous voudrez, ce qu'il vous plaira, ce qui vous passera par la tête; pourvu que mon père soit rassuré et qu'il croie sa fille heureuse, tout sera bien. Allez, monsieur, et faites vite; je vous attends.

Sa voix était brève, saccadée, impérieuse.

M. de Grand-lieu sortit sans répliquer une parole.

Aussitôt qu'il fut rentré, Marie ferma la porte avec précipitation, en ôta la clef, puis, se jetant aux genoux de son mari :

— Monsieur, tuez-moi! s'écria-t-elle.

M. de Grand-Lieu essaya de la relever; mais elle s'attachait comme une liane à ses genoux.

— Tuez-moi! répéta-t-elle; c'est là, c'est à vos pieds que je veux et que je dois mourir.

— Qu'avez-vous? dit M. de Grand-Lieu; quelle douleur vous trouble et vous égare!

— Je vous dis, répéta-t-elle encore — cette fois avec un horrible sang-froid, — je vous dis que vous n'avez qu'à me tuer. C'est votre droit, c'est votre devoir, c'est le seul moyen d'en finir.

— Relevez-vous, dit le gentilhomme, quelques révélations que vous ayez à me faire, quelque faute n'est pas à mes genoux. Calmez-vous; quoi que vous puissiez dire, je crois pouvoir vous promettre d'avance l'appui d'une âme honnête et l'assistance d'un noble cœur.

A ces mots, l'exaltation de Marie s'abattit en une pluie de larmes. M. de Grand-Lieu s'était assis. Malgré ses efforts pour la relever, la jeune fille demeura devant lui agenouillée, dans l'attitude d'une Madeleine éplorée.

Elle pleura longtemps en silence.

Silencieux comme elle, M. de Grand-Lieu la contemplait avec une ineffable expression de tristesse et d'inquiétude.

Enfin, d'une voix entrecoupée de sanglots :

— Monsieur de Grand-Lieu, je vais tout vous dire. Vous me tuerez après, car il faudra toujours en venir là. Ecoutez, je suis bien malheureuse!

Ses larmes l'interrompirent.

— Je vous en prie, calmez-vous d'abord, dit M. de Grand-Lieu avec bonté; songez, mademoiselle, que vous n'avez point ici de maître, et que vous êtes sous la sauvegarde d'un homme d'honneur.

— Laissez-moi parler, reprit-elle; je vais tout vous dire. Mon Dieu! le pourrai-je sans vous offenser mortellement? Il faut pourtant que vous sachiez tout. M. de Grand-Lieu, je ne vous aime pas, je ne vous ai jamais aimé; je n'ai pu vous donner que ma main : depuis longtemps mon cœur ne m'appartenait plus. Ne vous irritez pas. Ma vie est à vous, et, quand j'aurai tout dit, vous ferez de moi ce que vous voudrez. Vous me tuerez, vous m'enverrez dans un couvent; quoi que vous décidiez, je vous bénirai. Ecoutez-moi. C'est une triste histoire. Je suis bien coupable, je suis plus malheureuse encore. Vous verrez, après m'avoir entendue, que vous me plaindrez un peu. Je ne crois pas qu'il y ait au monde une créature plus misérable. Lorsque vous m'avez demandée en mariage, voici bien longtemps de cela, je n'étais qu'une enfant; je ne savais rien de l'amour. Je n'avais connu jusqu'alors que la tendresse de mon père. Je ne savais rien, je ne me doutais de rien, je ne prévoyais rien, j'étais heureuse. C'est ce qui m'a perdue. Je me laissai mon père vous engager ma parole et ma foi. Il désirait cette alliance; son désir fut ma loi. J'avais d'ailleurs pour vous une haute estime, un saint respect, une affection de sœur. Je crus que c'était de l'amour; j'appris plus tard que je me trompais. Que vous dirai-je? Mon cœur s'est laissé prendre à l'insu de lui-même. Je ne sais pas comment cela s'est fait. Vous n'étiez pas là pour me défendre; j'étais seule, sans défiance, je ne songeais à rien. Ce fatal amour éclata en moi, comme la foudre dans un ciel serein. Il m'est impossible de dire comment cela est arrivé; mais à votre retour, vous m'aviez plus de fiancée. Ne m'interrompez pas. Allez, j'ai bien souffert! Rappelez-vous mes sombres tristesses. Si vous saviez, monsieur de Grand-Lieu, que de nuits passées dans les larmes! Vous avez dû me prendre pour un enfant capricieux et boudeur; c'est que j'étais si malheureuse! Bien souvent j'ai voulu vous tout avouer : votre bonté m'encourageait; la crainte d'affliger mon père m'a toujours arrêtée. J'attendais une heure propice. Je ne prétends pas m'excuser, je ne cherche pas à m'absoudre; mais cependant je dois vous dire que, depuis que je vous aimais, je ne croyais plus à votre amour; je croyais qu'en recherchant ma main, vous n'aviez obéi qu'aux derniers vœux de votre père, de même que moi je n'avais cédé qu'aux trop chères volontés du mien. Je pensais que nous pourrions toujours, sans secousse et sans déchirement, rompre les liens qui nous unissaient l'un à l'autre. Vis-à-vis de vous j'étais donc sans remords; vous n'étiez pas même en question; mon père seul me préoccupait. Un jour, un jour funeste! il eut pitié de ma douleur. La moitié de mon secret m'échappa; à ses pieds, comme je suis aux vôtres, j'osai lui dire, monsieur de Grand-Lieu, que je ne vous aimais pas. Vous, qui avait déjà tant de mon fils, vous savez ce qu'il dut souffrir! Cependant j'embrassais ses genoux et j'arrosais ses mains de mes pleurs. Il y avait bien longtemps que je souf-

frais. Ma santé n'avait pu résister à tant de luttes intérieures. J'étais pâle, amaigrie; j'avais les yeux brûlés de larmes. Mon père attendri n'y tint plus. Il se leva pour vous écrire, pour vous redemander sa parole et la mienne. Hélas! c'est alors que vous êtes apparu. Une heure plus tard, nous étions tous sauvés. Pauvre, ruiné, proscrit, vous veniez généreusement nous rendre notre promesse. Pouvions-nous l'accepter? Vous comprenez bien que cela nese pouvait pas; vous comprenez bien qu'au lieu de les briser, votre malheur rivait à jamais nos chaînes. Vous m'aimiez, vous le disiez du moins. Vous nous rendiez notre parole, mais sans retirer la vôtre. Que faire? Je vous tendis la main.

— Avez-vous tout dit? demanda M. de Grand-Lieu.
— Pas encore, répondit la jeune fille.

Après quelques instants de recueillement douloureux :

— Dieu qui me jugera, reprit-elle d'une voix plus calme, m'est témoin que dès lors le sacrifice fut complet dans mon cœur. Autant que je le pus, j'imposai silence à mon amour, et si je n'en étouffai pas tout d'abord les cris et les regrets, j'en immolai sur-le-champ les rêves et les espérances. J'acceptai mes devoirs dans ce qu'ils avaient de plus sévère et de plus rigoureux. Seulement je me rassurai en songeant que j'en mourrais bientôt : voilà tout. Ainsi, m'exaltant dans mon désespoir, je suis arrivée sans faillir jusqu'à ce dernier jour. Ce matin encore, ma main n'a pas tremblé dans votre main. Ce soir, voici quelques heures à peine, lorsque j'ai dit oui devant Dieu, ma voix n'a pas hésité. J'étais résignée, j'étais prête; du moins je le croyais. Depuis cet instant, que s'est-il passé? je l'ignore. Tout ce que je puis dire, c'est que jusqu'à cet instant suprême je n'avais rien compris. J'avais tout laissé s'accomplir, avec la confiance que rien ne s'accomplirait. J'étais folle. Réveillée brusquement, comme par un coup de tonnerre, j'ai ouvert les yeux, et me suis trouvée, pour la première fois, face à face avec mon malheur. J'ai eu peur; j'ai voulu fuir. Ce que je suis devenue, je ne m'en souviens plus.

— Avez-vous tout dit? demanda M. de Grand-Lieu.
— Pas encore, murmura-t-elle.

Longtemps elle hésita.

— Monsieur de Grand-Lieu, reprit-elle enfin en baissant la tête, j'avais trop présumé de mon dévoûment, de mes forces et de mon courage. Tout ce que j'ai pu vous donner, je vous l'ai donné. L'homme que j'aime n'est plus pour moi qu'un souvenir. Je porte un mort dans mon cœur, mais je lui resterai fidèle.

Et comme M. de Grand-Lieu se taisait :

— Ma vie est à vos pieds, dit-elle.

M. de Grand-Lieu resta muet, accoudé sur le bras du fauteuil, le front appuyé sur sa main.

Marie, toujours agenouillée, attendait l'arrêt de son juge.

— Ainsi, vous aurez, d'un seul coup, en un jour, brisé trois destinées! dit-il avec un profond sentiment de tristesse. Malheureuse enfant, c'est l'orgueil! c'est l'orgueil qui vous a perdue.

— Par pitié, tuez-moi! s'écria-t-elle en arrachant ses cheveux avec désespoir.

— Mademoiselle, relevez-vous, dit M. de Grand-Lieu avec fermeté. La nuit est avancée; vous devez avoir besoin de repos. Dans quelques heures, si vous voulez me recevoir, nous réglerons ensemble, d'un commun accord, la nature de nos relations dans le présent et dans l'avenir. Fiez-vous à moi, et croyez qu'en ceci, comme en toutes choses, je consulterai les intérêts de votre bonheur autant que ceux de notre dignité.

Comme Marie restait dans la même attitude, il la prit par la main, et la releva malgré elle.

— Je pense, ajouta-t-il, et sans doute vous pensez avec moi qu'on doit ignorer ici le dénoûment de cette journée. Vous ne voudriez pas aggraver la vieillesse de votre père. Il est déjà trop de victimes. Si vous y consentez, nous le laisserons croire à nos félicités. Croyez que les efforts qu'il m'en coûtera égaleront au moins les vôtres. Ne vous préoccupez pas de l'explication que j'ai donnée à M. de Kérouare, de votre disparition et de votre absence. Votre père n'y fera même pas allusion. Tâchez de répondre, et que demain votre visage ne démente pas trop mes paroles. Je ne vous tuerai pas; vous n'irez pas dans un couvent. Si quelqu'un doit mourir, ce n'est pas vous, mademoiselle.

A ces mots, M. de Grand-Lieu salua poliment sa femme.

La jeune fille se jeta vivement devant la porte et lui barra le passage.

— Qui donc doit mourir, si ce n'est moi? s'écria-t-elle avec exaltation; si ce n'est moi, qui donc voulez-vous tuer?
— Mais, je ne veux tuer personne, répondit M. de Grand-Lieu avec un doux et triste sourire.
— Le jurez-vous?
— Je vous en donne ma parole.

— C'est que, voyez-vous bien, monsieur de Grand-Lieu, si vous aviez le malheur de toucher à un seul cheveu de sa tête, je me tuerais sous les yeux de mon père.
— Je ne vous ai pas même demandé son nom, répliqua froidement M. de Grand-Lieu.

Il sortit. Le jour était prêt de paraître. Déjà l'aube naissante blanchissait l'horizon. Lorsque, au bout de quelques heures, M. de Grand-Lieu rentra dans la chambre de sa femme, il trouva Marie couchée, en proie à une fièvre ardente. Ses mains étaient brûlantes, ses yeux hagards, son haleine embrasée. Dans son délire, elle voyait Octave blessé par M. de Grand-Lieu. Elle demandait grâce à son amant près d'expirer; mais celui-ci la repoussait, et mourait en la maudissant... M. de Grand-Lieu s'était assis à son chevet et s'efforçait de la calmer; mais il apparaissait à Marie tout couvert du sang aimé, et la malheureuse, égarée, se détournait de lui avec horreur.

QUATRIÈME PARTIE.

La maladie de Marie fut longue : on désespéra de sa vie; la jeunesse triompha de la mort. Tant que dura le danger, M. de Grand-Lieu soigna sa femme avec une sollicitude qui ne se démentit pas un instant. Marie n'ouvrit jamais les yeux sans l'apercevoir auprès d'elle, à la fois empressé et discret, constamment à l'écart, et n'accourant que lorsque sa présence devenait nécessaire. Pas un mot, pas un regard qui pût faire allusion au passé, mais à toute heure un visage bienveillant et des paroles affectueuses. Tant de dévoûment ne s'adressait pas à un cœur ingrat; la jeune fille en fut profondément touchée : elle avait une trop belle âme pour pouvoir en être humiliée. — Une nuit qu'elle s'était éveillée après un long assoupissement, elle aperçut, à la clarté voilée de la lampe, M. de Grand-Lieu qui se tenait assis dans le fond de la chambre. Il veillait dans une attitude rêveuse et réfléchie. Elle demeura longtemps à le regarder avec un sentiment de reconnaissance exaltée.

— Monsieur de Grand-Lieu! dit-elle enfin d'une voix éteinte.

Il se leva et courut vers elle.

— Monsieur de Grand-Lieu, reprit Marie, asseyez-vous auprès de moi.

Et lorsqu'il eut pris place au chevet :

— Vous êtes bon, ajouta-t-elle.

Le jeune homme resta silencieux.

— Oui, vous êtes bon, répéta Marie : vous êtes bon, vous êtes un grand cœur, puisque vous ne me laissez-vous mourir? Pourquoi voulez-vous que je vive?

— Vous vivrez pour être heureuse, répondit M. de Grand-Lieu.

— Heureuse! dit-elle, en secouant tristement la tête. Pourquoi me parlez-vous ainsi? Vous savez bien qu'il n'est plus de bonheur pour moi sur la terre.

— Vous vivrez pour être heureuse, répéta le gentilhomme avec une sombre assurance. Vous n'êtes qu'un enfant, ajouta-t-il aussitôt d'une voix plus douce et plus tendre : pouvez-vous savoir ce que l'avenir vous réserve? Moi, j'ai bonne confiance. A votre âge, il n'est point de malheur qui ne puisse se réparer. Comme moi, ayez bon espoir : je réponds de votre bonheur.

— Et qui donc me répondra du vôtre? s'écria-t-elle avec désespoir.

— N'en ayez nul souci, répondit M. de Grand-Lieu : vivez, et vous serez étonnée un jour de voir combien il était aisé de simplifier les embarras qui peut-être à cette heure vous semblent inextricables. Reposez-vous sur moi de ce soin.

— Que prétendez-vous donc? demanda Marie d'un air alarmé. Qu'espérez-vous? qu'avez-vous résolu?

— Rien qui ne soit en vue de votre félicité. Je vous expliquerai tout plus tard. Vous êtes trop faible à présent pour m'entendre. Mais, je vous le répète, ayez bonne confiance, la vie vous garde de beaux jours.

— Vous ne parlez jamais que de moi, dit-elle avec inquiétude. Mais vous, monsieur, mais vous? Ce n'est pas ma destinée qui me préoccupe à ce point, c'est la vôtre.

— Chère Marie! dit M. de Grand-Lieu en lui prenant la main, trop parler vous agite. Voilà déjà votre sang qui s'enflamme et votre oppression qui redouble. Calmez-vous et reposez; il ne s'agit pour vous que de vivre : je réponds du reste devant Dieu.

— Dites-moi seulement que vous me pardonnez.

— Vous pardonner? quoi donc? demanda-t-il en lui baisant la main.

Elle voulut continuer de parler, mais il l'en empêcha par un geste caressant, et bientôt Marie s'assoupit, une main dans celle de son époux. Il demeura près d'elle le reste de la nuit. Qui pourrait dire ce qui se passa, durant ces longues veilles, dans cette âme silencieuse?

On trembla pour Marie pendant un mois et plus. A vrai dire, ce fut moins la jeunesse qui la sauva que les soins réunis de son mari et de son père. Ces deux tendresses la disputèrent victorieusement à la mort. Je crois fermement, pour ma part, qu'à force de les aimer on empêche les gens de mourir. Si le danger dura longtemps, la convalescence fut plus longue encore; mais les jours de convalescence sont des jours charmants, mélancoliques et voilés comme une fin d'automne. Il ferait bon d'être malade, ne fût-ce que pour être convalescent. C'est, à coup sûr, un des plus doux états que notre âme puisse connaître. Notre âme s'était alors réfugiée tout entière dans le sentiment de sa délivrance. Epuisée par les tortures du corps, elle n'a plus d'énergie pour ses propres souffrances. Elle n'en a qu'un vague souvenir, pareil à l'impression produite par les rêves. Elle se laisse aller mollement au flot qui la caresse et la soulève. Il lui semble qu'elle est née d'hier et qu'elle commence une nouvelle vie. Autour d'elle tout lui sourit et lui fait fête; l'amitié se réjouit et la bienveillance s'empresse. La conscience de son bien-être s'épanouit et rayonne sur tous les visages. Il en est de la convalescence comme de l'enfance : on la berce, on la gâte, on la choie; on lui donne tout, on ne lui demande rien. Marie n'échappa point à ces bienfaisantes influences. La joie de ses serviteurs en la voyant sauvée, le bonheur de son père en la sentant renaître, tombèrent sur son cœur comme une rosée salutaire. Quoique toujours présente, la pensée d'Octave s'était, pour ainsi dire, amollie; la fièvre semblait en avoir emporté ce qu'elle avait de trop âcre et de trop brûlant. Déjà, dans l'esprit de Marie, d'autres préoccupations se mêlaient à celle de ce jeune homme : confuses, il est vrai, indécises, inavouées, pareilles à ces vagues rumeurs qui courent dans l'air au lever du jour. Parfois, en se reportant à la conduite de son mari, ce qu'il avait été pour elle, la jeune fille tombait dans de longues rêveries, où la figure de M. de Grand-Lieu passait gravement, mystérieuse et poétique. Elle aimait à se raconter à elle-même tous les détails de ce grand dévouement. Elle revenait avec un charme douloureux sur cette nuit sombre et terrible qui avait suivi son mariage; elle se revoyait aux pieds de son époux; elle revoyait M. de Grand-Lieu l'écoutant, et Marie ne pouvait s'empêcher d'admirer ce noble visage, ce maintien digne et calme, cette belle et simple attitude. En remontant plus haut le courant de ses souvenirs, — car, en dépit d'elle-même, M. de Grand-Lieu la préoccupait sans cesse, — elle se rappelait le jour où ce jeune homme l'avait prise en ses bras, ce jour où son cheval s'était emporté sur le bord de la Sèvres. A ce souvenir, elle se troublait et devenait tremblante, mais elle s'arrachait bientôt à ces images, en s'accusant de les avoir trop longtemps caressées : car n'avait-elle pas juré de demeurer fidèle au mort adoré qu'elle portait dans son sein? Bien souvent encore les reproches de son cousin tourmentaient ses veilles et son sommeil; au souvenir de cette destinée qu'elle avait trahie et délaissée : que faisait Octave loin d'elle? où ses jours allaient-ils? s'était-il relevé de ce cruel abandon? son existence n'en serait-elle pas à jamais brisée? A ces questions, la pauvre fille sentait sa tête s'égarer et son cœur se serrer sous les étreintes du remords. Toutefois, ce n'était plus une obsession de toutes les heures et de tous les instants; affaiblis par la maladie, les organes de Marie ne servaient plus comme autrefois sa douleur, et bientôt elle finissait par tomber dans une espèce d'anéantissement qui lui laissait à peine la faculté de penser et de souffrir. Elle ne pensait pas; elle ne souffrait pas; elle écoutait d'un air distrait ce qui se disait autour d'elle; elle assistait à la vie comme une ombre : c'étaient là ses instants les plus doux.

M. de Grand-Lieu n'avait point failli au rôle qu'il avait généreusement accepté, et, grâce à lui, M. de Kéronare ne se douta de rien. Le vieux gentilhomme félicita sa Marie, et n'imagina pas qu'il pût manquer quelque chose à leur félicité. Cependant, à mesure que Marie revenait à la vie et à la santé, M. de Grand-Lieu s'éloignait d'elle et se montrait de jour en jour plus froid et plus réservé, toujours affectueux et bienveillant, mais sans sourire et sans tendresse. Marie remarqua ce changement, s'en préoccupa et s'en affligea. Il entrait le matin dans la chambre de sa femme, n'y demeurait que quelques instants, faisait seller son cheval, disparaissait le reste de la journée et ne revenait guère que le soir; il lui arrivait même parfois de s'absenter durant plusieurs jours. Marie n'osait ni se plaindre ni l'interroger, et tous deux s'accusaient mutuellement d'indifférence.

M. de Grand-Lieu venait de renouer les relations politiques qu'il avait rompues quelques mois avant son mariage. La Vendée s'agitait : on y trouvait encore le moyen de mourir héroïquement. Ce n'était qu'un jeu, mais on y jouait son sang. Les enfants voulaient continuer les vieux. On s'armait en silence, on se réunissait en secret, la nuit, au fond des bois ou dans les châteaux solitaires. De temps en temps on voyait des cavaliers passer au galop sur la lisière des forêts; on entendait siffler des balles, dernières escarmouches de la légitimité. Des figures étranges apparaissaient tout à coup derrière les genêts. On se battait bien et l'on mourait de même. Pour être géants, il ne manquait aux fils que la foi de leurs pères. Mais ils ne croyaient pas. Ils avaient plus d'imagination que de conviction; c'étaient moins des héros que des poètes. Ç'aura été d'ailleurs le dernier mouvement chevaleresque qui se sera vu en France. Aussi ne faut-il pas trop le médire, mais le respecter, au contraire, comme toute poésie qui s'en va.

Inhabité depuis le mariage de mademoiselle de Kérouare, le château de Grand-Lieu était devenu un des centres de l'activité légitimiste. Les chefs s'y rassemblaient plusieurs fois par semaine, et s'y concertaient sur l'emploi de leurs forces. Dans ces assemblées, dont il était l'âme et la vie, M. de Grand-Lieu se montrait d'une exaltation qui, plus d'une fois, effraya les faibles et étonna les forts. De tout temps on l'avait connu ardent, prompt à la guerre, mais jamais exalté ni terrible à ce point. Les plus impatients furent souvent obligés de le modérer. On s'étonnait qu'étant nouvellement marié à une femme jeune et belle, il compromît si légèrement un bonheur qu'il n'avait pas eu le temps de goûter. Mais alors M. de Grand-Lieu reprochait à ses amis leurs hésitations et leur inertie. — Vous n'êtes pas des hommes, leur disait-il, mais des enfants qui jouent au dévouement et à la guerre. Vous vous êtes laissé séduire et entraîner par la poésie de votre rôle, voilà tout, et rien de plus. Qu'attendez-vous pour agir? A cette heure, il n'y a qu'un homme en Vendée, et cet homme est une femme. Vous n'allez pas à la cheville de vos pères, et vous n'êtes bons tout au plus qu'à mettre en vers les grandes choses qu'ils ont faites. Ils faisaient des poèmes, et vous les chantez. — Sa voix était puissante, et plus d'une fois sa parole entraîna l'assemblée.

Le château de Grand-Lieu était merveilleusement situé pour servir de foyer à toutes ces agitations : au milieu des bois, entouré de gorges profondes, on s'y rendait, la nuit, de Nantes, de Clisson, de Tiffauges et des alentours. Parfois, aussi, de peur d'éveiller les soupçons, on s'assemblait dans quelque ferme isolée, sous quelque chaume sûr et fidèle. Ces marches, ces contre-marches, ces rendez-vous mystérieux, ces délibérations entourées de périls, enfin tout ce poétique appareil, plaisaient singulièrement à ces jeunes imaginations. C'était là surtout ce qui les charmait, il est vrai d'ajouter que la mort ne les effrayait pas : héroïques enfants que leurs mères grondaient au retour!

M. de Kérouare ignorait ces réunions, et lorsqu'il interrogeait M. de Grand-Lieu sur ses fréquentes absences, celui-ci les expliquait de façon à ne point inquiéter le vieillard. Mais il était plus difficile de tromper Marie, et depuis qu'elle avait recouvré la santé, madame de Grand-Lieu vivait dans des angoisses continuelles, d'autant plus cruelles, d'autant plus dévorantes, qu'elle ne pouvait les confier à personne. Vingt fois elle fut sur le point de s'adresser à son mari, mais le courage lui manqua. M. de Grand-Lieu n'avait plus pour sa femme qu'une exquise politesse; empressé et presque tendre, si M. de Kérouare assistait à leurs entrevues, il reprenait, aussitôt qu'ils étaient sans témoins, sa froideur et sa gravité naturelles. Depuis son mariage, sa figure avait pris une teinte sombre et presque sauvage. Parfois ses yeux brillaient d'un farouche éclat, son teint était consumé par une ardeur maladive. Lorsqu'il s'éloignait du château, au galop de son cheval, Marie, appuyée sur le balcon de la fenêtre, le suivait longtemps du regard, puis, lorsqu'il avait disparu, sans se retourner jamais, elle s'asseyait en soupirant, et tombait sans une de ces rêveries dont nous parlions tout à l'heure. Elle en sortait souvent tout en larmes. — Qu'avait-elle? elle l'ignorait. Pourquoi ces pleurs? elle n'avait pas songé à Octave.

Marie avait pris l'habitude de ne se coucher qu'après avoir entendu rentrer M. de Grand-Lieu. S'il ne rentrait pas, elle passait la nuit debout et sans sommeil; s'il restait deux jours absent, Marie restait deux nuits sans repos. Il est vrai que les absences de M. de Grand-Lieu se prolongeaient rarement au delà de vingt-quatre heures. Cependant, un soir qu'il était parti plus sombre que de coutume, trois jours s'écoulèrent sans le ramener. Vers la fin du troisième, brisée par la fatigue et par l'inquiétude, madame de Grand-Lieu s'était jetée tout habillée sur son lit. Une main de plomb pesait sur ses

paupières; le corps triompha de l'âme : elle s'endormit. Elle dormit longtemps, mais d'un sommeil léger, fiévreux, agité. Au milieu de la nuit, elle s'éveilla en sursaut et courut précipitamment à la fenêtre qu'elle ouvrit. Elle avait cru, dans son sommeil, entendre des coups de feu. Il n'était point rare, à cette époque, et dans ces campagnes, d'être réveillé par des bruits pareils. Marie écouta : tout était calme. Cependant elle croyait bien ne s'être pas trompée. Après s'être assurée que M. de Grand-Lieu n'était pas rentré, elle revint à la fenêtre, décidée à veiller le reste de la nuit.

Presque au même instant, elle entendit au pied du château le galop d'un cheval, et bientôt des pas retentirent dans le corridor.

Pour gagner son appartement, M. de Grand-Lieu était obligé de passer devant celui de sa femme. Marie crut remarquer que les pas de son mari étaient moins fermes, moins assurés qu'à l'ordinaire. Son cœur frissonna sous un pressentiment funeste. Elle courut à la porte de sa chambre, l'ouvrit et arrêta M. de Grand-Lieu au passage.

— Vous ne reposez pas, Marie? demanda-t-il avec étonnement et d'un ton de doux reproche.

Sa voix était faible, altérée, presque mourante, et, bien que le corridor fût obscur, Marie s'aperçut qu'il se soutenait avec peine.

— Mon Dieu ! mon Dieu ! s'écria-t-elle, qu'avez-vous ?

— Souffrez, dit-il, que je vous salue; il se fait tard, nous avons besoin de repos l'un et l'autre.

Marie l'attira vivement dans sa chambre, et le débarrassa, malgré lui, du manteau qui l'enveloppait, tout mouillé par la pluie d'orage.

Ce premier soin rempli, elle examina M. de Grand-Lieu à la lueur de la lampe. Mais aussitôt elle recula d'un pas, par un mouvement d'épouvante : M. de Grand-Lieu se tenait debout devant elle, armé et couvert de sang.

— Vous êtes blessé ! s'écria-t-elle.

Il avait reçu, en effet, un coup de feu dans le bras gauche.

— Vous êtes blessé, monsieur ! répéta Marie.

— Ne faites pas de bruit, dit M. de Grand-Lieu en la repoussant doucement de sa main droite; ce n'est rien, moins que rien; la balle a seulement labouré les chairs. Quelques gouttes de sang, voilà tout. Je regrette vivement d'avoir troublé votre sommeil, cela n'en valait pas la peine.

— Laissez-moi vous, laissez-moi vous soigner, dit-elle d'une voix suppliante. C'est mon devoir, — et mon droit peut-être, — ajouta-t-elle en hésitant.

— Vous oubliez, Marie, répliqua M. de Grand-Lieu, que ce ne saurait être ni votre droit ni votre devoir. D'ailleurs, je vous le répète, ce n'est rien, et demain, au château, nul ne s'apercevra de cette égratignure.

— Ce n'est rien ! ce n'est rien ! murmura-t-elle d'une voix étouffée. Est-ce donc rien d'exposer vos jours ? est-ce donc rien, monsieur ?...

— Vous oubliez encore, répondit M. de Grand-Lieu en l'interrompant, que je ne me dois à personne. Est-ce à moi de vous rappeler que je suis libre, et que ma vie n'importe à nulle autre ?

— Ah, monsieur ! s'écria-t-elle.

— Si vous le voulez, nous en resterons là, reprit M. de Grand-Lieu d'un air sombre. Je vous avais promis de ne jamais toucher au passé : ce n'est pas moi qui ai failli à ma promesse. Je souhaite vivement qu'il n'en soit plus question entre nous. Permettez que je me retire, et croyez qu'absent ou présent, je suis uniquement préoccupé du soin de votre bonheur. Si j'échoue, c'est que je suis maudit, et vraiment il ne faudra pas trop m'en vouloir.

— Vous êtes cruel, dit Marie.

— Cruel ! vous ne le pensez pas, répondit M. de Grand-Lieu en souriant; non, répéta-t-il encore, vous ne le pensez pas.

— Oui, oui, vous êtes cruel, répéta-t-elle; vous êtes impitoyable. Allez, je vous comprends, vous méditez une horrible vengeance. Je le connais à présent, celui que vous me préparez. Eh bien ! il me fait horreur.

— Vous ne savez rien, vous ne comprenez rien, répondit le jeune homme avec calme. Je ne médite pas de vengeance. Je n'ai pas lieu de me venger. Rassurez-vous donc, Marie; je ne suis ni cruel, ni impitoyable. Et, tenez, depuis bien longtemps j'ai une lettre à vous remettre. J'ai beaucoup tardé : vous étiez faible et souffrante, et je redoutais pour vous quelque commotion dangereuse. Vous ne m'en voudrez pas d'avoir si longtemps attendu ? Je veillais sur votre santé. Je vous crois à cette heure assez bien rétablie pour pouvoir désormais, sans danger, vous occuper de votre correspondance. Prenez donc cette lettre. Je n'ai pas besoin de vous dire que le cachet en a été sacré.

Parlant ainsi, il lui tendit une lettre qu'il avait tirée de la poche de son habit.

— Monsieur de Grand-Lieu, je vous prie de la lire, s'écria Marie en refusant de la prendre.

M. de Grand-Lieu déposa la lettre sur le marbre de la cheminée, et se retira après avoir salué silencieusement sa femme.

Marie demeura longtemps à la même place, la tête cachée entre ses mains, le cœur abîmé dans des pensées amères. Enfin, elle s'approcha de la cheminée et jeta les yeux sur la lettre.

L'enveloppe était au timbre de Paris.

C'était une lettre d'Octave.

CINQUIÈME PARTIE.

A la vue de cette lettre, Marie oublia M. de Grand-Lieu, et la pensée d'Octave, un instant assoupie, se réveilla plus vive et plus terrible que jamais. Elle acheva cette nuit dans les larmes, sans pouvoir se décider à rompre le cachet fatal. Vingt fois elle l'essaya, et vingt fois elle en fut empêchée par une invisible puissance. Il lui semblait qu'en ouvrant cette enveloppe, des caractères de feu allaient s'en échapper ; elle croyait les sentir s'agiter et courir sous ses doigts en lignes brûlantes. — Ah ! cruel, s'écriait-elle, pourquoi m'avoir écrit, et que peux-tu me dire que je ne me sois dit à moi-même ? N'était-ce pas assez du cri de ma conscience ? Était-il besoin d'ajouter tes reproches aux remords qui me déchirent ? Mon Dieu ! je n'ai donc pas assez souffert ? le sacrifice n'est donc pas consommé ? Je n'ai donc pas vidé mon calice jusqu'à la dernière goutte ? Pourtant, mon Dieu, vous savez par combien de tortures j'ai racheté mon crime. Peut-être mérité-je à cette heure quelque indulgence et quelque pitié. Mon Dieu, soutenez-moi ! J'ai été forte contre ma douleur ; mais contre la douleur d'Octave, je sens que je vais être sans force et sans vertu. — Ainsi disant, elle couvrait la lettre de pleurs et de baisers, la pressant sur son sein avec amour et la rejetant avec désespoir.

Le matin, au lever du jour, elle sortit du château et se prit à suivre le cours de la Sèvres. On était alors aux premiers jours de juin. De blanches vapeurs flottaient sur la rivière; les oiseaux commençaient à ramager sous la feuillée. Tout emportée des larmes de la nuit, les bois étincelaient aux premiers rayons du soleil. Marie marchait le long de l'eau ; elle connaissait bien ce sentier; c'était depuis longtemps celui de sa douleur.

Après une heure de marche, elle arriva à cette même place où, par un soir d'automne, elle avait vu Octave. Pour que rien ne manquât à son martyre, ce fut là, sous ces mêmes ombrages, qu'elle résolut de lire la lettre qu'elle avait emportée dans son sein. Longtemps encore elle hésita, longtemps elle roula entre ses doigts tremblants le papier redouté. Enfin, par un mouvement désespéré, elle rompit le cachet, arracha la lettre de son enveloppe, en ouvrit les feuillets, et lut les lignes suivantes :

« Comment, mon aimable cousine, vous pensez encore à tous nos enfantillages ! Vous voulez que je vous pardonne et vous promette de mourir ! Décidément il n'est que la Vendée pour les fidélités héroïques. Rassurez-vous, chère Marie ; c'est à vous de pardonner ; j'avais pris à l'avance le soin de vous absoudre. Il ne tiendrait qu'à moi d'usurper le beau rôle ; j'aime mieux vous le restituer. Ma franchise sera mon excuse. Imaginez-vous, ma cousine, que je suis marié depuis dix-huit mois. Mes remords ont éveillé les miens, et vous me voyez tout confus et tout humilié. Mais aussi, pouvais-je raisonnablement supposer tant d'amour et tant de constance ? Non ; sans doute, je n'ai point oublié cette soirée que vous me rappelez, où nous échangeâmes nos serments au clair de la lune. Je me souviens qu'en effet il faisait un temps magnifique, quoique un peu froid. C'était en automne, si j'ai bonne mémoire ; vous étiez charmante, et je vois encore vos petits pieds tapis dans l'herbe de la rive. Vienne

octobre prochain, il y aura cinq ans de cela. Ainsi, durant cinq ans, vous m'avez aimé, vous m'avez attendu, et la veille de votre mariage vous m'appeliez, vous m'attendiez encore. Savez-vous, mon aimable cousine, qu'il y a là de quoi me rendre bien honteux et bien fier? Toujours est-il que je ne m'en doutais pas. Je me suis marié sans me soupçonner infidèle. Si vous n'avez pas reçu de lettre de faire-part, c'est qu'à dater de juillet 1840, votre père nous avait formellement interdit toute espèce de relations avec le château de Kérouare. Je vous croyais mariée depuis longtemps, et heureuse. Qui m'eût dit que je vous trahissais m'aurait fort surpris, je vous jure. Vous apprendrez avec plaisir que j'ai épousé un excellent parti : quarante mille livres de rente, sans parler des espérances. Il est vrai que ce n'est ni votre grâce, ni votre beauté. Comme vous, j'ai dû céder aux désirs de mon père; comme moi vous vous résignerez. Vous verrez que rien n'est bon, rien n'est efficace comme le mariage pour abattre les folles exaltations de la jeunesse. Vous ne mourrez pas; ne voulez-vous pas que je vive? Je n'ai pas l'honneur de connaître M. de Grand-Lieu ; mais d'après ce que je me suis laissé dire de sa personne, ce gentilhomme me semble vous convenir en tout point. Je regrette toutefois que vous l'ayez épousé précisément parce qu'il était ruiné : ce n'est pas avec de pareils procédés que se font les bonnes affaires.

« Adieu, mon aimable cousine; je baise vos blanches mains, et vous prie d'agréer les vœux que nous ne cessons, ma mère et moi, d'adresser au ciel pour votre bonheur.

« Octave Duvivier. »

Marie lut deux fois, coup sur coup, cette lettre : la première fois, d'un œil égaré, la seconde, d'un regard froid et sûr; puis, après l'avoir remise sous enveloppe, elle la glissa tranquillement dans la poche de son tablier.

Cela fait, elle demeura longtemps assise au pied d'un chêne, la tête entre ses mains, calme, silencieuse, immobile. Que se passa-t-il en elle? Nul ne saurait le comprendre, qui n'a pas enseveli un vivant dans l'oubli de son cœur. Lorsqu'elle se leva, elle était radieuse et comme transfigurée. Il lui sembla que Dieu venait de l'arracher du néant, et qu'elle assistait pour la première fois aux splendeurs de la création. Elle passa ses mains sur son visage comme quelqu'un qui cherche à se ressouvenir, puis elle promena autour d'elle un regard surpris et charmé. Tout était fête et joie autour d'elle. Les oiseaux chantaient à plein gosier; les insectes ailés semaient dans l'air de rubis, d'améthystes et d'émeraudes; les vapeurs, qui, quelques heures auparavant, enveloppaient les bois et les coteaux, s'étaient dissipées, et la nature entière s'épanouissait sous les chauds baisers du soleil. Ce fut dans l'âme de Marie une pareille fête. Elle entendait chanter en elle des voix nouvellement écloses; elle sentait l'image de M. de Grand-Lieu se dégager, pour ainsi dire, des brouillards qui l'avaient si longtemps obscurcie, elle croyait la voir rayonner dans son cœur ainsi que dans un ciel serein. On eût dit une révélation divine. Un sentiment de bonheur non encore éprouvé, inonda tout son être ; ses yeux se mouillèrent de douces larmes, et, posant une main sur son sein :

— O mon noble ami! s'écria-t-elle.

Madame de Grand-Lieu reprit aussitôt le chemin du château. Elle allait d'un pas léger et d'un cœur joyeux. Chose étrange ! Octave était aussi absent de sa pensée que s'il n'avait jamais existé. Il s'était abîmé dans son souvenir comme un cadavre dans la mer, sans laisser de sillons ni de rides à la surface. Rien ne restait de lui dans cette âme régénérée.

En arrivant à Kérouare, Marie aperçut le cheval de M. de Grand-Lieu, sellé et bridé, qui attendait son maître à la porte. Elle s'approcha du noble animal, et le caressa de sa petite main. Au même instant M. de Grand-Lieu parut, équipé et prêt à partir. Il semblait ne pas se ressentir des blessures de la veille.

— Vous partez! vous partez encore! lui dit Marie d'une voix triste et caressante.

Appuyé contre son cheval, M. de Grand-Lieu la contemplait en silence.

— Ne partez pas! ajouta-t-elle d'un ton suppliant.

M. de Grand-Lieu sourit tristement. Marie essaya vainement de le retenir : il était en selle.

— Je vous en prie, dit encore la jeune fille, restez; monsieur de Grand-Lieu, je ne vous demande qu'un jour, un jour seulement. Me refuserez-vous? ajouta-t-elle en levant vers lui ses beaux yeux remplis de tendresse.

M. de Grand-Lieu ne répondait que par un mélancolique sourire. Cependant son cheval piaffait en hennissant, et déjà l'écume blanchissait le mors.

— Marie, dit enfin le gentilhomme, je ne vous ai jamais vu l'air si heureux que ce matin.

— Ah! oui, s'écria-t-elle avec effusion, je suis en effet bien heureuse.

En ce moment, une félicité céleste illumina son doux visage.

— Il paraît, ajouta M. de Grand-Lieu, que vous avez reçu des nouvelles satisfaisantes.

Et il enfonça ses éperons dans les flancs de son cheval qui partit au galop.

Marie, éperdue, voulut le rappeler, mais la voix expira sur ses lèvres, et déjà M. de Grand-Lieu avait doublé la lisière du bois. Elle le suivit longtemps du regard, longtemps elle écouta le pas de son cheval ; puis lorsqu'il eut disparu et qu'elle n'entendit plus rien, elle se sauva dans sa chambre.

Elle passa cette journée dans d'inexprimables angoisses, et crut que le soir n'arriverait pas. Elle essaya de prendre quelque repos, mais vainement. Elle sortit pour tromper la marche du temps; il lui sembla que l'ombre des arbres, au lieu de s'allonger, restait toujours à la même place. Dans les sentiers qui sillonnent en tout sens les bois d'alentour, elle vit passer à cheval plusieurs gentilshommes des environs, non pas en troupe, mais un à un, et se suivant à longue distance. Tous étaient armés d'un fusil de chasse à deux coups; mais il était aisé de voir, à leur air mystérieux et sombre, qu'il ne s'agissait pas de plaisir. Marie remarqua qu'ils suivaient tous la même direction qu'avait prise M. de Grand-Lieu. Un grand trouble s'empara de son cœur. Inquiète, alarmée, elle alla trouver son père et l'interrogea:

— Mon père, dit-elle, que se passe-t-il? Depuis longtemps on s'agite autour de nous. Je ne sais rien, je n'ai rien surpris; mais quelque chose me dit que de grands malheurs se préparent. Nous sommes sur une mine qui finira par éclater. Déjà depuis longtemps cette terre tremble sous nos pieds.

Le vieillard voulut rassurer sa fille.

— Je n'ai point peur, s'écria-t-elle en l'interrompant; mais êtes-vous sûr que M. de Grand-Lieu soit étranger à ce qui se passe? Pourquoi ces fréquentes absences? Hier, il n'est rentré que bien avant dans la nuit, et, ce matin, il est reparti, sans que j'aie pu le retenir. Mon père, ne savez-vous rien de ses desseins? Votre parole aurait peut-être plus d'influence que la mienne. Rappelez à M. de Grand-Lieu que vous lui avez confié le bonheur de votre enfant : depuis longtemps il l'oublie trop, mon père.

— Il ne l'oublie pas, mon enfant, répliqua le comte de Kérouare; je réponds de son amour pour toi et de sa sollicitude. Ce matin encore, avant son départ, nous avons eu un long entretien durant lequel il n'a été question que du bonheur de notre chère Marie. Son généreux cœur ne s'préoccupe que de toi : il n'est que l'amour de ton père qui se puisse comparer au sien.

— Il nous fuit pourtant, il nous évite, dit Marie en dévorant ses pleurs.

— Tu calomnies ses intentions, ma fille ; il cherche à réparer l'échec qu'a reçu sa fortune, et en ceci, comme en toutes choses, il n'agit qu'en vue de ta félicité. Ce matin il m'en parlait encore, et, près de me quitter, ce noble jeune homme m'a embrassée en prononçant ton nom.

— Il vous trompe! mon père, il vous trompe, s'écria-t-elle avec des sanglots. Ce n'est point de sa fortune qu'il s'agit, ni de mon bonheur, hélas! mais bien de notre perte à tous.

A ces mots, elle s'arracha des bras de son père, et s'enfuit tout éplorée. Je ne sais quel instinct la poussa dans l'appartement de M. de Grand-Lieu: elle y pénétra pour la première fois. C'était l'appartement qu'il avait occupé au château de Kérouare. Tout y était en désordre. Une neige de papiers déchirés en mille morceaux couvrait le parquet ; çà et là des gouttes de sang toutes fraîches, des armes éparses sur les meubles. Le lit n'était pas défait: il était évident que M. de Grand-Lieu avait veillé toute la nuit. Sur la plaque de marbre de la cheminée, un moule à balles et des traces de plomb figé. Plus loin, des paquets de poudre éventrés et vides. De lettres, nulle part! Marie chercha partout et ne trouva rien. Seulement, dans une boîte de palissandre, le portrait du père de M. de Grand-Lieu, et, dans la même boîte, un bouquet desséché de fleurs des champs, qu'elle reconnut pour les avoir cueillies elle-même et portées tout un jour sur son sein.

Marie sortit de cette chambre, moins rassurée encore, et plus tremblante qu'avant de l'avoir visitée ; mais en voyant le soleil qui descendait enfin à l'horizon, elle se sentit soulagée d'un grand poids et se prit à respirer plus à l'aise. On assurait dans le château que M. de Grand-Lieu avait promis de rentrer avant la fin du jour. La jeune fille alla s'asseoir au pied du coteau, sur le bord de la Sèvres. Le jour baissait, et tous les bruits lointains la faisaient tressaillir comme une commotion électrique. Un paysan du village voisin vint à passer, se rendant à la ville; elle l'arrêta de la voix pour lui demander des nouvelles.

— Que dit-on? que fait-on? Le pays est-il tranquille?

Le bonhomme hocha la tête.

— Les mauvais jours sont revenus, dit-il.

Et il continua son chemin.

Ces quelques paroles avaient glacé Marie de terreur. Cependant, au milieu de toutes ces angoisses, elle éprouvait un sentiment de bonheur, vaste et profond comme la mer, dans lequel elle se plongeait avec ivresse. Au milieu des voix orageuses qui grondaient dans son cœur, il y avait une voix charmante qui, par instant, les couvrait toutes, et qu'elle écoutait avec ravissement.

Le jour baissait; M. de Grand-Lieu ne revenait pas. A l'heure où les hommes des champs prennent leur repas du soir, Marie gagna la ferme voisine. Elle trouva la famille attablée et causant des affaires du jour. C'était là précisément que Marie voulait entendre. Elle prit place sur un escabeau, et elle écouta. Les récits étaient contradictoires. Les uns assuraient qu'on en venait aux mains du côté de Tiffauges, les autres du côté des Herbiers. Tous s'accordaient à dire qu'à Clisson la générale avaient battu trois fois durant le jour. Des troupes de Nantes, arrivées de la veille, avaient pris position dans les alentours. Tout le pays était sous les armes. Plusieurs noms de chefs insurgés furent jetés dans la conversation. On ne prononça pas celui de M. de Grand-Lieu; mais Marie crut remarquer qu'on l'observait à la dérobée. Elle remarquait tout, elle écoutait tout avec une avide épouvante. On parlait aussi de rassemblements mystérieux. Le plus jeune garçon de la ferme affirmait avoir vu, le soir même, plusieurs cavaliers tout armés s'introduire dans le château de la Pénissière. Il en avait reconnu plusieurs qu'il nomma.

— Avez-vous remarqué M. de Grand-Lieu? demanda Marie en s'efforçant de sourire.

— Non, madame, répondit le jeune gars, je n'ai pas vu M. de Grand-Lieu.

— S'il n'était mort, tu aurais vu son père, ajouta le chef de la famille, vieux vendéen incorrigible.

— Vous n'avez que trois fermes brûlées sous vous; vous pensez que ce n'est point assez, dit la fille en pressant entre ses bras deux beaux enfants, dont l'un était encore à la mamelle. Vous voulez que nos fils soient aussi malheureux que l'ont été nos pères.

Le vieillard, pour toute réponse, leva les épaules et tourna son regard indigné vers un portrait grossièrement enluminé de Charette, qui pendait à la muraille.

Marie se retira. Il faisait nuit sombre; le ciel était chargé de gros nuages. La foudre grondait au loin; déjà de larges gouttes de pluie s'échappaient de la nuée épaisse. Marie rentra au château: M. de Grand-Lieu n'avait pas encore reparu. M. de Kérouare chercha à faire passer dans l'esprit de sa fille une sécurité qu'il n'avait plus lui-même. Depuis quelques heures, des bruits sinistres étaient arrivés jusqu'à lui. Pendant l'absence de Marie, une visite domiciliaire avait eu lieu au château de Kérouare. On avait saisi dans l'appartement de M. de Grand-Lieu les armes et les papiers qui s'y trouvaient. Le même jour, à la même heure, de semblables perquisitions avaient été faites au château de Grand-Lieu; un vieux serviteur venait d'en apporter la nouvelle. Au dehors, on avait remarqué, vers le soir, des mouvements inaccoutumés. Des détachements d'infanterie avaient battu les bois environnants; on avait vu les baïonnettes reluire à travers les halliers; à cette heure encore, on entendait les roulements lointains du tambour qui se mêlaient au bruit de tonnerre; le tocsin sonnait à Clisson, et le vent d'orage en apportait jusqu'à Kérouare les cris de détresse. On essayait de cacher à madame de Grand-Lieu une partie de la vérité; mais la consternation qui régnait autour d'elle lui en apprenait déjà trop.

— Vous dites donc, mon père, s'écria-t-elle tout d'un coup, en s'adressant à M. de Kérouare, vous dites que M. de Grand-Lieu vous a embrassé en partant!

— Et en m'embrassant il a prononcé ton nom, ajouta le vieillard en pressant la main de sa fille.

— Il a prononcé mon nom! dit-elle comme en rêvant.

Puis elle ajouta:

— C'est donc la première fois que M. de Grand-Lieu vous a embrassé, mon père?

— C'est la première fois en effet, répondit M. de Kérouare.

Elle se leva brusquement, écrivit à la hâte quelques lignes, et demanda Georges, le plus intelligent, le plus actif, le plus alerte de ses serviteurs. Georges accourut.

— Sellez un cheval, lui dit-elle d'une voix ardente; allez au château de la Pénissière, voyez M. de Grand-Lieu, remettez-lui cette lettre, et soyez de retour dans une heure.

— Oui, madame, répondit l'honnête garçon.

Deux minutes après, il passait, comme l'éclair, sur la lisière du bois.

Au bout d'un quart d'heure, l'orage éclata avec une incroyable furie. Une heure, deux heures s'écoulèrent; Georges ne revenait pas. La pluie tombait par torrents; à chaque instant la foudre éclatait. Enfin, sur le coup de minuit, un cheval s'arrêta devant la porte du château. C'était le cheval de Georges; mais la selle était vide. Ce fut un nouveau sujet de larmes et de désespoir; ce fut en même temps un sombre et terrible présage. Tout le château était debout; on ne parlait pas; on osait se regarder à peine.

Au lever du jour, on entendit de toutes parts résonner les clairons et battre les tambours. Bientôt on put voir des bataillons défiler au loin dans la plaine. Des messagers qu'on avait envoyés aux informations rapportèrent que les troupes se dirigeaient vers le château de la Pénissière, qui se préparait, assurait-on, à faire bonne résistance. Marie ne douta plus que son mari ne fût au nombre des insurgés. Georges avait été trouvé sans vie dans la forêt: son cheval s'était sans doute emporté, et le malheureux avait été tué, avant d'avoir pu remplir son message. Madame de Grand-Lieu voulut partir pour aller elle-même arracher son mari aux dangers qui le menaçaient. On eut bien de la peine à lui démontrer que ce projet n'était pas réalisable. En effet, dès le matin, la Pénissière avait été cernée, et c'eût été folie que de vouloir y pénétrer. D'ailleurs il était encore permis de douter que M. de Grand-Lieu comptât parmi les rebelles. — Il l'aime, disait M. Kérouare, il sait que sa vie est la tienne; le bonheur l'a rendu ménager de ses jours. — Hélas! Marie le connaissait, ce bonheur, et voilà bien pourquoi elle s'arrachait les cheveux avec désespoir. Chose étrange, encore une fois! au milieu de tant d'émotions, elle ne songea plus à Octave, pas même pour l'accuser et le maudire. Il était mort en elle, ou plutôt il n'avait jamais vécu.

Madame de Grand-Lieu avait pris place à sa fenêtre, observant, écoutant avec une horrible anxiété, l'œil fixe, l'oreille avide, le cœur haletant. M. de Kérouare se tenait debout près de sa fille. Tous les serviteurs étaient rassemblés dans la chambre de leur jeune maîtresse. La Pénissière est si près de Kérouare, que Marie aurait pu en apercevoir la toiture, sans les massifs de verdure qui la lui cachaient. Avant ce jour, ce n'était, à vrai dire, qu'une ferme; cette grande et folle journée l'érigea pour jamais en château. Ce fut avec le sang de vingt jeunes héros que furent signés ses titres de noblesse.

Cependant tout restait calme. Des paysans qui passaient au pied de Kérouare prétendaient que c'était une fausse alerte, et qu'il n'y avait à la Pénissière personne autre que le fermier. Un rayon d'espérance commençait à briller, quand tout à coup un roulement de tambours se fit entendre, et presque au même instant la fusillade s'engagea.

On vit alors un spectacle qui aurait arraché des larmes aux yeux les plus indifférents. Marie tomba mourante entre les bras de son vieux père, et tous les serviteurs se pressèrent autour d'elle en pleurant.

A ce mouvement de faiblesse succéda dans l'âme de madame de Grand-Lieu un courage froid et terrible. Elle s'arracha des étreintes de M. de Kérouare, et reprit sa place à la fenêtre. Tout ce qu'on tenta pour l'éloigner fut inutile. L'héroïque fille resta debout, ferme et immobile. Elle mourut ainsi de mille morts, car tous les coups de feu la frappèrent au cœur.

Les décharges continuaient. On pouvait distinguer l'attaque et la riposte, et, pour ainsi dire, les demandes et les réponses. De loin en loin, de lourdes explosions, puis des coups isolés, puis de longs silences plus lugubres, plus effrayants que le bruit même. D'une part, le tambour battait sans interruption; de l'autre, les cors et les clairons sonnaient de belliqueuses fanfares. En même temps, parlaient des deux côtés des chants également connus de la victoire: la jeune Marseillaise et le vieil Henri IV se mêlaient au milieu du sifflement des balles.

Madame de Grand-Lieu n'avait point changé d'attitude. Elle était là comme assistant sur quelque place de Grève à l'exécution de son époux. M. de Kérouare sentait, malgré lui, son reste de sang s'allumer. Le vieux coursier hennissait à l'odeur de la poudre.

De temps en temps passaient des curieux qui, s'étant approchés, autant qu'ils l'avaient pu faire, du théâtre du combat, en semaient des nouvelles sur leur passage. On les arrêtait, on les interrogeait. Les uns affirmaient que le château pouvait tenir longtemps encore, et que sans artillerie on ne viendrait difficilement à bout; d'autres, en souriant, que c'était un enfantillage, et que, pour se rendre maître de la place, il suffisait de quelques hommes résolus. L'on s'accordait sur un point, que les nobles rebelles se défendaient comme des lions, et n'avaient d'ailleurs aucune chance de salut. Quelques-uns, cependant, qui prétendaient bien connaître les lieux, assuraient qu'on pouvait aisément s'échapper par les derrières, qui n'étaient point gardés, grâce à la pluie d'orage qui avait inondé les prairies d'alentour. On disait plusieurs gentilshommes des environs, engagés dans cette échauffourée; nul ne put dire si M. de Grand-Lieu était de la sanglante fête.

Vers le milieu du jour, on aperçut une épaisse fumée s'élever au-dessus des bois: c'était la Pénissière qui brûlait. La fusillade s'était ralentie, mais les chants avaient redoublé parmi les assiégés, qui, triomphant dans leur désastre, remplissaient l'air des joyeux éclats de leurs voix et de leurs instruments.

Marie n'avait pas bougé; seulement la pâleur de son front s'était illuminée, et ses yeux brillaient d'une fiévreuse ardeur.

Tout à coup une troupe de cavaliers au galop déboucha du bois dans la vallée. L'un d'eux s'en détacha brusquement et se dirigea

vers le château de Kérouarc avec la rapidité d'un caillou lancé par une fronde.

Il n'y eut qu'un cri dans l'appartement de madame de Grand-Lieu, un cri de joie et de délivrance.

— Sauvé ! il est sauvé ! c'est lui !

Vous êtes blessé ! s'écria-t-elle.

Marie s'était élancée la première; mais presque aussitôt elle recula avec épouvante.

Ce n'était pas M. de Grand-Lieu.

SIXIÈME ET DERNIÈRE PARTIE.

C'était un jeune gentilhomme des environs de Mortagne, le vicomte de W***, ami d'enfance de M. de Grand-Lieu, bien connu au château de Kérouarc. Il avait ses vêtements en désordre, les mains et le visage noircis par la poudre; son front saignait d'une blessure profonde. En le reconnaissant, Marie s'était jetée dans les bras de son père. Le jeune homme se tenait debout, silencieux. Au château de la Pénissière, les chants avaient cessé: on n'entendait plus que quelques coups de feu qui se répondaient de loin en loin; une fumée noire et épaisse continuait de s'élever au-dessus du bois.

— Qu'avez-vous fait de M. de Grand-Lieu ? s'écria la jeune fille en s'arrachant des bras de M. de Kérouarc, qu'avez-vous fait de mon mari ?

— Tout ce qu'il était humainement possible de faire pour le sauver, nous l'avons fait, madame, répondit le jeune homme : nos efforts ont été vains. M. de Grand-Lieu a refusé de partager la chance de salut qui nous était offerte. Rien n'a pu l'entraîner, ni nos prières, ni notre exemple. Il a protégé notre retraite, nous l'avons tous embrassé en partant. C'est moi qu'il a pressé le dernier sur son noble cœur. J'ai tenté un dernier effort : je l'ai supplié en votre nom, madame. Je lui ai dit qu'il avait assez fait pour son parti, qu'il devait se conserver pour vous, pour votre père, pour notre cause sainte. — Adieu ! m'a-t-il dit avec un triste sourire : mon parti ne me doit rien et Dieu seul connaît la cause pour laquelle je veux mourir. — Ce sont ses dernières paroles. Peut-être ce papier qu'il m'a chargé de vous remettre vous en apprendra-t-il davantage.

Marie s'empara du papier que lui tendait le vicomte de W***.

C'était un testament en bonne forme, daté du château de la Pénissière, par lequel M. de Grand-Lieu léguait à sa femme les débris de sa fortune. Pas un mot, d'ailleurs, pas une plainte, pas un regret, pas un adieu !

— Il est resté seul ? demanda la jeune fille.
— Seul vivant, au milieu des flammes.
— Alors, ces coups de feu ?...
— C'est lui qui vit et se défend encore.
— Partez, monsieur, s'écria-t-elle ; on doit être à votre poursuite. Ce château est suspect; cherchez un asile plus sûr. Et nous, mon père, allons, allons sauver M. de Grand-Lieu, ou mourir avec lui !

Sa voix était éclatante, et son visage illuminé.

Au même instant une détonation retentit.

— Mort ! s'écria Marie en tombant à genoux.

On écouta : plus rien ; cette explosion fut la dernière ; aucune autre n'y répondit.

Je ne vous demande qu'un jour.

Le soir de cette mémorable journée, on vit un spectacle digne d'une éternelle pitié. Madame de Grand-Lieu et son père sortirent du château de Kérouarc et se dirigèrent vers la Pénissière, suivis

de tous leurs serviteurs. Le vieux comte marchait tête nue, appuyé sur le bras de sa fille : Andromaque et le vieux Priam allant redemander les dépouilles d'Hector! Le cortége s'écoula lentement le long des sentiers. Tous étaient silencieux : comme leur maître, les serviteurs avaient le front découvert. Marie ne chancela pas une fois durant ce trajet funèbre. Son pas était ferme ; ses yeux ne pleuraient pas. Elle soutenait la démarche tremblante de son père. Au bout de deux heures, ils s'arrêtèrent devant la cour de la Pénissière. M. de Kérouare et madame de Grand-Lieu s'étant présentés à la porte, deux fonctionnaires les repoussèrent durement ; mais un jeune officier parut, et s'inclinant avec respect devant cette muette douleur qu'il comprit sans l'interroger, il donna des ordres pour qu'on laissât entrer le vieillard et sa fille.

Ils entrèrent. Ces lieux dévastés offraient en raccourci le tableau d'un champ de bataille et l'image d'une ville prise d'assaut. Le château était debout, mais il n'en restait que les murs : le toit s'était effondré dans les flammes. Les ruines fumaient encore. La cour était jonchée de cadavres, les uns appartenant à la troupe, les autres qu'on avait arrachés de l'incendie, tous frappés par devant, défigurés et à peine reconnaissables.

Les vivants bivouaquaient au milieu des morts. Ça et là des fusils en faisceaux, des tambours et tout l'appareil militaire. Plus loin, des soldats blessés, étendus sur des matelas. Le sol était souillé de sang et couvert de débris.

Marie s'avança, sans faiblir, au milieu de toutes ces horreurs. Elle se pencha sur chaque cadavre, les examina tous, froidement, un à un, et s'assura que celui de M. de Grand-Lieu manquait. Un éclair d'espérance traversa son âme désolée.

— Est-ce là, monsieur, tous les morts trouvés dans la place? demanda-t-elle d'une voix émue au jeune officier.

— Tous, oui, madame.

— Et pensez-vous, monsieur, les avoir tous arrachés des flammes?

L'héroïque fille resta debout, ferme et immobile.

ajouta M. de Kérouare. L'incendie n'en a-t-il pu consumer quelques-uns?

— Quelques-uns ont été peut-être ensevelis sous les décombres, répliqua l'officier ; mais je ne le pense pas.

— Il est sauvé! s'écria Marie dans son cœur.

En tournant la tête, elle aperçut un soldat qui, par un geste silencieux, lui indiquait un coin de la cour ombragé par un mûrier. Marie frissonna, marcha droit au lieu indiqué, poussa un cri, et tomba sur le corps sans vie de M. de Grand-Lieu. M. de Kérouare ayant voulu s'approcher de sa fille :

— Éloignez-vous, mon père, éloignez-vous, dit-elle.

Elle demeura seule, agenouillée près du cadavre de son mari, lui parlant à voix basse, comme s'il avait pu l'entendre, et couvrant de baisers son front pâle et ses mains glacées. M. de Grand-Lieu avait reçu trois coups de feu dans la poitrine ; mais son corps n'avait subi aucun outrage. Son visage était calme et serein ; ses belles mains avaient la mate blancheur de l'albâtre.

La douleur de Marie fut grave, sans larmes et sans éclat. Au bout d'une heure, elle se releva, et s'approchant de M. de Kérouare, qui s'était assis à quelques pas de distance, courbé sur ses genoux tremblants :

— Du courage, mon père! dit-elle en lui tendant la main.

Ils s'avancèrent vers l'officier pour lui demander la permission d'enlever le corps de M. de Grand-Lieu.

— C'est mon époux, dit la jeune femme.

— C'est mon fils, ajouta le vieillard.

Le jeune homme donna aussitôt des ordres pour qu'on préparât un brancard de feuillage, sur lequel on étendit les dépouilles mortelles du guerrier vendéen. Quatre serviteurs du château de Kérouare le soulevèrent sur leurs épaules. Lorsque le convoi sortit de la cour, le tambour battit ; rangés de front sur une ligne, les soldats présentèrent les armes, et l'officier salua avec la lame de son sabre.

Le brancard marchait en tête ; M. de Kérouare et sa fille venaient ensuite, escortés du reste de leurs serviteurs.

Il est à Clisson, sur le plateau de la colline qui domine la rive gauche de la Sèvre nantaise, un cimetière rustique, caché sous l'ombrage des hêtres et des chênes. C'est là que M. de Grand-Lieu fut enseveli le lendemain, sans pompe et sans honneurs.

A partir de ce jour, on vit tous les soirs, à la même heure, madame de Grand-Lieu, en habits de deuil, venir s'agenouiller ou s'asseoir sur la tombe de son mari. Elle y restait de longues heures, et plus d'une fois M. de Kérouare fut obligé de l'en arracher.

Et le tomba sur le corps sans vie de M. de Grand-Lieu.

Souvent aussi on la vit errer, comme une ombre plaintive, autour du château de la Pénissière.

Il serait difficile d'ailleurs d'imaginer une douleur plus calme et

plus paisible. Jamais de sanglots ni de pleurs; toujours affectueuse et tendre pour son père, bonne pour ceux qui l'entouraient; seulement distraite, silencieuse, écoutant à peine, et ne répondant, la plupart du temps, que par un pâle sourire.

Cependant en moins de quelques mois, ses yeux se cavèrent, son front se flétrit, ses lèvres se décolorèrent. Elle ne souffrait pas : elle s'éteignait.

Un matin elle dit à son père :

— Mon père, est-ce que vous m'en voudriez, si je mourais avant vous?

— Tu veux donc mourir? demanda le vieillard.

— Je serais partie depuis longtemps, dit-elle : c'est la crainte de vous affliger qui m'a retenue sur la terre. Si vous voulez, mon père, nous partirons ensemble.

— Quand tu voudras, ma fille, je serai prêt, répondit M. de Kérouare en branlant tristement la tête.

Elle ne parlait jamais de M. de Grand-Lieu, et ne souffrait pas qu'on parlât de lui devant elle.

Plus sa fin approchait, plus elle devenait sereine.

Sur le dernier temps, elle était presque joyeuse.

Elle mourut juste un an après la mort de son mari, le jour anniversaire du combat de la Pénissière.

La veille, elle s'était couchée sans avoir pu accomplir son pèlerinage accoutumé. Les forces lui avaient manqué. Le lendemain matin, M. de Kérouare entra dans la chambre de sa fille : Marie était assoupie. Le vieillard passa la journée auprès d'elle.

Vers le soir, elle s'éveilla, se tourna vers son père, et lui tendit la main avec un céleste sourire :

— Mon père, êtes-vous prêt? dit-elle.

M. de Kérouare garda cette main dans la sienne, et, la sentant se refroidir et se glacer, il se pencha avec effroi sur le visage de sa fille.

La tête de Marie reposait immobile; l'âme, enfin délivrée, venait de s'envoler, et déjà les anges l'avaient déposée, blanche et sans tache, aux pieds de l'Éternel.

M. de Kérouare suivit de près son enfant. Tous deux furent ensevelis à côté de M. de Grand-Lieu. On montre à Clisson leurs trois tombes.

M. Octave Duvivier, un des agents de change de Paris les plus distingués et les plus spirituels, ayant naturellement hérité du château de Kérouare, s'est empressé de le vendre à un honnête manufacturier de Nantes, qui se propose de le faire abattre et de le remplacer par une filature de coton.

<div style="text-align:right">Jules SANDEAU.</div>

FIN DE MADEMOISELLE DE KÉROUARE.

LE SIÈCLE DES VERTUS.

SATIRE.

Cette satire a été composée sous les dernières impressions de la trop fameuse année 1847, c'est-à-dire à la veille de la Révolution de Février : nous la publions aujourd'hui comme tableau de mœurs, à sa date, pour lui conserver sa physionomie, et en approprier l'application à ceux qui rêveraient encore, sous une forme ou sous une autre, le système qui l'a inspirée.

Depuis vingt jours entiers, oserai-je le dire ?
Je cherche vainement un sujet de satire :
Je voudrais signaler des crimes, des abus,
Et ne vois sur mes pas que sublimes vertus !
Ils ne sont plus ces temps des anciens satiriques,
Des poëtes féconds en chaleureux distiques :
Les vices inspiraient Nævius, Martial,
Varron, Lucile, Horace et Perse et Juvénal :
Chacun d'eux, pour écrire avec force ou malice,
De son siècle, à grands traits, n'eut qu'à tracer l'esquisse.

L'un se sent tressaillir d'une bouillante ardeur
Au seul aspect du crime : armé d'un fouet vengeur
Il bondit dans l'arène, et sa stridente muse
Fait trembler et pâlir les tyrans qu'elle accuse.
Intrépide, elle voue à l'horreur des Romains
L'adultère et l'inceste, et de sanglantes mains
Se parant de la pourpre avec effronterie ;
D'un sénat corrompu la basse flatterie ;
De lâches délateurs se courbant sous le faix
De l'or qu'ils ont reçu pour prix de leur forfaits ;
Ici ces vrais amis, ces serviteurs candides
Qu'on voit près d'un malade avec des yeux humides,
Et qui, tout consolés s'ils ont un testament,
Au funèbre bûcher le conduisent gaîment ;

Là d'effrénés joueurs à la face crispée,
De fiers centurions abreuvant leur épée
Du sang des citoyens, aujourd'hui pour Sylla,
Demain pour Céthégus ou pour Catilina,
Et toujours les vainqueurs, pour mieux masquer leurs crimes,
Inscrivant sur leurs fronts les plus sages maximes.
Puis il demande à ceux qui blâment son humeur,
S'ils pourraient voir Verrès abhorrer un voleur,
Un Verrès condamner un subalterne avide,
Les Gracques la révolte, ou Milon l'homicide.
A son crible de fer il passe en les tordant,
Le vil adulateur, le souple confident
Qui pleure si l'on pleure et rit dès qu'il voit rire ;
L'intrigant qui supporte un affront sans mot dire ;
L'esclave astucieux qui par la trahison
Supplante l'héritier d'une riche maison ;
La marâtre immolant à sa haine jalouse
Par le bras paternel les fils d'une autre épouse ;
Les Hébreux refusant d'indiquer le chemin
Au passant, s'il n'est juif, et qu'il ait soif ou faim ;
L'injuste querelleur, l'envieux à l'œil louche,
L'indigne chevalier, le proconsul farouche,
Le magistrat têtu, les prévaricateurs,
Et tous ceux qui du peuple aspirent les sueurs,
Des rives de l'Indus aux plages africaines :
Rien n'échappe à ses coups, et les grandeurs romaines

En vain demandent grâce aux pieds de Juvénal :
Sur l'albâtre et les lis d'un front impérial
Sa verve en traits de feu grave l'ignominie.

D'autres, en aiguisant une fine ironie,
Et sans jeter l'éclat d'un flamboyant tison,
Pénètrent dans l'esprit par la seule raison.
Ils aiment à railler le prodigue et l'avare,
Et le riche écolier qui veut rester ignare,
Ou le pieux romain qui, composant son air,
Adresse hautement des vœux à Jupiter,
Et convoite en secret les biens de son pupille.
De leur muse jamais le rire n'est stérile.
A son malin lecteur l'un désigne du doigt
Celui qui, se croyant bien caché sous son toit,
Tire d'un emprunteur quatre deniers sur douze,
Ou désire ardemment une troisième épouse.
L'autre peint ces esprits sans fiel et sans venin,
Ces langues de velours, qui, du soir au matin,
Dans l'ombre, sans danger, se plaisent à médire,
Et jettent les hauts cris au seul mot de satire ;
Plus loin ces merveilleux que l'on voit, à grands pas,
Courir où les conduit l'odeur d'un bon repas.

Ainsi dès sa naissance, et de Rome exportée,
La verve satirique est toujours excitée
Ou par le ridicule ou par le vice impur.
L'aspect d'un être injuste ou d'un poète dur
A Virgile lui-même inspira l'épigramme ;
C'est contre les Rolets que Despréaux s'enflamme ;
Boileau ! c'est assez dire : irai-je à mon lecteur
Analyser des vers qu'il possède par cœur,
Et que lurent trop peu les fats, les parasites,
Les nobles vaniteux, les dévots hypocrites ?
Plus tard, un noble cœur, l'infortuné Gilbert,
Osa stigmatiser Diderot, d'Alembert,
Ces oracles puissants de la philosophie,
Géants que notre siècle un peu moins déifie,
Et qui, dit-on, jaloux de ce jeune rival,
Le virent en raillant mourir à l'hôpital.
Le parti des dévots fut-il moins égoïste ?
Le satirique ardent fut leur panégyriste :
Eh bien ! à l'Hôtel-Dieu vint-il un seul rabat
Arracher le poète à son triste grabat ?
De son siècle Gilbert put fronder l'athéisme,
Et l'esprit sophistique et le galant cynisme ;
D'insolents parvenus la publique splendeur
Conquise par l'épouse au prix de son honneur,
Et la corruption, d'entraves affranchie,
A sa base rongeant la vieille monarchie :
Sa muse avec vigueur put prendre son essor.

Mais nous qui, plus heureux, vivons dans l'âge d'or,
Oserons-nous lancer les traits de la satire
Aux modernes Brutus, aux sabreurs de l'Empire,
Aux nouveaux anoblis, aux sages sénateurs,
Des antiques vertus parfaits imitateurs,
Qui sans cesse à la bouche eurent la remontrance
Pour épargner un jour des revers à la France ?.....
Rirai-je des amis du joug impérial
Se transformant soudain en parti *libéral*,
Poursuivant de clameurs un règne débonnaire,
A tout propos vantant les douceurs de la guerre,
Et puis, après juillet, répétant à grands cris
Qu'il n'est de glorieux que la paix à tout prix ?
Admirons les vainqueurs d'Austerlitz et d'Arcole
Recevant à genoux la loi du protocole,
De Madère à Madras, de Cayenne à Calais,
Nos marins subissant les visiteurs anglais,
Et pour mieux cimenter l'entente cordiale
La France n'osant plus, dans sa foi virginale,
Arborer un drapeau, construire un gabion,
Sans un permis formel de sa chère Albion !
Quand pour nous le pouvoir se résigne au martyre,
De nos lèvres chassons le sardonique rire,
Et sachons honorer les vertueux suppôts
D'un règne généreux qui fait fi des impôts.
Leur candide pudeur et leurs pures doctrines
Ont reflété partout leurs couleurs purpurines :
En quel temps vit-on moins de fourbes, d'imposteurs ?
Le pupille est sans crainte aux mains de ses tuteurs ;
Le faible est à l'abri de tout noir artifice,
Et l'on brigue l'honneur de lui rendre justice ;
Le fort n'abuse plus de son autorité
Pour assouvir sa haine ou son avidité.
L'ardent solliciteur est sensible à l'outrage,
Nul candidat n'achète ou mendie un suffrage,
Et l'intègre électeur, fidèle à son mandat,
Prend pour guide le bien, la gloire de l'État.
Partout la probité, la bonne foi pullule :
Acheteurs et marchands font assaut de scrupule ;
On ne trouve aux autels et sous tous les drapeaux
Que des hommes très francs, justes, impartiaux ;
Les Juifs même, — ceci n'est certes pas un songe, —
Ne sauraient soutenir le plus petit mensonge,
Et, loin de ressembler aux Hébreux d'autrefois,
A nos écus rognés ils remettraient le poids.
Que dire de la Bourse et de la commandite,
Où, comme en un lieu saint, la loyauté s'abrite ?
La Fortune pour tous devance la vapeur ;
Le peuple enfin n'est plus l'esclave du labeur ;
Les éclats de sa joie et sa mine fleurie
Sont l'éloge vivant de la philanthropie.
Il n'est de loups cerviers que dans le fond des bois ;
Gentilshommes du jour, gentilshommes de choix !
A la cour, à la ville, honneur, délicatesse,
Ont au loin refoulé l'intrigue et la bassesse.
Plus de luxe effronté, de vénales amours ;
L'empire du boudoir est passé pour toujours ;
Le jeu, l'or et le vin restent sans influence ;
La jeunesse boit, fume et danse avec décence.

Il n'est de bien écrit que les livres nouveaux ;
Tous nos romans de mœurs ne sont-ils pas moraux ?
Nul poète n'escompte un recueil de louanges ;
Les peintres du salon sont tous des Michel-Anges ;
Esculape revit dans nos chers médecins
Que trop souvent Molière a traités d'assassins.
Au palais — qui n'est plus un tortueux dédale —
A qui s'adresserait une mercuriale ?
Nos avoués n'ont rien des anciens procureurs ;
Plus d'avocats bavards ni de juges dormeurs ;
Le jeune magistrat jamais ne sollicite :
Il veut prendre son rang par ordre de mérite ;
Ni haine politique ou des motifs secrets,
Ni l'esprit courtisan ne dictent les arrêts.
Ainsi tout dans nos mœurs échappe à la critique,
Et concourt à briser le prisme satirique.
De l'un et l'autre sexe indiscret sermonneur,
Irai-je dévoiler les mystères du cœur ?
Qu'y verrai-je ? partout des amitiés constantes ;
Les amants taisant bien le nom de leurs amantes ;
La vertu vigilante et le vice endormi ;
Les amis respectant la femme d'un ami
Et chassant de leur âme une ardeur criminelle.
Si des femmes je veux faire un tableau fidèle,
Il m'apparaît céleste, ou tel que l'a rêvé
L'harmonieux, le noble et tendre Legouvé :
La femme ! qui pourrait, sans se noircir lui-même,
Ternir un seul fleuron de son blanc diadème ?
Au sein de la splendeur comme après des revers,
J'aime à la contempler, à ses âges divers,
Toujours aimable sœur ou consolante épouse,
De sa fille jamais ne devenant jalouse,
Régnant par la raison, la bonté, la candeur,
Et non par les détours, le caprice ou l'aigreur.
Plus de bonheur troublé, de maison désunie
Par l'astuce ingénue et par la calomnie !
De la pauvre chaumière au somptueux palais
On voit vivre à l'envi dans la joie et la paix
Belles-mères et brus, et toutes les marâtres
Des enfants du mari se montrent idolâtres !
Même on dit que l'amour, sans contrats ni bijoux,
L'amour seul les entraîne au choix de vieux époux...

En un mot, c'en est fait du métier de médire :
Les vertus de mon siècle ont tué la satire.

LÉOPOLD BOUGARRE.

FIN DU SIÈCLE DES VERTUS.

LA FANFARLO.

Samuel Cramer, qui signa autrefois du nom de Manuela de Monteverde quelques folies romantiques, — dans le bon temps du romantisme, — est le produit contradictoire d'un blême Allemand et d'une brune Chilienne. Ajoutez à cette double origine une éducation française et une civilisation littéraire, vous serez moins surpris, — sinon satisfait et édifié, — des complications bizarres de ce caractère. — Samuel a le front pur et noble, les yeux brillants comme des gouttes de café, le nez taquin et railleur, les lèvres impudentes et sensuelles, le menton carré et despote, la chevelure prétentieusement raphaëlesque. — C'est à la fois un grand fainéant, un ambitieux triste et un illustre malheureux; car il n'a jamais eu dans sa vie que des moitiés d'idées. Le soleil de la paresse, qui resplendit sans cesse au dedans de lui, lui vaporise et lui mange cette moitié de génie dont le ciel l'a doué. Parmi tous ces demi-grands hommes que j'ai connus dans cette terrible vie parisienne, Samuel fut, plus que tout autre, l'homme des belles œuvres ratées; — créature maladive et fantastique, dont la poésie brille bien plus dans sa personne que dans ses œuvres, et qui, vers une heure du matin, entre l'éblouissement d'un feu de charbon de terre et le tic-tac d'une horloge, m'est toujours apparu comme le dieu de l'impuissance, — dieu moderne et hermaphrodite, — impuissance si colossale et si énorme qu'elle en est épique!

Comment vous mettre au fait et vous faire voir bien clair dans cette nature ténébreuse, bariolée de vifs éclairs, — paresseuse et entreprenante à la fois, — féconde en desseins difficiles et en risibles avortements; — esprit chez qui le paradoxe prenait souvent les proportions de la naïveté, et dont l'imagination était aussi vaste que la solitude et la paresse absolues. — Un des travers les plus naturels de Samuel était de se considérer comme l'égal de ceux qu'il avait su admirer; après une lecture passionnée d'un beau livre, sa conclusion involontaire était : voilà qui est assez beau pour être de moi ! — et de là à penser : c'est donc de moi, — il n'y a que l'espace d'un tiret.

Dans le monde actuel, ce genre de caractère est plus fréquent qu'on ne le pense; les rues, les promenades publiques, les estaminets et tous les asiles de la flânerie fourmillent d'êtres de cette espèce. Ils s'identifient si bien avec le nouveau modèle, qu'ils ne sont pas éloignés de croire qu'ils l'ont inventé. — Les voilà aujourd'hui déchiffrant péniblement les pages mystiques de Plotin ou de Porphyre; demain ils admireront comme Crébillon le fils a bien exprimé le côté volage et français de leur caractère. Hier ils s'entretenaient familièrement avec Jérôme Cardan; les voici maintenant jouant avec Sterne, ou jouant avec Rabelais dans toutes les goinfreries de l'hyperbole. Ils sont d'ailleurs si heureux dans chacune de leurs métamorphoses, qu'ils n'en veulent pas le moins du monde à tous ces beaux génies de les avoir devancés dans l'estime de la postérité.

— Naïve et respectable impudence! Tel était le pauvre Samuel.

Fort honnête homme de naissance et quelque peu gredin par passe-temps, — comédien par tempérament, il jouait pour lui-même et à huis-clos d'incomparables tragédies, ou, pour mieux dire, tragi-comédies. Il se sentait-il effleuré et chatouillé par la gaîté, il fallait se le bien constater, et notre homme s'exerçait à rire aux éclats. Une larme lui germait-elle dans le coin de l'œil à quelque souvenir, il allait à sa glace se regarder pleurer. Si quelque fille, dans un accès de jalousie brutale et puérile, lui faisait une égratignure avec une aiguille ou un canif, Samuel se glorifiait en lui-même d'un coup de couteau, et quand il devait quelques misérables vingt mille francs, il s'écriait joyeusement : — Quel triste et lamentable sort que celui d'un génie harcelé par un million de dettes !

D'ailleurs, gardez-vous de croire qu'il fût incapable de connaître les sentiments vrais, et que la passion ne fît qu'effleurer son épiderme. Il aurait vendu ses chemises pour un homme qu'il connaissait à peine, et qu'à l'inspection du front et de la main il avait institué hier son ami intime. Il apportait dans les choses de l'esprit et de l'âme, la contemplation oisive des natures germaniques, — dans les choses de la passion, l'ardeur rapide et volage de sa mère, — et dans la pratique de la vie, tous les travers de la vanité française, il se fût battu en duel pour un auteur ou un artiste mort depuis deux siècles. Comme il avait été dévot avec fureur, il était athée avec passion. Il était à la fois tous les artistes qu'il avait étudiés et tous les livres qu'il avait lus, et cependant, en dépit de cette faculté comédienne, restait profondément original. Il était toujours le doux, le fantasque, le paresseux, le terrible, le savant, l'ignorant, le débraillé, le coquet Samuel Cramer, la romantique Manuela de Monteverde. Il raffolait d'un ami comme d'une femme, aimait une femme comme un camarade. Il possédait la logique de tous les bons sentiments et la science de toutes les roueries, et néanmoins il n'a jamais réussi à rien, parce qu'il croyait trop à l'impossible. — Quoi d'étonnant? il était toujours en train de le concevoir.

Samuel, un soir, eut l'idée de sortir; le temps était beau et parfumé. — Il avait, selon son goût naturel pour l'excessif, des habitudes de réclusion et de dissipation également violentes et prolongées, et depuis longtemps il était resté fidèle au logis. La paresse maternelle, la fainéantise créole qui coulait dans ses veines l'empêchait de souffrir du désordre de sa chambre, de son linge et de ses cheveux encrassés et emmêlés à l'excès. Il se peigna, se lava, sut en quelques minutes retrouver le costume et l'aplomb des gens chez qui l'élégance est chose journalière; puis il ouvrit la fenêtre. — Un jour chaud et doré se précipita dans le cabinet poudreux. Samuel admira comme le printemps était venu vite en quelques jours et sans crier gare. Un air tiède et imprégné de bonnes odeurs lui ouvrit les narines, — dont une partie étant montée au cerveau, le remplit de rêverie et de désirs, et l'autre lui remua libertinement le cœur, l'estomac et le foie. — Il souffla résolûment ses deux bougies, dont l'une palpitait encore sur un volume de Swedenborg, et l'autre s'éteignait sur un de ces livres honteux dont la lecture n'est profitable qu'aux esprits possédés d'un goût immodéré de la vérité.

Du haut de sa solitude, encombrée de paperasses, pavée de bouquins et peuplée de ses rêves, Samuel apercevait souvent, se promenant dans une allée du Luxembourg, une forme et une figure qu'il avait aimées en province, — à l'âge où l'on aime l'amour. — Ses traits, quoique mûris et engraissés par quelques années de pratique, avaient la grâce profonde et décente de l'honnête femme; au fond de ses yeux brillait encore par intervalles la rêverie humide de la jeune fille. Elle allait et venait, habituellement escortée par un homme assez élégant, et dont le visage et la tournure accusaient plutôt la confidente ou la demoiselle de compagnie que la domestique. Elle semblait rechercher les endroits abandonnés, et s'asseyait tristement comme dans des attitudes de veuve, tenant parfois dans sa main distraite un livre qu'elle ne lisait pas.

Samuel l'avait connue aux environs de Lyon, jeune, alerte, folâtre et plus maigre. A force de la regarder et pour ainsi dire de la reconnaître, il avait retrouvé un à un tous les menus souvenirs qui se rattachaient à elle dans son imagination; il s'était raconté à lui-même, détail par détail, tout ce jeune roman, qui, depuis, s'était perdu parmi les préoccupations de sa vie et le dédale de ses passions.

Ce soir-là, il la salua, mais avec plus de soin et plus de regards. En passant devant elle, il entendit derrière lui ce lambeau de dialogue :

— Comment trouvez-vous ce jeune homme, Mariette? — mais cela dit avec un ton de voix si distrait, que l'observateur le plus malicieux n'y eût rien trouvé à redire contre la dame.

— Mais je le trouve bien, madame. — Madame sait que c'est M. Samuel Cramer?

Et sur un ton plus sévère : — Comment se fait-il que vous sachiez cela, Mariette?

C'est pourquoi le lendemain Samuel eut grand soin de lui rapporter son mouchoir et son livre, qu'il trouva sur un banc, et qu'elle n'avait pas perdus, puisqu'elle était près de là, regardant les moineaux se disputer des miettes, ou ayant l'air de contempler le travail intérieur de la végétation. Comme il arrive souvent entre deux êtres dont les destinées complices ont élevé l'âme à un égal diapason, — engageant la conversation assez brusquement, — il eut néanmoins

le bonheur bizarre de trouver une personne disposée à l'écouter et à lui répondre.

— Serais-je assez heureux, madame, pour être encore logé dans un coin de votre volume de vos souvenirs? Suis-je tellement changé que vous ne puissiez reconnaître en moi un camarade d'enfance, avec qui vous avez daigné jouer à cache-cache et faire l'école buissonnière?

— Une femme, — répondit la dame avec un demi-sourire, — n'a pas le droit de reconnaître aussi facilement les gens; c'est pourquoi je vous remercie, monsieur, de m'avoir, le premier, offert l'occasion de me reporter vers ces beaux et gais souvenirs. — Et puis... chaque année de la vie contient tant d'événements et de pensées... et il me semble vraiment qu'il y a bien des années?...

— Années, — répliqua Samuel, — qui pour moi ont été tantôt bien lentes, tantôt bien promptes à s'envoler, mais toutes diversement cruelles!

— Et la poésie?.... — fit la dame avec un sourire dans les yeux.

— Toujours, madame! — répondit Samuel en riant. — Mais que lisez-vous donc là?

— Un roman de Walter-Scott.

— Je m'explique maintenant vos fréquentes interruptions. — Oh! l'ennuyeux écrivain! — Un poudreux déterreur de chroniques! un fastidieux amas de descriptions de bric-à-brac, — un tas de vieilles choses et de défroques de tout genre: — des armures, des vaisselles, des meubles, des auberges gothiques et des châteaux de mélodrame, où se promènent quelques mannequins à ressort, vêtus de justaucorps et de pourpoints bariolés; — types connus, dont un plagiaire de dix-huit ans ne voudra plus dans dix ans; des châtelaines impossibles et des amoureux parfaitement dénués d'actualité, nulle vérité de cœur, nulle philosophie du sentiment! Quelle différence chez nos bons romanciers français, où la passion et la morale l'emportent toujours sur la description matérielle des objets! — Qu'importe que la châtelaine porte fraise ou paniers, ou sous-jupe Oudinot, pourvu qu'elle sanglote ou trahisse convenablement? L'amoureux vous intéresse-t-il beaucoup plus pour porter dans son gilet un poignard au lieu d'une carte de visite, et un despote en habit noir vous cause-t-il une terreur moins poétique qu'un tyran bardé de buffle et de fer?

Samuel, comme on le voit, rentrait dans la classe des gens absorbants, — des hommes insupportables et passionnés, chez qui le métier gâte la conversation, et à qui toute occasion est bonne, même une connaissance imprévisée au coin d'un arbre ou d'une rue, — fût-ce d'un chiffonnier, pour développer opiniâtrement leurs idées. — Il n'y a entre les commis voyageurs, les industriels errants, les allumeurs d'affaires en commandite et les poètes absorbants que la différence de la réclame à la prédication; le vice de ces derniers est tout-à-fait désintéressé.

Or la dame lui répliqua simplement: — Mon cher monsieur Samuel, je ne suis que public, c'est assez vous dire que mon âme est innocente. Aussi le plaisir est-il pour moi la chose du monde la plus facile à trouver. — Mais parlons de vous; — je m'estimerais heureuse si vous me jugiez digne de lire quelques-unes de vos productions.

— Mais, madame, comment se fait-il?... fit la grosse vanité du poète étonné.

— Le maître de mon cabinet de lecture dit qu'il ne vous connaît pas. — Et elle sourit doucement comme pour amortir l'effet de cette taquinerie fugitive.

— Madame, dit sentencieusement Samuel, le vrai public du dix-neuvième siècle est les femmes; votre suffrage me constituera plus grand que vingt académies.

— Eh bien, monsieur, je compte sur votre promesse. — Mariette, l'ombrelle et l'écharpe; on s'impatiente peut-être à la maison. Vous savez que monsieur revient de bonne heure.

Elle lui fit un salut gracieusement écourté, qui n'avait rien de compromettant, et dont la familiarité n'excluait pas la dignité.

Samuel ne s'étonna point de retrouver un ancien amour de jeunesse asservi au lien conjugal. Dans l'histoire universelle du sentiment, cela est de rigueur. — Elle s'appelait madame de Cosmelly, et demeurait dans une des rues les plus aristocratiques du faubourg Saint-Germain.

Le lendemain il la trouva, la tête inclinée par une mélancolie gracieuse et presque étudiée, vers les fleurs de la plate-bande, et il lui offrit son volume des Orfraies, recueil de sonnets, comme nous en avons tous faits et tous lus, dans le temps où nous avions le jugement si court et les cheveux si longs.

Samuel était fort curieux de savoir si ses Orfraies avaient charmé l'âme de cette belle mélancolique, et si les cris de ces vilains oiseaux lui avaient parlé en sa faveur; mais quelques jours après elle lui dit avec une candeur et une honnêteté désespérantes:

— Monsieur, je ne suis qu'une femme, et par conséquent mon jugement est peu de chose; mais il me paraît que les tristesses et les amours de messieurs les auteurs ne ressemblent guère aux tristesses et aux amours des autres hommes. Vous adressez des galanteries fort élégantes, sans doute, et d'un choix fort exquis à des dames, que j'estime assez pour croire qu'elles doivent parfois s'en effaroucher. Vous chantez la beauté des mères dans un style qui doit vous priver du suffrage de leurs filles. Vous apprenez au monde que vous raffolez du pied et de la main de madame une telle, qui, supposons-le pour son honneur, dépense moins de temps à vous lire qu'à tricoter des bas et des mitaines pour les pieds ou les mains de ses enfants. Par un contraste des plus singuliers, et dont la cause mystérieuse m'est encore inconnue, vous réservez votre encens le plus mystique à des créatures bizarres qui lisent encore moins que les dames, et vous vous pâmez platoniquement devant les sultanes de bas lieu, qui doivent, ce me semble à l'aspect de la délicate personne d'un poète, ouvrir des yeux aussi grands que des bestiaux qui se réveillent dans un incendie. De plus, j'ignore pourquoi vous chérissez tant les sujets funèbres et les descriptions d'anatomie. Quand on est jeune, qu'on a comme vous un beau talent et toutes les conditions présumées du bonheur, il me paraît bien plus naturel de célébrer la santé et les joies de l'honnête homme, que de s'exercer à l'anathème, et de causer avec des Orfraies.

Voici ce qu'il lui répondit: Madame, plaignez-moi, ou plutôt plaignez-nous, car j'ai beaucoup de frères de ma sorte; c'est la haine de tous et de nous-mêmes qui nous a conduits vers ces mensonges. C'est par désespoir de ne pouvoir être nobles et beaux suivant les moyens naturels que nous nous sommes si bizarrement fardé le visage. Nous nous sommes tellement appliqués à sophistiquer notre cœur, avons nous tant abusé du microscope pour étudier les hideuses excroissances et les honteuses verrues dont il est couvert, et que nous grossissons à plaisir, qu'il est impossible que nous parlions le langage des autres hommes. Ils vivent pour vivre, et nous, hélas! nous vivons pour savoir. Tout le mystère est là. L'âge ne change que la voix et n'abolit que les cheveux et les dents; nous avons altéré l'accent de la nature, nous avons extirpé une à une les pudeurs virginales dont était hérissé notre intérieur d'honnête homme. Nous avons psychologisé comme les fous, qui augmentent leur folie en s'efforçant de la comprendre. Les années n'infirment que les membres; et nous avons déformé les passions. Malheur, trois fois malheur aux pères infirmes qui nous ont faits rachitiques et mal venus, prédestinés que nous sommes à n'enfanter que des mort-nés!

— Encore des Orfraies! dit-elle; voyons, donnez-moi votre bras et admirons ces pauvres fleurs que le printemps rend si heureuses.

Au lieu d'admirer les fleurs, Samuel Cramer, à qui la phrase et la période étaient venues, commença à mettre en prose et à déclamer quelques mauvaises stances composées dans sa première manière. La dame le laissait faire.

— Quelle différence, et combien il reste peu du même homme, excepté le souvenir! mais le souvenir n'est qu'une souffrance nouvelle. Le beau temps que celui où le matin ne réveilla jamais nos genoux engourdis ou rompus par la fatigue des songes, où nos yeux clairs riaient à toute la nature, où notre âme ne raisonnait pas, mais où elle vivait et jouissait; où nos soupirs s'écoulaient doucement, sans bruit et sans orgueil! que de fois, dans les loisirs de l'imagination, j'ai revu l'une de ces belles soirées automnales où les jeunes âmes font des progrès comparables à ces arbres qui poussent de plusieurs coudées par un coup de foudre. Alors je vois, je sens, j'entends; la lune réveille les gros papillons; le vent chaud ouvre les belles de nuit; l'eau des grands bassins s'endort... Écoutez en esprit les valses subites de ce piano mystérieux. Les parfums de l'orage entrent par les fenêtres; c'est l'heure où les jardins sont pleins de robes roses et blanches qui ne craignent pas de se mouiller. Les buissons complaisants accrochent les jupes fuyantes, les cheveux bruns et les boucles blondes se mêlent en tourbillonnant! Vous souvient-il encore, Madame, des énormes meules de foin, si rapides à descendre, de la vieille nourrice si lente à vous poursuivre, et de la cloche si prompte à vous rappeler sous l'œil de votre tante dans la grande salle à manger?

Madame de Cosmelly interrompit Samuel par un soupir, voulut ouvrir la bouche, sans doute pour le prier de s'arrêter, mais il avait déjà repris la parole.

— Ce qu'il y a de plus désolant, dit-il, c'est que tout amour fait toujours une mauvaise fin, d'autant plus mauvaise qu'il était plus divin, plus ailé à son commencement. Il n'est pas de rêve, quelqu'idéal qu'il soit, qu'on ne retrouve avec un poupard glouton suspendu au sein; il n'est pas de retraite, de maisonnette si délicieuse et si ignorée, que la pioche ne vienne abattre. Encore cette destruction est-elle toute matérielle, mais il en est une autre plus impitoyable et plus secrète, qui s'attaque aux choses invisibles. Figurez-vous qu'au moment où vous vous appuyez sur l'être de votre choix, et que vous lui dites: Envolons-nous ensemble et cherchons le fond du ciel! — une voix implacable et sérieuse penche à votre oreille pour vous dire que nos passions sont des menteuses, que c'est notre myopie qui fait les beaux visages, et notre ignorance les belles âmes, et qu'il vient nécessairement un jour où l'idole, pour le regard plus clairvoyant, n'est plus qu'un objet, non pas de haine, mais de mépris et d'étonnement!

— De grâce, Monsieur! dit madame de Cosmelly. Elle était évidemment émue; Samuel s'était aperçu qu'il avait mis le fer sur une ancienne plaie, et il insistait avec cruauté.

— Madame, dit-il, les souffrances salutaires du souvenir ont leurs charmes, et, dans cet enivrement de la douleur, on trouve parfois un soulagement. — A ce funèbre avertissement, toutes les âmes loyales s'écrieraient : Seigneur, enlevez-moi d'ici avec mon rêve, intact et pur : je veux rendre à la nature ma passion avec toute sa virginité, et porter ailleurs ma couronne inflétrie. — D'ailleurs les résultats du désillusionnement sont terribles. — Les enfants maladifs qui sortent d'un amour mourant sont la triste débauche et la hideuse impuissance : la débauche de l'esprit, l'impuissance du cœur, qui font que l'on ne vit plus que par curiosité, et que l'autre se meurt chaque jour de lassitude. Nous ressemblons tous plus ou moins à un voyageur qui aurait parcouru un très grand pays, et regarderait chaque soir le soleil, qui jadis dorait superbement les agréments de la route, se coucher dans un horizon plat. Il s'assied avec résignation sur de sales collines couvertes de débris inconnus, et dit aux senteurs des bruyères qu'elles ont beau monter dans un ciel vide ; aux graines rares et malheureuses, qu'elles ont beau germer dans un sol desséché ; aux oiseaux qui croient leurs mariages bénis par quelqu'un, qu'ils ont tort de bâtir des nids dans une contrée balayée de vents froids et violents. Il reprend tristement sa route vers un désert qu'il sait semblable à celui qu'il vient de parcourir, escorté par un pâle fantôme qu'on nomme Raison, qui éclaire avec une pâle lanterne l'aridité de son chemin, et pour étancher la soif renaissante de passion qui le prend de temps en temps, lui verse le poison de l'ennui.

Tout d'un coup, entendant un profond soupir et un sanglot mal comprimé, il se retourna vers madame de Cosmelly : elle pleurait abondamment et n'avait même plus la force de cacher ses larmes.

Il la considéra quelque temps en silence, avec l'air le plus attendri et le plus onctueux qu'il put se donner ; le brutal et hypocrite comédien était fier de ces belles larmes ; il les considérait comme son œuvre et sa propriété littéraire. Il se méprenait sur le sens intime de cette douleur, comme madame de Cosmelly, noyée dans cette candide désolation, se méprenait sur l'intention de son regard. Il y eut là un jeu singulier de malentendus, à la suite duquel Samuel Cramer lui tendit définitivement une double poignée de mains, qu'elle accepta avec une tendre confiance.

— Madame, reprit Samuel après quelques instants de silence, — le silence classique de l'émotion, — la vraie sagesse consiste moins à maudire qu'à espérer. Sans le don divin de l'espérance, comment pourrions-nous traverser ce hideux désert de l'ennui que je viens de vous décrire ? Le fantôme qui nous accompagne est vraiment un fantôme de raison : on peut le chasser en l'aspergeant avec l'eau bénite de la première vertu théologale. Il y a une aimable philosophie qui sait trouver des consolations dans les objets les plus indignes en apparence. De même que la vertu vaut mieux que l'innocence, et qu'il y a plus de mérite à ensemencer un désert qu'à butiner avec insouciance dans un verger fructueux, de même il est vraiment digne d'une âme d'élite de se purifier et de purifier le prochain par son contact. Comme il n'est pas de trahison qu'on ne pardonne, il n'est pas de faute dont on ne puisse se faire absoudre, pas d'oubli qu'on ne puisse combler ; il est une science d'aimer son prochain et de le trouver aimable, comme il est un savoir bien vivre. Plus un esprit est délicat, plus il découvre de beautés originales ; plus une âme est tendre et ouverte à la divine espérance, plus elle trouve dans autrui, quelque souillé qu'il soit, de motifs d'amour ; ceci est l'œuvre de la charité, et l'on a vu plus d'un voyageuse désolée et perdue dans les déserts arides du désillusionnement, reconquérir la foi et s'éprendre plus fortement de ce qu'elle avait perdu, avec d'autant plus de raison qu'elle possède alors la science de diriger sa passion et celle de la personne aimée.

Le visage de madame de Cosmelly s'était éclairé peu à peu ; sa tristesse rayonnait d'espérance comme un soleil mouillé, et à peine Samuel eut-il fini son discours, qu'elle lui dit vivement et avec l'ardeur naïve d'un enfant :

— Est-il bien vrai, Monsieur, que cela soit possible, et y a-t-il pour les désespérés des branches aussi faciles à saisir ?

— Mais certainement, Madame.

— Ah ! que ne me rendriez bien la plus heureuse des femmes, si vous daigniez m'enseigner vos recettes !

— Rien de plus facile, répliqua-t-il brutalement.

Au milieu de ce marivaudage sentimental, la confiance était venue et avait en effet uni les mains des deux personnages ; si bien qu'après quelques hésitations et quelques pruderies qui semblèrent de bon augure à Samuel, madame de Cosmelly à son tour lui fit ses confidences et commença ainsi :

— Je comprends, Monsieur, tout ce qu'une âme poétique peut souffrir de cet isolement, et combien une ambition de cœur comme la vôtre doit se vite consumer dans sa solitude ; mais vos douleurs, qui n'appartiennent qu'à vous, viennent autant que j'ai pu le démêler sous la pompe de vos paroles, de besoins bizarres toujours insatisfaits et presque toujours impossibles à satisfaire. Vous souffrez,

il est vrai ; mais il se peut que votre souffrance fasse votre grandeur et qu'elle vous soit aussi nécessaire qu'à d'autres le bonheur. — Maintenant, daignerez-vous écouter et sympathiser avec des chagrins plus faciles à comprendre, — une douleur de province ? J'attends de vous, monsieur Cramer, de vous, le savant, l'homme d'esprit, les conseils et peut-être les secours d'un ami.

Vous savez qu'au temps où vous m'avez connue, j'étais une bonne petite fille, un peu rêveuse déjà comme vous, mais timide et fort obéissante ; que je me regardais moins souvent que vous dans la glace, et que j'hésitais toujours à manger ou à mettre dans mes poches les pêches et le raisin que vous alliez hardiment voler pour moi dans le verger de nos voisins. Je ne trouvais jamais un plaisir vraiment agréable et complet qu'autant qu'il fût permis ; et j'aimais bien mieux embrasser un beau garçon comme vous devant ma vieille tante qu'au milieu des champs.

La coquetterie et le soin que toute fille à marier doit avoir de sa personne ne me sont venus que tard. Quand j'ai su à peu près chanter une romance au piano, on m'a habillée avec plus de recherche, on m'a forcée à me tenir droite ; on m'a fait faire de la gymnastique, et l'on m'a défendu de gâter mes mains à planter des fleurs ou à élever des oiseaux. Il m'a été permis de lire autre chose que Berquin, et je fus menée en grande toilette au théâtre de l'endroit voir de mauvais opéras. Quand M. de Cosmelly vint au château, je me pris tout d'abord pour lui d'une amitié vive ; comparant sa jeunesse florissante avec la vieillesse un peu grondeuse de ma tante, je lui trouvai de plus l'air noble, honnête, et il usait avec moi de la galanterie la plus respectueuse. Puis on citait de lui les traits les plus beaux : un bras cassé en duel pour un ami un peu poltron qui lui avait confié l'honneur de sa sœur, des sommes énormes prêtées à d'anciens camarades sans fortune ; que sais-je, moi ? Il avait avec tout le monde un air de commandement à la fois affable et irrésistible, qui me dompta moi-même. Comment avait-il vécu avant de mener auprès de nous la vie de château ; avait-il connu d'autres plaisirs que de chasser avec moi ou de chanter de vertueuses romances sur mon mauvais piano ; avait-il en des maîtresses ? Je n'en savais rien, et je ne songeais pas à m'en informer. Je me mis à l'aimer avec toute la crédulité d'une jeune fille qui n'a pas eu le temps de comparer, et je l'épousai, — ce qui fit à ma tante le plus grand plaisir. Quand je fus sa femme devant la religion et devant la loi, je l'aimai encore plus. — Je l'aimai beaucoup trop, sans doute. — Avais-je tort, avais-je raison ? qui peut le savoir ? J'ai été heureuse de cet amour, j'ai eu tort d'ignorer qu'il pût être troublé. — Le connaissais-je bien avant de l'épouser ? Non, sans doute ; mais il me semble qu'on ne peut pas plus accuser une honnête fille qui veut se marier de faire un choix imprudent, qu'une femme perdue de prendre un amant ignoble. L'une et l'autre, — malheureuses que nous sommes ! — sont également ignorantes. Il manque à ces malheureuses victimes, qu'on nomme filles à marier, une honteuse éducation, je veux dire la connaissance des vices d'un homme. Je voudrais que chacune de ces pauvres petites, avant de subir le lien conjugal, pût entendre dans un lieu secret, et sans être vue, deux hommes causer entre eux des choses de la vie, et surtout des femmes. Après cette première et redoutable épreuve, elles pourraient se livrer avec moins de danger aux chances terribles du mariage, connaissant le fort et le faible de leurs futurs tyrans.

Samuel ne savait pas au juste où cette charmante victime en voulait venir ; mais il commençait à trouver qu'elle parlait beaucoup trop de son mari pour une femme désillusionnée.

Après avoir fait une pause de quelques minutes, comme si elle craignait d'aborder l'endroit funeste, elle reprit ainsi : Un jour, M. de Cosmelly voulut revenir à Paris ; il fallait que je brillasse dans mon jour et que je fusse encadrée selon mes mérites. Une femme belle et instruite, disait-il, se doit à Paris. Il faut qu'elle sache poser devant le monde et faire tomber quelques-uns de ses rayons sur son mari. — Une femme qui a l'esprit noble et du bon sens sait qu'elle n'a de gloire à attendre ici-bas qu'autant qu'elle fait une partie de la gloire de son compagnon de voyage, qu'elle sert les vertus de son mari, et surtout qu'elle n'obtient de respect qu'autant qu'elle le fait respecter. — Sans doute, c'était le moyen le plus simple et le plus sûr pour se faire obéir presque avec joie ; savoir que mes efforts et mon obéissance m'embelliraient à ses yeux, à coup sûr, il n'en fallait pas tant pour me décider à aborder ce terrible Paris, dont j'avais instinctivement peur, et dont le noir et éblouissant fantôme dressé à l'horizon de mes rêves faisait se serrer mon pauvre cœur de fiancée.

— C'était donc là, à l'entendre, le vrai motif de notre voyage. La vanité d'un mari fait la vertu d'une femme amoureuse. Peut-être se mentait-il à lui-même avec une sorte de bonne foi, et rusait-il avec sa conscience sans trop s'en apercevoir. — A Paris, nous eûmes des jours réservés pour des intimes dont M. de Cosmelly s'ennuya à la longue, comme il s'était ennuyé de sa femme. Peut-être s'était-il un peu dégoûté d'elle, parce qu'elle avait trop d'amour ; elle mettait tout son cœur en avant. Il se dégoûta de ses amis par la raison contraire. Ils n'avaient rien à lui offrir dans les plaisirs monotones des conversations où la passion n'a aucune part. Dès lors, son activité prit une autre direction. Après les amis vinrent les chevaux et le jeu.

Le bourdonnement du monde, la vue de ceux qui étaient restés sans entraves et qui lui racontaient sans cesse les souvenirs d'une jeunesse folle et occupée, l'arrachèrent au coin du feu et aux longues causeries. Lui, qui n'avait jamais eu d'autre affaire que son cœur, il eut des affaires. Riche et sans profession, il sut se créer une foule d'occupations remuantes et frivoles qui remplissaient tout son temps; les questions conjugales : — Où vas-tu? — A quelle heure te reverrai-on? — Reviens vite, — il fallut les refouler au fond de ma poitrine; car la vie anglaise, — cette mort du cœur, — la vie des clubs et des cercles, l'absorba tout entier. — Le soin exclusif de sa personne et le dandysme qu'il affecta me choquèrent tout d'abord; il est évident que je n'en étais pas l'objet. Je voulus faire comme lui, être plus que belle, c'est-à-dire coquette, coquette pour lui, comme il l'était pour le monde; autrefois j'offrais tout, je donnais tout, je voulus désormais me faire prier. Je voulais ranimer les cendres de mon bonheur éteint, en les agitant et en les retournant; mais il paraît que je suis bien malhabile à la ruse et bien gauche au vice, il ne daigna pas s'en apercevoir. — Ma tante, cruelle comme toutes les femmes vieilles et envieuses, qui sont réduites à admirer un spectacle où jadis elles furent actrices, et à contempler les jouissances qu'on leur refuse, eut grand soin de me faire savoir, par l'entremise intéressée d'un cousin de M. de Cosmelly, qu'il s'était épris d'une fille de théâtre fort en vogue. Je me fis conduire dans tous les spectacles, et toute femme un peu belle que je voyais entrer en scène, je tremblais d'admirer en elle ma rivale. Enfin j'appris, par une charité du même cousin, que c'était la Fanfarlo, une danseuse aussi bête que belle. — Vous qui êtes auteur, vous la connaissez sans doute. — Je ne suis pas très vaniteuse ni très fière de ma figure; mais, je vous jure, monsieur Cramer, que maintes fois, la nuit, vers trois ou quatre heures du matin, fatiguée d'attendre mon mari, les yeux rouges de larmes et d'insomnies, après avoir fait de longues et suppliantes prières pour son retour à la fidélité et au devoir, j'ai demandé à Dieu, à ma conscience, à mon miroir, si j'étais aussi belle que cette misérable Fanfarlo. Mon miroir et ma conscience m'ont répondu : Oui. Dieu m'a défendu de m'en glorifier, mais non d'en tirer une légitime victoire. Pourquoi donc, entre deux beautés égales, les hommes préfèrent-ils souvent la fleur que tout le monde a respirée, à celle qui s'est toujours gardée des passants dans les allées les plus obscures du jardin conjugal? Pourquoi donc les femmes prodigues de leur corps, trésor dont un seul sultan doit avoir la clef, possèdent-elles plus d'adorateurs que nous autres, malheureuses martyres d'un amour unique? De quel charme et magique le vice auréole-t-il certaines créatures? Quel aspect gauche et malheureux leur vertu donne-t-elle à certaines autres? Répondez donc, vous qui, par état, devez connaître tous les sentiments de la vie et leurs raisons diverses !

Samuel n'eut pas le temps de répondre, car elle continua ardemment :

— M. de Cosmelly a des choses bien graves sur la conscience, si la perte d'une âme jeune et vierge intéresse un Dieu qui la créa pour le bonheur d'un autre. Si M. de Cosmelly mourait ce soir même, il aurait bien des pardons à implorer; car il a, par sa faute, enseigné à sa femme d'affreux sentiments, la haine, la défiance de l'objet aimé et la soif de la vengeance. — Ah ! Monsieur, je passe des nuits bien douloureuses, des insomnies bien inquiètes; je prie, je maudis, je blasphème. Le prêtre me dit qu'il faut porter sa croix avec résignation; mais l'amour en démence, mais la foi ébranlée ne savent pas se résigner. Mon confesseur n'est pas une femme, et j'aime mon mari, je l'aime, Monsieur, avec toute la passion et toute la douleur d'une maîtresse battue et foulée aux pieds. — Ce n'est rien que je n'aie tenté. Au lieu des toilettes sombres et simples auxquelles son regard se plaisait autrefois, j'ai porté des toilettes folles et somptueuses comme les femmes de théâtre. Moi, la chaste épouse qu'il était allé chercher au fond d'un pauvre château, j'ai paradé devant lui avec des robes de fille; je me suis faite spirituelle et enjouée quand j'avais la mort dans le cœur. J'ai pailleté mon désespoir avec des sourires étincelants. Hélas! il n'a rien vu. J'ai mis du rouge, Monsieur, j'ai mis du rouge! — Vous le voyez, c'est une histoire banale, l'histoire de toutes les malheureuses, — un roman de province!

Pendant qu'elle sanglotait, Samuel faisait la figure de Tartufe empoigné par Orgon, l'époux inattendu, qui s'élance du fond de sa cachette, comme les vertueux sanglots de cette dame qui s'élançaient de son cœur, et venaient saisir au collet l'hypocrisie chancelante de notre poète.

L'abandon extrême, la liberté et la confiance de madame de Cosmelly l'avaient prodigieusement enhardi, — sans l'étonner. Samuel Cramer, qui a souvent étonné le monde, ne s'étonnait guère. Il semblait dans sa vie vouloir mettre en pratique et démontrer la vérité de cette pensée de Diderot : « L'incrédulité est quelquefois le vice d'un sot, et la crédulité le défaut d'un homme d'esprit. L'homme d'esprit voit loin dans l'immensité des possibles. Le sot ne voit guère de possible que ce qui est. C'est là peut-être ce qui rend l'un pusillanime et l'autre téméraire. » Ceci répond à tout. Quelques lecteurs scrupuleux et amoureux de la vérité vraisemblable trouveront sans doute beaucoup à redire à cette histoire, où pourtant je n'ai eu d'autre besogne à faire que de changer les noms et d'accentuer les détails; comment, diront-ils, Samuel, un poète de mauvais ton et de mauvaises mœurs, peut-il aborder aussi prestement une femme comme madame de Cosmelly? lui verser, à propos d'un roman de Scott, un torrent de poésie romantique et banale? Madame de Cosmelly, la discrète et vertueuse épouse, lui verser aussi promptement, sans pudeur et sans défiance, le secret de ses chagrins? A quoi je réponds que madame de Cosmelly était simple comme une belle âme, et que Samuel était hardi comme les papillons, les hannetons et les poètes; il se jetait dans toutes les flammes et entrait par toutes les fenêtres. La pensée de Diderot explique pourquoi l'une fut si abandonnée, l'autre si brusque et si impudent. Elle explique aussi toutes les bévues que Samuel a commises dans sa vie, bévues qu'un sot n'eût pas commises. Cette portion du public qui est essentiellement pusillanime ne comprendra guère le personnage de Samuel, qui était essentiellement crédule et imaginatif, au point qu'il croyait, — comme poète, à son public, — comme homme, à ses propres passions.

Dès lors, il s'aperçut que cette femme était plus forte, plus escarpée qu'elle n'en avait l'air, et qu'il ne fallait pas heurter de front cette piété candide. Il lui défila de nouveau son jargon romantique. Honteux d'avoir été bête, il voulut être roué; il lui parla quelque temps encore en patois séminariste de blessures à fermer ou à cautériser par l'ouverture de nouvelles plaies, saignantes largement et sans douleur. Quiconque a voulu, sans avoir en lui la force absolutrice de Valmont ou de Lovelace, posséder une honnête femme qui ne s'en souciait guère, sait avec quelle risible et emphatique gaucherie chacun dit en montrant son cœur : prenez mon ours; — cela me dispensera donc de vous expliquer combien Samuel fut bête. — Madame de Cosmelly, cette aimable Elmire qui avait le coup d'œil clair et prudent de la vertu, vit promptement le parti qu'elle pouvait tirer de ce scélérat novice, pour son bonheur et l'honneur de son mari. Elle le paya donc de la même monnaie; elle se laissa presser les mains ; on parla d'amitié et de choses platoniques. Elle murmura le mot de vengeance; elle dit que, dans ces douloureuses crises de la vie d'une femme, on donnerait volontiers à son vengeur le reste du cœur que le perfide a bien voulu vous laisser, — et autres niaiseries et marivaudages dramatiques. Bref, elle fit de la coquetterie pour le bon motif, et notre jeune roué, qui était plus nigaud qu'un savant, promit d'arracher la Fanfarlo à monsieur de Cosmelly, et de le débarrasser de la courtisane, — espérant trouver dans les bras de l'honnête femme la récompense de cette œuvre méritoire. — Il n'y a que les poètes qui soient assez candides pour inventer de pareilles monstruosités.

Un détail assez comique de cette histoire, et qui fut comme un intermède dans le drame douloureux qui allait se jouer entre ces quatre personnages, fut le quiproquo des sonnets de Samuel; car, à l'endroit des sonnets, il était incorrigible : — l'un pour madame de Cosmelly, où il louait en style mystique sa beauté de Béatrix, sa voix, la pureté angélique de ses yeux, la chasteté de sa démarche, etc..; l'autre pour la Fanfarlo, où il lui servait un ragoût de galanteries pimentées à faire venir le sang au palais le moins novice, genre de poésie, du reste, où il excellait, et où il avait de bonne heure bien dépassé toutes les andalouseries possibles. Le premier morceau arriva chez la créature qui jeta ce plat de concombres dans la boîte aux cigarres; le second, chez la pauvre délaissée, qui ouvrit d'abord de grands yeux, finit par comprendre, et, malgré ses douleurs, ne put s'empêcher de rire aux éclats, comme en de meilleurs temps.

Samuel alla au théâtre et se mit à étudier la Fanfarlo sur les planches. Il la trouva légère, magnifique, vigoureuse, pleine de goût dans ses accoutrements, et jugea M. de Cosmelly bien heureux de pouvoir se ruiner pour un pareil morceau.

Il se présenta deux fois chez elle, — une maisonnette à l'escalier velouté, pleine de portières et de tapis, dans un quartier neuf et verdoyant; mais il ne pouvait s'y introduire sous aucun prétexte raisonnable. Une déclaration d'amour était chose profondément inutile et même dangereuse. Un échec lui aurait interdit d'y retourner. Quant à s'y faire présenter, il apprit que la Fanfarlo ne recevait personne. Quelques intimes la voyaient de temps à autre. Que venait-il donc faire chez une danseuse magnifiquement appointée et entretenue, et adorée de son amant? Que venait-il apporter, lui qui n'était ni tailleur, ni couturière, ni maître de ballets, ni millionnaire? — Il prit donc un parti simple et brutal; il fallait que la Fanfarlo vînt à lui. A cette époque, les articles d'éloges et de critiques avaient beaucoup plus de valeur que maintenant. Les facilités du feuilleton, comme disait récemment un brave avocat dans un procès tristement célèbre, étaient bien plus grandes qu'aujourd'hui; quelques talents ayant parfois capitulé avec les journalistes, l'insolence de cette jeunesse étourdie et aventureuse ne connut plus de bornes. Samuel entreprit donc, — lui qui ne savait pas un mot de musique, — la spécialité des théâtres lyriques.

Dès lors la Fanfarlo fut hebdomadairement éreintée au bas d'une feuille importante. On ne pouvait pas dire ni faire soupçonner même qu'elle eût la jambe, la cheville ou le genou mal tourné; les muscles jouaient sous le bas, et toutes les lorgnettes eussent crié au

blasphème. Elle fut accusée d'être brutale, commune, dénuée de goût, de vouloir importer sur le théâtre des habitudes d'outre-Rhin et d'outre-Pyrénées, des castagnettes, des éperons, des talons de bottes, — sans compter qu'elle buvait comme un grenadier, qu'elle aimait trop les petits chiens et la fille de sa portière, — et autres linges sales de la vie privée, qui sont la pâture et la friandise journalière de certains petits journaux. On lui opposait, avec cette tactique particulière aux journalistes, qui consiste à comparer des choses dissemblables, une danseuse éthérée, toujours habillée de blanc, et dont les chastes mouvements laissaient toutes les consciences en repos. Quelquefois la Fanfarlo criait et riait très haut vers le parterre en achevant un bond sur la rampe; elle osait marcher en dansant. Jamais elle ne portait de ces insipides robes de gaze qui laissent tout voir et ne font rien deviner. Elle aimait les étoffes qui font du bruit, les jupes longues, craquantes, pailletées, ferblantées, qu'il faut soulever très haut d'un genou vigoureux, des corsages de saltimbanque; elle dansait, non pas avec des boucles, mais avec des pendants d'oreilles, j'oserais presque dire des lustres. Elle eût volontiers attaché au bas de ses jupes une foule de petites poupées bizarres, comme le font les vieilles bohémiennes qui vous disent la bonne aventure d'une manière menaçante, et qu'on rencontre en plein midi sous les arceaux des ruines romaines; toutes drôleries, du reste, dont le romantique Samuel, l'un des derniers romantiques que possède la France, raffolait fort.

Si bien qu'après avoir dénigré pendant trois mois la Fanfarlo, il en devint éperdument amoureux, et qu'elle voulut enfin savoir quel était le monstre, le cœur d'airain, le cuistre, le pauvre esprit qui niait si opiniâtrement la royauté de son génie.

Il faut rendre cette justice à la Fanfarlo, qu'il n'y eut chez elle qu'un mouvement de curiosité, rien de plus. Un pareil homme avait-il réellement le nez au milieu du visage et était-il tout-à-fait conformé comme le reste de ses semblables? Quand elle eut pris une ou deux informations sur Samuel Cramer, qu'elle eut appris que c'était un homme comme un autre, de quelque sens et de quelque talent, elle comprit vaguement qu'il y avait là quelque chose à deviner, et que ce terrible article du lundi pouvait fort bien n'être qu'une sorte particulière de bouquet hebdomadaire, ou la carte de visite d'un opiniâtre solliciteur.

Il la trouva un soir dans sa loge. Deux vastes flambeaux et un large feu faisaient trembler leurs lumières sur les costumes bariolés qui traînaient dans ce boudoir.

La reine du lieu, au moment de quitter le théâtre, reprenait une toilette de simple mortelle, et, accroupie sur une chaise, chaussait sans pudeur sa jambe adorable; ses mains, grassement effilées, faisaient se jouer à travers les œillets le lacet du brodequin comme une navette agile, sans songer qu'il fallait rabattre. Cette jambe était déjà, pour Samuel, l'objet d'un éternel désir. Longue, fine, forte, grasse et nerveuse à la fois, elle avait toute la correction du beau et tout l'attrait libertin du joli. Tranchée perpendiculairement à l'endroit le plus large, cette jambe eût donné une espèce de triangle dont le sommet eût été situé sur le tibia, et dont la ligne arrondie du mollet eût fourni la base convexe. Une vraie jambe d'homme est trop dure, les jambes de femmes crayonnées par Devéria sont trop molles pour en donner une idée.

Dans cette agréable attitude, sa tête, inclinée vers son pied, étalait un cou de proconsul, large et fort, et laissait deviner l'ornière des omoplates, revêtues d'une chair brune et abondante. Ses cheveux lourds et serrés retombaient en avant des deux côtés, lui chatouillaient le sein, et lui bouchaient les yeux, de sorte qu'à chaque instant il fallait les déranger et les rejeter en arrière. Une impatience mutine et charmante, comme d'un enfant gâté qui trouve que cela ne va pas assez vite, remuait toute la créature et ses vêtements, et découvrait à chaque instant de nouveaux points de vue, de nouveaux effets de lignes et de couleur.

Samuel s'arrêta avec respect, — ou feignit de s'arrêter avec respect; car, avec ce diable d'homme, le grand problème est toujours de savoir où le comédien commence.

— Ah! vous voilà, Monsieur! lui dit-elle sans se déranger, quoiqu'elle eût été prévenue quelques minutes auparavant de la visite de Samuel. — Vous avez quelque chose à me demander, n'est-ce pas?

L'impudence sublime de cette parole alla droit au cœur du pauvre Samuel; il avait bavardé comme la pie romantique pendant huit jours auprès de madame de Cosmelly; ici, il répondit tranquillement : Oui, Madame. — Et les larmes lui vinrent aux yeux.

Cela eut un succès énorme; la Fanfarlo sourit.

— Mais quel insecte vous a donc piqué, Monsieur, pour me mordre à si belles dents? Quel affreux métier!

— Affreux, en effet, Madame... c'est que je vous adore.

— Je m'en doutais, répliqua la Fanfarlo. Mais vous êtes un monstre; cette tactique est abominable. — Pauvres filles que nous sommes! ajouta-t-elle en riant. — Flore, mon bracelet. — Donnez-moi le bras jusqu'à ma voiture, et dites-moi si vous m'avez trouvée bien ce soir?

Ils allèrent ainsi, bras dessus bras dessous, comme deux vieux amis; Samuel aimait, ou du moins sentait son cœur battre fort. — Il fut peut-être singulier, mais à coup sûr cette fois il ne fut pas ridicule.

Dans sa joie, il avait presque oublié de prévenir madame de Cosmelly de son succès, et de porter un espoir à son foyer désert.

Quelques jours après, la Fanfarlo jouait le rôle de Colombine dans une vaste pantomime faite pour elle par des gens d'esprit. Elle y paraissait, par une agréable succession de métamorphoses, sous les personnages de Colombine, de Marguerite, d'Elvire et de Zéphyrine, et recevait, le plus galment du monde, les baisers de plusieurs générations de personnages empruntés à divers pays et diverses littératures. Un grand musicien n'avait pas dédaigné de faire une partition fantastique et appropriée à la bizarrerie du sujet. La Fanfarlo fut tour à tour décente, féerique, folle, enjouée; elle fut sublime dans son art, autant comédienne par les jambes que danseuse par les yeux.

Chez nous, l'on méprise trop l'art de la danse, cela soit dit en passant. Tous les grands peuples, d'abord ceux du monde antique, ceux de l'Inde et de l'Arabie, l'ont cultivée à l'égal de la poésie. La danse est autant au-dessus de la musique, pour certaines organisations païennes toutefois, que le visible et le créé sont au-dessus de l'invisible et de l'incréé. — Ceux-là seuls peuvent me comprendre à qui la musique donne des idées de peinture. — La danse peut révéler tout ce que la musique recèle de mystérieux, et elle a de plus le mérite d'être humaine et palpable. La danse, c'est la poésie avec des bras et des jambes, c'est la matière, gracieuse et terrible, animée, embellie par le mouvement. — Terpsichore est une Muse du midi; je suppose qu'elle était, très brune, et qu'elle a souvent agité ses pieds dans les blés dorés; ses mouvements, pleins d'une cadence précise, sont autant de divins motifs pour la statuaire. Mais Fanfarlo la catholique, non contente de rivaliser avec Terpsichore, appela à son secours tout l'art des divinités plus modernes. Les brouillards mêlent des formes de fées et d'ondines moins vaporeuses et moins nonchalantes. Elle fut à la fois un caprice de Shakspeare et une bouffonnerie italienne.

Le poète était ravi; il crut avoir devant les yeux le rêve de ses jours les plus anciens. Il eût volontiers gambadé dans sa loge d'une manière ridicule, et se fût cassé la tête contre quelque chose, dans l'ivresse folle qui le dominait.

Une calèche basse et bien fermée emportait rapidement le poète et la danseuse vers la maisonnette dont j'ai parlé.

Notre homme exprimait son admiration par des baisers muets qu'il lui appliquait avec ferveur sur les pieds et les mains. — Elle aussi l'admirait fort, non pas qu'elle ignorât le pouvoir de ses charmes, mais jamais elle n'avait vu d'homme si bizarre ni de passion si électrique.

Le temps était noir comme la tombe, et le vent qui berçait des monceaux de nuages faisait de leurs cahotements ruisseler une averse de grêle et de pluie. Une grande tempête faisait trembler les mansardes et gémir les clochers; le ruisseau, lit funèbre où s'en vont les billets doux et les orgies de la veille, charriait en bouillonnant ses mille secrets aux égouts; la mortalité s'abattait joyeusement sur les hôpitaux, les Chatterton et les Savage de la rue Saint-Jacques crispaient leurs doigts gelés sur leurs écritoires, — quand l'homme le plus faux, le plus égoïste, le plus sensuel, le plus gourmand, le plus spirituel de nos amis arriva devant un beau souper et une bonne table, en compagnie d'une des plus belles femmes que la nature ait formées pour le plaisir des yeux. Samuel voulut ouvrir la fenêtre pour jeter un coup d'œil de vainqueur sur la ville maudite; puis abaissant son regard sur les diverses félicités qu'il avait à côté de lui, il se hâta d'en jouir.

En compagnie de pareilles choses, il devait être éloquent : aussi, malgré son front trop haut, ses cheveux en forêt vierge et son nez de priseur, la Fanfarlo le trouva presque bien.

Samuel et la Fanfarlo avaient exactement les mêmes idées sur la cuisine et le système d'alimentation nécessaire aux créatures d'élite. Les viandes niaises, les poissons fades étaient exclus des soupers de cette sirène. Le champagne déshonorait rarement sa table. Les bordeaux les plus célèbres et les plus parfumés cédaient le pas à un bataillon lourd et serré des bourgognes, des vins d'Auvergne, d'Anjou et du midi; et des vins étrangers, allemands, grecs, espagnols. Samuel avait coutume de dire qu'un verre de vrai vin devait ressembler à une grappe de raisin noir, et qu'il y avait dedans autant à manger qu'à boire. — La Fanfarlo aimait les viandes qui saignent et les vins qui charrient l'ivresse. Du reste, elle ne se grisait jamais. — Tous deux professaient une estime sincère et profonde pour la truffe. — La truffe, cette végétation sourde et mystérieuse de Cybèle, cette maladie savoureuse qu'elle a cachée dans ses entrailles plus longtemps que le métal le plus précieux, cette exquise matière

qui défie la science de l'agromane, comme l'or celle des Paracelse; la truffe, qui fait la distinction du monde ancien et du moderne, et qui, avant un verre de Chio, a l'effet de plusieurs zéros après un chiffre.

Quant à la question des sauces, ragoûts et assaisonnements, question grave et qui demanderait un chapitre grave comme un feuilleton de science, je puis vous affirmer qu'ils étaient parfaitement d'accord, surtout sur la nécessité d'appeler toute la pharmacie de la nature au secours de la cuisine. Piments, poudres anglaises, safraniques, tout leur eût semblé bon, voire le musc et l'encens. Si Cléopâtre vivait encore, je tiens pour certain qu'elle eût voulu accommoder des filets de bœuf ou de chevreuil avec des parfums d'Arabie. Certes, il est à déplorer que les *cordons bleus* d'à présent ne soient pas contraints par une loi particulière et voluptuaire à connaître les propriétés chimiques des matières, et ne sachent pas découvrir, pour les cas nécessaires, comme celui d'une fête amoureuse, des éléments culinaires presque inflammables, prompts à parcourir le système organique, comme l'acide prussique, à se volatiliser comme l'éther.

Chose curieuse, cet accord d'opinions pour le bien-vivre, cette similitude de goûts les lia vivement; cette entente profonde de la vie sensuelle, qui brillait dans chaque regard et dans chaque parole de Samuel, frappa beaucoup la Fanfarlo. Cette parole tantôt brutale comme un chiffre, tantôt délicate et parfumée comme une fleur ou un sachet, cette causerie étrange, dont lui seul a envie d'y saisir, acheva de lui gagner les bonnes grâces de cette charmante femme. Du reste, ce ne fut pas non plus sans une vive et profonde satisfaction qu'il reconnut, à l'inspection de la chambre à coucher, une parfaite confraternité de goûts et de sentiments à l'endroit des ameublements et des constructions intérieures. Cramer haïssait profondément, et il avait, selon moi, parfaitement raison, les grandes lignes droites en matière d'appartements et l'architecture importée dans le foyer domestique. Les vastes salles des vieux châteaux me font peur, et je plains les châtelaines d'avoir été contraintes à faire l'amour dans de grands dortoirs qui avaient un air de cimetière, dans de vastes catafalques qui se faisaient appeler des lits, sur de gros monuments qui prenaient le pseudonyme de fauteuils. Les appartements de Pompéi sont grands comme la main ; les ruines indiennes qui couvrent la côte de Malabar témoignent du même système. Ces grands peuples voluptueux et savants connaissaient parfaitement la question. Les sentiments intimes ne se recueillent à loisir que dans un espace très étroit.

La chambre à coucher de la Fanfarlo était donc très petite, très basse, encombrée de choses molles, parfumées et dangereuses à toucher; l'air, chargé de miasmes bizarres, donnait envie d'y mourir lentement comme dans une serre chaude. La clarté de la lampe se jouait dans un fouillis de dentelles et d'étoffes d'un ton violent, mais équivoque. Çà et là, sur le mur, elle éclairait quelques peintures d'une volupté espagnole : des chairs très blanches sur des fonds très noirs. C'est au fond de ce ravissant taudis, qui tenait à la fois du mauvais lieu et du sanctuaire, que Samuel vit s'avancer vers lui la nouvelle déesse de son cœur, dans la splendeur radieuse et sacrée de sa nudité.

Quel est l'homme qui ne voudrait, même au prix de la moitié de ses jours, voir son rêve, son vrai rêve poser sans voile devant lui, et le fantôme adoré de son imagination faire tomber un à un tous les vêtements destinés à protéger contre les yeux du vulgaire? Mais voilà que Samuel, pris d'un caprice bizarre, se mit à crier comme un enfant gâté : — Je veux Colombine, rends-moi Colombine; rends-la-moi telle qu'elle m'est apparue le soir qu'elle m'a rendu fou, avec son accoutrement fantasque et son corsage de saltimbanque!

La Fanfarlo, étonnée d'abord, voulut bien se prêter à l'excentricité de l'homme qu'elle avait choisi, et l'on sonna Flore; celle-ci eut beau représenter qu'il était trois heures du matin, que tout était fermé au théâtre, le concierge endormi, le temps affreux, — la tempête continuait son tapage — il fallut obéir à celle qui obéissait elle-même, et la femme de chambre sortit; quand Cramer, pris d'une nouvelle idée, se pendit à la sonnette et s'écria d'une voix tonnante : Eh! n'oubliez pas le rouge.

Ce trait caractéristique, qui a été raconté par la Fanfarlo elle-même, ne m'a nullement étonné de la part de ses camarades lors du commencement de sa liaison avec Samuel, ne m'a nullement étonné; j'ai bien reconnu en ceci l'auteur des *Orfraies*. Il aimera toujours le rouge et la céruse, le chrysocale et les oripeaux de toute sorte. Il repeindrait volontiers les arbres et le ciel, et si Dieu lui avait confié le plan de la nature, il l'aurait peut-être gâté.

Quoique Samuel fût une imagination dépravée, et peut-être à cause de cela même, l'amour était chez lui moins une affaire des sens que du raisonnement. C'était surtout l'admiration et l'appétit du beau ; il considérait la reproduction comme un vice de l'amour, la grossesse comme une maladie d'araignée. Il a écrit quelque part: Les anges sont hermaphrodites et stériles. — Il aimait un corps humain comme une harmonie matérielle, comme une belle architecture, plus le mouvement ; et ce matérialisme absolu n'était pas

loin de l'idéalisme le plus pur. Mais comme dans le beau, qui est la cause de l'amour, il y avait selon lui deux éléments : la ligne et l'attrait, — et que tout ceci ne regarde que la ligne, — l'attrait pour lui, ce soir-là du moins, c'était le rouge.

La Fanfarlo résumait donc pour lui la ligne et l'attrait; et quand, assise au bord du lit, dans l'insouciance et dans le calme victorieux de la femme aimée, les mains délicatement posées sur lui, il la regardait, il lui semblait voir l'infini derrière les yeux clairs de cette beauté, et que les siens, à la longue, planaient dans d'immenses horizons. Du reste, comme il arrive aux hommes exceptionnels, il était souvent seul dans son paradis, nul ne pouvant l'habiter avec lui; et si, de hasard, il l'y ravissait et l'y traînait presque de force, elle restait toujours en arrière : aussi, dans le ciel où il régnait, son amour commençait d'être triste et malade de la mélancolie du bleu, comme un royal solitaire.

Cependant il ne s'ennuya jamais d'elle ; jamais, en quittant son réduit amoureux, piétinant lestement sur un trottoir, à l'air frais du matin, il n'éprouva cette jouissance égoïste du cigarre et des mains dans les poches, dont parle quelque part notre grand romancier moderne.

A défaut du cœur, Samuel avait l'intelligence noble, et, au lieu d'ingratitude, la jouissance avait engendré chez lui ce contentement savoureux, cette rêverie sensuelle, qui vaut peut-être mieux que l'amour comme l'entend le vulgaire. Du reste, la Fanfarlo avait fait de son mieux et dépensé ses plus habiles caresses, s'étant aperçue que l'homme en valait la peine : elle s'était accoutumée à ce langage mystique, bariolé d'impuretés et de crudités énormes. — Cela avait pour lui au moins l'attrait de la nouveauté.

Le coup de tête de la danseuse avait fait son bruit. Il y avait eu plusieurs relâches sur l'affiche; elle avait négligé les répétitions; beaucoup de gens enviaient Samuel.

Un soir que le hasard, l'ennui de M. de Cosmelly ou une complication de ruses de sa femme, les avait réunis au coin du feu, — après un de ces longs silences qui ont lieu dans les ménages où l'on n'a plus rien à se dire et beaucoup à se cacher, — après lui avoir fait le meilleur thé du monde, dans une théière bien modeste et bien fêlée, peut-être encore celle du château de sa tante, — après avoir chanté au piano quelques morceaux d'une musique en vogue il y a dix ans, — elle lui dit avec la voix douce et prudente de la vertu qui veut se rendre aimable et craint d'effaroucher l'objet de ses affections, — qu'elle le plaignait beaucoup, qu'elle avait beaucoup pleuré, plus encore sur lui que sur elle-même; qu'elle eût au moins voulu, dans sa résignation toute soumise et toute dévouée, qu'il pût trouver ailleurs que chez elle l'amour qu'il ne demandait plus à sa femme ; qu'elle avait plus souffert de le voir trompé que de se voir délaissée; que d'ailleurs il y avait beaucoup de sa propre faute, qu'elle avait oublié ses devoirs de tendre épouse en n'avertissant pas son mari du danger; que, du reste, elle était toute prête à fermer cette plaie saignante, et à réparer à elle seule une imprudence commise à deux, etc., — et tout ce qu'on peut suggérer de paroles mielleuses une ruse autorisée par la tendresse. — Elle pleurait et pleurait bien ; le feu éclairait ses larmes et son visage embelli par la douleur.

M. de Cosmelly ne dit pas un mot et sortit. Les hommes pris au trébuchet de leurs fautes n'aiment pas faire à la clémence une offrande de leurs remords. S'il alla chez la Fanfarlo, il y trouva sans doute des vestiges de désordre, des bouts de cigarres et des feuilletons.

Un matin, Samuel fut réveillé par la voix mutine de la Fanfarlo, et leva lentement sa tête fatiguée de l'oreiller où elle reposait, pour lire une lettre qu'elle lui remit :

« Merci, Monsieur, mille fois merci; mon bonheur et ma reconnaissance vous seront comptés dans un meilleur monde. J'accepte. Je reprends mon mari de vos mains, et je l'emporte ce soir à notre terre de C***, où je vais retrouver la santé et la vie que je vous dois. Recevez, Monsieur, la promesse d'une amitié éternelle. Je vous ai toujours cru trop honnête homme pour ne pas préférer une amitié de plus à toute autre récompense. »

Samuel, vautré sur la dentelle, et appuyé sur une des plus fraîches et des plus belles épaules qu'on pût voir, sentit vaguement qu'il était joué, et eut quelque peine à rassembler dans sa mémoire les éléments de l'intrigue dont il avait amené le dénouement; mais il se dit tranquillement: Nos passions sont-elles bien sincères? Qui peut savoir sûrement ce qu'il veut et connaître au juste le baromètre de son cœur?

— Que murmures-tu là? Qu'est-ce que c'est que ça? je veux voir, dit la Fanfarlo.

— Ah! rien, fit Samuel. — Une lettre d'honnête femme à qui j'avais promis d'être aimé de toi.

— Tu me le paieras, dit-elle entre ses dents.

Il est probable que la Fanfarlo a aimé Samuel, mais de cet amour que connaissent peu d'âmes, avec une rancune au fond. Quant à lui, il a été puni par où il avait péché. Il avait souvent singé la passion;

il fut contraint de la connaître: mais ce ne fut point l'amour tranquille, calme et fort, qu'inspirent les honnêtes filles; ce fut l'amour terrible, désolant et honteux, l'amour maladif des courtisanes. Sa-

La loge de la Fanfarlo.

muel connut toutes les tortures de la jalousie, et l'abaissement et la tristesse où nous jette la conscience d'un mal incurable et constitutionnel, — bref, toutes les horreurs de ce mariage vicieux qu'on nomme le concubinage. — Quant à elle, elle engraisse tous les jours; elle est devenue une beauté grasse, propre, lustrée et rusée, une espèce de lorette ministérielle. Un de ces jours, elle fera ses pâques et rendra le pain bénit à sa paroisse. A cette époque peut-être, Samuel, mort à la peine, sera *cloué sous la lame*, comme il le disait en son bon temps, et la Fanfarlo, avec ses airs de chanoinesse, fera tourner la tête d'un jeune héritier. — En attendant, elle apprend à faire des enfants; elle vient d'accoucher heureusement de deux jumeaux. — Samuel a mis bas quatre livres de science: un livre sur les quatre évangélistes, — un autre sur la symbolique des couleurs, — un mémoire sur un nouveau système d'annonces, — et un quatrième dont je ne veux pas me rappeler le titre. — Ce qu'il y a de plus épouvantable dans ce dernier, c'est qu'il est plein de verve, d'énergie et de curiosités. Samuel a eu le front d'y mettre pour épigraphe: *Auri sacra fames!* — La Fanfarlo veut que son amant soit de l'institut, et elle intrigue au ministère pour qu'il ait la croix.

Pauvre chantre des *Orfraies!* Pauvre Manuela de Monteverde! — Il est tombé bien bas. — J'ai appris récemment qu'il fondait un jour-

Madame de Cosmelly.

nal socialiste et voulait se mettre à la politique. — Intelligence malhonnête! — comme dit cet honnête M. Nisard.

Charles BAUDELAIRE.

FIN DE LA FANFARLO.

Paris. — Imp. de LACOUR, rue St-Hyacinthe-St-Michel, 33.

LES VEILLÉES LITTÉRAIRES ILLUSTRÉES

J. BRY AÎNÉ, ÉDITEUR, 21, RUE DES MATHURINS SAINT-JACQUES

20 CENTIMES LA LIVRAISON

LA ROSE DE CASTRO

PAR
M. PIERRE NAPOLÉON BONAPARTE

Traduite de l'italien
par L. BARBÉ.

Dessiné par Ed. Frère. — Gravé par Rouget.

PREMIÈRE PARTIE.

Son blanc visage revêt
une pâleur nouvelle : on
croirait voir des violettes
venant se mêler aux lis.
(Le Tasse.)

I

Entre le grand duché de Toscane et les États de l'Église, au milieu d'un des paysages les plus pittoresques des bords féeriques de la Fiora, subsistent les ruines d'une tour antique, ruines qui ont conservé le nom de *Tor-Crognola*. En 1630, deux tours semblables s'élevaient sur le sol : le court espace qui les séparait était occupé par une construction grossière, et le tout formait un petit château gothique. Un jeune gentilhomme de Castro, propriétaire d'une grande partie de la vaste plaine de l'abbaye, habitait ce manoir avec quelques hommes d'armes, compagnie que le malheur des temps et l'usage général rendaient indispensable. La valeur et la bienfaisance de Memmo, seigneur de Tor-Crognola, avaient fait de ce jeune gentilhomme l'idole de toute la population des Maremmes; et la principale occasion dans laquelle il avait déployé ces deux vertus était une invasion tentée sur le territoire de Castro par les habitants de Sienne.

À peu de distance de ce castel, l'œil rencontrait un singulier contraste : sur un des sommets les plus escarpés du Montauto s'élevait la Roccaccia, vaste et irrégulière forteresse féodale qui abritée au

Memmo sauve Rosa.

Nord par les forêts gigantesques de la chaîne de Montauto et de Castro, présentait, du côté opposé, une façade majestueuse, comme le sont encore ses ruines, même observées à une certaine distance. Le propriétaire du château, et en même temps de presque toutes les terres situées de ce côté de la Fiora, était un noble seigneur, dont le nom mystérieux ne se prononçait qu'à voix basse dans toute la contrée. Son passé, tout le monde l'ignorait, et peut-être eût-il été dangereux de le connaître trop bien : tout ce qu'on en avait pu pénétrer la curiosité publique, mal réprimée par la terreur, c'est qu'il était en grande faveur à la cour de Pierre-Louis Farnèse, duc de Parme et de Castro, sans doute à cause de quelque grand service militaire. Certaines circonstances, et principalement l'accent de son langage donnaient à supposer qu'il venait de la Lombardie. Dans tout le pays, on ne le connaissait que sous le nom de comte de Montauto. La Roccaccia fourmillait de bravi, de coupe-jarrets, de mauvais sujets de toute espèce qui, sans doute, n'avaient pu trouver un plus sûr protecteur. Et cependant, bien que le terrible comte fût généralement détesté, bien que tout galant homme l'évitât comme la peste, on le rencontrait à toute heure du jour ou de la nuit, armé de toutes pièces et chevauchant à travers les collines et les plaines des Maremmes.

Et ne croyez pas que cette épouvante générale fût une terreur pa-

T. I. 17

nique et sans cause, que cette haine universelle fût injuste ; car, indépendamment des méfaits, des avanies et des vexations de ses satellites, le comte lui-même ne le cédait pas au plus méchant d'entre ceux-ci. Quelque femme veuve, mariée ou libre encore, de la montagne ou de la plaine, venait-elle à lui paraître belle ; malheur à la pauvrette ! Le déshonneur, et souvent pis encore, telle était la récompense des charmes qui l'avaient séduit. Et si alors frère, père, mari, amant, se permettaient, non d'élever la voix, mais seulement de murmurer tout bas, de telle sorte qu'un mot répété arrivât à l'oreille d'un des affidés de la Rocaccia, les malheureux pouvaient bien rendre leurs comptes à Dieu : le soir même, le lendemain ou le jour d'après, on n'en avait plus de nouvelles, ou bien on les trouvait misérablement assassinés sur quelque grand chemin. Les sbires de Pierre-Luigi, duc de Farnèse, et de Castro, ne se mêlaient point de pareilles affaires ; ils n'osaient même approcher à deux lieues de distance du territoire du comte : si quelquefois ils le rencontraient lui-même ou seulement un de ses affidés, ils prodiguaient les coups de chapeau ; et, en vérité, en se comportant ainsi, ils faisaient chose éminemment utile à leur conservation personnelle. Quelques paysans de Montalto, de Canino, de Celere, avaient bien parlé de se dévouer pour la délivrance des Marèmmes, mais, définitivement, personne ne s'était trouvé le courage d'agir ; car, outre que l'on se serait terriblement compromis en donnant la mort à un seigneur d'un si haut parage, il y avait peu d'hommes qui se sentissent capables d'affronter l'audace désespérée dont le comte se donnait journellement des preuves et qui pussent manier aussi bien que lui l'escopette et l'épée. D'un autre côté, bien des fois on avait eu secrètement recours aux ministres du duc et à Pierre-Luigi en personne : mais les premiers partageaient la terreur populaire, depuis qu'un certain juge, ayant envoyé à la potence un bandit protégé par le comte, avait été assassiné impunément, par l'ordre de ce seigneur, en plein jour et dans la principale rue de la ville de Castro ; quant au duc lui-même, quoique en toute occasion il agît en souverain ami de son peuple et de la justice, il ne voulait point qu'on lui parlât mal du Lombard, ou sinon... tellement qu'il se trouvait des gens pour affirmer que le seigneur de la Rocaccia n'était autre qu'un fils du duc lui-même. D'autre part, Gandolfi, le plus célèbre bravo de toute la ville, Cocchi et Zambini, qui furent connus depuis comme les assassins d'un certain prince de Chio, et le malheureux Giarda, et les autres affidés et satellites des Farnèse, se trouvant avec le comte de Montautone en communauté de crimes et de vices, professaient pour lui l'amitié la plus dévouée et formaient autour de sa personne un parti tout puissant, lui servant de compagnons dans ses débauches et ses nocturnes orgies, soit à la Rocaccia, soit à Castro même. Que pouvaient donc les pauvres habitants des Marèmmes contre ce démon incarné, contre un maître aussi redoutable par lui-même et aussi bien entouré ?

Au pied du mont Gricciano, s'élevait une autre tour carrée, servant d'appui à un petit corps de logis : on en voit encore aujourd'hui les débris, que l'on appelle, comme on appelait autrefois l'édifice, la tour ou la Torraccia de Gricciano. C'était l'habitation d'un vieux gentilhomme, Meo di Ischia, qui, ayant servi depuis son adolescence sous la bannière des Farnèse, dans toutes les guerres qui avaient désolé l'Italie, était devenu un des premiers condottieri employés par ces princes et avait même obtenu le grade de lieutenant-général de leur infanterie. L'âge et les infirmités communes aux vieux soldats l'avaient contraint à quitter la vie des camps, et, pour payer à l'administration du duc le loyer de cette masure, il sacrifiait la majeure partie de la chétive pension que lui accordait Pierre-Luigi, prince assez peu reconnaissant à l'égard des anciens serviteurs de sa famille. Une fille unique, modèle de vertus, de grâce et de beauté, faisait l'orgueil et le bonheur du vieux guerrier. La modicité de ses revenus l'avait contraint à quitter les pays où la vie était plus coûteuse ; outre qu'à Gricciano, le vieux Meo pouvait entretenir presque journellement sa table frugale avec le gibier qu'abattait son antique escopette, arme dans le maniement de laquelle, malgré l'affaiblissement de ses organes, il était encore maître. Du reste, le brave vétéran eût supporté toute espèce de privation plutôt que de laisser manquer sa chère Rosa des simples mais gracieux ajustements que ses moyens lui permettaient d'acheter et qui, au lieu de parer la belle et intéressante jeune fille, recevaient d'elle un nouveau lustre. La Rose de Castro, c'est ainsi que l'appelaient tous les paysans de l'endroit, lesquels aimaient et respectaient également Meo et sa fille ; la Rose de Castro était presque l'unique société de son père adoré. En effet, leur domestique, qui se composait d'abord de la nourrice de Rosa et de la fille de cette nourrice, sœur de lait de la nôtre héroïne, avait été réduit à la vieille femme seule ; et la pauvre Fioretta, tel était le nom de l'enfant, avait vu la nécessité de se joindre aux autres filles du pays pour gagner une chétive existence en maniant le sarcloir ou le hoyau, ou se livrant à d'autres travaux champêtres. Car, dans ces siècles barbares, que nous ne rougissons pas d'imiter, telles étaient les occupations grossières auxquelles on condamnait trop souvent ce sexe que Dieu même, dans un jour de bonté, a créé d'un sourire, pour l'amour et la consolation des mortels.

II.

Par un soir de novembre, les brouillards qui apportent dans les Marèmmes les pluies périodiques de l'automne ceignaient d'épaisses ténèbres les murailles moussues de la Torraccia di Gricciano. Dans une petite salle de cet édifice, sur une large table de chêne, brûlait une seule lampe, du genre de celles dont on a donné le nom aux chapeaux tricornes de nos vénérables prêtres. Une vieille femme, vêtue d'un jupon de grosse toile à lignes bleues et d'un corset jadis écarlate qu'un long usage avait rendu violet, attisait la mèche de la lampe, au moyen d'une petite fourche de fer qu'elle tenait de la main droite, tandis que de la gauche elle faisait glisser les ave-maria et les pater-noster d'un chapelet dont elle marmottait les prières, entremêlées parfois d'exclamations moins orthodoxes. De gros souliers, ferrés et crottés, un *fazoletto* bleu jeté négligemment sur les épaules et une résille vert-pâle qui laissait échapper quelques cheveux gris, complétaient le costume national de la vieille Nena, la nourrice de la Rose de Castro. En observant attentivement, à travers les rides qui l'altéraient, la physionomie et les yeux bleuâtres de la brave dame, on y eût découvert, malgré cette expression maligne et rechignante généralement propre à la vieillesse du sexe faible, un fond réel de bonté et pour ainsi dire d'héroïque dévoûment, qualités qui, en général, sont trop peu appréciées chez les personnes de cet âge et de cette condition.

Une jeune fille, vêtue avec la même simplicité, était assise sur un tabouret de bois, taillé grossièrement, près d'un immense foyer dans lequel brillait un feu abondamment entretenu. Une robe d'une couleur plus gaie, jaune et à fleurs, un corset bleu, lacé sur le dos par un ruban couleur de feu, une chaussure un peu moins grossière, une résille rouge toute neuve, indiquaient néanmoins dans la jeune fille un peu plus de recherche et de soin de sa personne. Sa stature élégante et svelte, qui s'élevait un peu au-dessus de la taille ordinaire, et dont les formes se laissaient deviner malgré la grossièreté du costume, son cou d'une blancheur éclatante ainsi que la partie de sa poitrine que le corset ne parvenait point à couvrir, donnaient une idée impartiale de tous les charmes de cet ange des Marèmmes. Deux tresses, du blond le plus parfait, étaient la seule partie de sa chevelure qui ne fût point enfermée sous la résille ; et elles encadraient un visage digne du pinceau délicat de l'Albane. Un profil grec, de grands yeux d'azur, une petite bouche, garnie de dents blanches, auraient permis à Fioretta de figurer sans désavantage parmi les plus célèbres beautés de nos salons. Ses petites mains et une partie de ses bras nus faisaient, par leur blancheur, un contraste piquant avec le bleu foncé des manches, relevées autant que le permettait leur peu de largeur. Elle tenait de la main droite une grande fourchette d'acier, qui s'enfonçait presque entière dans une vaste marmite bouillant sur le feu ; car elle se servait de cet ustensile pour éprouver si les mets contenus dans le vase étaient cuits à propos. De la main gauche elle soulevait le couvercle, et, en somme, la jeune fille d'Ischia paraissait absorbée dans ses fonctions culinaires.

Assise près de la table sur laquelle la lampe était posée, et qui, avec quelques chaises de paille, formait tout l'ameublement du pauvre salon, une troisième personne du même sexe, la Rose de Castro, aurait offert à l'observateur un objet beaucoup plus intéressant tant au physique qu'au moral. Il serait difficile d'imaginer, et plus encore de décrire les traits irréprochables de cette figure angélique et de la divine expression qui l'animait. Il suffira d'apprendre que noire était sa chevelure, arrangée avec un goût et un soin exquis, que ses beaux grands yeux, tendres et délicats la nuance de ses joues, à la neige desquelles ne se mélait que modérément cette teinte rosée habituelle aux jeunes filles. La mansuétude, la résignation au sein des plus cruelles douleurs, se lisaient seules sur ce doux visage qui, animé par le bonheur, aurait pu réjouir l'enfer même. Plus petite que Fioretta, toute mignonne et gentille personne était enveloppée d'une longue tunique de toile blanche très fine ; une ceinture noire entourait, mais assez lâchement, sa taille, qui paraissait affaissée sur elle-même. Des grains de corail rouge à son col qui, avec la tête languissante, s'inclinait vers le bras, accoudé sur la table. En un mot, Rosa aurait pu servir de parfait modèle à un grand artiste, pour représenter la Vertu dans les larmes.

Le silence qui régnait dans la petite salle témoignait des dispositions mélancoliques des trois femmes. Il n'était interrompu que par les bouffées du vent qui soufflait à travers les yeuses du Gricciano,

par la pluie que la tempête lançait avec violence sur les murs de la tour et sur le toit de la cabane, et enfin par le grognement d'un limier, couché dans la cendre du foyer, qui, entendant au loin les aboiements d'autres chiens, se levait lentement sur ses pattes antérieures et éclatait par intervalles en un triste hurlement, aussitôt réprimé par la voix gutturale de la vieille qui s'écriait :

— À la niche, Timon ! à la niche ! voyez quelle impudence !

— Laissez-le, maman, répondait Fioretta ; il ne fait que son devoir. Et puis, le pauvre chien, ce soir il est triste de ce que le patron n'a pas voulu le mener à la chasse.

— Et comment l'y aurait-il mené, Dieu te bénisse ! puisqu'il est allé à l'affût, répliquait la vieille. Allons, Fioretta, prépare la poêle : quand Sor Meo reviendra, fatigué et mourant de faim, il voudra peut-être manger son lièvre en *fritto*, si lièvre il y a.

La jeune fille obéit en souriant malicieusement, mais Rosa reprit :

— Pourvu qu'il le tue, s'entend, car c'est tout au plus s'il en a laissé un dans tout le pays. A vous dire la vérité, *care mie*, cette habitude de courir si loin pour un malheureux lièvre ne me plait guère ; nous laisser seules, nous autres femmes, à cette heure de la nuit, au milieu des bruyères ! Mais tu n'as pas peur, ma Nena, toi qui sais tirer ton coup d'arquebuse aussi bien que le premier bravo.... Et puis, par une pareille averse, qu'est-ce que le pauvre père aura pu tuer ?

— Ce soir, sor Meo, aura pris plutôt un peu de poisson, interrompit Fioretta, qui, pour obéir à sa mère, était allée dans un cabinet voisin prendre la poêle, et qui rentrait alors dans le salon. En ce moment, un coup de fusil assez lointain fit vibrer les fenêtres gothiques de la masure. Timon sauta au milieu de la chambre, prêt à faire entendre quelques-unes de ses exclamations canines ; mais ses yeux rencontrant les regards sévères de la vieille, il baissa les oreilles, et la queue, et retourna vers le foyer.

— Vous le voyez, mesdemoiselles, s'écria Nena d'un ton triomphant ; vous voyez qu'il l'a tué ! les vieux parlent et les enfants babillent ;

— Je mangerais de bon cœur du pain et de l'eau pendant toute une semaine, dit Rosa, pour ne point risquer de payer une pièce de gibier au prix de la sûreté de mon bon vieux père. Un méchant lièvre ! rien du tout au bout du compte ! Et si l'a tiré là bas, à l'entrée de la plaine ; quel bain il doit avoir pris, le pauvre vieux ! Fioretta, prépare lui de quoi changer. Vous savez qu'il a soixante-dix ans ! Si je le perdais.... que ferais-je, pauvrette, moi qui ai déjà tant de chagrins ? Et qui sait comment finira tout cela ? Ah ! Nena ! ah ! ma chère Fioretta ! je dois craindre qu'Adelchi ne m'ait sacrifiée à sa folle passion. Si le comte ne prend bientôt un parti, le vieux deviendra tout ! il me maudira, il me tuera.... Oh ! non, il m'aime trop ; mais, mon dieu ! il en mourra lui-même de douleur.

Et alors l'infortunée Rosa, élevant ses deux genoux à la hauteur de la table, se couvrit, en sanglottant, le visage de ses mains ; Fioretta, qui était restée immobile en l'écoutant, s'essuya les yeux du revers de sa main ; puis, ayant retiré la poêle du feu, elle se mettait en devoir de préparer les habits du patron ; mais Nena s'écria :

— Visions ! terreurs de jeunes filles, *per Bio* ! Le comte est un galant homme ; on l'appelle de temps en temps le *contacolo*, quand on lui en veut ; *contaccio, diavolaccio* ! quelles diables de langues n'ont-ils pas ? La dernière fois qu'il vint ici, il me sembla quand il ne voyait point *sora Rosa*, il lui semblait être sur des charbons ardents ; et puis il me glissa dans la main une vieille pistole d'or, et c'est de quoi j'ai acheté la résille neuve de Fioretta. Et puis, *per Mio, per Crillo* ! par l'âme de mon pauvre oncle le curé, est-ce que je ne le tuerais pas de mes propres mains ! ah ! c'est que je porte encore ici une bonne lardoire, voyez-vous ! Et en parlant ainsi, la nourrice tira de son sein un long couteau qui servait de busc à son corset, et le remit aussitôt à sa place. Cependant Fioretta était rentrée dans le salon et avait tout entendu.

— O chère maman ! répliqua-t-elle, le Christ sait tout le bien que je souhaite à notre jeune maîtresse ! mais si elle s'était méfiée de ce....! Sa mère fixant sur elle un regard irrité, elle s'interrompit et reprit aussitôt :De ce comte de Montauto, combien les choses en eussent mieux été. Je sais que parfois on ne peut échapper à son sort : moi-même, un jour, avec cet effronté de sor Titta...., c'est-à-dire Gandolfi, sans la protection de la sainte Madone, hélas ! pauvre Fioretta...

— Tais-toi ! interrompit Rosa. Faut-il, pour me justifier, que tu t'accuses toi-même, ma chère Fioretta ? tu es vertueuse jeune fille ; continue à te défier des hommes, qui tous emploient le mensonge pour arriver à leur but. Quant à moi, je suis..., je suis une malheureuse et coupable créature. Alors les deux jeunes filles recommencèrent à pleurer ; et le brave Timon, comme s'il pouvait s'identifier avec la douleur de ses maîtres, se mit à pousser des gémissements lamentables sous le vaste manteau de la cheminée gothique.

— Visions de jeunes filles ! répétait la vieille. Pures visions de jeunes filles !

— Ah ! visions !... Eh bien ! je vais tout vous dire. Depuis que je ne reste plus ici dans la journée, reprit Fioretta, je vais essarter dans la plaine. Or un jour survint le contaccio... le sor comte, avec un autre seigneur ; et ils commencèrent à me tourmenter. Je pris d'abord patience un moment, un petit moment ; puis tout à coup, moi qui suis peu endurante, je les envoyai à tous les diables. Alors, voyez un peu la malice ! il se mit à crier : « Eh ! comment va ta maîtresse ? » Puis il se tourna vers cet autre brig....., ou, si vous voulez, cet autre bon sujet de Zambini ; et Zambini éclata de rire. Alors ils se mirent après la pauvre Giulietta, la fille du *caporaletto*, qui ne pouvait s'en débarrasser. Cette bonne Mari-Meca, ma marraine, avait beau s'égosiller à leur dire : « Excellence, c'est une pauvre fille qui n'a point de malice ; » savez-vous ce que lui répondait ce bourreau ? « Nous lui en donnerons ; et toi, vieille, ce que tu as fait est fait ; prends tes jambes à ton cou. » Et comme la malheureuse mère, devenue furieuse, ne quittait point la place, le seigneur s'approcha d'elle et lui donna un coup de pied dans le ventre ; elle était grosse, et ce matin même on a dit qu'elle en avait fait une fausse couche. Francesco Antonio, son mari, le *caporaletto*, qui, dans son temps, a été un peu chaud, et qui a tué ce sbire à Piana-Rocca, voulut prendre fait et cause, le brave et digne homme. Le contaccio vient sur lui, *per Crispo*, et lui applique un si violent coup de poing qu'il doit lui avoir faussé une côte ; et le pauvre garçon tombe à terre, où il reste comme mort. Alors, à la volonté de Dieu et de la Madone, les brigands s'en vont à tous les diables. Viennent les bouviers de Quaglia ; ils vous leur décochent une mousquetade que les balles en font voler la poussière sous les pieds de ces pauvres diables : et pourquoi ?... pour s'amuser ! Et qui pourrait dire toutes leurs vilenies ! Ils enlèvent toutes les filles l'une après l'autre, de sorte qu'aucune ne peut plus aller cueillir la chicorée sauvage dans les maquis ; quand ils ne peuvent tirer un lièvre, ils déchargent leurs armes sur des chrétiens ; ils font bâtonner les gens par leurs *bravi* ! Ah ! sora Rosa, ma tendre amie ! excusez-moi de vous raconter toutes ces choses, car je ne veux que votre bonheur, moi qui suis votre sœur de lait. Si Adelchi pensait sérieusement à vous, il ne tourmenterait pas les villageoises, et si c'était un galant homme, ma chère maman, il ne nous aurait pas fait un pareil affront, à nous !

Ni la sœur de lait ni la nourrice ne s'apercevaient de l'horrible impression que ce récit ingénu faisait sur la malheureuse Rosa. Quelques soupirs étouffés accompagnaient seulement les fatales paroles échappées à la pauvre Fioretta. De son côté, la vieille Nena eût présenté un objet d'étude assez curieux. Dans le commencement du récit, elle tenait ses yeux gris-bleuâtres fixés d'un air irrité sur sa fille, comme si elle eût voulu arrêter les mots dans sa bouche. A cette expression indignée de ses traits séniles succéda celle de l'indifférence ; et, toi, vieille, ce que tu as fait est fait ; de la douleur, et enfin de la plus terrible colère, au moment où Fioretta en vint à bout de son discours. Ses traits expressifs se contractent ; ses yeux semblent sortir de leurs orbites et prennent une teinte rougeâtre ; elle met ses poings sur les hanches, et d'instant en instant elle porte la main à son terrible coutelas ; c'est l'image un peu grotesque d'une Tisiphone vengeresse.

Elle reste quelques secondes en suspens ; puis sa voix éclate tout à coup :

— Comment, *per Crispo*, ils viennent s'en prendre à nos conducteurs de bœufs ! Nena Spiegati, dans son temps, a bien fait voir ce qu'il en coûtait à certains museaux plus terribles que celui-là !... Ma Rosa, eh bien ?... ah ! sang, sang et mort ! Que ne rencontrent-ils sor Meo ; il connaît les balles, par tous les saints, notre vieux !... il a vu tout de bon toutes les arquebusades à Parme, quand il était avec son excellence le sor don Pier-Luigi. Et puis voilà qui ne conviendra guère non plus à sor Memmo (que Dieu le bénisse !) ; car le maître de Tor Crognola ne dépend pas de la Roccaccia pour un fétu ; et nous l'avons vu, quand ces mangeurs de polenta, ces Florentins sont venus chez nous, quand sor Memmo s'entend à terminer une affaire ; et quand il peut bien faire, il le fait, et il le fera, *per Mio* !..., il y a encore mon neveu Maraccio, que si sa tante Nena lui dit un mot, il sait l'entendre, lui : c'est un oui ou un non. C'est là une affaire pour que celle de ce brigand ! Et si le sor de la Roccaccia ne veut point changer de vie, il lui arrivera que nous l'enverrons dormir chez les poissons dans la Fiora, avec plus de coups de couteau dans le corps qu'il n'a de cheveux sur la tête. Par la lumière de Dieu, je veux que ma chair brûle comme de l'amadou !...

Et après avoir avancé sa main au-dessus de la mèche du crasset, comme pour donner plus d'énergie à son serment, la vieille fit rapidement le signe de croix. Elle allait continuer, quand Rosa, s'écriant : « Ah ! non ; mon Adelchi ! » tomba évanouie dans les bras de Fioretta qui était accourue à temps pour la soutenir.

— Maudit soit le moment où j'ai ouvert la bouche ! s'écria Néna toute stupéfaite. Et s'interrompant brusquement : — Ma pauvre enfant ! »

ajouta-t-elle; et des yeux de la bonne nourrice deux grosses larmes tombèrent sur le pâle visage de sa fille d'adoption. — Un peu de vinaigre, Fioretta! ah! *benedetta* que je suis, quand une fois le sang me monte à la tête, j'arracherais les yeux au démon!

A la senteur mordante du vinaigre de sureau que les deux villageoises lui firent respirer, Rosa revint à elle, et alors la vieille nourrice reprit, mais sur un autre ton :

« Courage, courage, *sora padrona*; et excusez-moi si j'ai mal parlé; je l'ai fait pour un bien. Et puis, il y a une différence de Fioretta et ses pareilles aux dames de votre espèce; et au fond n'êtes-vous point la fille d'un condottiere? Le *sor conte* y pensera plus d'une fois avant de faire ici une infamie. Et puis, il est jeune, voyez-vous, il faut que la jeunesse jette son feu. Et quand un homme a plus d'argent que tous les autres, plus de puissance que tous les autres, on ne manque point d'en médire; on l'accuse de toutes les plaies du Christ. Pures visions, peurs de jeunes filles! »

Et comme si elle rougissait de son émotion, elle s'essuyait vivement les yeux avec son tablier et s'écriait de nouveau : « Pures visions! terreurs de jeunes filles! » Ce n'est point qu'elle en fût persuadée elle-même, car sa grossière expérience lui faisait voir les choses un peu plus nettement; mais elle voulait à tout prix calmer l'enfant qu'elle aimait plus que sa propre vie. Enfin Rosa, s'attendant d'un moment à l'autre à voir paraître son père, parvint à se remettre.

III.

La pluie et le vent continuaient avec la même violence, et les trois femmes commençaient à s'inquiéter du retard de Meo d'Ischia, quand enfin le son bien connu du cor du vieux condottiere retentit au dehors. Timon, cette fois, bravant la redoutable nourrice, s'élança vers la porte en aboyant de joie, et se mit à gratter d'impatience avant que Fioretta ne fût accourue pour l'ouvrir. Aussitôt qu'un des massifs battants garnis de fer eut tourné sur ses gonds, le chien recula, aboyant de ce ton effrayé, menaçant et interrogateur à la fois, par lequel cet intelligent animal a coutume d'exprimer ce qu'il sent quand il trouve dans la compagnie de son maître quelque figure suspecte.

En effet, Meo d'Ischia précédait deux seigneurs qui l'avaient rejoint avec une escorte à cheval; car non-seulement on entendait le piétinement des coursiers, mais même un des arrivants, parlant à un homme de la suite, lui dit :

— Va-t-en, Sbudella, retourne à la Roccaccia avec les chevaux; je passerai cette soirée avec le signor Meo, et demain à la quatorzième heure, je serai de retour.

— Fort bien, *Illustrissimo*, répondit-on, et le trot des cavaliers, résonnant sur la chaussée, prouva que l'ordre s'exécutait.

Le gentilhomme qui avait donné cet ordre était, comme son compagnon, enveloppé de l'ample, long, commode, mais très pesant manteau des Maremmes. Fioretta ferma le battant, et la vieille s'empressa d'allumer un porte-flambeau à trois branches, lequel, comme on peut s'en apercevoir, ne servait dans les grandes occasions. Les deux étrangers se tournèrent vers Rosa, qui, après s'être inclinée légèrement pour les saluer, courut embrasser le vieillard en lui disant :

« Père, venez tout de suite changer de linge; si ces habits humides se refroidissent sur vous, cela pourra vous faire mal. »

Sous une houppelande de peau de chèvre noire dont il chargea une chaise et y posait également son large chapeau de feutre, le vieux Meo portait une longue arquebuse garnie d'argent, arme qu'il tenait renversée sous le bras droit, afin de la préserver de la pluie. Un béret de coton blanc, portant deux raies rouges à son extrémité, se confondait avec le peu de cheveux de la même couleur qui restaient sur cette tête vénérable. Une large face, des yeux noirs pétillants de feu, un front spacieux, des favoris, un collier et de longues moustaches

plus blanches que la neige, donnaient à notre héros une expression de physionomie qui, en dépit de l'âge, aurait peu encouragé l'homme disposé à lui chercher querelle. Un large pourpoint vert, à boutons d'argent, taillé à la mode militaire; un haut-de-chausses de cuir et des guêtres courtes garnies d'agrafes d'argent, formaient son rustique costume. De la main gauche, il portait un lièvre qu'il mit sur la table, et après avoir essuyé soigneusement le canon de son arquebuse, il déposa cette arme dans un coin du salon; puis se tournant vers les étrangers :

— Pour les jeunes gens, dit-il, un bain d'eau froide n'est point un coup de mousquet; mais pour nous autres vieux, il ne s'en faut guère; avec votre permission, *Illustrissimi*! Et suivi de Rosa et de Fioretta, qui déjà avaient tout préparé, il se retira dans une autre chambre pour changer de vêtements. Avant de sortir néanmoins, il avait frappé légèrement de la main et à plusieurs reprises les flancs de son fidèle compagnon; alors seulement cessant ses importunités et satisfait de cette marque d'affection, Timon s'était retiré à son poste accoutumé, non sans gronder quelque peu en passant près des deux voyageurs. Ceux-ci, débarrassés de leurs manteaux et de leurs chapeaux à l'espagnole chargés de plumes blanches et jaunes, s'approchèrent du foyer pour se réchauffer.

Leur costume et leurs armes étaient presque semblables; mais il n'en était pas ainsi de leurs personnes. Tous deux étaient revêtus d'une casaque écarlate bordée d'or, qu'une large ceinture de soie blanche et jaune serrait contre leurs flancs : c'était l'uniforme de la cavalerie de Pier-Luigi. Leurs braguès courtes étaient de peau de daim; leurs bottes montant jusqu'aux genoux avaient de revers rouges tombant et étaient armées de gros éperons, à la mode des Maremmes. Outre deux courtes carabines richement ornées que les deux militaires avaient déposées sur la table en entrant, et que la vieille Nena était occupée à essuyer (besogne bien connue et presque journalière), chacun d'eux portait encore une paire de magnifiques pistolets fixée à droite dans sa ceinture, tandis qu'un riche couteau à gaîne, brillait à sa gauche. Une petite giberne d'argent suspendue en sautoir sur l'épaule gauche, par un large baudrier de brocard, retombait sur le dos de chaque cavalier et complétait ce costume semi-guerrier. Cette exacte conformité dans le vêtement indiquait entre les deux étrangers, sinon une amitié réelle, du moins une grande communauté de goûts.

L'un était Adelchi, le *contaccio* de Montauto; l'autre, connu des villageois sous le nom de *sor Titta*, que nous avons déjà rencontré, était en réalité Gandolfi, le célèbre bravo de Castro, le favori du duc, le ministre des iniquités de son gouvernement et la terreur de tous ses sujets. Le premier portait les insignes de colonel; le second ceux de *capo di banda*, grade correspondant à celui qu'occupe aujourd'hui un chef de bataillon. Adelchi avait au plus trente ans; sa taille était médiocre, assez bien prise et très robuste; sa physionomie portait le type lombard; ses longs cheveux lisses, châtain foncé, étaient collés sur ses tempes; une longue cicatrice perpendiculaire, sans le défigurer toutefois, lui sillonnait toute la face, de la tempe gauche au menton; de petites moustaches arrêtées au niveau de la lèvre supérieure, un teint olivâtre, des yeux bruns, une tête à peu près ovale, une bouche qui semblait à chaque instant s'ouvrir pour un sourire sardonique, tout cela formait un ensemble à la vérité régulier, mais qui, au premier coup d'œil, inspirait la défiance et peut-être le mépris. Gandolfi, lui, était un des plus beaux hommes que l'on puisse voir, et ses avantages physiques, développés à un degré rare, l'enorgueillissaient presque autant que sa bravoure et sa férocité naturelles, dont il aimait à se vanter. Sa taille athlétique s'élevait jusqu'à près de neuf palmes; admirablement conformé dans toutes les parties de son corps et plus jeune que le colonel, il aurait pu sans exagération être comparé au marbre divin que l'on admire au Belvédère. Une barbe en collier qui lui ceignait les joues et le menton, noire et touffue comme ses cheveux, qui se dressaient en tous sens sur son front altier, encadrait un visage auquel on pouvait également appliquer la comparaison tirée du chef-d'œuvre de Praxitèle. A ne voir que ses grands yeux d'azur, tantôt pleins de sentiment, tantôt enflammés d'une généreuse ardeur, on aurait traité d'imposture le fidèle récit des débauches et des crimes de cet infâme sicaire. En somme, le bravo de Castro était un homme à qui s'appliquait à merveille ce proverbe vulgaire mais plein de justesse : l'apparence est trompeuse.

— Maintenant, vieille, dit Gandolfi en s'adressant à Nena; maintenant que tu as bien essuyé nos carabines, prends la poire à poudre dans la giberne du patron et renouvelle les amorces.

— Comment! avez-vous peur des brigands, sor Titta? s'écria la nourrice. Sachez-le bien, depuis que la Torraccia est habitée par Meo d'Ischia et par Nena Spiegati, les voleurs s'en vont prendre de bien là où ils peuvent en trouver; ici, il n'y a que peu de pain et beaucoup de balles à recevoir. Mais pour que vous ne vous imaginiez pas que la vieille ignore comment on amorce une arme, je vais vous obéir. Alors, ayant pris la poire à poudre, elle ajouta : — Et quelle poudre, *per Mio!* elle nous est apportée de Calabre par

certains gaillards auxquels les douaniers n'osent pas dire grand chose.

Après s'être acquittée de cette tâche, aussi bien qu'un chasseur de profession, la vieille se dirigea vers une armoire pratiquée dans la paroi du salon ; elle en tira une bouteille et un verre, et revint aux deux officiers.

— Buvez, *illustrissimo sor bravo de Castro*, dit-elle à Gandolfi d'un d'un ton presque moqueur en lui présentant le verre ; buvez : c'est du vin de Cellere qui nous vient de sor Odoardo. Après, nous préparerons le souper ; mais si vous avez bon appétit, il faudra pourtant faire attendre votre estomac une petite demi-heure... jusque-là, rien ; avez-vous compris ? Il faut que les choses se fassent en règle.

— Sers d'abord le comte, vieille, répliqua le bravo : tu n'as pas pour un *quattro* de savoir vivre.

— Voyez donc ce museau qui se mêle de me reprendre ! Vous n'étiez pas encore né, sor Titta, quand Nena Spiegati dans cette même maison de sor Meo, qui était alors condottiere et chef de l'infanterie de Son Excellence, a servi à table le duc et toute la noblesse de Castro, comprenez-vous ? Et voulez-vous savoir pourquoi je vous servais avant lui ? ajouta-t-elle, en désignant Adelchi « c'est parce que vous avez plus l'air d'un gentilhomme ; et puis, quant au *sor conte*, il y a une mouche qui me bourdonne quelque chose à l'oreille relativement à lui ; et si elle ne ment pas, je veux que ce vin lui serve de poison !

Et alors, d'un air moitié riant, moitié irrité, selon que son cœur maternel était agité par l'espérance ou par la crainte ; elle remplit le verre de ce vin pétillant de Cellere, qui, s'il était traité avec plus de soin, ne le céderait point au cosmopolite vin de Champagne.

— Voyez cette vieille *di Cristo* ! s'écria le *contaccio* après avoir vidé le verre. Plus fière qu'un Suisse du pape !... que Diable, te murmure-t-on à l'oreille ? dis-nous-le, par le sang de l'hostie..

— Ce qu'on murmure ! reprit Nena, en servant à son tour le bravo de Castro, personne ne le sait mieux que vous ; et regardez bien, sor Conte, si vous ne tracez point votre sillon tout droit, par le sang de mon pauvre oncle le curé, aujourd'hui ou demain la Roccaccia changera de maître !

Adelchi leva les épaules en signe de mépris, et Gandolfi, faisant remplir de nouveau son verre par la vieille, lui dit :

— Silence, Nena, si tu ne sais pas mieux parler que cela, coupe-toi la langue. Et il poussa un bruyant éclat de rire auquel le comte fit écho.

— Coupez-vous les mains, vous autres ! méchants bandits, qui avez ruiné la moitié des Maremmes, répliqua la vieille. Et elle aurait continué ses imprécations si Gandolfi, lui passant la main sous le menton d'un air moqueur et s'emparant ensuite du flacon et du verre, ne l'avait interrompu en l'invitant à boire à son tour. Le bravo de Castro, qui depuis longtemps pourchassait inutilement la pauvre Fioretta, connaissait bien la vérité de ce vulgaire adage : « Pour avoir la fille, il faut faire la cour à la mère. » En effet, la vieille, sensible à cette attention, rentra dans le silence, et à ce moment même Fioretta et le vieux militaire reparurent dans la salle.

— Illustres seigneurs, dit Meo, je suis à la fois bien sensible à l'honneur de vous recevoir sous mon pauvre toit et mortifié de ne pouvoir vous y offrir une hospitalité digne de vous. Quelle qu'elle soit, vous reconnaîtrez au moins qu'elle est donnée de bon cœur.

— Ne parlons pas de l'honneur, dit Gandolfi : je ne sais qui le reçoit de vous ou de nous deux : l'hospitalité d'un de nos anciens condottieri, accompagnée de paroles aussi courtoises, ne peut être que très agréable ; quant aux détails, nous sommes des soldats, et nous saurons bien nous accommoder pour une nuit de la vie que mène habituellement un gentilhomme aussi illustre...

— Ainsi que son honorable fille, ajouta le *contaccio*.

Meo d'Ischia ne répondit à ce dernier compliment qu'en s'inclinant et en ordonnant aux deux femmes de hâter les préparatifs du repas. Adelchi entra en conversation avec lui, et le bravo fit semblant de penser à toute autre chose, en se promenant par la salle et en chantant :

Le soldat, partant pour la guerre,
Mange, boit et dort sur la terre, etc.

Mais insensiblement il se rapprocha de Fioretta qui, accroupie sur un des côtés du foyer, s'occupait de préparer quelques mets.

— Ma chère Fioretta, lui dit-il à demi-voix, j'ai dans le corps une fièvre que toi seule pourrais faire passer.

— Et pourquoi non, répondit à haute voix la jeune fille, pourquoi non, si la chose est bonne.

— Si elle est bonne : certes, elle est très bonne, bonne comme toi.

— Eh donc ! en quoi consiste ce remède, *sor Titta* ?

— Ce remède, d'abord et avant tout, c'est un baiser ; un seul baiser de ta jolie bouche, ma *bellinella*, me rendra la vie.

— Un baiser ! ah ! ah ! ah ! j'ai vu que l'on baisait les madones, et toujours avec les mêmes cérémonies, *illustrissimo*.

— Eh ! n'es-tu pas toi-même une *madonnina* ? Non, non, Fioretta, je ne fais point de cérémonies, répliqua chaleureusement l'homme de Castro ; je meurs d'amour pour toi, et si tu ne veux point m'écouter, je suis un homme perdu.

— Plaisantez-vous ou dites-vous vrai ? reprit Fioretta en le regardant bien en face avec une incomparable expression de simplicité ironique, sans toutefois que ses mains abandonnassent la poêle qu'elle avait mise sur le feu ; vous êtes gai ce soir, *sor Titta*, et cependant vous n'avez guère bu.

Mais comme le bravo commençait à s'enhardir un peu trop, l'honnête villageoise, changeant de ton et d'attitude :

— Vous comprenez, *illustrissimo*, dit-elle, que, même si vous me vouliez du bien et si vous n'avez pas d'intention mauvaise, je ne suis pas assez sotte pour ignorer que ma sangle ne peut guère aller à votre bât : si, au contraire, vous voulez ma ruine, il est temps d'en finir. Sachez que vous ne m'en ferez point accroire et que je suis la fille de ma mère, comprenez-vous ? Allez, allez à votre écot.

Tout cela n'empêchait pas Gandolfi, qui s'était baissé presque jusque sur ses genoux, de s'approcher de la jeune fille et de commencer à jouer des mains : mais la vieille Nena, qui était aux aguets, parut tout-à-coup entre sa fille et le tentateur. — Oh ! *sor bravo, per Crispo, per Orispo*, allez, allez causer avec le *sor conte, per Mio* sinon, per le sang de mon pauvre oncle le curé... vous ne souperez jamais, là !

Cette sortie ayant attiré l'attention d'Adelchi et du vieillard, Gandolfi se releva et se mêla à leur conversation. Une nappe d'une parfaite blancheur couvrait la moitié de la table ; une vaisselle grossière, un pain cuit à la maison le samedi précédent, et une respectable escouade de flacons de Cellere, grâce aux soins de la nourrice, annonçaient d'avance l'apparition des mets qu'on achevait d'apprêter. Ces mets, apportés bientôt sur la table par les deux paysannes, consistaient en un plat de jambon des montagnes, en un *amolle fritto* fait du devant du lièvre ; on y ajouta le train de l'animal rôti et une demi-douzaine de pigeons étuvés avec des lentilles, mets qui était précisément, le lecteur ne sera point fâché de l'apprendre, celui qui cuisait dans la marmite au moment où nous l'avons introduit, lui lecteur, dans l'intérieur de la Torraccia di Griccilano.

La belle et malheureuse Rosa, étant rentrée en ce moment avec un panier d'arboises qu'elle dit avoir cueillies elle-même sur le Costencino et qu'elle plaça sur la table, invita les hôtes à prendre place. Le comte, le bravo et Meo, s'assirent avec elle autour de la table ; sur les pauvres sièges de paille, tandis que les deux villageoises restaient debout pour les servir. Les trois hommes firent honneur à la cuisine de Fioretta et au vin de Cellere. Il n'en fut pas ainsi de Rosa, qui était en proie à une douleur si vive que, tout en s'efforçant de la cacher, elle laissait facilement deviner ce qui se passait dans son cœur. Meo, qui, depuis quelque temps déjà, avait remarqué un grand changement dans sa fille adorée, s'en était d'abord inquiété et l'avait interrogée ; mais, après avoir observé ses questions, au lieu d'apaiser la douleur de la jeune personne, ne faisaient que l'accroître, il écoutant que l'impulsion de son cœur paternel, la laissa, les choses suivre leur cours, espérant que le temps rendrait à sa fille la gaîté naturelle de son caractère et les roses de son teint. Personne ne connaissait mieux qu'Adelchi les causes de ce cruel embarras ; un cœur moins dur en aurait été vivement touché ; mais lui, comme si de rien n'était, mangeait, buvait et causait en échangeant de temps en temps un sourire avec Gandolfi. Celui-ci se tournait à chaque instant vers la pauvre Fioretta, avec un air insolent d'intelligence secrète, ce qui faisait mâchonner à la vieille quelques imprécations énergiques.

— Mes enfants, dit le vieux condottiere, voici le souper d'un pauvre vieux soldat, dont les anciens services ont été, mis en oubli depuis qu'il n'est plus en état de le rendre de nouveaux. N'importe ! puisque le Seigneur a bien voulu me laisser des bras et un mousquet pour m'aider, et puisque cette ange d'innocence (Dieu veuille la bénir et la rendre heureuse !) suffit à ma consolation.

La nourrice laissa échapper un gros soupir, et cette marque d'affection, jointe aux paroles du vieux guerrier dont Adelchi voulait perdre la fille, fit monter la flamme sur le visage de ce noble seigneur. Le comte, rencontrant en cet instant le regard douloureux et suppliant de la pauvre Fioretta, perdit tout-à-fait contenance, et pour ne point se trahir, il porta son verre à ses lèvres. Après un court intervalle, sentant la nécessité de changer de propos, il reprit :

— Soyez-en certain, signor Meo, le duc ne peut laisser longtemps vos éclatants services sans récompense : peut-être des intrigants

l'ont-ils empêché jusqu'ici de vous marquer sa gratitude; mais je sais positivement qu'il fait le plus grand cas de votre personne et qu'en un mot il vous aime.

— C'est vrai; c'est bien vrai, s'écria la nourrice; mais en attendant, le patron mourrait de faim, n'était son escopette !... Je veux dire, ajouta-t-elle en se reprenant, parce qu'elle s'était aperçue de la rougeur qui couvrait les joues du vieillard; je veux dire qu'il n'aurait pas tout le bien-être que méritent des hommes tels que lui.

Gandolfi, tirant parti de cet incident, fit comme s'il ne pouvait résister à l'attrait de la belle main de la villageoise, laquelle, au fond, n'était qu'une main habituée à manier le sarcloir: voyant que Fioretta, distraite par la conversation, continuait à tenir le flacon posé sur la table, il imprima sur son bras un sonore baiser, et en même temps, par dessous la table, il la pinça vigoureusement. A cette attaque inattendue, la jeune fille sauta en arrière; Rosa se leva tout émue, et la vieille s'écria:

— Voyez-vous l'impudence!

Meo d'Ischia demanda ce qu'il y avait.

— Rien, rien, signor Meo, dit le bravo en soufflant ses doigts; sinon que je viens de toucher quelque chose qui brûle mieux que le feu. Donc, comme je vous le disais, le duc sait vous apprécier; et si quelque fripon lui a dit du mal de vous (puisse ce misérable mourir comme un chien!) le duc ne vous en rendra pas moins justice, et cela plus tôt qu'on ne croit.

Alors, comme le vieux condottiere faisait mine d'insister et de ne point se contenter de cette diversion, Gandolfi ne vit point d'autre moyen de se tirer d'affaire qu'en mettant sur le tapis le sujet favori des pensées de Meo:

— Et ne me parle-t-il point sans cesse de ce jour où vous montâtes ensemble à l'assaut de Parme?

— Vous en parle-t-il, en vérité? interrompit avec empressement le vieillard, à qui le sang était monté soudainement au visage. Povero Pier-Luigi! c'est-à-dire pauvre du tout, lui; mais povero, me! Maudits soient les misérables qui l'excitent contre moi! Si je les connaissais, la main ne me tremble pas encore assez et ma vue n'est point encore assez troublée pour que je ne puisse faire manger du plomb à toute cette canaille. Suffit! Qui sait! Le duc est trop généreux, trop brave, pour laisser pourrir dans une vieille tour son vieux compagnon d'armes, son ancien lieutenant-général d'infanterie. Je lui veux plus de bien que du mal, vous le savez; quand je l'entends nommer, mon vieux sang bout de nouveau dans mes veines et je crois avoir vingt ans. Buvons un coup à la santé de mon ancien général, de notre digne prince: jeunes gens, à la santé de Pier-Luigi Farnese!

A ces mots, frappant la table du poing, il se leva légèrement sur ses pieds, et, dans son enthousiasme, il vida d'un seul trait un verre rempli jusqu'au bords. Quoiqu'avec plus de modération, les deux amis l'imitèrent; Rosa elle-même en fit autant, sachant que rien ne pouvait être plus agréable au vieillard. Certes, le comte de Montauto et le bravo de Meo d'Ischia avaient entendu maintefois de la bouche de Meo d'Ischia le récit de l'assaut de Parme et des autres affaires auxquelles il avait assisté; mais par un travers commun à presque tous les vieux soldats, le vétéran ne se mit point dans les voies qu'il fût inutile de recommencer cette histoire peut-être pour la cinquantième fois.

— Dans ce temps-là, rien ne se faisait sans Meo d'Ischia. La nuit qui précéda l'assaut, oh! quelle nuit, grand Dieu! à la septième heure, le duc me fit avertir par un page de venir le trouver et il me dit: « Nous dormirons demain sur les cadavres des Espagnols et du « comte de Soriano. » Et sur ce, nous nous mîmes tous deux à faire le tour du camp. Quand parut l'aurore de ce jour de gloire, Pier-Luigi, me prenant par le bras, me conduisit dans sa tente où étaient réunis tous ses colonels. Il y avait le comte d'Orvieto et le lieutenant de la cavalerie Ottone du Valentano, lequel aimait à me rencontrer comme on aime à avoir de la fumée dans les yeux. Quelle fureur! quand Pier-Luigi leur communiqua ses projets d'attaque et leur dit: « Ceci n'est plus votre affaire, signor Ottorino; car la prise « de la brèche ne concerne point la cavalerie. Mais (je vous rapporte « ses propres paroles) le seigneur Meo de Ischia, mon lieutenant d'in- « fanterie, indiquera à chacun son rôle, et tout le monde lui obéira, « songez-y bien! » Aussitôt tous les colonels et le comte d'Orvieto, et ce pauvre sor Ottone lui-même, se confondirent en révérences; car ils savaient bien que Pier-Luigi n'aimait pas à dire les choses deux fois. Alors il se tourna de mon côté et me questionna sur les compagnies qu'il faudrait commander pour l'assaut; bref, nous arrangeâmes toutes choses entre nous deux et le comte d'Orvieto; quant à sor Ottone, il resta toute la journée avec sa cavalerie à se gratter la panse, si bien qu'il faillit mourir d'une fureur rentrée. Tout le monde riait de son dépit: il est si présomptueux! Donc, comme vous savez, on commanda la quatrième de Canino, la sixième d'Ischia et les quatre bandes noires de Castro. Et vrai, tout se fit en ordre cette fois; au point que ces *caraïos* d'Espagnols et leurs alliés n'avaient guère envie de rire. Les balles et la mitraille volaient comme grêle; Canino et Ischia, qui se trouvaient en tête de la colonne, laissèrent une cinquantaine de carcasses chrétiennes faire de l'engrais pour les pois; et les autres reculaient, par ma foi! Mais alors il fallut voir Pier-Luigi, tenant son épée d'une main et une échelle de l'autre, et criant : En avant! les hommes de Castro, en avant! Arrivons donc pour les prendre au corps! Nous arrivâmes, en effet. Je me démenais comme un désespéré, quoique j'eusse attrapé un morceau de mitraille dans l'épaule. Il faut l'avoir vu pour y croire! La fumée, le feu, les cris des combattants, le sifflement des balles qui fendaient l'air de tous côtés comme des flèches! On se serait cru dans l'enfer! Mais baste! tout alla comme le Christ l'avait voulu; le duc appuya son échelle contre le mur et j'y grimpa comme un écureuil. J'y montai après lui avec mes gens d'Ischia : car ceux de Canino étaient avec le duc. Enfin, en m'aidant avec mes genoux, je parvins à gagner le faîte du mur et j'y plantai la bannière ducale. Il aurait fallu voir alors quels horions se donnaient et se rendaient. Après que nous fûmes entrés dans la place, nous autres d'Ischia, arrivèrent les Bandes-Noires : la chose devint une vraie partie de plaisir. Les Espagnols et les soldats de ce brigand de Soriano, qui commandait sur le bastion, commencèrent à se sauver après avoir rendu leurs comptes, et il ne dut pas leur rester un *quattrino* dans leur poche; car pour un qu'ils nous prenaient, nous nous leur faisions payer cent. Quant à Pier-Luigi, on ne le voyait plus, et l'on commençait à le croire mort. Savez-vous où il était allé, le duc? Ce comte Orsini, ce misérable assassin, lui avait tué autrefois son fils, le prince Paolo, dans une chasse sur les bruyères d'Ammone. Orsini voulait se venger par là des relations que Paolo avait eues avec une..., avec la comtesse, et il croyait punir en lui les deux coupables. A peine le comte voit-il venir à lui Pier-Luigi furieux, qu'il saute du rempart dans la ville. Mais le duc... voyez quelle imprudence! quelle âme damnée! sans s'occuper de quatre ou cinq soldats qui lui tombaient sur le pourpoint, le duc, dis-je, ne sentait que son ennemi. On eût dit qu'il poussait un pauvre jeune prince et c'est en effet ce qu'il m'a dit depuis. Avez-vous vu mon Timon courir aux trousses d'un sanglier : ainsi, Pier-Luigi poursuivait le comte. A peine l'eut-il atteint que, lui donnant plusieurs estocades coup sur coup, il s'écria : « Voici ce que t'envoie le pauvre Paolo. » Et il s'acharna tellement sur lui, qu'après la prise de la ville, quand il vint sur la place faire rassembler les troupes, on l'eût pris pour un boucher. Quant à nous, qui avions chassé l'ennemi du bastion, à peine étions-nous dans la ville que deux sentinelles tombèrent sur notre dos, rapides comme des fusées volantes, un certain nombre de cavaliers, de ces chenapans que l'on appelle les Vallons, formant la garde du roi d'Espagne. L'un d'eux me donna un coup de taille qui me coupa mon casque en deux et m'atteignit le crâne. Mais pour lui, *per Dio santo!...* — Ici Meo d'Ischia redressa ses deux mains ses blanches moustaches, et ses yeux étincelèrent comme des charbons ardents. — Pour lui, cette heure fut la dernière; je lui tirai à brûle pourpoint un coup de pistolet dont la bourre lui entra dans le corps. Mais ces bandits, qui faisaient cas de la vie autant que d'un *quattrino*, se battaient comme des enragés, avaient renversé plusieurs des nôtres : baste! j'ai si bien fait... mais il n'est pas beau de se louer soi-même... baste! j'ai fait du moins que j'ai pu; de sorte que quand nous en eûmes jeté plus de cinquante à bas de cheval, les autres nous rendirent leurs sabres si endiablés, lesquels étaient si longs qu'on aurait pu s'en servir pour abattre des noix. Quand Pier-Luigi arriva sur la place et qu'il vit tous ces messagers de la colère du Christ garottés avec les bandoulières de nos arquebuses, il vint à moi tout droit, roide comme balle; et me tendant les bras au cou (ah! je n'oublierai jamais ce jour qui fut le plus beau de ma vie !!) il s'écria d'une voix forte dont toute la place retentit : « Meo d'Ischia, sans toi « les Espagnols seraient encore maîtres de Parme! » Et aussitôt il détacha de son flanc l'épée avec laquelle il venait de venger son fils... et me la mit à la main. Et cette épée est là, là, le vétéran en montrant la chambre de derrière, — là, au chevet de mon lit; et je la vénère autant qu'un morceau de la sainte croix, autant qu'une tresse de cheveux de cette femme bien-aimée qui fut la mère de ma Rosa. O pauvre Pier-Luigi! tu ne les as point oubliées, hem! cette brèche de Parme et cette déconfiture des Espagnols! Non! *per Dio santo!* il ne nous les aura point oubliées, camarades! notre duc est trop vaillant et trop magnanime! ce sont misérables qui l'excitent contre moi; ce sont eux! Depuis qu'il habite cette bienheureuse ville de Parme (que je regrette presque de l'avoir aidé à reprendre), il semble qu'il ait abandonné l'état de Castro et ses vieux serviteurs : depuis cette époque, l'arbre de ma vie commence à s'incliner, et tout semble tourner contre moi : vous le savez, les mouches s'attaquent aux chevaux qui n'ont plus de queue... Mais patience! il ne me reste plus que peu de jours à camper ici; quant à Castro, gare au pape! il lui faudra plus de mille ans pour ruiner cette pauvre cité (1). Après tout, tant que cette main pourra porter une

(1) Castro fut en effet ruiné de fond en comble par les troupes pontificales.

once de fer, le vieux Meo aura toujours quelques coups de carabine à tirer pour la défense du duché et de Pier-Luigi en personne! Juste ou injuste, il est notre souverain, il est mon chef! et comme tel je le respecte et le vénère. Dieu seul peut savoir tout ce que je souhaite de bénédictions à ce brave commandant, que l'on a toujours vu sous la tente du soldat, n'envoyant pas les autres en avant, mais leur montrant lui-même la route!

Ayant ainsi terminé son récit, Meo d'Ischia se leva de nouveau; il fit remplir les verres, et invita ses hôtes à porter un second toast à son héros.

— Ah! *povero Pier-Luigi!* s'écriait-il de nouveau; mais le comte de Montanto le savait par expérience, quand une fois le vieux Meo commençait à parler de ses prouesses, il était difficile de le faire taire avant qu'il les eût toutes passées en revue. Donc le comte le questionna sur sa dernière campagne, espérant que, celle-là finie, il n'y aurait plus lieu de revenir sur les précédentes, et qu'ainsi le manège obligé se trouverait d'autant accourci. Le lecteur se sera naturellement imaginé que le lieutenant-général d'infanterie, suivant l'usage des vieux soldats et des voyageurs, amplifiait un peu ses aventures : il n'en était rien. Meo d'Ischia s'était positivement distingué et placé au premier rang dans l'expédition de Parme et dans d'autres campagnes, et il pouvait passer en effet, comme un grand nombre l'estimaient, pour un des plus intrépides condottieri de Pier-Luigi. Sa dernière campagne, après laquelle il s'était retiré du service, fut l'expédition contre les habitants de Sienne, qui, comme nous l'avons déjà dit, avaient envahi quelques années auparavant le duché de Castro. Ayant entendu la demande d'Adelchi, il se laissa retomber d'aplomb sur son siége, et, s'essuyant les moustaches avec sa serviette, il lui lança un regard de bienveillance et de satisfaction comme un homme prêt à remplir un désir d'autrui quand ce désir le comble lui-même de joie. Gandolfi laissa échapper un geste d'impatience : la Rosa et Fioretta firent un léger mouvement d'épaules. Des cinq auditeurs, Adelchi seul, par urbanité, et la vieille, qui jamais n'était rassasiée d'entendre les faits et gestes de son maître, et qui se complaisait à les redire elle-même à droite et à gauche, comme une chose à elle, Adelchi, disons-nous, et la vieille, furent les seuls qui prêtassent l'oreille au vétéran, lequel recommença en ces termes :

— Ah! cette fois, cette fois-là, avec l'aide de nos arquebuses, nous arrivâmes jusque sur la place de Monte-Pulciano pour y boire un bon coup de vin d'Aleatico. Les mangeurs de polenta trouvèrent ce jour-là qu'il faisait meilleur à demeurer chez eux qu'à demeurer en place, et ne pense pas qu'il leur soit resté la moindre envie de revenir dans nos Maremmes. Votre lieutenant de cavalerie, Jean-Baptiste Castiglione, et moi, nous commandions les vieilles bandes du duc; mais la levée, en masse des paysans, dans cette échauffourée, nous a vraiment donné le pion à nous autres anciens : elle nous a tous éclipsés. Vous n'avez pas oublié le chevalier marchant sous les ordres du chevalier Memmo de Tor-Crognola, un brave jeune homme celui-là! Quel dommage qu'il ne soit point militaire! Il a bien gagné dans cette affaire les insignes de colonel.... Mais le pauvre diable! ou ne lui a jamais reconnu ce grade. « Nous verrons; nous nous occuperons. » Vous savez j'les excuses ordinaires des souverains, car, le péril passé, ils ne s'inquiètent guère de ceux qui l'ont éloigné..... Les insignes de colonel, ai-je dit? le bâton de général, devais-je plutôt dire, car s'il ne s'était pas trouvé là, les Florentins l'auraient eue facile pour arriver jusqu'à Castro.

— Et Mariaccio, mon neveu? interrompit Nena, qui ne pouvait souffrir qu'on passât sous silence l'objet de sa prédilection.

— Ton neveu Mariaccio, ma bonne Nena, est un brave des Maremmes, et quand il s'y met, il ne marchande guère; votre Sbudella en sait quelque chose, seigneur comte! Mais pour en revenir au chevalier de Tor-Crognola, ce qu'il a fait, lui, personne n'en a pu approcher dans cette campagne, et Pier-Luigi lui-même n'en eût peut-être pas fait autant, *per Dio santo!*

Depuis la brusque attaque de l'impudent bravo de Castro, Fioretta s'était retirée derrière la chaise de sa jeune maîtresse pour échapper à un renouvellement d'hostilités. Cette retraite, qui lui déplaisait, l'inévitable cours de discours entendus plus de cent fois, les louanges données au chevalier de Tor-Crognola, qu'il détestait cordialement depuis une certaine circonstance où ce gentilhomme l'avait fait rentrer dans le devoir, toutes ces causes réunies agirent sur Gandolfi qui, de plus, selon sa louable coutume, avait bu outre mesure; si bien qu'il sortit tout-à-coup des gonds et se mit à dire pis que pendre de ce pauvre Memmo, pour lequel le vieux lieutenant nourrissait une si tendre affection. En effet, l'amitié du vétéran pour le jeune cavalier allait au point que, si leurs fortunes eussent été moins inégales, Meo n'aurait point cherché d'autre époux à sa fille chérie.

— Et quel exploit a donc fait ce malotru? concluait le bravo, des exploits du rustaud et de gens de sa sorte! Voyez-vous, sor Meo, au lieu de porter les armes nues un pareil lourdaud, vous feriez mieux de vous méfier un peu de votre jugement.

Meo d'Ischia, de son côté, n'avait point gardé son verre en repos :

l'affront était direct pour un homme de son expérience et de ce caractère bouillant que l'âge n'avait point refroidi. Ses mains sèches et massives serraient convulsivement les bords de la table qui craquaient sous leur effort. Cependant la vieille Nena, à l'attaque dont son maître était l'objet, s'était aussitôt placée derrière lui, et accompagnait le regard étincelant de Meo par un autre coup d'œil non moins expressif.

— Voyez-vous, *signor capo-banda*, répliqua ironiquement le vieux condottieri d'une voix grave qui déguisait à peine son dédain, vous êtes jeune, et j'ai pitié de vous. Quand vous étiez encore dans la pensée divine ou dans le ventre de votre mère, il y a de cela vingt-cinq ans, Meo d'Ischia portait déjà les insignes de colonel des bandes noires du pauvre défunt, l'oncle de notre Pier-Luigi! Et vous voudriez m'enseigner à discerner le mérite militaire? Ah, ah, ah! cela fait rire, pour ne pas dire plus. Quant aux exploits du chevalier Memmo, voulez-vous que je vous le dise, je ne sais trop quels sont, parmi les vôtres, ceux qui pourraient soutenir la comparaison ; ce ne seraient pas du moins certains actes de votre vie qui, pour votre honneur, doivent rester dans l'oubli !

La vieille nourrice fit entendre une exclamation gutturale comme pour approuver l'énergique réponse du vétéran. Les traits de Gandolfi prirent une expression singulière, magnifique dans son genre, et propre à épouvanter tout autre que le vieux général; on eût cru voir le dieu de la guerre et du carnage. Heureusement pour le repos de cette soirée, le vin de Collore n'est point assez capiteux pour enlever complètement la raison à tous ceux qui en vident quelques verres. Les sourcils noirs et touffus du bravo étaient froncés, son visage enflammé par la colère et par le vin, sa lèvre supérieure, découvrant une ligne régulière de dents d'ivoire, exprimait un sourire dédaigneux et féroce, tandis que sa main brunie caressait le manche de son riche poignard. De l'autre côté, une des mains du vieux soldat avait abandonné la table et avait disparu dans l'ample poche, extérieure de son pourpoint; et probablement en serait venu aux coups de fait; si le comte de Montanto, se levant de son siége et tirant amicalement les moustaches de Gandolfi, n'eût tourné ainsi la chose en plaisanterie :

— Ami, tu as un peu trop levé le coude ce soir, et tu ne vois plus clair dans ton jeu.

— Père, ajouta Rosa toute tremblante, rappelez-vous que demain, à la quatorzième heure, vous devez rejoindre à la *Passione* les gens de Farnèse pour chasser avec eux, et sept heures de la nuit sont déjà sonnées. D'ailleurs, ces deux seigneurs doivent être fatigués, et ce qu'il y aurait de mieux à faire ce serait de se retirer tous.

— Donne-moi un verre d'eau, ma fille, dit le vieux soldat en soufflant encore de colère.

Rosa s'étant empressée de le servir, il vida le vase d'un trait et passa d'un pas ferme et rapide dans une autre chambre, non sans prendre avec lui sa longue arquebuse qu'il avait déposée, en entrant, dans un coin du salon. Il laissait aux femmes le soin de s'occuper des deux étrangers. Gandolfi, en secouant la tête, l'accompagna du regard jusqu'à sa sortie. Quant à Rosa, elle s'approcha timidement du comte et lui dit à voix basse quelques paroles auxquelles il répondit de la même manière, en s'inclinant légèrement. Sa belle interlocutrice prit alors congé de la compagnie, et dit à la nourrice :

— Quand les *signori* le désireront, vous les conduirez à la chambre où l'on a préparé les lits.

Ayant parlé ainsi, elle suivit son père. L'habitation se composait de deux chambres aux étages supérieurs de la tour; la mâsure qui s'appuyait contre le vieil édifice n'avait elle-même que le petit salon et un cabinet contigu, où couchaient ordinairement les deux paysannes. Meo et sa fille habitaient les étages de la tour. Or, les habitants de la Torraccia étaient tellement pauvres qu'en fait de lits ils n'avaient précisément que le nécessaire : c'est pourquoi l'on avait assigné aux deux hôtes ceux des deux villageoises que l'on avait couverts de draps un peu grossiers, mais d'une parfaite blancheur; elles-mêmes se préparèrent à passer la nuit par terre dans le salon. Ce n'était point là une chose extraordinaire et dont elles eussent le droit de se plaindre, car personne n'ignore que toutes les femmes du peuple des Maremmes sont habituées par nécessité à dormir sur le sol des grottes, ou sur le pavé grossier des cabanes, quand l'atelier champêtre est trop éloigné de leurs habitations pour qu'elles puissent regagner celles-ci chaque soir.

Le bravo de Castro, sur lequel le vin faisait son effet, se vit avec satisfaction délivré de la présence du vieillard, et surtout de celle de Rosa. Sans autre préambule, il se jette sur la pauvre Fioretta, la soulève comme une plume sur ses bras herculéens et se met à se promener avec elle par toute la chambre en l'accablant de caresses et de douces paroles, tandis que la pauvre enfant lui résistait en vain de toutes ses forces. Figurez-vous la jeune villageoise se débattant au cou de cet amoureux, presque entièrement privé de l'usage de sa raison. Adelchi s'interposant, quoiqu'il éclatât de rire à l'unisson avec

son impudent ami, la vieille, enflammée de colère, courant çà et là dans la chambre gothique à la poursuite du ravisseur, et le menaçant, l'injuriant et le tirant par les franges de sa ceinture, et vous auriez un tableau digne du pinceau de notre incomparable Pinelli. A force de tirer, la ceinture se dénoue, les pistolets et le poignard tombent à terre, et Gandolfi qui, par l'effet du vin de Cellero, ne se tenait déjà plus très bien sur ses pieds, s'embarrassant dans la ceinture pendante, roule sur le sol avec la pauvre fille dans les bras. La peur, comme on dit, lui plus grande que le mal, et déjà le bravo recommençait ses aggressions... Mais la vieille, lui sautant à la gorge comme une lice dont on prend les petits, le retint en s'écriant :

— Par l'âme de mon pauvre oncle le curé ! si le maître était ici, l'affaire amènerait du sang ; déjà vous lui avez cherché noise ce soir, peu, Meo !... Quel enragé ! le vin seul agit en lui. Et pour qui nous prenez-vous ici ? Oh ! garde à vous ! Et sous le toit qui vous sert d'asile encore !

A ces discours, auxquels se joignit Fioretta, en menaçant de crier s'il ne cessait point ses outrageantes familiarités, le bravo se redressa sur ses pieds, et, sans ramasser sa ceinture ni ses armes, il sortit du salon, sous l'escorte de la Nena qui ne se sentait pas de joie d'en être quitte à si bon marché. Alors, chancelant et arpentant la chambre en tous sens, comme un géomètre sûr le terrain, il alla tomber tout habillé sur son lit.

— O ma chère maman, quelle frayeur ! dit Fioretta en ramassant les armes et la ceinture de Gandolfi, s'il avait tiré un de ses pistolets, c'en était fait de nous. Il est fou, ce diable-là. Quel malheur ! un si beau jeune homme !

— Adolchi lui prit par précaution sa carabine, et suivit également dans le cabinet de la vieille Nena par qui il se fit débotter. Alors, il ôta sa ceinture, mit selon son habitude ses pistolets et son poignard sous le traversin, et se glissa tout habillé sous les couvertures, malgré les vives remontrances de la nourrice. Celle-ci, l'ayant quitté en lui souhaitant une bonne nuit, rentra dans la salle où elle étala par terre quelques vieilles couvertures pour préparer son lit et celui de sa fille. Fioretta courut verrouiller la porte communiquant au cabinet où étaient les deux amis, car elle craignait encore de la part du bravo quelque une de ses espiègleries habituelles.

— Vous auriez dû casser la tête à ce malheureux sor Titta, maman ! c'aurait été mieux encore, dit-elle.

— Lui casser la tête !... Oui, per Dio, tu as raison... Il n'avait qu'à porter la main à un de ces maudits pétards ! répliqua fièrement la vieille en montrant un des pistolets du bravo, il serait mort avec l'arme au bout. Mais, maintenant, il n'y a plus de danger ; écoute, ne ronfle-t-il pas déjà comme un porc ! Une canonnade ne l'éveillerait pas.

— Il a pris largement son coup du soir. Le maître lui-même n'en fait pas mal, et le sor conte en avait aussi sa dose. Vous savez, maman, que le vin de Cellero n'est pas mauvais !

— Et notre pauvre jeune maîtresse, à peine y a-t-elle trempé ses lèvres ! à peine a-t-elle touché au goûter ! Quel cœur de marbre, per Mio ! Ah ! si le bourreau ne fait pas une fin... Suffit ! j'ai l'œil sur lui.

Et alors la mère et la fille, presto, presto, sans s'asseoir, se réconfortèrent avec les débris du festin rustique, puis, ayant éteint la lampe, elles se jetèrent sur le sol, près de la cheminée. Bientôt le silence de la Torraccia ne fut plus interrompu que par les ronflements de Gandolfi, par le battement d'une vieille pendule à coucou (1) et quelques grognements de Timon, qui, ayant pris sa part de l'abondant repas, digérait en rêvant qu'il poursuivait une pièce de gibier.

IV.

Tous les habitants de la Torraccia reposaient tranquillement, sauf la pauvre Rose de Castro, laquelle passa cette nuit, comme elle en

(1) Cette espèce d'horloge, si commune dans le nord de la France, est également en usage chez les habitants des Maremmes.

avait passé tant d'autres, à se désespérer, à pleurer sur sa faiblesse et sur la cruauté d'un séducteur. Quand l'horloge eut annoncé la treizième heure, elle se leva, alluma une petite torche à sa lampe de nuit et entra dans la chambre à coucher de son vieux père. Meo d'Ischia dormait profondément, un bras replié sous sa tête : l'expression imposante de son visage martial, sur lequel tombaient les rayons tremblants de la lumière que portait sa fille, semblait, même au milieu du sommeil, animé par le souvenir de ses anciennes batailles. L'épée de Pier-Luigi était suspendue à son chevet : c'était une sorte de dague ou long poignard, ornée avec la plus grande magnificence. En le voyant aussi tranquillement endormi, Rosa se demanda un moment si elle devait l'éveiller ; elle se mit à penser au temps heureux où elle goûtait elle-même un repos également paisible, et ses beaux yeux laissèrent couler quelques larmes sur ses joues pâles.

— Père, levez-vous, la treizième heure est sonnée, dit-elle enfin en secouant légèrement l'épaule du vieillard. L'ancien condottieri ouvrit les yeux, et ses premiers regards tombèrent sur le visage encore angélique, mais profondément désolé de sa fille.

— Ma brave Rosina ! dit-il en l'attirant à lui doucement et la baisant au front ; sans toi, ma chérie, le sommeil m'aurait dérobé l'heure. Pour dire la vérité, hier on n'a bu un verre de plus que de coutume, et... Mais tu n'es pas bien, Rosa ! qu'as-tu donc ? Dis-le enfin à ton pauvre vieux père, qui n'a d'autre consolation au monde que toi et le souvenir de ses bonnes actions.

La jeune fille soupira mélancoliquement : Meo attendit un instant une réponse plus explicite, mais ce fut en vain ; alors soupirant à son tour un peu plus bruyamment, il descendit de son lit et acheva de s'habiller. Son costume fut exactement celui de la veille : l'arquebuse sous le bras, il descendit l'escalier qui conduisait au petit corps de logis ; sa fille le précédant, éclairant. Arrivés près du cabinet où se trouvaient les lits des deux étrangers, ils trouvèrent le comte sur pied, depuis quelque temps il était levé, et, ne pouvant supporter les bruyants ronflements du bravo, il l'avait secoué brusquement. Le sommeil n'avait pas entièrement dissipé l'ivresse de Gandolfi qui cherchait noise au contadino, interrupteur de son repos.

— Oh ! tu nous la donnes belle, sangue di Dio !... parce que tu ne peux dormir, tu viens tirer aux autres ! et il retomba sur le lit en blasphémant entre ses dents.

— Bonjour, Illustrissimo, dit le vieillard à Adolchi en traversant la chambre. Vous êtes diligent ce matin ; auriez-vous été mal couché ? Pour moi, je vais directement au rendez-vous de chasse à la Passione, où m'attendent les gens de Farnèse. Excusez-moi si vous n'avez point été traités selon votre mérite, et au revoir !

— Nous avons été fort bien, répondit Adolchi, nous reverrons le signor Meo et nous espérons qu'il voudra bien nous honorer de sa présence à la Rocciaccia.

Le vieillard n'entendit point ces dernières paroles, car déjà il était entré dans le salon. Le fidèle Timon, entendant la voix de son maître à pareille heure, comprit sur le-champ de quoi il s'agissait, et quitta vite le foyer pour courir à la rencontre de Meo d'Ischia en jappant et en remuant la queue. La Nena, en retenant d'une main sur sa poitrine, une vieille couverture de laine brune qu'elle avait jetée sur ses épaules, vint avec sa fille ouvrir la porte du logis.

— Un vent de tramontane ce matin, Nena ! dit Meo : excellent pour la chasse. Qui l'eût dit en voyant le temps d'hier ?

— Prenez par le chemin de l'Argentiera, conseilla la nourrice, afin d'arriver plus tôt.

— Tout beau ! tout beau ! Timon, à bas ! maraud, à bas ! ici ! ici ! cria le vétéran sur un ton à la fois rauque et perçant, après avoir sifflé fortement et à plusieurs reprises son fidèle compagnon, plutôt par habitude que par tout autre motif. Cependant Timon, sautant et cabriolant, comme pour se dédommager de l'inertie de la veille, devançait son maître sur la route, et courait en avant, revenait sur ses traces et coupait rapidement la bruyère dans tous les sens. Peu après, on entendit le cor du condottiere retentir sur le sommet du Gricciano, et les échos de la vieille forêt répétèrent les sons monotones par lesquels Meo d'Ischia avait coutume d'annoncer son départ ou son retour.

En ce moment, Rosa parut devant le comte de Montauto pour lui rappeler une promesse que, sans doute, il lui avait faite le soir précédent, au moment où ils s'entretenaient à voix basse. Adolchi appela le Bravo qui déjà recommençait à ronfler.

— Que mille flèches barbelées te percent le ventre ? s'écria Gandolfi mécontent d'être réveillé de nouveau ; les chevaux arrivent à la quatorzième heure et d'ici là nous avons le temps : allons, allons, remets-toi sur ton lit, fais encore un petit somme, et que le diable l'emporte !

— Écoute, fou que tu es, reprit le comte, quand Sbudella viendra, sifle-moi alors : je vais là-haut causer d'une affaire avec Rosa : as-tu compris ?

— Qu'y a-t-il donc de nouveau ? répliqua le bravo en se mettant sur son séant sans quitter le lit et en ouvrant des yeux effarés ; car en ce moment seulement il s'aperçut de la présence de Rosa. — Faites, faites à votre aise, ajouta-t-il avec un rire brutal ; voici justement le point du jour. Je vais voir si, de mon côté, je pourrai terminer quelque chose. Et, s'étant levé, il entra dans le cellier avec l'espoir d'y trouver Fioretta. Mais il se trompait : la prudente vieille avait pressé sa fille de partir pour le défrichement, et ne voyant que le visage ridé de la Nena qui le contemplait malicieusement :

— Ah ! Vecchia di Creoli, s'écria-t-il, tu l'as envoyée dehors, n'est-ce pas ? Le chapelain du duc disait toujours : quod aufertur, non differtur (1). — et j'en dis autant, moi.

— Qu'est-ce que je jargonja, son Titta ? du diable si j'en comprends un mot ; mais si vous cherchez ici des fioriture (2), allez en cueillir dans la plaine de Campo Scala. Et sur ce, la nourrice éclata d'un rire qui ressemblait à un accès de toux.

— Eh ! madame sorcière ! dit Gandolfi, tu m'as mis dedans ! tu as mieux manœuvré que moi ! Bah ! pour une fois on pourrait en remontrer à lui-même !

La vieille alla vers une armoire à elle bien connue et en tira une bouteille noire avec un gobelet.

— Et allons donc ! faisons la paix, son Titta ; ceci est de l'anis de France dont on a fait cadeau au maître et qui vient de Civita-Vecchia. Buvez, buvez de grand matin, cela soutient l'estomac.

La beauté de Fioretta était en réalité si remarquable et si avare que la pauvre vieille ne désespérait pas de voir Gandolfi, malgré toute sa mauvaise nature, condescendre à épouser une villageoise. C'est pourquoi la Nena nourrissait encore pour Titta une certaine prédilection ; et, en lui versant de nouveau la liqueur spiritueuse, elle lui dit d'un ton presque sentimental :

— Ah ! je vous veux du bien, moi.

— Si tu me veux du bien, répondit le Bravo, que ta fille m'en veuille aussi.

— Il faudrait... l'épouser, insinua la vieille timidement et à voix basse.

À ce mot, Gandolfi lui tourna le dos avec dédain ; après avoir réparé le désordre de ses vêtements, resserré sa ceinture, pour y replacer ses armes, il enfonça son chapeau sur la tête d'un coup de poing, mit sa carabine en bandoulière, sortit de la maison et alla s'asseoir près de l'entrée, sur un banc de travertino, en attendant les chevaux. La Nena le regarda partir, et alla reporter la bouteille en se disant à elle-même :

— Pauvre mouette ! d'autres malins que lui ont essayé d'em'en vendre à Nena Spiegati ! s'il croit avoir affaire à quelque sotte d'un quelque pluse, per Mio ! il aura bien à en rabattre.

Environ une demi-heure plus tard, Gandolfi fut averti par un bruit de pas de l'approche attendue. Sbudella et un autre satellite du comte arrivaient à cheval, tenant en laisse, l'un la monture du maître, le second celle du Bravo. Une chabraque garnie de rouge, assez semblable, par la forme, à nos selles ordinaires, avec des fontes de pistolets par devant, un harnais noir garni d'argent, la têtière ornée d'une plaque du même métal, surmontée d'un panache rouge et terminée par deux courroies entrelacées : tel était le bizarre harnachement des superbes coursiers des deux militaires. C'étaient deux chevaux de la meilleure race de la campagne romaine, race qui, pour la vigueur, le feu et même la beauté, ne le cède ni à l'Angleterre ni à l'Andalousie. Celui de Gandolfi était un jeune cheval de Cisterno, d'une taille moyenne, plein de force et de vivacité ; celui du comte, dont il a déjà été question, un étalon haut de sept palmes, bai-noir et remarquable par la pureté de ses formes.

Les montures de Sbudella et de son compagnon appartenaient à cette espèce rustique, courageuse et docile, qui fourmille dans les Maremmes. Enchâssés dans de pesantes selles semblables à celles des gardeurs de bœufs, les bravi du Contaccio étaient tous deux vêtus et armés de la même manière : un chapeau conique surmonté d'une plume verte ; une casaque de drap de Matelica, taillée à la mode des Maremmes, garnie de boutons ronds dorés suspendus chacun à une petite chaîne également dorée ; un justaucorps rouge orné de petits galons d'or ; des braies à bandes noires et jaunes ; de grandes guêtres évasées par le haut, fermées, au lieu d'agrafes, par une rochette de fer traversant plusieurs petits anneaux, et armées de formidables éperons ; une ceinture de peau jaunâtre assez

(1) Littéral. Ce qu'on enlève n'est point différé ; mais sans doute le bravo, savant comme un homme de son état, intervertit l'ordre des mots, qui devrait être : Quod differtur non aufertur, c'est-à-dire Différé n'est pas perdu.

(2) Allusion aux mots latins précédents qui, dans une bouche italienne, font à peu près entendre le son de fiortoure, et allusion en même temps au nom de fioretta, petite fleur.

sale qu'un long coutelas, traversant par le milieu ; et enfin un gros pistolet, placé entre le cavalier et le pommeau de la selle.

— L'a-t-on layé avec du vin, mon Farfarello ? dit Gandolfi en prenant la bride, des mains du compagnon de Sbudella ; et c'est à ce dernier que s'adressait la demande. Ce Sbudella portait un des plus horribles masques qu'il soit possible de voir dans une galère ; une coupe mince, effilée, un regard myope, le nez partagé en deux par quelque estafilade, les favoris, roux et les moustaches de même couleur, une bouche large comme un four et privée de la majeure partie des dents de devant, par suite de la même blessure dont la cicatrice descendant jusqu'au dessous du menton : tels étaient les principaux traits de ce visage propre à inspirer l'effroi. Coupable de larcins, de vols de grand route, d'homicides, etc., échappé par miracle au pouvoir des juges, et aux mains du bourreau, il était venu se réfugier sur les domaines féodaux d'Adelchi ; et celui-ci, en trouvant en lui une certaine bravoure ou plutôt une certaine férocité, avait recounu dans ce brigand un digne ministre de sa souveraine puissance. Toujours prêt à risquer sa misérable vie, toutes les fois qu'il s'agissait du service de son protecteur, sans remords, disposé à toute heure à commettre de nouveaux méfaits, discret au péril même de sa vie, il était devenu le favori du comte.

— Certainement, Illustrissimo, répondit ce gibier de potence à la demande du bravo de Castro, en portant la main gauche à son chapeau pour le lui faire tourner sur sa tête ; on a soigné votre Farfarello, tout comme Buttafuoco du maître ; ils ont eu la provende à satiété. Me payerez-vous à boire, seigneur ? j'ai bien une idée, car je l'ai dit en route à ce drôle de Cioffané, je veux tirer aujourd'hui quelque quatrinio de la poche de maître Gandolfi.

— Revenons à notre pauvre Rosa ; nous venons, suffisamment connaître le résultat de la conférence qu'elle eut avec Adelchi, en disant que celui-ci descendit, précipitamment, de l'étage supérieur, de la Torracla, les traits bouleversés, plein de confusion et comme anéanti, soit par ses remords, soit par l'excès même de sa férocité. En passant près de la vieille,

— Montez, lui cria-t-il d'une voix altérée ; Rosa est indisposée et a besoin d'assistance.

À l'aspect de la physionomie du comte, la nourrice avait tout deviné jusqu'à la porte du pauvre logis ; elle le suivit d'un regard plein de rage et de douleur, tandis que sa main, blanche comme celle d'un cadavre, se portait machinalement à son sein où elle cachait son couteau. Heurtant avec violence Gandolfi qui obstruait la sortie, le contaccio arrache la bride de Buttafuoco, des mains de Sbudella ; et quoique le bouillant coursier essayât, de se cabrer, et de faire ses ruades habituelles, avant que le drôle eût prononcé le salut sacramentel : Bonne chevauchée à Vos Ustrissima ! déjà le comte se trouvait en selle.

— Eh ! eh ! quelle furie ! padron della Roccaccia ! s'écria le bravo de Castro, vous avez l'air de vous faire désarçonner ce matin ! Et sans attendre la réplique que son compagnon ne paraissait guère d'humeur à lui donner, il sauta légèrement lui-même sur la bête de Cisterno qu'il parut occupé à faire de courbettes de droite et de gauche ; et tous prirent en silence la route de la Roccaccia de Montauto.

Les deux subalternes échangèrent à la dérobée quelques coups d'œil, comme pour se dire :

— Que diable a donc le maître ce matin ? — Mais Sbudella, fin comme un voleur, un procureur du roi, ou un gendarme, devina tout de suite quoi il retournait. Se rappelant certaines paroles assez imprudentes que lui avait dites Mariaccio, le neveu de la Nena, paroles qui lui tintaient encore désagréablement à l'oreille, et enhardi par la faveur dont il jouissait auprès du comte, il osa dire à son maître, tout en se signant dévotement :

— Si vous ne la prenez point en mariage, cette jeune fille, sera Rosa, elle en mourra le cœur brisé, par la croix de Notre-Seigneur !

— Si elle meurt, la terre la couvrira, répliqua l'infâme Adelchi, en modérant l'allure de la petite troupe qui jusque-là s'était avancée au grand trot. Sa physionomie était rassérénée : si la tranquillité d'âme de pareils scélérats est accidentellement troublée par le remords de quelque nouvel attentat plus barbare que tous les autres, ils ne tardent pas en effet à reprendre tout leur calme en se replongeant dans la fange de leurs crimes. Le voyant tout-à-fait revenu à lui-même, le compagnon de Sbudella prit la hardiesse d'adresser la parole au maître. Ce Cioffané était un homme d'environ trente ans ; grâce à la fièvre du pays et à cette autre maladie dont on dit que François Ier fut infecté un des premiers en Europe, sa face était jaune et ridée comme une morille ; à cela joignez deux gros yeux tout blancs et une tête de citrouille vide, plus dure que le marbre et couverte d'étoupes. Ce gibier de potence était en grande faveur auprès du comte de Montauto, parce que jamais ancien espion ni moderne agent-provocateur ne fut habile comme ce misérable à rapporter à celui qui le paie le vrai et le faux, tant sur ses compagnons et serviteurs que sur le monde du dehors : jamais fanatique Séide ne fut plus expert à souffler les brandons de la discorde. C'est pourquoi les

estafiers et les autres serviteurs d'Adelchi lui avaient donné le sobriquet de *Solfanello* (allumette soufrée): il aurait d'ailleurs été difficile de savoir son véritable nom, vu que, selon toute probabilité, ce n'était qu'un enfant de la nature. Or il arriva que, comme à tous ses autres mérites, ce malheureux joignait celui de balbutier comme un enfant, de Solfanello on fit bientôt *Gioffanè* (bègue). Bien vu du comte, à qui il importait beaucoup de connaître par l'espionnage les dispositions secrètes de ses gens, ce n'était point d'ailleurs un homme sur la valeur et la capacité duquel on pût compter réellement, quoique dans une occasion pressante, il tirât son coup de fusil comme un autre. Cet intéressant personnage commença donc à se plaindre au comte d'une besogne qui lui avait été confiée :

— Vo... vo... voyez-vous, pa... pa... patron, pe'... cri... cri... Crillo. J'en j'en j'en suis fa... fa... fati... fatigué que que que je n'en puis puis plus. Cet... cet..., cette femme, que l'on l'on a enfe... fe... fermée là là, là-bas, dans le sou... sou... terrain, elle cri... cri... crie nuit et jou... jou... jour ; elle ne ne peut peut pas se te... tenir tr... tr... tranquille. Mo... mo... moi, je je n'ai pas pas le cou... cou... cou..., le courage de f... faire tant tant de mal à une pau... pau... pauvre fille pe'... cri... cri. *Crillo !* Fai... fai... faites-la vi... vi... visiter par ce bou... bourreau de Sbu... bu... budella, qui qui a le cœu... cœu... cœur... des juifs qui qui ont cru... cru... crucifié Notre Sei... Sei... Sei... Seigneur. Ce ma... ma... matin, le pau... pau... pauvre père est ve... ve... venu pleurer : que que sa femme va va va mourir; qu'elle veut veut veut revoir sa sa sa sa fille : eh b... b... bien ! ce ce ce chien-là, si je n'a... n'a... vais pas été là, vou... vou... lait égorger ce ma... ma... malheureux comme un co... co... cochon. Ah ! quel cœu... cœu... cœur, pe'... cri... cri... *Crillo !*

— Sbudella, dit le comte, quand le père viendra, tu lui remettras sa fille ; en attendant, tire-la du souterrain et mets-la avec les autres femmes ; qu'elle soit traitée convenablement. Quant au vieux, dis-lui qu'il reste bouche close, sans quoi nous l'enverrons au diable sans confession.

— *Vos' Ustrissima* sera obéie, répondit Sbudella, en regardant d'un air étonné Solfanello tout triomphant de cette bonne action et s'en attribuant pleinement le mérite, qu'il faisait de toute action mauvaise dont il se rendait journellement coupable.

— Mille gráces, signor conte ! s'écria le Bravo de Castro, si vous laissez aller Giulietta, nous ne retrouverons plus un morceau de cette qualité. Et moi, je croyais devoir compagnie ce soir ! Bravo, signor conte ! En vérité, ce n'était point la peine de la faire enlever, *per Crillo !*

Adelchi ne répondit point ; se tournant vers Sbudella, il se contenta de dire d'un ton sérieux :

— Tu as bien entendu ce que je t'ai dit ? que tout soit exécuté ponctuellement et sans retard.

— *Vos' Ustrissima* n'en saurait douter, répondit le bandit avec un grand coup de chapeau.

Les chevriers et les autres bergers qui rencontraient la cavalcade, ou couraient se cacher dans les taillis, n'ayant point le temps de fuir, frappés de stupeur, le chapeau à la main et immobiles comme des rochers, ils attendaient que la petite troupe fût passée : en effet, personne jusque-là n'avait eu à se féliciter d'avoir tenu en pareille occasion une conduite moins prudente.

— Voyez que... que... quelles traces de gi... gi... gibier ! s'écria Solfanello en montrant les traces d'un gros sanglier qui, avec d'autres de tout âge, avait traversé la route. Ils ont pa... passé par là... pa... par ici ; quel so... so... solitaire, pe'... pe'... cri... cri... *Crillo !* on di... di... dirait un bœuf ; je me conten... ten... tenterais bien de son veau m... m... moi.

La fanfare de Farnèse, puis les aboiements des chiens et les coups de fouet des piqueurs, qui, à la faveur du vent, se faisaient entendre au loin dans les montagnes de Castro, annonçaient que Meo d'Ischia et ses compagnons avaient déjà lâché les chiens sur les premières traces.

En ce moment, le soleil se montrait entre les dernières pentes des côteaux de Canino et les bruyères de Saint-Julien qu'il éclairait déjà tout entières. Il s'était levé une tramontane à *peler les chats*, comme disent les habitants des Maremmes ; et, par-dessus le marché, des voyageurs, cette brise du matin chassait vers la mer les nuages de la veille, comme pour les y plonger. Le rapide sentier que suivaient les cavaliers était resserré de part et d'autre par des houx, des myrtes, des lauriers, des cerisiers de mer et d'autres arbustes toujours verts, plantes indigènes de ces admirables forêts. Leurs branches, encore chargées de la pluie nocturne, mouillaient à la tête aux pieds le comte et toutes les personnes de sa suite, démontrant ainsi l'utilité de leurs chaussures imperméables. Celui qui n'a pas vu, à cette heure de la matinée, les grosses gouttes de pluie ou de rosée se fixer sur les feuilles et briller comme autant de diamants aux premiers rayons du soleil ; qui n'a pas entendu la tramontane murmurer majestueusement à travers les svelte yeuses et les peupliers élancés du Montauto dont elle fait plier en sifflant les cimes orgueilleuses ; qui n'a pas vu les arboises du Costoncino, revêtues de leur pourpre riante, se suspendre aux rameaux, courbés sous le poids des grappes ; les merles s'envoler vers leur nid en poussant ce cri d'alarme aigu et prolongé qui ressemble à l'éclat de rire des follets malicieux ; le milan se balancer sur l'aile des vents et, rapide comme la foudre, tomber sur la proie qu'il fascinait du regard ; celui qui n'a point vu, à cette heure, toutes ces choses, je le lui dis, celui-là parviendra difficilement à se figurer le spectacle le plus pittoresque, le plus original, le plus attrayant que l'imagination la plus vive puisse non pas seulement créer, mais même se retracer en elle-même. En esquissant cette faible peinture, des larmes de regret... je dirais presque de désespoir, tombent sur les feuillets à demi noircis par ma plume : le malheureux proscrit se dit que jamais plus, peut-être, il ne foulera ce sol adoré !

Revenons à nos voyageurs : de temps en temps ils cueillaient quelques grains des grappes qui se trouvaient à leur portée, et sans ralentir le pas, ils les portaient à leur bouche, jouissant avec distraction de ces dons de la Providence, dont l'aspect à vrai dire est supérieur à leur mérite intrinsèque, pour qui ne les goûte pas dans les bruyères de Montauto. Enfin, après avoir descendu et monté diverses pentes, ils se trouvèrent au pied de la Roccaccia, dont l'édifice informe mais colossal s'élevait menaçant au-dessus de leurs têtes.

— Aujourd'hui la Roccaccia de Montauto est détruite ! Une grosse tour carrée presque intacte, quelques autres débris épars, de vastes souterrains attestent que dans les siècles passés, la forteresse dominait comme une reine les vastes forêts de Montauto, de la Pescia et de Campo-Scala, vertes retraites du sanglier rusé, du daim rapide et de tant d'autres animaux qui sont la proie favorite des chasseurs des Maremmes. O Pescia ! Campo-Scala ! Montauto ! la triste somptuosité des capitales superbes, est-elle autre chose qu'une prison dorée, en comparaison de vos forêts séculaires et de vos halliers toujours gais et toujours fleuris ? C'est dans vos retraites que l'on peut doucement, comme dit l'illustre auteur de Foscarini et de Nabucco,

> Au milieu de la sévère
> Majesté d'une nature indomptée,
> Sentir la liberté dans son cœur !

Arrivé au sommet du mont où s'assied la Roccaccia, vous voyez s'élever le sombre Monte-Argentale qui s'avance dans la mer d'Orbitello comme un môle gigantesque. Les montagnes de Corse et de l'île d'Elbe, sortant du large sein de la Méditerranée, bornent l'horizon ; et, sous vos pieds, les flots d'azur de la Fiora, qui serpentent lentement à travers la vaste et fertile plaine de l'Abbaye, complètent ce spectacle indescriptible, digne du pinceau d'un Poussin ou d'un Ruysdaël. O tableau grandiose, ineffable ! ô cruel souvenir, pour celui qui, sous le poids d'injustes chaînes, n'a plus d'autre perspective devant lui qu'un exil éternel !

SECONDE PARTIE.

> Un long frémissement de rage et de douleur.
> L'ARIOSTE.

I.

Le soir du même jour, le chevalier de Tor-Grognola était assis au dehors de son petit castel, sur un banc de pierre, long et étroit, qui avait pour dossier l'antique muraille ; là il s'entretenait avec quelques-uns de ses hommes d'armes, sans s'occuper de la tramontane, qui devenait de plus en plus violente. Tout l'extérieur de Memmo indiquait qu'il ne pouvait avoir dépassé quatre lustres, bien qu'une certaine gravité et quelques rides qui sillonnaient son front indiquassent en même temps que sa vie ne s'était pas toujours passée dans le repos et les plaisirs, mais souvent dans les périlleux exercices des chasses des Maremmes et dans d'autres dangers plus réels et plus glorieux. Ses yeux, sa chevelure courte et touffue, sa barbe encore naissante, ou plutôt le duvet qui estompait légèrement et d'une manière gracieuse le bas de son visage, tout était brun ; ses dents étaient belles, sa figure noble et régulière : une grande expression de douceur y dominait sur quelque nuance de fierté, ou plutôt de susceptibilité ; sa stature dépassait la taille ordinaire ; ses formes bien proportionnées annonçaient une force peu commune : tel est le portrait physique du jeune noble de Castro. Un chapeau à bords larges et tombants, à forme basse et un peu conique, ceint d'un ruban vert qui attachait un petit panache blanc de plumes de héron ; un pourpoint marron, rehaussé par une double rangée de boutons en filigrane d'argent ; une ceinture napolitaine couleur de pourpre, entremêlée de ces lignes jaunes d'or qui se marient si bien à l'éclat naturel d'une étoffe de soie ; un juste-au-corps de velours cramoisi, un élégant maillot de drap bleu, et la solide chaussure d'un chasseur et d'un campagnard des Maremmes ; un pompon de simples guêtres garnies d'agrafes de laiton, composaient son modeste costume. Une petite courroie noire, très bien polie et soutenant deux longs pistolets qui lui pendaient sur les reins, serrait ses flancs par-dessus la ceinture ; la poignée d'un coutelas à fourreau brillait à l'entrée d'une poche pratiquée dans le haut-de-chausses, le long de la cuisse gauche, et un court fusil de chasse reposait à côté de lui, dans l'angle formé par le banc et la muraille.

Les huit ou dix hommes d'armes qui conversaient avec leur maître, loin de ressembler à des coupe-jarrets, comme ceux du contaccio, avaient dans leur aspect je ne sais quoi de vraiment militaire. Leur costume même tenait beaucoup de l'uniforme ; en masse, c'était celui de nos modernes gardes forestiers et autres, bien qu'on y remarquât plus d'exactitude et de propreté. Il consistait en un habit gris de fer, à passe-poils jaunes, avec une large plaque d'argent, portant les armes du chevalier en relief ; un chapeau à la tyrolienne, garni d'un pompon d'or et d'une cocarde blanche et jaune, remarquable par ses dimensions ; des braies de la même couleur que l'habit ; des bottes à l'écuyère avec des éperons à la mode de la Romagne. Quelques-uns étaient armés de fusils de chasse ; d'autres de carabines ou de tromblons ; chacun d'eux portait à son côté un sabre court et recourbé.

Un seul se distinguait entre tous les autres, tant par le costume que par les armes, semblables en tout à ceux du maître, sauf que le pourpoint, le juste-au-corps et le haut-de-chausses, sans différer aucunement de forme, étaient tout en velours noir, costume qu'il avait le privilège de porter, comme favori du seigneur de Tor-Grognola, au lieu de la livrée des autres, et qui encore aujourd'hui, dans ces contrées, est pris de préférence par les chefs des gardiens et d'autres employés supérieurs. Pour en venir au fait, cet homme était le Mariaccio ou Mario, neveu de la Nena, qui nous est déjà connu. Quoiqu'on ne pût l'appeler justement la fleur des gentilshommes, ce n'était pas non plus un être à dédaigner. Son caractère, plus qu'irritable, l'avait déjà jeté dans une foule de disgrâces dont il était sorti, sinon avec gloire, du moins sans brèche à son honneur. Ces rixes étaient nées d'un de ces moments d'irréflexion, pendant lesquels un tempérament bouillant, agissant sur les mains plutôt que sur le cœur, porte l'homme à se faire justice par lui-même d'un impudent agresseur. Errant par les bruyères du duché de Castro, ayant sans cesse les sbires à ses trousses, poursuivi infatigablement par les parents du mort, il avait mené une vie pareille à celle du fameux Peppe Mastrilli, rendant toujours bon compte à quiconque venait pour lui chercher noise, mais ne faisant d'ailleurs aucun tort à personne. Ainsi la vieille Nena ne se trompait point en disant de lui que c'était une tout autre âme que celle d'un brigand ; et elle aurait pu ajouter que Mario était l'objet des égards et de la crainte même des plus désespérés bandits des Maremmes. Enfin le proscrit avait trouvé dans Memmo un puissant protecteur qui, après l'avoir fait relever par son crédit des charges qui pesaient sur sa tête, l'avait pris à son service. Et en vérité Mariaccio, pour la fidélité et la gratitude, n'avait pas son pareil ; or l'homme reconnaissant est rarement mauvais au fond, de même que l'ingrat n'est jamais foncièrement bon. Si l'on est curieux de connaître son aspect extérieur, nous dirons que les traits de sa physionomie, plutôt agréables et expressifs que grossiers et insignifiants, n'avaient cependant rien qui demande une description spéciale. L'ensemble répondait fidèlement à un de ces types soldatesques à qui l'uniforme sied si bien et que le pinceau de Vernet sait reproduire avec tant de vérité. C'était un homme brillant de santé, âgé d'environ trente ans, robuste, d'une taille élevée : son attitude pleine de hardiesse et en général la brusquerie de ses mouvements étaient comme des indices de son existence passée et rappelaient aux imprudents que Mariaccio faisait aussi peu de cas de la vie d'autrui que de la sienne propre.

Mariaccio donc, que nous appellerons de son nom en temps l'homme de Canino, vu que cette ville était le lieu de sa naissance, était occupé en ce moment à distribuer un gros pain, qu'il tranchait avec son coutelas, entre deux énormes mâtins noirs, destinés à la garde des troupeaux et une quinzaine de chiens de chasse de toute espèce, qui, aboyant, jappant et quelquefois se battaient entre eux, faisaient un étrange concert, une harmonie discordante, comme celle de certains compositeurs amis du cuivre et des tambours. Les deux mâtins étaient les inséparables compagnons de Memmo : leur structure révélait des gardiens redoutables dans l'occasion ; un large collier, garni de pointes de fer longues et acérées, faisait encore mieux ressortir leur face terrible, garnie d'un poil long et laineux. Quant aux chiens de chasse, ils formaient une meute aussi célèbre parmi les amateurs des environs que l'étaient aussi l'expérience et l'adresse du maître de Tor-Grognola, tenu généralement pour un des meilleurs chasseurs du duché.

Le banquet de la gent canine une fois terminé, un silence général régna, tant parmi les hommes que parmi les animaux de la basse-cour. Memmo, caressant les grosses têtes de ses deux gardes du corps, appuyées en partie sur ses genoux, prêtait l'oreille aux sons divers qui, dans les temps de tramontane, sont produits par le passage du vent sur les bruyères du mont Paglieto, voisin de ce domaine, aussi bien que par le murmure des ruisseaux qui de toutes parts descendent des hauteurs ou en contournent le pied. Ce concert est tel qu'on peut y trouver tous les accents divers que l'imagination demande. Ce sont tantôt les gémissements plaintifs d'un moribond ou les lamentations de l'amour malheureux, tantôt des cris de fureur et de triomphe, quelquefois de lointaines décharges de mousqueterie, puis tout-à-coup une suave mélodie dont on chercherait en vain le motif dans toutes les pages de Cimarosa ou de Paesiello, et enfin un murmure confus qui, sans rien signifier de précis, fait rêver mille choses.

Quoique le regard du chevalier fût bien accoutumé au magnifique paysage qui se déployait autour de lui, il ne pouvait cependant s'en rassasier. Il contemplait le Paglieto, ce vaste océan de bruyères qui s'agitaient turbulentes comme les vagues. Son regard errait sur les plaines du Piano, encaissées au levant par les collines de Campo-Morto, de la Sugherella et de San-Pier-Rotto, puis par les vieux bataillons des cèdres du mont Musignano, qui, assis lui-même sur des coteaux élevés, se dessine orgueilleusement entre les trois premières collines et le triple sommet des montagnes de Canino; au-delà desquelles on entrevoit enfin la végétation vigoureuse des sombres forêts d'Ischia. Cependant le Timon, aux ondes toujours vives et abondantes, semble prendre sa source au pied de cet amphithéâtre; son cours, ombragé de saules et d'impénétrables taillis, trace autour de la plaine fertile une gracieuse ceinture. Au centre, Monte-Rossi s'élève parmi la sombre verdure des genêts; Monte-Rossi, lieu si favorable au plaisir de la chasse, qu'à chaque pas on croit voir un lièvre déboucher devant soi ! En effet, à l'époque où se passe cette histoire, ce n'était point là une illusion, mais une réalité; car la tradition nous apprend qu'en des temps beaucoup plus reculés, un seul chasseur n'abattait point dans sa journée moins d'une douzaine de pièces de ce gibier, d'où était venu ce dicton « qu'à Monte-Rossi chaque buisson avait son lièvre. » Plus loin, enfin, on voit dans le clair-obscur le pont de l'Abbaye, merveilleuse construction cyclopéenne, jeter son arche hardie de l'un à l'autre des bords solitaires de la Flora, tandis qu'une grosse tour massive semble, d'un air plein de menaces, défendre le passage.

Gandolfi, Fioretta et la Nena.

Memmo rompit le silence en montrant du doigt les nuées que le vent continuait à chasser devant lui :

— Une tramontane nuageuse dure peu ; demain au lever du soleil le vent doit tomber.

— Sans doute, il tombera demain, répondit Mario ; mais on pourrait parier qu'il soufflera toute la nuit, et nous l'avons en face pour aller là-bas à la Roccaccia. Ce n'est point pour vous dire ce que vous avez à faire, *sor padrone*; mais si j'étais de vous, je me garderais d'aller parmi ces coupe-jarrets qui nous auraient déjà cherché quelque noise, s'ils n'avaient le dessein de tout vider d'un seul coup. Nous n'avons pas affaire de leur souper : avec certaines gens, il est bon de former le moins de rapports que l'on peut. Ce n'est point que j'aie peur, dà ! car s'il se donne pour un bajocco de horions, j'en veux prendre pour quatre quattrini et demi.

— En toute chose, il faut de la politique, reprit le maître en souriant, et le petit chien doit porter respect au plus gros, s'il ne veut perdre quelque lopin de sa peau. Qui peut dire qu'un jour ou l'autre Dieu ne châtiera point ces misérables ? Pour le moment, agissons de prudence ; j'ai accepté l'invitation du contaccio, je dois m'y rendre ; et toi, qui dois m'accompagner, tu feras préparer les chevaux au tomber du jour, de sorte qu'à la première heure nous soyons à la Roccaccia.

— *Vos 'Ustrissima* sera obéie, dit Mariaccio d'un ton soumis, mais qui indiquait encore une certaine répugnance. Plaise à Dieu que son tonnerre ne tombe point aujourd'hui sur la tête de Sbudella !

— Pense à ce que tu fais, répliqua Memmo ; patiente tant que tu pourras, et songe que tu me compromettrais si...

Meo chargeait sa longue carabine.

— Excusez-moi, je ne suis qu'un sot, interrompit vivement l'homme de Canino tout honteux : avant que vous eussiez parlé, *sor padrone*, je m'étais déjà repenti ; moi, qui recevrais volontiers quelque bon horion plutôt que de vous mettre dans la peine !

Les tintements de la cloche du pont, dont le péage était occupé par un châtelain pour les moines de l'abbaye de San-Salvatore, annoncèrent en ce moment vingt-deux heures; et le son, affaibli par le vent opposé, arrivait à peine à la terrasse de Tor-Crognola. Sur le chemin qui aujourd'hui, en passant par Fontanile della Doganella, s'enfonce dans les pâtis de Vepre et de la Selvicciola, chemin qui était alors la grande route de Castro, on vit en ce moment un cavalier s'avancer vers le château.

— Sans doute quelque marchand ambulant, sor padrone! dit Mariaccio : il voulait se rendre à Montauto, mais cette peste de vent qui nous vient de Messine l'aura trop incommodé, et il vient se recommander à vous.

Mario ne se trompait point. Le voyageur, s'étant approché et ayant arrêté son cheval, s'appuya sur le pommeau de sa selle à la bourgeoise, et après avoir salué Memmo, il lui demanda un abri pour la nuit.

— Pour celle-ci et pour cent autres! s'écria le courtois chevalier, dont l'hospitalité ne le cédait en rien à celle que l'on peut encore rencontrer dans toutes les Maremmes. Soyez le bienvenu à Tor-Crognola.

Et sur un signe de leur maître, quelques hommes d'armes allèrent tenir l'étrier de l'étranger qui descendit de cheval.

Des guêtres à mortier, un grand manteau gris doublé de vert, un chapeau de feutre épais, et une longue canne de jonc, semblaient prouver que le favori de Memmo ne s'était point trompé en attribuant au nouvel arrivé la qualité de marchand; néanmoins son langage et sa figure démentaient fortement cette hypothèse? Figurez-vous un homme de cinquante ans, bien conservé, d'une taille ordinaire, les épaules carrées, le port noble et dégagé, le visage ovale, et, contre l'habitude des hommes du commerce, orné de moustaches et d'une longue impériale grise, le nez aquilin et le regard imposant. Aussi, lorsque Memmo, venant au devant de lui, l'eut regardé de près, il supposa aussitôt que c'était quelque noble de Castro qui avait pris ce déguisement bourgeois; d'autant plus assuré dans cette conjecture que, vivant dans une profonde retraite, sur les bords de la Fiora, et ne connaissant par conséquent de vue qu'un petit nombre des personnages notables du duché, il se rappelait confusément avoir aperçu quelque part les traits du voyageur. Respectant toutefois son incognito, il le fit entrer dans l'intérieur de Tor-Crognola.

Dans une salle entièrement décorée de peintures à fresque assez médiocres, et meublée simplement d'une belle pendule de Genève, d'une grande table et de quelques siéges à bras, on vint servir à l'étranger un repas abondant. Memmo s'assit avec lui sans prendre part au souper, à cause de l'invitation du comte. Le marchand ambulant, s'il vous plaît de l'appeler ainsi, semblait venir de loin, tant il s'informait soigneusement du pays et de ses habitants, de leur manière actuelle de vivre, de l'amour du peuple pour le gouvernement du duc, des iniquités du comte de Montauto, de la pauvreté et du mérite de Meo d'Ischia, de la beauté et de la vertu de sa fille. Memmo prenait un véritable plaisir à satisfaire la curiosité de l'étranger, dont la conversation ingénieuse et pleine de nobles sentiments lui offrait un attrait singulier. Ainsi, la nuit était survenue; les serviteurs avaient allumé les lampes, et la première heure sonnait quand Mario se présenta en disant :

— Auriez-vous oublié l'heure, sor padrone? Ces mauvais sujets de

Meo d'Ischia tomba sur Adelchi.

Halte! s'écria le vétéran.

la Roccaccia là-bas peuvent rire à nos dépens : à la demie nous devions être à cheval, et la première heure est bien sonnée.

— Avec votre permission ! dit en quittant son siége le chevalier à son hôte qui s'était également levé. Marguerite !

Et la gouvernante de Memmo, vieille femme élevée autrefois dans le château, portant un costume moitié campagnard et moitié bourgeois, parut aussitôt :

— Soyez aux ordres du signore pour tout ce qu'il désirera.

Il prit alors congé, en disant qu'il était invité à un repas chez le comte de Montauto, où il se rendait par politesse.

— Chez ce galant homme ! s'écria le marchand en accompagnant l'amphitryon jusqu'à la première marche de l'escalier. Bon voyage ! Gardez-vous de la tramontane ; et à demain matin pour vous offrir mes remerciements !

II.

Memmo, étant descendu dans la cour, y trouva quelques hommes d'armes munis de flambeaux et de cette espèce de torches contre lesquelles le vent n'a point d'action ; d'autres serviteurs tenaient la bride de sa monture et de celle de Mario. La première était une cavale célèbre dans toute la contrée : bien que toutes ses formes ne fussent point irréprochables, la Bella-Gamba faisait dire à plus d'un connaisseur : « Quel dommage que ce ne soit point un mâle ! » La vivacité, l'intelligence et la douceur de ce généreux animal étaient vraiment extraordinaires. Quand il se voyait dans un endroit habité ou près d'un édifice quelconque, il prenait une attitude si élégante qu'il eût effacé un de ces coursiers si bien dressés par les Persans. Et principalement les voltes ! ces voltes à la romaine, lesquelles le cavalier semble toujours près de se rompre le cou, tandis qu'il reste bien à son aise sur les arçons, et que le cheval, au contraire, fait de tels sauts de carpe qu'on croirait, comme on dit, qu'il va cueillir des giroflées aux balcons ! Le harnais était des plus simples, la selle à la bourgeoise, avec le manteau doublé de vert et roulé sur la croupe, la bride du même genre, la têtière ramassée en rond et attachée par dessous le pommeau. En recevant les souhaits répétés de ses gens pour son bon voyage, Memmo se mit en selle et prit au grand trot la route de la Fiora, précédé du seul Mario qui, la main droite sur la hanche, l'arquebuse pendante la crosse en l'air du même côté, et le chapeau sur l'oreille gauche ; à la malcontent, cheminait en sifflant les gros mâtins qui, grondant et la langue pendante, exploraient la route avec ardeur.

— Voyez, quelle belle tranche de melon ! dit Mariaccio en montrant la lune qui, ayant rempli son premier quartier, jetait à travers les nuages sa clarté mélancolique sur les ondes de la Fiora, et faisait scintiller ses rayons dans leur cours agité.

La direction que Memmo et son favori avaient prise suivait le cours du fleuve : c'était cette route montueuse qui, tantôt dominant tous les environs, tantôt s'insinuant entre les rochers taillés à pic qui bordent la rivière, se trouve presque tout entière pavée naturellement par le tuf que le vent et les siècles ont mis à nu dans un vaste rayon alentour. C'est ainsi qu'ils marchèrent, jusqu'à ce qu'ayant traversé la Fiora au gué de Montauto, ils prirent le chemin qui, passant devant la Torracchia de Gricciano, se rend aujourd'hui à un village, et se rendait alors au château d'Adelchi. Arrivés devant la demeure de Meo, ils en virent toutes les issues fermées et n'aperçurent de lumière d'aucun côté : en vain Mariaccio fit une pointe vers la porte, et, avec force jurons, appela à perdre haleine sa tante Nena. Tout resta silencieux, et les voyageurs en tirèrent cette conséquence que sor Meo était en voyage.

Après avoir parcouru une longue suite de bruyères, ils arrivèrent au pied du mont de la Roccaccia ; et ce château, partout illuminé à l'intérieur, leur offrit un aspect tout opposé à celui de la tour de Gricciano. La pâle lueur de la lune se réfléchissait à peine sur les murailles rugueuses : les cris des habitants du lieu, qui évidemment célébraient une orgie, arrivaient à l'oreille des deux voyageurs, mêlés aux hurlements d'un grand nombre de chiens éveillés par le pas des chevaux, qui, depuis longtemps parvenait à leur oreille exercée. A mi-côte, Mariaccio, ayant saisi et dressé son arquebuse, enfonça les éperons dans le ventre de son cheval et s'élança en avant comme un furieux, en excitant les deux mâtins par ces cris usités dans les Maremmes : Ghiri su, pigliato veh ! (Sus, sus ! pille, pille !). Il les conduisait ainsi vers deux individus qu'il apercevait dans le lointain.

— Rappelez vos chiens, rappelez vos chiens ! cria d'une voix tremblante un vieux paysan qui, portant d'une main sur son épaule une jeune femme, présentait son chapeau de l'autre aux mâtins pour se préserver de leurs dents. — Ici Torrore, ici Barigello ! cria à son tour le chevalier de Castro qui, s'étant mis en défense et ayant avancé également, avait reconnu dans le vieillard ce caporaletto ou garde champêtre dont Adelchi avait enlevé la fille.

— Ah ! c'est toi, Francesc' Antonio ? lui dit-il, d'un ton plein de bonté, patience, mon vieux ! A cette heure de la nuit, au milieu des bruyères, je n'aurais jamais cru te rencontrer.

— Qu'importe ? répondit une voix plaintive et encore tremblante, celle de la jeune femme. Ils aboient et ils s'en vont, Illustrissimo : et puis ils me connaissent, moi, car en passant par Tor-Grognola, je leur donne toujours du pain.

En effet, les mâtins, après leur première furie, et surtout à la voix de leur maître, s'étaient arrêtés. Memmo demanda au vieillard quelle était cette belle jeune fille.

— Cette jeune fille, sor padrone, est ma Giulietta, que depuis si longtemps je voulais vous amener ; car la pauvre signora, votre mère, cette bonne âme ! l'a tenue sur les fonds de baptême. Si vous saviez pourtant ! Il s'en est fallu d'un fil qu'ils ne me l'aient perdue : elle a passé de rudes moments, en effet, depuis qu'ils me l'ont enlevée.

— Encore quelque infamie de ce Contaccio ! s'écria Mario. Je mettrais ma main au feu...

— Ah ! c'est ta fille ? interrompit le chevalier en se dirigeant vers le vieux caporaletto. Et que lui est-il fait, à cette pauvre enfant ? Raconte-le-moi, mon vieux : tu sais que je le veux du bien et que ma mère au lit de mort m'a recommandé ta Giulietta.

— Sor Mario a tout deviné à point, répliqua Francesc' Antonio ; et qui lui aurait fait de pareilles choses, si ce n'est l'homme qu'il a nommé ? Maintenant je vais vous conter : hier soir, comme nous venions de la plaine de Pian-de-Maggio et que nous allions rentrer à la maison, voilà-t-il pas que nous rencontrons Sbudella et trois autres bravi de l'homme de là-haut ! — Que le Christ nous protége ! dis-je à Giulietta. Nous sauvons ; mais ils courent après nous à toute bride, et avec leurs chevaux ils nous ont bientôt rattrapés. Sbudella et un second nous ferment le chemin en arrière et les deux autres se mettent par devant. A peine osions-nous respirer : nous serrions les épaules ; il nous semblait déjà recevoir quelque arquebusade. Sbudella m'appelle, me pousse de manière à me faire tourner sur-moi-même et me dit : « Si tu ne veux point visiter le nid de « fourmis (1), vieux gueux, per Grillo ! gare à toi, par ceci, par cela « (vous savez), comment parle ce réprouvé), tu n'as qu'à m'obéir ; « va-t-en à ta chaumière et prends y une bouteille : nous avons soif ; « et laisse-nous la Giulietta : j'ai un mot à lui dire de la part de « su' strissima. » Figurez-vous, sor padrone, que le cœur me faisait tic-tac, mon sang se glaçait dans mes veines, car j'avais compris sur-le-champ de quoi il retournait. Je me donnai du courage, et je répondis. « Cette jeune fille est mon enfant, et personne n'a rien à « lui commander ; le comte m'a tué la mère et vous voulez encore « me ruiner celle-ci : voyez-vous, sor capo-guardia, au bout du « compte, le Christ sait quelquefois punir. Allez à vos affaires ; nous « sommes fatigués ; nous avons travaillé toute la journée : nous « avons besoin de manger un morceau et de nous mettre au lit. » Les bravi se mirent à rire d'une manière à faire vraiment peur ; et Sbudella reprit : « Toi, rustre, mange, bois, fais ce que tu voudras ; mais nous voulons, nous, faire réveillon cette nuit, et si tu grognes, je te perce le ventre. » Alors il me présenta son escopette au visage et se mit en devoir de tirer. Le sang d'un homme n'est point de l'eau, sor padrone ; dans mon temps, je l'aurais bien fait voir à quelqu'un de ces misérables chiens. Je soulevai ma main, qui n'était pas plus lourde qu'un paquet ; je la mis sous mon bras et je tentai de partir ; je ne regardais plus à la vie. Un des bandits se rua devant moi et je fus atteint par le poitrail de son cheval : je tombai comme un tas de chiffons. Quand je revins à moi, il était nuit, et je ne vis plus personne. Giulietta, placée en croupe derrière Sbudella et attachée avec des cordes, avait été portée chez le contacio qui l'avait donnée en garde à Solfanello, et l'avait tenue enfermée toute la nuit dans un souterrain, parce qu'elle ne voulait pas se rendre

(1) Horrible supplice pratiqué par quelques scélérats : il consistait à dépouiller leur victime et à l'attacher près d'un de ces nids de grosses fourmis qui forment un monticule : ces insectes voraces la disséquaient toute vive.

aux désirs du bravo de Castro. Ce matin même, il paraît que la Madone a touché leurs cœurs, ils ont placé ma fille dans une belle chambre avec leur amies : et ne l'ont plus tourmentée : même qu'ils l'ont traitée comme une princesse. J'ai été deux fois pour voir s'ils voulaient me la rendre : la première fois, *Sbudella* (l'éventreur), m'aurait éventré en effet sans l'opposition de son camarade ; la seconde fois, j'y suis resté jusqu'à cette heure ; ils m'ont conduit dans le palais où il y avait un dîner sellé et bridé, et ils m'ont fait tant boire que je commençais à penser qu'il y avait quelque trahison là-dessous : enfin ils m'ont rendu ma fille et m'ont dit de la porter dehors. Figurez-vous ma joie et celle de la pauvre Giulietta ! Nous nous mettons sous votre protection, *sor padrone*, si vous ne nous défendez point, nous sommes déjà trop malheureux : la pauvre Mari-Meca s'en va mourir du coup que lui a donné Zambini : nous sommes si pauvres, si abandonnés ! Et le bravo de Castro n'a-t-il point juré que de gré ou de force il aurait ma fille !

— Il aura le diable qui l'emportera ! vociféra Mariaccio tout en furie. Si le patron le permet, je le fais sortir de ses bottes, lui, aussi bien que cet autre bourreau de Sbudella ; car j'ai contre tous deux une dent envenimée.

Memmo, rassurant ces pauvres gens par quelques bonnes paroles, leur dit de se retirer à Tor-Crognola, où ils trouveraient une entière sûreté : alors il poursuivit son chemin, stupéfié de la scélératesse inouïe d'Adelchi, mais s'étonnant surtout de la mise en liberté de Giulietta. Par quelle inspiration le tyran avait-il été poussé à faire le bien une fois en sa vie ? c'est-ce que nous a déjà révélé la fin de la première partie de cette nouvelle.

A mesure que le chevalier et Mario approchaient de la Roccaccia, les aboiements des chiens devenaient plus bruyants, et l'on entendait plus distinctement les imprécations et les éclats de rire désordonnés des bandits. Ayant son donjon et ses constructions les plus considérables placées sur la cime du mont, l'immense château prolongeait sa masse à droite et à gauche, et l'une de ses ailes, formée des dépendances les moins importantes, s'étendait presque jusqu'à la forêt voisine, appelée la Lupareccia. En la voyant entourée d'une végétation sauvage et bizarre, à cette heure de la nuit, à la clarté de cette lune qui revêtait tous les objets d'un clair-obscur inaccoutumé, en écoutant le diabolique fracas qui retentissait de toutes parts, et apercevant aux fenêtres de l'édifice l'éclat des lumières et les couleurs brillantes des draperies qui en attestaient la splendeur, on aurait pu s'imaginer réellement qu'on voyait se dresser devant soi quelque château féerique.

Les voyageurs arrivèrent enfin à une petite esplanade sur laquelle donnait un vaste portail aux battants doublés de fer. La main vigoureuse de Mario saisit l'énorme marteau attaché à l'une des impostes et le fit retomber plusieurs fois avec un grand bruit. A ces coups répétés, la sauvage harmonie que répétaient les échos de la Roccaccia changea tout-à-coup de caractère : les hurlements des chiens éclatèrent d'ensemble avec une nouvelle fureur et se mêlèrent au bruit des chaînes qui les retenaient et qu'ils agitaient violemment pour s'élancer vers la porte d'où venait une agression insolite ; mais les voix qui s'élevaient parmi les bravi, perdant leur expression de joyeuse débauche, devinrent plus basses, concentrées, sinistres, menaçantes, et l'on y reconnaissait en même temps quelque chose qui indique la peur. Quelque nombreux, et quelque forts que soient les hommes dont le courage ne se fonde pas sur la vertu, ils ne cessent point de subir le pouvoir de ce honteux sentiment qui naît d'une conscience troublée. Il se passa peu d'instants avant que l'on entendît à l'intérieur un bruit de cadenas et de verrous, des clés et des armes et du retentissement des pas d'une foule d'hommes qui se précipitaient vers l'entrée de la Roccaccia. Cinq ou six meurtrières, donnant sur l'entrée et l'esplanade extérieure, s'illuminèrent tout-à-coup, et une grosse voix rauque et avinée se fit entendre par une des ouvertures où se montrait en même temps le bout d'une arme à feu.

— Qui vient ici interrompre nos dévotions ? Par les os de tous les morts qui gisent sans tombeau ! *per Crillo !* vous avez frappé à cette porte ! Ne savez-vous pas que les murs de cette maison crachent du feu ?

— Es-tu donc enragé ? répondit Mario, qui, depuis le moment où les lumières avaient paru aux embrasures, tenait son arquebuse dirigée vers le point d'où il voyait sortir le canon d'une arme pareille. Es-tu donc enragé, chien galeux que tu es ? On invite des chrétiens, puis on les laisse se morfondre sur leurs pieds ! Ouvre si tu veux, mais si tu n'ouvres pas, je te dis que tu mourras de regret : en attendant, parle un autre langage, ou je vais te boucher la chatière avec une bonne balle et neuf chevrotines, mauvais sbirre que tu es !

A cette fière riposte du compagnon de Memmo, il paraît qu'on avait reconnu sa voix ou que les bravi s'étaient rappelé l'invitation de leur chef : en effet, toutes les lumières et la redoutable bouche à feu elle-même disparurent des meurtrières ; un des battants de la porte tourna sur ses gonds, et l'on vit paraître Sbudella, le chapeau à la main et prodiguant les révérences.

— Excusez, l'ami Mario ! mais le vin nous a tellement étourdis ce soir, que nous n'attendions plus votre visite.

Ceci n'était de la part du bandit qu'une précaution oratoire destinée à détourner dès l'abord toute disposition funeste que Mariaccio aurait pu couver contre lui. S'inclinant alors cet se pliant presque en deux, il se dirigea vers le chevalier et continua ainsi :

— Soyez le bien-venu, *sor padrone illustrissimo*. Comment se porte votre seigneurie ? Si vous avez quelque ordre à me donner, dites un mot, et pour vous, je me fais hacher menu comme la chair d'un pâté de thon. Vous êtes en retard, n'est-ce pas ? Le chef vous attend là-haut avec quelques bons compères. Soyez encore le bienvenu, illustrissimo ; je vais vous tenir l'étrier, puis... vous me donnerez bien le grossetto d'usage.

En disant ces mots, il courait à côté de la jument de Memmo, laquelle trottait à travers la vaste cour, vers l'entrée de l'habitation. Le bandit ne tira néanmoins aucun fruit de son empressement : en effet, Mariaccio ayant précédé son patron et ayant déjà sauté à bas de son cheval, jeta la bride sur les pointes des barreaux d'une fenêtre à fleur de terre, et repoussant brusquement Sbudella avec son genou, tint l'étrier du chevalier, quoique l'autre y eût déjà porté la main. Le satellite d'Adelchi fit une certaine grimace, mais n'osa point élever la voix.

Cependant les deux mâtins de Tor-Crognola avaient déjà engagé la lutte avec la meute de la Roccaccia. Ils tombaient ensemble sur chacun des chiens enchaînés à part et le déchiraient à belles dents. A chaque morsure que le battu essayait de rendre, le sang lui jaillissait des mâchoires qui s'implantaient sur les clous du collier des mâtins. Et je crois que ceux-ci auraient fait une boucherie générale, si Sbudella et les autres serviteurs du comte ne s'étaient point interposés, sans cependant maltraiter en aucune manière les chiens de Memmo que Mariaccio soutenait d'un regard à la fois protecteur et menaçant, propre à imposer aux bandits.

— Cahi, cahi, cahi ! s'écriait Mariaccio en contreflattant les pauvres bêtes auxquelles leurs blessures arrachaient des cris douloureux ; ici Terrore, Barigello ici ! Pille, pille ! ajoutait-il en retenant et en excitant à la fois les deux molosses, selon la sainte coutume des vachers et des mandrins. Donne-leur bien leur compte, à ces chiens rogneux qui traitent les chrétiens comme des porcs !

En vertu de cette intervention moins équivoque de la part du chevalier, la paix fut enfin conclue ; les bravi, en feignant de louer et de caresser les chiens des deux hôtes, firent entrer ceux-ci dans l'édifice habité par le comte. Au pied de l'escalier, quelques pages, revêtus d'une riche livrée, invitèrent Memmo à monter et l'accompagnèrent jusqu'à l'étage supérieur. Laissons-les aller, et occupons-nous pour l'instant de notre Mariaccio, qui fit son entrée avec les satellites du comte dans l'office où ceux-ci étaient apparavant à faire la débauche avec un grand nombre de leurs compagnons. On y arrivait par une porte ouverte à côté de l'entrée principale : c'était une vaste salle, comme écrasée sous une voûte solide, soutenue par huit pilastres grossièrement dressés : une grande fenêtre basse, en carré long, garnie d'une double grille, était la seule ouverture par où la clarté du jour pût y pénétrer. A cette heure, elle était entièrement éclairée par quatre lampes suspendues à la voûte au dessus d'une ample table ronde, couverte de mets, de bocaux, de verres et de bouteilles. Ils s'y trouvaient assis en assez grand nombre, portaient sans exception un costume pareil à celui de Sbudella et de Solfanello, que nous avons décrit. Quelques-uns avaient le chapeau en tête et les genoux sous la nappe ; d'autres choquaient leurs verres entre eux d'une main incertaine et pour ainsi dire avec répugnance ; d'autres encore, après des libérations immodérées, les bras et les manches baignant dans la sauce de quelque ragoût, la tête pendante et leur chapeau renversé parmi les plats, ronflaient en l'honneur de Morphée après avoir sacrifié à Bacchus. Beaucoup gardaient encore leur harnais sur eux, tandis que des armes des autres étaient suspendues çà et là aux parois de l'office ou posées au hasard sur la table ; quelques-unes enfin étaient tombées sur le pavé où la négligence de leurs possesseurs les avaient laissées. Dans un coin, on voyait un tromblon et un pistolet, dans l'autre une arquebuse et une giberne suspendues à un clou branlant ; là enfin, un coutelas enfoncé dans la table à travers la nappe.

Le retour de Sbudella et de ses compagnons avec de nouveaux commensaux électrisa un peu l'assemblée endormie. Quelques-uns des convives se levèrent au nom de Mariaccio et s'engagèrent à prendre place avec eux ; d'autres lui lancèrent un regard plein de haine et de crainte. Ayant débarrassé un endroit de la table, Sbudella offrit un tabouret à l'étranger. Après avoir établi son siège bien d'aplomb, Mariaccio s'assit, son arquebuse entre les jambes, car il avait décliné les offres de l'amphitryon qui voulait le débarrasser de ses armes : il prit alors un pain qu'il partagea entre les deux mâtins, saisit un bocal avec lequel il remplit un verre jusqu'au bord, puis vida celui-ci bravement, de la première à la dernière goutte, sans l'avoir même touché avec ses dents.

Cet exemple parut avoir desséché de nouveau les gosiers des bandits : le vin recommença à circuler et les verres à se vider à l'envi. Les moins ivres secouèrent ceux qui s'étaient assoupis, les accablant d'imprécations et d'épithètes obscènes ; à quoi ceux-ci répondaient en grondant, en se frottant les yeux et en retombant sur la table ; quelques-uns aussi se versaient du vin et se rendormaient avant d'avoir bu, ou même, croyant remplir leur verre, inondaient la nappe et leurs voisins. Peu à peu cependant, cette nouvelle ardeur se communiqua à presque toute la troupe. Mario mangeait et buvait pour quatre, sans sortir pourtant des limites, et tout en ayant soin des deux molosses qui s'étaient rangés à ses côtés. L'audace des bandits croissant à mesure que le vin leur donnait des forces factices, la conversation s'éleva de nouveau à ce ton d'orgie qui s'était fait entendre jusqu'au dehors.

— Cou... cou... cou... rage, co... co... compère Mario, bégaya Solfanello ; d... d... dans ce mo... mo... monde, il f...... faut jouir Qu... quand nous se... se... serons morts, ce se... ra une tou... toute autre affaire, à cau... cau... cause de la ma... ma... manière dont nous vi... vi... vivons.

— Bravo Cioffano, reprit Sbudella, rions quand il est temps encore, sor Mario. Tous tant que nous voilà ici, nous sommes de bons amis. En voici un nouveau, ajouta-t-il en montrant un drôle assez bien bâti, qui était assis à côté du favori de Memmo ; il est arrivé depuis deux jours seulement du Campo-Morto de Rome, car il avait descendu le barigello de Nettuno ; c'est là un brave tueur d'hommes ! Si vous le voyiez faire, per Crillo ! avec son arquebuse, il met une balle dans un quatrino à son nom est Magna-Pezzo ; quant à son physique, vous-même, sor Mario, si vous voulez vous tourner.

L'homme de Canino, ayant enfin arrêté ses regards sur le visage de son voisin, et ayant aperçu un masque à faire peur à la Sainte Vierge, le toisa des pieds à la tête avec hauteur et mépris, en homme qui, dans son for intérieur, sentait parfaitement toute sa supériorité sur de pareils scélérats, quoique pendant un certain temps il eût été obligé de mener une existence qui n'était pas sans analogie avec la leur. Il est à croire que ce coup-d'œil ne convint point à Magna-Pezzo, car un des chiens l'ayant piqué avec les clous de son collier, il s'écria en blasphémant et avec un dessein marqué de provocation :

— Maudits soient les chiens et qui nous les amène ici, pour nous rompre la tête !

Mariaccio, enflammé de colère, saisit aussitôt le matin placé de ce côté et le poussa contre le bandit, de manière que les clous vinssent lui labourer profondément les genoux ; il lui cria en même temps :

— Ohé ! insolent, tu t'appelles Magna-Pezzo (1), n'est-ce pas ? prends garde que je ne te mange le cœur, si tu ne sais pas mieux te comporter en société !

L'affaire s'envenimait de plus en plus : Sbudella s'épuisait à mettre la paix, mais tous ses efforts étaient vains, parce que la colère du neveu de Nena s'était enflammée de plus en plus en entendant d'autres bandits, qui causaient entre eux, se vanter du rapt de Giulietta. Il se leva en regardant tout le monde de travers et s'écria, la main droite sur son coutelas et la gauche sur un de ses pistolets :

— Ah ! chiens de pharisiens, il faut que cela finisse, per Crillo ! je rougis comme un voleur de me trouver parmi vous. Et toi, Sbudella, qui est le chef de file de toute cette canaille, il est inutile de faire ici la bête, vois-tu ? prends garde que cela ne tourne mal pour toi et pour quelque autre encore, si maître Meo éprouve quelque chagrin relativement à sa fille. Et cet autre imbécile ! ajouta-t-il en frappant de l'index de sa main droite le menton de Magna-Pezzo, cet autre imbécile, que je vais souffleter, m'a tout l'air d'un marchand de graisse humaine (2) ; s'il fait mine seulement de me regarder de travers, je lui balafre le museau devant vous tous. Et attention là ! le premier qui lève le doigt, je lui casse une côte, aussi vrai qu'il y a un Dieu !

Notre fanfaron commettait une très grave imprudence en défiant des adversaires aussi nombreux ; heureusement pour lui, deux raisons combattaient en sa faveur dans l'esprit de Sbudella, qui, comme favori du comte, jouissait d'une influence absolue sur toute la troupe ; et ces raisons le portèrent à détourner les esprits de la lutte inégale qui allait infailliblement commencer. Il savait d'abord que maître très désireux, par certaines raisons secrètes, de conserver l'amitié

(1) Littéral. Mange-morceau.

(2) Il y a peu d'années encore que, dans certaines provinces des États du pape, de la Toscane et du royaume de Naples, la superstition la plus cruelle avait persuadé à des monstres d'ignorance et de férocité, que la graisse humaine possède des vertus miraculeuses, soit pour faire trouver des trésors, soit pour se rendre invisible, ou toute autre semblable niaiserie : c'est pourquoi, voulant se procurer cet ingrédient magique, ils faisaient griller devant le feu les misérables qui tombaient entre leurs mains, ou leur enlevaient avec le fer les parties grasses du corps, et particulièrement la paume de la main et la plante des pieds.

du signor de Tor-Crognola ; et en outre, le regard et l'attitude de Mariaccio lui prédisaient clairement que le premier coup serait pour lui. C'est pourquoi, ouvrant tout à coup une bouche fendue jusqu'aux oreilles pour faire entendre un rire bruyant et forcé, et contenant d'un geste ceux de ses compagnons qui s'étaient levés et qui allaient prendre leurs armes :

— Eh bien ! qu'est-ce ? s'écria-t-il, sommes-nous ici pour nous divertir ou pour nous égorger comme des pourceaux ? Il est bon là ce sor Mario ! ah ! ah ! il prend feu comme le chaume, au mois d'août. Laissons de côté tous ces instruments inventés contre la pauvre vie humaine. Tombons, tombons sur un vieux flacon, et buvons encore un bon coup. Allons, compère Mariaccio, eh quoi ! voulez-vous rompre sitôt l'amitié ? eh là ! buvez, et puis je vous chanterai une chanson nouvelle.

— Du... du... du vin... vin... vin ! ajouta Solfanello en bégayant avec plus de rapidité que de coutume ; les ba... ba... ba... balles f... font ma... ma... mal à la peau... peau... peau !

Mario avait d'un côté Sbudella armé d'un flacon, de l'autre un verre à la main, Magna-Pezzo qui veillait sur lui-même depuis qu'un coup-d'œil lui avait indiqué comment et pourquoi la face de l'orgie avait changé tout à coup. L'un emplissant le verre et l'autre le présentant, ils firent en sorte que l'homme de Canino se laissa calmer peu à peu et voulut bien se rasseoir, non sans s'être convaincu que tous les autres rentraient aussi dans leur assiette ordinaire. Il vit bien alors qu'il s'était lancé inconsidérément dans des propos un peu scabreux ; il pensa en maître, et de l'air le plus sociable que son caractère plein de franchise lui permit de prendre en cet instant, il invita Sbudella à entonner la chanson promise.

Il semblait que ce singulier dilettante consentît rarement à faire montre de ses talents musicaux, car la demande de Mario provoqua de la part de l'assemblée une explosion assourdissante d'encouragements, de sollicitations plaisantes ou dérisoires.

— Oui, qu'il chante ! Evviva ! qu'il chante, et bouchons-nous les oreilles ! silence ! silence ! laissez chanter le vieux ! laissez chanter le commandant !

Sbudella, obéissant à ces injonctions bruyantes, aussitôt que le vacarme fut apaisé, se mit à battre la mesure avec sa main droite armée d'un verre à demi plein, et entonna d'une voix, voix brisée et parlant de la gorge, sur l'air de la tarentelle romaine, une mauvaise chansonnette dont ses compagnons répétaient le refrain en chœur :

Belle est la vie du frère là !
Il boit, mange et pense au couvent,
Il boit, mange et pense à son capitaine ;
Le brave qui aime la montagne.
Il n'est que deux existences heureuses :
Celle du bravo et celle du frère.

Jamais souverain ne peut jouir
Autant qu'un frère avec le cordon de saint Antoine ;
Les filles, il les choisit parmi ses ouailles,
Il rit, il saute et triche le démon.
Il n'est que deux existences heureuses,
Celle du bravo et celle du frère.

Et si un pauvre oison se fâche
Et ne cède point à leur puissance,
Il lui arrive quelque soudaine catastrophe,
De sorte qu'on n'entend plus parler de lui dans le monde.
Il n'est que deux existences heureuses ;
Celle du bravo et celle du frère.

Ils ont un choix parmi les femmes et les demoiselles ;
Et les maris les envoient en enfer ;
Mais ils trouvent bien de quoi racheter leur peau
Ils ont dans leur besace les sbires et l'état,
Il n'est que deux existences heureuses,
Celle du bravo et celle du frère.

Pour moi, je vis au jour le jour ;
Je ne connais d'autre dieu que mon capitaine ;

Et si quelqu'un me questionne, je le tue ;
Au diable le niais ! et je me jette dans le bois.
Il n'est que deux existences heureuses,
Celle du bravo et celle du frère.

Un baril de vin bien plein
Se vide à la barbe des sbires ;
Pour eux ce serait du poison.
Eh bien ! chantons, rions, dansons.
Il n'est que deux existences heureuses,
Celle du bravo et celle du frère.

« Bravo le bon frère, bravo le moine au froc rayé ! » hurla tout à l'entour de la table la troupe banquetante, avec un tintamarre infernal et des encouragements du genre de ceux que nous avons cités. La seconde épithète était ordinairement donnée à Sbudella par ses camarades à cause de la balafre dont il était marqué.

Pendant que les bravi s'ébattaient ainsi dans l'office, une scène à peu près analogique se passait dans le noble appartement du premier étage. Memmo, après avoir monté un large escalier tournant, avait été introduit par les pages dans une antichambre où d'autres serviteurs et quelques estafiers semblaient être de garde. Un grand baldaquin de drap rouge, portant en broderie le blason du seigneur de la Boccaccia, décorait la paroi opposée à l'entrée. Une autre porte s'ouvrait sur une spacieuse et magnifique salle à manger où Adelchi présidait au festin. Le plafond très élevé était peint et doré avec un grand luxe ; les quatre murs drapés de damas bleu pâle, encadré dans de riches moulures dorées ; quatre grandes fenêtres à vitraux gothiques de diverses couleurs, percées dans l'épaisseur des murailles et toutes, au même ligne, avaient de doubles rideaux de damas bleu et de soie rouge, soutenus par d'énormes flèches de métal doré et surmontés d'élégants festons à glands d'or ; le pavé de marbre blanc et noir, formait le damier ; enfin une immense cheminée, ornée de bas-reliefs, occupait une grande partie d'un des côtés de la salle. La table somptueuse placée au centre, couverte d'une profusion de mets et de vins, servis dans de brillants cristaux et dans une vaisselle d'argent ciselé, reflétait les mille rayons des lustres suspendus au plafond, des lampadaires attachés à la muraille et des candélabres de bronze posés sur la table même ; quelques pages et d'autres domestiques en livrée servaient le comte, Gandolfi et deux autres invités assis au banquet. Les deux premiers étaient revêtus de l'uniforme que vous connaissez déjà ; les deux seconds, également militaires, étaient les seigneurs Cocchi et Zambini, tous deux capitaines au service du duc de Castro, le premier dans les bandes noires, l'autre dans l'infanterie. Cocchi était un homme long et maigre, d'un teint excessivement foncé, avec un grand nez en crochet, les cheveux, frisés et laineux comme ceux d'un nègre ; avaient l'air d'une perruque ; en revanche, il n'avait pas un poil au menton. Zambini était un petit homme très svelte, porteur d'une physionomie audacieuse et maligne.

Chacun d'eux avait revêtu l'uniforme du corps militaire auquel il appartenait : c'est-à-dire Cocchi, un costume entièrement noir avec un grand rabat de dentelle au cou, des manchettes de dentelle et une ceinture de cuir noire, comme l'habit, soutenant une longue épée de Tolède ; Zambini, une camisole bleu pâle, chargée sur la poitrine de broderies d'argent, des bragues très courtes, et taillardées à l'espagnole ; un cimeterre court et large était suspendu à sa ceinture.

Le vacarme que le chevalier et Mariaccio avaient entendu en approchant du château devait être attribué non seulement aux bandits, mais aussi et pour une grande partie aux nobles seigneurs ; et en cet instant même le bruit continuait toujours. Le repas semblait à peu près terminé, car les convives s'occupaient beaucoup plus des vins que des mets dont ils paraissaient rassasiés.

A l'entrée de Memmo, tous reprirent leur sérieux ; et le comte, étant venu le recevoir jusque près de la porte avec des démonstrations bien marquées de déférence, se mit à s'excuser d'avoir fait commencer le festin sans lui :

— L'heure avancée de la soirée, signor cavaliere, nous avait donné à croire que nous ne jouirions pas ce soir de votre compagnie.

Le seigneur de Tor-Grognola répudit à ces compliments d'une manière convenable et prit place à côté du comte. Apres un court intervalle, l'hilarité des quatre officiers reprit son cours et la conversation redevint bruyante : les cris joyeux, interrompus par l'arrivée de Memmo, n'étaient qu'une plaisanterie dirigée contre Gandolfi qui, ayant voulu s'adjuger la Giulietta, en avait été inopinément frustré par l'ordre d'Adelchi.

— Sequentia sancti evangelii secundum Johannem, dit Zambini en faisant avec le pouce un petit signe de croix sur ses lèvres. Vive le comte, qui aujourd'hui a su tricher un joueur bien adroit !

— Ce sera la première et la dernière fois : on ne m'y prendra plus, répliqua le bravo de Castro un peu fâché. Bah ! les choses de seconde main ne valent pas un quattro.

— Si fait, si fait ! le pape Léon donnait tout ce qu'il ne pouvait pas prendre, s'écria un des autres convives en riant.

— En vérité ! dit Memmo d'un air grave et imperturbable, c'est une chose bien rare que le seigneur comte soit revenu sur ses pas en pareille matière.

— Je vais vous expliquer cela, reprit Gandolfi, malgré les gestes nombreux de désapprobation que lui faisait Adelchi, de manière à ne point être aperçu du chevalier. Hier, nous nous trouvâmes à la tombée de la nuit au gré de Montauto : là, le bon dieu nous envoya une pluie, une averse à ne pas y voir clair pour tirer un coup de fusil. Comme nous étions à moitié chemin de Gricciano, nous rencontrâmes le père Meo, mouillé comme un canard : il dit et fit si bien que nous consentîmes à retourner sur nos pas ; bref, nous avons passé la nuit à la Torraccia. Ce matin, le bonhomme est parti pour la chasse avant le jour. Quand le chat n'est pas au logis, les rats dansent, sur la table : or, maître Adelchi que voilà voulait danser un rigaudon avec la Belle Rosa ; il paraît que cette fois la demoiselle avait un peu d'humeur, car après qu'ils furent restés un moment au confessionnal, tandis que j'étais là à tenir la chandelle et garder le manteau, le comte s'élança hors de la maison comme un taureau furieux, il sauta en selle et se mit à courir la bouche cousue. Il est comme certains prêtres en carnaval, lesquels, ne pouvant point danser, ne laissent point danser les autres.

Memmo avait peine à se retenir en entendant parler aussi indécemment de cette Rosa pour laquelle il nourrissait une sorte de culte et que peut-être il aimait en secret. Ce ne fut pas sans effort qu'il arriva jusqu'à la fin du récit du bravo ; mais lorsque celui-ci eut fini de parler, il ne put se dispenser de blâmer assez vivement la légèreté dont il faisait parade.

— Légèreté ! dit Gandolfi, mais il s'agit là de choses qui sont au su et au vu de tout le monde. Et puis, demandez-le au seigneur comte : à la fin de tout, il faudra bien que le secret éclate ; c'est une aventure qui prouve que le comte sait plaire aux belles filles, et certes on n'en trouverait pas de plus belle dans tout le duché.

La figure de Memmo était entièrement bouleversée : étonné et menaçant, il promenait son regard autour de lui, l'arrêtant sur l'un ou l'autre des convives, qui tous riaient du singulier effet produit en lui par cette sorte de désillusion vengeant. Le comte, soit par amour-propre, soit pour montrer qu'il faisait peu de cas de la bonne opinion ou du blâme du jeune chevalier, lui demanda en ricanant :

— Et que trouverez-vous donc enfin de si étrange à ce que la Rosa m'eût aimé à ce point ? Il me semble que l'on vaut un autre.

— Certes oui, vous en valez un autre, s'écria Memmo d'une voix sarcastique, l'indignation ayant étouffé en lui toute prudence. Vous valez tous ceux qui vivent dans votre château, et je connais trop mon peu de mérite pour rester plus longtemps en pareille compagnie. Deux mots encore, comte de Montauto, et peut-être seront ce les derniers que vous entendrez de moi : jusqu'ici, j'ai toléré tous vos actes de tyrannie pour éviter des dissensions dans mon pays ; mais je suis, an enfant, des Maremmes : je ne souffrirai rien de plus. Meo d'Ischia et sa fille sont des objets de vénération pour quiconque sait le prix de la bravoure et de l'innocence, ces deux vertus qui, peut-être hélas ! ont été trop réellement profanées par vous. Dans tout le duché, il y a des familles plus riches, mais il n'y en a pas de plus honorable que la leur : si vous en avez médité ou accompli la ruine, la Maremme se lèvera en masse, et Memmo de Tor-Crognola, le premier, pour vous en demander compte. Je ne violerai point l'hospitalité en vous portant un défi dans ces lieux ; mais à partir de ce jour, tenez-moi pour l'ennemi juré de votre propre personne et de tous ceux qui vous ressemblent.

Ayant ainsi parlé, le bouillant chevalier sortit impétueusement de la salle, et d'un pas précipité, pour ne pas dire un mouvement d'horreur, il se dirigea vers l'escalier. Cocchi et Zambini échangeaient quelques regards mi-sérieux mi-burlesques ; Adelchi se disloquait les mâchoires à force de rire ; le Bravo di Castro avait suivi l'intrépide harangueur et lui disait :

— Le signor est jaloux, eh là ! nous lui prouverons, nous, que ce n'est pas notre humeur. Et il essayait de le retenir par le pan de son habit. Mais le chevalier, arrivé au seuil de la salle, lui lança un regard dont nous ne pouvons mieux peindre la signification qu'en ajoutant que Gandolfi déconcerté retourna subitement à sa place et que le rire des convives cessa.

III.

Arrivé dans le vestibule, le maître de Tor-Crognola fit entendre un sifflement aigu auquel répondit de l'office un sifflement pareil qui perça les oreilles de tous les bandits : cette réplique était celle de Mario qui ne tarda point à paraître. Sbudella et deux ou trois autres, qui le suivaient en vacillant, vinrent barrer la sortie aux deux étrangers en tendant la main, afin d'obtenir leur pour-boire. Ayant satisfait l'avidité de ces misérables, Memmo et son fidèle homme d'armes montèrent à cheval et se dirigèrent vers leur tranquille demeure. Ils étaient venus par le gué de Montauto ; mais par je ne sais quelle inspiration, ils prirent le chemin opposé qui, laissant le village à droite, conduit au gué de Grotte-Basse. Au moment où, ayant quitté les bruyères, ils commencèrent à traverser les quelques clairières qui touchent à Campo Scala, la lune était voilée par une suite non interrompue de nuages noirs et épais qui, au lieu de fuir rapidement sous le vent comme pendant le jour, s'avançaient maintenant avec lenteur comme si l'astre les eût passés en revue. Près de rejoindre la Fiora par le sentier escarpé et parsemé de cailloux qui se rend au gué, nos voyageurs nocturnes, ralentissant le pas de leurs montures, s'avancèrent avec plus de précaution. De l'autre côté du fleuve, sur la rive escarpée qui se dresse à la gauche du guê pour le voyageur qui vient de la plaine, on voyait, au milieu des blocs de pierre et des broussailles, une figure humaine, toute blanche, s'agiter sur le bord d'une roche suspendue à pic au-dessus des flots courroucés. A la suite des dernières pluies, la Fiora avait ce que les gens du pays appellent la *torbolina* : ses eaux étaient troubles et enflées ; le lit du fleuve, obscurci par les roches du rivage et par de gros nuages noirs, semblait rouler des flots de bitume. Mario, qui marchait après son maître, fut pourtant le premier qui aperçut le blanc fantôme s'agitant sur l'autre rive. Non sans donner quelques signes de cette superstition inquiète assez commune aujourd'hui encore dans les Maremmes et à plus forte raison très répandue à cette époque, il indiqua l'apparition au chevalier ; et celui-ci resta frappé lui-même d'un spectacle que l'obscurité et l'isolement du lieu contribuaient à rendre extraordinaire. Malgré le fracas des vagues, Mario, d'une voix de Stentor, intima au nom de Dieu et des hommes à la pâle figure de dire ce qu'elle était. Quoique les ténèbres permissent à peine de la distinguer confusément, elle sembla s'incliner un peu du côté d'où venait la voix. Mais bientôt l'homme de Canino, ayant fait le signe de la croix, mit son arquebuse à l'épaule et cria de sa même voix formidable :

— Descendez, sor padrone ; je saurai bien l'arrêter ! Alors le spectre s'avança tellement sur le roc, étendant tout le corps avec les bras du côté des voyageurs, que, chancelant visiblement, il parut sur le point de se précipiter dans le fleuve.

— Ah ! tu le veux ? reprit l'homme de Canino : je vais te servir à ton gré.

Et déjà il touchait la gâchette de son arme, quand Memmo, détournant le canon, le força d'abandonner son dessein. L'ombre qui, après avoir vacillé, était restée immobile dans sa périlleuse attitude, s'ébranla de nouveau, leva les mains au ciel et la tête la première, s'élança dans la Fiora.

Un faible cri se fit entendre au milieu de sa chute ; et ce cri, en frappant l'oreille du chevalier, porta la confusion et l'horreur dans tous ses sens. Ce son fugitif fut bientôt étouffé par les ondes ; l'être humain qui l'avait poussé surnagea quelques instants ; puis, tournant sur lui-même comme une paille, il fut entraîné par les vagues furieuses.

— A moi, Bella-Gamba ! s'écria Memmo en stimulant de la voix, de l'éperon et du frein son ardente cavale, qui se dressa vivement sur ses pieds de derrière, et d'un seul bond porta son maître au milieu du fleuve. Mario, considérant l'impétuosité du courant et l'infériorité de sa propre monture, hésita un moment à suivre son maître ; mais ses craintes, du reste bien motivées, furent bientôt effacées par l'affection et la reconnaissance, et il ne tarda pas à sauter à son tour. Pendant quelques moments, il tourna de cercle en cercle, luttant inutilement contre son cheval que l'instinct naturel de la conservation rappelait vers la plage : à la fin, par une abnégation de lui-même vraiment digne d'éloges, il entraîna sa monture au milieu d'une espèce de mer où les vagues, grimpant les unes sur les autres avec une incessante furie, renversèrent sens dessus dessous l'homme et le cheval. Chose peu commune dans le pays de Castro, Mariaccio était assez bon nageur : c'est pourquoi après avoir ingurgité, avec toute la mauvaise volonté qu'un habitant des Maremmes peut mettre à pareille besogne, une couple de bouteilles d'eau trouble, il réussit à gagner l'autre rive, pendant que son pauvre cheval, incapable de sauter d'en bas sur le bord du précipice et accablé par l'immense volume des vagues qui s'engouffraient dans l'abîme, devait infailliblement y disparaître et y mourir étouffé.

— Malheur à qui recommencerait ; cela pouvait arriver à un autre que mon cheval, *per Crillo !* disait Mariaccio tout en grimpant sur le bord, ruisselant d'eau, sans chapeau et s'attachant aux ronces et aux broussailles de la côte à pic.

Aussitôt néanmoins qu'il sentit un terrain solide sous ses pieds, ayant repris toute sa présence d'esprit, il se mit à courir le long de la rive pour découvrir ce qu'il était advenu du chevalier. Il n'alla pas loin sans le voir, poursuivant la blanche créature qui de temps en temps reparaissait à la surface de l'eau. Cependant les vagues de plus en plus grossies frappaient le chevalier avec leur force propre et avec l'impulsion qu'elles communiquaient aux troncs d'arbres, aux arbres même tout entiers qu'elles avaient arrachés de leurs rives et qu'elles entraînaient rapidement. Mais la courageuse Bella-Gamba résistait à tout : quoique peu à peu les flots eussent atteint jusqu'à ses oreilles, les naseaux élevés vers le ciel, et haletant et soufflant avec force, elle conduisit enfin son maître près de l'objet de ses efforts désespérés. Plusieurs fois, Memmo étendit le bras pour le saisir ; et chaque fois, la Fiora furieuse, mugissante, reprit sa proie. A chaque nouvelle tentative, le couple généreux s'enfonçait de plus en plus ; mais alors il se fit un indicible effort : Bella-Gamba battit l'eau de ses quatre pieds avec la rapidité d'une roue de moulin, et le chevalier, quittant les arçons pour s'attacher à la crinière du cheval, tendit la main droite en avant et parvint enfin à s'emparer de la victime expirante, au moment même, où épuisé comme sa monture, il allait être obligé de renoncer à sa généreuse entreprise. Memmo, d'une main encore vigoureuse, plaça la personne sauvée sur le cou de l'animal victorieux, et celui-ci excité de nouveau par la voix de son maître, s'approcha rapidement de la rive moins élevée du Piano, où le chevalier déposa sur le gazon une jeune femme morte ou vive.

Mariaccio, étant accouru, restait la bouche ouverte d'étonnement devant ce tableau ; mais sa stupéfaction s'accrut encore, lorsque Memmo, ayant posé la main sur le cœur de celle qu'il avait sauvée pour en sentir les pulsations, et ayant considéré le visage de plus près, s'écria douloureusement :

— Pauvre fille ! je ne m'étais point trompé ; c'est la Rose de Castro !

L'homme de Canino, engourdi par l'eau que la tramontane changeait en glace sur son dos, grelottant et claquant des dents, se confondait en exclamations et en vociférations à se démonter la luette. Son maître, sans prononcer un mot, lui fit signe de l'aider : après avoir attaché la bride de sa jument au pommeau de la selle, il souleva avec son favori le corps de la jeune fille qui ne donnait pas signe de vie : tous deux la prirent ainsi sur leurs bras et s'acheminèrent vers Tor-Crognola. Bella-Gamba, ayant ouï son maître l'appeler en claquant de la langue contre son palais, le suivit d'elle-même, flairant devant elle avec un air admirable d'intelligence. En vain Mario, à chaque station où ils faisaient pour poser leur fardeau et reprendre haleine, reprenait ses bruyantes exclamations ; le chevalier semblait enseveli dans de taciturnes rêveries. Cet état dura jusqu'au moment où ils atteignirent le château : alors le chevalier fit entendre par deux fois le sifflement accoutumé, et bientôt ils virent des lumières traverser les appartements intérieurs et les hommes d'armes paraître sur le seuil.

Il est inutile de dépeindre la surprise de ces derniers à la vue de Rosa, et de l'état dans lequel revenaient le maître et son favori. Laissons ces braves gens des Maremmes exprimer leurs sentiments tour-à-tour dans ce langage naïf qui les caractérise tous, et suivons Memmo qui, avec le seul aide de Mario, ayant transporté la jeune fille à l'étage supérieur, la confia aux soins de sa vieille gouvernante. Celle-ci ne tarda pas à rejoindre son maître et à lui apprendre que Rosa vivait et, ce dont le chevalier se doutait trop bien, qu'elle portait dans son sein une preuve de la faiblesse que l'avait poussée à vouloir mourir. Dès ce moment, le généreux chevalier ne voulut plus penser qu'à la réparation possible d'une si cruelle infortune. Il se rendit près de la fille de Meo et la trouva sortant d'une longue et fébrile léthargie et ouvrant les yeux pleins de terreur et de larmes. D'abord elle se dressa tout assise sur son lit, promena autour de la chambre un regard étonné et presque stupide, comme si son intelligence eût été anéantie par l'affreuse catastrophe ; mais tout-à-coup revenant à elle,

— Où suis-je ? demanda-t-elle du ton le plus touchant, Gesù, Maria Santissima ! qui donc m'a sauvée, qui a eu le cœur de vouloir m'empêcher de mourir ? qui m'a tirée de cette mer immense, de ces ténèbres, de ce bruit ?... Et Adelphi ?... et mon père ? O malheureuse ! ô déshonorée ! Je veux mourir, je le veux !

A ces paroles succédèrent des gémissements, des sanglots déses-

pérés. Memmo, qui se retenait avec peine pour ne point les imiter, sentit quelques grosses larmes couler sur ses joues. Enfin Rosa parut se tranquilliser un peu, et son visage reprit une sorte de calme, soit apathie, soit résignation. Oh ! comme ses traits étaient encore beaux et purs, bien que décolorés par tant de violentes émotions! Enfin elle fixa ses yeux expressifs sur le jeune chevalier comme pour l'interroger sur sa situation. Celui-ci la comprit et d'une voix émue s'empressa de prévenir ses questions :

— Vous êtes à Tor-Crognola, signora, dans la demeure d'un véritable ami de votre père, d'un ami qui a eu le bonheur de vous conserver à votre famille et qui n'épargnera rien pour vous soutenir ou vous venger.

— Ah ! il serait plus heureux pour moi que vous m'eussiez laissée au fond de la Fiora !... Dieu l'a voulu ainsi; qu'il soit toujours béni ! Mais ce pauvre vieux père, comment paraître devant lui? Ah ! signor cavaliere, ajouta-t-elle d'un ton suppliant, joignant ses deux mains et les portant à sa face angélique ; vous qui avez déjà tant fait pour moi, au nom du Seigneur, envoyez quelqu'un apprendre à mon père que je ne suis pas morte. O Dieu! qui sait s'il est encore vivant, lui, mon père, lui qui ne s'occupait que de moi au monde, et qui doit croire à présent qu'il a perdu le seul objet qui lui faisait aimer la vie!

Les explications que Memmo crut devoir tirer discrètement de Rosa lui firent voir en effet qu'avant d'embrasser la résolution désespérée qui heureusement était devenue vaine, elle avait envoyé un billet à son père absent, pour lui annoncer la séduction dont elle avait été victime, l'état où elle se trouvait et sa ferme résolution de ne point survivre à l'honneur. Adelchi, à l'aide de promesses de mariage et du prestige de la fortune et du rang, avait ruiné cette innocente créature, c'est ce qu'on ne pouvait mettre en doute. Nonobstant, le cœur du généreux chevalier s'ouvrait encore aux plus séduisantes espérances : il se disait qu'ayant une fois surmonté la première et terrible impression de ce coup de foudre, Meo d'Ischia aurait songé à la vengeance; il se disait que, redoutant un éclat, convaincu de la noirceur de sa trahison, sollicité par tous les moyens que lui, Memmo, se proposait de mettre en œuvre, touché enfin par les rares mérites de Rosa, le comte se déciderait peut-être à réparer le mal qu'il avait fait. Après s'être efforcé de consoler la pauvre jeune femme en lui faisant part des probabilités qu'il entrevoyait en sa faveur, il courut entamer l'œuvre de réconciliation, pendant que Rosa allait essayer de prendre du repos.

— Prends deux chevaux frais, ordonna-t-il à Mariaccio ; cours à Gricciano ; et, si tu rencontres le signor Meo, dis-lui que sa fille est hors de danger et qu'elle l'attend ici : sinon, cherche-le partout, et ne reviens point de sans l'avoir trouvé. Rends-toi ensuite à la Roccaccia, présente-toi au comte, raconte-lui de ma part ce qui s'est passé, et fais-loi savoir que, si demain il ne veut pas s'entendre proclamer par tout le duché de Castro le plus vil et le plus infâme sicaire de toute l'Italie, il aura à venir sur-le-champ ici où la Rosa et moi avons à lui parler de choses qui touchent à l'honneur : rapporte-lui mes propres termes, je te l'ordonne.

— Vous serez obéi ponctuellement, dit en souriant l'homme de Canino, qui semblait satisfait d'avoir à remplir un pareil message : le diable m'emporte si je ne lui dis pas qu'il est le plus infâme sicaire de tout Castro ; et qu'il vienne tout de suite, sans quoi c'est fait de lui.

Memmo, après avoir tenté de rectifier l'inexacte version de son favori, lui recommanda de se mettre en route à l'instant et de faire diligence.

— Diligence ! s'écria Mariaccio ; j'irai comme une balle : mon pauvre vieux cheval est resté là-bas à boire la torbolina, et celui-là en valait bien deux ; ou je crèverai encore une couple de mazettes, ou je serai de retour ici en un clin d'œil : je risque cuir ou peau, sor padrone ! Et il alla seller sa monture.

— Pour le contaccio, mon maître s'en occupera ; mais Sbudella, je me charge de son affaire! peusait-il tout haut, pendant que, les éperons enfoncés dans le ventre de son cheval et en conduisant un autre à la main, il courait à bride abattue, bronchant à chaque pas dans les ténèbres, sur les grosses pierres du chemin de la Torraccia.

Il y arriva en moins d'un quart d'heure, et vit la porte toute grande ouverte et de la lumière à l'intérieur ; il se hâta d'attacher son pauvre cheval à un chêne vert, tandis que la bride de l'autre était passée sur le pommeau de la selle du premier ; et, tout essoufflé encore, il entra précipitamment dans la demeure du condottiero. Ses regards impatients le cherchèrent en vain dans la petite salle gothique, bien connue du lecteur ; Timon seul, accroupi selon sa coutume sous le manteau de la cheminée, reconnut un ami de la maison, et l'accueillit en remuant la queue; mais, s'étant approché de la porte de la chambre voisine, qui était entr'ouverte, il entendit la voix de Meo à l'étage supérieur. Tout joyeux de cette rencontre, il monta l'escalier, et, arrivé sur le palier, il resta immobile d'étonnement devant le tableau qu'il aperçut. Meo d'Ischia, debout dans sa chambre, achevait de charger sa longue arquebuse, en répétant machinalement, à plusieurs reprises, quelques phrases inachevées du billet de sa fille : ses yeux, fixés d'une manière sinistre sur cet écrit étalé sur son lit, ne s'en détachaient que pour prêter l'attention nécessaire à sa besogne. Toutes les pièces de son habillement des Maremmes étaient éparses çà et là par la chambre, et le splendide costume de lieutenant-général d'infanterie faisait ressortir la majesté d'un visage guerrier, encore ennobli par la douleur. Ce costume consistait en un pourpoint bleu brodé d'argent sur toutes les coutures, chargé par devant de larges brandebourgs, de cordons et d'aiguillettes du même métal, avec le collet orné de cordonnets et de passementerie et les manches presque entièrement interrompues sous un septuple rang de larges galons, marque distinctive à cette époque du grade éminent que Meo d'Ischia occupait dans l'armée : une giberne et un baudrier semblables à ceux d'Adelchi et de Gandolfi ; une large ceinture blanche et jaune, magnifiquement interrompue d'espace en espace par des nœuds d'argent très compliqués et portant à ses deux extrémités deux superbes glands du même métal ; des culottes courtes de velours blanc, avec des crevés d'azur artistement gonflés, retenues au-dessus du genou par un riche fermail ; des bas de soie blancs; des bottes molles à revers, armées d'éperons d'argent, à larges molettes, et enfin un chapeau à l'espagnole, orné de plumes et de broderies, complétaient cet appareil vraiment imposant. Au lieu du bâton de condottiero, incrusté d'or et portant les armes du duc, le vieillard d'Ischia avait pris sa vieille escopette ; mais l'épée de Pier-Luigi, étincelante de pierreries, pendait à son flanc gauche.

Après avoir achevé, avec le même soin minutieux, de charger son arquebuse, Meo tomba dans une profonde méditation, adossé au lit, la tête inclinée, le pied gauche reposant sur le sol et la jambe droite repliée sur la courte-pointe. Après quelques moments d'immobilité, pendant lesquels son visage changea mille fois de couleur, il tira du fourreau l'épée du duc, la porta des deux mains à sa bouche, et, les yeux levés au ciel, la baisa avec ferveur : alors il en tâta plusieurs fois la pointe, et la remit en gémissant dans le fourreau.

— Le coup est trop cruel : je ne le puis supporter. Cinq novembre ! s'écria-t-il d'une voix sombre. Il y a aujourd'hui vingt ans que nous prîmes Parme. Aujourd'hui le séducteur de ma pauvre Rosina ira trouver Satan, et aujourd'hui sonnera l'agonie de Meo d'Ischia.

Cependant Mario était resté comme pétrifié à l'aspect imposant du condottiero outragé ; enfin, secouant sa torpeur, il s'approcha timidement et lui dit :

— Courage, illustrissimo, la sora Rosina me charge de vous dire que mon maître l'a tirée de la Fiora : elle est à Tor-Crognola, et elle vous attend.

Le vénérable soldat regarda d'abord avec une indicible expression de soupçon celui qui lui apportait un si heureux message ; un sourire sardonique souleva légèrement ses blanches moustaches; puis, comme s'il eût pensé que l'envoyé venait railler son désespoir, il s'élança furieux à sa rencontre, lui jetant un regard si farouche que le pauvre Mariaccio, en dépit de sa bravoure, recula effrayé vers l'escalier. Mais le vétéran s'arrêta brusquement, porta ses deux mains à son front chauve, et demeura un instant immobile. Enfin ses traits se détendirent, ses lèvres s'agitèrent comme pour sourire, et des larmes, peut-être les premières, jaillirent abondamment de ses yeux. Oui, il pleurait à l'annonce d'un si grand bonheur, lui qui avait contemplé d'un œil sec l'infortune la plus terrible qui pût l'accabler.

Il prit d'une main son arquebuse, et retrouvant toute l'élasticité de la jeunesse, il serra de l'autre main le bras de Mario avec la force d'un étau, et le traîna avec violence le long des escaliers et jusqu'au dehors de la maison, avant de s'apercevoir des contorsions que l'impétuosité de cette course faisait faire à son compagnon. Il l'aurait poussé avec la même fougue sur la route de Tor-Crognola, si Mario, se buttant sur ses pieds pour résister à cette impulsion, et lui montrant les chevaux attachés à l'arbre, ne se fût écrié :

— Eh ! sor Mio, per Crillo, que Dieu vous bénisse ! voulez-vous donc absolument me casser le pauvre bras? S'il m'est permis de parler, sauf votre avis, ne serait-il pas mieux de profiter de la monture que j'ai amenée ici tout exprès?

Meo d'Ischia s'empressa de profiter du conseil, et Mario, délivré enfin de cette tenaille vivante, put respirer à son aise. Précédés du fidèle Timon, ils galopèrent vers le château de Memmo.

Pendant la route, l'homme de Canino fit connaître au condottiero avide de ces détails toutes les particularités de l'événement qui avait sauvé la vie de Rosa. Avec quelle légèreté Meo monta quatre à quatre les degrés de l'escalier de Tor-Crognola ! Ayant trouvé le maître du domaine dans la salle principale, il ne l'aperçut que pour lui demander machinalement : « Où est-elle? » tandis qu'un instinct paternel semblait le conduire directement à la chambre où reposait la malheureuse enfant. En entrant, le vieil officier, après avoir passé lestement son arme sous l'épaule gauche, leva le bras pour bénir sa fille : et celle-ci, entendant cette voix, voyant son père devant elle, poussa un cri aigu, qui peut-être n'était pas seulement de joie, et retomba évanouie, non pourtant sans avoir eu conscience de ce premier acte de la miséricorde paternelle. Le pauvre Meo, presque hors

de lui-même, se laissait aller de son côté, et Memmo eut peine à le ranimer pour porter à sa fille les secours nécessaires. Aussitôt que cette plénitude de sentiments eut fait place à la réflexion, le vieux général, contemplant le chevalier avec une tendresse toute paternelle, se jeta à son cou en l'accablant de l'expression de la plus vive reconnaissance et l'appelant des doux noms de fils, de sauveur, d'idole éternelle de son âme. Quoiqu'un peu troublé par cette sincère expansion, Memmo y répondit en montrant de son mieux la satisfaction véritable que toute âme bien née doit éprouver en pareille circonstance; il y répondit surtout en tentant de faire partager à Meo d'Ischia les espérances qu'il avait lui-même conçues. Il lui fit apercevoir la probabilité d'une prompte et satisfaisante réparation, résultat d'une entrevue qui aurait lieu bientôt par ses soins entre le comte et Rosa; et jusque-là il fit promettre au père d'attendre avec calme, promesse qu'il ne lui fut pas facile d'obtenir.

— La meilleure réparation est là-dedans! disait toujours le vétéran d'Ischia en frappant à plat de la paume de la main sur la gueule de son arquebuse. Et en parlant ainsi, il ne consultait que son honneur outragé; mais enfin, séduit par cette vague espérance qui n'abandonne jamais les malheureux, il consentit à ce que voulait le sauveur de sa fille; quoiqu'il fût loin de partager toutes les illusions dont Memmo faisait parade. Celui-ci même, faut-il le dire, ne croyait pas tout-à-fait à la réalité de la perspective qu'il montrait dans l'avenir; mais s'il déguisait ses doutes, c'était en vertu des motifs les plus honorables.

L'arrivée de l'auteur de ses jours exerça sur Rosa la plus bienfaisante influence; il se passa peu d'instants avant que, revenue à elle-même, elle se sentît pressée dans les bras paternels. Les heureux de la terre, ceux qui ont trouvé dans la vie de la famille un cours non interrompu de tendres affections, ceux-là peuvent se tracer à eux-mêmes une peinture qu'une âme desséchée par une existence aventureuse ne se sent pas la force de tenter. Je dirai seulement que le chevalier de Tor-Crognola pleurait à chaudes larmes et que, sans se dire une parole, le père et la fille s'enivraient de leur mutuelle affection.

Ainsi se prolongeait une scène pleine d'un doux intérêt, quand la maison retentit tout-à-coup du bruit des armes et des pas de plusieurs personnes qui montaient l'escalier. La voix du comte se fit entendre, et Meo, démentant ainsi toutes ses promesses, suant par tous les pores la haine qui s'éveillait en lui au seul son de cette voix, Meo n'étançait déjà vers sa fidèle escopette. A force de supplications, le chevalier et Rosa lui persuadèrent de se retirer dans un cabinet voisin, d'où il pourrait entendre sans être vu le résultat de l'explication qui allait avoir lieu entre son enfant et le comte. En ce moment, le comte, suivi de Gandolfi, de Cocchi et de Zambini, entrait dans le salon où Memmo était allé le recevoir.

— Vous le voyez, seigneur Memmo, dit le comte, je suis moins fier que vous. Quoique vous vous soyez retiré brusquement de notre compagnie, en témoignant hautement de la mauvaise opinion que vous emportiez de nous, il m'a suffi d'un avis de votre part pour que je me rendisse à vos ordres à cette heure avancée de la nuit. En vérité, vous devez entièrement cette courtoisie à la belle action par laquelle vous avez arrêté à temps les effets de la folie d'une malheureuse enfant. Vous pouviez néanmoins m'envoyer un message plus civil et surtout un ambassadeur plus expert et plus ménager d'un galant homme. Si ce n'avait été par égard pour vous, j'ordonnais à mes serviteurs de le jeter par les fenêtres...

— Vous pouviez l'essayer, interrompit Memmo. Le comte poursuivit :

— J'espère que vous n'êtes point disposé à prendre sur vous ces paroles, sans quoi les félicitations que méritent votre courage et votre générosité feraient place aux conséquences terribles de la juste colère d'un homme de ma sorte.

Memmo écoutait cette harangue diplomatique avec tout le mépris que lui inspirait l'orateur, tandis que les amis d'Adelchi applaudissaient avec force démonstrations et force gestes. A la fanfaronnade finale, peu s'en fallut qu'il ne répondît en termes analogues; mais il se retint, en songeant aux amis qui étaient près de lui et qu'il avait à cœur de sauver.

— L'idée que je dois concevoir définitivement de vous, dit-il, dépend tout-à-fait des sentiments que vous suggérera le spectacle auquel je vais vous convier dans l'intérêt de votre honneur. Un devoir sacré vous réclame, je le vois offert l'occasion de le remplir: Rosa, arrachée à une mort certaine par la miséricorde de Dieu, secondée de mon faible bras, se trouve dans la chambre voisine; allez près d'elle, seigneur comte, si votre existence dissolue et tyrannique n'a pas détruit en vous tout germe d'honneur et de sensibilité; venez, séducteur, soutenir la présence de cette misérable victime qui, avant de tomber dans vos diaboliques embûches, marchait la première en beauté et en vertu parmi toutes ses compagnes; venez, et si rien en vous ne peut s'émouvoir à cette vue touchante, à cette voix digne des anges, puisse tomber sur votre tête toute la colère du Christ, et que ma main en soit le ministre!

Quoique Memmo ne fût point dépourvu de talents, jamais on ne l'avait entendu s'exprimer avec autant d'énergie et de dignité. En cet instant, tout en lui tenait de l'inspiré : debout sur le seuil de la chambre voisine où Rosa était couchée, sa stature, avantageuse en elle-même, devenait gigantesque : le ton de ses paroles, loin de sentir la colère, était lent, grave, solennel comme la voix d'un homme qui réprimande avec calme son inférieur. O puissance, ô triomphe de la justice et de la vertu sur le vice et l'iniquité! Le superbe comte de Montauto, presque fasciné par cette vive apostrophe, courba les épaules. Puis, tout en murmurant entre ses dents, « Par le saint cordon! Quel beau prédicateur! » et en essayant inutilement de rire, il passa dans la chambre voisine où il trouva la jeune fille assise sur sa couche. Le chevalier, comme si de rien n'était, fit cercle avec les trois officiers.

La conférence fut longue entre le comte et Rosa : quoique l'on ne pût comprendre leurs paroles, un ton de voix suppliant, animé, soumis, affectueux, distinguait celles de la jeune fille; quelque chose d'embarrassé, de perfide et quelquefois d'emporté, faisait reconnaître les discours du comte. On entendit enfin la première rappeler une promesse sacrée, puis son interlocuteur lui répondre ainsi d'une voix bien distincte :

— Désormais tout discours est inutile : mes relations, mon rang, mes habitudes me défendent de contracter une alliance avec une pauvre villageoise, fille d'un officier disgracié du souverain, avec une femme qui, je regrette de le dire, a fait un faux pas sur la route de l'honneur. Je vous loin certes de l'en blâmer, puisque elle l'a fait par amour pour moi : je ne serai donc point un ingrat. Il est juste, il convient à ma position dans le monde, de réparer le mal qu'a pu causer un de mes caprices... Ici le comte s'interrompit pour prêter l'oreille à certains frémissements qui, dans le cabinet voisin, échappaient au pauvre Meo, il reprit ensuite, jetant un regard indifférent sur la pauvre abandonnée, moins vive que morte et incapable de l'entendre : — Il me semble que jene puis mieux dire : vous en avez ma parole; — demain mon premier intendant sera chez vous avec l'acte de donation de la maison que vous habitez et le contrat d'une rente de mille ducats par an. C'est de que...

Un coup violent, qui fit voler en éclats la porte du cabinet, interrompit le comte; et Meo d'Ischia défait, furieux, la mort dans le regard, vers lui rapide comme l'éclair.

— Voici tout ce que tu mérites, infâme! Sache que tu n'as point assez de ducats dans tes coffres pour marchander l'honneur de Meo d'Ischia; cet honneur, tout ton sang ne le saurait racheter, hurlait le condottière, qui avait saisi à la gorge le comte, tout interdit. Quoiqu'Adelchi se débattit vaillamment, il ne put empêcher le vétéran de lui arracher de la ceinture son propre poignard pour lui en percer le sein. Déjà Meo élevait la lame en l'air, le bras tendu, et déjà le coup tombait, quand la main athlétique du bravo de Castro intervint pour à temps pour le faire dévier. Rosa avait entièrement perdu connaissance dès le commencement de l'attaque; Memmo, Cocchi et Zambini s'employaient à dégager Adelchi, suffoqué par l'étreinte furieuse du vieux soldat. Leurs efforts unis réussirent enfin : Meo lâcha le poignard loin de lui. Soulevant sa fille qui était retombée à plat sur le lit, il la pressa frénétiquement sur son sein, baisa son front baigné d'une sueur froide, jeta au comte un regard farouche et désespéré, et sans répondre à Memmo qui tâchait de le retenir, il partit avec tant de précipitation qu'on eût pu croire sa fureur changée en véritable démence.

Tiré enfin de ces mains redoutables et revenu de sa surprise, le comte de Montauto éclata en injures contre le jeune chevalier, avec d'autant plus d'apparente raison que Mario, suivi de quelques hommes d'armes, accourait menaçant au bruit de la lutte. En vain Memmo les fit retirer immédiatement; en vain Gandolfi et ses deux compagnons protestaient-ils de l'aide efficace donnée par le chevalier pour dégager le comte :

— Ah! traître! vociférait celui-ci en blasphémant : c'est toi, infâme, qui m'as fait venir ici pour m'assassiner, toi qui as aposté ce vieux fou pour m'égorger sans défense. Avant que le soleil soit bien haut, tu auras dû me payer tout cela; tu auras à mourir de cette main. Et il vomissait encore les invectives les plus sales et les plus sanglantes, couronnait le tout par un défi formel.

La mission de Memmo était terminée; son intervention prudente et pacifique avait échoué contre tant de scélératesse; la susceptibilité de son âme ardente restant alors seule maîtresse, nul lien ne le retenant plus, il éclata en ces termes :

— Va parler de la sorte aux gens qui sont à tes gages. Si tu veux en venir aux coups, c'est tout ce que je demande : il y a longtemps que deux bonnes bûches des Maremmes devraient avoir brisé les côtes de ce *Guitto* (1) Lombardo.

(1) *Guitto*, sordide. C'est l'injure la plus grave que puisse proférer un habitant des Maremmes. On a proprement appelé ainsi certains misérables de la lie du peuple de Lombardie qui, abandonnant temporairement leur pays natal, venaient travailler chaque été dans les Maremmes comme mois-

— Guitto! le comte de Montauto! l'ami du duc Pier-Luigi! s'écrièrent ensemble le bravo de Castro, Cocchi et Zambini, en imitant l'exemple de leur chef qui, les mains sur ses deux pistolets, menaçait d'en venir aux mains sans autre préambule.

— Halte-là! dit le maître du château avec un sourire amer. Oui! lui *Guitto!* et vous, brigands! vous, assassins! Si vous faites un mouvement! le plus gros morceau qui restera de votre corps ne sera l'oreille! Memmo alors fit entendre trois sifflements tout autres que ses signaux ordinaires, et Mariaccio qui, prévoyant une seconde altercation, s'était tenu à portée, parut à l'improviste avec tous les hommes d'armes de Tor-Crognola.

— Faut-il leur frotter les côtes avec nos escopettes, à ces misérables chiens? demanda l'homme de Canino d'un ton furieux.

— Memmo, d'un geste impérieux, lui ferma la bouche.

— Vous le voyez, dit-il à ses adversaires, si je vous ressemblais, je pourrais vous faire arquebuser comme des canards. Ah! vous vous mettiez quatre contre un! Beaux soldats qu'à la notre duc! On ne dira jamais que chose pareille se soit passée dans ma maison; mais si vous me voulez quelque chose, aujourd'hui à la vingt-deuxième heure, je vous attends dans les *larghi* de Sughera-Toria.

Les quatre misérables (quel autre nom leur donner?) qui, à la vue des hommes d'armes de Memmo et surtout aux menaces de Mariaccio, étaient devenus tout pâles, peu soucieux de demeurer plus longtemps en face de l'ennemi, descendirent l'escalier en toute hâte et sans que personne s'opposât à leur retraite.

— Oui, ajouta le maître du château en les suivant à pas lents jusque sur l'esplanade: aujourd'hui, une croix sur une fosse, pour toi, comte, ou pour Memmo de Tor-Crognola!

— Pour le comte! pour le comte! tel fut le cri unanime de tous les hommes d'armes, lesquels, malgré leur maître, accompagnèrent le départ du comte de Montauto et de ses acolytes de la plus magnifique et assourdissante *urlata* (2) que l'on ait jamais entendue dans les Maremmes.

IV.

Quand les officiers, remis en selle, sortirent de la cour de Tor-Crognola, la nuit, témoin de tant d'aventures, faisait place à l'aube du matin. Non loin du château, sous un poirier sauvage vieux et touffu, la haute taille de Meo d'Ischia se montra tout à coup à la faible lueur du crépuscule.

— Halte! s'écria le vétéran, en se présentant d'un air plein de menace devant le cheval d'Adelchi. Et mettant la main sur la bride:
— Nous avons quelques comptes à régler au lever du soleil; toi qui es si hardi quand il s'agit de ruiner de pauvres jeunes filles, viens un peu en avant, là-bas, au Frassineto; si tu as du cœur; il est l'heure d'y faire une partie d'arquebuse.

— Bonhomme! répondit le comte avec hauteur, tu cherches quelqu'un pour te tuer. Va-t-en donner de la tête où tu voudras; le malheur de la fille m'a ajouté rien à son prix. Tout à l'heure je voulais te donner un morceau de pain et te voilà que tu viens me défier. Arrière! arrière! sur ta vie: car si tu me cherches querelle, le comte de Montauto n'a jamais reculé.

— Béni soit le Seigneur! s'écria le condottieri avec une joie farouche. Je pourrais donc layer mon honneur dans ton sang!

En vain les trois amis d'Adelchi, Adelchi lui-même, on ne sait

sonneurs. Il n'était point de larcin ou de crime dont ces bandes nombreuses ne se rendissent coupables; aussi une foule de Lombards, par une juste vengeance des courageux habitants, restèrent-ils pour toujours sûr ce sol que leurs cadavres engraissèrent.

(1) On appelle ainsi des cris à l'unisson, qu'une nombreuse assemblée fait entendre pour huer et quelquefois pour applaudir.

par quel motif, tentèrent de remettre le combat. Le vieillard, ne respirant que vengeance, outrageait mortellement son ennemi à chaque proposition de trêve. L'amour-propre du comte, l'opinion du monde à cette époque, la présence de ses compagnons que lui permettaient point de refuser le défi. Ils se dirigèrent donc vers le lieu indiqué par Meo, qui, courant à pied, suivit, fort à son aise en apparence et sans reprendre haleine, le trot des chevaux, afin de ne point perdre son adversaire de vue. Arrivés au pied de la colline arrondie qui, confinant au Paglieto, forme l'entrée du Frassineto, le Lombard et ses amis mirent pied à terre; le premier se planta à mi-côte d'un aîné de bravade, les jambes écartées, et après avoir rafraîchi la poudre de son amorce, il fit le geste de viser à l'épaule du vieillard qui lui avait tourné le dos pour mesurer le terrain; les seconds s'étaient retirés à part avec leurs chevaux.

En ce moment, une bande de femmes, allant au défrichement, parut au sommet de la colline et quoiqu'effrayée s'arrêta avec toute la curiosité féminine pour contempler les funestes préparatifs. Deux seulement, plus hardies que leurs compagnes, s'étaient avancées non loin du comte: l'une restait cependant un peu en arrière de l'autre qui, montée sur un tertre de tuf, faisait signe à toute la troupe de venir, comme si elle venait de découvrir une chose qui les touchait de près. Le brutal Adelchi, impatienté de ces gestes, s'écria:

— Voyez ces sottes pécores qui viennent mettre le nez dans nos affaires! il me prend envie de satisfaire leur curiosité tout de suite, afin de les voir décamper.

A l'appel de leur compagne, toute la troupe des femmes continuait de s'avancer imprudemment; le comte, sans plus de discours, prit un pistolet et le déchargea sur elles. Aussitôt la femme qui s'était le plus avancée, frappée comme par la foudre, tomba du haut de l'éminence où elle était montée.

— Ah! ma chère maman! s'écria celle qui marchait la seconde, en se précipitant sur le cadavre.

A cette voix, le condottiere, qui ne s'était point encore aperçu de la présence des femmes, se retourna comme par une secousse électrique. Le crépuscule plus avancé permettrait déjà de distinguer les objets: il éclaira un triste spectacle aux yeux du vieux soldat. La Nena qui, à la disparition de Rosa, avait réuni la troupe féminine parmi laquelle sa fille travaillait, et qui avec elle avait passé toute la nuit à chercher la malheureuse enfant, était là étendue morte et ne faisant qu'un avec la pauvre Fioretta évanouie sur le corps de sa mère.

— Ah! chien de bourreau! cria d'une voix tonnante le vieux Meo d'Ischia.

Et il dirigea aussitôt vers l'assassin le canon de son arquebuse. Sa voix, son attitude étaient surhumaines et elles durent paraître telles aux yeux du Lombard; car, visiblement troublé, il viola les lois traditionnelles d'un combat singulier, lois que le dernier paysan des Maremmes aurait rougi de ne point observer à la rigueur. Cet homme qui jusqu'alors s'était montré intrépide, poussé tout-à-coup par le sentiment le plus honteux, la peur, alla se cacher derrière un frêne. Une sorte de souvenir machinal de son ancienne valeur put seul lui donner la force de se préparer à répondre au feu imminent du condottiere: celui-ci, en effet, à la clarté encore incertaine de l'aurore, visait à la partie de la tête que le comte exposait timidement pour décharger lui-même son arme. Son œil de faucon cloué à la culasse, le pouls muet comme si son corps était de fer, Meo d'Ischia tire la gâchette; les balles sifflent, et l'écorce du frêne derrière lequel le comte était caché vole en éclats à un pouce au-dessus de sa tête. Le pauvre Meo n'avait près de lui aucun arbre, et quand il y en aurait eu, son généreux courage ne lui aurait pas permis d'en profiter. Au coup de fusil du comte qui partit immédiatement après le sien, le vieux généreux tomba misérablement assassiné sur l'herbe du Piano que couvrait une gelée blanche.

— O Dieu! que m'a-t-il fait? O ma pauvre fille! s'écria-t-il en s'efforçant de mettre ses mains sur les blessures que deux balles, traversant le corps de part en part, lui avaient ouvertes un peu au-dessous du diaphragme. Le sang, qui coulait à ruisseaux des deux côtés et qui passait à travers ses doigts incapables de le retenir, formait déjà une mare autour de lui. Timon, gémissant de la manière la plus douloureuse, venait lécher le visage et les mains de son maître immobile et entièrement couché sur le dos.

Gandolfi, Cocchi et Zambini, sensibles encore à une certaine commisération, s'approchèrent pour l'assister en maudissant la félonie de l'assassin. Quant à celui-ci, après être resté quelques instants immobile, comme pour se représenter toutes les conséquences cruelles de son infamie, il rejoignit son cheval, le monta de haut sans toucher les étriers, et le lança à toute bride sur la route de la Roccaccia, comme s'il avait mille fantômes à sa poursuite.

Cependant quelques bergers du Piano, témoins du défi de Meo, en avaient donné avis, on ne sait comment, au maître de Tor-Crognola, qui aussitôt s'était dirigé à cheval vers le Frassineto. L'étranger arrivé la veille, laissant voir qu'il partageait vivement l'inquiétude

de Memmo, avait voulu le suivre. Dans la confusion qui régnait au château, soit à cause du peu d'étendue des appartements, soit par quelque autre motif à lui connu, ce voyageur avait été sinon le témoin de toutes les scènes de la nuit, du moins leur observateur attentif, et il présageait que l'affaire aboutirait à une catastrophe sanglante. Il assura au chevalier que, s'ils arrivaient en temps utile, certaines relations qu'il avait eues lui-même avec le comte pourraient prévenir l'effusion du sang; et tous deux pressèrent vivement leurs montures. Il ne s'écoula qu'un court intervalle avant que les funestes marques d'un double meurtre vinssent frapper leurs regards. Non loin de Fioretta, toujours évanouie sur le corps inanimé de sa mère, le vieux général, entouré des amis de son meurtrier, touchait au dernier instant de sa glorieuse carrière. Lorsque, descendus de cheval, l'étranger et Memmo s'approchèrent vivement de ce groupe, Gandolfi, Cocchi et Zambini, frappés de stupeur et de confusion, la tête découverte, se retirèrent à l'écart avec les démonstrations le plus profond respect. Meo d'Ischia promena autour de lui ses regards presque éteints..... Tout-à-coup le sang, qui avait imbibé autour de lui un large espace de terrain, parut être rentré dans ses veines, les couleurs de la vie reparurent sur son visage, les rides de la vieillesse disparurent, son œil brilla d'un feu inaccoutumé, tout son être sembla rajeuni; il essaya de se soulever, et, comprimant ses blessures comme pour retenir l'âme prête à s'exhaler, il s'écria avec force, d'un ton joyeux et triomphant :

— Pier-Luigi (1) !

(1) Pier-Luigi, prince de Farnèse et de Castro, qui intervient au dénouement du drame, est le même souverain dont les exploits au siège de Parme ont été racontés plus haut par Meo. Le lecteur se rappelle sans doute qu'à cette même affaire, Pier-Luigi immola à sa vengeance le comte Orsini, seigneur de Soran ou Soriano, meurtrier de son fils, Paul Farnèse. L'origine de cette vendetta a fourni à la mère de l'auteur, princesse de Canino, le sujet de la ballade suivante écrite en style marotique.

 Les premiers feux de l'aurore vermeille
 Brillaient enfin sur la tour de Soran.
 Le noble Ursin, feudataire puissant,
 Pendant la nuit entière a prolongé sa veille;
 Au point du jour, sans varlet n'écuyer,
 Il se revêt de sa pesante armure;
 Seul et sans bruit, monte son noir coursier,
 Et du Melta traverse l'onde pure.
 Vers la forêt d'Amône, au vallon rocailleux,
 Il dirigea ses pas mystérieux.

 Or en ce temps, une antique querelle
 Contre la Guelfe armait le Gibelin.
 Prince allié du pontife romain,
 Le seigneur de Soran était Guelfe fidèle.
 Ainsi sans doute, armé dès le matin,
 Il va cueillir quelque palme nouvelle;
 Farnèse au camp ne l'attend pas en vain.
 Sous les remparts de la cité rebelle,
 Le grand Farnèse alors, à la tête des siens,
 Campait au pied des murs Viterbiens.

 Le feudataire, après trois jours d'absence,
 Revoit la tour où flottent ses drapeaux.
 Sombre et pensif, au sein de ses créneaux,
 Ainsi qu'il en sortit, Ursin rentre en silence.
 Du bouclier dont il chargea son bras,
 La plaque d'or est sanglante et froissée;
 Son noir coursier, comme au jour des combats
 Souillé de sang, marchait tête baissée,
 Et toutefois ce sang, sur l'armure épandu,
 N'est pas le sang d'un Gibelin vaincu.

 Du châtelain le jeune et gentil page
 Fut le premier qui frappa son regard :
 — Viens çà, dit-il, mon candide Odoard,
 Toi qui seul ici parle un sincère langage!
 A ton seigneur point ne voudrais mentir,
 Page mignon qu'il aime avec tendresse;
 Depuis trois jours que tu m'as vu partir,
 Toi seul peut-être en eus quelque tristesse.
 Sur moi, page mignon, que disait-on céan?
 Qu'a fait, dis-moi, la dame de Soran? —

 Le page ainsi répond au feudataire :
 — La châtelaine au sommet de la tour

Toute l'histoire de sa vie se résumait dans ce dernier cri. Le glorieux souvenir de ses hauts faits, réveillé en lui par la présence de son souverain et de son compagnon d'armes, avait secoué sa torpeur léthargique, versé un baume sur ses cruelles douleurs et enveloppé d'un céleste manteau l'agonie du vieux soldat. Après cet effort néanmoins, le peu de sang qui restait dans ses veines s'enfuit de tous côtés. La pâleur de la mort se fixa sur son majestueux visage ; l'ancien condottière retomba, et, serrant convulsivement de sa main gauche l'épée de Pier-Luigi, qu'il avait ceinte pour sa dernière bataille, ... il mourut.

Son autre main, renversée fièrement derrière sa tête, encadrait avec le bras sa blanche et vénérable chevelure. Ses yeux, quoique vitreux, ses traits, quoique livides, offraient bien l'image sublime d'une mort rencontrée dans un effort héroïque. Les teintes de sang, qui rougissaient les broderies d'argent de son splendide costume, ajoutaient à l'étrangeté de l'aspect du cadavre.

Telles peut-être, dans la funeste vallée du mont Saint-Jean, les vieilles cohortes qui avaient conquis le monde, épouvantant l'ennemi de leurs regards éteints, mais encore menaçants, au moment même où elles succombaient, ajoutaient encore un titre à leur gloire.

Le premier rayon du soleil, en rasant la sombre échine des montagnes, vint frapper sur le visage du guerrier expiré et fit briller, comme l'étincelle du diamant, une larme que Pier-Luigi venait d'y laisser tomber.

 Se rendait seule à la chute du jour.
 Le premier soir ne sus ce qu'elle allait y faire.
 Prêtai l'oreille, et n'ai rien entendu
 Que l'aquilon rugissant dans la plaine.
 Sur l'horizon la lune ayant paru,
 Lors descendit la belle châtelaine.
 La suivis, mais de loin. Doux et puissant seigneur,
 Dois-je toujours parler avec candeur? —

 — Page mignon, de par la Vierge sainte!
 Révèle tout et ne redoute rien. —
 Le page dit : — Me l'ordonnez? Eh bien !
 L'avez juré, je puis, je dois parler sans crainte :
 La châtelaine, au sortir du donjon,
 Au pont du nord s'acheminait seulette.
 N'était personne à la garde du pont,
 De tous côtés sentinelle muette.
 Sortit enfin la dame d'un coteau voisin
 D'un pas léger elle a pris le chemin.

 La vis monter, monter sans prendre haleine,
 Trois fois dans l'air agiter blanc drapeau,
 Et puis s'asseoir au sommet du coteau.
 D'un son lugubre alors tintait cloche lointaine.—
 Ici frémit le seigneur de Soran.
 Page ajouta : — Pendant une heure entière,
 Parut la dame attendre vainement.
 Ce premier soir fut toujours solitaire.
 Mais le second, seigneur, et même un peu plus tôt,
 Franchit encor l'enceinte du château.

 Pareillement a gravi la colline,
 Et cette fois n'attendit pas en vain.
 Le jure ici, mon rosaire à la main,
 Par le Sauveur du monde et sa mère divine,
 Ce second soir je vis un chevalier
 Casqué, maillé, comme en un jour de guerre.
 L'astre des nuits dévoilé tout entier
 De tous côtés lui dardait sa lumière;
 De son armure au loin resplendissaient les feux ;
 Près votre dame il s'assit en ces lieux.

 Pendant qu'ainsi parlait à ma maîtresse,
 Pour mieux ouïr avançai derrière eux ;
 Mais du guerrier crus rencontrer les yeux.
 Doux et puissant seigneur, ici je le confesse,
 Ce chevalier remplit mon cœur d'effroi;
 Bien que voilé, par sa visière basse
 Son œil de flamme étincelait sur moi.
 Dans ma terreur abandonnai la place.
 Que monseigneur pardonne à son page craintif!
 Dans les créneaux rentrai plus mort que vif.

 Le lendemain, ayant repris courage,
 Suivis la dame au rendez-vous du soir.
 C'était hier. A l'horizon tout noir
 En vain s'amoncela un orageux nuage ;

Toutes les grandes actions de Meo se représentèrent en ce moment à la pensée du souverain. Il se tourna d'un air morne et concentré vers Gandolfi et lui parla impérieusement, quoique à voix basse. A peine avait-il terminé, que le bravo de Castro partait au grand galop dans la direction de la capitale.

La pâleur de la mort s'était répandue également sur les joues du seigneur de Tor-Crognola. Sans s'occuper du prince, dont les derniers mots du vétéran lui avaient révélé la présence, il visita froidement l'amorce de sa carabine, puis il se mit en selle et, faisant pour la première fois disparaître ses éperons dans le ventre de Bella Gamba, la lança de toute sa vitesse sur le chemin qu'avait pris le contaccio.

L'aube du jour suivant vit flotter la bannière du duc sur les murs de la Roccaccia de Montauto. Dans la nuit, deux des bandes noires de Pier-Luigi, conduites par le bravo de Castro, avaient pris possession de la forteresse au nom du souverain. Une longue ligne de mal-

 La châtelaine, à ce qu'il me parut,
 Craint peu l'orage. Assis comme la veille,
 Ce qu'ils ont dit, l'ai fort bien entendu.
 Ces mots d'abord ont frappé mon oreille :
— Qui donc en lâche amant a changé mon guerrier?
 Te connais plus, timide chevalier.

 Non tu n'es plus ce chevalier fidèle
 Que mon amour a tant récompensé.
 Brillent tes yeux, mais ton cœur est glacé.
 Non, pour toi ne suis plus des belles la plus belle.
 Crains, me dis-tu, d'offenser ton époux;
 Un jour viendra qu'en auras repentance.
 Pareil avis est tardif entre nous.
 D'autres serments garde la souvenance.
 Ingrat! eh quoi! ton cœur aurait-il pu changer?
 En d'autres nœuds voudrait-il s'engager?

 Le chevalier répondit à la dame :
— Trop faible amante, ah! quelle est ton erreur!
 Crois-moi, crois-moi, jamais plus vive ardeur
 De feux plus dévorants n'a consumé mon âme.
— Te reconnais, ô mon unique amour!
 A basse voix, dit alors ma maîtresse :
 Ainsi demain t'attendrai dans ma tour;
 Viendras demain m'y prouver ta tendresse.
 Le peux sans crainte et mon jaloux tyran
 Trois jours encor sera loin de Soran.

— Eh bien! demain, quand le beffroi sonore,
 Dit le guerrier, aura tinté minuit,
 Auprès de toi pénétrerai sans bruit.
 Viendrai, te prouverai le feu qui me dévore.
— Page mignon, dit le fier châtelain,
 Quel était donc ce rival téméraire?
 As fort bien su m'expliquer son dessein.
 Savoir son nom m'était plus nécessaire. —
 Ici du sombre Ursin le regard soupçonneux
 Au jeune page a fait baisser les yeux.

— Son nom, seigneur, ne saurais vous le dire;
 Du reste peux le dépeindre en entier :
 Deux branches d'if flottaient sur son cimier;
 Son riche bouclier peux aussi le décrire :
 Deux cœurs unis, brûlés d'un même feu,
 Un dogue assis, à la gueule écumante,
 De fleur d'or occupent le milieu;
 Rameau de lis y fleurit et serpente. —
 Le feudataire ici jure par le Sauveur
 Qu'avait menti le page à son seigneur.

— Le chevalier dont tu fais la peinture
 N'existe plus, en ai la preuve en main.
 Ce qu'il disait, le redoutable Ursin,
 L'œil fixé sur le sang qui souillait son armure.
— Maître Odoard ne m'as menti, menti.
 Ce chevalier au langage si tendre,
 Depuis trois jours secrètement occis,
 Hier plus pu m'le voir, ni l'entendre.
 Vers la forêt d'Amône, au vallon rocailleux,
 Si l'ai vu mort, vu de mes propres yeux. —

 Repart le page, avec audace extrême :
— Hier au soir, ai vu ce que j'ai dit;
 Aujourd'hui donc, seigneur, on vous trahit :
 Ne tient qu'à vous, ne tient, d'en juger par vous-même,
— Non, dit Ursin, ai surpris ton détour.
 Tout ce que sais de contraire à ma gloire,
 Au lieu d'hier, le vis un autre jour
 Sans m'avertir. T'en garde la mémoire.
 Ne tient, ne tient à rien que mon plus noir donjon,
 Page imposteur, te serve de prison! —

 Ainsi que doit châtelaine soumise,
 En apprenant le retour d'un époux,
 Le prévenir d'un air affable et doux,
 La dame de Soran courut, non sans surprise.

— Gloire, dit-elle, au châtelain vainqueur!
 Tendre salut à mon époux fidèle! —
 Courtoisement répondit le seigneur :
— Salut! salut! des belles la plus belle!
 Farnèse de Viterbe a conquis les créneaux,
 Les quatre tours arborent nos drapeaux.

 Nous triomphons; mais notre chef superbe
 Par ses chagrins voit ses lauriers flétris.
 De noirs soupçons s'élèvent sur son fils.
 Don Paul ne parut point à l'assaut de Viterbe;
 Se fit sans lui, Farnèse, en sa douleur,
 M'a confié ses secrètes alarmes.
 La mort d'un fils, ou son manque de cœur,
 Egalement ferait couler ses larmes.
 Du reste, la victoire est complète en ce jour,
 Puisque sitôt me rend à votre amour.

— Du haut des cieux ja tombait nuit obscure.
 Le châtelain, fatigué des combats,
 De son épouse a précédé les pas;
 Près du lit conjugal il suspend son armure.
 La châtelaine en peu d'instants le suit.
 Depuis une heure, Ursin dormait près d'elle,
 Quand le beffroi vint à tinter minuit.
 Lampe nocturne éclairait la ruelle.
 Les regards attachés sur le pavois sanglant,
 Veillait encore la dame de Soran.

 De quel effroi son âme fut saisie,
 Quand devant elle aperçut son amant
 Enveloppé d'un sombre vêtement!
— Don Paul, dit-elle, au nom de la Vierge Marie,
 Sais-tu donc pas qui dort auprès de moi?
— N'ignore pas qu'Ursin ici sommeille,
 Répond don Paul d'un ton sévère et froid,
 Mais ne crains pas que devant moi s'éveille.
 O malheureuse amante! apprends enfin mon sort :
 Depuis trois jours don Paul Farnèse est mort.

 Depuis trois jours, privé de sépulture,
 Les rocs d'Amône ont vu couler mon sang;
 Le traître bras qui me perça le flanc
 Laissa mon corps glacé dans une fange impure.
 Là suspendu, c'est mon sang que tu vois;
 Veut ton époux le garder ce trophée.
 La dame alors se signa par la croix
 Et s'écria d'une voix étouffée :
— Ombre de mon cher Paul, quel est ton assassin?
 L'ombre répond : — C'est le cruel Ursin.

 Ne tombai point indigne de mémoire.
 Au bois d'Amône Ursin surprit mes pas.
 Etais à pied, trop faible fut mon bras.
 Du haut de son coursier il me frappa sans gloire.
 Alors pour moi s'ouvrit l'éternité.
 Combien alors, tardive repentance!
 Ai de l'amour maudit la volupté.
 Ah! si du moins me restait l'espérance!
 Mais non; sur le coteau témoin de nos amours,
 Toujours brûlant, je dois errer toujours.

 Là t'ai revue, et ton aspect funeste
 De mes tourments a redoublé l'ardeur.
 Là comme ici, fouet poignante douleur!
 Etais et suis contraint par un pouvoir céleste.
 Dis à l'auteur de mon trépas cruel
 Qu'en vain espère en jouir en silence;
 N'eut de ma mort pour témoin que le ciel,
 Le ciel lui-même a dicté sa sentence :
 Du glaive meurtrier celui qui frappera
 Pareillement du glaive périra.

 Et toi, d'Ursin la criminelle femme,
 Souviens-toi mieux qu'est un brûlant séjour,
 Où l'on expie un adultère amour.
 L'as voulu; t'ai promis de t'en prouver la flamme :

faiteurs, pendus par le cou, formait autour des remparts un horrible bataillon de cadavres : au premier rang, on remarquait Sbudella, Solfanello et Magna-Pezzo.

La veille, on n'avait pas revu Adelchi au château et il n'y reparut plus désormais.

Quelque temps on ignora tout à fait le sort du contaccio : enfin un cadavre entièrement dépouillé par les renards et les vautours fut découvert, par des gardeurs de pourceaux, dans les bruyères et les pâtis de Gricciano. Quelques lambeaux de vêtements, et surtout les armes, firent connaître que ce squelette était celui du comte de Montauto. Son cheval favori, Buttafuoco, devenu sauvage, erra longtemps dans le voisinage de la Roccaccia, cherchant en vain la main bienfaisante de Sbudella qui le soignait jadis. Les bergers, qui, la nuit, voyaient le gigantesque cheval noir errer sans guide dans les taillis épais, le prirent pour l'âme réprouvée de l'inique seigneur du château.

La Rose de Castro ne survécut pas longtemps à la fin déplorable de son père. Comme il était impossible de la transporter autre part, ce fut à Tor-Crognola qu'elle dut languir et mourir, malgré les soins infatigables du chevalier et de Pier-Luigi lui-même. Cette vapeur blanche et aérienne, que nous avons vue bien des fois suivre la course de notre cheval sur les rives de la Fiora, dans le voisinage des ruines de la demeure de Momme et parmi les genêts des landes sau-

Il visait à la tête.

vages du Piano, ne serait-elle pas l'apparition symbolique de la candide et malheureuse Rose de Castro? Gandolfi fut tué, quelques années plus tard, dans une rixe qui eut lieu à l'hôtellerie de Castro, dont on voit encore les ruines.

Comme toute nouvelle doit finir par un mariage, nous mentionnerons l'union de Mario et de Fioretta, qui eut lieu quelque temps après la catastrophe. La jolie fille de Nena, comme tant d'autres fleurettes dont nous avons pu admirer les charmes, ne conserva pas longtemps entre les bras d'un grossier mari toute l'élégance de sa taille.

Avez-vous aperçu quelquefois, au milieu de la cavée qui conduit de Pietra-Fitta au crucifix de Castro, un rocher énorme à propos duquel la tradition rapporte qu'il fut précipité en bas de la montagne par les habitants de Castro et qu'il écrasa une dizaine des soldats du général Vidiman, condottiere des troupes du pape qui avaient envahi le duché? Si je ne me trompe, les mains du seigneur de Tor-Crognola furent les premières à attaquer cette masse redoutable pour la faire rouler sur les assiégeants.

L'homme de Canino, toujours fidèle et reconnaissant à l'égard de son maître, vécut auprès de lui, et avec lui trouva la mort dans cette même héroïque défense que les habitants des Maremmes opposèrent aux nombreux agresseurs envoyés par le Saint-Siège. Malgré tous leurs efforts, l'étranger triompha et put procéder à l'injuste et cruelle destruction de la cité de Castro : cette florissante capitale du duché de Farnèse n'est plus aujourd'hui que la retraite des bêtes fauves de nos campagnes.

N'en doute plus. D'un châtiment certain
Garde toujours la preuve irrécusable. —
Le spectre alors de sa brûlante main
Toucha la main de l'épouse coupable ;
Affreuse, horrible étreinte, échantillon fatal
Du feu qui brûle au manoir infernal ! !

Des doigts de feu rien n'effaça la trace.
Durant vingt ans dans un cloître voisin,
Nonne sévère, un voile sur la main,
Sous un affreux cilice au ciel demandait grâce.
Que rarement goûtait le doux sommeil ;
Était son corps voûté par la souffrance ;
Levait jamais les yeux vers le soleil ;
Gardait toujours un obstiné silence.
Cette pâle recluse, au cœur si pénitent,
La veuve était du seigneur de Soran.

Du jeune Paul la dépouille mortelle
Fut retrouvée en un sentier fangeux
Et déposée auprès de ses aïeux.
Sa tombe atteste encor la douleur paternelle.
Le duc Farnèse au monument pieux
Crut pas devoir enfermer sa vengeance.
Du meurtrier fit recherche en tous lieux
Et l'atteignit dans les murs de Florence.
Ce fut là, que du glaive effroi du Gibelin,
Farnèse occit le traître Guelfe Ursin.

Depuis ce temps, est commune croyance
Que sur le mont témoin de ses amours,
Don Paul Farnèse apparaît certains jours,
Brandissant dans les airs sa fantastique lance.
Son bouclier, météore brûlant,
Autour de lui calcine la nature,
Et du pasteur le troupeau bondissant
Jamais depuis n'y trouva sa pâture.
Ce chevalier, dit-on, vient, à minuit sonnant,
Au haut du mont s'asseoir en gémissant.

Mort de Momo

FIN DE LA ROSE DE CASTRO.

Paris. — Imp. LACOUR, rue St-Hyacinthe-St.-Michel, 33.

LES VEILLÉES LITTÉRAIRES ILLUSTRÉES

J. BRY AINÉ, ÉDITEUR
21, RUE DES MATHURINS SAINT-JACQUES

LES DEUX FOUS
Histoire du temps de François I er (1524).
PAR PAUL L. JACOB, bibliophile.

20 CENTIMES LA LIVRAISON

Dessiné par Ed. Frère. Gravé par Rouget.

Caillette et Triboulet.

L'année 1523 fut signalée par la défection du connétable Charles de Bourbon, défection excusable autant qu'une trahison peut l'être, et non moins fatale à son pays par ses conséquences que par ses effets, car la désastreuse bataille de Pavie où François I er perdit tout, *fors l'honneur*, ne fit que rallumer la guerre de rivalité entre la France et l'Espagne.

Charles III du nom, duc de Bourbonnais, d'Auvergne et de Châtellerault, héritier des immenses biens de la maison de Bourbon, nommé connétable de France peu de jours après l'avènement du duc d'Angoulême à la couronne, et plus tard gouverneur de Languedoc et de Milan, ne dut pas tant ces honneurs à son courage et à ses talents militaires, éprouvés aux combats d'Agnadel et de Marignan, qu'à la bienveillance toute particulière de Louise de Savoie, duchesse d'Angoulême, mère de François I er. Le connétable se prêta d'abord trop complaisamment peut-être à un amour intéressé, puisque la duchesse, née en 1476, était de treize ans plus âgée que lui, et n'avait rien en soi qui compensât cette différence d'âge. Ce ne fut donc pas amour ni galanterie, mais calcul de la part de ce prince qui avait tout fait sans doute pour lui donner à croire qu'elle était aimée, et qui fit tout ensuite pour lui prouver le contraire. Une femme aussi dure et aussi impérieuse que la duchesse d'Angoulême ne pouvait se voir mépriser, sans que la plus violente haine succédât, dans son cœur, au plus violent amour.

Cette brouille amoureuse, qui devait avoir de si graves résultats politiques, commença dans le cours de l'année 1517; depuis lors, jusqu'à la fuite du connétable, on voit d'un côté la vengeance inventive et persévérante; de l'autre, l'orgueil qui lutte et succombe. Comme il répugne d'abaisser le caractère du duc de Bourbon au lâche emploi d'une pareille feinte pour servir son ambition et se faire la créature de la duchesse d'Angoulême, on a prétendu qu'il était de bonne foi dans sa liaison galante avec la mère du roi. Certes, sa femme, Suzanne de Bourbon, laide, infirme et contrefaite, tout occupée de choses de dévotion dans la retraite, n'était pas un obstacle à ses infidélités; mais il est étrange qu'on n'ait découvert aucun motif à la brusque rupture qui eut lieu, vers cette époque environ, entre les deux amants, et qui, selon les apparences, fut le fait du connétable, plutôt que de madame d'Angoulême.

Voici, à ce sujet, une opinion qui n'est pas plus déraisonnable qu'une autre, quoique dénuée de preuves et pièces justificatives. Il semble que le but constant et le plus cher espoir de la mère du roi ait été de réunir à la couronne, par un mariage ou autrement, les grands biens du connétable qui possédait plusieurs belles provinces, comme seul descendant mâle des comtes de Montpensier, et, en même temps, comme mari de

T. I. 18

madame Suzanne, fille unique du vieux duc de Bourbon, Pierre III, et de la célèbre duchesse Anne de Beaujeu. Deux enfants nés de ce mariage étaient morts en bas-âge, et madame d'Angoulême se réjouissait de ne pas voir d'héritier au connétable, qu'elle espérait épouser après la mort de sa première femme; car cette mort, qu'elle souhaitait secrètement, était jugée prochaine, et inévitable d'après une santé toujours chancelante qui tirait son origine des infirmités naturelles du corps.

Cependant madame Suzanne de Bourbon devint grosse pour la troisième fois, en 1517, et cette grossesse peut, sans trop de préjugés, expliquer les persécutions de madame d'Angoulême à l'égard de son amant; persécutions qui, commencant en cette même année, prennent un peu de relâche lors du veuvage du connétable, en 1521, et continuent bientôt avec une fureur croissante jusqu'à ce que la victime soit contrainte, pour les fuir, de se jeter dans la voie infamante de la trahison.

En effet, tout-à-coup et sans cause, même prétextée, la faveur et l'amitié du roi cessent d'environner le duc de Bourbon; ennemis et envieux le harcèlent impunément; madame d'Angoulême le poursuit par des menées ouvertes et souterraines; ses pensions lui sont refusées, et, chose remarquable, ce n'est pas au roi qu'il va se plaindre le connétable qui connaît l'auteur de ses disgraces et les supporte en silence; mais la duchesse douairière de Bourbon, Anne de France, qui, pendant la minorité et le règne de Charles VIII, son frère, avait montré, sous le nom de la dame de Beaujeu, toute la politique et toute l'énergie de Louis XI, son père, se rend elle-même à la cour, pour demander raison des injustices faites à son gendre : les pensions ne furent pas mieux payées qu'auparavant, sinon en promesses.

Charles de Bourbon imagina une vengeance digne de lui; il obtint, à la naissance de son fils, que cet enfant serait tenu sur les fonts de baptême par le roi, et, ayant reçu François Ier à Moulins avec une magnificence toute royale, il le fit rougir d'avoir pensé, pour le refus de quelques misérables pensions, réduire un duc de Bourbon à la merci de madame d'Angoulême.

Ce baptême qui, au dire de Brantôme, fut si somptueux qu'un roi de France eût été bien empêché d'en faire un pareil, tant pour la grande abondance des vivres, que pour les tournois, mascarades, danses et assemblées de gentils-hommes, ce baptême concourut encore à la perte du connétable en forçant François Ier à boire à la honte en public. Le roi d'ailleurs fut effrayé de la puissance et de la richesse considérables d'un prince qui avait, à ses frais, pour le triomphe de la cérémonie, habillé cinq cents gentilshommes en étoffes de velours, que tout le monde ne portait pas en ce temps-là, remarque Brantôme, chacun ayant au cou une chaîne d'or à trois rangs. Le duc de Bourbon était pour François Ier moins un sujet qu'un rival.

De là, les ennuis, les dégoûts, les mortifications et les mauvais traitements qu'on lui fit éprouver comme à plaisir. Le gouvernement du Milanais, qu'il avait conquis à la tête de l'armée française, lui fut indignement enlevé, et son brusque rappel d'Italie a fait croire que François Ier, qui s'intitulait lui-même le premier chevalier de France, était jaloux de son capitaine. Le duc de Bourbon, dévorant ses affronts, revint à la cour, et ses mépris accablaient de plus près madame d'Angoulême qui déployait les ressources de sa méchanceté pour le réduire au désespoir. En 1521, il fut dépouillé d'une prérogative de sa charge de connétable, jusqu'au passage de l'Escaut, le duc d'Alençon qui n'était pas même brave comme un soldat, eut le commandement de l'avant-garde de l'armée : ce vaillant homme de guerre dut être bien sensible à cette préférence inouïe, puisque longtemps après il en parlait avec amertume, sans que ses victoires d'Italie la lui eussent fait oublier.

Au mois d'avril de cette année 1521, mourut à Châtellerault madame Suzanne de Bourbon, et la duchesse d'Angoulême suspendit un instant ses attaques pour essayer un rapprochement devenu impossible. Le connétable était libre, et son dernier fils n'ayant pas survécu à la mère, il allait recueillir seul toute la succession de la maison de Bourbon.

Madame d'Angoulême fit proposer sa main à celui qu'elle aimait encore, malgré tous les semblants d'une haine envenimée; le duc de Bourbon repoussa fièrement une paix qu'il eût achetée trop cher, et répondit aux avances et aux prières par une froideur et un silence plus outrageants encore que des injures à voix haute. Madame d'Angoulême compromit sa dignité de femme et de mère du roi, au point d'exposer son amour dédaigné aux ris moqueurs de la cour, qui eurent un écho dans toute l'Europe.

François Ier, par déférence ou pusillanimité pour sa mère, se fit en vain le négociateur de cette affaire plus galante que politique. Il manda le connétable, pour lui seul à seul, tandis que madame d'Angoulême, cachée derrière une tapisserie, écoutait l'entretien, il ne craignit pas d'offrir au duc de Bourbon la main de sa plus cruelle ennemie. Le duc, par un mouvement de colère imprudente, appuya son refus d'une téméraire satire des mœurs de Louise de Savoie.

— Sire, cuidez-vous que des gens de ma qualité, s'écria-t-il, soient indécis entre épouser la corde d'une potence ou le déshonneur d'une franche catin?

Pour réponse à ces paroles insultantes, le roi s'emporta jusqu'à donner un soufflet au connétable, qui mit la main sur la garde de son épée, et sortit aussitôt, la rage au cœur. Madame d'Angoulême, après cette nouvelle insulte en face, ne balança plus à se porter aux dernières extrémités.

Son confident et son complice, le chancelier Duprat, lui persuada d'intenter un procès de succession comme héritière directe de la branche aînée de Bourbon. Il ne s'agissait de rien moins que de dépouiller le connétable de tous ses biens, et madame d'Angoulême, nonobstant l'iniquité de pareilles prétentions, trouva des juges et des avocats qui acceptèrent cette mission honteuse.

L'avocat du roi, Lizet, et l'avocat de la duchesse, Guillaume Poyet, méritèrent la confiance qu'on avait eue en leur mauvaise foi. Cet odieux procès, sous leurs auspices, traîna en longueur, et son issue aurait été vraisemblablement contraire au connétable, quand bien même il l'eût attendue avec patience et résignation. Madame d'Angoulême lui disputait la possession des provinces d'Auvergne, de la Marche, du Forez, du Bourbonnais, du Beaujolais, de la principauté de Dombes, d'un grand nombre d'autres seigneuries considérables; mais l'implacable acharnement qu'elle montra en cette affaire avait pour mobile la haine plutôt que l'avarice. Le droit du plus fort eût prévalu sur le bon droit.

La vieille duchesse de Bourbon n'assista point au dénouement de ce drame funeste; elle combattit de toute l'autorité de son nom illustre les intentions spoliatrices de madame d'Angoulême; mais le crédit de la mère du roi l'emporta sur le sien, et elle eut la douleur, en mourant, de voir ordonner le séquestre par provision sur tous les biens de la maison de Bourbon : le chagrin l'a tua.

Quant au connétable, qui avait noblement supporté jusque-là les indignes vexations auxquelles il était en butte depuis six ans, il n'eut pas la force de souffrir la misère, et prévoyant bien qu'on voulait le vaincre par famine, il résolut de sortir à tout prix d'une lutte inégale qui devait finir par sa honte et sa ruine : la nécessité fit un traître de l'homme de France le plus dévoué et le plus magnanime.

L'empereur Charles-Quint estima le moment favorable pour entraîner dans son parti le grand capitaine que François Ier opprimait ou laissait opprimer : Charles-Quint savait s'enrichir des pertes de la France. Adrien de Croy, comte de Beaurin, fils du comte de Rœux, chambellan de l'empereur, fut envoyé en secret auprès du connétable qui n'aspirait qu'à satisfaire son ressentiment aux dépens de ses richesses, de son honneur, et même de sa vie.

Cette ardente préoccupation d'esprit poussa le duc de Bourbon pieds et poings liés sous le joug espagnol, et, par un traité verbal, il entra, avec le roi d'Angleterre et l'empereur, dans une odieuse coalition contre la France. Son âme généreuse se révolta sans doute à l'idée de trahir sa patrie; mais son orgueil indomptable se réjouit de marcher l'égal de Charles-Quint, qui lui promettait l'alliance de la princesse Léonor, sa sœur, veuve du roi de Portugal, une dot de deux cent mille écus et la couronne d'Espagne en héritage, s'il venait à mourir sans enfant mâle. Le duc, qui, par suite du séquestre ordonné, était pauvre au milieu de ses provinces, consentit avec reconnaissance à échanger un sort douteux contre la plus haute destinée, une patrie ingrate contre une splendide hospitalité.

— Ah! disait-il à ses amis, le roi notre sire peut désormais, sans que j'y sois contraire, transporter la connétablie à mon cousin d'Alençon, ou à tout autre qui mieux lui agréera.

Dès ce moment fut tramée une grande conspiration, qui n'avait pourtant pas pour objet, ainsi que le déclara Chabot au parlement de Paris, « de livrer François Ier au roi d'Angleterre, de faire des pâtés de tous les enfants de France, d'enfermer madame d'Angoulême en un lieu d'où elle ne sortirait pas quand elle voudrait, et de mettre à mal tous les vrais amis du roi. » Ces belles choses eussent fait reculer la plupart des gentilshommes qui se jetèrent dans le complot, sans savoir au juste quelle en serait la fin. Le connétable n'eut pas de peine à faire des conspirateurs de ses parents, de ses serviteurs et de ses amis, qui prêtèrent serment sur la vraie croix de seconder ses desseins, quels qu'ils fussent. Il ne parlait d'abord que de se soustraire à la tyrannie de madame d'Angoulême et aux embûches du chancelier Duprat; son procès, connu de toute l'Europe, suppléait aux opinions indiscrètes, et chacun pensait qu'un si grand homme n'avait pas cœur à se venger petitement.

Parmi les gentilshommes qui jurèrent de partager sa fortune, bonne ou mauvaise, se trouvait son parent, et son ami Jean de Poitiers, seigneur de Saint-Vallier, chevalier de l'ordre du roi, capitaine de cent hommes d'armes; de tous les partisans du duc de Bourbon, celui-ci fut le plus puni et sans doute le moins coupable.

Cependant, vers le mois de juillet 1523, François Ier, rêvant la conquête de ce chimérique royaume de Naples, où ses prédécesseurs avaient enseveli tant d'hommes et tant d'argent, s'disposait à passer.

les monts en personne, et déjà ses armées menaçaient de tous côtés l'Italie. Il avait nommé Charles de Bourbon lieutenant-général de France, sous la régence de madame d'Angoulême : c'était peut-être une tentative pour réconcilier deux ennemis irréconciliables; mais, averti sous main des projets hostiles du connétable, il voulut, pour mieux les prévenir, l'emmener avec lui dans ce voyage ultramontain. Bourbon s'apprêtait alors à exécuter sa défection avec un éclat qui devait l'absoudre; il se garda bien, non-seulement de suivre le roi, mais encore de mettre le pied hors du territoire de ses provinces; il se dit malade et resta dans sa ville de Moulins, où François I^{er} vint lui-même le gourmander de ces délais suspects.

— Demeurez loyal serviteur de votre roi et de votre gloire, mon cousin, lui dit-il, et quelque chose qui advienne de votre procès avec madame ma mère, n'en appréhendez rien, foi de gentilhomme!

Si François I^{er} eût été déterminé à sauver au connétable les fâcheuses chances de ce procès, n'aurait-il pas, dans l'origine, poussé les deux partis à un accommodement? Il paraît, au contraire, qu'il était venu à Moulins dans l'intention de se saisir du faux malade, et de lui donner des juges; mais la bonne contenance du duc, entouré de ses gardes et de ses officiers, dissuada le roi d'employer la force contre un homme capable de tout oser pour se défendre : il craignit d'être pris dans son propre piège, et laissa, en partant, une sorte d'espion, nommé Perrot de Warty, qui avait mission secrète de surveiller de près la conduite du duc de Bourbon.

Ce Warty, qui ne cessait d'aller du duc au roi et du roi au duc, n'était pas seul étonné de ce que le connétable s'excusât si longtemps de rejoindre François I^{er} à Lyon : toute la cour prévoyait quelque grande catastrophe.

Enfin, pour éloigner les soupçons et les regards pénétrants de Warty, le connétable sort de Moulins, se met en route, et va de litière jusqu'à Saint-Géran, où l'infatigable Warty le suit et lui reproche ses lenteurs. Le lendemain, le connétable s'avance jusqu'à La Palisse et se fait voir à Warty, mais dans son lit, pâle et débile ainsi qu'un moribond.

— Mon ami, lui dit-il d'une voix dolente, mon mal est à bout, et je suis défunt dès ce moment, pensent les gens de la Faculté, si je délaisse ma ville de Moulins où pourtant l'air m'est si profitable; donc j'y vais, adieu !

Puis interrompant l'entretien, il tourne le dos et feint de dormir. Warty, sans en demander davantage, court réveiller les craintes de François I^{er}, qui le renvoie porter au connétable l'ordre exprès de ne pas tarder, sous quelque prétexte que ce soit.

Le connétable n'attendit pas à La Palisse le retour de l'espion; mais, se doutant que la mine était éventée, il revint en arrière, et ne s'arrêta qu'à Chantelle, ville forte et toute à sa discrétion. Là, Warty ayant été introduit en sa présence, il le reçut debout, sans jouer encore le malade :

— Mon maître, s'écrie-t-il de prime abord, vous me chaussez les éperons de bien près?

— Oui-dà, reprend Warty, c'est vous, monseigneur, qui avez affaire des éperons, dont vous jouez si rudement qu'on souffle d'ahan à vous suivre! Certes vous ne veniez pas en avant avec cette diligence ?

Le connétable avoue qu'il a eu grande peur que le roi ne le fît arrêter; à quoi Warty répond :

— Qui se sent morveux voise se mouche !

Le connétable fait semblant d'être rassuré par les protestations de Warty, et, comme tenu en belle humeur, il lu charge de lettres pour le roi, pour le bâtard de Savoie et pour le maréchal de Tavannes, en protestant qu'il ne sortira pas de Chantelle avant que François I^{er} l'ait admis à se justifier.

— Vraiment, monseigneur, dit Warty, je crois très volontiers que vous ne vous éloignerez guère, bon gré, mal gré, eussiez-vous fantaisie d'aller hors du royaume; car le roi notre sire y étant contraire, vous ne le pourriez.

— Je le veux encore moins, j'en fais serment.

A peine Warty a-t-il le pied dans l'étrier, que le connétable fait partir l'évêque d'Autun avec une autre lettre où il s'engageait à rester fidèle au roi, sous la condition que les biens de la maison de Bourbon lui seraient restitués sur-le-champ.

— Foi de gentilhomme! s'écrie François I^{er} en lisant cette lettre, c'est un traître et déloyal chevalier : ma clémence et prudhomie eussent dû lui crever le cœur ; mais il aura le châtiment insigne de sa méchanceté !

En même temps on lui apporte des dépêches de son chancelier, dans lesquelles il apprend que tous les secrets de la conspiration ont été découverts par l'effet du hasard.

Les affidés du duc de Bourbon parcouraient les provinces pour lui gagner des partisans : son nom et ses promesses étaient les seules séductions qui entraînassent une noblesse jeune et inexpérimentée.

Deux gentilshommes de Normandie, Matignon et d'Argouges, feignirent de céder aux propositions de Lurcy, qui remplissait son apostolat de trahison avec plus de zèle que d'adresse; mais loin de tremper dans un complot qui menaçait personnellement la personne du roi et la sûreté du royaume, ils allèrent ensemble se faire relever, par un prêtre, du serment téméraire qu'ils avaient fait sur l'Évangile de ne rien révéler de la conspiration. Le prêtre, auquel ils se lessèrent tout ce qu'ils avaient appris, courut tout redire à Louis de Brézé, comte de Maulévrier, sieur d'Anet, grand-sénéchal et lieutenant-général du roi en Normandie. Matignon et d'Argouges furent conduits à Blois et interrogés par la duchesse d'Angoulême et le chancelier; et, d'après leur déposition, avis fut donné au roi de fermer tous les chemins à la fuite du connétable.

Ce dernier avait eu la prudence de ne pas se laisser envelopper par les troupes qu'on enverrait pour lui couper la retraite. Après le départ de l'évêque d'Autun, il partit lui-même de Chantelle avec une grosse compagnie, arriva de nuit à Hermeut, petite ville d'Auvergne, et en sortit aussitôt, déguisé, avec quatre ou cinq personnes seulement, tandis qu'un de ses officiers se montrait couvert de ses armes et monté sur son cheval; les gens du connétable ne connurent sa fuite qu'au moment où le grand jour allait découvrir la ruse.

— Messieurs, dit le faux duc de Bourbon en montrant son visage, ce n'est plus monseigneur le connétable que vous suivez de si grand courage, mais son petit serviteur Montagnac-Taussannes; quant à notre maître, il s'en va en Franche-Comté, où plaise à Dieu qu'il parvienne sans malencontre ! Qui l'aime avise à le rejoindre.

La suite du duc se sépara en pleurant.

Le fugitif faillit vingt fois être arrêté, et, sans autre escorte que son cher Pompéran, dont il se disait le domestique, il surmonta des obstacles presque inévitables. Il passa le Rhône dans un bac où se trouvaient dix soldats, qui reconnurent Pompéran ; il fut sur le point d'être pris dans un château où il avait soupé ; mais partout la présence d'esprit et le dévouement de Pompéran le sauvèrent. Enfin, après mille traverses, il arriva aux frontières de la Franche-Comté, où se réunirent à lui plusieurs de ses gentilshommes, et il ne se crut hors de péril qu'en se trouvant à la tête de l'armée de l'empereur, de même que Coriolan parmi les Volsques.

Pendant cette fuite obscure, qui ne ressemblait pas à l'éclatante défection que Bourbon avait méditée, ses principaux complices, désignés par les dénonciations de Matignon et d'Argouges, furent poursuivis; et tous ceux qui n'eurent le temps, ni les moyens de s'enfuir hors des terres de France, mis en jugement et condamnés ensuite : rien ne pouvait assouvir la vengeance de madame d'Angoulême, qui voyait son ennemi lui échapper.

L'évêque d'Autun et l'évêque du Puy, en dépit des franchises octroyées au clergé, se virent emprisonnés, ainsi que le comte de Saint-Vallier et sept autres gentilshommes : Aymard de Prie, François d'Escars, seigneur de la Vauguyon, Pierre Papillon, seigneur de Paray et chancelier du Bourbonnais, Hector d'Angoray, seigneur de Saint-Bonnet, Gilbert Guy, dit Baudemanche, Bertrand Simon dit Brion, et d'Esguirées.

François I^{er} nomma, pour instruire le procès, Brinon, premier président du parlement de Rouen, et quelques maîtres des requêtes qui devaient accompagner le roi dans son voyage d'Italie. Le premier interrogatoire des accusés eut lieu à Tarare, à la suite duquel on arrêta sans preuves et même sans motifs une multitude de gens, français et étrangers, de tout rang et de tout état; quelques-uns des plus imprudents ou des plus malheureux agents subalternes de la trahison furent suppliciés exemplairement; et le procès des gentilshommes, s'il eût été devant le parlement de Paris accédé aux désirs cruels du roi et de sa mère, se fût terminé par la chute sanglante de huit têtes : il semblait que madame d'Angoulême eût soif du sang de tous les complices du duc de Bourbon. Dix-neuf personnes qui avaient suivi le connétable hors du royaume furent, l'année suivante, condamnées à mort par contumace ; mais plusieurs obtinrent leur grâce à des époques ultérieures.

Les délateurs, Matignon et d'Argouges, eurent ainsi dans leurs mains toutes les chances du procès, et le grand-sénéchal de Normandie, Louis de Brézé, qui avait fait agir, continua secrètement à diriger leurs aveux et leurs réticences.

La fin de l'année 1523 fut consacrée aux interrogatoires qui ne réussirent point à faire luire la vérité aux yeux des juges indécis, tellement que François I^{er}, que ces événements inopinés avaient retenu dans son royaume pendant que son amiral Bonivet se faisait battre en Italie par le connétable de Bourbon, s'emporta plusieurs fois contre l'indulgence de son parlement. Les condamnations des accusés furent légères; mais le comte de Saint-Vallier, qui, par son âge, son caractère et ses dépositions, méritait d'être absous et mis en liberté, ayant été transféré du donjon de Loches en une tour carrée de la conciergerie du Palais de Paris, fut seul, dans son jugement, traité avec une incroyable rigueur, parce qu'il dût répondre, sa tête, de la fidélité de son parent et ami, Charles de Bourbon : l'innocence de ce vieux gentilhomme n'aurait pas empêché son sang de

couler sur un échafaud, s'il n'avait eu pour fille la belle Diane de Poitiers.

L'hôtel des Tournelles, dont il n'existe plus d'autres vestiges que quelques noms de rues percées sur la grande étendue de terrain qu'il occupait vis-à-vis l'hôtel Saint-Paul, près de l'ancienne porte Saint-Antoine, appartint d'abord au chancelier d'Orgemont et à son fils, évêque de Paris, sous les règnes de Charles V et Charles VI, ensuite au duc de Berri, puis au duc d'Orléans, jusqu'à ce qu'il passât en la possession du duc de Bedfort, régent du royaume pendant les guerres civiles.

Le duc de Bedfort le fit décorer avec une magnificence royale, et l'agrandit encore de plusieurs arpens, quoique ce palais fût déjà composé de différents hôtels vastes et splendides, renfermés dans une seule enceinte fortifiée. Charles VII et Louis XI, qui y logeaient de préférence, dépensèrent de grosses sommes pour son embellissement, et en rendirent le séjour commode et agréable. C'est là que moururent Louis XII et Henri II.

On l'appelait *hôtel des Tournelles*, à cause du nombre prodigieux de ses tours, grandes et petites, rondes et carrées, en pierres et en briques, à créneaux et à aiguilles, qui de loin le faisaient ressembler à une immense cathédrale gothique. Les tours et les girouettes étaient autrefois des attributs de la puissance féodale; aussi les rois et les seigneurs s'en montraient-ils fort jaloux.

L'hôtel des Tournelles, que Charles IX commença de démolir en 1565, était si considérable que six mille personnes pouvaient y être logées à l'aise quand le roi et la cour y résidaient, et que l'on comptait dans ses murailles hautes, crénelées et embastionnées, une vingtaine de chapelles, quantité de préaux, douze galeries, un labyrinthe, deux parcs plantés d'arbres, six jardins potagers et un champ labouré.

Le roi François 1er arriva de Blois à l'hôtel des Tournelles, dans l'après-dîner du 15 janvier 1524. Il avait fait ce voyage de Blois sous prétexte de visiter le trésor de son épargne, lequel y était gardé par son trésorier Duval, mais réellement pour donner quelques jours à sa maîtresse la belle Françoise de Foix, comtesse de Châteaubriant, qui redoutait moins les médisances de la cour que la furieuse jalousie de son époux.

Le roi, le visage pâle et fatigué, descendit de son coche que traînaient des mules caparaçonnées, et, sans se soucier des saluts, des *bonnetades* et des *Dieu gard*, dont chacun se faisait devoir de l'importuner, il traversa, d'un air préoccupé, la presse des gentilshommes, valets et pages empressés sur son passage, s'enfonça seul dans les détours connus du *labyrinthe*, et parvint à la *tour de Dedalus*, qui lui servait de bibliothèque et de maison de plaisance.

Étant entré dans la salle basse, voûtée en arceaux, où les fenêtres étroites, à treillis de fil d'archal et à vitraux peints d'images de saints, interceptaient la clarté du jour en plein midi, le roi, avec un soupir prolongé, se jeta sur un tréteau de bois sculpté.

François 1er était d'une belle et majestueuse figure, sauf la forme démesurée de son nez, qui le faisait désigner par le surnom populaire de *François-grand-nez*. Sa barbe noire, relevée en pointe, prêtait à sa physionomie un caractère espagnol que ses yeux noirs et vifs ne démentaient pas. Il avait volontiers le sourire sur les lèvres pour mettre à découvert des dents blanches et bien rangées, et, plus volontiers encore, il étalait avec complaisance des mains charnues et parfaitement blanches, qu'il chargeait de lourdes bagues d'or. Son pourpoint et ses chausses sans braguette étaient d'étoffe de soie bleue et blanche, couleurs de madame de Châteaubriant, sa maîtresse; et sa toque de velours noir, à plumes, avait un nœud de rubis-balais entremêlés de perles indiennes; sa collerette de dentelle et ses souliers de satin complétaient un habillement dont la fraîcheur n'égalait pas la richesse; car, chagrin de quitter son amie pour les affaires de son gouvernement, il n'avait pas changé de costume depuis son départ de Blois, et même, dans les châteaux où il s'arrêtait la nuit, il s'était couché sans vouloir se déshabiller.

— Il semble, disait-il durant la route à son lecteur favori, Pierre Duchâtel, que celui-là qui s'en va loin de sa mie laisse de lui d'où il vient la plus grande part de son cœur, et, durant l'absence, rude par-dessus tout, ne vit plus quasi que de souvenir.

— Voilà pourquoi, avait répondu sagement Duchâtel, le seigneur Dieu a, de ses mains, enté l'inconstance au cœur de l'homme, afin qu'il pût, par un nouvel amour, guérir les maux de l'ancien.

Le roi, livré à ses tendres rêveries, était en cet état douteux qui tient de la veille et du sommeil, lorsque la porte massive, demeurée entr'ouverte, grinça sur ses gonds; et dans le rayon lumineux qui se jouait sur le pavé couvert de nattes se dessina l'ombre d'un homme immobile à l'entrée de la chambre.

— Holà! cria le roi, qu'est-ce? Trois fois sot et outrecuidé, quiconque franchit ce seuil sacré sans y être convié! j'en adjure mes franchises royales!

Un éclat de rire, aigre et bruyant comme une crecelle du vendredi-saint, apprit à François 1er la qualité de cet audacieux importun : c'était maître Triboulet, *fou en haute gamme*, et bouffon en titre d'office. Tous les rois de France eurent des plaisants à gages, dont le ministère difficile était de faire naître un sourire sur des visages soucieux et graves d'étiquette non moins que d'ennui. Charles V, dit le Sage, ne fut pas exempt de cette coutume, qui était répandue dans toutes les cours royales, seigneuriales et même ecclésiastiques de l'Europe.

Triboulet, qui est un personnage historique ni plus ni moins qu'un grand-panetier ou un bouteillier de la couronne, devait avoir trente-cinq ans à cette époque. François 1er n'était encore que comte d'Angoulême lorsqu'il l'attacha à sa personne, et lui donna Michel Levernoy pour *gouverneur*; car Triboulet fut d'abord célèbre à Blois, sa ville natale, par d'incroyables folies, qui mirent souvent sa vie en danger.

Dans le temps que le jeune comte d'Angoulême séjournait à Blois, Triboulet errait habituellement dans les rues de cette ville, jouant de la cornemuse, se chauffant au soleil, jouant de la langue et vivant d'aumônes, à l'exemple de Diogène le philosophe cynique. Un jour, il vit passer un page du comte, portant un message au château où étaient attendus le roi Louis XII et sa seconde femme Anne de Bretagne. Triboulet arrêta ce page avec mille plaisants propos, et, pendant qu'il l'excitait à rire de toutes ses forces, il lui coupa si adroitement, par derrière, son pourpoint de livrée, que celui-ci ne le sentit qu'à s'en apercevoir.

Les pages prirent à cœur l'insolence de Triboulet, et, tout en s'égayant sur la mésaventure de leur camarade, résolurent d'en punir l'auteur. Ils s'emparèrent donc du pauvre fou, qui se laissa garrotter sans se plaindre de ce dur traitement.

— Mes petits seigneurs, leur disait-il seulement, qui d'entre vous a vêtu l'habit et condition de mon page?

Ces railleries et d'autres ayant blessé au vif l'orgueil des pages, ils emportèrent Triboulet hors des remparts de la ville, pour que les habitants ne fussent touchés de ses cris et de ses souffrances. Ils commencèrent à le torturer, en lui piquant la plante des pieds, en lui brûlant les moustaches, et en le tirant par les cheveux.

Le plus méchant de la troupe imagina de l'élever en l'air par les oreilles, qui étaient singulièrement longues. Un gibet se trouvait sur la route, et bientôt l'infortuné Triboulet, dont les pages clouèrent les oreilles au bois patibulaire, n'osa plus faire un mouvement, au risque de raviver ses douleurs, et fut réduit à crier à l'aide, d'une voix étouffée par les éclats de rire moqueurs de ses bourreaux, qui l'abandonnèrent à l'approche de la nuit. Il serait mort de froid, de faim, et dévoré des oiseaux de proie, si le bon Louis XII, arrivant à Blois avec la reine Anne de Bretagne, n'eût entendu de pitoyables gémissements. Le roi envoya quelqu'un pour savoir la cause de ces plaintes, et on lui rapporta que c'était un pendu qui se lamentait ainsi.

Le mystère fut découvert aussitôt que Triboulet, secouru et décrucifié, put raconter lui-même avec naïveté les détails de son supplice. Louis XII, ému de pitié et d'indignation, consola la victime en promettant de châtier les *perce-oreilles*. Triboulet demanda leur grâce, moins pour leur sauver une juste punition que pour se soustraire à de plus cruelles représailles. Le comte d'Angoulême, pour réparer la méchanceté de ses pages, prit une charge de *fol* en faveur de leur victime, et Triboulet, depuis sa nouvelle fortune, ne perdit nulle occasion de témoigner à ceux-ci qu'il avait la langue plus longue encore que les oreilles.

Ce fut chose remarquable que Triboulet, âgé de vingt-quatre ans lors de cet accident, devint tout-à-coup, d'idiot et d'imbécille qu'il était, bouffon spirituel, divertissant, malicieux et, surtout, expert courtisan.

Cette métamorphose n'est pas le fait d'un *fol de tête écornée*, comme l'appelle Jean Marot, ni d'un *fol en degré souverain*, comme dit Rabelais.

Triboulet était de petite taille et contrefait; François 1er s'étonnait qu'un si gentil esprit se fût logé dans si vilain corps. Il avait une énorme tête, avec de prodigieuses oreilles, une bouche largement fendue, un grand nez, de gros yeux saillants, sous un front bas et étroit. Sa poitrine plate et creuse, son dos taillé en voûte, ses jambes courtes et torses, ses bras longs et pendants, amusaient les regards des dames, comme s'il se fût agi d'un singe ou d'un perroquet.

Le costume du fou royal n'était pas moins bizarre sa personne. Selon son emploi secret de procureur des plaisirs du roi, il adoptait les couleurs de la maîtresse en titre, et s'habillait de même

que son maître, à la forme des habits près. Il avait un justaucorps de soie bleu et blanc, si serré, que cet habillement faisait ressortir les difformités du corps, de manière à exciter le rire de quiconque le voyait pour la première fois : il portait au dos les armes de France, argent et or ; ces mêmes armes étaient répétées à droite et à gauche de ses chausses, pareillement bleues et blanches, ainsi que sur son bonnet en cône allongé ; sa ceinture de cuir doré, à laquelle pendaient une massue, une épée de bois et une cornemuse étaient le symbole de ses attributions joviales et satiriques. Une autre distinction de son office consistait dans les grelots d'argent qui ornaient sa coiffure, sa marotte et ses souliers de maroquin rouge à la poulaine : il ne pouvait faire un pas ou un mouvement sans que tous ces grelots sonnassent de concert, avec plus de bruit que n'eussent fait dix mulets allant au trot.

Triboulet, fier de ses fonctions auprès du roi, n'eût pas changé son grotesque accoutrement contre une couronne de duc ou bien une mitre d'évêque ; et il se disait le plus noble de France, en commençant le compte par la fin.

Dès que François 1er eut reconnu son fou, il s'adoucit à l'instant, et dérida son front comme pour se mettre à l'unisson avec cet apôtre de la *joyeuseté*; puis, lui présentant sa main à baiser :

— Çà, mon fils, dit-il, j'ai grand'aise de te voir ; sois le bien-venu ici comme partout, ce jourd'hui comme toujours.

— Maître, reprit Triboulet soufflant dans ses doigts rouges de froid, le seigneur Boréus, qui l'emporte aussi sur les plus grands princes, a gelé le sang en mes veines et les paroles en mon gosier.

— Or donc, foin du respect que tu dois à ma royauté ! sieds-toi contre le chauffe-doux, et fais que les paroles dégèlent, afin que je sache de toi nouvelles de céans.

— Maître, répondit Triboulet assis les jambes croisées sur une chaire pliante, il y a d'ordinaire en votre cour foison de gens qui sèment du vent et recueillent de la fumée; vieilles édentées qui font sourdre de la fontaine de Jouvence eau de céruse et teint de fard ; pucelles qui le sont de nom tant seulement ; abstracteurs de quintessence, qui en amour, qui en politique, qui en affaire, voire même en matière de vieux chiffons et de souliers rapetassés : le vrai est qu'on y vit et qu'on y meurt de la sorte qu'on a toujours fait, le plus galment et le plus follement du monde.

— Tel est l'ancien dicton, *qui a bu boira* : ainsi fais-je, buvant d'une soif insatiable à la source Copidique dont l'onde fait aimer, et je m'en reviens de Blois, plus altéré qu'au partement ; toutefois, la faute n'en est à ma chère dame de Châteaubriant, qui s'accommodait grandement d'être absente de l'enfer conjugal. Ce pendant qu'elle filait mes jours d'or et de soie, sous le semblant de voyager à sa principauté de Bretagne, le comte son mari enrageait-il pas tout son saoul?

— Les petits pages lui faisaient la figue et les cornes ; les plus huppés seigneurs imitaient l'apologue évangélique de celui qui a une poutre en son œil et qui ne la voit, mais voit une paille dans l'œil de son compagnon.

— Quant à mes autres maîtresses, m'en diras-tu de bonnes nouvelles, touchant leur constance et fermeté ?

— Marotte ! si j'étais devenu par métamorphose la jarretière d'une de ces belles qui sont moutons sous peau de tigre, encore n'oserais-je pas me faire caution de leur vertu ! Du vrai, sitôt votre départ, madame de Novion brûla mainte chandelle à l'autel de la Vierge pour requérir votre prompt retour.

— Peut-être eu égard aux avis et pénitences de son confesseur, qui est cordelier d'esprit et d'épaules?

— Madame de la Roche-Guyon, à ce même objet, fit vœu de jeûner le vendredi de chacune semaine...

— N'est-ce point pour souper de meilleur appétit avec son ami le petit chantre de Saint-Jacques-la-Boucherie?

— Mademoiselle de Langis cencut tant de deuil de votre éloignement, qu'elle s'en est allée à sa maison des champs, devers la Tombe-Issoire, et là de son oratoire ne bouge...

— Oui, je le crois, et messire abbé Mellin de Saint-Gelais est le beau livre d'heures qui lui dit les antiennes de Cythère?

— La femme du greffier-criminel Nicolas Malon, laquelle se plaint de n'avoir eu qu'une fois la gloire de vous entretenir, prie Dieu et ses saints que pareil heur lui advienne de nouveau...

— Pour Dieu ! est-ce pas cette fine lame demeurant au Port-au-Change? J'en fis la rencontre nuitamment, et aux flambeaux des étoiles, en temps qu'à sa fenêtre mi-ouverte elle chantait d'un ton rossignolant l'air qui dit :

Réveillez-le-moi, belle,
Réveille-mi!

— Vous ne péchez par défaut de souvenir ; or, recordez-vous, sire,

que, pour prix de sa bonne volonté, promis fut par vous d'y retourner?

— Ainsi ferai, foi de gentilhomme ! la commère est gente, accorte, et bien dressée aux jeux de Cupido ; outre ce, j'appréhende qu'elle est fidèle autant que fille ou femme peut l'être de soi. Va t'enquérir de l'heure et du lieu où je la puisse voir seul à seule ?

— Son mari, homme de plume et de grippe, avaleur de frimas, besogne jour et nuit au procès de monsieur de Saint-Vallier, et ne fera le moindre empêchement à vos jouissances. Sur ce, je vais avertir dame Malon qu'un bel hôte de nuit viendra devant sa porte crier merci, car femme surprise est plus d'à moitié prise.

— Soit, mon petit serviteur ; mais d'abord, envoie céans Caillette : qu'il vienne me réconforter d'une agréable lecture.

— Votre lecteur royal, maître Pierre Duchâtel, ne tardera qu'un peu, le digne homme !

— Nenni ; Pierre Duchâtel n'est point mon fait, et Caillette me viendra mieux à propos.

— Caillette est au nid de la pie, sire ; et, à franc parler, depuis le jour d'hier, il n'a été vu d'aucun, de même que s'il fût évanoui en l'air.

— Par la morbieu ! mon fol Caillette aurait-il failli aux us et coutumes de sa charge, qui prescrivent aux gens de son état de ne coucher onc hors de l'hôtel du roi?

— Vraiment, messire Caillette se soucie de ses devoirs de fol en, titre d'office comme un aveugle fait des couleurs ; sans doute n'attendait-il si tôt votre retour, lequel fut subit et inespéré.

— Foi de gentilhomme ! je serais mal content que ce digne garçonnet devînt rebelle, à la mode de mon cousin de Bourbon, et passât au service de l'empereur !

— En ce cas, la perte serait petite et réparable, d'autant que ledit Caillette, dogmatisant, philosophant et rêvant creux, est le plus triste et déplaisant bouffon qui soit en ce monde sublunaire, fils dégénéré du célèbre fol Caillette, qui fut intitulé, par le feu roi Louis XII, trois fois maître ès-sciences gaies.

— Sur ma fi ! le père ne valait tel prix que le fils, de qui on peut dire, sans errer, que sagesse et raison élisent domicile sous le bonnet à grelots.

— Oh ! le butor que c'est ! voyez s'il aura onc cure et manière de vous recueillir fine fleur de pucelle, sans épine toutefois ? le vilain n'aime fille ni femme.

— Si en est-il aimé toutefois ; car, en grâce, beauté, encolure et gentillesse, il précède les plus fins muguets de ma cour ; voire madame d'Angoulême l'estime mieux avenant que sa personne. A ce propos, dis-nous comment se porte ma vénérée mère, et aussi madame ma sœur, la Marguerite des Marguerites?

— Madame la duchesse d'Alençon n'a cessé son deuil parmi pleurs et regrets, à cause que son cher connétable s'en est allé....

— Vrai Dieu ! Triboulet, porte-bonnet-vert, ceci n'est point de ton métier de fol ! quiconque touche à l'honneur de madame ma sœur, s'en souvienne à sa male heure : je ferai couper la langue aux médisants !

— Quant à ce qui est de ma très honorée dame d'Angoulême, sire, n'en dirai rien, de peur d'en dire trop, non pas que je la blâme d'avoir souci de monsieur de Bourbon et d'autres : pendant votre éloignement elle n'a guère été de loisir, tant le procès des gentilshommes, et notoirement de monsieur de Saint-Vallier, lui donne de la peine ; vrai est qu'elle se consume en soins, tout ainsi que monseigneur le chancelier Duprat....

— Trêve ! vous dis-je, messire le fol ; il me pue d'ouïr parler de cet inique procès, qu'il vaudrait mieux, à m'en croire, pendre au croc jusqu'à l'année des trois carêmes ; madame ma mère est un peu bien imprudente de faire condamner de si braves gentilshommes ; mais ce n'est le lieu de ces reproches, et je me lave les mains de ce qui doit advenir. Çà, Triboulet, fais le ministère de Caillette, et me lis, haut et clair, les vieilles chansons du châtelain de Coucy, lesquels duisent aux cœurs énamourés.

Triboulet choisit, parmi les livres peu nombreux rangés dans un coffre sculpté, un manuscrit in-folio, relié en bois couvert de velours bleu avec fermoirs d'argent aux armes et devises du roi Charles V ; il ouvrit les pages de vélin blanc rehaussé de lettres en or et en couleur, d'arabesques légères et de miniatures du plus bel éclat ; et, tandis que le roi se laissait aller à ses imaginations amoureuses, il lut tout d'une haleine (car la ponctuation est presque nulle dans les anciens manuscrits) une chanson, où le châtelain met sa dame sous la protection de la sainte Vierge.

— O l'aimable poétiseur ! s'écria François 1er : il avait certes bu l'onde Aganippide, et montait Pégasus plus adextrement que son grand cheval de bataille.

— Sainte cornemuse ! interrompit Triboulet, qui n'était guère le moins habile des courtisans ; votre Majesté rithmoie trop mieux que

ce vieil troubadour, et Apollo vous fit coucher certain jour avec les neuf pucelles ensemble.

— L'œstre poétique me tient à cette heure, et vite, plume, encre et papier !

Triboulet s'empressa de présenter le manuscrit et ce qu'il fallait pour écrire ; le roi se recueillit un moment, barbouilla d'encre le visage adulateur de son fou, et, sur la marge du livre, inscrivit avec force abréviations, selon le genre d'écriture du temps, ce neuvain, plein d'une galanterie religieuse ou plutôt d'une naïve impiété :

> Le châtelain de Coucy récitait
> Une oraison à la Conception
> Immaculée, et tout bas s'incitait
> D'aimer sa dame en pure affection.
> Lors tout à coup à part il se recorde
> Qu'il a jouté de nuit avec icelle,
> Et dit : « O Dieu ! si ta miséricorde
> Tôt à ma mie un bel enfant accorde,
> Voudras-tu pas la refaire pucelle ? »

— Par l'âme de mon épée de bois ! reprit Triboulet se frappant le front du revers de la main, j'ai foi désormais en la métempsychose, car les esprits d'Homérus et Virgilius ont passé dans le vôtre, et vous rimez à la façon d'Aristotelès.

— Est-ce pas madame d'Alençon qui s'en vient à la tour de Dédalus ? Assurément, c'est elle-même. Ce pendant que madame ma sœur et moi deviserons de nos affaires secrètes, va-t'en devers la greffière requérir galante entrevue, au plus tôt qu'il lui sera possible.

— Sire, du temps que vous jouerez le rôle du greffier avec son honnête femme, il ne vous coûtera davantage de me signer une ordonnance pour être payé à votre Épargne, vu que, soit des fous, soit des sages, argent a toujours bonnet au poing, comme prêt à prendre congé.

— En vérité ! Donc, en mon nom, mande à Preudhomme qu'il te paye ensuivant tes mérites.

Triboulet fit une gambade, un éclat de rire, et disparut avec un bruit de grelots qui s'éloignait avec lui.

Madame Marguerite, duchesse d'Alençon, arrivait par une autre issue du labyrinthe.

Cette princesse, qui fut aussi célèbre par son esprit que par sa beauté, était alors âgée de trente et un ans, et paraissait n'en avoir que vingt. On s'étonnait de sa singulière ressemblance avec son frère ; mais aussi sa figure était-elle moins remarquable par la délicatesse des traits féminins, que par un air majestueux qui commandait le respect, inspirait la confiance et possédait un charme de séduction inexprimable. Ses yeux doux, quoique fiers, avaient des regards enchanteurs, et son noble sourire s'harmoniait avec le son suave de sa parole.

Depuis la fuite de Bourbon, madame Marguerite, que les plus beaux seigneurs de la cour avaient trouvée insensible à sentiment plus vif que l'amitié, était étonnée elle-même du changement opéré en toute sa personne. Ce n'étaient pas les poursuites hardies de l'amiral de Bonivet, qui triomphaient de sa chaste froideur : elle avait montré, en résistant à cet audacieux favori, que la volonté d'une femme, qui n'aime pas, est plus forte que la violence d'un amant poussé au désespoir. La duchesse d'Angoulême, sa mère, ne fut pas plus désolée qu'elle, sinon plus irritée de la trahison du connétable : Marguerite prit le deuil et se renferma en ses appartements, cherchant la solitude et oubliant les jeux, les bals, les promenades et les tournois, une retraite consacrée aux larmes, à la prière et à l'étude ; son frère et Caillette, premier fou du roi, étaient les seuls hommes qu'elle eût plaisir à voir, dans les accès de cette misanthropie ; elle ne recevait pas même son mari Charles, duc d'Alençon, qu'elle n'avait jamais aimé et qu'elle se prenait à haïr.

Son visage amaigri semblait plus pâle au contraste du noir éclatant de ses cheveux ; elle avait les yeux baissés, et, si elle venait par hasard à les soulever languissamment, ses regards humides, sous de longs cils, brillaient comme à travers un voile. Elle était bien changée depuis le temps des fêtes, où elle se montrait radieuse et superbe, à côté du duc de Bourbon, qui se faisait remarquer par sa mine ; et pourtant, elle semblait plus belle encore, et pour ainsi dire voluptueuse de tristesse.

Elle portait le deuil, c'est-à-dire une robe de laine violette, sans broderies, à corsage plissé, à larges manches, et traînante par devant ; sa jolie tête enluminée d'une sorte de capuce en même étoffe, son cou et ses oreilles dégarnis d'ornements d'orfévrerie, ses mains et ses pieds cachés dans les plis de ce sombre vêtement, concouraient à faire d'une fille de France une espèce de fille repentie.

Elle entra d'un pas grave dans le cabinet, et poussa les verrous de la porte qu'elle referma derrière elle.

— Dieu-vous-gard' ! madame ma sœur, dit affectueusement François I[er]. Çà, une accolade, pour célébrer la bienvenue de votre frère, seigneur et roi ?

— Dieu soit loué de votre retour, si obtempérez à me bailler des grâces pour étrennes !

— Vrai ! quelle grâce est-ce que vous souhaitez, vous qui les avez toutes ?

— Mon cher frère et sire, souffrirez-vous pas que très dignes et très honorables gentilshommes soient mis à mal par votre parlement, qui, nonobstant vos désirs, incline à la clémence ?

— J'entends ; le cœur vous crève de ce que les amis de ce déloyal Bourbon pâtissent d'avoir été fidèles à icelui, par trop grande infidélité envers leur premier maître, lequel je suis après Dieu ? vous me voyez marri de votre marrisson ; mais il ne me chaut qu'on les condamne ou absolve, et ce qui se fera en cette affaire appartient du tout à madame notre mère ; donc, avisez à la persuader, ma sœur ; s'il vous plaît.

— Hélas ! ces pauvres gens seraient châtiés selon leurs œuvres, étant bannis de ce royaume, et voilà qu'ils sont jugés criminels de lèse-majesté et condamnés à mort, si vous n'octroyez lettres-patentes de grâce à leur gros repentir.

— Quant à ce qui est du bannissement, certes je ne leur ferai cette joie de les rejoindre à mon connétable espagnolisé, et de doubler d'autant le nombre de mes ennemis ; mais, par ma foi de gentilhomme ! leur sort est dans les mains de madame d'Angoulême, qui est bien intéressée à user de tant de rigueurs. Essayez, s'il se peut, de l'induire à compassion ?

— Madame notre mère (comme il appert à mon mortel déplaisir) outre si fort la haine, qu'elle avancerait le jugement dernier, pour sa vengeance avancer pareillement ; mais, pouvez-vous pas rendre vains les grands efforts d'icelle, en ne signant ni scellant l'arrêt inique de ces misérables ?

— Dieu me damne ! je voudrais, pour être libre de cet ennui, que ces gens eussent déjà souffert la peine de leur condamnation, notoirement le sieur de Saint-Vallier, qui clame haut son innocence et si m'importune.

— Monsieur mon frère, je répondrais, sur ma tête, que ce vieil homme est blanc et net de tout méfait ! En somme, je vous adjure fraternellement d'imiter le seigneur Christ, lequel, de sa croix, pardonnait à ceux-là qui le crucifiaient.

— Il serait mal séant que je dénïasse ceci à ma bonne et amée sœur ; parquoi, je vous atteste de ne permettre l'exécution à mort d'aucun, sans votre consentement, et, de ce, vous baille ma foi de gentilhomme.

— C'est témoignage manifeste qu'aimez votre sœur, et je sais mainte et mainte personne ne vous guerdonneront d'un grand merci. Ma grande reconnaissance ne vous faudra pas, mon très honoré frère, et madame votre épouse, la reine Claude, ne demeurera aussi en arrière dans nos vœux de vous congratuler.

— Fi ! ôtez ces mauvaises bêtes d'à présent !... Ma toute belle Marguerite, je vous requiers de dévêtir ces accoutrements de deuil ; car nul de nos parens, j'imagine, n'est décédé depuis ?

— Oh ! non pas ; mais j'ai fait un vœu, et le tiendrai jusques au bout, à moins d'en porter la peine en l'autre vie.

— Dites, je vous prie : mon fou Caillette est-il quelque part où vous souhaitez ?

— Hier il est parti, afin, disait-il, de venir emprès Evreux assister sa vieille mère, qui s'en va trépasser de maladie.

— Est-il pas médecin ou apothicaire, lui, qu'il la veuille retarder de mourir ? O maître fou ! pense-t-il que son office soit d'aller au loin visiter vivant ou défunt, ce pendant que nous besoin est qu'on me divertisse ?

— Eh ! mon cher François, vous avez autres bouffons à votre commandement ; et, au contraire, la mère de Caillette n'a fils, parent ou ami, hors celui-là.

Un page, vêtu à la mode espagnole ou italienne qui commençait à s'introduire en France, parut, salua respectueusement, et avertit le roi que les députés du parlement de Paris sollicitaient une audience, et l'attendaient dans la galerie de Flora.

— Pour Dieu ! dit François I[er] s'adressant à sa sœur, je ne suis guère impatient d'apprendre à quel objet messieurs de mon parlement se veulent consulter à moi ?

— Voirement, dit-elle, faut-il pas que le roi séant en son lit de justice, l'arrêt soit prononcé contre monsieur de Bourbon et ses gentilshommes ?

— Oui-dà ! la chose n'est urgente, et ce jourd'hui j'ai l'esprit mal propre à vaquer aux affaires d'état. A peine me voilà revenu et re-

posé, que des fâcheux s'en viennent me semondre de songer à ma royauté ! ainsi est-il de la moutarde après dîner.

Cependant, François Ier se leva négligemment du tréteau sur lequel il était étendu, rajusta la belle ordonnance de son habillement, et, tendant la main à madame Marguerite, la conduisit, d'un marcher insouciant, par les sentiers obscurs et tortueux de Dedalus, jusqu'à la galerie de Flora, mal éclairée par quelques gros chandeliers.

Cette galerie, longue de cent pieds, s'ouvrait sur un parterre que l'hiver avait dépouillé ; de ce côté, elle était fermée par des portières à vitraux colorés, qu'on enlevait pendant la saison des chaleurs ; les murs et le plafond, peints assez grossièrement, représentaient une allée d'arbres fruitiers, des ceps de vignes entrelacés en berceaux, et des fleurs de mille sortes ; le plancher, dallé de marbre vert, figurait un tapis de gazon : l'architecte avait, dans le goût du temps, dédié ce lieu à la déesse Flora et à la sainte Vierge, dont les images raides et naïves, en pierre de liais peinte et dorée, surmontaient le manteau de deux hautes cheminées. La galerie n'avait retenu que le nom de la divinité païenne, et le roi Louis XII, qui avait imaginé cette décoration champêtre, se plaisait à l'animer par des volières de fil d'archal, remplies d'oiseaux divers différents de chant et de plumage.

Le premier président, Jean de Selve, en robe d'écarlate fourrée d'hermine avec mortier de velours noir, et deux conseillers pareillement en robe d'écarlate, avec le chaperon rouge fourré d'hermine, furent amenés par le chancelier Duprat, devant l'estrade où le roi s'était assis.

Ils s'inclinèrent profondément, et M. de Selve prit la parole :

— Sire, votre féal et amé parlement ayant conclu le procès de messire Jean de Poitiers, seigneur de Saint-Vallier en Dauphiné, s'offre à prononcer ledit arrêt, au jour de demain, en un lit de justice, votre Majesté y séant avec les princes et les pairs, et sur ce, ledit parlement vous invite à y aller vers deux heures de relevée, si mieux n'aimez y envoyer monseigneur le chancelier en votre lieu et place.

— Je vous loue, messieurs, à cause de votre zèle et dévouement à mon service ; monsieur mon chancelier n'aura charge de me représenter ce beau lit de justice, que moi-même tiendrai pour l'exemple des traîtres et félons à venir. Donc, annoncez ma venue à messieurs du parlement ; et vous, monsieur notre chancelier, faites assavoir aux princes et aussi à mes pairs que la cérémonie se fera demain à l'heure dite.

— Monsieur le président, ajouta madame Marguerite en tremblant, à quelle peine sont condamnés le sieur de Saint-Vallier et les autres ?

— Madame, reprit M. de Selve, ayez fiance et bon espoir en la justice et clémence du roi notre sire.

— Madame, répliqua le roi, laissez faire à mon parlement qui, en matière de lois et coutumes, est au-dessus de l'aréopage athénien.

Pendant que le président et les conseillers se retiraient, on vit paraître dans la salle, avec un grand bruit de plaintes, de larmes et de sanglots, Triboulet, ayant la figure ensanglantée, les cheveux en désordre, les chausses déchirées, les grelots arrachés, et tenant à la main les débris de sa marotte et de sa cornemuse. Un rire universel répondit à ses lamentations.

— Qu'est-ce ? demanda François Ier riant plus fort que tous ; Triboulet mon ami as-t-il jouté en champ-clos avec Huon de Bordeaux, Renaud de Montauban, Lancelot du Lac, ou tel autre preux de l'antique chevalerie ?

— Mainte action de grâce pour vos bontés, sire ! dit Triboulet d'un ton et d'un air irrités, je baille le demeurant à qui en veut.

— Certainement, mon fils, la somme que t'a rendue maître Preudhomme fut jouée par toi aux tarots, aux épingles, au glic, au passavant, ne sais quel jeu ; et ces enragés pages, t'ayant dépouillé, ont battu le plus grand fou qui soit sous ton bonnet ?

— A qui avez-vous cuidé m'envoyer le gant-à-pens ?

— A monsieur notre trésorier, lequel n'est pas moins regardant à mes espèces que si elles fussent siennes.

— Ce n'est de fausse monnaie toutefois dont il paie les gens ; je n'en désire pas d'autre pour mes créditeurs et les francs sacs à chicane.

— As-tu pas été rôti, pillé et molesté des voleurs de nuit qui se répandent de bonne heure par la ville, en ce temps d'hiver, sans lune ni étoiles ?

— Voici mon casque j'acquitterai en enfer et ailleurs, s'il y a lieu ; je m'excuse d'avoir été attaché à ce Preudhomme, pire que Pluton ou Satanas, et la faute en soit du tout imputée à vous qui m'envoyâtes en cette embûche diabolique. Messire votre trésorier, qui ne seta une nôtre, besognait lunettes hautes sur le nez, et messire son singe, sis auprès, se léchant les badigoinces, me regarda, d'un entrée, de mauvais œil. « Compère, fit maître Preudhomme, viens-tu quérir en ma boutique lardons et moqueries envers ma personne ? à Dieu te command ! — Monseigneur ! fis-je à mon tour, Dieu me garde de piquer dru si prud'homme que vous êtes ! mais, de la part de Sa Majesté, je m'en vais vous dresser requête en forme, que me payiez ensuivant mes mérites indignes. — Bon ! reprit le méchant, riant sous cape ; c'est chose mal aisée et ardue que de rapporter le guerdon à ta valeur considérable. Il m'est avis que, pour le quart d'heure, tu sois payé en monnaie de singe. » Là-dessus, il incita d'un geste son grand singe à me pellauder, et icelui, prompt à la curée, se lançant à l'encontre, m'a très malement affolé à sa mode, malgré mes cris de merci. « Ce s'appelle monnaie de singe vert, se récriait le faux Preudhomme, et libéralement a-t-elle cours, poids et mesure avec les Triboulets. Faut qu'on la batte toujours au même coin, compère ! »

A ce récit, fait le plus sérieusement du monde, les petits pages éclatèrent de nouveau en rires et en plaisanteries, faisant la figue et gambadant autour du piteux conteur, qui recommençait à se dépiter.

François Ier, d'un coup d'œil, imposa silence aux persécuteurs de Triboulet, et lui dit avec une gravité feinte :

— Monsieur le fou, à cette leçon ayez égard, et dorénavant modérez les témérités de votre langue ; car tel joue avec épines, qui s'y blesse les doigts.

— Sire, répondit Triboulet, est-ce tort de dire que le plus adextre veneur est le général de vos finances, lequel, sans engins, pièges, lacs ni glu, prend, dedans vos coffres, non lièvres, cerfs ou hirondelles, mais beaux écus-au-soleil, beaux angelots d'or, et le reste ?

L'arrivée d'un étrange personnage mit un terme à cet entretien où le bouffon du roi usait amplement de son privilège de libre parler.

C'était le seigneur Corneille Agrippa, natif de Nettesheym, et depuis peu médecin, astrologue et confident de madame Louise de Savoie, duchesse d'Angoulême ; grand et maigre de taille, il était remarquable surtout par sa figure jaunie et ridée avant l'âge, par ses sourcils toujours froncés, par ses yeux largement fendus et demiclos, enfin par sa moue continuelle. Il avait une espèce de chaperon de laine jaune saillant sur le front, attaché sous le menton avec un cordon de cuir, et débordé de tous côtés par d'épais cheveux roux. Son costume consistait en une robe noire, longue, ouverte sur la poitrine, et découvrant un pourpoint d'étoffe rouge brodé de signes cabalistiques en or. Les Bohèmes eux-mêmes ne portaient pas un accoutrement plus bizarre : Agrippa voulait qu'à la première vue on le distinguât du vulgaire des hommes.

Il s'approcha lentement de l'oreille du roi, qui le salua d'abord avec une crainte mêlée de respect.

— Mon père, lui dit François Ier, que vous semble des conjonctions célestes ce jourd'hui ?

— Sire, reprit Agrippa d'un accent mélangé par les neuf langues qu'il savait, madame la duchesse d'Angoulême souhaite grandement que vous la joigniez sans délai en son oratoire. *Samael Machon.*

Au déclin du jour, un jeune cavalier, ayant en croupe une dame voilée (selon une manière de voyager fort usitée à cette époque et jusqu'à la fin du siècle), entra dans Paris par la porte Saint-Honoré.

Cette porte, formée d'une arche et flanquée de deux tours rondes, fut bâtie non loin des Quinze-Vingts, sous le règne de Philippe-Auguste, qui, en fermant de murailles sa bonne ville, nicha sur chaque porte une image de la sainte Vierge avec l'enfant Jésus entre ses bras.

Le jeune homme et la dame avaient tous les deux si bonne mine, que les archers du guet sortirent de leur corps-de-garde pour les regarder passer, et un de ces archers, voyant le couple voyageur chevaucher ainsi pensif et silencieux, dit à ses camarades :

— Par la croix du Trahoir ! ceux-là, m'est avis, sont amoureux chétifs, saoulés de leurs ébats, qu'ils ne sonnent mot en bouche et tendent à dormir de plein somme !

A ces mots prononcés d'une voix moqueuse et accompagnés des rires de l'assistance, le jeune homme inconnu se retourna, le visage rouge de colère, et de son fouet à travers la figure du soldat, qui s'enfuit en criant à l'aide ; les autres s'armèrent de leurs pertuisanes, et coururent contre l'agresseur, qui arrêta son cheval pour les attendre.

— Holà ! leur cria-t-il, ferai-je manger la lame pointue de mon épée au fin premier qui s'approche ? N'est-ce point de votre office, malandrins, que les passants soient insultés à la porte Saint-Honoré ?

— Caillette ! lui dit la dame troublée et presque défaillante ; ces gens-là vont se ruer sur nous, par votre grande imprudence ; merci de vous et de moi !

— Arrière! cria Caillette, prenant un ton et un air d'autorité; loin, maîtres ivrognes, ou le sang coulera en ruisselets au lieu de vin! Aussi bien, n'ai-je loisir de battre le fer avec des soudards tels que vous êtes; sachez donc que je suis serviteur et ami de notre sire le roi François.

Cette vive allocution produisit plus d'effet qu'il n'en espérait, et le seul nom de roi empêcha un combat qui eût été inégal et sanglant.

Les soldats demeurèrent étonnés et indécis, jusqu'à ce que le jeune homme, piquant des deux et rassurant de la voix sa timide compagne, se fût mis hors de la portée de ses adversaires, qui, sous peine d'être pendus, ne pouvaient quitter leur poste, et qui craignirent de s'attaquer à un gentilhomme.

Celui-ci avait traversé des rues étroites et mal pavées, dans l'extrémité desquelles brillaient à peine de loin en loin les lueurs des fenêtres et quelques lanternes errantes çà et là; le cheval, fatigué d'une longue route, pliait sous son double fardeau, et trébuchait à chaque instant dans les ornières, pleines d'eau croupie et de boue noire.

— O l'indigne palefroi! dit Caillette en souriant, il ne sait l'honneur que vous lui faites de le monter, madame, et rechigne à trotter sous vous, comme si ce fût son vrai maître le meunier!

— Au contraire, répondit la dame, je nie que ce bon et brave cheval ait encouru blâme aucun, depuis qu'il fut, au partir d'Anet, d'un meunier qui passait, acheté dix écus-au-soleil (prix mout exorbitant, à considérer l'urgence), et alla l'amble si persévéramment qu'il est arrivé, quasi mort et tout essoufflé, là où nous avons affaire; donc, je le loue trop mieux que Pégasus ou Bucéphales.

Ce n'est rien, que trente lieues à courir, en l'espace d'une nuit et d'un jour! j'eusse souhaité avoir en mon petit pouvoir le Charriot qui est aux astres, pour vous conduire plus vite et commodément. Mon cœur se fend de penser que ce mauvais chemin a lassé votre chère personne, gâté votre teint si précieux, et souillé de fange vos beaux atours.

— Ah! combien plus, Caillette, mon pauvre cœur se fend de savoir que messire de Saint-Vallier, mon très digne père, s'en va être jugé à mort, pour crime de lèse-majesté! Je m'ébahis grandement que monsieur mon époux résidant à Paris, hors de Normandie où devrait se tenir sa charge de grand-sénéchal, ne m'ait baillé nouvelle quelconque de ce rude étrif! Est-ce pas d'ailleurs tout son vétiger de ce que suis moult joyeuse de son absence, et l'aime trop mieux de loin que de près?...

— J'admire, belle dame, que la trahison insigne de monsieur le connétable de Bourbon ne soit venue à votre connaissance; car il n'est pas, en cet univers, lieu tant reculé et sauvage, où la déesse Renommée n'ait embouché sa trompe à cet objet. Anet, votre château de séjour, est-il tellement sourd qu'il n'en ait ouï le bruit?

— Voirement, Caillette, en cette grande ville de Paris il n'y a sans doute marchande d'herbes ou meneur d'orviétan, de qui ce piteux récit n'ait ému les oreilles et l'entendement, excepté de moi, qui, du jour de mes noces, à savoir du 14e de mars 1514, (j'avais lors quatorze ans d'âge), ai mené vie de cloître (qui dure toutefois!), recluse en mon logis, priant, jeûnant de toute sorte, et mourant de vivre ainsi; car mon très cher père m'a encore dit que mari noble en naissance, richesses et honneurs, mais plus malplaisant qu'un de plus bas lieu! Las! il m'a fait pénitence, par devant mon confesseur, et j'ai pourpensé à part moi, qu'un tel mari serait plus volontiers moine, s'il y avait cœur, puisque nonain en son moutier ne fait rien que je ne fasse.

Sur mon âme! j'en pleure de dépit, et sans désirer mal au prochain, j'ai regret de voir mon époux et ami de s'aventurer un autre que je sais...

— Néanmoins, interrompit-elle, pour la prime et dernière fois, je me réjouis, par bonne intention, d'avoir épousé monsieur Louis de Brézé, qui est en crédit et belle posture à la cour du roi notre sire.

— A ce prix, voudrais-je aussi, pour loyer de mes petits services, que soyez contente de l'aide que vous portera monsieur le grand-sénéchal, aux fins d'impétrer la grâce de messire de Saint-Vallier!

— J'exalte mon espoir tant que je puis, et j'ai bonté, en mon esprit, ferme résolution de n'épargner ni pleurs, ni cris, ni prières, ni chandelles à la Sainte-Vierge, à qui je suis sacrée, malgré les droits du Dieu Hyménée.

M'aide Dieu, si monsieur le grand-sénéchal ne nous aide à pousser la roue de fortune! J'ai grosse peur que madame d'Angoulême, mère par le sang de monsieur le connétable, soit plus forte que lui et tout. Ajoutez à cela que monsieur de Brézé ne demeure à Paris que pour ses intérêts privés; assez peu attaché de sa personne, m'est avis, au seigneur de Saint-Vallier.

— Oui dà, je sais bien que monsieur mon époux est, de longue main, ennemi moult envieux de monseigneur mon père, et point n'en veux d'autre preuve que son dessein de me céler le péril où est en proie ce bon et condigne vieillard... Mais, en cas que l'arrêt du parlement soit cruel à ce point que j'appréhende, moi-même, aux genoux du roi François (lequel ne m'a vue onc en sa cour, sinon au baptême de monsieur de Bourbon, à Moulins, voilà tantôt six ans de ce), j'irai, suppliante et habillée de deuil, réclamer, à mains jointes et à larmes, la grâce du comte de Saint-Vallier, et le roi octroyera certainement à la fille ce qu'on dénie au père, à savoir rémission entière ou commutation de peine.

— Ah! comme j'ai regret d'être si médiocre personnage que je suis, ayant vergogne de mon état de fou du roi! Que si j'avais couronne au chef et omnipotence en main, vous seriez dispensée de semblable prostration et intercession, d'autant que vos désirs seraient despotes et seigneurs des miens!

— Vous êtes des plus zélés à mon service, bon Caillette, et je prie votre ange gardien qu'il vous rémunère du mieux qu'il se pourra. Mais j'ai souci de penser que de nul ici ne suis connue, et qu'on chacun ignore si Diana existe; or, à qui m'en irai-je plaindre de ce mon pauvre vieux père soit tant iniquement accusé? Car fonder quelque espoir en l'appui de monsieur mon époux, c'est édifier sur le sable; aussi, je ressens deuil extrême!

— Ma chère dame, ayez d'abord fiance à la bonté du très haut Salvateur, puis assurance de l'innocence de monseigneur de Saint-Vallier, puis enfin égard à la justice de messieurs du parlement.

— Outre toutes ces chances favorables, j'aurai en mains les supplications à la personne du roi, par-devant qui vous n'allez tantôt introduire?

— C'est trop vous paître de telle chimère, madame, vu qu'à cette heure, pour un long temps, le roi notre sire est à son château de Fontainebleau, avec madame de Châteaubriant, sa maîtresse.

— Ah! que ne me disiez-vous, devant que de sortir d'Anet? Pourquoi ai-je trop follement quitté la maison de mon mari, puisque celui qui me peut tirer de peine n'est point au lieu où je viens? Est-ce de votre part négligence, moquerie, ou envie de me nuire, car ma venue précipitée semblera fuite à la plupart, et partant, déshonneur?

— Oh! nenni, madame; le roi est non participant à cette affaire, et sa mère seule, la duchesse d'Angoulême, sous le conseil de monseigneur le chancelier, mène à mal le procès des gentilshommes.

— Donc, à cette méchante princesse j'irais en vain me récrier, et ainsi n'aurai-je fait que trop imprudent voyage, que pour ouïr l'arrêt de mon vieil et honoré père?

— A Dieu ne plaise! Mais je m'en vais aviser au meilleur expédient, et madame d'Alençon, sœur du roi, vous sera un bon auxiliaire; j'y mourrai, madame, ou j'impétrerai la grâce de monseigneur de Saint-Vallier, en la maison de qui fus nourri par louable hospitalité, comme son propre fils plutôt que son petit serviteur!

— Caillette, ce que je vous dois, d'autant que vous devez, et pour témoignage de ce, je prétends, la grâce de mon père signée, vous embrasser en présence des dames et seigneurs de la cour.

— Mon cœur en tressaute de joie, et rien qui soit au monde n'eût pouvoir de me réjouir à l'égal de cette promesse solennelle! Nous irons tout-à-l'heure chez mon ami le greffier Malon, au logis duquel vous demeurerez comme étant ma parente de sang maternel.

— Ce soit chose convenue: agissez cependant à votre guise, et j'estime que vous ne ferez pas moins que vous avez ja fait; adonc, dépêchez tôt de sauver mon pauvre père, afin que, le plus possible est, je revienne à mes foyers domestiques, sans que monsieur le grand-sénéchal ait soupçon de mon échappée.

— Si tel est votre souhait, madame, pour ne pas trahir notre feinte, déguisez bien à propos quelle vous êtes vraiment, et davantage l'intérêt de vous mettre pour monseigneur de Saint-Vallier!

— Je cède à tout, comme il vous plaira, et voire, je me résigne de sécher mes larmes, quoi qu'il m'en coûte. Suivant votre engagement, faites d'abord que je sois consolée et affermie par l'aspect de monsieur de Saint-Vallier, je vous aurai gratitude éternelle, de l'instant qu'entrerai dans sa prison.

— Madame, que si j'étais magicien, vous seriez obéie à la parole; mais, vous dois-je, ne pouvant tout ce que je veux, je suis content, pourvu que satisfasse à votre seule volonté. Dès à présent, je désire me métamorphoser en pluie d'or, à l'instar de Jupiter forçant la tour de madame Danaé. Il n'eût pas fait de même de la tour carrée du palais!

Ils avaient remonté la rue de l'Archet-Saint-Merry, ainsi nommée d'une ruine de l'ancienne Porte-Paris, qui subsista jusqu'à la fin du règne de François 1er; ils passèrent le Pont-au-Change, bordé de maisons des deux côtés; à droite, cinquante boutiques de changeurs, à gauche, soixante-quatre forges ou orfèvreries, selon les privilèges accordés par les rois précédents aux changeurs d'or et d'argent, commerce fort lucratif en ce temps-là.

Caillette arrêta sa monture devant une maison haute, étroite, noire et dégradée, ayant deux uniques fenêtres de face à chacun de ses trois étages, et surplombant d'une demi-toise avec son pignon de bois sculpté; il quitta lestement la selle, et tint l'étrier à la jeune dame pour l'aider à mettre pied à terre; puis, frappant à une petite porte garnie de grosses têtes de clous, il attendit longtemps avant qu'on vînt ouvrir.

— La fièvre quartaine vous tienne! dit aigrement Triboulet, qui parut sur le seuil, non plus en costume de fou, mais enveloppé d'un manteau de drap noir, avec un feutre sans plumail. Qui est-ce qui joue du marteau à l'huis de maître Malon? voyons çà, fût-ce l'âme en peine de certain gibier de potence, lequel s'en vient payer le greffier-criminel de ses écritures?

— Ventre-Saint-Guenet! s'écria Caillette, monsieur le fou, depuis quand êtes-vous portier de céans?

— Ventre-bœuf! c'est mon fils Caillette, qui retourne d'un pèlerinage aux coquilles! et cette pucelle voilée, serait-ce pas la patronne?

— Bonjour, bon soir, bon an, monsieur le fou! tirez d'ici, et allez où il vous siéra pour faire votre métier d'espie.

— Adieu, compère; mais tenez-vous prêt d'être tancé de votre absence et désertion. Grand bien vous advienne en vos amours!

Caillette, las de ce colloque en plein air, fit entrer dans la maison sa compagne toute tremblante de cette rencontre, et, amenant le cheval par la bride, poussa la porte sur les épaules de Triboulet, qui se mit à rire et à chanter en s'éloignant par les rues sombres et solitaires.

— Où me conduisez-vous de cette sorte? demanda la dame effrayée de l'obscurité où elle se trouvait.

— N'ayez crainte, reprit Caillette tâtonnant le mur humide : le soin de votre sûreté m'appartient du tout, et si ne souffrirais qu'on vous ôtât un cheveu de la tête!

À ces mots, il leva le loquet d'une porte, et une faible lumière courut le long de la muraille opposée.

— Holà! cria une voix nasillarde, le diavole est-il en mon logis, que se vacarme insolite va continuant! De par mon encrier! je veux dresser requête à monseigneur saint Jean, des greffiers et scribes!

— Dieu vous donne longue et belle vie, maître Malon! répliqua sur-le-champ Caillette; c'est quelqu'un de vos amis, qui se recommande du nom de Caillette.

— Viens çà, mon très cher fils en folie! sois le bienvenu céans d'hui, comme toujours, et fais appel de ma fâcheuse humeur, par-devant mon amitié! Pardonne : quand la main travaille de la plume, comme fais-je présentement, aussi l'esprit est-il travaillé de la bile; de ce, je m'excuse en t'embrassant.

— Maître Malon, vous me requiers, à son de trompe, le faut, de m'alléger d'un ennui en étant l'hôte d'une mienne parente, laquelle vient à Paris poursuivre un procès.

— Prenez place, madame ou damoiselle, et vitement, afin que je sache de votre bouche le menu dudit procès, qui peut-être est en mes sacs.

— Non, maître Malon; madame ci-présente n'a point encore intenté d'action; et vos avis, ai-je pensé, lui profiteront d'autant mieux qu'elle est fort ignorante du train des cours de justice.

— Voici ma main, Caillette, que veillerai à susdit procès, et le mettrai en bonne voie, et par le droit et la loi. Un mot : comment a nom cette gente dame, qui veut avocasser et dépenser en informations, significations, actions, subrogations, protestations, déclarations?...

— Elle a nom Diane, et ne veut être appelée autrement. Dites, vous sied-il pas agréable de la loger, héberger, jusqu'au gain de sa cause? Je tiens en poche vingt écus d'or marqués, pour les frais de séjour, qui seront à votre dévotion : marché fait?

— Baillez-moi, monseigneur, ladite somme, qui sera mieux à l'abri en mon coffre qu'en votre bougette?

— Dame Malon viendra-t-elle pas garantir le traité qui la rend hôtesse de madame Diane, le temps que durera le procès?

— Madame ma femme est fort empêchée à grignoter les sept psaumes du roi David, qui sont la pénitence ordonnée par son confesseur, et si ne descendra-t-elle de sa chambre devant le jour levé; ce pendant que, cette nuit, je récrirai et changerai le blanc en noir pour le procès criminel de messire de Saint-Vallier, lequel sera jugé demain, sans faute, ès chambres assemblées.

À ces paroles du greffier, Caillette tourna la tête et courut vers Diane, qui, se sentant défaillir, s'était assise sur une escabelle; il ôta le voile qui la couvrait et laissa voir aux regards étonnés de Malon un charmant visage pâle et immobile, comme si le froid de la mort l'eût glacé. Quelques mots bas dits tout bas à l'oreille de Diane furent plus efficaces que les soins empressés du greffier pour rouvrir ces beaux yeux qui semblaient fermés à jamais.

— Hélas! murmura-t-elle avec des pleurs silencieux, vrai est que je suis venue trop tardivement, et mieux était de ne venir point!

— Ma chère dame, dit Caillette, la lassitude du chemin a causé cette subite défaillance, et vous ne vous coucherez sans souper. Or çà, maître Malon, voici l'argent et de quoi chauffer le poêle : faites que tôt la table soit mise et le vin tiré.

— De par Dieu! le compte y est, et vous payez bien les épices; mais j'entends votre cheval qui, battant du pied, sollicite l'écurie et le picotin que je vais lui bailler, de par vos beaux écus sonnants.

Lorsque le greffier eut emmené le roussin normand dans un bouge voisin où sa mule efflanquée dormait sur une litière de quinze jours, Caillette, essuyant deux larmes ruisselantes sur ses joues décolorées, demanda doucement à Diane si elle était remise de son émotion.

— Mon petit serviteur, répondit-elle avec un demi-sourire, en apprenant que monsieur mon père sera jugé demain, j'ai été si très fort interdite que cette pâmoison semblait emporter mon âme avec elle; car je suis mal feindre et abuser : aussi, le mystère qu'il me faut ici garder outrepasse mes forces.

— Donnez-vous garde, je vous adjure, de faire connaître votre nom et état à maître Malon, qui est trop plus habile de langue que de plume. Il importe que nul pénètre en nos desseins, crainte que les ennemis de monseigneur de Saint-Vallier n'y soient contraires.

— Oui; mais pourtant, au jour de demain, monsieur mon père, sur la sellette, entendra son arrêt, et en cette demeure, les crieurs publics le proclameront tout d'abord!

— Est-ce l'occasion de vous désespérer, ma bien chère dame? En cette soirée, si m'aide Dieu, madame Marguerite, ma tant bonne et favorable princesse, connaîtra le gros et le menu de vos inquiétudes poignantes pour le cas présent; après quoi, je m'informerai de monsieur votre mari, lequel habite secrètement l'hôtel Saint-Paul.

— Ce sera bien fait de ce que vous ferez, mon ami, et suis toute en votre merci; mais il n'y a presse de voir monsieur le grand-sénéchal; songez plutôt que n'aurai d'aise jusqu'à ce j'aille visiter en sa prison monsieur de Saint-Vallier; il ne me chaut du reste, au prix de cette jouissance filiale, et, qu'il qu'il advienne après, me tiendrais bien heureuse, de posséder la vue de mon infortuné père, qui sera jugé criminellement demain, et, possible, exécuté à mort...

— Loin cette lamentable idée, ma très belle dame! Toutefois, malgré l'heure avancée, ne puis-je retarder de vous complaire à votre gré; et demain, d'une ou d'autre façon, monseigneur de Saint-Vallier accolera ce qu'il a de plus aimé que la vie.

— Un mot : ce vénérable vieillard, à votre avis, est-il pas innocent?

— Certes, madame, à son instar et par cartel, comme il fit de la tour de Loches, je porterais défi à toutes armes contre quiconque dirait mensongèrement qu'innocence ne siège point sous cette tête chenue; en preuve du contraire, je verserais mon beau sang goutte à goutte, vous-même séant au combat à outrance!

— Pauvre Caillette, gens de ton office guerroient; cornemuse ou marotte en main!

Ces mots prononcés sans maligne intention n'échappèrent pas à Caillette, qui soupira et laissa tomber sa tête sur sa poitrine pour cacher sa rougeur, tandis que maître Malon rentrait, à pas comptés, chargé de l'attirail du souper.

— De par Bacchus, roi des buveurs! s'écria-t-il, mon compère Caillette paiera son écot en chansons, folâtreries et balivernes, toutes choses de son ressort, et moi, comme greffier-criminel, ferai la colation des pièces. Ma gente hôtesse, que si vous avez un ami voyageant outre-mer, je boirai à la conservation de la santé sienne et mienne à la fois. Sur ce, la séance est ouverte à huis-clos!

Pendant ce soliloque, le greffier avait dressé une table assez frugalement servie, mais portant un grand broc, nommé breusse, dont ses narines épanouies aspiraient les parfums vineux : il invita ses hôtes à s'asseoir, et les encouragea d'exemple; Diane, livrée à ses tristes pensées, n'eût pas fait honneur à l'invitation, si Caillette ne l'avait engagée à prendre place; elle refusa néanmoins de goûter à ces reliefs de dîner le plus parcimonieux, et, insensible aux joyeuses agaceries de maître Malon, qui remplissait sans cesse les verres et les assiettes, elle le laissa manger et boire seul, de manière à compenser le manque d'appétit des deux autres convives.

Caillette, qui faisait semblant de répondre aux défis bachiques de son hôte, n'avait garde de perdre à table des moments précieux pour agir : un coup d'œil oblique jeté sur des parchemins et des registres qui se trouvaient là lui donna envie de les lire, et cette lecture furtive aurait suffi pour le distraire du souper. Diane interrogeait avec anxiété tous les mouvements de Caillette et les diverses expressions de son visage.

Caillette était un grand et beau jeune homme de vingt-quatre ans : la perfection des formes du corps, la noblesse du maintien, une physionomie spirituelle et touchante, l'élégance du langage et la grâce des manières, tout s'accordait pour démentir la bassesse de son origine, et le fils d'un fou du roi avait en sa personne plus de qualités naturelles que le roi lui-même.

Le connétable de Bourbon avait bien jugé Caillette dès son enfance, et, pour éviter que de si louables dispositions de corps, de cœur et d'esprit, se gâtassent dans la société des pages, des singes et des perroquets, il avait prié le comte de Saint-Vallier de faire élever sous ses yeux cet enfant avec plus de soin que n'en comportaient sa naissance et la condition d'un domestique. Caillette profita de ces leçons, qu'il partageait avec la jeune Diane de Poitiers, fille unique de M. de Saint-Vallier.

Quand des intérêts de fortune eurent formé l'alliance de Diane avec M. de Brézé, grand-sénéchal de Normandie, Caillette, qui avait montré jusque-là l'insouciance et la légèreté ordinaires à son âge, prit un caractère sombre et mélancolique; il continua de se livrer à l'étude, pour y chercher un adoucissement aux souffrances de l'âme; mais il paraissait déjà las de l'existence, et la célébrité de son père, à titre de premier fou du roi, était pour lui une source amère de chagrins.

Le baptême d'un fils du connétable attira les amis de ce prince et les grands seigneurs de la cour à Moulins, où François 1er se rendait pour tenir sur les fonts l'héritier de la maison de Bourbon : Caillette dut accompagner M. de Saint-Vallier; Diane, qui, victime résignée du mariage, languissait en son château de Brézé au fond de la Normandie, sous la tutelle sévère d'un mari jaloux, vint aussi de son côté à Moulins pour y rejoindre le seigneur de Saint-Vallier qu'elle avait quitté depuis trois ans. Son compagnon d'enfance, Caillette la revit, et un rayon de bonheur traversa comme un éclair la noire et profonde tristesse du jeune homme.

Mais pendant les fêtes du baptême, le vieux Caillette, qui exerçait sa charge de fou du roi avec une singulière vanité, se pendit de désespoir pour avoir été vaincu en folie par son camarade Triboulet; François 1er fut plus sensible à cette perte qu'à celle d'un ministre, et, afin de perpétuer le nom du défunt qu'il chérissait, il voulut que le jeune Caillette remplaçât son père dans l'office de bouffon royal. En vain M. de Saint-Vallier et le connétable s'opposèrent-ils à ce choix si peu conforme à l'élévation d'âme et d'esprit qui distinguait leur élève; en vain Caillette repoussa-t-il énergiquement cette honteuse succession ; il était commandé, il fallut bien obéir.

— Foi de gentilhomme ! avait répondu François 1er à ceux qui lui représentaient le mérite supérieur de Caillette : jusqu'à ce jour, messieurs, les fous du roi étaient grossiers de leurs personnes, et plusieurs furent pris gardant les porcs aux champs; mais je suis aise d'enfreindre cette basse coutume, et à cette cause, je veux qu'Orfis et Triboulet aient des frères issus de et nourris de bonnes disciplines.

Caillette fut d'abord tenté de se soustraire à cette humiliation en appelant la mort à son aide ; mais son confesseur, auquel il confia ce projet de suicide, l'en détourna par la menace de l'enfer ; ses protecteurs et M. de Saint-Vallier lui firent envisager le rôle de fou du roi sous un aspect plus honorable, comme une mission de justice et de vérité; madame de Brézé, qui lui gardait une tendre amitié, le consola si affectueusement dans ses souffrances d'amour-propre, et lui répéta tant de fois qu'elle ne l'estimerait pas moins coiffé du bonnet à grelots, qu'il surmonta sa répugnance à vivre, et accepta en gémissant la dégradation de fou en titre d'office.

Cependant il n'imita point ses prédécesseurs dans la manière de remplir cet emploi ; car, au lieu d'ignobles folies, au lieu des frivoles jeux de mots qui divertissaient les courtisans, il prêta un langage ingénieux et délicat à l'austère raison, il distribua des leçons de sagesse. François 1er s'aperçut bientôt qu'il s'était donné presque un maître sous l'apparence du bouffon, et soumit toutefois sa fierté de gentilhomme aux conseils, aux reproches même de ce philosophe à marotte; madame Marguerite, sœur du roi, douée d'un jugement sûr et ornée de toutes les grâces de l'esprit, accueillit avec faveur l'homme instruit et intelligent dans la personne du fou du roi, et poussa la tolérance jusqu'à l'admettre en intimité. Chacun s'empressa de suivre en tout point la conduite de François 1er et de Marguerite à l'égard de Caillette, qui s'éleva, par l'estime générale, au-dessus de ses attributions, dans lesquelles Triboulet seul eut le privilége d'exciter le rire bruyant et communicatif.

Souffrant de l'absence de Diane, que M. de Brézé cachait à la cour et au monde entier, comme un avare qui possède un trésor inutile à lui-même, Caillette était donc consumé par une tristesse que le spectacle journalier des fêtes, des bals, des jeux et des tournois rendait plus dévorante encore. Il avait adopté pour devise un tournesol sous un ciel orageux, avec ces deux vers équivoqués :

Já fané suis
Si ne le suis!

Caillette avait été initié à la conspiration du connétable, et n'avait pas voulu y tremper; mais, loin de trahir son premier bienfaiteur, il aida peut-être à le sauver en arrêtant par des bouffonneries une troupe de soldats envoyés à la poursuite du fugitif. Le chancelier Duprat, qui n'aimait pas Caillette, était d'avis de le faire juger avec les gentilshommes complices du duc de Bourbon ; mais la duchesse d'Angoulême, qui l'aimait, défendit, au contraire, qu'on l'inquiétât, fût-il coupable ou non. Dans les commencements du procès, Caillette, observé de près par Triboulet et les agens du chancelier, évita d'accréditer par ses paroles ou ses actions les soupçons qui planaient toujours sur lui.

Louise de Savoie et le chancelier avaient si habilement profité du voyage que le roi fit à Blois pour voir sa maîtresse, qu'avant le retour de François 1er le parlement fut en mesure de prononcer les arrêts : M. de Saint-Vallier, qui, en sa qualité de parent et d'ami de Bourbon, n'avait aucun droit à l'indulgence, devait être condamné à perdre la tête. A cette nouvelle, Caillette, se souciant peu que sa conduite servît de prétexte à de perfides accusations, partit secrètement de l'hôtel des Tournelles, et courut avertir de ce qui se passait madame de Brézé, laquelle vivait retirée dans son château d'Anet.

Cette dame, dont le mari séjournait à Paris depuis cinq mois, et qui ne savait rien des événements de la politique, était bien éloignée de prévoir l'emprisonnement et la prochaine condamnation de son père : elle poussa des cris, jeta des pleurs, s'arracha les cheveux, et supplia Caillette de la conduire aux pieds du roi.

Cette fuite fut exécutée aussitôt que résolue : le soir même, Diane, sans prévenir ses femmes ni ses domestiques, argus clairvoyants dont M. de Brézé l'avait entourée, sortit déguisée du château, et se mit en route, à pied, sous l'escorte de Caillette. Du meunier, qu'ils rencontrèrent revenant de porter de la farine à Evreux, ils vendirent un mauvais cheval de charrue, sur lequel ils parcoururent une distance de vingt lieues en vingt heures.

Caillette et Diane étaient alors réunis par la pensée de sauver M. de Saint-Vallier ; la reconnaissance et l'amour filial les animaient l'un et l'autre ; mais, si Diane espérait avec plus de force et d'aveuglement, depuis qu'elle se trouvait plus près de son père, Caillette avait tout bas dit adieu à l'espérance, depuis qu'il lisait la teneur des papiers du greffier criminel.

Caillette, dont le teint pâle ressortait davantage par le contraste de ses cheveux et de ses yeux noirs, avait une habitude de visage noble et mélancolique ; il ne portait pas son brillant habit de fou, qui lui pesait plus qu'une chape de plomb; il avait un pourpoint et des grègues sans braguette, de couleur sombre et d'étoffe commune; mais son air distingué et sa tournure élégante ne lui laissaient que plus remarquables sous cet accoutrement vulgaire. Un grand manteau espagnol, drapé sur son épaule gauche, et un chapeau de feutre, à forme conique, ombragé de plumes de corbeau, lui donnaient quelque analogie de costume avec ces routiers, espèces de brigands qui, sortis des armées d'Italie, étaient rentrés en France après la guerre du Milanais, et, rassemblés en petites bandes, rançonnaient les provinces à cette époque, comme avaient fait les grandes-compagnies au XIVe siècle.

Diane, bien qu'elle eût alors vingt-trois ans accomplis, était d'une beauté si juvénile et si fraîche qu'elle semblait promettre de rester longtemps belle ; à la pureté de ses traits et à l'harmonie enchanteresse de sa physionomie calme, on eût dit une statue de la déesse Diane, due au ciseau de Praxitèle.

Son front haut et large, ses yeux d'une ravissante douceur, son nez délicatement formé, sa bouche souriante et montrant des dents de perle, tout en elle était chef-d'œuvre parfait de la nature. Il fallait un corps digne de cette tête divine ; partout, de nouveaux attraits et des grâces nouvelles ; des mains blanches comme neige, aux doigts longs, aux ongles roses ; de petits pieds, grands prometteurs ; une gorge ferme et arrondie, telle que Marot l'a célébrée dans son épigramme du beau tétin.

C'était, en un mot, cette même Diane de Poitiers, qui devint plus célèbre dans notre histoire que les Laïs et les Phrynés d'Athènes ; qui, à l'âge de quarante-six ans, fut la maîtresse de Henri II, et à qui on donna pour attribut une Diane chasseresse foulant aux pieds l'Amour, avec cette devise : *Omnium victorem vici* (j'ai vaincu le vainqueur de tous).

Mais alors combien elle était loin de ce qu'elle devait être un jour! Vêtue à la mode de la reine Anne de Bretagne, portant une robe d'estamet amarante à corsage long et serré à manches de satin vert, un collet de fourrure nommée *penne de gris*, une ceinture de tissu de soie à boucle d'or, et une sorte de coiffe de velours noir couverte d'un voile pareillement noir, elle eût excité les risées des dames et les railleries des muguets, en paraissant avec cet antique et sévère habillement dans les galeries de l'hôtel des Tournelles.

Diane n'ignorait pas qu'elle était belle, mais la solitude où elle passait sa jeunesse l'avait préservée de la coquetterie qui faisait la plus chère étude des femmes de la cour galante de François 1er. Ses

regards avaient, sans le savoir, une flamme contagieuse, et son merveilleux sourire n'était pas encore accoutumé à séduire les rois. Elle ne comptait qu'un seul adorateur qui n'osant se déclarer, soupirait en silence.

Cependant maître Malon, que de fréquentes rasades rendaient incapable de tenir la plume, ne cessait de lever d'une main tremblante son verre toujours plein jusqu'aux bords, et répandant des paroles sans suite, auxquelles avaient part son état de greffier et l'éloge du vin; il ne songeait pas à observer la contenance de ses convives.

Ce petit vieillard rabougri, à tête chauve, avec un visage écarlate et des yeux de basilic, habillé d'une robe noire fourrée, avait l'air de Silène en goguette; il portait fauteuil santés en les accompagnant de cette formule sacramentelle : « François premier de ce nom, par la grâce de Dieu, roi de France, à tous ceux qui ces présentes verront, salut! »

En ce moment, la cloche du couvre-feu sonnait à Notre-Dame. Caillette interrompit brusquement sa lecture subreptice ; Diane, devenue pâle de voir la pâleur de son ami, le regarda d'une façon suppliante, et lui dit tout bas :

— Ne verrai-je pas mon cher père devant l'arrêt?

— Madame, sur toute chose, reprit du même ton Caillette se levant de table, déguisez subtilement vos noms et qualités à ce maître chat fourré, malin autant que trente, et curieux d'argent plus que d'honneur.

— Par la purée de septembre qui n'est pas en carême! s'écria Malon, humons le piot, en l'honneur du seigneur de Saint-Vallier, qui perdra tantôt la faculté de buverie!

— Maître Malon, dit sévèrement Caillette, ayez respect, soins et déférence pour cette noble dame, en sorte qu'elle soit satisfaite de son hôte; car, par ma fi! la personne que je vous remets en garde est plus sacrée et précieuse que le saint Gréal et la vraie croix!

Il prononça ces mots en lançant un regard de menace au greffier, un regard d'intelligence à Diane; ensuite il hésita un moment, assura son manteau sur son épaule, se retourna pour rencontrer encore les yeux de Diane, et sortit avec un soupir étouffé.

Madame de Brézé écouta les pas qui s'éloignaient rapidement; puis, des cris et des voix confuses la glacèrent d'effroi; mais tout rentra bientôt dans le silence qui était en ce temps-là plus profond à huit heures du soir qu'il ne l'est de nos jours à minuit dans les rues de Paris. On n'entendit plus que le bruit des bouteilles et des verres que maître Malon tintait amoureusement, quand celui-ci, déjà tout-à-fait ivre et retombant la tête en cadence, se souvint qu'il était greffier-criminel.

— Ledit accusé, Jean de Poitiers, seigneur de Saint-Vallier, chevalier de l'ordre du roi, disait-il comme un homme qui écrit sous la dictée et qui répète chaque mot à part lui, bien et duement convaincu de complicité et trahison avec messire Charles de Bourbon, ci-devant connétable de France, soit condamné à faire amende honorable au roi, après Dieu...

— Monsieur, monsieur, avec fureurs outrées Diane, qui s'attachait à ces paroles d'ivrogne avec une effrayante curiosité, la chose est-elle de cette sorte, et le parlement commettra-t-il si dure injustice?

— Au préalable, continua maître Malon, qui ne prit pas garde à cette interruption, il subira la question ordinaire et extraordinaire.

— Dieu! mon Dieu! ayez pitié de lui et de moi!... A quand cette atrocité inouïe? Peut-être à cette heure!... Ce pauvre vieil et innocent seigneur est aux mains des Judas!

— Savoir : quatre coquemars d'eau froide ; et s'il est persistant à nier, brodequins seront mis aux jambes du patient, et ses bras tiraillés à force...

— Çà, dites pourquoi ces fureurs outrées? Comment, à pareilles tortures, survivra ce bon et vénérable noble homme? Fût-ce le juif Barrabas, un traitement indigne doit tourner à la damnation de ses auteurs!... Hélas! hélas! Ô les méchants!

— Ensuite de quoi et sans autres délais, le susdit de Saint-Vallier sera en place de Grève conduit pour y avoir la tête tranchée.

— Ah! grâce! merci! Dieu! sire! non, ce ne sera point, ou du même coup irai de vie à trépas!

En achevant ces exclamations désolées, elle se précipita vers la porte, l'ouvrit avec fracas, et comme eût fait une folle, disparut en courant dans les rues noires et désertes.

Cet acte de désespoir fut si prompt et si imprévu, que maître Malon n'eut ni le temps ni la pensée de la retenir : il ne bougea pas de son siège, emplit de nouveau son verre, cria par trois fois : *Huis-clos!* et retomba endormi sur la table, avec de bruyants ronflements qui continuèrent jusqu'au lendemain matin.

Dans un petit oratoire, éclairé par une lampe d'argent qui descendait du plafond peint en azur avec des étoiles, vis-à-vis d'un crucifix d'or, posé entre un reliquaire et un bénitier du même métal, Louise de Savoie, duchesse d'Angoulême, était assise sur son prie-Dieu massif en bois de noyer sculpté et noirci; le chancelier Duprat et Louis de Brézé, grand-sénéchal de Normandie, se tenaient debout devant elle.

Madame d'Angoulême était remarquable par la beauté majestueuse de ses traits et la noblesse de son maintien, quoique l'âge et les soucis eussent laissé des traces irréparables sur son visage recrépi de céruse et de fard; ainsi, ses yeux, au regard d'aigle, n'avaient rien perdu de leur feu, mais s'entouraient d'une auréole de rides; deux sillons creusés dans ses joues accompagnaient son nez, qui se courbait comme un bec d'oiseau de proie, et sa bouche, habituellement froncée et contractée au point qu'on voyait à peine ses lèvres pâles, paraissait toujours prête à s'ouvrir pour l'injure et la menace. Sa haute taille restait droite et cambrée, son abord inspirait la crainte plutôt que le respect; car il y avait un caractère de fausseté, d'arrogance et de méchanceté, répandu dans toute sa personne, et jusqu'en son sourire.

On n'aurait pas reconnu la mère du roi, à la voir si mal vêtue avec une robe de laine noire, sans broderies, sans crevés et sans déchiquetures à la mode; sa coiffure, à peu près pareille à celle des nonnes, était une espèce de capuce noir d'où s'échappaient quelques cheveux gris. Elle portait, pour unique ornement, des patenôtres d'orfèvrerie sur les grains desquelles étaient figurées les lettres C et B, en mémoire du connétable Charles de Bourbon. Pour satisfaire à un vœu secret, cette princesse ne quittait plus le deuil qu'elle avait pris en même temps et dans la même intention que sa fille, madame Marguerite, duchesse d'Alençon.

Antoine Duprat, seigneur de Nantouillet, n'avait pas encore acquis ce prodigieux embonpoint, qui, dans les dernières années de sa vie, devint pour lui si gênante infirmité qu'on échancra sa table afin qu'il pût s'y placer; mais, dès cette époque, il croisait sans cesse ses deux mains sur la proéminence de son ventre naissant, comme pour embrasser et le contenir; en effet, déjà il entretenait, à grands frais, un appétit plus insatiable que celui de Milon de Crotone et une gourmandise plus raffinée que celle de Lucullus.

Sa figure, triste et sévère, semblait en contradiction avec ses habitudes de bonne chère et de débauche; mais la dignité de chancelier exigeait ces fausses apparences, et, pour aider ses projets d'avarice et d'ambition; il se soumettait à feindre en public une inexorable austérité de mœurs, un zèle ardent pour la religion. Depuis la mort de sa femme il était devenu successivement évêque de Meaux, d'Alby, de Valence, de Die et de Gap, archevêque de Sens, et, non content de tous les honneurs ecclésiastiques et des grands bénéfices qu'il avait accaparés, il sollicitait alors en cour de Rome le chapeau de cardinal, avant d'arriver à la papauté, que plus tard il voulut acheter, dit-on, moyennant plusieurs tonneaux d'or.

Ses yeux de chat et son nez pointu étaient des indices certains d'une âme basse, scélérate et sordide. Ce fut lui qui proposa la vente des charges de judicature et l'augmentation des tailles; ce fut lui qui fit pendre Semblançay, général des finances, pour assurer l'impunité de ses propres dilapidations; il fut encore le principal auteur de la défection du connétable en inventant un faux procès de succession; enfin l'histoire a flétri ses iniques persécutions contre les calvinistes, qu'il tourmenta moins par fanatisme que par politique.

Le chancelier-archevêque Duprat conservait dans ses habits le double caractère de prêtre et de ministre. Il portait une longue robe noire avec un épitoge de couleur écarlate, des souliers carrés de cordouan à boucles d'or, un chaperon de velours noir bordé de menu-vair, dont la queue s'enroulait autour de son cou et retombait derrière son dos, la tonsure épiscopale et la barbe en pointe, attributs distinctifs de l'Église et de la cour.

Duprat s'étudiait à paraître froid et austère dans ses paroles comme dans sa personne; mais, dès que la discussion s'animait, il dépouillait tout-à-coup cette réserve d'étiquette, et, pour ainsi dire, en s'enflammant, la bouche écumante, la voix rauque, les gestes désordonnés, il suivait le courant de sa colère, même en présence du roi et de sa mère, qui toléraient cette impétuosité momentanée et disaient en riant : « Maître Duprat, comme il apprêt, a mangé de l'âne aujourd'hui. » Le chancelier avait réellement remis en honneur ce mets singulier, que Mécène et les voluptueux du siècle d'Auguste trouvaient exquis.

— Mon cousin Duprat, répétait souvent Triboulet, se nourrit volontiers de chair d'ânon pour acquérir les merveilleuses qualités de la bête.

Le grand-sénéchal de Normandie, qui était depuis plusieurs mois absent de sa juridiction, passait pour un des plus assidus et des plus méchants conseillers de madame d'Angoulême; il se vengeait de sa

Triboulet vaincu par Caillette.

laideur et de ses infirmités par tout le mal qu'il pouvait faire au prochain, et son plus grand regret était de n'en pouvoir faire assez.

Le mari de la belle Diane de Poitiers aurait pu remplacer le nain favori du roi, quoique ce nain eût l'avantage d'être le plus laid, le plus ridicule, le plus monstrueux de tous les courtisans. Son épais visage offrait un front étroit que caressaient quelques cheveux fauves, deux yeux rouges et sans regard, un gros nez aux narines béantes, et une bouche édentée, fendue par le plus déplaisant sourire; sa tête énorme paraissait enfoncée entre les épaules d'un corps bossu et contrefait de manière à exciter l'horreur et non la pitié. Louis de Brézé se rendait donc justice lorsqu'il retenait en chartre privée sa victime conjugale; il savait bien que la vertu novice de celle-ci résisterait mal à l'influence des comparaisons toujours défavorables pour lui, qui se présenteraient d'elles-mêmes sur le brillant théâtre de la cour.

On ne comprendrait pas comment M. de Saint-Vallier avait sacrifié sa fille à ce gendre hideux, si les idées de l'ancienne noblesse n'expliquaient assez l'aveuglement du père, à qui le bonheur de son enfant importait moins que l'éclat de son nom et la puissance de sa maison; car au seizième siècle, comme aujourd'hui, la première condition d'un mariage de bon lieu se bornait à des intérêts de fortune et de rang social, questions étrangères aux rapports de sympathie et d'affection qui doivent exister entre époux. Néanmoins, M. de Brézé, comme s'il eût depuis ouvert les yeux sur la disproportion de cette alliance, avait voué à son beau-père une haine mortelle pour unique reconnaissance. En conséquence, il pratiquait bien des menées souterraines et perfides, afin que le sire de Saint-Vallier reçût la peine des criminels de lèse-majesté.

Louis de Brézé avait le costume de cérémonie, petit manteau de velours à manches, toque à plumes, pourpoint à trousse, haut-de-chausses à double braguette, épée droite sur la cuisse et chaîne d'or avec les ordres du roi.

— Notre-Dame! s'écria madame d'Angoulême se frappant le front de sa main fermée, je suis mal contente et dépitée que le roi notre fils soit si tôt de retour, car j'appréhende que le procès tire en longueur, vu le nonchaloir de Sa Majesté à venger la trahison du connétable espagnolisé, dont le diable ait l'âme!

— De vrai, madame, repartit Duprat, le roi notre sire se soucie peu ou point de la punition exemplaire des gentilshommes, qui, demain sans faute, seront jugés à mort en cour de parlement.

— Ce sera bien fait à messieurs les juges que je cuidais avoir courage de brebis; toutefois n'est-ce point leur affaire, si les gens de ce Bourbon maudit s'en vont de vie à mort plutôt que de prison en liberté! Dieu soit témoin que je préfère être damnée en l'éternité, et ardre aux chaudières de Belzébuth, plutôt que de voir mes ennemis délivrés et sains et saufs, principalement celui qui fut l'instrument de la fuite et désertion de Charlot, à savoir le vieux sire de Saint-Vallier!

— Par le chef de saint Jean, son patron! interrompit Louis de Brézé, dont les regards s'allumèrent, et qui secoua la tête d'un air d'approbation : il a démérité trop plus que son maître, parent et ami; ses malveillants conseils ont ruiné la bonne intelligence régnant entre vous, madame, et ledit connétable, qui fut faible de cœur autant que femme au monde. Accourcir d'un coup de hache le corps de ce traître seigneur, c'est allonger les jours de la famille royale, m'est avis.

— Vous êtes habile donneur d'avis, monsieur le grand-sénéchal, reprit en souriant la duchesse d'Angoulême, et vous ne parleriez de meilleur style, si vous saviez comme et combien j'ai pris en haine ce Jean de Saint-Vallier, que je veux faire périr dessus la potence d'Aman.

— Efforcez-vous à le haïr tant et plus, ma très honorée dame; et quand vous serez à bout, votre ressentiment encore semblera miel auprès du mien!

— Vraiment, le sieur de Saint-Vallier s'est bouté encontre moi d'une audacieuse façon : il sollicitait fermement monsieur de Bourbon de me dépriser et maltraiter; il dérompit le mariage juré entre nous, et par sa mauvaise langue fielleuse suscita mille ennuis qui se for-

Diane sauvée par François Ier.

mèrent en orage pour depuis pleuvoir ensemble, et gâter le plus gentil amour. Las! sans les venins qu'il jeta sur mes faits et gestes, innocents et purs d'ailleurs, Charlot n'eût onc mangé le pain de l'empereur!

— Mieux vaudrait, dit Duprat, pour son honneur en ce monde et

son salut en l'autre qu'il eût mangé des pierres et fût mort d'indigestion ! mais il s'est repu de honte, et n'obtiendra de Dieu indulgence plénière, ni par romivage et pélerinage, ni par fondation de messes, chapelles et couvents, ni par jeûnes et oraisons. Notre saint père le pape ferait chose moult équitable de l'excommunier ?

— Sans doute, objecta Louis de Brézé; mais, à l'égard de Jean de Saint-Vallier, le maître bourreau sera plus expédient que le pape, et le supplice en place de Grève plus redoutable que l'excommunication ; c'est faire qu'il soit damné vite et chaud, sans remède ni délais.

— Oui-dà, répliqua la duchesse d'Angoulême, la chose est irrévocable, et monsieur mon fils avait du tout recommandé l'affaire à mes soins devant son voyage à Blois : c'est pourquoi que je l'ai fait mander par le docteur Agrippa, aux fins de réconforter ses intentions, s'il y a lieu, et couper court à ces retardements qui me font la vie amère.

— Remémorez-lui, ma très honorable dame, que ledit de Saint-Vallier étant la plus menaçante tête de l'hydre, il est nécessaire qu'elle soit tranchée d'abord.

— Tel est mon désir, et, vous dis-je, en cas que j'en eusse le pouvoir, je ferais cent fois merci à mon connétable, mais pas une à son instigateur, le sieur de Saint-Vallier, qui est cause que tout soit advenu de la sorte, hélas !

— Par l'ânesse de Balaam ! ajouta le chancelier, le même Saint-Vallier m'a porté grief préjudice quand il a distrait monsieur de Bourbon de me vendre les belles terres de Thryerne et de Thory, en Auvergne, lesquelles sont fort à ma convenance ; or, je lui souhaite le pire qu'il lui puisse réussir, et la main me démange de sceller son arrêt.

— Si m'aide Dieu, Duprat, mon ami, répondit la duchesse, ces terres et fiefs qui vous font envie écherront, sans frais ni coût, en votre part de la confiscation.

— Dieu vous entende ! madame et maîtresse ; c'est beau profit de vous servir fidèlement.

— Quant à ce qui est de vous, monsieur le grand-sénéchal, tenez pour assuré que votre part ne sera la plus petite en rémunération de votre service, et j'aurai cure à ce que l'héritage du sieur de Saint-Vallier, votre beau-père, ne soit nullement dilapidé, et vienne en vos mains, outre le meilleur morceau de l'argenterie de monsieur de Bourbon.

— Grâces pleines et entières vous soient rendues, madame ! s'écria vivement M. de Brézé ; mais le prix qui m'agréera davantage, c'est un échafaud, haut de cinquante coudées, pour être vu de loin et de près, où monsieur de Saint-Vallier laisse son vieux chef, duquel les cheveux n'ont encore blanchi sous les années...

— A cent charretées de diables ! interrompit Duprat, à qui le rouge monta tout-à-coup au visage ; avez-vous droit et raison, monsieur de Brézé, pour vous montrer si forcené à vouloir trépas de votre beau-père ? Si ainsi est de vous, que sera-ce de moi, qui, n'ayant nul parentage avec le sieur de Saint-Vallier, fus, par ses machinations, frustré de la vente de Thryerne et de Thory ? Certes, j'ai grandement à cœur le tort qu'il me fit, et aussi en dirai le pourquoi...

— N'est-ce que cela, monsieur le chancelier ? dit M. de Brézé avec un rire amer sur les lèvres : les paroles me faudront plus que les motifs, et ce que j'aurais vergogne de confesser en public, adoncques ne le tairai néanmoins par devant ma très vénérée dame ici présente ; toutefois mettez qu'il n'en est rien, et jugez si tel souvenir me poind.

Le grand-sénéchal s'arrêta confus au milieu de sa révélation : le roi venait d'entrer avec Agrippa ; en poursuivant à haute voix, comme s'ils étaient seuls, un entretien qui les préoccupait tous les deux.

Diana et Agrippa.

— Foi de gentilhomme ! disait François 1er, en quel lieu trouverai-je, d'aventure, l'accorte et mignonne pucelle que me promettent les astres intéressés à me contenter plus outre mes désirs ?

— Sire, répondait Agrippa, bien fol est celui qui met sa foi en la science astrologique ! mais nonobstant, il m'est démontré, par nombres cabalistiques (ne les croyez, je vous prie, ce sont vaines fumées !), que vous rencontrerez cette fille aujourd'hui, vers la douzième heure....

— Ce serait minuit : le cas est malaisé. Mais pourquoi la douzième heure ?

— Le nombre douze (vous rirez de ces folies !) est sacré par l'univers et le monde intellectuel ; le nom du Père, du Fils et de l'Esprit-Saint, a douze lettres en langue hébraïque ; il est au ciel douze ordres de bienheureux (je ne les ai vus ni ne les verrai), il y eut douze tribus en Israël, douze prophètes, douze apôtres, douze signes du zodiaque, douze mois, douze planètes, douze pierres précieuses, douze espèces de damnés, douze dieux païens principaux, qui sont : Pallas, Vénus, Phébus, Mercurius, Ju-

Diane chez le greffier Malon.

piter, Cérès, Vulcanus, Mars, Diana...

— Cet oracle ne regarde point madame la greffière, qui, j'estime, ne se souvient du temps qu'elle était pucelle. Les filles de Paris, de leur nature, n'imitent la virginité de la déesse Diana, laquelle viendrait me refaire à point...

— Çà, monseigneur, interrompit la duchesse d'Angoulême en s'adressant au roi, êtes-vous si médiocrement aise de me revoir, que vous devisiez tant avec monsieur mon médecin?

— Vrai Dieu! madame, dit le roi s'avançant vers sa mère, qui s'était levée pour le recevoir, vous me voyez plus ébahi que vous n'êtes; mais votre astrologue Corneille Agrippa m'a tout perturbé l'entendement, d'une jolie pucellette venant d'Occident, du nombre cinq ou du nombre douze...

— Sire, s'écria maître Agrippa, mettez que je n'ai sonné mot, et aussi bien, c'est chose convenue que la vanité des sciences occultes...

— Or çà, madame ma chère mère, reprit le roi d'une voix affectueuse, durant que je fus à Blois, aucun jour, je n'ai omis, de réciter mes patenôtres, au regard de votre santé qui m'est plus précieuse que l'honneur et ma couronne; je devine, à votre air, qu'un bon ange gardien oyait là-bas mes oraisons.

— Oui-dà, monseigneur, répondit aigrement madame d'Angoulême; j'appréhende que vous fîtes plus volontiers les antiennes d'amour que messes et litanies catholiques; mais les soins, angoisses et ennuis dont je fus travaillée en votre absence, à l'effet d'achever le procès du connétable et des siens, n'ont encore pris cesse à cette heure.

— Foi de gentilhomme! j'en ai su la malplaisante nouvelle qui me tient au cœur, non moins que la disparition de mon bien-aimé Caillette, qui n'est plus en cour, et fut enlevé par les fées, j'imagine.

— Hélas! interrompit tristement madame d'Angoulême, la porte de ce gentil enfant m'a navrée au fond de l'âme, et j'en ai songé, la nuit durant, maugré ma vie!

— Par les sceaux! dit le chancelier avec humeur, est-ce pas trop de bonté, chez si haute dame que vous êtes, le bienveigner et regretter si petit personnage, au point d'y penser en songe? Ce Caillette n'avait de fol que le nom, et on n'attendra guère pour en trouver un qui le vaille.

— En vérité, Duprat, répondit d'un air fâché la duchesse d'Angoulême; Caillette n'a son pareil, voire même en votre chancellerie; et si vous connaissez quelque autre plus avenant, amenez-le, ne vous déplaise!

— Maître Agrippa, reprit Duprat, en temps que nous soit conférons à huis-clos, restez en la galerie, afin que personne n'aille nous éclairer ou troubler l'entretien.

— Monsieur le chancelier, dit Agrippa faisant une grimace moqueuse, à Dieu vous command'! je suis médecin, je veux bien être astrologue, mais sera portier qui voudra, saint Pierre au monde céleste, Cerbère au monde infernal, autres en ce monde sublunaire, quoique de ma nature sois moins que rien, c'est-à-dire un homme ainsi que vous-même.

A ces mots, Corneille Agrippa salua profondément la duchesse d'Angoulême et le roi; puis, relevant la tête et faisant la moue au chancelier, il s'éloigna d'un pas magistral, après avoir secoué en l'air sa baguette divinatoire et prononcé entre ses dents des oracles hébreux.

— Damné sorcier! s'écria Duprat enflammé déjà de colère; j'estime que ce païen s'est judaïsé dans l'intention de confabuler plus aisément avec le diable. Avez-vous peu de crainte et vergogne, madame, de fier votre vie et âme à la médecine de cet hérétique galeux et docteur en sorcellerie? Baillez-moi licence, si vous plaît, et il n'en coûtera, pour certaine cérémonie, que quatre cents bourrées et cotrets, treize bottes de feurre, deux botteaux de foin et quelque peu de poudre de souffre; le tout au prix de cent sols parisis ou environ.

— Duprat, dit la mère du roi, je n'entends ni d'une ni d'autre oreille que médecin mon médecin soit chagrené et molesté, car de plus docte homme il n'en est pas en France non plus qu'ailleurs, et mon père confesseur m'a permis de l'avoir à mon service sans péché.

— Çà, madame, dit le roi qui se tirait les poils de la barbe, à quelle fin m'avez-vous mandé devers vous si mystérieusement que j'en augurais un beau secret d'État ou quelque conjuration magique?

— Sire, répondit la duchesse d'Angoulême, vous m'avertissez par là que je retourne à mes moutons; donc, écoutez-moi jusqu'au bout, et vous promets d'être brève sur toutes choses.

— Soit dit en passant, interrompit le roi, vous ne vous enquérez point comment va madame la comtesse de Châteaubriant, laquelle a moult souffert du froid hibernal?

— Ce ne sont mes besognes, mais les vôtres, sire; il est affaire seulement de la condamnation à mort des gentilshommes impliqués au procès du connétable, et davantage du seigneur de Saint-Vallier, le plus coupable entre tous...

— Eh bien! madame, depuis quand le roi de France remplit-il l'office de son parlement? Messieurs les juges savent mon bon plaisir et s'y conformeront, de peur de m'irriter contre eux. Au demeurant, il ne me chaut des arrêts à rendre; car j'ai souvent dépit et vergogne d'y apposer mon seing et aussi les sceaux par les mains de mon chancelier.

— Oui, bien, mon fils; mais on m'a redit que messieurs les présidents et conseillers prétendent absoudre et renvoyer sans dépens les complices et fauteurs de mon cousin de Bourbon, ce qui serait chose horrible et de mauvais exemple, si vous n'y mettez ordre.

— De vrai, madame, il serait profitable que les traîtres et conjurés fussent châtiés aux termes des lois et ordonnances; cependant, si mon très féal et très amé parlement préfère user de clémence, laquelle est déclarée une fort honnête vertu par le latin Sénèque, je n'aurai garde d'y faire obstacle.

— Vous ne pesez ce que vous dites, mon fils, et parlez ainsi de léger; car ces criminels doivent porter leur peine selon la justice humaine et divine; sire, n'ayez indulgence envers ceux qui eussent, sans remords ni pitié, mis à mal vous et les vôtres.

— Sire, ajouta M. de Brézé, octroyez merci à tous, excepté à monsieur de Saint-Vallier, le plus ami du connétable, et partant le plus ennemi de Votre Majesté.

— Bonjour, bon an et bonne étrenne, monsieur le grand-sénéchal! répondit le roi avec aménité; je ne vous discernais pas en ce début, et je suis réjoui de vous voir si galant visage.

— Mon fils, reprit la duchesse, ne vous étonnez point que j'aille réclamant votre foi jurée pour le supplice des affidés de monsieur de Bourbon; j'ai souci de votre gloire plus que vous ne faites, et faut que vous ayez raison de qui vous a si grièvement offensé.

— Saint-Ouen vous soit en aide, sire, dit tristement Louis de Brézé, si monsieur de Saint-Vallier doit issir sain et sauf des prisons de la Conciergerie! il reviendra tôt ou tard vous empoisonner ainsi que messieurs les enfants de France; et voici que son maître le connétable tend à vous succéder au trône avec l'aide des lances espagnoles.

— Foi de gentilhomme! mon cousin de Bourbon ne me sera onc redoutable, fût-il renforcé de tout le boucon d'Italie et des vieilles bandes de Castille: je le défie en combat singulier, et lui ferai confesser, le pied sur la gorge, qu'il est fourbe, traître et déloyal à son pays, à son roi et à ses serments.

— Sire, continua M. de Brézé, m'est avis que le plus expédient, pour réduire à obéissance ce tant superbe connétable, est de condamner au plus tôt son ami spécial, le seigneur de Saint-Vallier.

— Par mon âme! dit le roi dont le regard pénétrant se fixa sur M. de Brézé, êtes-vous point, s'il m'en souvient, parent dudit Saint-Vallier?

— Sire, répondit le grand-sénéchal en rougissant, de vrai, pour mes péchés, j'épousai, il y a environ dix années, la fille unique de Jean de Poitiers, sieur de Saint-Vallier.

— Ouais! l'épousée est-elle laide, farouche et mal faite, pour susciter de votre part si copieux regrets?

— Nenni, sire; madame de Brézé ne le cède à pas une en grâces, beauté et vertu.

— De par Dieu! monsieur le grand-sénéchal, si celle-là est telle que vous dites, pourquoi, au lieu de vous congratuler de cette bienheureuse chance, maudire et blasphémer contre monsieur votre beau-père? Outre ce, pourquoi ne mener point en ma cour une si gente dame, qui serait fêtée et honorée d'un chacun? J'ai grand impatience de la connaître, et voudrais que l'eussiez ja fait venir.

— Sire, n'a-t-il pas, à Moulins, lors du dernier fils de monsieur de Bourbon? Aussi bien, j'ai failli par excès d'amour conjugal, en exaltant ses mérites plus que de raison; madame ma femme vous semblerait, vous trop inférieure à cet éloge, et, belle à mes yeux, le fût-elle aux vôtres?

— Je ne la vis point, ainsi ressouvenance que monsieur de Bourbon magnifiait sa divinité; vous ferez sagement de l'introduire en notre cour, sous la protection de ma bonne mère. Dépêchez, je vous prie, car il me tarde... Mais quelle rage vous tient de si fort désirer le trépassement de monsieur de Saint-Vallier? S'il vous fit injure, réclamez de lui réparation pour gage de bataille: volontiers j'ordonnerai un beau duel où veux être présent pour juger des coups.

— La partie serait inégale entre monsieur de Saint-Vallier, qui tremble de grand âge, et moi, qui ne sais manier l'épée, sinon la plume.

— Monsieur, un bon gentilhomme doit user de l'épée qu'il porte, et le sieur de Saint-Vallier, lequel n'a encore la dalle chenue, se sent de force à jouer de l'estoc et de la pointe, qu'il a défié à toutes armes ceux qui protesteraient contre son innocence. Enfin, quel sujet d'un si énorme ressentiment?

— Sire, je ne le célerai devant vous, et n'oubliez pas que j'ai, le premier, dénoncé la conspiration de monsieur de Bourbon, quasi prête à réussir; l'intérêt de votre personne et de votre état n'était assez puissant de soi pour me délier la langue, mais je tendais à me revenger, et monsieur le chancelier, ci-présent, me transmit votre

parole royale de me donner le prix que je demanderais : donc, en rémunération de la ligue découverte, de votre vie sauve et du royaume préservé, je ne réclame autre guerdon que de voir trancher le chef de monsieur de Saint-Vallier, sur un échafaud, en la place de Grève.

Ces paroles sanguinaires furent suivies d'un silence de surprise et d'horreur : madame d'Angoulême, malgré son caractère vindicatif, ne fut pas exempte d'un sentiment pénible ; le roi, entraîné par un mouvement chevaleresque, mit la main à son épée, comme pour défendre M. de Saint-Vallier contre son propre gendre ; mais le chancelier, la première émotion passée, se contenta de sourire à la manière de Saint-Vallier contre son propre Diane, au jour de ses noces !...

— Morbleu ! interrompit le roi, n'est-ce pas la déesse Hébé que vous peignez au naturel ? votre femme, à cette galante pourtraiture, me plaît d'avance, par ma fi !

— Oui, sire, répliqua le grand-sénéchal, qui se repentit d'en avoir trop dit, ma femme, au temps des épousailles, avait en sa personne tant de perfections que je faudrais de les nombrer ; mais depuis, elle devint laide et dégoûtante : passons. Je la traitai cette mignonne épousée aussi et plus amoureusement qu'un autre eût pu faire ; toutefois, prudence fut de modérer cette grosse ardeur, crainte d'affecter la faible complexion de Diane, qui était à peine nubile. Il advint que sa nourrice, méchante gouge que le diable emporta ne sais où, s'en vint, par insigne malveillance, rapporter à monsieur de Saint-Vallier, que j'avais, jusqu'à ce, omis les devoirs ordinaires du mariage....

— Foi de gentilhomme ! interrompit en riant François I[er], si je fusse accusé d'impuissance (chose infâme, vraiment), je n'arrêterais guère plus contre moi les dames clairvoyantes ; et d'ailleurs les dames confesseraient, sans y être forcées, que c'est fausseté manifeste.

— Néanmoins monsieur de Saint-Vallier, reprit M. de Brézé baissant la voix, donna créance à cette vilaine, qui lui mit d'étreint le gosier), sans doute pour mieux jouir de mon déshonneur offert à spectacle, assigna contre moi le parement en impuissance à la cour de l'official, et par suite, divorce prononcé, faute de consommation de mariage. Ce procès malhonnête eut commencement en jour non pas fin ; durant l'affaire demeurée pendante au tribunal d'église de Rouen, ris, brocards et huées me firent la guerre si aigrement, que j'en fus malade et m'acheminai, de honte, vers la fosse ; mais en temps utile, ma très bonne femme, laquelle était étrangère à tout ceci, crainte de désobéir à son père, suivit une meilleure voie et retira la plainte sur ce que le congrès avait été proposé.... Maintenant, appréciez, quel pardon dois-je à celui qui gâta ma bonne renommée par semblable calomnie ?

— Ah ! ah ! monsieur de Brézé, s'écria le roi, qui se pâma de rire, le cas ne vaut de tuer une puce ; argumentons : vous êtes impuissant ou non ; si l'êtes, le serez-vous moins, monsieur de Saint-Vallier mort ? si point ne l'êtes encore devenu, le deviendrez-vous plus, monsieur de Saint-Vallier vivant ? Or, j'estime que monsieur votre beau-père ne sait l'art de nouer l'aiguillette ?

— Monsieur le grand-sénéchal, ajouta Duprat ironiquement, le beau moyen que vous aviez à votre convenance pour vaincre d'un coup les incrédules ! il ne fallait, devant l'arrêt, que jeter un moule deux petits sénéchaux. Aussi bien, votre honneur commandait une procès aboutit à ses fins, d'autant que l'époux taxé d'impuissance est admis à faire ses preuves en face de l'officialité, loi moult prévidente et inévitable.

— Le cas est par trop outrageux pour un gentilhomme, dit gravement madame d'Angoulême, que d'être réputé impuissant, lequel est en horreur aux dames et à tout le monde.

— Oui, reprit le roi, sans modérer sa gaîté ; serait-ce calomnie patente, le sieur de Saint-Vallier ne saurait, sur tel fait, être puni de mort infamante, puisque, vous accusant d'impuissance, il ne visait nullement à vous faire périr ! En somme, ledit de Saint-Vallier eut la langue trop prompte, bien qu'un bon père doive éprouver deuil extrême de voir sa fille mariée à un eunuque !...

— Sire, sire ! interrompit M. de Brézé, qui perdait contenance, et qui sentit l'impérieux besoin de ramener le roi à une audition plus sérieuse, la langue de Saint-Vallier est si prompte et insolente, qu'elle s'attaque à vous-même, et ne tente rien moins que piquer votre honneur, que vous tenez si cher par-dessus tout.

— Foi de gentilhomme ! s'écria le roi, dont le visage refléta comme un miroir la rougeur de M. de Brézé, qu'est-ce à dire de mon honneur ? Quel assez osé et imprudent pour toucher ce bouclier inviolable ? Vite, monsieur de Brézé, une prime et dernière fois répétez l'insulte qui me regarde, si grande qu'elle soit ; moyennant ce, le châtiment, si grand soit-il, s'en va choir sur autre que vous.

— Ainsi sont tous les gentilshommes de monsieur de Bourbon, ajouta madame d'Angoulême ; ils ne vous épargneront en leurs médisances, ceux-là qui diffament votre mère !

— Je gage, reprit à demi-voix le chancelier qui calculait la portée d'une seule parole, que le vieux de Saint-Vallier reprocherait à Sa Majesté la pendaison de ce larronneur de Semblançay, lequel si aveuglément laissa le connétable piller à pleines mains dans les coffres de l'État !

— Parlez tôt, parlez, monsieur de Brézé ! s'écria François I[er] avec une fougueuse exaspération ; redites impunément ce qu'on a dit d'attentatoire à mon los ? Ne déguisez point la vérité, et déclarez hautement comme la chose s'est passée, afin que j'en tire vengeance le plus royalement que faire se peut.

— Sire, dit le grand-sénéchal effrayé de la fureur qu'il avait fait naître d'un mot, monsieur de Saint-Vallier, arraisonnant et moralisant sa fille Diane, lui contait, pour la mieux dissuader de venir à la cour, que les dames, sans exception de madame Claude de France, votre épouse, se trouvaient mal des amours de Votre Majesté, au retour des guerres d'Italie.

— J'écoute et n'entends pas, répliqua le roi, qui avait peine à dissimuler sa colère et qui se flatta d'avoir mal compris ; répondez net et sans réticence ! voyons les beaux contes que l'on fait de nous ? Ça, dégoisez à loisir, et ne vous souciez de m'offenser plus que ne fit cet outrecuidé de Saint-Vallier !

— Sire, je n'oserai, ma très honorée dame d'Angoulême présente, redire cette vilenie, dont, pour tout l'or d'Espagne et d'Amérique, ne croirais la moitié ; nonobstant, afin de ne vous pas déplaire, je vous dirai le fait à voix basse et de la bouche à l'oreille.

François I[er] agréa d'un signe de tête cette proposition, et poussa dans un coin de l'oratoire le grand-sénéchal, qui frémissait de tout son corps et ne trouvait point assez d'haleine pour souffler sa calomnie dans le cœur du roi. Tandis que les yeux de madame d'Angoulême brillaient d'une joie féroce, le chancelier se pencha vers elle, et lui dit en ricanant :

— Cet Ésopus, à Dieu plaise ! nous secourt de quelque mensonge fabriqué bien à point, pour moyenner les rigueurs du roi tenant demain son lit de justice. On jouera prochainement le mystère, à huit personnages, du martyre de Saint-Vallier et de ses compagnons.

Soudain la porte de l'oratoire, qui n'était pas fermée à double tour et à verrous, tourna doucement sur ses gonds ; et Triboulet, soulevant la portière de satin gros crépue, apparut à l'entrée, l'index dirigé vers François I[er], dont le front se rembrunissait à mesure que M. de Brézé avançait dans sa confidence.

— Triboulet, mon fillot, demanda la duchesse d'Angoulême avec explosion, viens-tu pas nous apprendre le retour désiré de ton frère Caillotte ?

— Carimari, carimara ! répondit-il en gambadant, le pauvre fol a-t-il pas été ravi au ciel par l'aigle de Jupiter, pour occuper l'emploi de défunt Ganimèdes ?

— Saint-Vallier en a menti par la gorge ! s'écria le roi, s'agitant et marchant à grands pas dans la salle ; si je fusse tyran comme le roi Louis onzième, je ferais couper sa langue traîtresse et clouer icelle aux portaux de son châtel, pour l'enseignement et terreur des calomniateurs à venir !

— Hors d'ici, maître fou ! cria le chancelier à Triboulet ; arrière, à beau coureur de jambes ! sinon tu seras fustigé par le roi des ribauds, ton seigneur et justicier !

— Monsieur Duprat, repartit Triboulet, on aurait bel à faire pour que je sois, plus que vous, ressemblant au Seigneur Christ battu de verges et couronné d'épines !

— Demeure, Triboulet, dit le roi d'un air et d'un accent solennels ; aussi bien, voudrais-je que tous mes sujets, y compris le plus ord gueux du cimetière des Innocents, soient entendant l'irrévocable serment qu'il va vous jurer sur le crucifix et l'Évangile.

— Sire, dit Triboulet qui se moquait toujours du chancelier, jurez que les gros ventres entreront au Paradis (duquel l'huis est étroit) malaisément qu'un oriflant au trou d'une aiguille.

— Par-devant Dieu le Père, le Fils et le Saint-Esprit, par-devant vous, madame ma mère, et vous autres témoins de ce, moi le roi, je jure que le fourbe et menteur de Saint-Vallier verra tôt la place de Grève !

Diane, entraînée par le violent chagrin qui troublait sa raison, s'éloigna précipitamment de la demeure du greffier-criminel, avec l'intention de parvenir sur-le-champ jusqu'à son malheureux père, sans songer que maître Malon pouvait, mieux que personne, lui fournir les moyens d'entrer dans la prison.

Elle n'était jamais venue à Paris, et ne savait pas être en ce moment si près de la Conciergerie, où M. de Saint-Vallier avait été renfermé ; si elle se fût doutée seulement du lieu de cette captivité, elle serait restée, cette nuit-là, devant la maison du greffier, et n'aurait pas quitté des yeux la Tour-Carrée, noire et morne parmi les ténèbres ; mais son agitation croissante ne lui eût pas permis d'entendre la voix de son hôte, qui ne songeait point à la rappeler en se versant des rasades : elle courut au hasard, sans s'arrêter ni reprendre haleine ; elle repassa le Pont-au-Change, suivit d'abord la rue Saint-Denis ; puis, revenant sur ses pas, erra, presque à tâtons, dans les rues du Pied-de-Bœuf, de la Planche-Mibray, de la Tannerie et du Martroy-Saint-Jean.

Le froid, le silence, la solitude et l'obscurité eurent bientôt calmé ses esprits exaltés par un accès de fièvre et de désespoir ; elle se repentit amèrement de cette fuite inutile, et le courage qui l'avait soutenue l'abandonna tout-à-coup. Elle essaya en vain de retrouver le logis de maître Malon, elle prit et quitta vingt chemins différents, marcha plus lentement, examina toutes les fenêtres, toutes les portes, et s'égara de plus en plus dans le labyrinthe de rues, de ruelles et de culs-de-sacs.

L'aboiement d'un chien, le cliquetis d'une girouette, le cri d'un oiseau, le bruit d'un pas, celui d'une voix dans l'intérieur des habitations, tout la glaçait de terreur, et des larmes ruisselaient le long de ses joues. Elle nommait à voix basse le sire de Saint-Vallier ou Gaillette, et n'espérait pas que l'un des deux lui répondît. Enfin elle arriva sur la place de Grève, qui étincelait de verglas, aux rayons de la lune, et se confondait avec le cours de la rivière.

Diane, au sortir de l'ombre opaque des rues, demeura stupéfaite à l'aspect d'une clarté inattendue, et considéra d'un œil d'effroi, au milieu de cette place où l'Hôtel-de-Ville n'était pas encore bâti, un objet élevé et immobile, aux formes étranges, qui se dessinaient en noir sur le bleu du ciel étoilé. Elle approche en chancelant, regarde avec anxiété, regarde encore, jette un cri et tombe évanouie au pied de l'échelle d'un gibet auquel six voleurs avaient été pendus de compagnie le matin même. Diane s'était alors ressouvenue de son père et des dernières paroles du greffier-criminel.

Cependant, au coup de onze heures, François I^{er} était sorti de l'hôtel de Tournelles, accompagné de son fou Triboulet, qui portait devant lui une lanterne de corne, pour guider leur marche nocturne.

Le roi, soucieux et préoccupé depuis la confidence malhonnête de M. de Brézé, allait à un rendez-vous d'amour, comme par contrainte et pour remplir un triste devoir. Il avait eu la tentation de se rendre au lit et d'y dormir paisiblement jusqu'au lendemain ; mais Triboulet, qui comprenait dans les attributions de sa charge le gouvernement des plaisirs du roi, lui fit entendre qu'il serait indigne d'un roi de France de manquer au rendez-vous donné, et que le greffière en tirerait des conséquences fâcheuses pour un si galant prince.

Outre cette grave raison qui semblait se rapporter aux calomnies attribuées au seigneur de Saint-Vallier, François I^{er} vint à penser qu'en couchant dans son hôtel, il serait exposé à la visite de sa femme, qu'il n'avait pas le loisir de voir depuis son retour ; ainsi placé entre deux maux, il se détermina à choisir le moindre, et s'étant informé de la santé de madame Claude, qui anguissait toujours malade nonobstant ses couches annuelles, il s'enveloppa d'un ample manteau de couleur sombre et descendit dans la rue Saint-Antoine, par une porte secrète de Dédalus.

— Foi de gentilhomme ! dit-il en abaissant son chapeau sur ses yeux, je ne sais quel démon me tient au corps, et si cet impuissant de Brézé m'a, soufflant dessus moi, rangé au chapitre de *frigidis et maleficiatis* ; mais vrai est qu'à cette heure je ne me soucie de la greffière Malon plus que de ma propre femme, laquelle tant me repousse à cause de sa maigreur hérouière.

— Mon cousin, reprit Triboulet, ce sont embûches diaboliques à vaincre d'un beau signe de croix ; car il est écrit : « Roi peut tout ce qu'il veut ! » et les bons chrétiens ne pratiquent la continence, sinon en carême, où point à la chair ne touchent.

Le roi ne répondit pas ; il était distrait et comme en état de somnolence, n'écoutant pas, ne voyant pas, et plein des vagues prédic-

tions que Corneille Agrippa avait laissées échapper sans paraître y croire lui-même. Le roi eût rougi d'avouer qu'il y ajoutait foi, et pourtant il se demandait à lui-même quelle serait cette beauté mystérieuse qui devait lui apparaître vers minuit.

Cette heure souhaitée tout bas n'était pas loin, quand François I^{er} passant au pied d'une tour ronde, à plate-forme, qui s'élevait à l'extrémité de l'hôtel des Tournelles, dans la rue Saint-Antoine, entendit une voix, partie d'en haut, qui l'appelait par son nom : il tressaillit, et porta ses regards vers une étroite fenêtre, ouverte et éclairée, où l'ombre d'un homme se découpait en silhouette devant la lumière.

— Sire, dit Triboulet ému par la peur, Prudence, sainte tant et tant invoquée par Danger, ne fit onc mal aucun que je sache ; or, si m'en croyez, nous irons en avant, hors de ce guet-apens maudit ; car cette tour, dévolue au magicien Agrippa, durant votre voyage à Blois, devint repaire de démons et officine de sortilèges.

— Par le saint nom d'Élohim et d'Adonaï ! cria l'habitant de la tour : va-t'en, Philistin, Édomite, pharisien, et gentil ! Garde que, pour médire du prochain, tu sois mué en grenouille ou crapaud ! Fils de serpent ! aie remembrance de Sodome et de Gomorrhe, arses et charbonnées d'une pluie de feu !

A ces paroles menaçantes, Triboulet se signa de la main gauche, parce qu'il tenait de la main droite sa lanterne, murmura une exclamation fervente au grand saint Michel, vainqueur de Satan, et s'enfuit de toutes ses forces, malgré les ordres réitérés de François I^{er}, qui le sommait de s'arrêter sous peine de recevoir les étrivières.

Triboulet n'entendait rien et courait toujours ; mais épouvanté par la clarté vacillante de la lanterne qui projetait autour de lui des ombres bizarres et gigantesques, il ne distingua pas un amas de boues et d'immondices, dont la gelée n'avait endurci la surface : son pied glissa, et le poids de son corps ayant brisé la glace, il demeura étendu dans une fange infecte ; la lanterne lui échappa des mains, roula par terre et s'éteignit ; il sentit sa vie près de s'éteindre avec elle, et, recommandant son âme à tous les saints et saintes du paradis, il fit tout bas une édifiante préparation à la mort, tandis que le roi, sans s'inquiéter de ce que le fou et la lanterne étaient devenus, s'entretenait avec Corneille Agrippa, qui avait paru à la fenêtre de son observatoire.

— Sire, disait l'astrologue, à cette heure que tout dort sur terre, je suis veillant, l'œil tendu devers votre belle étoile, qui est mon soleil, plus clair et plus propice que l'astre de Phœbus.

— De par Dieu ! maître Agrippa, indiquez-moi ladite étoile que ne discernerais entre mille, bien qu'elle soit mienne de naissance ?

— Sire, avisez-vous pas, au-dessus de ce pignon surmontant les toits voisins, cette scintillante planète qui nous rit, et semble d'une cour entourée, tant il y a d'étoiles en cet endroit du firmament ?... Mais, à vrai dire, princes, rois et empereurs seraient bien fols et outrecuidés de prétendre que des astres nouveaux soient mis exprès pour eux plutôt que pour les pauvres souffreteux et gueux de l'hostière ; m'est avis que le destin d'un chacun réside ailleurs qu'aux étoiles, qui sont moins nombreuses que la population d'une province seulement de la ville de Paris.

— Foi de gentilhomme ! messire astrologue, vous n'avez en bouche deux paroles semblables, et votre dire est, de sa nature, fort contradictoire ; vous changez et virez du blanc au noir, et du noir au blanc ; votre oui vaut non, votre non oui. Foin des savants de l'école pyrrhonienne !

— Sire, tel est le système qu'ai bâti touchant l'inanité de toutes choses ; ne vous étonnez donc que je parle en même temps pour et contre : de cette sorte, suis-je assuré de n'errer point ; car, de deux extrêmes, faut élire le milieu ; ainsi est l'endroit de dame Sagesse.

— Un mot, mon maître ; j'ai l'esprit moult curieux et assoté de la plaisante fille que m'avez promise pour la douzième heure sonnant, c'est-à-dire la mi-nuit ?

— En la philosophie occulte, très incertaine, je le confesse, douze signifie mainte fois trois ; quatre, cinq, ou tel autre nombre ; or il suffit que, suivant mon présage, une pucelle de bon air s'offre à vous, soit soit-domain, soit ensuite, ne vous dirai quand.

— Oui-dà, la belle chose que l'astrologie, magie, philosophie, et mille et une bêteries ! Si vous dormez, seigneur Agrippa, déportez-vous de lire, les yeux clos, aux pandectes du Destin.

— De fait, sire, maints abstracteurs de quinte-essence sont d'autant plus aveugles qu'ils se disent clairvoyants, et Monsieur (qui est le nom de mon grand chien noir) a meilleure visière que ceux-là. Ainsi, je vois si net dans les choses présentes et futures, que, pour témoignage de ce, je déclare que maintenant votre gentil Caillette gît ès prisons du Châtelet.

— Foi de gentilhomme ! ce fait, d'ailleurs étrange, sera prouvé tout à l'instant. Certes, qui aurait eu la témérité d'emprisonner monsieur mon fou, sinon moi ou madame ma mère ?

— Finalement, sire, oyez l'avis de votre serviteur indigne, lequel

prévoit les chances et conséquences d'un événement prochain : faites en sorte que pas un des gentilshommes impliqués au procès de monsieur de Bourbon soit exécuté à mort; autrement, mal en adviendrait pour vous et les vôtres, le sang retombant jusques à la quatrième génération du meurtrier...

— Sur mon âme! compère, vous oubliez quel est celui que vous conseillez si bénignement! vrai est que, par la nuit noire, on se méconnaît soi-même; au demeurant, sachez que, pour être expert en sciences et billevesées, ce n'est raison de juger les affaires politiques à tors et à travers, de se faire pilote du l'Etat et de jouer le prophète en matière si ardue; donc, possible est que je m'enquière à vous d'une pucelle, d'un foi et d'une étoile; autre est de l'art de roi. Quiconque ose toucher mon sceptre en ma main pâtira un bon coup baillé dessus les doigts.

— Sire, nonobstant votre colère, je persévérerai à vous détourner de trop de rigueur à l'encontre d'imprudents, fussent-ils coupables; tenez pour précepte que doute est sagesse, et par le fait du doute, serez désembourbé des voies de l'erreur. J'adjure Zahkiel et Malachim que le sieur de Saint-Vallier est du tout innocent, sa conduite desservant estime plus que vitupère et déshonneur...

— Maître Agrippa, votre docte philosophie erre grandement, quant à ceci; et mieux que tout autre, ledit de Saint-Vallier, convaincu de lèse-majesté, saura tôt ce qu'il en coûte de remuer trahisons et médire des personnes royales; sa tête paiera pour sa male langue, car j'y ai engagé ma foi de gentilhomme, serment plus horrifique encore que jurer le Styx. Ainsi, trêve à ce propos, et bonsoir : j'ai affaire où l'on m'attend.

— Sire, ayant ouï le prophète, puis le bailleur d'avis, tendez l'oreille au médecin : donnez-vous de garde des amours et voluptés qui dégâtent l'âme non moins que le corps, et ne sont mieux purgés par confession que par médecine... Ce n'est pas, sire, que je tienne pour infaillible l'art hippocratique; au contraire, ôtez-moi telles âneries et rêvasseries. Quant à la confession, vrai médecine de l'âme, je la dirai réellement trop plus fausse, incertaine et vaniteuse...

— Par la morbleu! suis-je pas insensé d'écouter, par le froid et à cette heure indue, les aberrations et abstractions de ce marchand de fumées que j'envoie à tous les diables verts, en cas qu'il y veuille aller! Hé! s'ébahit-on qu'un tel homme ait voyagé à Cologne, à Dôle, à Pavie, à Londres, à Fribourg et à Genève; changeant de lieux plus que le soleil de maisons; expulsé de partout à cause de ses opinions et de ses ennemis? Madame d'Angoulême fut empiégée et aveuglée à Lyon, quand elle retira ce maître fol à son service; adonc je serais content qu'il s'enfuît à Nettesheym, sa ville natale, crainte des moines et des fagots. Dieu vous pardoint comme je fais, messire le chevalier, docteur en droit et en médecine!

François 1er, mécontent de être arrêté si longtemps à cette oiseuse conversation, hâta le pas dans la rue Saint-Antoine, et ne se ressouvint seulement de Triboulet, lorsqu'il heurta du pied une masse inanimée, qui rendit une voix plaintive et des paroles étouffées.

— Dieu fort! Dieu tout-puissant! Dieu d'Israël et Jacob! ayez moi petit en votre sacrosainte garde! Kyrie eleison! libérez-moi des pièges infernaux; protégez-moi sous la large de votre grâce; car voilà que la bête apocalyptique, figurant l'Antechrist, est issue du puits de l'abîme : c'est le juif Corneille Agrippa! Plaise à monseigneur le Diable écorcher cet impie sorcier, et de sa peau tannée se vêtir de pied en cap. Sainte Nitouche et saint Paussart! est-ce pas un pied fourchu, ou est-ce bien un sabot qu'il me démange?

— Debout, Triboulet, et silence à ces litanies et suffrages d'agonisant! ô têtes sans cervelle! tout le monde est-il affolie, ou bien suis-je seul de sens rassis? Çà, debout! et prends garde à te laisser choir.

— O mon bon sire, votre voix accoutumée a tiré mon âme des limbes de douleur et terreur panique!

— N'as-tu pas courage de biche et cœur de renard?... Fi! le vilain s'est embrené et sali en quelque puant ruisseau : le cœur me part à si mauvais parfum! il te faudra bien copieux usage de benjoin et senteurs?

Triboulet s'était relevé en gémissant de sa mésaventure; ses vêtements et son visage étaient empreints d'une boue noire et fétide; il alla ramasser sa lanterne éteinte et la remit tristement en marche.

— Arrière! s'écria le roi reculant de trois pas, fol hallebrené, ne m'approche d'une demi-pique, ou je te chasserai du pied comme chien galeux, plus et non mieux subtant que baume!

— Bien me prit de vêtir ce vieil accoutrement sans armoiries ni grelots! mon galant habit de cérémonie fut préservé des dieux, tout ainsi que le Grec Simonidès.

— M'aide Dieu, si le docteur Agrippa dit vérité! mon premier fou Caillette serait-il enterré ès prisons du Grand-Châtelet.

— De par mon bonnet, sire, j'omis de vous conter la belle capture que je fis...

— Foi de gentilhomme! où est présentement Caillette?

— Aux prisons de votre Châtelet.

— Ma fi! quel a baillé l'ordre de ce faire? quel l'exécuta? J'admire comme on obéit à d'autres que moi le roi!

— Sire, je m'excuse d'avoir péché cette fois par bon vouloir; ainsi, ai-je commandé de mettre Caillette en la plus belle et plus chaude cellule qui soit au Grand-Châtelet de Paris.

— Certes, monsieur le fou fait le personnage du roi, tandis que le roi est abaissé au rôle du fou! Comment et pourquoi, méchant, avoir joué ce tour à mon petit serviteur? En récompense de ce, tu seras écroué en sa place et au même lieu.

— Mon cher sire, tel fait mal pensant bien faire. Recordez-vous que Caillette, mon compagnon de folie, délaissa votre hôtel, contre les statuts qui empêchent les fous du roi de coucher ailleurs qu'aux maisons royales; vous fûtes outré, et semblablement madame d'Angoulême, de cette griève faute, et punition veut qu'en pareil cas le fugitif soit fouetté des mains du roi des Ribauds : maître Jean Chouart agira-t-il selon sa charge?

— Non! foi de gentilhomme! mon fils Caillette n'aura pas cette humiliation dont il rendrait l'âme. Dis, en quel lieu fut-il rencontré?

— Sans doute il se cacha de nuit dans quelque clapier; moi-même, je l'ai vu en compagnie de certaine femme de vie dissolue, il entra avec icelle au cabinet du greffier Malon, vieux paillard et débauché, comme il n'est que bruit; or, j'allai avertir le lieutenant du guet-royal, et dressai une belle embûche contre le Pont-au-Change, jusqu'à ce que Caillette, ivre plus qu'à demi, ayant un de ces haut visages à barbe, que les ordonnances défendent de porter, s'en vint, au sortir du logis, à se ruer parmi nos gens qui, sans se soucier de ses clameurs plus que de son épée au vent, le traînèrent au Châtelet, sain et sauf, fors malade par déconvenue.

— Foi de gentilhomme! un fol en titre d'office a-t-il ceint une autre épée que celle de bois?

— Tellement, sire, que ce Caillette taillait, tranchait, espadonnait, estocadait, comme batteur de fer, et aucuns du guet faillirent avoir le nez ou les oreilles à bas. Ajoutez que ledit Caillette offrait les habits et semblants de gentilhomme, ayant déposé bonnet à grelots, souliers à la poulaine, et tous insignes de sa charge.

— Holà! quelle rumeur se fait au loin? il semble qu'on crie : A la force! vers la place de Grève; allons-y voir! Voleurs et brigands en viendraient-ils aux mains vers le guet-royal ou le guet-dormant?

— Sire, mon bon et cher sire, n'y allez point et plutôt rebroussons chemin! Qui évite le péril n'y périra. Du moins, monseigneur, mandez à vous, vos archers et garde écossaise, avant que de pousser à ces pillards, boute-feux, bohémiens et mauvais garçons? Pour Dieu et pour tous les saints! voyez là-bas la gueule ouverte de l'enfer! faites-moi miséricorde : s'il vous plaît, ici demeurerai en oraison pour le succès de l'entreprise!

— Avise d'abord à réprimer ces grands hélas, et à me suivre, comme te chien fait son maître; sinon, foi de gentilhomme! N'aie peur au ventre cependant, et te recommande moins au seigneur Dieu qu'à ma forte épée, laquelle vaut davantage que trente soudards armés de toutes pièces. Demeure spectateur du combat, et si d'aventure je meurs en cette vulgaire rencontre, rapporte à ma chère dame de Châteaubriant que ma pensée suprême fut à son endroit.

Triboulet était bien terrifié du tumulte et des cris, à mesure qu'il les entendait de plus près : ses dents s'entrechoquaient imitant la cliquette d'un ladre; il faisait alternativement deux pas en avant et un en arrière. Le roi, d'un signe impératif, lui ordonna de marcher plus vite. Ils arrivèrent en vue de la place de Grève, au milieu de laquelle un groupe d'hommes avec des torches, environnant le gibet, jetaient des rires et des éclats de voix qui répétaient les échos de la rivière.

Triboulet se blottissait derrière le roi; celui-ci, l'épée au poing, observant cette scène nocturne, était loin de partager l'opinion de son fou, qui croyait fermement assister au sabbat des sorciers, et redoublait de signes de croix, de soupirs et de prières. François 1er, décidé à savoir ce qui se passait, avança toujours avec précaution, et, caché dans l'ombre des maisons, il parvint à se glisser le long des piliers de l'hôtel Dauphin, habité pendant plusieurs siècles par les prévôts des marchands, et remplacé depuis par l'Hôtel-de-Ville, qui resta le siège municipal de Paris.

Triboulet hésita d'abord, avant de s'approcher jusqu'aux piliers; puis, fermant les yeux pour prendre courage, sans discontinuer ses oraisons mentales, il joignit le roi, qui regardait attentivement et s'agenouilla devant une ancienne image de sainte Geneviève, placée au-dessus du portail de l'hôtel Dauphin.

— Sire, dit-il d'une voix entrecoupée, en cas de fâcheux événement, j'irai tôt éveiller monseigneur le prévôt, qu'il fasse sonner au beffroi et vous prête main-forte?

— Pleurard imbécille, interrompit le roi, ne sais quelle envie me

tient de perforer ta peau comme crible, afin que ta peur s'écoule avec le sang ! Cesse de geindre, sinon de trembler !

Cet ordre menaçant imposa silence à Triboulet, qui se couvrit la face de ses deux mains et versa des larmes amères.

Cependant, à la lueur des torches et aux pâles rayons de la lune, le roi put apercevoir une femme évanouie, étendue sur le pavé, autour de laquelle étaient rassemblés vingt archers à pied du guet-royal.

Le guet parcourait la ville depuis sept heures du soir jusqu'à quatre du matin; tandis que le guet-assis ou dormant, composé des gens de métier, occupait des postes fixes sur les places et dans les carrefours. Ces deux guets étaient insuffisants et inutiles; le guet-royal, au nombre de soixante soldats à pied et à cheval, la plupart choisis dans les lansquenets, pratiquait des intelligences avec les voleurs, ou volait lui-même; le guet-assis, de même que toutes les gardes urbaines non soldées, faisait mal son service, ou ne le faisait pas; le chevalier-du-guet négligeait alors sa juridiction; au point qu'il fallut de nouvelles ordonnances pour rétablir la police de Paris.

Le roi, écoutant les discours que ces gens-là tenaient dans leur langage soldatesque et demi-étranger, cherchait en vain à deviner le mystère de cette aventure.

— Cap de biou ! disait l'un, dont l'accent gascon était bien reconnaissable, le mau de pipe vous bire ! je beux, avec cette gente loube sonner des antiquailles, et si, la mènerai au prochain moutier, c'est l'hôtel d'Annette la Normande.

— Sois bon lifreloffre, reprenait un Suisse; ce qui a signification : trinque, et arry bouriquet !

— Le feu Saint-Antoine vous arde ! la maulubec vous trousse ! criait un autre ; cette fille est, possible, de haut lieu, à voir l'air de sa personne et de sa vestiture ; faut la remettre entre les mains de ses parents, pour avoir récompense, et nous départirons de la somme de sa rançon, après boire.

— Par l'homme de la rue aux Ours ! répondait un quatrième, celle-ci est femme amoureuse de son métier, et issue de sa chambrette à l'heure du couvrefeu ; elle sera demeurée en route, de lassitude, sans pouvoir regagner son logis.

— Cinq cents millions de diables ! toujours est-elle contrevenante aux ordonnances, qu'elle porte ceinture à boucle et clous d'or, laquelle sera déclarée appartenir au domaine du roi par confiscation, et vendue; pareillement, ce collet de fourrure et ces oreillettes de perles enchevêtrées d'or.

— Conte-moi, dame de mes amours, en quelle rue bordelière tiens-tu logette, le jour durant ? Comment as-tu nom ?

— Compaings, à vous dirai sans faute où se font les grands ébats d'icelle : au Puits-d'Amour ? à la rue Baillehoé ? en Tiron ? à la cour Saint-Robert ? aux rues Chapon, Champfleury, Brisemiche, Froidmantel ?...

— O le beau docteur qui oublie l'Abreuvoir-Mâcon, où fut sa crèche, étant vrai fils de pute !

— Çà, mes maîtres, arregardez ses mains blanchettes à miracle, ces pieds si mignons, ces tétins de pucelle? Oh ! dame Vénus fut ainsi faite ?

— En temps que vous dégoisez là-dessus à l'aise, oisons bridés, notre pucelette se morfond de froid, et, possible, de male faim ; il convient qu'elle soit transportée chez l'hôte du Cœur-Volant, en la rue de la Mortellerie, pour y faire chère-lie, jusqu'à ce que la trompette sonne la retraite.

— Lans ! trinque ! crièrent-ils tous d'un accord : au Cœur-Volant !

— Mon Dieu ! dit douloureusement Diane, sortant de sa stupeur, pour retomber aussitôt sans connaissance dans les bras des soldats. Suis-je pas morte encore ? ô mon père, mon pauvre père !...

Ces exclamations, proférées d'une voix douce et déchirante, pénétrèrent au fond du cœur de François 1er; il se persuada que cette femme inconnue n'était pas de celles que disaient ces hommes grossiers; et d'ailleurs le mouvement d'indignation dont il fut saisi n'aurait pu se modérer.

— Foi de gentilhomme ! cria-t-il avec une colère pleine de dignité, méchants bélîtres, vous agiriez d'autre sorte et moins tyranniquement, sachant que le roi vous a vus ?

Il marcha droit à eux, en disant ces mots et en faisant étinceler sa lame de Verdun : son apparition subite, plus encore que le tonnerre de ses paroles, épouvanta ces misérables, dont une partie se dispersa dans les rues voisines; quelques-uns, plus braves ou plus ivres que les autres, attendirent de pied ferme, la pertuisane en arrêt; le roi, s'irritait qu'on osât lui résister en face, fondit comme un lion sur le premier venu, le frappa d'un coup d'épée et le perça de part en part ; tous perdirent contenance en voyant un des leurs tomber dans son sang.

— Scélérats, cria François 1er en brandissant son épée ensanglantée, je suis le roi votre sire, et, à mon commandement, vous serez traités de même que celui-là, gisant à l'envers !

Le ton impérieux avec lequel ces mots furent prononcés ne permettait pas de douter de la condition du personnage qui parlait ainsi, après avoir fait cette justice expéditive, sans s'émouvoir de la mort d'un homme, ni craindre les représailles; les archers du guet crurent toucher à leur dernière heure; les uns ôtèrent leur chaperon et restèrent immobiles comme à l'aspect de Méduse, les autres se jetèrent la face contre terre.

Diane, toujours évanouie, était couchée sur le pavé glacé, à côté du mourant : Triboulet, un peu revenu de ses frayeurs imaginaires, parut sur le champ de bataille quand le danger fut passé ; s'étant mis à genoux près de la belle inconnue, il l'examinait avec autant de curiosité que d'admiration, au lieu de la secourir.

— Esprits de grelots ! disait-il à demi-voix, Belzébuth s'est-il pas transformé en femme pour séduire à mal Sa Majesté très chrétienne ?

— Holà ! ribauds, demanda le roi aux gens du guet, montrez-moi votre lieutenant ?

— Sire !... murmura une petite figure de citrouille, qui se cachait derrière la bande consternée.

— Qu'avait à faire le guet-royal en la place de Grève, où résident les gens du guet-assis ?

— Les enregistrés et envoyés dudit guet-assis, sire, s'excusent de venir, reprit le lieutenant, dont l'effroi avait cuvé le vin en un moment, et messieurs les clers du guet n'y peuvent rien....

— Foi de gentilhomme ! un édit remédiera vite à cet abus inouï. Mais dites, qui est-ce que cette femme ?

— Sire, menant ci-auprès nos rondes et veillées, nous trouvâmes icelle en l'état que la voyez.

— Eh bien ! infâmes, pourquoi lui faire tort par injures et avanies ?

— Hélas ! sire, nous pensâmes, moi tout le premier, que ce fût quelque nonne folle de son corps, chue en pâmoison ou meurtrie par les voleurs de nuit.

— Oui, voleurs insignes, vilains et pervers êtes-vous, d'avoir voulu déshonorer l'honneur et los d'une noble dame, qu'un roi serait bien heureux d'adorer ! Quoi ! mauvais cœurs gâtés, avez-vous eu cette pensée tant outrageante, ayant contemplé ses traits, cette beauté séraphique, à laquelle l'âme demeure pendue et l'œil attaché sans que l'un et l'autre s'en puissent distraire ? Foi de gentilhomme ! faudrait, pour châtiment, que soyez bouilis au Marché-aux-Pourceaux, plus justement que faux monnayeurs !

— Sire, mon bon sire et très honoré seigneur....

— Canailles, dit Triboulet, Dieu vous envoie la teigne, la gale et le demourant ! alors que de votre bec saillaient paroles plus envenimées que couleuvres, ivrognerie vous déliait la langue !

— Oui-dà, monseigneur Triboulet, reprit effrontément le lieutenant, qui l'avait reconnu, auriez-vous regret à la monnaie sonnante qu'avez baillée pour frais et dépens de l'arrestation d'un gentilhomme au bas du Pont-au-Change ?

— Merci de moi ! se récria le roi contemplant Diane, qui n'avait jamais repris ses sens, onc plus miraculeuse divinité ne fut montrée aux hommes, et je changerais volontiers ma couronne contre si précieux trésor !

Le roi serait resté jusqu'au jour en extase devant l'étrangère, si Triboulet ne lui eût rappelé que cet évanouissement exigeait de prompts secours.

— Enfants, dit François 1er aux archers du guet, videz de céans, portez le défunt au cimetière, et n'y revenez plus, pour cause.

Les archers chargèrent en silence le mort sur leurs épaules, et s'éloignèrent, contents d'en être quittes à si bon marché.

Le roi, après avoir écarté ces témoins importuns, détacha son manteau, et enveloppa Diane comme dans un linceul, et l'emporta lentement par la rue Saint-Antoine, avec l'aide de Triboulet, qui gémissait sous ce fardeau. La route fut longue et difficile ; ils arrivèrent enfin à la pointe occidentale de l'hôtel des Tournelles, au pied de la tour de l'astrologue, qui veillait encore, puisqu'on voyait de la lumière dans son laboratoire; le roi s'arrêta et dit assez haut pour être entendu :

— Seigneur Corneille Agrippa, descendez avec la robe de médecin, et venez-ci nous rendre goût à la vie !

Un éclat de rire goguenard fut la seule réponse qu'obtint cet appel ; mais les vitraux des petites fenêtres s'éclairèrent successivement d'étage en étage, à mesure qu'un pas grave et pesant s'approchait du bas de la tour; une porte s'ouvrit et se referma presque sans bruit : le docteur Agrippa, un sourire malin sur les lèvres, s'avança vers François 1er, leva un coin du manteau qui couvrait Diane, et secoua la tête avec une grimace qui exprimait moins d'étonnement que de satisfaction.

— Ah ! serait-elle exanimée et cadavre mort ? dit le roi en soupirant.

— Sire, répondit Agrippa, en quel lieu aller ? *Daleth ghimel beth aleph !*

— Au labyrinthe de Dédalus, mon père ; ains, faites, par votre art naturel ou surnaturel, que celle-là vive et longuement, pour que je fasse de même !

— Soyez-nous en aide, seigneur Agrippa ! interrompit Triboulet tout essoufflé ; car, de l'âme où du corps de cette damoiselle, ne sais lequel pâse si dru, que mes pauvres bras s'allongent à pouvoir circonvenir la grand'science des songe-creux, la religion des philosophes, et la pharmacopée des médecins.

— Mon ami Agrippa, disait le roi, ne sentez-vous pas le cœur qui repousse son gorgias et bat dedans sa poitrine ? Employez grimoires, démons, sortilèges, à ce qu'elle revoie tantôt le jour céleste : le roi de France devient sur-le-champ votre esclave et obligé.

Agrippa ne répondait point ; mais des éclairs de joie jaillissaient de ses yeux.

Le trajet se termina sans accident, et Diane fut transportée dans la tour de Dédalus par l'entrée secrète du Labyrinthe : on la plaça sur un lit large de douze pieds, sans qu'elle remuât les lèvres ou les paupières ; François I^{er}, l'âme pleine d'amour et les yeux gonflés de larmes, considérait cette tête charmante, qui semblait reposer dans le sommeil de la mort.

— Seigneur Agrippa, bien fol est celui qui croit aux vains oracles de la philosophie occulte ! toutefois, sire, cette pucelle s'est rencontrée à vous la douzième heure environ ?

— Mon père, répondit le roi d'un air sombre, adieu mon royaume, adieu la vie, adieu tout ! je ne puis survivre à ses funérailles, et toujours sera-t-elle ma sœur d'alliance par le trépas !...

Il parlait encore : Diane poussa un léger soupir.

———

Diane de Poitiers commençait à revenir à elle quand François I^{er}, ivre de joie, se retira dans son cabinet d'en bas, après avoir averti Corneille Agrippa des explications qu'il devait donner à la belle inconnue sur le lieu où elle se trouvait et sur les événements qui l'y avaient conduite ; que le roi, déjà épris d'un amour qui ne laissait plus de place en son cœur au souvenir de madame de Châteaubriant, voulait que sa royauté fût le dernier avis qu'elle eût à faire à son nouvel amour ; il chargea Triboulet d'exécuter ses ordres à ce sujet, et de veiller à ce que personne ne pénétrât dans le labyrinthe de Dédalus.

Le jour ne paraissait pas encore. Dans une chambre circulaire, tapissée de cuir verni, coloré en bleu et semé de fleur-de-lis d'or, Diane, couchée sur un vaste lit fermé de doubles rideaux, était comme endormie ; à mesure que le sang circulait plus librement dans ses veines, et que les battements du cœur devenaient plus égaux, ses joues livides et froides s'animaient d'un pâle incarnat, ses lèvres violettes prenaient une couleur rosée, ses membres roidis se détendaient, et le doux bruit de son haleine paisible annonçait que l'équilibre de la vie était presque rétabli.

Au chevet du lit, Agrippa, gravement assis sur un escabeau doré, portait ses regards alternativement sur Diane et sur un livre hébreu, qu'il lisait à la clarté d'une grosse chandelle de cire jaune parfumée.

— Souffrir la question ordinaire et extraordinaire ! murmura Diane en rêvant ; pour moi un échafaud en la place de Grève !

— *O vanitas scientiarum !* dit avec surprise Agrippa, levant l'index de sa main droite : ces mots déclarés par songe signifient plus que ne ferait sa part divinatoire en ses pratiques multiformes ; il appert de là que cette belle dame serait réellement la grande-sénéchale de Brézé, la même que Caillette est allé visiter sa compagnie d'Anet. Par les mânes des défunts ! mon ami Caillette, m'est avis, revint de Normandie avec porot, et fut séparé de sa compagnie par les gens du guet, hier soir, quand on le mena en chartre-privée selon les pratiques envieuses de Triboulet. Adonaï, par une providence intelligente, a sauvé cette dame de violence et de mort : *Sanctus, sanctus, sanctus Dominus sabaoth !*

— Qu'est-ce ? s'écria Diane, s'éveillant en sursaut ; quel parle de cette sorte ?... Ah ! veuillez me restituer monseigneur mon père !... Fasse Dieu qu'il ne s'éloigne ! plus ne reviendrait, ce digne vieillard ! Loin, oh ! vilain songe !

Diane avait ouvert tout-à-fait les yeux, et passant sa main dessus, comme pour écarter un voile qui les couvrait, elle se souleva doucement à demi, examina d'un air troublé tout ce qui l'environnait, recueillit ses souvenirs, et regarda fixement Corneille Agrippa, silencieux et immobile comme s'il fût de marbre.

— Suis-je veillant ou dormant ! se dit-elle à part soi ; ains, je vois et entends : ce n'est donc pas songerie et fumée ; pourtant, il ne me souvient de ces lieux, ni du personnage étrange sis auprès de moi...

— Madame, répondit Agrippa, j'obtempère à votre ébahissement, car mainte chose incroyable est advenue en temps que vous étiez plus proche de vie que de mort ; or, ayez bon courage et fiance en votre étoile.

— De vrai, monseigneur, ceci passe mon petit entendement. D'aventure, suis-je pas défunte ?

— Non, par grâce divine ; la froidure et la peur avaient seulement moult opprimé vos esprits, ce pendant que gisiez dessus le pavé sans garde contre les voleurs et gens du guet, sinon celle de Jésus-Christ.

— Sainte Vierge, mère immaculée ! j'ai souvenance de ce piteux état, où je faillis être forcée par de méchants soudards, lesquels autour de moi maugréaient et blasphémaient en un jargon que point ne comprenais ; dites, quelle aide propice me vint retirer des mains de ces païens ?

— Le seigneur de Valois, noble gentilhomme qui, passant où vous étiez à la merci de ces ribauds, les chassa de son épée, et par ses domestiques vous fit transférer en son hôtel pour avoir cure de votre guérison.

— Messire, je vous remercie du cœur plus que des lèvres, et aussi monsieur de Saint-Vallier, mon honoré père, ne sera méconnaissant si haut service. Hélas ! qu'ai-je dit, sans penser à la gêne ordinaire et extraordinaire, à la décollation sur un échafaud !...

— Je ne suis, madame, celui qui vous cuidez ; mais tant seulement suis médecin de mon état ; le seigneur de Valois, mon maître, tient mes recipés et ordonnances, pour panacées à tous les maux, n'est-ce pas plutôt folie et abusion ?... Oho ! adonc vous pleurez, madame, et soupirez trop ? Pleurs sourdent du cerveau où loge l'âme, laquelle sèche de cette effusion lacrymale, suivant Averroës ; contrairement, Avicenne dit profitable, quand ces humeurs salées fondent des yeux par ruisseaux : ô la belle science, pourvu qu'elle fût vraie et stable !

Pendant cette dissertation médicale, Diane de Poitiers, à genoux sur le lit, la chevelure en désordre, les mains jointes, les joues sillonnées de larmes, et la poitrine pleine de sanglots, ressemblait à une statue de la Madeleine sculptée par Jean Goujon, et peinte par Raphaël : le supplice prochain de son père lui apparaissait en déployant un appareil horrible, et cette idée inévitable tordait et dévorait son cœur, comme avec des tenailles ardentes.

Corneille Agrippa l'examinait d'un air impassible en ruminant son texte favori, la vanité de toutes choses ; puis, voyant qu'une violente crise nerveuse contractait les membres de la jeune femme, qui se meurtrissait le sein avec ses ongles et se roulait de l'un à l'autre bord du lit, il tira d'un coffret d'ivoire une fiole remplie d'une liqueur aromatique ; il en versa quelques gouttes dans la bouche de Diane, qui, se calmant presque aussitôt, poussa des plaintes inarticulées, et, délivrée de son agitation convulsive, fut peu à peu subjuguée par un sommeil pesant, mais et mort.

— O merveilleux pouvoir de la science ! dit à lui-même Agrippa, qui méditait debout près du lit comme devant un tombeau : médecine remédie, voire avec poisons subtils ; car, ici-bas, le bien dérive volontiers du mal, tout ainsi que l'excès du bien engendre mal. *Dormi secure, et vade retro, Satanas !*

Agrippa sortit de la chambre en fermant la porte, dont il eut soin d'enlever la clef, et descendit doctoralement dans la salle où François I^{er}, accoudé sur le chauffe-doux, attendait avec impatience des nouvelles de l'étrangère, écoutait le moindre bruit qui se faisait en haut, et repassait dans sa mémoire les moindres circonstances de sa rencontre nocturne. Il ne leva pas la tête à l'arrivée d'Agrippa, mais les premiers mots qu'il prononça exprimèrent les inquiétudes de l'amour.

Le médecin astrologue, invoquant le Seigneur sous divers noms hébreux, rassura le roi en lui déclarant que la belle inconnue serait hors de tout danger à la suite d'un sommeil factice, qui achevait de rafraîchir ses sens ; mais il ne laissa rien soupçonner de ce qu'il avait deviné touchant la condition de Diane de Poitiers.

Le roi lui sut mauvais gré d'avoir employé un soporifique qui retardait l'instant d'une entrevue tant désirée. Agrippa ne manqua pas d'excuses philosophiques, thérapeutiques et cabalistiques, pour mieux déguiser le motif secret de cette potion somnifère.

En ce moment, Triboulet revint, après avoir exécuté certains ordres suggérés au roi par son amour naissant. Des rumeurs vagues et lointaines, s'élevant de Paris, annonçaient l'approche du jour.

— Mon fils, demanda François I^{er}, quelle heure ?

— Gallus a sonné son clairon pour éveiller poules et gélines, répondit Triboulet ; cloches ont tinté trois fois aux paroisses pour l'oraison matutinale : voilà six heures environ.

— Foi de gentilhomme ! reprit le roi, dame Aurora se lève plus tard qu'hier ; Dieu m'accorde telle et si longue nuit pour mes amours !

— Sire, dit Agrippa, avisez quelle dame ou damoiselle sera gouvernante et suivante de votre mie ?

— Oui-dà! interrompit le roi en riant, ma mie est en âge de se gouverner soi-même, et à ce l'aiderai, qui qui suis bien appris à gouverner mon royaume; ne craignez pas qu'aucun le trouve mauvais et insolite, fût-ce mon père confesseur.

— Par les anges Tarmiel et Baraborat! s'écria Corneille Agrippa; cette dame est d'illustre maison, sire, et, pour son honneur, il convient qu'elle soit, par des femmes, honnêtement servie.

— Toutefois, dit le roi avec humeur, nul et nulle aura licence de venir en Dédalus, sinon Triboulet et vous seulement, maître; ce lieu étant mieux clos et gardé qu'en la fable le jardin des Hespérides.

— Sire, ajouta le médecin en arrêtant Triboulet par la manche, réitérez votre commandement de mettre hors des prisons votre gentil Caillette de par ce que aucuns recevront deuil et dépit); autrement, sa délivrance tarderait jusques à la venue du Messie et de l'Antechrist.

— Comment? répondit avec aigreur Triboulet, sa Majesté a bien affaire de si peu l'il sera temps demain de songer à maître Caillette, qui ne jeûnera, ce pendant, pour attendre.

— Non, de par Dieu! reprit le roi; nous ordonnons que tout d'abord Caillette soit libéré sans autre informé, et que Triboulet, en punition de sa téméraire entreprise au regard d'un de mes plus amés serviteurs, s'en aille en droiture au Châtelet réclamer la délivrance d'icelui.

— Sire, dit Agrippa, devant que je sois de retour, gardez, sur toute chose, de heurter à l'huis de la chambre d'en haut où j'ai laissé cette belle dame dormant d'un profond somme; peur que, s'éveillant au bruit en sursaut, elle tombe en syncope jusqu'à ce que mort s'en suive, malgré l'effort de mon art.

— Foi de gentilhomme! s'écria le roi; à ce prix, ne voudrais-je que revoir celle qui m'est jà plus que tout; et, certainement, je patienterai tant que le réveil de nature se fasse. Mais toutefois, monsieur mon ami, revenez vitement, vos onguents préparés, et ne me faites languir à la mode de Tantalus.

Agrippa salua profondément François 1er, et, d'un pas mesuré, prit le chemin de la tour qui lui servait de laboratoire alchimique et d'observatoire astrologique; tandis que Triboulet, qui n'avait pas encore revêtu son costume de fou, se retirait de son côté, la tête basse et l'air contrit, en s'excitant à remplir les volontés du roi, et en machinant quelque nouvelle noirceur contre Caillette qu'il détestait davantage de jour en jour.

François 1er, absorbé dans ses rêves d'amour et emporté par la fougue de son imagination, pendant plus de deux heures, ne bougea pas de la place qu'il occupait, debout, les jambes croisées, le front penché dans ses mains et les coudes appuyés sur le chauffe-doux: il avait devant les yeux l'image séduisante de Diane sortant de son long évanouissement, et il croyait la voir sourire.

— Oh! pensait-il en lui-même, Bonivet enviera cette merveilleuse histoire; s'il était des fées, je cuiderais que cette fille en fût une, pour vrai; au demeurant, sa beauté singulière fait qu'il me soucie peu ou point de son nom et de sa naissance; car Amour joindrait le ciel avec la terre, et, dans la fable, les dieux olympiens ne dédaignaient pas d'aimer les femmes des hommes.

Le jour commençait à poindre parmi le crépuscule du matin, lorsque Triboulet, que sa mission avait rendu chagrin et presque honteux, traversa la cour du Châtelet et se rendit chez le chevalier-du-guet, pour lui communiquer l'ordre du roi, relatif à la mise en liberté de Caillette.

— Soit! dit le chevalier-du-guet, avide et rapace personnage, qui semblait avoir plus de deux mains. Maintenant, quel paiera les amendes, intérêts, et forfaitures?

— Mon cousin, reprit Triboulet, un de vos archers ne vous en fera faute, ayant, cette nuit même, reçu dans le corps une épée pointue et effilée, qu'il eût mieux aimée en toute autre gaine.

— Soit! mais qui fit ce beau coup à petit dommage, lequel me vaudra grosse amende?

— Le roi notre sire épargna cette peine au bourreau, par la façon dont il châtia l'insigne audace de vos gens à pied.

— Soit! les deniers du défunt m'acquitteront les dépens, et si n'épargnerai les confiscations: Dieu m'envoie des épaves!

Triboulet refusa, par prudence, d'être présent au moment où Caillette sortirait de prison, et déclara qu'il ne voulait point outrepasser ses pouvoirs; là-dessus, sans attendre la levée de l'écrou, il fit une moue de singe, gonfla ses joues, en chassa l'air comme d'un soufflet, avec un bruit équivoque, accompagna de gestes indécents ses grimaces, et s'enfuit en montrant les cornes au chevalier-du-guet, qui lui criait: Soit!

Triboulet, avant que les boutiques et les étaux fussent ouverts dans les rues de Paris, traversa le Pont-au-Change, et alla droit à la maison de maître Nicolas Malon pour achever son message.

La porte, qui n'était pas fermée, semblait encore attendre le galant de la greffière: Triboulet se sentit touché de cette délicate attention si mal récompensée par François 1er; il entra doucement, comme si la maison lui eût appartenu; mais, en montant l'escalier étroit et tortueux, il se heurta dans l'obscurité contre un homme qui descendait.

— Maudit soit du fol qui s'en vient à cette heure! s'écria une voix enrouée.

— Ventre sans cervelle! reprit Triboulet, ce quidam me connaît sans voir clair.

— Heu! ô ciel! mon maître, un lieutenant du guet-royal a la visière nette, de nuit autant que de jour.

— Est-ce toi vraiment, compère Huet? Tantôt n'avais-tu pas belle pour d'être exposé au pilori des Halles, sinon de mourir déconfés, tel que ton compagnon qui eut l'honneur de rendre l'âme de la propre main du roi?

— Je renie Dieu, s'il est quelqu'un plus brave que le roi notre sire; mais, en vérité, nous étions ivres de l'argent que tu nous baillas pour prendre ce malfaiteur qui fit une si fière résistance.

— Oui, ce Caillette, qui, à mon gros déplaisir, s'est désemprisonné; ce pourquoi, il me plaît que me rendiez mes écus honnêtement?

— Il ne me plaît pas à moi; et d'ailleurs, vous disais-je, vos écus, transmués en vin, ont ma panse pour escarcelle.

— Maugré ma vie! cria la greffière attirée sur le pallier par ce bruit de voix, est-ce pas le roi qui survient?

— Nenni, répondit Triboulet; ains, voici le légat de sa Majesté, en la personne de son fou royal.

— Ah! méchant, dit la dame, avez-vous cœur de venir si tardivement, et seul encore?

— Compère Huet, interrompit Triboulet, qui se ravisa, que vîntes-vous quérir céans, à cette heure indue? Ce n'était pas moi, m'est avis?

— Mon cher maître, répondit le lieutenant du guet avec un gros rire, je ne m'avais mis aux jambes si hâtive pour, que je me fusse mussé au logis d'une souris pour refuir son grand courroux.

— Oui-dà, vous avez failli le rencontrer en ce lieu, où vous pensiez l'éviter, et mal vous en fût advenu.

Le lieutenant du guet gronda entre ses dents, et céda la place au nouveau venu.

Triboulet, ne contraignant plus ses soupçons et sa mauvaise humeur, pénétra dans la chambre à coucher, et regarda d'un air soupçonneux l'alcôve ouverte, le lit en désordre et la toilette accusatrice de la greffière.

— Ingrat, lui dit-elle avec effronterie, est-ce de telle sorte que vous gardez votre foi? Le roi, d'aventure, fut-il arrêté en route?

— Vous devinez assurément, madame la villottière; mais parlons d'affaires. J'ai idée et preuves patentes que le compère Huet fut, cette nuit, de vos amis...

Trêve, mon petit papegeai, porteur de clochettes; il ne m'en souvient guère, s'il m'en souvient; aussi bien, nargue des excuses réciproques! De fait, tu n'auras point ta part des dons royaux, lesquels j'eusse achetés en beaux deniers comptants de monnaie d'amour; ains, pour te donner fantaisie de réparer cette bonne chance perdue, viens çà, que je t'accole en bonne étrenne et galamment...

— A d'autres temps et à d'autres gens! madame l'hôtellière du guet, ne m'en soucie pour si peu, et je suis venu à l'intention d'un très haut mystère politique.

— Quel?

— Etes-vous femme discrète autant qu'amoureuse, et voulez-vous pas gagner aisément oreillettes, carcan et boucles d'or fin émaillé, avec bourse pleine d'écus-au-soleil?

— Marché conclu, gentil vendeur d'amours, et, de ce prix, réserve pour toi moitié des écus, outre la centaine de baisers, en cas que tu les puisses prendre.

— Nenni-dà, plaisante pucelle; ceci soit fait et dit en tout honneur; maître Malon n'en aura ni plus ni moins chef encornifibulé. Or s'agit de venir à l'hôtel des Tournelles, devant que le jour soit grand, pour y garder secrètement une dame de merveilleuse beauté.

— Las! suis-je donc si vieille et si tannée, que le roi me fait gouvernante de ses maîtresses? Nonobstant, par révérence de son autorité, ne lui tiendrai-je rancune, et allons où il vous plaira me conduire.

— Va, si superbe sois-tu, greffière habile au poil plus qu'à la plume, tu mercieras Triboulet de t'avoir pourvue d'une charge en cour.

— Avise à te payer intérêt et principal, mon joli sonneur de cloches. Ores, départons vitement.

— Maître Malon, n'étant pas de ton absence averti, appréhendera que tu sois noyée, sinon enlevée par tes galants ?

— Oh ! sa bonne femme n'est son pire souci, et onc ici ne reviendrais-je, qu'il ne s'en porterait plus mal et n'en boirait moins.

Dame Malon, ayant serré sa houppelande avec une ceinture de tissu d'argent, laissa la chambre tout ouverte, descendit avec Triboulet, qu'elle embrassa de reconnaissance avec l'abandon lascif d'une courtisane, jeta un coup d'œil moqueur sur le greffier qui ronflait encore, plein du vin de la veille, et, dans l'empressement de sa joie, négligea de fermer la porte de la rue.

— Adieu vous dis pour un temps, et Dieu fasse pour toujours, greffe, sacs, épices et procès ! s'écriait-elle gaîment ; voici que je fais mon entrée en cour.

Accompagnée de Triboulet, qui avait peine à la suivre, elle hâtait le pas, et gagna le pont Notre-Dame quand huit heures sonnèrent aux horloges des églises et des couvents de Paris.

Des moines de toutes couleurs allaient processionnellement de porte en porte demander du pain ou de la viande pour eux, de l'argent pour le moutier, car la règle des ordres-mendiants, aisément éludée, défendait d'accepter l'aumône en argent, sinon au profit de la communauté et des pauvres ; c'était un concert de litanies en l'honneur de tous les saints : les femmes surtout consultaient les beaux-pères sur des cas de conscience, sur les maladies à guérir, sur des pèlerinages à faire, et la bésace monastique était bientôt pleine ; les écoliers, en concurrence avec les moines, visitaient les cuisines, et quêtaient au nom d'Aristote, qui essuyait plus de refus que saint Antoine ou saint François.

Dans les rues et les places se répandaient en foule gens de tous métiers, de la ville et de la campagne, avec des cris plus nombreux et plus variés qu'aujourd'hui ; les barbiers-étuvistes annonçaient que les bains étaient chauds ; les porteurs de rogatons disaient revenir de Rome ou d'outre-mer avec force reliques et objets bénits ; les crieurs publics proclamaient à son de trompe ou de clochette les édits du roi, les morts de la veille, et les prochaines représentations de mystères, sotties et moralités.

Le retentissement des marteaux, le roulement des charriots, les aboiements des chiens, les volées et les carillons des cloches, les mains, les pas, les voix et le bruit vivant de la population se confondaient dans une seule rumeur, qui ressemblait de loin au bourdonnement d'une immense ruche d'abeilles.

Le jour était levé, quand Caillette, remis en liberté par le chevalier-du-guet, qui lui fit restituer son épée, sa bourse, s'élança impatiemment hors des noires murailles du Châtelet, où il avait passé les larmes et le désespoir une nuit éternelle de captivité.

Préoccupé de vagues inquiétudes, il courut à la maison du greffier-criminel, et y entra précipitamment, sans remarquer que la porte de la rue était entr'ouverte : il alla droit à la salle basse, qu'il se reprochait d'avoir quittée la veille, en y laissant Diano sous la garde d'un ivrogne. Sur la nappe tachée de vin, et parmi les bouteilles vides, maître Malon poursuivait son sommeil bachique, qui s'exhalait de sa poitrine en énergiques ronflements.

— Mort de ma vie ! cria Caillette, qui le secouait rudement par le bras : c'est assez et trop dormir ! à cette heure, m'est avis, nul ne tient ses yeux clos, sinon chez les hôtes du cimetière des Innocents.

— Par mon plumail ! reprit le greffier encore à moitié endormi, est-ce ma faute à moi qui n'en peux-mais, si ladite damoiselle s'en est allée coucher ailleurs ?

— Sang et tête ! monsieur Malon, dites haut et clair vos menus-suffrages !

— Mon ami, gardez-vous des peines ordonnées contre les blasphémateurs et de feu roi : « Du neuvième jour de mars, l'an de grâce 1510, et de notre règne le treizième, frère Guillaume Parvi, confesseur, présent..... »

— Sur le salut de mon âme ! maître Malon, point ne voudrais commettre crime ni péché ; ains, pour retenir mon épée en son fourreau, déclarez-moi ce qu'est ma dame devenue !

— Caillette, mon avocat, mon notaire, mon huissier, mon témoin, as-tu cœur d'attenter à ma personne ? de grâce, ne tire l'épée hors de sa gaîne, et ne me condamne sans m'ouïr !

— Pas tant de paroles vaines, monsieur Malon ! faites réponse à ce : La dame, sur laquelle hier soir je vous priai de veiller, est-elle demeurée en votre logis ?

— Oui et non, c'est tout un ; car, pour un bussard de vin d'Orléans, ne vous apprendrais-je pas ce que moi-même ignore.

— Le grand diable vous puisse emporter ! Parlez, et sans déguisement, crainte que je me damne tout soudain, pour acquitter le prix du sang ! la patience m'échappe, et voilà que je suis en délire.

— Hier soir, il m'en souvient comme de l'audience, et le signorais-je ne deleatur, on temps que soupais ici, gai, folâtre, mangeant la faim et buvant la soif, la susdite dame se leva de table sans dire grâces, s'enfuit à belles jambes en la rue, et depuis ne sais où elle disparut.

— Vieux chef pelé ! penses-tu me paître de lanternes et m'éclairer de vessies ? Finalement, par bonne composition, diras-tu vrai à ce moment, ou bien désormais n'auras-tu langue à sonner mot.

— Foi de greffier-criminel ! mon doux seigneur, ladite dame a tourné les talons, comme j'ai dit ; et, d'aventure, serait-elle là-haut, avec ma bonne et prude femme, votre petite-servante indigne ?

A ces mots, Caillette, animé d'une dernière espérance, lâcha la garde de son épée, qu'il serrait d'une main convulsive, et, abandonnant le pauvre greffier, qui courut se cacher dans sa cave, il franchit les escaliers, parcourut les chambres, ouvrit les armoires, et redescendit morne et furieux.

— Infâme Malon ! cria-t-il, indigné de ne plus le voir dans la salle basse ; ton ange gardien se sauve de ma grosse ire ! j'en jure la barbe de Dieu le père, tu seras accusé et pendu comme assassin et forceur de femme ! Quant à ta vilaine et digne épouse, ne la verrais-je conduire par la ville et faubourgs, nue et chevauchant à rebours un âne galeux ?... Mais non, arrière si méchants souhaits ! Venez, revenez, maître Malon ? où donc êtes-vous ? çà, n'ayez peur ! ores, suis-je de sens rassis, et ne vous sera fait aucun mal...

Le greffier, qui entendait cette voix menaçante, ne bougeait de sa retraite, et se signant à deux mains, demandait au ciel une prompte délivrance et un prompt secours.

Lorsque Caillette se fut lassé d'appeler inutilement le greffier et la greffière, de crier et de blasphémer, de s'arracher les cheveux, de se tordre les bras et de se meurtrir le visage, il poussa un profond soupir, joignit les mains comme pour une prière, et sortit de la maison en pleurant.

Il marchait au hasard, tantôt d'un pas précipité, tantôt avec une lenteur indécise ; il était si consterné, si abattu, que ses pensées s'enveloppaient d'un nuage confus, et sa douleur muette avait l'aspect de la tranquillité. Il erra longtemps aux environs du Palais, traversa le Pont-au-Change, visita les abords du Châtelet, et arriva enfin sur la place de Grève, où les passants se montraient des traces sanglantes auprès de l'échelle du gibet, qui restait en permanence comme une image de la juridiction prévôtale.

— Ah ! pensa-t-il tout-à-coup, le noble et cher sang de M. de Saint-Vallier doit ainsi empourprer le pavé, et sera pareillement effacé par les pieds des gens de Paris !

Ce souvenir mélancolique le ramena naturellement à la résolution de retrouver Diane de Poitiers ou de savoir au moins ce qu'elle était devenue dans cette nuit fatale ; il se hâta de retourner à l'hôtel des Tournelles, où le roi le mandait ; mais il ne s'arrêta nulle part dans les cours, les galeries, les préaux, avant d'être parvenu à la tour de Corneille Agrippa.

Celui-ci était dans une chambre circulaire, située au sommet de la tour et remplie de fioles et de matras en verre coloré, de boîtes en différents métaux, de vases bizarres contenant liqueurs, poudres, préparations chimiques, médicales et magiques. Des livres écrits en toutes langues, des instruments de toutes formes, des lunettes de toutes dimensions signalaient au premier coup d'œil les attributions du savant, du médecin et de l'astrologue ; on reconnaissait partout les singularités du caractère de Corneille Agrippa, qui réunissait en un seul individu les instincts, les sentiments et les idées contradictoires de plusieurs hommes.

On voyait la Bible ouverte vis-à-vis d'un grimoire de sorcellerie, des reliquaires à côté de serpents empaillés et de cheveux coupés sur le crâne des suppliciés ; des chapelets mêlés à des baguettes divinatoires ; un monocordion en ligne avec une corde auprès d'un soufflet ; des tableaux, des squelettes, des alambics, une image de bouc et un crucifix.

Le docteur Agrippa se tenait assis devant un tas de cendres froides où brillaient de petits lingots d'or, lorsque Caillette entra pâle et défait.

— Mon élève tant chéri, lui dit l'astrologue d'une voix émue, chaque chose me persuada qu'en cet exil terrien, où nous languissons comme Hébreux super flumina Babylonis, le plus solide est de verre, et le meilleur est vanité !

— Maître, interrompit Caillette se mordant le poing, venez-moi en aide présentement !

— Sache, poursuivit Agrippa sans changer de ton ni posture, que mon anneau de chevalier, lequel fut fait de pur or, disait-on, enfermait, outre l'alliage, quantité de plomb, de cuivre et d'argent : telle est la figure de cette vie humaine, où le mal se mélange au bien ; sans qu'il y paraisse. N'êtes-vous pas de cet avis, Monsieur ?

A ce dernier mot, prononcé d'un accent mystique, un gros chien noir, au poil luisant et frisé, sortit de dessous les fourneaux et rampa en grondant jusqu'aux pieds d'Agrippa, qui lui sourit et le baisa plus tendrement qu'un amant son amante.

— Maître, reprit Caillette caressant l'animal, qui lui léchait les mains pour la prime et dernière fois, je viens solliciter de vous bon secours et bonne assistance, car j'ai le cœur tant navré d'angoisse, que je donnerais pour rien mon corps à la terre et mon âme au diable.

— Tout beau, Monsieur! dit Agrippa parlant au chien noir, qui lançait de ses yeux des éclairs et agitait sa queue en frémissant.

— Maître, secourez-moi de votre art, et enseignez-moi la philosophie!

— Oui, mon fils, pends-toi à cette planche forte contre le naufrage, et par là iras-tu dans le port. Quant aux imaginations folles qu'il te plaît de nommer mon art, elles fondent comme neige au soleil de vérité. Est-ce bien dit, Monsieur?

— Maître, maître, répondez à moi et non pas à Monsieur! s'écria Caillette, qui rudoya le chien noir auquel s'adressaient les interrogations d'Agrippa. C'est déjà trop tarder!

— Caillette, le présent, de même que l'avenir, est, depuis la création, écrit en signes visibles aux astres; donc, j'ai lu, cette nuit, ce livre éternel, patent aux yeux des philosophes. Était-ce pas une belle nuitée, Monsieur?

— Seigneur Agrippa, si ne voulez me prêter audience selon la circonstance extrême, je vais d'ennui me précipiter de cette tour en bas!

— Méchant, t'ai-je pas dit que je sais à fond la cause nouvelle de cet ennui, lequel d'un mot puis guérir! mais, ce mot remédiant, one, ne devrais-je le proférer! Conseillez-moi, Monsieur?

— Maître, le vautour de Prométhéus fait sa curée de mon triste cœur; toutefois, quelque chose que je pâtisse d'attendre, si attendrai votre bon plaisir.

Caillette s'appuya contre une table de pierre, croisa les bras avec résignation, et se tut. Le chien noir se rapprocha de lui et le flatta du regard et de la queue, comme pour exprimer sa joie de le revoir; mais Caillette ne prenait pas garde à ces caresses.

— Mon cher fils, continua l'astrologue, à si savant garçon que tu es, je n'arraisonnerai par figures et langage étranges. Or, sache qu'un archer du guet, hier soir, me raconta comme quoi un fus malement arrêté et emprisonné; par quoi, j'ai travaillé auprès du roi à ta libération.

— Fûtes-vous informé de la perversité nuisante de Triboulet, qui me procura ce déplaisir? Que je meurs, s'il n'acquitte son offense avant le jugement des âmes?

— Tu ne me contes rien de ton voyage, comme si j'eusse tout deviné! En effet, madame Diane de Poitiers t'accompagna volontiers d'Anet à Paris, ainsi que tu le désirais de belle ardeur! sauras-tu pas quel lieu la tient à présent, et ce qu'elle devint cette nuit?

— O mon maître, votre démon familier vous a détaillé ce mystère! désormais, n'allez plus nier la philosophie occulte et ses miraculeux secrets! Ah! si eûtes avis du ciel ou de l'enfer, touchant la fortune et la demeure de ma dame, dites-le pour alléger ma souffrance, laquelle, ayant versé de grands pleurs, s'écoulera bientôt avec tout mon sang.

— Est-ce point là un fou véritable, Monsieur?... Or, Caillette, mon cher fils, toi que j'aime paternellement, depuis quatre mois environ que je te connais sous les habits de bouffon royal, toi que j'instruis en la discipline de Moïse, de Platon et de Faust, toi que veux enrichir du grand-œuvre Hermétique, mon petit docteur, évite la vipère parmi les fleurs, le poison en la rose, la mort dans l'amour! Cet avertissement te puisse conserver sain et sauf contre un danger trop plus redoutable que les sept plaies de l'Égypte! Pour combattre Amour armé à l'avantage, demeure au fort inexpugnable de Philosophie, faisant munitions de sciences, rempart d'études, et arsenal de vertu.

— Maître! interrompit Caillette, dont la patience était à bout; au nom de Monsieur, votre bon chien noir, tuez-moi plutôt d'un coup de masse qu'à force de piqûres d'épingles! Après un si long temps que suis martyrisé et passionné, dites ce que savez de madame Diane, fût-ce de quoi achever mon trépas! aussi bien, il m'indigne de vivre en ce terrestre val de peines et d'angoisses.

— Vraiment! ne faut-il que cela pour te solacier et réjouir? Madame Diane a été rencontrée par le roi et Triboulet...

— Encore Triboulet, ce déloyal ennemi! Quoi! Sa Majesté a vu Diane, si vénuste et si gracieuse, qu'il me fait mal d'y penser! Où fut cette fâcheuse rencontre?

— De nuit, vers la place de Grève, en laquelle Diane gisait en pâmoison de peur, mais sans autre encombre. Dis-je pas vrai, Monsieur?

— J'avais si grand'crainte que le roi la vît!

— Si la verra-t-il à son aise, d'autant qu'elle est retirée en cet hôtel.....

— Par la morbieu! que ne le disiez-vous d'abord, je n'eusse tant usé de salive! Çà, puisqu'elle loge aux Tournelles, la verrai-je tout mon saoul: mais, hélas! le roi semblablement la verra... O Triboulet! cœur faux et gâté, loup et renard, à quand le loyer de tes offices malhonnêtes? ne le pourrai-je faire onc plus de mal que tu m'en fis!

Caillette, se parlant tout haut à lui-même, s'était précipité hors du laboratoire d'Agrippa, qui le rappelait à grands cris et s'efforçait de le suivre après l'avoir perdu de vue; Caillette descendit l'escalier en courant le grand préau, où se donnaient les joutes et les tournois, entra dans la vieille salle des Écossais, resplendissante d'armes et de trophées, passa dans la galerie des Courges, ainsi nommée des peintures de ces fruits qui couvraient les murailles, et fut arrêté par un choc inattendu, à l'entrée de la salle Pavée, qu'on désignait de la sorte à cause de ses grossières mosaïques de marbre coloré.

Il baissa distraitement les yeux, et rencontra ceux de Triboulet, qui trembla, rougit, pâlit, bégaya, et resta comme fasciné, sans pouvoir faire un pas ni prononcer une parole: Caillette, le regard fixe et enflammé, muet, grinçant des dents, la main aux gardes de son épée, inspirait un tel effroi à son adversaire, que celui-ci eût voulu se réfugier dans les entrailles de la terre; mais ils étaient seuls, personne ne devait les entendre, et Triboulet, se voyant à la merci d'un homme qu'il avait grièvement offensé, sentit une sueur froide ruisseler par tout son corps.

Cependant Triboulet eut le temps et la présence d'esprit de se remettre un peu et de feindre une assurance qu'il était loin d'avoir; il éclata de rire, et comparant du geste son habit de ville avec celui que portait Caillette:

— Mon cher frère, s'écria-t-il, m'est avis qu'en de nous ne tient à la condition de fol en titre d'office, lequel est coiffé du bonnet à grelots; car, vêtus à la mode des gens de Paris, sommes-nous pas d'air et d'apparence non moins sages que le plus docte Caton qui soit au terre?

— Détestable fol, interrompit Caillette à voix haute, bienheureuse soit la fortune qui t'offre à moi plustôt que tard! il n'y aura point entre toi et moi nouveaux torts et vieux comptes; partant, serons-nous quitte à quitte.

— Par ma sacrée mère Tobie! mon digne frère ai-je dette aucune envers votre seigneurie?

— Assurément, malotru, traître et méchant: quel autre que moi m'a condamné à la prison? qu'avais-je fait pour être, sans édit signé et scellé, appréhendé au corps et enchaîné de même que larrons, bohèmes et bouteffeux?

— Hélas! mon pauvre Caillette, qui eût pu croire qu'on vous traitât tant inhumainement que les Scythes et Tunisiens n'eussent fait pis?

— Eh quoi! fourbe détestable, oseras-tu dire non à tes méchancetés manifestes? quel encore produisit à la vue du roi madame Diane de Poitiers?...

— Je jure l'âme de ma cornemuse, monsieur mon ami, que je n'entends ce que vous dites, non plus que si ce fût langage hébreu ou syriaque.

— Voyons ça, ne vous entendrez de meilleure oreille, maître Triboulet: Vous êtes un lâche et mal avisé; tous les vices sont vôtres...

— Y compris la gourmandise et tête folle, je le confesse.

— Oui, de par Dieu! il n'y a au monde nul plus imprudent menteur, plus félon, plus odieux! lesquelles choses je vous forcerai, le pied sur la gorge, de confesser publiquement. C'est pourquoi je vous porte défi à mort, acceptant toute arme qui mieux vous conviendra, fussent lance, hache, poignard, hacquebutte ou autres bâtons de guerre.

— N'allez point omettre l'épée de bois, qu'en notre état on manie plus ordinairement.

— Oui, je vous combattrai à pied, à cheval, avec ou sans cuirasse, sans m'y tenir merci, jusqu'à ce que l'un de nous n'ait plus vie au corps!

— J'accepte ce combat singulier pour le divertissement des dames et du roi, qui là seront: le prix du vainqueur soit une marotte neuve, bien ouvragée en orfèvrerie; ensuite nous paraîtrons en la lice, chacun armé, de pied en cap, d'une vessie au bout d'une perche, d'une brette en bois de noyer, d'une aile de moulin...

— Malin bélître, penses-tu moquer en face? Par le saint nom de Dieu! raillerie ne fut onc si chèrement payée! Recommande à tous les saints ton âme, si tant est qu'en aies!

Triboulet, voyant la lame sortie du fourreau, jeta un cri aigu, voulut s'enfuir; mais, retenu par une main vigoureuse, il se laissa tomber à genoux, et murmura des prières avec une ferveur dolente.

Caillette, emporté par l'indignation qui le mettait hors de lui, s'i-

maginant que Diane avait été victime des intrigues de cet adroit émissaire de galanteries, était sur le point de se porter à des excès de vengeance qu'il eût maudits dans une situation d'esprit plus tranquille ; il dirigeait la pointe de son épée contre la poitrine de Triboulet, qui demandait grâce et se croyait déjà mort lorsqu'une voix de femme le rappela soudain à la raison.

— Notre-Dame ! lui criait-on, Caillette, que faites-vous ? arrière ce fer tranchant et pointu ! sont-ce querelles flagrantes, ou jeu ?

— Ouf ! ouf ! reprit Triboulet en se relevant, ce meurtrier m'a tant affolé que le sang est tari dedans mes veines !

Caillette avait reconnu madame Marguerite d'Alençon, et, les bras pendants, la bouche béante, il semblait suffoqué de honte ; ses larmes se firent jour, et il pleura en silence abondamment, tandis que Triboulet racontait avec feu les détails de leur altercation, et avait soin de rejeter tout le blâme sur son rival.

— Tu mens, vilain ! tu mens par la gorge ! répéta vivement Caillette ; le roi connaîtra comme tu s'est passée à ton déshonneur. Ah ! madame et maîtresse, veuillez m'annoncer en quel endroit est celle-ci que j'ai promis garder à tous risques et périls ?

— Laquelle ? reprit la duchesse d'Alençon.

— Madame Diane de Poitiers, que je menais à Paris pour suivre le procès de messire de Saint-Vallier, son très honoré père, comme vous le disais au départir.

— Sainte Alivergeoz ! grommela Triboulet, voici occasion favorable de le convaincre de trahison et intelligences avec les gentilshommes du connétable.

— Triboulet, dit madame Marguerite, on croirait que tu fais amples actions de grâce et patenôtres, mâchant quelque *Te Deum* en joie de te voir sauvé sans égratignure ?

— Nenni, madame ; je m'en vais songeant, à part nous, que les dieux d'autrefois ne vivaient d'ambroisie et nectar, ains de haine et vengeances.

En ce moment, Agrippa arrivait sans bruit, et, interrogeant le pouls agité de Caillette avant d'avoir salué madame Marguerite, il commença en ces termes :

— *Teth, cheth cum vauheï, daleth ghimeli !* Mon fils, es-tu pas de ces esprits venus de Jupiter, lesquels apparaissent près du cercle magique, la face rouge de sang et de colère, parlant avec aménité ? *Motus eorum est coruscatio cum tonitru ;* ceux-ci portent un glaive hors de l'étui, et chevauchent un cerf...

— Seigneur Agrippa, interrompit Triboulet en faisant la moue à l'astrologue, Sa Majesté vous somme de venir à la tour de Dédalus.

— Mon démon familier, répondit l'astrologue, m'en avait averti, et j'y allais. *Commissovos spughguel amadeu ?* Est-ce de vrai, Monsieur ?

— Oh ! seigneur Dieu ! s'écria Triboulet qui s'enfuit avec des cris d'épouvante, éloigne-toi, démon sous la figure du chien noir !

Le chien mystérieux d'Agrippa caressait son maître, la queue et les oreilles basses ; mais, aux cris de Triboulet, il grogna, souffla, jappa, gratta la terre, et courut autour de celui-ci en se rapprochant du centre à chaque circonvolution ; Triboulet faillit mourir de peur, et tombant à genoux, la main sur les yeux, il marmotta des oraisons entrecoupées de plaintes et de sanglots pendant que le chien noir tournait avec plus de vitesse comme pour l'emprisonner dans un cercle magique.

— Monsieur, dit Agrippa, vous besognez à tort ! *Sela behemoth !* Allez donc, Monsieur, garder le balai-ramon de la cheminée ?

Le chien noir piaffa, comme fait un cheval, et, obéissant à son maître, partit plus rapidement qu'une flèche au vol, et Triboulet, content de se voir délivré d'un ennemi si terrible, disparut presque aussitôt que lui.

Caillette n'avait pris aucune part à ce qui venait de se passer ; il restait immobile, les regards baissés ; on l'eût dit occupé à compter les pierres du pavé en mosaïque. Agrippa le poussa doucement pour attirer son attention sans que Caillette levât la tête.

— Mon cher disciple, lui dit-il d'un ton caressant, à la mi-nuit, l'œil érigé en haut, j'admirais la prospérité à venir, sciences, richesses, honneurs, longue vie...

— Las ! mon père, s'écria tristement Caillette, d'abord rendez-moi ma dame ! ensuite je croirai, comme Evangile, votre cabale et magie.

— Ingrat, reprit Agrippa, remémore-toi mes préceptes philosophiques, et sois confiant aux bons anges, desquels sont trois hiérarchies de bienheureux ; quatre président aux points cardinaux du ciel, sept se tenant devant la face de Dieu, neuf gardiens des neuf cieux ; douze ordres d'élus...

— Caillette, interrompit Marguerite d'Alençon, ayez toujours espérance en Dieu principalement, en vous-même, en vos amis. D'ailleurs, apprenez, pour vous encourager, qu'au jour d'hier j'ai obtenu du roi, mon bon frère, que pas un des gentilshommes ne sera exé-

cuté à mort sans mon consentement, lequel je reculerai de plus de cent lieues.

— Madame, dit Agrippa en riant, possible est qu'une autre personne ait reçu de mondit roi serment contraire, tant il est d'âme et de cœur léger !

— Ah ! répliqua vivement Caillette, la vie des autres et la mienne sont de petite valeur, pourvu que monsieur de Saint-Vallier, le père de Diane, soit absous et vivant !

— Mon ami, continua l'astrologue, à quoi bon vous embrouiller la cervelle de calculs, caractères et figures astrologiques ? pratiquez plutôt les vertus, religion et sagesse d'un chrétien philosophe ; ainsi serez très heureux en tant que fuirez le venimeux serpent Amour.

— O que c'est bien parler, cela ! soupira la duchesse d'Alençon.

— Non, répondit Caillette, en ma pauvre et misérable condition, ce n'est qu'Amour qui me sourit ; car de tous les maux il est le premier, aussi, est-ce le plus grand bien de tous.

— Oh ! que c'est bien parler, cela ! soupira encore madame Marguerite ; maître Clément Marot ne dirait mieux en rimes.

— Voirement, poursuivit Caillette, Amour seul me réconforte, embaume les blessures ouvertes en mon cœur, m'excite à supporter ma basse fortune, et maintefois soulage de pire de mes ennuis.

— Lequel, mon gentil Caillette ? demanda la princesse.

— Etre fol en titre d'office royal et curial, murmura Caillette avec un accent de rage.

— Dieu et ses anges vous tiennent en leur sainte garde, madame ! dit Agrippa. Caillette, viens-tu pas à la tour de Dédalus ?

— Diane y soit-elle ! s'écria Caillette en devançant son guide.

———

Agrippa oublia la dignité solennelle de sa démarche ordinaire, et s'essouffla pour suivre Caillette, qui allait en avant au pas de course.

— Mon fils, lui cria-t-il lorsqu'il fut près de le rejoindre, où donc t'en vas-tu de si belle ardeur ? Aveugle entêté, garde le choir par la voie, en marchant ainsi hasardeusement, faute de bâton et de conducteur ! O le plus vain des jeunes hommes, sois mieux écoutant les paraboles du vieil âge : c'est Jésus en l'Evangile.

Caillette s'arrêta tristement sans lever la tête, et se laissa entraîner sous un tonnelle de lierre qui couvrait d'une verdure sombre un coin du vieux jardin planté par Charles V.

Malgré la neige floconneuse qu'un vent froid balayait dans les airs, Agrippa fit asseoir son élève sur un banc moussu, et lui apprit les circonstances qui avaient amené Diane de Poitiers dans la tour de Dédalus. Caillette, gardant un silence mélancolique, accueillit chacune de ces révélations comme un nouveau coup de poignard ; car il prévoyait les suites inévitables d'une rencontre où la beauté de Diane avait fait une telle impression sur le roi : la douleur parut un moment l'anéantir.

— Par l'ange Gabriel ! s'écria-t-il avec un soupir déchirant, elle sauvera monsieur son père ! partant sera-t-elle moult contente ! Après quoi, mourir me faut !

— Raca ! répondit aigrement Agrippa, est-il sage de jeter ainsi le manche avec la cognée ? Avisons du plus expédient et au plus pressant.

Caillette avait l'air de ne rien entendre, et, les yeux fixés, le cou penché, il gémissait profondément. Agrippa traçait avec sa baguette des caractères hébreux sur le sable ; puis, adoucissant sa voix qui avait été grave et presque sévère dans cette conférence, il prescrivit à son ami la conduite à tenir vis-à-vis du roi, pour ne pas se compromettre, et en même temps pour servir les intérêts de Diane de Poitiers, qui allait solliciter la grâce de son père.

— Ainsi ferez, mon Caillette, si tendez à bien : par là, vous engarderez de malencontre celle qui s'est rangée dessous votre égide ; mais, au contraire, sa chance étant plus forte que votre bon vouloir (lequel cas peut advenir), malgré tout, vous aurez en l'âme regret ni remords d'avoir honnêtement agi.

— Mon père, reprit mélancoliquement Caillette, je puis m'accomparer à l'arc-en-ciel que le soleil peint de ses couleurs radieuses, et qui, faute de soleil, s'efface non plus que s'il n'eût jamais été.

— Voilà une grande amitié et dévouement insigne ! c'est-à-dire que mourrez, je meurs le sieur de Saint-Vallier, votre patron ?

— Certes, et auparavant. Ça, les astres nous montrent-ils une face propice ?

— Fi ! maître ès-billevesées ! cent et cent fois vous ai-je répété que les sciences sont plus légères qu'un fétu, et davantage les oc-

cultes? L'unique chose vraie et solide qui soit ci-bas, c'est la religion catholique, issue de la juive, laquelle issit de la chaldéenne, laquelle de l'égyptienne, laquelle...

— Faut-il vous ramentevoir que Sa Majesté vous fit mander à cette heure, et qu'il me tarde de juger l'effet de vos bons conseils?

— *Elohim!* n'y croyez point, mon fils, de peur d'errer; aussi bien, ce qui vient de l'homme est faux et vain de sa nature.

Caillette, sans écouter les contradictions de la philosophie douteuse d'Agrippa, se leva du banc où le docteur était assis, et s'achemina rapidement du côté de Dédalus; mais, arrivé le premier à la porte du labyrinthe, des archers écossais de la garde du roi lui fermèrent le passage, inflexibles à ses menaces comme à ses promesses, et ne lui répondant que par une résistance silencieuse; Corneille Agrippa, qui accourait tout essoufflé, joignit inutilement ses représentations et ses prières à celles de Caillette.

— Monsieur le bonnet à la marabaise, dit au médecin le chef des archers, vous seul entrerez céans, selon les ordres royaux; et le roi, notre sire, fût-il en trois personnes de même que la très sainte Trinité, ne sais laquelle des trois aurait le passage.

— Corbieu! s'écria Caillette, j'entrerai, plus malaisément toutefois que mon épée en vos tripes et boyaux!

— *Kuff, Sade, Samech, Caph!* interrompit Agrippa, voyant briller les éclairs des pertuisanes dirigées vers la poitrine de son obstiné compagnon. Désistez-vous de danser la danse des morts! Caillette, mon mignon, patiente un peu, un autre que j'aille annoncer au roi ta venue et déclore l'huis de Dédalus! Vous, soudoyers de la Bouteille, portez respect à ce jeune gars, sinon je vous bâillerai en pâture à Monsieur, mon grand chien noir.

Les archers, tremblants et muets, se signèrent, pensant déjà voir survenir le terrible chien noir; puis, déposant toute humeur martiale, ils relevèrent leurs pertuisanes et saluèrent humblement le docteur, qui passa sans les regarder, et disparut dans les allées d'arbres toujours verts, tandis que Caillette, l'oreille aux aguets, restait appuyé contre la clôture extérieure du labyrinthe.

— Foi de gentilhomme! dit de loin une voix hautaine, que les gardes reconnurent pour celle du roi, monsieur l'astrologue, êtes-vous obéissant à Satanas plus qu'à moi? Il m'ennuie de vous attendre au gré de votre bon plaisir; et voici que j'allais moi-même guérir, au lieu de vous, un de mes médecins, soit le docteur Akakia, soit monsieur Braillon, soit monsieur Lecoq, soit quelque autre plus docile et non moins docte.

Sire, reprit Agrippa, ni le docteur Akakia, ni monsieur Braillon, ni monsieur Lecoq, ni autre, ne découvriraient ce que mon art m'a clairement manifesté.

— Quoi? demanda François Ier avec une inquiète curiosité.

— Ordonnez d'abord que Caillette soit admis en cotte enceinte, et lors connaîtrez un mystère qui grandement vous étonnera?

— Bien; mon gentil Caillette soit toujours le bienvenu, et puisse sa présence me sortir de la peine que j'éprouve en ne le voyant pas!

François Ier, s'étant avancé jusqu'à la porte qu'Agrippa lui désignait de la main, aperçut Caillette immobile à la même place, et l'appela par son nom; Caillette n'eut pas plus tôt entendu la voix de son maître, qu'il s'élança impétueusement, heurta le roi en passant, renversa deux archers qui voulaient le retenir, fit quelques pas dans le labyrinthe, et s'arrêta tout d'un coup devant Corneille Agrippa, qui semblait le fasciner du regard.

— Holà! s'écria en riant François Ier, il est donc devenu vrai fol au contact des habits qu'il porte!

— Caillette, lui dit d'un ton de reproche Agrippa qui lui toucha la joue avec l'index, faites-vous si médiocre cas de mes admonitions? où sont vos grands serments d'être sage et idoine à mes préceptes?

— Maître, répondit-il à demi-voix, je suis comme fiévreux en délire; mais cette fantaisie s'évanouira sitôt qu'aurai contemplé en face ma dame et souveraine.

— Caillette, dit le roi, qui le conduisirai le docteur derrière un rideau de pins, par ma foi! je serai fâché que tu prisses les degrés en folie : or, faut-il te précautionner d'une médecine d'ellébore d'Anticyre?

— Que commande Ovide *in Arte amandi?* interrompit malicieusement l'astrologue, qui se plut à embarrasser Caillette.

— Çà, compère, reprit le roi n'osant avouer qu'il n'avait rien compris à ces mots latins, quand jouirons-nous des merveilleuses choses que votre art excellent a su abstraire et quintessencier?

— Sire, reprit Agrippa, qui se redressa et prit un air capable, peu importe-t-il, si j'en fus informé par nécromancie, ou anthropomancie, ou économancie, ou gastromancie, ou captromancie, ou onimancie, ou hydromancie, ou gémomancie, ou pyromancie, ou aréomancie, ou ichthyomancie, ou cæromancie, ou chiromancie, ou botanomancie....

— Fût-ce par diablerie! ce m'est tout un, dit François Ier impatienté de cette obscure énumération; mais, au fait, et tôt! ce verbiage *à baroco* sera bien calefretté en un livre; toutefois de bouche, parlons français.

— Je vous approuve, sire; car de ces vaines façons d'augures, tout ainsi que d'une vessie enflée, il ne sort que vent, et le plus philosophe se rit de ces vanités et présomptions de l'esprit humain.

— Foi de gentilhomme! tenez-vous céans chaire de rhétorique, et pensez-vous être à Dôle où vous dépensez trop de salive pour démontrer que madame sainte Anne, mère de la très sainte Vierge, eut seulement un mari et une fille, plutôt que trois enfants de trois maris?

— Voilà le mystère : du premier coup que je vis cette belle dame que vous aimez devant que de la connaître, je regardai au miroir magique pour en savoir davantage...

— Eh bien! méchant, pourquoi me celer ce qui tant m'intéresse? Vite, dis-moi ce que tu as appris sur ce plaisant sujet?

— Sire, ayant d'aventure rencontré Caillette, sorti des prisons du Châtelet, j'ai voulu qu'il confirmât la vérité de mon dire.

— Pour Dieu! parle et viens au fait! foin des ambages et détours!

— Sire, sachez que celle-là que de nuit avez trouvée gisante en la place de Grève n'est autre que madame Diane de Poitiers, épouse de M. de Brézé, grand-sénéchal de Normandie, et fille du bon seigneur de Saint-Vallier.

— O mauvais sort! mon amie est élue entre mes ennemis! Hélas, pauvre fille, dont le père sera mis à mort! ah! pauvre amoureux, qui causera telle peine à sa dame!

— Ne cuidez point, sire, que je fus mal informé : les bons ou mauvais anges m'ont baillé cette nouvelle, d'une ou d'autre sorte, et en témoignage de quoi, j'interroge Caillette, vous présent, et le somme de répondre tout net sur ces choses?

— Dea! répliqua François Ier, avec un coup d'œil de défiance jeté sur l'astrologue : depuis quand maître Caillette connaît-il celle que tient la tour de Dédalus, et que nul n'a vue, fors moi, Triboulet et vous, seigneur Agrippa?

— Sire, dit Caillette, je la connais bien d'enfance, et fus institué aux bonnes lettres et sciences dans le propre château de Saint-Vallier, en Dauphiné.

— Voire, mon petit, je te porte envie! s'écria le roi en soupirant. Mais qui t'a conté, sinon messire Agrippa, qui a plus de langue que de sagesse, comment madame de Brézé vint en ma sauvegarde?

— *Reschithajjalalim!* répondit vivement Agrippa, de tout ceci, je n'ignore du détail, et vous en contarais le menu, sans omission aucune; tel qué l'a rapporté mon démon familier; mais toutefois, arrière ces vanités! Caillette peut vous faire le récit qui le concerne.

— Sire, continua Caillette, c'est moi-même qui amenai madame Diane de son château d'Anet à Paris, et pour ce faire, j'ai failli aux devoirs de mon office, en allant sans votre permission hors de la demeure royale.

— Vraibis! je te pardonne cette grosse désobéissance, te prie, en revanche, de ruer bas ta colère à l'encontre de Triboulet.

— Certes, à votre requête, mon cher sire, je dois remettre à ce méchant la peine de son injure; mais quand à l'aimer fraternellement, ce serait vertu de cafard, et aussi m'en excuse.

— Or çà, mon fils, énumère les causes qui te firent mener cette belle au supplice de monsieur son père?

— Sire, dit l'astrologue pour donner à Caillette le temps de préparer sa réponse, en toutes choses est un premier principe, première intelligence, première essence : dans le monde archétype, il y a Jod; dans le monde intelligent, *anima mundi;* dans le monde céleste, le soleil; dans le monde des éléments, la pierre philosophale; dans le monde humain, le cœur; dans le monde infernal, Lucifer.....

— L'angine, serre la gorge au rêvasseux! s'écria François Ier, qui lui mit la main sur la bouche afin de le faire taire : ce savant universel ne sait répondre à mon écho!

— Sire, reprit Caillette, n'abusez pas de mon franc-parler, et plutôt aidez-moi à sortir de cet ennui et mésaventure. Je vous ai dit comme, depuis mon enfance, j'honore et révère monseigneur de Saint-Vallier, et pareillement madame sa fille; or, voyant que ce trop malheureux vieillard serait condamné et mis à mort, sans que madame Diane en eût avis, je délibérai partir seul et à l'emblée, ce que je fis en votre absence. Arrivé au château d'Anet, je sollicitai madite dame de tout employer afin de secourir son noble père : elle osa venir en ma compagnie venir à Paris où séjournai M. de Brézé, son tyrannique époux; car elle souhaitait, malgré que vous fussiez à Blois, invoquer votre merci à deux genoux...

— Foi de gentilhomme! mon ami, c'est à moi qu'il appartient de la prier, à deux genoux, d'amoureuse merci. Finalement, d'où résulta le bel abandon de cette déesse?

— Sans doute, elle s'enfuit à la désespérée du logis qui la tenait;

et, durant qu'aux prisons du Châtelet j'étais maugréant ma piteuse destinée, elle vaguait par les rues, en souci de M. de Saint-Vallier, jusqu'à ce que, de peur, d'effroi ou d'angoisse, elle chut toute pâmée en la place de Grève.

— C'est ainsi que je la rencontrai, et n'eût été mon secours qui lui vint à propos, elle dormirait d'un somme éternel..

— Par les chérubins, trônes et dominations! s'écria Corneille Agrippa, je sais quel breuvage de mon apothicairerie la garda de mort assurée... Nonobstant, je dois confesser philosophalement la vanité de la médecine entre toutes sciences.

— Sire, dit Caillette, vous avez généreusement agi, conservant la vie à madame Diane de Poitiers; mais, à mon avis, d'à-présent qu'elle a repris ses sens, ou peu s'en faut, ne la retenez plus longtemps en captivité, et ne l'empêchez de travailler à la délivrance de son pauvre père.

— Tête de fol! veux-tu pas qu'à si gentil oiseau je lasse vider sa cage? Quant à ce qui est du bonhomme Saint-Vallier, je suis bien aise qu'elle s'intrigue à l'absoudre : ce que je consentirais volontiers, n'était un fort et inviolable serment devant la croix de Jésus-Christ.

— Ah! sire, ayez à mes paroles égard : cette dame a senti bien grand effroi de s'éveiller en votre maison inconnue; faites qu'elle soit ailleurs transportée, ou autrement, veuillez que de tout je l'avertisse?

— Nenni, mon cher fol, je te sais un gré infini d'avoir par leurre attiré en mes filets cette féminine proie, et tu en seras royalement guerdonné. Ainsi, il ne suffit d'aimer sans être aimé, et, à cette fin, n'épargnerai-je rien, dût-il m'en coûter une part de ma couronne. Je compte qu'en royal serviteur tu t'efforceras de faire que l'aimable Diane sente le môme dard de Cupido, et m'estime un petit à cause de mon grand amour.

— Sire, répliqua Caillette, offensé du rôle qu'on attendait de lui, ce vilain emploi n'est point mon fait, et, sur ce point, n'envierai-je onc Triboulet : c'est son profit que ce tripot galant, mais, pour ma vie, je ne voudrais violenter le cœur d'aucune, et davantage celui de madame Diane.

— Assurément, je t'approuve, mon fils, et n'ordonnerais de toi rien qui te fît rougir; mais pense qu'en cette occasion j'entends que ma dignité et titre de roi soient mis sous le boisseau, et pour lors, serai M. de Valois, sans plus, par-devant cette chère dame. Or donc, promets de n'éclaircir point le mystère, et je te préférerai à ton frère Triboulet, en sorte que tu resteras au service d'icelle.

— Certes, pour or ni pour argent, je ne quitterais cet honneur; c'est pourquoi votre feinte n'encourt nul risque de ma discrétion; mais...

— Sched bavschemoth schartacham! interrompit Agrippa, qui craignait une nouvelle imprudence de son élève; j'ai ouï un aboiement de Monsieur, mon chien noir, et l'heure approche où la dame de Brézé s'éveillera s'il y a négligence.

— Çà, messieurs, je marche devant, dit François I^{er}; voyez à me suivre au plus près!...

Pendant que le roi, impatient de recueillir les premiers regards de Diane, s'empressait d'arriver à toute jambe pour de Dédalus, Agrippa recommandait la faiblesse de Caillette, qui avait profité si mal des instructions qu'on lui avait données; mais Caillette, sans répondre à

ces justes et amicales réprimandes, s'appuya contre un tronc d'arbre, et commença des lamentations qu'il accompagnait de larmes abondantes :

— Dieu! suis-je pas le plus misérable des hommes? A quoi bon vivre, pour de mille morts mourir! O ma dame et maîtresse! ô Diane! pourquoi suis-je fol en titre d'office? Pourquoi est-il roi? Mon père se pendit pour ce qu'il n'était point assez fol : ainsi ferai-je pour l'être trop!

— Melcha betarsisim hodbernah, schenhakim! répondit Agrippa; vraiment, mon bien-aimé fils, je puis te reconforter par une bonne assurance que M. de Saint-Vallier n'aura de mal que la peur...

— Sur mon âme! maître, le roi y est allé!

A ces mots, Caillette, dont les idées avaient changé de cours, s'élança sur les traces de François I^{er}, qu'il eut bientôt rejoint, et Corneille Agrippa le suivit à distance, en faisant une moue plus maussade qu'à l'ordinaire.

Le roi, entrant dans la salle basse de la tour, ne prit pas garde aux caresses que dame Malon prodiguait à Triboulet, tous deux assis près du chauffe-doux; il monta l'escalier à vis, dont les degrés de bois gémissaient sous lui, et, précédant Caillette, dont tous les mouvements semblaient réglés sur les siens; il se trouva sur l'étroit palier de la chambre où reposait Diane; mais la porte était fermée à double tour, et la clef hors de la serrure.

— Par le saint nom!... murmura François I^{er}, foi de gentilhomme! veux-je dire : le diable ou Agrippa, pour me nuire, inventa de clore cette porte.

— Sire, reprit Caillette, madame Diane de Poitiers est-elle dormant au dedans?

— Oui-dà; mais suivant le propos de messire l'astrologue, elle serait bien éveillée à cette heure.

— Alors, faute de clef, je vais forcer la porte, aussi bien, Diana pourrait expirer d'épouvante de se voir enfermée ici.

— Caillette ne donna pas au roi le loisir de répondre, et, d'un vigoureux coup d'épaule, jetant la porte à demi brisée hors des gonds, il se précipita le premier dans la chambre.

Diane s'éveilla en criant au bruit; elle se leva sur son séant, ouvrit ses yeux tout grands de peur, et ne fut pas entièrement rassurée à l'apparition de Caillette, qui, d'un seul bond, vint tomber à genoux au chevet du lit.

— Madame, disait-il avec expansion, vous cuidant perdue, j'appelais la douce mort, et n'espérais vous retrouver au lieu où vous êtes!

— Mon petit Caillotte, disait Diane en cherchant à se rassurer, j'ai songé longuement, m'est avis, et le réveil n'a pas tout effacé lesdits songes.

Ma chère dame, le Seigneur Dieu vous a rangée sous ma conduite; si quelque encombre vous fût advenu, comme je me serais puni de ma négligence.

— Et monseigneur mon père? en avez nouvelles quelconques? l'arrêt fut-il prononcé? A quand verrai-je monsieur de Saint-Vallier?

— Madame, dit François I^{er}, qui prit la parole pour faire acte de présence, disposez, à plaisir, de ce logis et de vos serviteurs indignes.

— Merci de moi! répliqua-t-elle, tout émue d'avoir rencontré les

regards ardents de l'inconnu. Caillette, en quel endroit suis-je présentement? quel est ce beau seigneur?

— Madame, reprit le roi, allant au-devant des questions, ne soyez ébahie de ce que vous voyez et entendez : il vous souvient peut-être que de nuit vous avez erré par les rues et places, au point d'y choir en pâmoison?

— Oui, voici que j'en ai quelque remembrance : j'étais fort en peine de monseigneur mon père qu'on devait mettre à la question, et je sortis de la maison où j'avais domicile pour m'efforcer de le voir, aussi pour voir le roi et lui crier grâce... puis, il ne me souvient du demeurant.

— Eh bien! vous gisiez dessus le pavé, sans pouls, ni voix, lorsque je vous rencontrai devers la mi-nuit, et je vous fis porter quasi morte en mon hôtel des faubourgs avant de connaître encore quelle vous étiez; ainsi je l'appris bientôt après de Caillette, mon ami, qui ne fut pas plus aise que moi de vous savoir saine et sauve.

— C'est insigne charité, monseigneur; et, d'avance, je me fais garante de la reconnaissance de mon père, qui est le seigneur de Saint-Vallier, et de monsieur de Brézé, comte de Maulevrier, grand-sénéchal de Normandie...

— Oh! madame, ajouta Caillette avec amertume, attendez pour les remerciments, et M. de Valois taxera le prix de ses services, qui lui fructifieront au centuple!

— Monseigneur a nom M. de Valois? reprit Diane en souriant, tandis que le roi menaçait Caillette par un froncement de sourcil; cette chambre tant richement ornée annonce un seigneur des plus hauts de la cour; néanmoins je n'ai ouï parler d'aucun portant le nom de Valois depuis que le comte d'Angoulême, qui était duc de Valois, devint roi de France.

— Madame, objecta Caillette, M. de Valois, ci-présent, issu de cette même famille, est, ce dit-on, un des proches amis du roi régnant.

— En tel cas, s'écria Diane, je reprends espoir de sauver monsieur mon honoré père!

— Hélas! madame, répondit François Ier.

— Tout-à-coup parut Corneille Agrippa qui, le visage renfrogné, les lèvres pâles de colère, les mains cachées sous les plis de sa robe, fit trois pas dans la chambre, et proféra d'un accent sépulcral cette imprécation en hébreu :

— Taphtharthavat!

— Ô mon Seigneur Dieu! s'écria Diane, effrayée de la singulière figure d'Agrippa, qui est-ce? Il me semble avoir jà vu ce personnage autre part, ou cuiderait Minos, juge des enfers.

— N'ayez crainte, ma chère dame, reprit le roi, qui s'empressa de la rassurer; c'est le nom trop célèbre médecin, docteur en droit, astrologue, Corneille Agrippa, de Nettesheym. Son art soit béni, puisqu'il a pris cure de votre inappréciable santé!

— Nachiel sorath! répliqua celui-ci, dont la moue augmentait à vue d'œil; soit astrologue ou médecin qui voudra! j'estime l'astrologie autant que la médecine, et toutes deux moins que rien : il en est comme des neiges de l'autre an. Mais toutefois je me plains à raison de ce que, malgré mes ordonnances, madame fut éveillée avant que je vinsse, et ce, en péril d'apoplexie, épilepsie, folie et mort subite.

— Sur ta tête à poils roux! se récria le roi, si pareil accident avait lieu, maître sorcier, tu serais vitement mis en charbons et cendre, foi de gentilhomme!

— Monseigneur, dit Diane avec un sourire propre à désarmer le plus terrible courroux, ne rancunez pas cet illustre docteur, qui tantôt me guérit par la puissance de sa panacée, lorsque je cuidais rendre l'âme.

— Je jure ma vie, belle dame, s'écria François Ier, qui oubliait Agrippa pour contempler Diane avec amour, qu'il n'est et ne peut être divinité féminine plus digne d'adoration!

— Monsieur, répondit Diane rougissante de modestie, si vous avez l'heur de voir en face le roi notre sire, puisse-t-il octroyer à une fille désolée la grâce de visiter son père en prison! L'espoir me persuade que j'obtiendrai cette insigne faveur par vous mieux que je ne pourrais faire par moi-même?

— Certes, madame, vous auriez en vos yeux seuls force et autorité contre un empereur roi. Je ne m'oppose aucunement à ce que vous alliez auprès de monsieur de Saint-Vallier.

— Oui-dà, monseigneur, je vous en serais moult obligée tant que vivrai; mais le plus tôt en le plus nécessaire, s'il point ne l'accole, je sens que mon esprit s'en va hors de mon corps; car ce jourd'hui on le juge à mort...

— Mensonges que cela! répondit le roi qui pâlit et rougit tour à tour de trouble et de dépit en regardant Caillette; je voudrais, mon peu, savoir qui vous instruisit à faux, et je remonterais à ce baveur comme quoi langue éventée coûte oreilles coupées.

Caillette, à qui s'adressait cette menace, l'écouta sans baisser les yeux, et les traits paisibles de son visage ne témoignèrent pas la plus légère émotion.

En même temps, Triboulet, annonçant au son des grelots qu'il avait repris son costume de fou, entra d'un pas sautillant, fit une cabriole grotesque, et agita sa marotte comme un sceptre; ensuite il se dirigea vers François Ier, et lui dit à voix basse que les princes, ducs et pairs étaient réunis pour l'accompagner au lit-de-justice. Le roi répondit à cette nouvelle par un geste d'impatience.

— Vrai! s'écria Diane avec un naïf enfantillage mélangé de coquetterie, n'est-ce point là vot frère de Caillette, j'entends un fol en titre d'office royal, vêtu d'habits de cérémonie?

— Vous l'entendez bien, ma princesse, dit le roi, et si ces attributs de folie ne vous déplaisent, j'ordonnerai que Caillette s'en aille revêtir la livrée de sa charge.

— N'en faites rien, monsieur mon maître, reprit Caillette du ton de la prière; mon bel accoutrement est tant gâté de trous et de taches que j'aurais vergogne de le porter devant madame de Poitiers, de laquelle je suis serviteur d'enfance.

— Oui, mon petit ami, continua Diane, ce que j'en disais n'était que par ris, et sais bien qu'il vous en coûte d'être accommodé de la sorte; or, je me suis maintes fois repentie de vous avoir sollicité d'entrer au service du roi...

— Çà, madame, interrompit François Ier, vous souvient-il d'avoir jamais vu le roi, qui ne vous vit nulle part, certainement, avant ce jour?

— Oui et non, répondrai-je; car, lorsque ce bon sire fut parrain du fils de monseigneur de Bourbon, je séjournai à Moulins durant le triomphe des fêtes, et monsieur de Brézé, mon époux, fit de telle façon que je n'approchai de la personne du roi et ne le vis que de loin au baptême; à peine ai-je discerné sa gracieuse physionomie, qui ressemblait un tantinet à la vôtre, m'est avis.

— Foi de gentilhomme! le roi, s'il vous voyait, aurait bonté au cœur de ne vous avoir remarquée en cette foule, où vous étiez sans doute plus étincelante que Luna parmi les étoiles. La faute en fut à ce jaloux de Brézé, qui voulait vous céler à tous les regards, et vous ôter l'honneur d'être la plus belle...

— En temps ce que propos dure à ma plaisance, s'écria-t-elle tout-à-coup changeant de ton et de couleur, mon pauvre père subit là question ordinaire et extraordinaire?

— Ce ne sera point, foi de gentilhomme! dit le roi, qui se rendait à lui-même, et qui retint doucement Diane déjà levée pour sortir. Mais demeurez en ce logis, lequel est plus vôtre que mien, afin de rasseoir vos esprits tout émus.

— Hochma Binach! ajouta doctoralement Agrippa, qui avait consulté le pouls de Diane; madame, je veux être un cerf sans cornes ou un chien sans queue si vous n'avez les fièvres quartaires : donc, ne vous levez hors du lit, et buvez de la tisane à Forme.

— Messire, reprit-elle avec fermeté, la faculté entière ne parviendrait à vaincre l'idée qui me tient de voir mon cher père; et, pour ce faire, rien ne me semblera trop chaud ni trop pesant; j'emploierai argent, pleurs et cris; cette vue bienheureuse sera plus profitable à ma santé et longue vie que drogues et juleps; partant, il me pèse fort d'attendre.

— Aussi, vous n'attendrez guère, madame, répliqua respectueusement François Ier, le roi n'aura garde, je vous affie, d'affliger d'un refus celle qu'il souhaiterait contenter à tout prix. Je vous prie de rester en ce séjour par vous seule habité, auquel vous commanderez ainsi et plus étroitement qu'en votre château d'Anet.

— Qui bien, et merci vous dis, monseigneur : cette demeure m'agrée mieux que la maison du greffier-criminel, où la bourrue ivrogne qui de sa main écrivit la sentence de mon pauvre père; ains, ici aurais-je aucune femme pour compagnie?...

— J'y ai songé par avance, très chère dame, et voici la gouvernante de ma propre sœur, qui réside présentement en ses terres de Valois. Damoiselle Nicole vous servira en toute affection.

La greffière, qui avait eu le temps de renouveler ses charmes par tous les mystères d'une toilette recherchée, parut dans la chambre; sa beauté fardée et sa coquetterie eurent tout à perdre d'une comparaison avec l'éclatante et naïve beauté de Diane. Néanmoins, elle considéra, en souriant de dépit, cette rivale préférée, comme pour découvrir en elle quelques défauts; mais un regard sévère du roi fit, à ce sourire ironique, succéder un air prévenant et soumis.

— Damoiselle Nicole, lui dit-il, aimez et servez madame, comme si elle était ma sœur. Enfin, plaisant à elle, vous me plairez par là et sur toutes choses.

— Monseigneur, reprit Diane timidement, point ne mérite les soins que je vous cause; et, malgré le plaisir que l'on sent à votre entretien, j'ai regret au temps perdu sans voir monsieur mon père, duquel l'arrêt est iniquement prononcé.

— Dieu vous gard'! ma chère dame; je m'en vais conter votre cas au roi qui n'y sera moins intéressé que moi-même, je vous jure. Viens çà, Caillette, et toi, Triboulet?

— Oh! monseigneur, s'écria Diane, ne séparez de ma personne mon ancien serviteur Caillette, lequel j'envie au roi, tant il est aimable, complaisant et accompli de tout point.

— Foi de gentilhomme! reprit François Ier, je n'avais jusqu'alors désiré la fortune de messire le fol!

Caillette, retiré dans le coin le plus obscur de la salle, et appuyé contre un meuble incrusté de nacre et de coquillages, regardait fixe-

ment Diane, et paraissait étranger à ce qui se passait autour de lui. Il ne bougea pas à l'appel du roi, comme s'il n'eût rien entendu dans la muette et mélancolique contemplation dont il s'enivrait.

Mais les paroles de Diane l'avaient frappé dans l'âme, et deux larmes furtives débordaient de ses paupières ainsi que d'un vase trop plein; il tressaillit et courut mettre un genou en terre devant Diane, qui lui tendit la main avec un sourire caressant : il fallait mourir de joie en approchant de sa bouche brûlante cette blanche main qu'on lui offrait à baiser.

— Monseigneur, dit-elle au roi en rougissant des transports de Caillette qu'elle n'avait pourtant pas compris, ne vous étonnez de cette grande amitié : elle est de même âge que nous sommes.

— Plaise à Dieu, dit François 1er, qui avait rougi de surprise et de dépit; je cuidais que vous vouliez armer Caillette votre chevalier!

Celui-ci se releva lentement et en silence, lança au roi un regard de reproche, et recommença de contempler Diane avec une tendre mélancolie. François 1er salua encore une fois sa belle captive, et, la confiant, bien à regret, aux soins réunis de Corneille Agrippa, de dame Malon et de Caillette, il redescendit en soupirant dans la salle basse, suivi de ses deux bouffons, qui n'avaient de commun entre eux qu'une haine irréconciliable l'un pour l'autre.

— Caillette, dit le roi en retroussant la pointe de sa barbe, je te laisse la charge de garder madame Diane la belle : tu seras maître suprême en tout Dédalus, j'entends qu'un chacun soit soumis à tes commandements.

— Sire, reprit avec aigreur Triboulet, ce matin vous me parliez de même sorte et me remettiez semblable charge : or, il m'importe de savoir si j'ai forfait, que vous m'ôtez la poire de la main et le morceau du bec.

— A quelles fins, sire, répliqua Caillette, m'octroyez-vous le gouvernement du labyrinthe, que nul ne fréquente, sinon l'âme de feu Jacques Cœctier, médecin du roi Louis onzième?

— Foi de gentilhomme! s'écria François 1er, quand l'oiselet entre dans la cage, à quoi bon raison de clore l'issue, afin qu'il ne s'envole? ainsi faut-il que ce gentil oiseau féminin soit encagé et serré de si étroite façon, qu'il ne se puisse ravir.

— Dieu vous entende, sire! N'est-il pas mieux d'avertir monsieur le grand-sénéchal de Normandie que son épouse est arrivée?

— Au diable l'avis et l'avertisseur! Non, mon fils; je suis si plein d'aise de posséder cette dame, que pour une part de mon royaume ne voudrais la rendre telle que l'ai prise! J'ai toute confiance en toi, qui la connais dès avant son fâcheux mariage : je te prie donc de t'efforcer à ce qu'elle m'aime sous le déguisement de M. de Valois.

— Sire, répondit Triboulet en se cachant presque derrière le roi comme dans un fort, est-il d'un fol ou d'un sage de fier son or aux voleurs, sa vie aux tueurs, et sa femme aux ravisseurs?

— Impudent bouffon! cria Caillette, qui le menaça du poing, garde que d'un seul coup je ne solde tous tes comptes, vieux et nouveaux!

— Foi de gentilhomme! interrompit François 1er en riant, quelle ardeur martiale vous tient l'un et l'autre? Or çà, on m'a conté, Caillette, que tantôt tu mis flamberge au vent contre ton frère et compagnon Triboulet?

Sire, jusques à quand ce singe pervers s'intriguera-t-il pour mêler de l'eau à mon vin, de l'ennui à ma liesse, de l'ivraie à mon blé, et des pleurs à mes ris? Hélas! il a fait que me rendre captif en un cachot noir et puant! Vite, pour le réjouir, ordonnez que je quitte les houseaux et me couche vivant dedans la tombe!

— Maugrebieu! dit le roi avec impatience, on établit plus difficilement une bonne paix entre deux maîtres fols qu'entre le roi et l'empereur. Trêve! En cas d'un différend à vider, messieurs, je vous octroie droit et licence de combattre au champ-clos de mon hôtel des Tournelles, et tous deux armés, bonnet à grelots en tête, avec cuirasse et bouclier de feurre, épée de bois et lance de roseau.....

— Sire, répliqua fièrement Caillette, j'ai le cœur aussi ferme et hardi que personne au monde, et la main mieux faite pour tenir arme ou bâton de guerre que marotte ou cornemuse; donc, partout, je suis homme à présenter le gage de bataille envers et contre qui me portera nuisance ou fera affront.

— Bien dit cela, mon cher fils! repartit le roi avec satisfaction; la vraie noblesse est plutôt dans le courage que dans le sang, et tout lâche détonnera assez qu'il est de basse origine; j'en prends à témoin les dames, qui n'estiment que les vaillants.

— Mon cousin, reprit Triboulet avec une grimace dédaigneuse, si tous avaient les qualités nécessaires au roi, Votre Majesté aurait faute d'un fol; c'est pourquoi demeurons chacun en notre état. Quant à mon ami Caillette, volontiers lui donnerai-je le baiser de Judas.

— Loin, méchant infâme! dit Caillette, qui l'empêcha d'approcher en faisant mine de le mal recevoir; le respect que commande le roi notre sire m'a prescrit le pardon des injures, et désormais point ne dégaînerai l'épée contre toi; mais avise à cesser de lancer la rage, ou je te romprai les dents, et plus tu ne mordras onc, de ton vivant!

— Saint Satanas! murmura Triboulet écumant de colère, beau damoiseau, avise à n'être point semblable à la vessie gonflée de

vent, qu'une piqûre d'épingle fait évanouir! Ainsi j'accepte, par cartel, duel et combat à outrance; adresse vaut prouesse.

— Foi de gentilhomme! interrompit le roi, ces estafilades de paroles m'ennuient; car la langue, si fine soit-elle, blessée à mort, sans tirer goutte de sang. Çà, Triboulet, obéis céans à ton seigneur Caillette, qui est mon premier fol en titre d'office, autrement, le roi des Ribauds, gouverneur de messieurs mes fols, singes et petits domestiques, te fustigera et ornera ton chef d'un heaume de papier.

— Oui-dà, j'obéirai comme bien il faut, répondit Triboulet d'une voix étouffée, mais de ce me vengerai aujourd'hui, obéissance soit faite au porteur d'icelles lettres de même qu'à ma personne royale : après quoi, verges d'entrer en danse!

Caillette regardait en pitié les grimaces impuissantes de son faible ennemi, que François 1er avait fait taire, et qui continuait la guerre par une pantomime injurieuse. Caillette ne vit plus rien dès qu'il se fut remis à penser à Diane.

Cependant le roi, s'étant assis devant une table, sur laquelle était encore tout ce qui lui servait à écrire les vers du châtelain de Coucy, déchira d'un manuscrit un feuillet de vélin blanc, et traça l'ordre suivant :

« Moi, le roi de France, par la grâce de Dieu, voulons et ordonnons que, ces présentes vues et mon seing reconnu, obéissance soit faite au porteur d'icelles lettres de même qu'à ma personne royale. »
 « FRANÇOIS. »

Il déposa ce parchemin dans les mains de Caillette, qui le reçut, comme un criminel recevrait son arrêt, frappé de silence et d'immobilité.

— Mon ami, lui dit le roi avec un ton affable, cette pancarte est de meilleur usage que le rameau d'or, célébré dans l'Énéide de Virgile; car avec le secours de ce talisman, tu dompterais Cerbérus, Furies, Euménides, et, qui pis est, geôliers, huissiers et sergents. Tâche de n'en abuser pas, et de déceler qui te l'a donné.

— Sire, mon beau cousin, s'écria Triboulet, dont la bonne humeur avait repris son équilibre, voici vêpres sonnant aux paroisses : n'avez-vous pas affaire, environ deux heures de relevée, au Palais pour votre lit-de-justice? Il s'agit de votre beau serment sur le crucifix et la vraie croix?

— Hélas! soupira le roi, maintenant voudrais-je être déjà revenu!... Caillette, ne t'endors auprès de Diane, comme fit Argus aux cent yeux dans la fable, et, sans toutefois déclarer qui je suis, persuade-la de m'aimer.

Caillette ne répondit qu'en baissant la tête pour cacher ses larmes, et se sentit un peu soulagé lorsqu'il vit François 1er s'éloigner avec Triboulet dans les allées du labyrinthe.

Il était resté immobile à la même place, et tenait encore à la main l'ordre écrit du roi : il s'éveilla comme en sursaut, parce qu'il se sentit pincer le bout de l'oreille, et entendit l'accent magistral de Corneille Agrippa.

— Petit, lui dit celui-ci, le portrait de madame d'Angoulême, que j'ai rencontré des yeux en la salle d'en haut, m'a révoqué en mémoire ce que la vieille lui servait à écrire les vers du châtelain de Coucy, m'envoie tantôt de m'annoncer de sa part, sans mensonges ni vanité : elle te convie de la venir voir, pour deviser seul à seul avec elle en bonne étrenne....

— Foin! je n'en ai le désir ni le pouvoir, d'autant que je n'attendais jusqu'à ce pour élire une dame plus belle cent millions de fois et plus jeune aussi.

— Par le Dieu d'Isaac et Jacob! crains-tu pas qu'elle fasse de toi de même que madame Putiphar voulut faire de Joseph?

— Oui-dà, j'évite, n'y allant pas, de mon manteau lui demeure en la main!

En prononçant ces mots, il sourit avec amertume, salua l'astrologue d'un signe de tête, essuya deux sillons de larmes le long de ses joues, et, pliant le précieux parchemin qu'il gitasa dans son pourpoint, il monta rapidement à la chambre où Diane se trouvait sous la garde de dame Malon.

François 1er retourna plusieurs fois sur ses pas pour observer encore la petite fenêtre, aux vitraux de laquelle son imagination ramait lui montrait l'ombre d'une vague figure de femme; Triboulet, en marchant derrière le roi, riait tout bas de ses propres pensées, et méditait une nouvelle méchanceté contre Caillette.

Au sortir de Dédalus, François 1er défendit avec de terribles menaces, aux archers qui gardaient la porte, de laisser pénétrer dans l'enceinte du labyrinthe personne autre que Caillette, Triboulet et Agrippa.

— Sire, dit en tremblant le chef de ces archers, voilà que madame d'Angoulême s'en est venue pour entrer céans, comme d'ordinaire, et n'a pu passer outre selon votre ordre exprès; en sorte que, tout irée de ce qu'on lui fermait la porte, elle enverra des gens pour nous pendre.

— Foi de gentilhomme! reprit le roi, si vous livrez passage à quelqu'un, je vous promets pareillement une plaisante danse entre le ciel et la terre.

Ces pauvres sourdauds, stupéfiés de l'alternative périlleuse où le hasard les avait placés, crurent avoir déjà une double corde au cou, et s'inclinèrent respectueusement avec une résignation passive.

Le roi, traversant la galerie des Courges, pour monter à cheval et aller au lit-de-justice du parlement, rencontra sa femme, Claude de France, qui se rendait à vêpres accompagnée de ses enfants et des dames de sa maison.

Cette reine, avec un esprit médiocre, une figure commune, et des infirmités qui la faisaient boiter, possédait une angélique douceur et une bonté capable de compenser tant de défauts naturels, et même de tenir lieu de toutes les plus brillantes qualités.

La duchesse d'Angoulême, sa belle-mère, la maltraitait fort, et pourtant, dans son journal, elle se vante d'avoir *conduit sa bru honorablement et amiablement*; le roi, son mari, la respectait, mais, ne l'aimant pas, il la fréquentait peu, et avait soin qu'elle fût toujours occupée par une grossesse ou par des couches, pour être moins gêné lui-même dans ses galanteries : la dévotion consolait madame Claude de l'indifférence de son mari et des durs traitements de Louise de Savoie.

Par une singulière contradiction, bien que cette pauvre princesse fût tout-à-fait étrangère au gouvernement du royaume, elle mettait sa gloire à se montrer partout et à tout propos avec ses atours de reine. Ce jour-là, comme au jour de son couché, elle portait une cotte de tissu d'argent, un surcot d'hermine, une coiffe de satin blanc, brodée de pierreries, et un manteau de velours bleu fleurdelisé.

A ses côtés marchaient ses enfants en bas âge, tous mesquinement habillés, à cause de l'état d'abandon et de dénûment qu'on lui faisait souffrir à elle-même; l'aîné, François, qui mourut empoisonné à Lyon, donnait la main à sa petite sœur Madelaine, qui fut mariée à Jacques V, roi d'Écosse; Charles, duc d'Orléans, était mené par sa sœur Charlotte, et le petit Henri, qui fut roi de France, successeur de son père, folâtrait et courait en avant, imitant le trot d'un cheval et l'allure d'un cavalier.

François 1er voulut se détourner à l'approche de ce cortége de famille; mais le petit Henri, qui l'avait aperçu, le força, par des cris joyeux, de s'arrêter un moment, et courut lui grimper aux jambes pour atteindre le poignard à sa ceinture.

La reine se dirigea vers son mari avec une parole douce et un visage affectueux.

— Sire, lui dit-elle, le Seigneur Jésus-Christ soit loué de ce que je vous revois bien et mieux portant! Voici que je vais célébrer votre retour en oraisons ; mais dites, comment avez-vous fait ce parchevé ce bienfaisant voyage? ce pendant, vos fils et filles, comme voyez, ont crû en force de corps et de bonne discipline ; votre petit Henriot va tout-à-l'heure être retiré des mains de ses nourrices et gouvernantes, et, à l'exemple paternel, selon son amour des armes, il deviendra le premier chevalier français.

— Dieu vous gard', madame; et le roi en continuant sa route : la cour, les princes, ducs et pairs sont assemblés, et c'est moi seul qu'on attend. — Fi! la déplaisante chose qu'une prude femme! pensa-t-il en lui-même.

Lorsque Caillette remonta dans la chambre où Diane, avec le secours de dame Malon, donnait les premiers soins à sa toilette endommagée par les événements de la nuit, il avait l'air si consterné et le visage si défait, qu'on ne pouvait qu'auguerer une mauvaise nouvelle.

— Mon ami, s'écria madame de Brézé, effrayée de ce qu'elle allait apprendre, verrai-je pas monseigneur mon père? ou bien son arrêt s'en va-t-il s'exécuter?

— Oh! non pas, madame, reprit Caillette en soupirant ; voire, j'ai bonne idée de la réussite du procès ; en attendant, je tiens en main de quoi vous ouvrir l'entrée de la Conciergerie, le grand chien infernal Cerbères gardât-il la porte des prisons.

— Vite, allons-y, vu la grande inquiétude qui me poind. Certainement M. de Valois est un honnête seigneur que j'estime tant et plus, ajouta-t-il, en se mirant avec complaisance; son gracieux personnage m'agréa de prime-abord, et son pouvoir passe encore ses promesses.

— C'est bien dit, madame, que vous l'aimez já de première vue, et après meilleure connaissance, vous mettrez en oubli tout le reste, Caillette y compris!

— Non ferai, je l'atteste : par votre zèle et dévotion à mon service, vous avez gagné en mon amitié autant qu'il faut pour rendre content le plus difficile, et tel sera toujours.

— C'est beaucoup, ma chère dame, et toutefois n'est-ce rien qu'amitié!

Diane, dont la beauté devait un nouvel éclat aux mains habiles de dame Malon, était impatiente de profiter d'un ordre du roi qu'un caprice pouvait révoquer sur-le-champ ; elle témoigna si vivement son désir à Caillette, elle le pressa de tant d'instances, que celui-ci n'eut pas le courage d'attendre jusqu'au soir, ainsi que François 1er le lui avait ordonné; il sortit un instant, et revint avertir madame de Brézé qu'il était prêt à l'accompagner jusqu'au bout du monde. A ces mots, un sourire de joie brilla sur les traits encore pâles de Diane, qui offrit la main à son guide : Caillette s'en empara impétueusement, et la sienne, qui tremblait de bonheur, devint glacée.

— Mon petit, lui demanda Diane en le regardant avec intérêt,

trembles-tu pas de fièvre? Sans doute, le froid de la nuit changea le cours de ta bonne santé.

— Oh! non, madame, répondit Caillette, qui appuyait le bras sur son cœur pour l'empêcher de battre si fort; serais-je goutteux et paralytique, il n'y paraîtrait point, à cette heure fortunée que je suis votre chevalier servant.

— Ton contentement s'accroîtra quand M. de Saint-Vallier sera, par le roi, reçu à merci et absous; car justice ne veut pas qu'il meure.

Caillette garda le silence, comme si l'une et l'autre alternatives lui semblaient également fatales, et peut-être aurait-il préféré le supplice de M. de Saint-Vallier à sa grâce trop chèrement achetée.

Il engagea madame de Brézé à s'envelopper d'une ample cape de drap de soie brun, qu'il était allé chercher pour elle, et la conduisit, ainsi cachée aux regards indiscrets, jusqu'à la porte qui s'ouvrait de plain-pied sur la rue Saint-Antoine : une litière ornée de peintures et fermée de courtines de taffetas bleu les attendait.

Diane, étonnée de la richesse de cette litière, y monta d'après l'invitation réitérée de Caillette, qui se plaça en frémissant de joie à côté d'elle ; et la voiture, où n'arrivaient que le bruit des objets extérieurs et un jour bleuâtre à travers les rideaux bleus, se remit en mouvement selon le pas mesuré des deux chevaux blancs qui la portaient à brancards. Durant la route, qui fut longue à cause des embarras de foule et de charrois par les rues étroites, Diane parla sans cesse de son père qu'elle allait revoir, et du souvenir de M. de Valois ne se mêla qu'une fois à sa pensée.

— Certainement, dit-elle, M. de Valois, qui tient tel empire sur le roi notre sire, est connu de mon très honoré père?

Caillette, dont les yeux étaient tournés vers Diane comme la boussole vers le pôle, tressaillit à ces paroles, secoua la tête, essuya deux larmes le long de ses joues ; puis, levant le coin du rideau, lui indiqua du doigt la grosse tour carrée du Palais, remarquable entre les tourelles et les aiguilles qui surmontaient cet antique monument :

— Voyez, madame? dit-il d'une voix tremblante ; la prison de monseigneur votre père n'est pas bâtie de papier ni close d'une toile d'araignée!

— Oh! je le vois lui-même aux barreaux d'une fenêtre, s'écria Diane presque défaillante ; voici reluire au soleil son collier de l'ordre!

La litière entra sous une voûte basse du Palais : Caillette descendit le premier et présenta la main à sa compagne, qui s'élança légèrement à terre.

Le cœur de Diane battait plus vite : elle était si près de son père! le cœur de Caillette battait aussi avec force : il était si près de Diane! il touchait sa main, il entendait sa voix, il respirait son haleine, il s'enivrait de sa vue.

— Mon ami, lui dit Diane s'arrêtant tout-à-coup dans un passage obscur, est-ce pas vous ou moi qui mène l'autre? m'est avis que nous sommes égarés en cet enfer auquel il ne manque rien, sinon le Styx et la barque à Caron.

— De vrai, et m'en excuse, madame, repartit Caillette, je marchais à l'aventure, comme on fait en un rêve, sans savoir où aller ni venir.....

— O Dieu! n'ai-je plus ma saine raison!

Un rayon de lumière se glissa dans les ténèbres, et la figure rébarbative d'un geôlier qui tenait une lanterne effraya Diane et la faire reculer en arrière.

— Madame, dit cet homme avec une rudesse respectueuse, êtes-vous plaignante, partie ou accusée? toute affaire civile est ajournée à cause de la solennité du lit-de-justice, et l'entrée du Palais n'admet ce jourd'hui que princes et seigneurs, présidents et conseillers, maîtres des requêtes et avocats : donc, retirez-vous.

— Compère, répliqua Caillette en tirant de sa poche le parchemin écrit et signé par François 1er, savez-vous lire l'écriture, et avez-vous connaissance du seing royal?

— Par les oiseaux de Saint-Pris! monseigneur, répondit le geôlier en saluant le parchemin qu'il semblait de lire à la clarté de sa lanterne, commandez-nous à votre guise, et dites ce qu'il faut faire?

— Rien ou peu de chose : introduire madame ci-présente en la prison de messire Jean de Poitiers, comte de Saint-Vallier.

— Oui, et fit plus tôt qu'il se pourra, ajouta Diane; moyennant quoi, serez moult payé de votre assistance.

— O la mauvaise aubaine! répétait douloureusement le geôlier. Que dira monseigneur le premier président, si j'enfreins son ordre concernant les gentilshommes de monsieur de Bourbon ?

— Maître sot, répondit Caillette, as-tu moins de révérence à l'ordre du roi de France?

— Dépêchez, bon homme, ajouta Diane qui avait hâte d'embrasser son père : ces six angelots d'or soient garants de notre honnête intention.

— Çà, venez! leur dit en marchant le geôlier, qui ne s'était pas fait prier pour recevoir l'argent ; vous certifiez que cet écrit m'ordonne d'obéir de par le roi? n'aboutissez pas de ce que je n'ai, de ma vie, rien lu en un missel; la faute vous soit du tout attribuée! Certes eussiez-vous perfide dessein, il n'aboutirait qu'à votre honte et con-

damnation pardevant le parlement, ainsi que là-haut devant Dieu. Toutefois, je vous affie, j'aurai l'œil à mon prisonnier, de peur que, s'évadant, il expose au coup de hache mon chef au lieu du sien ; or la fuite est impossible. Mais, en tout cas, vous ne voudriez commettre si gros péché, que de jouer la vie d'un père de famille, lequel a charge de geôlier héréditaire à la Conciergerie pour tout bien et tout honneur, depuis qu'il est de force à pousser verrous, à fermer cadenas, à remuer chaînes, barres et carcans : cette même charge appartient à mes deux enfants qui n'ont encore barbe au menton...

Pendant que ce sombre huissier se livrait à sa loquacité pour se dédommager du peu d'occasions qu'il avait de l'exercer, il faisait parcourir à Diane et à Caillette de vastes galeries aux parois suantes, de longs corridors à mille détours, des escaliers de grès usés par les pas, des cours étouffées entre quatre noires murailles ; il ouvrait et refermait des portes massives et toutes retentissantes de fer : à chaque instant, des courants d'air humide saisissaient tout-à-coup Diane, qui frissonnait de froid et de peur : elle se réfugiait parfois dans les bras de Caillette, où elle respirait plus librement, et le jeune homme était heureux de la serrer contre lui-même.

Auprès de la Grand'Salle, d'où partait un bruit confus de voix, un homme, qu'on ne pouvait reconnaître dans ce bouge étroit et ténébreux, effleura Diane en passant : elle frémit involontairement, et se colla au mur pour éviter ce contact qui lui faisait horreur; quand cet homme eut monté un petit degré conduisant à la Chambre des délibérations, elle entendit ces mots prononcés d'un accent sinistre :

— Non, messeigneurs, empêchez qu'il ne paraisse à l'appel !

— Sainte Vierge et Jésus son fils ! murmura Diane bas à l'oreille de Caillette, est-ce pas la voix de monsieur de Brézé, mon époux ?

Ils parvinrent enfin à l'escalier des prisons de la Tour-carrée, et tandis qu'ils montaient péniblement dans l'obscurité, un son métallique retentit si gémissant que la tour en fut ébranlée, et les échos le prolongèrent de voûtes en voûtes jusqu'au fond des souterrains.

— Mon Dieu ! s'écria Diane écoutant mourir au loin ce bruit étrange, est-ce le sabbat des lutins ? La tour s'en va-t-elle choir en ses fondements ?

— Nenni, reprit le geôlier avec un gros rire, c'est le marteau duquel frappe monsieur le président contre le portail d'airain, aux fins d'appeler l'accusé à la barre de l'audience. À cette heure, cuidé-je, est mandé monsieur de Bourbon, qui n'a garde d'y venir.

Le geôlier s'arrêta au septième étage, devant un guichet à triple serrure, cadenassé et verrouillé, qu'il ouvrit après de longs efforts.

Dans l'intérieur de la prison, à peine éclairée d'une fenêtre qu'interceptaient des grilles et d'énormes barreaux de fer, Diane jeta un rapide coup d'œil et ne trouva pas ce qu'elle cherchait ; mais, à un grave soupir exhalé de l'endroit le plus sombre, elle répondit par un cri perçant, et se précipita tout en larmes au fond du cachot, tandis que le geôlier, posant sa lanterne, s'assit sur le carreau froid et se mit à manger de bon appétit un morceau de pain dans une boîte avec un demi-pan de saucisse. Caillette restait debout à la porte sans faire un mouvement, de peur de troubler l'attendrissant spectacle qui le remplissait d'une émotion muette : Diane était dans les bras de son père !

Le comte de Saint-Vallier, depuis son arrestation, languissait, consumé d'une fièvre lente, entretenue par le chagrin : il se sentait innocent, n'ayant eu aucune part au complot de Bourbon que des conseils dignes d'un vrai gentilhomme, dévoué à son pays et à son roi ; il s'indignait donc de se voir confondu avec des traîtres et des domestiques dans une affaire criminelle : cette tache faite à son écusson lui semblait irréparable, et la crainte d'une condamnation capitale le troublait moins que la honte de se voir en butte à un soupçon de lèse-majesté. Les lenteurs du procès l'avaient rendu aussi malade d'âme que de corps, et il ne désirait rien tant que une prompte mort ou une justice prompte ; las de demander l'une ou l'autre, il s'abandonnait au découragement, se lamentait à haute voix, pleurait en silence, refusant presque toute nourriture, battant les murs de son front, regardant souvent le ciel, demeurant immobile durant des journées entières, agenouillé ou étendu sur la paille qui lui servait de lit; enfin raison allait s'altérant de jour en jour, quand la vue de sa fille lui rappela tout-à-coup de tendres sentiments qu'il avait oubliés pour l'amour de la vie.

C'était un vieillard de soixante ans, d'une taille élevée et droite encore, d'une belle et noble figure; ses cheveux et sa barbe, malgré son âge avancé, conservaient leur couleur noire et lustrée, qu'on attribuait généralement à un secret de les teindre avec des herbes bouillies ; mais, pendant sa prison, son poil avait poussé, de manière à ne laisser aucun doute sur ce singulier phénomène de la nature.

M. de Saint-Vallier portait, dans toute sa personne, des témoignages de sa déplorable situation d'esprit : ses yeux hagards, ses traits défigurés de maigreur, sa grande barbe, sa longue chevelure en désordre, ses pieds nus et poudreux ne s'accordaient que trop avec ses misérables vêtements déchirés en lambeaux ; seulement à son cou brillait encore le collier de l'ordre de Saint-Michel, que François Ier y attacha de sa main. Ce reste de luxe et d'orgueil faisait ressortir davantage l'état de misère et de dégradation où sa captivité l'avait réduit.

Lorsque Diane se fut aperçue du changement physique et moral opéré en quelques mois chez son malheureux père, elle ne put retenir de nouveaux torrents de larmes, auxquelles se mêlèrent celles du vieillard, qui revenait à la raison, honteux de lui-même.

— Diana ! dit M. de Saint-Vallier lorsque la surprise et l'attendrissement lui permirent de parler ; ma chère Diana, maintenant que je t'ai vue et baisée paternellement, la mort n'est pas ce qui me contriste, et plus volontiers trépasserai-je, ce me semble.

— Oh ! dites que vous ne mourrez pas, mon très honoré père ! dites-le, pour m'exciter à vivre !

— Comment arrivas-tu jusqu'à moi, pauvre accusé, qui fus d'avance iniquement condamné ? Comment es-tu venue d'Anet à Paris, ma fille bien-aimée ? Cependant le grand-sénéchal de Normandie n'est pas défunt, puisque mes tortures et crucifiements n'ont eu de cesse ? Ça, raconte quels ennuis il t'a fallu pâtir de ce méchant mari, qui se venge lâchement contre toi d'être impuissant et maléficié !

— Hélas ! seulette dans mon château d'Anet, où je consume mes loisirs en dévotions, regrets du présent et souhaits de l'avenir, je ne savais aucunement que vous fussiez prisonnier du roi ; je ne savais davantage la trahison de monsieur de Bourbon...

— Qu'est-ce à dire, madame ? Avez-vous cœur et courage de gourmander de trahison le plus loyal de sujets du roi notre sire ? Par l'illustre race des Poitiers ! gardez-vous d'injurier mon digne maître, parent et ami, présentement éloigné de France par le fait de la vilaine duchesse d'Angoulême, qui soit plutôt nommée duchesse de félonie, et méchanceté ! Dieu rende bientôt au roi François la plus forte colonne de ce royaume, son vaillant et fier connétable Charles de Bourbon !

— Ne vous fâchez point d'une parole légère, monseigneur ; car je suis quasi morte de mon vivant, j'ignore du tout le train des choses du monde, et ne connais, vous dis-je, que le plaintant d'église, mon confesseur et monsieur mon mari.

— Par les armes de la malhonnête alliance que j'ai faite à mon détriment ! Mais, dis-moi, ma fille, cet eunuque de Brézé a-t-il osé permis que tu vinsses céans visiter ton vieil et désolé père ? Il ne me haït donc pas tant que je pensais ?

— Oh ! pardonnez, excusez-moi de ce que j'entreprises pour vous : monsieur le grand-sénéchal étant de séjour en cette ville, Caillette, par dévouement moult recommandable, m'informa de votre mauvaise fortune, et m'emmena secrètement du château d'Anet aux fins de solliciter des juges votre grâce et liberté.

— Autant vaudrait prier cette orde prison de devenir un beau et splendide palais ! Mais le petit Caillette a mal fait, avec bonne intention toutefois, d'autant que l'honneur d'une dame noble et de haut lieu, telle que vous êtes, est facile à gâter par calomnie.

— Mon très digne père, les langues piquantes me seront douces et emmiellées, si je viens à bout de vous sortir, sain et sauf, des embûches de ce procès et des liens de captivité. En attendant, c'est tout plaisir de vous pouvoir accoler, comme je fais.

— Par mon blason sans tache ! Caillette, mon fils d'adoption, est un digne et vertueux jeune homme ! son office de fou royal ne l'a donc corrompu ? je serais bien aise vraiment de le remercier face à face.

Il parlait encore lorsque Caillette alla tomber à ses pieds, qu'il embrassa avec des sanglots et d'abondantes larmes. M. de Saint-Vallier, dont la vue était aussi affaiblie que la mémoire, ne le reconnut pas d'abord dans l'ombre ; mais, Diane l'ayant nommé, il releva aussitôt pour le presser tendrement sur son sein.

— Caillette, mon second enfant, lui dit-il avec bonté, le seigneur Dieu acquittera ma gratitude en belles indulgences plénières ! Déjà je le louais, du fond du cœur, pour avoir si adextrement aidé la fuite de monsieur de Bourbon... Par mes armoiries ! tu es fort bien profité de mes leçons, et te destin s'est fort trompé, te faisant naître fol en office royal plutôt que comte ou baron.

Il y eut un moment de silence dans la prison ; Caillette se cacha le front entre ses mains, car tout ce qui lui rappelait son humiliante condition, en présence de Diane, le faisait rougir de honte ; monsieur de Saint-Vallier ne remarqua pas combien il avait navré de ses dernières paroles l'âme fière et délicate de ce jeune homme.

— Par mes ancêtres ! ajouta-t-il d'un air plus serein, ma belle Diana, je suis curieux de savoir quelle bienveillante fée vous introduisit ici pour me réjouir mieux qu'un rayon du soleil en ma nuit funèbre ? est-ce pas l'ange au clair visage, coiffé de rayons, qui, en suivant les saintes Écritures, pénétrait aux prisons et délivrait les saints apôtres ?

— Peut-être, monseigneur, répondit madame de Brézé en souriant ; mais ce bon ange a pris la forme et le nom d'un honorable sire.

— Par les mérites de ma bannière ! qui est-ce ?... Vous logez sans doute en l'hôtel de monsieur votre époux, madame, ainsi que doit toute honnête femme aimant bon bruit et los ?

— Ne vous ébahissez au contraire, monseigneur, dit Diane après avoir hésité un moment, car ça, faisant, j'ai agi en conscient.

— Vrai ! madame, quel logis vous tient ? qui est votre hôte ? Pensez que votre renommée touche à la mienne, laquelle est demeurée pure et nette malgré tout !

— Mon très cher père, voici le fait tel qu'il advint : hier soir, sitôt après arrivée en cette grand'ville, Caillette étant absent pour avoir de vos nouvelles, je m'égarai par les rues jusqu'à ce que je tombai pâmée, ne sais à quel endroit ; mais en ce temps-là un des plus excellents seigneurs de la cour, qui a nom M. de Valois.....

— M. de Valois ! c'est fausseté et abusion manifestes !

— Il m'a dit se nommer de cette sorte, et de plus être cousin du roi de France ; or j'ai eu foi en son dire, d'autant que sa personne, son grand cœur et ses accoutrements montrent assez qu'il n'est pas d'un rang inférieur.

— Plût à Dieu qu'il fût le plus ladre de la cour des Miracles ! je n'aurais pas si grosse appréhension, hélas !... Méchante, vas-tu contaminer et polluer ta robe blanche d'innocence?..... Achève néanmoins ce propos.

— Oh ! ne prenez cet air fâché, monseigneur !... M. de Valois (qui vous semblerait encore au-dessus de mes éloges, si l'aviez vu), trouvant par terre, à la mi-nuit, une femme en pâmoison comme morte (c'était moi), fut ému de subite pitié, et dépêcha ses valets pour me recueillir dans sa maison des faubourgs, où j'habite maintenant.

— Oui-da, M. de Valois porte grandement envie à la gloire de ma famille !

— Certes, vous le méconnaissez ce charitable seigneur, sans le secours duquel je n'aurais soufflé de vie à cette heure, et encore ne vous verrais-je pas maintenant, si ne l'eusse rencontré, puisqu'il obtint un ordre du roi pour l'ouverture de votre prison.

— Est-ce pas vrai, Caillette, que ledit ordre lui a coûté grand'peine? reprit le comte de Saint-Vallier avec ironie. O pauvre insensée et crédule brebis, en proie au loup ravissant !

— J'ai ferme assurance que vous penserez d'autre façon alors que, par l'entremise dudit M. de Valois, j'aurai votre rémission de peine, ainsi que j'espère et comme il me le promet.

— Dieu t'en garde, ma fille ! je préfère cent fois la gêne et le supplice à ma grâce, dont j'aurais affront par-devant la mémoire de mes aïeux : dans ce cas, plus n'oserais-je passer par la vieille galerie de mon château de Pisançon, en laquelle sont rangés les images, armures et trophées de ceux-là qui m'ont transmis sans macule le très noble et très antique nom de Saint-Vallier !

— Monseigneur, interrompit Caillette en baissant les yeux, la chose n'est au point que vous craignez, et M. de Valois aura égard à l'inviolable hospitalité ; d'ailleurs, je suis gardien de madame votre fille.

— Réponds sans feinte, mon ami, repartit M. de Saint-Vallier : oserais-tu jurer, sur mon livre d'Heures, qu'en tout ceci et tout cela il n'est aucune coupable machination de ta part ?

— Ça, monseigneur, s'écria Caillette sa main droite appuyée sur son cœur, je jure ici, vous présent, que je n'eus onc mauvaise pensée à cet objet, et que plutôt je donnerais cinq années des meilleures de mon âge pour que cette rencontre n'eût jamais eu lieu. Si je mens, que je sois maudit en ce monde et en l'autre !

— A ce serment je te crois, mon fils, continua gravement M. de Saint-Vallier ; aussi bien j'avais mal au cœur de soupçonner de toi telle vilenie. Mêmement, je boute tant d'espoir dans ton amitié que je veux t'offrir une belle occasion de le prouver, en temps qu'il est possible de le faire ; mes biens étant tous confisqués, je ne te paierai ce suprême service par or ou argent ; mais, quand mon chef sera séparé du corps, je prierai en ciel pour tes prospérités...

— Loin ces funestes imaginations ! interrompit Diane. Vous vivrez longuement en vos domaines, monseigneur ! ne vous souciez de rien, et me laissez faire.

— Il ne me soucie, ma fille, que de mon honneur et du tien ; or écoute donc : Caillette a charge expressé d'aviser à l'exécution de mes commandements et désirs. Il te faut retourner tout à l'heure au château d'Anet, et n'en sortir pour un nul autre sujet...

— Est-ce dérision de mon amour filial ? répliqua Diane tristement ; votre arrêt est quasi prononcé, et vous ordonnez que je prête main-forte aux juges en vous abandonnant au pied de l'échafaud !

— Messeigneurs, cria le geôlier entr'ouvrant la porte, quand aurez-vous tout dit ? les gens du roi viendront tantôt, et vite quittez la place.

A ces mots, que la voix rauque de cet homme rendait plus terribles, un triple gémissement fut une réponse que ne comprenait pas un cœur de geôlier. M. de Saint-Vallier se leva de son lit de paille en chancelant, attira Diane sous le jour nébuleux de la fenêtre, considéra sa beauté avec une douleur silencieuse ; puis, faisant signe à Caillette de le suivre dans l'angle le plus reculé de la chambre, il pria sa fille de ne pas approcher avant qu'il la rappelât.

— Mon très cher fils, dit-il à voix basse, te voici bien à point pour empêcher que l'honorable renom de ma lignée soit outragé en ma personne. J'ai rêvé cette nuit qu'on me privait de mes honneurs, dignités et prérogatives ; donc, en toutes choses au monde, je chéris mon ordre de Saint-Michel, que me bailla de sa main le roi François après la bataille de Marignan, où j'avais fait de belles armes, et je ne veux pas qu'il me soit ôté par aucun, sinon l'épée à la main : c'est pourquoi je te prie de l'accepter en dépôt et de le rendre à Sa Majesté, qui me l'a donné, quand tu jugeras le cas opportun.

— Monseigneur, répondit respectueusement Caillette recevant le collier qu'il cacha sous son pourpoint, j'en ferai l'usage qu'il convient, et ne remettrai cet ordre, si bien gagné et si bien porté par vous, qu'aux mains de qui vous le mit au col en d'autres circonstances.

— Ensuite, mon petit serviteur, aie soin, avant tout, que ma fille Diane parte ce soir, s'il se peut, plutôt que demain, et par là évite les pièges que le roi François dresse à la vertu des dames.

— Combien, monseigneur, je regrette et gémis d'avoir amené madame et maîtresse en ce cas périlleux ! il me tarde plus qu'à vous-même de la voir loin d'ici.

— Cuides-tu donc qu'elle ne soupçonne la noblesse véritable du faux M. de Valois ?

— Elle n'est guère apprise à feindre, et, sur mon âme ! elle ignore que M. de Valois est le roi lui-même.

— Fais de ton mieux pour que cette profitable ignorance dure un peu, car le titre de roi est un appât à prendre les plus hautes vertus.

— Si ce malheur arrivait, je me punirais de mort, comme en étant cause !

— Je te fais répondant de tout, mon ami Caillette. Souviens-toi que prudence, mère de sûreté, réclame la prompte départie de Diane, parce que la distance est le plus solide bouclier contre les flèches du mal.

— Il est heure de vous retirer, cria une seconde fois le geôlier renforçant sa voix : l'audience du roi tire à sa fin, et je vous requiers de vider les lieux.

— Diana, dit M. de Saint-Vallier allant vers elle sans quitter le bras de Caillette, tu observeras mes dernières volontés, que jé te laisse pour adieu : hâte-toi de fuir Paris et M. de Valois plus vite que peste et famine, car parmi les Turcs tu serais en moindre péril. La Vierge immaculée t'accompagne en ton voyage jusques à ton manoir d'Anet.

— Monseigneur, répondit-elle tristement, si devrais-je désobéir à vos tyranniques ordres, en tant qu'il m'importe de vous voir d'abord remis en liberté ! nonobstant, comme doit fille soumise à son père, je m'en vais partir, le cœur gros, les paupières humides, et la bouche sanglotante.

— Auparavant, Diana, et toi pareillement, Caillette, comme si tu fusses mon propre fils, je veux vous imposer les mains en paternelle bénédiction.

Tous deux s'agenouillèrent aussitôt devant le comte de Saint-Vallier, qui, levant les yeux au ciel et murmurant des formules de prière en latin, étendit ses mains décharnées sur la tête de Diane et de Caillette qui pleuraient.

— Dieu sauve mon infortuné père ! disait Diane avec ferveur.

— Dieu sauve l'honneur de ma fille ! disait entre ses dents M. de Saint-Vallier essuyant une larme.

— Holà ! cria encore le geôlier s'avançant au milieu de la prison, est-il besoin de quérir les archers pour rompre ce tenace entretien ? Messeigneurs, ne m'exposez pas à perdre mon emploi, lequel vaut cent livres par chacun an, outre les bénéfices. Sortez, s'il vous plaît ; voici qu'on monte les degrés !

— Adieu, mes enfants ! dit M. de Saint-Vallier les serrant tour à tour contre son cœur. Un mot encore : quelle est la chance de mon cousin monsieur de Bourbon ?

— Il a défait monsieur l'amiral Bonivet, répondit Caillette en hésitant, et les armes espagnoles triomphent par son aide.

— Certes, il est fort à plaindre, et malheur à qui le fit coupable ! le roi François perdit ensemble et ce héros et ses beaux États d'Italie ! Adieu donc pour un long temps !

— Adieu pour le plus bref délai ! reprit Diane. Hélas ! il y a moins de joie en un Dieu-gard, que de deuil en un adieu !

A peine la porte ferrée du cachot se fût-elle refermée avec un fracas de clefs, qu'un frisson de terreur qui avaient un douloureux écho dans le cœur de Diane, on entendit la voix grave et solennelle de M. de Saint-Vallier entonnant le De profundis, et soudain des prisons voisines sortirent d'autres voix qui l'accompagnaient sur un mode lent et funèbre, comme si l'on eût célébré une messe des morts. Diane défaillante s'appuya sur le bras de Caillette, que cette psalmodie sinistre glaçait d'horreur ; le geôlier au contraire fut saisi d'un violent accès de gaîté.

— Saint Pris, patron des reclus, s'écria-t-il en riant, n'as-tu pas le tympan fêlé de ces beaux oremus ? Le seigneur de Saint-Vallier serait habile chanteur d'église au lutrin ; et le jour de sa propre exécution, avec le secours d'un prêtre, possible est qu'il dise pour lui-même un bel obit en plain-chant.

— Monsieur, interrompit Caillette, retournez le prier de ma part, s'il vous plaît, afin qu'il arrête ces pitoyables éclats, d'autant que madame ne les peut ouïr sans douleur.

— Non, ces oraisons le consolent, puisqu'il n'a de recours qu'en Dieu, reprit Diane qui fondait en larmes : ce que fait monsieur de Saint-Vallier est de bonne précaution ; je voudrais que le roi François pût entendre ces pieux concerts, il sentirait peut-être quelque remords de les avoir suscités ! Mais quels sont les autres qui chantent en harmonie ?

— Messieurs les gentilshommes du duc de Bourbon, desquels l'arrêt s'en va être prononcé, répondit le geôlier; oh! ils sont bien munis de prières, de façon qu'aucun n'aille en purgatoire au sortir de ce monde!

Ces chants lugubres s'affaiblissaient et se confondaient en un murmure confus à mesure que Caillette, soutenant Diane d'une main tremblante, descendait avec elle le noir escalier tournant; leur guide était resté en arrière, et quand ils eurent le pied sur la dernière marche, un groupe de personnes déboucha de la Grand'Salle, avec des flambeaux : c'étaient des conseillers du parlement et des seigneurs de la cour, conduits par le chancelier Duprat; Diane se retira dans l'enfoncement du vestibule pour leur livrer passage; mais ces mots, prononcés par une voix qu'elle reconnut en frémissant, arrivèrent à son oreille.

— Louange à vous, messieurs! vous avez bien mérité du roi et de madame d'Angoulême par votre dévotion à leurs ordres : l'arrêt contre monsieur de Bourbon est formidable; celui contre monsieur de Saint-Vallier ne vaut pas moins. Ce dernier paiera de son sang les épices du procès.

— Voulez-vous pas assister en cachette à la cérémonie de sa dégradation? demanda le chancelier « celui qui avait parlé ainsi.

— Ce spectacle sera pour moi jouissance du paradis, reprit la première voix avec un ricanement féroce; car, auprès de l'exauctoration, ce n'est rien que la mort pour l'orgueilleux Saint-Vallier!

Ces paroles cruelles, empreintes d'une farouche ironie, furent interrompues par un lamentable gémissement, qui attira les yeux et les lumières vers l'endroit où Diane était tombée sans mouvement dans les bras de Caillette.

— Malédiction sur moi et sur elle! s'écria le grand-sénéchal de Brézé, fixant un regard courroucé sur l'immobile et pâle visage de Diane. Qui donc a conduit céans madame mon épouse? quelle injure nouvelle me contraint à rougir publiquement? Malédiction!

— Monseigneur, dit Caillette avec une colère pleine de dignité, n'allez pas diffamer cette honorable dame; car moi, qui suis son humble et dévoué serviteur, la vengerai bien des outrages envenimés de votre langue.

— Qui donc tient ce fier et assuré langage? se demandait-on de toutes parts.

— Eh! messieurs, répliqua Duprat, c'est maître Caillette, premier fol en titre d'office du roi notre sire!

— Larron, ravisseur, affronteur, cria M. de Brézé écumant et hors de lui, qui t'a baillé droit et pouvoir sur madame Diane de Poitiers, laquelle est ma femme légitime? Comment, de son château d'Anet, vint-elle à Paris sans mon ordre ou agrément? Parle, fol enragé, sinon, messieurs les juges présents, je te fais avaler mon épée, pour que la poignée te soit un bâillon propice au passage!

— Messieurs, dit le chancelier qui aimait à railler, écartez-vous un petit, en laissez le champ libre à ces deux beaux champions, monsieur le grand-sénéchal de Normandie contre le badin de Sa Majesté!

— Foi de gentilhomme! repartit François Ier, qui perça la foule amassée autour de Diane évanouie, on cuiderait, à cette grande rumeur, que mon cousin de Bourbon en fait appel du nôtre chancelier, et comparûtà à la Table-de-marbre!

Le tumulte cessa tout à coup, et le roi, ayant aperçu d'un coup d'œil M. de Brézé, Diane et Caillette, changea de couleur, se mordit la langue, réfléchit un moment, se pencha vers Caillette, et lui commanda d'enlever Diane sans délai; puis, de peur que M. de Brézé ne s'échappât sans voir sa femme, il le saisit par le bras et le retint à la même place.

— Messieurs, dit-il sèchement aux assistants, allez chacun à vos affaires, et me laissez aux miennes. Mon cousin de Luxembourg, vous me tiendrez bon compte de ce qui sera fait. Demeurez toutefois, mon cher de Brézé : nous avons de quoi deviser ensemble.

Pendant cette allocution, Caillette, à la faveur de la presse qui se portait en ce lieu-là, avait dérobé madame de Brézé à l'attention générale, avec l'entremise des archers de la garde du roi; il la coucha dans la litière, sans qu'elle eût repris ses sens, et les larmes de Diane coulèrent longtemps après son retour au labyrinthe.

Cependant le chancelier et sa suite étaient rentrés dans la Grand'-Salle du Palais; messire Charles de Luxembourg, comte de Roussy et de Ligny, accompagné des gens du parlement, montait à la prison du comte de Saint-Vallier; les lumières et les voix s'éloignèrent, et M. de Brézé resta seul, furieux et palpitant sous la robuste main de François Ier.

— Monsieur mon grand-sénéchal de Normandie, dit le roi après un intervalle de silence, qui vous émouvait d'une si grosse colère? Faisiez-vous querelle à ces gens du parlement, de ce que monsieur de Saint-Vallier ne fut condamné qu'à la dégradation, à la torture et à la peine de mort?

— Sire, répondit d'une voix éteinte M. de Brézé, ne savez vous pas la juste cause de mes emportements?

— Vraiment! fut-ce quelque taon ou mouche bovine qui vous piquait à ce point?

— Alors, mon très révéré seigneur, pourquoi me distraire de châtier la plus grande vilaine, et de revenger mon honneur conjugal?

— Envers et contre qui, s'il vous plaît, mon bon serviteur?

— Sire, sire, ma déloyale épouse, la fausse Diane de Poitiers vint exprès en cette ville pour faire l'œuvre de ma honte! baillez-moi licence de la poursuivre, avant qu'elle s'échappe, cette Hélène ravie par un audacieux Pâris!

— Oui-dà, monsieur, la chose que vous dîtes est moult à votre avantage, madame votre épouse était telle que me l'aviez dépeinte, laide, sotte et dégoûtante.

— Oh! nenni, ne le croyez pas, sire : elle est si belle et si charmante que dame Vénus serait envieuse en la voyant.

— Foi de gentilhomme! mon cousin, s'il en est ainsi, elle l'emporte d'autant sur votre première femme madame Catherine de Dreux, et je vous loue d'un si galant choix.

— Laissez-moi aller, sire; l'injure est énorme, la punition sera telle, et d'outre en part je passerai mon épée au corps de cette méchante et adultère femme.

— Holà! monsieur, avez-vous la mémoire si courte qu'ayez oublié la fâcheuse histoire de feu monsieur votre père, Jacques de Brézé, lequel ayant par noire jalousie occis son épouse madame ma cousine Charlotte de France, fille naturelle du roi Charles-septième et d'Agnès Sorel, fut jugé à mort en l'année 1481?

— Hélas! sire, force m'est d'en avoir bonne remembrance, puisque monsieur mon père ruina ses grands biens pour le paiement d'une amende de cent mille écus d'or au rachat de la peine capitale.

— Tel cas put échoir sous le règne de Louis onzième; mais, moi régnant, monsieur, tous les trésors d'Asie et d'Amérique n'auraient valeur suffisante pour acquitter le prix du sang.

— C'est le fait d'un roi ami d'équité, sire, et n'y contredirai-je point; mais quelle vengeance me faut-il tirer d'une infidèle qui a pollué la couche de son seigneur et maître?

— Monsieur, un procès en impuissance vous fut intenté naguère (il fait bon ici rougir à cause de l'ombre du lieu); donc, ledit procès n'ayant eu sa fin légale, m'est avis qu'il devait avoir telles suite et conséquences en affaire amoureuse.

— Sire, vos paroles sont rudes, et vous n'usez de merci à mon regard.

— Certes, monsieur, vous n'êtes mon parent ni ami pour recourir à mon indulgence, lorsque vous-même paraissez tant impitoyable envers le pauvre comte de Saint-Vallier, votre beau-père?

— Sire, estimez-vous qu'il soit convient de faire en cette occurrence : madame de Brézé a déserté secrètement mon château d'Anet, et s'est rendue à Paris contre ma volonté, selon quelque méchant dessein contraire à ma gloire.

— Or, il convient, monsieur, que reveniez en votre château d'Anet, pour y attendre madame de Brézé, sans vous plus soucier de rien.

— Vous railliez, sire; car, ce pendant, que fera-t-elle, dont je n'aie vergogne?

— Oui-dà, monsieur, après que vous avez poussé à la mort monsieur de Saint-Vallier, cette belle dame s'en va priant qu'on accorde la vie sauve à son malheureux père.

— Ce n'est pas l'effet de ces prières que je crains; car j'ai pour garant un beau parteur de Votre Majesté, que le comte tiendra sur la place de Grève.

— Donc, fiez-vous en la parole royale, tant imprudente fût-elle, et départez promptement pour votre grand'-sénéchaussée de Normandie. Adieu, vous commande!

— Sire, certainement, ma déshonnête épouse retrouvée, j'obéirai bientôt à Votre Majesté...

— Non, à cette heure, montez à cheval et piquez des deux, tout d'une traite, jusques à votre maison d'Anet : tel est mon bon plaisir.

— Sire, permettez que le voyage soit pour demain; car point ne sais-je où madame de Brézé est allée...

— Partez, vous dis-je, monsieur mon ami : les chevaux sont sellés, et s'il est besoin de vous reconforter, moi-même vous verserai le coup de l'étrier. A propos, en témoignage de ma grande estime, je veux que prélevez de cent mille écus d'or de l'amende que par feu Jacques de Brézé, retourne en vos coffres, s'il vous plaît.

— Ah! sire, quels sont mes mérites pour une si haute et tant imprévue faveur!

— Or çà, vite, en selle, et force éperons! car ce soir, le couvre-feu sonné, si vous demeurez près de la ville ou dedans, je vous déclare rebelle et vous retiens captif en ma grosse tour du Louvre. Dieu vous gard'!

— Sire, vos bontés passent en cruautés, et quoiqu'il me coûte, voici que je pars!

François Ier appela impétueusement son capitaine des gardes, et beaucoup de monde vint aussitôt à cet appel, non sans craindre que la personne royale courût quelque danger : pages, huissiers, avocats, archers, gentilshommes et princes s'agitèrent pêle-mêle autour de François Ier, qui tenait toujours le bras de M. de Brézé.

— Chappuys, dit le roi en élevant la voix de manière à être entendu de tous les assistants, j'apprends que monsieur notre grand-sénéchal de Normandie souhaite retourner en sa juridiction; mais il emporte de si grosses sommes d'argent, qu'il n'ose se mettre en route, de peur des brigands et routiers qui battent les chemins. Donc,

dans l'intérêt de son salut et de sa bourse, je te prie d'élire cinquante de mes gardes armés de toutes pièces, pour accompagner ledit seigneur sénéchal jusques à son château d'Anet ; or çà, ne tardez d'une minute à ce faire?

— Sire, répondit le capitaine Chappuys s'inclinant jusqu'à terre, messire le grand-sénéchal sera en sûreté sous mon escorte, fût-il porteur des trésors de votre épargne, et point ne m'éloignerai-je de lui à la distance d'une demi-pique.

— C'est un louable dessein, reprit le roi ; adieu vous donne, monsieur de Brézé, et une accolade !

— Sire, répliqua celui-ci dont la voix tremblait ainsi que tout son corps, en mon absence, n'allez pas omettre la foi jurée devant le crucifix, touchant la vengeance à tirer du sieur de Saint-Vallier !...

François 1er se tut et tourna le dos à M. de Brézé, que le capitaine Chappuys entraînait d'un autre côté, sans lui laisser le temps de recommander Diane à la loyauté du roi. Mais, avant de quitter Paris, le grand-sénéchal fut réintégré dans les deniers provenant de l'amende payée par son père, et bientôt après, ce triste mari, accablé de fâcheux pressentiments, galopait sur la route de Dreux, en compagnie de cinquante soldats bien montés et bien armés, qui le gardaient à vue comme un prisonnier d'État.

Cependant messire Charles de Luxembourg, comte de Brienne, de Ligny et de Roussy, chevalier de Saint-Michel, qui avait été chargé par le roi d'ôter le collier de l'Ordre à M. de Saint-Vallier, jugé à mort dans le lit de justice tenu ce jour-là même, s'était transporté dans la Tour-Carrée de la Conciergerie, et là, assisté du président Leviste, des conseillers Jean Papillon, Jean Berruyer, François Tanet, Pierre Clutin, Raoul Dumerel, et du greffier-criminel maître Nicolas Malon, il se rendit au cachot du condamné.

Ce vieillard, que la visite de sa fille avait rempli d'une joie mélangée de tristesse et d'inquiétude, gisait sur la paille humide et sentait redoubler les ardeurs de la fièvre à laquelle il était en proie.

Il savait l'honneur de Diane livré à la merci de François 1er, et cette idée faisait taire chez lui toutes les autres ; il oubliait alors et sa condamnation imminente et la peine capitale qui en serait la suite inévitable, pour ne voir que la honte entrer dans sa famille avec une maîtresse royale. Son esprit, affaibli depuis plusieurs mois par les souffrances physiques et morales, succombait à cette crainte encore imaginaire, et se plongeait avec désespoir dans les rêves les plus sombres.

Le départ de sa fille l'avait laissé morne et découragé, comme s'il voyait se fermer la fosse sur un cercueil, et il s'était mis à psalmodier le De profundis, à chanter la messe des morts : au milieu de ces chants funèbres, il avait été pris d'un accès de fureur horrible, pendant lequel il se jetait de toutes ses forces contre la muraille, les bras ouverts comme pour étreindre un ennemi ; puis, brisé du choc, épuisé de fatigue, il s'apaisa tout-à-coup, saisi d'un tremblement convulsif, et se traîna en gémissant jusqu'au fumier qui lui servait de lit : il y resta sans mouvement et sans voix, on l'eût cru mort.

Lorsqu'il entendit rouvrir la porte ferrée de sa prison, il ne se releva point et ne tourna pas même la tête ; il s'écria seulement d'une voix caverneuse :

— Par mes sept tours de Pisançon ! est-ce pas le médecin à tous mes maux temporels ? Vite, bourreau, brandis ta hache et fais ton office avant que j'aie connu les faits honteux de ma très chère fille. Toutefois, là-haut les verrai-je !

Les gens du parlement, en robes rouges, furent introduits par l'huissier, qui annonça d'une voix éclatante : la Cour ! Ils se rangèrent lentement autour du prisonnier, et se tinrent immobiles en silence ; le greffier-criminel Malon, qui n'avait pas la visière nette et la main sûre, s'assit sur un escabeau boiteux, et s'occupa machinalement à rédiger le procès-verbal, en rêvant au vin qu'il avait bu et à celui qu'il boirait encore. Le président Leviste porta d'abord la parole :

— Jean de Poitiers, seigneur de Saint-Vallier, dites vos noms, qualités et raisons.

Le comte de Saint-Vallier refusa de répondre à cette injonction plusieurs fois répétée, et ne bougea pas plus qu'un cadavre dans la tombe : il avait les yeux fixes et la prunelle dilatée, la face grimaçante et le teint enflammé.

— Maître Malon, continua le président, écrivez que nous étant transportés en Tour-Carrée où était ledit comte de Saint-Vallier, l'avons trouvé couché et malade.

— Saint-Vallier, ajouta M. de Luxembourg, je suis venu, par le commandement du roi notre sire, afin de procéder à votre exauctoration de l'Ordre. Greffier, lisez haut et clair les lettres-patentes de Sa Majesté, en vertu desquelles nous agissons.

Le greffier-criminel toussa, cracha, éternua selon l'usage immémorial des greffiers, et déchiffrant à force de besicles l'ordonnance suivante écrite avec les abréviations du grimoire de la chancellerie, il la lut d'un ton nasillard et indécis :

« Moi, François, par la grâce de Dieu, roi de France, faisons savoir à tous nos amés et féaux les gens de la Cour du parlement de Paris, que notre cher cousin messire Charles de Luxembourg, chevalier de notre Ordre, comte de Roussy et de Ligny, a reçu de nous charge expresse de procéder à l'exauctoration et ôter l'Ordre audit de Poitiers, déclaré par arrêt de ce jour privé et débouté de tous honneurs, dignités, prérogatives et prééminences ; à cette cause, êtes priés d'assister mondit de Luxembourg en ce qu'il fera. Donné à Paris, le seizième jour de janvier, l'an de grâce 1524, et de notre règne le dixième. Ainsi signé par le roi en son lit de justice, ROBERTET. »

— Par mon blason sans tache ! s'écria M. de Saint-Vallier, qui s'était levé tout à coup séant avec indignation : le roi n'a point le pouvoir de m'ôter ledit Ordre sans que tous les chevaliers de Saint-Michel soient présents et assemblés.

— Maître Malon, dit le président, tenez acte de cette réponse.

— Oh ! reprit le vieillard dont les yeux se mouillèrent, c'est me faire tort et injustice, d'autant que n'ai nullement mérité que l'on m'ôtât l'Ordre ; car je suis du tout innocent, selon les beaux aveux que j'ai faits, sans y être forcé, à monsieur le président de Selve.

— Saint-Vallier, repartit Charles de Luxembourg, j'ai charge et mandement du roi de mettre la sentence en exécution, et ce ferai. Or, dites ce que devint votre collier, que je ne vois pas pendu à votre cou ?

— Répondez au roi de ma part qu'il saura bien où et comment j'ai quitté mon collier de l'Ordre, lequel siérait mal à un chef tranché en place de Grève.

— En ce cas, prenez cet autre collier pour l'exécution de la sentence.

— Cet autre, point ne le connais, et ne suis tenu de le regarder comme mien ; car ce n'est pas celui que le roi me bailla de sa propre main. Veuillez donc, s'il vous plaît, me laisser l'Ordre, sinon la vie.

— Monsieur, interrompit le président, le meilleur est pour vous d'obéir au roi, qui m'a envoyé céans avec lesdits conseillers pour assister messire de Luxembourg. Aussi bien, il nous faudrait user de contrainte, à l'effet d'exécuter la sentence portée.

— Tirez-moi de peine, messeigneurs, répliqua le prisonnier avec une noble fierté : à cette heure, l'arrêt de mort est-il donné contre moi ? à quand le supplice ?

— Nous n'avons mission de vous satisfaire sur ce point, dit le président, et vous serez plus tôt que tard informé du demeurant.

— Je comprends par là que tout est prêt, et ne requiers de vos bontés que la grâce d'embrasser ma fille Diane une dernière fois ; en attendant ce, je veux de bout en bout obéir à Sa Majesté, puisque c'est son bon plaisir.

M. de Luxembourg s'approcha de Saint-Vallier, lui mit au cou le collier de l'Ordre qu'on avait apporté à cet objet et ordonna au greffier-criminel de relire la sentence d'exauctoration. Après lecture faite, il retira le collier en le passant par-dessus la tête du condamné qui pleurait, se frappait la poitrine et baissait la tête pour cacher sa rougeur.

— Messeigneurs, disait tout haut Saint-Vallier, voici que je reçois le coup de mort ; car je n'en sais pas de plus rude pour un bon gentilhomme.

— Signez au procès-verbal, dit alors le président en lui présentant la plume et le parchemin.

— Maître Malon, dit tout bas à celui-ci le conseiller Tanet, viendrez-vous pas souper ce soir avec de joyeux confrères, avocats, juges et procureurs ? on boira du vin vendangé aux vignes du Palais.

— Oui-dà ! répondit l'autre, volontiers ; la séance est close et l'appétit ouvert.

— Ores, messieurs, dit M. de Luxembourg aux conseillers qui se retiraient, je m'en vais raconter à Sa Majesté comme la chose s'est passée.

— Deux mots en plus, ajouta M. de Saint-Vallier en le retenant par un air mystérieux ; rapportez aussi au roi qu'ayant ravi l'honneur au père, il n'ôte point encore celui de la fille.

Ayant prononcé tristement ces paroles, il poussa un éclat de rire insensé, parcourut la prison à quatre pattes, chanta un noël dauphinois, et frappant son front contre l'angle d'un mur, se fit une large blessure d'où le sang jaillit à flots.

— Voyez, cria-t-il : cette vive couleur écarlate est propre à teindre la robe d'un conseiller, voire d'un président !

— M. de Saint-Vallier était fou.

Il y avait un mois environ qu'un arrêt de mort contre M. de Saint-Vallier avait été rendu, et l'exécution de cet arrêt était encore ajournée, suivant les ordres secrets du roi ; une maladie terrible du condamné, que les secours de la médecine n'avaient pu préserver de fréquents accès de folie, servait de prétexte à un sursis qui étonnait le public et affligeait l'implacable duchesse d'Angoulême.

Celle-ci soupçonnait bien qu'une affaire de galanterie était l'objet des fréquentes visites de son fils à la tour de Dodalus ; mais comme personne n'avait la permission d'entrer dans le labyrinthe depuis le

jour où madame de Brézé y fut amenée, Louise de Savoie ignorait la véritable cause des délais apportés au supplice de Saint-Vallier. Le roi écoutait avec impatience les reproches et les prières de sa mère, sans en tenir compte, et courait les oublier aux genoux de Diane, qui ne voyait que M. de Valois dans la personne du roi de France.

Diane, en quittant la prison de son père, avait eu d'abord la ferme volonté de suivre les conseils de ce vénérable vieillard, qui lui prescrivait de retourner aussitôt en Normandie; mais la rencontre qu'elle fit de son mari au Palais dérangea tous ses projets de fuite que Caillette pressait inutilement, et mit des obstacles à son obéissance filiale; elle passa les premiers jours dans les larmes, en attendant l'issue des démarches qu'on devait tenter auprès du roi en faveur du condamné; puis, rassurée par les paroles de son galant hôte sur le sort du comte de Saint-Vallier, elle retarda son départ jusqu'à ce qu'il fût devenu impossible : M. de Valois s'était fait aimer.

Caillette invoqua souvent le nom de M. de Saint-Vallier, pour déterminer Diane à échapper au danger qui la menaçait; mais Diane ne répondait aux plus sages raisonnements et aux sollicitations les plus actives que par des pleurs bientôt essuyés, ou de frivoles objections, ou des promesses faites du bout des lèvres. Las de jouer le rôle d'importun, il feignit de ne rien voir de ce qui se passait et se renferma dans les devoirs de serviteur attentif et discret, cessant de s'interposer entre les amants qu'il savait d'intelligence, et renonçant à d'inutiles admonitions que Diane n'écoutait pas.

Mais toujours plus désespéré au fond de l'âme, à mesure que François I^{er} devenait plus joyeux; toujours pâle, abattu et silencieux, il évitait la présence de madame de Brézé autant qu'il l'avait cherchée auparavant; et Triboulet le faisait rougir d'un seul regard, comme si ce regard eût pu lire dans son cœur.

Le 14 février, aux premiers rayons d'un beau matin, lesquels, éclairant la partie supérieure de la tour de Dédalus, illuminaient les vitraux peints des fenêtres et s'avançaient dans la salle basse à travers la porte entr'ouverte, François I^{er}, appuyé sur l'épaule de Caillette, attendait impatiemment le réveil de Diane; mais il se fût bien gardé pourtant de le hâter par un bruit; il prêtait l'oreille à chaque instant; tout reposait encore dans la chambre supérieure, et le labyrinthe retentissait de ramages d'oiseaux qui, trompés par ce brillant soleil, saluaient le retour du printemps en sautillant sur des branches nues, cristallisées par le frimas de la nuit.

— On croirait être au plus beau temps du renouveau, dit le roi à voix basse; ce ciel bleu rit au cœur des amoureux, n'était que le mois de février ne vaut pas celui de mai.

— M'est avis, reprit Caillette pensif et chagrin, que tout semble hiver aux malheureux qui sentent en eux-mêmes la tempête et le tonnerre; ils n'ont souci des oiselets gazouillant, des frais gazons verts, des fleurs écloses, du jour luisant, ni de rien; ils sont comme un convive à table sans faim ni soif.

— Foi de gentilhomme! interrompit François I^{er}, tout éveillé, j'ai tant songé de la belle Diana, que possible est qu'à cette heure, en dormant, elle songe de M. de Valois, à qui le roi porte envie.

— Sire, dit Caillette avec un profond soupir, vous êtes présentement que faire de mon office; souffrez que j'aille étudier au cabinet du docteur Agrippa.

— Es-tu point assez savant? demeure plutôt pour me divertir; car, sur mon âme! Triboulet a trop de langue et de bave; il m'ennuie à force de folie.

— Sire, vous savez comme je suis mal habile à ce métier de bouffon, lequel me pèse plus que péché mortel; je vous dresse humblement requête pour qu'il me soit loisible de jeter la marotte aux orties.

— Nenni, point, mon cher fils, il faut que vivez et mouriez en votre charge, voire que moi-même en ma condition de roi. Seulement, par grâce singulière, à la requête de Diana, je permets qu'allez vêtu obscurément et dépourvu de tes attributs d'office.

— Toujours est-il, sire, que je porterais le froc de préférence au grelots; mais il ne vous chaut que le pain me semble amer, pourvu que vous le mangiez de friand appétit!

— Çà, mon mignon, ce pendant que ma dame sommeille, veux-tu pas poétiser en son honneur? les vers faits à jeun sont plus légers.

— Comment rimerais-je, sire, quand une sourde douleur consume la moelle de mes os?

— De vrai, petit, à te voir maigre et blême, on cuiderait un ermite au désert; toutefois le seigneur Apollo te chérit entre tous ses enfants. Madame de Brézé a jugé fort gentille ton épigramme du châtelain de Couey, laquelle tu récrivis en tête de ce manuscrit; les belles poésies dont tu l'as célébrée, sous mon nom, mes amours avec madame de Châteaubriant, ont mis au cœur de Diane certaine fantaisie d'être illustrée de même style; et j'ai compté que tu viendrais, pour ce faire, à mon aide.

— Hélas! ses larmes valent pour moi la source d'Hippocrène; or, s'il vous plaît, boutez la main à la plume en temps que dicterai de bouche quelques rimes.

François I^{er} s'assit, et prépara ce qu'il fallait pour écrire, pendant que Caillette, recueilli dans ses idées sombres, sentait l'inspiration fermenter au souvenir de Diane de Poitiers, la seule muse qu'il invoquât. Tout-à-coup il prononça lentement, d'une voix émue, ces vers composés naguère pour son propre compte, tandis que le roi les accompagnait d'exclamations admiratives et du frémissement de la plume sur le papier :

O Diana, la si bonne et si belle,
Serais-tu pas à Cupidon rebelle?
Plus je dépense, avec plaisants égards,
En pleurs, en flamme, en soupirs, en regards,
Plus jour et nuit je sens rude moleste,
Les yeux collés à la face céleste;
Plus envers toi je vais criant merci….
Et plus tu veux me payer en souci!

Entends à moi, d'une âme pitoyable,
Car il n'est rien, ici-bas, tant effroyable,
Tant malheuré, tant abhorré de Dieu,
Que d'aimer trop pour être aimé si peu.
Lo dou d'un cœur vaut un cœur en échange,
Et si le tien, d'un mois à l'autre, change,
Ainsi qu'on voit au firmament Luna,
Je te dirai : la fausse Diana.

Or je te prie, en gémissant, d'élire
Ce qu'il convient résonner en mon délire.
(Car sans aimer vie est pire que mort.)
Guéris les maux que tu fis sans remord;
Peut que l'amour retourne à qui le cause,
Sinon je meurs en désespoir de cause :
Réponds à moi d'un sourir seulement,
Mon deuil prendra cesse en contentement,....

— Foi de gentilhomme! interrompit François I^{er}, c'est assez jouer l'amoureux dolent, dont j'ai vergogne; car n'ai-je guère sujet de me plaindre, d'autant que toutes privautés me furent octroyées, hors la plus grande. Il semble, en tout ceci, que tu entendes parler de moi.

— En vérité, répondit Caillette en tressaillant, informez-vous à Clément Marot, à Héroët, à Saint-Gelais et aux plus habiles poétiseurs; ils vous diront comme quoi on se range en lieu et place du personnage qu'on fait parler on rime; et de fait, je pensais réellement à cette heure prier d'amour madame Diane de Poitiers.

Mais point ne suis (et ce pense mon blesse)
Digne de toi, car je n'ai la noblesse.

— Arrière! interrompit encore François I^{er}, on s'aperçoit à ce propos, maître Caillette, que vous rimez à votre intention; certes, il vous convient de dire que madame de Brézé vous outrepasse en noblesse : la chose s'entend de soi; mais autrement diriez-vous, ayant mémoire de la personne du roi de France, le premier de tous en naissance, fortune et le reste.

— Ne vous arrêtez à si peu, sire, reprit Caillette embarrassé; la faute en est à vous qui contrariez mon œuvre; néanmoins, je sais le point où je vais fondre.

Quand bien serais-je empereur, ce je crois,
La dame aimée est plus noble que moi.
A mon amour, quel os contredire?
Oh! je voudrais, pour preuve de mon dire,
Comme son toi, sur la France régner;
Je serais reine aussi, pour s'indigner
Un vieil époux qu'à la Parque j'octroie,
Dût s'émouvoir la grand' guerre de Troie!

— Plaudite cives! s'écria le roi en ajoutant sa signature à la copie de cette épitre; voilà les plus magnifiques vers que l'on fit onc! Maître Clément en sera piqué d'envie, et dira selon sa devise : La mort n'y mord! Bien, mon cher Caillette; tu auras, pour loyer de ton gai-savoir, ce qui te duira davantage entre tous mes trésors; mais ne déclare à nul que tu fus l'auteur de ce chant d'amour; aussi bien, ne dois-tu pas t'en glorifier, puisque le sujet et les meilleurs mètres sont issus de mon esprit.

— Sire, dit Caillette en se retirant dans le fond de la salle, voici venir madame votre maîtresse.

Diane, qui descendait de sa chambre, entendit cette dure parole; elle rougit, regarda Caillette d'un air de reproche, et salua François I^{er} avec un air de dignité sévère et triste à la fois.

— Monsieur de Valois, lui dit-elle, ne me laisserez-vous point partir aujourd'hui, ce qui est la volonté de monsieur mon père?

— Faites à votre fantaisie, ma chère dame, afin qu'il ne soit dit que je vous tyrannise; mais, en quelque lieu où vous viendrez, j'irai même ment, fût-ce aux contrées hyperboréennes de l'Islande.

— Las! grâce à vous, M. de Brézé porte mon deuil comme on fait d'une morte, et je n'oserai m'offrir au-devant de l'ire paternelle; méchant ami, vous m'avez nui plus qu'un ennemi aurait su faire!

— Foi de gentilhomme! Diana, vos torts passent les miens, et ce matin j'ai couché par écrit mes désolations en espoir que vous y pourrez remédier.

En disant cela, il présenta les vers de Caillette à Diane qui les parcourut tout bas avec une émotion visible, en interrompant sans cesse sa lecture pour adresser à François I₁ᵉʳ de tendres et longs regards. Caillette suivait des yeux les impressions que ce touchant morceau de poésie faisait naître au profit d'un rival ; son cœur battait violemment, sa respiration était oppressée ; ses traits se décomposaient, empreints d'une douleur intime, et il faillit tomber à la renverse, quand Diane murmura ce seul mot avec une douceur infinie : *Aimer* ! qui était comme une réponse décisive à l'épître amoureuse de François Iᵉʳ.

— Diana, chère Diana, s'écria le roi transporté d'ivresse, dites, dites tout haut et sans contrainte que vous me tenez pour votre serviteur d'amour !

— Ah ! mon bon seigneur, ce serait pécher envers Dieu et monsieur mon mari ; gardez-moi au contraire de mauvaise pensée, car ces beaux vers m'ont émue plus que je n'ose dire... Vraiment je me reproche un si long séjour fait en votre hôtel.

— Puissiez-vous y demeurer à jamais, ô ma reine, et commander sur votre sujet de même que sur le royaume de France !

— Si j'avais, monseigneur, ce grand pouvoir que vous me souhaitez, il serait premièrement manifesté par la délivrance de monsieur de Saint-Vallier... Mais, qu'est-ce donc que cela !

Triboulet, vêtu de ses plus beaux habits de fou, entra suivi de valets et de pages qui portaient dans des corbeilles tout l'appareil d'un magnifique repas, des soupes, des ragoûts, des viandes cuites et rôties, des fruits, des pâtisseries, des confitures et des dragées.

Avant que Diane fût revenue de son étonnement, ils eurent dressé une table à deux couverts, somptueusement servie, exhalant les parfums d'une succulente cuisine aux aromates, et chargée de vaisselle d'or et d'argent non moins précieuse par la richesse du travail que par celle de la matière ; la vue, ainsi que l'odorat, était charmée de ce festin splendide, où la profusion des mets et des vins semblait attendre plus de deux convives.

— Madame, dit gracieusement François I₁ᵉʳ invitant Diane à prendre place à table, j'ai ordonné pour vous ce simple dîner qui sera le meilleur de ma vie, si vous me permettez de m'y seoir auprès de la personne que je préfère au monde. Daignez toutefois excuser la pauvre chère que nous ferons.

— Oui-dà, monseigneur ! répondit Diane, qui s'assit la première, rouge et troublée ; quand vous me viendrez visiter en mon château d'Anet (ce qui sera prochainement, m'est avis), je crains d'être fort empêchée à vous rendre tant d'honneurs et de fêtes, réception de prince et gala de roi.

— Jon'ai autre besoin de vos offices, dit le roi aux gens qui avaient mis le couvert ; donc, allez-vous-en et nous laissez ; messieurs les fous suffiront aux emplois de pages, d'écuyer-tranchant et d'échanson.

Ceux à qui s'adressait l'ordre de se retirer s'inclinèrent devant François I₁ᵉʳ avec les marques d'un profond respect, et obéirent aussitôt.

Triboulet, fier et joyeux des nouvelles fonctions qui lui étaient attribuées, se mit en devoir de les remplir : il découpa les viandes, et fit jaillir la sauce à l'entour ; il présenta l'aiguière pour laver, et répandit autant d'eau sur la robe que sur les mains de Diane. Il versa à boire au roi, et le fit si étourdiment que la coupe déborda. Mais François I₁ᵉʳ était trop amoureux pour s'irriter des maladresses du bouffon et pour s'apercevoir que Caillette n'avait pas bougé du banc où il était assis, raide et muet comme une statue.

Diane de Poitiers, gênée par la présence de ce témoin clairvoyant et sévère, prenait moins de plaisir aux tendres discours de son amant, affectait autant de froideur dans la contenance que dans les paroles et ses regards ; car elle voyait les yeux de Caillette fixés sur elle et prêts à prendre une morne tristesse.

Madame de Brézé n'était plus la même qu'au moment de son arrivée à Paris : la coquetterie avait fait de rapides progrès aux dépens de sa candeur enfantine ; on lui répétait tous les jours avec tant de formules différentes d'amour et d'admiration, qu'elle n'avait pas de rivale en grâce et en beauté ; elle finit par se persuader qu'on lui disait vrai et par ajouter foi à des éloges que le miroir lui confirmait ; elle se réjouis d'être belle.

La toilette devint dès-lors pour elle un plaisir, un besoin qu'elle n'avait pas connu jusque-là ; son royal amant s'était empressé d'aller au-devant de ce goût frivole, en lui prodiguant les plus précieuses fourrures, l'hermine et le menu-vair, les plus riches étoffes de soie, le velours et le satin, brodés d'or ou d'argent. Chaque jour c'étaient nouveaux présents, chaque jour nouvelles modes ; elle avait des ceintures d'orfèvrerie, des colliers de perles, des bagues de diamants, des diadèmes de pierres précieuses, comme une reine.

On eût dit qu'elle respirait de loin l'air séducteur des cours ; son innocence était prête à s'évanouir, et le souvenir de son malheureux père la poursuivait déjà comme un remords. Elle n'eut pas beaucoup à faire pour oublier M. de Brézé, qu'elle avait tant de sujets de haïr : dame Malon remplit si habilement le rôle d'entremetteuse, et le soi-disant M. de Valois fut si bien servi par le penchant naturel de sa naïve maîtresse, que François I₁ᵉʳ n'eut pas recours au prestige de la royauté pour plaire, et que l'amour, dans le cœur de Diane, précéda l'ambition.

Pendant qu'ils étaient à table, mangeant peu, s'entretenant tout bas de leur tendresse mutuelle et se regardant sans cesse, une musique imitant le ramage des oiseaux se fit entendre au dehors et les disposa tous deux à de voluptueuses rêveries.

Ils écoutaient, et leurs yeux se parlaient avec une chaleur et une éloquence que ne pouvait avoir le langage le plus passionné ; leurs mains se pressaient, et leurs genoux frémissaient en se touchant ; François I₁ᵉʳ se pencha vers Diane : leurs lèvres se rencontrèrent sans se chercher, et un baiser électrique les fit tressaillir de la même émotion.

— Holà ! s'écria Caillette troublant leur amoureuse extase, c'est à en mourir de chagrin !

— Qu'est-ce, petit ? demanda le roi, à qui cette voix importune rappela qu'il n'était pas seul.

— Sire, répondit en rougissant Caillette, voyez le beau page qu'avez là pour vous servir ! maître Triboulet trouve là chère exquise, et boit d'autant à votre royale santé.

En effet, Triboulet, remarquant que les convives s'occupaient moins du repas que de leurs amours, s'était furtivement emparé d'un jambon paré aux armes de France, et d'un flacon de vin de Chypre ; puis, accroupi derrière le chauffe-doux, il mangeait et buvait à la hâte, avec un bruit de mâchoires et de gosier qui dominait la symphonie.

Caillette n'avait pas trouvé d'autre prétexte à son étrange interruption, et désignait du doigt le coupable à François I₁ᵉʳ, qui, voyant le maître Triboulet la bouche pleine et le flacon à la main, se mit à rire de si bon cœur, que Diane fit de même par politesse ; mais Diane avait entendu l'exclamation douloureuse de Caillette, et n'osait tourner la vue vers ce juge silencieux, qui semblait représenter le vieux seigneur de Saint-Vallier.

— Foi de gentilhomme ! dit le roi à Triboulet, ton ventre est plus sage que ta tête folle, et l'appétit mieux vaut que l'esprit. Est-ce pas que je te traite en prince ?

— En roi, voulez-vous dire, mon cousin, répliqua Triboulet faisant une pose pour engloutir le morceau qui l'empêchait de répondre ; mais tout le tort appartient à l'appétit, passion furieuse non moins que l'amour, lequel a pareillement mains pour prendre, dents pour mordre, et, par-dessus tout, jouissance infinie à se satisfaire ; voilà comment et pourquoi j'ai failli à ce que devoir commande ; ainsi ferait un beau seigneur robant la femme au mari et icelle retenant pour ses plaisirs...

— Diable ! interrompit François I₁ᵉʳ, qui prit en considération la pâleur subite de Diane ; ton office de fol laisse plein pouvoir à ta langue contre ma personne ; mais pense à ne blesser onc l'honneur des dames, sur peine d'être battu et essorillé de par le roi !

— Monseigneur, reprit Triboulet, je me fais avocate pour ce bon compagnon, qui ne désire rien plus que vous complaire ; ores, changeons de propos : de vrai, dites-moi, quel objet ce grand luxe et magnificence ? Est-il en votre maison nativité ou baptême ? Est-ce plutôt madame votre sœur qui s'en revient des champs ? J'aurai joie au cœur de la connaître : elle est gente de figure et de corsage, j'imagine ?

— Sur ma foi ! ce sera pour l'heure de parler de cela, qui ne vous verra qu'au plus tard possible ; car elle est aussi déplaisante que vous êtes gracieuse : outre ce, elle ne séjourne guère en cette ville, et, de fait, je suis aise qu'elle ne vous voie pas.

— Çà, monseigneur, avez-vous nouvelles du pauvre seigneur de Saint-Vallier ? est-il mieux portant et ja convalescent ? Le roi ne consentira-t-il pas à casser l'arrêt ?

— Fiez-vous aux belles espérances que j'en ai, ma chère Diana, et n'appréhendez rien que de fortune à l'avenir... Or, messieurs les fols, ne vous endormez pas comme gens sourds et muets de naissance, et travaillez plutôt à notre divertissement.

— Mon cousin, repartit Triboulet, qui entassait bouchée sur bouchée sans reprendre haleine, je n'ai plus parole au bec, et la soif épaissit la langue ; mais de la panse vient la danse, et, s'il vous agrée, je sauterai, vivrai, baillerai, danserai, suivant la mode de votre more Ortis, sur l'air de *Lacoohiqua, lacoohiqua*.

— Monseigneur, interrompit Diane, j'ai foi entière aux songes, et le docteur Agrippa m'a confirmé en cette superstition, que je tiens de ma nourrice, donc, cette nuit, dormant, j'ai vu monseigneur de Saint-Vallier blême, chétif et le poil tout blanc ; cette apparition me jeta en un deuil extrême, que votre fantôme souriant vint dissiper ensuite comme le soleil fait les nuages.

— Fi ! répondit François I₁ᵉʳ, mécontent de ce que l'entretien s'assombrissait ainsi que la figure de Diane ; ce sont contes de vieilles femmes, et d'ailleurs les songes doivent être expliqués par un docte philosophe, tel que maître Corneille Agrippa : le vôtre toutefois me semble de bel augure à tous égards. Achève d'abord et vite ton repas, Triboulet, fol de bonne volonté ; et pendant que mangeant et avalant tu feras sonner tes badigoinces mieux que flûte et rebec, Caillette s'en va, parlant et pérorant, montrer comme il prime en gentillesse, joyeuseté et folie.

— Hélas ! dit mélancoliquement Caillette, voilà tantôt sept années

que je ne ris des lèvres ni du cœur! Vraiment, madame, rien ici ne me conseille de railler et faire le fol!
— Pourquoi te contrister, mon ami? répliqua le roi; j'entends que tu sois, ce jourd'hui, de gaillarde humeur, riant, plaisant, réjouissant, ainsi que commande ta charge.
— Monseigneur, c'est prescrire l'impossible, et vous n'avez encore le don des miracles, malgré votre grande puissance. Je suis, vous dis-je, triste, morose et désespéré, au point que je fais effort pour cacher mes larmes et refréner mes sanglots.
— Foi de gentilhomme! c'est trop tarder d'obéir, méchant garçon, et je vous somme d'être gai en mots, saillies et visage. Il s'agit de nous exciter à rire: fais belle musique de grelots, roi des fols, et tâche de nous distraire de tout fâcheux pensement.
— Quoi! sire, vous m'aviez exempté de porter la livrée de fol, et, tout à l'instant, vous juriez de m'octroyer ce qui davantage me duirait : ne me causez donc point cet ennui de paraître autrement que je suis d'âme et de visage!
— Eh! monseigneur, reprit madame de Brézé en souriant à François Ier, qui était prêt à s'irriter de la désobéissance de son bouffon, vous êtes moult tyrannique, et il ne serait pas bon que fussiez roi, pour vos sujets. D'autre part, Caillette, c'est obstination malhonnête de refuser l'exercice de votre charge où je serais contente d'estimer ce que vous valez comme fol-sage.
— De par Dieu! madame, dit Caillette avec un accent de reproche, vous ôtes les écailles de mes yeux, et je regrette mon aveuglement; mais d'avance apprenez qu'il me plaît ser toutes choses de vous plaire; donc, je ferai le fol, puisque vous voulez.
A ces mots, il commença une scène pantomime dont il jouait seul tous les personnages : d'abord, il donna un air souffrant à ses traits, se coucha par terre, et représenta M. de Saint-Vallier malade dans sa prison; puis, avec des grimaces et des contorsions effroyables, il feignit d'être en proie aux angoisses de la torture; ensuite, il imita tellement les manières et les grimaces du chancelier Duprat, que François Ier ne put retenir ses éclats de rire, tandis que les yeux de Diane s'obscurcissaient de larmes.
Tout-à-coup Caillette changea de rôle : prenant une physionomie noble et résignée, il croisa les bras, releva le front, et fit semblant de marcher à l'échafaud ; il traversa la salle d'un pas solennel, s'arrêta devant une escabeau, s'agenouilla, posa la tête dessus et ferma les yeux.
Un cri et un mouvement de Diane l'empêchèrent de continuer cette scène déchirante; il contempla tristement madame de Brézé, et, la voyant fondre en pleurs, il se mit aussi à pleurer en joignant les mains comme pour lui demander grâce.
— Foi de gentilhomme! s'écria le roi avec emportement, est-ce là donc suivre mes ordres souverains? Et quoi! lorsque je demande qu'on me divertisse plaisamment, ce maître-sot engendre tristesse au lieu de soulas, en affligeant par ses momeries lugubres ma dame que je veux ébaudir! A quel objet jouer ce jeu mal séant, sans sonner mot? Çà, monsieur le fol, avisez à faire joyeux visage, ou, de par Dieu!...
Il fut interrompu par un geste négatif de Caillette, qui, se redressant, la tête haute, le regarda un moment avec mélancolie; puis, tourna ses yeux pleins de larmes vers Diane, qui baissait les siens, et lui adressa la parole, d'un accent imposant qu'on eût dit descendu de la chaire évangélique :
— Diane, ma chère et chère dame, que faudra-t-il répondre à monseigneur votre révéré père, lorsque, allant subir sa sentence en place de Grève, il demandera si sa fille, qui lui est plus chère que tout, a bien gardé l'honneur de son nom?... Or, me suis-je fait follement caution et garant de votre bonne vie; il conviendra donc que j'en porte la peine, et je donnerai le coup de mort plutôt que voir contaminer la gloire pure et nette du pauvre seigneur de Saint-Vallier. Voyez pour toutefois que je l'informe de ce qui se passe? je lui épargnerai cette poire d'angoisse qui le tuerait sans miséricorde, en blessant son cœur ; le bourreau aura charge de frapper le corps, ne portez pas atteinte à l'âme immortelle.
— Sur la tête, tais-toi, Caillette! s'écria François Ier dans une effroyable colère ; la présence de madame est cause que j'use de paroles avant d'employer la main et l'acier pour te réduire au silence. Mais c'est assez, c'est trop, foi de gentilhomme !
— Sire, reprit Caillette avec une dignité humble et tranquille, jugez qui de vous ou de moi doit gouverner ou conseiller madame de Brézé? Est-ce son père ou son mari qui vous a remis ses pouvoirs sur elle? Pour moi, je parlerai tant que j'aurai voix en bouche, et, aussi m'efforcerai de maintenir madame en la droite voie.
— Fol outrecuidé, repartit en grinçant les dents de rage le roi, qui fit un mouvement pour se ruer et fut retenu par Diane, fol ingrat et ennemi de toi-même, as-tu pas mérité que je te fasse percer la langue d'un fer rouge, arracher ongles et paupières, crever les yeux, couper le nez, les lèvres et les oreilles, voire tailler en menus morceaux? Tête-Dieu !... il t'en coûtera moult de ce que j'ai blasphémé dans l'aveugle fureur où je suis! sors, va-t-en, vide de céans, et, pour avoir la vie sauve, éloigne-toi tant que tes jambes ou celles de ton cheval te pourront porter?

— Caillette, ajouta Diane, retirez-vous jusqu'à ce que le courroux de monseigneur soit passé; je vous conjure, je vous ordonne de ce faire ; obéissez à moi sinon à tout autre, et me délivrez de cette anxiété en vous mettant à l'écart.
— C'est bien dit, madame: à vous j'obéirai tôt, car, en cette affaire, vous seule avez droit d'ordonner de votre serviteur.
En achevant ces mots, il salua respectueusement Diane, lança un regard sévère à François Ier, et sortit à pas lents, comme à regret : le roi le suivait des yeux avec une rage concentrée.
— Triboulet, Triboulet, cria-t-il lorsque Caillette eut disparu dans les détours du labyrinthe, voudrais-tu point gagner aisément deux cents angelots d'or de mon épargne?
— J'en gagnerais volontiers davantage, si vous le voulez bien, dit Triboulet, qui accourut en chancelant.
— Prends cette dague, mon fils, continua le roi en tirant son poignard, et va sur-le-champ par derrière férir Caillette, qui a offensé son seigneur.
— Oh! monsieur de Valois, interrompit Diane avec effroi, n'en faites rien, et pardonnez à cet insensé qui a péché par bonne intention.
— Maître, dit Triboulet dont la face avinée s'anima d'une joie féroce, sitôt que l'aurai rejoint, je hardi parleur, je veux que la pointe de cette lame, enfoncée par son dos, ressorte par la poitrine ; néanmoins, je vous tiens quitte de la récompense des pièces d'or. Mais, pour ce beau coup, ne serais-je pendu comme meurtrier?
— Les lois sont hors de ma puissance! répliqua le roi, qui, adouci tout-à-coup à la voix de Diane, cherche un détour honnête pour se rétracter; la potence est dressée, et la hart filée de chanvre neuf. Quant à la somme promise, vaut-elle de courir les chances d'un arrêt criminel?
— O monseigneur! se récria Diane, vous êtes si fidèle observateur d'équité que ce serait tout profit que vous fussiez roi, et certes, vos sujets se diraient bien heureux, moi la première...
Madame d'Angoulême parut soudain sur le seuil de la porte, où elle s'arrêta, austère et majestueuse dans ses habits de deuil ; Diane, qui parlait encore, se tut aussitôt et trembla comme si c'était une vision venue de l'enfer ; François Ier, surpris et contrarié de l'arrivée de sa mère, devint tout pâle et se mordit les lèvres à en faire sortir le sang; cependant il ne bougea pas, et attendit en silence l'explication qui semblait inévitable.
— Tout beau! monsieur, dit la duchesse, c'est à grand'peine qu'on vous peut entretenir des affaires de votre gouvernement ; je pensais que vous faisiez quelque rude pénitence de vos péchés, pour laquelle l'huis de Dédalus était clos et gardé depuis un mois?
— Foi de gentilhomme! interrompit le roi, aussi m'avais-je point sans raison défendu l'entrée de ce lieu ; je châtierai de bonne manière les traîtres qui ont fait faute de vous en ouvrir la porte.
— Faites-en à votre idée, reprit la mère du roi ; aussi bien, tôt ou tard ces coquins d'archers écossais seront-ils pendus haut et court. Mais devisons, monsieur mon fils, sur le plus pressé, et cette belle dame soit présente à notre entretien, s'il lui plaît.
— Non pas, madame, je ne vous entendrais à cette heure, s'agirait-il du salut de la France, et tantôt, demain, les jours suivants, nous conférerons de nos faits en temps et lieu plus opportuns.
— Voirement, monsieur, vous mettez en oubli qui vous êtes, quels sont vos devoirs, et négligez toutes choses pour vaquer à l'amour des dames, ne sais combien? Certes, ce n'est chose à blâmer que la courtoisie; mais vous ne regardez guère à la condition de vos maîtresses, pourvu qu'elles soient fraîches, galantes et bien faites. Vous les ramassez au plus has lieu, entre les avocates, boulangères, greffières et pis encore. Votre mauvais démon Triboulet vous excite à de telles vilenies indignes de vous, et cent coups de fouet, ce me semble, le paieraient suivant ses damnables offices.
Ces reproches, débités avec force aigreur et acrimonie, produisirent moins d'impression sur François Ier que sur Triboulet, qui se glissa sans être aperçu sous les degrés de l'escalier, s'y blottit et resta dans cette cachette sans oser presque respirer.
Diane, dont l'étonnement augmentait à chaque parole de madame d'Angoulême, la considérait avec stupeur, et ne savait quelle contenance tenir. François Ier avait été dominé d'abord par son respect pour sa mère, qui lui imposait toujours; mais cette verte allocution contre ses mœurs, en présence de Diane, lui fit monter le sang au visage ; il porta la main à sa barbe qu'il secoua vivement et ne réussit pas sans peine à contraindre un bon mouvement d'irritation.
— Foi de gentilhomme! vous venez mal à propos, madame ma mère, lui dit-il, et le mieux serait, pour vous comme pour moi, de n'être point venue; vos conseils sont bons à ouïr, mais en autre temps et autre endroit ; or, déportez-vous de rien ajouter à ce beau panégyrique. Finalement, si le cas est urgent, dites ce qui vous amène céans?
— Oh! je le dirai, et suis réjouie que madame y prête l'oreille. L'arrêt qui condamne le sieur de Saint-Vallier est en date du seizième de janvier, et l'exécution n'en fut point faite, alors, nonobstant la loi et coutume, nonobstant votre grand serment, nonobstant le désir que j'en ai : ce jourd'hui, quinzième jour de février, je me ré-

clame à vous pour accomplissement dudit arrêt. Entendez-vous, madame?

— Hélas! reprit Diane tout émue, à qui est-ce que vous parlez de telle sorte?

— Quoi! dit ironiquement Louise de Savoie, êtes-vous nice à ce degré d'ignorance, ma pauvre fille? monsieur votre hôte vous a célé ce mystère de peur de vous faire trop joyeuse; possible est que Sa Majesté vous réserve l'emploi de la comtesse de Châteaubriant, sa mie...

— Le roi! c'est le roi! s'écria tout-à-coup avec une explosion de larmes Diane, qui fixait un œil scrutateur sur François 1er troublé et

indécis. Ah! merci de ma vie! M. de Valois n'est autre que le roi de France, mon seigneur et maître!

— Foi de gentilhomme! dit le roi mettant un genou en terre devant Diane, qui se désolait : aussi bien, la feinte me pesait; oui je suis le roi de France par la grâce de Dieu; mais pour amour de vous, mon cher astre, toujours serai-je monsieur de Valois, sans plus, et votre amant.

— Sans doute, objecta madame d'Angoulême avec un sourire méchant, le sieur de Saint-Vallier étant exécuté à mort, ce n'est rien ou peu de chose dont l'amour soit diminué.

— Jamais! oh! non, jamais! répéta Diane abîmée dans sa douleur. C'était le roi! pourtant mon père ne m'en donna point avis!...

— Par la morbieu! madame ma mère, dit François 1er parcourant la salle à grands pas, vous aviez bien affaire de venir? Est-ce pas qu'il vous importune que je tienne une amie d'autre part que de votre main? Fi! dorénavant point ne me laisserai-je piquer par vos fines mouches de cour, et il me plaît de choisir une qui m'aime hors de ma qualité de roi. Ainsi ne cuidez pas que je vous fasse tort en votre grande puissance, car ma Diana n'aura cure que de mon cœur et point de mon royaume.

— Ah! sire, sire, mon noble sire, répétait Diane joignant les mains d'un air suppliant, avez-vous bien pu me tromper si grièvement! Las! hélas! à Dieu, prenez pitié de ma débilité! grâce! merci! pardon!

— Foi de gentilhomme! reprit le roi qui l'empêcha de lui embrasser les genoux, ma très chère Diana, c'est à moi surtout qu'il sied de requérir indulgence plénière touchant ma ruse et déguisement.

— Malheureuse!..... disait Diane avec les signes d'un violent désespoir, j'ai péché contre le bon Dieu, contre monseigneur mon père, contre monsieur mon mari! Sire, si vous resuppliez on vous recrie d'octroyer des lettres de rémission au sieur de Saint-Vallier?

— Ôtez cette espérance, objecta madame de Savoie, l'arrêt est signé et scellé; outre ce, le roi adjura son droit de clémence en face du crucifix...

— Gardez d'y croire, Diane! interrompit François 1er avec impétuosité, je vous jure que monsieur de Saint-Vallier... Non, madame, ajouta-t-il se tournant vers sa mère, cela point ne sera, et les docteurs de Sorbonne savent par quelles pénitences, par quelles œuvres pies on rachète les plus solennels serments.

— Sire! madame! M. de Valois! disait Diane hors d'elle-même : hélas! sauvez ma bonne renommée, remettez-moi au pouvoir de monsieur de Brézé, si rude soit ce parti!..... Suis-je pas logée en l'hôtel du roi? Oh! faites que je retourne en mon château d'Anet!

— Ma bien-aimée Diane, répondit tendrement François 1er qui s'efforçait de l'apaiser et de la consoler, ordonnez de moi et de vous comme bon vous semblera; mais cessez ces lamentations qui me boutent la mort en l'âme. Oh! ma douce mie, ai-je donc tant changé à vos yeux pour être devenu roi?

— Sire, s'il est vrai que vous m'ayez aimée sans feinte ni moquerie, ôtez-vous de là et me laissez seule, afin que mon faux amour s'écoule par mes yeux!

— Triboulet! Caillette! cria le roi effrayé de l'égarement toujours croissant de Diane, n'est-il personne qui s'en aille quérir le médecin Agrippa! Demeurez céans, madame ma mère, jusqu'à ce que je revienne!

— Pour Dieu! répliqua Diane en sanglotant, ne revenez plus, sire; en même temps, menez loin d'ici madame d'Angoulême, qui semble si contraire au pauvre seigneur de Saint-Vallier; mais tirez autre part, pendant que la honte me rougit le visage. Oh! je ne vous hais pas, monsieur de Valois, une ne pourrais-je vous haïr! mais écartez madame, qui rit de mes larmes et de mon désespoir filial...

— Madame, dit amèrement le roi à la duchesse, tout ce mal est votre œuvre, et encore n'est-ce pas tout! Çà, venez sans délai, et Dieu vous pardonne!... Diana belle, tenez ma royauté pour votre petite servante, et ne portez pas si grosse rancune à M. de Valois. Adieu, et vous baise mille fois en idée!

François 1er s'inclina devant elle avec respect, offrit la main à la duchesse d'Angoulême, l'entraîna d'un mouvement brusque, se retourna deux fois pour jeter à Diane un suppliant regard d'amour, et sortit en adressant de vifs reproches à sa mère, qui souriait d'un air froid et cruel.

Diane écouta leurs voix et leurs pas qui se perdaient dans le lointain; quand elle ne les entendit plus, elle se laissa tomber sur un banc, la tête dans ses mains, et pleura silencieusement. Absorbée dans les pensées que lui suggéraient la perte de son illusion au sujet du faux M. de Valois et la connaissance du péril presque inévitable dont son père était encore menacé, elle avait retrouvé un peu de calme extérieur, quand, relevant la tête, elle aperçut Caillette, qui, debout contre la porte, restait attentif à la regarder avec tristesse.

— Ma chère dame! s'écria-t-il en s'approchant d'elle, dès qu'il remarqua des pleurs dans ses yeux et la pâleur sur ses traits : qu'est-il donc advenu en mon absence? Pourquoi tels signes de deuil gâtant votre beau visage? Dites, ma dame et maîtresse, peut-on remédier à ceci? Voyons ce que c'est.

— Oh! Caillette, mon ami, répondit Diane avec des soupirs étouffés, M. de Valois n'était autre que le roi de France.

— Par la morbieu, madame, eussiez-vous pu l'ignorer toujours!

— Caillette, les rois, princes et courtisans sont moult trompeurs! Insensée, je cuidais qu'il m'aimât loyalement, et M. de Valois se jouait ainsi de ma simplicité : ce sont plaisirs de roi!

— Quoi! s'écria Caillette avec transport, vous faites si peu de cas de l'état de roi que M. de Valois vous plairait davantage?
— Oui-dà, et tant plus aimais-je M. de Valois, tant plus je m'efforce de haïr le roi François 1er.
— Oh! Diana, parlez franc, reprit Caillette qui tremblait de tout son corps ; ne me prêtez cette joie en vain : êtes-vous acertainée de n'aimer plus le roi ?
— J'en fais témoin la très sainte Vierge, ma patronne immaculée ! Avec son aide, pourrai-je éteindre la mémoire de M. de Valois, et afin d'y réussir plus tôt, je pars à cette heure pour la Normandie.
— Onc n'ai senti semblable liesse! Vous ne l'aimez point!..... Eh bien! quand partez-vous? C'est un dessein prudent que votre bon ange vous mit en l'esprit, et il importe de ne retarder guère cette belle départie.
— Oui-dà, mon bon Caillette, cuides-tu que le roi ne s'y oppose?
— Demain, sans doute ; ains, cette nuit, avant qu'il songe à vous retenir par force, je vous conduirai hors de l'hôtel des Tournelles, où vous êtes à votre insu.
— Volontiers ; toutefois, mon ami, j'ai regret à cette fuite nocturne, et la préférerais en face du soleil.

— Dieu et les saints nous soient en aide! le roi vous circonviendra de remparts, gardes, argus et espies pour vous tenir prisonnière ; alors, comment vous préserverai-je de ses violences? vos amis et serviteurs n'y peuvent mais. Autrement, vers la mi-nuit prochaine, j'ai pouvoir de vous retirer de ces dangers, et demain je vous rends saine et sauve en votre château d'Anet, qu'avez déserté à tort et à mauvais conseil.
— Et ce pendant, qu'arrivera-t-il de mon misérable père et de son arrêt en surséance?
— Ayez, sur ce, espoir et assurance en la promesse du roi notre sire, qui n'a de sa vie forfait à l'honneur.
— Donc, à la grâce de Dieu, Caillette, je consens à tout, et ce que ferez sera bien fait.
— Observez ce qui s'en suit : sous couleur de dormir plus tôt que de coutume, congédiez damoiselle Nicole et demeurez enfermée dedans votre chambre ; toutefois, au lieu de vous mettre au lit, tenez-vous prête à partir et revêtez vos accoutrements de voyage, car, une heure sonnant, au chant du coq, que j'imiterai trois fois sous votre fenêtre, vous descendrez à petit bruit en cette salle : le demeurant est mon affaire.
— Caillette, mon seul et vrai ami, voilà que vous me sauvez des embûches de séduction ! Aussi bien, les rois (davantage le nôtre) ne se font faute d'induire en erreur filles et femmes en poussant de gros soupirs d'amour qu'emporte le vent. Est-ce pas que M. de Valois fut un faux et déloyal amoureux?
— Certes, Diana, je l'atteste, et j'en citerais un mieux aimant, sinon mieux aimé !... Dieu vous garde jusqu'à la nuit close ! Faut que je voise tout préparer pour partir d'ici en toute sûreté ; trois chants de coq sous votre fenêtre, tel est le signal convenu.
— Merci, mon Caillette ; ains, d'où vient que je ressens une frayeur extrême comme si je devais rencontrer des obstacles, quelque échec peut-être imprévu, ou je ne sais quoi?... Adieu seulement jusqu'aux chants de coq!
Madame de Brézé, encore indécise sur la résolution qu'elle prendrait au dernier moment, tendit la main à Caillette, qui, s'en emparant avec délire, la couvrit de larmes et de baisers ; mais Diane ne vit dans ce transport et dans cet attendrissement que l'expression du zèle d'un serviteur dévoué.
Caillette s'en alla sous l'influence d'un sombre pressentiment, et

Diane demeura longtemps en contemplation devant un magnifique portrait de François 1er représenté avec les attributs d'Hercule dompteur des Pygmées. Elle reconnut le roi et M. de Valois dans cette vivante peinture de Léonard de Vinci.
Pendant ce muet tête-à-tête entre elle et le tableau, un léger cliquetis de grelots la fit tressaillir ; elle eut peur, elle remonta dans sa chambre, dont elle ferma la porte, sans invoquer les soins de dame Malon, et attendit la nuit avec plus d'inquiétude que d'impatience : elle s'attristait au contraire en la voyant venir.
A peine eut-elle quitté la salle basse que les grelots qu'elle avait entendus tintèrent de nouveau, et Triboulet sortit avec précaution de dessous l'escalier où il était caché depuis l'apparition de la du-

chesse d'Angoulême ; il prit un flacon de vin sur la table encore servie, le vida d'un trait et traversa en courant le labyrinthe :
— Par les sept sages de la Grèce ! disait-il en ricanant, madame Diane ne s'attend point à tomber de Caillette en Triboulet, comme de Charybde en Scylla !

La nuit était sans lune et sans étoiles ; l'hôtel des Tournelles s'endormait au milieu d'une profonde obscurité, et le labyrinthe, dans sa morne étendue, ne répétait point d'autre bruit que les soupirs du

vent à travers les arbres, le croassement d'un corbeau ou le cri d'un pivert, et les pas égaux des archers veillant le long des murs d'enceinte.

La tour de Dédalus s'élevait sombre et silencieuse, ainsi qu'un grand tombeau entouré de pins, d'ifs et de cyprès ; seulement, par intervalles, une clarté soudaine illuminait la fenêtre du premier étage ; puis une ombre passait devant les vitraux éclairés, et comme si un épais rideau venait de retomber entre eux et la lumière, tout rentrait aussitôt dans les ténèbres.

Il n'était pas encore minuit, quand deux hommes, enveloppés de grandes capes brunes, se présentèrent à la porte du labyrinthe, où les sentinelles criant : *qui vive?* se préparaient à les recevoir avec la pointe de leurs pertuisanes.

— Foi de gentilhomme ! mes amis, c'est le roi ! répondit François 1er découvrant son visage, tandis que Triboulet faisait briller une lanterne qu'il portait sous sa cape.

— Sire, reprit humblement le chef des archers, en cette aveugle nuit, sans luminaire, je serais bien empêché de reconnaître Votre Majesté entre tous ses sujets.

— Hé ! capitaine Bourgeon, à cette cause je vous pardonne votre singulière imprudence d'avoir livré passage à madame d'Angoulême, en dépit de mes commandements. Si j'avais moins belle humeur, messieurs, je vous baillerais l'ordre du grand-prévôt, à savoir : un collier de chanvre neuf.

Les soldats s'inclinèrent tout tremblants, et dès que la porte fut ouverte, le roi, escorté de son fou, qui marchait fièrement la tête haute, se dirigea d'un pas précipité vers la tour du labyrinthe. Triboulet, s'efforçant de le suivre, poussait une bruyante haleine à chaque enjambée, et restait toujours en arrière.

— Sire, dit-il enfin à voix basse, demeurez, afin de convenir de nos faits premièrement.

Le roi, malgré l'impatience qui faisait bouillonner son sang, s'arrêta et alla rejoindre Triboulet, déjà assis tout essoufflé sous une tonnelle de buis.

— Eh bien ! mauvais démon ! lui dit François 1er en le rudoyant, es-tu pas envoyé par mes pires ennemis pour m'ôter de si précieux moments ? Au diable soit le fâcheux !

— Mon très cher maître, répondit Triboulet, en toute affaire, il est besoin d'agir par ordre et compas. Donc, êtes-vous plus obstiné à forcer la dame qu'à user de son honnête consentement ?

— Par ma barbe ! l'un ou l'autre parti est bon, quoique le premier soit meilleur ; si point ne réussis dans mon entreprise, je te concède droits et pouvoirs de mettre à fin pour mon compte le projet du traître Caillette.

— Doublement traître est-il, car non-seulement il prétend ravir celle-là que vous aimez, mais encore triompher d'elle en votre lieu et place.

— Foi de gentilhomme ! compère, la farce serait joyeuse à voir, et Diana, j'imagine, ferait sa vilaine intention camuse. O la belle rivalité entre nous !

— Nonobstant, j'ai regret et doutance de ce que ledit Caillette soit à cette heure en liberté, ne sais où, peut-être céans : son cas valait mieux que la prison, et vous êtes bien payé de votre déchéance à son égard !

— Je le voudrais encore dans la geôle du Grand-Châtelet ; mais pas un ne l'a vu ou rencontré depuis qu'il sortit de Dédalus vers trois heures de relevée, il sera temps de le prendre et le juger. Toutefois je m'en vais où m'appellent deux yeux rayonnants, et Diana ne se plaindra pas du change, au fol Caillette succédant le roi moult amoureux.

— Autrement, fût-elle digne d'être si bien adorée ! ores, n'omettez rien de ce qu'il faut : l'huis secret ouvrant contre le lit de madame Diana, le loquet du clavier et l'issue souterraine.

— Va, mon mignon, amour est plus habile de nuit qu'en face du clair soleil, et les gonds, verrous et serrures fussent-ils rouillés, ce n'est de quoi m'inquiéter. Foi de gentilhomme ! voulu suis-tu d'avoir tardé, jusqu'à ce, à m'enseigner ce gentil chemin !

— Oui-dà, sire, depuis le trépassement du roi Louis onzième, lequel édifia ce passage furtif, moi seul en connaissais le mystère, de la bouche du feu roi des Ribauds....

— Sans tant dégoiser et bayer aux corneilles, donne la lanterne, et demeure à cette place durant que je tenterai l'entreprise.

— Possible est, sire, qu'Aurora revienne avant vous ; car, en affaire galante, mesdames les Heures ne s'arrêtent à compter leurs pas. Or, l'attente me semble rude par la nuit et le froid, dont suis-je tout frissonnant, mon beau cousin.

— O bien malhonnête fol, voudrais-tu pas être présent à l'événement ? Pars d'ici, et retourne à ton somme, s'il t'ennuie de m'attendre en plein vent ; néanmoins, pour loyer de tes bons avertissements, auras-tu quatre cents livres de mon épargne.

— Sire, merci vous dis ; mais ordonnez que monsieur Prudhomme, et mon grand singe, fasse le paiement de la somme, laquelle j'emploierai au bien de votre état, en achetant marotte neuve ouvrée de fin argent. Outre ce, rendez-moi la lanterne, d'autant que n'en avez que faire où vous allez.

— Il ne me chaut de la lanterne et du lanternier ; ainsi, c'est trop de raisons : en cette occurrence, faut moult agir et parler peu. Ça, marche devant, et me conduis, s'il te plaît.

— Vraiment ! le moyen de vous accompagner au train dont vous marchez ! Cependant que serez guerroyant contre la vertu de madame Diana, je garderai qu'on ne vous dérange....

— Le mal Saint-Main et les fièvres quartaines te puissent prendre, pour ce que tu fis tort d'un quart d'heure à mes amours !

Triboulet avait beau presser le pas, François 1er, dans son empressement de mettre à fin l'aventure dont madame de Brézé devait être la victime, devançait toujours son guide.

Pendant qu'ils approchaient du terme de leur expédition nocturne, le rayon de la lanterne, courant devant eux, fut aperçu de loin par Caillette, qui errait dans le fond du labyrinthe en attendant avec inquiétude l'heure fixée pour la fuite de Diana.

Caillette sentit ses cheveux se hérisser, et une sueur froide baigner son front ; il resta immobile, le regard attaché sur la lumière vacillante qui disparaissait et reparaissait par intervalles, semblable à un feu follet ; puis, à cette lueur douteuse, il distingua deux hommes se glissant, comme des spectres, du côté de la tour.

Son premier mouvement fut de porter la main à son épée, et d'aller droit à ces inconnus pour les interroger ; mais il vint à penser que le roi pouvait être l'un des deux, et cette réflexion le frappa d'un douloureux pressentiment ; il évita de se montrer et se contenta de suivre à distance ces gens dont les desseins lui étaient suspects. Il s'approchait sans bruit, d'arbre en arbre, de buisson en buisson, retenant sa respiration, et suspendu sur la pointe du pied ; mais au moindre frémissement d'une feuille sèche, Triboulet tournait la tête avec anxiété, et croyait voir se projeter une ombre derrière lui.

Caillette trembla de tous ses membres et se sentit défaillir en entendant ces mots prononcés d'une voix qu'il reconnaît bien :

— Foi de gentilhomme ! j'eusse mieux fait d'y aller sans ce fol ensorcelé, qui avance à reculons, ainsi que l'écrevisse ! Je jurerais que l'huis secret et le souterrain n'existent qu'en sa fantaisie ! Ça, où donc est-il, ce maudit songeur ?

François 1er, jurant entre ses dents, examinait et tâtonnait le mur de la tour de Dédalus ; Triboulet oublia sa frayeur à l'appel du roi, courut le rejoindre, et, au lieu de répondre à ses indiscrétions, fit un circuit dans les broussailles arides qui couvraient la partie méridionale de la tour, et poussa un ressort caché entre deux saillies de la muraille ; aussitôt une lourde porte de pierre s'ouvrit d'elle-même avec un grincement sonore ; le roi ne put retenir une exclamation de joie.

— Mon cousin, dit Triboulet enflé d'orgueil, mon office n'est que de bourdes et folies ; mais cette fois, ai-je parlé plus vrai que prédicateur en carême.

— De par Dieu ! reprit vivement François 1er, je n'ai point loisir de deviser avec toi, mon fils ; à Dieu te commande ! Or, ne t'éloigne de cette porte, afin que tu viennes à mon aide, si besoin est.

— O mon cher sire, s'écria Triboulet, qui se voyait condamné à rester seul dans le labyrinthe durant toute la nuit, ayez commisération de la grosse peur qui me tient, et ne délaissez ainsi votre fidèle domestique, sans armes ni gardien, en proie aux loups, vipères, larrons et assassins !

— Valet de la peur, tiens, voici mon épée et la lui présentant, si ce n'est qu'un fer pointu que tu désires, prends ma bonne lame, de laquelle j'ai fait rage à la journée de Marignan ; prends donc, d'autant qu'elle ne me servirait de rien où je vais.

— Une parole en plus, sire : vous trouverez, à droite, étroit souterrain, escalier à vis de trente degrés environ, à l'huis barré qu'il vous faut ouvrir en ébranlant l'anneau de fer....

Le roi, dont l'impatience augmentait en raison des retards, se déroba enfin à la terreur loquace de Triboulet, en pénétrant hardiment dans le souterrain, sans lumière et désarmé.

Caillette, couché à plat ventre près de l'endroit où François 1er et son fou s'étaient arrêtés, avait entendu leur dernier dialogue ; mais il ignorait encore quels résultats devait avoir ce complot ténébreux ; car le nom de Diana n'avait pas été prononcé : quoique cette porte secrète et ce souterrain semblassent destinés à jouer un rôle mystérieux, il se flatta que le roi n'était pas venu mettre obstacle à la fuite de madame de Brézé ; son cœur battit moins fort, et il songeait à se retirer pour n'être pas aperçu, quand le soupçon lui vint d'une nouvelle méchanceté de Triboulet.

Aussitôt il se sentit saisi d'un irrésistible désir de suivre François 1er, qui avait disparu dans le souterrain ; entraîné par un pressentiment qui faisait bouillir sa cervelle et siffler lésang à ses oreilles, il se précipita vers la porte, demeurée ouverte, et s'enfonça au hasard dans une obscurité profonde, tandis que Triboulet, épouvanté à la vue d'un homme, s'enfuyait, l'épée à la main, et, suffoqué par la rapidité de sa course, se laissait tomber par terre à demi mort d'effroi.

Le roi avançait avec précaution sous une voûte basse, pratiquée circulairement dans les fondations de la tour ; il tenait une main sur

son visage, de crainte d'un choc inattendu, et de l'autre main touchait la muraille qui lui servait de guide; l'air dense et humide qu'il respirait avait refroidi son ardeur amoureuse, et il commençait à se reprocher d'avoir ainsi exposé sa personne sur la foi de Triboulet. Des crapauds et des reptiles, troublés dans leur repaire, grouillaient sous ses pas : il s'arrêta avec un sentiment involontaire d'horreur et de dégoût; mais il reprit courage, lorsqu'il rencontra la première marche d'un escalier.

Quant à Caillette, ne sachant de quel côté se diriger dans cette nuit silencieuse où il n'entendait que les battements de son cœur, il avait pris une route opposée à celle que suivait le roi : il parcourait impétueusement les détours du souterrain, heurtait les parois en passant, et s'égarait dans une atmosphère méphitique; mais, par une inspiration soudaine, il retourna en arrière, et entra dans un chemin plus étroit, sous une voûte basse, dont l'écho, muet depuis cinquante ans, lui renvoya un bruit de pas éloignés.

François 1er avait monté une vingtaine de marches, lorsque les pas de Caillette arrivèrent jusqu'à lui. Il écouta, et se persuada que Triboulet cherchait à le rejoindre; pour éviter cet audacieux importun, il s'empressa d'arriver au haut de l'escalier, où il fut arrêté par une porte fermée; il tressaillit de bonheur en voyant poindre, à travers une fente de cette porte, un faible rayon de lumière qui se reflétait contre le mur noir. Les pas de son invisible persécuteur devenaient plus proches à chaque instant, il ne balança plus; et, promenant ses deux mains frémissantes sur la porte, il ne rencontra ni marteau, ni verrous, ni serrures, mais un énorme anneau de fer qui résonna comme un heurtoir.

A ce bruit éclatant, qui prolongèrent les échos caverneux, Diane, qui ne s'était pas couchée et qui se tenait prête à descendre au signal de Caillette, signal de départ qu'il aurait voulu retarder encore, trembla moins de peur que de désespoir, hésita un moment, s'arma de résolution, dit adieu tout bas à son amant, puis à son père, et, courant vers l'endroit de sa chambre d'où partait un frôlement étrange, un cliquetis de fer, et comme une respiration entrecoupée, elle prêta l'oreille, et dit d'une voix fort émue :

— Est-ce vous, mon ami?...

Elle n'eut pas la force de proférer le nom de Caillette, car elle ne reçut point de réponse : elle vit s'agiter le cuir verni qui formait la tenture, comme si les fleurs-de-lis d'or allaient se détacher de leur champ d'azur; elle recula terrifiée, et rencontrant un obstacle que son trouble ne lui permit pas de distinguer, elle tomba évanouie sur sa couche, et le flambeau qu'elle tenait, échappant à sa main défaillante, jeta une clarté plus vive à laquelle succéda une nuit épaisse.

En même temps, François 1er, qui se souvint des instructions de Triboulet, secoua si violemment l'anneau, que la porte de chêne, emportée par le jeu d'un ressort caché, glissa sur une rainure de fer, et rentra dans l'épaisseur de la muraille. Le roi se trouva encore dans les ténèbres; mais à l'air tiède qui circula tout-à-coup autour de lui, il comprit qu'il était dans une chambre habitée; un faible soupir exhalé près de lui mit le comble à ses désirs et à ses espérances. Cependant des pas entendus de plus près et le sifflement d'une poitrine haletante montaient vers lui du fond des souterrains :

— Foi de gentilhomme! dit-il à demi-voix en se penchant vers l'espace vide qu'occupait auparavant la porte mystérieuse, monsieur le fol aura pour accueil deux boutonnières saignantes à son pourpoint!

Mais il se rappela qu'il n'avait pas d'épée; et, mugissant de fureur, il essaya en vain, avec ses ongles ébréchés par l'effort, de refermer la porte qui avait disparu tout entière.

Alors Caillette parvenait au pied de l'escalier, et le roi, ramené dans la chambre par un nouveau soupir, qu'il interprétait en faveur de son amour, oublia tout pour une seule pensée, et fit quelques pas dans la chambre, les bras étendus en avant.

— Diana, disait-il doucement comme pour fléchir des refus, Diana belle, voici votre roi, qui se vient rendre votre premier sujet! Diane de mon cœur, venez ça expérimenter mon amour! Pourquoi ce fâcheux silence où vous plaît? Diana, faites sonner un mot plus harmonieusement que flûte ou rebec, et dîtes: J'aime! Méchante, oyez ma requête amoureuse et cette offense quelconque, je m'humilie en pénitence. O Diana chère, Diana mienne, ne vous revengez par trop de cruauté!...

Il n'acheva pas ; car, ayant voulu s'approcher dans la direction du lit, il fut soudain retenu par une main d'homme qui lui saisit le bras avec violence, et le serra comme dans un étau.

François 1er demeura un moment, immobile et indécis, au pouvoir de son adversaire, dont il entendait la respiration précipitée se mêler à la sienne; l'obscurité augmentait ses appréhensions, et ne trouvant plus d'épée à son côté, il crut qu'on allait l'assassiner. Alors, rappelant tout son courage et toutes ses forces, il chercha inutilement à se débarrasser de cette étreinte qui redoublait d'énergie en raison des tentatives qu'il fit pour la vaincre. Sa colère s'irritait encore des transports trompés de l'amour, enfin, renonçant à se compromettre dans une lutte qui ne permettait plus à ses soupçons de

se fixer sur Triboulet, il adressa le premier la parole à l'être invisible dont il sentait les doigts de fer lui enfoncer, à travers son pourpoint, des ongles acérés dans la chair.

— Foi de gentilhomme! s'écria-t-il d'une voix altérée qu'il voulait faire paraître tranquille, est-ce homme ou démon qui me presse tant amoureusement? Toutefois suis-je assuré de ne point combattre envers madame Diane!

— Hors d'ici! lui répondit-on tout bas. Quel que vous soyez, point ne pouvez demeurer céans, l'honneur d'une dame étant à ce contraire.

— Vraiment, mon beau cousin, êtes-vous père ou mari de la belle, que parlez d'un air si délibéré? Par la morbieu! céans resterai, et avisez à m'en exclure de vive force, toute autre voie n'aboutissant à rien.

— Hors! vous dis-je, et n'attentez à la renommée d'une noble dame par un éclat malhonnête, sinon par vos faits. Partez vitement, je vous prie!

— Holà! monsieur mon ami, il fait beau ouïr parler de la sorte à ma personne! De vrai, puisque je suis allé jusqu'en cette chambre où j'ai affaire, je n'entends retourner quinaud comme un Anglais battu par ses débiteurs : donc, fussiez-vous premier ou dernier venu, le mieux est de me quitter la place.

— Oh! non ferai, tant qu'une goutte de sang en mes veines, une épée en ma dextre et une idée en mon cœur soutiendront ma ferme résolution! De par Dieu! n'avancez pas, ou bien il vous faudra passer outre une lame pointue, ainsi qu'oie en broche.

— Foi de gentilhomme! compère, c'est trop jaser à l'aveugle, et onc n'ayais-je ouï parler ainsi à ma propre face. Arrière, vision diabolique! Quel es-tu?

— Suffit que je sois, d'âme, de main et d'armes, en bel état pour vous trancher l'orgueil et la vie... Las! malgré votre injure, Jésus-Christ m'est témoin que je mourrais de votre mort!

— Sur ma foi! la patience m'échappe, et j'ai envie d'envoyer à la hart ce philosophe nocturne qui cherche noise au roi.

— C'est mensonge manifeste de tenir ce langage outrageux à la majesté royale; car le roi notre sire, François 1er de nom, est sage et aimant de vertu, tellement qu'il châtierait pour l'exemple odieux qui voudrait faire tort et grief à la dame dont il s'est rendu l'hôte. Est-ce pas le propre d'un voleur où pillard que de s'introduire la nuit dedans les maisons, moyennant fausses clefs, portes bâtardes et entreprises insidieuses?

— Foi de gentilhomme! ceci est du langage à pendre! Ça, fol endiablé, quelle audace te tient de résister à ton seigneur et maître?

— Point n'ai présentement autre seigneur que le bon Dieu qui me conseille, point autre maître que le service de madame Diane, que vous molestez indignement; or, sans plus de querelle, retirez-vous ; car il me répugnerait d'épandre votre sang en fontaines.

— Ah! interrompit Diane, qui entendit ces mots en revenant à elle. Caillette, mon bon serviteur, gardez-vous de commettre un meurtre, bien plus un parricide!

— La danse Saint-Guy te puisse virer tête en bas et jambes en haut! s'écria François 1er, frappant du pied et s'agitant à grand bruit pour aller vers Diane; fol ennemi de ton repos non plus que du mien, veux-tu pas que demain on chante pour toi De profundis? veux-tu pas changer d'office et devenir fol à Montfaucon? ou plutôt voudrais-tu gagner, plus aisément que la hart, orfévrerie, vaisselle d'argent et force écus au soleil?

— Aucunement, reprit Caillette d'une voix tonnante : je veux tant seulement que laissiez en paix cette dame qui ne vous a cherché ni appelé ; ce je veux, et il adviendra mal pour tous deux, si ne consentez à sortir d'ici de bon accommodement.

— Misérable! repartit le roi engageant un combat corps à corps avec Caillette, tu seras bouilli comme faux monnayeur, tenaillé et torturé comme hérétique, brûlé, et mis en cendres comme magicien; alors et après ne douteras que je suis le roi par la grâce de Dieu!

— Sire, dit Caillette voyant que l'avantage tournait contre lui; ne remuez ni bougez; autrement je vous tue et me tue ensuite!

Diane poussa un cri d'effroi; François 1er crut recevoir le coup de la mort; mais le fer resta suspendu à deux doigts de sa poitrine.

— Messire le fol, dit-il d'un ton railleur, vous saviez que j'avais déposé l'épée, qui est ma plus fidèle maîtresse ; sans votre vaillance n'eût pas été jusqu'à s'attaquer témérairement au roi. Nous punirons moins votre attentat encore que votre forfaiture et traîtrise.

— Sire, répondit Caillette d'une voix respectueuse, je ressens deuil véhément d'avoir entrepris combattre contre votre Majesté; mais prières et adjurations n'ayant réussi, je fus contraint de tirer l'épée hors de sa gaîne : c'est pourquoi j'ai encouru sentence à mort et m'y résigne. Maintenant, partez!

— Sire, à vous je clame merci! s'écria Diane suppliante, n'abusez de la faiblesse d'une femme et de la prud'homie de votre petit sujet Caillette ; suivez le meilleur parti, écoutez ma requête d'une oreille facile, et montrez par là qu'êtes vraiment moins despote que chevalier, comme il est bruit et los. Certainement, l'enfer ou l'art magique vous offrit issue en cette chambre ; et ce m'est prouvé par vos mauvais desseins, dont ma pudeur a vergogne. Or, dîtes votre

patenôtre avec l'oraison de la très sainte Vierge, pour chasser l'intention du mal ; ensuite vous aurez honte de tels excès, et dormirez d'une seule traite jusques à l'aube. Sur ce, bonsoir, sire ; et, par amour de moi, excusez le pauvre Caillette d'avoir méconnu votre royauté, que méconnaissiez vous-même.

— Foi de gentilhomme ! madame, répliqua François I^{er}, je fais retraite, bien qu'il m'en coûte trop ; car une parole de votre bouche a sur ma volonté pouvoir que n'a pas violence armée à l'avantage. Quant à ce fol enragé, ne sais-je désormais qu'en faire, et il ne convient pas que pour toute peine il soit fouetté tant que mort s'ensuive....

— Prenez-le plutôt à clémence, mon digne sire, interrompit Diane en se rapprochant de lui ; il vous aime et vénère ; mon service a pu seulement l'emporter à ces extrémités ; évitez-moi donc un grand remords, et de ce vous rendrai mainte action de grâces.

— Las ! madame, reprit Caillette avec amertume, ma chétive vie n'est pas chose à regretter, et votre inestimable intercession ne la peut racheter. Faites en sorte, au contraire, qu'elle me soit vite ôtée !

— Sire ! dit-elle encore, je requiers votre foi jurée, et vous prie de partir de là sans tarder un plus long temps. Que penserait malebouché et médisance de ce que deux hommes forcèrent nuitamment ma chambre ?

— Je ferais couper la langue à quiconque vous porterait diffamé. Donc, je m'en vais content, avec cette assurance que ne me haïrez point, Dieu vous protège (aussi le dieu d'amour), Diane trop et non jamais assez adorée !

— Sire, dit Caillette, je suis votre prisonnier ; voici mon épée maudite, laquelle a menacé son seigneur.

— Garde ton alumelle, fol héroïque, car possible que, dans la cave où nous passerons ensemble, il te faille dresser un duel contre crapaud, araignée ou serpent.

Cette ironie blessa Caillette au fond du cœur ; cependant, sans y répondre, il descendit les degrés, moins préoccupé qu'il était de sa conduite hardie envers le roi que des pièges tendus à la vertu de Diane.

Tout-à-coup il remarqua que François I^{er} ne l'avait pas suivi ; et, le bruit d'un baiser réveilla ses douleurs en sursaut ; il assujettit contre la muraille la garde de son épée ; et, tournant la pointe vers son cœur, il allait se précipiter dessus, lorsque ces mots empêchèrent un suicide :

— Sire, disait Diane avec tendresse, rejoignez ce bon Caillette, qui n'aurait plus foi en votre parole, et, pour ce, vous désestimerait.

— O Diana, répondit le roi, certes on n'ai failli à l'honneur, et même pour un faux serment ne voudrais-je payer cela, qui me semble moult préférable à mon beau royaume de France, voire à la vie. Adieu donc, ma chère âme, jusques à la mort !

— Adieu donc pour un long espace de temps, sire ; car j'ai grosse hâte de m'en aller en mon château d'Anet, et baillez-moi licence de ce faire.

De nouveaux baisers et des murmures inarticulés affermirent Caillette dans son funeste dessein ; mais, pendant qu'il recommandait son âme à Dieu, non sans d'amères distractions, François I^{er}, qui s'était arraché des bras de Diane, le rencontra au passage, et le poussa rudement.

— Holà ! monsieur, lui dit-il, qui vous a posté aux écoutes ? Avez-vous ouï comment fut octroyée votre grâce ? ou bien êtes-vous en pâmoison ?

— Sire, répondit Caillette, ignorant de quelle sorte vous tiriez, j'attendais pour vous remontrer le bon chemin.

— Monsieur, vous suez la fièvre et n'êtes guère plus sain de corps que d'esprit ; or, quittez l'exercice de votre charge, afin que votre pédagogue Agrippa vous guérisse comme il faut.

— Que ne me guérira-t-il, hélas ! et le plus sûr médecin pour moi, c'est la mort !

François I^{er} continua de marcher en silence, touchant les murs humides pour ne pas s'égarer : il s'était fait précéder par Caillette, qui gémissait à chaque pas. Enfin une faible lueur, pénétrant au loin dans l'ombre, annonça le terme de ce voyage souterrain ; le roi, qui avait craint de revenir, respira plus librement quand il sortit de l'abîme creusé par Louis XI ; et, quand, au lieu d'une voûte basse, étouffée, ténébreuse, il vit la voûte du ciel étoilé au-dessus de sa tête. Il jeta un coup d'œil autour de lui pour chercher Triboulet, qu'il n'aperçut nulle part ; il l'appela sans obtenir de réponse, frappa du pied avec une colère concentrée, et se dirigea d'un pas majestueux vers l'entrée du labyrinthe. Caillette, qui l'accompagnait, mit un genou en terre, et tendit la poignée de son épée, en disant :

— Sire, étant votre prisonnier, il ne sied pas que je porte armes aucunes, avant qu'il vous plaise ordonner de moi. En ce cas, tenez mon épée !

— Vous la rendrez à mes gens, monsieur, si vous le commandez, répondit sèchement François I^{er}.

— Sire, faites-moi cet honneur de recevoir de ma main cette lame, qui fut l'instrument du plus grand sacrilége à l'encontre de Votre Majesté.

— Fi ! monsieur, qu'ai-je besoin de ce jouet à tuer des mouches ?

M'est avis que voulez me créer chevalier en folie. Votre épée est-elle faite de roseau ou d'une plume d'oie ?

— Sire, elle est trempée de bon acier, et en la main d'un homme qui n'eût onc rougi de la tirer honorablement pour votre service. Ains, si m'en jugez indigne, seulement porterai le fourreau vide, en mémoire de ce.

A ces mots, il la rompit et en jeta les débris aux pieds de François I^{er}, qui n'interrompit pas sa marche silencieuse.

Ils arrivèrent ensemble à la véritable porte du labyrinthe, et Caillette se remit de lui-même au pouvoir des archers écossais, qui lui lièrent les mains derrière le dos, d'après l'ordre du roi, tandis que celui-ci restait debout et pensif, les yeux attachés sur un point lumineux que l'on voyait errer à travers les arbres de Dédalus.

— Enfants, dit François I^{er} en riant, mon premier fol étant malade d'une fièvre chaude, tellement qu'il faillit attenter à ma personne, faut le transporter sur l'heure au logis du docteur Corneille Agrippa, qui remédiera par son art à ce vertige, lequel provient de quelques méchants sortilèges.

— Sire, répondit Caillette d'un ton de reproche, avez-vous cœur à railler ? Ainsi n'ai-je pas fait, lorsque pareillement je tenais votre vie en ma puissance ! Il serait généreux et charitable de m'octroyer la plus prompte mort !

— Sire, dit le capitaine des archers, le seigneur Agrippa est tant craint et tenu pour les maléfices, que nul n'osera le troubler en son sabbat à cette heure de nuit.

— Foi de gentilhomme ! interrompit le roi, toutefois irez-vous aux flambeaux, et le grand diable cornu y fût-il, n'appréhendez rien d'icelui, votre patron ordinaire, qui chacun jour vous visite aux jeux des dés, des tables, des épingles et des tarots, lorsque vous l'appelez dans vos blasphèmes. Allez donc, et de peur que le pauvre insensé n'éveille par ses criailleries les gens qui dorment en mon hôtel, voyez à lui clore le bec au mieux possible.

— Sire, s'écria Caillette, quel crime ai-je commis pour pâtir semblable traitement, pire que la gêne et le trépas ?...

Il ne put en dire davantage, car les archers, qui mettaient un plaisir barbare à outrepasser les ordres du roi, comme pour se venger de leur effrayante mission à la tour de l'astrologue, firent d'une ceinture de cuir un bâillon capable de comprimer les plaintes de Caillette : ses yeux remplis de larmes se fermèrent alors comme s'il se fût assoupi.

Tout-à-coup un chant de coq retentit trois fois du côté de la tour de Dédalus, et la lumière que le roi suivait des yeux disparut. Caillette devint tout pâle, se jeta par terre et s'y roula avec des crispations nerveuses et des soubresauts à se fendre la tête ; mais, voyant qu'il ne parviendrait pas à se dégager de ses liens, il se résigna en gémissant et regarda fixement François I^{er}, dont le visage exprimait une satisfaction secrète et une douce impatience.

— Soif de lansquenet ! dit un des archers, vous savez la chanson :

Coq chantant à la mi-nuit
Annonce départ anuit.

— Foi de gentilhomme ! s'écria le roi, la buccine du coq me plaît ! Or çà, messieurs, Dieu garde votre captif du mal de dents !

Caillette se tourmenta encore en contorsions furieuses et en efforts désespérés, qui n'excitaient que les rires des soldats. François I^{er} rentra dans le labyrinthe, dont la porte fut aussitôt refermée derrière lui, et Caillette, anéanti, ne bougea pas plus qu'un mort lorsque les archers l'enlevèrent sur leurs robustes épaules.

Cependant Diane de Poitiers, après que le roi et Caillette se furent retirés, avait écouté le retentissement de leurs pas dans les souterrains ; la terreur s'empara d'elle avec le silence, et la molle langueur de ses baisers de son amant lui avaient laissée s'effaça devant les fantômes nés de la solitude et de la nuit. Cette obscurité qui pesait autour d'elle, ces apparitions imaginaires qu'elle tremblait d'envisager, cette porte mystérieuse restée ouverte, un froid glacial qui en sortait, tout lui faisait souhaiter la présence d'un être vivant : elle regrettait que Caillette l'eût abandonnée ; elle regrettait davantage que le roi se fût éloigné ; elle eût rappelé ce dernier si elle avait cédé à un mouvement irréfléchi. Enfin elle se prit à désirer le jour, puis le signal convenu pour sa fuite, puis enfin tout ce qui pouvait la rassurer.

Elle sortit par la véritable porte de la chambre, et descendit à tâtons dans la salle basse. Son effroi augmenta de plus en plus, lorsqu'elle entendit marcher dans les sentiers de Dédalus : elle avait beau se répéter tout bas que c'était le roi ou Caillette qui allait revoir, son pouls battait une fièvre brûlante, les oreilles lui tintaient, elle ne respirait plus qu'à peine.

Ce fut alors que trois chants de coq éclatèrent près de la tour : Diane tressaillit de joie en songeant que Caillette venait la délivrer de cet état d'angoisses insupportables. Elle fut confirmée dans cet espoir par le bruit des pas qui s'approchaient, et par la lumière qui ruisselait à travers les fentes de la porte. Elle s'empressa d'ouvrir cette porte et de rejoindre un homme de petite taille, qu'elle crut reconnaître pour Caillette.

La lanterne que portait cet homme l'isolait dans l'ombre ; Diane

s'entretint elle-même dans son erreur, et même en suivant ce guide muet, elle se livrait à de tendres regrets qu'elle sentait s'accroître à chaque pas qui la séparait du roi. Ses jambes se dérobaient sous elle à mesure qu'elle avançait vers la petite porte du labyrinthe : cette porte était ouverte, et le coche du roi, destiné à recevoir Diane, encombrait la rue Saint-Antoine de mules, de gardes et de valets.

— Ah ! Caillette, dit-elle vivement lorsqu'elle aperçut ce train de prince, vous aussi avez fui et trompé comme les autres ! adonc, pourquoi tant de beaux semblants ?

Elle se sentit soulevée par deux bras vigoureux qui la déposèrent doucement dans la voiture ; un éclat de rire aigu lui fit tourner les yeux : c'était Triboulet gambadant à la portière.

Aussitôt un homme s'élança dans le coche qui s'ébranlait en criant sur ses essieux : Diane se trouvait entre les bras de François I^{er}.

——◊◊◊——

Dans le laboratoire d'Agrippa, obscurci par la fumée puante qui s'exhalait d'un feu de soufre où brûlaient des cheveux, des papiers, des bijoux et divers objets de toilette féminine, la duchesse d'Angoulême consultait son astrologue sur les chances heureuses ou malheureuses de l'avenir.

Le ciel était si sombre ce soir-là, que la curiosité superstitieuse de la mère du roi ne pouvait recourir à l'observation des étoiles, et pendant que, d'après le conseil d'Agrippa, elle livrait aux flammes les derniers gages de son amour pour le connétable de Bourbon, une vive clarté bleuâtre s'élevant du foyer dansait à l'entour, ainsi qu'une ronde de fantômes : les chauves-souris, attirées par ces lueurs mobiles, venaient se coller aux treillis de la fenêtre en étendant leurs ailes chauves.

Corneille Agrippa lisait à demi-voix des conjurations en langue hébraïque dans un livre de cabale, et il s'interrompait de moment en moment pour faire tournoyer sa baguette magique.

— Tochot ! Tochot ! criait-il par intervalles ; puis il saluait profondément à droite et à gauche, comme s'il voyait à chaque instant apparaître des êtres d'un monde supérieur ; rien pourtant ne changeait d'aspect dans la salle, et madame d'Angoulême tenait ses regards fixés sur le soufre ardent qui avait déjà presque consumé tout ce qu'elle lui offrait en sacrifice.

— Notre-Dame ! dit-elle avec humeur, à quand donc, seigneur Agrippa, l'accomplissement de vos belles promesses ? Quel mauvais sort est réservé à monsieur de Bourbon ? Est-ce pas à mon détriment et préjudice que le roi a élu pour sa mie madame Diane de Brézé ?

— Samech nun mem lamed ! reprit Agrippa ; les révolutions des astres, les auspices des démons et les divers présages s'accordent à promettre de grands triomphes et victoires à monseigneur le connétable.

— Ne dites point cela, mon maître ; car il m'indigne de penser que mon pire ennemi aurait l'avantage des armes. Çà, tirez plutôt un horoscope touchant la fille de monsieur de Saint-Vallier. Cette nouvelle maîtresse se voudra-t-elle ranger sous mon gouvernement, comme fit madame de Châteaubriand ? Ou bien me faudra-t-il déjouer le pouvoir d'icelle par quelque moyen quelconque, ruse, embûche ou poison ?

— Vraiment, madame, je proteste contre la fausseté indécente des augures et prophéties... Néanmoins, toujours est-il, et le tenez pour certain, que monsieur de Bourbon vaincra et déconfira toutes les armées du roi.

— Vous errez et avez la vue trouble à lire en vos grimoires, d'autant que le traître Bourbon sera taillé en pièces par l'amiral Bonivet, et fait prisonnier pour être supplicié dans la place de Grève de Paris, en punition de sa forfaiture .. Quoi qu'il en soit cependant, gardez-vous de rien répandre de vos prédictions malsonnantes ?

— N'ayez point crainte de ces choses, madame, et remettez le tout à la grâce du seigneur Dieu omnipotent... Toutefois, à voir clair dans les événements futurs, je déclare formellement que messire de Bourbon l'emportera en faits et gestes sur les premiers capitaines français, prendra le roi son maître à rançon, conquétera le Milanais pour l'empereur, et saccagera la ville Rome...

— Vous parlez un peu bien imprudemment, sire Agrippa, et pareil propos dit en public vous vaudrait exil et davantage. Donc, une fois pour toutes, je vous ordonne, ne point tenir votre avis là-dessus ; ce sont affaires politiques non séantes à votre astrologie.

— De fait, madame, je le voudrais parier un fétu qu'il en sera comme j'ai dit, et les prophètes sont grands-prêtres de menterie... Mais, selon les caractères et figures des cabalistes juifs, la prospérité de monsieur de Bourbon est patente et véritable...

— O l'obstiné rapetasseur de vieux contes hébreux ! interrompit madame d'Angoulême élevant sa voix en colère : il argumentera encore sophistiquement contre les fagots et la bûcher lorsqu'il sera condamné au feu comme sorcier ou hérétique, soit luthériste, soit zuinglien, soit anabaptiste !... Trêve, songeur insensé ! mets en oubli ta malhonnête vision de l'avenir, et plutôt efforce-toi à ce que, par l'effet de ton art, la chance des armes tourne à l'encontre du faux connétable ; car, autrement, cuiderais-je que tu corresponds réellement avec ce criminel de lèse-majesté, chose moult détestable ! Ce pourquoi, afin de tenir mes bonnes grâces, fais que de la bouche telles choses onc ne sortent, sur ta vie !

— Par Samael, Alzazel, Azael, Mahazael ! madame, je me ris d'autant de ces vains simulacres de science, et par-dessus tout reconnais mon humaine infirmité. Nonobstant, *quod scriptum est, scriptum est* ; ce sont aphorismes évangéliques : à savoir les conquêtes bourbonniennes en Italie, avec assistance des Espagnols et Allemands...

— Holà ! c'est pousser loin l'obstination, aussi vrai que je suis la mère du roi ! Est-ce par mépris de mon autorité ! Or çà, je vous châtierai d'une prison si dure que votre grand savoir ne la pourra rompre !... Nou fera, mon petit Agrippa, répliqua-t-elle en se radoucissant tout-à-coup, et vous requiers, avec force supplications, de réduire à néant ces mauvaises semences pour l'avenir ; ce moyennant, je vous rendrai plus riche qu'aucun homme, tant que le roi mon fils aura crédit sur ses généraux des finances pour accroître cette prodigieuse fortune, que je vous promets.

— O vanité, la pire entre toutes ! vanité de Dacon et Baal, vanité fragile comme verre et plus vile que boue !...

— Parlons d'affaires, maître ; je réclame secrètement un poison de votre pharmacopée ; j'entends qu'il soit d'effet certain et prompt, selon quelque recette à l'italienne. Voici de l'or pour payer vos plantes vénéneuses.

En parlant ainsi, elle ouvrit son escarcelle, faite d'une certaine peau de bélier parfumée, et répandit sur la table angelots, saluts, moutons-à-la-grand'laine, et autres monnaies d'or. L'éclat de ces belles pièces sonnantes éblouit l'impassible astrologue, dont la moue se dérida en un sourire plus repoussant encore, et qui d'une main empressée fit disparaître son butin dans un coffret de fer ciselé, que des figures astrologiques devaient rendre impénétrable aux profanes ; ensuite il reprit son air maussade, sa moue hideuse et son terrible froncement de sourcils.

Cependant Corneille Agrippa se mit à l'œuvre pour satisfaire la duchesse d'Angoulême ; il alluma un petit fourneau à l'aide d'un gros soufflet de forge, et quand le feu fut parut vif et clair, il mêla dans une cornue différentes substances animales, végétales et minérales : une odeur fétide s'échappa du vase avec une fumée épaisse. Agrippa, durant l'opération chimique, mâchait de vieilles formules en hébreu, pour conjurer les démons malfaisants qui président aux éléments, et recevait dans une fiole la liqueur noire tombant goutte à goutte de la cornue ; Louise de Savoie répétait tout bas les prières latines, et ses yeux s'animaient d'une joie féroce.

Tout-à-coup une rumeur indistincte s'éleva du pied de la tour ; la duchesse tressaillit et regarda l'astrologue, qui prêtait aussi l'oreille avec inquiétude à ce bruit du pas montant l'escalier, et faisait crier les ais mal joints des degrés vermoulus.

— Qui vient céans vous visiter ? demanda madame d'Angoulême, plus effrayée à mesure que les pas approchaient ; serait-ce pas le mauvais-esprit sous la figure d'un bouc puant ? Vous vient-on quérir pour le sabbat des lutins ? O très sainte Vierge, faites-moi miséricorde !

— Au nom du Père et du Fils et du Saint-Esprit. *El ! Eloha ! Elohim !* disait Agrippa, qui n'était pas plus rassuré qu'elle, et qui craignait un moment d'être exaucé dans ses conjurations magiques. Point n'ai fait pourtant d'invocation au monde infernal ! Aussi bien, les sciences occultes ne sont que vent, et le plus certain d'icelle n'est qu'incertitude !

On entendait la marche pesante et les voix de plusieurs personnes dans l'escalier ; Agrippa et Louise de Savoie, pâles et immobiles tous deux, étaient en proie à une pénible anxiété, et s'attendaient à voir surgir de monstrueuses apparitions, sorcières chevauchant leurs balais, diables à queue et à cornes, fantômes en linceul blanc, et ces êtres difformes dont la superstition a fait le cortège obligé de la magie.

Mais voici l'instant fatal : on arrive auprès de la porte ; on tient conseil à voix basse, on s'apprête à entrer ; puis on semble changer d'avis, on n'agite plus la clef dans la serrure, on interpelle à plusieurs reprises le seigneur Agrippa, qui n'osait répondre ni faire un seul mouvement :

— Monseigneur le magicien, disait quelqu'un tremblant de peur, le roi notre sire vous commande de guérir un de ses serviteurs ému d'une fièvre chaude ; sur toute chose, avisez à ne pas vous enfuir d'entre vos mains, sinon votre col saura ce que votre cul pèse.

Ces paroles dites à la hâte, la chute d'un corps lui retentir le plancher, ébranla violemment la porte, et fut accompagnée d'un gémissement étouffé ; aussitôt, dans l'escalier, les pas et les voix s'éloignèrent confusément ; un bruit de porte succéda un profond silence au dehors ainsi qu'au dedans.

— Saint Michel nous soit en aide ! dit madame d'Angoulême un peu remise de sa frayeur ; n'a-t-on pas nommé le roi ? Ou bien ai-je songé tout éveillée ?

— Zedech, Madim et Schemès, venez à moi des sphères de Jupiter,

de Mars et du Soleil! reprit Agrippa s'armant de sa baguette et posant sur un marbre la fiole de poison à moitié pleine; est-ce pas un piége de mes ennemis pour m'occire malement?

— Maître, dépêchez d'obéir au bon plaisir du roi, et ouvrez l'huis pour voir ce que c'est.

— Point, madame; le nom du roi n'est qu'illusion en cette occurrence, et m'est avis que ces gens sont envoyés des jésuites de Dôle pour me démontrer plus clairement la vanité de toutes choses. Or, à qui vais-je recommander mon âme? A Jéhovah? à Jésus? à Mahomet? à Lucifer?...

— M'aide Dieu! quelqu'un geint et soupire à votre porte! est-ce pas un meurtrier envoyé contre moi par Charles de Bourbon? ou plutôt l'âme en souffrance de monsieur de Saint-Vallier, ce pauvre vieil homme, qui serait trépassé de mort naturelle avant que d'aller pendre aux fourches de Montfaucon?

— Ange ou démon, vivant ou mort, je t'adjure par la monosyllabe hébraïque de Jod! Si tu machines desseins pervers et péché mortel, arrière et onc ne reviens! au contraire, si tu as bonne et louable intention, arrière et ne reviens qu'au grand jour!

Après cette allocution, il se tut un moment pour en attendre les effets : on entendit au dehors le bruit d'une lutte, des soupirs entrecoupés, quelque chose enfin qui s'agitait en tous sens, et battait alternativement le plancher et la muraille.

— Monsieur, n'oyez-vous rien de ce vacarme? dit Agrippa, qui ne sachant s'il devait ouvrir, demanda conseil à son chien.

— Sur mon âme! interrompit madame d'Angoulême, dès qu'elle aperçut le chien noir léchant les pieds de son maître, onc ne visiterai désormais ce repaire de démons et d'enchantements! le Seigneur Dieu m'excuse d'y être venue à nuit!

— Madame, reprit Agrippa redevenu tranquille d'après la contenance de son chien, Monsieur vous enseigne à n'avoir crainte aucune de ce, ni de rien

Le chien noir ayant caressé l'astrologue, dressa les oreilles, remua la queue; parut inquiet, s'élança vers la porte en pleurant, en grattant, en jappant jusqu'à ce que la porte mal fermée cédât enfin à ses efforts, s'entre-bâillât et lui livrât passage

— Tout beau! tout beau! Monsieur, criait Agrippa qui n'osait le suivre, tout beau! ou bien je vous enchaîne durant neuf fois cent ans.

Le chien grondait plus fort sans revenir à l'appel d'Agrippa, quoique celui-ci redoublât ses menaces et ses imprécations. Enfin le chien, poussant avec son museau la porte, qui s'ouvrit tout entière sur ses gonds graissés, attira dans la chambre un corps humain, replié sur lui-même, qui était sans mouvement, et qui semblait sans vie.

Agrippa et madame d'Angoulême regardaient avec une muette horreur cet objet informe que l'obscurité du lieu ne permettait pas de distinguer; mais le feu de soufre projetait un reflet bleuâtre sur un visage pâle aux traits décomposés, Agrippa les reconnut en poussant un cri de douleur et en se frappant la poitrine:

— Caillette! s'écria-t-il, mon fils! mon élève! mon ami! qui t'a réduit en cet état! O gentil Caillette, es-tu donc trépassé?

— Notre-Dame! s'écria la duchesse d'Angoulême, dites-vous vrai? Caillette est défunt!

— Hélas! hélas! pauvre insensé, il s'est donné la mort par déplaisir!

— Je partage votre peine, mon père : faites-moi savoir, je vous conjure, qui je dois châtier en ressentiment de cette perte lamentable? car je n'ai onc vu plus plaisant et plus galant jeune gars que ce Caillette, qui fut seulement trop insensible à l'amour!

— Plût à Dieu!... Donc, me faut-il délaisser fourneaux, alambics, retortes, cornues, lunettes et toutes sciences, tout mon bonheur terrestre, puisque mon petit Caillette a mis au tombeau mes espérances avec mon héritier?

Pendant cette oraison funèbre, le chien noir continuait à se plaindre et à gronder auprès du corps qu'il avait amené aux pieds d'Agrippa.

L'astrologue considéra de nouveau cette figure inanimée, en approcha la sienne, et jetant une exclamation de joie, arracha le bâillon de cuir qui meurtrissait la bouche de Caillette, délia les cordes dont ses pieds et ses mains étaient garrottés, et lui porta des secours qui, quelques moments plus tard, eussent été inutiles, Caillette ayant perdu connaissance parce qu'il étouffait.

Dès que l'air put rentrer aux poumons, la respiration interrompue reprit son cours, et avec elle le sang retrouva son équilibre. Caillette, rouvrant les yeux, les arrêta en silence, tout pleins de larmes, sur le visage triste encore du vieillard, tandis que le chien noir se dressait sur ses pattes de derrière, et paraissait aussi joyeux qu'Agrippa de cette résurrection à laquelle il n'était pas étranger.

— Ah! monseigneur, dit Caillette à l'astrologue, je vous veux du mal pour m'avoir réveillé à l'existence, lorsque j'étais presque endormi sous les pavots du trépas!

— Mon fils, répliqua sévèrement Agrippa, imitez la résignation du bonhomme Job dessus son fumier, et faites cas de cette sage parole biblique : *Vanité des vanités, tout n'est que vanité!*

— Dis, enfant, repartit madame d'Angoulême, quels sont ces méchants qui t'avaient de la sorte embéguiné? Aie fiance en mon amitié, et tes injures seront moult revengées.

— Madame! s'écria Caillette, se levant de l'escabelle où l'avait fait asseoir Agrippa, et courant à la porte pour sortir, aussitôt que la mémoire lui revint : il ravit à cette heure ma très honorée dame, et de force l'emmène ne sais où, pour ses mauvais desseins!

— Holà! je vous somme de n'issir point de ce cabinet sans le bon plaisir de madame! dit Agrippa, qui, se souvenant de l'ordre du roi, ferma la porte à double tour, et garda la clef dans sa manche.

— Çà, mon cher fol, est-ce démence ou raison? ajouta la duchesse d'Angoulême attirant à elle Caillette par le fourreau vide de son épée. Eh! quelle dame est donc ravie, s'il vous plaît? me semble que moi en vous voyant, ingrat garçon....

— Par la morbleu! repartit Caillette avec impétuosité : ne prétendez pas me retenir prisonnier en ce lieu ni ailleurs! Il est besoin que je parte et tôt; tout instant consumé sans fruit est irréparable, et jà peut-être ai-je trop attendu!... Vite, souffrez que j'aille en liberté, ou de cette fenêtre en bas la route sera d'autant moins longue!

— N'en faites rien, je vous supplie, s'écria madame d'Angoulême, qui se jeta au-devant de lui pour s'opposer à sa fatale résolution : me baissez-vous à ce point de préférer la mort à ma compagnie!

— Maître! seigneur Agrippa! disait Caillette en joignant les mains et en pressant celles de l'astrologue, ou me poussez à ces extrémités, et si êtes ou fûtes de mes amis, rendez-moi délibéré avant qu'elle soit loin et hors d'atteinte!

— Mon fils, ce qui devait advenir est advenu, répondit Corneille Agrippa avec autant de froideur que Caillette mettait de chaleur à s'exprimer; Diana est désormais au pouvoir de plus grand que vous n'êtes, et la faute ne vous saurait être aucunement imputée, pour ce que les ordres de messire de Saint-Vallier n'ont été accomplis à souhait.

— Qu'est-ce à dire de madame Diane de Brézé? interrompit aigrement la duchesse d'Angoulême; aura-t-elle la fortune d'être longtemps dame et amie du roi?

— De par Dieu! cela n'est et ne fut, cela ne sera point! répliqua Caillette; oh! dites que ce ne sera!

En toutes choses commencement regarde la fin, objecta le docteur Agrippa par distraction plutôt que par malignité; or, à cette heure, la belle fugitive Hélène a parfait sa destinée ou peu s'en faut, sans qu'il en résulte une nouvelle guerre de Troie.

— C'est mensonge insigne et impie! rétorqua Caillette furieux : l'honneur de ma dame est net et intact! le roi n'ira point jusques à Blois, je proteste!

— Le cas peut échoir, dit gravement Agrippa.

— Notre-Dame! se récria madame d'Angoulême transportée d'une joie vindicative; monsieur mon fils vient d'enlever sa mie et la conduit au château de Blois pour être plus à l'aise dans ses ébats? Voilà certainement nouvelle inespérée, et je te loue, Caillette, de me l'avoir apprise.

— O madame, très vénérée dame, dit Caillette trompé sur le sens équivoque de ces paroles, est-ce que vous vous voudriez bien employer à remettre Diane en mes mains? un cheval au galop aura tantôt joint le ravisseur.... Ainsi, s'il ne suivait la route de Blois? si, d'autre part, il tendait devers Amboise, devers Fontainebleau, devers Compiègne ou ailleurs? où aller? où ira-t-il? Ah! que je l'atteigne et que je meure après!... De grâce, maître, inspectez vos grimoires et influences célestes, ensuite dirigez ma poursuite en la meilleure voie...

— Sela! fol affolé, dit Agrippa, possible que lo roi notre sire s'en aille à son château de Blois, possible non; donc, s'il fait ce voyage, possible qu'il séjourne par le chemin, soit à Orléans, soit à Cléry, soit...

— Il ne vous importe connaître où va le roi, dit madame d'Angoulême en imposant silence à l'astrologue, et le mieux est qu'il demeure absent un seul jour; ce pendant, point ne chômerai-je, non plus le parlement, non plus le bourreau.

— Par mon salut sempiternel! interrompit Caillette secouant le bras d'Agrippa, j'aurai vite fait de le rejoindre, et, pour ce, faut-il que je sorte par cet huis?

— Point ne sortirez, dit Agrippa.

— A quelles fins sortir? ajouta madame d'Angoulême.

— Pour faire rétrograder le roi, ôter de son pouvoir madame Diane, la préserver de toute injure, et tâcher qu'elle retourne en Normandie vers son mari, comme à Paris mondit roi vers la reine!

— Ce serait trop rude besogne à faire, mon aimable fol, dit Louise de Savoie en éclatant de rire; mais il me souvient qu'avez la fièvre chaude à la tête, c'est pourquoi le seigneur Agrippa fera bien à propos de vous guérir.

— Madame, octroyez-moi par votre bonté un cheval de vos écuries, selle au dos et mors à la bouche; je vous veux ramener le roi devant l'angélus de midi!

— Mieux vaudrait te distraire de revenir! toutefois je sais bon gré à mon joli Caillette de m'avoir baillé ce trois fois heureux avertissement.

— Madame, par les mérites de la vraie croix !... Maître, *in nomine Dei tetragammaton !* prenez ma vie tout d'un coup, sinon consentez à ce que j'aille courir après l'autre part de moi-même, qui me quitte ! Mais je n'ai que faire de cheval, ni de coche : je sens ferme courage de marcher pédestrement ; du moins, verrai-je madame Diane à mon heure suprême, et lui rendrai mon âme plutôt qu'à Dieu !

— Mon père, dit à Corneille Agrippa la duchesse préoccupée d'amères réflexions, ne vous épargnez à soigner et veiller ce déplorable insensé, crainte que dans sa frénésie il se jette à bas de la tour. Mais par-dessus tout, avisez à le tenir en chartre-privée jusqu'à l'heure où il ne pourra nuire. Dieu vous garde et vous remette en santé, mon cher fils !

Agrippa entr'ouvrit la porte pour madame d'Angoulême, qui lui parla bas en désignant Caillette, et qui se retira seule dans la nuit que blanchissait pas encore le crépuscule du matin.

Caillette était resté debout, enchaîné à sa place par le respect ou plutôt anéanti par le désespoir ; mais le grincement de la porte qui se refermait lui rappela sa captivité : d'un seul bond, il se précipita contre cette porte close, et faillit renverser Agrippa qui voulait le retenir en l'embrassant.

— Diana, ma noble et chère dame ! criait-il en heurtant avec fracas la porte épaisse ; à vous suis dévoué ou à la mort ! celle-ci tant seulement me sera fidèle.

— *Hairta kadermalatron !* répondit l'astrologue irrité ; soulageant sa mauvaise humeur sur son chien qu'il chassa d'un coup de pied ; Caillette, est-ce pas des vanités la première que de convier le trépas sans raison de valeur, et peut-être sans volonté de l'éprouver ? si tant est que tu penses à laisser la vie avant le temps préfix, péché moult détestable contre la divine Providence, voilà de quoi, à savoir : dagues, couteaux et fers tranchants, trompés du venin des serpents ; puis, cette fiole de poison extrait de plantes et de sucs mortifères : deux gouttes de cette liqueur versée sur la langue d'un oriflant ou d'une baleine suffisent pour que mort s'ensuive tout à l'instant. Or, dis-moi, Caillette, à quel parti te l'arrêtes ? Vivre ou non ?

Caillette, attentif à ces paroles, était en proie à mille combats qui se livraient en son for intérieur ; il portait un œil d'envie sur la fiole, et soudain il avança la main pour la saisir ; l'astrologue comprit ce mouvement.

— Caillette, lui dit-il d'une voix paternelle en lui retenant le bras, était-il besoin de t'enseigner toutes sciences et philosophie ? Chimie, médecine, décret, magie, astrologie, religion, tout cela et plus te devait rendre souverain docteur ; je t'aimais ainsi que mon propre fils, et pensais pouvoir par héritage te laisser le grand-œuvre, si toutefois il est. O la honteuse et laide chose qu'ingratitude ! Méchant, quel prix me baillos-tu en récompense de si rare amitié et de si bienfaits si nombreux que je faudrais à en dire le compte ! O cent fois ingrat seras-tu de descendre au sépulcre, avant les termes requis par l'impitoyable mort, et ayant ton maître usé moins d'âge que de veilles ! Infâme, non très cher disciple, où s'est envolée ta sagesse et prudence ? Toi défunt, je mourrai de même, ou me semble, ou ne vivrais plus que consumé d'ennui.

— Mon bon seigneur, répondit Caillette touché de ces marques d'affection, à quoi je reconnais bien mon tort, et, au lieu de me tant déconforter, devriais-je plutôt exciter mon âme au courage ; certes, à si grand souci, ne faut-il pas opposer si petit remède : secourez-moi donc de profitable conseil en ce fâcheux étrif ?

— Ayant voulu périr par le poison, ètes-tu pas capable d'une non moins héroïque résolution ?

— Oui, vraiment, sur mon âme ! pourvu qu'un peu d'eau pour éteindre les ardeurs inquiets de ce cœur demi-consumé.

— Prends donc de faire ce qui te peut guérir ou tout au moins adoucir ce feu intérieur trop cuisant ?

— Volontiers, je jure par la couronne d'épines et les sacrés plaies de Jésus-Christ Notre Seigneur !

— J'ai pris assurance en ce beau et solennel serment. Tu vas, Caillette, à risque de te parjurer, sans attenter davantage à ta personne, sieds-toi de bon accord ici ne cesse de lire du livre du Nouveau-Testament, jusqu'à ce que j'aie bluté le vrai et trié le faux en la morale d'Aristoteles.

Caillette s'attendait peu à cette singulière admonition ; il crut d'abord que c'était un reproche indirect contre son agitation d'esprit, qu'il ne pouvait si bien contraindre qu'elle ne parût dans ses gestes et sur son visage. Mais il ne douta plus de la pertinence qu'on lui imposait lorsqu'il vit Corneille Agrippa, renfermé dans une méditation silencieuse, lui présenter la Bible latine, et s'isoler soi-même dans une lecture réfléchie des œuvres d'Aristote.

Vainement Caillette lui adressa la parole en le suppliant de ne pas profiter d'un serment téméraire : Agrippa ne répondait que par un signe tacite, montrant la Bible ouverte sur la table.

Caillette trépignait, grinçait les dents, allait de la porte à la fenêtre, soupirait, demeurait immobile, écoutait et recommençait à se désespérer. Enfin, après avoir tenté tous les moyens d'émouvoir son impassible geôlier, il se jeta de découragement sur un escabeau, cacha sa tête dans ses mains, et déplora longtemps son malheureux sort. Puis, quand ses larmes furent taries, il prit négligemment les Saintes-Écritures qu'il avait dédaignées, lut au hasard, presque avec répugnance, et goûta bientôt les divines consolations qu'il trouvait à chaque page.

Cette lecture l'absorba tout entier, et il absolument que le soleil éclairait le laboratoire quand il sortit de cette pieuse méditation où son âme se dégageait du corps pour s'entretenir face à face avec Dieu : il se réveilla comme d'une profonde léthargie, rassembla ses idées, prêta l'oreille en regardant autour de lui, et secoua fortement Agrippa, qui s'était endormi au milieu de la morale d'Aristote.

— Maître, lui dit-il, ayant tenu ma parole aussi fidèlement, bien qu'elle fût surprise, j'ai bon espoir que me donnerez congé à cette heure ?

— Par le Dieu d'Abraham ! reprit Agrippa ; la philosophie du seigneur Aristoteles me semble incomparable, si ce n'est que les erreurs, confusions, doutes et vanités y abondent de toutes parts. Rien de parfait en ce qui vient des hommes !

— Maître, Aurore a ouvert les portes d'Orient, et la vôtre est encore close. Quelle heure ? le jour est clair levé, et j'ai hâte de partir pour voir ce qui se passe, et s'est passé, hélas !

— Oh ! nenni, vous ne sortirez point, mon cher et obéissant Caillette : le roi et madame sa mère vous dénient toute liberté et m'ont fait garniers de votre personne ; donc vous ne voudrez me causer ce souci d'avoir à répondre de votre fuite ; car possible serait que la punition retombât sur mon chef innocent. Est-ce pas, mon fils, que tu le garderas de m'apporter tel grief et péril ?

— Oui-dà, monseigneur, j'obtempère à prendre patience, et ici vais demeurer, ce pendant que vous aviserez à vous munir de nouvelles, les plus avenantes que vous pourrez, pour me réconforter.

— Il me plaît de faire ce que bon vous semble, mon fils, et, moyennant vos promesses de demeurance pacifique, voici que je reviens tout à l'heure vous redire en écho les cent voix de la déesse Renommée.

— Mon second père ! n'omettez de transmettre de ma part à madame Diane, que j'eusse souhaité rendre l'âme avant cette nuit malheureuse ?

Corneille Agrippa, le cerveau encore obscurci des nuages du sommeil et d'Aristote, sortit lentement de son laboratoire sans faire attention à ces derniers mots, que Caillette prononça d'une voix sourde et pénétrante.

Lorsque l'astrologue fut dehors, lorsque ses pas lents et graves retentirent en s'affaiblissant sur les marches de l'escalier, Caillette ne déguisa plus son projet de suicide, courut à la fiole de poison, la déboucha résolument, et levant les yeux vers le ciel, il se recueillit dans une prière fervente, dit adieu à l'infidèle Diana, à son maître Agrippa, et caressa, d'une main brûlante de fièvre, le chien noir, qui bondissait autour de lui, comme pour s'opposer à son fatal dessein.

— Seigneur, mon Dieu ! pensait-il en lui-même : il ne vaut rien de vivre en angoisses et tourments ; désormais, dans ce bas monde, espérance est morte pour moi, et Diana devient l'amie de Sa Majesté !... Certes, à la misérable condition de fol en titre d'office royal je préfère le purgatoire pour expier l'attentat qu'il me coûte de commettre envers moi-même... Messeigneurs les saints, tenez-moi sous votre digne garde !

Il approchait le poison de sa bouche quand il entendit du bruit dans l'escalier ; il reconnut la voix d'Agrippa, et, ne voulant pas que le spectacle de son agonie affligeât ce vieillard qui l'aimait, il remit à un autre moment l'exécution de son funeste projet, et il cacha précipitamment la fiole dans son pourpoint.

L'astrologue et la duchesse d'Alençon entrèrent ensemble.

— Caillette, lui dit Marguerite de Valois, es-tu pas encore dévoué serviteur de monsieur de Saint-Vallier et de madame Diane ?

— Oh ! certainement, reprit Caillette avec transport ; mon plus cher désir fut toujours de mourir à l'intention de Diana !

— Çà, mon pauvre Caillette, s'écria maître Agrippa, quel malin démon vous a mis cet égarement aux yeux ; et ces pâles couleurs à la joue ? Vous sentez-vous malade, un mot très-cher fils ?

— Mes maux, fussent-ils pires, répondit tristement Caillette, seront tantôt guéris, et n'aurai que besoin de médecin !

— Mon ami, reprit madame Marguerite, si tu sens gros attachement au cœur pour monsieur de Saint-Vallier, vois à l'aider et secourir, s'il en est temps encore ; car, ce jourd'hui, si ce n'est l'heure, aura le chef tranché sur un échafaud en place de Grève.

— Eh quoi ! interrompit Caillette avec un mouvement de joie irréfléchie, Diane, sa chère et vertueuse fille, a donc remis l'amour du roi ?...

— Hélas ! non, s'il plût à Dieu ! répliqua la duchesse d'Alençon : madame de Brézé est hors Paris, par voies et par chemins, avec le roi, et, ce pendant, madame ma mère veut que l'arrêt soit mis à vide.

— Opposez-vous, s'il vous plaît, à cette méchanceté de madame d'Angoulême, mon honorée dame et maîtresse ! le roi, notre sire, vous dira nienil ; car Diana sentirait douleur inconsolable, et Sa

Majesté véhément courroux, si d'aventure ce vieux gentilhomme était mené au supplice.

— Adone, mon petit, vite il te faut chevaucher à la grâce de Dieu, afin que tu puisses rejoindre et avertir monsieur mon frère partout où il soit allé avec sa belle.

— Que s'en vont dire le roi et madame d'Angoulême, mon prisonnier s'évadant? murmura l'astrologue avec une moue éloquente.

— Ne vous arrêtez à si peu, mon maître, répondit madame Marguerite, le cas me regarde. Sur ce, Caillette, à cheval et ne chôme point!

— A Dieu plaise! madame, et les éperons me tiendront lieu d'ailes pour voler! Mais ce pendant, s'il advenait que le seigneur de Saint-Vallier...

— Efforce-toi de rencontrer seulement le roi, lequel a promis par sa foi de gentilhomme qu'aucun ne serait mis à mort sans son agrément. Toutefois, je m'en vais tant et tant crier merci à madame notre mère...

— Ce sont là paroles jetées au vent, interrompit froidement Agrippa qui feuilletait un de ses manuscrits, car déjà le condamné pâtit gêne et torture à l'extraordinaire...

— Oh! oh! se récria Caillette en gémissant, les méchants juges!... Madame Diane aura douleur bien poignante, parce qu'elle aime et vénère son honnête et vénérable père.

Tout-à-coup Caillette, par une idée subite qui animait d'un sourire son visage souffrant, fouilla dans ses habits, et en tira un parchemin roulé qu'il froissa dans ses doigts avec une joyeuse exclamation.

— Monsieur de Saint-Vallier étant sauvé, s'écria-t-il, Diana sera bien contente!

Agrippa et Marguerite de Valois le regardaient sans deviner la cause de cette subite gaîté, qu'ils attribuèrent à l'excès du désespoir.

Caillette se jeta hors de la chambre, franchit par bonds les degrés, traversa en courant les préaux, les cours, les galeries de l'hôtel des Tournelles, et s'élança dans la rue.

⁂

Le chancelier Duprat, après avoir tenu conseil jusqu'au jour avec la duchesse d'Angoulême, alla de grand matin au parlement réclamer de par le roi l'exécution de l'arrêt du seigneur de Saint-Vallier.

— Messieurs, dit-il effrontément dans le grand-conseil, Sa Majesté, devant que de partir pour son château de Blois, pria madame sa mère de faire bonne justice des gentilshommes de Charles de Bourbon, ci-devant connétable; ce pourquoi, je vous requiers, tous délais cessant, d'ordonner que Jean de Poitiers, sieur de Saint-Vallier, soit mis à la question et ensuite à mort.

— Monseigneur, répondit le premier président de Selve, aux termes de l'arrêt, ledit de Poitiers doit subir son jugement capital : ains, le roi ayant fait surseoir à l'exécution...

— A cause de la maladie survenue au condamné, tellement que hier mondit sire entra en grosse colère de ce qu'on avait sursis trop longtemps à l'arrêt prononcé, et me somma d'y aller voir auprès de vous, Messieurs.

— La volonté du roi soit faite en tant qu'elle aura droit, conclut M. de Selve; la cour, prenant lesdites semonces en considération, veut que l'arrêt reçoive son effet ce même jour seizième de février.

Ces paroles furent suivies d'un silence d'indignation contre le roi et son chancelier; Duprat retourna triomphant auprès de madame d'Angoulême pour lui apprendre le succès inespéré de cette cruelle démarche.

Vers deux heures du matin, Nicolas Malon, notaire et secrétaire du roi, greffier-criminel, accompagné de Jean Vignoiles, son confrère, l'un des quatre notaires de la cour du parlement, et de plusieurs commissaires et archers de la ville, se transporta dans la prison de M. de Saint-Vallier, qu'il trouva disant ses oraisons à genoux.

Ce vieillard, à peine guéri de l'aliénation mentale qu'une douleur trop vive lui avait causée tout-à-coup, était encore d'une grande faiblesse de corps et d'esprit; il n'avait pas proféré une seule fois le nom de sa fille depuis le jour de leurs adieux, et il donnait tout son temps à des exercices de dévotion contemplative.

Il vit entrer sans aucune émotion le greffier-criminel et sa suite. Maître Malon de Surie, premier huissier du parlement, lui enjoignit de se lever pour entendre son arrêt : il se leva d'un air calme et résigné.

Maître Malon lut à voix haute l'arrêt qui suit :

« Vu par la cour les procès, charges, confessions et affirmations faites par les commis et députés du roi, naguère envoyés en icelle par ledit seigneur, à l'encontre de messire Jean de Poitiers, chevalier de l'Ordre, sieur de Saint-Vallier, prisonnier en la conciergerie du palais, pour raison de plusieurs séditions, conspirations, conjurations et machinations, par lui et autres ses alliés et complices, commis et perpétrés contre le roi et son royaume; et, oui sur ce et interrogé ledit prisonnier en ladite cour; a déclaré et déclare icelui de Poitiers, criminel de lèse-majesté, et comme tel l'a privé et débouté de tous honneurs, dignités, prérogatives et prééminences qu'il a eus du roi; et, pour raison et réparation desdits cas, l'a condamné à être mené des prisons de ladite conciergerie en la place de Grève de cette ville de Paris, et là, sur un échafaud qui pour cet effet sera dressé, avoir la tête tranchée; et déclare ladite cour, tous et un chacuns ses biens acquis et confisqués au roi. Étant retenu in mente curiæ, qu'avant que procéder à l'exécution de ce présent arrêt, ladite cour a ordonné et ordonne ledit Saint-Vallier être mis en torture et question extraordinaire pour savoir par sa bouche la vérité plus ample des autres complices qui étaient à faire ladite conspiration, et pour répondre aux interrogations qui lui seront faites par ladite cour. »

— Amen! s'écria M. de Saint-Vallier, faisant le signe de la croix et continuant une prière.

— Compère, dit bas à maître Malon le premier huissier Surie, ce pauvre gentilhomme me semble plus innocent que ne suis moi-même, et certainement un si bon chrétien n'a pas méfait.

— Ce n'est pas votre affaire, monsieur mon maître, répondit le greffier d'un ton insouciant. Faut que notre charge se fasse; quant à moi, après avoir tenu acte de l'exécution, j'irai souper et mener joyeuse vie chez les commères.

— Ça, répliqua l'huissier, dame Malon est-elle pas revenue au logis?..... Tenez-vous cois, messieurs? ajouta-t-il en se tournant du côté des archers qui riaient entre eux.

— Jean de Poitiers, dit Nicolas Malon, allez être conduit en la chambre de la question.

— Amen! s'écria encore M. de Saint-Vallier, qui se mit en devoir de suivre le greffier-criminel, et se laissa lier les mains. Messieurs, reprit-il avec calme, n'appréhendez nullement que je m'évade : la prison la plus dure est celle de l'âme au corps; c'est au bourreau qu'il appartient de rompre ces liens charnels.

Il tint beaucoup de paroles édifiantes qui émurent les assistants jusqu'aux larmes, excepté maître Malon, enduré par état plutôt que par caractère, et il entra, le visage serein, dans le lieu où allait commencer son martyre.

Le chancelier Duprat avait voulu être présent à l'interrogatoire, sans doute afin d'imposer silence à la pitié des juges, qui devaient à regret constater les tourments d'un vieillard; les présidents de Selve et Leviste, avec dix ou douze conseillers, avaient pris place autour des instruments de torture, et l'attendaient, droits et immobiles comme des statues; car les émotions des magistrats sont toujours intérieures.

Dans cette chambre, qui, semblable à la gehenne peinte dans l'Évangile, n'entendait que des sanglots et ne voyait que des grincements de dents, ce n'étaient que des chevalets, brodequins, coins, roues, tenailles et pinces, tout un appareil effrayant de supplices, dont le moindre était cent fois pire que la mort.

Le chancelier, ayant remercié au nom du roi le parlement de ses bons offices, s'assit, l'air radieux, vis-à-vis d'une porte fermée, qui avait un petit guichet à triples barreaux de fer, entre lesquels deux yeux enflammés luisaient dans l'ombre.

Lorsque M. de Saint-Vallier fut introduit et s'avança, la tête haute, au milieu de l'assemblée, il y eut un profond silence, troublé seulement par une respiration gênée et un frissonnement qui attirèrent les regards du patient vers l'endroit d'où s'élevait ce léger bruit annonçant la présence d'un témoin invisible ; en même temps s'éteignirent les yeux qui flamboyaient derrière le treillis de fer, et M. de Saint-Vallier se prit à sourire avec dédain.

— Jean de Poitiers, lui dit Duprat en fronçant le sourcil, avant qu'être mis à la gêne et question extraordinaire, nommez vos complices, afin que par là obteniez indulgence de Dieu, sinon des hommes?

— Je n'eus onc complice aucun, et suis innocent du tout, reprit fièrement le comte de Saint-Vallier.

— Déclarez, de bonne grâce et sans contrainte, la vérité tout au long, dit le président Leviste continuant l'interrogatoire.

— Je n'ai autre chose à dire que ce que j'ai dit en mes confessions à monsieur le président de Selve, ci-présent; mandez-en la teneur, s'il vous plaît.

— Avez-vous jamais su qu'il fût nouvelle de mettre la main sur la personne du roi et de messieurs les enfants de France?

— Fi! monseigneur de Bourbon était le meilleur sujet du roi notre sire ; d'ailleurs, je m'en rapporte à ce que précédemment j'ai confessé.

— Ledit sieur de Bourbon vous a-t-il pas nommé le nom de six cents hommes de pied, lesquels devaient seconder ladite conspiration?

— J'atteste n'avoir rien de plus à révéler, et en preuve de quoi je vous licence à mon père confesseur de publier le mystère de ma confession ; cessez donc de m'interroger, car j'ai vergogne de crier mon innocence dans le désert.

— Oui-dà, s'écria le chancelier; la gêne a maintes fois délié la langue de plus muets, et il est bon de faire état de votre constance à mentir envers la loi. Or, sus, sus, besognez fort et ferme, maître exécuteur!

Pendant que le bourreau, aidé par ses valets, disposait à coups de

marteau les vis, les ressorts et les clous des chevalets, Braillon, médecin de la Conciergerie, grand, sec, maigre et blême, impassible dans ses fonctions, comme un instrument de torture, s'approcha de M. de Saint-Vallier, qui, tout entier en prières, ne prit pas garde à cette enquête médicale, cruel simulacre d'humanité.

Cependant ce docteur lugubre, dont le ministère était de veiller à ce que la question n'allât pas jusqu'à mettre en danger la vie des condamnés, examina plus attentivement qu'à l'ordinaire le pouls et le visage de la victime.

— Messeigneurs, dit-il timidement, le sieur de Poitiers est débile, fiévreux et inquiet, en suite de sa grosse maladie, tellement qu'il peut rendre l'esprit parmi les angoisses de cette passion.

— Selon l'usage observé en semblable cas, répondit le président de Selve, ordonnons qu'il soit sursis à l'exécution de l'arrêt dudit de Poitiers.

— Par Jupiter! se récria le chancelier, ce serait moquerie aux ordres exprès de Sa Majesté, et telles raisons ne valent rien à cette occasion. Donc, point de retardement, messieurs?

— Monseigneur, reprit le médecin, m'aide Dieu si j'offensai, sans y penser, quelqu'un de céans! Ce que j'en ai dit vous soit un avertissement, car j'assure que pas un de la Faculté de Paris ne dirait autrement, pour ce que le sieur de Poitiers, tout chétif et affecté, eu égard à son vieil âge...

— A demain le demeurant! interrompit le chancelier avec colère; avisez d'abord, monsieur Braillon, à vous guérir vous-même de trop parler. Eh! voyez, messieurs, que ledit de Poitiers, mieux portant que vous n'êtes, n'ose soutenir le mensonge de ce médecin, doux comme duvet d'oison? Vite, vitement, maître exécuteur, jouez du chevalet pour toute musique?

Les valets du bourreau s'emparèrent de M. de Saint-Vallier, qui, sans discontinuer ses oraisons, demeurait passif et indifférent à tout; ses pieds, ses genoux furent mis à nus et rapprochés étroitement l'un de l'autre par des nœuds de cordes redoublés.

Une espèce de rire étouffé partit encore du guichet, où les yeux brillants avaient reparu, et le président de Selve s'agita sur son siège.

— Compère, dit le chancelier à l'exécuteur qui plaçait le premier coin entre les genoux serrés du patient, ne va pas frapper de ta masse dessus le tibia de ce digne gentilhomme?... Ainsi soient châtiés les alliés et complices du ci-devant connétable de Bourbon!

— Silence, et bouche close! cria l'huissier d'après un geste de M. de Saint-Vallier rassemblant toutes les forces de son âme, faites asavoir à monsieur mon gendre, Louis de Brézé, comte de Maulevrier et grand-sénéchal de Normandie, comment et de quel air, moi, vieil et noble seigneur, qui n'ai mérité pareil traitement, subirai la gêne et la torture.

Après cette courte allocution, qui fit rougir le chancelier, moins de remords que d'impatience, l'exécuteur s'arma de son marteau, prêt à enfoncer le coin à travers les chairs déchirées et les os rompus... La porte de la salle fut ouverte avec fracas, et Caillette, les yeux hagards, la bouche béante, les cheveux et les habits en désordre, s'élança d'un bond dans la chambre de la question, en répétant à pleine voix :

— Arrêtez! arrêtez, de par le roi!

— Qui donc a donné entrée à ce fol? dit le chancelier irrité d'un nouveau délai.

— Que veut-on, de par le roi? répliqua le président de Selve; sont-ce lettres missives ou patentes?

— Nenni, repartit Duprat montrant le poing à Caillette, ce n'est rien que le premier fol du roi qui s'en vient divertir le patient de ses douleurs, et lui prêter à rire.

— Monseigneur le président, répondit Caillette en présentant un parchemin à M. de Selve, je requiers remise de l'exécution jusqu'à ce que Sa Majesté soit présente.

— Ne vous souciez de ces balivernes malhonnêtes, interrompit Duprat ailant droit à Caillette, qui ne recula point; ce méchant fol est venu mal-à-propos en si grave séance; je veux qu'il soit, pour son châtiment, fustigé tant que dureront les tortures, et interrogatoire du sieur de Poitiers.

— Messieurs, dit le président de Selve lisant tout haut, voilà ce qui est écrit:

« Moi, le roi François, par la grâce de Dieu, voulons et ordonnons que, ces présentes vues et mon seing reconnu, obéissance soit faite au porteur d'icelles lettres, de même qu'à ma personne royale.
 « FRANÇOIS. »

— Par la morbieu! messieurs, s'écria le chancelier rougissant et pâlissant tour à tour, de vrai, ces choses sont-elles bien écrites? Est-ce pas plutôt faussété manifeste? Cette pancarte serait donc l'œuvre des mauvais esprits?

— Çà, messieurs, je vous en rends caution, ajouta le président de Selve faisant circuler le parchemin : telle est l'écriture, tel le seing du roi.

— A ce point ne m'oppose, répondit le chancelier en examinant aussi le parchemin; l'écriture et le seing sont véritables : Sa Majesté, ne sais quand et pourquoi, écrivit cet ordre que roba furtivement ce fol audacieux, lequel on ferait bien de mener pendre.

— La volonté du roi est expresse et en bonne forme, dit solennellement M. de Selve, en vertu de laquelle je réclame suspension de l'arrêt jusqu'à nouvel informé en cour de parlement.

— Par l'ânesse de Balaam! s'écria Duprat, qui ne se contint plus, ce faux mandement n'étant scellé de cire verte à lacs de soie, comme lettres-patentes, moi, chancelier de France, je proteste à l'encontre de ce qui sera fait d'après la requête de Caillette, foi en titre d'office royal.

— Tête-Dieu! messieurs, reprit vivement Caillette, je vous supplie avoir égard aux pleins pouvoirs que le roi, notre sire, a octroyés à son indigne serviteur, et faire en sorte que l'exécution de l'arrêt de monsieur de Saint-Vallier n'ait lieu devant le retour du roi, mon maître et le vôtre.

— Tête-Dieu! messieurs, continua le chancelier, sur ce je vous admoneste, afin que n'encouriez pas la grosse colère de Sa Majesté; car possible serait qu'ayez à répondre de la fuite du prisonnier et des maux inouïs qui en résulteraient.

— Messeigneurs, continua Caillette faisant disparaître sous ses habits le précieux parchemin que lui rendit M. de Selve, dame Justice obtempère à ces délaiements qui, peut-être, sauveront de mort ce vénérable gentilhomme : le vouloir de Sa Majesté, clair et précis, est exempt de toute controverse. Après ce soing représenté, si vous passez outre, mes bons seigneurs, je vous cite à comparoir pardevant le tribunal du roi et de Dieu.

— « Vu, par les conseillers de parlement, desquels les noms s'ensuivent, un ordre revêtu du seing royal, dit le président de Selve dictant l'acte au greffier-criminel après avoir recueilli les avis des juges, ordonnons qu'il soit sursis à toute exécution contre ledit de Poitiers, lequel sera ramené à sa prison de la Conciergerie, en attendant plus ample connaissance des intentions de notredit sire.»

Un profond soupir s'éleva du fond de la salle quand les conseillers allèrent signer au procès-verbal; le chancelier, dont la fureur était au comble, se rassit sur son siège, avec un tremblement partout le corps, en déchiquetant avec ses dents la fourrure de son mortier.

Caillette, les yeux mouillés de larmes de joie, s'approcha de M. de Saint-Vallier, qui le regardait avec attendrissement; il aida les valets du bourreau à détacher les ligatures qui meurtrissaient les jambes du vieillard.

— Oh! mon cher fils, dit à demi-voix M. de Saint-Vallier pressant dans ses mains celles du jeune homme, as-tu naguère obéi à mes plus empressés désirs? autrement, je te voudrais du mal plutôt que d'avoir fait obstacle à mon trépassement. Ma fille Diane a-t-elle compté pour rien ses grands sermens de retourner en la maison de son mari?... Parle sans feintise, dût pour moi la vérité être pire que la gêne! Diana, depuis que je la vis et la priai de départir, est-elle sans doute à son château d'Anet?

Caillette baissa la tête, et une singulière expression de tristesse, répandue sur tous ses traits, fut une réponse assez intelligible pour le comte de Saint-Vallier.

Mais soudain la petite porte s'ouvrit, et M. de Brézé, le visage plus hideux que jamais, les yeux plus ardents, les lèvres plus livides et le teint plus verdâtre, sortit de sa retraite, où il se préparait à goûter le spectacle des souffrances de son beau-père.

— Triomphez, Caillette, réjouissez-vous, seigneur de Saint-Vallier! dit-il avec un rire infernal! certes, vous n'êtes point en péril de mort, et bien plutôt avez droits acquis à l'amitié du roi!

— Ah! c'est donc vous, monsieur le grand-sénéchal! répondit amèrement le vieux gentilhomme : vous venez mal-à-propos, d'autant que l'affaire de la question est ajournée; ainsi, s'il vous plaît, je n'oublierai de vous faire avertir lorsqu'il en sera temps.

— Nenni, monsieur : madame votre fille, ma très honnête épouse, dont j'enrage, s'est moult employée à vous mériter indulgence plénière, voire à vous gagner récompense, dignités et sommes d'argent, auxquelles je prétends avoir meilleure part!

— Par très haute lignée des Poitiers! qu'entendez-vous par tels propos malséans? est-ce là des calomnies?

— Oui, rappelez à vous l'honneur de vos ancêtres et l'éclat immaculé de votre pennon! c'est bien fait pour déguiser la vilenie de celle qui fut vôtre avant qu'être mienne.

— Qu'est-ce à dire de mon honneur, Louis de Brézé? celui-là est lâche et diffamé qui outrage gens sans défense, soit un vieillard, soit un prisonnier, soit une femme!

— Demandez raison de cet outrage à madame de Brézé, présentement Diana, femme amoureuse et servante des plaisirs galants du roi.

— O seigneur Dieu! je craignais cela seulement, en moins que péché mortel, et trop plus que le pire supplice!... Ah! messeigneurs, accordez-moi cette grâce, que j'aie la tête tranchée tout à l'heure! oui, ne me refusez ce seul et unique contentement! Vite, bourreau, aiguise ta hache! grâce! grâce! à savoir une prompte fin à cet extrême désespoir!

— Méchant, dit Caillette au grand-sénéchal, qu'il fit reculer d'un geste menaçant, damné sois-tu entre les plus pervers démons! Oh

pourquoi ai-je fait vœu de porter vide la gaîne de mon épée ! ce serait meurtre louable et profitable que d'envoyer ton âme noire ardre au plus profond de l'enfer !

— Saint-Vallier, ajouta M. de Brézé savourant sa vengeance avec une atroce opiniâtreté, vois la belle alliance que j'ai faite ! Es-tu pas enorgueilli d'avoir une Lucrèce en ta famille ? O la vertueuse dame, qui, par adultère, rachète son père de l'échafaud ! Moi, l'époux d'icelle, j'ai le cœur quasi touché de cet héroïque abandon ! En quel lieu maintenant est-elle cette Diane folle de son corps ? au château de Blois, ensemble notre bon sire, et bientôt les naquets et petits pages, l'admirant dedans sa litière en bel arroi triomphal, diront entre eux, : O la bonne catin du roi !

— Monsieur, s'écria le président de Selve indigné de cette scandaleuse scène, quel que vous soyez, qui venez en face de la Cour injurier et opprimer ledit de Poitiers, je vous somme de vider les lieux à gré ou à force ; et, si vous fussiez de plus bas état, j'opinerais contre vous à un châtiment exemplaire de cette lâcheté.

— Messieurs, reprit aigrement M. de Brézé, je suis grand-sénéchal de Normandie, et partant j'use de mes prérogatives qui me donnent accès en parlement.

— Nonobstant, répliqua le président, j'ai puissance de vous donner congé, s'il plaît à la Cour, et en ce cas je vous réitère commandement de vous retirer tout d'abord.

— Ainsi fais-je, messieurs, et le roi jugera ce différend à mon avantage. Adieu vous dis, monsieur mon cher beau-père, ajouta-t-il avec une grimace ironique ; je m'en vais complimenter de votre part madame la maîtresse et bague du roi notre sire !

M. de Brézé poussa de violents éclats de rire, et quitta la salle sans daigner saluer l'assemblée, que cet incident acheva de bien disposer en faveur du comte de Saint-Vallier, qui restait pétrifié, sans mouvement, sans voix, sans larmes et sans regard.

Caillette, s'efforçant de prendre un air serein, se rapprocha du vieillard, et lui toucha la main, qui tomba froide et inerte dans la sienne :

— Mon très honoré maître, lui dit-il en hésitant, ne croyez rien de ces vilenies, et, au contraire, réconfortez-vous, réduisant à néant toute fâcheuse pensée. Vous n'avez encore dit adieu à votre illustre château de Pisançon, à votre seigneurie de Saint-Vallier en Dauphiné, à votre fille Diana... Voici venir le roi qui vous recevra dignement à merci !

A ces mots, M. de Saint-Vallier frissonna comme s'il eût senti le froid d'un poignard dans son cœur, il repoussa la main de Caillette, se détourna en gémissant, et s'abîma dans un abattement d'où ne put le tirer aucune parole consolatrice.

— Messeigneurs, dit le médecin Braillon, qui témoignait d'autant plus d'intérêt au condamné que c'était un gentilhomme, son pouls a cessé de battre ainsi que chez un mort, et, malgré ce, à sa peau ardente, on dirait une fièvre intérieure, telle que je n'en ai jamais vu.

— Maître Jean de Surie, interrompit le président de Selve, ledit de Poitiers étant reconduit en sa prison de la Tour-Carrée, mettez bon ordre à ce qu'il n'ait faute de rien, et soit guéri de ce malaise subit ; car l'exécution aura lieu dès qu'il plaira à Sa Majesté.

— Monsieur le président, ajouta le chancelier, qui avait vu avec satisfaction la torture du corps remplacée par celle de l'âme, votre zèle équitable soit estimé comme il vaut, et madame d'Angoulême, plutôt que le roi son fils, vous rendra grâce pour votre grande humanité. Mais je vous prie de faire tenir en chartre privée maître Caillette, put d'office royal, et porteur de ce beau parchemin signé.

— A quel objet, monseigneur ? demanda M. de Selve.

— Vraiment, monsieur, ce joyeux député du roi se doit justifier de sa mission, dont je n'eus connaissance ni avis, j'appréhende qu'il soit de connivence avec le traître Charles de Bourbon.

— A ce, monseigneur, je répondrai qu'il importe ne résoudre rien de léger, et pas un de nous sera si téméraire et imprudent que d'inquiéter le possesseur d'un sauf-conduit baillé par le roi.

— Faites à votre guise, messieurs, et point n'y trouverai à redire maintenant ; mais possible est que l'on vous fasse responsables des suites de cette affaire. Donc, monsieur de Selve, ayez l'œil aux aguets, de peur que votre fol ne s'évade. Vous gard !

Le chancelier, lançant un regard de fureur au président et un regard de mépris à Caillette, leva la séance, alla rejoindre le grand-sénéchal, et tous deux se rendirent à l'hôtel des Tournelles, où la duchesse d'Angoulême attendait impatiemment l'issue de l'exécution.

Cependant M. de Saint-Vallier, persévérant dans son impassibilité, semblait fixé à la même place, malgré les injonctions réitérées de suivre le premier huissier : deux archers l'enlevèrent entre leurs bras pour le réintégrer dans sa prison, sans qu'il donnât d'autre signe de vie qu'une respiration sifflante et entrecoupée.

Les conseillers entourèrent avec inquiétude le président de Selve, et lui demandèrent s'il ne redoutait pas la colère du chancelier ou bien celle du roi :

— Messieurs, répondit M. de Selve, tenez pour assuré que messire Duprat sentira poindre vifs remords qui ne me piqueront mie.

— Monsieur, reprit le président Leviste, le chancelier s'en va moult offensé, et, quoi qu'il advienne de contraire par votre faute je m'en laverai les mains à l'instar du président Pilate.

Le président Leviste, mécontent de se trouver compromis et peut-être exposé à une disgrâce par la conduite intègre de M. de Selve, conféra tout bas avec plusieurs conseillers, aussi bons courtisans que lui, sur les moyens de regagner la faveur du chancelier ; et, d'un commun avis, ils descendirent dans la cour du Palais, où leurs mules étaient rangées contre les montoirs de pierre : ils se placèrent en selle, et se dirigèrent, par le pont Saint-Michel, vers l'hôtel d'Hercule, situé près du couvent des Augustins, et habité par Duprat.

Le président de Selve était resté seul avec Caillette, qui le retint par sa robe.

— Monseigneur, lui dit-il avec l'accent de la prière, Dieu et le roi vous rémunéreront à cause de votre générosité et débonnaireté ; Ainsi, au nom de Dieu et du roi, consentez à ce que je voie et entretienne le prisonnier !

— Pourquoi, mon ami le fol ? répondit le président.

— Afin de lui rapporter nouvelles de sa fille, laquelle est absente de Paris.

— Faut-il dire oui ou nenni ? Vraiment, c'est chose licite qu'un père, si grand criminel fût-il, soit informé des menues affaires de famille. Mais, ce dit-on, tu mènes secrètes intelligences avec monsieur de Bourbon : voudrais-tu pas procurer la fuite dudit Jean de Poitiers ?

— Oh ! non, monseigneur, je vous jure, par les plus sacrés serments, que dirai-je à M. de Saint-Vallier tant seulement ce que lui dit madame sa fille, et je réponds, corps pour corps, vie pour vie, âme pour âme, de votre prisonnier.

— A si grande promesse on ne saurait accorder petite confiance. Va-t-en donc visiter le sieur de Saint-Vallier, et recorde-toi, au profit de ton salut éternel, que le plus ord métier est celui de vendeur d'amours, le roi notre sire en fût-il le chaland.

Ce honteux soupçon fit ruisseler deux larmes le long des joues pâles de Caillette, qui, pour cacher son trouble, s'inclina en feignant de baiser le bas de la robe du président ; l'huissier Jean de Surie fut chargé de l'accompagner et de l'attendre à la porte de la prison, pendant quelques moments que devait durer sa visite. Caillette quitta M. de Selve avec une reconnaissance trop profondément sentie pour que des paroles pussent l'exprimer.

Quand il entra dans la seconde chambre de la Tour-Carrée, où le seigneur de Saint-Vallier venait d'être conduit provisoirement, il aperçut, devant la fenêtre ouverte, un vieillard à cheveux blancs, debout et immobile, qu'il envisagea en poussant un cri de surprise.

L'huissier accourut à ce cri, et ne fut pas moins stupéfait de voir que la couleur des cheveux du prisonnier avait changé tout-à-coup, devenant blanche, de noire qu'elle était. Ce phénomène, causé par la subite impression d'un violent chagrin, effraya tellement l'huissier, qu'il sortit pour aller chercher des témoins.

Caillette considéra un moment en silence cette tête blanchie en un jour, ces yeux fixes et morts, cette bouche entr'ouverte et tous les ravages de la douleur, plus apparents que ceux de la vieillesse ; puis il vint se placer à côté de cet infortuné dans l'embrasure de la fenêtre, d'où l'on découvrait le cours de la Seine, roulant ses eaux jaunes, grossies par la fonte des neiges.

M. de Saint-Vallier paraissait ne rien voir et ne rien entendre ; il ne témoigna, par aucun mouvement, par aucun signe, qu'il eût remarqué la présence de Caillette.

— Monseigneur, dit celui-ci en présentant au prisonnier l'ordre revêtu du seing royal, Sa Majesté reviendra-ce sans quand, et monsieur le chancelier, ce pendant, doit, pour complaire à madame d'Angoulême, requérir de toute sorte l'exécution de votre inique arrêt. Comme messieurs du parlement ne sont pas tous gens probes et sincères, tels que le président de Selve, j'ai doutance que de nouveau soyez livré à la torture ou à la mort. Donc, tandis que je ferai diligence pour joindre le roi et lui annoncer votre péril imminent, tenez cette bienheureuse pancarte, laquelle vous sauva séjourd'hui même, et avisez à en faire le meilleur usage, au besoin.

M. de Saint-Vallier ne reprit pas, reçut le parchemin, le déplia sans y arrêter un coup d'œil, étendit la main hors de la fenêtre, et le jeta au vent qui soufflait : la feuille de vélin voltigea dans les airs, s'éleva en tournoyant, et, chassée en sens contraire, tomba dans la Seine, flotta d'abord, et disparut entraînée par le courant.

— Dieu ! qu'avez-vous fait, malheureux ! s'écria Caillette au désespoir ; Diana, tout est perdu, et je n'y peux-mais !

Il sortit précipitamment de la prison, franchit à grands pas escaliers, salles, cours, galeries, sans savoir où il allait.

Un archer de la garde du roi, nommé François Gesse, l'arrêta au passage. Cet archer était attaché par intérêt à Caillette, qui l'employait souvent à son service particulier et le payait généreusement.

— Messire, lui dit François Gesse tout en émoi, voici que monseigneur le chancelier envoie des gens pour vous prendre ; toute issue du palais étant gardée, on vous va reconnaître à la sortie ; donc couvrez-vous de ma cape, et pourrez ainsi échapper.

— Dieu et ses saints te bénissent ! répondit Caillette, qui accepta

cette proposition, et parvint, sous les habits de l'archer, à passer, sain et sauf au milieu des soldats.

Il allait au logis de maître Malon, lorsqu'il rencontra celui-ci revenant du Palais sur sa mule.

— Par la vigne! lui cria maître Malon, viens-tu pas, petit, redemander encore ta damoiselle d'amour, qui s'est enfuie de nuit avec ma femme, dont j'ai joie au cœur?...

— A bas! reprit Caillette : les archers viennent par mes brisées, et faut sauver deux têtes à force de courre!

Il renversa par terre le greffier-criminel, sans lui donner le temps de descendre à l'aide de l'étrier; puis, il sauta sur la mule et la lança au galop, en lui pressant les flancs, à défaut d'éperons. Il ne ralentit pas sa monture quand il se vit hors de Paris sur la route d'Orléans.

———◦◦◦———

Caillette fit bonne diligence, excitant des pieds, des mains et de la voix la nonchalance de sa monture, qui, accoutumée seulement à porter tous les jours le greffier au Palais, n'avait jamais parcouru si longue traite. Il dompta en habile écuyer l'humeur rétive de la mule, et la maintint toujours au grand trot. Il faillit pourtant rester en chemin, et plusieurs fois le découragement s'empara de lui lorsqu'il voyait l'animal, couvert de sueur et soufflant des naseaux, prêt à succomber de fatigue.

En passant par Orléans, il s'arrêta, sans mettre pied à terre, pour demander si l'on n'avait pas aperçu la litière du roi, et l'hôtelier qu'il interrogeait, le traitant de *Monsieur l'archer du roi*, lui raconta que Sa Majesté devait être arrivée depuis midi au château de Blois.

— Oh bien ! s'écria Caillette, ne doutant plus de la route que François 1er avait suivie : adonc, vais-je le joindre bientôt, et sans vider l'arçon d'ici-là !

Il eut beaucoup de peine à mettre la mule au galop, et il arriva vers trois heures du matin aux portes du château de Blois.

La mule, épuisée par sa course de quinze heures, s'abattit sous lui, se releva deux fois à demi, et retomba sur l'extrême bord du fossé profond dont les eaux vertes réfléchissaient les rayons de la lune.

Caillette se dégagea lestement des étriers, et s'approchant de la porte principale, hucha en paume.

— Qui vive! cria la sentinelle de garde.

— Caillette, premier fol du roi, répondit-il en hésitant.

Quelques instants s'écoulèrent avant que l'on eût averti le capitaine et le gouverneur ; puis, le pont-levis s'abaissa, et Caillette, se précipitant dans la première cour, rencontra le gouverneur, le sire de Champhoet, vieil original de noblesse bretonne, qui citait à tous propos les vers des poètes contemporains, et choisissait surtout ses citations dans les équivoques de Guillaume Crétin et les épigrammes de Clément Marot.

— Quelles nouvelles de Paris, fol pindarique et homérique? dit-il à Caillette, qu'il estimait fort à cause de sa facilité à rimer.

Or çà, vous avez vu le roi?

— Ventrebœuf! reprit Caillette s'efforçant d'aller en avant : menez-moi tôt devers Sa Majesté, et l'éveillez vitement.

— Vrai, compère, saurait-on dire de vous tout ainsi que Clément dit de Jouan, fol de Madame?

Tu fus Jouan sans avoir femme,
Et fol jusqu'à la haute-gamme.

— Le roi, vous dis-je! le cas est urgent : pensez que le salut d'une noble tête s'en va dépendre de ces retards. Faut qu'à cette heure je parle au roi!

— Au roi, mon fils en poésie :

Roi des Francoys, François, premier du nom,
Dont les vertus passent le grand renom...

Mais ce roi, tant célébré par la verve marotique, est départi de Blois depuis qu'il y séjourna, ensemble sa mie madame de Châteaubriand.

— De par Dieu! monsieur de Champhoet, si le roi n'est point céans, où donc est-il?

— Il est quelque part assurément; mais

Celui qui ne vise à la voie
Par où il va, fault et s'abuse.

Sur mon âme ! point ne sais-je où vint le roi.

— Dieu ! grand Dieu ! en quel endroit aller ? où rencontrer le roi? où Diane! le cœur m'en fend! ô mon pauvre seigneur de Saint-Vallier!

— O mon pauvre fol ! dirais-je plus justement ; car selon Crétin :

Entendement s'enfuit, ne sais quand reviendra.

— Non, ce serait lâcheté et trahison que laisser faire au bourreau !

Baillez-moi quelque cheval, M. de Champhoet ; le plus vite, le plus gaillard et le plus raide à courir !

— Certainement ; es-tu pas venu de Paris à belles jambes ! Or, je dirai comme maître Guillaume l'équivoqueur...

— Pour Dieu et de par le roi ! un cheval, et le meilleur de vos étables !

— Il n'y a au château que le bon grison de Vuyart, secrétaire de M. de Guise, ce vieil et illustre Hédart, duquel maître Clément fit par avance l'épitaphe, où est dit :

La vite virade
Pompante pennade,
La saut soulevant,
La roide ruade,
Prompte petarrade
Je mis en avant.

Caillette n'était pas dans une situation d'esprit assez calme pour écouter cet écho vivant des poésies de Marot et de Crétin ; il courut à l'écurie, sella et brida lui-même le docile Hédart, pendant que le sire de Champhoet lui récitait tout au long l'épitaphe de ce cheval, et, s'élançant dessus, il franchit au galop le pont-levis, sans dire adieu au gouverneur, qui lui adressait l'épigramme faite par Marot *sur quelques mauvaises manières de parler.*

Colin s'en allit au Landit,
Où n'achetit ni ne vendit,
Mais seulement, à ce qu'on dit,
Daubbit une jument noire....

Caillette, se voyant si bien monté, reprit courage et se remit au hasard à la poursuite de François 1er : en présence du péril qui menaçait les jours du père de Diane, livré sans défense à la merci du chancelier Duprat, il n'avait pas le temps de réfléchir sur ses propres chagrins.

Or, pendant cette même nuit, une maison de la petite ville de Cléry, près d'Orléans, était confidente d'un étrange mystère d'amour.

Cette maison, où jadis Louis XI se retirait au mois d'août pour faire ses dévotions à Notre-Dame de Cléry, appartenait au domaine royal, et n'avait pas été habitée par un roi de France depuis plus de quarante ans ; mais cette nuit-là, dans une vaste chambre, jonchée d'herbe fraîche en guise de tapis, et seulement éclairée par la lune jetant comme un regard indiscret sous les rideaux de la profonde alcôve, s'élevait un bruit formé de soupirs amoureux, de tendres murmures et de douces paroles interrompues par des baisers.

— Oh ! ma chère mie, disait une voix émue de plaisir, je suis véritablement tout moi, l'autre n'était que fort austère goûter. Je rends belles actions de grâce à M. de Brézé, vous ce qu'il m'a précieusement gardé le doux fruit dont le désir me poignait si fort !

— Sire ! François ! répondait une autre voix plus langoureuse : n'en dites rien à quiconque, et tâchez, sur toutes choses, que Caillette n'en ait la nouvelle.

— Diana, tant bien aimée, est-ce le cas de pendre ta pensée au souvenir de ce fol malotru ? Oh ! plutôt, repense à part toi aux voluptés qu'as trouvées en ce paradis de jouissance, et maudis le très impuissant de Brézé, cet eunuque digne de servir les dames des Turcs.

— François, ne répétez ces menues gentillesses, je vous prie, de peur d'accroître mon regret et souci d'avoir péché. Vergogne m'empêchera d'aller en cour à visage découvert !

— Ayez, au contraire, belle assurance, ma fille, car en cour, plus qu'ailleurs, filles pucelles sont rares ; combien davantage pucelles épousées !

— Sire, pour allégement à ma honte, jurez que monseigneur mon père sera prochainement recous et libéré ?

— Foi de gentilhomme ! si je jure à vous, Diana, qui fûtes pucelle.

Ce n'était pas la chambre nuptiale, mais l'amour consola Diane de la première nuit des noces dix années après son mariage.

Le lendemain, dès le grand jour, François 1er se promenait, seul et soucieux, sur la pelouse du jardin, encore blanche des frimas de la nuit.

— Hélas ! pensait-il en lui-même, bientôt me faudra plus chèrement payer si chère liesse ! O parjureur amour ! de deux parts, et contrairement, suis-je tenu d'honorer ma foi de gentilhomme ! Est-ce à Diana, ou bien à cet impuissant de Brézé, qu'il convient mentir en faussant l'un ou l'autre serment ? dois-je, ou non, exécuter l'arrêt de monsieur de Poitiers? En tous cas, que résoudre ?

Triboulet, accourant vers le roi, et, souriant d'un air d'intelligence, fut surpris de se recevoir qu'un accueil glacé.

— Vrai bœuf et sacrée vache ! s'écria-t-il familièrement, avez-vous mal joué votre personnage en cette gentille farce? Êtes-vous, sire, vergogneux ou fâché de vos faits? cette galante affaire a-t-elle pas réussi? On cuiderait, à votre abord dépité et renfrogné, que le jeu ne vous a plu !

— Dieu me pardoint! Triboulet, reprit tristement le roi, la plus inespérée chance qui soit au temple de Cupido a fait, pour moi, cette bienheureuse nuit, et au lieu d'une dame qu'espérais posséder en

amoureuse merci, j'ai trouvé une friande pucelle que son épousé n'avait couchée du bout du doigt depuis dix années.
— Oh! la plaisante raison qu'avez à vous douloir et contrister! Par ma pantoufle! sire, c'est gripper la pie au nid, et si gentil oiseau est prêt à s'envoler sitôt qu'il a plume aux ailes.
— Cette merveilleuse chance est venue bien à point pour accroître mon amour; mais, à cause de ce, je suis travaillé d'un ennui moult infernal et auquel le meilleur remède ne vaut rien.
— Ça, mon cousin, j'ai des recettes de toutes façons en la gibecière de ma mémoire; tenez-moi pour votre médecin, et renié soit Dieu comme ma science, en cas que je ne vous guérisse mieux que les plus belles reliques, à savoir Saint-Gréal, dents de sainte Apolline, lait de la sainte Vierge, et chef de saint Jean-Baptiste.
— Fusses-tu aussi docte médecin qu'Agrippa, encore n'y saurais-tu que faire! Amour, qui est puissant magicien, ne peut m'ôter de peine.
— Ayez foi en ma pharmacopée, qui est toute de bon conseil et prononce oracles de sagesse brodés de folie.
— Foi de gentilhomme! mon très amé Triboulet, si, tirant l'or du fumier, à l'exemple du coq d'Esopus, tu forgeais un ton invention quelque beau et honnête moyen d'apaiser cette noise et dissiper aucuns fâcheux nuages qui sont au ciel de ma félicité, je te baillerais en don le titre de comte, avec argent pour acheter un fief à grelots.
— Gardez en réserve duchés, comtés, baronies et marquisats, car Triboulet se souverain seigneur de tous ceux qui moque; ajoutez plutôt en fine monnaie ce que pèse un comte, et n'aurai point regret à mes honneurs. Or dites quel mal vous tient, et où il vous démange?
— Saurais-tu pas expédient quelconque de rompre un serment?
— Non pas un, mais cent! Quel serment?
— Ce n'est médiocre serment que ma foi de gentilhomme! Je prétends m'excuser de tout reproche, et maintenir la lettre de ma parole.
— Contez-moi votre cas, et le demeurant m'appartient.
— J'ai promis solennellement à monsieur de Brézé l'exécution à mort du sieur de Saint-Vallier...
— Sans doute vous avez remords de cette promesse solennelle, et possible jurâtes-vous le contraire à madame Diane?
— J'ai petite souvenance de ce; mais, vrai, la chose serait inouïe de mettre à mort le père de ma mie, d'autant que j'ai ferme assurance qu'il ne fut point coupable, comme sa fille me l'a déclaré.
— Par avance, j'y pensais, sire; et ce n'est d'aujourd'hui que j'ai découvert quel expédient employer pour vider votre serment sans que madame Diane vous rancune...
— Eh quoi! mon cher fils, tu sauverais ma foi de gentilhomme, et accommoderais cela ensuivant les désirs de Diana? Viens, que je t'accole de grand' aise!
— Il vous souvient que je fus témoin de ce vœu fait et parfait devant le crucifix, présents monseigneur le chancelier, monsieur le grand sénéchal de Normandie et ma très honorée dame d'Angoulême; donc, je vous puis rappeler en quels termes fut ledit vœu : « Moi, le roi, avez-vous dit alors, *je jure que le fourbe et menteur de Saint-Vallier verra tôt la place de Grève.* »
— M'aide Dieu! es-tu bien certain que mon vœu fut ainsi?
— Faites-en juges les témoins de ce, et tous déclareront que vous avez une honnête issue pour échapper à votre serment.
— En effet, voici qu'il me revient à l'esprit, que j'ai entendu faire voir seulement la place de Grève au sieur de Saint-Vallier pour l'exemplaire et terreur des traîtres, mais je n'ai point résolu y faire mourir le vénérable vieillard, qui est père de Diana.
— Dame mémoire, que j'adore comme patronne mienne, vous a galamment tiré d'embarras, et le sieur de Saint-Vallier ne rendra pas l'âme pour une promenade en Grève.
— Ainsi, mon petit conseiller, ma foi de gentilhomme sera-t-elle par là dûment dégagée et pure comme devant?
— En vérité, sire, scrupules auraient tort après ce très fidèle accomplissement de votre parole royale, puisqu'il fut dit mot à mot que monsieur de Saint-Vallier verrait la place de Grève.
— Oui-dà, je te remercie de m'affermir en tel pensement. Cependant, les langards, médisants et moqueurs n'auront-ils pas matière à diffamer mon honneur?
— Vos seigneurs et gentilshommes, sire, combattront à toutes armes et contre tous, afin de prouver la loyauté de vos dits comme de vos gestes. En outre, n'avez-vous point quelque terrible loi contre les calomniateurs, qui sont les premiers ennemis des rois?
— Foi de gentilhomme! quiconque oserait accuser ma bonne renommée et interpréter à parjure l'exécution de mon serment, je le recevrais à combat singulier pour le plaisir des dames! Donc, à moi, ma bonne épée de Marignan!
— Ensuite, messire de Saint-Vallier ayant vu la place de Grève, ensemble l'échafaud dressé à cet objet, votre vœu sera dignement accompli, et vous rentrez en possession de vos droits de pardonner. Est-ce point agir bel et bien, sans faire préjudice à votre honneur en ce monde ni à votre salut en l'autre?
— Quant à l'affaire de mon salut, je requerrai de mon confesseur une grosse absolution. Eh bien! faut retourner à Paris, et montrer à un chacun comme quoi vont de bon accord justice et clémence. Maintenant et à toujours ma foi de gentilhomme!
— O le grand roi que vous faites, sire! Remémorez-vous, de retour à Paris, que cette fine manière d'évader un parjure vous fut enseignée par moi?
— Oui, diligent Triboulet, je te vais bailler cédule pour être payé des mains de notre trésorier-secrétaire Florimond Robertet, et pardessus ce guerdon en monnaie sonnante je t'accorde ce qu'il te plaira demander.
— Par ma barbe encore à poindre! je n'envie plus rien, sinon d'être créé premier fol en titre d'office.
— Fi! méchant, souhaites-tu pas la mort de ton frère et ami Caillette? à Dieu ne plaise !
Le galop d'un cheval, qu'on entendait au loin, s'approcha rapidement, et s'arrêta devant la porte cintrée de la maison; aussitôt le heurtoir retentit à coups redoublés.
— Qui vient céans si matin? demanda Diane inquiète à François 1er, qui, satisfait du conseil de son fou, était revenu s'asseoir, souriant et plus amoureux, au chevet de sa maîtresse.
On ouvrit enfin au bruyant nouveau-venu, et Triboulet frémit de rage en reconnaissant Caillette sous les habits d'un archer de la garde du roi. Il courut à sa rencontre, et le retint dans le vestibule.
— Sang de cabre! lui dit-il avec aigreur, vous êtes hors du droit chemin, compère, et cuidez entrer céans à l'auberge plus aisément qu'un élu au Paradis?
— Le roi! cria Caillette. Ne me retardez point, de par Dieu!
— Par l'ombre de mon bonnet! est-ce ici hôtel royal? ou, plutôt, Sa Majesté n'a besoin de votre mélancolique folie pour tempérer sa joyeuse humeur.
— Ma fi! ce n'est l'instant de baliverner! faut' que j'avertisse mondit roi; le Temps, avec ses ailes, passe en vitesse le plus léger coursier, et la route est longue jusqu'à Paris!
— Allez, venez, demeurez, partez, comme il vous plaira, pourvu que ce soit hors de céans, mon frère, et Notre-Dame de Cléry vous rende la visière plus nette!
— Le roi! dis-je, misérable fol! Ai-je fait telle hâte, je vous avis, pour ouïr équivoques et sots discours? Il importe à la vie d'un bon gentilhomme que je voie le roi : donc, arrière, commandi bien!
Caillette, malgré les cris et les efforts de Triboulet, passa outre, monta les degrés, et se précipita dans une chambre où il entendait la voix de François 1er.
— Sire! s'écria-t-il, sire!
Mais il ne put achever, et resta stupéfait, les yeux attachés sur Diane, qui, à cette apparition inattendue, avait rougi de honte et détourné la tête.
Le roi ne fut pas moins surpris de l'arrivée de cet importun, et, rouge aussi de colère, il se leva de son siège, en intimant, d'un geste, à Caillette l'ordre de sortir, sans quoi celui-ci fit mine d'obéir.
— Foi de gentilhomme! dit le roi, ce fol de malheur m'incitera toujours à pécher mortellement par colère ou blasphème.
— Sire, répondit Caillette d'un air froid et une voix calme, je vous viens annoncer que, si vous faites cas de la vie du seigneur de Saint-Vallier, il convient le protéger contre les complots de votre chancelier.
— Qu'est-ce? interrompit Diane, chez qui la confusion céda tout d'abord à la tendresse filiale : Caillette, mon ami , qu'advint-il de monsieur mon pauvre père?
— Sur mon âme! reprit François 1er, qui s'efforçait de cacher son trouble afin de ne pas augmenter celui de Diane, pourquoi cette peur panique? monsieur de Saint-Vallier est-il de nouveau malade? en ce cas, mon chancelier n'est le médecin qu'il lui faut.
— O mon bon sire! ajouta Diane en joignant les mains, votre absence a mal profité à ce noble vieillard, et ses ennemis n'attendaient que cette occasion. Dis mon Caillette?
— Sire, continua Caillette, hier, votre chancelier ordonna l'exécution de l'arrêt rendu contre monseigneur de Saint-Vallier...
— François! François! s'écria Diane toute en pleurs: ainsi, vous m'avez abusée! ainsi, mon père est défunt! O mauvaise foi et parjure insigne!
— Diana! cesse de jeter ces larmes, qui me sont plus précieuses que les pierreries de ma couronne. Tu mens, Caillette : monsieur de Saint-Vallier ne fut point exécuté; autrement, je ruinerais le parlement, égorgerais les conseillers et gens de justice, exilerais madame ma mère, et crucifierais mon chancelier.
— Cela ne saurait ressusciter mon père, si tant est qu'il soit mort! dit-elle douloureusement.
— Sans le seing du roi, que j'avais d'aventure, reprit Caillette, hier, monseigneur de Saint-Vallier eût été mis à la gêne, selon l'arrêt, et ensuite supplicié! Aucun mal ne lui advint, si ce n'est que l'effroi dont il fut saisi à la vue des apprêts de la torture blanchit son poil subitement, et fit de lui un vieillard chenu.
— O sire! se récria Diane en joignant les mains : ils le tueront

out-à-l'heure, si point ne faites empêchement à leur cruelle soif de son sang !

— C'est pour cet objet que j'arrive en diligence, repartit Caillette, car possible est que monsieur Duprat, pour triompher des refus du bon président de Selve, ordonne au nom de Votre Majesté l'exécution de l'arrêt que savez.

— Il n'osera ! dit François 1er avec des signes de dépit qui ne feraient point la bouche à Caillette ; aussi bien, ce soir je coucherai en mon hôtel des Tournelles.

— Oui-dà ! sire, suffit-il pas de cette journée pour trancher une tête sur un échafaud ?

— Sire, s'écria Diane, en ce péril, urgent, renvoyez Caillette d'où il vient, avec ordre signé et scellé en bonne forme, pour qu'on n'attente point à la personne du seigneur de Saint-Vallier !

— Mieux vaudrait patienter jusqu'à tantôt, ma mie, dit le roi penché nonchalamment vers elle ; car il m'en coûterait trop de vous quitter un seul instant.

— Sire, sire ! interrompit Caillette se jetant aux pieds du roi, quels seront vos regrets et désespoir, si vous n'octroyez grâce et rémission u'à un cadavre inanimé, à un tronc sans chef ! Le cas est très pressant, et voire j'appréhende, hélas ! qu'il ne soit plus temps quand je reviendrai à Paris !

— François ! sire ! s'écria Diane avec entraînement : voyez et entendez ce digne serviteur ; voyez et entendez votre indigne servante : sauvez le pauvre monsieur de Saint-Vallier !

— Madame adorée, répondit le roi en souriant, ne vous ébahissez s'il m'ennuie tant de m'en aller d'ici ? Or sus, foi élégiaque, vous a quérir Robertet avec sa cire et ses sceaux ; salue d'abord cette belle dame, en lui disant de se réconforter, et m'accompagne où ille veut qu'il aille.

Caillette, dont les yeux roulaient de grosses larmes, se releva, regarda Diane, qui ne put soutenir ce regard de reproche, s'inclina respectueusement, et suivit le roi, qui fit dresser par son secrétaire l'état les lettres missives et patentes que Caillette était venu chercher de si loin et avec tant de hâte.

Le secrétaire, Florimond Robertet, qui avait occupé ce même emploi sous Charles VIII et Louis XII, excellait à se faire aimer du roi régnant, quoique son empressement fût souvent importun. La présence de son maître lui était aussi nécessaire que l'air et la lumière ; se croyait en disgrâce lorsqu'il se trouvait loin d'auprès de François 1er, et le mois entier que Diane habita la tour de Dédalus avait été un véritable exil pour lui.

La nuit de l'enlèvement de madame de Brézé, comme il errait toujours en quête de nouvelles, il apprit que l'on préparait les équipages du roi ; aussitôt il monta sur son cheval frison et alla escorter la coche jusqu'à Cléry. François 1er et Diane s'égayèrent aux dépens de la ténacité du vieux courtisan, mais ne lui firent pas plus mauvais visage. Florimond Robertet se réjouissait de composer à lui seul la maison du roi, qui n'avait emmené que Triboulet et quelques domestiques dans ce voyage.

— Eh ! oh ! dit-il posant ses besicles sur son nez rubicond, sire, j'avais idée que mon service vous serait utile certainement ; d'où je conclus que le prince ne saurait s'éloigner de son secrétaire, plus que le corps de son ombre. Ainsi pensaient les défunts rois messeigneurs Charles huitième et Louis douzième.

— Déclarez en ces lettres, dit le roi éclatant de rire, qu'avons octroyé cette rémission à la requête de notre cher et féal cousin, conseiller et chambellan, Louis de Brézé, comte de Maulevrier...

— Sire, pour Dieu ! interrompit Caillette arrêtant le bras du secrétaire, ne moquez pas en si grave alternative de vie ou de mort !

— Foi de gentilhomme ! monsieur, quel de nous deux est le fol moquant et raillant ? Maître Florimond, ajoutez : *A la requête aussi des parents et amis charnels dudit sieur de Poitiers*.

— Il ne faut ranger les deux lettres sous la même date, sire, lui fit observer Robertet, afin qu'on n'en puisse douter du cas fortuit qui point la rémission à la surséance.

— Donc, mon père, souscrivez ainsi la lettre de rémission : *Donné à Blois, au mois de février* ; de cette sorte, les envieux ne sauront le jour, et pour que ladite lettre-patente semble faite de longue-main, finissez la lettre missive ainsi : *Donné à Cléry, le vingtième de février*. Voilà de quoi mettre en défaut les mieux avisés !

— C'est prudence, je vous loue, sire dit tristement Caillette ; mais à quelle fin cette amère et poignante satire de monsieur de Brézé ?

— La commutation de peine ? demanda Florimond Robertet.

— La même qu'aux criminels de lèse-majesté, répondit le roi sans hésiter, à savoir : la prison perpétuelle en la formule ordinaire.

— La prison perpétuelle ; cela ne saurait être, et votre clémence est moult semblable à votre plus âpre sévérité ! Madame de Brézé vous conjure par ma bouche faire rémission plénière !

— Dépêchez, mon juré, car on m'attend, reprit François 1er jouant avec les sceaux. O la ridicule mascarade ! Caillette, qui donc a mué mon premier fol en archer de ma garde ?

T. I.

Caillette ne répondit que par un mouvement d'impatience, et en se frappant le front avec la main.

Les lettres missives et patentes, expédiées, signées et scellées de cire verte, furent confiées à Caillette, qui alla saluer le roi en prononcer une seule parole, s'élança hors de la chambre, sortit de la maison, et s'empressa de remonter à cheval.

En même temps une douce voix venue d'en haut le fit tressaillir d'aise et de douleur :

— Caillette, mon ami d'amitié, lui disait-on, piquez des deux à crever votre monture ! peut-être la vie sauve de monseigneur de Saint-Vallier dépend de votre diligence ! allez et n'arrêtez pas !...

Malgré tout, tenez-moi à toujours pour votre sœur d'alliance.

Caillette, levant ses yeux humides vers Diane, qui lui parlait de la fenêtre, posa une main sur son cœur, montra de l'autre un signe d'adieu éternel, et partit comme une flèche, non sans retourner plus d'une fois la tête, même après avoir perdu de vue les combles de la maison où il laissait la fille du comte de Saint-Vallier.

———

Le président Leviste et les conseillers se rendirent aux désirs du chancelier sans autre résistance que celle qui était indispensable pour donner du prix à leur consentement, et Duprat ne se fit pas faute de les payer en promesses. Quant au président de Selve, il aurait rougi de faire cause commune avec eux, et les menaces échouèrent ainsi que les prières devant son inébranlable équité : il protesta hautement contre tout ce qu'on entreprendrait sans un nouvel ordre du roi, et plaida en vain la cause du comte de Saint-Vallier, sans ramener à son aide les opinions contraires dictées par une honteuse complaisance de courtisan.

Madame d'Angoulême avait à cœur d'affliger le connétable de Bourbon au milieu de ses victoires par le supplice de son parent et son ami ; M. de Brézé tremblait que sa vengeance ne lui échappât, cette unique consolation de l'infidélité de sa femme, devenue maîtresse du chancelier, prenant fait et cause pour tous ceux qui avaient montré tant de zèle à faire exécuter l'arrêt, que son orgueil eût trop souffert d'une éclatante déconvenue. Il faisait d'ailleurs chercher Caillette dans Paris, au moyen de l'arrestation de ce bouffon insolent, il se flattait d'avoir ainsi en son pouvoir le sauf-conduit royal qui avait pu seul mettre obstacle à la mort de Jean de Poitiers.

Le reste du jour se passa donc en procédures pour et contre ; enfin on décida que le condamné, trop faible et trop souffrant pour subir la question extraordinaire, serait conduit directement à l'échafaud le lendemain mercredi 17 février.

Dès le matin de ce jour-là, les crieurs publics parcouraient les rues et les carrefours, en proclamant à son de trompe l'arrêt du parlement, et appelant les bonnes gens de Paris à l'exécution qui devait avoir lieu en place de Grève, à quatre heures de relevée.

Dans chaque quartier, les petits enfants se rassemblaient autour du héraut qui faisait ce *cri*, écoutaient de toutes leurs oreilles, et après son départ, tout pleins de l'arrêt qu'ils avaient entendu avec admiration, ils jouaient entre eux à *l'Archer tru*, au *Juge qui jugé mort*, à *Monte, monte l'échelotte*, et à d'autres jeux du temps, espèces de pantomimes et de scènes dans lesquelles on faisait paraître le juge, le geôlier, le condamné et le bourreau.

Vers midi, le greffier-criminel Malon, accompagné, comme la veille, du notaire Jean Vignolles, de commissaires et d'archers de la ville, se transporta dans la prison de M. de Saint-Vallier, malade d'une fièvre singulière qui avait entièrement blanchi ses cheveux dans l'espace de douze heures, et qui agitait encore tous ses membres d'un tremblement convulsif.

Maître Malon l'admonesta de dire la vérité, et de nommer ses alliés et complices ; mais il n'en obtint pour réponse que des regards fixes et muets.

Enfin, le vieillard répéta d'une voix lugubre qu'il n'avait rien fait pour mériter les cruels traitements qu'il éprouvait depuis plusieurs mois, et demanda seulement que ses dernières volontés. Maître Malon lui offrit de les mettre par écrit. Le comte de Saint-Vallier dicta, en effet, un codicille dans lequel il suppliait la clémence royale d'accorder certaines sommes à ses domestiques sur ses biens confisqués ; puis tout-à-coup son visage se contracta douloureusement :

— Voici le plus clair de mon héritage, ajouta-t-il avec amertume : je baille en simple et entière donation à M. de Brézé, grand-sénéchal de Normandie, deux mille livres de remords, marqués au coin de Satan, et le paradis après son trépassement, s'il fait dire des messes au profit de mon âme.

— Ce sont paroles d'ivrogne, interrompit le greffier, et ne puis coucher telles drôleries dessus le papier.

— Continuez, compère, c'est la liste plus longue aussi que celle de mes péchés. Je lègue à ma très chaste fille Diane, dame de Brézé, Maulevrier, Anet et autres lieux, ma vieille tête chenue de déplaisir, et mon sang rouge de vergogne...

20

— Votre entendement est perturbé, de vouloir que j'écrive ces diffamations ! trève !

Maître Braillon entra pour visiter M. de Saint-Vallier, dont la patience ne fut pas poussée à bout par le froid et minutieux examen médical que ce *physicien* lui fit subir, par amour de la science plutôt que par humanité.

— Est-il point de remise à l'exécution ? demanda Braillon avec intérêt.

— Messieurs de la Cour ne recevront aucune excuse, répondit le greffier-criminel, et le supplice est crié par les rues ; un chacun est prêt à faire son devoir, sinon le sieur de Saint-Vallier, à qui est octroyée une heure de répit pour se mettre en état de grâce devant Dieu.

— Vraiment, par la Faculté de Montpellier ! la médecine perd moult à cette prompte exécution, d'autant que la merveilleuse fièvre qui tient le prisonnier, valait bien d'être étudiée.

Malon invita une seconde fois le comte de Saint-Vallier à se préparer à la mort, et descendit gaiment à la buvette pour attendre vis-à-vis d'un pot de vin d'Orléans que le condamné eût été confessé par un moine qu'on appela du couvent voisin.

Une heure après environ, le greffier remonta avec sa suite à la prison de la Tour-Carrée, et trouva le vieillard dans la même posture où il l'avait laissé, droit et adossé contre le mur, les mains pendantes et la physionomie inanimée.

— Jean de Poitiers, lui dit-il, voici qu'en suprême lieu je vous requiers, au somme de dire vérité, et si vous ne savez autre chose que ce qu'avez précédemment déclaré ! Bientôt, monseigneur Jésus-Christ, au tribunal de Dieu le père, vous fera nouvel interrogatoire.

— A ce répondrai, comme j'ai précédemment répondu, à savoir que je donne congé à mon confesseur de publier ma confession.

— Sans plus de délaiement, messieurs, procédons ensuivant les termes de l'arrêt.

Alors M. de Saint-Vallier, les mains liées et la tête nue, fut mené sur le perron des grands degrés du Palais, et là, en présence d'une multitude curieuse et avide, un huissier du parlement cria l'arrêt qui fut écouté, avec une muette indignation, par le peuple, s'étant énergiquement prononcé contre madame d'Angoulême, les procès du connétable et des gentilshommes.

Pendant la lecture de l'arrêt, une femme parée et fardée, sortit de la Grand'salle et s'approcha impudemment du greffier-criminel, qui la reconnut avec surprise.

— Madame la greffière, lui dit-il rudement, depuis tantôt un mois, où donc avez couché ?

— En l'hôtel du roi notre sire, répondit dame Nicole ; et comme madame Diane, que j'avais chargé de servir, est partie hier avec mondit roi, je retourne à mon époux, qui a encore l'avantage d'être veuf.

— Femme, dit M. de Saint-Vallier la désignant du doigt, par charité chrétienne, garde de laisser sonner à mes oreilles ce vilain nom de Diane, crainte que je venge mon honneur contaminé en maudissant ma propre fille !

— Retournez au logis pour voir si le vin est tiré, ma mie, lui dit son mari ; allez aussi tuer le veau gras, c'est-à-dire un pigeon de clapier, pour nous réjouir de votre bienvenue.

— Arrière, diable féminin enjuponné ! désiste-toi de vouloir tenter ce très misérable vieillard ! dirent quelques voix, répétées en écho.

Dame Malon, en se retirant aussitôt, fit taire cette rumeur croissante, dans laquelle se perdait le cri de l'huissier.

Mais les assistants manifestèrent leur mécontentement par de bruyants murmures qui éclatèrent bientôt en malédictions contre la duchesse d'Angoulême, le chancelier et le parlement, quand M. de Saint-Vallier fut placé sur une mule noire avec un archer en croupe derrière lui. Il chevaucha ainsi jusqu'à la place de Grève, sous la conduite des archers, arbalétriers, sergents-à-verge et guet-royal de la ville de Paris. Le greffier-criminel, les huissiers et les commissaires suivaient montés sur de vieilles mules poussives ; un héraut marchait à la tête du cortège funèbre, en criant :

« Voici l'exécution de l'arrêt de la Cour contre Jean de Poitiers, sieur de Saint-Vallier, naguères chevalier de l'Ordre du roi ! *De profundis !* »

Pendant le trajet, qui fut lent à cause de la foule grossissant à chaque pas, on se découvraient respectueusement au passage de M. de Saint-Vallier, les autres montraient le poing aux gens de son escorte.

— Par la figue ! disait celui-ci, cette louve d'Angoulême fait sa curée des bons gentilshommes et maltraite les premiers serviteurs du roi François.

— Bien pour là vieille jument poulinière, dont l'appétit amoureux ne se passe d'un picotin, disait celui-là.

— Monsieur de Bourbon a prudemment agi de refuir ce laid corps et ce lieu plus laide âme, reprenait un troisième ; ainsi, c'eut pitié qu'un si glorieux capitaine français commande les milices de l'empereur. L'amiral Bonivet, si beau et bien attourné soit-il, sera fait camus par les vieilles bandes italiennes.

— Compaings, demandait un bourgeois, n'avez-vous pas commisération de ce vieux seigneur chenu ? Il semble fort aguerri contre le trépas, et barbotte ses menus-suffrages, ni plus, ni moins que s'il était assis sur son banc en sa paroisse.

— Monseigneur, lui criait un écolier, fussiez-vous criminel et justement condamné, lardez de maudissons présidens, conseillers et tous diables fourrés !

— Seigneur Jésus-Christ ! marmottait une femme, fais merci à ce martyr condigne, et si brûlerai deux cierges en l'honneur de l'Immaculée Conception.

La place de Grève, encombrée de monde, surtout de femmes et d'enfants, présentait de loin une surface animée, ondoyante et tumultueuse ; partout des têtes qui se dressaient, et des yeux qui regardaient : les maisons, hautes et noires, semblaient elles-mêmes des colosses vivants, des êtres fantastiques et monstrueux, à voir saillir ces têtes de toutes les étroites fenêtres, et briller ces yeux jusqu'au faîte des toits.

Au milieu de la place, et au-dessus de la foule, apparaissait l'échafaud, élevé de vingt pieds, sur lequel attendait l'exécuteur, habillé de rouge, avec sa hache reluisant au soleil.

Le comte de Saint-Vallier, absorbé dans ses prières, restait comme étranger et indifférent au spectacle lugubre qu'il avait devant les yeux. Quand il fut descendu de la mule, son confesseur, qui était aux pieds de l'échafaud, le crucifix en main, lui demanda s'il n'avait rien omis en sa confession.

— Mon père, dit le vieillard en s'inclinant, il me revient en idée que j'ai médit de ma fille et du prochain ; mettez que je pardonne à icelle, de même qu'à ceux-là qui m'ont accusé, jugé et condamné à tort et injustice.

Il reçut l'absolution, baisa le crucifix, et monta d'un pas ferme sur l'échafaud, autour duquel étaient rangés les archers de la ville et les sergents du parlement ; puis il ôta lui-même son pourpoint et se mit à genoux auprès du billot.

Alors un silence morne et anxieux s'établit de proche en proche ; tous les regards se dirigèrent vers le théâtre du supplice.

— Monseigneur, dit l'exécuteur au seigneur de Saint-Vallier, qui se signa une dernière fois, avez-vous tout fait ?

— Oui, répondit-il hautement, Dieu prenne mon âme !

Il appuya sa tête sur le billot noir de sang caillé, tendit son cou, et le bourreau leva le bras...

Des cris lointains arrêtèrent un moment la hache suspendue en l'air ; on aperçut un cavalier qui accourait à toute bride en agitant quelque chose dans sa main ; il approchait, et déjà on entendait ces mots : *Grâce ! surséance ! rémission !*

M. de Saint-Vallier s'étonnait de ne pas recevoir le coup mortel. Mais la voix qui criait : *Grâce !* trouva des échos dans toutes les bouches, et un cri universel environnait l'échafaud, la hache retomba sans frapper. Caillette, aussi harassé et haletant que son cheval, arrivait tout couvert de sueur et de poussière ; il rendit au greffier-criminel les lettres du roi, dont la suscription était : « A nos amés et féaux conseillers les gens de notre cour du parlement de Paris. »

Caillette tremblait de tout son corps, car il avait craint que tout fût fini.

— Quel êtes-vous ? lui demanda maître Malon, qui ne le reconnaissait pas à son air défait et à ses habits d'archer.

— François Gésse, archer de la garde du roi, répondit Caillette, qui pensa que son titre de fou du roi pouvait nuire à l'effet de sa mission.

— Messieurs, dit maître Malon s'adressant à l'exécuteur et à plusieurs huissiers, je vous laisse en garde ledit sieur de Saint-Vallier et vous défends d'attenter aucunement à sa personne.

Pendant que Caillette, sans quitter l'étrier, veillait auprès de l'échafaud en se cachant le visage pour n'être pas reconnu, le greffier-criminel, accompagné de maître Vignoles, se transporta au logis du président de Selve, qui, les lettres vues, ordonna qu'on les fit lire au peuple, et remercia le ciel de ce secours inespéré.

Maître Malon revint à la place de Grève, monta sur l'échafaud où le patient était encore à genoux, et remit les lettres du roi à un huissier qui en donna lecture au peuple :

« Nos amés et féaux, nous avons su l'arrêt donné contre Saint-Vallier, et qu'en entérinant nos lettres de rémission pour la vie, que nous lui avons octroyée à la requête de notre cousin le grand-sénéchal de Normandie, il a été dit que ledit Saint-Vallier demeurera entre quatre murailles, laquelle chose nous voulons bien entendre avant qu'elle soit ; à cette cause, nous vous mandons et expressément enjoignons faire surseoir ladite exécution, et tenir ledit de Saint-Vallier au lieu où il est reclus à ce que nous soyons de Paris, qui sera bref, et qu'en ayons autrement ordonné ; et, ce, ne faites faute ni difficulté, c'est notre plaisir. Donné à Cléry, le vingtième de février, mil cinq cent vingt-quatre. Ainsi, signé FRANÇOIS, et plus bas, ROBERTET. »

Cette lettre de surséance fut écoutée avec un vif intérêt par cette multitude qui paraissait avoir dans le condamné un parent et un ami ; des cris de Noël et vive le roi se mêlèrent aux acclamations

générales, mais la lettre de rémission n'excita pas les mêmes transports de joie et de reconnaissance.

« François, par la grâce de Dieu, roi de France, à tous présents et avenir, salut ! Comme, puis naguère, notre cher et féal cousin, conseiller et chambellan, le comte de Maulevrier, grand-sénéchal de Normandie, et les parents et amis charnels de Jean de Poitiers, sieur de Saint-Vallier, nous ayant, en très grande humilité, supplié et requis avoir pitié et compassion dudit de Poitiers, sieur de Saint-Vallier, et en, faveur et contemplation d'eux, et des services par eux faits à nos prédécesseurs, à nous et à notre royaume, puis notre avènement à la couronne, et mêmement puis naguères, par ledit grand-sénéchal, lequel, en montrant la loyauté et fidélité qu'il a à nous et à notre royaume, nous a découvert les machinations et conjurations faites contre notre personne, nos enfants et notre royaume, et, en ce faisant, nous a préservé des maux qui par icelles s'en pouvaient ensuivre; notre plaisir soit commuer et changer la peine de mort en laquelle ledit de Poitiers aurait été condamné ou pourrait être auprès de notre cour de parlement, condamné comme criminel de lèse-majesté et autres peines, savoir faisons que nous, à ces causes, et ayant considération auxdits services, et principalement à celui que ledit grand-sénéchal nous a fait comme dit est, ladite peine de mort avons, de notre certaine science, pleine puissance et autorité royale, commué et commuons en là peine ci-après déclarée : c'est à savoir, que ledit de Poitiers sera mis et enfermé perpétuellement entre quatre murailles de pierre, maçonnées dessus et dessous, esquelles il n'y aura qu'une petite fenêtre par laquelle on lui administrera son boire et manger. Demeurant au reste le contenu de notre arrêt de la cour contre lui donné ou à donner en toutes autres choses, en sa force et vigueur, et en tout et partout exécuté entièrement si ce donnons en mandement à nos amés et féaux conseillers les gens de notre cour de parlement; que ladite commutation ainsi faite, comme dit est et tout le contenu en ces présentes, ils fassent entretenir, garder et observer sans venir au contraire; au surplus en faisant mettre le reste dudit arrêt à pleine et entière exécution. Car tel est notre plaisir, et, afin que ce soit chose ferme et stable à toujours, nous avons signé ces présentes de notre main, et à icelles fait mettre notre scel, sauf en autres choses notre droit et l'autrui en toutes. Donné à Blois, au mois de février 1524, et de notre règne le dixième. Signé sous le repli : FRANÇOIS; par le roi, ROBERTET, et scellé de cire verte sur doubles de soie. »

M. de Saint-Vallier n'avait pas donné la plus légère marque de joie, de surprise ou d'émotion; mais ses oraisons mentales furent brusquement distraites par l'adieu mélancolique et étrange de Caillette, qu'il reconnut alors sous la livrée d'un archer du roi.

— Mon père, un moment et maître, dit le jeune homme, assistez-moi de quelques prières, et, quand j'y mérite d'icelles, avisez à me tirer du purgatoire, en cas que j'y aille !

— Mon fils, reprit vivement le vieillard, baille-moi nouvelles de Diana.

— C'est affaire au roi François, hélas ! et dorénavant, je n'y peux-mais, non plus que personne au monde !

A ces mots, prononcés d'un air de fatalité, il montra le ciel, mit la main sur son cœur, et sentant les pleurs ruisseler sur ses joues, il poussa son cheval à travers le peuple qui s'écoulait en tumulte, et se fraya un passage vers la rue Saint-Antoine. M. de Saint-Vallier le suivit du regard jusqu'à ce qu'il eût disparu; puis il secoua sa tête blanche et cacha ses larmes. On le fit remonter seul sur la mule qui l'avait amené, et on le reconduisit sous bonne escorte dans la Tour-Carrée de la Conciergerie.

A l'heure fixée pour le supplice, la duchesse d'Angoulême et le chancelier Duprat, renfermés ensemble dans l'oratoire de l'hôtel des Tournelles, étaient tourmentés des mêmes inquiétudes et de la même impatience, que trahissait leur contenance embarrassée : ils s'asseyaient, se levaient, marchaient, s'arrêtaient, écoutaient, considéraient les aiguilles de l'horloge, s'approchaient de la fenêtre, sans accorder beaucoup d'attention à madame Marguerite d'Alençon, qui suppliait encore sa mère de contremander l'exécution, ni à Cornéille Agrippa, qui s'épuisait en propos contradictoires sur la puissance de la philosophie occulte et la vanité des choses humaines.

— A cette heure, où pas un ne doute, dit Louise de Savoie, la tête du sieur de Poitiers est à bas, et j'ai fantaisie de l'envoyer en relique à son grand ami M. de Bourbon.

— Vrai Dieu ! madame, reprit faiblement Marguerite, le roi m'avait pourtant juré par sa foi de gentilhomme qu'aucun ne serait exécuté à mort sauf mon avis !

— N'est-ce pas merveille, répliqua Duprat en riant, que ces cheveux blanchis tout-à-coup et cette fièvre panique ! Les gardiens eurent peur au ventre en le voyant ainsi, et l'auraient-ils laissé sortir de la prison, faute de le reconnaître. Je soupçonne quelque artifice magique dans tout ceci, et j'ai ouï dire que le seigneur de Saint-Vallier fut habile sorcier.

— Oui-dà, je le croirais, répondit la mère du roi; car, afin d'avoir exemption de sa peine, il jeta des sorts pour enamourer mon fils François à ue garde de sa fille Diane; ainsi monsieur mon astrologue rompra vite cette conjuration...

— Madame, repartit Agrippa, le plus docte magicien n'a pouvoir de vaincre l'influence des astres, et, malgré tout, ce qui est écrit au firmament adviendra par le monde. Or ayez foi en ce que je vous ai annoncé touchant les triomphes de monseigneur de Bourbon.

— Par le sacré sang ! interrompit madame d'Angoulême en fureur, maître Agrippa, trève à ce discours !

— Madame ! monseigneur ! s'écria d'une voix éteinte M. de Brézé, qui entra la bouche écumante et les yeux enflammés, Saint-Vallier demeurera sain et sauf !

— L'heure dite pour l'exécution fut donc retardée ? demanda madame d'Angoulême.

— Le roi a faussé sa foi de gentilhomme !

— Quel dit cela, et calomnie le premier héros de la chrétienté ?

— Le condamné était là dessus, l'échafaud en place de Grève quand sont venues lettres de surséance et de rémission; après quoi, monsieur de Saint-Vallier fut ramené à sa prison.

— Saint Allon ! dit le chancelier en palissant d'une façon déchirante, c'est dérision éclatante de notre autorité et le président de Selve m'en paiera, le compte !

— Dieu soit loué ! murmura madame Marguerite, je veux justifier le débat d'Amour contre justice.

— Voici le roi qui s'en revient ! dit Agrippa, qui regardait dans la cour d'honneur par la fenêtre.

— Le roi ! s'écrièrent à la fois tous les assistants !

— Allons donc saluer notre bon sire ! reprit M. de Brézé, feignant une tranquillité qu'il était loin d'éprouver au fond de l'âme.

Mesdames d'Angoulême et d'Alençon, le chancelier et M. de Brézé allèrent en silence à la rencontre du roi.

Agrippa se disposait à les suivre quand son chien noir vint se rouler à ses pieds en pleurant et se plaignant d'une façon déchirante.

— Per Samuel et Melchisédech ! dit l'astrologue avec un trouble subit, quelle malencontre vous contriste, Monsieur ? Anges du ciel ! c'est mon fils Caillette qui t'envoie devers moi !

Le chien noir se coucha sur le dos du roi, poussa un long soupir presque humain, et, se relevant sur ses pattes, courut devant Cornélie Agrippa, et le guida dans la galerie de Blois.

— François I[er] et sa maîtresse étaient encore occupés à interroger Caillette, et celui-ci leur répondait d'une voix altérée, sans oser envisager Diane.

— Brave et digne fol, lui disait le roi, louvures moult rémunéré pour les bons offices et diligence. Je te fais don, et aussi à tes héritiers, d'un apanage pris entre les biens confisqués de monsieur de Bourbon ; outre ce, je te créerai comte et chevalier de mon Ordre.

— Oh ! sire, que faire de ces richesses et honneurs ? aussi bien, me devez-vous nul remerciement pour avoir sauvé monseigneur de Saint-Vallier !

— Caillette, mon ami à tout jamais, reprenait Diane en lui pressant les mains dans les siennes, grâces vous soient rendues éternellement ! Mon petit sauveteur, vous avez conservé deux vies en une, et je vous réitère le gentil mot de frère d'alliance. Pour Dieu, ôtez-vous mal portant, que vos mains sont tant froides et moites ?

— Nenni, madame, onc ne me suis mieux porté, et une parole de votre bouche guérirait les plus grands malades, voire un mort de trois jours !

Le roi avait quitté son fou pour s'avancer vers sa mère, sa sœur et les personnes qui les accompagnaient. Diane reconnut son mari caché derrière le chancelier, et, tremblant de toute elle, elle s'éloigna près de Caillette, qui, les yeux fixés sur elle, blêmissait et frissonnait, tandis que le chien noir hurlait autour de lui, et qu'Agrippa le contemplait avec une inexprimable tristesse.

— Mon cousin, dit sévèrement François I[er] à M. de Brézé, qu'il ne s'attendait pas à revoir en pareil moment, vous ai-je pas, s'il m'en souvient, octroyé naguère la vraie grand'sénéchaussée de Normandie ?

— Sire, répondit-il avec un air faux et rampant, je n'aurais cette audace de désobéir à Votre Majesté; mais voici que je viens solliciter une très honorée faveur de tenir sous sa tutelle madame Diane, ma femme, qu'il me plaît savoir en la cour du plus grand roi de l'univers.

— A ce prix, mon cousin, l'intelligence ne sera rompue entre nous, et je suis aise de vous accoler en bonne étrenne. Bien j'ai signé et scellé le don que vous fais d'une gabelle sur votre province...

— Faites acquit de ma reconnaissance; or vous avais-je en idée délié d'un serment téméraire, fait sur le crucifix, touchant la peine du sieur de Saint-Vallier...

— Point, monsieur; onc n'ai forfait à ma foi de gentilhomme ! Ainsi que j'avais dit et juré, le sieur de Saint-Vallier a vu la place de Grève, et, mon serment rempli de la sorte, lettres de rémission furent octroyées en vertu de ses mérites, services et le reste.

— Beau serment de docteur fourré ! reprit madame d'Angoulême, quant à moi, je ne l'avais entendu sophistiquement.

— Madame, répliqua François I[er] rougissant du reproche de sa mère, de notre pleine puissance et autorité royale, avons commué la peine de mort en telle peine que le sieur de Saint-Vallier sera mis et enfermé perpétuellement entre quatre murailles de pierre,

— M'aide Dieu! sire, s'écria madame Marguerite, mort est meilleure que si rude captivité, et votre ordinaire clémence se mécompte!

— Ce que ferai sera bien fait, ma brunette Marguerite, et, foi de gentilhomme! je ne flerai ce pauvre prisonnier à mon cousin Duprat, qui pourrait, sans que je l'y convie, exécuter la rémission aussi dru que l'arrêt.

Triboulet entra, le visage chagrin et envieux; François Iᵉʳ l'entraîna dans un bout de la galerie, et demanda, d'un ton bref, si ses ordres étaient remplis de tout point.

— Sire, répondit Triboulet, moi présent, messire de Saint-Vallier fut mené en une belle chambre, le dos au feu, le ventre à table; il n'a fait que soupirer aux bienveillantes assurances que lui ai portées de votre part; et cette nuit je le mettrai hors de la conciergerie pour le rendre sain et sauf en son château de Pisançon.

— Caillette empoisonné! murmura Triboulet, dont les traits s'éclaircirent aussitôt.

— Ce bouccon me plairait davantage divisé en trois parts, se dit en lui-même M. de Brézé, pour le roi, le fol et monsieur de Saint-Vallier.

Caillette avait célé, aussi longtemps qu'il lui fut possible, les effets prompts et douloureux du poison qui brûlait ses veines, dévorait ses entrailles, et arrivait par degrés à son cœur; mais l'angoisse devint si violente qu'il tomba en se tordant, la langue pendante et les yeux à demi sortis de leurs orbites.

Agrippa, je t'adjure, s'écria le roi avec une généreuse vivacité: efforce-toi à sauver celui-là qui, si bien, sauva monsieur de Saint-Vallier! emploie, invente remède quelconque, fût-ce or potable! vite! ne va pas attendre qu'il meure pour le ressusciter! Une ville de mon royaume pour qu'il vive!

— Sire, médecine sait le secret des poisons, et non l'art de les guérir!..... Mon fils, mon élève, mon ami, mon Caillette!..... Tout beau, Monsieur! ne l'interrompez en ses oraisons et litanies d'agonisant!

— Foi de gentilhomme! si vous ne savez votre grimoire, convoquez les plus fameux de la faculté: Akakia, Lecoq, Braillon!... A l'aide! car je crains qu'il ne trépasse!

— Sire! dit Caillette rassemblant ses forces pour tirer de son pourpoint le collier de l'Ordre du comte de Saint-Vallier, qu'il remit entre les mains du roi; point n'expirerai avant ce solennel devoir: le père de Diana vous rend ainsi ce qu'il tient de vos bontés.

— Mon ami, mon frère! s'écriait en sanglotant Diane penchée vers lui, gardez-vous de vouloir mourir; ne rouvrez pour vous le tombeau qu'avez fermé à monseigneur de Saint-Vallier! Espérez guérison par la grâce de quelque miracle, et le roi vous guerdonera de dignités, de fortune, de faveurs, et maint autre avantage...

— Ma chère dame, point n'est-ce au monde cela que plus désire et regrette!

— Marotte! grommela Triboulet: Caillette soit dit, du nom de ce fol éventé, quiconque agira moult follement!

— Ma très vénérée et très chère dame, reprit Caillette en s'appuyant sur le coude pour se hausser vers elle, remémorez-vous qu'avez promis me récompenser d'un baiser si monsieur Saint-Vallier obtenait merci?

— Certes, avez mérité mieux qu'un baiser! répondit Diane approchant sa bouche des lèvres violettes du moribond.

— Oh! dit-il en extase, voici que je mourrai, après ce, moins délibèrement!

En ce moment-là, le chien noir poussa un hurlement qui ressemblait à un cri de désespoir, et s'enfuit.

La tête de Caillette rebondit sur le pavé de marbre, et sa main glacée abandonna celle de Diane: ses yeux fixes restaient tournés vers elle; sa bouche souriait encore... Il était mort.

— Sainte Cornemuse, priez pour le défunt! s'écria Triboulet; maintenant je suis premier fol en titre d'office royal!

— Caillette, pauvre cher fol! dit François Iᵉʳ essuyant deux larmes de regret.

— *Hesed Adonaï!* dit Corneille Agrippa soutenant dans ses bras Diane de Poitiers, pauvre fol d'amour!

FIN DES DEUX FOUS.

Paris. — Imprimerie LACOUR, rue Neuve-Soufflot, 11.
Stéréotypie de C. JUDAS, rue du Temple, 22.

www.ingramcontent.com/pod-product-compliance
Lightning Source LLC
Chambersburg PA
CBHW050243230426
43664CB00012B/1807